上海抗战与世界反法西斯战争系列丛书

淞沪

淞沪抗战史料丛书续编 III

第六辑

十九路军抗日战史（第一集） | 战地新闻社 编

十九路军抗日战史（第二集） | 战地新闻社 编

一·二八事变京沪铁路车务记要 | 郑宝照 编

上海科学技术文献出版社
Shanghai Scientific and Technological Literature Press

“上海抗战与世界反法西斯战争”系列丛书总序

徐　麟

伟大的中国抗日战争，是近代中国人民反对帝国主义侵略并且取得第一次完全胜利的民族解放战争，是开展时间最早、持续时间最长的世界反法西斯战争东方主战场。在这场历经十四年之久的抗日战争中，中国各族各界人民同仇敌忾、共赴国难，经过艰苦卓绝的浴血奋战，以巨大的民族牺牲，打败了穷凶极恶的日本法西斯侵略者，取得了辉煌的胜利。正如习近平总书记所指出的，中国抗日战争“为拯救民族危亡、实现民族独立和人民解放，为争取世界和平的伟大事业，作出了彪炳史册的贡献”。中国抗日战争是在中国共产党倡导的以国共合作为基础的抗日民族统一战线旗帜下进行和取得胜利的。以爱国主义为核心的伟大民族精神是中国抗日战争胜利的决定因素，中国共产党的中流砥柱作用是中国抗日战争胜利的根本保证，全民族抗战是中国抗日战争胜利的重要法宝。

上海抗战是中国抗日战争的重要组成部分。在中国抗日战争与世界反法西斯战争中，作为中国共产党的诞生地，上海这座具有反帝反封建光荣革命传统的英雄城市，发挥了独特的重要作用，作出了重大的历史性贡献。

20世纪三四十年代，上海这座国际性的大都市，已经成为中国与世界各国通商贸易的主要港口，成为中国经济、文化中心和政治、外交副中心。同时，上海又是当时中国最大的军港和守卫长江的大门，具有重要的军事战略地位，因而始终成为日本法西斯军国主义

觊觎的一个战略要地。1931年“九一八”事变后，日本法西斯军国主义进而在上海挑起了“一·二八”事变，发动了对淞沪地区的武装侵略。驻守上海的十九路军和前来增援的第五军与上海人民奋起抵抗，给予日本侵略者以沉重一击，成为中国局部抗战历史进程中承前启后的关键性一役。“九一八”和“一·二八”时期的抗日武装斗争和民众抗日救亡运动，在世界上率先举起了反法西斯的旗帜，揭开了中国抗日战争和世界反法西斯战争的序幕。1937年七七事变后仅一月余，日本法西斯军国主义又把侵略魔爪伸向上海，遭到中国爱国军民的顽强抵抗，形成了以上海为中心的一场气壮山河、震惊中外的“八一三”淞沪抗战。七七卢沟桥事变和“八一三”淞沪会战，标志着日本法西斯军国主义全面侵华战争的开始。在中国共产党的积极倡导和推动下，抗日民族统一战线正式形成，揭开了中国全民族全面抗战的序幕，也标志着世界反法西斯的第二次世界大战在亚洲的东方战场正式形成。在“八一三”淞沪抗战历时一百多天的日日夜夜，中国军队和上海人民以其鲜血和生命，筑成了一座民族自卫的血肉长城，谱写了一曲民族团结、共御外敌的壮丽史诗。上海沦陷后，上海民众在全国人民和全世界爱好和平的各国人民的声援、支持下，面对极其艰辛险恶的环境，仍然以大无畏的英雄气概，坚定不移地继续投身于全民族抗战的洪流，对日伪的法西斯统治进行不屈不挠的斗争。中国共产党始终高举抗日民族统一战线的伟大旗帜，发动民众，团结上海各界人士，从人力、物力、财力等各方面支持抗日民主根据地和抗战大后方的斗争，冒着腥风血雨，迎接抗日战争的最后胜利。

两次淞沪抗战及上海民众在十四年不间断的抗日救亡运动中，

构成了一幅幅上海抗战英勇悲壮的画卷，也铸就了上海在中国抗日战争和世界反法西斯战争中的重要历史地位：上海不仅是中国对日作战的一个坚强的军事战略重镇，也是中国抗日救亡运动的前期中心和中国抗战文化的发源地；不仅是支援抗战大后方和抗日民主根据地的重要基地，也是世界反战反法西斯人士和中外难民的庇护所；是世界反法西斯舆论战、情报战的东方主要阵地，又是中国联系国际反法西斯阵营的纽带和桥梁。更为重要的是，上海抗日战争凸显了其重要的历史意义：它在外敌入侵、民族危亡的关键时刻，全面地、全方位地弘扬了以爱国主义为核心的民族精神，折射了中华民族有同侵略者血战到底的气概、有在自力更生的基础上光复旧物的决心，有自立于世界民族之林的能力。上海抗日战争在中国抗日战争和世界反法西斯战争历史上树立了一座永不磨灭的丰碑。

2015年是中国抗日战争暨世界反法西斯战争胜利七十周年。在中共上海市委的领导和支持下，上海学术界和理论界经过多年的努力，联合推出了“上海抗战与世界反法西斯战争”系列丛书。这套系列丛书分为三个子系列，**一是“上海抗日战争史”丛书**，内容包括上海抗战史通论、“一·二八”淞沪抗战、“八一三”淞沪抗战、日军在上海的罪行与统治、上海人民抗日救亡运动、上海郊县抗日武装斗争、上海人民支援新四军与抗日根据地、抗战时期的上海经济、抗战时期的上海文化、上海抗战与国际援助等；**二是“淞沪抗战史料”丛书**，选辑和汇集民国时期有关上海抗战的具有代表性的通讯、纪实、回忆录及报告文学等鲜为人知的孤本、藏本影印重版。**三是“上海抗战与世界反法西斯战争研究”丛书**，其中包括

资料性著作：如记忆中的淞沪抗战、淞沪抗战中文报刊资料选编、淞沪抗战档案史料选编、上海抗战历史文献选编等；专题性著作：如中国共产党与上海抗战、当代学者论淞沪抗战、国外学者论淞沪抗战、“一·二八”淞沪抗战画史、“八一三”淞沪抗战画史等；工具性著作：如上海抗战与世界反法西斯战争大事年表、上海抗战与世界反法西斯战争事件人物录等；通论性著作：在上述论著的基础上完成一部通论性著作，即上海抗战与世界反法西斯战争全史。这三个子系列丛书各有千秋、各具特色，在集结出版后，更能起到互相参照、取长补短的作用。可以说，这套系列丛书是上海学术界和理论界研究上海抗日战争和世界反法西斯战争的一项重大的学术成果，是对上海抗日战争史研究的一个重要总结和一次集中展示，也是向中国抗日战争暨世界反法西斯战争胜利七十周年献上的一份厚礼！

“疑今者，察之古；不知来者，视之往”。历史是最好的教科书。“上海抗战与世界反法西斯战争”系列丛书的出版发行，更是为了向社会提供一部能够弘扬时代正能量、培育与践行社会主义核心价值观的好教材。让我们站在新的历史起点上，进一步铭记历史、缅怀先烈、珍视和平、警示未来，为实现中华民族伟大复兴而奋斗，为促进世界的和平和发展作出我们应有的贡献。

出版说明

“淞沪抗战史料”丛书续编Ⅲ主要收集美国史坦福大学东亚图书馆等处所藏资源，将已见或未见的关于淞沪抗战史料以影印的形式出版，内容涵盖两次淞沪抗战，即“一·二八”淞沪抗战和“八一三”淞沪抗战，力求比较全面、翔实和生动地反映淞沪抗战的全貌。

两次淞沪抗战，是中国人民伟大的抗日民族解放战争的重要组成部分，特别是“八一三”淞沪抗战是在中国共产党抗日民族统一战线政策的指引下，以国共两党合作为中心，全国各爱国党派、团体，中央和地方各系抗日军队，各界爱国民众以及海内外侨胞，在抗日御侮、共赴国难的基础上发动和进行的，堪称民族自卫战争史上的伟业。它体现了中国人民血洒战场、拼死抗战的决心和民族团结精神。在抗战胜利70周年之际，阅读这些史料，重温那段中华民族优秀儿女面对强敌、誓死抗争的精神，就是最好的爱国主义教材。两次淞沪抗战展示了中华民族奋起改变自己国家命运的伟大信念，爱国主义激发出全体中国人民的巨大力量，这种信念和力量，在今天仍然弥足珍贵，令人心怀激荡。两次淞沪抗战中那些大气磅礴、气壮山河的史诗故事，均在本套丛书资料中有翔实的记录和质朴的史料作为佐证。

由于各种原因，原书中存在着印刷错误，而且有些细节也与史料不符，对书中的一些观点我们也不完全赞同，为了给读者提供最原始的抗战史料，对上述问题未做任何处理，希望读者能够给予理解。

编者

2018年7月

目　录

十九路軍抗日戰史

第一集

在前線作戰最勇之旅長翁昭垣

吳淞方面我軍第一道防線

我軍之機關槍作戰

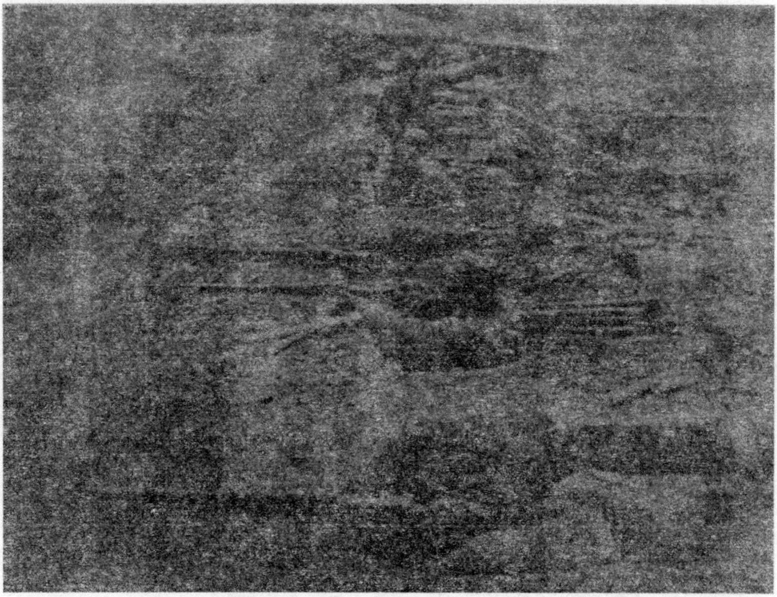

我軍所掘之戰壕

我軍砲隊之作戰

日飛機投下之大炸彈

十九路軍抗日戰史

㊀ 緒言

嗚呼。去歲暴日藉口中村事件。蹂躪我東三省。今又以其故智。來蹂躪我全國商埠中心之上海矣。此次禍變之烈。亘古未有。日兵之慘無人道。尤罄竹難書。我十九路軍守衛疆土。屢摧强敵。誠足爲我中華民族增光榮。與國際列强爭地位。其功業之彪炳。歷千古而不磨。風聲所播。可使一般抱不抵抗主義之軍閥及專供內戰工具之將士愧死無地。論者謂蔣(光鼐)蔡(廷楷)戴(戟)三公建此殊勳。爲打破陳化成聶士成馬占山紀錄。良非虛語。連日閘北與吳淞方面。砲戰極爲劇烈。烽火衝天。伏屍遍地。我忠勇之將士。正爭先陷陣。與敵軍作殊死戰。勝敗之數。未敢逆料。不佞備書海上。十有餘年。憂患飽經。早忘置身何所。爰將耳聞目見。事屬可徵者。編爲戰史。先述事實之由來及交涉之經過。中間以我十九路軍之戰績爲要旨。戰地考察亦附及焉。末則以各界重要文電爲殿。倉卒捃拾。疏漏難免。不過藉以喚醒國魂。振作士氣。望我全國同胞。暨武裝同志。共其鑒焉。

我軍之機關槍作戰

我軍所掘之戰壕

我軍砲隊之作戰

日飛機投下之大炸彈

十九路軍抗日戰史

◉緒言

嗚呼。去歲暴日藉口中村事件。蹂躪我東三省。今又以其故智。來蹂躪我全國商埠中心之上海矣。此次禍變之烈。亘古未有。日兵之慘無人道。尤罄竹難書。我十九路軍守衛疆土。屢摧强敵。誠足爲我中華民族增光榮。與國際列强爭地位。其功業之彪炳。歷千古而不磨。風聲所播。可使一搬抱不抵抗主義之軍閥及專供內戰工具之將士愧死無地。論者謂蔣(光鼐)蔡(廷楷)戴(戟)三公建此殊勳。爲打破陳化成聶士成馬占山紀錄。良非虛語。連日閘北與吳淞方面。砲戰極爲劇烈。烽火衝天。伏屍遍地。我忠勇之將士。正爭先陷陣。與敵軍作殊死戰。勝敗之數。未敢逆料。不佞傭書海上。十有餘年。憂患飽經。早忘置身何所。爰將耳聞目見。事屬可徵者。編爲戰史。先述事實之由來及交涉之經過。中間以我十九路軍之戰績爲要旨。戰地考察亦附及焉。末則以各界重要文電爲殿。倉卒摭拾。疏漏難免。不過藉以喚醒國魂。振作士氣。望我全國同胞。暨武裝同志。其共鑒焉。

十九路軍抗日戰史目錄

十九路軍抗日戰史

第一章　上海事變由來

上海事變。實起源於日本之侵佔我東三省。以致舉國同憤。紛起抵抗。而各地之抵貨運動。尤以上海最爲熱烈。上海爲我全國商埠之中心。若經久抵制。殊足制日人之死命。故日人處心積慮。欲謀取締我排日運動者久矣。果也於一月二十侵晨。而有日浪人放火焚燒引翔鄉三友實業社工廠。及是日午後日居留民會後沿途尋釁搗毀商店之事。雖經我市長吳鐵城提出抗議。然日領事村井倉松。反諉爲係屬復仇性質。云於本月十八日。有日本僧人五。二服僧裝。三衣常服。在馬玉山路附近。被華人毆打。當時二人乘間逃脫。三人被毆重傷。亦於二十一日上午。向市政府提出抗議書。不意竟以此爲戰事之導火線。而吾華界之閘北與吳淞市鎮。悉爲日軍砲火下之犧牲品矣。

日浪人圖燬三友社工廠

三友實業社工廠。設在滬東引翔鄉楊家宅。廠地約七十畝。當華租交界處。有工人一千餘名。自去年因萬寶山案發生。及日本侵佔東三省之事後。全體工友。激於愛國熱忱。自行組織義勇軍。按日操練。極爲認眞。而該廠所出之三角牌毛巾。因品質精良。將日人東華紗廠所出之鐵錨牌毛巾銷路悉數奪去。日人極爲嫉恨。在縱火之前數日。已有日人在該廠附近測繪地勢。其實行放火時。則在二十晨二時四十分。約有日浪人四五十人。各帶木棍武器。乘黑掩至。所有燃料。盡係酒精煤油戩士林等烈性爆發物。裝置於日製五六磅大啤酒瓶中。另以硫磺炸藥充作引火。先將廠外所圍竹籬笆用刺刀撬開。然後穿入籬內。再將內裝鉛皮撬開。將引火物滿拋屋頂。再持硫磺彈擲炸。全廠員工。均已入睡。突聞西北角上。忽發異響。繼見火光熊熊。從織工部而起。幸廠中備有消防器具。羣起灌救。一方電話報告租界救火會。待救火車趕到。火已熄滅。自織巾部着火救熄後。約一小時。暴徒又二次重來。似欲焚炸鍋鑪間。因距離甚遠。未被擲中。且知廠中有備。不敢久留。自行退去。聞該廠損失。約值四五千兩左右。

華捕慘遭殺害　日人放火之後。仍取原道而回。尚有再來者。抵第一號警亭時。有三零二九號華捕陳得勝。偕七六五號華捕田潤生看守。陡見暗中有人一羣轉角。三友工廠又出火警。正在取電話擬報告楊樹浦捕房。其時行近警亭日人。深恐消息走漏。立抽刀將電話線割斷。陳姓華捕被劈去左手兩指。痛極倒地。亭內玻璃及電機聯絡線。均被搗燬。田捕即奪門而出。擬逃至捕房報告。不料日人緊隨不舍。且人數不衆。至臨青路河間路交界處。臨青橋西首。被日人包圍。該捕以被圍難出。而日人又復各攜兇器。恐有性命危險。取槍向空開放。詎槍聲一起。日人更加緊逼迫。該捕不得已。遂對準暴徒開放一排。放罄。第二排子彈。復欲裝入。在此時間。已措手不及。被日人以利刃刺斃。至於一一一六與三一五二兩華捕。方由捕房出來上差。得悉引翔港發生火警。即徐步向華德路底行來。嗣以警亭首日人成羣。玻璃破碎。一一一六號華捕擬上前察看。亦被刺傷倒於亭側之三星棉鐵製造廠門首。其餘三一五二號華捕。知難理喻。且釀大禍。遂退去。手臂所受輕傷。無關大礙。乃自行返去包紮。三零二九號捕之槍袋皮帶及制帽。均被日人搶去。投於路旁小浜之內。

日人開居留民會後又沿途尋釁　自引翔港日暴徒縱火事起後。日人一千餘名。於二十日下午一時。在公共租界蓬路日本人俱樂部二樓。開上海日本人居留民大會。當場決議。電其政府。增派陸海軍。壓止排日運動。開會至三時許始散。各日人分爲兩批。分往日領署及海軍陸戰隊司令部請願。手持木桿。聲勢洶洶。往北者沿靶子路步行。所有租界警捕。及日本軍士。均隨同監視。至靶子路北四川路口。折轉向北。大呼口號。沿途尋釁。游行隊行抵虬江路口。而在後隊遊行之日人。已過虬江路。向北四川路進行。見中國商店所貼反日標語。即有三四十日人。往馬路西側各商店。舉起竹桿木棍。擊碎商店門窗大玻璃。計有十餘家之多。均被打碎。一時路過市民。駐足而觀。人聲鼎沸。往來電車及公共汽車玻璃。亦被日人擊毀。電車司機及乘客西人。咸受損傷。被日人擊碎玻璃及商品受毁者。店名如次。北四川路大德里對面六六三號大德電器材料廠。六五七號德康當鋪。六二五號義昌電料店。以上屬五區一所管轄。又對面同福泰鞋帽店。明星祥貨店。湯白林酒排間。橋香菜館。及通利洋酒店。則屬於五區二所公安局。此外一二四號三友商店。八六八號恆豐昌布店。均在吟桂路口。屬五區管轄。以上各商店。所受損失。自五六百至一二百元不等。

西捕亦遭無辜　當日人遊行團襲電車及公共汽車時。虹口捕房西捕薛倍。上前阻止。亦被日人用巨棍毆傷頭部。又狄思威路捕房三七零號西捕。在日人行兇時。亦被毆傷。華人忻曉蓀。則在虬江路雲飛車行前被毆。惟所傷尚無大礙。以上受傷者均入醫院治療。

◎第二章　中日交涉經過

日人既焚我工廠。毀我商店。殺害華捕。毆打西捕。不特目無中國。且亦目無國際。日領自知理詘。經我市政府抗議後親來道歉。同時施其反誣手段。亦向我市政府提出抗議書。實行壓迫我國民衆抗日運動。我市長雖委曲求全。然星星之火。可以燎原。此刼運來臨。竟無術以挽回之矣。

日領反先提出四條件　二十一日上午日領事村井倉松。親來市政府訪問市長。對於日人越軌行爲。表示遺憾之意。同時提出關於毆傷日僧案之書面抗議。並提出四項要求。（一）市長須對總領事表示道歉之意。（二）加害者之搜查逮捕處罰。應迅即切實實行。（三）對於被害者五名。須予以醫藥費及撫慰金。（四）關於排日侮日之非法越軌行動。一概予以取締。尤其應將上海各界抗日救國委員會。以及各種抗日團體。即時解散之。吳市長即予以口頭之答復。謂關於第二項。中國法律對於傷害罪之處分。本有明文。自當緝兇依法究辦。至一三兩項。亦可考慮。惟第四項。事關民衆運動。如在法律範圍以內者。本人無權取締。如有非法行動。自當依法制裁等語。吳市長已於當晚晉京請示。至關於日人結隊縱燒華商三友毛巾廠殺傷華捕一案。市府已於昨日發出致日領之書面抗議。此乃市府處理關於日來本市中日交涉之經過情形也。

市政府抗議書一 市政府於二十三日下午三時。對三友廠日人縱火案。特向日總領署提出嚴重抗議。文云。逕啓者。案據市公安局呈報。本市引翔港馬玉山路三友棉織廠。於本月二十日上午二時二十分。有日本青年數十名。潛赴該廠外縱火。共燃火頭四處。當時因深夜。工人已熟睡。未及覺察。廠後該廠職工等。經細密察查。並據附近鄉人目睹。係該日人以火酒汽油硝磺等物引導放火。是時該處附近報警亭有華捕三人值差。聞警即電救火會求救日人等乃將該亭施以包圍。用刀將三零二九號華捕斫傷。一一一六號華捕身被刺傷倒地。並將電話機割斷。抛擲附近浜中。另有七六五號華捕。被該日人等追至臨青路。亦爲利刃殺死。該日人等逃逸無踪。計該廠被焚。損失極大等情。據此。查該日人等竟敢於清晨結隊縱火焚毀本國工廠。殺死在職華捕。不獨於法所不容。而際此多事之秋。其影響所及。尤爲嚴重。據報前情。除當即派員面提抗議外。用特提出下列條件（一）日本總領事向本市長表示歉意。（二）迅速逮捕及嚴懲縱火殺人之罪犯。（三）充分賠償被害者。其賠償之金額另協定之。（四）切實保證嗣後不得有同樣事件發生。本市長深盼貴領事對於上述各條。能誠意履行。俾本案可以從速解決。以息糾紛。而睦邦交。相應函達。煩請查照為荷。此致日本國駐劄上海總領事村井倉松。市長吳鐵城。

市政府抗議書二 市政府為二十日日僑居留民大會會衆。在北四川路沿途滋擾。打毀店舖。特向日本總領事。提出抗議。茲覓錄原文如下。逕啟者。案據市公安局呈報。本月二十日下午一時。本市日本僑民。在公共租界蓬路日僑俱樂部。開居留民大會。到會人數約千餘人。會議完畢後。即羣赴駐滬日本領事館。及日本海軍陸戰隊請願。行經北四川路時。沿途滋擾。打毀店舖多家。並將第一二五號一路電車。及租界公共汽車玻璃打壞。折至虬江路口。將華商店舖之玻璃窗亂行搗毀。直至午後六時餘在狄思威路始行四散。當時本市民衆。憤不可遏。幸由各該管區所長。率同警隊長警。極力彈壓勸導。尚無事故發生。計此次華商各店舖損失極大等情。據此。查關於日僑此項非法行動。本市政府業經函請貴總領事注意。切實取締在案。乃此次該日僑等。復又故意尋釁。當此時局嚴重。民氣激昂之際。如果發生誤會。責任自有攸歸。用特提出抗議。即希貴總領事。迅予查明肇事人等依法懲辦。嚴切制止。以後不得再有上項情事發生。至各商店所受損失數目。俟詳細調查後。再行要求賠償。相應函達。即煩查照辦理。見復為荷云云。

市政府答覆日領復牒 自二十一日日領送來抗議書後。於二十五日。又到市府催詢解決。我市長吳鐵城。深恐地方糜爛。不惜委曲求全。於二十八日下午一時四十五分。發出復函。文云。逕復者。案准一月二十日大函略開。日本僧侶天崎。水上。信徒後藤。黑岩　藤村。等五名。於本月十八日下午。在馬玉山路附近被毆傷。提出條件四項。請求接受等因。准此。查本案發生。殊屬不幸。本市長深表歉仄。當日據報後、以案關傷害。法有明文。當即嚴令公安局。限期緝兇歸案法辦。所有被害人等之醫藥及撫慰金。本市長亦可酌爲給予。以示體恤。至來函所提。關於取締抗日運動一項、現查本市各界抗日救國委員會。有越軌違法行爲。業經令行主管局、將該會取銷。以維法紀。關於類此　越軌違法行爲。本市長仍當本法治精神。令行取締。至其他各抗日團體。幷已令局。予以取銷。相應函達。請煩查照爲荷云云。

（按此復函發出後。日領表示滿意。民衆方慶幸可以渡過難關。不意即於其夜。日海軍陸戰隊襲擊閘北。戰事於以爆發。日人之背約無信。殊堪痛恨。）

市政府向日領嚴重抗議

市府致日本總領事抗議書云、逕啓者。查關於本市最近中日交涉。本市長爲求和平解決計。對於貴總領事所提條件四項。業經接受、並於今日（二十八日）下午一時四十五分函復送達在案。當時貴總領事。並經表示滿意。詎料今晚十一時二十五分。市公安局接到貴總領事館信封一件。內附日本第一遣外艦隊司令官。致本市長及市公安局長公告一件。略稱。帝國海軍。鑒於多數邦人。住居閘北一帶。爲維持治安計。欲以兵力配備該處。以負保安之責。本司令希望中國方面。應將閘北方面。所有中國軍隊及其敵對設施。從速撤退等語。查貴總領事。對於本市長之答復。

現經認爲滿意。而貴國海軍。突然有此軍事行動。殊堪詫異。所有破壞和平。及本市安寧所發生之一切責任。應由貴方負之。本市長相應提出嚴重抗議。卽煩查照。轉致貴國海軍方面。迅予停止軍事行動。以免事態再行擴大。並希見復爲荷。此致日本國駐劄上海總領事村井倉松。

市政府通告各國領事　戰事發生之後。我方爲明責任起見。特通告各國駐滬總領事函云。逕啓者。查關於最近中日交涉事件。本市長爲求和平解決。以保本市安寧計。業經完全接受日本總領事所提條件四項。並於今日下午一時四十五分。函復日本總領事。並已表示滿意。詎料今（二十八日）晚十一時廿五分。市公安局接到日本總領事信封一件。內附日本第一遣外艦隊司令官致本市長及公安局長公告各一件。略稱帝國海軍。鑒於多數邦人。住居閘北一帶。爲維持治安計。欲以兵力配備該處。以負保安之責。本司令希望中國方面。應將閘北方面所有中國軍隊及其敵對設施。從速撤退等語。旋於卽晚十二時市公安局接到閘北報告。日本海軍陸戰隊。在該處開始自由軍事行動。向華界進攻。查日本總領事旣經對本市政府答復表示滿意。而日本海軍方面。突有此種軍事行動。殊堪詫異。所有破壞和平。妨礙本市安寧之一切責任。當由日方負之。除向日本總領事。提出嚴重抗議外。相應函達。卽煩查照。主持公道。實紉公誼。此致英（壁約翰）。法（柯克林）。美（克銀漢）。意德（豐理德）國駐劄上海總領事。

第三章　日軍戰事準備

日本既恃其暴力發難瀋陽。我東北軍以不抵抗之故。日軍不費一彈。唾手而陷我名城。遂益啓日人輕視之心。得寸進尺。再肆其毒於上海。觀其兵艦不斷的開入浦江。其蓄意之險惡。可想而知矣。自北四川路日人衝突事件發生以後。日本海軍省。卽調派大隊軍艦來滬。彙誌於下。

驅逐艦先到　此次日本海軍省調派至滬之軍艦。爲二等驅逐艦薄荻藤蔦等四艘。各該艦自吳軍港佐世保兩地開來。於二十三日午後三時十五分。駛入浦江在楊樹浦江面拋泊。

巡洋艦續來　統率該第十五隊四驅逐艦之巡洋艦大井號。同時由吳軍港開出。惟因裝載大批海軍陸戰隊五百名與各該兵士所用之軍火。故較爲延遲。直到二十三日午後三時三十分。方克駛進吳淞。祗因艦上有陸戰隊兵士。須登駐陸地。故大井到滬時。便令在匯山碼頭靠停。

航空艦繼至　由旅順調滬航空母艦能登呂號。載得飛機一隊。急行到滬。於二十四日午刻。開到上海。先抵吳淞口。在浦江第三四及三五號河筒拋泊。

軍械等卸岸　此次日艦隊開滬。日海軍省特運大批軍物品。並戰時需要之器具。及槍砲子彈等項。昨日由大井等各艦提卸上陸。計有軍隊露宿之營幕。戰壕需用之建築材料。軍用電話與五金物件 。並有大批電網等等。另外又裝到陸戰砲新式機關槍及砲彈機彈。火藥炸彈等約三噸左右。統己卸提上陸。交滬上日海軍司令部存儲。

陸戰隊登陸　大井艦中隨載來滬陸戰隊五百名。昨用大隊運貨汽車數十輛。至匯山碼頭登陸。內有二百七十名駐公大紗廠。餘駐楊樹浦日兵營房。又夕張艦從佐世保調來海軍陸戰隊四百名。念八日午後五時。駛抵黃浦碼頭後。陸戰隊便即登陸。當即調至北四川路駐紮。

（按日海軍在滬陸戰隊。己有五百名。茲併上兩次合計共一千四百名。）

軍用機運滬　日本航空母艦能登呂號到滬。所運來之飛機隊。以轟炸機居多。為充實航空隊實力。又經海軍省從佐世保派軍用戰鬥機三架。自日本運滬。該三機廿六日在日下輪。廿七日午後三時。可到上海。預定在匯山碼頭上陸。

軍用飛機續來　日本航空隊。前已由能登呂號載到一隊。茲又從佐世保。加調海軍飛機六架運滬。事先商准日郵社。分兩次裝運 第一次三機。業於廿七午三時。由上海丸運到本埠。當在滙山碼頭起卸。便即運至虹口。駕駛人員已先來滬。第二次三機昨已議定。於本月底到滬長崎丸載來。該六架均為軍用之戰鬭飛機。

水雷隊到滬　日本續調來滬之水雷艦隊。由巡洋艦夕張號統率第二十二隊驅逐艦皐月。文月。水無月。長月。二十三隊。菊月。三日月。夕月。望月。第三十隊睦月

•如月。彌生月。卯月等。共計十三艦。夕張艦長爲齋藤二郎。念二隊司令爲木幡。念三隊司令爲鈴木田幸。三十隊司令爲原昰三郎。該水雷隊於念八晨到吳淞口外。先行拋錨。然後發電來滬。詢問各艦拋泊地點。午後四時半。夕張艦　開進浦江。至黃浦碼頭停泊。其他三隊各均在浦江第二十四五號河筒拋停。

駐華日艦數　上海之日本軍艦。向祇留一二艘。近自調派十五隊到申。而水雷隊又續到。截至念八日止計有安宅。平戶。常盤。保津。浦風。大井。荻。葛。藤。薄。能登呂。及前水雷隊十三艘。已達二十四艘。至在長江各地之日艦。計又有宇治。伏見。偶田。勢多。對馬。天龍。比良。鳥羽　熱海。二見。並桃。柳。樫。梅。等十四艘。

總計　據調查所得。在滬日本軍艦約二十餘艘。陸戰隊一千四百名。飛機約計二十餘架。其他野砲機槍等。悉皆完備云。

㊀第四章　日本續到援軍

先來五艦陸戰隊三千名
續來七艦飛機三十餘架
並有二隊海軍團四千餘

上海日兵對我挑戰後。我國軍隊。爲自衞計。出而應敵。二十八九兩日。激戰數次。

我軍着着勝利。日兵節節敗退。已將日軍驅逐出原守防綫　日本海軍省以在滬陸戰隊與飛機隊。均遭敗北。遂急調大隊軍艦。滿載軍火。並將佐世保認為該國最精銳特別陸戰隊。全數調滬應戰　三十日已先到一部。分誌如下。

廿六隊艦抵申　上海日艦。自開戰以來。已有二十一艘在滬。均分泊在浦江楊樹浦一帶。日軍第一日進攻閘北即遭失敗。該國海軍省倉皇將佐世保已準備之二十六隊驅逐艦四艘。由巡洋艦龍田號統率。在日本急開來滬。龍田由日出發時。滿載各種大砲炸彈。以及放火所用硫磺彈。並聞有為國際所禁　毒藥彈。該艦另有一批。秘密運來上海。以供日軍無人道的慘殺。三十日午後四時。四驅逐艦先抵浦江。至四時半。龍田艦亦來。當在黃浦碼頭外擋　海關河筒拋泊。

特別陸戰隊上岸　日本在滬之陸戰隊。共有一千四百五十名。又二十一艦中之海軍。有一千名左右。兩天作戰以來。死亡枕籍。原有之陸戰隊。已喪失其大半。戰鬥力大減。因之海軍省將其所認為最精銳之特別海軍團陸戰隊七千名。全數調滬。昨日由龍田艦先載到三千名。下午四時半到滬後。立即在滿鐵之黃浦碼頭上陸。至前綫補充。

航空隊續來　能登呂之航空隊。前日至閘北亂擲炸彈。轟炸商店及民房。慘殺無辜。殘忍已極。為我軍擊落多艘。昨已不敢再來嘗試。該國海軍省已電告業將第一航空隊之作戰飛機。全數調出。由加賀、鳳翔兩航空母艦。共載三十餘機。並又加巡洋艦那珂號、古良號。阿武隈號。及一等驅逐艦四艦。已於昨日午後離日。三巡洋艦又將所謂特別陸戰隊第二隊計四千名。運來上海。今日可到上海。大約在傍晚抵滬。加入戰鬥云。

日艦侵犯各地　日本已抱定對我作戰。我方僅謀自衛。自上海開火後。第廿三隊立即抽兩艦。駛往長江下游。圖至通州等地侵襲。昨日續到調第廿三隊之兩驅逐艦。係從揚子江方面駛去。或至鎮江等地。擾我內地。並聞第二隊艦更派艦到 州方面騷擾。但我方均有自衛之準備。又日軍作戰死亡之兵士。纍纍尸體。已由日艦分裝。送往本國。舉行火葬矣。

▲陸軍來滬增援

大批兵艦奉命出動

日政府鑑於上海事變急轉。決定派遣陸軍來滬。昨夜（三十一日）陸海軍幹部開聯合會議。協商具體辦法。（三十一日電通社電）

海軍省下令吳軍港第二水雷戰隊旗艦神通以下第十九。第二十驅艦隊。與第一艦隊伊勢。日向。治通。特務艦穩戶。間宮。載軍需糧食向上海出動。間宮已於今日（三十一日）晨七點由吳軍港出動。（三十一日電通社電）

▲日艦不斷來滬

三航空艦　日兵戰敗後。遂由佐世保調派第一航空隊。由航空母艦加賀。鳳翔兩艘。運來戰鬥飛機兩大隊。計有二十餘架。均爲灰色機。尾翼均有太陽圖。兩艦進吳淞後。於昨晨開進上海。停在揚樹浦江面。昨日上午。兩艦中之日本飛機。均飛往真茹一帶。擬轟炸我電台。計有十七架之多。當場有兩機。爲我軍射落。

四魚雷艦 日本第三戰隊巡洋艦那珂號。由良號。阿武隈號。並魚雷艦四艘。已從佐世保開駛來滬。於昨日下午四時二十五分進口。當在楊樹浦江面停泊。該第三戰隊所載來特別陸戰隊。昨已逐批登陸。準備與我軍再戰。現時上海港。僅楊樹浦一段。停有日艦三十餘隻。

▲日本陸戰隊到滬

陸戰隊運到 日軍自作戰以來。屢遭失敗。該國海軍陸戰隊。已失去戰鬥力。日方爰再調陸隊來滬。與我國作戰。昨日本埠日郵社歐洲班輪照國丸。已從日本開來上海。該輪載有陸戰隊一隊。名額與番號等。日方秘不宣布。已於一日午三時半進口。當在匯山碼頭停泊。兵士卽行上陸。

日艦離滬 在滬日本軍艦。昨日上午六時起。至九時止。突有驅逐艦第二十六隊之二艘。又有江防艦輕巡洋艦各一艘。突然離開上海。駛出吳淞。其目的未詳。據稱。各該日艦。係開往揚子江一帶。擾亂我國內地各處。

軍火運滬 日軍作戰以來。軍火銷耗甚多。玆聞日本海軍省所派運輸艦間宮號。已由吳軍港滿載糧食砲槍及子彈炸藥等來滬。今晨可以進口。以供上海日兵之用。又有驅逐艦沿風號。載輸軍用車甚多。本日下午亦可進口。

▲大批陸軍增調來滬

華盛頓　駐美日大使出淵今日通知國務院。日本陸軍一師計九千人。現由日本遣往上海。（五日路透電）

東京　關於派兵赴滬之重要說明。原定今日公佈。但因內閣欲重行考慮所需兵額。並減低原有預算。故展緩發表。當道現雖仍不許披露出兵詳情。但報告出兵之簡略新聞。則已可爲檢查員所通過。據官場消息。駐華公使重光主張此事暫守嚴格秘密。蓋恐華軍聞之。大舉進攻。以殲滅此死傷已逾什一之日本陸戰隊也。日政府雖於駐外代表。亦未告以出兵事。是以駐美大使出淵近且向美國務卿聲明。日本不欲派兵赴滬。海相今日告路透訪員。上海陸戰隊無多。與十倍之敵衆繼續接戰。疲勞已極。日政府今決議派兵赴滬。無非欲策應陸戰隊。而逐退上海附近之華軍耳。日本絕對無佔據土地。或傷害英國在長江利益之意。一俟目前之工作完成後。即可撤兵。日本派兵赴滬。誠可爲人誤會。但希望日軍到滬後。華軍不戰而退。即使戰爭區域。當有嚴格限制也云。路透訪員詢以戰地範圍。海相答稱。約延長二三十里。但決不擴大。日本之視上海事件與視滿洲事件。眼光完全不同。英國若能知此。則可了然於未有疑問日本意思之必要矣。滿洲爲日本生死事件。而上海則不過偶有事件。日本對於滬事。亟願及早結束之。俾可撤兵。希望上海仿天津辦法。由國際協定。在指定區域內不許華兵駐紮。如是。則上海將來可永無穢起衝突之可能矣。（五日路透電）

野村司令抵滬　每日新聞載電通社五日佐世保電云。日海軍省新任第三艦隊司令野村中將。於五日午後六時由佐世保出發。預定七日抵滬。

大批日軍到滬　大陸報云。昨日（六日）有日兵一千五百名由日本開抵本埠。在楊樹浦登岸。明日（七日）大約將續到八九千名。此卽日內閣數日前決議派來上海以增援陸戰隊之陸軍。

字林報云。據半官消息。日本陸軍一混成旅及海軍陸戰隊等於今日（七日）抵滬。增援上海日軍。惟究否由郵船會社碼頭登岸。入駐日本軍營。抑在戰場附近登岸。則無從探悉。記者曾以日軍到滬事詢諸日司令部。日人皆諱莫如深。新任日本在滬陸戰隊司令植松少將。已於昨日（六日）下午自日本抵滬。日軍上級武官及領署官吏往碼頭迎迓者甚衆。植松少將曩日曾任上海日陸戰隊司令。至新任第三艦隊司令野村中將則將於今日（七日）抵滬。

日艦昨日活動　日寇侵犯閘北後。日艦調動。異常忙碌。昨晨停泊於楊樹浦江面之日砲艦一艘。魚雷艦第三十隊四艘。第二十二隊二艘。第二隊一艘。共計八艘。先後開往吳淞一帶停泊。於下午二時許。第二隊魚雷艦一艘。仍駛回楊樹浦云。

日機停降地點　上海泰晤士報云。上海陸軍當局現正在楊樹浦區距平涼路與黎平路轉角數碼之空地。佈置飛機停駐場。昨日（六日）午後日兵及俄國二八一大隊從事塡地。甚形忙碌。現已有日飛機四架。駐於該地。午後曾飛出偵察。

大陸報云。滬江大學之運動場。現正由日兵改爲日飛機降落地。又距德士古煤油公司之油倉約半英里之空地。昨亦有日人由陸戰隊保護。從事塡平。聞亦將爲日飛機之降落地。

▲日本陸軍第九師團抵滬

十三夜駛抵楊樹浦

十四午已陸續登岸

日軍連遭潰敗。所有海陸空軍死亡無算。已無作戰能力。爰又由日本調派陸軍第九師團全部。由植田中將統率之下。用大批特務艦。由驅逐艦隊掩護開來上海。業於十三晚及十四日。分批進口。先後登陸。

頭批昨晚進口 號稱日本陸軍最精銳之第九師團。兵額約二萬名。步騎砲工空。均全備。昨天卽到吳淞口外。嘗以進口需要引水。乃在滬雇得大批領港。赴三夾水外河筒。將載該軍之日郵社中日線內之商輪筑波丸。摩耶。等六艘。並巡洋艦四隻。滿載該師團兵士。於昨日晚間六時四十分起。陸續開進浦江。計步兵砲兵機槍隊等。而植田亦於是時至滬。各運兵輪軍艦。抵黃浦與匯山碼頭時。已在七時以後。當該師團官兵。均留艦中。至今日晨起。始將兵士槍砲等。陸續搬運上陸。

二批日兵續到 第九師團所屬步隊一部。及騎兵隊與通信兵隊等。昨晚不及駛進浦江。今日經運輸船 Yakumo maru 裝載。與日郵社之長崎丸及 Urajio maru 等三艘。分運到滬。第一船八時十分。第二輪一時半。第三艘二時四十五分。先後到滬。亦在黃浦匯山及大阪等三碼頭停泊。所到三日輪中。共有步騎等兵約一萬三千名並有軍馬數百頭。而通信隊中。更帶來軍用白鴿三十餘籠。昨日午後。統在各該碼頭登陸矣。

▲匯山碼頭登陸　新由日本調派來滬增援之陸軍第九師團。於今日七時三十分。由新任遠東陸軍總司令植田中將率領。在楊樹浦路匯山碼頭登陸。該項陸軍。衣黃色呢制服。頭載黃呢軍帽。帽上有紅邊一條。標有陸軍字樣。日本駐華公使重光。第三艦隊司令野村。陸戰隊指揮植松。日駐滬領事村井。均親赴碼頭迎迓。並與植田在第一號艦中。晤談約半小時。匯山捕房。並派有日捕四五人。在彼照料。日陸戰隊本部方面。亦派有武裝兵士四人。由一哨兵長率領。　附近一帶嚴密警備。不准行人駐足而觀。稍違即加以驅逐。匯山碼頭兩旁。停有大號卡車二十餘輛。以備輸送登陸日軍之用。至十時許。登陸日軍。已達六千餘人。當即分乘該項卡車。直駛而去。往返共計三次。均係運往吳淞蘊藻浜一帶前線者。綜計人數。約計一萬餘名。並另有卡車一輛。載有大砲十四尊。小鋼砲八尊。子彈炸彈共百餘箱。一並運往該地。直至下午四時。二萬餘日軍。始悉數登陸完畢。惟大砲軍火等。因搬運費時。截至下午五時。尚未搬畢。

▲大批日兵又到

運輸輪七艘進口

載到陸軍萬三千

日本調來上海援軍金澤第九師團。所屬步騎砲工輜與航空通信機槍等各隊　兵額實數。在二萬名以上。十三日夜及十四日上下午。先後由運輸輪九艘。由軍艦掩護裝到上海。在大阪匯山及黃浦等三碼頭上陸。共計載到官兵七千三四百名。其餘均爲大砲。坦克車。機關槍砲。炸藥子彈。並軍馬八百匹。與通信鴿電料等項。而大隊步砲兵與工輜兵等一萬三千名。直至昨日上午。始由日人在滬所雇領港人員。陸續帶引到滬。茲經調查。昨日大隊日兵。由大號運輸商輪七艘。每船裝一二三千名不等。開進吳淞。均到楊樹浦黃浦匯山大阪三碼頭上陸。其船名與到滬時間。查錄如下。（一）Mihoru Maru八時五十分進口（二）Ida maru 八時五十分進口。（三）Siinyu maru八時五十分進口。（四）Fiorida maru 九時三十分進口（五）Hakkar maru十時四十五分進口。（六）Uzina maru十時五十五分進口。（七）Shokyu maru十一時十五分進口。以上各船。均全數裝兵至滬。由日海軍派十　隊魚雷艦一艘保護。各兵至碼頭後。即行登陸。用大批卡車。分運至前綫。

此次第九師團來滬。兵數既多。需用糧食及軍用品亦甚夥。前日第一批到滬之運輸船長崎丸。筑波丸。阿摩丸。法朗西丸等五艘。昨日已由日艦一艘保護。開離上海赴日。運輸來滬矣。

大陸報云。日本第九師團昨日（十四）登陸者計有步兵兩旅。騎兵一聯隊。砲兵一聯隊。工程與通信隊一大隊。輜重隊一大隊軍需極多。大戰馬八百匹。供曳砲與乘騎之用。又機器脚踏車與坦克車多輛。飛機多架。傳書鴿約一百二十隻。野戰大砲。則由日局馬曳過楊樹浦路者約近一百尊。砲彈槍砲及炸彈等。均以大箱裝運。用馬曳過楊樹浦路者。亦不知其數。足見日軍將傾全力以猛撲中國十九路軍不可撼之陣線也。

◎第五章　日軍夜襲閘北

大戰開始

全滬震驚

二十八日入晚後。外人方面即有嚴重消息傳出。於當晚十二時。日本陸戰隊進攻閘北。初於十一時十分時。日本陸戰隊即有一小隊數十人。由北四川路底司令部開到天通庵。首先佔據天通庵車站。該站人員即時離去。但斯時防閘北之我十九路軍。尚靜守防綫。並不射擊　及至十二時許。日陸戰隊即以天通庵車站為根據地。分數隊突向我軍防綫攻擊。我駐防軍以釁自彼開。不能不與抵抗。當即奮起應戰。如是各方力謀緩和之上海。頓時變為戰爭狀態矣。茲將戰況。分誌如下。

天通菴站　二十八晚十一時十分。日陸戰隊一小隊約數十人均携手提機關槍。乘機器脚踏車。臂纏白布。由便衣日人領入天通菴車站。時車站人員均避鋒離去。我軍多散伏各處。靜守防線。極為鎮靜。

閘北巷戰　廿八晚十一時餘。日陸戰隊在天通庵方面。首先向我十九路防軍開放步槍數響。隨即分淞滬鐵路及虬江路兩方面向我軍防綫衝鋒。我軍兵士憤激萬分。勇氣百倍。遂用機關槍射擊。日軍連衝數次。均被我軍擊退。此後雙方遂用步槍抵抗。直至十二時五十分時。日軍又由後方補充生力軍向我軍猛攻。我軍死力還擊。互戰至一時二十分。日軍仍不得逞。退回天通庵以東。當雙方激戰時。機關槍聲不絕於耳。並據外人方面探悉。日軍衝鋒時。損失甚鉅。自一時半以後。槍聲稍稀。並逐漸向天通庵方面以東移去。想係日軍後退之故。但至一時五十分時。機關槍聲又起。且甚稠密。在淞滬車站之屋頂。可見子彈火光。激戰至二點半。槍聲尚未停止。同時寶山路口方面。亦起槍聲十餘響。又北站方面。亦有槍聲十餘響。而站內之電燈。亦立刻熄滅。此時槍聲最密之地。似在虬江路與淞滬車站之間。

江灣接觸　日軍在天通庵車站挑釁後。同時江灣方面。日陸戰隊亦與我軍第七十八師第六團接觸。初僅步哨衝突。我軍為正當防衛起見。即積極應戰。日軍連次衝鋒。均為我軍擊退。我軍士氣旺盛。無不以一當十。日軍卒無所逞。

轟擊吳淞　廿八晚十時許。日艦十三艘駛進三夾水。向吳淞砲台轟擊。發砲三四十發。我軍初先積極應戰。其後忽寂然無聞。日艦以為砲台已燬。即擬登陸佔領間。我砲台突又開砲。日艦稍退。其後上海吳淞間之消息忽斷。吳淞戰況詳後。

●第六章　日軍初次失利

我軍奮勇迎戰
日軍有退無進
北火車站被炸
商務書館燒毀

（二十九日戰況）

自日兵昨晚十一時五十分。無端進佔淞滬路天通庵車站。向我駐軍蔡廷楷部第七十八師挑戰後。雙方卽於當晚十二時正式接觸。原由天通庵站及淞滬路進窺天通庵路江灣路等處日兵。已於本日下午一時許。被我軍擊敗退出。同時黃陸路附近日本海軍陸戰隊本部。亦有被我軍佔領消息。北四川路日本小學內所設臨時本部。因悉我軍在福生路得利。沿虬江路前進　懼被包圍。乃亟又放棄。退至四川路橋。暫佔郵政總局爲駐紮地。但我軍以越界築路。不可爲日軍利用。故追至北四川路大德里暫時停駐。旋又前進至老靶子路柵門處。與虬江路我軍會合。至下午五時。駐在北四川路郵局內日兵。聞已不見踪跡。同時在海甯路北河南路小菜場附近留駐之日軍。亦退至天妃宮橋北堍。第十路公共汽車。祇往來於三茅閣橋。及天妃宮橋南堍之間。至本六時止。我軍陣綫。在北川路。北河南路。虬江路。寶山路。已得互相呼應。所有昨晚日兵所襲擊佔據之各地。全爲我軍收復。計是役。共擄獲鐵甲車四輛。擊燬一輛。擊落飛機四架。敵軍死傷一千餘人。茲將各情分誌如次。

奪回天通菴站 公安局第六中隊二等警趙煜三。於今晨在天通菴車站附近。與日兵激戰受傷。據向新聲社記者談、該處中日兩軍衝突。及天通菴車站被佔據又行奪回經過情形云。公安局於晚派第六中隊警士六人。在天通菴路與通記路口所設之沙袋等防禦工程處防守時。至深夜十一時四十分 忽發現日軍鐵甲汽車數部。載日海軍陸戰隊三十餘人。守警詢以口令。日兵即開機關槍。六警當即抵抗。以步槍還擊。然以衆寡不敵。乃向橫浜路方面退却。幷向駐守該處之公安局第六中隊隊長孫謀報告。孫隊長聞訊。當率警士六十餘人應援。無如日鐵甲車汽車以機關槍掃射甚猛。歷十餘分鐘。亦不支而退。時天通菴車站。已被日軍所佔。乃於青雲路集合。復得憲兵第六團機關槍隊之應援。氣勢遂又大振。當即竭力反攻。戰二小時。十九路軍第五團亦聞訊。趕至加入作戰。日兵遂被我軍包圍。至三十日清晨三時許。攻天通菴火車站之日軍。乃全告覆沒。幷奪獲鐵甲車汽車三部。其中一部毀壞。餘二部尚可應用。至三時半。日軍又有一隊。向天菴車站來攻。我軍復與應戰。日不克而退。於是天通菴車站。復爲我軍奪回。是役我軍死傷十餘人。而日軍之死傷。則達百人弱。

四川路巷戰情形 北四川路一帶巷戰。以川工路與阿瑞里對面吟桂路爲最劇烈。蓋日軍此次進攻閘北。共分三路進攻。一路由江灣路入天通菴路。圖攻北火車站之後。然已爲我軍在天通菴路擊退。幷將江灣路虹口公園附近。日本海軍司令部擊毀。一路由吟桂路日小學校內所駐之海軍陸戰隊第三隊。沿該路西進。圖於橫浜路與天通菴方面日鐵甲汽車隊相聯絡。另一路。則由虬江路直攻北站。因之北四川路附近。如川公路如吟桂路巷戰甚烈。吟桂路於今晨被我軍圍攻。至今午十一時半。以該路日小學校爲根據地之日軍。已全數退出。雙方死傷。均不少。由虬江路方面進攻之日軍被我軍擊退至川公路廣東街一帶。巷戰極烈。日兵死傷。橫臥於巷口者。觸目皆是。在該處巷戰時。我軍憲兵排長王天雄。曾率一隊憲兵衝鋒。擬越過北四川路。故在正午十二時左右。在老靶子路北四川路口。聞槍聲甚爲清晰。同時在租界口之日機關槍聲亦大作。至下午一時許。始漸息。聞王排長與所率之一隊憲兵。均未見歸來。或有意外。亦未可知。當時日方以汽車運輸蔴袋及沙土等。以爲架設防禦工程之用。此又可見當時日軍之失利情形也。

福生路之戰況

靶子路間之橫路福生路。係華租交界處。今晨三四時日兵數十人。自靶子路衝入。與我軍發生小衝突。至天明五六時間。趨於激戰狀況。我軍係憲兵第一團第三營。奮力應戰。旋因日兵增多。乃稍退至福生路北之新民路寶山路口。日軍乃强登該地之民房小樓上。緊閉窗戶。乘虛射擊。擊後隱匿室內。使 軍無從捉摸。沈營長督促部屬。在界路上（即日軍所居小樓之對面）紛壘沙囊。與之週旋。自後互有槍擊。雙方死傷。尚不重大。

擊落日機四架 今日日本飛機到處投彈。破壞甚大。當清晨四時許。在閘北南市天空。環繞飛翔。約有五架。卽聞軋軋之聲。時晨霧未退。細雨迷濛。擊落日機共四架。一架於今日午後二時用高射砲擊落。墮於寶山路吳淞路車站。又二架爲虹橋飛出之航空戰鬥機擊落。因日機由吳淞飛來。天色未明。旋我軍飛機繼起。彼疑係租界飛機。毫未介意。仍在商務印書館一帶投彈。我飛機見彼實行破壞。遂上前高飛於日機之上。用機槍射擊。落於太陽廟滬泰長途汽車公司門前。

北車站被日機轟炸 來往首都上海杭州間必須要道之京滬上北車站。站屋及上北貨棧。上北機車房亦同於本日被日飛機拋擲硫磺彈。全部焚毀。茲將詳情紀之如下。

今日日飛機擲炸彈。第一次卽向北車站施放。時在八時左右。約一二兩彈。落在車務處辦公室外。未炸。車場道內亦受三彈。未有巨創。麥根路及眞茹方面同吞受彈。因我軍轟擊甚烈。乃未得逞。在九時許。上北機車房頂上着彈。當被炸毁倒塌。惟因該屋全係鐵料瓦料建成。致未成災。至下午一時許。上北貨棧亦着彈爆烈後。卽時延燒各貨棧內。貨物因受戰事影響。均未及運出今則全付一炬矣。損失當在百萬元以上。至下午二時三十分。上北車站管理局四層屋頂上。同樣被炸。卽向下延燒。漸及下層車務處辦公室時。車場內所停鐵甲車兩列。竟亦被炸。轟然一聲。車內軍火。遂因而爆烈。以致車站樓屋。因受震不支而倒塌。火勢自下午二時半起至十時。尙未熄滅。想已變成焦土矣。

義勇軍參加作戰　昨晚（廿八日）閘北方面日軍向我進擊後。中華民國退職軍人抗日救國義勇軍總指揮部聞訊。立派義勇軍二百餘名。趕赴北四川路底天通庵附近。參加抵禦日軍。該軍因成立伊始。槍械不齊。參加作戰者分二十八為一組。共分十組。僅有槍六十餘桿。間有攜盒子砲。餘則仍多徒手。奮勇衝向日軍司令部進攻。奪獲日軍槍械四十餘桿。日軍受傷者有二十餘人。但該義勇軍傷亡四名。該義勇軍總指揮部參加是役後。昨又召集義勇軍。已有千餘。士氣極盛。又聞各義勇軍蠭起後。（現已有王亞樵。王大文。陳一農。余之奎。各部。人數達數萬。已與十九路軍取得聯絡云。

商務書館燒燬　閘北寶山路之商務印書館閘北總廠及編輯部東方圖書館。於昨晨十一時。被日飛機拋彈炸毀。並全部焚去。茲將被炸情形。詳誌於下。自昨晨日兵鑒於形勢不利後。卽用飛機轟炸我軍後方陣線。但我軍陣線。均為散形線。故未為所乘。日機第一次飛時。在昨日四時二十分。因天色晦暝。故祇在空中盤旋示威。至七時左右。天已大明。同時日機又有一架自浦江飛起。相隨飛往閘北。實施拋硫磺炸彈。湖州會館鄰近首 着彈。幸炸力甚弱。未被巨創。尚有數彈。落在荒地上。故未波及。至十一時許。商務印書總廠竟亦着彈。適落在天井內。當卽爆裂。繼卽發火。而當時廠內各工人。早 走避。至救火車因在戰事區域內。無從施救。乃祇得任其延燒。一時火光燭天。照及全市。尤以紙類堆積。延燒更易。片刻間編輯部卽遭波及。所裝備之各種印刷機器。全部燒壞。焚餘紙灰。飛達數里以外。卽本社左右。均有拾得。可見當時火勢之一班。與商務書館相對爲鄰之東方圖書館。因火焰沖過馬路竟亦遭殃。全部被毀。商務書館總廠房屋。於下午三時許。卽全部倒塌。但火勢至五時許尤未全熄。查商務書館爲我國唯一文化機關總廠。佔地八十餘畝。今亦爲國難而犧牲矣。惜哉。聞該館全部損失。以現在價值估計。約值一千萬圓左右。

（一月三十日之戰況）

日領要求停戰　昨日日領要求我當局停戰。並經英美領事從中斡旋。雙方約定於卽晚八時止。停止攻擊。但至十時許。對方槍彈仍向華界射擊。我當局質問日領。據答係便衣隊。迨至今晨一時餘。槍聲仍密。但其地點移在北四川路老靶子路與寶樂安路之間。截至今晨二時半止。我軍防線內。自寶山路起。沿淞滬鐵路至江灣一帶。已無日軍蹤跡。鐵路以南四川路一帶。尚有日軍殘部。正在激戰中。四川路橋北堍。仍有日兵數名把守。絕對禁止通行。又虹口方面。散布日本便衣隊甚多。左手服有白布及紅布各一條。

上午戰況　本日上午八時十五分。日陸戰隊約二百餘名。分兩路向我軍陣地襲擊。一部在河南路花旗營盤短垣西角沙袋堆旁。。一部由吳淞路朝東。向我軍防地猛攻。。衝鋒數次。均經我軍迎頭痛擊。日軍傷亡枕藉。相持至正午十一時十分。日軍不支。紛紛向原來兩處敗退。一由河南路退至北河南路鐵馬路菜場。一由吳淞路退抵沈家灣虹口菜場。我軍見日軍潰退。仍然緊守陣地。並未追擊。此後槍聲遂歸沉寂。至下午一時許。又有日軍二十餘人。潛至河南路沙袋處。向北面頻頻襲擊。我軍亦報以十餘槍。約一刻鐘始止。

我軍圍擊殘部　我軍陣線。至下午六時止。在北河南路。福生路。虬江路。三處。無變遷。亦無接觸。間或有一二槍聲。係福生路。虬江路。兩處日兵便衣隊。被我軍包圍後。正在殲滅之故。福生路約有便衣隊三四十名。虬江路至奧迪安影戲院旁川弓路處。約有五十餘名。均分匿居民家內。故搜勦稍覺緩慢。但此種絕小部份勢力。深處圍困中。行見一掃而盡。北河南路鐵柵門以北寶山路口。均滿佈我軍。以南無日兵蹤跡。至天妃宮橋上。日兵有防禦工作。由此可見日兵已行敗退矣。北四川路海寧路一帶。尚有日兵。約在百人左右。蓬路日本俱樂部亦駐有日兵。於昨晨三時起、曾被我軍圍攻。同時北四川路底我軍。曾向寶樂安路。狄思威路。繞道進攻虹口沈家灣。於佔領後。即沿吳淞路前進。至岷山路。以此處日海軍陸戰隊本部司令部遷駐於此。故當時激戰至烈。蘇州河北面槍聲。密如連珠。至昨晨四時許漸歇。未幾。日兵又用小砲轟擊。但未中的。至天明時。共發三次。此方我軍最前陣線。現在沈家灣。日兵在廣東街頭壩。及日本俱樂部。崑山路。海寧路。等處。成一橫線形。雙方未有轟擊。至下午五時許。駐在虬江路我軍。曾將川弓路日本便衣隊兜勦。故槍聲又起。日便衣隊以力不能支。乃將該處房屋。縱火焚燒。此乃昨日傍晚能望及之火光所由來也。至八時許猶未熄。滬西勞勃生路鄰近梵皇渡車站處。日便衣隊。於下午五時許。亦被我駐軍圍擊。至九時尚未停止。

（一月三十一日之戰況）

▲眞如戰況

擊落敵飛機二架
傷我兵士十餘人

中國紅十字會第一支隊隊長海宗啓。本日午前十一時。見有日本大隊飛機。馳赴眞茹。知有大戰發生。因率領救護員醫師等三十餘人。分乘救護車三輛。開足馬力出發。至眞茹時。日飛機正與該地駐軍作戰。炸彈與高射砲聲不絕。結果。敵方擲數十彈 我軍射落日機二架。在楊家橋之北。無線電台之東一帶。我軍傷六團一連兵向志才。張疇。機關槍連一連兵士王新法、陳健平。六團一營一連李飛廷。張起義。三連周吉朋。四連吳少康。黃佐三。二營兵士謝昌。一連兵士李仁芳。民八趙志俊。警士趙德成等。無線電台無恙。傷兵送至海格路紅十字醫院。

▲前線總揮揮翁旅長談話

感謝同胞熱烈慰勞
希望救出閘北難民

現在我方於閘北虹口一帶前線與日兵抵抗者。爲十九路軍七十八師一百五十六旅第五。六。兩團。第五團長丁榮光。担任側面攻擊。第六團長張君嵩担任正面攻擊。而蔡廷楷軍長與旅長翁照垣旦夕在前線指揮。目下翁兼任前線總指揮。及義勇軍副主任。該兩團兵士自與日兵開火以來。陣線有進無退。而傷亡亦少。

翁旅長。爲廣東惠來人。年四十。前爲粵軍猛將之一。一九二六年東渡日本。畢業於日本陸軍士官學校。一九二九年留法學習航空。畢業於法國嘉哈尼航空專門學校。嗣又往德．英。意。諸國考察航空。善於飛行。去年始返國。任廣東省保安隊第四團團長。未幾調任國民政府警衛軍第四旅旅長。旋又調任今職。體格魁梧。態度沉著。富於謀略。勇敢過人。曾向各報記者談話云。此次與日軍作戰。屢戰屢勝。非我十九路之力量。實乃民衆的力量。民氣即是士氣。民力即是軍力。觀諸數日來閘北民衆。爲我軍炊爨服務。爭先恐後。此語益足徵信。在昔我國人。常以日軍爲可畏。謂日軍一人。可當我軍十人。此類觀念。殆已普遍。而深入人心矣。乃證諸日來戰事。則適得其反。不僅日軍不能與我以一比一。反之我軍能以一敵數。打得日軍每戰皆挫。足見我國軍氣之强旺爲如何。近來備蒙各界來此慰勞。並犒需品。卻之未敢。受之有愧。謹代我前線軍士對各界同志。致最誠摯之謝意。此後當益本初旨。努力殺敵。無論犧牲至何程度。必須流血至最後一滴。以保我中華國土及民族光榮。

日軍又挑釁示威

（二月二日之戰況）

今日爲雙方休戰三日中之最後一日。我方軍士遵守軍士長官命令。對於日軍。不予追擊。唯日軍仍不絕挑釁。昨往前方視察。親聆日軍陣中。機槍小鋼砲之聲不絕。今晨五時。駐防橫浜路之日軍。竟開放機槍。向我軍掃射。歷時頗久。而寶山路口之日軍。亦於昨晨九時。槍聲大作向我軍陣中射擊。我軍服從命令。始終不發一槍一彈。

日軍用重砲攻我　今日下午二時三刻。日軍復在狄思威路天通庵路一帶以重砲向吾軍轟擊。砰砰之聲雖距離甚遠之楓林橋一帶亦頗清晰。至四時三刻。始行停止攻擊。日人稍退。入晚至七時許又有劇戰。我方始終堅守原來陣線云。

我擊落日機一架　日方於下午一時起。分遣戰鬥機兩架。飛駛北站。眞茹。南市。浦東。及租界一帶示威。當飛抵北站附近時。飛駛殊低。顯為向我軍陣地窺探防務。幷投擲炸彈。後我軍開放高射砲。將日機擊落一架。墮落於閘北方面。又下午二時許。該飛機兩架。在北浙江路第一特區地方法院上盤翔許久。該處係美兵防區。法院屋頂。有美兵防守見該飛機。往返低飛多次。當即鳴鎗加以警告云。

（按日軍初戰即失利連日皆在休戰期中雙方不過小接觸而已）

●第七章　日艦砲擊吳淞

我還擊日艦一沉三傷

浦東白龍港亦有砲戰

（二月三日之戰況）

今日上午十時半。日海軍及飛機進攻吳淞要塞。我方亦開砲還擊。結果擊沉日驅逐艦一艘。並擊落日機一架。至午後四時許。浦東白龍港砲台亦有日艦進攻。亦經擊退。茲將詳情錄後。

日海軍進攻吳淞　本日吳淞方面。忽有日艦向我砲台轟擊。致滬上謠諑四起。有吳淞已爲日軍佔領之說。民衆頓起恐慌。茲據。吳淞要塞司令部確息。今晨十時三十分許。日艦四艘。駛至海口。忽鳴汽笛。該砲台置之不理。而日艦即向砲台開砲射擊。當經鄧司令指揮部屬。開砲還擊。擊沉日驅逐艦一艘。其餘三艦。追蹤前進。復經該砲台開砲猛射。又擊損日艦三艘。其中一艘烟囪被擊損壞。左右搖擺欲沉嗣由其他日艦急駛而至。將該受損三艘。曳往阿烏沙附近停泊。此上午與日激戰我軍勝利之實在經過情形也。迨至午後十二時半。日軍又駕飛機十二架。飛向吳淞炮台。拋擲炸彈。鄧司令即以高射砲擊之。當經擊落日飛機一架。落於寶山縣城內。當激戰時。該砲台損砲一尊。兵士被炸。一死五傷。居民亦傷八人。至當晚五時許。日艦及飛機。均逃逸無蹤。又據外人方面消息。今晨吳淞口日艦。向吳淞開砲。吳淞砲台。當即還擊。某艦上計載有飛機數十架。當有六架墜落。據目擊者云。雙方經三小時之轟擊。砲台突開砲射擊一驅逐艦上。當時即沉沒海中。其艦號爲第二十六號云。砲台之射擊。至下晝二時半停止。日艦上有陸戰隊一隊。登吳淞岸。岸上槍砲齊下。死傷甚多。日軍終不得逞。

吳淞砲戰目擊談 日本砲艦本日午刻在吳淞開砲。轟擊我砲台。當時係先有日驅逐艦停在吳淞。至十一時許。楊樹浦續有三日艦開抵吳淞。太古之奉天輪方進口。日艦到淞。卽開始砲擊。先後六響。我方亦卽回擊。奉天船員。見砲台旗杆折斷。又見日艦一隻着彈起火。卽行沉沒。另有兩艦。亦被我方砲彈擊傷。日艦卽行逃走。

白龍港亦有砲戰 今日午後四時許。浦東白龍港。亦有日艦至該處。開砲射擊。當經該港砲台。開砲還擊。雙方激戰良久。是役日艦計開砲一百響。我方開砲八十餘響。日艦因未得逞。卽行遠遁云。

日領稱決佔淞口 日本總領事。於本日下午二時半。突然向駐滬各國領事通知。稱我國吳淞口砲台。將日海軍驅逐艦三艘擊傷。並擊沉一艘。故日本海軍陸戰隊。決登陸準備佔領吳淞。但據事實。係由日本陸戰隊須於吳淞登陸。先向我軍砲轟。故我軍亦加以還擊云。

日艦進攻之詳情 吳淞要塞司令王副官。三日下午。因公來滬叩以敵艦攻擊吳淞砲臺經過。據稱。今晨十時。敵方突以軍艦念一艘開至吳淞。向我砲台採取半弧形包圍勢。並以機槍大砲。向我大舉襲擊。我為採取合法自衛計。亦開砲力事還擊。十時槍砲聲大作。當將敵方驅逐艦一艘擊毀。霎時卽沉沒。另一艘受砲火重創。不能活動。尚有二艘。亦被砲火擊中。惟創傷較輕。經我方奮勇激戰後。敵艦披靡。重圍亦解。十二時許。敵方飛機十二架。忽由川沙白龍港方面。飛到吳淞。一齊拋擲多量炸彈。我砲台立卽向空瞄準。開砲轟擊。當時敵飛機一架。中砲墮地。更有趣者。卽當飛機翻墜時。倭鳥人（按日人稱飛機師爲鳥人）竟跌出機外。立變肉餅。飛機亦墜地成虀粉。軍民見者。咸踴躍歡呼。竟忘置身戰場。其餘敵飛機。以不得逞。仍向川沙白龍港飛去。並經該處我防軍開砲百餘響轟擊。始狼狽逃歸原艦。當在敵我鏖戰時。今日出口開往寧波溫州等之中外各輪。亦不能越過火線。卽行折回上海。以爲敵艦念餘艘正向我砲台圍攻。我必無幸。故外間有吳淞砲台已失守之訛傳。凡蓋此助長敵人氣燄之思想。全爲無抵抗軍人所造成。殊不知我鄧司令當倭寇犯滬事。卽預料敵人必來窺我吳淞砲台。故抱定與台共存亡之決心。早有準備。用能殺敵致果云。

●第八章　日軍二次總攻

日艦十三艘圍攻吳淞砲臺
激戰八小時擊傷日艦二艘
陸戰隊死傷過半要塞無恙
閘北激戰日軍發四百餘砲
我軍亦還砲結果日軍敗退

（二月四日之戰況）

▲吳淞戰況

日海空軍前日猛攻吳淞砲台失敗。被我砲台擊沉日驅逐艦一艘。擊傷戰艦三艘。擊落飛機一架。日海軍司令部復派大批軍艦圍攻吳淞砲台。自晨九時起迄下午五時始止。我軍應戰極力。日艦二艘受傷。始終未能越雷池一步。茲據調查所得。詳誌於下。

敵艦圍攻　吳淞於昨日上午九時許。復有敵艦十三艘。圍攻砲台。要塞司令鄧振銓。當卽督率官兵。發砲還擊。雙方互轟。頗為劇烈。直至十一時許。敵艦二艘被我浦東龍王廟砲台夾攻。擊傷甚重。失去戰鬥力。遂與未受傷之餘艦。同時退出砲台火線之外。及至正午零時三十分。敵艦復大舉來攻。砲火較前更為猛烈。并有敵海軍陸戰隊分頭在寶山城北。及砲台灣車站前洋碼頭。由敵艦砲火掩護登岸。希圖截擊砲台陸正面。經要塞守備兵會同十九路軍。將敵擊退。同時吳淞張華浜對江老鼠沙光華火油棧。被敵兵登岸。縱火擾亂後方。下午二時許。復有敵艦五艘。及敵機八九架。駛至淞口。加入作戰。一時砲台方面。砲聲連續不斷。聲震天地。敵兵又分數處海岸登陸。先後均被擊退。至五時許始行休戰。淞寶居民業已遷避一空矣。

殲滅日軍　自今日晨九時起。日艦十三艘大舉攻我砲台。我軍奮勇還擊。雙方互戰約數小時後。我砲台忽然靜默。日艦繼續開砲。我方均無應聲。日急派偵察機飛至砲台附近窺視。亦以為我軍全部退却。砲台燬壞。遂以無線電報告。於是日艦陸戰隊紛紛登陸。迨逼近我砲台時。我方伏兵盡起。開砲痛擊。並以機關槍掃射。日陸戰隊千餘人盡被殲滅。無一生還。

又一報告　警備部報告云。四日上午。日軍派飛機四架。軍艦四艘。向我吳淞砲台轟擊。我方還砲。擊沉敵艦一隻。敵艦及飛機即不支逃去。至下午一時許。敵軍又來飛機三架。戰艦四艘。攻擊我砲台。激戰至三時許。我方即停止還砲。佯作不抵抗。敵艦以爲我方已退走。遂派陸戰隊一千餘名登岸。意圖直取砲台。我方守軍。靜待敵軍進砲台附近時。遂用機關槍及迫擊砲掃射。敵軍逃避不及。當被我軍擊斃千餘名。幾無一名生還。又據報白龍港海面。原有日艦八艘。但四日來攻吳淞砲台以後。僅有六艘。回至該處海面停泊。

赴淞指揮　日海空軍連日犯我吳淞砲台。我軍奮勇還擊。激戰至烈。四日下午三時。淞滬警備司令部並派七十八師副師長譚啓秀前往吳淞。負責指揮一切。要塞區域仍在我軍固守中。

吳淞損害　昨日吳淞激戰結果。我軍傷亡極少。日艦共開數百砲。吳淞鎮街市砲彈落下甚多。被轟燬者計有明遠樓茶館。協茂福醬園。盛慶餘藥材店。漢和理髮店等數家。損害尚輕。

特別戒嚴　吳淞要塞司令鄧振銓。於今夜宣布淞口特別戒嚴。自晚間七時至翌晨五時。一切船隻。不准進出。

▲閘北戰況

日兵於三日下令總攻擊後。當日首先一仗。即被我軍予以重創。乃日兵尚不甘服。遂於今日繼續大舉分三路進攻。幸賴我軍奮勇抵抗。卒將日兵擊敗。並同時奪獲戰利品等。茲將閘北方面我軍擊潰三路進犯日兵情形。分誌如下。

乘勝追擊　福生路係接近老靶子路。日兵自從北河南路口撤退後。即集中在該處。以儉德儲蓄會為根據地。曾屢次由新民路向寶山路襲擊。昨晨五時許。該處日兵。首向寶山路口進攻。當為防守北車站路我軍抵住。雙方即在該處交戰。未幾日兵見無發展。乃即用機關槍向我方掃射。我方亦即還擊。同時日兵有踞登該處高牆上用鋼砲向下猛攻。因此北站左右。彈如雨下。血肉橫飛。約相戰四小時。我軍在猛抗之下。卒將日兵挫敗。乃乘勝追擊。至虬江路與我軍中路綫會合。守住原防。日兵沿北四川路南北敗退。日兵死傷者約百餘人。界路上亦有日軍陳屍。

截獲軍械　日兵於進攻寶山路後。一面即分兵向塘山路衝入東寶興路。其勢異常猛烈。但我軍早有準備。即奮勇抵抗。日兵曾為少挫。未幾日兵續有大隊來攻。先用大砲掩護。繼以追擊砲。機關槍。小鋼砲。步槍。作猛烈之攻刺。我軍迎頭痛擊。相持約六小時。我中路軍抽派勁旅。沿淞滬綫超越至日兵後路夾擊。日兵始漸不支。正擬向後退却。奈後路阻塞。乃被我軍包圍。日兵屢次奪圍。終未得逞。後得援軍之助。乃始解圍。然生還者無幾。此處我方截獲日兵大砲七門。機槍十七架。槍彈無數。日兵傷亡者約三百餘人。我方亦受輕傷。總計日軍昨日終日共發四百餘砲。

左翼激戰　昨日日兵進攻各路中最猛烈者。厥爲江灣路及靑雲路。以此路日兵司令部適在該處。而又當虹口咽喉。故日兵出全力以搏。而我軍以此路實繫中右兩路陣綫。亦極力抵抗。於是此處。乃成兩方戰爭焦點。相搏之烈。爲日軍向我開釁後之第一次。沿淞滬綫天通庵路日兵。曾有十餘次在大砲掩護之下。向我軍防綫作至猛之衝鋒。我軍出壘抵抗。甚至肉搏。迫擊砲機關槍。幾失效用。日軍後方。乃在虹口花園及六三花園。用大砲向我軍後方陣地射擊。冀圖擾亂。我軍亦即用砲向日軍各砲位及該司令部轟擊。均能中的。日司令部內及附近。曾中彈十餘次。惟惜未爆發耳。在午後一時許。停在北站車場內之我軍鐵甲車一列。亦奉命前調助戰。該車即衝至淞滬綫。在寶山路站東發砲。當將六三花園轟毀。殲滅日兵百餘人。當時前綫日兵傷亡已將過半。又見後方援助隊伍發生劇變。乃節節敗退。我軍即在該處守住。並分兵至六三花園一帶追擊潰兵。聞我義勇軍一部。已推進至嘉興路。一部已佔領狄思威路一帶。此方日兵死亡達五百餘人。我軍亦受創傷。義勇軍方面。陣亡排長郭成標一名。傷士兵邱一峯。楊林孚。二名。當由紅十字會救護車送入醫院。

日機擲彈　在昨晨繼續發生戰爭時。日飛機二架。於十時左右。又復起飛助戰。先在閘北一帶盤繞。因我軍用高射砲斷續轟擊。因此未有投擲炸彈。約半小時後。日飛機忽然下降投彈。計先後不下三十餘次。以致南自寶山路鴻興路。北至靑雲路西寶興路八字橋一帶民房工廠。多爲日軍砲彈及炸彈擊燬。着火延燒。八字橋之玻璃廠。貧民收容所。已成燎原。自上午十時至下午十二時。延燒終日。尚未熄滅。一時紅光燭天。烟火滿佈。損失甚為鉅重。同時開封路更新舞臺後。亦被日機擲彈爆炸起火。自下午三時起至九時許。尚未熄滅。以地在軍事區域。竟無法施救。一任延燒。至為慘酷。幷此次日方均利用大砲。故先後計發砲達四百餘砲。中間曾有十餘次係空砲。我方還砲甚為準確。至於迫擊砲。機關槍。小鋼砲。則不計其數。總之自晨五時至下午五時。十二小時中。槍砲聲疏密不斷。足證此役之劇烈。

今晨砲戰　閘北方面戰事。昨日入晚後。砲聲已停。槍聲亦少。至九時後更覺平靜。詎至今晨零時三十分。敵軍方面。突又開砲向我軍陣地轟擊。我軍亦開砲還擊。頓時砲聲隆隆。震動天地。而機關槍聲及來福槍聲。亦同時不絕於耳。激戰至零五十分時。槍聲稍停。至一時許。槍聲亦停。自一時至一時半之間。機關槍復　繼續發放。惟不甚激烈。細察槍砲聲地點。似仍在淞滬鐵路一帶。

(一)第九章　眞如空軍大戰

我國空軍開始作戰
擊落敵軍飛機三架

（二月五日之戰況）

▲眞茹空軍戰紀詳

日飛機連日在閘北眞茹等處擲彈。燬屋傷人慘無人道。今晨十時。日飛機九架復飛翔天空。在閘北到處擲彈。旋飛眞茹。圖炸無綫電台。在眞茹車站旁。及曁南大學。擲下炸彈數枚。損害尚輕。當時我空軍趕到。遂在空中作戰。而我軍高射砲亦同時發彈。即於十一時三十分。擊落日飛機一架。兩架受傷。仍勉强作飛。墜落於南翔附近。餘機被我空軍追逐。疾飛逃去。茲將詳情。分誌於后。

飛機兩隊抵滬 今晨九時。我軍飛機第六第七兩隊。計戰鬥機及驅逐機若干架。由南京到滬。即在滬西天空飛翔一週。聞日內將有續到。據我空軍人員表示。我空軍係完全出于正當之自衛。暫不飛往租界。倘日機來華界天空擲彈。必盡量與之週旋云云。

日機襲擊眞茹 今晨十一時。日飛機九架。在閘北擲彈後。即飛向眞茹。圖炸國際無線電台。我軍即發高射砲及機關槍射擊。一時炸彈槍砲聲並作。激戰至爲劇烈。

空中作戰勝利 當時我空軍六七兩隊聞警。亦趕到眞茹。與日機在天空作戰。我軍自始即行佔優勢。時時居高臨下。以機關槍射擊。而高射砲瞄準復極準確。上下夾攻。日機漸覺不支。十一時三十分。日機一架。首被高射砲彈所中。機身着火。儲藏之炸彈爆裂。未幾即墜地粉碎。其餘兩架。亦被擊中。受傷後向南翔方面飛遁。旋即降落。據目睹者云。遁去之二日機。機尾已發青烟。一架墜地後即不起。另一架仍飛起逃逸。究竟如何。尚待證實。至其餘六架日機。狼狽遁走。我空軍追逐甚急。在虹橋道上。復有激戰。至下午一時許。我空軍始全勝言旋。

日飛機師焚斃　在眞茹擊落之日機。係打落在眞茹車站西南之楊家橋空地。該機在空中着彈後。即已焚燒。儲藏之炸彈亦復爆炸。聲如巨雷。落地時。機身已全部粉碎。日機師三人皆焚斃。腦漿流出。屍體亦已不能辨認。聞死者其一爲海軍大尉矢野讓五郎。當由兵士在機內搜獲機師所帶之手槍三支。及焚壞之機關槍二架。機身甚大。祗存骨骼。機頭有「三菱航空機株式會社修理昭和六年七月十八日。」字樣。羣衆圍觀者數匝。多將機身之銀灰色布撕下小塊。什襲珍藏。謂以作抗日之紀念也。

我方損失一班　昨晨日飛機在眞茹方面。共擲下炸彈八枚。在眞茹車站擲彈七枚。三彈落站東空地。深均丈餘。二彈落月台上。二彈落車上。車站職員未受傷。月台左右二角。均着一彈。屋面被炸。木板鐵皮。亦均飛至數丈之外。售票室。職員室。候車室。等四面玻璃窗亦皆震碎。其落於車上之二彈。炸殺二車廂。死傷尚少。計第五節內死兵十五名。

●第十章　我軍三路殲敵

日陸軍在閘北參戰

我軍獲鐵甲車三輛

（二月五日）

爲日兵下令總攻擊後之第三日。因昨日（四日）日軍受我軍巨創。亟謀恢復。故今日日兵方面。陸戰隊與陸軍全部動員。分向我軍各陣地進攻。我軍早已嚴陣以待。沉着應戰。發槍準確。且非待日軍衝入槍砲有效地點。概不發槍。因此我軍均彈無虛發。日兵則槍砲亂發。一無戰鬥經驗。徒致損兵折將。而尙欲屢屢派援。亦惟平添無數異鄉鬼魂而已。自今晨五時至下午五時。亘十二小時有餘。日兵仍利用大砲飛機掩護。猛向我軍防地衝鋒。前後二十餘次。共發六百餘砲。均爲我軍擊退。始終未得進展寸土。反爲我軍右翼包圍。奪獲日軍鐵甲車三輛。一輛當場炸毀。幷獲機關槍四架。玆將昨日我軍分三路殲敵情形。分誌於次。

邢家橋虬江路

日兵前日在東寶興路曾被我軍一度包圍後。故今日改變方向。出重兵以攻。在晨五時起日兵。卽由奥迪安影戲院旁川弓路向邢家橋路偷襲。此處均係居民住宅。因我軍利於巷戰。日軍乃用大砲轟炸該處房屋。同時用機關槍。迫擊砲。步槍。向我軍猛射衝鋒。我軍亦奮勇還擊。故日兵死亡相繼。我軍持戰約一小時。卽漸向後詐敗。日兵以爲敗退。乃一擁而上。衝過廣東街。先前預伏在廣東街之我軍。卽由兩旁衝出。將日兵全部包圍。一時彈如雨下。日兵戰鬥力全失。屍橫枕藉。所有機槍四架。當被我軍截獲。同時北四川路形勢頓見緊張。日兵在北四川路以東一帶陣綫。有被壓迫搖動之勢。惟我軍爲自衛而抵抗。故不予追擊。仍守原防。」

天通庵江灣路　該處日兵戰線甚長。一在青雲路。一在天通庵路。一沿淞滬路。總出發點在天通庵站。日兵主動力仍依砲隊及飛機鐵甲車。於今晨八時許。向各路猛衝。而又以鄰近天通庵路寶興路處爲最烈。我軍鄧旅劉光營。向日兵防綫進出者數次。當日兵幾乎全部敗退時。日機在空中向我軍拋擲炸彈三次。均未轟炸。同時又用鐵甲車三輛。進攻我軍陣線。我軍中部士兵向後移動。放其深入。待接近時。即拋擲手溜彈。並移動左右兩部。包抄其後。機關砲迫擊砲同時俱發。因此擊獲日兵鐵甲車二輛被逃回一輛。我軍即時反攻。同時在青雲路八字橋譚家弄北。日兵五六百名亦失利。被我軍包圍。至夜晚時。尚在被我軍圍擊中。我軍死傷二十餘人。日兵死亡甚衆。我方最前線。已進展天通庵站左近。

福生路新民路　至十時許。日兵以兩處失利。乃調重兵側擊福生路新民路。及沿淞滬線北一帶。仍憑臨高射下。用迫擊砲及鐵甲車二輛。由新民路猛向北車站進衝。我軍一在淞滬路寶山路車站及虬江路抵住日兵。並用鋼砲。迫擊砲。機關槍轟擊掃射。一在寶山路北火車站路口新民路作戰。我軍士兵均用手溜彈。步槍。機關槍還擊。我後方砲隊。亦用大砲掩護我軍進展。日兵被我壓迫約一小時左右。即漸不支後退。鐵甲車二輛。尚圖衝散我軍陣線。當被我軍以炸彈將該車炸燬一輛。被逃逸一輛。斃敵五十餘名。我軍受傷三人。我軍陣線。已逼近北四川路。至午後二時後。日兵已無攻意。祇日兵砲隊猛砲轟擊閘北一帶。圖燬民房。自晨至晚。計發六百餘砲。

日機又炸民房 日兵飛機在閘北一帶。投擲炸彈。自晨七時起至午後三時左右。不下百餘起。大半均落天通菴路以北。香山路公興路青雲路總計有四五處之多。濃煙密起。火舌隨之。祇見天空煙封冪冪。吹向西南。經過租界。如同日蝕。所燒灰燼。租界中區。均可得見。在空飛舞。因當時正在劇戰。以致延燒。刻正由警備司令部消防隊撲滅。

我軍顧及租界 大美晚報云。據西人以望遠鏡視察。見日飛機於閘北與公共租界天空者。其機下皆繫有炸彈。故華兵陣地高射砲不常發砲擊之。尤其在日飛機飛於租界天空之時。蓋恐飛機炸裂。殃及平民也。

蔣蔡親臨前敵 我軍總指揮蔣光鼐。軍長蔡廷楷。師長區壽年。本日自晨至午。均親在前線督戰。故我前線將士。勇氣頓形倍增。無不以一當十。午後蔣蔡區三長官。並在各防線視察防務。規劃一切。旋返司令部。

雙方戰鬥能力 據前線視察者言。今晨日兵向我軍各路進攻時。意為既有重兵。定可一鼓而下。故衝鋒次數。為列日來所未有。詎均為我軍挫敗。且被我軍反攻。至上午十一時。幾全部崩潰。乃於十二時半。急調生力軍分向各路應援。至下午一時半左右。各軍又有敗退之勢。正擬再調生力軍前往。但日兵已為氣餒。鬥志全無。乃亟令退守。故昨日午後二時後。日兵始終未敢進犯者。緣在於此。並云日兵衝鋒時。傴僂灣腰而進。一見我軍施射。卽爲却步。我方士兵。則一聲令下。挺身捨命前衝。雖彈如雨下。未爲少怯。因此凡曾目睹之中外人士。無不佩嘆我軍將士之神勇。

◉第十一章 日海軍更換司令

日指揮官亦易人

依然是一籌莫展

自日海軍第一艦隊司令鹽澤少將在滬發難。已逾一週。日軍事當局。以日軍連戰皆北。特調野村中將來滬替代鹽澤。將駐滬殘餘陸戰隊改編。組織第三艦隊。鹽澤仍留滬協任指揮。陸戰隊指揮官鮫島。亦奉命調回。由海軍少將植松練磨繼任。此後海陸兩方面之戰事。皆野植二人所指揮也。

（二月六日之戰況）

▲閘北方面戰況

我方空軍追逐敵機

敵軍開砲我軍還擊

我軍陣線略有進展

閘北方面。雙方均入於休戰狀態。並無大接觸。間有砲擊。發自日軍方面。亦無損防我軍進襲。藉以示威。及希圖轟炸民房而已。今晨三時許。曾一度小接觸。係在福生路新民路處。當為我軍用機關槍擊退。約十餘分鐘卽停。至四時二十分。機關槍聲又起。仍在虬江路一帶。間以砲聲迫擊砲聲。相戰至五時許。逐漸稀少。均係前線步兵接觸。嗣後時作時息。雙方在防禦工程內還擊。均無進展。至十時許。我軍飛機大隊。有飛機六架飛起。在閘北境內環繞偵察。約一小時。卽飛往眞茹。追擊日機。午後一時許。日兵在老靶子路。福生路處。有大集合。我軍早已得悉。且久有重兵駐在。故日兵始終未敢進犯。至下午三時半左右。日飛機有九架。在閘北一帶盤旋。希圖擲彈。但當其降落時。我軍卽用迫擊砲高射砲轟擊。故始終未爲所逞。擲彈三十餘枚。均未爆炸。日兵乃改用大砲遠射。經我軍還擊。因此砲聲又起。各防線步兵。亦用機關槍步槍射擊。至六時後漸息。惟昨日午後一時左右。日兵有一部約三四百人。竄入宋公園路及靑雲路間之山陽路。向我軍襲擊。經該處我軍。向後包抄。日兵幾乎全部被圍。死傷達二百餘人。僅得退出。而逃生者無幾。嗣後卽無重大接觸。各守原防線。

又訊。日軍自海陸空總攻。重創敗退。節節向後。吾軍則奮勇直前。陣線已進展至天通庵狄思威路一帶。寶興路方面。前日日軍。曾迭次衝鋒。均被吾軍用機關槍掃射擊退。敗不成軍。吾方則更加調生力軍防守。益形鞏固。敗退之日軍。大都避居民房之內。至前日日軍向吾方衝鋒時。傷亡極衆。達千餘人之多云。

今晚十一時十五分。北四川路狄思威路有大激戰。先以步槍繼以盒子砲。未幾迫擊砲。鋼礮。機關槍。幷發。愈戰愈趨激烈。雙方似在衝鋒。此起彼仆。槍砲聲密如連珠。約相戰二十分鐘。火光隨起。想該處房屋。又被焚燒。同時日兵方面。在虹口花園。用野砲向該戰區轟擊。計發五十餘砲。我方亦用重砲還擊。聲驚全埠。砲彈過處。火光隨之。至今日清晨零點三十五分左右。槍砲聲漸疏。野砲已停止轟擊。惟斷續槍聲。仍時作時歇。

▲眞如空戰甚烈

擊落敵機一架

日機到處擲彈

傷害各地人民

日寇利用飛機。拋擲炸彈。殘害人民。兼殃及從事救護工作之中外男女。悖約喪德。亘古未有。我國飛機隊出而應戰。結果昨又擊落一架。茲將所得情形。分錄如左。

敵機又擊落一架　本日上午十時餘。有敵飛機十餘架。飛至吳淞閘北眞如一帶投炸彈。我方空軍。亦即時飛起六架應戰。約一小時半。敵機即被我軍擊落一架。墮於眞如車站南首空地。內有駕駛員日人兩名。白俄一名。登時身死。機身亦即粉碎。其餘敵機。見勢不佳。即紛紛向東亟飛遁。我空軍亦即尾隨追擊。追至吳淞方面。始行飛回。

◉第十二章　日軍變更戰略

海陸空大舉圖攻砲台後路
我軍用全力抵禦敵未得逞

（二月七日之戰況）

日軍前以陸戰隊及在鄉軍人。進犯閘北。數次總攻。均被我軍擊退。損失甚鉅。同時更以軍艦十餘艘。轟擊吳淞砲台。希圖佔據要塞。又遭失敗。旬日以來。日軍雖受重大損傷。而其侵犯之心。仍未稍戢。故自六日晚。新從日本調來四千餘名陸軍到滬後。日軍司令野村。即變更戰略。於七日早晨。擲其海陸空軍全部之兵力。分水陸空大舉會攻吳淞。並限於二十四小時內。攻陷我方要塞。意欲先行佔領吳淞砲台。冀得自楊樹浦沿黃浦江。至吳淞口外。均為日軍之根據地。然後再以全力進取閘北。故於今晨七時起。即開始實行此項新戰略。先用飛機十餘架。飛至我軍陣地視察。並投擲大批炸彈。同時又派陸軍二千餘名。由糧米站及軍工路會攻吳淞。停泊張華浜東面黃浦江中之軍艦六七艘。亦同時向我吳淞方面開砲。上午十時許。我方駐防蘊藻浜一帶之翁旅。即在裏揚旗防線內迎頭痛擊。敵軍第一次衝鋒。即被我擊退。死傷甚衆。十二時餘。復有第二次進攻。我軍竭力抵抗。敵軍仍猛力進犯。激戰極為猛烈。閘北方面。敵軍亦於同時由天通菴路用鐵甲車及坦克車掩護步兵。向我八字橋陣地進攻。當被我軍擊退。並在江灣路方面毀敵軍坦克車兩部。約下午六時後。閘北似入休戰狀態。又敵飛機上下午。均在我吳淞。蘊藻浜。閘北。眞茹等處擲彈。但均未命中。我軍防線。惟民房被炸毀及焚炸者甚多。茲將各處戰況。詳細分記如後。

▲張華浜之激戰

日軍分水陸兩路進犯
我翁旅奮勇迎頭痛擊

日軍司令野村。以海軍迭次向我吳淞砲台進攻。均遭失敗。同時又因吳淞口外。尚有英艦停泊。未便開砲。乃變更計劃。於七日上午。遣派陸軍三千名。由楊樹浦底軍工路。暨黃浦江旁之糧米站兩處。向我吳淞方面大舉進攻。當被我駐防蘊藻浜之翁旅。在塞揚旗方面。迎頭痛擊。上午第一次接觸。敵卽不支敗退。下午二次接觸。戰爭極猛烈。同時浦江日艦五艘。向吳淞開砲助戰。並有飛機多架擲彈。但我軍陣線。仍在原處未動。茲將激戰詳情。分紀於下。

敵機先來擲彈　今晨七時許敵軍派飛機十餘架。自上海方面空中。沿淞滬鐵路。飛至江灣。高境廟。張華浜。蘊藻浜。吳淞鎭。等處。先行偵察一過。隨卽沿途投擲大批炸彈。最後又飛至吳淞要塞。擲彈十餘枚。均未命中。當敵機擲彈時。我軍卽用高射砲射擊。故敵機在吳淞要塞擲彈後。卽不敢再來。

敵陸軍進攻失敗　敵機擲彈後。日軍司令野村。卽派鐵甲車二輛。裝置機關槍機器腳踏車十餘輛。及卡車十餘部。滿載日陸軍一千餘名。於上午九時許。由楊樹浦底沿軍工路開至張華浜進攻吳淞。一面有日海軍驅逐艦二艘。載日兵千餘名。駛至高橋沙（俗名老鼠沙）光華火油棧前面浦中。用鐵殼駁船二艘。渡至張華浜糧米站碼頭登陸。即會同鐵甲車進攻蘊藻浜車站。十時許戰事即爆發。敵軍由敵艦開砲。及飛機在空中擲彈。掩護而進。我軍現駐守吳淞。兵力甚厚。即經譚司令指揮禦敵。其時敵軍最前線在兩路工廠之東蘊藻浜車站。西揚旗。廿家橋。軍工路。糧米站一帶。廿家橋有不少草棚。已被敵兵焚毀。砲火初不甚猛。至下午一時許。復有敵艦三艘。開至助戰。而砲火漸趨劇烈。河泊司署方面。流彈甚多。其時雙方激戰。較前更為劇烈。敵軍死傷不少。我軍仍堅守原陣地。兀不為動。遠望吳淞西鎮。已有數處起火。沿途有敵兵駕駛卡車六輛。滿裝洋松板木。及大批蔴繩。先後向東疾馳。大致係因蘊藻浜大橋及鐵路橋已被我軍炸斷。故用以架搭浮橋。偷渡蘊藻浜截擊我軍者。聞我軍司令部。得淞方消息。業已派大隊援軍。開往夾擊。

又據某方消息。今晨十時前。日軍紛調海軍前往吳淞。同時各方面傳出消息。日軍預定計畫。限於七日佔領吳淞砲台。計調往吳淞方面者。陸軍方面。有日兵三千名。由日本郵船會社碼頭裝載前往。并由軍工路開出鐵甲車十四輛。海軍方面。除將所有停泊浦江中日艦悉數調往外。並由白龍港方面。開往十餘艘。空軍方面。則由白龍港飛往十餘架。日軍第一次由陸路先向我軍進攻。我軍翁旅竭力抵抗。結果。日軍不支敗退。第二次。日軍又於中午十二時以鐵甲車六架。掩護步兵六七百名。向我吳淞方面猛衝。同時飛機在南翔亦投擲炸彈。現雙方仍在激戰中。

又據另一報稱。日軍遣調新到之陸軍暨陸戰隊一部。約三千餘人。分兩路運至蘊藻浜附近。一路由軍工路乘軍用汽車並攜鐵甲汽車十餘輛。運抵張華浜附近。當於十時許。與我軍爲部步哨衝突。戰至十一時半。敵不支而退。另一路則由虹口滙山碼頭。以日本郵船公司及日清輪船公司之小火輪。裝載一部份軍隊。由浦江繞至糧米站登岸。於十二時許。再以鐵甲汽車六七輛。與張華浜方面會合。再度猛烈進攻。我軍以機關槍及來福槍等掃射甚利。同時再以手溜彈轟炸鐵甲汽車。致日方始終未能得手。敵空軍方面。以飛機七八架。冒雨在天空猛襲。其目的地。在毀我獅子林要塞砲台。投下炸彈甚多。然並未命中。僅傷台兵等十數人。我方以大砲還擊。致敵機不敢降低。同時敵機以暴風雨及稀霧。感受空中氣壓之不便。更因我方砲火猛烈。乃不支而退。至下午三時許。敵方海軍已完全不得逞而退却。惟陸路方面。雖經兩次敗退。但仍在張華浜附近與我軍激戰中。

軍部所得之戰況　關於日軍進犯吳淞之戰事。據軍部方面所得戰況如下。（一）七日晨有敵艦十餘艘由白龍港開往吳淞。並有飛機十餘架。由白龍港飛至上海。白龍港僅留敵艦四五艘。（二）七日晨。敵軍第一次用鐵甲車十餘輛。由張華浜方面。向我吳淞進攻。激戰頗烈。當被我軍擊退。（三）下午十二時半。敵軍第二次復用鐵甲車六架。於掩護步兵六七百名向我吳淞猛力衝鋒。正在激戰中。（四）據外人方面消息。日方確在六日晚到有陸軍數千名。並限令七日攻略吳淞。（五）吳淞方面。敵艦內有英艦兩艘泊在我砲台方面。未敢開砲。祇有敵機數架。向獅子林砲台擲彈。我軍死傷十餘人。

▲閘北戰況

敵軍三次猛攻八字橋

均被我擊退傷亡過半

日軍自變更戰略後。昨日集中海陸空軍全力。猛攻吳淞。而閘北方面。日軍逐漸抽調至吳淞。兵力已見單薄。故形勢較和緩。戰爭側重於江灣路及八字橋一帶。敵先後向我軍衝襲。均經擊退。至我軍右翼虬江路寶興路北站等處。昨日頗為沉寂。

八字橋我軍勝利 敵軍於前晚十時。向我八字橋防地進襲。激戰至一時許。經我軍奮勇應戰。將其擊退。大受重創。今日正午十二時許。敵復以飛機大砲。向八字橋我軍防地。猛烈轟擊。同時並以機關槍。小鋼砲。連續射擊。於此砲聲機關槍密射之下。敵軍即拚命向我軍衝襲。我軍當亦奮起抗敵。迎頭痛擊。一部份且抄其後方。截擊敵方後路。敵始不支。向後潰退。是役戰約一時許。斃敵甚衆。至午後二時。敵軍喘息甫定。復得援軍。又以一千餘衆。向八字橋進攻。大砲猛轟。飛機仍在空中助戰。惟我軍以逸待勞。勇猛應敵。又將敵軍擊潰。敵軍兩次進攻。均遭失利。但本日敵軍作戰者。多數係新來之正式陸軍。故終未肯罷手。復於下午五時左右。三次進攻我軍。其勢尤較十二時二時兩役為烈。時敵軍士氣已餒。當進衝之時。一經我軍還擊。後續已多慌急狀態。故終爲我軍逐回敗去。傷亡過半。我軍亦有犧牲。綜計本日敵機向我軍陣地擲彈。有百餘次之多。惟爆發甚少。且多落於空地之上。無甚大損失。又狄思威路方面。昨日敵軍亦有進攻。經我軍應戰後。敵即退去。故未有激戰。

燬敵坦克車二輛　今晨十時許。日陸戰隊藉新到之陸軍援助。由虹口公園之北。江灣之南。（沿鐵路南）突向我軍進攻。同時日兵在靶子場用野砲掩護。更用新式坦克車。二輛。隨軍隊衝鋒。我軍亦用鋼砲機關槍掃射。激戰至烈。相持不久。日兵即漸不支。我軍即挺進。日兵乃急用坦克車向我軍再度衝鋒。詎該坦克車二輛。竟墮入我軍戰壕內。日兵尙圖一再奪回。均爲我軍所退。而該車乃遭我軍用炸彈手溜彈所轟燬。日兵終未得逞。雙方尙在相持中。

敵機擲彈未命中　今晨九時。敵飛機十餘架。先至天通菴車站投擲炸彈數枚。旋飛至吳淞擲彈百餘。均未命中。損害極微。同時在虹口花園之日軍。又用大砲頻頻向寶山路一帶轟擊示威。十時許寶山路天通菴路口。先行起火。至午後一時。香山路與永興路間之房屋。亦相繼起火。一時火光燭天。日軍目的志在破壞。軍事方面。以我軍戒備嚴密。陣線毫無變動。

敵人稱華軍善戰　上海泰晤士報云。日飛機以炸彈接續轟擊華兵陣線。華兵或無自衛之方。且其地位殊難回答日兵野戰與山砲之砲火。然華兵士氣仍壯。其勇武精神。毫未搖動。此卽日水兵亦承認者。昨夜（六日）日陸戰隊某軍官曾曰。華兵之抵抗力。非常强硬。猛烈之砲火。加於彼等。彼等屹然不動。當其陣線為砲火所毀時。彼等即以持來福槍兵士伏於闕口。準備抵抗日兵之進攻。故日兵終不能前進云。又據另一方面消息。守衛閘北陣線華兵。士氣極壯。雖屢受砲轟。陣線屢破。然彼等輒由闕口衝出。以抵抗衝鋒之日兵。輔助機關槍。大呼肉搏。華兵經數日之苦戰後。昨夜其實力已能在日兵陣線前鋒數地點。作强力之步兵攻勢。日兵為免犧牲過巨計。已退回淞滬鐵路東面之舊陣線。

我軍開大砲轟敵　大陸報云。昨日（六日）午夜後。因日軍砲火猛烈。華兵亦在麥根路附近。以六吋及八吋口徑之大砲還擊猛轟兩小時。此為開戰以來所用最大之砲。其聲震動上海全埠。閘經此猛轟之後。已將狄思威路至商務印書館一帶日兵掃除一淨。華兵且以機關槍猛轟北車站附近之日兵。至今日傍晨。槍聲始止。

敵所發皆燒夷彈　據戰地視察者云。敵軍所放砲彈。毫無目的。完全亂射。他的企圖。無非把街市的地區。變成瓦礫場而已。所以砲彈。盡是燒夷彈。（即延燒彈）其殘酷手段。為中外所罕有。

●第十三章　我軍大破敵軍

蘊藻浜擊毀敵甲車四輛
閘北擊落敵軍飛機一架

兩處敵軍傷亡約近二千
爲開戰以來未有之劇戰

（二月八日之戰況）

自日軍變更戰略後。傾海陸空軍之全力。猛攻我吳淞。昨日經一晝夜之血戰。總攻旣告失敗。今晨拂曉。以原有之兵力。復調六千陸軍。繼續下令攻擊我蘊藻浜之正面。同時派隊繞往紀家橋。企圖偷渡。截斷我後路。經我軍奮勇應戰。斃敵千餘名。蘊藻浜正面之敵。衝鋒達十餘次。我軍與之肉搏。敵死傷無算。現全部已在我軍包圍中。並燬其鐵甲車四輛。至閘北方面八字橋西寶興路一帶。亦激戰至烈。西寶興路今午血戰時。我軍佯退。敵深入後。伏兵盡起。斃敵七百餘名。敵機十餘架。仍在吳淞閘北等處擲彈。下午三時。閘北太陽廟擊落敵機一架。全線戰況。我軍大勝。陣地未動。敵傷亡在二千人以上。晚七時後。敵軍又向廣東街虬江路進攻。激戰至十二時後。始被我軍擊退。玆綜合各方消息。彙誌如下。

▲蘊藻浜之血戰

敵萬餘人繼續猛攻

擊斃千餘全部包圍

勇哉我軍空前大勝

日軍自昨晨八時許。傾其海陸空軍之全力。猛攻吳淞。血戰達八小時。結果。日軍傷亡過半。創巨痛深。始不支敗退。今晨拂曉。日軍繼續向吳淞猛攻。除原有之兵力外。復將續到之大部份陸軍約六千餘名。悉數調往吳淞作戰。海空兩方。以大砲及重量炸彈。投射如雨。陸路則藉鐵甲車及坦克車等利器。衝鋒十數次。然我軍以逸待勞。極爲鎭靜。先後均將其擊退。在朱家浜西面一戰。我軍因閘北援軍開到。左右夾擊。斃敵至千餘人之多。敵人望風披靡。勇哉我軍。不愧爲中華好男兒也。玆將我吳淞我軍勝利消息。詳誌於後

偸渡紀家橋　敵軍於昨日用海陸空全力。進攻吳淞。我軍奮勇抵抗。雙方激戰一日。敵迄難進展。昨晚九時許。張華浜復有敵二千餘名。開到增援。其時敵軍曾一度攻佔蘊藻浜車站。但旋卽爲我軍在永安華豐兩紗廠屋頂所架之大砲及機關槍。將日兵擊退。是役敵兵死傷甚衆。嗣後敵兵雖極力進攻。卒以我軍砲火猛烈。故雙方激戰至今晨敵軍仍無法進展。遂於今晨五時許。派兵約七八百名。從鄉間小路。迂迴兜抄至距蘊藻浜西首約三里許之紀家橋。一名（瑞芝橋）希圖在該處搭架浮橋。偸渡蘊藻浜及泗塘河。截斷我軍後路。並攻擊我軍側面。詎我軍早有所備。俟敵渡河及半我軍當奮勇爭先。出而迎擊。敵兵被我軍擊斃及溺斃者無數。始狼狽敗退。旋至上午十時許。敵復派大隊向該方面進攻。現雙方正在隔河相持中。

◎**日軍事佈置**　昨日會攻吳淞之敵軍海陸空軍兵力。實數有一萬餘人。僅就攻蘊藻浜一隅之軍隊言。亦不下三千七百人。故日軍曾有限令三小時內克吳淞之豪語。其後經

三十小時。尚未攻陷。且反爲我軍所敗。故今日續攻吳淞時。乃下最大決心。將新由日本運到之大部份陸軍六千餘人。悉數開往吳淞作戰。其進攻計劃。除軍艦飛機以重量大炸彈及砲火。向吳淞池塘吳淞砲台。要塞砲台。及寶山縣城。三處爲目標。不住轟擊外。并以兩萬陸海軍隊。向前衛中衛後防及正面。與左右兩翼。向我進攻。據英海軍軍事家言。日軍今晨戰事。係利用拂曉戰。其正面軍隊在蘊藻浜。左翼配置於盧家宅。右翼配置於軍工路。另外並組游擊隊數隊。以爲策應。衝鋒時。多以陸軍。導以鐵甲車及坦克車等利器。

雙方之肉搏 日軍今晨既以另一支隊。企圖偷渡紀家橋。截斷我後路。同時以新到之數千生力陸軍。猛攻蘊藻浜之正面。自拂曉起。至下午五時止。前後衝鋒不下十餘次。我軍以機關槍小鋼砲應戰。激烈時雙方繼以肉搏。我大刀隊運用其神技。日軍犧牲奇重。乃廢然而退。鐵甲車爲我所燬者計有四輛之多。

斃敵千餘人 今晨八時。日軍曾一度佔據朱家浜西面及陸家宅北面之吳淞池塘。未幾我閘北援軍開到。即在池塘前。左右夾擊日軍。成一大包圍之形勢。是役。日軍死傷達千餘人。倖免生還者僅百分之一二。我軍遂恢復固有之陣線。

已在包圍中 本日蘊藻浜方面砲火之猛烈。實爲開戰以來所僅見。午後五時。本埠某機關接得張華浜工場主任西人無線電話報告。現時軍工路蘊藻浜之日軍。已爲華軍所包圍。惟仍在戰鬥中。又水巡捕房亦得張華浜方面報告。亦云日軍已被華軍包圍云。又謂此役日軍犧牲甚大。死傷枕藉。限見六卡車。裝傷亡日軍至楊樹浦司令部云。

建築物被燬　本日敵艦終日向淞鎮開砲。敵機十餘架。亦在天空擲彈。重要建築。均被炸燬者甚多。吳淞精華盡去。今晨七時。紅會第六救護隊至吳淞救護傷兵難民百餘人回滬後。語國民社記者云。吳淞自激戰三晝夜後。經日方猛烈砲攻擲彈。繁盛街市。悉成灰燼。其較大建築物如同濟工廠電器間。中央大學醫學院。中國公學。均被炸燬。永安。華豐兩紗廠亦有波及。惟各地砲台則仍無恙。

德教授炸傷　吳淞鎮之同濟大學醫學院教授室。昨晚被敵軍野砲流彈擊中。時該室有德國教授六人。正在談話。不意彈殼飛來。不幸被擊受傷甚重。據悉該六人已於今日午前九時。由中國紅十字會赴該鎮救出。遄返滬埠。當分別送回各人家中。或友人處醫養。

西報之紀載　大美晚報云。今日侵晨。日海軍陸戰隊。助以新到之陸軍。大舉向蘊藻浜進發。希圖攻陷吳淞砲台及寶山城。據今日正午日方官場消息。日軍已抵蘊藻浜。但以對岸華軍抵禦强烈。未能前進。目下雙方以機關槍。來福槍對轟不已。間雜以野戰砲隊與日軍艦大砲。隆隆之聲。今晨十時。北四川路日陸戰隊司令部發言人發樂觀之語。謂日司令預料正午可將砲台攻克。但午後據觀戰者報稱。十九路軍扼守陣地。猛不可當。日軍毫未得有進步。日軍司令部現設於京滬路吳淞方面之工場指揮該路戰事。今日正午　又據日總領事署傳出消息。日軍因蘊藻浜上橋梁已斷。尚未能大舉作戰。必俟造成浮橋。始能進攻云。聞今晨之惡戰。雙方死傷頗衆。華軍由戰壕中以來福槍機關槍手擲炸彈抵禦前進之日兵。致日兵死者纍纍。時有運貨汽車由戰地載屍自楊樹浦路駛回。至其確數。不能向日陸戰隊司令部或日總領事署探明。吳淞砲台經五日之猛轟。今日正午。仍在華軍之手。據中國軍署方面消息。今晨戰中。曾以重創加於登岸之日援兵。華軍伏於壕中。以逸待勞。甚有把握云。自吳淞方面開戰後。由楊樹浦通吳淞之黎平路。已由日水兵嚴守。無論何人。皆不得進至與黎平路交叉之平涼路以外。路口置有中英文木牌。上書禁止通行字樣。近前者皆為日水兵以槍逐回。

江灣之戰事　敵軍自調陸軍陸戰隊四千人。自軍工路猛攻吳淞。衝鋒四次失敗。至今晚仍相持於蘊草浜。敵軍主力。集中於張華浜。駐防江灣之我軍。乃於今晚啣枚前進。實行包抄日軍後路。軍行至江灣路東段。與敵軍相遇。遂即開火。聞兩軍仍在激戰中。

瀏河鎮安謐　瀏河方面。因吳淞開火後。交通阻斷。消息遲慢。以致滬上謠傳。有日軍攻瀏河之說。昨向各方刺探。昨午據住居本市瀏河紳商項某云。近日謠言。均不足信。瀏河鎮距離海口數里。海口防務。自九一八案起。即派有重兵駐守。防範嚴密。況該處有天險可守。預料日寇必致失敗。並謂我等儘可高枕無憂也。

▲閘北方面激戰

寶興路八字橋一帶

日夜均有劇烈戰事

獲敵機一及日兵四

本日閘北方面戰爭。竟日均在劇戰中。砲聲隆隆。終日未斷。自晨八時起。日兵仍在虹口花園發砲。向張華浜及閘北一帶轟炸。我軍間或還擊。但因態度鎮靜。日兵莫測我軍用意。始終未敢進犯一步。至十二時許。日兵藉援軍之助。又向閘北進犯。

西寶興路血戰　今午十二時許。日兵約千餘人。突向克明路及西寶興路兩路我軍陣地襲擊。(以前此處曾有日兵五六百名。於六日夜一戰中。被我軍包圍。現在圍擊中。)我軍即奮起應戰。日兵先以野砲轟擊。繼以鋼砲。機關槍。並利用手溜彈。向我軍拋擲。乘隙衝鋒。我軍見其來勢兇猛。乃即令全體應戰。並用迫擊砲阻其衝鋒。激戰約二小時。日兵漸覺不支。旋因其援軍開到。乃又重戰。我軍即時向後詐退。日兵竟直衝而進。是時我軍已在電話局相近淞滬路鐵道兩旁。預有我軍埋伏。故敵兵將進至鐵路時。我軍伏兵四起截擊。同時先退之軍士。即乘勢回攻。於是日兵左右前後又受包圍。截成四處。雖欲急退。勢已不及。當被我軍擊斃七百餘名。亦有被我包圍。其餘均紛向克明路。從橫浜橋逃命。及日兵後方再來增援。奈大勢已去。已成弩末。至五時許。槍砲之聲漸稀。我軍在西寶興路口。固守陣綫。

八字橋敵受挫　日兵三次進攻八字橋潰敗後。今晨九時許。又用野砲鋼砲。機關槍。向我軍射擊。我即用砲還擊。奮勇迎戰。日軍用鐵甲車衝鋒。先被我軍用炸彈擊退。幾即齊起追逐。機關槍手溜彈之聲。繼續不斷。當時此衝彼退者屢屢。日兵死傷者。

百餘人。旋日兵援軍開到。始得暫支陣地。但已逼近天通菴路處。相戰至下午二時許。日兵仍不支。乃於三時左右。向北四川路方面敗退。同時日兵恐中國軍隊伏於民房內。故將寶樂安路一帶縱火焚燒。

敵機被我擊落 今日下午二時許。日兵又遣飛機四架。在閘北偵察我軍情形。中有一架。於下午三時許。飛往麥根路太陽廟。距離地面甚近。在附近居民正在紛擾之時。被我軍用高射砲一擊而中。該機卽翻身墮下。機上有日兵四人當爲該處我防軍俘獲。

日砲彈達租界 北浙江路龍吉里七一六號主義烟草公司。於八日午刻各職工在午餐時。天井前忽落一日砲彈。天井中均堆置烟箱烟包。未曾炸裂。嗣報捕房由華捕拾去。視其彈頭口徑。約有六吋餘大小。外塗鎳。重約數十磅。號碼係二〇八。上有改字。該公司僅損玻窗數面。又一砲彈落在主義烟草公司後面房屋。亦未炸發。現因該屋內住戶。早已避難在外。一時未便啓門。將彈取出。又一砲彈落在蓬路華商旅社廁所牆上。擊成一洞。至力盡墮地。業由捕房取去。又今晨七時左右。虹口閔行路吳淞路附近馬路上。由空中墜下砲彈兩枚。虹口捕房印捕住屋附近。亦落下一枚。下午二時。周家嘴路相近鄧脫路五一九號屋頂上墜落一巨大砲彈。屋頂被炸。幸未傷人。又下午四時左右。日軍從胡家木橋及虹鎮物華路一帶潰退。槍砲亂鳴。故公平路北段亦有流彈飛過甚多。又泥城橋西鴻慶里某號。屋後迫近河浜。昨日下午突由天空落下長可三吋粗若茶盃之巨彈一枚。炸碎舊木一段。滾入河中。又辛家花園後面之空地上。今日上午七時。飛落巨彈一枚。約四呎多長。未傷人。又虹口狄思威路湯恩路口一六〇號上海製冰廠。於午後一時三刻許。落下一砲彈。立時轟炸起火。後由救火會驅車。馳往施救。幸卽撲滅。又同路楊家浜路高陽里。亦落下一砲彈。延燒房屋。亦經救火會馳往灌熄。

西人稱譽我軍 大美晚報記者二人。昨赴我軍前線觀察。歸而撰文。在該報發表。敍述其視察我軍所得之印象。其開首卽盛稱我軍。曰對人客氣。曰紀律嚴明。曰士氣雄壯。曰絕不畏死。繼稱自眞茹而龍華而南市。未遇一兵一卒仇外人。日軍飛機雖到處擲彈。中國軍心。旣不混亂。又不慌張。祇留絡續擊下日機。地上被炸空穴。士兵圍觀。視若無覩。

▲夜間劇烈戰況

日軍向虬江路進攻

戰至午夜為我擊退

八日晚。閘北新民路之日兵。於七時許。突向我軍襲擊。日兵砲隊亦移其砲位向該處轟擊。我軍卽沉着迎頭痛擊。日兵屢次向火車站方面衝鋒。均為我軍用機槍擊退。我軍卽挺進。在福生路口又巷戰。約廿五分鐘。槍聲密如連珠。日兵流彈達海寧路。未幾。日兵因我砲火威逼。乃不支而全部敗退。沿向北四川路以北而去。但砲聲仍繼續不斷。至九時許。日兵又集合殘部。向大德里川公路進攻廣東街及虬江路。我軍卽在該兩處應戰。雙方機關槍掃射之聲。連續不斷。間以盒子砲迫擊砲步槍之聲。至為清晰。相持至午夜十二時。日兵始不支而退却。流彈有達虹口沈家灣救火會。但日兵砲射。仍有加未已。我軍亦用砲還擊。但槍聲已稀。此二次巷戰。我軍傷亡甚徵。日損傷甚重。

◉第十四章　我軍擊退偷渡敵軍

敵軍知難暫退

敵機又被擊落

(二月九日之戰况)

▲蘊藻浜戰况

敵軍上午偷渡失敗

積極佈置圖再大舉

二月九日。吳淞方面戰事。日兵自經二次進攻失敗後。已無餘勇。故除於晨間曾一度由糧米棧進襲。爲我軍擊退後。轉入沉悶。同時張華浜糧米棧內之日兵。被我軍由蘊藻浜南進攻。有包抄之勢。故於下午三時許。在陸家觀音堂軍工路滬江大學附近一帶。堆置防禦物。掘築戰壕。似因連日進攻失敗。又將改變其所謂戰略矣。玆將本日情形。分誌於次。

日軍偷渡失敗　日兵傾全力進攻吳淞。先後連敗二次後。今晨五時許。又圖偷渡蘊藻浜。冀登吳淞鎮河岸。當時日兵除由後方增援軍工路外。又用小輪拖帶駁船一艘。載有陸軍二百餘名。沿浦江在張華浜碼頭登岸。向蘊藻浜站我軍陣地猛攻。日艦及糧米棧內日兵。同時用砲向我軍後方及砲台轟擊。我砲台連續還擊。同時沿蘊藻浜南岸之我軍。奮勇挺進。在我砲彈掩護之下。向張華浜糧米棧進攻。敵軍不支。旋卽潰退。當時日兵正在偷渡。因受我方砲火壓迫。落浦而死者二三十名。傷亡者五十餘人。餘均敗退。至糧米棧。刻下該棧內之日兵。已幾在我軍包圍中。吳淞鎮已成焦土。砲台上我軍。當敵軍由軍艦偷渡。以大砲掩護登岸時。無不奮勇作戰。甚有手足被折。仍不願退休。繼續發砲者。我軍之忠勇。可見一斑。

退軍工路佈置 日兵自本晨偷渡又告失敗後。彼似知圖襲我軍防線。已無希望。且旬日來損失實力不貲。乃於今日下午三時許。將鐵甲車十八輛。卡車八十餘輛。全部向陸家觀音堂軍工路退却。在滬江大學附近一帶。重堆防禦物。並掘築戰壕。似防我軍追擊。而有待援之勢。故自下午起。未有戰事。惟雙方砲轟。繼續不絕。

日飛機擲炸彈 今晨吳淞激戰時。敵方於早晨七時許。派飛機八九架。在天空偵察吾方軍情。至八時許。該機等飛至張華浜空中。紛紛擲彈威脅。企圖擾亂我軍後方。同時駐在張華浜南之日軍。乘機開砲轟擊。甚為激烈。但我方竭方抵禦。敵不得逞。其後日機漸漸飛散逸去。中有數架。轉飛至閘北方面。拋擲炸彈。

瀏河墮落敵機 昨據瀏河無線電報告。本日上午。有敵軍飛機一架。因機器損壞。墮落於離瀏河七里之處。內有日人三名。有兩人當時斃命。另一人受重傷。又據國民社云。據由蘊藻浜軍工路逃來之友人云。今日上午十一時半。有日人駕駛戰鬥機。在軍工路公大紗廠屋面盤旋。一時不慎。觸擠該廠六弄一二兩號屋頂。頃刻飛機墮落。炸彈暴裂。轟聲震天。濃烟四起。駕駛機師二人斃命。並傷我國兩工人。一傷頭部一傷右臂。然無要害。

日軍圖再進攻　大美晚報云。今晨(九日)日飛機軍艦仍繼續轟擊吳淞砲台蘊藻浜寶山等處。海陸軍兵士則從事作第二次總攻勢之準備。日兵屢圖在蘊藻浜上駕浮橋、但因蘊藻浜鎮華兵之機關槍彈。密如雨下。終難成功。加以潮水盛漲。河身闊約三四百呎。故更不易着手。據外人估計。八日之一役。日軍進攻者。共有陸軍四千名海軍六千名云。今日之沉寂。實為大風雨前之恬靜。日軍現正從事運野戰砲隊赴前線。並在戰地附近開掘戰壕。安置機關槍。楊樹浦區新築之飛機場飛機。亦見增多。共有炸機與追逐機十六架。

我司令部報捷　淞滬警備司令部。分發報捷電致各報館云。各報館均鑒。四日戌電計達。連日敵陸戰隊及陸軍。陸續增援。均被我軍擊退。吳淞要塞屢遭敵艦機圍攻。仍在我軍手中。昨晨敵一部由軍工路進攻。激戰數次。敵不得逞。閘北方面。連日敵以猛烈砲火掩護。迭次向我猛衝。亦經擊退。五日空軍接觸。擊落敵機三架　敵現似有待援反攻之企圖。特聞。淞滬警備司令部參謀處叩。佳申印。

◭閘北之戰況

敵飛機亂擲炸彈
被我軍擊落兩架

閘北方面。今日上下午。均無激烈戰事。僅於上午十時許。敵軍飛機飛來投擲炸彈時。敵軍在江灣路方面。不時以大砲協助飛機轟擊。以致八字橋及天通菴路等處起火。我軍除沉着固守防線外。同時並用高射砲轟擊敵軍飛機。當被擊落一架。隨後敵機又飛往眞茹擲彈。亦被我軍擊落一架。敵機被我擊退後。敵軍雖不時以大砲及機槍向我陣地射擊。但不甚激烈。同時亦因我軍防守甚密。未敢向我衝鋒。惟至晚間九時後。敵軍又用大砲頻頻攻擊。故砲聲甚密。但我軍仍不爲動。茲將情形紀述如下。

敵機又毀二架　今日上午。敵軍飛機六架。飛至閘北眞茹一帶投擲炸彈。意圖毀壞我軍陣綫。當被我軍射擊。結果又擊落日機兩架。一架於上午十時零五分。在閘北光復路墮落。機師三人。均已斃命。並有手槍兩支。當經該處駐軍携歸。呈報司令部。另一架於上午十時二十分。在眞茹擊落。又據另一報告。在北站旱橋附近。有一敵機因機器損傷。自動落下。機中二日人已。

廣東醫院被炸　今日下午零時四十分。有敵軍飛機一架。在閘北天通菴路一帶偵察。並擲下炸彈數枚。一落於天通菴路廣東醫院內東南牆角下。炸成一穴。又一彈落在該院屋頂。立即起火。又據另一報告稱。今晨七時二十五分。四川路虬江路華盛頓里附近。忽然起火。延燒平房十餘間。復經救火會驅車馳往灌救。達二小時許始熄。事後據調查者云。該處火警。係被日人所放。

昨晚虹口激戰

日報：日新聞云。中國神出鬼沒之便衣隊。於八日晚七時。由大砲之掩護。竟衝破我軍（日軍）嚴重之警戒防線。潛入虹口一帶。滋擾。綿亘於北四川路一帶。猛烈襲擊。與我軍（日軍）僅差二百米突。迫擊砲以必死的向我方（日軍）挑戰。北四川路吳淞路老靶子路轉角。彈如雨下云。

日軍傷兵嚎哭

據由戰地歸來者云。我軍士氣極旺。莫不以一當十。敵兵藉其利器。迭以野砲臼砲平射砲轟擊我陣地。我兵士沉着應戰。預先將手溜彈五六個拴在一塊。俟敵兵跑在炸彈的有效界內。然後擲擊。敵軍傷兵臥在地上嚎哭。極爲悽慘。

德軍事家評論

昨有德國軍事專家多人。親赴前線視察。對於華軍之戰略。甚爲讚美。據云外間每稱華軍體力甚弱。實際乃不然。曾以望遠鏡瞭望。親見一華人。能與數日兵肉搏。而其結果。日兵輒不敵。又華人發彈甚經濟。彈無虛發。日兵則不然。特其軍火之充足。濫發子彈。並無準的。華軍極富於作戰能力。可作長時間之困鬬。自歐戰迄今。未見有如是能戰之軍隊。該德軍事家等又謂。日軍槍械甚利。最適宜於示威。或虛張聲勢之用。惟作戰時。殊不見高明。其步槍機關槍之使用。不及華軍純熟。擲手溜彈更不及華軍。

㊉第十五章　日艦攻淞敗退

蘊藻浜二次偷渡敗退
閘北我軍陣線又進展
靑雲路擊落敵機一架

（二月十日之戰況）

日軍二度總攻吳淞失敗。靜待增援陸軍開到。再作大舉。故今日。吳淞閘北兩處戰況。較爲和緩。惟日艦九艘　今午一時起。在三夾水洋面。以重砲轟擊吳淞砲台。我軍應戰甚力。四時始止。陸路方面。今晨二時日軍數百。偷渡蘊藻浜。被我全部殲滅。上午九時。敵復沿軍工路進攻。經我軍抄襲其後方、敵始潰退。閘北日間甚爲沉寂。晚七時後。敵大隊在猛烈砲火掩護下。由福生路衝攻我寶山路防線。激戰至八時五十分。敵不支敗退。我軍乘勝追擊。陣線進展至虬江路北四川路口。敵飛機仍四出擲彈偵察。上午十一時。在靑雲橋被擊落一架。日機師二人均殞命。玆將各情分誌如次●

▲蘊藻浜之戰況

今晨偷渡又告失敗
下午偷襲亦經擊退

轟擊砲台亦無效果

吳淞方面日兵。仍在蘊藻浜。再試偷渡。結果又復失敗。繼由陸軍進攻。亦未得逞。午後因亦未來進攻。日飛機續在吳淞砲台投擲炸彈。但均未中的。雙方砲轟。至下午四時漸平。我軍仍固守砲台。在下午五時半左右。日兵司令部方面派出空卡車九輛。經南京路往楊樹浦方面駛去。係載運援軍至滬江大學附近增援。因該處日兵佈置。已大致就緒。而一師陸軍。明日可到。恐大戰即將開始矣。

一次偷渡失敗 今晨黎明時。敵利用曉色蒼茫。竟復派兵數百名。在依周塘角南草菴前面。乘民船偷渡蘊藻浜。當被我軍發覺。隔河用機關槍掃射。敵兵不死於槍彈。即溺於水。無一生還。自今晨起。敵軍在黑橋南徐家灣等一帶。復不時向我軍 攻。雙方陣線。並無變化。吳淞全鎮房屋。十九已成焦土。寶山方面。尚稱寧靖。該處居民。早已遷移一空。寶山縣政府公安局建設局冊單局官產處等各機關。業已遷至羅店鎮辦公。

偷襲野戰亦敗 上午十時許。日軍又由軍工路抽調一大部份陸軍。向蘊藻浜方面偷襲。利用重砲掩護。敵向我軍衝鋒。我軍亦藉砲台大砲掩護。奮勇迎擊。雙方即在蘊藻浜車站南軍工路上野戰。我軍左右兩翼甚為活動。從敵軍後方推進。敵軍恐受包圍。乃急向後敗退。同時敵軍正面亦被我軍擊散。我軍即在軍工路原陣地固守。此役日兵死傷二百餘人。

轟擊砲台無效　今日下午一時起。敵艦九艘。在吳淞口向我砲台開砲轟擊。甚爲猛烈。我軍亦發砲還擊。直至三時半左右。敵艦知吾有備。勢不得逞。砲聲乃息。吾方受損失極微。又昨日下午三時許。敵艦十餘艘。向岸上發砲攻擊。同時以機關槍十餘架助戰。均經我軍還擊。至四時許。砲火始停。又昨日傍晚。我軍某團之搜索隊。在屈家橋殲敵數百。奮勇抵抗。敵不支遁去。又昨日下午一時許。敵軍在天通庵附近。用猛烈砲火向我軍攻擊。我方亦還擊。至四時許。敵漸不支。砲聲亦停。

日軍增調援軍　今日日兵司令部。於下午五時半左右。派出空卡車九輛。經南京路直向楊樹浦方面駛去。聞係載運援軍。至軍工路滬江大學附近增援。以該處日兵防禦。佈置已將就緒。惟兵力甚薄。該空卡車上。每車有日陸戰隊二名押車。步槍緊靠車蓬。兇相畢露。並悉駐蘊藻浜車站以南之右翼敵海軍陸戰隊。及右翼軍工路敵軍陸戰隊第二中隊。以及正面。均改由新到之下元陸軍團担任。左翼則尚未更調完畢。僅前衛由陸軍接替。聞日兵坦克車已運到。現正急於計劃。由蘊藻浜渡河。惟我軍機槍掃射猛烈。敵軍甚爲膽寒。頗有徒事犧牲之苦。

日艦附近中彈　字林報云。據河泊司記錄。昨日九日黃浦江內日艦調動。未有遠出吳淞者。外傳昨日清晨。上海附近日艦發砲轟擊閘北。但海關當道則謂未曾目擊。僅於黎明以前。見中國軍隊發出之二彈。落於日海軍司令旗艦附近浦江內。相距不過二三百呎。日旗艦泊在日郵船會社碼頭。此次砲彈料從閘北鄰近某地發出。按近十日來約共有砲彈八枚。落於日旗艦所泊處所。

昨晨日機自墮　大美晚報云。據官場消息。昨日（九日）上午九時三十分日軍有單座位追擊機一架。在楊樹浦新造飛機場附近被追降落。着地即傾覆。機身微損。駕駛員未受重傷。旋即送往日軍戰地醫院醫治。又據字林報云。該機大受損。駕駛員二人受重傷。

外報稱譽華兵　字林報云。昨晨（九日）日軍驅逐艦以極近距離猛放槍砲之際。突有中國兵士肩一機關槍。自斷垣跳出。馳過毫無屏蔽之一百五十碼。而重得一屏蔽地方。雖以機關槍之沉重。勢幾不勝負荷。而敵艦又僅在數百呎外　砲彈集其一身。密如雨下。該兵毫無畏懼。卒荷機關槍達其目的地。顯似未曾受傷。可謂神勇也已。

▲閘北我軍進展

青雲橋擊落敵機一架
寶山路北晚間又大火

本日閘北方面。日間無劇烈戰事。晚七時大隊日軍。由福生路衝攻我軍寶山路防線。一時砲聲隆隆。槍聲密集。激戰約一小時三十分。敵始敗退。我軍乘勝追擊。防線進展至虬江路北四川路口。敵機五架。今日上下午兩度至閘北轟炸。當被我軍在青雲橋下塊擊落一架。茲將各情。分誌於后。

晚間劇烈戰事　今晚七時起。閘北方面。復有激烈戰事、砲聲隆隆。機關槍與步槍聲。密如連珠。至八時五十分始停戰。據調查所得。係大隊日軍在砲火掩護下。由福生路向寶山路我軍防線進攻。我軍待其迫近。即以機關槍掃射。戰約一小時半。日軍死傷枕藉。始不支而退。我軍乘勝追擊。防線進展至虬江路北四川路口。同時在寶山路以北至虬江路間一帶房屋。中彈焚燒。火光燭天。至十一時。始漸熄滅。

敵機兩度轟炸　今晨八時。有日機五架。飛來天空。未一刻鐘。又由浦東方面飛來四架。環繞起落。盡情偵察我青雲路及滬西沿鐵路防線。可三刻鐘後。大部東去。留閘北祇兩機。旋該兩機由南市飛轉。即在閘北。開始擲彈。大半均落於江灣與八字橋方面。當飛機之來。沿寶山路一帶。即起砲聲與機槍聲。我方亦還擊。至十時三十分。日機全去。於是砲聲槍聲。亦因之而停。故今日全日如天通菴路。虬江路。寶興路。老靶子路一帶。祇有斷續機槍聲。未有劇烈戰事。但至午後四時十分。日機五架。復來閘北。三高兩低。所投炸彈較晨尤猛。但大半落旱橋西北曠地。損害極微。

擊落敵機一架　今晨十時。敵機五架。在青雲橋天空擲彈時。我空軍由楊隊長駕起大號戰鬥機一架。凌雲應戰。此時日機因仍在亂擲炸彈。故飛行甚低。我方飛機。乃飛高於日機之上。用機關槍向下掃射。交戰約二十分鐘。日機不支。向東疾駛圖遁。惟中有一架。業已受傷　當即下墮於青雲橋南塊。時日機師二人。一已斃命。一則僅折斷一足。故猶握手槍向我軍射擊。作最後之掙扎。當經我軍還擊。將其擊斃。其餘四架。則均逃入租界。我機爲維護租界人民安甯起見。故未窮追。

江灣略有戰事　閘北方面戰事中心。已由北四川路一帶移往虹口公園附近。戰事要區。大部份東起狄思威路。沿江灣路。經天通菴路。靑雲路。北達體育會路爲終點。敵軍大部份。集中於虹口公園。在虹口公園之西面轉角處。敵軍配有野戰砲數門。鐵甲車及騎兵等。亦多集中於此。昨日雙方除以遠距離之砲戰。及敵軍以飛機向我襲擊外。於上午九時許。在江灣路體育會路附近。略有戰事。據另一消息。在距離該路五百碼持志大學左側。及虹口公園西北角之露天遊泳池後面。中日兩軍。發生戰事。日軍以鐵甲車兩輛。及士兵等數百名。激戰歷一小時。日軍不支而退。鐵甲汽車。於急馳圖逃時。因我方砲火猛烈。有一輛馳落壕溝中。前部損壞。車輛不能移動。乃爲我軍砲火所燬。幷斃敵兵數十名。輕重傷者。亦不下數十人。

我軍奪獲大砲　自昨夜日軍施行總攻擊後。卽以大砲向我陣地猛烈轟擊。一時砲聲隆隆。卽法租界亦淸澈可聞。惟我軍沈着抵抗。並設奇計破敵。卒將日軍擊退。並奪獲大砲九尊。聞日軍自經此次巨創後。損失極大。

發現敵方氣球　今日上午十一時後。敵方有氣球一只。高昇空際。估定其方位。距天通路車站匪遙。是蓋敵方用氣球。遼望我軍陣線者。

◉第十六章　日機亂投炸彈

毀屋傷人慘無人道

永安三廠亦被炸毀
日本大部援軍又到
（二月十一日之戰況）

今日各地戰綫。吳淞略有砲聲。其餘各地槍聲亦稀。而日本飛機。則大爲活動。到處拋擲炸彈。威脅及於兩租界。損害最甚者。厥爲永安第三紗廠。玆將各情分誌如次。

▲吳淞方面戰況

上午敵艦轟擊砲台
我軍略事應付卽平

今日吳淞方面戰雲和緩。日艦於晨間七時許。以五英寸口徑小鋼砲。由遠距離之地點。向吳淞轟擊。計開三十餘砲。我方因無若何損失。故未開砲還擊。以免虛耗彈藥。至十一時三十分。日陸軍復以開花砲四門。向我射擊。我軍略事應付。敵軍遂卽停砲。至正午。砲聲遂息。

字林報云。吳淞砲台。連日雖經砲轟及飛機之襲擊。而砲台飯店之主人英人台維士。仍留於戰區。僅以二犬爲伴。不忍棄其經營多年之故居。其在滬之友人。曾於星期六日。向日本海軍當局。領得通行證。擬往勸之脫離危境。但行至蘊藻浜。不能前進。遂廢然而返。據昨（十日）夜由前線歸來之日水兵聲稱。砲台飯店雖中彈數十次。而其上仍高懸英旗。按台氏爲退職英海軍軍官。年已八十。

▲蘊藻浜之戰況

三次偷渡未成

淞鎮一片焦土

昨又偸渡擊退 盤據吳淞蘊藻浜南鐵路總工廠之日軍。於今晨八時許。擬偷渡蘊藻浜。分左右兩翼衝鋒。左翼自楊宅及軍工路。以陸路砲及手提機關槍向浜北猛攻。右翼自胡家橋周家橋向北轟擊。日軍中並有身穿救命馬甲者。擬搭浮橋過河。當爲我軍猛勇抵禦。劇戰一小時。敵軍不支而退。

▲閘北方面沉寂

戰事暫時沉寂

僅有步哨衝突

本日閘北方面。自晨至晚。未發生戰事。惟雙方步哨。間有放槍示威。下午二時許。曾有一二日兵。偷向我軍防壘襲擊。當被我軍用機關槍擊退。因此槍聲又起。旋卽平息。聞係日兵。收拾殘部。重行分配希圖再舉。幷鑒我軍防綫鞏固。極力增援。又恐我軍乘機進攻。乃於昨晨。用飛機竟日在閘北及太陽廟麥根路等處。轟炸。因此又遭殘酷慘劇。及大火四五起云。

▲南市本日虛驚

居民遷避租界

華界斷絕交通

今日午後三時許。忽然發生日軍將於入晚。同時攻擊南市之謠傳。一時形勢頓告緊張。居民紛向租界遷避。扶老携幼。箱籠載途。一若日軍即將襲來者。於是法租界各捕房戒備更嚴。鐵柵邊門提早關閉。華界六時未到。即行斷絕交通。惟迄至夜晚。南市安甯如常。但居民已飽受虛驚矣。

▲永安第三廠被炸

死傷男女工八多名
美兵一排險遭殃及
美領將提嚴重抗議
日領卸責諉稱誤投

今晨八時起日機多架。自東面飛起。次第往閘北。江灣。虹鎮。等處。拋擲炸彈。至上午十時四十分左右。飛機五架。竟飛往素稱安全之公共租界境內麥根路一帶。拋擲炸彈。其中兩枚。着於麥根路五十五號永安第三紗廠搖紗間。炸斃五名。傷約二十名。搖紗機損壞者四十餘部。共計損失約值萬餘兩。該廠今日仍照常開工。

爆炸情形　永安紡織有限公司第三紗廠。在蘇州河南麥根路五十五號。地屬租界。估田約五畝。廠房甚鉅。今晨十時半左右。先有日機五架。由北面飛駛而南。至永安紗廠之屋頂中。即盤旋不去。旋聞轟然一聲。巨大之炸彈一枚。從空落下。着於廠屋之西北角上。直墜至二層搖紗間中。立卽爆炸。又有一燃燒之硫磺彈。則由東北角穿過兩屋間之懸橋。成曲折線而下落。懸橋欄桿。立卽炸去。祇留鐵條兩根。搖紗間中之搖紗機器四十餘架。均遭彈炸損壞。其時廠中駐有美國海軍陸戰隊兵士一排。險被殃及。

死傷人數 廠中十時半至十一時半。爲進餐時間。當日機拋擲炸彈時。大多數工人。均往飯廳進膳。祇東首紡紗間中。留有男女工八二十餘名。肇事時不及逃避。當場炸斃五名。其中女工四人。一爲小孩。年祇十六歲。一係男工。受傷者則多至二十名。均由紅十字會派救護車。送往醫院治療。內有女工盧周氏一名。年二十歲阜寧人。因重傷在院身死。

▲日機到處擲彈
南北市兩租界
均有燬屋傷人

敵機連日在空中飛翔。拋擲炸彈。殃及無辜生命財產。損失殊鉅。並於二月五日起。迭向吾災民收容所。用巨大炸彈轟炸。種種行動。殘毒之至。今晨。日飛機又在空中肆虐。麥根路車站。大通路。及太陽廟一帶。拋彈至三十餘枚之多。當場被轟死傷及壓斃者計十餘人。車站貨房鐵路及民房會館等。坍牆倒壁。損失不貲。此外如租界內麥根路。永安紗廠。虹鎮香煙橋。江灣鎮。南市邑廟。及法租界等處。均有日飛機往拋擲炸彈。以一日間而在人烟稠密之區。拋彈至十處以上。其慘無人道。可謂已極。其被炸之處。計有西寶興路。潭子灣。麥根路車站。大統路民房。嘉邵會館。中興路菜場。外灘。虹鎮。法租界。南市。江灣等處。

▲日本援軍又到

今日下午二時登陸

日政府增調陸軍一師團。來滬應援。特命駐滬各軍艦在運。昨日下午。已到一批。其餘大隊日兵。則於今日下午二時開到上海。共有一萬二千人。當在浦江內黃浦碼頭停泊。兵士卽行登陸。分批用卡車運往江灣閘北兩方面而去。日本軍艦。截至本日止。自第二隊魚雷一艘。於下午二時五十分開來外。刻下滬上已有大小軍艦三十二隻。由吳淞二號河筒起。一直停至浦江南段江面。成爲一直線云。

◉第十七章　我軍激戰退敵

日軍大砲炸彈轟炸吳淞

閘北上午停戰入晚激戰

我軍沉着應戰固守原防

（二月十二日之戰況）

今晚七時起。日軍用極猛烈之砲火。向我虬江路天通庵路一帶防綫攻擊。一時槍聲機開槍聲密集。敵係威嚇性質。始終未敢衝鋒。我軍沉着應戰。至十二時四十分始止。雙方陣綫未動。又吳淞方面。今晚八時後。復在蘊藻浜之正面。向我砲轟。較閘北之砲戰。稍為和緩。至夜半始停止。敵亦未曾絲毫得手。據川沙白龍港方面消息。敵艦十七艘。已升火待發。將向吳淞方面出動。預備總攻。

吳淞之戰況

各處有衝突敵均敗退
日軍造竹筏企圖偷渡

自滬戰發生後。迄今未停。各國領事。會議定於今晨請我軍及日方停戰四小時。俾得於此期間。儘量運載戰區難民脫離險境。今晨閘北方面。日軍果未大舉來犯。惟吳淞方面。自今晨六時起。又向我軍開始攻擊。在蘊藻浜。張華浜。吳淞鎮。砲臺灣。獅子林。等數處。均有衝突。戰爭頗烈。玆將戰況分誌如下。

蘊藻浜吳淞鎮　今晨六時日方派步兵七八百人。由野戰砲及飛機之掩護。大舉來犯。意圖衝過我方陣線。同時又向該地附近之曹家橋攻擊。我軍之在蘊藻浜者祇有二百人弱。均奮勇抵抗。戰約二小時。即將敵擊退。曹家橋方面之日軍。亦經我軍擊敗。至九時後。即平靜無事。惟仍有步哨槍聲。連接不絕。吳淞鎮方面。於今日清晨。亦有日兵以大砲向我軍轟擊。共發砲三十餘響。多未命中。至九時後。敵軍猶時向我軍以步槍射擊。在吳淞之某鄉民頭部及臂部曾被日方大砲彈傷。刻已送往紅十字會第五院醫治。

砲臺灣張華浜　砲臺灣所泊之日艦。共計有十三艘。今晨日艦上之陸戰隊。時發槍射擊我砲臺旁之軍士。惟因砲臺前泊有英美兩國之軍艦。日軍因有所顧忌。故未敢發砲轟我砲臺。日艦一艘。昨晨駛至張華浜口。約於六時左右。向我方開砲多發。其陸戰隊幷擬上岸。均經我駐軍擊退。日軍死傷頗多。

敵軍預備大舉　大美晚報云。今日午後二時大美晚報訪員在張家浜日軍司令部前。見日兵携軟木竹筏。由持來福槍與機關槍兵士護送。先西進。後再向北趨蘊藻浜南之日軍陣線。此項竹筏。乃以壓緊之軟木製成。每方軟木。厚二吋闊約一呎。長三呎。以六方聯成為一。兩端各置兩方。紮於毛竹。可浮水不沉。兵士携去者。共有百餘筏。司令部前之步兵。來往甚活動。司令部西南面墳塋後安置之陸軍大砲。晨間殊寂靜。是時亦隆隆作聲。下午二時後。由楊樹浦飛來飛機六架。連巳在天空之三架。共有九架。大轟炸機五架。追逐機四架。觀此情形。日軍對吳淞砲台之攻勢。似即在目前矣。字林報云。今日午後軍工路運輸子彈之卡車。絡繹不絕。日人所有之各碼頭。卸運子彈軍需。亦甚活動。即野村司令之旗艦上。亦有軍火卸下。曾見有鋼版數車。運向吳淞進發。雙方昨日均乘寂靜之機。從事鞏固陣地。聞華兵士氣甚壯。自信可操勝算云。

敵機轟炸淞鎮　現雙方陣地。仍無變動。鎮中房屋。大半被砲火所燬。居民遷移一空。十時左右。有敵飛機來兩架。在淞鎮左右。亂擲炸彈。歷時約有一小時。總計拋炸彈二十餘枚。有十餘枚爆發。惟損害尙輕。經我軍高射砲不斷射擊。敵機始飛去。據一鄉人云。今晨六時至八時許。在紀家橋方面。敵軍約三百餘人。紛向我軍陣綫衝鋒。我軍奮勇抵禦。以機關槍掃射。結果斃敵二百餘人。我方死傷二十餘人。即運往大場後方醫院。有人目睹我軍汽車內滿裝敵軍槍械戰利品。駛向司令部。聞連日來所獲極多云。

寶山縣署暫遷　寶山縣政府及財政交通等各機關。因寶山地勢危險。且日艦砲時。子彈均落於城內。故於今日起。將縣府及所屬各機關。遷至西鄉羅店辦公。

▲閘北今午停戰

救護戰區難民

自日軍無端向我閘北及吳淞以大砲機槍轟擊。並用飛機亂擲炸彈。該處居民。均猝不及避。慘死於難者。不可勝數。但戰事迄未停止。而戰區災民。傷者纍纍。救護人員。均不得前進營救。男女老幼。無法逃避。飢無食。渴無飲者。亦已多日矣。因而餓死者。時有所聞。昨日下午一時半。英總領事璧約翰。偕同萬國義勇團司令部皮而少校。徇西敎士之請。前赴市政府面謁吳市長。請通知我方軍事當局。於今日上午八時起至十二時止。於閘北寶山路寶興路虬江路一帶。雙方暫時停止攻擊四小時。由皮而少校督率救護團體。前往戰區。設法救護該區域內災民。我方軍事當局。即允許。聞英領等並與日方同樣商妥矣。

▲閘北夜間激戰

白晝日機投彈

黑夜日軍進攻　結果均經擊退

閘北方面。自晨間六時起。已無槍砲聲。八時至午十二時。因係四小時停戰救護時期。故雙方均入休戰狀態中。我軍將士利用時機。間有援助避難災民。搬運物件。及爲之維護出戰區者。惟對於進出人民。恐有敵人間諜或漢奸混入。故防範甚嚴。至下午四時後。以戰區災民。已陸續運出。故卽宣告戒嚴。下午一時後。有日機五架。在閘北太陽廟飛翔。亂擲炸彈。至四時起。日兵又用大砲。向閘北轟擊。連續不斷。入晚九時激戰更烈。玆將各情分誌如次。

日機亂擲炸彈

今日停戰時期過後於下午一時許。日飛機五架。又在閘北太陽廟等處天空中發現。先在閘北中興路。共和新路。虬江路等處環繞。繼卽投彈。約二十餘起。均在民房附近落地。轟炸者六七彈。惟未發火。我軍卽用高射砲轟擊。日飛機又飛往太陽廟。潭子灣。麥根路等處投彈。亦爲我軍擊退。惟當時閘北災民正在遷避。因日飛機到處投彈。以致搬回者數百人。現皆避在民房內。流離失散。不計其數。

日砲轟燬民房

今日下午三時後。日飛機被我軍用砲擊退後。日兵於下午四時起。卽改用砲擊。平均每五分鐘一砲。日兵發砲基地。仍在虹口公園內。並間以日兵前哨之鋼砲。均向閘北及麥根路太陽廟一帶民房轟擊。入晚尤密。我軍亦予還擊。彈多落於日兵前哨線。日兵損傷甚衆。閘北民房中彈者無幾。皆未爆炸。並探悉日兵於昨日下午二時許。在天通庵車站北面月台。增設防禦物。幷在該車站南月台上打樁。加鋪鋼板。安設砲位。約有十餘處云。

入晚又起激戰　雙方砲轟。至晚九時後。日兵乘機偷襲。乃又發生激戰。接觸地點。在天通庵路。及虬江路。等處。鎗聲連續未斷。同時雙方均用大砲掩護進攻。機關槍掃射。此起彼接。迫擊砲手溜彈密發。鋼砲亦頻頻施射。聲震全埠。激戰之烈。為發生戰事後之第三次。至十時後。槍聲漸向東北進移。我軍後方砲隊發砲點。亦進至寶山路口。至十一時。槍聲漸稀。間有機關槍聲。係少數日兵殘部。猶思困鬥。惟雙方砲轟仍未輟。大都係鋼砲。至十二時始稍殺。日兵傷亡達二百餘名。我軍傷十餘人。此役日兵曾屢次向我軍陣地衝鋒。均為我軍殲滅。我軍陣線。一無變動。

第十八章　我軍再挫強敵

蘊藻浜血戰我軍大捷

敵偸渡曹家橋全部覆沒

虹口日軍兩司令部中彈

敵人亦稱我軍作戰勇敢

（二月十三日之戰況）

▲偷渡敵軍盡殲

今晨敵千餘偷渡被圍
雙方血戰達十二小時
敵全部殲滅無一生還

本日上午十時許。敵陸軍千餘人。第三次藉烟幕彈之掩護。竟被偷渡蘊藻浜。在北岸曹家橋登陸。當時情勢異常緊張。敵軍抱必死之心。努力向我防線衝擊。我軍奮勇應戰。並急調後方援軍。全部參加作戰。取大包圍形勢。敵頑强抵禦。不稍示弱。我軍以此戰為吳淞之生死關頭。竭全力搏擊。敵突圍凡十餘次。均不得逞。雙方肉搏。喊殺之聲。遠近震動。敵軍復在隔河以重砲轟擊援助。然砲彈所及。無損於我軍毫末。戰至下午四時後。敵死亡枕藉。已力竭聲嘶。然猶作困獸之鬭。延至今晚九時四十分。始全部解決。無一生還。是役也。雙方混戰肉搏達十二小時。實開吳淞中日劇戰之新紀元。我軍亦有傷亡。卒賴我軍將士用命。士氣奮發。始博得最后之勝利。殲此頑敵。

龍華警備司令部十三晚捷報云。限卽刻到。市政府各機關各報館均鑒。今晨起。敵約二三千人。在曹家橋紀家橋一帶偷渡。經我毛師派部迎頭痛擊。激戰終日。迄晚間九時四十分。卒為我擊退。敵傷亡千餘人。謹此捷報。淞滬警備司令部參謀處叩元亥印。

▲敵偷渡蘊藻浜

放烟幕彈白霧漫天

敵千餘人偷渡登陸

今晨二時。我吳淞方面之防軍。乘敵軍疲乏之際。在蘊藻浜黃浦江口。向敵軍艦及附近陸軍猛攻。敵出不備。怱促應付。損失奇重。至蘊藻浜正面之敵。竟施放烟幕彈。架搭浮橋。偷渡三次。均被我軍擊退。詳情分誌如次。

襲攻敵大本營　今晨二時。我吳淞防軍及便衣隊。乘敵不備。在蘊藻浜黃浦江口。向敵軍艦夕張號。及附近陸軍猛攻。該處係敵之大隊部宿營處。敵措手不及。怱促應戰。被我軍擊斃數百名。敵艦亦受重創。損失奇重。敵方亦驚嘆我軍作戰之勇敢。

初次偷渡失敗　今日。敵三次架　浮橋竹筏。希圖偷渡蘊藻浜。及南泗塘河。第一次在今晨四時半許。天方破曉之際。敵兵二百餘名。在黑橋之東偷渡。當被我防軍覺察。即用機關槍迫擊砲掃射。敵遺屍十餘具。棄筏而逸。

敵施放烟幕彈　第二次在今晨七時許。有敵兵三四百名。各手持刀鈎鋸斧等。在南草菴前偷渡。敵軍並發烟幕彈。至我軍陣地。一時蘊藻浜上白烟迷漫。我軍察知奸計。即向依周塘角。用機關槍數架掃射。及至白煙消散。則已無敵蹤。第三次在上午十時許。時方雪花紛飛。敵一千餘人。仍藉煙幕彈之掩護。又圖偷渡。當被我軍步哨發覺時。當即飛報後方。調大隊應戰　同時敵以極迅速之進行。全部偷渡登陸。我軍遂與激戰。一時肉搏甚烈。戰至十二時我援軍趕到。遂將敵全部大包圍至下午四時止。仍在包圍中。當曹家橋兩軍激戰敵正擬後退時。敵軍另派支隊約三百餘人。攻擊紀家橋。我軍即出而應戰。雙方相持。約一小時之久。敵軍不支而退。至十時許。日又以五百餘人。用手提機關槍等猛衝。我軍以機關槍及排槍等應戰。敵軍因雨雪。不能用鐵甲車爲前導。故死傷頗多。至十時十五分卽退。繼敵軍以少數步隊。攻侯家木橋。我軍沉着應戰。敵軍以爲有機可乘。遂增兵力前進。我軍乃以機關槍掃射。敵知中計。乃倉皇退却云。

敵增兵張華浜　今日下午二時。敵軍在張華浜兩路工廠附近。用重砲向我軍陣地轟擊。彈均落吳淞市河南岸及同濟路泰興路一帶。我軍殊少損傷。雖敵砲亂轟。我軍異常鎮靜。絕不還擊。據張華浜對江防疫醫院附近之鄉民稱。今日自晨至暮。瞥見有小輪拖帶大鐵殼駁船四艘。滿載敵兵。自滬駛至張華浜登岸。輪駁待敵兵起岸後。卽向滬駛回。復裝載敵兵來淞。如是者有四次之多。最後一次。曾見有大砲數門。駁運上岸。復見軍工路上卡車。來往頗忙。均滿載敵兵。及軍火而來。空車而去。照此情形觀察。現在張華浜之敵軍人數。已較前大增。

▲閘北激戰狀況

擊落敵機一架

彈落日司令部

敵軍死傷極衆

閘北方面。日軍因昨晚（十二日）進攻失利。乃重調生力軍。至前線補充。於今晨八時許下令。續向我軍防線總攻。於是虬江路。天通庵路。新民路。青雲路。又復先後發生激戰。同時日飛機八架。飛行天空助戰。並擲巨量炸彈五枚。落在麥根路區及湖州會館內。較輕炸彈。約有五十餘枚。間以大砲。我軍奮勇還擊。並用高射砲轟擊日機。在相距二十碼處卽炸裂。因此日機紛紛逃避。折向眞茹投彈。約十餘起。未得逞。又被我軍用高射砲擊囘。中有一機。被我軍擊落。昨日下午六時。我軍砲隊開砲。擊中北四川路底日兵陸戰隊本部。轟毀民房數座。並斃敵軍少校參謀一人。敵兵數人。今晨六時許。我軍砲隊又擊中日童公學內日兵第二司令部。茲將各情紀述如次。

日兵總攻閘北

今晨八時許。日兵千餘名。利用飛機擲彈。大砲掩護。及後方生力軍之補充。又向虬江路。新民路。天通庵路。青雲路等處我軍前哨線總攻。當時雨雪紛飛。我軍卽在雪中奮起抵禦。雙方各用野戰砲。鋼砲。機關槍。掩護掃射。日飛機亦出助戰。希圖擾亂我軍後方。未幾卽被我軍高射砲擊退。我前線各將士。在敵陣中衝入殺出者數次。至十時許。敵軍不支潰退。我軍防線。堅如鐵壁。僅二十餘人受傷。日兵受傷亡甚鉅。嗣後晤及該師某旅參謀長。據談日軍今晨之戰。意圖擾亂我軍陣線。惟若輩均甚怕死。向我作戰時。士氣甚餒。且多藉利器掩護。結果均被我軍擊退。現我軍對於最前線防務。甚爲鞏固。日軍殊難越雷池一步云云。

彈落日司令部

今晨劇戰時。雙方砲轟之烈。爲發生戰事後之第一次。自晨八時至晚九時。未曾間斷。日兵以轟炸閘北一帶民房爲目標。但均在中途墮落。或在租界內爆炸。我軍砲隊則發砲準確。百無一失。北四川路底日海軍陸戰隊司令部。曾於昨日

（十二日）下午六時。被我軍砲隊開砲擊中。燬去房屋一座。斃日兵少校參謀一人。傷敵兵數人。今晨日兵設在北四川路橫浜橋日童公學內之第二司令部。又被我軍擊中爆裂。死傷纍纍。地上血跡甚多。得逃生者無幾。嗣後日兵砲轟漸稀。至晚九時始息。

大批日屍運回　今日下午二時許。訪員行經北市外白渡橋。目睹有卡車九輛。均滿載日軍屍身。約計一千餘具。俱盛以蔴袋。鮮紅血液。從蔴袋縫中汩汩流　。由北四川路方面駛來。至該處日本領事館門首停駐。即由押運之日軍。手攜手提機關槍。迫令華人。將此項蔴袋。逐一從卡車上搬下。分別扛運。至該處附近堆棧內堆存。聞扛運之華人。純係虹口一帶居民。陸續為日軍擄去者。充作是項苦工。訪員目睹若輩精神衰頹。形容憔悴。其內不少智識階級中人。當扛運此種日軍屍首時。有日軍執槍在旁。監視甚嚴。中有一人。因稍為倔強。輒遭日軍槍殺。日軍此種舉動。實屬慘無人道。

湖州會館被燬　今日上午七時起。日兵又用重砲。向我閘北會文路湖州會館猛轟。該館房屋。前曾被飛機擲彈。炸燬極多。所存僅丙舍一部分。尚未燬壞。不料昨日。敵軍復用巨砲轟擊。砲彈橫飛。結果。所有丙房。盡被轟毀。柩內屍體。中彈後。有斷頭。缺臂。破腹。裂背者。均骸骨橫飛。所有紅綠殮衣。盡成砲灰。其餘各處。為流彈炸燬者亦甚夥。蓋日下敵軍。所用砲彈。皆係開花彈。故凡經着彈之處。莫不燬壞殆盡云。

天通菴之激戰　傷兵蔣桂林。在醫院中述昨晚（十二日）在天通庵抵抗敵軍一幕。略謂。予湘省人。一月前在贛從戎。投效六十師。甫經匝月。充副班長職。昨晚余等正扼守天通庵路。我軍派有步哨。我等均抱定敵不來則已。來則必與抵抗。不料至七時。敵即開砲向我猛轟。我軍毫不理睬。聽其消耗子彈。然敵竟越轟越密。經兩小時之久。並不停止。當即派出二百餘敵軍。向我防地衝來。在下午七時一刻。先與我哨兵衝突。將近我防禦物時。我軍突起還擊。並用鎗掃射。撲殺敵人約五十餘名。連戰約一刻鐘。我等見敵已餒。且露有不支欲退之勢。因又想及敵來係越浜前進。退時亦須過浜。較諸平原退兵。總屬不易。於是即竭全力衝出。與之應戰。手溜彈炸裂聲不絕於耳。迨敵完全退過浜南。似已大爲狼狽。且此時擊斃於浜中敵人。又增二十餘名。余乃於衝出之時。足部受傷。即由救護者舁至團部。時正十一時半。俟至天明。（即今晨）始轉投醫院療治。當午夜十二時。余在團部。聞得報告。敵軍二百餘生還僅及半數。因敵主攻我主守。故敵傷亡甚大。我方僅傷亡十餘人。至當晚十二時以後。槍砲聲始逐漸稀落云。

飛雷擊落日機

今日上午九時許。日方軍用飛機計八架。飛翔於閘北一帶。環繞以至眞茹吳淞方面。繼又向閘北區內飛去。拋擲炸彈。圖燬市房。天通庵路。中華新路口廣東醫院昨晨不幸又爲日飛機投中炸彈及硫磺彈。先後凡四粒。一時該院烟霧漫天。火燄瀰漫。自今晨九時半肇焚。直至十二半。始告熄滅。聞該院院舍東北隅焚燬五六間。我軍以日方軍用飛機。肆意破壞。到處擲彈。特於今晨九時許。日方飛機環飛閘北我軍防線時。即以蔡霖生君發明之飛雷。發擊日機。是時飛雷巨響。遐邇咸聞。結果日機經飛雷爆炸一架。落於太陽廟大統路附近云。

我軍人格高尚　據自前綫視察歸來者談。昨日敵軍偷襲吳淞時。被我軍士兵截獲。中有日兵數人繳械後。伏地求釋。我方士兵。見其已失戰鬥能力。且卑劣可憐。即予放回。並向之云。「你去拿了槍再來受死吧。」日兵狼狽鼠竄而去。我軍之正直剛强。於此可見一斑。而日軍對於我方士兵。一被截獲。即加屠戮。每遇傷兵呻吟地上者。亦必以槍刺猛戳數下。令其宛轉以斃。其慘酷行為。實為人道所不許。外人對此。莫不憤憤不平。而稱道我軍人格不置云。

▲日報稱讚我軍勇敢

砲彈意外正確
戰術非常奇妙
日中隊長自殺

大阪每日新聞六日載戰事消息云。敵（指我軍下同。）之野砲隊之射擊。意外正確。（照日文直譯）我（指日軍下同）陸戰隊本部。數日來中敵方砲彈十餘發。而我軍因不慣於巷戰。遂遭極大的犧牲。且敵嘗以機關槍向我軍裝甲車之前衝鋒。我若亂射。則敵軍沉默。而我軍以為可放心前進。敵乃乘機衝出。又中其計。此種奇妙戰術。不敵戰法。我軍嘗出大部分之死傷者。（均照日文直譯由此足徵敵膽已寒直供不諱又查此種戰爭日軍中之死傷者如水雷長航海長隊長艦長等不下四五十人而我方下級軍官受傷者不過一二人）又時事新聞云。最可驚者。我陸戰隊本部指揮官室內屋頂。突然落下敵之八珊砲彈。徼幸萬分。彈竟不炸。否則。我陸戰隊首腦部長官。必遭全滅。此亦天佑我軍。然而各長官。已驚駭失色。呆若木雞矣。又六日大阪每日新聞載上海岡田特派員報告云。我軍（指日軍下同）在上海互於全線之苦戰　而蔡廷楷軍爲中國之鐵軍。其兵之強可知。故我軍戰況。絲毫不能進展。目下租界刻刻危險。照現在之情勢。徒然遷延時日。增加我軍之犧牲者云。

東京報知新聞接長春池田特派員電云。日軍長谷部旅團長。於一日晚在雙城堡驛內東華俱樂部席上。報告戰爭之感想。其冒頭即稱「中國兵實不可侮」。繼謂余（指長谷下同）此次戰爭中。頗有極深刻的感想。而爲我國人（日本）所意料不及者。中國兵之作戰。實不懦弱是也。（照日文直譯）嘗余目擊濟南戰爭時。敵竟跳越屍身衝進我陣地。此次雙城堡之激戰。敵（我軍）又向我軍（日軍）夜襲。且敵不畏砲火。積極的向我）日軍）出攻勢。其勇猛實不可當。當時我軍（日軍）部隊不多。乃將兵站部衛生部以及附屬於其他旅團之部隊。集中車站。原爲縮短戰線。而敵軍竟不顧生命。在砲彈如雨中。蜂擁而來。使我軍（日軍）氣爲之餒云。

日文報又載電通上海二日專電云。中隊長米丸大尉。於今晨三時。以軍刀刺胸自戕。留下遺書一封。內有「促鹽澤司令決斷與猛省。挽回失敗之名譽」云云。此所以有鹽澤自殺之誤傳也。

沈師長重要談話

今晨記者冒着雨雪往見六十師沈師長（光漢）蒙他發表了一篇重要談話。照錄如下。並承他允許不久寫一篇民衆的防禦戰術。在各報發表。日本帝國主義。欲打破其嚴重而又深刻的不景氣。以圖挽救其已頻於崩潰的命運。所以加緊其對於我中華民族之掠奪。而施其積極的砲艦政策。可是事實已經答覆牠。牠這一切夢想。都只能加重日本之危機。促成了我中華民族振興之機。就我個人觀察。日本因此次侵略我國土。中日所蒙受之利害。和因此影響所產生的局面實不難預判。（一）日軍閥之窮兵黷武。必至民貧財盡。激成內亂。益速其帝國命運之沒落。（二）堅固我國人。永與日不合作之決心。使日本工商業一蹶不起。難於恢復在華市場之舊觀。（三）日本施以野蠻卑劣侵害的事。實予各國深刻之認識。因此轉移世人一向重視日人心理而失去世界之同情。同時我國因此必有下列三點之利益。（一）促成我國人和衷共濟之急迫之一致團結之機。（二）提示我同胞禦侮之共同目標。集中我同胞殺敵之視線。（三）增加國人對國家觀念之濃厚。激揚民族圖存之精神。以上事實。昭然揭示於世人之前。故我對此次日本軍閥之侵略。非常之樂觀。并且感謝牠給與我們二十年來所追求不得的一切利益。我敢斷定。在最近之將來。中日還有實現平等親善的可能。我們只看日本東京帝國與慶應兩大學教授學生和市民示威運動的口號「反對日帝國主義進攻支那。以及神戶工人士兵大阪海員的罷工口號「不到支那去」。「不打中國兄弟」。這種公理。自在人心的同情表示。就可充分證實日本軍閥之命運已到了最後的一次。和中日親善的另一局面。很迅速的產生。我盼望國人在這時候。要忍受目前的痛苦期待着將來而已快來的幸福。同時希望日本被軍閥壓迫的民衆和牠鐵蹄下蹂躪的弱小民族。加緊而擴大其正義有效的表示。與我們共同負責實現東亞永久的和平。

◉第十九章　雙方準備大戰

日本陸軍到齊準備進攻

我軍士氣奮發決心抵抗

（二月十四日之戰況）

▲吳淞戰況

敵軍偷渡又告失敗

敵艦不斷砲轟淞鎮

昨晚吳淞曹家橋之大捷。偷渡敵軍千餘名。全部殲滅。計獲來福槍。手提機關槍等戰利品無數。敵經此重創後。猶不甘心。今晨一時許。復派大隊。企圖偷渡。先後均經擊退。而吳淞口外之敵艦。亦不斷向淞鎮砲轟。今晨拂曉。敵由張家浜襲擊侯家木橋。激戰數小時。敵始潰退。各情分誌如次。

敵偷渡又失敗　敵經曹家橋之大創後。猶不甘心。復於今晨一時許。派大隊敵兵至曹家橋。希圖在重砲掩護之下。再行偷渡蘊藻浜。我軍乘新勝之餘。士氣振奮。當即渡河聯合。在紀家橋東唐家橋方面之我軍。向敵軍挺進。雙方激戰。至今晨三時許。敵兵不支。向後潰退。我軍遂將南泗塘河以西之原有陣地恢復。是役敵又死傷甚衆。

今晨並無激戰　今晨吳淞方面幷無激戰。惟隔三五分鐘。敵開放大砲示威。我軍幷不還擊。上午八時至九時間。在淞口方面之敵艦。不斷向淞鎮開砲轟擊。約有百餘彈之多。致鎮中東昇路文昌路一帶。有數處房屋起火。十時許。復有敵機六架。自口外洋面飛起。向蘊藻浜我軍陣地擲炸彈十餘枚。我軍無甚損傷。旋經我軍用高射砲。將敵機擊退。今日下午二時前。雙方並無接觸。但敵機二架。仍不時往還。高飛偵察。據在江灣東六里許之侯家木橋鄉間逃出之難民稱。該處及高境廟一帶。已於昨日上午起。發現不少敵兵。是可見在張華浜方面之敵軍。已將陣線自紀家橋延長至侯家木橋高境廟等處。而與在江灣與閘北方面陣線聯接矣。

補記昨日戰況　敵軍欲斷我軍吳淞閘北之連絡。決放棄海陸空軍猛擊吳淞之計劃。而改向吳淞江灣間戰線。分三路猛衝。希圖有一處衝破。以截斷淞滬間連絡。而收圍攻或包抄吳淞之效。其進攻計劃。以呼應方法。分三路猛衝。一路自前晨拂曉五時許起。由蘊藻浜渡河。襲曹家橋。一路由張華浜於七時許襲侯家木橋。另一路則於晚十時許。由殷翔路上端及體育會路來攻引翔鄉萬國體育場。此其分三路進犯情形也。

敵襲侯家木橋　敵軍於昨晨由張華浜襲侯家木橋。被我擊退後。我軍陣綫。向前推進約三五里。但至昨晚十時許。敵又以大隊大舉來襲。我軍當出而應戰。相持歷三小時。敵漸不支。陸續增援。我軍亦調大部隊前往應戰。敵見我調大部隊。亦再增援。皆係陸軍。我軍於清晨十時許。下令衝鋒。旋即重疊層層前進。以致敵軍在西康家橋及鍾家宅附近。悉數被我包圍。敵以手機關槍等向外衝突。我則以手溜彈向內拋擲。每一手溜彈爆炸後。可死傷敵人十數人。雙方激戰至數小時。敵不支敗退。

敵軍殲滅經過　敵軍於昨日（十三）侵晨天陰雨雪之間。利用烟幕彈掩護。以二千餘人。在曹家橋架浮橋侵渡。圖襲我吳淞陣地。乃為我軍包圍。由上午七時至下午九時。雙方激戰至烈。據由吳淞來滬之某軍官述稱。敵軍初以四五百人。藉烟幕彈掩護。在浜南紀家橋偷渡過河。卽佔曹家橋。其後陸續偷渡者。復有千餘人。將我軍防線衝破。施行強烈襲擊。是時我軍張旅已由後方趕到。率隊反攻。將敵三面包圍。肉搏數十次。敵抵死掙扎。屢欲突圍而出不遂。血戰至入夜十時許。始將渡河之敵全數殲滅。無一生還。戰鬥之猛烈。為開戰以來所未有。蓋其間十二小時中。未停息一分鐘也。是役我軍傷亡亦達百餘人。敵屍千餘具。現仍狼藉於曹家橋浜中。現曹家橋方面之敵。已完全肅清。敵受此重創後。以後必不敢向我正視矣。又云敵乘十二日雙方停戰四小時救護難民之際。竟違背國際信義。在蘊藻浜南黃浦江邊。用大炮向我陣地轟擊。可謂無耻已極。但當時我軍爲嚴守信義計。絕未還擊云。

鄉老持酒犒軍

昨晚敵軍偷渡蘊藻浜。被我勇猛軍士。全部解決後。昨日前往調查一切。車行一小時。抵某地。該地除我防軍外。幷駐有上海市民義勇軍。及華僑義勇軍數百人。紅十字會正在由戰地上用大卡車運救傷兵。道旁滿列三八式槍千餘枝。蓋自敵方奪獲之戰利品也。途經某寺。上海市民義勇軍正在積極訓練。未幾又遇華僑義勇軍隊長陳瑞璜。謂該隊均係自海外歸來。昨晚戰事劇烈。該隊夜間均往運救傷兵。隊員均具有特種技術。如駕駛汽車。管理電信。修理機器等。對於軍事上將有不少貢獻。捨車步行。行二十餘里。至某橋。遇見我軍團長廖起榮。及團附田子玉。昨晚敵人偷渡即在該團防線。昨晚之役。敵人果已全部解決矣。但我軍不願進佔。以便待其再來。談至此。有鄉老夫婦兩人。持酒兩瓶。乾點數包來饋團長。謂昨晚辛苦了。今特奉送少許。聊以慶祝。

▲閘北戰況

敵軍以飛機砲彈威脅

我軍收回江灣跑馬場

閘北方面。雙方防線昨（十三日）無變動。且亦無接觸。以日兵連日傾注全力於吳淞之故。惟今晨八時許。日飛機仍往閘北投彈。均爲我軍擊退。故頗安靜。下午三時許。日兵又復砲轟。我軍亦還擊。約半小時即停止。惟發砲次數甚稀。至晚未有戰事。我軍深悉敵軍兵力單薄。已有顧此失彼之象。乃乘蘊藻浜戰勝餘威。於今晨七時。由江灣派兵五百餘名。向萬國體育會跑馬場敵軍陣地進攻。敵軍初猶頑强抵抗。戰約一小時後。我軍改換陣勢。分路向敵軍前後中三部猛攻。卒將敵軍擊散。但日兵尤圖困鬥。乃爲我軍分部圍擊。敵軍勢始不支。至十時三十分左右。敵兵已傷亡過半。逃出佔據地。我軍卽進據跑馬場。此役日兵傷亡百餘名。我軍獲戰利品。野砲八尊。機關槍步槍及輜重品無數。並搜獲敵軍重要文件數包。現我軍正向軍工路推進。截斷敵軍後路。分兵夾擊云。

◉第二十章　敵艦攻淞無效

損害民房無礙我軍
敵軍換防恐我襲擊

（二月十五日之戰況）

▲敵艦砲攻吳淞

拂曉起發砲百餘響
蘊藻浜本日無激戰

日艦連日襲攻吳淞口砲台。迄未得手。今晨六時起。日艦七艘。又在三夾水洋面。向我吳淞閘砲台砲轟擊。至下午一時始停。共發百餘砲。我方並未還擊。至蘊藻浜正面之敵。今日並無劇烈戰事。各情分誌如次。

敵艦三次猛攻

今晨六時左右。停泊三夾水洋面之日艦七艘。以大砲向吳淞鎮砲台灣一帶猛力射擊。中國公學面海之牆。又被中二十餘彈。洞痕纍纍。大小均在十四英寸左右。該校之寄宿舍及圖書室等。全被轟燬無餘。吳淞鎮上房屋。被中四彈。二彈爆發。即時火起。燃燒至午後六時。猶未熄滅。且敵艦在前。無法可以撲滅。故隨風延燒。該鎮全部房屋。均將付之灰燼。當敵艦大砲猛轟之際。我方駐守該處之軍隊。即已全體準備。唯並未以砲火還擊。敵艦見我方並無動靜。一方面仍繼續開砲。一方面即以日商輪三艘。滿載敵軍。冀藉砲火之掩護。泊近砲台灣之沙灘。圖於該處登岸。均被我軍以機關槍掃射。敵死傷甚衆。日商輪亦被擊傷逃回。嗣敵軍第二次繼至。仍用小輪運載。亦被我軍如法掃射。完全擊退。敵攻至第三次時。飛機十餘架。同時亦出而助戰掩護。轟擊至爲猛烈。然掙扎至十一時許。卒被我軍擊潰而退。綜計昨日敵艦所發之砲約在一百發以上。除吳淞鎮爆發外。餘均未炸裂。是役敵軍傷亡二百餘人。我軍則僅傷士兵十餘人。

砲台飯店危險

大美晚報云。今日侵晨。日軍運兵船數艘經過吳淞時。曾爲華兵用機關槍與來福槍射擊。現信船中曾死傷若干人。但其數未能查明。日軍艦與飛機旋與華兵應戰。江濱因以起火兩處。其一乃在砲台飯店附近。店主台維斯。年已八十。雖經日軍司令部請英領事署。轉予警告。而此老仍堅決守其故居。今日大美晚報代表。曾向發砲轟擊之日海軍當局。查問砲彈曾否擊中該飯店。據答。因被濃煙所蔽。故不能確知云。有人在遠處以望遠鏡瞭望。亦不能見該飯店旗桿上所懸之英旗。

敵機到處擲彈

今日全日間。敵機三兩成羣。不斷飛繞我軍陣地偵察。並拋擲炸彈。我軍以敵機飛行極高。且司空見慣。絕不出擊。上午七時許蘊藻浜正面之敵軍。曾開砲向我軍陣地轟擊。但不久卽行停止。十時許敵機四架。自滬飛出。至寶山羅店鎮。擲下炸彈十餘枚。均落該鎮四週附近田間。幸未傷人。寶山各機關。自吳淞戰事起後。卽遷至該鎮辦公。吳淞居民之逃往該鎮者。亦頗不少。故敵機擲彈後。全鎮大起恐慌。商店當卽紛紛閉門。居民相牽扶老攜幼。向嘉定遷避。秩序異常紊亂。敵機至十一時許。始離該鎮。向東飛去。下午一時許。侯家木橋與紀家橋間發現敵兵小隊。約三四十人。卽經我軍擊退云。又訊。吳淞東鎮東昇路文昌路廟弄高家場南昌路一帶市房數百幢。於今日正午十二時許。被敵機擲硫磺彈。頃刻間起大火。蔓延各處。迄晚未熄。今日下午一時許。有日清公司淺水商輪一艘。船名早經塗去。自滬裝載白俄人二百餘。駛至張華浜糧米站碼頭。登岸後。逕赴兩路工廠敵軍司令部。

我軍陣線進展

自日軍分三路進攻失敗後。因死傷過衆。已無力再行反攻。昨日雖有大批陸軍約兩萬人運到。於昨日經運至前線後。倘未佈置完竣。故昨日除吳淞外。其餘各防線。均較沉寂。我軍乘此機會。新陣線均有進展。

楊行劃爲戰區　楊行在吳淞之後。離吳淞可十餘里。自日攻吳淞後。因江灣閘北均有日軍蹤跡。自滬至淞。多抄後路。假道大場劉行楊行而往。近因形勢緊張。楊行亦劃爲戰區。今日紅十字會車至吳淞者。駛至楊行而止。不能再向前進矣。今晨六時。日飛機四架。在楊行胡家莊一帶。拋擲炸彈。及開放機關槍。楊行鎮前擲四彈。幸未爆發。胡家莊落一彈。炸毀荳腐店一。小茶館一。關帝廟半隻。

▲要塞防務鞏固

記者赴砲台灣視察

戰壕防軍態度鎮靜

申報記者。於昨晨十一時。出發赴吳松砲台灣視察。由大場經劉行楊行。下午一時。抵同濟大學。時敵飛機四五架。方飛翔空際。擲彈轟炸。彈落處卽起火。鄉人謂淞鎮無日不有火警也。校中東面洋房牆際。彈孔密佈如蜂窩。另有未完工之新建洋房一所。屋頂亦被砲彈所洞穿。記者在校內邂逅某軍官。卽承其引導至旅部。晤翁照垣旅長。翁方與方振武。。張子廉。吳邁。三君圍桌歡談。旋蒙翁旅長派員偕往砲台灣。途經中國公學。見該校之圖書館。新宿舍。大講堂等。彈孔纍纍。吳淞車站幾全部被炸燬。沿途所見。荒涼滿目。防軍多入在戰壕內。談笑自若。且有開留聲機。及吹口琴取樂者。想見態度之鎮靜。登砲台後。由胡煥然連長招待。至各處視察一週。防務佈置極爲嚴密。砲彈儲藏豐富。遠望三夾水洋面。有敵艦六七艘。距離約在一萬米突左右。蓋防砲台之射擊也。當要塞防軍云。通常敵艦平均每日在二十艘以上。今日（即昨日）特別減少。又據胡連長謂。敵艦自晨間六時起。向我砲台轟擊。至下午一時方止。所發共約二百彈。完全係威嚇性質。實際上毫無効果。記者有所問。解答不厭其詳。其和藹可親之態。無形中提起對我防軍敬愛之精神。記者於二時許。始與辭告別。循原途返滬。

▲閘北昨日戰況

敵軍換防被我軍砲轟
敵機擲彈被我軍擊退

閘北方面。今日自晨至晚。因日方正將新到陸軍補充換防。故無激烈戰爭。惟敵軍誠恐我軍進攻。不時以大砲或機槍向我方射擊。而我軍當敵之生力軍換防時。曾用大鋼砲轟擊。曾擊中寶樂安路敵軍水兵隊。死傷水兵甚多。此外敵軍又遣飛機至我陣地擲彈。當被我軍用高射砲擊退。茲將情形分紀如下。

各路均安靜 閘北方面。敵軍因十三日在蘊藻浜曹家橋方面受重創後。昨日未敢施行攻擊。故各路均甚平靜。惟今晨在天通庵及八字橋方面。敵軍以換防之故。曾向我軍陣綫開放數砲。我軍當亦還擊。旋即停止。其餘寶興路。虬江路。福生路。等處。自晨至暮。均無戰事。

敵飛機擲彈 今晨十時許。敵軍遣派軍用飛機六架。飛至閘北我軍陣地偵察。飛至天通庵橫浜路等處時。投擲炸彈十餘枚。當被炸斃居民二人。炸傷五六人。天通庵方面。倘有房屋十餘間。被炸起火。敵機擲彈時。我軍即用高射砲射擊。敵機始遁去。但至十一時三十分。又發現敵機四架。飛往眞茹國際電台附近擲彈。希圖毀我電台。當被我方駐軍。用高射砲轟擊。敵機不敢逗遛。遂即亟急逃去。一說已被我軍擊落一架。但未證實。

砲中水兵隊 大美晚報云。日本運船五艘。載步兵砲兵及輜重。於今晨駛至浦江上游。下椗大阪商船會社碼頭及匯山碼頭。船中兵隊即下船向楊樹浦方面開去。所載輜重。將於午後起卸。日本陸軍前鋒。今晨曾分乘汽車六輛。大卡車四輛。機器脚踏車若干輛。入北四川路觀看陣綫。諸車近北四川路底時。華軍即以鋼砲向之轟擊。諸車方轉入靶子路。有一炮彈。落於西童公學庭中。炸碎玻璃數方。又有二彈。落於寶樂安路第二百六十五號日水兵一隊駐紮所。死傷水兵若干人。今晨北四川路日海軍司令部周圍百碼內。至少落下砲彈十餘枚。

敵彈落租界 大陸報云。昨日（十四日）五時三十分。日軍野砲五尊轟擊北車站時。有美國商團英商團A字隊數人。險被波及。當時共轟擊一小時半。先後發十一彈。有數彈落在商團所駐之C字堡附近。隊官立即報告商團總司令湯木斯上校、湯氏乃命在砲轟時暫行撤囘。據稱。此項日軍。係安設北四川路靶子路口附近。又云昨夜（十四）九時至十時之間。有砲彈三枚。落在公共租界莫干山路。該路在東京路與蘇州河間。一彈穿屋頂。兩彈穿牆壁。似為三吋口徑砲之砲彈。察其方面。定係來自虹口公園方面云。

（編者按此次上海中日戰事。可分爲三期。第一期事變之始。日海軍司令爲鹽澤少將。陸戰隊指揮官爲鮫島。使我上海閘北盡成焦土者。大概皆此二人之罪惡。旣朔將近一旬。約自一月二十八夜至二月五日。第二期戰事漸趨劇烈。海軍司令則更換野村中將。（或云少將）陸戰隊指揮則更調海軍少將植松錬磨繼任。此期恰亦經旬。吳淞全鎭。悉在敵機敵艦砲火之下。精華盡去。猶幸蘊藻浜一戰。大破敵軍。獲得戰利品甚多。使敵人心膽皆寒。在戰事上殊有可紀之價値。第三期尙在醞釀之中。日軍鑒於連遭潰敗。所有陸海空軍死亡無數。已無作戰能力。又由日本調派陸軍第九師團全部。由植田中將統率來援。指揮陸路作戰。野村則專任海軍。連日佈置尙未完竣。我十九路軍素有鋼軍之譽。必能奮鬥到底。再摧强敵也。以後戰况。續詳下集。

◉第二十一章　戰地視察詳紀

▲閘北戰場視察記

我軍前鋒已進至狄思威路

日軍第一道防線退老靶子路

日方請求蔡氏令軍隊停進

閘北一帶焚燒戰跡之歷歷

記者於三十晨出發。冒險赴閘北中日兩軍陣線中視察。在途中幾被中日兩軍流彈及日便衣軍所槍斃。因不避艱難。得悉兩軍戰況最詳。截至三十晚四時半至六時止。我軍前鋒。南面已進至界路及老靶子路。東面越北四川路與狄思威路。日軍第一道防線。退至老靶子路南面。及沈家灣四卡子路橋。第二道防線西自愛而近路海甯路鳴綠路。東迄裏虹橋。第三道防線。則在蓬路虹口小菜場及中虹橋畔。日軍死傷極多。所餘僅一二百人。現蔡廷楷軍長。以日方請求。已令軍隊暫停進攻。俟日方自引撤退。但如日方不退。則我方仍得進攻。茲將視察所得。分誌於後。

環繞一週路程　記者於三十晨十時首途。擬由界路直入華界。但一插足。則流彈即由東飛來。乃不得不變更路線。繞道往西、偷渡蘇州河。由閘北恆豐路直入。經共和新路入北火車站。至寶山路。因日人在北河南路放排槍。故不能越過。隨改由虬江路折入中興路。由寶通路至商務印書館。沿寶山路北上至橫浜橋。因右側面尚有日人便衣軍以步槍不時射擊。記者遂聽軍事當局之勸阻。且時間已四時有半。尚未進絲毫飲食。乃就歸途。歸後。復由北四川路直至海甯路。經日軍第二道防線。即被日便衣兵及水兵攔阻。因折而東行。由崑山路前進。行至乍浦路口。不能再進。乃南行至蓬路東轉。將近日本人俱樂部(即日本人協會)。見日水兵陸戰隊約三十餘人。堆沙作防禦工程。更折回至東武昌路東行。又爲日水兵及便衣兵二人所拘詢。爲時已五時二十分。質問極嚴。各以槍刀前後相向。且謂於此時間。更能作外語之華人來此。必爲間諜。經搜查後。幸記者應付。週轉自如。且面不改色。始得釋放。因更繞道至虹橋與中虹橋日軍隊綫。作爲視察已畢而歸。

北火車站狀況 記者入閘北區域後。卽由共和路沿京滬路軌。向北火車站前進。該處難民甚多。有以戰事似停。或出而察視。或出而預備逃難者。人數極多。記者先見路軌側地面。爲日飛機投炸彈所轟炸之深穴。直徑約三碼有餘。其右側爲C字一二號機車。及C字一六號機車。兩節相連。C字二二號機車。因受炸彈轟炸。前部向西南傾斜。但二機車均未受損失。由此前進。至水亭後面。有炸彈巨穴一。直徑約六七碼深約六英尺。再前進數十武。有炸彈孔二。直徑均可五六碼。再進前。有P字八〇五號四等車一節。前部被炸毀。幷炸死兵士一名。覆臥於車中。其右足則被炸飛於車之南面。更前進。有炸穴五。均甚深大。行近旱橋下。有五號鐵甲車一列。第十四迄十六三節全部被炸毀。上有被焚斃之兵士二。其左側之鐵棚車。已被焚毀。火尙未盡熄。臭氣異常。惟旱橋則仍如故。越旱橋而南。路局所屬之扶輪小學校房屋四間。全數炸毀。其側有C字一四號。機車接連客車六輛。一併焚毀。所餘者僅車架及輪盤耳。北浙江路及新民路角貨棧棚。被焚八間。北浙江路與界路轉角。工部局所設鐵門旁之防禦亭。已無敵人或外軍駐守。記者經過斯處時。可安然越過矣。殆進至站台時。則見北面四號月台及台下踏軌。均炸毀。南面與界路相近之新屋。爲鐵路辦公處之房屋。及正面候車室。票房。電報房。站長室。以及管理處等。全樓均被炸焚毀。所餘者僅四面牆壁耳。同時停靠鐵道部辦公處之郵局汽車第一五九八三號及一五六七二號兩輛。全被焚毀。其餘各部份。則尚完整。此爲北火車站之大概情形也。

寶山路虬江路　記者行至寶山路口。因南面北河南路有日兵步哨。以步槍不時射入。故不敢越該路前進。祗得折由虬江路西行。記者途中先後遇我軍排長鄭樹。追擊隊連長陳銘清。等談。我軍死傷甚少。敵軍分三路於廿八日深夜。以鐵甲汽車由虬江路來犯時。彼以爲我軍無準備。乃長驅直入。及爲我伏軍機關槍隊所包圍。三車乃毀。現該鐵甲車尚留於虬江路東首。（記者因寶山路。不能越過。故未見。）追擊砲於今晨（三十日）始加入作戰。今晨隆隆之聲。皆我軍自閘北向敵人進攻之聲音也。

蔡軍長之視察　據七十八師六團三營營長吳履遜語記者。此次我軍所以能致勝者。全因肯犧牲。蓋敵方爲侵犯者。我方爲抵抗者。侵犯者多不肯犧牲。抵抗者如不抵抗。則即亡國。故大家都置性命於度外。故日軍此次以數飛機投擲炸彈。轟擊我軍陣線。仍絲毫未動。上下級軍官。均能一心一致抵抗。蔡軍長昨（二十九）親來視察。彼以日方請求停戰。故特令我等暫停進攻。候日兵自行撤退。惟日軍開槍。則我仍還擊。日軍如不撤退。我方決再進攻。

沿途被焚情形　記者由虬江路西行視察。見公安局五區三分所全被炸毀。西側儒林里口木料廠。連房屋約百餘間。全被焚成焦土。惟儒林里一二弄及後面總弄。均尚完好。繼又折囘。沿公興路北上。至香山路會文路。湖州會館房屋。一大半毀於砲火。前面榮業里西端。一部份火燒尙未熄。更折囘。順中興路直進。由寶通路穿出。至寶山路商務印書館後。見該館全部樓房。均被焚毀。時東北風徐起。紙灰木灰等迎面吹來。幾不能張目。火勢雖經四段救火會施救後。尙有餘燼。時已二點四十分矣。途中跋涉之困難。可想見矣。

焚燒里許之慘

商務印書館工廠全部被焚。惟對面之東方圖書館。則仍完整。無分毫損害。由商務印書館工廠北首。迄自來水亭前。昂首南望。長約里許之市房。均成焦土。凄慘之況。令人不忍目睹。幸有四段救火會隊長陳友生。率有隊員十餘人。自昨晨起。開出救火汽車。出外工作。截至昨日下午三時許。已救畢者。計商務印書館。西寶興路。中興路角之民房。濟生醫院。天吉里。廣昌里。廣吉里等五六處之多。

橫濱橋之戰況

當二十八日夜。日軍分三路進攻。每路均以鐵甲車爲先鋒。寶山路橫濱橋。爲日軍二三兩路側面軍進攻之中心點。故該處形勢。較其他爲險惡。行旅亦甚危險。記者至此。曾爲軍隊所阻止。其後一五六旅五團一營二連連長邱雄明。機關槍連連長綦麟漢二氏。皆粵人。記者以粵語與談。甚洽。因得引導至我軍陣線上參觀。見前面我方軍隊。氣勢甚盛。且有吹口琴爲娛樂者。凄慘境中。忽現娛快聲音。不僅精神爲之大振。側面雖仍時有機槍聲發作。而記者亦不畏懼也。由此更欲前進。則非軍事當局所許。且時已四時有奇。欿然而返。

封鎖吳淞對日　據我軍當局宣稱。吳淞江方面。已爲我軍封鎖。專爲對日而行。中外船隻等。尙可出入。故日軍艦來華。如吳淞江方面不能入口。則內地當不受其壓迫云。

警備司令部宣佈戒嚴　淞滬警備司令戴戟昨發佈告云。爲佈告事。照得暴日藉口馬玉山路事件。迫我取消抗日運動。侮我孰甚。我市政府委曲求全。業於二十八日下午答復。不意日方復於卽晚通牒。要求我軍立卽撤退。不待答復。又在閘北方面。突然向我攻擊。似此不顧國際公法。破壞和平。我軍警負捍衛國家之責。誓當決死抵抗。以保疆土。茲爲確實維護淞滬治安起見。特於本月二十九日起。在淞滬警備區內。宣佈戒嚴條例。執行職權。除呈報中央。幷令知上海市公安局外。合亟佈告。仰各界一體遵照。此佈。計節抄戒嚴條例第九條如左。第九條。戒嚴地域內。司令官有執行左列各款事件之權。因其執行所生之損害。不得請求賠償。一。取締認爲與軍機有妨害之集會結社罷工罷市或新聞雜誌圖畫各種印刷品。二。民有物品可供軍需之用者。如應時機之必要。得禁止其輸出。三。檢查私有槍砲彈藥兵器火具及他危險物品。因時機之必要。得押收或沒收之。四。拆閱郵信電報。五。檢查出入船舶及其他物品。或於必要時。得停止水陸之交通。六。監督指導各地民團農團等各團體中有不法行爲。以致礙軍事動作者。得由總司令隨時勒令繳械解散。七。因作戰上不得已之時。得破壞人民之不動產。但應酌量撫恤之。八。接戰地內不論晝夜。如遇必要時。得檢查家宅建築物航行船舶等。

九。寄宿於接戰地區內之人民。因時機之必要。得令其退出。

▲戰地視察紀

軍人愛國士氣奮發
敵雖頑强決難飛越

自上月二十八日晚間。日軍用鐵甲車砲車掩護陸戰隊及便衣隊。突向華界我軍防綫進攻。我軍為保土衛民。作正當之抵抗後。二十八。二十九。兩晚。日軍大隊。數次向華界衝鋒。均被我十九路軍擊退。敵軍損失甚鉅。我軍大佔優勝。惟日軍當敗退時。舉火焚燬民房。以及飛機投擲炸彈。地方上之損失。實不堪言狀。本報記者。因欲詳悉此次戰況及地方損失之實際情形。特於昨日上午。應我軍當局之邀。親往閘北最前線實地視察一過。當記者正在前線視察時。敵軍頻頻以機槍射擊。似覺十分危險。但我砲所築之防禦工事。非常嚴密。而又蒙七十八副師長譚啓秀及吳營之引導。亦安然無恙也。茲將記者目覩情形。擇可以發表者。分別紀述如下。

警戒線外之擁擠

記者與譚副師長會晤後。於上午十一時。共乘汽車由中山路方面。沿交通路直向東北前進。至大統路折向南行。但行人及人力車擁擠不堪。雖有巡警指揮。但汽車萬難通過。祇得退至交通路向東。經王家宅。直赴中興路。至中興大戲院東首。即有我軍之防禦工事。下車後。譚師長即對記者謂。前面係警戒區域。前進即須注意敵軍之流彈。詢余欲前進否。余答。頗欲前往一觀。當由譚師長及防守該處之連長。引導前進。

日軍頻頻射機槍　余等越過防線後。由寶昌路折向南行。經過濂溪里口。有一小孩屍體。無人收埋。見狀殊爲痛心。寶昌路盡頭係寶山路。我軍在該處築有堅固之防線。出此防線即至寶山路。所有寶山路東面房屋。自商務書館起至虬江路止。盡成焦土。而該處前面。即爲我方之最前防線。據某連長云。敵人即在淞滬鐵路以東大德里。虬江路東段一帶。匿樓房內。時時用機槍向我方射擊。言時余等正由寶山路向南緩步前進。將進鴻興路口時。東面槍聲突然發放。子彈到着之處。歷歷可數。連長又云。余等恐已被其窺見矣。余等即速向北後退。至商務書館門前。昔日之高樓大廈。今則僅見殘餘之焦黯頹垣矣。本擬由寶山路再向北行。因聞北首天通庵方面。槍聲甚密。同時又因商務書館總廠對面之東方圖書館。正焚燒最烈之際。於是從譚師長之主張。轉入寶通路。再由中興路朝北轉入寶興路。因前面即係天通庵車站。而敵軍亦在該東首架設機關槍。從事射擊。余等遂蹲伏防線內窺探約二十分鐘。祇聞槍聲起自東北方面。但不見敵軍之形影。我方士兵均在防線內看守。並不還擊。譚師長答。我方尊重三日停戰之信約。故蔡軍長下令暫停還槍。余又詢如敵軍衝來亦不還槍乎。譚師長答稱。如敵軍衝來。當然射擊。

青雲路形勢嚴重　余等復由天通庵路向西至嚴家閣路。向東北方向進行。適遇第二營吳營長。向譚師長報告前線情形後。並再至天通菴路北段小河旁防線視察十餘分鋪。譚師長因軍務紛紧。不克久延。乃介紹吳營長引導余等往青雲路同濟路一帶之最前線視察。吳營長引余等至嚴家閣路與同濟路接壤處。北首係江灣路。余等行至小木橋南堍時。敵方機關槍聲。發放甚烈。而附近之牆壁上滿着彈痕。吳營長囑余等暫在南堍民房內稍等。待渠至最前線視察敵方情形後。再定前進與否。吳倏然去。越橋至最前線。約十分鐘返。並引余等往。過橋。至第二防綫內窺視。敵軍仍在頻頻射擊。我方兵士始終置不理。亦不見敵方其他行動。吳謂。此處離敵軍散兵線。僅隔三十米突。故此處之形勢最爲嚴重。退回橋南。復導余等登樓。天通菴車站卽在目前。而敵軍之機關槍。亦卽設在鐵路東首屋頂上。日本陸戰隊司令部。亦明白可見。把守機關槍之日軍兩名。時時用望遠鏡向我方瞭望。下樓。沿小河。至青雲路。在光明玻璃廠門前。有陣亡兵士之棺木七八具。北面青雲橋業已燒斷。橋南均係我軍防線。西面至江灣路沿鐵路。亦均在我軍防線內。余等至此。已下午二時有餘。遂與吳營長握別。表示慶祝勝利。並承另派衞士一名。護送警戒線以外。登車回館

我軍精神百倍　駐防前線之我軍士兵。自與敵軍抵抗以來。爲時已有四晝夜。不但無懈怠狀。且個個精神百倍。各下級軍官。無不奮勇堅毅。在場指揮一切。對於後方之民衆。親熱衞護。無微不至。故在警械線以外各處。往來行人。毫無驚慌狀。◎

東方圖書館起火　記者於上午十一時行抵中興路時。卽見東方圖書館著火甚烈。詢諸士兵。據云。該館左近有煤炭店。因日前總廠被焚之餘火未熄。至今晨（一日）

七時左右。煤炭店忽然起火。無法灌救。以致延及東方圖書館云云。至下午一時餘。始有閘北救火會之救火車一輛。到場灌救。始獲保全。

警察大隊之戰績　市公安局警察大隊第六中隊。於上月二十八夜十一時五分。由區隊胡鳴平率領長警十餘名。担任天通菴路同濟路口。與敵抗戰。衝鋒數次。傷警士數名。當時擊壞敵軍鐵甲車二輛。是夜日飛機三架。在空中拋擲炸彈。傷警士腿部。無大礙。翌日（二十九日）下午一時。幸經十九路軍隊之機關槍增援。故日兵無法衝破我陣地。受傷之警士八名。姓名如次。龐香五。張廷棟。張九江。郭景元。劉仁選。趙煜川。周得權。譚漢廷。內以劉趙兩警傷勢最重。

▲外報之戰區觀察

戰區實地觀察　字林報云。昨（十二）日上午八時至十二時間。記者往張華浜以北一帶實地視察。見吳淞全鎮。蕩爲瓦礫。同濟大學內亦有三大廈毀於砲火。無可修復。其餘教職房屋九所中。現八所爲兵士駐守。該校教職員昨日午前曾往取出珍貴儀器若干。惟吳淞並未在停戰區域。記者周覽鎮內。兵燹各處時。鎗聲未絕。嗣以砲火太猛。安全可虞。擬取道往砲台飯店。乃子彈直向記者飛來。不得已遂急離戰區而歸。目下吳淞一鎮。已爲砲彈與大火燬去大半。由市鎮往砲台之大道中、亦復斷垣殘壁。遍地瓦礫。行人須攀越而過。公私房屋。其倖存者。莫不彈孔纍纍。有若蜂窠。沿江大道。則有駐兵堆積沙袋及防禦物。在彼扼守。就記者所確知者。此時吳淞砲台。仍在中國軍隊之守。屹然無恙。而砲台飯店旗竿上亦仍有英國旗懸掛。同濟校舍損害最甚。大砲彈橫貫解剖室。所過處無不摧毀。卽窗戶亦罕有存者。其儀器及記錄之損失。無價可估。工程館與科學館亦損壞殊甚。又有一飛機所擲炸彈。爆發於校內曠場中央。某教授至其藏書室。目擊珍貴書籍與價值五千餘元之儀器破殘不堪。竟爲之垂淚。其寓所在數百碼外。亦爲另一砲彈所掘。此次在刼灰中所檢得者。祇足供其重起爐竈之資而已。當諸西人離校後。校役扃門時。德國旗固猶招颭旗桿之上、自瀏河至吳淞一帶。記者昨日沿途所見。中國兵士已不若四日前之衆。大約皆隱藏於可以障身地方。卽所見兵士。亦多在工作。絕少空閒者。因此記者可獲見數百碼新掘之新式壕溝。僅距眞茹路七哩內。有橋四座。皆見有兵士多人駐守。至於曠野地方。絕少兵士蹤跡。橋端除安設機關槍外。兵士手中有攜自働來復槍。及手霰彈者。亦有攜米爾式炸彈者。其他兵士防守地方。則外面皆以他物掩飾。絕不易爲人覺察。大路之外。亦可在遠處見有同樣壕溝。惟中國軍隊似恃河浜池澤天險扼守。未曾再以人力設法鞏固此天然防禦物。蓋其地易扼守。無論何種軍隊。欲圖進佔。必將受重大損失也。

▲吳淞視察記

方振武貢獻意見

吳代表叩頭流涕

蘊藻浜劇戰眞相

我戰壕構築堅固

自暴日增兵二萬人抵滬後。各方均相信此數日內當有劇戰。而劇戰之焦點。將在吳淞之得失 某記者以吳淞勝負。其直接關於滬局之成敗。及國家之命運者至鉅。故於十五日上午。偕同中委方振武。及救國軍司令張子廉。上海各團體救國聯合會代表吳邁。等。驅車前往視察。車過眞茹。見空中共有日機三架。往來偵察。經我方軍士發高射砲轟擊。其第三架卽應聲降墜如落葉狀。旋復向西一直飛去。蓋敵機既發覺我方已發砲射擊。遂詐爲中彈。直墮至安全線。始開足速力馳去也。然日機以後。遂不敢復戀眞茹之晴空矣。記者車近吳淞時。空中亦有日機二架。盤旋記者車上。斜過時。則以機關槍射下。如是凡三四次。幸未射中。比入前綫指揮部。則翁將軍方手按地圖。以紅鉛筆在圖上作記。

方振武慷慨陳詞

方氏既見翁將軍。具致欽佩之忱巳。遂陳述其守吳淞之意見方氏前在濟南時。嘗爲抗日健將。屢挫日軍。對此次暴日侵凌。憤慨異常。輒以未得參加前綫作戰爲恨。方氏略謂。敵攻吳淞。利在速得。我保吳淞。利在緩戰。構築新式强固工事。貯備充分給養糧倉。皆爲必要之務。敵兵屢戰屢挫。再挫則其態度將隨之而軟化矣。隨後方氏又與翁將軍略論兵力配置之輕重。反攻守取捨之要點等等。

吳律師叩頭流涕

嗣吳邁律師代表上海各團體救國聯合會。向翁將軍致慰勞之誠意。並謂。全滬民衆。決與十九路軍共生死。翁將軍旋對在座諸人發言。謂鄙人奉命死守吳淞。至死不讓日兵侵佔。鄙人昨巳令所部將士。咸抱必死決心。以盡軍人守土之天職。並謂我人苟不吝殺一日人而後死者。死將不瞑其目。翁將軍言時。態度莊嚴。而悲憤溢於言表。吳邁律師大爲感動。突趨至翁將軍面前。屈膝叩頭者再。謂代表全國四萬萬同胞。向翁將軍致敬意。並祝將軍勝利。言時聲淚俱下。翁將軍急急扶之起。雙眶亦充溢熱淚也。

十三日劇戰眞相

十三日蘊藻浜之戰。爲開戰以來之最烈者。記者曾向在座某參謀詢劇戰之眞相。據云。十三日晨八時許。敵藉烟幕。在曹家渡方面偷渡者約二三千人。我軍發覺後。即派隊迎戰。幸發覺尚早。敵不及搆築陣地。自九時戰至下午四時許。我軍繼續作猛烈之衝鋒。敵雖勢漸不支。然敵方之機關槍甚衆。頑强抵抗。使我方頗蒙損失。營長李榮照陣亡。（記者按李營長爲粤之台山人。畢業於日本陸軍士官學校。平時爲人和藹。而練兵極嚴。在江西剿赤時。頗著戰功。今不幸爲國殞軀。李君爲記者摯友。握筆書此。不覺涕泗之滂沱也。）惟敵方損失亦鉅。末後竟勉强招架而已。是役。張炎副師長率部兩營。以手榴彈往襲日軍宿營地。砲聲一起。敵軍即亂竄潰散。毫無抵抗力量。惟恨當時蘊藻浜適值潮退。水僅及膝。致一部份潰散之日兵。得以涉水而逃。不獲盡數殲滅。至爲可惜。然此役而後。日兵對華兵。已懾伏如鼠矣。

昨晨敵軍又攻擊

昨晨（十四日）近六時。日兵又以大砲向我軍陣地猛攻。砲火異常劇烈。六時半。敵機六架亦出助戰。四處拋擲炸彈。惟以未能命中之故。損害極少。我軍知日軍自十三日大敗後。一時尚無力大舉來犯。其猛烈之砲火。殆僅爲示威而已。故未加以還擊。至九時許。砲聲卽停止。惟空中仍有二三日機。猶在作無聊之表演而已。

戰壕構築極完備　談話時。日機仍在空中盤旋。並擲彈三枚。隆然發巨響。聞日機見人衆稍多時。則擲炸彈。拋擲之數旣多。遂不能無偶中者耳。以之毀我民舍則有餘。以之攻擊我軍則不足。近則且連威嚇之力亦大減煞。見民舍旣已燬無可燬。不復爲慮。軍隊則持之以靜。毫不張皇故也。記者偕方張吳諸君。步至第三道線戰壕視察。見其構築之完備。不勝快慰。方氏猶稱讚不置。謂此種戰壕。卽經日軍砲彈一度炸燬。尙可用也。壕中士兵。俱精神煥發。一若勝利非我莫屬者然。翁將軍言我軍士兵此次作戰。無不爭先恐後。眞難得也。

第二十二章　日軍人之暴行

▲我同胞遭屠殺

日人凶殘至此

是人類之公敵

死屍十三具　日前有居民張朱氏。許王氏。等聲稱。家住檳榔路十間房。因恐戰事發生。在屋內討論掘地窖避險。因聲音宏大。被門外日兵所聞。卽扣門而入。捕去伊夫等多人。未見放出。旋由六區勞勃生路派出所在蘇州河浜北日華紗廠對面河邊發現男屍十三具。無不滿身刀傷。當由張朱氏等屬認去九人。其他四具。尚未有人認領。計(一)郭正有。二十八歲。清江人。紗廠業。住檳榔路十間頭三七二號。(二)沈長安。年三十二歲。阜甯人。水泥匠。住同上。(三)丁麥堂。年二十四歲。泰州人。皮匠業。住十間頭三七〇號。(四)張錦堂。年三十二歲。阜甯人。魚業。住十間頭一〇八號。(五)王懷雨。年四十歲。阜甯人。烟紙業。住十間頭三五八號。(六)許爲義。年三十二歲。阜甯人。黃包車業。住十間頭一六八號。(七)崔炳裕。三十九歲。阜甯人。魚業。住十間頭一〇八號。(八)潘正金。年二十一歲。淮城人。鐵工業。住十間頭三六二號。(九)王鳳才。年三十六歲阜甯人。住十間頭平房。(十)(十一)(十二)(十三)無人知其姓名。

刺死三女工　楊樹浦申新第七廠女工三人。昨日下午四時許。行經平涼路格蘭路底日軍防線。被日兵不問情由。用力刺死。並將屍首及所携之麥粉數袋。一併曳去。

拘華人猛戳　四日下午。黃浦碼頭岸上。有華人十餘人。被日兵捉往靠岸之日軍艦中。稍一抵抗。即遭日兵用刺刀猛戳。當時負傷者甚多。其中並有孩童數人。

擊殺兩夫婦　東體育會路持志中學對面江灣路開設小米店之楊潤甫家。三日午後。因謝年祭祖。於焚化錫錠時。突有日兵衝入。楊夫婦二人均遭擊斃。爲狀極慘。

拘去十一人　虹口沈家灣嘉興路口。有華人十一名。被日軍拘去。

陶阿銀中彈　閘北洪興路三號甬人陶阿銀。年四十六歲。四日下午三時許。在門口關立。不意一流彈飛來。射傷左肩。後由紅十字會救護車車送仁濟醫院療治。

日兵大屠殺　虹口漢壁禮路三角小菜場五鳳臺茶樓主馮春發。馮阿二。兄弟及夥友等十餘人。於十三日夜半。被日兵拘至司令部後。迄無下落消息。昨據被拘釋出之一小販云。曾見該日司令部內共押有華人一百四五十名。大都已被日兵刀洞胸腹而死。將尸裝入蔴袋車中而去。馮氏兄弟等。均已遭害身死。

日兵燬屍滅跡　據目擊者談。日軍進攻以來。閘北方面粵胞組織便衣隊。時予日軍以重大打擊。故日軍甚仇視中山裝者。每拘中山裝人認為粵籍。拘入東洋花園。卽行殺戮。尸卽裝入洋麪袋中。而日軍之死者亦裝入袋中。加以標幟。運匯山碼頭後。日尸則載入輪中。華人尸屍則拋入江底。東洋花園以內。血跡遍地。可見日軍之慘酷矣。

▲日軍殘暴行為

我同胞遭害之悲慘
人類公敵天理難容

人間之活地獄　北四川路儉德公寓。前數日為日本浪人子女避難之所。我同胞在附近被執者。多送至公寓中。綑以繩。背壁立。然後授小賊等以利刃。令向我同胞拋去。以為游戲。謂為練習瞄準。並以壯小賊輩之膽。如詢被獲者為粵人。則以刀尖在我同胞面部刺以「廣東」二字。我同胞被獲者。多為刺死。如不死者。則將其頭顱割下。現儉德公寓花盆架中。我同胞之頭顱纍纍。似此慘無人道之獸行。實天理所不容也。以上爲逃難歸者所口述。蓋其昔日曾傭於日人家。略懂賊語。故能免於難。

慘哉家破人亡

有營藥材業生意之甯波人某甲。今年三十五歲。其眷屬所住地點。在閘北寶山路。適當戰區目的地。甲於本月三日隻身返閘北探望其家。得悉全家人口。盡死非命。因而神經感受刺激。頓發癡癲。罔知適從。於是日下午。至黃浦灘招商金利源十三號碼頭投浦自盡。當由附近舟子見而趕上。設法救起。因身上所穿衣服。內外濕透。身體抖縮不堪。卽送至停泊八號碼頭長江班江順輪船鍋爐間內烘救。向詢姓名。年歲。職業。住址。與所執業店號。以備救濟。奈甲因神經已失知覺。祗回答年歲。職業。其餘所言。皆答非所問。旋竟撲上燒紅之鐵板。致遍身燙傷。當時經人拖下。尚以爲傷無大礙。仍任其睡臥船上鍋爐間傍。終因火毒攻心。延至六日下午二時身死。似某甲在一家數口。全死於暴日殘酷手段之下。可勝浩嘆。

殺廠工十三人

滬西曹家渡豐田紗廠工人。因廢歷年底。乃向廠方要求發給工資。詎爲駐廠之日陸戰隊所毆擊。發生爭吵。有工房中之江北人。因呼喊而被陸戰隊捕去男女十三人。均被毆死。計男九女四。旋陸戰隊調去。而廠方乃報告我國六區警署。遂命地保王松生報地方法院檢驗。嗣由沈檢察官等涖場。驗得該屍等或係槍殺。或係刀斃。情形甚慘。當命地保如無家屬。則由善堂給棺收殮。

日兵槍擊難婦

據新由閘北姚家宅川公路逃出難民姚崔氏語國民社記者云。其夫姚根生。本地人業水門汀工。三日下午三時。日軍用大砲轟擊。頃刻房屋起火延燒。

姚崔氏隻身携兩男孩向北逃。適被日兵瞥見。開槍中婦右足。彈自前膝下打進。由足灣穿出。頓時血流如注。痛不能動。其七歲男孩隨此衝散。祇忍痛手懷嬰孩。再逃至寶興路火燒場旁。露宿五晝夜。粒米未進。（八日）下午三時。始由中國紅十字會救護車送西藏路時疫醫院療治。語時放聲大哭。

▲日機殘毒可恨

災民收容所落下大炸彈

萬餘災民死傷逃亡一空

日機拋擲炸彈。毀我房舍。斃我平民。滬變以還。日有所聞。頃復探悉閘北邊境之上海市災民收容所。亦竟有日機之炸彈落下。可憐萬餘災民。橫遭浩刼。驚逃駭死。慘不堪聞。茲錄拋擲炸彈後之詳細報告書如下。

朱將軍（子喬）慈鑒。日本海陸軍攻擊上海之後。職等自一月三十日起。曾每日前往閘北邊境水災災民收容所視察。至二月七日。日本飛機第三次向收容所拋擲炸彈。最後遺留之災民。盡數救出。茲將經過事實臚陳。敬祈鑒察。（一）日本攻擊上海以前收容所狀況。（根據一月二十六日之報告表）一。第一收容所之災民人數七四四三。（成人男二五四八。女二二二二。兒童男一六一三。女一〇六〇。）二。第二收容所之災民人數一〇二七。（成人男四〇五。女三二〇兒童男一七八。女一二四。）三。收容所鄰近臨時災民居留處人數一九二九。總計以上災民。人數一〇三九九。收容所職員人數計共四九人。（二）日本攻擊上海後第二日。（一月三十日）一。災民逃亡者約二千人。尚有八千人留收容所食宿。二。國府救濟水災委員會。及上海市收容災民委員會派陳君文奎等至收容所視察。三。臨時救濟會送來麪包食品一車散放。（三）日本飛機於二月五日擲炸彈收容所。一。日本飛機於是日午間擲下大炸彈二枚。二。一婦人同一男孩當場炸斃。四人受重傷。三。有些患病災民。因驚駭致死。四。多數災民不顧飢寒危險。四散逃命。五。在收容所遺留之災民。爲數不過數百。大多老弱患病者。因恐逃出亦不免餓死也。六。職員僅極少數。尙留收容所。（四）日本飛機第二次彈炸災民收容所。一。職員已盡離收容所。二。蓆製之收容所。被炸壞數處。但幸未被焚。（三）收容所內有炸彈轟炸之大坑二。其一深約七尺。徑約二十餘尺。四。在收容所覓見死亡災民四十八具。多數皆係醫室之患病災民。當由杜紹彭與王子元二君監督。掩埋於收容所鄰近之空地內。五。餘剩災民載送至公共租界二卡車。（五）日本飛機二月七日之拋擲炸彈。與災民收容所之最後運命。一。二月七日下午。再至災民收容所各處覓查。所得先一日遺剩待救之災民。不及二十人。二。此餘數災民。當即運回。而災民收容所因以空虛。三。在下午三點鐘時。吾人將離收容所之時。目見日本飛機之來。及擲炸彈。將災民收容所鄰近之民房炸壞。報告人杜延年。陳文奎。江倘靑。李元。

●第二十三章　各界之慰勞

▲各界致慰勞品不絕

慰勞將士爭先恐後　自十九路軍抗日作戰後。本市各界紛紛捐助現金物品慰勞。茲悉市商會慰勞將士徵收現金物品。計「第二辦事處」（在三馬路畫錦里棉布業同業公會內）收到餅乾饅頭麪包牛肉罐頭筍醬菜香煙水果等無數。并有千里鏡手電筒跑鞋熱水袋藥棉紗布及人丹各種藥品。幾如山積。可見我國人心尚未死也。

慰勞物品分車運送　上海市商會徵集慰勞將士物品第一辦事處。第一日計收現金八萬零八百二十三元零三分。第二日因值星期日。且另設第二第三兩辦事處。故三十日收到現金僅一萬六千零六十三元七角七分。其他犒軍物品。由三十一日上午九時起。已用大號搬場汽車分七次運往十九軍司令部。

▲各方熱烈慰勞

國內外各團體踴躍捐款　自我十九路軍迭獲勝利後。各方捐助餉糈物品極為踴躍。昨日國內外團體私人捐助者。分誌如下。（一）爪哇公局匯來一萬元。（二）申報館史量才交來捐款一萬元。（三）澳門銀業同福堂五千元。（四）金門會館一千五百元。（五）陳延謙先生二千元。（六）小呂宋華僑救國委員會一萬元。（七）香港疋頭行一萬零二百元。（八）時事新報汪禹丞先生交來五百元。（九）普益商會六千元。（十）上海市棉花業同業公會一千五百二十元。（十一）金山華人會一千二百零三兩。以上共計大洋六萬三千七百二十元。又銀一千二百零三兩。

金宗城贈汽車　金宗城捐助韋物脫汽車一輛。馬忠常熱水瓶二十八只。白漆油三罐。某君套鞋三十三雙。及各方捐助現金。委託救濟機關代辦者亦不少。并聞司令部中人言。熱水壺極爲需要。希望熱心人士捐助。

蘇甲榮捐贈地圖　蘇君鑑於我軍作戰。需要地圖。遂將應用地圖多幅。送十九路軍參考。該軍以此項地圖。甚合使用。特於昨日專函派員再取多份。分發各部隊。

郁葆青慨助軍餉　滬市公民郁葆青。因感我十九路軍奮勇抗敵。特由私人自動捐出國幣三百元。聊助該路前方軍餉。由王子彬。成龍驤。等持款直向龍華謹記路陸軍辦事處交款。

尙義團募款慰勞　本團由王國秀。王國新。謝文秋。邱貞靄。陸愼儀。彭望基。夏肖梅。劉蓉士。凌其詩。周粹英。胡六英。諸女士發起。原爲慰助東北義勇軍。現因上戰事正當緊急之時。議定即日開始工作。分道募欵。

通易信託同人捐五百元　上海通易信託公司全體同人。合捐前敵將士慰勞金洋五百元。

電車老廠工人勞軍　本埠上海電車公司赫德路老廠工人如賣票。開車。等華職工。昨日（四日）慨捐工資。酬集現金三百元。送往慰勞第十九路軍收款處彙交。分發犒勞該軍抗敵各將士。

造船工友捐款慰勞　本市第四區造船業產業公會。鑑於暴日逞蠻侵滬。幸賴我十九路軍奮勇殺賊。守土有方。特發起募捐。已向英商瑞鎔鐵廠工友捐得大洋一百十元。（第一次一部份）。已繳交甯波旅滬同鄉會經濟組轉解前方。

呢絨工廠業籌備慰勞　上海市中國呢絨工廠業同業公會。由常務委員顧九如。黃錦揚。等發起籌犒前敵將士。現正分頭徵集現金物品。隨時送往前敵慰勞作戰將士。

華達藥行慰勞傷兵　華達藥行經理曹夢魚君。爲慰勞戰士起見。特致贈獅刀牌牛肉汁鷄汁一百二十瓶。送由新藥公會轉後方醫院。按此兩項補劑。極其名貴。每瓶須售洋兩元。當歐戰時。德軍即以此兩物代替乾餱。軍士在戰壕中服之。精神百倍。不唯傷兵能賴以速愈其創云。

▲慰勞始終不懈

孫科夫人昨慰勞十九路　中委孫科夫人陳淑英女士。昨日下午。偕陳友仁夫人。梁寒操夫人。由陳君樸氏。伴同赴眞茹。慰勞十九路軍。當由軍長蔡廷楷。司令戴戟。等親自招待。孫夫人除贈送軍用水囊二千個外。並親送上等香煙十四打。陳友仁夫人送　會甜橘三十籮。當請蔡軍長代爲分送各長官。

孔祥熙夫人贈棉被背心　孔祥熙夫人宋女士。於昨捐贈棉被四百二十件。背心二千件。送交駐滬辦事處轉送前方將士應用。

張嘯林夫人慰勞傷兵　張嘯林夫人、於昨前兩日獨自捐資親往海格路紅十字會總醫院及新聞路西藏路各分醫院慰勞傷兵。每名各送現洋二元。代替慰勞物品。

孫傳芳慰勞千元　申報館轉蔣總指揮。蔡軍長。戴司令。勳鑒。暴日無道。狃於瀋吉之役。進犯滬市。若再不抗拒。無以立國於今之世矣。公等本哀痛之懷。具剛毅之氣。奮然以武力自衛漢族人格。國家生存。胥有賴焉。謹奉千元。略表敬意。並為戰士慰勞。伏希惠納。孫傳芳叩歌。

防毒瓦斯面具五萬件　航空新聞社消息。日寇一再慘敗。有用毒瓦斯作最後之進攻消息。本埠洋行華員抗日救國會。特於昨日趕製五萬具防禦面具。運送前方應用云。

菲律賓華僑匯款　新開河美記匯劃莊。昨接菲律賓宿務地方民生公司匯來上海規元五千五百兩。該莊已轉送十九路軍。

地方維持會慰勞傷兵　上海市民地方維持會。於十三日派虞洽卿。朱子橋。王曉籟。張嘯林。顏德慶。郭順。郭樂。馮炳南。楊習賢。九君。到眞茹。當由京滬衛戍司令長官公署副官處長兼十九路軍總指揮部交通處長唐燭甫接待。陪往各醫院分發慰勞金。

銀行公會轉送十九萬元　國聞社云記者訪銀行公會林康侯氏云。銀行公會設立之市商會第一慰勞徵收處。迄今已收到十九萬元左右。業交市商會轉撥前方。記者則叩以上海銀行界。每月供給十九路軍軍餉十九萬元之事。林答以完全不確。蓋所謂十九萬元者。即上述之慰勞金也云云。

捐助絲棉背心者日多　連日各界對於前敵將士。冒寒苦戰。極為關懷。紛紛製備絲棉背心。送由各團體轉送前方應用。聞市政府各局聯合辦事處。亦收到是項軍用背心。達一百八十二件。業經該處送交十九軍轉發前敵將士應用。

郵務工會贈糖菓餅乾　上海郵務工會職工會。以十九路軍忠勇衛國。特備糖菓餅乾等五百袋。派代表分贈各醫院傷兵。表示慰勞。

市商會收到慰勞品　市商會徵集慰勞物品辦事處。收到各件如下。二月十四日總辦事處（西藏路甯波同鄉會內。）第二分辦事處（三馬路畫錦里棉布業公會內。）及第三分辦事處（甯波路聚益坊七號礦灰廠業公會內。）共收到大洋五千四百零四元。小洋廿二角。銅元廿九枚。絲棉背心二百九件。用具一千三百四十六件。藥品一百件。

張繼夫人電匯二千元　張繼夫人崔震華女士。為慰勞衛國禦侮之受傷武裝同志。特由北平電匯大洋二千元。交淞滬警備司令部蔣參議收轉。代為慰勞受傷士卒。

◉第二十四章　各界重要文電

▲軍事長官之通電

蔣光鼐蔡廷楷戴戟昨發通電云。特急。中央黨部。國民政府。各院部會。京滬衛戍司令長官。各級黨部。政府。各軍師旅團長。各報館。全國國民公鑒。暴日佔我東三省。版圖變色。國族垂亡。最近更在上海殺人放火。浪人四出。極世界卑劣兇暴之舉動。無所不至。而砲艦紛來。陸戰隊全數登岸。竟於二十八夜十二時。在上海閘北公然侵我防綫。向我鬨釁。光鼐等分屬軍人。惟知正當防衞。捍患守土。是其天職。尺地寸草。不能放棄。爲救國保種抵抗。雖犧牲至一卒一彈。絕不退縮。以喪失中華民國軍人之人格。此心此志。質天日而昭世界。炎黃祖宗。在天之靈。實式憑之。十九路總指揮蔣光鼐。十九軍軍長蔡廷楷。淞滬警備司令戴戟。叩。豔子印。

▲孫科等聯名電汪蔣

留滬中委孫科等十一人。昨聯名電汪蔣。請抽調勁旅來滬應援。幷請設法接濟十九路軍餉糈。原電照錄如下。南京汪精衞先生。蔣介石先生。鑒。幷分轉中央諸同志均鑒。公密。日人橫暴至此。軍民憤激。誓死抵抗。昨夜至今午。戰事劇烈。我軍士氣百倍。迭獲勝利。政府此時。當抱甯爲玉碎毋爲瓦全之決心。以報國家。以謝民衆。同人在滬見聞至切。公決應請中央卽令近畿各軍。抽調勁旅來滬應援。幷極力設法接濟十九路軍軍實餉糈。特電奉達。敬祈鑒察。幷盼電復。孫科。李宗仁。劉蘆隱。李文範。程潛。張發奎。陳友仁。馬超俊。傅汝霖。陳慶雲。梁寒操。

▲孫科等致各團體電

孫科等昨日通電云。此次日人在滬暴動。焚燒三友工廠。肆行挑釁。復致最後通牒於上海市政府。以解散我國民衆抗日救國團體爲要脅條件。其强橫無理。凡我國民。已忍無可忍。乃政府向持消極無抵抗政策。竟猶低首下心。完全承認其要求。以爲如此柔順。即可免禍。豈知日人野心。得寸進尺。久成慣技。我愈示弱。彼愈强横。我愈退縮。彼愈進迫。無抵抗之結果。必召亡國之痛。同人等早經慮及。歷有宣言。想荷鑒察。昨夜日本軍隊果於接到上海市政府完全屈服之覆牒以後。竟進而要求我地方長官。撤退閘北駐軍。隨即襲擊閘北。且縱其居留民。放火焚毀商務印書館。種種掠奪侵凌之事實。不一而足。幸我十九路軍士衛戍淞滬。誓盡其守土之責。決死抵抗。自昨至今。我軍以哀憤逾恆 士氣百倍。擊機敵機四架。奪獲鐵甲車三輛。現猶在劇戰中。滬上民衆全體罷市。亦咸憤不欲生。誓死禦侮。當此國家危急存亡之秋。惟賴我國全體國民。抱甯爲玉碎。不爲瓦全之決心。與敵週旋。庶能爲國家爭人格。爲民族謀生存。否則坐而待亡。國家民族。必將陷於萬刧不復之境。同人等心所謂危。義難緘默 除電請政府及京滬附近軍隊。火速應援外。並懇我全國民衆軍隊。一致猛醒 準備抵抗。同赴國難。是所禱企。臨電痛憤。諸希諒察。孫科。李宗仁。陳友仁。馬超俊。張發奎。程潛。薛篤弼。陳慶雲。劉蘆隱。梁寒操。傅汝霖。方振武。李文範。黃季德。何世楨。孫鏡亞。熊克武。白崇禧。

▲國府遷都洛陽宣言

國民政府三十日發表宣言。移駐洛陽辦公。原文如次。

自日本以武力侵佔東北以來。政府一面遵重華盛頓九國條約國聯盟約凱洛格非戰公約之精神。雖釁自彼啓。仍堅持忍耐。以候簽約各國之主持公理。一面嚴飭軍警。應以全力捍衛地方。保障人民生命自由財産之安全。苦心維護。於茲數月。而日本進逼不已。

最近竟以大批戰艦駛至上海。並輸送陸空各軍。藉口市民抗日舉動。以使用暴力。橫加恫嚇。夫人民組織團體。以急國難而禦外侮。本出於愛國之熱誠。苟無越軌行動。政府無從加以干涉。惟政府為避免戰禍計。已不恤一再遷就日本之要求。始則對於民衆抗日之言論各種民衆團體。自動取消抗日名義 以杜强鄰之藉口。本月二十八午後一時四十五分。上海市政府對於日本駐滬領事之要求。已予以日領自身亦認滿意之答復。而同晚十一時二十分。日本第一外遣艦隊司令官忽來通告。迫我上海駐軍讓出防地。俾其佔領。軍隊有守土之責。詎能應其所求。日本軍隊遂即向我軍進攻。竟使上海繁盛市面。罹於兵燹。且使用無限制之飛機轟炸政策。平民生命財產。慘受荼毒。數量之巨。無可估計。同時首都及長江上下游各重要市鎮。亦有日本軍艦到處挑釁。夫日本所以繼續使用此等暴力政策。且進而愈厲。其用心不過欲威脅我政府。使屈服於喪權辱國條件之下。政府受國民付託之重。惟知保持國家人格。尊重國際信義。決非威武所能屈。惟有堅持原定方針。一面督勵軍警從事自衛。決不以尺土寸地授人。一面仍運用外交方法。要求各國履行其條約上之責任。日本此次濫啓兵端。破壞和平。不但中國領土主權遭其損害。舉凡華盛頓九國條約國聯盟約凱洛非戰公約亦為之毀棄無餘。政府深信中國對於此等暴行有正當防衛之權利與義務。同時深信各國為維持世界和平及國際信義。亦必不能坐視。茲者政府為完全自由行使職權不受暴力脅迫起見。已決定移駐洛陽辦公。望我各省區行政長官及軍隊長官。同心協力。各盡所職。以靖地方。而安人民。尤望我全國民衆。以勇毅沈着之精神。共赴國難。勿囂張。勿畏葸。務使暴力無所施。正義得以申。國家安危。悉繫於此。願共勉之。國民政府主席林森。行政院長汪兆銘。（三十日專電。

▲前司令蔣中正通電

抱玉碎之決心
與暴日相周旋

前陸海空軍總司令蔣中正。以滬案發生。倭寇日亟。非全國一致。共起禦侮。不足以挽救危亡。特於三十日以在野之身。致電全國將士。淬厲奮發。以救危亡。原電如下。限即刻到各總指揮各軍官學校師生諸同志均鑒。東北事變。肇始迄今。中央為避免戰禍。保全國脈起見。故不惜忍辱負重。保持和平。期以公理與正義。促倭寇之覺悟。不意我愈忍讓。彼愈蠻橫。滬案發生。對渠要求。且已茹痛接受。而倭寇仍悍然相逼。一再向我上海防軍突擊。轟炸民房。擲彈衢市。同胞慘遭蹂躪。國亡即在目前。凡有血氣。寧能再忍。我十九路軍將士。既起而為忠勇之自衛。我全軍革命將士。處此國亡種滅患迫燃眉之時。皆應為國家爭人格。為民族求生存。為革命盡責任。抱甯為玉碎毋為瓦全之決心。與此破壞和平蔑棄信義之暴日相周旋。中正與諸同志。久共患難。今身雖在野。猶願與諸將士誓同生死。盡我天職。特本血誠。先行電告。務各淬厲奮發。敵愾同仇。勿作虛浮之豪氣。保持犧牲之精神。枕戈待命。以救危亡。黨國幸甚。蔣中正印。（三十日專社電）

▲羅文幹對日宣言

決盡力之所及

從事正當防衛

羅外長三十日發表宣言如下。當茲中華民國歷史上最艱難嚴重之時期。鄙人爲責任心所驅使。遂不得不勉應國家之急。以服務於外部。查自去歲九月日軍侵佔瀋陽及東省之其他各地後。形勢日難忍耐。現在日本軍隊復又攻擊上海。情形尤更緊張。蓋不惟國際間之利益發生危險。卽我首都之安全。亦頓受威脅。日本方面現已連續實施其種種暴行與侵略。中國方面則對於反對侵略及以戰爭爲國家政策之國聯規約非戰公約及九國公約。仍行繼續遵守。中國政府現已決定。此後日本軍隊對於中國領土。如復更有攻擊。則必盡其能力之所及。從事正當防衛。須知自衛自保。乃各國應享之權利。無論在何情勢下。固不能希望其放棄者也。中國人民極願與一切以平等相互原則待我之各國人民。維持並增進其友誼。今若中日兩國人民間之友誼維持發生障礙。則當以日本之連續的侵略爲之厲階。蓋此連續的侵略。自不能不於中國人民之感情上發生其必然之結果也。現如欲使中日兩國人民恢復友誼關係。則必須日本政府採用武力壓迫以外之手段 蓋武力壓迫。不惟不能醫此創痕。且反使其日益增劇故也。現在鄙人業已就外長之職。自當遵照國民政府決定之政策。竭其能力。勉效棉薄。凡我國按照國際法律國際條約所應享者之主權獨立領土及行政完整。均應使其毫無損害。尤願舉國上下。予鄙人以充分之贊助。

俾鄙人之努力到底於成。（三十日專電）

▲孫科等請增援電

上海戰事非局部問題
事機危迫已不容延誤
請速調勁旅來滬應援

駐滬中委孫哲生等十九人。昨連名電請軍政部長何應慶。速調近畿勁旅及軍用飛機開滬增援。原電云。急。即刻到。南京軍政部何部長敬之兄鑒。今晨閱報。驚悉政府移駐洛陽。林主席偕汪蔣兩公。均已北遷。京滬軍事。由吾兄主持。竊以今日存亡之機。繫於上海之一戰。近聞日本有出動三師團。大舉來犯之耗。故此時急務。當在集中實力。爲十九路軍後援。他處防衛。尚在其次。乃頃據十九路軍中來人報告。抗戰以來。至今尚未見政府派一飛機助戰。派一師兵增援。豈猶視上海戰事爲局部問題乎。十九路軍將士。縱志決必死。政府何忍使其盡殲。上海爲全國經濟中心。政府更何忍任其失陷。此間軍民。咸百思不得其解。豈直懾於日人虛張之聲勢。以爲無論如何抵抗。上海決不能保耶。據連日戰況觀察。我軍死戰。不過一團之力。而日本陸戰隊便衣隊。乃逾數千。然交戰結果。日兵傷亡枕藉。尚未得逞。使全國軍心民氣。咸如今日之上海必有自存之道。即不幸而敗。亦足使我中華民族之人格。永存於世界上。勝於低首下心。任敵臠割。事機危迫。不容延誤。務乞迅下決心。速令近畿勁旅及軍用飛機。火速應援。以禦敵寇。臨電憤慨。佇候佳音。弟孫科。李宗仁。程潛。方振武。陳友仁。張發奎。李文範。熊克武。劉蘆隱。甘乃光。桂崇基。馬超俊。薛篤弼。黃季陸。何世楨。鄧家彥。孫鏡亞。陳慶雲。傅汝霖世。

▲胡漢民電勉抗日將士

滬案屈服聞之雪涕

軍人報國此蓋其時

胡漢民氏前日（三十日）為日寇侵滬我軍誓死抵抗特電蔣蔡諸將領慰勉。原電如次。

哲生兄併轉憬然（蔣光鼐）賢初（蔡廷楷）向華（張發奎、益能（鄧世增））琪翔（黃琪翔）慶雲（陳慶雲）諸兄鑒。滬案屈服。四百萬民衆。遂受摧殘。聞之雪涕。今戰事發生。輿情益憤。兄等持正不屈。力抗暴日。為民干城、感慰無極。取盼益勵士氣殲彼兇殘、軍人報國。此蓋其時。傳檄天下。天下當爭起以應。臨電高呼我軍萬歲。中華民國萬歲。漢民卅

▲劉峙來電慰勉

日本強橫兇暴。威逼備至。直視我國已無一人。為所欲為。警耗迭傳。髮指眦裂。此次兄等以最大之決心。為正當之抵禦。彌奮血誠，薄海同欽。尚祈不屈不撓。奮鬥到底。戢倭寇之兇燄、張國威於世界。保衛輿邦、在此一舉。弟等誼切同仇。誓為後盾。刻已應備一切。靜待後命。前線兵力。是否敷用。情況實似、祈即懇告。并盼捷音。傳慰遠

念。弟劉峙卅巳

▲陳繼承來電慰勉

暴日佔我東北。舉國震駭。近復遣陸戰隊到滬。殺人放火。肆行無忌。竟於本月廿八日夜公然犯我防線。向我挑釁。犯天下之大不韙。此而可忍。孰不可忍。兄等職責所在。作英武之抵抗。殺敵衛國。義無反顧。至爲欽佩。望秉百折不回之精神。具有死無生之志願。將日軍盡行驅逐登艦。迫令離我疆土。凡屬無理之要求。概行擯絕。弟忝屬軍人。何甘坐視。謹當擐甲執戈。爲兄等後盾。臨電迫切。無任神馳。弟陳繼承世。

▲十九路軍將領致全國電

以純潔之心純潔之血貢於黨國

十九路軍將領蔣光鼐。蔡廷楷。戴戟等。昨日通電全國。表示以純潔之心。純潔之血。貢於黨國。原文照錄如下。洛陽中央黨部。國民政府林主席。汪院長。蔣委員。各院部長。各省市。各級黨部。各級政府。各軍師旅。各民衆團體。各報館均鑒。暴日貫徹其武力侵略之政策。傾其國力。意圖吞併我疆土。消滅我民族。東三省既被佔領。乃肆其兵威於長江流域。我不得已。乃有自衛之抵抗。中央政府。因首都地位危險。時時在敵人砲火脅迫之下。應急制變。斷然不疑。遷移洛陽。與法都之遷波爾多。土都之遷安哥拉。同爲禦敵圖存之必要政策。武裝同志。全國國民。方幸有安全行使職權之政府。以領導民族鬥爭。不容懷疑。無可非難。方今寇益深入。國瀕於亡。血氣之倫。祇有豎揮一致效死之精神。滌除詆排傾軋之惡習。舉凡私見之異同。權利之夢幻。一洗而空。我十九路軍奉命守土。本捍患之天職。自衛之正義。洞胸斷首。萬衆一心。犧牲最後之一彈一卒。對於中樞之遼遠。應援之困難。絕無顧慮。全國武裝同志。激發於愛國自衛之良心。人自爲戰。在其守土之下。敵來則與之死戰。成敗利鈍。不容計及。吾人深信能奮戰者不滅亡。服正義 得勝利。世界苟有公道。暴日斷不得逞。吾人尤切望於散處各方之中央委員政治領袖。發揮其拯救危亡之抱負。致力應付存亡一髮之危局。古人有言。覆巢之下。無完卵。 自救者。其結果爲自殺。我十九路軍將士以純潔之心。純潔之血。貢於黨國。貢於全民。邦人君子。聽此最後之哀鳴。其亦鑒其至誠。宥其戇直。蔣光鼐。蔡廷楷。戴戟。暨十九路師旅團長全體官兵同叩冬。

▲孫科等通電

抵抗可以圖存

孫科等通電云。全國各報館轉各省市政府各軍事機關及全國同胞公鑒。自暴日侵害我國以來。瞬經四閱月。此四閱月內。我全國含垢蒙恥。忍辱圖存。卒不邀彼國之覺悟。得寸進尺。復有侵我上海之舉。旬日來。幸我十九路軍及各軍之忠勇不屈。誓死抗敵。屢戰屢捷。幷得海內外同胞之後援。全國人心爲之一振。各國視聽爲之一轉。加以日軍殘虐。戕我徒手人民婦孺。不可勝計。交通文化教育各機關 輒付一炬。且破聯防之規約。據租界之安全。種種暴行。不勝枚舉。致激同胞之公憤。失世界之同情。有英美法意四國之通牒警告。我外交部已表示接受。聞日方尚欲以陸軍增援。爲最後之決戰。其意蓋以上海一失。則各國必認爲我國不能扶助。一切援應。將因之中止。而我國以十九路軍及各軍皆不能撐拄之故。以後亦決無何項軍隊。敢於抗日。我國遂陷於萬刼不復之地。彼因得逐其囊括東亞之謀。故今日上海之一隅。實爲我國存亡之所繫。上海之抗日。並非爲上海而抗日。實爲全國而抗日。溯自上海發生戰耗。政府因謀抵抗。遷往洛陽。旅滬同人。目擊彼虜之凶殘。我軍之苦戰。人民之萬衆一心。實令同人自忘其棉力。而參加奮鬥。當我軍屢戰皆捷以後。各國人士。始憬然我國之尚有人在。而生其重視。載在各報。歷歷可考。暴日銳氣。因之大挫。同人不敏。竊謂此實我國起死回生之機會。若不急圖奮起。必不能展開新局。力爭生存。當此千鈞一髮之時。深願我全國同胞。一心一德。迅爲援應。共拯危亡。現哈爾濱尚在固守吉林省垣。業經收復。東北民衆。幷已奮起。昨日上海各銀行開市。提存兌現者極稀。此實我國人心萬分固結之表徵。亦即爲我國家決可生存之券據。尙冀我全國同胞。羣策羣力。渡此難關。尤望我軍界同志。察於上海情況。知無抵抗之萬難立足。而抵抗之轉可圖存。毋再因循坐誤。致失事機。庶正義人道。必有伸於世界之日。迫切陳詞。敬希明教。孫科。孔祥熙。吳鐵城。程潛。李宗仁。顧孟餘。薛篤弼。劉蘆隱。方振武。何世楨。馬超俊。鄧家彥。諸民誼。李文範。傅汝霖。甘乃光。梁寒操。陳慶雲。陳友仁。張發奎。張知本。楊虎。王正廷。賀耀祖。范予遂。孫鏡亞。熊克武。唐生智。楊庶堪。陳嘉佑。張靜江。黃季陸。桂基崇。張羣。經亨頤等叩。

空軍將領通電　各報館轉全國各界公鑒。東北事變。數月於茲。三省之失地未收。淞滬之慘暴繼演。公理淪胥。舉世憤慨。我空軍繫國民厚望之殷。將士抱敵愾同仇之切。爲國死難。夙具決心。磨厲枕戈。匪伊朝夕。祗以政府負重。冀望和平。以致忍辱牽延。求死不得。茲者領空領土。橫被摧殘。寇燄益張。國亡無日。秉衡等防空有責。誓抗强梁。爰用集結。以圖自衞。海枯石爛。此志不渝。凡我國人。幸垂鑒察。黃秉衡。曹寶淸。沈德燮。毛邦初。晏玉琮。張廷孟。劉芳秀。楊鶴霄。田曦。黃毓沛。張有谷。同叩。微印。

▲馮玉祥李濟深朱培德致孫科陽電

請以最大之決心
共謀長期之抵抗

馮玉祥。李濟深。朱培德。致滬中委孫科等一電。文云。（衔略）暴日既侵佔東北。復肆其毒螫。擾及上海。去月豔卅等日。中央同人緊急集議。一致決議。以最大之決心。謀長期之抵抗。並將中央國府移至洛陽辦公。既使暴日之砲艦政策無所施。同時於中原腹地。建立中樞。策應四方。團結舉國一致之勢力。共謀最後之勝利。冬日中央黨部。於洛陽第十一次開會議。中央黨部國民政府暨所屬各機關官吏。於國難期間。停發俸給。祗發維持生活費。自特任官。以至僱員。最高者月不過八十元。最低者三十五元。蓋惟有刻苦自勵之精神。及能有持久之志力。始能不負遷地辦公之最大意義也。至於對日方策。軍事外交。同時幷行。必軍事上有積極抵抗之決心與方法。然後外交乃有進行之可言。現在十九路軍將士。奮其忠勇與敵死抗。內伸民氣。外揚國威。中央同人至深嘉慰。幷已積極籌劃。必不使陷於孤軍無援之境。要之。吾人爲正當防衛而戰。當竭全體武裝同志之力。以爲全國人民之前驅。雖餘一彈一卒。亦不以尺土寸地輕投於人。爲吾人抗日應有之決心。亦惟一之義務也。玉祥等忝躋行伍。備員中央。此次決定大體。曾參末議。誓竭心力。以共艱危。我兄黨國中心。衆望所屬。除有特別任務者外。似宜同隨行都。力勘大難。使一般同志有所矜式。此實爲目前最切要之要求。臨電奉懇。尙祈鑒察。是所深荷。馮玉祥。李濟深。朱培德陽。

▲國府電勉全國將士

保國家之人格

爲民族爭生存

國民政府主席林森。行政院院長汪兆銘。及軍委會各委員。昨致全國將士電。勉以大無畏之精神。作長期之奮鬥。茲照錄如下。特急。各省各總指揮各軍師旅長。並轉各將士公鑒。自國民革命軍成立以來。我武裝同志奮其忠勇。以完成中華民國之統一。不幸國內建設。尙未就緒。而外侮漸至。現在國家存亡。間不容髮。舍屈服我強鄰暴力之下。喪權辱國外。則惟有出於積極抵抗之一途。遙望我全體武裝同志。念先烈之締造艱難。哀民生之罹於塗炭。以大無畏之精神。作長期之奮鬥。以紐暴力而伸正義。保國家之人格。為民族爭生存。在此一舉矣。數年以來我武裝同志。因意見參差所起糾紛。已則誠意共赴國難之一念。消滌無餘。自此以後。生者相與戮力於疆場。為死者定必歡笑於九泉。以觀吾國 後之成功也。謹布腹心。其共勉之。國民政府主席林森。行政院院長汪兆銘。軍事委員會委員蔣中正。馮玉祥。張學良。閻錫山。李宗仁。李濟琛。何應欽。朱培德。陳紹寬。陳銘樞。唐生智。東印。

▲駐滬中央委員電請當局迅速定計

臚陳要點四項

孫科等通電云。(銜略)。政密。比聞軍事外交當局。有主張滬事局部作先行解決之意。英使復有我國自動撤兵之勸。而當局認為可商。同人在滬迭加研討。心所謂危。敢陳所見。溯自東北邊防司令長官張學良。誤於不抵抗之謬論。使日寇唾手遂得三省。而軍事當局亦慴於日兵聲威。輒謂縱傾全國之兵。不足抗日。我與日戰。三日可以亡國。同人以為此種心理。不特與總理遺教主義完全違悖。充其弊。實足以亡黨亡國而有餘。非澈底掃除。決不足以衝破今日之危局也。蓋國家興衰。繫於人心振靡。戰鬥之事。兩方物質力量固所必衡。而士氣民心所關絕巨。精神方面有非數月能算者。世界革命鬥爭。若論被壓迫者所憑藉之武力。幾曾有一次足與壓迫者相頡頏。或可及其半者。苟咸如當局所謂持重。則世界可以無革命。而吾黨歷次之奮鬥。乃眞如螳螂奮臂之可笑矣。然鑒諸經過之事蹟。衡諸革命之理論。乃決不如此。日人宣稱。三小時佔我閘北。而十九路軍應戰已將兩旬。敵究何如。我何尙不自奮。苟當局猶確信不抵抗之論。天經地義。而十九路之捷。不過偶然僥倖。以爲十九路將來犧牲。亦爲無知好鬥之童騃。應得之教訓。則夫復何言。否則當局應即下最後大決心。萃全力於救亡之戰。縱不幸而敗。而人心未死。國終可爲。所謂甯爲玉碎。不爲瓦全。非可徒視爲文章之詞句也。抑尤有進者。今國民憤日與救國之熱情。已達極點。對主張不抵抗者嫉之尤甚。覩於此次滬民之被難而無懟。與其輸將助戰之勇。則滬上素稱持重之報紙。亦咸爲激昂之論。即可覘眞正民意。苟當局猶牢執其妥協屈服之主張。或竟實行撤兵。使日軍佔滬。長驅而擾蘇杭與首都。將何以維民衆之信仰。遏軍士之忠憤。同人等亦不願與今日當局同負此責也。公等當猶憶昔年北伐。與北洋軍力較。相去何嘗不遠。然以我革命主義。足以深入民心。發揚士氣。勝利乃終屬我。今日又爲吾黨起死回生之最後唯一機會。當局苟能恢復昔日之信念。領導國民。誓死衛國。國民同志誰有二言。幸託總理之威靈。而國以復甦。黨以統一。馨香頌禱。何日忘之。是在公等勉之而已。茲經同人公決。請政府當局迅速定計者。(一)決定澈底抵抗政策。毋再游移。即宣示國人全力禦侮(二)萃海陸空軍力量固守上海。予十九路軍以充分援助。(三)即令北方各軍乘機向外反攻。收復失地。(四)外交方面。提出非日兵全部撤退。不即交涉。上海問題。當與東三省問題同時解決。願以上四項實行。士氣必且百倍。我能堅持下去。國際必生變化。此時乃有外交可言耳。掬誠奉陳。敬祈鑒納示復。無任盼禱。駐滬中央委員孫科。孔祥熙。薛篤弼。吳鐵城。孫鏡亞。梁寒操。范予遂。甘乃光。楊虎。熊克武。桂崇基。丁超五。馬超俊。陳友仁。何世楨。劉蘆隱。陳嘉祐。褚民誼。張知本。程潛。陳慶雲。楊庶堪。賀耀組。黃季陸。唐有壬。元。印。

中華民國二十一年三月出版

十九路軍抗日戰史第一集
（每部實價大洋四角）

編印者　戰地新聞社
校訂者　戰地新聞社
總發行處　上海戰地新聞社
分售處　各省各大書局

十九路軍抗日戰史

第二集

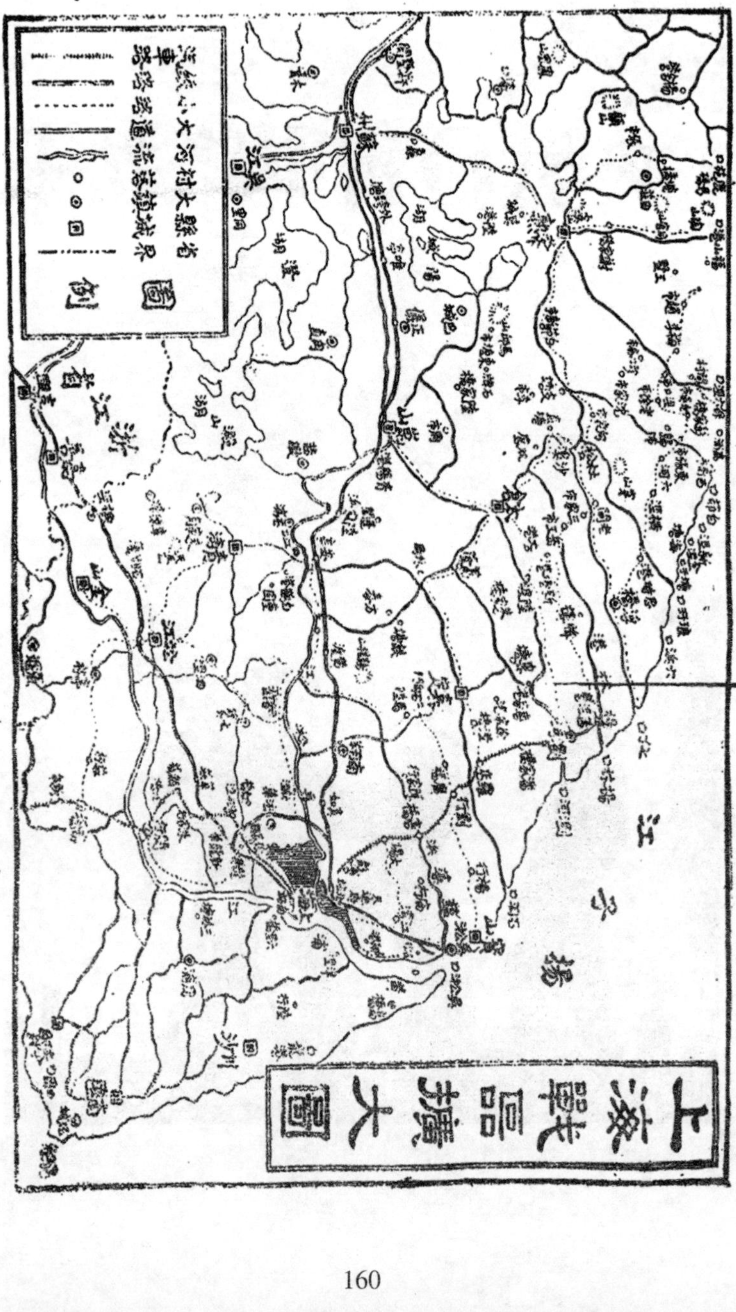
上海戰區擴大圖

十九軍在前線工作

各鄉農民競爲十九軍服務

閘北永興路大火

戰後之閘北寶山路

眞茹十九軍所築之戰壕

十九軍在前線戰壕射敵.

十九軍瞄射日機

十九軍在戰壕內瞄射敵人

日砲兵以小鋼砲轟擊民房

被我軍奪獲之日軍坦克車

日軍在虬江路口準備衝鋒

日機擲彈虬江路全市被焚

我軍大刀隊開赴前方

十九軍施用迫擊砲

吳淞我軍堅守戰壕射敵

日兵逮捕我無辜良民

十九路軍抗日戰史（第二集）目錄

第三十二章　滬戰之第一夜

十九路軍抗日戰史續集

◉第一章 市府戰後交涉

▲市政府抗議日機轟炸

逕啓者。關於日本海軍。侵攻閘北一節。前經向貴總領事提出嚴重抗議在案。連日以來。該海軍濫用飛機。炸擊閘北一帶。所有火車站及多數商廠民房。盡成灰燼。人民死傷纍纍。又復糾同浪人。在北四川路附近。縱火焚燒屋宇。阻止撲救。不獨違背國際公法。抑且慘無人道。本市長相應嚴提抗議。即希查照。轉飭制止爲荷。此致日本國駐劄上海總領事村井倉松。

▲市政府抗議日軍違約進攻

逕啓者。查關於貴國海軍侵攻閘北一節。前經向貴總領事提出抗議在案。旋經英總領事暨美總領事。爲維持和平避免戰禍起見。邀集貴我兩方當局。及各國防軍司令。於一月三十一日在英總領事官舍會議。當經英國防軍司令建議。避免兩軍衝突辦法。并約定由貴總領事。請示貴國政府。以三日爲期。如貴國政府。不能同意。再由本府請示我國政府。在此請示期內。仍各不相侵。以上各節。均有紀錄可稽。乃自該日會議後。貴國軍隊。屢向我本國軍隊襲擊。迨至今日下午二時五十分。本府忽接到貴總領事署電話通知。請貴國政府。對於上述建議辦法。不能同意等語。殊爲詫異。且在本府未接到貴總領事署通知前一小時。貴國軍隊。已向我方駐在閘北之軍隊復行攻擊。且用飛機任意炸轟該處。查貴國旣違背信約。且不顧上海市內我國人民與各國僑民生命財產之安全。重行開釁。所有一切責任。當全由貴國政府負之。除函達英總領事。美總領事。暨各國領事聲明外。相應提出抗議。請煩查照爲荷。此致日本國駐劄上海總領事村井倉松。

▲市政府抗議日軍殺戮市民

逕啓者。查自一月二十八日日本海軍陸戰隊向我駐軍開釁以來。連日公共租界之一部。暨越界築路段。以及閘北其他地點。有中國市民橫遭逮捕。不經審判手續。被處私刑。或加殺戮情事。據報至今。受非法監禁者。尚有數百人。似此違反人道及國際公法。本市長不得不提出嚴重抗議。用特函達請卽飭知貴國海軍司令官迅予釋放。並對此項橫施私刑及殺戮之兇犯。迅卽依法嚴加懲處。以後對於此項情事。務請負責加以取締。並希見復爲荷。此致日本國駐劄上海總領事村井倉松

▲市政府向工部局抗議一

逕啓者。查自本月二十八日夜。日本軍隊進攻閘北以來。迭次攻擊時。均以租界區域爲根據地。與貴局所稱嚴守中立之主旨不符。乃貴局對於日軍隊。破壞租界中立之舉動。未聞有任何制裁表示。殊深詫異。相應提出抗議。請煩查照。迅予設法制止。並希見覆爲荷。此致公共租界工部局總董麥諾登。

▲市政府向工部局抗議

市政府為連日日軍又在租界登岸。仍以租界為攻擊我軍之根據地　向工部局重提抗議云。逕啓者。查關於日本海軍利用租界區域。為攻擊華軍之根據地一節。迭經本市長向貴局提出嚴重抗議。並促請制止在案。現據確報。昨日有大隊日軍抵埠。係在租界登岸。登岸後。即散佈租界各處。為攻擊華軍之準備。而危害本市之治安。乃貴局猶復加以優容。殊難索解。相應再提抗議。請煩切實考慮。採取有效方法。嚴加制止。實紉公誼。再據報一二日內復有大批日軍來滬。並希注意。勿得任其在租界登陸。以維持貴局嚴守中立之宣言。免重貽本國人民之誤會為荷。此致上海公共租界工部局總董麥克那登。

▲市政府向工部局抗議三

逕啓者。查關於公共租界容許日本軍隊。以租界區域為攻擊軍隊之根據地一節、本府業經向貴局提　嚴重抗議。未蒙見覆。在過去數日間。復又疊據報告。日本海軍陸戰隊。屢次武裝通過租界以達滬西。及其他種種軍事行為。危及本國人民之生命財產。而租界當局。雖經宣言中立於先。復經本府抗議于後。尙復予以優容。倘未見切實制止。殊為詫異。相應重提抗議。并嚴重聲明。所有因此陳發生之一切責任。當全由租界當局負之。請煩查照見復為荷。此致公共租界工部局總董麥克那敦。

▲市政府通告各國領事

逕啓者。查關於日本海軍侵攻閘北一節。前經函達貴總領事在案。旋經英美總領事為維持和平避免戰禍起見。邀中日兩方當局。及各國防軍司令。於一月卅一日。在英總領事官舍會議。當經英國防軍司令建議。避免兩軍衝突辦法。幷約定由日總領事請示日本政府。以三日為期。如日本政府不能同意。再由本府請示本國政府。在此請示期內。仍各不相侵。以上各節。均有紀錄可稽。乃自該日會議後。日軍屢向我本國軍隊襲擊。迨至今日下午二刻五十分。本府忽接到日本總領事署電話通知。謂日本政府對於上述建議辦法。不能同意等語。殊為詫異。且在本府未接到日總領事署通知前一小時。日軍已向我方駐在閘北之軍隊復行攻擊。且用飛機任意轟炸該處。查日方既違背信約。且不顧上海市內我國人民與各國僑民生命財產之安全。重行開釁。所有一切責任。當全由日本政府負之。除向日本總領事提出抗議外。相應聲明。並函達貴總領事。請煩查照。主持公道為荷。此致英國美國駐劄上海總領事暨各國總領事。

▲市政府通告各國總領事

逕啓者。查關於租界當局。容許或不制止日本軍隊。利用租界區域。為攻擊中國軍隊之根據地一節。本市長節經向公共租界工部局。提出嚴重抗議。並聲明所有因此而發生之一切責任。應全由租界當局負担在案。惟租界當局。雖明知日本軍隊之上述行為。足以破壞租界中立。及危害本國人民之生命財產。迄今尚未採取任何有效辦法。加以制止。本市長不得不請貴總領事及其他各國總領事。嚴飭該工部局。即予採取有效辦法。以制止日本軍隊之上述行為。同時鄭重聲明。如本國軍隊為自衛起見。對於利用租界為根據地之日本軍隊。施以攻擊時。各國僑民之生命財產。受有損害情事。本國政府。概不負任何責任。除分函外。相應函達。請煩查照爲荷。此致各國駐劄上海總領事。

▲市政府向領團表示

上海市政府致各國總領事暨領事云。逕啓者。查關於日本軍隊。利用租界區域爲攻擊中國軍隊之根據地一節。迭經本市長函達貴總領事領事。幷其他各國總領事。提出嚴重抗議在案。乃迄今租界當局雖有願意維持中立之表示。但仍未聞採取任何有效辦法。以制止日本軍隊之破壞租界中立。危害中外人民生命財產之行爲。連日以來。日本援軍。又屢在租界當局優容之下。由虹口登陸有攻擊中國軍隊之根據。甚至日本旗艦。亦繼續停泊虹口附近。利用租界之掩護。發號施令。以攻擊我國軍民。雖明知各國船舶及其他產業。必因此而蒙軍事之影響。亦所不恤。本市長暨本國軍事當局。對於租界內中外人民生命財產之安全。本極關懷。惟處此情形之下。本市長不得不重提抗議及嚴重聲明。所有關於租界當局不能制止日本軍隊利用租界區域爲攻擊中國之根據地。所發生之一切結果。本國政府概不負任何責任。再爲安全計。本市長請貴總領事領事通飭住居於戰區附近或日軍駐在地附近之貴國僑民。設法遷避。及轉知貴國海軍當局。勿將軍艦及其他船舶。停泊於日軍根據地附近爲荷。相應函達查照。此致云云。

第二章　日將最後通牒

敵軍提哀的美敦書

我軍堅拒無理要求

自一月二十八日以來。日軍突然攻擊閘北吳淞等處。我十九路軍。爲盡守土之責任。起而謀正當自衞之抵抗。人人抱必死之心。奮勇應戰。轉戰經旬。敵竭全力迭次猛攻。均遭慘敗。遂派遣數萬大軍應援。連日積極備戰。意圖侵犯。茲以各方佈置已妥。遂於十八晚八時四十五分。以日本軍司令植田謙吉名義。向我十九路軍蔡軍長提出哀的美敦書。其內容。包括六項無理要求。同時並以日總領事村井倉松名義。致吳市長一份。措詞大致相同。茲將通牒原文。錄述如下。

日本司令植田謙吉致蔡軍長通牒　本職基於欲以和平友好之手段。達到任務之熱烈希望。茲對於貴軍通告左開各件。

一。貴軍應即然速中止戰鬥行爲。於二月二十日午前七時以前。將現據之第一線撤退完了。於二月二十日午後五時以前。從黃浦江西岸。由租界西北端。連結曹家渡鎭。周家橋鎭。及蒲淞鎭之線起算。黃浦江東岸由逆結爛泥渡。及張家橋鎭之線起算。各從租界境界綫。向北二十基羅米突之地域。（包含獅子林砲台）內撤退完了。且在該地域內撤去砲台。及其他之軍事設施。並不新設之。

二。日本軍於貴軍開始撤退後。不行射擊轟炸。及追擊動作。但用飛機之偵察。不在此限。又貴軍撤退後。日本軍僅祇保持虹口附近之工部局道路地域。（包含虹口公園之

周圍）

三。貴軍第一綫撤退完了後。日本軍爲確認其實行起見。派遣有護衛兵之調查員。於撤退地域。該項調查員携帶日本國旗。以資識別。

四。貴軍對在該撤退地域外。上海附近之日本人生命財產。應完全保護之。此項保證如不完全。日方當採適當之手段。

五。關於在上海附近（包含撤退區域）外國人之保護。容另商議。

六。關於禁止排日運動。一月二十八日吳市長對於村井總領事之約諾。應嚴重實行。關於此項。嘗另由帝國之外務官憲。對貴國上海行政長官。有所交涉。

如以上各項不能實行時。日本軍將對貴軍。不得已採自由行動。其結果所生一切責任。應由貴軍負之。昭和七年。二月十八日午後九時。大日本帝國司令官植田謙吉。第十九路軍蔡廷楷閣下。

▲日領致市府函

日總領事村井倉松致市府原函云。逕啓者。自一月二十八日晚。貴國第十九路軍及便衣隊。向日本陸戰隊攻擊以來。閘北方面。中日兩軍。成對抗之形勢。二十九日晚。雙方雖有停止戰鬥行爲之成約。但貴國軍隊。仍背約向我方射擊。或加轟擊。使我方不得不予以應戰。且以貴國軍隊。實行其有計畫的挑戰。於吳淞及江灣方面。亦發生軍事行動。在此時間。貴方一方面散布關於第十九路軍勝利等無稽之虛報。一方面對於我方公正之行動。加以種種誹謗。其結果第十九路軍對於防衛租界保護居留民而絕無他意之我軍。加以新的攻擊。便衣隊出沒於各處。依然不停止其惡劣兇暴之行動。在留日本人固無論矣。即上海租界。亦受到非常之威脅。本總領事。認爲在此之時。從速解決。由兩國軍隊衝突而起之事態。乃極爲必要。故希望依照左列條件。從速終止戰鬥行爲。切望貴國軍隊。接受該項條件。並望貴市長即行轉達貴國軍隊。接受該項條件。同時予以切實之履行。如貴國軍隊不接受該項條件。日本軍隊。將有自由行動之事實。（一）中國軍隊。須於二月二十日午前七時以前。將第一線撤退完了。於二月二十日午後五時以前。從黃浦江左岸。由公共租界西北端。連結曹家渡鎮周家橋鎮及蒲淞鎮之綫起算之租界北部境界綫以北。及接連黃浦江右岸爛泥渡及張家樓鎮之綫以北。完全撤退。至距租界綫二十基羅米突以外之地域（包括獅子林砲臺）即將該地域內之砲臺。及其他軍事設施撤去。並不得重行建築。在上海附近而不屬於上述撤退地域內一帶之日本人生命財產。須由中國方面完全保護。如上項保護有未完全之情形。日本方面。得執行適當之手段。便衣隊。中國方面應一概有效禁止之。（二）日本軍在確認中國軍隊。業已撤退之後。祇保持虹口附近之工部局道路地域（包括虹口公園之周圍）日本軍自中國開始撤退以後。停止射擊轟擊及追擊之動作。但飛機之偵察。不在此限。（三）中國軍第一線撤退完了後。日本軍爲確認其實行起見。得派遣有護衛之調查員於撤退地域。（四　關於保護上海附近　包括撤兵地域）之外人。另行商議之。再關於第十九路軍。此次採取此種行動之經過。業於二月十五日本總領事致貴市長函中言及。認爲畢竟由於貴市長對於一月二十八日答復一月二十日本總領事要求所稱卽時解散抗日會及禁止其他排日運動之諸言。未有切實實行之誠意與能力而發生。是以本總領事。應重新向貴市長要求。從速而且完全實行上述貴市長之諸言。本總領事以極大之關心。監視貴市長對於本案之實行。如貴市長不能實行。我方不得不採取適當手段時。由此所發生之一切責任。應由貴方負擔。合併聲明。相應函達。卽煩查照。此致。

▲駁覆日方通牒

謂一切行動總命國府
所提各節由外部答覆

日軍司令植田謙吉。及日總領事村井倉松。向我十九路軍。及市政府當局所遞之最後通牒。十九日下午七時。我十九路軍軍長蔡廷楷。市長吳鐵城。同時將復文分別送交日軍司令部。及日總領事署。十九路軍總指揮蔣光鼐。蔡廷楷軍長。并發表負責談話。表示軍人守土有責。絕不因敵人之恫嚇而畏縮。茲將覆文。詳誌於下。

十九路軍覆文

逕覆者。頃接貴司令二月十八日下午九時來函。備悉種切。本軍爲中華民國國民政府所統轄之軍隊。所有一切行動。悉遵國民政府之命令。來函所開各節。業經呈報國民政府核奪辦理。由外交部逕行答復貴國公使。本軍長未便答復。此致大日本軍司令植田謙吉。中華民國第十九路軍軍長蔡廷楷。二十一年二月十九日午後七時。

市政府之覆文

逕復者。昨晚九時。接准貴總領事來函所開各節。業經閱悉。查來函所述。上海方面嚴重之形勢。均係貴國軍隊。違反公約公法。任意進攻我國領土。慘殺我國人民所造成。其一切責任。應由貴國方面負担一節。迭經函達在案。至於貴總領事所請轉達本國軍隊。要求實行之各項條欵。本市長未便轉達。查來函所指各節。均為足以影響中日兩國一般關係之問題。應由兩國外交代表處理。故本市長業已呈報本國政府核奪。由外交部逕行答復貴國駐華公使矣。惟應聲明者。貴國軍隊。現仍實行挑釁。攻擊轟炸。無所不為。以致本國國民之憤慨。日見增加。在此情形之下。所謂抗日運動。自難消滅。因此而發生之一切責任。貴國自應完全負担。相應函復。即煩查照。此致。

▲外交部嚴重抗議

外交部對日本植田司令致後通牒。已向日使提出嚴重抗議。原文如下、據上海蔡軍長廷楷電稱。十八日下午八時四十五分。接到日軍司令植田謙吉來文。請中國軍隊從速終止戰鬥行為。於二十日午前七時以前。將現據之第一線撤退完了。並於是日午後五時以前。從黃浦江東西岸指定地面。各離租界線二十基羅米突之地域內撤退完了。又在撤退區域內之砲台及其他軍事設施。予以撤去。並不新設。並開列其他條欵。要求實行。否則將採自由行動等語。又據吳市長鐵城電稱。駐滬日本總領事村井倉松亦有同樣公函致諸市長。查自上年九月十八日日本軍隊在瀋陽無端肇釁以來。節節以武力進逼。侵佔東北各地。迨本年一月二十八日。日本軍隊又突然向上海閘北地方進攻。二旬之間。日本大隊陸海空軍在閘北吳淞各地肆意攻擊。中國駐軍爲自衞計。不得不加以抵抗。乃在滬之貴國軍司令及總領事。竟復分向蔡軍長及吳市長提出種種不可能之要求。實屬無理已極。倘日本軍隊再行進攻。中國軍隊仍必竭力抵抗。所有因此發生之一切結果。應由貴國政府負其全責。相應提出嚴重抗議。照會貴公使。即希查照爲荷。（二十日專電）

◎第三章 吳淞江灣之戰

敵艦砲轟吳淞旋卽停止

江灣激戰我軍獲戰利品

日報評論我軍戰壕精巧

敵將野村植松幾遭不測

（二月十六日之戰況）

敵軍戰略。已由閘北移至吳淞。而江灣爲兩路之聯絡線。故亦爲敵軍所重視。連日砲轟吳淞及今日襲攻江灣。均爲其戰略之見端。而閘北砲擊不過爲其聲東擊西之威脅而已。我軍沉着應戰。抱敵來則攻之決心。故敵軍砲火雖猛。均爲我軍所擊退也。茲將各情分誌如次。

▲吳淞之戰況

敵騎多名中伏覆沒
今晨敵艦攻獅子林
寶山民房略有損失

吳淞方面。於十五日傍晚七時許。在蘊藻浜方面。曾用大砲向我陣地攻擊。並有飛機數架。黑夜航空擲彈。我軍沉着應戰。至今晨二時許。敵軍復遣騎兵多名。由西唐家橋方面進犯。冀圖包抄我軍後方。當中我軍伏兵。即被我軍殲滅。奪獲戰利品無算。又今晨五時許。敵艦四艘。在吳淞口外。向我獅子林砲台轟擊七十餘砲。並有飛機三架。在吳淞寶山一帶擲彈助戰。我軍竭力應戰。約歷一小時之譜。敵仍不得逞。茲將本日戰况。及我軍奪獲之戰利品。分別彙紀如下

紀家橋之激戰　昨日下午七時許。敵軍又用大砲掩護。向蘊藻浜南泗塘河。直至紀家橋全綫我軍猛攻。同時泊於張華浜之敵艦三艘。發射探海燈。探照我軍最前綫陣地。使我戰士目眩神迷。並有飛機數架。黑夜環繞天空。亂擲炸彈。我軍憑河堅守。敵軍終不得逞。雙方激戰終宵。至今晨二時許。敵軍砲火益形劇烈。

殲滅敵騎多名　同時敵軍復派騎兵多名。在西唐家橋附近。人馬銜枚疾進。希圖包抄我軍後方。詎在該處口口中。伏有我軍五十名。攜有機關槍三架。當敵騎馳經口

口。卽被我軍開放機關槍及手溜彈掃射。敵騎毫無戒備。敵兵及馬匹。盡被殲滅。雙方激戰。至今晨七時許。敵軍不支敗退。是役我軍奪獲戰利品甚多。

午前之小接觸　上午自十一時許起。敵軍在蘊藻浜南面。及南徐家灣一帶。用野砲六七尊。向浜北我軍陣地攻擊。約每十分鐘開一砲。我軍亦隨時還擊。故戰事並不十分激烈。但至下午四時許。尚未停止。又吳淞鎮自昨日午時被敵軍飛機擲彈起火後。焚燒終夜。至下午二時。猶未熄滅。

敵謚又攻砲台　今晨五時許。吳淞口外有日艦四艘。攻擊吳淞直北之獅子林砲臺。歷一小時許。共發砲七十餘響。復有日機三架。由航空母艦上飛出至吳淞寶山月浦羅店等處擲彈。我軍毫無損失。惟民房被燬甚多。

▲江灣路之激戰

擊斃敵人八十餘名
並奪獲機關槍四挺
入晚砲聲全係威嚇

自日軍變更略後。傾全力猛攻吳淞。閘北方面。戰事遂較爲沉寂。今晨拂曉。敵在靑雲路。八字橋。天通菴路。一帶。復以步槍。機關槍。小鋼砲。向我方陣地射擊。我亦還擊。至九時許始止。至十二時八字橋方面槍聲又起。敵方砲聲極密。雙方均係小接觸。我軍固守防地。沉着應戰。敵殊無機可乘。下午四時。江灣路方面。敵約二百餘人。

向我陣地衝進。我軍奮勇接戰。結果。斃敵八十餘名。奪得機關槍四挺。敵狼狽潰退。入晚八時後。敵復以大砲向我轟擊。歷一時許始止。但至十時後。砲聲又起。每分鐘發一二砲。至十二時又止。全係威嚇性質。實際上雙方並無激戰。

▲日報評論我軍戰壕

稱為近代戰術的結晶

大阪每日新聞載上海青岡持派員專電云。我軍（日軍）二星期來。飛機大砲。不時轟炸除民房化為瓦礫之場外。而敵軍（我軍）仍固守原陣地。繼續抵抗。日間殆未見敵影。入夜則暗襲我（日）陣線。查敵之陣地。依照近代戰術所築造。係半永久的塹壕。其複雜堅固。恰如歐洲大戰時法國戰線之塹壕式相同。其第一。第二。第三。第四等四道防線。有密如網目之坑道聯絡之。構造之複雜。不易推摹。是以雖受大砲炸彈直接轟射。仍無大損失。第一道防線。幅廣六尺。深約六七尺。上覆以鐵板與沙袋。防禦方法之堅固。歐美人多驚歎不已。在防線之地上。祇露出野砲之砲身。上面又遮以堅實之鐵板。以防飛機之炸彈。此種隱蔽塹壕。有無數之銃眼。可怕的機關槍銃口。密如蜂窠。特對於機關槍之射擊法。手溜彈之投擲法。步槍之使用法。以及陣地攻守之作戰術。完全已脫化中國式之戰爭。而為純粹某國式的精巧戰法。近代戰術之結晶體。誠使我軍（日軍）無法應付矣。（均照日文直譯）

野村植松幾遭不測　日文報時事新報（十二日）云。日來敵方便衣隊。仍騷擾不已。持武器彈藥之學生義勇軍。竟敢與我（日軍）陸戰隊本部距離不及一站之處。出沒挑戰。其大膽不敵之行動。我軍亦驚呆不堪。（照日文直譯）最險者。十日午後三時二十分。植松指揮官方入陸戰隊本部報告戰況時。敵之曲射砲彈二發。突落於本部之渦保屋上。六彈落於園內。野村植松。險為炸斃。

◉第四章　我軍發砲擊敵

敵軍大砲轟擊閘北
我軍還擊敵受重創

（二月十七日之戰況）

▲閘北劇烈砲戰

我砲隊昨晨開始還擊
轟毀敵防線損失奇重

閘北方面。雙方陣地。均築有堅固之工事。敵以迭次衝鋒。均遭慘敗。故連日改用大砲轟擊。威嚇我軍。閘北廬舍。遂為敵軍砲火下之犧牲品。損失不可以估計。我軍深以敵之殘暴為可恥。故迄未以重砲還擊。至昨晚敵砲隊挑釁不已。我軍忍無可忍。爰亦發砲還擊。雙方砲戰至今晨八時始止。敵損失奇重。茲綜合各方關於閘北消息。分誌如次。

拂曉砲戰激烈　昨日下午四時五十分起。敵以重砲轟擊我閘北天通庵路。八字橋一帶陣地。至十一時始漸停止。今晨一時後。敵復以大砲射擊。時稀時密。致中興路。永興路口一帶房屋。又被燬甚巨。至是我軍不能復忍。於今晨二時十分起。開始以大砲還擊。至三時三十分。雙方砲聲漸密。自四時十分至五時半間。最爲激烈。每分鐘半均有三五砲。六時後砲聲極稀。至今晨八時。雙方始停砲戰。

敵軍損失奇重　今晨砲戰結果。我砲隊發砲異常準確。以日司令部爲目標。砲彈均中其要害。敵損失奇重。其第一二道防線。幾全爲我砲所轟燬。我軍乘勢進擊。陣地又有新擴展。

江灣路敵敗退　今晨六時許。在江灣路之敵軍約四五十名。藉大砲之掩護。又作衝鋒戰。一時槍聲大起。砲轟不絕。雙方相持約半小時。敵不支敗退。據軍事家之推測。敵軍之衝鋒。似係試探我江灣方面之軍刀也。

寶興坊大火　今晨三時許。閘北中興路寶興坊。被日軍開砲百餘響。開花砲彈落地炸裂起火。火光燭天。因無人救火。該處四區公安局中興路派出所。恐有流氓搶刼。警長羅明啓。程鈞。陳茂修等。皆到場維持。

▲吳淞之戰況

張華浜敵軍退縮

寶山被敵艦砲轟

敵軍數次向我吳淞要塞總攻。均遭失敗。乃兩日來。一面等待援軍。一面在張華浜附近一帶。趕築防禦工事。預備援軍齊集後。再行大舉進攻。故前昨兩日。僅不時開放大砲及機槍。且派遣飛機偵察擲彈。向我軍示威。有時亦以小隊步兵襲擊。但結果終被我軍擊退。至於敵方之軍艦。現均停泊吳淞口外及白龍鎮一帶。每日在潮水高漲時。即向我開砲。但我軍在防線內靜守。毫不為動。同時非待敵軍進到相當地點時。決不消耗一彈也。茲將昨日吳淞及蘊藻浜一帶之戰況。與敵軍之行動。以及其他各種情狀。分紀如後。

敵艦砲攻寶山 停泊寶山東門外海面之二日艦。今日上午。突向寶山方面開放大砲七八發。轟擊城市。故南門金伯賢宅鮑思仁宅。均中砲彈炸燬。又吳淞大火焚燒二日一夜。直至今晨一時始熄。

鼎興沙發現日軍 吳淞口外。現泊有敵艦七艘。均距砲台火綫甚遠。今晨八時許。有敵兵約二十餘人。乘小划二艘。駛至口外鼎興沙登岸。該沙農民。瞥見敵兵。大為驚駭。相率棄家奔逃。匿於遠處蘆葦中。敵兵覷農民逃逸。即向各處農家。搜刼米糧。並在田間拔割菜蔬。肩挑背負。滿載下船。向敵艦而去。該處農民。於敵兵去後。方敢返家。農民之稍有資產者。深恐敵兵再來騷擾。業已棄家。紛乘民船。逃往崇明海門及高橋等處逃避矣。

敵攻孫家宅失敗 盤據張華浜附近之敵軍。於昨日晚間十時許。有步兵一大隊。向孫家宅夏家橋之我軍防線攻擊。我軍初時靜伏壕內。沉着不應。俟其密集隊進到相當地點後。乃齊放來福槍及關槍。及擲手溜彈掃射。奮勇迎擊。互戰約五六小時。直至昨晨二時餘。始將敵軍全部解決。我軍亦即乘勝挺進。該處敵軍。已退縮至錢家浜。俟家木橋。等處駐紮。

水兵偷渡被擊退 今晨四時許。天將拂曉之際。有敵海軍陸戰隊百餘名。分乘敵艦小划船四艘。由一灰色小汽油船拖帶。由吳淞口外駛進三夾水。希圖在海岸巡防處前面濬浦局所築之由石梗(即分水堤)偷渡登陸。襲擊砲台。當被我岸上防軍覺察擊退。詎是時停泊糧米站碼頭前之敵艦。因聞砲台灣一帶突起緊密之槍聲。遂發砲向該方轟擊。不意砲彈非特未傷我軍。竟誤中敵之小划一艘。斃敵兵二十餘人。餘划亦險遭不測。敵兵當疑係被我軍擊沉。以形勢不佳。小汽油船。遂急行拖帶小划三艘。向口外駛逃而去。又停泊於張華浜糧米站碼頭之敵艦。每晚放射探海燈。照耀我軍各陣地。澈夜不絕。

張華浜敵築砲台 敵軍連日在張華浜附近趕築砲台一座。四圍用水泥造成。上架大小砲各數尊。砲口對準蘊藻浜陸家宅兩處。又張華浜車站西軍工路之左邊。自十六日起。設有野砲七尊。砲口亦向西北方面。敵軍之前敵指揮官均在車站附近之民房內。又據張華浜西唐家橋逃出之居民云。日軍現駐重兵於肇家浜丁家橋一帶。

今晨敵機擲炸彈　（一）今晨有日飛機四架。由江灣方面。向西至大場鎮時。見有我軍出入。該機遂拋擲百念磅重量炸彈兩枚。一彈未爆。一彈則落於西市之前爆裂。炸成大洞。並將傍側之老樹數株。連根拔起。豎立泥土中。石柱兩根。亦被轟起。飛過雷祖殿及居民樓房五六幢。落於田內。故未傷人。（二）今日忽有日飛機四五架。盤旋於該鎮天空。或開放機關槍轟擊。或拋擲炸彈。因而該鎮房屋坍塌者有之。傾倒者有之。或全毀無遺。或祇損一角。惟鎮前落有大炸彈四枚。三彈[illegible]爆。（三）昨日午後五時許。吳淞鎮東後街文昌路一帶。天空忽來日飛機一架。拋擲炸彈。該處落一硫磺彈。當即爆發。以致延燒房屋。火勢燎原。不可收拾。加之無人援救。因此向東延燒。直至今晨。始行熄滅。共計被焚去市房百餘間之多。

敵機受傷後逃逸　今日攻吳淞之敵飛機一架。右面下翼。被我軍用高射砲擊壞。機師腰部亦受傷。勉强飛歸敵機場下落。但已損壞不能使用。

敵軍飛機之調查　大美晚報云。今晨日軍仍在自楊樹浦起越江灣區至吳淞止之陣線佈置一切。故未有戰事。僅偶有機關槍與來福槍聲。今日所可注意者。爲日陸軍飛機九架已運登岸上。日軍陣線已向江灣方面擴張。日軍在正向跑馬場移動。聞曾與中國哨兵以來福槍交轟。今日聞日軍循翔殷河前進者。已將懸掛美旗之民生雞場佔據。華軍已將通江灣之各橋梁炸斷。日軍現又在上海方面築造飛機場一所。此爲開戰以來所築之第三飛機場。近二十四小時內。日飛機已見增多。在今晨計之。共有大轟炸機十六架。

追逐機十架。另有九機。今晨向虹口方面飛去。因飛行太高。不能辨明其陸軍式。抑海軍式。

◉第九章　和平談判決裂

英公使調停無効

日提出哀的美敦書

自滬變發生之後。日軍司令凡三易。先由鹽澤指揮。繼以野村。自本月十三日。日陸軍中將植田謙吉。率金澤第九師團約二萬人來援。雙方均在準備之中。故連日均屬小戰。昨日英公使藍溥森曾斡旋和平運動。約我淞滬警備司令部參謀長張襄在英總領事官舍。與日軍參謀長田代。及日副領事白井。會晤。磋商和平辦法。英藍使並未列席。日方態度强硬。威脅的要求我方將吳淞閘北軍隊撤退二十基羅米突。我方軍事當局。當以此次中日戰事。完全發自彼開。我方為酷愛和平起見。接納英使討論消弭戰事問題之請。乃彼反向我提出無理要求。業經嚴詞拒絕。雙方談判。遂告破裂。日方並提出哀的美頓書內容詳前敵將後通牒。

(二月十八日之戰況)

▲閘北之戰況

江灣砲戰旋即平息

寶興路等處小接觸

閘北方面。上午並無戰事。中興路火。已為警備司令部消防隊撲滅。我軍均在防線內。嚴陣以待。日兵始終未有舉動。下午在江灣及寶興路兩方面。曾有小接觸。不久即為我軍擊退。入晚。閘北方面又起砲聲。惟無昨晨之密。間有槍聲。福生路北四川路一帶。今晨零四十分起。日軍每隔半鐘。開一大砲。至一時後尚未停。茲將各情列誌如次。

襲江灣即敗退　日兵連日積極準備大舉。但其內容。除將後援陸軍。向各路增防。補充實力。安設砲位。及在滬江大學附近。建設飛機場外。並無特殊軍事行動。而我軍處之鎮靜。頓使日兵智窮技絀。今日下午一時半左右。日兵派出新到陸軍二百餘人。至葉家花園南面。向跑馬廳我軍陣地偷進。彼等似欲偵察我軍防線。俾遇有機會。則即進攻。當由我軍哨兵傳報後方。派一小隊阻擊。戰約一小時。敵軍因恐我軍包抄。故且戰且退。至二時十分。槍聲已全息。聞結果敵死三人。傷十餘人。我方受輕傷者二人。由紅十字會救送後方醫院。

寶興路小接觸　下午三時許。寶興路處新近接防之日本陸軍。向我軍挑戰。我軍不理。日兵以為有機可乘。乃圖進襲。我軍俟其接近。即用機槍掃射。雙方步槍同時發射。接觸約半小時。日兵不支後退。我軍未予追擊。槍聲乃息。同時天通庵路方面。下午六時左右。亦有同樣小接觸。旋即平息。其他各防線。並無動靜。惟日兵仍不時有小部份。到處騷擾。經我軍還擊。卽行退却。窺其用意。似欲擾亂我軍哨線。但我軍處之泰然。毫不爲動云。

日兵又施砲擊 今日下午一時。日兵圖襲江灣跑馬廳時。日兵砲隊。又用砲向江灣及閘北轟擊。但均未中的。經我軍迎頭還擊後。卽稍殺。至六時後。砲聲重起。我軍亦還砲。惟未若前晨之密。至九時五十分左右。尚未息。

日又運到飛機 敵軍擬大舉進攻吳淞及閘北。故戰事利器。連日運輸到滬者頗多。除火藥及馬匹以及鐵甲車坦克車等外。幷又運到陸用飛機六七架。昨晨九時至下午三時許。已有兩架。由楊樹浦碼頭用汽車運往軍工路飛機場裝置。以便應用。

▲吳淞戰事沉寂

敵軍備戰異常積極
雙方槍聲間續不斷

吳淞戰事。仍極沉寂。雙方均在積極佈置期間。敵軍自昨日拂曉起迄深晚。沿蘊藻浜至侯家木橋戰線。不時開放大砲或機關槍示威。各處互相呼應。我軍亦間有還擊。昨日軍工路一帶。敵軍用汽車十餘輛。終日運輸。異常忙碌

前線步哨兵示威 前線各路。均無正式戰事發生。雖偶聞槍聲。亦係前線步哨兵示威而已。日來敵方軍事動作。仍在積極準備。從事變更計畫。惟我方亦已充分佈置準

備痛殲敵寇。

日人自謂不易攻　大阪每日新聞云。我軍自攻擊吳淞以來。已屆半月。敵軍（我軍以下同）死守防地。毫無進展。特自十二日起。我左翼部隊（日軍）開始前進。而各處敵兵探哨。與我軍肉搏。距吳淞約一哩之一四。敵軍散伏河浜。激戰尤烈。我軍自三輪軍曹以下。死傷甚多。其後我軍用飛機偵察報告。敵以砲臺爲中心。布三道防線第一道防線。自黃浦江沿至吳淞江岸。該金家屯而至楊家柳齊。約長四里。第二道防線。由吳淞鎭之北方直至正家屯含家浜。綿亘一里半。第一道防線。設在砲臺附近。各防線之堅固。頗出我軍意料之外云。

雙方準備大戰　雙方軍事當局雖在進行和議談判。而對於攻戰之準備。仍不稍懈。平涼路公大紗廠日陸軍司令部。今晨異常活動日空軍將士。終日在滬江大學附近飛機場從事裝配近數日內由日運到之飛機。惟各陣線均頗寂靜。吳淞方面僅張華浜車站西首有小接觸。以供美國狐狸電影公司攝取新聞影片。歷半小時之久。未有死傷。江灣方面。今晨有日軍沿軍工路絡繹前進。携有馬拖過山砲隊野戰軍用品。該處陣線晨間僅偶有槍聲。閘北近數日來之寂靜。今日侵晨爲北車站附近之來福槍與機關槍聲所破。

（二月十九日之戰況）

▲閘北方面

敵軍砲攻八字橋　敵軍於昨晚（十八日）七時起。在虹口公園方面。用大砲十餘毀。向我八字橋方面轟擊。至今日上午四時始停。共開一千餘砲。毫無效果。僅傷我軍士兵二人。惟附近房屋。則被轟燬無數。

虬江路之小接觸 敵軍於今晨在虬江路方面。以數十人爲一隊。向我方陣地侵襲。當經我軍奮勇抵抗。敵卽不支而退。嗣後時以步槍及小鋼砲。向我軍陣地射擊。均未命中。至午刻始告靜寂。

昨晚今晨之挑釁 入晚在十一時左右。閘北及虹口方面之日兵。又向我軍前哨放槍示威。我軍亦還應。因此租界方面。又聞極清晰之步槍聲。惟未正式接觸。至十一時二十分左右。日兵用鋼砲轟擊。平均約十餘分鐘一次。我軍處之安然。未予還擊。日兵以挑釁無由。乃漸趨安靜。至一時許已平息。

▲吳淞方面

吳淞昨無槍砲聲 今日。吳淞異常安靖。全日未聞槍砲聲。惟敵軍佈置陣容。甚爲忙碌。下午二時至四時。有敵軍用卡車三十二輛。均滿載敵兵、軍火。由滬軍工路。絡續駛至張華浜糧米碼頭卸下。當卽分赴各該前線。

敵方軍艦之行動 在今日下午一時許。有敵艦七艘。自滬開駛到淞。旋於四時許。會同停泊於東溝口之敵艦一艘。及吳淞口外之敵艦二艘。用每小時四十八海里之速率。開離吳淞。向長江內疾駛而去。現張華浜泊有敵艦一艘。吳淞口外。泊有敵艦三艘。

●第六章　雙方大戰開始

敵軍三次衝攻江灣均經擊退
敵分四路進攻閘北爲我擊敗

（二月二十日之戰況）

敵軍司令植田謙吉。於昨日（十九日）晚間接到我方駁覆之答文後。並不對其所屬各隊軍官宣布內容。卽於今晨七時二十分。下總攻擊令。以海陸空軍全副力量。於七時半。開始向我吳淞江灣閘北全線大舉進攻。我方對於敵軍此次之進攻。早有充分之準備。故敵軍進犯時。我方全線將士。奮勇抵抗。毫不退讓。敵軍雖用全力攻擊竟日。結果終被我軍擊退。而我方陣線。仍舊毫無變動。

十九路軍部捷報云。各省政府各地電報局轉各報館各團體均鑒。哿日捷報如下。（一）今晨十時左右。敵軍以坦克車十餘輛當前。後隨敵步兵千餘。向我閘北八字橋陣地進攻。我軍初伏戰壕內。不動聲色。候敵行將近。卽施放地雷。當炸毀敵坦克車兩部。餘敵潰退。（二）今晨八時。敵軍三千餘人。向我廟行鎭附近陣地進攻。我軍沉着應戰。現尙在接觸中。同時幷擊下敵飛機一架。（三）二十日十二時三十五分。吳淞方面日艦向我開砲甚多。惟未命中。（四）同時大場附近。毛家橋方面。有日機多架飛來擲彈。當場被我軍擊落一架。機內尙附炸彈四枚。均未爆發。十九路軍軍部發印。（二十晚十

時）

▲吳淞方面戰況

敵軍海陸空會攻竟日
我要塞陣亡士兵七名
蘊藻浜敵軍被我包圍

吳淞方面。自今晨八時許。敵軍卽派海陸空軍大舉會攻我陣地。我全線軍士、奮勇應戰。毫不爲動。結果敵軍仍被我擊敗。我要塞方面。有敵軍三千人。爲我軍包圍。全數解決。極有把握。茲將戰況詳情。分別紀述如後。

敵軍大舉攻吳淞 敵軍艦三十艘。於今日上午八時半。開始向我吳淞砲台進攻。同時並派飛機二十架。在空中投擲重量炸彈助戰。我要塞守軍。全線沉着應戰。隆隆砲聲。竟日未停。敵軍雖用精良器械。由海空兩方壓迫。但我忠勇 軍士。毫不爲動。故敵軍雖盡全日之時間。向我轟擊。但結果仍不能得手。而我後方亦僅陣亡士兵七名而已。

雙方互戰時情形 大美晚報云。今晨八時三十分起。日驅逐艦七艘。向吳淞砲台發砲猛轟。砲火自黃浦江口起。迄蘊藻浜止。致有數處起火。黑烟瀰漫天涯。華軍初未回砲。至九時零二分鐘。華軍第一砲彈飛入浦江。其所落炸裂處。數分鐘前。有一日驅逐艦駛過。於是向張華浜方面日艦所泊處。連轟不已。今晨之砲戰。先由泊於張華浜鐵路碼頭之日驅逐艦夕張號發五吋口徑之大砲彈二枚。以爲猛轟之信號。旋有泊於淞口之驅逐艦第二十二號緩緩駛近吳淞砲台。當距岸不及一百五十碼時。僅以機關槍與來福槍作答。槍彈掠江而過。於是又有一驅逐艦即第二號。如前艦之所爲。是時岸上發出之機關槍彈益密。當第二十二號駛近張華浜鐵路碼頭對面濬浦局產業時。浦東方面高橋之華兵。亦以來福槍猛轟。艦上答以機關槍。另有日水兵駕一拖船發來福槍助之。華軍發砲後。第二驅逐艦即讓第三驅逐艦發砲。旣而第四驅逐艦駛至。代前艦發砲無何。驅逐艦第二十號又駛近蘊藻浜。向華軍陣地發砲數排。繼乃駛去。旋第二號第三號兩艦。又先後發砲畢。此數艦並小驅逐艦兩艘乃又聚轟片刻。現諸艦仍泊於蘊藻浜正北起。首尾相接。直延至淞口。當砲轟時。有日飛機一架。翱翔吳淞天空。以事偵察。未擲炸彈。今晨十時。怡和公司之廣生輪船出口時。險中華軍之砲彈。

敵三千被我包圍 今日上午。敵軍大隊沿蘊藻浜向我軍陣地進攻。我軍略與抵抗。詎即向後佯退。敵軍以爲我方放棄陣線。遂突進我方陣地五六里至廟行鎮地方。計有三千人之多。我前線之左右兩方軍士。當即將其後路截斷。此三千敵軍。遂被我軍包圍。

▲江灣方面戰況

敵三次衝攻均經擊退

地雷燬敵坦克軍四輛

我軍先鋒隊達平涼路

今晨七時二十分。日軍下總攻擊令後。全線均有激戰。而敵之戰略。係側重於江灣。企圖切斷我軍之連絡。今日江灣血戰結果。殲敵坦克車四輛。敵不支。潰退。我軍乘勝追擊。今晚七時。我先鋒部隊到達平涼路。各情分誌如下。

殲敵坦克車四輛　七時二十分。敵下令總攻後。江灣路方面敵軍。先以飛機六架。向我陣地偵察。抛擲炸彈。六時許。敵與我前線步哨接觸。同時敵以大砲猛轟我陣地。八時後。敵兵三千餘。以坦克車二十餘輛爲前驅。猛攻我江灣路西體育會路一帶陣線。當經我軍勇猛還擊。繼以肉搏。激戰至十二時許。敵漸不支。同時敵坦克車亦陷我軍地雷。立時殲滅四輛。於是敵方軍心大亂。全部潰退。我軍乘勝追擊。敵死亡枕藉。殲滅約在八百餘人以上。下午一時後。敵二千餘人。二度向該處進攻。一時槍砲聲大作。激戰至爲猛烈。敵自上午失利後。士氣已餒。經我軍迎頭痛擊。戰至三時許。敵勢卽不支。向後潰退。晚七時後。敵三度來攻。激戰至九時。又被我軍擊退。昨全日激戰結果。除殲滅敵坦克車四輛外。並奪獲其他戰利品至夥。

先鋒隊達平涼路　下午五時三十分。江灣路大連灣路方面。敵軍陣線內忽然起火。敵以爲被我軍襲擊。怱促間四散奔逃。我軍卽乘機追擊。敵頑強抵抗。至晚七時。我先鋒部隊到達平涼路。追近日軍司令部。又晚九時許。引翔港方面敵軍區域。有十三處起火。一時火光燭天。同時並有十餘輛卡車。滿載敵軍屍體。運往楊樹浦。想見敵軍昨日傷亡之衆。

江灣站附近大火　江灣方面、戰事異常激烈。兩軍互有進退。雙方砲隊尤有特殊之活躍。敵全日發砲至千餘發之多。至敵方飛機。則於上午六時起。即有六架飛機到江灣。到處拋擲炸彈。七時許。萬安橋一帶之民房。因中硫磺彈而起火者數處。在大場一帶。已可見到。江灣方面之烈燄冲天。江灣車站附近之廟宇民房。亦有數處起火。

敵用火焰放射機　植田謙吉統率之第九師團。號稱爲福田師團中之最精銳部隊。開拔來滬後。即備作困獸之鬥。聞植田此次總攻。有見肉搏衝鋒。徒受損失。故變更策略。取化學攻擊。以克制我軍。惟毒瓦斯之施用與否。尙在顧慮。刻得確訊。該團携來有一種「火焰放射機」。狀如普通公事皮包。內藏壓縮瓦斯及燃料。專作黑夜火攻之用。射放後火焰能及十五米達之遠距離。使我軍受極大傷害。而減少作戰能力。並悉前次由黃浦碼頭登陸之白衣兵。即爲火焰放射機之機手。但我軍方面早已探悉。并已早事預防妥貼。

日軍擲下汽盆　今日上午九時十分。日軍用飛機一架。在大場附近。放下汽盆百餘個。査此項汽盆。上用白綫罩住。下用白紙爲底。中藏藥物。下地後　即行炸發。發成濃烟。該地鄉人見狀。即持赴報告。現正在研究中（按即前條火焰放射機所投下者）

▲閘北方面戰況

擊燬坦克車二輛

奪獲山砲共六尊
佔領敵軍司令部

日軍江灣吳淞兩地實行總攻。今晨九時許。同時猛襲閘北八字橋。天通庵路。邢家宅路。西寶興路。並利用飛機。大砲。坦克車。掩護步兵衝鋒。虹口靶子場。及狄思威路日軍兩砲基地。發砲竟日。無一效果。反被我軍將狄思威路日軍司令部轟燬。奪獲山砲六門。八字橋方面。燬敵坦克車二輛。敵兵傷亡無數。我軍陣線。在天通庵方面有進展。餘無變化。茲將閘北各路戰況分誌如次。

八字橋敵大潰　今晨七時起。日兵首先向閘北進攻者。為八字橋方面日兵。先以大砲向該處我軍防地轟擊。但我軍均伏處戰壕。不動聲色。亦不還擊。日兵乃於九時許。以坦克車十餘輛。步兵二千餘名。向八字橋進攻。步兵均尾於坦克車後。我軍即以機關槍射擊。迫擊砲隨之。敵兵仍利用坦克車。猛烈進衝。我軍乃拋擲手溜彈。同時敵方飛機。亦在空助戰。大砲密發。我軍在彈雨之下。益奮勇迎擊。待敵坦克車衝入火綫時。我軍即以手溜彈引發地雷。轟然一聲。敵坦克車二輛。即為炸燬。敵兵死傷狼藉。血流成渠。我軍乘勢反攻。敵兵不支。紛向原路奔逃。我軍恐敵埋伏。固守原防。祇用步槍追射至十一時許。敵兵又用砲轟。但均未中的。未傷我軍分毫。我軍間亦以迫擊砲鋼砲還擊。至下午二時稍殺。三時後。日兵又圖反攻。因此雙方又起激戰。但敵方因晨間受挫後。已露畏縮情態。故祇在原防線內射擊。我軍沉着應戰。日兵不敢前進。乃漸平息。結果。我軍大捷。敵兵傷亡四百餘名。燬去坦克車二輛。

天通庵路敵敗退　日兵於進攻八字橋後。即於十時許。向天通庵路我軍防線。同樣進攻。槍砲互射。密如連珠。敵兵視爲唯一利器之坦克車。壓圖衝破我軍防綫。惟我軍手溜彈炸彈。密如雨點。齊集敵兵坦克車上。同時我軍。多從戰壕中躍出。猛烈前衝。敵坦克車恐受圍擊。亟亟後退。敵兵胆寒。中亦且戰且退。所用爲掩護衝鋒　坦克車。乃變而爲掩護敗退之用。敵傷亡者二百餘名。至下午二時許。敵又圖襲擊。我軍即伏於戰壕內應戰。但敵軍亞距離約三百米突地點。即不敢前進。互相對峙。約二小時。敵因不得逞而敗退。

邢家宅路敵受挫　下午一時許。日兵以八字橋及天通庵路。先後失敗。乃急急抽派陸軍四百餘名。鐵甲車十餘輛。由邢家宅路新民路。在飛機野砲掩護之下。向北站進襲。至寶山路口。吾軍突出應戰。一面拋擲手溜彈。一面以機槍橫掃。敵人驚惶四竄。有一小部份。由鴻興路向東逃去。被寶興路吾防軍迎頭痛擊。悉數殲滅。義品里之南。屍骸狼藉。敵偷襲不成。張脈憤興。北河南路底與靶子路北。同時以大砲轟擊吾軍陣地。我亦發砲還擊。至二時後。完全以砲作戰。隆隆之聲。二十分鐘始息。聞靶子路口日人所設之大砲兩門。完全爲我軍擊毀。

西寶興路激戰　日兵既敗於八字橋。又敗於天通庵路。再敗於邢家宅路之後。猶圖作困獸之鬥。於下午五時一刻左右。重調精銳。向我西寶興路進攻。我軍早已嚴陣以待。俟敵逼衝。卽予痛擊。日兵乃改用鐵甲車衝鋒。又爲我軍手溜彈逼退。敵方大砲。頓向我軍轟擊。但多中於民房內。且未炸裂。我軍乘勢進擊。同時手機關槍盒子砲迫擊砲步槍手溜彈鋼砲。齊向日兵陣線集擊。敵兵在我方砲火威逼之下。漸覺不支。傷亡枕藉。後援無應。乃逐步敗退。我軍因戰略關係。仍守原防。

佔領敵司令部　今日。日兵以大砲轟擊我軍陣綫者。均發自虹口靶子場及狄思威路日司令部方面。但我軍還砲準確。曾予敵兵後方以巨創。因此在今晨間。敵兵陣線。確起變化。未幾敵兵援軍開到。乃得勉强支持陣地。至中午。狄思威路日兵司令部。被我砲擊燬。靶子場方面敵兵砲位。有被壓迫放棄之勢。砲聲從未間斷。至下午六時三十分左右。我砲隊又將狄思威路敵兵砲悉擊燬。同時天通庵路我軍乘機追擊。敵砲兵因步兵失却抵禦力。節節敗退。乃亟圖携砲退却。但我軍已追到。當爲我軍奪獲山砲六門。敵司令部。卽被我軍佔領。沿途敵兵死屍狼藉。滿衢血斑。刻我軍尚在分途夾擊中。

◉第七章　敵軍三次大敗

江灣激戰竟日敵受重創
持志大學敵軍七百全殲
敵司令部中彈起火延燒

我軍擊落敵軍

（二月二十一日之戰況）

日軍昨日拂曉起。遣派海陸空軍。向我方全線總攻竟日。結果又遭慘敗。本日自晨至晚。仍向我江灣及吳淞砲台。全線繼續攻擊。我方亦全線應戰。敵終不得逞。且在江灣路持志大學內有日兵七百餘名。被我軍包圍。於下午五時許。完全殲滅。並於上午十一時許。在廟行鎮八字橋。擊落敵飛機兩架。下午三時許。又在劉行鎮擊落一架。閘北方面。今日較爲靜靖。惟晚間我方仍向敵軍司令部（即北四川路日本小學）開砲。被我砲彈擊中起火。爲勢甚烈。死傷甚多。敵軍飛機多架。今日飛至我軍後方各處。偵察擲彈。炸燬民房甚多。民衆受傷亦不少。又二十日上午敵艦被我獅子林砲台擊沉一艘。擊傷二艘。蘊藻浜方面。被我擊傷一艘。茲將詳情。彙誌如後。

▲江灣方面戰況

血戰竟日敵軍潰退
炸燬敵坦克車二輛
奪獲機關槍廿餘挺
敵司令部退引翔港

敵軍自昨晨七時二十分下總攻擊令後。主力部隊。集中江灣。吳淞閘北同時進攻。我軍浴血應戰。相持達二晝夜。敵死傷枕藉。始終未能越我防線一步。敵前次竭海陸空軍全力。曾二度總攻。均遭慘敗。此次蓋爲第三次也。茲將昨日江灣戰況。分誌於後。

敵軍三路攻擊

敵軍此次作戰。注全力於廟行鎮及江灣間之陣線。敵軍自前晨開始向該線進攻時。據外人調查。敵及該處備有大砲一百十三尊。坦克車及鐵甲車共四十餘輛。陸路飛機共三十餘架。全數用於該陣線上。陸軍兵力約一萬餘人。分正面與左右兩翼三路進攻。其正面配置於江灣鎮東北方。右翼在廟行鎮與孟家宅一帶。左翼在江灣車站東面。近復旦大學。沿翔殷路前進。三路戰事。入夜未止。已經兩晝夜之血戰。

孟家宅敵全滅

昨日敵右翼約五百餘人。向江灣車站之西。進攻我孟家宅防線。在猛烈砲火掩護之下。努力衝退。我軍躍出戰壕。肉搏應戰。並以奇兵截斷敵之去路。成包圍形勢。敵苦戰不得脫。至今晨二時。全被我軍殲滅。今晨拂曉起。敵更以坦車數輪。排一字形。向前推進。行至距孟家宅我軍陣線約一千餘米突處。忽有三數輛陷入陷阱。以致其餘坦克車不敢再行前進。我軍當由戰壕中衝去。以手溜彈步槍及手提機關槍等。向敵坦克車後尾隨之大隊前進。待相距約二三百米突之時。我軍即下令衝鋒。一時入混戰狀態。雙方肉搏。血戰數小時。敵終以不支潰敗。

獲機關槍多架

至正面之敵。自今日迭次進攻江灣慘敗後。今日下午十時。敵仍積極向我陣地衝擊。先以坦克車。機關槍。繼以步槍。復由重砲掩護進攻。向梅園宅。天興寺。及江灣萬國體育場進逼。我軍態度鎮靜。彈無虛發。俟其逼近我戰壕時。地雷機關槍同時齊發。而敵之砲彈遂失其效用。敵旅進旅退。衝攻十餘次。死傷無數。至下午四時。敵乃竭停攻。我軍奪獲機關槍二十餘挺。及戰利品無算。

敵軍騎兵中伏　敵軍右翼。以復旦大學爲中心。時時向我陣線攻擊。均被我軍擊退。敵騎兵一小隊。中計被包圍。全部解決。惟該校子彬院。簡公堂樓上。及全部宿舍。及留校學生之行李。均被燬毀。該校附近之民屋。如李校長登輝住宅。亦被日機投彈焚燬云。

敵司令部移退　江灣方面。我軍以江灣跑馬場爲根據。敵以引翔港跑馬場爲根據。至昨晚八時。敵向我江灣跑馬場進攻。肉搏極爲猛烈。經我軍痛擊。激戰二小時後。敵有不支勢。並聞敵司令部已移退至引翔港方面。

敵機擲彈幼稚　今日下午二時。敵飛機兩架。在江灣復旦大學天空盤旋。擬向我陣地擲彈。結果落下之彈。竟中日軍陣地炸壞唐克車二輛。足見日空軍技術之幼稚。

炸燬敵坦克車　江灣方面。今晨有猛烈之劇戰。十時後敵方以坦克車七輛。掩護千餘敵軍。向我軍防地衝鋒。當敵軍衝駛中我軍所埋地雷爆炸。我軍當以手機關槍手溜彈還擊。敵不得退。當燬敵坦克車二輛。餘五輛旋即退逃。斯時敵軍千數百人。爲我軍猛擊。隨車後逃。非常狼狽。死傷遍地。

江灣車站被炸　今日敵在江灣方面。以重砲轟我江灣車站。今午當被擊中數彈。車站大部被燬。職員均安全出險。並無死傷。

▲持志大學激戰

敵軍被圍血戰五小時
全部七百餘人均擊斃

今午十二時。江灣持志大學內之日軍。約七百餘人。經我軍先以重砲轟擊。繼以大隊猛衝。雙方激戰至爲劇烈。我軍另一部隊由後抄襲。將敵全部包圍。戰至下午五時。敵七百餘人全被殲滅。無一生還。又據報告。今晚八時許。北四川路方面有日人卡車四五輛。滿載日屍。開往楊樹浦而去。想係今日江灣激戰。日軍之犧牲者云。

▲吳淞方面戰況

敵軍偷渡蘊藻浜失敗
我軍曾越蘊藻浜擊敵
敵艦夕張號中彈受傷

吳淞口外。今日下午。有敵軍艦三十餘艘。飛機數架。向我獅子林砲台會攻。早晨四時許。亦有敵艦七艘。向砲台環攻。同時蘊藻浜方面。有敵軍步兵二百餘名。向蘊藻浜橋堍偷渡。均被我軍擊退。我軍陣線。仍無變動。茲將戰況。紀述如後。

攻擊吳淞又失敗

今晨四時許。敵艦七艘。在吳淞鎮附近之浦江中。向砲台灣方面開砲進攻。至十時許始停。下午三時。敵方復以軍艦三十餘艘。飛機數架。向我獅子林砲台集中火力。猛力轟炸。我軍沉着應戰。敵終不得逞。並有二五六號敵機一架。在劉行鎮方面。被我七十八師擊落。

蘊藻浜敵偷渡敗退　今晨四時許。有敵軍步兵二百數十人。分乘鐵壳駁船四艘。由停泊黃浦江中之敵艦掩護。駛退蘊藻浜。希圖在蘊藻浜大橋堍偷渡登岸。襲奪我軍戰壕。當該駁船駛進浜內時。遂被我軍發覺。立時以機關槍奮勇掃射。敵不支。隨即敗退。至七時許。復有敵機三架。自口外飛來。向砲台及蘊藻浜一帶擲彈十餘枚。蘊藻浜正面之敵軍。昨日仍用大砲轟擊。並無進攻模樣。故雙方陣線。亦無特殊變化。

我軍曾越蘊藻浜進攻　路透社云。今晨吳淞前線之華軍。突越過蘊藻浜。向日軍陣地進攻。各方對華軍之勇敢。咸表驚愕。以在日軍陸海空軍激烈攻擊之下。而華軍竟能越過蘊藻浜咸認爲大可讚美云。

擊沉日軍艦一艘　昨晨三時。敵艦十餘艘。圍攻我獅子林砲臺。經我軍還擊。激戰至昨日下午三時許。結果。擊沉日艦一艘。餘艦始狼狽逃去。

敵艦夕張號受傷　敵軍於昨日攻我吳淞時。有敵方指揮艦夕張號。泊於張華浜糧米站碼頭。於二十日下午二時許。被我軍砲彈擊中艦尾砲位。轟燬大砲一尊。日兵二名。該艦中彈受傷後。卽行駛離碼頭。退泊光華油棧前浦江中。

▲閘北方面戰況

敵分三路進攻

均被我軍擊退

敵軍總攻擊後。雖其重心側向於江灣方面。而對於閘北一帶。仍不時以部隊一二百人。或數十人衝鋒。擾亂我軍陣線。今日上午。新民路川弓路等處。仍時有接觸。茲列誌於次。

敵襲新民路 今晨十時許。敵軍先以大砲開放四五發。繼即用鐵甲車一輛。在旁掩護穿黃色制服之陸軍五百人。向防守新民路之防地衝來。經我軍於沙袋旁猛轟一砲。將敵鐵甲車廂穿一巨洞 車身既爲傾覆。車上敵軍。見勢不佳。即向後逃竄。同時敵軍五百餘人。亦經我軍猛射擊退。是役戰爭時間。祇一時許。至午後四時許。敵又由該處衝出。當被我軍用機關槍擊退。

川弓路敵又潰 今晨八時許。沿北四川路敵兵約二百餘人。突向川弓路進攻。我軍即在廣東街接戰。雙方激烈之巷戰。重又開始。我軍迫擊砲機關槍助戰得力。日軍前部先鋒隊相繼倒斃。後部敵兵見狀 乃亟潰退。我軍乘機追擊。又斃敵十餘名。敵分向靶子路狄思威路一帶敗退。

天通庵有激戰 今午十一時十五分。天通庵方面。日軍又以大砲向我軍陣地轟擊。我軍未加還擊。至二十五分。日軍四五百名。以我方毫無動作。即藉砲火掩護。向我軍衝鋒。我軍沉着應戰。迨日軍馳抵我方防線外百碼時。即以機關槍來福槍手溜彈等。加以猛烈掃射。頓時擊斃日軍百餘人。其餘日軍。即紛紛向後倒退。我軍當即出壕追逐。又擊斃日軍數十人。遺屍遍地並奪獲步槍百餘枝。

日軍虛耗砲火 大陸報云。昨日（二十）閘北方面華軍沉着應戰。居於砲旁。靜待日軍攻擊。僅偶答一二砲而已。日軍則砲轟不絕。大半發於靶子場砲兵陣地。當其猛轟時。發砲如狂。小鋼砲與四生的半砲依次而發。該處砲隊三隊每隊大砲二尊。自晨至下午時。常砲聲不斷。每次第一號砲發彈後。即繼以第六號砲。嗣是第二第九第五第八第三第七與第四各砲相繼而發。周而復始。每歷半分鐘。輒發一砲。不僅其順序不亂。且時間之準確。幾若時辰鐘之不爽分秒。顧對於敵人。則效力極微。祇見閘北各處濃燄衝天。徒事延燒民居而已。然堅固之建築物。雖飽受砲彈。往往屹立無恙至於中國軍隊則極鎮靜。居於陣線之內。睇察敵人動靜。苟見敵方有前進模樣。立起應之。極爲機警。但若一二日兵露其身體。則視若無覩。仍不放槍。蓋華兵顯然以爲一二敵兵。不足介意也。

日司令部中彈 北四川路橫濱橋日本小學日軍司令部。經我軍發砲中着。頓時起火。延燒甚烈。

擊落敵機三架 今日上午敵機出四方拋擲炸彈時。吾方除用高射砲轟擊外。並用空軍飛機應戰。敵機前後被吾擊落者共計三架。(一)劉行鎮一架。係用步槍擊落。(二)閘北八字橋。被吾軍用高射砲擊落一架。(四)廟行鎮敵機與吾空軍作戰。被我飛機關機關槍擊落一架。

軍部發表戰訊 十九路軍司令部發表戰訊如下。(一)昨日敵軍。向我總攻。結果。敵人全部潰退。我軍擊燬及奪獲敵坦克車九部。擊落敵飛機四架。敵人死傷無數。

（二）昨日敵衆五百餘人。攻我孟家宅防線。（在江灣車站之西）激戰多時。我軍突出奇兵。向敵包圍。敵苦戰不得脫。於今晨二時。被我軍全部殲滅。（三）昨日敵艦三十餘艘。集中火力。向我砲臺轟擊。但我方並無損失。僅被擊燬離砲臺甚遠之小橋一道。敵艦見不得逞。退去。（四）今晨。敵飛機二十餘部。在吳淞鄉下燒線彈。致民房到處起火。焚燬甚多。（五）日兵於進攻孟家宅時。對於附近之中年婦女。先行輪姦，然後以刀斷其四肢。或用刀割傷各部。聽其在地上輾轉呼號。其慘狀有非筆墨所能形容者。（六）今晨八九時間。敵機十餘架。在南翔車站擲彈十餘枚。我方幷無損傷。祇死傷難民甚衆。（七）今晨敵機十餘架。在眞茹迴旋許久。爲我軍擊退。至九時許。復有敵機六架。在眞茹無線電台附近。擲下猛烈炸彈五六枚。當卽爆炸。聲聞數里。惟該彈均落空地。我方毫無損傷。

又下午五時發訊。（一）今日下午三時起。敵艦三十餘艘。飛機數架。向吳淞獅子林砲台。集中轟炸。我軍略有傷亡。同時在劉行鎭被我八十七師步槍擊落飛機一架。該飛機號數爲三五六號。（二）同時江灣一帶。敵用坦克車大砲。向我進攻。經我軍沉着應戰。敵死傷甚多。（三）一時許南翔車站被敵機炸死站長一人。難民三四十。又同時敵機四五架。轟炸大場車站。共炸死無辜難民四五十人。（四）昨夜孟家宅居民。全被屠殺。祇餘小孩三名。由我劉旅帶回安置。（五）江灣鎭房屋已全數被毀。

◉第八章　我軍空前大捷

敵軍全線潰退損失奇重
廟行鎮血戰殺敵三千餘

（二月二十二日之戰況）

▲江灣方面戰況

金穆宅敵受大包圍
晚九時敵軍總退却

敵軍自連日傾其全力。向江灣鎮進攻。迭受重創後。乃於昨日午夜。又復變更計劃。今晨集中二萬大軍猛攻我廟行鎮。一萬人進攻我江灣之正面。六千餘人攻我八字橋。竭全力向我衝擊。我軍沉着應戰。激戰至下午五時後。敵大部份在江灣之北。廟行鎮之東金穆宅地方。被我軍全部包圍。餘衆全線總退却。我軍乘勝追擊。斃敵無算。茲將江灣廟行鎮等處。我軍激戰殺敵詳情。分誌於下。

敵軍分三路進兵　敵以攻擊江灣鎮失利。遂又變更作戰計劃。於今晨三時許。分三路進兵。猛攻我廟行鎮。計第一路由江灣分一部份兵力向西北前進。第二路調駐蘊藻浜全部敵軍向西南。第三路由張華浜向南北。集中二萬大軍。攻擊我廟行鎮。敵之預備隊。亦全部開赴前線作戰。蘊藻浜張華浜方面。僅留二三百人防守。

廟行鎮空前血戰

敵軍二萬集中於廟行鎮方面後。卽用鐵甲車坦克車卅餘輛。在猛烈砲火下。掩護衝鋒。企圖一舉佔領。故其來勢之猛烈。爲開戰以來所僅見。幸經我軍步哨。覺察甚早。當卽奔回報告。全體準備。俟其來近。卽由當前之軍隊。奮力還擊。同時並由左右突出。向敵軍側面夾擊。幷包抄其後。加以圍攻。惟敵軍來意。頗存奢望。故亦極力掙扎。作困獸之鬥。戰至最後。短刃相接。完全肉搏。其後敵漸不支。二次又調集後方部隊。加入作戰。亡命猛攻。雙方混戰肉搏。激戰之猛烈。較諸曹家橋一役尤甚。同時敵機數架。亦飛翔空際。頻向我軍陣地拋擲炸彈。並以機關槍助戰。我軍以司空見慣。凡不爲動。但敵衆我寡。實力相去懸殊。至十時後。頗現危急之象。幸將士抱必死之心。無不以一當十。勇猛抵禦。至十二時。我援軍大至。出奇兵包抄敵軍後路。於是始轉險爲安。敵軍驟出不意。死傷無算。敵陣綫遂大搖動。此時日飛機增至十餘架。向我陣地投彈如雨。我軍以敵勢已衰。遂改守爲攻。左右衝擊。至下午五時。斃敵至三千餘人。敵遂全部潰退。是役我軍大獲全勝。殲滅敵坦克車二輛野砲二十餘門。槍械無算。

襲江灣之敵軍慘敗

今晨。敵一方面以主力猛攻廟行鎮。同時以萬餘人兵力。攻我江灣鎮之正面。今晨四時二十分許。敵萬餘人。由持志大學東首突出。憑藉先施足球場之東封下。向我猛烈攻擊。携有野砲十五門。馬掩過山砲五尊。當時我軍。伏於淞滬路畔之小溝中。寂然不發一槍。日軍乃衝鋒前進。將抵淞滬路時。我軍突起迎擊。同時我美衆祠駐軍。亦聞警包抄。雙方搏鬥至烈。相持甚久。敵另一支隊由小觀園附近向我猛襲。我軍當其前進時。立即化作散兵線。將近我戰壕時。乃出而應戰。混亂三小時。此時駐防六三花園之敵軍。聞警衝出援救。而我閘北方面。亦調到援軍。參加作戰。至下午四時。敵傷亡千餘人。紛紛潰進。

金穆宅之大包圍　廟行鎮方面及江灣敗退之敵。經我軍追擊。狼狽不可名狀。至晚間八時。敵萬餘人。在江灣鎮之北。廟行鎮之東。金穆宅地方。全部被我軍包圍。敵雖拚命突圍。終不得逞。預料明晨當可全部解決。

敵軍全線總退却　敵大部在金穆宅被我軍大包圍。殘餘部隊。軍無鬥志。經我軍衝攻。防線立潰。今晚九時。敵沿廟行鎮江灣八字橋等防線。全線總退却。由引翔鄉而至狄思威路。平涼路。在匯山碼頭集合。我軍乘勝追擊。先鋒部隊到達岳州路沈家灣等處。一時虹口區域以敵軍之無秩序總退却。陷於大混亂。我軍為尊重條約。下令不得衝過租界。否則託庇於租界之敵。今晚當更得一總解決。

▲閘北方面戰況

我軍砲火猛烈
敵軍各路皆潰

閘北方面。今日均有激烈戰事。自晨至晚。竟日未息。砲火之烈。為大戰中之第一次。日軍傾其全力。圍攻閘北。均經我軍先後擊潰。並乘勢追擊。於下午三時。我軍巳部挺進。至狄思威路岳州路虹鎮及老靶子路北四川路等處。日兵陣綫當卽全部總退却。至晚間八時。尙在沿吳淞路閔行路向後奔潰。同時寳樂安路。忽起大火。虹口日軍陣綫。因此大亂。我軍後方砲隊。掩護得力。日軍在我砲火威逼之下。竟失其戰鬥力。刻巳移向浦江方面敗退。同時。日軍中路綫後方。巳被我軍阻斷。虹口靶子場及北四川路底日軍司令部。巳無日軍踪跡。玆將閘北方面我軍各路報捷。分誌於次。

八字橋我軍大捷

今晨拂曉。日軍於總攻廟行鎭江灣鎭後。卽分重兵。向我八字橋進攻。計有陸軍五千餘名。利用鐵甲車迫擊砲機關槍在前衝鋒。我軍卽奮起迎擊。手溜彈機關槍同時並發。當卽斃敵先鋒數十名。嗣敵軍又繼起猛衝。前仆後繼。終以我軍砲火猛烈。未爲所逞。我軍卽於斯時反攻。以至肉搏。雙方機關槍迫擊砲。全失其效用。敵旅進旅退。我軍出沒於敵陣間。銳不可當。但見我軍到處。敵兵東倒西傾。血花四濺。我軍愈戰愈勇。敵軍巳無抵禦能力。乃漸漸向虹口花園方面潰退。我軍卽乘勝追擊。沿途在靶子場。施高塔路。又起激戰。但敵氣巳餒。稍抗卽潰。至下午三時許。我軍巳達狄思威路。我後方部隊。亦呼應而進。至四時許。我軍最前線。達岳州路。至六時許。巳越虹鎭。於是該路日軍陣綫。全部被我軍擊潰。同時寳樂安路突起大火。虹口一帶。日軍秩序頓時大亂。狼狽逃竄。在八時許。日軍沿吳淞路。閔行路。向浦江方面敗退。我軍尙在追擊中。此役日軍傷亡達二千餘名。我軍傷百餘名。巳送醫院救治。

虬江路又報殲敵 日軍於猛攻八字橋後。繼卽向虬江路。福生路。進攻。計達千餘人。惟此處街道縱橫。故非有精密之佈置。決難應付。我軍利於巷戰。且防守得宜。以致日軍屢攻屢敗。當日軍進攻時。係分兩路進犯。一自虬江路。一自邢家宅路。我軍於該處久有重兵。當亦分兩路回擊。雙方均在夾弄間。衝鋒肉搏。機關槍。迫擊砲。居高臨下。尤使敵兵心寒。故未幾敵兵已死亡盈百。其後部隊。正擬退走。我軍卽乘機衝進。於是兩路敵軍。同時退至北四川路。我軍會合。追達虬江路口。乃向老靶子路進攻。日軍處斯絕境。囘軍頑抗。至午後一時許。敵全部覆滅。至三時許。因悉我軍一路已達狄思威路。乃繼續向虹口腹地推進。同時我後方砲隊。用砲掩護。於晚間十時許。此路我軍前線。已達沈家灣。進逼吳淞路。與岳州路我軍會合。

天通庵路之截擊 今日。我兩路軍擊敗日兵。追蹤至虹口區域。時進攻天通庵路之日軍五百餘名。同時被我軍擊潰。向北四川路底司令部退却。我軍遂卽進逼。向敵司令部圍擊。至下午四時許。敵軍卽放棄退出。但我軍並不佔據。仍向北四川路追擊。因此虹口方面敵軍受圍。全部奔潰。

▲吳淞方面戰況

敵兩次攻蘊藻浜未逞

日艦一艘被我軍擊傷

今日上下午。敵軍艦及飛機。均向我吳淞砲台進攻。仍不得逞。且被我軍擊傷軍艦一艘。蘊藻浜方面。今晨一時許。敵軍曾向我陣地進攻兩次。均被我軍擊退。敵軍並受重創。至上午十時許。敵方有鐵甲車在蘊藻浜正面進犯數次。亦終不得逞。茲將戰況詳情紀述如下。

敵艦一艘被擊傷　今日上午。有敵軍艦十餘艘。在口外用重砲向吳淞砲台猛攻。同時並有飛機多架。在空中助戰。我軍亦還砲抵抗。激戰約一小時。敵艦　艘。被我砲彈擊中要害。該艦受傷時。立向左右擺動不已。大有沉沒之勢。旋被敵艦四艘保護退去。餘艦亦向長江方面駛去。敵機見勢。遂向楊樹浦方面飛去。

敵兩次進攻失敗　駐紮淞南黑橋及周家浜口之日軍。於今日上午一時。向西猛衝直至季家橋南首尼姑菴地方。爲我軍擊退。至天將黎明。又作第二次衝鋒。我軍初則沉着不戰。俟其逼近我軍防線時。一聲令下。以大包圍勢將日軍包在核心。遂以大刀隊上前將日軍砍死二百數十名。餘均不支而退。

敵甲車向我射擊　今日上午八時許。有敵機數架。飛至我軍各處陣線偵察。未拋擲炸。不久即向南而去。十時許敵軍有十二號鐵甲車一輛。自張華浜海軍醫院方面循軍工路直衝至距蘊藻浜新大橋約百碼處。發射機關槍。當被我軍擊退。不久該鐵甲車去而又來。復被我軍擊退。如是者四五次。復有京滬鐵路B字損壞機車頭一輛。竟爲敵軍修好。昨日下午一時許。經敵兵駕駛在兩路工廠至張華浜分路中間之軌道上往來開行。現張華浜方面敵軍。大部均被調赴侯家木橋廟行一帶。敵人數已不滿二三百人。兩路工廠附近各處。幾不見敵兵踪影。

吳淞劇戰之補紀 吳淞張華浜日軍忽於前日（二十）天明時。發海陸空三路重兵。猛攻吳淞。三次衝鋒。均未得逞。被我軍擊退。玆錄詳情如次。是日天明時。忽有日艦三艘。一泊於砲臺南首呆猪熬油作浦濱。一泊於蘊藻浜口。一泊於糧米碼頭。三艦發砲。向吳淞攻擊。同時蘊藻浜南之日陸軍。以大砲掩護。向淞猛攻。我軍沉着不應。俟敵軍已近。開放步槍機關槍掃射。其時日飛機十餘架。分作數隊。每隊三隻。用炸彈機關槍向下轟炸。其時海陸空三軍猛攻。我軍奮勇抵禦。遂開空前未有之大劇戰。初次猛攻。互戰至十點鐘時。始被我軍擊退。下午二時。砲聲復起。日空陸兩軍。均集中於蘊藻浜一帶進攻。至四點鐘。日軍因死傷頗衆。仍爲我軍擊退。當晚八時。日軍又圖作第三次之攻擊。仍歸失敗而退。至今晨零時。日軍竟派陸戰隊三四千爲總攻擊。向蘊藻浜進截吳淞。經我軍拚死抵禦。巷戰至三時餘。日軍死傷過半。不支而退。據目覩者云。是役戰爭最烈。險爲敵軍衝入。幸我軍十分奮勇。始將日軍擊退。誠爲幸也。

楊行擊落敵機 楊行西顧家宅附近東六地方。昨日午後二時許。忽有日軍偵察機一架。盤旋於該鄉空際。偵察我軍狀況。適爲駐紮該處之軍隊。開槍擊中。墮落於地。機身震碎。機內祗有機師一人。奄奄一息。已將垂斃。當爲某兵士開放兩槍。結果性命。後將屍拖出。該機師身軀肥白異常。

淞鎮市房盡被毀 二十日日艦開砲轟擊吳淞時。外馬路一樂天茶社。首當其衝。着砲後。遂即延燒。加之日機拋擲硫磺彈。並且東南風猛烈。因此一發竟不可收拾。至。共燒兩晝夜之久。火勢之盛。殊覺少有。以致外馬路西半段及荳市路一帶房屋。悉成灰燼。慘酷空前罕有。此次一燒。吳淞全鎮已去其九矣。恐完好者尙不足一成之數耳。

▲廟行大勝捷報

淞滬警備司令部電

淞滬警備部捷報云。提前發限即到。洛陽行政院南京軍政部衞戍長官公署均鑒。各綏靖公署各省市政府各機關各報館均鑒。敵於本晨午後三時。以全力向我閘北江灣廟行一帶陣地猛攻。經我軍夾擊。激戰至現在。陣地前方。敵傷亡已逾三千。潰不成軍。刻我軍正在追擊中。謹此捷聞。淞滬警備司令部參謀處叩養戌印。

十九路軍戰訊　十九路軍部二十二發（第一次）戰訊。（一）日軍連日發現非戰宜備品極多。軍中發現不安狀態。士氣大受影響。（二）昨（二十一）日敵人以全力攻我江灣。雙方搏戰猛烈。我方殺敵神勇。敵終不得逞。各報記者傳江灣失守。絕無其事。晚間敵人進攻。已比較和緩。而我軍向敵砲攻多命中。（三）昨（二十一）日吳淞口有敵艦十一艘。會同飛機多架來攻。交戰移時。敵艦一艘。為我軍砲中要處。由敵艦四艘保護却退。餘六艘向長江方面逃去。（四）昨（二十一）日日軍竟日以坦克車大砲及步兵數千。向我江灣方面進攻　結果敵坦克車傷二輛逃去。敵軍死傷千餘人。敵以不得逞。故今晨（二十二）轉向廟行鎮進攻我軍。刻雙方在接觸中。

◉第九章　我軍圍擊殘敵

金穆宅殘敵尙圖掙扎
吳淞閘北無劇烈戰事

（二月十三日之戰況）

▲江灣方面戰況

廟行鎮昨又血戰竟日
激戰結果斃敵二千餘

日軍昨日起。總攻廟行鎮。被我軍全部擊潰後。敵二萬餘人。狼奔豕突。死傷在三千人以上。前晚九時。我軍乘勝追擊時。並殲敵二千餘人。全部包圍於廟行鎮迤南十里許之金穆宅侯家木橋附近。詎於是晚十二時。敵敗退之先頭部隊。業已接得被圍報告。乃聯絡殘敵一萬五千餘人。一方並報告日司令部。遣派援軍五千餘名。前往馳救。敵軍得此生力。又竭力反攻。以期援救被圍敵軍出險。我軍方面。遂調遣一部份士卒。迎擊敵軍。一部則仍將敵軍包圍。激戰異常激烈。戰至今日午後二時半。敵死傷二千餘人。勢漸不支。其應援之部隊。遂完全崩潰。被我包圍之敵。明日可完全解決。詳情分誌如下

廟行血戰竟日

離廟行迤西十里餘之金穆宅侯家木橋地方。昨晚十一時許。即有日軍大部二千餘人。被我包圍。乃日軍司令部得悉。即派大批援軍。連同潰退士卒。向我作猛烈之反攻。敵軍坦克車卅餘輛。鐵甲車二十餘輛。頑强當先。冀將我軍衝破。以期援被圍之敵軍出險。是役敵軍。因本國軍隊被圍在內。不克施放大砲。祗恃機槍槍刺與我作猛烈之肉搏。我軍某師。當即分撥一部份士卒。約計五千餘名。與之應戰。大刀隊機槍連迫擊砲連等均調赴前方。參加戰役。吾軍當時。前後首尾銜接。重以敵軍顧慮被圍士卒。未能充分發揮其砲火利器。故吾軍雖以少敵多。殊佔優勢。惟當淸晨四時許。敵軍因反攻仍復不利。由日司令部電命海軍艦隊。派飛機多架。飛往我軍陣地。猛烈擲彈。且由空中發射機槍。並開機關砲。我軍頗受危迫。時我駐防江灣東鎭之某部。得悉戰報。立即乘曉霧未淸之際。由敵軍左翼包抄。予以迎頭痛擊。敵軍前鋒。乃呈不支。於今日上午十時許。反攻敵軍後退約三里許。於是被圍敵軍與反攻敵軍。完全被我隔絕。不能呼應。惟敵軍因此舉關於戰局。殊爲重大。始終猛烈衝攻。我軍則亦以一當十。爭先殺敵。相持至本日下午三時三十分。敵死傷二千餘人。勢漸不支。其應援之部隊。遂完全崩潰。至被圍敵軍二千餘名。仍頑强抵抗。

江灣獲敵機槍

江灣方面。爲敵軍第九師團左翼。於今日午刻。並由第九十兩聯隊。向我陣地進攻。我軍於敵軍進至三百米達外。以大隊衝出。敵軍見我人數較衆。有迫不得已而應戰者。有見勢兇猛棄械而逃者。未及一小時。我已衝至戰壕。當奪取機關槍兩架。並斃敵軍第九聯隊隊長西尾少尉。及兵士森山山木等近百人之衆云。」

日司令部地點　敵軍前敵司令部。本設在復旦大學內。昨日起。移設於江灣跑馬場之東北角。關帝廟之對面。附近民房被焚燬一空。

運出大批日屍　日軍自連日向我總攻失敗後。據我方精密調査。日軍死傷人數。確在萬人以上。除遺棄陣地。未及搶回者外。卽公大紗廠內堆積之日軍屍首。已達三千餘具。死傷之多。實打破自有戰事以來之新記錄。據被日方壓迫而作此項工作之某工人云。公大紗廠內。流血成渠。腥臭撲鼻。有傷重之日兵。猶在地上掙扎。但已不能言語。慘悽之狀。目不忍覩。但此項將死未死之傷兵。亦經在旁監督之輜重兵。囑令裝入蔴袋。故當我（工人自稱）掮該蔴袋掮上卡車時。日傷兵尚在袋中蠕動云。

▲閘北方面戰況

今晨殘敵襲擊卽敗退

前晚砲彈掠過日領署

日軍自迭次總攻失敗。昨晚又經我軍壓迫。實已潰不成軍。故今日無重大戰事。我軍前線已達虹鎮。老靶子路一帶。已無日軍踪跡。其殘部均在海甯路吳淞路一帶。並在外虹橋至裏虹橋一帶。收集殘部。加築防禦工程。今晨四時許。日軍一大部份殘兵。約三百餘人。曾一度重向我軍前線襲擊。未幾仍潰退。閘北方面。北四川路一帶。於拂曉及今晚六時許。亦有小接觸。茲將閘北戰情分誌於次。

殘敵襲擊敗退

今晨四時許。日軍殘部。約三百餘名。於全部潰退時。突又回來向北四川路口我軍陣綫。猛烈反攻。初以大砲猛轟。我軍間亦略加還擊。砲戰至六時許。三百餘日軍。忽由集合綫而變作散兵綫。藉坦克車之掩護。向來軍衝鋒。我軍當即迎頭痛擊。以手溜彈機關槍等。向其猛烈掃射。立將作日軍左當作掩護之坦克車兩輛擊燬。斃敵百餘人。餘衆見勢不佳。亟反身向後潰退。以坦克車兩輛。在後掩護。斯時我軍精神百倍。跟蹤追擊。又將日方坦克車兩輛加以炸燬。一部份落後。日軍六十餘人。見我軍來勢勇猛。驚惶失措。卽將槍拋棄而退。是役也。交戰約三時有餘。計擊毀日軍坦克車[illegible]輛。奪獲步槍七十餘支。機關槍一架。斃敵百餘人。我軍則僅傷五六人。

出雲艦險中彈 大陸報云。昨日午夜前。北站附近開砲轟擊日旗艦出雲。在一小時半間。共有七十彈飛過日領事署屋頂而入浦江。距出雲艦不過咫尺。至十二時三十分。見出雲旗艦已升火。料正準備移泊他處云。

▲吳淞方面戰況

敵艦開砲虛張聲勢
敵抄楊行中途擊退

敵軍因趨重於廟行鎮方面。故吳淞一帶、今日敵艦除照例向我開砲及擲彈外。並無激烈戰事。蘊藻浜正面之敵軍。有時亦有小隊進犯。但隨時均被我軍擊退 惟前日我方曾乘敵軍兵力稀薄時。改取攻勢。頗爲得手。茲將所得戰況。紀錄如下

泗漕廟殲滅日軍 今晨十時。駐紮南泗塘河西徐港巷黑橋等處。有日軍一隊。約八十餘名。迫該處某鄉民爲引導。向西擬兜過胡家莊。直達至楊行。不料爲駐紮季家橋南孫家宅三其宅之我軍瞥見。當時均不動聲色。躲避於戰壕內或民房中及樹林間。俟敵軍過去。再行截擊。敵以爲該處並無我軍。直向前我行過三其宅。已抵泗漕廟時。我軍從其後背突出。開放機關槍掃射。日軍知已中計。拚命冲圍。因我軍奮勇圍擊。敵歸路已斷。劇戰約四十分鐘。援軍不至。故將敵軍全部解決。同時蘊草浜周家浜口之日軍。用砲向北轟擊。將永安第二廠房屋轟毀。旋經我軍開機關槍掃射。敵遂不支而退。

敵艦三艘攻吳淞 吳淞方面。於昨晚八時許。有敵艦五艘。駛近淞口砲台及淞鎮開砲攻擊。直至深夜十二時許始息。總計在四小時中。敵艦約開砲三百餘發。我軍間亦發砲還擊。唐家宅因中敵砲起火。同時張華浜張行宅及徐家灣兩處。被敵兵艦據之農民房屋。亦被我軍砲火所中。爆裂焚燒。今晨五時半許。復有敵艦三艘進攻砲台。至八時許。敵艦不逞而去。其時又有敵大型毀炸機三架。自口外飛來。向我軍蘊藻浜陣地擲下炸彈五六枚。當經我軍高射砲擊退。

昨日戰況之補紀 藻浜正面之敵軍。昨日因集全力。進攻我廟行方面之故。將該處原有之兵力。大部調向西進。冀圖大舉攻我廟行。截斷我方吳淞與閘北之聯絡。故蘊藻浜南至張華浜一帶。敵軍兵力。甚爲單薄。浜北我軍。得悉前情。遂乘機攻過蘊藻浜。將正面敵軍。猛力逼退。當敵軍被逼退時。情形甚爲狼狽。後方陣線。紊亂異常。至下午。敵軍由軍工路方面。調到生力軍數千名。我軍遂迎頭痛擊。激戰至深夜。當在相持狀態中。

今晨敵退唐家橋 自今晨至下午三時。蘊藻浜正面無激烈戰事。惟張華浜方面。敵軍人數。似較昨日增加不少。敵軍因進攻江灣西北之孟家宅及廟行潰敗。故今晨黎明時。有大隊敵兵退至東唐家橋迤南一帶。現正任與我軍相持中。若斷若續之大砲機關槍聲。在蘊藻浜方面聞之。頗爲清晰

譚翁兩氏之坐鎮 此次日本軍閥。驅其新編之卒。當我軍勁旅。是以迭遭挫敗。益以譚啓秀翁照垣兩健將。坐鎮吳淞。指揮若定。日寇縱有海空兩軍。以掩護其陸軍。亦無從逞其兇燄。聞近更受任吳淞區之左翼正副指揮。當益能一顯身也。

▲軍部兩日戰報

前日戰況（二月二十三日上午九時發）敵軍自二十日晨七時二十分。下總攻擊令。連日激戰。並集中兵力。攻我江灣方面。被我軍痛擊失敗後。昨晨（二十二）敵又變更戰略。集中兵力。攻我廟行鎮。並襲擊我吳淞一帶。我軍與之血戰終日。結果。敵軍各路均敗退。現敵軍各路均被我軍包圍及追擊中。茲將昨日各路激戰情形。分述如下。

（一）廟行鎮血戰。敵軍昨晨七時許。有陸軍二萬餘人。坦克車三十餘輛。向我廟行鎮方面推進。我軍守此方面者。爲張治中部少數部隊。當即與之接觸。惟敵軍　數既衆。來勢極凶。先用克坦車十餘輛。結成一字形前進。步兵大隊隨後。後敵機有數十架在空

中向我軍陣地。亂擲炸彈。敵大砲隊。尤不斷的對我陣線轟擊。一時火力密集。聲振大空。敵來勢之凶猛。爲開戰以來所僅見。我張部士兵亦異常勇敢。與之激戰半日。繼以肉搏。無不以一當十。敵勢雖凶。終不能衝破我軍陣線。激戰至下午三時許。敵生力軍數千。後加上前線。進攻尤烈。我守軍究以人數懸殊。且久戰已疲。此時我方陣地勢將危險。幸我後方援兵張炎旅馳至。遂將敵軍包圍兜擊。敵至此漸覺不支。且戰且退。我軍乘勢追擊。敵傷亡極衆。且有一部傷軍退走不及。被我軍包圍。至今仍在激戰殲滅中。此役敵軍損失極大。官兵傷亡狼藉。我軍安。略有損失。（二）江灣殲敵。昨晨敵軍匯集中全力攻擊我廟行鎮。同時亦以數千兵力。進攻我江灣方面。我軍守禦此方面者爲劉占雄團。我劉團在江灣與敵苦戰已兩日一夜。未嘗停息。聞敵軍進攻我江灣之部隊數千。亦已苦戰兩日一夜。不得停息。惟我軍捱苦精神。究勝於敵數倍。昨日進攻江灣之敵軍。一經我軍痛擊。便敗不可收拾。我軍着着追迫。敵軍狼狽狂奔回楊樹浦一帶。沿途被我軍擊斃甚多。此役敵死傷千餘人。我軍損失甚少。（三）吳淞戰況。敵軍昨日集中兵力攻我廟行鎮及江灣方面。故吳淞方面。敵方兵力稀薄。我軍乘勝攻過蘊藻浜。將敵軍追逐。此時敵生力軍數千馳至。我軍便與之激戰。至今尚在相持中。敵艦十餘艘。昨天整天對我吳淞砲台及獅子林砲台射擊。並有敵機數十架。在空中擲炸彈。以助敵軍進攻廟行鎮之聲勢。我吳淞砲台及獅子林砲台大砲。被敵砲擊燬者有之。惟我譚啓秀司令。沈着異常。於敵方大砲飛機進攻劇烈當中。從容帶工人修理。被敵砲擊毀之砲位。

繼續應戰。敵軍卒不能進攻我砲台前線一步。（四）此次抗日戰爭。十九路軍因忠勇善戰。屢摧强寇。使倭勢不得逞。惟參加前線作戰之張治中兪濟時宋希濂等部隊。亦奮勇異常。上級長官均任前線指揮。决死殺敵。我國軍隊既已一致具偉大的犧牲精神。協力殺敵。則倭寇雖橫蠻。行將見其力疲勢絀矣。

◉第十章　敵軍掙扎失敗

廟行鎮我軍堅守
金穆宅殘敵肅清
（二月二十四日之戰況）

▲江灣方面戰況

日軍總攻廟行。被我軍迎頭痛擊。且在金穆宅一帶。包圍殘敵二千餘人。昨日深晚。敵援軍五千餘人。於夜由張華浜方面登陸後。卽分批運往前線。聯合殘部。重行向我軍反攻。由左右兩翼派隊擾吾陣地。雖經我軍奮力擊退。惟被圍敵軍。遂被兎脫千名左右。餘敵至今日下午一時。被我軍全部殲滅。今日敵軍精疲力盡。已不敢大舉進犯。惟小部隊肆意挑釁。茲將詳情彙誌如次。

擊斃敵聯隊長。　敵軍總攻廟行。昨日起。已被吾軍由朱家橋猛力衝擊。敵軍逐漸南退至唐家宅。再退至金穆宅侯家木橋。殘部二千餘人。遂於核處被吾包圍。當時敵軍大部。本已遠退侯家木橋迤南十里之遙。聞糾集台援軍。乃復竭力反攻。當經吾軍分隊迎擊。將殘敵隔絕兩處。激戰之烈。爲中日滬戰所未有。敵軍屢擬猛力衝鋒。終不得逞。前晚起。且節節敗退。殘部解決。不過指顧間事。詎此時日方來滬援軍五千餘人。已在張華浜登陸。且立卽分開前線。加入作戰。敵軍得此生力。遂以坦克車四十餘輛。立卽反攻。並分批擾我左右兩翼。此時吾前線駐軍。人數不足五千人。以敵三萬餘日軍。且苦戰已數十小時。遂被日來取得聯絡。被圍殘敵。衝出千餘。此時吾軍士卒。雖極疲勞。然人人具必死之心。故仍猛力衝殺。被圍殘敵千人。立卽全數殲滅。並乘勢進逼敵軍。敵軍遂全部敗退。復由侯家橋以南撤退十餘里。是役吾軍以少敵多。侯家橋一帶、日軍屍骸。堆積如山。敵軍高級長官。亦陣亡數十人。今日起、吾軍掩埋餘骸之際、曾發覺敵第九師團第二聯隊長百海實男。亦在陣亡之列。此可想見是役戰事之烈。我軍俘獲敵機槍二十四挺。步槍千餘支、小鋼砲數十門。其他戰利品無算。

黑家宅敵敗退 敵援軍五千餘人。於昨晚在張華浜登陸後、除分撥一部份援助廟行一帶殘敵外。今晨五時許。另遣一千餘人。由張華浜秘密出發。冀由黑家宅而至侯家橋。意擬擾吾左翼。援敵出險。我軍當時。不動聲色。任令敵軍深入。惟當敵軍大部將抵黑家宅時。吾軍遂一躍而起。掎其背部、予以痛擊。時吾黑家宅以西之駐軍。亦已聞警。趕到參戰。於是敵腹背受敵。激戰亘一時半。敵軍死傷過半。乃由間道逸去。

大火今晨熄滅 江灣方面自昨日被敵機擲彈轟炸後。民房各處起火延燒。至今日上午八時。始完全熄滅。江灣鎮大街之市廛精華。已盡成焦土。

區師長之談話　七十八師師長區壽年氏云。（一）敵軍於昨日（即前日）在江灣鎮與廟行鎮間作戰時。敵軍除有大尉一名名西尾勝六者。被我生擒解後方詢問外。并斃敵軍第九師第二營營長百海實男一名。（二）當前日敵軍以重兵向廟行鎮與江灣鎮我軍某某師進攻時。我軍最前線在南沈宅。金穆宅。及白漾宅。各一連。當時因敵軍人數過衆。該三連人乃退至孟家宅一帶。敵軍大部隊。亦追至該處。并竭力猛衝。已越趙家宅至竹園墩。將窺大場。我軍於千鈞一髮之際。急調張炎迎戰。除將敵軍大部隊完全擊退。奪回原有之近線外。我軍最前線。并追至鍾家宅。成爲侯家木橋起。沿[illegible]家宅。陶家灣。沿朱家橋東。折越淞滬路。繞萬國體育場。至西體育會路。與東體育會路至虹口公園之東而陣綫（三）敵軍昨日進攻廟行鎮我軍口口部時。我軍伏於戰壕內。一槍不發。敵軍約百餘人。以爲我軍已退走。遂圖深入。我軍待敵行近　即以手溜彈向敵轟擊。因將敵軍擊斃。無一生還。（四）敵軍戰鬭力薄弱。故屢次被我軍所敗後。能於最短時期。約可二十分鐘左右。集合一處。仍組成軍隊作戰。此頗則可讚美。敵軍尤一佳點。爲歐美各國軍隊所難能者。即敵軍不易爲人繳械。蓋彼必待其被殺而後可奪其槍械。非若歐戰時。常有繳械之事可比也。（五）敵軍鐵甲車多至廿餘輛。作戰時。固不能滅爲進攻之利器。然以之防守。則甚得利云云。

▲金穆宅之戰況

日軍連用重兵圍攻廟行鎮。結果均被我軍擊敗。死傷無數。廟行確在我軍手中。日軍從未越雷池一步。其相持點。係沿酒塘為界。金穆宅附近被我包圍之日軍。刻已殲滅。該，仍由我軍駐守。

日軍現在之陣地

日軍於二十日起。因進攻吳淞閘北不利。乃改移戰區。側重江灣。但又未得逞。乃於二十一日。突以重兵。由南酒塘河黑橋及西唐家橋。向酒塘方面進攻。該處河面甚闊。我軍早有防禦。故日軍屢次衝鋒渡河。終未有成。然其損失已屬不貲。二十三日晚。我軍在金穆宅誘敵偷渡。待其偷渡上陸。將及一半時。伏兵四起。突出圍擊。因此其後部即退向侯家木橋。所圍敵軍。當於二十三日晨。被我軍全部解決。日軍死傷者當在千人以上。二十三日午。日軍又派重兵三十餘人。仍從金穆宅偷渡。我軍仍不阻擊。沉着以待。因此又起第二次之激戰。廟行鎮我軍。同時亦調往作戰。經一日夜之肉搏。日軍傷亡過半。落水而死者無數。當於今日下午一時。被我軍全部肅清。故廟行鎮。日軍始終未曾到過一兵一卒。確在我軍手中。惟金穆宅曾有二次激戰。我軍均獲大勝。刻下日軍在酒塘以東。侯ㄑ橋為其最前線。西唐家橋為其司令部。所謂天樂寺宅者。乃該處一帶之總稱。又名高境廟。現設車站。江灣車站迤北。均在我軍範圍以內。惟在金穆宅之南酒塘之東之白漾宅。已為日軍砲火燬。全村成為瓦礫場矣。

日軍臨陣之退縮

日軍現在侯家木橋者。其數不多。皆伏於田野土墳間。每於發槍後。即向後退縮。移避他處。若恐被我軍還擊者。其傷亡兵士。確用蔴袋裝屍。由卡車載運。在二十三日間。敵軍因死亡過多。不及裝運。乃將死屍放在村內。各戶皆是。僅至今晨尚未運完。由此可見日軍死亡總數。至少在三千人以上云。

▲閘北方面戰況

早晨入晚均有砲戰
結果均被我軍擊退

閘北方面各防綫。不時有小接觸。晨間與晚間。日軍利用砲轟。我軍亦還擊。故砲戰甚烈。永興路於晨間。被日機擲彈起火。旋卽撲滅。寶山路新民路處。於晨間曾有日軍十餘名偷襲。被我軍居高臨下。用機關槍掃射。無一生還。茲將各情分誌於次。

晚間激烈砲戰　今晨上午八點四十分。防守北四川路東面之日軍砲兵陣地。以開花砲彈向我軍陣地射擊。砲聲隆隆。連續不絕。我軍初未加以還擊。至日砲射至三十餘發後。始亦開砲還擊。雙方砲戰至十一時。始漸平息。至下午六時許。日兵又以重砲。向我軍閘北八字橋。天通庵路。陣線轟擊。我軍亦開砲還擊。砲聲隆隆。愈發愈密。至十時左右。雙方步哨。亦起接觸。日軍雖利用重砲掩護進衝。但我軍砲火威逼。槍彈密發。實予敵軍以巨創。始終未爲所逞。日軍乃重藉大砲轟炸。我軍又復還擊。直至十二時後。始漸平息。我軍陣線無變動。

青雲橋小接觸　今晨上午九時三刻。日方戰鬥機二架。抛擲機一架。由虹口方面飛至閘北青雲橋我軍陣線視察。並擲彈一枚。當被我軍高射砲擊退。同時對青雲橋對河。史金弄內駐防守之日軍二三百人。憑飛機迴翔於我軍陣地之時。突躍出戰壕。用機關槍向我軍猛烈掃射。我軍當即憑河作戰。以手溜彈手提機關槍等對之猛烈射擊。交戰約一時許。敵不支而退。是役斃敵約三十餘人。

敵偷襲被殲滅 今晨九時許。在邢家宅路民房內。突出日軍殘部約二十餘人，沿新民路偷進。爲我軍瞭見。即開槍射擊。敵亦依牆還擊。寶山路我軍聞得槍聲。即來追擊。敵見狀。乘勢前衝。在來安里之我軍居高臨下。用機關槍掃射。旋即全部殲滅。刻我軍尚在搜查殘餘敵部。

▲吳淞無戰事

吳淞口外之敵艦。今日均停泊離我要塞甚遠之海面。自晨至晚。均無特殊行動。亦未開砲。僅有飛機數架。曾至砲台及蘊藻浜一帶天空。偵察數次即去。亦未投擲炸彈。我軍亦靜守防線。未加射擊。至蘊藻浜方面敵軍。似在休戰中。我軍亦未攻擊。故吳淞方面。昨日甚安靜云。又據大美晚報云。星期一二兩日。吳淞方面殊少活動。今日仍然。僅有日海陸軍飛機高飛天空。從事偵察。未擲炸彈。

▲軍部發表戰訊

廟行鎮一帶我血戰竟日

斃敵二千七百六十三人

十九路軍部昨日（廿四日）上午十時發（第一次）戰訊。（一）昨日黃昏。在江浦鎮東北被我殲敵百餘名。獲槍一百零五枝。（二）昨夜被我六一師繳獲敵水機關一挺。旱機關一枝。步槍十餘枝。（三）昨夜十時至現在。各方無激戰。想敵已精疲力盡矣。（四）敵[illegible]閘北我軍出擊北四川路虹口一帶。正恐其僑民居住地。被我軍佔領。故現由前方調回多數兵力。防守北四川路虹口一帶。至江灣廟行鎮方面。暫取守勢待援等語。（五）昨日敵民團開會。決議與戰鬥有直接關係者外。全部回國。（六）昨（廿三）敵飛機往攻蘇州時。敵之飛行大尉一名。被我擊死。（七）昨日（廿三）敵之爆敵機一架。離陸不愼。自行燒燬。（八）敵政府昨日開閣議。討論上海援兵。因戰費問題。議論紛紛。終無結果而散。又昨日（廿四日）上午十一時發（第二次）戰訊。茲將廿二廿三兩日戰況通告如下。（一）敵自廿一日以海陸空軍全部向我全線來衝。企圖在江灣間突破我中央之計劃。失敗後。廿二日復以全力向我廟行鎮陣地正面突擊。經我派隊由孟家宅及南沈宅向該敵夾擊。敵用物質。頑強抵抗。血戰竟日。彼此突擊十餘次。短兵相接。血肉橫飛。死亡枕藉。卒將該敵完全擊退。是役殲敵二千七百六十三人。傷尤衆。

◉第十一章　全線血戰退敵

小場廟殲敵千七百餘名
江灣敵軍被我側擊崩潰

（二月廿五日之戰況）

▲廟行方面戰況

敵砲雖猛吾軍固守陣線
雙方戰事激烈廟行起火

敵軍向我全線猛攻。自二十日以來。已歷四晝夜之久。對於廟行方面。更爲激烈。吾方堅守陣地。敵不得逞。乃自今晨零點左右起。用極猛烈之重砲。向吾轟擊。拂曉後。又以飛機八九架在空中向吾陣線轟炸。侯家木橋與金穆宅之間。最爲吃緊。午後敵方砲火密集。彈下如雨。吾方爲集中主力起見。將陣線略爲縮短。亦以大砲還轟。午後敵漸不支。向後移退。吾方則仍固守原來陣線。

金穆宅殘敵肅清

被圍於廟行鎮金穆宅之殘敵。業於昨午十二時後。經我軍兩面包抄。當場將被圍之四百餘人。擊斃二百餘人。奪獲槍械二百餘枝。餘敵負傷逃回。嗣後敵人又於今晨二時後。得其後援加入。會集殘敵約三千餘人。再度猛向反攻。藉其重砲之掩護。圖衝破我江灣鎮之東北吳家宅左右陣線。當經我軍奮勇抵禦。肉搏激戰。形勢猛烈。當激戰時。敵機同時有九架飛出助戰。向下紛擲炸彈。惟敵軍因迭遭敗績。已失鬥志。而我軍則前仆後繼。愈戰愈勇。且得□師□團。捷徑直抄其後。準備斷其歸路。於是敵軍愈覺不支紛向後退。我軍躡後追擊。敵多自相踐踏。是役敵傷亡過半。極爲狼狽。約歷十時許。始得稍事喘息。但敵方又在中午十一時後。再集合其部隊向我軍陣綫進衝。其時敵兵已多畏縮不前。經我軍與之交戰一小時左右。即行敗退。午後敵仍時有進攻。但不若前次之激烈。

敵分三隊攻廟行　敵軍於今晨拂曉起。繼續昨夜戰事。向我廟行鎮東北部進攻。并以飛機十數架。大砲多門助戰。分陸軍步兵四千餘人爲左中右三大部隊。左隊配於陶家灣方面。右隊在侯家木橋與金穆宅之間。向金穆宅推進。中隊則在陶家灣與右中兩隊之間。直向孟家宅猛攻。我軍則以大部隊配於金穆宅與孟家宅前面迎戰。并以大砲等向敵猛轟。雙方砲火交加。極爲猛烈。兩軍即於砲丸之間。從事作戰。雙方肉搏數小時之久。敵軍漸形不支。至十一時許。我軍再接再厲。誓死抗拒。敵死傷達數百人之衆。我方傷亡。未及敵之半數。至午刻。敵右方部隊。略向南斜。擬與中路隊聯絡。被我軍以猛烈砲火所隔。至下午。敵始敗退。我軍仍守原防。

廟行鎮今晨大火　廟行鎮方面。我軍與敵軍抗戰至烈。爲數日來所僅有。敵方兼以飛機助虐。到處拋彈。今晨七時。敵機飛至廟行鎮。一排九架。在我軍第一道防線擲彈。當經我軍以高射砲發擊。幾至命中。旋在我軍後方擲硫磺彈數粒。民宅草舍。遭殃肇焚至夥。火光燭天。烟燄繚繞。達數里外。自晚至下午一時許。灰燼飄至大場彭浦間。猶未止息。

▲江灣方面戰況

敵軍分兩路偷攻

我方出奇兵側擊
結果敵全軍崩潰
我軍陣線大進展

江灣方面。今日上午。均在砲戰中。日飛機在空中擲彈。間有步槍聲。亦惟步哨與步哨之接觸。至下午六時許。日兵由體育會路天樂寺方面突出進攻。我軍奮起應戰。至晚十時許。敵軍不支。紛向後退。我軍乘勝追逼。楊樹浦方面聞得槍砲聲甚晰。我軍前綫。已向前進展。玆詳記如下。今日下午六時許。日軍於飛機擲彈之後。乘大砲掩護。分兩路重兵。一沿天樂寺。集趨江灣。並以坦克車前導。我軍除以手溜彈轟炸外。並有大刀隊在前破陣。敵兵被殲大半。乃不支而退。未幾敵軍增援。重又前衝。砲彈落如雨點。我軍砲隊。亦以砲向敵兵陣內轟擊。在鐵道以東。砲火連天。江灣鎮上亦中幾彈。激戰多時。敵軍毫不能得手。至七時許。敵兵愈戰愈衆。我軍突出奇兵。向體育會路之敵側擊。敵軍陣線動搖。天樂寺之敵。亦似不支。未幾。竟被我軍全部擊潰。我軍在體育會路方面。已逼近跑馬廳。在天樂寺方面。亦有進展。敵軍見陣線危急。乃亟用砲轟。我軍砲位。亦移進還擊。至十時許。雙方砲轟。仍在相持。

▲閘北方面戰況

敵軍砲攻劇烈
均爲我軍擊退

下午二時起。閘北方面日軍。仍繼續以大砲向我軍各陣線轟擊。我軍亦以大砲還擊。日軍砲彈。多落中興路。永興路。共和新路。大統路。等處。未有重大損失。中有一彈。落於滬太路普路之間草屋內炸死苦力二人。另傷婦孺各一名。日飛機於十二時許。在閘北投彈。致寶興路附近民房起火。我軍用高射砲瞄射。當擊傷敵機一架。天通庵路。八字橋。虹江路。等處。日軍仍不時向我射擊。至下午六時。忽起激戰。我軍又向虹鎮進迫。雙方砲擊。竟日未息。茲將各情分誌於後。

八字橋之激戰 八字橋方面。日軍於晨間進攻失敗後。仍不時用步槍向我軍防線施射。我軍伏處戰壕。不動聲色。日軍砲隊。雖聯用大砲轟擊。但絲毫未損我軍陣線。敵彈多中附近民房。我軍乃予相當之還擊。至下午六時左右。敵軍五百餘人。在暮色沉沉之下。又重向該處我軍進攻。勢頗猛烈。我軍奮起抵禦。雖敵方砲彈密如雨下。亦無畏縮之態。雙方機關槍及迫擊砲。亘半小時未息。此停彼起。想見當時衝鋒肉搏之烈。而我軍又善用手溜彈。故敵軍犧牲者甚衆。至七時許。敵軍以屢攻不逞。我軍乘勢反逼。至九時許。虹鎮方面。已可耳聞槍砲聲甚晰。想我軍尚在追擊中。同時楊樹浦方面。敵傷兵有十餘卡車載運。自東往西。

天通菴路敗敵 敵攻八字橋後。下午七時許。又有敵兵七百餘人向我天通菴路方面。再度進攻。以大砲鐵甲車。為掩護衝鋒。機關槍斷續向我軍發射。我軍沉着不應。待敵衝進距離較近。我軍兩旁機關槍步槍。同時並發。先鋒敵軍。狼狽潰退。敵之鐵甲車起而衝鋒。我軍以手溜彈迫擊砲向之轟擊。密集如雨。敵軍亟亟後退。我軍見機。奮出衝擊。敵軍不支。稍事抵抗。隨戰隨退。我軍仍固守原防線。旋敵方砲隊大砲又忽轉密。我軍繼起還擊。至十一時許未斷。槍聲稍稀。又入砲戰中矣。

虬江路小接觸　虬江路與川弓路。以接壤北四川路。故日軍不時以少數兵士。向該處騷擾。但一經我軍還擊。即紛紛退却。至晚六時許。日軍又施故技、戰約二十餘分鐘。敵即不支潰敗。

寶興路傷日機　閘北東寶興路一帶天空。今午十二時一刻。飛來日機三架。在該處我軍陣地視察。並陸續擲下巨量炸彈十二枚。有二枚當即爆發。致附近民房又起大火。延燒至下午一時三刻。尚未告熄。我方陣線。則絲毫未受損失。我駐防軍隊。即將高射砲瞄準三架中之最大一架。發砲轟擊。彈中該機左翼。在空中連翻斛斗墮地。距該機離地約二百尺時。突然機身向左一旋。復向上飛去。時未受傷之日機二架。仍在空中飛翔視察。迨見受傷之一機飛起後。始左右掩護。向公大紗廠方面逸去。

▲吳淞方面戰況

我軍砲中敵指揮部

殷行鎮日兵又慘殺

吳淞蘊藻浜方面。自昨晚起。敵軍與我軍之陣線。仍舊隔浜堅守。時或雙方前哨小有接觸。但不十分激烈。惟敵方軍艦及飛機。曾有數次向我砲臺及蘊藻浜。一帶陣地轟擊。結果我軍防線仍不爲動。茲將雙方戰況以及敵軍之慘暴行爲分別紀述如後。

敵艦砲攻無結果

吳淞方面敵軍與我軍。仍遙隔蘊藻浜而守。並無十分激烈之接觸。但敵方海軍艦。則於前晚（二十三）至昨日下午。仍派敵艦三艘。不同向砲臺淞鎮蘊藻浜等處開砲轟擊。一次在前晚八時三十分許至十時四十分許。第二次在昨晨二時許至四十分。第三次在昨日上午十時許至十一時。第四次在昨日下午二時許至四時許。敵艦每次砲轟。均在百餘發以上。當敵艦歷次砲轟我軍鎮靜異常。死守防地。故陣線毫無搖動。敵軍雖耗費砲彈數百發。可謂一無結果也。

紀家橋雙方激戰

上午九時許。有敵沅江丸裝載敵兵約五百人。自滬駛至糧米站碼頭登岸。敵我兩軍自蘊藻浜至紀家橋一帶陣線自晨至午後三時。各處均有哨兵接觸。斷續之步槍聲。東起西應。侯家木橋一帶。昨晚七時起。有敵兵二千餘名。用重砲及野砲掩護數次。向我軍地猛衝。結果均被我軍擊退。雙方激戰終宵。敵軍始行退去。

砲中敵軍指揮部

吳淞方面今晨雙方有砲戰。我軍射力甚準。閘張華浜前面敵軍。在淞滬路工場所設之前方指揮部。被我軍砲彈所擊中。并有參謀一人。被擊斃。

日機到處擲彈

敵軍連日慘敗。羞憤欲死。乃又派出大批飛機。飛往各地。肆意轟炸。如新龍華。眞茹。南翔。等處均被敵機擲彈甚多。毀屋傷人。損失頗重。前聞海外僑胞。有購買飛機救國之舉。此眞刻不容緩者也。

◉第十二章　敵主力戰敗北

（二月二十六日之戰況）

▲廟行江灣戰況

敵重創後全線沉寂

我軍固守兩鎮陣地

本日廟行及江灣方面。雙方無甚重大接觸。僅有大砲互轟。我軍所發砲彈。多中敵軍後方。敵方則仍用巨額大砲。向我廟行陣地轟炸。但未有重大損害。惟廟行前里許一帶田地。經敵軍兩日夜砲轟後。已無一片乾淨土。砲彈所炸窟洞。恰似蜂窠。我軍陣線仍完整無變動。江灣我軍前線。在距跑馬廳二百碼處。江灣車站及江灣鎮。仍在我軍手中。一無變化。雙方步哨。不時槍擊。但未有激戰。

敵重創後一蹶不振　日軍於昨日藉援軍之助。於下午二時。六時。及十一時許。接續三次。自廟行以迄江灣。前線向我總攻。被我軍歷次擊退後。其方調前線之第十一師團損失甚重。尤以小場廟竹園墩受創最巨。當我軍進逼時。幾已失其戰鬥力。故今日敵軍陣線甚爲沉寂。今日上午十時廿五分起。敵方以大砲猛向我軍轟擊後。我軍亦起還擊。至十一時許。敵飛機在天空偵察。並在大場及廟行投擲炸彈。我方高射砲瞄射不息。因此砲聲甚密。江灣方面亦有日機投彈。敵方步哨不時以步槍向我軍施射。我軍沉着不應。敵恐中計。乃旋息。惟雙方砲轟。有加無巳。我軍前線兵士均伏處戰壕中。以敵軍始終無動靜。故亦不予追擊。鞏固防務。敵砲轟至下午九時許。漸趨平息。晚十一時。沿各該綫未有發生戰事。

廟行江灣敵軍陣綫　據我軍某中級人員談。敵自攻江灣不得。改攻廟行後。現在攻廟行之敵軍。已被殲滅。外間屢傳廟行頻危。江灣失守等等。盡屬謠傳。總之我軍決與死拚。即剩一兵一槍。亦與抵抗。現我軍自廟行以至江灣一帶防綫。迄無變動。江灣廟行兩鎮。仍在我手。最前綫已越竹園墩。小場廟。孟家宅。金穆宅。敵軍最前敵兵在白漾宅。周家宅。梁印宅云云。又據他方消息言。敵在白漾宅以東。軍力達一萬四千。在江灣跑馬廳以北。梁印宅以東。確有第十一師團之步兵約九千名駐守。

敵坦克車全失效力　敵自以鐵甲車坦克車作侵略工具後。不料連戰皆北。且踏中我地雷。燬壞十餘輛。因之該項車輛至今。已專作砲壘之用。每輛外圍沙包。盤踞戰場要隘處。不復再作衝鋒陷陣。其亦自知龐然笨重。燬去一輛。損失甚大。故前昨兩日。敵攻竹園墩。小廟廟。趙家宅。水車頭。等處。已屏棄不用。蓋該處地為低窪。泥土潮濕。港汊紛歧。尤為坦克車鐵甲車所忌者也。

▲閘北雙方砲戰

敵軍屢攻失敗

砲火雖猛無益

閘北天通庵八字橋一帶。日來戰事。較爲沉寂。昨夜我方集中砲火。向敵猛攻。敵軍憑壕頑抗。雙方激戰甚烈。至昨日拂曉。敵始不支而退。我軍除將前哨線移進外。並不窮追。至下午五時。敵又反攻。但人數不多。僅用大砲轟射。我方亦以重砲還擊。雙方激戰約一小時。敵因進攻失利。卽向後退。不敢再衝。至晚八時半起。敵又用重砲轟我陣線。或斷或續。亘數小時之久。毫未得手。

▲吳淞方面戰況

敵艦輪流開砲
敵機亂擲炸彈

吳淞要塞方面。敵艦於昨日曾有數次。向我開砲攻擊。今日上午。敵艦十餘艘。均停泊三夾水外。並未開砲。惟至下午漲潮時。有三艦向我輪流開砲。潮落時。卽行停止。蘊藻浜方面之侯家木橋紀家橋一帶。敵軍於今日上午。向我陣地進攻。同時並有敵機六架擲彈助戰。我軍固守無變動。茲將戰況分紀如下。

敵艦漲潮時進攻　淞口三夾水外洋面。現泊有敵艦十餘艘。距離砲台火線甚遠。今日該敵艦等。未向砲台攻擊。惟每逢半潮時。卽派敵艦二艘。向淞鎮輪流往來發砲轟擊。一俟潮落。卽行退出口外。張華浜附近浦中。現無敵艦踪跡

今晨敵攻泗塘河　吳淞蘊藻浜之正面。兩軍仍隔河對峙。並無接觸。沿南泗塘河之侯家本橋。紀家橋。（侯家木橋距吳淞十八里。係江灣境。紀家橋距吳淞十里。均

保寶山縣屬楊家境。一說胡家莊。）等一帶。敵軍於上午八時許。突增派重兵。向我軍陣地進攻。同時並有敵機六架。擲彈助戰。我軍在該方面築有堅固戰壕 兵力亦至為充厚。故敵軍砲火雖猛。頗能應付裕如。張華浜附近一帶敵軍陣地內。己不若前數日之沉寂。敵兵均異常忙碌。三兩成組。由淞滬鐵路運輸軍實送往前線。九時許並有小輪一艘。拖帶駁船三艘。裝載敵兵四百餘名。及大批軍用品。由滬駛至糧米碼頭。該方面戰事起後。至下午益形劇烈。截至下午三時許。雙方尚在相持中。

大批敵機擲炸彈　又據另一報告稱。今晨七時許。淞口航空母艦上。又飛出敵機十三架。計有爆炸機七架。偵察機六架。至吳淞外馬路一帶擲下炸彈數枚。當商救火會高樓着彈炸燬。幷殃及海濱醫院。經我軍開放高射砲。始見六架飛往西北方面。七架至江灣一帶而去。八時後。日艦發砲十餘響。彈均落於砲台灣獅子橋田間。又今日下午一時。日飛機一隊三架。又向蘊藻浜方面投下延燒彈數枚。未幾遂即起火。因無人施救。至下午三時始熄。

敵機飛杭與我空軍激戰　今晨上午六時半。有日戰鬥機十五架。由高橋起飛。向海外繞道飛至筧橋。盤旋空中。意圖拋彈轟炸我航空場。適時我航空場停有飛機十三架。有十架即時飛起應戰。餘三架因不及飛起。當被轟略受微傷。日機拋彈約十餘枚。（全係何量炸彈。）其時該站對面有草屋一間。亦被炸毀。車站人員。莫不驚慌異常。但該站幸未殃及。當我機在空中與日機戰鬥時。我駐軍亦用高射砲轟擊。日機不敵。

紛紛逸去。至午時許。又有日機三架。沿滬杭鐵道飛至艮山門一帶。並在空中視察約數十分鐘後、轉飛至臨平站對面翁家坡。盤旋一週。幸未擲彈。惟筧橋長安硤石一帶。嗣後仍有日機多架飛行。直至下午六時。始飛返高橋。

路透社二十六日南京電云。航空處發表今日杭州空戰之公報如下。今晨黎明後。日轟炸機三架。追逐機十二架。共十五架。忽飛至杭州。中國飛機十架即與迎戰。另有飛機多架。未及飛起。日機即擲下炸彈。損中國訓練機三架。運輸機一架。惟所損甚微。可早修竣。當日追逐機十二架與我機交戰時。日轟炸機三架即逃去。戰僅十分鐘。日追逐機亦向上海逃去。我駕機員兩人受微傷。敵一機落於杭州灣附近。機身已毀。機師亦斃命。

㊀第十三章　敵軍待援再攻

獅子林被敵艦砲攻

閘北方面火光燭天

（二月二十七日之戰況）

▲吳淞方面戰況

敵軍砲轟獅子林

我軍擊沉偷渡船

敵軍自偷渡蘊藻浜一役遭 鉅創後。對於吳淞之企圖。已不敢輕於嘗試。近數日內乃集中主力。側重江灣大場方面。始則以步兵肉搏。但被我軍包圍。復遭重創。遂不惜以數十重砲。竟日徹夜。不斷猛轟。終因我軍天賦神勇。敵絕鮮效果。非獨毫無進展。並且連連敗北。敵司令植田勢成騎虎。迭電乞援。冀挽頹勢。聞昨日吳淞口外有十餘艘大批日艦。專待各國商輪進口。即可藉作掩護長驅直入。而所載援兵。約有六千餘名。現敵艦前後共達三十餘艘。聞敵現將再變戰略。又將重視吳淞矣。茲將詳情。分述於下。

敵艦轟獅子林 今晨七時半。敵軍艦二十餘艘。集中於瀏河寶山間江面。同時飛機七架。集中砲火。向我獅子林砲台轟炸。我軍沉着應戰。亦時發砲還擊。至十一時二十分敵機飛去。而砲轟如故。掩護敵軍。圖在砲台灣登陸。候至相當地點。停止砲擊。我軍是時乃以機關槍及迫擊砲向敵射擊。多命中。敵艦亦開砲猛擊。混戰至下午二時許。尚未停止。其所投炸彈。多爲二百五十餘磅之重彈。但我方要塞佈置極週。敵投彈雖多。大半均陷入淤土。失爆炸力。

敵船擊沉三隻 上午十時許。張華浜糧米棧碼頭日兵二百餘名。分乘鐵甲駁船四隻。藉依周塘以掩護。沿塘駛至蘊藻浜口。希圖偷渡。當被我方外馬路駐軍覺察。即用陸戰砲轟擊。敵船一時欲退不能。當被擊沉三艘。斃敵約一百五十餘名。其最後之一艘。急轉舵避入塘邊。急駛逃去。是役敵軍生還者僅五十餘人。我方未傷一卒。

蘊藻浜敵縱火 今晨八時許。敵於慘敗之餘。秘密派遣漢奸便衣隊多人。改扮良民。偷渡蘊藻浜。潛至各村落。肆行縱火。於是翅中居民又遭一炬。自晚至晨。迄未稍息。加之風伯助威。施救無人。故延燒更烈。在本埠較高之處。即可遠見黑烟冲天。

▲閘北砲聲火光

敵軍偷襲均經擊退

中興公興等路大火

閘北方面日軍。自晨至晚。全用大砲飛機。向天通庵路。中興路。青雲路。公興路。等處轟炸。擲彈結果。發生大火數處。竟日未熄。入晚七時起。天通庵虬江路方面日軍。利用少數兵士。不時向我軍偷襲。均被我軍擊退。砲轟至下午六時許平息。

入晚敵偷襲擊退　下午七時許。日軍於砲轟後。即撥派少數步兵三四十人不等。向虬江路。天通庵路。我軍防線偷襲。我軍伏處戰壕。沉寂不動。日軍意爲我軍已被其砲火逼退。乃仍摸索前進。約距我軍陣地百碼左右。我軍機鎗突起。日軍當者盡靡。未機又來又遁。如是者三四次。嗣後日陣見無隙可乘。乃停止進行。惟仍不時用步槍遠射。我陣亦還擊。

中興路竟日大火　日陣自昨日起。因步兵接觸。非惟不能越我雷池一步。反致喪兵折將。故改用砲轟及飛機擲彈。但結果仍不能損我分毫。昨爲敵陣施用此計之第二日。於上午五時起即用大砲。向天通庵及閘北轟炸。同時日飛機三架。亦在閘北等處。空中旋盤投彈。中興里。先中敵機炸彈一枚。繼中硫磺彈。立時起火。先僅在里中延燒。旋因大風助威。乃漸延及鄰屋。同時敵方砲彈紛飛。墮地爆炸。更助火勢。延燒至午。已將中興路對宇房屋。全付一炬。未幾鼎元里亦累及。入晚已焚及大半。火勢尙有增無減。遠望滿天通紅。天通庵路附近之公興路。於晨間起火後。亦竟日未熄。至晚間十二時。仍見火光熒熒。黑烟瀰漫。火勢不下中興路。兩處損失。不計其數。

▲廟行江灣沉寂

砲聲繼續並無劇戰

大批敵屍運揚樹浦

廟行江灣間戰事。敵自昨晨總攻失敗後。乃利用飛機大砲。不時向我威嚇。同時以少數部隊。擾我陣線。自昨晨起。迄午後止。全線沉寂。並無劇烈戰事。昨日午后四時後。江灣方面。砲聲復起。但極稀疏。我軍以敵方徒耗子彈。並未還擊

沿途敵屍縱橫　大場全鎮。於昨日被日飛機投擲巨量炸彈三枚。立卽爆炸。全鎮房屋。炸毀十分之七。已成一片焦土。幸民衆均已避走。暫時躲身於附近各鄉村中。前日廟行。趙店宇。竹園墩。孟家宅。大沈宅。一帶。日軍大敗。沿途各田地上死屍堆積。血流成渠。除在我軍火線外之屍身。於今日下午旁晚時。由日軍拖至鐵路附近。裝入大卡車上。運往楊樹浦及公大紗廠者。共計有四十八車之多。約計足有三千餘名。沿途血跡淋漓。觸目皆是。尙有手足擊壞。氣息未絕者。亦均一併裝去。

◎第十四章　敵軍夜戰失利

敵竟宵圍攻均被我軍擊退
竹園墩獲勝敵軍死傷枕藉
敵砲猛轟八字橋閘北大火

（二月二十八日之戰況）

▲敵夜襲竹園墩

自敵方援軍大批到滬後。昨日已入於最後準備時期。其主力仍集中於廟行江灣至八字橋方面。昨晚黃昏後。敵仍施其故智。利用大砲。猛轟我軍陣地。同時以少數部隊向我軍廟行至八字橋陣線。到處騷擾。竟宵未停。至今晨六時。敵砲火稍止。上午八時江灣之正面復有小衝突。均被我軍擊退。廟行我軍稍有進展。其餘陣綫無變動。今日上午十時至下午一時止。前線又較爲沉寂。敵機十餘架今日上午七時起迭往大場彭浦沿交通路拋擲重量炸彈。及硫磺彈百餘枚。焚燬民屋。炸死男婦各一名。餘彈均落在四週空地上。幷無損害。各情分誌如次。

黃昏時砲攻猛烈　昨日江灣廟行一帶戰訊沉寂。延至昨日下午六時後。敵砲百餘門。向我軍廟行江灣八字橋陣地猛轟。八字橋尤爲砲火密集所在。至晚十時後稍停。

至今晨零時三十分許。隆隆砲聲又起。每分鐘約開數十發。至今日上午九時始停。敵所發多爲硫磺彈。擊中民房。焚燒甚烈。於我軍毫無損害。

竹園墩兩軍肉搏　日軍於連續不斷向我砲轟後。於下午五時許。即撥派三四百人小部隊。先向竹園墩小場廟兩處。作斷續的衝鋒。均不得逞。乃於下午八時許移其主力軍隊向竹園墩方面偷進。約有千餘人。但該處我軍亦有重兵。於是兩軍相搏。激戰由晨而起。日軍衝鋒時。係由手提機關槍及手溜彈。我軍亦用手溜彈還擲。機關槍左右輔助。向敵軍掃射。我大刀隊隨先鋒而進。同時小場廟方面敵軍又用小部隊二百餘人。向我進攻。鋼砲接連向我軍射擊。我軍亦起還應。因此兩處槍砲聲接成一片。敵軍藉軍刀充足。連續衝鋒。我軍乃奮勇而進。與之肉搏。喊殺震天。刀彈到處。但見敵軍授首。血花四濺。滿地染紅。經我軍二小時之勇戰。敵軍漸見不支。逐步退却。我軍四起追擊。敵全部紛亂奔潰。我軍乃回守原防線。斃敵二百餘人。

沿全線小部擾亂　敵軍經此一敗後。心尚不休。乃收拾殘部。分爲十餘小隊。於昨晚十時後。重向淞滬鐵路我軍全線進攻。我軍先亦還擊。嗣見敵軍一聞我方槍聲。即返身奔逃。乃變更方策。俟其深入後。在其兩旁。用機關槍掃射。因此敵軍曾受一次重大損害。旋敵軍以此方不利。乃又竄往他處襲擊。如是者二十餘起。敵軍死傷近百餘人。至今晨一時許。沿全線敵軍。又以無隙可乘。乃即退却。

敵反攻拂曉退却　至今晨二時許。敵軍意爲我軍無備。乃突以重兵約。千餘人。重向竹園墩小場廟一帶我軍防線猛攻。砲火繼起助戰。當時我軍除以大砲還擊外。前線步兵。均沉寂不動。敵直衝而進。我軍機關槍於其稍近時。即齊起掃射。先斃敵十餘名。敵後部即中止。未幾重起衝鋒。約數百人。散兵而進。我軍一躍而出。與之接戰。先僅以槍擊。繼愈逼愈近。乃又入肉搏。血戰之中。我軍到處圍殺。致敵伏屍遍地。雙方援軍紛到。因此愈戰愈烈。混戰四小時餘。敵仍不支。立即向後潰退。我軍以鋼砲機槍追擊掃射。敵四向奔逃。至今晨六時。已全部敗退。我軍固守原防線。

廟行陣線有進展

今晨七時。敵軍以數百人部隊。向我廟行側面陣線進攻。經我軍猛烈還擊。未幾敵即不支。紛紛後退。我軍陣線略有進展。

高境廟我軍獲勝

頑敵經竟宵困戰。絲毫未能得逞。戰敗之餘。全軍已現疲態。至今晨八時許。敵在江灣正面高境廟一帶補充生力軍約五百餘人。向我陣地襲擊。初用野砲不斷轟攻。意欲破壞我方陣壘。但我軍均潛伏壕內。遠處瞭望。祗見一片荒邱。宛如無敵。故敵砲毫無標的。頻轟約半小時。敵見我方塵土蔽天。於是藉作掩護。向我軍陣地衝鋒。我軍明知頑敵狡計。故作不見。直待敵軍逼近壕溝時。我軍乃以步槍及機關槍猛烈掃射。敵應聲而倒者九十餘人。

一排人擊退頑敵

敵遭迎頭痛擊。正欲向後潰退時。敵後援又續到六百餘人。分兩批繼續猛衝。我軍見來勢甚烈。即一面在正面迎擊。一面以一排精銳。用手提機關槍從左右衝出。猛烈掃射。將敵軍衝為三段。敵遂失其連絡。深懼又遭包圍。乃如急潮潰退。是役敵死傷逾百人。我軍奪獲手機關槍五架。步槍數十枚。手溜彈百餘枚。至十時二十分。敵全部退去。

敵機轟炸大場鎮　今晨六時許。敵飛機十餘架。分作數隊。又飛至大場一帶偵察投彈。歷兩小時之久。共投下重磅炸彈至一百十七枚之多。滬太汽車路彭浦站對過之民房。炸燬無遺。滬太汽車二輛炸去過半。路旁男女屍身各一。厥狀至慘。

▲敵砲擊八字橋
經我軍擊退未得逞
殘餘房屋延燒甚廣

昨晚六時後。敵軍以重砲數十門。向我天通庵路。青雲路。八字橋。一帶陣地猛攻。同時以零星部隊。向青雲路。天通菴路附近我軍陣地襲擊。經我軍還擊。敵未得逞。乃紛紛退去。今晨零時二十分起。敵又用燒夷彈向八字橋一帶轟擊。至晨九時始停。八字橋南面一帶殘餘民房。受猛烈砲火攻擊。有數處起火。延燒甚廣。截至發稿時止。尚未熄滅。至老靶子路。虬江路。橫浜橋一帶。昨晚以今晨。均無戰事。

▲江灣一片焦土
金穆宅楊家橋
我軍防禦鞏固

江灣成爲砲火焦點　敵軍自變更戰略。以全力進攻我江灣方面後。因我軍猛烈抵抗。每次進攻。終不得逞。乃利用大砲數十門。飛機數十架。日夜向江灣鎮轟炸。亘三十餘小時之久。希圖毀壞我軍陣地。但結果仍告失敗。帷鎮上民房。則因此焚燒殆盡。全鎮幾成一片瓦礫場。而鎮上尚未逃出之無辜居民。多被炸死。屍積如山。臭氣逼人。不堪久耐。尤以附近河水。愈形惡濁。我軍爲安全起見。於二十六晚間九時。暫行離去該鎮。卽將陣線移至附近防守。然敵軍以我方嚴陣以待。仍在該鎮東面一帶窺視。膽怯不敢前進。至二十七晚間。敵軍曾派少數哨兵。乘黑夜偷入鎮內窺探。當被我軍察覺。立卽開放機槍擊退。嗣後雙方均隔鎮而守。故江灣鎮上。現實爲兩方火線之焦點也。

我軍憑洒塘河嚴守

昨日下午三時四十分起。敵又以少數部隊。向江灣以南之楊家樓衝擊。當經我軍奮勇擊退。但我軍以戰略上便利關係。現均在江灣稍西之〇地築防。敵以爲我軍詐退。不敢遽進。直至今晨七時。敵用飛機先將虛實探明。復用巨砲轟擊。直至近午十一時。始前進至萬倉橋。其時我軍早已準備完竣。猛烈迎擊。敵不支。後退數十碼。敵軍進抵鎮上。因防我伏軍。留匿民宅。故將所有房屋。盡行縱火焚燒。烟燄之烈。較昔在寶山路焚燒時。尤爲猛烈。午後四時三十分。國聞社記者在滬太路東望。見火尙在延燒中。至於萬倉橋之敵。被我敵住後。遂在附近紛紛築防。午後二時。復用小數部隊。向江灣北面之嚴家宅。與江灣南面之楊家樓。舉行偷襲。但均以我防地鞏固。不能得手而退走。三時後。偶有槍聲。均爲雙方哨兵所發出。戰事並不十分激烈。現我軍防線。北自俞穆宅起。南迄楊家樓止。已成一直線。憑洒塘及俞涇作戰。防護較前更爲嚴密。

小場廟嚴家宅劇戰　今日上午。江灣敵以大砲及飛機十餘架。向小場廟與嚴家宅一帶轟炸。至午砲火始止。旋敵千餘。由大沈宅及周家宅一帶。向我進攻。我軍奮勇衝殺。將敵截成兩段。致首尾不相應。卽行退却。於下午一時許。被我軍包圍。混戰歷二小時之久。敵軍被我解決。截至下午四時。該方面又有砲戰。

●第十五章　江灣三路却敵

敵步兵三路進攻大砲飛機助戰
雙方激戰三小時敵軍損失奇重

（二月二十九日之戰況）

敵軍三路會攻江灣
敵機五架擲彈助戰
戰至十一時敵敗退

敵軍於今晨八時。在江灣一面。用大砲數十尊。會同飛機五架。向我江灣孟家宅及八字橋一帶陣地轟炸。同時並派步兵一千數百名。在大砲掩護之下。分三路向我本隊陣地衝鋒。我軍亦卽分途迎頭痛擊。激戰至十一時。敵始不支敗退。茲將戰況詳情。分紀如下。

敵先用大砲飛機 今晨七時半以後 即有敵軍轟炸機三架。戰鬥機兩架。至八字橋及孟家宅 帶我軍陣地。先行投擲重量炸彈。同時敵軍砲兵隊。分佈於虹口公園及江灣跑馬場洞處。共有大砲數十門。猛力向我開砲轟擊 以期燬壞我軍防地。俾其步兵前進。

分三路向我衝鋒 至八時許。敵軍以爲我方陣地已被大砲飛機所燬壞。乃遣派步兵約一千數百名。分三路向我防線衝鋒。第一路約四百餘人。由持志大學方面前進。第二路約五百餘人。由江灣車站前進。第三路約五百餘人由江灣鎮前進。我軍前哨線。見有敵軍前進，即以來福槍射擊。抵抗數分鐘後。乃佯退至本隊陣地。引誘敵軍前進至相當地點時。乃羣起衝殺。同時用機關槍及手溜彈掃射。敵軍亦頑强抵禦。計持志大學方面之第一路敵軍相持僅三十分鐘。即行潰退。第二三兩路敵軍。人數較多。竟激戰至十一時。始被我軍擊退。十一時以後敵軍已停止飛機大砲之轟炸。我軍亦未窮追。據該處我方軍事長官稱今晨之戰 敵軍死傷甚衆。我方亦略有損失。

竹園墩戰三小時 今晨寄時二十分。敵軍遣赴步兵約三四百人。乘黑夜向竹園墩方面偷襲。當被我軍發覺。立即進擊 雙方即在該處激戰至今晨三時餘。敵始不支退敗。嗣後敵軍雖無舉動。但我軍仍在該處嚴陣以待。

▲我軍繼續進展

天通庵路我軍取攻勢

拂曉起向平涼路挺進

日軍以大砲向我閘北八字橋等處後方陣地轟炸。已歷二日二夜。中以昨晚至今晨爲最烈。日軍計發八百餘砲。同時敵機到處擲彈。惟徒苦我民。廬舍遭災而已。其兵士已久懾我軍威武。 始終未敢深入。我軍於昨晚進展至淞滬鐵路北面後。於今晨四時起。重又會合靑雲路。天通庵路兩路兵士。繼續向淞滬路兩面日軍陣地進攻。日軍深悉其步兵不足恃。乃以重砲爲利器。齊向我軍前線作猛烈之轟擊。我軍砲隊奮起還應。直向其後方施射。我軍卽利此時機。逐步進逼。手提機關槍密如連珠。日軍措手不及。紛向狄思威路施高塔路退却。我軍卽分路向狄思威路。施高塔路。包抄敵軍後方。因此敵軍砲隊被我逼退。敵軍見失砲隊掩護。頓失戰鬥力。乃續向後潰敗。至清晨六時許。我已過達虹鎭附近。時敵軍援軍紛到。乃起激戰。雙方砲火連天。雖在車馬市廛之租界中區。亦能淸晰可聞。至十時許。敵被我重重威逼後。力不能支。繼續潰退。同時宋公園路房屋因被敵機擲彈。有數處起火。敵機三架。於上午八時許。在閘北眞茹偵察擲彈。於十一時許被我軍擊退。

▲吳淞廟行沉寂

今晨敵艦並未開砲
廟行防線異常穩固

今晨一時起迄今日下午一時止。吳淞方面較爲沉寂。敵艦未開砲。敵機亦僅偵察而止。未擲炸彈。蘊藻浜正面。時有斷續槍砲聲。然雙方並無接觸。至廟行我軍防線始終未變。今日上午亦無戰事。槍砲聲亦極稀疏。敵時有數十人小隊。進擾我廟行正側面防線。均先後被我軍擊退。

⊕第十六章 退師前之惡戰

（三月一日之戰況）

▲八字橋之血戰

陣地五失五得

閘北一帶大火

昨日敵軍傾其全力。猛攻閘北八字橋一帶。雙方晝夜血戰。我軍防線。凡三失三得。敵軍死傷。達三千人以上。戰事之烈。實較曹家橋江灣等役爲烈。可謂一二八以來第一大戰。而天通菴。竹園墩。小場廟等處。更爲敵軍砲火之焦點。鏖戰至今日正午。砲聲猶隆隆不斷。詎至下午二時後。敵軍竟收殘餘。增加援軍。第四次向八字橋迤北一帶等處。繼續猛攻。激戰之烈。尤甚於前三次。最後凡五失五得。我軍仍固守陣地也。茲將各方情形。探錄於次。

敵四次攻八字橋 敵軍在八字橋經兩晝一夜之苦戰。至今晨已力盡極疲。至九時許。敵機軍又到。集中約三四千人。復利用其集團砲兵及三四十門之各式重砲。及大批飛機爲掩護。作第四次之猛烈進擊。砲彈到處。房屋立時起火。蓋敵軍所用完全爲硫磺彈及瓦斯彈也。飛機所擲炸彈。無一彈在百磅以內者。加之鐵甲車威脅更甚。敵步兵得此最大之助力。更乘勢作猛烈之衝鋒。當時我軍見敵來勢過猛。爲避免犧牲計。僅以機關槍稍加抵抗。至下午十二時許。我軍即向後撤退約一百米突。

收失地再度肉搏 當時我軍撤退一百米突後。立即調動大批生力軍。向該處增援。至下午一時許。我軍更四度反攻。均視此處爲全線關係所繫。〇師師長並親赴該處指揮。我軍士氣更覺百倍。人人均抱犧牲決心。全軍同時動作。以多數之手提機關槍爲前導。猛向敵軍陣地衝擊。喊殺之聲。震聞遠近。同時我軍大刀隊已滾進敵陣。刀光四射。血肉橫飛。鏖戰歷一時四十分之久。敵陣全潰。紛紛竄退。於是遂仍佔原有陣地。並檢獲敵軍機槍數挺。步槍三百餘枝。鋼帽子彈無數。嗣後敵即用大砲不斷轟擊。無一分鐘之間斷。待至薄暮敵軍又取攻勢。迄至今晨。攻擊益亟。我軍仍固守原線。屹然未動。

閘北一帶又大火 敵軍連日間所射砲彈。在閘北一帶落下者。都爲硫磺彈。因此每彈到處。大火隨之。八字橋方面。有三處大火。竟日未熄。

▲竹園墩之激戰

敵軍砲轟竟無片刻停息

我軍以敵屍作障蔽衝鋒

前日敵之主力攻我八字橋及沿閘北一帶。不能動敵分毫。昨日拂曉。又日軍猛攻小場廟竹園墩。敵方大砲飛機偵察威脅無過。達十餘小時之久。敵我雖有一度進退。但結果我軍終將敵擊退。主陣線仍毫無移動。茲將戰情錄下。

竹園墩殘敵 敵昨日分三路猛攻八字橋天通菴至昨早十時。仍向廟行江灣間竹園墩小場廟進襲。我軍駐防該處者爲□□師一部。見敵來即奮勇迎擊。戰約半小時。敵即派出兩大隊。一向江灣前進。一在竹園墩衝鋒。同時敵軍大砲砲彈密集。向同一地點轟擊。預計一句鐘內所落砲彈。近三百粒。空間並由飛機投彈。激戰之烈。較曹家橋一役有過之無不及。至十一時許戰更烈。我軍憑竹園墩與河浜而守。敵軍連續衝鋒。無間斷之時。我軍陣線一度稍稍後退約二百米之地。其時敵亦跟踪而進。來勢愈猛。當此緊逼關頭。我援軍開上。實行抄襲。敵祗得匆匆而退。然已不及。被我擊斃達二百餘名。

火綫之距離 廟行江灣小場廟竹園墩等陣線。敵我相距最近處僅二十餘碼。步槍亦失效力。上午十時。敵以攻八字橋之兵。改攻小場廟。據□旅軍官談敵昨日攻擊最烈之處。爲廟行至竹園墩一段中。最近時雙方均以手溜彈撲擊。故一俟出壕。即與衝鋒。敵砲火雖烈。對我實毫無辦法。

敵屍作障蔽 敵在竹園墩廟行。遺屍纍纍。我軍屢退屢進行。幾數度矣。當敵軍進攻衝鋒時。全以敵屍作障蔽。本日江灣以北至廟行一線。均有劇烈戰爭。

第十七章　我軍全師而退

（二月二日）

自一月二十八日日軍突然攻擊閘北以來。我軍為自衞而奮勇抵抗。敵迭次總攻。均遭慘敗。乃四易其司令。陸續增派陸軍來滬應援。前後到滬者計第一第九第十一第十四師團。軍艦六十餘艘。飛機百餘架。及海軍陸戰隊等。兵力在十萬人以上。傾其全國海陸空常備軍三分之一力量。以與我淞滬一隅之軍相較量。然經我軍迎頭痛擊。野心終不得逞。自白川大將抵滬後。改變戰略。注重側面。以軍艦三十餘艘。陸軍一師團。飛機三十餘架。總攻我瀏河楊林口後防。抄襲我軍南翔眞茹後路。昨晚激戰竟宵。我防軍兵力單薄。今晨六時後。敵軍陸續登岸。我防軍仍繼續奮勇作戰。同時敵在江灣廟行方面。復以一師團之兵力。向我正面壓迫。我軍以後路緊急。孤軍久持。終屬非計。遂於昨日下午四時。下令全綫撤退至相當地點。繼續抵抗。民衆方面。尤應力持鎮靜。積極援助。貫徹抗日救國之初衷。以圖最後之勝利。

▲我軍撤退經過

昨晨日軍在瀏河楊林口方面登陸後。雖經我軍奮力抵抗。然我軍之左翼卒受重大之壓迫。而全線有被包圍之虞。十九路軍軍長蔡廷楷。遂於昨日下午四時。下令全線總退。與淞廟行江灣閘北等陣地我軍將士。奉令後。卽開始引退。但仍留一小份部。亦全數撤退。同時我眞茹方面之駐軍。亦全部撤至南翔。

▲南市撤退情形

至南市方面。昨晚亦奉令撤退。龍華淞滬警備司令部。亦於昨晚遷移。至南市之憲兵第六團及警察大隊。於今晨四時撤退至顓橋。地方治安。由保衛團及警察維持。

▲我軍撤退原因

據十九軍後方辦事處主任范其務君云。予誠不欲費詞。侈言我軍此次戰爭之如何如何。然予亦甚希望國人。應明瞭此次戰爭之嚴重性。吾人茍囘溯我軍作戰一月以來之經過。則必恍然今茲退却之爲何種意義矣。蓋自一月廿八夜。日軍向我閘北開釁以來。其海軍司令鹽澤所率之陸戰隊六千人。立即被我軍擊破。終乃派植田中將統率陸軍第九師團約二萬餘人。前來增援。並運來大批坦克車五十輛。野戰砲兵一旅。飛機一百三十餘架。戰船四十餘艘。於前月二十號。向我軍下總攻擊令。在江灣廟行鎮一帶陣地。作猛烈的攻擊凡五次。我軍與之血戰數日。日夜不息。結果。植田所帶來之第九師團亦潰不成軍。而我方由閘北以至吳淞之陣地。依然鞏固。絕不因日軍之猛烈攻擊。而稍有搖動。最近日方雖更派白川大將。帶領第十一第十四兩師團約三萬餘人。加入前線。向我八字橋廟行鎮等陣線急劇進攻。惟連日仍被我軍擊退。不能前進我陣線一步。惟吾人此次在迭勝當中。忽然撤退。此中當有緣故。請分別言之。（一）我軍自一月二十八日在閘北與敵抗戰以來。第一天在前線者祇數百人。其後我十九路軍共三師。先後調到。繼後第八十八師及八十七兩師及稅警團等參加。自一月二十九日起。一直與敵人激戰至于今。我方軍隊。僅有五師而已。而戰線則由閘北拖長至吳淞。約二十里。且要兼顧南市及瀏河等處。軍隊不敷分配。可想而知。我前線之士兵。有與敵激戰數日夜而不得休息者。而敵方則援軍源源而來。最初鹽澤指揮陸戰隊六千餘人。商人義勇隊三千餘人。第二次野村帶來陸軍萬餘人。特別陸戰隊三千餘人。第三次。植田帶來陸軍第九師團約二萬餘人。第四次白川大將帶來第十一第十四兩個師團約三萬餘人。每次均附有大砲坦克車飛機戰艦野戰砲等無算。統計目下敵方戰鬥力。陸軍及陸戰隊商人義勇隊。不下八萬。雖迭次被我殲滅者不少。然尚源源而來。且尚有戰艦數十艘飛機百三十餘架。坦克車五十架。大砲數百門。與我軍比較。不但器械優劣之差異。即我軍人數。亦不及敵人之半。敵人增援無窮。而我軍人數有限。此在作戰上我軍應暫時撤退。準備第二次之進展計劃。（二）因為雙方軍隊人數之懸殊。故敵得乘虛。以萬餘向我瀏河方面襲擊。我軍人數既比敵少。支配前方。尚感不敷。對瀏河方面。自不容易兼顧。故此方曾被敵人乘虛攻入。惟瀏河地位。處我軍左後方。我前方軍隊。如不先事撤回。恐有前後受敵之虞。且敵人既深入。戰線已延長。我如縮短防線。與之作戰。則必操勝利。此無待軍事家亦可推測而知。此亦為我軍撤退之一理由。況我軍之退。純有計劃的退。（一）我軍退卻時。極有秩序。軍實方面。絕無損失。軍心極為鎮定。精神仍極振作。（二）我軍退後。敵人還以我軍另有計劃。對於軍防地。截至現在。仍不敢輕進。

第十八章　退師後之評論

▲國際之評論

柏林三日國民社電。今晨全德報紙對於上海中國軍隊爲戰略關係撤退吳淞閘北。咸以極有政治。重要的並一致聲稱。戰爭榮譽。仍屬中國軍隊。十九路軍能抵抗軍械遠勝之敵人。至於三十四日。其勇敢與膽略。常存天壤間。無有足以減損之者矣。柏林日報評論稱。中國軍隊之在日軍包抄行動猶未開始之際。即行撤退。實屬最適宜時。若再死守不退。並無實益。亦未必能再增十九路軍之威望。最後又謂日當道苟能踐言。則和平當能於比較短時期內達到。中國軍隊在此時撤退。顯然係政治行動。足見中國政府準備獲得一榮譽之和平。波森日報亦預料可以早見和平。但謂上海事件恐未必能僅藉簽字解決。並逆料全國對於三十四日激戰之反響。以爲不論上海不宜而戰之結局若何。其直接結果。已使中國站在新紀元之門閾。該報又極重視中國政府決定與俄復交事。謂一旦與俄聯盟後。恐將成爲世界之威脅。

大陸報云。此間昨日接紐約電。謂紐約講壇報昨日有一社論。讚美蔡廷楷將軍及十九軍全體將士。謂其作戰之力。足以使日本改變態度。趨向和平。該報謂蔡將軍之光榮。防禦工作。予日本軍閥以展覽世界趨勢之機會。此種趨勢。使日本威名掃地。而同時又使世界輿論灼知扶助美國國務卿史汀生之宜言爲不謬。上海戰事。無論其最終結果如何。其最令人注意者。即華軍已有充足之抗拒力。蔡將軍已將軍隊中所不可缺少之本質。盡量補充於中國軍隊云云。

▲軍事家之評論

某國軍事專家。論及我軍此次退師之適當。並贊譽我軍事當局。爲智勇兼備不可多得之不將材。爰濡筆迻如下。(以下皆軍事家語)在戰事開始之初。據吾人預測與觀察。僉以爲戰事結束時間。至多不過在一星期與旬日之間。即可完全告一段落。初不料竟延長至三倍以上也。而雙方增援情形。又適成吾人預料中之反比例。蓋彼初日軍僅有海軍陸戰隊數千之衆。初試鋒亡。即遭重挫。嗣後竟四易其主纛。陸續增援達四個師團。近十萬之衆。實非吾人始料所及者。至於華軍方面。則衆寡懸殊。何啻霄壤。蓋除十九路軍主力以外。增援者僅得數千人。尚不及日軍半數。他如器械之優劣。砲火之利鈍。更不能與日軍同日而語。今竟相持逾月。日軍始終未能獲一次勝利。結果華軍全師自動引退。實屬難能可貴。設使華軍方面。亦能得充分之增援。犀利之器械。恐日軍早已失望而歸東瀛矣。再吾人所最引爲不平者。即日軍始終盤踞租界爲軍事根據地。攻則可進。退則可守。華軍則投鼠忌器。百事掣肘。不能自由發揮其天勇。設使雙方同一形勢。實力均平。照目前之結果。吾恐在開戰兩旬之間。植田尚未來滬之前。日軍將掃數敗歿軍艦。即或不能立時退歸三島。但最低限度。亦必遁竄出黃浦。而離淞滬矣。惟此次雙方犧牲之比較。日軍實較華軍數逾三倍。故吾人爲華軍着想。甚覺值得。今華軍當局更能於瀏河後方告急之際。從容不迫。一夜之間。全師悄然退去。其用兵之神速。更足令人驚嘆。且退時秩序井然。雞犬不驚。尤堪令人起敬。實屬世所罕有之人傑。非智勇兼備之將材。不能得此。最後勝利。殆已完全獲得矣。

▲中日戰事領測

據服務於駐滬德國領署之某君云。日前有德國軍事專家赫士少將來滬至署。曾談及此次中日交戰預測之結果。據云：『凡行軍之道。必先佔一地爲根據。後方乃可從容進取。上海之形勢。在日本可說十分不利。因上海爲國際觀瞻之地。根本不能穩固。所以也更不能前進。長江當然是日本所必爭之地。但兩岸間。江面過長。日本開往中國之兵。人數有限。決不能兼圖兩岸。現在觀日本之目的。似在南京。但南京在江右。車站亦在江右。充其力祇有向長江右岸進攻。而該處附近。多村落相連。河流縱橫。溝渠雜嘗。日人所有之鐵甲坦克等戰利品。均不能適用。此外如戰時愈長。則情勢愈複雜。因此各國間干涉者亦愈多。在中國方面。儘可長期作戰。日本則決不能延長至一年半載時間』。又說『中國地方甚大。民族情形特殊。如欲以武力壓服。猶似用大力壓皮球。暴在被壓之處。雖略扁抑。但一放手。仍復渾圓如前』云。

◉第十九章　十九路軍戰史

第四十八次戰役

全世界爲之震動

大美晚報云。今日由吳淞江灣閘北退走之第十九路軍。在中國戰史上。堪稱戰績奇偉者矣。該軍於八年之中。歷大戰四十八次。共勝廿七次。該軍初爲粵軍第二旅。改編爲第十師。繼改編爲第十一路軍。卒乃成爲今日之第十九路軍焉。欲紀第十九路軍之歷史。當回溯八年以前。當時有廣東青年一團。編入粵軍第一師第二旅。歸年甫卅之勇健軍官二人統帶。一卽蔡廷楷。一卽蔣光鼐。今日一爲第十九路軍總指揮一爲第十九路軍軍長。已成中國之新英雄矣。是時粵局紊亂。陳炯明與林虎由汕頭進窺粵垣。圖逐孫中山。省當局派兵禦之。屢戰失利。既而敵軍距省僅數日路程。省當局乃命粵軍第一師馳往迎擊。第二旅屬焉。一戰而捷。是爲蔡蔣受砲火之洗禮。戰後。陳銘樞任第十師師長。以蔣光鼐副之。蔡廷楷則任第二旅旅長。是年平亂有功。民國十五年。粵軍悉歸蔣介石指揮。率師北伐。第十師首入湘省。克長沙。汀泗橋一役。與吳佩孚之精兵作殊死戰。雖大獲勝利。而將士陣亡者甚衆。繼乃循江而下。佔漢口。旋於是處改編爲第十一路軍。以陳銘樞爲軍長。蔣光鼐副之。蔡廷楷陞任第十師師長。當吳佩孚下令作總退却也。全師入豫。獨劉玉春率精兵負嵎武昌。國民軍屢攻無效。繼乃調第十一路軍。限一星期克之。受命之夜。陳蔣蔡商定策略。卽晚進兵。翌晨城上之五色旗已改爲青天白日旗矣。民國十六年秋。第十一路軍復奉命入贛。與孫傳芳之軍戰。師到不多日。卽克南昌。北洋派之最後督辦。從此一敗塗地。既而因赤化份子把持江西省政府。陳蔣乃赴南京。

時國民政府已告成立。蔡則返粵。是年陳蔣奉命回粵討共。旋陳任廣東臨時省政府主席。直至去年四月。因甯粵分裂。始被迫下臺。蔣則任第十一路軍軍長。該軍後改編爲第三師。歸南京政府直轄。以蔡爲副師長。粵桂失和。發生內戰。蔣以任第六十一師師長。蔡陞任第六十師師長。衞守粵境。以禦桂軍。但未進攻。後一年。該二師奉命赴北。參加討伐所謂北方混合政府之役。是時乃改編爲第十九路軍。蔣任軍長。以蔡副之。敗馮玉祥之勁旅。未幾。又一內戰發生。十九路軍奉命回贛。稍事休息。民國二十年秋。復負剿共任務。九月七八兩日。圍共首賀龍之根據地興國城而大敗之。殺敵甚衆。陳銘樞之被逐於粵省也。十九路軍猶在贛省。既而陳任京滬衞戍司令。乃調十九路軍防衞京滬區域。本年一月二十八日日軍進窺閘北。乃起與抵抗。是爲該軍所經。第四十八次戰役。而令全世界爲之震動焉。

◎第二十章　中委代表慰勞

自滬戰發生之後。各界踴躍輸將。慰勞物品。源源不絕且首都北平天津濟南青島長沙蚌埠各地。亦都陸續捐助。不特有裨軍需。亦可激勵士氣。故駐滬中委辦事處。於二十四日亦推孔祥熙。薛篤弼。方振武。傅汝霖。陳慶雲。五中委爲代表。偕甘乃光。黃季陸。及職員十餘人。攜帶現洋二千元。香烟五千包。於十一時赴前綫慰勞。各報記者。附車同往。出發時。由後方辦事處派員引導。直赴某處晤蔡軍長。蔡軍長居一小室。室中滿置沙袋。附近並掘有極堅固地壕。蓋為避飛機之擲彈也。軍長聞諸代表至。着大衣。拖鞋。態度安閒。精神奕奕。微笑出見。與各代表及記者握手後。相偕入室。各人首致慰勞之意畢。詢日來戰況。及外以聞日方慶戰屢敗。擬增兵二三師團來滬激戰等語。

蔡軍長表示

日增兵不足慮。謂自一月二十八日日人肇禍至今。敵我兩軍作戰。部隊人數相埒。而日人每戰必敗。自日方致哀的美敦書後。大舉總攻。恃其兵器之犀利。猛攻我陣地。以二十一日夜廟行鎮江灣之戰為最劇烈。廟行鎮一役。敵人死傷枕藉。陳屍二三千具。至今尚未完全掩埋。日人經此慘敗。為保其一等强國之虛名。增兵助戰。以圖一逞。自屬意中事。但我方抱抗戰到底之决心。無論敵人如何猖狂增援。我人必屹立不動。惟敵人師出無名。在滬作戰一月。迭次敗北。士無鬥志。不足慮也。談話間。敵機七架。軋軋之聲自遠而近。陡聞高射砲。機關槍。擊敵機之聲。蔡軍長即偕各人避入地窖。

華參謀談話

遠東社記者在地窖中詢高級參謀華振中君（前任十九路軍旅長）前晚今早戰況與敵我陣線情形。華君答謂。前晚敵人嘗來攻我廟行鎮東南面之小場廟。當時我軍沉默不發一彈。及敵人行近我陣線。我軍起而掃射。斃敵二百餘人。獲步槍二百餘枝。江灣前晚。亦有接觸。奪獲敵人機槍四架。現廟行鎮仍在我軍手中。閘北江灣陣線。我軍均有進展。二十一夜本已深追入日軍防綫。因無險可守。故退原防。今晨戰況稍似沉寂。華君幷言嘗俘獲敵方一小隊長。問其何以日軍必欲侵略中國。彼竟謂係中國將侵略日本。故日本必先征服中國。以免反被侵略之危險等語。可謂兇焰已極。現已將該小隊長移送後方。暫爲安置云。及十二時半。日飛機已逃去。記者及各慰勞代表。致意蔡將軍隨時珍重。告辭而回。出門時。見西報記者三十餘人。及西婦三人。候見蔡軍長。蔡軍長步出接見。各西報記者脫帽爲禮。口呼「將軍」。紛紛攝影。蔡軍長以屋外甚寒。接待入室內。記者偕慰勞代表驅車返。

中委慰勞函　敬啓者。此次日寇犯境。神人共嫉。貴軍全體將士。秉大無畏之精神。奮起抗敵。忠勇衛國。屢挫寇鋒。連獲大捷。凱歌傳來。舉國歡騰。敝處同人尤深嘉慰。茲推孔委員祥熙。方委員振武。薛委員篤弼。傅委員汝霖。陳委員慶雲。等代表前來。藉致慰勉之忱。除備現洋二千元。分給上海各院傷兵外。幷具香烟五萬包。聊資犒勞。敬祈哂納。代轉各士兵。無任幸甚。此致十九路軍總指揮蔣軍長蔡。中國國民黨中央委員駐滬辦事處啓。二。二十四。

◉第二十一章　西報讚揚我軍

▲蔡軍長招待西報記者

蔡將軍矢志服從中央
捍衛疆士爲彼之天職
抵抗到底成敗所弗計

各西報記者一致讚揚

十九路軍蔡廷楷軍長。二十四日晨在軍次。招待外報記者。到英。美。德。法。各報駐滬通訊員及上海各西報各通訊社記者二十餘人。會見地點。頗爲幽靜。蔡將軍之舌人。用英語對客曰。『太太們。先生們。還有什麽問題要問嗎。』因知客已稽留多時而其中尚有女新聞記者在也。蔡氏此時壁背面火爐坐。諸記者則在烟霧繚繞中。手持鉛筆。且問且作記錄。爲狀咸極專心。約一刻鐘後。客咸 至園中少息。並進小食。此時此名滿中外之蔡將軍。卽爲大小鏡箱所包圍。言語談笑。一一咸爲鏡頭所攝入。主人既有問必答。客亦歡忻異常。且其中有不少問題。極饒興趣者。某記者問曰。蔡軍長前在何處受敎育。蔡氏答稱。余固未曾讀書者也。發問者乃曰。佳哉。不讀書乃能成良將。聞者爲之莞爾。又有某君叩蔡氏曰。將軍於治軍之外。亦兼營他業否。譯者述畢此語。蔡氏笑答之曰。余專心治軍。無暇更營他業也。關於此種問題。雖似細瑣。而蔡軍長必一一靜聆詳答之。此外關於各記者之問答。擇要紀錄如次。（問）軍長置身戎馬幾年矣。（答）近二十年。（問）何時始入行伍。（答）十八歲。（問）自二十八日與日作戰以來。華軍死亡若干。（答）約二千人。惟平民及婦孺喪生者。已不下六千人矣。（問）聞蔣介石氏曾來前 視察。有此事乎。（答）現在十九路軍抵抗日軍。爲力已足。蔣氏尚無來此視察之必要。（問）將軍與蔣氏 雙方感情何如。（答）十九路軍係中央所轄之軍隊。蔣氏爲余長官 軍人天職。祇知服從。無所謂感情若何也。（問）現在前線作戰之兵士人數有若干。（答）約三四萬人。（問）聞華軍中有德顧問。有此事乎。（答）絕無其事。談至此。關於吾軍何不盡將租界中之殘餘日軍驅逐一點。各西報記者亦曾叩及。蔡軍長當答以爲公理人道而戰。不願以租界精華之區。嘗砲火饞吻。故對於日人依據租界作戰。一再容忍。嗣各記者又（問）日本將派重兵來滬。將軍亦有所籌畫乎。（答）余係軍人。責任捍衛疆土。抵抗到底。成敗利鈍。在所弗計。中報記者至是亦叩蔡軍長以最近之前方消息。承答如次。聞北方面陣線續有進展。廟行方面。日軍被我包圍者。卽可解決。昨晚（二十三）有日軍百餘名。衝入吾江灣北面陣線。全數被吾殲滅。無一生還。獲槍百餘支。記者又叩以美國飛行家薛脫在蘇殞命事。據答薛氏係送運吾國所購之「寶靈」號飛機來華者。與軍事無關。機身之外。亦無華機標識。更無機關槍及炸彈等之軍備。飛抵蘇垣時。忽被日本飛機 架圍攻。薛氏因以身殉。殊爲可惜。至於美人是否將向日本交涉。渠未能回答云云。蔡軍長於招待外。又請來賓參觀吾方戰壕及軍事設備。事後華記者叩某外報記者此行所得之印象如何。某君曰。華軍戰壕之佳。得未曾有。遑論日兵萬不能於數星期內攻陷。卽數年之久。恐亦不能動搖其陣綫分毫。此雖過獎之詞。然贊揚吾軍。亦可謂備至矣。

◉第二十二章　日軍援軍彙誌

▲日本續到援軍

日軍司令植田。因總攻以來。屢次大敗。第九師團死亡甚夥。急電東京。續派援兵來滬。陸軍省。調派某師團來滬援助。第一批遣發者。業於昨日午後。由運送船春日丸長洋丸兩輪。星夜趕裝來滬。於二十一日下午五時到此。額不過四五千名 番號無從探悉。

大美晚報云。據可靠方面消息。今日（二十二日）午後。復將有日本陸軍兩師團由日抵滬。聞其中一師團將在浦東登岸。今日所將開抵之二師團。聞其一爲日陸軍第一師團。乃在東京募集者。

▲日本又派大將

日將派大將來滬　本埠日文報每日新聞云。軍部中央部鑒於上海事件之推移。考慮兵力之增加。一方爲總括的指揮派遣軍。編成派遣軍總司令。軍司令官一職。已內定軍事參議官菱刈大將擔任云。

日有援軍抵滬說　上海泰晤士報云。昨夜（二十二日）可靠消息。日本復派援兩師團。刻正準備在上海附近登岸。一爲第十一團。一爲日本最稱饒勇之東京第一師團。乃拱衛京師之勁旅。現皆開到上海。據駛過吳淞各船主言。見有日本兩運艦。昨日進口。一較大者。停在張華浜京滬鐵路碼頭。正有兵士大砲等運送登陸。另一艦昨夜在浦東卸去軍隊。料此項軍隊當係準備進攻浦東附近之第二十三路華軍。按此項消息。雖未經日司令部徵實。但係平日可靠方面傳出云。

十一師團續到　日本續派十一師團來滬二十五日上午。又運到三千餘名。均在張華浜上陸。並有大批軍火。下午又有日本第二十隊魚雷一艘。於一時五十分進口。亦裝到日兵近千名。經駛進黃浦之大阪碼頭上岸。

杉山中將任司令

東京二十六日路透電云。陸軍省副大臣杉山中將。被任為現在上海日兵師團之司令。

▲日軍十四師團到滬

日兵自滬戰迄今。已滿一個月。此三十一天中。日軍始用海軍陸戰隊六千二百名作戰。繼調二十六旅團。到滬後連遭潰敗。復調第九師來滬。於本月二十日。對我總攻。連戰四天。又被我軍擊敗。日軍續派十一師團。於二十四日起。陸續抵申。在廟行等處參戰。死亡殆盡。茲又加調十四師團來滬。全部士兵已於二十七八附日先後上陸。總額有一萬六七十名。聞尚有第二第六兩師團。亦派來滬助戰。刻正在途中。

▲白川大將抵滬

大美晚報云。日援軍第一批。已於上星期抄抵滬。其第十一師團與第十四師團之主隊。今夜（二十九日）均可開到。於是在滬作戰之日軍共有一軍團之衆。白川大將與其參謀人員且夕將抵。白川將代植田任總司令。由日開出之日軍行動。現嚴守秘密。惟悉迄今在張華浜鐵路碼頭登陸者。僅有兩三聯隊。援兵登陸既畢。上海日軍共將有陸軍中將五員。其二即隨十一師團與十四師團同來者也。

第二十三章　日軍屠殺慘紀

△四人目擊日軍殘殺記

大美晚報主筆薩格萊君。星期一（二十二）自江灣日軍前線觀戰。目擊日軍慘無人道之暴行。茲譯其原文如下。予今日視察江灣跑馬場。歸而不能無動乎中。以前所見賽馬盛況。中外仕女。熙來攘往。在日光明媚下作競馬之戲。今晨所見。一片慘毒而已。予入場處。陳屍纍纍。皆予所目擊。其慘死者。日軍司令部官報。常謂為伏兵或為間諜。是耶否耶。予不欲置辯。但其中有婦女焉。有孩童焉。婦女彈從背射入。所着棉衣。亦為軍刀所洞穿。孩童滿身彈痕。鄉農裝束者亦積屍於地。地為血染。若輩服裝。不類軍人。婦女孩童。更無論矣。意者此卽官方所認為伏兵耶。蓋日司令部及日使館中人。常告我力說。日本海陸軍非對平民作戰。亦非反中國政府或政府軍隊作戰。僅與廣東之十九路軍作戰而已。是則此輩無辜良民。當為十九路軍所喬裝者。惟死者已矣。今安從起而為之對證耶。屋宇被焚。比比皆是。更為予所目覩　日軍縱火。手術之妙。無出其右。看台下焚餘之屍體在焉。予步上看台。見步兵一隊。準備向江灣鎮因擣。亦駐足與予同觀慘劇。其時農舍正在焚燒。火光熊熊。成為被虜之火裏逃生者之佈景。一軍官牽一農裝者離羣。向日光下站立。但見軍刀一閃。刺入人體。深及刀柄。而其人倒地矣。如是者一人復一人。更有身長而可愛之童子。日軍解脫其縛。强按兩屍間。面俯地。日軍官六手槍齊發。自背而下。彈痕纍纍。槍聲息。彈子聲。轉側地上之人。旋亦不動。另一人繼遭同樣命運。予不忍更覩。遂行。昨日該報著有社評。痛論此事。其言曰。上海之事。日本名爲「防衞」若然。則爲暴行防衞。爲日本製造之戰爭。若然。則兵正防衞。似須家破人亡也。

▲江灣慘屠記

友人某曾於廿三日晨。隨同西報記者。至江灣一帶視察。目睹日軍屠殺我同胞慘狀。歸而與記者詳述所遇。謂江灣民衆。幾於無一倖免。日軍殘暴可見一斑。友人之言曰。二十三日晨十時三十分。余隨同二西報記者。赴江灣日軍陣地視察。余任汽車司機職。另一華友。則爲余之車副手。車抵江灣時。見附近民房。業被日軍焚燬一空。且有五六處尚在延燒者。烈焰騰空。爲狀至慘。道旁屍體。縱橫排列。均爲我哀哀無告之江灣民衆。男婦老幼。莫不具備。有屍體被劈爲半截者有頭部分裂。腦漿溢流者。慘狀不忍卒睹。女子多服布裙。伏屍道旁。就余所見。已在二百具以上。想見日軍之殘忍。無辜良民。均遭荼毒。余之心房爲之震動不已。余前日（廿二日）在江灣時。尚無如此景象。想日軍下此毒手。屠殺民衆。定係前晚（二十二日）慘敗。惱羞成怒所致。日軍江灣前敵司令部本設在復旦大學。昨日移設於江灣跑馬廳東北角關帝廟之對面。某樓房內。四週設有高射砲。及機關槍。日軍往來巡邏。警戒異常嚴密。余等在此門前停車後。二西報記者即入內。採訪消息。及請求戰地護照等。當時余及副手均在汽車內。見日軍往來運輸。異常忙碌。車馬更爲擁擠。而軍士面目均顯出極爲慌亂之態度。想見前線慘敗。」確是實情。同時槍彈由鐵路西段我軍陣線內。紛紛飛來。子彈由車頂擦過。虎虎作聲。余思脫離此危險地界。遂將汽車開後。停在離司令部約百碼之遙。半小時後。余副手下車小便。行未數武。忽聞其銳叫。高呼余名聲。聲浪發顫。已失常度。知已發生意外之事。余即躍出車門。遙望數十步外。余友已被日兵三五。夾持而去。余情急。奮不顧身。疾行追及。以英語向日軍解釋再三。日軍瞠目不解。且益怒。一兵將余衣領捉住。擬捕去。此時實達萬分危險。適另一西記者由內而出。余爲素識。因大聲求援。經彼十分鐘之疏解。時同來之二西記者亦聞聲趕來。同爲說情。始允將余等釋放。但只許在車中。不許出外。於是余等復上車。據西報記者實地調查所得。司令部左右之民房。全被焚燒。民衆不及逃避者殺者殺。槍斃者槍斃。已無一生存。現大部份日軍仍在鐵道之東。僅一小部份越鐵路。已被我軍包圍。江灣跑馬廳尙在日軍手中。置野戰砲多尊。余在車中。遙望有獨輪小車二百餘輛。滿載軍火。奔馳道上。車夫均爲我苦同胞。衣服背部畫一白圈。手臂纏一白布。亦有特殊暗號。余即詢以被日軍捕去經過。車夫還詢。你是中國人麼。余唯唯。車夫即熱淚奪眶而出。謂我們做工也是死。不做也是死。簡直是人間地獄。白日僅給一頓麪包。晚間則數十人拘留一宿。手臂均互相鎖住。以防逃脫。備用時。極爲客氣。且派兵保護。但不給一錢。不用時。或人浮於事時。即一槍了事。可怖之極云云。余在車中。候至下午一時十分。日軍右翼正向我軍衝鋒。遠望大隊日軍。分抬死傷日軍約百數十名。徐徐而來。日軍屢次謊報。對於死傷尤諱莫如深。今日目睹。可知敵死傷之衆。據一般推測。作戰以來。日軍死亡。至少當在五千人以上也。余於二時二十分返滬。

▲引翔鄉民被屠記

某善堂堂夫祝姓。弟兄兩人。其家宅在引翔鄉北首。適當戰區。家屬早已遷避。祗留胆壯兩男子。在家照料。但彼等在滬。時刻思家。冒險回家。察視一週。卽行返滬。有一鄉人同行。走至引翔鄉跑馬場傍。目見五六日本兵。拘捕三鄉民。兩中年一老者。雙手反綁。押令至跑馬場北面。使之跪地。該日兵等步槍刺刀齊發。三華人卽應聲倒地。旋卽拋棄於近處小浜中。祝氏弟兄等三人。覩狀不敢正視。向前拼命。向租界直奔至安全地點。驚魂始定。據以告人。日人似是之兇橫。暗無人道。至此極矣。

又聾啞工藝學校在軍工路第一分院。於二十二夜十一時許。受日軍重砲轟擊。有二十餘彈之多。工場全部房屋。卽於着彈後。立刻起火焚毁。並焚斃學生周玉泉蔣恆口二名。次如東西二宿舍及膳堂等處。雖未遇火。但已受毁多起。此外尙有數彈落於操場上。致未爆炸。其餘學生因事先已遷至總院敎養。故未蒙此難。

◉第二十四章　各界重要通電

▲林汪蔣馮等通電全國將士

林森。汪精衛。蔣中正。馮玉祥。張學良。閻錫山。李宗仁等。發謀與暴日長期苦鬬。決通電全國將士。相與効命疆場。文云。自國民革命軍成立以來。我武裝同志。奮其忠勇。以完成中華民國之統一。不幸國內建設。尚未就緒。而外侮洊至。現在國家存亡。間不容髮。舍屈伏於强鄰暴日之下。喪失主權。自辱辱國。則惟有出於積極抵抗之一途。望我全體武裝同志。念先烈之締造艱難。哀生命之罹於塗炭。以大無畏之精神。作長期間之奮鬬。以紐暴力。而申正義。保國家之人格。為民族爭生存。在此一舉矣。數年以來。我武裝同志。因意見參差。所起糾紛。已為精神團結共赴國難之一念。蕩滌無餘。自此以後。生者相與戮力於疆場。即死者亦必含笑於九泉。以期吾輩最後之成功也。謹布腹心。其共勉之。(十六日專電)

△三百萬市民擁護十九路軍作戰到底宣言

日軍不撤無調和餘地

堅決反對設中立區域

上海市民聯合會。昨代表滬市三百萬市民。發表鄭重宣言。對滬局表示反對設中立區。暨全國動員自衛。擁護十九路軍作戰到底等四點。原文如次。自暴日憑其武力。侵略我東北三省後。猙獰面目。日益暴露。上月二十八日。駐滬日軍。於其國領事對於市府然覆。認為滿意後。違背信義。引起戰禍。我十九路軍為防衛國土計。誓死抵抗。血戰兼旬。屢摧强敵。我民衆敵愾同仇。故抱甯為玉碎。勿為瓦全之心。為我國家民族爭一線生機。各竭其力。爲我忠勇衞國之十九路軍後援。不圖在此浴血抗敵。千鈞一髮之秋。執政諸公。忽有依違和戰之間。舉棋不定之勢。日人亦竟敢不顧廉恥。提出種種無理條件。以冀我人屈服。遂使杯弓蛇影。伯有相驚。夫物必先腐而後蟲生。空穴來風。非爲無故。吾人苟抱定犧牲之决心。則公理終有戰勝强權之一日。物質損失。猶是小焉者也。敝會敢代表滬市三百萬市民。堅决作下列之表示。（一）非日軍先行退出中國領土。絕對無調和之餘地。（二）反對設立中立區域。（三）擁護十九路軍武力抗日到底。（四）全國總動員。實行正當自衞。拒絕日方任何要求。以上四點。爲今日最低之要求。如果不能達到。而竟致軟化。則此次上海千萬生命財產之犧牲。無異付諸流水。國家興亡。在此一舉。尙希我全國同胞各秉匹夫有責之義。督促當軸。一致奮起。勿令秦檜張邦昌覆見於今日。國家幸甚。民衆幸甚。謹此宣言。

▲十九路軍將領通電

在大戰開始之日卽本軍授命之時

使一卒一彈猶存則暴日决不得逞

國民政府各省軍民長官。全國民衆。暴日蔑視我國家政府。以挑撥造謠之卑劣伎倆。違反通例。單獨致本軍以蠻橫之最後通牒。本軍惟以鐵血答覆之。軍人報國。粉身碎骨。是分內事。大戰開始之日。卽本軍授命之時。使一卒一彈猶存。暴日决不得逞。惟願全國朝野上下。人人懷必死之志。引偷生苟免爲無上恥辱。團結一致。前仆後繼。則本軍之犧牲爲不虛。伏屍流血之戰士。必含笑於九泉矣。第十九路軍總指揮蔣光鼐。軍長蔡廷楷。淞滬警備司令戴戟。師長沈光漢。毛維壽。區壽年。副師長李盛宗。張炎。譚啓秀。旅長劉占雄。鄧志才。張勵。翁輝騰。黃固。曁全體官兵同叩。號。

▲十九路軍告全國民衆書

受國家豢養願以身殉

謀長期抗拒以待變化

十九路軍總指揮部參謀處告全國民衆書云。滬案發生。及今匝月矣。我軍以血肉之軀。與敵重兵利器相激盪。卒能迭挫兇鋒。屹然不動。國人創痛之餘。莫不躍然而興。色然而喜。以爲我國從此可抗强敵。躋高位。與列强分庭抗禮矣。而一部分人士之心理。則適與相反。皇皇焉恐戰禍之延長。貽國家萬刧不復之境。夫逆來順受。萎靡不振。固爲國人之通病。誇大之心理。僥倖之希望。亦非吾人所應有。拯民族國家於危亡。伸公理正義於世界。此種艱鉅之工作。非一蹴可臨。尤非可以畏難而退者也。同人受國家豢養。以身殉國。義所應爾。及今以未死之身。願貢一言。爲國人告。

吾人欲知滬案　肇因。懸揣將來之結果。必須明了日本之國情及世界之大勢日本自山縣石朋。由田中義一。遞及現在之犬養毅。其所謂大陸政策。始終一貫。而不少變。甲午之役。奪取朝鮮。實爲北進之發端。日俄之爭。樹立大陸政策之基礎。加以二十一條件之保障。郭松齡張作霖之被殺。日本在東北之勢。遂益形鞏固。其第一步之侵略。乃告成功。於是伺機佔領東北。浸及中國內部之志。益不能忘懷。

歐戰以還。各國經濟衰落。工商凋敝。關稅戰爭之劇烈。賠欵問題之僵化。世界經濟恐慌之現象。益趨嚴重。加以蘇俄崛起。赤化大防。時虞潰决。而國際之間。復不減少其嫉猜。無論對內對外。各有其難言之痛苦。至於中國之混亂衰殘。則更無以况之。虎視鷹瞵之日本。豈肯放過此良好機會。於是去年九一八。一聲霹靂。遂攫陷瀋陽。囊括三省而去矣。

瀋案發生。我國政府。隱忍退讓。信賴國聯。以謀和平正當之解决。惟是國聯之於各國。非能如臂使指。蓋國聯爲腦。列强乃爲腦細胞也。細胞不健全。而欲腦之有能力也。難矣。是以瀋案發生之初。國聯固不乏人仗義執言。但不久卽由曖昧而軟化。由軟化而袒日矣。

反觀我國社會。則爭奪者如故。依賴者如故。加以民衆憤激。越出常軌。輿論龐雜。莫衷一是。使執政者忙於應付。無所適從。旣不能戰。復不能和。日帝國主義者。看透事實。更毫無疑義。而伸其鐵腕於中國內部。一二八滬變。遂以爆發。

敝軍衛戍京滬。且上海爲吾國經濟中心。南京爲中央政府所在。京滬不保。國脈卽斷。是以毅然决然。以自衛之目的。與暴日相週旋。一月以來。敵之兇暴行爲。日益加厲。吾國同胞。慘死於鐵蹄之下者。奚啻萬數。物質之被毀滅者。其價值且不可估計。然而吾國同胞。毫不因損失鉅大。而減少其踴躍情緒。且增加無限之希望。世界輿論。亦因日寇之兇殘。及不惜攖大戰禍。而提出抗義。英美等國。積極干涉之態。且漸趨於具體而明顯。然後知惟有奮鬥。乃足以發揚民族精神。延展民族生命。惟有自助。以求自力之生存。乃能博得世界之同情。暴力雖强。終不能壓倒正義也。

雖然。中國之前途。卽可告樂觀乎。英美各國。果爲正義出而裁制暴日乎。暴日卽能翔然而變更其一貫之「國策」乎。吾人皆不能無疑者也。吾國物質利器之不及人。自無庸諱言。欲一戰而屈强敵。在理在勢。均有所未能。英國則素以穩健外交。著稱於世界。美國則鞭長莫及。望洋興嘆。且皆因國家經濟恐慌。不能自拔。而於對日問題。破壞其反俄陣線。亦不無顧慮。謂能出而積極制日。豈可遽信。至於日本軍閥之黷武主義。正如旭日之升。吾人遙聆出淵在美。謂美日兩軍。當在滬作球戲。及日軍閥謂十九路軍未知日帝國之威力。故敢與之拒抗之語。其氣燄之高。不可一世。卽其國民大多數亦未減其信賴武力之心理。此次總選。政友會仍佔勝利。卽可以覘之。欲其將所謂關係日本存亡之大陸政策。一舉而更張之。尤絕無希望者也。

顧於另一方面以觀察之。則英美正以挽救其經濟恐慌。需賴中國巨大之市場。而不願中日戰禍之延長。尤不願坐視其東方商業根據地上海之陷於危險。更不願日本稱霸東方。破壞門戶開放機會均等之局勢。故雖有種種困難。終必有爲解決自身利害而奮起干涉之一日。再以日本未來之難關言之。日本自瀋案發生後。海外貿易。一落千丈。國家財政。已陷於極困難之境。加以侵滬軍費總選舉會之臨時支出。美國名流更倡言對日經濟絕交。蓋足令社會恐慌。金融混亂。嫉視者衆。外交孤立。國內輿情。漸趨非戰。勞師費財。持久作戰。一戰自焚。豈可倖免。

吾人從此可知對日應取之方針矣。日方利在速戰。挾其利器重兵。欲一舉而屈服我國作城下之盟。操宰制之柄。我國則應謀長期之拒抗。以待國際之變化。及敵國自身之崩潰。毋以目前軍事之勝利。期僥倖之成功。毋慑戰禍之延長。生苟安之妄念。斂其氣而不肆。持其志而不懈。日本一日不罷兵。外交一日不勝利。則我國一日不停止武力拒抗。至暴日屈服於公理之日。即吾國民族復興之時。夫法謀獨立。奮鬥百年。勾踐復仇。臥薪廿載。我國四萬萬同胞。誠能立下決心。誓死抗日。則或可不俟諸百年也。

△蔣光鼐等通電

側面後方均受危險
全軍撤退第二防線
從事抵禦不與戴天

蔣光鼐蔡廷楷戴戟等通電云。中央黨部國民政府鈞鑒各報館全國民衆鈞鑒。我軍抵抗暴日。苦戰月餘。以敵軍械之犀利。運輸之敏疾。賴我民衆援助。士兵忠勇。肉薄奮鬥。傷亡枕藉。猶能屢挫敵鋒。日人猝增援兵兩師。而我以運輸艱難。後援不繼。自廿一日起。我軍日有重大死傷。以致傾全力於正面戰線。而日人以一師之衆。自瀏河方面登陸。我無兵抽調。側面後方均受危險 不得已於三月一日夜。將全軍撤退至第二防線。從事抵禦。本軍决本彈盡卒盡之旨。不與暴日共戴一天。浴血陳詞。尙祈鑒察。蔣光鼐蔡廷楷戴戟暨全體將士叩冬。

▲十九路軍發表宣言

自動退守二道防線原因

日軍如來進攻必起抵抗

此次我軍全師撤退原因。頃由某高級長官發表宣言曰。此次在上海四週作戰之我軍。業已全師撤至第二道防綫。此舉乃基於以前之決定。而此決定之執行。不過一時間問題而已。此種戰略上之撤退。實由於第一綫之作戰。其便利盡屬日方故也。蓋我軍之原有防線。閘北至吳淞。並非一軍事防線。其所以採取之者。僅因政治地位之重要耳。請言其故。（一）原來防線。無攻勢之可能。此則因我軍不願攻擊公共租界。雖公共租界已為日軍用作軍事根據地。而我軍不願攻擊公共租界。（二）原來防線與滿佈日艦之黃浦江。成平行線。故該線常為日方重砲火力所威脅。（三）在上海四週之我軍。數字上雖與日軍約略相等。但因運輸之缺乏。實際上僅能用其半數于戰場。此因我國之抗日。既係舉國一致之行動。而日海軍復完全控制黃浦江及揚子江。故我軍勢必分佈兵力于受日軍威脅之各地。因此我軍之集中於第一道防線者。決不能如日軍所能遣來上海之衆。（四）所有公共租界之馬路及吳淞上海間之汽車路。均在日艦來復線之內。且為日方所佔有。日軍利用此項道路。易於使用坦克車鐵甲車及重砲。而我軍則須往來於泥濘途滑之中。以取得後方之接濟。且因日海軍控制揚子黃浦兩江。我前線乃易爲其登陸軍隊任意襲擊。至日軍之不惜鉅大犧牲。從事於徒勞無益之正面攻擊。適足見其缺乏戰略上之知識。蓋彼若在黃浦江揚子江沿線任何一處上岸。則我軍爲避免後防之切斷。勢必早已撤退矣。現日軍卒遣一師團在瀏河登陸。於是我軍乃不得不自動退守第二道防線。我軍茲已到達第二道防線。日方以前之利益。乃因之盡待其反。蓋日軍此後之動作。既須遠離軍艦之保護。而其坦克重砲。又無大道可資輸送。且其兵士之一切行動。自必遠距其根據地。因而失其掩護。至於我軍則後防既得保護。此後每一行動。將較近根據地。因而貿實援軍。易於到達。且可盡得地理上一切利益。目下全世界所屬目者。厥爲第二步將如之何之一問題。我政府決不與日本簽定任何損害國家主權之協定。此已充分明瞭。毋庸贅述。今後日軍如進而攻擊我之第二道防線。則我必起而抵抗。設因其人數軍備之優越。致我被迫而退。則我亦必向之再度作戰。總之現在距戰爭之終點尚遠。戰爭實正在開始進行中。月餘以來。我國軍隊。對抗日軍武力。毫無畏懼。日軍攜有坦克車飛機野砲最新式之重砲。凡人類知識所造之器械。無不應有盡有。而我國軍隊。祇有步槍及機關槍。以抵抗日本之激烈砲火。據某外國武官言。戰場之上。缺乏戰爭之嚴厲。實情有如假戰。蓋所有砲火。俱由日方發出。中國大砲。均被日機炸彈轟燬。中國軍隊。祇有靜居壕內。接受日砲砲彈日機炸彈。必俟砲火已停。日軍出而衝鋒時。始能以步槍機關槍應戰。上海附近戰事。業已證明兩點重要之事實。（一）證明日本海陸軍可甚之作戰能力。不過一種紙老虎。業經揭破。（二）證明日本優於盡量宣傳。每日世界均飽覩日軍個人之英勇。及日軍之英勇。因其有多數之飛機坦克車海軍砲火之協助之種種優勢。在如斯軍隊之中。倘有個人英勇可言。當用之於比較高尙之主義。至我軍之英勇。皆由外人眼見所傳述。毫無偏袒於其間。蓋中國軍隊。並不僅以個人英勇見長。全軍均英勇奮發。無一例外。數萬健兒。誓保國家之榮譽。不惜以血肉之軀。抵抗新式戰器。誰謂如此英勇之民族。能終於失敗耶。

▲南京外部宣言

和平倘仍失敗

責任當由日負

三月二日南京外交部宣言如下。茲鑒於日本援軍續到二師團。并在瀏河及吳淞復行總攻。特爲重申之事實聲明如左。

査中日代表。因英海軍提督克萊爵士之斡旋。曾在甘特軍艦會商。立卽停止敵對之基本條件。當經獲得諒解如下。（一）雙方同時撤退。（二）不得提議永久卸除吳淞或獅子林砲台問題。（三）雙方之撤退。由中日委員會會同中立國視察員監視之。（四）撤退區域。照舊由中國官吏治理。并由中國警察維持治安。（五）中國軍隊退至眞茹。日本軍隊退至公共租界及越界築路地段。俟雙方上述撤退完竣後。中國軍隊退至南翔。日本軍隊退回艦上。（此最後一點。交由將來續開之會議討論之。）又議定。如中日政府共同此項假定之諒解。則雙方正式外交及軍事代表。當舉行一正式會議。以完成此項辦法。

▲十九路軍將領通電

一德一心共抗暴日

蔣光鼐等通電云。（銜略）暴日縱兵遂瀋。轉竄東南。我十九路奉命守土。作緊急之自衛。與之相搏於滬濱者一月有餘矣。最初與敵之海軍陸戰隊及其初到陸軍。鏖戰二十餘日。殺傷過當 敵不得逞。而其第二批陸軍運到。我駐在蘇浙之中央直轄第五軍兩師。亦加入作戰。相持者復一旬。殲敵者又六七次。彼虜仍不得逞。最後又以其白川大將。率領兩師團來。而我始終在戰場者僅五師。爲數不滿四萬。敵則加倍於我。至是彼虜一面以講和形色。詭商停戰。欺騙國聯。一面以一師加入正面。一師由瀏河附近登岸。襲我後路。使我腹背受敵。而我運輸困難。援師不及。不得已乃東夕奉命。將前線陣地放棄。爲戰略的撤退。再圖反攻。此我十九路軍第五軍一月以來與敵苦戰之經過情形也。夫暴日挾其既定整個計劃亡我。我非全國動員。以極大之決心。作普遍之奮鬥。不能得最後勝利。我十九路軍與第五軍抗敵。非求一隅之勝負。與彼虜爭一日之短長。乃欲以我僅存血肉。供救國犧牲。作同胞馬前之卒耳。自政府遷洛。已決定長期抵抗政策。此全國軍民。正當秉承此旨。一致奮起。電聲響應。此仆彼繼。勿以滬海偏隅進退爲念。勿爲敵人分化之詭謀所中。尤望我東北同胞。聊爲虜之痛。急起遣兵。收復失地。

使敵備多力分。我十九路軍第五軍當竭此未盡餘勇。與强虜作最後週旋。藉收夾擊之效。土耳其苦戰三年。卒大破希臘十五萬軍。轉敗為勝。杜蘭斯窪一小部落耳。亦能血戰三年。不甘屈服。況我以三萬萬方里之地。四百兆人民之衆。果能全國一德一心。不能殲此跳樑小醜。吾不信也。朝鮮之亡也。猶有陸軍數萬。卒被日人解散以盡。今我國現額之兵。統計不下百餘萬。與其待國亡後供彼宰割。何如及此未亡之時。作一光榮之犧牲。此次暴日蹂躪上海多時。炸彈所至。廬舍坵墟。死亡枕藉。孑遺黎民。莫不同仇敵愾。不聞怨聲。此等悲壯之劇。可泣可歌。國土猶是也。人民猶是也。苟一旦主權既失。寄命於仇人之手。其慘狀又當何若也。惟願我全國父老兄弟。毋忘閘北江灣。全國軍事領袖毋忘朝鮮及今日之東省。暴日向國際公開宣傳。詆我謂非有組織之國家。即謂我國人不知鴒原急難。擊首而尾不動。可以各個擊破也。而我全國軍民。猶以巢幕游釜為安。罔識鬩牆禦侮之義。忘同屋之纓寇。作鄉鄰之閉戶。是誠為見仇者所快。而為見愛者所痛矣。我十九路軍第五軍。亦惟有收拾餘燼。背城借一。事之不濟。則拚命於沙場。以謝我炎黃祖宗在天之靈。不願為亡國之民也。敢曰乾時之戰。雖敗猶榮。尚幸即墨未亡。侵地終反。擐甲哀鳴。淚盡以血。惟我同胞。實昭鑒之。總指揮蔣光鼐。十九路軍長蔡廷楷。司令戴戟。第五軍長張治中。暨各師旅團長同叩。

▲留滬中委急電請援

迅速增援：收回淞滬

留滬中委孫科等致中央電云。限即刻到 洛陽汪院長蔣委員並轉中央諸同志公鑒。口密。吾國抗日。以滬戰關係最重。影響最大。故日人陸續增援。至窮師十萬。正以中日問題之解決。其關鍵實繫於此也。我方初以十九路軍孤軍應戰。嗣加派第五軍。合計不過三四萬人。每戰尅敵。義薄雲霄。唯衆寡懸殊。益以疲勞。上海之危。早在意料。同人在滬。觀察較切。迭電請援。屢以過分之詞。督責當局。蓋本心所謂危。不敢不告之義。聲嘶力竭。血與墨俱。不意竟不能一動當局之聽。以致為敵所乘。陷我瀏河。牽動全線。觀十九路軍通電。後援不繼之語。孰令致之。當局不能不負責也。前事已矣。來者可追。同人不避厭憎。敢再為率直之忠告。今黨與政府。均已到一嚴重關頭。當局爾此畏敵苟安之心理。苟不痛切革除。則不特民衆之憤怒不可遏。抑即黨內與同人同見解者。亦何能與當局同負此誤國之咎。上海一挫。影響之巨。實非筆墨可窮。竊謂為今之計。當局即宜下大決心。迅速增兵。收回淞滬。一面決定積極抗日大計。此為中華民族唯一生路。苟再猶豫。前途顛危。有非同人所忍言者。旋轉之責。全在諸兄。同人目擊心傷。不自覺其言之過切。惟諸兄察之。孫科。陳友仁。楊庶堪。柏文蔚。程潛。陳嘉佑。張知本。梁寒操。馬超俊。陳慶雲。桂崇基。何世楨。劉蘆隱。黃季陸。熊克武。孫鏡亞。陳中孚。江。

◉第二十五章 總退前後戰紀

▲我軍總退前後作戰眞相

戰地記者十日特訊。我軍退却計劃 在二十九日晚即已決定 當時閘北江灣吳淞三路齊退。秩序井然。確有不失一鎗一彈之精神。在左翼方面。一百五十六旅翁譚二將無恙。且全旅皆安抵新線。無一人損失。次晨敵軍不知我軍已退。尙放砲數百發之多。在中路方面。六十一。八十七。八十八各師退却秩序亦佳。敵軍次晨始明眞相。獨在閘北方面。六十師後衛第五團(收容部隊)因最後退出。故有一營之衆在北站方面與敵軍激戰甚烈。傷亡凡百餘人。三日晨。沈師長所部與敵軍戰於眞茹。敗日軍前衛。四日午後三時。我六十師一二〇旅五團三營湯毅生營長復與敵戰於黃渡。敵軍雖有重砲八門。結果仍被我軍所敗。傷亡凡二百餘人。我奪得步鎗四十枝。傷亡僅三十餘人。後我湯毅生營即掩護本隊向安亭方面退去。五日。敵軍追至。我軍復挫之。後即無大戰。現兩軍相距凡一千四五百米。即鎗聲亦少聞見。

▲敵今綫實力十萬人

飛機二百架

輕重砲三百五十門

戰地記者十一日特訊。茲據確實調查敵方在前線之實力。確十萬人。其分配如下。

正式陸戰隊五千人

「由近衛師團所改編之陸戰隊」一萬五千人。

第十二師團（二十四旅在內）全部一萬五千人。
第九師團（戰時編制）二萬五千人。
第十一師團。第十四團。（戰時編制）四萬人。
飛機二百架。輕重砲三百五十門。

◉第二十六章　吳淞退兵情形

我軍既退出閘北江灣。上海民衆　頗以吳淞之孤軍被困爲念。後經戰地記者拜訪翁旅長。記其詳情於下。

三月十一日晨九時。我們乘車由蘇州出發。沿着那荒寂的京滬鐵路。一値走到□□車站。下車後。步行約四里許。就到達一五六旅的旅司令部。由傳令兵將我們的卡片遞了進去。片刻。聞竹林內有高呼喚進之聲。於是穿過一條羊腸小徑魚貫而入。便和我們久尋未獲的寶貝！翁旅長和他的丘參謀長面對面地站着。

他已經瘦了許多　和記者初次在吳淞見面時相差很遠。一股隱憂顯然地罩着他那英武沉毅的面容。最妙的。就是他還認識記者。一見就嚷得出姓名。招呼請坐。足見他記憶力的神妙異人。接着。記者略略地敍述了一些退却後上海的情況。並帶着滑稽的口吻告訴他說。「路透電說。你和譚安塞司令因爲不守命令。死守吳淞。都已陣亡了。」等等。他聽見不覺笑了出來。連着說。

沒有這樣光榮　沒有這樣光榮。當初我和他（指丘參謀長）本來有這種計劃。在吳淞的後方。早做好了一道很强固的。弧形的陣地。並在各村落裏配置活動的支撑點。本來打算與一五六旅全體將士死守吳淞。打倒最苦最後的結果。必使敵軍受一大創。永遠永遠地忘不了。

中華民族的吳淞要塞　然而到了三月一日。因爲中路危急。本來擔任這預備陣地的第五團全體被調往廟行一帶助戰。這種壯烈犧牲的計劃遂歸失敗。當時我們接到全線總退的命令。遂將全體集合。一日夜間一時。開始向楊行退却。計所部僅第四團全部第六團一營並義勇軍等。總數不及二千。經過楊行。劉巷。羅店等處轉往嘉定。至二日下午四時。敵人尚不敢向我們空虛的砲台移近一步。僅以重砲遙遙轟擊。直至三日晨八時。吳淞壘纔確實被日軍佔領。那時我們早已退到崑山附近了。翁旅長談到這裏。顯然有悲憤塡膺的神情流露出來。恨他那

死守吳淞的計劃　沒有實現。「否則。至少也可表現我們一點精神給他們看看。」翁旅長又繼續說。那時我們已準備完善。（全旅四千人。沿要塞四週劃成數個戰圈。每一圈裏配置決死的戰鬥羣若干。每一羣五人至十人。敵人前進。我們每一羣人和他抵抗。一直打到最後那中央的戰圈。連我自己也奮戰而死。最低限度。我們四千兵

也可以拚掉他一萬人　在戰史上留一不滅之榮譽。結果因第五團援兵兵力分散。這種計劃遂歸失敗。以後機會雖有。恐已不易。眞正可惜。

談話以後。丘參謀長又拿出地圖給記者看。過去情形都已明瞭。記者又曉得自一月二十八日開始到現在爲止。一五六旅損失總數僅七百餘人。遂默祝此英雄將軍前途勝利。滿意而歸。

◉第二十七章　吳淞要塞血戰始末

十九路軍譚啓秀司令及翁照垣旅長。於鏖戰劇烈之時。繼鄧振銓氏之後。堅守吳淞。血戰匝月。卒以改變戰略。忍痛放棄。譚氏前日以要公來滬。昨日特往其私寓訪謁。承其接見。並由蕭繼旃氏。告堅守吳淞之經過甚詳。據云。吳淞守將。原爲鄧振銓。二月四日。鄧忽携同留守砲兵。去職赴嘉定。擬轉往崑山。時十九路軍駐淞。僅步兵一團。初未接鄧氏之通告。而鄧臨行之頃。有私函兩通。一致吳淞砲台台長。一致原有之守備隊。函爲駐淞之十九路軍所得。事始發現。十九路軍以敵人大軍壓境。要塞關係匪輕。倉卒之間。遂委譚啓秀氏繼任司令。率部應戰。譚奉命之後。星夜馳往。交替無人。幾至無從措手。卽各砲台之地位形勢。亦均茫然無知。原有砲兵及守備隊士卒。於鄧去之後。泰半星散。機槍步槍亦遺失甚多。總計所留僅一百二十餘名。譚氏補充佈置。煞費經營。

南北砲台情形　查淞口要塞。共有南北二砲台。及獅子林三處。台成於遜清之季。距今已八十餘年。當時尚無水泥。台礎悉用灰沙。殊不堅强。砲身又經多年之風侵雨蝕。幾已不可復用。且吳淞要塞。當揚子吳淞兩江入海之交。爲一三角綫。數面受敵。以兵法言。本於難守之地。

日軍海空會攻　譚氏於受命之日。正敵軍以海空兩軍大舉進攻之時。原我南北兩砲台。共有十二生的以上之大砲二十四門。射遠僅達萬三千碼。但以火藥均係三十餘年前舊存。藥力早已過性。射擊力大遜。祇及九千碼。而日艦大砲。則可達一萬五千米突。相去已不止倍徙。且敵機大集。炸彈均屬五百磅者。多如雨下。一彈着地。轟然爆發。輒成深二丈圍五丈之巨穴。越宿則清水滿潭。要塞之區。頓添池塘處

擊損敵艦六艘　吳淞戰事。起於二月五日。而六七兩日爲最烈。敵又增調步卒。以海陸空三軍會攻。陸軍由張華浜鐵橋處登岸。向砲台進逼。攻擊甚烈。相持久久。卒爲我軍所擊退。但當時操勝殊無把握。爲勢甚險。此卽吳淞一度失守傳說之所由來也。海軍方面。同時魚貫而來。在二月六日以前。敵軍不知我砲火優劣。怯不敢近。至是乃駛近離砲台祇七千碼。我遂下令開砲。砲彈聯發。敵不及備。目睹敵艦受傷者達六艘之多。其一尤重。幾至下沉。由其他二艘駛救。在兩旁挾持而逸。

大砲悉被燬壞　但敵卒藉空軍之力。將我大砲二十四門。完全燬壞。雖非悉被命中。但彈落附近地帶。砲身受震。均向下灘曲。不堪再用。七日以後。苦戰全恃步哨。犧牲之鉅。自不待言。獅子林方面。本有三十生的半大砲二門。二十四生的者四門。十二生的者四門。五、七生的者五門。共十三門。戰至二月二十五日。已祇四門可用。

至二十六日時祗僅兩門。至二十七日乃完全損壞。否則二十九日日軍欲至楊林口登陸。獅子林爲敵艦必經之地。萬不能如是易易也。

敵軍襲擊瀏河　至當時瀏河方面。言之痛心。因自閘北至吳淞一帶。敵兵以十萬之衆。全線總攻。我十九路軍。全部不過三萬餘人。傷亡休養者。合計幾達半數。前有强敵。後無援兵。留守瀏河口者。惟步兵一連及少數馮庸之義勇軍耳。我獅子林砲台旣燬。敵乃得長驅直入。無所顧慮。是日適四十七師上官雲相部一團。開抵嘉定。卽奉十九路軍之命。馳往增援。該團追到瀏河。則敵已上陸。衆寡之數。相差懸殊。乃未發一彈。向崑山全師後退。至是十九路軍後方。將被敵全部截斷。乃不得不變更戰略。改守二道防線。

分兵兩路後退　譚司令與翁旅長。本有死守之決心。卒以民衆固請。含淚後退。但仍血戰至三月三日。當時係分兩路撤兵。一路取道西北。向月浦羅店以至嘉定。一路趨西南自楊行劉行以至南翔。此爲我方苦守吳淞之經過情形也。此次援絕後退。雖承見諒於民衆。終覺有負乎初衷。負罪滋深。抱愧靡已。

前線士氣甚壯　至現在前方兵士。仍不因後退而士氣稍餒。人人抱必死之志。長官決踐彈盡卒盡之誓。決固守現在防線。不再後退一步。敵如來犯。仍當盡力抵抗。且大批援軍。由口口開來。均已出發。不久可到。此次譚司令以要公來滬。但與和議無涉。日內卽返前方。返粵之說。恐係誤傳。張發奎開滬部隊。爲口口人。李宗仁加撥口口。共近口口名。第二批不久亦將出發。向華軍隊。勇敢善戰。前方更不足慮。現在糧食械彈。均皆充足。惟軍費稍感竭蹶。幸代告民衆也云云。

●第二十八章　十九路軍重要軍官表

總指揮	蔣光鼐
軍長	蔡廷楷
總參謀長	趙一肩

▲六十師軍官

六十師師長	沈光漢
副師長兼參謀長	李盛宗
一百十九旅旅長	劉占雄
第一團團長	黃茂權
第二團團長	劉漢忠
第三團團長	黃　廷
一百二十旅旅長	劉志才
第四團團長	楊昌璜
第五團團長	梁佐勳

第六團團長 華兆東

▲六十一師軍官

六十一師師長 毛維壽
副師長 張炎
參謀長 趙錦雯
一百二十一旅旅長 張厲
第一團團長 梁世驥
第二團團長 田國璋
第三團團長 廖起榮
一百二十二旅旅長 張炎
第四團團長 謝鼎新
第五團團長 黃鎮
第六團團長 鄭爲揖
教導團團長 鄧敏夫

▲七十八師軍官

七十八師師長 區壽年
副師長 譚啓秀

參謀長　李擴
一百五十五旅旅長　黃固
第一團團長　雷應霖
第二團團長　謝琼生
第三團團長　楊富強
一百五十六旅旅長　翁照垣
第四團團長　鍾經瑞
第五團團長　丁榮光
第六團團長　張君嵩

◎第二十九章　敵軍之空中戰

▲空中戰爭記

日海軍大尉小田原記

可為將來空中戰之炯戒

日軍此次藉飛機之力。破壞各地建築。阻碍我軍事進展。早為世人所周知。茲將指揮日飛行隊海軍大尉小田原俊彥氏。對於此次上海事變身歷空中戰爭之顛末。揭載於大阪朝日新聞中者。迻譯其梗概如下。足為我國將來軍事行動之炯戒。亦可為世界注意和平八士之參攻。一月二十八日。因上海事變急變。在華北方面之我方飛行隊。奉命南下。至翌日（二十九日）即翱翔於閘北天空。惟敵軍雖衆。因乏飛機與我相抗。故受我方重大的脅迫。航空戰隊。亦懸加藤少將之旗。出現於上海空中。於是上海周圍。全被我海軍機所蹂躪。我攻擊機携帶五百基羅格蘭姆之炸彈。飛翔於吳淞獅子林高橋等砲台之上。頻被我投彈炸燬。自是以後。連日搭載炸彈之戰鬥機。除轟炸砲台外。同時參加地上作戰。至二月五日。突海在戰線上。發現敵軍複座戰鬥機四架。使我軍忽起青天霹靂之感。是日清晨。我第一驅逐艦隊。在吳淞口外洋上。約離七十海里之處。亦有偵察機〇架。戰鬥機〇架。陸續進發。參加閘北陸戰。其中由平木大尉所指揮之偵察機。與所大尉所指揮之戰鬥機。即開赴真茹轟炸敵陣。不料與敵之哥爾水加式複座戰鬥機相遇。遂開始空中戰爭。斯役也。雙方均無勝負。嗣後我方據各種情報。與中國人之傳言。敵方有飛行大隊。將從南京出發。然我軍慣於海戰。始終不易發現敵軍陸上陣地之所在。六日。方欲低飛偵察敵陣。忽有敵機四架。竟迫近我偵察機而來。然空中戰爭。在於奇襲。此時敵機反讓一步。悠悠上昇。冀飛上方射擊。値俯瞰地上敵軍之所大尉指揮飛機隊。仰視上空。有綠翼赤體。翼旁塗以青天白日之敵機。似有攻擊我偵察機之狀。所大[illegible]急向閘北地上投下炸彈。再飛高以應敵機。未幾。加藤二等航空兵曹所指揮之飛機。亦為敵機所威迫。兩敵機忽見我戰鬥機馳至。乃轉身遠避。高隱北方雲間。時所機與藤機均向北方追擊敵機。平林大尉之偵察一號機。與田中大尉之偵察二號機。反復攻擊。彼我兩方。相距僅五十米突。敵機突以機關槍。連續發閃爍之砲。我方亦以砲應之。交戰數合後。平林機突然取反擊之勢。此役我軍竟得優勢。敵反敗退者。係我軍之善於應變有以致之也。嗣後我軍之戰鬥機。不復參加於陸上作戰。專備對付敵之飛行機。而敵機亦不再來。我軍爲先發制人計。於二月七日。佔據上海郊外之飛機場。使敵機無安身之地。而我機之使用更爲便利矣。敵機自失據後。經一星期未見其影。至十三日。忽接情報。南京方面敵飛行隊。行將來滬。參加作戰。又據各種情報。謂廣東軍之戰鬥機爆擊機。已抵長沙。（閱者至此。必歎我方軍事行動之不密）。大約某日可到南京。而中國報紙與中國人。揚言廣東飛機於某日出發。受粵省官民盛大歡送。因此我方遂於事先。爲相當的準備。至二月中旬。探悉南京固有之飛機。亦將南來。吾人預料由南京至上海。直距離約百五十海里。度彼敵機之性能。必不能一氣由南京直到上海作戰。勢必在虹橋或蘇州停船休息。故我方決從事兩地間之空中偵察。偵知敵方連日在兩地準備新設格納庫。我飛機昕夕伺候敵機之來。果於二十日。所大尉所指揮之戰鬥機。在蘇州飛機場附近空中。遙見美國最新式之波英克單座戰鬥機一架。疾馳西來。我軍遂勇躍進迫。敵機見我機追迫。亦飛迴應戰。惟敵機之特殊性能其上昇力較我爲優。故我方遂處於被動的地位。敵乃利用上昇力。飛至我機之上。窺我之隙。急降直下猛射。我機回身反擊。交戰約二十分。未決雌雄。旋敵利用快速力。飛向北方。我機因困於燃料。亦南飛歸隊。至二十二日。加賀小谷大尉所指揮偵察機。與生田大尉所指揮之戰鬪機。再赴蘇州偵察。適值該飛機場有一精巧飛機離陸。卽二十日與所大尉激戰之機是也。敵見我機飛至。仍如前日之狀。飛高至我機之上。急轉直下。脅迫小谷大尉之後。我方雖有偵察機隊。加入作戰。不幸指揮官小谷大尉。突爲敵彈命中三發。指揮官機之銃手一等航空兵佐佐木。亦遭重創。機遂隕落。是役以望遠鏡探照操縱敵機者爲中國人。觀敵機過於勇敢作戰。遂被我機射落。廿三日。我軍繼續使用戰鬬飛行隊。擬破壞虹橋與蘇州之敵軍飛機場。迴念飛機場並無飛機。縱破壞之亦無所得。俄聞有粵機十八架。已飛集杭州。行將準備出動。於是我方爲先發制人計。急急編成襲空大隊。謀襲杭州之航空基地。由予（小田原）統率。連絡佐多大尉。安延大尉。所大尉。渥美大尉。等精銳攻擊機戰鬬機。秘密規定在離吳淞口百二十里之處集合。同時暗由航空母艦某某等進發。約定自翌日午前五時起程。直飛至杭州敵機之根據地。但此事最感困苦者。卽我飛機中應裝燃料的最大限度。與離根據地附近距離地點二點。蓋恐深入敵之腹地。萬一發生障礙。必將陷於不可收拾之境。故當時頗爲焦慮。第已奉命必行。故亦不計成敗。於是由攻擊機隊。掩護戰鬬機出發。隱密溯錢塘江口而上。在晨光微明中。突飛旋於杭州城天空。俯瞰杭州城外筧橋飛機場。已瞭然在目。正欲投彈時。見敵機五架。急昇上空。與我機猛烈交戰。時我方飛機十五架。應付敵戰鬬機五架。綽有餘裕。故得從容炸燬敵之飛機場後。照預定地點。分隊飛集於錢江口外。先返者爲佐多隊。次爲安延隊二號機。惟小田原隊因投下之炸彈不發。復因中途發生阻礙。歸隊最晚。此次被我炸燬者有六機。然吾人迴憶飛機場中。敵機並無十八架。均極懷疑。殊不知敵之低翼單翼式飛機。早已飛航他處。及聞我機襲擊。遂跟踪而來。先與小田原隊交戰。因敵機巧妙。回旋昇降亦極輕快。且連合其他六架戰鬥機。節節進逼。時我渥美隊見事勢危急。加入應援卒被我方擊燬數架其餘敵機。雖猛力衝突。而我方藉旋回槍之力。奮勇抵禦。敵始終卒不得逞至是敵機乃向南飛行。我攻擊機亦受損害。繼聞安延隊長在錢塘江口三十里之地。向驅逐艦告急。並在該艦附近。有二機着水。乃皆歸隊而返此爲自上海事變爆發以來。空中戰爭之概略。要之空中戰爭之要諦。以三分技術七分精神爲本。中國飛行隊之失敗因缺乏航空技術故也。

◉第三十章　敵軍之新武器

▲日軍侈揚新式武器具備

謂係使用於滿州上海事變者

但實皆殺人利器之進步而已

日本長崎日日新聞云。我陸軍於十日紀念日。舉行盛大祝賀式。溯自明治六年國家軍隊編成爲六鎮台以來。合計各種兵有二萬六千六百名。今已擴充至〇〇名。武器之進步。依時代而精良。曩時日俄大戰。歐洲大戰。時所用之武器。與使用於今日滿洲上海事變者相較。不啻有天淵之別。蓋從前飛機戰爭。既甚幼稚。鐵兜機關槍。亦未發明。各部隊間之通訊。多藉人力傳令。今則使用傳書鴿。偵探狗。並藉無線電報以爲聯絡。甚不論攻防兩種戰術。已有一日千里之勢。此次滿洲上海之戰鬥。（按滿洲之役中國軍隊並未與抗 我軍器之精良。處處較敵爲優勝。茲就我方新式武器之足以炫耀於世者。縷述如下。（一）關於步兵用者。有三八式手槍 半自動手槍（能連珠射）輕機關槍。重機關槍。（一分鐘能發五百彈至一千彈）步兵砲等。（有平射曲射二種。平射砲專對露出敵之機關槍與戰車等。曲射砲乃用於敵之掩護戰壕。）（二）關於騎兵用者。有騎砲野砲二種。騎砲使用迅速輕快 野砲可代山砲之用。（三）附屬於步騎兵者。有鐵甲車。坦克車。（戰車）鐵甲車爲騎兵先驅的活動 富於運動性 每小時能行三十英里。坦克車有防禦砲彈之力。攻擊力尤强。衝鋒陷陣。多利用之。（四）關於砲兵用者。有加農砲。（山砲野砲）平射溜彈砲口徑均以十糎爲主。至於野戰砲與重砲之區別。即一爲十粍之加農砲。一爲十五粍之溜彈砲。溜彈砲用以破壞堅固之建築物。以上各砲。皆可射達四里之距離。（五）飛行機。分偵察戰鬥爆擊三種。此次在滬作戰。以爆擊機之效力爲最大。其他又有高射機關槍（對於一千米突高度以下時用之）高射砲等。（能射達至四千至一萬二千米突之距離）至於使用防禦飛機者。有探照燈。空中聽音機。測高器。（六）毒瓦斯。雖禁止使用。然各國仍秘密製造。因其性質之差異。遂有窒息。催淚。糜爛。等別。（七）防禦器。有鐵兜。防彈具。防毒器。等三種。鐵兜歐洲大戰時尚未風行。最近使用於戰場。效益甚大。係用厚一粍富有強韌性之鋼鐵爲之，防彈具爲潛探伏探哨步哨警戒兵等之用。防毒器分人用馬用二種

世界新聞社云。據大阪每日新聞英文版載。此次日軍在滬作戰。頗待日本科學界新發

明之鑑。作戰中所用科學的利器之一。爲「空中攝影機」。極便於偵探工作。日空軍之每一偵探機皆備有F型自動空中攝影機一具。對於中國軍陣之情形。用此機接連拍攝照片百張。卽可得一忠實之報告。此機之鏡片。其聚光距。離爲二十生的米突在離地二千米突之高度能拍八百四十米突。長三百六十米突寬之地面一區。如對於所欲攝影之目的物欲其照片。縮至一千萬分之一。則飛機祇須保持二千五百米突之高度。凡地面之道路田野及掩飾之壕溝等。皆能纖悉攝出。倘以斜勢拍之。則照片上顯出。地面凹凸不平之形。日軍在江灣鎭對距離四基羅米突。外大場鎭之華軍陣地。所開第一砲。落下處離目標極近。此項成績卽大半得空中。攝影機之助。又一新利器爲利用三色混亂對方目光之坦克車。此種坦 車在砲彈如雨之下。仍能穩定進行。衝破對方之壕溝鐵絲網等。三月一號韓家墩（譯音）一役。日軍卽利用此器。得爲三勇士復仇云。

◉第三十一章　敵軍現在陣線

戰地記者　訪晤翁照垣旅長。談敵方陣線甚詳。敵方主陣線北自浮橋鎭起。西南迤至岳王市。折東南經陸家渡橋而婁塘。折西南經黃滋外岡。折西南至黃渡。成一西字母W形。全線延長約計華里一百十餘里。浮橋迄岳王市爲其左翼。岳王迄外岡爲其中路。外岡迄黃渡爲其右翼。惟其中路在婁塘內陷。陣地至不隱固。故日來力攻太倉。苟太倉得手。則其陣地成一完整之弧線矣。敵方近正趕造永久作戰之堅固陣地。聞將集重兵二

◉敵方陣線圖◉

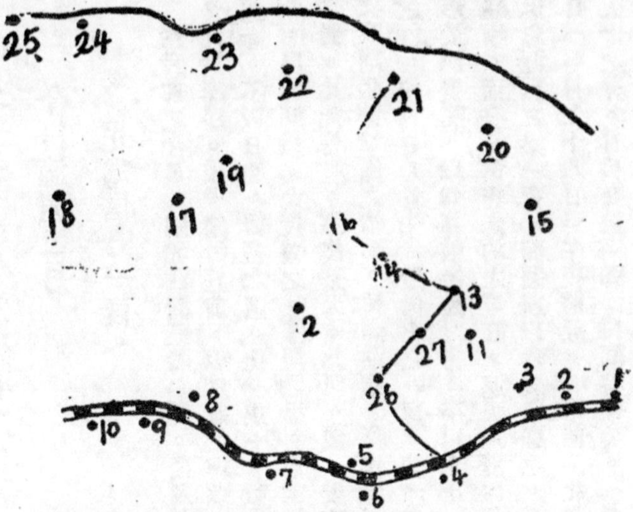

十萬（進窺長江。和議恐無誠意。）

○ ○ ○

（一）眞茹　（二）江橋
（三）南翔　（四）黃渡
（五）安亭　（六）白鶴江
（七）陸家浜　（八）崑山
（九）眞儀　（十）唯亭
（十一）嘉定　（十二）太倉
（十三）樓塘　（十四）陸渡橋
（十五）瀏河　（十六）岳王市
（十七）白茆　（十八）常熟
（十九）支塘　（二十）茜涇營
（廿一）浮橋　（廿二）六河
（廿三）彭家橋　（廿四）福山
（廿五）陶山　（廿六）外崗
（廿七）黃涇

○ ○ ○

◎第三十二章　滬戰之第一夜

今日適滿二月
足爲信史一頁

兩月前之今日。閘北江灣吳淞等處。農耕於野。商趨於市。工勤於肆。弦歌之聲。聞於庠序。稚子嬉於庭前。少婦妝於樓頭。熙熙攘攘。如登春臺。詎意卽夜橫禍遽降。不數日間。繁盛之區。化爲焦土。數十萬戶。毀滅無餘。無老無幼。慘遭非命。屍骸既殲。犬復噬之。修羅之場。甯能過是。其幸而獲存者。漂泊無依。鰥寡孤獨。比比皆是。悠悠蒼天。此何人哉。爰將上海泰晤士報所紀一月二十八夜寇軍攻我閘北前進備之情形。補譯如次。藉作滬戰二週月之追念。其言且出於中立國人之口。作爲日人首先挑釁信史之一頁。昔者普法戰後。法人繪普軍獲勝法軍慘敗情形於油畫院。以爲暮鼓晨鐘之寄。卒以上下一心。發憤圖强。五十年後。摧强寇於疆場。而有凡爾賽條約之簽訂。返失地於兩州。譯者不敏。竊師此意。亦願我國民毋忘滬戰之第一夜。而圖所以奮發自强也。

昨日（一月二十八日）午夜將近。日軍向閘北進攻。（注意）據日軍方面消息。夜十一時五十七分。日兵發第一彈。以回答華兵。（日人之言當然如是）日軍進攻迅速。卒出不意。故在上午（二十九日）十二時十五分之前。卽有兩卡車。載有佯華兵。（譯者按此殆爲所拘之中國平民）駛至登陸隊司令部之庭前矣。夜半閘北邊界一帶。機關槍聲與來福槍聲。怒鳴不已。日軍第一大隊與第二大隊。已開始向北四川路外之小街前進。槍聲一鳴。伏於各處牆隅之兵。齊起直撲華兵衛守之地點。隨手而下者數處。日兵之機關槍聲與歡呼聲相應和。日兵所擲之炸彈。炸力甚猛。四川路一帶之玻璃窗。受震多碎。遙想彼等所攻擊之區域。受創必重。附近華人所蒙之損失。今猶無法估計之。

進攻之兩大隊。似皆以北車站爲其目的物。第三大隊亦在預備進攻中。第一大隊由北四川路公立學校穿橫街而進。與北寶山路商務印書館附近之華兵交鋒。另有若干人。在登陸隊司令部後與華兵接觸。第二大隊已在桃山咖啡館附近奧迪安影戲院後出四川路。兩大隊齊向鐵路方面進發。攻入上海市義勇軍防守之地。（注意）

昨夜（二十八日）十一時三十分。日水手與海軍陸戰隊約一千名。鐵甲車八輛。機關槍兵無數。炸彈兵數隊。同離北四川路海軍登陸隊司令部。埋伏於毗連華界之各地點。準備攻入華境。以鮫島大尉指揮全軍。將近午夜。各隊沿北四川路絡繹而進。以齊上刺刀五十人之小隊數隊。蹲伏租界邊線之屋隅。另以人數更少之數隊。潛入華境爲斥堠。鐵甲車分駐各地點。候令前發。醫務隊携昇牀藥囊。伺於左右。機關槍兵則在守候之各隊前列。作預備放。惟時北四川路之景象。儼如比國之佛蘭特。所不同者。各隊軍官皆佩金柄之刀耳。

日軍之欲佔據中國土地也。租界中之日僑。早已喧傳矣。（注意）故在各隊由登陸隊司令部出發以前。已有日平民數百人。集於其地。紛向兵士歡呼。司令部垣內將士雲集。成一大營。上海泰晤士報代表。曾跍立司令部側汽車間之屋頂。以觀日兵之集隊。含該代表外。場中無一西人焉。

夜十一時左右。第一次集隊之軍。號聲不鳴。登時庭前屋內。所見皆兵。卡車之聲。轆轆於途。滿載全副戰裝之大隊援兵。飛馳而至。頃刻間。庭園爲之人滿。機關槍兵曳其武器。列於庭之中央。長行之來福槍兵。雜以手榴彈兵。絡繹開入。廣場之中。有高臺。上立海軍參謀官兩員。監視戰士之會集。此時情狀。大類幻景。水兵紛自暗陬擁入。燈光照耀如白晝之廣場。其軍器磨擦作聲。其刺刀閃閃發光。身佩乾糧。與輕便應急器用。來福槍皆上刺刀。橫負於背。機關槍兵及饋送『吃人』之子彈者。亦然。軍官則蹀步諸戰士中。狀殊閒適。（注意）維時只見鋼盔顫動。絕不聞語聲。即下士亦不向士兵作怒斥聲。人人知其應處之地位而往就之。（注意）未及十五分鐘。各組列隊。皆立正待令。於是號角之聲。發自暗處。臺上軍官一員。向衆發言。語殊急迫。聲殊壯厲。余側之日譯員低聲語余曰。彼乃諭告將士。須盡其責。（注意）非至急要。勿作無益之殺戮。非被擊勿開槍。（譯者按。既進攻矣。焉有不開槍之理。日軍官意中。閘北華軍。必如東北軍不戰而退。可不必開槍也。）並祝衆順利。言畢。全場寂然。於是有日本攝影師一隊。開始鎂光攝影。即聞砰砰炸聲數次。衆目暫爲失明。繼由臺上另一軍官向乘勉勵數言。（注意）於是號角之聲又作。接以砲步之聲。蓋緊泊浦江日軍艦之援兵疾趨入場也。就位既定。旋有四上刺刀之兵。擁一旭日旗之兵。步入亮處。於是聞尖銳之號令聲。宏壯之革履聲。又見諸軍官皆拔刀出鞘。臺上之二軍官。則注目於其手臨之時計。（注意）維時黑暗之一隅。忽大放光明。顯出鐵甲車多輛。左右皆立有戰士。車作橘黃色。橘形穹頂之小門半啓。一鋼盔之首。由內外窺。俄而號令之聲雜起。最前數行之戰士。即躍登卡車。俄而機車軋軋。蓋第一卡車發動矣。餘車繼之。但轉瞬間卡車之機聲。悉沉沒於門外羣衆之狂呼聲中矣。不十五分鐘。廣場為之一空。其間有一動人之短幕。試為紀之如下。一袖綴三A字之老於戎行者。忽自其隊伍中趨出。在汽車之下沿牆向一少年奔去。既近其身。奪其手而緊握之。須臾。此灰色軍服之矮漢。又狂奔歸隊。蓋其隊伍均出動矣。少年旋亦他去。此二人殆係昆季也。（譯者按此二人必因出戰之後。不知能否復見。故依依不捨。嗚呼。誰無兄弟。如手如足。何屠殺他人時。則毫無惻隱之心耶。）最後一輛之卡車。駛出廣場。最後一隊之水兵。開步出發時。泰晤士報代表亦離其地。時門外集有日平民一小羣。而由人叢中擠出。頗不易易。若輩每見卡車或鐵甲車駛過。輒向歡呼。步行之隊伍經過時。則同鼓掌而狂喊。附近日人家皆啓窗以觀。其中有女子「蘇牙那拉」（意即再會）之呼聲。與道中男子狂號之聲相應和。水手與陸戰隊士兵。則皆揮手大笑以答之。五分鐘後。卡車均駛抵指定之地點。（注意）戰士紛由車上躍下。

尾隨戰士入四川路冷靜黑暗之區。摸索蛇行。以視若輩之陣。不啻操自己之生命於手掌。前進時。經過跪伏躡隅之許多隊伍。行近始能見之。稍一不愼。即將踐踏其身。蓋處處有之也。忽躡隅槍刺齊豎。軍官士兵躍起。操日語問話。語不可辨。繼出電炬。照見爲白人之面。乃復帖然。沿華界邊線一帶。滿佈此類匐伏之兵。鐵甲車則一無所見。顯已在步隊之前駛入華界矣。但並未聞有槍聲。僅寂靜之中。充滿殺氣耳。（注意）發號之聲。既不之聞。而軍器亦不使稍作響動。日兵之行動。如黑夜之貓。異常謹愼。凡數人較多之隊伍所駐處。輙放哨於前。哨兵若干。在午夜時確已潛入華界。其同志緊躡於後。機關槍則居前列。以槍口向外。（注意）。

泰晤士報代表旋乘汽車歸。沿四川路向租界中心進發。途中時遇日兵小隊。直至蘇州河始已。若輩攀槍巡邏。其狀森嚴。如閘北邊線一帶潛伏之隊伍焉。（下略）。

譯者按本月二十二日日外相芳澤在議會演說。謂一月二十八日上海公共租界工部局集議。宣布臨時緊急狀態。而駐滬列強軍隊。皆於是日依照事前所定共同防衛之計劃。在租界各部分擔任防衛職務。日軍所任之處爲閘北。當日軍正在閘北區域佈防時。華人對之射擊。故日軍被迫採行自衛行動焉云云。查工部局所決議者。爲令日軍擔任虹口區之防務。而虹口西部。猶不屬之。今芳澤竟謂日軍所擔任之區爲閘北。噫。欺人耶。抑自欺耶。藉曰任閘北佈防。何必乘夜爲之。如上海泰晤士報所紀。日軍直偷襲耳。而尙欲以「自衛」二字。以自文過。寗不異哉。

中華民國二十一年五月三版

十九路軍抗日戰史第二集
▲每部定價大洋四角▼

編輯者　戰地新聞社
校訂者　戰地新聞社
總發行處　上海戰地新聞社
分售處　各省各大書局

一二八事變 京滬鐵路車務記要

鄭寶照編

者　編

一二八事變
京滬鐵路車務記要

鄭寶照編

目錄

隨同赴蘇全體員工攝影

北站全景　建築後巍爲兩路冠路軌交錯設備完美此爲未燬時全景

序文

編者

本篇所紀。係自民國二十一年一月二十八日迄三月九日。吾京滬路車務處。因日軍犯滬應變之經過。今烽烟未息。北站成墟。追往策來。不能無一言以述所懷也。夫鐵道爲大陸國家交通事業之要素。舉凡扶助生產。調劑供需。鞏固國防諸務。莫不惟鐵道是賴。吾國雄據東亞大陸。尤須積極建設鐵道。以固疆圉。 先總理實業計劃中。於鐵道一端。規劃周詳。致力尤多。今遺教永留。負發揚之責者。上賴政府羣彥之實行。下賴鐵路員司之努力。

顧吾國自有鐵道以來。承軍閥割據之積習。綜理路務者。輒隨好惡爲進退。以需要專門技術之機關。作親倖酬庸之尾閭。其借款建築各路。則以外人插足。語文不一。政令互殊。主權消失。積重難返。以致鐵道事業。人則突飛猛進。吾則故步自封。

自內戰頻仍。路政分裂。路產破壞。日益加甚。整理既須時日。發展更難着手。政治之表現如此。國際之地位。何能增進。而嫉忌吾之強盛者。又復中傷破壞。以轉移對吾表示好感者之視線。于是外資裹足。 總理建設計劃。一時亦無從實現。今外侮已亟。而國家之準備。就鐵道而言。已處處捉襟見肘。可勝慨嘆。去年九一八。暴日佔東北。今歲一二八。進犯閘北。焚炸殺掠。無所不至。此雖日本軍閥窮兵黷武思有以遂其大陸政策之野心。然吾國十年來。內爭不已。政治紊亂。實有以致之。所謂人必自侮而後人侮。咎由自取。夫復何言。故憤人之橫暴者。不如責己之不振。否則國力既充。團結一致。外侮之來。有何懼哉。

寶照於民十習鐵道於美邦。素重行車調度。還國以後。歷經任職各路。服膺 總理遺敎。深願努力實現。使主持鐵道事業者。以商業化民衆化及員司專門化爲準。以求發展。俾鐵道事業。超然於政局變化以外。循序漸進。庶可與歐美並駕齊驅。惟因資淺力薄。格於環境。素志未伸。深爲慚恧。去歲應上海銀行之聘。任職首都。本年一月七日。奉命來長兩路車務。固辭不獲。因念寶照素習鐵道。苟利國家。何計個人利益。遂毅然來滬視事。一月二十一日。晚晤孔庸之先生。承示暴日將有無理舉動。寶照參以個人過去經驗。以爲確有相當準備之必要。即設法將客貨機車及救險車等。逐漸移往安全地點。以免倉卒之間。資爲敵用。自一月二十一日至二十八日。更復日夜計劃。努力調遣。良以車輛之衆。事務之繁。既須顧全客運。尤須疏通軍運。調度一切。更須秉承上峯意旨。觀察既有不同。持議因之互殊。辦理困難。無逾於此。繼念國家之財產重。個人之權位輕。國之不存。身將何託。故決然將車輛西移。於二十八日午夜。在硝烟彈雨中。先使上海北站上下旅客。脫離險境。繼遂率領一部份員工。暫駐蘇州。躬親調度。並於滬戰劇烈之際。疊次巡勘眞如麥根路上北諸站。鼓勵員工。共策努力。歷承鐵道部最高當局路政先輩同學朋好。函電獎勉。自維駑駘。何敢當此。際此國難當前。生死安危。早置度外。權位利祿。更非所計。惟知盡吾職責。爲國爲路。努力服務而已。

軍事之進展。必賴運輸。故於二十九日抵蘇後。最急要之佈置。在調度車輛。查本路車輛之確數。計共機車六十六輛。其中除業已損壞者外。能用者共計四十六輛。貨車計陸百九十四輛。客車二百零陸輛。在此次事變前共已拖出機車四十九輛。客車二百餘輛（滬杭甬客車在內）貨車六百零五輛。（滬杭甬貨車在內）。尙有留剩北站之機車十輛。（內搗車機車及滬杭甬機車各一輛）於事變後亦經設法運出。得無損燬。後以十九路軍駐紮地點。均在常州以東各地。預料一月二十九日後如戰事擴大。則最近期內。必有大批軍隊。移送前綫。乃將全數車輛十分之七。佈置於常州無錫蘇州等站。以備應用。因此方能於廿四小時內。將全部十九路軍隊悉數運滬。俾資應援。又以南京鎭江方面之軍隊。亦必有開往前綫者。並恐京鎭等處。地濱大江。敵艦環伺。時有意外之變。故每地留車二列。以備急需。在丹陽及以西各站。散佈車輛十列。至其他車輛則散佈常州以東各站。以便調遣。此二月十日以前之情形也。

嗣以管見所及。戰事有延久可能。決另擬計劃。俾能應付。因悉蘇州至南翔一段。爲戰爭危險之區域。而以靑陽港以東之各地爲尤甚。故除必需應用之車輛仍留蘇翔一帶外。其他車輛。均移京錫間各站。以防萬一。常州爲本路中心點。地位寬大。故以該站爲雙方（卽京常段及常眞段）車輛之接濟站。而無錫以東所用之車輛。則歸無錫及戚墅堰站供給。至西段之車輛。則由常州以西及丹陽間各站接濟之。

本路除大站外。每站均祗直灣二道。而有時每日軍用列車。竟佔三四十次。常有塞阻路軌之虞。然此次亦能不感困難。應付裕如。且亦未覺車輛與機車之缺乏者。其原因不外乎上述調度計劃之適合。及員工操作堅毅之功也。

本路調度車輛。與他路迥異。均以電話調遣。乃可適用上項方法。所以（一）三月二日靑陽港橋被炸時。車輛均在以西安全地點。未遭炸燬。（二）機車未空耗里程與燃煤。（三）軍車開行。均無超越軍隊預定之時期。此皆因運用良好之調度計劃。得能獲美滿之效果耳。

一月以來。調度一切。承部局之指導。賴員工之合作。得將吾路四五千萬元之車輛。保存無恙。疏通軍運。輸送難民。修復燬損。撫慰員工。積案成帙。爰加整理。彙爲一編。供諸參攷。倘荷各界碩彥。路政先輩。指其謬誤。匡所不逮。則幸甚矣。

而今以後。鑒暴日之蠻橫。痛破壞之慘鉅。政府國民。通力合作。生聚教養。完成建設。用專其人。人專其業。努力奮發。庶可滌盪積恥。長保炎黃之令譽也。

二十一年四月一日於上海

日記

一　事變前——準備——佈置

自暴日佔領東北而後。陸續派遣砲艦來滬。風聲日亟。人心惶駭。三友社工廠。被日暴徒焚燒。日方藉詞。引起交涉。虹口一帶。日僑專事尋釁。日海軍砲車。巡行通衢。民國日報。因有日海軍掩護僑民紀載。勒令停刊。日方兇焰益張。向上海市府。提出條件。限期答復。否則日軍自由行動。時吾十九路軍。奉命拱衛淞滬。誓以鐵血。保障疆土。雙方對峙。一觸卽發。閘北居民。紛紛遷入租界。目睹形勢之險惡。認爲北站當軍事之衝。非有相當準備。不足應變。吾車務處。車輛分散吳淞北站麥根路者至多。一朝事變。倉卒之間。勢難挾之他移。故於廿一日起。指派人員。輪值夜班。以便應付急緊。並面陳郭局長承恩。請將各項車輛。除需用者外。逐漸掛往外站。藉以保全路產。又可隨時配掛列車。以利軍運。當卽知照調度課課長王志剛。將京滬車輛。遣往蘇州以西。滬杭車輛。遣往松江以南。並飭上南段長鍾文江等。輪值夜班。廿六日。面陳葉玉甫部長。移送車輛一節。深蒙贊許。遂決照預擬計劃辦理。並請機務處將吳淞機廠各種機車可資應用者。悉駛上海北站。妥留備用。二十八日。形勢轉重。閘北居民。遷徙塞途。北站大門。亦堆沙防禦。上午由調度電話。飭上南段長鍾文江。調配員工。加班值夜。幷飭滬杭調車股主任汪佩青。注意上南站機車車輛之分配。下午與機務處妥商。調移救險車。開駛常州。遂偕同袁副處長紹昌。調度課課長王志剛等。加緊工作。漏夜駐站辦公。十一時三十分。隱約聞鎗聲。將信將疑。無從證實。十一時四十五分。美國訪員施樂君過訪。告知十二時後。日方將有舉動。除立卽知照機務處。將機車升火。以備拖載各列車。全數離北站外。同時令調度人員站務稽查站長等。準備一切。飭上南站鍾段長。設法將所剩車輛。遣往安全地點。適由京開來之十號快車。按時到站。旅客數千。因租界鐵門己閉。禁止通行。麕聚不散。當以萬一事變。殊屬危險。經工務處長德斯福之協助。與租界當局。反復商洽。旅客得持用月台票。通過鐵門而入租界。卽飭站務稽查妥愼辦理。故事變發生時。到滬旅客。己闃無一人。而夜快車因眞如站兵車阻塞。猶未開出。

二 事變

二十九日晨零時零五分。砰然一聲。起於站東。繼卽槍聲大作。駐站兵士。四散佈置。北站頓入戰事狀態。由滬赴京夜車上之旅客。驚駭萬狀。不知所措。紛紛下車。秩序大亂。車場巡察員金鑄。高聲寬慰。竭力維持。始歸甯靜。當此時機。知非鎭定從事。不足以措置事變。所幸員司屢經戰事。訓練有素。咸能臨事不懼。卽至調度課。設法清除眞如軌道。將夜快車開出。以保旅客安全。幷配置到站之客車車輛。以備掃數駛出。時槍聲歷歷。硝彈橫飛。寶山路一帶。日軍已開始攻擊。駐站憲兵。以戰略關係。嚴禁站員行動。調度課煞費苦心。夜車始得開行。正蠕蠕而動之際。値車憲兵。自外飛奔躍登車廂。載行載射。槍聲愈密。一若敵人已追逐而至者。哨兵密佈。戒備益嚴。目送夜車開離北站。如釋重負。當囑調度課調車股主任李經緯。偕同値班調度員等。留駐該課。主持調度。遂率調度課課長王志剛行車事務員鄒穀心站務稽查李兆鈺阮國瑞車場巡察員金鑄站長曾智洪陳國良以及指定値夜及當班員工等。登備置之專車。離開北站。到麥根路站。由電話中授調度課以種種處置應急機宜。嗣以翊日行車秩序。亟須重定。軍運事宜。尤爲重要。西進南翔。以資調度。至滬杭路車務。勢難兼顧。當電滬請袁副處長。卽往該路。主持一切。

三 事變後

一月二十九日

事變既起。廿九日晨零時以後。北站紛亂危急之情形。已如前述。當專車離滬時。以各處無負責人員値夜。各項調度。殊不若平日之聯絡。日軍既啓釁。我十九路軍。奮起抵抗。半夜攻擊結果。日軍絲毫不得逞。時北站員工。已無法工作。走避一空。僅電務員華鈺文王希賢。冒死留駐。以通消息。專車抵南翔。由該站調度電話中。與各站通話。指示應變機宜。並飭華王兩員。主持北站事務。相機與軍事當局。商洽稍弛禁令。設法准將剩留該站車輛出險。方擬裝接電話。將調度課暫設該站。乃天色朦朧中。日軍已縱機四出。軋軋成隊。自東而來。盤旋站次。希圖破壞。意以戰端既開。軍運自必頻繁。路事不可一日無專人主持。調度課所設電話線。攬全路車輛支配。萬一發生危險。將不堪設想。再四思維。祇得將專車西駛蘇州站。於車中設臨時調度課。抽調人員。輪值主持。並派中段段長陳佑申。赴南翔主持東段事務。至必要時。麥根路眞如等站所需工作人員。亦已編配妥當。有備無虞。分電上南段長鍾文江。將滬杭段所有車輛。儘數調往松江以南。及滬杭段總段長黃純道。在袁副處長未到達前。負責主持滬杭車務。

南京至南翔間。照常通車。客車共駛九列。專車可直抵眞如。一日之間。自蘇鎮東下兵車。達十一列之多。每列車之配合。計三十餘輛。約佔全路車輛三分之二以上。以小站如眞如南翔。路軌僅灣直二道。得能於短時間內。容納如許列車。絡繹往還。不致擁塞。良非易事。援軍大集。戰事益烈。軍情緊急。特馳單行機車。以傳達命令者三次。空專車五列。救險車一列。縱經事變。而車務順利如常。旅客上行多下行少。

上午。留駐北站李分段長經緯。設法將昨晚先後由京抵滬之客車機車四輛搗車機車一輛。配分四列。正擬次第開行。不意駐站哨兵。以未奉長官命令。不允開動。十一時。敵機四架。突現空際。頻擲炸彈。時以客車十輛。蒸汽車二輛。及裝煤敞車四輛。太平洋式機車五十八號一輛。組合而成之一列車。升火待發。其尾端所掛蒸汽車。已爲敵機擲中一彈。起火焚燒。熊熊之勢。不可向邇。適擲彈時。四周中者甚多。泥土橫飛。該李分段長。相距咫尺。不特並無畏縮之心。且冒死險。不顧兵士干涉。飭令司機西開。及抵麥根路站。在烟焰中將着火之蒸汽車與他車隔離。當時人手器具。兩不齊備。燃燒之車。無法救滅。敵機更追踪而至。北站方面。轟炸隆隆。愈接愈厲。幸有司機稽查沈小寶。在場出力協助。得將全列車西駛蘇州。附錄李分段長原報告全文如下。

爲呈報事竊查一月二十八日夜閘北戰事發生之時第五次夜快車因眞如路線被兵車阻塞尙未離站是時鎗聲四起奉鈞諭盡力設法將該列車開出上北並着調度上北所有機車車輛悉數西開等因奉此遵卽與眞如站極力籌劃始將夜快車開出正與機車房商洽擬將機車車輛西行之際鎗聲愈密流彈亦多辦公處已不能居留遂偕同値班調度員曾友生朱楠並領同滬杭調度員段燮康吳錫璋等冒險出外本擬由月台到車站惟因軍隊

開鎗不能前進祇得折向西行不數武鎗彈更密且鎗聲較前益近不得己急飛奔到庶務股小屋外暫避天明後與曾友生等設法越牆出外步行到電話試驗室聽行車調度電話始知本課王課長等己抵蘇站並悉蘇站缺乏燃煤是時上北站尚停有機車車輛甚多遂同往機車房與馮守之薛鴻發沈小寶等接洽計劃將所有留存上北及麥根路之機車車輛分配依次拉出並請電務員華鈺文與軍事當局接洽繼又覓得掉車夫劉寶珍當即飭令調配車輛計第一列調齊煤車四輛客車九輛蒸汽車兩輛（計四節）木質行李車一輛當掉車時鐵甲車一列停在旱橋下岔道上阻塞路軌不能工作幾經交涉始允調移繼因上北至麥根路之電氣路簽無從取出並無車長押車隨車機務人員堅執不允開行復經職聲明由本人担任引導自行押車並留曾友生在上北機房候第一列車開行後將各車照預定計劃逐漸開出詎於十一時三十分諸事妥協開行後其餘配就各列車忽然停止經至機車房詢問始知有憲兵二人看守機車不准開行雖告以己經與營長接洽仍堅執不允職以無可理喩復回到機車房擬與華鈺文通話而電話己不通及回站台時敵機己在天空飛來並開始抛擲炸彈多枚職見事巳危急擬即即車開動而機車上之兵士仍不允雖竭力交涉迄無効果是時擲下之炸彈相繼擊中蒸汽車一輛車身立時着火焚燒甚烈職恐延及其他車輛遂往車後擬將着火車輛解開正行走間又落下炸彈一枚爆發之處距職身僅數尺職以該列車之機車係太平洋式新機車並掛有頭二三等客車九輛不忍任令炸燬又恐車輛被炸後阻塞路軌要道致障礙交通故仍冒險步行到機車上不待憲兵允許強令司機撥動機門西開此次戰事發生後由上北拖出之第一列車竟於十二點十八分在鎗林彈雨中開出矣迨行抵麥根路站相近始設法將該着火之車輛解開計留下蒸汽車兩輛木質行李車一輛然後再向前開駛出險此事雖屬危險萬分然爲減少本路損失及維持路線交通起見故盡力辦理本無邀功之心茲因奉飭調查歷次在上北拖出車輛情形理合將職個人經過事實臚列呈報伏候鈞察謹呈

車務處處長鄭

駐處副分段長
主任調度員 李經緯

附拖出車輛計開

太平洋機車五十八號

三十五噸敞車七一一九號十八噸敞車七〇二二、七〇三五、七〇一三號四輛均裝有煤斤頭等車五四五號二等車六〇三號頭二等車五八六號三等車七〇〇、六九九、六六〇、六六六號三等行李司軔車九五四、九五七號九輛。

下午。北站局址。中彈肇焚。大好建築。行成灰燼。

三時三十分。眞如站調度專用電話。突告不通。消息隔絕。事後知遭敵機轟擊。（詳情記三十日陳佑申段長口頭報告）經飭工匠。趕赴該地。查勘修復。並飭陳佑申段長。前進眞如。勘察情形。辦理一切。

以個人名義。電工務處長英員德斯福日機炸燬京滬路狀況。請轉知中英公司注意。并電知電務稽查馬直山轉新聞報館汪經理。請各報對於鐵路軍事運輸狀況。勿予登載。以杜敵諜。

下午五時。上南站黃總段長。由商電報告上南至閘口間。平安無事。客車開駛四列。梵皇渡鐵橋被拆毀。惟未明為何方之舉動等語。

北站總局建築於一月廿九日中彈着火時

北站總局壯麗之建築及繁盛之貨棧被日機於一月二十九日擲彈焚後之殘蹟

上海北站總局及貨棧於二十一年一月二十九日被日機擲彈破壞

上北車站鐵甲車一列於一月二十九日爲日機炸燬

上北站站台及鐵軌于一月廿九日被彈破壞

上北站衛生稽查辦公室屋頂於一月二十九日被炸轟燬

上北車場電汽廠附近新練房屋於一月二十九日同時遭炸

上北車場軌道於一月二十九日被炸一軌震受矗立

上北車場軌道於一月二十九日為日機炸燬

上北車場四等車一輛於一月二十九日爲日機炸焚之一端

上北車場四等客車一輛於一月二十九日被日機炸燬

上北車場大通路附近之軌道於一月二十九日被炸彈壞毀

上北車場於一月二十九日被日機擲彈炸焚之蒸汽車

一月三十日

行駛客車八次。兵專車十一次。及其他軍運專車九次。

陳佑申段長在眞如站由電話報稱。昨日下午該站南側月台邊。被敵機炸燬丈餘。面積直徑約五尺。深約十尺。站中停有車輛三十餘。灣道東端。炸裂軌道二根。貨車三輛受損。灣道西端。貨車六四四六號炸燬甚重。橫臥軌上。妨及直道。直道亦炸裂軌道一根。其東端着彈處。陷一大穴。路基鬆浮。並稱上北站總局局址及貨棧。都已着彈。焚燬一空。餘燼未熄。滬杭月台。停有機車C16及C22號。均已出軌。C22號機車。受炸稍損。C16號機車。則無恙。電話線已完全修復。並可與麥根路站通話等語。卽於十七時。率同調度課課長王志剛副分段長李經緯等。開駛專車。離蘇東行。沿途視察。各站秩序甚佳。二十一時二十五分。抵眞如。親勘該站燬損情形。二十二時回抵崑山站留宿。并知照工務機務二處負責員司。指派路工。準備救險車。翌日馳往修理。

眞如站車場於一月二十九日二月五日先後被炸破毀之貨車

一月三十一日

行駛客車十二次。兵專車九次。其他軍用專車七次。

晨九時。率同救險車及路工等抵眞如站。於站北小屋中。架置電話。設立臨時調度課。與各站通話。指揮行車。督工修路。歷二十分鐘。直路已通。出軌貨車一輛。納上軌道。不意敵機十七架。列陣西來。盤旋空際。擲彈放鎗。聲勢洶洶。工人惶急。避匿無地。爲免除敵機目標起見。急令專車。載工人先行駛回南翔。遂偕課長王志剛等。紆道向西步行。空際鎗砲聲大作。沿途顚躓阡陌荒塚間。濘泥沾履。寒風襲骨。難民扶老攜幼。面呈憔悴恐怖之色。觸景感慨。益深憤慨。行抵南翔。會集各員工。登車返蘇。

戰事蔓延。勝負未決。交通恢復。一時無望。調度課亟應暫駐一定地點。以免中輟。影響行車。故於花車五一一號中。暫駐蘇州辦理調度事宜。

一月份薪工。因倉卒事變。外站各處員工。未及發給。衆情惶慮。安家需費。加以廢歷年關在邇。待款更亟。紛請催發。情辭迫切。而路款收入。日僅二千元左右。叠電郭前局長。懇予籌發。迄未見復。除溫慰各員工安心服務外。多方奔走。未有端倪。情景窘迫。朝夕縈心。

編者與公務車

鐵道部工勢科科長吳紹澍攝

二月一日

行駛客車十二次。兵專車十次。其他專車六次。

此次出發辦公。已歷三日。鑒於各處辦事。未能切實聯絡。以收指臂之效。爰於下午二時。召集當時在京滬段各處最高領袖。舉行會議。分配專職。附會議錄如下。

日期　二月一日下午二時三十分

地點　蘇州車站花車五〇三號中

出席者

車務處 鄭寶照 王志剛 李經緯 鄒彀心

機務處 南京沈同德代表閔孝威 常州吳耀萬 袁文澤

工程處 殷之輅 沈劭

會計處 沈嘉德

材料處 徐守之 許松齡

主席 鄭寶照

紀錄 鄒彀心

主席報告因路阻與管理局交通相隔茲奉葉部長及局令由弟負責管理一切路務會計因孟萊已來可由渠負責處理惟車務機務材料應由現在各員司支配負責進行

決定

(一)材料 由徐守之許松麟及袁文澤三人會同負責管理採辦

(二)領款辦法 由負責人呈報鄭處長與會計處商撥

(三)站用材料 以必需者爲限發給應用

(四)材料數量 重要材料如煤油等預備一個月平常材料預備十五天

(五)機務 由吳耀萬及閔孝威代表沈同德共同負責主管

1 遇緊急時西段由許朝元會同閔孝威代表沈同德主持隨機調度

2 軍事調度由許朝元沈同德商同調度課辦理

(六)伙食 機車人員由吳耀萬派員赴南翔按名每日發給口糧半元任令機車人員各自備辦

(七)經濟

1 薪工 先電各處開單由現在之最高領袖鑒核若孟萊無權發給則由鄭處長電請予以權限至發薪辦法由各領袖代領轉發

2 裝卸力 由負責主管人員開單向會計處領發

3 材料費 仝前辦法

4 每日路款 會計處負責管理

5 領款辦法 由負責主管人員照章向會計處領取

(八)修線匠 由各段工程司節制(發電知照)

散會 下午四時

晚七時。飭車場巡察員金鑄。站長李桂生。赴麥站拖

出客貨車十六輛。（車號詳附表）

奉葉部長處置事變令開。派陳興漢接充局長。兼領總務處長等因。陳局長鐵路先進。學識經驗。兩俱豐富。獲承領導。遵循有自矣。附錄事變令如下。

此次閘北軍事發生京滬北站一帶適當其衝易生不測迭經預告該路局長妥爲防備免受重大損失乃該局長多方推諉漫無佈置致二十九日之變該局重要文件物品未能救出損失殆過二百萬元事後亦絕無補救辦法似此藐視公務實爲失職之尤除將該局長免職查辦並將總務處長免職外現已派陳興漢接充該路局長兼暫領總務處長全路員司工役應知本路爲國家公產又關係京滬交通當此國難之時凡有人心應當如何努力以冀保全萬一該路首領早應預定辦法指導同人並妥定獎勵規條以安衆心而作士氣乃坐視不理一至於此誠不知是何居心若再不示懲則本部長亦爲失職故不得已方有此舉所有善後一切應責成陳局長妥籌辦法星夜施行不必定拘成例總以維繫交通保全路產爲主全路員司工役亦當一致同赴國難不可再事因循泄沓致誤事機其死守局內之電務員華鈺文應升充本部專員派在該路辦事即在該路月支薪水三百元以示特獎此外尙有何項出力員工應由陳局長查明奬賞其推諉規避各員工亦應分別懲罰至路警有防衛天職非至萬不得已不許離職此次究竟何者先行避匿何者最後離站亦應分別賞罰不可疏漏車務處長鄭寶照已令暫管京滬段內事務此次調度一切尙屬得宜仰並傳令嘉奬此令

二月二日

行駛客車十二次。兵專車五次。其他專車十五次。

晨七時。偕同調度課長王志剛等。專車離蘇。十二時二十七分。抵眞如站。復前進。十三時〇五分。抵麥根路旗站。即飭工人從事修理路軌。並將機車駛進麥站搗車。編配成列。以便拖運西開。登旗站辦公室。由調度電話。與駐嘉興站袁副處長通話商洽。未及十五分鐘。敵機二架。忽臨空而至。盤旋低飛。仰望機身。僅及尋丈。工人惶急。四散避匿。遂令專車先行駛回眞如。復偕王課長等。步行東進。沿途見難民絡繹。奔避不遑。驚喘交加。莫知所措。狼狽之狀。無以復加。將近機車房。北站在望。屋舍雖焚。而遺址猶巍然矗立。該處我軍佈有防禦。不能再進。而敵機盤旋頂際。似有所圖。乃反步沿軌旁馬路。向眞如西行。汽車喇接。疾駛而過。灰沙撲面。口鼻嗆嗌。抵眞如廟處。敵機追踪亦至。廟中駐軍。以機槍高射砲轟之。而敵機亦以機槍還擊。身行其中。一任槍彈亂射。幸未及二十分鐘。敵機遁去。始獲安抵眞如。乃候集驚散之員工。於十四時五十分。離眞返蘇。十七時許。敵機在麥站擲彈一顆。該站第五號貨棧。稍受損傷。

二月三日

行駛客車十二次。兵專車七次。其他專車十一次。

上午十一時。敵機十二架。盤旋麥根路眞如間。午後一時。兩架飛南翔黃渡偵察。經砲擊遁去。時陳段長佑申。金巡察員鑄。正在眞如督工。從事修理。冒險將出軌車輛。納上軌道。灣道炸裂處。亦修復可通車。因路毀暫留之車輛。悉數西開。從此眞如站恢復原狀矣。至麥根路所存車輛。擬於夜半派員。馳往設法拖出。附錄陳佑申段長原報告全文。

呈爲呈報事竊自滬事突變以後眞如站支線上原停有兵車一列計二十五輛曾於一月二十九日下午被日飛機擲彈炸燬該列車之西段四十噸第六四四六號蓬車一輛該車之西端車輪全部出軌又二十五噸蓬車第一一一五號一輛尙有其他一輛車號無從查考其車身完全被毀各車車身皆橫梗於二軌之上交通全被阻塞其幹路之軌道東段北首被炸以致路軌傾斜支路上卽第六四四六號壞車下之鐵軌亦被炸斷同時並將長途電話線炸斷當時該站消息完全斷絕職奉命後於三十日率同替班站長黃肇祥工務處陸監工電線匠王林生乘同B字第六號機頭及四十噸蓬車一輛馳赴南翔站於下午一點四十七分復開二點二十分抵眞如當卽開始工作督同陸監工等先將幹路上所有橫梗之車身托上軌道將電話線修復職由是日起留在該站並設法支配各員工照常工作恢復交通又二月三日職與車場巡察員金鑄率領掉車夫王路金分路夫江國臣朱根道沈林金朱泰順崔仕福李丕金掛鈎夫強錫根車長甯培基等同救險車於八點五十五分由蘇州開出十一點〇五分駛抵眞如車方進站卽見日飛機十五架盤旋空中機鎗掃擊彈如雨下危險萬狀職等竊念鐵道爲後方交通之要具當此國難臨頭爲國爲路尤應努力服務故仍督率全體員工冒險工作將壞車納入軌道並將壞車二輛推入支線當時該站之幹支二線完全出淸照常通車又將其餘客貨車二十三輛計三等客車六五三號，三等車長車九一二號，四十噸篷車六四六七，六五〇一，六六四二，六四一一，六七二〇，六六三四，六四四八，六六九九，六五三七，六六二三，六五一一，六五〇六，六二六六，六四五九號，廿五噸篷車一〇〇九，一〇一五，一一七二，一五六八，一五五八號，及廿五噸篷車三〇八七號於下午三點十五分西開至九點二十分安抵蘇州又同月五日眞如站支線內停有兵車二十一噸篷車第六一〇六，卅噸篷車六二四六，六二五五，六二五四及四十噸篷車六二七五，六六七六號六輛亦於是日正午又被日飛機擲彈將第六二四六，六二〇八號篷車二輛車身炸燬車輪出軌又月台天蓬以及電氣路簽電報電話線均被同時炸燬無遺職奉命後於即日再帶領車長王連生電線匠王休生蘇永安張國慶及機務處工人等同乘救險車於下午六時由常州開出當夜到眞即將出軌之車輛納入軌道并將壞車二輛推入支線又將路簽電報電話等線次第修復以利交通其餘四輛於翌晨七點三十分開抵南翔當因該站車輛擁塞未得復開其時日飛機八架又在空中擲彈鎗擊全站員工震驚異常而職仍在該站維持秩序不意一彈由空而下相離職軀僅咫尺竟未傷身可謂幸矣謹將工作經過情形具報敬希鑒核謹呈

車務處處長

中段車務路長陳佑申

機車所用燃煤。儲存無多。亟應周足。庶有備無患。本月一日。召集各處領袖會議時。即專責南京材料事務員辦理。茲奉陳局長江電。已與津浦鐵路章委員長篤臣商洽。暫借中興煤二千噸。歸京滬路應用。除電南京材料事務員外。併電西段段長許朝元協同許事務員。辦理駁運過江諸務。以期迅速。而裕路需。

奉陳局長江電嘉奬文曰：

蘇州站鄭處長寶照覽此次戰事本路車工機三處關於行車員工奮勇服務不畏艱難異常出力實深嘉尙着該處長傳諭嘉奬仰即遵照局長陳江

二月四日

行駛客車十二次。兵專車六次。其他專車十四次。

下午十三時敵機飛繞麥根路眞如間。十四時三十分。天通庵站左。敵機擲彈起火。十五時砲彈一枚。落在麥站附近。麥站待修貨車三十七輛。係事變前送至

該站備西運者。站長楊世忠等。經飭後。於上午偕同機車駛抵該站。設法拖出十六輛。西駛蘇州。

十九路軍兵站總處。設南翔。該站原有軌道。不敷應用。限於材料時間。軌道不能增築。幾經籌劃。決知照工程處。將原有岔道放長。至南京麥根路一段工程事宜。値此非常時期。甚爲重要。交通之絕續。有賴工程之力甚多。駐鎮正工程司殷之輅。任職悠久。辦事果敢。故特電請負責主管。

倉卒離滬。隨從辦事各員。爲調度課課長王志剛。調車股主任李經緯。行車事務員鄒穀心。站務稽查李兆鈺阮國瑞。車場巡察員金鑄 衛生總稽查孫遂之。站長曾智洪陳國良等。王志剛襄助一切。與力甚多。鄒穀心暫司文牘。李經緯主持調度。李兆鈺阮國瑞陳國良暫充調度員。曾智洪暫司庶務事項。及替班員司之調派事宜。金鑄主管隨來車場員工所有調遣事宜。一經指派。咸各奮勉。

日來辦公車中。偪促一偶。肩摩踵接。諸感不便。乃於蘇站隣近維盈旅館。賃舍數楹。設車務臨時辦事處。調度課附焉。規模粗具。諸務略定。數日來經過情形。除重要案件立卽分電報告外。餘均未及詳呈。現始得一一整理。分列呈報部局矣。顧事務冗繁。人員太少。日夜從公。不遑休息。此數日中。各員除睡眠四五小時外。無時不在工作中。蓋各具爲國犧牲之決心也。

二月五日

行駛客車十二次。兵專車五次。其他專車七次。

日來疊遭敵機襲擊。修理工作。白日難於從事。故飭工人等黎明卽赴上北站。從事工作。在敵機未出現前。修復軌道。俾廠中機車站中車輛。得西開蘇州。晨八時。已將機廠房前接通幹路軌道之支路修復。以便交通。並進行其他工作。九時敵機出現空際。盤旋飛繞。修理工作。不能繼續。同時眞如車站亦有敵機出現。十一時起。眞如麥根路間。電話不通。十四時。據眞如站長步行至南翔報稱。上午九時。敵機到眞如。飛繞甚久。十一時起擲彈破壞。吾軍以高射砲接戰。敵機先後擲彈十餘枚。計炸毀軍用車五輛。內三輛已燬壞不堪。底盤亦受損傷。二輛尙輕。路軌略毀。直道阻塞。車中兵士死傷二十餘人。並斃軍馬數匹。敵機被擊落兩架。一墮無線電台側。一墮車站附近。其墮車站附近者。卽起火自焚。有一白人。自機躍出。竟被兇脫等語。嗣經查明。路員幸均無恙。迄傍晚。敵機遁去。復經在上北之工人集合趕修。始得將京滬幹綫麥根路貨棧支綫。及客廂房第三條軌道。陸續修復。當卽飭段長陳佑申。率救險車趕赴眞如。漏夜督工修理。以利交通。連日敵機行動。專事破壞。路軌車站。隨時有被炸之虞。而交通維持。不容稍間。當命陳佑申段長。將眞如麥根路二站辦公室。暫遷附近民房中。以避目標。俾敵機臨空威脅之時。站務可無虞中輟。

眞如站上行月台於二月五日着彈炸裂陷成深潭

眞如站上行月台天棚於二月五日被炸重毀

眞如站上行月台天棚末端於二月五日着彈被炸後之情狀

眞如站軍用廁所於二月五日着彈炸燬磚灰成堆

京滬段內所有機務事宜。由機務處派課長兼機械工程司陳明壽負責管理。所有賬務事宜。由會計處命查賬員孫嘉德負責辦理。

奉陳局長魚電。業經商妥中興公司。於前定十萬噸煤內。速交二千噸。以應急需。當即電令南京材料事務員。儘速駁運過江。囤積常州車站。

奉陳局長歌電。嘉獎出力人員。文曰。

蘇州站鄭處長寶照頃奉業部長諭蘇滬段出力人員王志剛李經緯陳佑申鄒殼心李兆鈺阮國瑞孫遂之金鑄曾智洪陳國良等不避艱險努力工作殊堪嘉尚應由局傳令嘉獎等因特電達希即通告各該員知照藉資奮激爲要與漢歌

二月六日

行駛客車十二次。兵專車十一次。其他專車十七次。

晨二時。派站長孟堯臣李桂生陳菊如。車長崔占元俞瑞麟。及掉車伕掛鉤夫等。會同上北站各處所派員工等。將留剩北站之機車生火。分別拖載車輛西開蘇州。共分三列車。掛機車五輛。客車十七輛（車號詳附表）上午十時。敵機九架。飛臨南翔車站擲彈。因過高。未有所中。並往黃渡偵察。下午十五時半。敵機在麥根路站附近。擲彈甚多。爲吾軍擊落一架。晚間派蘇站修線匠王林生。及自告奮勇之漆匠蘇永安。漏夜赴眞如車站。冒險修理前被敵機炸毀之電報電話等線。修線匠王林生。自事變以來。往來各站。干冒艱險。晝夜不息。辛勞備至。麥根路眞如站間電信交通之隨阻隨通者。與有力也。

麥根路車場大通路附近柵門電綫之受損情狀

二月七日

行駛客車十二次。兵專車十三次。其他專車五次。

晨一時許。派站長孟堯臣等。率帶機車二輛。赴上北站。會同該站員工等。將剩留之機車一輛。客車二十八輛。及麥根路貨車二十輛。分二列西開蘇州。（車號詳附表）一時四十分。眞如站各種電線。均經修線匠王林生等兼工修復。已可照常通報。麥根路眞如二站之電機。亦在附近民房裝置就緒。

中興燃煤。正逐漸駁運。惟日來風雪交作。舟行不便。加以廢歷年關。工人守舊。返籍休假。人手大缺。過江噸數。因此無幾。除籌劃迅駁外。分電鐵道部路局。報告經過。

奉鐵道部駐京辦事處關主任廣麟楊科長先芬會電激勉文曰。

鄭處長楊生勛鑒微日函已誦悉滬變事起倉卒台從以艱苦無畏之精神保全車輛維護交通諸同仁又復一心一德共濟時艱無任感佩離蘇既有未便自可派員代達消息關於燃料款項各節已代籌辦法電達左右此間當竭力幫助以竟全功諸希珍衛廣麟先芬陽

又奉鐵道部指令嘉慰。文曰。

呈暨附單均悉此次中日上海衝突該處長及員工冒險從事預防得力至堪嘉慰仍仰該處長督促各員工審愼從事以維交通此令

交通阻隔後。機車修理。所需配件。常京二廠。雖略有存備。但運輸如此頻繁。機車幾無片刻停息。機件待修。自必較平時爲多。若不預事綢繆。影響匪淺。除電請陳局長派員赴吳淞機廠。設法將該廠所存配件。轉運常州。並與陳明壽工程司商洽。由渠赴津浦鐵路機務處。磋商協助配就接濟。

二月八日

行駛客車十二次。兵專車十四次。其他專車十次。

晨六時五十分。派往上北站之機車。拖出剩留該站之機車二輛。客車十九輛。鐵甲車一輛。組合一列車。開抵蘇州。（車號詳附表）查麥根路車站所有車輛。已悉數西開。上北站因軌道被毀甚重。不能通行。尙遺客車PC1一輛。滬杭路三等客車二輛。四等客車五輛。守車一輛。鐵甲車九輛。其中三輛。被毀甚重。機車C14號一輛。略受炸損。未能拖出。今晨十時。敵機二架。飛至眞如車站。擲彈二枚。無損傷。

二月九日

行駛客車十二次。兵專車九次。其他專車十一次。

上海北站軌道。經飭工趕修。今晨五時。派員率帶機車C18一輛。駛抵該站。卽開入機車房。從事搗車工作。不意該處軌道。曾爲炸彈燬陷成一深潭。方經修復。連日受雨水冲擊。土基鬆浮。機車經過。不勝重負。遂致折裂。機車亦出軌。卽移修理軌道之工人。從事救濟工作。七時。蒸汽車一輛第六四七號。經司機李洪年。登車生火。開離上北站。時軌道已修復。正將機車納上軌道之際。忽敵機五架。盤旋空際。瞭見路工工作狀況。卽向機車房及上北車場一帶。亂擲炸彈。機車房後之繪圖室。遂遭炸燬。停在電燈房東之四等車第八〇五號一輛。亦被轟燬。工人駭奔。四散避匿。修理工作。不得不告停頓。敵機此去彼來。終日飛繞。迄下午五時。始曳尾而歸。是時。工人復集合。將機車復軌。駛入機車房。拖帶機車C14一輛。機務處用材料車三輛。客車一輛。西開。至是剩留上北站之機車車輛。除爲敵機炸毀及阻於軍事佈置不能拖引者外。已悉數開抵蘇州。該項工作之能迅速完成者。胥賴我員工忠勇堅忍之力也。

張華浜站行李員王樹規等。自該站逃出。來蘇報告。三四兩日。敵艦爲吾軍擊沉兩艘。七日上午九時。日兵五百人。由吳淞貨棧碼頭登岸。下午卽佔領本路機廠等語。

機廠既被佔領。機車配件。悉陷敵手。搬運一層。自屬無望。而京滬段所有機車。終日奔波。極形忙碌。配件缺乏。無從補充。機車効能。恐將大減。而戰事方張。運輸頻繁。當促陳工程司明壽。卽赴浦口向津浦路接洽撥借。

十五時三十三分由蘇乘車。偕課長王志剛等赴滬。擬實地勘察上北情形。以便籌商修葺路軌。爲恢復交通之準備。又以事變以來。敵機猖獗。各站員工。飽受驚駭。倍加勞苦。沿途停車。親予慰問。抵南翔站。召集在該站服務之車機兩處員工五十餘人。說明抗日作戰意義。反覆鼓勵。以共紓國難相勗。各員工咸精神煥發。誓以忠誠。爲路服務。二十一時二十分。至麥根路車站。下車視察。尙屬安謐。該站電務見習生施光耀。自事變迄今。始終留守不去。當激戰之際。所有員工。均已走避。獨該見習生於流彈横飛之下。晝夜無間。報告消息。觀其憔疲不支之狀。益證其忠毅勇敢之誠。當捐廉十元以贈。略致嘉慰之意。

正擬步行前進之間。嗣據報告。北站一帶。我軍已佈置電網。橫亘其間。不准通行。遂離麥站還蘇。電各站站長。本路軍事運輸消息。不得泄漏。文曰。各站站長覽本路運輸狀況關係軍運至切所有一切務應嚴守祕密報房尤爲緊要仰各切實注意不許閒人雜入如有形跡可疑者卽知照路警或報告駐軍查究事關機密恪遵爲要

二月十日

行駛客車十二次。兵專車六次。其他專車十四次。

晨七時半。敵機十餘架。先後在麥根路一帶。飛繞擲彈。幸無損傷。各處員工。催發一月份薪工。前雖電請總局籌發。惟交通阻塞。傳遞需時。員工待款迫切。不容稍緩。經與孫查賑員商妥。將各站所收票款。平均攤派。分發各處。約得一成之數。而員工以廢歷歲尾。又兼時局緊張。紛紛請發全數。幾經剴切曉諭。始暫接受一成之數。以資維持。幸陳局長來長兩路。對此事關切倍至。令劃自二十八日以後分存各處交行票款。准予作京滬段內發薪之用。但核算薪額總數。尚缺三萬元之多。迭蒙鐵道部關兼主任賡麟楊科長先芬。力予贊助。由津浦路提款如數。轉借本路。今日由孫嘉德查賑員向部具領。京滬段一月份薪資。始得全數照發。

電呈上海葉部長玉甫。請轉各報。對於兩路車輛及軍運狀況。切勿登載。以免敵方明瞭後方佈置。

中興燃煤。己由材料事務員許松齡。會同西段段長。督工駁運。陸續過江。分函蘇常各站。原有煤場。不敷應用。因在常站另築可容納三千噸之煤場一所。由工程處負責辦理。卽日勵工。裝來之煤。無地可卸。暫留車中。分函各警務長。派警保護。以杜偸漏。連日積存。己有三千餘噸矣。

奉葉部長條諭獎飾。玆錄如下。

迭電收悉此次執事奮勇任事成績懋著極爲欣慰至薪

工事昨接來電已嚴追交行卽電蘇行矣僕爲此事費了

無數事否則會計處尙不肯發薪也

二月十一日

行駛客車十二次。兵專車七次。其他專車十六次。

晨十時。奉局長由京電囑赴京。遵於十一時三十二分。專車前往。沿途安謐如常。各站員工。亦勤奮有加。十六時抵京站。晉謁局長。稟陳種切。隨同赴鐵道部。謁關兼主任賡麟楊科長先芬。面聆訓示。於十

八時四十五分。離京。夜半〇時五十一分抵蘇站。據報淞滬線蘊藻浜站站長季有清電務員葉科慶。及一站役。同遭日軍慘殺。殊堪悼惜。

晨八時至十一時。敵機十餘架。在麥根路眞如兩站。擲彈二三十枚。麥站車場大華紙版廠賃地所建之棧房。被炸焚燒。軌道毀壞。約三公里。並有砲彈一枚。落軌中。未炸。當電請十九路軍交通處。設法起出。以杜危險而利交通。晚二十時四十分。領導夫薛三郎。在南翔站因掉車撞傷甚重。經送該站七十九師軍醫處。就近醫治。惜因流血過多。竟於二十二時殞命。電飭駐南翔站夜班段長陳謙。妥爲料理後事。

二月十二日

行駛客車十二次。兵專車五次，其他專車七次。

晨十一時三十分。滬杭段梵皇渡站電報機。與京滬線各大站及鐵道部。已直接通線。茲後電訊消息。自較迅捷。十六時五十分。陳局長專車離京。二十二時〇七分抵蘇。視察。十三時起。敵機八架。在眞如飛繞。未有舉動。十八時。麥站聞砲聲甚烈。巨彈數枚。落於站左。一無損傷。二十一時左右。砲戰轉劇。至夜半一時三十分。始平息。

麥根路站大華紙廠於二月十一日
爲日機擲彈焚燒化爲平地

參根路車場軌道於二月十一日爲日機擲彈炸燬

參根路車場軌道於二月十一日受炸錯亂之狀態

二月十三日

行駛客車十二次。兵專車十一次。其他專車十次。

晨七時。陳局長趁專輪離蘇赴嘉興。轉返總局。敵機八架。九時即出現眞如麥根路一帶。盤旋偵察。時以機槍示威。

戰事愈趨愈烈。閘北居民。不及脫險者。猶有數十萬。十九路軍。因敵機專向民房擲彈。焚燒殺害。殘酷無比。挨戶曉諭。暫離險境。故數十萬衆。沿鐵道徒步西行。南翔黃渡一帶。鵠候站台者。日有萬餘人。乃飭各該站。凡兵車到達後。即利用駛回空車。儘量裝運。分送各地。蘇錫地方維持會。以難民水陸紛至。收容過多。先後函請備車運回原藉。茲錄來函如下。

逕啓者倭寇犯滬吳淞閘北一帶人民顚沛流離紛紛由水陸逃避來蘇者日必數千幸蒙
貴處長連日調車分送回藉敝會同人謹代災黎頓首以
謝誠恐戰區擴大被難同胞更必擁擠還祈
貴處長俯念失所哀鴻盡力救濟准予轉知蘇站長每日多備車輛盡量輸送回藉以免流落異鄉無任感荷此請
寶照處長台鑒　張仲仁李印泉張雲搏劉正康同啓

二月十四日

行駛客車十二次。兵專車十次。其他專車十二次。

捷音頻傳。人心大安。往來旅客。較前擁擠。決自十五日起。增加上下行客車各一次。鎭江至南京間。並增駛客專車一次。以便行旅。

晨二時三十分至三時。吳淞方面。砲聲猛烈。八時三十分。敵機數架。飛繞眞如南翔一帶偵察。十五時。麥根路站。落下開花砲彈一枚。無損傷。十八時。槍砲聲復密集。麥站警務第二段辦公處之烟囱。爲流彈所毀。據聞此役吾軍大勝。奪獲日第七師某旅團軍旗一面。

中興燃煤。自一日起。開始駁運過江。中以風雪及廢歷年關。致稍停頓。迄今日止。過江之數。已有五千二百七十四噸。除陸續用去外。實存五千二百二十噸。分囤蘇錫常京各站。待運之煤。尙有二千八百噸。綜合數量。足敷一月之用矣。

二月十五日

行駛客車十四次。客專車兩次。兵專車十次。其專車二十二次。

晨九時起。敵機六架。至眞如飛繞。十一時一刻。

擲炸彈。砲聲大作。迄晚十九時。更形劇烈。夜半一時三十分始息。路產無恙。

奉汪部長兆銘陳主任耀祖電。文曰。

上海京滬路局陳局長蘇州京滬路車務處鄭處長覽幷轉眞如至吳淞各段站員工均覽查自一二八滬變發生後各該站屢因軍事破壞各該員工在該局長處長領導下逐日在槍彈中冒險修理路線疏通運輸其愛國愛路之熱忱殊堪嘉尚應由該局長處長查明職名分別呈候奬勵並先行傳諭嘉勉仰各知照兼部長汪兆銘主任陳耀祖咸業

二月十六日

行駛客車十四次。客專車一次。兵專車八次。其他專車十次。

晨八時三十分。敵機八架。至眞如飛繞。未擲炸彈。十三時二十分。麥站聞砲聲甚烈。並有砲彈十餘枚。落坿近。

機車所用機油等材料。經飭材料處儘量購辦。至少限度。須敷一個月之用。材料處已派該處稽查陳賢定。常駐京站。負責辦理材料事宜。茲據報告。所有材料。黑油足敷五十四天。汽缸油四十八天。機車油四十天。

戰事旣一時未能結束。路上應用材料。自當力事撙節。作持久之計。特通告各站如下。

逕啓者此次日兵起釁交通阻隔本路各項營業胥受影響經濟收入大非昔比而各項固定開支若薪工材料等爲數甚鉅勢難減低亟應開源節流以圖持久查各站雜項費用若電燈煤油文具等物日節涓滴月卽可觀際此國難臨頭匹夫有責盡力本職一分卽所以報國一分國家存亡視乎能否持久如能隨時注意節用路物卽增我路持久之力量凡我路員咸喩斯旨仰各遵照是所至盼

二月十七日

行駛客車十四次。客專車一次兵專車五次。其他專車十三次。

前方戰況。轉趨平靜。敵軍連日敗北。受創甚鉅。正待援以圖再舉。惟敵機則深窺腹地。今晨七時十一時三十分。及十二時三十分。敵機六架。疊至蘇州飛繞偵伺。察其目的。似在盤門外飛機場。偶以機關槍示威。未擲炸彈。

二月十八日

行駛客車十四次。客專車一次。兵專車八次。其他專車十六次。

下午十六時十五分。敵機三架。飛經南翔站。以機關鎗向站台掃射。時旅客甚多。一時不及趨避。致有兩人受傷。十六時三十分。敵機六架。至蘇州飛繞一週。折回上海。十九時三十分起。麥根路站聞槍砲聲甚烈。至夜半一時三十分。始平息。

機車配件一事。經陳工程司明壽。與津浦路機務處長程孝岡商妥。由該路代爲製造。惟須由本路供給圖樣原料。圖樣可由該工程司電請滬機務處印發。原料則以交通阻塞。無從採辦。而配件需用。已屬廹切。當經商定如軔鐵等小件。發交常州各小廠仿製。彈簧等件。由輪船寄交嘉興機廠修理。並電程孝岡處長。請由該路特別通融。撥借材料。代爲製造。

二月十九日

行駛客車十四次。客專車一次。兵專車八次。其他專車十四次。

戰訊沉寂。聞敵我兩軍。均在休養補充。敵機依然橫行腹地。晨九時及下午十五時。敵機三架。兩次飛蘇。

轟擊車站之舉。旣層出不鮮。路員生命。實常在危險之中。敵機雖臨頂際。員工以職責所在。不遑規避。非謀妥策。無以減少犧牲。乃與殷工程司之輅。商定飭工挖掘地窖。自麥根路眞如而迄南京。依次進行。

二月二十日

行駛客車十四次。客專車一次。兵專車五次。其他專車五次。

晨六時四十五分。敵機十餘架。出現眞如站。九時三十分。散擲傳單。八時卅分起。麥站聞有砲聲。至十二時更劇。敵機在該站擲彈一枚。下午十六時四十五分。一架飛至南翔站開放機槍。路員旅客。無一殃及。晚二十二時四十五分。鎗砲聲漸遠漸稀。據聞此役敵軍二路進攻。均被吾軍擊退。閘北方面。敵由寶山路退至平涼路。引翔鄉三友實業工廠。亦被吾軍克復。敵坦克車五架。中吾地雷炸燬。奪獲大砲六尊。

接津浦鐵路機務處長程孝岡來電云。「囑撥機車配件。並用本路材料代製各節。敝處在可能範圍內。自應勉籌協濟。應請將必要各項配件。開單附以圖樣見示。俾便查酌。分別估價。製撥應用」等語。卽通知機械工程司陳明壽。會同駐京工程司殷之輅。開列淸單。收集圖樣。寄去。機車配件一事。可告無虞矣。

二月二十一日

行駛客車十四次。客專車一次。兵專車三次。其他專車十三次。

晨十一時。敵機十架。至南翔站擲炸彈十餘枚。並以機槍掃射車站。轟擊之烈。前所未見。該站站長徐斌。中彈斃命。聞訊之下。惋惜萬分。念敵機猖獗。一至於此。吾服務各站員工。當敵機飛繞之時。伏居站舍。則站舍為炸彈之標的。散在站外。則機鎗掃射。彈雨紛飛。奮鬥有心。避險無方。非具為國犧牲之精神。甯敢以血肉之軀。置死地而不懼。非有沉着應付之經驗。甯能從容工作。調度一切。每當率領員工。歷次巡勘。至麥根路各站。受敵機射擊。所不被中者幾希。追懷險境。遭遇同經。故聞徐站長之死。寢食不安。深為痛悼。當立撥喪費洋二百元。飭中段段長陳佑申。妥為棺殮。另撥洋一千元作特卹。以示優異。其餘卹典。另行呈請部局。依照向章辦理。同時旅客被擊斃命者六人。重傷者二十三人。輕傷者十餘人。路警巡長董玉峯警士唐旭初王品及八九七號伙伕湯阿二。均受彈傷。經飭謎運蘇州。分別送院醫治。敵機並在麥根路真如二站投擲炸彈。復西飛黃渡蘇州。窺伺示威。十五時四十五分。麥站坿近落下砲彈甚多。夜間槍砲聲甚密。

徐斌　年二十七歲

張華浜站站長

本路車務傳習所畢業民國十五年二月派充電務見習生歷充安亭站站務司事駐處例假替班電務司事

張華浜站站長

殉難情形　戰事發生後派在南翔站工作於二月二十一日上午十一時許服務時被日機槍擊中彈殞命

廿三時五十五分。偕調度課長王志剛等專車離蘇赴南翔。親勘日間日機肇事狀態。

二月二十二日

行駛客車十四次。客專車一次。兵專車八次。其他專車十三次。

晨初。專車沿途行來。各站皆停。親向各員工問詢站務。並致慰勉之辭。二時抵南翔。下車視察。站舍路軌。尙無損害。僅候車室中有彈穴二處。各員工受此創刼。舉動稍張皇。當卽召集所有各處員工八十餘人。一一慰問。並懇切致辭。告以抗日意義之重大。及避險之各種方法。附錄談話辭原文。

諸位同事。今日殘忍之敵機。橫施摧殘。竟將我站長徐斌。用機關槍轟斃。員工受傷者共有四人。平民無辜斃命者亦有多人。痛心何如。徐站長正在英年。慘遭非命。鐵路受此重大損失。惋惋無已。然徐站長之死。非爲個人。是爲國家。其價值。其光榮。足垂千秋。永傳不朽。而其服務之勤懇。對國對路之忠誠。觀徐站長自張華浜車站爲敵軍佔領後。始逃出。逃出後。卽來蘇報到。派在南翔服務。實足爲一般之表率。令人敬佩。親愛之同事。須知今日之戰。我中華民族。中國國家。生死存亡之戰也。日本人挾其狼子野心。巧奪豪取。侵凌我國家。滅亡我種族。我若不起而抵抗。將爲高麗之續。作亡國之奴。嗚呼。亡國之後。我身我家。我子我孫。其有噍類乎。與其坐以待斃。甯抵抗而作斷頭之鬼。浩氣長存。我國不亡。斯徐站長就義之意義也。諸同事此次在戰區服務。不避艱險。共赴國難。叠蒙部長局長。傳令嘉獎。可知深明大義。早具犧牲决心。自當繼續努力。以盡後死者雪仇之責任。對於諸位勞苦處。余早洞悉。而將來勞績之酬庸。容後愼重敍明。分別保舉。予以獎勵。以昭大公。尤望諸同事永抱合作精神。通力協助。務期軍運疏暢。交通便利。維持後方運輸之重任。固不亞於前線壕中戰士克敵之功焉。至敵機飛來時。態度務宜鎭靜。頭腦極應清楚。平時應預有準備。何處可以藏身。何處較爲安全。則敵機雖臨頂際。仍能從容趨避。不致驚惶失措。反增痛苦。趨避處所。以地窖爲最安全。歐戰時屢經試驗。而有實効。次則應散空曠人稀之地。切忌集合一處。引敵注目。諸若站舍軌道。亦敵人所最注意者。遠離爲宜。總之。須得一障蔽身體之所在。而係距離敵人目標較遠者。實爲保障安全之要訣。望諸同事三復斯言。體會躬行。余所切盼者也。親愛之同事。其各珍重。爲國効忠。爲路出力。余當永與諸同事相終始以竟全功也。

諸員工經談話之後。始漸鎮定。恢復常態。咸各奮起赴事。三時三十分。專車離翔。六時抵蘇。凝眸遠望。東方已白。

一夜未眠。兼旬勞頓。身體雖稍感疲倦。而精神頗興奮。滬戰消息。極佳。廟行鎮殲敵千餘。夜半二時十八分。張軍長發奎。由滬經嘉興來蘇。專車赴京。經派員妥爲招待。

奉家君手諭。訓以移孝作忠。雖寥寥數語。而心坎深銘。弗敢或忘。爰錄於下。以誌紀念。

二月二十三日

行駛客車十四次。客專車一次。兵專車十二次。其他專車十五次。

奉管理局訓令第四八號。通告所屬如下。

逕啓者案奉管理局第一四八號訓令開爲令遵事値玆國難方殷時局嚴重凡屬政府機關公務人員均應淬厲奮發共紓國難慨自滬變發生吾軍對日抵抗後方轉輸需要廹切本路既當軍事衝要責任至重戎機緊急稍縱卽逝爲此通令各該處轉飭所屬員工在國難期內務須忠勇奉公加緊工作對於各軍司令部及辦公處等接洽需要事項尤

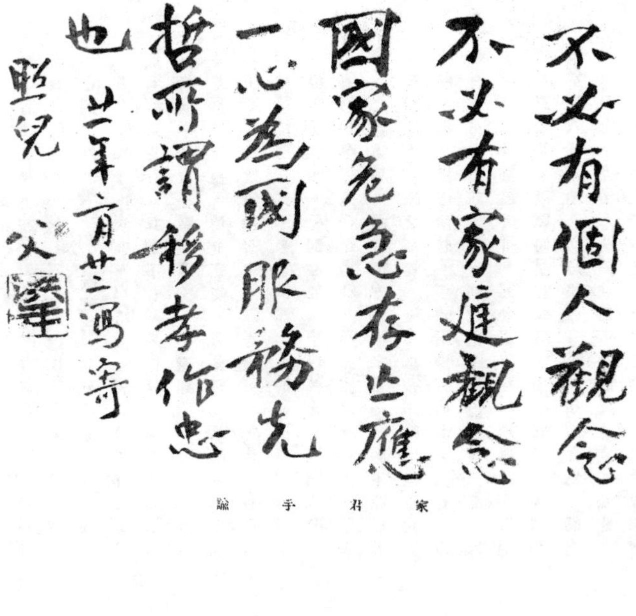

家君手諭

應隨時協助盡力予以便利毋得稍存玩忽致干重咎合亟令仰遵照爲要此令等因奉此合亟通知仰各遵照爲要

晨八時三十分。敵機九架。飛臨蘇州。以盤門飛機場爲目標。擲彈十餘枚。場舍被毀。麥根路眞如站。開砲聲徹夜不絕。

總局款項已匯來。連日票款。亦較前略豐。湊足三萬元。由孫查賬員嘉德。攜赴鐵部。繳還前借款項。

二月二十四日

行駛客車十四次。客專車一次。兵專車六次。其他專車十次。

晨十一時。麥站附近落下砲彈一枚。十二時敵機八架至眞如。一架至南翔。向站台放射機槍。初無損。十五時四十五分。敵機八架。又臨南翔。以機關槍掩護。擲炸彈十餘枚。車站中兩彈。鐵軌灣直二道。均被炸毀。貨車六四六七，六五三一，六四五〇，六二〇三，一〇九二，一〇三一號。被炸出軌。電務員王景賢殉難。楊谷民被壓受輕傷。眞如電話電報亦阻。該站眞相。無由探明。即召集工程司殷之輅。及駐蘇醫官馮之秀。偕同員工等。開駛救險車。當晚十八時〇八分離蘇。二十二時抵南翔外揚旗處。步行入站。目擊站長辦公室東側旱橋下。軌道被炸。陷一大穴。深約二丈。闊可四丈。月台被毀十餘丈。泥土枕木。鐵軌碎片。堆積其上。宛如小丘。貨車一輛。炸成片片。二輛倒臥軌中。四輛受震出軌。當時有車一輛。滿貯子彈炸藥。隣比出軌車輛之西側。幸未中彈。否則南翔車站。毀損益鉅。而員工生命。更不堪設想矣。履浮土東行。電炬所及。血跡斑斑。據聞浮土之下。埋有平民數人。慘哉。月台東端一軌。聳立地上。長可四丈。想見炸力之猛。裏揚旗外五十碼處。軌旁炸一大穴。路軌均毀。北側展長之支路。所停軍用車輛。玻窗燈罩。悉遭震碎。復前行。至第十六公里處。第十五號鐵橋在焉。其西側炸陷一穴。大小與車站所炸者相等。橋側泥土。罅裂蜿蜒約七丈許。深可七八尺。橋基鬆動。軌道尙無損壞。非經修理。不能行車。乃還車站。經殷工程司飭工趕將站中巨穴塡平。並由起重機將殘餘軌條車輪。一一移去。清除障礙。先行修復直路。以便交通。第日間敵機不時出沒。工作困難。祇能於夜間從事。需時因較久。據殷工程司估計。須四日後始能竣工。時專員華鈺文。由滬坐搖車到翔。據謂眞如站遷移民房之臨時辦公室。已炸爲平地。站員一人受傷。第六號鐵橋。被炸。橋面橋基。

南翔站貨車軌道於二月二十四日被炸重燬碎屑成堆

南翔站貨車於二月二十四日被日機轟炸受震倒側

南翔站軌道月台貨車於二月二十四日被供俱遭重損

王景賢　年二十九歲
駐處例假替班電務司事
民國十二年十月廿四日到路歷充電務見習
生電務兼司票司事駐處例假替班電務司事

殉難情形　戰事發生後派在南翔站工作於
二月二十四日上午服務時因日機擲彈被炸
殞命

受損甚重。等語。殉難電務員王景賢。已入殮。桐棺七尺。橫陳月台。憑吊之餘。不覺悲從中來。痛哉。受傷電務員楊谷民。已護送蘇州。入院療治。

二月二十五日

行駛客車十四次。客專車一次。兵專車八次。其他專車二十六次。

晨零時四十分。專車離南翔。五時抵蘇州。自今日起。上下行客車。改駛南京至崑山。崑山黃渡間。則斟酌情形。行駛專車。以便旅客。

撥棺殮費二百元及特卹陸百元。交電務員王景賢遺族具領。南翔眞如間。電訊交通。於今晨十一時飭工全行修復。七時及十五時。敵機三架。至南翔站。飛繞窺伺。麥站聞槍砲聲。時斷時續。至二十三時起。驟形劇烈。

昨日眞如站遭敵機轟炸時。分路夫江國信。被壓瓦礫中。經自行掙扎脫險。惟背腰受傷甚重。初送暨南大學紅十字會第七隊第一病院。今晨特送上海仁濟醫院治療。

二月二十六日

行駛客車十四次。客專車一次。兵專車十四次。其他專車十二次。

南翔站直路。及南翔眞如間路線。已於今晨二時十分修復通行。八時。敵機三架。至南翔偵察。十四時。又有三架。至麥站車場擲彈十五枚。該站足球場之更衣室。略被炸傷。傷平民三人。下午十六時十五分。五架飛蘇州。盤旋車站。窺伺良久。折至盤門飛機場。擲彈五枚。晚間廿一時。敵機一架。飛至正儀。當知照各站。將燈光熄滅。並通知蘇地電燈公司。十時全城皆黑。僅星光點點。搖曳空際而已。後因風急。未及來蘇。折回舊巢。

奉鐵道部業務司幫辦楊誦清前翬函曰。

寶照吾兄惠鑒頃奉第十四號手書祇悉一切倭寇慘無人道擾亂後方波及南翔眞如兩站

吾兄奮不顧身躬率員工修復交通至堪欽佩弟已將一切情形面呈曾主任陳副主任並詳昨英文函中矣茲不復贅尊處如有所委可即函電崇復敬頌

公綏

二月二十七日

行駛客車十四次。客專車一次。兵專車十二次。其他專車十三次。

下午十二時三十分。敵機四架至南翔。盤旋窺伺。眞如南翔二站軌道。雖已修復。而炸毀之車輛。則故令暴露站中。使敵機下望。知已毀損。不再從事破壞奉陳局長感電嘉奬員工冒險工作。文曰。

鄭處長實照鑒寢電悉此次前方員工冒險工作愛國愛路至堪嘉勉希兄隨時代致慰問爲盼興漢感

二月二十八日

行駛客車十四次，客專車一次。兵專車十二次。其他專車十二次。

晨八時四十五分。敵機三架。飛至麥根路站。盤旋窺伺。十時飛眞如站。擲彈數枚。無一中的。施放機槍。亦無死傷。

二月二十九日

行駛客車十四次。客專車一次。兵專車十一次。其他專車十五次。

晨九時。敵機四架。飛至麥站附近。在大洋橋處擲彈二枚。炸燬民船八艘。傷平民多人。

自在蘇州設立臨時辦事處以來。段內各處公文蝟集。批閱不息。無間朝夕。收發之數。日至五六十件以上。隨到隨閱。從無積壓。

三月一日

行駛客車十四次。客專車一次。兵專車十九次。其他專車廿二次。

晨七時十五分。敵機三架。飛至麥站。一架飛至崑山。八時十四架紛至盤旋麥根路站。三架越眞如而至南翔。旋卽東去。十六時。麥根路上北之間。海昌路西柵門旁路軌。附近敵機開始擲彈。炸燬五處。約十餘丈。並傷平民數人。十九時三十分。麥站聞槍砲聲甚烈。由該站瞭望。三面均有大火。全夜未熄。砲聲至夜半始漸稀少。

據各方消息。日軍將於本月二日起。破壞京滬段蘇州以東各站。及滬杭路嘉興以北各站之鐵道交通。以阻吾方軍運聯絡。卽經通飭各員司。嚴爲防範。站台之間。不准逗留閒人。將各項重要文件。移置安全地點。敵人既有破壞鐵道交通之圖謀。修理準備。亟應妥爲料理。與工務處段工程司之輅。機務處陳工程司明壽。協同商洽。救險車所有材料。添配完全。隨行工人。常駐車中。一遇警訊。立刻出發。爲便利工務調度起見。請段工程司移駐蘇州。客列車之終點。亦改爲蘇州。自蘇以東。僅兵專車行駛其間。

自敵機屢次破壞眞如站民房內臨時辦公處。及南翔等站。知後方情況。必有供敵利用者暗通消息。特再通函各站如下。

逕啓者敵軍利用不逞之徒間諜四出專事刺探後方情況以便施行飛機轟炸凡我路員應隨時準備妥爲預防所有本路運輸狀況軍隊移動務應嚴守祕密報房及其

他重要辦公室不許閒人出入等項前已分別函電知照在案須知保護路產疏通軍運利我機而固後方吾員工之愛路者在此報國者亦在此茲再剴切函知仰各切實遵照爲要

三月二日

行駛客車十四次。客專車一次。兵專車十五次。其他專車十一次。

晨七時五十分。敵機八架飛繞麥站。八時三十分西飛。過黃渡車站。九時十分已盤旋青陽港及崑山二站間。第五十五號鐵橋。被擲炸彈數枚。皆未中的。僅橋西堍茅舍一所。舊時備戍兵駐守者。受炸崩倒。敵機卽東去。十二時復至。擲彈甚多。該橋遂遭燬壞甚重。崑山以東。所有電報電話。立時阻斷。該段內其他各站有否損害。情形隔膜。無從探悉。當知照工程處。轉飭崑山站監工查勘毀壞實情。以便修理。當晚二十時十七分。偕般工程司及員工等。開駛救險材料專車離蘇。二十二時零三分抵青陽港站。距橋百碼處停車。步行前進。橋堍西北路基斜坡。中一炸彈。陷成大穴。四週地土龜裂。第五十五號大鐵橋之幹樑。一邊損壞甚重。西端三橋墩面磚。受彈片擊碎。破裂不堪。惟墩基尚完好如舊。橋堍東南角平地。炸一大穴。青陽港站長辦公室屋頂。已毀去。牆垣半倒。室前軌道。被炸約毀二十餘丈。路基受損甚重。電線木一株。炸成數段。另四株倒臥田中。經與般工程司會商。據告北部之橋樑。已不勝重負。修理頗費時日。爲維持交通起見。可移軌南部橋樑。因該橋樑係備雙軌用者。南部橋樑。向日固備而未用。約二三日後。始可通車。隨卽在橋西堍四十八公里處第八號電桿上。掛置電話。與調度課通話。時月色皎潔。隱約聞砲聲。歸來休養之士兵。絡繹道上。步伐踉蹌。想見勞頓。此景此情。宛然置身戰場矣。

青陽港五十五號北部橋基被炸之情狀

青陽港五十五號橋橋樑軌道於三月二日被日機擲彈所毀

青陽港五十五號橋北部橋樑上東端邊緣於三月二日受日機彈炸破裂之狀況

青陽港五十五號橋樑枕木於三月二日被日機炸燬之一般

青陽港站舍及附近軌道於三月二日爲日機炸燬情狀之一

青陽港站舍及附近軌道於三月二日爲日機炸燬情狀之二

青陽港橋附近鐵路駐軍之茅舍及電綫同遭日機炸燬

三月三日

行駛客車十四次。客專車一次。兵專車十一次。其他專車十八次。

第五十五號鐵橋。正在趕修。據報黃渡站東第二十三號鐵橋。亦於同日被敵機炸毀。我軍為戰略關係。全線整師退守第二防線。崑山以東。所有機車車輛。除陸家浜及南翔二站。各有貨車一輛。留作軍用。不及拖走。以及南翔留剩少數毀損之車輛外。悉數西開。當敵機第一次轟炸第五十五號鐵橋時。機車車輛在橋東者尚多。幸橋未炸燬。得安然通過。

鐵道部特派勞工科科長吳紹澍前來兩路。慰勞員工。隨攜慰問兩路員工書。分發各站。茲抄錄其原文。

自日軍啓釁擾我滬濱水陸交通幾瀕斷絕京滬滬杭甬路綰轂中樞最關重要經月以來我兩路員工努力從公勤奮不懈前線各站整理於灰燼之餘工作於砲火之下捐軀不惜履險如夷本兼部長眷念勤勞曷勝嘉慰誠以前方將士克竟守土自衛之功首重後方交通能收運輸敏捷之効救國禦侮匪異人任分途同歸共肩此責我兩路員工其本此忠勇厥職之誠以盡匹夫有責之義除因公死傷及在事出力員工應由局查明呈請從優撫卹並分別奬勵外茲特派員代表本兼部長用致慰勞之意國難方殷烽火日亟益加黽勉濟此艱危本兼部長有厚望焉兼部長汪兆銘

三月四日

行駛客車十四次。客專車一次。兵專車四次。其他專車十五次。

晨一時。突接崑山車站站長報告。敵軍已佔南翔。正在西進。形勢嚴重。當時為謀調度安全起見。除飭陳段長佑申及調度課一部人員。留駐蘇站。主持一切外。即偕同其餘人員。將重要文件及調度應用電話機等。於三時四十分。專車駛離蘇州。六時四十分抵常州車站。隨將調度課及臨時辦事處。移設該站。開始辦公。留蘇之陳段長及人員等。分別飭令到常工作。

晨九時。敵機飛臨蘇州。在前時所設調度課處。施放機槍。幸已遷避。無一命中。

三月五日

行駛客車十四次。客專車一次。兵專車十四次。其他專車十四次。

青陽港站第五十五號鐵橋。仍在趕修。

奉鐵道部發下關於軍區計劃大概一件。當經逐條簽注意見。並坿建議一件。備文呈復。茲錄建議如下。

軍事運輸制度之建議

戰事期內。鐵路軍事運輸。其法計有數種。通常所採用者。卽將所有鐵路。劃爲三區。第一區爲作戰區。完全由軍事機關管理之。第二區。爲接應區。由軍事機關與路局合作管理之。第三區爲基本區。由軍事機關選派代表協助路局管理之。

各區內所有各站。均設置交通主任一人。其職務在主持該站內所有一切軍事運輸事宜。爲行使職權起見。得派憲兵若干人。（其人數視情形而定大抵終點站人數須較多）歸其統轄。

在我國目下情形。作戰區內。各鐵路並無負責軍事機關主持。所有一切運輸接應事宜。往往由各下級軍官辦理。故上項劃爲三區之辦法。似不適用。竊意現時所需要而較爲適當之辦法。（一）或僅設接應區基本區。而不設作戰區。譬如自前線至蘇州或無錫止。劃爲接應區。其他則均爲基本區是。（二）或將全線均視爲接應區。似覺簡單。實較妥善。例如南翔爲作戰地點。他處僅有軍隊往返接應。並無戰事。

姑認目下全線均視爲接應區。其軍事運輸。鄙見所及。特建議下列制度。易於實行。收效較宏。

全路軍事運輸。由軍事機關。舉一高級軍官。如運輸司令。會同路局所派負責人員。共同協助辦理。其高級軍官選擇之標準。（一）富於理智者。（二）學養洪深者。（三）虛懷懇切。能採納運輸專家之意見者。（四）不擅發違反事實而不易照辦之命令者。至車務處長。其地位雖較次於該高級軍官。而職務之行使。非完全受其節制。如遇有見解不同及窒礙之處。高級軍官與車務處長。均可向各該上級長官或主管機關。陳訴理由。請示辦法。

高級軍官之下。應設有

（一）憲警隊長一人

（二）交通處長一人

（三）警備處長一人（得管轄憲兵——監察軍士路警）

一．憲警隊長

憲警隊長。爲制度中不可或少之人物。緣制度之施行。貴有秩序。無秩序。卽鮮効果。秩序之維持。須責諸憲警隊長。其職責在協助及保護各站之交通主任及路員。使彼等得充分執行其業務。

（二）交通處長

交通處長。專司軍運工作。爲制度中最重要之人物。其產生之方法。應由每一軍隊爲單位。

推舉交通委員一人。其他各團體。如救護隊等。亦得推舉一人。共同組織。一交通委員會。其主席卽爲交通處長。爲軍隊中請求撥車之唯一人員。凡各軍隊之欲請求撥車。須先由該軍隊之交通委員。向委員會提出。然後由交通處長併案與路局調度課長相商。其請求撥車。當以利用運輸效力至最大程度爲原則。該交通處長。得統轄各站所有之交通主任。

(三)警備處長

所有作戰區內沿路軌道。統由警備處長會同路局工程司共負防護及建築事宜之職責。

今請申言。此制度之運用方法。

(一)索車

今有某軍隊由南京開赴前線作戰。該軍隊長官。如有請求撥車等事。須傳達該軍隊之交通委員。或南京站之交通主任。然後由該委員或主任。通知委員會。經主席(卽交通處長)之許可。卽向調度課商酌辦理。惟交通處長。於接受是項請求之先。應注意運輸之効率。及經濟等種種問題。詳爲考慮。至軍隊索車之通知。須愈早愈佳。

(二)軍隊不滿鐵路調度。

如軍隊於行軍之際。對於調度課所調度之路務。或感不滿。竟有恐嚇站長之情勢發生時。該站長得請求該站之交通主任。加以保護。緣交通主任。轄有多數憲兵。對於該軍之不法行爲。自可加以制裁也。

(三)軍事列車。行車遲緩。

如某軍車行駛遲緩。該站長得向交通主任申明原由。如該軍隊有所不滿。得呈請該主任解決之。

(四)行車。

每一軍事列車行駛。須有一負責軍官統馭之。該軍官得隨帶憲兵若干人。藉以監察該軍軍士行動。平時卽普通列車或機車上亦可。派遣此項憲兵若干人保護之。

(五)兵車因交會停留車站。

設軍事列車。因交會關係。停留某站。而兵士昧於事理。聲勢洶洶。有毆擊站長情勢。該站長得卽向該站交通主任報告。由該交通主任。斟酌情形。發表意見。以便遵照辦理。惟所發表之一切意見。均須用筆寫述。藉作站長佐證。而供事後參攷。上述制度。係屬最簡單而最普通者。夫戰事期內。鐵路運輸而無良好制度。則影響戰事關係非淺焉。茲將軍事運輸制度附表如下。

軍事運輸

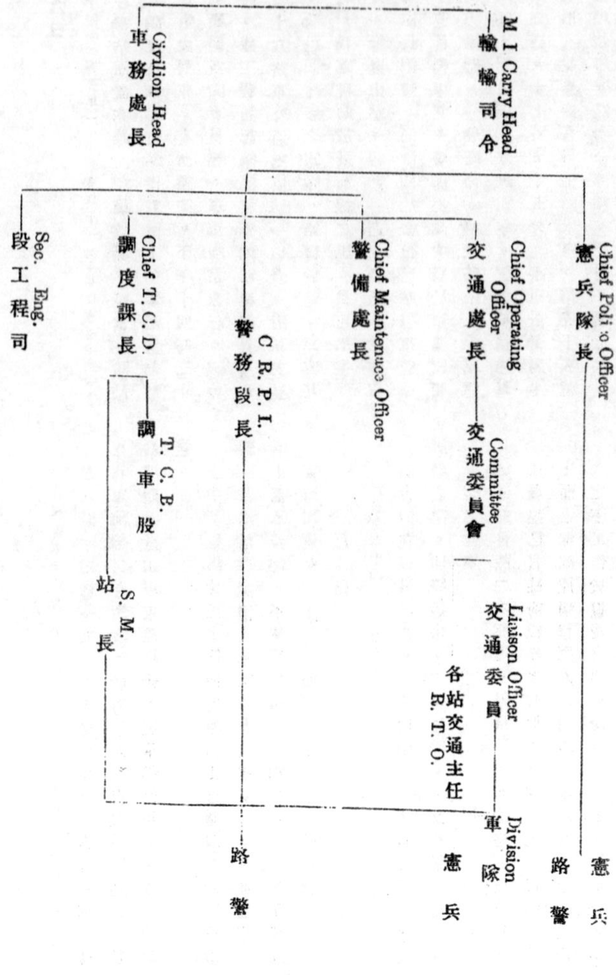

三月六日

行駛客車十四次。客專車一次。兵專車十一次。其他專車十二次。

調度課既在常站佈置完竣。今後該課。疑常駐該站。指揮全路。調度車輛。較爲便利。上午奉鐵道部駐京辦事處主任電諭晉京。有所諮詢。下午十四時三十分。偕康泰利顧問及陶專員等。專車離常東行。視察各站。抵蘇時。陳工程司思誠陳稽查佐明楊課員星垣。（奉派常駐十九路軍交通處協助一切者）附車赴崑。蘇崑之間。我退回休養之軍隊。絡繹於途。軍容甚整。士氣亦壯。我軍自動放棄前線之說。益可信矣。十七時二十分。抵崑山站。視察一週。步赴十九路軍交通處。晤唐處長德煌。商洽關於修復崑站以東軌道橋樑電線及軍運種種事宜。唐處長此次對於京滬段間軍事運輸。竭力協助。一朝晤面。暢談甚洽。除軍運商定妥善辦法外。對於橋樑修理工作。唐處長轉達軍部命令。切囑從緩。十七時五十五分。乘車赴青陽港橋塊。勘察情形。並參觀吾軍佈防大概。第五十五號鐵橋。半已修理竣事。茲奉命停頓。不得不擱置矣。十八時二十分。離青晉京。沿途各站員工。均各勤奮。

三月七日

行駛客車十四次。客專車一次。兵專車十八次。其他專車七次。

晨九時。敵機一架。飛至崑山車站。盤旋窺伺。據報我軍前線仍在黃渡。所有消息。自電話不通後。甚爲沉悶。崑山以東電話綫。經軍部借用。架作軍用專綫。

上午。晉謁曾正主任仲鳴陳副主任耀祖。關司長賡麟。及楊幫辦誦清。垂詢京滬狀況甚詳。謹據實以對。復面承獎飾。不禁感與奮俱。對於員工。慰勉備至。旋辭出返站。下午十四時離京。十八時抵常。

三月八日

行駛專車十四次。客專車一次。兵專車四次。其他專車七次

前方似在停戰狀態。不聞槍砲聲。謹將曾陳二主任訓勉之辭。印發通告。以資激勵。附錄訓勉辭原文。

逕啓者昨奉

鐵道部曾陳二次座電召赴京晉謁面諭略開溯自戰事爆發條已月餘前綫烽火有加未已雖守土之責屬諸將士而運輸敏捷端賴同人比月以來該路員工出入於砲火之下工作於晝夜之間履險如夷捐軀不惜前綫戰事得賴節節進展本部對於該路員工忠勇盡職深爲嘉許除另派員慰問外仰該處長代本次長宣達此意藉昭激

勸等因奉此查自暴日入寇戰禍頓起我同人淬發奮勵始終不懈晝夜工作共赴國難曾先後奉令嘉勉各在案茲復奉諭前因合亟函仰知照尙希我同人各本忠勇厥職之初衷作再接再厲之奮鬥共相黽勉濟此艱危期毋負本部長官慰勉嘉奬之至意本處長有厚望焉

三月九日

行駛專車十四次。客專車一次。兵專車一次。其他專車八次。

前方消息。沉寂如昨。奉陳局長佳電。開「請兄卽囘滬。籌商兩路車務善後事宜。職務可暫由王課長志剛代理」。等因。當以事變以來。交通阻塞。諸務紛繁。各種困難。現皆整理就範。所有材料經濟以及車務諸端。已上常軌。滬地車務處乏人主持。亟應整飭。茲旣奉令返滬籌商善後。不敢推諉。遂於十日晨。由京乘航空機返申。一月來之路務日記。結束於此。

輿論摘錄

報紙爲輿論代表。社會進步之導師。寶照平日服務。對於各方輿論。素所尊重。良以公務蝟集。以有限之精神。處理一切。端賴明達。從旁指示。方足補疏漏於萬一。此次事變。各地報紙。對於寶照調度兩路車務。紛紛記載。謬承督促。獎譽固弗敢當。而厚意亦弗敢忘。爰錄所見。以作座右之箴。

一月卅日蘇州吳縣日報

(一)北火車站因被炸毀。車務處長鄭寶照等。乘車於廿九晨五時四十五分到蘇辦公。

二月三日蘇州吳縣日報號外

(一)車務處長鄭寶照。昨日下午在麥根路督工修路。被日機擲彈。炸去六號貨棧。吾軍射擊未中。鄭處長冒險工作。

(二)滬變後。難民絡繹于途。鄭處長儘量撥車運出

三月三日蘇州吳縣日報號外

(一)兩路車務處長鄭寶照。二日上午沿路東行。修理鐵路。至麥根路被日機投擲炸彈。燒去六號貨棧。

二月七日無錫國民導報

(一)前線視察　北車站一度被日軍佔領。前傳似甚確實。惟詢之住宿車站附近而直至一日始避難離家之路員言。則堅謂始終未被佔領。兩說不知孰是。但佔據之說果確。則吾沿京滬路人民。於感激十九路軍勞苦功高之餘。兩路車務處長調度得當之功。亦萬不可忘。鄭處長寶照。於事勢嚴重前。深恐有變。即將吳淞廠內及北站所有機頭車廂重要材料物品。分別遷置蘇錫常各站。故日軍雖砲毀天通菴軌道。而吳淞廠中所有一切。未被截斷。即使佔領北站。亦總一無所獲。否則大批機頭車廂。設一入日軍手中。京滬沿路於今日之下。恐已不復有安靖之日矣。

二月八日無錫國民導報

(一)錫崑車中　十四次車。沿途躭擱。延至二日晨一時。始抵崑山。在車中與旅客路員等交談。頗不寂寞。所言類皆此次事變經過。及京鎮近狀。已數見各報。惟有一事足述者。則路局車務處負責人員之調度有方是。先是事變之先。路局已略有所聞。遂由車務處長鄭寶照。限令員工。將吳淞機廠所有機頭北站之機車起重機車及停靠之客貨車等。一律開出。故事後祇損去機車客貨車數輛而已。苟非如是。則翌日之軍

事行動。亦將因而緩遲。其得失殊大。而路局及車中職員。均澈夜從公。不言疲乏。

四月廿九日新聞報

（一）値得崇敬的兩個人　余於擬稿之先。首須向讀者聲明者。卽余與文中人物。並無何種關係。惟當戰事發生時。或以軍事上交通上。均有保守祕密之必要。未便發表。今則時過境遷。旣無須再事祕密。而當時一種禦侮之精神。實爲吾人意想所不及。爰特補紀一月二十八夜戰事中之一幕。俾二君之功績。不致埋沒焉。

沈玉麟　當一月二十八夜日軍初發動時。北火車站爲敵軍攻擊最大之目標。蓋敵軍最初計劃。卽佔據北站後。作爲暫時司令部。將軍隊由車站空場向西輸送至共和新路。然後分兵一路西進至麥根路。一路向南至舢板橋租界邊境。北至宋公園等處。然後與天通庵之日軍聯絡後。便可達到三小時佔領閘北之目的。當時十九路軍大部份尙分駐京滬鐵路沿線一帶。在上海者不過五六百人。已分佈在閘北各馬路口。北火車站並無十九路軍。僅有隨車檢查旅客之憲兵數十人。由憲兵營長沈玉麟統帶。當戰事發動時。一部份敵軍卽由老靶子路福生路及虬江路（寶山路新車站）三路。向北站猛撲。在此萬分緊急之際。沈營長立將此數十名憲兵。分配在各處抵抗。（一）在北站馬路近升順里房屋處。堆置沙袋一小排。沙袋後置兵士六七人。作爲右翼。（二）在前吳淞車站月台上亦置沙袋一排。及兵士六七人。作爲左翼。另於北站汽車間前置二三十人。作爲預備隊兩面接應。遇靶子路口及福生路口敵軍攻擊猛烈時。卽將預備隊加入右翼。如遇虬江路敵軍攻擊猛烈時。卽加左翼。當時日軍攻擊北站之人數。約有千餘人之衆。卒因沈氏調度有方。未被敵軍攻入。否則此站驟然失守。則日人按照原定計劃佔據車站後。向後路包抄。閘北各馬路上之十九路軍難免無後故之憂。或使我軍先蒙不利。則敵方領受我軍之教訓。必不如今日之重且大也。

鄭寶照　京滬滬杭甬鐵路。共客貨機車一千餘輛。平日有二分之一以上之車輛集中上海。若照價値估計機車每輛平均約十五萬元。客車每輛六萬元。貨車平均二萬元。則上海一站所停車輛之價値。約在三千萬元之鉅。當日軍行將攻滬。謠言初傳時。適鄭寶照奉部令充任兩路車務處長。鄭氏履新之日。卽密囑負責員司。預將上海所有車輛。儘量輸送蘇州松江兩處。在一月廿一日起。北站僅留次日應用之最少度車輛。且復密派幹員分赴各處偵察日軍行動。當北四川路戰機初發動時。路局卽得確訊。又復調出車輛若干輛。故此次路局雖受重大之損失。如北站站屋被燬。營業短少。而車輛方面。則幸無大損失。當北站陷落時。北站僅有數輛破壞之車輛。係無法拖出者。較諸北甯路瀋陽錦州等站失陷時。數千餘車輛資敵應用。反笑我無福享受者。其得失誠不可以道里計矣。

五月一日時報號外

(一)滬戰爆發時北站車輛脫險經過　在停戰會聲中。鐵道部方面宜有準備通車一切計劃。曩日特派司長薩福鈞偕同劉光堯關賡麟陳思成來崑。直赴靑暘港前線視察。當由十九路軍交通處車務主任楊星垣及崑山車站長李桂生相伴前往。視察久久。並在恆利車站月台上。攝影一幀。而李桂生君曾出入火線。於彈雨槍林中。拖救出險機客貨車七十八輛。機油七十五大桶。及機房材料兩車。厥功甚偉。其事之經過如此。

當一二八案未發生前。車務處長鄭寶照料知日方蓄計謀我。星夜將京滬路線上之車輛。悉調蘇常一帶。卽淞滬線上之車輛。亦不留剩。深恐一落敵手。卽被其擄爲戰利品。迨日軍逞暴。突然攻擊。是夜南京來滬客車以及遺留麥根路站之機客貨車。數尙不少。而日機施虐。紛擲炸彈。車站供職人員。不能上差。麥根路站。鐵軌如網。其分路處。計有七十餘。平日分道夫計有七十餘人。專司分軌。迴時星散。招尋無從。

鄭以李桂生在麥根路揚旗站長多年。分路軌道瞭如指掌。乃命其往。李卽會同北站調車夫錢開榮麥根路站抄號司事孟胞魁。在南翔站搭B45機頭。於是日下午五時。開往麥根路站。當於五點四十五分到達。爰卽設法將上裝之汽車之平車兩輛。煤車六輛及其他篷車六輛。在七點三十五分鐘。拖往南翔。旋開蘇州。此二月一日事也。

嗣後日機。致力破壞路線。任意擲彈。北站麥根路被炸燬路軌多條。行軍輸彈。大感不便。五日午後。李又奉鄭命。偕車長崔占元在蘇站搭D61機頭及貨車兩輛。於三點二十八分開往麥根路站。經崑山南翔站時。邀軌道監工甯傑三陸阿炳偕工頭工人等上車。嗣少工大。不敷分配。乃在第一第二兩道房之全班工及人器具等。相率而往。與上海機務工人。共同修理。當工作時。天空飛機。施暴不輟也。被毀路軌。於是日二十二點鐘。修理告竣。深恐敵機擲彈命中。將D.61號機頭駛留南翔。繼將D.50機頭生火。加挂客車九輛。於六日一點〇五分開向西行。於十一點二十分。安抵蘇站。翌日。李又偕車長崔占元俞瑞麟站長孟堯臣由蘇站搭D.61 D.63兩機頭。到達麥根路站。因車輛過多。分兩次拖出。第一次孟俞兩人領導。在三點二十分。用D.63號機頭。拖出客貨等二十一輛。第二次由李偕崔指揮用D.61機頭拖出重貨車輛二十八輛。及A51機頭一輛。先後抵蘇。九日又以D.18機頭拖出機器油七十五大桶及機房材料應用器具兩滿車。以及客車一輛D.41機頭一輛。總計所值。爲費匪小云。

勘悞

日記三月一日末第二行利「戎」機而固後方「戎」誤「我」字

員工因公傷表內第一行第四行及第五行蘊「藻」浜站「藻」均誤「草」

編餘

斯編所述。就一二八事變實照在京滬段工作經過概況。類都躬親遭遇。今彙集事實。付諸梨棗。聊資後日之參攷。並供路政先輩指正謬誤之需。非敢藉此自矜。區區之意。當爲明達者所鑒諒。

校閱既竟。覽及前方各站。屢受敵機襲擊之紀載。車軌橫飛。血肉淋漓。追懷慘狀。歷歷在目。念我員工。憑堅決無畏之精神。日夕辛勞。寢食弗遑。如南翔眞如各站。雖轟炸再三。旋毀旋修。交通從未中絕。敵機終無所逞。苟我軍戰略不更。仍當繼續努力。其同仇敵愾一致抗日之決心。固無殊於沙場摧敵之戰士。敵以破壞。我以建設。破壞愈烈。建設愈捷。其抵抗經過。亦不亞一戰士也。

北站剩餘車輛。雖經派員前往拖引蘇站以西。而陳局長涖任以來。指揮若定。擘劃萬端。經過困難。當有十百倍於吾車務處一部份者。惜以交通阻滯。所聞無多。致未能一一採集錄入。然編中散見各端。已足窺鴻猷於萬一矣。

殉難各員工。當時雖經分別妥爲棺殮。事後覩其遺族悲痛之狀。輒爲黯然。誠以工作戰線之中。當敵機轟擊之衝。生死決於頃刻。而各該員工。不以危險而稍存畏葸之心。沉着應付。始終無懈。爲國爲路。盡瘁捐軀。此種忠誠任事之正氣。實國家生存之至寶。故於遺族之如何撫卹。孤兒之如何教育。均已分別呈報。遵章辦理。以慰忠魂。

滬戰重心。在江灣閘北一帶。南翔車站。係十九路軍交通處所在。眞如站則軍運最爲緊重。但路軌僅二道。按日駛往軍車。平均不下十餘列。掛帶車輛。常在二百輛左右。最爲日機注意。彈投鎗射。無日不臨。然一月來之軍運。尙能疏暢無阻者。除運用良好調度計劃外。一因吾員工之不避艱險。於破壞之餘。極力搶修。努力調遣。一因十九路軍交通處唐德煌處長。以鐵道家而主軍運。通曉路章。熟諳行車。無時不與吾車務處通力合作。始克臻此也。

路局各項開支。既不能因戰事而銷撙節。供給戰線員工之伙食。及支付修理材料等費用。反以戰事。而開支激增。吾車務處對於客貨運輸。不得不於軍運急廹之中。隨機增駛客貨車。以增收入。而便行旅。至戰區難民。扶老攜幼。絡繹於途。各站待車西運者紛集。地凍天寒。露宿站台。當者慘痛。見者傷心。是以歷次兵車。到達眞如各站之時。儘量運至蘇錫常鎭各地。使鋒鏑餘生。早歸鄉土。免爲敵機偵察襲擊之時。作機槍橫掃之目標。計五十餘日中。前後運送難民。不下十餘萬人。然狡黠之流。往來乘車。輒藉口難民。希圖淆混。此於票款收入。影響甚鉅。故又分飭員工。力事取締。務於救濟難民之中。顧全路局收入。

倉卒出發。隨行人員。寥寥無幾。京滬全路車務處事務。僅由八九人分任。調度課長王志剛。分段長兼主任調度員李經緯等。均各極力從公。中間應付事變。調度運輸。運籌決策。倚畀至深。至修復毀損。支配材材。則正工程司殷之輅負其全責。往返視察。應時指揮。協助吾車務處維持後方運輸者乇力。查賬員孫嘉德。負財務收支全責。不辭勞怨。殊堪欽仰。其他全路員工。各盡其職。各盡其能。精誠合作。融洽異常。患難相處。誼儕朋好。斯實照所引爲生平大快事者也。

（完）

京滬鐵路本年與上年營業比較表

		民國廿年	民國廿一年		
一月份	29th	36,500.09	2,810.00	— 33,690.09	
	30th	36,500.09	2,810.00	— 33,690.09	
	31th	33,500.09	2,810.00	— 33,690.09	
總	數	109,500.27	8,430.00	— 101,070.27	— 101,070.27
二月份	1st	38,004.17	2,242.90	— 33,761.27	
	2nd	,,	6,034.17	— 29,970.00	
	3rd	,,	8 016.93	— 27,987.24	
	4th	,,	3,909.96	— 32,094.21	
	5th	,,	15,907.62	— 20,096.55	
	6th	,,	3,563.63	— 32,440.54	
	7th	,,	4,198.12	— 31,803.05	
	8th	,,	4,445.38	— 31,558.79	
	9th	,,	4,976.41	— 31,027.76	
	10th	,,	10,881.98	— 25,122.19	
	11th	,,	9,321.08	— 26,683.09	
	12th	,,	9,584.96	— 26,419.21	
	13th	,,	9,214.16	— 26,790.01	
	14th	,,	10,583.54	— 25,420.63	
	15th	,,	14,052.22	— 21,951.95	
	16th	,,	14,838.72	— 21,165.45	
	17th	,,	12,610.45	— 23,393.72	
	18th	,,	4,832.32	— 31,171.85	
	19th	,,	10,245.63	— 25,758.54	
	20th	,,	10,966.68	— 25,037.49	
	21th	,,	10,691,94	— 25,312.23	
	22th	,,	9,475.92	— 26,528.25	
	23th	,,	9,232.93	— 26,771.24	
	24th	,,	8,248.64	— 27,755.53	
	25th	,,	8,613.45	— 27,390.72	
	26th	,,	8,618.85	- 27,385.32	
	27th	,,	9,362.13	— 26,642.04	
	28th	,,	8,364.55	— 27,639.62	
	29th	* ,,	9,684.15	— 26,318.02	
總	數	1,044,120.93	252,721.42	— 791,399.51	— 791,399.51
三月份	1st	42,874.80	7,496.04	— 35,378.76	
	2nd	,,	7,190.81	— 35,683.99	
	3rd	,,	7,187.08	— 35,687,72	
	4th	,,	7,218.49	— 35,656.31	
	5th	,,	9,305.66	— 33,569.14	
	6th	,,	6,022.46	— 36,852.34	
	7th	,,	9,788.08	— 33,086.72	
	8th	,,	10,149.73	— 32,725.07	
	9th	,,	10,402.22	— 32,472.58	
	10th	,,	8,239.48	— 34,635.23	
總	數	428,748.00	83,000.05	— 345,747.95	— 345,747.95
					1,238,217.73

京滬綫營業損失概數

兩路客貨運價自二十年三月十六日起增加二成設將二十年一月二十九日至三十一日二月份全月及三月一日至十日之進款數目亦增加二成比較之則損失之數更鉅比較表列下

	二十年	二十一年	減 數
一月份(廿九日至三十一日)	131,400.32	8,430.00	— 122,970.32
二月份	1,252,945.11	252,721.42	—1,000,223.69
三月份(一日至十日)	514,497.60	83,000.05	— 431,497.55
		共減數 元	—1,554,691.56

附注：

(1) 民國廿年份每日站款實收數目無從稽考故就其每月收入站款總數除以該月所有日數而得之平均數比較之

(2 本年二月比上年同月多一日爲便於比較起見特假定上年二月亦增一日并假定其收入與該月份平均數同

(3) 京滬綫本年一月廿九，三十，三十一，三日收入站款只有總數報告亦權用三日之平均數

員工因公傷亡表

姓名	職務	傷亡情形	餘註
季有清	蘊草浜站站長	二月七日日軍進攻蘊草浜站站屋被炸起火該站長率同留站員工奮勇救火欵彈殞命屍身迄未尋獲	業放三月十三日第四九八／三二九號文呈請照北甯路特別撫邺辦法從優給邺
徐斌	高境廟站站長	該站長奉派至南翔站工作於二月二十一日上午十一時許服務之際突被日機擲擊中彈殞命	除已照給喪葬費外業已于三月十二日第四九九／三一〇文呈請照北寧路特別撫邺辦法從優給邺
王景賢	望亭站電務司事	該司事奉派至南翔工作於二月二十四日上午服務時被日機擲彈轟炸殞命	遺族尚未覓到
葉科慶	蘊草浜站電務兼司票司事	日機進攻蘊草浜站時被敵機槍殺殞命	遺屍不知所在迄今家屬亦未前來呈請撫邺聞遺有父母妻子各一人兒二人
張錦殷	蘊草浜站收票司事	仝上	遺屍不知所在
江國臣	上北站分路夫	該夫奉派至眞如站工作於二月二十四日下午三時許被日機擲彈受傷經紅會救出送仁濟醫院醫治	現已痊好
高紹泉	天通庵站分路夫	一月二十八日夜日軍進攻被敵槍殺	遺族尚未覓到
王其昌	天通庵站站長	一月二十八日夜日軍進攻被敵槍傷兩臂甚劇	現在紅會醫院尚未痊癒
張文化	上北站管柵夫	該夫於一月二十八日在北站淞滬綫第三道柵門輪値夜班適値日軍進攻迄今存亡未卜	已有上北站務稽查呈報奉批查明再辦
李景生	江灣站站長	被流彈擦傷頭部	今已痊好
楊谷明	南翔站電務司事	二月二十四日下午三時三十分在南翔站被日機擲彈受傷	今已痊好
邱志源	東段替班管柵夫	被敵槍傷臂部	今已痊好

敵機破壞京滬路各站表

日期	站名	破壞狀況
一月二十九日	上北	總局貨棧及蒸汽車二輛中彈被焚蒸汽車僅留底盤
一月三十日	眞如	貨車644號中彈月台毀一角軌道裂數處機車四號水櫃炸毀貨車三輛受損
二月二日	麥根路	第五號貨棧中彈稍受損失
二月五日	眞如	中彈毀空貨車六輛內三輛底盤亦受損
二月九日	上北	機車房繪圖室中彈焚毀煤台略受毀損
二月十一日	麥根路	路軌中彈毀三公里
二月十八日	南翔	敵機以機關鎗向月台掃射死平民二人
二月二十一日	南翔	上午十一時敵機以機關鎗向月台掃射死站長徐斌及平民六人傷路員及平民二十餘人
二月二十四日	南翔	十二時毀貨車6467 6531 6450三輛 6203 1090 1031三輛出軌月台燬十餘丈軌道裂斷數十丈着彈處穴陷深約二十尺徑四十尺囊揚旗牌軌道亦炸毀一處擊斃電務員王景賢壓傷電務員楊谷民
二月二十四日	十五及十六號橋	被炸燬
二月二十四日	眞如	駐梁氏花園之車站臨時辦公室被炸爲平地傷平民二人
二月二十六日	麥根路	球場更衣室中彈徹被炸損傷平民多人
三月一日	麥根路	下午四時炸燬軌道十餘丈四時三十分復燬軌道甚重傷平民多人
三月二日	青陽港	十二時燬五十五號大橋甚重站長辦公室亦同時炸燬軌道裂斷電桿震倒交通斷絕
三月二日	二十三號鉄橋	與青陽港橋同時炸燬橋基橋樑尙完好

京滬鐵路機車表

種類	原有輛數	現在本路輛數 駛用	現在本路輛數 毀損	現在別路輛數 津浦路	現在別路輛數 甯省路	備攷
A	3	1	2			
B	25	19	6*			*內有四輛在吳淞機廠修理
C	18	13	5*			*內有三輛在吳淞機廠修理
D	4	3	1*			*在吳淞機廠修理
E	4	4				
F	2			2		
G	8	6	2*			*在吳淞機廠修理
Bagnell	2				2	
合計	66	46	16	2	2	

京滬鐵路客車表

種類	原有輛數	現在本路輛數		現在滬杭甬路輛數	待查輛數*	備攷
		駛用	燬損			
花車	8	6		2		*此項車輛係留在淞滬線及北站之待清查者
頭等臥車	8	8				
頭等餐車	8	8			1	
頭貳等殯車	5	4				
頭貳等客車	8	8				
貳等客車	8	8				
二三等客車	3	2		1		
叄等車	71	65		1	5	
二三等行李車	1	1				
頭二三等客車	1	1				
叄等行李郵政車	13	12		1		
叄等行李車	8	7			1	
叄等車長車	1	1				
郵政行李車	3	3				
四等車	49	44	2	1	2	
四等行李車	4	2		2		
頭叄等客車	5	4	1			
鐵甲臥車	2	2				
合計	206	186	3	8	9	

京滬鐵路貨車表

種類	原有輛數	現在本路輛數		現在別路輛數		待查輛數*	備攷
		駛用	燬損	滬杭甬路	津浦路		
十五噸蓬車	2	2					
廿一噸蓬車	135	125		2		8	
卅噸蓬車	59	50	2	4		3	
四十噸蓬車	265	233	4	18	8	2	
廿一噸牲口車	53	46		6		1	
卅噸牲口車	2	2					
十八噸敞車	45	44				1	
卅五噸敞車	73	70				3	
車長車	30	27		1		2	
冰鮮車	5	5					
四十噸石渣車	4	4					
卅五噸平車	6	6					
卅噸火油車	3	2		1			
卅噸水車	2	2					
公務車	10	10					
合計	694	628	6	32	8	20	

*此項車輛係在淞滬線及北站之待清查者

滬杭甬車輛在京滬路駛用一覽表

客車

種類	車輛號數	備攷
花車	2	
頭貳等客車	3	
頭貳等餐車	2	
頭等餐車	1	
貳等客車	1	
三等客車	5	
三等行李車	1	
合計	15	

貨車

種類	車輛號數	備攷
四十噸蓬車	22	
廿五噸蓬車	39	
廿五噸敞車	21	
廿五噸平車	4	
牲口車	2	
車長車	1	
救險車	2	
合計	91	

機車

種類	車輛號數	備攷
P	1	
合計	1	

事變後北站及麥根路站拖出車輛機車表

車輛機車種類	出發地點	日期	備攷
機車 G58 卅五噸敞車7119 十八噸敞車7022 ,, 7035 ,, 7013 頭等車 545 貳等車 603 頭貳等車 586 三等車 710 ,, 699 ,, 680 ,, 686 三等行李車 954 ,, 957	上北站	一月廿九日	
廿五噸篷車1045 廿一 ,, 6035 廿五 ,, 5390 卅五噸敞車8353 ,, 8356 廿一噸篷車6107 四十噸 ,, 6527 廿一噸 ,, 6088 廿一噸牲口車 8024 ,, 8031 ,, 8017 十八噸敞車7008 卅五噸 ,, 7137 ,, 7111 ,, 7160 鉄行李車 9101	麥根路	二月一日	
四十噸篷車6543 ,, 6678 ,, 6822 ,, 6520 ,, 6710 ,, 6636 ,, 1584 卅噸篷車6244 ,, 6253 廿一噸篷車6089 ,, 6051 ,, 6098 ,, 6155 廿一噸牲口車 8038 ,, 8008 十五噸篷車5001	麥根路	二月四日	係在淞廠修理，事變前遣往該站，以備西向者
機車 B44 花車 531 頭二等客車205 花車 M2 ,, S1 9158 6239 1486 1489	上北站	二月六日	
機車 C50 三等行李車961 三等車667 二等車601 頭等餐車547 頭二等客車583 三等車652 行李車983 三等車680 ,, 696	上北站	二月六日	
機車 D63 ,, G60 ,, P 7	上北站	二月六日	
二三等車 633 三等車 676 四等車 854 ,, 858 ,, 903 ,, 897 ,, 872 ,, 875 ,, 892 ,, 874 ,, 906 ,, 856 ,, 894 三等車 657 木行李車9203 ,, 9204 鉄行李車9159 平車4305 滬杭救險車1001 ,, 1002 三等行李車 127	上北站	二月七日	
機車 A51 行李車 112 三等車 152 ,, 108 ,, 213 二等車 211 等頭餐車 203 頭二等車 205 廿一噸篷車6035 ,, 6079 ,, 6148 卅五噸平車7144 ,, 7154 ,, 7138 十八噸平車7023 ,, 7039 ,, 7025 ,, 7042 卅五噸平車7128 四十噸篷車1582 廿五 ,, 1031 四十 ,, 6652 廿五 ,, 1152 ,, 1182 ,, 1356 ,, 1029 十噸牲口車5503 廿五噸篷車1164	上北站及麥根路站	二月七日	內貨車二十輛係在淞廠修理，車前遣往麥根路站，以備西開者
損壞機車 C16 ,, C22 鉄甲車 7 頭等餐車 548 四等車 893 ,, 852 ,, 891 ,, 909 ,, 853 ,, 901 ,, 910 ,, 806 ,, 879 ,, 880 ,, 892 ,, 595 ,, 585 木行李車9205 三等車 677 ,, 659 ,, 689 廿五噸篷車1487	上北站	二月八日	
蒸汽車647	上北站	二月九日	
機車 C14 三等車 708 6511 6484 行李車9159	上北站	二月九日	

收發文件計數表

	電	呈	函	附件	局令	合計
收文	三八二件	一八三件	二五四件	八二件	三八件	九三九件
發文	四九八件	一九五件	三〇七件	二一件		一〇二一件

上海抗战与世界反法西斯战争系列丛书

淞沪

淞沪抗战史料丛书续编 III

第九辑

上海战区难民临时救济会振款振品收支报告册 | 上海战区难民临时救济会 编

上海战区难民临时救济会工作报告书 | 上海战区难民临时救济会 编

上海科学技术文献出版社
Shanghai Scientific and Technological Literature Press

“上海抗战与世界反法西斯战争”系列丛书总序

徐　麟

伟大的中国抗日战争，是近代中国人民反对帝国主义侵略并且取得第一次完全胜利的民族解放战争，是开展时间最早、持续时间最长的世界反法西斯战争东方主战场。在这场历经十四年之久的抗日战争中，中国各族各界人民同仇敌忾、共赴国难，经过艰苦卓绝的浴血奋战，以巨大的民族牺牲，打败了穷凶极恶的日本法西斯侵略者，取得了辉煌的胜利。正如习近平总书记所指出的，中国抗日战争“为拯救民族危亡、实现民族独立和人民解放，为争取世界和平的伟大事业，作出了彪炳史册的贡献”。中国抗日战争是在中国共产党倡导的以国共合作为基础的抗日民族统一战线旗帜下进行和取得胜利的。以爱国主义为核心的伟大民族精神是中国抗日战争胜利的决定因素，中国共产党的中流砥柱作用是中国抗日战争胜利的根本保证，全民族抗战是中国抗日战争胜利的重要法宝。

上海抗战是中国抗日战争的重要组成部分。在中国抗日战争与世界反法西斯战争中，作为中国共产党的诞生地，上海这座具有反帝反封建光荣革命传统的英雄城市，发挥了独特的重要作用，作出了重大的历史性贡献。

20世纪三四十年代，上海这座国际性的大都市，已经成为中国与世界各国通商贸易的主要港口，成为中国经济、文化中心和政治、外交副中心。同时，上海又是当时中国最大的军港和守卫长江的大门，具有重要的军事战略地位，因而始终成为日本法西斯军国主义

觊觎的一个战略要地。1931年“九一八”事变后，日本法西斯军国主义进而在上海挑起了“一·二八”事变，发动了对淞沪地区的武装侵略。驻守上海的十九路军和前来增援的第五军与上海人民奋起抵抗，给予日本侵略者以沉重一击，成为中国局部抗战历史进程中承前启后的关键性一役。“九一八”和“一·二八”时期的抗日武装斗争和民众抗日救亡运动，在世界上率先举起了反法西斯的旗帜，揭开了中国抗日战争和世界反法西斯战争的序幕。1937年七七事变后仅一月余，日本法西斯军国主义又把侵略魔爪伸向上海，遭到中国爱国军民的顽强抵抗，形成了以上海为中心的一场气壮山河、震惊中外的“八一三”淞沪抗战。七七卢沟桥事变和“八一三”淞沪会战，标志着日本法西斯军国主义全面侵华战争的开始。在中国共产党的积极倡导和推动下，抗日民族统一战线正式形成，揭开了中国全民族全面抗战的序幕，也标志着世界反法西斯的第二次世界大战在亚洲的东方战场正式形成。在“八一三”淞沪抗战历时一百多天的日日夜夜，中国军队和上海人民以其鲜血和生命，筑成了一座民族自卫的血肉长城，谱写了一曲民族团结、共御外敌的壮丽史诗。上海沦陷后，上海民众在全国人民和全世界爱好和平的各国人民的声援、支持下，面对极其艰辛险恶的环境，仍然以大无畏的英雄气概，坚定不移地继续投身于全民族抗战的洪流，对日伪的法西斯统治进行不屈不挠的斗争。中国共产党始终高举抗日民族统一战线的伟大旗帜，发动民众，团结上海各界人士，从人力、物力、财力等各方面支持抗日民主根据地和抗战大后方的斗争，冒着腥风血雨，迎接抗日战争的最后胜利。

两次淞沪抗战及上海民众在十四年不间断的抗日救亡运动中，

构成了一幅幅上海抗战英勇悲壮的画卷，也铸就了上海在中国抗日战争和世界反法西斯战争中的重要历史地位：上海不仅是中国对日作战的一个坚强的军事战略重镇，也是中国抗日救亡运动的前期中心和中国抗战文化的发源地；不仅是支援抗战大后方和抗日民主根据地的重要基地，也是世界反战反法西斯人士和中外难民的庇护所；是世界反法西斯舆论战、情报战的东方主要阵地，又是中国联系国际反法西斯阵营的纽带和桥梁。更为重要的是，上海抗日战争凸显了其重要的历史意义：它在外敌入侵、民族危亡的关键时刻，全面地、全方位地弘扬了以爱国主义为核心的民族精神，折射了中华民族有同侵略者血战到底的气概、有在自力更生的基础上光复旧物的决心，有自立于世界民族之林的能力。上海抗日战争在中国抗日战争和世界反法西斯战争历史上树立了一座永不磨灭的丰碑。

2015年是中国抗日战争暨世界反法西斯战争胜利七十周年。在中共上海市委的领导和支持下，上海学术界和理论界经过多年的努力，联合推出了“上海抗战与世界反法西斯战争”系列丛书。这套系列丛书分为三个子系列，**一是“上海抗日战争史”丛书**，内容包括上海抗战史通论、“一·二八”淞沪抗战、“八一三”淞沪抗战、日军在上海的罪行与统治、上海人民抗日救亡运动、上海郊县抗日武装斗争、上海人民支援新四军与抗日根据地、抗战时期的上海经济、抗战时期的上海文化、上海抗战与国际援助等；**二是“淞沪抗战史料”丛书**，选辑和汇集民国时期有关上海抗战的具有代表性的通讯、纪实、回忆录及报告文学等鲜为人知的孤本、藏本影印重版。**三是“上海抗战与世界反法西斯战争研究”丛书**，其中包括

资料性著作：如记忆中的淞沪抗战、淞沪抗战中文报刊资料选编、淞沪抗战档案史料选编、上海抗战历史文献选编等；专题性著作：如中国共产党与上海抗战、当代学者论淞沪抗战、国外学者论淞沪抗战、“一·二八”淞沪抗战画史、“八一三”淞沪抗战画史等；工具性著作：如上海抗战与世界反法西斯战争大事年表、上海抗战与世界反法西斯战争事件人物录等；通论性著作：在上述论著的基础上完成一部通论性著作，即上海抗战与世界反法西斯战争全史。这三个子系列丛书各有千秋、各具特色，在集结出版后，更能起到互相参照、取长补短的作用。可以说，这套系列丛书是上海学术界和理论界研究上海抗日战争和世界反法西斯战争的一项重大的学术成果，是对上海抗日战争史研究的一个重要总结和一次集中展示，也是向中国抗日战争暨世界反法西斯战争胜利七十周年献上的一份厚礼！

“疑今者，察之古；不知来者，视之往”。历史是最好的教科书。“上海抗战与世界反法西斯战争”系列丛书的出版发行，更是为了向社会提供一部能够弘扬时代正能量、培育与践行社会主义核心价值观的好教材。让我们站在新的历史起点上，进一步铭记历史、缅怀先烈、珍视和平、警示未来，为实现中华民族伟大复兴而奋斗，为促进世界的和平和发展作出我们应有的贡献。

出版说明

“淞沪抗战史料”丛书续编Ⅲ主要收集美国史坦福大学东亚图书馆等处所藏资源，将已见或未见的关于淞沪抗战史料以影印的形式出版，内容涵盖两次淞沪抗战，即“一·二八”淞沪抗战和“八一三”淞沪抗战，力求比较全面、翔实和生动地反映淞沪抗战的全貌。

两次淞沪抗战，是中国人民伟大的抗日民族解放战争的重要组成部分，特别是“八一三”淞沪抗战是在中国共产党抗日民族统一战线政策的指引下，以国共两党合作为中心，全国各爱国党派、团体，中央和地方各系抗日军队，各界爱国民众以及海内外侨胞，在抗日御侮、共赴国难的基础上发动和进行的，堪称民族自卫战争史上的伟业。它体现了中国人民血洒战场、拼死抗战的决心和民族团结精神。在抗战胜利70周年之际，阅读这些史料，重温那段中华民族优秀儿女面对强敌、誓死抗争的精神，就是最好的爱国主义教材。两次淞沪抗战展示了中华民族奋起改变自己国家命运的伟大信念，爱国主义激发出全体中国人民的巨大力量，这种信念和力量，在今天仍然弥足珍贵，令人心怀激荡。两次淞沪抗战中那些大气磅礴、气壮山河的史诗故事，均在本套丛书资料中有翔实的记录和质朴的史料作为佐证。

由于各种原因，原书中存在着印刷错误，而且有些细节也与史料不符，对书中的一些观点我们也不完全赞同，为了给读者提供最原始的抗战史料，对上述问题未做任何处理，希望读者能够给予理解。

编者

2018年7月

目　录

上海戰區難民臨時救濟會振款振品收支報告册

上海戰區難民臨時
救濟會振款振品收
支報告冊

許世英題

上海戰區難民臨時救濟會振款振品收支報告册

賑款之部

甲、賑款收入

計　開

十九路軍總指揮部捐洋四萬元

上海市商會轉來湖北救濟上海戰區難民籌備處捐洋三萬五千元

上海市商會轉來巴達維亞華僑捐洋二萬元

上海市商會轉來廈門陳振元君捐洋一萬元

江西省賑務會捐洋一萬元

國民政府救濟水災委員會轉來杜月笙張嘯林兩君經募捐洋一萬元

孟加錫華僑籌賑災民委員會捐規銀肆千兩折合洋五千七百二十六元五角六分

上海市民地方維持會救濟股捐洋五千元

賑務委員會捐洋三千八百元

鎮江五邑旅滬同鄉會京江公所捐洋三千元

浙江省國難救濟會　河南婦女國難共濟會　廣西省政府

一

以上三戶各捐洋二千元

二

上海籌募各省水災急賑會捐洋一千二百元　浙江省籌募救國義捐會　上海市社會局

鎮江五邑旅滬同鄉會　龐萊臣君

江蘇省立如皋中學全體教員學生等　林智秀居士

以上六戶各捐洋一千元

吳恆記捐規銀陸百兩合洋八百二十七元五角九分

法公董局捐規銀五百五拾兩三錢合洋七百五十九元

祈太平菴　鹽務稽核所同人　江蘇水災義賑會

以上三戶各捐洋六百元

四川灌縣軍政機關法團民衆捐洋五百七十九元四角七分

悔予氏　上海浦東銀行　尤菊蓀君　上海麥加利銀行王遠臣君暨華賬房同人

裕慶建築公司李同春君　安徽旅滬同鄉會　陳南洲君　宏遠堂同人

上海市沙船號同業公會　古玩業同業公會　天津廣仁堂

以上十一戶各捐洋五百元

上海工部局華員總會同人捐洋四百十一元二角

洪　君　陳炳泉盛君壽兩君　聯義善會　敦仁堂嚴

以上四戶各捐洋四百元

上海慈善團體聯合會捐洋三百八十八元

緬屬望濶華僑婦女募捐隊捐規銀二百六十六兩六錢六分合洋三百八十一元七角六分

江文正君捐洋三百五十六元五角三分

趙晉卿君捐洋三百五十元

褒昌木號　葉增記　德昶潤同人　達豐同人　希安氏

上海甯紹棉業辦事處同人　湖北旅滬同鄉會

以上七戶各捐洋三百元

惠記捐洋二百五十元

青島中國銀行同人　中華書局印刷所同人

以上二戶各捐洋二百三十元

江漢珊君　魏恩錡君　三星記　朱徵記　馬仲裔（韻初）君　尚順

金贊平君　新昌源　陳藹士君　紗布交易所六十九號新華經紀人

上海市旅業同業公會　陳蓮萬（慶）君　奉賢縣婦女救濟會　陸維鏞君

統稅署同人　羣益公記　郭聞鍾氏　東方書場　大太同善會

以上十九戶各捐洋二百元

三

硤石輔濟善會　四川潼川棨麗絲廠

以上二戶各捐助洋一百五十元

上海市履業公會捐洋一百四十八元

中國汽車公司同人捐洋一百四十六元四角

周聖財君捐洋一百四十四元

同善居士捐洋一百三十元

朱振陸君捐洋一百〇八元

上海法商水電公司事務處同人聯益社捐洋一百〇一元

石　君　廣源號　吳青鈞君　唐冠玉女士　周定復君　公　共

顧克民君　汪秀記　俞財記　邵二頤君　郭步陶君　惇裕公君

沈葆仁君　劉先生　張尙義君　孫振武君　救濟婦孺會　無名氏227

無名氏313　潘慧誠君　文　記　王　宅　吳　君　卓　君

久成洽綢莊　大工山人　百讓堂　兆泰棉布號　永安紡織公司張雨介君

劉公森君　顧慧記　關帝協濟會　王統元君　胡學儉君　旅滬福建同鄉會

隱名氏895　順昌機製石粉廠　龐志德君　恆忱居士　悔予老人

川北鹽務稽核所同人　邱培崙君　朱筱江君　隱名氏1242　邊瑞馨君

駐豫特派綏靖主任公署楊御笨君　程太太　朱匡時君　嘉定旅滬同鄉會

以上四十九戶各捐助洋一百元

楊周璐君　吳宮旅社同人　呂碧城君　周樂三君

以上四戶各捐洋八十元

上海機器冰廠同人捐洋七十八元

蒯靖記捐洋七十元

鄭才賚君捐規銀五十兩合洋六十八元〇四分

馮左泉君捐洋六十八元

上海無線電界同人捐洋六十六元五角

追思堂林氏捐洋六十五元

恆通同人捐洋六十二元

許漢民方雲香兩君　望孫氏　浩然氏　代記

以上四戶各捐洋六十元

劉才卿君捐洋五十六元

丁雲香君　隆和輪船管事部同人

以上二戶各捐洋五十五元

五

虞衆志君捐洋五十三元

劉學詩君捐洋五十一元

許玉堂君　張柏琴梅生君　張存鎵君　嚴才記　悟記　江清懋君

清遠堂　周梅君　辛企楣居士　沈岡因太太　姚豫元君　恆枏居士

林錦華君　義記　恆記　陳守謙君　陸潤珠女士　吳先生

陳駫夫君　資思儉堂　資繼義室　邵適廬君　俞信孚君　緩興五金南號同人

楊華記　高懷瑜君　王張佛君　章張氏　劉女士　吳雙福君

廣福氏　葉祖記　桐陰居士　陳健庵君　祝修　程厚坤君

林雨亭君　陳瑞甫君　無名氏992　永源號　陳先生　顧椿庭君

修長君　凌關記　大上海飯店同人　趙黃氏　朱存厚堂　劉競武君

靈道研究會　茶業公所　張墉　王楚白君　王老虎小圓　無名氏1696

我昆年君　成業印局姚錫坤君

以上五十六戶各捐洋五十元

宋妹妹捐洋四十六元

隱求氏捐洋四十四元

沈景樑君捐洋四十一元四角九分

孫順林君　徐樹階君　達善堂麟記藥號　延　記　王樹穀君
仲鴻昇君　輯　記　羅宏聲君　朱嘯峯君
以上九戶各捐洋四十元
隆和輪船水手部同人捐洋三十九元
閩關洋行華員同人捐洋三十八元
周啓鎏君捐洋三十六元
沈本强君捐洋三十五元
韓萬年君捐洋三十三元
加邦烈港僑胞錢雄飛君捐和銀貳十盾合洋三十二元八角
吳承錫君捐洋三十二元
名遠旅館同人捐洋三十元〇四角四分
夏先生　張惠英女士　蘭谷堂　隱名氏71　宋麗娟　合力社
何敦本堂　張寶珍君　董寶和寶尚　福裕當　徐德生君　桂信佑君
我　記　趙秋澄君　陳榮記　洞庭東山旅滬同鄉會　秦錦熬君
無名氏892　伍澤民君　曹安甫君　任先生
以上二十一戶各捐洋三十元

七

裕豐鐵號捐洋二十六元

法租界南泰昌里十二號同人捐洋二十四元七角八分

周是膺君捐洋二十四元

奉賢國醫公會捐洋二十二元

公興水電公司同人捐洋二十一元四角

司徒齋氏　錢振華君　許乃記　陸克靜女士　泰和莊　陳正泰

孔稚湘君　孔韓氏　劉榮楨君　葉培元君

以上十戶各捐洋二十五元

孫香亭君　張府

以上二戶各捐洋二十三元

朱子橋君　陳京記　劉裕卿君　顧記　裕興號　寶鼎堂李

許穀人君　吳方玉君　洽豐號　無名氏175　王先生　無名氏152

錢王費　八仙橋松石軒照相館同人　葭記　朱秀林女士　安記

陳開壽君　無名氏292　曹敬三　呂贊襄君　何府　周輯蒓君

俞金鳳女士　鴻泰典　無名氏219　祝壽山君　太平胡　周大源君

邃廬　敬業記　王記　金信房君　陳天溥君　美珍女士

八

秦　司　郭振家君　鄔志豪君　金小姐　葛幼卿君　梁先生
王楊廷珂女士　張膺財君　三鯩堂陳家懋君　大椿材會　周志良君　原覺
隆和輪船生火部同人　恆隆　顧逸力君　吳奇塵君　豐泰紙匣廠同人
王先生　劉卿裕君　希安氏　羊頌康君　行恕堂　劉朱綠斐女士
浙江僊居楊儒安王相安君　蔡壽記靴店各友　鄭聯昇君　陸道怡君
諸同生君　歐陽子誼
以上六十四戶各捐洋二十元
盛鴻源君捐洋十八元
天福綢緞局同人捐洋十七元
周濟生君　陳師娘　白利南路三十五號　尙聚倫君　鄭瑞生君　王福山君
錢克記　無名氏1006　私立存德小學各學生　自來火樣子間同人
中記證券號　邵志雲君
以上十二戶各捐洋十五元
白賽仲路一九九號同人　義泰號
以上二戶各捐洋十四元
周先生捐洋十三元四角

九

王先生　張贊臣君　楊彥和君　不留名　莊善仁君　吳寶恆君
姚廷甫　駱企鎔君
以上七戶各捐洋十二元
劉榮楨君捐洋十一元五角
周文湘君　陸周女士　靜記　陸順興　德利潤恆記　王三槐堂
不留名氏　烟台匯昌洋行桐記　周慶光君　周仲英君　萬石長年
福田　退思氏　濟羣家庭慈善會　郭乃珍君　無名氏1193
張吉瀛君　建國輪船理貨部　劉宗孚君　傅璠仁君　夏馥齋君
中法學校高小二年級乙組全體學生　蔡壽卿君　李水琴君　歐陽瑞蟬　朱氏
沈瑞記　徐贊君　江蘇淮安佛教會　謝晉卿君　陳錫元君
姚佐頓君　曹超君　上海飯店　蒯倩之太太　金湘娥女士　李國記
陳周計孟四位先生　陳惠泉君　楊蔡竹君　劉萬增君　太原氏　吳錫山君
王老太太　王少欽　何春泉君　周世德君　隱名氏129　無名氏154　王生祥君
陳國光君　王榮壽君　何裕泉君　吳子愈君　朱雲峯君　黃昭甫君
國民一份子　邵厚生君　麗新織造廠　中央大旅社久記西菜部同人　信誠記　賜寶
無名氏205　孫耡雲女士　李培記　張志先君　陳維善君　王逵人君

東海氏　孫祖鼎 周敬庠君　吳炳潤君　汪先生　祥源莊　謝無悲君

俞金鳳女士　桂玉氏　徐三鶴君　鼎豐廠　安順學校　張熊祥君

隱名氏310　寶芳總公司　佐記　仰記　季記　繼記

俞府　能犖　周素英女士　陳旭升君　丁先生　雙記

徐記　符記　童氏　錢福堂君　胡朱氏　章張氏

章榮彬君　陳庸菴君　安貞記　張彭齡君　振昌提莊　行素氏

綠野堂裴　鄔莘廷君　程劍寒君　吳舜華女士　無名氏498　金森欽君

姚談氏顧瑞　思逸生君　隱名氏692　江淑安女士　顧太太　憶鳳生君

陳志昌君　劉榮金君　蘇施亮君　樂記　沈見彥君　公記

謝志方　謝寄湘君　高太太　汪紫若君　郭壽齡君　郭慧珍君

俞公館　楊姓　种記　姚有忠君

以上共一百三十戶各捐洋十元

凌積芳陸繼發顧玉記三君捐洋九元

四義堂捐洋八元

黃潔華君捐洋七元五角二分

五昌南貨號同人捐洋七元五角

一二

陳槐亭培斌君捐洋七元

盛昌同人　懋媿生君　錢李鴻君　張慕亮君　祿明記君　無名氏421

吳蘊齋于誠包氏子達于慧　汪寶榮君　傅子雲君　過子明君　時中小學同學

以上十一戶各捐洋六元

大晚報社工友捐洋五元一角六分

席漢臣君　王銘箴君　王子記　無名氏二　蘇記　衡記

陳世芳君　李嘯風君　吳安記　卞鑑泉君　求平安子　孫成久君

王祖壽君　許福記　吳鈞伯君　丁哲夫君　葉義記　程振祥君

蕭海卿君　何張氏　虞叔茗君　吳晉生君　賀麟瑞君　江曉清君

周至誠君　黃鶴年君　周文珏君　王君　王松濤周燮鵬君　許悟賦君

戴先生　祥泰莊　張少棠君　就木人　趙連仲君　張先生

張盛女士　沈門姚氏　張月英女士　無名氏319　周培卿君　無名氏317

陳漢章君　邢氏二君　王建中君　袁一卿君　吳佩湘君　顧鼎梅君

傅養祖君　楊德富君　楊德康君　傅寶慶君　方老太太　夏朱氏

嚴錫記　唐福耕君　廖彭彥君　鍾表悔君　欣西法師　沈彼得君

倪高君　顧遂鑾君　王三槐君　黃怡田君　金子和君　許福記

姚畬生君　蔡炳英君　郭漢臣君　鄭太太　杜鳳寶女士　史久蓮君
石毓渠君　胡雪堂君　袁仁　吳聘魯君　陳錦芳君　唐志淵君
無名氏1011　丁昌金君　柴君　金永大眞粉號　汪紫若君　葉顧氏
汪根寶君　鄒學法君　李式夷君　方仲記　文彬記　方雲記
諸潤幸君　鄒鵠秋君　鄒啟雲君　馮信灰君　熊金壽君　王組耕君
鄭澄溪君　十一齡童黃紹雄君　沈門葉氏　歐陽茹氏　倪先生　時衍麵包公司
無名氏1645　白嶽山樵　李梅生君　費記
以上共一百〇六戶各捐洋五元
吳英卿 無名氏君　傅、鍔君　曹太太　李恂如君　連義芳 王元 道生君　姚許氏
沈花生君　張先生　李振青君　李蔚厚堂　諸梓芳君　張氏
茅馨傳君　丁幼安君　張守燦君　周如山君　周芷郁君　傅蓮生君
張守炘君　烏我魯君　賀彬甫君　陸慶祥君　陳賢增君　張章迦君
無名氏1196　唐斌安君　凌信甫 董阿堂君 陸本堯
以上二十七戶各捐洋四元
韋陳氏　吳孫氏　張賢明君　袁承記　李漢卿君　魏國仁君
曹棨達君　楊景作娥君　周文銓君　永安利

一三

以上十戶各捐洋三元

無名氏237捐洋二元七角

陳證華君　黃耀庭 無名氏君　李鑫寶君　蔡積芳君　童雲寶君　陳賡坤君

陳燦坤君　陳蕃坤君　陳慕賢君　陳寶琪君　陳霖坤君　趙允慈君

陸克靜君　張美英君　浦寶玉君　姚荃田君　姚盛弢君　李華緗君

高　性　張庭芳君　朱端丞君　陳朱氏君　金昌祖君　潘集福君

覺　畲　忘言居士　陳先生　朱女士　金寶女士　無名氏351

諸關寶君　奚均祁君　李淑英君　秦興駿君　袁一聲君　張子卿君

吳治平君　朱昆江君　蔣培良君　胡兆煊君　李云祥君　歐陽阿好

朱府廚司　朱先生　蘇珊氏　謝瑞氏　無名氏389　姚談富君

姚進華君　姚志堯君　張壽根君　談冬生君　吳德銘君　無名氏607

姚先生　陸英記　翟笑初　王德全 媛媛 君　管蘭舫　蓉　祥

李心佛君　周淑青君　周永堂君　諸保忠君　諸鴻鈺君　諸鴻鈞君

諸鴻恩君　吳靜娛君　何亞青君　吳聖西君　包舫身君　包幼卿君

李先才君　無名氏1100　裕　記　屠瑞卿君　朱蓮蓀君　陳葆泉君

張文教君　張瑞娟君　謝水福君　耕遠堂　江氏耆福　夏鐵樵君

陳榮安君　顏信培君　龔祖慰君　方永珠君　何濟川君　鄭純孝君
鄭純嘏君　無名氏1536　諸保忠等　吳靜娛君　諸鴻鈺君　諸鴻鈞君
諸鴻恩君　周椒青君　周永棠君　柳雲卿君　陳安渭君　無名氏1653
吳賦有君

以上一百〇三戶各捐洋二元

阮　君　沈阿大君　倪永德君　陳　君　鮑硯香君　鮑周氏
楊竹君　濮笪氏　王生福 沈官林君　戴詩舲君　李素雲君　李陳棣君
張睞青君　魏淑蓮君　賀雅芬君　林南琴君　許先生　俞先先
羅啓錫君　陳饒良君　葉春曾君　陳再夫君　陳洪氏　陳應氏
無名氏286　褚先生　袁金男女士　袁桂鳳女士　袁迎春女士　嚴桂生君
許祥清君　許楊氏　王金生君　龔偉鍾君　王銀壽君　陳阿州君
錢錫源君　八小姐　劉鍾奇君　吳開英君　任六子　無名氏497
同春莊棧司　曹春福君　宋女士　金惠琳君　金　遂　金　適
無　我　梁松發君　陸龍記　張宇記　一　記　周吳氏
沈毛毛君　石文波君　金蔭榮君　諸桂芬君　張　氏　錢錫源君
徐步青君　陳連成君　吳德懋君　劉步月君　李康君　姚文卿君

吳璞臣君　夏錫璋君　無名氏1532　吳寄塵君　吳在明君　吳蘊齋君
吳包氏　吳子遠君　吳子誠君　吳子慧君　朱友仁君　朱李氏
朱世棟君　朱世樑君　朱妹妹　鄭仲梅君　鄭頂華君　吳聖西君
何亞豐君　包鈁身君　吳寄塵君　吳在明君　鄭仲梅君　鄭頂華君
姚石琴君　朱友仁君　朱李氏　朱妹妹　朱世棟君　朱世樑君
以上九十六戶各捐洋一元
上海兵災難民臨時施醫隊餘款捐洋九角
葉　來捐洋五角
小　利捐洋四角三分
黃涵之君經募
嚴桐陰室捐洋六千元
亞美無線電公司經募聽衆各位先生捐洋三千三百〇五元二角
周智藏君捐洋一千元
長眉道人　關絅之君　懷德堂
以上三戶各捐洋一百元

圓緣居士捐洋五十元
關懷善堂捐洋四十五元
關靜之君　關莊珠君
以上二戶各捐洋二十元
黃惟廉君　吳士行君
以上二戶各捐洋十元
何慶甫君捐洋五元

許靜仁君經募

上海徽甯會館捐洋四千元
光華火油公司捐洋二百元
中華美大煤油公司捐洋一百元
美大同人捐洋四十一元
菊記　滌記　銘記　易記　顧仲敏君
以上五戶各捐洋二十元
湘記　佛記　王永昌君　仲記　篠記
以上五戶各捐洋十元

方的候君　于仲英君　黃鏡記　湘記　陳公堂君

陸宗銓君　英記　章靄如君　呂金德君　周大綱君

以上十戶各捐洋五元

孫新之君　李心儒君　白迺逸君　顧伯華君　馮廣瑞君

以上五戶各捐洋三元

閉記　施雲記　邵裕州君　鄧伯明君　吳金青君

葉允記　劉良清　仲記　呂壽申君　湯瑄君

李實記

以上十一戶各捐洋二元

奚德身君　靜記　志豪君　炳記　顧善寶君

胡慶澍君

以上六戶各捐洋一元

王一亭君經募

儲公益捐洋二千元

尙絅堂周經募規銀六百二十七兩合洋八百六十四元八角三分

生活週刊社捐洋七百四十一元

上海麵粉交易所捐洋五百元
尙絅堂周捐洋一百四十七元
丁崇禮堂捐洋一百元

蔣作賓君經募

夏靈炳君　夏靈炳夫人
以上兩戶各捐洋一千元

顧馨一君經募

上海麵粉廠同業公會代募各廠　荳米業同業公會
以上兩戶各捐洋一千元

陸文韶君經募

米號業同業公會捐洋二千元

鄭仲山周渭石席雲生三君經募

惠生社捐洋一千五百元

周紫珊君經募

中國實業銀行捐洋二百元
劉晦之君　恆順銀公司　丁惠康君　丁黃鼎慶女士　文霞浦君

張士覗君

以上六戶各捐洋一百元

任卓人君　梅煥綸藻君

以上二戶各捐洋八十元

張松圃君　周式蕃君　周式菁君　周式瑩君　黃肇震君

以上五戶各捐洋五十元

文永淑女士捐洋四十元

彭伯謙君　黃嘉清君

以上二戶各捐洋十元

曾篤慧君捐洋八元

聶棠丞君　黃伍氏

以上二戶各捐洋四元

黃釆章君捐洋三元

李觀丹君經募

劉慧卿君　李周璺定

以上二戶各捐洋二百元

沈周塱君　戚塱戒君　水氏善通　周顯超君　周施太太

傅靜修君

以上六戶各捐洋一百元

傅果圓君　戚琮仙君　龔孟訓君　李明川君

以上四戶各捐洋五十元

無名氏捐洋二十元

朱源德君捐洋十元

王佛緣君　周栽蓮君　戒　清　源　眞　魏謁儀

以上五戶各捐洋二元

虞妙仁君　江圓慧君　毛荷珪君　江　氏

以上四戶各捐洋一元

趙晉卿君經募

上海體育協進會捐洋八百元

沈嗣良君　陸章記　增裕新

以上三戶各捐洋二十元

施太太　周家麒君　趙鎮翔君　朱鶴雲君

以上四戶各捐洋十元

陸太太　錢一勤君　施肇康君　孫吉獎君　錢亞伯君
斐士密君　施琳英君　陳先生　寶康祥　瞿同慶君
陸愼三君

以上十一戶各捐洋五元

陸太太捐洋四元

張蕙青君　永和行黃鏡心君　福康號　童常　永安堂
正興館　徐文記　恆康　張先生　何阿毛
錢崇澂君　徐惠芳君　方培榮君　施春華君　蘿影女士
劉長春君　沈履安君　張文標君

以上十八戶各捐洋二元

王和尚君　陳永年君　楊女士　廣明公司　大中協記汽車行
趙樹濂君　趙夫人　陸章明君　朱雪濤君　趙雲仙君
潘光祖君　王宏全君　李關華君　陸女士　周太太
陸章仁君　黃鳳珍女士　陳阿士君　盈康　聯義
龔昌文君　朱松元君　陸章良君

以上二十三戶各捐洋一元

聶榕卿君經募

薛門孫氏捐洋三百元

無名氏　薛佳生君　薛賡生君　許良記　薛淦生君

薛炎生君

以上六戶各捐洋一百元

葉逵君捐洋五十元

無名氏捐洋二十元

留餘堂　陳六寶君

以上二戶各捐洋十元

興　寶捐洋六元

程立寶君　小鐵君

以上二戶各捐洋二元

周寶之君經募

周　記捐洋三百元

芬　記　淑　記　大　記

以上三戶各捐洋一百元

郭竹樵君經募

原　記捐洋三百元

慧　記捐洋二百元

朝　記捐洋十元

德　記　勛　記　睿　記　王　記

以上四戶各捐洋五元

雲　記捐洋三元

張尙義楊冰行二君經募

徐寄漁君捐洋四百四十五元

虹路小學校全體捐洋四十四元

朱耕生君捐洋十五元

浙江省國難救濟會經募

蘇疇五君　公協記

以上二戶各捐洋二百元

王怡萱君捐洋一百元

李木公君經募

李承德堂捐洋三百元

李晚翠堂捐洋二百元

程祝蓀君經募

上海市典當業公會捐洋五百元

王延松君經募

錢江會館捐洋五百元

顧君揚君經募

徐子根君　朱九卿君　張少英君

以上三戶各捐洋十元

黃　炎君　秦鴻鈞君　繆玉林君　施忠相君　徐世信君

陳福良君　李阿毛君　李阿哥君　李錦春君　楊振和君

王毛郎君

以上十一戶各捐洋五元

汪根生君　石紀生君　蘇德福君　林定國君

以上四戶各捐洋三元

呂子泉君　汪彥方君　秦葆初君　金時中君　張承惠君
周雄才君　周嘉濂君　楊照濤君　高子旭君　吳光漢君
薛卓斌君　蔡福康君　何福昌君　朱重熙君　郭德金君
馮芳洲君　陳望山君　陳林生君　朱源源君　曹金濤君
趙厚連君　陸炳生君　林長慶君　馬邦基君　朱友法君
王流根君　龔三狗君　勵新才君　江臨安君　丁林寶君
楊永福君　劉　維君　陳阿華君　徐永章君　陸欲生君
沈根全君　董金榮君　徐銀海君　陸鴻生君　倪阿七君
張羊金君　楊月林君　潘阿貴君　樂阿堅君　沈阿根君
楊金富君　羅阿炳君　鮑明金君　金杏道君　顧阿大君
陸鴻生君　陳錫祥君　周阿四君　陳阿富君　劉紀建君
嚴長榮君

以上五十六戶各捐洋二元

王洪大君　方福順君　劉福偕君　康根榮君　楊達明君
秦寶華君　朱學仁君　李世忠君　顧振清君　沈雲卿君
麥志誠君　周宏才君　唐教裕君　楊雲卿君　任學義君

張保鍫君　韓斗文君　康際愷君　周東方君　唐選章君
蔡榮甫君　汪天根君　李泉林君　杜才狗君　汪阿來君
周光林君　楊炳開君　黃根生君　金慶郎君　杜大君
徐金郎君　金阿五君　袁根錢君　張如祥君　侯毛大君
秦長榮君　杜林生君　范和尚君　顧阿六君　張妙法君
朱瑞林君　李世林君　汪阿寶君　張玉榮君　張永才君
趙阿根君　陳阿鳥君　唐林才君　史富榮君　施嘉生君
勵心定君　朱康林君　楊長生君　張毛毛　陸金生君
孫阿以君　王貴長君　陳大狗君　沈唐生君　朱林山君
浦鳳才君　勵全青君　黃將慶君　周全生君　陳阿海君
吳苗根君　黃式郎君　沈阿表君　黃測林君　林阿品君
吳小林君　周寶書君　唐阿有君　李阿度君　陶阿四君
王毛生君　楊龍虎君　浦四寶君　楊根智君　楊榮慶君
李貴春君　林熙浩君　武根榮君　楊崙君　王慶和君
劉咸元君　康長林君　谷鴻仁君　宮雙根君　諸金來君
孫瑤卿君　王順金君　孫鳳密君　楊振田君　于世福君

林安治君
黃錫保君
章裕生君
張四榮君
袁阿福君
楊富全君
尤昆生君
奚午生君
奎小毛君
蔣莊朝君
范林江君
李有財君
宋耀福君
唐子堂君
毛有根君
秦荊璞君

楊振洪君
蘇阿毛君
張長根君
侯錫江君
蘇二郎君
李慶春君
高喜生君
史善郎君
陸金堂君
張鳳李君
鮑福定君
何席春君
魏金生君
李林海君
蔣阿根君
都成贊君

張鳳山君
蘇志祥君
李高仁君
金抱蘭君
楊富全君
陳興在君
陸根生君
長小毛君
王雙喜君
吳桂林君
李萬餘君
張潤民君
孫德祺君
王金才君
陳金瑞君
謝里福君

楊永良君
陸木生君
唐妙法君
郭金堂君
郭俊傑君
陳六管君
吳根青君
李江順君
金世傳君
唐阿毛君
王愛慶君
郭瑞章君
蘇東濤君
除元東君
陸福林君
何耶斌君

陸根法君
袁和生君
楊寶榮君
陳成林君
倪根福君
王可定君
徐抱蘭君
朱蓮生君
李新寶君
忠春富君
朱寅龍君
王文青君
黃金生君
徐生富君
章煥榮君
嘉福林君

史趙富君　方阿榮君　孫阿鶴君　曹元生君　胡元寶君
谷寶來君　張毛大君　陸金發君　奚根林君　周振元君
李毛郎君　徐和尚君　劉昇恆君　嚴阿順君　陳根榮君
范銀富君　陳載福君　周全生君　浦生祥君　張林江君
唐子道君　曹海源君　金保生君　顧關銀君　陳泉華君
徐阿二君　吳蘭法君

以上二百〇二戶各捐洋一元

陸費伯鴻君經募

中華書局捐洋二百元
許箕隱堂　沈繼先君

以上二戶各捐洋五十元

章福記書局捐洋二十元
沈鶴記　文明書局　中原書局　世界書局　北新書局
掃葉山房　時還書局　王子堅君

以上八戶各捐洋十元

傅相臣君捐洋五元

姚慕蓮君經募

沈星叔君捐洋三百元

內地自來水公司捐洋一百元

朱吟江君經募

慕記　久記

以上二戶各捐洋一百元

企芸記捐洋八十八元

吳鍾記捐洋三十元

無名氏　幼記　耆記

以上三戶各捐洋二十元

吳記　毛記

以上二戶各捐洋十元

隱名氏捐洋二元

程霖生君經募

隆順號　敦慶隆號　慶生號

以上三戶各捐洋二十元

馬鉉銳文君捐洋十五元

華竹號　中興號　寶生號　同發祥　張學臣

聚和祥　肇源銀號　信源溢銀號　肇華銀號　寶昌號

福安銀號　信泰誠　義麗恆　慶德成　義恆號

德益成　慶隆號　錦隆號　同生源　廣順瑞

北華　正泰祥　瑞興益

以上二十三戶各捐洋十元

繁麗　文和　同益興瑞記　無名氏　同祥號

靖源隆號　德瑞興久記　恆泰永　久豐

以上九戶各捐洋五元

川沙至元善堂經募捐洋三百三十六元

張雲樵君經募

張承志君捐洋一百元

蘭記　鈞記　麓記　欽記

以上四戶各捐洋五十元

淞官捐洋二十元

朱燮臣君經募

新昌源　慎　記

以上二戶各捐洋一百元

朱燮臣君捐洋五十元

隱名氏捐洋三十元

羅養吾君捐洋二十元

葛星南君經募

蛋業捐洋二百九十元內有小洋三千角

黄幼希經募

黄大華君　黄郭平君

以上二戶各捐洋一百元

林式娟女士捐洋五十一元九角一分

趙劉榮楨女士經募

林記捐洋一百元

張慶餘堂　毛琰暉君

以上二戶各捐洋五十元

劉老太太捐洋三十元

和豐同人捐洋十三元一角

李化民捐洋五元

張應祥君捐洋三元

駐元山領事館經募

元山中華商會捐日金四十元

王家藻君　王家藻太太孫氏　賈漢清君　李存言君

以上四戶各捐日金十九元

李恆慶君　卜景濤君　崔克祥君

以上三戶各捐日金十五元

以上共計日金一百六十一元合國幣二百三十一元六角八分

金鳳華女士經募

林先生捐洋一百元

金鳳華女士經募捐洋三十五元四角

徐先生　無名氏

以上二戶各捐洋二十元

三三

金鳳華女士　謝忠禮君

以上二戶各捐洋十元

張玉鳳小姐　無名氏373　黃孫氏　無名氏375　王堅康君

以上五戶各捐洋五元

潘雲稚君捐洋二元

無名氏377　黃　中

以上二戶各捐洋一元

胡猷南君經募

義　泰　義　昌　方志成君　巨成昶君

以上四戶各捐洋五十元

洪源永君捐洋二十元

張竹坪君經募

張竹坪君捐洋二十五元

王咏梅君捐洋二十元

顧龍生君　湯秀山君　海納格君

以上三戶各捐洋十元

喬若緒君　顧　君　陳志雲君　張紹楨君　顧馥棠君
吳堯陞君　朱倚天君　徐輔卿君　袁良初君　李鼎士君
陸李氏　張太太　王太太

以上十三戶各捐洋五元

董顯光君捐洋三元

張先梅君　徐季如君　陳德康君　施曾祐君　徐伯如君
徐仲如君　黃慶書君　汪筱孟君　顧桂生君　陳秀山君
諸松齡君　劉　襄記　王茂亭君　劉剛吾君　李季記
劉愉記　孝　記　王錦城君　朱太太　唐太太

以上二十戶各捐洋二元

張次梅君　張幼梅君　張報安君　盧文駿君　朱蓉生君
錢知白君　蘇靜盧君　朱啟新君　朱誠逸君　馬仰濤君
朱友根君　高　棠君　李永昌君　陳叔良君　汪　記
能　記　惠　芳君　張惠英君　張紀芝君　曹捷鵬君
馬阿金小姐

以上二十一戶各捐洋一元

張岳軍君經募

奉思堂捐洋一百元

基安堂　范紹陔

以上二戶各捐洋五十元

丁桂岑君經募

三星記捐洋二百元

花粉業同業公會經募捐洋二百元

劉女士經募

蔣佐梅女士捐洋二百元

毛和源君經募

陳松記捐洋二百元

盧紹劉君經募

無名氏　隱名氏

以上二戶各捐洋四十元

無名氏捐洋十元

無名氏　興記　衡記　莊記　華記

以上五戶各捐洋五元

眉記　仲記　沈家初君　遜記

以上四戶各捐洋四元

陶記捐洋三元

九記　陶記　無名氏　隱名氏　隱名氏
張謨君　杭人　一記　顧記　毛記
小敬　徐記　潤記

以上十三戶各捐洋二元

無名氏　蕭記　謝定印君　洪光宇記　農記
萬壽　震記　雲記　薛佩　飛記
菊記　許慕農君　振記　何伯衡君　蕃記
燮記　惠記　慧記　倪記　陳仁昌君
誠記　蕭票如君　鳴記　蒼記　樂記
吾記　程傳杰君　王慶元君　孫隶亭君　陳華章君
鄭榮曾君　吳維清君　勤記　雋記　楊西庚君
金達僊君

以上三十六戶各捐洋一元

楊漁生君經募

傅品圭君捐洋三十元

楊漁生君捐洋二十元

李根興君　周文瑞君

以上二戶各捐洋十元

劉視江君　胡忍廬君　魏晉芝君　婁錦雲君　無名氏

沈奎年君　彭祖恩君　鄧奇琨君　周平奎君　無名氏　洪雲孫君

何毛雲君　費忘國君

以上十二戶各捐洋五元

張鑾祥君　蔣長華君　陸鑄亞君

以上三戶各捐君叁元

沈采生君　顧文榮君　羅吉堂君　魏樵書君　應志信君

何津棠君　李隆準君　尤子循君　楊浦南君　謝頌綵君

沈虎生君　魏凌雲君　孔廣信君　石相慶君

以上十四戶各捐洋二元

俞老太太　周世盈君　王剛源君　周增山君　邵寶荃君

蔡翊仁君　田漲泰君　張益齋君　榮水生君　魏開生君

戴柏年君　何漢卿君　陸希淵君　邵晉初君　李志駿君

童忘賢君　沈松鉅君　袁根山君　魏秉鈞君　萬星記君

王松泉君　沈志勤君　胡仲麟君　史紀剛君　陳錢浩君

賈逸羣君　鍾寶琪君　王繼良君

以上二十八戶各捐洋壹元

徐永祚君經募

東南信託公司捐洋一百元

徐永祚君捐洋五十元

徐陸景芳捐洋二十元

駐阿姆斯得達姆領事館經募

劉茂林君　廖發君　陳有君　黃喜君　蔡金君

黃根君　梁耀君　張泰光君　亞梅君　張全君

黃正君　麥培君　黃煥君　鄭國君　簡利華君

凌光君　周全君　楊慶梨君

以上十八戶共捐洋一百五十三元五角

馬驥良君經募

木業同業公會捐洋一百元

胡明德堂捐洋五十元

陳藹士君經募

沈田莘君捐洋五十元

王費佩翠　王光君　吳仲言君　潘序倫君　許國富君

以上五戶各捐洋十元

張德輔君　陳黃濤君　趙葦佛君　李世和君　沈季强君

沈慕陶君　王華照君　黃龍孫君

以上八戶各捐洋五元

胡承慶君捐洋一元

徐珠霞女士三次經募捐洋一百二十六元七角七分

葉鴻英君經募

源來行捐洋五十元

無名氏捐洋二十元

永春行　順昌行　長豐行　裕昌行

以上四戶各捐洋十元

協記行捐洋五元

生活週刊社經募捐洋一百十二元

劉潮涵君經募

桂叢居士捐洋一百元

許葆初君經募

餘園居士捐洋一百元

周湘齡君經募

五屬鹽公寓捐洋一百元

哈少甫君經募

惺記捐洋一百元

馮柳堂君經募

華商電氣公司捐洋一百元

楊敦甫君經募

無名氏捐洋一百元

徐冠南君經募

徐恩慶堂捐洋一百元

吳叔田君經募

無名氏捐洋一百元

傅佐衡君經募

洽昌當捐洋一百元

永禪師經募

王氏太太捐洋一百元

奉賢婦女救濟會經募捐洋一百元

主守耕君經募

陸敢鏞君　陸平一君

以上二戶各捐洋五十元

蔣佐梅君經募

李太太錫珍　張淑英女士

以上二戶各捐洋五十元

瞿鶴鳴君經募

瞿鶴鳴君捐洋三十元

李春芳君　張子衡君　不留名

以上三戶各捐洋二十元

淩夢周君捐洋十元

王伯宣君經募

于老太太　于澤侯君　朱陶天君　吳平偕君　陳貧民君

王康成君

以上六戶各捐洋十元

王春孫君　張季源君　無名氏

以上三戶各捐洋五元

汪喜丞君　李詩痕君　鄒公館君　林曼卿君

以上四戶各捐洋二元

李延年君　徐季良君　王炳章君　無名氏　沈翊笙君

王友林君　金合記　羅榮舟君　張瑞錫君　錢公館

以上十戶各捐洋一元

永泰昌捐洋三角七分

黃伯度君轉來賴燦華夫人經募

賴景華君捐洋二十元

張佐卿君　曹俊敏君　廖洪超君　賴景華君　黃諤君

以上五戶各捐洋十元

王　嫂　楊右榮君

以上二戶各捐洋五元

馮瀚飛君捐洋四元

施長生君　無名氏

以上二戶各捐洋二元

黃瑞生君經募

黃瑞生君捐洋五十元

無名氏捐洋二十元

張匡秀蓮　朱姚受祿

以上二戶各捐洋五元

張浣芳女士二次經募捐洋八十一元四角九分

朱子橋君經募

總記捐洋十五元

傅老太太　許伯龍君

以上二戶各捐洋十元

蘇介如君　汪正丞君　羅子恂君　柏心漢君

以上四戶各捐洋五元

福記捐洋四元

蘇沛如君　卞紹梓君　王如松君　鏗　記　王倩英女士

許半農君

以上六戶各捐洋二元

蔡明惠君　羅達聰君　張浣青君　孔明甫君

以上四戶各捐洋一元

曹志功君經募

徽寧旅滬同鄉會捐洋五十元

曹志功君捐洋十元

玉梅女士經募捐洋五十元〇陸角

孫筱亭君經募

貝淞孫君經募

葉瑞馨齋捐洋五十元

中國銀行捐洋五十元

陳炳謙君經募

陳燕燦君捐洋五十元

朱子奎君經募

朱壽椿堂捐洋五十元

徐補笙君經募

上海金業交易所捐洋五十元

周守良君經募

周守紀　曹潤如君

以上二戶各捐洋二十元

周壽房君捐洋十元

翁瑞午君經募

席少卿君捐洋三十元

席福泰君　席福海君

四六

以上二戶各捐洋十元

鄭正秋君經募

秋記捐洋十五元

一如攝影社捐洋十元

上海旅館　履　記

以上二戶各捐洋五元

鄭張氏捐洋三元

有餘記捐洋二元

許良士君經募

金釀公君捐洋十元

顧瑞祖君　陳見緹君　無名氏　胡裕貞君

以上四戶各捐洋五元

鄭正茂君捐洋三元

張超孫君　陳宏玉君　王培玉君　王中玉君　王漱玉君

王蘊玉君　王仁祥君　王吳瑞芬　王金鳳仙　吳平太太

趙太太　金月章君　王蓮玉君

以上十三戶各捐洋一元

無名氏　張珍呢君　陳先生

以上三戶各捐洋四角

張厚玖君捐洋二角

王崇植君經募

王崇植君捐洋十元

趙公麐君捐洋四元

陳鶴鳴君　陸鴻勛君

以上二戶各捐洋三元

沈福海君捐洋二元

湯頌蟾君　閔文匯君　王恕厚君　顧保廉君　惲昆琳君

王振基君　馬材良君　翁慕徐君　湯天棟君　繆秉銓君

徐偉雲君　王正偉君　王　鈞　君　周思恭君　徐　書　君

孫承宗君　孫錫臣君　陳文德君　王柏年君　瞿志良君

過錫庸君　龔守義君　周宗型君　沈寶夔君　楊立憲君

以上二十五戶各捐洋一元

洪經五君經募捐洋四十元
徐貫雲君經募
惠迪堂徐捐洋四十元
蔣太太經募
包先生捐洋二十元
高太太　張先生
以上二戶各捐洋十元
陳青峯君經募
思恭堂捐洋二十元
魯記　星記　清記　慶記
以上四戶各捐洋五元
曹渡寄寓經募捐洋三十元
陸見山君經募捐洋二十五元三角八分
翁國勳君經募
徐士鑑君捐洋十元
陳受之君　石永錫君

以上二戶各捐洋五元

李恭泉君捐洋二元

關芸農君經募

熊瑞堂君　嚴浩聲君

以上二戶各捐洋十元

王少雲君經募

王景舟君捐洋四元

汪祖斌君　宗受記　萬人俊沈琪君　林選青君　吳龍丞君

陶穆陀君　趙鼎三君　屠航生君　郭詠琴沈珍君　趙鳴九君

陳曼若君　葛斌君　尹讓能君　趙冕瞻君　吳玉婉君

王少虞君

以上十六戶各捐洋一元

高鐵厂君經募

更生道人捐洋二十元

李正驊君經募

彭師母捐洋五元

無名氏　李玉珍君

以上二戶各捐洋二元

姚惠民君　張瑞珍君　李磊君　張家珍君　方玉娟君

馬千里君　艾中堂君　天心

以上八戶各捐洋一元

龔鏗秋君捐洋五角

郝玖英君捐洋四角

朱美容君捐洋二角

杭安定君經募

俞慰君捐洋十元

俞斌祺君捐洋二元

胡鐵吾君　趙班父君　沈調生君　張宇澄君

以上四戶各捐洋一元

徐珠霞沈惠英史世貞三君經募捐洋十四元四角二分

李浩然君經募

陳叔明等七戶捐洋四元

毛一侯君　華億投君　李阿梧君　祖時雅君

以上四戶各捐洋二元

李塔彌君　黎亞士君

以上二戶各捐洋一元

朱步青君經募

范子卿君捐洋十元

沈偉農君捐洋二元

沈昌君經募

白雪書屋捐洋十元

香君經募

棒雪女士捐洋十元

楊韻琴君經募

齋　記　劉慧楨君

以上二戶各捐洋二元

沈天才君　李飛蘇君　劉玄享君　楊于水君　王錦雲君

以上五戶各捐洋一元

成德泉君經募捐洋五元

李阿福君經募

周國琪君捐洋三元

以上共計收入捐款洋二十三萬六千三百七十五元七角二分

又存款利息洋九百〇五元四角四分

米袋變價洋九百九十七元八角四分

總共收入洋二十三萬八千二百七十九元

乙、振款支出

計　開

一、救護用費

撥王曉籟君救護戰區難民費　洋一千五百元

撥余立奎君救護戰區難民出險舟車給養等補助費洋一千五百元

送十九路軍救濟戰區難民物品　洋二千九百八十八元

救護難民卡車費　洋九千九百二十元〇八角五分

工務局義務卡車車夫飯資　洋三百四十八元

撫恤及救濟費　洋三百九十四元四角四分

救護工作車力　洋九十八元八角六分

救護消耗　△義務卡車汽油機油等　洋一千〇九十六元一角六分

救護雜費　△借用卡車汽車夫酒資膳資及修理卡車等　洋一千二百八十二元四角六分

救護用品　△汽車橡皮喇叭等　洋八十一元二角二分

救護卡車符號旗幟徽章等　洋二百九十二元六角

救護汽車房租　△租汽車間租金　洋十二元

共計支出洋一萬九千五百十四元五角九分

五五

二、各寄宿所用費 共二十七所

被服 △棉被毯子草蓆等 洋七千九百八十三元一角四分

用品 △筷碗飯桶菜桶便桶鉛桶脚桶鉛壺桅燈缸鍋面盆痰盂茶壺茶杯等 洋三千七百七十八元二角四分

消耗

松柴煤花莞火油 洋八千九百六十六元六角一分

電燈費及自來水費 洋一千一百五十二元二角九分

皂藥水草紙肥皂洋燈蒲包掃帚布拖畚箕毛巾鷄毛帚火柴草鞋洗被服泡水茶葉 洋二千八百九十一元四角六分

稻草 △難民舖地用 洋一百七十一元六角七分

房租

十四十五兩宿所租金 洋一千七百三十元〇九角八分

各宿所房捐 洋七百五十九元

（說明）此係在法界各寄宿所二、三、四月份房捐由法業公局收取後仍捐助本會除收入捐款項下外仍付賬如右

存儲賑品棧房租金 洋八十元

建築費

十七所蓋蘆蓆棚舖地板打灶等工料費 洋三千三百七十五元八角七分

各所搭涼棚廁所及做竹籬笆 洋六百〇八元六角三分

器具　△桌椅櫈等　洋五十九元三角

薪工

職員薪津　洋九千三百六十四元七角六分

勤務工食　洋六百七十五元五角

膳食

職員膳金　洋三千〇六十五元一角五分

難民鮮菜金　洋三千八百六十二元八角五分

難民食米麵粉饅頭大餅　洋一萬一千八百九十五元三角二分

難民鹽菜鹽魚蘿蔔乾腐乳等　洋三千六百五十二元六角

車力

運送各所食品賑品卡車費　洋二千九百五十二元六角

職員出外工作車力　洋九百四十五元七角二分

護送難民病人車力　洋九百八十七元四角七分

文具　△紙張筆墨等　洋一百八十六元二角五分

醫藥　△中藥　洋三百九十四元另四分

證章　△旗幟符號等　洋二百十二元七角六分

郵電	△郵費	洋二角一分
書報	△報紙等	洋八元二角
雜費	△修膳及雜給毀借用器物損壞賠償等	洋一千一百六十八元四角九分

共計支出洋七萬另九百二十九元一角一分

三、各醫院用費

醫藥	△各種西藥	洋三千八百八十一元一角二分
房租		
第一四病院租金		洋一千六百五十元〇六角九分
第一病院房捐	△五月份房捐	洋二十五元八角九分
用品	△粥飯桶便桶脚桶鉛桶體溫表茶壺茶杯面盆等	洋七百四十九元六角一分
器具	△半鉄床帆布床太平床桌椅等	洋六百八十九元二角七分
被服	△白粗布被單棉被看護衣帽枕頭黃油布等	洋七百五十二元四角
薪工		
職員薪津		洋二千三百六十九元三角二分
勤務工食		洋三百三十五元七角七分
膳食		

職員膳費 洋一千二百六十六元八角六分

病人牛奶餅乾藕粉白糖等 洋九十一元六角四分

消耗

煤炭煤球 洋三百七十一元三角二分

電費水費電料 洋五百三十四元三角九分

診療車汽油及修理費 洋九百三十九元七角五分

臭藥水肥皂竹布茶葉草紙等 洋三百六十九元〇六分

建築費 △搭涼棚等 洋四十二元三角二分

文具 △紙張筆墨等 洋一百五十一元一角八分

證章 △符號等 洋二十一元〇六分

車力

巡迴診療臨時雇用汽車 洋三百元〇〇三角七分

職員勤務出外工作及接送病人車力 洋五百二十九元九角六分

郵電 △郵費等 洋二元一角一分

書報 △報紙等 洋五元五角

雜費 △修膳及雜給毀借用器物損壞賠償等 洋二百九十九元六角八分

共計支出洋一萬五千三百七十九元二角七分

四、遣送用費

專僱江華輪　洋九千三百七十七元一角四分

招商局各輪遣送難民津貼飯食費　洋五千七百十五元〇九分

大達輪船公司大達輪遣送揚州難民用費　洋九百元

遣送難民汽車費　洋五百三十七元九角四分

難民回籍川資　洋三千八百五十四元五角七分

遣送工作車力　洋十一元二角一分

遣送消耗　洋十二元七角八分

遣送用品　洋六元

遣送船票旗幟符號　洋六十七元五角

共計支出洋二萬〇四百八十二元二角三分

五、撥助各費

撥助救濟費

撥紅十字會救濟傷兵難民費　洋三千元

撥上海戰區失業工人救濟會　洋五百元

撥本會附設旅滬各同鄉會聯合辦事處經費　洋一百十七元四角七分
撥本會附設旅滬各同鄉會聯合辦事處膳費　洋二百〇六元四角一分
撥助松江國難臨時救濟會收容所　洋八百元
撥助蘭亭君手常州旅滬同鄉會被難同鄉委員會收容所　洋二百元
撥助祇園法會救護被難婦孺暫留所　洋二百元
撥新普育堂附設難民收容所　洋五百元
撥張維城君手七寶地方維持會難民收容所　洋二百元

撥助醫藥費

撥公立上海醫院住院難民醫藥飯食補助費　洋六百元
撥健華醫院住院難民醫藥飯食補助費　洋四百元
撥慈航醫院住院難民醫藥飯食補助費　洋四百元
撥勞工醫院住院難民醫藥飯食補助費　洋一百元

撥助掩埋費

撥助同仁輔元堂戰區掩埋費　洋三千元
撥助普善山莊戰區掩埋費　洋五百元

撥助留養費

撥上海殘疾院收容殘廢難民補助費　洋三千元

撥上海孤兒院收容難童補助費　洋一千元

撥助遣送費

撥顧竹軒君江淮難民遣送費　洋五百元

撥上海市社會局補助被難學生徐樹屏等回籍川資　洋五十元

共計支出洋一萬五千二百七十三元八角八分

六、宣傳用費

中西文報告書二千册印刷費　洋一千一百二十四元

西文上海刼灰記二千册印刷費　洋八百元

朝鮮慘案印刷費　洋五百元

廣告（登報募捐鳴謝）　洋一千二百七十三元八角四分

共計支出洋三千六百九十七元八角四分

七、本會辦公費

撥上海籌募各省水災急振會（撥付二三四月份開支用費）　洋二千七百四十一元

（說明）本會自成立日起至四月十五日止所有總務財務兩組職員以及信差勤務均由水災急振會原有員役辦理薪工膳食等一切用費亦歸水災急振會支付故由本會撥還該會如上數特此註明

薪工

職員薪津

總務組　洋二千五百八十五元〇八分

衛生組　洋五百十六元

執行組　洋二百七十二元

交涉組　洋十六元

遣送股　洋九百十二元

救護股　洋七百四十元

管理股　洋三百九十三元

交通股　洋三百二十二元

統計股　洋二百八十四元

各組股勤務工食　洋七百八十三元五角

膳費

職員膳費

總務組　洋九百六十六元三角

執行組　洋九十一元六角四分

衛生組　洋六元九角八分

交通股	洋五百四十八元五角五分
救護股	洋三百〇六元〇六分
統計股	洋九十四元二角
遣送股	洋二百十一元四角五分
管理股	洋十三元五角
勤務小工臨時飯食	洋三十七元四角三分
車力	
視察調查宿所醫院車力	洋二百十三元九角六分
職員工作車力	洋一百三十八元三角四分
勤務工作車力	洋二十四元四角二分
消耗	
津貼仁濟堂借用房屋及電水費	洋二千元
洋火草紙茶葉火爐煤等	洋四十一元七角五分
雜費	
總務組雜支（修繕費送銀盾喜幛對聯等）	洋一百六十四元四角九分
執行組雜支（小工酒資等）	洋十元〇三角四分

文具	△印刷及紙張筆墨等	洋九百八十五元八角七分
用品	△柳條箱痰盂茶壺茶杯算盤等	洋三十元〇九角
器具	△書橱桌椅棕棚等	洋九十六元三角三分
證章	△徽章等	洋三十六元六角三分
郵電	△寄各宣傳品至外洋各埠等郵費	洋三百五十九元五角八分
書報	△報紙等	洋五十八元一角七分
兌換損益		洋二十五元三角五分

共計支出洋一萬六千一百二十六元八角二分

總共支用洋十六萬一千四百〇三元七角四分

收支相抵存洋七萬六千八百七十五元二角六分

（說明）存款移交辛未救濟會

賑品之部

甲、賑品收入

一、食品類

1,食　米

中國紅十字會十二次共捐助二千八百二十五石七斗一升

雜糧公會捐助一百石

王乃武 孫杏初 君捐助五十五石

聯義善會捐助三十三石

鄭太太捐助三十石

泰潤行同人捐助二十七石五斗

鞠善記捐助二十五石

陳達堯君捐助二十石〇〇八升

裘國鴻君　中國紅十字會上海市分會　江裕記　朱嘯峯君　大中華賽璐珞製造廠

廣益善堂　聯益善會（二次共）

以上七戶各捐助二十石

邱李氏　中國紅十字會第二十八傷兵醫院　田同春君

以上三戶各捐助十五石

鄭才寶君捐助十三石

大美絲織公司　梅素貞君　遠東飯店　玉泉池　符先生

滬南西社

以上六戶各捐助十石

慧記捐助七石五斗

周太太　朱益亭君

以上二戶各捐助五石

張錦湖君　上海市商會捐款物品辦事處

以上二戶各捐助四石

陳鶴壽君　永盛號

以上二戶各捐助三石

徐長林君捐助二石五斗

嚴才記捐助二石二斗

周太太　嘉成當　魏湘雲君　馬妙喜君　愼德公司

無名氏318　天賜　蔣金泉君　毛自薦君　郁叔眞君

華錦潤君

以上十一戶各捐助二石

艮卯女士捐助一石九斗八升

袁熹榮君捐助一石八斗

姚志剛君　黃寄禪君

以上二戶各捐助一石五斗

協和運輸公司捐助一石四斗四升

鴻福樓捐助一石三斗二升

强潤生君　施清德君　麗新織造廠同人　張太太

王太太　諸根虎君　俞金鳳君　翁錦　蕭峨士君

陳子林君　蕭蘇氏　鄭友松君　鄭仁記　馬天豐

翁天興　吳源大　劉德恭君　陳慈貴君　蔣慈順陳慈和君

蔡壽記雲鶴　張馮德君　周太太　不書名391　不書名392

以上二十四戶各捐助一石

和記　張紹貞君　無名氏

以上三戶各捐助七斗

無名氏18捐助六斗

盛少棠君捐助五斗六升

無名氏201捐助五斗二升

華成帽廠　陳馨記

以上二戶各捐助五斗

隱名氏284捐助四斗四升

耀記　王始吾君

以上二戶各捐助四斗

汪先生捐助三斗五升

康英美　無名氏371

以上二戶各捐助二斗

無名氏179　唐志淵君

以上二戶各捐助一斗八升

張尙義君經募

何介春君捐助五十石

潮州同鄉會經募

鄒周太太捐助三十石

葉涵之君經募

亞美無線電公司經募諸位聽衆先生二次捐助七石四斗

綜上共計捐食米三千五百六十石〇五斗六升

2，炒　米

上海市商會二次捐助六十六袋

杜月笙君捐助四十一袋

上海市社會局　夏慎初君

以上二戶各捐助五斗

黃涵之君經募

亞美無線電公司經募諸位聽衆先生捐助二蒲包

綜上共計捐炒米一百零九包又一石

3，麵　粉

國華電器行經募捐助九十包

溱潤行同人捐助八十袋（小袋）

沈仲虎君　屠再春君　沈吳鳳祥

以上三戶合捐助五十包（由華豐洋行交來）
中國紅十字會捐助四袋（大袋）
地方維持會捐助四袋（大袋）
綜計共捐麵粉一百四十八包又八十小袋

4，雜物乾糧
聯義善會捐助饅首五千只
倪福生君捐助餅干二千五百五十三包
沈景樑君捐助饅首一千只
又捐助壽桃糕二百個
錢志翔君捐助一百三十件
又捐助餅乾五十斤
上海市棉布同業公會捐助一百二十九件
甯波旅滬同鄉會捐助一百十袋（乾餅）
第十九路軍二次捐助九十四件（粽子年糕）
礦灰公所捐助六十件
棉布公會捐助四十四件

三洋涇橋各商店捐助三十一件

鹽務稽核所捐助二十八件

先施公司捐助二十七件（年糕裝十一担）

上海市商會第三辦事處捐助二十七件

大華麵包公司捐助二十五件

安徽旅滬同鄉會捐助十五件

鹽務稽核所同人捐助米餅干十四聽

上海市商會捐助十三件

潮州旅滬同鄉會二次捐助十件

吳興昌號捐助八件

虫二閣　國醫公會　無名氏232

以上三戶各捐助七件

李淑美君　信源號

以上二戶各捐助陸件

地方維持會　余記新號　老同順號

以上三戶各捐助五件

錢老太　董公館　金星永記麵包公司　時益麵包公司

王先生

以上五戸各捐助四件

恆業地產公司同人　旅滬各同鄉會聯合辦事處

泰豐罐頭公司（糖年糕五百斤）　戴孫毛　同仁會　曹元度

鴻運樓　周君

以上八戸各捐助三件

無名氏14　榮泰號　中國飯店　江秀庭君　兆泰

以上五戸各捐助二件

强先生　無名氏53　石明生君　童海林君　無名女士142

福昌　華成帽廠

以上七戸各捐助一件

朱益亭君經募捐助二十件

哈少甫先生經募

哈同洋行捐助餅乾四箱

5, 鹽菜

覽德軒捐助一百二十六壜

又捐助一百七十二件（共計二百五十担）

又捐助三十三桶

浦東同鄉會捐助一百八十六件（計九十五担七十八斤）

潘養初君捐助二百斤

盛麟趾堂　朱益亭君

以上二戶各捐助二桶

孟繼順君　艮卯女士

以上二戶各捐助一件

綜上計共捐鹽菜五百二十三件又二百斤（桶罎均作件）

6，蘿蔔乾

李錫圭君捐助一百六十斤

無名氏352捐助一百斤

朱益亭君捐助四包

地方維持會捐助五包

明覺社經募

翁雪樵君捐助五百斤

隱名氏357捐助四百斤

黃韞石君捐助一百斤

傅老闆經募捐助一百九十斤

綜上計共捐蘿蔔乾一千四百五十斤又九包

7，腐乳

地方維持會捐助十三壜

同仁輔元堂捐助二壜

張裕泰捐助一壜

金榮洲君捐助八聽

綜上計共捐腐乳十六壜又八聽

8，雜類

葉惠鈞君捐助黃豆三十包（每188磅）

又捐助蠶豆三十包（每173磅）

國醫公會捐助川菜三百斤

上海市商會捐助川菜一包

沈錫源君捐助菠菜八十七斤
談女士捐助波菜一百斤
孟繼順君捐助青菜六捆
地方維持會捐助大頭菜二包
上海市商會捐助大頭菜一包
地方維持會二次捐助鹹魚四包
譚呂譚三女士捐助鹹魚一簍
又捐助鹹蛋一簍
沈景樑君捐助粽子糖九百粒
上海市商會捐助球糖二半箱
隱名氏〇〇捐助熟肉四百塊
又捐助毛筍半木箱
鹽務稽核所同人捐助細鹽二瓶
國醫公會捐助芭蘿蛋十五箱
中國紅十字會第二十八傷兵醫院捐助醬菜二十四聽
上海市商會捐助鳳尾魚一百〇七聽

又捐助露酒四百五十瓶
又捐助油燜筍六百〇六聽 四箱（每70）
又捐助牛肉四百十聽 七箱（每四打）

二、衣被類

1，衣 褲

廣東同鄉會二次捐助三千〇八十件
第十九路軍駐滬辦事處捐助二千二百件
國府救濟水災委員會捐助一千件
上海市社會局四次捐助六百九十六件
蔣左梅太太二次捐助五百〇六件
王長林君 傅如文君 王元林君 廖汗泰君 姚乾章君
蕭步雲君 王德昌君 徐以坤君 陸兆華君
以上九戶合捐助四百件
徐滙公學萬爾典院長暨諸位先生捐助二百四十件
潮州旅滬同鄉會捐助二百五十八件
安徽旅滬同鄉會捐助二百四十件

陳先生捐助二百三十件

中國紅十字會捐助二百件

傅耀誠君捐助一百八十四件

上海市商會捐助一百五十九件

蔣夫人捐助一百五十件

知足氏捐助一百四十件

唐先生捐助一百三十八件

沈先生捐助一百二十八件

郭侶濠君捐助一百二十三件

隱名氏363捐助一百二十二件

上海時疫醫院　市民維持會　羅店李氏義莊

以上三戶各捐助一百二十件

中國國民黨上海縣黨部捐助一百十九件

李公館捐助九十八件

無名女士247捐助九十六件

徐符二記捐助八十三件

劉星耀君　寶璇堂

以上三戶各捐助八十件

謝蓉記捐助六十六件

吳鴻詩 金烈英君捐助六十四件

王乾根君　隱名氏361

以上二戶各捐助六十三件

劉仲康君　俞　宅

以上三戶各捐助六十件

盧家穗君捐助五十九件

徐旭初君　沈大成君

以上二戶各捐助五十八件

陳耀柱君捐助五十七件

張元春君捐助五十五件

顧公館　沈永年君

以上二戶各捐助五十三件

張靜漢君　王綬之君　紫陽氏　何合記

以上四戶各捐助五十二件

宋竹蕭君　趙庚申君　思儉堂

以上三戶各捐助五十件

無名氏317　隱名氏121

以上二戶各捐助四十九件

修和堂　何蔭記

以上二戶各捐助四十八件

黃炳權君　無名氏173

以上二戶各捐助四十六件

汪齊謀君　王毓英君

以上二戶各捐助四十五件

舒胡二氏捐助四十一件

聯益善會捐助四十件

隱名氏132捐助三十九件

沈珠記　楊蕉館

以上二戶各捐助三十七件

朱順貴君捐助三十五件

戚康捐助三十四件

郭敦復堂　汪俞氏

以上二戶各捐助三十三件

黃振聲君　席少卿君

以上二戶各捐助三十一件

唐先生　陳幼石君

以上二戶各捐助三十件

范榮植君　孫仁俊君　潘施其君

以上三戶各捐助二十九件

李粲益君　孫香亭君　隱名氏268

以上三戶各捐助二十八件

上海無線電台同人捐助二十七件

鄭熊丞君　隱名氏132　盧子堅君　錢月餘君

以上四戶各捐助二十六件

王宅　陳公館　德康　薛太太

以上四戶各捐助二十五件

鄭霞軒君　俞開森君　周誦芬女士

以上三戶各捐助二十四件

無名氏12捐助二十三件

張維若君　章　氏

以上二戶各捐助二十二件

奚公館　陶　氏

以上二戶各捐助二十一件

張泰來　沈延淑君　隱名氏427　陸慶予君　程先生

張佐才君

以上六戶各捐助二十件

隱名氏37　沈公館　汪楚生君

以上三戶各捐助十九件

陸雲來君捐助十八件

沈葉氏　無名氏236　馬　氏　張芝愉君　無名氏62

以上五戶各捐助十七件

酒書照捐助十六件

樂嘉澍君　周先生　林忠良君　榮德隆君　張正冠君

以上五戶各捐助十五件

無名氏463　唐女士　胡鍒生君

以上三戶各捐助十四件

汪君碩君　陳先生　何亮卿君

以上三戶各捐助十三件

韓心喬君　無名氏111

以上二戶各捐助十二件

王維清君　金鑑清君　潘華生君　王蘭　吳氏

無名氏311　吳臣

以上七戶各捐助十一件

顧咸義君　李漢卿君　半楹軒顧　無名氏186　無名氏245

王三槐堂　無名氏133　無名氏85

以上八戶各捐助十件

陳先生　無名氏201　楊源記　郭步陶君

以上四戶各捐助九件

中西藥房店員 車唐氏 康英美君 盛少棠君 郁耀庭君

費一心君

以上六戶各捐助八件

金鳳齋君 無名氏301 潘集福君 汪先生 趙先生

以上五戶各捐助七件

隱名氏281 聞有岑君 周先生 無名氏27

以上四戶各捐助六件

楊永行君 無名氏60 邵雙二君 陳先生 隱名氏122

何先生 金舜記

以上七戶各捐助五件

無名氏113 福昌 姚太太 華軍勝君 葉元春君

周澤煃君

以上六戶各捐助四件

無名氏47 程記 葉先生 楊劍泉君 陳康齊君

張無名氏460

以上六戶各捐助三件

無名氏351　無名氏257　無名氏211　香　君　羅候伯君

益　記　無名氏138　隱名氏96　吳楊氏　隱名氏58

馮少濤君

以上十一戶各捐助二件

無名氏181　吳孟英君　劉林美君　宋天翔君　無名氏43

以上五戶各捐助一件

黃涵之君募經

亞美無線電公司經募諸位聽衆先生四次捐助七百九十件

朱子橋君經募

國府救濟水災委員會捐助七百五十件

明覺社經募

洪氏捐助四十件

胡仰清君　鄭克海君　吳妙福君　張蓮晋君　馬基德君

鴻昌當　吳源大　愼德公司

以上八戶各捐助二十件

黃淑芳君捐助十件

綜上計共捐衣褲一萬六千四百五十七件

2，毯　子

杜月笙君捐助二千條

地方維持會捐助二百條

戴雋卿君捐助八十條

榮大生堂捐助五十條

邱四星君　江一眞君

以上二戶各捐助十條

中國紅十字會第二十八傷兵醫院捐助八條

王維清君捐助三條

孫香亭君捐助二條

汪楚生君　思儉堂　郭敦復堂　吳楊氏　金步韓君

張見雲君　隱名氏34

以上七戶各捐助一條

綜上計共捐毯子二千三百七十條

3，棉　被

上海市商會捐助二百條

中國紅十字會第二十八傷兵醫院捐助一百五十條

上海市商會第三辦事處捐助一百四十條

市民維持會　中國紅十字會上海總辦事處

　以上二戶各捐助一百條

楊贊堯夫人　許敏之君

　以上二戶各捐助五十條

上海童子軍團捐助四十七條

黃瑞生太太捐助四十二條

潮州旅滬同鄉會救國聯合會　潮州旅滬同鄉會

　以上二戶各捐助四十條

上海市水菓地貨業同業公會捐助三十條

隱名氏1250捐助二十八條

馬逢伯君　洪秋記

　以上二戶各捐助二十條

無名氏308捐助十八條

榮大生堂捐助十六條

南京路商界聯合會　陸小姐

以上二戶各捐助十三條

上海市社會局二次捐助十一條

陳生堯君　董順興　鴻泰押　陸公館

以上四戶各捐助十條

陳先生　思儉堂　汪太太

以上三戶各捐助八條

隱名氏34　陳幼石君　隱名氏268

以上三戶各捐助七條

無名氏85　唐志良君

以上二戶各捐助六件

周記　隱名氏122

以上二戶各捐助五條

半楹軒顧　江一眞君　施先生　黃徵記

以上四戶各捐助四條

宋天翔君　無名氏181

以上二戶各捐助三條

香　君　俞金鳳君　吳鴻濤金烈英君

以上三戶各捐助二條

金步軒君　汪君碩君　郭敦復堂　林太翹君　隱名氏96

吳孟英君　趙先生　孫成碩君

以上八戶各捐助一條

林文元君經募

唐暢園君捐助五條

林宗敏君捐助一條

朱奇清君經募捐助五條

黃涵之君經募

亞美無線電公司經募諸位聽衆先生捐助二條

綜上計共捐棉被一千二百八十五條

4，單被

中國紅十字會三次捐助二百條
張錫勳君捐助一百條
三友實業社捐助十條
上海市社會局　陳耀柱君　陳先生
以上三戶各捐助一條
王一亭君經募
中國紅十字會捐助五十條
綜上計共捐單被三百六十三條

5，冲綫衫
圓因居士捐助五十件
上海市商會捐助十八件
李林曼柔捐助十件
綜上計共捐冲綫衫七十八件

6，鞋帽襪
上海市商會捐助二千〇二十六件
上海市社會局四次捐助二百八十五件

陳先生捐助五十三件
謝善記捐助四十五件
酒 書 照　余鳳齋君
以上二戶各捐助三十四件
上海無綫電台同人捐助三十一件
沈公館捐助三十件
王乾根君捐助二十五件
吳鴻濤金烈英君捐助二十三件
徐符二記捐助二十二件
無名氏85捐助二十一件
盧家穗君捐助十九件
馬氏捐助十七件
沈 先 生　孫香亭君
以上二戶各捐助十五件
陳耀柱君　郭侶濠君
以上二戶各捐助十四件

中國紅十字會第二十八傷兵醫院捐助十二件

無名氏230捐助十一件

陸公館捐助九件

中國國民黨上海縣黨部捐助八件

德康捐助七件

何先生　李公館　奚公館　汪楚生君　張芝愉君

楊源記

以上六戶各捐助六件

陳先生　無名氏201

以上二戶各捐助五件

無名氏173　胡叙生君　聞友琴君　平先生　汪齊謀君

以上五戶各捐助四件

吳　氏　陶　氏　張靜漢君　張元春君　無名氏133

潘華生君　楊蓀館　盛少棠君　李漢卿君　王　蘭

以上十戶各捐助三件

隱名氏37　周澤熿君　張正冠君　俞開林君

以上四戶各捐助二件

顧咸義君　郭敦復堂　趙先生　鄭熊丞君　車唐氏

孫仁俊君　唐女士

以上七戶各捐助一件

黃涵之君經募

亞美無綫電公司經募諸位聽衆先生捐助三十二件

樂阿生君捐助跑鞋十雙

綜上計共捐鞋帽襪二千九百十六件又跑鞋十雙

7，枕　頭

中國紅十字會捐助一百個（套）

又捐助五十個

中國紅十字會第二十八傷兵醫院捐助七十八個

綜計共捐枕頭二百二十八個　套一百個

8，布　疋

鹽務稽核所同人捐助二十五疋

上海市商會捐助三疋

綜計共捐洋布二十八疋

三、器具類

胡雁臣君捐助福特卡轎車一輛

永安公司捐助帆布床二十張

中國紅十字會第二十八傷兵醫院捐助帆布床二十張

又捐助棕棚二十張

又捐助板櫈三十四張

中華琺瑯廠捐助琺瑯碗三百隻

張志良君捐助飯碗一百五十隻

中國紅十字會第二十八傷兵醫院捐助飯碗一百五十隻

張志良君捐助竹筷二百五十雙

中華琺瑯廠捐助面盆二十四隻

中國紅十字會第二十八傷兵醫院捐助面盆十五隻

中華琺瑯廠捐助痰盂十二隻

又捐助痰盂三十隻

中國紅十字會第二十八傷兵醫院捐助鉛桶三隻

又捐助木盤三隻

趙劉棠楨捐助鉛便壺八隻

又捐助茶壺連架二隻

上海兵災臨時施醫隊捐助藥袋四隻

又捐助籐籃四隻

秦鴻興號捐助木桶一隻

萬興號捐助竹竿三百四十根

徐匯公學萬爾典院長暨諸位先生捐助毛巾一百七十條

三友實業社捐助毛巾一百二十條

中國紅十字會第二十八傷兵醫院捐助毛巾五十條

四、柴炭雜物類

柴炭業同業公會捐助柴片八百五十捆

俞文慶君捐助稻草五十四捆

蔣左梅君捐助日記簿二百本

又捐助鉛筆二百枝

吳祖培君捐助黑墨三十二塊

張志良君捐助洋燭五包
天原電化廠捐助漂粉四箱
明盛礦灰廠捐助石灰二十担

五、藥品類

江蘇水災義賑會捐助濟生水一千九百八十瓶
又捐助十滴水五十盒（計一千瓶）
又捐助痧藥水一木箱（計七百六十瓶）
又捐助時疫水五百〇七瓶
又捐助雷擊散二千八百瓶
又捐助痢疾散九百瓶
又捐助飛龍丹三百包
又捐助天丹四盒
小補齋同仁捐助阿司匹靈二千粒
又捐助金鷄納霜二千粒
又捐助普濟藥茶一千粒
葆和堂藥號捐助精神油五百瓶

新藥業公會捐助碘酒六十瓶

又捐助棉花十磅

又捐助紗布五磅

新藥業公會捐助洛定片五打

又捐助象皮膠一筒

章醫生捐助牛痘苗三十打

上海兵災臨時施醫隊捐助藥水二十四瓶

朱子橋君經募

國府救濟水災委員會採辦股捐助止痛丸二百枚

又捐助貫隔丸一百五十枚

又捐助六味丸九十瓶

又捐助聖和油四十九瓶

又捐助萬應油四十瓶

賑務委員會駐滬辦事處轉來佛化祇園法會捐助除疫散五十瓶

小補齋同仁經募

鮑承良君捐助普濟藥茶一千袋

達善堂藥店捐助普濟藥茶四百三十袋

附註　本會共設寄宿所三十一處病院四處前項捐助賑品實際尚不敷用故由本會及各所酌量添購除將收支各項數目另行列表外合併聲明

乙、賑品收支對照表

一、食品類

物名		收入：捐助	收入：自購	收入：寄宿所交來	支出	餘存	附記
食米		三千五百六十石五斗六升	五百九十六石	十九石五斗	四千一百四十三石二斗二升	三十二石八斗四升	
炒米		一百〇九包 一石			二十四包 一石	八十五包	
麵粉		一百四十八包 八十小袋	一千四百五十五包		一千五百九十九包 八十小袋	四包	上項支出麵粉係製成麵包二百二十四只雜食二千二百二十八件散放
雜物	饅首	六千只			六千只		
	雜食	七百七十件 二千五百五十三包			七百七十件 二千五百五十三包		
乾糧	餅乾	五十斤 十四聽 四箱	十斤 二十四聽 二十磅		六十斤 三十二聽 二十磅	六聽 四箱	
	壽桃	二百只			二百只		
	乾餅	一百十袋			一百十袋		

鹽菜	五百二十三件 二百斤	一百六十三件 八萬一千七百六十九斤	一件	六百八十七件 八萬一千九百六十九斤		單位件之稱係桶㙮包均謂之件
蘿蔔乾	九包 一千四百五十斤	九包 九千五百三十六斤		十八包 一萬〇九百八十六斤		
腐乳	八聽 十六甖	六甖		八聽 二十二甖		
黃荳	三十包			二十七包	三包	
蠶荳	三十包			十九包	十一包	
川菜	一包 三百斤			一包 三百斤		
菠菜	一百八十七斤			一百八十七斤		
青菜	六捆			六捆		
大頭菜	三包			三包		
鹹魚	五件	四千〇八十九斤		五件 四千〇八十九斤		

二

鹹蛋	壹簍		壹簍	
粽子糖	九百粒		九百粒	
球糖	兩半箱		兩半箱	
熟肉	四百方		四百方	
毛筍	半箱		半箱	
細鹽	二瓶			二瓶
芭蘿蜜	十五箱		十五箱	
醬菜	二十四聽		二十四聽	
鳳尾魚	一百〇七聽		五聽	一百〇二聽
露酒	四百五十瓶		四瓶	四百四十六瓶

三

燜筍 牛肉	四箱又六百〇六聽 七箱又四百十聽			三十一聽	四箱 七箱 九百八十五聽	因罐上無牌號不能分辨故列總數
牛乳		七十一聽		七十一聽		
紅白糖		壹包 十五斤二兩		壹包 十五斤二兩		
茶葉		壹包 十斤		壹包 十斤		

二、衣被類

物名	收入 捐助	自購	寄宿所交來	支出	餘存	附記
衣褲	一萬六千四百五十七件			七千三百二十九件	九千一百二十八件	
毯子	二千三百七十條	二百四十二條	四十九條	二千〇九十四條	五百六十七條	
棉被	一千二百八十五條	三千四百十七條	二條	三千一百十六條	一千五百八十八條	
被套		一百四十九條	二十四條		一百七十三條	

四

單被	三百六十三條	一百九十七條		三百十四條	二百四十六條	
冲線衫	七十八件				七十八件	
鞋帽襪	二千九百十三件			八百三十三件	二千〇八十件	
跑鞋	十雙			十雙		
枕頭	一百二十八只		九十二只	一百只	一百二十只	
枕套	一百只	八十二只	九十二只	一百四十只	一百三十四只	
油衣		六件		二件	四件	
油帽		二頂		二頂		
油布		三十一塊		三十一塊		
洋布	二十八疋	六十四疋		六十四疋	二十八疋	白斜洋布係做被套單被枕套暨病院繃帶布等用

物名	收入：捐助	收入：自購	收入：寄宿所交來	支出	餘存	附記
漆布		十碼		十碼		
草蓆		一千〇十五條		八百〇一條	二百十四條	
手術衣			二十五件		二十五件	
白飯兜			八條		八條	
小布袋		五十只		五十只		
大布袋		六隻		六隻		

三、器具類

物名	收入：捐助	收入：自購	收入：寄宿所交來	支出	餘存	附記
福特卡車轎車	壹輛			壹輛		變價
帆布床	四十張	一百二十六張	一張	四十八張	一百十九張	

鉄床		五十張		二十張	三十張
太平床		四張		二張	二張
棕棚	二十張		一張	二張	十九張
板櫈	三十四條		六條	七條	三十三條
方圓櫈		三十把	三把		三十三把
椅子		四張	五張		九張
飯碗	六百只	二萬二千〇二十只	二百六十五只	一萬四千三百五十八只	八千六百二十七只
竹筷	二百五十雙	二萬七千五百五十雙	二百四十二雙	二萬一千三百四十二雙	六千八百雙
羹匙		四十只	二十三只	五十二只	十一只
鉄鍋		五只	五十四只	十九只	四十只

七

鍋蓋			五十九只	三十八只	二十一只	
鐵勺			一百十八只	五十一只	六十七只	
銅勺			五只	二只	三只	
菜刀				八把	八把	
水缸			十二只	六只	六只	
湯罐		二只	一只	二只	一只	
鉄鏟			四十七把	十九把	二十八把	
爐子			十四只	五只	九只	
火鉗			二十四把	六把	十八把	
鉢頭			五只	二只	三只	

八

淘籮菜籃		二只	二十七只 七只	十只	二十六只
蒸籠		七只		七只	
竹飯桶		十五只	一只	二只	十四只
木桶	一只	一百五十八只	八十九只	六十二只	一百八十六只
水桶		十副	四副	五副	九副
便桶		六百三十四只		二百八十四只	三百五十只
鉛桶	三只	四百〇六只	四只	二百十三只	二百只
鉛壺		二百七十八把	九把	一百十三把	一百七十四把
噴壺			十二把	二把	十把
便壺	八把	五把		十三把	

九

熱水壺		二十二只	六只	十六只	十二只
茶壺		三十一把	五把	二十八把	八把
茶杯		一百十只	十六只	八十八只	三十八只
盞杯		四十四只		四十只	四只
約杯		六十只		六十只	
茶桶	二只		四只	五只	一只
浴盆		五十只	一只	八只	四十三只
脚盆		一百十二只	三只	五十四只	六十一只
面盆	六十九只	二百五十七只	七只	二百十只	九十三只
毛巾	三百四十條	八百二十二條		一千一百〇五條	五十七條

一〇

拖布		一百〇八把	二把	一百把	十把
竹掃		六百八十八把		四百十三把	二百七十五把
掃帚		九百十一把		八百五十六把	五十五把
畚箕		三百〇四只	二十二只	一百二十六只	二百只
痰盂	四十二只	四百六十七只	九十三只	二百七十二只	三百三十只
毛帚		九支		九支	
桅燈		六十盞	二十三盞	二十四盞	五十九盞
美孚燈			四盞	一盞	三盞
手電筒		六支	十四支	六支	十四支
票夾		五十只		五十只	

一二

洋鎖		二只	十三只	三只	十二只	
算盤		九面	五面	八面	六面	
磁方盤		十四只		十二只	二只	
木盤	三只	二只		二只	三只	
籐籃	二只		一只		三只	
藥袋	四只				四只	
雨傘			二把	一把	一把	
草鞋	四十八雙	十五雙		六十三雙		係捐助千餅內折出
草拖鞋		一百雙		一百雙		
扛棒		二支	三支		五支	

物名	收入 捐助	收入 自購	收入 寄宿所交來	支出	餘存	附記
扁担		五支		三支	二支	
竹竿	三百四十根		七根	三百四十根	七根	
電泡			四十八只		四十八只	全副
灶磚			六百塊		六百塊	

四、柴炭類

物名	收入 捐助	收入 自購	收入 寄宿所交來	支出	餘存	附記
柴片	八百五十捆	十三萬四千三百 三十六捆		十三萬五千一百八 十六捆		
煤		十噸另四籮		九噸另四籮一千一百八十斤	五百斤	
煤球		八噸另八簃		八噸另七簃	一簃	
木炭		六簍		六簍		

一一三

火油		二十五聽 半聽	二十五聽半		
洋燭	五包	一百八十盒 六百七十五包	一百八十盒 六百五十包	三十包	
肥皂		三千九百六十塊	三千五百七十塊	三百九十塊	
石碱		一百斤	八十斤	二十斤	
石灰	二十担	一百担	一百二十担		
漂粉	四箱			四箱	
草紙		一千另十捆	九百七十六捆	三十四捆	
臭水		三百四十聽	三百二十八聽	十二聽	
稻草	五十四捆	二千六百五十五捆 五百斤 二百七十一捆 二車	二千九百八十捆 五百斤 又二車		
日記簿	二百本		二百本		

一四

鉛筆	二百支			二百支		
墨	三十二塊			三十二塊		

五、藥品類

物名	收入			支出	餘存	附記
	捐助	自購	寄宿所交來			
濟生水	一千九百八十瓶			一千九百五十瓶		上項三種藥水形式與功效相同混合散發故收支數目稍有不符
十滴水	五十盒 每盒二十四瓶			三十一盒 三百三十一瓶	七十六瓶	
痧藥水	七百六十瓶		二盒	二盒 八百三十九瓶		
時疫水	五百〇七瓶			五百〇七瓶		
雷擊散	二千八百瓶			二千七百二十瓶	八十瓶	
痢疾散	九百瓶			九百瓶		

除疫散	五十瓶				五十瓶	
精神油	五百瓶			五百瓶		
聖和油	四十九瓶				四十九瓶	
萬應油	四十瓶				四十瓶	
飛龍丹	三百包			三百包		
天丹	四盒			四盒		
止痛丸	二百枚				二百枚	
貫隔丸	一百五十枚				一百五十枚	
六味丸	九十瓶				九十瓶	
普濟藥茶	二千四百三十袋			二千四百三十袋		

阿司匹靈	二千粒			二千粒		
金鷄納霜	二千粒			二千粒		
牛痘苗	三十打	二十打		五十打		
洛定片	五打			五打		
橡皮膠	一筒			一筒		
藥水	二十四瓶			二十四瓶		
碘酒	六十瓶			六十瓶		
棉花	十磅			十磅		
紗布	五磅			五磅		
酒精		十聽		十聽		

一七

附記

本表所列『寄宿所交來』一項該項物件係各寄宿所自購或係捐來而未得詳報故特列一項表內餘存一項各物件均已移交辛未救濟會接收

一八

徐永祚會計師事務所用箋

審查上海戰區難民臨時救濟會民國二十一年一月至七月份帳目報告書

逕報告者本會計師現已將

貴會自民國二十一年一月三十一日起至七月三十一日止期間內之帳簿及憑證審查完竣除爲編製收支決算書附列於後外本會計師特證明此項收支決算書確與帳簿及憑證之記載相符合其中所列收支各款係表示

貴會之眞實收支情形此致

上海戰區難民臨時救濟會　公鑒

徐永祚會計師總事務所

主任會計師　徐永祚

中華民國二十二年一月十六日

上海戰區難民臨時救濟會收支決算書

自民國二十一年一月三十一日起至七月三十一日止

科目	收入	支出
收入項下	$	$
捐款收入	236 375 720	
利息收入	905 440	
器具用品變價收入	997 840	
支出項下		
薪工		19 668 930
膳費		26 110 530
房租		4 246 560
文具		1 823 300
郵電		361 900
消耗		17 438 300
車力		6 092 840
廣告		1 273 840
雜費		4 384 000
被服		8 735 540
器具		844 900
用品		4 558 750
醫藥費		4 275 160
證章費		270 450
書報費		1 995 870
救護費		39 996 820
援助費		15 273 880
建築費		4 026 820
兌換損益		25 350
移交辛未救濟會		76 875 260
合計	238 279 000	238 279 000

徐永祚會計師事務所用表

更正表

第二頁	正黃幼希先生經募 林智秀居士	漏列黃幼希先生經募
第四頁	正上海法商水電公司車務處同人	誤事務處
第五頁	正丁雲亭	誤丁雲香
第六頁	正隱求氏四十五元	誤隱求氏四十四元
第六頁	正陳守謙夫人	誤陳守謙
第七頁	正韓萬年號	誤韓萬年君
第八頁	正劉裕鏞	誤劉鏞裕
第十頁	正萬石長年	誤萬石長年
第十頁	正駱廷甫 姚企期	誤姚廷甫 駱企望
第一一頁	正綠野堂義	誤綠野堂斐
第一二頁	正周文鈺	誤周文珏
第一二頁	正馮信友	誤馮信灰
第一三頁	正諸桂芬	誤諸桂芳
第一四頁	正龔芙初	誤龔芙初
第一四頁	正秦與駿記	誤秦與駿君
第一五頁	正俞先生	誤俞先先
第一五頁	正鄭再夫	誤陳再夫
第一七頁	正韓　記	誤仲　記
第一八頁	正陳公堂	誤陳公堂
第一八頁	正葉　記	誤英　記
第一八頁	正章瀛如	誤章瀛如
第一八頁	正顧宸賓	誤顧善賓
第一八頁	正鄧伯昭	誤鄧伯明
第一八頁	正黃杏標	誤浦　記
第一八頁	正閘　記	誤閘　記
第一八頁	正劉長請	誤劉良請
第一八頁	正吳榮壽	誤吳金壽
第一八頁	正陸宗歆	誤陸宗銓
第二二頁	正裴士衛	誤斐士衛
第二四頁	正玉　記	誤王　記
第二六頁	正張羊全	誤張羊金
第二七頁	正浦四保	誤浦四寶
第二七頁	正武榮根	誤武根榮
第二七頁	正官雙根	誤宮雙根
第二九頁	正胡天寶	誤胡元寶
第二九頁	正掃葉山房	誤掃業山房
第三一頁	正慶順瑞	誤廣順瑞
第三一頁	正恆義號	誤義恆號
第三七頁	正洪先字	誤洪充字
第三七頁	正陳華辛	誤陳華章
第三八頁	正劉祝記	誤劉祝江
第三八頁	正費蔭園	誤費忘國
第三八頁	正何光雲	誤何毛雲
第三九頁	正鄒寶鑒	誤鄒寶茶
第三九頁	正勞水生	誤榮水生
第三九頁	正童志賢	誤童忘賢
第四三頁	正徐秀良	誤徐季良
第四七頁	正秋　記二十五元	誤秋　記十五元
第四七頁	正王仁梓	誤王仁祥

上海戰區難民臨時救濟會工作報告書

上海戰區難民臨時救濟會工作報告書目錄

難民第十寄宿所

難民第十一寄宿所

難民第十一寄宿分所

難民第十二寄宿所

難民第十三寄宿所

難民第十三寄宿分所

難民第十四寄宿所

難民第十四寄宿分所

難民第十五寄宿所

難民第十六寄宿所

難民第十六寄宿分所

難民第十七寄宿所

難民第十八寄宿所

難民第廿一寄宿所

難民第廿二寄宿所

難民第廿二寄宿分所

難民第廿三寄宿所
難民第廿三寄宿分所
難民第廿五寄宿所
難民第廿六寄宿所
難民第廿七寄宿所
難民第廿八寄宿所
難民第廿九寄宿所
難民第三十寄宿所
難民第三十一寄宿所
難民第一寄宿所難童學校全體暨贊助人攝影
救護隊救出被難之南翔安老院老人攝影
備辦振品及配發情狀
運送振品出發時攝影
難民進寄宿所時辦理登記及塡發符號情形
難童學校學生草地整隊攝影
第一醫院醫師護士全體攝影

第四醫院醫師護士全體攝影
第三醫院全景
第一醫院男病室
第一醫院女病室
第一醫院兒童病室
臨床診治之一
臨床診治之二（察脈）
臨床診治之三（注射藥水針）
臨床診治之四（換藥膏）
第二醫院割症室施大手術
隔離病室護士用噴霧器向病孩噴氣以治肺炎之情形
第二醫院X光室
第四醫院消毒室
遣送難胞回籍攝影
救送難胞出險上船
江華遣送專輪

四

江華遣送專輪沿江各地下船人數統計表
江華遣送專輪沿江各地下船人數比較圖

第四節　治療　（掩埋附）

內外科及其他各科診治人數分類統計表
內科診治人數分類統計圖
各種病症死亡人數統計表
各種病症死亡人數統計圖
治愈及死亡人數比較圖
內外科及其他各科診治人數百分比較表
內外科及其他各科診治人數百分比較圖
二，三，四，五各月份診治難民性別統計表
各月份診治難民性別統計圖
各醫院診治人數統計表
各醫院診治人數統計圖
上海各慈善團體掩埋兵民屍體統計表
上海各慈善團體掩埋兵民屍體統計圖

各項支出欵額統計圖　一〇

第五章　辛未救濟會之成立

附錄

公牘

函上海市政府為函達本會組織成立文

函十九路軍豐戴司令市政府為推員往閘北辦理護遣戰區難民請指導並協助文

函常熟 嘉定 崑山 太倉 青浦 金山 寶山 縣政府 商會為遣送難民先派員接洽乞予指助文

函翁旅長為紅十字會緣員四人失蹤請通知所屬查明有無其人文

函滬杭甬鐵路管理局為請配車遣送難民至松江等處免費開行文

函各寄宿所為查詢各難民有願赴滬杭鐵路一帶者開單送會文

函大陸商場為准胡鈞秋先生指定該場二三層樓為收容所派本會幹事前來接洽文

函復蒲淞區市政委員辦事處為准函以滬西難民絡繹囑送食品已面交陳亞夫君饅首十六袋希查收給據文

函航業公會為送上致內河各大小輪船公司公函十二份請代填名稱分別轉致文

一三

函先施永安新新各公司請借單人病床如小鐵床帆布床等二三十張爲本會臨時病院之用文

函運輸汽車業同業公會爲請惠借汽車四輛準每日駕駛本會聽候出發文

函陸祺生先生爲請代租汽車如有傷人損車本會負責賠償撫卹文

函中國紅十字會據報横浜路交叉點寶山路八七八號房屋内有難民三人請照會日本赤十字會援救出險以便診治文

函工部局衛生部爲嗣後救出難民有傳染病者擬送貴部醫院診治派余幹事趨商希賜洽文

函上海市民地方維持會救濟股爲被救難民人數激增需要食品請充分撥發並派葛幹事趨商領運文

函各寄宿所爲發各所難民應守規則並注意嚴禁吸烟及夜間必有一人以上值夜文

函復上海市民地方維持會爲難民十餘人已照單登記并設法前往救護文

函復上海市社會局爲蘇商會派來輪船拖船預備遣送難民赴蘇本會已在辦理中並已有難民登輪文

函上海市民地方維持會救濟股爲本會寄宿所需用棉被請即發交葛幹事文

函上海市民地方維持會救濟股爲請配撥本會臨時醫院應需藥品器械等件文

函朱子謙沈田莘先生爲請致函湖社介紹借用餘屋收容難民文

函上海市政府各局聯合辦事處爲請就救濟市民經費三萬元內賜撥若干補助本會文

函上海市社會局爲請補助救濟難民經費文

函普善山莊爲請派員帶車隨本會同往海寧路錫金公所北面以便查收屍體文

函周湘雲先生請暫借靜安寺路八〇六號空屋爲本會難民寄宿所文

函上海市公安局公共法租界工部公董局爲請派捕探保護難民寄宿所文

函公共法租界工部公董局爲送收容難民寄宿所名單請飭警保護文

函太古輪船公司爲請迅派專輪運輸長江一帶難民回籍以示體卹祈見覆文

函中華琺瑯廠爲請酌助飯盌面盆痰盂等或最低價售給文

函太古怡和輪船公司爲抄奉申報要電一則請轉知各江輪此後對於難胞另加注意文

函各同鄉會爲請出席本會集議救護各地同鄉難民文

函各寄宿所爲各所職員應自携行李駐所不得將本會所發新被扣留自用俾利難胞文

函上海市柴炭業同業公會爲懇賚助或轉商同業特別廉價售給柴片文

函閔行苦兒院沈夢蓮先生爲請該院代收難民五百人如允卽行派人伴送文

函復旦附中校長爲請暫借李公祠房屋爲本會難胞寄宿所文

函陳子馨先生爲送大小難民二百名口請賜收容文

函三友實業社爲請捐助洗面毛巾或特別廉價售給文

函浙江興業銀行地產部竇延芳先生爲商借或廉價出賃靜安寺路一一三八號洋房爲本會難胞寄宿所文

函廣肇公所閩南同鄉會爲准荷商渣華郵船公司函稱以戰區被難旅客如經本會介紹滿十人以上者概予特別折扣文

函肇基學校執事先生爲商借該校爲難民寄宿所文

函第六區警察所爲函知已借肇基學校爲難民寄宿所請就近保護文

函江海關監督爲本會現已商准招商輪船局派江輪運送難民前往長江各埠特派蔣幹事趨前接洽文

函潘常委公展馬執委柳堂
各寄宿所主任爲本會已與招商局商定轉雇江輪爲輪送長江各省難民希派主持剋日調員分往各所院切實調查並與各同鄉會聯合辦事隨接洽查人數列表具報以便彙送文

函交通大學黎校長照寰爲請借用該校房屋收容難民文

函江海關監督爲本會雇定專輪遣送難民至長江各埠請代爲設法安全出口文

函虞洽卿林康侯兩先生爲請暫借南洋中小校舍收容難民希惠復文

函山東會館趙聘三先生爲商借該館爲本會寄宿所文

函復上海市社會局爲各寄宿所職員不得向外募捐本會早經知照文

函劉鴻生謝蘅牕兩先生爲經商准招商局專輪輸送沿江各省難胞回籍惟需煤二百噸無法籌募請助全數或捐半數文

通知各寄宿所爲凡請領住所之單身失散婦女幼童須取具的保送經本會常駐常委批准後給予本會印據方可交領文

函復各同鄉會聯合辦事處爲遣送難民回籍不問是否失業工人一律發給免費船票希查照文

函煤業公會爲請代向貴同業勸助煤斤文

函法租界公董局爲函知運送大批難民出境乘江華商輪分批上輪請酌派警員照料文

函永安公司爲請速飭卡車來會服務文

函招商局總管理處爲函送船資請督收並飭江華輪泊岸裝載難胞文

函中央研究院爲商借該院爲難民寄宿所文

函沿江各縣各耆長縣政府公安局爲運送上海戰區難民回籍請妥爲照料安插文

函法租界巡捕房爲江華輪裝載難民定三月二日開漢現正陸續運送上船請派探捕照料文

函十九路軍後方辦事處爲函知三月二日商准江華輪運送長江沿岸各埠難民回籍請轉知吳淞要塞司令特加注意維護文

函黃金榮杜月笙張嘯林諸先生爲請酌聘熟悉沿江口岸人才五人同坐江華輪遣送難民回籍以資照料文

函勞工醫院爲每月津貼百元自二月一日起按月來會領取文

函復顧竹軒先生爲該所難民如有籍隸通揚者可乘大慶輪回籍希造册送會以憑遣送文

函復旅滬各同鄉會聯合辦事處爲有船卽通知請先開難民名單由本會給票文

函復賑務委員會爲蒙呈請　國民政府撥款兩萬元特先函謝文

函陸伯鴻先生爲本會現所收難胞中有患傳染病者擬送貴堂收留診治文

函航業公會爲請召集會員分擔義務免費搭載難民回籍希查照辦理見復文

函本埠各慈善團體爲函請聯合組織掩埋戰區積屍文

函招商總局爲本會遣送各所難民搭乘江輪回籍船價請准照運送災民成例辦理文

函江灣崇善堂慈善會爲江灣掩埋已由普善山莊擔任請卽與該莊協同辦理文

函三北甯紹輪船公司爲請照上年水災遣送成案免費搭載難民仍由本會津貼伙食文

函上海市衛生局爲請派員至各寄宿所施種牛痘文

函肺病療養院爲送肺病難孩請免費留院診治文

函復救濟水災會朱子橋先生爲本會撥米七十石派員會散工廠失業工人希查照文

函陳藹士先生爲請惠假英士先生紀念堂爲本會難民寄宿所希見復文

函普善山莊同仁輔元堂閘北慈善團爲通知開始掩埋工作日期文

函交通大學黎校長照寰爲請惠借房屋一部以資收容難民文

函張尙義先生爲請代爲轉商白雲寺暫借爲本會難胞寄宿所文

函工部局衛生處爲請診治患痲症難民五名文

函京滬滬杭甬鐵路管理局爲請撥車裝運難民五百名至松江文

函松江沈君崇縣長、蔡仲瑜主席、朱久望先生爲本會擬送難民二千名至貴縣收容所請照拂文

函陸規亮先生等爲承允收容難民二千名茲先送去五百名請收容文

函各醫院爲病人出院或死亡請通知本會文

通告各寄宿所嗣後病人送院及塡寫死亡報告書手續文

函李頓爵士爲請貴團委員參觀本會所辦難民收容所及難民醫院文

函京滬滬杭甬鐵路管理局爲承派唐子西君來會面示遣送手續當經商定辦法茲送車

證千張希蓋章擲還文

函公共租界工部局爲本會各寄宿所請予保護文

函上海市衛生局爲請卽日派車來會義務輸送病人文

函沈季宣先生爲請暫借康腦脫路康樂坊新屋爲本會寄宿所文

通告各寄宿所爲發行各所報賬規則報告表式文

函同仁輔元堂爲請轉告分堂凡本會爲第一病院亡故難胞卽爲殮埋文

函復紅十字會王培元先生爲靑浦難民來滬屆時當備車往接文

函各寄宿所爲永安公司紡織廠需用男女工人如各所難民有願往工作者卽造表送會
交執行組轉送文

函復上海平民產科醫院爲本會如有臨產難婦卽當轉送該院就產文

函各寄宿所據第十七寄宿所擬送沐浴理髮洗濯辦法有益衛生應予酌量倣行文

函顏駿人先生爲送本會工作經過大概情形報告書請代分送文

函大陸銀行爲商借南陽橋白爾路／陳偉達先生爲商借霞飛路格洛克路房屋爲本會難民寄宿所文

函中國銀行爲謝張公權先生介紹吳寰慶君工作得力文

函工部局隔離醫院爲難孩陳仲發患天痘連同其母送請留治文

通告各寄宿所爲該所應注意事項文

函徐寄廎先生爲商借浙江興業銀行善鐘路空地搭棚設所文

函各寄宿所爲嗣後上海市社會局赴各所調查應盡情報告文

函上海慈善團爲商借拉都路空地搭棚設所文

函國華銀行爲請暫借麥琪路空地搭棚設所文

函各寄宿所爲應注重難民衛生如有疾病應立刻延醫診治各醫師護士有不盡職者可報本會核辦文

函內河輪船業公會爲據睦通海幹事報告與貴會接洽遣送難民辦法抄錄章程五條函請核議見復文

通告各寄宿所爲調查學齡兒童能離開家族者具報以便彙核辦理施行敎育文

函上海市社會局公安局爲近有外來災民要求收養懇請查照上年災民辦法辦理希俯允照辦文

函岑炳璜君等爲請對於本會購用藥品照半價折算並先記賬月終給價文

函上海瘋癲院爲難民陳銀安身患瘋癲送請診治文

函四明醫院葛虞臣君廣益中醫院王一亭丁仲英君爲請免費或半費收容治療本會患病難民文

二〇

函法租界公董局爲函復原蓋蘆棚已從事拆去十分之七於消防衛生均易佈置文

通知各病院爲通知三項辦法希查照辦理文

通知各寄宿所所醫生爲各所難胞現患痳疹者即查明以便送治文

函復潮州旅滬同鄉會救國委員會爲難民無法安頓之前各所當從緩裁撤文

通知各病院爲第二十六所歸併第一第十四兩所前送患胞於治愈出院或死亡時應通知該兩所單身婦孺尤須查明再送文

函各寄宿所爲難民陳大狗子母子二人暨楊秋雲之弟楊沐生均經失散務代查尋文

函陳冷僧先生爲過境災民懇商請貴局及公安局指定公共場所爲暫時安頓之所文

函國府救濟水災委員會災區工作組爲本會各所留養蕪湖一帶水災災民八百餘名即行遣送往蕪希電知賑務專員迅爲籌備安插文

函復普善山莊爲勉籌五百元希具據派員來取文

通知各病院爲患病難胞送院診治時須詢明有無銀錢財物列表載明由本人簽字以免糾葛文

函上海市社會局爲據馮柳堂先生面稱本會遇有水災災民即送關帝廟收容已與該局接洽文

函金榮學校黃金榮先生爲函謝該校襄助救濟厚予給養文

函各寄宿所爲各所被壓迫包工制之童工不准具領並將該項童工調查報會核轉文

通知各寄宿所爲嗣後送診病人須專差專函送院並取囘單以昭愼重文

通知各寄宿所爲催查患痳疹人數列表報會文

通知各寄宿所爲本會特添聘中醫嗣後住所病胞診治中西醫各憑信仰文

通告各寄宿所爲自五月一日起各所一律食鮮菜文

通知各寄宿所爲嗣後中醫處方須經各該所主任簽字方能生效文

函各藥舖爲嗣後各醫生所處方劑須經主任簽字方能照發文

函海門商會王槐卿先生爲請照寄來蓆樣代購千條連同發票寄會並設法免除運費蓆捐文

通告各寄宿所爲送報告表希照式塡載具報文

函蕪湖張專員公衡公安局爲建國輪載送災民赴蕪派余幹事載臣護送到埠時希照料文

函復上海市公安局第二區署爲蕪湖等處災民由本會發給食品免票遣送請派員會辦理文

函復上海市社會局爲散兵張清和等三十人亟須囘籍特塡船票三十張卽希查照轉給

文

函各寄宿所爲准社會局函五月內紀念日甚多應嚴防反動份子乘機鼓動以策安全文

函嘉定同鄉會爲嘉定一帶難民願回本籍者一律明日開始遣送文

函各寄宿所爲社會局議決取締包飯作包工制度三項應即查照遵辦文

函普善山莊 同仁輔元堂爲請將本會請掩埋之屍體詳細列表見復文

函上海衛生局爲本市霍亂流行請派員爲本會難民注射防疫液文

函衛生試驗所爲承允照半數收試驗費特函申謝文

函保安養老所 上海殘疾院爲本會各所業已結束茲有十八所年老殘疾無家可歸之難民二五名請查收留養

文

函健華頤疾院 廣仁醫院 中德醫院 慈航助產學校爲請將本會送治產婦列表見示以便統計文

函中德醫院 工部局隔離醫院爲請將本會及各寄宿所送治難胞列表見示以便統計文

函復上海市難民收容所聯合會爲處置無家難民本會已有切實救濟辦法文

會議紀錄

一月三十日緊急發起會議紀錄

二月一日第一次大會紀錄

二月十二日第一次常會紀錄

二月十九日第二次常會紀錄

二月二十六日第三次常會紀錄

三月十一日第四次常會紀錄

三月十八日第五次常會紀錄

四月二日第六次常會紀錄

四月十五日第七次常會紀錄

四月二十二日第八次常會紀錄

四月二十九日第九次常會紀錄

三月三日第一次執行委員會紀錄

三月二十六日第二次執行委員會紀錄

五月六日第三次執行委員會紀錄

五月十六日上海籌募各省水災急振會上海戰區難民臨時救濟會聯合大會紀錄

五月二十三日上海籌募各省水災急振會上海戰區難民臨時救濟會聯合大會紀錄

總理遺囑

余致力國民革命凡四十年其目的在求中國之自由平等積四十年之經驗深知欲達到此目的必須喚起民衆及聯合世界上以平等待我之民族共同奮鬬現在革命尚未成功凡我同志務須依照余所著建國方略建國大綱三民主義及第一次全國代表大會宣言繼續努力以求貫徹最近主張開國民會議及廢除不平等條約尤須於最短期間促其實現是所至囑

總理遺像

常駐常委

許世英

常駐常委兼財務組主任

王 一 亭

常駐常委
屈文六

常駐常委兼總務組主任
黃伯度

常務委員兼總幹事
李組紳

常務委員兼執行組主任
朱子橋

常駐常委兼財務組副主任
黃涵之

常務委員兼財務組副主任
聞蘭亭

常務委員兼執行組副主任
潘公展

常務委員
張嘯林

常務委員
虞洽卿

收容前之災民

上海戰區難民臨時救濟會第一寄宿所 清涼寺 中華民國廿一年二月

上海戰區難民臨時救濟會第三寄宿所
亞爾培路
中華民國廿一年三月

上海戰區難民臨時救濟會第四寄宿所
法藏寺
中華民國廿一年三月

上海戰區難民臨時救濟會第伍寄宿所
道社濟會
中華民國廿一年 月

上海戰區難民臨時救濟會第六寄宿所
中華民國廿一年 月

上海戰區難民臨時救濟會第七寄宿所
中華民國廿一年二月

上海戰區難民臨時救濟會第八寄宿所
同義善會
中華民國廿一年二月

上海戰區難民臨時救濟會第九寄宿所
北京路富润里
中華民國廿一年二月

上海戰區難民臨時救濟會第十一寄宿所
復旦中學

上海戰區難民臨時救濟會第十一分所寄宿所

上海戰區難民臨時救濟會第十二寄宿所 成都路

上海戰區難民臨時救濟會第十三寄宿所 普濟寺 中華民國廿一年二月

上海戰區難民臨時救濟會第十三分所

上海戰區難民臨時救濟會第十四

上海戰區難民臨時救濟會第十四分所寄宿所 武定路 中華民國廿一年二月

上海戰區難民臨時救濟會第十五寄宿所

上海戰區難民臨時救濟會第十六寄宿所
中華民國廿一年二月

上海戰區難民臨時救濟會

上海戰區難民臨時救濟會第十七寄宿所

上海戰區難民臨時救濟會第十八寄宿所

上海戰區難民臨時救濟會第廿一寄宿所

上海戰區難民臨時救濟會第廿二寄宿所

上海戰區難民臨時救濟會第廿二

上海戰區難民臨時救濟會第二十三分所寄宿所

上海戰區難民臨時救濟會

上海戰區難民臨時救濟會第廿六收容所

上海戰區難民臨時救濟會第廿七收容所

上海戰區難民臨時救濟會第廿八寄宿所

上海戰區難民臨時救濟會第廿九寄宿所
膠州路

上海戰區難民臨時救濟會第三十寄宿所
檳州路口
中華民國廿一年 月

上海戰區難民臨時救濟會第三十一寄宿所
中華民國廿一年 月

中華民國廿一年四月廿四日識

難民進寄宿所時辦理登記及填發符號情形

難童學校學生草地整隊攝影

第一醫院醫師護士全體攝影

第四醫院醫師護士全體攝影

第三醫院全景

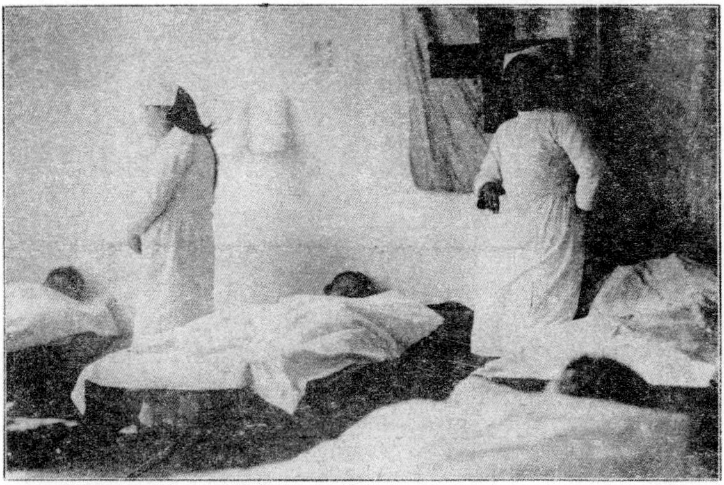

第一医院男病室

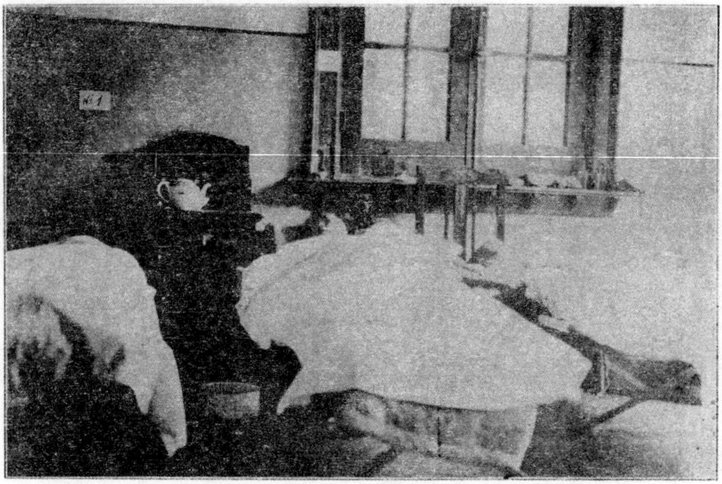

第一医院女病室

第一醫院兒童病室

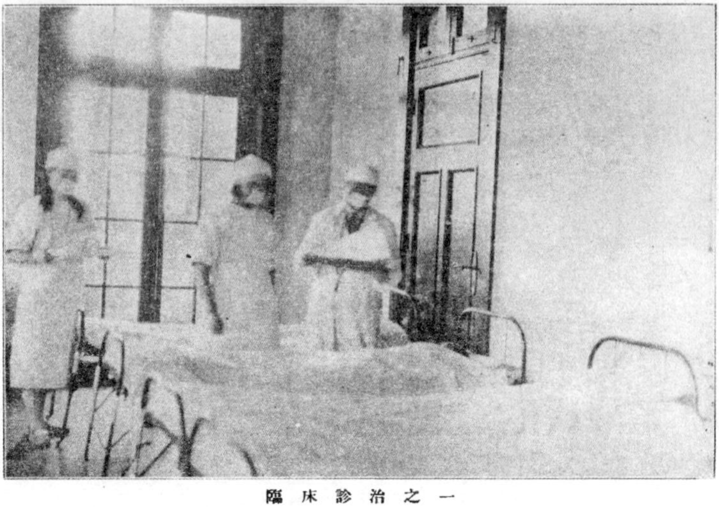

臨床診治之一

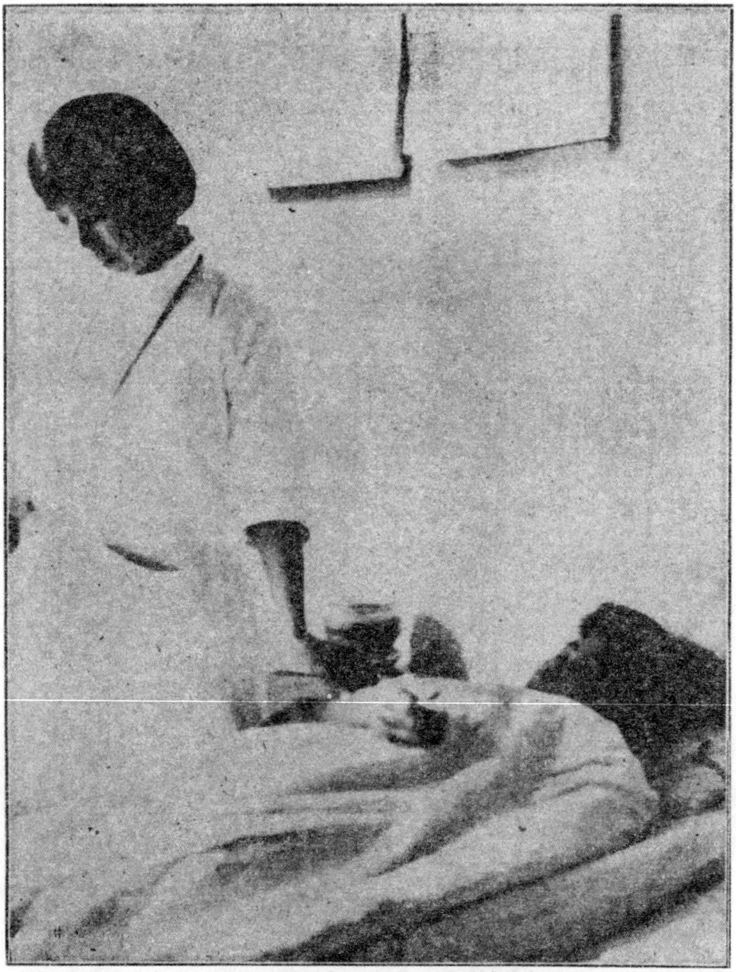

臨床診治之二（察脈）

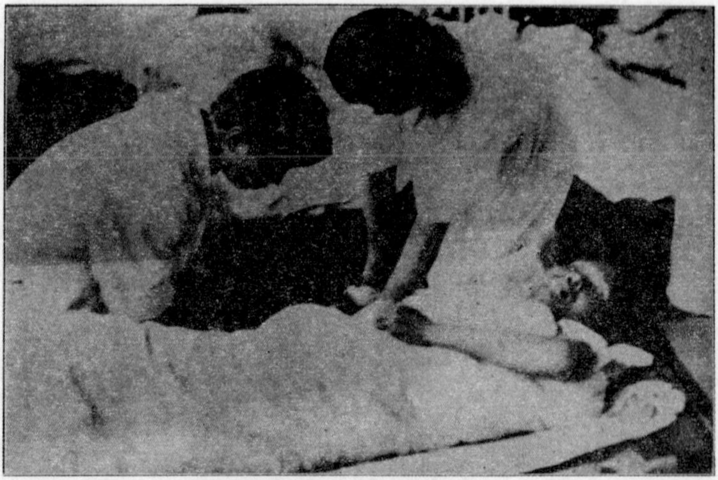

臨床診治之三（注射藥水針）

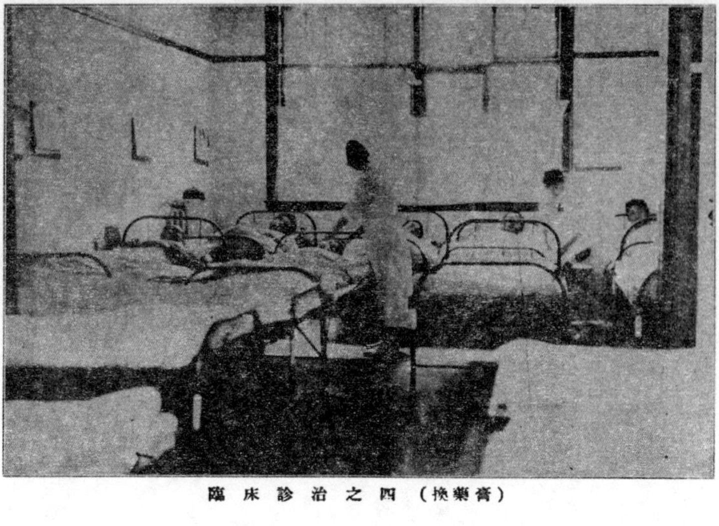

臨床診治之四（換藥膏）

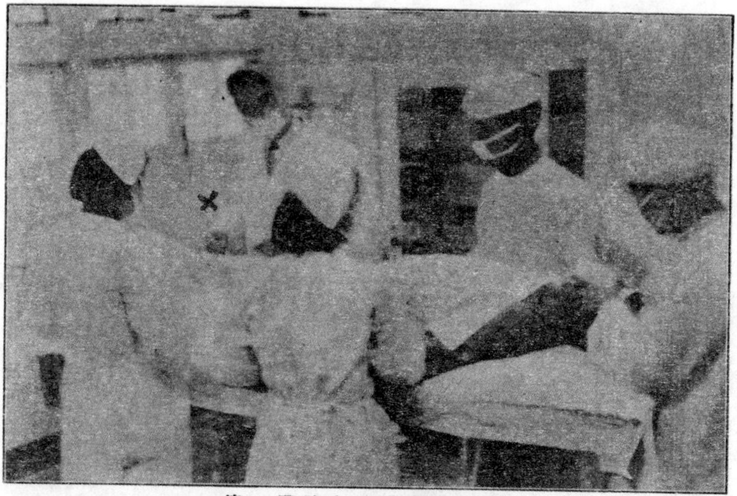

第二醫院割症室施大手術

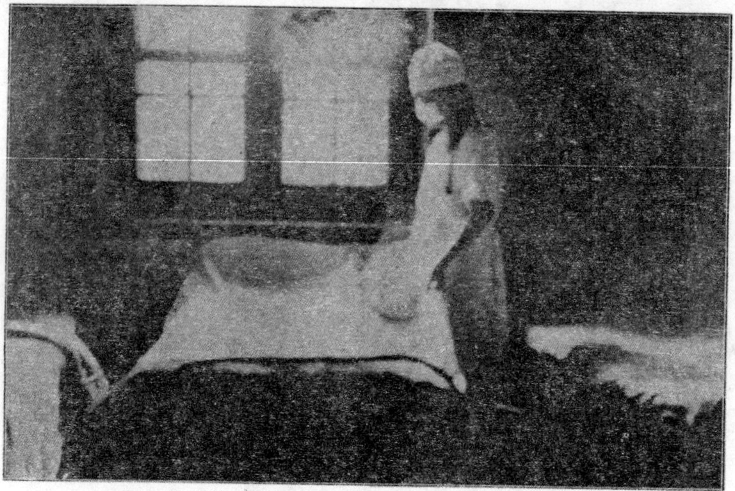

隔離病室護士用噴霧器向病孩噴氣以治肺炎之情形

第二醫院X光室

第四病院消毒室

難民救濟會救送難胞出險上船

江華遣送步輪

戰區掩埋隊出發情形

戰區遺屍棺殮情形

戦區掩埋隊掩埋攝影

戦區墓地新塚攝影

序

民國二十一年一月二十八日日軍傾海陸空之力進犯淞滬雖經我第十九路軍及第五軍將士奮勇抵抗封豕長蛇未容逞而戰事繼續亦既三十五日爆炸轟擊焚殺傷之衆與損失至不可數計其慘痛者則莫華市民之受害是矣夫以近代文化日趨嚮於和平之途人道主義久為示

屠之生理乃號稱文明國之日本帝其預謀

迺恃武力攻城略地之不足且於絕未武裝之

民衆肆其兇殘滅絕理性靡以復加嗚呼

惡極必衰天道好還窮兵必敗古訓不爽昧

於此理者吾恐其崩潰於有日矣我國人民

崇善樂義夙稱美德值茲和平理想復為

黯落之日雖不必步武倭封嗜殘毋殺而

懲前毖後自亦不得不懍然易奮力籌另

南之計生聚教訓以湔吾恥行之匪艱惟視吾人之努力何如耳戰區難民救濟會以滬上人士及國內外同胞之竭誠協助於戰事緊張之際救死扶傷逾三十萬人世英忝參其事得効棉薄籌將工作經過輯為報告書公之於世非曰自炫亦適以促國人之警惕云爾

中華民國二十二年一月二十四日至德許世英

一二八之變事起倉猝南北居民從睡夢中驚覺扶老携幼相率奔避於租界鐵門被止旅舍客滿貧苦小民棲止於里衖戶檐之間風餐露宿已極可憐其陷於砲火之下而不及走避者死生呼吸呼

顛無經情狀尤為慘迫同人等乃
急組織救濟會為之備房屋
給衣食藥與夫一切日用必要之需
來者踊躍日眾不遑容納之所
歸者分批以遣之陷於戰區者設
法以救之乃未幾而江灣吳淞寶山

大场罗店又未几而直至南翔嘉
定太仓浏河均入战事范围之内
区域愈扩而愈大难民愈来愈多
收容也较多至三十所被救难民共
有三十余万人方事之急在事人
员仓皇奔走寝馈不遑其任救

護之職者尤深且鉅也屢瀕於危
卒邀天佑幸無意外捐款者眾雖
至販夫走卒亦爭相解囊惟恐或
後並皆激於同胞愛護之誠有不
期然而然者於以知人心之未嘗死
而中國之必不亡也能由斯本遠來

乾方道不能世實繼勤而往者
此焦頭爛額之輩天未厭亂耶
人事使然耶視爾夢夢真
不知歸四之湮奏矣
民國二十年
亞農

一聲霹靂驚華夏市頓成焦土哉上
幸一二八暴日侵虐之慘劇也猶憶革命
之初政府奠都南京每語吾人民嘗忍目前
之苦痛以換取將來之幸福孰意內亂不
已外患大來門戶洞開上滬繁華盡失去可嘆
禍遍地皆是上海之阿邊無不體傷免善

命同胞祇有坐視哭號莫救言悲尤願一息之尚存斯拔於髮之際已相呴以溼相濡以沫俾得暫緩旦夕死然亦吾人不忍之心之舉現莫或遏之而莫能自已者此本會之組織所以不容緩而眾或輸其財或輸其物或奮身入戰區挈難民而出死地

要勤出入于難民營僑居多人民之相親
相愛皆是于本會徽之宜乎國聯調查團
參觀本會歎謂中國人民團結然有組
織也本會開始于滬戰發生之翌日最緊
張工作閱三月有餘救濟難民達三十萬
餘人戰區遣送還達于內地救濟工作亦及于內地

滬戰既停各處所難民要求回
鄉者尚達千餘人尤以婦孺爲多又烏
忍不爲之所適因上年組設之上海籌
募各省水災急振會對于未經辦理結
束各省之振務亦須妥籌善後因開聯
席會議議決組設辛未救濟會以永

久機關以賡續兩會未了事件而謀根本救濟之道支持力者誠不必道而辦理之是否得當與夫財與物之收入均應有詳細報告以昭大信茲賴諸同事之努力業將本會辦理經過詳情及各款項之收支編輯成冊鉅細靡遺謹云

痛定思痛，今痛日益深，而救济之道与力俱穷。不佞寓旅方丈斋，素于医此务知识殊难为道，益急安所为计，览斯册者，其将何以救之乎？二十二年夏月临海盐陈克序于津门

辛未之歲各省水災余隨諸君子後籌辦振務自秋徂冬已不勝焦頭爛額悉索敝賦之苦乃災禍未已淞滬瀕海之地忽為戰區被難人民慘不忍睹同人等悲憤交迫乃有戰區難民救濟會

之組織歷時半載幸告結束事
後追思其間經過情形困難已甚
雖經悉心應付而遺憾良多歷
來團體之組織必先於辦法經
濟人才三者為充分之計畫而後
入手一二八之役一觸而發救濟會

倉猝成立毫無預備枝枝節節時
覺捉襟而肘見其最困難者莫
如難民寄宿所當戰事危急之際
難民來者日以數千計會館公所寺
宇之不足乃謀諸閒空之民房租
界之外又不能必其安全於是急

不能擇間有屋來發工或未得屋主之許可而先行寄宿者雖其志迫之苦衷未嘗不可求諒於人於事實有未安故寄難民最多之時人數達五萬以上寄宿所總多至三十一處其管理人員每所以十五人計

共計四五萬人各方介紹陸續湊集急於需用未能審擇人地使各得其宜此尤最用疚心而在事人員備極辛勞也遣送服務之陳君惟一振其服務之勞君筠蓀及助余核發給養之朱君振隆馮君左泉均係

自朝至暮迄無少息而救護服諸君奮不顧身屢瀕於險忠勇奮發之精神尤覺不易多覯余以常駐委員並任財務各端叢集昕夕不遑收容所給養之需必經審核而後發米鹽蔬肴稷及錙銖蓋以職

吏所在集精匯易餘任勞怨有不敢輕心以掉者往往而耳目之所未及事實之所為難仍未能盡歸於當辦事之難有如此者茲當編輯報告出版略述所感以為序

中華民國二十二年二月黃慶瀾

黃慶瀾印

序

工海戰區難民臨時救濟會工作報告書編輯既竟將付剞劂以就教於艳人君子泊段追隨 至德許公治賑務有年此次襄助拯濟渡始終其事艱辛備歷百感填膺安

得不有一言為之序於戲國難日亟我舉國上下果真有團結救亡之覺悟否乎觀夫捐款之闊則多寡相𦈢豪紳大賈坐擁巨資而慷慨輸將視恒人或有未逮名下時流高談睥睨而纓冠赴難曾不

若草莽下士奔走惟恐或後焉豈棟崩儒壓事或異於今茲華去毛存理有邇於常數此則經歷之餘所用振脫太息者也然而聖人之言成仁取義西哲之道博愛舍身正為天下滔滔莫知所屆興亡

有責益宜奮發而有為安敢自惜羽毛使同趨於滅之域也哉佛曰我不入地獄誰入地獄世有棄者舍之吾誰與歸謹序

舒城黃伯度謹並書

上海戰區難民臨時救濟會工作報告書

第一章　本會成立經過及組織內容

本年一月二十八日日軍犯我淞滬變起倉卒閘北虹口一帶淪爲戰區居民驚惶失措租界戒嚴交通斷絕日軍復以飛機大砲肆行轟炸人民扶老攜幼逃生無路羣聚於租界四周之鐵門以外者不下數十萬人哭聲震天凄慘萬狀滬上各慈善團體人士目擊心傷亟籌救濟爰於一月三十日假仁濟堂召集緊急會議決定推舉許靜仁朱子橋王一亭鄔志豪李組紳黃涵之查勉仲七君立赴工部局交涉開放烏程路一路橋柵俾難民得以出險又以此項難民人數衆多而無家可歸無親可投者又居其絕大多數不得不暫予收容徐圖遣送因復決定組設救濟團體定名爲上海戰區難民臨時救濟會假雲南路仁濟堂爲會所公推許君靜仁等三十九人爲執行委員又互推許靜仁朱子橋王一亭虞洽卿聞蘭亭李組紳張嘯林王曉籟杜月笙黃任之史量才汪伯奇張竹坪葉顯光屈文六黃涵之鄔志豪查勉仲關芸農潘寄岑黃伯度毛西峯等二十二執委爲常務委員許靜仁王一亭屈文六黃涵之黃伯度五君爲常駐常委聞蘭亭吳蘊齋林康侯三君爲財務委員李組紳君爲總幹事鄔志豪毛西峯二君爲副總幹事內部分設三組(一)總務組黃常委伯度兼主任潘常委寄岑兼副主任(二)執行組朱常委子橋兼主任查常委勉仲潘常委公展兼副主任(三)財務組王常委一亭兼主任聞常委蘭亭兼副主任組織甫經就緒當卽選派救護人員僱用卡車分途馳赴戰區援救難胞出險此本會成立之大概情形也

本會內容組織可分三時期述之成立之初戰事極烈救濟工作甚形緊張各慈善團體與社會熱心人士紛紛加入市黨部及社會局亦派員參加各界捐款尤爲踴躍二月一日仍假仁濟堂開第一次大會加推趙晉卿君爲常駐常委又以救濟工作亟須與領團接洽因於總務執行財務三組之外增設交涉組推謝福生君爲主任卽日分赴各領館交涉救護手續謝君旋因事返粵乃改推張尙義君擔任救出難民除自謀生活者不計外餘均設所收容（詳情另述）更與紅十字會商定紅會專救傷兵用紅十字救字號旗幟袖章本會專救難民用紅十字濟字號旗幟袖章救護員分兩大隊以吳寰慶君爲總領隊隸於執行組由總幹事李組紳負責指揮各常駐常委主持會務對於內部組織亦力謀健全藉使工作人員各負專責決定總務執行財務交涉四組應各分股辦事總務組分文書會計庶務出納特務五股及招待處一處執行組分救護遣送交通管理給養五股財務組分賑款賑品稽核三股並加推黃常委涵之爲財務組副主任交涉組分文牘登記訪查三股迨戰區擴大難民愈多寄宿所陸續增至三十一處無不有人滿之患始添設衛生一組分檢查診治兩股公推朱執委企洛兼主任並續招黃執委鼎瑚爲副主任每日分派醫生赴各所巡迴診治全活甚多復設臨時病院四處各所有患病者均送院就醫未幾國聯調查團行將抵滬本會爲編輯報告書及彙製各項工作統計圖表起見又增設統計處分徵集宣傳編製三股公推沈執委昌爲主任復將給養股改隸財務組總計內部組織共五組一處內分二十一股各難民寄宿所屬於執行組臨時病院四處屬於衛生組各組處服務人員約五百餘人此外各省旅滬同鄉會對於被難同鄉亦復亟謀救濟自動組織旅滬各同鄉會聯合辦事處附屬本會專辦登記遣送兩事以一事權公推翁國勛君爲

主幹每省同鄉會各推駐處代表一人或二人襄助本會分任工作此本會第一時期組織之大概也

滬戰既停停戰協定即開始商訂每日新到難民視前較少各所已收容者亦均設法遣送內部工作自較簡單乃將各組加以緊縮總務組則撤銷特務股及招待處出納股歸併會計股執行組代理主任孫雲僧君因事他去改由李雋丞君代理救護交通管理給養四股均撤銷每股由執行組酌留幹事一二人兼辦遣送股留股長陳唯一君及幹事四人辦事財務組賑款賑品兩股歸併稽核股交會計師辦理交涉組文牘訪查登記三股均撤銷改推張執委維城主持亦僅留幹事一二人襄辦衛生組檢查診治兩股均撤銷除朱主任企洛外僅留幹事二人統計處除沈主任昌外僅留幹事三人各寄宿所因難胞已隨時遣送亦即分別裁併此本會第二時期組織之大概也

停戰協定成立寄宿所各難民業已遣送大半各輪船公司早經商定倣照上年遣送水災難民辦法繼續運送寄宿所及臨時病院亦均積極裁併最後僅留第十八所專收無家可歸之難民本會內部同時着手結束統計處交涉組完全撤銷衛生組留朱主任企洛執行組留孫幹事敬齋總務組留黃主任伯度及文書幹事四人書記二人辦理結束事宜旋於五月二十三日與上海籌募各省水災急賑會開聯席會議決定合組辛未救濟會所有兩會未竣事宜一併移交該會接辦本會完全結束此第三時期組織之大概也

以上所述僅就本會成立經過及組織內容而言其他救濟工作另章分敘茲不備載

第二章　本會工作概況

本會成立之經過及組織內容已見前述各種救濟工作自二月初旬開始至五月底止其辦理經過及詳

細數字將分載三四兩章茲舉各項結果先行撮要述之計難民被救出險者七萬五千零四人先後入所寄宿由本會完全給養者十三萬五千零九十四人所內所外難民由本會遣送他處者共十三萬七千一百五十一人住所期內患有疾病由本會爲之治療者先後共八萬八千四百九十七人被日軍拘留由本會保釋者二百九十七人兵民屍體經聯合本市慈善團體分別掩埋者計七千零三十一具雖難民被救而入所而治療而遣送或不乏同爲一人者然總計各種工作之結果此次戰區難胞經本會效救濟之微勞者當已不下三十萬人救災卹鄰古有明訓而況此次滬變之損失又屬强寇暴力之所造成吾人力所能視對我難胞其何能不稍盡棉薄耶本會成立之際滬上各界對於房屋之騰借款項之輸將振品之捐助無不踴躍從事救濟工作得以分別進行者實拜受諸仁人之賜本會未敢居其功也捐款及振品之收入除另刊報告册合載支出項目並敬登芳名以揚仁風外截至六月十日止振款額共爲二十三萬六千三百七十五元七角二分振品計分衣被器具食品柴炭藥品雜件等共一百八十有餘種惟單位各殊本章限於篇幅不克備載

又此次國聯調查團來華調查於三月下旬初次抵滬本會事前曾編有工作概況附刊照片送陳該團參閱常委許世英王一亭趙晉卿黃涵之李組紳查勉仲諸君並於三月二十五日往華懋飯店訪謁懇求主持正義維護人道俾東三省及淞滬受損實在情形及應負責任者得以公正表白於世界云

第三章　救濟工作分述

第一節　救護

本年一月二十八日滬戰發生北四川路一帶爲日軍根據地該地附近居民被困多日斷水絕食呼籲無門死於非命者不可勝計經本會李總幹事組紳汪主任楚生奔走各方與英工部局暨日本當局磋商辦法迭次交涉日領始允簽發戰地通行證幷由領署分派館員會同日本商團從旁監察其時間及區域均有規定救護人員備受拘束沿途戒備森嚴經過防地必受嚴格檢查卽一紙之微亦必反復檢視認無妨礙始准通行所過市區人煙垂絕各街派有武裝日軍駐守不准華人任意通行違者卽遭射殺爲狀之慘實難形容各難民日夜閉戶蜷伏不敢舉炊有小兒啼哭者亦遭日兵任意殘殺救護隊所過街道華人絕跡幷不見一難胞當經逐戶叩門溫語慰藉偕登救護專車每日脫險者率常千數百人旋聞各處難民失蹤日多乃於同時辦理登記遇有難民尙未脫險或被日軍拘留者俱可來會塡表報告經與日方隨時交涉分段派車往救援出難胞亦在數百人左右汪主任任事數月竭力營救勞瘁不辭總領隊吳君寰慶深諳日語偕同交涉股辦理難民被拘交涉亦甚盡力而救護隊員於從事工作之際被日海軍不問情由橫加拘留者尤復習見不鮮幾經據理交涉方獲釋放閘北天通庵路寶山路毗連租界各路口尤爲作戰要地日軍彈密如雨飛機盤旋轟炸夜以繼日居民羅禍極烈於是救護組復將人員分爲二隊第一隊出發日軍防區第二隊出發我軍防區每日分途救送不遑稍息當救護車前往營救時天空作戰之日機盤旋於該車前後左右該車一面揚紅十字旗幟以資識別一面開足速率駛行前後被擲炸彈多枚均未炸及蓋亦有天幸矣

三月初旬我軍變更戰略日軍重心均移於江灣吳淞之間該處驟形緊張同時日軍謬謂我方時有便衣

隊進襲拒絕本會救護工作而江灣大場寶山等處難民隻身脫險請求護送者視前復有增加前線傷兵亟待救送者亦不在少本會人員僅能按日分赴我軍前線救護並代護送傷兵分往各醫院救治更另商紅十字會加派醫生看護士隨車出發普施營救日機對於救護卡車仍不惜加以襲擊我救護隊員數遇砲彈地雷相距咫尺俱能安然無事又或偶誤戒嚴鐘點輒被禁止通行斷餐露宿艱險備嘗而遇險之各隊員曾不因是退縮工作如故及我軍退守第二道防線眞茹南翔嘉定太倉青浦瀏河等處居民又均先後繞道來滬扶老携幼多至千萬人本會各寄宿所早告人滿因指定梵王渡曹家渡中山橋三處爲難民集中地點每日派車前往迎救分別設法增地收容遇有病人孕婦隨時遣送醫院俾得安心靜養（另節敘述）綜計先後被救脫險者幾達十萬人此本會救護難胞經過之情形也

第二節　收容

本會救護概况已見前述此輩難民除在租界內有親可投及當時即轉送各地者外均應設法收容本會從事之初即分別商請各會館各公所各廟宇騰撥房屋俾供難民寄宿迭承各界允予借用截至二月下旬計已設立寄宿所二十餘處嗣自變更戰略戰區擴大沿京滬路線之嘉定太倉眞茹南翔等處逃滬難胞又復絡繹前來情形極慘既無拒不救濟之理復無如許廣廈足敷安頓之用其間雖續覓房屋從事添設無如難胞之來往往多至數千百人實覺艱於應付乃復商借多數校舍及游藝場所以資收容至三月中旬各學校及藝場以戰區難胞寄宿所原屬暫借現滬市稍安均已擇期開學開市函囑遷讓自當遵辦無如崑太常寶等處難胞尙復源源而來非再覓大廈實無法收容於是又商借白雲寺屋宇及大陸銀行

三樓空屋兩宅共二十三幢添設臨時寄宿所仍不足用而各處難胞集中滬上者實亦窮無可歸遂遣送二千名至松江縣各收容所暫爲安頓經會派員前往接洽當荷允予收容所有一切給養等費亦均由其擔任綜計本會設所達三十餘處而遣至他處收容者尚不與焉四月以後天氣漸暖本會以各所人數過多實於衛生有礙因復派員分向浙江興業銀行國華銀行中國跑狗場以及各慈善團體等商借各處基地搭蓋棚舍藉以分容難胞棚舍中沐浴理髮洗滌諸務則以各所內之强壯男婦分別酌用并略給津貼以示鼓勵一面調查各所內學齡兒童不論性別集合一處施行分級教育俾免中途廢學其寄宿所之設在共公租界內者由本會函達工部局請轉飭各捕房特別保護關於各所報賬規則暨報告表式以及其他規章亦均先後製定俾供遵守而策安全今難胞均已安全回籍(事詳遣送節)回思本會經辦收容工作閲三數月之久而差無大疵者本市各界襄助之功實不敢忘也

於此尚有一事應行附述查本會成立宗旨專在救濟本市戰區難民辦理收容尚慮不濟從事以來亦時有外省逃荒災民不明本會性質羣集會外要求收養情固可憫而事實上絕無辦法租界當局又以若輩妨礙交通秩序嘖有煩言不得已仍由本會派員函商公安社會兩局按照處理過境災民向例辦理併記於此俾關心茲事者有所考焉

第三節　遣散

滬戰初起閘北一帶即被寇禍本會成立首先函十九路軍將領暨市政府請予協助遣護閘北戰區難胞至安全地帶除無家可歸及暫難轉往外地者由本會收容外均應設法遣送當函請滬杭甬鐵路管理局

備車二列輸送難胞至滬杭鐵路沿線一帶之松江嘉善嘉興等處每次可容一千餘人曾經輸送多次並派員照料其餘欲遷避內地者僉以囊無多貲深恐內河小輪客票漲價無力購票經本會卽函招商局內河分局請其對於客票暫勿漲價如已漲者請仍卽時取銷同時並派員赴市府聯合辦事處商借該處所屬之浦江渡輪輸送難胞至青浦金山兩縣安置每縣計送二千人復准上海社會局函以蘇州商會派來輪船二隻拖船四隻藉供遣送難胞回籍之用當卽陸續護送各難胞登輪前往時本會各寄宿所已屬異常擁擠新到難民實難再予收容無如沿江各埠交通阻滯國營航業又復多告停頓籍隸外省之難胞遣回殊覺不易幸經商准太古輪船公司於每次輪船開赴長江各埠時凡係被難人民一律免費運送尋閱報載搭乘江輪難民備受各種詐索因卽函請太古怡和兩公司轉知各江輪船主買辦隨時嚴飭茶房水手格外優待乘客對於被難人民尤應另加注意未幾我軍變更戰略戰區擴大難胞激增本會始商由招商局專僱江華輪一艘爲運送各寄宿所難胞回籍或避難沿江各地之用一面派員分赴各寄宿所查明願往長江各省難民人數填表具報並與旅滬各同鄉會聯合辦事處接洽一切以便彙齊遣送另經派員與江海關當局接洽請於該輪出口時預謀安全之策又本會對於各難胞均係一視同仁只問其是否被難不問其是否失業凡願前往內地者全係一律待遇發給免費船票乘坐招商局派定之江華商輪計自二月二十八日起至三月二日止各難胞卽分批由金利源碼頭上輪除派專員引導外爲愼重安全起見並函請法工部局轉飭附近捕房酌派探捕妥爲照料以維秩序又電沿江各省政府各善團略謂本會專僱江輪運送戰區之長江省籍難胞六千餘人回籍以三月三日由滬開出沿途在通州口岸泰興江陰鎭

江南京大通蕪湖安慶九江武穴漢口各地停靠該難胞等慘經滬變衣食蕩然無存必須妥籌善後始足以維生活請即召集當地慈善人士預備駁船於船到時引導上岸暫供膳宿轉口者酌給旅費俾老弱婦孺可以容身壯丁得有工作又函各同鄉會請派代表二人隨輪護送俾資照料又函十九路軍後方辦事處以商准江華輪運送長江沿岸各埠難胞回籍由本會派員多人隨輪照料船上懸有本會紅十字旗幟并掛本會遣送長江各埠難民回籍專輪字樣布條請轉吳淞要塞司令特加注意維護又函黃金榮杜月笙張嘯林諸先生請酌聘熟習沿江口岸人材十人隨輪西上照料一切該輪開出以後即據沿江各埠人士及本會所派專員迭次來電報告難胞安抵情形此本會辦理遣送專輪之概略也已而戰事延長各所難胞尚有人滿之患本會因復商准大達大通兩公司按班免費搭載江北各縣難民回籍而沿江各省籍難胞要求遣送回籍者爲數仍屬至鉅因復函商各航業公司請其顧念國難按照各輪大小按班搭載若干人由本會製定式樣塡發免費證註明到達地點俾資稽核在輪火食一項概由本會負擔同時再函招商總局及三北寗紹輪船公司請按照上年水災遣送成案免費搭載難胞在途膳食亦由本會津貼餘如淞江等處難民則函請兩路管理局撥車裝運又上海永安公司紡織廠需用大批男女工人約七百名亦經派員分赴各所查詢將願往該廠作工難胞姓名籍貫年齡經歷等項造具表格轉送工作以維生計又有蕪湖一帶水災災民八百餘人先滬變以前到滬經各寄宿所併予留養者亦均亟欲回籍從事農作當由本會派員監護乘坐建國輪赴蕪并電蕪湖公安局及張專員公衡於到埠時加以照料分別遣送收容又嘉定同鄉會函開難民七百六十一名請由本會預備船隻運送亦經妥爲辦理此外有散兵張清和等

三十人亟須回籍由上海市社會局函開名單到會亦按例填發船票請爲查照轉給統計先後遣送人數在十餘萬左右其詳細數字另詳統計圖表

第四節　衛生及治療

滬戰起後本會於第二次開會討論組織法時卽經決議設置衛生組成立以來歷承上海市衛生局及英法工部局衛生處予以贊助各界人士及各醫師尤能熱心任事各盡厥職該組設主任一人副主任二人下設檢查診治二股各設股長均聘名醫師擔任檢查股任檢查各寄宿所難民身體是否健康有無疾病及食物排洩並保管藥料事務其職責在於防病免病診治股則屬於治病事項凡各所難民疾病之治療胥爲該組專責自醫師以及護士多爲學歷俱深之士對於難民衛生事項均能負責辦理除將各項治療數字材料另列統計圖表外所有經過情形茲分述如次

（一）衛生事項

衛生爲吾人日常生活上必需之條件設施適當則所費少而收效多否則設備雖全無補於事本會對於各所務求適應吾人日常之低度生活故定有簡明之衛生細則交由各所管理員切實照辦對於食物之良否排洩物之處置尤極注意復製有衛生調查報告表責由各所管理員每日查塡報會並由組主任及股主任或特設專員分別輪流查察以驗各所查報之是否屬實各所衛生是否適宜以防玩怠而資改善

（二）防疫事項

防疫首重檢疫及預防接種免疫液凡難胞於辦理之初卽已入所者由醫師試行健康診斷其新來者則

隨時檢驗其身體如發見傳染病卽分別送往傳染病醫院醫治其無病者亦爲接種牛痘及注射流行性腦脊髓膜炎預防液與霍亂疫苗以資預防而免疫癘統計種牛痘苗者先後約十餘萬人（英工部局衛生處代種者約五千人以上法工部局衛生處三千人以上上海市衛生局三千人以上）注射腦膜炎者一萬零六百五十三人注射霍亂者一千二百人惟是各所難胞對於種痘均願接受至於免疫苗之注射則常懷疑懼幾經勸導始强得同意又各寄宿所中如發見傳染病症除將病人送醫院醫治外對於同室之人卽全爲之隔離至相當時期證明無病後始准與他人來往辦法雖嚴但亦公共處所必經之預防手續故腦膜炎僅發見九人霍亂僅三人惟天花痲疹則稍多亦因婦孺智識太淺且怱促收寄傳染在先防疫設施竟有所窮然迨後亦逐漸減少矣

（三）診療事項

診療分巡迴診療所特約醫師特設醫院及特約病院諸端茲將辦理情形再爲分述

（甲）巡迴診療所及特約醫師　本會初設寄宿所十一處用巡迴診療所辦法特約醫師數人每日巡迴診察每寄宿所設護士二三人迨寄宿所增多人數激增各所距離亦嫌過遠乃於各所設常駐醫師一人與特約醫師相輔而行難民中之不願服用西藥者則增聘中醫若干人從事診治關於各所治療每日均有報告送院病人亦取有說明及診斷書等以資查考

（乙）設立病院及特點　本會各所雖有醫師但各所醫藥設備簡單非專設病院不足以治療重症本會特設醫院共計四處各附設藥局自行調劑藥品並有常駐醫生及特約醫生如余雲岫汪企張

諸醫士均爲義務特約醫生各院有護士長一人護士十人至三十人分日夜班輪流看護以專責成名屬臨時病院而設備職責實與常設病院相同凡治療上應用藥品無不盡量供給以示救人救濟之意

(丙)特約醫院之協助　此次滬戰變起倉卒實無絲毫準備及經救護出險多已艱苦備嘗留所寄宿之後病魔往往乘虛而入本會所設病院四處容量不及千人自難敷用經向本市各醫院婉商辦法各院均樂予贊助本會衛生工作始克進行無阻其病類特殊者則分送專門醫院診視俾獲治療上之美滿效果患病難胞無論在何病院醫治均由衛生組主任及診治股長親自慰問或派員訪問入院出院用汽車接送各所及各醫院均有收受單證對於婦孺尤極審慎以防意外

(丁)難胞出險時之救治　戰區難民橫遭流彈炸彈及刺打各傷者爲數實屬不少救護之際倘不急爲施救則出血過多勢將中途殞命其有先攖重病呻吟床榻因受驚險病愈加劇勢將垂斃者須臨時加以診治故本會因另派醫生隨車深入險地救護並請紅十字會加派救護隊協助辦理俾臻安善

(戊)遣送難胞回籍時之治療　每次遣送難胞回籍必須健全無病者方予放行本無醫生隨同看護之必要三月初旬辦理江華專輪遣送爲數較多事前雖加檢驗但恐難民於九死一生之餘不堪勞頓之苦中途或罹疾病故仍派醫生預備應用藥料隨輪前往事後報告患病者竟多至一百餘人幸已妥爲設備均獲救治安登彼岸矣

(己)護士班之設立　本會設寄宿所三十一處病院四處需用護士在百人以上而自滬戰起後紅十字會醫院成立者亦幾達四十處看護人才大感不敷雖經登報招請而應徵者類皆缺乏經驗學識勢不能輕於錄用紅十字會方面亦感同樣困難故決由本會招生訓練於短期內分授看護學識以後卽在本會及紅十字會任事所有教授均請海上知名醫師及藥師擔任完全爲義務職總計學生五十人畢業者四十有二人任事以來均能各盡厥職

第五節　屍體之掩埋

戰區日人挾其大炮毒彈之利器肆行轟炸血雨肉飛積骸如岳本會惻念衛國將士罹難同胞暴骨之慘且恐屍腐以後礙及衞生傳染疾疫因函請本市普善山莊同仁輔元堂閘北慈善團藍十字會江灣同善堂各慈善團體開會集議掩埋辦法決議分區擔任辦理江灣吳淞廟行大場眞茹等處戰區共經掩埋屍體七千餘具其詳細數字另有統計圖表茲不備述

第四章　統計圖表

本會辦理救濟事項大要已見前述茲爲閱覽之便利計特將各種工作分別性質用統計方法製成圖表分節刊列其數字結果之有特殊意義者更於每節之前撮要述之

第一節　救護

關於難民救護之統計以十日爲一時期而比較則在此二三四各月份中實以三月一日至十日之救護數爲最高計一萬八千八百一十人各時期之次數分配幾成爲極自然之平曲線矣再就難民原住區域

言以閘北爲最多計一萬七千六百三十二人更就被救難民之籍貫言則以江蘇爲最多計三萬三千零五十三人吉林爲最少僅十一人難民所籍省分共計十九省

閘北各處救護難民統計表

原住地點／時期	閘北	虹口	江灣	眞茹	大場	吳淞 寶山 炮台灣	軍工路附近	南翔	北新涇	龍華 七寶	黃渡	羅店	嘉定	崐山	總計
二月 一日至十日	1,819	1,280	184	210	119	150	221								3,983
十一日至二十日	4,640	5.230	509	184	376	357	885								12,241
廿一日至廿九日	6,550	5,824	524	3,182	282	206	883								17,451
三月 一日至十日	2,391	567	82	1,819	657	294	827	7,430	838	1,023	363	56	2,281	182	18,810
十一日至二十日	1,542	211	154	1,510	429	180	410	3,450	854	511	280	22	2,064	105	11,722
廿一日至卅一日	648	52	78	412	129	10	194	2,990	1,096	688	349	156	1,937	162	8.911
四月 一日至十日	42	10						154	510	244	184		650	92	1,886
總計	17,632	13,174	1,591	7,317	2,002	1,197	3,420	14,024	3,298	2,466	1,176	234	6,932	541	75,004

二五

閘北各處救護難民數比較圖

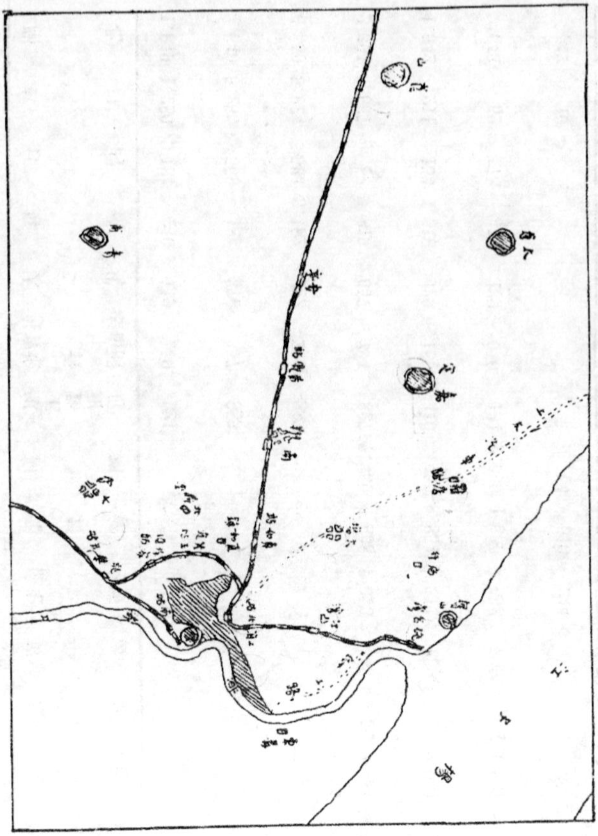

一六

救護難民籍貫統計表

時期 難民籍貫	二月一日至十日	十一日至二十日	廿一日至廿九日	三月一日至十日	十一日至二十日	廿一日至卅一日	四月一日至十日	總計
江蘇	1,284	5,697	8,142	8,087	5,361	3,500	982	33,053
浙江	845	2,357	3,480	3,928	2,316	1,855	353	15,134
廣東	756	2,436	2,841	3,037	2,166	1,539	163	12,938
安徽	452	980	1,014	1,831	1,162	1,241	190	6,870
江西	244	202	802	436	269	384	35	2,372
湖北	218	193	683	503	243	276	77	2,193
湖南	58	199	218	445	107	48	49	1,124
山東	78	101	121	340	30	33	25	728
福建	24	28	101	67	18	23	3	264
河南	2	8	7	13		1	5	36
四川	8	7	20	75	23		2	135
山西			3	7	4			14
河北	3	8	1	9	2	4	1	28
甘肅	2	5	5	8		2		22
雲南	6	10		4	6	1	1	28
貴州			3	7	3			13
吉林	1	2	2	4	2			11
遼甯		3	6	8	8	2		27
黑龍江	2	5	2	1	2	2		14
總計	3,983	12,241	17,451	18,810	11,722	8,911	1,886	75,004

一七

救護難民籍貫統計圖

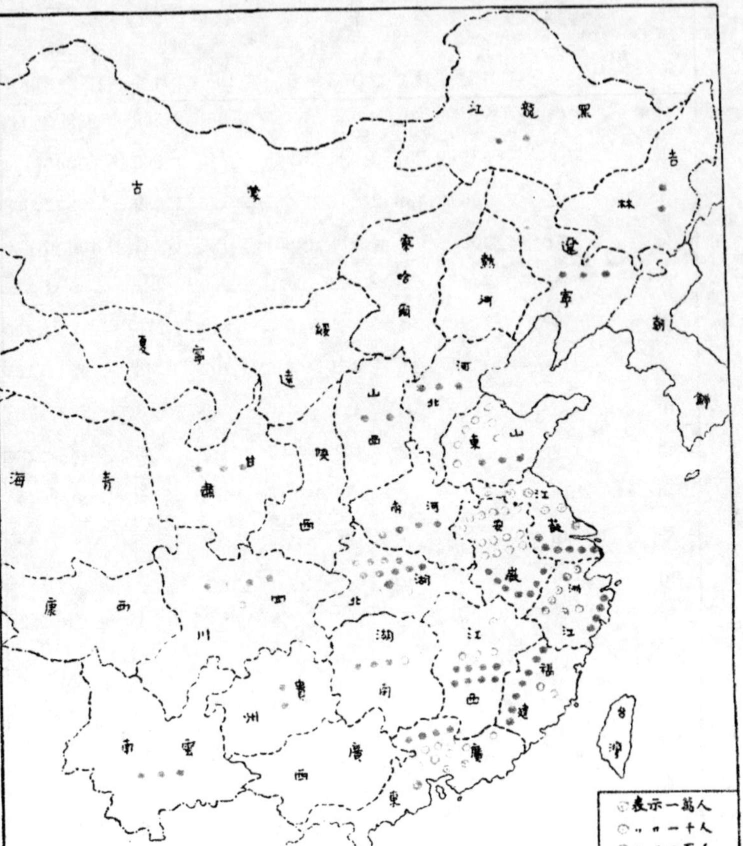

一八

各月份救護人數比較圖
（十日爲一時期）

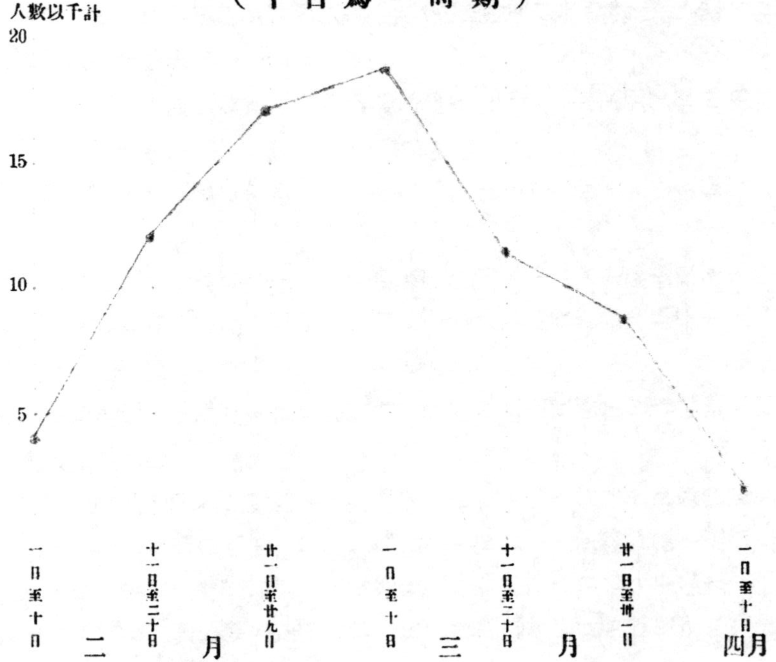

第二節　收容

關於難民收容之統計就人數增減之趨勢言自二月初旬起迄於四月初均爲漸增之勢四月一日收容總數爲二萬零六百三十九人爲數最高自此以後其趨勢逐漸低落僅餘一千餘人

再就出所與入所之數參看計自開辦之日迄於五月二十五日止入所總數爲十三萬五千零九十四人此數即本會經辦之總收容數蓋出所爲十三萬三千九百六十七人益以五月底留所之一千一百二十七人出入兩總數適相符也

至於收容難民籍貫性別年齡職業之統計本會在三月下旬及四月初旬曾有詳密之調查茲將最完整之材料加以統計總次數爲二萬一千一百一十五人其結果如左

（一）籍貫　以江蘇省爲最多計一萬四千七百六十七人吉林省爲最少計一十人

（二）性別　成人男性五千六百九十二人女性七千九百三十九人十五歲以下之孩童七千四百八十四人

（三）年齡　以十歲至十四歲者爲最多計三千二百七十三人十五歲至十九歲者次之計三千零六十一人而在六十歲以上者亦達一千六百八十八人

（四）職業　凡婦孺之無職業者依其夫或父母之職業統計合計藉工匠業維持生活者一萬五千九百三十九人爲數最多佔總數百分之七五・四八

以上各項結果雖被調查者僅屬總收容難民之一部（指前後入所總收容數言）然依此比率以推求之

與整個事實亦必相去不遠也

各月份收容難民數增減趨勢比較圖

以每五日總收容數比較

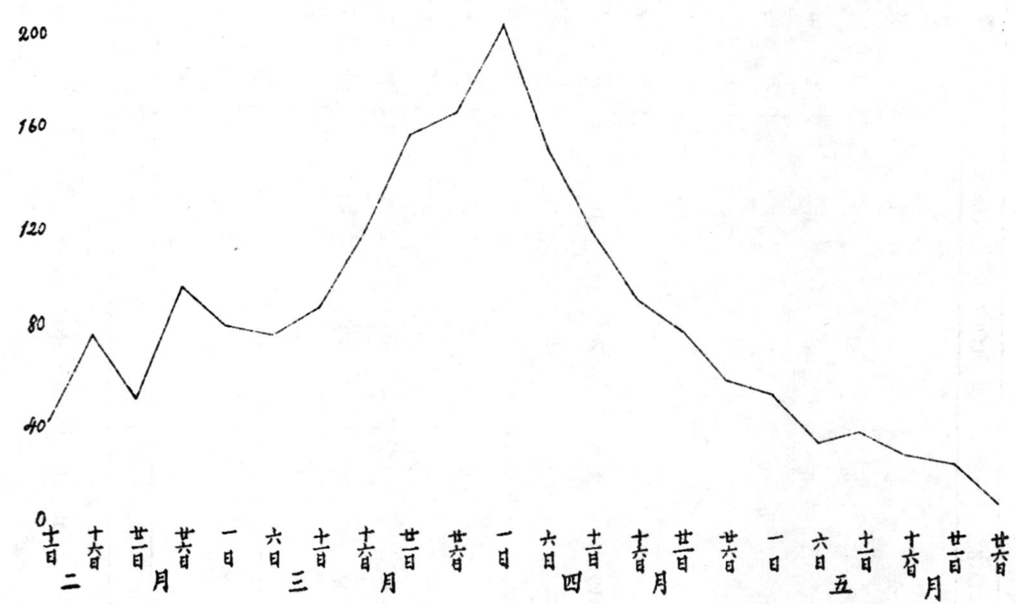

收容難民籍貫統計表[甲]

籍貫＼性別	男	女	孩	總計
江蘇	3,957	5,600	5,210	14,767
浙江	705	1,050	858	2,613
安徽	601	815	994	2,410
湖北	123	188	184	495
山東	68	98	85	251
河南	12	8	9	29
湖南	36	52	36	124
江西	18	19	29	66
廣東	44	61	23	128
四川	8	7	7	22
甘肅	10	2	4	16
福建	3	5	6	14
雲南	4	3	2	9
貴州	8	1	2	11
河北	9	5	4	18
山西	9	1	2	12
黑龍江	60	15	22	97
遼寧	12	6	5	23
吉林	5	3	2	10
總計	5,692	7,939	7,484	21,115

[甲] 三月下旬及四月上旬調查

收容難民籍貫統計圖

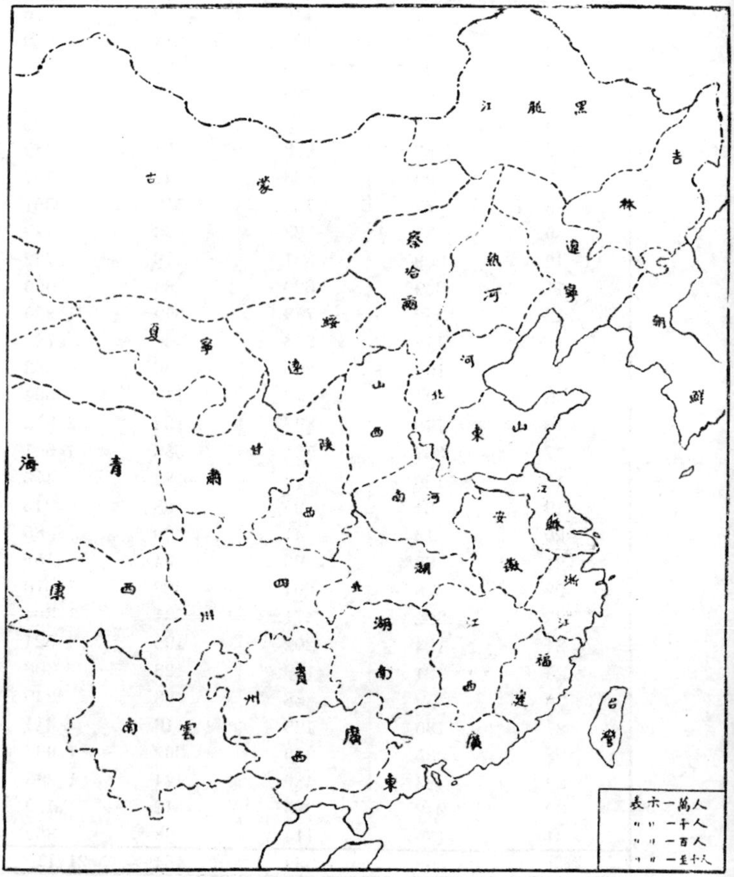

二五

收容難民性別統計表[甲]

性別 所別	男	女	孩[乙]	總計
1	64	116	140	320
2	11	108	214	333
3	21	103	91	215
4	52	80	156	288
5	61	112	55	228
6	87	88	74	249
7	29	36	42	107
8	67	121	113	301
9	37	69	73	179
10	209	337	176	722
11	349	320	236	905
12	382	789	659	1,830
13	172	248	306	726
14	192	265	206	663
15	205	211	118	534
16	779	899	1,134	2,812
17	367	551	583	1.501
18	120	172	184	476
19	31	96	88	215
20	14	41	30	85
21	39	63	54	156
22	678	664	328	1,670
23	302	471	531	1.304
24	124	202	195	521
25	21	159	123	303
26	59	88	93	240
27	130	165	116	411
28	285	390	362	1,037
29	383	486	424	1,293
30	242	375	512	1,129
31	180	114	68	362
總計	5,692	7,939	7.484	21,115

[甲] 三月下旬及四月上旬調査

[乙] 十五歲以下者

收容難民性別統計圖

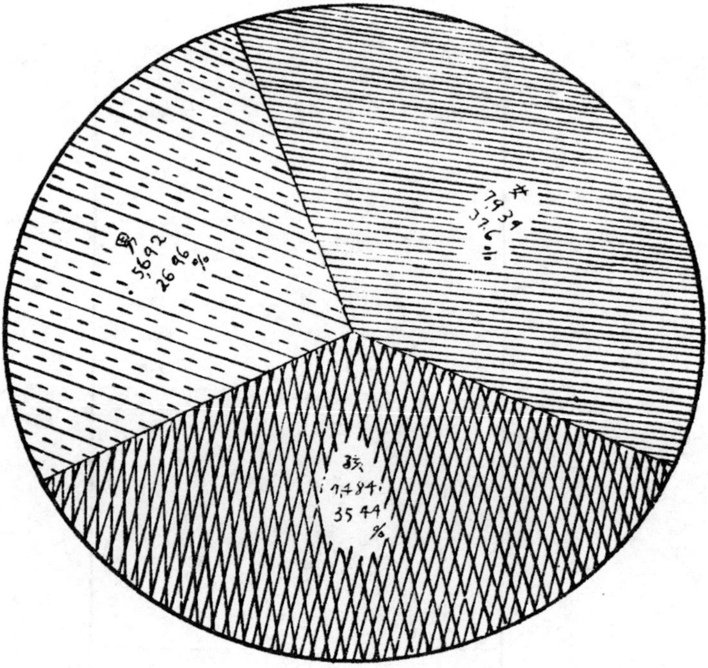

二七

收容難民年歲分配統計表[甲]

年　　歲	人　數
4 歲　以下	1,479
5 —— 9歲	1,678
10 —— 14	3,273
15 —— 19	3,061
20 —— 24	1,396
25 —— 29	2,110
30 —— 34	1,381
35 —— 39	1,442
40 —— 44	1,426
45 —— 49	778
50 —— 54	679
55 —— 59	724
60 歲　以上	1,688
總　　計	21,115

甲 三月下旬及四月上旬調查

收容難民年歲次數分配圖

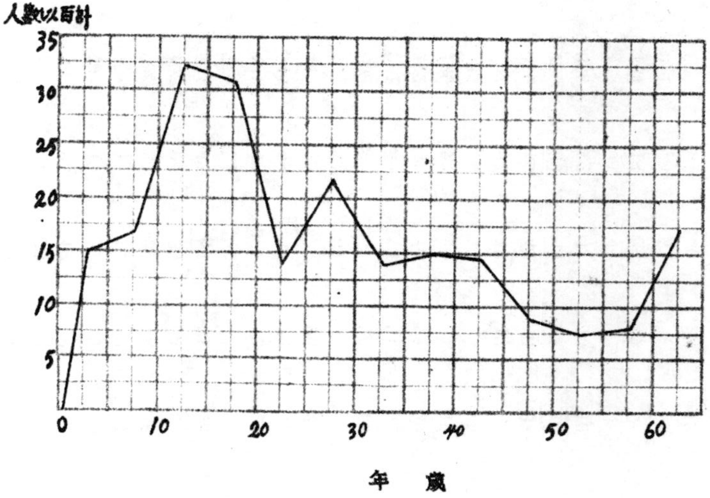

收容難民[甲]職業統計表[乙]

職業 所別	工匠	店夥	農民	苦傭	車夫	其他及不明	總計
1	245	28	30	15	1	1	320
2	230	24	25	25	9	20	333
3	168	22	12	4	5	4	215
4	208	31	24	10	5	10	288
5	166	20	18	8	7	9	228
6	189	10	21	9	6	14	249
7	58	15	19	8	4	3	107
8	204	50	27	8	6	6	301
9	103	26	25	5	12	8	179
10	554	49	84	21	8	6	722
11	771	24	100	3		7	905
12	1,424	48	221	72	27	38	1,830
13	543	58	85	22	10	8	726
14	440	30	123	20	20	30	663
15	401	53	61	9	1	9	534
16	2,062	299	351	28	56	16	2,812
17	961	160	175	71	49	85	1,501
18	282	51	46	22	40	35	476[甲]
19	129	22	28	14	10	12	215
20	55	9	11		5	5	85
21	97	23	18	12		6	156
22	1,424	45	148	3	33	17	1,670
23	1,100	88	95	7	4	10	1,304
24	326	62	47	10	19	57	521
25	199	54	44			6	303
26	184	18	26	7		5	240
27	351	8	51	1			411
28	779	68	100	28	12	50	1,037
29	1,001	93	104	14	11	70	1,293
30	984	37	88		8	12	1,129
31	301	15	26	9	3	8	362
總計	15,939	1,540	2,233	465	371	567	21,115

乙 三月下旬及四月初旬調査

甲 婦孺無職業者依其夫或父母之職業統計藉示難民賴以生活之各業人數

三〇

收容難民職業統計圖

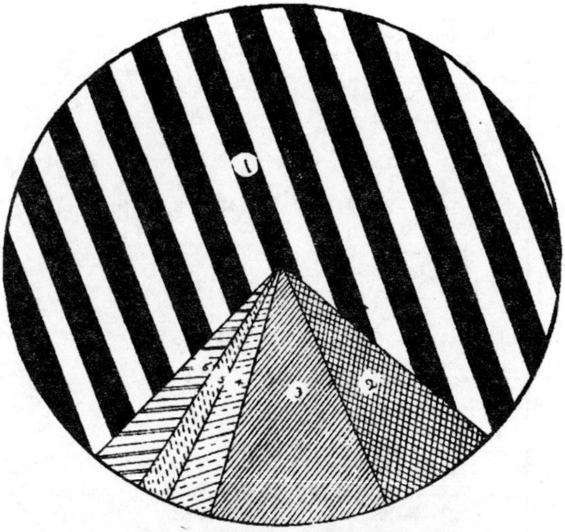

職業別	人數	百分比
(1) 工匠	15,939	75.48
(2) 店夥	1,540	7.3
(3) 農民	2,233	10.57
(4) 賦傭	465	2.2
(5) 車夫	371	1.76
(6) 其他及不明	567	2.69
總計	21,115	100.00

甲註見前表

各月份收容難民入所出所比較表

時期		入所	出所
二月	10 以前	4,594	564
	11——15	6,540	3,015
	16——20	6,460	8,850
	21——25	13,975	9.916
	26——29	5,590	6,818
三月	1——5	8,272	8,579
	6——10	9,200	8,126
	11——15	13,867	10,488
	16——20	13,702	9,798
	21——25	8,530	8,047
	26——31	18,170	14,060
四月	1——5	4,165	9,312
	6——10	4,512	7,581
	11——15	4,097	6,819
	16——20	2,145	3,777
	21——25	2,982	5,053
	26——30	2,000	2,530
五月	1——5	1,722	3,675
	6——10	3,747	3,197
	11——15	629	1,364
	16——20	114	685
	21——25	81	1,713
總計		135,094	133,967

各月份收容難民入所出所比較圖

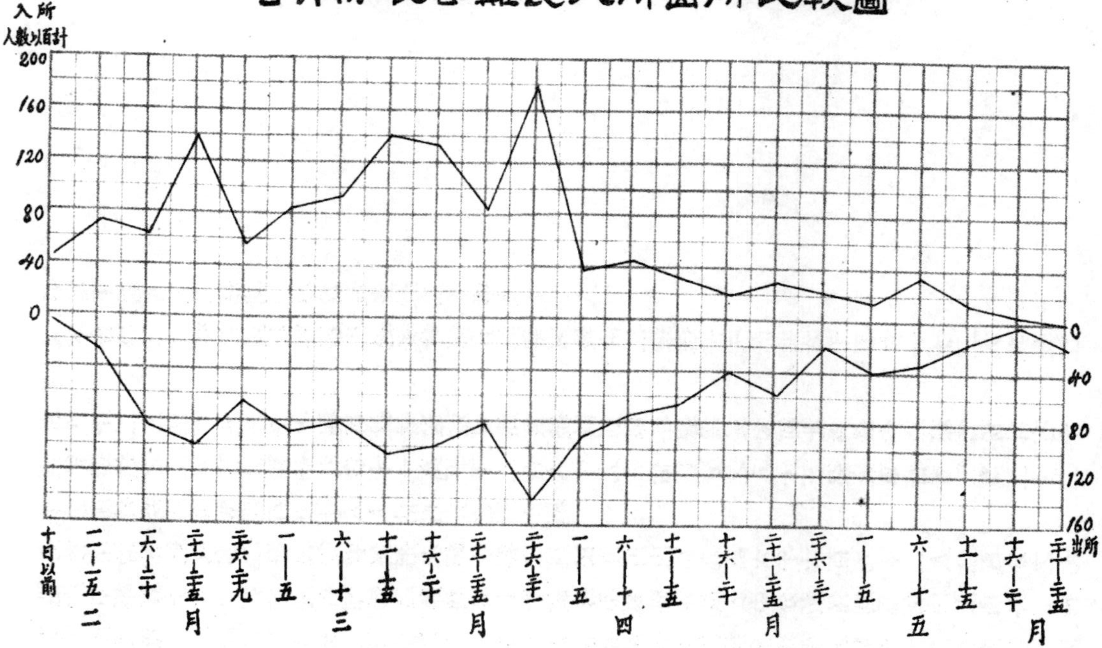

三三

第三節　遣送

關於難民遣送之統計除本會直接遣送者外尚有聯合在滬各地同鄉會辦理之數亦包含在内但直接遣送中事實上亦或有待於各團體之照料者其數值殊不易確定故表中分類僅別爲所内及所外二種前者係指曾經收容之難民後者係指未經收容之難民計所内爲九萬六千六百九十三人佔百分之七十强所外爲四萬零四百五十八人佔百分之三十弱

至就運送之工具言計輪船行者十一萬三千八百六十九人佔百分之八十三强火車行者二萬三千二百八十二人佔百分之十七弱再就遣送難民籍貫統計則以江蘇爲最多河北爲最少原籍省份計有十省

又本會於三月初旬以收容難民過多曾僱有江華專輪沿江遣送一次計共六千五百一十二人其長江各地下船人數以蕪湖一埠爲最多計二千零九十二人

各月份遣送難民統計表

時　　期	所內難民	所內難民	總　　計
二月 15日以前	2,149	1,316	3,465
16日——29日	18,424	5,549	23,973
三月 1日——15日	23,144	14,880	38,024
16日——31日	25,085	12,934	38,019
四月 1日——15日	12,837	1,621	14,458
16日——30日	8,473	2,356	10,829
五月 1日——15日	4,718	1,272	5,990
16日——31日	1,863	530	2,393
總　　計	96,693	40,458	137,151

各月份遣送難民統計圖

三五

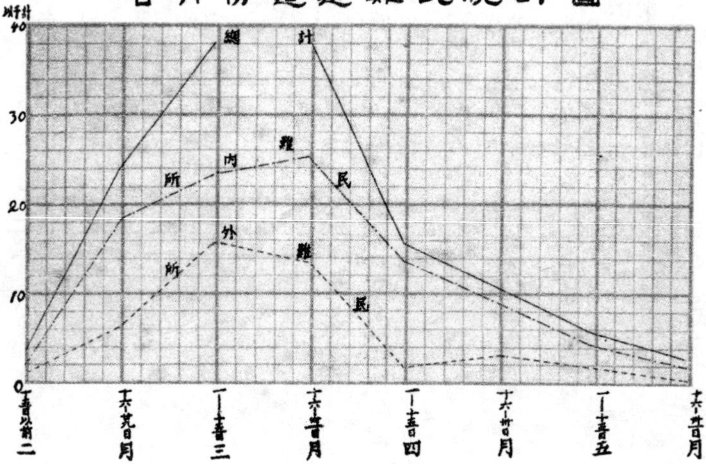

輪船運送及火車運送難民統計表

時期	輪船運送	火車運送	總計
二月 15日以前	1,044	2,421	3,465
16日——29日	19,419	4,554	23,973
三月 1日——15日	31,868	6,156	38,024
16日——31日	31,659	6,360	38,019
四月 1日——15日	13,744	714	14,458
16日——30日	9,176	1,653	10,829
五月 1日——15日	5,272	718	5,990
16日——30日	1,687	706	2,393
總計	113,869	23,282	137,151

輪船運送及火車運送難民數比較圖

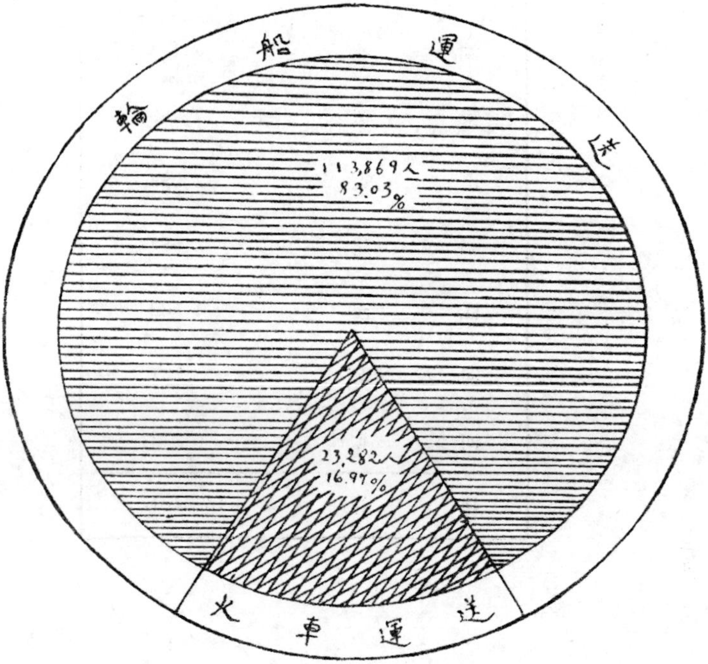

三七

遣送難民籍貫統計表

省別	難民人數
江蘇	50,142
浙江	45,026
廣東	18,123
湖北	8,124
安徽	7,489
山東	2,988
福建	2,984
江西	1,562
河南	501
河北	212
總計	137,151

遣送難民籍貫統計圖

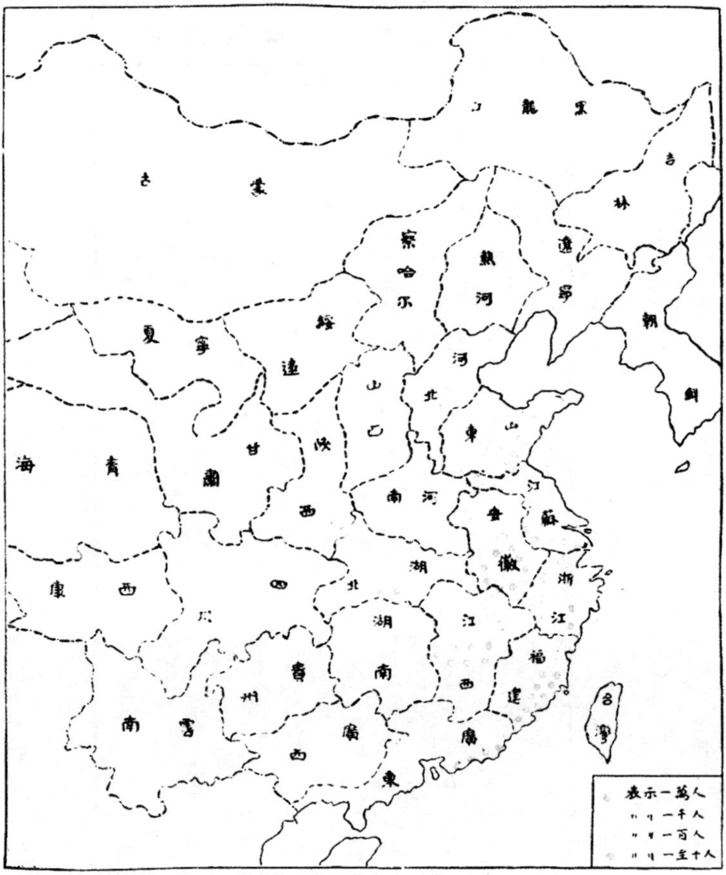

三九

江華遣送專輪
沿江各地下船人數統計表

地名	難民人數
南通	209
江陰	90
泰興	81
口岸	775
鎮江	1,918
浦口	207
蕪湖	2,092
大通	35
安慶	258
九江	311
武穴	63
黃石港	50
漢口	423
總計	6,512

江華遣送專輪沿江各地下船人數比較圖

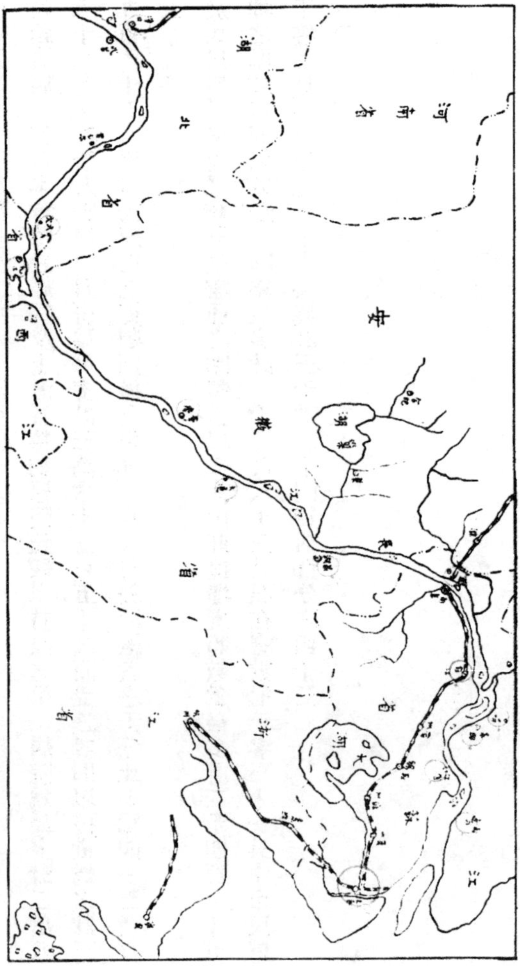

四一

第四節　治療（掩埋附）

關於難民治療之統計就科別言以內科爲最多計五萬零九百零九人約佔全數百分之五十八而內科治療中又以傳染病爲最多計二萬四千四百四十六人

再就診治病院言合本會特設病院及上海各特約醫院比較以特設之第一病院爲最多計二萬八千七百五十八人又診治人數以三月份爲最多計三萬六千三百五十人而受診者則以孩童爲多計三萬八千九百三十五人至難民死亡之總數則僅三百九十八人對於治愈者之千分比率爲四·五及九九五·五

關於兵民屍體掩埋之統計就辦理之團體言以普善山莊掩埋屍體數爲最多計二千四百一十五具就掩埋之區域言則以吳淞一區爲最多計一千三百八十三具而在總數七千零三十一具中市民屍體計四千零七具佔百分之五十七兵屍計三千零二十四具佔百分之四十三

內外科及其他各科診治人數分類統計表

科		類	診治人數
內科病	傳染病	傷寒症	1,247
		痲疹	4,996
		猩紅熱	5
		水痘	1,043
		天花	1,850
		赤痢	3,496
		霍亂	3
		瘧疾	3,306
		白喉	25
		流行性腦脊髓膜炎	9
		流行性感冒	4,800
		急性關節風濕症	2,589
		慢性關節風濕症	892
		筋肉風濕症	185
	中毒症	慢性阿片中毒	718
		慢性海洛因中毒	32
	循環器病	心筋衰弱	12
		心筋炎	10
		脂肪心	9
		心臟內膜炎	61
		後天性心臟瓣膜障礙	775
	呼吸器病	氣管枝炎	1,989
		氣管枝喘息	135
		肺炎	1,177
		肺結核	4,596
		肋膜炎	56
	消化器病	口內炎	1,425
		急性胃炎	4,304
		慢性胃炎	1,104
		胃潰瘍	510
		胃癌	17
		胃擴大	102
		胃下垂	3
		急性腸炎	4,158
		慢性腸炎	588
		腸寄生蟲病	1,501
		肝膿瘍	47
		肝硬化症	29
		腹水	33
	泌尿器病	急性腎臟炎	187
		慢性腎臟炎	63
		膀胱炎	60
	血液病	貧血	719
		萎黃病	29
	神經系病	歇斯的里	1157
		神經衰弱	40
		偏頭痛	464
		暈船	5
		脚氣	296
	老衰	老衰	52

（待續）

四三

內外科及其他各科診治人數分類統計表（續）

科	類	診治人數
外科病	創傷	10,180
	炸傷	1,367
	刺傷	17
	打傷	97
	挫傷	1,858
	火傷	376
	凍傷	1,190
	潰瘍	2,543
	骨折	4
	破傷風	28
	丹毒	268
	膿瘍	187
	筋炎	789
	蜂窩織炎	235
	腦震盪症	1
	瘺	214
	乳腺炎	475
	淋巴腺炎	255
	結核性淋巴腺炎	11
	齒痛	753
	疝氣	179
	痔核	1,074
	痔瘻	39
	脫肛	18
眼耳鼻咽喉科病	急性結膜炎	1,586
	慢性結膜炎	88
	濕疹性結膜炎	42
	沙眼	2,102
	角膜炎	82
	角膜潰瘍	53
	角膜硬化症	1
	扁桃腺炎	474
	中耳炎	1,019
	耳下腺炎	1,069
產科及婦科病	分娩	1,013
	產後病	171
	子宮內膜炎	364
	子宮外膜炎	175
	子宮變位	18
	卵巢炎	14
皮膚病	疥瘡	2,773
	濕疹	2,549
	黃癬	860
	白癬	481
	皮膚搔疹	214
	圓形禿髮	211
其他	梅毒	15
	淋症	34
	橫痃	14
	精神病	3
總計		88,497

四四

內科診治人數分類統計圖

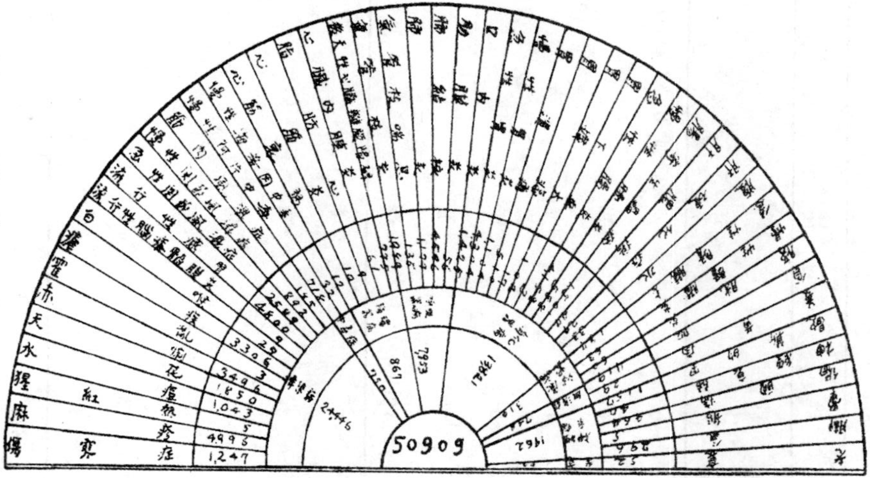

四五

各種病症死亡人數統計表

疾	病種類	死亡人數
外傷	腦震盪症	1
	創傷	73
	炸傷	47
	刺傷	3
	破傷風	3
	丹毒	1
傳染病症	麻疹	154
	天花	43
	赤痢	15
	霍亂	1
	白喉	4
	流行性腦脊髓膜炎	5
普通病	肋膜炎甲	3
	肺炎乙	34
其他	老弱	11
總計		398

甲由外傷而起

乙與麻疹合發

各種病症死亡人數統計圖

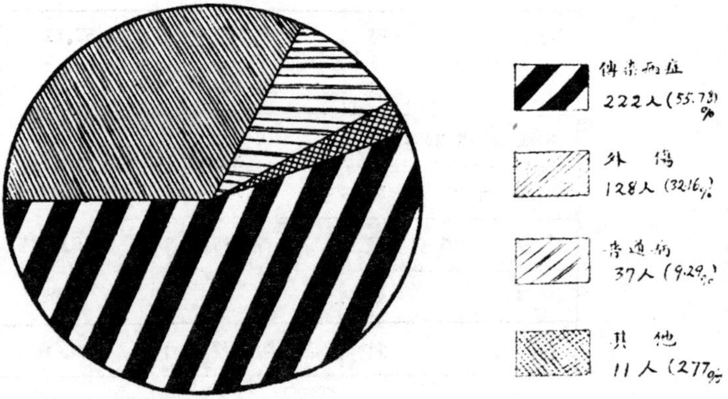

治愈及死亡人數比較圖

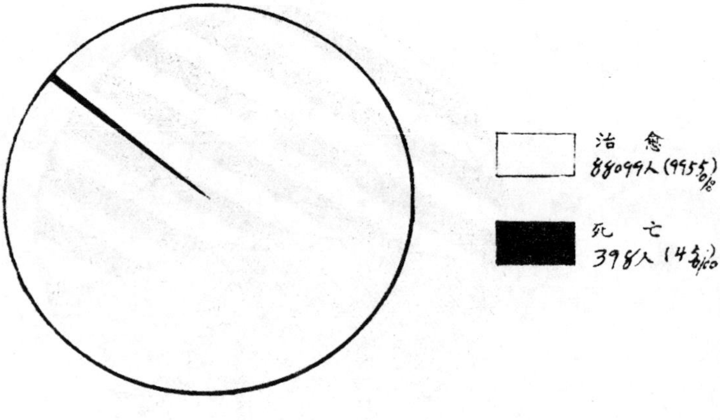

內外科及其他各科診治人數百分比較表

科別	診治人數	百分比
(1)內科	50,909	57.52
(2)外科	22,158	25.04
(3)眼耳鼻咽喉科	6,521	7.37
(4)產科及婦科	1,755	1.98
(5)皮膚病	7,088	8.01
(6)其他	66	0.08
總計	88,497	100.00

內外科及其他各科診治
人數百分比較圖

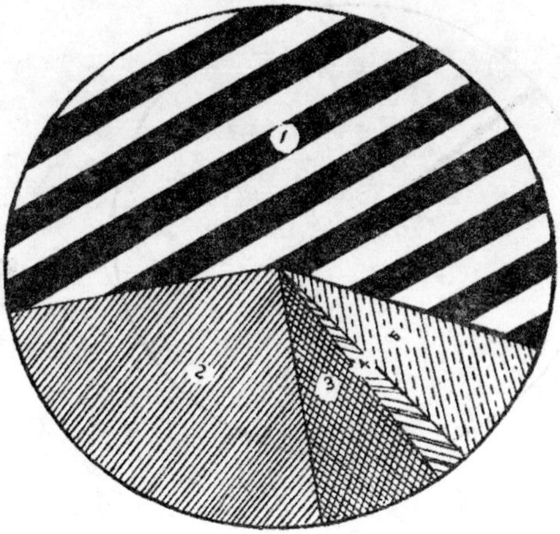

二，三，四，五各月份診治難民性別統計表

月　份	男	女	孩	總　計
二　月	4,128	4,010	7,873	16,011
三　月	9,804	10,895	15,651	36,350
四　月	7,672	7,174	11,809	26,655
五　月	3,063	2,816	3,602	9,481
總　計	24,667	24,895	38,935	88,497

各月份診治難民性別統計圖

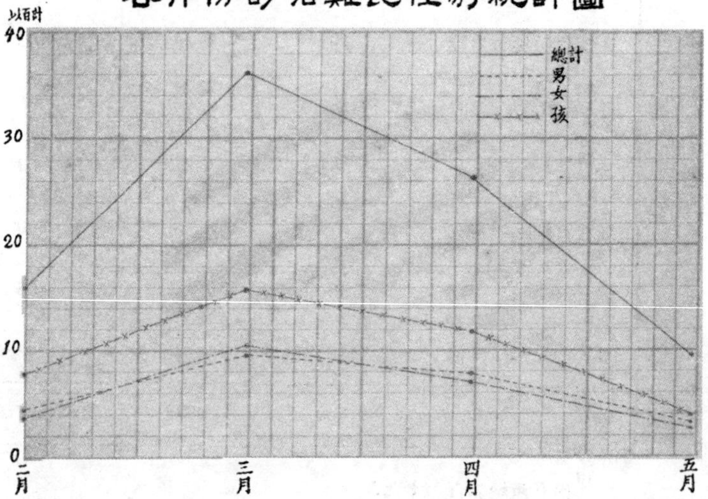

四九

各醫院診治人數統計表

醫院名稱	治愈人數	死亡人數	診治總計
本會第一病院	28,667	91	28,758
本會第二病院	4,634	28	4,661
本會第三病院	1,639	11	1,650
本會第四病院	1,433	20	1,453
巡迴診療所	19,037		19,037
江華遣送輪衛生股	102		102
各寄宿所診治	29,686	209	29,895
公立上海醫院	941	21	962
新普育堂隔離醫院	377	13	390
健華醫院	450[甲]	5	455
其他	1,133[乙]		1,133
總計	88,099	398	88,497

五〇

甲內有產婦二百六十九人

乙內有產婦六百三十六人

各醫院診治人數統計圖

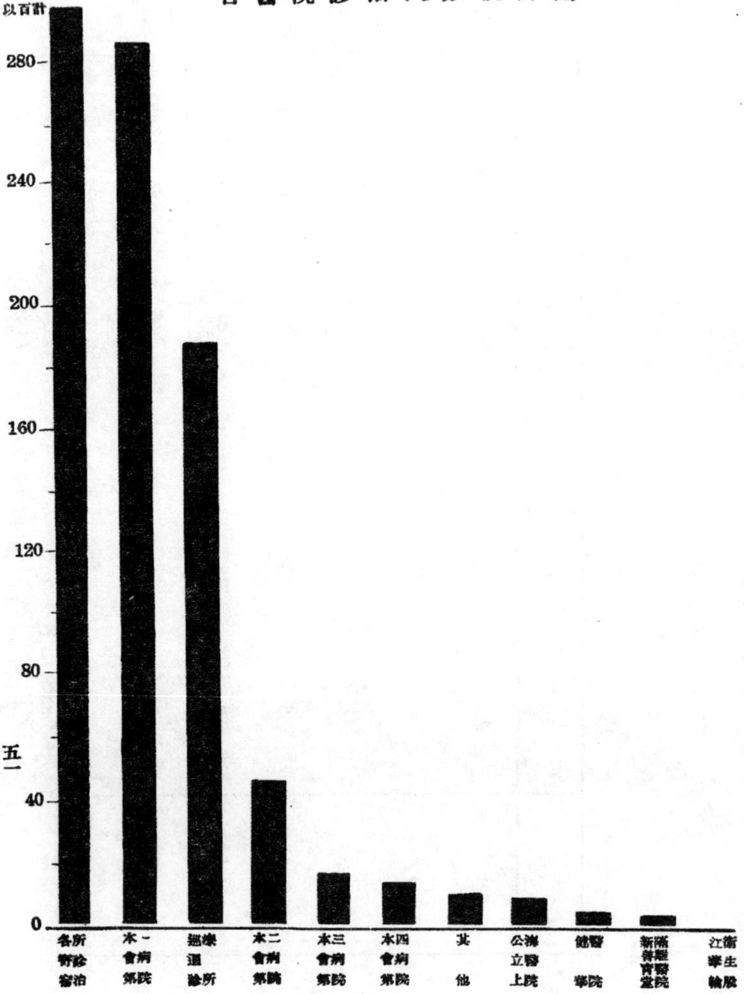

五一

上海各慈善團體掩埋兵民屍體統計表

團體名稱	市民屍體			兵屍	總計
	男	女	孩		
普善山莊	650	184	972	609	2.415
同仁輔元堂	184	176	239	995	1,594
閘北慈善團 藍十字會	450	270	324	378	1.422
江灣崇善堂	204	87	164	683	1.138
世界紅卍字會	31	18	54	359	462
總計	1,519	735	1.753	3,024	7,031

上海各慈善團體
掩埋兵民屍體統計圖

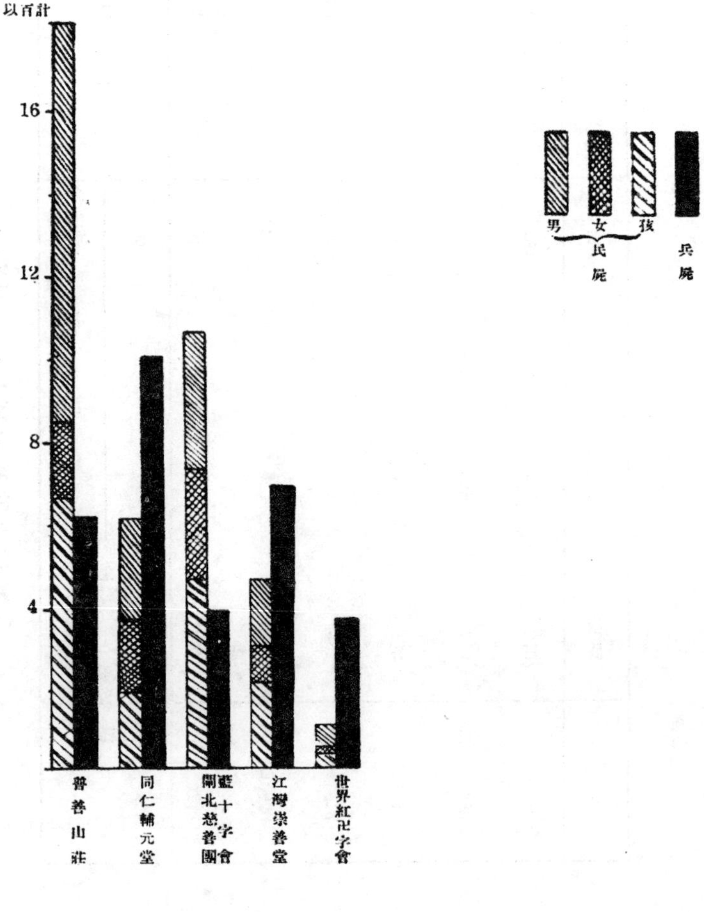

五三

吳淞各區掩埋兵民屍體統計表

掩埋區域	市民屍體			兵屍	總計
	男	女	孩		
吳淞	326	170	178	709	1,383
大場	205	52	401	404	1,062
閘北	345	112	531	285	1,273
江灣	271	125	228	793	1,417
眞茹	248	172	237	323	980
廟行	124	104	178	510	916
總計	1,519	735	1,753	3,024	7,031

兵民屍體及性別比較圖

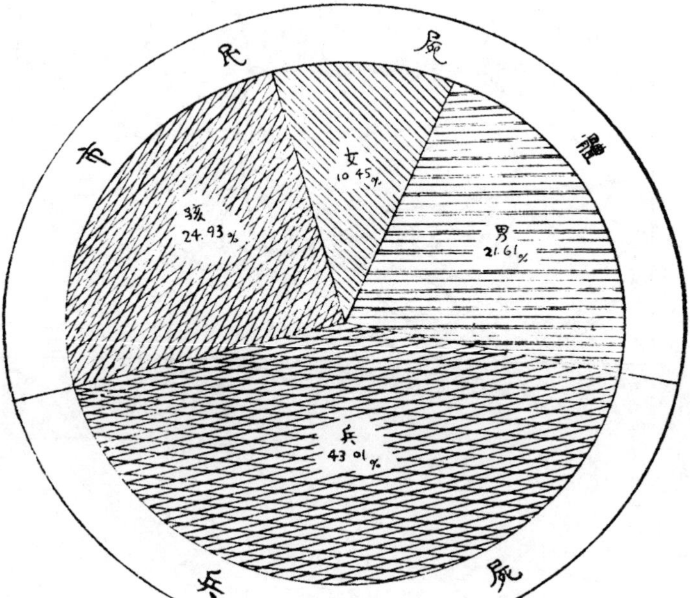

五五

吳淞各區掩埋兵民屍體統計圖

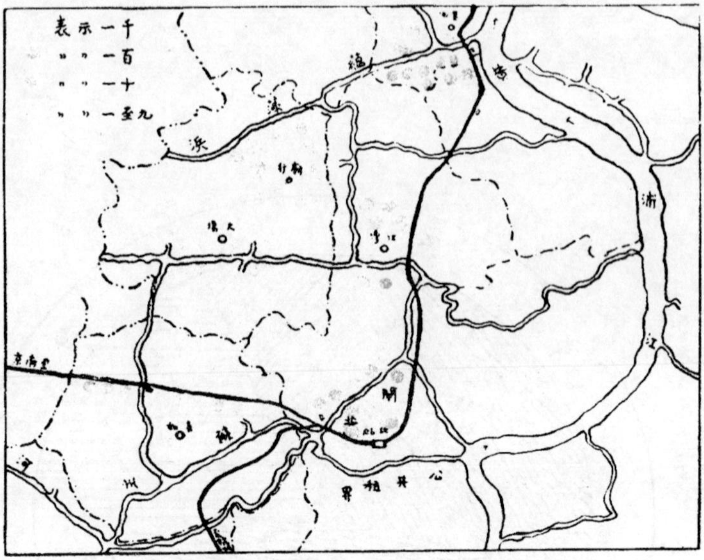

五六

第五節　日軍拘捕難民之保釋

被日軍拘捕之難民經其戚友來會聲述後本會卽爲進行保釋茲據表列此等保釋難民以三月份爲最多就職業論則以工匠爲最多計一百二十六人佔百分之四十二而強至於被押之久暫據次數分配表所列以六日至十日爲最普通共計八十一人被押至四十日以上者亦有二人

又關於被拘地點之統計以閘北爲最多計一百九十一人狄思威路一帶爲最少計三十人總計七百五十八人但此項總數中凡未經本會保釋者亦包含在內

被日軍拘押難民職業統計表

（以經本會保釋者爲限）

職業／月份	工匠	店員	雇傭	車夫	小販	農人	其他	總計
二月	23	8	6	5	5	2	7	56
三月	95	29	24	11	18	10	20	207
四月	8	4	2	1	2	5	12	34
總計	126	41	32	17	25	17	39	297

閘北各地被日軍拘捕難民人數統計表

被捕地點 / 月份	閘北	北四川路一帶	虹口一帶	引翔	狄思威路一帶	吳淞	廟行	眞茹	南翔	未詳地點	總計
二月	90	39	38	22	5					35	229
三月	70	61	55	38	22	24	20	18	30	59	397
四月	31	19	13	5	3	7	3	21	19	11	132
總計	191	119	106	65	30	31	23	39	49	105	758

閘北各地被日軍拘捕難民人數統計圖

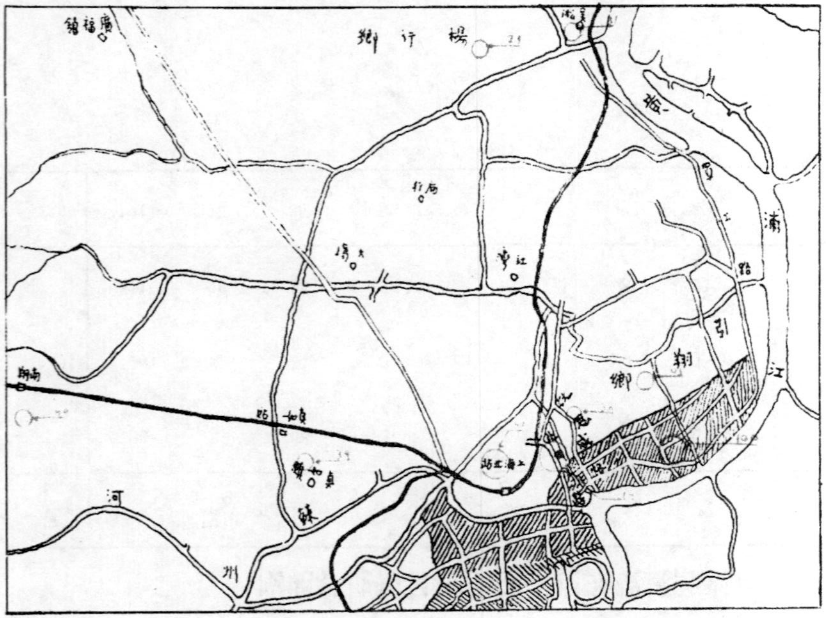

難民被日軍拘押日數次數分配表

（以經本會保釋者爲限）

被押日數	人數
1 —— 5	55
6 —— 10	81
11 —— 15	48
16 —— 20	40
21 —— 25	24
26 —— 30	23
31 —— 35	18
36 —— 40	6
40 以上	2
總計	297

難民被日軍拘押日數次數分配圖

（以經本會保釋者為限）

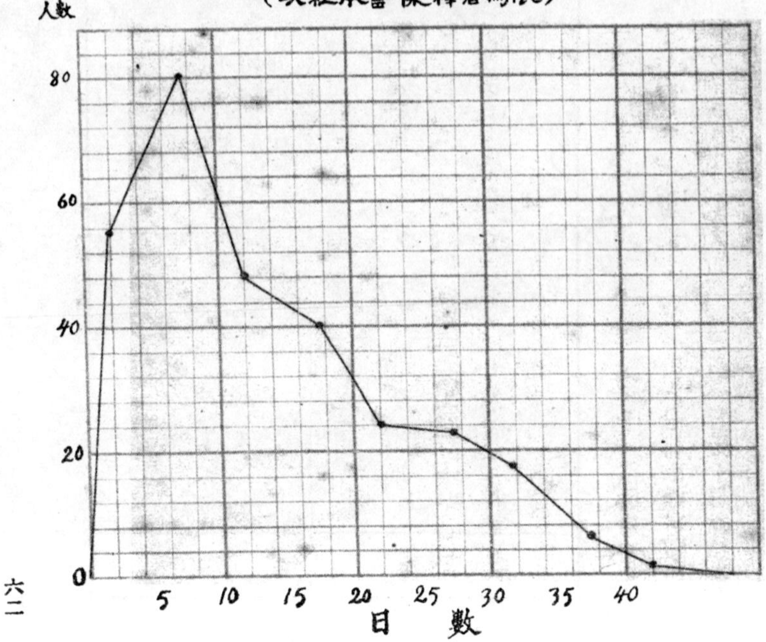

六二

第六節　振款收支

本會收到捐欵以每十日爲一時期統計之就欵額言以三月一日至十日爲最多計五萬三千二百七十三元零三分六月一日至十日爲最少僅七百四十三元一角八分就宗數言則以四月一日至十日爲最少僅二十九戶又捐欵在一萬元以上者計有六戶不及一元者十一戶而自一元至四元九角九分者則達七百零八戶爲數最高矣

至各項支出欵額之統計則以難民寄宿所之用費爲最多計七萬零八百二十九元一角一分然本會先後收容難民約計十四萬人除衣被米糧用具之所需一部分係捐助者外每人所費不過五角爲數亦綦微矣此外則宣傳用費計三千六百九十七元以印刷廣告支出爲其大宗振品部分另製對照表詳載本會振欵振品收支報告册內茲不備述

各月份收到捐款元數統計表

時　　期	捐款元數	連前期合計數
2月 1——10日	21,947,53[甲]元	21,947,53
11——20	17,993,19	39,940,72
21——29	25,099,37	65,040,09
3月 1——10	53,273,03	118,313,12
11——20	7,660,79	125,973,91
21——31	20,946,64	146,920,55
4月 1——10	41,909,00	188,829,55
11——20	2,510,49	191,340,04
21——30	21,396,10	212,736,14
5月 1——10	2,968,47	215,704,61
11——20	1,705,50	217,410,11
21——31	18,222,43	235,632,54
6月 1——10	743,18	236,375,72
總　　計	236,375,72	

[甲] 一月卅一日收到捐款五十元合計在內

各月份收到捐款元數統計圖

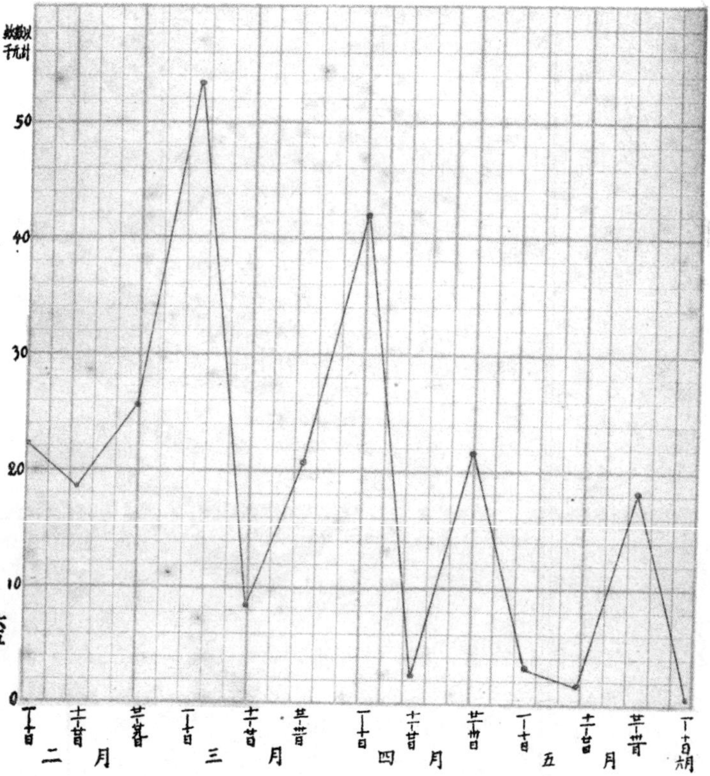

六五

各月份捐款宗數統計表

時　　　　期	宗　　數
2月 1 —— 10日	210
11 —— 20	265
21 —— 29	220
3月 1 —— 10	189
11 —— 20	156
21 —— 31	151
4月 1 —— 10	275
11 —— 20	49
21 —— 30	35
5月 1 —— 10	40
11 —— 20	55
21 —— 30	59
6月 1 —— 10	29
總　　計	1,733

六六

各月份收到捐款宗數統計圖

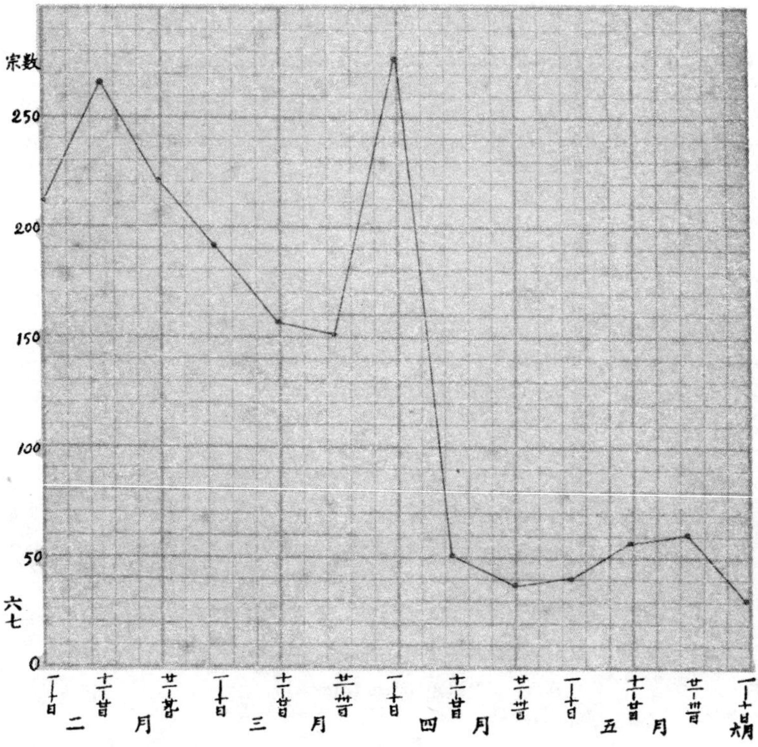

六七

捐款額次數分配表

款額組距[甲]	宗數
1元以下	11
1 —— 4,99	708
5 —— 9,99	234
10 —— 49,99	439
50 —— 99,99	121
100 —— 499,99	167
500 —— 999,99	23
1,000 ——4,999,99	21
5,000 ——9,999,99	3
10,000元及以上	6
總計	1,733

[甲]本表爲歸納各組次數之便利計用不相等之組距(Class Interval)

支出款額統計表 甲

項　　　　目	款　　　額
救護用費	19,564,76元
難民寄宿所用費	70,829,11
治療用費	15,087,27
遣送用費	20,476,06
撥助救護醫藥掩埋收容遣送費	15,273,88
宣傳用費	3,697,84
本會辦公費	16,474,82
總　　計	161,403,74

甲 本會捐款236,375,72元利息905,44 元米袋麵粉變價997,84元總計收入238,279,00元除支出外尚餘76,875,26元移交辛未救濟會

六九

各項支出款額統計圖

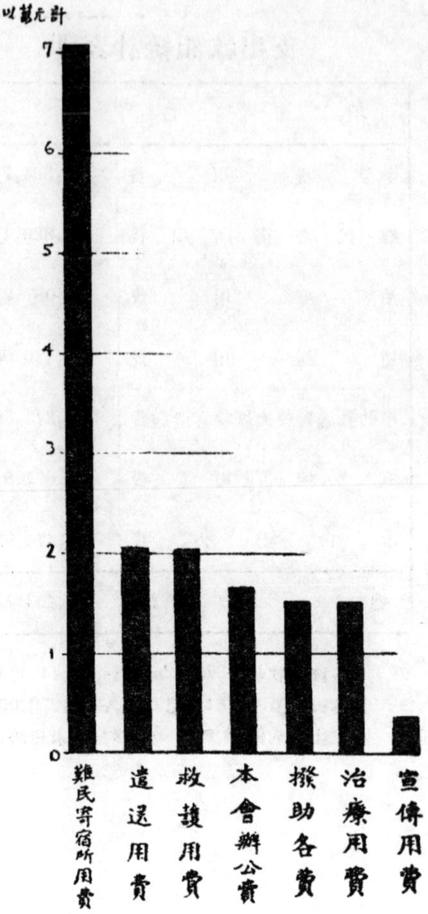

七〇

第五章　辛未救濟會之成立

戰區臨時救濟自二月開始至五月底畢事惟寄宿所中無家可歸之難民未能卽行遣送者尙達一千餘人之譜倘不妥爲安置仍有流落之虞而同人等去歲組織成立之上海籌募各省水災急振會對於未經辦理結束省分之振務亦須妥籌善後此就辦理之實況言兩會結束以後已非另組團體賡續其事不可頻年多故水旱洊臻災變之來補苴無術則爲防患起見又安能不預爲之計此就來日之救濟言更非另組團體籌措其事不可兩會於五月十六日及二十三日叠開聯席會議決議卽行結束另組永久團體定名爲辛未救濟會用示此一年中災變迭乘不敢或忘之意對於此後災患之救濟決以積極方法使災民各遂其生倘仍承社會人士樂予贊襄將來對於災區農工急振自可酌量舉辦加惠窮民寧有既耶是所馨香禱祈者已

附錄

公牘

函上海市政府爲函達本會組織成立文　一月三十一日

敬啓者此次日兵犯境所有國軍因自衞抗拒戰區市民慘遭寇禍同深憫惻特由本市各慈善及公益團體聯合發起組織上海戰區難民臨時救濟會假雲南路仁濟堂爲會所專爲收容給養事宜共竭棉薄冀盡天職相應函達敬希

查照並乞

指示爲荷此致

上海市政府

本會

函十九路軍暨戴司令市政府爲推員往閘北辦理護遣戰區難民請指導並協助文　二月一日

敬啓者本會茲爲護遣閘北戰區難民至安全地帶由本會委員潘公展君前往接洽辦理相應函達敬祈
查照指導並予協助無任紉感此致
十九路軍蔣總指揮　蔡軍長　翁旅長
上海警備司令戴
上海市政府

本會

函常熟 太倉 嘉定 青浦 崑山 金山 寶山 縣政府 商會爲遣送難民先派員接洽乞予指助文

二月一日

敬啓者茲因護送上海戰區難民分別至安全地帶所有送至
貴縣難民務祈設法收容茲特派員先行趨前接洽敬乞
查照並予指助爲感此致
縣政府 商會

本會

函翁旅長爲紅十字會隊員四人失蹤請通知所屬查明有無其人文

二月一日

敬啓者頃准紅十字會來員面稱昨日(三十一日)上午九時該會隊員羅雲祥鮑正武應文達毛徵祥四

君乘黃色汽車（租界照會一七八〇九號）由二馬路該會出發往四川路嘉興路等處從事救濟迄今未
返囑爲函詢等語相應函達
貴旅請予通知所屬暨各友軍一體查明有無其人
迅賜見復以便轉知該會實紉公誼此致
翁旅長

本會　二月二日

函滬杭甬鐵路管理局爲請配車遣送難民至松江等處免費開行文

逕啓者日兵犯境閘北地方適當其衝居民死亡流離慘不忍睹本會臨時設法救濟惟上海亦非安全之
區茲擬將被難人民沿滬杭路線遣送至松江嘉興等處暫爲安置務請
貴局配置車輛並予免費開行無任感禱此致
滬杭甬鐵路管理局

本會　二月二日

函各寄宿所爲查詢各難民有願赴滬杭鐵路一帶者開單送會文

逕啓者茲准市府各局聯合辦事處函開以輸送難民至滬杭鐵路沿線一帶安全地點已與路局接洽在

南火車站備車兩輛每次可容一千餘人惟押送難民人員必須持由該處證據等因相應函達卽希
查照詢明本會寄宿所各難民如有願往者速行註明性別年齡姓名籍貫開單送會以便彙集轉送市府
各局辦事處給證遣送爲要此致
各寄宿所

本會

函大陸商場爲准胡筠秋先生指定該場二三層樓爲收容所派本會幹事前來接洽文

二月四日

敬啓者頃接胡筠秋先生函稱茲已指定九江路大陸商場二三層樓爲難民收容所凡由災區領出之難
民望送該處安置是感等語茲特派本會幹事鄂潤之君前來接洽敬希
賜教爲荷此致
大陸商場

本會

函復蒲淞區市政委員辦事處爲准函以滬西難民絡繹囑送食品已面交陳亞夫君饅首十六袋希
查收給據文

二月三日

敬復者頃奉

大函以滬西各地難民避災者絡繹不絕
貴處經濟缺乏因感救濟困難囑爲設法接濟食品俾免災民饑餓之虞等由自應遵辦除已面交
貴處代表陳亞夫君領去饅首十六袋至希
查收賜給收據送會俾昭徵信外相應函復
查照爲荷此致
蒲淞區市政委員辦事處

本會

函航業公會爲送上致內河各大小輪船公司公函十二份請代填名稱分別轉致文

二月四日

敬啓者茲有本會致內河各大小輪船公司公函因地址名稱均不明晰茲將該函送上敬請
貴會代爲填明分別致送夙知
貴會熱心公益當此難民流離失所定能相與救濟也用特檢同公函十二份空白信封十二枚一併函請
查照辦理見覆爲荷此致
航業公會

本會

函招商局內河分局爲詢問有無漲價情事并請取消見覆文

二月三日

敬啓者查此次閘北一帶慘被寇禍遭難居民流離極苦除無家可歸者正由本會設法安置安全地帶以
免危險其餘欲遷避他往者類無多資深恐內河小輪客票漲價無力購票哀懇本會設法救濟深知
貴局熱心急難定不後人用特函請
查照務懇同發仁懷對於客票暫時務勿漲價俾難胞遷避內河各地較易爲力如已漲者懇仍卽時取消
並希
見復至紉
善誼此致
招商局內河分局

本會

函航業公會爲運送難民前往各縣急需與內河各輪船公司接洽請檢會員錄或開單見示文

二月四日

敬啓者此次日兵犯境市民慘遭敵禍本會成立以來專事救濟戰區難民茲擬分別運送外縣安全地帶
急須向內河各大小輪船公司接洽而各公司名稱及主辦人姓名多不明悉擬請
貴會檢賜會員錄二册或開單見示事關救濟諒蒙
贊助並希

察核立予示復爲荷此致
航業公會
本會
二月五日

函上海市政府各局聯合辦事處爲商借浦江渡輪以救同胞文

敬啓者本會現擬輪送此次戰區難民前往青浦金山兩縣安置每縣輪送二千人缺乏船舶茲特公推本會委員潘公展先生前來
貴處奉商擬懇
貴處暫將所屬浦江渡輪迅予暫借一用俾救同胞深知
貴處熱心救濟定能贊助此舉用特函懇
查照俯允爲荷此致
上海市政府各局聯合辦事處
本會
二月五日

函上海市民地方維持會救濟股爲本會寄宿所所需經費食品不敷甚鉅推李總幹事趨商接濟文

敬啓者本會總幹事李組紳君逃及關於救濟事宜

貴會與本會分工合作盛意曷勝感佩查本會現在救濟難民工作業經委派人員分別前往閘北及虹口一帶日人區域冒險救濟並已分設寄宿所八處仍在設法推廣以盡棉薄並派員分赴寶山太倉崑山青浦金山松江常熟嘉定各縣商設內地收容所俾資疏通而免擁擠所有應需經費食品不敷極鉅待用尤殷茲特備函推請李總幹事組紳持函趨商敬懇

貴會查照慨予接濟無任盼禱此致

上海市民地方維持會救濟股

本會

二月五日

函上海公共租界工部局爲請派員偕同本會職員前往北浙江路元亨里援救被困難民文

敬啓者本會迭次救護戰區難民入安全界內荷承

派員協助辦理具見

貴局尊重人道無任感佩茲據本會執行組救濟股報告查北浙江路海寗路口渭安坊元亨里內有居民數百人爲弄門阻塞不能出來亟應設法援救俾免饑寒而脫危險等情用特函請

貴局仍許派員偕同本會職員前往援救敬希

查照迅予辦理爲荷此致

上海公共租界工部局

函寧波同鄉會上海市商會辦事處爲本會收容難民甚多食品缺乏特推本會常委朱子橋先生前來接洽請接濟食品文

本會 二月五日

敬啓者本會連日收容戰區被難同胞爲數甚多食用物品極感缺乏卽請

貴會將現存物品盡量接濟茲特公推本會常委朱子橋先生前來接洽敬希

賜復爲荷此致

寧波同鄉會

上海市商會辦事處

函復上海市黨部執委會爲輸送難民俟船舶借妥定期輸運當先一日函告文

本會 二月五日

敬復者頃准

大函藉諗輸送難民一案已承

貴會吳斐張小通兩君向青浦金山兩縣接洽收容人數及所需經費情形無任感佩現正函商

市府各局聯合辦事處轉借浦江渡輪以爲轉送之用除俟船舶借妥定時運輸再行遵

囑先一日函告
貴會查照轉知接洽辦理外相應先行函復
查照爲荷此致
上海市黨部執委會
本會

函聘徐永祚爲本會會計師文　二月六日

敬啓者本月五日本會臨時會議決議公推
執事爲本會會計師等因紀錄在卷
執事熱心善舉愛國愛羣素所佩仰相應錄案奉達敬希
查照並懇按日
蒞臨指導共策進行無任感盼此致
徐永祚會計師
本會

函內河輪船同業公會爲因遣送難民赴各縣安全地帶須與各輪船公司接洽附致各輪船公司函
三十份請分別致送見覆文

二月六日

敬啓者此次日兵犯境市民慘遭敵禍流離極苦本會成立以來專事救濟此次戰區難民除於本埠設所收容外其願遷避他處者深恐輪船客票加價無力購票乘坐本會爲貫澈救濟起見擬向內河各大小輪船公司接洽暫勿加價襄茲善舉茲因各公司名稱地點及主辦人姓名多不知悉用特檢附致內河各輪船公司公函三十份空白信封三十份函請

貴會查照希即代爲塡具各公司名稱分別轉送事關救濟諒蒙

贊助並希

迅賜示覆爲荷此致

內河輪船同業公會

附信封公函各三十份

本會

函復工部局衛生處爲准函以租界災民擁擠請分運浦東及內地各處本會已將難民輸運蘇州等處安插尚擬陸續運送文

二月九日

逕啓者頃准

大函敬悉壹是租界難民擁擠關於糧食衛生諸端諸感困難亟應速謀救濟閘北災民分送浦東及內地

各處安置使租界食品供給及衛生諸問題減少困難自係目前最要辦法藎籌所及極表贊同本會昨准社會局暨各局聯合辦事處以蘇州嘉興等處已派有小輪拖帶船隻輸運滬地難民有三四百名之多出境安插明晨尚須陸續輸運俾策安全至本會所設難民寄宿所共計十二處均經派有專員嚴密照料每日收容人數每晚八時以前均據報到會斟酌情形隨時遣送惟望今後事態漸就平定難民自可逐漸疏通至關於衛生事項本會自當囑令寄宿所管理人員特加注意相應函復查照至紉公誼此致

工部局衛生處

本會

函先施永安新新各公司爲請借單人病床如小鐵床帆布床等二三十張爲本會臨時病院之用文

二月十日

敬啓者本會爲救濟本市戰區被難同胞組織臨時寄宿所十二處現因救出難胞患病者甚多特設臨時病院數處亟需單人病床如小鐵床帆布床等若干副久仰

貴公司急公好義愛國愛羣務請

慨借二三十張以惠難民曷勝盼禱此致

公司

本會

函運輸汽車業同業公會爲請惠借汽車四輛準每日駕駛本會聽候出發文

二月十日

逕啓者頃因本會運送難民需要車輛特推社會局宋鍾慶君前來接洽乞
貴公會惠假運貨汽車四輛準每日上午八時三十分駕駛本會聽候出發汽油由本會自備車夫亦由本會酌給飯資
貴公會急公好義當荷
慨允本會連日親往戰區均有紅十字會旗幟且與各方妥洽辦理絕無意外萬一車輛有被損壞之事本會自當負責賠償至是項車輛每日以四輛爲定如需要多輛當先一日專員前來商洽也一切均由宋君面達敬希
台洽爲荷此致
運輸汽車業同業公會

本會

函陸祺生先生爲請代租汽車如有傷人損車本會負責賠償撫卹文

二月十日

逕啓者茲因救護戰區難民需用汽車甚多擬懇
代爲設法租用如有遇險無論損車傷人本會自應負責賠償撫卹卽乞

費神辦理爲荷此致

陸祺生先生

本會

函中國紅十字會據報橫浜路交叉點寶山路八七八號房屋內有難民三人請照會日本赤十字會援救出險以便診治文

二月七日

敬啓者頃據報稱橫浜路交叉點寶山路八七八號房屋內住有難民六人本月五日由日本衛生隊救出三人尚有胡國鈞年十七歲胡康生年十五歲僕婦楊媽等男女三人均受彈傷請予救濟等語查該處爲日軍防線本會救護車及工作人員不能通過無法救援敬請

貴會照會日本赤十字會迅速設法救護出險以便診治相應函達敬希

查照辦理見復爲荷此致

中國紅十字會

本會

函工部局衛生部爲嗣後救出難民有傳染病者擬送貴部醫院診治派余幹事趨商希賜洽文

二月八日

敬啓者本會由各慈善及公益團體發起聯合組織專爲救護戰區被難市民分別收容診治俾尊人道而

重衛生嗣後救出難民倘遇患有傳染病者擬送請
貴部醫院診治久仰
貴部慈善爲懷諒必
樂予贊助也相應備函推派本會幹事余祥琴君趨商一切敬希
查照賜洽爲荷此致
工部局衛生部

本會

函上海市民地方維持會救濟股爲被救難民人數激增需要食品請充分撥發並派葛幹事趨商領
運文

二月八日

敬啓者報載明日八時至十二時爲停戰救濟戰區難民期間本會現正辦理救運收容工作預計被救難
民人數激增需要食品至爲重要敬請
貴會迅予充分撥發俾資救濟特派本會幹事葛鎬蓀君趨商領運相應函達敬希
查照賜洽爲荷此致
上海市民地方維持會救濟股

本會

函各寄宿所爲發各所難民應守規則並注意嚴禁吸煙及夜間必有一人以上値夜文

二月九日

逕啓者查各寄宿所難民衆多亟應嚴訂規章以資遵守茲發去繕就寄宿所難民應守規則一份望卽張貼所中俾衆週知此外應特別注意者(一)難民嚴禁吸煙(二)夜間必有一人以上値夜相應函達

查照辦理此致

各寄宿所

本會

函復上海市民地方維持會爲難民十餘人已照單登記并設法前往救護文

二月十日

敬復者接奉

大函敬悉未經出險之難民十餘人頃已按照名單登記並交由本會救護隊設法前往救護矣特復此致

上海市民地方維持會

本會

函復上海市社會局爲蘇商會派來輪船拖船預備遣送難民赴蘇本會已在辦理中並已有難民登輪文

二月十日

逕復者頃准

大函承

示蘇州商會派來輪船二隻拖船四隻預備遣送難民赴蘇等由敬悉查本會對於遣送難民赴蘇一節已

在辦理中並有難民六百餘人登輪前往仍擬陸續遣送相應函復敬希

查照爲荷此致

上海市社會局

本會

函上海市民地方維持會救濟股爲本會寄宿所需用棉被請即發交葛幹事文

二月十一日

敬啓者時屆春寒本會各收容寄宿所需用多數棉被急不容緩用特備函派本會幹事葛筠蓀君趨前商

領敬希

查照賜發若干條並請即交該幹事具領挾纊之恩難胞同感此致

上海市民地方維持會救濟股

本會

函上海市民地方維持會救濟股爲請配撥本會臨時醫院應需藥品器械等件文

二月十二日

敬啓者本月九日承
貴會函示本會各寄宿所需用物品醫藥等件隨時告知卽當奉上等因祗聆之餘無任感佩當經函復並分別知照本會執行衛生兩組查明開單具報去後茲由衛生組朱主任企洛查明本會臨時醫院急需購辦藥品器械等件開單前來用特備函檢同原單送請
貴會查照配撥交朱主任企洛具領俾資應用而利救濟無任企禱此致
上海市民地方維持會救濟股

本會

二月十三日

函朱子謙沈田莘先生爲請致函湖社介紹借用餘屋收容難民文

逕啓者本會此次假各處收容戰區被難同胞以人數過多陸續增設前承趙賜琛先生商得陳藹士先生同意暫借湖社(卽壽聖庵舊址)收容難胞經囑本會執行組管理股派員辦理去後茲據報稱此事須朱子謙沈田莘兩先生來函介紹否則礙難照辦等語查收容難胞事關善舉
執事熱心慈善當荷
贊助除分函外相應函請
查照敬希
賜函介紹以便進行至紉

雲誼此致

朱子謙
沈田莘先生

本會

函上海市政府各局聯合辦事處爲請就救濟市民經費三萬元内賜撥若干補助本會文

二月十三日

敬啓者本會組織主旨專爲救濟本市戰區被難同胞亦所以補助

貴政府保護市民之至意現在收容救濟人數激增給養等項需款既鉅待用尤急前譖

貴政府爲救濟戰區市民特籌有經費三萬元專爲預備此項救濟之用相應函請

查照賜撥若干補助本會俾資拯難而濟燃眉無任感紉敬希

見覆爲荷此致

上海市政府各局聯合辦事處

本會

函上海市社會局爲請補助救濟難民經費文

二月二十五日

敬啓者案查本會以救濟戰區難民人數激增曾經函請

貴市政府就捐款中酌予補助在案茲准復開以前次市政會議議決撥市庫欵三萬元以半數爲救濟難

民半數爲救護傷兵傷民之用業經社會衛生兩局分別領用准函前因已轉函
貴局核辦逕復等因過會查現在本會救護難民出險及運送安全地帶人數衆多卽就救出收容在所者
而言亦已達七千數百餘人寄宿所增至十六處而戰禍未戢續救難民種種救運衣被給養醫藥等事所
需至鉅待用尤急久仰
貴局愛護市民無微不至當此急難定荷
鴻施相應函懇
查照迅予惠撥若干俾資補助而示贊襄無任感盼此致
上海市社會局
本會

函普善山莊爲請派員帶車隨本會同往海甯路錫金公所北面以便查收屍體文　二月十六日

敬啓者據報海甯路錫金公所北面有難民數千人四面被攔絕無出路等情茲經商請工部局開放栅網
由本會派員隨帶救護車前往救運擬請
貴莊立刻派員帶車隨同本會前往查收屍體爲盼此致
普善山莊
本會

函周湘雲先生請暫借静安寺路八〇六號空屋爲本會難民寄宿所文

二月十五日

敬啓者此次日兵犯境所有戰區市民慘遭敵禍流離極苦爰由本市各慈善及公益團體人士組織本會從事救濟旬餘以來救出難民已達三萬餘人其無處棲身者卽經商借公私房屋設所寄宿計十有八處已達八千餘人茲因尚未出險之難民爲數猶衆正在設法營救原借各所殊不敷用茲悉

尊處有静安寺路八〇六號三層大廈一所尚係空間擬請暫借應用素稔

台端熱心公益見義勇爲用特專函奉商務請

俯允暫行借用以便難民臨時寄宿如有損壞擔任修補尚希

察核並予示復爲荷此致

周湘雲先生

本會

函上海市公安局公共租界工部局法租界公董局爲函請派捕探保護難民寄宿所文

二月十六日

逕啓者本會專爲戰區難民無所依歸特於租界內外各處分設寄宿所以資救濟辦法業經函達在案茲據各該所管理員報告偶有閒人入所不服盤詰禁止等情本會茲爲格外慎重秩序與安全起見擬懇

貴局於本會各寄宿所分派門捕並派探逡巡以昭慎密

貴局保護安寧爲重諒邀
俯允用特專函由本會股長余祥琴君持函奉商敬希
查照並賜接洽爲荷此致
上海市公安局
公共/法租界工部/公董局
本會

函公共/法租界工部/公董局爲送收容難民寄宿所名單請飭警保護文
二月十六日

逕啓者本會爲救護戰區被難同胞已先後設立難民寄宿所茲將目前收容人數暨所在地備函送請
貴局查照並希轉飭警務人員隨時予以保護事關救濟定荷
贊助此致
公共/法租界工部/公董局
本會

函太古輪船公司爲請迅派專輪運輸長江一帶難民回籍以示體卹祈見覆文
二月十七日

敬啓者本埠自戰事發生本會所設之難民各寄宿所異常擁擠長此以往關於治安給養諸端均有妨礙應速將各寄宿難民設法運輸出境俾資疏通査寗波天津各埠
貴公司迭次專輪運載難民出口並請兵艦保護同深感頌現沿江各埠交通阻滯籍隸外省之難民無法遣囘久滯滬濱實非善策且各被難之人多屬貧苦衣食俱無若不設法救濟殊無以策安全而資體卹可否特懇
貴公司於每次輪船開赴長江各埠時凡係被難人民一律免費輸送本會特製定免費證以資識別本會於發免費證時自當異常加意審愼是否可行敬祈
迅賜裁奪見復爲荷此致
太古輪船公司

本會

二月十七日

函中華琺瑯廠爲請酌助飯盌面盆痰盂等或最低價售給文

敬啟者本會此次救護戰區難胞出險設所寄宿人數頗衆所有所內應用飯盌面盆痰盂等均須購置但本會並無固定經費全賴各大善士捐助素稔
貴廠熱心公益見義勇爲用特派本會陳幹事文奎趨前面商敬請
貴廠酌助若干或最低價售給共襄善舉實所感禱此致

中華琺瑯廠

函太古怡和輪船公司爲抄奉申報要電一則請轉知各江輪此後對於難胞另加注意文

本會

二月二十日

敬啓者茲閲本月十七日申報要電欄所登京市籌辦難民收容處所標題内第二項路透社電一則詳載搭客備受詐索痛苦情形殊深駭異查

貴公司行駛長江各輪以前對於上下乘客夙來照應周到不致有茶房水手藉端需索之事旅客週知惟所載各節未免駭人聽聞殊於各江輪名譽有關且亦於營業不無障礙雖路透社電未曾指出何輪特際此秩序不定避難遷居乘客擁擠之會萬一有不肖茶房等乘機多索酒資或因人多照應欠周等情致發生種種傳聞亦未可知茲爲憐念難民起見用特剪粘該報函請

查照務乞轉囑各船主買辦隨時嚴飭茶房水手格外優待乘客對於被難同胞另加注意是所企禱此致

太古怡和輪船公司

函各同鄉會爲請出席本會集議救護各地同鄉難民文

本會

二月二十日

敬啓者自日軍犯境戰區擴大各處難民急待救護本會設所收容共達十八處現尙日有增加所收難胞

各地同鄉皆有類皆貧苦無依衣食住均極困迫除連日遣送出境者已達數千名外刻下留滬者尚不下萬人若不速謀疏通之法實無以資救濟而策安全茲定於本月二十日（卽星期六）下午二時假雲南路仁濟堂本會開會屆時務請

貴會推派代表一人涖會出席公同商議俾策進行是所切禱此致

各同鄉會

本會

二月二十日

函各寄宿所爲各所職員應自攜行李駐所不得將本會所發新被扣留自用俾利難胞文

敬啓者查本會各寄宿所被毯時虞供不應求各所常駐職員均應自攜行李免投所難胞需用被毯時無以應用有失本會愛護難胞之意旨凡我同仁均應本己饑己溺之懷時自刻苦移此物力普濟難胞實所切盼除分函外此致

各寄宿所

本會

二月二十日

函上海市柴炭業同業公會爲懇資助或轉商同業特別廉價售給柴片文

敬啓者此次日兵犯境戰區市民慘遭寇禍流離失所爰由本市各慈善及公益團體人士組織本會從事

救濟設所收容現已成立二十餘處人數達萬人以上每日須供給伙食所需柴片爲量甚鉅素仰
貴會熱心公益見義勇爲用特專函派本會葛幹事鈞蓀趨詣面懇
慨予捐助或轉商各同業特別廉價售給本會以供各所之用共襄善舉實所至禱此致
上海市柴炭業同業公會

本會
二月二十三日

函閔行苦兒院沈夢蓮先生爲請該院代收難民五百人如允卽行派人伴送文

敬啓者日兵犯滬戰事發生被禍難民異常擁擠困苦顛連深堪憫惻夙仰
先生慈善爲懷心存救濟茲有難民五百人擬請
大力代爲收容如荷
允許當卽派人由滬乘小輪伴送前來立祈
示復以便遵行不勝感禱此致
沈夢蓮先生

本會
二月二十三日

函復旦附中校長爲請暫借李公祠房屋爲本會難胞寄宿所文

敬啓者此次日兵犯境戰期延長戰區擴大所有被難同胞由本會營救出險者除隨時遣送回籍外計設所收容已有二十餘處人數達萬人以上惟因尚在營救中原設各所萬不敷用茲聞海格路六二六號李公祠房屋尚屬空閒約可容留三四千人惟此屋現屬貴校用特派本會特務幹事鄂潤之君趨前面商暫行借予本會難胞寄宿一俟貴校開校有期卽行遷讓決不延誤素仰台端熱心公益定荷贊許一切並請面示鄂君爲荷肅此奉商順頌
仁祺

本會

二月二十三日

函陳子馨先生爲送大小難民二百名口請賜收容文

敬啓者昨　張尚義先生來會告知貴處已籌辦收容所嘉惠難胞至深感佩茲因本會各寄宿所均已人滿特派陳幹事文奎送去大小難胞二百名口敬請貴所賜予收容以資救濟是所至禱此致

陳子馨先生

函三友實業社爲請捐助洗面毛巾或特別廉價售給文

本會

二月二十三日

敬啓者本會憫念戰區難胞流離之慘爰設所收容俾得棲止現已成立二十餘處人數達萬人以上需用洗面毛巾爲數甚鉅素仰

貴社熱心公益見義勇爲用特派本會幹事葛鈞蓀君趨前面懇

賜予捐助或特別廉價售給共襄善舉實所至禱此致

三友實業社

函浙江興業銀行地產部費延芳先生爲商借或廉價出賃靜安寺路一一三八號洋房爲本會難胞

本會

寄宿所文

二月二十三日

敬啓者此次日兵犯境戰區擴大所有被難同胞由本會營救出險者除隨時遣送回籍外計設所收容已有二十餘處人數達萬人以上惟因尚在營救中原設各所萬不敷用茲悉

尊處靜安寺路一千一百三十八號洋房一所尚屬空閒用特函商

賜予暫借或特別廉價出賃本會爲難胞寄宿之所素仰
貴行熱心公益定荷
贊助共襄善舉敬希
見覆爲荷此致
黃延芳先生

本會

函廣肇公所閩南同鄉會爲准荷商渣華郵船公司函稱戰區被難旅客如經本會介紹滿十人以上者概予特別折扣文

二月二十三日

逕啓者頃准荷商渣華郵船公司函稱以避難旅客往廈門香港等埠如經貴團體介紹十人以上者概予特別折扣以示優待等由查連日各處難民前往廈門香港等地者異常擁擠該荷商公司既有折扣優待之舉自與難胞不無裨益除通知本會附設各同鄉會聯合辦事處外相應函請
查照辦理此致
廣肇公所
閩南同鄉會

本會

函肇基學校執事先生爲商借該校爲難民寄宿所文

敬啓者頃以本埠戰事延長難民擁擠急待救援夙仰

執事熱心慈善胞與爲懷敬祈暫假

貴校校舍爲本會難民寄宿所俾便收容當地難胞同深感激此致

肇基學校執事先生

本會

二月二十三日

函第六區警察所爲函知已借肇基學校爲難民寄宿所請就近保護文

敬啓者頃以本埠戰區難民異常擁擠急待救護現經本會商借肇基學校爲難民寄宿所因難民人數衆多自應加以保護素仰

貴所熱心公益注意治安希就近

妥爲維護俾策安全至爲感荷此致

第六區警察所

本會

二月二十三日

函江海關監督爲本會現已商准招商輪船局派江輪運送難民前往長江各埠特派蔣幹事趨前接

洽文　　　　二月二十三日

敬啓者此次日兵犯境發生戰禍所有戰區住民不得安居流離滿目至堪憫惻業經本會營救出險者分別遣送回籍或設所收容在案現難民中籍隸長江各埠者爲數極夥亟宜運送回籍俾可各圖生計而免聚集租界有妨治安本會業已商准招商輪船局配備江輪運送(至漢口止)用特派本會蔣幹事逢辰趨前接洽敬請

指示爲荷此致

江海關監督

本會

函潘常委公展馮執委柳堂各寄宿所主任爲本會已與招商局商定專雇江輪爲輸送長江各省難民希主持派員分往各所院切實調查並與各同鄉會聯合辦事處接洽以便彙送文克日調查人數列表具報

二月二十三日

敬逕啓者本會茲已與招商局商准專雇江輪一艘爲一次輸送各寄宿所難民前往長江各省回籍或避難之用一俟查明人數卽當送船啓椗除函知各寄宿所管理主任遵照克日調查具報請潘常委公展馮執委柳堂二君主持辦理並派員分赴各該寄宿所確切調查外用特函達敬希卽希

貴委主持辦理派員分赴各寄宿所各臨時醫院會同各該所院管理主任確切調查勿使遺漏並一面與旅滬各同鄉會聯合辦事處接洽以便彙齊遣送查照剋日調查該所欲往長江各省難民數目塡表具報交由潘馮兩委員彙核遣送爲荷此致

潘常委公展

馮執委柳堂

各寄宿所主任

本會

二月二十三日

函交通大學黎校長照寰爲請借用該校房屋收容難民文

敬啓者頃以本埠戰區擴大難民擁擠異常非有廣大房屋不足以資收容而利救濟夙仰

執事熱心慈善胞與爲懷敬祈

惠假能容千人以上之房屋爲難胞寄宿之所感荷

仁誼實無涯量相應函達敬希

查照此致

黎校長照寰

本會

函江海關監督爲本會雇定專輪遣送難民至長江各埠請代爲設法安全出口文

二月二十四日

敬啓者此次日兵犯境發生戰禍所有戰區住民不得安居流離滿目至堪憫惻業經本會營救出險分別遣送回籍或設所收容在案現難民中籍隸長江各埠者爲數極衆亟宜遣送回籍俾可各圖生計本會業已向招商輪船總局商定專雇江輪一艘沿埠分送至漢口止惟出口時宜先謀安全之策應如何辦理之處用特派本會陳幹事文奎趨前接洽敬請

指示爲感此致

江海關監督

本會

函虞洽卿林康侯兩先生爲請暫借南洋中小校舍收容難民希惠復文

二月二十五日

洽卿康侯先生閣下日兵犯境各地難民日益增加各所均有人滿之患刻聞徐家滙南洋中小校舍向由

先生主持夙仰

慈善爲懷心存救濟擬請暫時

惠假該校舍爲本會難民寄宿之所如承

慨允當卽派員前往商洽敬希

見覆爲荷專此奉布敬頌

善祺

函山東會館趙聘三先生爲商借該館爲本會寄宿所文

本會

二月二十五日

敬啓者本會此次出戰區救護出險難胞已設寄宿所二十餘處暫爲安置刻因原設各所均已人滿無法再行容納不得已祇得商請
台端暫借
貴館爲本會收容所素仰
熱心公益定荷
贊許嘉惠難胞功德無量卽祈
見復爲荷此致
趙聘三先生

本會

函復上海市社會局爲各寄宿所職員不得向外募捐本會早經知照文

二月二十五日

敬復者頃准

貴局一〇三五號公函以各收容所職員有私自向外募捐情事亟應從嚴查禁等由過會查辦理慈善事業以純潔爲主旨本會所收捐助之欵多屬各捐助家親送至會從未向外勸募前爲杜絕流弊起見早經知照本會各寄宿所不得直接收捐正與
貴局用意相同准函前因相應函復即希
查照爲荷此致
上海市社會局

本會

函劉鴻生謝蘅牕兩先生爲經商准招商局專輪輸運沿江各省難胞回籍惟需煤二百噸無法籌募請助全數或捐半數文

二月二十五日

鴻生蘅牕先生春鑒敬啓者本會自成立以來逐日派員帶車分往各戰區救護被難同胞出險除隨時遣送滬杭甬路沿線各蘇錫靑金等內河各城鎮收容或回籍外計收容於本會臨時籌設各寄宿所者尙有一萬餘人以籍隸湘鄂贛皖及江北各縣者爲多現在時屆春耕亟宜分遣歸田俾資農作而免流離茲經商准招商局雇定江輪駛放漢口專爲輸運沿江各省難胞回籍之用惟預計需煤二百噸一時不易籌募素稔
執事愛羣愛國夙具同情用具蕪函藉呼
將伯敬懇

鼎力救此子遺或助全數或捐半數
雲天在望佇盼
仁施立候
示復爲感爲荷專佈祗頌
慈祺

本會

通知各寄宿所爲凡請領住所之單身失散婦女幼童須取具的保送經本會常駐常委批准後給予本會印據方可交領文

二月二十七日

爲通知事各寄宿所之單身失散婦女幼童如有人來所請領時須取具的保送經本會常駐常委核准後
給予本會印據方可交領相應通知卽希
查照爲荷此致
各寄宿所

本會

函復各同鄉會聯合辦事處爲遣送難民回籍不問是否失業工人一律發給免費船票希查照文

二月二十七日

敬復者頃奉

大函祇聆種切滬上戰禍日益擴大各寄宿所難民均有人滿之患若不速謀遣送後患不堪設想本會對各同鄉難胞均在一視同仁之例只問其是否被難同胞不問其是否失業工人際此戰雲瀰漫之時急應速遣回籍俾策安全凡願前往內地之難民均係一律待遇發給免費船票遣送回籍想

貴處具有同情准函前因相應函復

查照爲荷此致

各同鄉會聯合辦事處

本會

二月二十七日

函煤業公會爲請代向貴同業勸助煤斤文

敬啓者此次日兵犯境發生戰禍所有戰區住民不得安居流離滿目至堪憫惻業經本會營救出險分別遣送回籍或設所收容在案現難民中籍隸長江各埠者爲數極衆亟宜遣送回籍俾可各圖生計而免聚集租界以維治安本會業已商准招商輪船局專開江輪一艘沿埠分送至漢口止惟所需煤費須一萬餘元之鉅本會籌募維艱無力担承用特函懇

諸公代向

貴同業勸助煤斤或助半數宏斯善舉久仰

熱心公益定荷
贊助雲天在望無任翹企此致
煤業公會

本會

函法租界公董局爲函知運送大批難民出境乘江華商輪分批上輪請酌派警員照料文

二月二十七日

敬啓者現因本會各難民寄宿所異常擁擠急應遣送回籍以策安全現經商准招商局江華商輪運送大批難民出境俾策安全准於三月二日啓椗自本月二十八日起至下月二日止各難民分批送赴金利源碼頭上輪本會派有專員引導敬煩
貴局立賜轉飭附近捕房酌派探捕妥爲照料俾維秩序至紉公誼此致
法租界公董局

本會

函永安公司爲請速飭卡車來會服務文

二月二十七日

敬啓者頃經本會救護股長兼總領隊吳在新君轉述
盛意承借卡車一輛備本會救護遣送難胞之用仰見

熱心救濟感紉無似所有該車夫工價以及汽油均由本會供給卽請
迅飭來會服務至爲企盼除托吳君轉達謝忱外特函佈意敬希
查照此致
永安公司

本會

函招商局總管理處爲函送船資請督收並飭江華輪蒞岸裝載難胞文

二月二十七日

敬啓者頃據本會代表沈立孫陳文奎二君回會報告承
貴局慨允借江華輪運送難民赴長江各埠並與
貴局船務主任商定由本會津貼船員薪工貳千元又煤二百八十噸每噸十二兩七錢五分並由本會備
款送請
貴局代辦等語本會均表贊同茲先奉上洋貳千元銀三千五百七十兩卽希
督收並飭江華輪卽日蒞岸裝載難民於三月一日開出至紉公誼此致
招商局總管理處

本會

函中央研究院爲商借該院爲難民寄宿所文

二月二十三日

敬啓者頃以滬地戰事延長難民異常擁擠急待收容俾免失所聞
貴院屋宇廣大可爲難胞寄宿之用經由本會查勉仲孫雲僧兩主任趨前商借比蒙
慨允具見
熱心慈善胞與爲懷益增佩仰茲派王嗣章蕭繩之兩君前往籌備管理尙祈隨時
指導協助布置以利進行實紉
仁誼此致
中央研究院

本會

電沿江各縣各善長縣政府公安局爲運送上海戰區難民回籍請妥爲照料安插文

二月二十九日

三五〇五漢口周星堂先生並轉賀衡夫先生劉少巖先生　九江廬山路二號周百朋先生　安慶天台里十七號徐平軒先生　蕪湖中國銀行張公衡先生並轉翟展成先生　南京市政府並轉魏梅蓀先生　江陰商會冷禦秋先生陸小波先生　江陰縣政府公安局　通州縣政府公安局暨諸善長均鑒本會專雇江華輪運送上海戰區難民之籍隸長江各縣者五千餘人回籍定於三月二日由滬開出沿途在通州泰興江陰鎮江南京大通蕪湖安慶九江武穴漢口各地停靠惟該難民等經滬變後

衣食蕩然無存必須妥籌善後始足以資生活而維治安素仰台端熱心公益領袖一方敬懇主持集合貴地慈善家預備駁船於船到時引導上岸暫供宿膳轉口者酌給旅費俾老弱婦孺可以容身壯丁得有工作謹電爲難民百拜請命上海戰區難民臨時救濟會許世英朱慶瀾王震黃慶瀾趙錫恩陳其采李晉王曉籟張寅杜鏞等仝叩

函法租界巡捕房爲江華輪裝載難民定三月二日開漢現正陸續運送上船請派探捕照料文　本會

二月二十八日

敬啓者本會玆爲遣送沿長江各省籍難民回籍特向招商局雇定江華輪船（船泊黃浦灘路金利源碼頭）定於三月二日由滬開漢現正陸續輸送上船所有碼頭照料事宜敬懇
貴捕房飭派探捕前往該處日夜輪流梭巡維持秩序用特備函公推本會常務委員張維城君趨前接洽
至祈
查照賜予照辦爲荷此致
法租界巡捕房

函十九路軍後方辦事處爲函知三月二日商准江華輪運送長江沿岸各埠難民回籍請轉知吳淞要塞司令特加注意維護文　本會

四二

二月二十八日

敬啓者近日本會各收容所難民異常擁擠急須遣送回籍俾策安全兹向招商輪船總局商借江華輪運送難民出境定於三月二日起椗開往長江一帶並由本會特派多員隨船照料懸有本會紅十字旗幟船舷並掛本會遣送長江各埠難民回籍專輪布條敬希

貴處轉知吳淞要塞司令暨吳淞一帶駐軍賜予保護以利救濟至紉

仁誼此致

十九路軍後方辦事處

本會

函黄金榮杜月笙張嘯林諸先生爲請酌聘熟悉沿江口岸人才五人同坐江華輪遣送難民回籍以資照料文

二月二十九日

敬啓者頃本會各難民寄宿所人數逾萬急應遣送内地俾策安全已承招商輪船總局允撥江華輪運送長江一帶難胞回籍均經佈置就緒起椗在卽約容難民五千人派有專員照料惟以熟習沿江口岸情形及能維持各碼頭秩序之人才殊感缺乏素仰

先生熱心公益定多襄助敬懇

酌聘前項人才五員同船前往以資照料感紉實深專此奉達敬煩

查照辦理並希
見復爲荷此致
杜月笙
黃金榮 先生
張嘯林

本會

三月二日

函勞工醫院爲每月津貼百元自二月一日起按月來會領取文

敬啓者案查前准上海市社會局請撥給
貴院補助費一案當以本會經費竭蹶政府從未撥有的款惟既曾送傷病難民三十餘人容當勉力酌量
籌補逕復
貴院查照在案茲擬於本會救濟難民期內每月勉籌津貼百元藉申棉薄而副
台囑自二月一日起卽請每屆月終派員持據來會照取至於給養一節如本會各寄宿所撥發有餘亦可
酌予補助同屬善舉本會力所能及無不竭誠襄贊也相應函達敬希
查照台洽爲荷此致
勞工醫院

本會

函復顧竹軒先生爲該所難民如有籍隸通揚者可乘大慶輪回籍希造册送會以憑遣送文

三月二日

敬復者頃展

大函誦悉一是本會已與大達公司商定大慶輪前往通揚一帶爲運送難民之用

貴會難民如有籍隸通揚者卽希迅將各難民姓名籍貫造具清册先期送交本會以便分別遣送該輪定

於本月六日上午六時卽行起椗合併奉聞此致

中國紅十字會第二難民收容所

顧竹軒先生

本會

函復旅滬各同鄕會聯合辦事處爲有船卽通知請先開難民名單由本會給票文

三月二日

逕復者接准

大函備悉一是查本會送往長江上游各省難民第二批刻正籌備輪船一俟確定卽行奉達至向

貴處請求登記回籍之難民希卽開列名單預先送交本會以便支配俾可由本會按名塡票給發也敬希

查照爲荷此致

旅滬各同鄕會聯合辦事處

本會

函復賑務委員會爲蒙呈請　國民政府撥款兩萬元特先函謝文

三月五日

敬復者准

貴會大函開以會同發起組織本會呈請

國民政府撥款兩萬元以資救濟並承錄敍

國民政府文官處漾電

行政院祕書長宥電藉諗已荷電行財政部酌撥救濟等由查本會前荷

貴會惠撥經費三千元當經函復並登報鳴謝在案此次復蒙呈請加撥兩萬元俾資補助上宣

政府之德意下拯地方之災黎

毅力熱心彌深感佩相應先行函復申謝敬希

查照爲荷此致

賑務委員會

本會

函陸伯鴻先生爲本會現所收難胞中有患傳染病者擬送貴堂收留診治文

三月八日

敬啓者頃據本會衛生組報告現寄宿所所收難胞中有患傳染病者等情前來查在公共場所發生此病
實屬危險異常聞
貴堂辦有傳染病隔離病院成績卓著素爲地方所推崇本會卽擬送請
貴堂收留診治久仰
執事仁慈爲懷定荷
贊許嘉惠難胞功德無量敬祈
見復爲荷此致
陸伯鴻先生

本會

三月九日

函航業公會爲請召集會員分擔義務免費搭載難民回籍希查照辦理見復文

敬啓者此次本市戰事突起同胞被難者流離載道慘不忍聞本會成立以來救護收容數逾十萬除隨時遣送滬杭路線內河航線各縣鎭並商准招商局特雇江華輪專送沿長江各省難民六千六百人回籍並商准大達大通兩公司按班免費搭載江北各縣難民回籍外其餘長江自南京以上各省籍難民要求遣送回籍者爲數至鉅加以戰區擴大難民激增擬懇
貴會顧念國難召集各會員

慨發仁慈分擔義務按照各輪大小每次按班搭載數百人由本會製定式樣塡發免費乘船證註明到達地點俾資稽核至在輪伙食一項卽由本會負擔事關善舉諒荷

贊同相應函達敬希

查照迅予召集各輪船業務主任擬定辦法卽行

賜復爲荷此致

航業公會

本會

三月九日

函本埠各慈善團體爲函請聯合組織掩埋戰區積屍文

敬啓者戰區積屍甚多亟待掩埋各慈善團體現均努力工作唯恐尙未普遍茲擬聯合組織分工合作俾死有所歸生無疫癘謹定於本月十日下午四時在仁濟堂討論辦法敬乞

俯推代表蒞臨共襄善舉此致

各慈善團體

本會

三月九日

函招商總局爲本會遣送各所難民搭乘江輪回籍船價請准照運送災民成例辦理文

敬啓者頃以本會各寄宿所難民人數擁擠急應遣送回籍俾策安全此後
貴局如有開往長江各埠輪船均希
惠允本會各所難民搭乘回籍其價目悉照去歲運送水災災民之例凡赴鎭江以下各埠者價洋五角鎭
江以上九江以下各埠者價洋一元九江以上各埠直至漢口價洋一元五角夙仰
貴局慈善爲懷諒荷
贊助相應函達
查照無任感盼此致
招商總局

本會

三月十二日

函江灣崇善堂慈善會爲江灣掩埋已由普善山莊擔任請即與該莊協同辦理文

逕啓者頃展
大函藉悉
貴會憫憐暴露辦理掩埋
仁心義擧無任佩仰惟江灣一帶掩埋事宜已由普善山莊担任
貴會似可協同辦理以免另領通行執照手續同屬善擧定荷

贊可卽希
貴會逕向該莊接洽爲荷此致
江灣崇善堂慈善會

本會

函三北甯紹輪船公司爲請照上年水災遣送成案免費搭載難民仍由本會津貼伙食文

三月十二日

敬啟者查此次上海戰區被難同胞流離蕩析請求遣回長江各省籍者爲數至衆若不蒙各江輪公司垂
憐免費分班遣送實不足以資救濟而免流亡除業由本會商准招商局援照上年遣送各省水災災民成
案每船每班免費搭載難民數百人仍由本會津貼伙食計鎭江以下每名大洋五角鎭江以上每名一元
安慶以上每名一元五角兒童自十歲以下者全免久仰
貴公司熱心善舉愛國愛羣相應函達敬懇
查照顧念國難准予援照辦理並希
賜復爲荷此致
三北甯紹輪船公司

本會

函上海市衛生局爲請派員至各寄宿所施種牛痘文

三月十二日

敬啓者本會現辦難民寄宿所二十七處人數達一萬以上爲預防天花傳染而圖維持公共衛生起見擬
請
貴局派員前往施種牛痘實級公誼附本會各寄宿所地點及管理員護士姓名表格一份至乞
查收此致
上海市衛生局

本會

函肺病療養院爲送肺病難孩請免費留院診治文

三月十三日

敬啓者茲有收容難孩四名均患肺病因仰
貴院醫治肺病成績昭著非經
妙手莫起沉疴用特函送務請
慨予免費留院治療生死肉骨功德無量此致
肺病療養院

本會

函復救濟水災會朱子橋先生爲本會撥米七十石派員會散工廠失業工人希查照文

三月十三日

敬復者江尚青君來賁到

大函開據各工廠失業工人難民推舉代表沈漢清曾春甫陳煥民等投稱因戰事失業工人數萬人飢寒交迫請求救濟等情當派員前往調查屬實除由本會撥米壹百石外相應函請貴會再撥七十石以資先行救濟隨後再徐籌善策此項振米發放時由本會及貴會各派員一人親臨監視散放以昭核實卽祈查照辦理至紉善誼並派江尚青君趨前接洽並乞指導等由自當遵辦除撥米七十石外並派幹事陳文奎余載臣兩君趨商會放冀襄善舉而副

仁懷相應函復敬希

查照賜洽爲荷此致

朱子橋先生

本會

函陳藹士先生爲請惠假英士先生紀念堂爲本會難民寄宿所希見復文

三月十三日

逕啓者近以戰區擴大內地難民大半逃避來滬本會各寄宿所多不能容各處難民風餐露宿慘苦萬狀

夙仰

先生熱心慈善敬佩同深聞　英士先生紀念堂房屋寬大擬請

惠賜轉商暫假本會爲收容難胞之用如承

允許當卽派員趨商感荷

仁誼實無涯量敬希

查照見復爲荷此致

陳藹士先生

本會

函普善山莊同仁輔元堂閘北慈善團爲通知開始掩埋工作日期文

三月十四日

敬啓者關於戰區掩埋交涉一案茲經接洽議定準明日(十五日)上午八時三十分請

貴莊堂團派定掩埋隊一隊隨帶車輛工役棺木器具到本會聚齊由本會救護股主任吳寰慶君偕同前往開

始工作以便此後繼續辦理俾利善舉而免阻礙相應函達敬希

查照辦理爲荷此致

普善山莊

同仁輔元堂

閘北慈善團

本會

函交通大學黎校長照寰爲請惠借房屋一部以資收容難民文

三月十四日

照寰校長先生大鑒敬啓者本會爲救濟戰區難民迭承各界借用房屋設立寄宿所至三十餘處之多近自變更戰略戰區擴大沿京滬路線嘉定太倉眞茹南翔等處逃滬難民絡繹于道情形慘迫旣無拒不救濟之理又苦無如許廣廈爲暫時安頓之所雖近日迭經覓到房屋續有添設無如難民日多往往數千百人救濟到會無法遣送經衆集議咸以

貴校房屋較爲寬敞如承暫時

惠借一部分以資寄宿則嘉惠難民功德無涯素稔

台端熱心善舉當可仰承

允許相應函達敬希

查照惠復爲荷專佈祗頌

善祺

本會

函張尙義先生爲請代爲轉商白雲寺暫借爲本會難胞寄宿所文

三月十五日

敬啓者本會前假各學校暨游藝場所爲戰區難胞寄宿所原屬暫借現因滬市稍安各該校所均已擇期

開學開市函囑遷讓自應照辦惟日來寶山太倉嘉定等處難民尙源源而來非覓一二大廈實屬無法收容茲悉北福建路橋北白雲寺屋宇寬大甚爲適用用特函懇

執事代爲轉商該寺暫借爲本會難胞寄宿所以資收容功德無量此致

張尙義先生

本會

三月十六日

函工部局衛生處爲請診治患痳症難民五名文

敬啓者本會前爲收容難民中倘遇患有傳染病者擬送請

貴處隔離醫院診治曾由本會衛生組朱主任企洛與

貴處防疫科徐科長傳俊接洽在案茲本會所收難民中發見患痳症者五名用特送請

貴部隔離醫院賜予收容診治俾早痊可而顧公共衛生無任公感此致

工部局衛生處

本會

三月十八日

函京滬滬杭甬鐵路管理局爲請撥車裝運難民五百名至松江文

敬啓者本會茲爲救護戰區難民本市各寄宿所人滿爲患不敷收容業經派員與松江各收容所接洽代

爲收容二千名口定十九日上午先行遣送是項難民五百名口由南車站至松江車站相應備函奉商敬

希

貴局顧念國難俯賜備撥三四等車免費裝運俾資救濟而免流離功德無量無任感紉此致

京滬滬杭甬鐵路管理局

本會

三月十八日

函松江沈君崇縣長 蔡仲瑜主席 朱久望先生爲本會擬送難民二千名至貴縣收容所請照拂文

敬啓者本會前因滬事發生鑒及戰區難胞流離慘狀爰設寄宿所救濟收容不幸戰期延長戰區擴大雖設所已二十有八處尙有人滿之患現嘉定南翔等處難民又源源而來不得已擬遣送二千名口至

貴縣各收容所暫爲安頓除業經派本會幹事陳文奎君與 陸規亮君接洽定奪外相應函達久仰

貴縣長 主席 執事熱心救濟愛國愛羣敬希

鼎力照拂無任感紉此致

沈君崇縣長

蔡仲瑜主席

朱久望先生

本會

函陸規亮先生等爲承允收容難民二千名茲先送去五百名請收容文

三月十八日

敬啓者頃本會陳幹事文奎回滬述及

貴處允予收容難民二千名口并所有一切給養等費均承擔任聆悉之餘無任感佩茲送去難民五百名

口即請

先予收容餘俟續收續送至棉被一項倘

尊處能就地購辦最好萬一不敷即請

示及當即送奉用特先行函達

查照爲荷此致

陸規亮
吳確生
袁子華先生
楊守勤
吳蔭滋

方綠君夫人

本會

函各醫院爲病人出院或死亡請通知本會文

三月十八日

敬啓者查本會所有患病難民送請
貴院診治荷蒙
賜予留院調護同深感佩惟治愈後應出院者敬請
函知本會以便放車接回卽不幸而病故亦請將姓名及何處善團代爲掩埋詳晰開示以便轉告其家屬
認領至由本會各寄宿所逕送
貴院請求診治者亦請同樣辦理是所至盼相應函達
查照爲荷此致
各醫院

本會

通告各寄宿所嗣後病人送院及塡寫死亡報告書手續文

三月十九日

爲通告事查本會各寄宿所對於難胞患病送院及塡寫死亡報告書均未有一定手續實屬不妥茲特規定如下

一・病人須送醫院者應候醫生酌定不能由護士作主

二・死亡報告書須附醫生診斷書除由寄宿所蓋章外並請各醫師簽字

嗣後務希查照辦理附去醫師及護士一覽表備查特此通告

各寄宿所

本會

函李頓爵士為請貴團委員參觀本會所辦難民寄宿所及難民醫院文

三月十九日

李頓爵士勛鑒自日人啟釁後閘北等處居民流離失所幸經本埠熱心慈善人士組織本會創設寄宿所留養被難同胞經本會收容及遣送回籍者先後共十萬餘人現在留養所中者尚有十二萬餘人之多下星期內本會擬略備茶點敬請
貴團委員駕臨參觀本會所辦難民寄宿所及難民醫院敬希
撥冗蒞臨何日得暇並盼
賜覆為荷此頌
勛安　許世英謹啟

函京滬滬杭甬鐵路管理局為承派唐子西君來會面示遣送手續當經商定辦法茲送車證千張希蓋章擲還文

三月二十二日

敬啟者頃承
貴局派員唐子西君來會面示關於本會送滬杭路難民手續各點至為感紉當經商定(一)每次遣送在

百名以上者預先由本會備函奉告(二)免費車證送奉
貴局加蓋戳記等情自可遵辦茲特檢奉車證一千張敬希
查照迅予飭蓋戳記蓋畢擲送過會俾資塡發而救難胞無任企盼此致
京滬滬杭甬鐵路管理局

本會

三月二十二日

函公共租界工部局爲本會各寄宿所請予保護文

敬啓者本會所有救護出險難民除隨時遣送回籍外並設所收容茲將在
貴租界內所設各難民寄宿所開單附奉敬希
查照轉飭各捕房特別保護至紉公誼此致
公共租界工部局

本會

三月二十二日

函上海市衛生局爲請卽日派車來會義務輸送病人文

敬啓者本會各寄宿所收容難胞中近頗多患天痘及痧疹者亟應分送各隔離醫院診治茲據本會張竹
君醫生報告已與

貴局孫科員當面接洽允爲派車義務代送無任感佩用特備函敬請
貴局卽日指派來會以利救濟實紉公誼此致
上海市衛生局
本會
三月二十二日

函沈季宣先生爲請暫借康腦脫路康樂坊新屋爲本會寄宿所文

敬啓者本會自滬變發生鑒及被難同胞流離慘狀爰卽設所收容以資救濟不幸時日延長戰區擴大雖設所已有二十九處之多仍有人滿之患日來嘉定太倉等處尚源源而來實屬無法容納不得已擬向
尊處暫借康腦脫路康樂坊之新屋爲本會寄宿所一俟時局平靜當卽歸還久仰
台端仁慈爲懷定荷
許可嘉惠難胞功德無量敬希
見復爲荷此致
沈季宣先生
本會
三月二十三日

通告各寄宿所爲發行各所報賬規則報告表式文

爲通告事查本會難胞寄宿所現已設立二十有九所所有各所報賬規則暨報告表式亟應規定俾便稽核而資統一業由本會財務組稽核股徐股長永祚擬訂報賬規則九條報告表式一份經本會三月十八日第五次常務委員會議議決施行紀錄在卷合行照錄規則暨表式各一份發交各該所一體切實照行

特此通告

各寄宿所

附規則表式各一份(詳規章)

本會

函同仁輔元堂爲請轉告分堂凡本會第一病院亡故難胞即爲殮埋文

三月二十三日

敬啓者本會第一病院設在亞爾培路與

貴分堂距離不遠嗣後如有難胞患病亡故者卽由該病院函請

貴分堂前往殮埋以資迅速敬祈

貴堂先行函達　貴分堂查照並懇轉告將埋葬地點另立標簽以便死者家屬認領是所至禱此致

同仁輔元堂

本會

函復紅十字會王培元先生爲靑浦難民來滬屆時當備車往接文

三月二十六日

敬復者頃奉
大函藉悉一一承
示青浦逃滬難民二百名左右定本月二十六日卽到
囑爲收容等由當經本會籌定地點爲該難民等寄宿屆時並備車往接乞紓
廑念相應函復
查照此致
王培元先生

本會

函各寄宿所爲永安公司紡織廠需用男女工人如各所難民有願往作工者卽造表送會交執行組

轉送文

三月二十九日

逕啓者頃准常委朱子橋先生面告現在上海永安公司紡織廠須用大批男女工人約七百名各所難民中如有願往該廠作工者務於文到兩日內迅將姓名籍貫年齡經歷等項造具表格逕送本會執行組以憑轉送作工俾維生計相應函達
查照辦理此致

各宿寄所

函復上海平民產科醫院為本會如有臨產難婦卽當轉送該院就產文

本會

三月二十九日

敬復者頃准

大函聆悉一是具見

貴院熱心公益見義勇爲良深佩仰嗣後本會各寄宿所如有將屆分娩之產婦卽當轉送

貴院就產俾策安全而重生命除轉告本會衛生組查照外用特函復申謝此致

上海平民產科醫院

函各寄宿所據第十七寄宿所擬送沐浴理髮洗濯辦法有益衛生應予酌量倣行文

本會

三月二十九日

逕啓者頃據第十七寄宿所函以該所成立以來迄今月餘管理事項已有端倪衛生方面頗多缺乏以致難胞俱生白蝨擬定舉行事項條陳前來該所管理員能注重衛生至堪嘉慰該所所陳各節各所均難免有同樣情事自應酌量倣行茲經核定辦法油印分送除逕復該所遵辦外相應檢附是項辦法一件備函送請

查照酌量辦理此致

各寄宿所

本會

各寄宿所衞生管理辦法

一、關於理髮事項　據第十七寄宿所呈報該所有理髮匠一人擬購舊式剃刀三把給該理髮匠收執幷由所內製備小竹籌二十或四十支每日規定至多以二十人爲度由管理員點發竹籌依次持請理髮該理髮匠每晚必將收到竹籌呈繳於管理員卽由管理員給予津貼以小洋二角爲度是項辦法各所能否照辦應由各管理員按照各該所情形酌量辦理

二、關於洗浴事項　據第十七寄宿所呈報該所有自來水浴盆五隻擬利用是項浴盆飯後可用燒飯鍋燒水俾難胞得以分別男女輪日入浴是項辦法各所如能倣辦亦應限定人數由所內製備小竹籌若干支由管理員點發挨次入浴浴後卽將竹籌繳還

三、關於洗濯被褥事項　據第十七寄宿所呈報該所被褥從未洗過現擬挑選難婦三十人擔任洗濯被褥等工作查此事輕而易舉各所均可倣辦惟洗濯被褥除病人外一月至多一次每次酌給肥皂每百件不得過十五塊至該難婦擔任是項洗浣工作應由管理員酌給津貼一條被褥以銅子三枚爲限以資鼓勵

函顏駿人先生爲送本會工作經過大概情形報告書請代分送文

敬啓者查自日軍犯滬地方居民橫遭蹂躪流離死亡慘不忍言爰由本市各慈善及公益團體人士組織本會從事救濟以盡人道茲因國聯調查團蒞滬特將本會截至三月十日止工作經過大概情形繕成報告刷印成帙俾明眞相而資參考除分送外相應隨函檢陳五十册敬祈

察閱如認爲可以轉送各會員國代表卽乞

轉致

國事賢勞中外敬仰

飛鴻有便

示我好音此致

顏駿人先生

本會

三月三十日

函大陸銀行爲商借南陽橋白爾路 陳偉達先生爲商借霞飛路格洛克路 房屋爲本會難民寄宿所文

敬啓者日軍犯滬戰區難民流離載道恐怖饑寒悽慘萬狀本會於一月三十日由本市慈善公益各團體人士聯合發起專爲救濟戰區被難同胞出險分別收容遣送於安全地帶成立以來臨時設立寄宿所增至三十處病院三處尙患人滿現在時日延長戰區擴大崑太嘉常寶等處難民尙源源而來實屬無法容納萬不獲已擬向

貴處商借南陽橋白爾路角三層空屋十七幢霞飛路格洛克路角三層空屋六幢爲本會臨時寄宿所相應函達敬祈
查照顧念國難准予賜借並希
見復爲荷此致
大陸銀行
陳偉達先生

本會

函中國銀行爲謝張公權先生介紹吳寶慶君工作得力文

三月三十日

敬啓者日兵犯滬戰禍突起戰區被難同胞流離載道悽慘萬狀在公共租界虹口一帶被日軍拘捕難胞生命尤爲危險本會成立之初即荷
貴行張公權先生介紹　貴同仁吳寶慶君蒞會贊助擔任本會救護股長兼救護隊總領隊逐日帶領救護隊員車輛分往各戰區實行交涉兼救護工作昕夕未遑風雨靡間勤勞卓著成績斐然茲因　吳君以行務需人回行服務會中職務薦賢自代同人等感佩之餘愧無以報是用敍述　吳君在會救護工作經過以彰著績而　公權先生借賢襄助之盛意尤爲同人所感荷也此致
中國銀行

本會

函工部局隔離醫院爲難孩陳仲發患天痘連同其母送請留治文　四月二日

敬啓者本會茲有難孩陳仲發一口係患天痘特連同其母陳羅氏送請
貴院診療敬希
俯准留治嘉惠難民至紉
仁誼此致
工部局隔離醫院

本會

通告各寄宿所爲各該所應注意事項文　四月三日

爲通告事茲據衛生組報告各寄宿所應注意各點特開列如下

(一)據醫生報告第二十七及二十九寄宿所難民中發現腦膜炎症各所亟須預防如有發現立即報告

(二)各所難民所食之飯多粗而硬菜肴又係鹹菜極易引起消化不良及咳嗽等症小孩飯食不宜供給過飽

(三)凡非本會特約之醫師來所診病須一概謝絶

查第二條飯食粗硬自應責令將米淘洗清潔煑時多加水量至有病小孩應另酌備鮮菜以資營養務希查照辦理爲要特此通告

各寄宿所

本會

函徐寄廎先生爲商借浙江興業銀行善鐘路空地搭棚設所文

四月四日

敬啓者自滬事發生各地難民異常擁擠本會設所收容已多至三十處現在天氣漸暖各所人數過多實於衛生大有妨礙頃聞霞飛路善鐘路捕房東隔壁有空地四十畝係屬浙江興業銀行產業若借與本會搭蓋木棚足爲難民棲息之所夙仰

先生熱心救濟慈善爲懷倘希

俯允暫借實感

仁誼茲派鄂潤之幹事趨前奉商敬祈

賜予接洽爲荷此致

徐寄廎先生

本會

函各寄宿所爲嗣後上海市社會局赴各所調查應盡情報告文

四月四日

逕啓者查本埠各團體前往各寄宿所調查難民情況須經本會通知介紹前經函達在案惟上海市社會局關係甚切嗣後該局派員分赴各所調查時務須盡情報告以資便利相應函達

查照辦理此致

各寄宿所

本會

函上海慈善團爲商借拉都路空地搭棚設所文

四月五日

敬啓者本會因救出戰區難民人數激增無地容納不得已擬向

貴團暫借拉都路空地一方搭蓋棚舍以爲各難胞聊蔽風雨之用已與

貴團董事王一亭顧馨一張效良吳叔田黃涵之諸公面談同意相應函達敬希

查照俯允並盼

見復爲荷此致

上海慈善團

本會

函國華銀行爲請暫借麥琪路空地搭棚設所文

四月七日

敬啓者滬戰迄今被難同胞流離載道本會救出戰區難民人數日增收容無地不得已擬請
貴行暫借法租界麥琪路空地搭蓋棚舍爲各難胞聊蔽風雨之用久仰
貴行見義勇爲當仁不讓對茲善舉必荷
贊同相應函懇敬希
俯允暫借並盼
見復爲荷此致
國華銀行

本會

函各寄宿所爲應注重難民衛生如有疾病應立刻延醫診治各醫師護士有不盡職者可報告本會核辦文

四月八日

逕啓者查自滬變發生時逾兩月各地難民流離逃避食宿無方本會本惻隱之忱爲收容之舉悉心救濟朝夕弗遑現在氣候不常易滋疾病本會關於衛生一切事宜特加注重既聘醫師復設護士藥劑有貲診治有貲原冀各所難胞於鋒鏑餘生得延喘息誰無父母誰無子女生命所關不能不慎總期多所保全以符本會救人救澈之本旨近聞各所醫師護士等時有躭誤情事設有疏虞於情何忍嗣後各所難民如有

患病者務即立時延醫診察幸勿稍延晷刻其病勢較重者並應立報本會派員往查俾資救護平時各醫師護士有未能盡厥職守尅期應診者統望隨時報告本會以便處理如有難民嬰孩因病死亡之事除通知善堂殮埋外亦應將疾病醫治經過情形專函詳細報會以便查核是所至盼相應函達

查照此致

各寄宿所

本會

函內河輪船業公會為據睦通海幹事報告與貴會接洽遣送難民辦法抄錄章程五條函請核議見復文

四月十三日

敬啓者據本會幹事睦通海君回會報告與

貴會接洽由內河各輪局義務搭載本會所救戰區各難胞乘船回籍辦法四條仰見

貴會熱心善舉優待難胞

毅力慈懷同深感佩惟本會經費困難已達極點對於第四條不論遠近每名由本會津貼五角一條倘荷

俯允酌減尤感又擬添一第五條條文如下難童在十二歲以下者得免津貼相應抄錄辦法五條備函奉

達敬請

查照核定轉知內河各輪局一律查照辦理並盼

賜復爲荷此致
內河輪船業公會
本會

通告各寄宿所爲調查學齡兒童能離開家族者具報以便彙核辦理施行教育文
四月十四日

爲通告事查各寄宿所不乏學齡難童荒廢學業殊爲可惜亟宜調查人數集合一處施行分級教育俾宏造就惟爲防免中途廢學計須先向各該家族說明以能離開家族寄宿校內者爲合格卽希貴主任就所內寄宿難民中詳細查明上項已在學齡之兒童不論男性女性詢取該家族同意尅日開單報會俾便彙核辦理至爲切盼此致
各寄宿所
本會

函上海市社會局公安局爲近有外來災民要求收養懇請查照上年災民辦法辦理希俯允照辦文
四月十七日

敬啓者查本會宗旨專在救濟本市戰區難民成立以來辦理救護收容遣送給養衣被醫藥等事竭蹶以從尙虞不濟乃近有外來各省逃荒災民不明本會性質往往成羣結隊麕集本會門前要求收養情固可憫而事實絕無辦法租界當局以若輩妨礙交通秩序嘖有煩言亦覺難以應付擬懇

貴局按照向來處理過境災民辦法辦理俾資救濟除分函公安社會局外相應備函推請本會執行委員馮柳堂君趨前面洽敬希

查照俯允辦理無任企禱此致

上海市社會公安局

本會

函岑炳璜君等爲請對於本會購用藥品照半價折算並先記賬月終給價文

四月十九日

炳璜長裕菊甫岐生先生善鑒查本會對於各寄宿所患病難胞業由衛生組督促各醫生負責診治並設立醫院四處以便收容療養現在時屆春令難民患病爲數激增治療不容稍緩藥品需用尤多前由本會衛生組副主任嚴蒼山君面懇

貴堂對本會購用藥品准照半價折算並先行記賬每屆月終結算照付荷蒙

慨允具見

仁慈爲懷嘉惠難胞良深感佩用特先行函謝敬希

查照辦理爲荷祇頌

仁祺

本會

函上海瘋癲院爲難民陳銀安身患癲瘋送請診治文 四月十九日

敬啓者頃接本會第十八寄宿所報告該所有難胞陳銀安一名年三十三歲身患癲瘋業經許醫師診察認明等情經本會查核無誤擬請貴院收容治療以免傳染相應函達並將該難民送去敬希查照留治爲荷此致

上海瘋癲院

函四明醫院葛虞臣君廣益中醫院王一亭丁仲英君爲請免費或半費收容治療本會患病難民文 本會

虞臣院長一亭仲英先生善鑒本會成立以來對於戰區難胞收容遣送數逾二十萬現在各寄宿所收容難胞尚不下萬人值茲時屆春令難胞患病者人數激增本會所設臨時病院四處無不有人滿之患以致診治困難情狀極慘夙仰台端仁慈爲懷用特專函奉商擬請貴院對於本會患病難胞免費收留治療或折半收費並請本會衛生組副主任嚴蒼山君持函面懇敬希查照賜洽見復爲荷祗頌仁祺

本會

函法租界公董局爲函復原蓋蘆棚已從事折去十分之七於消防衛生均易佈置文

四月十九日

敬啓者本會所辦戰區難民第十七臨時寄宿所坐落巨潑賴斯路第八十五號專收鄉間被難勞苦農民

承蒙

貴局派捕照料多日秩序井然日前接到

大函以戰事已停難民可以回里該收容所無存在之必要本會勉從

台囑已於今日從事拆除乃難民中有受戰禍之後家室蕩然衣食無着者實屬可憐一旦强迫出所勢必轉輾待斃似非人道主義經一再考慮在事實上有不得不擇難民中最苦者酌量收容惟定額不逾九百名所有在地蘆棚拆去十分之七僅留三個一經縮小消防衛生均易佈置素仰

貴局仁慈爲懷不分畛域當吾國民遭難之時定邀協助爲再函懇務希

准予通融俾資救濟至深公感此致

法租界公董局

本會

通知各病院爲通知三項辦法希查照辦理文

爲通知事（一）各病院對外函件須報由本會核發（二）各寄宿所送治患病難胞治癒出院時請派人送

還原所(三)留治難胞有死亡時以書面專人通知原送處所並用回單簿以上通知三項希卽
查照辦理爲要此致
各病院

本會

通知各寄宿所各所醫生爲各所難胞現患痲疹者卽查明以便送治文

四月二十一日

爲通知事查各所寄宿難胞現在患痲疹者究有若干請卽查明人數列表載明年齡籍貫卽速報會以便
分送各醫院診治俾免傳染而重衞生希卽
查照辦理爲荷此致
各寄宿所
各所醫生

本會

函復潮州旅滬同鄉會救國委員會爲失業難民無法安頓之前各所當從緩裁撤文

四月二十二日

敬復者頃奉
大函藉聆壹是承

示失業難民恐爲奸徒利用各所宜從緩撤等由藎籌所及贊佩同深本會刻正爲難民籌劃安頓方法在未經籌妥之前各所自應從緩裁撤相應函復

查照此致

潮州旅滬同鄉會救國委員會

本會

通知各醫院爲第二十六所歸併第一第十四兩所前送患胞於治愈出院或死亡時應通知該兩所單身婦孺尤須查明再送文

四月二十二日

爲通知事案查本會第二十六寄宿所難民已於本月二十二日歸併第一第十四兩所凡該所以前所送診治患病難胞治愈出院或死亡時均用書面并專人通知第一第十四兩所如有單身婦孺出院時尤須先行查明再行送回以昭慎重相應通知希即

查照辦理爲荷此致

各病院

本會

函各寄宿所爲難民陳大狗子母子二人暨楊秋雲之弟楊沐生均經失散務代查尋文

四月二十二日

逕啓者據第十八寄宿所主任曾昭一報稱據屬所難民陳二狗子報稱此次同伴逃難計母子四人至仁濟堂時胞兄大狗子失散家母卽出外尋找迄今均杳無蹤跡現僅兄弟二人在此居住懇求設法尋找復據楊秋雲函稱伊弟沐生私自出外聞已投奔本會請求尋訪各等情查屬所陳二狗子年六歲其弟三狗子年四歲親母胞兄同時失散兩個孤兒情實可憫至楊沐生一名屬所並無其人理合將楊秋雲原函附呈及造具失散母子之年齡籍貫清單一紙具文呈報仰祈鑒核備案通知各所代該難民查尋實爲德便等情查陳二狗子之母陳張氏及其兄陳大狗子又楊秋雲之弟楊沐生等均經失散是否由該所收容務卽代爲查尋以便領回團聚是爲至要相應函達

查照辦理爲荷此致

各寄宿所

本會

四月二十三日

函陳冷僧先生爲過境災民懇商請貴局及公安局指定公共場所爲暫時安頓之所文

敬啓者查處置外來逃荒災民一案業由本會函請

貴局暨　公安局准予查照上年處置過境災民辦法辦理在案現查由長江輪船進口逕至本會之各省逃荒災民既不在戰區難民範圍之內復因地處租界仍屬無法辦理擬懇

執事轉商

貴局暨　公安局就南市指定數處公共場所如關帝廟潮州五邑山莊等地爲是項災民暫時安頓之所以便遇有上項災民由本會發給一次乾糧用車遣往指定地點暫宿一面通知貴局暨　公安局當地區所再按照過境辦法處置俾資救濟無任紉感並希

見覆爲荷此致

陳泠僧先生

本會

函國府救濟水災委員會災區工作組爲本會各所留養蕪湖一帶水災災民八百餘名卽行遣送往蕪希電知賑務專員迅爲籌備安插文

四月二十三日

敬啓者本會自滬難發生組織成立專爲救濟戰地難胞而設前因各地水災災民流落滬上者爲數甚衆環請救濟情狀堪憐以是勉爲收養惟以屋少人多經費支絀未便久事容留致多阻礙現據各所報告此項災民籍隸蕪湖一帶者不下八百餘名之衆

貴組負救濟專責諸賴

藎籌本會擬於日內卽將該災民等編列符號派員遣送往蕪俾謀農作敬希卽日電知駐蕪賑務專員先行籌備宿所以便分別轉送原籍地方安插實紉

公誼相應函達

查照辦理並祈
見復爲荷此致
國府救濟水災委員會災區工作組
本會

函復普善山莊爲勉籌五百元希具據派員來取文

四月二十四日

敬復者接准
大函祇聆壹是
貴會辦理戰區掩埋成績卓著
熱心毅力感佩同深
囑補助經費一節極應遵辦惟本會辦理收容遣送戰區難民支應浩繁賑款亦感支絀茲特勉籌大洋伍
百元藉副
台命相應函復敬希
查照備具收據派員來會提取爲荷此致
普善山莊
本會

通知各病院為患病難胞送院診治時須詢明有無銀錢財物列表載明由本人簽字以免糾葛文

四月二十四日

為通知事查各所送治患病難胞入院時隨身是否帶有財物須與原送處所及病人三方眼同載入清單各自簽字證明以昭慎重而免糾葛相應通知希即

查照辦理為要此致

各病院

本會

函上海市社會局為據馮柳堂先生面稱本會遇有水災災民即送關帝廟收容已與該局接洽文

四月二十五日

敬啓者本會前因滬地發生事變專為戰地難民組織成立嗣以內地水災災民流落滬上衣食無着去住俱難扶老攜幼紛紛來會環請收容情殊可憫本會不得已遣送各寄所暫時留養惟以屋少人多經費支絀久事容留實多妨礙頃據本會馮柳堂先生述及各所如再遇有水災災民即送關帝廟收容已與

貴局接洽并照料一切等語甚為感謝除關帝廟外有無其他地址如何接洽用何手續統希

詳示以便遵行實紉

公誼相應函達

查照並祈

見復爲荷此致
上海市社會局
本會　四月二十五日

函金榮學校黃金榮先生爲函謝該校襄助救濟厚予給養文

敬啓者前蒙
慨借校舍爲本會難民寄宿之所
貴校敎職員諸君熱心襄助惠益宏多並承
優待難胞厚予給養復助多金衣食所資悉拜
仁人之賜似此
熱忱毅力實爲人所難能忻領之餘彌增感佩相應專函鳴謝敬希
查照爲荷此致
黃金榮先生
本會　四月二十三日

函各寄宿所爲各所被壓迫包工制之童工不准具領並將該項童工調查報會核轉文

逕啓者查滬地包工習慣壓迫童工弊害甚大本會各所難民人數衆多冒名請領者不得不嚴加防範以保安全而維人道前經派員前往社會局切實磋商兹由該局惠工股駱主任來會接洽據稱嗣後本會各所如有收容被壓迫包工制之童工一律不准任何人具領並希望本會調查此項童工人數通知該局以便處置等由查童工被難情尤可憫務卽着手調查迅卽開列名單送會是所至盼相應函達

查照辦理爲荷此致

各寄宿所

本會

通知各寄宿所爲嗣後送診病人須專差專函送院並取回單以昭愼重文

四月二十五日

爲通知事查各寄宿所患病難胞送往各醫院治療嗣後務須專函專差並用回單簿取回病院收到病人回單以免貽誤而昭愼重相應通知希卽

查照辦理爲要此致

各寄宿所

本會

通知各寄宿所爲催查患痲疹人數列表報會文

四月二十四日

爲通知事查各寄宿所難胞患痳疹者應卽查明人數列表報會業經通知照辦在案乃迄今尚未據報現定於本月二十六、二十七、二十八三日專派車輛分赴各所將患痳疹者接出送往醫院治療以免傳染務須卽速查明人數列表報會萬勿再延相應通知希卽

查照辦理爲要此致

各寄宿所

本會

通知各寄宿所爲本會特添聘中醫嗣後住所病胞診治中西醫各憑信仰文

四月二十四日

爲通知事本會爲便利患病難胞起見特增聘嚴蒼山先生爲衛生組副主任擔任中醫治療事宜現指定第二第十四兩所專由中醫醫生分往各該所逐日治療其他各寄宿所亦就近聘請特約中醫逐日治療望卽知照各護士以後凡有病人須延醫診治者中西醫各憑病人之信仰請求就診但仍由各該所主任醫生酌核辦理總期便利患病難胞以符救濟宗旨相應通知希卽

查照辦理爲要此致

各寄宿所

本會

通告各寄宿所爲自五月一日起各所一律食鮮菜文

四月二十五日

爲通告事夏令將屆各所難民下飯蔬菜自應一律改給鮮菜以合時宜而重衛生茲定於五月一日起實行由各所自行購辦每人每日以大洋一分五釐爲度油鹽併計在內十四歲以下小孩減半三歲以下不計每五天到會領款一次須將前期購買細賬一併報會候核再前定一日兩飯現在日長夜短應從五月一日起改爲晨間一粥午晚兩飯望卽查照辦理特此通告

各寄宿所

本會

通知各寄宿所爲嗣後中醫處方須經各該所主任簽字方能生效文

四月二十八日

爲通知事查各寄宿所竟發見有中醫處方中私自附加貴重藥品或私自開方記於本會來往摺上等情事似此不知自愛殊堪痛恨嗣後各所中醫藥方須由各該所主任簽字再送各指定藥舖配藥以昭愼重又凡各寄宿所如遇歸併結束時應將取藥摺繳會以清手續除函知各藥舖外相應通知希卽查照辦理爲要此致

各寄宿所

本會

函各藥舖爲嗣後各醫生所處方劑須經主任簽字方能照發文

四月二十八日

敬啓者案查本會各寄宿所添聘中醫所處方劑經本會聘任醫生指定
貴號爲規定配藥處並承
允立摺記賬莫名感荷玆爲愼重起見嗣後各醫生所處方劑須經各該寄宿所主任簽字方能照發若非醫生所開藥方或主任未簽字者概不發藥否則無論藥價多寡本會概不承認除通知各寄宿所照辦外相應函達敬希
查照辦理爲荷此致
各藥舖

本會

四月二十八日

函海門商會王槐卿先生爲請照寄來蓆様代購千條連同發票寄會並設法免除運費蓆捐文

槐卿先生大鑒敬啓者頃承本會常駐常委屈文六先生交到
大函祗聆壹是此次本會各寄宿所收容難胞以天時漸熱需用單人床蓆仰承
執事費神查詢價値
熱心贊助感佩無任蓆様兩種均可合用價亦相宜請先代購一千條（不拘何様或兩種各購五百條亦可）裝運來滬計價總數希備函并開發票貨到當卽將欵交原手帶奉至運費蓆捐等事關善舉倘希據

情

鼎力設法免除爲荷專佈祇頌

台祺

本會

通告各寄宿所爲送報告表希照式填載具報文

四月二十九日

爲通告事茲特製就送院病人報告表隨文附發務卽按式填載具報以備查攷再嗣後各所歸倂如該所有病人送在醫院者應通知醫院該所已倂入何所俾病人出院時仍可送還原所並須將在院病人名册造具兩份一份呈會交衞生組檢查一份交倂入之所俾各方均有接洽至以前由他所倂來之病人家屬亦希詳查具報幸勿延誤特此通告

各寄宿所

本會

函蕪湖張專員公衙 公安局爲建國輪載送災民赴蕪派余幹事載臣護送到埠時希照料文

五月四日

敬啓者茲有來滬水災災民亟須遣送回籍從事農作以免流落頃由本會派余幹事載臣護送乘建國輪赴蕪一俟到埠務希

賜予照料並分別遣送收容至紉
仁誼相應函達
查照辦理爲荷此致
張專員公衡
蕪湖公安局　　本會

函復上海市公安局第二區署爲蕪湖等處災民由本會發給食品免票遣送請派員會同辦理文
五月四日

敬復者頃奉
大函備聆種切蕪湖等處來滬災民極堪憫惻亟須設法遣送俾免流離
尊籌所及殊深佩仰擬由本會發給食品及免費乘船證敬希
貴署即日派員將該災民等送至江靖輪以便會同辦理已與　周巡官面洽一切矣相應函復
查照此致
上海市公安局第二區署　　本會

函復上海市社會局爲散兵張清和等三十人亟須回籍特塡船票三十張即希查照轉給文

五月八日

敬復者頃奉
大函備悉種切承
示散兵張淸和等三十名亟須回籍囑爲發給船票等由玆特按單開地點塡注船票三十張隨函送上卽
希
查照轉給爲荷此致
上海市社會局
附送船票三十張

函各寄宿所爲准社會局函五月內紀念日甚多應嚴防反動份子乘機鼓動以策安全文

本會

五月八日

逕啓者案准　上海市社會局函開查五月內紀念日甚多向爲多事之秋本年當災祲之後重以外侮侵凌一般反動份子潛伏特區乘機思逞無所不爲誠恐不逞之徒潛蹤各難民收容所從中鼓煽圖謀不軌情事亟應嚴密防範除由公安局通飭所屬嚴加偵緝以維治安並分令各收容難民團體一體遵辦外相應函請貴會查照卽希轉飭所屬各寄宿所負責人員隨時注意防範以免糾紛是所企盼等由准此除分行本會各寄宿所隨時嚴加注意以策安全外相應函達

查照辦理是爲至要此致

各寄宿所

本會

函嘉定同鄉會爲嘉定一帶難民願回本籍者一律明日開始遣送文

五月十三日

敬啓者前奉

大函承

囑調查各寄宿所難民願回嘉定一帶原籍者開明人數及地點以便遣送等由當經函知并派員前往調查去後茲據報告各所難民願回嘉定一帶者共計七百六十一人定於明日(十四)開始遣送即希

貴會預備船隻俾各乘坐回籍至荷

仁誼除通知各該寄宿所外相應函達

查照辦理爲荷此致

嘉定同鄉會

附人數及地點清單一紙

本會

函各寄宿所爲社會局議決取締包飯作包工制度三項應即查照遵辦文

五月十四日

逕啓者查各收容所收容童工不准由各包飯作主具領一案曾於本月七日經　上海市社會局召集會議決定辦法本會亦派員出席與議茲據報告是日談話結果決議事項如下(一)認各包飯作包工制度不良應予取締(二)由社會局通知各收容所報告前項童工數目並不得由包飯作具領(三)由社會局先行負責分別調查人數及包工制實況再行召集會議等語據報前由合亟函知該所如有此等兒童自應照此處理不准該包飯作具領以符決議是爲至要此致

各寄宿所

本會

五月十六日

函普善山莊同仁輔元堂爲請將本會請掩埋之屍體詳細列表見復文

敬啓者本會成立後各寄宿所收容之難胞爲數極夥凡有因病死亡者均承

貴莊堂給棺收殮掩埋

義舉仁心良深感佩茲因死者家屬親友紛紛來會詢問掩埋處所並有擬運柩回籍另行安葬者聲淚俱下情狀極爲凄慘務請將本會及各寄宿所轉請

貴莊堂掩埋之各屍體姓名年齡籍貫性別掩埋處所及日期並有何標誌詳細列表

見復以便轉知各該家屬親友前往祭奠或遷運回籍相應函達敬希

迅賜查照辦理爲荷此致

普善山莊

同仁輔元堂

本會

五月十九日

函上海市衛生局爲本市霍亂流行請派員爲本會難民注射防疫液文

敬啓者近日本市霍亂流行倘經傳染其禍害之烈有甚於洪水猛獸本會雖經辦理結束而無家可歸之難胞寄居於斜橋麗園路本會第十一寄宿所潮惠山莊第十八寄宿所及暫寄居於新普育堂等處者爲數均不在少擬請

俯賜派員分赴上開各處注射防疫液以免傳染而重衛生相應函達敬希

查照辦理並希

示復爲荷此致

上海市衛生局

本會

五月十九日

函衛生試驗所爲承允照半數收試驗費特函申謝文

敬啓者本會第一臨時病院專爲留治各寄宿所患病難胞所有應繳試驗費已由本會衛生組主任朱企洛君面商荷承允收半數具見貴所仁慈爲懷同深感佩除試驗費昨經折半奉繳外相應函謝敬希查照爲荷此致

衛生試驗所

本會

五月二十五日

函保安養老所上海殘疾院爲本會各所業已結束茲有十八所年老殘疾無家可歸之難民二五名請查收留養文

敬啓者本會各寄宿所業經決議結束將收容戰區難民分別遣歸原籍藉免流亡茲查第十八寄宿所有年老殘疾無家可歸之難民劉錫成（年六十四歲南京人）徐朝棟（年六十歲安徽人）二名季舉倉（年三十二歲安徽人）楊義民（年三十五歲安徽人）林鳳山（年三十一歲安徽人）金獃子（年三十四歲江蘇人）楊賓（年十七歲浙江人）五名　情殊可憫夙仰貴所院痌瘝在抱一視同仁相應函送祈請查收留養功德無量此致

保安養老所

上海殘疾院

函健華頤疾院 中德醫院 廣仁醫院 慈航助產學校爲請將本會送治產婦列表見示以便統計文

敬啟者查本會各寄宿所難婦懷孕生產荷承
貴院校留養保產極佩
仁慈現值本會結束之期請將本會送治產婦姓名年齡籍貫出入院日期原送處所詳細列表
迅賜見復以便統計而資表揚相應函達敬希
查照辦理爲荷此致
健華頤疾院 中德醫院
廣仁醫院 慈航助產學校

本會

五月二十七日

函隔離 中德醫院 工部局爲請將本會及各寄宿所送治難胞列表見示以便統計文

敬啟者本會及各寄宿所患病難胞歷承
貴院留院治療極佩
仁慈茲因本會業已結束請將送治各難胞姓名年齡籍貫性別入院出院日期原送處所詳細列表

本會

五月二十七日

迅賜見復以便統計而資表揚相應函達敬希
查照辦理爲荷此致
隔離中德醫院
工部局
本會
函復上海市難民收容所聯合會爲處置無家難民本會已有切實救濟辦法文
五月二十七日
敬復者接奉
大函祗聆壹是承
囑召集討論無家可歸之難民處置辦法一節至佩
卓見惟本會對於各寄宿所無家可歸之難胞已擬有切實救濟辦法相應函復敬希
查照爲荷此致
上海市難民收容所聯合會
本會

會議紀錄

一月三十日緊急發起會議紀錄

時間　下午四時

地點　仁濟堂

出席者（次序照簽到先後排列下倣此）

許世英　朱慶瀾　鄔志豪　顧吉生　黃涵之　盧紹劉　聞蘭亭　李組紳　毛西峯　查良釗

屈文六（毛西峯代）　黃伯度　楊際春　陳冷僧（社會局代表）　王震　金觀甫　陳文奎　周學文

主席　許世英

紀錄　楊際春

開會如儀

鄔志豪君　報告現在租界四周關在鐵門以外之難民約有十萬茲由各華董向工部局當局交涉准開放烏程路橋放入亟應組織一救護收容難民機關派出負責代表二人與工部局接洽

主席　提議本會名稱付討論

（決議）　定爲上海戰區難民臨時救濟會

市府社會局代表陳冷僧君　報告市府已飭社會衛生二局籌款擬辦救傷兵救難民各事務情形

聞蘭亭君　市府代表所說甚好但此次事變極爲重大人民應辦之事官廳自應協助但救濟難民事業還以人民辦理爲是

主席　以本會由各慈善及公益團體之人士發起此外有何團體應否加入付討論

（決議）　請各團體人士加入

主席　請公推赴工部局代表

（決議）　公推許靜仁朱子橋王一亭鄔志豪李組紳黃涵之查勉仲七君立刻前往工部局交涉開放柵門以便救濟難民出險

主席　請公推本會執委暨常委及各組主任

（決議）　公推

（一）執委如左

許靜仁　朱子橋　王一亭　虞洽卿　王曉籟　張嘯林　杜月笙　聞蘭亭　李組紳

鄔志豪　徐新六　劉鴻生　袁履登　胡孟嘉　錢龍章　黃涵之　李濟生　馮少山

方椒伯　黃伯度　馮炳南　黃金榮　趙晉卿　黃任之　褚慧僧　張竹坪　勞敬修

顧吉生　朱吟江　陸伯鴻　王彬彥　王培元　李雲書　屈文六　吳蘊齋　林康侯

樂振葆　毛酉峯　張繼光

（二）常委如左

許靜仁　朱子橋　王一亭　虞洽卿　聞蘭亭　李組紳　張嘯林　王曉籟　杜月笙
黃任之　史量才　汪伯奇　張竹坪　董顯光　屈文六　黃涵之　鄔志豪　查勉仲
關芸農　潘寄岑　黃伯度　毛西峯
(三)常駐常委如左
屈文六　黃涵之　黃伯度
(四)財務委員如左
聞蘭亭　吳蘊齋　林康侯
(五)總幹事副總幹事如左
總幹事李組紳　副總幹事鄔志豪　毛西峯
(六)幹事如左
王東園　任矜蘋　張一塵　竺梅先　張申之
(七)各組主任如左
總務組主任許靜仁　副主任潘寄岑
執行組主任朱子橋　副主任查勉仲
財務組主任王一亭　副主任聞蘭亭
主席　本會爲急於救濟起見應卽日成立假仁濟堂爲會所各常執委及幹事隨時推聘

主席宣告散會

二月一日第一次大會紀錄

時間　下午四時

地點　仁濟堂

出席者

黃涵之　邵如馨　許世英　潘寄岑　黃伯度　陳文中　王一亭　俞鴻光　張孟傑　朱成甚

顏文凱　楊韻琴　屈念劬　張秉祥　孫詠沂　關芸農　朱企洛　毛酉峯　姚吾剛　顧馨一

鄔志豪　翁寅初　朱子橋　查良釗　謝福生　高大經　金觀甫　孫雲僧　鄭翼如　李組紳

凌其翰　盧廣債　王俊生　聞蘭亭　陳文奎　李伯德　陳冷僧　吳植如　曾繩點　周永星

陳澤宜　陸伯鴻　鄂潤之

主席　許世英

紀錄　楊際春

議程

甲　報告事項

一、本會公推常務執行各委員總副幹事等暨分組工作案附名單

二、本會現辦救濟情形

一、國恩寺清涼寺亞爾培路三處設所收容案

二、陳文奎君逐日至閘北救濟案

三、潘公展君前往前方接洽救護各難民至安全地帶並分別派員至寶山太倉崑山青浦金山常熟各縣府商會接洽就地收容難民案

四、購送戰地難民食品并慰問案附單

乙　討論事項

一、本會此後如何募集欵項物品以便救濟案

開會如儀

主席　宣讀議程報告事項第一第二兩項畢接謂國恩寺清涼寺兩處每處可容難民二百人名稱不用收容所用寄宿所又亞爾培路七五一號係劉靈記女士捐助至堪欽佩又述潘公展陳文奎兩君救濟之熱心勇氣

市府代表陳冷僧君　報告市府捐款已集有三萬元撥出一部分購買應急用品慰勞將士又前方現在極需用汽車機器脚踏車汽油望遠鏡（高射砲用）等物望各團體設法有以資助之張科長尚有報告

張科長　報告大概同上

黃伯度君　以市府代表所提一案在原則上極贊成然本會宗旨專爲救濟難民云

鄔志豪君　以現在應討論者爲如何能使捐款物品源源而來請各團體各同鄉會極力籌募

主席　籌募救濟人人應各盡其責方可宏濟艱難

聞蘭亭君　以本會所做之事應認定目標不可混而爲一反於事無益本會爲救濟被難同胞而設只應專做救濟事業此外不應做之事一概拒絕

邵如馨君　以現在救濟難民可否由會請求英美領事調停停戰又應將柵門開放一路以放難民又米價十四元漲至十六元十八元又角子漲至每元十角凡此種種均應設法救濟

聞蘭亭君　以邵君所請第一點暫請保留此外各點須銀錢業開市均可解決至本會救濟事與工部局接洽情形請許主席報告

查勉仲君　以聞邵二君所提據本席所聞均有辦法解決如銀市卽可兌現糧食有大批外國糧食進口本席希望本會現爲救濟難民於本身問題有一切實討論勿贅題外之題云

主席　報告本席朱子橋王一亭李組紳鄔志豪黃涵之查勉仲諸君與工部局接洽開柵放入難民一節據答確有爲難之處因租界人已很多同人等現已改變方針擬將難民收容於環滬內地各縣已由潘公展君前往辦理並派員分赴各外縣接洽又本席親至滬北滬西查視覺鄉間地方安謐情形較租界爲佳

李組紳君　報告本會發起之初係由聞蘭亭君鄔志豪君報告擬與紅十字會合作救濟難民事已由五華董與租界當局說妥開放烏程路橋柵門一路但須由本市慈善團體正式組織推派代表前往接洽云云本會同人於當夜開緊急會議後卽由許靜仁朱子橋王一亭本席鄔志豪黃涵之查勉仲七人前

往工部局次日上午又去接洽結果以租界確有人滿之患最好改在內地安全之外縣地帶收容爲較妥現在照此辦法由潘公展君前往辦理又報告前方需要之各物只據本席所知各團體及個人已有自動的購贈今日本會自應專心討論救濟難民之事又鈔票在本市仍照常通行云云

毛酉峯君　本會救濟難民雖爲消極工作然亦應從積極方面做去現在虹口已爲日兵防線所有該處難民既不得逃出無異待斃本會應設交涉組公推外交人才擔任工作與各國領事交涉（一）請制止日兵不得以租界爲大本營（二）虹口吾國住民多被困難本會亟應設法援救出險

謝福生君　報告本席爲虹口難民之一以平時鼎鼎大名之謝福生不圖由虹口逃出種種困難當開戰之前一小時有一英國友人係大陸報記者爲救一中國人至今失蹤想必凶多吉少本席之意既非敵境何以在中國之土地在中立之租界反使本人一家骨肉分離數處連通一信而不可得現在本會急應設法救濟虹口之難民倘荷假以名義推派委員隨本人前往各領署本人願以三寸不爛之舌聊以一試

毛酉峯君　即請謝君擔任交涉組委員專辦此事

主席　以毛君主設交涉組意徵同意並擬推謝福生君爲主任

（決議）　添設交涉組推謝福生君爲主任

黃涵之君　提議請推許常委靜仁爲常駐常委主持會務

（決議）　推許常委爲常駐常委黃常委伯度兼總務組主任

主席　朱子橋主任面告以事繁不能常川駐會擬推請本會執行委員孫雲僧先生駐會代行執行組主任職務

（決議）　通過

主席宣告散會

二月十二日第一次常會紀錄

時間　下午四時

地點　仁濟堂

出席者

許世英　黃伯度　朱子橋　李組紳　黃涵之　聞蘭亭　潘寄岑　杜月笙（李植藩代）　鄔志豪

朱企洛　王一亭　潘公展　趙晉卿　謝福生　汪楚生　余祥琴　孫雲僧　毛酉峯　姚吾剛

沈　昌　陳蔼士

主席　許世英

紀錄　楊際春

議程

甲　報告事項

一、本會添設統計處案

二、推執委沈昌君為統計處主任案

三、救護工作

乙　討論事項

一、本會各組處辦事細則草案

開會如儀

主席　報告本會救護工作就寄宿所人數統計至今日止實有人數為六千五百三十七人並報告救護第一第二兩分隊救護華界虹口兩處及各團體補助本會情形

主席　以各組辦事細則付討論

（決議）原則通過文字交統計處修正

鄔志豪君　以市府有款三萬元內有半數預備補助本會應即備函去詢又江北同鄉事應函顧竹軒鄭箴三發起組織收容所及救護隊

余祥琴君　報告外人方面發生謠言謂本會救護隊有並救財物者甚屬非是請格外注意禁止為要

孫雲僧君　提議（一）管理員已不敷用擬添十員請各委介紹（二）服務職員除有原差者外其餘伙食車費應否照支擬請規定限制（三）救護隊今日事忙臨時加入者有需索十元之事擬將一二兩隊統交救護股長汪楚生負責辦理請公決

主席　既有需索者是否本會人員亟應追究既往

汪楚生君　謂查明需索者非本會之人
（決議）　（一）救護股負責支配救護員他方不得參與以一事權（請救護股長注意）（二）待救難民自明日起以七時去救（請救護股長注意）（三）迷失難童在各所者一律由所拍照附説明刊登報端（請管理股長注意）（四）領去款項同仁望速向領款處核實報銷（五）寄宿所尚須管理人員十位請涵老與公展兄介紹
黄伯度君　以孫雲僧君所提應否支給伙食車費一案應顧到本會之款係捐募而來省一文即可多用一文以救難民至外勤伙食等事亟應定一辦法以資辦理
余祥琴君　以内勤人員無坐汽車之必要
主席　以外勤坐汽車最好能改爲自行車本席家中因學生上學現有三輛自行車可以供給會中之用如需用可暫借一輛供用請告知本席再救護汽車亦應規定辦法
鄔志豪君　用汽車須先向會聲明不得事後開賬
（決議）　外勤須汽車者應向黄常委涵之君處領汽車乘車證否則不得報賬
主席宣告散會

二月十九日第二次常會紀錄

時間　下午三時
地點　仁濟堂

出席者　許世英　黃伯度　孫雲僧　朱企洛　潘公展　潘寄岑　黃涵之　王震　朱子橋　王曉籟
杜月笙（李子栽代）　鄔志豪　查良釗　趙晉卿　李組紳　謝福生（楊念杰代）　毛酉峯
沈昌　余大雄　關芸農　張尙義　成燮春　陶璞完　姚吾剛　楊際春　陳冷僧　程甫青
余祥琴　陳唯一　宋鐘慶　吳寶慶　陳文奎　朱嘯峯

主席　許世英

紀錄　楊際春

議程

甲　報告事項

一、執行組交涉組報告本週救護及交涉工作經過情形

二、執行組衛生組報告本週擴充寄宿所及病院並給養療治各經過情形

三、本會辦事細則經沈執委昌整理文字業已公布施行

乙　討論事項

一、交涉組事務繁多應迅速充實內部組織以利救濟而重會務案

二、交涉組姜穎初股長提議難民善後辦法案附印原案

三、潘常委寄岑沈主任昌提議遣送難民出境辦法案附印原案

四、寄宿人數日多房屋無從借賃如何辦理案
五、衛生組提議各寄宿所酌加護士以便改良衛生案
六、衛生組提議第三病院酌給津貼案
開會如儀
主席　宣讀議程報告事項第一項畢請執行組孫雲僧君報告
孫雲僧君　報告本會自四日起至十八日止赴戰區救運難民除救出戰地火線後即沿途下車自行往投親友爲數極夥不勝計算又閘北水災收容所災民一萬餘人均已分別遣置計遣赴無錫蘇州者一千三百五十三名杭州嘉興者一千六百四十六名送往本會各寄宿所者實有人數七千三百八十二名共支用救運卡車蓬車費洋三千七百零七元三角現在收容難民已成無限制之勢而其中外來災民及失業貧民之數反較戰區難民爲多應請注意疏通遣送辦法再本會成立之始爲便于應急計曾先後奉發時臨時經費七百元現在各員實支報銷有賬者計二百八十六元三角二分支而未據報銷者計三百三十八元七角六分購置物品計八十四元八角以上共支洋七百零九元八角八分除領過外計墊洋九元八角八分以後即專由財務組辦理謹此報告其餘救護股事務由救護股長報告
主席　接讀報告事項第二項畢請衛生組朱企洛君報告
朱企洛君　報告本會各寄宿所患病難民由本組派遣巡迴診治者本週診病數目爲三百五十六人內感冒佔百分之三十氣管支炎佔百分之三十五腸炎佔百分之二十三其餘各種病百分之十二查三

百五十六人中已治愈者計二百二十六人中途出所者計三十二人尙在治療中者計九十八人至病院方面查第一病院前後住院者計二十三人死亡二人治愈六人留院十五人因院址未定故不多收第二病院前後住院者計九人死亡二人治愈九人留院二人第三病院前後住院者五十二人治愈二十三人留院二十九人

主席　接讀討論事項第一項畢請交涉組張尙義君報告

張尙義君　報告前担任本組之王幹事因事不能到會請加推熟悉日文會員担任與日方交涉事宜請討論

鄔志豪君　以駐芬蘭國全權公使張維城君現在上海熱心公益本席今特介紹可請其担任交涉事宜請公決

（決議）公推張維城君爲本會常務委員主持交涉組事宜

黃伯度君　報告頃聞張嘯林常委先到會留一提案以現在本會各寄宿所難民人數擁擠急應調查籍貫去路速爲設法遣送等語現已交總務組文書股擬定各寄宿所難民調查簡表連夜油印交由特務幹事分送各所責成管理員立刻查塡具報以便實行遣送

主席　接讀討論事項第二三兩項畢請併案討論並報告本日已函約旅滬各同鄉會於明日午後二時各派代表一人來會討論各同鄉會館收容及遣送同鄉難民事

張尙義君　以本會各寄宿所既有人滿之患本席謹代表浦東同鄉會願担任浦東同鄉難民收容及給

養之責該會收容人數可容二千人且不僅以浦東難民爲限凡在二千以內雖外籍亦願收容

關芸農君　以從前遣送安徽水災災民回籍曾經商准招商輪船總局免費載運惟飯食必須津貼本會救濟全滬戰區難民不限籍貫範圍既廣人數尤多亟應援照辦理以利遣送而免擁擠

（決議）　公推關芸農君前往招商輪船總局接洽並公推趙晉卿君前往太古怡和兩輪船公司接洽

主席　接讀討論事項第四項畢請討論

（決議）　交常駐常委設法尋找借貸

主席　接讀討論事項第五六兩項畢請衛生組朱企洛君併案說明以便討論

朱企洛君　以各寄宿所有酌加護士及第三病院應酌給津貼之必要

（決議）　由衛生股酌擬送常駐常委核辦

主席宣告散會

二月二十六日第三次常會紀錄

時間　下午四時

地點　仁濟堂

出席者

鄔志豪　潘公展　趙晉卿　杜月笙李子栽代　王一亭　朱子橋孫雲僧代　潘寄岑　許世英

張嘯林姜佐周代　黃伯度　朱企洛　黃涵之　張維城　毛酉峯　郭祖繩　朱適卿　余祥琴
陳冷僧　陳唯一　吳在新　宋鐘慶　陳文奎　翁國勳　楊際春　汪楚生

主席　許世英

紀錄　楊際春

議程

甲　報告事項

一、執行組本週救護遣送收容暨擴充寄宿所經過工作各情形孫主任報告

二、交涉組本週交涉經過工作各情形張主任報告

三、衛生組本週衛生及診療工作並擴充臨時醫院添聘醫師護士各情形朱主任報告

四、財務組收支賬款及散發給養被服暨會用經費各數目黃兼主任報告

五、本會附設旅滬各同鄉會聯合辦事處經過工作各情形翁主幹報告

乙　討論事項

一、專雇江輪遣運長江沿岸各省籍難民案

二、各寄宿所均已人滿難民源源而來應如何辦理案

開會如儀

主席　宣讀議程報告事項第一項畢請孫主任雲僧報告

孫雲僧君　報告本會自成立日起至二十五日止救護隊救來難民三千五百三十五人本會門口逕自收入一萬二千九百六十八人遣送外埠及投親友者七千三百七十八人各所現有難民九千一百二十五人汽車費共用洋七千四百三十六元六角九分寄宿所擴充至二十五所

吳寶慶君　報告該股救護情形以近日往大場等處專救難民儘先救老弱婦孺至於營救被拘虹口難胞因日人將被拘者另編號數是以不易指名營救現計已由本會設法救出被拘者計八十餘人至日方通行證不肯多發之故以祇限能通日語者爲度恐語言不通與日軍發生衝突又本會此次專雇江輪輸送長江各省籍難民回鄉一事今日本席亦與日領交涉妥當屆時告以船名及該船海關所用之旗幟暗號允由該領事轉告該國軍事長官用無線電通令各兵艦查照以免誤會

汪楚生君　提議救護隊此後工作應專救傷兵抑專救難民

鄔志豪君　以傷兵難民均應施救尤應先救傷兵

汪楚生君　以救護員救傷兵尤爲危險前天已發生救護員在前方受傷情事茲本席擬有救護員志願書稿件是否能用請公決

鄔志豪君　以甯波同鄉會中國濟生會均有救護隊隊員日有增加並無立志願書之必要但可酌給薪水或津貼分爲義務與有給兩種

黃涵之君　此事本會前已有議決案不必另議

主席　以仍照前次議決案設有會員遇險之事開常會決定

主席　請陳唯一君報告遣送工作

陳唯一君　報告本會遣送情形至爲困難以輪船火車均有一定時刻而難民來者隨時皆有內河輪船最遠祇能通至無錫又送往寄宿所者往往人多而不克全收蓋來者多去者少照現在情形眞是只有收入而無支出

潘公展君　以遣送客籍難民至滬杭路內地祇能暫時收容將來須輾轉送至長江沿岸爲宜

主席　接讀報告事項第二項畢請余代主任祥琴報告

余祥琴君　報告本週交涉情形又與海關交涉本會遣送專輪出口安全一案及京滬鐵路交涉車運難民事又報告朱嘯峯君前介紹西寶興路寶盛米店捐助大米伍百擔一事與軍部幾經交涉妥當本日前往中山路因不能通過而返祇好設法再往

陳文奎君　報告第二十一寄宿所（周浦）送往難民二百二十六人因盡係江北籍不肯收容當向楊思橋茶館借宿一夜次晨商妥小輪由江邊碼頭運送南站乘車至松江第一收容所與吳確士君接洽照收（計一百八十四人）尚有四十二人自行往投親友

主席　接讀報告事項第三項畢請朱主任企洛報告

朱企洛君　報告調查衛生情形以齊天舞台光線不良大世界水門汀地恐有潮濕

主席　大世界寄宿所地上鋪有稻草否

朱企洛君　大世界寄宿所地上鋪有稻草又接續報告招考護士事與紅十字會商定由本會出面單獨

登報將來造就後可送與該會服務再本週工作巡廻診療六天（二十至二十五日止）計受診者共五百二十二人第一病院計住院二十九名治愈三人死亡三人留院二十三人第二病院住院十五人天花送工部局醫院二人留院十三人第三病院住院六十四人治愈三十八人留院二十六人本組送出病人二十六日止計紅十字會十三人工部局醫院八人中德醫院一人健華醫院三人慈善醫院一人肺病醫院三人寄宿所甚多而相距甚遠醫生一人每日巡廻診療往往顧此失彼應請救濟

主席　接讀報告事項第四項畢請黃秉主任涵之報告

黃涵之君　報告收支振款散發給養被服暨會用經費數目至收欵細數均登日報廣告支欵細數均由會計師查核

主席　接讀報告事項第五項畢請翁主幹國勳報告

翁國勳君　報告本會附設旅滬各同鄉會聯合辦事處成立及工作經過情形本處于五月二十日召集旅滬各同鄉會代表組織成立假仁濟堂學校部辦公各同鄉會推出辦事員先後共到十五人膳食等預算月需伍十六元由許主席批由本會供給每日登記難民除各同鄉會遣送回籍及收容外餘由本會遣送股收容本會暫行簡則亦經本會常駐委員批准實施而安徽江淮兩處被難同鄉十居六七請求給票回籍故請本會從長計議俾得早日遣送謹此報告

主席　接讀討論事項第一項畢報告該船需煤二百八十噸捐募想已絕望但該船能容六千人如許難民可以遣送則雖費欵五千數百元購煤本會亦當決定辦理

鄔志豪君　以此案應連同討論事項第二項併案討論並擬請由各同鄉會添派幹員幫同前往各所勸導

沈立孫君　報告寧波同鄉會有一次欲遣送該會收容所之同鄉四十人回籍而結果願回者祇有一人以本席之見非强制遣送恐難辦到

潘寄岑君　遣送事應有一先決問題視本會各寄宿所能否有持久能力否則終有遣送之一日主張以勸諭式的强制爲是

余祥琴君　戰事恐一時不能解決將來難民愈聚愈多本會必有恐慌之一日況適聆孫主任報告本會戰區所救者祇三千餘人而自行來者有一萬餘人可見貧民假充難民來會混冒本席主張明日起門口一律拒絕不收

鄔志豪君　以門口難民可令各處本籍同鄉會收容本會對於戰區難民仍應救護

黃伯度君　以工部局對于租界難民已有委員會之組織況本會組織之初亦與工部局有所接洽本會遣送一層可與工部局合作辦理

主席　以各所難民願受遣送與否或不必用强制手續尙須確切調查現本席願告奮勇於明日出發親往各所查明本會決於三月二日將所僱江輪開船又王曉籟君報告市商會接南洋捐欵萬元明日送助本會本席擬卽將此款作長江難民遣送費

（決議）　明日起凡自行來會難民除請領車船免費票者外詢明籍貫分別指告自行往投各同鄉

會收容所如廣肇公所四明會館天蟾舞台安徽同鄉會等各處如無同鄉會可去及同鄉會不收者仍由本會收容限三天自謀生路本會救護戰區難民工作仍繼續進行明日再往虹口各處施救

主席宣告散會

三月十一日第四次常會紀錄

時間　午後四時

地點　仁濟堂

出席者

張維城　張嘯林姜佐周代　杜月笙李子栽代　許世英　趙晉卿　黃涵之　朱子橋李杰表　王一亭黃涵之代　朱企洛　黃伯度　李組紳　毛酉峯　沈　昌　馮柳堂　陳唯一　翁國勳　吳在新

主席　許世英

紀錄　楊際春

議程

甲　報告事項

一、執行組本週救護遣送收容經過工作各情形李代主任報告

二、交涉組本週交涉經過工作各情形張主任報告
三、衛生組本週衛生及診療工作並擴充臨時病院添聘醫師護士各情形朱主任報告
四・本會附設旅滬各同鄉會聯合辦事處經過工作各情形翁主幹報告
五、戰區屍體遍地本會於三月十日邀請各慈善團體假仁濟堂開聯席會議決議戰區掩埋工作由普善山莊擔任閘北江灣大場藍十字會擔任眞茹吳淞同仁輔元堂擔任廟行掩埋工作並擴大原有組織如經費不足時由地方維持會擔任補助本會從可能範圍內亦當量力酌助

乙　討論事項

一、國聯調查團不日到滬本會應否準備報告
二、管理員人數應否有限制
三、難民洗澡換襯衣有無方法
四、外埠不能來滬之難民請求雇船前往救濟應如何應付
五、現義務卡車已有四輛前訂合同之四輛可否解雇如不敷用臨時專雇似較節省

開會如儀

主席　宣讀議程報告事項畢

李雋岑君　報告(一)自四日起至十日止共登記難民五千四百零一人(二)遣送外埠難民共七百九十六人(三)送各所收容難民共四千五百八十六人(四)各所遣送外埠難民共七百五十三人　(五

）代他處（天蟾舞台收容所）遣送外埠難民共六百十八人（六）由大慶輪儎送者計一千零二十五人由江順輪儎送者三十五人由大和輪儎送者五十六人

主席　接讀討論事項第一項畢請討論

張維城君　以國聯調查團經過日本時該國朝野之招待宣傳之工作非常周到不特印有種種之報告且譯成各國文字送請該團寄回各該國人公閱本會似宜速與各團體接洽聯合進行

（決議）　由本會編送救濟工作報告

趙晉卿君　以招待程序已由各團體發起接洽本席之意似宜聯合各慈善團體用各種照片較爲有力之證據不必譯成各國文字恐時間來不及

黃涵之君　各所用柴用米漫無限制相差甚鉅應整頓

黃伯度君　以徐滙公學用柴甚省又用米一事各所多少甚覺懸殊大概以每人五合爲平均標準又五天領米之事不如改爲一二天一領較易考核

主席　以各管理主任因盡義務而熱心辦事者尤應感謝如查有舞弊者與全體名譽有關尤應照法律嚴辦此事請馮柳堂朱企洛二君前往負責考核

黃伯度君　以近據調查各所大致均好甚爲不易此本會各位委員應可引爲自慰者惟衛生與清潔方面尚應加以特別注意者茲舉調查所聞數點報告於下（一）如芝蘭坊則進門即聞臭氣（二）某所患病難民現經入院五日治愈初時經袁醫生斷爲不救之症本會衛生組朱主任極爲熱心應請設法再

加考核爲要

主席　以難民之來源因暴行而發生應譯成英法文字預備演詞

主席　接讀討論事項第二項畢付討論

黃涵之君　以執行組前次規定每五十人用管理員一人致一千餘難民而用管理員至二十餘人加以雜役勤務等人數尤多開支浩大頗不相宜應如何限制請公決

黃伯度君　以據本會特派幹事等連日調查各所結果覺得各所管理員有應加注意之處有管理員甚多而辦理並不得當者有管理員少而秩序甚優良者且查復旦一處難民只有七百餘人而管理員多至二十餘勤務多至三十餘又有津貼勤務每月一元之事頗不妥當

李庽岑君　本席未曾親往各所致一切不知深以爲愧擬不日前往各所察看一遍

（決議）　交執行組正副主任視察決定

主席　接讀討論事項第三項畢付討論

（決議）　分班脫換洗滌

主席　接讀討論事項第四項畢付討論

（決議）　來者不拒但不雇船接

主席　接讀討論事項第五項畢付討論

（決議）　公推馮柳堂主任酌辦

主席宣告散會

三月十八日第五次常會紀錄

時間　下午四時

地點　仁濟堂

出席者

鄔志豪　馮柳堂　朱企洛　杜月笙李子裁代　許世英　王一亭　關芸農　張尚義　黃伯度

王曉籟鄔志豪代　吳在新　李雋岑　黃涵之　李組紳　毛酉峯　翁國勳　陳唯一　陳文奎

主席　許世英

紀錄　楊際春

議程

甲　報告事項

一、執行組本週救護遣送收容經過工作及擴充寄宿所各情形李代主任報告

二、交涉組本週交涉經過工作各情形張主任報告

三、衛生組本週衛生及診療工作添聘醫師護士各情形朱主任報告

四、本週聯合各善團辦理戰區掩埋工作情形吳總領隊報告

五、本會附設旅滬各同鄉會聯合辦事處經過工作各情形翁主幹報告

乙　討論事項

一、本會各寄宿所留養失業男女工人善後辦法案

二、本會各寄宿所父母離散之兒童及與家族失散之單身婦女應妥定給領辦法以杜流弊案

三、財務組稽核股擬訂各寄宿所報賬規則案

開會如儀

主席　宣讀議程報告事項畢請各主管人員報告

李雋岑君　報告本週登記人數共計六千九百七十八人遣送各所者五千八百六十八人遣送其他各處者五百四十五人遣送各埠者五百六十五人至由各所遣送外埠者三百七十六人代各方送外埠者三百五十八人至現在各所寄宿人數共計一萬二千八百零四名

朱企洛君　報告本週各所送往各病院人數共五十人計第一病院十八人第二病院一人第三病院八人紅十字會醫院一人隔離醫院十七人廣仁醫院二人慈航助產學校一人工部局中醫院二人至各院報告計第一病院共收七十三人治愈出院二十六人病故十二人留院三十五人第二病院共收二十四人治愈出院二人留院二十二人巡迴診療人數共計一千七百七十一人

翁國勳君　報告(一)對國聯表示已由各同鄉會起草連署直接送達(二)嘉定被難收容自三月五日起至十七日止數達五千九百十八人(三)各同鄉會聯合會已在另地籌備(四)寄宿所已請各同鄉會竭力尋覓昨已開單與執行組協辦(五)遣送給票辦法已與遣送股會商在船上發票以杜流弊（

六）連前共計登記領票者一千二百二十九人登記未領票者一千一百零四人而其他收容所難民來處請求登記給票者不乏其人甚望本會多備船隻盡量遣送
主席　接讀議程討論事項第一項畢付討論
（決議）　交執行組辦理
主席　接讀議程討論事項第二項畢付討論
（決議）　通告各所須取具舖保幷報經本會常駐常委核准
主席　接讀議程討論事項第三項畢付討論
（決議）　通過
主席宣告散會

四月二日第六次常會紀錄

時間　下午四時
地點　仁濟堂
出席者
鄔志豪　朱企洛　屈文六　張維城沈昌代　沈　昌　杜月笙李子栽代　毛酉峯　許世英
王一亭　馮柳堂　黃涵之　李雋岑　黃伯度　翁國勳　哈少甫　趙晉卿
主席　許世英

紀錄　楊際春

議程

甲　報告事項

一、執行組本週遣送收容經過工作各情形李代主任報告

二、交涉組本週交涉經過工作各情形張主任報告

三、衛生組本週衛生及診療工作經過各情形朱主任報告

四、救護股本週辦理交涉釋放被拘難民及戰區掩埋工作經過各情形劉股長報告

五、本會附設旅滬各同鄉會聯合辦事處經過工作各情形翁主幹報告

乙　討論事項

一、現在亘瀫籟斯路八五號空地搭造棚舍擬將各所分別歸併所中職員就事實分別任用案請公決

二、衛生組提案　1、天氣漸熱擬改良各寄宿所衣食住現狀以重衛生　2、寄宿所容納二千人以上須有常駐醫生一人　3、應速自辦隔離醫院請公決

開會如儀

主席　宣讀議程報告事項第一項畢請李代主任報告

李雋岑君　報告本週自三月廿五日起至三十一日止共救難民計三千八百七十八人送所收容者計三

千七百九十六人遣送外埠者計三百七十四人代各方遣送外埠者計七百十一人三月份三十一天共遣送外埠計三千四百七十八人代各方遣送計三千八百五十四人二共遣送七千三百三十二人現在收容所共三十處共計住所難民一萬七千餘人

主席　接讀報告事項第二項畢因張主任公出未到接讀至第三項畢請衛生組朱主任報告

朱企洛君　報告本週自三月二十七日起至四月一日止第一病院共收病人九十一名治愈出院二十九人病故九人留院五十三人第二病院共收病人五十名治愈出院十一人病故二人留院三十七人第三病院共收病人二十八名治愈出院二人病故一人留院二十五人又送往各醫院人數計健華醫院一名第一病院五名中德醫院一名第二病院一名國貨路隔離醫院七名第三病院二名公立醫院十七名共計三十四名

主席　接讀報告事項第四項畢請救護股劉股長報告

劉競武君　報告自滬戰發生後經本會在戰區救出難民至三月三十一日止共計一萬八千八百零七人各慈善團共同掩埋屍體至三月三十一日止共計三千八百七十具被日軍拘留經本會交涉釋放後來會登記者共計二百五十二人

主席　接讀報告事項第五項畢請翁主幹報告

翁國勳君　報告自三月二十六日起至四月二日止請求登記各同鄉難民遣送給票者計漢口五十九名安慶十五名蕪湖一百七十四名南京六十一名鎮江一百九十二名江陰二名口岸二百三十名九

江一名大通一名滬杭路一帶二十一名共計七百五十六名

主席　接讀討論事項第一項畢付討論

屈文六君　以各所人數衆多亟應歸併查巨潑籟斯路八十五號第十七所房屋空地業已搭蓋棚舍可容數千人因現在天氣已和暖只須可蔽風雨不必再顧禦寒且棚舍易於管理擬每五百人設一管理員再補一副手所以本席之意可分兩點一歸併二分別任用管理員

（決議）　照辦交常駐常委辦理

主席　接讀討論事項第二項畢付討論

朱企洛君　以天氣漸熱各所亟應預爲防疫第一擬改良衣食住第二擬規定二千名以上設一常駐醫生第三擬卽自辦隔離醫院

（決議）　一、照辦　二、一千人以上規定常駐醫生一人　三、照辦

主席　宣讀黃常委伯度臨時動議如左

各寄宿所男女工人（木匠磚瓦泥水匠農佃帮工均有）似應直接設法介紹案

黃伯度君　以各所難民職業前承職業指導社允爲介紹但迄無音信急應由本會直接向各工廠介紹又壯丁農人及强健女工均應設法介紹工作

（決議）　照辦推鄔志豪黃伯度馮柳堂三君負責辦理

主席宣告散會

四月十五日第七次常會紀錄

時間　下午四時

地點　仁濟堂

出席者

王一亭　關芸農　黃伯度　朱企洛　毛西峯　黃涵之　趙晉卿　朱子橋　屈文六　查良釗

許世英　李雋岑　翁國勳　金觀甫

主席　許世英

紀錄　楊際春

議程

甲　報告事項

一、執行組各寄宿所遷併暨本週遣送收容經過工作各情形李主任報告

二、衛生組本週衛生及診療工作暨第四病院成立經過各情形朱主任報告

三、救護股本週辦理交涉釋放被拘難民及戰區掩埋經過工作各情形劉股長報告

四、本會附設旅滬各同鄉會辦事處經過工作各情形翁主幹報告

乙　討論事項

一、仁濟堂函請遷讓前樓以便開學而維善舉案

開會如儀

主席　宣讀議程報告事項第一項畢請李代主任報告

李雋岑君　報告自四月一日起至十四日止計共救出戰區難胞一千五百二十一人遣送外埠一百四十人代其他各處遣送八百四十一人自動出所者九千零零二人現在各所寄宿者尚有一萬零二百二十六人又歸併部份計共六所(一)法藏寺第四所四月十四日歸併(二)蓮社法會第五所四月八日歸併(三)通惠學校第十所四月十一日歸併(四)雷米坊第十五所四月十日歸併(五)康樂坊第十六所四月十三日歸併(六)上海學院第二十三所四月八日歸併此外尚有靈學會辦理之第六所現已商妥此後給養由該會自籌幷取銷本會第六所名義至第二十五所亦係靈學會租房現定日內歸併再第二十一所亦不日歸併

主席　接讀議程報告事項第二項畢請朱主任報告

朱企洛君　報告本週自四月二日起至四月十五日止各病院人數第一病院共收一百六十人治愈出院者五十七人病故者十五人留院者八十八人第二病院共收五十三人治愈出院者二十六人病故者二人留院者二十五人第三病院共收二十八人治愈出院者九人病故者一人留院者十八人送往各醫院人數計公立醫院七人天主教信友會難民醫院三人健華醫院一人工部局醫院五人殘疾院三人第一病院九人第二病院三人第三病院三人

主席　接讀議程報告事項第三項畢因劉股長未到卽代爲說明本週釋放被拘難民計前日兩名本日

兩名幷聞以後尚可繼續釋放亦未可知云遂接讀議程報告事項第四項畢請翁主幹報告

翁國勳君　報告自三月十四日起至四月十日止計發船票遣送回籍者漢口二百八十九名蕪湖七百八十二名安慶七十名九江六名口岸四百四十名鎭江七百五十名江陰五名揚州七十五名大通五名通州一百名南京二百九十七名廣東三十名潮州二名蘇州十八名無錫十六名常州一名計發車票遣送回籍者杭州二百五十八名嘉興五名臨平二名斜橋一名總共遣回難胞人數三千一百四十一名又本處經費計支出文具紙張洋三十八元一角零五厘印刷費二十四元七角零星雜支八元一角四分員役因公車費十三元五角二分勤務役工三十三元共計洋一百十七元四角六分五厘膳費共支洋二百零六元四角一分現在定於本月二十日結束已通知王幹事從事報銷趕辦移交但成績毫無希請鑒諒

主席起立致詞以同鄉會聯合辦事處成績甚好用錢甚省今當結束之時本會同人應致非常之感謝且翁主幹係本會同人仍請繼續幫忙

主席　接讀議程討論事項付討論

(決議)　仁濟堂前樓小學部分定二十日先行交還

主席宣告散會

四月二十二日第八次常會紀錄

時間　下午四時

地點　仁濟堂

出席者　陳冷僧　黃涵之　王一亭　聞蘭亭　許世英　關芸農　黃伯度　毛西峯　陳唯一　馮柳堂　汪楚生　朱企洛　李雋岑

主席　許世英

紀錄　楊際春

議程

甲　報告事項

一、本會各組處各所院歸併暨緊縮各情形常駐常委報告

二、執行組本週遣送收容歸併及與外海內河各輪船公司商妥由本會發給船票津貼伙食免費遣送經過工作各情形李代主任報告

三、衛生組本週衛生及診療工作各情形朱主任報告

四、救護股本週辦理交涉釋放被拘難民各情形汪股長報告

乙　討論事項

一、本會工作人員支給規則案請公決附原案

二、各寄宿所應如何歸併預備結束案

開會如儀

主席　宣讀議程報告事項第一項畢卽報告本會各組處因現在難民較少酌量歸併以資節省如交涉組先後兩位張主任均未到會所以併入救護股由該股兼辦交涉如各同鄉會聯合辦事處已取銷此外各組處內之各股亦有歸併者如管理股遣送股交通股給養股等各股均已分別緊縮或裁併其各所各院歸併緊縮情形請李朱兩主任分別報告

李雋岑君　報告歸併各所已實行者第二十六所分併於第一第十四兩所內第七所婦女併入第二所男子併入第十三所第八所併入第十一所又第十三所分住於普濟寺難民併入定海會館本所內第三十所因主任吳孝治辦理不善已於今日改派王自治接充

朱企洛君　報告本會病院四處內第二第三兩院原附屬於別家醫院至緊縮情形已經分別酌停醫師備函知照矣

主席　接讀議程報告事項第二項畢請李代主任報告將歸併已報者除外

李雋岑君　報告自四月十五日起至二十一日止共收難民三百七十二人又水災災民三百四十八人二共收七百二十人遣送各埠二百十八人自動出所三千一百八十二人現存人數七千六百六十六人至與各輪船公司接洽遣送事除長江各埠已與招商甯紹商妥早經報告外至外海各處已與招商甯紹三北三公司商定無論天津廣東福建甯波均係每一人貼伙食費洋一元五角計遣送廣東二人天津十人溫州一人人數無幾公司多有未取價者

主席　接讀議程報告事項第三項畢請朱主任報告

朱企洛君　報告本週自四月十五日起二十一日止第一病院共收一百三十八人治愈出院二十八人病故十二人留院九十八人第二病院共收三十二人治愈出院八人留院二十四人第三病院共收十八人治愈出院四人留院十四人送往各醫院人數計工部局醫院六人上海公立醫院九人第一醫院五人第二醫院一人杭州痲瘋院一人

主席　接讀議程報告事項第四項畢請汪股長報告

汪楚生君　報告前日交涉釋放五人內有瀏河醫生何少莊乃會計師何元明之父本不肯放數經交涉始允釋放

主席　接讀議程討論事項第一項畢付討論

（決議）　通過

主席　接讀議程討論事項第二項畢付討論

（決議）　儘速設法先行歸併預備結束

主席宣告散會

四月二十九日第九次常會紀錄

時間　下午四時

地點　仁濟堂

原书此页缺失

原书此页缺失

主席宣告散會

三月三日第一次執行委員會紀錄

時間　下午四時

地點　仁濟堂

出席者

許世英　朱子橋　沈　昌　張嘯林姿佐周代　趙晉卿　翁國勳　余載臣　杜月笙李子栽代

孫雲僧　關芸農　黃涵之　朱企洛　張維城　聞蘭亭　毛酉峯　陳文奎

主席　許世英

紀錄　楊際春

議程

甲　報告事項

一、執行組本週商雇江華輪船遣送長江難民回籍及擴充寄宿所經過工作各情形孫主任報告

二、交涉組本週交涉經過工作各情形張主任吳總領隊報告

三、衛生組本週衛生及診療工作並招考訓練護士各情形朱主任報告

四、本會附設旅滬各同鄉會聯合辦事處本週辦理遣送登記各情形翁主幹報告

乙　討論事項

一、本會應否將收容難民趕緊遣送卽辦結束請公決

二、據各同鄉會聯合辦事處報稱被難各同鄉日益增加給養恐難維持請妥商各輪船局再備大輪兩艘以資大批遣送案請公決

開會如儀

主席　宣讀議程報告事項第一項畢請孫主任報告

孫雲僧君　報告(一)本週工作以商雇江華輪船專送大批長江難民回籍爲最重要查該船遣送人數爲六千五百九十六人內有本會各寄宿所者二千六百五十七人各同鄉會及其他各方送來者三千九百三十九人煤價及船上開支(給養在外)八千四百元又帶去預備費五百元以六千人計算每人合費川資一元三角四分九厘(二)各寄宿所現住難民人數計七千八百七十五人

主席　接讀報告事項第二項畢請余載臣君報告

余載臣君　現因吳寶慶主任赴日領事署交涉釋放被拘難胞託由本人代表列席聞所有被日軍拘去各難胞一俟該日軍訊問明白如無軍事敵對行爲者卽由該領署通知本會派員前往領出

主席　接讀報告事項第三項畢請朱主任報告

朱洛企君　報告本週自二月二十七日起至三月二日止計巡迴診療各所病人六百五十三人第一病院住三十四人死二人治愈出院二人留院三十人第二病院住十七人治愈出院二人留院十五人第三病院住二十八人新收二人治愈出院二人留院二十八人再本週送往各醫院人數如下第一病院

八名第二病院四名第三病院二名工部局二名婦孺救濟會一名廣仁醫院二名紅十字會二名

主席　接讀報告事項第四項畢請翁主幹報告

翁國勳君　報告本處已派員分赴各寄宿所調查各同鄉分別實數計十八所查得自願回籍者一千零二十三人登記而未經遣送回籍者計一千一百二十三人在所實計六千一百十一人(指十八所言)各同鄉來函參加者計十六處出席辦事者計二十四人各同鄉會自送被難同鄉回籍者計廣東紹興而鎭江同鄉會則由本會給票將來對票給價現安徽江淮兩處難民要求給票回籍者實居多數是請本會多備船隻俾可儘量遣送也

主席　接讀議程討論事項第一第二兩項畢以案情連帶擬卽併案討論又以王一亭君有提案託交黃涵之君卽請黃君報告

黃涵之君　報告王一亭君提案原文如下聞瀏河南翔等處逃難難民一時無家可歸祇得暫時收容而江北等處可遣散者應設法遣散本會對於救護難民祇有盡量爲之以符初旨

朱子橋君　以本會仍應繼續辦理救護遣送又遣送長江難民與其專雇江輪不如改用大通公司輪船講定每名船價以便按日盡量遣送因該公司船隻較多易於調轉惟門口收容一層主張審查分別

關芸農君　主張附王朱兩君之議惟遣送時凡非本會寄宿所之難民應常委三人以上之審查

沈立孫君　報告大通公司已與本席接洽要求承辦本會遣送船隻每船給價洋壹千元可裝難民二千人又本席對於本會遣送長江難民擬有辦法十條如下謹請採擇(一)江北難民與長江上游各省難

民遠近不同宜分開遣送（二）搭乘商輪（三）大通公司每天一班可送一千人（四）齊天舞台寄宿所與本會及船埠均近擬以該處專收江北待遣難民如不敷再行分送他處（五）登記亦應劃分爲江北者卽歸該處登記（六）中途給養歸輪船承辦非必要時本會不派人照料（七）請另派員接洽輪船（八）國恩寺與本會及輪埠亦不遠應專收長江各省待遣難民（九）雇船人員事關重要應專派負責人員（十）本會應另行專設一長江遣送處亦專派人員負責辦理至人選問題本席之意以請馮柳堂君擔任之

陳文奎君　以本席前次遣送長江水災難民與各公司商定不出船價只貼伙食計南京以下每名五角安慶以下每名一元九江以下每名一元五角漢口以下每名二元十歲以內之災童一概免費再查大通公司只有兩輪不如大達船多如本會用大達公司船可與陸伯鴻君接洽

主席　以本日議程討論事項付表決

（決議）第一項本會繼續進行第二項函各輪船公司商請照上年遣送水災災民成案免費遣送

主席宣告散會

三月二十六日第二次執行委員會紀錄

時間　下午四時

地點　仁濟堂

出席者

張維城　陳光甫　陳良玉　潘序倫　王培元　孫籌成　杭定安　杜月笙李子栽代　麥朝樞

張秉輝代　楊際春　王駿生　哈少甫　王一亭　鄔志豪　李雋岑　王彬彥　許世英　翁國勳

屈文六　毛酉峯　黃涵之　馮柳堂　朱企洛　張壽春　黃伯度　黃任之　查良釗　朱子橋

主席　許世英

紀錄　楊際春

議程

甲　報告事項

一、執行組救護收容遣送難民人數經過各情形李代主任報告

二、交涉組辦理救濟交涉經過各情形張主任報告

三、衛生組診療工作經過各情形朱主任報告

四、本會附設旅滬各同鄉會聯合辦事處各項工作經過各情形翁主幹報告

乙　討論事項

一、自十九路軍退守第二防線後戰區擴大內地難民源源而來給養衣被醫藥遣送等事需款浩繁後難為繼本會經費應如何籌募案

二、前借各游藝場各學校房屋為寄宿所者近均因營業及開學紛紛函索歸還而現在本會收容之難民無家可歸者截至本月二十四日止尚有一萬五千三百二十二人宿所不敷應如何籌借案

開會如儀

主席　宣讀議程報告事項第一項畢請李代主任報告

李嶌岑君　報告自十八日至二十五日八天共救出難民連各方送來並自行投會者共計四千二百三十七人分送各所收容者計三千七百四十八人分送他處如天蟾舞台山東會館浙紹會館等處代收者計二百七十七人遣送各埠者計四百五十七人代各同鄉會等處遣送者一千二百六十人

主席　接讀報告事項第二項畢請張主任報告

張維城君　報告(一)「交涉」極司斐爾路鐵橋口英兵阻止難民入租界一節廿三四日與工部局巡捕房交涉不得要領廿五日向英兵營交涉自上午四時半起至下午七時止暫准通行(二)「登記」報告出險者二人(葛毛狗之母錢濟根)(三)「訪查」黎文吾到十六寄宿所領出傭婦二人匡炯併到會保領十五寄宿所女孩朱阿寶一人

主席　接讀報告事項第三項畢請朱主任報告

朱企洛君　報告本週工作第一病院計共收病人一百十六人治愈出院五十一人死亡十二人留院五十三人第二病院計共收病人五十八人治愈出院十四人死亡七人留院三十七人第三病院計共收病人二十五人治愈出院一人留院二十四人又本週送往各醫院人數計南市隔離醫院六名公立醫院七名慈航助產學校二名第一病院七名第二病院五名

主席　接讀報告事項第四項畢請翁主幹報告

翁國勳君　報告本週工作共收來函一百件發信五十九件參加同鄉會共二十二個出席辦事員共計二十八人平均每天二十人聯席會議共計開過五次請求登記各同鄉難民共計一千六百九十八名內計安徽杭州鎮江爲居多數

主席　接讀討論事項第一項畢付討論

鄔志豪君　以爲應催各持有捐册者繳款及登報勸募

（決議）照辦

潘序倫君　報告地方維持會募有捐款較爲充足原議與本會不分彼此如經費不敷儘可向維持會商撥

黃伯度君　以現在內地來滬難民激增看情形非短時間內所能返籍因面詢各難民所述均提日軍暴行故來者以婦孺爲多至地方維持會方面應由本會推舉代表前往

朱子橋君　以維持會方面很希望與本會合作

潘序倫君　擬與維持會合作手續今日可定幾條切實合作辦法

鄔志豪君　以本會與維持會應有事務上之合作

黃伯度君　以本會曾由維持會撥過五千元經與該會約定以使用於救護卡車費者爲限嗣與商撥醫藥費復函仍在五千元內開支約五百元

主席　接讀討論事項第二項畢付討論

鄔志豪君　以可借房屋均已借盡此後祇好出錢去租

屈文六君　以維持會與本會合作事屬可行應付表決推朱子橋潘序倫二君先與維持會接洽合作辦法以便知道維持會之意思如何

（决議）公推朱子橋潘序倫二君爲前往維持會代表

鄔志豪君　以寄宿所問題法租界尙有空地爲搭蓋棚舍亦可應用本會可與張杜二常委接洽

（决議）推李子栽君與張嘯林杜月笙二常務委員報告接洽

主席宣告散會

五月六日第三次執行委員會紀錄

時間　下午四時

地點　仁濟堂

出席者

許世英　王培元　陸文中　朱企洛　聞蘭亭　陳冷僧　徐永祚　陳光甫鄒健孝代　查良釗

馮柳堂　黃涵之　屈文六　趙晉卿　黃伯度　毛酉峯　哈少甫　楊際春　陳靄士　王一亭

楊敎甫　王伯元　李雋岑　朱稼田　黃　諤　汪楚生　麥朝樞

主席　許世英

紀錄　楊際春

議程

甲　報告事項

一、執行組歸併各寄宿所并遣送及收容經過工作各情形李代主任報告

二、衛生組診療工作及歸併病院經過各情形朱主任報告

三、救護股辦理救護兼交涉經過工作各情形汪股長報告

乙　討論事項

一、本會定期結束案請公決

二、本會善後事宜案請公決

開會如儀

主席　宣讀議程報告事項第一項畢請李代主任報告

李雋岑君　報告四月廿九日起至五月五日止計收難民九百十八人自動出所者三千零七十九人遣送回籍者一千六百十三人內有水災災民一千三百三十五人現留各所者尙有三千七百七十八人竊自開辦起至四月底止共計救護難民二萬零一百零九人自請收容者四萬四千九百零六人被日軍拘禁經本會交涉釋放者二百三十人由輪船遣送回籍者一萬七千一百五十七人由火車遣送回籍者四千二百九十五人自動出所者三萬八千三百十五人當收容最多時本會寄宿所增至三十一處醫院四處收容難胞人數計二萬零三百六十二人自五月一日以後陸續歸併現祇存第十四所第

十八所第二十二所（尚有少數難胞今日可併完）第二十七所第三十所第三十一所等六處收容難胞尚有三千五百十五人

主席　接讀議程報告事項第二項畢請朱主任報告

朱企洛君　報告自三月二十七日起至五月五日止各病院收容人數計第一病院二百八十七人治愈出院者一百七十一人病故者三十二人留院者八十四人第二病院七十四人治愈出院者五十人病故者九人留院十五人第三病院於四月三十日結束所收二十九人除治愈出院十七人病故四人外其餘留院者計送第一病院六人第四病院二人第四病院自四月二十六日起至五月五日止共收三十五人治愈出院十六人病故四人留院十五人至送往各醫院人數計杭州廣濟痲瘋醫院一人工部局醫院十一人上海殘疾院二人南市隔離醫院八人上海公立醫院二十六人健華醫院二人中德醫院二人第一病院二十八人第二病院十人第三病院五人第四病院十四人

主席　接讀議程報告事項第三項畢請汪股長報告

汪楚生君　報告日領署柴琦本爲蕪湖領事調滬管理拘留華人事務本股奉命交涉釋放被拘難胞得其贊助不少現協約成立該領事亦將返任擬請本會備函將其贊助經過情形通告蕪湖各機關是否可行請公決

主席　接讀議程討論事項第一項畢付討論

黄涵之君　以照王常委一亭之意擬定本月十五日爲本會結束之期

聞蘭亭君　以王常委定十五日結束之議本人附議
（決議）　本會定本月十五日結束
主席　接讀議程討論事項第二項畢付討論
屈文六君　以本會結束各所難民災民若一律遣散置之不管於心實覺不安
主席　以本席爲振務會委員長救卹之責義不容辭查振務會前承陳睡支君捐助江寗白雲鄉空地一方計一千五百餘畝願以捐助本會以便積極計劃建築各項救濟災民難民場所
黄伯度君　以本席爲皖省籍卽以皖言皖覺敝省上年水災特重又因省政不良致各縣災民無家可歸扶老攜幼麕集滬上情形極爲悽慘若不量予拯救問心總有未安還請本會各委繼續前功以符初志
屈文六君　以照現狀災民難民之多擬有一未肯定之救濟辦法卽依許靜老黄伯度君之辦法而擴大之其法維何卽以本會餘款爲經費將是項無家可歸之災民指定一處責以工作不令自由實行老者安之少者懷之之古訓如原則可用卽請靜老涵老伯度諸君起草辦法
（決議）　原則通過
主席宣告散會

五月十六日上海籌募各省水災急振會上海戰區難民臨時救濟會聯合大會紀錄

時間　下午四時
地點　仁濟堂

出席者　朱稼田　沈昌　馮柳堂　許沅　王曉籟　王一亭　毛酉峯　許世英　朱企洛　張之江
翁國勳代　屈文六　黃涵之　黃伯度　孫敬齋　張嘯林朱步青代　杜月笙朱步青代　趙晉卿
陳冷僧　朱鍾慶陳冷僧代　朱子橋　查良釗

主席　許世英

紀錄　楊際春

議程

甲　報告事項

一、上海籌募各省水災急振會經過及現在情形

二、兩會結束並酌留辦事人員辦理結束並編徵信錄案

三、上海戰區難民臨時救濟會執行組報告遣散工作經過及結束情形

四、上海戰區難民臨時救濟會衛生組報告治療工作經過及結束情形

乙　討論事項

一、上海戰區難民臨時救濟會已于本月十五日結束調查各所確係無家可歸之難民并有水災災民在內尚有二千六百六十八名口而外來災民難民每日猶續來未已如何善後辦法請公決

二、上海戰區難民臨時救濟會積存暨各所繳回用賸物品應如何處置案請公決

三、上海籌募各省水災急振會欠發各省振款及結束經費如何籌措振餘物品如何處置案請公決
四、兩會均有須結束善後事宜擬定一善後辦法再開大會表決案請公決
開會如儀
主席　宣讀議程報告事項畢各委以時間關係要求免去報告
主席　接讀討論事項第一項畢付討論
屈文六君　以今日討論事宜乃是兩會善後事宜照前次救濟會常務委員會議案以積極之精神圖事前之救濟對於兩會善後尤須注意根本計劃務請大家從長討論定一具體辦法
馮柳堂君　以本日議程討論事項除第三案上半段外餘可併案討論請先行討論第三案上半段衆贊成
王曉籟君　以急振會所欠各省之款共計若干是否已由各省墊放抑祇有原議撥給數目並非墊放者如既未墊放現在本會無款不妨作罷
黃涵之君　以本會短撥各省振款約有八萬元
屈文六君　以急振會前募暹米三萬包嗣暹羅紅十字會將是米交運中國紅十字會現聞紅十字會是項暹米尚未用完應請紅十字會將暹米再撥急振會若干以清緊要振款
王一亭君　以此案已商准紅十字會撥二千石與急振會
屈文六君　以照急振會現狀非請撥給六千石不可

王曉籟君　以請一老再向紅十字會商議加撥一千石

（決議）第三案前半段索米還欠

主席　接讀討論事項第四項畢付討論

（議決）一四兩案另設辛未救濟會以積極方法繼續救濟二三兩案在新會未成立以前交兩會

留辦結束人員保管

主席宣告散會

五月二十三日上海籌募各省水災急振會上海戰區難民臨時救濟會聯合大會紀錄

時間　下午四時

地點　寧波同鄉會

出席者

許世英　邵如馨　楊際春　陸文中　虞仲咸　屈文六　王一亭　黃涵之　馮柳堂　孫籌成

姚吾剛　朱子橋　沈　昌　洪振九　黃伯度　金觀甫　朱企洛　何崇傑楂子藩代

主席　許世英

紀錄　楊際春

開會如儀

主席　提議結束兩會另設辛未救濟會案

（決議）通過

主席　接讀辛未救濟會宣言無異議

主席　接讀辛未救濟會簡章逐條討論

（決議）通過　簡章第三條公推董事人數定三十一人監察人數定十一人副董事長人數定一人常務董事人數定九人第五條幹事人數定爲若干人

主席　接讀擬推董事監察人名介紹單付公決

（決議）公推董事三十一人監察十一人如左

董事

聞蘭亭　虞洽卿　許靜仁　王曉籟　張嘯林　黃涵之　趙晉卿　張效良　王儒堂

朱子橋　王一亭　葉競秋　陳藹士　李組紳　鄔志豪　屈文六　翁寅初　沈立孫

潘公展　杜月笙　周守良　黃伯度　汪伯奇　史量才　席雲生　馮柳堂　周渭石

張申之　顧吉生　關芸農　毛酉峯

監察

李雲書　丁桂岑　林康侯　黃金榮　姚吾剛　吳蘊齋　顧馨一　朱企洛　潘序倫

徐永祚　朱吟江

規章

本會簡章

第一條 本會以救濟上海戰區被難同胞爲宗旨

第二條 本會由上海各慈善及公益團體之人士組織之

第三條 本會設常務委員十五人至二十五人以其中五人或七人爲常駐委員并設財務委員三人總幹事一人副總幹事二人執行委員無定額

第四條 本會之組織如左

(一) 總務組

(二) 執行組

(三) 財務組

(四) 衛生組

(五) 交涉組

(六) 統計處

本會組織規程及各組處辦事細則另定之

第五條 各組處置主任一人副主任一人或二人於常務委員或執行委員中公推兼任之

各組處置幹事若干人辦理組務處務由常務委員會就各慈善及公益團體職員或其他熱心贊助者分任之

第六條　各組處應分設各股處理事務股設股長一人於必要時得設副股長一人均以幹事充任之

第七條　本會經費由各委員募集之

第八條　凡本會委員主任幹事等皆爲義務職

第九條　凡收支振欵振品悉公告之

第十條　本簡章自議決日施行

本簡章如有未盡事宜得隨時提議修改之

本會組織規程

第一條　本規程依據本會簡章第四條規定之

第二條　本會每月開執行委員大會一次每星期開常務委員會一次常務委員會於星期五午後三時行之大會日期由常務委員會決定但遇必要時得開臨時會議由常駐常務委員召集之

第三條　凡不屬於各組處重要事務隨時由總幹事副總幹事與各組正副主任暨常駐常務委員商洽相機辦理

第四條　總務組設五股職掌如左

（甲）　文書股掌理收發撰擬繕校管卷記錄廣告及典守圖記等事項

（乙）庶務股掌理物品之收發保管購置與塡發職員證章及招待事項
（丙）出納股掌理本會經費之收支事項
（丁）會計股掌理本會經費出納之稽核報告事項
（戊）特務股掌理不屬於各組處之特務事項

第五條　執行組設四股職掌如左
（甲）救護股掌理救護戰區難民出險掩埋及救護旗幟袖章之收發並救護隊之組織等事項
（乙）遣送股掌理難民之遣送於各寄宿所或外埠等事項
（丙）交通股掌理調雇車輛船隻事項
（丁）管理股掌理各寄宿所難民之管理調查登記稽核等事項

第六條　財務組分四股職掌如左
（甲）振款股掌理振欵之出納保管等事項
（乙）振品股掌理振品之出納保管等事項
（丙）給養股掌理各寄宿所給養物品之分配事項
（丁）稽核股掌理振欵振品之審核報告事項

第七條　衞生組設二股職掌如左

（甲）檢查股掌理各寄宿所之清潔防疫與飲食物品之檢查事項
（乙）診治股掌理治療難民病疾及醫器藥品之購置保管事項

第八條　交涉組設三股職掌如左
（甲）文牘股掌理撰擬編譯事項
（乙）登記股掌理失蹤難民請求救護之登錄事項
（丙）訪查股掌理難民請求查訪事項

第九條　統計處設三股職掌如左
（甲）徵集股掌理徵集各組經辦文件及工作報告事項
（乙）宣傳股掌理宣傳事項
（丙）編製股掌理各種表册圖說之編製事項

第十條　各組處分理事務其詳細辦法另以辦事細則規定之
第十一條　本規程未盡事宜由常務委員會修改之
第十二條　本規程由常務委員會議決施行

本會辦事細則

第一條　本細則依據本會簡章暨組織規程擬定凡本會各組處事務悉依照本細則辦理
第二條　本會各組處處理本組處一切事務須與常駐委員協商辦理各組處所屬各股之處理事務由

各股長幹事商承各組處主任辦理

第三條　總幹事副總幹事對內協助常駐委員辦理會務對外領導各幹事辦理一切事務

第四條　各組處辦理之事務須由常駐委員三人以上之核署

第五條　各組處互有關係之事其處理辦法須經各關係組處主任股長商洽辦理之

第六條　關於本會重要事件常駐委員得召集各組處臨時會議議決執行關係一組或一處者得開組務或處務會議

第七條　常駐常委各組處主任股長幹事每日到會辦事不得缺席有要事離會者應指定一人代理辦公時間上午九時起下午六時止遇必要時得提早或延長之

第八條　各組處每日經辦事件應由各股造具工作報告表送由各主任轉送常駐委員核閱

第九條　本會每日除辦公時間應有幹事一人輪值遇有不能遲緩之事則由輪值人報告應辦之組處隨時辦理

第十條　本會往來各文件無論屬於何組處先由總務組文書股之收發幹事列收到文簿送常駐委員核閱後分送各組處擬辦辦就由各組處主任審定轉送常駐委員核判再行繕發其由本會對外之文件則由常駐委員交各組處擬辦依同樣手續判定繕發

第十一條　各組處對外文件均交總務組文書股繕寫繕發時文書股之繕校幹事應詳加校對交典守圖記幹事加蓋圖記再由收發處登簿封發稿件則另由管卷幹事存檔

第十二條　關於本會應行通告事項由總務組文書股撰稿送由主任核轉常駐委員判定送登各報或粘示本會及難民各寄宿所

第十三條　本會開會時記錄事項由總務組文書股任之除記錄簿應存檔備查外應交統計處宣傳股妥編送登各報披露

第十四條　本會之應用物品及印刷品統由庶務股購置辦理若該物品印刷品價值在十元以上者應開單送常駐委員核定各物品發用時須隨時登記其應用處所及數目未發用完竣者仍由該股保管之至購置各單據則粘簿存報財務組振品股及各難民寄宿所需用物品之購置亦應照此手續辦理

第十五條　庶務股購置或印刷之用欵由會計股簽定登記交出納股核明支給之出納股之用欵由常駐委員提出常務會議議決指撥之

第十六條　出納股收支之數目應由會計股隨時稽核報告

第十七條　本會之特務事項由常駐委員指定特務股幹事辦理

第十八條　本會各幹事均應佩帶本會證章其證章由庶務股製就交由文書股於繕送各幹事聘書時附發之并隨時登記其所發之號數與該幹事之姓名

第十九條　本會救護戰區難民應由執行組於救護時就各幹事中另組織救護隊每日配帶紅十字會發給之袖章旗幟率領救護車輛前往戰區救護各難民出險直運至本會再行斟酌遣送收

容

第二十條　救護隊應用之袖章旗幟應於臨出發時在本組本股領取本股發給時須登記領取人之姓名及袖章旗幟之號數救護囘會仍須繳由本股收存候二次出發時再行領用

第二十一條　救護時如遇難民有已斃命者應設法掩埋之並報組登記以便登報招領或有不知姓名之尸卽將其斃處房屋地址門牌號數及該死者之大略形狀年歲幷所著之衣服一幷報會如無從塡報則設法拍一照片

第二十二條　戰區難民救出運至本會後則由本組之遣送股送往各寄宿所暫行收容隨向各寄宿所管理人取具收到難民數目條據報告本組遣送幹事領用旗幟與救護隊同樣辦理

第二十三條　救護出險之難民有願寄宿外埠者應改乘本會借定或僱用船隻由遣送幹事載送至本會外埠之寄宿所收容

第二十四條　救護遣送之車輛及送往外埠之船隻由交通股隨時調僱

第二十五條　調僱車輛船隻之費用由本組主任或副主任開單送由常駐常委交由財務組撥給

第二十六條　遣送各寄宿所後管理股應隨時調査該所之情形登記其數目稽核該所報告之虛實以備本組之攷核

第二十七條　振款股於登收捐助振款時隨時掣給收據一面登記捐款人之姓名及所捐之數目於登記簿一面轉報文書股函謝幷專登或彙登各報支款時須有本組主任或副主任核准條

據或常駐常委條據經本組主任或副主任副署隨時登入支款簿仍取具支款人之收條并將各條據粘簿存根其收支各款簿應於每日辦公終了時送組主任核閱簽字

第二十八條　收入振欵由振欵股逐日收交銀行存儲尙未送出時由振款股保管之

等二十九條　振品股辦理振品之出納保管手續與振欵股同

第三十條　寄宿所之給養由給養股按人數分配報由本組主任或副主任核定發給之其所中需用之物品由給養股查明應需數目報由本組核定撥款購置之

等三十一條　振款振品之出納應受稽核股之稽核得隨時調閱其簿據

第三十二條　寄宿所之清潔檢查由衛生組於每日午前八時午後四時兩次行之遇有不清潔之現象或個人不清潔之行爲隨時糾正之每日或集合寄宿人作短時間之清潔講演

第三十三條　衛生組檢查幹事每日應於各寄宿人晨興後囑將窗門開啓二小時或一小時午後四時開啓一次午後二時指揮勤務洒臭藥水一次

第三十四條　寄宿所食品如檢查有不熟及汚穢情形隨時剔除不許配發

第三十五條　寄宿所之痰筒須每日由檢查股指揮傾洗便所須逐日清除多洒臭水

第三十六條　寄宿人有疾病時應由診治股施以相當醫藥其疾病之較重或係時疫虞傳染者隨時送至醫院

第三十七條　難民之陷於戰區待營救者如有應先行交涉者由交涉組派員交涉外其交涉時須用之

文件交本組文牘股撰擬或編譯

第三十八條 難民之陷於戰區來會請求救護者應由交涉組登記股一一詳詢其被難之地點（門牌號數）被難之情形及被難人年貌籍貫職業性別詳悉登錄送至執行組交救護隊前往救護

第三十九條 被難人或不知陷落何所或不知存亡其相與離散人或其戚友來會請求訪查時應由訪查股詳詢被難人性別年貌籍貫職業爲之設法訪查或通知救護隊按其原住地址訪查其人之已未逃出或通知各寄宿所訪查其已否救出或托訪查者有被難人之照片則送往登報訪查

第四十條 本會關於宣傳事項由統計處宣傳股製稿送登各報或粘貼各難民寄宿所及本會門首或製成印刷品分送各組股工作應宣傳發表者於每日午後五時前送交統計處宣傳股彙編發布

第四十一條 各組股重要文件及一切圖表應統計或發表者由主任股長在文稿面加蓋送統計處戳記由各文書股收發幹事於發文後將文稿送統計處抄錄後送還歸檔

統計處需要之統計材料應由各組指定幹事一二人協助徵集之各組股工作與統計股有關者均隨時送統計處抄錄副稿以資編輯有必要時統計處得向各組股調閱檔卷

第四十二條 應統計之各種表册圖說應由本處之編製股編製之

第四十三條　本會各組處辦事之手續凡未經本細則規定者得隨時與常駐常委協商辦理

第四十四條　本細則由常務會議議決施行

本會工作人員生活費支給規則

第一條　本會暨所設各寄宿所各醫院工作人員按月給予最低生活費

第二條　本會生活費支給酌定九組（如附表）其等次之標準由常駐常委就其工作之繁簡規定之

第三條　各工作人員服務成績優良者得由常駐常委於每月月終考績時酌予晉級

第四條　凡調用及兼職人員均仍支原薪但其職務繁重成績優良者得比照本規則等級折半支給津貼

附表

上海戰區難民臨時救濟會工作人員生活費等級表

第一級	第二級	第三級	第四級	第五級	第六級	第七級	第八級	第九級
四八元	四四元	四〇元	三六元	三二元	二八元	二四元	二〇元	一六元

本會難民寄宿所組織簡章

第一條　所設管理主任一人承本會之指揮管理全所事務由本會常駐常委延用或辭退之

第二條　所內事務分爲左列各款

一、給養
二、管庫
三、收遺兼登記
四、衛生
五、稽查
六、會計兼文牘

每款各設辦事員承管理主任之指揮辦理各該事務由本會常駐常委任免之但有特別情形時得由管理主任保薦報經執行組核轉常駐常委核辦

第三條 辦事員之人數視難民多少事務繁簡由主任報執行組核轉常駐常委核定之

第四條 管理主任對會負責各辦事員對管理主任負責

第五條 管理主任得列席本會常務委員會議各所遇有連帶關係事件時得由管理主任二人以上之請求召集或常駐常委自行召集之

第六條 管理主任除填報本會另定各項表册外應於每星期列席常會時書面或口頭報告本週經過情形暨應改良事件各辦事員對所內事務有意見時得逕報本會執行組或常駐常委

第七條 各所事務均應絕對公開所有振品給養領用消耗數目均應於每月逢一六日呈報本會並繕公告張貼所內俾使難民週知

第八條　本簡章由本會常務委員會議議決實行遇有必要時得由常駐常委提出常會修改之

本會難民寄宿所衛生細則

一、每日及睡前須各開窗一次使空氣充分流通及日光盡量射入其時間長短由管理員及護士得因居室內人數之多寡及天氣之寒暖酌之

一、室內每日洒掃二次遇有污穢應隨時掃清之

一、痰吐應吐痰盂內

一、室內不准吸煙及帶引火物件每日並灑臭藥水一次

一、寢具(包含被褥枕蓆及所墊之稻草等)須每日晒一次人數過多之所得輪流晒曝但不得逾三日

一、衣被褥枕每星期洗滌一次

一、飲食須有定時食物須遵醫生及護士指導

一、廁所多洒生石灰每日須於早五時午後一時八時衝洗一次

一、每日須使在戶外作工其時間因人數之多寡由管理員酌定之

本會各寄宿所報賬規則

第一條　凡本會所屬各寄宿所得向本會振欵股請領預付金若干俾供零星開支之用其數目由各寄宿所報經本會常駐委員核定之

第二條　各寄宿所需用給養物品須向本會給養股具領不得自購如遇零星物品向給養股具領未備者方得由各寄宿所自購

第三條　各寄宿所逐日收支應順次列入收支報告表每月自一日起凡滿五天（逢大月則每月末次爲六天）卽須總結一次於翌日呈報本會逾期未報者不得續領預付金

第四條　凡付出款項須取具收款人之發票收據等項爲憑如遇不識文字之收款人得由經手人開具賬單由收款人畫押或蓋章但事實上絕對不能取具發票收據或賬單者得由經手人聲敘事由開單證明所有一切單據須隨同收支報告表繳呈本會

第五條　每次報告須於收支報告表內載明收付款之日期摘要金額及單據號數與經手人並須於付款摘要欄內載明品名數量及事由用途等項金額欄內概須合成大洋入賬

第六條　每次報告如遇收支繁多收支報告表一紙不能容納時可接入第二紙繼續記載之如遇記載有餘留有空白時應以斜線劃去之

第七條　各寄宿所主任須於收支報告表尾具名蓋章負其責任

第八條　本規則所報之收支報告表由本會頒給各寄宿所應用

第九條　本規則經本會常務委員會議議決後施行

附表

上海戰區難民臨時救濟會第　寄宿所中華民國二十　年　月　日至　月　日收支報告表（第　號第　頁）

收入之部

月日	摘要	金額
	上期結存	
	以上共收	

支出之部

月日	摘要	單據號數	經手人	金額
	以上共付			
	本期結存			

中華民國二十一年　月　日上海戰區難民臨時救濟會第　寄宿所
主任　　（簽名蓋章）具報

辛未救濟會簡章

第一條　本會救濟災難同胞以積極方法使能各遂其生爲宗旨
本會承辛未年上海籌募各省水災急振會上海戰區難民臨時救濟會繼續辦理救濟事宜故定名爲辛未救濟會

第二條　本會由上海各慈善及公益團體人士發起組織之
贊成本會宗旨均爲本會會員

第三條　本會由會員公推董事三十一人監察十一人於董事中互推董事長一人副董事長一人常務董事九人執行會務
本會設名譽董事無定額

第四條　本會之組織如左
執行組
財務組
審核組
各組設正副主任各一人由董事會推任之

組織規程暨辦事細則另定之

第五條　本會得置幹事若干人分辦各項事務

第六條　本會每年開會員大會一次每季開董事會一次每月開常務董事會一次遇必要時均得召集臨時會議

第七條　本會事業費與事務費均由本會隨時募集之

第八條　凡收支欵項物品均隨時登報公告之

第九條　本簡章經大會議決後報由國民政府振務委員會備案

第十條　本簡章如有未盡事宜得由董事會提出會員大會修改之

宣言

上海籌募各省水災急振會
上海戰區難民臨時救濟會同時結束繼續發起辛未救濟會宣言

國家多難災變洊臻洪水橫流外侮突至既流離而無告復烽火以來乘哀我孑遺罹茲浩刼同人等惄焉心傷不揣綿薄先後成立上海籌募各省水災急振會上海戰區難民臨時救濟會次第振救計急振會撥放振款至十九省市救濟會救出難民逾三十萬人皆賴社會各界人士熱心匡助踴躍輸將成茲善舉同人等所欽感難忘者也茲以急振已畢滬戰告停兩會亟應結束經開聯席大會僉以災難之來雖曰天數實亦人謀之不臧已往救濟事業皆屬事後補苴焦頭爛額裨益無多用是懲前毖後與其禍至徙薪曷若先事曲突且現在救濟會所收難民無家可歸者尚近二千人急振會未經辦理結束省分之振務亦須妥籌善後爰以災難之臨歲次辛未留此沉痛紀念定名曰辛未救濟會昭示同胞苦辛未已同人艱辛未盡之意力袪消極方法另圖根本計劃使之各致其力各遂其生庶幾未雨綢繆不至臨渴掘井惟茲事體大同人等願宏力薄仍望

父老兄弟諸姑姊妹大發慈悲予以精神上物質上之贊助則種瓜種豆信因果之有徵降福降祥定報施之不爽謹此宣言諸維

垂察

雜俎

孝女刲臂療親記

孝女鄭姚氏名某年二十歲安徽無爲縣南鄉四栅溝人也庚午大水爲災偕弟正有奉其母避難來滬卜居於閘北今年春二月日寇來犯閘北適當其衝家毀焉逃至戰區難民救濟會第十一收容所方以爲得慶更生不料四月間其母突患痧疹勢甚殆女中夜籲天涕流成血思古人有割股以療其親者乃於五月一日午後二時乘人不備潛出利剪刲臂肉和藥以進詎知其母病入膏肓終於不救及死會中擬備棺爲殮女泣告於衆曰吾家尚有薄產雅不願蒙施棺之名求借二十八金購棺以殮會中嘉其孝行許之現暫厝於安徽會館擬籌資運送回籍安葬云若鄭姚孝女者其行雖愚志則可嘉嗚呼可以風矣

十一齡童解囊記

小善士黃紹雄者年僅十有一歲感念戰地同胞受禍之慘慨將歷年積於撲滿中之銀角取出共得洋五元捐作難民救濟之用爲數雖微然以十一齡而能若是足知秉性仁慈見義勇爲有非常人所能及者夫卹難救災人之天職處境雖有不同亦應量力捐輸欵多固所歡迎欵少亦自可貴萬勿狃於多寡之成見而阻其救卹之本心吾人樂黃紹雄君之冲齡好善也故略申捐欵之義以爲世法

救護隊之虎口餘生

此次本埠戰事突然發生事先各方並無所聞故無絲毫準備戰區既廣難民益多本會專設救護隊分赴

戰線營救尚未出險之難胞事前煞費苦心幾經波折日軍蠻橫無理不顧人道從事救護之際隊員又復受種種檢查艱苦備嘗而二月二十六日所遇則尤險焉是日救護隊帶同救護汽車十一輛由狄斯威路救戰難民出險行至共和新路時忽爲日軍之飛行機瞥見當卽盤旋於該車之上或前或後忽左忽右該車恐其擲彈與開放機槍也遂開足馬力向前疾駛一面高揚紅十字會旗幟使其認識此車爲紅十字會之救護車停止敵對行爲乃該日機竟悍然不顧視若無睹卒對該車抛擲重彈幸技術不精未能命中僅炸去路旁墳山一座荒塚數穴日軍之强暴於此可見一斑而該救護人員與難民實屬虎口餘生是亦不幸中之大幸矣

勤務輸捐之難能可貴

振務委員會駐滬辦事處有勤務劉萬增者曰
因以數月來辛苦積蓄之洋十元悉數捐出以
必高樓大廈食必山珍海味呼盧喝雉聲色狗
爲卹難救災有司之責我何輸爲竟一毛不拔

上海抗战与世界反法西斯战争系列丛书

淞沪

淞沪抗战史料丛书续编 III

第七辑

淞沪血战经过 | 莫克朋 编

上海科学技术文献出版社
Shanghai Scientific and Technological Literature Press

“上海抗战与世界反法西斯战争”系列丛书总序

徐　麟

伟大的中国抗日战争，是近代中国人民反对帝国主义侵略并且取得第一次完全胜利的民族解放战争，是开展时间最早、持续时间最长的世界反法西斯战争东方主战场。在这场历经十四年之久的抗日战争中，中国各族各界人民同仇敌忾、共赴国难，经过艰苦卓绝的浴血奋战，以巨大的民族牺牲，打败了穷凶极恶的日本法西斯侵略者，取得了辉煌的胜利。正如习近平总书记所指出的，中国抗日战争“为拯救民族危亡、实现民族独立和人民解放，为争取世界和平的伟大事业，作出了彪炳史册的贡献”。中国抗日战争是在中国共产党倡导的以国共合作为基础的抗日民族统一战线旗帜下进行和取得胜利的。以爱国主义为核心的伟大民族精神是中国抗日战争胜利的决定因素，中国共产党的中流砥柱作用是中国抗日战争胜利的根本保证，全民族抗战是中国抗日战争胜利的重要法宝。

上海抗战是中国抗日战争的重要组成部分。在中国抗日战争与世界反法西斯战争中，作为中国共产党的诞生地，上海这座具有反帝反封建光荣革命传统的英雄城市，发挥了独特的重要作用，作出了重大的历史性贡献。

20世纪三四十年代，上海这座国际性的大都市，已经成为中国与世界各国通商贸易的主要港口，成为中国经济、文化中心和政治、外交副中心。同时，上海又是当时中国最大的军港和守卫长江的大门，具有重要的军事战略地位，因而始终成为日本法西斯军国主义

觊觎的一个战略要地。1931年“九一八”事变后，日本法西斯军国主义进而在上海挑起了“一·二八”事变，发动了对淞沪地区的武装侵略。驻守上海的十九路军和前来增援的第五军与上海人民奋起抵抗，给予日本侵略者以沉重一击，成为中国局部抗战历史进程中承前启后的关键性一役。“九一八”和“一·二八”时期的抗日武装斗争和民众抗日救亡运动，在世界上率先举起了反法西斯的旗帜，揭开了中国抗日战争和世界反法西斯战争的序幕。1937年七七事变后仅一月余，日本法西斯军国主义又把侵略魔爪伸向上海，遭到中国爱国军民的顽强抵抗，形成了以上海为中心的一场气壮山河、震惊中外的“八一三”淞沪抗战。七七卢沟桥事变和“八一三”淞沪会战，标志着日本法西斯军国主义全面侵华战争的开始。在中国共产党的积极倡导和推动下，抗日民族统一战线正式形成，揭开了中国全民族全面抗战的序幕，也标志着世界反法西斯的第二次世界大战在亚洲的东方战场正式形成。在“八一三”淞沪抗战历时一百多天的日日夜夜，中国军队和上海人民以其鲜血和生命，筑成了一座民族自卫的血肉长城，谱写了一曲民族团结、共御外敌的壮丽史诗。上海沦陷后，上海民众在全国人民和全世界爱好和平的各国人民的声援、支持下，面对极其艰辛险恶的环境，仍然以大无畏的英雄气概，坚定不移地继续投身于全民族抗战的洪流，对日伪的法西斯统治进行不屈不挠的斗争。中国共产党始终高举抗日民族统一战线的伟大旗帜，发动民众，团结上海各界人士，从人力、物力、财力等各方面支持抗日民主根据地和抗战大后方的斗争，冒着腥风血雨，迎接抗日战争的最后胜利。

两次淞沪抗战及上海民众在十四年不间断的抗日救亡运动中，

构成了一幅幅上海抗战英勇悲壮的画卷，也铸就了上海在中国抗日战争和世界反法西斯战争中的重要历史地位：上海不仅是中国对日作战的一个坚强的军事战略重镇，也是中国抗日救亡运动的前期中心和中国抗战文化的发源地；不仅是支援抗战大后方和抗日民主根据地的重要基地，也是世界反战反法西斯人士和中外难民的庇护所；是世界反法西斯舆论战、情报战的东方主要阵地，又是中国联系国际反法西斯阵营的纽带和桥梁。更为重要的是，上海抗日战争凸显了其重要的历史意义：它在外敌入侵、民族危亡的关键时刻，全面地、全方位地弘扬了以爱国主义为核心的民族精神，折射了中华民族有同侵略者血战到底的气概、有在自力更生的基础上光复旧物的决心，有自立于世界民族之林的能力。上海抗日战争在中国抗日战争和世界反法西斯战争历史上树立了一座永不磨灭的丰碑。

2015年是中国抗日战争暨世界反法西斯战争胜利七十周年。在中共上海市委的领导和支持下，上海学术界和理论界经过多年的努力，联合推出了“上海抗战与世界反法西斯战争”系列丛书。这套系列丛书分为三个子系列，**一是“上海抗日战争史”丛书**，内容包括上海抗战史通论、“一·二八”淞沪抗战、“八一三”淞沪抗战、日军在上海的罪行与统治、上海人民抗日救亡运动、上海郊县抗日武装斗争、上海人民支援新四军与抗日根据地、抗战时期的上海经济、抗战时期的上海文化、上海抗战与国际援助等；**二是“淞沪抗战史料”丛书**，选辑和汇集民国时期有关上海抗战的具有代表性的通讯、纪实、回忆录及报告文学等鲜为人知的孤本、藏本影印重版。**三是“上海抗战与世界反法西斯战争研究”丛书**，其中包括

资料性著作：如记忆中的淞沪抗战、淞沪抗战中文报刊资料选编、淞沪抗战档案史料选编、上海抗战历史文献选编等；专题性著作：如中国共产党与上海抗战、当代学者论淞沪抗战、国外学者论淞沪抗战、“一·二八”淞沪抗战画史、“八一三”淞沪抗战画史等；工具性著作：如上海抗战与世界反法西斯战争大事年表、上海抗战与世界反法西斯战争事件人物录等；通论性著作：在上述论著的基础上完成一部通论性著作，即上海抗战与世界反法西斯战争全史。这三个子系列丛书各有千秋、各具特色，在集结出版后，更能起到互相参照、取长补短的作用。可以说，这套系列丛书是上海学术界和理论界研究上海抗日战争和世界反法西斯战争的一项重大的学术成果，是对上海抗日战争史研究的一个重要总结和一次集中展示，也是向中国抗日战争暨世界反法西斯战争胜利七十周年献上的一份厚礼！

“疑今者，察之古；不知来者，视之往”。历史是最好的教科书。“上海抗战与世界反法西斯战争”系列丛书的出版发行，更是为了向社会提供一部能够弘扬时代正能量、培育与践行社会主义核心价值观的好教材。让我们站在新的历史起点上，进一步铭记历史、缅怀先烈、珍视和平、警示未来，为实现中华民族伟大复兴而奋斗，为促进世界的和平和发展作出我们应有的贡献。

出版说明

“淞沪抗战史料”丛书续编Ⅲ主要收集美国史坦福大学东亚图书馆等处所藏资源，将已见或未见的关于淞沪抗战史料以影印的形式出版，内容涵盖两次淞沪抗战，即“一·二八”淞沪抗战和“八一三”淞沪抗战，力求比较全面、翔实和生动地反映淞沪抗战的全貌。

两次淞沪抗战，是中国人民伟大的抗日民族解放战争的重要组成部分，特别是“八一三”淞沪抗战是在中国共产党抗日民族统一战线政策的指引下，以国共两党合作为中心，全国各爱国党派、团体，中央和地方各系抗日军队，各界爱国民众以及海内外侨胞，在抗日御侮、共赴国难的基础上发动和进行的，堪称民族自卫战争史上的伟业。它体现了中国人民血洒战场、拼死抗战的决心和民族团结精神。在抗战胜利70周年之际，阅读这些史料，重温那段中华民族优秀儿女面对强敌、誓死抗争的精神，就是最好的爱国主义教材。两次淞沪抗战展示了中华民族奋起改变自己国家命运的伟大信念，爱国主义激发出全体中国人民的巨大力量，这种信念和力量，在今天仍然弥足珍贵，令人心怀激荡。两次淞沪抗战中那些大气磅礴、气壮山河的史诗故事，均在本套丛书资料中有翔实的记录和质朴的史料作为佐证。

由于各种原因，原书中存在着印刷错误，而且有些细节也与史料不符，对书中的一些观点我们也不完全赞同，为了给读者提供最原始的抗战史料，对上述问题未做任何处理，希望读者能够给予理解。

编者

2018年7月

目　录

國難刊物

淞滬血戰經過

曉籟題

中國國際宣傳社印行

國人！你忘一二八之仇乎？
否則應從此抖起精神，
上下同心協力，
雪空前未有之奇恥，
收回東北已失之土地！

鳴謝

1. 蒙杜月笙先生捐助本書再版印刷費兩千元特此鳴謝
2. 蒙各方同志贈賜鴻文藉資紀念無任感銘

序

海通以還，藩籬盡失，以羸弱錮蔽之國，當鷹瞵虎視之衝，其爲無幸，夫復何疑，我百年來外交國防，着着失敗，甚至文化教育，亦瞠乎不復逮人，以華夏之神明，一降而爲落伍之民族，苟言對外，幾如談虎色變，莫之敢攖，退伏因循，只餘屈辱之歷史，積弱至此，國何能國，九一九事變既起，負守土之責當軍旅之任者，乃拱手相讓，匔身而逃，猶靦然以不抵抗相號召，烏虖，長城自壞，唾面自甘，辱國喪權，莫此爲甚，淞滬之役，賴有十九路軍奮勇殺賊，第五軍聞風繼起，爲民族爭光榮，爲國家爭人格，成敗利鈍，非所逆睹，而其忠義奮發愛國保種之精神，啓聵振聾，使懦夫有立志，遂一洗老大中華積弱之奇恥，其有功於國家民族者可勝紀耶，頃者中國國際宣傳社有淞滬血戰經過之刊，徵序於予，捻其體例，觀其內容，怵外侮之憑陵，憤暴力之壓迫，如讀嘉定屠城揚州十日各記，及見我軍之殺敵致果，所向無前，又如誦普法戰史歐戰紀事也；予患難餘生，嘗親戎馬，愧未能提一師一旅，以與帝國主義者相周旋，披覽斯篇，爲之神往。

中華民國二十一年雙十節居正序

淞滬血戰經過序

日本與我同種同文而爲我禍亦至烈，嘉靖以還，浙東江北，以及福建，屢被侵掠，時有張經戚繼光等竭力禦侮，禍以寧息，逮滿清甲午之役，我國戰敗，割讓台灣，而唐景之崧近逢甲等倡議獨立，民氣激昂，降及民國，五卅慘案，濟南慘案，史不絕書，最近如九一八事變，尤爲痛心，但舉國夢夢，若魚之游釜，燕之處堂，雖有馬占山將軍孤軍奮鬥，博得國人多少同情，以視十九路軍守衛淞滬，血戰兼旬，中外屬目，足以轉移國際之觀聽，厥功尤偉，日本以陸軍稱雄于世界，乃江灣吳淞諸役，我以少數兵力當日本傾國之師，屢爲我敗，十九路軍聲譽，震於寰球，我國人畏敵懼外之心理，爲之一振，國際地位，亦因而提高，中華民族之不亡，賴有此乎，是不可以不記，莫君克明有見及此，思有以表彰之，搜集與於斯役者各種照片，及十九路軍全體軍官姓名，與夫當日事情，日報新聞，一一備載，以喚起國人注意，宣傳日本暴行，俾世界輿論表同情於我國，三寸之管，雄於百萬之師，是亦抗日救亡之道也，其收效豈淺鮮哉。時中華民國廿一年五月廿日鄒魯序於國立中山大學

淞滬血戰經過序

日本帝國主義懷其大陸政策，處心積慮以謀我，數十年如一日，去歲乘我天災匪禍正急之際，突於『九一八』推陷我瀋陽，攘奪我東省，嗣復進窺東南，而『一二八』之滬變遂以爆發，十九路軍適戍淞滬，首當其衝，奉命守土，作緊急之抵抗，血戰月餘，屢挫敵鋒，雖終以不得已而退，然其誓死衛國之精神，固已彪炳國史矣，方今國難正殷，吾人苟欲拯國家於瀕亡，謀民族之永存，惟有繼十九路軍起而奮鬥，茲値『淞滬血戰經過』一書再版問世，謹綴數語，以留紀念，而惕國人。

陳公博序於南京

民國二十一年十月

「淞滬血戰經過」序

「九一八」之後，日軍既擢陷瀋陽囊括三省以去，暴行益縱肆，異動日擴張，其猙獰之面目，殆視我如無物。蓋國際間義和平既無可與言，而弱小民族之見凌於強權又不能自爲沈毅之抵抗，使狼子野心，罔所顧忌，得寸進尺，入室升堂；於是淞滬之變，終不可免，而我軍勇敢之自衛戰亦於以獲全世界光榮之同情矣。

淞滬之役，其敎訓蓋至深且切；以證黷武者之未可逞，一也；以示我民族之未可侮，二也；以雪不抵抗之奇恥，三也；以醒迷醉之國魂，四也。——爲扶植正義而戰，爲伸張公理而戰，爲維護和平而戰，爲拒暴禦侮而戰，爲保國衛民而戰；甯爲玉之碎，不爲瓦之全。縱兵器不如[illegible]犀利，而我軍以血肉之軀卒能憑藉同心一德之奮鬭，迭挫凶鋒，屹然不動者，此其偉[illegible]神堅毅之力量，絕非我民族所當永以爲圭臬者乎？

及[illegible]，舉世震撼，及今思之，雖事過境遷，而猶有不堪回首之感，覩瘡痍之難復，痛失[illegible]知期待吾人努力於未來者將猶重於淞滬血戰之時。往者已矣，來者可追。則淞滬血戰經過之陳跡；而昭示於我民族者，我知其不在於一時之成敗，而在於來日更進一步

值中國[illegible]社「淞滬血戰經過」再版發行，徵序及余，爰書此意以爲獻。願此書今日之風行爲努力於未來者之啓導；若以史乘視之，猶其小焉者耳。

中華民國二十一年九一八一周後十日　潘公展序

十九路軍總指揮蔣光鼐

General Chiang Kwang-Nai, Chief Commandant of the 19th Route Army.

General Tai Chi, Garrison Commissioner of Shanghai and Woosung.

淞滬警備司令戴戟

第五軍軍長張治中

General Chang Tz-Tsong, the Commander of 5th. Army.

廣東航空司令張惠長
General Chiang Wei Jung
Commander of Chinese Air Force.

航空救國
張惠長

此次參加抗日戰事之粵空軍
第二中隊隊長丁紀徐君
Mr. Ting Chi-Shu, the
Captain of 2nd. Corp of
Air Force in Canton.

For the sake of Right!

犧牲生命而救他人之危難

其人格之偉大值得偉大之崇拜

Lieut. Robert M. Short.

美飛行家蕭脫君遺像

上海市民贈十九路軍之抗日紀念旗

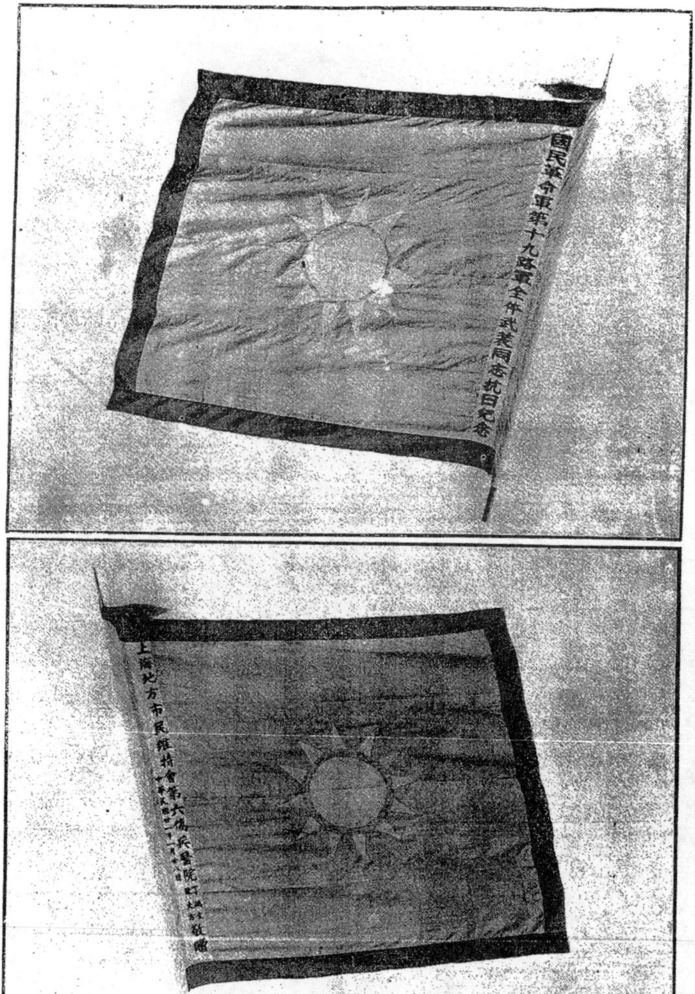

The flag given by the Citizens in Shanghai to 19th. Route Army.

Mr T. V. Sosng, minister of Fiuaucl.

財政部長宋子文

財政部長宋子文氏於暴日侵滬時曾飭該部稅警團加入十九路軍一致抗日，復令江海關監督公署讓出一部分房地為十九路軍後方接濟辦事處，又令唐海安星夜運輸槍砲及子彈數十萬往前方，並接濟餉項使該軍努力殺敵無後顧之憂，嗣因暴日用大規模之空軍實行無限制爆炸閘北市場，乃召集滬上各有名飛機師購戰鬥機以抗日，復請美航師蕭德士氏聯合本國飛機隊向日抗禦，蕭義士因此為中國而犧牲，此為宋氏在後方援助之勞績，適逢本書再版乃一併付刊，藉誌紀念於永遠。

當淞滬戰事發生之次日，唐氏奉宋部長命讓出該公署為十九路軍後方辦事處，復担任後方運輸主任，並冒險獨駕汽車赴前方尋出運輸路徑以便接濟，又組織祕密機關專任擾亂敵軍後方工作。

Mr. H. A. Tang, Super.n-tendaut of Customs of Kiang-Hai Kuon.

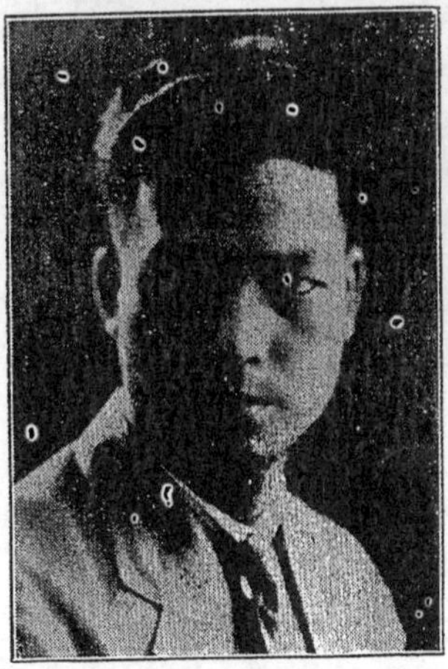

江海監督兼十九路軍後方辦事處運輸主任唐海安

杜月笙先生爲在後方援助十九路軍最有力者之一人

上海各界所組織之上海市民地方維持會全體會員

Members of the Shanghai Citizens Peace Maintaining Asso.oreanized during Sno-Japanese Hostilities, in Shanghai.

(後行)
楊習賢 C.Y.Yang　金芝軒 T.T.King　潘序倫 Y.L.pan　徐采丞 S.C.Zee　徐玉書 Y.H.Zee　裴雲卿 Y.C.Pie　陳松源 S.Y.Chen　朱吟江 C.K.Chu　張慰如 W.J.Chang　何德奎 T.K.Ho　張炯伯 C.P Chang
尤菊蓀 C.S.You　龐京周 K.C.Pong　胡筠籟 Y.L.Wu　胡筠莊 Y.C.Wu　陳立廷 L.T.Chen　聶潞生 L.S.Nieh　李祖夔 L.T.Lee　王伯元 P.Y.Wong　汪伯奇 P.G.Wong　梁士純 S.C.Liang　胡筠庵 Y.E.Wu
何尚平 S.P.Ho　郭秉文 P.W.Kuo　徐新六 S.L.Zee　鄒秉文 P.W.Chou　錢志翔 S.Z.Chien

(前行)
唐壽民 C.M.Tong　陶樂勤 L.K.Tau　陳健安 K.E.Chen　湯斐子 P.Y.Tong　黃任之 C.T.Wong　陸伯鴻 P.H.Lo　郭順 C.Kus　顏福慶 F.K.Yen　林康侯 K.H.Ling　葉扶霄 F.S.Yih　簣延芳 Y.F.Kuei
劉偉軍 W.K.Liu　張嘯林 S.L.Chang　朱子橋 S.C.Chu　杜月笙 Y.S.Tu　史量才 L.Z.Sz　王曉籟 S.L.Wong　褚慧僧 W.S.Chu　徐靜仁 C.J.Zee　穆藕初 N.T.Mo　郭樂 L.Kuo　劉鴻生 H.S.Liu
秦潤卿 S.C.Tsin　袁履登 L.T.Yuen　俞葉封 T.F.Yu　俞寰澄 C.K.Yu　馮炳南 P.N.Fung　胡筠秋 Y.C.Wu　徐寄廎 K.C.Zee　王彬彥 P.N.Wong

中國國際宣傳社再版

淞滬血戰經過

為民族生存而戰

于右任

淞滬血戰經過再版紀念

喚起國魂

宋子文題

國族存亡
在此一舉
孫科

淞滬血戰經過再版
民族光榮
羅文榦題

救國先鋒

陳策題

中國國際宣傳社

為民生存

而奮鬥

蕭佛成題

公理戰勝強權

中國國際宣傳社

鄒魯

衛我邦族

惟鐵與血

戈公振題

淞滬血戰經過再版紀念

為國爭光

林義順

民族自決

范其務

目錄

淞滬戰區地圖

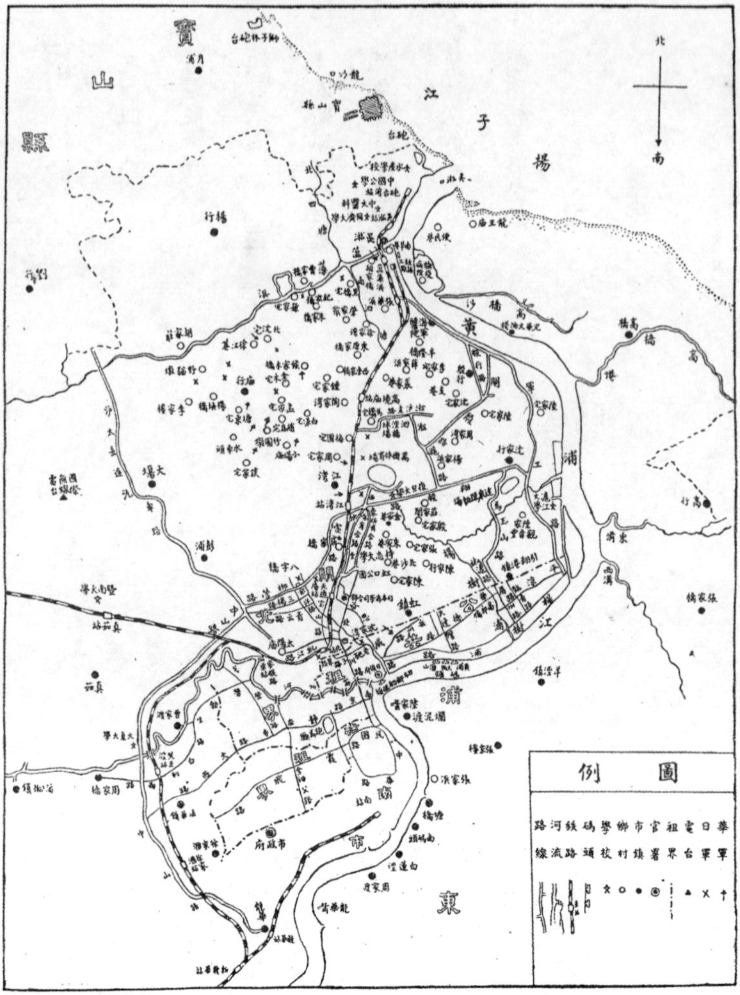

第一章　淞滬戰事前幕

▲第一節　日本對我之侵略政策

日人謀侵佔我滿蒙，處心積慮，已數十載矣，自民國成立以還，已廿一年於斯，正可以革新求治，奮發自強，詎知歷任執政者，只知稱兵自雄，爭權奪利，互相殘殺，使國家元氣無形中損失過半，致釀成今日之禍患，遇有強敵乘機侵凌我時，而當局便抱逆來順受，力行不抵抗主義，致弄成不生不死之殭局面，思之心傷，言之足痛，推原禍始，政府實難辭其咎，而我全國人民睡生夢死不能團結精神，監督政府，趨入正軌，殊為可惜，值此國難臨頭，滿途荊棘，危亡轉在旦夕，我全國上下亟應及早覺悟，非急圖補救之方不可，須知日人今日所有一切對我之暴行，皆根據侵略滿蒙政策大陸主義而來，在民國十六年五月第一次出兵山東，十七年第二次出兵山東，藉護僑之名，實行侵略之具，致造成空前未有之濟南慘案，迄去歲又藉萬寶山案，慘殺我數千僑民，於九月一八日進兵強佔我遼吉，彼尤以為不足，重派大兵攻陷我錦州，有進窺華北腹地之勢，至一月廿八日在上海藉故尋釁，謂我華人在馬玉山路打傷彼國五僧人，多方故意為難，從此風潮愈鬧愈大，壓迫我之舉動，益加嚴厲也，

▲第二節　三友實業社工廠案交涉風潮擴大

一月廿日日本浪人聚衆暴動，二次放火焚燒吾三友實業社工廠，租界警務部長裘萊命令制止無效，租界捕房命令如下『為令知事，查得今日清晨有日本浪人一隊攻擊殷翔路報警停內之第三千零廿九號華捕，並將工廠一所縱火，當時華捕第七百六十五號田潤生被浪人攻擊殞命，本部長無任哀悼，查該華捕因聞警赴援，突被暴徒攻擊，渠雖竭力抵抗，卒以寡不敵衆，當損驅進攻，暴徒內有三名因華捕防衛受傷，已送醫院醫治，其中一名現已身死，今該華捕死于非命，其親屬所受創痛，本部長甚表同情，並當設法懲辦兇犯，此則可為全體華員保證者也，深望各員處以鎮靜，照常服務，此後設有報復警員行動，自當特別保護，且深信本部人員仍能維持其固有之高尚紀律及其自重心也，仰各知悉，遵照為要，此命』

並當場用利刃斫斃七六五號華捕田潤生一名，尙有三〇二九華捕陳得勝，一二六號華捕朱伍蘭皆被傷害甚劇，同日下午一時日暴徒千餘名，在公共租界蓬路日本人俱樂部二樓開日本居留民大會，當場議決電請政府增派陸海軍來滬，開會至三時許始散，各日人分為二隊，分往日領署及海軍陸戰隊司令部請願，手持木桿，聲勢洶洶，往北者沿靶子路步行，所有租界警捕及日本軍士均隨同監視，至靶子路北四川路口折轉向北大呼口號，沿途尋釁，游行隊行抵虬江路口，而在後隊游行之日人已過虬江路，向北四川路進行，見中國商店所貼反日標語，即有三四十人往馬路西側各商店，舉其木桿木棍擊碎商店門窗大

— 2 —

玻璃，計有十餘家之多，均被打碎，一時路過市民駐足而觀，人聲鼎沸，由北往南之一路一百二十五號電車，及一五零七零號公共汽車玻璃亦被日人擊毀，電車司機及乘客西孩咸受損傷，日人肇禍行兇，仍向前進，至其海軍陸戰隊司令部請願，公安局及捕房方面，亦加派警捕，及武裝警備車，在途梭巡，加緊戒備，惟自靶子路至虬江路一帶之商店，則均臨時閉門休業，以防日人侵入尋釁，翌日上海市政府特派俞祕書長往日領署提出嚴重抗議，要求保證以後不發生此項事件，嚴緝兇犯，並保留一切交涉，當俞祕書長提出抗議時，日總領事村井蒼松卽承認日浪人此項舉動極端不法，表示無任遺憾，並允嚴兇緝犯，今晨上午十時日總領村井復至市政府謁見吳市長，當面表示遺憾，並保證緝兇懲辦，當日領與吳市長會晤時，關於日前日本僧人五名在馬玉山路被人毆打一事，亦要求吳市長嚴緝兇徒，吳市長當亦表示應允，至租界方面當局，亦以日本浪人暴動，有礙租界治安，旣殺死華捕一名，斫傷二名，同日下午復在虹口毆傷西捕數人，此事發生後，公共租界工部局適於下午四時召集董事會議，當將該項案件列入議程，結果以日浪人如此不法，租界治安，何難想象，而死傷之警務人員，亦須向日領署嚴重交涉，故命秘書長費信惇氏向日領署嚴重交涉，而此日出席之日董亦表示不安，允向日領要求嚴密制止日浪人之暴行，日領方面自縱租界工部局之嚴重交涉後，於廿一日下午特由日總領村井親赴工部局訪晤總董麥克那登，對於前日案件正式道歉，惟聞工部局方面，對於一切交涉，尙未完全進行，而對於死傷華捕之撫卹賠償等尙未提出云，

我上海市政府對於日人縱火三友廠案，爲鄭重計於一月廿二日下午三時，特向日總領署用書面提出嚴重抗議，（原文錄下）逕啓者，案據市公安局呈報，本市引翔港馬玉山路三友棉織廠，於本月二十日上午二時二十分，有日本青年數十名，潛赴該廠外縱火，共燃火頭四處，當時因深夜，工人已熟睡，未及覺察，厥後該廠職工等，經細密察查，並據附近鄉人目睹，係該日人以火酒汽油硝磺等物引導放火，是時該處附近報警亭有華捕三人値差，聞警卽電救火會求救，日人等乃將該亭施以包圍，用刀將三零二九號華捕斫傷，一一一六號華捕身被刺傷倒地，並將電話機割斷，拋擲附近浜中，另有七六五號華捕，被該日人等追至臨青路，亦爲利刃殺死，該日人逃逸無踪，計該廠被焚，損失極大等情，據此，查該日人等竟敢於淸晨結隊縱火焚毀本國工廠，殺死在職華捕，不獨於法所不容，而際此多事之秋，北影響所及尤爲嚴重，據報前情，除當卽派員面提抗議外，用特提出下列條件，一·日本總領事向本市長表示歉意，二·迅速逮捕及嚴懲縱火殺人之罪犯，三·充分賠償被害者，其賠償之金額另協定之，四·切實保證嗣後不得有同樣事件發生，本市長深盼貴領事對於上述各條，能誠意履行，俾本案可以從速解決，以息糾紛，而睦邦交，相應函達，煩請查照爲荷，此致日本國駐劄上海領事村井蒼松，市長吳鐵城，

▲第三節　日暴徒在北四川路暴動形勢嚴重

在一月廿一日下午日人開會後，在北四川路一帶游行示威時，日陸戰隊亦同時在天通庵車站附近同濟路口荷槍實彈，全副武裝，分乘機器脚踏車，在附近一帶示威，車中並攜有手提

機關槍，形勢殊爲嚴重，又橫浜路方面，於下午五時許，亦有同樣情事，初來兵士三人，窺探而去，繼續又來二十餘名，在途梭巡示威，狄思威路日本海軍陸戰隊司令部門前，放有哨兵，戒備甚嚴。

自此事發生後，日居留民，於昨日開會後，且曾一度向日領署請願，並致電日海軍當局，要求派兵艦來滬示威，日政府已下令由海軍港派出航空母艦能登呂號，巡洋艦大井，及小驅逐艦四隻，載陸戰隊出發來滬，連日到者多停泊於我浦江中，自一月廿一日起至廿四日止，計共有十餘艘之多云。

連日交涉情形異常緊張，吾方各團體唯恐交涉失敗，紛紛函電力爭，茲錄市商會呈市政府原文如下，呈爲呈請事，案查屬會於本月二十日，聞有日本浪人，縱火焚燒三友社總廠情事，認爲事關全市商民安危，形勢嚴重，即經派員前往調查，冀明眞相，而謀善後，茲據調查員報告內開，奉派前往該廠調查，詣該廠訪謁勞代廠長未在，由職員王克強接見，詢以出事情形，答與二十一日各報所載，完全無異，繼由王君引領參觀織巾廠一部，焦木纍纍，損失極重，旋至該管五區四分所調查，據謂日人縱火證據，已集有所遺啤酒瓶，日文報紙，炸藥布片等等，轉呈上級核辦云云，雖然，此次日浪人縱火該廠，以臨時防範周密，施救得力，未將全部工廠焚燒，但日人毒計未遂，野心猶熾，日後難免更有惡辣之手段，施之該廠，現該廠雖照常工作，但人心皇皇，不可終日，應一面設法妥善保護，以防萬一，一面向日領提出抗議，嚴重交涉，茲將該廠地勢及日浪人進行縱火途徑，繪明簡圖，（圖略）一併報告等情，到會，查日本浪人，在滬暴動逞兇，已非一次，從未聞該管領事執法嚴懲，而我國官廳，亦含忍息事，以致若輩益無忌憚，竟釀焚廠殺捕之鉅禍，上海爲國際觀瞻所在，萬目睽睽，尚且毫無顧忌，兇暴之行，有進無已，則該廠日後危機，實可寒心，益以該廠地處僻遠，其工作成績，又爲日人所側目，非尋常商店可比，當此前車已覆之餘，不得不加緊嚴備，應請鈞府商諸軍事機關，並令行公安局，加派軍警，於該廠四週要隘，設崗保衛，並向日領嚴重交涉，嚴懲兇犯，賠償損失，此事有最近廣州福州之案，可爲比例，萬不容其飾詞諉卸也，理合附同略圖，備文呈請，仰祈鈞府俯賜鑒核辦理，實爲公便，謹呈上海市政府，（此外各團體函電甚多，因主張相同故略之），至日浪人在北四川路一帶打毀我商店，損失頗鉅，上海市政府特向日本總領事提出抗議，茲錄原文如下，逕啓者，案據市公安局呈報，本月二十日下午一時，本市日本僑民，在公共租界蓬路日僑俱樂部，開居留民大會，到會人數，約千餘人，會議完畢後，即羣赴駐滬日本領事館，及日本海軍陸戰隊請願，行經北四川路時，沿途滋擾，打毀店鋪多家，並將一二五號一路電車，及租界公共汽車玻璃打壞，折至虬江路口，將華商店鋪之玻璃亂行搗毀，直至午後六時餘，在狄思威路始行四散，當本市民衆憤不可遏，幸各該管區所長，率同警隊長警，極力彈壓勸導，尚無事故發生，計此次華商各店舖損失極大等情，據此，查關於日僑此項非法行動，本市政府節經函請貴總領事注意，切實取締在案，乃此次該日僑等，復又故意尋釁，當此時局嚴重，民氣激昂之際，如果發生誤會，責任自有攸歸，用特提出抗議，即希貴總領事，迅予查明肇事人依法懲辦，並嚴切制止，以後不得再有上項事件發生，至各商店所受損失數目，俟詳細調

查後，再行要求賠償，相應函達，卽煩查照辦理，見復爲荷云云，

▲第四節　日海軍陸戰隊向我施高壓力及摧殘我輿論

日人方面對我之要求，不但無誠意答覆，且進一步，對我加以壓迫，其居心不問可知，日海軍司令鹽澤已一月廿一晚向我提出警告，要求我立刻解散救國會及其他抗日團體，如不依從，卽將取嚴厲手段以保護僑民利益等語云云，並在上海報端登一啓事（一月廿二日）略謂如市府答復不能圓滿，則該隊將取嚴峻之對付行動云云，在此形勢嚴重之下，我市政府特飭公安局妥爲防範，市公安局奉令後，卽飭警察大隊第六中隊長孫謀，率全部警士一百三十餘名，分駐北四川路附近華租交界之處，與五區各區所警士聯防，不得已時，可由閘北湖州會館軍警聯防處隊伍，就近協助，自（一月廿二）晚起已甚週密，租界當局，亦爲維持治安計，已備警備車多輛，及義勇隊預備隊中西探捕，在虹口一帶，嚴密梭巡，

日方除對我加以恐嚇壓迫外，對於我國輿論又任意摧殘，一月廿二日下午五時，日本海軍陸戰隊本部派中尉土山廣端，持函至民國日報館，訪該報當局聲稱，本月二十日，引翔港三友廠被日本浪人焚燬事件，民國日報記載中，有海軍陸戰隊掩護云云，與事實不符，提出四項要求，經該報當局答以該項新聞，係根據各方報告登載，旣經聲明與事實不符，自當卽予更正，玆將日本海軍陸戰隊本部致民國日報函，原文錄後，民國日報主筆先生台啓，貴報本月二十一日發行第二張『日浪人藉陸戰隊掩護』之記事，與事實全相違，故意破壞本陸戰隊名譽者也，於此對貴主筆嚴然要求下列之四項矣，㊀主筆來隊提出公文陳謝，㊁揭載牛張大的謝罪文，㊂保證將來不再發生此種事情，㊃罷免直接責任記者，明（二十三）日午前五時爲限，要求答覆，若不承認莫怪也，昭和七年正月二十二日午後五時，日本海軍陸戰隊，

該報因被暴日壓迫，恐有意外，經工部局勸告暫時停版，該報乃登一啓事云

> **民國日報館緊要啓事**
>
> 昨據公共租界工部局通知「現因本埠形勢緊張工部局董事會勸告貴報停版」等語本報自即日起暫行停版特此布聞　一月廿七日

同時青島民國日報竟被浪人放火焚燒，廣州，汕頭，福州，日領亦有同樣之舉動，其兇橫可知也，

一月廿四日晚市長吳鐵城特歡宴各界宣佈交涉情形，並請各界協助，上海市民於斯日下午三時，在市商會開市民臨時代表大會，議决發表文件，表示拒絕日人無理要求，文云，全國各報館乞轉全國同胞公鑒，暴日侵凌我國東三省，蔑視世界公義，已屬萬分憤慨，旣誤於邊防長官之不抵抗以武力，中央政府之不強硬對付，而勞我人民之施用文力，自動實行國際盟約十六條之經濟絕交，對於暴日，可謂仁至義盡，乃暴日侵凌東三省，擾亂天津青島福州不足，對於我經濟中心，中外貿易樞紐之上海，又復施以擾亂，砲艦雲集，恫嚇市府，要求取締抗日運動，解散抗日救國團體，此可承認，何求不得，暴日之計劃，直欲使我國人民，武力文力，均不得施其技，甘爲其奴隸牛馬而止，蓋一俟市府承認此項無理要求，彼可指我國之集會結社言論出版，均係抗日運動，公私機關之職員社會各界之個

人，均可指爲係抗日運動之份子，要辦卽辦，要撤卽撤，同胞乎，亡國之現象如是也，我上海市民，對於邊防長官之不抵抗，固已認爲有忝職守矣，現政府之當局，在和會之決議中，固已明言不抵抗之非計矣，而今我上海市民，亦已當其衝矣，凡有血氣，自不願以五十步笑百步，而現政府之當局，均係國家棟樑，當亦不願以五十步笑百步之舉動，不屈不撓之氣，我上海市民，斷不喪失毫末，對於抗日救國之運動，誓必直接再厲，我全國之親愛同胞乎，尤希格外努力，格外同仇，爲主人乎，爲奴隸乎，均在此最後五分鐘之努力，勇往直前，視死如歸，急不釋言，伏希鑒察，上海市民聯合會叩，敬，同時又電國府院及上海市政府文云，南京國民政府南京行政院上海市政府公鑒，暴日借端，向上海市政府提出要求，限上海市政府取締團體及個人之抗日運動，幷解散抗日救國會，及同樣團體，否則將取軍事上必要行動，同時砲艦雲集，全滬市民，憤慨異常，竊思暴日之侵凌東北，邊防長官，放棄職守，不以武力抵抗，已使全國人民，痛心疾首，世界各國認爲極不爭氣之國家，竟對我國經濟中心，各國貿易樞紐之上海，亦將施以破壞之手段，其目無中國，目無各國，已昭然若揭，夫抗日救國，本應採用武力，但酷愛和平，旣爲民國之天性，則採用文力，凡立國於天地間者，能不認爲當然之事，卽國際聯盟約章第十六條，亦經明白規定，暴日不自悔禍，不詳究抗日救國之運動，因何而起，而於朝鮮慘案，不謀合法之解決，侵凌東三省之軍隊，不依照約言，卽行撤退，竟忝顏要求上海市政府取締，噫，此種要求，如予承認，則暴日定必再作進一步之要求，曰各種教育，各種書報，均有抗日之宣傳，亦係抗日之運動，應予取締銷毀，曰各公私機關，有爲抗日運動之份子，應予解散或撤職，曰某人某人爲抗日運動者，應予嚴懲，否則爲維護帝國權益計，均須採取軍事上必要行動，我國如畏其砲艦政策，亦將一一承認之，而忘其爲獨立國家乎，爲特電請鈞府院，對於暴日之此種足以亡我中華民國之無理要求，迅行訓令上海市政府，予以嚴詞駁覆，並決定武力與之周旋，全滬市民，甘爲後盾，不勝屏營待命之至，

上海工界十餘團體於一月廿五日上午十時派代表龔雨亭君廿餘人往市府請願，要求切實維持上海治安，及釋放被捕三友廠之三工友，吳市長因公外出，由秘書長俞鴻鈞接見，俞答，本埠治安始終負責維持，連日正會同警備司令部佈置防禦工程，至被捕之三工友，現已解至法院，惟望於開審之期，各代表卽可前往證明，如確無毆傷日僧之事，當可卽行釋放，

一月廿五日下午三時半日領村井倉松約吳市長談判於市政府，要求我答覆一月十八日在馬玉山路被人毆傷之日本僧徒案之抗議書，聲稱旅滬日僑態度至爲憤激，延時太多，萬一發生意外，責任須由我方負之，同時謂廿四日晚間法界重光公使館有人放火，事後檢查得有抗日會徽章及佈告等，經吳市長答云，關於十八日日本僧徒被人毆傷案，所提抗議書之四項，尙須加以相當時間，俾請示中央，及徵詢滬市各團體之意見，現在正在愼重考慮之中，並願從速加以答覆，至於時局嚴重，本市長當然亦極瞭解，但須希望雙方民衆，均處於鎭靜態度，靜候當局以外交方式交涉，俾使案件早得和平解決，故該項責任，雙方均應負之，至謂重光公使館有人放火，雖云檢得抗日會徽

章佈告，眞相若何，尙須派人詳細調查，或係有人僞造，冀圖嫁禍於人，亦未可知，且放火而遺留該項證物，其愚當不至此，故此事尙須詳細研究，方可表示，談至此，日總領事卽辭去，并向記者表示，如市政府答覆不滿意時，日海軍準備行動前，日領將提出最後警告，以恐嚇吾人云，

上海市長吳鐵城

Mayor Wu Te Chin, of greater Shanghai.

日紗廠商人集議由日本紗廠聯合會派人持函往見吳市長，要求卽日切實取消反日團體，并制止抵貨運動，否則上海全市日廠將於二月一日起實行宣佈停廠，吳市長表示，須待考慮，

一月廿七日吳市長派秘書長俞鴻鈞偕殷汝耕氏，往日領署訪日總領事村井倉松磋商解决中日交涉問題，聲明日領所提出之四項要求，因尙待考慮，故未答覆，後市政府爲委曲求全計，對於抗日會已命令取消，惟日人已下决心與我尋釁，一方面交涉，同時派陸戰隊上岸示威及備戰，最後日領要求我方限期於一月廿八日下午六時以前，須切實答覆，彼所提出之四項要求，(一)市長正式道歉(二)立卽逮捕兇犯，(三)損害賠償及醫藥費(四)抗日運動應以適當手段取締之所有鼓勵敵視日本鼓勵暴動及鼓勵排日各項團體，應予解散，市府爲忍辱就全，略以修改，當派秘書長將復牒送往，(全文如下)

市府取消抗日會命令

爲令遵事，慨自吾國蒙難以來，本市人民，愛國心切，乃有各界抗日救國會之組織，不幸措施失當，責難紛來，而本市民衆團體，又復呈控到府，籲請救濟，本市長深思痛慮，不得不奮謀國之忠，毅然制止，爲此令仰該局，卽便遵照，會同社會局，迅將該會，卽予取消，仍將辦理情形具報核辦，切切此令，

逕復者，案准一月廿日大函略開，日本僧侶天崎水上信徒後滕黑岩籐村等五名，於本月十八日下午在馬玉山路附近被毆傷，提出條件四項，請接受等因，准此，查本案發生，殊屬不幸，本市長深表歉仄，當日據報後，以案關傷害，法有明文，當卽嚴令公安局限期緝兇歸案法辦，所有被害人等之醫藥及撫慰金，本市長亦可酌爲給予，以示體恤，至來函所提關於取締抗日運動一項，現查各界抗日救國委員會有越軌違法行爲，業經令行主管局將該會取銷，以維法紀，關於類此之越軌違法行爲，本市長仍當本法治精神，令行取締，至其他各抗日團體，並已令局予以取銷，相應函達，請煩查照爲荷。

當時日領事，亦認爲滿意，豈料當晚日海軍司令鹽澤氏，

致函十九路軍長蔡廷楷氏要求我軍退出二十英里外，一面已有其派出之便衣隊及海軍陸戰隊向我挑釁矣，淞滬血戰自此開始，一切責任應由日方負之，

第二章 淞滬血戰經過

（一月念八日）日人一方面用外交手段壓迫我，一方面積極備戰，自日浪人屢次暴行後，連日遣調大批艦隊來滬，軍用飛機，水雷隊，陸戰隊增加不已，耀武揚威，誠有一觸卽發之勢，上海全埠人心惶惶，到處呈不安之現象，我方軍警當局，爲正當防衞計，亦嚴密戒備，在閘北寶山路車站旁障礙沙袋，再進至天通庵路江灣路等處，亦有同樣佈置，虬江路與北四川路毗鄰各要隘，均有兵士防守，砲台灣方面，沿軍工路一帶，與江灣東外揚旗外，及眞茹車站附近，皆設有防禦工程，以防萬一日軍侵犯時便可抗禦，

日軍侵入閘北我軍嚴行抵抗

今日下午形勢非常嚴重，約四時許有日便衣隊六百名，由日清公司輪船碼頭登岸，行至北四川路一帶，始各自散去，當時盛傳此項日人將於夜間攻襲華兵，其時我軍正奉命將退出閘北，只有一營留防天通庵，青雲路，橫浜橋一帶，至夜間十一時三十五分，日軍有一隊在天通庵遇我哨兵二名，卽開槍攻擊，經一西捕勸開，移時日方鐵甲車又向前推進，並先用機關槍向我十九軍掃射，我軍忍無可忍，乃決計實力抗禦，戰事突起，我軍亦用鐵甲車機關槍抗禦，嚴防日軍衝入閘北防地，

我軍今日取攻勢

（一月念九日）自日兵於昨晚十一時三十五分，無端進佔淞滬路天通庵車站，向我駐軍蔡廷楷部第七十八師挑戰後，雙方卽於當晚十二時正式接觸，今日雙方戰綫已有變動，原由天通庵站及淞滬路進窺天通庵路江灣路等處日兵，已於今日下午一

日兵及便衣隊於一月廿八日在北四川路一帶取軍事行動

On January 28 th., Japanese Plain-clothe armored for military action on North Sze-chuen Road.

時許，被我軍擊敗退出，同時黃陸路附近日本海軍陸戰隊本部，亦被我軍佔領，北四川路日本小學內所設臨時本部，因恐我軍在福生路得利，沿虬江路前進，懼被包圍，乃亟又放棄，退至北四川路橋，暫佔郵政總局爲駐紮地，但我軍以越界築路，不可爲日軍利用，故追至北四川路大德里暫時停駐，旋又前進至老靶子路口柵門處，與虬江路我軍會合，至下午五時，駐在北四川路郵局內日兵，聞已不見踪跡，同時在海甯路北河南路小菜場附近留駐之日軍，亦退至天妃宮橋北堍，第十路公共汽車，祇往來於三茅閣橋，及天妃宮橋南堍之間，至今日六時止，我軍陣綫，在北四川路，北河南路，虬江路，寶山路，已得互相呼應，所有昨晚日兵所襲擊佔據之各地，全爲我軍收復，總計是役，共擄獲鐵甲車四輛，擊燬一輛，擊落飛機四架，敵軍死傷約一千餘人，茲將各情分誌如次，

◉奪回天通菴站

公安局第六中隊三等警趙煜三，於今晨在天通菴車站附近，與日兵激戰受傷，該處中日兩軍衝突，及天通菴車站被佔據，又行奪回，經過情形云，公安局於昨晚派第六中隊警士六人，在天通菴路與通記路口所設之沙袋等防禦工程處防守時，至夜深十一時四十分，忽發見日軍鐵甲汽車數部，載日海軍陸戰隊三十餘人，守警詢以口令，日兵卽開機關槍，六警當卽抵抗，以步槍還擊，然以衆寡不敵，乃向橫浜路方面退却，并向駐守該處之公安局第六中隊隊長孫某報告，孫隊長聞訊，當率警士六十餘人應援，無如日鐵甲汽車以機關槍掃射甚猛，歷十餘分鐘，亦不支而退，時天通菴車站，已被日軍所佔，乃於青雲路集合，復得憲兵第六團機關槍隊之應援，氣勢遂又大振，當卽竭力反攻，戰二小時，十九路軍第五團，亦聞訊趕至，加入作戰，日兵遂被我軍包圍，至淸晨三時許，攻天通菴火車站之日軍，乃全告覆沒，并奪獲鐵甲汽車三部，其中一部已毀壞，餘二部尙可應用，至一時半，日軍又有一隊，向天通菴車站來攻，我軍復與應戰，日不克而退，於是天通菴車站，復爲我軍奪回，是役我軍死傷十餘人，而日軍之死傷，則達百人，

◉四川路巷戰情形

北四川路一帶巷戰，以川工路與阿瑞里對面吟桂路爲最劇烈，蓋日軍此次進攻閘北，共分三路進攻，一路由江灣路入天通菴路，圖攻北火車站之後，然已爲我軍在天通菴路擊退，并將江灣路虹口公園附近之日本海軍司令部擊毀，一路由吟桂路日本小學內所駐之海軍陸戰隊等三隊，沿該路西進，圖於橫浜路與天通菴方面日鐵甲汽車隊相聯絡，另一路，則由虬江路直攻北站，因之北四川路附近，如川公路及吟桂路巷戰甚烈，吟桂路附於昨晨被我圍攻，至今午十一時半，以該路日小學校爲根據地之日軍，已全數退出，雙方死傷，均不少，由虬江路方面進攻之日軍被我軍擊退，至川公路廣東街一帶，巷戰甚烈，日兵死傷，橫臥於巷口者，觸目皆是，在該處巷戰時，我軍憲兵排長王天雄，曾率一隊憲兵衝鋒，擬越過北四川路，故在正午十二時左右，在老靶子路北四川路口，聞槍聲甚爲淸晰，同時在租界口之日機關槍聲亦大作，至下午一時許，始漸息，聞王排與所率之一隊憲兵，均未見歸來，或有意外，亦未可知，當時日方以汽車運輸蔴袋沙土等，以爲架設防禦工程之用，此又可見當時日軍失利情形也，

◉福生路戰況

靶子路間之橫路福生路，係華租交界處，今晨三四時，日兵數十人，自靶子路衝入，與我軍發生小

衝突，至天明某時間，趨於激戰狀況，我軍係憲兵第一團第三營，奮力應戰，旋因日軍增多，乃稍退至福生路北之新民路寶山路口，日軍乃強登該地之民房小樓上，緊閉窗戶，乘虛射擊，擊後隱於室內，使吾軍無從捉摸，沈營長督促所屬，在界路上（卽日軍所居小樓之對面）紛壘沙囊，與之周旋，自後互有槍聲　雙方死傷，尚不重大，

◉擊落日機四架

今日日本飛機到處投彈，破壞極大，當清晨四時許，在閘北南市天空，環繞飛翔，約有五架，卽聞軋軋之聲，時晨霧未退，細雨迷濛，擊落日機共四架，一架於昨日午後二時，用高射砲擊落，墮於寶山路吳淞路車站，又二架爲虹橋飛出之航空戰鬥機擊落，因日機由吳淞飛來，天色未明，旋我軍飛機繼起，彼疑係租界飛機，毫未介意，仍在商務印書館一帶投彈，我飛機見彼實行破壞，遂上前高飛於日機之上，用機槍射擊，落於大陽廟滬泰長途汽車公司門前，

被我軍擊落日機燒餘之鋼骨

Remains of Japanese aeroplane brought down by Chinese soldiers.

今日日飛機拋擲炸彈，第一次卽向北車站施放，時在八時左右，第一二兩彈，落在車務處辦公室外，未炸，車塲道內亦受三彈，未有巨創，麥根路及眞茹方面同各受彈，因我軍轟擊甚烈，乃未得逞，在九時許，上北機車房頂上着彈，當被炸毁倒塌，惟因該屋全係鐵料瓦料建成，致未成災，至下午一時許，上北貨棧亦着彈爆烈後，卽時延燒各貨棧內，貨物因受戰事影響，均未及運出，今則全付一炬矣，損失當在百萬元以上，

北站被焚時情形

A view of S.N.R. North Station under fire.

至下午二時三十分，上北車站管理局四層屋頂上，同樣被炸，卽向下延燒，漸及下層車務處辦公室時，車場內所停鐵甲車二列，竟亦被炸，轟然一聲，車內軍火，遂因而爆烈，以致車站樓屋，因受震不支而倒塌，火勢自下午二時半起至十時，尙未熄滅．已變成焦土矣，

◉我軍向工部局聲明制上日兵借租界爲根據地

今日下午三時第十九路軍軍長蔡廷楷，以日本海軍陸戰隊，有意挑釁，不宣而戰，強據公共租界地域之北四川路一帶，狹持我軍巷戰，我方爲防禦計，惟有向工部局當局聲明，我軍準備進攻北四川路日軍防線，爲自衞起見，不得不爾也，

◉堅守吳淞砲臺

今日下午五時三十分，有某西人自淞返滬云，彼離淞一小時前，日軍艦開始向砲臺轟擊，彼離淞時，日艦砲火尙未停也，更據另一方面消息，吳淞安全，並無戰事，吳淞砲臺，仍在我軍固守，

◉白龍港日軍登岸

上海市公安局據川沙縣保衞團緊急報告稱，二十九日下午，白龍港海，忽來日本軍艦兩隻，並有陸戰隊數百名登岸云云，市公安局已轉報陸軍當局，派隊截擊，

◉日機投彈炸商務書館燒燬

閘北寶山路之商務印書館閘北總廠及編輯部東方圖書館，於今晨十一時，被日飛機拋彈炸毀，並全部焚去，茲將被炸情形，詳誌於下，自今晨日兵鑒於形勢不利後，卽用飛機轟炸我軍後方陣線，但我軍陣綫，均爲散形綫，故未爲所乘，日機有一架自浦江飛起，相隨飛往閘北，實施抛擲硫磺炸彈，湖州會館鄰近首先着彈，幸炸力甚弱，未被巨創，尙有數彈，落在荒地上，故未波及，至十一時許，商務印書總廠竟亦着彈，適落天井內，當卽爆烈，繼卽發火，而當時廠內各工人，早已走避，至救火車因在戰事區域內無從施救，乃祇得任其延燒，一時火光燭天，照及全市，

商務印書館東方圖書館被炸燬損失千萬以上

The Commercial Prees and their Eastern Library, at shanghai, have been burnt. The damage is more than ten million.

尤以紙類堆積，延燒更易，片刻間編輯部卽遭波及，所裝備之各種印刷機器，全部燒壞，焚餘紙灰，飛達數里以外，卽本社左右，均有拾得，可見當時火勢之一班，與商務書館相對爲鄰之東方圖書館，因火焰冲過馬路，竟亦遭殃，全部被毀，商務

書館總廠房屋，於下午三時許，即全部倒塌，但火勢至五時許尤未全熄，查商務書館爲我國唯一文化機關總廠，佔地八十餘畝，今亦爲國難而犧牲矣，惜哉，聞該館全部損失，以現在價値估計，約值一千萬圓左右，

北站月台被炸後景象

The platform of S.N.R. north station has been bomberded.

十九路軍長官通電

蔣光鼐蔡廷楷戴戟昨發通電云，特急，中央黨部，國民政府，各院部會，京滬衛戍司令長官，各級黨部，政府，各軍師旅團長，各報館，全國國民公鑒，暴日佔我東三省，版圖變色，國族垂亡，最近更在上海殺人放火，浪人四出，極世界卑劣兇暴之舉動，無所不至，而砲艦紛來，陸戰隊全數登岸，竟於二十八夜十二時，在上海閘北公然侵我防線，向我開釁，光鼐等分屬軍人，惟知正當防衛，捍患守土，是其天職，尺地寸草，不能放棄，爲救國保種抵抗，雖犧牲至一卒一彈，絕不退縮，以喪失中華民國軍人之人格，此心此志，質天日而昭世界，炎黃祖宗，在天之靈，實式憑之，十九路總指揮蔣光鼐，十九軍軍長蔡廷楷，淞滬警備司令戴戟，叩，豔子印，

◉**日領要求停戰**　今晨十時三十分，日副領白井康向市政府請求停戰，當經吳市長答稱，關於軍事事件，須由軍事長官負責答覆，貴方亦須詢明海軍司令，有確切停戰之保證方可談判云云，至下午二時，吳派俞秘書長赴日領署訪晤日總

領，據日領云，已得海軍司令之同意，遂雙方決定於今晚八時起停戰，但至九時三十分，日軍又向我軍攻擊，寶山路戰事又復激烈，吳即電日領質問，答謂係便衣隊小衝突，談無結果，聞我方已準備一切，無論如何，積極抵抗到底，

北站被炸後之車輛

The trains at S.N.R. North Station have been bombarded.

國府暫遷洛陽

（一月三十日）暴日擴大侵略行為後，竟在吾上海閘北繁華市塲，施行無限制之飛機擲彈主義，我政府為長期抗禦計，經決定暫遷洛陽，澈底周旋耳，茲錄政府即日通電如下，自日本以武力侵佔東北以來，政府一面遵重華盛頓九國條約國聯盟約凱洛格非戰公約之精神，雖釁自彼啓，仍堅持忍耐，以候簽約各國之主持公理，一面嚴飭軍警，應以全力捍衛地方，保障人民生命自由財產之安全，苦心維護，於茲數月，而日本進逼不已，最近竟以大批戰艦駛至上海，並輸送陸空各軍，藉口市民抗日舉動，以使用暴力，橫加恫嚇，夫人民組織團體，以急國難而禦外侮，本出於愛國之熱誠，苟無越軌行動，政府無從加以干涉，惟政府為避免戰禍計，已不恤一再遷就日本之要求，始則對於民衆抗日之言論行動，稍涉激烈者，均予禁止，繼且曉諭各種民衆團體，自動取消抗日名義，以杜強鄰之藉口，本月二十八日午後一時四十五分，上海市政府對於日本駐滬領事之要求，已予以日領自身亦認滿意之答復，而同晚十一時二十五分，日本第一外遣艦隊司令官忽來通告，迫我上海駐軍讓出防地，俾其佔領，軍隊有守土之責，詎能應其所求，日本軍隊遂即向我軍進攻，竟使上海繁盛市面，罹於兵燹，且使用無限制之飛機轟炸政策，平民生民財產，慘受荼毒，數量之巨，無可估計，同時首都及長江上下游各重要市鎮，亦有日本軍艦到處挑釁，夫日本所以繼續使用此等暴力政策，且進而愈厲，其用心不過欲威脅我政府，使屈服於喪權辱國條件之下，政府受國民付託之重，惟知保持國家人格，尊重國際信義，決非威武所能屈，惟有堅持原定方針，一面督勵軍警從事自衛，決不以尺土寸地授人，一面仍運用外交方法，要求各國履行其條約上之責任，日本此次濫啓兵端，破壞和平，不但中國領土主權遭其損害，舉凡華盛頓九國條約國聯盟約凱洛格非戰公約亦為之毀棄無餘，政府深信中國對於此等暴行有正當防衛之權利與義務，同時深信各國為維持世界和平及國際信義，亦必不能坐視，茲者政府為完全自由行使職權不受暴力脅迫起見，已決定移駐洛陽辦公，望我各省區行政長官及軍隊長官，同心協力，各盡所職，以靖地方，而安人民，尤望我全國民衆，以勇毅沈着之精神，共赴國難，勿囂張，勿畏葸，務使暴力無所施，正義得以申，國家安危，悉繫於此，願共勉之，國民

政府主席林森，行政院長汪兆銘，

首都暫遷洛陽，即日羅外長又發表抗日宣言，原文如下，

當玆中華民國歷史上國難最嚴重之時期，鄙人爲責任心所驅使，遂不得不勉應國家之急，以服務於外部，查自去歲九月日軍侵占瀋陽及東省之其他各地後，形勢日難忍耐，現在日本軍隊復又攻擊上海，情形尤更緊張，蓋不惟國際間之利益發生危險，即我首都之安全，亦頓受威脅，日本方面現雖已連續實施其種種暴行與侵略，中國方面則對於反對侵略及以戰爭爲國家政策之國聯規約非戰公約及九國公約，仍行繼續遵守，中國政府現已決定，此後日本軍隊對於中國領土，如復更有攻擊，則必盡其能力之所及，從事正當防衛，須知自衛自保，乃各國應享之權利，無論在何情勢下，固不能希望其放棄者也，中國人民極願與一切以平等相互原則待我之各國人民，維持並增進其友誼，今若中日兩國人民間之友誼維持發生障礙，則實以日本之連續的侵略爲之厲階，蓋此連續的侵略，自不能不於中國人民之感情上發生其必然之結果也，現如欲使中日兩國人民恢復友誼關係，則必須日本政府採用武力壓迫以外之手段，蓋武力壓迫，不惟不能醫此創痕，且反使其日益加劇故也，現在鄙人業已就外長之職，自當遵照國民政府決定之政策，竭其能力，勉效棉薄，凡我國按照國際法律國際條約所應享有之主權獨立領土及行政完整，均應使其毫無損害，尤願舉國上下，予鄙人以充分之贊助，俾鄙人之努力到底於成，

行政院長汪精衞先生

民十六十二月廿九日影於星洲怡和軒俱樂部

此片由林義順先生轉贈

Mr. Weng chin-Wei, the chairman of Executive Yuen

我軍圍擊殘敵

今日我軍陣線，至下午六時止，在北河南路．福生路，虬江路．三處，無變遷，亦無接觸，間或有一二槍聲，係福生路．虬江路．兩處日兵便衣隊，被我軍包圍後，正在殲滅之故，福生路約有便衣隊三四十名，虬江路至奥迪安影戲院旁川公路處，約有五十餘名，均分匿居民家內，故搜勦稍覺緩慢，但此種絕小部份勢力，深處圍困中，行見一掃而盡，北河南路鐵柵門以北寶山路口，均滿佈我軍，以南無日兵踪跡，至天妃宮橋上，日兵有防禦工作，由此可見日兵已行敗退矣，北四川路海寧路一帶，尚有日兵，約在百人左右，蓬路日本俱樂部亦駐有日兵，於今晨三時

起，曾被我軍圍攻，同時北四川路底我軍，曾向寶樂安路・狄思威路，繞道進攻虹口沈家灣，於佔領後，卽沿吳淞路前進，至崑山路，以此處日海軍陸戰隊本部司令部遷駐於此，故當時激戰至烈，蘇州河北岸槍聲，密如連珠，至今晨四時許漸歇，未幾，日兵又用小砲轟擊，但未中的，至天明時，共發三次，此方我軍最前陣線，現在沈家灣，日兵在廣東街頭壩，及日本俱樂部，崑山路・海寧路等處，成一橫線形，雙方未有轟擊，至下午五時許，駐在虬江路我軍，曾將川公路日本便衣隊兜掃，故槍聲又起，日便衣隊以力不能支，乃將該處房屋，縱火焚燒，此乃卽日傍晚能望及之火光所由來也，至八時許猶未熄，滬西勞勃生路鄰近梵王渡車站處，日便衣隊，於下午五時許，亦被我駐軍圍擊，至九時尙未停止，

蔡軍長之軍令

1. 臨陣退縮者槍決
2. 違抗命令者槍決
3. 擾亂治安者槍決
4. 搶刼財物者槍決
5. 造謠惑衆者槍決

英美領事出任調解

（一月三十一日）戰爭本非吾人所願，和平實爲吾民族之特性，人不犯我，我決不犯人，但此次日人耀武揚威，彼心目中旁若無人，竟欲以襲取東三省之故志，來奪我上海，在戰事未發生以前，曾有人聞日海軍司令鹽澤對人聲稱，至多六小時可攫取上海，但戰事發生至今已三日，不僅上海不能佔領，且每戰必敗，是誠某司令所想不到，而我軍神報敵之氣，歐美人士皆感驚異，此大難在前，吾人雖不敢自作誇大之語以自慰，而日帝國主義紙老虎似的榜樣，世界明眼人已看穿聲譽不足道也，日領因鑒乎戰事失利，昨曾有停戰之協議，移時又變更態度，今日英美領事又以善意出而調和，約中日當局，磋商避免戰禍方法，我方派區壽年師長吳鐵城市長，日方則爲鹽澤司令村井總領事，及英美防軍司令暨工部總董麥克那敦出席協議，首由吳市長發言，聲述日方起釁經過情形，加以嚴厲之質問，繼由區師長質問，日方何故違背停戰信約，日方飾辭置辯，但表示願意避免戰禍，我方謂最妥辦法，爲日方首先撤退，英美防軍司令，亦有同樣主張，但日方尙須請示政府，以三日爲期，因此前線上暫入

七十八師長區壽年

General Hsu Su-Nion, the commauder of 78th. Division of 19th Route Army

休戰狀態中，至于日方並無和平之誠意，不過藉此時會以待援軍而已，

◉蔡軍長之表示

今日有某君晤蔡軍長於總指揮部，叩以日軍另有作戰陰謀，我軍有何準備，其時七十八師副師長譚啓秀·六十一師副師長張炎·適亦在座，當蒙共同見告，謂日軍之種種陰謀詭計，余等早已深知，今假英法美各領事出任調解之時，另作進攻企圖，聞欲進兵瀏河等處，我軍已有充分之準備，相當之防禦，今日各領事開會商議調解，我軍亦派代表出席，要求各領須擔保日軍退出租界歸艦，則我軍亦可有相當之讓步，否則當拼命抵抗，決不失寸土，任何條件，不予接受，會議結果，直至此時四時，尙無報告，租界當局開放日軍退入租界，除由國府提出抗議外，我軍亦向租界當局詰問，租界當局，若任意袒護日軍，則將來租界如發生不測，責在租界，刻接密報，謂日軍利用便衣隊，秘密活動，專在我軍後方搗亂，殺戮民衆，已通知各部隊切實注意，嚴密偵探，余等職在保國衛民，決以全力與之周旋，雖至一兵一卒，亦不退縮，日來承各界接濟糧食表示謝忱，在此國難方殷，國家財政困難之秋，余等亦盼望民衆予以實力上之接濟與援助，

◉翁旅長照垣之表示

此次第十九路軍將士奮勇抗日，迭獲勝利，在閘北前線之配置，本爲第七十八師第五第六兩團，而直接指揮作戰者，則爲七十八師一百五十六旅旅長翁照垣氏，翁氏爲廣東惠來人，現年四十歲，畢業於日本陸軍士官學校，旋留法習航空，畢業後經英德意諸國考察航空，其本身實爲一極精幹之飛行家，去年歸國後，任廣東省保安隊第四團團長，七月調升國民政府警衛軍第二師第四旅旅長，旋調現職，此次任爲前線總指揮，兼義勇軍副主任，翁氏體格魁梧，態度沈着，富於謀略，而勇敢過人，此次與日軍激戰，俱親臨指揮，某君往閘北訪翁，談話云，此次與日軍作戰，屢戰屢勝，非我十九路軍之力量，實民衆之力量，民衆即是士氣，民力即是軍力，觀諸數日來閘北民衆，爲我軍炊爨服務，爭先恐後，此語益可徵信，在昔我國人常以日軍可畏，謂日謂一人可當我軍十人，此種觀念，殆已普遍而深入人心，，乃證諸日來戰事，則適得其反，不僅日軍未能以一比一，反之，我軍能以一敵數，打得日軍屢戰皆挫，足見我國軍氣之強旺爲如何，近來備蒙各界來此慰勞，並犒需品，却之未敢，受之有愧，謹代我前線將士，對各界同胞，致最誠懇之謝意，此後當更本初旨，努力殺敵，無論犧牲至何程度，必須流血，到最後一滴，以保我中華國土，及民族光榮，末後，翁氏又以閘北難民衆多，深爲憐惜，言時嘆息不已，即囑某君轉交朱子橋，許世英，王一亭，諸先生一函，請彼等在最短期內設法，將此數十萬難民，送往內地，免被暴日炸殺，翁氏愛護難民之誠意，可見一班矣，

◉吳淞形勢嚴重

今日表面上雖言調和停戰，而吳淞口外三夾水，原泊有日軍艦兩艘，至今晨四時許，復有日驅逐艦二艘，自滬開出，停泊吳淞要塞前面海中，砲位均直指南砲臺，大有一觸即發之槪，要塞瞭望臺兵警見後，當即飛報司令部，鄧振銓司令據報，當即令南北二砲臺臺長周長淸，陳玉文，督飭臺兵，嚴加警戒，至上午七時許，復有戰鬥飛機四十二架，自口外遠處洋面飛來，至要塞上空盤旋甚久，嗣有十七架飛向滬方，其餘仍飛囘口外，淞鎭居民，見形勢嚴重·羣起恐

慌、紛紛遷往鄉間，現吳淞外馬路公安七區署前起至蘊藻浜橋止，沿江均經駐軍裝置電網，泊於要塞前之日艦，截至今日下午四時止，尚未發砲向要塞攻擊，鄧司令爲鼓勵全體官兵，於今日發餉兩月，又本埠法租界馬祥生君，亦以要塞官兵日來晝夜守備，頗爲勞苦，特購白米一百擔，雇一小汽輪，運往要塞犒軍以資鼓勵也，

◉上海市民維持會成立

戰事風雲莫測，維持地方責任則愈大，即日上海實業界，銀行界，虞洽卿，王曉籟，徐寄廎，秦潤卿，張嘯林，杜月笙，史量才，陳光甫，胡孟嘉，張公權，劉鴻生，錢新之，胡筠秋，朱吟江，黃任之，穆藕初，孫潞生，胡筠籟，孫仲立，胡筠莊，劉吉生，吳蘊齋，張慰如，袁履登，李馥孫，胡筆江，胡筠庵，陳蔗青，錢新之，貝淞孫，楊志雄，等，以上海地方，受日軍蹂躪，焚燒搶殺，全市悲憤，危險情形，爲從來所未有，特發起上海地方維持會，從事於推持商業秩序，調劑金融，救濟難民，等事，分組進行，即日成立，當場認捐二萬餘元，充救濟難民之用，該會以後對于市民及軍用皆能盡責，

◉日航空母艦到滬助戰

日人聲言協議停戰中今日又由佐世保調派第一航空隊，由航空母艦加賀，鳳翔兩艘，運來戰鬥飛機兩大隊，計有二十餘架，均爲灰色機，尾翼均有太陽圖，兩艦進吳淞後，於今晨開進上海，停在楊樹浦江面，今日上午，兩艦中之日本飛機，均飛往眞茹一帶，擬轟炸我電台，計有十七架之多，當場有兩機，爲我軍射落，日本第三戰隊巡洋艦那珂號，由良號，阿武隈號，並魚雷艦四艘，已從佐世保開駛來滬，於今日下午四時二十五分進口，當在楊樹浦江面停泊，該第三戰隊所載來特別陸戰隊，已逐批登陸，準備與我軍再戰，現時上海港，僅楊樹浦一段，停有日艦三十餘隻之多，停戰云乎哉，

特別戒嚴 形勢嚴重

（二月一日）

我方尊承英美兩領調停之善意，乃嚴守休戰信約，詎日軍於昨晚十時許違約向吾軍攻擊後，吾方蔡廷楷軍長，即向前方通知市府，請即照會英美兩領並向日領抗議，市府據報後，即行通知英美兩領宣佈日軍違約眞相，一方由俞秘書長赴日領館提出口頭抗議，關於日軍違約事實，應即行制止，詎日領署方面對於市府抗議，竟行強辯，謂係吾軍先行挑釁，反向吾方提出口頭抗議，當由俞祕書長根據事實，據理駁覆，

◉形勢嚴重

休戰調停已無效，今日上午蘇州河以北如蓬路靶子路等處，不見日兵，迄至下午二時，形勢突轉嚴重，蘇州河以北各路，幾於完全斷絕交通，北河南路靶子路口有日本機關槍隊駐守，並與寶山路華軍有猛烈之射擊，四川路橋北堍一路電車轉角處，架有機關槍，槍口朝南四川路橋上，並有西捕一人，華捕二人，不斷搖頭擺手，阻止行人北進，北京路等處之堆棧，亦紛紛搬運物貨，形勢嚴重異常，下午三時，突有日艦一艘，由淞口方面駛往十六舖東門路附近，頃刻有日陸戰隊十餘人，離艦登岸，經我駐防軍及警士瞥見，旋即前往趕催返艦，同時十六舖華法租界各要隘所設鐵門，均行關閉，交通頓絕，且在各鐵門處法捕房方面，趕堆沙袋，至入晚有日本海軍陸戰隊三百人，在浦東高橋上岸，我軍正在準備抵禦，滬西六區公安分局勞勃生路第一分駐所昨晚爲大隊日浪人及日兵

所襲擊，寡不敵衆，經顧巡官率警退出，經任區長派武裝盒子砲隊，將日人驅出，奪回該分駐所，當日浪人受吾方警察用武力驅逐時，紛紛往租界方面逃竄，俟至鐵門旁，欲求駐守美軍開放時，美軍卽將該浪人所攜雜色槍枝，一律繳械，徒手後始放入，

◎我軍特別戒嚴 十九路軍卽晚宣佈特別戒嚴，由一百五十六旅佈告境內居民云，奉軍長命，今晚特別戒嚴，所有本境居民，應卽一律退出防線，此令，一百五十六旅佈告，

◎警備司令部通電 卽日警備司令部發出通電云，各報館均鑒，儉晚，日軍突向我軍挑釁，業經電陳在案，我軍爲正當防衞，接戰至陷晚止，敵軍猛烈衝出數十次，并用飛機轟炸，毀損街市，我軍奮力抵抗，敵卒不得逞，是役俘獲鐵甲車四輛，擊落敵飛機一架，斃敵千餘，我軍亦傷亡兩百餘，茲徇英美領事之調停，暫行息戰，並談判中，謹電奉聞，淞滬警備司令部參謀處世戌印，今晨四時三刻，在北四川路偏東一帶機關槍與步槍聲，連續不斷，皆係日軍向我射擊，我則嚴守休戰信約，不以還擊，

◎日軍兩次總攻失敗 我軍此次與日軍作戰，爲數不過三營兵力，而防線自北車站迤北至江灣路止，防線甚長，日軍以爲決無抵抗能力，故於二十八晚間十一時半，發動大隊陸戰隊及便衣隊，用鐵甲砲車掩護，分四路向我軍防線進攻，第一路在北火車站，第二路在虬江路，第三路在橫浜橋天通庵，第四路在靑雲路及鴻濟路，每路均有鐵甲車三四架不等，陸戰隊及便衣隊約三四百之譜，二十八晚攻我第二營之防線者，係由鴻濟路向靑雲路進攻，時約在十一點二刻，該處東首有警察大隊防守，我軍得悉日軍已向我進攻，並聞東首警察大隊已與抵抗，我軍立卽開上天通庵路嚴家閣路靑雲路一帶之防線援助，適値我軍開到小河南岸時，敵人已大擧向靑雲路攻來，我軍立卽散開應戰，敵人陣勢，以鐵甲車當前，射發機關槍，便衣隊在甲車左右，陸戰隊緊隨甲車之後，當我軍還擊時，便衣隊卽分登兩旁民房樓上，向我方攻擊，當時敵人鐵甲車竟被衝過木橋，到達靑雲路南岸，我軍亦卽登樓用手溜彈擲擊，敵始不支，退走橋北，當敵人退走時，我軍用機關槍掃射，擊斃敵軍一百餘名，並將橋燒斷，此後彼此卽隔岸作戰，直至二十九日早晨七時許，敵始狼狽敗退，迨二十九日晚六時許，敵軍又大擧來攻，我軍竭力抵抗，激戰至三十日早晨六時許，敵軍又復退去，自三十日以後，敵軍屢來偷擊，但人數不過三五人或七八人不等，又時或在民房內亂放數槍，一經我軍還擊，彼卽逃去，日軍在二十八二十九兩晚衝鋒兩次，激戰兩夜，均被我軍擊退，此役敵軍死傷約四五百人，我方士兵傷亡六十名，並陣亡排長蔣金一員，受傷排長郭蔡一員，敵軍亡兵，均用運貨汽車收去，當其前來收運時，必用鐵甲車先行示威，然後將亡兵運去，此次日軍分四路來攻，我軍隨時應付防禦，總計日軍之死傷，當在一千數百人，我軍死傷總計的二百之譜，又我軍士氣甚壯，無論日軍如何強悍，決難奪得我軍陣線一步，

◎各方將領紛電慰勉蔣蔡 自十九路軍將士誓死抗日，在閘北擊退日軍後，各方將領聞訊，極爲興奮，劉峙陳繼承等紛電該軍總指揮蔣光鼐，軍長蔡廷楷，警備司令戴戟等慰勉，並願爲後盾，茲將各電錄左，

▲劉峙電　日本強橫兇暴，威逼[illegible]，直視我國已無一人，爲所欲爲，謦耗迭傳，髮指眦裂，此次兄等以最大之決心，爲正當之抵禦，揮奮血誠，薄海同欽，尚祈不屈不撓，奮鬥到底，戢倭寇之兇燄，張國威於世界，保種興邦，在此一舉，弟等誼切同仇，誓爲後盾，刻已應備一切，靜待後命，前線兵力，是否敷用，情況奚似，祈卽見告，并盼捷音，俾慰遠念，弟劉峙卅巳，

▲陳繼承電　暴日佔我東北，舉國震駭，近復遣陸戰隊到滬，殺人放火，肆行無忌，竟於本月廿八日夜公然犯我防線，向我挑釁，犯天下之大不韙，此而可忍，孰不可忍，兄等職責所在，作英武之抵抗，殺敵衛國，義無反顧，至爲欽佩，望秉百折不回之精神，具有死無生之志願，將日軍盡行驅逐登艦，迫令離我疆土，凡屬無理之要求，概行擯絕，弟分屬軍人，何甘坐視，謹當擐甲執戈，爲兄等後盾，臨電迫切，無任神馳，弟繼承世，

▲張勵生電　驚諗暴日復寇滬北，曷勝憤慨，一俟奉命有日，卽當追隨左右，共赴前驅，敬祈努力奮鬥，謹電復，弟張勵生叩世，

▲樓景樾電　日兵侵滬，憤激同深，値此國難垂危，千鈞一髮，貴部本其捍國衛民之責志，發爲禦侮救亡之先聲，血肉周旋，防衛正當，凡在袍澤，欽佩莫名，敵愾同仇，誓取一致，仍盼時錫明敎爲荷，陸軍第八十七師長樓景樾叩世，

▲蔣伏生電　日人憑藉暴力，尋釁滬濱，消息傳來，殊堪髮指，自東北淪陷，士氣消沉，公等擐甲執戈，能爲正當之防衛，足增袍澤之光榮，存吾民之人格，伏生業已電請上峯，願率所部與之周旋，誓作後援，義無反顧，臨電悲憤不知所云，陸軍第八十三師長蔣伏生，

◉日軍砲攻南京

卽晚十一時二十分，停泊下關日艦突向我城內開砲，機關槍，迫擊砲，大砲同時並發，探照燈四面探照，我軍奉令嚴陣以待，尚未還擊，又本埠吳鐵城市長晚十一時三刻，接得南京軍政部長何應欽長途電話，謂下關日本軍艦於十一時零五分突向我獅子山砲台開砲，我方嚴陣以待尚未回擊，至今晨一時二十分，吳市長又接何部長電話，謂日軍艦向獅子山共開空砲六發，彼係有意挑戰，故我方並未還擊，以後日艦亦無舉動，地方仍甚安靜等語，由此足證日有意放大侵略行爲，吾人苟且因循，欲不抵抗而挽囘失地，直等於夢想耳，

日軍背信戰事重開

（二月二日）　日人如有和平誠意，決不輕易與我開戰端，乃戰事發生以後又倡言和議，識者早知爲因連日戰敗，固藉此爲緩兵計，以待增援耳，我方軍隊皆嚴守三日停戰之約，而日軍今晨四時三刻左右，竟在寶山路，虬江路天通庵路，北河南路等處，忽違反停戰三日信約，用機關槍，迫擊砲，步槍，同時向我軍各該防線轟擊，當時槍聲密如連珠，間以迫擊砲聲，我軍以信約尚未滿期，故未還擊，但日兵竟施射如故，而又以天通庵路橫浜橋爲最烈，至五時三十分左右，始漸平息，結果，我方陣線一無變動，蔡軍長以日方反背信約，乃卽通知吳市長，向日領提出抗議，并同時通告各國領事，

◉通告各國領事

市府通告英美暨各國總領事云，逕啓者，查關於日本海軍侵攻閘北一節，前經函達貴總領館在案

，旋經英美總領事為維持和平避免戰禍起見，邀中日兩方當局，及各國防軍司令，於一月卅一日，在英總領事官舍會議，當經英國防軍司令建議，避免兩軍衝突辦法，并約定由日總領事請示日本政府，以三日為期，如日本政府不能同意，再由本府請示本國政府，在此請示期內，仍各不相侵，以上各節，均有紀錄可稽，乃自該日會議後，日軍屢向我本國軍隊襲擊，迨至今日下午二時五十分，本府忽接到日本總領事署電話通知，謂日本政府對於上述建議辦法，不能同意等語，殊為詫異，且在本府未接到日總領事署通知前一小時，日軍已向我方駐在閘北之軍隊復行攻擊，且用飛機任意轟炸該處，查日方既違背信約，且不顧上海市內我國人民與各國僑民生命財產之安全，重行開釁，所有一切責任，當全由日本政府負之，除向日本總領事提出抗議外，相應聲明，並函達貴總領事，請煩查照，主持公道為荷，此致英國美國駐劄上海總領事暨各國總領事，

◉向日領提抗議

市府向日領抗議云，逕啟者，查關於貴國海軍侵攻閘北一節，前經向貴總領事提出抗議在案，旋經英總領事暨美總領事，為維持和平避免戰禍起見，邀集貴我兩方當局，及各國防軍司令，於一月三十一日在英總領事官舍會議，當經英國防軍司令建議，避免兩軍衝突辦法，并約定由貴總領事，請示貴國政府，以三日為期，如貴國政府，不能同意，再由本府請示我國政府，在此請示期內，仍各不相侵，以上各節，均有紀錄可稽，乃自該日會議後，貴國軍隊，屢向我本國軍隊襲擊，迨至今日下午二時五十分，本府忽接到貴總領事署電話通知，謂貴國政府，對於上述建議辦法，不能同意等語，殊為詫異，且在本府未接到貴總領事署通知前一小時，貴國軍隊，已向我方駐在閘北之軍隊復行攻擊，且用飛機任意炸轟該處，查貴國既違背信約，且不顧上海市內我國人民與各國僑民生命財產之安全，重行開釁，所有一切責任，當全由貴國政府負之，除函達英總領事，美總領事，暨各國領事聲明外，相應提出抗議，請煩查照為荷，此致日本國駐劄上海總領事村井倉松

◉日機到處投彈

日方乘此停戰時準備一切，雖經我方提出抗議，當屬無效，日機又開始施行無限制轟炸手段，即日午後二時四十五分，有日飛機一架，在城隍廟附近盤翔數周，旋即拋擲炸彈多枚，始飛往他處，既而至新開河外之江面上，飛行多時，又擲下一彈，似欲炸江內華輪，但未中，墜於新開河，同時在方浜橋侯家浜福佑路等處，有日浪人喬裝華人，在該處拋擲炸彈，(人物死傷)在各處所受之彈不下十餘枚，彈均炸裂，損失頗大，在邑廟內九曲橋附近之各店舖，多被毀損，方浜橋侯家浜等處亦有數屋被炸毀一部分，新開河受損稍輕，

今日下午一時三十五分，法界天空忽又發現日飛機兩架，盤旋移時，久久不去，居民大起恐慌，紛紛向屋內逃避，最後兩機同時向東並飛，果然投下一彈，落在朱葆三路十四號平安大旅社四層樓頂，將屋頂鐵皮炸成一穴，並炸傷該社招待員湖北人賀漢澄一名，(三十九歲傷頭部)傷勢甚重，車送醫院救治，該社賬房立即飛報大自鳴鐘捕房，轉報警務總監費沃禮及法領事柯克林二氏，費柯二氏聞報，異常憤懣，加之界內居民，僉以日飛機於戰事爆發之第二日早晨，即在法租界內紛紛投彈，當時民衆對於界內治安，已抱萬分疑慮，雖經法當局一再

鄭重聲明，負責保護，然人心終惴惴不安，今復在法領署距離咫尺之朱葆三路作第二次之轟炸，則界內數十萬居民之生命財產，殆已無形失其保障，況法領署法旗高懸，日飛機顯然可見，今竟不顧一切，肆意轟炸，則日機用心險惡，可見一般矣，

十九路軍將領致全國電

▲以純潔之心純潔之血貢獻於黨國

十九路軍將領蔣光鼐，蔡廷楷，戴戟，等，昨日通電全國，表示以純潔之心，純潔之血，貢於黨國，原文照錄如下，洛陽中央黨部，國民政府林主席，汪院長，蔣委員，各院部長，各省市，各級黨部，各級政府，各軍師旅，各民衆團體，各報館，均鑒，暴日貫澈其武力侵略之政策，傾其國力、意圖吞併我疆土，消滅我民族，東三省既被佔領，乃肆其兵威於長江流域，我不得已，乃有自衛之抵抗，中央政府，因首都地位危險，時時在敵人砲火脅迫之下，應急制變，斷然不疑，遷移洛陽，與法都之遷波爾多，土都之遷安哥拉，同爲禦敵圖存之必要政策，武裝同志，全國國民，方幸有安全行使職權之政府，以領導民族鬥爭，不容懷疑，無可非難，方今寇益深入，國瀕於亡，血氣之倫，祇有發揮一致效死之精神，滌除詆排傾軋之惡習，舉凡私見之異同，權利之夢幻，一洗而空，我十九路軍奉命守土，本捍患之天職，自衛之正義，洞胸斷首，萬衆一心，犧牲最後之一彈一卒，對於中樞之遼遠，應援之困難，絕無顧慮，全國武裝同志，激發於愛國自衛之良心，人自爲戰，在其守土之下，敵未則與之死戰，成敗利鈍，不容計及，吾人深信能奮鬥者不滅亡，服正義者得勝利，世界苟有公道，暴日斷不得逞，吾人尤切望於散處各方之中央委員政治領袖，發揮其拯救危之抱負，致力應付存亡一髮之危局，古人有言，覆巢之下，無完卵，不自救者，其結果爲自殺，我十九路將士以純潔之心，純潔之血，貢於黨國，貢於全民，邦人君子，聽此最後之哀鳴，其亦鑒其至誠，宥其戇直，蔣光鼐，蔡廷楷，戴戟，暨十九路師旅團長全體官兵同叩冬。

◎警備司令部佈告保護外僑　即日因戰事重開，淞滬警備司令部特發出佈告，表示保護外僑之意，該佈告云，爲佈告事，此次日方藉口馬玉山路案件，提出四項要求，迫我承認，我市政府委曲求全，已於本月二十八日予以答復，不意同日晚間，日軍又發通牒，要求我軍讓出閘北一帶防地，不待答復，遽卽公然向我射擊，甚至擲彈街市，轟炸民房，我軍警守土有責，不得不作正當防禦，藉資自衛，惟淞滬地方，爲通商巨埠，友邦人士，薈集於斯，戰禍猝發，不幸孰甚，第念我國與各友邦交誼素厚，各界人士，自應共喻斯旨，對於友邦僑商，一體保護，藉敦睦誼，除通令各軍警加意保護僑商外，合行佈告各界，一體知悉，毋得故違，切切此佈，中華民國二十一年二月日，司令戴戟，

◎蔡軍長嚴禁暴動　十九路軍長蔡廷楷氏，卽日發貼佈告云，爲佈告事，照得本軍衞戍淞滬，保土衞民，實爲天職，此次抵抗日寇，全爲正當之自衞，伸正義而保國土，雖犧牲一切，亦所不辭，凡我軍民，皆同此決心，在此軍事時期，防務務求縝密，如在戰區之內，查有私帶槍械，或企圖暴動之徒，一經獲得，不論敵我兩方，皆卽行就地槍決，除通令各部隊嚴密執行外，相應佈告當地民衆週知，希各嚴守序秩爲要，切切此佈，軍長蔡廷楷，

◎日軍以租界爲作戰根據地　自作戰以還，我軍嚴守國際條約，屢次戰勝，均不攻入租界，而日軍竟盤踞虹口一帶租界爲對我作戰之根據地，實非公允之事，茲將日軍在租界情形分述如下，

▲日軍兩次總攻失敗後，屢度反攻，虹口一帶，日軍戒備尤爲森嚴，在此三日休戰期內，積極佈置防禦工作，外白渡橋下塊禮查飯店屋頂上面，特架設機關槍數枝，室內亦有大批日軍駐守，天潼路日本電信局，亦有同樣佈置，吳淞路頭壩浪一帶弄內，密佈鐵絲網，派重兵扼守，附近空房，大都被日軍暗藏於內，

▲日軍設於北四川路橫浜橋之司令部，自經我軍佔領後，曾屢遷地址，現該國軍隊已節節向東敗退，戰線亦由北區逐漸移於東區，故東虹口一帶，遂形吃緊，閔行路之虹口捕房，茲已被日軍作爲司令部，該捕房所有中西印探捕，一律調往其他各捕房服務矣，

▲老靶子路唐紹儀宅，現處於戰事區域，該宅現爲日軍強佔作司令部，所有宅內華人，悉被驅逐云，

▲北四川路海寧路角虹口大旅社內，自今日起，已有日軍入內辦公，屋頂並懸掛日旗，

◎日兵恣意殘殺　戰事發生倉卒，虹口一帶居民多有不及逃避者，日軍因戰敗老羞成怒，遂移恨於吾居民，查虹口一帶已變成生人地獄，據目覩者云，該處武裝日人恣意殘殺，毫無忌憚，中國老少男婦孩童死者纍纍，其屍首皆爲陸戰隊巡兵載去，於黑夜中處置之，其慘狀實不忍言也，蓋日兵又毒恨廣東人因(十九路軍多廣東人)故對之尤爲慘酷，被慘害者特衆，

日軍海陸空總攻失敗(二月三日)　卽日上午，日本軍艦，會同陸戰隊及飛機隊，向吳淞砲臺及閘北防線兩路開砲轟擊，我軍奮起應戰，相持數小時，此開百餘砲，結果，敵軍不支，先後敗退，我軍大獲勝利，擊沉敵軍驅逐艦一艘擊傷戰艦三艘

我國良民被日軍殺後並剝去衣服化裝日人以圖掩飾

Japanese soldiers kill Chinese innocent citizens and take off the clothes, Now Japanese soldiers dress the deads with Japanese clothes to cheat the world.

，擊落飛機一架，我方損失極微，茲將詳細戰況，分記如下，

◎吳淞砲台擊沉敵艦

據砲台之報告，卽日上午十時許吳淞口外海面，先來日本軍艦一艘，另有戰艦數艘，尾隨於後，將近我方砲臺時，該艦卽發四次囘聲氣笛，我方砲臺不理，該艦卽開砲向我砲臺轟擊，日艦首先啓釁開砲，我爲自衞計，全臺士兵開砲還擊，互戰至十二時許，敵軍之驅逐艦一艘，被我砲彈擊中烟囪及汽鍋等處，艦身遂向左右傾動，勢將翻倒，其餘戰艦，卽駛近該艦左右撐持，仍集中火力，向我轟擊

擊沉日艦之吳淞大砲

A lateral view of Wu-soong Forts, The cannon having distroyed. Japanese War-ship.

，我軍亦對準目標，猛力還攻，戰至十二時許，該驅逐艦，遂被我軍擊沉，並擊傷戰艦三艘，中有一艦，受傷甚重，當時亦將沉沒，被其餘戰艦拖走，各艦亦遂不支，向外逃去，至約八十餘海哩之海面停泊，敵艦敗退後，砲聲卽停，但移時，忽有敵軍飛機十二架，飛至我軍砲臺天空，投擲重量炸彈三十餘枚，駐防砲臺附近之十九路軍砲隊，卽用高射砲三十餘尊，及小鋼砲，迫擊砲，機關槍，猛力射擊，當被我軍擊落飛機一架，落至寶山城外，敵機遂不敢飛翔，紛向東面飛去，此後，敵艦共開百餘砲，我方損失甚微，

◉閘北戰事我軍勝利

今日上午七時左右，虹口一帶日兵，又向我軍各陣地實施攻擊，我軍爲自衞計，當予還擊，同時日兵又用飛機九架在空中助戰，並在閘北投擲炸彈，經我軍用高射砲轟擊，敵未得逞，嗣悉日兵方面，昨曾下總攻擊令，故於今晨黎明後，卽分向我軍各防線進攻，一時槍聲砲聲並起，至爲劇烈，以天通庵路爲最烈，我軍立以機關槍迫擊砲掃射，故日兵始終未得越雷池一步，次爲虬江路口，此處因我軍防禦工程，異常堅固，故日兵雖用砲轟擊，被我軍還砲擊退，再次爲寶山路中興路，及福生路兩處，日兵曾數次衝鋒，終以我方奮勇抵禦，彈如密雨，乃不支而退，至下午二時五十分左右，日飛機以我軍砲火猛烈，無隙可乘，乃首先退去，未幾槍砲聲亦漸息，我軍陣線一無更動，當閘北方面正在劇戰時，有日飛機兩架，曾向眞茹方面飛去，中途被麥根路我軍用砲擊回，所投炸彈，亦未爆發，此次日兵在閘北一帶向我軍陣地進攻時，據自該處逃出之苦力言，日兵係取散兵線，約十餘人一隊，窺其用意，擬取包抄勢，曾有中我伏兵，故傷亡甚重，我軍方面，亦有損傷，自下午三時起至晚間八時止，未有接觸，

◉黃秉衡準備赴難

國民政府航空司令黃秉衡卽日有來電稱，空軍將士，準備赴難，現正待命，出動非遙等語，

◉憲兵第六團團長歷略

此次作戰軍隊，除十九路軍外，同時加入前線作戰最力者，有憲兵第六團一團，計共三營，連日在閘北寶山路寶興路北火車站一帶，担任右翼前進之主力軍，全體兵士，對於作戰，夙具經驗，其團長齊學啓，尤身臨指揮，時加激勵，故該團士兵，大有士飽馬騰，滅此朝食之氣概，按齊團長學啓，係美國陸軍大學畢業，歷任憲兵教導團大隊長總教官，總司令部憲警第一團團長等職，此次總司令部，因機關變更，改任今職，現歸谷正倫司令指揮云，

◉日軍仇殺華人之抗議（函日總領）

市政府今日復向公共租界工部局，及日總領村井倉松，提出抗議，其內容如下。

逕啓者，查自一月二十八日日本海軍陸戰隊，向我駐軍開釁以來，連日在公共租界之一部，暨越界築路地段，以及閘北其他地點，有中國市民橫遭逮捕，不經審判手續，被處私刑或加殺戮情形，據報至今受非法監禁者尙有數百人，似此違反人道，及國際公法，本市長不得不提出嚴重抗議，用特函達，請卽飭知貴國海軍司令官，迅予釋放，並對此類橫施私刑及殺戮之兇犯，迅卽依法嚴加懲處，以後對於此項情事，務請負責加以取締，並希見覆爲荷，此致日本國駐劄上海

總領事村井倉松，

（函工部局）逕啓者，查關於公共租界當局，容許日本軍隊，以租界區域，爲攻擊本國軍隊之根據地一節，本府業經向貴局提出嚴重抗議在案，未蒙見覆，在過去數日間，復疊接報告，日本海軍陸戰隊，屢次武裝通過租界，以達滬西及其他地點，作種種軍事行動，危及本國人民之生命財產，而租界當局雖經宣言中立於先，復經本府抗議於後，仍復予以優容，尚未見切實制止，殊爲詫異，相應重提抗議，並嚴重聲明，所有因此而發生之一切責任，當由租界當局負之，請煩查照見覆爲荷，此致公共租界工部局總董麥克那敦，

（編者按，我國人心理，向來視租界爲安樂土，至此當作何感耶？）

日軍全力總攻又遭失敗

（二月四日）昨日敵用海陸空全力向我總攻擊，均不得逞，今日再來冒犯，吳淞，閘北，又遭失敗，戰情分述如次，

◉敵艦圍攻吳淞

吳淞於今日上午九時許，復有敵艦十三艘，圍攻砲臺，臺上官兵當即發砲還擊，雙方互轟，頗爲劇烈，直至十一時許，敵艦二艘被我浦東龍王廟砲臺夾攻，擊傷甚重，失去戰鬥力，遂與未受傷之餘艦，同時退出砲臺火線之外，及至正午零時三十分，敵艦復大舉來攻，砲火較前更爲猛烈，幷有敵海軍陸戰隊分頭在寶山城北，及砲台灣車站前洋碼頭，由敵艦砲火掩護登岸，希圖截擊砲臺陸正面，經要塞守備兵會同十九路軍，將敵擊退，同時吳淞張華浜對江老鼠沙光華火油棧，被敵兵登岸，縱火擾亂後方，下午二時許，復有敵艦五艘，及敵機八九架，駛至淞口，加入作戰，一時砲臺方面，砲聲連續不斷，聲震天地，敵兵又分數處海岸登陸，先後均被擊退，至五時許始行休戰，淞寶居民業已遷避一空矣，

又今晨九時起，日艦十三艘大舉攻我砲臺，我軍奮勇還擊，雙方互戰約數小時後，我砲臺忽然靜默，日艦繼續開砲，我方均無應聲，日急派偵察機飛至砲臺附近窺視，亦以爲我軍全部退卻，砲臺燬壞，遂以無線電報告，於是日艦陸戰隊紛紛登陸，迨逼近我砲臺時，我方伏兵盡起，開砲痛擊，並以機關機掃射，日陸戰隊千餘人盡被殲滅，無一生還，我軍因吳淞要塞重要，今日下午三時已派七十八師副師長譚啓秀前往吳淞負責指揮戰士事云。

◉警備司令部報告吳淞戰況

四日上午，日軍派飛機四架，軍艦四艘，向我吳淞砲臺轟擊，我方還砲，擊沉敵艦一隻，敵艦及飛機即不支逃去。至下午一時許，敵軍又來飛機三架，戰艦四艘，攻擊我砲臺，激戰至三時許，我方停止還砲，佯作不抵抗，敵艦以爲我方已退走，遂派陸戰隊一千餘名登岸，意圖直取砲臺，我方守軍，靜待敵軍進砲臺附近時，遂用機關槍及迫擊砲掃射，敵軍逃避不及，當被我軍擊斃千餘名，幾無一名生還，又據報白龍港海面，原有日艦八艘，但四日來攻吳淞砲臺以後，僅有六艘，囘至該處海面停泊，

◉閘北戰事我軍勝利

日兵於三日下令總攻擊後，當日首先一仗，即被我軍予以重創，乃日兵尚不甘服，遂於今日繼續大舉分三路進攻，幸賴我軍奮勇抵抗，卒將日兵擊敗，並同時奪獲戰利品等，茲將閘北方面我軍擊潰三路進犯日兵情形，分誌如下，

▲乘勝追擊　福生路係接近老靶子路，日兵自從河南路口撤退後，卽集中在該處，以儉德儲蓄會爲根據地，曾屢次由新民路向寶山路襲擊，今晨五時許，該處日兵，首向寶山路口進攻，當爲防守北站路我軍抵住，雙方卽在該處交戰，未幾日兵見無發展，乃卽用機關槍向我方掃射，我方亦卽還擊，同時日兵有踞登該處高牆上用鋼砲向下猛攻，因此北站左右，彈如雨下，血肉橫飛，約相戰四小時，我軍在猛抗之下，卒將日兵挫敗，乃乘勝追擊，至虬江路與我軍中路綫會合，守住原防，日兵沿北四川路南北敗退，日兵死傷者約百餘人，界路上亦有日軍陳屍，

▲截獲械軍　日兵於進攻寶山路後，一面卽分兵向塘山路衝入東寶興路，其勢異常猛烈，但我軍早有準備，卽奮勇抵抗，日兵曾爲少挫，未幾日兵續有大隊來攻，先用大砲掩護，繼以迫擊砲，機關槍，小鋼砲，步槍，作猛烈之攻刺，我軍迎頭痛擊，相持約六小時，我中路軍抽派勁旅，沿淞滬綫超越至日兵後路夾擊，日兵始漸不支，正擬向後退却，奈後路阻塞，乃被我軍包圍，日兵屢次奪圍，終未得逞，後得援軍之助，乃始解圍，然生還者無幾，此處我方截獲日兵大砲七門，機槍十七架，槍彈無數，日兵傷亡者約三百餘人，我軍亦受輕傷，總計日軍今日終日共發四百餘砲

▲左翼激戰　今日日兵進攻各路中最猛烈者，厥爲江灣路及青雲路，以此路日兵司令部適在該處，而又當虹口咽喉，故日兵出全力以搏，而我軍以此路實擊中左兩路陣線，亦極力抵抗，於是此處，乃成兩方戰爭焦點，相搏之烈，爲日軍向我開釁後之第一次，沿淞滬線天通庵路日兵，曾有十餘次在大砲掩護之下，向我軍防線作至猛之衝鋒，我軍出壘抵抗，甚至肉搏，迫擊砲機關槍，幾失效用，日軍後方，乃在虹口花園及六三花園，用大砲向我軍後方陣地射擊，冀圖擾亂，我軍亦卽用砲向日軍各砲位及該司令部轟擊，均能中的，日司令部內及附近，曾中彈十餘次，惟惜未爆發耳，在午後一時許，停在北站車場內之我軍鐵甲車一列，亦奉命前調助戰，該車卽衝至淞滬線，在寶山路站東發砲，當將六三花園轟毀，殲滅日兵百餘人，當時前線日兵傷亡已將過半，又見後方援助隊伍發生劇變，乃節節敗退，我軍卽在該處守住，並分兵至六三花園一帶追擊潰兵，聞我義勇軍一部，已推進至嘉興路，一部已佔領狄思威路一帶，此方日兵死亡達五百餘人，我軍亦受創傷，義勇軍方面，陣亡排長郭成標一名，傷士兵邱一峯楊林孚，二名，當由紅十字會救護車送入醫院，

閘北大火時遠眺

A view of chapei under fire

▲日機擲彈　在今晨繼續發生戰事時，日飛機二架，於十時左右，又復起飛助戰，先在閘北一帶盤繞，因我軍用高射

砲斷續轟擊，因此未有投擲炸彈，約半小時後，日飛機忽然下降投彈，計先後不下三十餘次，以致南自寶山路鴻興路，北至青雲路西寶興路八寺橋一帶民房工廠，多爲日軍砲彈及炸彈轟燬，着火延燒，八寺橋之玻璃廠，貧民收容所，已成燎原，自上午十時至下午十二時，延燒終日，尚未熄滅，一時紅光燭天，烟火滿佈，損失甚爲鉅重，同時閘封路更新舞臺後，亦被日機擲彈爆炸起火，自下午三時起至九時許，尚未熄滅，以地在軍事區域，竟無法施救，一任延燒，至爲慘酷，幷此次日方均利用大砲，故先計發砲逾四百餘砲，中間曾有十餘次係空砲，我方還砲甚爲準確，至於迫擊砲，機關槍，小鋼砲，則不計其數，總之自晨五時至下午五時，十二小時中，槍砲聲疏密不斷，足證此役之劇烈。

◉我軍砲擊中日軍要害

今日正午（四日）據日人消息，六三花園江灣路之日哨兵，現爲華兵大隊包圍，恐有覆沒之虞，大美晚報代表今晨在北四川路日海軍司令部之軍官俱樂部下階之際，屋上瞭望者忽發警號，轉瞬間，有一華兵發出之砲彈，落於牆外，庭中爲之大震，數分鐘內濃烟騰空，此彈如果爆炸，則淞滬鐵路兩面今日之戰事，不致發生矣，尚有一砲彈落於游泳池後，距日司令部約百碼處，登時起火，今晨戰事，日方以所能調出之兵，全數馳至天潼路與寶洛安路間之防區，且有鐵甲車架機關槍掩護天潼路跨鐵路之闕口，自上午七時十五分起，至正午止，日兵用野砲八尊，發砲二百餘響，華兵之砲火，則集中於北四川路底日司令部及該路之日本學校，該校屋頂上今晨已架小野戰砲一尊，

◉大隊飛機來滬助戰

此間軍事當局，今接南京方面報告，已派戰鬥飛機兩大隊，准今日來滬協助十九路軍作戰

◉歐美軍人驚歎我軍神勇

晚據西人方面傳出一可喜消息，略謂此次日軍向華軍挑戰，日方早出驕矜誇大之詞，曾謂華軍不値一擊，日軍於數小時內卽可佔領上海全埠，不料事出意外，日軍連戰皆北，日當局更憤愧欲死，於是惱羞成怒，遂不惜孤注一擲，竟於三日竭海陸空全軍之力，向吳淞砲台及閘北方面大舉進攻，但効力更等於零，且全軍大受重創，日艦一沉四傷，此種消息傳出後，不獨華人聞之悲喜交集，卽外人方面，亦同時感到愉快，於是留滬歐美各軍事家，乃組織一戰地觀察團，紛往前線陣地觀察，今午觀抵江灣路，適該處戰事正烈，日軍以大批野砲及機槍向我軍防線猛攻，我軍初僅囘砲還擊，既見日軍發砲勢若聯珠，我軍防禦物被燬數處，此時華軍非獨不退，反一聲喊殺，面迎如雨之砲彈方面，衝鋒而出，前仆後繼，勢如潮湧，結果，日軍大亂，紛紛去槍棄砲而逃，是役華軍共奪得機槍十七挺，野砲七門，步槍子彈無數，然所受犧牲亦鉅，惟當華軍衝鋒時，不獨日軍望風披靡，旁觀者亦且驚心咋舌，悉認爲此種犧牲精神，卽歐戰中亦所罕見也，觀此，則日軍最初數小時佔領全滬之夢想，殆已完全打破矣，

◉孫科等通電主張抵抗圖存

孫科等通電云，全國各報館轉各省市政府各軍事機關及全國同胞公鑒，自暴日侵害我國以來，瞬經四閱月，此四閱月內，我國含垢蒙恥，忍辱圖存，卒不邀彼國之覺悟，得寸進尺，復有侵我上海之舉，旬日來，幸我十九路軍及各軍之忠勇不屈，誓死抗敵，屢戰屢捷

，幷得海內外同胞之後援，全國人心爲之一振，各國視聽爲之一轉，加以日軍殘虐，戕我徒手人民婦孺，不可勝計，交通文化敎育各機關，輒付一炬，且破聯防之規約，害租界之安全，種種暴行，不勝枚舉，致激同胞之公憤，失世界之同情，有英美法意四國之通牒警告，我外交部已表示接受，聞日方尙欲以陸軍增援，爲最後之决戰，其意蓋以上海一失，則各國必認爲我國不能扶助，一切援應，將因之中止，而我國以十九路軍及各軍皆不能撐柱之故，以後亦决無何項軍隊，敢於抗日，我國遂陷於萬刦不復之地，彼因得遂其囊括東亞之謀，故今日上海之一偶，實爲我國存亡之所繫，上海之抗日，並非爲上海而抗日，實爲全國而抗日，溯自上海發生警耗，政府因謀抵抗，遷往洛陽，旅滬同人，目擊彼虜之凶殘，我軍之苦戰，人民之萬衆一心，實令同人自忘其棉力，而參加奮鬥，當我軍屢戰皆捷以後，各國人士始憬然我國之尙有人在，而生其重視，載在各報，歷歷可考，暴日銳氣，因之大挫，同人不敏，竊謂此實我國起死囘生之機會，若不急圖奮起，必不能展開新局，力爭生存，當此千鈞一髮之時，深願我全國同胞，一心一德，速爲援應，共拯危亡，現哈爾濱尙在固守，吉林省垣，業經收復，東北民衆，幷已奮起，昨日上海各銀行開市，提存兌現者極稀，此實我國人心萬分固結之表徵，亦卽爲國家决可生存之券據，尙冀我國同胞，羣策羣力，渡此難關，尤望我軍界同志，鑒於上海情況，知無抵抗之萬難立足，而抵抗之轉可圖存，毋再因循坐誤，致失事機，庶正義人道，必有伸於世界之日，迫切陳詞，敬希明教，孫科，孔祥熙，吳鐵城，程潛，李宗仁，顧孟餘，薛篤弼，劉蘆隱，方振武，何世楨，馬超俊，鄧家彥，褚民誼，李文範，傅汝霖，甘乃光，粱寒操，陳慶雲，陳友仁，張發奎，張知本，楊虎，王正廷，賀耀祖，范予遂，孫鏡亞，熊克武，唐生智，楊庶堪，陳嘉佑，張靜江，黃季陸，桂崇基，張羣，經亨頤等叩，

中委孫科

民七十二月七日影於星洲由林義順先生轉贈

Mr. Sun Ku, the last chairman of Executive Yuen.

◉工部局抗議日軍暴行

工部局總董頃已致美總領事兼領袖領事函云，因日本陸戰隊，在其駐區外之行動於租界治安之重大影響，工部局盡力贊助防守委員會之抗議，並請美總領事向日本當道爲急切的抗議，總董麥克諾登氏，又請美總領注意日本武裝軍人及武裝平民在北區活動之嚴重情形，蓋其行動，已使市政停頓，居民驚恐，甚至工部局之巡捕及看門巡捕竟被繳械，不能行其職權，救火隊服制服工作隊隊員，又受妨礙及攻擊，而食品之運送及醫院事務，皆因日本海軍及便衣隊之妨害，致生重大困難，故請其立卽向日本當道交涉云。

◉上海地方維持會爲十九路乞援

上海地方

維持會致國府電云，洛陽國民政府林主席，汪精衞先生，蔣介石先生，南京軍政部何敬之部長，外交部羅鈞任部長，鑒、十九路軍連日血戰，各公團迭電請援，迄未見覆，全市惶恐，究竟政府通令各軍抵抗以後，對於懸滬孤軍，有何援應方法，上海三百萬市民現幾瀕於絕境，無上海卽無全國，置十九路軍而不援，豈特棄三百萬市民，試問全國失此經濟中心，今後將何以自立，急盼電覆，上海市民地方維持會長史量才，副會長王曉籟，理事虞洽卿，張嘯林，杜月笙，秦潤卿，林康侯，朱吟江，劉鴻生，徐新六，錢新之，會員朱慶瀾，李馥蓀，陸伯鴻，張慰如，黃炎培，聶潞生，馮炳南，黃延芳，孫仲立，齊良劍，胡筠秋，鄔秉文，胡筠莊，郭秉文，胡筠籟，徐寄廎，汪伯奇，胡筆江，袁履登，郭順，胡孟嘉，貝淞孫，顏福慶，穆藕初，郭樂，沈籟清，陶樂勤，等叩，支，

◎五洲藥房經理項松茂失蹤

五洲藥房經理項松茂，自一月三十日，至老靶子路分店，被日人便衣隊捕去後，據報已被日兵殺害，又市商會所辦童子軍，以辦理收容難民工作，被日兵捕去羅雲祥，毛徵祥，應文達，鮑正武等四人，亦屬生死不明，市商會以項君等，均係在公共租界內失踪，被日本便衣隊肆行虐殺，而公共租界警備當局竟未採有切實辦法，保障界內居民，故向公共租界工部局請其辦理兩事，(一)應與日軍嚴重交涉，查究項君實在下落，若僅為日人拘捕，而尚未殺害，應請設法救出，如已殺害應請搜索兇手，痛加懲辦，(二)凡日人居民有私藏兇器，專以殺害華人為事者，應研究澈底肅清辦法，不得令其再有一人潛伏，或容留界內，且公共租界並非日本軍事占領地，不能任其濫施軍政制度，妨害中立區域市民之生命也云云，

◎紅會熱心救護

後方醫院十一處之地址，中國紅十字會救護隊，自昨日起，已編成後方醫院十一處，計第一院主任顏福慶，地址，海格路紅十字會總醫院，第二院主任徐兆蓉，地址，新閘路紅十字會北市醫院，第三院主任呂守白，地址，十六舖紅十字會南市醫院，第四院主任顏福慶，地址，西藏路，第五院主任俞松筠，地址靜安寺路，第六院主任張竹君主任，地址，膠州路健華頤養園，第七院主任牛惠生，地址，楓林橋骨科醫院，第八院主任陳炳謙，地址，天潼路粵商醫院，第九院主任陳炳謙，地址，青雲路青雲橋下公立醫院，第十院主任王駿生，地址，新民路普善醫院，第十一醫院主任蔡郭景鸞，地址，法租界巨籟達路公時學校，傷兵總棧在愛文義路中國醫學會，凡救得受傷兵民，先送總站，由該站分送各醫院，計骨傷送第七醫院骨科醫院，愛克斯光等送第一醫院，婦孺送第六醫院醫治，受傷兵民亦可自行投院求醫，並派糾察王振川逐日午後六時，馳汽車至各醫院查看傷兵狀況，紅會救護隊成立八支隊中國紅十字會救護隊現已成立八隊，計第一支隊隊長海宗啓，第二支隊隊長薛振翼，第三支隊隊長陸洪元，第四支隊隊長任庭桂，第五支隊隊長俞松筠，第七支隊隊長湯蠡舟，第八支隊隊長葉植生，中委何香凝女士原本加入担任第七隊，現因另有其他任務，改推湯蠡舟担任，紅會在吳淞組後方醫院中國紅十字會以戰區擴大，特在吳淞組織後方醫院一處，醫生看護已於今夜(四日)分配完畢，今晨配備藥品，卽赴吳淞，又以瀏河太倉方面，許多受傷難民，由青浦分會會長徐熙春與大塲分會，共同組織救護醫院，紅十字會設救急站中國紅十字會

救護隊第四隊，於今日上午九時赴眞茹及閘北一帶工作，首在閘北安徽會館內設立救急站，並派全體担架隊出發最前綫，運輸傷兵，計有傷兵七名，市民十六名，均送總醫院療治，眞茹所設前方病院，現又添設門診處，傷兵前往診治者，爲數頗多，紅會第七隊職務分配 昨午後，上海醫師公會，婦女協會，同德醫學院救護隊，震旦醫學院救護隊，各代表議決，爲集中力量，統一工作起見，定由該四團體成立紅十字會第七隊救護隊，當經公推湯蠡舟醫師担任隊長，業於本晨出發眞茹，卽就同德原有之隊聯合改組，並推定牛惠生，龐京周，尤彭熙，劉之綱，周君常，五人組織特委會，辦理各項救護事宜，所有經濟等事務，多由婦協會何香凝女士，廖仲愷夫人，等担任接洽，紅會救護工作一斑（一）中國紅十字會第二支隊長薛振翼，於昨日午前八時出發，因車夫膽怯，由該會特別會員顧竹軒派一車夫開車，赴閘北虬江路寶山路西首，又因沙袋阻路，不能通行，乃捨車步行抵寶山路車站，防地彈飛如雨，砲聲震耳欲聾，救回一營一連士兵程標三營九連班長謝善標等，及傷民數人，送該會第二醫院外，難民十餘人，送收容所，（二）中國紅十字會第一隊支隊長海宗啓，昨因戰事激烈，特至閘北一帶救出七十八師傷兵霍揮，周國清，吳寶來，劉清幹，馮德慶，胡勝林，等六人，另有傷民張桂林，高陳民，等數十人，分送紅會第一，第二，第七，等醫院醫治，

戰區難民被救出險 戰區難民臨時救濟會，爲救護虹口一帶難民出險，昨由交涉組向公共租界工部局及日本領事署商定辦法如下，（一）救護車於卽日下午二時，在仁濟堂集中，（二）隨車出發者，（甲）每車由本會隨帶袖章旗幟，派員一人，（能日語）汽車夫一人，（乙）另由工部局加入日警一人，或日籍商團之人，（三）本會職員上車後，開赴三馬路工部局，會同該局加入人員前往指定地點，（地點由李總董事臨時商定）（四）今日救送地點，一、狄思威路一帶，二、北四川路北頭，三、北河南路至北四川路之間及其一帶，（五）各車各就所救地點，於交通最便利之處安放後，卽持旗幟會同工部局日籍人員，至附近各路各里通知，卽刻隨行至放車處上車，所救人員，須經過日軍檢查，不得攜帶違禁物品，祇可攜帶隨身輕便需要物件，（六）上車後，經過工部局派員施行檢查後開車，（七）救出運至九江路大陸商場二三層樓本會寄宿所，暫爲安頓，

又訊，該會商定上項救濟辦法後，卽日下午三時起，已開始救護，至在戰區發貼通告云，本會爲救濟被難同胞出險，已向公共租界工部局及日領事署商定，派車接運，凡我同胞，願乘車出行者，注意下列各點，一、自本月四日下午三時起，由本會派救護車前來陸續接運，（有工部局所派日捕隨車護送），二、上車須受檢查，三、可帶隨身輕便需要物品，不得攜違禁及笨重物品，四、本會救護車均有旗幟，每車載滿以二十人爲限，隨送隨接。

我空軍參加作戰勝利

（二月五日） 日海陸空軍兩次總攻失敗後，今日吳淞砲台方面已入於休戰狀態，日艦均遠遁於三夾水外，僅日飛機曾二度前往吳淞擲彈，損害尚輕，閘北方面今日戰事仍極激烈，日軍側重於攻擊我軍之中路，我軍奮勇應戰結果，在天通庵路福生路等處奪獲敵鐵甲車三輛，機關槍四架，寶山路寶興路等處，我軍反攻得手，有新

進展，我空軍兩大隊，今晨抵滬，卽在眞茹與日飛機空中作戰，擊落敵機一架，日機師三人均遭焚斃，南市大通碼頭，今晚九時，發現日便衣隊四十餘名，由附近日軍艦開機關槍掩護，企圖登岸襲擊當由我警察隊奮力擊退，居戶飽受虛驚。

航空隊到滬參加抗日

Chinese air force paticipating to anti Japan.

◉空軍將領通電

各報館轉全國各界公鑒，東北事變，數月於茲，三省之失地未收，淞滬之慘暴繼演，公理淪胥，舉世憤慨，我空軍緊國民屬望之殷，將士抱敵愾同仇之切，爲國死難，夙具決心，磨厲枕戈，匪伊朝夕，祇以政府負重，冀望和平，以致忍辱牽延，求死不得，茲者領空領土，橫被摧殘，寇燄益張，國亡無日，秉衡等防空有責，誓抗強梁，爰用集結，以圖自衛，海枯石爛，此志不渝，凡我國人，幸垂鑒察，黃秉衡，曹寶清，沈德燮，毛邦初，晏玉琮，張廷孟，劉芳秀，楊鶴霄，田曦，黃毓沛，張有谷，同叩，微印，

◉我飛機兩隊抵滬

今晨九時，我軍飛機若干架，由南京到滬，卽在滬西天空飛翔一週，聞日內將有續到，據我空軍人員表示，我空軍係完全出于正當之自衛，暫不飛往租界，倘日機來華界天空擲彈，必盡量與之週旋云云。

◉我空軍首次在眞茹作戰

日飛機連日在閘北眞茹等處擲彈，燬屋傷人，慘無人道，今晨十時，日飛機九架，復飛翔天空，在閘北到處擲彈，旋飛經眞茹，圖炸無線電台，在眞茹車站旁，及暨南大學擲下炸彈數枚，損害尚輕，當時我空軍趕到，遂在空作戰，而我軍高射砲亦同時發彈，卽於十一時三十分，擊落日飛機一架，兩架受傷，仍勉強作飛，墜落於南翔附近，餘機被我空軍追逐，疾飛逃去。

◉空中作戰勝利

日機來襲眞茹無線電台當我空軍六七兩隊聞警，亦趕到眞茹，與日機在天空作戰，我軍自始卽佔優勢，時時居高臨下，以機關槍射擊，而高射砲瞄準復極準確，上下夾攻，日機漸覺不支，十一時三十分，日機一架，首被高射砲彈所中，機身着火，儲藏之炸彈爆裂，未幾卽墜地粉碎，其餘兩架，亦被擊中，受傷後向南翔方面飛遁，旋卽降落，據目睹者云，遁去之二日機，機尾已發靑烟，一架墜地後卽

不起，另一架仍飛起逃逸，至其餘六架日機，狼狽遁走，我空軍追逐甚急，在虹橋道上，復有激戰，至下午一時許，我空軍始全勝言旋。

我空軍由南京飛至上海援助十九軍擊敗日軍

Chinese air leaving from Nanking for Shanghai. to reinforce

19th Route army to defeat Japan

◉日飛機師焚斃

在眞茹擊落之日機，係打落在眞茹車站西南之楊家橋空地，該機在空中着彈後，即已焚燒，儲藏之炸彈亦復爆炸，聲如巨雷，落地時，機身已全部粉碎，日機師三人皆焚斃，腦漿流出，屍體幾已不能辨認，鬪死者其一為海軍大尉矢野讓五郎，當由兵士在機內搜獲機師所帶之手槍三支，及焚壞之機關槍二架，機身甚大，祇存骨骼，機頭有「三菱航空機株式會社修理昭和六年七月十八日」字樣，羣衆圍觀者數匝，多將機身之銀灰色布撕下小塊，什襲珍藏，謂以作抗日之紀念也。

◉日機屢在租界繁華市場擲彈

今日上午日在眞茹被我空軍擊敗後，即日正午十二時，在租界擲彈，新閘路斯文里一千一百六十四號楊姓住宅內擲下炸彈一枚，彈由屋頂穿入，落在亭子間內，立即爆發，時有寓居該亭子間內之寧波人王楊氏，正偕同長子金永（十五歲），次子根寶（十二歲），及甥女秦玉靜，（二十六歲），圍桌午餐，炸彈適落於金永背心，四人均受重傷，根寶左脚前半段被炸去，（自膝蓋起）金永右腿亦被炸傷，血肉模糊，已不能行動，王楊氏則傷在頭部，受傷尚輕，秦玉靜右手，炸去二指，房內什物，損失亦鉅，計炸毀八仙桌一張，玻璃窗震破三塊，出事後，當由新閘捕房來探捕四人，先將受傷者送往新閘路紅十字會醫院診治，並將爆發之炸彈，攜歸捕房備案存查，並聞租界當局，鑒於日來日飛機四出，亂擲炸彈，租界內屢受波及，對於租界內治安秩序，大有妨礙，日內將再度向日方提出嚴重交涉，切實保障，嗣後不得再有同樣事情發生，藉以保護租界內居民之生命財產云。

◉日機任意暴行

即日日飛機在閘北一帶，投擲炸彈，自晨七時起至午後三時左右，不下百餘起，大半均落天通庵路以北，香山路公興路青雲路總計四五處之多，濃烟密起，火舌隨之，祇見天空烟封冪冪，吹向西南，經過租界，如同日

蝕，所燃灰燼，租界中區，均可得見，，在空飛舞，因當時正在劇戰，以致延燒，由警備司令部消防隊撲滅。

◎**閘北我軍佔優勢** 今日爲日兵下令總擊後之第三日，因昨日(四日)日軍受我軍巨創，亟謀恢復，故今日日兵方面，陸戰隊與陸軍全部動員，分向我軍各陣地進攻，我軍早已嚴陣以待，沉着應戰，發槍準確，且非待日軍衝入槍砲有效地點，概不發槍，因此我軍均彈無虛發，日兵則槍砲亂發，一無戰鬥經驗，徒致損兵折將，而尚欲屢屢派援，亦惟平添無數異鄉鬼魂而已，自今晨五時至下午五時，亙十二小時有餘，日兵仍利用大砲飛機掩護，猛向我軍防地衝鋒，前後二十餘次，共發六百餘砲，均爲我軍擊退，始終未得進展寸土，反爲我軍右翼包圍，奪獲日軍鐵甲車三輛，一輛當場毀炸，幷獲機關槍四架，茲將今日我軍分三路殲敵情形，分述於次，

▲邢家橋虬江路 日兵昨日在東寶興路曾被我軍一度包圍後，故今日改變方向，出重兵以攻，在晨五時起，日兵即由奧迪安影戲院旁川弓路向邢家橋路偷襲，此處均係居民住宅，因我軍利於巷戰，日兵乃用大砲轟炸該處房屋，同時用機關槍，迫擊砲，步槍，向我軍猛射衝鋒，我軍亦奮勇還擊，故日兵死亡相繼，我軍持戰約一小時，即漸向後詐敗，日兵以爲敗退，乃一擁而上，衝過廣東街，先前預伏在廣東街之我軍，即由兩旁衝出，將日兵全部包圍，一時彈如雨下，日兵戰鬥力全失，屍橫枕藉，所有機槍四架，當被我軍截獲，同時北四川路形勢頓見緊張，日兵在北四川路以東一帶陣綫，有被壓迫搖動之勢，惟我軍爲自衞而抵抗，故不予追擊，仍守原防。

▲天通庵江灣路 該處日兵戰線甚長，一在青雲路，一在天通庵路，日兵主動力仍依砲隊及飛機鐵甲車，於今晨八時許，向各路猛衝，而又以鄰近天通庵路寶興路爲最烈，我軍鄧旅劉光營，向日兵防綫進出者數次，當日兵幾乎全部敗退時，日機在空中向我軍拋擲炸彈三次，均未轟炸，同時又用鐵甲車三輛，進攻我軍陣線，我軍中部士兵即向後移動，放其深入，待接近時，即拋擲手溜彈，並移動左右兩部，包抄其後，機關砲迫擊砲同時俱發，因此擊獲日兵鐵甲車二輛，被逃回一輛，我軍即時反攻，同時在青雲路八寺橋譚家荞北，日兵五六百名亦失利，被我軍包圍，我軍死傷二十餘人，日兵死亡甚衆，我方最前線，已進展至天通庵站左近，

▲福生路新民路 至十時許，日兵以兩處失利，乃調重兵側擊福生路新民路，及沿淞滬綫北一帶，仍憑臨高射下甲車二輛砲及鐵甲車二輛，由新民路猛向北車站進衝，我軍一在寶山路車站及虬江路抵住日兵，並用鋼砲，迫擊砲機兵均用手掃射，一在寶山路北火車站路口新民路作戰，我軍士關槍轟擊溜彈，步槍，機關槍還擊，我後方砲隊，亦用大砲掩在淞滬路展，日兵被我壓迫約一小時左右，即漸不支後退，鐵甲車兩輛，尙圖衝散我軍陣綫，當被我軍以炸彈將該車炸燬一輛，被逃逸一輛，斃敵五十餘名，我軍受傷三人，我軍陣綫，已逼近北四川路，至午後二時後，日兵已無攻意，祇日兵砲隊發砲轟擊閘北一帶，圖燬民房自晨至晚，計發六百餘砲。

◎**蔣蔡親到前線督戰** 我軍總指揮蔣光鼐，軍長蔡廷鍇，師長區壽年，今日自晨至午，均親在前綫督戰，故我前綫將士，勇氣頓形倍增，無不以一當十，午後蔣蔡區三長官，並在各防綫視察防務，規劃一切，旋返司令部，

◉**敵艦對吳淞砲台興嘆**　三四兩日，日軍派軍艦十餘艘，轟擊我吳淞南北砲台，均被我軍痛擊敗退，但至今日，吳淞方面，並不見敵軍艦來攻，僅派軍用飛機六架，希圖轟炸，當被我軍用高射砲擊退，隨後遂無動靜，故今日吳淞方面，甚為安靜。

◉**吳淞一帶民房遭殃**　日前敵艦二次進攻砲台，砲火頗爲猛烈，砲台灣一帶及吳淞東鎮沿浦之外馬路一帶民房，均遭砲毀，經調查砲台灣無線電台，海濱旅館療養院，商船學校，水產學校，中國公學等房屋，均受砲擊，損害頗巨，吳淞東鎮沿浦之外馬路一帶，自救生局碼頭起，至明遠樓止，房屋被砲火炸毀者，到處皆是，敗垣破壁，觸目驚心，顯見當時砲火之猛烈，蘊藻浜永安紗廠花衣棧，今日下午四時，亦被砲炸焚，經廠中消防隊盡力救熄，其餘房屋，賴以保全，又華豐紗廠公事房屋頂，亦於同時被砲轟去，此外光華火油公司，吳淞分經理處，亦中砲焚毀，淞興路為吳淞全鎮中心，亦有多處房屋被毀，總計損失頗為重大云。

◉**日軍又想在南市挑戰**　今日下午八時三刻，在南市十六舖大通碼頭江面，原泊該處之小火輪兩艘船之旁，忽然發現小汽油船一隻，載有日本便衣隊四十餘人，準備登岸，意圖襲擊南市，當被一區公安局警備隊窺見，即開槍射擊，同時停泊附近之日軍艦，亦開機關槍一排掩護便衣隊上岸，警察隊竭力射擊，遂將便衣隊及小汽船擊退，隨即宣告特別戒嚴。

◉**友邦慷慨捐助**　上海江西路六號德商美狄根洋行，鑒於此次暴日犯境，我兵士及平民慘遭傷害，需要大批醫療藥品，特將價值一千七百元之橡皮膏，棉花，紗布，及綳帶，等、分送二馬路及海格路紅十字會，以救治受傷軍民，可知公理猶存，而德人之仁義亦大可風世也。

前星嘉坡中華總商會會長
林義順先生
Sir Ling I-shun, the last pricipal of Chinese commercial Union, Singapore

◉**華僑熱心輸將**　當戰發生之時，中國國際宣傳社曾將連日戰事狀況，詳向海外各地僑胞報告，幷勸其輸將慰勞，以期與強敵長期抵抗，連日海外匯回款項，接濟軍餉者有之，救濟難民傷兵者亦有之，美洲僑胞一次已募集廿餘萬金銀，合國幣在百萬左右，菲律賓亦不少，暹羅安南亦頗踴躍，而南

洋英荷兩屬僑胞向屬熱心國事，但英荷殖民政府只允救濟難民，不許助濟軍需，嗚呼吾國尙未亡，而吾僑胞欲求救國巳不可得，良可嘆也，星嘉坡方面最熱心者首推林義順與陳嘉庚兩人，當戰事發生翌日林義順適在滬養疴，一日發出電報十餘紙，耗電費數百元力勸各埠僑胞一致起來救國一呼百應效力甚鉅，陳嘉庚爲其親家，現任星洲怡和軒俱樂部主席，（該俱樂部爲僑商最大之團體）此次在海外鼓吹贊助之力不少，但南洋地方廣大，捐款惜難劃一，致匯回財政部者之，銀行公會李銘君者有之，行政院與主席林森亦有收到此項捐款者，但南洋方面此後如有捐款，最好寄回上海紅十字總會轉交，便可達原來目的，匯款時可請領事館或黨部用密碼直電十九路較爲妥善方不負自己之志願也。

南洋實業家陳嘉庚先生

Sir Chang qa-gan, an industry man in Singapore.

◉婦女熱心慰勞

上海婦女界慰勞護國將士會，徵求現金物品輸送前敵，異常踴躍，茲悉前敵需用救傷藥品甚急，巳由該會常委沈儀彬與五洲藥房接洽捐募，經五洲固本廠長葉秉衡應允，由該廠擔任，所有藥品棉花紗布，充分接濟，該會之急公好義，於此可見，二月四日收到沈儀彬經募沈大太太捐白米六担，潘德宜潘德孜助勝利麵包一千磅，顧太太捐套鞋八雙，毛巾十打，救傷藥水四箱，翁林氏捐樹膠底鞋五十雙，潘知本捐碘酒一瓶。

◉妓女尙知亡國恨

福裕里南一弄香女老二，福致里龍移老四捐洋五十元，助十九路軍餉，其熱心實可嘉也，上海一般富翁，逃香港，爲安樂公者，對之寧無愧于心耶。

閘北戰事勝利

（二月六日）今日日軍在其各根據地，以機槍步槍，進攻我軍陣地，間以大砲轟擊，入晚較烈，均經我軍擊退，日本飛機數架，時向閘北等處擲彈，經我空軍，駕起飛機六架，由閘北追至眞茹，卒將敵機一架擊落，餘均驚遁，吳淞亦被敵機襲擊，爲我軍開高射砲擊退，砲台無恙。

◉進攻閘北敵軍被擊退

閘北方面，雙方均入於休戰狀態，並無大接觸，間有砲聲，發自日軍方面，亦惟慎防我軍進襲，藉以示威，及希圖轟炸民房而巳，今晨三時許，曾一度小接觸，係在福生路新民路等處，當爲我軍用機關槍擊退，約十餘分鐘卽停，至四時半分，機關槍聲又起，仍在虬江路口一帶，間以砲聲追擊砲聲，相戰至五時許，逐漸稀少，均係前線步哨接觸，嗣後時作時息，雙方在防禦工程內還擊，均無進展，至十時許，我軍飛機大隊，有飛機六架飛起，在閘北境內環繞偵察，約一小時，卽飛往眞茹，追擊日機，午後一時許

，日兵在老靶子路，福生路等處有大集合，我軍早已得悉，且久有重兵駐在，故日兵始終未敢進犯，至下午三時半左右，日飛機有九架，在閘北一帶盤旋，希圖擲彈，但當其降落時，我軍即用迫擊砲高射砲轟擊，故始終未爲所逞，擲彈三十餘枚，均未爆炸，日兵乃改用大砲遠射，經我軍還擊，因此砲聲又起，各防綫步兵，亦用機關槍步槍射擊，至六時後漸息，惟今日午後一時左右，日兵有一部約三四百人，竄入宋公園路及青雲路間之山陽路，向我軍襲擊，經該處我軍，向後包抄，日兵幾乎全部被圍，死傷達二百餘人，僅得退出，而逃生者無幾，嗣後即無重大接觸，各守原防線，據悉，日兵似在待援，以連日損失已達二千餘人，不欲過度犧牲也，又日軍自海陸空總攻，重創敗退，節節向後，吾軍則奮勇直前，陣線已進展至天通庵狄思威路一帶，寶興路方面昨日日軍，曾迭次衝鋒，均被吾軍用機關槍掃射擊退，敗不成軍，吾方則更加調生力軍防守，益形鞏固，敗退之日軍，大都避居民房之內，至昨日日軍向吾方衝鋒時，傷亡極衆，達千餘人之多云。即晚十一時十五分，北四川路狄思威路有大激戰，先以步槍繼以盒子砲，未幾迫擊砲，鋼砲，機關槍幷發，愈戰愈趨激烈，雙方似在衝鋒，此起後仆，槍砲聲密如連珠，約相戰二十分鐘，火光隨起，想該處房屋，又被焚燒，同時日兵方面，在虹口花園，用野砲向該戰區轟擊，計發五十餘砲，我方亦用重砲還擊，聲驚全埠，砲彈過處，火光隨之，至明日清晨零點三十五分左右，槍砲聲漸疏，野砲已停止轟擊，惟斷續槍聲，仍時作時歇。

◉日機一架又被擊落　上午十時餘，有敵軍飛機十餘架，飛至吳淞閘北眞如一帶投擲炸彈，我方空軍，亦即時飛起六架應戰，約一小時半，敵機即被我軍擊落一架，墜於眞如車站南首空地，內有駕駛員日人兩名，白俄一名，登時身死，機身亦即粉碎，其餘敵機，見勢不佳，即紛紛向東面飛遁，我空軍亦即尾隨追擊，追至吳淞方面、始行飛回，今日上午十時十五分許，滬西曹家渡梵皇渡一帶上空，有日飛機兩架，盤旋一週後，立即有我國飛機三架，追逐日機，頻以機關槍射擊，一時大戰於空中，未幾日機即向東逃去，曹家渡極司斐而路救火會對面致燮里二十六號內，被擊一彈，由屋頂穿入樓上，該彈長約二寸，徑半寸，圓方形，又海格路紅十字會美國女醫生（Dr. Love Sankin）今晨九時許，率領中央大學醫學院救護隊出發，至眞茹工作，於十時半，在眞茹暨南大學門口，指揮救護，預備往前線時，有敵飛機一架，翺翔天空，擲下炸彈一枚，落在大樹旁，距美醫生約六尺之遙，炸燬運輸汽車一輛，該醫生炸倒於地，全身被泥土蓋滿，事後經同伴救起，察得臂腕受傷，幸不甚烈，旋即車送總院療治，按國際公法，凡兩國交鋒，紅會救護隊出發工作，任何國不得加以侵害，此次暴日舉動，不顧一切，故意違背國際公法，其殘酷可見一斑矣。

◉吳淞全鎮慘遭火刼　吳淞今日仍無戰事發生，上午十一時三十分許，復有敵機三架，自滬飛淞，至要塞南北砲臺上空偵察，並擲下炸彈八枚，三彈落於要塞前面海中，餘彈分墜要塞陸正面附近田間，均爆發，但砲臺未受絲毫損害，即附近一帶，亦無若何損失，旋經砲臺開放高射砲，敵機始行逃去，至下午二時許，續有敵機三架，飛至砲臺方面，未擲彈即行他去，現砲臺前面海中，泊有英美軍艦各一艘，吳淞口外，雖仍有敵艦蹤跡，但爲英美軍艦所阻，故並未攻擊砲臺。

吳淞於昨晚八時十五分許，鎮中突然發現敵便衣隊三人，身穿華裝，形似工人，至中新路，將仁昌米店牌門挖開，用火油在屋中縱火焚燒，一時烈燄騰空，不可向邇，敵便衣隊得手後，當卽乘間逸去，火勢頃刻延燒四鄰房屋，該鎮各區救火會聞警，當時驅車到場灌救，奈因火勢甚熾，救火員人少，無法撲滅，直至今晨六時許，火勢始漸熄滅，經實地調查，中新路南至萬順醬園，北至得和當馬家弄，淞興路東至金家衖，西至萃華樓菜館，桂枝路東至中新路口，西至南天門點心店口，洪源路東至今家衖，西至中新路口，所有各路中間之市房三百餘幢，全部焚毀，其被火區域，極爲廣大，約占吳淞全鎮五分之一，該鎮商業精華，彙集該處一帶，均已付之一炬，損失至鉅，一時無從統計，當火起後，駐軍當卽派隊兜拿縱火之便衣敵人，但早已蹤跡杳然矣。

◉市府向工部局重提抗議

市政府爲連日日軍又在租界登岸，仍以租界爲攻擊我軍之根據地，特向工部局重提抗議云，逕啓者，查關於日本海軍利用租界區域，爲攻擊華軍之根據地一節，迭經本市長向當局提出嚴重抗議，並促請制止在案，現據確報，卽日有大隊日軍抵埠，係在租界登岸，登岸後，卽散佈租界各處，爲攻擊華軍之準備，而危害本市之治安，乃貴局猶復加以優容，殊難索解，相應重提抗議，請煩切實考慮，採取有效方法，嚴加制止，實紉公誼，再據報一二日內復有大批日軍來滬，並希注意，勿得任其在租界登陸，以維持貴局嚴守中立之宣言，免重貽本國人民之誤會爲荷，此致上海公共租界工部局總董麥克那登。

◉工部局答覆市府抗議

工部局因上海市市長吳鐵城，迭次來函抗議，日兵用租界作爲根據地，特於卽晚開會考慮此事，當經一致議決覆函如下，接奉一九三二年一月三十日又二月三日來函，內開，工部局容許日本軍隊，以公共租界區域，爲攻擊本國軍隊之根據地，未見切實制止，因此破壞租界中立而發生之一切責任，當由工部局負之等因，查公共租界中立或類於此事之各種條件，或有存在，僅由在租界享有政治或其他利益之各國締結公約或協定以造成之，故此種租界中立條件，亦唯締約國能維持而擔保之，日本旣爲締約國之一，日本軍隊，在租界內之一切行動，自應由日政府獨負責任，而與工部局無關，相應函覆，幸希查核，再連日事務紛繁，裁答稽遲，無任仄歉，尙希原諒，工部局總董麥克那登啓，二月六日。

◉日軍戰敗不打自招

據日文報每日新聞云，五日晨我軍（指日軍以下相同）決行總攻擊以來，爲空前未有之大激戰，敵軍死力反抗，我軍雖猛力發砲，然彼竟東衝西撲，致我軍不易進展，未幾敵軍（我軍）以迫擊砲襲擊日軍，致我軍慘遭未曾有之慘敗（照日文直譯）第〇隊市川中隊與池田小隊，因在最前線，損失甚大，池田小隊長亦受重創，所有兵員三分之二，死傷瀕於全滅，（照日文直譯）其他第〇隊自午前六時進擊至七點二十三分，敵軍（我軍）不時擾亂，致我軍無暇進食，竇樂安路附近，橫須賀戰車隊二曹小園榮藏氏，爲手溜彈所傷，中隊長鬆田惠助彈穿胸腹，均有生命之憂，

◉日機迷途

大美晚報云，在滬作戰之日海軍航空隊，昨（五日）日又有飛機一架，在海中失事，據今日下午三時美貨輪濮諾佛號船主電稱，該船在北緯三十一度二十一分東經一百二十四度二十一分處拯起日陸軍航空員一名，所乘陸上飛機

D-260號，因油盡降落海面，業已沉沒，日航空員不諳英語，該輪係往馬尼剌等語，按電中所述地點，在江蘇海濱東二百哩，幾與吳淞在一直線上，料該日機定係清晨在吳淞盤旋之際，迷失航道，飛往大海，直至汽油既罄，乃降落海上，電中稱，該航空員爲陸軍航空員，所乘爲陸上飛機，大約因日人不諳英語，出於誤會，諒該機殆爲日航空母艦所載之一小機云。

◉翁旅長告軍民書

翁照垣旅長告軍民書云，各級長官，各位士兵，各界民衆，殘橫兇暴的日本，把我們的東三省吞去了後，再接再厲，又想把我們的上海吞下，他們得寸進尺，陰險地圖欲滅亡我們整個的國家民族，我們是中華民國一個堂堂的國民，能肯做那東洋的奴隸嗎，能肯拱手把國家奉獻給日人去統治嗎，我相信大家都不願意，那末，我們非立下誓死的決心去奮鬥不可，現在日本已經決意派兩師團的陸軍來上海，並且還要繼續增派戰艦飛機到來，他們想和我們決一死戰，一定要達到佔據上海的目的，然而上海是我們中國唯一的命脈，失了上海，我們中國就要完了，所以我們亦當要立下決心，和他們決一死戰，一定不許他們佔據我們上海一寸之地，我們如何保存上海，如何對付日本這些戰艦飛機和陸軍呢，除我們堅決抱犧牲的偉大精神，不肯後退一步之外，我們還有種種辦法，必須達到我們的目的，我們要把他們的戰艦飛機，一隻一隻的擊墜，我們要把他們的陸軍，整個地繳槍，整個地俘虜，要達到這目的，就只靠我們犧牲的精神，長官們，士兵們，民衆們啊，我們該認眞繼續團結起來，我們認眞繼續我們的決心、要雪中華民國的恥辱，要報四萬萬同胞的世仇，要立功，要成我們偉大的歷史上不滅的事蹟，殺盡殘橫兇暴的東洋鬼。

◉難民飢寒交迫

上海市民地方維持會救濟股調查事宜，截至今日，本市設立之收容所，已達三十三處，收容難民，共五千餘人，其中滬西公餘社收容所爲最多，約有六千餘人，各所難民，大半隻身逃出，除隨身衣服外，一無他物，際此寒風凜冽之時，被褥全無，冒寒致疾，奮居多數，饑寒交迫，有坐以待斃之勢，所望各界仁人君子，推己饑己溺之懷，慨捐資財，以及舊衣敗絮，多多益善，捐助者可交四川路六十六號該會辦事處，以拯垂死同胞，造福無量，聞該會現在收到各界捐款，已達六萬餘元，

◉商人見義勇爲

梵王渡周家橋義品[illegible]場附屬運輸公司，因中國紅會救護前線受傷兵民所用車輛，每因不敷分配，致礙進行，特將全部汽車捐助四日，汽油車夫，亦由該公司供給，並由大昌公司捐助汽油二百加侖，由股東陸昌貴兄弟親自開車，至閘北前線，

◉紅卍字會救護傷兵

世界紅卍字會西門斜橋後方醫院，今日救出傷兵，爲數較多，計百餘人，據云該會救護車可由新閘橋等路通行，故救護頗爲方便，現該會爲便利收容起見，將於附近設第二後方醫院，又該會難民收容所，則設於呂班路山東會館，

◉廣州嶺南大學女生電慰十九軍官兵

(銜略)逕啓者，頃接廣州嶺南大學女生冬電，內開轉十九路軍全體官兵鑒，奮勇殺敵，爲國爭存，此間同學，額手稱慶，經盡量籌款慰勞，款隨匯到等語，相應備函轉達，即請查照爲荷，此致十九路軍總指揮部，上海市商會啓，二月五日，

日軍全力進攻吳淞

（二月七日）日軍前以陸戰隊及在鄉軍人，進犯閘北，數次總攻，均被我軍擊退，損失甚鉅，同時更以軍艦十餘艘，轟擊吳淞砲台，希圖佔據要塞，又遭失敗，旬日以來，日軍雖受重大損傷，而其侵犯之心仍未稍戢，故自六日晚，新從日本調來四千餘名陸軍到滬後，日軍司令野村，即變更戰略，於今日早晨，擲其海陸空軍全部之兵力，分水陸空大舉會攻吳淞，並限於廿四小時內，攻陷我方要塞，意欲先佔領吳淞砲台，冀得自楊樹浦沿黃浦江至吳淞口外，均爲日軍之根據地，然後再以全力進取閘北，故今晨七時起，即開始實行此項新戰略，先用飛機十餘架，飛至我軍陣地視察，並擲大批炸彈，同時又派陸軍二千餘名，由糧米站及軍工路會攻吳淞，停泊張華浜之東面黃浦江中之軍艦六七艘，亦同時向我吳淞方面開砲，上午十時許，我方駐防蘊藻浜一帶之翁旅，即在裏楊旗防線內迎頭痛擊，敵軍第一次衝鋒，即被我擊退，死傷甚衆，十二時餘，復有第二次進攻，我軍竭力抵抗，敵軍仍猛力進犯，激戰極爲猛烈，閘北方面，敵軍亦於同時由天通菴路用鐵甲車及坦克車掩護步兵，向我八寺橋陣地進攻，當被我軍擊退，並在江灣路方面毀敵軍坦克車兩部，自下午六時後，閘北似入休戰狀態，又敵軍飛機上下午，均在我吳淞，蘊藻浜，閘北，眞茹等處擲彈，但均未命中，我軍防線，惟民房被炸毀及焚炸者甚多，

◉張華浜之激戰

日軍司令野村，以海軍迭次向我吳淞砲台進攻均遭失敗，同時又因吳淞口外，尚有英艦停泊，未便開砲，乃變更計劃，於今日上午，遣派陸軍三千名，由楊樹浦底軍工路，暨黃浦江旁之糧米站兩處，向我吳淞方面大舉進攻，當被我駐蘊藻浜之翁旅，在裏揚旗方面，迎頭痛擊，上午第一次接觸，敵即不支敗退，下午二次接觸，戰事極猛烈，同時浦江日艦五艘，向吳淞開砲助戰，並有飛機多架擲彈，但我軍陣線，仍在原處未動，

◉敵陸軍進攻失利

日軍司令野村，派鐵甲車二輛，裝置機關槍之機器脚踏車十餘輛，及卡車十餘部，滿載日陸軍一千餘名，於上午九時許，由楊樹浦底沿軍工路開至張華浜進攻吳淞，一面有日海軍驅逐艦二艘，載日兵千餘名，駛至高橋沙（俗名老鼠沙）光華火油棧前面浦中，用鐵殼駁船二艘，渡至張華浜糧米站碼頭登陸，即會同鐵甲車進攻蘊藻浜車站，十時許戰事即爆發，敵軍由敵艦開砲，及飛機在空中擲彈，掩護而進，我軍現駐守吳淞，兵力甚厚，即經譚司令指揮禦敵，其時敵軍最前線在兩路工廠之東蘊藻浜車站，西揚旗，甘家橋，軍工路，糧米站一帶，甘家橋有不少草棚，已被敵兵焚毀，砲火初不甚猛，至下午一時許，復有敵艦三艘，開至助戰，而砲火漸劇烈，河泊司署方面，流彈飛來甚多，其時雙方激戰，較前更爲劇烈，敵軍死傷不少，我軍仍堅守原陣地，兀不爲動，吳淞西鎮，已有數處起火，敵兵駕駛卡車六輛，滿裝洋松木板，及大批蔴繩，先後向東疾馳，因蘊藻浜大橋及鐵路橋已被我軍炸斷，故用以架搭浮橋，偷渡蘊藻浜截擊我軍者，我軍司令部，得淞方開戰消息，業已派大隊援軍，開往夾擊，

◉軍部戰訊

關于日軍進犯吳淞之戰事，據軍部方面所得戰況如下，（一）七日晨有敵艦十餘艘，由白龍港開往吳淞，並有飛機十餘架，由白龍港飛至上海，白龍港僅留敵艦四五艘

，(二)七日晨，敵軍第一次用鐵甲車十餘輛，由張華浜方面，向我吳淞進攻，激戰頗烈，當被我軍擊退，(三)下午十二時半，敵軍第二次復用鐵甲車六輛，掩護步兵六七百名，向我吳淞猛力衝鋒，正在激戰中，(四)據外人方面消息，日方確於六日晚到有陸軍數千名，並限令七日攻陷吳淞，(五)吳淞方面，敵艦因有英艦兩艘泊在我砲台方面，未敢開砲，祗有敵機數架，向獅子林砲台擲彈，我軍死傷十餘人，

◉八字橋我軍勝利

敵軍於昨晚十時，向我八字橋防地進襲，激戰至一時許，經我軍奮勇應戰，將其擊退，大受重創，今日正午十二時許，敵復以飛機大砲，向八字橋我軍防地，猛烈轟擊，同時並以機關槍，小鋼砲，連續射擊，於此砲聲機關槍密射之下，敵軍即拚命向我軍衝襲，我軍當亦奮起抗敵，迎頭痛擊，一部份且抄其後方，截擊敵方後路，敵始不支，向後潰退，是役戰約一時許，斃敵甚衆，至午後二時，敵軍喘息甫定，復得援軍，又以一千餘衆，向八字橋進攻，大砲猛轟，飛機仍在空中助戰，惟我軍以逸待勞，勇猛應敵，又將敵軍擊潰，敵軍兩次進攻，均遭失利，但今日敵軍作戰者，多係新來之正式陸軍，故終未肯罷手，復於下午五時左右，三次進攻我軍，其勢尤較十二時二時兩役為烈，時敵軍士氣已餒，當進衝之時，一經我軍還擊，發槍已多慌急狀態，故終為我軍逐回敗去，傷亡過半，我軍亦有犧牲，綜計今日敵機向我軍陣地擲彈，有百餘次之多，惟爆發甚少，且多落於空地之上，無甚大損失，又狄思威路方面，今日敵軍亦有進攻，經我軍應戰後，敵即退去，故未有激戰，

◉燬敵坦克車二輛

今晨十時許，日軍陸戰隊藉新到之陸軍援助，由虹口公園之北，江灣之南，(沿鐵路南)突向我軍進攻，同時日兵在靶子場用野砲掩護，更用新式坦克車二輛，隨軍隊衝鋒，我軍亦用鋼砲機關槍掃射，激戰至烈，相持不久，日兵即漸不支，我軍即挺進，日兵乃急用坦克車向我軍再度衝鋒，詎該坦克車二輛，竟墮入我軍戰壕內，日兵尚圖一再奪回，均為我軍所擊退，而該車乃遭我軍用炸彈手溜彈所轟燬，日軍終未得逞，雙方尚在相持中，

◉敵機暴行無用

今晨九時，敵飛機十餘架，先至天通庵車站投擲炸彈數枚，旋飛至眞茹擲彈百餘，均未命中，損害極微，同時在虹口花園之日軍，又用大砲頻頻向寶山一帶轟擊示威，十時許寶山路天通庵路口，先行起火，至午後一時，香山路永興路間之房屋，亦相繼起火，一時火光燭天，日軍目的志在破壞，軍事方面，以我軍戒備嚴密，陣線毫無變動，

◉敵人稱我軍善戰

上海泰晤士報云，日飛機以炸彈繼續轟擊華兵陣線，華兵或無自衛之方，且其地位殊難囘答日本野戰與山砲之砲火，然華兵士氣仍壯，其勇武精神，毫未搖動，此即日水兵所承認者，昨夜(六日)日陸戰隊某軍官曾曰，華兵之抵抗力，非常強硬，猛烈之砲火，加於彼等，彼等屹然不動，當其陣線為砲火所毀時，彼等即以持來福槍兵士伏於關口，準備抵抗日兵之進攻，故日兵終不得前進云，守衛閘北陣線華兵，士氣極壯，雖屢受砲轟，陣線屢破，然彼等輒由關口衝出，以抵抗衝鋒之日兵，輔助機關槍，大呼肉搏，華兵經數日之苦戰後，昨夜其實力已能在日兵陣線前鋒數地點，作強力之步兵攻勢，日兵為免犧牲過巨計，已退回淞滬鐵路東面之舊陣線，

◉眞茹宣佈戒嚴

今日午後，眞茹避難同胞，扶老攜幼，肩挑手提，雨雪紛飛，風聲鶴唳之中，踯躅於滬寧道上，厥狀甚爲慘凉，沿鐵道向眞茹車站前進者，中途均被阻折回，蓋今日我方防守軍士，已奉上級長官命令，眞茹站一帶，業已宣佈特別戒嚴，雖軍隊中人，亦不能隨意經過，據防守之兵士表示，謂今日上午十二時前，有敵方飛機三架，乘朝霧初醒，雨雪未下之際，飛來眞茹偵察，並擲炸彈十餘次，均未爆發，如是往返四五次，經我軍鳴槍擊退，十二時後，卽戒嚴云，

◉國府勉勵全國將士之空言

國民政府主席林森，行政院長汪兆銘，及軍委會各委員，致全國將士電，勉以大無畏之精神，作長期之奮鬥，玆照錄如下，特急，各省各總指揮各軍師旅長，並轉各將士公鑒，自國民革命軍成立以來，我武裝同志，奮其忠勇，以完成中華民國之統一，不幸國內建設，尙未就緒，而外侮漸至，現在國家存亡，間不容髮，舍屈服於強鄰暴力之下，喪權辱國外，則惟有出於積極抵抗之一途，遙望我全體武裝同志，念先烈之締造艱難，哀民生之罹於塗炭，以大無畏之精神，作長期之奮鬥，以紬暴力而伸正義，保國家之人格，爲民族爭生存，在此一舉矣，數年以來，我武裝同志，因意見參差所起糾紛，已則誠意共赴國難之一念，消滌無餘，自此以後，生者相與戳力於彊場，爲死者定必歡笑於九泉，以觀我國最後之成功也，僅布腹心，其共勉之，國民政府主席林森，行政院院長汪兆銘，軍事委員會委員蔣中正，馮玉祥，張學良，閻錫山，李宗仁，李濟琛，何應欽，朱培德，陳紹寬，陳銘樞，唐生智，東印，

◉慘無人道之日寇

日寇擄我華人，大都監禁於黃浦碼頭棧房內，捕房得悉後，今日派西捕往該處營救，而日兵尙不允釋放，經西捕數度交涉，始釋放一部份，約一百零三人，當由捕房車送楊樹浦利物浦路捕房預備隊駐所收容，以便家族認領，但所救出者，皆已遍體鱗傷，形成半死，據被難者云，吾輩監禁已四五日，祇吃過餠乾三片，每日受日兵用鐵棍毆打，內有一人，因不能受此暴虐，於日前乘隙躍浦，圖謀自殺，不意被日兵所見，卽將其撈起，並謂自欲溺斃，乃卽置於缸內，以水浸之，現已二天，生命甚爲危險，

◉日軍新指揮官野村抵滬

日陸戰隊指揮官鮫島，已奉命調回，由海軍少將植松鍊磨繼任，植村在佐世保與野村第三艦隊司令官預商後，業於六日午後三時，乘龍田艦抵埠，卽赴江灣路陸戰隊本部，旋接鮫島前指揮官之報告，乃驅車至前線視察戰地情勢，同時發表談話如下，目下時局愈形惡化，予今奉命繼任指揮官，原爲武人之本懷，但上海租界之性質，本人亦甚明晰，然英美與其他各國，意見不同，予當一九二七年上海騷擾時，曾奉命任日本陸戰隊指揮官，當時集中於上海之英美法意荷西葡等各軍隊，與予頗爲諒解，特英國譚康將軍，美國白得拉將軍，與其他各國指揮官，均以協調担任共同防備云，（編者按當時係內戰關係，與今日應付暴日黷武行爲，性質懸殊，）

◉日調大批援兵抵滬

日本陸軍一混成旅及海軍陸戰隊等於今日（七日）抵滬，增援上海日軍，新任日本在滬陸戰隊植松少將，已於昨日（六日）下午自日本抵滬，植松少將曩日曾任上海日陸戰隊司令，至新任第三艦隊司令野村中將則將於今日（七日）抵滬，

◉日浪人到處縱火　昨晚十一時，其美路東郊錢郭村附近，突來日武裝浪人二十餘，攜帶火油四大箱，及硝磺引火物一大包，四散縱火，一時赤焰沖天，鄉民從夢中驚醒，紛紛由火場中逃散，鳴鑼求救，附近華軍，聞驚趕至，日浪人逃逸，事後經兵民竭力施救，當焚民房七十幢，並斃小孩三口，老嫗一人，

◉市商會歡迎各界捐款撫恤戰亡將士　上海市商會以十九路軍戳力禦侮，捍衛邦家，爲國犧牲，實堪致敬，昨特勸告各界，援款撫恤前敵將士家屬，以慰英魂而勵士氣，茲將公告錄之如下，案據潮州旅滬同鄉會提議，凡此次對日作戰爲國捐軀之官兵，應由人民籌款恤其家屬，以謀善後，電請贊同等語前來，本會認爲此舉足以振作士氣，使吾軍士無後顧之慮，影響作戰，極爲重大，凡各界贊同此舉，可將所捐現金，交由其自行指定之銀行存儲，並報告本會，俟集有成數彙交前敵軍事當局，自行秉公分配，特此公告。

◉救護戰區難民　本市戰區難民臨時救濟會，營救難民，截止今日，已收容一千有奇，而其寄宿處所，有不敷容納，隨時擴充，前會設有八處，今日又新添兩處，共計十處，茲將各該寄宿所調查如下，(一)國恩寺，(二)清涼寺，(三)亞爾培路劉宅，(四)捧球場(已歸婦孺會)，(五)鎮海寺(在小南門)，(六)小靈山(小南門)，(七)金榮學校(康悌路十三號)，(八)大陸商場，(山東路)(九)北京路富潤里，(十)法租界馬浪路惠通學校，

◉日僑離滬時均痛哭失聲　日商輪金陵丸，於本月四日下午，滿載日本婦孺百數十名，及大宗行李物件，擬即駛囘日本，當因阻於吳淞戰事，停泊浦江二日夜，始於今日啓椗開出，據該輪華水手陳某云，彼於昨晚祕密離輪登岸，該輪所載之日婦孺食糧，均由日軍艦發來，每日減食米飯兩次，不用佐膳菜肴，飯中略撒食鹽而已，每晚七時，有日宣傳員一二人來船演講，詳述當日戰事及本國情況，滬上形勢，並報告日軍民一日間死亡人數，少則一二百，多則三四百，言下囑全船婦孺肅立，靜默三分鐘，以表哀悼，各婦孺雖均迫於命令，然言談之際，無不怨憤其政府無端黷武，名爲保僑，反使僑民生死不得，離滬時均紛紛痛哭失聲，

全日血戰　我軍大捷

(二月八日)　日軍變更戰略後，傾海陸空軍之全力，猛攻我吳淞，經一晝夜之血戰，總攻旣告失敗，今晨拂曉，以原有兵力，復調六千陸軍，繼續下令攻擊我蘊藻浜之正面，同時派隊繞往紀家橋，企圖偷渡，截斷我後路，經我軍奮勇應戰，斃敵千餘名，蘊藻浜正面之敵，衝鋒達十餘次，我軍與之肉搏，敵死傷無算，現全部已在我軍包圍中，並燬其鐵甲車四輛，至閘北方面八字橋西寶興路一帶，亦激戰至烈，西寶興路今午激戰時，我軍佯退，敵深入後，伏兵盡起，斃敵七百餘名，敵機十餘架，仍在吳淞閘北等處擲彈，下午三時，閘北太陽廟擊落敵機一架，即日全線戰況，我軍大勝，陣地未動，敵傷亡在二千人以上，即晚七時，敵軍又向廣東街虬江路進攻，激戰至十二時後，始被我軍擊退，

◉日軍偷渡紀家橋失敗　敵軍於昨日用海陸空全力，進攻吳淞，我軍奮勇抵抗，雙方激戰一日，敵迄難進展，昨晚九時許，張華浜復有敵二千餘名，開到增援，其時敵軍會一度攻佔蘊藻浜車站，但旋即爲我軍在永安華豐兩紗廠屋頂所

架之大炮及機關槍，將日兵擊退，是役敵兵死傷甚衆，嗣後敵兵雖極力進攻，卒以我軍炮火猛烈，故雙方激戰至今晨，敵軍仍無法進展，遂於今晨五時許，派兵約七八百名，從鄉間小路，迂迴兜抄至距蘊藻浜西首三里許之紀家橋，（一名瑞芝橋）希圖在該處搭架浮橋，偷渡蘊藻浜，及泗塘河，截斷我軍後路，並攻擊我軍側面，詎我軍早有所備，俟敵渡河及半，我軍卽奮勇爭先，出而迎敵，敵兵被我軍擊斃及溺斃者無數，始狼狽敗退，旋至上午十時許，敵復派大隊向該方面進攻，現雙方正在隔河相持中，

◉蘊藻浜之血戰

日軍傾其陸海空軍之全力，猛攻吳淞，血戰達八小時，結果，傷亡過半，創巨痛深，始不支敗退，今晨拂曉，日軍繼續向吳淞猛攻，除原有之兵力外，復將續到之大部份日軍約六千餘名，悉數調往吳淞作戰，海空兩方，以大炮及過量炸彈，投擲如雨，陸路則藉鐵甲車及坦克車等利器，衝鋒十數次，然我軍以逸待勞，鎭極爲靜，先後均將其擊退，在朱家浜西面一戰，我軍因閘北援軍開到，左右夾擊，斃敵至千餘人之多，敵人望風披靡，勇哉我軍，不愧爲中華好男兒也，今日蘊藻浜方炮火之猛烈，實爲開戰以來所僅見，午後五時，本埠某機關接得張華浜工場主任西人無線電話報告，現時軍工路蘊藻浜之日軍，已爲華軍所包圍，惟仍在戰鬥中，水巡捕房亦得張華浜方面報告，亦云日軍已被華軍包圍云，又謂此役日軍犧牲甚大，死傷枕籍，眼見有六卡車，裝傷亡日軍至楊樹浦司令部云，

◉在吳淞池塘殲敵千餘

今晨八時，日軍曾一度佔據朱家浜西面及陸家宅北面之吳淞池塘，未幾我閘北援軍開到，卽在池塘前，左右夾攻日軍，成一大包圍之形勢，是役，日軍死傷達千餘人，倖免生還者僅百分之一二，我軍遂恢復固有之陣線，

◉日軍限三小時攻破吳淞之豪語

昨日會攻淞之敵軍海陸空軍兵力，實數有一萬餘人，僅就攻蘊藻浜一隅之軍隊言，亦不下三千七百人，故日軍曾有限令三小時內克吳淞之豪語，其後經三十小時，尙未攻陷，且反爲我軍所敗，故今日續攻吳淞時，乃下最大决心，將新由日本運到之大部份陸軍六千餘人，悉數開往吳淞作戰，其進攻計劃，除軍艦飛機以重量炸彈及炮火，向吳淞池塘，吳淞炮台，要塞炮台，及寶山縣城，三處目標，不住轟擊外，并以兩萬海陸軍隊，向前衞中衞後防及正面，與左右兩翼，向我進攻，據英海軍軍事家言，日軍今晨戰事，係用拂曉戰，其正面軍隊在蘊藻浜，左翼配置於盧家宅，右翼配置於軍工路，另外並組游擊隊數隊，以爲策應，衝鋒時，多以陸軍，導以鐵甲車及坦克車等利器，

◉我大刀隊顯其神技

日軍今晨旣以另一支隊，企圖偷渡紀家橋，截斷我後路，同時以新到之數千生力軍，猛攻蘊藻浜之正面，自拂曉起，至下午五時止，前後衝鋒不下十餘次，我軍以機關槍小鋼砲應戰，激戰時雙方繼以肉搏，我大大刀隊運其神技，日軍犧牲奇重，乃廢然而退，鐵甲車爲我軍所燬者計有四輛之多，

◉吳淞精華變成灰燼

今日敵艦終日向淞鎭開炮，敵機十餘架，亦在擲彈，重要建築，均被炸燬者甚多，吳淞精華盡去，今晨七時，紅會第六救護隊至吳淞救護傷兵難民百

我大刀隊出發殺敵

Chinese Big-sword corps marching to front to kill the enemies

餘人回滬，吳淞自激戰三晝夜後，經日方烈激炮攻擲彈，繁盛街市，悉成灰燼，其較大建築物如同濟工廠電器間，中央大學醫學院，中國公學，均被炸毀，永安華豐兩紗廠亦有波及，惟各炮台則仍無恙，

◉敵砲重傷德教授

吳淞鎮之同濟大學醫學院教授室，前晚被敵軍野炮流彈擊中，時該室有德國教授六人，正在談話，不意彈殼飛來，不幸被擊傷甚重，據悉該六人已於今日午前九時，由中國紅十字會赴該鎮救出，當返滬埠，當分別送回各人家中，或友人處醫養，

◉江灣亦在激戰中

敵軍調陸軍陸戰隊四千人，自軍工路猛攻吳淞，衝鋒四次失敗，昨晚仍相持於蘊草浜，敵軍主力，集中於張華浜，駐防江灣之我軍，乃於卽晚啣命前進，實行包抄日軍後路，軍行至江灣路東段，與敵軍相遇。兩軍在激戰中，

◉八字橋敵軍受挫

日兵三次進攻八字橋潰敗後，今晨九時許，又用野砲，鋼砲，機關槍，向我軍射擊，我卽用砲還擊，奮勇迎戰，日軍用鐵甲車衝鋒，先被我軍用炸彈擊退，幾卽齊起追逐，機關槍手溜彈之聲，繼續不斷，當時此衝彼退者屢屢，日兵死傷者四百餘人，旋日兵援軍開到，始得暫支陣地，但已逼近天通庵路處，相戰至下午二時許，日兵仍不支，乃於三時左右，向北四川路方面敗退，同時日兵恐中國軍隊伏於民房內，故將寶樂安路一帶縱火焚燒，

◉西寶興路血戰

今午十二時許，日兵約千餘人，突向克明路及西寶興路兩路我軍陣地襲擊，（以此處曾有日兵五六百名，於六日晚一戰中，被我軍包圍，在圍擊中，）我軍卽奮起應戰，日兵先以野砲轟擊，繼以鋼砲，機關槍，並利用手溜彈，向我軍拋擲，乘隙衝鋒，我軍見其來勢兇猛，乃卽令全體應戰，並用迫擊砲阻其衝鋒，激戰約二小時，日兵時向漸覺不支，旋因其援軍開到，乃又重戰，我軍卽後詐退，日兵竟直衝而進，是時我軍已在電話局相近，淞滬路鐵道兩旁，預有我軍埋伏，故敵兵將進至鐵路時，我軍伏兵四起截擊，同時先退之軍士，卽乘勢回攻，於是日兵左右前後又受包圍，截成四處，雖欲急退，勢已不及，當被我軍擊斃七百餘名，亦被我包圍，其餘均紛向克明路，從橫浜橋逃命，及日軍後方再來增援，奈大勢已去，已成弩末，至五時許，槍砲聲漸稀，我軍至西寶興路口，固守陣線，

◉夜間巷戰甚烈

卽晚閘北新民路之日兵，於七時

許，突向我軍襲擊，日兵砲隊亦移其砲位向該處轟擊，我軍卽沉着迎頭痛擊，日兵屢次向火車站方面衝鋒，均爲我軍用機關槍擊退，我軍卽挺進，在福生路口叉巷戰，約廿五分鐘，槍聲密如連珠，日兵流彈達海寧路，未幾，日兵因我砲火威逼，乃不支而全部敗退，沿向北四川路以北而去，但砲聲仍繼續不斷，至九時許，日兵又集合殘部，向大德里川公路進攻廣東街及虬江路，我軍卽在該兩處應戰，雙方機關槍掃射之聲，連續不斷，間以盒子砲迫擊砲步槍之聲，至爲清晰，相持至午夜十二時，日兵始不支退却，流彈有達虹口沈家灣救火會，但日兵砲射，仍有加未已，我軍亦用砲還擊，但槍聲已稀，此二次巷戰，我軍傷亡甚微，日兵損傷甚重，

我軍擊落日機之高射砲

Chinese. Anti-aircraft guns prepared for defending Japanese aëritl attack.

◎敵軍鐵鳥墮地　今日下午二時許，日兵又遣飛機四架，在閘北偵察我軍情形，中有一架，於下午三時許，飛往麥根路太陽廟，距離地面甚近，在附近居民正在紛擾之時，被我軍用高射砲一擊而中，該飛卽翻身墮地，機上有日兵四人，當爲該處我防軍俘獲，

◎敵艦擱淺受損　在吳淞內作戰之日本軍艦一艘，被砲台一砲，幾轟中艦尾，該日艦急圖逃避，而在江邊淺灘上擱阻，艦底陷入沙泥，已不能行動，該日艦已損壞，自該艦受損擱淺後，其餘日艦多艘，均於恐慌之下，向南駛逃，

◎日艦偷進吳淞　在吳淞口外日本軍艦，自經英美各國軍艦阻隔後，已不能向我砲台進攻，今日攻我砲台之日艦，係由上海方面所開去，故發砲之日艦，均在吳淞之內，今午，新北京等輪，由吳淞口外開進浦江時，三夾水拋泊之日軍艦一艘，竟加入各輪，行駛潛進吳淞，在將近砲台時，該日艦便對我砲台，偷打數砲，我方因恐傷及商輪，未予回擊，同行各輪中之外人船員，以日艦藉商船障蔽，偷擊砲台，咸認爲手段卑劣，至於極點，

◎西人稱譽我軍　大美晚報記者二人，赴我軍前線視察，歸而撰文，在該報發表，敍述其視察我軍之印象，其開首卽盛稱我軍，曰對人客氣，曰紀律嚴明，曰士氣雄壯，曰絕不畏死，繼稱自眞茹而至南市，未遇一兵一卒仇視外人，日軍飛機雖到處擲彈，中國軍心，旣不混亂，又不慌張，祇望陸續擊下日機，地上被炸空穴，士兵圍觀，視若無覩，

◎日軍喪亡枕藉　蘊藻浜方面，該處有木橋一座，爲我軍炸毀，以阻日軍前進，卽日日軍支架隊運大批木材，至該

處圖搭浮橋，意圖進襲，而架橋之日兵，盡被我軍擊斃，已不敢再往支架矣，在張華浜蘊藻浜兩處，我軍均伏守戰壕內，日兵之進攻者，不能越過此戰壕，日軍在戰壕附近，被我軍步槍機關槍等擊斃者，死亡枕藉云，

◉十九路軍招待報界

十九路軍駐滬辦事處，即日下午二時，在滄洲飯店，招待報界，到各報各通訊社記者二十餘人，由宣傳主任王志遠，鄧瑞人，等報告，略謂，此次與暴日作戰，完全出於自衞行動，盡我軍人守土之責任，十九路軍，係代表中華民國整個國家作戰，非代表任何一派一系，承民衆各團體紛加慰勞，並予以種種物質之援助，使前方士卒，益爲奮發，淬厲精神，力圖抵抗，謹代表十九路軍全體將士，向各界表示謝忱云云，旋由報界代表致答，至三時半始散。

◉市府通告各國領事不負損害責任

逕啓者，查關於租界當局，容許或不制止日本軍隊，利用租界區域，爲攻擊中國軍隊之根據地一節，本市長節經向公共租界工部局，提出嚴重抗議，並聲明所有因此而發生之一切切責任，應全由租界當局負担在案，惟租界當局，雖明知日本軍隊之上述行爲，足以破壞租界中立，及危害本國人民之生命財產，迄今尚未採取任何有效辦法，加以制止，本市長不得不請貴總領事及其他各國總領事，嚴飭該工部局，即予採取有效辦法，以制止日本軍隊之上述行爲，同時鄭重聲明，如本國軍隊爲自衞起見，對於利用租界爲根據地之日本軍隊，施以攻擊時，各國僑民之生命財產，受有損害情事，本國政府，槪不負任何責任，除分函外，相應函達，請煩查照爲荷，此致各國駐劄上海總領事。

◉旅滬韓僑對我表示同情心

韓國旅滬愛國婦人會，及韓國僑民團，以我國十九路軍將士奮勇殺敵，爲國爭榮，特備西藥衞生藥品四大包，推定代表二名，送往上海律師公會組織之慰勞十九路軍將士慰勞會，請轉送前敵將士應用，今日該會常務委員會，已僱車將此項藥品，運送至十九路軍司令部查收矣。

（二月九日）

敵軍飛機大受挫

◉日軍偷渡蘊藻失敗

日兵傾全力進攻吳淞，先後連敗二次後，今晨五時許，又圖偷渡蘊藻浜，冀登吳淞鎮河岸，當時日兵除由後方增援軍工路外，又用小輪拖帶駁船一艘，載有陸軍二百餘名，沿浦江在張華浜碼頭登岸，向蘊藻浜站我軍陣地猛攻，日艦及糧米棧內日兵，同時用砲向我軍後方及砲台轟擊，我砲台連續還擊，同時沿蘊藻浜南岸之我軍，奮勇挺進，在我砲彈掩護之下，向張華浜糧米棧進攻，敵軍不支，旋卽潰退，當時日兵正在偷渡，因受我方砲火壓迫，落浦而死者二三十名，傷亡者五十餘人，餘均敗退，至糧米棧，刻下該棧內日兵，已幾在我軍包圍中，吳淞鎮已成焦土，砲台上我軍，當敵軍由軍艦偷渡，以大砲掩護登岸時，無不奮勇作戰，甚有手足被折，仍不願退休，繼續發砲者，我軍之忠勇，可見一斑。

日兵自偷渡又告失敗後，彼似知圖襲我軍防線，已無希望，且旬日來損失實力不貲，乃於今日下午三時許，將鐵甲車十八輛，卡車八十餘輛，全部向陸家觀音堂軍工路退却，在滬江大學附近一帶，重堆防禦物，並掘築戰壕，似防我軍追擊，而有

待援之勢，故自下午起，未有戰事，惟雙方砲轟，繼續不斷。

◎日機被擊落三架自毀一架

閘北方面，今日上下午，均無激烈戰事，僅於上午十時許，敵軍飛機飛來投擲炸彈時，敵軍在江灣路方面，不時以大砲協助飛機轟，擊以致八字橋及天通庵路等處起火，我軍除沉着固守防線外，同時並用高射砲擊敵軍飛機，嘗被擊落一架，隨後敵機又飛往眞茹擲彈，亦被我軍擊落一架，敵機被我擊退後，敵軍雖不時以大砲及機槍向我陣地射擊，但不甚激烈，同時亦因我軍防守甚密，未敢向我衝鋒，惟至晚間九時後，敵軍又用大砲頻頻攻斃，故砲聲甚密，但我軍仍不爲動，即日上午，敵軍飛機六架，一架於上午十時零五分，在閘北光復路墮落，機師三人，均已斃命，並有手槍兩支，當經該處駐軍擕歸，呈報司令部，另一架於上午十時二十分，在眞茹擊落，又據另一報告，在北站旱橋附近，有一敵機因機器損傷，自動落下，機中二日人已死，又據瀏河無線電報告，即日上午，有敵軍飛機一架，因機器損壞，墮落於離瀏河七里之處，內有日人三名，有兩人當時殞命，另一人受重傷，上午十一時半，有日人駕駛戰鬥機，在軍工路公大紗廠屋面盤旋，一時不愼，觸撞該廠六弄一二兩號屋頂，頃刻飛機墮落，炸彈暴裂，響聲震天，濃烟四起，駕駛機師二人斃命，並傷我國兩工人，一傷頭部一傷右臂。

◎日兵屠殺蘊藻浜華人

日兵於七日下午，由水陸兩路大舉進攻吳淞砲台灣時，淞滬路蘊藻浜及張華浜兩站，因軍工路在其左右，又適臨浦，頓成戰事重心，該蘊藻浜站站長紀有清，售票員葉科擬，因死守車站，竟爲日兵所槍殺，收票員張景般失踪，迄無着落，日班站長瞿鶴孫，歷盡千辛萬苦，始得脫離虎口，經一夜之奔走，乃得於昨午抵達本埠。情境甚爲狼狽，爲述當時日兵進攻蘊藻浜，及種種殘酷行爲，至爲詳盡，爰將瞿君所言，紀述如次，余係蘊藻浜站站長，與紀有清站長同事，在一月二十八日，日兵進犯閘北時，淞滬綫客車即行停頓，但我輩以雖無公可辦，處境危險，但身爲一站之長，在未奉上級准予離職之前，理應在站守候，維護車站，故余等始終未離車站一步，嗣日兵向我砲台開砲，雖有流彈到達站內，但余等亦不以爲意，詎至七日下午一時許，忽得悉有日兵運至張華浜站，同時車站東之糧米棧，亦有日兵登岸消息，未幾果見大批日兵，由糧米棧及軍工路會合，超越鐵路，向蘊藻浜車站而來，同時日艦即向我砲台開砲轟擊，我砲台亦還砲，蘊藻浜與吳淞鎮間之大橋即炸斷，余等處於砲火威逼之下，乃急向車站低窪處奔避，日兵見橋已斷，乃首將車站佔領，旋向南泗塘河黑橋我軍陣地進攻，未幾敗退，又竄往徐家灣，侯家橋，寧家宅，進攻又爲我軍擊敗，我軍即行總攻，同時砲台方面亦用砲助戰，於是蘊藻浜站，乃爲雙方砲火焦點，當日兵進佔車站，向黑橋方面偷襲時，沿途一帶村內居民，均爲日兵所逐出，見有衣冠楚楚者，即予槍殺，或以刺刀在其週身亂戳，或拘禁糧米棧內，令作苦工，女者則任意調笑，並令其爲之造飯，稍一猶豫，橫暴頓加，孩提等均爲其刀下犧牲品，哭聲震驚四野，而日兵尙尤以爲未足，將民房全部縱火焚燒，因此哭聲與槍聲，砲火與火光混爲一團，聲光莫辨，余等不覺爲之揮淚，奚料禍之將及於眉睫，嗣日兵見我軍反攻甚烈，而援軍又無，乃節節敗退，向張華浜方面敗去，但在車站之日軍，尙在搜索，余等伏處，當爲所見，日兵即舉槍轟擊

，紀站長腹部被中一彈，鮮血直冒，余等見難再忍，乃即攜眷及紀站長夫人挺身而出，當時紀站長神志尚清，一再催促余等速離危境，並謂本人生死可勿顧慮，但求去後代爲棺殮，妥將寡妻送至家內，以安我心，余以事機危迫，乃祇得含淚應允，未幾紀站長即氣絕殉難，余及眷屬紀站長夫人等共七人，於出地窖後，即被日兵綑縛，解往糧米棧，中間售票員葉科慶，乘機向我軍陣地脫逃，日兵在後追趕不及，乃又以槍殺害，余等在暮色沉沉之下，尚遙見葉君受槍倒地，余等被押至糧米棧後，日兵即開始向余等身上搜查，雖一錶之微，亦被搜去沒收，一身衣服，亦均爲剝去，祗剩單衣單褲，並屢屢拷問，日兵欲置余死者數次，惟同拘女眷，則始終未犯，如是者一夜，至八日，余乃與一形似軍官交涉，命其將紀站長夫人釋放，初不允，至下午六時許，始有一日兵傳命，將余等七人全行釋放，余等即倉慌出走，適値天雨，道路泥濘，一步一蹶，又以二日未進滴水，覺遍身無力，舉足重似千斤，女眷扶老攜幼，倍益艱苦，而余又因衣僅單衫，中途戰慄而踣者十餘次，因此滿身汚泥，而女眷自足至踵，以及衣服，亦全被雨雪所透濕，至九日天明始脫離虎口，惟車站已被日兵付之一炬，該收票員張景殷，於奔避時失踪，迄今無下落，而紀站長之屍身，恐將不及棺殮，同被日兵所燬矣，瞿君言述至此，尚唏噓不止，後悉兩路局長陳興漢氏，已爲安頓再謀善後，並設法收殮紀站長屍身云。

◉各公團電請各國主持公道

上海各公團致英美法意政府及國聯行政院委員電云，此次日本向中國不宜而戰，完全蔑視國聯規約，非戰條約，及九國公約，突然侵佔滿洲，世界輿論，視同無物，猶以爲未足，更進而對上海橫施暴行，積極施其侵略，置國聯議决各案於不顧，瞬於一月二十八日下午完全承認，該日領且已表示滿意，乃是晚十一點二十五分，駐滬日海軍司令，忽又通知中國當道，要求撤退閘北駐軍，旋於三十五分鐘以內，即動員進佔華界土地，此中國軍所以爲自衛計，不得不竭全力，與日海軍陸戰隊及其一切武裝人員相周旋也，日軍計畫既不得逞，乃續調援軍，由公共租界登陸，復

蔡軍長向各師官兵訓話

General Tsai Ting-kai gives a speeck to his officials and soldiers.

利用租界爲進攻中國軍隊之根據地，連日用飛機抛擲炸彈，焚燬房屋，並縱使居留日民，對於中國徒手市民婦孺，橫加殘殺，實行種種慘無人道之舉動，此種飛機襲擊，百詞不足以盡其惡，雪西爾爵士嘗目爲最野蠻之戰爭方法，其結果不過將繁盛市區，全部焚燬，市民之生命財產，悉供犧牲，數萬非戰鬥之無辜良民，無家可歸，而上海全市之工商業，因之停頓，今年來共同建設的經濟組織，遂陷於恐怖之狀態，日本此種舉動，顯欲擴大時局之嚴重，一方面希圖震懾上海方面之華人，與滿洲天津青島福州汕頭等處，受同樣恐慌，使中國易於屈服，一方面則欲在中國之北部及中部，獲得優越之地位，壓倒其他列強各國，最近上海事變，實導源於日本之進佔滿州，故若視上海爲地方問題，欲其單獨結束，而不謀因侵佔滿洲而起全部之解決，則一切努力，必歸失敗，其結果日本必更肆無忌憚，而在中國其他各處，繼續實施同類之暴行焉，查日本侵佔滿洲，適値國聯舉行大會，其進攻黑省，直達齊齊哈爾，適在國聯通過第二條議決案之時，其計劃佔據錦州，（中國在滿洲最後之行政機關）又適當國聯對於本案通過第三條議決案，今復加上海以暴行，亦在國聯派遣調查團之後，日本之不顧世界輿論，蔑視國聯，蓋已彰彰明甚，中國政府與人民，對於國聯規約，非戰條約，及九國公約，始終表示信任，希其終能解決國際糾紛，今日本一再侵凌不已，究竟簽訂以上條約之各國，對於日本之違約失信，是否表其同情，對於國際條約之威嚴，是否任其掃地以盡，此吾人所不得不質問者也，吾人深信貴國政府，對於中國人民之幸福，非常關心，用特誠懇請求貴國政府，會同其他三友邦，堅持已提出之五條調停案，以便解決中日間之危機，須知日本一日佔據滿洲，即一日爲和平之大障礙，且將危及其他各國之安全，此所以列強一再善意調停，日本每過事張皇，而目爲干涉，吾人深望貴國政府，會同其他簽約國，爲遠東永久和平計，勸告日政府尊重其所立之條約，萬一日本不能接受勸告，則請毅然聯合三友邦，及其他簽約國，實施經濟絕交，或其他迅速有效之方法，以謀世界和平，否則條約尊嚴，無從保障，公道正義，無從維持，國聯規約，非戰條約，及九國公約，皆將爲天下所非笑，國際情形，益臻危急，勢必陷全世界於不可收拾之地位矣，全國商會聯合會，上海市商會，國際商會中國分會，上海銀行公會，上海錢業公會，紗廠聯合會，大學聯合會，上海總工會，航業公會，交易所聯合會。

蔣蔡通電

各報館各團體暨各界同胞均鑒，自上月儉夜，暴日攻擊上海，我爲自衛計，以武力抵抗，血戰經旬，暴日竭海陸空之力，與我搏戰，死傷枕藉，卒不得逞，我軍擄獲擊落日鐵甲車飛機甚多，光鼐等激於自衛之神聖義務，且信國際間終有正義公道可憑，官兵忠勇，有死無退，海內外同胞同志，痛心於民族國家之危難，一致奮起，予以精神物質的援助，不勝感紉，蔣光鼐，蔡廷楷，戴戟，叩，陽。

德軍事家讚美華軍善戰

今有德國軍事專家多人，親赴前線視察，對於華軍之戰略，甚爲讚美，據云，外間每稱華軍體力甚弱，實際乃不然，曾以望遠鏡瞭望，親見一華人，能與數日兵肉搏，而其結果，日兵輒不敵，又華人發彈甚經濟，彈無虛發，日兵則不然，恃其軍火之充足，濫發子彈，並無準的，華軍極富於作戰能力，可作長時間之困鬥，自歐戰迄今，未見有如是能戰之軍隊，該德軍事家等又謂，日軍槍械

甚利，最適宜於示威，或虛張聲勢之用，惟作戰時，殊不見高明，其步槍機關槍之使用，不及華軍純熟，擲手溜彈更不及華軍。

◎兩日艦擱淺 日本驅逐艦第二十二號已在黃浦內約當吳淞砲台南一哩許擱淺，又日驅逐艦第二十六號，數日前在吳淞口擱淺沙灘者，亦迄未浮出，該艦刻正忙於修理云。

◎日浪人到處放火刼掠 今晨七點半，沈家灣虬江路八號九號為日浪人放火搶刼，當經虹口救火會會員與之交涉，彼詭稱八九兩號內有中國便衣隊，因九號內房東前曾為保衛團員，所備防衛槍械，因逃難未曾帶出，故日浪人藉此為憑證，其後竟被其肆意搶刼。

◎粵空軍備準援滬 粵空軍將領於二十九晚開空軍全體大會，自少校以上飛行員機械員共百餘人均列席，僉以國難緊急，粵空軍全體，當北上援助十九路軍，當卽議決下列辦法，(一)全體空軍準備隨時動員赴滬，(二)三十日在航空同樂會舉行跳舞讌會，為生離死別之最後敍會，以示誓死救國決心，(三)限三日內造成羊城號飛機架，候命出動援滬，又聞空軍總部，已接滬陳銘樞來電，報告滬戰開始，請撥粵軍用飛機半數赴滬助戰，總部已覆電贊同，各機不日北上，三十日空軍全體將領特電寧空軍同志，略謂頃接滬電，知日人節節進逼，竟侵襲我上海，橫暴至此，眞忍無可忍，聞十九路軍已與之作正當抵抗，同仇敵愾，具見同心，請兄等火速派機赴滬，協助作戰，此間同志，準備一切，為諸兄後盾云云，至陸軍方面，經三十日國防會議後，陳濟棠以第一集團軍總司令名義，令第一三兩軍將領，尅卽返防，主持軍事，并通電西南各省，速派員來粵，協商西南國防上之聯絡，并飭各省部隊，注意鞏固邊陲，粵將領奉令後，余漢謀李揚敬已於三十日分別返防北江東江矣，軍事當局又以十九路軍現正孤軍奮鬥，後方當源源接濟，三十日由粵先匯上洋四十萬元，協助十九路軍軍餉，并定此後源源接濟。

粵空軍司令張惠長

General Chang Wei-chong, the commander of air force in Canton

(二月十日)

日艦砲轟吳淞砲台敗退

日艦二度總攻吳淞失敗後，心仍不死，今日又有日艦九艘，自午一時起，在三夾水洋面，以重砲轟擊我吳淞砲台，我軍應戰甚力，敵艦又不事逞，至四時許，始敗退，又泊在黃浦江內日艦，發砲轟擊我閘北，我軍隨開砲還擊，有二彈落在日海軍司令旗艦附近，相距不過二三百呎，隨後又有八彈落在日旗艦所泊處所，敵艦已引起大恐慌。

◎日軍兩次偷渡又失利 今晨黎明時，敵利用曉色蒼茫，竟復派兵數百名，在依周塘角南草菴前面，乘民船偷

渡蘊藻浜，當被我軍發覺，隔河用機關槍掃射，敵兵不死於槍彈，即溺於水，無一生還，自今晨起，敵軍在黑橋南徐家灣等一帶，復不時向我軍進攻，雙方陣線，並無變化，吳淞全鎮房屋，十九已成焦土，寶山方面，尚稱寧靖，該處居民，早已遷移一空，寶山縣政府公安局建設局册單局款產處等各機關，業已遷至羅店鎮辦公。

又今日上午十時許日軍又由軍工路抽調一大部份陸軍，向蘊藻浜方面偷襲，利用重砲掩護，猛向我軍衝鋒，我軍亦藉砲台大砲掩護，奮勇迎擊，雙方即在蘊藻浜車站南軍工路上野戰，我軍左右兩翼甚爲活動，從敵軍後方推進，敵軍恐受包圍，乃急向後敗退，同時敵軍正面亦被我軍擊散，我軍即向軍工路原陣地固守，此役日兵死傷二十餘人。

◎我軍奪獲敵大砲

自昨夜日軍施行總攻擊後，即以大砲向我陣地猛烈轟擊一時，砲聲隆隆，經我軍沉着抵抗，並設奇計破敵，卒將日軍擊退，並奪獲大砲九尊，聞日軍自經此次巨創後，損失極大。

◎今日擊落敵機一架

今晨十時，敵機五架，在青雲橋天空擲彈時，我空軍由楊隊長駕起大號戰鬥機一架，凌雲應戰，此時日機因仍在亂擲炸彈，故飛行甚低，我方飛機，乃飛高於日機之上，用機關槍向下掃射，交戰約二十分鐘，日機不支，向東疾馳圖遁，惟中有一架，業已受傷，當即下墮於青雲橋南境，時日機師二人，一已斃命，一則僅折斷一足，故猶握手槍向我軍射擊，作最後之掙扎，當經我軍還擊，將其擊斃，其餘四架，則均逃入租界，我機爲維護租界人民安寧起見，故未窮追。

◎江灣略有戰事

閘北方面戰事中心，已由北四川路一帶移往虹口公園附近，戰事要區，大部份東起狄思威路，沿江灣路，經天通庵路，青雲路，北達體育會路爲終點，敵軍大部份，集中於虹口公園，在虹口公園之西面轉角處，敵軍配有野戰砲數門，鐵甲車及騎兵等，亦多集中於此，今日雙方除以遠距離之砲戰，及敵軍以飛機向我襲擊外，於上午九時許，在江灣路體育會附近，略有戰事，據另一消息，在距離該路五百碼持志大學左側，及虹口公園西北角之露天游泳池後面，中日兩軍，發生戰事，日軍以鐵甲車兩輛，及士兵等數百名，激戰歷一小時，日軍不支而退，鐵甲汽車，於急馳圖逃時，因我方砲火猛烈，有一輛馳落壕溝中，前部損壞，車輛不能移動，乃爲我軍砲火所毀，并斃敵兵數十名，輕重傷者，亦不下數十人。

◎敵增援一師團到滬

日軍自開戰以來，猛攻閘北吳淞，歷經十餘日，海陸空軍，均無舒展能力，現聞日本政府，決計再抽派大隊生力軍一師團來滬，以與我軍爲主力大戰，此項援軍，已由日當局徵發日本商輪，並由海軍電派在滬第二第廿六第十五第三十各隊驅逐艦共十餘艘，開往日本，運載該兵來滬，聞其所以用驅逐艦裝運者，因其每小時速率，有三十三海哩可行，聞該師團，今日可以到滬，今日日本軍艦之進口者，有十九隊魚雷一艘，於十二時四十分進浦江，廿六隊魚雷一艘，三時廿分進口，第二隊兩艘，四時五時半到滬，出口者，約有三十隊及第二隊各一艦，均在下午駛出。

◎嗚呼租界警權

今日上午十時二十分，北四川路海寧路附近有西捕頭率領之巡邏隊，因見行人發生比較的瑣細事端

，上前盡其職務時，日水兵以來福槍柄阻之，未出半小時，該隊在靶子路鐵門檢查入租界之行人時，又爲日水兵干涉，且有日便衣隊舉鐵棒對該隊舞弄，又據某印捕報告，親見一便衣日人在百老匯路故意搗碎四商店之大玻璃窗，又聞佔居吳淞路九號房屋之日陸戰隊，曾拆毀牆壁及屋內裝修，以求適意云。

我軍在火線中保護外僑安全

吳淞同濟大學內德教員與家屬十三人，承軍事當道之優待，婦孺乘紅十字會救護車，男子步行，繞道眞茹抵滬，所攜僅日常生活所必需之物，所有珍貴書籍，及畢生精力搜集之科學標本等，皆留在吳淞，今日各報皆載諸人所目擊之情形，諸人初時雖不願離校，星期日夜間，皆處地窖，卒以日飛機拋擲炸彈，不得不離校，該校電氣實驗室業中炸彈轟燬，其他房屋亦多中機關槍彈，諸人所述，皆盛稱中國兵士之勇敢善戰，及軍官對於諸人之優渥云。

印度教堂函謝保護

有寶興路印度教堂書記哈助拉卒致函各報，道謝中國義勇軍之保護教堂，內稱，當此干戈擾攘之際，敝教堂及駐堂教士方處於生死關頭，幸荷中國國民政府義勇軍悉堂內之人，皆爲英國人民，立加保護，得慶安全，鄙人謹代表印度僑民竭誠感謝，敢乞各報代爲轉達。

航空署慰卹黃毓全兄弟

航空署署長黃秉衡昨電航空第六隊長黃沛毓云，急航空工廠沈廠長德燮，轉黃隊長毓沛和密，該隊長兄弟忠勇報國，夙深倚重，此次出援上海，該隊長奮勇當先，以寡敵衆，克奏勳猷，殊堪嘉佩，惟毓全同志壯志未酬，遽遭身殉，雁斷行列，國失賢良，至深惋悼，除前已電派沈廠長隆優殯殮外，現已呈部請予特卹，達先同志傷勢何如，亦深系念，希代慰問，秉衡佳午。

中央電慰前敵將士

中央執行委員會齊（八）日，自洛陽致電吳市長，轉捍衛上海全體武裝同志云，暴日侵佔東三省，鑒吾政府誓不簽訂辱國條件，又以砲艦陸戰隊威脅上海，幸賴我駐守各軍暨增援各軍，奮勇抵抗，忠義之氣，照耀天日，旬日以來，陸路空中暨各要塞方面迭告勝利，敵受重創，寸土尺地，並無失陷，吾將士爲國家作正當防衛，爲世界維持和平，允爲全國全球所矜式，中央念各軍將士十分勞苦特電慰免云云，國民政府電云，急陳委員眞如，蔣總指揮光鼐，蔡軍長廷楷，戴警備司令戟，勛鑒，並轉十九路軍及淞滬抗日各師旅團長司令全體官兵均鑒，陳委員歌電轉來蔣總揮等各電已悉，該總指揮捍衛禦侮，忠勇無比，愛國深衷，尤堪嘉慰，望本茲赤誠，益加惕厲，必能樹建殊勛，早紓國難也，國民政府佳印。

婦女熱心慰勞

中委楊嘯天夫人，於今日會同海上聞人杜月笙夫人，張嘯林夫人，暨黃小姐等、自動發起募款趕做禦寒背心，竭一日之力，募得六千餘元，計杜孫琴一千元，杜陳幗英一千元，楊陳華五百元，杜沈文琴二百元，張傅月華二百元，杜葛義一百元，葛沈偉五十元，楊因蓉君三十元，李太太二十元，朱幸音二十元，葛馬秀卿十元，葛磐十元，杜姚谷香一千元，葉楊玉珍五百元，顧澁萍二百元，高禮華一百元，盧翠蘭二百元，鄭金雲英二百元，吳李綺文五十元，盧陳雪君五十元，金張寶林五百元，陶華王芳一百元，黎瑱十元，以上現款可做絲棉背心一千五百餘件，此外尙有黃李志清等已經募得軍用毯一千八百五十條，俟背心做竣，一齊送往前方慰勞

各界贈送我軍禦寒絲棉背心

Sild-batting waistcoat presented bp chinese citizens as an eager support to 19th Route army.

◉工人深明大義

日兵運輸，需用卡車駁船等項，除一部份漢奸供應外，現悉日人已用巨金，賄通本埠某外人洋行，租定最大卡車十餘頭號鐵駁二十餘隻，往來吳淞楊樹浦一帶，裝運兵士及軍火，今日該外人以每日五元之工資，代僱我國駁船小工三百名，派作運兵之用，當為我國工人完全拒絕，又出巨金雇用汽車夫數十名，派充往來淞滬之用，亦經我方車夫拒絕，嗣因該外商代雇白俄人抵充駁船舟子及汽車夫，今日各車第一次開往吳淞，即為我軍扣留三輛，其餘正在輸送中，該行全體美人職員，以該外人如此貪圖金錢，破壞中立，助桀為虐，已提出警告，并提出全體辭職。

◉日軍運屍歸國

連日鏖戰聲中，日軍節節失利，敵人死亡總數，據本月七日本埠日文報紙之記載，陣亡官兵，已在三千五百人以上，而實數絕不止此，近三日內，攻擊吳淞方面之日海陸空全軍，更傷亡過半，連日由軍工路運至楊樹浦一帶之日軍屍身，滿載卡車，絡繹於途，預料死亡總數，必足驚人，且證諸連日之增援來滬，內容更可見一斑，據一日人云，頃接日本家函，謂自連日日軍慘敗消息，傳到東瀛後，人心恐慌，達於極點，加之國內報紙，所載戰事消息，亦完全自認蒙受重大犧牲，於是全國滿呈恐怖現氣，而以參加作戰之官兵家屬為最，老哭幼啼，妻號子泣，大有岌岌不可終日之勢，悉怨恨日軍閥之窮兵黷武，師出無名也，聞前數日有日運輸艦一艘，滿載陣亡將士屍身返日，船未抵埠時，碼頭附近早立有日官兵家屬萬餘人，一見艦至，立時哭聲震天，甚至有一見屍身，家屬竟投海身殉者，不可勝數，亦云慘矣。

又日商輪長崎丸前日進口後，因日兵死亡太多，屍身山積，亟須運回日本，由日司令部命令該輪裝儎，故於昨日下午，由大批卡車滿裝死亡日兵屍身，每車約有六七十名，直至晚間始行運畢，共計約有二千之多，將屍裝入船中，即用大宗白鹽白糖撒於屍上，一面並放冷氣，以免腐爛發臭，迨至今日上午九時許，該輪已啓椗出口，據云日本原來死亡之屍身，概須火葬，焚燬後，再將骨灰埋葬，祇有背中一骨，均須檢出保存，此次死亡日兵屍體，運回後亦須焚葬云。

日兵將前線陣亡屍首運回國

Japanese soldiers carry large coffins to send their deals to mother land.

日機到處擲彈援軍到萬餘人

(二月十一日)今日各地戰線，槍聲甚稀，戰雲和緩，日艦於晨間七時許，以五英寸口徑小鋼砲，由遠距離之地點，向吳淞轟擊，計開三十餘砲，我方因無若何損失，故未開砲還擊，以免虛耗彈藥，至十一時三十分，日陸軍復以開花砲四門，向我射擊，我軍略事應付，敵軍遂卽停砲，至正午，砲聲遂息，

字林報云，吳淞砲台飯店之主人英人台維士，仍留於戰區，僅以二犬爲伴，不忍棄其經營多年之故居，其在滬之友人，曾於星期六日，向日本海軍當局，領得通行證，擬往勸之脫離危境，但行至蘊藻浜不能前進，遂廢然而返，據昨(十日)夜由前線歸來之日水兵聲稱，砲台飯店雖中彈數十次，而其上仍高懸英旗，按台氏爲退職英海軍軍官，年已八十。

◉敵三次偷渡蘊藻未成

盤據吳淞蘊藻浜南鐵路總工廠之日軍，於今晨八時許，擬偷渡蘊藻浜，分左右兩翼衝鋒，左翼自楊家宅軍工路，以陸路砲及手提機關槍向浜北猛攻，右翼自胡家橋周家橋向北轟擊，日軍中並有身穿救命馬甲者，擬搭浮橋過河，當爲我軍猛勇抵禦，劇戰一小時，敵軍不支而退。

◉閘北僅哨兵衝突

今日閘北方面，自晨至晚，未發生戰事，惟雙方步哨，間有放槍示威，下午二時許，曾有一二日兵，偷向我軍防壘襲擊，當被我軍用機關槍擊退，因此槍聲又起，旋卽平息，聞係日兵，收拾殘部，重行分配，希圖再舉，幷鑒我軍防線鞏固，極力增援，又恐我軍乘機進攻，乃於今晨用飛機，竟日在閘北及太陽廟等處偵察，

◉南市發生虛驚

卽日午後三時許，忽然發生日軍將於入晚，同時攻擊南市之謠傳，一時形勢頓告緊張，居民紛向租界遷避，扶老攜幼，箱籠載途，一若日軍卽將襲來者，於是法租界各捕房戒備更嚴，鐵柵邊門提早關閉，華界六時未到，卽行斷絕交通，惟迄至翌晨四時，南市仍安寧如常，但居民已飽受虛驚矣。

◉日機炸燬永安廠

卽晨八時起，日機多架，自東面飛起，次第往閘北，江灣，虹鎭，等處，拋擲炸彈，至上午十時四十分左右，飛機五架，竟飛往素稱安全之公共租界境內

麥根路一帶，抛擲炸彈，其中兩枚，着於麥根路五十五號永安第三紗廠搖紗間，炸斃五名，傷約二十名，搖紗機損壞者四十餘部，共計損失約値萬餘兩，

日本飛機屢在公共租界及法租界，亂擲炸彈，死傷無辜，卑經英美法等各國駐滬領事，表示不滿，向日領提出抗議，請向日軍當局制止，然結果則仍飛駛抛彈如故，自永安廠被炸後，駐在廠內之美海軍陸戰隊卽報告美領事，由領事派員前往調查，預備提出嚴重抗議，以保租界之治安，然據昨夜得訊，聞日領方面，已向美領事表示歉意，日軍事當局亦有同樣表示，且諉稱飛機上之炸彈，乃係誤落云云，如此遁飾狡詐，可惡已極。

◉敵援軍到萬餘人

日政府增調陸軍一師團來滬應援，特命駐滬各軍艦往運，昨日下午，已到一批，其餘大隊日兵，則於今日下午二時開到上海，共有一萬二千人，當在浦江內黃浦碼頭停泊，兵士卽行登陸，分批用卡車運往江灣閘北兩方面而去，日本軍艦，截至今日止，自第二隊魚雷一艘，於下午二時五十分開來外，刻下滬上已有大小軍艦三十二隻，由吳淞二號河筒起，一直停至浦江南段江面，成爲一直綫云。

◉日領無理由之抗議

日人派兵艦數十艘，飛機百餘架，軍隊數萬人來滬，可以隨意進攻我軍，反不許我抵抗，誠屬笑話，卽日日副領事白井，電詢我市府云，中國軍隊，於卽日向停在金利源碼頭之常磐與安宅兩號日機，開槍攻擊，倘不停止，恐引起該兩艦之還擊，請設法制止等語，市府因查無我方軍隊開槍情事，故已答以我方軍隊，决無此種挑釁行爲。

◉明日爲救出難民停戰四小時

自日軍無端向我閘北及吳淞以大砲機槍轟擊，並用飛機亂擲炸彈，該處居民，均猝不及避，慘死於難者，不可勝數，傷者纍纍，救護人員，均不得前進營救，男女老幼，無法逃避，飢無食，渴無飲者，亦已多日矣，因而餓死者，時有所聞，今日下午一時半，英總領事璧約翰，偕同萬國義勇團司令部皮而少校，徇西教士之請，前赴市政府面謁吳市長，請通知我方軍事當局，於今日上午八時起至十二時止，於閘北寶山路寶興路虬江路一帶，雙方暫時停止攻擊四小時，由皮而少校督率救護團體，前往戰區，

二月十一日閘北停戰四小時外國教士往救難民出險

Catholic Num recuing refugees from Chapei war area.

設法救護該區域內災民，我方棣軍事當局，卽允許，開英領等並與日方同商妥云，斯日上午八時起本埠各團體及法國神父等親赴閘北救出戰地難民約三千人之多，並設法收容，聞其中飢死者實不少，其慘狀不可以言語形容也，噫，

入晚又發生激戰

（二月十二日） 卽晚七時起，日軍用極猛烈之砲火，向我虬江路天通庵路一帶防綫攻擊，一時槍聲機關槍聲密集，敵係威嚇性質，始終未敢衝鋒，我軍沉着應戰，至十二時四十分始止，雙方陣綫未動，又吳淞方面卽晚八時後，復在蘊藻浜之正面，向我砲轟，較閘北之砲戰，稍爲和緩，至夜半始停止，敵亦未曾絲毫得手，在川沙白龍港方面敵艦十七艘，已升火待發，將向吳淞方面出動，預備總攻，

◉蘊藻浜之敵已擊退 今晨六時日方派步兵七八百人，由野戰砲及飛機之掩護，大擧來犯，意圖衝過我方陣綫，同時又向該地附近之曹家橋攻擊，我軍之在蘊藻浜者祇有二百人弱，均奮勇抵抗，戰約二小時，卽將敵擊退，曹家橋方面之日軍，亦經我軍擊敗，至九時後，卽平靜無事，惟仍有步哨槍聲，連接不絕，吳淞鎮方面，於今日清晨，亦有日兵以大砲向我軍轟擊，共發砲三十餘響，多未命中，至九時後，敵軍猶時向我軍以步槍射擊，在吳淞之某鄉民頭部及臂部曾被日方大砲彈傷，刻已送往紅十字會第五院醫治，

◉張華浜擊退敵陸戰隊 砲台灣所泊之日艦，共計有十三艘，今晨日艦上之陸戰隊，時發槍射擊我砲台旁之軍士，惟因砲台前泊有英美兩國之軍艦，日軍因有所顧忌，故未敢發砲轟我砲台，日艦一艘今晨駛至張華浜口，約於六時左右，向我方開砲多發，其陸戰隊并擬上岸，均經我駐軍擊退，日軍死傷頗多，

◉敵機轟炸淞鎮 在今晨九時雙方陣地，仍無變動，鎮中房屋，大半被砲火所燬，居民遷移一空，十時左右，有敵機飛來兩架，在淞鎮左右，亂擲炸彈，歷時約有一小時，總計拋炸彈三十餘枚，有十餘枚爆發，惟損害尚輕，經我軍高射砲不斷射

日兵屢敗被我軍奪獲戰利品無算

Chinese trophy: (2) The rifles left by Japanese corps.

擊，敵機始飛去，今晨六時至八時許，在紀家橋方面，敵軍約三百餘人，紛向我軍陣綫衝鋒，我軍奮勇抵禦，以機關槍掃射，結果斃敵二百餘人，卽運往大塲後方醫院，我軍汽車內滿裝敵軍槍械戰利品，駛向司令部，聞連日來所獲極多（參閱上圖），

◉晚間閘北又激戰

卽日停戰時期過後於下午一時許，日飛機五架，又在閘北太陽廟等處天空中發現，先在閘北中興路，共和新路，虬江路等處環繞，繼卽投彈，約二十餘起，均在民房附近落地轟炸者六七彈，惟未發火，我軍卽用高射砲轟擊，日飛機又飛往太陽廟，潭子灣，麥根路等處投彈，亦為我軍擊退，惟當時閘北災民正在遷避，因日飛機到處投彈，以致重行搬回者數百人，現皆避在民房內，流離失散，不計其數，日飛機被我軍用砲擊退後，日兵於下午四時起，卽改用砲擊，平均每五分鐘一砲，日兵發砲基地，，仍在虹口公園內，並間以日兵前哨之鋼砲，均向閘北及麥根路太陽廟一帶民房轟擊，我軍亦予還擊，彈多落於日兵前哨綫，日兵損傷甚衆，閘北民房中彈者無幾，皆未爆炸，日兵於今日下午二時許，在天通庵車站北面月台，增設防禦物，并在該車站南月台上打樁，加舖鋼板，安設砲位，約有十餘處云，至晚九時後，日兵乘機偷襲，乃又發生激戰，接觸地點，在天通庵路，及虬江路，等處，槍聲連續未斷，同時雙方均用大砲掩護進攻，機關槍掃射，此起彼接，迫擊砲，手溜彈密發，鋼砲亦頻頻施射，聲震全埠，激戰之烈，為發生戰事後之第三次，至十時後，槍聲漸向東北進移，我軍後方砲隊發砲點，亦進至寶山路口，至十一時，槍聲漸稀，間有機關槍聲，係少數日兵殘部，猶思困鬥，惟雙方砲轟仍未輟，大都係鋼砲，至十二時始稍殺，日兵傷亡達二百餘名，我軍傷十餘人，此役日兵曾屢次向我軍陣地衝鋒，均為我軍殲滅，我軍陣綫，一無變動，

◉德人讚譽我軍

吾十九路軍士奮勇抗敵，捍衛國難，足為中華民族爭光，至其紀律之佳，尤屬中外共瞻，今晨本埠公共租界威海衛路七十七號安美洋行工程師德人可卿君，Mr.H.Korabin稱，星期四下午因事前往眞茹，經過吾軍防綫數道，途遇吾十九路軍士，指示途徑，無不和藹可親，禮貌有加，囑請申報略誌數語，向該兵士等及其長官表示謝意，

◉翁旅長照垣對記者述吳淞戰況

暴日自變更戰略後，用全力攻擊吳淞，歷四五日之久，終未得逞，記者頃為明瞭前方實際戰況起見，於昨午十二時，驅車前往吳淞沿途過劉行楊林等處，見我防禦物俱極堅固完備，歐戰時記者嘗過凡爾登視察法兵陣地，亦不過爾爾，比抵吳淞旅司令部適翁旅長陪孫夫人宋慶齡女士在外慰勞戰士，記者乃向某參謀叩詢昨晚戰況，據云，昨晚日兵於蘊藻浜對岸，構築陣地，并隨時向我方開槍，經我方用迫擊砲轟擊後，日兵卽大開砲火，惟我方因習知日軍作戰方法，故不還砲，俟其靜後，則仍以小砲挑之，至黎明，日軍乃大舉來攻，為數計六七百人，砲火之烈，與前數次劇戰等，我方士兵沉着異常，俟其衝近，則用機槍掃射，日兵生還者不及半，至天大明，日兵以連衝十餘次，而我方陣地迄未稍動，不敢再為嘗試，乃引退而去，我方亦不追擊，若無其事也者，方言談間，翁旅長已回至門口，并作恭容，肅客入，客則孫夫人也，夫人容光煥發，笑顏可掬，與近有人謂夫人面色憔悴者不同，隨夫人後者，有其女友數人，及師長區壽年將軍，將軍年甚青而沈着勇敢，富於謀略，亦我國軍界之英

傑也，記者於席間，得聆夫人言論，其對於十九路軍讚不絕口，且頻顧翁旅長，謂旅長守吳淞之功極偉，而尤望繼續奮鬥，不使我中國有寸土入於敵人之手也，時空中軋軋有聲，蓋敵人飛機又四出偵察擲彈矣，記者詢翁旅長，有願發表之消息否，旅長乃謂記者曰，君歸告上海市民，幸毋以吳淞為念，徽特我方陣地堅固，佈置周密，使敵人無越雷池一步之機會，卽我時時以衞土為責之將士，亦决不使敵人稍肆橫暴，現日方雖頻頻增兵，意在擴大戰事，但我方現在兵力極厚，士氣冲天，可無不測之虞，余所望者，全國上下一心，同仇敵愾，則無敵不摧，時空中日機仍盤旋四近，翁旅長以敵艦或將開始砲轟，乃謂記者曰，君盍歸休，記者與握手者再，幷祝其始終勝利，

孫總理夫人宋慶齡女士

Madam Sun yrt-sen.

蘊藻浜空前血戰大捷

（二月十三日） 今日上午十時許，敵陸軍千餘人，第三次藉烟幕彈之掩護，竟被偷渡蘊藻浜，在北岸曹家橋登陸，當時情勢異常緊張，敵軍抱必死之心，努力向我防綫衝擊，我軍奮勇應戰，並急調後方援軍，全部參加作戰，取大包圍形勢，敵頑強抵禦，不稍示弱，我軍以此戰為吳淞之生死關頭，均不得退，雙方肉搏，喊殺之聲，遠近震動，敵軍復在隔河以重砲轟擊援助，然砲彈所及，無損於我軍毫末，戰至下午四時後，敵死亡枕藉，已力竭聲嘶，然猶作困獸之鬥，延至今晚九時四十分，始全部解決，無一生還，是役也，雙方混戰肉搏達十二小時，實開吳淞中日劇戰之新紀元，我軍亦有傷亡，卒賴我軍將士用命，士氣奮發，始博得最后之勝利，殲此頑敵，

◎我軍襲攻敵大本營 今晨二時，我吳淞防軍及便衣隊，乘敵不備，在蘊藻浜黃浦江口，向敵軍艦夕張號，及附近陸軍猛攻，該處係敵之大隊部宿營處，敵措手不及，怱促應戰，被我軍擊斃數百名，敵艦亦受重創，損失奇重，敵方亦驚嘆我軍作戰之勇敢，至蘊藻正面之敵，又施放烟幕彈，架搭浮橋，偷渡三次，均被我軍擊退，

◎敵增兵張華浜 敵軍在張華浜兩路工廠附近，用重砲向我軍陣地轟擊，彈均落吳淞市河兩岸及同濟路泰興路一帶，我軍殊少損傷，雖敵砲亂轟，我軍異常鎮靜，絕不還擊，今

日自晨至暮，嘗見有小輪拖帶大鐵壳駁船四艘，滿載敵兵，自滬駛至張華浜登岸，輪駁待敵兵起岸後，卽向滬駛回，復裝載敵兵來淞，如是者有四次之多，最後一次，曾見有大砲數門，駁運上岸，復見軍工路上卡車，來往頗忙，均滿載敵兵，及軍火而來，空軍而去，照此情形觀察，現在張華浜敵軍人數，已較前大增，

◉敵軍又總攻閘北

今晨八時許，日兵千餘名，利用飛機擲彈，大砲掩護，及後方生力軍之補充，又向虬江路，新民路，天通庵路，青雲路等處我軍前哨綫總攻，當時雨雪紛飛，我軍卽在雪中奮起抵禦，雙方各用野戰砲，鋼砲，機關槍掩護掃射，日飛機亦出助戰，希圖擾亂我軍後方，未幾卽被我軍高射砲擊退，我前綫各將士，在敵陣中衝入殺出者數次，至十時許，敵軍不支潰退，我軍防綫，堅如鐵壁，僅廿餘人受傷，日兵傷亡甚鉅敵軍意圖擾亂我軍陣綫，惟均甚怕死，向我作戰時，士氣甚餒，且多藉利器掩護，結果，均被我軍擊退，現我軍對於最前綫防務，甚爲鞏固，日軍殊難越雷池一步云云，

◉我砲擊中日司令部

卽晨劇戰時，雙方砲轟之烈，爲發生戰事後之第一次，自晨八時至晚九時，未曾間斷，日兵轟炸閘北一帶民房爲目標，但均在中途墮落，或在租界內爆炸，我軍砲隊則發砲準確，百無一失，北四川路底日海軍陸戰隊司令部，曾於前日(十二日)下午六時，被我軍砲隊開砲擊中，燬去房屋一座，斃日少校參謀一人，傷敵兵數人，今晨（十三日）日兵在北四川路橫橫浜日童公學內之第二司令部，又被我軍擊中爆裂，死傷纍纍，地上血跡甚多，得逃生者無幾，嗣後日兵砲轟漸稀，至晚九時後始息，

◉天通庵之激戰

某記者今日在醫院中晤及傷兵蔣桂林，據述前晚(十二日)在天通庵抵抗敵軍一幕，略謂，予湘省人，一月在贛從戎，投效六十師，甫經匝月，充副班長職，昨晚余等正扼守天通庵路，我軍派有步哨，我等均抱定敵不來則已，來則必與抵抗，不料至七時，敵卽開砲向我猛轟，我軍毫不理睬，聽其消耗子彈，然敵竟越轟越密，經兩小時之久，並不停止，當且派出二百餘敵軍，向我防地衝來，在下午七時一刻，先與我哨兵衝突，將近我防禦物時，我軍突起還擊，並用槍掃射，撲殺敵人約五十餘名，連戰約一刻鐘，我等見敵已餒，且露有不支欲退之勢，因又想及敵來係越浜前進，退時亦須過浜，較諸平原退兵，總屬不易，於是卽竭全力衝出，與之應戰，手溜彈炸裂聲不絕於耳，迨敵完全退過浜南，似已大爲狽狼，且此時斃於浜中敵人，又增廿餘名，余乃於衝出之時，足部受傷，卽由救護者舁至團部，時正十一時半，俟至天明，（卽今晨）始轉投醫院療治，當午夜十二時，余在團部，聞得報告，敵軍二百餘生還僅及半數，因敵主攻我主守，故敵傷亡甚大，我方僅傷亡十餘人，至當晚十二時以後，槍砲聲始逐漸稀落云，

◉我軍捷音

龍華警備司令部昨晚捷報云，限卽刻到，市政府各機關各報館均鑒，今晨起，敵約二三千人，在曹家渡紀家橋一帶偷渡，經我毛師派部迎頭痛擊，激戰終日，迄晚間九時四十分，卒爲我擊退，敵傷亡千餘人，謹此捷報，淞滬警備司令部參謀處叩元亥印，

◉日司令野村爲自身留餘地

字林報云，今日日司令野村語本報記者，渠不過暫時兼轄在滬海陸軍，一俟陸軍師團完全開到上海後，陸地作戰，將歸埴田少將指揮，渠僅

統率海軍，故關於今後陸地作戰一層，無甚可述，此時所可告者，渠與埴田同受日政府切實訓令，對於施行保衞日僑生命財產方案，務須極端審愼，

（編者按）日司令鹽澤因指揮戰事不利，日政府乃改派野村，今亦不見長，日政府加派植田，野村乃避開陸戰失敗之咎留讓諸他人，眞滑稽可鄙也

◉日軍屍首一批一批運回

今日下午二時許，有卡車九輛，均載日軍屍身，約計一千餘具，俱盛以蔴袋，鮮紅血液，從蔴縫中汨汨流出，由北四川路方面馳來，至該處日本領事館門首停駐，卽由押運之日軍，手攜手提機關槍，迫令華人，將此次項蔴袋，逐一從卡車上搬下，分別扛運，至該處附近堆棧內堆存，聞扛運之華人，純係虹口一帶居民，陸續爲日軍擄去者，充作是項苦工，精神衰頹，形容憔悴，其內不少智識階級中人，當扛運此種日軍屍首時，有日軍執槍在旁，監視甚嚴，中有一人，因稍爲倔強，輒遭日軍槍殺，日軍此種舉動，實屬慘無人道，

（編者按）日兵屍首一批一批運回國，情形似屬可憐，但此亦侵略行爲之結果，夫復何怨，而日人方面尤倡言口號曰，『要發財大家到中國去，』我說，是『要送死快到中國來，』

◉日軍偷折航行警燈

今日日軍將吳淞口外海關指示航行警標燈，潛行竊毀，使上海海道交通，全行阻斷，其設計之毒，將使吳淞航路，無形封鎖，往來商輪，大爲危險矣，日人今日下午用小火輪兩隻，開往吳淞口外，將江海關所置河筒兩隻，潛行拆去，並將所連錨鍊數十丈，一併撤除，日人偷移警標河筒，顯爲破壞海道交通，使商輪不能進出，儼然將淞口爲無形之封鎖，我江海關接到警報後，當以事關本埠海道交通，與商輪安危，急派河泊司所屬管理拋錨事務之日本職員，馳赴日艦安宅號調查，

◉馮大義勇軍抵滬

馮大義勇軍遴選膽識兼備之士，共編三中隊，啓程來滬，五日抵徐，八日抵京，一切均已接洽就緒，今日抵眞茹，午後雖雨雪紛飛，馮在防區內，奔走指揮，精神頗爲奮發云，

◉華捕愛國從軍

自倭寇進犯淞滬，各界人士以逮婦女孺子，販夫走卒，莫不惟力是視，爲我英勇殺賊之十九路軍後盾，而租界捕房之華捕，尤多敵愾同仇，連日以來，紛紛自請退職，投效軍前者，實繁有徒，此輩華捕有曾經入伍者，對於作戰甚有經驗，卽向未服兵役者，而經租界捕房數年之訓練，槍術亦極嫻熟，況此番俱係志願報國，班生此行，破虜必矣，

◉外人慰勞我軍

據電局中人云，自中日戰端開始後，我軍抗日勝利，局中接到由歐美拍來各國人民用私人名義祝賀十九軍之電報甚多，且有不少匯款捐助者，足見我軍衞國禦侮之精神，能獲世界人類正義之同情云，

◉孫科經手慰金十萬元

滬戰發生以來，國人感十九路軍英勇抗敵，紛紛匯款慰勞，中委孫哲生氏今日將經手收到各地及海外華僑慰勞鉅款約十萬元，特派余銘，陳君樸，二君，攜函親送十九路軍辦事處點收，

◉日機擲彈險中英公使

字林報云，十二日下午時，險中日機炸彈，當時有日飛機一架，在天空轟擊吳淞砲台，英公使藍溥森乘英艦白列治瓦德號，自京來滬，駛過吳淞口，一彈落於浦江，與英艦相距巳不遠，未幾，美使詹森，亦乘

辛博森號過淞，兩使俱目擊吳淞戰事情形云，

日第九師團到齊大戰又將爆發

(二月十四日) 吳淞方面今日並無激戰，惟每隔三五分鐘，敵開放大砲示威，我軍並不還擊，上午八時至九時間，在淞口方面之敵艦，不斷向淞鎮開砲轟擊，約有百餘彈之多，致鎮中東昇路文昌路一帶，有數處房屋起火，十時許，復有敵機六架，自口外洋面飛起，向蘊藻浜我軍陣地擲炸彈十餘枚，我軍無甚損傷，旋經我軍用高射砲，將敵機擊退，下午二時前，雙方並無接觸，但敵機二架，仍不時往還，高飛偵察該處及高境廟一帶，發現不少敵兵，是可見在張華浜方面之敵軍，已將陣綫自紀家橋延長至侯家木橋高境廟等處，而與在江灣與閘北方面陣綫聯接矣，

◉侯家橋戰事甚烈

敵軍由張華浜襲侯家木橋，被我擊退後，我軍陣綫，向前推進約三五里，但至昨晚十時許，相持歷三小時，敵漸不支，陸續增援，我軍亦調大部隊前往應戰，敵見我調大部隊，亦再增援，皆係陸軍，我軍於淸晨十時許，下令衝鋒，旋卽重疊層層前進，以致敵軍在西康家橋及鍾家宅附近，悉數被我包圍，敵以手機關槍等向外衝突，我則以手溜彈爆炸後，可死傷敵人十數人，雙方激戰至數小時，敵不支敗退，

◉我軍收復江灣跑馬場

閘北方面，雙方防綫無變動，且亦並無接觸，以日兵連日傾注全力於吳淞之故，惟今晨八時許，日飛機仍往閘北投彈，均爲我軍擊退，故頗安靜，下午三時許，日兵又復砲轟，我軍亦還擊，約半小時卽停止，惟發砲次數甚稀，至晚未有戰事，我軍深悉敵軍兵力單薄，已有顧此失彼之象，乃乘蘊藻浜戰勝餘威，於今晨七時，由江灣派兵五百餘名，向萬國體育會跑馬場敵軍陣地進攻，敵軍初猶頑強抵抗，戰約一小時後，我軍改換陣勢，分路向敵軍前後中三部猛攻，卒將敵軍擊散，但日兵尤圖困鬥，乃爲我軍分部圍擊，敵軍勢始不支，至十時三十分左右，敵兵已傷亡過半，退出佔據地，我軍卽進據跑馬場，此役日兵傷亡百餘名，我獲戰利品，野砲八尊，機關槍步槍及輜重品無數，並搜獲敵軍重要文件數包，現我軍正向軍工路推進，截斷敵軍後軍，分兵夾擊云，

◉日軍第九師團抵滬

日軍連遭潰敗，所有陸空軍死亡無算，已無作戰能力，爰又由日本調派陸軍第九師團全部，由植田中將統率之下，用大批特務艦，由驅逐艦隊掩護開來上海，業分批進口，先後登陸矣，查敵第九師團爲日方精銳之部隊，曾參加日俄戰爭出征於旅順西伯利亞等處，此番到滬，不免有一場惡戰，請拭目以觀其後，

◉市府調查全市損失

令社會局，爲訓令，查此次暴日擅啓釁端，舉兵犯境，彈雨硝烟，飛機肆虐，致使繁華街市，變作荒墟，舉凡本市市民及公家所受生命財產之損害華實爲從來所未有，亟應設法分類詳加調查，並通知各機關各團體及布告市民受害者，徵求詳實報告，作成精確完備之紀錄，及統計，以便戰事結束時，作爲交涉賠償之根據，且可昭示中外，以明暴日殘虐之眞相，除令市商會協助辦理外，合行令仰該局，卽便遵照，分別辦理爲要，此令，(二)令市商會，爲訓令事，(查此下同前文)詳加調查，並徵求各受害者詳實報告，作

成精確完備之紀錄及統計，以便戰事結時束，作爲交涉賠償之根據，且可昭示中外，以明暴日殘虐之眞相，除令市社會局分別辦理外，合行會仰該會，即便遵照，協助社會局辦理爲要，此令

◉日報自認戰敗　大阪每日新聞載上海特派員電云，此次上海市街戰，因我陸戰隊毫無經驗，海軍行動，大受挫折，而便衣隊之活躍，實如猿猴，不易捉摸，航空母艦之爆擊機，無論何處，不能發揮其威力，其後戰鬥艦所發之爆彈，擴大被害區域，彈片飛散租界，因此連日空中爆擊雖烈，但能登呂水上偵察機，絕對不能發展，陸戰隊因被便衣隊之擾亂，亦束手無策，蓋內地（指日本）所訓練之戰術，與上海之市街戰，大異其趣，我軍之死傷者，遂日漸增加，

◉鄉老持酒犒軍　昨晚敵軍偷渡蘊藻浜，被我勇猛軍士，全部解決後，該地除我防軍外，並駐有上海市民義勇軍，及華僑義勇軍數百人，紅十字會正在戰地上用大卡車運救傷兵，道旁滿列三式槍千餘枝，蓋自敵方奪獲之戰利品也，途經某寺，上海市民義勇軍正在積極訓練，華僑義勇軍隊長陳瑞冀，均係自海外歸來，今晚戰事劇烈，該隊夜間均往運救傷兵，隊員均具有特種技術，如駕駛汽車，管理電信，修理機器等，對於軍事上將有不少貢獻，我軍團長廖起榮，及團附田子玉，今晚敵人偷渡即在該團防綫，已全部解決矣，但我軍不願進佔，以便待其再來，有鄉老夫婦兩人，持酒兩瓶，乾點數包來贈團長，謂作戰辛苦了，今特奉送少許，聊以慶祝，團長固却，時適團中已開晚膳，老夫婦乃親爲開瓶，

◉慘無人道之日人殘暴行爲　納稅華人會昨函工部局云，逕啓者，據二月十二日王阿發函稱，僕於本月七日在楊樹浦地方拉黃包車，日人叫我拉到武昌路三元宮，拉到後，將我押在三元宮內，有一小時之久，後有一日本女人，叫我拉到匯山碼頭，方得出險，三元宮內，祗有日人一二十名，押有我國男女同胞約共一二百人，見其將年輕婦女，多將衣服脫去，身上僅存小衣，最後將其兩手反縛凳上或柱上，又見年老婦人，多被反縛在地上，男子亦是如此，最慘者爲多數女子，被日人割去乳頭，或用小刀刺傷者，余見我同胞受此殘刑，心實不忍，故特奉告貴會，務請設法援救，此是我親目所見，

我方將士配戴口罩以防敵軍用毒氣砲
Chinese soldiers With masks.

◉日軍違公法用毒彈　市醫師公會昨函各傷兵醫院略謂，吳淞傷兵，多有達姆達姆彈創傷，査此彈於一八九九年海牙和平會議議決，禁止使用，特此函達，務希貴會通知各救護隊及治療機關注意下列各點，彙集證據，以便報告國聯，並披露日人野蠻行爲於世界也

快快去救等情到會，查日本如此蠻行，貴局人士及各文明國人士諒均爲之痛心，相應函請貴局速救，以維人道，與責任爲荷，此致共公租界工部局總辦

，(一)取出之達姆達姆彈加意保存(二)穿通傷之無殘留彈中者，將射入口與射出口各拍照(三)上項傷兵之姓名年齡籍貫某師旅團營連及受傷地點年月日，均須註明，此外並聞日兵慘敗，有施用毒瓦斯之說，並請通知貴會派出各隊，轉飭前方救護人員及前將敵士，凡日人有用毒瓦斯嫌疑之區域中，除救護傷兵外，並須運囘屍體若干其，交由病理專家解剖，證明其確係毒氣致死，並於解剖時，邀同他國醫界參加，更爲有力確證也，用特奉達，卽希查照是荷，

敵艦三次猛攻吳淞砲台無效

(二月十五日) 今晨六時左右，停泊三夾水洋面之日艦七艘，以大砲向吳淞砲台灣一帶猛力射擊，中國公學面海之牆，又被中二十餘彈，洞痕纍纍，大小均在十四英寸左右，該校之寄宿舍及圖書室等，全被轟燬無餘，吳淞鎮上房屋，被中四彈，二彈爆發，卽時火起，燃燒至午後六時，猶未熄滅，且敵艦在前，無法可以撲滅，故隨風延燒，該鎮全部房屋，均將付之灰燼，當敵艦大砲猛轟之際，我方駐守該處之軍隊，卽已全體準備，唯並未以砲火還擊，敵艦見我方並無動靜，一方面仍繼續開砲，一方面卽以日商輪三艘，滿載敵軍，藉冀砲火之掩護，泊近砲台灣之沙灘，圖於該處登岸，均被我軍以機關槍掃射，敵死傷甚衆，日商輪亦被擊傷逃囘，嗣敵軍第二次繼至，仍用小輪運載，亦被我軍如法掃射，完全擊退，敵攻至第三次時，飛機十餘架，同時亦出而助戰掩護，轟擊至爲猛烈，然掙扎至十一時許，卒被我軍擊潰而退，綜計敵艦所發之砲，約在一百發以上，除吳淞鎮爆發外，餘均未炸裂，是役敵軍傷亡二百餘人，我軍則僅傷士兵十餘人，

◉我軍陣線有進展

今日全日間，敵機三兩成羣，不斷飛繞我軍陣地偵察，並拋擲炸彈，我軍以敵機飛行極高，且司空見慣，絕不出擊，上午七時許蘊藻浜正面之敵軍，曾開砲向我軍陣地轟擊，但不久卽行停止，十時許敵機四架，自滬飛出，至寶山羅店鎮，擲下炸彈十餘枚，均落該鎮四週附近田間，幸未傷人，寶山各機關、自吳淞戰事起後，卽遷至該鎮辦公，吳淞居民之逃往該鎮者，亦頗不少，故敵機擲彈後，全鎮大起恐慌，商店當卽紛紛閉門，居民相率扶老攜幼，向嘉定遷避，秩序異常紊亂，敵機至十一時許，始離該鎮，向東飛去，下午一時許，侯家本橋與紀家橋間發現敵兵一小隊，約三四十人，卽經我軍擊退云，吳淞東鎮東昇路文昌路廟弄高家場南昌路一帶市房數百幢，於今日正午十二時許，被敵機擲硫磺彈，頃刻間起大火，蔓延各處，迄晚未熄，下午一時許，有日清公司淺水商輪一艘，船名早經塗去，自滬裝載白俄人二百餘，駛至張華浜糧米站碼頭，登岸後，逕赴兩路工廠敵軍司令部，自日軍分三路進攻失敗後，因死傷過衆，已無力再行反攻，前日雖有大批陸軍約兩萬人運到，於昨日經運至前線後，尚未佈置完竣，故昨日除吳淞外，其餘各防線，均較沉寂，我軍乘此機會，新陣線均有進展，

◉吳淞陣地視察紀

某記者，於今晨十一時，出發赴吳淞砲台灣視察，由大場經劉行楊行，下午一時，抵同濟大

學，時敵飛機四五架，去飛翔空際，擲彈轟炸，彈落處即起火，鄉人謂淞鎮無日不有火警也，校中東面洋房牆際，彈孔密佈如蜂窩，另有未完工之新建洋房一所，屋頂亦被砲彈所洞穿，記者在校內邂逅某軍官，即承其引導至旅部，晤翁照垣旅長，翁方與方興昌，張子廉，吳邁，三君圍桌歡談，旋蒙翁旅長派員偕往砲台灣，途經中國公學，見該校之圖書館，新宿舍，大講堂等，彈孔纍纍，吳淞車站幾全部被炸燬，沿途所見，荒涼滿目，防軍多伏在戰壕內，談笑自若，且有開留聲機，及吹口琴取樂者，想見態度之鎮靜，登砲台後，由胡煥然連長招待，至各處視察一週，防務佈置極爲嚴密，砲彈儲藏豐富，遠望三夾水洋面，有敵艦六七艘，距離約在一萬米突左右，蓋防砲台之射擊也，當要塞防軍云，通常敵艦平均每日在其十艘以上，今日特別減少，又據胡連長謂，敵艦自晨間六時起，向我砲台轟擊，至下午一時方止，所發共約二百彈，完全起威嚇性質，實際上毫無效果，記者有所問，解答不厭其詳，其和藹可親之態，無形中提起對我防軍敬愛之精神，記者於二時許，始與辭告別，循原途返滬，

◉楊行劃爲戰區

楊行在吳淞之後，離吳淞可十餘里，自日攻吳淞後，因江灣閘北均有日軍踪跡，自滬至淞，多抄後路，假道大場劉行楊行而往，近因形勢緊張，楊行亦劃爲戰區，今日紅十字會車至吳淞者，駛至楊行而止，不能再向前進矣，今晨六時，日飛機四架，在楊行胡家莊一帶，拋擲炸彈，及開放機關槍，楊行鎮前擲四彈，幸未爆發，胡家莊落一彈，炸毀荳腐店一，小茶館一，

◉砲台飯店老堅守故居

今日侵晨，日軍運兵船數艘經過吳淞時，曾爲華兵用機關槍與來福槍射擊，現信船中曾死傷若干人，但其數未能查明，日軍艦與飛機旋與華兵應戰，江濱因以起火兩處，其一乃在砲台飯店附近，店主台維斯，年已八十，雖經日軍司令部請英領事署，轉予警告，而此老仍堅決守其故居，今日大美晚報代表，曾向發砲轟擊之日海軍當局，查問砲彈曾否擊中該飯店，據答，因被濃烟所蔽，故不能確知云，有人在遠處以望遠鏡瞭望，亦不能見該飯店旗桿上所懸之英旗，該老人守故居之堅定，與我防軍有同樣精神可佩也，

◉十九路軍全體將士電謝全國各界

十九路軍全體將士鳴謝各界云，全國各機關各公團各同胞海外各僑胞公鑒，暴日入寇東省，我國隱忍退讓，以謀和平正當之解決，不料敵方以進尺得寸之慣技，復大舉入寇淞滬，敝軍守土有責，爲正義而自衛，兩旬以來，敵以雄厚之援軍，挾犀利之槍砲，結果迭遭慘敗，不得一逞，此乃強甚則折，不義自斃，非敝軍所敢貪天也，邇者迭接各界同胞函電，或予精神上之鼓舞，或予物質上之補助，熱情俠骨，益增感奮，祇以惡敵未平，軍書旁午，無暇一一覆謝，敝軍將士，誓以最後一滴之血，洒在黃浦江頭，以副我愛國同胞之期望，堅持此志，以當謝忱，枕戈陳詞，諸希照察，十九路軍全體將士敬啓，

◉敵大軍又到

日本調來上海援軍金澤第九師團，所屬步騎砲工輜與航空通信機槍等各隊，兵額實數，在二萬名以上，十三日夜及十四日上下午，先後由運輸輪九艘，由軍艦掩

護裝到上海，在大阪匯山及黃浦等三碼頭上陸，共計載到官兵七千三四百名，其餘均爲大砲，坦克車，機關槍砲，炸藥子彈，並軍馬八百匹，與通信鴿電料等項，而大隊步砲兵與工輜兵等一萬三千名，直至今日上午，始由日人在滬所雇領港人員，陸續帶引到滬，玆經調查，大隊日兵，由大號運輸商輪七艘，每船裝一二三千名不等，開進吳淞，均到楊樹浦黃浦匯山大阪三碼頭上陸，其船名到滬時間，查錄如下，(一) Minoru Maru八時五十分進口，(二) Ida Maru 八時五十分進口，(三) Shinyu Maru八時五十分進口，(四)Florida Maru九時三十分進口，(五) Hakkar Maru 十時四十五分進口，(六) Uzina Maru 十時五十五分進口，(七) Shokyu Maru 十一時十五分進口，以上各船，均全數裝兵至滬，由日海軍派十五隊魚雷艦一艘保護，各兵至碼頭後，卽行登陸，用大批卡車，分運至前綫，

◉我軍後援茫然無消息

日軍因戰事不利，屢次增人數達數萬以上，而我軍戰至十餘日，後援茫然無消息，殊可恨也，卽日徐中蘇等致劉峙電云，開封劉主席經扶先生勛鑑，暴日乘列強經濟恐慌，無暇遠略，我國禍亂頻仍，國防未整，竟以武力強行其數十年所預定之大陸政策，而東北邊防長官張學良，又不防而退，遂以爲中國將士皆張學良也，復以待遼瀋待天津者，待我上海，殊不知我忠勇奮發之十九路軍，非張可比，而拜金主義盛行後之日本，已無復卄年前之大和魂，重利而貪生，文恬而武嬉，階級意識，普遍民衆，國家觀念，日以薄弱，我軍則激於外侮，士氣倍振，有必死之心，無畏苦之念，戰事經驗，尤甲天下，故連戰十餘日，無戰不捷，苟國人一德一心，共謀持久奮鬥，則日人無理之侵略，適爲我國起死回生之良藥，此我國人所當引以自奮，無庸自餒者也，但欲謀持久奮鬥，則爲經濟與論中心之上海，不可不先謀固守，此次日人冒不韙以襲擊淞滬者，蓋亦欲一舉而扼我國之吭，使我屈服，今雖挫敗，然爲保持其強國之威嚴，必不惜任何犧牲以求一逞，我若不與抗爭至最後勝利之一日，則滬壖百萬難民，鉅億財產之犧牲，有何意義，上海淪亡，資源斷絕，國族將何以圖存，今政府已明令積極抵抗，而不厚援抵抗之師，諸將徒言枕戈待命，未審待至何日，豈必待十九路盡覆沒而後馳救耶，羣情惶惑，莫測高深，閣下生長文山之鄉，習聞忠義之教，隔岸觀火，諒非所甘，爰盡桑梓之情，遠效秦庭之哭，倘能力請當道，全力膺懲，固邦國之大幸，否則亦祈急率所部，南下殺敵，以盡軍人保國衞民之天職，幸勿拘拘於長官命令，而置黨國危亡於不顧，蓋保國衞民，其意義之重大，實什百於服從長官也，迫切陳詞，無任翹企，徐蘇中，張定璠，江蒨封，兪奮，黃介民，陳劭先，周雍能，歐陽暄，閔天培，何無文，吳邁，羣姚敏，張衡，董羣輔，梁弼，鄧文輝，李劍俠等叩，文，

◉日司令植田竟向我軍致哀的美敦書

戰事發生，今已十餘日，日司令植田竟於此時向我軍提出不適用之哀的美敦書，殊不解高明之態度也，查今日午後日軍司令部發出致我軍之警告，謂華軍必須由上海附近撤退，南市與閘北均在其列，華軍如不撤退，則集於上海之日軍將用極端方法以對付云云

◉美國副領事被日浪人毆辱

十日正午左右，美副領事林華德陪楊夫人各攜通行證，至白保羅路一百二十九號楊夫人故寓，覓其失踪之七齡女童，當過北四川路時，由日

本海軍防兵與在鄉軍人之巡邏隊驗視通行證後，派在鄉軍人二名，隨之同行，行未數十武，復爲日本在鄉軍人所阻，搜楊夫人之身，林副領以日人侮辱渠所照管之女子，與之抗爭，亦爲所毆，但林副領堅主渠奉政府之命辦公，不得受人干涉，故卒達白保羅路一百二十九號，至則見門已被毀，室內闃無一人，乃回總領事署報告被辱情形，卽由美總領事向日總領事提出抗議，至今尙未接覆，

◉**孫科夫人到前方慰勞將士**　中委孫科夫人陳淑英女士，今日下午，偕陳友仁夫人，梁寒操夫人，由陳君樸氏，伴同赴眞茹，慰勞十九路軍，當由軍長蔡廷楷，司令戴戟，等親自招待，孫夫人除贈送軍用水囊二千個外，並親送上等香烟卌打，陳友仁夫人送新會甜橘卅羅，當請蔡軍長代爲分送各長官，玆將孫科夫人慰勞函錄後，憬然總指揮賢初軍長暨十九路軍全體勛鑒，貴軍抵抗暴敵血戰衆旬，保國衛民，功勛卓越，中外景仰，無俟贅辭，淑英現聞貴軍亟需水囊，以濟軍用，特行購備上好水囊二千個，敬贈貴軍，藉申慰勞，尙請諸忠勇同志哂存爲荷，專此並頌勛祺，附水囊二千個孫陳淑英敬啓，

戰事趨重吳淞江灣方面

(二月十六日)　吳淞方面，於昨日傍晚七時許，在蘊藻浜南面，曾用大炮向我陣地攻擊，並有飛機數架，黑夜航空擲彈，我軍沉着應戰，至今晨二時許，敵軍復遣騎兵多名，由西唐家橋方面進犯，冀圖包抄我軍後方，當中我軍伏兵，卽被我軍殲滅，奪獲戰利品無算，又今晨五時許，敵艦四艘，在吳淞口外，向我獅子林砲台轟擊七十餘砲，並有飛機三架，在吳淞寶山一帶擲彈助戰，我軍竭力應戰，約歷一小時之久，敵仍不得逞，玆將今日戰況，及我軍奪獲之戰利品，分別彙紀如下，

(一)紀家橋之激戰　昨日下午七時許，敵軍又用大砲掩護，向蘊藻浜南泗塘河，直至紀家橋全綫我軍猛攻，同時泊於張華浜之敵艦三艘，發射探海燈，探照我軍最前線陣地，使我戰士目眩神迷，並有飛機數架，黑夜環繞天空，亂擲炸彈，我軍憑河堅守，敵軍終不得逞，雙方激戰終宵，至今晨二時許，敵軍砲火益形劇烈，

(二)殲滅敵騎多名　同時敵軍復派騎兵多名，在西唐家橋附近，人馬啣枚疾進，希圖包抄我軍後方，詎在該處中伏，有我軍五十餘名，攜有機關槍三架，當敵騎馳經其地，卽被我軍開放機關槍及手溜彈掃射，敵騎毫未戒備，敵兵及馬匹，盡被我軍殲滅，雙方激戰，至今晨七時許，敵軍不支敗退，是役我軍奪獲戰利品甚多，

(三)今午之小摟觸　今日上午自十一時許起，敵軍在蘊藻浜南面，及南徐家灣一帶，用野砲六七尊，向浜北我軍陣地攻擊，約每十分鐘開一砲，我軍亦隨時還擊，故戰事並不十分激烈，但至下午四時許，尙未停止，又吳淞鎭自昨日午時被敵軍飛機擲彈起火後，焚繞終夜，至今日下午二時，猶未熄滅，

(四)敵艦又攻砲台　今晨五時許，吳淞口外有日艦四艘，攻擊吳淞直北之獅子林砲臺，歷一小時許，共發砲七十餘響，復有日機三架，由航空母艦上飛出至吳淞寶山月浦羅店等處拋擲炸彈，我軍毫無損失，惟民房被燬甚多，調查如次，(吳淞)外馬路常熟花行，豐記米行，生泰米行，泰昌石子行，西安路頑子別墅，南昌路劉裕隆宅，須新順宅，淞興路八區黨部，和盛

綢緞局等，均中彈燒燬，當砲火猛烈時，有保衛團排長須士英，冒險返家救父，在南昌路中砲彈，炸去兩腿慘斃，此外文昌路口亦有被炸斃之居民屍首十一名，（寶山）東門林憲吉宅，劉子球宅，南門吳蜀江宅，石皮街，宋庭三宅，草鞋浜陳寶多宅，均被燬，（羅店）朱恆昌米行，潘壽嘉宅，中彈被燬，長浦橋朱亦宜宅前，落下一彈，炸斃行人一名，（月浦）東北陳姓家受砲，燬去樓房三幢，死一老嫗，

◉江灣在激戰中

自日軍變更戰略後，傾全力猛攻吳淞，閘北方面，戰事遂較為沉寂，今晨拂曉，敵在靑雲路，八字橋，天通庵路，一帶，復以步槍，機關槍，小鋼砲，向我方陣地射擊，我亦還擊，至九時許始止，至十二時，八字橋方面槍聲又起，敵方砲聲極密，雙方均係小接觸，我軍固守防地，沉着應戰，敵殊無機可乘，今日下午四時，江灣路方面敵約二百餘人，向我陣地衝進，我軍奮勇接戰，結果，斃敵八十餘名，奪獲機關槍四挺，敵狼狽潰退，入晚八時後，敵復以大砲向我轟擊，歷一時許始止，但至十時後，砲聲又起，每分鐘發一二砲，至十二時又止，兩點後又陸續發砲，至三時半未止，全係威嚇性質，實際上雙方並無激戰，

◉日機「炸彈」聲與我軍留聲機「粵曲」聲

敵軍飛機每晨飛往眞茹繞翔，今晨十一時許，日機四架，由吳淞向眞茹飛來，至暨南大學空際，飛度漸底，旋飛經車站南，再繞飛西北，擲彈一，未曾爆炸，時我軍以步槍及高射砲射擊，日機逃飛江灣方面，大場境內，今晨十時至下午二時，有日機一架飛去，飛度極高，四周旋飛，二時後，日機即不復見云，又日飛機四架今晨八時許，由東飛起，又在我後防偵察投彈，惟鑒租界當局之抗議，故近日不再來租界天空飛翔，所飛地點大半在靑雲路以北，如江灣大場劉行等處，在租界內，因風向關係，有時可聞得極微機聲，今日敵機八時飛起，在寶山及吳淞偵察完畢，九時許即轉至大場顧家鎮一帶投彈，因防我高射砲轟擊，敵機均不敢低飛，環繞至再，始下降擲落一彈，共擲落五六落五六枚，經我方以小鋼砲轟擊，乃即逃避，迨至下午二時，又復重來，當在大場投下一彈，燬民房三間，在顧家宅所投三彈，多落田埂中，並未損及房屋人畜云，當日機到擲彈最烈時，我軍在濠溝中開留聲機，並口唱粵曲和調，什麼飛機炸彈，早已置之度外也，

我軍將士在前線作樂

Amusement of chinese soldiers on the front.

◉日司令野村植松幾遭不測

日文報云，日來敵方便衣隊，仍騷擾不已，持武器彈藥之學生義勇軍，竟敢與我（日軍）陸戰隊本部距離不及一站之處，出沒挑戰，其大膽不敵之行動，我軍亦驚呆不堪，（照日文直譯）最險者，十日午後三時二十分，植松指揮官方入陸戰隊本部報告戰況時，敵之曲射砲彈二發，突落於本部之酒保屋上，六彈落於園內，野村植松，險爲炸斃，

◉吳市長慰問傷兵

今晨八時吳市長偕同社會局麥局長衞生局胡局長，及黃祕書劍棻等，往各醫院慰問傷兵，先往海格路紅十字會醫院，繼往同德醫院，時疫醫院，紅十字會及北市醫院慰問，吳市長殷殷詢傷兵等以受傷及醫治狀況甚詳，每名並致送慰勞金四元，對於傷兵，有受達姆達彈傷者，極致憤慨，瀕行時，一一囑以安心調養，兵士有感激涕下者，並誓言愈後當再上沙場殺敵，直至十二時，始同市政府，

◉日人稱我軍戰濠爲近代戰術之結晶

大阪每日新聞載上海青岡特派員專電云，我軍（日軍）二星期來，飛機大砲，不時轟炸，除民房化爲瓦礫之場外，而敵軍（我軍）仍固守原陣地，繼續抵抗，日間殆未見敵影，入夜則暗襲我（日）陣線，查敵之陣地，依照近代戰術所築造，係半永久的塹壕，其複雜堅固，恰如歐洲大戰時法國戰線之塹壕式相同，其第一，第二，第三，第四等四道防線，有密如網目之坑道聯絡之，構造之複雜，不易推摹，是以雖受大砲炸彈直接轟射，仍無大損失，第一道防線，幅廣六尺，深約六七尺，上覆以鐵板與沙袋，防禦方法之堅固，歐美人多驚歎不已，在防線之地上，祇露出野砲之砲身，上面又遮以堅實之鐵板，以防飛機之炸彈，此種隱蔽塹壕，有無數之銃眼，可怕的機關鎗銃口，密如蜂窠，特對於機關槍之射擊法，手溜彈之投擲法，步槍之使用法，以及陣地攻守之作戰術，完全已脫化中國式之戰爭，而爲純粹某國式的精巧戰法，近代戰術之結晶體，誠使我軍（日軍）無法應付矣，（均照日文直譯）（記者按我軍防禦之鞏固與將士之用命，敵亦自知無法應付，而徒以砲火專事破壞民衆，殺戮無辜，其行爲亦太殘暴矣，

蔡軍長李參謀長戴司令在戰濠中
General Tsai Ting-Kai and his staffs in the trench.

◉閘北已成一片磚礫場

滬北自上月二十八日夜，日兵向我進攻以來，我方出於自衞的抵抗，交戰已達二旬，閘北吳淞，已化爲刼灰，損失之巨，殊難以數字計算，僅繁盛之滬北一隅，此次爲敵方砲機轟炸，公私損失，至少當在一億萬元以上，滬北災民，全家毀於砲火，留餘之物，更被當地匪人刼竊一空，已成諺云，「吃在肚內，着在身上」，的無家可

歸者舉目皆是也，此次日本陸軍第九師團來滬，前昨兩天，敵軍正在換防，前方戰爭稍息，决計冒險一親戰區之狀况，

(一)大統路尸體遍地　某君與家人兩名，從滬西兜抄至閘北，此行目的，明知所居之永興路，在寶山路第一條火綫中，不易到家，亦明知所住華興里，已經全弄遭匪人刦掠，家內物件，决無存留，但爲欲一覩眞相，故不惜冒險一往，並非前去搬物也，我等仍在拂曉動身，迨至上午七時許，已到逵滬北大統路，直到大統路底，街頭絕少行人，將至共和新路時，見沿路兩旁尸體纍纍，以婦女與小孩爲多，均爲慘無人道之日飛機炸彈與大砲所擊斃者，因無法收殮，咸陳尸道上，用蘆蓆障蔽之，最使人深刻不忘者，有一尸體，已被野犬食去其頭顱與手臂之一部，滿地殷紅，我入幾疑身入修羅場矣，

上海大戰後之閘北慘狀

The suffer in district of Chapei.

(二)途中不見一兵士　某君到某路，已身臨戰綫區域，舉目所見，二十日以前之繁盛街市，今盡變爲坍牆倒壁之火燒場矣，該處未見一行人，最使人目爲奇特，但聞極清晰之槍聲，似發於前面附近，而不見一個兵卒，我等正驚駭間，突有忠勇衞國的武裝同志四五人出現，以槍作勢，我等高舉雙手，述明歸家探親的原因，武裝同志，很誠實的勸我們不必蹈大危險，以生命爲兒戲，我等言必欲前去，遂由武裝同志一人，引導我們向較安全之某路，繞北向東而行，我們謹愼地抄行途中，經過一處，見有武裝同志數名，在一被砲火轟毁之殘屋內，很鎭靜的喫紙烟閱報紙，

(三)燼餘房屋之奇觀　我們歷盡不少恐慌，始得冒萬險而達到目的地之永興路附近，在華興里之西，爲光裕里及某里之房屋，原來有十數條弄堂，居戶數千，在戰事發生以後，該處卽遭失火，據守弄人謂，此地之火燒，純爲江北人所放火焚毁者，若輩乘機槍刦，蓋一望而知非炸毁也，我人略加觀看，見第一弄燒去，第二弄完好，第三弄燒去，第四弄又完盤，五弄又燒去，其未燒者，亦皆門戶洞開，什物盡被刦一空，

(四)華興里已被炸毁　永興路附近各弄里盡爲砲機轟炸，獨華興里二百幢屋，巍然存留，此次第三度歸去，已大非前數日之景狀矣，弄內爲火綫之衝要地，初尙有守衞武裝同志，而分駐在東段，今則鐵門多啓，在第四弄一帶之房屋，在前天又

為日飛機擲炸彈，將房屋全數轟炸而倒，入弄一望，已變成一片瓦礫地，至此心中感觸萬狀，我民何辜，遭此荼毒，迴視東鴻興坊香山路香馨里鴻吉里一帶，多變為頹垣亂磚之荒地矣，聞弄內有一孕婦，且遭轟炸，壓入在倒屋中，尸體迄未取出，

（五）寶山路十室十空　此次戰事突起，寶山路一帶居民，多數祇逃得空身，一切衣物錢財，盡皆棄留屋內，以為一二日中，或可前往攜取，初不料暴日之不顧人道，日夕以飛機大砲，對此繁盛之區，加以轟炸也，前兩次歸家，室內之物，尚完全無損，無如砲火激烈，無法攜取出外，及至此歸去，則已大異，在寶山路附近一帶未毀之民房，前後門均遭打破，室內細軟物槍竊一空，僅留木器什物，戶戶如此，所謂十室十空，到家，但見箱籠全毀壞，破舊衣服拋擲滿地，稍完整者，可稱已無一件存留矣，在此火綫中，而獨敢行刦，匪徒之胆量固大，而其行為甚可殺也，據稱刦物且有手槍，雖有守弄人，亦祇得聽其刦取耳，

（六）虹口日人之慘劇　某君等見家中已經盡數被刦，無物所取，亦祇有忍痛而回，沿途歸來，槍砲聲又起，途中遇一逃難者，渠係在虹口三角小菜場，已逃出兩日，到閘北，乃視其親戚而未遇，據其向某君等言虹口日人之殘酷，聞之令人髮指，渠言，日人在小菜場上層架砲轟擊，而在路上，則任意殺我逃民，其最殘酷，為將我難民捕去，挖取雙目，將難民尸體盛入麻袋拋入河中耳，

閘北砲戰劇烈

（二月十七日）　閘北方面，雙方陣地，均築有堅固工事，敵以迭次衝鋒，均遭慘敗，故連日改用大砲轟擊，威嚇我軍，閘北廬舍，遂為敵軍砲火下之犧牲品，損失不可以估計，我軍深以敵之殘暴為可恥，故迄未以重砲還擊，至昨晚敵砲隊挑釁不已，我軍忍無可忍，爰亦發砲還擊，雙方砲戰至今晨八時始止，敵損失奇重，又訊云昨日下午四時十五分起，敵以重砲轟擊我閘北天通庵路，八字橋一帶陣地，至十一時始漸停止，今晨一時後，敵復以大砲射擊，時稀時密，致中興路，永興路口一帶房屋，又被燬甚巨，我軍於今晨二時十分起，開始以大砲還擊，至三時三十分，雙方砲聲漸密，自四時十分至五時半間，最為激烈，每分鐘平均有三五砲，六時後砲聲極稀，至今晨八時，雙方始停砲戰，又一報告云今晨砲戰結果，我砲隊發砲異常準確，以日司令部為目標，砲彈均中其要害，敵損失奇重，其第一二防線，幾全為我砲所轟燬，我軍乘勢進擊，陣地又有新擴展，又訊云今晨三時許，閘北中興路寶興坊，被日軍開砲百餘響，開花砲彈落地炸裂起火，火光燭天，因無人救火，該處四區公安局中興路派出所，恐有流氓搶刦，警長羅明啓，程鈞，陳茂修，等、皆到場維持，前天，共和新路（中興路南）被日飛機擲下炸彈數枚，一彈在該路之東旁炸裂，馬路毀壞三丈餘，炸彈毀壞之處，已成大水潭，潭深一丈餘，水管亦炸斷，故該處自來水已斷絕，今日下午，見水管中有水汩汩流出，就近住居咸向潭中汲水烘餐，故寶興坊一帶，完全斷水，致所有房屋延燒殆盡，共計市住房，約有二百餘間云，

◎江灣路敵敗退　今晨六時許，在江灣路之敵軍約四五十名，藉大砲之掩護，又作衝鋒戰，一時槍聲大起，砲轟不絕，雙方約持半小時，敵不支敗退，據軍事家之推測，敵軍之衝鋒，似係試探我江灣方面之軍力也，

◉吳淞方面戰況

敵軍數次向我吳淞要塞總攻，均遭失敗，乃兩日來，一面等待援軍，一面在張華浜附近一帶，築趕防禦工事，預備援軍齊集後，再行大舉進攻，故兩日來僅不時開放大砲及機槍，並派遣飛機偵察擲彈，向我軍示威，有時亦以小隊步兵襲擊，但結果終被我軍擊退，至於敵方之軍艦，現均停泊吳淞口外及白龍港一帶，每日在潮水高漲時，卽向我開砲，但我軍在防綫內靜守，毫不爲動，同時非待敵軍進到相當地點時，決不消耗一彈也，玆將昨日吳淞及蘊藻浜一帶之戰況，與敵軍之行動，以及其他各種情狀，分紀如後（1）敵艦砲攻寶山 停泊寶山東門外海面之二日艦，今日上午，突向寶山方面開放大砲七八發，轟擊城市，故南門金伯賢宅鮑思仁宅，均中砲彈炸燬，又吳淞大火焚燒二日一夜，直至今晨一時始熄，東鎮南昌路，廟弄，文昌路，等處市房，均已化爲灰燼，七區公安總署沿浦之房屋，前次已被敵艦砲毀，所有剩餘後進房屋，此次亦已焚毀無存矣，七區全體官警，自敵進攻蘊藻浜，卽經區長趙澤周率領，並將公文案卷械彈遷至楊行暫駐，（2）鼎興沙發現日軍 吳淞口外，現泊有敵艦七艘，均距砲臺火綫甚遠，今晨八時許，有敵兵約二十餘人，乘小划二艘，駛至口外鼎興沙登岸，該沙農民，瞥見敵兵，大爲驚駭，相率棄家奔逃，匿於遠處蘆葦中，敵兵見農民逃逸，卽向各處農家，搜刦米糧，並在田間拔割菜蔬，肩挑背負，滿載下船，向敵艦而去，該處農民，於敵兵去後，方敢返家，農民之稍有資產者，深恐敵兵再來騷擾，業已棄家，紛乘民船，逃往崇明海門及高橋等處逃避矣。（3）敵攻孫家宅失敗 盤據張華浜附近之敵軍，於十六日晚間十時許，突有步兵一大隊，向孫家宅夏家橋之我軍防綫攻擊，我軍初時靜伏壕內，沉着不應，俟其密集隊進到相當地點後，乃齊放來福槍機關槍，及擲手溜彈掃射，奮勇迎擊，互戰約五六小時，直至今晨二時餘，始將敵軍全部解決，我軍亦卽乘勢挺進，該處敵軍，已退縮至錢家浜，侯家木橋，等處駐紮。（4）水兵偷渡被擊退 今晨四時許，天將拂曉之際，有敵海軍陸戰隊百餘名，分乘敵艦小划船四艘，由一灰色小汽油船拖帶，由吳淞口外駛進三夾水，希圖在海岸巡防處前面滬浦局所築之石梗，（卽分水堤）偷渡登陸，襲擊砲台，當被我岸上防軍覺察擊退，詎是時停靠糧米站碼頭前之敵艦，因聞砲台灣一帶突起緊密之槍聲，遂發砲向該方轟擊，不意砲彈非特未傷我軍，竟誤中敵之小划一艘，斃敵兵二十餘人，餘划亦險遭不測，敵兵當疑係被我軍擊沉，以形勢不佳，小汽油船，遂急行拖帶小划三艘，向口外駛逃而去，又停泊於張華浜糧米站碼頭之敵艦，每晚放射探海燈，照耀我軍各陣地，澈夜不絕。（5）張華浜敵築砲台 據報告，敵軍連日在張華浜附近趕築砲台一座，四圍用水泥造成，上架大小砲台各數尊，砲口對準蘊藻浜陸家宅兩處，又張華浜車站西軍工路之左邊，自十六日起，設有野砲七尊，砲口亦向西北方面，敵軍之前敵指揮官均在車站附近之民房內，又據張華浜西唐家橋逃出之居民云，日軍現駐重兵於肇家浜丁家橋一帶云。

◉敵機傷害難民

日兵於今晨七時，派出偵察機及轟炸機共六架，在吳淞江灣閘北一帶盤繞，希圖偵察我軍情形，並轟炸民房，該機分三隊，每隊有偵察機一架，轟炸機兩架，偵察機飛行甚低，因被我軍步槍掃射，故環繞數週，卽向西北眞茹方面飛去，並不投彈，但至眞茹，又被我軍逼囘，在下午

一時左右，重有日飛機兩架，飛往劉行，曾在該鎮投彈十餘枚，祇一彈爆裂，卽被我軍用步槍擊退，江灣吳淞方面，日機恐被我軍轟擊，故飛行極高，並不逗留，測其用意，似在偵察我軍動作，但結果仍一無所得，又訊，滬太路劉行鎭，今日下午一時許，到有日飛機四架，連擲炸彈十餘枚，均未炸裂，一彈落於魚池中，轟然作聲，該池內育有青魚盡被炸死，又飛至羅店，擲彈數枚，一彈落於該朱姓祠堂屋上炸裂，內有難民數人，均被炸死，又訊今日攻吳淞之敵飛機一架，右面下翼，被我軍用高射砲擊壞，機師腰部亦受傷，勉強飛歸敵機塲下落，但已損壞不能使用。

◉字林報評我軍勇敢一鳴驚人

字林報昨載短評云，邇來各方紛紛評論近一二星期內所生之大事，容或有忽視閘北抵抗日軍後華人心中所激發之感情者，中國軍隊常爲各方指摘之的，今則一鳴驚人，以雙方軍械良窳之迥殊，吾人不得不欽佩第十九路軍官長士兵之勇敢，而同時數千難民，雖喪其貲產，生計垂絕，而仍不失堅毅不撓之概，亦令人不能相忘，倘不再使中國士女確知各方對此良好國民性之眞心欽佩，不將更可悲惻，今幸救濟正在積極進行，雖杯水車薪，要亦不無小補，至中國兵士，除敵人外，對於中外人民，莫不和藹相親，卓然自重，諒卽最頑固者亦不能不認此華兵造成之紀錄也。

（編者按上海字林報頗佔西人輿論上之勢力，戰事以還未曾有一言贊可我之處，該報出此，極堪注意，今後吾人欲提高自己人格，除澈底抵抗外，其道莫由也。）

◉英人抗議敵機彈炸收容所

水災救濟會總幹事英人辛博生，因日本飛機轟炸災民收容所，曾向日本總領事提出抗議，旋日本總領事函復辛博生，對於抗議各點，飾詞推諉，辛氏以其所述理由不合事實，特再去函辯正，其第二次去函云，敬啓者，二月十五日尊函至今午（卽二月十七日）十二時三十分，始由貴處信差面交鄙人，尊函謂接到二月十五日，敝函實爲錯誤，因鄙人發信之日，實爲二月十日也。關於尊函最後一節，茲謹將二月十二日鄙人致尊處原函，及二月十一日晚間鄙人致國聯會電文，各抄一份，送請查照，至二月十二日敝函送達尊處一層，有鄙處送信簿上所蓋日本總領事館圖章足爲憑證，對於尊函內容，鄙人所欲答覆者，首爲災民受飛機轟炸一事，日本海軍當局，曾囑閣下代爲表示深切之歉意，鄙人甚願能將此種表示，報告災民救濟會會長，俾其轉告該會各會員，尊函謂災民收容所與華軍陣地相連，並設有鐵絲網，鄙人深知災民收容所，距北車站有兩里之遙，而與滬寧鐵路相距最近之點，亦有一里之遠，實不能認爲與華軍陣地相連，此固二月十二日敝函所業已聲明者，至於設有鐵絲網之說，尤爲錯誤，鄙人對於轟炸之原委，曾派人完全調查，據調查所得，則二月二日在收容所未被轟炸以前，曾有日本飛機一架，在收容所附近飛翔，其駕駛者並向收容所災民揮手，當時收容所內住兒童三千名，烏能認爲軍隊駐紮之所，且二月五日，飛機於投擲炸彈以前，先以機關槍掃射，當時收容所內有馬姓，因此受傷，而飛機駕駛者，爲便於向收容所開放機關槍，特將飛機降落甚低，如此而猶謂誤將災民收容所認爲駐軍之處，實屬令人不解，鄙人收到此事之報告爲二月七日，已在轟炸發生之後，鄙人向閣下提出抗議，不能較早者，其故在此，設於出事之時，卽收到報告，則二月五日鄙人必登時向尊處抗議矣，最後一點，宜請閣下注意者，卽災民收容所門上

懸有紅十字旗一面，而醫院之上，亦懸藍十字旗一面是也。

◉敵援軍又到一大批

今晨，本埠復到有日軍二千餘名，登陸後逕往狄思威路，下午又到三千四百餘名，分宿裕豐，東華，公大，等日紗廠，據確息，日軍已在滬者，總計已有三萬餘名，聞尚有四萬餘名，將陸續運滬，湊成八萬人，其軍隊之運輸，由日登輪，及抵滬上岸時，均在夜間，異常秘密，以免各國責難，又據調查，日軍第九師團之砲兵團化學兵營，兵士均服白色衣褲，帶面具，係於二月十四日晚十時，在大達碼頭登陸，並攜有瓦斯二十餘箱，（編者按戰事發生已兼旬於此敵人援軍已到數萬之衆，吾國號稱二百萬，連日經各方面紛電請援，未見有一兵一卒開到，我軍所賴以支持應敵者，只四萬萬之民氣耳。）

◉三百萬市民擁護十九路軍抵抗到底

上海市民聯合會，代表滬市三百萬市民，發表鄭重宣言，對滬局表示反對設中立區，暨全國動員自衞，擁護十九路軍作戰到底等四點，原文如次，自暴日憑其武力，侵略我東北三省後，猙獰面目，日益暴露，上月二十八日，駐滬日軍，於其國領事對我市府答覆，認爲滿意後，違背信義，引起戰禍，我十九路軍爲防衞國土計，誓死抵抗，血戰兼旬，屢摧強敵，我民衆敵愾同仇，故抱寧爲玉碎，勿爲瓦全之心，爲我國家民衆爭一線生機，各竭其力，爲我忠勇衞國之十九路軍後援，不圖在此浴血抗敵，千鈞一髮之秋，執政諸公，忽有依違和戰之間，舉棋不定之勢，日人亦竟敢不顧廉恥，提出種種無理條件，以冀我人屈服，遂使杯弓蛇形，伯有相驚，夫物必先腐而後蟲生，空穴來風，非爲無故，吾人苟抱定犧牲之決心，則公理終有戰勝強權之一日，物質損失，猶是小焉者也，敝會敢代表滬市三百萬市民，堅決作下列之表示，（一）非日軍先行退出中國領土，絕對無調和之餘地，（二）反對設立中立區域，（三）擁護十九路軍武力抗日到底，（四）全國總動員，實行正當自衞，拒絕日方任何要求，以上四點，爲今日最低之要求，如果不能達到，而竟致軟化，則此次上海千萬生命財產之犧牲，無異付諸流水，國家興亡，在此一舉，尚希我全國同胞各秉匹夫有責之義，督促當軸，一致奮起，勿令秦檜張邦昌輩復見於今日，國家幸甚，民衆幸甚，謹此宣言，（編者按自一月廿八日戰事發生後，敵軍因戰事屢挫，曾提出和議一次，待援一到，和議卽破裂，此次承英美各國公使之善意，勸解和平，敵方毫無誠意，因又破裂，今後吾人當下決心，澈底抵抗，再言和平，便足自誤，『和平』二字多少失敗皆由你而成，可不愼哉。）

◉張之江電蔣請纓援滬

江蘇綏靖督辦張之江，元日，上蔣介石先生一電，文曰，頃接滬信，日續派陸軍來滬助戰，並宣示決不受任何列強之威脅，而阻其路事行動，於不得已時，雖全國動員，亦所不惜云云，證以今日滬戰日趨激烈，此信當非訛傳，十九路軍，忠勇抵抗，神武無比，若日以其傾國之師，合力來犯，衆寡懸殊，深爲可慮，竊以此次上海戰事之勝負，卽關係國家之存亡，日既以武力威迫，而我亦當拚全力作殊死戰，若能再接再厲，與暴日以重創，則我民族始有復興之機會，鈞座藎籌遠略，必已早有成算，而私心所殷憂者，暴日去滬甚近，增援三日可到，我軍交通不便，雖在本國而行軍遲緩，尤須先行調集，期赴時機，現在江北一帶，尙屬安謐，謹當激勵所部，荷戈待命，如有驅遣，願爲前茅，以與

暴日爭死生也。張之江叩，銳印，

◉梁士詒致英首相書

梁士詒電致英首相麥克唐納，其文曰，倫敦麥克唐納首相鑒，日本近來在華一切暴行，已迫令最愛和平之我國民衆，一致抱具最劇烈決心，誓死抗日，捍衛國土，日本自侵略滿洲以來，已表明其用意，不但破壞中國主權與領土，且對於世界各國遵守國際公約與義務，悉予蹂躪無遺，故雖危及與遠東有關係各國之權利，所在不顧，有關係各國，亟應此時聯合起來，自衛權利，上海爲世界著名商埠，經列國八十年來慘淡經營，英國商務，佔重要地位，祇因此次日軍霸佔公共租界，爲對華作戰策源地，業令上海蒙重大損失，如其暴行，仍不制止，則日本因要達其摧殘吾華商務經濟目的，將不免向揚子江流域各商埠，甚至在香港與星嘉坡，施以打擊，如是，則在各埠各國權利，亦同被犧牲矣，深望貴國及有關係各國，立卽聯合作自衛之策，並希望各國，不再被日本從前及今後之炫惑宣傳，定可致遠東蒙空前未有之大劫也，梁士詒

◉日婦女組織索夫團

外人方面接東京電訊，日民衆以軍閥橫暴，積極對華侵略，此次在滬迭遭挫敗，死傷甚衆，不得不悔，且復變本加厲，致事態益形擴大，長崎大連等處婦女因其夫多被迫從軍，無辜犧牲，特集同志，組織索夫團，向東京日政府請願索夫，狀如瘋狂，雖徑日當局善言勸慰，但均逗遛不散，婦哭兒啼，聞者凄絕，遠近陸續加入者極多。

我國拒絕日人無理要求（二月十八日）

日方驕滑成性，所謂和議者，皆掩飾人耳目之妙法，此次英公使藍溥森等斡旋之和平運動，因日方無誠意堅持無理要求，遂完全陷入絕境，中日兩軍，日內大戰，已成不可免之事實，其決裂經過如下，今日上午九時，我淞滬警備司令部參謀長張襄，應英公使藍溥森之約，在英總領事官舍，與日軍參謀長田代，及日副領事白井，會晤，磋商和平辦法，英藍使並未列席，日方態度強硬，威脅的要求我方將吳淞閘北軍隊撤退二十基羅米突，我方軍事當局，當以此次中日戰事，完全釁自彼開，我方爲酷愛和平起見，接納英使討論消弭戰事問題之請，乃彼反向我提出無理要求，業經嚴詞拒絕，雙方談判，遂告破裂，當時，日方並有提出哀的美頓書之口頭宣言，談判決裂後，

（編者按淞滬爲吾國領土，我軍決無受命日人撤退之理，如日人有意和平，應先自行退出我境，今反要求我軍後退，亦無理由已極，吾國嚴詞拒絕，宜也。）

◉日哀的美敦書晚九時送達我方

自一月二十八日以來，日軍突然攻擊閘北吳淞等處，我十九路軍，爲盡守土之責任，起而謀正當自衛之抵抗，人人抱必死之心，奮勇應戰，轉戰經旬，敵竭全力迭次總攻，均遭慘敗，遂派遣數萬陸軍應援，連日積極備戰，重圖侵犯，茲以各方佈置已妥，遂於今晚八時四十五分，以日本軍司令植田謙吉名義，向我十九路軍蔡軍長提出哀的美敦書，其內容，包括六項無理要求，同時並以日總領事村井倉松名義，致吳市長一份，措詞大致相同茲，將原文，譯述如下，

日本司令植田謙吉致蔡軍長通牒，本職基於欲以和平友好之手段，達到任務之熱烈希望，茲對於貴軍通告左開各件，

一、貴軍應卽從速中止戰鬥行爲，於二月二十日午前七時以前

（破壞非戰公約之鐵證）

第十九路軍司令蔡廷楷殿

昭和七年二月十八日午後九時

大日本帝國軍司令官 植田謙吉

（日軍司令官植田致十九路軍哀的美敦書原文）

Who infrings the "Kellogg-Briand Pact"? This is a good evidence: The full text of Ultimadum deliveried by Japanese Lientenant-General Uyeda toGeneral Tsai Ting-Kai.

・將現據之第一線撤退完了，於二月二十日午後五時以前，從黃浦江西岸，由租界西北瑞，連結曹家渡鎮，周家橋鎮，及蒲淞鎮之線起算，黃浦江東岸由連結爛泥渡，及張家橋鎮之線起算，各從租界境界綫，向北二十基羅米突之地域，（包含獅子林砲台）內撤退完了，且在該地域內地撤去砲台，及其他之軍事設施，並不新設之，

二、日本軍於貴軍開始撤退後，不行射擊轟炸，及追擊動作，但飛機之偵察，不在此限，又貴軍撤退後，日本軍僅祇保持虹口附近之工部局道路地域，（包含虹口公園之周圍）

三、貴軍第一綫撤退完了後，日本軍為確認其實行起見，派遣有護衛兵之調查員，於撤退地域，該項調查員攜帶日本國旗，以資識別。

四、貴軍對在該撤退地域外，上海附近之日本生命財產，應完全保護之，此項保證如不完全，日方當採適當之手段。

五、關於在上海附近（包含撤退區域）外國人之保護，容另商議。六、關於禁止排日運動，一月二十八日吳市長對於村井總領事之約諾，應嚴重實行。

關於此項，當另由帝國之外務官憲，對貴國上海行政長官，有所交涉。

如以上各項不能實行時，日本軍將對貴軍，不得已採自由行動，其結果所生一切責任，應由貴軍負之，昭和七年，二月十八日午後九時，大日本帝國司令官植田謙吉。

第十九路軍蔡廷楷閣下。

◉閘北方面戰況　今日閘北方面，上午並無戰事，中興路火，已為警備司令部消防隊撲滅，我軍均在防綫內，嚴陣以待，日兵始終未有舉動，下午在江灣及寶興路兩方面，曾有小接觸，不久即為我軍擊退，入晚，閘北方面又起砲聲，惟無昨晨之密，間有槍聲，福生路北四川路一帶，今晨零四十分起，日軍每隔半分鐘，開一大砲，至一時後尚未停，茲將各情列誌如次，（1）襲江灣即敗退　日兵連日積極準備大舉，但其內容，除將後援陸軍，向各路增防，補充實力，安設砲位，在滬江大學附近，建設飛機場外，並無特殊軍事行動，而我軍處之鎮靜，頓使日兵智窮技拙，今日下午一時半左右，日兵派出新到陸軍二百餘人，至葉家花園南面，向跑馬廳我軍陣地偷進，彼等似欲偵察我軍防線，俾遇有機會，則即進攻，當由我軍哨兵傳報後方，派一小隊阻擊，戰約一小時，敵軍因恐我軍包抄，故且戰且退，至二時十分，槍聲已全息，聞結果敵死三人，傷十餘人，我方受輕傷者二人，由紅十字會救送後方醫院，（2）寶興路小接觸　下午三時許，寶興路處新近接防之日本陸軍，向我軍挑戰，我軍不理，日兵意為有機可乘，乃圖進襲，我軍俟其接近，即用機槍掃射，雙方步槍同時發射，接觸約半小時，日兵不支後退，我軍未予追擊，槍聲乃息，同時天通庵路方面，下午六時左右，亦有同樣小接觸，旋即平息，其他各防線，並無動靜，惟日兵仍不時有小部份，到處騷擾，經我軍還擊，即行退却，窺其用意，似欲擾亂我軍陣線，但我軍處之泰然，毫不為動云，（3）日兵又施砲擊　今日下午一時，日兵圖襲江灣跑馬廳時，日兵砲隊，又用砲向江灣及閘北轟擊，但均未中的，經我軍迎頭還擊後，即稍殺，至六時後，砲聲重起，我軍亦還砲，至九時五十分左右，尚未息，（4）日又運到飛機　敵軍擬大舉進攻吳淞及閘北，故戰事利器，連日運輸到滬者頗多

，除火藥及馬匹以及鐵甲車坦克車等外，又運到陸用飛機六七架，今晨九時至三時許，已有兩架，由楊樹浦碼頭用汽車運往軍工路飛機塲裝置，以便應用。(5)寶興坊被砲燬　永興路宋公園路東首之寶興坊，昨晚被日軍砲彈落下，將該處東首新建房屋三弄，完全燒毀，所免僅西首之破屋耳，共計被焚三十餘幢之多。今日吳淞戰事，仍極沉寂，雙方均在積極佈置期間，敵軍自今日拂曉起迄深晚，沿蘊藻浜至侯家木橋戰線，不時開放大砲，或機關槍示威，各處互相呼應，我軍亦間有還擊，今日軍工路一帶，敵軍用汽車十餘輛，終日運輸，異常忙碌。某記者晤前線軍事長官，首先叩以前線之戰事情形，據謂今日（十八日）前線各路，均無正式戰事發生，雖偶聞槍聲，亦係前線步哨兵示威而已，日來敵方軍事變更計畫，惟我方亦已充分佈置，準備痛殲敵寇，嗣又笑謂某記者曰，這幾日眞所謂山雨欲來風滿樓，繼記者又問，日來和平進行，師部方面亦有所聞否，據謂，中國處處和平，事事和平，固無所謂不和平，但日人始終恃強欺人，處處硬幹，又何從着手和平，故欲和平，須日人先有誠意，自動撤退其佔據在租界中之軍隊，然後方足以言和平，乃日方所提之和平條件，係要求我方軍隊撤退，豈非悖謬已極，總之，中國軍隊駐防在中國領土，是其應有之主權，舉世莫得而非之，惟日本軍隊在公共租界中立區域，則理應撤退，並應羣起而攻之，是以日軍苟不撤兵以表示其誠意，恐和平進行，難有希望。

◉陳銘樞來滬　前京滬衞戍司令長官陳銘樞氏，於今晨四時，由南京抵眞茹，聞陳氏此行，係到前方，向前綫作戰之第十九路軍士兵訓話，並偕同各長官，視察前方陣綫，佈置一切，於午間並與各軍事長官，開軍事會議，決定今後抗日種種計畫，現已全部計畫就緒，經於昨夜專車返京。

◉大戰在準備中　雙方軍事當局雖在進行和議談判，而對於昨戰之準備，仍不稍懈，平涼路公大紗廠日陸軍司令部，今晨異常活動，日空軍將士，終日在滬江大學附近飛機塲從事裝配近數日內由日運到之飛機，惟各陣綫均頗寂靜，吳淞方面僅張華浜車站，西面有小接觸，以供美國狐狸電影公司，攝取新聞影片，歷半小時之久，未有死傷，江灣方面，今晨有日軍沿軍工路絡繹前進，攜有馬拖過山砲隊野戰軍用品，該處陣綫晨間僅偶有槍聲，閘北近數日來之寂靜，昨日侵晨爲北車站附近之來福槍與機關槍聲所破，

◉日本國內騷動　日本東京帝大學生千餘人，日前開會反對帝國主義戰爭，茲又據東京時事新報十三日載稱，神武天皇紀元節午後六時三十分，神田區神保町大街兩旁，忽有羣衆四五十人，狂呼打倒帝國主義，遊行示威，錦町神田兩警署聞訊，立卽派大隊警察，協同馳往該處，除將羣衆驅散外，捕獲爲首者十四名，分押錦町神田兩署，戰事延長彼內亂必起，

◉劉祈瑞爲國犧牲　閘北戰事發生，中國紅十字會組織戰區救護隊出發，十餘日間，隊員日在槍林彈雨，從事救護工作，異常熱心，惟日軍橫暴，日機肆虐，對於該會救護車

及隊員，每發彈射擊，違反萬國紅十字會定章，該會第七隊隊長劉祁瑞君，十五日上午赴閘北戰區救護傷兵，不幸為日軍槍擊，彈中要害，醫療罔效，延至十六日下午逝世，該會同人以劉君因公殞命，深表痛惜，今日為劉君安葬萬國公墓，下午一時，由總隊長王培元君，率領全體救護隊員四百餘人，及海格路紅十字會總醫院及各傷兵醫院送葬人員三數百人，咸往執紼，乘備車二十一輛，於二馬路總會出發，先赴新聞路辛家花園迎劉之靈柩登車，繼將各車開駛滬西虹橋路萬國公墓安葬，二時一刻車輛安抵葬地，總隊長王培元令囑各隊隊長隊員與送葬人員，赴大禮堂舉行祭禮，時王君有極悲壯之演說，言隨淚下，哀感動人，繼為劉君安葬公墓，併攝影永遠紀念云。

◉飯店老人出險

大美晚報云，吳淞砲台飯店主人八十四歲，海軍上校台維斯，自二月三日日軍艦轟擊吳淞砲台後，留居戰地，至今日始棄其經營數十年之故居而來滬，蓋由萬國商團情報處之波蘇斯託與菲列浦斯先行商准中日雙方軍隊，在某時間停止轟擊，俾往援救台維斯出險，今日二氏僱定小輪一艘，前往砲台飯店，覓見台氏，而台氏仍執意不行，經二氏勸之再三，甚至欲強挾之走，於是台氏始怏怏收拾細軟，隨二氏登船來滬，且挾其愛犬焉，台氏畜貓數頭，愛之綦篤，時適走散，遍覓不得，乃棄於戰地，台氏至以為憾云。

我方駁覆日通牒

(二月十九日)

昨晚九時，日軍司令植田謙吉，及日總領事村井倉松，向我十九路軍，及市政府當局所遞之最後通牒，今日下午七時，我十九路軍軍長蔡廷楷，市長吳鐵城，同時將覆文分別送交日軍司令部，及日總領事署，十九路軍總指揮蔣光鼐，蔡廷楷軍長，並發表負責談話，表示軍人守土有責，絕不因敵人之恫嚇而畏縮。

> ### ▲十九路軍覆日牒文
>
> 逕覆者，頃接貴司令二月十八日下午九時來函，備悉種切，本軍為中華民國國民政府所統轄之軍隊，所有一切行動，悉遵國民政府之命令，來函所開各節，業經呈報國民政府核奪辦理，由外交部逕行答復貴國公使，本軍長未便答復，此致大日本軍司令植田謙吉，中華民國第十九路軍長蔡廷楷，二十一年二月十九日午後七時。

◉蔣總指揮談話

某記者驅車謁晤我十九路軍總指揮蔣光鼐，及蔡廷楷軍長，叩以對於日方最後通牒之意見，承蔣蔡兩氏發表負責談話，蔣光鼐氏談話云，日本植田司令，統率第九師團來滬後，昨竟承其政府陸軍省之意旨，向我軍長蔡廷楷，致其最後通牒，并着蔡軍長依限期將所退出北向二十基羅米突之地方，姑無論日本政府侵犯我國家獨立主權至何程度，其違反國際法，亦為不可掩之事實，況所謂最後通牒，竟在開釁至二十天之後，致送哀的美敦書，更為國際法所創聞，本路軍此次抵抗暴日，實為不得已而戰，故自上月二十八日戰事發生至今，我軍始終持抵抗之態度，絕非為侵略或耀武而戰，想為世界各國所共諒，至日本植田司令最後通牒，亦應呈明政府當局處理之，至本人之態度，始終抱軍人守土有責之義，絕不肯絲毫退讓也云云。

◉蔡軍長之談話

第十九路第十九軍長蔡廷楷談話云

，余自昨晚，接到日本，植田司令之最後通牒，要求余率所部向北二十基米突而退却，余以軍人守土有責，絕不因日本之恐嚇而畏縮，惟余一軍人，始終抱服從守土之責，其他一切，非余職務範圍內所應爲之事，絕不敢加以干涉，故對植田司令之最後通牒，只好呈明蔣總指揮，轉呈政府核辦云云。

◉市政府之覆文

逕覆者，昨晚九時，接准貴總領事來函所開各節，業經閱悉，查來函所述，上海方面嚴重之形勢，均係貴國軍隊，違反公約公法，任意進攻吾國領土，慘殺吾國人民所造成，其一切責任，均由貴國方面負担一節，迭經函達在案，此次貴總領事所請轉達本國軍隊，要求實行之各項條款，本市長未便轉達，查來函所指各節，均爲足以影響中日兩國一般關係之問題，應由兩國外交代表處理，故本市長業已呈報本國政府核奪，由外交部逕行答復貴國駐華公使矣，惟應聲明者貴國軍隊，現仍挑釁，攻擊轟炸，無所不爲，以致本國國民之憤慨，日見增加，在此情形之下，所謂抗日運動，自難消滅，因此而發生之一切責任，貴國自應完全負担，相應函覆，即希查照，此致，

◉日領致市政府函

昨晚九時，日總領村井倉松致市府原函，今日市政府已將全文發表，原文云，逕啓者，自二十八日晚，貴國第十九路軍及便衣隊，向日本陸戰隊攻擊以來，閘北方面，中日兩軍，成對抗之形勢，二十九日晚，雙方雖有停止戰鬥行爲之成約，但貴國軍隊，仍背約向我方射擊或加轟擊，使我方不得不予以應戰，且以貴國軍隊，實行其有計劃的挑戰，於是吳淞及江灣方面，亦發生軍事行動，在此時間，貴國方面散布關於第十九路軍勝利等無稽之虛報，一方面對於我方公正之行動，加以種種誹謗，其結果第十九路軍對於防衛租界保護居留民而絕無他意之我軍，加以新的攻擊，便衣隊出沒於各處，依然不停止其惡劣兇暴之行動，在留日本人固無論矣，即在上海租界，亦受非常之威脅，本總領事，認爲在此時間，從速解决，由兩國軍隊衝突而起之事態，乃極爲必要，故希望依照左例條件，從速縮止戰鬥行爲，切望貴國軍隊，接受該項條件，並望貴市長即行轉達貴國軍隊，接受該項條件，同時予以切實之履行，如貴國軍隊不接受該項條件，日本軍隊，將有自由行動之事實，(一)中國軍隊，須於二月二十日午前七時以前，將第一綫撤退完了，於二月二十午後五時以前，從黃浦江左岸，由公共租界西端，連結曹家渡鎭周家橋鎭及蒲淞鎭之綫起算之租界北部境界綫以北，及連接黃浦江右岸爛泥渡及張家樓鎭以北，完全撤退，至距租界綫二十基羅米突以外之地域(包含獅子林砲台)即將該地域內之砲台，及其他軍事設施撤去，並不得重行建築，在上海附近而不屬於上述撤退地域內一帶之日本人生命財產，須由中國方面完全保護，如上項保護有未完全之情形，日本方面，得執行適當之手段，便衣隊，中國方面應一概有效禁止之，(二)日本軍隊在確認中國軍隊，業已撤退之後，僅祗保持虹口附近之工部局道路地域，(包括虹口公園之周圍)日本軍自中國開始撤退以後，停止射擊轟擊及追擊之動作，但飛機之偵察，不在此限，(三)中國軍隊第一綫撤退完了後，日本軍爲難認其實行起見，得派遣有護衛之調查員於撤退地域，(四)關於保護上海附近，(包括撤兵地域)之外人，另行商議之，再關於第十九路軍，此次採取此種行動之經過，業於二月十五日本總領事致貴市長函中言及，認爲畢竟由於

貴市長對於一月十二八日本總領事要求所稱卽時解散抗日會及禁止其他排日運動之諾言，未有切實實行之誠意與能力而發生，是以本總領事，應重新向貴市長要求，從速而且完全實行上述貴市長之諾言，本總領事以極大之關心，監視貴市長對於本案之實行，如貴市長不能實行，我方不得不採取妥當手段時，由此所發生之一切責任案，應由貴方負担，合併聲明，相應函達，卽煩查照，此致，

◎大戰重將爆發

日軍司令植田謙吉，自到滬後，因以前鹽澤野村兩司令迭次進攻閘北，均遭慘敗，乃調遣大批生力軍，變更計劃，重新佈置，玆以各事就緒，於十八晚向我市政府及軍事當局，提出哀的美敦書，今晚業經我方駁斥，所有作戰準備，我軍事當局，早已佈置完備，如日軍仍不覺悟，再來侵犯，决與之作一死戰，以盡保國衞民之天責，據外人方面消息，日軍司令，已於今日下午，通知英美司令，渠將於拂曉，向華軍大舉進攻，故大戰之爆發，卽在目前矣，至於今日戰況，吳淞方面，甚爲安靜，閘北方面，除前日晚間敵軍向我八字橋陣地發砲十餘發外，僅今晨虬江路方面敵軍曾作一度進犯，當被我軍擊退，同時敵軍飛機，至我各處陣地偵察，有數處擲彈，但結果我軍毫無損害，僅僅民房遭燬而已，

◎敵軍砲攻八字橋

敵軍於昨晚（十八）七時起，在虹口公園方面，用大砲十餘尊，向我八字橋方面轟擊，至今日上午四時始停，共開一千餘砲，毫無效果，僅傷我軍士兵二人，惟附近房屋，則被轟燬無數，

◎虬江路之小接觸

敵軍於今晨在虬江路方面，以數十人爲一隊，向我方陣地侵襲，當經我軍奮勇抵抗，敵卽不支而退，嗣後時以步槍及小鋼砲，向我軍陣地掃射，均未命中，至午刻始告靜寂，

◎日軍挑釁

入晚在十一時左右，閘北及虹口方面之日兵，又向我軍前哨放槍示威，我軍亦還應，因此租界方面，又聞極清晰之步槍聲，惟未正式接觸，至十一時二十分左右，日兵用鋼砲轟擊，平均約十餘分鐘一次，我軍處之安然，未予還擊，日兵以挑釁無由，乃漸趨安靜，至一時許已平息，

◎敵軍積極備戰

卽日吳淞異常安靖，全日未聞槍砲聲，惟敵軍佈置陣容，甚爲忙碌，下午二時至四時，有敵軍用卡車三十一輛，均滿載敵兵及軍火，由滬經軍工路，絡續駛至張華浜糧米碼頭卸下，當卽分赴各處前線，在卽日下午一時許，有敵艦七艘，自圍開駛到淞，旋於四時許，會同停泊於東溝口之敵艦一艘，及吳淞口外之敵艦二艘，用每小時四十八海里之速率，開離吳淞，向長江疾駛而去，現張華浜泊有敵艦一艘，吳淞口外，泊有敵艦三艘，

◎敵機開始活動

上午十時，日軍白色陸上飛機一隊三架，紅色海上飛機四架，飛往閘北大場眞茹一帶，偵察我軍後方陣地，陸上飛機飛行甚高，海上飛機飛行較低，頻開機關槍向下射擊，但未擲彈，約一時許，卽向東飛去，午後二時，又飛出陸上飛機一架，海上飛機三架，往我軍各陣地偵察，盤旋甚久，至天黑方飛去，在下午一時，瀏河地方，由東飛來日機二架，擲下重磅炸彈數枚，旋卽向西駛去，據事後調查，傷一婦人，並毀民房二座，

◎日人對滬戰之論調

日本名古屋新聞載稱，（敵之七十八師爲中國兵最勇敢的部隊），我軍（日軍）因未諳市街

戰爭，損害甚大，查敵軍（我軍）七十八師，原爲中國軍中最勇敢之部隊，自不能與其他中國軍同日而語，且敵將蔡廷鍇，對於我軍（日軍）嘗以拚命的頑強抵抗，以致我國連日攻擊，卒難奏效云，

◉**英美領事通告僑民遷避**　駐滬英美總領事因恐中日軍重行開戰，其劇烈必視前爲甚，故今日（十九日）已發出通告，勸寓於蘇州河東虹口區與楊樹浦區及鄰近浦江一帶之本國僑民，於雙方砲轟之際，儘力遠避，美總領事之通告曰，中日談判未獲效果，如戰事復作，必視前爲烈，砲彈或將落於租界之內，蘇州路東虹口與楊樹浦區及鄰近浦江一帶，尤爲危險，故美總領事特勸美僑於雙方砲轟之際，儘遠避開，居於較安全之地段，婦孺尤宜於今日下午或明晨遷之較安全之處，英總領事之通告文，與美領所發者，大致相同，惟無令婦孺早遷之一句，

（二月念日）

大戰開始我軍勝利

◉**我外交部對日提出嚴重抗議**　外部對日本植田司令最後通牒，已向日領提出嚴重抗議，原文如下，據上海蔡軍長廷楷電稱，十八日下午八時四十五分，接到日軍司令植田謙吉來文，請中國軍隊從速終止戰鬥行爲，於二十日午前七時以前，將現駐之第一線撤退完了，並於是日午後五時以前，從黃浦江東西岸指定地面，各離租界綫二十基羅米突之地域內撤退完了，又在撤退地域內之砲台及其他軍事設施，予以撤去，並不新設，並開列其他條款，要求實行，否則將採自由行動等語，又據吳市長鐵城電稱，駐滬日本總領事村井倉松亦有同樣公函致吳市長，查自上年九月十八日日本軍隊在瀋陽無端開釁以來，節節以武力進逼，侵佔東北各地，迨本年一月二十八日，日本軍隊又突然向上海閘北地方進攻，二旬之間，日本大隊陸海空軍在閘北吳淞各地肆意攻擊，中國駐軍爲自衛計，不得不加以抵抗，乃在滬之貴國軍司令及總領事，竟復分向蔡軍長及吳市長提出種種不可能之要求，實屬無理已極，倘日本軍再行進攻，中國軍隊仍必竭力抵抗，所有因此發生之一切結果，應由貴國政府負其全責，相應提出嚴重抗議，照會貴公使，即希查照爲荷，

◉**我軍戰勝捷報**　敵軍司令植田謙吉，於昨日（十九日）晚間接到我方駁覆之答文後，並不對其所屬各隊軍官宣佈內容，即於今晨七時二十分，下總攻擊令，以海陸空軍全副力量，於七時半，開始向我吳淞江灣閘北全線大舉進攻，，我軍對於敵軍此次之進攻，早有充分之準備，故今晨敵軍進犯時，我方全綫將士，奮勇抵抗，毫不退讓，敵軍雖用全力攻擊竟日，結果終被我軍擊退，而我方陣綫，仍舊分無變動，今日戰事，以江灣方面爲最激烈，敵軍用坦克車廿餘輛掩護大隊步兵，前後衝鋒三次，均被我軍擊退，並被我方地雷炸燬坦克車四輛，下午五時半，大連灣路方面，敵軍陣地內起火，敵軍陣地紊亂，我軍遂乘機進攻，敵軍不支而退，我方亦跟跡追擊，至七時許，我軍前鋒，推進平涼路，閘北方面敵軍於上午九時用坦克車十餘輛，掩護步兵進攻，當被我擊退，並被我地雷炸燬坦克車二輛，十時許，天通庵路，亦有激戰，至下午六時半，敵軍砲隊向狄思威退却，被我軍奪得山砲六門，西寶興路方面，

敵軍於下午五時一刻，向我進攻，激戰至六時半，卽被我軍擊退，吳淞方面，自上午八時半起，敵軍有軍艦三十艘，飛機二十架，向我砲台攻擊竟日，我軍沉着應戰，敵終不得逞，蘊藻浜方面有敵三千，在廟行鎭地方，被我軍包圍，全部解决，我軍極有把握，敵軍飛機，今日上下午，紛紛飛至我軍陣地擲彈轟炸，在大場及廟行被我軍用高射砲擊落兩架，但我民房被炸起火者甚多，

◉十九路軍部捷報云

各省政府各地電報局轉各報館各團體均鑒，哿日捷報如下，(一)今晨十時左右，敵軍以坦克車十餘輛當前，後隨敵步兵千餘，向我閘北八字橋陣地進攻，我軍初伏戰壕內，不動聲色，候敵行將近，卽施放地雷，當炸毁敵坦克車兩部餘敵潰退，(二)今晨八時，敵軍三千人，向我廟行鎭附近陣地進攻，我軍沉着應陸，現尙在接觸中，同時並擊下敵機一架，(三)二十日十二時三十五分，吳淞方面日艦向我開砲甚多，惟未命中，(四)同時大場附近，毛家橋方面，有日機多架飛來擲彈，當場被我軍落擊一架，機內尙附炸彈四枚，均未爆發，十九路軍軍部發印(二十晚十時)

◉龍華司令部捷報

軍政部衞戍長官公署鈞鑒，市政府各機關各報館均鑒，今晨敵以大砲飛機機槍坦克鐵甲車等，向我總攻，由八字橋，江灣車站，江灣鎭，廟行鎭，等處激戰尤烈，敵傷亡尤鉅，並爲我擊毁鐵甲車五輛，擊落敵機一架，吳淞方面，敵以軍艦三十餘艘，飛機二十餘架，轟炸兼施，但我守兵損失極微，餘情續詳，謹聞，淞滬警備司令部參謀處叩，哿申印，二十日下午八時，

◉敵軍海陸空會攻我要塞

吳淞方面，自今晨八時許起，敵卽派海陸空軍大舉會攻我軍陣地，我全線將士，奮勇應戰，毫不爲動，結果敵軍仍被我擊敗，我要塞方面，僅陣亡士兵七名，而蘊藻浜廟行方面，有敵軍三千人，爲我軍包圍，全數解决，玆將戰況詳情，分別紀述如後，(一)敵軍攻吳淞　敵軍艦三十艘，於今日上午八時半，始向我吳淞砲台進攻，同時並派飛機二十架，在空中投擲重量炸彈助戰，我要塞守軍，全線沉着應戰，隆隆砲聲，竟日未停，敵軍雖用精良器械，由海空兩方壓迫，但我忠勇之軍士，毫不爲動，故敵軍雖盡全日之時間，向我轟擊，但結果仍不能得手，而我方亦僅陣亡士兵七名而已，(二)雙方互戰情形　大美晚報云，今晨（二十日）八時三十分起，日驅逐艦七艘，向吳淞砲台發砲猛轟，砲火自黃浦江口起，迄蘊藻浜止，致有數處起火，黑烟瀰漫天涯，華軍初未回砲，至九時零二分鐘，華軍第一砲彈飛入浦江，其所落炸裂處，數分鐘前，有一日驅逐艦駛過，於是向張華浜方面日艦所泊處，連轟不已，今晨之砲戰，先由泊於張華浜鐵路碼頭之日驅逐艦夕張號發五吋口徑之大砲彈二枚，以爲猛擊之信號，旋有泊於淞口之驅逐艦第二十二號緩緩駛近吳淞砲台，當距岸不及二百五十碼時，發砲一排，繼又發砲一排，岸上之兵，僅以機關槍與來福槍作答，槍彈掠江而過，於是又有一驅逐艦卽第二號，如前艦之所爲，是時岸上發出之機關槍彈益密，當第二十三號駛近張華浜鐵路碼頭對濬浦局產業時，浦東方面高橋之華兵，亦以來福槍猛擊，艦上答以機關槍，另有日水兵駕一拖船發來福槍助之，華軍發砲後，第三驅逐艦卽讓第三驅逐艦發砲，旣而第四驅逐艦駛至，代前艦發砲，無何，驅逐艦卽二十二號又駛近蘊藻浜，向華軍陣地發砲數排，繼乃駛去，旋

第二號第三號兩艦，又先後發砲畢，此數艦並小驅逐艦兩艘乃又聚轟片刻，現諸艦仍泊於蘊藻浜正北起，首尾相接，直延至淞口，當砲轟時有日飛機一架，翱翔吳淞天空，以事偵察，未擲炸裝，今晨十時，怡和公司之廣生輪船出口時，險中華軍之砲彈，搭客多立於後部艙面，是時機關槍與來福槍彈雖飛舞江中，而搭客並不避匿，實不明其故也，廣生船頭桅懸有紅旗，表示船中載有炸藥，而砲彈一枚，掠船首而過，落於江心，距船僅百五十碼許耳，十時十五分、自來水公司之小輪一艘，亦由彈雨中安然駛過，毫未受損，後四十五分鐘，大連丸亦駛過危險地帶而出口，其餘出口之船，則均折回，(四)敵三千被我包圍　今日上午，敵軍大隊沿蘊藻浜向我軍陣地進攻，我軍略與抵抗，嗣卽向後佯退，敵軍以爲我方放棄陣線，遂突進我方陣地五六里至廟行鎮地方，計有三千人之多，我前線之左右兩方軍士，當卽將其後路截斷，此三千敵軍，遂被我軍包圍，刻將全數解決，我軍已極有把握，該日軍中，雜有俄人不少，又據本埠某機關張華浜工場主任西人，於四時四十五分以無線電報稱，本日自晨至午後，中日兩軍作戰，其劇烈情狀，爲歷來所未見，但華軍猛勇，較前愈形奮發，日軍因迭攻失利，仍有驚慌之象，至發電時，日軍約一千數百名，已被華軍包圍解決，日軍第一道防線，已爲華軍奪得，又據另一報告，下午一時三十分，在蘊藻浜方面日本陸軍，被我方包圍，日本海軍，急令吳淞外日本軍艦，開入浦江助戰，當有日本砲艦兩艘，由吳淞駛進，適太古公司長江輪武昌號，亦於此際同時進口，據在船之友人目覩當時情形，云兩日艦開抵蘊藻浜時，聞日軍大隊，爲我軍包圍，兩日艦便開砲助戰，一連放二十餘砲，均不能命中，遂用硫磺彈，對岸上民房亂開，武昌輪各船員，目覩着彈房屋起火燃燒，而於前方戰事，絕無影響，武昌輪急切駛進，突聞我方回發兩砲，兩日艦幾被擊中，便倉皇逃走，

◉**江灣之激戰**　今晨七時三十分，日軍下總攻擊令後，全線均有激戰，而敵之戰略，係側重於江灣，企圖切斷我軍之連絡，今日江灣血戰結果，燬敵坦克車四輛，敵不支，潰退，我軍乘勝追擊，今晚七時，我先鋒部隊到達平涼路，各情分誌如下，(1)燬坦克車四輛　今晨七時二十分，敵下令總攻後，江灣路方面敵軍，先以飛機六架，向我陣地偵察，拋擲炸彈，六時許，敵與我前線步哨接觸，同時敵以大砲猛轟我陣地，八時後，敵兵三千餘，以坦克車三十餘輛爲前驅，猛攻我江灣路西體育會路一帶陣線，當經我軍勇猛還擊，繼以肉搏，激戰至十一時許，敵漸不支，同時敵坦克車亦中我軍地雷，立時燬滅四輛，於是軍心大亂，全部潰退，我軍乘勝追擊，敵死亡枕藉，殲滅約在六百餘人以上，下午一時後，敵二千餘人，二度向該處進攻，一時槍砲聲大作，激戰至爲猛烈，敵自上午失利後，士氣已餒，經我軍迎頭痛擊，戰至三時許，敵勢卽不支，向後潰退，晚七時後，敵三度來攻，激戰至九時，又被我軍擊退，全日激戰結果，除燬滅敵坦克車四輛外，並奪獲其他戰利品至夥，(2)先鋒隊達平涼路　今日下午五時三十分，江灣路大連灣路方面，敵軍陣線內忽然起火，敵以爲我軍襲擊，忽促間四散奔逃，我軍卽乘機追擊，敵頑強抵抗，至今晚七時，我先鋒部隊到達平涼路，迫近日軍司令部，又令晚九時許，引翔港方面敵軍區域，有十三處起火，一時火光燭天，同時並有十餘輛卡車，滿載敵軍屍體，運往楊樹浦，想見敵軍死亡之衆，(3)江灣站

附近大火　江灣方面，昨日戰事異常激烈，兩軍互有進退，雙方砲隊尤有特殊之活躍，故全日發砲至千餘發之多，至敵方飛機，則於上午六時起，卽有六架飛機到江灣，到處拋炸彈，七時許，萬安橋一帶之民屋，因中硫磺彈而起火者數處，在大塲一帶，已可見到，江灣方面之烈焰冲天，江灣車站附近之廟宇民屋，亦有數處起火，（4）敵用火焰放射機　植田謙吉統率之第九師團，號稱爲福田師團中之最精銳部隊，開拔來滬後，卽備作困獸之門，聞植田此次總攻，有見肉搏衝鋒，徒受損失，故變更戰略，取化學攻擊，以克制我軍，惟毒瓦斯之施用與否，尙在顧慮，刻得確訊，該團攜來有一種『火焰放射機』，狀如普通公事皮包，內藏壓縮瓦斯及燃材，專作黑夜火攻之用，放射後，火焰能及十五米達之遠距離，使我軍受極大傷害，而減少作戰能力，並悉前次由黃浦碼頭登陸之白衣軍，卽爲火焰放射機之機手，但我軍方面早已探悉，并已早事預防妥貼，（5）日軍擲下汽盆　今日上午九時十分，日軍用飛機一架，在大塲附近，放下汽盆百餘個，查此項汽盆，上用白綫罩住，下用白鏡爲底，中藏藥物，下地後，卽行炸發，變成濃烟，該地鄉人見狀，卽持赴報告，現正在研究中，（按卽前條火焰放射機所投下者）

◉我軍佔領敵司令部

日軍江灣吳淞兩地實行總攻，今晨九時許，同時猛襲閘北八字橋，天通庵路，刑家宅路，西寶興路，並利用飛機，大砲，坦克車，掩護步兵衝鋒，虹口靶子塲，及狄思威路日軍兩砲基地，發砲竟

Yûn mion, a patriot who has fought with Japanese corps with last drop of his blood, has sacrificced his life at Miaohang, on march lst.

我軍以鐵血答日牒

▲十九路軍將領通電

國民政府各省軍民長官，全國民衆，暴日蔑視我國家政府，以挑撥造謠之卑劣伎倆，違反通例，單獨致本軍以橫蠻之最後通牒，本軍惟以鐵血答覆之，軍人報國，紛身碎骨，是分內事，大戰開始之日，卽本軍授命之時，使一卒一彈猶存，暴日決不得逞，惟願全國朝野上下，人人懷必死之志，引偷生苟免爲無上恥辱，團結一致，前仆後繼，則本軍之犧牲爲不虛，伏屍流血之戰士，必含笑於九泉矣，第十九路軍總指揮蔣光鼐，軍長蔡廷楷，淞滬警備司令戴戟，師長沈光漢，毛維壽，區壽年，副師長李盛宗，張炎，譚啓秀，旅長劉占雄，鄧志才，張勵，翁輝騰，黃固，暨全體官兵同叩，號，

日，無一効果，反被我軍將狄思威路日軍司令部轟燬，奪獲山砲六門，八字橋方面，燬敵坦克車二輛，敵兵傷亡無數，我軍陣綫，在天通庵方面有進展，餘無變化，玆將閘北各路戰況分誌如次，(1)八字橋敵大潰

今晨七時起，日兵首先向閘北進攻者，爲八字橋方面日兵，先以大砲向該處我軍防地轟擊，但我軍均伏處戰壕，不動聲色，亦不還擊，日兵乃於九時許，以坦克車十餘輛，步兵二千餘名，向八字橋進攻，步兵均尾於坦克車後，我軍卽以機關槍射擊，迫擊砲隨之，敵兵仍利用坦克車，猛烈進衝，我軍乃抛擲手溜彈，同時敵方飛機，亦在空助戰，大砲密發，我軍在彈雨之下，益勇猛迎擊，待敵坦克車衝入火線時，我軍卽以手溜彈引發地雷，轟然一聲，敵坦克車二輛，卽爲炸燬，敵兵死傷狼藉，血流成渠，我軍乘勢反攻，敵兵不支，紛向原路奔逃我軍恐有埋伏，固守原防，祇用步槍追射至十一時許，敵兵又用砲轟，但均未中的，未傷我軍分毫，我軍間亦以迫擊砲鋼砲還擊，至下午二時稍殺，三時後、日兵又圖反攻，因此又起激戰，但敵方因晨間受挫後，已露畏縮情態，故祇在原防綫內射擊，我軍沉着應戰，日兵不敢前進，乃漸平息，結果，我軍大捷，敵傷亡四百餘名，燬去坦克車二輛，(2)天通庵路敵敗退

日兵於進攻八字橋後，卽於十時許，向天通庵路我軍防線，同樣進攻，槍砲互射，密如連珠，敵兵視爲唯一利器之坦克車，屢圖衝散我軍防線，惟我軍手溜炸彈，密如雨點，齊集敵兵坦克車上，同時我軍，多從戰壕中躍出，猛烈前衝，敵坦克車恐受圍擊，亟亟後退，敵兵胆寒，乃亦且戰且退，所用爲掩護衝鋒之坦克車，乃變而爲掩護敗退之用，敵傷亡者二百餘名，下午二時許，敵又圖襲擊，我軍卽伏於戰壕內應戰，但敵軍至距離約三百米突地點，卽不敢前進，互相對峙，約二小時，敵因不得逞而敗退，(3)邢家宅路敵受挫

今日下午一許，日人以八字橋及天通庵路，先後失敗，乃急急抽派陸軍四百餘名，鐵甲車十餘輛，邢家宅路新民路，在飛機野砲掩護之下，向北站進襲，至寶山路口，吾軍突出應戰，一面抛擲手溜彈，一面以機槍横掃，敵人驚惶四竄，有一小部份，由鴻興路向東逃去，被寶興路我軍迎頭痛擊，悉數殲滅，義品里之南，屍骸狼藉，敵偷襲不成，張脈僨興，北河南路底與靶子路北，同時以大砲轟擊我軍陣地，吾亦發砲還擊，至二時後，完全以砲作戰，隆隆之聲，二十分鐘始息，閘靶子路口日人設之大砲兩門，完全爲我軍擊毀，(4)西寶興路激戰

日兵既敗於八字橋，又敗於天通庵路，再敗於邢家宅路之後，猶圖作困獸之門，於下午五時一刻左右，重調精銳，向我西寶興路進攻，我軍早已嚴陣以待，俟敵進衝，卽予痛擊，日兵乃用鐵甲車衝鋒，又爲我軍手溜彈逼退，敵方大砲，頓向我軍轟擊，但多中於民房內，且未炸裂，我軍乘勢進擊，同時手機關槍盒子砲迫擊砲步槍手溜彈鋼砲，齊向日兵陣綫集擊，敵兵在我方砲火威逼之下，漸覺不支，傷亡枕藉，後援無應，乃逐步敗退，我軍因戰略關係，仍守原防，(5)佔領敵司令部

今日日兵以大砲轟擊我軍陣綫者，均發自虹口靶子塲及狄思威路日軍司令部方面，但我軍還砲準確，曾予敵軍後方以巨創，因此在昨晨間，敵兵陣綫，確起變化，未幾敵兵援軍開到，乃得勉強支持陣地，至中午，狄思威路日兵司令部，被我軍砲燬，靶子塲方面敵兵砲位，有被壓迫放棄之勢，砲聲從未間斷，至下午六時三十分左右，我砲隊又將狄思威路敵兵砲基轟燬，同時天

通路我軍乘勝追擊，敵砲兵因步兵失却抵禦力，節節敗退，乃急圖擕砲退却，但我軍已追到，當爲我奪獲山砲六門，敵司令部，即被我軍佔領，沿途敵兵死屍狼藉，滿衢血斑，刻我軍尚在分途夾擊中，(6)擊落日機兩架　今日上午七時半，日方飛機十二架，由江灣方面向眞茹境在空中偵察，盤旋約一時許，因我軍高射砲，機關槍，步槍，射擊聲齊發，敵機未敢投彈低飛，繼往大塲方面前去，待六架至該鎭毛家橋時，被我軍高射砲擊落一架，機內尚有重磅炸彈四枚，均未爆炸，餘機恐慌飛逃，下午二時許，眞茹復有日機兩架飛到，高度在千八百尺以上，頃刻飛離該鎭，又據我軍傳出消息，今晨八時許，廟行鎭附近敵三千餘人，向我軍陣地進攻，我軍沉着應戰，至下午雙方均在接觸相持中，當時被我軍射落敵方飛機，墜落一架，

◉市府通告市民遷徙安全地

今日上海市政府爲保全戰區市民安全起見，特發出佈告云，爲佈告事，案自一二八，日軍犯境以來，重砲飛機，對我繁華街市轟炸，我人民之生命財產，受荼毒者，不可勝計，近又向我十九路軍及政府提出無理要求，業經嚴詞駁復在案，查日軍既蔑視公理，以肆其凶暴，我國爲自衞而抵抗，定當奮鬥到底，所以在戰區附近居住各市民應一律暫行遷避，免受日軍之殘害，以保安全，除已迭與軍警就地曉諭外，合行佈告，仰本區市民，一體遵照，

◉六十一師感謝同胞慰勞

父老兄弟姊妹公鑒，國家多難，強敵憑凌，倭寇無良，侵略尤甚，國人受其壓迫與侮辱者，已非一朝一夕矣，近更進迫不已，大肆咆哮，已佔我東省，復掠我上海，極其獸行，非把我中華民國整個併吞不可，我軍負守土之重責，以自衞而應戰，喋血經旬，殺敵逾萬，功雖未竟，亦快國仇於萬一矣，我全國同胞，痛喪亡之無日，憤敵愾之同情，加予物質之犒勞，復爲精神之鼓勵，同人等受寵若驚，感逾挾纊，已蒙深厚之愛護，彌增殺敵之決心，必當再接再勵，盡掃倭氛，雖至一兵一彈，斷無反顧，以盡我軍人之天職，以答我同胞之厚期，務必張我國威，還我國權，尚望我親愛同胞，備長期之奮鬥，再予不斷之援助，作破釜沈舟之計，爲一勞永逸之謀，犧牲必有代價，公理終摧強敵，是所厚望，並致謝忱，中國國民黨陸軍第六十一師特別黨部，

◉日僑狼狽回國

居留虹口一帶之日僑，自戰事發生，除參加便衣隊之日浪人外，其餘婦孺等均紛紛登艦返國，今日下午二時三十分，有日僑一百五十餘人，多半係屬婦孺，由工部局派萬國商團四名保護，計分白帆布捲篷卡車兩輛，自北四川路出發，經南京路向東，駛向黃浦灘下日艦歸國，

◉外人之公論

大美晚報昨日社論云，凡持槍尋釁者恆得其所欲，中國之嚴詞拒絕，實日本所自釁者也，特日本軍閥威嚴之代價，須我人大衆負之，斯爲不可解耳，誠然，吾人今日俱在日本侵略的自衞「保障」之下，日本參謀長田代之言曰，「租界之危機，居民之不安，至今已臻其極，故實不能再任時機之遲誤，』惟有一點，爲田代及日本一般發言人所無法宣告世人者，即現在形勢之危機及不安，其罪不在中國，而在日本也，吾人平日常覺中國內亂足以危及吾人之本身，日本竟思利用吾人此種思想上之習慣，奈事實過於明顯何，(一)日本在滿洲侵略行爲，實爲此次上海形勢緊張之造因，(二)日本之誤認虹口一帶爲日本之領土，實爲現在一切衝突事件之發源地，(三) 因日本提出要求之後，上海工部局始宣佈戒嚴令，(四)日

軍判決錯誤，走入中國境界，實爲眞正戰爭之起點，(五)日本在華界天空擲彈，以及種種暴勵行爲，非但華界，並波及租界上之華人，遂造成日本不可赦免之處境，(六)及至現在，因日本陸戰隊開始之失利，致日本不得不調集大隊人馬，遂使中國遭遇非禮無狀之要挾，並不合規程之行動，知以上種種之造因，然後日本尋釁之原因可知矣，本日某晨報，謂「凡一爭端，總須有一方讓步，惟依照尋常之慣例，弱者往往先讓步耳，」(記者按此係上海泰晤士報昨日社論之主張)，惟某報作此表示後，忽又自辯，並非主張「強權卽公理，」又稱，「中國非無友助，若能與日本開誠布公交涉，中國實無須畏葸」云云，斯誠思想上之糾纏，亦卽日人慣用之理路，並欲引吾人與作同一思想者也，該報復稱，「中國軍隊自有駐紮中國土地之權，斯實無可疑義者，惟中國軍隊抵死不去，是否合乎理智，(嘖嘖)(原文如此)實屬可疑耳，」換言之，卽中國軍隊駐防所，無論是否與外人相去絕近，實有駐紮之權，惟中國弱於日本，故一遇日本之威嚇，卽應退縮，但中國之退縮，又非因弱於日本，乃因中國在國外多得友助，故對於日本理想上之開誠布公之交易，不妨讓步，因友助卽屬一種安慰云云，日人復竭力辯白，滿洲事件與上海事件之不相關屬，斯二事固因不抵抗與抵抗之故，不能同日而語，然吾人可以毫無吞吐而大聲疾呼者，卽滿洲事件與上海事件，同爲日本自尋的帝國主義之行爲，中國復牒之文字，實已使日本種種理曲之表現，益見明顯，如畫龍之點睛，中日雙方軍隊之互相撤退，實足完成日本宣稱之目的，若欲於此時儼然以戰勝者自居，實爲辦不到之事也，至於排日之事應以法律爲歸宿，中國政府，固應以法律限制排日行爲，然不思清其源而絕其因，中國政府，將何以擔保排日行動之絕止，復如解除其本國之國防，斯誠可謂極端之要求，如他一國要求日本解除其本國之國防日本之答覆如何，吾人可想像而知之矣，中國政府宣言，中國軍隊，平日不常駐紮上海，此言亦極得體，因此次係日軍加危害於中國人民，而非中國軍隊之危害日本人民也(聞某西報爲日方機關坦日當意中事也)

敵軍總攻又遭慘敗

(二月念一日) 日軍自昨日拂曉起，遣派海陸空軍，向我全線總攻竟日，結果又遭慘敗，自日自晨至晚，仍向我江灣及吳淞砲台全綫繼續攻擊，我方亦全綫應戰，截至今晨二時止，敵終不得逞，且在江灣路持志大學內有日兵七百餘名，被我軍包圍，於下午五時許，完全殲滅，並於上午十一時許，在廟行鎭八字橋，擊落敵飛機兩架，下午三時許，又在劉行鎭擊落一架，閘北方面，今日較爲靜靖，惟晚間我方曾向敵軍司令部(卽北四川路日本小學)開砲，被我砲彈擊中起火，爲勢甚烈，死亡甚多，敵軍飛機多架，今日飛至我軍後方各處，偵察擲彈，炸燬民房甚多，民衆受傷亦不少，又二十日上午敵艦被我獅子林砲台擊沉一艘，擊傷二艘，蘊藻浜方面，被我擊傷一艘，迄今晨二時止，我軍沿江灣，孟家宅，江灣車站，蘊藻浜，吳淞，獅子林砲台等處陣綫無變化，今晚閘北無戰事，

◉江灣一帶血戰竟日 敵軍自於昨晨七時二十分下總攻擊令後，主力部隊，集中江灣，吳淞閘北，同時進攻，我軍浴血應戰，相持達二晝夜，敵死傷枕藉，始終未能越我防線一步，敵前次竭海陸空軍全力，曾二度總攻，均遭慘敗，此次

蓋爲第三次也，茲將今日江灣戰況，分誌於後，（1）敵軍三路攻擊　敵軍此次作戰，注全力於廟行鎮及江灣間之陣綫，敵軍自昨晨開始向該綫進攻時，據外人調查，敵及該處備有大砲一百十三尊，坦克車及鐵甲車共四十餘輛，陸路飛機共三十餘架，全數用於該陣線上，陸軍兵力約一萬餘人，分正面與左右兩翼三路進攻，其正面配置於江灣鎮東北方，右翼在廟行鎮與孟家宅一帶，左翼在江灣車站東面。近復旦大學，沿翔殷路前進，三路戰事，截至今晨，已經兩晝夜之血戰，（2）孟家宅敵全滅　昨日敵右翼約五百餘人，向江灣車站之西，進攻我孟家宅防綫，在猛烈砲火掩護之下，努力衝進，我軍躍出戰壕，肉搏應戰，並以奇兵截斷敵之後路，成包圍形勢，敵苦戰不得脫，至今晨二時，全被我軍殲滅，今晨拂曉起，敵更以坦克車數輛，排一字形，向全推進，行至距孟家宅我軍陣綫約一千餘米突處，忽有三數輛陷入陷阱，以致其餘各坦克車不敢再行前進，我軍當由戰壕中衝去，以手溜彈步槍及手提機關槍等，向敵坦克車後尾隨之大隊前進，待相距約二三百米突之時，我軍卽下令衝鋒，一時入混戰狀態，雙方肉搏，血戰數小時，敵終以不支潰敗，（3）獲機關槍多架　至正面之敵，自今日迭次進攻江灣慘敗後，上午十時，敵仍積極向我軍陣地衝擊，先以坦克車，機關槍，繼以步槍，復由重砲掩護進攻，向梅園宅，天樂寺，及江灣萬國體育場進逼，我軍態度鎮靜，彈無虛發，俟其逼近我戰壕時，地雷機關槍同時齊發，而敵之砲彈遂失其效用，敵旅進旅退，衝攻十餘次，死傷無數，至下午四時，敵力竭停攻，我軍奪獲機關槍二十餘挺，及戰利品無算，（4）敵軍騎兵中伏　敵軍右翼，以復旦大學爲中心，時時向我陣綫攻擊，均被我軍擊退，敵騎兵一小隊，中計被包圍，全部解決，惟該校子彬院，簡公堂樓上，及全部宿舍，及留校學生之行李，均被搗毀，該校附近之民屋，如李校長登輝住宅，亦被日機投彈焚燬云，（5）敵司令部移退　江灣方面，我軍以江灣跑馬場爲根據，敵以引翔港跑馬場爲根據，至今晚八時，敵向我江灣跑馬場進攻，肉搏極爲猛烈，經我軍痛擊，激戰二小時後，敵有不支勢，並聞敵司令部已移退至引翔港方面，（6）敵機擲彈幼稚

◎敵一部分全被殲滅

△無一生還

今午十二時，江灣持志大學內之日軍，約七百餘人，經我軍先以重砲轟擊，繼以大隊猛衝，雙方激戰至爲劇烈，我軍另一部隊由後抄襲，將敵全部包圍，戰至下午五時，敵七百餘人全被殲滅，無一生還，又據報告，今晚八時許，北四川路方面有日人卡車四五輛，滿載日屍，開往楊樹浦而去，想係今日江灣激戰，日軍之犧牲者云，

今日下午二時，敵飛機兩架，在江灣復旦大學天空盤旋，擬向我軍陣地擲彈，結果落下之彈，竟中日軍陣地，炸壞唐克車二輛，足見日空軍技術之幼稚，（7）炸燬敵坦克車　江灣方面，今晨有猛烈之劇戰，十時後敵方以坦克車七輛，掩護千餘敵軍，向我軍防地衝鋒，當敵軍衝駛中我軍所埋地雷爆炸，我軍並以機關槍手溜彈還擊，敵不得逞，當燬敵坦克車二輛，餘五輛旋卽退逃，斯時敵軍千數百人，爲我軍猛擊，隨車後逃，非

常狼狽，死傷遍地，(8)江灣車站被炸　今日敵在江灣方面，以重砲轟我江灣車站，午當被擊中數彈，車站大部被燬，職員均安全出險，並無死傷，(9)敵軍屠殺同胞　據由江灣公大紗廠救出之某馬夫云，日軍攻我江灣陣地，疊次慘敗，傷亡極衆，竟遷怒於當地居民，今日被殺之同胞，達六七十人之多，可謂極人世之慘酷，(10)江灣鎭之浩刦　江灣方面，今日劇戰竟日，敵砲火發狂轟擊，加以飛機之擲彈，故江灣鎭及附近有五六處大火，記者曾往調查，途遇難民數人，據云，江灣鎭上東嶽廟被炸燬民居十數家，新江灣方面，因日機擲硫磺彈，故該處全部被焚，約有數十家，至本人逃出時，火猶未熄，北弄口則未見炸彈，惟該處姚信義陸鼎森等數大商店，門窗均被震碎，街上市民之炸死及焚死者，當在數百人以上，現該處尙有居民未及逃出者，恐不被槍殺亦將餓死矣，言下流淚不止，

◉吳淞方面血戰

吳淞口外，今日下午，有敵軍艦三十餘艘，飛機數架，向我獅子林砲台會攻，早晨四時許，亦有敵艦七艘，向砲台環攻，同時蘊藻浜方面，有敵軍步兵二百餘名，向蘊藻浜橋堍偷渡，均被我軍擊退，我軍陣線，仍無變動，茲將今日戰況，紀述如後，(一)敵攻吳淞又失敗　今晨四時許，敵艦七艘，在吳淞鎭附近之浦江中，向砲台灣方面開砲進攻，至十時許始停，下午三時，敵方復以軍艦三十餘艘，飛機數架，向我獅子林砲台集中火力，猛力轟炸，我軍沉着應戰，敵終不得逞，並有三五六號敵機一架，在劉行鎭方面，被我八十七師擊落，(二)蘊藻浜敵偷渡敗退　今晨四時許，有敵軍步兵二百數十人，分乘鐵壳駁船四艘，由停泊黃浦江中之敵艦掩護，駛進蘊藻浜，希圖在蘊藻浜大橋堍偷渡登岸，襲奪我軍戰壕，當該駁船駛進浜內時，遂被我軍發覺，立時以機關槍奮勇掃射，敵不支，隨卽敗退，至七時許，復有敵機三架，自口外飛來，向砲台及蘊藻浜一帶擲彈十餘枚，蘊藻浜正面之敵軍，今日仍用大砲轟擊，並無進攻模樣，故雙方陣線，亦無特殊變化，又中央社接路透社二十一日下午四時消息，據日方報告，今晨吳淞前線之華軍，突越過蘊藻浜，向日軍陣地進攻，各方對華軍之勇敢，咸遠驚愕，以在日軍之海空軍激烈攻擊之下，而華軍竟能越過蘊藻浜，咸認爲大可讚美云，截至現在止，日軍之進攻，並無進展，在江灣方面，華軍抗拒，激烈異常，日軍之進攻，並未成功，日軍雖以空軍低飛，以機槍襲擊，但華軍仍堅守不退，由華軍施放之砲彈，有數彈落於日司令部，

(三)擊沉日軍艦一艘　今晨三時，敵艦十餘艘，圍攻我獅子林砲台，經我軍還擊，激戰至下午三時許，結果，擊沉日艦一艘，擊傷二艘，餘艦始狼狽逃去，

(四)敵艦夕張號受傷　據確息，敵軍於昨日攻我吳淞時，有敵方指揮艦夕張號，泊於張華浜糧米站碼頭，於二十日下午二時許，被我軍砲彈擊中艦尾砲位，轟燬大砲一尊，日兵二名，該艦中彈受傷後，卽行駛離碼頭，退泊光華油棧前浦江中，又據大陸報云，今日(二十日)日軍艦與飛機轟擊吳淞時，中國軍隊以機關槍與來福槍還擊，間亦發砲應戰，據稱有一彈擊中指揮作戰之日驅逐艦夕張號，該艦旋卽退出戰線，(五)敵在軍工路搬運敵屍　今晨九時許，由水電村逃出之工人張阿貴，據談，彼於前日開始總攻後，匿身於水電廠後之廁所內未能逃出，直至今晨七時後，槍砲聲稍稀，始由三陽路展轉隨紅會車逃

出險地，曾於今晨五時半，見由軍工路開到卡車四輛，滿載日兵屍，經水電村而入楊樹浦，六時後又運來七卡車屍身，斷頭折臂，為狀極慘，車經過之處，血跡淋漓，當彼尋路圖逃時，又見大號卡車兩輛，裝日屍約八十餘具，車上滿圍白布，日兵四名押車，渾身血跡，神情頗為萎靡，又某君汽車夫某，被日軍捕去，目睹卡車數十輛，搬運日兵屍身及傷兵，計數不下千餘人，彼亦親與其役，幸乘隙逃出，亦云幸矣，

◉攻閘北之敵均被擊退

敵軍總攻擊後，雖其重心側重於江灣方面，而對於閘北一帶，仍不時以部隊一二百人，或數十人衝鋒，擾亂我軍陣地線，今日上午，新民路川弓路等處，仍時有接觸，茲列誌於次，(一)敵襲新民路　今晨十時許，敵軍先以大砲開放四五發，繼即用鐵甲車一輛，在旁掩護穿黃色制服之陸軍五百人，向防守新民路之防地衝來，經我軍於沙袋旁猛轟一砲，將敵鐵甲車廂穿一巨洞，車身既為傾覆，車上敵軍，見勢不佳，即向後逃竄，同時敵軍五百餘人，亦經我軍猛射擊退，是役戰爭時間，祗一時許，至午後四時許，敵又由該處衝出，當被我軍用機槍擊退，(二)川弓路敵又潰　今晨八時許，沿北四川路敵兵約二百餘人，突向川弓路進攻，我軍即在廣東街接戰，雙方激烈之巷戰，重又開始，我軍迫擊砲機關槍助戰得力，日軍前部先鋒隊相繼倒斃，後部敵兵見狀，乃亟亟潰退，我軍乘機追擊，又斃敵十餘名，敵分向靶子路狄思威路一帶敗退，(三)天通庵有激戰　今午十一時十五分，天通庵方面，日軍又以大砲向我軍陣地轟擊，我軍未加還擊，至二十五分，日軍四五百名，以我方毫無動作，即藉砲火掩護，向我軍衝鋒，我軍沉着應戰，迫日軍馳抵我方防線外百碼時，即以機關槍來福槍手溜彈等，加以猛烈掃射，頓時擊斃日軍百餘人，其餘日軍，即紛紛向後倒退，我軍當即出壕追逐，又擊斃日軍數十人，遺屍遍地並奪獲步槍百餘枚，(四)日軍虛耗砲

◉我軍擊落敵機三架

今日上午敵機出四方拋擲炸彈時，吾方除用高射砲轟擊外，並用空軍飛機應戰，敵機前後被吾擊落者共計三架，(一)劉行鎮一架，係用步槍擊落，(二)閘北八字橋，被吾軍用高射砲擊落一架，(三)廟行鎮敵機與吾空軍作戰，被吾飛機開機關槍擊落一架。

我軍奪獲敵大砲以之還擊

Chinese troop bombard Japanese corps with the canon captured from Japanese corps.

火

大陸報云，今日（二十）閘北方面華軍沉着應戰，居於砲旁，靜待日軍攻擊，僅偶答一二砲而已，日軍則砲轟不絕，大半發於靶子塲砲兵陣地，當其猛轟時，發砲如狂，小鋼砲與四生的半砲依次而發，該處砲隊三隊每隊大砲三尊，自晨至下午時，常砲聲不斷，每次第一號砲發彈後，即繼以第六號砲，嗣是第二第九第五第八第三第七與第四各砲相繼而發，周而復始，每歷半分鐘，輙發一砲，不僅其順序不亂，且時間之準確，幾若時辰鐘之不爽分秒，顧對於敵人，則效力極微，祇見閘北各處濃燄衝天，徒事延燒民居而已，然堅固之建築物，雖飽受砲彈，往往屹立無恙，至於中國軍隊則極鎮靜，居於陣線之內，諦察敵人動靜，苟見敵方有前進模樣，立起應之，極為機警，但若一二日兵露其身體，則視若無覩，仍不放槍，蓋華兵顯然以為一二敵兵，不足介意也，又見北四川路有一小弄，其四周房屋已多毀為瓦礫，獨該弄尙保全無恙，仍有數小孩在彼嬉戲，一如平日，雖聞砰砰之大砲聲，亦毫無不畏懼云，

◉軍部發表戰訊

十九路軍司令部今日發表戰訊如下，（一）今日敵軍，向我總攻，結果，敵人全部潰退，我軍擊燬及奪獲敵坦克車九部，擊落敵飛機四架，敵人死傷無數，（二）今日敵衆五百餘人，攻我孟家宅防綫（在江灣車站之西）激戰多時，我軍突出奇兵，向敵包圍，敵苦戰不得脫，於今晨二時，被我軍全部殲滅（三）今日敵艦三十餘艘，集中火力，向我砲臺轟擊，但我方並無損失，僅被擊燬離砲臺甚遠之小橋一道，敵艦見不得逞，退去，（四）今晨，敵飛機二十餘部，在吳淞擲下燒綫彈，致民房到處起火，焚毀甚多，（五）日兵於進攻孟家宅時，對於附近之中年婦女，先行輪姦，然後以刀斷其四肢，或用刀刺傷各部，聽其在地上輾轉呼號，其慘狀有非筆墨所能形容者，（六）今晨八九時間，敵機十餘架，在南翔站車擲彈十餘枚，我方幷無損傷，祇死傷難民甚衆，（七）今晨敵機十餘架，在真茹迴旋許久，為我軍擊退，至九時許，復有敵機六架，在真茹無綫電臺附近，擲下猛烈炸彈五六枚，當即爆炸，聲聞數里，惟該彈均落空地，我方毫無損傷傷，

又下午五時發訊，（一）今日下午三時起，敵艦三十餘艘，飛機數架，向吳淞獅子林砲台，集中轟炸，我軍略有傷亡，同時在劉行鎮被我八十七師步槍擊落飛機一架，該飛機號數為三五六號，（二）同時江灣一帶，敵用坦克車大砲，向我進攻，經我軍沉着應戰，敵死傷甚多，（三）一時許南翔車站，被敵機炸死站長一人，難民三四十，又同時敵機四五架，轟炸大塲車站，共炸死無辜難民四五十人，（四）昨夜孟家宅居民，全被屠殺，祇餘小孩三名，由我劉旅帶囘安置，（五）江灣鎮房屋已全數被毀，

◉日司令部中彈起火延燒

北四川路橫浜橋日本小學日軍司令部，昨晚經我軍發砲中着，頓時起火，延燒甚烈，該管虹口救火會得訊後，即驅車前往灌救，將抵目的地時，因該火過猛，子彈橫飛，不能近前，乃又退囘，直至十時許，又前往施救，當時槍砲之聲，似較稀少，然未幾砲彈又來，救火會區長密勒腰部中彈，西義務團員派拉士，及隊員開司爾，亦中流彈，一在右腿，一在左腿，均送公濟醫院救治，華員一七三號張小康，四五六號章有愼，二七三號張湧泰等，亦均受傷，華隊長葉碧痕，因奮勇灌救，險遭彈傷，當時內有日兵數十名，被砲彈轟斃，餘均紛紛逃逸，屋內已無燈火，漆黑之

中，並見有被拘之之華人甚衆，行將全部葬身火窟矣。

敵軍晚間全線總敗退

（二月廿二日）　自一月二十八日，日軍突然進攻我閘北吳淞以來，迭次總攻，先後慘敗，於是數萬陸軍增援來滬，由植田新司令指揮之下，向我提出哀的美敦書，於二十日晨七時二十分下總攻擊令，連日激戰，敵復失敗，今晨三時許，敵又變更戰略，以二萬大軍猛攻我廟行鎮，萬餘人攻江灣鎮，六千餘人攻八字橋，經我軍迎頭痛擊，廟行鎮方面雖衆寡懸殊，我軍抱必死之心，無不以一當十，激戰數小時，敵終不得逞，至今晨十時，形勢突告緊張，敵進攻益猛，我軍勢殊急迫，至十二時，我援軍大集，出奇兵抄敵後路，局勢遂安，雙方肉搏血戰，激戰之烈，較諸曹家橋一役尤甚，下午五時後，敵傷亡三千餘人，軍無鬥志，紛紛潰退，江灣八字橋方面之敵，亦先後被我擊敗，今晚八時，敵萬餘人，在江灣鎮以北，廟行鎮以東之金穆宅地方，被我軍大包圍，敵幷力突圍，終未得逞，當可解決，殘餘之敵於今晚九時後，遂沿江灣鎮，廟行鎮，八字橋等防綫，全線總退却，我軍乘勝追擊，斃敵無算，敵紛紛逃入租界，由狄思威路平涼路後退，集中於匯山碼頭，虹口區域，以敵之無秩序奔竄，一時陷於大混亂，我軍先鋒部隊到達狄思威路，岳州路，沈家灣等處，可謂作戰以來，空前之大捷，與敵軍以最重大之教訓。

◎江灣戰事猛烈

敵軍自連日傾其全力，向江灣鎮進攻，迭受重創後，乃於昨日午夜，又復變更計劃，今晨集中二萬大軍猛攻我廟行鎮，一萬人進攻我江灣鎮之正面，六千餘人攻我八字橋，竭全力向我衝擊，我軍沉着應戰，激戰至下午五時後，敵大部份在江灣之北，廟行鎮之東金穆宅地方，被我軍全部包圍，餘衆全線總退却，我軍乘勝追擊，斃敵無算，茲將今日江灣廟行鎮等處，我軍激戰殺敵詳情，分誌如下，（1）敵軍分三路進兵　敵以攻擊江灣失利，遂又變更計劃，於今晨三時許，分三路進兵，猛攻我廟行鎮，計第一路由灣灣分一部份兵力向西北開進，第二路調駐蘊藻浜全部敵軍向西南，第三路由張華浜向南北，集中二萬大軍，攻擊我廟行鎮，敵之預備隊，亦全部開赴前線作戰，蘊藻浜張華浜方面，僅留三百人防守。

日從軍記者在廟行遺下之紀念旗

A flag of Japanese newspaper reporters left behind

Miaohang

(2) 廟行空前血戰

敵軍二萬集中於廟行鎮方面後，卽用鐵甲車坦克車卅餘輛在猛烈砲火下，掩護衝鋒，企圖一舉佔領，故其來勢之猛烈，爲開戰以來所僅見，幸經我軍步哨，察覺甚早，當卽奔回報告，全體準備，俟其來近，卽由當前之軍隊，奮力還擊，同時並由左右突出，向敵軍側面夾擊，幷包抄其後，加以圍攻，惟敵軍來意，頗存奢望，故亦極力掙扎作困獸之鬥，戰至今日拂曉，短刃相接，完全肉搏，其後敵漸不支，二次又調集後方部隊，加入作戰，亡命猛攻。雙方混戰肉搏，激戰之猛烈，較諸曹家橋一役尤甚，同時敵機數架，亦飛翔空際，頻向我軍陣地拋擲炸彈，並以機死關槍助戰，我軍以司空見慣，兀不爲動，但敵衆我寡，實力相去懸殊，至十時後，頗現危急之象，幸將士抱必之心，無不以一當十，勇猛抵禦，至十二時，我援軍大至，出奇兵包抄敵軍後路，於是始轉危爲安，敵軍驟出不意，死傷無算，敵陣線遂大搖動，此時日飛機增至十餘架，向我陣地投彈如雨，我軍以敵勢已衰，遂改守爲攻，左右衝擊，至下午五時，斃敵至三千餘人，敵遂全部潰退，是役我軍大獲全勝，殲滅敵坦克車二輛，俘獲敵鐵甲車一輛，野砲二十餘門，槍械無算，又訊，今晨攻擊廟行鎮方面之敵，經我軍用大包抄戰略，將其陷入重圍，並截斷其連絡後，敵已明知中伏，待欲向後撤退，奈歸路已斷，勢難倖免，而殿後少數之敵，目睹前面之敵，已被悉數圍困垓心，無法應援，遂利用氣壓低降，大放烟幕彈，掩護退却，致使數千被圍之敵，陷於苦戰，而悉數被殲，聞是役，較之前日敵偷渡蘊藻浜全軍覆沒於曹家橋時，爲尤甚也。

（3）襲江灣之敵軍慘敗　今晨，敵一方面以主力猛攻廟行鎮，同時以萬餘人兵力，攻我江灣鎮之正面，今晨四時二十分許，敵萬餘人，由持志大學東首突出，憑藉先施足球場之東圩下，向我猛烈攻擊，擕有野砲十五門，馬拖過山砲五尊，當時我軍，伏於淞滬路畔之小溝中，寂然不發一槍，日軍乃衝鋒前進，將抵淞滬路時，我軍乃突起迎擊，同時我美衆祠駐軍，亦聞警包擊，雙方搏鬥至烈，相持甚久，敵另一支隊由小觀園附近向我猛襲，我軍當其前進時，立卽化作散兵綫，將近我戰壕時，乃出而應戰，混亂三小時，此時駐防六三花園之敵軍，聞警衝出援救，而我閘北方面，亦調到援軍，參加作戰，至下午四餘，敵傷亡千餘人，紛紛潰退。

（4）金穆宅之包圍　廟行鎮方面及江灣敗退之敵，經我軍追擊，狼狽不堪名狀，至晚間八時，敵萬餘人，在江灣鎮之北，廟行鎮之東，金穆宅地方，全部被我軍包圍，敵雖拚命突圍，終不得逞，今晨全部解決。

（5）敵軍前線總退却　敵大部在金穆宅被我軍大包圍，殘餘部隊，軍無鬥志，經我軍衝攻，防線立潰，今晚九時，敵沿廟行鎮江灣八字橋等防線，全線總退却，由引翔鄉而至狄思威路，平涼路，在匯山碼頭集合，我軍乘勝追擊，先鋒部隊到達岳州路沈家灣等處，一時虹口區域以敵軍之無秩序總退却，陷於大混亂，我軍爲尊重條約，下令不得衝過租界，否則託庇於租界之敵，今晚當可得一總解決。

◉閘北方面大戰

閘北方面，今日均有激烈戰事，自晨至晚，竟日未息，砲火之烈，爲大戰中之第一次，日軍傾其全力，圖攻閘北，均經我軍先後擊潰，並乘勢追擊，於下午三時，我軍已全部挺進，至狄思威路岳州路虹鎮及老靶子路北四川路等處，日兵陣線當卽全部總退却，至晚間八時，尙有沿吳淞路閔行路向後奔潰，同時寶樂安路，忽起大火，虹口日軍陣綫，因此大亂，我軍在追擊中，我軍後方砲隊，掩護得力，日軍在我砲火威逼之下，竟失其戰鬥力，刻已移向浦江方面敗退，同時，日軍中路線後方，已被我軍阻斷，虹口靶子場及北四川路底日軍司令部，已無日軍踪跡，玆將閘北方面我軍各路報捷，分誌於次。（1）八字橋我軍大捷　今晨拂曉，日軍於總攻廟行鎭江灣鎭後，卽分重兵，向我八字橋進攻，計有陸軍五千餘名，利用鐵甲車迫擊砲機關槍在前衝鋒，我軍卽奮起迎擊，手溜彈機關槍同時並發，當卽斃敵先鋒數十名，嗣敵軍又繼起猛衝，前仆後繼，終以我軍砲火猛烈，未爲所逞，我軍卽於斯時反攻，以至肉搏，雙方機關槍迫擊砲，全失其效用，敵旅進旅退，我軍出沒於敵陣間，銳不可當，但見我軍到處，敵兵東倒西傾，血花四濺，我軍愈戰愈勇，敵軍已無抵抗能力，乃漸漸向虹口花園方面潰退，我軍卽乘勝追擊，沿途在靶子場，施高塔路，又起激戰，但敵氣已餒，稍抗卽潰，至下午三時許，我軍已達狄思威路，我後方部隊，亦呼應而進，至四時許，我軍最前綫，達岳州路，至六時許，已趨虹鎮，於是該路日軍陣綫，全部被我軍擊潰，同時寶樂安路突起大火，虹口一帶日軍秩序頓時大亂，狼狽逃竄，在八時許，日軍沿吳淞路，閔行路，向浦江方面敗退，我軍尙在追擊中，此役日軍傷亡達二千餘名，我軍傷百餘名，送醫院救治，（2）虬江路之敵被殲滅　日軍於進攻八字橋後，繼卽向虬江路，福生路進攻，計達千餘人，惟此處街道縱橫，故非有精密之佈置，決難應付，我軍利於巷戰，且防守得宜，以致日軍屢攻屢敗，當日軍進攻時，係分兩路進犯，一自虬江路，一自邢家宅路，我軍於該處久有重兵，當亦分兩路囘擊，雙方均在夾弄間，衝鋒肉搏，機關槍，迫擊砲，居高臨下，尤使敵兵心寒，故未幾敵兵已死亡盈百，其後部隊，正擬退走，我軍卽乘機衝進，於是兩路敵軍，同時退至北四川路，我軍會合，追達虬江路口，乃向老靶子路進攻，日軍處斯絕境，同時頑抗，至午後一時許，敵全部覆滅，至三時許，因悉我軍一路達狄思威路，乃繼續向虹口腹地推進，同時我後方砲隊，用砲掩護，於晚間十時許，此路我軍前綫，已達沈家灣，進逼吳淞路，與岳州路我軍會合，（3）天通庵路之截擊　今日我兩路軍擊敗日兵，追蹤至虹口區域，時進攻天通庵路之日軍五百餘名，同時被我軍擊潰，向北四川路底司令部退却，我軍遂卽進逼，向敵司令部圍擊，至下午四時許，日軍卽放棄退出，但我軍並不佔據，仍向北四川起追擊，因此虹口方面敵軍受圍，全部奔潰，（4）日軍奔潰之狼狽　今晚日軍因受我軍四面追擊，以致秩序大亂，潰不成軍，紛向吳淞路，七浦路，閔行路，等處四散奔逃，沿途並將槍械棄去，希圖混入民房，時有一部份日軍，於敗退至七浦路時，駐防該處之美兵，見來勢不佳，亟發砲四下示威，日軍乃卽散逃，但在中途，卽被我軍殲滅，（5）寶樂安路之大火　今日下午一時許，兩軍激戰最烈，砲彈橫飛，滿街咸是，老靶子路上海療養院三樓，被砲彈擊中，沈家灣救火會後門及西隊員宿

舍前門，均中彈破裂，又今晚九時後，北四川路大德里，寶樂安路，及狄思威路，福生路，一帶發生大火，

◉吳淞敵氣已餒

今日上下午，敵軍艦及飛機，均向我吳淞砲台進攻，仍不得逞，且被我軍擊傷軍艦一艘，蘊藻浜方面，今晨一時許，敵軍曾向我陣地進攻兩次，均被我軍擊退，敵軍並受重創，至上午十時許，敵方有鐵甲車在蘊藻浜正面進犯數次，亦終不得逞，茲將戰況詳情紀述如下，(1)敵艦一艘被擊傷　今日上午，有敵艦十餘艘，在口外用重砲向吳淞砲台猛攻，同時並有飛機多架，在空中助戰，我軍亦還砲抵抗，激戰約一小時，敵艦一艘，被我砲彈擊中要害，該艦受傷時，立卽向左右擺動不已，大有沉沒之勢，旋被敵艦四艘保護退去，餘艦亦向長江方面踪去，敵機見勢，遂向楊樹浦方面飛去，又一報告稱，昌興公司坎拿大皇后號，昨由香港來滬，停泊吳淞，未曾進口，往來旅客，由公司派小火輪接送，據送客輪之舟子還滬者言，該船駛入浦江時，見有日木軍艦八艘，在下午二時起，又駛至吳淞，集中火力，對我砲台轟擊，開出砲彈，在空中卽開花，儼如一盞明燈，落地時再炸，但亂放至一小時半，因攻擊毫無效力，後經我軍還發數砲，日艦便倉皇逃退，到石頭沙海面停泊。(2)敵兩次進攻失敗　駐紮淞南黑橋及周家浜口之日軍，於今日上午一時，向西猛衝，直至季家橋南首尼姑庵地方，爲我軍擊退，至天將黎明，又作第二次衝鋒，我軍初則沉着不戰，俟其逼近我軍防線時，一聲令下，以大包圍勢將日軍包在垓心，遂以大刀隊上前將日軍砍死二百數十名，餘均不支而退，(3)敵甲車向我射擊　今日上午十時，張華浜方面之敵軍，每隔十方分鐘開放大砲，向我軍陣地轟擊，間或開放機關槍，然純以敵軍示威作用，絕無目標，我軍一無損害，故並不還擊，上午八時許，有敵機三架，飛至我軍各處陣綫偵察，未拋擲彈，不久卽向南而去，十時許敵軍有十二號鐵甲車一輛，自張華浜海軍醫院方面循軍工路直衝至距蘊藻浜新大橋約百碼處，發射機關槍，當被我軍擊退，不久該鐵甲車去而又來，復被我軍擊退，如是者四五次，復有京滬鐵路B字損壞機車頭一輛，竟爲敵軍修好，今日下午一時許，經敵兵駕駛在兩路工廠至張華浜分路中間之軌道上往來開行，現張華浜方面敵軍，大部均被調赴侯家橋廟行一帶，故人數已不滿二三百人，兩路工廠附近各處，幾不見敵兵駛影，(4)楊行擊落敵機　楊行西顧家宅附近東六地方，昨日午後二時許，忽有日軍偵察機一架，盤旋於該鄉空際，偵察我軍狀況，侵爲駐紮該處之軍隊，開槍擊中，墮落於地，機身震碎，機內祇有機師一人，奄奄一息，已將垂斃，當爲某兵士開放兩槍，結果性命，後將屍拖出，該機師身軀肥白異常，(5)淞鎮市房盡被毀　二十日日艦開砲轟擊吳淞時，外馬路一樂天茶社，首當其衝，着砲後，遂卽延燒，加之日機拋擲硫磺彈，並且東南風猛烈，因之一發不可收拾矣，自一樂天向西延燒華昌米行，永[illegible]生煤炭行，公記竹行，火油行，木行等，直至西首油車碼頭，裏街荳市路，則同升臘燭店，某京貨店，麵店，春和館，菜館，荳腐店，張家麵店，糖坊，吳正友米店，及顧明華老虎灶，小麻子，小茶館，迤西直燒至西安路三岔路口，共燒兩晝夜之久，火勢之盛，殊覺少有，以致外馬路西半段及荳市路一帶房屋，悉成灰燼，慘酷空前罕有，此次一燒，吳淞全鎮已去其九矣，恐完好者尚不足一成之數耳。

◉我軍報捷

（一）十九路軍部二十二發（第一次）戰訊，（一）日軍連日發現非戰宣傳品極多，軍中發現不安狀態，士氣大受影響，（二）昨（二十一）日敵人以全力攻我江灣，雙方搏戰猛烈，我方殺敵神勇，敵終不得逞，外報記者傳江灣失守，絕無其事，晚間敵人進攻，已比較和緩，而我軍向敵砲攻多命中，（三）昨（二十一）日吳淞口有敵艦十一艘，會同飛機多架來攻，交戰移時，敵艦一艘，爲我軍砲中要處，由敵艦四艘保護退却，餘六艘向長江方面逸去，（四）昨（二十一）日日軍竟日以坦克車大砲及步兵數千，向我江灣方面進攻，結果敵坦克車傷二輛逃去，敵軍死傷千餘人，敵以不得逞，故今晨（二十二）轉向廟行鎮進攻我軍，刻雙方在接觸中，（二）淞滬警備部捷報云，提前發限卽到，洛陽行政院南京軍政部衛戍長官公署鈞鑒，各綏靖公署各省市政府各機關各報館均鑒，敵於本晨午前三時，以全力向我閘北江灣廟行一帶陣地猛攻，經我軍夾擊，激戰至現在，陣地前方，敵傷亡已逾三千，潰不成軍，刻我軍正在追擊中，謹此捷聞，淞滬警備司令部參謀處叩養戌印。

請看敵機之僞傳單

第十九路軍不奉黨國之命獨擅向日軍開釁藉使良民
痛受塗炭之苦實屬無理已極
本黨絕對反對與日軍開戰
打倒第十九路軍
國民黨中央黨部

編者按，勢窮智拙，其愚孰甚。

◉彈藥終難勝人力

外人之觀戰者現信日軍處現在地位，繼續砲轟，徒耗彈藥，難奏膚功，雖日軍有飛機以炸彈猛轟，可爲援助，然戰至後來，終必以短兵相接，此則將賴人力以搏勝矣，

◉美軍稱讚我軍神勇

大美晚報云，星期日有北站第八號鐵門旁放哨之美兵，述一華兵神勇事，據稱，當星期六之晨，界路附近所駐日軍，向界路中國兵陣線攻擊，華兵所設鐵絲網爲砲火所損，卽有一少年兵士，自陣線躍出，加以修理，當爲日兵瞥見，立開機關槍掃射，其人應聲而倒，但倏忽之間，復有第二兵士自沙袋後飛奔而出，匍匐前進，欲曳回同伴，無如敵方機槍猛烈，背上衣服立爲子彈所洞穿，該兵見情勢危險萬分，急奔往符近烟紙店內，其地當兩軍陣線之間，但爲日方子彈所不及，該兵雖稍負傷，而神色自若，見其安坐洋台，靜觀作戰，並開留聲機以自樂，於是歷二十餘小時，迨至深夜，始乘間匍匐奔回本陣云。

◉日軍使用毒彈

大陸報云，日前紅十字會報告日軍使用國際禁用之達姆達姆彈後，日總領事村井卽發聲明書，加以否認，翌日紅十字會醫院德國醫生皮姆博士曾在歐戰中獲有豐富經驗，復致函院長，詳述在華兵傷處檢獲達姆達姆彈片情形，旋中國代表亦在國聯理事會聲明日軍使用國際禁品事實，乃昨日（二十一）日軍島田少將在旗艦出雲接見外報記者，仍鄭重否認日軍使用達姆達姆彈，且反稱中國軍隊使用達姆達姆彈，並出子彈作爲證據，但該彈究於何處檢獲，及日兵有無中彈者，則島田俱未說明，（編者按日人之善於狡賴誣衊，可謂無所不至，但日人既有此慌言，難保其不再向國聯撒慌宣傳，

原书此页缺失

人的本事，在此醫院受傷的官兵，總望早早痊愈，再上前綫去向不講公理的倭奴拚命，以身許黨國，死也光榮，寧可做中國鬼，莫可做亡國奴，尤其是我們軍人更應站在民衆之前，作民衆的先鋒隊，以上的話，是我的決心，也是院中受傷官兵的決心，特此報告鈞座，此院每日有各界民衆來慰勞，尤其一般小姐小孩溫柔的慰語，令我們感動到下淚，他們問我們和倭奴作戰的情形，我略向其答覆，他們都甚歡喜，在此與鈞座相隔很遠，料想貴體安好，欲言不盡，再稟，敬請鈞安，尚有一言，因我才疎學淺，有錯漏請原諒，職黃德昌謹上，二月十七日於紅十字總院。

◉大家閨秀任看護

上海市民地方維持會，前經推請虞洽卿，張嘯林，等九人，代表該會慰勞傷兵，記者頃晤該會慰勞組會員楊習賓君，渠亦爲九代表中之一人，曾談及此次戰事後方救護情形及我軍人奮勇爭先之狀，頗足以見國人一致對外之精神，茲記楊君所言如次，(以下楊君語)余因奉派追隨各代表前往各醫院慰勞傷兵，宣達本會慰勞意旨，各健兒聞言，均奮勉有加，深以衞國守土，是軍人天職，死且不惜，傷何足慮，亟望早日痊好，重赴前線效力，據醫院當局言，有多數兵士，均願裹傷卽行出院，再至前線，但爲院章所不許，堅不放行，曾有終日向院中醫士看護乞懇者，聞愛文義路惠旅病院院長言，院中有傷兵十餘人，(曾以眞實姓名見告)因苦無法出院，竟設法借得鄉人衣服，棄去軍裝，聲言回籍，請求出院，出院後，竟赴眞茹，向軍部重行補入前線，軍人抱殺敵救國之決心，有如此者，又見牛氏主辦之骨科醫院及第六傷兵醫院等所收傷兵，均由大家閨秀擔任看護之職，因十九路軍多兩粤健兒，特由郭樂，郭順，馮炳南，三氏，介紹能講粤語女士，到各院任傳譯及侍奉之事，亦可見各院中看護之周至，余自慰勞歸來之後，頗有數種感想，(一)我國軍人勇敢犧牲精神，實不可及，此次十九路軍人，抱決死之心，故能屢挫敵鋒，(二)後方救濟醫院能遵守萬國紅十字會章程辦事認眞，總醫院中曾救到敵方下級軍官一人，不分敵我，仍照常醫救，(三)我國人民，現無論老幼男女，均有一致對外精神，從這幾點可以斷言，對日軍事，必得最後勝利云。

北平燕京大學經濟學士陸慶雲女士由平趕來加入中華婦女救國護士隊爲護士

Miss Loh Chung yuiu a graduate of Peiping University, who came down to shanghai and joined the women's salvation group as a nurse to the men in the front

◉岑春煊捐一萬元

岑春煊快郵代電云，各報館鑒，頃致上海蔣總指揮，蔡軍長，暨各師旅長，并同胞一電，文曰，倭寇申江，賴我十九路軍同仇禦侮，大挫敵鋒，長城可恃，幸免偕亡，煊以衰朽之年，息影吳門，日聽捷音，距躍三百，此次戰事，全恃我軍官兵，誓死奮鬥

，始獲勝利，惟連日劇戰，奮勇堪欽，死傷可憫，勉竭綿薄，捐助一萬元，以爲撫卹死傷官兵之用，煊服官數十載，身無餘蓄，謹以養老之資，藉作細流之助，區區之數，勉爲倡首，更望同胞繼起，踴躍輸將，贊成此舉也，煊前於中東之役，亦曾請命前敵殺賊，惜有志未逮，今年逾七十，猶願負羽前驅，爲國效死，祇以孱軀抱病，行動維艱，有心無力，徒喚奈何，倘望諸公再接再厲，掃盪妖氛，雪甲午之恥，揚國家之威，不僅吾粵之有光耀也，款存上海浙江實業銀行，請派人持函往取爲幸，謹佈區區，諸維公鑒，岑春煊篠。

◉顧維鈞告歐美人民書

顧維鈞氏，應美國聯合通訊社之請，向歐美各國人民，發表英文談話，業經該社於今日電達各國報館，茲覓載譯文於左，顧氏之言曰，現在日本畢竟將他的假面具揭穿，而與世界挑戰矣，此次日本以哀的美敦書送致我國，不啻對世界正式聲明，對華作挑釁的戰爭，並欲繼續作戰，即全世界之輿論，一致反對，亦所不顧，本月二十日早晨，到了這充滿惡兆的鐘點，僅待三十分鐘後，日本的全副作戰工具，已經完全開始動作了，他的海陸空軍兵力有五萬人，和他的野戰砲重砲坦克車機關槍隊巡洋艦驅逐艦投炸彈的飛機以及其他戰鬥力，同時從水陸兩路，一齊向我進攻，這世人所不願見之血戰，現已在進行之中，而吾國生命財產之損失，又將增加無數矣，試問日本進攻，其目的安在耶，其目的是否在保護日僑耶，在滬的日僑，無論何時，未聞有若何重大的危險，然而日本藉保僑爲名，其海陸空軍，竟殺戮了我國平民及兵士數千人，並毀壞了無數的吾國財產，且自日本在滬尋釁以後，他們自己的軍隊，至少亦死了千人，此種作戰，豈非一種侵略的戰爭耶，吾們中國人，早知道日本作戰之目的，蓋日本要想做亞洲的盟主，必定要先征服中國，這個夢已經做了不少年數，此次日本侵佔了同德法兩國領土併起來一般大的東三省地方，因歐美各國，並未有何種嚴重切實的反對，又眼見得世界各國自己的對內對外問題，已經忙個不了，是以日本決心的，對我實行侵略，要培植他的勢力於遠東商務金融中心的上海，要佔領爲中國中部門戶的吳淞，要佔領管長江進路的吳淞，使以後長江流域一帶的原料及銷售外國貨的富庶市場，均在他的掌握中了，在中國酷愛和平厭惡戰爭，業已竭智索能的求所以和平解決之道，所以吾中國一面聲訴於國聯及非戰公約九國公約諸簽約國，一面對於第三國政府或代表，所爲停止戰爭和平解決之各項提議，無不承受，然而效果乃等於零，舉凡國聯行政院之決議案，各友邦之勸告與抗議，愛好和平的公共團體之籲請，世界上有力的報紙之忠告，大政治家之公正的努力，在日本自恃強權，均若充耳無聞，一意孤行的推行其侵略計劃，現在中國失望之餘，決意以實力抵抗到底，無論無種犧牲，均所不惜，蓋自我國觀之，此種抵抗，實爲國家生死存亡所繫，雖其結果，爲勝爲敗，未可逆料，要爲必不得已而盡力的以實力抵抗也，現今雖無作戰之名，已有作戰之實了，在此槍砲聲中，有思想的人們想起了，無數嚴重的問題，假使中國被日本征服了，誰將繼中國之後而同遭其侵略耶，現在日本橫行，其舉國若狂的征服政策，是否無法可以阻擋耶，全世界維持和平的力量，是否不足以阻遏此種政策之橫行耶，假使日本的軍國主義，可以任令橫行無忌，將愛好和平的民族，任意蹂躪，則此後世界上之前途，又將若何耶，世界上的

人類，是否可以任令退化，再受世界大戰之痛苦耶，世界上的文化，是否可以任令退步，而爲強權卽公理之原則所支配耶。

金穆宅殘敵在圍擊中

（二月廿三日） 閘北自昨晚激戰後，我軍陣線，已展至福生路虬江路大德里橫濱橋等處，吳淞敵軍單薄，故今無劇戰，惟江灣金穆宅殘敵，尚在圍擊中。

◉江灣方面戰況

日軍昨日起，總攻廟行鎮，被我軍全部擊潰後，敵二萬餘人，狠奔豕突，死傷在三千人以上，昨晚九時，我軍乘勝追擊時，並將敵二千餘人，全部包圍於廟行鎮迤南十里許之金穆宅侯家木橋附近，詎於是晚十二時，敵敗退之先頭部隊，業已接得被圍報告，乃聯絡殘敵一萬五千餘人，一方並報告日司令部，遣派援軍五千餘名，前往馳救，敵軍得此生力，又竭力反攻，以期援救被圍敵軍出險，吾軍方面，遂調遣一部份士卒，迎擊敵軍，一部則仍將敵軍包圍，激戰異常激烈，戰至今日午後二時半，敵死傷二千餘人，勢漸不支，其應援之部隊，遂完全崩潰，被我包圍之敵，今日完全解決，詳情分誌如下，（1）廟行血戰竟日　離廟行迤南十里餘之金穆宅侯家木橋地方，昨晚十一時許，卽有日軍大部二千餘人，被吾包圍，乃日軍司令部得悉，卽派大批援軍，連同潰退士卒，向吾作猛烈之反攻，敵軍坦克車卅餘輛，鐵甲車二十餘輛，頑強當先，冀將吾軍衝破，以期援被圍之敵軍出險，是役敵軍，因本國軍隊被圍在內，不克施放大砲，祇恃機槍槍刺與吾作猛烈之肉搏，吾軍六十一師，當卽分撥一部份士卒，約計五千餘名，與之應戰，大刀隊機槍連迫擊砲連等均調赴前方，參加戰役，吾軍當時，前後首尾銜接，重以敵軍顧慮被圍士卒，未能充分發揮其砲火利器，故吾軍雖以少敵多，殊佔優勢，惟當清晨四時許，敵軍因反攻仍復不利，由日司令部電命海軍艦隊，派飛機多架，飛往吾軍陣地，猛烈擲彈，且由空中發射機槍，並開機關砲，吾軍頗受危迫，時吾駐防江灣東鎮之某部，得悉戰報，立卽乘曉霧未清之際，由敵軍左面包抄，予以迎頭痛擊，敵軍前鋒，乃呈不支，於今日上午十時許，反攻敵軍後退約三里許，於是被圍敵軍與反攻敵軍，完全被吾隔絕，不能呼應，惟敵軍因此舉關於戰局，殊爲重大，始終猛烈衝攻，吾軍則亦以一當十，爭先殺敵，相持至下午三時三十分，敵死傷二千餘人，勢漸不支，其應援之部隊，遂完全崩潰，至被圍敵軍二千餘名，仍頑強抵抗，據前方軍事長官表示，今日必可完全解決，（2）江灣獲敵機槍　江灣方面，爲敵軍第九師團左面，於今日午刻，並出第九十兩聯隊，向我陣地進攻，我軍於敵軍進至三百米達外，以大隊衝出，敵軍見我人數較衆，有迫不得已而應戰者，有見勢兇猛棄械而逃者，未及一小時，我已衝至戰壕，當奪取機關槍兩架，並斃敵軍第九聯隊隊長西尾少尉，及兵士森山山本等近百人之衆云，（3）日司令部地點　敵軍前敵司令部，本設在復旦大學內，今日起，移設於江灣跑馬場之東北角，關帝廟之對面附近民房被焚燬一空，（4）運出大批日屍　日軍自連日向我總攻失敗後，據我方精密調查，日軍死傷人數，確在萬人以上，除遺棄陣地，未及搶回者外，卽公大紗廠內堆積之日軍屍首，已達三千餘具，死傷之多，實打破自有戰事以來之新紀錄，今日上午九時許，日方軍事當局，派出輜重兵一帶約二十餘人，監督楊樹浦碼頭我方小工，及被捕難民，約六七十人，用卡車

十二輛，往公大紗廠搬運日軍屍首，該項屍首，均以蔴袋裝好，每袋二人，外用蔴繩綑好，一卡車約載五十餘個蔴袋，陸續運往停泊在楊樹浦碼頭之一日方商輪上，前後往返共計三次，總計屍首約三千餘具，至下午二時後，始將公大紗廠內之屍首搬完，據今日被日方壓迫而作此項工作之某工人云，公大紗廠內，流血成渠，腥臭撲鼻，有傷重之日兵，猶在地上掙扎，但已不能言語，慘悽之狀，目不忍覩，但此項將死未死之傷兵，亦經在旁監督之輜重兵，嘱令裝入蔴袋，故當我（工人自稱）捐該蔴袋捐上卡車時，日傷兵尚在袋中蠕動云。

西報記者目睹日軍慘殺無辜平民

大美晚報主筆薩格萊君，星期一（二十二）自江灣日軍前線觀戰，目擊日軍慘無人道之暴行，玆譯其原文如下，予今日視察江灣跑馬場，歸而不能無動乎中，以前所見賽馬盛況，中外仕女，熙來攘往，在日光明媚下作賽馬之戲，今晨所見，一片慘毒而已，予入場處，陳屍纍纍，皆予所目擊，其慘死者，日軍司令部官報，常謂爲伏兵或爲間牒，是耶否耶，予不欲置辯，但其中有婦女焉，有孩童焉，婦女彈從背射入，所着棉衣，亦爲軍刀所洞穿，孩童滿身彈痕，鄉農裝束者亦積屍於地，地爲血染，若輩服裝，不類軍人，婦女孩童，更無論矣，意者此卽官方所認爲伏兵耶，蓋司令部及日使館中人，常告我力說，日本海陸軍非對平民作戰，亦非對中國政府或政府軍隊作戰，僅與廣東之十九路軍作戰而已，是則此輩無辜良民，當爲十九路軍所喬裝者，惟死者已矣，今安從起而爲之對證耶，屋宇被焚，比比皆是，更爲予所目覩，日軍縱火，手術精妙，無出其右，看臺下焚餘之殘體在焉，予步上看臺，見步兵一隊，準備向江灣鎮肉搏，亦駐足與予同觀慘劇，其時農舍正在焚燒，火光熊熊，成爲被虜之火裏逃生者之佈景，一軍官牽一農裝者離羣，向日光下站立，但見軍刀一閃，刺入人體，深及刀柄，而其人倒地矣，如是者一人復一人，更有身長而可愛之童子，日軍解脫其縛，強按兩屍間，面俯地，日軍官六手槍齊發，自背而下，彈痕纍纍，槍聲息，彈子罄，轉側地上之人，旋亦不動，另一人繼遭同樣命運，予不忍更覩，遂行，今日該報著有社評，痛論此事，其言曰，上海之事，日本名爲「防衛」，若然，則爲暴行防衛，爲日本製造之戰爭，若然，則眞正防衛，似須家破人亡也。

◉閘北我軍砲彈掠過日領署

日軍自迭次總攻失敗，昨晚又經我軍壓迫，實已潰不成軍，故今日無重大戰事，我軍前綫已達虹鎮，老靶子路一帶，已無日軍踪跡，其殘部均在海寧路吳淞路一帶，並在外虹橋至裏虹橋一帶，敵軍殘部，加築防禦工程，今晨四時許，日軍一小部份殘兵，約三百餘人，曾一度重向我軍前綫襲擊，未幾仍潰退，閘北方面，北四

川路一帶，於拂曉及今晚六時許，亦有小接觸，茲將閘北戰情分誌於次，(1)殘敵襲擊敗退　今晨四時許，日軍殘部，約三百餘名，於全部潰退時，突又回來，向北四川路口我軍陣綫，猛烈反攻，初以大砲猛轟，我軍間亦略加還擊，砲戰至六時許，三百餘日軍，忽由集合綫而變作散兵綫，藉坦克車之掩護，向我軍衝鋒，我軍當即迎頭痛擊，以手溜彈機關槍等，向其猛烈掃射，立將在日軍左當作掩護之坦克車兩輛轟燬，斃敵百餘人，敵衆見勢不佳，亟反身向後潰退，以坦克車兩輛，在後掩護，斯時我軍精神百倍，跟踪追擊，又將日方坦克車兩輛加以炸燬，一部份落後，日軍六十餘人，見我軍來勢勇猛，驚惶失措，即將槍拋棄而退，是役也，交戰約三時有餘，計擊敗日軍坦克車四輛，奪獲步槍七十餘支，機關槍一架，斃敵百餘人，我軍則僅傷五六人，(2)虹口日僑大恐慌　昨晚九時許，日兵大敗混亂潰退，我軍逼近北河南路三角小菜塲時，一般匿居北四川路，崑山路，虹口，等處之日僑，因我軍砲火急迫，難以再躲避，遂由槍林彈雨中，均頭頂棉被，從外白渡橋向南而逃者，如蟻湧而來，故一時沿黃浦灘之台灣銀行，正金銀行，日本郵船會社等四週人行道上，及各行門首石階，席地而坐之日僑民，竟有人山人海之概，一種驚皇狼狽之狀，實非筆墨所能形容，(3)閘北敗敵　據由北河南路寶興里河南旅社內奔避出來之旅客某君言，當昨晚日軍三四百名，於八時許，自新民路來安里進窺北站時，渠適寓在臨街房間，由玻窗中窺見日軍蜂湧而進，均用機關槍迫擊砲衝鋒，同時敵軍砲隊亦發砲掩護，我軍始終寂然，不發一槍，日軍繼續向寶山路北車站前進、約有三四百步後，我軍機關槍步槍密起，日軍先頭隊應聲而倒者二十餘人，即中止進衝，我軍即於斯時，一躍出戰壕，及防禦工程，向敵反攻，日軍紛向原路而逃，被我軍截成二段，一部乃改向北四川路方面奔潰，一部於逃至北河南路口，見去路上早有我軍抵禦，乃衝向該處租界柵門口，爲該處守衛美兵所見，亟放槍示威，殘敵乃反身向新民路突圍，結果生還者無幾，我軍即於斯時，向老靶子路追逼云，(4)出雲艦險中彈　大陸報云，今日午夜前，北站附近開砲轟擊日旗艦出雲，在一小時半間，共有七十彈，飛過日領署屋頂而入浦江，距出雲艦不過咫尺，至十二時三十分，見出雲旗艦已升火，料正準備移泊他處云。

◉吳淞敵艦開砲虛張聲勢

敵軍因趨重於廟行鎮方面，故吳淞一帶，今日敵艦除照例向我開砲及擲彈外，並無激烈戰事，蘊藻浜正面之敵軍，有時亦有小隊進犯，但隨時均被我軍擊退，惟前日我方曾乘敵軍兵力稀薄時，故取攻勢，頗爲得手，戰况紀錄如下，(1)泗漕廟殲滅日軍　今晨十時，駐紮南泗塘河西徐港巷黑橋等處，有日軍一隊，約八十餘名，迫紮季家橋南孫家宅三其宅之我軍瞥見，當時均不動聲色，躲避於戰壕內或民房中及樹林間，俟敵軍過去，再行截擊，敵以爲該處並無我軍，直行過抵泗漕廟時，我軍從其後背突出，開放步機關槍掃射，日軍知已中計，拚命衝圍，因我軍奮勇圍擊敵歸路已斷，劇戰約四十分鐘，援軍不至，故將敵全部解決，同時蘊藻浜周家浜口之日軍，用砲向北轟擊，將永安第二廠房屋轟毀，旋經我軍開機關槍掃射，敵遂不支而退，(2)敵艦三艘攻吳淞　吳淞方面，於今晚八時許，有敵艦五艘，駛近淞口

砲台及淞鎮開砲攻擊，直至深夜十二時許始息，總計在四小時中，敵艦約開砲三百餘發，我軍間亦發砲還擊，康家宅因中敵砲起火，同時張華浜張行宅及徐家灣兩處，被敵兵艦據之農民房屋，亦被我軍砲火所中，爆烈焚燒，今晨五時半許，復有敵艦三艘進攻砲台，至八時許，敵艦不逞而去，其時又有敵大型毀炸機三架，自口外飛來，向我軍蘊藻浜陣地擲下炸彈五六枚，當經我軍用高射砲擊退，(3)敵退唐家橋　據駐淞報告稱，自今晨至下午三時，蘊藻浜正面無激烈戰事，惟張華浜方面，敵軍人數，似較前日增加不少，敵軍因進攻江灣西北之孟家宅及廟行潰敗，故今晨黎明時，有大隊敵兵退至東唐家橋拖南一帶，現正在與我軍相持中，若斷若續之大砲機關槍聲，在蘊藻浜方面聞之，頗爲清晰，(4)浦江邊敵軍行動　今日上午十時，某記者乘坐小輪駛經剪淞橋，瞥見有敵軍運輸輪兩艘，泊於許閘北水電新廠前面浦邊，察得身穿黃色服裝之敵兵上下極爲忙碌，下午零半時許有黃色長江淺水輪停靠張華浜糧米站碼頭，有便衣日人及白俄人三十餘名，自糧米站扛担長三尺闊尺半高一尺之木箱二百數十隻，(大致係軍火)裝入該輪，同時有敵艦一艘，自口外緩緩駛入浦江，沿途開砲向砲台及淞鎮攻擊，迨駛至糧米碼頭，卽偕同黃色淺水輪上駛，(5)譚翁兩氏之坐鎮　此次日本軍閥，驅其新編之卒，當我軍勁旅，是以迭遭挫敗，益以譚啓秀翁照垣兩健將，坐鎮吳淞，指揮若定，日寇縱有海空兩軍，以掩護其陸軍，亦無從逞其兇燄，聞近更受任吳淞區之左翼正副指揮，當益能一顯身手也，(3)敵軍司令部已遷(6)據官方探報，公大紗廠敵軍總司令部，前日因被我軍砲彈擊中，今日已遷移，(7)日兵又到　頃據確報，今日有日本商船兩隻，在大坂碼頭停泊後，有陸戰隊二百餘名，陸軍四百餘名，騎兵百餘名登岸，並有子彈一千發，鋼板四十塊，手溜彈六十箱，工兵所帶之小船及竹梯甚多。

◉我軍捷報雪片飛來

(1)十九路軍交通處二十三日捷報云，(銜略)殘敗之敵，今日仍以重兵，向我廟行進攻，不得逞，江灣方面，獲敵機關槍兩架，幷俘敵第九師團十九聯隊步兵少尉西尾勝六一名，特聞，交通處長唐德煌叩，梗。

(2)十九軍交通處二十二日捷報云，各報館轉全國同胞均鑒，本日戰況如下，敵以重兵向我廟行鎮攻擊企圖佔領大塲，雙方激戰頗烈，敵屍橫遍野，不下二千餘人，殘部望風披靡，另一部被我重重包圍，今夜可完全解決，特聞，十九路軍交通處長唐德煌養印，

十九路交通處長
唐德煌

Mr. Doon Teh-Hwong, the head of the Communication department of 19th Route Army.

(3)淞滬警備司令部二十一日捷報云，各報館均鑒，本日敵在八字橋，江灣站，江灣鎮，吳淞一帶全線，向我總攻擊，江灣鎮附近激戰尤烈，敵用燒夷彈，焚我民房，傷害民衆甚多，我軍奮勇抵拒，前仆後繼，敵卒不逞，當塲斃敵極多，繳於持志學校之敵，被我砲擊，如鳥獸竄，並擊落(冰)號敵機一架

，刻我軍仍在原陣地，與敵對峙中，又本日午後，敵我空軍接觸，擊落敵機一架，號日我獅子林砲台，擊毀敵艦一艘，謹聞，滬淞警備司令部參謀處叩：馬戌印。

（4）軍部捷報（二月二十三日上午九時發） 敵軍自二十日晨七時二十分，下總攻擊令，連日激戰，並集中兵力，攻我江灣方面，被我軍痛擊失敗後，今晨(二十二)敵方又變更戰略，集中兵力，攻我廟行鎮，並襲擊我吳淞一帶，我軍與之血戰終日，結果，敵軍各路均敗退，現敵軍各路均被我軍包圍及追擊中，茲將今日各路激戰情形，分述如下，(一)廟行鎮血戰，敵軍今晨七時許，有陸軍二萬餘人，坦克車三十餘輛，向我廟行鎮方面推進，我軍守此方面者，為張治中部少數部隊，當即與之接觸，惟敵軍人數既衆，來勢極凶，先用坦克車十餘輛，結成一字形前進，步兵大隊隨後，後有敵機數十架在空中向我軍陣地，亂擲炸彈，敵大砲隊，尤不斷的對我陣綫轟擊，一時火力密集，聲振天空，敵來勢之凶猛，為開戰以來所僅見，我張部士兵亦異常勇敢，與之激戰半日，繼以肉搏，無不以一當十，敵勢雖凶，終不能衝破我軍陣線，激戰至下午三時許，敵生力軍數千，後加上前線，進攻尤烈，我守軍究以人數懸殊，且久戰已疲，此時我方陣地勢將危險，幸我後方援兵張炎旅馳至，遂將敵軍包圍兜擊，敵至此漸覺不支，且戰且退，我軍乘勢追擊，敵傷亡極衆，且有一部傷軍退走不

十九路六一師一二一旅旅長張勵

Brigadier General Chang Li, of 121th. brigade of 61th. division of 19th. Route army

十九路六一師副師長兼一二二旅長張炎

General Chang yen, the Brigadier general of 122th brigtde and the vice. commander of 61 th Division

及，被我軍包圍，至今尚在激戰中，此役敵軍損失極大，官兵傷亡狼藉，我軍亦略有損失，(二)江灣殲敵，今晨敵軍雖集中全力攻擊我廟行鎮，同時亦以數千兵力，進攻我江灣方面，我軍守禦此方面者爲劉占雄團，我劉團在江灣與敵苦戰已兩日一夜，未嘗停息，聞敵軍進攻我江灣之部隊數千，亦已苦戰兩日一夜，不得停息，惟我軍堅苦精神，究勝於敵數倍，今日進攻江灣之敵軍，一經我軍痛擊，便敗不可收拾，我軍着着追迫，敵軍狼狽狂奔回楊樹浦一帶，沿途被我軍擊斃甚多，此役敵死傷千餘人，我軍損失甚少，(三)吳淞戰況，敵軍今日集中兵力攻我廟行鎮及江灣方面，故吳淞方面，敵方兵力稀薄，我軍乘勝攻過蘊藻浜，將敵軍追逐，此時敵生力軍數千馳至，我軍便與之激戰，至今尚在相持中，敵艦十餘艘，今天整天對我吳淞砲台及獅子林砲台射擊，並有敵機數十架，在空中擲炸彈，以助敵軍進攻廟行鎮之聲勢，我吳淞砲台及獅子林砲台大砲，被敵砲擊燬者有之，惟我譚啓秀司令，沉着異常，於敵方大砲飛機進攻劇烈當中，從容帶工人修理，被敵砲毀之砲位，繼續應戰，敵軍卒不能進攻我砲台前線一步，(四)此次抗日戰爭，十九路軍因忠勇善戰，屢摧強寇，使倭勢不得逞，惟參加前線作戰之張治中俞濟時宋希濂等部隊，亦奮勇異常，上級長官均任前線指揮，決死殺敵，我國軍隊既已一致具偉大的犧牲精神，協力殺敵，則倭寇雖橫蠻，行將見其力疲勢絀矣。

又今日戰訊（上午十時發）(一)敵欲以最後之掙扎，意欲圖攻破陣地，但我陣地非常鞏固，反被我軍包圍，受我軍痛擊，敵死傷無數，(二)敵軍迭次失敗，尤以昨日及今晨敗狀更爲狼狽，虹口吳淞路一帶之日居民，更形恐惶之狀云，(三)據報，今日劇戰，敵死傷達千餘名，當在江灣攻擊時，有敵軍某大隊失踪，現查確其全隊係被我軍擊沒。

◉蔣總指揮請提抗議

十九路總指揮蔣光鼐致吳市長函云，逕啓者，頃據敝部獨立旅旅長王賡報稱，據職部第一團第三營營長張慶武報稱，據職營第一連連長岳中林報稱，頃據職連第一排哨長段成濤報稱，頃據中國人小學校教員趙鏡澄報稱，敝人今晨因公赴吳淞路天主堂，見有多數日本人，着白衣服上下相連，其左臂有紅十字，且各攜帶武器瓦斯筒等，親眼見者有五百餘名，刻正在準備出動中，查其用意險惡，(一)爲利用紅十字之護符，衝入我陣地後，隨日軍之大部，同時佔領我陣地，我軍如抵抗，則彼謂我軍違犯國際公法，打死紅十字隊，致引起國際之奮慨，我軍如不抵抗，則彼爲先鋒，引導大隊，佔我領土，殺我同胞，思念及此，奮恨萬狀，是以報告貴軍，轉報上峯，並通知各友軍作充分之準備，千萬勿墮其阱中，是盼，敝人是中國人，國家存亡之秋，一有所見所聞，不敢隱瞞等語，據此，理合呈報鈞座察核轉報等情，據此，理合轉報察核等情，據此，理合轉報察核等情，據此，查日軍欲維持帝國主義之兇威，達到侵略目的，凡屬一切違反公理不顧名譽之言動，無不爲之，如屠戮無罪商民，故意轟炸難民收容所，槍殺紅十字會會員劉祁瑞，使用國際禁用之達姆彈，且在國聯誣衊我爲無秩序無組織之國家，稱我軍爲危險份子，此類事實，不勝枚舉，邇者，日方既不惜擴大戰禍，則其今後採用更卑汚之手段，以圖誣陷我軍，自屬意中之事，據報前情，除通飭各部隊嚴防外，相應函請貴府，即予提出抗議，並轉告國際紅十會總會，制止日軍利用紅十字隊挾帶武器及

毒物之行爲，以維紅會之名譽，無任公感，此致上海市市長吳，總指揮蔣光鼐。

◉萬國紅會質問日本

★何以用毒彈射擊華軍

中國紅十字會二十三日午前九時接日來佛萬國紅會來電，譯意謂，已將貴紅會來電，向日本紅會質問該國軍隊何以用達姆達姆彈，射擊中國軍隊。

參謀長趙一肩

Mr. Chao I-Djiang, the Chief military staff of 19th. Route Army.

◉趙參謀長談話

十九路軍總指揮部參謀長趙一肩，對新聞記者發表談話云。敝軍誓死抗日，堅持到底决心，已經再三伸明，諒邀洞鑒，邇者倭寇因迭遭挫敗，恐不能維持其帝國主義之兇威，而肆其侵略之野心，不惜增加暴力，擴大戰禍，派遣雄厚之援軍，挾最犀利之槍械，益以飛機巨艦重砲唐克車毒瓦斯，欲藉此威嚇我軍，屈服政府，社會人士，遂不免驚相駭告，爲敝軍慮，其用意固出於愛護將士，其影響實足以動搖人心，夫師直爲壯，不義自斃，時間有今古，眞理無變更，歐戰前德國，其物質何嘗不足以誇人，然而結果卒不戮公理之制裁，倭之横暴，誠空前所未有，徵之焚燬繁盛市區，屠戮徒手民衆，且轟炸難民收容所，使用達姆彈，充其所届，則冒天下之大不韙，而施放毒瓦斯，自無足異，然而軍人爲國死則死耳，死尚不懼，尙何足懼，倘若全國之人心不死，世界之公理猶存，十九路軍之形式卽至毀滅，精誠所屆，將有無數十九路軍前仆後繼，倭奴豈能盡死中國人，又豈能盡死世界人類，横暴之來，唯誓死之決心可以敵之，蓋非委曲求全，倉皇驚避，可以倖免也，且敝軍對於一切軍事，早已計劃周全，克敵致果，自有成算，所望全國同胞，振奮救國精神，爲長期抗日之準備，毋爲敝軍念，最後勝利，終爲我有也。

殘敵掙扎已肅清

（二月廿四日）日軍總攻廟行，被我軍迎頭痛擊，且在金穆宅一帶，包圍殘敵二千餘人，今日深晚，敵援軍五千餘人，奮夜由張華浜方面登陸後，卽分批運往前線，聯合殘部，重行向我軍反攻，另由左右兩翼派隊擾吾陣地，雖經我軍奮力擊退，惟被圍敵軍，遂被兔脫千名左右，餘敵至今日下午一時，被我軍全部殲滅，敵軍精疲力盡，已不敢大舉進犯，惟小部隊肆意挑釁，詳情彙誌如次，（1）擊斃敵隊長　敵軍總攻廟行，今日起，已被吾軍由朱家橋猛力衝擊，敵軍逐漸南退至唐家宅，再退至金穆宅侯家木橋，殘部二千餘人，遂於該處被吾包圍，當時敵軍大部，本已遠退侯家木橋迤南十里之遙，聞警集合援軍，乃復竭力反攻，當經吾軍分頭迎擊，將殘敵隔絕兩處，激戰之烈，爲中日滬戰所未有，敵軍屢擬猛力衝鋒，終不得逞，今晚起，且節節敗退，殘部解決，不過指顧間事，詎此時日方來滬援軍五千餘人，已在張華浜登陸

，且立卽分開前綫，加入作戰，敵軍得此生力，遂以坦克車四十餘輛，立卽反攻，並分批擾我左右兩翼，此時吾前綫駐軍，人數不足五千，以敵三萬餘日軍，且苦戰已數十小時，遂被日軍取得聯絡，被圍殘敵，衝出千餘人，此時吾軍士卒雖極疲勞，然人人具必死之心，故仍猛力衝殺，被圍殘敵千人，立卽全數殲滅，並乘勢進逼敵軍，敵軍遂全部敗退，復由侯家橋以南撤退十餘里，是役吾軍以少敵多，侯家橋一帶，日軍屍骸，堆積如山，敵軍高級長官，亦陣亡數十人，今日起，吾軍掩埋餘骸之際，曾發覺敵第九師團第二聯隊長百海實男，亦在陣亡之列，此可想見是役戰事之烈，我軍俘獲敵機槍二十四挺，步槍千餘支，小鋼砲數十門，其他戰利品無算，（2）黑家宅敵敗退 敵援軍五千餘人，於昨晚在張華浜登陸後，除分撥一部份援助廟行一帶殘敵外，今晨五時許，另遣一千餘人，由張華浜秘密出發，冀由黑家宅而至侯家橋，意擬擾吾左翼，援敵出險，我軍當時，不動聲色，任令敵軍深入，惟當敵軍大部將抵黑家宅時，吾軍遂一躍而起，拊其背部，予以痛擊，時吾黑家宅以西之駐軍，亦已聞警，趕到參戰，於是敵腹背受敵，激戰亘一時半，敵軍死傷過半，乃由間道逸去，（3）獲槍百零五枝 今晚八時許，敵四百餘人在猛烈砲火掩護下，襲我江灣鎮東北之某村，經我軍奮勇應戰，斃敵百餘名，奪獲步槍一百零五枝，餘敵全部潰退，（4）收回五區四所 據市公安局得報，引翔港公安局五區四分所一帶，我軍前因戰略關係，特予放棄，久爲日軍佔據，今已由我軍奪回，並獲得該所敵軍遺留之步槍百餘桿，及手提機槍二架。（5）江灣無激烈戰事 金穆宅包圍之敵，自今晨一時被我軍全部解決後，敵已精疲力盡，故今日下午，江灣方面無劇烈戰事，敵據江灣跑馬廳之南，我在北面，敵完全改取守勢，雙方僅步哨衝突，間有斷續之槍砲聲，又大美晚報云，今日江灣陣綫甚形安靜，自星期六晨日軍總攻戰開始以後，連日砲聲，幾無間斷，今日始寂然無聞，卽機關槍聲與來福槍聲，亦不復聒耳，蓋中日兩軍鏖戰四日，均需休息也，江灣陣綫，中日雙方司令，均承認今日較昨未有變動。（6）江灣大火今晨熄滅 江灣方面自昨日被敵機擲彈轟炸後，民房各處起火延燒，至今日上午八時，始完全熄滅，江灣鎮大街之市廛精華，已盡成焦土，調查如下（一）東市自大街萬安橋起點，一直朝西，延燒至花園街口，（二）新市路底起，朝北燒至大街北街止，以上計共被焚商舖有永豐烟紙號，嚴鼎茂米行，元豫醬園，萬生醬園，義威布莊，陸鼎森花行，等百餘家，損失一時尚難統計，牛郎廟西首，有居民四人（女一男三）中彈炸斃，

◎區師長在閘北督戰時留言

十九軍七十八師師長區壽年在閘北前線督戰時與某記者談話，茲錄之如下，當爲抗日之紀念，亦可也（一）敵軍於今日在江灣鎮與廟行鎮間作戰時，敵軍除有大尉一名名西尾勝六者，被我生擒解後方詢問外，幷斃敵軍第九師第二營營長百海實男一名，（二）當今日敵軍以重兵向廟行鎮與江灣鎮我軍六十師進攻時，我軍最前綫在南沈宅，金穆宅，及白漾宅，各一連，當時因敵軍人數過衆，該三連人乃退至孟家宅一帶，敵軍大部隊，亦追至該處，幷竭力猛衝，已越趙家宅至竹園墩，將窺大場，我軍於千鈞一髮之際，急調張炎迎戰，除將敵軍大部隊完全擊退，奪回原有之防線外，我軍最前線，幷追至鍾家宅，成爲侯家木橋起，沿鈕家宅，陶家灣，沿朱家橋東，近越淞滬路，繞萬國體育場，至西體

育會路，與東體育會路，至虹口公園之東面陣線，(三)敵軍今日進攻廟行鎮我軍六十師時，我軍伏於戰壕內，一槍不發，敵軍約百餘人，以為我軍已退走，遂圖深入，我軍待敵行近，卽以手溜彈向敵轟擊，因將敵軍擊斃，無一生還，(四)敵軍戰鬥力薄弱，故屢次被我軍所敗，然彼於潰敗後，能於最短時期，約可二十分鐘左右，集合一處，仍組成軍隊作戰，此則頗可贊美，敵軍尤有一佳點，為各國軍隊所難能者，卽敵軍不易為人繳械，非若歐戰時，常有繳械之事可比也，(五)敵軍鐵甲車多至百餘輛，作戰時，固不能視為進攻之利器，然以之防守，則甚得利云云，

●金穆宅之戰　日軍連日用重兵圖攻廟行鎮，結果均被我軍擊敗，死傷無數，廟行確在我軍手中，日軍從未越雷池一步，其相持點，係沿泗塘為界，金穆宅附近被我包圍之日軍，刻已殲滅，該處仍由我軍駐守，敵軍宣傳各種風說，均係無稽之談，日軍在前線作戰情形，及駐在地點照述如下，(1)日軍現在之陣地　日軍於二十日起，因進攻吳淞閘北不利，乃改移戰區，側重江灣，但又未得逞，乃於二十一日，突以重兵，由南泗塘河黑橋及西唐家橋，向泗塘方面進攻，該處河面甚闊，我軍早有防禦，故日軍屢次衝鋒渡河，終未有成，然其損失已屬不貲，二十二日晚，我軍在金穆宅誘敵偷渡，待其偷渡上陸，將及一半時，伏兵四起，突出圍擊，因此其後部卽退回侯家木橋，所圍敵軍，當於二十三日晨，被我軍全部解決，日軍死者在千人以上，二十三日午，日軍又派重兵三千餘人，仍從金穆宅偷渡，我軍仍不狙擊，沈着以待，因此又起第二次之激戰，廟行鎮我軍，同時亦調往作戰，經一日夜之肉搏，日軍傷亡過半，落水而死者無數，當於今日下午一時，被我軍全部肅清，故廟行鎮，日軍始終未曾到過一兵一卒，確在我軍手中，惟金穆宅曾有二次激戰，我軍均獲大勝，刻下日軍在泗塘以東，侯家木橋為其最前線，西唐家橋為其司令部，所謂天樂寺宅者，乃該處一帶之總稱，又名高境廟，現設車站，江灣車站迤北，均在我軍範圍以內，惟在金穆宅之南泗塘之東之白漾宅，已為日軍砲火所燬，全村成為瓦礫場矣，(2)日軍臨陣退縮　日軍現在侯家木橋者，其數不多，皆伏於田野土壙間，每於發槍後，卽向後退縮，移避他處，若恐我軍還擊者，其傷亡兵士確用蔴袋裝屍，由卡車載運，在二十三日間，敵軍因死亡過多不及裝運，乃將死屍放在村內，各戶皆是，直至今晨，(二十四日)尚未運完，由此可見日軍死亡總數，至少在三千人以上云，

●閘北砲戰　今日，閘北方面各防線，不時有小接觸，晨間與晚間，日軍利用砲轟，我軍亦還擊，故砲戰甚烈，永興路於晨間，被日機投彈起火，旋卽撲滅，寶山路新民路處，於晨間曾有日軍十餘名偷襲，被我軍居高臨下，用機關槍掃射，無一生還，各情分誌於次，(1)晚間激烈砲戰　今晨上午八時四十分，防守北四川路東面之日軍砲兵陣地，以開花砲彈向我軍陣地射擊，砲聲隆隆，連續不絕，我軍初未加以還擊，至日砲射至三十餘發後，始亦開始還擊，雙方砲戰至十一時，始漸平息，至下午六時許，日兵又以重砲，向我閘北八字橋，天通庵路，陣線轟擊，我軍亦開砲還擊，砲聲隆隆，愈發愈密，至十時左右，雙方步哨，亦起接觸，日軍雖利用重砲掩護進衝，但我軍砲火威逼，槍彈密發，實予敵軍以巨創，始終未為所逞

，日軍乃重藉大砲轟炸，我軍又復還擊，直至十二時後，始漸平息，我軍陣線無變動，(2)青雲橋小接觸，今晨上午九時三刻，日方戰鬥機二架，拋擲機一架，由虹口方面飛至閘北青雲橋我軍陣線視察，並擲彈三枚，當被我軍用高射砲擊退，同時對靑雲橋對河，史金弄內駐防之日軍二三百人，憑飛機迴翔於我軍陣地之時，突躍出戰壕，用機關槍向我軍猛烈掃射，我軍當卽憑河作戰，以手溜彈手提機關槍等對之猛烈射擊，交戰約一時許，敵不支而退，是役斃敵約三十餘人，(3)敵偷襲被殲滅　今晨九時許，在邢家宅路民房內，突出日軍殘部約二十餘人，沿新民路偷進，爲我軍瞭見，卽開槍射擊，敵亦依牆還擊，寶山路我軍聞得槍聲，卽來追襲，敵見狀，乘勢前衝，在來安里之我軍居高臨下，用機關槍掃射，旋卽全部殲滅，刻我軍尚在搜查殘餘敵部，

◎第五軍長張治中報捷電

南京二十四日電云，第五軍軍長張治中二十四日晨自前方電京，本軍自二十起與敵開始激敵，敵以重砲飛機向我廟行鎭正面攻擊，火力極烈，而我軍官兵均異常沈着，日寇毫未得逞，二十一日下午被擊落水陸戰鬥機一架，機師中彈殞命，二十二日晨敵復傾巢來犯我廟行鎭之線，經我軍迎頭痛擊，激戰終日，遂將敵完全擊潰，是役也，敵軍死傷在二千以上，我亦略有傷亡，但士氣旺盛，諸將士皆具必死之決心，以求最後勝利，

◎十九路軍捷報

十九路軍部昨日(念四日)上午十時發(第一次)戰訊，(一)昨日黃昏，在江灣鎭東北被我斃敵百餘名，獲槍一百零五枝(二)昨夜被我六一師繳獲敵水機關槍三挺，旱機關槍一枝，步槍十餘枝，(三)昨夜十時至現在，各方無激戰，想敵已精疲力盡矣，(四)敵因閘北我軍出擊北四川路虹口一帶，正恐其僑民居住地，被我軍佔領，故現由前方調回多數兵力，防守北四川路虹口一帶，至江灣廟行鎭方面，暫取守勢待援等語，(五)昨日敵民團開會，決議與戰鬥有直接關係者外，全部回國，(六)昨(念三)敵飛機往攻蘇州時，敵之飛行大尉

英國在滬司令官親往前方視察與蔡將軍合影

The British Admiral at shanghai, ivestigating the Chinese position after an intervcew with General Tsai

一名，被我擊死，(七)昨日(廿三)敵之爆擊機一架，離陸不愼，自行燒燬，(八)敵政府昨日開閣議，討論上海援兵，因戰費問題，議論紛紛，終無結果而散，又昨日(廿四日)上午十一時發(第二次)戰訊，玆將念二念三兩日戰況通告如下，(一)敵自念一日以海陸空軍全部向我全綫來衝，企圖在江灣間突破我中央之計劃，失敗後，念二日復以全力向我廟行鎭陣地正面突擊，經我派隊由孟家宅及南沈家宅向該敵夾擊，敵用物質，頑強抵抗，血戰竟日，彼此突擊十餘次，短兵相接，血肉横飛，死亡枕藉，卒將該敵完全擊退，是役斃敵二千七百六十三人，傷尤衆，

◉吳淞戰事沈寂

吳淞口外之敵艦，今日均停泊離我要塞甚遠之海面，自晨至晚，均無特殊行動，亦未開砲，僅有飛機數架，曾至砲台及蘊藻浜一帶天空，偵察數次卽去，亦未投擲炸彈，我軍亦靜守防綫，未加射擊，至蘊藻浜方面敵軍，似在休戰中，我軍亦未攻擊，故吳淞方面，今日甚安靜云，又據大美晚報云，星期一二兩日，吳淞方面殊少活動，今日(二十四)，僅有日海陸軍飛機高飛天空，從事偵察，未擲炸彈，

◉蔡軍長招待西報記者情形

十九路軍蔡廷楷軍長，今晨在軍次，招待外報記者，到英，美，德，法各報駐滬通訊員及上海各中西報各通訊社記者二十餘人，會見地點，頗爲幽靜，各來賓咸齊集屋中，蔡將軍之舌人，用英語對客曰『太太們，先生們，還有什麽問題要問麽，』因知客已稽留多時而其中尙有女新聞記者在也，蔡氏此時壁背面火爐坐，各記者則在烟霧繚繞之中，手持鉛筆，且問且作記錄，爲狀咸極專心，約一刻鐘後，客咸趨至園中少息，並進小食，此時名滿中外之蔡將軍，卽爲大小鏡箱所包圍，言語談笑，一一咸爲鏡頭所攝入，主人旣有問必答，客亦歡忻異常，且其中有不少問題，極饒興趣者，某記者問曰，蔡軍長前在何處受教育，蔡氏答稱，余固未曾讀書者也，發問者乃曰，佳哉，不讀書乃能成良將，聞者爲之莞爾，又有某君叩蔡氏曰，將軍於治軍之外，亦兼營他業否，譯者述畢此語，蔡氏笑答之曰，余專心治軍，無暇更營他業也，關於此種問題，雖似細瑣，而蔡軍長必一一靜聆，詳答之，此外關於各記者之問答，擇要記錄如次，(問)軍長置身戎馬幾年矣，(答)近二十年，(問)何時始入行伍，(答)十八歲，(問)自二十八日與日作戰以來，華軍死亡若干，(答)約二千人，惟平民及婦孺喪生者，已不下六千人矣，(問)聞蔣介石曾來前綫視察，有此事乎，(答)現在十九路軍抵抗日軍，爲力已足，蔣氏尙無來此視察之必要，(問)將軍與蔣氏之雙方感情何如，(答)十九路軍係中央所轄之軍隊，蔣氏爲余長官，軍人天職，祇知服從，無所謂感情若何也，(問)現在前綫作戰之兵士人數有若干，(答)約三四萬人，(問)聞華軍中有德顧問，有此事乎，(答)絕無其事，譚至此，關於我軍何不盡將租界中之殘餘日軍驅逐一點，各西報記者亦曾叩及，蔡軍長當答以公理人道而戰，不願以租界精華之區，膏砲火饑吻，故對於日人依據租界作戰，一再容忍，嗣各記者又(問)日本將派重兵來滬，將軍亦有所籌劃乎，(答)余係軍人，責任捍衞彊土，抵抗到底，成敗利鈍，在所弗計，至此吾國某報記者，亦叩蔡軍長以最近之前方消息，承答如次，聞北方面陣綫，續有進展，廟行方面，日軍被我包圍者，卽可解決(按記者屬稿時前方

捷報金穩宅殘敵，業已肅清，）昨晚（二十三）有日軍百餘名，衝入吾江灣北面陣綫，全數被我殲滅，無一生還，獲槍百餘支，記者又叩以美國飛行家薛脫在蘇殞命事，據答薛氏係送運吾國所購之飛機「寶靈」號飛機來華者，與軍事無關，機身之外，亦無華機標識，更無機關槍及炸彈等之軍備，飛抵蘇垣時，忽被日本飛機六架圍攻，薛氏因以身殉，殊爲可惜，至於美人是否將向日本交涉，渠未能冋答云云，今日蔡軍長於招待外，又請來賓參觀吾方戰壕及軍事設備，事後吾國記者叩某外報記者此行所得之印象如何，某君曰，華軍戰壕之佳，得未曾有，遑論日兵萬不能於數星期內攻陷，卽數年之久，恐亦不能搖動其陣綫分毫，此雖過奬之詞，然贊揚吾軍，亦可謂備至矣，

◉美機師薛脫在蘇殞命

美人薛脫，係著名飛行家，昨日運送吾國向美國蓋爾公司所訂購之商用飛機「寶靈」號來華，當日下午飛抵蘇州時，忽有日軍飛機六架包圍，用機槍猛攻，「寶靈」號中彈後，當卽焚燒，薛脫卽以身殉，據調查所得，此機完全爲商用者，與戰事絲毫無關，故無戰鬥機之設備，且機身之外表，亦無吾空軍之標識，日人竟施以攻擊，人機並毁，實屬兇悍已極，乃聞日當局對於此事，不但不自認錯，反欲向美政府提出嚴重抗議，果爾，則其蠻横無理，可謂極矣

外國飛行家願助我抗日

◎哇太華　據此間中國總領事之言，中政府已來電，頗注意加拿大航空隊賦閒軍官願服從於中國空軍事，查加拿大航空員因經濟理由，願在外謀事者頗多，其人足以組成供國防用之兩個完全航空隊，中國總領事稱，中政府詳文已交郵寄出云，同情之加拿大飛行家現擬集議，以期草擬佈置飛機之詳細辦法，惟政府可否許其出境，尙堪疑問，（二十四日路透電）

◉市府向領團嚴重表示

上海市政府致各國總領事云，逕啓者，查關於日本軍隊，利用租界區域爲攻擊中國軍隊之根據地一節，迭經本市長函達貴總領事領事，並其他各國總領事，提出嚴重抗議在案，乃迄今租界當局雖有願意維持中立之表示，但仍未聞採取任何有效辦法，以制止日本軍隊之破壞租界中立，危害中外人民生命財產之行爲，連日以來，日本援軍，又屢在租界當局優容之下，由虹口登陸爲攻擊中國軍隊之根據，甚至日本旗艦，亦繼續停泊虹口附近，利用租界之掩護，發號施令，以攻擊我國軍民，雖明知各國船舶及其他產業，必因此而蒙軍事之影響，亦所不恤，本市長暨本國軍事當局，對於租界內中外人民生命財產之安全，本極關懷，惟處此情形之下，本市長不得不重提抗議及嚴重聲明，所有關於租界當局不能制止日本軍隊利用租界區域爲攻擊中國之根據地，所發生之一切結果，本國政府概不負任何責任，再爲安全計，本市長請貴總領事領事通飭住居於戰區附近或日軍駐在地附近之貴

國僑民，設法遷避，並知貴國海軍當局，勿將軍艦及其他船停泊於日軍根據地附近爲荷，相應函達查照，此致云云，

◉日軍加怒於西報記者

日總師事署昨日（二十三）忽通知各西報，日司令部所發給各報記者通行前綫及司令部之通行證，暫時停止效力，其理由以危險與紊亂爲辭，但中國蔡廷鍇將軍則適與日人舉動相反，今日特邀各報記者往前綫觀戰，據聞日人因本埠各報刊載日軍總攻失利，及日陣綫內中國平民慘死纍纍，與日兵常縱火焚燒農人家宅財物等事實，深爲不悅云，

◉敵軍到處屠殺之慘狀

某善堂堂夫祝姓，弟兄兩人，其家宅在引翔鄉北首，適當戰區，家屬早已遷避，祗留胆壯兩男子，在家照料，但彼等在滬，時刻思家，冒險回家察看一週，卽行返滬，有一鄰人同行，奔至引翔鄉跑馬塲傍，目見五六日本兵，拘捕三鄉民，兩中年一老者，雙手反縛，押至跑馬塲北面，使之跪地，該日兵等步槍刺刀齊發，三華人卽應聲倒地，旋卽抛棄於近處小浜中，祝氏弟兄等三人，覩狀不敢正視，向前拚命，向租界直奔至安全地點，驚魂始定，據以告人，日人如是之兇橫，暗無人道，至此極矣，又虹口，江灣一帶華人，被敵軍屠殺甚多，慘狀不可以言論形容也，噫，

◉中央也來電嘉慰志勇將士

中執委電云，限卽刻到，上海吳市長轉防守上海各將士勛鑒，頃接戰報，知我軍於昨晚奮勇鏖戰，三路皆捷，殲敵殆盡，等語，查我軍以必死之決心，於暴日犀利軍器之下，節節抗戰，所向無前，維持國家主權，彰明國際正義，捷電頻傳，嘉慰彌深，尙望繼續努力，以竟全功，中央執行委員會梗印，

◉日僑也有悔禍心耶？

連日黃浦路日領署有重要會議，燈火通明，激宵未散，聞在滬日僑，以此次一再增援、仍遭慘敗，匪特不能保僑，抑且併原有之商業，亦淪於萬劫不復之境，家破人亡，痛苦萬狀，紛紛前往日領署質問，深以此次作戰，犧牲鉅大，毫無價值，並言向次中國已忍痛承認各項條件，何以仍須以武力征服上海，領署方面，以人多言雜，應付深感困難，有少數日僑主張上海卽時停戰，日兵撤至租界以內，所有留滬全體日僑，暫時赴南滿一帶經營商業，俟滬市秩序恢復，中國感情較佳，再圖歸滬之計云，

◉虹口日僑狼狽已極

上海之日本僑民，佔數約三萬餘人，計男子爲一萬七千，婦女約一萬四千人，自滬戰發生後，虹口一帶，日僑卽不能安居，昨夜日兵敗退後，流彈橫飛，形勢混亂，日領通知全體僑民，老弱婦孺，一律回國，其年在四十以下十六歲以上之男子，仍須留滬，第一批回國者已有九千人，今日乘照國丸回國者約四百人，今晨長崎丸出口，載有日僑千餘，連日虹口方面日僑婦孺，攜帶箱笼，車馬塞途，面色沮喪，情狀狠狽不堪，其殘餘之日僑，因虹口已非安全區域，紛紛離家，羣往匯山碼頭暫避，多匿居各堆棧中，

◉粵當局每月助十九路軍費念萬元

此間軍事當局決議月助蔡廷鍇將軍軍費二十萬元，（二十四日路透電）

全線砲戰我軍勝利

（二月念五日）

◉吳淞方面戰況

吳淞蘊藻浜方面，自前晚起，敵軍與我軍之陣綫，仍舊隔浜堅守，時或雙方前綫小有接觸，但不十分激烈，惟敵方軍

艦及飛機，曾有數次向我砲台及蘊藻浜一帶陣地轟擊，結果我軍防綫仍不爲動，雙方戰況述之如後，(1)敵艦砲攻無結果　吳淞方面今日敵軍與我軍，仍遙隔蘊藻浜而守，並無十分激烈之接觸，但敵方海軍艦，則於昨晚至今日下午，仍派敵艦三艘，不時向砲台淞鎮蘊藻浜等處開砲轟擊，第一次在晚八時三十分許至十時四十分許，第二次在晨三時至四時四十分，第三次在上午十時至十二時，第四次在下午二時許至四時許，敵艦每次砲轟，均在百餘發以上，當敵艦歷次砲轟，我軍鎮靜異常，死守防地，故陣綫毫無變動，敵軍雖耗費砲彈數百發，可謂一無結果也，(2)紀家橋雙方激戰　今日上午九時許，有敵沅江丸裝載敵兵約五百餘人，自滬駛至糧米站碼頭登岸，敵我兩軍自蘊藻浜至紀家橋一帶陣綫，昨日自晨至午後三時，各處均有哨兵接觸，斷續之炸槍聲，東起西廳，倪家木橋一帶，昨晚七時起，有敵兵二千餘名，用重砲及野砲掩護數次向我軍陣地猛衝，結果，均被我軍擊退，雙方激戰終宵，直至今晨，敵軍始行退去，(3)砲中敵軍指揮部　吳淞方面今晨雙方有砲戰，我方射力甚準，閘張華浜前面敵軍，在淞滬路工塲所設之前方指揮部，被我軍砲彈所擊中，並有參謀一人被擊斃，

◉廟行一帶戰況

敵軍向我全綫猛攻，自二十日以來已歷四晝夜之久，對於廟行方面，更爲激烈，吾方堅守陣地，敵不得逞，乃自今晨零點左右起，用極猛烈之重砲，向我轟擊，拂曉後，又有飛機八九架在天空向我陣綫轟炸，侯家木橋與金穆宅之間，最爲吃緊，午後敵方砲火密集，彈下如雨，吾方爲集中主力起見，將陣綫略爲縮短，亦以大砲還轟，午後敵漸不支，向後移退，吾方則固守原來陣綫，(1)金穆宅殘敵肅清　被圍於廟行鎮金穆宅之殘敵，業於昨午十二時後，經我軍兩面包抄，常塲將被圍之四百餘人，擊斃三百餘人，奪獲槍械三百餘枚，餘敵負傷逃回，嗣敵人又於今晨二時後，得其後援加入，會集殘敵約三千餘人，再度猛力反攻，藉其重砲之掩護，圖衝破我江灣鎮之東北吳家宅左近陣綫，當經我軍奮勇抵禦，肉搏應戰，形勢猛烈，當激戰時，敵機同時有九架飛出助戰，向下紛擲炸彈，惟敵軍因迭遭敗績，已失鬥志，而我軍則前仆後繼，愈戰愈勇，且得六十師一團，捷徑直抄其後，準備斷其歸路，於是敵軍愈覺不支，紛向後退，我軍經後追擊，敵多自相踐踏，是役敵傷亡過半，極爲狼狽，約歷十時許，始得稍事喘息，但敵方又在中午十一時後，再集合其部隊向我軍陣進衝，其時敵兵已多畏縮不前，經我軍與之交戰一小時左右，卽行敗回，午後敵仍時有進攻，但不若前此之激烈，(2)敵分三隊攻廟行　敵軍於今晨拂曉起，繼續前夜戰事，向我廟行鎮東北部進攻，並以飛機十數架，大砲多門助戰，分陸軍步兵四千餘人爲左中右三大部隊，左隊配於陶家灣方面，右隊在侯家木橋與金穆宅之間，向金穆宅推進，中隊則在陶家灣與右中兩隊之間，直向孟家宅猛攻，我軍則以大部隊配於金穆宅與孟家宅前面迎戰，以大砲等向敵猛轟，雙方砲火交加，極爲猛烈，兩軍卽於砲丸之間，從事作戰，雙方肉搏數小時之久，敵軍漸形不支，至十一時許，我軍再接再厲，誓死抵拒，敵死傷達數百人之衆，我方傷亡，未及敵之半數，至午刻，敵右方部隊，略向南斜，擬與中路隊聯絡，被吾軍以猛烈砲火所隔，至下午，敵始敗退，我軍仍守原防，(3)廟行鎮大火　廟行鎮方面，我軍與敵軍抗戰之烈，爲數日來所僅有，敵方兼以飛機助虐，到處

拋彈，今晨七時，敵機飛至廟行鎮，三排九架，在我軍第一道防綫擲彈，當經我軍以高射砲發擊，幾至命中，旋在我軍後方投擲硫磺彈數粒，民宅草舍，遭殃肇焚至夥，火光燭天，烟燄繚繞，達數里外，自今晨七時至下午一時許，灰燼飄至大塲彭浦間，猶未止息，以肇火處距前線密邇，無法灌救，火勢浩大，爲敵機破壞損失之巨，概可想見，誠可痛心，（4）軍政部公佈戰報　路透社二十五日南京電云，軍政部公報宣稱，今晨廟行鎮，我軍因敵軍取猛烈之攻勢，稍向後退，午後反攻，已逐退敵軍，閱鏖戰數小時後，華軍已克復前失之地．

◉敵全軍在江灣崩潰

江灣方面，今日上午，均在砲戰中，日飛機在空中擲彈，間有步槍聲，亦惟步哨與步哨之接觸，至下午六時許，日兵由體育會路天樂寺方面突出進攻，我軍奮起應戰，至晚七時許，敵軍不支，紛向後退，我軍乘勝追逼，楊樹浦方面聞得槍砲聲甚晰，我軍前綫，向前進展，今日下午六時許，日軍於飛機擲彈之後，乘大砲掩護，分兩路重兵，約千餘人進窺我軍防綫，一自體育會路，一沿天樂寺，集趨江灣，並以坦克車前導，我軍即分途痛擊，吾軍除以手溜彈轟炸外，並有大刀隊在前破陣，敵兵被殲大半，乃不支而退，未幾敵軍增援，重又前衝，砲彈密如雨點，我軍砲隊，亦以砲向敵兵陣地轟擊，在鐵道以東，砲火連天，江灣鎮上亦中幾彈，激戰多時，敵軍毫不能得手，至七時許，敵軍愈戰愈衆，我軍突出奇兵，向體育路之敵側擊，敵軍陣線動搖，天樂寺之敵，亦似不支，未幾竟被我軍全部擊潰，我軍在體育會路方面，已逼近跑馬廳，在天樂寺方面，亦有進展，敵軍見陣線危急，乃急用砲轟我軍砲位，亦移進還擊，至十時許，雙方砲轟，仍有加無已，

◉閘北砲戰劇烈

今日下午二時起，閘北方面日軍，仍繼續以大砲向我軍各陣綫轟擊，我軍亦以大砲還擊，日軍砲彈，多落中興路，永興路，共和新路，大統路等處，未有重大損失，中有一彈，落於滬太路普善路之間，草屋內炸死苦力二人，另傷婦孺各一名，日飛機於十二時許，在閘北投彈，致寶興路附近民房起火，我軍用高射砲瞄射，當擊傷敵機一架，天通庵路，八字橋，虬江路等處，日軍仍不時向我射擊，至下午六時，忽起激戰，我軍又向虹鎮進迫，雙方砲擊，竟日未息，各情分誌於後，（1）八字橋之激戰　八字橋方面，日軍於晨間進攻失敗後，仍不時用步槍向我軍防線施射，我軍伏處戰壕，不動聲色，日軍砲隊，雖連用大砲轟擊，但絲毫未動我軍陣線，敵彈多中附近民房，我軍仍予相當之還擊，至下午六時左右，敵軍五百餘人，在暮色沉沉之下，又重向該處我軍進攻，勢頗猛烈，我軍奮起抵禦，雖敵方砲彈密如雨下，亦無畏縮之態，雙方機關槍及迫擊砲，亘半小時未息，此停彼起，想見當時衝鋒肉搏之烈，而我軍又善用手溜彈，故敵軍犧牲者甚衆，至七時許，敵軍屢攻不逞，傷亡相繼，漸覺不支，遂向狄思威路後退，我軍乘勢反逼，至九時許，虹鎮方面，已可耳聞槍砲聲甚晰，我軍向在追擊中，同時楊樹浦方面，敵傷兵有十餘卡車載運，自東往西，（2）天通庵路敗敵　敵攻八字橋後，下午七時許，又有敵兵七百餘人向我天通庵路方面，再度進攻，以大砲鐵甲車，爲掩護衝鋒，機關槍斷續向我軍發射，我軍沉着不應，待敵衝進距離較近，我軍兩旁機關槍步槍，同時並發，先鋒敵軍，應聲而倒，敵之鐵甲車起而衝鋒，我軍以手溜彈迫擊

砲向之轟擊，密集如雨，敵軍極感後退，我軍見機，齊出衝鋒，敵軍不支，稍事掙扎，隨戰隨退，我軍仍固守原防線，旋敵方砲隊大砲又忽轉密，我軍繼起還擊，至十一時許未斷，槍聲轉稀，又入砲戰中矣，(3)虬江路小接觸　虬江路與川公路，以接壤北四川路，故日軍不時以少數兵士，向該處騷擾，但一經我軍還擊，即紛紛退却，晚六時許，日軍又施故技，戰約二十餘分鐘，敵即不支潰敗，此乃垂晚時，閘北方面又聞機關槍步槍聲等所由來也，(4)寶興路傷日機　閘北東寶興路一帶天空，今晨十二時一刻，飛來日機三架，在該處我軍陣地視察，並陸續擲下巨量炸彈十二枚，有二枚當即爆發，致附近民房又起大火，延燒至下午一時三刻，尚未告熄，我方陣線，則絲毫未受損失，我駐防軍隊，即將高射砲瞄準三架中之最大一架，發砲轟擊，彈中該機左翼，在空中連翻斛斗墮地，距該機離地約三百尺時，突然機身向左一旋，復向上飛去，時未傷之日機二架，仍在空中飛翔視察，迨見受傷之一架飛起後，始左右掩護，向公大紗廠方面逸去，

◉我負傷排長談殺敵快舉

日軍侵滬，迭次敗北，欲保持強國聲譽，於二十日集大軍進攻廟行，敵軍屢次猛力衝鋒，卒以我軍神勇殺敵，終不得逞，有負傷連排長開封人常志，語某記者云，我軍在廟行與敵方鏖戰，已有數日，雖敵軍持犀利器械，向我方猛衝，但我軍士卒，人人具必死之心，竭力應戰，結果殲滅敵軍數千，獲戰利品無算，日軍幾潰不成軍，後於昨夜開到大批援軍，一方復收拾殘部，併力進攻，至今尚在激戰中，今晨拂曉，兩方正在肉搏，余即架上刺刀，猛向一日軍腿部刺去，日兵負創而逃，視見在側二日兵迎刃到來，就開放長槍二響，二日兵應聲倒地，嗣卒被身中二彈，一中左臂，一傷胸脯，不支而踣，當經同伴救起，由紅會車送來院醫治，然我已斃敵二人，刺傷一人，志願已足，雖死亦不足惜，如能在短時間內完我體膚，再上前線，多殺幾個敵人，當更爲歡慰，

◉敵軍各種行動

茲有關於敵人各種行動，照錄如次

(一)援軍一師團到滬　大陸報云，今日日兵在匯山與楊樹浦兩區復施行嚴密檢查，其暴橫苛刻，幾與戰事初起時日本浪人與兵士在虹口區內所爲相若，楊樹浦路及附近各路店舖住宅，藉口搜查便衣隊，輒有日兵強入搜檢，蓋以大隊援兵到滬登陸，故嚴爲戒備，據聞有一師團，將於今日午夜以前完全登陸，其人數約共一萬五千名，更有一師團則明後日亦可到滬，今日黃浦大阪與日郵各碼頭均已完全讓空，以便運艦停泊，新兵登陸云，(二)日領署遷入兵艦　駐滬日本總領事村井倉松，鑒於領署左近，時有流彈落下，爲避免危險起見，今已將領署所有重要文卷檔册，運送兵艦，並將重要部份及辦公人員，遷往兵艦辦公，(三)我砲擊中公大紗廠　今晨八時後，江灣方面雙方砲戰，異常激烈，平均每分鐘發六七砲，我軍重砲當擊中楊樹浦公大紗廠二彈，該廠爲日軍根據地，當擊斃日軍十餘名，損害奇重，(四)日本將校相繼殞命　日文日日新聞云，東大隊第一大隊長津村少尉，於今日親赴前線，舉行破壞工作後，佇立陣頭，與敵軍(我軍)相距僅五十米突，忽被敵彈所中，當塲倒斃，又敦賀第十九〇隊行下第六〇隊之山本金之助，今日午前十一時半，任徐家巷之機關槍隊長，方欲赴前線偵察敵陣(我軍陣)時，又爲流彈所害，又大村大隊通信班長東登中尉，彈貫左胸

，不及救治，又伊藤小尉，在管大隊之第一線，爲敵軍（我軍）手溜彈所炸斃，

◉蔣光鼐慰勞傷兵

十九路總指揮蔣光鼐氏，以此次各師士兵，爲國殺敵，不無傷亡，故於今日特發給大批慰勞金，交該師長代爲分發作戰受傷之士兵，當由其師長將該項慰勞金收受，並派該師醫務處長徐靜波，處員朱治臣，於今日上午分赴各紅會醫院，除對各傷兵宣達蔣氏慰勞意旨外，並每人發給慰勞金大洋十元，各傷兵領款後，莫不感謝，並稱一俟傷愈，仍赴前方殺敵，徐氏等至六時始行發畢覆命云，

◉英領白禮南慰問我傷兵

英領事白禮南，偕同某軍醫官，於今日下午三時半，分乘三五三六號一一九三四號汽車，馳往山東路麥家圈仁濟醫院，由院長導入各病房，視察我軍傷兵，見各人志勇之神態，贊歎備至，當加慰問，逾四時始出，

◉衞國陣亡將士遺族撫育會

自一二八暴日侵犯滬境以來，深賴我十九軍將士，忠勇禦侮，誓死抵抗，迭挫敵寇，爲民族國家增光，但爲國捐軀者，數亦不少，爰有海上名流許世英，朱慶瀾，王震，杜月笙，諸人，發起衞國陣亡將士遺族撫育會，募集資金，以慰忠魂而恤遺族，定本月二十七日，在仁濟堂開成立會，茲將該會發起緣由節錄於後，暴日破壞國際公約，肆行武力侵略，既佔據我東北三省，更進襲我上海市區，驅橫蠻陸海空軍，施猛烈砲火炸彈，燬滅我文化機關，屠殺我徒手人民，大盜橫行，中外側目，幸賴我十九路軍誓死抵抗，沐血奮鬥，前仆後繼，迭挫敵鋒，時逾兩旬，鏖寇無算，此不獨爲民族圖生存，爲國家爭人格，實爲伸張公理正義，保持全世界和平，而爲國聯吐氣，在諸將士忠勇犧牲，自有其偉大意義，在民衆崇功報德，應有以安慰忠魂，世英，慶瀾，震，涵之，其采，嘯林，月笙，曉籟，晉等，爰發起衞國陣亡將士遺族撫育會，募集資金，爲衞國抗日陸海空軍陣亡官佐士兵之遺族，分別老幼，撫養教育，俾各全活成立，孝羣力以進行，盡後死者之責任云云，

竹園墩激夜血戰

（二月二十六日）

今晨拂曉，敵沿江灣廟行方面以百餘門重砲，向我陣地猛轟，廟行側面我軍陣綫曾稍退至水車頭，但未幾我援軍趕到，即奪回原有陣地，今日午後二時，敵援軍一師團一旅之衆，全部開到，參加作戰，故沿廟行鎮至江灣鎮我軍陣地，作全綫極猛烈之衝攻，我軍略事應戰，爲避免重大之犧牲，將陣綫之中段稍爲縮短，至今日黃昏時，戰事較爲和緩，我軍兩團調入前綫，利用黑夜，向敵反攻，敵步兵不經一擊，紛紛潰退，我軍遂進至竹園墩，至是敵復集中主力，襲擊小塲廟，我軍乘勝四面抄圍，戰至晚十時，鏖敵一千七百餘名，餘衆突圍敗走，至十一時四十分，敵五千餘人二度來攻，百餘門重砲同時轟擊，我砲隊亦竭力還擊，我軍抱定與之肉搏宗旨，俟其迫近，始出應戰，至今晨六時，敵受重創，全綫總退，我軍追擊至江灣跑馬塲而還，今晨六時後，前綫異常沉寂，砲聲全停，今日上午十時二十五分起，敵又發重砲，惟極稀緩，據軍事家推測，敵受重創後，又將變更戰略，預料今日午後或將劇戰，但我軍亦有新計劃，佈置極爲周密，敵雖兇頑，決不得逞也，

◉英航空軍官願投效中國

◉倫敦晚報載稱飛機駕駛員若干人其中有曾任航空軍官者，均願投效中國航空隊，中國政府若允其請，此間并不正式與聞，但予便利，俾得前往中國充任教練官或充任戰鬥及轟炸飛機之駕駛員，（二十五日哈瓦斯電）

◉廟行江灣戰況

今日廟行及江灣方面，雙方無甚重大接觸，僅有大砲互轟，我軍所發砲彈，多中敵軍後方，敵方則仍用巨額大砲，向我廟行陣地轟炸，但未有重大損害，惟廟行前里許一帶田地，經敵軍兩日夜砲擊後，已無一片乾淨土，砲彈所炸窟洞，恰似蜂窠，我軍陣綫仍完整無變動，江灣我軍前綫，在距跑馬廳二百碼處，江灣車站及江灣鎮，仍在我軍手中，仍無變化，雙方步哨，不時槍擊，但未有激戰，共戰況如下。（1）敵重創後一蹶不振　日軍於昨日藉援軍之助，於下午二時，六時，及十一時許，接續兩次，自廟行以迄江灣，全綫向我總攻，被我軍歷次擊退後，其方調前綫之第十一師團損失甚重，尤以小塲廟竹園墩受創最巨，當我軍進逼時，幾已失其戰鬥力，故今日敵軍陣綫甚爲沉寂，想又另謀變更戰略矣，今日上午十時廿五分起，敵方以大砲猛向我軍轟擊後，我軍亦起還擊，至十一時許，敵飛機在天空偵察，並在大塲及廟行投擲炸彈，我方高射砲瞄射不息，因此砲聲甚密，江灣方面亦有日機投彈，敵方步哨不時以步槍向我軍施射，我軍沉着不應，敵恐中計，乃旋息，惟雙方砲轟，有加無已，我軍前綫兵士均伏處戰壕中，以敵軍始終無動靜，故亦不予追擊，鞏固防務，敵砲轟至下午五時許，漸趨平息，晚十一時，沿各該綫未有發生戰事，（2）廟行江灣敵軍陣綫　據我軍某中級人員談，敵自攻江灣不得，改攻廟行後，現在攻廟行之敵軍，已被殲滅，外間屢傳廟行頻危，江灣失守等等，盡屬謠傳，總之我軍決與死拚，即剩一兵一槍，亦與抵抗，現我軍自廟行以至江灣一帶防綫，迄無變動，江灣廟行兩鎮，仍在我手，最前綫已越竹園墩，小塲廟，孟家宅，金穆宅，敵軍最前哨兵在白漾宅周家宅粱印宅云云，又據他方消息言，敵在白漾宅以東，軍力達二萬四千，在江灣跑馬廳以北，粱印宅以東，確有第十一師團之步兵約九千名駐守，（3）敵坦克車全失效力　敵自以鐵甲車坦克車作侵略工具後，不料連戰皆北，且蹈中我地雷，燬壞十餘輛，因之該項車輛至今，已專作砲壘之用，每輛外圍沙包，盤踞戰塲要隘處，不復再作衝鋒陷陣，其亦自知龐然笨重，燬去一輛，損失甚大，故兩日來敵攻竹園墩，小塲廟，趙家宅，水車頭，等處，已屏棄不用，蓋該處地爲低，窪泥土潮濕，港汊紛歧，尤爲坦克車鐵甲車所忌者也．

◉閘北雙方砲戰

閘北天通庵八字橋一帶，日來戰事，較爲沉寂，前夜吾方集中砲火，向敵猛攻，敵軍憑壕頑抗，雙方激戰甚烈，至今日拂曉，敵始不支而退，我軍除將前哨綫移進外，並不窮追，至下午五時，敵又反攻，但人數不多，僅用大砲轟射，我方亦以重砲還擊，雙方激戰約一小時，敵因進攻失利，即向後退，不敢再衝，至晚八時半起，敵又用重砲轟我陣綫，或斷或續，亘數小時之久，毫未得手，直至今晨半時左右，尙聞斷續之砲聲，又路透社消息，閘北方面華軍，今晨對日軍防地，開始猛烈砲轟，迄今砲聲已逾一小時之久，現日

軍防綫內某處中砲起火，現尙在燃燒中，預料華軍將利用夜間對日軍開始攻擊，因閘北日軍，已大多數調往江灣，守兵頗爲薄弱，現華軍尙未對日領館及日旗艦砲擊云，

吳淞要塞方面，敵艦於昨日曾有數次，向我開砲攻擊，今日上午，敵艦十餘艘，均停泊三夾水外，並未開砲，惟至下午漲潮時，有三艦向我輪流開砲，潮落時，即行停止，蘊藻浜方面之侯家木橋紀家橋一拖帶駁船二艘，裝載敵兵四百餘人，及大批軍用品，由滬駛至糧米碼頭，敵兵登岸後，即行轉道開赴火綫，該方面戰事起後，至下午益形劇烈，截至下午三時許，雙方尙在相持中，其戰況如下，(一)敵艦漲潮時進攻　淞口三夾水洋面，現泊有敵艦十餘艘，距離砲台火綫甚遠，即日該敵艦等，未向砲台攻擊，惟每逢平潮時，即派敵艦三艘，向淞鎮輪流往來發砲轟擊，一俟潮落，即行退出口外，張華浜附近浦中，現無敵艦踪跡，又據今日由淞來滬士兵稱，吳淞昨日早八時起，停泊於三夾水洋面，日艦十三四隻，頻用大砲轟擊，直至今晨尙未停止，白晝且有飛機亂擲炸彈，我軍咸伏戰壕中，待其逼近時始還擊，實則與我軍隊毫無損失，而民宅市屋盡成瓦礫，竟無一間完整，其砲彈大部來白口外，小部則來自浦江內，所停敵艦上者，今日敵有一運艦，載敵軍約千名，又在張華浜東北企圖登岸，當被守兵擊退，至少死傷，亦須在五六十人云，(二)今晨敵攻泗塘河　今日吳淞蘊藻浜之正面，兩軍仍隔河對峙並無接觸，沿南泗塘河之侯家木橋，紀家橋（侯家木橋距吳淞十八里，係江灣境，紀家橋距吳淞十里，均係寳山縣屬楊行境，一說胡家莊，）等一帶，敵軍於今日上午八時許，突增

我空軍與敵機在杭州大戰

今晨杭州空戰公報云，今晨黎明後，日轟炸機一架，追逐機十二架，共十五架，忽飛至杭州，中國飛機十架即與迎戰，另有飛機多架未及飛起，日機即擲下炸彈，損中國訓練機二架，運輸機一架，推所傷甚微，可早修竣，當日追逐機十二架與我機交戰時，日轟炸機三架即逃去，戰僅十分鐘，日追逐機亦向上海逃去，我駕機員五人受微傷，敵一機落於杭州灣附近，機身已毀，機師亦斃命，

飛機隊長黃毓全此次奮勇作戰以身殉國上圖係黃君于一月廿日與胡女士結婚時所留之紀念攝影

Captain Harry Wong (Wong Guk-Toon), an experienced aviator in China who gave up his life for his country in the fierce air battle near Shanghai Feb 15. above is a photo taken on Jan. 20, shortly after his marriage to Miss Slyvia Ho. teacher of St. Hilda's Girls College, Canton.

派重兵，向我軍陣地進攻，同時並有敵機六架，擲彈助戰，我軍在該方面築有堅固戰壕，兵力亦至爲充厚，故敵軍砲火雖猛，頗能應付裕如，張華浜附近一帶敵軍陣地內，已不若前數日之沉寂，敵兵均異常忙碌，三兩成組，由淞滬鐵路運輸軍實送往前綫，

◉我軍連擊落敵機兩架　廟行鎮方面，今晨敵機飛來多架，繞空片刻，偵察我軍防綫，旋卽向東南飛去，至十一時後，敵機復有八架飛至，先後在廟行鎮防綫及後方投擲炸彈多枚，我軍以敵機飛來目的在施行破壞，故用高擊砲等發射，結果於十一時半敵機被我擊落一架，又據大塲來客云，今日下午二時半，敵機一架，向西南向大塲境飛環，擲爆烈彈二，墜後均經炸烈，未有禍殃，同時我軍以步槍及鋼砲對準敵機射發，亦擊下一架，機落滬太汽車路餘慶橋東北角田野間，

◉我軍奪敵鐵甲車如探囊取物　某君今晨赴傷兵醫院視察，晤一甫由前綫負傷歸來之章連長，述及我軍截獲敵人鐵甲車之絕技，頗饒興奮，爰錄之於下，（以下皆章連長語）當戰事開始之初，敵軍常利用最堅固之鐵甲砲車，現爲攻擊我方陣地之唯一利器，時常成羣結隊，掩護步兵衝鋒，狼奔豕突，狀至可畏，然我軍不見該車猶可，一旦見其駛至，猶貓之見鼠，獵人之見野獸，必多方設法，將其截獲而後已，某次，余正擔任江灣路防綫，天將昏黑，敵用三輛大號鐵甲車向我陣地猛撲，後隨敵步兵約八百餘名，車上機槍如雨，左右橫射，來勢異常猛烈，我軍初用機槍應戰，繼以小鋼砲，奈敵軍不動毫末，仍然繼續挺進，當時敝團團長卽下緊急命令，臨時召集决死隊六十人，奪取敵方來車，詎應聲躍出者，竟有一百五十餘人之多，團長異常滿意，亟命七十人爲先鋒，其餘八十名充後援，以十人爲一隊，完全用手溜彈及重磅炸彈，團長遂下令先奪取敵左翼一輛，一面命令正面及右方拚死抵抗，於是此七小隊健兒，分七次衝殺，時敵軍之機槍更猛，未及五分鐘，前四批之四十人已犧牲殆盡，而最後之三十人，蓋已衝至敵軍附近，炸彈齊下，敵車後輪被毀，引擎同時失效，於是敵人及車輛一併被俘矣，當時充任後援之八十人，見同儕首建奇功，遂亦不待發令，將正面之一輛奪獲，僅犧牲二十餘人，右方一輛，見勢不佳，倉皇掉頭逸去，若再緩須臾將完全奪獲矣，自僅此一役後，事後又如法奪獲數輛，敵已傷膽亡魂，故現在敵人對於鐵甲車之使用，已不敢輕於嘗試矣，

◉美飛行家蕭脫靈柩將運回安葬　大陸報云，美飛行家薛脫，星期一在蘇州駕機，被日機三架圍攻殞命後，美領事當道，刻正設法將其靈柩運回美國華盛頓泰科瑪故里安葬，據稱，若薛氏遺骸可以運輸，則將由蘇州運滬再行送歸，現在美國之中國各公團已發起豎立紀念碑，以資紀念，而慰忠魂，此碑大約將立在薛氏身殉地點，又日總領事村井，昨日曾致函美總領事克寧瀚，略謂日外交當局公布消息，及大陸報泰晤士報載稱，本月二十二日下午，美飛行家薛脫中尉於蘇州乘一中國飛機，與日海軍飛機在天空作戰，薛氏射殺日海軍小谷中尉後，亦中彈墮地等語，倘此訊果確，應請貴總領事加以注意，設法避免將來再有同樣事件發生云云，國民社二十五日華盛頓電云，美國務院官員，今日評論美飛行家薛脫在蘇州殞命事聲稱，美國不能禁止其人民入伍外國軍隊，現聞此事，國務院猶未接到上海美總領事正式報告，又據此間表示美國固不能

禁阻其人民加入外國軍隊，但若既經入伍之後，則不能同時認爲美國公民云，

◉**熊希齡撫卹衛國將士遺族電** 熊希齡致十九路軍將領電云，上海第十九軍蔣蔡戴各司令均鑒，貴軍將士，爲國家保領土，爲民族爭人格，奮勇殺敵，捐軀赴死，極深敬佩，希齡現電朱子橋將軍諸公，擬集社會資力，共商撫恤遺族辦法，凡殉難將士之父母兄弟姊妹妻子，無力贍養者，均爲設法照料，其無父母之子女，則盡收入各慈幼院，及其他孤兒院，爲之教養，以慰忠魂，而勵將士，尚乞轉告前敵將士，力捍強敵，保衛疆土，其所有父母兄弟姊妹妻子之撫恤，均爲國人後死者之責，決可使其放心瞑目也，所有陣亡將士姓籍住址，請飭軍書造存表册，隨時見示，無任感禱，北平香山慈幼院院長熊希齡叩，眞，

敵艦攻我獅子林砲台 敵援又到一師團

（二月廿七日） 敵軍自向廟行江灣等處，總攻以來，集中火力，連戰兩日，屢戰屢北，其主力軍隊，實已疲乏不堪，一面向其政府乞援，一面特以飛機，擾我各地，及至今日，該處已無劇烈戰事，時有稀疏之槍砲聲，聒人耳鼓而已，但其十四師團已有六千餘人運到，餘陸續到，大約敵俟援軍到齊，全綫將有大戰也，

◉**吳淞方面戰況** 敵軍自偷渡蘊藻浜一役遭受鉅創後，對於吳淞之企圖，已不敢輕於嘗試，近數日內，乃集中主力，側重江灣大場方面，始則以步兵肉搏，但被我軍包圍，復遭重創，遂不惜以數十重砲，竟日澈夜，不斷猛轟，終因我軍天賦神勇，敵絕鮮効果，非獨毫無進展，並且連連敗北，敵司令植田勢成騎虎，迭電乞援，冀挽頹勢，聞今日吳淞口外有十餘艘大批日艦，專待各國商輪進口，卽可藉作掩護長驅直入，而所載援兵，約有六千餘名，現敵艦前後共達三十餘艘，聞敵現將再變戰略，又將重視吳淞矣，茲將詳情，分述於下，(一)敵又將變戰略 據可靠方面消息，敵軍業已變更戰略，在江灣及廟行方面之敵兵，於今日築成牢永久之壕溝及砲兵陣地，決用重砲轟攻我軍，一面將全部敵軍，調赴泗塘河，與蘊藻浜間，自侯家木橋至紀家橋一帶之我軍陣地進攻，其目標爲楊行鎭黃家宅等處，俾斷我淞滬之聯絡，一方用大隊敵艦，進窺我淞口南北兩砲台及獅子林砲台，以爲牽制，故侯家木橋一帶，自昨晨起，以至今日下午，雙方激戰，迄未稍休，大砲聲與機關槍聲，在吳淞張華浜方面聞之，異常清晰，至蘊藻浜至黑橋正面，敵我兩軍，仍隔河而守，戰綫一如開戰之初，至今絕未變化，(二)敵艦轟獅子林 今晨七時半，敵艦二十餘艘，集中於瀏河寶山間海面，同時以飛機七架，集中砲火，向我獅子林砲台轟炸，我軍沉着應戰，亦時發砲還擊，至十一時二十分敵機飛去，而砲轟如故，掩護敵軍，圖在砲台灣登陸，俟至相當地點，停止砲擊，我軍是時乃以機關槍及迫擊砲向敵射轟，多命中，敵艦亦開砲猛擊，混戰至下午二時許，尚未停止，其所投炸彈，多爲二百五十餘磅之重彈，但我方要塞佈置極週，敵投彈雖多，大半均陷入淤土，失爆炸力，(三)敵軍運輸忙碌 今日敵艦一艘，自口外至蘊藻浜往來，開砲轟攻，直至十一時許方始退出口外，敵機等嗣亦沿蘊藻浜向西而去，張華浜方面之敵軍，今日情勢觀察之，約有七八百名兵力仍極單弱，均以兩三人爲一組，伏匿於各處墳山間，張華浜海軍醫院

起至鐵路小學間之軍工路上，停有敵鐵甲四輛，今日上午十時許有敵卡車六輛，滿裝子彈及軍用品，自揚樹浦方面，駛至張華浜卸下後，即用火車頭拖帶煤車一輛，將該項子彈沿分路輸送前方云，(四)敵船擊沉三隻　今日上午十時許，張華浜糧米棧碼頭等，兵二百名餘，分乘鐵甲駁船四隻，藉依周塘以掩護，沿塘駛至蘊藻浜口，希圖偷渡，當被我方外馬路駐軍覺察，即用陸戰砲轟擊，敵船一時欲退不能，當塲擊沉三艘，敵淹斃約一百五十餘名，其最後之一艘，急轉舵避入塘邊，急駛逃去，是役敵軍生還者僅五十餘人，我方未傷一卒，(五)蘊藻浜敵縱火　今晨八時許，某記者赴大塲視察時，見東北方黑滔冲霄，細辨方位，知係吳淞附近，多方刺探，始悉敵於慘敗之餘，無聊已極，祕密派遣漢奸便衣隊多人改扮良民，偷渡蘊藻浜，潛至各村落，肆行縱火，於是刼中居民又遭一炬，自昨晚至今晨，迄未稍息，加之風伯助威，施救無人，故延燒更烈，在本埠較高之處，即可遠見黑烟冲天，

◉閘北中興路一帶大火

今日，閘北方面日軍，自晨至晚，全用大砲，向天通庵路，中興路，青雲路，公興路，等處轟炸，發生大火數處，竟日未熄，入晚七時起，天通庵虬江路方面日軍，利用少數兵士，不時向我軍偷襲，均被我軍用機關槍擊退，敵飛機於下午四時許，被我軍擊遁，砲轟至下午六時許平息，(一)入晚敵偷襲擊退　今日下午七時許，日軍於砲擊後，即撥派少數步兵三四十人不等，向虬江路，天通庵路，我軍防綫偷襲，我軍伏處戰壕，沉寂不動，日軍意爲我軍已被其砲火逼退，乃仍摸索前進，約距我軍陣地百碼左右，我軍機槍突起，日軍當者盡靡，未幾又來又遁，如是者三四次，嗣後日軍見無隙可乘，乃停止進行，惟仍不時用步槍遠射，我軍亦還擊，此今晚零落槍聲與片斷機關槍聲之由來也，(二)中興路竟日大火　日軍自昨日起，因步兵接觸，非惟不能越我雷池一步，反致喪兵折將，故改用砲轟及飛機擲彈，但結果仍不能損我分毫，今爲敵軍施用此計之第二日，於上午五時起，即用大砲，向天通庵及閘北轟炸，同時日飛機三架，亦在閘北等處，空中盤旋投彈，中興路中興里，於今晨五時先中敵機炸彈二枚，繼中硫磺彈，立時起火，先僅在里中延燒，旋因天風助威，乃漸延及鄰屋，同時敵方砲彈紛飛，墮地爆炸，更助火勢延燒至午，已將中興路對宇房屋，全付一炬，未幾鼎元里亦累及，入晚已焚及大半，火勢尚有增無減，遠望滿天通紅，正不知伊於胡底，火勢正向西延，九如里已在垂危中，日兵之殘酷行爲，實人間之魔鬼，天通庵路

我軍戰勝時奪獲日軍旗一方

Japanese flag seized by Chinese Troop

附近之公興路，於晨間起火後，亦竟日未熄，至晚間十二時，仍見火光，黑烟瀰漫，火勢不下，中興路，兩處損失，不計其數，

◉江灣廟行砲聲稍稀

廟行江灣間戰事，敵自昨晨總攻失敗後，乃利用飛機大砲，不時向我威嚇，同時以少數步隊，擾我陣綫，自今晨起，迄午夜止，全綫沉寂，並無劇烈戰事，今日午后四時後，江灣方面，砲聲復起，但極稀疏，我軍以敵方徒費子彈，並未還擊，(一)沿途敵屍縱橫　大塲全鎮，於昨日被日飛機投擲巨量炸彈一枚，立即爆炸，全鎮房屋，炸毁十分之七，已成一片焦土，幸民衆均已避走，暫時躲身於附近各鄉村中，今日廟行，趙店宅，竹園墩，孟家宅，大沈宅一帶，日軍大敗，沿途各田地上死屍堆積，血流成渠，除在我軍火綫上之屍身，於今日下午旁晚時，由日軍拖至鐵路附近，裝入大卡車上，運往楊樹浦及公大紗廠者，共計有四十八車之多，約計足有二千餘名，沿途血跡淋漓，獨目皆是，尚有手足擊壞，氣息未絕者，亦均一併拖去，(二)敵司令部又遷移　據確息，日軍總司令部今又移入乍浦路中某廠內，公大紗廠專藏大宗軍火，前所雇用江北人二百餘名，現在前綫，專任引導之職，每日每名給洋十元，

◉日軍護僑反害僑

大美晚報云，自一月二十八日夜間起，迄於今日，在華日僑回國者，共有一萬五千人，上海一處，約在一萬一千人以上，故僑寓上海之日本平民，在未滿一月之中，幾減去半數矣，此似爲對日本武力自衞表示感忱之別開生面的方法，假使絡繹回國者，爲英美法意平民，而日人獨安居此間，則至少可現出健全之外表，蓋賴作戰之日軍保衞租界，得免遭華軍攻入也，但吾儕外人平民今皆安居租界，以不願意之態度，靜觀武裝之日人喋血作戰，非武裝之日人挈眷回國，若此爲保護與自衞的結果，而使日僑失其生活，失其安全，甚至失其在被保衞區域內，棲身之地，吾人深信此輩回國之日僑，至少心中當起一種感想，即少作一分侵略的保衞，可使羣衆多享一分幸福，即本報亦同具此情感也，

編者按，日僑在上海總數，不過三萬餘人，現已回國半數，所存留者至多不到二萬人，現日政府竟派十餘萬大軍來保護二萬僑民，如英美法各國皆仿日本辦法，上海豈不是變成兵之世界，眞爲野蠻世界矣，

◉漢奸竟願意做東洋孝子

滬西中山路後面，今日午後，有身穿孝服後隨白坯棺柩一具，扛抬而行，手持哀杖，形似出喪模樣，詎被該地駐軍窺破形跡可疑，喝令停下，詎扛棺之人聞聲後，膽戰心驚，飛奔逃逸，當由駐軍開槍數響，追獲一人，據供係由口處交伊等扛至眞茹，每人工洋三元，經駐軍將棺劈開，檢視棺內所藏，係槍械子彈，當即連人贓一併押回司令部核辦，

我軍戰容依舊

(二月廿八日)

◉吳淞民房遭殃

某記者於今日上午九時，附乘小輪，循浦江至淞，視察該方面之戰況，道經楊樹浦路底時，見有敵軍灰色水上飛機第四十六號，及第四十二號，兩架，浮泊浦面，過此，則見有敵驅逐艦第十五號兩艘，及第二號一艘，銜尾停泊，直至滬江大學前面，該校附近敵軍飛機塲上，有灰色及白色

敵機，約四十餘架，停於塲之兩端，時起時落，塵土飛揚，塲之中心，張有營幕二十餘座，敵兵人影幢幢，似極忙碌，小輪駛過剪淞橋，見水電廠附近軍工路上，停有敵鐵甲車二輛，十時半許，輪抵張華浜，自滬江大學至張華浜中間，未見有敵艦之踪跡，張華浜糧米碼頭，泊有敵黄色運輸輪一艘，敵兵四五百名，及軍用品，正在該碼頭起岸，蘊藻浜中國鐵工廠方面，正在火光熊熊，不可向邇，記者旋在張華浜對江之三叉頭港上陸，詢諸該處鄉民，據稱，昨日下午五時許，有敵艦四五艘進攻砲台，不久即止，昨晚至今晨，未有戰事，即侯家木橋及紀家橋方面之槍砲聲亦寂然不聞，惟在吳淞口外之大隊敵艦，統夜照射探海燈，電光多至二十餘道，蔚為奇觀，今晨六時許，有敵艦二艘，駛進淞口，該二艦行駛甚緩，經過淞鎮前時連開五十餘砲，向淞鎮我軍轟擊，我軍當亦開機關槍，向敵艦還攻，旋敵艦開過蘊藻浜口後，即行疾駛，向滬而去，今晨九時許，有敵機三架，自口外飛起，在我軍各處陣地環繞數匝後，在蘊藻浜一帶，擲下炸彈數枚，有一彈墜中中國鐵工廠，頓即爆發起火，焚燒甚熾，記者後在該處，略進飲食，至今日下晨一時許，有敵艦六艘，自口外駛至三夾水即開砲，向砲台轟攻，我砲台守兵，遂亦開砲，向敵艦還擊，雙方互轟，達二小時之久，總計數艦接連開砲一百二十餘發，但對於我砲台損害殊微，直至三時許潮落，敵始退出口外，記者遂亦離淞返滬，中國鐵工廠之火尚在焚燒中，當小輪於四時許，駛回至虬江橋時，見有卡車四輛，滿裝軍用品，沿軍工路，自南向北而去，又日艦砲擊吳淞，民房之被燬者頗多，寶山東門內楊王廟後面，趙江生家房屋數間前晨被燬，楊行東市居民汪瑞三家廂房及正屋兩間，南首小朱家宅鄉民朱應堂家平屋數間，均於昨日午後被炸彈炸燬，以上數處，幸均未傷人，據目睹之某鄉民談，彼自吳淞開戰以來，所見日彈頗多，而爆炸者甚少，落於田野未爆之彈，彼已司空慣見，毫無所懼云，

◉閘北大火兩日未息

今日閘北方面，日軍仍以飛機三架，於清晨在閘北一帶投彈，結果，虬江路公興路又成一片大火，入晚未熄，下午四時起，雙方重又砲戰，至五時許，敵以少數兵士，向我八字橋青雲橋方面進攻，均被我軍以機關槍擊退，同時我軍前綫，已進展至淞滬鐵路北面，情形分誌如下，(一)八字橋我軍敗敵　日軍於今日下午四時左右，繼續利用大砲，向我八字橋方面猛轟，約二十餘分鐘後，即見三百餘名敵軍，前來進襲，我軍即開槍射擊，敵軍手提機關槍，亦應聲而發，未幾，敵軍如潮至，我軍亟以機關槍掃射，敵軍即退卻，惟先鋒部隊已死傷六七名，旋敵軍見我軍機關槍停止射擊，乃又捲土重來，我軍再接猛擊，但敵軍後方接應而進，我軍即出壕應戰，雙方互以手溜彈步槍機槍放射，激戰良久，敵軍不支，我軍急切進逼，敵乃潰退，我軍奮起追擊，直至劉家橋，始停止固守，(二)青雲橋陣綫進展　當日軍進攻八字橋後，青雲路青雲橋方面，敵軍於五時許，亦有大部隊，向我進攻，約有六七百名左右，我軍應戰後，即予猛攻，因此敵軍倉皇，正擬四散時，已為我軍左右包抄，敵恐受圍，亟亟後退，我軍乘機追擊，向天通庵路挺進，敵紛向淞滬鐵路南面逃散，入晚，我軍前綫，已進展至淞滬路北面，憑險扼守，(三)大火災兩日未熄　閘北中興路中興里，於昨晨被敵機拋擲燒夷彈，致纍焚如後，至晚該路已完全付之一炬，同時虬江路東端，已被延及

，至今晨始稍殺，但餘燼仍在焚燒，至今午日機重在該處投彈，因此死灰復燃，大火再起，至下午五時許，鼎元里已全部被火，其勢甚烈，正漸向西延，同時公興路光裕里，亦焚燒正盛，光裕里左右鄰屋，已被燒及，該兩處大火，已連成一片，歷時二日一夜，至今晚八時許，漸見平熄，

◉江灣成爲砲火焦點

敵軍自變更戰略，以全力進攻我江灣方面後，因我軍猛烈抵抗，每次進攻，終不得逞，乃利用大砲數十門，飛機數十架，日夜向江灣鎮轟炸，亘三十餘小時之久，希圖毀壞我軍陣地，但結果仍告失敗，惟鎮上民房，則因此焚燒殆盡，全鎮幾成一片瓦礫塲，而鎮上尚未逃出之無辜居民，多被炸死，屍積如山，臭氣逼人，不堪久耐，尤以附近河水，愈形惡濁，我軍爲安全起見，於二十六晚間九時，暫行離去該鎮，卽將陣綫移至附近防守，然敵軍以我方嚴陣以待，仍在該鎮東面一帶窺視，膽怯不敢前進，至二十七晚間，敵軍曾派少數哨兵，乘黑夜偷入鎮內窺探，當被我軍察覺，立卽開放機槍擊退，嗣後敵方均隔鎮而守，故江灣鎮上，現實爲兩方火綫之焦點也。又昨日下午三時四十分起，敵又以少數部隊，向江灣以南之楊家樓衝擊，當經我軍奮勇擊退，但我軍以戰略上便利關係，現均在江灣稍西地方築防，敵以爲我軍詐退，不敢遽進，直至今晨七時，敵用飛機先將虛實探明，復用巨砲轟擊，直至近午十一時，始前進至萬倉橋，其時我軍早已準備完竣，猛烈迎擊，敵不支，後退數十碼，敵軍進抵鎮上，因防我伏軍，留匿民宅，故將所有房屋，盡行縱火焚燒，烟焰之烈，較昔在寶山路焚燒時，尤爲猛烈，午後四時五十分某記者在滬太路東望，見火尚在延燒中，至於萬倉橋之敵，被我擊退後，遂在附近紛紛築防，午後二時，復用小數部隊，向江灣北面之嚴家宅，與江灣南面之楊家宅，舉行偷襲，但均以我防地鞏固，不能得手而退走，三時後，偶有槍聲，均爲雙方哨兵所發出，戰時並不十分激烈，現我軍防線，北自金穆宅起，南迄楊家樓止，已成一直綫，憑四塘及俞涇作戰，防護較前更爲嚴密，又訊云，今日上午江灣以大砲及飛機十餘架，向小塲廟與嚴家宅一帶轟炸，至午砲火始止，旋敵千餘，由大沈宅及周家宅一帶，向我進攻，我軍奮勇衝殺，將敵截成兩段，致首尾不相應，卽行退卻，於下午一時許，被我軍包圍，混戰歷二小時之久，敵軍被我解決，截至下午四時，該方面又有砲戰，又訊，昨晨八時四十分，我軍團長華兆東據報，有日軍第九師團第十九聯隊日軍約六十餘人，在孟家宅附近，偵察我軍防地，當卽派軍從水電路抄出包圍，激戰約一小時，卽將敵軍全部殲滅，無一生還者，並奪獲手溜彈三箱，步槍數十枝，入晚十一時許，江灣一帶，又有機關槍聲甚密，歷一小時始見虛微，惟無大砲聲，想見該處並不劇烈，僅步哨衝突而已。

◉西報論日本財政窘狀

大陸報云，日本侵略東北，業已五月，在滬軍事行動，亦經一月，其目前之經濟狀况，大可一加研究，以覘其在華戰爭究能支持若干時，惟於日本財政力量，欲有相當之了解，必須回溯歐戰以來之財政經濟情形，歐戰之於日本，一般人多已承認有害而非福，日本在歐戰期內，獲得空前之繁榮，公家歲入，遠過支出，國庫積盈，不下日金六萬四千萬元，而日政府在國內外之信用，亦正如日之方中，月之始滿，迨一九二一年以後，戰時之繁榮，乃漸露衰竭之象，繼以一九二三年大地震，政府財政，遂開始如江河

之日下，無一年不有鉅額之虧短，至一九三一年下半期之初，庫積儲，耗用既盡，而所募公債，自一九一三年以來，又增至二·四一七·六九七·〇〇〇元，至政府負債總額共達日金四·三七八·五九三·〇〇〇元，日本公家財政既若是窘迫，而人經濟，又復每況愈下，自一九二一年來，貿易入超平均歲達日金三八〇·〇〇〇·〇〇〇元，雖有航業收入與外國游客在日消費，以及海外僑民匯歸款項，海外投資收益等種種無形收入，可爲入超抵補，然至一九三〇年終十年之間，日本應找付國外之款，竟共達日金三·一八九·〇〇〇·〇〇〇元，一九三一年日本輸出，更形減少，而自九月十八日日軍閥始侵犯中國東北主權以後，其銳減狀況，愈益顯著，查最近五年間，日本輸出額平均歲約日金二十萬美元，一九三一年僅十一萬四千七百萬元，約減八萬五千萬元之鉅，迨最近五月，輸出更減，平均每月不過值日金七千五百萬元，反之一九三一年上半年，則平均月值一萬萬元，且同時航業既告停頓，在華投資，又不復可獲利息，日僑不能匯款回國，游客貿易，亦大受影響，種種無形收入，咸見銳減，夫以其輸出若是之減少，每年不足日金十萬萬元，加以無形收入之意外短絀，誠令人不解，照此情形，如何能應付國家歲出，十五萬萬元之鉅費，此所以日政府於一九二九年以來，卽不能均衡其預算也，日本公家財政於私人經濟之窘迫，既如上述，而目前之日金匯價，更可證明其形勢之嚴重，當一九二二年頃，猶在戰時興盛之尾期，日本在國內外存金共達日金二十二萬萬元，洎乎去歲東北事起，未及三月，卽已廢去金本位，今五月之後，其存金已減至四萬三千萬元，僅及一九二二年存額五分之一，滬戰發生以來，東京每次派兵來滬，日金匯價輒低數傍晉，去年十二月上半月，日金百元猶值美金四十九元半，本年一月二十八日，降至美金三十七元，目下祇值美金三十元半，是日政府無法阻止鈔票之貶價，而日鈔正步盧布馬克之後塵，事實如是，無可否認，日本人民，獲有此種迅趨破產之形勢，誠應感謝其軍閥之不顧世界輿論，與人民負担能力，而依然侵略中國，使時局益形深刻，近日東京電訊，日政府預計繼續上海軍事行動至三月底止，又核准軍費日金二千二百萬元，所有上海作戰軍費，迄今共達日金五千六百萬元，且據最近消息，日本更將續開大軍來滬，則戰事延長，戰區擴大，其軍費亦必更見增加，觀於前述總計，苟稍事研究經濟學者，對於日本出席國聯總代表佐籐向德報記者所稱，「倘東三省與上海之衝突，不能化爲地方事件，日本將損失一切」之語，自不能不表同意焉。

◎救國聯會舉行抗日血戰週月紀念

各團體聯合會，今日上午十時在八仙橋靑年會，開上海抗日血戰週月紀念大會，追悼抗日陣亡將士，並請十九路軍第五軍代表報告作戰情形，會場空氣，極爲哀壯，主席團胡庶華，褚輔成，馮少山，主席報告開會宗旨後，各軍師代表報告作戰情形，十九路軍代表，(范其務報告)作戰經過云，倭寇塗毒上海，已經一個月了，此一個月中，我們武裝的將士們，在前線犧牲生命，姑且不說，而我們的男女老少同胞的生命財產，犧牲在倭寇的陸海空軍槍砲爆彈之下的，現在更無從計算，亦卽倭寇的罪惡，無可勝計，去年九月十八日倭寇乘我水災匪患最烈的時候，突然刦奪了我們的東三省，上月的今天，倭寇又以防守京滬的第十九路軍，也是持不抵抗的，卽使抵抗，亦不過二三個鐘頭

，不料這一個月當中，倭寇的兵艦四十餘艘，飛機一百四十餘架，陸軍一師一混成旅，海軍陸戰隊五千，商人便衣隊，坦克車野砲聯隊，重砲聯隊，日夜猛攻，毫不得逞，所以每日是告急增援，鹽澤不行，更以野村，野村不行，更以植田，植田不行，又說要更以菱刈，要更以白川了，驕橫殘暴，目空世界之倭寇，今亦舉國惶惶了，至於十九路軍，第五軍，稅警團，軍火雖不如倭寇利害，但有的是保衞國土的良心，從二十日起，縱然敵人的砲火更烈一些，我們亦惟有將血肉之軀，與之搏戰，（范處長報告至此，沉痛已極，熱淚奪眶而出，聽衆泫然涕泣。）將士的犧牲，是盡責任，爲國家，爲正義，爲人道，在這一個月中，賴我黃宗炎祖的靈佑，暨民衆的援助，把民族的精神，略略的表顯了，但是我們仍然要拚命的殺敵，至完成衞國衞民的責任時休止，請各位先生們團結一致，作長期抵抗倭寇的準備，第五軍張治中代表，（王學韜報告）最近作戰情形，事實與連日報載相同，（從略）並云以步槍射飛機，雖非所用，但我軍居然奏效，亦可見我軍之忠勇云云，次八十八師俞長代表參謀，（項方強演說）（一）本師參加討倭意義，（二）擔任蘊藻浜至江灣間勤務，及二十二日血戰經過，（三）請各界以物質精神上之援助，報告畢，范處長，王教官，項參謀，等，與主席團在台前合攝一影，以留紀念，（上國府電）洛陽國民政府林主席，行政院汪院長，軍委會蔣主席，軍政部何部長，參謀部朱部長鈞鑒，暴日寇滬，血戰逾月，絕無寸進，向之畏日如虎，視爲天神者，有以知其不然，然此一端，成效已著，列強蔑視我民族心理，爲之一掃而空，國際反日之空氣，竭無數精神財力求之而不可得者，亦已彌漫世界，所謂國聯盟約，九國公約，

非戰公約，被日寇撕毀之裂痕，已有人從事修補，偉大哉，此一月之戰鬥，滬民衆盡其資，捐其軀，以貢獻於戰鬥，略無顧恤，推而及於全國民間資產，皆戰費也，方趾圓顱，皆戰士也，共黨棄其素抱，以裨抗日者，實繁有徒，我當局諸公，尙何瞻顧遲疑之有，張學良所守東北土地，被其父仇攘奪以去，現敵精銳集滬，備多力分，國際壓迫，國內厭戰，軍閥橫行，不能無所顧忌，奈何手握重兵之張學良，尙頓兵不進，其待人各個擊破耶，抑竟認賊作父耶，滬民衆於紀念血戰週月之際，血酸魂痛，全場一致，誓死以擁護偉大神聖之戰爭，當軸諸公乎，其速與民衆一致下決心，出實力以增援滬戰，其速令張學良提兵出關，以自效於乃祖若宗，暨整個之中華民族，（致國聯電）日內瓦中國代表顏博士，轉國聯各代表公鑒，日本自一月二十八日無故由上海公共租界，向我閘北防軍進攻，繼續增派海陸空軍，環攻我毫無戰備之吳淞要塞，暨守軍防地，使用猛烈爆彈，以毀滅無抵抗之文北機關，及居民商市，廣袤數十方哩之繁盛市區，盡成焦土，死我和平民衆盈萬，更隨意使用達姆達姆彈，以肆屠殺，全滬工商業，因此停廢，中外工商家均袖手無所事，職工失業者百萬人，我前方將士，秉政府及民衆所賦寸土及爭存之使命，捨死抗敵，前仆後繼，我民衆亦不惜盡其物質，捐其軀命，以與守軍一致行動，今度此浴血生活已彌月三十有二日矣，爰集一百六十七公團代表五百七十人，開血週紀念大會，以銘記日本在國聯盟約，九國公約，非戰公約下所施於吾人之慘毒，以悼我前方之英魂，以覓取我人遵循之血路，踏步前進，准備爲擁護世界和平及各種神聖公約之犧牲，我酷愛和平尊重國際信義之國聯各國代表乎，尙祈念茲慘毒足

以橫流世界，而無孔不入，速考查實際有效之方法，以塞此毒流之來源，公理幸甚，世界幸甚。

八字橋大戰

（二月廿九日）

我軍於今晨擊潰進攻敵軍後，追擊一陣，以戰綫關係，仍守原防，詎敵軍見我撤回固守，卽收拾殘部，又向我八字橋來犯，敵方砲轟又起，漸發漸密，至下午二時左右退却，三時許重向我進攻，旋又敗退，至四時半再度來犯，亦被我軍擊退，砲聲同時稍息，入晚八時三十分左右，敵軍又向八字橋方面進攻，發砲連續不斷，至十一時三十分左右稍殺，發砲不下六百餘響，八字橋民房及海寧路南林里因起大火，係被敵機抛擲燒夷彈及中敵彈所致，敵軍進攻八字橋時，被我焚燬敵鐵甲車兩輛，今日正午十二時，敵軍收拾殘部，並以鐵甲車八輛，向我軍衝來，飛機十二架，在我軍陣地飛繞，我軍初沉着應戰，繼起與肉搏，相持半句鐘，敵不支而潰，當場被我軍擊毀鐵甲車二輛，日軍死傷無算，據前綫負傷兵士歸來云，是役，並有上海青年學生義勇軍一部份參加作戰，勇敢異常，聞該學生均受長時間軍事訓練，內有某中學學生何志仰殉難，惜哉，敵軍於敗退後，卽在離我軍約百碼處，扼守至三時許，敵又來攻，敵鐵甲車仍增至爲八輛，我軍用小鋼砲，於相距不遠處射擊，敵鐵甲車幾經射中，遂又退逃，惟敵軍與我軍血戰猛烈，以飛機六架開機關槍向下掃射，我軍奮不顧身，死力抵抗，是役敵死亡約三百餘人，四時半敵軍數百人，自戰壕躍出，鐵甲車三輛，向八字橋花園鐵絲網我軍防綫衝來，我軍神勇百倍，與敵肉搏，敵不得逞，狼狽奔退，敵方砲彈於下午二時至三時半最密，我軍亦以砲還擊，八字橋後方民屋遭殃者，全日火焰四起，延燒極廣，八字橋之戰開始後，其在閘北寶興路，天通庵路，及相近北站之虬江路，同時亦有敵衝出，人數約在千人左右，並以鐵甲車十三架衝鋒，當有兩車陷入戰壕，我防守士兵，如法泡製，並毀一鐵甲車，敵見有備，纞戰二小時卽退，不敢出，敵砲亦由密而疏，在虬江路方面，死敵約四十名以上，聞敵方傳出消息，將在三日內向我軍總攻，設再攻無效，則退回罷戰云，入晚八時三十分左右，敵軍又遣大批陸軍三千餘人，集向天通庵路及八字橋猛攻，砲聲接連而起，機關槍聲時起，敵用大砲威脅我軍，仍靜伏不動，待敵行近，乃始還擊，敵旅進旅退，終不得逞，我軍不久卽躍出追逼，敵軍紛以機關槍手溜彈抵抗，我軍更予以猛烈之還擊，敵卒不支而退，未幾，又復重來，我軍以手提機關槍迫擊砲射擊，敵仍頑強前進，我軍奮起與之肉搏，敵卽奔潰，但不久又來，敵軍沿天通庵路八字橋兩處旅進旅退者十餘次，至十一時許，敵仍絲毫未逞，同時我軍反攻甚烈，乃向後潰退，但我軍固守原防線，未予追擊，敵方砲轟亦漸平

日軍敗逃銅帽多被我軍奪獲

Chinese trophy: (1) The Armours left by Japanese tıoop

息，至十一時四十五分左右，斷續砲聲又起，卽晚八時至十一時之間，敵軍又在虹口公園，用大砲向我八字橋及靑雲路一帶陣地轟擊，我軍以不見敵方步兵前進，故置之不理，且敵軍砲火，約每過數分鐘開放一砲，全係示威性質，蓋敵人歷次短兵相接，均被我軍神勇所却退，創深痛殊，心胆俱寒，我軍應付敵人，處處出以鎭定，敵軍每日於早晨五時許，午刻一時許，及傍晚時，照例用大砲擾亂一次，我輩習以爲常，有如日進三餐，不足爲奇也，且爲敵方計，每日如此，消耗彈藥，而結果一無所得，實屬無聊之至，我軍嚴守自衞原則，故常望敵人前來拼死，俾得我軍迎頭痛擊。

◉江灣廟行戰況

江灣方面之敵軍，今晨三路攻擊失敗後，卽在大洸宅左右，集中殘部萬餘人，於下午一時許，藉飛機之掩護，向我小塲廟，與嚴家宅兩陣地衝攻，約二十餘分鐘後，敵停止砲轟，步隊衝出，我軍當卽奮勇應戰，相持及一小時，我軍另抽步兵一大隊，由側面抄襲，同時俟敵軍前鋒逼近我距正面約三百五十米達時，我軍遂卽猛烈進衝，將敵軍前鋒步隊約可二千人，截爲數段，敵幾潰不成軍，同時更見我側面軍隊殺來，乃向後潰退，至二時四十分，一部突圍而走，其餘大多被我軍擊斃，至三時許，被我完全解決，其中鋒步隊，見前鋒步隊之失利，亦未敢攻入，敵喪亡至四百餘人左右，至廟行方面，今晚七時後，時有小接觸，我軍陣綫稍有進展。

◉敵攻憒山宅失敗

吳淞方面，今日上午起至下午止，除敵軍飛機數架，飛往偵察外，甚爲沉寂，敵艦十餘艘，均停泊於口外甚遠之海面，亦無特殊動作，惟黃浦江內沿蘊藻浜及張華浜楊樹浦一帶，敵軍運輸佈置，似覺十分忙碌，觀此大戰之期，又在目前矣，又前日下午八時許，敵軍曾向季家橋南首之墳山宅進攻，當晚卽被我軍擊敗，蘊藻浜正面，敵我兩軍，依然隔河而守，沿泗塘河雙方陣綫，亦並無變化，又據報告稱，今日下午六時許，敵艦十五艘，仍在白龍巷海面，並無出動模樣，惟另外尙有運輸艦兩艘，泊於艦旁，觀其吃水程度，似覺十分沉重，聞其中均係我方住民，被捕殺死之死屍，預備載回日本，對其政府及國民，詐稱係華兵便衣隊，作爲勝利之證據，又侵踞淞南黑橋趙家浜侯家木橋等處日軍，忽於昨晚(廿八日)八時，向西北猛攻，冲至季家橋南三里許之墳山宅地方，我軍因其突然而來，未作準備，且來勢兇猛，沉著不應，俟其接近時，拚力抵禦，將敵擊退，不料日軍增厚實力，復作第二次衝鋒，同時並有轟炸機三四架，飛翔天空，抛擲硫磺火球炸彈等，引導助戰，日軍陸戰大砲，均以飛機爲標的，但我軍早有準備，故應付頗能得手，先以全團兵力，分佈於正面及左右翼三路，俟敵軍侵近防線陣地時，我軍左右兩翼突出，正面則奮勇前攻，作大包圍勢，將敵圍在垓心，以大砲機關槍猛轟，激戰一時餘，直至九點二十分，始將敵轟斃約千名左右，餘均不支而遁，是役我軍受傷尙不甚巨，聞此役戰事之烈，不亞廟行曹家橋云。

◉市府向領團抗議敵在租界捕我軍官

昨日(二十七)中午駐滬警備師獨立旅旅長王賡，因事路經公共租界黃浦路，忽爲日本海軍兵士帶去，至今生死不明，市政府據報後，卽於今晚向領袖領事克甯漢及各國領事，提出嚴重抗議，茲將抗議書探錄如后，逕啓者，據報二月二十七日、有本國

旅長王賡，因事路經黃浦路，忽爲日本海軍兵士所追捕，該旅長乃避入該處附近之英商禮查飯店後，經工部局巡捕到來，幫同扭送虹口捕房，該管捕頭雖詢明該軍官來歷，竟將彼交與日本海軍兵士帶去，至今生死不明等情據此，查該事發生地點，係在公共租界當局管轄範圍，何以放任日本海軍兵士，對於中國人民濫加逮捕，此不可解者一，該旅長經工部局巡捕幫同日兵拘送捕房以後，如查無違警犯罪行爲，理應卽予省釋，及將私擅逮捕行人之日兵扣留，交由該國當局依法懲處，卽假令該旅長有違警犯罪行爲，亦應移送主管法庭裁判，何以竟置法律及協約之規定於不顧，謬然徇該日兵之請交其帶去，此不可解者二，案查租界當局雖疊有維持中立之宣言，而關於日本破壞租界中立之行爲，迄未採取有效方法，加以制止，本市長節經提出嚴重抗議在案，乃工部局巡捕，今竟變本加厲，在租界當局保護區域之內，幫同日本海軍兵士，將我國軍官非法拘捕，交由日本軍事當局自由處置，維持中立之謂何，保護人民生命財產之謂何，此不可解者三，據報前情，除當經派員向貴總領事交涉外，茲特提出嚴重抗議，請貴總領事迅予設法，將該軍官釋放，並將負責人員，治以應得之罪，至於要求賠償權利，並聲明保留，相應函達，卽煩查照辦理見復爲荷，此致。

西報對日方休戰建議之公評

大陸報今日社評云，就五個月來之往事觀之，日本政治家之外交詭異的策略，實令吾人不敢深信，兩日前東京方面傳出之休戰建議，日軍每次到滬或將抵時，東京政府輒作上海休戰運動，如植田司令一星期前猶以其休戰建議，煩勞英美法意四國公使，而一方面則積極從事作新攻擊之準備，準備既畢，乃發哀的美敦書，要求華軍撤退，並下令取總攻勢，而將四國代表和平之努力置諸腦後，植田作戰準備，需一星期許告竣，在此時期中，植田暨其外交同僚對善意之歐美代表，虛與委蛇，使其不暇他顧，迨日本再需遣派更衆之援軍赴華時，東京政府勢必有所動作，以和平建議移世界之注意，俟援軍盡數登陸，佈置大定，日本總司令白川大將，恐復將提出哀的美敦書，蓋東京固能隨時藉口，取銷其休戰建議也，茲據東京與日內瓦消息，日本又作休戰之企圖矣，惟惜語焉不詳，但吾人希望日政府鑒於前者之完全無望，此次提議，或較有誠意，東京之誠意，僅能由和平條件之全文研究以得之，如條件同於植田前所提出口，則上海之和平，仍遙遙無期，如日本果有停戰之誠意，則至簡單之方法，爲接受四國代表前所提出而早經中國接受之五項提議，四國代表公允無私，中國既能接受，日本如確有誠意，何以獨不接受，曩者日本拒絕此項提議，自信能不用多大武力而安然步入中國，植田之十日大戰，當可使日政府覺悟以武力征服中國，決非如其陸軍參謀部所料之易易也，如日本此次和平建議，爲東京對華政策改變方針先聲，則吾人希望日本當局表示闊大之胸襟，勿斤斤於保存體面與威望，庶不致空費時光，勞而無功，噫，世界之公論今日見仇日矣，唯氣度恢宏之政才，始能挽回日本之厄運也。

◉十九路軍告全國民衆書

十九路總指揮參謀處發出告全國民衆書云，滬案發生，及今匝月矣，我軍以血肉之軀，與敵重兵利器相激盪，卒能迭挫兇鋒，屹然不動，國人創痛之餘，莫不躍然而興，色然而喜，以爲我國從此可抗強敵，躋高位，與列強分庭抗禮矣，而一部分人士之心理，則適與相反，皇皇焉恐戰禍之延長，貽國家萬劫不復之境，夫逆來順受，萎靡不振，固爲國人之通病，誇大之心理，僥倖之希望，亦非吾人所應有，拯民族國家於危亡，伸公理正義於世界，此種艱鉅之工作，非一蹴可致，尤非可以畏難而退者也，同人受國家豢養，以身殉國，義所應爾，及今以未死之身，願貢一言，爲國人告，吾人欲知滬案之肇因，懸揣將來之結果，必須明了日本之國情及世界之大勢，日本自山縣有朋，而田中義一，遞其犬養毅，其所謂大陸政策，始終一貫，而不少變，甲午之役，奪取朝鮮，實爲北進之發端，日俄之戰，樹立大陸政策之基礎，加以二十一條件之保障，郭松齡張作霖之被殺，日本在東北之勢，遂益形鞏固，其第一步之侵略，乃告成功，於是伺機佔領東北，侵及中國內部之志，益不能忘懷，歐戰以還，各國經濟衰落，工商凋敝，關稅戰爭之劇烈，賠款問題之僵化，世界經濟恐慌之現象，益趨嚴重，加以蘇俄崛起，赤化大防，時虞潰決，而國際之間，復不減少其嫌猜，無論對內對外，各有其難言之痛苦，至於中國之混擾衰殘，則更無以況之，虎視鷹瞵之日本，豈肯放過此良好機會，於是去年九一八，一聲霹靂，遂摧陷瀋陽，囊括三省而去矣，瀋案發生，我國政府，隱忍退讓，信賴國聯，以謀和平正當之解決，惟是國聯之於各國，非能如臂使指，蓋國聯爲腦，列強乃爲腦細胞也，細胞不健全，而欲腦之有能力也，難矣，是以瀋案發生之初，國聯固不乏人仗義執言，但不久卽由曖昧而軟化，由軟化而袒日矣。反觀我國社會，則爭奪者如故，依賴者如故，加以民衆憤激，越出常軌，輿論龎雜，莫衷一是，使執政者忙於應付，無所適從，既不能戰，復不能和，日帝國主義者，看透事實，更毫無疑義，而紳其鐵腕於中國內部，一二八之滬變，遂以爆發，敵軍衞戍京滬，首當其衝，矢守土禦侮，爲軍人天職，且上海爲吾國經濟中心，南京爲中央政府所在，京滬不保，國脈卽斷，是以毅然決然，以自衞之目的，與暴日相週旋，一月以來，敵之兇暴行爲，日益加厲，我國同胞，慘死於鐵蹄之下者，奚啻萬數，物質之被毀滅者，其價值且不可估計，然而我國同胞，毫不因損失鉅大，而減少其勃躍情緒，且增加無限之希望，世界輿論，亦因日寇之兇殘，及不惜擴大戰禍，而提出抗議，英美等國，積極干涉之態，且現漸趨於具體而明顯，然後知惟有奮鬥，乃足以發揚民族精神，延展民族生命，惟有自助，以求自力之生存，乃能博得世界之同情，暴力雖強，終不能壓倒正義也。雖然，中國之前途，卽可告樂觀乎，英美各國，果爲正義出而裁制暴日乎，暴日卽能翻然而變更其一貫之「國策」乎，吾人皆不能無疑者也，我國物質利器之不及人，自無庸諱言，欲一戰而屈強敵，在理在勢，均有所未能，英國則素以穩健外交，著稱於世界，美國則鞭長莫及，望洋興嘆，且皆因國家經濟恐慌，不能自拔，而於對日問題，破壞其反俄陣線，亦不無顧慮，謂能出而積極制日，豈可遽信，至於日本軍閥之黷武主義，正如旭日之升，吾人遙聆出淵在美，謂美日兩軍，當在滬作球戲，及日軍閥謂十九路軍未知日帝國之威力，故敢與之拒抗

之語，其氣燄之高，不可一世，卽其國民大多數亦未減其信賴武力之心理，此次總選，政友會仍佔勝利，卽可以覘之，欲其將所謂關係日本存亡之大陸政策，一與而更張之，尤絕無希望者也。顧於另一方面觀察之，則英美正以挽救其經濟恐慌，需賴中國巨大之市塲，而不願中日戰禍之延長，尤不願坐視其東方商業根據地上海之陷於危險，更不願日本稱霸東方，破壞門戶開放機會均等之局勢，故雖有種種困難，終必有爲解決自身利害而奮起干涉之一日，再以日本未來之難關言之，日本自瀋案發生後，海外貿易，一落千丈，國家財政，已陷於極困難之境，加以侵滬軍費總選舉會之臨時支出，美國名流更倡言對日經濟絕交，蓋足令社會恐慌，金融混亂，且嫉視者衆，外交孤立，國內輿情，漸趨非戰，勞師費財，持久作戰，不戢自焚，豈可倖免。吾人從此可知對日應取之方針矣，日方利在速戰，挾其利器重兵，欲一舉而屈服我國作城下之盟，操宰割之柄，我國則應謀長期之抵抗，以待國際之變化，及敵國自身之崩潰，毋以目前軍事之勝利，期僥倖之成功，毋懼戰禍之延長，生苟安之妄念，歛其氣而不肆，持其志而不懈，日本一日不罷兵，外交一日不勝利，則我國一日不停止武力拒抗，至暴力屈服公理之日，卽我國民族復興之時，夫法謀獨立，奮鬥百年，勾踐復仇，臥薪廿載，我國之萬萬同胞，誠能立下決心，誓死抗日，則或可不俟諸百年也。

◉粵人捐助軍餉踴躍

廣東全省各界募集巨欵，捐助十九路軍，作長久抗日軍餉，玆已先募集現款一百十六萬元，由粵各界公推代表二人來滬，與蔡廷鍇軍長接洽，匯付妥善方法，兩代表昨乘太古公司慶元輪抵滬，卽赴前線，面謁蔡軍長矣，據該代表言，粵中聞我軍迭摧暴日，各界咸願毀家紓難，我們現擬籌募援助前敵軍餉一千六百萬元，第一批可先繳一百十六萬元。

◉華僑報効飛機

美洲總統輪二十七日較載到華僑報効飛機數架，卽將運省，張惠長俟新購飛機到粵，卽率領赴滬。（二十九日香港專電）

汽車夫胡阿毛犧牲報國之壯舉

汽車夫胡阿毛烈士，於昨日被日軍強令開駛滿裝軍火之卡車一輛，赴公大紗廠，胡烈士佯爲允許，迨車抵目的地，卽開足速力，向浦江直駛，一霎時浪花四濺，人車並杳，胡君仇日心切，犧牲報國，至堪欽佩，惟君尙有年邁老母，家境甚爲蕭條，胡君爲國犧牲，甘以身殉，各界極願厚予撫卹，並聞小補齋同仁捐洋二十元，委託中華教育社楊崇皋，趙寒影，兩君代爲轉送，并調查胡烈士家況，以便廣爲勸募，務望各界熱心士女提倡捐助，而慰忠烈。

◉敵大將白川抵滬

大美晚報云，日援軍第一批，已於上星期杪抵滬，其第十一師團與第十四師團主隊，今夜（二十九日）均可開到，於是在滬作戰之日軍，共有一師團之衆，白川大將與其參謀人員旦夕將抵，白川將代植田總司令，由日開出之日軍行動，現嚴守祕密，惟悉迄今在張華浜鐵路碼頭登陸者，僅有兩三聯隊，援兵登陸既畢，上海日軍共將有陸軍

中將五員 其二即隨十一師團與十四師團同來者也。

敵軍進攻劉河楊林口

（三月一日） 敵軍連日傾其全力，向我閘北，江灣，廟行，吳淞，全線猛力進攻，已有數十小時，而結果均爲我軍擊退，遂變更戰略，於昨晚遣派大批軍艦及飛機，前往劉河楊林口擾亂，同時並派陸軍數千人，用帆船數十艘，於今晨拂曉時，由大砲飛機掩護之下，登岸偷襲，當被我軍迎頭痛擊，敵軍死傷過半，不支敗退，茲將戰況彙誌如下，（1）敵艦掩護陸軍登岸 今晨六時許，劉河楊林口海面敵艦約三十餘艘，用帆船五十餘隻，（按該項帆船，係前數日被敵艦在江面扣去者）駁運敵兵，約二千人以上，在大砲掩護之下，由該口登陸，經我軍事當局，立派大隊前往包圍，雙方砲火甚爲猛烈，激戰至上午十一時許，敵漸不支，向海邊退却，（2）蘇州常熟電報戰況 蘇州一日專電稱，一日晨二時，蘇州聞砲聲徹夜，查悉敵艦九艘，二十九日抵楊林口，西起向岸開砲，我駐軍初未還擊，迄一日晨愈烈，十時許，我亦還擊數砲，十一時，敵砲始止，艦亦退回滬，常熟一日專電稱，今晨四時，日艦五艘又駛楊林口，希圖登岸，發砲五十餘發，我七十八師及馮大義勇軍，沉着應戰，砲聲達數十里，此間全城可聞，至八時敵不支東退，彈均落田內，未傷人，（3）登岸敵軍全部覆沒 一日下午九時蘇州專電稱，一日下午四時，常熟太倉浮橋，到小輪七艘，日兵七百上岸縱火，我駐軍二連應戰不敵，楊林口大隊聞訊來援，將敵擊潰，逃登原輪，因輪陷沙灘，經我掃射，敵死亡甚衆，幾全覆沒，（4）劉河戰況 據駐滬劉河某商人云，有朱某今晨九時，自滬乘自備汽車赴劉，至距劉河十餘里地方之潘家宅，見天空飛機二十餘架，沿途擲彈，不能前進，旋即回滬，在途遇劉河逃難者言，劉河口至楊林口一帶江面，泊有日艦三十餘艘，今晨楊林口方面，日艦發砲二百餘響，燬壞民房甚多，該處我方防軍堅守未還擊，同時被日艦擄去鹽船五六艘，將鹽拋入海內，滿儎日兵，由日艦砲火掩護，擬駛入口登陸，當被吾軍察覺，即發砲轟擊，該船等見不得逞，遂即退去，該處防軍即報司令部，遂於今日下午加派軍隊，劉河楊林口一帶，增厚實力防守，據云，該一帶江口，現已封鎖，沙灘路遙，日兵決難登陸，對於我軍防務，毫無妨礙云云。

◉竹園墩戰事甚烈

昨日敵之主力攻我八字橋及沿閘北一帶，不能動我分毫，今日拂曉，日軍又猛攻小場廟竹園墩，敵方大砲飛機偵察威脅經過，達十餘小時之久，敵我雖有一度進退，但結果我軍終將敵擊退，主陣綫仍毫無變動，戰情錄下，（一）竹園墩殲敵 敵昨日分三路猛攻八字橋天通庵，至今早十時，仍向廟行江灣間之竹園墩小塲廟進襲，我軍駐守該處者爲六十一師一部，見敵來即奮勇迎擊，戰約半小時，敵即派出兩大隊，一向江灣前進，一在竹園墩衝鋒，同時敵軍大砲砲彈密集，向同一地點轟擊，預計一句鐘內所落砲彈，近三百粒，空間並由飛機投彈，激戰之烈，較曹家橋一役有過之無不及，至十一時許戰更烈，我軍懸竹園墩東河浜而守，敵軍連續衝鋒，無間斷之時，我軍陣線一度稍後退約二百米之地，其時敵亦跟蹤而進，來勢愈猛，當此緊逼關頭，我援軍開上，實行抄襲，敵祇得匆匆而退，然已不及，被我擊斃，達二百餘名，

(二)火綫之距離　廟行江灣小塲廟竹園墩等陣綫，敵我相距最近處僅三千餘碼，步槍亦失效力，上午十時，敵以攻八字橋之兵，改攻小塲廟，據某軍官談，敵今日攻擊最烈之處，爲廟行至竹園墩一段中，最近時雙方均以手溜彈撲擊，故一俟出壕，即與衝鋒，敵砲火雖烈，對我實毫無辦法，(三)敵屍作障蔽　據運回傷兵談，敵在竹園墩廟行，遺屍纍纍，我軍屢退屢進者，幾數度矣，當我軍進攻衝鋒時，全以敵屍作障蔽，本日江灣以北至廟行一綫，均有劇烈戰爭，余傷手退下，棉服即爲手溜彈所炸破，戰事至現時(午後四時)尚未停止云云。

◉吳淞敵艦偷發四砲

今日戰事，側重於八字橋，竹園墩，及廟行一帶，故吳淞方面，較爲沉靜，除下午敵艦一艘，藉商輪掩護，偷向砲台開砲數響外，竟日並無激烈之槍砲，惟自早晨七時起，有敵機九架，向吾砲台及蘊藻浜陣地，擲彈破壞，但多未命中，我軍毫未受損，吳淞方面敵艦乘甬興輪船進口時，偷發四砲，我軍因有商船，故不還擊，該艦隨即逃進浦江中。

◉八字橋五次殲敵

昨日敵軍傾其全力，猛攻閘北八字橋一帶，雙方晝夜血戰，我軍防綫，凡三失三得，敵軍死傷，達三千人以上，戰事之烈，實較曹家橋江灣等役爲尤烈，可謂一二八以來第一大戰，而天通庵，竹園墩，小塲廟等處，更爲敵軍砲火之焦點，鏖戰至今日正午，砲聲猶隆隆不斷，詎至下午二時後，敵軍竟收拾殘餘，增加援軍，第四次向八字橋迤北一帶等處，繼續猛攻，激戰之烈，尤甚於前三次，最後凡五失五得，我軍仍固守陣地也，茲將情形錄於次，(1)敵四次攻八字橋　敵軍在八字橋經兩晝一夜之苦戰，至今晨已力盡精疲，至九時許，敵援軍又到，集中約三四千人，復利用其集團砲兵及三四十門之各式重砲，及大批飛機爲掩護，作第四次之猛烈進擊，砲彈到處，房屋立時起火，蓋敵軍所用完全爲硫磺彈及霰溜彈也，飛機所擲炸彈，無一在百磅以內者，加之鐵甲車威脅更甚，敵步兵得此最大之助力，更乘作猛烈之衝鋒，當時我軍見敵來勢過猛，爲避免犧牲計，僅以機關槍稍加抵抗，至正午十二時許，我軍即向後撤退約一百米突，(2)收失地再度肉搏　當時我軍撤退一百米突後，立即調動大批生力軍，向該處增援，至下午一時許，我軍更四度反攻，均視此處爲全綫關係所繫，六十一師師長並親赴該處指揮，我軍士氣更覺百倍，人人均抱犧牲決心，全軍同時動作，以多數之手提機關槍前導，猛向敵軍陣地衝擊，喊殺之聲，震撼遠近，同時我軍大刀隊已滾進敵軍，刀光四射，血肉橫飛，鏖戰歷一時四十分之久，敵陣全潰，紛紛竄退，於是遂仍佔原有陣地，並檢獲敵軍機槍數挺，步槍三百餘枝，鋼帽子彈無數，嗣後敵即用大砲不斷轟擊，無一分鐘之間斷，待至薄暮敵軍又取攻勢，迄至今晨，攻擊益亟，但我軍仍固守原線，屹然未動，(3)閘北一帶又大火　敵軍今日間所發砲彈，在閘北一帶落下者，都爲硫磺彈，因此每彈到處，大火隨之，八字橋方面，有三處大火，竟日未熄，惟無大統路及虬江路之利害，虬江路方面九如里，已全部燒燬，三多里亦已延及，入晚已移向西部大統路方面，於下午三時五十分起，被日機擲彈後，亦起大火，延燒甚烈，入晚更熾，遙見一片通紅，火焰萬丈。

◉敵出雲艦幾被水雷炸燬

今日下午一時許，外

渡橋北堍，突有水雷暴發，停泊該處日旗艦出雲號，幾遭轟毀，情形如下，日本海軍第三戰隊旗艦出雲號，排水量有九千八百噸，爲在滬作戰海軍司令野村中將旗艦，停泊在虹口武昌路沿江之三菱碼頭前，即在外白渡橋北堍日本領事館前，自新任上海日本軍總司令白川大將來滬後，日本陸海軍司令會議作戰計劃等事，均在該艦舉行，實爲日軍發號施令之總機關，今日下午一時許，在出雲旗艦之外擋，約距離該艦有四碼之遠，江內突生水雷轟炸聲，此水雷炸力至大，轟然一響，江面之水，乃飛起數丈之高，而沿黃浦之地皮，均被震動，附近之房屋，亦爲撼動，出雲艦受震，搖蕩不定，若距離稍近，該艦必難倖免，水雷爆炸後，在艦日本海軍官佐，無不大驚失色，當時羣奔甲板，遂由艦解放摩托小火輪，至左右附近查察，一無所獲，迨至一時四十分，有小火輪一艘，帶駁船兩隻，自南黃浦而赴蘇州河，經過該處，爲日艦扣留，嚴行搜檢，因無所獲，遂即釋放。

◉日兵屢搶殺紅會救護員之抗議

中國紅十字會，以日本迭次違犯日來佛條約，搶擊紅十字會救護員，先後共有七人，已有二人，因傷死去，除電陳萬國紅十字會外，又致函美領克銀漢，請轉領事團各領事，主持正誼，維護萬國公約。

◉蔣蔡等函唁美機師蕭脫家屬

美飛行家蕭脫君，此次駕機赴京，在蘇被日機無端轟炸殞命，十九路軍將領蔣光鼐，蔡廷楷，戴戟等，昨特函唁孝脫父母，原文云，親愛之孝脫先生及夫人，敬啓者，二月二十三日下午三時，有日本強盜行爲之海軍飛機六架，在蘇州天空盤旋，并向無辜而又無武器之平民擲彈，人民生命財產之損失與損壞，均爲前此所未有，令郎孝脫，駕一波林機，與上述六日機作戰，機關槍互擊十分鐘後，令郎不幸被中墜地而死，鄙人等作此函時，正不勝其惋惜與尊敬也，孝脫君幷未將侵人之日機射下，固屬眞確，但孝脫君曾將帶領襲擊之日本飛機師擊死，故日機未能逞其所欲，隨意擲彈，長者等此種損失，雖以最適當之安慰句語，亦不能表示鄙人等之悲痛與同情，但鄙人等至可使長者等深信者，即孝脫君之英勇，世罕其匹，孝君犧牲自己之生命，俾他人得以生存，孝君係與武力戰爭，且爲人道主義與文明之保護而犧牲，如以孝君之死，僅爲中國鬥爭，尙屬輕視孝君勇敢而愛護人道之行爲，因孝君係爲人道主義與公理而死，孝君英名將與歷代偉人同垂不朽，其優美之功績，亦將爲全中國民衆永念不忘，蔣光鼐，蔡廷楷，戴戟同啓。

◉王賡今午後釋放

警備師獨立旅旅長王賡，被日陸戰隊在禮查飯店內帶去，拘禁於日軍司令部，經領團與日方交涉，結果業於午後恢復自由，惟所攜文件，被日方扣去數件，未曾交還，事後外間謠傳甚多，且有不値王失漏軍事祕密行爲者，當局以案情重大，已解京訊辦，結果如何，尙難預卜。

◉外國婦女愛助我軍

總稅務司梅樂和之夫人，鑒於後方傷兵醫院工作之緊要，特召集海關華洋人員夫人，在伊家中代傷兵醫院製做棉紗繃帶等用品，所需費用，均自己捐助，外國士女如此熱心，誠好現象也。

我軍因後援不繼暫退守二道防線

（三月二日）十九路軍以孤軍抗日，自一月二十八日起，迄今日止，血戰一個月又二日之久，戰線延長，迫近百里，以疲乏之士，應付陸續而來之日寇，加以器械不良，援軍不至，能支持如許之久者，悉賴我忠勇之將士，以血肉之軀，作干城之寄，自日政府派白川來滬，並率其精銳部隊第十一十四兩師團四萬餘人，在江灣廟行方面拚命攻擊，我十九路軍一月以來，晝夜未能闔眼，加以猛烈之砲聲與砲火，已成耳聾目瞶之狀，瀏河方面，本置有守兵兩團，自廟行江灣之戰事轉烈，悉數奉調，參加戰事，留守之兵士僅兩連而已，白川到滬後，復將植田之戰略一變，注重側面攻擊，以運輸艦四艘，載兩師團之主力一萬餘人，於昨晚駛抵瀏河，用烟罩彈掩護，全部登岸，以三連之衆，抗一萬之師，衆寡懸殊，明知不敵，士兵猶奮臂一呼，爭先效死，迨我總指揮部聞訊，欲調兵往救，奈江灣方面日軍亦同時總攻，後方援軍又不能准時到達，如仍死守，則我軍自眞茹大塲廟行以至吳淞之第一道防線，勢必全被包圍，加以日本，恃其物資之力，以大砲飛機炸彈全力壓迫，我軍佔勝之處，僅憑肉搏，足使敵人心胆俱落，但後方既被截斷，如不早自爲計，十九路軍犧牲不足惜，但十九路軍覆沒以後，我大好河山亦將淪於敵手，故於昨晚起，下令全軍，自吳淞江灣大塲廟行閘北以迄眞茹之線，全師後退，堅守第二道防線，以圖繼續與敵抵抗，

編者按，我軍暫退守第二道防線，確非戰敗，所慮者後援不繼耳，今後吾朝野上下，如能下決心與暴日抵抗，亡羊補牢，不爲晚也，惟明三日爲國聯開特別會議之時，因退兵而影響于會議前途，關係當屬不少，殊悲痛也，噫。

◉蔣光鼐等通電

蔣光鼐蔡廷楷戴戟等通電云，中央黨部國民政府鈞鑒各報館全國民衆鈞鑒，我軍抵抗暴日，苦戰月餘，以敵軍械之犀利，運輸之敏疾，賴我民衆援助，士兵忠勇，肉薄奮鬥，傷亡枕藉，猶能屢挫敵鋒，日人猝增援兵兩師，而我以運輸艱難，後援不繼，自廿一日起，我軍日有重大死傷，以致傾全力於正面戰線，而日人以一師之衆，自瀏河方面登陸，我無兵抽調，側面後方均受危險，不得已於三月一日夜，將全軍撤退至第二防線，從事抵禦，本軍決本彈盡卒盡之旨，不與暴日共戴一天，浴血陳詞，尙祈鑒察，蔣光鼐蔡廷楷戴戟暨全體將士叩冬。

◉我外交宣部言

三月二日南京外交部宣言如下，玆鑒於日本援軍續到二師團，並在瀏河及吳淞復行總攻，特爲重要之事實聲明如左，查中日代表，因英海軍提督克萊爵士之斡旋，曾在廿特軍

艦會商，立即停止敵對之基本條件，當經獲得諒解如下，(一)雙方同時撤退，(二)不得提議永久卸除吳淞或獅子林砲台問題，(三)雙方之撤退，由中日委員會會同中立國視察委員監視之，(四)撤退區域，照舊由中國官吏治理，并由中國警察維持治安，(五)中國軍隊退至眞茹，日本軍隊退至公共租界及越界築路地段，俟雙方上述撤退完竣後，中國軍隊退至南翔，日本軍隊退回艦上，(此最後一點，交由將來續開之會議討論之)，又議定，如中日政府贊同此項假定之諒解，則雙方正式外交及軍事代表，當舉行一正式會議，以完成此項辦法，二月二十九日，中國代表通知克萊提督，中國政府業經贊同，並請其轉達日本當局，倘日本政府亦同樣贊同，則正式代表，可以立即正式會議，但關於東京政府之決定，日方迄今尚無答復，而在此期間，日本海陸空軍，復向中國軍隊全綫總攻，且日本總領事，並經通告中國市長，日軍決意炸燬京滬滬杭兩路，此項和平之努力，在中國方面，至為懇切，倘使仍歸失敗，則其責任當由日本再度負之。

◉我軍發表退兵原因宣言

此次我軍全師撤退原因，頃由某高級長官發表宣言曰，此次在上海四週作戰之我軍，業已全師撤至第二道防綫，此舉乃基於以前之決定，而此決定之執行，不過一時間問題而已，此種戰略上之撤退，實由於第一綫之作戰，其便利盡屬日方故也，蓋我軍之原有防綫，關北至吳淞，並非一軍事防綫，其所以採取之者，僅因政治地位之重要耳，請言其故，(一)原來防綫無攻勢之可能，此則因我軍不願攻擊公共租界，雖公共租界已為日軍用作軍事根據地，而我軍不願攻擊公共租界，(二)原來防綫與滿佈日艦之黃浦江成平行綫，故該線常為日方重砲火力所威脅，(三)在上海四週之我軍，數字上雖與日軍約略相等，但因運輸之缺乏，實際上僅能用其半數于戰場，此因我國之抗日，既係舉國一致之行動，而日海軍復完全控制黃浦江及揚子江，故我軍勢必分佈兵力于受日軍威脅之各地，因此我軍之集中於第一道防線者，決不如日軍所能遣來上海者之衆，(四)所有公共租界之馬路及吳淞上海間之汽車路，均在日艦來復線之內，且為日方所佔有，日軍利用此項道路，易於使用坦克車鐵甲車及重砲，而我軍則須往來於泥濘途滑之中，以取得後方之接濟，且因日海軍控制揚子黃浦兩江，我前線乃易為其登陸軍隊任意襲擊，至日軍之不惜鉅大犧牲，從事於徒勞無益之正面攻擊，適足見其缺乏戰略上之知識，蓋彼若在黃浦江揚子江沿線任何一處上岸，則我軍為避免後防之切斷，勢必早已撤退矣，現日軍卒遣一師團在瀏河登陸，於是我軍仍不得不自動退守第二道防綫，我軍茲已到達第二道防綫，日方以前之利益，乃因之盡得其反，蓋日軍此後之動作，既須遠離軍艦之保護，而其坦克重砲，又無大道可資輸送，且其兵士之一切行動，自必遠距其根據地，因而失其掩護，至於我軍則後防既得保護，此後每一行動，將較近根據地，因而軍實援軍，易於到達，且可盡得地理上一切利益，目下全世界所屬目者，厥為第二步將如之何之問題，我政府決不與日本簽定任何損害國家主權之協定　此已充分明瞭，毋庸贅述，今後日軍如進而攻擊我之第二道防線，則我必起而抵抗，設因其人數軍備之侵越，致我被迫再退，則我亦必向之再度作戰，總之，現在距戰爭之終點尚遠，戰爭實正在開始進行中，月餘以來，我國軍隊，對抗日軍武力，毫無畏懼，日軍擁有坦

克車飛機野砲最新式之重砲，凡人類知識所造之器械，無不應有盡有，而我國軍隊，祗有步槍及機關槍，以抵抗日本之激烈砲火，據某外國武官言，戰場之上缺乏戰爭之嚴厲，實情有如假戰，蓋所有砲火，俱由日方發出，中國大砲，均被日機炸彈轟燬，中國軍隊，祗有靜居壕內，接受日砲砲彈日機炸彈，必俟砲火已停，日軍出而衝鋒時，始能以步槍機關槍應戰，上海附近戰事，業已證明兩點重要之事實，(一)證明日本海陸軍可畏之作戰能力，不過一種紙老虎，業經揭破，(二)證明日本優於盡量宣傳，每日世界均飽觀日軍個人之英勇，及日軍之英勇，因其有多數之飛機坦克車海軍砲火之協助之種種優勢，在如斯軍隊之中，倘有個人英勇可言，當用之於比較高尚之主義，至我軍之英勇，皆由外人眼見所傳述，毫無偏袒於其間，蓋中國軍隊，並不僅以個人英勇見長，全軍均英勇奮發，無一例外，數萬健兒，誓保國家之榮譽，不惜以血肉之軀，抵抗新式戰器，誰謂如此英勇之民族，能終於失敗耶。

◉我軍退後敵軍到處殺人縱火

我軍於今晨向京滬滬杭兩路全師引退後，日軍尚不敢遽進，先於正午，遣飛機二架，在閘北龍華等處偵察後，始進北新涇，至下午五時許，閘北方面，始有日兵踪跡，但尚係逐步緩進，據區師長及沈師長表示，如日軍再進逼，則決再與之抵抗，警備司令部，現遷往◉◉，市政府亦將於日內遷往◉◉辦公，以資便利，(▲滬西)日軍得悉我軍改變陣綫全師引退後，惟恐我軍乘機襲擊，乃於正午先遣飛機兩架，在滬西一帶空中偵察，同時卽以梵王渡豐田紗廠內陸軍及其便衣隊，向北新涇一帶偷進，並屢以大砲轟擊，至二時許，已達北新涇口，便衣隊在沿路中，見係我國人民，不以槍殺，卽以刀刺，倘見雙扉緊閉者，卽舉火焚燒，室中存物，見貴重者一碎了之，因此我國逃難者，均遭其毒手，沿途屍橫遍地，火光燭天，慘號之聲，達於四野，未幾日軍，仍繼續前進，刻已達北新涇西面約三里許之江橋鎮，將逼近我軍哨兵綫，故區沈兩師長，於今日表示，如日軍再進逼不已，則將繼續抵抗，以盡自衛之責，(▲閘北)今日上午六時許，記者卽徒步由愛文義路，派克路，至閘北，抵新大橋，見往閘北之行人如蟻，旋經守兵開放，遂一擁而過，經恆豐路，共和路，華盛路朝北，由大統路過鐵道，直抵中興路，沿途未見一兵，心竊疑之，旋詢住民云，我軍業完全退出，遙望東首火光冲天，烟燄密佈，向東再進，見永興路育嬰堂路口火勢正熾，延燒約二百餘間，北首嚴家角火亦未熄，約燬一百間，指江廟前高家宅，及宋公園路南面虬江路，中華新路等，徧地大火未已，惟火勢以育嬰堂路口為最盛，蔓延亦最廣，永興路轉角，新建之閘北電話局，則尚未延及，至此則時已九時餘，不便再進，後經中興路折返，抵舢板廠新橋，見逃向租界之市民約有三千人，擁擠如潮，雖有通行證，亦不能通過，直守至下午二時許，回至烏鎮路橋擺渡返租界，該處渡船，只准華界人民往租界，不准租界華人往閘北，惟每人須收渡資銅元十枚，河中船隻甚少。(▲中山路)某記者經梵王渡，折入中山路，適天空有敵機四架，來往閘北及眞茹間，過豐田紗廠前木橋，陡聞槍聲拍拍，視之係由敵機上所發出，沿途貧困難民，肩挑背負，絡繹於途，盡向西行，叩其何往，彼亦莫知其所止，過木橋，見難民更多，或停担路旁，以舒喘息，或正在前進，不暇小駐，種種恐怖，難以卒述，迨抵大洋橋後，適有警察兩

卡車，攜有槍械，亦向中山路西行，據告，日軍午後已陸續前進，見人輒射，無可理喻，不得已亦祗有撤退一途，叩以何往，忽忽曰，◎◎◎，沿途所有障礙防禦仍然未動，惟防守士兵已不一見。（▲眞茹道）眞茹汽車道與中山路，原成一直角，啣接處，本有士兵守衞，今已撤去，所有紅十字會救護車，亦停置該處，未敢深去，交通路與中興路，偶有難民，爲數已稀，大半竄越田隴西行，俾可少走路途，某記者擇中年稍知世故之難民詢之，據答，此處危險，盍去休，前面機槍聲，卽係日兵所發，各處火燒，亦係日兵用砲彈燃燒，現日兵前進，不問居民士兵，一律槍擊，此斷續之槍聲，卽被火迫逃出之居民，加以槍殺也，余家談家宅，日兵午刻，北面已抵廟頭及楊家花園，聞寶山路北車站，已發現日本旗，前面之火，均在虬江路永興路新民路大統路一帶，爲上海歷來稀有之浩劫云云。

十九路旅長翁照垣兼前敵總指揮

Brigadier General Oon Tsao-Yuen, the Command er on front

◎我防吳淞官兵死守要塞　今日下午二時半，日本軍艦兩艘，正在對我吳淞砲台發砲轟擊，而我方守砲台之軍隊，亦發砲回擊，雙方激戰至激，查此時我守要塞軍隊已接到退兵命令，但全體官兵皆願以身殉國，大家皆痛哭不肯退去，我軍誓死爲國禦侮之精神可垂不朽矣，

◎十九路軍戰史　今日由吳淞江灣閘北退走之第十九路軍，在中國戰史上，堪稱戰績奇偉者矣，該軍於八年之中，歷大戰四十八次，共勝廿七次，該軍初爲粵軍第二旅，後改編爲第十師，繼改編爲六十一師，繼又改編爲第十一路軍，卒乃成爲今日之十九路軍焉，欲紀第十九路軍之歷史，當囘溯八年以前，當時有廣東青年一團，編入粵軍第一師第二旅，歸年甫卅之勇健軍官二人統帶，一卽蔡廷楷，一卽蔣光鼐，今日一爲第十九路軍總指揮，一爲第十九路軍軍長，已成中國之新英雄

矣，是時粵局紊亂，陳炯明與林虎由汕頭進窺粵垣，圖逐孫中山，省當局派兵禦之，屢戰失利，既而敵軍距省僅數日路程，省當局乃命粵軍第一師馳往迎擊，第二旅屬焉，一戰而捷，是爲蔣蔡受砲火之洗禮，戰後陳銘樞任第十師師長，以蔣光鼐副之，蔡廷楷則任第二旅旅長，是年平亂有功，民國十五年，粵軍悉歸蔣介石指揮，誓師北伐，第十師首入湘省，克長沙，汀泗橋一役，與吳佩孚之精兵作殊死戰，雖大獲勝利，而將士陣亡者甚衆，繼乃循江而下佔漢口，旋於是處改編爲第十一路軍，以陳銘樞爲軍長，蔣光鼐副之，蔡廷楷陞任第十師師長，當吳佩孚下令作總退卻也，全師入豫，獨劉玉春率精兵負嵎武昌，國民軍屢攻無效，繼乃調第十一路軍，限一星期克之，受命之夜，陳蔣蔡商定策略，卽晚進兵，翌晨城上之五色旗已改爲青天白日旗矣，民國十六年秋，第十一路軍復奉命入贛，與孫傳芳之軍戰，師到不多日，卽克南昌，北洋派之最後督辦，從此一敗塗地，既而因赤化份子把持江西省政府，陳蔣乃赴南京，時國民政府已告成立，蔡則返粵，是年陳蔣奉命回粵討共，旋陳任廣東臨時省政府主席，直至去年四月，因寧粵分裂，始被迫下臺，蔣則任第十一軍軍長，該軍後改編爲第三師，歸南京政府直轄，以蔡爲副師長，粵桂失和，發生內戰，蔣改任第六十一師師長，蔡陞任第六十師師長，衛守粵境，以禦桂軍，但未進攻，後一年，該二師奉命赴北，參加討伐所謂北方混合政府之役，是時乃改編爲第十九路軍，蔣任軍長，以蔡副之，敗馮玉祥之勁旅，未幾，又一內戰發生，十九路軍奉命回贛，稍事休息，民國二十年秋，復負剿共任務，九月七八兩日，圍共首賀龍之根據地與國城而大敗之，殺敵甚衆，陳銘樞之被逐於粵省也，十九路軍猶在贛省，既而陳任京滬衛戍司令，乃調十九路軍防衛京滬區域，本年一月二十八日日軍進窺閘北，乃起與抵抗，是爲該軍所經之第四十八次戰役，而令全世界爲之震動焉。

◉**敵聯隊長爲我擊斃** 今晨八時後，江灣附近一戰，日方以蒲原師團之酒匂聯隊爲左翼，以林聯隊爲中路，以德野聯隊爲右翼，由江灣西及西南嚴家宅之西端，隔河向我駐軍攻擊，砲火之猛烈，爲自來所少有，迨午後十時，日軍突次衝鋒號，全綫同時前挺渡河，衝入我軍陣地，我軍靜伏壕溝，待其逼近戰壘，相距不過三四米達時，始奮起搏戰，激戰達一小時，敵軍死傷過半，敵大佐林聯隊長且受重傷，彈貫腹部，敵軍已潰不能戰，乃狼狽挾林某渡河逃回，聞林某於一時，至敵後方野戰病院時，已因傷重氣絕，其生前曾充張作相顧問，前後共七年，於去年八月十一日歸日，乃敵軍中有數之中國通云。

(三月三日)

◉**吳淞退出我軍與敵最後奮鬥** 今午接劉河捷訊，謂劉河方面，我援軍上官雲相等大軍到後，卽與日軍搏戰，日軍大敗，並據某交通機關消息，我路已於四點三十八分克復劉河，又晚十二時後，迭接到蘇州兩電，報告劉河敵軍潰退事，已經證實，原電錄左，蘇州三日下午九時半專電云，劉河克復後，敵軍潰退茜涇，敵司令部設茜涇小學，劉河茜涇間砲聲甚烈，太倉我軍已馳往劉河夾擊，常熟安謐，敵機三架江晨到常熟偵察，蘇州三日下午十一時專電云，劉河西刻來人息，該處均我軍隊，又太倉到我援軍二萬，茜涇敵已退回艦，楊林

七烏二口，上午泊有敵船，又據常熟傳來瀏河方面消息，今日下午二時許，我駐防吳淞之翁照垣旅，由淞鎮撤退至瀏河，與在該處登岸之敵軍十一師團相遇，激戰至爲猛烈，適是時我援軍上官雲相師開到，前後夾擊，斃敵二千餘人，敵頑強抵抗，至今晚八時，尚在激戰中。

堅守吳淞要塞司令譚啓秀

General Tang Chi-Shu, the Commander of Wusung Forts

（寳德贈）

◉我軍安全退出吳淞

我軍爲長久抵抗，並不受敵方包圍計，故退守第二道防綫，以圖進可攻擊退可固守，惟吳淞方面守軍，仍由翁照垣將軍統率一五六旅及義勇軍，據守抗戰，直至今午，翁旅長始徇各公團代表之請求，退出吳淞，茲將情形，分記如下，

▲敵艦進攻　今晨敵方除派大隊陸軍對我吳淞砲台陣地實行包圍外，在吳淞口日本砲艦，又集中火力，向吳淞口進攻，一時大砲之聲，隆隆不絕，而飛機之在吳淞砲台上盤旋拋擲炸彈，我方守兵仍沉着應戰，結果，日兵仍不支而退，

▲退出吳淞　據守吳淞砲台之翁旅，與敵軍大小二十餘戰，日兵傷亡甚衆，而我軍仍固守陣地不退，此次十九路軍全師退守第二道防綫，翁旅長仍堅守不去，嗣經各公團代表來向翁旅長請求保存實力，爲國宣勞，翁旅長始容納民意，遂於今日上午九時許，下令振旅而退，日軍於我兵退離後一小時，始派兵前往，至上午十時始易旗號，故今日上午十時以後，進口商輪，始悉砲台改易旗幟矣，聞翁旅向瀏河退去云，

◉我軍將領通電

蔣光鼐等通電云，(銜略)暴日縱兵遼瀋，轉窺東南，我十九路軍奉命守土，作緊急之自衛，與之相搏於滬瀆者一月有餘矣，最初與敵之海軍陸戰隊及其初到陸軍，鏖戰二十餘日，殺傷過當，敵不得逞，而其第二批陸軍運到，我駐在蘇浙之中央直轄第五軍兩師，亦加入作戰，相持者復一旬，殲敵又六七次，彼虜仍不得逞，最後又以其白川大將，率領兩師團來，而我始終在戰場者僅五師，爲數不滿四萬，敵則加倍於我，至是彼虜一面以講和形式，詭商停戰，欺騙國聯，一面以一師加入正面，一師

由瀏河附近登岸，襲我後路，使我腹背受敵，而我運輸困難，援師不及，不得已乃東夕奉命，將前線陣地放棄，爲戰略的撤退，再圖反攻，此我第十九路軍第五軍一月以來與敵苦戰之經過情形也，夫暴日挾其既定之整個之計劃亡我，我非全國動員，以極大之決心，作普遍之奮鬥，不能得最後勝利，我十九路軍與第五軍抗敵，非求一隅之勝負，與彼虜爭一日之短長，乃欲以此僅存血肉，供救國犧牲，作同胞馬前之導卒耳，自政府遷洛，已決定長期抵抗政策，我全國軍民，正當秉承此旨，一致奮起，電擊響應，此仆彼繼，勿以滬海之偏隅進退爲念，勿爲敵人分化之詭謀所中，尤望我東北同胞，喞爲虜之痛，急起遣兵，收復失地，使敵備多力分，我第十九路軍第五軍當竭此未盡餘勇，與强虜作最後周旋，藉夾擊之效，土耳其苦戰三年，卒大破希臘十五萬軍，轉敗爲勝，杜蘭斯窪一小部分耳，亦能血戰三年，不稍屈服，況我以三萬萬方里之地，四百兆人民之衆，果能全國一德一心，不能殲此跳樑小醜，吾不信也，朝鮮之亡也，猶有陸軍數萬，卒被日人解散以盡，今我現額之兵，統計不下百餘萬，與其待亡國後供彼宰割，何如及此未亡之時，作一光榮之犧牲，此次暴日蹂躪上海多時，炸彈所至，廬舍坵墟，死亡枕藉，孑遺黎民，莫不同仇敵愾，不聞怨聲，此等悲壯之劇，可泣可歌，國土猶是也，苟一旦主權既失，寄生命於仇人之手，其慘狀又當何若也，惟願我全國父老兄弟，毋忘閘北江灣，全國軍事領袖毋忘朝鮮及今日之東三省，暴日向國際公開宣傳，詆我謂非有組織之國家，卽謂我國人不知鴿原急難，擊首而尾不動，可以各個擊破也，而我全國軍民，猶以巢幕游釜爲安，罔識鬩牆禦侮之義，忘同屋之纓冠，作鄉隣之閉戶，是誠爲見仇者所快，而爲見愛者所痛矣，我十九路軍第五軍，亦惟有收拾餘燼，背城借一，事之不濟，則拚命於沙場，以謝我炎黃祖宗在天之靈，不願爲亡國之民也，敢曰乾時之戰，雖敗猶榮，尙幸卽墨不亡，侵地終反，擐甲哀鳴，淚盡以血，惟我同胞，實昭鑒之，總指揮蔣光鼐，十九路路軍長蔡廷楷，司令戴戟，第五軍長張治中，暨各師團長同叩，

◉留滬中委孫科等急電請援

留滬中委孫科等致中央電云，限卽刻到，洛陽汪院長蔣委員並轉中央諸同志公

塞，口密，吾國抗日，以滬戰關係最重，影響最大，故日人陸續增援，至窮師十萬，正以中日問題之解決，其關鍵實繫於此也，我方初以十九路軍孤軍應戰，嗣加派第五軍，合計不過三萬人，每戰尅敵，義薄雲霄，唯衆寡懸殊，益以疲勞，上海之危，早在意料，同人在滬，觀察較切，迭電請援，屢以逾分之詞，督責當局，蓋本心所謂危，不敢不呈之義，聲嘶力竭，血與墨俱，不意竟不能一動當局之聽，以致為敵所乘，陷我瀏河，牽動全綫，觀十九路軍通電，後援不繼之語，孰令致之，當局不能不負其責也，前事已矣，來者可追，同人不避厭憎，敢再為率直之忠告，今黨與政府，均已到一嚴重關頭，當局前此畏敵苟安之心理，苟不痛切革除，則不特民衆之憤怒不可遏，抑即黨內與同人同見解者，亦何能與當局同負此誤國之咎，上海一挫，影響之巨，實非筆墨可窮，竊謂為今之計，當局即宜下大決心，迅速增兵，收回淞滬，一面決定積極抗日大計，此為中華民族唯一生路，苟再猶豫，前途顛危，有非同人所忍言者，旋轉之責，全在諸兄，同人目擊心傷，不自覺其言之過切，惟諸兄察之，孫科，陳友仁，楊庶堪，柏文蔚，程潛，陳嘉佑，張知本，梁寒操，馬超俊，陳慶雲，桂崇基，何世楨，劉蘆隱，黃季陸，熊克武，孫鏡亞，陳中孚，江。

◎我官兵衛國精神至可佩敬

金神父路法政學院內所駐傷兵，今日聞我軍變更戰略，放棄道防綫，並開始撤退至第二防綫之訊，有十餘士兵，竟痛捕失聲，謂我等出生入死，白刃肉搏，血濺原野，沙場拚命，原冀國家保全領土，不使敵人越雷池一步，乃竟得如斯慘，果能不令人痛煞，我等欲哭無淚矣，該院負責人員見狀，恐有礙傷兵健康之恢復，故已嚴囑一切服役人等，以後任何人在傷兵面前，均不准吐露軍險消息云，又有留養在寶隆醫院某師團附王堅民君，傷勢已臨危險時期，一某聞看護報告退兵消息，一轉移間，輒吐血不止而終，我官兵衛國之精神於此可見一班矣。

某記者晤某國軍事專家，論及我軍此次退師之適當，並贊譽我軍事當局，謂為智勇兼備不可多得之將材，爰濡筆述如下，（以下皆軍事家語）在戰事開始之初，據吾人預測與觀察，僉以為戰事結束時間，至多不過在一星期與旬日之間，即可完全告一段落，初不料竟延長至三倍以上也，而雙方增援情形，又適成吾人預料中之反比例，蓋最初日軍僅有海軍陸戰隊數千之衆，初試鋒芒，即遭重挫，嗣後竟四易其主帥，陸續增援至四個師團，近十萬之衆，實非吾人始料所不及者，至於華軍方面，則衆寡懸殊，何啻霄壤，蓋除十九路軍主力以外，增援者僅得數千餘人，尚不及日軍半數，他如器械之優劣，砲火之利鈍，更不能與日軍同日而語，今竟相持逾月，日軍始終未能獲一勝利，結果華軍全師自動引退，實屬難能可貴，設使華軍方面，亦能得充分之增援，犀利之器械，恐日軍早已失望而歸東瀛矣，再吾人所引為不平者，即日軍始終盤踞租界為軍事根據地，攻則可進，退則可守，華軍則投鼠忌器，百事掣肘，不能自由發揮其天勇，設使雙方同一情形，實力均平，照目前之結果，吾恐在開戰兩旬之間，植田尚未來滬之前，日軍將掃數敗登軍艦，即或不能立時退歸三島，但最低限度，亦必遁竄出黃浦，而離淞滬矣，惟此次雙方犧牲之比較，日軍實較華軍數逾三倍，故吾人為華軍着想，甚覺值得，今華軍當局更能於瀏河後方告急之際，從容不迫，一夜之間，全師悄然退去，其用兵之神

速，更足令人驚嘆，且退時秩序井然，雞犬不驚，尤堪令人起敬，實屬世所罕有之人傑，非智勇兼備之將材，不能得此，最後勝利，殆已完全獲得矣，

國府公佈我軍克復瀏河

（三月四日）

路透社四日南京電云，國民政府今日發表戰報，謂華軍已於今日下午克復瀏河，其文曰，防守吳淞砲台之十九路軍支隊，昨晨九時，退出吳淞砲台區域，其主力於下午五時開抵瀏河，我援軍上官雲相所統之第四十七師，蔣鼎文所統之第九師，由嘉定南翔向瀏河進發者，與敵軍第十一師團戰於瀏河，十九路軍由吳淞退出者，即與會合，共擊日軍，馮玉祥所統之軍二萬人，已開抵太倉，太倉嘉定間之婁塘鎮，有敵萬餘人，於今日午后六時半，向我軍總攻，我新抵該處之援軍，即奮起應戰，日軍雖有坦克車鐵甲車等，然該處房舍頗密，河流曲折，敵不得逞，兼以地勢不熟，故遭失利，戰至今晚深夜，我軍分兵四路，向敵後方包抄，敵軍苦戰多時，不能勝利，相持至今晨，除一部分敵軍突圍逃出外，餘已解決，我軍並獲戰利品甚多，

◎孔祥熙電請政府速定整個計劃

中委孔祥熙以日軍業已進佔閘北，而我政府並無援軍來滬，昨特電洛陽二中全會，迅定自衛整個計劃，原電云，急，洛陽二中全會鈞鑒，密，暴日侵滬，戰事突生，我十九路軍及第五軍奮勇血戰，迭挫兇鋒，捍衛黨國，舉世同欽，熙慰勞前方，目睹各軍事長官身先士卒，親自指揮，忠義激發，心折彌深，至日昨我軍退守第二道防綫，既因衆寡懸殊，復因瀏河後路為日軍襲攻，我軍將受抄截之危，變更戰略，勢非得已，熙在滬見聞較確，有慮及此，故前曾迭電軍委會，請即增援防範，鞏固後防，今竟不幸言中，深用慨然，此間輿論極為憤激，咸咎政府事前既乏準備，臨時又無增援，且當時對日自衛軍事緊急之時，竟無負責統率全國軍事之人，遂致月來血戰挫敵之偉績，全功盡棄，責難如此，民憤可知，現聞日軍進佔閘北眞茹以後，仍不悔禍，更向南翔新龍華等處進逼，此時若不速籌抵抗，前途必更危險，事急寇深，懲前毖後，應請鈞會迅定自衛整個計劃，以利戎機而慰喁望，特電率陳，敬祈省納，孔祥熙叩江，

◎傷兵管理委員會成立

自一月二十八日日軍無故進犯閘北，我衛戍淞滬之十九路軍，為保全國土計，當即奮起應戰，屢挫敵鋒，但日方數易司令，增派援軍，達十萬餘人之多，新任之敵總指揮白川，又出偷襲瀏河之計，我軍為戰略關係，不得已而下令退却，乃各院傷兵，聞此消息，莫不痛哭流涕，羣向院長請求，願負傷歸隊，與倭寇作最後奮鬥，甚至託故外出，潛行歸隊者，已達百餘人，十九路軍後方辦事處主任范其務氏，當以該傷兵忠勇奮發，為國犧牲，其志可嘉，但傷勢未痊，遽爾作戰，殊非保全實力之計，特於日前委派總指揮部少校參謀詹寶光，協同第五軍軍部副官班淦，來後方組織傷兵管理委員會，其宗旨則為凡傷兵傷勢未愈者，概不准歸隊作戰，聞該會已擇定紫萊街五號為會址，設正副委員長各一人，委員二十人，其組織則共分總務，管理，經理，三科，各設科長一人，其人選名單如下，正委員長詹寶光，副委員長班淦，總務科長鄭豐，管理科長余惠勳，經理科長許世荃，其委員業已決定者為陶君若，余惠勳，鄭豐，趙仰田，翟浩，牛惠生，龐京周，顏福慶，芮慶榮，王鋭，薛雪榆，王培元，等十二

人，尚有八人，則由各師部委派，日內亦可蒞會辦公云，

◉我方決不接受屈辱條件　報載中日雙方及有關係各國代表，將於一二日內，開一圓桌會議，討論上海局勢一節，外交次長郭泰祺，今晚負責否認此說，郭次長復向本報記者聲稱，日方半官消息所傳之此種辦法，毫無所知，並謂如開圓桌會議，須以日本履行雙方撤兵，防止再有衝突及立時停戰之協定為前提，中國軍隊，自星期二晚，即由閘北及附近一帶，自動撤退，日本利用我軍撤退，跟踪前進，已逾四十里之遙，（今日且有日軍三千續在瀏河登岸）換言之，即我軍撤退至安全距離，係為促成立時停戰起見，乃日軍任意忘却其對國聯主席彭古二月二十九日所提雙方撤兵提案，表示接受之諾言，查二月二十八日，在甘特兵艦上所成立之諒解，係根據雙方同時撤兵之原則，而彭古之提案，則又係根據英方關於甘特兵艦提案之正式報告，使日方不承認中國軍隊撤退之事實，繼續追擊，並履行其同時撤兵之諾言，則所謂圓桌會議，就中國方面而言，決無舉行之可能，郭氏再後復稱，日方覆文所提四項屈辱條件，我方萬難接受，現已將此點電告日內瓦顏惠慶代表據理力爭矣，

◉昨晚全埠炮聲　本埠各界民衆，得悉我方援軍，業已開到前方，一時欣喜之餘，遂於下午六時許，大放鞭炮高升，直至夜半始止，同時香港外埠各處僑胞接到電報後，均有同樣之慶祝，民氣如此，不言可喻矣，

◉上海各團體救國聯合會慰勞詞　（一）慰翁譚兩將函）敬啓者，此次貴軍死守吳淞，確已盡最大之努力，民衆十分了解，十分感奮，因此愛惜貴軍，不忍貴軍獨受過量之損傷，今援軍未到，貴軍與大塲瀏河各方面，所有整個計劃，共同堅守，固為民衆所盼望，若使一部孤撐，陷於絕地，則削減抗日實力，實最大痛心之事，切盼兩君，慎重處置，總之抵抗暴日，決不可以一地之得失而變更民衆與貴軍共生死之熱情，亦決不可因軍略之變更而代替也，除託張子廉君面罄外，此致翁輝騰旅長，譚啓秀司令，（二）慰勞十九路軍電　崑山探送十九路軍，蔣總指揮，蔡軍長，戴司令，暨全軍將士公鑒，公等精忠衛國，抵抗日本侵略，血戰三十四日，屢摧強敵，一洗我民族怯於外戰之恥辱，足使敵人寒胆，並世驚奇，在公等已盡其最大之努力，並因政府不派援軍，敵大隊已由後方抄襲，不得不忍痛奉令退却，我全市民衆，無限痛心，本會所屬各團體代表，一致願與我忠勇將士共生死，

各界代表往前方慰勞十九路軍由蔡軍長出而答謝

The representatives of Chinese Citizent Comfort 19th Route Army on front.

至驅逐日寇出境，完全恢復失地而後已，謹佈腹心，維希公鑒，上海各團體救國聯合會叩冬，

編者按，我軍抗日戰事，至此已告一段落，吾軍爲國家爭人格，爲民族增光榮，事實昭著，已爲中外人士所共見共聞，本刊對於抗日事跡，應爲吾人留紀念者，已詳載無遺，本可從此暫作結束，惟敵軍態度依然強硬，得寸進尺，盤踞淞滬，尙無和平撤退之誠意，東北風景不殊，舉目有山河之異，傀儡政府，一日未除，國運尙無回蘇之希望，茲爲保存吾人已往犧牲爲國之戰績，誓死禦敵之眞精神，乃繼續將敵軍最近之行動，國聯調查團到滬調查戰地之狀況，各國公使出任勸解和議撤兵會議等種種消息，逐日摘要載入本刊作有系統之報告，希讀者注意焉，

(三月五日)

軍事方面

(一)軍部所公佈之戰報　十九路軍後方辦事處接五日蔣光鼐總指揮來電云，敵四日下午三時，由翔向我黃渡陣地砲擊，約三千餘發，同時飛機十餘架助戰，繼命步兵來衝，至深夜不得逞，現已退却，死傷極衆，蔣光鼐，

▲蔣總指揮電云，日方極力宣傳停戰，但昨日午後四時起至深夜，又向嘉定太倉之綫猛攻，崑山亦有下彈，

▲日攻機多架到崑山蘇州一帶偵察，並用機關槍掃射，居民死傷不少，

▲南翔有日兵千餘，大砲六門，現正從事構築防禦工事，

▲趙參謀長電云，浮橋鎮楊林渡之敵，被擊敗，向瀏河方面退去，現仍在追擊中，

(二)敵攻黃渡被擊退　四日下午三時許，日軍在南翔方面，用大砲多門，向我黃渡陣地猛力攻擊，同時並派大批飛機在黃渡空中，投擲炸彈，並以機關槍射擊，隨後卽有大隊步兵前進，另有騎兵千餘名，向我軍陣地衝鋒，我軍竭力抵抗，激戰數小時，始終不能奪進吾軍陣地，戰至五日上午一時許，敵始不支，紛紛向南翔退却，此役敵軍死傷甚重，我方亦有損失，

(三)婁塘方面激戰　三時餘，敵軍爲策應南翔方面進攻起見，派大隊步兵，由羅店，唐家港婁塘一帶渡河，向我嘉定太倉全綫進攻，我軍憑河抵抗，激戰至深夜，全部被我擊退，現敵軍在河東，我軍在河西，雙方隔河作戰，故該處戰事，自四日下午起，至五日上午止，迄未停止，

(四)瀏河附近敵軍已擊退　瀏河西北面之白茆口，有敵艦數艘，並有步兵兩千餘名，四日在該處偷渡登岸，當被我駐軍擊退，

(五)六河鎮有敵兵登岸　今日下午據無綫電報告稱，離瀏河西北約二十啓羅米突之六河鎮，(五日)有日兵三千名登岸，我軍正在痛擊中，

(六)三夾水到有日艦　吳淞口外三夾水今日有日軍運輸艦八艘，載運日軍第十四師團全部預備擇地登岸，

(七)敵軍圖襲楊子角　據報告今日有敵艦數艘載運第十四師團之步兵騎兵及坦克車隊，預備在浦東奉賢縣境之楊子角登岸，冀圖襲我南匯奉賢等縣，我軍已嚴加防範，

(八)我軍報告勝利　南京電云，此間司令部接前敵長途無

綫電話據稱，上官雲相所統之第四十七師，於今日午後，向日軍第十一師進攻，頗獲勝利，

外交方面

(一)外次長郭泰祺訪英法美三使

△並對記者發表談話

外交次長郭泰祺，對於日本所提四項停戰條件，與甘特英艦上所成立之停戰基礎五點，相去太遠，曾電洛陽行政院長汪精衛，及南京外交部長羅文幹，建議，萬難接受此種屈辱條件，汪院長及羅外長，均已覆電到滬，表示一致，故我外交方針，業已確定，郭次長因卽於今日分訪英公使藍浦森，美公使詹森，及法公使韋理德，說明原委，英法美三使均表示諒解，並各電本國政府報告，郭次長昨對記者，發表談話云，滬案與東三省問題，有密切連帶關係，故我國按照國聯公約第十五條，要求召集國聯特別大會，將日本以武力侵略我國整個問題，設法解決，現在日方提出所謂四項停戰基本條件，將上月二十八日中日雙方代表在英艦上所議之五項原則，完全推翻，而同時不啻將國聯行政院長彭古之提議推翻，蓋彭古君之提議，卽係根據上月二十八日英兵艦所提之五項原則而發生也，余今日已向各友邦公使說明吾國政府態度，對於日方所提之四項停戰基本條件拒絕，日方須履行雙方撤兵，始有交涉之餘地，並聲明吾國並無憑藉武力變更上海公共租界及法租界現狀之意，並向來對於各國僑民之生命財產，竭力保護，觀於此項戰爭中，我國軍隊，對於各國僑民及公共租界及法租界之舉動，可以證明，若所謂圓桌會議，係爲安全問題而召集，則此種會議，實無召集之需要，各友邦公使，對余說明，均表滿意，並允將余言轉達各該國之政府矣，至于日軍未向我國領土撤退以前，我國決不願參加何種圓桌會議，且卽使將來或有召集此種會議之可能，我國亦必須先將會議議程，詳加攷慮，須不涉及推擴租界及吾國不在淞滬區域駐兵等問題，否則決無參加之餘地也，

(二)顏惠慶致彭古函　外交部今日接日內瓦顏惠慶代表致國聯理事會主席彭古函，聲明我國立場，茲披露如下，(銜略)我政府接受貴主席二月二十九日停戰提案，業經轉達理事會在案，查該提案係二月二十八日中日代表會同英海軍提督，在甘特旗艦交換意見之結果，係以中日同時撤兵爲原則，二月二十九日英代表在理事會亦有報告，中日代表當據向各本國政府請求考慮，日政府迄無答覆，反派大批援軍，續在公共租界登陸，實行大舉進攻，其行動顯與二月二十九日日政府照會理事會接受停戰提案之諾言相違反，因使人對日政府之誠意，發生疑問，貴主席停戰提案，設能見諸實踐，我政府固隨時可以接受，我政府更準備參加貴主席所提在上海舉行之圓桌會議及承認公共租界之安全與維持上海及上海附近和平有關，惟此圓桌會議，祇應限於討論恢復上海停戰問題，至一切中日糾紛，仍須由中國引用國聯公約之程序，以謀解決云云，

(三)顧維鈞之表示　某記者訪顧維鈞氏於其寓邸，問外間所傳上海圓桌會議，中國政府，特派顧氏代表出席，是否實在，據顧氏答稱，中國方面主張，日本軍隊不但應退出大塲眞茹等處，且應依照原議，由閘北吳淞等處退入租界，以便逐漸登艦，退歸日本，至圓桌會議，係日本方面之主張，中國方面從

未贊成，且所云圓桌會議性質，既未明瞭，中國更難贊成，故代表出席一層，根本上更說不到矣，至上海問題，果有會商必要，自應與東三省問題一併討論解决云。

戰區情形

（一）閘北成死市　閘北爲我華界精萃之區，居民數十萬，自一二八戰事發生日受敵方大砲飛機之轟炸，盛市化爲荒坵，而又經江北漢奸之助敵縱火，繁華街市，已成一片瓦礫場矣，某君爲此次戰役中被難之一份子，所居房屋，完全毀於砲火，自三月一日我軍撤退後，閘北已無戰事，封鎖五星期之交通，亦有一部開放，今日某君欲至家中一看，究否全燒，而沿途所歷，實堪稱爲地獄，今將親歷情形，分記如下，（寶山路阻礙）今日租界方面，在北浙江路底與泥城橋堍等處之鐵門，已可開放，但規定上午八時至十二時，下午二時至五時，過時則不准行人往來，某君今晨自北泥城橋鐵門而至閘北，在通過鐵門時，守防之義勇軍檢查至嚴，雖一火柴，亦不許帶進，某君到閘北時，路上行人絕少，日兵之乘汽車巡行者頗多，沿途敗壁頹垣，觸目皆是，其悽涼之狀，有非言語所可述者，迨兜抄到寶山路，已有大部日兵駐守，記者僅到升順里口，欲再向北，日軍已加阻止，謂向北火尙未息，而難民因不及逃而焚死者，臭氣四溢，故不令人前進，祇得退歸，（二次赴閘北）上午十一時半，某君復從蘇州河渡至新閘橋北上陸，二度至閘北，見沿河北岸已滿布日兵，多爲海軍陸戰隊，正在用鉗除去電網，並將我軍之沙袋押令工人拋擲蘇州河中，記者由沿河岸越我軍所掘之戰壕，約數十道而入海昌路，目覩死亡難民，已經棺殮而仍棄路側者，滿路皆是，過公益小菜場，各馬路絕少行人，儼入死市，而嗚嗚之聲，盡是乘車巡行之日軍，均衣黑色制服，負槍實彈，在沿河一帶之居民，正忙於搬運物件，而在裏馬路者，則概不許攜取一物，否則即加逮捕。（盤查之嚴厲）二次至閘北時，見途上行人僅少數之形如勞工者，與一般江北人耳，歷二小時之兜抄，未見一穿長服者，有數人勸某君勿再前進，謂日軍對着長衣之華人，頗爲嫉視，某君遂改抄小路而走，因各馬路到處有大隊日兵也，詎雖僻弄，亦有日兵把守，某君經過，便喝停搜查，並用日語盤詰，某君不知東語，險遭拘去，幸在地划書『係回家觀看房屋』始經另一日兵放行，（臨時作勞工）某君穿過共和新路，該處有炸彈所毀之地穴一個，與被拆去防禦工事之填補馬路，有日兵十餘人，各出刺刀，強懕行人代爲扛沙袋填馬路，如果違抗，便須拘捕，聲勢兇狠，令人痛心，某君至此，欲越過而無別路，祇得忍辱爲臨時之勞工，代拖沙袋，小民何辜，而受異族之驅使，同爲國家，同爲國民，何以我炎黃子孫而受人凌辱至如此耶。而衛國衛民者，豈眞僅一十九路軍耶，（野犬食死尸）此次閘北難民之死於砲火，眞不勝枚舉，拋尸荒野，聽其腐爛，白骨原野，無人殮埋，某君行至京滬鐵道，見機車間已炸成粉碎，而左側曠地有一孩尸，頭已爲野犬吃去，祇剩得兩足一身，有三四頭野犬，正在爭食，而同行之一人言，前面尙有兩個尸體，已被野犬食去一半，至今尙未收埋，（向東不能進）某君本欲向東往永興路，詎愈向東而日兵愈多，退還之民衆亦愈夥，爭勸某君勿再前往，謂已有兩人被日兵查出帶有戒指一只，當場用繩綁去，我等尙百般求情，方得脫身而還，轉瞬將屆下午四時，日兵便禁止行

人，東段且為封禁之地，任何人不得過去，至是某君亦祗得折還，見後面已有日兵一隊乘車飛馳而來，我等避入一小弄中，方得無事，過鐵路時，又為日軍盤查，仍乘渡輪歸來。（日軍官視察）日軍用白粉筆在各馬路牌門上書中文佈告，大意為日軍對華人商民，無加害意，因有流氓刦切物件，故華人空身可以通行，不許攜帶物件云云，某君囘至大統路方面，見日軍司令巡視閘北，共計乘三輛轎車，前後有保護之衞隊，乘摩托車翊衞向西而行，沿途日兵均對之行禮，聞該三軍官卽為植田，野村，鹽澤，等三司令，均着黃色之中少將服色。

（二）吳淞有昨今不同之感（第一報告）吳淞各界避難在滬人士，為明瞭該鎮戰後情形起見，於今日上午十時，特派董振千，朱孝燕，等乘吳淞救生局小輪赴淞視察，某記者因亦搭同前往，小輪駛抵吳淞停靠扦船碼頭，某記者等登岸時，卽有日兵二名荷槍趨碼頭，操山東口音，某記者等訊問小輪自何處駛來，經我等告以我等均係淞人，由滬前來視察，日兵遂允我登岸，時小輪船夥周某，亦隨於我等之後，日兵見周身穿短服，當卽上前將其全身搜查，結果搜出金鼠牌香烟一盒，日兵竟將金鼠牌香烟擲於地下，並用足踏毀之，並向周稱，這個香烟，可不准你吃，現在我賠償你一盒，言時自軍衣袋內摸出仙女牌香烟一盒，給與周手中，聲稱這仙女牌香烟是我大日本國貨，你以後可買仙女牌，再不要買金鼠牌等語，周不與之計較，我等登陸後，向全鎮各處視察一週，但見市河以南全鎮房屋，幾無一倖存，殘垣敗壁，觸目皆是，惟淞興路上郵政局及延生錢莊二處房屋，尚安然無恙，市河以北房屋，幸被毀者尚少，現該處北協業里中駐有日兵二百餘名，該里管弄人姚昆，自吳淞戰事發生後，每日砲火雖猛，始終未曾離去，據姚向某記者稱，前日我軍自淞撤退後，不久日軍卽開入淞鎮，擬將該里房屋縱火焚燬，嗣經姚哀求得免，後日軍開入寶山城，又擬縱火，幸該縣前城廟市董董載生向日兵苦求，全城亦得保全，寶山城中房屋損害尚少云云，吳淞各處殘壁之上，到處高懸日旗，據稱此項日旗，均係日兵發給，吳淞砲台之上，經某記者之遠望，見亦有日旗，同濟大學原本懸德旗，今亦改懸日旗矣，記者等旋於下午三時卽乘原輪返滬。（第二報告）某記者今日憑弔吳淞鎮，見外馬路海塘，已被砲火打得七高八低，不成様子，日兵結隊成羣，在外馬路梭巡，見可疑之行人，攔阻盤查，身無違禁品者，准許自由行走，遂在各街道視察一週，見鎮內所有房屋，已燬去十之七八，一片淒涼，祇以時間怱促，不及詳細調查，茲將今日所見所聞先行紀錄於次，以告讀者，（一）（中新路）自外馬路起至市河路止，全部焚燬，（二）（淞興路）東自廟弄起西至油車路止，其中除隆茂錢莊郵政局須鶴洲，顧守安，萬順新屋，等五處房屋倖免外，其餘全數被燬，（三）（同興路）自外馬路至淞興路一段均燬去，（四）（荳市路）自桂枝路起至三岔路均遭燬去，（五）（同泰路）淞興路起燒至北市河，（六）（和豐路）中新路燒至三陽路，其中協業新里房屋，尙在焚燒中，聞係土匪所為，（七）泰興路中央大學醫學院及市河路朱家浜等之數處未燬房屋，均懸有日本旗幟，大致為日兵留作辦公處者，（八）聞寶山方面，已有地方人士邀集壯丁自衞，故未被宵小焚刦，秩序安全。

各方面慰勞前方將士電

（一）駐滬中委　駐滬中委致前敵將士電云，崑山探送蔣總指揮，蔡軍長，張軍長，戴司令，暨全體將士均鑒，暴日寇滬，諸將士獨立應戰，迭奏膚功，敵方因不得逞其侵略計，源源增援，衆逾十萬，益以兵艦數十艘，飛機數百架，我方僅續有第五軍加入前綫，都計不滿四萬，血戰肉搏於砲聲炸彈之下，積勞不形疲憊，裹創猶思奮鬥，用能以寡勝衆，有進無退，倘所謂長期抵抗，不徒托諸空談，則就近可調之勁旅，尚不下數萬，一舉而盡殲敵軍，庸詎難事，乃自動馳援者，有途莫假，聞風請纓者，無命可待，雖日言援軍在道，亦無異激西江之水，以救涸澈之鮒，致敵軍乘隙自瀏河登岸，襲我後路，我軍遂不得不放棄原有陣地，退至第二道防綫，咎有攸歸，舉國共喻，然此一月有餘之戰績，已足殺頑敵之兇燄，樹軍人之模範，改易世界列強之觀聽，振起整個民族之精神，其可欽可佩，可歌可泣有非楮墨所能形容者，昨誦各電，有決本彈盡卒盡之旨，不與暴日共戴一天等語，具徵志堅金石，節勵秋霜，頃聞南翔瀏河兩役，更予敵以重創，收復淞滬此其先聲，所冀全國軍民隨諸將士之後，同仇敵愾，不為私人情感利害所牽制，并力與暴軍相週旋，膺彼醜虜，固我河山，亡者成仁，存者成功，諸將士之勳名，尤將永垂于無窮也，特電奉慰，統希亮察，孫科，陳友仁、楊庶堪，柏文蔚，程潛，陳嘉佑，張知本，梁寒操，馬超俊，陳慶雲，桂崇基，何世楨，劉君隱，黃季陸，熊克武，孫鏡亞，陳中孚。

（二）郵務工職兩會　郵務工職兩會致第十九軍及第五軍電云，崑山轉十九軍第五軍，並轉前方全體將士鑒，我軍忠勇抗敵，舉國欽仰，此次變更戰略，退至二道防綫，當益能振我士氣，奮勇殺賊，全國民衆，誓為後盾，敬此電慰，上海郵務職工會同叩，微。（此外慰勞電甚多，意同故略之）

◉孝脫遺骸決安葬上海　字林報云，駐滬美國蓋爾公司總理蓋爾氏接已故美航空家孝脫之母來電，允從中國國民政府之請，將孝脫遺骸葬於上海，以留紀念，並願親視入窆，日內將由華盛頓州太柯瑪啓程來華。

（三月六日）

軍事方面

（一）軍部公佈戰報　十九路軍駐滬後方辦事處，今日下午四時，接該軍趙參謀長一肩魚辰電云，微日（五日）敵猛攻黃渡嘉定婁塘各處，同時飛機數十架在蘇州崑山沿鐵路一帶各大鄉鎮投擲炸彈數百枚，上官雲相率四十七師到援，大敗敵軍，一部份向柏家橋退却，一部現仍在激戰中。

（二）十九路軍通電　十九路軍總指揮蔣光鼐為尊重國聯停戰決議案，特於昨日令全體將士云，現在國聯大會業經決議，請中日兩方實行停戰，自應依照辦理，倘日軍不向我攻擊，吾軍亦不向彼攻擊，如日軍背國聯決議，施行攻擊，我軍仍須抵抗，仰各將士一體遵照。

（三）婁塘等處戰事未息　蘇州六日專電云，常熟滸浦敵登陸，及蘇崑間角直被刦，均不確，外跨塘有刦案，現大軍集常甚衆，婁塘岳王市等戰事，至今未止。

（四）我軍堅守青暘港　◉◉◉師砲兵營吳君在前線，身先士卒，左腕中機槍流彈受傷，因來滬療治，傷勢尚不甚重，晤

吳于某醫院，據談，已有上官雲相部第四十七師，徐源泉部第四十八師等，均將分發前線作戰，現我軍把守靑暘港，擬險而守，伺機反攻，蔡軍長之意，十九路軍祇有抵抗到底，雖至一兵一卒，決不爲馬占山第二，但願十九路軍之後，復有繼起之無數十九路軍，則應戰以來，陣亡之將士，必且以先死爲榮矣，某君問前線需要何物，吳營長言，現前線需要淺水汽輪，民衆如願捐助，請送至後方辦事處，繼再三叮嚀，囑某君民衆宜傳，凡敵機來時，切勿聚衆視望，因敵機一得目標，便狂擲炸彈，此等無謂犧牲，非僅當之者不幸，與行軍上亦感不利也，

各方要訊

(一)粵代表來滬慰勞十九軍　西南執行部西南政務委員會，昨電十九路軍等派關素人崔廣秀二人來滬慰勞，茲將原文照錄如下，(銜略)各電誦悉，滬淞之戰，貴部捍疆禦侮，鏖兵匝月，屢挫兇鋒，勇敢堅強，譽馳中外，卒以敵衆我寡，尙待援師，撤退前線，再圖反攻，披讀陳詞，曷勝憤念，務望持犧牲救國之精神，爲再接再厲之奮鬥，以貴部之善戰，及民衆之同心，最後勝利，仍當屬我，此間已派關素人，崔廣秀，兩同志躬赴前方，代爲慰勞，西南政務委員會歌，

(二)上海市民代表赴前方獻旗　特區市民聯合會，於今日下午三時，派劉仲英吳半厂二人，僱舟赴蘇州，再轉十九路軍第五軍司令部所在地，慰勞作戰將士，慰勞品計有勝利旗棉被絨衫褲等，茲錄所賫致各軍將官暨全體士兵函於次，蔣總指揮蔡軍長張軍長各師旅團，暨全體士兵鈞鑒，謹啓者，竊自鈞長等，率領衛國士兵，犧牲血肉，抵抗暴敵以來，聲譽所播，世界震驚，對外使人知我國之不可侮，對內證明暴日之不足戰，此次一月餘戰爭之結果，由其事實發現，一世界軍力比較之新紀錄，則軍艦飛機重砲甲車利器之價值，遠不及具有愛國勇氣犧牲精神之士兵也，(中略)茲派劉仲英王肇成余玉卿張子廉四人(臨時易爲劉仲英吳半厂二人)爲代表，親趨軍次，獻旗致慰，至於此後應援，亦已定有辦法，務乞鈞長等，貫澈血忱，抗敵到底，共盡心力，爭取生機，民心未死，必能得最後勝利也，涕泣陳詞，不盡欲言云云。

(三)國聯調查團將來滬　國聯調查遼案團一行十餘人，將於本月十四日，乘大來公司之雅達士總統號抵滬，本埠各團體及市政府等各機關，於該團抵滬時，決分別招待，聞該團在滬約有一星期之勾留，屆時並對滬將附帶實地調查，供給國聯云，

(四)美國抵制日貨　大陸報(六日)載一社論，略謂當此國聯大會籌謀制止日本對華侵略有效方法正感棘手之時，昨有一私人電訊，飛越太平洋，報告美國抵制日貨，方如春潮怒漲，迅速進展，查此次運動，係前陸軍總長培克，哈佛大學校長洛威爾博士，與哈佛大學商業行政研究院教授哈士博士，於二月十九日發起，以美人對於日軍閥之憤恨日增，甫及一星期，簽名請美政府實行抵制日貨者，已達十萬五千人，迨今日私人電訊，更稱，加入抵制日貨運動者，已達一百萬人，非俟日本放棄以戰爭爲在華進行國家政策之工具後，不再購買日貨，查中國人民抵制日貨後，日本工商省最近調查報告，已表示日貨所

受打擊之如何重大，與英美貨之如何替代日貨，其輸往香港貨物，一九三一年比一九三〇年減百分之三十三，比一九二九年減百分之三十九，輸往中國貨物，則一九三一年比一九三〇年減百分之四十，比一九二九年減百分之五十，又就去冬而論，九月份比上年同時期減百分之三十三，十月份減百分份之六十，十二月份減百分之八十，（中略）日本對美輸出，占其總輸出百分之四十至四十五對美輸入約占總輸入之三十，其對華輸出，連香港東三省在內，尚不足總輸出百分之三十，對華輸入僅占總輸入百分之十八，是其商務之繁榮，依賴於美國者，遠過於對華貿易，例如日本所產生絲，美人吸收百分之九十，近數月來，紐約日絲價格，雖跌至向來未有之紀錄，而銷路仍銳減，上月曾接美訊，所有紐屋崙開往遠東之商輪，悉爲日商包定，裝運美棉一月，或日人爲此未雨之綢繆也，倫敦東京等處消息，又稱，美人對於日本銀行界及商家，已有不親善態度，要求償付宿欠，又據日本著名之朝日新聞載稱，美國財政家現漸有拒絕容納紐約日本財政家之傾向，美國外商，多躊躇不敢定購日貨，在今次商業疲滯以前，日本每年售與美國之商品，共值日金九萬萬元，超過其所購美貨總值約二萬五千萬元，本年日本商業，已處於更不利之地位，蓋一二兩月，入超已達日金八千萬元，上年同一時期，入超僅有五百萬，（下略）

（三月七日）

軍事方面

（一）二中全會通電

▲表示長期抵抗決心

洛陽二中全會通電各將領云，限即到，各綏靖主任，各總指揮，各軍師旅長，並轉全體武裝同志公鑒，日本逞其暴力，侵佔東北，延及東南，當此危急存亡之際，吾人舍屈服於暴力，則惟有積極抵抗之一途，昔袁世凱以屈服於暴力之故，簽字於二十一條，喪權辱國，至今爲厲，從可知以屈辱求和平，適得其反，吾人决不欲以國家爲孤注，然徵之民族歷史，流血之亡國，國可復興，惟不流血之亡國，始永無復興之日，故自去歲九月十八日以來，一再申儆我全國武裝同志，務以捍禦外侮，爲最大天職，最近第十九路軍在淞滬一帶，奉命守土，悉力奮鬥，屢却強敵，第五軍奉命赴援，協同作戰，與暴日之陸海空軍，苦戰三十餘日，殺敵過當，今因戰略關係，變更陣地，而精銳曾不少挫，使我全國武裝同志，奉命守土，皆能如第十九路軍之堅毅，奉命赴援，皆能如第五軍之果勇，則暴日雖橫，亦將戢足不前，中央對於長期抵抗，夙具決心，一切艱險，均所不避，願我全國武裝同志，共凛斯旨，對於中央，若手足之捍頭目，對於各處地方，若痛癢之相關，寇氛一至，立起應敵，徵調所及，尅日就道，不以據守地盤爲念，不以保全實力爲計，我全國武裝同志，數逾百萬，倘人人抱存則共存亡則共亡之志，以與暴力相周旋，豈惟外侮無自而入，民族復興，有繫於是，其各勉旃，中央執行委員會第二次全體會議魚印。

（二）在最前線之敵軍　日方陸續來滬增援之陸軍，自我軍退出閘北吳淞第一道防線後，後方防務，完全歸陸戰隊接收塡防，大部陸軍，仍向我第二道防線挺進，其第九團司令，則設於南翔李公祠內，由此向北，戰線直達嘉定之北，統由第九團

陸軍掘壕布防，其輕重砲隊，（包括六寸大砲及小鋼砲等）在離開步兵線約一千米突處，佈置砲兵陣地，以便掩護步兵，向我進攻，砲隊司令部，則設於眞茹暨南大學內，嘉定至瀏河，一律劃歸十一師團担任布防，白川司令，雖長川駐節於暨大司令部，但每日必乘汽車，沿防線巡視一週，日軍黃渡最前線，在於養鵝，浜陸家浜兩處，隔婁江與我軍對峙，幾經偷渡，均未得手，瀏河西北之白茆口及六河鎮兩處，日方在該處佈有重砲隊，時發大砲，掩護登陸日軍向我陣地偷襲，離瀏河十餘里之浮橋鎮及七丫口洋面，麕集日方大小軍艦二十餘艘，排列成丁字形，滿裝陸軍，伺機登陸，以冀與白茆口六河鎮等處日軍，取得聯絡，且白茆口方面，於六日晨，日方又到航空母艦一艘，載有飛機七架，意圖轟炸無錫常州，綜計日軍最近陣線，由南翔方面起，至最前線止，兵力當在十萬以上，大小重砲，約計三百餘尊，

（三）敵機在寶山投彈　我軍退至二道防綫，日飛機逐日到寶山縣投彈，至本月七日，寶山縣被日飛機擲下炸彈四枚，

（四）嘉定受創　嘉定難民沿途充塞，時嘉定縣城，巳被日機轟炸，人民死傷與房屋火焚者，到處皆是，

（五）婁塘慘狀　某記者世居嘉定婁塘鎮，此次我軍全師撤退，敵軍向西追進，婁塘適當其衝，記者於二日晨返婁，迎接家屬出險，途經江橋，沿途尚見我軍，絡繹西去，迨抵南翔，婁塘與南翔之電話，業巳截斷，復繞道至馬陸，該處至婁電話尚能直達，據云，婁塘尚留我軍甚多，促記者火速來婁，計議一切，正午十二時到達婁塘，親見婁紳印錫章之住宅，陳輯文之寓所，楊姓酒店，瞿子善市房，及梅步村等，均被炸彈所燬，居民亡命奔逃，秩序大亂，至下午二時，婁塘巳十室九空，記者挈同家屬，在炸彈聲中，得慶逃出，當晚宿距婁約數里許之一村中，入夜，遙聞婁塘方面機關槍聲甚密，蓋敵軍業巳追縱到婁，卽在該鎮中心小學縱火，記者，循原道脫險來滬，

我勇敢的兵士笑負日機擲下未炸之彈

Our brave soldier, with smile, carries an Un-exploded bomb which was thrown by Japanese aeroplane.

各方要訊

（一）弔令戰場　大美晚報訪員今日曾至四鄉戰區數部分巡行一週，見華人屍身暴露於野，未掩埋者，不下數千具，雖戰士居多，而平

民亦不在少數，且於火餘屋中時見婦孺焦爛之殘骸，令人不忍卒覩，日人之屍身，已由日兵迅速移去，惟華人之屍身，除要區如江灣車站四周外，類尚無人過問，廣東山莊內佛像之側，有一老年農婦之屍，面目模糊，四肢殘斷，中股袒露，其肉表明曾受槍刺猛戳，數外人曾見之，尚有較此更甚而極慘者，爲備作證計，已留影焉，記者曾特別查視傳說加釘燒死之一屍，見屍臥釘板，但後見其釘乃由木板反面釘入，或係該人死後，房屋坍倒，屍適觸及釘板所致，江灣大場眞茹三處，大部分已毀，破瓦頹垣，一望無際，似多爲空中轟擊之結果，三處尤以大場爲最，大場附近，有殘破之紅十字會卡車數輛，顯爲砲彈或飛機炸彈所毀者，日本兵士及平民紛在此糜爛之區，覓取戰爭紀念品，兵士留影者，多立於華人屍身，持太陽旗，作露齒笑，間有取未炸之大砲彈，置於屍上，而留影者，日本平民，攜眷偕伴其間者，實繁有徒，且多手挽兒童，一路談笑，彷佛作休假之游樂者然，日當局對於外人之欲往戰區者，雖不肯發給通行證，而外人之得至戰區者，頗不乏人，惟歸途經過北四川路日海軍司令部時，皆爲日兵所阻，令下汽車，容其在車內搜查一過，

(二)萬國紅會代表到滬　萬國紅十字會爲日軍殘殺中國紅會職員，及使用達姆達姆彈事，特派祕書長博浪博士來滬調查，已於前日(六日)抵滬，寓南京路華懋飯店五零二號，即赴九江路二十六號晤中國紅會理事長王培元君，詢問一切，王即報告中國紅會職員被日軍射殺者三人，重傷身死者二人，失踪者四人，炸燬大場傷兵醫院一處，輕傷王志芳，王敦甫，等數十人，博士深爲駭異，定今日(八日)偕同王培元君赴各傷兵醫院查視一切，正午十二時，由王設讌新雅酒樓，請衞生界人物作陪，爲之洗塵。

(三)虹口浪人暴行　大美晚報云，日本浪人曾於戰事發生之初，對中外人士，滋生許多事故，今復在虹口閘北一帶，頗形活動，此輩浪人，常偕同陸軍兵士或陸戰隊水兵，但亦時常與若干日本平民組織一隊，在北四川路靶子路以北干涉車輛行人，陸海軍兵士往往聽其所爲，不加阻止，致中外人士雖持有工部局通行證，往往被阻，不得通行，因此虹口正將發生一種新局面，苟日本外交與軍事當局不將此輩干涉車輛行人之浪人，加以取締，則或將成爲嚴重局勢，近四日間，西人受浪人之騷擾者，已有數起，其中兩起，則爲美人，俱已報告美總領事署，一爲青年女士被日浪人毆擊後，業已向日總領事署抗議，一即美商務委員勞勃生，據今日(七日)所聞，尚未提出正式抗議，勞氏係星期六下午乘汽車視察虹口一帶，駛至老靶子路，車行甚緩，且以讓道故，被迫駛上路邊，仍爲日海軍汽車撞壞車身與護欄，日兵談笑自去，勞氏遂踵之至北四川路營房，向司機水兵理論，遽有日浪人出而干涉，將汽車夫拖去，羅氏手甫觸及一浪人之背，即被毆擊，幸日水兵出而攔阻，置身於羅氏與浪人間，始免受重傷，並得返車開駛而去，但日水兵並未約束浪人，致羅氏將行，又被浪人從車窗伸手入內，毆擊一拳，此外持有通行證之華人，通過巡捕及日兵後，而爲日浪人無故阻囘者，邇來屢見不鮮，按當戰事開始之首五日內，日浪人在虹口一帶，恣意毆擊行人，逮捕搜查，作種種過分舉動，經西報攻擊，日領事與海軍始加取締，據稱，曾將領袖四五人押解出境云，

（三月八日）

軍事方面

（一）軍部公佈戰報　十九路軍後方辦事處，八日下午六時，接前方參謀處長趙一肩電稱，（一）敵人千餘，於六日進攻黃渡，被我軍迎頭痛擊，死傷極衆，　相持至七日晚，敵敗退回南翔，（二）本（八日）晨，敵兵四百餘人，復到黃渡偵察，旋卽退去，（三）嘉定正面，有敵約一團，於七日上午，進攻朱家橋，我軍與之激戰竟日，結果，敵軍今（八日）晨敗退，情形極爲狼狽，某機關得前方情報，本日（八日）下午四時四十五分，日騎兵約三四百名，向太倉以東陸渡橋進攻，現正在激戰中。

（二）瀏河小接觸　今日曾見我軍一縱隊，向西北進趨瀏河，在距江岸六基羅米突處，與日哨兵相遇，雙方稍開槍後，卽退至來福槍射程之外。

（三）敵軍在滬西之行動　今軍下午一時半許，有日兵二十六名，二人持有手提機關槍，餘均持步槍，由中山路過橋，沿蘇州河南朝西，至極司斐爾路周家橋，經白利南路，至北新涇，過麥克路霍璧蘭路，經虹橋路朝北，折回中山路，仍回中山路橋，沿途遇有華警站崗，亦未發生衝突。

（四）敵前任海相抵滬　大美晚報云日本前任海相安部，八日午後可由長崎抵滬，此行擬考察上海之戰局，以期指示立卽應取之計畫，及規定日本對華之根本政治。

各方要訊

（一）市府爲閘北治安致各領函　（致日本總領事函）逕啓者，查本國軍隊，業已撤離吳淞江灣閘北等區，所有關於各該區之公安衞生公用等業務，亟應繼續維持，本府職責所在，決令行主管機關分別辦理，現因上述各處，尚有貴國軍隊駐紮，爲避免誤會起見，相應函達，請煩查照，並請轉知貴國軍事當局，仍希見復爲荷，此致日本國駐劄上海總領事村井倉松。（致各國領事函）逕啓者，查本國軍隊，業已撤離吳淞江灣閘北等區，所有關於各該區之公安衞生公用等業務，亟應繼續維持，本府職責所在，決令行主管機關分別辦理，現因上述各處，尚有日本軍隊駐紮，除已由本府函達日本總領事，並請轉知該國軍事當局查照見復，以免誤會外，相應函達查照，此致云云。

（二）江灣刼灰記　自日軍進攻江灣後，昔日繁盛之區，今日已成焦土，某記者，於今日上午十時，驅車由虹鎮繞道至江灣，沿途無數難民，均返吳淞江灣一帶者，須經日軍及漢奸嚴厲之搜查，認爲毫無嫌疑，始得過去，玆將調查經過情形分誌如下，

（沿途搜查行人）　某記者車至虹橋鎮時，卽見前面類似一日軍官者，率有穿日軍服者數人，攔住行人，經口詰「你是那裏人，到什麽地方去」，再經詳細搜查，認爲確無嫌疑，始准通行，記者亦受同樣詢問，幸已早作準備。（勞動大學被毁）至江灣鎮時，昔日高聳雲霄之鐘樓，今日但見一片焦土，東北角隅，存危樓一角，巍然獨立，車站僅存一角，車軌業經修復，小火車一節，倘停靠該站，對面之楊柳數行，折損不堪回首，田中炸痕纍纍，爲作戰時日軍飛機之所擲，最爲痛心者，屍身白骨數根，似已爲野犬所唾棄，（全鎮盡成焦土）　過勞動大學

折入江灣鎮，該處已全部被燬，萬樂橋一帶均成一片焦土，東大街大寺前全鎮最盛之區，今以零落萬狀，第見幾朶烽火牆而已，北弄數小屋及一家新屋，均未波及，並亦無一彈痕，某記者經過該處，即有日軍官數人，跨馬馳騁，（河中尙來數屍）江灣鎮上河水，均已發臭，作殷紅色，東嶽廟前之小河來有兩屍，屍皆向上，頭部已斷，似係死後拋入河中，某木行前，有一幼孩之屍，牛郎廟前之河中，尙有兵士屍身數具，迄未撈起掩埋，該處中日兩軍，曾支持數日，彈痕甚多，戰壕猶存，河水已成靑紫色，腥臭不可聞，並見有不少軍用品，尙未收殮云。

（三月九日）

軍事方面

（一）蔣總指揮電告戰況　十九路軍駐滬辦事處九日接到前方蔣總指揮光鼐來電如下，十九路辦事處范主任幷轉吳市長及外交部辦事處鑒，昨（八日）下午，有敵騎兵數百進犯太倉以東之陸渡橋，被我軍擊退，今（九）晨，又有敵二千餘來犯陸渡橋，有侵我太倉之企圖，現據確報，敵昨（八）日有兵數千，在瀏河登陸後，有續向西進模樣，敵一面進兵，一面對外宣佈停戰，以欺騙國聯，狡譎卑劣，至爲可恨，望將其陰謀，迅行佈露，毋爲所欺，蔣光鼐佳晨印，

（二）陸渡橋敵軍已擊退　蘇州八日專電云，太倉東面陸渡橋附近，八日晨有敵騎二百餘發現，向我攻擊甚烈，經我奮勇迎敵，激戰數時，將敵擊退，且獲敵馬六，槍十餘，敵便衣隊甚衆，時向陣地襲擊，均被擊退，

（三）敵圖攻太倉失敗　十九路軍駐京辦事處九日接崑山電佳（九日）晨日騎兵二百餘，在太倉方面偵察地形，被我發覺俘兵一，戰馬十餘匹，繳步槍二十餘枝，餘敵紛潰，並據九日由崑山來京某軍官談，我軍自退守第二道防綫後，與敵並無激戰，僅前哨小衝突，兩日來更加平靜，又接前方來電稱，八日正午十二時，有日軍騎兵數百人，由新塘市一帶太倉方面猛攻，我軍奮起應戰，當將日軍擊潰，仍向新塘方面退去，

（四）黃渡失守不確　現據某旅部軍官云，崑山蘇州及滬上，頗多謠言，以我軍自退守第二道防線後，與滬上稍爲隔離，戰事消息沉寂，遂疑我方軍事失利，甚有言黃渡崑山太倉均已失守，諸多推測悲觀消息，其實黃渡並未失守，崑山太倉更甚安全，數日來敵人雖屢次猛攻我黃渡，推其用意，無非以我軍後退，乘我防禦工事尙未完成之時，緊追窮追，希圖衝破我軍陣容，其實我軍第二防線，各處防禦工事，早已先時佈置週密，此蓋爲兵家應有之準備，故當退抵第二道防線時，即嚴陣待敵，故敵人屢攻不逞，現黃渡仍在我軍手中，某軍官並告翁旅退却時情形，謂一號奉令退却，將士雖願誓死守護砲台，但因戰略關係，已先準備退却辦法，二日晨，主要部隊向瀏河，一部向嘉定，由掩護部隊先行，翁旅長及衞隊義勇隊隨行者約七百人，論危險則確屬危險萬分，掩護部隊行未遠，即聞槍聲，辨其性質，知係前方敵人與我軍接觸，故猛衝而進，敵卒崩潰，翁旅遂安全於二日抵達嘉定，又云翁旅作戰月餘，全部死傷不及三百人，以每日計，死傷不過數人而已，現嘉定係屬空城，因敵我兩軍，現均未佔守，嘉定曾得而復失者二三次，現則成爲兩軍對峙之地，太倉則甚安全，末謂，我軍此刻，本有奪

回南翔眞茹之可能，惟因此刻戰爭目的，在消滅敵人主力，非注重於爭奪一城一地，敵人現每日仍不斷進攻外，一面向某方集中，將於日間大舉總攻，我方亦已深知敵人用意所在，嚴重警戒，俟敵來攻，則痛擊之，俟擊破其主力後，則收復淞滬，自非難事云云，

各方要訊

◎和平空氣又濃厚　上海停戰問題，日方力主舉行圓桌會議，我方堅持在日軍未撤退前，不願參加是項會議，免爲城下之盟，茲據外交界消息，日方昨晚已有新照會遞交我方，上海停戰會議，因之又在進行中，大約日內卽可舉行，惟是項停戰會議，所討論之範圍，仍以日本無條件撤兵，而不涉其他政治問題爲原則，與日方所傳之圓桌會議，性質絕然不同，外交次長郭泰祺，今夜已電洛陽行政院長汪精衛及南京外交部長羅文幹請示，更據英美方面消息，日本曾邀請關係國代表參加會議，英公使藍溥森及美公使詹森表示不願，故英美方面，決定無人參加，法公使韋理德，亦有同樣表示，至日方對於撤兵問題，聞仍以取締排日運動爲主要條件，我方既聲明停戰會議，祗限於討論日本無條件撤兵問題，故取締排日一點，實無提出討論之餘地也，英公使藍溥森，今晨邀請美公使詹森，法公使韋理德，及意代辦齊亞諾，在英總領事官舍，交換意見，今午英公使藍溥森及英總領事碧約翰歡宴我官員，到財政部長宋子文，外交次長郭泰祺，外交委顧維鈞，上海市長吳鐵城，市政府祕書長俞鴻鈞，市公安局長溫應星，財政部祕書郭德華等人，又字林報云，今晨（八日）日軍總司令白川大將，分訪英美法意駐軍司令，旋於午間，卽與日本公使重光日總領事村井等會商上海時局問題，料其訪各國司令，亦與上海時局有關，

◎閘北損失四萬萬以上　自日軍侵犯淞滬後，吳淞江灣一帶所受日軍砲火之轟擊，其損失數目，現尙在調查中，茲僅就閘北一隅人民財產之損失，其數已屬可驚，據本埠會計師前曾會同市商會社會局調查所得之結果，其財產損失實數已達二萬萬之多，而商人在閘北附近設立之各種營業，尙未至該會報告，故未包括在內，如綜合統計，當再加一倍，其損失當在四萬萬元云，

（三月十日）

軍事方面

（一）敵軍着着進攻　十九路軍駐滬辦事處今（十日）晨接到蔣總指揮光鼐及趙參謀處長一肩來電如下，（一）現據土人報告，敵壓迫當地人民，拆毀瀏河汽車站，改築飛機塲，並積極部署人事，大有相機進攻之勢，所謂停戰運動，全屬欺人之談，請轉佈國人注意爲禱，蔣光鼐佳印，（二）（銜略）現據土人報告，連日浮僑地方，到有敵軍約六千餘名，於七日壓迫民衆，懸掛日旗，及威迫開市，又在新塘市之日軍，四處放火，將全市焚燬，其他慘事不一而足，趙一肩佳印，

（二）敵軍數次襲太倉　南京十日專電云，京方軍息，佳夜灰晨，日軍數次襲太倉，我軍純取守勢，未與大戰，白鶴港一

帶，發現敵騎兵甚多，似將包抄青暘港南路，進犯崑山，又南京十日專電云，某機關據報，滬日軍總數達十三萬人，內陸戰隊萬人，義勇軍三千，餘均日第一二三五九十一十四等師正式陸軍，飛機約百五十餘架，軍艦在中國領海者六十五艘，交通方面訊，崑山佳晨，聞砲聲甚厲，夜間發現日飛機八架，全城息燈，又太倉城被日砲火猛攻，東南城角被轟毀，城內有數處起火，居民黑夜奔逃，

(三)敵軍備戰忙　十九軍京辦事處訊，日方以國際調查團卽將抵滬，一面散發停戰空氣，以圖掩飾其侵略野心，一面日夜將大軍調集前線，布置陣地，積極準備進攻，並以飛機赴蘇常一帶偵察，連日前方不時有步哨衝突，我方軍隊決遵蔣總指揮令，日不來攻，決不出擊，日來攻卽盡力抵抗，大戰隨時可以發生，

日軍攻我太倉失敗向後退

Japanese corps retreated after a drive failed at Tai-Chong

(四)我軍決抵抗到底　中央社九日崑山電云，某記者九日冒險赴前綫視察，見士兵均在戰壕內，態度異常沉着安閒，雖雨打風吹，毫無倦容，我軍將士之勇敢精神，殊可欽佩，據某高級軍官談，日來此間前綫異常沉寂，卽小接觸亦無之，日軍既不敢向我軍進犯，我亦奉命遵國聯勸告，堅守陣地，暫不前進，但據探報，敵方宣稱，將於十日向我軍進攻，以崑山爲目的地，敵雖大言不慚，我已有備無恐，敵如來犯，是自取滅亡，蓋此次與在滬之戰略迥然不同，此處係平原之區，小河汊墳地小坵，到處皆是，爲天然戰塲，敵所恃唯一利器之大砲坦克車，絕無用武之地，騎兵亦難施展，飛機如欲毀壞我陣地，亦未必能毀，至於步兵，我一萬人克敵二萬人，亦殊易易，現我上自總指揮軍長，下至士兵馬夫，莫不抱必死之心，不怕死，不要錢，是我軍素具精神，如敵來犯，正中我懷，摧敵既非難事，反攻收復失地，亦殊有把握，蓋我軍攻更利於守也，最後復向某記者謂，請君轉告全國民衆，我十九路軍在滬抗敵，初以顧全租界安全，未向敵進攻，後以戰略關係，迫而退守此處，一誤豈堪再誤，我十九路決抱彈盡卒盡之旨，不再後退一步，但願全國民衆，一致興起，作我後盾，我雖犧牲至一兵一卒，只要民衆繼起，與此不共戴天之仇日，繼續死戰，此種犧牲，亦爲最光榮最有價值者也，

(五)大戰隨時可爆發　大美晚報云，前線連日無大戰事，雙方皆從事調兵鞏固陣地，日軍右翼在瀏河嘉定間者，現由加藤所統之第十一師團防守，該師團中之一旅團，現設司令部於嘉定，瀏河西南六哩處，現有日兵防營三所，每處以一中隊或多於此數之步兵守之，日飛機飛於瀏河區之天空者，據報未見有華兵，日軍現信華軍現集中於崑山境內，日第十四師團現防守南翔至黃渡線陣之中央與左翼，第九師團則駐於上海及四周

之營內，聞日軍刻正迫令華人在南翔塡地，築造飛機場，白川司令昨曾偕植田巡瀏河至南翔之陣線，公共租界虹口與楊樹浦區內各地點，今發見有日本軍事警察站崗服務，臂纒M．P．二字，以爲標識，閘北仍由日海軍陸戰隊防守，

外交方面

（一）日方又來說停戰的鬼話　日軍憑藉武力，突然進攻上海，已一月有餘，最近我軍退守二道防線，仍圖繼續進攻，今當國聯大會之際，忽又宣稱，依據國聯決議案，提議停戰，其新照會，於昨晚託由英公使藍溥森轉交我當局，外交部次長郭泰祺，已於今午將覆文送交英藍使，轉致日方及國聯議會，是停戰問題，現雖在雙方以公文往返接洽中，究竟能否實現，要在日方之有無誠意耳，（日當局來文）　日方來文於九日下午五時三十分由日使重光葵交英藍使面致郭次長，原文如下，日本駐滬軍政當局，今準備依據三月四日國聯議會決議案條文，與中國當局開始談判，現在前線形勢堪虞，亟宜立卽成立具體協定，以便實現完全停戰，及繼以討論並決定撤退日軍辦法，日本當局認爲日方對於此事之態度，已爲中國當局所知曉，惟自國聯議會通過上述決議案以來，迄未聞中國當局對於上述國聯議會通過之決議案有何表示，日本當局今願鄭重聲明，準備根據該決議案進行談判，（郭次長覆文）　郭次長今午請英藍使轉致日使重光葵覆文如下，中國政府業經接受三月四日國聯議會決議案，現準備依據該決議案條文及中國首席代表顏惠慶博士所聲明之下列諒解，（一）此項談判，僅限於有關實行停戰及日軍完全撤退之事件，（二）撤退不得附帶任何條件，與日軍當局進行談判，中國政府曾經由其在日內瓦之首席代表宣示，爲上述原由及根據上述諒解進行談判之準備，並對於此項事實認爲日本當局業已完全知曉，三月九日下午五時三十分由英公使藍溥森爵士轉到日本當局來文，表明日本當局亦同樣準備進行上迷之談判，因此中國政府認爲此項談判已有開始進行之途徑，（國聯決議案）　中日兩方所依據之三月四日國聯議會決議案條文，已見三月六日本報，茲爲便利讀者明瞭起見，特再錄原文如下，（一）請中日兩政府立卽採取必要步驟，保障切實履行雙方軍事當局已發停止敵對行爲之命令，（二）關於第一條所請求者，雙方如何進行，應將實情隨時通知國聯議會，（三）國聯議會建議中日代表應於上述各國海陸軍當局援助之下，舉行談判，藉謀確實停止敵對行爲，并以佈置日軍撤退事宜，國聯議會并盼中立各國關於談判之進展，隨時向議會報告，

（二）郭外次對停戰之宣言　關於今晨（十日）東京路透電稱，日方指中國當局阻礙停戰及撤退日軍之談判一節，外交次長郭泰祺氏，今特發一宣言云，中國方面業經在本地及日內瓦明白表示，準備談判，中國不特接受二月二十八日甘特旗艦之協商案，與同月二十九日國聯行政院主席彭古之決議案，卽國聯議會三月四日之決議案，亦經接受，日本當局暨其在日內瓦代表佐藤，詎能不知，今日以前，我方最後所接日方之通知，卽所謂『立卽停戰之基本條件』，三月二日，由克萊提督所交來者是也，我方當以其與二月二十九日英方代表報告國聯行政院及彭古決議案用爲基據之甘特協商案，大不相同，立卽宣言，不能接受，抑更有進者，日本雖接受國聯會議之二月四日決議案，中國仍不敢認爲日方有準備進行停戰商議之誠意，蓋有鑒於

日本雖曾迭次接受國聯行政院九月及十二月之決議案，而終不履行也，中國方面態度，始終一致，茲鑒於今日日方之通知，或可早得圓滿之商議，此則甚所希冀者也，

(三)顧維鈞對國聯大會意見 顧維鈞博士，於三月八日，發表對於國聯大會之意見，原爲英文，茲爲譯錄如下，代表列强在國聯大會發言者，間有對於遠東之糾紛情勢，雖極力設法，使其緩和，惟對於日本顯然違背國聯盟約一層，似乎反爲漠視，夫中日兩國，均爲國聯會員，而日軍竟侵犯中國領土，已五月有奇，且尚繼續進攻，計日軍所侵占中國之區域，其面積倍於德國，雖經國聯行政院議決，令其退出，仍抗不照辦，按遠東現在情勢，不獨對於中國一國在國聯立場所應享會員之權利有所關係，卽對於國聯本身之將來命運，亦極有關係，夫倡言居間調停以爲解決糾紛之初步，雖屬甚善，惟現在滿洲及上海之日本軍隊，有立卽撤退之必要一層，絕無調解之餘地，至國聯要求撤退日軍之議決案，無論國聯有無實力執行，而日本之侵犯與占據中國滿洲及其他部份，卽爲違背國聯盟約，此種事實，殊不無輕予縱容也，尤有極關重要者，此次國聯大會，爲恢復國聯之權能及其威信起見，應將此種事實，顯爲聲明，並令日本將其當時承認國聯行政院上年九月三十日及十二月九日兩次議決案時所包含應允撤兵一層，切實履行，按國聯大會有權且有義務設法使行政院之權能，愈加有效，其法當將行政院之建議而業經當事國承認者，堅持實行，故此種聲明，不特與公道原則，並無防礙，且可將行政院所採辦法，爲大會完全讚同及國聯全體公意之表示一層，使日本愈爲明確瞭解也，至將此次爭端之是非曲直澈底考核一層，當然可聽，現已首途來華之國聯調查團辦理，惟日本延期撤兵一節，殊無理由可予容忍，就事實上言，行政院各該議決案之條文，已極爲明顯，日本之應立卽着手撤兵與調查團之工作，係判然兩事，今若離日本無理占據中國領土之本問題，而藉他項問題從事搪塞，其結果惟有使國聯威信愈加下落耳，尤有可駭異者，國聯竟向中國與日本同樣提出忠告，要求將國聯根本原則，再予切實履行，查自此次爭端之始，中國卽已訴之國聯，且曾聲明，不加保留，尊重國聯決議，是則中國已以國聯會員資格，將國聯盟約及巴黎非戰公約之條款，忠實遵守，故現在如有實踐和平原則之必要，則須實踐者，唯有日本一國而已，蓋世界之新趨勢，正以和平原則爲基礎也，

◉市商會電請蔣親出捍衛國家 市商會昨致國府及軍事委員會電云，洛陽國民政府，軍事委員會，鈞鑒，自淞滬戍軍撤防而後，中央爲懲前毖後之計，知已續遣援軍，相機規復，惟各軍到達以後，名位相埒，節制調遣，貴有專責，而戰區漸廣，運籌尤貴周詳，顧迄今尙未聞中央有統一指揮之命，萬一臨敵，號令不專，必轉以遲滯僨事，唐九節度之師，潰於相州，而淮西之役，卒收功於裴度之親出視師，是指揮貴於統一，戰史歷有先例，暴日寇滬，已三易主帥，卒以大將白川總領師干，尤爲軍事上主要之明證，中央之所以遲迴審愼，未肯遽派專閫者，無非顧念東亞和平，投鼠忌器，而日人則已得寸進尺，白川之後，繼以安保，志在囊括東南，牽制東北，將我中央主力部隊，一舉而碎於鐵槌之下，如再遲疑觀望，則援軍雖多，適爲敵餌，當此寇深事急，國人爲捍衛疆土而戰，縱受任何犧牲，亦當甘之如飴，萬一政府當局，猶復徘徊却

顧，則必致僨軍失地，使民衆絕望於國家，以爲國家棄我如遺，古人所謂北走胡，南走越者，必將實現，非特諸公永失其政治上之生命，而民族亦自此淪於萬刼不復矣，務請中央迅簡大員，督師抗敵，規復失地，以振士氣，臨電無任迫切待命之至，上海市商會叩陽，又致蔣介石電云，南京蔣介石委員鈞鑒，日寇進逼蘇崑，中央諒有援軍續遣，惟各軍名位相埒，節制尤貴統一，非由中央特派大員督率，轉恐遲滯僨事，鈞座職居軍委之長，躬與建國偉業，爲國家捍衞大難，義當請纓，無所避嫌，如以親出督師，慮爲暴日藉口，誣我輕啓戰釁，則暴日侵佔東北，進略淞滬，白川督師，而後繼以安保，早已得寸進尺，毫無顧忌，如爲愛惜民命，避免更大犧牲，則我軍撤防廿公里以後，日寇依然惟逼不已，委曲不能求全，犧牲萬難倖免，爲維持民族之生命而戰，縱犧牲至任何地步，民衆必無怨言，爲曲意避戰而犧牲，犧牲轉鉅，且民衆必異口同聲，集矢政府，鈞座受黨國付託之過，亦將何以自解，此中樞紐，關係極重，鈞座昔以陸秀夫文天祥自勉，屬會則欲以澶淵之寇萊公自勵，當仁不讓，斯爲大勇，惟祈早決至計，毅然請行，上海市商會叩陽，

（三月十一日）

軍事方面

（一）敵又襲太倉被擊退　崑山十日下午八時專電云，十日午，敵五百襲太倉，經我軍抵抗擊退，斃數敵十，

（二）蔣戴今日視察陣地蘇州十一日下午九時專電云，蔣光鼐，戴戟，十一赴前線視陣地，

（三）我軍佈防　常熟十日下午六時電云，我軍王金鈺部抵太倉，浮橋陸渡之敵退瀏河，十日楊林口茜涇口外均無敵艦，我軍現在前線一帶佈防，聞各河均安，八十八師槍決漢奸劉金標，又軍警機關奉令，限九十二日後方各軍留守部隊，一律送前方，崑山新縣長程汝繼，十日午過蘇赴任，

（四）松江宣佈戒嚴　松江於昨日（八日）起宣佈戒嚴，四城門有軍隊檢查，調查客籍戶口，如有擔保者，可以留住，否則一律驅逐出境，但各富戶因每日有日機來松，故大半已遷徙一空，又蘇州十一日下午九時專電云，敵機二未刻到蘇站繞五匝，英使館參贊司徒博下午由京到蘇，

（五）敵軍在南翔行動　崑山十日下午八時電云，南翔敵二四混成旅囘江灣大場一帶，十一師團由嘉定調瀏河，二八旅在瀏河登岸，二七旅在滬上陸，九師團一部在翔，并固築陣地，民墓被掘，嘉定敵設旅司令部，朱家橋有敵哨兵出沒，婁塘有敵兵四百盤據，白川鹽澤八日在翔寶康醬園會議，街上現滿佈日軍，江北人四百餘供差，又滬西北新涇以西之江橋，爲往眞茹所必經之地，該處本駐有日兵一隊，約四五十名，稍東之石灰窰地方，亦駐有日兵二十餘名，今日（十一）上午八時，江橋一帶，有由滬用大卡車二輛，滿裝日兵百餘開至，日兵下車後，卽由一日下級官長令卽分隊至各要隘口，從事掘壕佈置，頗形忙碌，由西向東逃難來滬之鄉民，均須檢查，

（六）敵軍在嘉定縱火　崑山十一日專電云，日兵佔嘉定後，四出暴行，居民不甘屈服，日兵乃將民房縱火焚燒，自十日下午一時起，迄未稍殺，

外交方面

(一)英使開始和平運動　上海停戰問題，最近自中日兩方交換公文後，一時似有開議之途徑，英公使藍浦森，遂提議請中日雙方代表，及關係國代表舉行會議，外交次長郭泰祺，因於今晨如約至英總領事館會談，英公使藍浦森齊亞諾，亦均在座，但日使重光葵，以我方覆文所附條件二點，爲國聯會決議案內所未列入，且不明瞭條件之確實意義爲辭，函覆英藍使，托辭未能到會，英使乃將日方意見，轉達郭次長，郭氏當卽答復，予以解釋，聞其中關於「完全」撤退一點，解釋爲所有日軍，應由現在被佔領及管理之中國領土區域內，完全撤退，至一月二十八日以前原防云云，又聞日方對於中國覆文中所稱，顏惠慶代表之保留「無條件」撤退一節，亦已電日內瓦詢問其意義及國聯對此保留聲明之態度云云，郭次長復將今日經過情形，電顏惠慶轉達國聯，又崑山十一日下午五時電云，中日停戰會議，准十二日在滬開會，日代表爲重光，白川，野村，我方由政府派一代表外，擬派蔣光鼐，或戴戟，代表十九軍出席，但十九軍以該軍爲國軍一部份，一切服從政府命令，不單獨對外，故蔣光鼐於今晚晉京請示，又大美晚報云，今日中日當局對於和議事，漸具樂覺，深信雙方當能獲切實之諒解，以啓解決中日爭案之談判途徑，雖前途尚多荊棘，然觀最近將來當有進步，而可開預備談話，使中日妥洽之工作，得易進行，郭次長對日使來文之覆文，昨日提出後，和平調解人今晨靜候日當局之行動，日當局則候東交外務省之訓令，蓋已將中國覆文電達外務者也，據今日消息，今日午後或明晨日使署或將再致文中國當局，而將中國要求加以修改，俾雙方代表可會集討論云，

(二)白川之謬悶語　法文上海日報云，昨日(九日)白川司令在司令部招待外報記者，白川不諳英語，由其舌人傳譯，記者當叩以上海最近情形及日軍佈防現狀，據云，中國報紙所載戰事消息，全屬宣傳作用，現在全線安靜，數日來毫無戰事，日軍亦無前進之意，因日軍來滬目的，在於保護僑民之生命財產，今此目的既達，自無重新作戰之必要，而且中國方面所到之援軍，亦並無如華報所傳之多，實在戰事確已終了，因中國方面能在前線上作戰之精銳軍隊，自經過值得贊美之勇敢抵抗以後，終於敗退，現恐無新批軍隊，敢於前來冒險作戰也，中國軍官，鑒於此次戰事，日本軍器力量之強，定必獲得不少教訓，深知若再有軍事行動，亦僅塗炭生靈而已，我日本軍隊，並無其他理由，再行前進，現在時局之解決辦法，繫於外交戰塲，而不繫於軍事戰塲，我日本軍人此後一切惟政府之訓令是聽，茲所慮者，爲中國不久尚有新的內戰發生，一方面廣東軍隊將與蔣介石軍隊作戰，一方面江西及湖北共產黨又復大形活動，而有危及漢口之虞，至於我第九師團自登岸以來，常在前線，現正與第十四師團換防，至目前戰線上中國軍隊與日本軍隊相隔最近者，不過三十公尺上下，(按此種談話，不值識者一笑，)

(三)日本贊助叛逆　據國府負責發言人談話云，據三月十一日東京路透電稱，日本官方，今日表示，日本雖已同意於國聯九月三十日所通過之決議案，但日本軍隊或仍不得不長期留駐於鐵道區域以外，其理由，係因新滿洲國之成立，業將全局

變更，爲維持和平及秩序起見，殊有留駐軍隊之必要，最少限度，亦須俟至該新國家已證明其有保障和平狀況之能力爲止等語，如上述所言，係日本政府之眞確態度，是則日本已公然表示其決意贊助中國內部之叛逆行動，實屬違反國聯盟約之精神及條文，查滿洲係我國領土，其獨立行爲，中國政府當然不能承認，且國聯盟約曾經載明，保證會員國之領土主權及行政完整，今日本贊助此種叛逆，其違反公約，已屬事實昭著，無可諱言矣，

各方要訊

◉美國抵制日貨

▲旅滬外僑多接美友連索函

大陸報云，美國抵制日貨運動，現正積極進行，觀於上海外僑所接美國友人寄來之連索函，可見其一斑，該函乃二月十一日所發，函中略謂日本以殘忍手段侵略無保護無自衞力之中國，有識者無不竭力反對，日本否認一切條約義務，及其軍事機關所施之脅迫，匪特中國受其害，且將波及全世界，日本無論如何，不能喪失其對美貿易，日本之有賴於與各國通商，較任何大國爲甚，而美國尤爲其經濟幸福之所繫，故集衆抵制，實爲制日最有力之武器，並列抵制七項如下，(一)勿買日本所產之物品，(二)勿照顧日本之商行與航業公司等，(三)勿僱用日工，(四)勿照顧個人或商行之販賣日貨者，或銷貨於日本者，(五)廣傳抵制之理由，(六)勸友人合作，(七)勿買日本債卷，日絲，日磁器，日蟹肉，日茶，日本新奇物品，接函者請即繕同式之函五份，分寄友人，自己當誠意實行抵制，

◉請援之聲幾唇焦舌爛、

本市礦灰廠業，海味雜貨業，絲光棉織業，飛花業，綢緞業，彩印業，南貨業，糖業，棉布業，磚灰行業，參燕業，電器業，運銷石灰號業，絡麻袋布業，腸業，等一百餘同業公會，昨日分電洛陽中央黨部，國民政府軍事委員會，請檄調重兵，分道應援，並簡派督師大員，收指揮統一之效，同時並電留滬粵委，請迅赴行都，共籌國是，玆錄原電如次（致中央電）洛陽中央黨部，國民政府軍事委員會，鈞鑒，自我淞滬防軍撤退蘇崑以後，日人得寸進尺，愈逼愈緊，前綫軍隊，增至十餘萬人，軍艦五六十艘，飛機百五十餘架，此其志不在小，不待智者而後知也，讀中央歷次宣言，昭示國人，預備長期之抵抗，敝公會以爲國事危逼至此，惟有以劍及屨及之精神，抱破釜沉舟之決心，與暴日相周旋，爲中華民族爭生存，若猶遲疑却顧，希冀和平，則和平已成幻想，仰望國聯，則國聯早同畫餅，嚮者東北四省，旣以不抵抗爲其囊括，東北半壁，復因抵抗之不徹底，被其蹂躪，再事遲延，則日人立馬於吳山之峯，走馬看洛陽之花，直指顧間事，銅駝荆棘，悔恨曷極，尙望當機立斷，毋再蹉跎，迅行檄調重兵，分道應援，一則出關以外，一則浮江而下，務期廓淸強暴之倭氛，盡返巳失之侵地，幷請簡派督師大員，以收指揮統一之效，誠能爲捍衞國土而戰，敝公會等雖至任何犧牲，亦當甘爲後盾而不辭也，臨電神馳，不勝憂煎待命之至，（下略）（致留滬粵委電）孫委員哲生鈞鑒並轉留滬諸中央委員公鑒，自滬變猝發，我淞滬防軍，孤忠奮鬥，公等主戰請援，函電紛馳，倍見忠貞，迫我軍變更戰略，公等目擊淞滬之悽慘，國事之

嚴重，通電宣言，迭有貢獻，宏猷碩畫，舉國同欽，茲者日騎已及長江一帶，蘇寧危在旦夕，滬濱亦豈樂土，情勢至此，非公等託足租界，從容論道之時，尚望迅赴行都，共籌國是，各抒所見，各竭其力，庶幾集思廣益，衆志成城，敵人縱欲挑撥離間，而亦無所施其技也，敢佈蒭蕘，伏乞明鑒，

(三月十二日)

外交方面

(一)國聯通過遵守會章及非戰公約議案　國聯議會今日正式通過一議案，惟中日兩國皆未投票，該議案大旨如下，兩造允履行其條約，遵守國聯會章，凱洛格公約之規定，及國聯前所通過之決議案，並允將其爭執提交和平解決，本議案文中，詳舉以前通過之各議案，連三月四日議會所通過之議案在內，查議會上次議案，即請中日兩政府，立即設法實行停戰，並主張中日於中立國扶助之下，開始談判，以期切實終止戰爭，並佈置日軍之撤退是，本議案其他各點如下，注重會章第十條，關於不許破壞土地與政治完整之條文，維持條約尊嚴，不贊成對日抵制，議會委員會於調停之努力，以期戰爭停止，與日軍撤退之實現，上述條件履行後，舉行圓桌會議，議會委員會，須與聞中日間爭執問題之全部，按今日投票贊成此案者，共四十五國，無一異議，此案先由總委員會開會考慮之，當考慮時，衆頗注意於此爭端之滿洲方面，日代表佐藤，宣讀關於上海談判情勢之來電，並一再聲明淞滬一帶之日軍，俟敵對行爲切實終止，而相當計畫，業已實施，以阻止戰事之復作，並保障撤退區域之中立時，即行撤退，佐藤又稱，日本完全同意於此議案之原則，尤歡迎尊重條約之聲明，但因對於會章第十五條之適用，意見略異，故渠奉命不投票，日本爲國聯會員國之一，且爲凱洛格公約簽字國之一，對於其他國聯會員國，未有土地野心，僅因其在華之人民與其產業，受有危迫，故有軍事計畫之必要云，中國總代表顏惠慶博士，未曾發言，在總委員會通過此議案，中日代表皆未投票後，會議遂改爲全體大會，議長希孟正式將此議案付表決，結果此案通過，無一反對票，中日代表仍皆未投票，顏博士說明渠所以不發言者，純因未接到中政府之訓令，但渠之不投票，絕非反對之表徵云，此案通過後，議會即用不記名投票法，舉出非行政會理事之會員六人，會同議長希孟及行政會理事十二人，組成特別委員會，以代替議會辦事，被舉之會員如下，瑞士(三八票)，捷克(三五票)，哥倫比亞(三一票)，葡萄牙(二六票)，匈牙利(二四票)，瑞典(四四票)，議長希孟於閉會時聲稱，議會已完成其第一職，即務組織一委員會，進行其工作，以完全實施議會之責任是，尚請兩造予以種種輔助，俾實現因此議案而得之希望云，議會旋休會，至他日議長召集時爲止，此案內容，已通知此間美代表，並請美國於必要時合作，以維持上海撤退區域內之秩序，衆料美國可同意，今日顏博士致文國聯祕書處，抗議日領事諭令安東關稅務司將該稅關移交所謂滿洲新政府事，並稱國聯調查團到東三省稍遲，故日本乘機利用云，(十一日路透電)

(二)上海今日尚未開停戰會議　上海停戰會議，日使重光，以未明瞭中國覆文二點，昨日並未到會，以致會議未成，今日亦未開會，惟聞日政府又有三條件，而中國外部，初未聞悉

，且亦未接到日方關於此事之來件，則日方此項條件，是否宣傳作用，抑或試探性質，實未悉其意所在，茲姑將外報所記者，譯誌如次，大美晚報云，據美聯社十一日東京電稱，日政府已電命駐華日使重光葵暫緩在滬召集圓桌會議，以待中國表明關於談判之意志，星期四夜，中國當局致日使之公文，聲明中國須俟日本立卽完全撤退上海區域內之日軍，始能參與圓桌會議，日政府雖重行聲明在開始休戰談判中，不欲提出任何政治條件，但經考慮之後，決計不依從中國所提出立卽撤兵之主張，日政府現堅持三種條件，(一)禁止華軍開入日軍退出之區域，(二)規定一時期，在此時期中，須觀察華軍之行動，(三)決定日軍退出區域內之警務問題，又日文日日新聞云，關於中日停戰交涉，中國方面，已於今夜(十日)答覆受諾，該答覆書中，要求日軍卽時無條件完全撤兵，我政府(日本)協議結果，日本撤兵上海，雖不附政治的條件，惟關於，(一)撤兵區域內中國軍之不許侵入，(二)對於中國軍之行動，監視期間之設定問題，(三)撤兵區域內之警備問題等三項，因中國方面仍主張反對，故須先判明中國方面之意思後，再開公式會議，業已訓令重光公使遵照，

(三)中國辨明會議性質　大美晚報代表今晨會謁見中國外交部某要員，據稱，中日會議之進行，並非如外間誤傳之圓桌會議性質，蓋該會純爲停止敵對行動及協定日軍撤退辦法而舉行者也，該員竭力反對日本所提出禁止華軍開入日軍退出之區域一條，謂中國已切實宣布竭力停止並避免敵對行動，日軍撤退之時，中國當局自將命華軍留處目下之防綫，以免引起衝突，第要求禁止華軍開入退出區域，則非日政府所當過問者也，該員並反對日軍退出之地，作爲中立區域，謂其地雖由日軍佔據，中國固未屈讓或放棄其主權與土地權也，今一般人皆知此間並未舉行和會，目下之談判，不過藉第三國之外交代表交換意見而已，非俟雙方意見接近，不能開正式會議，大美晚報乃示以美聯社之東京電報，該員復謂國民政府堅持日軍當無條件撤退，如此電果確，則滬案恐無和平解决之希望，且表示日本對於目下之談判毫無誠意也，

(四)國聯調查團員明日可抵滬　國聯會遼案調查團，自十一日由委員長李頓勛爵率領意法德委員美國代表麥考一氏並國聯祕書等一行，離日本神戶，乘大來公司亞丹士郵船來滬，聞日政府亦有委員同來，今日本埠大來洋行接得該輪電告，准定今日夜中可到吳淞三夾水，近一月來，外洋輪船多因戰事關係，停在吳淞口外，茲以戰事停止，大來洋行因國聯委員在船，決計將亞丹士號輪開進黃浦江，至浦東白蓮涇碼頭停拋，預計明晨八時可以至滬，大來並已派定接客小火輪至浦東，轉接調查團到海關碼頭上陸，我國外交當局顧維鈞郭泰祺等，屆時均到新關碼頭迎接，調查團之辦事處，設在何東爵士寓所，顧並假滄洲飯店二零五號房間備各界咨詢云，

軍事方面

(一)前方電報軍情　十九路軍駐滬辦事處范主任其務，今晨接到楊參謀繼章來電如下，(一)本(十)日午後，敵在嘉定城內，四處縱火，現仍在猛烈焚燒中，情形極慘，(二)陸渡橋之敵，被我軍擊退後，(九日)晨敵又增加千餘，但尚未有戰事發

生，今(十)日，前綫頗沈寂，祇哨兵略有接觸，特聞，弟楊繼章叩，灰戌，又崑山十二日專電云，英參贊司徒博十二晨由總指揮部派楊伯倫參謀陪往前綫視察，當晚返京，劉珍年派員來崑慰勞，並往前線考察，又蘇州十二日專電云，十二申岳王市，東興橋，來敵三百餘，登岸拉夫四十餘，居民紛逃，敵帶夫向浮橋去，楊林口十二來日輪數艘，載敵千餘登陸，一部向婁塘進，一部向浮橋去，日輪泊楊林，

(二)敵軍撤退少運來多　崑山十二日專電云，日方於十一午，將黃渡，陸渡橋，浮橋鎮，楊林口，七丫口，方面軍隊撤退，圖掩國聯調查團耳目，推諉責任，又日軍一面宣傳停戰，一面仍在積極調兵來滬，自十日起至今日下午止，此三天內，日本援兵繼續運來上海者，又有七八千名，均爲正式陸軍，由運送船法蘭西丸，吾妻山丸，及新浦丸，等裝至吳淞與楊樹浦兩處上陸，計有三千七八百名，又經Kogiku Maru 三笠丸及驅逐艦第二隊二艘十六隊二艘運到上海者，亦有兵士二千餘名，並大宗軍械，尚有自龍田山丸 Chikuzen Maru 及五洋丸等裝來，於今日下午進口，至吳淞楊樹浦上陸，亦有二千餘名，其中便衣兵亦屬不少，此次載來援軍，共用巨大商輪七艘軍艦四隻，合計艦輪十一艘，裝到兵士七八千名，惟其番號不詳，有稱是第八師團，亦有謂係十一十四師團之補充隊者，統已上陸，隨軍運來大砲步槍軍用電話以及化學品等項，有數百箱之多，昨均卸在上海，

(三)蔡軍長謂日方無條件可談判　崑山十二日專電云，十二晨某記者訪蔡軍長，問對停戰會議有何意見，答稱停戰會議日方如無條件談判，我方當可出席，惟始終以不辱國不失寸土爲唯一主旨，否則我方決不接受，但不知日方是否把侵略野心拋去，恐日方利此時期，將作進一步之計劃耳，卽如日來日方因悉國聯調查團將到，亟將前綫軍隊撤退，希圖掩飾，一方面仍繼續增調三師團來滬，這就可證明日野心未已，如和會發生阻礙，日軍仍向我侵略，則我軍爲國爲民，當一本初衷，繼續抵抗到底，政府亦有準備切勿懷怨云，

(四)我軍無銅帽護頭　大美晚報云，美國著名著作家海軍軍官湯瑪森大尉，自北平使署告假來滬，已於星期一日抵此，曾偕美海軍少佐凱慈游閱滬地戰綫，湯氏曰余能知機關槍手却里張之名，而不知十九路軍司令之名，湯氏又表示其游覽戰綫所受之印象曰，華軍所用守勢之戰壕制，堪稱精當，每一扼要地點，均能利用之，尤甚爲小浜後與土堆後所掘之陣地，在常受砲隊與飛機轟擊之下，而不攻敵軍，以減輕緊張之勢，堅守陣地，力抗強敵，堪稱世界上至艱苦之役，華軍有許多次儘可攻擊敵兵力單薄之傳線，而獲勝利，然不攻而守，誠值得欽佩，華兵死傷者，多因頭部受創所致，而砲火炸彈之效力，並不見其重大，此由華軍伏於壕中者，皆戴軟帽，無鋼盔護其頭部，故伸首瞭望之時，易爲日軍陣線排槍之子彈所中云云，

(三月十三日)

軍事方面

(一)前戰無綫事　▲某機關昨接前方來電，今(十三)日上午九時蘇州來電，前方無戰事，上午九時半蘇州來電，(一)向駐南翔之敵某混成旅，十一日調回江灣大場，所遺防地，由第

九師團接防，(二)敵司令部設嘉定，(三)敵第十一師團，十三日由嘉定調瀏河，第二十八旅已在瀏河登陸竣事，(四)朱家橋有敵軍數百人，時出時沒，焚殺甚慘，中午十二時蔣總指揮來電，(一)新塘市之敵，於十一日撤退後，十二日復調兵士五六百名，(二)敵日來備戰益亟，朱家橋等處，均到有敵軍數百人，下午四時半蘇州來電，(一)陸渡橋口敵防線，本日晨又增加千餘，敵前哨時開槍，向我軍尋釁，(二)崑山我軍前線，奉命停戰後，商店大半開市，居民已多回崑，本日下午四時，敵機一架飛蘇偵察，盤旋全城，移時即去，又常熟十三日專電云，浮橋日軍，今日又退瀏河，七丫口時有日艦游弋，敵中多半有江北人混編，楊林口一帶均安，據探報，日司令部仍駐瀏河，其大部隊散岳王市牌樓市一帶村莊，

(二)停戰仍無發展　上海停戰問題，日方以我所提顏惠慶代表在國聯之保留二點，表示異議，並另提三項撤兵條件，惟日方迄未有新照會提出，今日星期，停戰問題，更無新發展，但悉非正式接洽，英美法三公使，仍在進行中而已，

外交方面

(一)國聯調查團到滬　國聯調查團員，於本月十一日，由日本乘大來公司輪船亞丹士總統號來滬，準於今日下午四時可抵外灘新關碼頭，國府除派代表顧維鈞博士，偕祕書王廣圻等招待外，本埠十餘團體，均將於今日下午三時許，前往碼頭歡迎，茲將今日所得關於該團消息，分誌於後，(國聯調查團委員略歷)(一)英國李頓伯爵　現年五十六歲，係前印度總督第

我方歡迎國聯調查團時形情

Above.—Members of the League of Nations Commission of Inquiry were entertained at a tiffin reception given by Mr. Quo Tai-chi, political vice-minister of foreign affairs at the residence of Sir Robert Hotung at 157 Seymour Road. Lord Lytton, chairman of the commission, is seen in the center of the picture with his head turned to the right; Count Luigi Androvandi Maresootti, fourth from the left; General Frank McCoy is back ef Dr. V. K. Wellington Koo, who is fifth from the left; at the back of General McCoy is General Henri Claudel; Dr. Heinrich Schnee is standing et the back of Lord Lytton: standing at the rignt of Lord Lytton are Mr. T. V. Soong. Quo Tai-chi, Mayor Wu Te-chen, Dr. H.H. Kung, Mr. Tang Liang-li, Mr. O. K. Yu and Mr. Yu Ya-Ching-By Venus Photo Studio.

一伯爵李頓之嗣子，久寓印度，曾任海軍部政務次長，一九一八年任駐美英國宣傳委員，一九二〇年任印度省事務次長，一九二二年至一九二七年，任印度孟加拉省省長，一九二五年曾代理印度總督數月，瞭解東方事情，對於東北上海事變，頗爲關心，(二)法國克勞特將軍　現年六十一歲，法國華爾求縣人，陸軍殖民步兵科出身，一九一四年歐洲大戰時，歷在法境與東歐及巴爾幹地方大戰，熟悉殖民地情形，當日俄大戰後，曾任中國派遣軍參謀長，在華約三年，洞悉中日兩國狀況，一九一九年世界大戰終息，復任印度支那軍司令官，一九二二年調任西非洲法軍總司令，現任法國殖民地防禦諮詢委員會會長，軍事參議官，殖民部隊兵監等要職，此次參加準備軍縮會議，計畫周詳，前年曾來華視察東北一次，(三)美國麥考益將軍　係美國騎兵科出身，曾任菲律濱胡德將軍之參謀長，以智機果斷聞於世，當尼加拉瓜發生騷動時，麥將軍任爲選舉監督官，南美智利比魯紛爭時，彼以公正無私手段，出任調停，大博時人贊許，前年晉級少將，其後任菲律濱總督府幕僚長，赴任時曾途次上海，至民國十二年又來華考察，對於我國情形，尤爲熟悉，實爲軍事家而兼政治家者，(四)德國希尼博士　係著名殖民政策專家，一九零七年任德殖民部司長，一九一二年，曾任德領東部阿非利加總督，現任國民黨議員，德僑同盟委員會委員長，性甚溫和，著作宏富，反對軍國侵略主義，一九一四年大戰勃發後，日人乘機侵奪青島時，博士尚在總督任內，頗爲不平，(五)意國史高蒂伯爵　史氏爲純正外交系統之人才，世界大戰時，在梭尼諾外交部長下任文書主任，巴黎和平會議時，任意代表團總祕書，一九二三年以後，迭任駐劄阿根廷德意志等國大使，擅長外交，爲意大利傑出外交家之一，素爲墨索里尼信任，生平痛惡武力侵略爲國家之工具，在歐洲外交界，聲望隆崇，

二，隨員(一)祕書長哈斯，(法人)係國際聯盟祕書廳交通股長，年四十二歲，法國土木部出身，去年被我國聘爲改良交通事業調查之職(二)謝雷爾(意人)係國際聯盟祕書廳情報股員(三)彼爾特(荷蘭人)國際聯盟祕書廳情報股員，(四)恪溪愛，(德人)國際聯盟祕書廳情報股員(五)巴士邱好，(捷克斯拉夫人)國際聯盟祕書廳政治股員，三，專家(一)法律專家　華爾太楊格博士，(美人)米內沙泰大學教授，「以極東通」聞名，著有東三省專書，膾炙人口，頗悉日人之心理與日本之政策，一九二九年出席第三次太平洋會議，一九三一年又出席第四次太平洋會議，現寓北平，(二)鐵路專家　巴阿姆，(加拿大人)本爲聯盟祕書廳交通股員，現任加拿大鐵會社社員，對於國際情形與中日關係，亦甚明晰(招待職員名單)國聯調查團來華，政府派顧維鈞博士，負全責招待，茲將重要職員錄下，代表顧維鈞，祕書長王廣圻(前駐義公使)總務兼宣傳組主任張祥麟（前駐紐約領事及外交情報司司長)，議案組主任錢泰(前外交部參事現司法院參事)招待組主任嚴恩槱(前留美學生監督及外交部駐滬辦事處長)，其他尚有祕書參議，及專門委員多人，均富有外交上經驗及東北問題有研究者任之，(陪同乘車專員)調查團登岸後，即直赴南京路外灘華懋飯店，我方已支配專員，陪同各該團員乘車，計(一)英代表由俞鴻鈞陪，(二)美代表由魏文彬陪，(三)法代表由蕭繼榮陪，(四)意代表由王廣圻陪，(五)德代表由嚴恩槱陪，其餘祕書，隨員，等，由趙鐵章，屈

孫宜，等招待，陪同乘車，均送至華懋飯店門首爲止，（各界準備歡迎）顧代表，吳市長，日報公會，代表等，決定於今日午後，先時乘渡輪至浦東白蓮涇，一俟亞丹士總統號抵埠，卽登輪迎迓，其餘各團體代表，在香港路銀行公會齊集，於下午二時至海關碼頭迎迓，（各界招待程序）明（十五）日星期一，郭次長泰祺午宴，下午四時至七時，顧代表維鈞茶會，晚間吳市長鐵城晚宴，十六日星期三，各大學聯合會午宴，下午四時至七時，宋子文夫人及孔祥熙夫人茶會，入晚，英，美，法，三公使及義代辦晚宴，十七日星期四，新聞界團體午宴，顧維鈞代表晚宴，十八日星期五，經濟學會及其他學術團體午宴，市商會晚宴，二十日星期，英海軍提督台樂爾（Tailor）晚宴，二十一日星期一，律師公會午宴，孔庸之晚宴，二十二日國聯振災委員會委員長辛博森午宴，太平洋學會晚宴，

◉國聯調查團到滬後

（三月十四日）

▲日軍之種種飾掩行爲

一，掩藏閘北慘狀　國聯調查團，昨已抵滬，在此間約有一星期之勾留，並將往閘北，吳淞，江灣，等戰區視察，聞日本軍事當局，希圖掩飾團員耳目起見，已於最近兩日中，命閘北等處之駐軍暫爲隱藏撤退，並利用漢奸，在各處要隘屋頂，懸掛中華國旗，以示無佔領我土地之野心，又將北區及虹口一帶與華界接壤處小弄路口之鐵絲網頹垣瓦礫等，一併清除，閘北江灣一帶日人所留之一切慘象，及死屍殘骸等，亦均竭力泯滅埋葬，俾調查團團員前往視察時，可減少日人兇暴之遺跡云，

（二）淞滬日艦避開　在吳淞口外日本軍艦，卸去軍隊後，已有多艘，離開該處，而在黃浦江內日本軍艦，今日亦已奉到野村之命，暫時開離上海，計有第二隊魚雷兩艘，十五隊驅逐艦一艘，二十二隊驅逐艦三艘，及砲艦一艘，統皆駛往揚子江各口岸，使國聯委員團不能目覩，其用心至爲狡猾，

（三）敵拆去了口浮橋　英參贊司徒博，將長川駐蘇，觀察情形，隨時報告國聯，現寓花園飯店，楊林口七丫口敵艦二艘，於十三撤退，敵在七丫口所架浮橋亦拆去，距太倉十八里尚有少數日軍駐守，據探報，十三午有日艦二商船五，向長江上游駛去，

◉在英領署開停戰談話會

上海停戰會議，今日下午五時，在英總領事官舍舉行談話會，出席代表，我方爲外交次長郭泰祺，日方爲日公使重光葵，關係國方面，爲英公使藍浦森，美公使詹森，法公使韋理德，及意代辦齊亞諾，中日軍事當局，並無代表參加，會議至七時始散，會議內容，中日雙方，以未至時期，相約暫不發表，某記者昨晚於散會後，晤英藍使，據稱，無公報發表，旋晤郭次長，據稱，係英公使茶話會云，

（三月十五日）

外交方面

一，我國接受國聯議決案　中國總代表顏惠慶今日致函希孟，正式通知中國政府接受國聯大會組織十九人委員團與制定

解決中日爭執手續之決議案，並於函內明白聲明，中國仍堅主上海日軍完全撤囘，中國政府必日使兵撤囘後始行談判，又重申上海與滿洲兩案不能分離，聲明中政府決意視爲一整個問題，此外又明白解釋中國要求之撤兵，其意義乃係日本軍隊退出中國境土云，

(三)上海停戰會議　上海停戰問題，中日代表，及關係國代表，昨晚在英總領事官舍，已舉行談話會，玆據外交界消息，談話會結果，中日雙方意見已較接近，外交部次長郭泰祺，及日使重光葵，已分向雙方政府請示，一俟中日政府批准後，卽可以舉行正式會議，

(三)國聯調查團招待記者　國聯調查團主席李頓勛爵，今晚在華懋飯店，招待中外新聞記者，發表談話如下，吾人抵滬後，今日接到倫敦寄來之第一封書函，該函迄今，仍留在書桌，尚未啓封，其忙可知，吾人重賴報紙造成輿論，使人民一致信賴國聯，扶助國聯，處理難題，解決中日糾紛，吾人此行任務，在調查事實，消弭戰禍，吾人目前所急切關心者，爲上海之停戰，今幸一切危險，業已除去，和議亦已開始，前途頗有希望，如列強同意，吾人固準備參加和議也，如有機會，吾人當與日軍當局晤談，東三省雖有新國成立，吾人調查計劃，並不因此有何變更，今晨，吾人拜訪財政部宋部長，外交部郭次長，吳市長，及顧代表，以便與中國官員聯絡，不日入京，拜訪政府當局，再取道北平，赴東三省調查，離滬之前，當赴閘北吳淞江灣等戰區視察，

(四)國聯調查團將視察戰區　今次國聯調查團來滬，正値日軍鐵蹄蹂躪上海之後，吳淞江灣等閘北等戰區，斷垣敗壁，觸目驚心，砲灰浩刧，空前慘劇，各方於希望調查團，能早日往戰區實地視察，以爲日本施暴之實證，聞調查團方面已決定前往戰區視察，而日本方面對此，曾電東京請示，經覆電允可，故實現當不在遠，某記者今晤及調查團主席委員李頓爵士，詢以此事，據談，調查團極願早日前往戰區視察，但近日抵滬伊始，酬應頻繁，時間上殊無法支配，但在離滬之前一二日，必當前往視察也云云，

戰區慘狀及損失

(一)嘉定一帶情況　嘉定自被日軍佔據後，以僻居內地，消息輾轉傳述，頗多失實，某記者於十一日自青浦隨嘉定之回鄉難民，經白鶴港抄黃渡安亭間之小路，越京滬路至方泰外岡，更北至葛隆鎭等處，爰將探訪所得實情，撮述如此（白鶴港難民衆多）白鶴港在吳淞江之南，離青浦二十四里，安亭十二里，四江口六里，近日嘉定西南鄉之避難人，什九經該地至青浦珠街閣等處，扶老携幼以及肩挑背負者，水陸兩道，十日以來，幾無斷絕，地方安謐如恆，並無戰事（黃渡安亭間情形）某記者所經之處，名曰塔廟，爲嘉定縣界，離安亭車站約三里，詢鄉人，據說，安亭鎭近日每晨仍有市面，田間亦有農人種豆，形勢似頗安閒，離黃渡車站約五里，據說，黃渡鎭情形與安亭髣髴，京滬路站，離鎭可三里，四日晚，我軍撤退時，曾於其間開火半小時，日軍死二百餘人，我軍死三十餘人，至今尚暴露鐵路旁，嗣後敵卽於老輿俗地方設置大砲，駐兵三十餘人，八日晨七時，以附近孩童拾得手溜彈，玩弄爆裂，發大聲，

敵驚恐無措，乃開砲二十餘發示威，外間傳為開戰，非實情也，（方泰外岡均靜寂）方泰外岡，均離嘉定十里，方泰在嘉定西南，外岡在嘉定直西，方泰北市二里橋地方，四日，我軍撤退時，曾開槍十分鐘，敵軍曾於五日到鎮，未幾即去，此後並未有敵踪發現，嘉方兩地中間之六里橋，有小學一所，敵五日派兵三十餘人，掘壕駐守，旋於八日撤去，方外兩鎮，近日均甚靜寂，敵無駐兵，（嘉定情形）在外岡遇方自嘉定城中逃出之某地方報記者某君據述，渠被敵強令拉車，繼知我能書，令修正某項文告，其原稿蕪雜不能下目，乃略為修削繕寫張四城，敵在城約五六百人，初設司令部於縣政府，部中駐兵二百餘人，現已遷設於縣教育局，四城所懸之太陽旗，於十日撤去，公共體育場，停有飛機兩架，各商店之米麥豆油酒南貨等物，都被搜去，用卡車自滬太路向東運去，被殺人民，有趙杏生周姓老嫗等數十人，在西門外生泰油車及南門外小城門頭，均掘壕放哨，其餘日軍，夜間均宿城中，晝則往附近鄉村捉雞烹食，日軍初到時，城中鹽公堂保衛團及東門北門外，焚燬房屋三百餘間，聞近日敵將增兵來嘉云云（葛隆陸渡橋近況）葛隆在外岡北十二里，東離婁塘十里，東北離陸渡橋西北離太倉均十二里，我軍撤退時，曾於該鎮東南之南竇蓮地方，激戰一小時，我軍頗有傷亡，居民中流彈斃命者亦不少，葛婁兩鎮間之朱家橋鎮，三四兩日間，焚燬民房過半，被敵殺兩人，其一因見敵遁逃被敵槍殺，其一因敵來遲讓，被用刀劈去兩頭角，其他中流彈溺斃與焚斃人民十餘人，該鎮敵從未到過，陸渡橋太倉兩地，近日無戰事，

（二）社會局發表戰區損害　上海市社會局自日本出兵攻擊我國閘北吳淞領土以來，至三月六日為止，戰區市民所受損失及市民失踪傷亡，共計十六萬戶，已經發表，死亡六千零八十人，傷二千人，失踪一萬零四百人，

編者按，此次戰事，所有失踪人口，多半係被敵軍捕去當夫役，慘殺者不下數千之衆，敵軍橫暴如此，吾人當不忘懷，知所以澈底抗禦也，

日方懲兵之大風潮

東京報知新聞云，因滿州上海事變，關於出征將士之待遇問題，全國各機關均認為重大的事件，蓋徵兵制之我國，（日本）與招兵制絕然不同，內務省當局雖頒佈入營者職業之保證法，湖民間公司，視若具文，最近自玉川電車公司發生勞資爭議後，漸次擴大於全國，查八日午後在鄉軍人數名，因玉川電車公司三名出征者，停止待遇問題，訪問陸軍省中井恩賞課長，請示陸軍當局之意向，當局以關係重要，即與內務當局協商，陸軍方面，因召集入伍出征者，亘於全國，而被召出征者，多為民間公司之職員，雖待遇問題，超越法律的見地，得到民間僱主之同情，然被召出征者之身後問題，即担保出征者之家族，給予充分之接濟救恤，使出征者無後顧之慮等，於事前應得僱主之允許，此次因滿州上海事變，被召出征之將士，竟有少數公司，解僱出征之職業，因此去冬入營者，請求職業保證，方敢履行兵役義務，無如僱主方面，僉謂不受法律之拘束，不願墨守舊規，對於應召者，不能與以充分的優遇，最近玉川電車公司，對於出征者，祇可照現職告假處理，而對於獨身者，僅可支給三十五日之薪俸，有妻者支給五十日，若生活費不足時，可將退職保證金全部發給，絕對不能按在

職時之現狀維持，因此殆與解僱無異，幾經出征者之交涉，始終不理，遂發生重大風潮，又神戶又新日報云，神戶市電氣局從業員三千九百人中，有兵役關係者達一千名，現爲謀出征將士免無後顧之憂，協議善後方策，提出下列四條，(一)局中吏員因被召出征而停職後，依照現職支給薪俸，以維護其家庭生活，若軍部薪俸，多於本局薪俸時，則本局因補給其不足之數，(二)傭員因不能出勤至三十日以上而自然解僱者，仍照現職支給薪俸，並照吏員補給其不足之數，(三)由共濟組合所規定給與出征軍人外，不論吏員傭員，每名贈送二十元，萬一戰死，給與撫恤費百元，因受傷而不能復職時，贈送慰問金五十元，(四)此外因救濟出征軍人家族生活之不安，因共濟組合供給較市價低廉之生活必需品或照原價提供，以上四項，行將開評議會討論云，（按日本常備軍，本不過二十五萬，其先後開往滿洲及最近來滬者，殆已盡調全國之精銳，故前月來，乃亟亟召集在鄉軍人，以充預備軍，然在鄉軍人，多有職業者，應召以前，固須預爲準備一切，入伍之後，原有職務，不免發生影響，此日本出兵所以不易也），

請聽停戰會議中之砲聲

(三月十六日)　一，敵軍又開砲　今日下午一時許，吳淞江灣一帶難民，突聞隆隆之砲聲數響，不知何意，而日人竟謂係演習砲戰，其狡滑可知，

二，前綫情形，昨晚十九路軍駐滬辦事處接前方來電如下，(一)敵軍數百人向太倉前進，未久卽退去，(二)法參贊於銑晨十時許到崑，由總部派副官陪往常熟太倉一帶視察，意參贊亦將到此，(三)崑山電，蔡軍長十六日召集二旅官兵訓話，勉以毅堅不撓精神，嚴陣以待和平，又十六日英參贊司徒晨由常回蘇，未往鎮江，意參贊端祁來蘇，定十八日赴崑視察，美副領芮諾思，十六日再赴崑視察，

◉國聯調查團願參加上海停戰會議

上海　停戰問題英美法三公使及意代辦，每日均在英總領館交換意見，外交次長郭泰祺，今晨十一時，曾訪美公使詹森，至於英公使藍溥森方面，祗以電話接洽，聞英總領事館消息，中日雙方及關係國各代表，原擬今日午後，在英領事館，舉行第二次談話會，嗣卽作罷，原因未悉，國聯調查團現已被邀參加會議，該團因決定留滬，促成停戰及佈置日軍撤退事宜，入京期遂展至本月二十六日，惟李頓爵士左右，今晚宣稱，調查團前已表示，苟列強同意，調查團固準備襄助和議，但此事尚未確定，蓋調查團參加和議，不能在滬決定，此事手續上須先向國聯邀請，國聯更須徵求列強同意，始能訓令決定也，惟調查團認爲上海卽可恢復原狀云，外交部已以上海和議訓令致郭次長，此間華人各界之意，如日本果有誠意，則和平談判可順利進行，聞中日代表，如允舉行和平會議，則國聯委員團，尙可於來京前參與會議，

◉日人自誇殺人利器齊備

日本長崎日日新聞云，我陸軍於十日紀念日，舉行盛大祝賀式，溯自明治六年國家軍隊編成爲六鎭台以來，合計各種兵有二萬六千六百名，今已擴充至〇〇名，武器之進步，依時代而精良，曩時日俄大戰，歐洲大戰，時所用之武器，與使用於今日滿洲上海事變者相較，不啻有天淵之別，蓋從前飛機戰爭，旣甚幼稚，鐵兜機關槍，

亦未發明，各部隊間之通訊，多藉人力傳令，今則使用傳書鴿，偵探狗，並藉無綫電報以爲聯絡，故不論攻防兩種戰術，已有一日千里之勢，此次滿洲上海之戰鬥，（按滿洲之役中國軍隊並不與抗）我軍器之精良，處處較敵爲優勝，茲就我方新式武器之炫耀於世者，縷述如下，（一）關於步兵用者，有三八式手槍，半自動手槍，（能聯珠發射）輕機關槍，重機關槍，（一分鐘能發五百彈至一千彈）步砲兵等，（有平射曲射二種，平射砲專對露出敵之機關槍與戰車等，曲射砲乃用於敵之掩護戰壕），（二）關於騎兵用者，有騎砲野砲二種，騎砲使用迅速輕快，野砲可代山砲之用，（三）附屬於步騎兵者，有鐵甲車，坦克車（戰車）鐵甲車爲騎兵先驅的活動，富於運動性，每小時能行三十英里，坦克車有防禦砲彈之力，攻擊力尤強，衝鋒陷陣，多利用之，（四）關於砲兵用者，有加農砲，（山砲野砲）平射溜彈砲，口徑均以十糎爲主，至於野戰砲與重砲之區別，卽一爲十粍之加農砲，一爲十五粍之溜彈砲，溜彈砲用以破壞堅固之建築物，以上各砲，皆可射達四里之距離，（五）飛行機，分偵探戰鬥爆擊三種，此次在滬作戰，以爆擊機之效力最大，其他又有高射機關槍，（對於一千米突高度以下時用之，機關砲，（用於三千米突以下者）高射砲等，（能射達至四千至一萬二千米突之距離）至於使用防禦飛機者，有探照燈，空中聽音機，測高器，（六）毒瓦斯，雖禁止使用，然各國仍祕密製造，因其性質之差異，遂有窒息，催淚，糜爛，等別，七，防禦器，有鐵兜，防彈具，防毒器，等三種，鐵兜歐洲大戰時尚未風行，最近使用於戰場，效益甚大，係用厚一粍富有強韌性之鋼鐵爲之，防彈具爲潛伏探哨步哨警戒兵等之用，防毒器分人用馬用二種，

◉常熟一帶之慘狀

茜涇牌樓市新塘市沿江一帶民房，被日軍縱火焚燬者，迄十六日止，共六百餘間，被焚斃與槍殺之民衆，共百餘人，沿江一帶，每至下午六時，日軍卽登陸放哨，翌晨回艦，楊林口居民，連日因日軍需索不遂，被擊斃者甚衆，浮橋鎮商店，現每日上午開市，下午二時後卽閉門，

◉雲團長演講戰事經過

十九路軍七十八師第一團團長雲應霖，此次率所部官兵在江灣等處參加作戰，屢敗敵軍，戰績顯著，本人腿部，亦受傷，在廣慈醫院醫治，已稍愈，昨特親到梅白格路第六傷兵醫院慰視所部傷兵，囑以安心靜養，嚴守紀律，方不負商民援助之至意，該院舉辦人丁夢星君，特設筵歡宴，表示敬意，並請紅十會總醫院顏院長福慶，譚博士以禮，陳大方等作陪，席間，主席敦請雲團長報告戰事經過情形，略云，本軍當時正奉命要退出閘北，以期息事寧人，但民衆代表紛來請求，要本軍無論如何，須實力抵抗，經開會議決，定以服從民意保存國土爲職志，暴敵自經市府答覆和平條件後，於一月二十八日夜半，突向我軍惟攻，開戰後，得上海民衆熱烈之幫助慰勞，及國內外各處同胞電報雪片飛來，嘉獎備至，本軍全體官兵，人人早抱死決心，至此益加奮勇殺敵，故無論敵方武器如何利害，均上前力衝肉搏，能支持至三十餘日之久者，民衆鼓舞之力實在不少也，最後敵人增加至三倍之衆，我軍因後援不繼，不得不退守新陣地實行長期抵抗耳，但各官兵接到退兵命令時，皆不禁痛哭流泣，寧願以一死置之，後經長官解釋，始勉強退至第二道防綫，雲團長說至此，

表示非常沈痛欲淚，而席間來賓，已有先下淚者，繼云，此次作戰結果，我民族性如何，軍隊戰鬥力如何，中外人士，已知爲不屈不撓，卽敵人亦領略過，今後吾全國上下，能抱決心，羣策羣力，最後之勝利，必屬於我，可斷言也，至敵人今後對我態度如何，當爲大家所欲知者，敵人旣出許多兵，又犧牲了許多生命財產，得不到多少便宜，無論如何，決不肯撤兵，我人則願意死不願喪失主權，由此觀察，便可明白將來之趨勢，希望全國民衆，本軍民合作之精神，急作第二步救國工作，最後代表本軍數千傷者，表示謝意云，繼由該院攝影紀念，並贈慰勞紀念章一方，上書「民衆武力」四字云，又丁君另製贈金質紀念章一枚，上書「衛疆殺敵」四字，

七十八師第一團長雲應霖在江灣奮勇殺敵受傷紀念留影

For his knighthood, Colonel Yün Yeh-Ling of 1st. Regiment of 78th. Division, has been wounded on the batte-field at Kiang-Wan.

Colonel Yün's Medal: "Kill the enemy, protect the boundary"! given by Ting Hungwen.

◉敵軍增援意何在

（三月十七日）

和平會議雖在接洽之中，希望有效制止中日間敵對行動，顧日軍之從事鞏固陣隊，依然如故，軍艦續自日本開來，運艦亦續載軍需登岸，倘日本軍閥有意重開戰禍，則此項軍需足敷立卽開戰之用，（十六）到滬者，有驅逐艦兩艘，星期二則有運艦五艘，載大砲子彈糧秣，在蘊藻浜鐵路碼頭登岸，同時又有驅逐艦二艘，巡洋艦一艘進口，今日（十七）並將續有來滬，蓋近十日來，日運艦載兵士大砲彈藥軍需絡繹來滬，未有間斷，現日軍第九師團與二十四師團雖奉命於星期五六登輪回國，而第十四團，將於明日以前，在前綫接防完竣，第十四師團係戰時編制，其人數幾兩倍於第九師團

，今日日司令部又宣稱，今後數日內，日軍將在上海附近某區放一汽球，此舉並非攻勢行動，祇欲偵察中國軍隊而已，並謂日本之撤兵回國，足見其放氣球，非為攻勢行動云，另一消息，則目下嘉定南翔之間，日軍已逐日有氣球放至天空，其用意顯在瞭望中國軍隊行動，惟迄今所見僅汽球一枚云，

◉日機活動不止　據蘇州報告，近二十四日來，日機在蘇偵察擲彈，幾無虛日，甚至一日來蘇二三次以上，其居心可知，茲將二月十七日起至三月十一日止，日機飛蘇次數錄下，二月十七日下午八時，日本飛蘇六架，到蘇偵察，十八日上午九時，日機六架飛蘇偵察，十九日上午八時，日機三架飛蘇偵察，二十一日上午十一時半，日機三架由東南方飛蘇偵察，二十一日下午五時，南翔運來被日機關槍擊斃南翔車站站長，擊傷巡長一員，該巡長到蘇在福音醫院醫治，二十二日下午四時半，日機六架飛蘇，二十三上午八時半，日機九架飛蘇，擲彈十餘枚，我方飛機塲之蘆棚，及飛機三架，均被炸壞，至飛機塲炸成地洞數處，不堪行動，二十五日下午四時許，日機三架飛蘇，在飛機塲高翔偵察，二十六日下午四時二十分，日機五架飛蘇，在飛機塲盤旋，約歷十分鐘，即擲炸彈八枚，炸死我方士兵一名，現送博習醫院醫治，三月二日上午七時，日機三架飛蘇偵察，三日下午三時，日機一架飛蘇偵察，四日上午八時，日機一架，飛蘇偵察，四日上午八時，日機一架，飛蘇偵察，四日上午九時半，又來日機三架飛蘇，在飛機塲開機槍一排，繼至老五團開機關槍兩排，並在萃英中學四周盤旋數次，又在永仁堂開機關槍一排，將屋頂擊壞一角，向東北飛去，五日上午十一時，日機三架，飛蘇偵察，十一時四十五分，日機一架飛蘇，在空中旋繞兩轉，向東南飛去，

◉英自由黨領袖譽我軍勇敢　英國自由黨著名領袖勞合喬治，重返於積極的政治生涯，今日在史德明士大會堂演說，痛行攻擊政府之保護政策，軍縮政策，及遠東政策，當喬治聲稱吾國在遠東方面，可稱為狐疑柔弱與卑怯，唯因英政府遠東政策之躊躇不決，致國際聯盟之莊嚴，為之大損，而使我人唯一希望，祇有寄諸軍械窳陋的中國軍隊之勇敢抵抗而已，西門爵士現仍自撤其藩籬，吾輩靜聆日內瓦消息，可矣等語時，聽衆皷掌歡呼，聲震全宇，

◉日方橫蠻行動為世所不齒　工作報今日載薛西爾勳爵痛詆日本在滬所取行動之詞，謂將來之解決，若不懲治不正當之侵略，若不駁斥黷武政策，若不保證國聯忠員之會員獲所被加害之賠償，則將使國際道德受一危害之打擊，日本不圖藉調停與公斷而遂其要求，遽行轟擊並佔據中國之土地，決不能認為正當，國聯與美國今後須拒絕寬恕，並當正式公開申斥日本軍事當局之橫蠻行動，侵略者如使休戰不可能，如拒絕中立區域，則國聯議會應請會員國對違反國聯會章之強國施用外交的與經濟的壓力，並當正式邀請美國合作云云，

◉上海報界公會歡宴國聯調查團　上海報界假萬國體育會歡宴國聯調查團，席間由申報總理史量才代表致詞云，國聯調查團諸位先生，諸位來賓，我們於遭遇強權刼持的嚴重情勢中，於遭遇砲火荼毒的慘淡環境中，能得與攜來公理與和平之曙光的使者國聯調查團諸位先生見面，實在感到非常榮幸與愉快，在這裏我們謹以摯誠恭敬致歡迎之忱，調查團諸位先生，此次應受國聯鄭重的付託，遠涉重洋，來實地調查

中日間不幸的爭執，很顯然是負有莊嚴而偉大的使命，此次的工作，是爲中日爲國聯，諸位此行，是爲全世界愛護公理與和平的人士所共同熱望屬目，在人類文明史上，將保有永久不磨的光榮，由去年萬寶山慘案韓人屠殺華僑案，以至九一八日軍突然襲取我瀋陽，及此次上海禍變所造成的中日間不幸的局勢，顯示世界和平，已遇到了巨大的暗礁，此事責任誰屬，待諸位先生實地調查之後，必能獲得公允而顯明之答案，調查團諸位先生是正直的，全世界還有無數正直的人們，在以正直眼光，致無限的熱望於諸位此行，在諸位實地調查之下，我想予全世界熱望着的人們以正直的答覆，事實與理論，都顯呈諸位的眼前，我們不必詳加陳述，然而我們還不能不加以說明的，卽日本不僅是親手做下了不正直的行爲，並且極力壓抑一切正直的呼聲，我們是新聞界同人，我們深知我們的責任，是共謀人類的和平與福祉，同時對於迫害人類和平與福祉的行爲，應當以嚴正的披露，然而靑島的民國日報，竟被日人焚燒，上海的民國日報，竟在日人威脅之下停刊了，此外在福州在長沙在北平，都有同樣的事情發生，本月十五日，天津專電，大公報又因爲刊載一張插畫，遭日本領事的威脅，諸位，日本既多行不義，復欲一手制止我們正直的呼聲，掩盡世界人士的耳目，可是世界輿論，不早已同樣發出正直的呼聲嗎，最近不是更形一致了嗎，可見世界人士的耳目，決不能一手掩盡，而這種行爲，更決不能爲世界正直人士所原恕，對於國聯調查團諸位先生，我們不願有何要求，但是國聯的責任，是維護公理，維護和平，我們唯一的要求，亦卽公理與和平，但我們認爲應當持公理爭和平，絕不能以和平犧牲公理，合乎公理的和平是光榮的，是永遠的，背乎公理的和平，事實上既絕不能維持其永久，抑且決不爲全世界正直的人們所希望，十年來國際聯盟調查國際間的糾紛，曾積下了不磨的光榮，我們熱望國聯常保此榮光，因爲國聯的榮光，卽是全世界的榮光，卽是全人類的福祉，調查團諸位先生，我們謹爲世界人類和平祝諸位康健，繼由該團主席李頓爵士答辭云敝團承蒙諸君盛意款待，予今起立答謝，感愧交幷，敝同人感謝如何，予不知也，敝同人幸得保守緘默，濟濟一堂，盡是最有權威之士，予今冒昧發言，實不勝其惶恐，日本有軍閥，中國有軍閥，吾人已聞之矣，然而舉世軍閥所操權威，無足敵今茲宴會上之主席，昨日，我人受大學教授歡讌，予冒昧言及今日之教師卽明日戰士，諸君許吾呼君等爲成年士女之教師乎，若然則君等可爲吾人之友，可爲吾人之敵，世人常以種種名辭，譬擬敝團，吾人發言，亦每用譬喩，故予今日再另用一譬喩，而視敝同人爲種植者，今以種植者之資格，向報界諸君懇求，使吾人散佈種子之土地肥沃，君頃告敝團同人，君所要求公道而已，君意良然，蓋和平之樹，惟有植於公道之地，始能欣欣向榮，惟英文中公道與判斷兩字，實音同而意不同，判斷固法庭所有事，然而一國判斷他國，實不能造成公道之環境，予以爲國與國之公道是一種相互的關係，須彼此諒解，彼此調和，關係各國之利益需要，始可求得公道，諸君，予冒昧呼君爲教師，然予決不敢以校長自居，予所以如此冒昧陳辭者，實由於敝同人須君之助甚殷，以及不得君助，吾人不能助君也，予常留意，吾人每談和平，常不期而用戰爭之字語，(此或爲過去之不幸的遺跡)故予以軍事譬喩，結束吾言，予敢言舉世報紙，一致擁護和平之軍之時，公道之

勝利，始得確定，故君實吾人和平工作之友，謹舉一觴，祝中國報界健康，

◉六團體送國聯調查團報告書

自國聯調查團到滬後，對於滬市商業開市問題，非常關懷，市民聯合會，及各路商界聯合會總會，寧波旅滬同鄉會，上海法租界商界總聯合會，上海各團體救國聯合會，中華救國十人聯合會，等六團體發起，擬具報告書，將呈送該國聯調查團閱覽，藉以表示民衆意見，此書內第四章，關於罷市事實之說明，錄原文如下，自從一九三二年一月二十八夜，日本軍閥進攻閘北行爲發生後，於日本軍隊防守範圍，蘇州河以北之公共租界區域，因日軍用爲作戰根據地之故，立時陷於恐怖狀態中，不獨無數納稅華人慘遭不幸，有如第三章所述者，卽工部局行使警權之機關，及中外警務人員，亦受解除武裝被殺被傷之遭遇，甚至目擊巡捕房被其佔據，及無職務便衣隊拘捕良民，而無法抵抗，故此等恐怖區域以外之稅納華商，鑒於工部局之毫無能力，各國合組防守委員會之迫於武力，不敢發言，納稅華商不得不罷市，以避同樣不幸之遭遇，此外下列簽字之上海特別市市民聯合會，上海各路商界聯合會，與中華救國十人團聯合會三團體，曾以納稅華人集團之立塲，向工部局表示意見，願領導全體會員，盡一切力量，協助工部局以收回被刼之警權，恢復行政完整之原狀，並建議工部局，立卽召集中外納稅人大會，共同合作，雖未蒙工部局之採納，然工部局已復函表示，已由各重要關係國增調軍隊，從事於警權收回之努力，但此種承諾，至今尚未完全實現，故上海市商會曾勸告各納稅華商開市，然大多數納稅華商，以工部局保障安全營業力量，並未增加，及對於恐怖區域，現仍受害之中外納稅商人，毫無辦法，不敢開市，僅有少數商店，因協助公衆需要之便利，爲有戒備之營業，故上海今日之罷市狀態，乃日軍破壞工部局警權，擾亂工部局行政秩序，非法行爲所造成，不列名簽字者，甚望貴代表團能勸勉參加防守委員會之各國在滬軍事領袖根據防守之原則，起而用其力量，斥責違背防守責任之會員，以維公共租界盤個安全及秩序，否則上海各國發展商業之進程，將因之留一可以破壞之惡例也，

◉日本懲兵風潮擴大

東京時事新報云，橫濱市電局因節減經費實行裁員，發生電車總罷工，十一日罷工人員所組織之共和會，依照交通總聯盟之指令，形勢頓呈惡化，神奈川縣偵悉內部有全國勞動協會之分子活動，十二日拂曉，下令橫濱市內各署員，總動員出發，將山中執行委員長以下各支部之幹部中激烈分子全部檢舉，不意東京交通勞動組合聞訊，亦遙相呼應，立開鬥爭委員會，議決爲橫濱工友後援，幸經各方事先彈壓，未釀巨變，但此次事變，不免波及東京大阪神戶名古屋等重要都市，故已密令關係各府縣，特別取締矣，又交通勞動總聯盟東京本部，待十四日橫濱市電局回答後，決定聯絡東京大阪神戶三大都市同業者，預備總罷業，東京交通勞動組合山中幹事，已赴大阪接洽，提出四項要求，卽對於滿洲上海事變應募出征者，反對解僱，出征者家族之生活保障，復職者進級等項，限於十六日明白回答，若無圓滿答覆，決意實行總罷業云云，

停戰和議前途暗昧

(三月十八日)

一，日無停戰誠意 上海停戰會議，自星期一成立基本原則後，中日雙方預定星期三在英總領事館舉行正式會議，嗣日方以東京訓令未到，遂臨時作罷，日人方面消息，東京訓令現已到滬，聞又主設中立區，惟我外交當局尚未接到正式通知，中日代表今日因未會見，今晚日使重光葵訪英使藍浦森，大約已將東京新訓令之內容，通知英藍使轉達我方，至於國聯調查團參加和議問題，據李頓左右宣稱，日內瓦方面，對此仍無訓令，大約已無形打銷矣，日政府已以關於休戰建議之最後訓令，致重光葵，聞日政府表明，願照今日國聯會議十九人委員會所宣讀之中國電報中規定之三點辦理，即(一)華軍仍留於現居地位，以待日後之解決，(二)日軍撤退公共租界，及由虹口區域租界外之路退去，(三)有中立國人在內之共同委員會監視撤兵及退出區域內之行政，聞日政府並訓令重光葵，切實申明休戰協定，乃預先假定，召集圓桌會議，而應在日軍完全撤退以前討論抵制日貨及日僑生命財產安全問題，

二，郭外次談停戰會議經過 日來外間對於本埠和議之進行，傳說紛紜，莫明眞相，記者因此事關係至大，易滋誤會，乃於本日赴謁外交次長郭泰祺氏，詢問和議經過情形，當承郭氏接見，并答覆如下，郭氏謂，自本月九十兩日中日雙方，關於停戰會議問題，以書面聲明意見後，(均由英使轉達)和議已成僵局，英美法三使及義代辦，均以書面交換意見，遷延時日，而目前僵局，亦須及早打開，因此於十四日下午，在英領署開一茶會，邀余與日使重光列席，(此爲余與重光第二次會晤，第一次則在旬餘日以前，亦係在英領署應英使茶會之約)，各方遂作一長時間非正式交換意見，結果，得到對於停戰會議議程之基本原則數條，即顏代表在日內瓦所發表者是也，彼時雙方約定請示政府，我方早得南京政府訓令，其意見亦經顏代表在日內瓦披露，惟日使則始終以未奉到東京訓令爲辭，以致原定星期三下午四時開正式會議，決定停戰會議議程之約，未能舉行，迄於現時止，日方尚無消息，尚有一節，外間亟須明瞭者，即係目前吾人所進行之會議，除中，日兩方外，英，美，法三國公使義代辦，及各方軍事代表，亦均將參預，其所議專項，僅以有關係停戰及撤兵事件爲限，完全係根據國聯議會議決案，凡有關於政治性質之問題，概不列入，與外間所傳之圓桌會議，或上海會議，截然兩事云云，

◎日軍仍積極備戰

日本此次在上海作戰之兵，最先調來者，爲久留米之第二十四混成旅團，該旅團備齊步騎砲工兵，全額約有八千餘人，在江灣閘北，與我十九路軍作戰，迭遭潰敗，損害最重，此次奉令撤調歸國，當眞茹撤囘時，曾開陣亡官兵追悼會，可見受創之重，今已開始調防歸國，情形分述如下，(廿四旅團集中)第廿四旅團步兵重砲兵騎兵等，今日上午，即全部開拔到吳淞張華浜鐵路碼頭取齊，軍械大砲輜重等項，有一部分，在前兩天，已經裝運輸船，先行載去一批，至今日下午三時，全旅官兵，已完全開到碼頭，日本陸軍省已派運輸艦兩艘來滬，裝載該旅返日，從三時起，開始登輪，(兩輪運送歸國) 二十四旅旅團長爲下元少將，今日午後三時起，分令所部上運輸輪Ryokal Maru, Shickiu Maru兩艘，軍械子彈大砲等項，則用吊車吊入船內，全旅上輪官兵，尚有六千名，

直至下午五時許，方始上齊，滬上日僑等到張華浜碼頭送行者頗多，至六時運裝已竣，隨卽啓椗開行，出吳淞口，逕赴門司，（十一師團退淞）第十一師團亦奉到開拔歸國之命，該師團在劉河嘉定等處步兵，現向羅店集中，其騎砲等隊之在前方，亦已奉得退到吳淞之命，今已有大批卡車，運載該軍及械彈等，到張華浜楊樹浦兩地，準備開還日本，聞該師團因重砲等轉運較難，至速須一星期，方能運畢，而第一批之撤退兵士，已定二十一日起，開始在張華浜上船，（補充新兵到滬）此次撤退一師一旅團陸軍，共計兵額一萬六千名，而陸續派來接防之十四師團部隊，因照戰時編制，連補充隊不下三萬名，業已先後運到前方，復由運送船福朗特丸，載到補充兵一隊，另有十五隊及廿六隊驅逐艦各一艘，隨行到滬，此項兵士，均係十四師團補充兵士，當卽派往接代十一師團防區，故撤囘之兵額，不若調來之多也，（浮橋一帶日增兵）崑山十八日專電云，日偵機一架，於十八日晨十時，在蘇崑一帶盤旋，飛行極低，歷一小時，始飛向滬去，楊家橋浮橋婁塘三處日軍，自十六起，紛紛調防，並在各陣地增添兵額，（大隊日軍開嘉定）日軍第九師團大隊，十三日自南翔開駐嘉定城中，中有高麗白俄入，城中原駐日軍，由好辦社長谷川貞三郎，率赴嘉定劉河間之徐行鎭，四城僅有南門許居民出入，袁司徒方面之敵壕，長三里餘，深可丈許，附近民房，日軍搜查後，於門戶懸太陽旗，（虹口裝軍用電話），日軍前日起，在狄司威路及虹口一帶，裝置軍用電話，昨日尤爲忙碌，

◉日僑狡辯暴行

大美晚報云，日前抵滬之日本基督教士及西教士八人，昨日下午訪問日本人俱樂部，由本埠要人招待，談話之際，各教士首詢日軍，轟燬商務印書館及其他文化機關之原因，次詢日僑非法行動之故，日僑發言人答辭，頗爲奇妙，聲稱，商務印書館不僅排日宣傳之中心，且當衝突之時，爲閘北軍隊主要防禦地，卽如轟擊日兵，而誤落租界之砲彈，亦多由北方面發出，又稱，轟燬各大學，與教育機關之原由，因國民黨柄政後，中國教育已失教育眞意，變爲政治宣傳之工具，至於未嘗用作軍事行動之教育機關，日軍並未加以殘毀，如復旦大學，卽其一例，至虹口日僑之非法行動，則稱爲自衛上發生之偶然事故，在搜查虹口大旅社以前，中國便衣隊幾使虹口成爲恐怖世界，日僑到處有被射擊之虞，故取自衛手段，日僑中固未免有若干浪人，但一經日當道聞知，立卽取締，已有一百人遞解囘國，卽攻擊三友工廠者，亦有數人解囘本國云，（編者按，日人此種飾辭辯護，吾國亟宜有以聲明事實以昭眞相），

上海舉行停戰會議之內幕

（三月十九日）上海停戰及日本撤兵問題，中日及關係國代表，今在英總領事署舉行兩次正式會議，經過四小時之談判，已將具體辦法，大體議定，中日代表，星期一再開一次會議，可望簽字，（正式會議經過）中日及關係國代表，自星期一，在英總領事官舍英公使茶話會中，根據國聯會議三月四日之決議案，擬定停戰會議基本原則三條，嗣因日政府訓令，遲至今日，始由日使重光葵，通知英使藍溥森，轉達我方，正式停戰會議，遂亦延至今日，始在英總領事署舉行，（談判情形）中日及關係國代表，在英總領事署，開會兩次，第一次自上午十時至中午十

二時，第二次自下午四時至六時，出席者爲外交次長郭泰祺，日本公使重光葵，英公使藍溥森，美公使詹森，法公使韋理德，及意代辦齊亞諾，各方均無軍事代表參加，先後會議四小時之久，會議結束，英藍使親送各代表出，頗有喜色，（停戰撤兵辦法）今日兩次會議，已將停戰及日本撤兵辦法，大體商定，午前會議，以星期一草擬之基本原則三條爲根據，卽（一）華軍駐於現有地位，以待日後之解決，（二）日軍退入公共租界及虹口及虹口區域中租界外馬路，惟日軍數衆，有一部份可駐於上述地點毘連之地段，（三）組織有中立國人在內之中日共同委員會，監視雙方撤兵，今日午前會議，將此三條再加諒解後會議，討論會議細則，如確定（一）華軍現駐地點，（二）日軍退駐地點，（三）共同委員會之職權，（撤兵日期未定）郭次長及日使重光葵，卽於今晚，分別電告南京東京政府請訓，預計雙方覆訓，今日可以到滬，故已約明日星期一，再開會議，如無意外變化，卽可簽字，屆時，各方軍事代表，當亦參加，我方軍事代表，內定爲十九路軍總指揮蔣光鼐，淞滬警備司令戴戟，日方軍事代表，將爲日軍司令白川，及海軍司令野村，英美法意方面，將由各該國駐滬海軍司令參加，日本撤兵日期，今日會議，尙未決定，大約將於各方軍事代表出席之最後會議中決定，（外交部之公報）外交部駐滬辦事處發表公報如下，中日第一次和平停戰會議，今日開會兩次，上午十時及下午四時，均在英國駐滬總領事署舉行，出席者爲英美法三國公使，意大利代辦，及郭次長，與重光，六人，各方軍事代表均尙未出席，兩次會議，均係討論實行停戰及日本撤兵之具體辦法，大體已經擬妥，現已電南京政府請示，俟覆電據到後，所有詳情，卽可發表，凡關於含有政治性質之問題，及所謂圓桌會議，今日概未談及云，

前方軍情一束

▲崑山十九日下午九時專電云，十九晨，美參贊韋門，至前綫視察，返時徒步至陸家浜，轉車到崑，遊馬鞍山，四時赴蘇，黃渡車站附近村鎮，連日時有日人騷擾，間有槍聲，十八晚，安亭站南附近之某處，有日軍五六十人，擕機槍四架駐防，今晨撤囘，日偵察機一架，今晨八時許來崑蘇一帶偵察，十一時向東飛去，嘉定方面，日軍連日調動忙碌，各門檢查極嚴，幷有砲位架設，日軍十八晚又向我開槍，槍聲至十九晨未停，瀏河有日軍千餘登岸，楊林口日軍百餘在運送中，意參贊端那私人表示，中日戰事，日軍遠道來，犧牲甚大，如我長期抵抗，必得最後勝利，端氏十八已返京，美參贊韋門，副領芮諾思，十八晨再專車赴甚，轉汽船，到前門塘安亭太倉一帶視察，晚返蘇，宿車中，擬十九返京，天福庵車站，十八被日軍縱火焚燬，蘇十八獲漢奸四男二女，崑獲漢奸二，均解總部，十八晨日機一來蘇，低飛繞十匝，歷二小時始去，朱家橋日軍巧晨又增二千餘，幷大砲多尊，現正向前推進中，

◉敵軍又到一大隊

日本在上海及前方第九師團與十四師團，現正竭力補充兵額及擴大編制，此兩星期中，運到上海之陸軍與各種新式戰品，駕乎戰時編制一師團以上，而且尙在繼續運裝中，今日下午一時五十分，又到運輪 Zuiks aMru 與十五隊驅逐艦一艘，並砲艦一艘，又滿裝日兵來滬，約有一

千餘人，及軍械等，日來軍工路上運兵卡車，往來至前方各處，異常忙碌，下元少將所統第二十四混成旅，原定全部撤退返日，已命集中張華浜下船，詎今晨僅撤退一部分，由運輸船裝載出口，軍械輜重，則由春日丸及Shiragi Maru 等裝去，尙有大隊兵士，未曾開拔，本月十七日，裝運大批軍隊及巨額軍械等，來滬之日本二十二隊軍艦四艘，與第三十隊魚雷四艘，又有二十六隊驅逐艦一艘，並砲艦一艘，今日突然從本埠浦江內，同時開離上海，至下午四時，又有二十三隊魚雷一艘，亦從楊樹浦開出，向吳淞口外而去，此十一艘日艦，同時駛離吳淞，又近來日軍於揚子江內祕密運兵運械，至爲忙碌，海軍陸戰隊，已有一大隊，裝到漢口，槍砲等運赴上游各地者尤夥，今日日本第一外遣隊駐滬旂艦安宅號，忽從浦江開拔，聞係開往長江，而運輸船長陽丸，同時亦裝載軍火一批，兵士若干，由滬開赴長江上游，日本在鄉軍人會領袖鈴木大將，偕中野中將來滬，慰勞日軍，視察戰地，今日下午三時半，乘長崎丸輪抵申，當在匯山碼頭上陸，

◉蔣光鼐等電告捐款用途

蔣光鼐等通電云，各報館轉全國同胞公鑒，敝軍抗日滬濱，承海內外愛國同胞，敵愾同仇，熱心輸助，士挾義而知仁，馬加鞭而愈疾，所得執弭屬鞬，與強虜周旋，以至於今者，亦我同胞血汗精誠之所振勵鼓舞也，敝軍許國十數年，平日所斤斤自矢者，惟在實事求是，款不虛糜，矧茲一黍一銖，皆同胞救國所寄，必使一黍一銖，胥用於抗敵救國之途，故自義款頒來，卽劃定用途，於下列數項，救卹傷亡將士，一也，作全軍之特別活動費，二也，作軍實虧缺之補充，三也，準此支配，所有出納收支，一一列註簿錄，敬謹保存，屬寇敵未殲，猶在繼續作戰期內，應與一般軍事內情，暫從祕守，一至相當時機，立卽宣布中外，以著信徵，庶使同胞毁家紓難之情，昭於天壤，敝軍報國不欺之志，同指山河，謹置質言，並鳴謝悃，臨電不勝翹企嚮往之至，蔣光鼐，蔡廷鍇，戴戟，同叩，

◉國聯調查團定期視察戰區

國聯調查團，定二十一日視察戰區，至詳細辦法，由中國代表團總務主任張祥麟，與日本代表團祕書長鹽崎觀三，商洽辦理，昨日經雙方商定華方陪往視察者，額定九人，同濟大學校長胡庶華，勞動大學校長王景岐，亦在九人名額之內，此外我國報界方面，得公推代表一人，參加前往，不料今日張祥麟與鹽崎晤商時，日方忽推翻前議，謂華方陪往視察人員須改爲至多五人，且須以代表團中人爲限，其他概不招待，至新聞界方面，日本記者亦無一人隨往，故中國報界亦當然拒絕云云，張氏曾函日報公會，請推派代表一人參加，至是乃臨時通知取消，我方陪往視察之五人，已確定者，爲顧維鈞代表，及張祥麟二人，至視察程序，二十一日晨九時，由外灘華懋飯店出發，先往閘北，然後再往江灣眞茹一帶視察，至吳淞方面，日方諉爲時間上恐來不及，最后決定當在調查團本身也，又調查團所乘汽車，均由華方預備，日方則每車派軍官一人陪座引導，此外詳細辦法，仍由張祥麟與日方繼續磋商，

◉商務印書館辯正日僑狡辯

本埠日僑會會長，於會晤由日到申之日本基督教考察團團員時，對於商務印書館被炸燬事，有所狡辯，昨據該館重要職員某君云，本年二月六日，密勒氏評論週報亦曾有人於滬趨論文中，指該館出版各

教科書，有提倡排日之意味，該館以爲此種謬論，易滋誤會，乃致函該報聲明，該館教科書，採用外交材料，僅實獻事實，中國國際關係有歷史上之價値者頗多，有時因陳述事實眞相，以致開罪他人，在所不免，但不得認爲蓄意提倡排外，且謂密勒報同爲出版家，當亦深知此中之困難，此函曾載二月十三日密勒氏評論週報登出，可見外國言論界對於此點，亦能諒解，至日人謂該館爲中國軍隊用作壁壘，據某君云，亦屬因果倒置，在日軍飛機擲彈轟炸之前，總廠及該館附屬各機關，絕無任何軍隊或便衣兵之蹤跡，戰起之翌晨，飛機卽繞廠低飛，頻頻擲彈，駐廠看守之人，非但無法灌救，且不敢逗留，但在離廠之前，僉謂中國兵絕未入內，旣燬之後，雙方軍隊，屢進屢退，互據以爲壁壘，當亦事實之可能，設非日軍有意摧殘此文化機關於前，則該館在閘北之各建築物及其設備價値千餘萬，又何至悉變焦土，毀滅無遺云。

停戰協定日方態度强硬

（三月廿日）日文每日新聞云，據十九日午後四時重光公使與郭泰祺第三次會商停戰交涉結果，因中國方面所提出無條件撤退日軍，日本方面，認爲太含混，不能承認，其後由英公使藍浦生之斡旋，決定停戰協定大綱如下，(一)中國軍駐於現有地位，日軍退入公共租界與虹口以及虹口區域中租界外馬路，(二)但日軍在吳淞方面，有建軍隊宿營之必要，(三)組織中立國共同委員會，監視撤兵，(四)排日問題，中國方面自動的緩和，並承認一月廿八日吳市長回答村井領事之復文，依照以上大綱爲基礎，舉行協議，組織混合委員會，再進而會商細目，現預備會議業已告終，雙方代表，本上列大綱，請示政府承認云，

◉各團體救國聯合會對于停戰會議之主張

本會對於所謂和平談判，已由三月九，由日代表大會規定三種原則宣言在案，此次商定停戰撤兵辦法，其至低限度，應依國聯迭次決議之精神，與我政府迭次宣示日本不撤兵不談判之態度，乃近日我外交次長郭泰祺，于強敵包圍之中，竟已與日方開始談判，內容如限制我軍駐防地點，日軍仍得駐在租界外之毘連地段，及中日合組委員會，會同中立國代表監視撤兵，幷維持撤兵區域內之治安等條約，是日兵撤退之區域，已無形喪失其主權，日本不能得之于國聯者，今竟得之于上海之撤兵會議，此種喪權辱國之外交，本會誓不承認，如政府甘心簽此條件，本會各團體必採確實有效之辦法，以示民衆之決心，願我全國同胞共起圖之，

前方軍訊

▲常熟二十日專電云，茜涇敵置野砲十餘門，新塘市五六門，砲口均對向太倉，並在茜涇一帶紮柴人以誘我，二十日前綫無戰事，巳刻，日機一架來城區偵察，常安，蘇錫各輪新開班，瀏河茜涇口日艦均退，陸戰隊仍未動，日飛機一架到蘇常一帶偵察，瀏河二十日無戰事，惟敵軍五百餘名，在瀏河茜涇間紮草人，被我軍發覺，新塘市，敵有過山砲五六尊，砲口向太倉，茜涇以南，敵佈砲陣，蘇站，二十日獲敵探龔友善，身藏無點骨骰三粒，美參贊韋門，十二日莅蘇後，每日赴前方觀察，所得最詳，二十日見報載十九日太倉聞砲聲，因此又赴前

方調查，二十日崑山槍斃漢奸六名，又訊(一)朱家橋紅橋一帶日陣線巧(十八)皓(十九)兩日，開到援軍約一千名，現正搆築防禦工作，通宵達旦，積極備戰，軍械糧秣，由滬運到頗多，大砲多尊，列於步兵線後，砲衣已褪，情勢頗形緊張，(二)皓(十九)晨八時零五分，日機一架，又來偵蘇，飛行頗低，歷半小時，始向崑飛去，日軍於婁塘六里橋一帶，盡力趕築工事，號(二十日)探報，婁塘日軍增五百，前綫日機三十架，運眞茹，坦克車二十餘輛，分開前方，日調動補充甚忙，積極備戰，

◉吳淞鎮化爲瓦礫場

▲全鎮房屋百不存一

▲鐵騎縱橫居民四散

吳淞鎮鄰近砲台，當大海入口之衝，地位重要，滬戰起後，我十九路軍卽派勁旅沿江扼守，敵軍自二月二十五日起至本月二日止，集中海陸空軍之力量，猛力轟擊，亘八日之久，將全鎮房屋破壞無餘，現戰事雖早告停止，當地眞相，猶莫能明，某記者特於今日(二十)冒險前往，將實地視察所得，分誌如後，記者以赴淞水陸皆通，惟陸道日軍滿集，中多阻隔，決遵水道行，於晨光曦微中，赴外灘登小輪，直放吳淞，時紅日初升，輕風微拂，舟舩小步，猶覺春寒料峭也，舟經外白渡橋，遙見日領署前「出雲」艦依舊停泊，四週密布電網，戒備似甚嚴密，匯山碼頭有「阿蘇」丸等運輸艦二艘，岸上軍輸物品山積，日兵方忙於搬運，張華浜淩浦局東曠地上，駐有第九師團大隊，日軍營幕纍立，士卒偃臥草地上，負暄休憩，舟行一小時又十分，馳抵淞鎮，小輪卽於阡船碼頭泊焉，岸旁駐有日憲兵兩名，俟記者登岸，攔路盤詰，週身搜索，第以語言閡隔，呀呀相對，卽獲放行，幸未遭十分留難，記者於到吳淞之前，以爲淞鎮房屋被焚全燬者，最多或僅十之七八，詎知大謬不然，全鎮商店居宅，完整者竟百不獲一，縱目四觀，但見頹垣殘壁，已成一片瓦礫之場，沿江之外馬路，危牆斷柱，森然矗立，自東至西，計千餘家，靡不全燬，卽沿堤岸，亦彈痕斑斑，泰半坍圮，其中如七區公安局，救火會，公用局，船舶所等，無一倖存，僅救生局以地位較低，屋頂中砲彈四五處，磚瓦淩亂，巍然獨存，屋後小庭，則爲飛機炸成深丈許圍四五丈之巨潭，綠水潺潺，不啻小池矣，外馬路上鐵騎縱橫，往來馳驟，輜重絡繹，相望於道，每閱十分鐘，必有大隊日兵，整隊而過，此去彼來，異常忙碌，日本僑民學生，尤多乘卡車到鎮，口講指劃，意氣揚揚，而外人來此者，亦殊不鮮，但日兵盤查甚嚴，言語不通，輒被阻止，記者目擊有二西人，攜二婦同來，交涉達半小時，卒不獲允，廢然乘原舟而返，淞興路爲全鎮精華，市廛繁盛，較大之商舖均開設於此，全路係由西而東，盡爲彈燬，記者週歷全路，僅大章綢緞店，裕康莊，生生堂藥店，聖公會，約如聖堂小學校，及郵政局，等五處房屋，尚未倒坍，但室內已被刼一空，四壁蕭然，了無一物，街道之上，盡堆瓦礫，一步一蹶，涉足爲難，間有二三貧民，於瓦礫堆中，搜爬零物，臂間纏白布，中綴小紅圈一方，亦有以小紅花代者，街中牆壁上，滿黏紅綠色之日軍佈告，不署銜，其下僅書日本軍三字，共有三四種，此種佈告，街頭巷尾，觸目皆是，十九路軍翁旅於撤退前，於牆上亦大書之標語，相映戎趣，淞興路

西市梢二十一間地方，有薄棺一具，橫置路中，棺中人係附近民婦周秀珍，及其二子，當兩軍劇戰時，氏之居屋忽爲砲彈所中，樑崩椽折，婦與其二子同時壓斃，陳屍巳及餘屋，婦之幼子產猶不久，身子兩臂已飽犬腹，鄰居不忍，昨日始將兩屍及嬰孩兩足共納一棺中，母子同命，亦云慘矣，東昇路房屋，亦已全倒，行人踐屋頂而過，穿房越室，如入無人之境，三十五號曠地上着彈炸成一小池，池旁尙留死屍一具，腐色已變，迄無人爲之棺殮也，中新路有得和當一所，危牆四立，外表似尙完整，入內則屋頂已去，物件全無，僅存一空殼而已，洪源路監理公會教堂，亦已倒燬瓦礫中，尙留有我軍兵士之屍體，彈中其胸，因以致命，血漬濡衣履殆遍，兩手作支持狀，怒目猙獰，嗟我忠魂，死難瞑目耶，南昌路二十七號屋中，有長可四尺之大砲彈一枚，穿屋而下，尙未炸裂，十九號某姓家桌上有手溜彈一枚，門口小鋼砲彈滿地，俯拾卽是，據居民言，砲台附近子彈及屍體尤多，惜日軍於砲台四周不許行人通過，未能前往一觀也，淞滬車站離江較遠，前有高屋蔭蔽，因得未遭砲燬，其相對之中央大學醫學院彈痕纍纍，密如蜂窠，屋面尤多，中國公學則已全燬，同濟大學校舍保全者較多，屋頂懸有德旗，德籍教員聞已有回校者，正督工修葺，北市河路一帶，受災較輕，桂花衖第二第三號房屋後部未燬，同春路張姓所建住宅七八幢，均因地較僻遠，尙完整，全市之倖存者，僅此而已，其他則已悉成廢墟，炊烟久斷，路絕行人，置身其間，傷心曷極，全鎮商店，損失最大者，爲中新路，後之吳淞麵粉廠，及淞興路上之萬盛醬園，萬盛有支店多家，儲醬酒數百缸，迄今涓滴無存，損失當不止萬計也，

國聯調查團到戰區實地調查

（三月廿一日）

國聯調查團，於今日上午九時，在華懋飯店齊集，趁車出發，由日軍司令部派員引導，團長李頓爵士，與德國希尼博士坐第一車，顧維鈞代表與法國克勞德將軍坐第二車，美國麥考益少將與日本吉田代表坐第三車，中國代表處總務主任張祥麟與日本代表處秘書長鹽崎共坐一車，華方陪往者，尙有參議王景歧，專門委員戈公振，張廷榮，日方陪往者，爲吉田代表秘書長等，國際聯盟中國秘書吳秀峰亦偕行，義大利團員馬柯迪伯爵因病未往，秘書長哈斯因事中止同去，由副秘書長代表，先後視察眞茹，閘北，江灣，吳淞，等處，又美國派拉蒙等電影公司，特派專員爲調查團攝取有聲電影，在眞如暨大，閘北商務印書館，江灣車站及勞動大學前，以及吳淞等處，均經攝入，玆將詳情分誌於后，（第一線）由華懋飯店出發後，經北四川路，竇興路，竇山路，竇通路，中興路一帶，滿目瓦礫，了無人烟，凡交通要口，均有日兵駐守，眞茹則防禦工事，處處可見，調查團入暨南大學下車后，卽由日軍官每人授以英文日軍作戰地圖，並說明華軍退却後，日軍卽來此駐紮，乃入致遠堂，及洪年圖書館略觀，館外側門，適貼有反對調查團來華標語，日人特舉以示調查團中人，以爲宣傳資料，（第二線）由暨南大學出發，經大統路，新民路，而至北火車站，日軍預在站內月台欄布作小室，桌上陳一大地圖，由一日軍官說明當時作戰情形，李頓爵士詢問頗詳，並以爲向無抵抗能力之平民，拋

擲炸彈似無必要，歷一小時之久，始退出，乃經界路，寶山路，而至商務印書館，凡鋼骨水泥之屋，牆垣猷存，調查團乃登東方圖書館各樓路觀，多爲歎惜不置，（第三線）由東方圖書館出，經北四川路底，天通庵車站，青雲路，同濟路，橫浜路，三陽路，西寶興路，柳營路，水電路，體育會西路，而至江灣跑馬廳，日人引調查團至屋頂，說明附近作戰情形，又往勞動大學及江灣車站一觀，跑馬塲內現有美國商團四人駐守，時已下午一時有半，乃往黃興路，翔殷路，寧國路，平涼路，而至公大紗廠，日軍司令部在焉，調查團盥洗後，先入客室小憩，旋由白川大將招待至樓下進冷食，白川問李頓爵士，尚須往吳淞否，爵士不置可否，顧維鈞張祥麟均謂吳淞地位甚重要，必須往觀，爵士乃意決，至三時辭出，（第四線）出公大紗廠，即沿軍工路而至吳淞，軍工路上，日軍往來甚頻，沿江一帶，純爲防禦遺迹，而鎮上房屋，已全被轟毀，有如大地震以後，較閘北爲尤慘，三時五十分抵砲台，砲基多炸毀，砲管多擊斷，舊砲且有移去者，經一小時退出，乃經軍工路，平涼路，百老匯路，而回華懋飯店，時已五時半矣，是日因便於觀覽，除麥考益少將有微恙，乘轎車外，餘皆無蓬，適沿途風沙大作，故回滬後諸人對鏡，均彷彿黑人矣，

◉討論停戰原則　上海停戰及日本撤兵問題，中日及關係國代表，今日下午四時，在英總領署，舉行第三次會議，到外交次長郭泰祺，日本公使重光葵，英公使藍溥森，美公使詹森，及意代辦齊亞諾，惟法公使韋理德，因病未到，會議至六時十分始散，停戰撤兵大綱，業經議妥。約定明日星期三午前，舉行正式會議，由軍事代表參加決定一切細則，今日議定之基本原則，據會議公表如下，（一）中國軍隊，暫時留駐現在防綫，（二）日本軍隊，按照一定之程序，撤退至一月廿八日以前之原防，此項程序，將由正式會議規定，（三）由參加各友邦代表在內之共同委員會證明第一及第二兩項之實行，雙方同意，依據上述三項基本原則，於星期三晨，進行正式會議，由軍事代表參加，我方爲十九路軍總指揮蔣光鼐，參謀長黃強，日方則由第九師團長植田參謀長田代，及海軍參謀長島田出席云，停戰會議中最關重要之日本撤兵日期及撤退程序，將於此次會議決定，如進行順利，而無意外變化，則此次會議後，雙方可望正式簽字，南京及東京政府，關於星期一會議結果之訓令，同於昨晨到滬，郭次長接得訓令後，即與黃參謀長晤談，日使重光葵，亦與田代參謀長交換意見，即如期舉行會議，會塲空氣，尚屬良好，討論最久者，厥爲郭次長所提出關於原則第一項，日本軍隊按照「一定之程序」撤退一點，討論一小時許，始行決定，重光葵亦曾提出日軍撤退區域，由中立國軍隊駐防一點，嗣以各方認爲無此必要，此議遂打銷，散會後，英藍使即邀各代表至英總領事官舍茶話聯歡，二十一日東京電云，外交當局與軍事當局昨日午後會商滬案，至夜方已，今晨復集議，決定日政府對上海暫時休戰計畫之政策如下，（一）日軍之由目下陣線撤退，不得由外國監視，日軍祇可退至淞滬間之一線，（二）退出之區域，應由華警會同日警隊或國際警隊守衛，（三）休戰僅爲暫時計畫，休戰談判結束時，應即宣布召集圓桌會議，以謀永久之解決，（四）日軍之撤退，爲免續作敵對行動，以利議和談判計，與撤回日本不同，須俟恆久和平獲有保障時，始能撤回日本，

各團體救國聯合會致蔣光鼐函

上海各團體救國聯合會爲上海和平會議事，今日上午八時，推代表劉陸民殷汝驪沈鈞儒張子廉鄭傑等五人，馳赴十九路軍後方辦事處，謁總指揮蔣光鼐氏，有所陳述，因未遇，特致函如下，敬啓者，日來喪權辱國之外交着着進行，我國民全體，由貴軍抗死力爭所求得之光榮與立國基礎有將盡被犧牲之危險，上海全市民衆，憤懣已極，敝會認此次談判內容如限制我軍駐防地點，日軍仍將駐紮租界之毗連地點，中日合組委員會會同中立國代表監視撤兵等條件，實已於無形中喪失主權，日文報紙所傳，尚有日本在吳淞建設宿營，中國自動緩和排日等條款，果有此事，何異城下之盟，國民苟尚有一息生存，萬不忍我民族淪於萬刼不復，貴軍爲民衆托命軍隊，貴總指揮代表全軍，如參加此項談判，亟望力持正義，終挽頹運，代表等奉大會使命，於本日上午八時趨前承教未遇，特此具函奉遂，敬祈垂察，務使外交當局稍存國家生機，爲民族爭此最後之生命，則幸甚幸甚云。

停戰撤兵會議正式舉行

（三月廿二日）

中日停戰兵會議，業於昨日，將基本原則三項，予以修正，經雙方同意後，定於今日上午十時，舉行正式會議，我方代表，除郭泰祺外，軍事當局方面，將派由何人代表出席，現尚未決定，日方則重光以外，由植田司令，田代參謀長，島田海軍參謀長，出席，有關係各國，則仍爲英使藍溥森，美使詹森，義代辦齊亞諾，暨各使館參贊參加，法使韋禮德業已痊愈，今晨或可出席，今日正式會議中所討論者，完全根據國聯三月四日之和平決議案，商討停戰及撤兵程序，關於吳淞江灣閘北等處之警備問題，將成今晨討論中之焦點，蓋日方意見，關於撤兵區域之警備事宜，擬由日本警察或國際警察維持，此事昨據外部發言人謂，係屬日方宣傳上之一種空氣，如果日方提出，我方決定拒絕，昨日外部駐滬辦事處並無任何消息發表，顯待今晨正式會議之開展，（宋宅今晨會議）關於中日雙方今日舉行之停戰撤兵會議，我方代表郭泰撤氏，今晨十時，與顧維鈞宋子文等，在宋宅舉行會議，討論一切，會議內容，郭氏等並未宣佈，祇謂，係隨意接洽，並無若何具體討論，惟曾決定，如果今日會議，日方提出日警或國際警察維持吾軍撤退地帶之治安，及提議設立中立區，吾方當局，必須堅決拒絕，縱因此而和議決裂，亦所不惜也云，

各界反對簽定喪權辱國條件

（市聯會宣言）

近日以來上海局部和平之聲浪，又囂塵上矣，夫中華民族，本素主尊重和平，矧上海市民於創鉅痛深之餘，亦不無希冀戰魔速去，本會亦以爲我革命政府之外交，當不致有辱國喪權之處，故當和平談判之始，不欲放無的之矢，靜待所謂和平之佳音，不圖報載和平談判之結果，及證以在滬外交當局之表示，非但令我人十二萬分之失望，且覺此種和平談判，足以喪權辱國，如所謂限制我軍防地，日軍仍得駐在租界之毗連地段，及組織共同委員會，會同中立國代表證明撤兵，幷維持撤兵區域內之治安等條款，非但破壞我領土完整及政治獨立，且已違背國聯迭次決議之精神，及我國顏總代表在國聯大會宣示日本不撤

退在中國領土之兵，不與談判之原則，似此和平，何異割讓，吾人苟少具良知，當知其利害所在，本會謹代表上海全市三百萬民衆，堅决表示，誓死反對，願我國人羣起督促，勿令此種喪權辱國之和平實現，國家幸甚，民族幸甚，又（何香凝養電）各報館轉全國同胞公鑒，此次日禍中國，我勇敢之將士與無辜之民衆，犧牲不少，爲我國數千年來最慘痛之事，中日停戰會議，我方如允簽訂喪權辱國之條件，我民衆當一致反對，萬難承認，何香凝，養，

前力軍訊

十九路軍駐滬辦事處今晚六時接到前方來電如下，（一）上海童子軍戰地服務團第三批隊員七十人，於二十日抵口，唐處長到站迎接訓話，現分駐口口口口等處，準備救護等工作，（二）上海童子軍戰地服務團隨軍辦事處，二十一日成立，現駐口口，（三）二十二日晨第口口口旅張旅長，向上海戰地服務童子軍演說，某機關軍事消息，（一）日軍在嘉定西門外，敷設電網，（二）日軍連日在前線各處放汽球飛機，夜出擲電光彈，（三）六十師徐司機由日軍中逃回，據云，大場南翔有敵兵二萬餘，本人係在眞如乘敵兵下車時脫逃等語，（四）連日全綫平定，又上海吳市長接杭州魯主席二十一日電云，本日上午十時十五分，有日機一架到杭，在城區空際盤旋一周，並放槍示威，復向上海方向飛去，除電請外交部提出嚴重抗議外，相應電達，即希查照，並轉知國聯調查團爲荷，浙江省政府主席魯滌平叩，，保馬印，又陸渡橋新塘市浮橋一帶，已無敵蹤，大隊集瀏河，楊林口，日艦亦他去，茜涇有江北人五六百名穿敵衣，今日已刻，一日機來偵察，旋向福山飛去，紅分會出發救太倉難民，七鳥口今日有漢奸五六百，穿日軍裝，楊林口日艦十五，敵千餘登陸，日機一偵蘇，

◉日機擾蘇不止

蘇州函云，此次英美法意四國參贊，奉命先後來蘇，轉赴前綫視察我軍陣地，英法意三參贊，均已事畢離蘇，惟美參贊韋門氏，調查最詳，歷時亦較久，聞氏因未奉回京命令，故尚無離蘇確期，二十日晨，韋氏赴虎邱山游覽時，忽見日飛機又來示威，韋氏即在山頂用望遠境瞭望，對日機此種行動，表示不滿，午刻離山，至花園飯店休憩後，十九路軍後方辦事處主任陳心棻往謁，作下列談話，陳問，先生所得最近之上海和平進行如何，韋答，頗有希望，因日本現在政局不安，更加以經濟之困窘，且最近東三省中國義勇軍，作戰甚亟，日本應付爲難，有此種種，故滬局和平，頗有希望，卽使日欲再戰，恐終亦不能應付中國之持久抵抗也，陳問，先生至太倉崑山之各方前綫視察已甚詳細，對我軍之陣綫佈置認爲如何，韋答，非常堅固，儘可抵禦日軍，韋氏並贊美十九軍之作戰勇敢不置，下午一時，韋氏偕張學良代表何世禮，乘車再赴前方視察，詎車經唯亭時，有同車兵士二名，未俟停車，卽行跳下，致跌傷甚重，韋氏覩狀，亟命將二兵士救至車上，重行開回蘇站，送更生醫院醫治，安置完畢，始再開車赴前方，到達目的地，卽晤十九軍趙參謀長，詢前綫日軍最近行動，趙告以前日瀏河附近之新塘市，日軍因居民誤動該處電綫，竟縱火焚燒該處民房甚多，最近三天中，日軍在瀏河登陸者，又增二三千人，日軍之便衣隊亦不時來我軍陣地云，旋韋氏又詳詢十九軍內容組織等項後，傍晚始乘車返蘇，當晚七時

，僑蘇美人項烈，白本立，卜斯敦，等赴車站謁見韋氏，當由吳縣外交祕書黃勝卿等伴同在車站進晚餐，韋氏當局向在蘇美僑詢問蘇地情形，在蘇美僑人數，暨名勝所在，日機擾蘇情形等等，經項烈聲述甚詳，韋氏當謂，中美邦交，素最敦睦，中國爲極講道德之國家，此次事件，中國態度尤光明，終可得到最後之勝利云，韋氏旋於二十一日晨赴南京游棲霞山後，定當晚再來蘇，蘇地美國僑民，以日飛機日必飛蘇示威，尤以本月十九日日機來蘇低飛環城三小時之久，引起市民極度不安，而美僑以中日雙方現既在進行和議中，日機不應再有此種挑衅舉動，故對日機之不斷來蘇，懷疑莫釋，特於二十日，由在蘇全體美僑四十四人，聯名電呈上海國聯調查團，請向日本質問，英商亞細亞火油公司邱謙，因蘇地有寫字間暨貨棧油池等事業，對於日飛機迭至蘇城擾騷，非常關懷，二十日特由鎮江來蘇，詳細調查後，二十一日返鎮，預備電請英使藍浦森，向日方勸告云，

◉**日軍行動**　第九師團在戰時死亡最重，此次仍留守前綫，而於缺額，則積極擴充，已經從日本裝到新兵不少，今日又有新兵一批，自東洋裝來，約有六七百名，於下午一時五十分抵埠，兵士多衣便服，聞爲補充九師團者，上午十時十分，第二十六隊魚雷一艘，亦開到上海，日本在我華北成立第二海軍外遣隊，現該隊軍艦已集中青島，茲由第二隊司令部特派海軍少佐坂植偕同八雲，球磨，兩艦之軍官神岡川烟等，特於昨日來滬，係與滬上日本陸海軍當局磋商軍事重要問題，此次坂植等到來，聞所負使命，至爲重大，日本國內各界人民，在滬戰發生以後，鑒於對華商務全滅，經濟上發生恐慌，失業者尤多，各界乃組織一時局後援會，以協議對華方策，今內盛傳中日間有和平撤兵之訊，該會乃公推代表品田直知，小澤，大矢衞，及黑木國植，等來滬，與白川，植田，野村，等接洽一切，各代表昨已抵滬，

上海停戰會議開談話會

(三月廿三日)　上海停戰會議，自經本月廿一日開最後一次非正式會議，決定正式會議議程及基本原則三項後，本定於今晨十時，在英領署開第一次正式會議，嗣因軍事代表，未能完全決定，故今日會議未開成，改於今日舉行，我方軍事代表，除參謀長黃強未更動外，決以戴戟代表出席，茲將情形分誌於后，(今日準備開會)上海停戰及日本撤兵問題，現已決定今晨十時，在英總領事館，舉行正式會議，我方軍事代表，中央昨已任命淞滬警備司令戴戟，及十九路軍參謀長黃強擔任，戴司令及黃參謀長，昨晚業已表示同意，今晨準備出席會議，我方首席代表仍由外交次長郭泰祺擔任，日方代表，仍爲日使重光葵，日本第九師團司令植田，參謀長田代，及海軍參謀長島田，關係國方面英公使藍溥森，美公司詹森，法公使韋理德，意代辦齊亞諾，及各國駐滬海軍司令，亦均出席，今晨會議將根據星期一議定之三項原則，進行決定細則，最難解決者將爲日軍撤退之程序，及撤退區域之行政問題，昨因軍事代表人選發生問題，正式會議宣告流會，改於中午開談話會，約一小時而散，又十九路軍司令部今日正式宣稱，明日中日開第一次正式和會時，以戴戟爲中國方面之軍事總代表，(會議展緩原因)據外交部發言人談，正式會議舉行前，雙方本經決定，屆時出席參加之軍事代

表，須由雙方作戰之軍事最高級長官白川，與蔣光鼐出席，惟星期一預備會議舉行之際，日方忽提出以植田爲軍事方面之最高出席代表，對於前經規定之原議，突爾更變，因此吾軍方面，爲攷慮另派適當之對等人物出席起見，不得不向中央政府請示，我十九路軍總指揮蔣光鼐，並以茲事體大，前晨與宋子文氏晤商後，卽於前午，乘車轉京請示（蔣氏乘機飛滬）蔣光鼐氏於前午搭車赴杭後，卽晚由京杭國道返京，向中央當局接洽一切，並於當晚，致電十九軍後方辦事處，有所訓示，今日淸晨，又兩電後方辦事處，有所垂詢，蔣氏並於上午十時許，由京乘機飛滬，於中午十二時抵埠，卽返寓休息，（十九路軍聲明）因停戰會議，昨日展期之故，外界謠傳，謂十九路軍對外交當局現行之停戰談判，有所不滿，此事十九路軍後方辦事處發言人昨日正式聲明，吾方軍事當局，與外交當局，行動係屬一貫，聽命於中央政府，並無任何不睦，如果政府委派何人出席，軍事當局，自當遵令參加，奸人挑撥離間，希外界勿予置信云，

◉日軍積極備戰

崑山二十三日電云，日來黃渡敵軍在離鎭十餘里之某處強拉民夫，在彼挖掘戰壕，積極備戰，陸渡橋敵退，留少數步哨，大隊集瀏河，嘉定茜涇敵兵均散居民房中，放哨均登屋頂，遇華人卽開槍，瀏河敵設店營業，雜物均有，今日巳刻一機又來偵察，又蘇州常熟及滸浦，二十三上下午，敵機均來二次，滸浦敵艦一，向下游開去，二十三日有少數日軍，向我崑山附近陣地進攻，被我擊退，日文每日新聞云，松山部隊，已由前線調回上海，將在廣東墓地，舉行模擬戰，定二十四日午前十時，由吳淞乘輪返國云，日本在此宣傳撤兵聲中，乃十四師團之在瀏河南翔嘉定等處者，正在開掘最新式戰壕，進行其作戰準備，而其補充隊伍，仍源源裝運而來，今日上午十一時至十二時，又到運輸船筑波丸，安南丸，丹後丸等，內載補充兵及工兵等，約有一千餘名，但多着便服，均到楊樹浦上陸，多數運赴瀏翔各地，在最近半個月內，日本運來軍械，數額至巨，最大坦克車與最巨野戰砲，及彈藥等，陸續搬到南翔，昨午又載來開掘戰壕布置防禦用之大宗軍用器具，以及掩壕鋼板等，名目繁多，數量亦巨，均用木箱油布等障蔽，不令華人所見，據稱尙有化學軍械一批在內，卸起之時，一部密儲匯山軍火棧內，一部轉裝前方，至下午三時半，又有一批軍用品，自大連到上海，至黃浦碼頭起卸，今日午後二時，有日本海軍第二十六隊軍艦一艘，開來上海，當卽駛進浦江，二時三十分，又有十三隊魚雷艦三艘，先後開進吳淞，艦內均有陸軍運到，至楊樹浦江面拋泊，兵士卽行上陸，該四艘抵滬後，在浦江十五隊艦二隻，便開離上海，

◉國聯調查團態度

上海租界中，有特別利益之列強代表所送之第十二次及第十三次報告，頃已由國聯祕書轉交大會，中國代表於三月十九致函國聯祕書長內開，頃接國民政府行政院宋副院長電稱，國聯調查團之留滬，不便延長，該團如變更態度，實非中國政府所能贊成，該團之任務，原係調查滿洲，故中國政府，盼其從速前往滿洲等語，中國代表請將此電通知希孟主席，及十九代表委員會之各委員，國聯祕書長答稱，來函接悉，渠意中國政府意見，可由中政府自行設法，或交由中國之助理員，（指參加滿洲調查團者而言）或以其他方法，直接通知調查團，並請中國注意於三月十八日送達大會之文

件，該文件內載明已經採取之辦法，祕書長復文又謂，調查團之任務，與十二月十日之決議案中所規定者，毫無變更，祕書長當將中國來函及其復文，一併通知大會之特別委員會及日本代表。

◉上海紐約兩港幾無日貨銷路

▲長崎日日新聞云，據上海橫竹商務參事官之報告，因事變發生，一二兩月分上海港之對外貿易，日本貨固已完全絕滅，即對於其他各國之貿易額，亦一落千丈，查本年一月比去年輸入僅三成，輸出約六成，二月份輸入為一六，輸出為一三，比去年同期輸入三六輸出二八，減少相同，因此中國自身對於海關收入，亦受極大影響，獨長崎方面之大宗水產品，農業品，果物，蔬菜，海味，罐頭食品，肥皂等，不得不改變販路，市內同業者預備派員赴大連奉天長春哈爾濱等處宣傳，一方因上海事變始息，本月十八日橫山勸業課長，松本，島內，川口，鈴木各市會議員，業已專程赴上海視察商情矣。

▲東京朝日新聞云，據紐約首籐商務書記官電稱，最近紐約日本品，已無人問津，其中如陶瓷器，絹綢，帽帶，紐扣，罐頭食品，玩具，以及其他雜貨，銷路已絕，惟皮毛，樟腦，薄荷，菜油，寒天等必需原料品，因匯兌低廉，比較活氣，但目下美議會對於日本商品，擬加附稅，故日後普通商品之銷路，復將受其打擊云。

(三月廿四日)

停戰撤兵會議無結果

上海停戰及日本撤兵問題，中日及關係國代表，今在英總領事館舉行正式會議，兩次討論六小時之久，因日方提出便衣隊問題，討論甚久，以致其他重要問題未及討論，故今日會議，雖稱稍有進步，實未獲得具體結果，約定今晨十時，繼續開會，（出席代表）第一次停戰正式會議上午十時舉行，至下午十二時四十五分，第二次會議自下午三時至六時二十五分止，出席代表，我方首席代表外交次長郭泰祺，軍事代表淞滬警備司令戴戟，及十九路軍參謀長黃強，譯員郭德華，及殷汝耕，隨員張副官，日方首席代表原定日使重光葵，臨時改第九師團長植田謙吉，軍事代表日軍參謀長田代皖一郎，海軍參謀長島田繁太郎，譯員林出，及岡崎，隨員水野，喜多，及阿部，關係國方面，英公使藍溥森，美公使詹森，意代辦齊亞諾，法公使韋理德因病未出席，由法使館參事卜德代表，各國海軍武官並未列席，議席成丁字形，上面坐美公使，意代辦及法代表，兩旁右面上首坐英公使，下首為中國代表團，左面上首坐英使館漢文祕書台希滿，任紀錄，下首為日本代表團，中日譯員另行分坐兩桌，十時開會，突來日本飛機一架，翺翔英領署空中，飛行甚低，旋向浦東方面飛去，（會議內容）今午第一次會議畢，各代表先後出，英藍使稱經過順利，日使重光謂第一次會議尚無具體決定，重要關鍵在午後第二次會議，今晚第二次會議畢，即發表簡單公報，宣稱討論實行停戰，大體問題稍有進步，惟尚無結果云云，詢之郭次長及日使重光是否樂觀，郭氏答稱，渠生而樂觀者，重光答曰，唯唯，從外交界得確息，中日雙方經過數度非正式會議，已根據三項基本原則，成立停戰草約，今日正式會議，逐條討論，修正字句，字義斟酌，費時

甚久，更以日方態度枝枝節節，臨時提出許多問題，以致進行非常遲緩，今晨第二次會議，首先討論停戰草約緒言，繼即討論第一條中國軍隊暫時留駐現在防線，將中國軍隊所駐地點，一一確定，至此，日方提出取締便衣隊問題，要求載入停戰條約，戴司令當予駁覆，否認我軍有便衣隊，故便衣隊問題，實無載入停戰條約之理由，雙方對便衣隊問題，討論甚久，第一次會議，遂無結果，午後二次會議繼續討論便衣隊問題，直至五時，仍無結果，遂將此問題擱置，進行討論停戰條約本文，(明晨續議)今日會議，以時間不及，故最重要之第二條日軍依照一定之程序撤退，及第三條組織共同委員會等等，均未提及討論，約定今晨十時開第三次會議，據外交界消息，此項會議，尙須經過若干時日，方得結束，至外傳日本堅持撤退至吳淞及淞滬路以東一帶區域，據外交當局稱，日方迄未有此提議，至日方要求撤退區域，由國際警察維持治安一節，日方確有此提議，惟已根本打銷，撤退區域，現決定由我方保安隊或特別警察維持治安，(雜訊彙誌)郭次長以談判經過，外間不明眞相，頗多誤會，昨日駐滬中央委員集會，郭次長特出席報告，均甚諒解，郭氏並擬於日內招待各報主筆，說明談判內容，又今日下午三時，美國派拉蒙有聲電影公司曾爲會議代表攝取影片，由英藍使介紹中日代表，更由中日代表分別介紹軍事代表，最後郭次長更向收音機發表簡單演說，謂日軍不惜長途跋涉而來，今希望中日代表能彼此接近，庶停戰會議克底於成云。

◉華僑反對忍辱求和電

上海申報轉郭泰祺蔣光鼐諸代表先生鑒，日寇撤我藩籬，侵我腹地，直以三韓待我，無議和可言，祇有日自動退出滬滿，賠我相當損失，便是恢復和平，矧我十九路軍殺敵勇敢，戰功昭著，萬國同欽，與其忍辱求和，無寧背城借一，公等身膺議和重責，吾國生死關頭惟公是賴，旅薩爾瓦多爾華僑拒日救國會叩，

前方軍訊

崑山二十四日專電云，二十四晨，嘉定朱家橋方面，兩方前哨忽起衝突，接觸約一小時，十時敵不支，向原路退去，確息，嘉定現有敵軍二萬餘人，司令部即駐城內，太倉二十四到敵機一，散發荒謬傳單，楊口日軍五六千，二十四赴七鴉口，探視二陣亡日軍官墓，宋美齡二十四日，派代表由崑赴東塘市慰勞夜返京，陸浜口到敵艦十餘，圖登陸，我戒備嚴，英參贊司徒博二十四晨赴崑，午後返蘇，日軍內爭原因，瀏河海陸軍爲爭機塲問題，現已解決，一部開浮橋，免再衝突，茜涇日兵五六百名，二十四日祭陣亡者，前綫無戰事，十四據前方情報，楊林口一帶敵軍，向我挑戰，梗晨，有敵艦五艘開到，並有敵軍數千，在該處登陸，形勢頗嚴重，新塘市一帶，敵軍亦築壕，積極備戰。

◉國民救國會致調查團電

中華民國國民救國會致國聯調查團電云，英國李頓爵士，美國麥考益少將，法國克勞德將軍，意國馬柯迪伯爵，德國希尼博士公鑒，此次敝國以過量和平態度，對於日本過甚侵略行爲，未能解決，致勞諸先生遠道辛苦，實深愧感之至，諸先生受國聯重託，負艱鉅責任，不僅繫於東亞和平，抑且繫於世界人類將來之能否安全，所以敝國人民有熱烈歡迎與忠實貢獻者，良有以也，洎九一八

事變之起，日本藉口保僑而侵佔遼吉，近則藉口抵貨而侵佔淞滬，一面以外交手段欺騙國聯，一面以積極政策吞併中華，在國聯已一再受朦，在敝國已萬分忍讓，而日本終不知悟，直視國聯爲兒戲，敝國如無人，未免驕橫太過，敝會茲有四點貢獻如下，(一)查日本僑商在華者，爲數本不少，試問經過年時，有何重大損害，若以朝鮮各地敝國居民被殘害者較之，敝國對於日本應當作如何行動，且歷次慘案過程，皆由日本稱兵來華，敝國未嘗加兵於日本，此應請注意者一，(二)敝國人民鑒於東省同胞無辜被殘殺，物產無辜被蕩燬，因而敝國人民激發救國自救之天良，乃有消極抵制日貨之表示，完全由日本以暴力壓迫所激成，無論任何國家，當危亡之際，豈能不許如此最低限度之抵制者，況貿易自由，更未聞有以暴力而強人買賣之舉，卽敝國政府在法律上，亦無干涉人民愛國運動之可能，假使日本能撤銷其殘酷壓迫行爲，則敝國愛國運動，亦卽自然停止，此應請注意者二，(三)查東省及上海閘北一帶之道路，聞多由日本改易道路之名稱，若非實行侵佔土地之準備，何必如此，以日本大陸野心之蓬勃，世人無不共曉，假如敝國以一部分土地爲其拓展之依據，竊恐數年而後，各友邦亦必有受其侵害之一日，利害相關，非僅敝國而止，此應請注意者三，(四)此次進行和議，敝國人民無不樂聞，惟敝國人民之態度，最希望日本先行撤兵及東省上海朝鮮等案同時解決，以期眞正和平公理之實現，假如敝國政府屈服於日本之局部條約，後患既不能除，則不僅敝國四萬萬人民絕難承認，抑且違背國聯公道之主張，與諸公遠來之意旨，此應請注意者四，綜上所陳四點，均爲極堪注意事件，敝會具攸長歷史，抱公道主張，謹以十二萬分誠懇之貢獻，唯希諸先生本調查使命，伸張公理，平反是非，使國聯決議之實行，開世界和平之新路，毋任翹禱之至，中華民國國民救國會叩漾印。

停戰會議幾破裂

(三月廿五日) 停戰正式會議，中日及關係國代表，今日仍在英總領事館，舉行兩次，進行討論最關重要之停戰草約第二條，日軍撤退程序，日方主張，退至眞茹獅子林線，我方堅決反對，並表示退席，後經友邦公使勸解，遂定今晨十時繼續會議，(出席代表如前)今日會議兩次，第一次，自上午十時至十二時五十分，第二次，自下午三時至六時五十分，出席代表，我方首席代表外交次長郭泰祺，軍事代表淞滬警備司令戴戟，十九路軍參謀長黃強，日方首席代表第九師團長植田謙吉，陸軍參謀長田代皖一郎，海軍參謀長島田繁太郎，關係國方面，英公使藍溥森，美公使詹森，意代辦齊亞諾，法公使韋理德，仍由法使館參事卜德代表，中日譯員隨員均仍列席，議席一如前日(會議形勢緊張)値茲耶穌復活節，西人休假，惟友邦公使，今仍一致出席停戰談判，積極進行，可見一斑，停戰草約緒言及第一條，我軍暫駐現在防綫，昨日會議業經決定，今日會議，進行討論第二條日軍撤退程序，會場公表，殊屬簡單，昨夜向各國外交界多方刺探始悉，今日討論至停戰草約第二條，『日軍因人數衆多，一部分可暫駐公共租界及虹口越界築路之毘連地點』一節，日方首席代表植田起立發言，主張以東自獅子林經楊行大場西至眞茹，爲日軍退駐防綫，我方代表認爲此種主張，與本月二十一日最後一次預備會雙方代表所議定之日本撤兵原則，及國聯議會三

月四日決議案之文字與精神，相去有天淵之別，我方代表，因此當卽表示退席之意，會場空氣，一時忽告緊張，旋經英美等友邦公使，竭力勸解，而日方代表自知理曲，亦復表示重行考慮，遂酌定今晨十時，再開會議，美公使詹森，初擬偕其夫人隨同國聯調查團，今晨赴杭游春，旋亦打銷此意，（今晨會議焦點）今日午前午後，兩次會議，我方軍事代表黃強，日方軍事代表田代，曾數度離開會場，同赴別室，覆按地圖，我軍爲息事寧人促成和平起見，雖允暫駐現在防線，但日軍亦須依照一定程序，完全撤至一月二十八日以前原防，日方堅持撤至吳淞及淞滬路以東區域，喧傳已久，惟迄未提出，及至今日始行正式提出此項要求，反而變本加厲，主張退至眞茹大場楊行獅子林之線，據熟悉日本式外交者言，日本眞意所在，無非欲取得淞滬路以東爲日軍退駐區域，作爲他日舉行圓桌會議時之要挾，今主張退駐眞茹獅子林線，或係一種試探性質，兼含討價還價作用，今晨會議，是否能免破裂，仍以此爲關鍵，（今晚會議公表）今晚會議畢，雙方發表簡單公報云，會議討論次要各點，有進步，今已議至基本要點，正竭力打破難關，明晨繼續會議云。

◉國聯調查團分道晉京

國聯調查團抵滬以來，備受我方歡迎，自開始調查工作後，曾於二十一日參觀戰區，嗣後連日接見各界代表，搜集材料，徵詢意見，定今晨由水陸兩路分途入京，昨晚七時，該團主席李頓爵士，對各國記者作臨別之贈言，表示甚圓滿，（編者按）吾人最信賴之國聯調查團今已來滬將入京矣，而我東北與淞滬失地，依然不能收回，吾人連日熱烈之歡迎，於事實何補哉，至于停戰會議，日方毫無誠意，不過藉此摭掩世界人之目耳，恐終無結果，願同胞速起圖之。

前方軍訊

蘇州二十五日專電云，二十五日太倉東郊虹廟，中日前哨小接觸，傷敵兩名，瀏河敵爲便運輸，將通滬汽車路拓寬一倍，太倉安，商店開市，日機一架二十五午飛蘇，在城中舊學前開槍，未傷人，瀏河方面，二十四日有日艦一隊開到，停泊約二十小時，聞有陸軍在各艦內駁登瀏河，今日午刻，該四日艦，已經他去，吳淞口外鴨窩沙海面，尙抛日艦兩隊，共計九艘，吳淞前日祇有六艦，今日又增至九艘，有人自淞口到滬，見有日艦四艘，在浦江內往來巡游，此外尙有日艦約六七艘，則分泊在揚子江各港口外。

停戰會議千變萬化

（三月廿六日）停戰正式會議，今在英總領事館祇開一次，形勢大見和緩，停戰協定草案，已大部議妥，惟日軍撤退程序一點，仍未解決，現此點已交付軍事分組委員會討論，今日星期休會，明日星期一上午十時，繼續開會，大約下星期內，可望得一總結束，（會議結果）停戰協定草案，經三日之會議，昨已大部議妥，第一第二兩日，議定停戰協定中之緒言及第一條條文，已見前報，今晨會議，討論第三條，卽組織共同委員會一點，經兩小時之討論，已告決定，因此點無甚困難，故會場空氣，十分和緩，共同委員會之組織及職權，均已議定，該委員會之組織，除中日代表外，并加

入參與此次談判之四友邦，其職權則規定爲證明雙方履行撤兵，並不干涉撤退區域之行政，共同委員會人選問題，今日尚未決定，大致由中日各國遴派文武官員各一人參加，我方將爲郭次長及黃參謀長，日方重光公使及田代參謀長，關係國方面，英美法意四使及四國軍事參贊，今日會議，除通過停戰協定第三條外，並將附件商定，即協定係用中日英三國文字，如有疑義，則以英文爲標準，（撤兵程序）停戰協定中第二條，即日軍撤退程序一點，最關重要，亦最難解決，昨日會議，幾至破裂者，亦即此點，今日會議，雙方意見，雖已稍見接近，但仍無何種具體決定，後由重光公使提議，另組軍事小組委員會討論，該委員會之代表，已見上文，今日會議兩次，第一次，自上午十時三十分至十二時一刻，第二次，自下午三時至五時一刻，日軍初主張撤退至眞茹大塲楊行獅子林，此種主張係日方討價還價性質，今日分組委員會會議時，日方果已變更主張，要求改以閘北江灣殷翔吳淞，爲日軍退駐區域，其理由則爲日軍五萬人，馬數千匹，大小砲百餘尊，租界不足容納，惟我方堅持停戰原則第二項，要求日軍先行盡量退至公共租界及虹口區域租界外之各路，如不足容納，則一部分可暫駐與上述區域毗連之地段，惟吳淞江灣閘北等，範圍太大，非租界毗連地段，故不能同意，雙方因於『毗連地段』一句，反覆討論，仍無結果，定明日上午十時，繼續開會討論。（會議公報）今日會議公報云，停戰會議，本日午前十時，繼續舉行，對於共同委員會之組織及職權，曾經議定，該項共同委員會之組織，除中日代表外，幷加入參與此次談判之四友邦代表，以證明雙方撤兵之履行，軍事小組委員會，繼續討論撤兵之細則，大會則午刻休會後，須至下星期一晨，始再舉行云，（會議論點）聞會議席上，我方代表對日論點，曾有說明，大意謂，日方主旨所在，似偏重停戰一層，實則停戰久已實行，今之所論，應注重日方撤兵，以求停戰之完成與確定，若仍如日方之從事停止敵對之研討，不啻一味開倒車，抹煞目前事實，且日方所有主張，與國聯議會決議案及雙方所接受之協定草案，大有出入，日方應加注意，我方不能遷就云云，聞日方對此意頗能了解，後討論協定草案第三項及附件，雙方均無異議，即予通過，（郭氏談話）關於會議消息，各方代表，對外是否應守祕密，某記者以此點詢問郭泰祺氏，郭氏答稱，此次會議，係根據國聯議會決議而產生，爲全世界所注目，自不能認爲一種祕密會議，前數日因無具體決定，且欲避免枝節妨礙會議進行，故每次會議，由會議中草擬一簡單公報，交各報發表，但會塲上若有特殊消息，或有與本會議根本精神相反之主張，足以推翻會議之目的者，關係方面，自應酌量宣布，以釋羣疑，尤以我方代表言行一致，光明正大，無事不可公諸於世，更無所用其祕密，（民衆表示）上海各團體救國聯合會，今日第九次理事大會，推李次山主席，討論畢，推派代表，擕函致顧維鈞郭泰祺戴戟云，逕啓者，今日本埠各報，登載今日中日停戰撤兵會議，討論日軍撤退程序時，日方代表主張，由眞茹經楊行至獅子林爲日軍退駐防線，華方代表，認此種主張，有違最後一次預備會議雙方代表所議定之日本撤兵原則，及國聯大會決議案之文字與精神，堅決拒絕，擬即退席等情，足徵貴代表等尚能尊重民意，不爲暴力所屈服，至佩毅忱，本會願代表上海三百萬民衆爲貴代表等後盾，設不幸談判破裂，其責任自應由日本擔負，民衆

亦不惜任何犧牲，相與周旋，尙祈繼續努力，堅持到底，無任盼切，惟承認華兵留駐現有地位，使日兵撤退後之領土主權，不因撤兵而卽恢復，不能不謂爲含有重大危害，仍希貴代表等，對此點予以深切之注意，亟圖補救，務有以副民衆之期許，特函奉達，

◉國聯調査團離滬

國聯調査團自十四日蒞滬以來，從事調査工作，今晨分水陸兩途，離滬晉京，計在滬凡十有二日，該團主席英委員李頓爵士，及意委員柯迪伯爵，於今晨十一時，在百老滙路怡和碼頭乘德和輪赴京，美委員麥考益少將，法委員克勞特將軍，德委員希尼博士等，則於今晨九時十分，在南站專車赴杭，勾留半日，今晨由杭乘汽車晉京，麥考益將軍，克勞特將軍，希尼博士等，於今晨八時餘出發，臨行前，由中國代表團祕書長王廣圻，總務主任張祥麟，及蕭繼栶，朱鳳千，魏文彬，張汶，朱少屏，等數十人，赴華懋飯店該代表等居處迎接，略事勾當，卽趁汽車出發，(顧氏談話)某記者昨於德和船上，與國民政府代表顧維鈞氏，作下列之談話，(記者問)日來停戰會議，我日兩方因撤兵而議無結果，其原因何得聞乎，(顧氏答)此次中日擧行停戰會議，完全依據國聯之議決案，照原定開會宗旨，並無多大困難之處，奈日方在會議席，並不依據國聯旨趣，連日開會至再，尙未得到結果，總之，此次會議，我方抱定不談政治問題，倘超出撤兵原旨，因之而決裂，其責當由日方負之，(記者又問)，倘一經會議破裂，我方則如何，(顧氏答)，當將經過情形，及日方越出範圍之種種要求，報告於國聯會十九國組織之委員會，以憑制止，最後顧氏對記者曰，余此次招待國聯調査團，對於停戰會議情形，不

甚明瞭，然我外交當局，業經再三表示，決不簽訂辱國條件，日方眞欲對華表示好感，非撤退侵略駐兵不可。

前方軍訊種種

崑山二十六日專電云，蔡軍長二十六午後赴前線視察，四時回某處休息，此竹橋今午後忽聞槍聲大起，約一時餘，事後調査，悉係敵軍衝入我警戒線，我抵抗，事後敵斃一傷三，敵不支，向婁塘退却，安亭昨來敵一小隊，馬數匹，停駐該處彌陀寺後，在附近攝取要區地形照片二三十張，五時向黃渡退却，敵在新唐市掘壕頗忙，太倉市面較前興旺，今日南翔敵機飛支塘白茆一帶偵察，瀏河二十二日敵佈告招民返里，居民恐中計未敢往，敵上級司令駐羅店，常以傳騎通信，

◉日軍仍備戰

自我軍退守二道防線，因交通阻隔，前線情形，不甚明瞭，某記者昨過自瀏河來滬之友人，承告以該地種種情況，茲爲分錄於後，(我軍撤退經過)自一月二十八晚，日軍進攻閘北後，瀏河因地臨長江沿岸，防務方面，頗關重要，當局亦派有少數軍隊駐防，並有當地保衛團，協同防範，尙稱安穩，馮大義勇軍五六十人，不久到瀏，卽開往瀏河北首距二十里海口，(卽楊林口)掘壕佈防，二月廿三日起，日飛機時往瀏河楊林等處偵察，港口一帶，抛泊日艦十餘艘，惟尙無特種擧動，居民亦不甚驚惶，及本月一日晨，約有日軍二三百人，於天色朦朧之際，在日艦大砲掩護之下，擬在楊林口登陸，當被我軍察覺擊退，同時瀏河口亦有日軍帆船七只，駛入口內，卽被我軍擊燬，數艘潰退，其時天空中遂有日機十餘架

，繼續擲彈，擾亂防線，我軍奮勇，毫不爲動，居民見房屋被日機投彈炸燬，大起恐惶，紛紛遷避，一日下午三時許，即有汽車由上海載到援軍五百，到後旋即開赴港口增防，至晚八時，又開到一千餘名，此項軍隊，據云均爲八十八師，該軍隊到後，未往防線，即於當晚十時許向西太倉方面開拔，同時港口防軍，及保衛團，楊林口之防綫，相繼後退，至晨二時，我軍全部退盡，（楊林日軍登陸）瀏河楊林一帶，日機擲彈多枚，日艦又終日發砲，被燬民房無數，人心突然恐惶，由晨至暮，相繼逃避，扶老攜幼，自瀏河至太倉，相距三十餘里，沿途不絕，哭聲震天，爲從來未有慘狀，鎮上逃避一空，但日軍仍未知悉，及二日午，日軍始由楊林口登陸，祇有百餘人，瀏河於下午四時許，方有日軍六十餘人，自西市梢開到，（即由楊林方面來者）尙不敢進鎮，躊躇一時許見無動靜，乃即進鎮，同時瀏河口亦有日軍二千餘人上陸，（瀏河被燬一瞥）由一日起，日機十餘架，連續擲彈，除四鄉村落，被燬無算，瀏河鎮內，計燬浮橋街永豐燭號，恆康銀樓二家，廟後街，自聚興軒點心店起，至萬源洋貨號等五六家，北河沿吉慶茶樓，泥山灣汪少卿宅，均被炸燬，滬太汽車站棧房及附近王阿貴家，亦被炸，汽車站售票房尙存，他處雖有波及，不甚重大，關帝廟前落一彈未炸，新浮橋老浮橋新閘橋及藝芳園等，均安然無恙，前說被燬二橋不確，鎮內北街，由日人開一小店，專賣鷄蛋香烟等物，香烟聞均係仙女牌，（日軍最近狀況）日軍侵瀏後，遂由嚮導引向新塘市及陸渡橋等處駐防，設司令部于南市稍關帝廟對面之某姓洋房內，並在南河邵合盛餅行，爲輜重庫，近日新由日艦載來大宗軍火，由港口用汽油船拖駁，該方除機關槍野砲鋼砲等外，坦克車及砲車等，均未見，前說瀏河設飛機塲一節，迄未見舉行，祇于汽車站前空地上，偶有一機停泊，諒係誤傳，現在該方日軍最前線，自浮橋七鴉口拖南茜墪，拖西南新塘市，張家橋，楊家橋，陸渡橋，婁塘，與我軍相距三華里，近日日軍在陸渡橋積極備戰，掘壕工作甚忙，強拉鄉民工作，據云，浮橋至陸渡橋、約有日軍一萬五千人以上，瀏河至陸渡橋，日軍運輸，除陸路外，並用汽油艇十餘艘，往來運送。

犧牲救國者

◉滕參謀長遺體運滬

▲安葬於永安公墓

吳淞要塞陣亡參謀長滕久壽氏遺體，已由其家屬備棺，到淞收殮後，將靈柩用輪運至上海，安葬於霍必蘭路永安公墓，在滬貴州同鄉，決定呈請中央，撫卹滕氏遺族，並擇日舉行追悼大會，以慰忠魂云。

夜長夢多之停戰會議

停戰會議於今日休會

（三月廿七日）今晨十時將繼續會議，會議中最佔重要部份，厥爲撤兵程序，如此問題不得解決，則雖將協定第一第二兩項及附件文字議妥，停戰協定，總難成立，故今日會議，頗爲重要，屆時正式會議，與小組會議，將同時舉行，正式會討論協定第一第三兩項字面之修正，及其他問題，小組會則專議撤兵問題，如今晨小組會討論得有結果，則下午將再繼續開正式會，根據小組會之結果，提出討論，如小組會無結果，則

下午正式會停開，俟小組會討論有結果時，再行開會，（郭泰祺之談話）各團體救國聯合會於今日下午六時，推派代表殷芝齡殷汝驪等，赴外部辦事處，面詢停戰會議情形，及應付方針，據郭次長稱，此次上海停戰會議，各友邦根據國聯決議案，極力調解，經中日雙方外交代表分別請示政府，核准成立撤兵協定原則，而舉行正式會議，不料連日會議四五次，因日方堅持日兵只能退至獅子林楊行大場及眞如等處，除證明連日所傳日方毫無撤兵之誠意外，可說毫無結果，我方對正式會議，雖有軍事代表戴戟司令等參加，但首席代表，仍由外交官充任，而日方首席代表，則換以軍人植田充任，對其外交公使會同各友邦所議之事前協定，不加注意，而提違背國聯決議案，及友邦之撤兵地點，而使會議進行遲緩，殊爲憾事，故除將日提撤兵地點電達政府請示，及報告顏代表轉國聯特委會外，今後是否照常進行，我方尙持保留態度，須候政府訓示而定，總之，此次上海停戰會議，由各友邦根據國聯決議案而調解，爲世界所注意，絕無祕密可言，我方對各友邦調解討論協定原則時，爲顧全進行起見，未便將討論情形盡量公告，各方頗多誤會，但協定原則既經決定，凡所討論，應不離協定範圍及原則精神，隨時公告，俾明瞭其所以注意之上海停戰會議之進行，末後殷代表等告以日方連日在江灣與大場三百畝間佈置鐵絲網並埋藏巨量地雷，及挖掘極長之戰壕，軍用品之輸送，極形忙碌，及其報載居留民在虹口俱樂部，集合示威，反對日軍撤兵，及請願設立中立區舉動，由日軍司令代表列席指導，與停戰會議日代表所提違反協定原則之撤兵地點，均係日方一貫的無誠意撤兵之表示，應請於會議時特別注意云。

◉蔡軍長對停戰會議之憤態

據新自蘇州來滬之某軍官語日日社記者云，在休養中之十九路軍軍長蔡廷楷氏，對於中日撤兵會議，發表意見如下，我國尊重各友邦善意之勸告，出席停戰撤兵會議，原期日方能遵守三項原則之協定，早日撤兵，乃會議三日，日方毫無誠意，藉口多端，始終不肯退至原則第二項所定之地點，儼然以戰勝國侵佔領土自居，此豈我國所能忍受，本軍受命黨國，但知禦侮，不知其他，本人經將此意鄭重電告戴戟黃強二同志，對於日方撤兵，非照第二項原則，無論如何，絕不承認，設不幸會議破裂，日方敢以暴力侵犯，本軍自當一秉平昔誓死衞國之精神，抵抗到底，言下不勝其激昂之概。

停戰中槍砲聲

（華漕日兵向我開槍）今（二十七）上午十時許，滬西曹家渡華漕一帶蘇州河北，所駐之日本軍隊，派出步哨，突向我蘇州河南所駐之稅警團哨兵，隔河開槍轟擊，經我軍立即抵抗，相持至半小時之久始已，雙方尙無死傷，（嘉定西面砲聲甚烈）今有自嘉定逃滬者云，前夜約十一時許，忽聞西面砲聲甚烈，並以猛烈之機關槍聲，居民均從夢中驚起，既覺砲聲愈逼愈近，乃完全乘夜逃出，繞道來滬，人數極衆，（太倉備受日機蹂躪）

太倉方面，今有大批難民抵滬，現寓戰區難民收容所內，據難民陸常仙云，近日太倉尚無甚驚惶，惟城內已被飛機炸毀，在太倉附近之各鎮，亦多受日機之蹂躪，雙鳳，支塘，浮橋，沙溪等鄉，尚屬安謐，惟運輸斷絕，糧食甚爲缺乏，浮橋鎮居民餓斃頗多，各鎮迭請太倉縣長趙恩鉅，將歷年存儲之積穀振濟，趙縣長僅允每鎮索米，至多祇能得五十擔，且須分五次支取，至浮橋橫涇各鄉，時有日軍登岸，擄取糧食，取得卽去，幷不多留，居民甚感痛苦云。(江灣日軍防禦工作)據確息，最近兩日中，日軍在江灣方面，積極佈置陣地，闢日劃該處爲第三道防線，自江灣香花橋以至屈家橋，廣生威士製革廠一帶，蜿蜒五里許，均掘極鞏固之戰壕，前埋以地雷，後佈以鐵絲網，此項工程，均強拉民夫勸迫工作，現江灣方面，已斷絕通行，成爲神祕之區云，

在停戰會議期中敵軍屢向我挑戰我軍奮勇抗禦時情形

Now Chinese armies advanced

追記滬戰之第一夜

(三月二八日)　吾人當不忘此抗日血戰之恨史　兩月前之今日，閘北江灣吳淞等處，農耕於野，商趨於市，工勤於肆，弦歌之聲，聞於庠序，稚子嬉於庭前，少婦妝於樓頭，熙熙攘攘，如登春台，距意卽夜橫禍遽降，不數日間，繁盛之區，化爲焦土，數十萬戶，毀滅無餘，無老無幼，慘遭非命，屍骸旣殲，犬復噬之，修羅之場，寧能過是，其幸而獲存者，漂泊無依，鰥寡孤獨，比比皆是，悠悠蒼天，此何人哉，爰將上海泰晤士報新紀一月二十八夜寇軍攻我閘北前準備之情形，補譯如次，藉作滬戰二週月之追念，其言且出於中立國人之口，足爲日人首先挑釁信史之一頁，昔者普法戰後，法人繪普軍獲勝法軍慘敗情形於油畫院，以爲暮鼓晨鐘之寄，卒以上下一心，發憤圖強，五十年後，摧強寇於彊埸，而有凡爾賽條約之簽訂，返失地於兩州，譯者不敏，竊師此意，亦願我國民毋忘滬戰之第一夜，而圖所以奮發自強也，

今日(一月二十八日)午夜將近，日軍向閘北進攻，(注意)據日軍方面消息，夜十一時五十七分，日兵發第一彈，以昭答

華兵，(日人之言當然如是)日軍進攻迅速，卒出不意，故在上午(二十九日)十二時十五分之前，即有兩卡車，載所俘華兵，(譯者按此殆爲所拘之中國平民)馳至登陸隊司令部之庭前矣，夜中閘北邊界一帶，機關槍聲與來福槍聲，怒鳴不已，日軍第一大隊與第二大隊，已開始穿北四川路外之小街前進，槍聲一鳴，伏於各處牆隅之兵，齊起直撲華兵衛守之地點，隨手而下者數處，日兵之機關槍聲與歡呼聲相應和，日兵所擲之炸彈，炸力甚猛，四川路一帶之玻璃窗，受震多碎，遙想彼等所攻擊之區域，受創必重，附近華人所蒙之損失，今猶無法估計之，進攻之兩大隊，似皆以北車站爲其目的物，第三大隊亦在豫備進攻中，第一大隊由北四川路公立學校穿橫街而進，與北寶山路商務印書館附近之華兵交鋒，另有若干人，在登陸隊司令部後與華兵接觸，第二大隊已在桃山咖啡館附近奥迪安影戲院後出四川路，兩大隊齊向鐵路方面進發，攻入上海市義勇軍防守之地，(注意)

今夜(二十八日)十一時三十分，日水手與海軍陸戰隊約一千名，鐵甲車八輛，機關槍兵無數，炸彈兵數隊，同離北四川路海軍登陸隊司令部，埋伏於毗連華界之各地點，準備攻入華境，以鮫島大尉指揮全軍，將近午夜，各隊沿北四川路絡繹而進，以齊上刺刀五十人之小隊數隊，蹲伏租界邊線之屋隅，另以人數更少之數隊，潛入華境爲斥堠，鐵甲車分駐各地點，候令前發，醫務隊攜舁牀藥囊，伺於左右，機關槍兵則在守候之各隊前列，作豫備放，維時北四川路之景象，儼如比國之佛蘭特，所不同者，各隊軍官皆佩金柄之刀耳，日軍之欲佔據中國土地也，租界中之日僑，早已喧傳矣，(注意)故在各隊由登陸隊司令部出發以前，已有日平民數百人，集於其地，紛向兵士歡呼，司令部內將士雲集，成一大營，上海泰晤士報代表，曾佇立司令部側汽車間之屋頂，以觀日兵之集隊，令該代表外，場中無一西人焉，夜十一時左右，第一次集隊之軍，號聲不鳴，登時庭前屋內，所見皆兵，卡車之聲，轆轆於途，滿載全副戰裝之大隊援兵，飛馳而至，頃刻間，庭園爲之人滿，機關槍兵曳其武器，列於庭之中央，長行之來福槍兵，雜以手溜彈兵，絡繹開入，廣場之中，有高台，上立海軍參謀官兩員，監視戰士之會集，此時情狀，大類幻景，水兵紛自暗陬擁入，燈光照耀如白晝之廣場，其軍器磨擦作聲，其刺刀閃閃發光，身佩乾糧，與輕便應急器用，來福槍皆上刺刀，橫負於背，機關槍兵及饋送『吃人』之子彈者，亦然，軍官則踱步諸戰士中，狀殊閒適，(注意)維時只見鋼盔顫動，絕不聞語聲，即下士亦不向士兵作怒斥聲，人人知其應處之地位而往就之，(注意)未及十五分鐘，各組列隊，皆立正待令，於是號角之聲，發自暗處，台上軍官一員，向衆發言，語殊急迫，聲殊壯厲，余側之日譯員抵聲語余曰，彼乃諭告將士，當盡其責，(注意)非至急要，勿作無益之殺戮，非被擊勿開槍，(譯者按，既進攻矣，焉有不開槍之理，日軍官意中，閘北華軍，必如東北軍不戰而退，可不必開槍也，)並祝衆順利，言畢，全場寂然，於是有日本攝影師一隊，開始鎂光攝影，即開砰砰炸聲數次，衆目暫爲失明，繼由台上另一軍官向衆勉勵數言，(注意)於是號角之聲又作，接以砲步之聲，蓋繫泊浦江日軍艦之援兵疾趨入場也，就位既定，旋有四上刺刀之兵，擁一持旭日旗之兵，步入亮處，於是聞尖銳之號令聲，宏壯革履之聲，又見諸軍官皆拔刀出

稍，台上之二軍官，則注目於其手腕之時計，（注意）維時黑暗之一隅，忽大放光明，顯出鐵甲車多輛，左右皆立有戰士，車作橘黃色橘形穹頂之小門半啓，一鋼盔之首，由內外窺，俄而號令之聲雜起，最前數行之戰士，卽躍登卡車，俄而機車札札，蓋第一卡車發動矣，餘車繼之，但轉瞬間卡車之機聲，悉沉沒於門外羣衆之狂呼聲中矣，不十五分鐘，廣場爲之一空，其間有一動人之短幕，試爲紀之如下，一袖綴三A字之老於戎行者，忽自其隊伍中趨出，在汽車間下沿牆向一少年奔去，既近其身，奪其手而緊握之，須臾，此灰色軍服之矮漢，又狂奔歸隊，蓋其隊伍已出動矣，少年旋亦他去，此二人殆係昆季也，（譯者按此二人必因出戰之後，不知能否復見，故依依不捨，嗚呼，誰無兄弟，如手如足，何屠殺他人時，則毫無惻隱之心耶，）最後一輛之卡車，駛出廣場，最後一隊之水兵，開步出發時，泰晤士報代表亦離其地，時門外集有日平民一小羣，而由人叢中擠出，頗不易易，若輩每見卡車或鐵甲車駛過，輒向歡呼，步行之隊伍經過時，則向鼓掌而狂號，附近日人家皆啓窗以觀，其中有女子『蘇牙那拉』（意卽再會）之呼聲，與道中男子狂號之聲相應和，水手與陸戰隊士兵，則皆揮手大笑以答之，五分鐘後，卡車均駛抵指定之地點，（注意）戰士紛由車上躍下，尾隨戰士入四川路冷靜黑暗之區，摸索蛇行，以視若輩列陣，不啻握自己之生命於手掌，前進時，經過跪伏牆隅之許多隊伍，行近始能見之，稍一不愼，卽將踐踏其身，蓋處處有之也，忽牆隅槍刺齊豎，軍官一員躍起，操日語問話，語不可辨，繼出電炬，照見爲白人之面，乃復帖然，沿華界邊線一帶，滿佈此類匐伏之兵，鐵甲車則一無所見，顯已在步隊之前駛入華界矣，但並未有槍聲，僅寂靜之中，充滿殺氣耳，（注意）發號之聲，既不之聞，而軍器亦不使稍作響動，日兵之行動，如黑夜之貓，異常謹愼，凡人數較多之隊伍所駐處，輒放哨於前，哨兵若干，在午夜時確已潛入華界，其同志緊躡於後，機關槍則居前列，以槍口向外，（注意）泰晤士報代表旋乘汽車歸，沿四川路向租界中心進發，途中時遇日兵小隊，直至蘇州河始已，若輩擎槍巡邏，其狀森嚴，如閘北邊線一帶潛伏之隊伍焉，（下略）

編者按，本月二十二日日外相芳澤在議會演說，謂一月二十八日上海公共租界工部局集議，宣布臨時緊急狀態，而駐滬列強軍隊，皆於是日依照事前所定共同防衞之計畫，在租界各部分擔任防衞職務，日軍所擔任之處爲閘北，當日軍正在閘北區域佈防時，華人對之射擊，故日軍被迫採行自衞行動焉云云，查工部局所決議者，爲令日軍擔任虹口區之防務，而虹口西部，猶不屬之，今芳澤竟謂日軍所擔任之區爲閘北，噫，欺人耶，抑自欺耶，藉曰在閘北佈防，何必乘夜爲之，如上海泰晤士報所紀，日軍直偷擊耳，而尙欲以「自衞」二字，以自文過，寧不異哉，

滬戰兩週月紀念日之前方軍訊

（瀏河敵增兵）常熟二十八日電云，二十六晚至二十七晨，瀏河敵共增至三萬餘，直塘東毛家橋，敵距我僅三四里，有一觸卽發之勢，午刻敵機又來，（嘉定敵退却）崑山軍息，嘉定之六里亭及婁塘之敵，現已退却，嘉定城內，向有敵軍千餘

人，有向瀏河方面退却模樣，又敵將城內之糧食輜重，向瀏河運輸，（虹廟步哨戰）　蘇州二十九日電云，二十八日茜涇敵宣佈戒嚴，令居民具連環保，並在該鎮北面臯橋起至東南朱紅橋一帶築土壘，新塘市敵哨日必至虹廟，太倉我步哨亦日至虹廟，因之時有步哨戰，黃渡東北一帶，有敵萬人，北王村六里亭，均設有司令部，婁塘敵軍二十八日退嘉定城內，有敵千人，江陰二十八日電云，二十八上午十時半，日機一又來澄偵察要塞，一刻鐘後始去，江陰二十八日電云，靖江泰興二十八巳刻，日機一架，飛繞偵察，仍向東去，

◉敵軍最近行動

前線日軍，往來補充，仍繼續不息，玆分記如下，（暫不撤兵）日本第一次將久戰疲損之十一師廿四旅撤退歸國，暗中增添兩個旅團陸軍到來，加入前方，近日日方又宣傳將二次撤兵歸國，玆經確切調查，此事完全不確，蓋白川已有表示，謂在滬（包刮前後方）日軍，於中日雙方停戰會議未解決以前，不再撤退，白川又詭稱，後方因有中國便衣軍擾犯陣線，故日軍加以還擊，而於日兵進犯華兵防地，轉以誣我開釁，（嘉定接觸）二十六二十七日兩早晨，嘉定前線日軍，對我前哨進襲，爲我軍擊退，查二十六日日軍進攻未能得逞，至二十七日晨，日軍變更計劃，用便衣日軍能通華語名天野者，率帶日哨兵十餘人，又便衣兵十餘人，潛襲我陣地，爲我軍得悉，卽有十九路武裝同志兩名出壕迎擊，用手溜彈作戰，日軍二十餘紛向後逃，當塲天野受彈傷，經日兵搶還，未到嘉定，卽行身死，（吳淞可往）吳淞砲台，自我方退出後，日軍卽禁止華人前往，任何人均不許到砲台視察，直至今日，日軍司令部已發布通告，謂吳淞砲台，如有通行證，從二十八日起，可以憑證驗明前往，如無此通證者，則仍不許往該砲台云，（華人被殺）日商明華糖廠上海倉庫，日軍派兵看守，不許華人行近，前日有工人兩名，誤到該倉庫前，爲守衞日軍所見，卽開槍射擊，當塲被擊斃一人，尙有一人，聞而奔避，亦爲日軍捕去，不知下落，

停戰會議中之小組會議

停戰正式會議，今在英總領館舉行兩次，討論英使方面所擬成之停戰協定新草案，我方提出日軍撤退期限問題，無甚結果，至於共同委員會之組織及其辦事細則，均已通過，定今晨十時續開大會，軍事分組委員會昨亦開會兩次，討論日軍撤退程序中之租界毘連地段問題，仍無具體決定，官方公報稱，已議至一要點，須商諸雙方首席代表，故今日休會，定明晨十時繼續開會，（討論新草案）停戰正式會議，昨晨十時舉行第六次會議，至十二時三十分散，下午三時舉行第七次會議，至五時五十分散，出席代表，我方首席代表外交次長郭泰祺，軍事代表淞滬警備司令戴戟，日方首席代表第九師團長植田謙吉，日使重光葵，海軍參謀長島田繁太郎，關係國方面英使藍溥森，美使詹森，意代辦齊亞諾，至法使韋理德改由法使館參贊勒格郎代表，英使方面已於星期休會期間，將各方連日會議中提出之增加條文或删改字句整理歸納，擬成一停戰協定新草案，其內容，卽將原來之三條分成五條，惟其精神則絕無變更，今晨第六次會議開會後，英藍使卽將該項新草案提出，逐條討論，其中最關重要之根本要點，仍未解決，且聞雙方意見，相去甚遠，大會爭點仍在日軍撤退程序，所謂撤退程序者，一爲退駐地點，一爲退兵期限，關於

日退駐地點，今日仍由軍事分組委員會研究，大會所討論者爲退兵期限，此點昨由郭次長首次提出，主張日軍應在一定期限內完全撤退，恢復一月二十八以前原狀，日方表示不能完全同意，祇允日軍第一步退至租界毘連地段一節，原則上可以定一期限，惟日軍何時實行第二步退出所謂毘連地段，則不能規定期限，謂須視地方形勢而定，我方當予駁覆，堅稱地方情形，非至日軍完全撤退不能恢復，反之，如日軍早一日撤退，則地方情形可早一日恢復，雙方爭持甚力，反覆討論，迄無結果，今日日方更要求日軍飛機可以自由偵察我軍防線，我方立予拒絕，謂此點侵犯我空主權，不能承認，至於證明共同撤兵一節，已有共同委員會負責，無須鰓鰓過慮，因此日方提議，遂如便衣隊問題，同樣打銷，（小組委員會）軍事分組委員會今在英總領事館另一室亦開會兩次，第一次自上午十時至十二時一刻，第二次自下午三時至五時，出表代表爲我方十九路軍參謀長黃強，日方陸軍參謀長田代皖一郎，關係國方面英使館軍事參贊桑希爾，美使館軍事參贊特萊斯台爾，法使館軍事贊彭那維泰，意使館軍事參贊法拉鐵尼，及我方祕書郭德華，日方祕書阿部與喜多，仍專事詳細研究日軍退駐之租界毘連地段，仍無具體結果，討論至何種程度，官方僅謂已議及一要點，須商諸雙方首席代表，至其內容，各方俱守祕密，半官消息，則謂租界毘連地段，較前已略事縮小，日方對江灣閘北，聞已不堅持，對吳淞則保留，對淞滬路以東之江灣區域以至張華浜一帶，則認爲最少限度，惟此項消息，無從證實，今晚五時，軍事分組委員會散會後，關係國代表卽退去，中日代表則赴大會報告，約一小時而散，（會議公報彙錄）（甲）今晚大會公報云，大會經英方於星期尾，將各方連日提出之增加條文或刪改字句，綜合一氣，擬成一新草案，今日討論結果，其中有數根本要點，仍未解決，但關於共同委員會之組織及其辦事細則，均已通過，定明晨十時繼續開會云（乙）軍事分組委員會公報，（一）昨午發表云，分組委員會今晨討論，午後續議，稍有進展形勢云，（二）昨晚發表云，小組委員會午後仍會開會，已議至一要點，雙方均認爲似以商諸各首席代表爲宜，因卽休會，至星期三再開會

敵軍又向我進攻

（三月廿九日）上海市公安局今日下午四時餘，接得滬西六區一分所電話報告稱，據華漕派出所報告云，本日上午八時，離華漕西首約八九里地之紀王廟附近日軍，以步槍向我駐軍八十八師稅警團第四連步哨射擊，我軍前哨，亦開槍還擊，遂發生小接觸，至下午四時四十三分止，華漕方面仍能聞得槍聲，故衝突尚未停止，迨至晚間十一時，公安局方面，復以電話詢問六區一分所，調查下午四時以後情形，據稱因紀王廟離華漕約有八九里地，而華漕離六區一分所又有八九里之遙，又在深夜，故未能探悉詳細情形，惟據由該處來滬之老百姓云，紀王廟方面，本日中日兩軍確起衝突，但係小接觸，故槍聲較疎，至晚間十一時後，槍聲已停，又據一分所云，明日(卽今晨)上午當可得到詳細情形，屆時再行報告總局云云，

又訊，昨晨八時許，距離華漕八里許之紀王廟日軍哨兵，又開槍我向軍八十八師防線襲擊，迨逼近我軍陣地，我軍乃奮起迎擊，北新涇一帶，可聞甚清晰之槍聲，直至下午六時尚未

停止，據由該處逃滬難民云，途次曾親見日軍軍用卡軍三輛車上載有日傷兵，運赴後方醫治，又蘇州二十九日專電云，二十九午，太倉方面，來敵三百餘攻我000旅0團陣地，戰一小時，被我軍擊退，我死傷兵士十一，敵傷亡甚多，黃渡日軍，現改由十四師團駐防，瀏河嘉定敵第九師團已撤，由第十第十六兩師團接防，第一道防線在婁塘，朱家橋間，自黃渡起，經車站外岡，葛隆鎮，為敵嘉定間外哨防綫，葛隆鎮被日寇數十，挨戶搜索，黃渡站西，敵掘壕佈鐵絲網，岳王市東南十二里橫塘，日軍佈防掘壕，砲晚對太倉，浮橋瀏河間鄉村，遭日軍焚略甚慘，

常熟二十九日下午六時專電云，岳王市，浮橋，七丫口，牌樓，確無敵踪，浮橋二十九晨開市，茜涇敵置三十生的大砲

大美敵報云，日軍工兵隊，已在江灣西區，築成鞏固之戰壕綫，並廣遠之有刺鐵絲障礙物，華軍舊居之陣地，現經逐漸毀除，且在數處剗平墳墓，以清火綫之障礙，現又在閘北築造第二道防綫，該防綫自中山路電氣交流站對面起，至共公租界邊際極司非村止，

毫無進步之停戰會議

停戰正式會議，今晨第八次大會，通過實行停戰條文，惟最關重要之日軍撤退地點及期限問題，仍未解決，中立方面意見，主張劃引翔區為日軍暫行退駐地段，軍事分組委員會，今日休會，決定今晨十時再開會議，將有重要討論，大會今日休會，定明晨十時再開，（會議公表）停戰正式會議第八次大會，今午發表公報云，今晨會議，續有進步，協定草案內規定實行停戰之第一條通過，會議休會至星期四再開，以便於休會期間，有暇考慮尚待解決各點，會議休會期間，小組委員會仍繼續開會云，（討論經過）停戰會議，今日上午十時，在英總領事館開會一次，至下午一時三十分始散，到我方首席代表外交次長郭泰祺，軍事代表淞滬警備司令戴戟，十九路軍參謀長黃強，外交部情報司長張似旭，外交部祕書鄧中盤，郭德華，夏奇峯，李鐵錚，十九路軍副官張益中，日方首席代表第九師團長植田謙吉，日使重光葵，軍事代表陸軍參謀長田代皖一郎，海軍參謀長島田繁太郎，日使館書記官林出，及岡崎，喜多，水野，阿部，等人，關係國代表英公使藍溥森，美公使詹森，意代辦齊亞諾，及法使代表勒格郎，各國軍事參贊未出席，仍繼續討論停戰協定新草案，歷三時三十分之久，為會議時間之最長者，唯一之結果，即為通過協定草案內規定，實行停戰之第一條，餘無顯著之發展，徵閱停戰協定新草案內容，正文五條，規定停戰撤兵大綱，附件四條，規定停戰撤兵細則，尚有我方單獨宣言一則，正文第一條，實行停戰，第二條，中國軍隊，暫駐現在防綫，第三條，日軍撤退程序，第四條，共同委員會，證明共同撤兵，第五條，協定簽字之日，發生效力，連日會議，正式通過者，為第一第四及第五三條，（附件）一，我軍駐防地點，二，日軍退駐地點，三，共同委員會之組織及辦事細則，四，協定所用之文字，現尚未決定者，即日軍退駐地點，至於我方單獨宣言，係關於撤退區域之行政，即以我國警察維持該項區域治安一節，（今晨形勢）久懸未決之日軍撤退地點及期限問題，均由大會交付軍事分組委員會研究，停戰大會，徘徊曲折，

關鍵仍在於所謂租界「毘連地段」之未能圓滿解決，徵開星期一，軍事分組委員會會議時，中立方面意見，主張暫劃引翔區爲日軍退駐地點，蓋以引翔區毘連楊樹浦，對於基本原則上所載明之「毘連地段」一點，最爲適當，前日會議公報所積，已議至一要點，或卽指此，但未經官方證實耳，日人方面消息，日方軍部對於吳淞江灣閘北，可不堅持，惟淞滬路以東之江灣區域，以至張華浜，不能放棄，今日軍會分組委員會休會，以便將議及要點，商諸雙方首席代表，決定今晨十時再開會議，當有重要之討論，蓋明晨大會之關鍵，端在今日小組會議之結果也，（國外消息）國民新聞社二十八日華盛頓電云，此間頃接東京消息，日本陸軍省，已接日代表電告，上海停戰會議，關於日兵撤退日期及地點，眼下成爲僵局，因此陸軍當局，刻正考慮萬一談判決裂後之應付步驟，惟美京人士意見，以爲日軍部雖抱強硬態度，其財力能否相副，亦一問題，據東京另一報告，則日本朝野，正以國庫拮据與經濟界凋疲，深慮日鈔價格之大跌，今後日鈔設果狂跌，則預計下一會計年度所發公債，勢須增至日金七億五千萬元，故日政府刻方考慮使人民認募此鉅額公債之計劃，蓋日本既有對華軍事行動，此項公債，勢將不能在英美市場發行，必須募諸國內，而不景氣之日本，經濟界能否勝此重擔，亦一煞費考慮之問題，按日政府業經批准之公債，已有四種，卽彌補一九三三年預算不足之一億一千萬元，實業公債二千七百萬元，滿洲軍費五千九百萬元，及特別會計六千七百萬元，此外尙待批准者二種，一爲失業救濟費五千萬元，一爲滿洲軍費一億元，以上六種公債，已達四億一千三百萬元之鉅，若日鈔大跌後，則估計將再需增發三億餘元，故此間意見，認財政狀況，旣艱窘若是，恐將難再長期負擔上海軍費，不得不迅謀結束戰事也，

前方敵軍進迫不止

（三月卅日）蘇州三十日專電云西涇大悲橋，三十晨襲我防線，砲聲烈，午後砲停，但機槍通夜未息，七烏口三十到日艦五，民船二十餘，有登岸模樣，太倉東紅廟，三十晨發生激戰，七丫口又到五敵艦，民船二十餘，準備登陸，牌樓市二十八日接觸，砲聲三十晨未絕，岳王南大悲殿敵西進，周吉橋等民多逃，虹廟戰烈，羅店增調萬餘，黃渡站李家樓自廿三起，敵陸續增兵達一萬餘人，各鄉村間，都挖有戰壕，該方司令部設在王村，嘉定城內，敵軍現撤在羅店及於相公廟後，幷在馬陸鎭一帶，固築防禦工程，原駐瀏河嘉定敵第九師團已調防，由第十，十六，兩團接替，二十七敵在朱家橋縱火，焚毀民房數十間，嘉定六里亭地方，敵構築防禦壕，幷有江北人數十人，駐該處禪心寺，錢門塘被我某師捉獲漢奸四人，幷抄出步槍盒子槍各一子彈四箱，馬一匹，自由車二輛，天福庵站洋橋西，在我放棄之戰壕中，發現敵便衣軍六人，匿伏壕中，搜查行人，旋被我前哨兵擊退云，

十九路軍駐滬辦事處，二十九日接前方電稱，（一）本日上午十一時，有敵便衣隊五六十人，攜手機關槍，向我太倉以東之新木橋進犯，同時橫瀝橋亦到有敵軍三十餘人，經我迎擊，卽退去，（二）太倉新木橋毘連之朱家宅，亦到有敵正式軍隊三百餘人，向我步哨射擊等語，觀此日方一面參加停戰會議，一面仍繼續其軍事行動，顯然無停戰誠意，我方除應提出嚴重抗議外，應注意其軍事行動，否則，恐將中其詭計也，又有人

自吳淞洛浦鎮來云，日兵在泗塘橋一帶，掘壕甚忙，太倉角聞砲聲，且見有日傷兵四五塲車，間有傷馬，從吳淞來嘉定之日司令部現遷羅店，匯山碼頭，今由前方，運到陣亡日兵三卡車，約有屍體百餘具，裝入運輸輪，開回日本，

停戰會議波折叢叢

停戰正式會議，自上星期四開議至今，已一星期，先後開大會八次之多，種種次要問題，雖已次第迎刃而解，但卒以日本退兵程序中之地點及期限兩要點，未得圓滿解決，因之停戰形勢，會內則徘徊曲折，固無顯著之進步，會外則傳說紛紜，更屬莫衷一是，今日大會休會，以便軍事分組委員會討論尙待解決各點，軍事分組委員會今晨十時，在英總領事館會議，至下午一時始散，下午三時續議，至六時一刻散會，到我方代表十九路軍參謀長黃強，及祕書郭德華，殷汝耕，日方代表陸軍參謀田代皖一郎，及祕書喜多，阿部，梶原，關係國代表英使館軍事參贊桑希爾，美使館軍事參贊特萊斯台爾，法使館軍事參贊彭那維泰，及意使館軍事參贊法拉鐵尼，會議六小時之久，專事討論日軍暫行退駐之公共租界「毘連地段」，該項小組委員會在星期一已議至一要點，星期二休會，以便請示雙方首席代表，今日小組會議，卽根據請示結果，進行具體討論，小組委員會，昨所討論之租界「毘連地段」問題，已由空泛之區域而達於實際的地點，日方要求暫行退駐地點，凡四處，閘北方面爲日本公墓至六三花園一帶，江灣方面爲萬國體育塲一帶，引翔方面爲楊樹浦東至遠東運動塲一帶，吳淞鎭至蘊草浜張華浜一帶，四處係各個分立，並不連成一氣，自某段至某段，距離若干，駐兵若干，按照地圖，均有詳細規定，今日會議，詳細釐定，以致費時甚久，惟聞我方尙未同意，定今晨續議，日方並要求京滬滬杭兩路接軌點之潭子灣，义袋角一帶，由日本駐兵，我方以此點足以控制兩路交通，業經拒絕，至於淞滬路沿線，日方亦不得駐兵，以利交通，

前哨不斷槍殺聲

（三月卅一日）

常熟三十一日專電云，敵機午刻過白茆東涇放槍數十發，幸無恙，敵現駐虹廟周吉橋香花橋葛隆等哨頗近，故時有接觸，岳王浮橋無敵，太倉東橫林橋午後有接觸，又蘇州三十一日專電云，太倉失守說完全不確，祗橫林橋三十一敵我步哨小接觸，西虹廟周吉橋香花橋亦發生步哨戰，三十一午浮橋外到日艦八，敵百餘登陸，擄鄉民八十餘至艦中，楊林口日艦四，向岸開四砲，岳王市三十一日機五，偵我陣地，三十一晨蘇州來一日機，盤旋良久去，三十一晨十時，日機一架飛澄偵察，有一小時許，始向錫飛去，二十九午敵五十餘名，由婁塘經朱家橋至離太倉七里之百度橋駐守，浮橋瀏河楊林口等處，敵連日架設重砲各五六門不等，同時敵兵尙在陸續增，加騎兵在南翔集中，日飛機仍每日來蘇崑一帶偵察，今日下午三時半，有日飛機一架，飛往松江石湖蕩楓涇一帶，沿滬杭路綫領空，盤旋偵察，但該日機飛至石湖蕩第三十一號橋附近，約二里許鄉間地方，因汽油用罄，機件不靈，致由空中墮下落地，機身全壞，死傷日人各一名，嗣由其他日機前往救援，將該兩日人運回，

停戰會議二焦點

第九次停戰會議，今晨十時，開議至十二時三十分始散，到我方首席代表外交次長郭泰祺，軍事代表淞滬警備司令戴戟，外交部情報司長張似旭，外交部祕書鄧中瑩，李鐵錚，日方首席代表第九師團長植田謙吉，日使重光葵，海軍參謀長島田繁太郎，日使館書記官林出，日領岡崎，關係國代表英公使藍溥森，美公使詹森，意代辦齊亞諾，及法使代表勒格朗，討論停戰協定新草案第二條，正式通過，該條規定，中國軍隊，暫駐現在防綫，以待將來之解決，今日會議，提出討論時，郭次長卽重申前議，修正條文中「以待將來解決」一語，討論結果，卽於該項條文，附加條款，謂「本條不能限制中國政府關於其軍隊自由行動之永久職權，」該項條文，於是修正通過，（期限要點）停戰協定新草案，經連日會議結果，遂正式通過第一第二第四及第五等條，僅餘第三條，懸而未決，該條規定日軍撤退之程序，始終最難解決，日軍撤退程序中之地點問題，卽公共租界毗連地段一點，經數次小組會議之討論，至今日已擬成方案，祗待最後之決定，惟日軍撤退程序中之時期問題，仍是僵局，該項時期問題，爲今日大會討論之焦點，雙方堅持，絲毫不稍讓步，中立代表，亦無緩衝之表示，我方堅決主張，根據停戰基本原則，須日軍依照一定之程序，逐步完全撤退至一月二十八日以前原防，日方表示，日軍第一步撤退至租界毗連地段，可以定一時期，惟第二步撤退至一月二十八日以前原防，須視地方情形之恢復而定，決不能規定時期，我方當予駁覆，稱，租界現已解嚴，全部商店已決定四月一日開市，日方所指之地方情形，實已恢復，故日軍完全撤退時期實須規定，惟日方至此，仍推諉藉口，不能讓步，雙方堅持，以致今日會議，對於此點，仍是一籌莫展，會議現已至最後五分鐘之程度，遂決定今日休會一日，以便日方從長考慮，大會定明晨十時再開會議，續商此點，故明晨會議，實全局成敗之所繫云，（地點問題）軍事小組委員會，今晨十時，在英總領事館另一室開會，至下午一時始散，到我方代表十九路軍參謀長黃強，及秘書郭德華，殷汝耕，日方代表陸軍參謀長田代皖一郎，及祕書喜多，阿部，梶原，關係國代表英使館軍事參贊桑希爾，美使館軍事參贊特萊斯台爾，法使館軍事參贊彭邪維泰，及意使館軍事參贊法拉鐵尼，繼續討論日軍退駐地點，雙方意見，大體已告一致，祗待最後之決定，日軍退駐地點，卽引翔方面，爲引翔港一帶，江灣方面，爲萬國體育會塲一帶，吳淞方面，爲吳淞鎮至蘊藻浜張華浜一帶，惟閘北方面，日本公墓至六三花園一帶，尙未決定，軍事小組委員會，現已宣告休會，何日再開，則須視雙方首席代表之訓令而定。

停戰會議前途暗淡

（四月一日） 昨日會議中，雙方對規定日軍完全撤兵時期之意見，相距甚遠，因由英使提議，今休會一日，俾圖轉圜，昨下午三時，英使並邀中日雙方代表，及在滬各國公使茶會，再向雙方調停，郭次長等表示，根據政府訓令及全國民意，日軍最後撤兵時期，無論如何，應於此次會議中，明白規定，不能再行讓步，日方仍稱須視屆時之狀態而定，爭執焦點，終無接近之可能，至五時許散會，（郭泰祺之談話）我方停戰會議首席代表郭泰祺氏，今在寓所接見記者，郭氏對於中日停戰會議之前途，仍表示非常悲觀，據郭氏談，停戰會議之重大焦點，厥在日方撤兵一點，連日對於此點

，討論雖多，初無進步，當昨日會議時，本人曾詢問日方代表，究竟認為於何種情況之下，始能完全撤退日軍，俾恢復一月二十八日前之原防，當時日方代表，謂須在秩序完全恢復而後，當時本人，即以公共租界與法租界之取消戒嚴為上海秩序業已恢復之明證，促日方從速撤退，惟日代表猶認為不滿，而本人對於日代表之要求留駐閘北各區，曾確切聲明在現有狀態之下，閘北各區，急待復興，苟日軍而猶復駐在，將使人民以前之創痛與經驗，重復回憶，故堅決聲明日軍須有一確切之時間，恢復一月二十八日前之原防，並表示日軍而已承認如訓令果屬事實，其中第三點，已明白表示有未來之軍事準備，（閘北江灣吳淞綫為用兵作戰上之重要點等言，）預測國聯至必要時間，或將根據上述言論及談判，迄未入於第二項原則，而有所表示，亦未可知云云，苟無恢復一月二十八日前之確定日期，則其他一切談判，實等於零，蓋撤兵問題而不能解決，其他談判，雖經就緒，實屬無益也，記者當詢郭氏，關於吾方政府之態度，對於日兵撤退，有否規定日期，今日日參謀部訓令白川，協定如果成立，一週內開始撤兵，六星期內完全撤退，至指定區域，此說是否會議中所規定，據郭氏談，會議中對於日軍開始撤退，係規定四星期撤至指定區域，一月內完全撤退至一月二十八日原防云云，（顏惠慶之報告）中國總代表顏惠慶，今日將所接上海郭次長關於中日停戰談判迄無成功各電轉達國際聯盟，內稱，迄今談判毫無成功，全因日本所提撤兵條件，為中國所萬不能接受者，苟日本仍漠視國聯大會決議案內所列原則，與雙方初期所商定之原來草案，而堅持其撤兵條件，則談判似將無法繼續，並謂上海地位之繼續不能安全，日本當負全責，又英公使藍溥森亦電告國聯稱，法美意英四國軍事參贊同情，日本飛機之天空偵察，視前繁密，但日軍司令部人員已下令日哨兵，不可再有攻擊護衛中立視察員之中國軍隊舉動，目前兩軍偶然發生之小接觸，則多在太倉一隅，（日參謀部命令）陸軍參謀部，已命上海休戰會議日代表，對於日軍撤退地點，略作讓步，允將原來要求之線縮短，放棄留駐吳淞砲台與江灣之主張，但命日代表聲明，不能規定完成撤退日期，蓋此舉全視地方情勢為定也。

敵軍在前線挑戰

崑山一日專電云，昨太倉東南門，敵步哨來犯，但未久即為我擊退，三十一晚，敵一小隊，向我黃渡綫轟擊，我還槍，敵向車站敗退，東已沙溪息，太倉東南門外三四里處，敵哨與我軍接觸，至申仍在激戰，白茆芙蓉鎮東，已到日機一，用機槍掃擊，傷孕婦費朱氏，旋被我擊退，陸渡橋東，敵百餘開機關槍，被我擊退。

◉淞滬陷失週月紀念

四川同鄉會昨致上海各團體電云，淞滬淪於敵手，明日已屆週月矣，此一月中我淞滬民衆，備受敵人之侵凌，而連日停戰會議，日兵竟又要求長駐淞滬不去，是來日大難，正屬未有已時，本會同人，愴痛之餘，定明日舉行淞滬陷失週月紀念，幷以謀恢復淞滬之道，所望我全滬同胞，一致奮起，勿忘『三二』之恥辱，力謀有以雪之，至如何團結羣衆，如何鞭策政府，毋任少數人屈服於強權之下，以致喪權辱國，則尤盼我同胞急起圖之也，四川旅滬同鄉會叩東印。

停戰會議仍無結果

（四月二日）停戰會議，現正盤旋於最後關鍵，今晨第十次大會，討論日本撤兵期限問題，仍無最後決定，軍事小組委員會今晨亦同時開會，討論日軍退駐地點問題，以閘北方面之爭點，尚未一致，遂無結果，大會及小組委員會，今日星期休會，定明日星期一午後三時，同時再開，

（撤兵期限毫無決定）停戰會議，今晨十時，在英總領事館，舉行第十次大會，至十一時半即散，為歷次會議中之最短者，到我方首席代表外交次長郭泰祺，軍事代表淞滬警備司令戴戟，外交部情報司長張似旭，外交部祕書鄧中瑩，殷汝耕，李鐵錚，十九路軍祕書張亦東，日方首席代表第九師團長植田謙吉，日使重光葵，海軍參謀長島田繁太郎，日使館書記官林出，日領岡崎，關係國代表英公使藍浦森，美公使詹森，意代辦齊亞諾，法使代表勒格朗，繼續討論日軍完全撤退期限問題，分為兩步討論，第一步日軍自前綫撤至公共租界毗連地段，日方口頭表示六星期內可以完成，我方要求以三星期為限，日本第一步退兵期限，今晨會議雙方已商定折中辦法，規定停戰協定簽字後一星期內，日軍開始撤退，四星期內撤完，惟日方對於此項折中辦法，仍主保留至最後決定，至於第二步，日軍自公共租界毗連地段，撤至一月二十八日以前原防，仍為今晨會議中討論之焦點，日方初仍以地方秩序恢復為辭，郭次長當再反覆申稱，現在地方秩序，已經恢復，有可證明者數端，現各商店已完全開市，此其一，公共租界與法租界，完全取消戒嚴，況上海僑民，非僅日本一國，各國僑民之生命財產，即於戰爭狀態中，我國當局，仍處處加以保護，此其二，日軍撤盡之後，則地方秩序，更可恢復，尤為顯明，日本僑民，如欲在中國經商，則廣告為推廣貿易之唯一途徑，從未有以槍砲推廣銷路而能成功者，中國人民之所以反日者，自去年九一八起至今年一二八而烈，可以證明此語之不謬，此其三，日方各代表均默無一語，討論至此，英使提議，另組小組委員會討論，日方始允請示政府，再行續商，故今晨會議，可謂毫無決定，惟各方正在無辦法中想一辦法，另一方式表示云，明日再開會議，或可稍有眉目，今日會議，並通過協定附件一四兩則，並聞英使將於今日休會期間，歸納本星期內會議各點，再擬一新草案，明日提出討論，

（小組會議節外生枝）軍事分組委員會，今晨同在英領署另一室開會，到我方代表十九軍參謀長黃強，及祕書郭德華，日方代表陸軍參謀長田代皖一郎，關係國代表英使館軍事參贊桑希爾，美使館軍事參贊特萊斯台爾，法使館軍事參贊彭那維泰，及意使館軍事參贊法拉鐵尼，軍事小組委員會星期四會議，已商定日軍退駐地點三處，即引翔方面為引翔港一帶，江灣方面為萬國體育場一帶，吳淞方面為吳淞鎮至蘊藻浜張華浜一帶，惟閘北方面，日本公墓至六三花園一帶，以我方不能同意，故未決定，昨日休會期間，雙方即請示首席代表，今晨再開會議，雙方即根據訓令繼續討論，日方仍謂，日軍五萬人，馬四千五，大小砲百五十尊，飛機五十架，上述三處，不足容納，閘北方面，日本公墓至六三花園一帶，仍須暫由日本駐兵，張華浜方面亦須擴充至曹家橋，我方堅不同意，中立方面當提出轉圜辦法，主張日方如堅欲駐兵閘北，則蘊藻浜北岸吳淞鎮一帶，應予放棄，日方對此表示反對，中立方面，遂向中日代表建議，商請雙方首席代表後，星期一再開會議，繼續討論，聞雙方於重復

討論撤兵地點之際，日方忽提出詢問我國軍隊在蘇州河以南與南市浦東等處之防務情形，我方當以此事與停戰會議無關，日方不能藉停戰會議之口，而詢問關於我全國之軍隊動情，故嚴詞拒絕，各友邦出席之武官，亦甚詫異，結果，遂因此事小組會之情形，乃大形惡化，至十二時三十五分，遂無結果而散，（會議公表）停戰會議第十次大會，今午公表云，本晨會議草擬協定細則，續有進展，現尚待解決之點，僅爲中國軍隊防地，日軍退駐地點，及日軍最後撤退期限問題，大會定星期一午後再開，軍事小組會，今午公表云，軍事小組委員會，對於根本數點，未能同意，決定休會，至星期一下午三時再開。

◉各團體請郭泰祺勿遷就

各團體救國聯合會，恐政府對停戰會議有妥洽行爲，特於今日上午八時，推派代表往謁郭泰祺，提出意見云，連日停戰會議，對日軍撤退地點及時間，日本堅持吳淞江灣引翔閘北等地爲撤兵暫駐地，且不願規定日期，顯與國聯議案有違背之處，郭答日方確有違背國聯議決案之處，同時對其所詢關於停戰協定第二條，作書面答復之，敬復者，頃奉大函，備悉一是，查停戰協定第二條，僅規定我軍暫駐原防，並無不得進駐撤退區域之意，且討論該條時，弟曾向會衆正式聲明，此項規定，並非對我軍在本國領土內之行動，加以若何限制，當經紀錄在卷，來書所云，實出誤會，特此解釋，敬希亮察爲幸，此致上海各團體救國聯合會，郭泰祺四，二，至下午二時，該會舉行第十次理事會，李次山主席，由殷芝齡報告謁郭經過後，卽開始討論，當場議決，（一）備函推派全國律師協會，律師公會，國難救濟會，國民救國會，工程師學會，大學學生聯合會大學教授聯合會，全浙公會，等代表赴外交部駐滬辦事處，再謁郭泰祺，（二）定三日下午二時，舉行臨時緊急會議討論一切，茲錄其函郭泰祺原文如下，敬啓者，此次停戰談判，關於撤兵地點，日本尚堅持吳淞引翔江灣閘北四區，關於撤兵期限，又不肯爲明確有效之規定，依日本得寸進尺，口是心非之往事，所謂前述四區廣大之地面，將有長期被佔之危險，查此等地面，均有軍事上重大之價値，又爲市中心區所在，而戶口繁密，交通便利，在工商業上，亦居重要地位，若日兵依協定保障，以集合於此等地帶，則軍事交通經濟之便利，盡爲日兵所收，而我上海市之政治組織，且被整個打破，其爲害之烈，遠過於暴力佔領之現實狀態，本會各團體，以爲此等生死關頭，萬萬不容遷就，縱因是決裂，日本當負其全責，而我國一致對外之輿情，可由是維持於不墮，終有獲得最後勝利之日，折衝樽俎者，當從廣大之空間，廣大之民衆，長久之時間，全局之利害，通盤打算，萬不可將一時一部之勝負，縈繫於懷也，累卵懸崖，事機危迫，謹獻悃忱，至希察納。

前方敵軍躍躍欲動

崑山二日專電云，滬傳太倉失守訊，經某記者親往前綫考察，絕對不確，且我軍防線仍一無變動，惟日兵不時在我沿晌線騷擾，但均被我擊退，一日午，二日晨，敵便衣隊百餘名，曾兩次向距太倉正面五里許之橫瀝橋一帶我軍陣地騷擾，經我軍還擊，敵卽潰散，南翔西南李家樓之敵，於一日移至紀王廟北岸，並在邊構築工事，架設機槍重砲，禁止交通，一日，太倉

東接觸，敵不支退時，將三橋炸燬，我軍過河追擊，斃敵多人，二日晝太倉新唐市一帶，未聞砲聲，周吉橋各鄉，絕無居民，該處每日中刻至翌晨辰刻，常有接觸，敵匿浮橋民家，今被民焚，敵不及逃者多斃，浮橋附近各村被敵佔，姦擄，居民大恐，一日未自行焚去四村，浮橋發現太陽旗，敵出沒不定，瀏河茜涇新塘一帶，敵掘壕忙，設大砲多尊，並不前進，居民多逃，橫瀝橋二日晨，敵三千餘與我啃戰一小時敵退，我傷一兵。

◉太倉失守說不確

十九路軍總指揮部參謀處來電云，各報館鈞鑒，頃閱四月一日時報，登載日軍入太倉城一段新聞，查與事實完全不附，近來日軍雖時有騷擾，但均經我軍擊退，太倉仍為我軍扼守，我軍更無預定放棄太倉計劃，請特別更正，以後幷祈慎重登載軍事消息，是為至禱，十九路軍總指揮部參謀處冬印。

十九路軍後方辦事處消息云，日軍進佔太倉之說，全係謠言，業經本處辯正，茲又據本路軍交通處處長唐德煌來電更正，茲將原文錄下，范主任勛鑒，滬報載日佔太倉說，毫無根據，應卽更正，聞該項消息來源，係日人廣播電台所朦混播散，以期淆亂人心，幷希轉囑各方注意為要，唐德煌叩，冬。

◉張治中等準備犧牲

南京二日專電云，張治中談，停戰期內，形勢依然嚴重，日軍常以小部四出擾亂，因我軍防範嚴密，故不得逞，現日軍以嘉定南翔為第一防綫，眞如大塲閘北為第二防綫，鐵道以東為第三防綫，其在前綫者三四萬人，連在後方之部隊，共七萬餘人，我方則誓盡軍人天職，守土衞國，服從中央命令，如日軍再犯我方防綫，必當繼續抵抗，準備犧牲，至停戰會議要點，我方堅持依原則規定，第一步日軍撤至租界以內地區，第二步撤兵回國，第三步政治問題，但日方一味狡滑，並要求將政治問題，提出討論，我方萬難承認，故迄無若何結果，陳銘樞談，停戰會開議多次，我方尊重列國調停善意，極望促成和平，但日方野心未已，不惜違背國聯決議，及雙方議定原則，態度既狡猾，又強硬，故停戰會議前途非常暗淡，會議設或破裂，戰禍立可復作，必仍賴自身能力，以維持未來命運，到最後時期，惟有拚四萬萬頭顱，與五千年國祚同存亡。

◉地方維持會收到救國捐總數

自滬戰開始後，卽由各界聞人組織上海地方市民維持會，維持被難同胞，及其他救護工作，外界見該會工作認眞努力，故送往捐款甚多，而各地華僑尤為踴躍，據聞該會自二月十七日起至四月一日止，已收救國捐，為大洋六十八萬四千五百三十五元三角七分，規銀二萬〇〇五十兩〇四錢，惟是款專為救國之用，任何急需，亦不挪移。

◉美機師孝脫母妻來華

大美晚報云，美飛行家孝脫中尉，二月二十三日，在蘇州天空與日飛機交戰殞命後，今其母伊理薩伯孝脫夫人，與胞兄愛特門孝脫乘塔孚脫總統輪船來滬，本月十九日卽可抵埠，孝脫靈櫬現尙停於萬國殯儀館，迨其母到滬後，再行殯葬，至孝脫夫人等來滬後，將為中政府之上賓。

(四月三日)

停戰會議大會，及小組會議，均定今日下午三時，繼續在英領署開會，議程為討論日軍撤退地點及時間問題，日本軍事當局植田中將，田代參謀長，島田海軍參謀

長等，今日午後會在日領事署開會，日使重光亦出席，討論對停戰會議之各項問題，內容頗爲祕密云。又外訊，滬停戰會議組共同委會，人選經擬定，並徵得中日兩國同意，名單如次，郭泰祺，黃強，華，重光，植田，日，藍溥森，桑布爾，英，詹森，特萊斯台爾，美，韋禮頓，彭那維泰，法，齊亞諾，拉鐵尼，意，一俟日撤兵時期問題解決後，卽發表。

◉各團體救國會表示

上海各團體救國聯合會，於今日下午舉行第七次緊急代表大會，到各團體代表胡鳳翔，石芝坤，馮少山，褚輔成，殷芝齡，等六十餘人，公推褚輔成主席，報告開會宗旨後，繼卽開始討論，(一)遵照國聯決議案，發表促日撤兵宣言，議決，原則通過，推大學聯等起草，(二)忠告我國首席代表郭泰祺案，議決，通過，(三)籌備組織東北義勇軍後援委員會案，議決，推道路協會，全國律師協會，全浙公會，大學聯會，國民救國會，國民救濟會，等團體籌備，(發表宣言)上海各團體救國聯合會，謹代表上海三百萬民衆，泣告全國四萬萬同胞，此次日本以強暴的武力，侵略淞滬，不僅是對上海局部的壓迫，而是對吾中國整個民族的壓迫，本會曁上海三百萬民衆，爲中國整個國家的生存起見，爲中國整個民族的利害起見，特全體議決，誓死反對有條件撤兵，並以任何外交當事，如敢於冒天下之大不韙，承認日本有條件撤兵，承認日軍無期限的佔據吳淞引翔江灣閘北四軍事重要區，有條件的撤兵，第一違反國聯議決案，第二違反全國四萬萬同胞公意，簽訂此種喪權辱國的協定者，本會曁上海三百萬民衆，一致認爲出賣中華民國的主權與領土的國賊，我上海三百萬民衆，我全國四萬萬之同胞，應以最有效的最嚴厲的方法對付之，披肝瀝胆，謹此宣言，(函郭泰祺)各團體救國聯合會，昨函我首席代表郭泰祺云，此次上海中日停戰撤兵談判，依照國聯大會議決案之精神，僅能協定日本撤兵一定之程序，不得有妨害中國領土完整行政獨立之條件，迭經貴代表鄭重聲明，並以人格担保，乃連日會議情形，貴代表既承認我軍駐地受限制，復承認日兵可以暫駐吳淞江灣閘北引翔四處五十方里之地點，是日兵佔領之事實，而爲法律上之認諾，既違背國聯決議，復抹煞民衆公意，喪權辱國，試問何以對苦戰衛國之將士，更何以對犧牲身家性命擁護國軍作戰之人民，本會聞訊髮指，特爲警告，務祈貴代表堅持最初主張，於日本撤兵外，不接受任何條件，否則甘言以欺民衆，束手以對敵國，則愛國民衆，決不能爲貴代表恕也，事機緊迫，急難擇言，祈熟思審處是幸。

前線又有接觸

崑山二日專電云，二日夜敵分五路擾我草庵廟，爲我守軍得悉，立分兵將敵包圍，結果敵死傷廿餘人向餘，西竹村退却。蘇州三日專電云，牌樓市附近各村，被敵佔後，騷擾不堪，農民被迫大忿，二日午，集二三百人，以農具與日兵抗戰，結果，被擊斃數名，農民退入我軍陣地，敵追至被我軍擊退，江午，黃渡曁太倉東郊各村，均被敵擄略，嘉定有敵千餘，瀏河有敵司令部，敵二千餘。

◉廣東十人團慰問滕氏遺孤

前吳淞要塞參謀長滕久壽氏抗日陣亡後，聞廣東十人團，以滕爲國犧牲，壯志

可嘉，特派代表持慰問金一百元，前往華北公寓滕夫人楊佩瑤女士處慰問，楊女士以淪落滬濱，母兒貧病交迫，得此救濟，非常感激云。

李濟琛謂日軍不撤退當誓死抗禦

雖軍委會一廳主任李濟深談，日不確定撤兵時限，無和平誠意殊明顯，如按所要求駐兵地點，彼可於數小時內恢復如現在陣地，黃強君二日由滬來京，向中央報告會議經過，及日方態度，殊令人對和平前途，深抱杞憂，中央對日撤兵，至多限兩星期完全撤盡，否當誓死拒絕。

停戰會議又決裂

（四月四日）中日停戰撤兵會議，今日午後三時，仍在英領事署舉行，小組會議，亦同時開會，討論毫無結果，幾致決裂，由友邦斡旋，於休會期內，求轉圜辦法，大會定於星期四晨十時重開，小組會議則定星期三午後三時繼續討論，茲分記情形如下，（大會情形）今日第十一次正式會議，於下午三時舉行，各方出席代表仍舊，吾方代表最先到會，繼爲各友邦公使代辦參贊等，次爲日代表，當會議時，各代表相互談笑，至三時二十分，始開始討論，首由英公使致詞，略謂，中日停戰撤兵會議，自廿四日開會迄今，前後已達十一次，時間經歷，已費卅四小時，其結果雖未等於零，然與零亦相差不遠，蓋本會之主要問題，尚未解決，以前議決各項，亦不能循序進行也，故希望今日會議，對於日兵撤退，求一滿意之解決，英使語竟，乃由日首席代表植田發言，謂日兵撤退，實與撤退之地點問題，至有關係，前者小組委員會，聲明日軍由最前綫撤至公共租界及越界築路毘連地，四星期內，當可撤退完竣，關於此語，當時日代表曾聲明尚未完全決定，蓋因撤兵時期與地點問題，至有關係，當時代表之四星期撤退完竣一語，祇係暫時表示，其具體決定，須觀日後之情形而定，關於地點，尤其是華軍駐防地點，與日軍撤退，至有關係，故當時小組會之日代表，曾要求華方代表說明蘇州河以南華軍駐防之狀況，此項要求，當局認爲與日軍之撤退至有關係，故不得不加以確切之聲明，同時並請與會華代表，加以說明，植田言竟，吾方首席代表郭外次，即據理駁覆謂，關於日代表在小組會中，要求說明蘇州河南華軍狀況一點，不特當時華方代表表示反對，即列席之各友邦參贊，亦以爲奇，蓋此項討論，不涉本會議之範圍以內，須知本會議之唯一使命，爲停戰與撤兵，事前曾確定討論原則，不談任何其他問題，況日代表此項要求，關係中國主權，華軍駐在本國領土，行動完全自由，不受任何限制，日方對之，實無庸詢問何種狀況南市華軍，此次作戰時，絕對未嘗加入乎，郭氏言竟，日代表植田，復反覆表示，日軍之所以欲明瞭蘇州河南華軍駐防代題，實因在撤兵期間，避免後方及側面之危險，不得不加以問明，故再三詢問郭氏，究竟該處有無華軍駐防，郭氏聆語，即以簡單之語調答覆，謂關於此點，事前實未預備答覆，因談判原則，早經規定，此項詢問，不合邏輯，至於日軍謂在撤退期間避免危險計，不得不爾，試問，南市與閘北，中隔兩租界，日軍撤退，危險何來，日代表聆郭氏語，即謂此項詢問，實非兵對兵的問題，

須知南市閘北，雖屬中隔租界，不特大砲可以轟射，即步槍亦可射達，因此之故，愈有明瞭華軍情狀之必要，日代表語竟，吾方代表郭外次即堅決拒絕，謂此係停戰撤兵會議，而非備戰會議，應根據原則討論，而英公使藍博森亦謂，此項問題，日方無庸顧慮，因停戰撤兵，一旦實行，敵對行動，即已完全停止，如果日軍發生危險，儘有共同委員會中友邦各代表，加以調查，英藍使語竟，各友邦公使亦相繼附和，日方至此，對於原議，始告打銷，惟反覆辯論已費二小時矣，繼由吾方郭外次發言，謂日軍撤退，華方因日代表屢次聲明，人數衆多，已作絕大讓步，容許日代表有一規定時間，暫駐公共租界越界築路之毘連地帶，現下日方對於時間問題，堅不表示，此實會議前途之唯一焦點，須知日期一日未能決定，即本會議一日未能終了，若欲華方未得一確定之駐兵時間，而立行簽字，此不特違反民意，且政府當局，亦屢次訓令，無期間之規定，無論任何情勢之下，不得簽字解決，故要求日方，從速規定一駐兵時間，至何日便能恢復一月二十八日前情形，日代表重光聆語，當謂關於日軍撤退，日方刻正計劃一特別方法，自動撤退，但時間問題，則實未能規定，蓋若規定一確切時間，宛似表示日軍之撤退，顯因被逼之故，郭代表當又據理駁覆，謂我人所談者係撤兵，如果不規定一時間，是何異撤兵談判，半途而廢，故日軍何日能恢復一月二十八日前原狀，在會議中務須詳細規定，郭氏談至此，日代表默然不答，當時席上，頓形沉寂，英藍使見狀，以兩方態度顯陷僵局，因謂此次中日停戰會議，中立國代表，煞費苦心，始得舉行，如果雙方堅持，前途實堪焦慮，本人敬以友邦代表資格，希望雙方接近，使會議成功，此時無論如何，萬勿決裂，英藍使言竟，我郭代表當表示華方對停戰撤兵會議，實具充分誠意，今撤兵而無確切日期，實違本會原意，華方對此，決不讓步，日代表當亦表示，日方對撤兵期限，務期愈速愈妙，但須俟地方情形之安定，我方代表戴戟，當謂，現下滬上情形，早經恢復，兩租界解嚴，即其明證，日代表謂，租界雖已取消宵禁，然戒嚴令依舊存在，戴氏當又加以駁覆，謂租界戒嚴令之存在，即係日兵不撤之故，雙方反覆爭辯，至此又達一小時，迄無結果，英公使謂，時期問題，討論已達四小時，請雙方再將此會情形，各呈報政府請訓，郭氏謂，本人可不必請示，今晨尙得政府之訓令，總之，非使日方說明完全撤退時期，殊難討論，重光謂，本人亦得東京政府之訓令，對限定日期完全撤退，不能辦到，英公使勸雙方不能如此，并請雙方各設法，一方呈報政府，一方求轉圜辦法，大會乃延至星期四早晨十時再開，時已六時，於是會議遂散（小組會議）軍事小組委員會，亦於今日下午三時開會，討論撤兵地點問題，到我方代表十九路軍參謀長黃強，日方代表田代皖一郎，關係國代表英使軍事館參贊桑希爾，美使館軍事參贊特萊斯台爾，法使館軍事參贊彭那維泰，及意使館軍事參贊法拉鐵尼，會議至六時三十分始散，撤兵地點，關於江灣方面之萬國體育場一帶，引翔港一帶，雙方雖無異議，惟於閘北方面之日本公寓至六三花園一帶，及吳淞鎭一帶，今日仍無具體決定，並聞日方對於吳淞方面，更進一步，要求包括吳淞砲台，我方堅決反對，遂決定再向雙方首席代表請示，至於京滬滬杭兩路交叉點之潭子灣至叉袋角一帶，日方正式放棄，已不復提出討論，（會議公報）第十一次停戰會議今晚發表公報云，本日下午

三時，舉行第十一次停戰會議，詳細討論撤兵期限問題，希望雙方意見能趨接近，現休會下星期四晨再開，軍事小組會議今晚公表云，軍事小組委員會，繼續討論退兵之種種計劃及退駐地點之確當性質，已議至一點，雙方須向首席代表請示，現休會至星期三下午三時再開，（英使提案）英使藍溥森，以此次停戰撤兵會議，兩方僵局，繫於確定時間與不確定一點，爲調和雙方意見起見，曾於上星期中，提一折中辦法，其內容規定撤退時間，雖未規定，惟較日代表之空洞，已較爲實際而具體，惟中日兩方，對此新提案，均已表示拒絕云，（日將聲明）日本方面，將發對外聲明書，內容略謂，對於日本之撤兵問題，決不願限定時間，願自動撤兵，該聲明書俟簽字後，即將發表矣，

戰事危機未去

▲路透社四日東京電，此間有以滬戰或將重現爲慮者，但據外務省發言人今日聲稱，如華軍不取攻勢，上海決無戰事之憂，該發言人續稱，外務省及陸軍省，最近迭得民衆請願書，謂日本對華已十分讓步，不宜再有退讓云，又孟却斯德指導報今日社論，表示遠東現局常含戰事復作之危險，謂日軍長此佔據滿洲或上海之中國土地，常有發生不規則事變之虞，甚至將促成嚴重之中日戰爭，日本屢次藉口中政府政治不良，危及日僑之生命財產，其實日本所行之政策，使生命財產受巨量之破毀，使盈千累萬之日僑棄其故居，使中華全國抗日之情感愈見激烈，使事態骨裏較以前更形紛擾，該文之結論曰，中國對日經過一番甚佳之戰鬥後，不願有所讓步，遂成今日之僵局云云

又，崑山四日專電云，日來太倉橫瀝橋方面，常有敵部隊及便衣隊騷擾，我軍遂於該處要道設防，今午後三時，敵便衣隊數十名，又來擾亂，至要道中，猝然遇伏，死傷甚衆，陸渡橋三日晚，到敵哨二百餘，中我伏，敵死傷五六十人，不支退，我祇死傷五六人，各處難民逃沙頭共千五六百，糧缺，望鄰縣接濟，

（四月五日）

蔣總指揮電告敵軍備戰

外交郭泰祺氏接蔣總指揮電告，謂日來前線日軍，對於軍事進行，殊爲積極，最前線一帶，且佈置極堅固之防禦工作，日軍步哨且不時衝入吾軍防線，向吾軍防線，向吾挑戰，觀其用意，不特絕對無停戰撤兵之準備，且擬企圖大舉進攻，請郭氏於會議時，將該項情形，詳細報告，使各友邦公使，明瞭日方居心之險詐云，又崑山五日電云，十九軍一部，於五日開往常熟駐防，前方自將敵便衣隊殲滅後，已平寂，敵騎兵連日在黃渡田野間操演，春熟被殘殆盡，楊林口新到日艦，敵一部登陸放哨示威據民房，每日下午四時迴艦，前線敵架砲佈網，形勢緊張，大戰一觸即發，白茆孕婦邢朱氏被日機炸傷，胎兒亦中彈死，婦亦危，十九軍有部隊開常熟附近接防，

停戰會議無結果

中日停戰撤兵會議，今日下午三時繼續舉行小組會議，正式會議，則定明日上午十時開會，茲將今日各方詳情，分誌於

左，(外部訓令堅持)關於停戰會議談判詳情，吾方代表郭外次，均逐日電外部，及日內瓦顏代表報告，外部當局，亦按日電訓郭氏，有所指示，茲悉前日會議，雙方旣陷僵局後，郭氏立卽電告外部，外部關於此事，卽再嚴電郭氏，對於日兵撤退期間，務須明白規定，如果一旦決裂，則決裂責任，須由日方負擔，(日政府不讓步)路透社五日東京電云，駐華日使重光葵，會以日軍撤退地點與時限問題，請示於日政府，今晚據半官消息稱，政府將覆以日本未便再作任何讓步，(日領館亦會議)日方當局，今晨十時，在日領署舉行會議，除日方出席之代表植田，重光，島田，田代，外，日司令白川，暨日外相芳澤代表松岡，亦參加討論，至十二時始散，聞日方意見，對撤兵一事，決計拒絕規定日期，在日方認爲情形安定後，自動撤退，並擬積極召集圓桌會議，解決政治問題，且決定發表一宣言，聲明日方態度云，

◉各團體一致反對屈辱條件

(潮州同鄉會)潮州旅滬同鄉會致國民政府電云，洛陽國民政府林主席，汪行政院長，蔣軍委員長，羅外交部長，郭外交次長，鈞鑒，上海中日停戰會議，應請注意之點，括言之，應依照國聯決案之精神，僅能協定日本撤兵之一定程序，不得有妨害中國領土完整行政獨立之條件，分言之，第一，中國領土內如有日兵，決不與開任何談判，第二，吾國在領土駐兵，不得受其任何限制，第三，東省與上海兩案，不得分開解決，而東省不撤兵，上海亦不開談判，有犯以上各點，卽爲喪權辱國，我民誓死不認，卽使日本以暴力壓我，吾國祇有採正當防衛，爲惟一途徑，縱至如何重大犧牲，實所甘受，須知政府乃民衆之政府，非在位諸公之政府，在位諸公，不過係人民一時之代表，若故違反民意，自甘喪失國土與主權，是諸公自貶代表之資格，而政府亦非民衆之政府矣，諸公秉衡當局，責重任鉅，應請爲國鄭重，並爲自己重，誠懇之言，幸垂察焉，潮州旅滬同鄉會救國委員會叩，支，(國貨工廠會)國貨工廠聯合會，昨電國民政府云，中日停戰撤兵會議，開會多次，日方毫無誠意，除派大批飛機，在空中示威外，幷要求我方將蘇州河以南及浦東南市等處駐兵情形，與其說明，居心險詐，可見一斑，務望迅令郭代表等，須依照國聯大會，不得妨礙中國領土完租行政獨立之議決案，不得接受任何辱國喪權條件云云，

◉劣貨輸入銳減

大美晚報云，據日本商務省貿易局統計，自去年九月至本月二月之六個月內，日本運輸華貨物，除去東三省及蒙古後，僅值日金三千七百萬元，比諸一年前同時期內之一萬零七百萬元，竟減少七千萬元，約減百分之六十五，其中以十二月份，中國抵貨最烈，其出口總值，在六個月中，降至最低點，僅值日金三百九十七萬六千七百元，比九月份總值一千一百五十五萬六千元，減少百分之八一，四，就地點論，則華南減少最甚，六個月間所購日貨，僅值三十四萬元，上一年同時期內，值三千零七十一萬元，其次則爲中國中部，亦減少百分之七十五，且逐月遞減，及至二月份，以上海事變，幾致毫無日貨進出，華北方面，所減較微，六個月總值，僅比上一年同時期，減少百分之四十三，迨至二月份，已微見恢復，至華貨輸日，在六個月內，除去由東三省及蒙古輸往者外，共值日金三千七百萬元，亦減百分之二十三云，

◉毫無羞恥之漢奸

今日報載漢奸組織閘北政治事

務所，某記者特赴市政府訪問此事，據某負責人談，市府確於前日接到報告云，有漢奸胡立夫，汪度等，與日方勾結，組織所謂北市地方維持會，張貼布告，自稱奉日方任命，爲政治事務所正副所長，並委任常某爲警務處長，程某爲車務處長，姚某爲總探長，李某爲公安局長職，查此種非法行爲，當然不能發生效力，市府方面，業已令公安局嚴密查究，至該漢奸等喪心病狂，爲虎作倀，是自棄於國人，并已下令通緝矣，

停戰會議中之小組會議情形

（四月六日）

停戰會議，今日大會休會，小組會於下午三時繼續開會，已略有進步，并決定於今日下午二時，出發赴吳淞江灣引翔閘北四處，視察擬定日軍撤退駐軍地點，但會議前途關鍵，仍在時間問題，今晨正式會議，頗關重要，茲分誌各項消息如下，（昨日小組會議）昨日下午三時開會，討論日軍退駐地點，到我方代表十九路軍參謀長黃強及外交部祕書郭德華，日方代表陸軍參謀長田代皖一郎，關係國代表英使館軍事參贊桑希爾，美使館軍事參贊特萊斯台爾，法使館軍事參贊彭那維泰，意使館軍事參贊法拉鐵尼，會議至六時二十分，始散，當會議時，吾方代表黃強聲明，小組會議，迭次討論日軍撤退事宜，雙方意見，迄未接近，日方代表，對恢復一月二十八日前原狀問題，屢次聲明，日軍人馬過多，故於撤退時，必須於租界毘連地帶，劃出相當地點，暫時駐紮，以便乘輪歸國，華方爲諒解日軍苦衷起見，當即表示於租界毘連地帶，規定若干點，暫供日軍駐紮，惟是時間問題，必須有明確之規定，乃以日方堅拒規定時間，致會議迄未成就，茲華方特鄭重聲明，日軍在撤退期間，因爲便利計，華方願於毘連地帶，暫時容許日軍留駐，惟苟無規定時間，則不特中國政府與民衆，均抱不安，且將令人疑及日軍有永久佔據之野心，苟時間問題而無確定答覆，則本會議之一切撤兵討論，亦屬全等於零，故希望於今日會議時，對撤兵一點，雙方能以誠意之接近，而明日正式會議中，亦能根據本會之討論，從速規定一撤退時間，庶停戰會議，得一圓滿之解決，黃氏發言竟，中立國代表等俱表示贊同，乃賡續討論撤兵問題，對前經討論之毘連地帶，是否適宜問題，討論殊久，而中日代表對撤兵地點之廣狹，爭執亦殊激烈，（今日視察地點）旋經詳細研究，聞（一）吳淞方面之撤兵區，暫擬定吳淞鎮蘊藻浜張華浜，包括張華浜車站，東面濱黃浦江，成一半圓形之地點，但前次會議日方所要求之擴充範圍，包括吳淞砲臺，及曹家橋，在內，現已取消，（二）江灣方面，東北自殷行鎮，西南臨萬國體育場，成一長圓形之地點，（三）閘北方面，在橫浜橋東，包括六三花園，日本公園，及天通庵車站，成一三角形之地點，（四）引翔港方面，東臨黃浦江，南接公共租界楊樹浦東端，包括滬江大學及引翔港鎮，成一扇面形之地點，但以上四處，雙方同意，不得妨礙交通，因之吳淞方面之張華浜車站，及閘北方面之天通庵車站，均可通車，不礙及交通，並經我方代表，鄭重聲明，如日軍最後撤退日期未定，則認爲無效，雙方面爲詳細討論起見，并決定雙方代表及各國武官分乘汽車四部，於今日下午二時起，自英領署出發，前往以上四處視察，約於晚間可回滬，屆時再定期開會（小組會議公報）中日停戰會議委員會，於散會後，發表公報云，今晨小組會議，略有進步，對日軍撤退地點及是否適宜問題，討論甚詳，

現定明日下午二時，中日雙方代表暨中立國代表，同往日軍撤退地點視察，本會定視察而後，再定期繼續商洽云，（今日上午會議）停戰撤兵正式會議，今日上午十時，繼續舉行，吾方出席代表，業已接到政府訓令，對日軍撤退時間，務須於大會中明確規定，不得讓步，至於日方代表，今日亦已接到東京電訓，關於規定撤退時間，須堅決拒絕，並不得退讓，否則即決裂亦所不惜，（英美兩使會商）中日停戰會議，連日情形險惡，今日東京消息，尤屬強硬，且擬待今日正式會議中，實行決裂，前方立即開始自由行動，此項消息，殊使各界不安，英公使藍浦森，特於今日下午三時，約同美使詹森，商洽一切，達半小時，美使始行辭去，聞英美兩使，對於停戰會議險惡情形，決定繼續努力調解云，（日方限期撤兵條件）路透社六日東京電云，聞日當局允授權駐華公使重光葵正式聲明，一俟上海一帶時局平穩，日僑生命財產，及其合法事業，得有充分保障，日軍當可撤至公共留界及越界築路以內，恢復一月二十八日前之原狀，日當局并擬訓令重光，如中國方面切實允諾，於簽訂休戰協定後，參加圓桌會議，日政府準備考慮更進一步之退讓，即規定最後撤兵時期，亦在考慮範圍之內云，（顏代表向國聯報告日軍挑釁眞相）中國總代表顏惠慶博士，今日根據蔣光鼐之報告，通知國聯祕書長，否認日人所稱，華軍與日軍在太倉西北邊境互相射擊之說，惟聲明三月三十一夜之射擊，實日本便衣兵攻擊華軍陣地所致，

前方仍有接觸

崑山六日專電云，六日晨八時，敵又有一小部隊，約數十人，向太倉橫瀝橋附近襲擊，經我軍還槍即退却，六日晨，浮橋九曲鎭，敵便衣隊，與我王家市保衛團戰一小時，斃敵四，獲槍一，團員傷一，南翔奸商方頌台，前借敵米五百石，謀得嘉定縣長，近敵不滿方，另委陳某爲縣長，六日晨，橫瀝橋敵數十來攻，經我擊退，嘉定敵司令部，遷中校，楊林口外四敵艦擱淺，六日仍擱住，又滬訊，今日上午七時許，滬西紀王廟東吳淞江北岸，又有日哨兵一小隊，約二十名左右，先向江南開槍挑戰，約逾十分鐘，見我軍不理，當即後退，至九時半許，又有日兵躉躍登民船，擬即渡江，當經我軍開放機槍掃射，日軍始不支而退，常熟六日專電云，五日晚牌樓市發現便衣漢奸數十，並張貼敵人荒謬布告，楊林口五日申刻，又到三艦，敵未登岸，又滬訊，滬西虹橋飛機塲，前日有一美國飛機，停駐該塲，並雇匠建搭蘆棚，正在興工，昨早八時十分許，忽有日飛機一架，駛至該塲空中，瞥見該機立即向東飛去，頃刻又有日機五架，結隊而來，始則翺翔空中視察，繼即降下，竟離屋頂丈許低度，盤旋五周，察悉確屬美機，遂紛紛向東飛去，（浦江日艦行動）今日四艦進口後，浦江內日本駐艦文復增加，計有十六艘之多，內爲旂艦出雲號停日領署前，二十六隊魚雷一艘，停大阪碼頭，砲艦Katata停日海軍河筒，海防艦對馬號，停七八號河筒，第三隊驅逐艦四艘，拋在楊樹浦江面，另有交趾，阿蘇，等特務運輸艦四艘，停在吳淞口及匯山碼頭，吳淞外鴨窩沙海面，共拋有十四隊魚雷四艘十五隊魚雷二艘云，（日軍用炸藥轟毀古墳）今日下午一時許，吳淞方面突聞巨聲一響，聲震遠近，嗣經探悉，係蘊藻浜西首華豐紗廠後面之日軍，施放爆炸藥品，因該處適有古墳一個，位於路旁，日軍認爲

有礙軍事上之視線，初擬挖掘棄去，旋因該墓建築甚堅，故改用炸藥轟毀云，(日軍馬全部患疫)本埠日文每日新聞云，駐防瀏河鎮北陸出身之架橋中隊，自吳淞上陸後，該隊之戰馬四百餘匹，現巳全部染疫，患呼吸器急促症，殆巳陷於全部滅亡之悲境，隊長廢寢忘食，努力看護，現由軍隊中收集各種材料，建設假馬廐，兵士亦頗願看守馬廐，其病勢較重者，則運送至兵站病馬廠治療，日來巳有四匹死亡，故看護者尤為焦急云，

◉市府通緝閘北漢奸

漢奸胡立夫，汪度，常玉清，等，勾結日人，在閘北組織非法團體等情，市政府巳於前日，嚴令公安局查明通緝，並佈告市民，一體週知，茲將其訓令及佈告原文，探錄如下，(一)訓令　為訓令事，據探報，閘北方面，有不軌之徒，勾結外人，於四月一日，成立一市北地方市民維持會，卽前江北司令部之變相，其辦公處設在民立路舊工巡捐局內，巳於四月一日實行開始勒收規費，會中正會長胡立夫，住居租界威海衛路錦樂里一零五義，(係安徽人)副會長汪度，(係阜寧人)常玉清為警務處長，程希之為車務處長，姚五為總探長，李飛為公安局長等情，據此，查該胡立夫等，竟敢於市區內組織非法機關，顯係別有企圖，自應嚴行究辦，以維法紀而正人心，除佈告外，合行令仰該局，卽便遵照查明，飭屬通緝歸案法辦勿延為要。此令，(二)佈告　為佈告事，據探報，有胡立夫汪度等，勾結外人，在閘北方面，組織所謂上海北市地方市民維持會，由常玉清，程希之，姚五，李飛，分任警務處長，車務處長，總偵探長，公安局長，各項僞職，巳於四月一日成立，並勒收規費等情，據此，查該胡立夫等，竟敢於市區內組織非法機關，顯係別有企圖，若不嚴行究辦，殊不足以正人心而維法紀，除令飭市公安局查明飭屬通緝歸案究辦外，所有該非法組織之一切行為，不能生効，合行佈告周知，此佈，

(四月七日)

費時誤事之停戰會議

停戰會議，今日上下午在英總領事館開會兩次，出席代表如前，日軍完全撤退期限問題，中日雙方，仍各堅持，英公使藍溥森提出折中辦法三條，以期打開僵局，中日代表允各向政府請示，定明日星期六下午三時，再開會議，繼續討論，至軍事小組委員會全體代表，今日下午二時，視察吳淞，並定今晨續開會議，討論日軍退駐地點問題，(上午會議情形)今日上午十時，中日停戰會議代表，曁各友邦公使參贊，均準時出席，當會議前，小組委員會代表首先報告前日議決經過，定下午二時，分往前方視察，報告一過，中日雙方代表均無異辭，乃卽開始討論，惟小組代表因下午二時，須往撤兵地點視察，故於十一時四十分先行退席，當今晨雙方開始討論時，日首席代表植田首先詢問吾方代表，謂關於蘇州河南及浦東一帶之華軍駐防問題，日方實係根據停戰協定第一條，須包括停止兩軍一切敵對行動，故日方不特須明瞭蘇州河南及浦東一帶之駐軍狀況，在原則且須明瞭中國領土內之軍事行動，故無論如何，須要求華方代表，說明蘇州河南及浦東之駐軍情形，吾方首席代表郭外交次長言，當卽堅決聲明，當上次會議時，關於此點，中國早巳明白表示，在事實上以上兩處，雖在交戰時期，中國軍

隊，可以利用之而進攻日軍，但當時中國軍隊之抵抗日軍，純屬自衛，該兩處旣未受有日軍攻擊，故亦未曾進攻日軍，此在交戰時間，已可見華軍之不願在蘇州河南及浦東方面，爲進攻日軍之地帶，矧在此停戰撤兵期間乎，況在協定原則上，初無討論此項問題之規定，更在中國主權上，絕對不容他人過問中國軍隊在中國境內之行動，日方之此項詢問，實屬超越協定原則之新問題，蓋前所訂之停戰協定，原指加入作戰之軍隊與已成戰區之地帶而言，絕對不牽涉其他區域，在原則上早已顯然，何必多事無謂之討論，何況日方所指地點，中隔公共租界與法租界乎，日代表聆語，乃復加以聲辯，謂蘇州河南與浦東方面之駐軍，討論業已多次，究竟中國方面，是否承認以上兩處，在協定第一條包括之內，當日代表發言時，措辭殊爲嚴厲，我方郭代表，乃亦以簡捷之論調作答，謂此項討論，初不在範圍之內，因協定範圍所規定者，爲已參加戰事關係者爲限制，以上兩處，與此次戰事無關者也，此時雙方態度，均極嚴重，日方見郭代表堅強答覆，默然良久，各友邦代表見狀，誠恐決裂，乃向我方代表婉勸謂，蘇州河南與浦東一帶，中國本無駐軍，無妨加以說明，俾袪日方之疑，郭代表對之，因此舉關於我國主權，仍表示堅決拒絕，且重復聲明，在協定原則第一條上，並無此項規定，何況此次討論，係屬停戰撤兵，絕非預備戰爭，假如當日軍撤退時，發生意外，則各友邦代表，儘可加以證明乎，此時日代表對於此點，仍堅持不稍讓步，謂華方代表如果不說明蘇州河南及浦東之情況，則日軍雖願誠意撤退，仍不能達到完全停戰之目的，郭代表聆言，乃謂日代表及各友邦代表曰，欲達完全停戰之目的乎，此極易，祇須日軍恢復一月念八日前之原狀可耳，中國方面，此次參加會議，完全根據國聯議決案，與中日雙方之停戰協定，須知停戰與撤兵，完全相互而行，停戰既已過通，則最緊要之問題，端在完全撤兵，在協定第三條內，並明確規定，日軍須撤退至一月念八日前之原防，惟當時中國因日方屢次要求，謂實因人數過多之故，暫時准許日軍駐紮於租界毘連地帶，今日方對此，非特毫無誠意，抑且節外生枝，牽涉他項問題，而於撤兵談判，迄無明確規定，是誠令人失望，郭代表言竟，時已正午十二時，各友邦代表，見雙方爭執，迄未稍止，而日方亦覺難以下台，乃自動表示將蘇州河南及浦東之駐軍問題，交小組軍事委員會討論，是否於日軍撤退時，有威脅之可能，小組委員會討論而後，如再不決，再交大會討論，當時日代表提出此項表示後，各友邦代表，俱表同意，吾方郭外次，當卽聲明，在原則與事實上，不願討論此項問題，然以尊重各友邦公意，此項提議，可予贊同，惟須不越原則範圍爲主，至此，已十二時二十分，會議乃告完竣，定下午三時，繼續討論撤兵時間問題，（下午會議詳情）下午三時，中日雙方代表暨各友邦代表，繼續商洽停戰撤兵問題，首先發言者，仍爲日方代表，日代表謂，當第十一次會議時，日方曾提一聲明書，當時中國方面，因內容空洞，並無確定日期，加以反對，且爭執甚烈，旋由英使調解，雙方將此項問題，請示本國政府，而後再行討論，當時中國方面，仍因此項聲明書，以屬日方提出，不允請示，終以各友邦之婉勸，表示容納，故日方對撤兵談判關於協定第三條附件第二項之須先行詢問中國方面之訓令，已否接到，郭代表見詢，乃謂當上次會議時，中國代表，對於日代表所提之聲明書，卽

已表示，在形式與內容，俱屬不滿，當時因各友邦婉勸，故卽請示政府，今中國政府，囘訓業經到達，不但對此不滿之意見，與本代表等相同，且以爲聲明書中所謂「視地方情形僑民安全」兩語涉及政治問題，今日所討論者爲停戰撤兵會議，並非政治談判，聲明書中所謂安全，係中國之內政問題，當中日雙方簽訂停戰協定之預備會時，中日雙方代表，均謂在所訂三項停戰撤兵之原則外，絕對不談任何政治問題，當時各友邦代表，亦均在場，故今日會議，此項問題，可以不必討論，祇須規定一日軍完全撤退之時期，便可圓滿結束，日代表聆言，復謂此次日方出兵，完全爲保護僑民，如不達保僑目的，僑民仍不安全，則日軍殊難撤退，郭代表乃卽加以駁覆，謂日方此語，又屬政治問題，既背國聯決議案之原則，復越停戰協定之範圍，故中國方面，决計拒絕討論，雙方至此，業已完全破裂，英使藍溥森氏，目覩此項現象，深覺停戰會議，行將功敗垂成，乃與中立國代表商洽後，向中日雙方代表，提出一建議，謂此次停戰會議，實爲全世界所矚目，殊不願陷於僵局，此際惟有三項辦法，(一)在日方聲明書內，規定一完全撤退之日期(二)華方暫時接受此項聲明，而加以保留，(三)會議卽此破裂，卽行散會，英藍使語竟，仍向中日雙方代表，積極斡旋，我方郭代表，因謂此項會議，本人尙有一辦法，蓋此項會議係屬根據國聯決議案而開，今日方不澈底之撤兵，則不妨將此次會議經過，詳細報告國聯大會，一方面各友邦亦可作一詳細報告，郭氏語竟，全室異常沉寂，時已下午四時十分，良久尙無人發言，郭氏乃又復謂，如欲打開僵局，必須有一新方法，中國政府，對會議態度，累次明白表示，根據協定，决不讓步，而此次會議經過，中國代表之一切發言，各友邦亦均明瞭，日兵而撤至中途而廢，無論如何，中國決不讓步者也，郭氏言竟，全室又復默然，達半小時之久，各友邦代表乃謂，觀此情形，勢將決裂，本人等承政府命令，斡旋中日和平，今乃如此，殊屬失望，務請兩方於無辦法中，想一辦法，吾方郭代表，乃以極堅決之論調，答之曰，欲使本會圓滿解決，此極簡單，祇須日方表示日軍能於何日撤退完竣，僅此一言，便可決定，英藍使此際，乃復謂，此項會議，迄今已達十餘次，世界人士，俱欲知會議之內容，現雖已至決裂之境，本人等仍須積極設法，日使重光聆言，乃謂對此情形，殊覺抱歉，而各友邦代表，亦表示今日散會後，仍請兩方報告政府，以便轉圜，並向中日雙方聲明，全世界現均集中視線於本會，如果決裂，不但中日兩國，受其影響，卽各國在華之市塲，亦將危險，務請兩國對此嚴重注意，知解決停戰撤兵之必要，郭代表聆語，乃作最後之答辭，曰吾人已明知此病人之病勢，已入膏肓，諸醫均已束手，但不妨再易一醫，爲之設法診治，語竟，出席代表均失笑，時適下午六時，乃卽散會，定星期六下午三時，重行討論，(英使折中辦法)據可靠方面消息，英使所提，日軍最後撤退期限問題之折中辦法三條，內容如下，(一)日方發一單獨宣言，其字句卽爲日軍期望於六個月內，地方情形進展至確保安全之時，完全撤退，(二)中日共同宣言，卽於日方上項宣言後，加一我方附帶聲明，其字句卽謂非至日軍完全撤退，中國認爲本協定尙未履行，(三)我方發表單獨宣言，其字句卽爲非至日軍完全撤退至公共租界虹口區域越界馬路，中國認爲國聯議決案之精神及本協定，尙未履行，中日雙方對於英使三項調解辦法，

正向政府請訓中，（兩次會議公報）今晚會議公報云，四月七日上下午均開會，討論日軍最後撤兵期限問題，其結果，由雙方各自請示政府，定期星期六繼續開會，（視察吳淞經過）軍事小組委員會全體委員，今日下午二時，自英總領事館出發，赴吳淞視察，二時四十分至吳淞，全體委員，卽在海濱旅館附近下車，向西步行，穿過中央大學醫學院，及同濟大學，中間一綫，沿綫視察，至日華製糖廠，然後折至吳淞鎮，四時五十分，乘車返滬，小組委員會聞已定今晨十時再開會議，（顏代表抗議東省非法政府）路透社六日日內瓦電云，此間中國代表團現又甚活動，顏博士今日以公文三道，送至國聯祕書長德魯蒙，內有一文，載察哈爾省各公共團體來電，抗議日人在東三省設立非法政府，以作將來兼併地步之行爲，並請國聯爲中國主持公道，恢復中國主權，及維持國聯會章及國際和平工具之尊嚴，其他兩文，言日飛機在安亭拋落炸彈事，並謂黃渡日軍增多四千，摧毀公共產業，奪取貨物，中代表文中，又言及四月四日上海吳市長之報告，據謂，日人在閘北設政務處，擅委華人擔任要職，並組織警隊云。

前方聽槍聲

常熟七日專電云，六日敵襲葛隆鎮被我擊退，敵死二，我無傷，茜涇日演習，故有槍聲，新唐市一帶敵忽退，太倉今北無戰事，敵在嘉城北六里亭，婁塘，朱家橋，城西，高墩橋，六里橋，方泰，外崗，掘三尺深壕置大砲多門，六日晚，新塘市敵十餘，與鄉民衝突，各傷五六人，葛隆鎮敵與我哨戰，

◉閘北非法組織

大美晚報云，上海今將有一歸日軍保護與指導之駢枝政府，日海軍登陸隊與日陸軍當然以爲彼等對於此新近組織而僭取閘北行政權之中國委員會，不負責任，其事實如下，受南京中央政府節制反對中央負責之上海有組織的市政府，曾參加與日本外交及軍事代表所開之滬案正式會議，該政府曾申請日當局准其在華軍退出之區域，照常辦公，並允担負保護人民生命財產及維持法紀之責任，而爲日當局所拒絕，其拒絕之理由，爲日軍目下能妥善辦理該區，今者忽有人在該區組織非法政府，而得日當局之許可，將以維持法紀尋常職務，聽令或委諸該政府辦理，夫今日回至該區之平民，甚至不能得佔據其地之日軍之保護，而受非法行政者之准許，始能理其舊業，此非法行政者，將不對任何人負責，僅對自己或日當局負責，責任問題，既無所基，故此種舉動，實可謂中國亂黨在被佔區域中所行極不法之罪行，該黨出此，實欲藉該地以避免受法律之拘束也，該區之中，雖稍有日僑，惟其地既駐有日軍，日僑自可受其保護，而中國平民，則不得不受制於握有權力而又任所欲爲之非法委員會，日人常稱，彼等之作戰，乃爲法紀及和平安全之狀況，不知此種非法委員會，是否卽其法紀及和平安全狀況之一種榜樣乎，

（四月八日）

停戰會議形勢和緩

停戰會議小組會議，今晨在英領署內舉行，於十時起討論，形勢似稍和緩，結果，僅擬定日軍撤退後暫駐之吳淞區，至

江灣閘北引翔港等處，亦有論及，惟詳細之規定界限，須由小組會出席代表後日晨赴上述地點視察後，再行會勘決定，小組會定今晨十時續開，大會則於今日午後三時舉行，茲分誌其詳情如下，(今晨會議)今日上午十時，小組會議開始，出席人員仍爲我方郭德華，黃強，日方田代，島田，喜多，西村，梶原，及英參贊桑希爾，美參贊特萊斯台爾，法參贊彭那維泰，意參贊法拉鐵尼等，日方初欲討論蘇州河以南及浦東之華軍駐防情形，我方加以拒絕，旋乃討論日兵暫駐地點，對於吳淞之蘊藻浜張華浜等處，滬東之引翔港，江灣之跑馬廳，殷行閘北之六三花園，日本公墓等，均加討論，吳淞方面，因各代表會於昨日午後赴該地視察甚詳，故規定亦較詳，雙方各出紙筆，畫成地圖，爭論多時，始有一小部份之地點，得到同意，惟仍多模稜含糊之處，於是定下星期一(十一日)再赴吳淞江灣引翔港閘北等處視察後，再確定地點，會議定於今晨繼續舉行，(暫駐區域)今晨雙方討論之日軍暫駐區域，共有四處，經探得如下，(一)吳淞方面，在蘊藻浜之北，縱橫各三千密達，即三英里左右，南至外馬路附近，西至康家行，及北泗塘河，北及印家宅，孫家樓，東至黃浦江畔，惟該區域內有吳淞鎭及淞滬鐵路，同濟大學，中大醫學院，中國公學，等校，均劃出在外，日軍不得駐屯，故原則上雖係一正方形，而實際上則爲一斜長方形，其四圍之界限，則以附近之小河流爲間斷綫，(二)江灣方面自淞滬路東之跑馬廳至殷行鄉屬之，各處面積綫，亦以小河爲界限，(三)引翔港方面，自引翔鄉西北至軍工路之一部份，該處亦爲日軍駐屯地，惟滬江大學則不在內，(四)閘北方面爲六三花園，至日本公墓一帶，西以橫浜爲界，東至鐵路等處，大致與前相同，以上各處，除吳淞方面較爲詳細外，其餘三處面積綫均未決定，須視察後始定，(今日大會)今日午後三時，將舉行正式會議，雙方於該會中將先考慮，昨日下午及今晨小組會議討論之地點，幷再議前日開會中，英使藍溥森提出之條件，今日日人方面消息，日使重光，對於第一條之日軍於六個月內完全退至租界及越界築路，惟屆時須視滬上日僑之生命財產安全如何而定一點，可以允許，則第二條及第三條辦法可以採用，(今日公報)今日公報如下，今日舉行軍事小組委員會，詳細討論四地點，稍有進步，所有各地點之面積，因有一小部份以紙筆示出，故費時甚久，地點大致決定，但須賴當地視察以補助之，明晨十時，小組會議繼續進行，(日方表示態度)日聯社八日東京電云，田代參謀長報告，七日停戰交涉之三種案件，陸軍中央部對此三案表示同意，上海停戰交涉，因中國堅持日方明示撤兵時期，致毫無進展，陸軍省首腦部意見，非於圓桌會議確保上海安全，日方絕對不能明示撤兵時日，

◉黃埔同學會反對喪辱權國條件

黃埔同學救國團通電云，各報館轉全國同胞公鑒，日禍我國，慘不堪言，此次停戰會議，日方竟提出禁止一切抗日運動，接受滿蒙密約之和平協定，並劃閘北爲中立區，要求駐兵於吳淞閘北引翔江灣四重要軍事區域，且不確定撤兵時期，毫無和平誠意，殊爲明鏡，報載我方對於此項要求，完全退讓，如果屬實，顯係抹煞民意，甘心賣國，若訂喪權辱國之條約，國人萬難承認，本團誓死反對，臨電悲憤，不勝迫切之至，黃埔同學抗日救國團執行委員何靜民，朱冶蒼，徐瑞亭，李天兆，田子彬，暨全體四百餘團員全叩，

前方軍訊

蘇州八日專電云，八日九時，福山虞城滸浦，日機一，繞二匝甚低，機中人可見，向白茆去，九時半，太倉城，毛家市，岳王市，日機一偵察，九時三刻，日機一到崑飛二匝，我用槍擊逃，十時十分又來，飛一匝去，十時半，白茆新市，來日機一，盤數匝，擲一彈，落新橋田間，未炸，我用高射砲擊退，浮橋鎮之敵，退楊林口，由太倉□□□進抵浮橋時思庵一帶，縣府派王越浮爲公安局分局長，瀨新鎮敵軍與漢奸十餘，分贓起鬨，斃漢奸八，餘鎖押，蘇州八日獲精忠救國軍僞軍長李飛尙等七名，解總部，嘉定城內有敵近萬，分駐各祠堂學校各局，在街巷放槍打靶，民恐慌，繁盛處盡被燬，毛師長翁旅長，八日陪英美法意代表，視察陣地，四川決死隊隊長員刀斷三指示決心，蔡廷鍇定九日召記者發表時局談話，香翰屏七日覆蔡軍長電云，讀世電，語重心長，字字是淚，現在國族存亡，視乎能否抗日，抗日勝敗，視乎國人能否團結，詳察今日形勢，(中略)屏決定，(中略)將請命前來，與諸兄戮力殺敵，求盡國人報國之責，免亡國史上留一穢名云，牌樓市難民，八日被日機槍掃射，死十餘人，

◉美國人士抵制日貨宣言

美國智識階級，憤日本軍閥，窮兵黷武，侵略中國，蹂躪非戰與九國公約，破壞世界和平，遂相與倡議抵制日貨，組織美人排貨協會America Boycott Associatian 於紐約麥迪森街二百十八號，冀以民間自働的經濟制裁，促日軍閥之覺悟，藉以維護和平，保持正義，一時全國人民聞風響應，互相勸告，不購日貨，邇來爲時雖猶未久，而據華盛頓消息，對於日美貿易上已有顯著之影響，茲接得美人排貨協會抵制日貨宣言，爰爲譯誌，以見彼邦人士維護和平之熱烈，其標題爲『曷不抵制擾亂和平者，爲和平而排貨，』內稱，諸君乎，諸君縱爲美國一匹夫匹婦，亦復大有權力，足以制止今在中國方興未艾之戰爭，杜遏我人和平上之威脅，勿令其滋蔓難圖，致有追悔莫及之虞，諸君不必待彼迂緩陳腐之國際外交機械，或彼注念其他問題，而慮未來選擧之政府，以挽救此時局，今日卽可逕起而自爲之，苟能卽日抵制在美出售之日貨，立可逼迫日本停止戰爭，願受公斷，考日本對外貿易，百分之三十六在於中國，百分之四十在於美國，自中國拒購日貨後，此百分之三十六實際已全部喪失，若我人亦抵制日貨，則日本對外貿易，將有百分之七十六暫時停頓，其結果當可想見，日本勢必屈服，世界國家，未有喪失其國外貿易百分之七十六，而能繼續敵對行動者，抵制日貨，不致引起美日戰爭，因日本不敢，且亦不能抵禦此種排貨，日本經濟界必不能久持而不潰，日人畏懼此種排貨，勢必降心相從，以求和平，未必敢貿然出於戰爭，我人今日必須行使此種權力，但並非出於憤怒，亦非有所懷恨，實出於萬分遺憾，因事勢至此，不得不迫日本軍閥，使知處今文明世界，萬不能視彼規定和平解決國際爭端之條約，等諸具文，我人不欲斷定中國日本在滿洲之誰曲誰直，但以爲日本在滿洲與上海，使用武力，實屬大錯，日本必須將其爭端，提出公斷，日本苟自覺理直，自當坦然提出，無所疑懼，日本必欲受一教訓，使知凱洛格公約九國公約與國際聯盟會章，並非爲好高騖遠者之理想文章，乃係理

智的民族，具莊嚴與富有常識之決心，欲見秩序安全而非擾攘恐怖之未來世界，因此締結之神聖條約，倘今日之日本，不予阻遏，則吾人十三年來努力謀致國際秩序所得之結果，將爲之毀滅無餘，舉凡凱洛格公約九國公約國聯會章與門戶開放政策等，將被其蹂躪無餘，倘今日之日本所取之途徑，不加攔阻，則安全將無可期望，吾人瞻顧前途，唯有可怖之戰爭，利用化學藥品毒瓦斯與天空轟炸等，作全體之大破壞，陷世界於財政破產之境，諸君與余以及美國之匹夫匹婦，若不願見吾人前途，有良好秩序與良好設計之理智的生活，但唯有維持凱洛格公約與其他和平條約，始克保證此種生活，設不能循此途徑以保持和平，則請諸君趕卽購買毒氣面罩，停止一切計劃，事勢迫切，祗有今日，無復明日矣，故吾人今日必須趕卽抵制日貨，不容稍緩，此非過眼風雲之偶然事件，乃爲和平條約計，爲世界秩序計，苟失今不圖，後將無及，再者諸君此時，尙可訴諸日本國內理智的情感，稍遲則勢將無及，倘日本軍閥見其不難玩弄列強，則將剷除國內一切反對分子，日本全國在其指揮之下，將開始循克復世界之途徑以進行，嗣後日本軍力，得中國與滿洲煤鐵油礦之助，將愈益強盛，設再有破壞和平與世界秩序之舉，勢將無人能攖其鋒鋩，今則其軍力以缺乏基本經濟力量，尙未能作持久戰爭，此次乘世界多事之秋，出而逞其野心，我人尙得謂之虛聲恫嚇，若至日後，則不得以此四字相加矣，苟諸君欲見國際之秩序，欲保我國不受未來之侵略，欲救非戰鬥人員無辜之生命，允宜急起直追，卽日抵制日貨，須知諸君閱讀此文之時，正有無數婦女孺子，仰望轟炸飛機，盤旋頂上，不知第二批炸彈將落何所，而諸君和平之危機，亦正與時俱增，茲將日本對美主要輸出品列表如下，務請諸君參考此表，而使吾輩之力量，今日卽可表見，「生絲，乾豆，蟹肉，五綵瓷器，絲織品，草帽緶，蓮花，鬱金評花，水仙花根球，水獺皮，」諸君如購前列諸物時，務須獲得切實證明並非日本貨，例如生絲爲日本經濟生命之血液，在日本輸美貨物總値中佔百分之九十，但美國所用生絲中，日絲亦佔百分之九十，於故購買絲織品時，極難斷定其含有日絲與否，但苟能切實抵制，必能使日絲受重大打擊，諸君若購買絲織品，若不明白證明爲中國，法國，越南，或其他非日本之絲，則寧可勿購，而選棉花羊毛或人造絲織品以代之，諸君中如尙有其他常用之日本貨，亦請各自檢點，尤其對於五仙十仙之均一商店內所售貨物，須查明其有無日本製造字樣，我國法律，規定外國貨物必須標明其製造國名，故欲知其是否日貨，爲事絕易諸君如往平日所有交易之商店時，卽請舉本文所述理由及不再購日貨決心，明告該店主人，經理，及售貨員等，並勸其勿再批進日貨，此外再請勿乘日船，亦勿在日船運輸貨物，望諸君各以個人之判斷，務使抵制日貨，有偉大之效力，並請卽日實行，無任企盼之至，美人排貨協會謹啓，

(四月九日)

停戰會議又見裂痕

停戰會議，今晚在英總領事館，舉行第十四次大會，根據英公使藍溥森所提三項折中辦法之第一條，討論日軍完全撤退期限問題，我方提出修正案，主張日軍於四個月內，撤退完畢

，雙方爭執甚烈，幾瀕破裂，日方於散會後，遲至夜間，始允向東京政府請示，大會定明日星期一下午三時再開，軍事小組委員會，則於今晨十時開會，討論我軍駐防地點問題，並無結果，定明日同時再開會議，(撤兵期限)第十四次停戰會議，原定今日下午三時舉行，嗣以日軍撤退期限問題，已討論至最後五分鐘之程度，英公使爲明悉中日兩政府訓令眞相起見，遂預作會外之接洽，大會則展緩至下午五時始開，先是日使重光葵，於今午十二時一刻，至英領事館與英美公使等接洽，約一小時而去，外交次長郭泰祺，則於下午三時，與英美公使，在法租界華懋公寓交換意見，至四時後始散，旋於五時，各代表卽在英使署正式開會，根據中日兩政府之訓令，繼續討論日軍完全撤退期限問題，英藍使初於星期四開會時，提出折中辦法三條，卽(一)日方發一單獨宣言，其字句爲日軍期望於六個月內，地方情形進展至確保安全之時，完全撤退，(二)中日共同宣言，卽於日方上項宣言後，加一我方聲明，其字句爲非至日軍完全撤退，中國認爲本協定尙未履行，(三)我方發一單獨宣言，其字句爲非至日軍完全撤退至公共租界及虹口區域越界馬路，中國認爲國聯議會決議案之精神及本協定尙未履行，中日代表，遂各向政府請示，選擇任何一條，今晚會議，中日代表，卽各本政府訓令，根據三項折中辦法之第一條，進行討論，我方以該項宣言，字句空泛，且六個月期限太長，遂提出修正案，主將該項宣言中之「期望」二字，改爲「切望」，並將六個月期限改三個月，日方對三個月之期限，堅不同意，爭執多時，我方始表示改限四個月內日軍完全撤退，日方仍不允，英美公使，遂建議雙方再請示政府，惟日方仍堅持，最後始允於散會後，由其代表團自行考慮，是否有請示東京政府之餘地，約定於八時答覆，六時五十分遂散，並假定星期一午後再開會議，今晚散後，日代表團卽自行開會，決定請示東京，並一面通知英使，轉達我方，明日會議，遂亦決定照開，(我方會議)今日出席代表，於散會後，以形勢嚴重，殊有決裂之危，因卽往外次寓所，舉行會議，出席者郭泰祺，戴戟，黃強，夏奇峯，郭德華，張似旭等，當會議時，吾方代表決定如日方拒絕下星期一繼續會議，則吾方決計將廿四日正式會議開會迄今之一切討論，電告國聯，由國聯特會，作公平之決定云，(小組會議)軍事小組委員會，今日上午十時，繼續會議，日方代表，卽根據大會中議決，移交該會討論之浦東及蘇州河南我軍駐兵問題，要求吾方代表說明以上兩處，究否有無華軍駐紮，如現無華軍駐紮，他日日軍撤退後，華方是否將駐兵該處，務請華代表，加以確切之說明，俾日軍得以安心撤退，我代表當卽加以駁覆，並謂，日代表此項詢問，顯然涉及中國領土主權，超越國聯決議與停戰協定原則，日代表故意根據正式會議交議案件，藉以違反國聯決議與停戰協定，且復枝節橫生，將來會議破裂，日方應負完全責任，我代表言竟，日代表卽竭力聲辯，並謂，日方之欲明瞭浦東及蘇州河南駐軍問題，完全爲撤兵時避免威脅起見，我代表乃謂，浦東與蘇州河南之駐軍，在昔交戰時期，華方駐軍，尙不願作爲進攻日軍之根據地，何況日軍在撤退時間，且黃浦江，公共租界與法租界，足爲屏障，華軍如何能進攻日軍，現且有中國委員之證明，更何用鰓鰓過慮，故以上兩處，華方爲主權計，爲尊重國聯決議與協定原則計，決予拒絕，當時日方代表，反覆爭辯，更謂，凡有日僑之處，中國不得駐

兵，我代表當謂，如是則日僑所到之處，華軍概須迴避，所談愈離愈遠矣，友邦軍事參贊，遂建議兩方各向首席請示，定明日下午三時，再行討論，（會議公報）停戰會議第十四次大會，昨晚公報云，會議四月九日晚，討論日軍撤退時期之新建議，

軍事小組委員會，進行討論大會交議之調劑日軍撤退及華軍防地數點，並無進步，十二時三十分休會，至四月十一日星期一下午三時再開，

蔡軍長對停戰會議謂國人不可存依賴心

崐山九日專電云，晨有人謁蔡軍長詢對停戰會議前途意見，據答，察日方態度，始終狡展，故意拖延，無非欲渙我民意怠我軍心，和緩國際，希得駐兵上海，扼我咽喉，久佔東北，爲對世界大戰之根據，故我國唯有堅强不屈，抗戰到底，問，日既無誠意，我方何不立予拒絕，答，此乃政府事，或因中立友邦，從中斡旋，未曾斷然決絕，但國人切不可存依賴心，須知屈讓是死路，抗戰是生路，問，軍長赴京有何要務，答，無特別事可告，問，各方對抗日戰事意志如何，答抗日勝敗，是民族存亡所繫，余意祇有化私爲公，精神團結，共赴國難，始能救國，現全國均抱此旨，

敵軍要在吳淞建兵房何爲

崑山九日專電云，八日午夜葛隆鎮有敵兵三十餘人來犯，與我哨兵小接觸，後即敗退，臨走時執鄉人拷問該處我軍番號數量，牌樓市難民，於日前被日兵殺傷十餘人，九日午，距太倉朝陽門外十五里之我防地，又爲敵偷襲，我即迎擊戰約一小時，敵退，嘗接觸時，太倉城內聞槍聲甚晰，（戰區創痕送調查團）蘇州七日專電云，蔡廷鍇將敵在廟行嘉定暴行痕跡攝影，送外羅轉國聯調查團參考，（嘉定被蹂躪不堪）蘇州九日專電云，嘉定城內各機關被敵據後，所有貴重物品，均被運瀏河艦上，書籍木器充作燃料，（敵軍建兵房）吳淞蘊藻浜西首華豐紗廠後面，原有土地甚廣，茲悉日軍當局，因停戰會議中，大致擬定吳淞鎮西沿蘊藻浜泗塘河一帶，爲日軍撤退暫駐地點，故欲將該地，留作建築兵房之用，其中有一古時墳墓，被日兵用炸藥燬去，並運到大批建築材料，不日即將動工，又悉蘊藻浜大橋於昨晚重行修理，今日天明始止，據云，因有多數重量車輛欲經此橋，

●粵代表赴前方慰勞將士

自十九路軍抗日血

戰以來，粵省各界，特組織國難籌款委員會，籌款慰勞抗日前敵將士，日前並推派代表伍智梅，林逸川，黃文寬，三君攜款二萬元來滬，轉赴前方慰勞，伍君等已於昨日抵滬，當即往晤兩路車務處長鄭寶照，請介紹轉赴崑山，謁見十九路軍各長官，鄭應允，即於今晨乘杭車轉赴崑山，聞伍君等談粵中已籌到抗日捐百餘萬元，即將陸續匯來來云，

◉各界關心滕烈士遺族

華僑救國經濟委員會，昨日常會，朱慶瀾主席報告，報載吳淞砲台滕參謀長，爲國犧牲，烈士遺有老母寡妻孤兒，情實可憫，擬託本會主幹，親往慰問烈士家屬，一面函請要塞司令據覆籌募，以資扶養，而慰英靈，今日午前十時，吳山親往華北公寓十一號房，慰問滕夫人楊佩瑤女士，見其懷抱未滿二月之遺腹嬰兒，涕泣答云，先夫滕參謀長，名久壽，號祺之，貴州都江縣人，年三十三歲，在吳淞要塞鄧司令振銓部下，任職三年，二月四日上午十時左右日艦轟擊吳淞砲臺，彈中左膀，隨身護兵，請暫退避，烈士憤怒叱曰，我輩軍人，負有保國衞民之責，速還砲殺敵，退者立斬，話猶未畢，不幸右腋又中敵彈，轟去右手，炸片洞穿胸腹，砲臺雖得保全，氏夫竟粉身以殉，遺體由砲兵用棉絮包裹掩埋，三月中旬，普善山莊藍十字會，前往尋獲，面目如生，現擬擇期安葬於永安公墓，家有老母八十一歲，寡妻佩瑤，三十歲，長孤喬敏，十八個月，甫能舉步，遺腹次子，將屆兩月，家具衣物，均在淞寓，被日焚毀無餘，母寡兒孤，零丁淒慘，扶養教育，惟盼社會賢達仁慈匡助，生死同感云云，吳勸其遠仿孟母，善撫孤兒，政府定有撫卹，社會當然扶助，慰烈士英靈，二十年後，孤兒學成名立，夫人即享無量幸福云，

◉美飛行家精神不死

美飛行家孝脫之母，已定於本月十九日抵滬，本埠各團體聯合會，以孝脫君殉吾國難，因於今日下午三時，在靜安別墅舉行會議，討論招待孝母之一切辦法，到胡庶華，李次山，褚慧僧，馮少山，殷芝齡等，議至五時許散會，美飛行家孝脫前在蘇州，與日機交戰殞命，其母妻等，已由美起程，十九可以到滬，以便領柩回國，腸業公會特函市商會發起開會追悼，原函云，逕啓者，美飛行家孝脫曩在蘇垣被日機戰死，薄海同悲，孝君爲保持公理而不畏強暴，雖犧牲肉體，而偉大精神，千古不滅，玆聞其家族由美來申，我國民衆，對彼邦英勇，理表欽仰，敝會愚見，擬請貴會領導羣商，開會追悼，勒碑紀念，並執拂送殯，以慰國際之英雄，而表睦誼云云，

◉閘北漢奸可殺

各團體救國聯合會，因閘北漢奸胡立夫勾結敵人，組織地方維持會，荼毒市民，通告全市民衆云，全市愛國民衆公鑒，據報閘北方面，有漢奸胡立夫，汪度，常玉清，程希之，姚五，李飛等勾結敵人，組織所謂閘北地方市民維持會，向市民勒收規費，市府已嚴令通緝在案，此等漢奸，匪惟干犯法紀，實與我全民衆爲敵，正所謂亂臣賊子，人人得而誅之，上貽其祖宗歷代之羞，下貽其子孫永世之辱，我全市民衆，對於此等奸賊，不應視爲普通案犯，僅以旁觀態度，聽軍警之緝拿，無論識與不識，均應嚴密注意，隨時採用適當有效之處置，以懲奸惡，尤盼我愛國民衆，各以子孫種性爲念，遇有此等奸賊行爲，應即大義滅親，父不以爲子，兄不以爲弟，妻不以爲夫，立即宣示其罪惡，而與衆共棄之，民族存亡，胥繫於此，上海各團體救國聯合會謹佈，

差强人意之停戰會議

（四月十日）

中日停戰撤兵會議，昨日形勢備極嚴重，日方代表，對英使所提重行修正之折衷辦法，本已表示拒絕，旋經自動召集會議，始允致電政府請示，停戰會議，始復有一線希望，今日上午，小組委員會，將重往般行吳淞閘北引翔等撤退地點視察，下午三時，則正式會與小組委員會，同時分別舉行，外間深信中日雙方今日之會議，已達最後步驟，是否卽此告終，當視今日之情形而後定，惟據日人消息，今日大會，或須展期一天，亦未可知，（今日會議形勢）今日下午，正式會與小組會議，同時分別進行，小組會議，對日本撤兵地點，將加最後之商榷並決定，同時對條文方面，將從事詳細之討論，對此撤兵地點之村落河舍，均須一一註明，蘇州河南及浦東之駐兵問題，日方如再提出，我決仍予拒絕，正式會議則專事討論時間問題，如再破裂，恐將無法挽回矣云，（電告國聯代表）停戰會議，前後已達十四次，雙方態度，初未接近，我方郭代表，以停戰會議，係屬根據三月四日之國聯決議案舉行，今以日方之毫無誠意，會議屢頻破裂，今日國聯特會，業經繼續開會，郭氏爲使各友邦明瞭經過情形起見，特將停戰會議經過情形，電致顏代表，以便提出特會討論，（日政府之囘訓）路透十日東京電云，陸軍省與外務省會商後，已以新訓令致駐華日使重光，允修正英使藍浦森所提出之建議第一條，故重光將挾新訓令參與星期一續開之和會，（吾方囘訓未到）前日英使所提最後修正辦法，吾方代表因感各友邦之熱忱，勉允請示政府，迄至今晚，尙未接到政府囘訓，（日本謊報國聯）路透社九日日內瓦電云，國聯代表通知祕書長德魯蒙，據謂，四月七日，華兵約六十人，在紀王廟北面渡蘇州河，向胡家浜（譯音）附近之日兵射擊，同時又有華兵一隊，約亦六十人加入射擊，但爲日兵擊退云，中代表以調查團主席李頓爵士之言論，通知國聯祕書長，據稱，李頓勳爵游南京時，曾向行政院院長汪精衛聲明，維持中國土地與行政之完整，當爲國聯解決中日爭執之條件云，

前方軍訊一束

崑山十日專電云，敵於十日晨，又來岳王市偵察二次，每次約數十人，旋進旋退，在該市區公所內，搜去保衞團制服兩件，黃渡東南羅家村日軍，日來構築防禦工程甚忙，十日岳王市敵數十來偵，到公所檢去保衞團制服兩件。

常熟十日專電云，楊林口有敵艦四，十日上午十一時，向太倉開放三砲，彈落陸渡橋西南三里處某倉田內，未炸，上有大正六年字樣。

蘇州十日專電云，十日晨，楊林口日艦向太村開砲，城內聞砲聲甚晰，支塘聞砲聲三響，十日下午三時，太倉東南浮橋交界處，中日軍接觸，敵死傷八名，我無損，太倉東門外雙方哨兵，日有接觸，城中聞槍聲甚晰。

常熟十日專電云，太倉東門外陸渡橋附近，十日未刻，雙方步哨有接觸，移時卽止，敵死三四人，我無損傷。

蘇州十日專電云，趙一肩十日發表對日利戰論，謂對日有作戰之必要，作戰有勝利之把握，決不可依戀於苟安之迷夢，應下絕大決心，以武力收復失地，舉理由六點，沈光漢對所部

訓話，暴日決不能以口舌揖讓之間，使其撤退，應以熱血衝退敵人，

◉上海各團體反對折衷辦法

中日停戰撤兵會議中，英公使藍溥森所提出之折衷辦法三項，上海各團體救國聯合會，認爲違反國聯決議案，特致函英公使，請其注意，同時並致函我國出席代表郭泰祺次長，戴戟司令，幷電南京軍事委員會委員長蔣中正，外交部長羅文幹，行政院長汪兆銘，暨國難會議等，請勿爲所誤云，玆探錄其函電原文如後，（致英國公使函）英國駐華公使藍溥森先生閣下，此次我國與日本停戰撤兵會議，承閣下不辭勞苦，從中斡旋，我國民衆，對於閣下所提折衷辦法，第一條所謂日本政府聲明日軍期望於六個月內地方情形進展至確保安全之時，完全撤退一節，我國民衆認爲違背國聯決議之精神，且於和平前途毫無實益，因地方情形確保安全一語，絕無客觀的明確解釋，究竟何種狀態可視爲確保安全，係於日本片面主觀的認定，在一二八以前地方情形，並無不安全之處，而日本居然開始砲擊，今日本大兵據滬，盛氣凌人，我閘北江灣吳淞一帶人民，資財職業，毀失殆盡，痛苦不堪之情緒，蘊蓄於兩國民衆之胸中，隨時可生不幸之事件，若依日本方面主觀的解釋，將永遠無確保安全之期，即日本軍隊永遠無撤退之望，故此項辦法，不啻爲日軍製造永遠佔據上海之機會，貴國爲世界一等有力之國家，現在貴我兩國民衆感情至洽，貴國在華商務，決無借重日軍代爲保護之意，即可信貴國政府及民衆，必能贊助國聯決議，希望日本軍隊迅速撤退，我等因此對於閣下所提之折衷辦法，雖亦極具苦心，但無益於和平，即與貴國政府及民衆擁護國聯決議之意思相反，我等極尊重閣下之地位，與維護和平之誠意，同時亦盼閣下爲貴國和平，爲貴我兩國人民友誼，格外珍重，此致即頌公綏，上海各團體救國聯合會啓，四月十日。（致我國代表函）敬啓者，英國公使藍溥森所提折衷辦法，本會詳加研究，認爲與和平毫無實益，且爲日本軍隊製造永遠佔據淞滬之機會，特致函英公使表示反對，特將原函抄請詧核，切盼貴代表審愼從事，萬勿爲該公使袒日之辦法所誤，致蹈違反國聯決議，及賣國媚日之嫌，除逕電政府當局外，謹此奉達，此致郭次長，戴司令，計抄致英公使函一，上海各團體救國聯合會啓，（致軍委會等電）南京軍委會蔣委員長，外交部羅部長，洛陽汪院長，國難會議公鑒，英公使藍溥森提出所謂折衷辦法，由日本聲明日軍期望於六個月內地方情形展至確保安全之時完全撤退等語，此種聲明，所謂確保安全，毫無標準，全由日本片面主觀的認定，一二八以前地方毫無不安，日軍尙能進攻，今已大兵壓境，則所謂確保安全，將永無希望，而日軍駐滬亦永無撤期，旣屬自欺欺人，亦背國聯決議，全滬民衆，誓死反對，謹請迅電出席代表，萬勿受愚，國家存亡胥係於此，上海各團體救國聯合會叩，

停戰會議延期一天

（四月十一日）

停戰會議暫行停開之說，已略誌昨日報告，迄至今午，外交部情報司長張似旭奉命，正式通知英公使藍溥森，告以我方行政院長汪精衛，現正在洛陽，舉行國難會議，滬洛交通不便，政府訓令尙未到滬，停戰會議，祇有暫行展期，並請轉達日方等語，預定今日下

午三時，在英總領事館舉行之第十五次停戰會議，遂未開成，停戰會議，原擬展期一天，（大會延期原因）停戰會議軍事小組會議，雖定照常開會，但大會恐尙有數日之停頓，蓋大會癥結，在日軍完全撤退至一月二十八日以前原防，期限問題，終未得圓滿解決，我政府對於中日爭端之確定政策，早已完全信賴國聯解決，卽上海停戰會議，亦根據國聯議會三月四日之決議案進行，今國聯議會特別委員，旣於今日開會，則宜根據原來方針，將此間爭議不決之日軍最後撤退期限問題，代交國聯方面處理，以冀得一公平之解決，外交部長羅文幹，聞已訓令日內瓦顏惠慶代表，決定在國聯議會特別委員會開會時，將此案提出，故此間停戰會議再開日期，須視日內瓦方面形勢而定，軍事小組委員會，在大會停頓期間，決定繼續進行（代表會勘地點）軍事小組委員會，今日因江灣引翔等撤兵區之查勘，其範圍及詳細地點之畫分，不如吳淞一帶之困難，故中日雙方及友邦代表，於上午九時，齊集英領署，預備出發時，遂又臨時變更，中日友邦三方派代表四人出發視察，計我方派十九路軍祕書張益東，日方派參謀西村，副官黎岡，中立國方面派法軍事參贊彭那維泰四人，分乘汽車三輛，經虹口出發，赴江灣萬國體育塲至殷行鎭，然後再至引翔一帶視察，至十二時許卽歸，旋我代表向參謀長黃強報告，據英參贊桑希爾談，閘北方面，不甚重要，如須視察，亦將派代表前往，各代表遇有困難時，全體代表再行出發，桑氏最後謂，渠爲中立國人，各地均以不偏爲本旨，故上次視察吳淞時，日記者行至中途，亦被阻止折回云云，（小組昨晨會議）小組會議於今日午後三時，在英領署舉行，出席代表，我方黃強，郭德華，日方田代，西村，阿部，提原，英參贊桑希爾，美參贊特萊斯台爾，法參贊彭那維泰，意參贊法拉鐵尼，討論浦東及蘇州河南之華軍駐防問題，且詢我方代表，日軍撤退時，在浦東及南市之華軍，是否須加以干涉，我方代表，卽答以現所討論者，係日軍之撤退問題，而非中國之主權問題，此已離撤兵之基本原則甚遠，不能討論，於是日代表與我方作長時間之辯論，爭執頗久，未能解決，至是遂爲友邦代表提出折衷辦法，居中緩和，但雙方對此種折衷辦法，仍有激烈之辯論，歷久未決，該會於五時廿分完畢，定今日午後三時，繼續討論，（着手起草方案）今日小組會中，對於江灣引翔港兩地之日兵撤退區，刻由美國出席代表起草，規定區域線，起草畢，後再交中日雙方代表決定，現該項方案正在着手進行中，（小組會議公報）軍事小組委員會今晚公報云，日軍暫行退駐地點，業由中立國代表視察完畢，且已由小組委員會同意，午後續開會議，討論中國軍隊防地，稍有進展，休會至明日下午三時再開，

（停戰談判將移國聯辦理）國民新聞社十日日內瓦電云，中國總代表顏惠慶，今日聲稱，渠將請國聯辦理中日爭執之十九委員會注意上海停戰談判未能實現國聯決議案內條件，並謂上星期六，上海所謂之折衷辦法，勢難接受，因其中未曾規定日軍實行退出中國境內之期限，因此渠意，國聯勢將被迫考慮新建議云，（各團體代表謁郭泰祺）本埠中國學生救國會，中華民族自決會，中國靑年救國會，華僑同志會等團體，昨推代表沈祖儒，王志聖，燕金，張鵠聲，鄧次侯，李嶠峙，戴天道等，於今日上午九時，赴外交辦事處，攜帶質問書，面質郭代表幾點，（一）江灣閘北吳淞引翔四要區，爲何承認日軍佔據，所謂

六個月內地方情形恢復至平常交通狀態時，完全撤退，此種欺騙愚弄人民之協定，郭代表何以接受，並聞今日下午簽字，郭代表是否甘心賣國，(二)盛傳上海設自由市，此項滅亡國土及剝奪我人民資格之消息，究竟確否，(三)浦東蘇州河以南我軍駐守情形，與撤兵談判毫無任何關係，日本無理提出詢問，郭代表何以承允報告，在在屈辱投降，何如此無能，(四)上次晉謁郭代表時，提出凡暴日海陸空軍未完全撤退，反對任何談判，當時郭代表完全採納，並表示如有困難時，自願退位，現聞即將簽定屈辱協定，郭代表何以戀位甘爲賣國工具乎等等，原函面呈，適郭代表因公外出，鵠候至十二時，由情報司長張似旭代表報告，(一)本日下午會議停開，(二)滬案已呈請政府提出國聯解決，該代表等聞之氣憤萬分，該代表等因無結果，遂出，

◉敵軍在前線騷擾不堪

崑山十一日專電云，日兵在岳王市勒令居民，供給伙食並迫各商店開市，改懸太陽旗，居民多避，日兵在市搜索，岳王市敵軍，迫商店懸太陽旗，並強迫民供給鷄蛋牛肉及用品，新塘市茜涇間敵百五十餘，築壕佈電網，該處小麥，盡被日作馬料，田收已無望。

◉日本逞暴中之美俄態度

莫斯科電蘇俄政治界與經濟界現認美國務卿史汀生至日內瓦後，或有與蘇俄外交委員李維諾夫晤談之可能，以爲美國必認蘇俄爲解決遠東時局之一重要份子，卽兩政治家非正式之會晤，亦極有產生重要結果之可能，共黨著名領袖雷台克，今日在共黨機關報伊斯維斯的亞報發表一文，間接警告日本，倘欲攻擊蘇俄，則將迫俄人與美國聯盟，苟蘇俄相合，則日本難免大敗，雷氏聲稱倘有人向蘇俄挑釁，則蘇俄將向資本主義國家之不致損及其利益，與侵犯其境土者謀締暫時之聯盟云云，文中暗示美國天然爲蘇俄緩急時所資爲與援之國家，並力言美國國內對日惡感日增，有與蘇俄聯結之可能，最後又稱日本爲自保計，唯有與亞洲民族友誼合作云，又倫敦電云，前內務大臣克萊恩今日在波資茅演說，斥責各國一面非難中日間之爭執，一面以軍火接濟交戰國，並謂國聯如對於侵略國，發表較若干政治家認爲必要者更直率之言論，則於事當更爲有益，渠希望國聯將來於已經查明確有暴行時，對於暴行者不復表示溫和云，

停戰會議已告停頓

(四月十一日)停戰會議開會迄今，已達十四次，終因日方態度頑強，意見未能接近，毫無結果，現大會已無期延期，小組會雖連日討論，亦無結果，今日午後又在英領署開小組會議，雙方僅討論日代表提出之浦東華軍一點，乃作空泛之爭執，達二小時許，終未解決，結果，乃定於明晨十時再開，其他問題，均無暇談及，茲將今日情形分誌于下，(今日小組會議)今日午後二時續開軍事小組會，我方出席者仍爲黃強，郭德華，日方出席者田代，喜多，阿部，提源，及英美意法各友邦參贊，今日形勢，甚爲緊張，日方仍提出浦東南市之吾軍防地情形，幷訊我軍須攻擊撤退時之日軍否，我國代表，因其言語無稽，不在基本條件內，故而加以辯駁，雙方對於問題，爭論達二小餘時之定，卒未決定，復經友邦參贊之調停，於是遂於六時許散會，定於明日上午十時，再開會議，今日毫無進展，空氣反趨惡劣，三小時之會議，僅增加一次空泛憤激之雄辯而已，(小組會議公報）公報云，軍事小

組委員會，今日會議繼續討論在日軍撤退前中國軍隊駐紮地點，至六時散會，定星期四（卽明日）再開。（吾方將發聲明）今日下午三時，日當局曾邀日記者談話，對停戰會議，作片面單獨之非正式聲明，抹煞事實，謂停戰會議之停頓，完全爲華方代表意見不一致之故，某記者，詢郭外次據氏談，此項聲明，尙未寓目，如果日方有此抹煞事實之聲明，吾方亦決定發表一聲明，將過去事實，昭示中外人士云，（郭泰祺訪英使，）幹旋中日和平最力主持中日停戰會議之駐華英國公使藍浦森氏，以停戰會議，雖召開十數次，終因無法挽囘，以致會議暫告停頓，因鑒於在短期間內，尙不至開會，將定於本月十六日赴平，辦理使館積案，至何日返滬，則未知悉，聞藍使曾分函我國外交次長郭泰祺及日使重光葵知照，郭次長接函後，於今日下午五時半，赴英國領事館，訪謁英使藍溥森，對藍氏此次幹旋和平，表示感謝，談至六時一刻始返寓，據郭氏談，本日上午，接到英使來函，謂有要事，須赴平一行，本人當以此次停戰會議，藍氏周旋壇站，煞費苦心，會議幾經破裂，亦賴其盡力調停，如此時恝然赴平，於談判前途，不無影響，吾人素來尊重藍氏之意旨，更盼其能完成調解之全功，故對藍氏茲行，至爲依依，今晚特往訪謁，一再敦請其暫緩行程，藍氏已允加以考慮，此行之議，可望打銷云，外（美使謁郭泰祺）今晨十時，美使詹森，赴勞利育路，謁我外次郭泰祺，詢問我國對於大會前途如何之表示，當經郭氏答云，連日會議，因日方態度之強硬，使我政府無法再行讓步，會議前途，已成僵局，華方實無法打破此難關，現惟有將迭次會議情形，報告國聯，以便由國聯作公平迅速之解決，美使聞言，幷未表示意見，稍坐卽興辭而去，（各團體請休會）各團體救國聯合會，於今日下午三時，開第十一次理事會，由胡庶華主席，議決，定今日上午九時，推派代表李次山，胡厥文，貝祖翼，王造時，劉士熊，燕金，等六人，備函往謁停戰會議我國首席代表郭泰祺氏，請其正式宣告結束上海停戰會議，（國難救濟會電）中華民國國難救濟會致國際聯合會文電云，日內瓦中國代表顏惠慶博士轉國際聯合會特別委員會公鑒，吾國與日本，繼續協議撤兵，毫無效果，日本全然忽視特別委員會三月四日決議案，日本以狡詐行爲，佔據我軍自行停止敵對行爲以後退去之地，今竟公然拒絕議定撤兵日期，如日本不將其軍隊盡行撤入租界以內，恢復一月二十八夜以前狀態，決不能開會討論政治問題，在日本軍隊威嚇之下開會，必使日本激怒吾國全國國民，對彼之惡感，更爲增盛，英公使提議，調停辦法，吾國亦不能接受，時間過長，易生枝節，吾人熱誠向貴會請求，採取有效手段，以糾正日本藐視行爲，則不僅對吾國爲莫大之盡責，且足以保障國聯尊嚴及世界和平也，中華民國國難救濟會溫宗堯等，

◉英報之公論

路透社十二日倫敦電云，孟却斯德指導報今日載有社說，論上海中日談判決裂事，謂國聯十九國特委員會不易再能避免直接譴責日本，孟却斯德指導報以談判之決裂，歸咎於日本，因日本所施之策略，既不合國聯大會之決議案，復不合休戰之合理的佈置也，

◉前線無戰事

常熟十二日專電云，今日前線均平靜，太倉安，牌樓市現無敵蹤，楊林口敵艦亦已他去，嘉定外岡鎮，十二日午，到日軍二三百，旋卽去，嘉定城內東北兩門，十二日日軍忽禁通行，南西兩門，尙可通行，日兵在陸渡橋，

因居民拒絕供應，大肆騷擾，前線沉寂。

蘇州十二日專電云，旅美華僑關炳權，鍾鵬志，在美航校學飛行，志切殺敵，現已到十九路軍投效，蘇各界定期追悼孝脫，請孝脫母來蘇參加，並在殉難之高墊村立碑建亭紀念，崑山黨部暨各民衆團體，十二電請省府暨民財實三廳派員蒞崑查勘災情，請設法救濟，崇明設太倉難民收容所，已有二千人，馮庸義軍決日內返東北，領導東北義軍，收復東三省，

◉閘北漢奸罪惡貫盈

漢奸胡立夫，汪度，常玉清，姚子都，李鵬飛，等於本月一日在暴日庇護之下，在閘北民立路，六十六號組織非法之『上海北市人民地方維持會』以來，連日收集一般無業流氓，積極從事於蹂躪地方工作，詐欺威脅，肆無忌憚，北市人民，慘遭兵燹之餘，復受若輩荼毒，誠所謂禍不單行矣，日來益加橫行，一般良民，竟視閘北爲畏途，罪惡滔天，報章騰載，友邦非議，輿論譁然，日人鑒於此種形勢之不佳，爲圖諉卸一切責任計，爲朦蔽國際視聽計，忽於前晚六時許，飭派少數日軍將試會迫令撤銷，並於昨日傳出取銷該會之原因，類多爭權奪利之詞，解鈴繫鈴，世人當能洞燭其奸也。

◉各團體歡迎蕭脫之母

各團體救國聯合會，所組織之紀念蕭脫烈士籌備會，於十一日下午八時，在愛文義路五百十七號舉行第一次會議，出席馮少山，盧錫榮，殷芝齡等十餘人，公推殷芝齡主席，討論紀念孝脫籌備事宜，並歡迎孝脫生母來滬，當即議決如下，(一)添聘劉湛恩，張榮溥，張子廉，陳伯權，何永文，爲本會委員，(二)致電太平洋太虎輪船公司孝脫母表示歡迎，(三)決定假靜安寺路華安公寓爲招待孝脫母處所，(四)函市教育局通告市立各學校學生，及童子軍，務於十九日下午，赴新關碼頭歡迎孝母，原函云，逕啓者，美籍航空上尉孝脫氏，生前爲我國抗日殉難，凡我同胞，均宜致深切敬仰，與哀悼之必要，玆得確息，該氏生母，定於本月十九日由美到滬，本會除另組歡迎孝氏生母來華迎殯，及紀念孝氏烈節籌備會外，爲特函請貴局通飭本市市立各學校學生，及童子軍，於是日上午十時，整隊逕往外灘新關碼頭迎接，以示哀悼，藉表敬仰，并希將前往之各校學生名額分別開單見覆爲荷，此致市教育局局長徐，(五)函南京商聯會屆時升旗歡迎孝母，(六)第二次籌備會定十二日下午五時在中社舉行，

(四月十三日)

停戰會議延期

中日雙方停戰撤兵會議，因日方無誠意談判，以致進行窒礙，而暫告停頓，靜待國聯解決，吾方首席代表郭泰祺今已以正式公文通告日使重光葵，大會暫須延期，惟小組會議，則定今晨十時，再在英領署續開，昨晚我方代表郭泰祺，在勞利育路私邸，讌請英公使藍溥森，及各國參贊等，玆將今日情形分誌如下，(大會延期通告)中日停戰撤兵會議，因日方態度強硬，使我無從讓步，雖由英公使提出折衷辦法，政府亦難予以接受，故考慮之下，祗有卽日將會議經過詳情，報告日內瓦顏代表，轉達國聯，以求國聯明確規定日軍撤兵期限，在國聯未有辦法以前，滬會卽行停止，但未結束，一俟國聯解決辦法後，再行繼續會議，郭泰祺已接到政府訓令，着卽正式照會日方，郭氏當卽派外交辦事處情報司司長張似旭，於下午六時，往謁日使重光葵，略謂，中國政府對停戰撤兵會議，已電國聯代表顏惠慶博士，要求國聯明白規定

貴國軍隊撤退期限，刻國聯尚無復電，故大會須延期云，並聞我代表將同樣照會通知英公使，請轉告各關係國云（小組會議）小組會議、於昨日下午會議時，因日方提出浦東及蘇州河南之吾軍駐防問題，越超國聯決議與停戰協定之範圍，經吾方黃郭兩代表，嚴辭拒絕，雙方因成僵局，旋由各友邦參贊之調解，始定該會展期一日，於今日繼續討論，惟吾方黃郭兩代表，因日本始終缺乏誠意，擬拒絕此項無謂之討論，並將詳情報告吾方首席代表郭泰祺，惟各友邦參贊，誠恐今日會議，一旦停頓，則外間將愈益驚疑，故美參贊特萊斯台爾，法參贊彭那維泰，意參贊法拉鐵尼等，於今日上午十時許，偕同我方代表黃強郭德華，至英領署，與英參贊桑希爾，共同會晤，仍請繼續討論，吾方因各友邦盛情可感，當卽應允，惟表示決拒絕日方超越範圍之一切討論，據郭外次談，小組會因徇各友邦參贊之請，今晨十時，當可繼續談判，（郭泰祺宴英使）停戰會議，我方總代表郭泰祺氏，以英國駐華公使藍溥森氏，對此次會議，週旋壇坫，煞費苦心，現在會議雖告停頓，藍氏又有北行之訊，郭氏因於今晚，在勞利育路私宅歡宴，並邀李石曾，高強，張似旭，及與會議有關係之英國公使館祕書台克滿，史多林，美使館祕書恩格，法使館祕書拉格特，等，席間郭代表又向藍氏聲明，停戰會議，已由國府交國聯解決，以便打開僵局，停戰會議，於十六日國聯特委會開會後，或可望其轉機，請其暫緩北上，聞藍使已允暫時展緩，至九時許，賓主始盡歡而散，（各代表謁郭）各團體救國聯合會，於今日上午九時特派代表李次山等六人，持函晉謁郭泰祺，請卽停止進行停戰撤兵會議，適郭氏因公外出，由情報司長張似旭接見，據張答謂，關於停戰會議，我方決發一宣言，將過去事實報告外界云云，玆錄各團體救國聯合會致郭泰祺戴戟二代表函云，逕啓者，上海停戰撤兵會議，因日方毫無誠意，竟使撤兵會議變爲駐兵會議，如逐日小組會議，無非討論駐兵地點，使中外人心起割地求和之印像，開會原旨，可謂完全不符，本會認爲此種名實不符之會議，實無繼續進行之必要，玆特派李次山，劉士熊，胡厥文，貝祖翼，王造時，燕金，等，代表本會前來，陳述下列兩事，請賜俯順輿情，毅然採行，（一）宣告日方對於撤兵問題毫無誠意，上海撤兵會議無法繼續進行，已據情報告國聯，請其秉公處理，（二）宣告小組會議連帶停止，至於詳細理由，概由代表面述，此致郭次長戴司令。

◉馬占山反正

馬占山九日自黑河來電云，探投朱將軍子橋鈞鑒，韓參議立如，由滬返黑，詳及我公繫懷情殷，良深感荷，我軍前由龍江戰退海倫，矢窮力盡，不得已與日人虛與委蛇，囘省四十餘日，深悉日人陰謀，欲於國聯調查團來東北時，僞造民意，欺騙世界，故事先暗將得力軍隊，分布口口口口口口，於月之七日急來黑河，所有軍政機關，卽日成立，照常辦公，並積極籌備統率軍隊，相機進行，收復失地，至於日人製造滿洲僞政府種種陰謀，已盤理清楚，公諸國聯調查團，公諸世界，以揭穿其鬼蜮行爲，占山受國家邊疆重任，惟知以身報國，誓死抵抗，至於成敗利鈍，非所計也，謹先電陳，幷盼轉致滬上士紳均鑒，馬占山叩，佳印，

馬占山十二日自海蘭泡來電云，中國朱子橋將軍，懇速轉南京中央黨部林主席蔣委員長汪院長，北平張綏靖主任萬總參議吳子玉先生，太原閻綏靖主任，上海陳衞戍司令蔣總指揮蔡

軍長，太安馮煥章先生鈞鑒，中央各院部會處各省市黨部各省軍政府各軍事長官各法團各學校各報館，北平抗日救國會全國父老兄弟姊妹幷海外各使領館各黨部各華僑會均鑒，溯自暴日以武力侵佔遼吉後，雖其代表芳澤，屢向國際間聲明決不破壞中華領土之完整，但其事實，積極進行其併吞江省之志，日益迫切，初則利用張海鵬部進攻，繼則竟公然以修護江橋爲名，調集大隊日軍，進迫省垣，我方以尊重國際聯合會決議案及非戰公約，竭力避免衝突，冀以保持世界和平，免地方之糜爛，幷屢電我施代表，提出國聯，促彼返省，乃封豕長蛇，得寸進尺，狼子野心，貪而無饜，占山守土有責，遂不得不實行我國家自衛權，以兵戎相見，當時我軍義憤塡膺，人懷死志，晝夜戰守，氣薄雲霄，卒以軍械不敵，益以敵方飛機，日向省城內外居民拋擲炸彈，占山因重人民之籲請，並尊重國聯之公決，始將所部撤退海倫一帶，此已往與敵戰爭經過之事實，業經迭電宣佈，諒邀公鑒，迨撤退海倫後，正在積極補充軍實，作最後之奮鬥，而哈爾濱之戰事繼起，遂一面派隊堵截駐江日軍攻哈，一面以主力軍隊援助丁李，計從此兩軍銜接，東西聲援，庶使暴寇軍力，或不得逞，不意我軍甫抵松花江北岸之馬家船口，而丁李各軍，已不支而退却，日方偵知我軍援哈舉動，決計由齊克呼海兩路，用重兵夾擊，以期消滅我軍實力，當是時也，前有強敵進逼，後無要隘可守，內而械窳彈缺，外而孤懸援絕，危急存亡，間不容髮，占山自幼從戎，歷經戰陣，生死二字，久已置之度外，顧念死或重於泰山，或輕於鴻毛，若驅一軍忠義，以與強寇銳利無情之砲火相搏，結果徒供一時之犧牲，恢復之機，益將絕望，反覆思維，欲解決目前難關，惟有相機應付，緩敵進擊，庶可保存我軍現有之實力，俟時機一到，再圖反攻，並可藉探日人侵略我方之眞確計劃，故不惜冒險赴哈，會晤日本多門中將，本虛與委蛇之宗旨，搪塞其間，而東北一線之生機，庶得保留，此占山應付日人經過之曲折苦衷也，夫國際間最重信義道德，未有徒恃暴力欺詐，而可以得世界文明各國之同情者，乃日本不顧一切，甘冒不韙，其計劃之毒，出人意表，茲者國際調查團不日東來，若不將占山四十餘日親見親聞之日人種種陰謀打破，宣告世界，誰復知日人之鬼蜮伎倆，更誰知我東三省三千萬民衆處此萬刦不復之地獄耶，當二月十六日，占山爲明瞭日人製造滿洲僞政府之眞相起見，又因日方邀請，復冒險赴遼寧會議，翌日，晤日本關東司令本莊，據稱東三省大部，已被日軍佔領，謹吉黑一小部份，諒難抵抗，望與日人合作等語，是晚又強迫在趙欣伯宅會議，凡占山所提取消僞國家產出之方案，咸被日方拒絕，十八日託病返回海倫，旋據趙仲仁報告，十九日日軍部竟強迫張景惠成立僞國籌備委員會，幷令張景惠趙仲仁率日方所收買遼吉黑三省之僞代表十二，同赴旅順敦請溥儀爲僞國執政，三次推辭，代表三次敦請，始完使命，三月九日爲僞政府成立之期，占山本擬託故不從，後爲避免日方孤疑計，不得不去長春一行，十日日方現充僞國務院總務廳長之駒井及僞高等顧問板垣，以軍部命令開國務會議，發表僞政府設總務廳，掌管各部，一切實政，凡有政令，不經該廳簽字蓋章，卽不能執行，十一日板垣駒井又在國務會議發表日本軍部，將來擬由日人占充僞政府官吏之半數，及各僞省府官吏十分之四，現暫經減少，僅派加新政府百數十名，旋經議及日人入籍問題，熙洽曾有審愼之提議，當被駒井

板垣等嚴詞申斥，並謂凡居留東省之日人，均由鐵血換來，自應屬新國國籍，無愼審之必要，至於是否脫離日本國籍，日人自有權衡，毋容他人過問，復又發表遼吉黑三省各設總務廳並警務廳，均由日人充任，總攬各省全權，惟江省總務警務兩廳，以占山極力反對，故暫允緩三月後再由日人接充，迨至十六日本莊來江視察大興陣地，曾謂日本巳具決心，無論如何犧牲，決不放棄東三省，如有反對新國家者，卽由日本軍隊完全擔任掃滅責任，縱有第三國出而干涉，亦必與之宣戰，至於政令，自可按步進行，惟須經駐在日軍部之許可乃可，又駐哈特務機關長土肥原及駐江鈴木旅團長聲稱，日本得東三省後種種軍事材料充足，將北侵蘇聯，東抗美國，胥於此次立基礎焉，又復於土地交通金融教育爲積極之侵略，僞國務院議決，(一)凡東北土地巳經出放者若地主爲官吏舊軍閥，則全數沒收，若民戶畝數較多者，則以官價收買其半數，其未經出放者，悉數收歸僞國所有，以備日政府實行移民之用，(二)呼海鐵路，爲我國江省糧運之樞紐，日人與張景惠之約，以十分之一代價三百萬元，強迫抵押，雖訂期五十年，實無異於永久佔領，又恐占山不能承認，商補簽字，當被嚴詞拒絕，近聞又向僞國交通部進行矣，(三)籌設滿洲僞

反正後之馬占山近像

國家銀行，仿朝鮮銀行辦法，以爲操縱金融吸我脂膏之圖，(四)摧殘我學校，侵略我文化，凡學校除駐兵外，將我原有部定各級售發我國之教科書，悉加删改，參以親日意旨，以盡其消滅我民族性之能事，而於言論尤極摧殘，甚至假造輿論，淆惑視聽，抑且慘殺我智識階級，凡曾受教育具有愛國心者刺殺活埋，如前財政總長閻廷瑜，洮索路局長張魁恩等，均遭慘害，綜觀以上事實，是日人兼併東三省之野心，破壞世界和平公約，巳露骨表現，乃對國際間猶謬稱滿洲新國之成立，爲東北民衆自決之行爲，而實則迫勒威脅，無所不用其極，所謂民意，純出日人僞造而巳，諺云，一手掩盡天下人之耳目，此之謂也，占山一介武夫，愧乏學問，惟上承國家倚畀之重，下受人民付託之殷，故近月以來，不惜隻身冒險，忍辱受謗，以與漢賊不兩立之國仇，虛相周旋，所以然者，不過欲俟農民春耕之時，所部稍事蘇息，再圖大舉，以竟全功，現在日方假造之僞國，眞相巳明，調查團不日東來，乘機策動，此正其時，爰將所部軍隊，暗中分佈要隘，於四月七日急來黑河，所有黑龍江軍政兩署重要人員，先巳密遣到黑，關防印信，一并攜來，卽日照常工作，進圖規復，雖明知勢孤力薄，難支大廈，然救國情殷，義無返顧，濟河焚舟，早具決心，成則爲少康之一旅，敗則田横之五百，一息尙存，誓與倭奴周旋到底，成敗利鈍，在所不計，嗚呼，國家不造，禍起強隣，白山淞滬，同罹浩刼，此後不斬樓蘭，誓不生還，惟委曲求全之苦衷，恐不爲國人所見諒，故將中間經過之詳細情形，電達左右，昔日壯繆歸曹，志在漢室，子房輔劉，心切存韓，占山庸懋，心竊慕焉，知我罪我，惟在邦人君子，臨電悲憤，不知所云，黑龍江省主席

馬占山叩文印，

馬占山十二自黑河電李杜云，李鎮守使植初兄鑒，弟於冬早離齊赴拜克訥等縣宣慰駐軍，於陽晚安抵黑河，所有弟屬各部隊，現已佈置就緒，因途中感冒，殊覺不適，擬在此間休養，暫不返省，兄處情形如何，尚祈示知，

◉敵軍準備長期駐滬

電通社十三日電云，停戰會議陷於長期停頓狀態，日軍部鑒於出動之使命，現取二月二十日總攻擊開始當時相同之堅决意志，并採嚴重監視華軍之強硬態度，依此狀態，關於長期留駐兵力之編成，裝備駐屯線之確保等一切手段，一任上海派遣軍司令官白川决定，因此之故，日軍將延長至較停戰會議日軍之撤退線更西方面，大概於現今之地帶，構築半永久之陣地外，將謀長期駐兵所必要之裝置，且計劃兵力經濟等云。

◉十九路軍參謀長趙一肩之談話

（以下趙氏所言）我國自接受三月四日，國聯决議案，旋於三月十九日，在上海英領署正式舉行停戰會議，迄今時逾二旬，會議十餘次，卒無明顯之進步，而日方輒節外生枝，藉詞狡展，除對於不關痛癢之數項條件，表示就範外，會議最重要之撤兵日期，始終不願明白宣佈，其居心叵測，可知之矣，在此烟霧迷離之局勢中，政府徬徨於上，民衆怨讟於下，而在前線之將士，則搔首撫髀，感慨嘆息，夫外交家之折衝樽俎，於利害得失之間，自有其眼光，自有其手腕，吾人不在其位，未便遽置批評，顧循常理而論，要不出和與戰兩途已耳，質言之，卽在不喪權辱國之範圍中，謀和平正當之解决，固爲吾人所樂聞，否則惟有以武力收復失地，以確保國家領土主權之完整，蓋毫無可猶預者也，嘗聞主和論者之言曰，越王勾踐，臣妾於吳，而十年生聚，十年教訓，之結果，卒滅全吳，拿破崙蹂躪日耳曼，而威廉與俾士麥，發奮圖強，普法一役，德意志遂執全歐牛耳，卽如民十八，我國當局，對濟案讓步，乃得統一全國，則此次滬案，又何嘗不可效法前事，此種謬說，謂爲自慰，無乃謂爲自欺，國家當危急之際，忍辱負重，明恥教戰，而卒能雪恥興國者，誠有之，然時勢有推移，環境有變化，未可同日語也，吾國今日有作戰之必要，且對日作戰，有勝利之把握，擊而棄之，而謂當忍辱負重，以勝利待諸將來，則三八以來戰役，屠戮數萬生靈，損失十五萬萬財產，究有何意義，而我國自鴉片戰役以來，一切喪權辱國之議，皆可經忍辱二字之洗滌，而復歸於漂亮矣，何謂有對日作戰之必要乎，今日之談救國者，輒曰團結，然以吾國二十年內戰之結果，全國將士，皆旣此疆彼界，入主出奴，只知爲主將之爪牙，爲爭奪之工具，誠能置之疆場，以敵國爲對象，必可變易其思想，而爲國效死，吾國朝野，門戶各立，卽以本黨而言，各領袖間之言論，猶未能齊整，此乃無庸諱言之事實，然獨於對日作戰，則不謀而合，證以洛陽四中全會宣言，蔣委員長汪院長孫院長及滬上各中委之歷次談話通電，莫不同仇敵愾，義墳填膺，至於全國報章輿論，則更明顯的反對委曲謀和，誠能迅下決心，以武力收服失地，必能轉移全國視線，集內爭之精神，以奔赴國難，且果傾全力以抗日，戰而敗亡，國人尚可相諒，若趦趄於和議之途，因循誤國，則雖高唱團結，云乎有濟，此一也，我國地方遼闊，民衆智識幼稚，吾人儘宣傳帝國主義之兇橫，而內地民衆之印象，究屬模糊，非藉對外作戰之機會，予以強烈之刺激，不足以興奮此

古老民族，且非得到對外作戰之勝利，不足以恢復民族之自信力，此二也，日本自入寇東省以來，不斷在天津靑島福州汕頭挑釁，欲圖轉移國際視線，此次遷延滬案，亦同此技倆，吾人須知東省問題爲本，滬案問題爲末，欲早日解決東省問題，尤須迅卽收復上海，使國際以東三省問題爲討論中心，此三也，査國聯盟約第十條，九國公約第一條之規定，凡訂約各國•均應遵重中國主權之獨立及領土的與行政的完整，又三月四日之國聯議決案，亦以日軍撤退爲謀和之條件，今日方已一一而推翻之，吾人爲擁護上項條約及決議案起見，尤應卽日收復失地，此四也，且我國瀕年內戰，增兵至數百萬，裁兵之議方倡，內戰之端又啓，遂致兵不能裁，財政無由而整理，經濟日竭，禍戰日亟，政治建設，自無可談，山崩水溢，民怨沸騰，此種現象，雖起周公湯武而執政，亦將束手無策，曷若驅此數百萬病民禍國之兵，與暴日搏戰而死，反可紓國難而平民怨，此五也，何以言對日作戰有勝利把握乎，在此有一解釋，卽所謂勝利非目前之勝利也，此次暴日橫行，舉世側目，滬上停戰會議，各國公使，參與其間，是非曲直，早已大白於天下，吾人雖不求人憐，不恃人援，但得道多助，失道寡助，理所必然，暴日之失敗，可於此覘之，此一也，近年以來，世界之不景氣現象，日益嚴重，各國欲謀經濟之復原，極力爭奪市塲，幷保持其市塲之秩序，中國之在今日，已成爲世界唯一之市塲，各國豈願坐視暴日之肆意摧殘，更豈願暴日之任意佔據，故中日戰事延長，各國計及自身利益，起而制裁暴日，乃自然的演變，此二也，暴日爲工業國，戰役延長，工商必然衰落，失業者衆，社會革命，將應之發生，而自卽潰亡，此三也，暴日自滬戰起後，對外貿易，江河日下，經濟日陷窘迫，雖募集公債，然而國內財力旣窮，國外又拒絕應募，長久作戰，必難爲繼，此四也，我國募兵制度，雖不盡善，但應募之兵，類皆無家庭之累，一經訓練，卽效死弗去，日方徵兵之結果，旣足影響國內各業，（如電車工人，因徵兵而罷工，）且多不免有家庭之眷念，證以日軍俘虜之談話，可以知之，則其器械雖犀利，終不及我軍視死如歸之精神，此五也，總之我國在此危急存亡，間不容髮之際，決不可依戀於苟安之迷夢，應下絕大決心，與暴日作長期之拒抗，吾國之種種失敗，卽因苟安之一念所誤，此次滬變，如可潦草了結，則東北四省，又何不可乾脆斷送，他日東南西北二十餘省，又何嘗不可舉以送人，蘇子瞻說，六國破滅，非兵不利，戰不善，弊在賂秦，歷史上從無苟安乞和，而可救國之事實，土耳其之抗希臘，初無充厚之武力，其成功之要因，蓋爲民衆之醒覺，與外交之順利，今日中國民衆，旣有誓死抗日之決心，各國亦表同情於我國，有此時機，而不能效土耳其之奮發圖強，假令國恥史上又多一段事實，則亦大可哀矣（沈光漢之訓話）上海停戰會議因日方無誠意，勢將破裂，第二次大流血，決不能避免，我前綫將士，俱抖擻精神，躍躍欲再顯其好身手，沈師長光漢，連日集合所部官兵于□□訓話，略云，暴日百般刁難，決不能以口舌揖讓之間，使其撤退，我們應準備熱血衝退敵人，本着捨身救國之一貫精神，犧牲到底，詞極悲壯，各官兵莫不激昂憤慨，誓與日寇一決最後命運，

停戰會議全行停頓

（四月十四日）

停戰會議，因日方態度頑強，暫告停頓，須由國聯特委會解釋後再舉行，僅小組會照常開會，惟今晨小組

會，在英領署舉行，竟無結果而散，而期展延，繼續開會之期，尚未決定，據公報謂須請示後始悉，會議可謂等於破裂，茲將今日會議經過，分誌如下（小組會議經過）軍事小組委員會，於今晨十時，在英領事署舉行，出席代表我方黃強郭德華，日方田代，要村，阿部，提原四人，及英美法意各國參贊，開會後，先由日方代表發言，乃要求我方說明駐軍情形，其提出條件三條，（一）蘇州河以南及浦東，究竟有中國軍隊多少，須請中國代表說明，並指示出何處有軍隊，何處無軍隊，（二）日軍撤退時，在上述兩地軍隊，究竟欲攻擊否，（三）即使華軍於日軍撤退時，不施攻擊，但當日軍撤退至雙方同意之江灣閘北等地點時，在上述兩地之華軍，不得調防，當時我方代表則加以駁復，謂日方所詢之浦東南市兩點，既不屬於本會範圍之內，當然不能討論，其提出之日軍駐紮期內，我方在浦東南市之軍隊，不得調防，更無理由，蓋此點更礙害中國之主權，中國政府，當然不能承認，況果如日代表所言，則設或該兩地發生地方上重大之擾亂，如土匪之聚刦，反動分子之暴動，而原有軍警力量單薄，不足以彈壓，則中國政府，果否將派兵前往，抑履行日方提出不得調動軍隊之請求耶，惟中國方面，極有誠意，使此會成功，甚希望小組委員會能迅速解決，而得一圓滿結果，日方至是，仍堅持原議，而我方亦言不能答復，會議形勢，甚爲緊張，各友邦代表見會議將瀕破裂，遂居中緩衝，我方代表乃謂，日方要求，本無答復必要，惟按照協定第一項之末句，載明，各友邦代表須視察雙方履行條件之語，則我方爲便利各友邦代表起見，於日軍退駐規定地點後，可將南市浦東情形，向各友邦武官報告，至日方提出此種要求，中國代表仍認爲非常駭異，因按理實無提出此種要求之必要，除非別有用心，此則中國方面不得不防者云，而日代表仍謂不能滿意，始終要求將蘇州河以南情形說明，因日軍之側背，將發生危險云云，我代表即謂，日軍撤退後，其左翼全可得租界之保護，實無詢問蘇州河以南我軍之必要，日屢提出在基本原則內所無之問題，而使小組會不能進行，此點，中國代表不負責任，至此會議幾如破裂，雙方各不發言，各友邦代表又竭力調停，乃宣告延期，繼續開會期未定，日方於會議畢，曾言將請示總代表，（小組會議公報）小組委員會今日散會後，會場發表公報云，『軍事小組委員會，今日繼續討論，對華軍駐防問題，雙方代表，有若干點未能接近，本會暫行休會，由雙方代表各行請示首席代表後，再行定期談判』云，（郭泰祺氏談話）某記者見我國首席代表郭泰祺氏，詢以小組會無期延展後，是否須待國聯有明白表示後再開，郭氏謂，未能定，惟大致如大會繼續舉行，則小組會亦將隨之而開，此次小組會議，暫時不能進行原因，乃爲日本方面提出種種與原則無關之意外問題，實違背國聯三月四日決議案，對撤兵之期間，吞吐再三，致未能進行，至大會則須俟國聯開會解釋日軍撤兵之時期一點，因三月四日國聯決議，僅令日本撤兵，其詳細辦法，幷未規定，故須待解釋，某記者後又詢以對於此會前途之感想，郭氏聞語蹙眉搖首而言曰，尚有何說，語氣中含無限感慨，對於該會，似抱十分悲觀云（郭德華氏談話）據出席小組會議之中國代表郭德華氏，語國聞社記者云，小組會議開會迄今，所談各點，完全爲討論性質，並無決定一案，外傳簽字等等，全非事實，日方在會議席上，屢提節外生枝議案，我方以不在三原則之規定，終

不予討論，今日小組會議，結果毫無進步，下次會議，日方請示總代表後再定云，（地點並未確定）今日散會後，官塲發言人稱，對於小組會議，因日方條件苛刻，且不遵國聯決議案討論，故而展延，至小會中前數次之討論，幷無決定，外傳撤軍地點之妥洽，均係接近，而幷未確定云（報告國聯裁決，）郭泰祺復電云，上海市民聯合會虹口各區分會臨時辦事處鑒，來電誦悉，此次中日停戰會議，我方始終根據國聯大會決議案，要求日軍定期完全撤退，乃日方堅拒不肯定期，會議已成僵局，現我政府業將經過情形，報告國聯特委會裁決矣，特覆，郭泰祺，元印，（國聯特委會定開會日期）十三日日內瓦電云，今日此間正式發表國聯大會所組十九委員會，已從中國之請，定於星期六召集，按此舉係國聯大會主席兼十九委員會主席比外相希孟與國聯總秘書德魯蒙，於今日商定，但同時外間又盛傳希孟曾勸中國政府重開上海停戰談判，不必延緩云，十四日東京電云，外務省本日由日內瓦日本代表團接到報告，謂中國代表顏惠慶再次要求十九國特別委員會，審議中日停戰交涉之結果，決定十六日開會，討議此問題，芳澤外相等卽時協議對策後，訓令日本完全代表長岡，停戰交涉討論完畢，僅餘中國允諾與否之一點，然中國態度殊無誠意，極爲遺憾，如十九國特委會討論停戰交涉問題，日本代表絕無參加會議之必要，芳譯又令日代表將停戰交涉之經過報告書，提交國聯，路透社十四日東京電云，外務省接日內瓦官電，謂國聯秘書長德魯蒙四月四日通告日總代表佐藤，謂中國總代表顏博士曾請國聯十九國特委會儘速開會，討論滬案，惟因上海會議僅屬延緩，並非決裂，故德魯蒙勸告顏博士，謂此案應仍就地在上海續謀調解，不必移日內瓦辦理云，路透十四日東京電云，南京否認東京所稱國聯秘書處已勸日內瓦中代表，中國宜繼續與日本在滬談判不必請求於國聯之說，謂日內瓦中代表與中政府皆未接到此項勸告云，日本外務省接此訊後，今日告路透記者，根據可恃方面消息，外務省能謂國聯秘書處對日內瓦中代表確有此勸告云，

◉張惠長到滬謀擴充空軍

粵空軍司令張惠長，偕同中委陳樹人等，乘大來公司胡佛總統輪來滬，今日下午八時三十分抵埠，在新關碼頭上陸，聞張氏此來任務，係積極籌謀空軍之擴充，以實力抵抗侵略，擬在滬與各方接洽，徵求意見，復擬與中央方面磋商進行辦法，已于十九日乘機入京，日內將返滬，聞張氏主張空軍專任國防，決不參加內戰，各界認爲滿意，特予協助云，

◉前線敵況

蘇州十四日專電云，十四上午九時，蘇州太倉崑山同時到日機一架，飛行甚低，機中人面目可見甚晰，每處環繞偵察三匝而去，常熟十四下午三時許，聞東南方面來砲聲二響甚大，查悉日在瀏河攝有聲電影，嘉定十四被敵搜五十餘家，瀏河一帶，敵佈之電網一部份拆去，不知何故，太倉東門離城十餘里之張家橋所駐日軍，忽向後移動，我軍得該處鄉民報告，並請派隊接管，維治安，我軍聞已派隊前往該處一帶我軍陣地，均向前移動，太倉現狀甚安，前綫毫無接觸，浮橋十四到敵五十餘，由七丫口登陸，攜有槍砲子彈頗有常駐該處意，岳王市十四上午十時，到敵甚衆，搶刼居民，有西進模樣，官報一，敵方現集中鐵甲車數十輛於閘北，擬俟和會決裂以後，有佔領南市之企圖，二，閘北僞地方維持會日方現有重新組織之意，黃渡車站西約里餘之莊前村駐軍三四百，現將車站

附近人家搜索一空，並將民房拆作燃料，又崑山十四日專電云，日軍於十三日起，在鐵路正面黃渡附近莊寺村，調集大軍，分駐車站附近，並將房屋及鐵路道木，拆作燃料，敵鐵甲車坦克車探悉有命集中訊，常熟十四日專電云，浮橋現又到敵五十餘，有常駐狀，岳王市今日上午十時，敵搜索居民什物，並有西進狀，四日來，前綫頗沉寂，迄未聞槍聲，大約敵在佈置中，嘉興十四日專電云，十四日上午十時，雙翼日機飛禾偵察，在領空盤旋十餘分鐘始去，

(四月十五日)

上海停戰會議停頓後之形勢

上海停戰會議經各國友邦之調解，得以勉強開會，但日方毫無誠意，會議今已成僵局，無法挽囘，國聯方面頗為焦急，已決定於明日開十九委員特委會，討論對付方法，其形勢嚴重可知，但日方態度異常強硬，前途實難抱，我方出關代表顧維鈞，日方頻傳不負安全之責，明眼人早已知其鬼計，綜觀東北及淞滬數月來和與戰經過之情形，痛心之事，非一言可盡，唯吾人欲救危亡，打破強敵，收復失地，捨血與鐵外無他道，國聯豈終能信賴哉，

◉十九路軍將士誓不承認日方提案

某記者往訪十九路軍後方辦事處負責人，據談十九路軍全體將士，對於停戰會議，日方種種提案，甚為憤激，均在基本原則之外，妨害我國主權，我方絕對不能予以承認，我中國軍隊，雖酷愛和平，但絕對不畏強暴者之侵害，如日軍果欲侵犯，我軍為自衛起見，誓當抵抗，現靜待國聯解釋撤兵辦法，如日方不遵國聯決議而逕有軍事行動，我軍當然有相當準備，此次停戰會議，非為我方戰敗，而要求召開，乃係關聯命令舉行者，我軍絕不畏日，蓋三月餘來之日軍戰績，我軍早已領教，况自我軍開抗日之先聲後，各路軍隊，亦正同仇敵愾，願與日軍相周旋云，

◉馬占山佈露日人陰謀

黑龍江主席馬占山，致國聯調查團之電文，已於日前到平，原文如後，上海中國電報局轉洛陽國民政府，北平張綏靖主任鈞鑒，茲擬告國聯調查團一電，謹懇譯轉，查自滿洲人民與我漢族混合，三百年來，居處滿洲，相安無事，政治文化習俗語言宗教，莫不相同，故一九一零年之政治革命，雖將清政府推倒，改制共和，而漢人與滿人之間，不特無絲毫仇恨之表現，抑且滿人與漢人名辭上之分別，亦隨之而消滅於無形，此固世界人士略明中國情勢者所共見共聞，當非占山一人之私見也，故所謂滿人與滿洲者，已成為歷史上之名辭，決無引用於今日之價值，而日人必欲據為奇貨，竊用此字典上之陳舊名辭，以分裂我民族，割據吾土地，不圖於二十世紀之文明世界，尚有藐視國際正誼，慘無人道之行為，誠為破壞東亞和平之導火線也，查國聯盟約第十條，有聯合會會員，擔任尊重並保持所有聯合會各會員之領土完全之規定，又一九二二年華盛頓九國條約，有保證中國領土行政之完整，及東三省門戶開放與機會均等各規定，此皆不便於日本併吞東三省之企圖，乃假借民族自決之名義，用綁匪手段，強劫遜帝溥儀，自天津挾赴旅順，又威迫利誘，原有東三省之官吏，以演成其一幕滑稽劇，溥儀嘗於途中屢次以藥自殺，均

為監視之日人所發覺而阻止，求死不得，其所處之境遇，亦云苦矣，占山奉國民政府命令，充任黑龍江省政府主席，兼任東北邊防軍駐江副司令官，凡黑龍江之省防，占山責無旁貸，乃自客歲九一八事起，日軍先後佔領遼吉兩省，復蓄意圖黑以修復嫩江橋為名，偷襲吾軍，占山當即身列前線，力圖自衛，互相以砲火周旋者計閱二週，以器窳彈盡，退守海倫，而日本司令部，屢次遣人來，謂遼吉兩省軍政當局，現已議定組織兩省新政權辦法，俟新政權成立日本即當退兵，決無干涉行政之意，今惟黑龍江一省為梗，致陷全部於杌隉不安，為重三省治安，即日回省，黑龍江政權無條件交還，至省後，日軍即時撤退等語，同時並有遼吉兩省偽長官，由日本授意派人來言，謂新政權確係獨立性質，因即允予回省，藉以察看情形，再行定奪，詎進省後，日人以堂堂國家，不顧信義，頓食前言，不但一兵未撤，轉以利用三省一致為名，成立偽國家，以為實行侵吞梯階，於是政務委員也，黑龍江省長也，陸軍總長，偽命調也疊而至，占山得藉此窺暴日之肺腑，偽國之真相，以供獻於吾維持世界和平主張國際公道當此唯一機關之貴會，是亦不幸中之大幸也，茲將一月以來，占山實地經歷之日記，摘要披露於貴調查團之前，以資參考，幸垂覽焉，二月十六日，勉徇日人要求，乘飛機赴遼會議，二月十七日，晤本莊繁，據稱日軍已佔東三省大部，僅黑龍江及吉林之一小部份絕難抵抗，請與日人合作，是晚在趙欣伯宅開會，凡占山所提取消偽國家產生之方案，竟被日方板垣嚴詞拒絕，是日會議無結果而散，二月十八日，托病乘車返海倫，旋據趙仲仁報告，十九日日軍司令部命張景惠趙仲仁等同遼吉黑三省由日人賄買之偽代表十二人，同赴大連敦請溥儀為偽執政，並授意溥儀，三次推辭，代表三次敦請，始定受命，三月八日，日人復再三邀赴長春，占山本擬託故推諉，又恐轉生猜疑，不得已赴長春迎接溥儀，九日溥儀就偽執政，一切儀節，均由日人主持，傀儡登場，此之謂也，最可恨者，是日本莊繁來長監視溥儀就職，預令溥儀必須恭在東站迎迓，經一再懇請，稍留體面，當允由偽國務總理鄭孝胥代表，足見本莊實以統監自居，其所謂共存共榮者，完全欺騙之技倆也，三月十日，日方由駒井板垣持日軍部命令，開偽國務會議，同時並發表滿洲偽國政府，設總務廳長，由日人充任，掌管各部一切實權，凡不經該偽廳長簽字蓋章，一切政令，不得執行，三月十一日，大佐參謀板垣，偽總務廳長駒井，在偽國務會議席上，聲稱日政府原擬在新政府及各偽省府官員中參加半數，現經極力減少，僅在長春新政府加入日人百數十名，又稱日人住居東三省者，即屬新國家國籍，凡一切公權，均與滿人一律享受，至是否脫離日本國籍，自有權衡，他人不得過問，當派定遼吉兩省應由日人充任之總務廳，及警務廳廳長，掌管各該省一切實權，凡不經其簽字蓋章，一切政令，不得施行，並議定黑龍江省暫緩三月，再行派定，三月十六日本莊繁來齊齊哈爾，並視察大興地方，於途次談話(一)日本全國已具決心，寧拚任何犧牲，決不放棄東三省，(二)無論何人，有反對新政府，當由日本軍隊負完全掃滅責任，(三)如有任何第三國出而干涉，已下與之宣戰最後之決心，(四)關於一切政令，自可按步進行，惟須經過駐在地之日本軍部及特務機關許可，方能執行，又偽國務院議決，(一)凡東北之土地，已經出放者，若地主為官吏或軍閥則全

數沒收，若民戶畝數較多者，則以官價收買其半數，悉數收歸僞國所有，以備日政府移民之用，(二)呼海鐵路，爲黑龍江省糧運之樞紐，日人與張景惠訂約，以十分之一代價三百萬元，強迫抵押，訂期五十年，實不異於永久佔領，恐占山不承認，商補簽字，雖經嚴詞拒絕，近又向僞國交通部強迫進行矣，(三)籌設僞國家滿洲銀行，以朝鮮銀行之辦法，以爲操縱金融吸我脂膏之企圖(四)摧殘我學校，侵略我文化，凡學校除駐兵外，將我軍原有部定各級啓發愛國之教科書，悉加删改，參以親日意旨，以盡其消滅我民族之能事，又駐哈特務機關長土肥原，及鈴木旅團長，曾聲稱日本既得東三省，一俟軍費充足，卽將憑之以爲作戰之策源地，始能北侵蘇俄，東抗美國，漸及其他各國，以上爲占山所親歷事實之經過情形，現遼吉二省各縣，均派有日人兩名，辦理特務事宜，凡事不經其許可者，不能執行，所有東三省各報館電報電話，均由日人背後主持，而報紙除順從日本意旨外，實無眞正之輿論，現因貴調查團行將東來，日人對於知識階級份子，均予警告，凡有不利於日本之言卽予以斷然之處置，凡有反對日本之人，均被日論者，人在黑夜間闖入家中逮捕殺戮，並警告其家，如將消息洩露，卽同樣對付，閻廷瑞張奎恩等，悉遭殺戮，卽所謂東三省慶賀僞國成立之民意，均係日人僞造，現又收買無賴奸民，宣傳其德政，以上爲馬占山調查所得之事實，茲聞貴調查團業已惠臨吾國，占山爲救國計，遂決然冒最大之危險計設，自日軍嚴密監視下之齊齊哈爾，潛來黑河，執行黑龍江省政府職權，一切政務秉承中央，照常進行。用將滿洲僞國組織之實情顚末，供獻於特奉使命來華之貴調查團，及世界欲明此事眞相人士之前，茲敢以十二萬分之誠意，立誓告曰，吾東三省實無一人甘願脫離本國自外生存者，卽令從事於爲政府之官吏，均被日軍嚴重之監視，已失却其自由，務請貴調查團對於此層特別注意，加以實際之調查，以作誠實之報告，則世界人類和平之前途，方得保障貴調查團之有功全世界人道，亦得永垂不朽焉，再占山尤有進者，客歲秋間，吾華僑，朝鮮被殺死者數百人，財產損失數百萬，吾國政府何嘗藉口於保僑，遣一兵一將入朝鮮，近年以來，日僑在吾國境內，並未發生若何危險，而該國政府，竟藉口保護僑民生命財產，悍然出兵，侵佔我東省，攻擊我淞滬，兩相比較，世界主持公道者，自有公論，且日本僑民，遍於五洲各國，倘該國政府有時亦藉口僑民利益，派兵遣將，侵略其僑民所在地，則吾實爲世界和平危焉，尙祈貴調查團三思云，除逕電日內瓦斂國顏代表外，特此通告，順頌公祺，黑龍江省政府主席馬占山文，發自黑河，

蕭脫義士殯葬典禮

蕭特義士之母，昨日抵滬後，偕次子省視義士之靈，並赴虹橋飛機塲墓地觀察，義士旌表委員會今又議決舉殯時間及儀式，情形備誌於次，

靈堂肅穆

義士靈柩，厝於萬國殯儀館禮堂之隅，柩爲銅資，色金黃，價值七百二十元美金，四週陳設花圈，爲國民政府十九路軍與第五軍航空署及各團體各個人所贈，宋子文氏贈以鮮花製成之飛機模型一座，置柩上，靈堂復懸中美國旗，莊嚴肅穆，備極哀榮，

母子含哀

今日下午四時後，蕭太夫人率其次子乘車到萬國殯儀館，由唐海安李錦綸夫人蓋爾女士

等導入靈堂，默立禱祝，不覺潸然墮淚，俯伏柩旁，義士介弟急扶其母，亦匍匐于地，旁立者亦爲之泫然，執禮者乘間闔靈門，俾遠道親人得盡情一慟，良久，母子拭淚而出，唐氏趨前唁慰，並介紹馮少山等與夫人握手，夫人凝淚頷首致謝，遂辭出登車，而往飛機場視察墓地，蕭母衣黃色大衣仍戴藍帽，容顏慘淡，其次子愛特孟特則穿青色西服，白灰褲，戚然不作一語，蕭母語人云，余雖不見余子，然余子爲國際爭正義而死，已極榮幸，故余亦毋所用其戚戚云，

喪葬程序

今日上午十時，義士旌表委員會在中央銀行召集委員會，主席唐海安，議決如下，（一）（喪禮）二十四日下午二時，在西藏路慕爾堂，舉行喪禮，一，掌禮主教美人費吳生，二，演說（中國）宋子文吳經熊，（美國）斐敦，三，唱聖詞杜庭修，（二）（出殯）下午三時準由慕爾堂出發，全體步行向北至靜安寺路朝西至靜安寺路小沙渡路口，然後乘汽車出大西路直至虹橋飛機場，（各團體代表送殯汽車須停留小沙渡路西）（三）（安葬）下午五時半在飛機場墓地舉行葬禮，今日上午十時該委員會仍在原處會議，

半旗誌哀

又旌表委員會並議決（一）通知各機關於廿四日下午二時至六時齊下半旗，一，市政府所屬各機關，二，監督公署轉各江海關，郵政總局轉各分局，三，各團體救國聯合會轉所屬市民聯合會，各馬路聯合會，暨各團體，（二）各團體送喪代表須於廿四日下午二時前，聚集西藏路慕爾堂參加喪禮統由各團體救國聯合會，事前分發代表證章，凡欲參加各團體須事前向靜安別墅九十一號各團體救國聯合會接洽，（三）各校參加送喪學生及童子軍，由市教育局及上海童子軍理事會接洽，於廿四日下午二詩前齊集慕爾堂發給證章出發，

函各機關

旌表委員會昨致函市政府，江海關監督公署，郵政局，暨各團體聯合會，照轉所屬各機關各團體，各於二十四日下午下半旗誌哀，茲錄其原函如下，逕啓者，查蕭特義士太夫人已於昨日抵滬，業經與我政府共同決定於本月二十四日舉行義士殯葬典禮，即希 貴通飭所屬各機關，於是日下午二時至六時一律下半旗誌哀，以示敬仰爲荷云云，又各團體昨接到該函後，即函轉各團體，並請其各推代表人，衣黑色馬褂或黑色西裝領帶，各人隨帶附奉證章於廿四日下午二時逕赴西藏路慕爾堂參加喪禮，如擬致送花圈，務請於是日上午十二時以前，逕交慕爾堂收取云，

吳縣追悼

義士殉難於蘇州，蘇州人士，感義士之仗義捐軀，特於本月二十四日乘義士安葬之期在公共體育場舉行追悼，屆時地方各團體各學校，均往參加，典體必甚隆重也，

軍隊護靈

義士舉殯儀仗中，擬派軍官一名兵士四十名護靈，並邀萬國商團中美隊美軍參加，屆時並有中美兩國飛機四架盤旋葬地，但節目有無增減，尚待會商中，又義士墓地擇定虹橋旁之花園中，業已興工建築墓穴云，

編者按，蕭脫君身爲外人，尚能爲我而犧牲，吾人家國存亡有切身利害關係，倘無犧牲自救之決心，徹底抗禦之精神，不獨不足以對自己，且愧對蕭脫君也，噫，

漢奸一覽表

姓名	籍貫	所犯事項	結果
孫建明	（未詳）	在閘北一帶助敵騷擾，縱火，搶劫	已在中興路槍斃
鄧學二	（同）	同上	同上
徐大河	揚州人	因身上搜出日人名片二張，形跡可疑被警察拘究	送解偵緝隊訊辦
未知姓名者六人	未詳	在後方擾亂，係受日人賄賂，經人覺察，報告保衛團，其中一人已五十餘歲	已在中華路口執行槍斃
施子元	紹興人	助日人購辦糧食，被衆人扭入第一區總署	解送公安局嚴辦
朱長發	甬人年僅十八歲	受倭奴利誘在虹口兆豐路兆豐里八〇六號擲彈，經途攔獲送匯山捕房	已解送地方法院究辦
方運義	（未詳）	充日探	送偵緝隊研詢
任佑民	同	助日，搜出身上有尖刀兩把符號一方在二區發覺	同上
老錫九	同		同上
李永鶴顧留聲	同	搜出紅旗一面，日文卡片三張，在三區發覺	已送偵緝隊研詢
李朱氏	同		同上
袁成如	同	助敵擲彈在六區發覺	同上
吳根林	吳縣人	在城內廣福寺擲放炸彈擾亂治安經一區二分所解公安局年三十四歲	已判死刑在陳英士紀念塔槍決
成芹官	武昌路五十號成大祥米號	接濟敵軍米由義勇軍救國會派人拘獲	奸惡罪不容誅
葛成富	華記路華富公司主人	貪財忘義私租大批運貨卡車與日寇	軍警當局嚴緝究辦中

沈亞孫	未詳	受日買赴大場偵察軍情有祕密符號在中山路被獲	解送六區總署發落
蔡富漢等七人	丹陽人	代敵招僱漢奸身繫紅綠繩用以發給被僱者作爲標記每人出資廿五元	已槍決餘六人解公安局
吳阿毛等六人	江北	任敵放火隊在閘北放火被救國軍大隊長朱寶元拘獲	已槍決衆皆稱決
沈小賴子	江北人	充當日奸細，深入大場楊行一帶被捕有暗明證章二枚及手溜彈等	已槍決
莊元大 盧金紀 紀鴻泰	奸商	私租卡車與日寇被汽車同業公會告發警備部已令公安局嚴究	當受槍決
周某	上海人	爲敵探刺我方軍情在南翔被獲	在南翔鎮馬路口槍決
蕭德勝	江北	充敵間諜在南站被憲兵第六團捕獲	三月廿九日下午二時槍決
孫子賢	江北	同上	同上
黃受益	江北	同上	同上
唐永山	江北	充日間諜	同上

此外尚在徵查中，當望吾民衆以有效之方法制止之，下附漢奸事件三則，請注意焉，

◉江北漢奸可殺

▲衣日本之軍服

▲檢查善良行人

我軍退出時，由公共租界往閘北之路，僅北四川路一處，晨間有人循該處前往，但抵閘北境地，則有爲虎作倀之漢奸江北人，衣日本軍服者，代日軍執行嚴厲之檢查，如搜出鈔票現洋，該漢奸則納入私囊，若與理論，輕則遭其用刀亂刺，重則被其拘往所謂江北司令部，非法監禁，間有一般漢奸，帶同日軍，在華租交界各路口，凡遇民衆由租界走入華界時，除施行搜檢外，並用鋼針在民衆臂上刺日本國旗兩面，作交叉形，刺畢，用顏色藥水塗抹，則永難除去，俾中國軍警查見，疑爲日本間諜而戕身，其殘害同胞之手段，酷辣至於此極，寄語民衆，無事勿輕蒞閘北，以免殺身之禍，惟此種助桀爲虐之江北漢奸，應亟設法制裁，以安良善，

◉漢奸助虐反被殺

日軍在侯家木橋前線作戰，均利用僑居該鎮江北人作嚮導，該客民等均身穿日軍所發和服，

出入民居，趾高氣揚，而對於同族，施虐尤甚，一若非此不足以表示忠心於敵人者，其對余等，不時以命令式的指揮，口學東瀛之語，余等雖明知其僞，但亦無法可施，某夜有一漢奸，自泗塘方面奔來，直向敵司令部報告，謂我軍正在渡河進攻，敵軍得訊後，卽急派敵兵前進，詎進至泗塘乘岸時，不見我軍踪跡，疑爲中伏，亟向後退，早爲隔岸我軍所見，於是機關槍步槍齊發，敵兵傷亡二百餘人，事後，敵軍認爲誑報，卽將該漢奸槍斃，賣國求榮，委身事敵者，以後得所殷鑑矣，

◉奸商澈查

市商會依據各處密報奸商助敵行爲，卽分別查究，茲摘錄如下，(一)兆豐路有恆路口正新米店有濟敵情事，其出貨時間，約在每晚午夜三四時，由日人押載卡車而去等語，聞該會已責成米號業公會嚴行偵查，(二)新大沽路祥泰汽車公司主人陳滙品，利慾薰心，代敵製造軍事運輸汽車九輛，聞已由公安局派員究辦，(三)戈登路頤和里口潘順記汽車行，有形似白俄人者，前往租賃貨車四五輛，運送煤炭，嗣又見其將該項貨車運送麵粉，該會以租車雖係白俄人，而發蹤指使，當係日人，該白俄不過爲其傀儡，當卽轉函汽車業公會，派員查究矣，又有開設白利南路之順昌機製石粉廠，偷售石粉一卡車，由該廠職員馬仁全，陸根生，押送，意圖供敵軍用，途經愚園路梵皇渡車站附近被華捕盤詰，該廠送貨人言語支吾，形跡可疑，適被第十九路軍交通組陳君等瞥見，卽上前嚴詰，愈滋疑慮，證明確係資敵，當卽將馬仁全，陸根生，扣留，解送十九路軍司令部核辦，石粉卡車一輛，旋被逸去，

十九路軍全體軍官姓名表

總指揮部軍部官佐姓名

總指揮 蔣光鼐　副官處長 吳　興
軍　長 蔡廷鍇　經理處長 葉少泉
總參謀長兼參謀處長 趙一肩　交通處長 唐德煌

六十師軍官姓名

師　長 沈光漢　軍需處長 沈鎭源
副師長兼參謀長 李盛宗　軍醫處長 馬覺凡
參謀處長 陳心棻　軍法處長 陳　權
副官處長 梁維綱　工兵營長 袁汝剛
軍械處長 吳揚善　特務營長 梁德標
一百十九旅旅長 劉占雄
參謀主任 劉應時
第一團團長 黃茂權
第一營營長 陳正倫
第二營營長 譚　忠
第三營營長 張振鷺
第二團團長 劉漢忠
第一營營長 陳　生

第二營營長 谷香甫
第三營營長 陳次彬
第三團團長 黃　廷
第一營營長 李　畏
第二營營長 劉幹廷
第三營營長 吳剛如
一百廿旅旅長 鄧志才
參謀主任 黃紹淹
第四團團長 楊昌璜
第一營營長 梁　宏
第二營營長 關國安
第三營營長 鄒　融
第五團團長 梁佐勳
第一營營長 廖水雲
第二營營長 湯毅生
第三營營長 梁鏡泉
第六團團長 華兆東
第一營營長 李友倘

第二營營長
第三營營長　劉　光

六十一師軍官姓名表

師　長　毛維壽　軍需處長　余蔭蓀
副師長　張　炎　軍醫處長　李懋振
參謀長　趙錦雯　軍法處長　王貽鍔
參謀處長　王　衡　砲兵營長　馮紹甫
副官處長　馮策全　特務營長　兵清英
軍械處長　馬良驥
一百廿一旅旅長　張　厲
參謀主任　溫少渠
第一團團長　梁世驥
第一營營長　朱炎暉
第二營營長　王寶書
第三營營長　古　煌
第二團團長　田與璋
第一營營長　周　克
第二營營長　吳永山
第三營營長　施堯章
第三團團長　廖起榮

第一營營長　劉樹福
第二營營長　劉松生
第三營營長　戴尉文
一百廿二旅旅長　張　炎
參謀主任　鄧　鄂
第四團團長　謝鼎新
第一營營長　丘世芬
第二營營長　邱昌朝
第三營營長　吳康楠
第五團團長　黃　鎮
第一營營長　羅立夫
第二營營長　陳茂光
第三營營長　吳國焜
第六團團長　鄭為楫
第一營營長　黃鎮中
第二營營長　孫蘭泉
第三營營長　李榮熙
教導團團長　鄒敏夫
第一營營長　彭孟濟
第二營營長　唐　愷
第三營營長　李洪鈞

七十八師軍官姓名

師長 區壽年　軍需處長 黃裳元
副師長 譚啓秀　軍醫處長 郭建民
參謀長 李摭　軍法處長 劉宏道
參謀處長 王有德　特務營長 鄭星搓
副官處長 朱朝亨
軍械處長 王大文
一百五十五旅旅長 黃固
參謀主任 林少棠
第一團團長 雲應霖
第一營營長 雲昌材
第二營營長 羅黎
第三營營長 蘇守峯
第二團團長 謝琼生
第一營營長 林卓炘
第二營營長 李金波
第三營營長 黎冠雄
第三團團長 楊富雄
第一營營長 蘇營河
第二營營長 李炎燊
第三營營長 馮丘山
一百五十六旅旅長 翁昭垣
參謀主任 丘國珍
第四團團長 鍾經瑞
第一營營長 邱啓炘
第二營營長 龔耀新
第三營營長 梁文
第五團團長 丁榮光
第一營營長 熊彪
第二營營長 黃康
第三營營長 陳德才
第六團團長 張君嵩
第一營營長 利長江
第二營營長 吳康鎰
第三營營長 吳履遜

附錄國際聯合會盟約 （一九二六年修正本）

締約各國為增進國際間協同行事並保持其和平安寧起見，特允：

承受不事戰爭之義務；

維持各國間光明平允榮譽之邦交；

確守國際公法之規定以為各國政府間行為之軌範；

於有組織之民族間彼此待遇維持公道並恪遵條約上之一切義務。

議定國際聯合會盟約如下：

第一條　（一）國際聯合會之創始會員，應以本盟約附款內所列之各簽押國及附款內所列願意無保留加入本盟約之各國為度；此項加入，應在本盟約實行後兩個月內備聲明書交祕書處，並應通知聯合會中之其他會員。

（二）凡完全自治國及此類屬地或殖民地為附款中所未列者，如經大會三分之二之同意，得加入為國際聯合會會員；惟須確切保證有篤守國際義務之誠意，並須承認聯合會所規定關於其陸海空實力暨軍備之章程

（三）凡聯合會會員經兩年前豫先通告後，得退出聯合會；但須於退出之時將其所有國際義務及為本盟約所負之一切義務履行完竣。

第二條　聯合會按照本盟約所定之舉動經由一大會及一行政院執行之，並以一經常祕書處佐理其事。

第三條　（一）大會由聯合會會員之代表組織之。

（二）大會應按照所定時期，或隨時遇事機所需，在聯合會所在地及其他擇定之地點開會。

（三）大會開會時，得處理屬於聯合會舉動範圍以內或關係世界和平之任何事件。

（四）大會開會時，聯合會每一會員，祇有一投票權，且其代表不得逾三人。

第四條　（一）行政院由協商及參戰領袖各國之代表與聯合會其他四會員之代表組織之；此聯合會之四會員，由大會隨時斟酌選定；在大會第一次選定四會員代表以前，比利時、巴西、日斯巴尼亞、希臘之代表，應為行政院會員。

（二甲）行政院經大會多數核准，得指定聯合會之其他會員其代表應為行政院常任會員；行政院經同樣之核准，得將大會所欲選舉列席於行政院之聯合會會員數增加之。

（二乙）大會應以三分之二之多數，決定關於選舉行政院非常任會員之條例；而以決定關於非常任會員任期及被選連任條件之各項章程為尤要。

（三）行政院應隨時按事機所需，並至少每年一次，在聯合會所在地或其他擇定之地點開會。

（四）行政院開會時，得處理屬於聯合會舉動範圍以內或關係世界和平之任何事件。

（五）凡聯合會會員，未列席於行政院者，遇該院考量事件與之有特別關係時，應請其派一代表以行政院會員名義列席。

（六）行政院開會時，聯合會之每一會員列席於行政院者，祇

有一投票權，並祗有代表一人。

第五條　(一)除本盟約或本條約另有明白規定者外，凡大會或行政院開會時之決議，應得聯合會列席於會議之會員全體同意。

(二)關於大會或行政院開會手續之各問題，連指派審查特別事件之委員會在內，均由大會或行政院規定之；並由聯合會列席於會議之會員多數決定。

(三)大會第一次會議及行政院第一次會議，均應由美國大總統召集之。

第六條　(一)經常祕書處，設於聯合會所在地；祕書處設秘書長一員，暨應需之祕書及職員。

(二)第一任祕書長以附款所載之員充之，嗣後祕書長應由行政院得大會多數之核准委任之。

(三)祕書處之祕書及職員，由祕書長得行政院之核准委任之。

(四)聯合會之祕書長，當然爲大會及行政院之祕書長。

(五)聯合會經費，應由聯合會會員依照大會決定之比例分擔之。

第七條　(一)以日來弗爲聯合會所在地。

(二)行政院可隨時決定將聯合會所在地改移他處。

(三)凡關於聯合會或與該會局關係之一切位置，連祕書處在內，無分男女均得充任。

(四)聯合會會員之代表及其辦事人員，當服務聯合會時，應享外交上之特權及免除。

(五)聯合會或其人員或蒞會代表所佔之房屋及他項產業，均不得侵犯。

第八條　(一)聯合會會員，承認爲維持和平起見，必須減縮各本國軍備至最少之數，以適足保衛國家之安寧及共同實行國際義務爲度。

(二)行政院應審度每一國之地勢及其特別狀況，應預定此項軍備之計劃，以便各國政府之考慮及施行。

(三)此項計劃最少每十年須重行考量及修正一次。

(四)此項計劃經各政府採用後，所定軍備之限制，非得行政院同意，不得超過。

(五)因私人製造軍火及戰事材料引起重大之異議，聯合會會員責成行政院籌適當辦法以免流弊；惟應兼顧聯合會會員有未能製造必需之軍火及戰事材料以保持安寧者。

(六)聯合會會員，擔任將其國內關於軍備之程度，陸海空之計劃，以及可供戰爭作用之實業情形，互換最誠實最完備之通知。

第九條　設一經常委員會，俾向行政院條陳關於第一第八兩條各規定之履行及大概關於陸海空各問題。

第十條　聯合會會員擔任尊重並保持所有聯合會各會員之領土完全及現有之政治上獨立，以防禦外來之侵犯；如遇此種侵犯或有此種侵犯之任何威嚇或危險之虞時，行政院應籌履行此項義務之方法。

第十一條　(一)茲特聲明凡任何戰爭或戰爭之危險，不論其立即涉及聯合會任何一會員與否，皆爲有關聯合會全體之事；聯合會應用任何辦法視爲敏妙而有力者，以保持各國間之和平。如遇此等情事，祕書長應依聯合會任何會員之請

求立卽召集行政院。

(二)又聲明凡牽動國際關係之任何情勢，足以擾亂國際和平或危及國際和平所恃之良好諒解者，聯合會任何會員，有權以友誼名義提請大會或行政院注意。

第十二條 (一)聯合會會員約定，倘聯合會會員間發生爭議勢將決裂者，當將此事提交公斷，或依法律手續解決，或交行政院審查。並約定無論如何，非俟公斷員裁決或法庭判決或行政院報告後三個月屆滿以前，不得從事戰爭。

(二)在本條內無論何案，公斷員之裁決或法庭之判決，應於相當時間發表；而行政院之報告，應自爭議移付之日起六個月內成立。

第十三條 (一)聯合會會員約定，無論何時聯合會會員間發生爭議，認爲適於公斷或法律解決而不能在外交上圓滿解決者，將該問題完全提交公斷或法律解決。

(二)玆聲明凡爭議關於一條約之解決，或國際法中之任何問題，或因某項事實之實際，如其成立足以破壞國際成約，並由此種破壞應議補償之範圍及性質者，概應認爲在適於提交公斷或法律解決之列。

(三)爲討論此項爭議起見，受理此項爭議之法庭，應爲按照第十四條所設立之經常國際審判法庭，或爲各造所同意或照各造間現行條約所規定之任何裁判所。

(四)聯合會會員約宗，彼此以完全誠意實行所發表之裁決或判決，並對於遵行裁決或判決之聯合會任何會員，不得以戰爭從事；設有未能實行此項裁決或判決者，行政院應擬辦法，使生効力。

第十四條 行政院應籌擬設立經常國際審判法庭之計劃，交聯合會各會員採用。凡各造提出屬於國際性質之爭議，該法庭有權審理並判決之：凡有爭議或問題，經行政院或大會有所諮詢，該法庭亦可發抒意見。

第十五條 (一)聯合會會員約定，如聯合會會員間發生足以決裂的爭議，而未照第十三條提交公斷或法律解決者，應將該案提交行政院。職是之由，各造中任何一造可將爭議通知祕書長，祕書長卽籌備一切以便詳細調查及研究。

(二)相爭各造，應以案情之說明書，連同相關之事實及文件，從速送交祕書長，行政院可將此項案卷立命公佈。

(三)行政院應盡力使此爭議得以解決；如其有效，須將關於該爭議之事實與解釋並此項解決之條文酌量公布。

(四)倘爭議不能如此解決，則行政院經全體或多數之表決，應繕發報告書說明爭議之事實，及行政院所認爲公允適當之建議。

(五)聯合會任何會員列席於行政院者，亦得將爭議之事實及其自國之決議以說明公布之。

(六)如行政院報告書，除相爭之一造或一造以上之代表外，該院會員一致贊成，則聯合會會員約定，彼此不得向遵從報告書建議之任何一造從事戰爭。

(七)如行政院除相爭之一造或一造以上之代表外，不能使該院會員一致贊成其報告書，則聯合會會員，保留權利施行認爲維持正義與公道所必需之舉動。

(八)如相爭各造之一造，對於爭議自行聲明，並爲行政院所承認按諸國際公法純屬該造本國法權內事件，則行政院應

據情報告而不必為解決該爭議之建議。

(九)按照本條任何案件行政院得將爭議移送大會，經相爭之一造請求，應即如此辦理；惟此項請求應於爭議送交行政院後十四日內交出。

(十)凡移付大會之任何案件，所有本條及第十二條之規定，關於行政院之行為及職權，大會亦適用之。大會之報告書，除相爭各造之代表外，如經聯合會列席於行政院會員之代表，並聯合會其他會員多數核准，應與行政院之報告書除相爭之一造或一造以上之代表外，經該院會員全體核准者同其效力。

第十六條　(一)聯合會會員，如有不顧本約第十二條第十三條或第十五條所定之規約而從事戰爭者，則據此事實，應即視為對於所有聯合會其他會員有戰爭行為；其他各會員擔任立即與之斷絕各種商業上或財政上之關係，禁止其人民與破壞盟約國人民之各種往來，並阻止其他任何一國為聯合會會員之人民與該國之人民財政上商業或個人之往來。

(二)遇此情形，行政院應負向關係各政府建議之責，俾聯合會各會員，各出陸海空之實力，組成軍隊，以維護聯合會盟約之實行。

(三)又聯合會會員約定，當按照本條適用財政上及經濟上應採之辦法時，彼此互相扶助，使因此所致之損失與困難，減至最少之點；如破壞盟約國，對於聯合會中之一會員，施行任何特殊辦法，亦應互相扶助以抵制之；其協同維護聯合會盟約之聯合會任何會員之軍隊，應取必要方法，予以假道之便利。

(四)聯合會任何會員，違犯聯合會盟約內之一項者，經列席行政院之所有聯合會其他會員之代表投票表決，即可宣告令其出會。

第十七條　(一)若一聯合會會員，與一非聯合會會員之國或兩國均非聯合會會員，遇有爭議，應邀請非聯合會會員之一國或數國承受聯合會會員之義務，照行政院認為正當之條件以解決爭議。此項邀請，如經承受，則第十二條至第十六條之規定，除行政院認為有必要變更外，應適用之。

(二)前項邀請發出後，行政院應即調查爭議之情形，並建議其所認為最適當最有效之辦法。

(三)如被邀請之一國，拒絕承受聯合會會員之義務以解決爭議，而向聯合會一會員以戰爭從事，則對於取此行動之國，即可適用第十六條之規定。

(四)如相爭之兩造，於被邀請後，均拒絕承受聯合會會員之義務以解決爭議，則行政院可籌一切辦法，並提各種建議，以防止戰事解除紛爭。

第十八條　嗣後聯合會任何會員所訂條約或國際契約，應立送祕書處登記，並由祕書處從速發表此項條約或國際契約；未經登記以前，不生效力。

第十九條　大會可隨時請聯合會會員重行考慮已不適用之條約，以及國際情勢繼續不改或致危及世界之和平。

第二十條　(一)聯合會會員各自承認凡彼此間所有與本盟約條文抵觸之義務或協商，均因本盟約而廢止，並莊嚴擔任此後不得訂立相類之件。

(二)如有聯合會任何一會員於未經加入聯合會以前，負有與

本盟約條文抵觸之義務，則應立籌辦法脫離此項義務。

第二十一條　國際契約如公斷條約或區域協商類似孟羅主義者，皆屬維持和平，不得視為與本盟約內任何規定有所抵觸。

第二十二條　(一)凡殖民地及領土，於此次戰事之後不復屬於從前統治該地之各國，而其居民尚不克自立於今世特別困難狀況之中，則應適用下列之原則，即以此等人民之福利及發展，成為文明之神聖任務；此項任務之履行，應載入本盟約。

(二)實行此項原則之最善方法，莫如以此種人民之保育委諸資源上經驗上或地理上足以擔此責任而亦樂於接受之各先進國，該國即以受託之資格為聯合會施行此項保育。

(三)委託之性質，應以該地人民發展之程度領土之地勢經濟之狀況及其他類似之情形而區別之。

(四)前屬土爾其帝國之數部族，其發展已達可以暫認為獨立國之程度，惟仍須由受託國予以行政之指導及援助，至其能自立之時為止，該受託國之選擇，應先儘此數部族之志願。

(五)其他民族，尤以在中非洲者為甚，其發展之程度，不得不由受託國負地方行政之責；惟其條件，應擔保其信仰及宗教之自由，而以維持公共安寧及善良風俗所能准許之限制為衡。禁止各項弊端：如奴隸之販賣，軍械之貿易，烈酒之買賣，並阻止建築礮台或設立海陸軍根據地，除警察國防所需外，不得以軍事教育施諸土人，擔保聯合會之其他會員交易上商業上機會均等。

(六)此外土地，如非洲之西南部及南太平洋之數島，或因居民稀少，或因幅員不廣，或因距文明中心遼遠，或因地理上接近受託國之領土，或因其他情形，最宜受治於受託國法律之下，作為其領土之一部，但為土人利益計受託國應遵行以上所載之保障。

(七)每一委託案，受託國須將關於受託土地之情形逐年報告行政院。

(八)倘受託國行使之管轄權監督權或行政權，其程度未經聯合會會員間訂約規定，則每一委託案，應由行政院特別規定之。

(九)設一經常委員會，專任接收及審查各受託國之每年報告，並就關於執行委託之各項問題向行政院陳述意見。

第二十三條　除按照現行及將來訂立之國際公約所規定外，聯合會會員應

(甲)勉力設法為男女及幼稚在其本國及其工商關係所及之各國，確保公平人道之勞動狀況而維持之；並為此項目的設立必要之國際機關而維持之。

(乙)擔任對於受其統治地內之土人，保持公平之待遇。

(丙)關於販賣婦孺販賣鴉片及危害藥品等各種協約之實行，概以監督之權委託聯合會。

(丁)軍械軍火之貿易，對於某等國為公共利益計，有監督之必要者，概以監督之權委託聯合會。

(戊)採用必要辦法，為聯合會所有會員，確保並維持交通及通過之自由，暨商務上之公平待遇。關於此節，應注意一九一四年至一九一八年戰爭期內受毀區域之特別需要。

(己)勉籌國際有關之辦法，以預防及撲滅各種疾病。

第二十四條　(一)凡公約所定業已成立之國際事務局，如經締約各造之認可均應列在聯合會管理之下，此後創設各項國際事務局及規定國際利益事件之各項委員會，統歸聯合會管理。

(二)凡國際利益事件，爲普通公約所規定而未置於國際事務局或委員會監督之下者，聯合會祕書處如經有關係各造之請求並得行政院之許可，應爲徵集各種有用之消息而分布之；並予以各種必要相當之援助。

(三)凡歸聯合會管理之任何國際事務局或委員會，其經費可由行政院決定，列入祕書處經費之內。

第二十五條　聯合會會員對於得有准許而自願之國家紅十字機關，以世界改良衛生防止疾病減除痛苦爲宗旨者，其設立及協助擔任鼓勵並增進之。

第二十六條　(一)本盟約之修正，經行政院全體及聯合會大會代表多數之批准，即生效力。

(二)聯合會任何會員，可以自由不認盟約之修正案，但因此即不復爲聯合會會員。

附款

(一)國際聯合會之創始會員

北美合衆國　漢志
閔多拉斯　玻利維亞
義大利　日本
英吉利帝國　坎拿大　澳大利亞　南非洲　紐絲綸　印度　里比利亞
尼加拉瓜　古巴
巴拿馬　祕魯
比利時　波蘭
葡萄牙　巴西
羅馬尼亞　中華民國
賽爾維亞克魯阿特拉斯文尼　暹羅
赤哈　厄瓜多
烏拉圭　法蘭西
希臘　瓜地馬拉
海地

被請加入本盟約之國

阿根廷　哥倫比亞
巴拉圭　智利
和蘭　薩爾瓦多
瑞典　挪威
日斯巴尼亞　委內瑞拉
波斯　瑞士
丹麥

(二)國際聯合會第一任祕書長

特留蒙

附錄九國公約

緒言

美利堅合衆國、比利時、不列顛帝國、中國、法蘭西、意大利、日本、荷蘭、及葡萄牙，願望採用一種政策，以鞏固遠東局

勢之和平，保障中國之權利與利益；並根據機會均等原則，增進中國與他國間之交際，決定為此目的締一條約，各任命其全權代表，彼此驗視全權憑證無誤，協定如下：

除中國以外之各締約國協定如下：

第一條　(一)當尊重中國之主權獨立，及領土的與行政的完整。

(二)當給予中國以最完全及最無障礙之機會，俾自行發展，並維持一有力而安固之政府。

(三)當用彼等之勢力，以期有效，確立并維持各國人民在中國全領土之商工業機會均等主義。

(四)當自行抑制，勿利用中國之情形，以求獲得足以減損友邦臣民或市民之權利之特別權利或特典；並勿容許有害友邦安寧之行為。

第二條　各締約國協定不得於相互間各別或共同與任何一國或數國締結違背或有害第一條說明之原則之任何條約協定契約或了解。

第三條　除中國以外之各締約國為更有效的適用開放門戶、或各國在華商工業機會均等之主義起見，協定彼等將不求取或贊助彼等之國民求取下列各項：

(一)於中國任何特定地域內，關於商業或經濟之發展，為彼等自己利益計，設定任何一般的優先權之協定。

(二)任何獨占權或優先權之足以剝奪任何他國國民經營在華任何合法商業或工業之權利者，或足以剝奪其與中國中央政府或任何地方官憲共同經營任何公共企業之權利者，或為其範圍時效或地理的關係足令機會均等主義實際的適用歸於無效者。

但本條之協定不得解釋為禁止取得必要之財產或權利，藉以經營特別之商業工業或金融業或獎勵發明及研究者。

中國政府對於無論是否參加本約之各國政府及人民，欲得經濟的權利特權時誓當依據本條前記協定之主義處置之。

第四條　各締約國協定不贊助各該國人民間相互所為之任何協定，其目的在於中國領土之特定部分內創設勢力範圍或規定彼此享受獨占的機會者。

第五條　中國允許於中國之全部鐵路不實施或准許任何種之不公平差別待遇，尤其是不問旅客之國籍為何、或其出發國或到着國為何、貨物之原產地或所有者為何、或其原發送國或到着國為何、以及在中國鐵路運送之前後、其運送此等旅客或貨物之船舶或其他輸送機關之國籍或所有者為何、關於運費或一切便利上概不得設何等直接間接之差別待遇；除中國以外之各締約國關於前記之鐵路中，有為其國或其國人基於特許條件或特別協定而有管理權者，當擔負與前項同旨趣之義務。

第六條　除中國以外之各締約國協定於中國不參加之戰爭中，當完全尊重中國之中立國權利；中國聲明如處於中立國之地位當遵守中立國之義務。

第七條　各締約國協定凡有一種時局發生，締約國中任何一國認為包含本約規定之適用問題，並宜討論此項適用問題者，各關係締約國間應即為充分無隔閡之交換意見。

第八條　凡非簽字於本約之諸國而其政府為簽字本約之諸國所承認並與中國有條約關係者，應被邀請加入本約。為此目

的美利堅合衆國政府應向非簽字諸國爲必要之通告。並以所得之回答通告各締約國，他國之加入本約應於美國政府接到其通知時發生效力。

第九條　本約應由各締約國各依其憲法上之手續批准之，儘速將各批准書送存華盛頓。一俟全數送到，本約卽發生效力。美利堅合衆國政府應將各批准書之承認謄本分送其他各締約國，本約英文法文兩種，均爲可據之本，應保存於美利堅合衆國政府之文書保藏所內，其承認謄本應由同政府送於其他各締約國，本約經前記各全權代表簽字爲憑。

一九二三年二月六日於華盛頓。

凱洛格非戰公約

德意志總統美利堅合衆國總統，比利時君主陛下、法蘭西總統、大不列顛愛爾蘭以及海外各屬地君主兼印度皇帝陛下、意大利君主陛下、日本皇帝陛下、波蘭總統、捷克總統，深感增進人類幸福爲彼等之莊嚴責任；

深知公然拋棄戰爭爲國家政策之工具之時機已至，庶現存各國民間之和平友誼關係可永垂久遠；

深知所有各國民間關係之變更，祇可用和平方法暨溫和有秩序的手續，使其實現。此後簽字本約之國，如欲特戰爭以增進其利益，不准享受本約給與之利益。

希望世界其他各國當仁不讓，共爲人道努力，於本約發生效力時加入，俾得各國人民悉納於本約利益條款之內而世界各文明國乃可一致拋棄以利用戰爭爲其國家政策之工具。

該全權等各將所奉全權證書，互相校閱，俱屬妥善，議定條款如左：

第一條　締約國茲以各該國人民之名義，鄭重宣言訴於戰爭以解決國際糾紛之非，及在相互關係上利用戰爭爲國家政策之工具應行拋棄。

第二條　締約國互允各國間設有爭端或衝突，不論其性質及起源爲何，祇可用和平方法解決之。

第三條　本約應由上列締約國各依照己國憲法批准，俟各該國咸將批准文件送往華盛頓存案後，本約卽在各締約國間發生效力。

本約照前項之規定發生效力後，應有長時間之公開，以便世界其他各國之加入。加入文件應在華盛頓存案。於存案後本約卽在現加入國與以前締約國間發生效力。

美國政府擔任將本約及批准文件或加入文件之證明鈔本各一册，送與各締約國及以後加入本約各國之政府；美國政府幷願擔任於批准文件或加入文件送往存案後卽行電達各該政府。本約兼用英法文字繕寫兩種，有同等效力，全權均經簽字蓋印，以昭信守。

一九二八年八月二十七日訂於巴黎。

中華民國二十一年十一月再版

每册定價大洋壹元伍角

編輯者 莫克明

發行者 中國國際宣傳社
上海廣西路四三三
電話九四四九〇號

印刷者 啓智印務公司
上海西門路潤安里一九號
電話八四五九五號

上海抗战与世界反法西斯战争系列丛书

淞沪

淞沪抗战史料丛书续编 III

第五辑

暴日寇沪志 | 范定九 编著
淞沪抗战史 | 江海出版社 编
日本侵略上海战记（第二册） | 东华编译社 编

上海科学技术文献出版社
Shanghai Scientific and Technological Literature Press

“上海抗战与世界反法西斯战争”系列丛书总序

徐　麟

伟大的中国抗日战争，是近代中国人民反对帝国主义侵略并且取得第一次完全胜利的民族解放战争，是开展时间最早、持续时间最长的世界反法西斯战争东方主战场。在这场历经十四年之久的抗日战争中，中国各族各界人民同仇敌忾、共赴国难，经过艰苦卓绝的浴血奋战，以巨大的民族牺牲，打败了穷凶极恶的日本法西斯侵略者，取得了辉煌的胜利。正如习近平总书记所指出的，中国抗日战争“为拯救民族危亡、实现民族独立和人民解放，为争取世界和平的伟大事业，作出了彪炳史册的贡献”。中国抗日战争是在中国共产党倡导的以国共合作为基础的抗日民族统一战线旗帜下进行和取得胜利的。以爱国主义为核心的伟大民族精神是中国抗日战争胜利的决定因素，中国共产党的中流砥柱作用是中国抗日战争胜利的根本保证，全民族抗战是中国抗日战争胜利的重要法宝。

上海抗战是中国抗日战争的重要组成部分。在中国抗日战争与世界反法西斯战争中，作为中国共产党的诞生地，上海这座具有反帝反封建光荣革命传统的英雄城市，发挥了独特的重要作用，作出了重大的历史性贡献。

20世纪三四十年代，上海这座国际性的大都市，已经成为中国与世界各国通商贸易的主要港口，成为中国经济、文化中心和政治、外交副中心。同时，上海又是当时中国最大的军港和守卫长江的大门，具有重要的军事战略地位，因而始终成为日本法西斯军国主义

觊觎的一个战略要地。1931年“九一八”事变后，日本法西斯军国主义进而在上海挑起了“一·二八”事变，发动了对淞沪地区的武装侵略。驻守上海的十九路军和前来增援的第五军与上海人民奋起抵抗，给予日本侵略者以沉重一击，成为中国局部抗战历史进程中承前启后的关键性一役。“九一八”和“一·二八”时期的抗日武装斗争和民众抗日救亡运动，在世界上率先举起了反法西斯的旗帜，揭开了中国抗日战争和世界反法西斯战争的序幕。1937年七七事变后仅一月余，日本法西斯军国主义又把侵略魔爪伸向上海，遭到中国爱国军民的顽强抵抗，形成了以上海为中心的一场气壮山河、震惊中外的“八一三”淞沪抗战。七七卢沟桥事变和“八一三”淞沪会战，标志着日本法西斯军国主义全面侵华战争的开始。在中国共产党的积极倡导和推动下，抗日民族统一战线正式形成，揭开了中国全民族全面抗战的序幕，也标志着世界反法西斯的第二次世界大战在亚洲的东方战场正式形成。在“八一三”淞沪抗战历时一百多天的日日夜夜，中国军队和上海人民以其鲜血和生命，筑成了一座民族自卫的血肉长城，谱写了一曲民族团结、共御外敌的壮丽史诗。上海沦陷后，上海民众在全国人民和全世界爱好和平的各国人民的声援、支持下，面对极其艰辛险恶的环境，仍然以大无畏的英雄气概，坚定不移地继续投身于全民族抗战的洪流，对日伪的法西斯统治进行不屈不挠的斗争。中国共产党始终高举抗日民族统一战线的伟大旗帜，发动民众，团结上海各界人士，从人力、物力、财力等各方面支持抗日民主根据地和抗战大后方的斗争，冒着腥风血雨，迎接抗日战争的最后胜利。

两次淞沪抗战及上海民众在十四年不间断的抗日救亡运动中，

构成了一幅幅上海抗战英勇悲壮的画卷，也铸就了上海在中国抗日战争和世界反法西斯战争中的重要历史地位：上海不仅是中国对日作战的一个坚强的军事战略重镇，也是中国抗日救亡运动的前期中心和中国抗战文化的发源地；不仅是支援抗战大后方和抗日民主根据地的重要基地，也是世界反战反法西斯人士和中外难民的庇护所；是世界反法西斯舆论战、情报战的东方主要阵地，又是中国联系国际反法西斯阵营的纽带和桥梁。更为重要的是，上海抗日战争凸显了其重要的历史意义：它在外敌入侵、民族危亡的关键时刻，全面地、全方位地弘扬了以爱国主义为核心的民族精神，折射了中华民族有同侵略者血战到底的气概、有在自力更生的基础上光复旧物的决心，有自立于世界民族之林的能力。上海抗日战争在中国抗日战争和世界反法西斯战争历史上树立了一座永不磨灭的丰碑。

2015年是中国抗日战争暨世界反法西斯战争胜利七十周年。在中共上海市委的领导和支持下，上海学术界和理论界经过多年的努力，联合推出了“上海抗战与世界反法西斯战争”系列丛书。这套系列丛书分为三个子系列，**一是“上海抗日战争史”丛书，**内容包括上海抗战史通论、“一·二八”淞沪抗战、“八一三”淞沪抗战、日军在上海的罪行与统治、上海人民抗日救亡运动、上海郊县抗日武装斗争、上海人民支援新四军与抗日根据地、抗战时期的上海经济、抗战时期的上海文化、上海抗战与国际援助等；**二是“淞沪抗战史料”丛书，**选辑和汇集民国时期有关上海抗战的具有代表性的通讯、纪实、回忆录及报告文学等鲜为人知的孤本、藏本影印重版。**三是“上海抗战与世界反法西斯战争研究”丛书，**其中包括

资料性著作：如记忆中的淞沪抗战、淞沪抗战中文报刊资料选编、淞沪抗战档案史料选编、上海抗战历史文献选编等；专题性著作：如中国共产党与上海抗战、当代学者论淞沪抗战、国外学者论淞沪抗战、“一·二八”淞沪抗战画史、“八一三”淞沪抗战画史等；工具性著作：如上海抗战与世界反法西斯战争大事年表、上海抗战与世界反法西斯战争事件人物录等；通论性著作：在上述论著的基础上完成一部通论性著作，即上海抗战与世界反法西斯战争全史。这三个子系列丛书各有千秋、各具特色，在集结出版后，更能起到互相参照、取长补短的作用。可以说，这套系列丛书是上海学术界和理论界研究上海抗日战争和世界反法西斯战争的一项重大的学术成果，是对上海抗日战争史研究的一个重要总结和一次集中展示，也是向中国抗日战争暨世界反法西斯战争胜利七十周年献上的一份厚礼！

“疑今者，察之古；不知来者，视之往”。历史是最好的教科书。“上海抗战与世界反法西斯战争”系列丛书的出版发行，更是为了向社会提供一部能够弘扬时代正能量、培育与践行社会主义核心价值观的好教材。让我们站在新的历史起点上，进一步铭记历史、缅怀先烈、珍视和平、警示未来，为实现中华民族伟大复兴而奋斗，为促进世界的和平和发展作出我们应有的贡献。

出版说明

“淞沪抗战史料”丛书续编Ⅲ主要收集美国史坦福大学东亚图书馆等处所藏资源，将已见或未见的关于淞沪抗战史料以影印的形式出版，内容涵盖两次淞沪抗战，即“一·二八”淞沪抗战和“八一三”淞沪抗战，力求比较全面、翔实和生动地反映淞沪抗战的全貌。

两次淞沪抗战，是中国人民伟大的抗日民族解放战争的重要组成部分，特别是“八一三”淞沪抗战是在中国共产党抗日民族统一战线政策的指引下，以国共两党合作为中心，全国各爱国党派、团体，中央和地方各系抗日军队，各界爱国民众以及海内外侨胞，在抗日御侮、共赴国难的基础上发动和进行的，堪称民族自卫战争史上的伟业。它体现了中国人民血洒战场、拼死抗战的决心和民族团结精神。在抗战胜利70周年之际，阅读这些史料，重温那段中华民族优秀儿女面对强敌、誓死抗争的精神，就是最好的爱国主义教材。两次淞沪抗战展示了中华民族奋起改变自己国家命运的伟大信念，爱国主义激发出全体中国人民的巨大力量，这种信念和力量，在今天仍然弥足珍贵，令人心怀激荡。两次淞沪抗战中那些大气磅礴、气壮山河的史诗故事，均在本套丛书资料中有翔实的记录和质朴的史料作为佐证。

由于各种原因，原书中存在着印刷错误，而且有些细节也与史料不符，对书中的一些观点我们也不完全赞同，为了给读者提供最原始的抗战史料，对上述问题未做任何处理，希望读者能够给予理解。

编者

2018年7月

目 录

暴日寇滬志

范定九編著

國際文化學會發行

民國二十一年

忍令上國衣冠，淪於夷狄？
相率中原豪傑，還我河山！

心香一瓣，敬獻與肝腦塗地，捨身衛國之忠勇將士。

暴日寇滬，舉世震驚。海角天涯，時有垂問。偶據各報消息，或親身經歷作裁答，省賅不詳；然匯聚成篇，得言念萬。國際文化學會友人知其事，囑編帙，並醵資付刊，以誌哀痛而自勵。暴日，國仇也；寇滬，國恥也。十九路軍守土有責，浴血匝月，啓我國國運之轉機。四海英豪，望風引領。三百萬滬民爲擁護忠烈禦侮，房舍坵墟，鷄虫生命，而皆有喜色。氣象萬千，雲垂海立。如此大事，安能無記。故率直應學會約，將親身經歷及所得申報，新聞報，時事新報，時報，警報，大陸報，大美晚報，字林等報之消息，略事整理，得六編，命名曰「暴日寇滬志」。志，記也，積記其事也。事自一月十八至四月十四。十八，暴日藉口護僑挑釁日也；十四，中樞講和停頓日也。繼經秘密交涉，遂有五月五日國民政府停戰撤兵條約之簽訂。周禮有掌邦國之志者，少褒貶。但淞滬慘變，錯鑄權要。亂臣賊子，人人得而誅之。不私美，不寄怨；提筆直書，豈能有所畏懾？倘事實有不符處，願拜教益而更正之。今日國魂非不能招也，惟氣節，惟血誠，始克有濟。國勢日殆，存亡微機，繫於一髮。安得人人擊楫，誓清中原，將河山重新收拾！

民國二十一年五月五日范定九序

蔡廷楷軍長

抗日救國之模範軍人

國民政府簽訂之所謂「停戰撤兵條約」

正文五條

第一條：中國及日本當局既經下令停戰，茲雙方協定自中華民國二十一年五月五日起，確定停戰。雙方軍隊盡其力之所及，在上海週圍停止一切及各種戰鬥行為。關於停戰情形，遇有疑問發生時，由與會友邦代表查明之。

第二條：中國軍隊，在本協定所涉及區域內之常態恢復，未經決定辦法以前，留駐其現在地位。此項地位，在本協定附件第一號內列明之。

第三條：日本軍隊應撤退至公共租界，暨虹口方面之越界築路，一如中華民國二十一年一月二十八日事變以前之原狀。但鑒於須待容納之日本軍隊人數，有若干部隊，可暫時駐紮於上述區域之毗連地點。此項地點在本協定附件第二號內列明之。

第四條：為詳明雙方之撤退起見，設立共同委員會，列入與會友邦代表為委員。該委員會並協助佈置撤退之日本軍隊與接管之中國警察間移交事宜，以便日本軍隊撤退時中國警察立即接管。該委員會之組織及其辦事程序，在本協定附件第三號內訂明之。

第五條：本協定自簽字之日起發生效力。本協定用中日英三國文字繕成。如意義上發生疑義時，或中日英三文間發生不同意義時，應以英文本為準。中華民國二十一年五月五日訂於上海。

中代表郭泰祺簽署。

日代表重光葵簽署。

見證人藍浦森，詹森，章理德、齊亞諾簽署。

附件三號

『附件第一號』：本協定第二條所規定之中國軍隊地位如下：

查照附連上海區郵政地圖，（比例尺十五萬分之一）由安亭鎮正南蘇州河北岸之點起，向北沿安亭鎮東最近小浜之西岸至望仙橋，由此北過小浜至沙頭東四基羅米突之一點，再由此西北上至揚子江邊之濟浦口，并包括濟浦口在內。

關於此項地位，遇有疑問發生時，經共同委員會之請求，由該會委員之與會友邦代表查明之。

『附件第二號』本協定第三條所規定之地點如下：

此項地點在附黏四地圖，各別標誌A·B·C·D，并稱為一·二·三·四各地點。

地點（一）見A圖，雙方訂明：（甲）吳淞鎮不在此地點內。（乙）日方不干涉淞滬鐵路暨該路工廠之運用。

地點（二）見B圖，雙方訂明：萬國體育場東北約一英里許之上海公墓，不在日軍暫用地點之內。

地點（三）見C圖，雙方訂明：曹家寨及三友織布廠不在此地點之內。

地點（四）見D圖，雙方訂明：暫用地點包括日人公墓及墓東入口之路在內。

關於此項地點，遇有疑問發生時，經共同委員會之請求，由該會委員之與會友邦代表查明之。

日本軍隊，向上列地點之撤退，於本協定生效後一星期內開始。並於開始撤退起，四星期內撤完。

依照第四條所設之共同委員會，對於撤退時不能移去之殘疾病人，或受傷牲畜，採取必要辦法，以資照料。並辦理其日後之撤退事宜。此項人畜，連同必需之醫藥人員，得遺留原地，由中國當局給予保護。

『附件第三號』：共同委員會以委員十二人組成之。中日兩政府，暨依據國際聯盟大會三月四日決議案協助談判之與會友邦代表，即英·美·法·義·各駐華外交代表，各派文武官吏代表，各二人為委員。該會委員依照委員會之決定，得隨時任用認為必要數之助理員。所有關於程序事宜，由委員會斟酌辦理。該委員會之決定，以過半數行之。主席有投票取決權。主席由委員會內與會友邦代表委員中選舉之。委員會依照其決定，以其認為最善之方法，監視本協定第一·第二·第三·各條之履行。並對於履行上述各條之規定，有任何疏懈時，有促使注意之權。

第一編　衛國將士敬告國人

民國二十一年一月廿八日，駐滬日本海軍陸戰隊，在日將鹽澤指揮之下，侵襲閘北：不利。日政府先後派野村，植田，白川，繼其事。三易主帥，進犯吳淞，攻江灣，襲劉河；不惟燬我室家，荼毒我生靈，且進而謀斬我國家待興之國運。我軍奮起禦侮者，有上海市公安局警察，有憲兵，有第五路軍，尤以第十九路軍蔡廷楷軍長所統率之軍隊爲中堅。孤軍五萬，苦戰強敵七萬三十有二日。諸將士生爲英，死爲靈，求仁得仁，固炎黃始祖之肖子賢孫也。三月二日因援軍不繼，兵撤後，吳淞閘北失守，北平教育界在燕京大學舉行誌哀典禮。淸華大學教職員公會爲陣亡英烈製輓曰：

「伸天地之正氣，壯民族之精神，生榮死哀，終古英靈依歇浦。

恨不仁之在位，傷孤軍之無援，功成事敗，只餘血淚濺春花。」

此種沉痛表示，在國家多難之秋，實非個人之私言，而爲國人之公論也。

我十九路軍將士及其他參加禦侮衛國之軍警，其氣壯，其理直。惟有此精神，發而爲言詞，乃可感人心，動情緒。立功可不朽，立言亦可不朽也。故在篇首，謹錄十九路軍將士告國人書，以昭激勵。書曰：

「滬案發生，及今匝月矣。我軍以血肉之軀，與敵重兵利器相激盪。卒能迭挫兇鋒，屹然不動。國人創痛之餘，莫不躍然而興，色然而喜。以爲我國從此可抗強敵，躋高位，與列強分庭抗禮矣。而一部分人士之心理，則適與相反。皇皇焉恐戰禍之延長，貽國家萬劫不復之境。夫逆來順受，委靡不振，固爲國人之通病。誇大之心理，僥倖之希望，亦非吾人所應有。拯民族國家於危亡，伸公理正義於世界，此種艱鉅之工作，非一蹴可致，尤非可以畏難而退者也。同人受國家豢養，以身殉

國，義所應爾。及今以未死之身，願貢一言，爲國人告。

吾人欲知滬案之肇因，懸揣將來之結果，必須明了日本之國情及世界之大勢。日本自山縣有朋而田中義一，遞及現在之犬養毅，其所謂大陸政策，始終一貫而不少變。甲午之役，奪取朝鮮，實爲北進之發端。日俄之戰，樹立大陸政策之基礎。加以二十一條件之保障，郭松齡張作霖之被殺，日本在東北之勢，遂益形鞏固。其第一步之侵略，乃告成功。於是伺機佔領東北，侵及中國內部之志，益不能忘懷。

歐戰以還，各國經濟衰落，工商凋敝。關稅戰爭之劇烈，賠款問題之僵化，世界經濟恐慌之現象，益趨嚴重。加以蘇俄倔起赤化，大防時虞潰決。而國際之間，復不減少其嫌猜。無論對內對外，各有其難言之痛苦。至於中國之混亂衰殘，則更無以兄之。虎視鷹瞵之日本，豈肯放過此良好機會？於是去年九一八一聲霹靂，遂摧陷瀋陽，囊括三省而去矣。

瀋案發生，我國政府隱忍退讓，信賴國聯，以謀和平正當之解決。惟是國聯之於各國，非能如臂使指。蓋國聯爲腦，列強乃爲腦細胞也。細胞不健全，而欲腦之有能力也難矣。是以瀋案發生之初，國聯固不乏人仗義執言。但不久卽由曖昧而軟化，由軟化而袒日矣。

反觀我國社會，則爭奪者如故，依賴者如故。加以民衆憤激，越出常軌。輿論龐雜，莫衷一是。使執政者忙於應付，無所適從。旣不能戰，復不能和。日帝國主義者看透事實，更毫無疑義而伸其鐵腕於中國內部。一二八之滬變，遂以爆發。

敝軍衛戍京滬，首當其衝。夫守土禦侮，爲軍人天職。且上海爲吾國經濟中心，南京爲中央政府所在。京滬不保，國脈卽斷。是以毅然決然以自衛之目的，與暴日相周旋。一月以來，敵之兇暴行爲，日益加厲。吾國同胞慘死於鐵蹄之下者，奚啻萬數。物質之被毀滅者，其價値且不可估計。然而吾國同胞，毫不因損失鉅大而減少其勃躍情緒，且增加無限之[illegible]，世界輿論，亦因日寇之兇

殘，反不惜擴大戰禍而提出抗議。英美等國積極干涉之態，且漸趨於具體而明顯。然後知惟有奮鬥，乃足以發揚民族精神，延展民族生命。惟有自助以求自力之生存，乃能博得世界之同情。暴力雖強，終不能壓倒正義也。

雖然，中國之前途，即可告樂觀乎？英美各國，果為正義出而裁制暴日乎？暴日即能翻然而變更其一貫之「國策」乎？吾人皆不能無疑者也。吾國物質利器之不及人，自無庸諱言。欲一戰而屈強敵，在理在勢，均有所未能。英國則素以穩健外交著稱於世界。美國則鞭長莫及，望洋興嘆。且皆因國家經濟恐慌，不能自拔。而於對日問題，破壞其反俄陣線，亦不無顧慮。謂能出而積極制日，豈可遽信？至於日本軍閥之黷武主義，正如旭日之升。吾人遙聆出淵在美謂：「美日兩軍當在滬作球戲」，及日軍閥謂：「十九路軍未知日帝國之威力，故敢與之拒抗」之語，其氣燄之高，不可一世。即其國民大多數亦未減其信賴武力之心理。此次總選，政友會仍佔勝利，即可以覘之。欲其將所謂關係日本存亡之大陸政策，一舉而更張之，尤絕無希望者也。

顧於另一方面以觀察之，則英美正以挽救其經濟恐慌，需賴中國巨大之市場，而不願中日戰禍之延長。尤不願坐視其東方商業根據地上海之陷於危險。更不願日本稱霸東方，破壞門戶開放機會均等之局勢。故雖有種種困難，終必有為解決自身利害而奮起干涉之一日。再以日本未來之難關言之：日本自瀋案發生後，海外貿易，一落千丈。國家財政，已陷於極困難之境。加以侵滬軍費，總選舉會之臨時支出。美國名流，更倡言對日經濟絕交，益足令社會恐慌，金融混亂。且嫉視者衆，外交孤立。國內輿情，漸趨非戰。勞師費財，持久作戰。不戰自焚，豈可倖免。

吾人從此可知對日應取之方針矣。日方利在速戰。挾其利器重兵，欲一舉而屈服我國，作城下之盟，操宰割之柄。我國則應謀長期之拒抗，以待國際之變化及敵國自身之崩潰。毋以目前軍事之勝利，期僥倖之成功；毋懼戰禍之延長，生苟安之妄念。斂其氣而不肆，持其志而不懈。日本一日

不罷兵，外交一日不勝利，則我國一日不停止武力拒抗。至暴力屈服於公理之日，卽吾國民族復興之時。夫法謀獨立，奮鬥百年，勾踐復仇，臥薪念載。我國四萬萬同胞，誠能立下决心，誓死抗日，則或可不俟諸百年也。」

書中一則曰：「毋以目前軍事之勝利，期僥倖之成功；毋懼戰禍之延長，生苟安之妄念。」再則曰：「欽其氣而不肆，持其志而不懈。」有此毅力，有此眞誠，日本圖斬我國國運之陰謀，終必有崩潰之一日；而吾國民族之復興，誠可不俟諸百年也。昔岳武穆奏乞罷和議疏略曰：「夷狄不可信，和好不可恃。相臣謀國不臧，恐貽後世譏。」忠肝如見，不知今之主國政者，亦有感於衷否？

爲表彰忠烈，敬以十九路軍將領姓名，表列於下。後之讀者曰：「此淞滬禦侮之民族英雄也，此誓死衞國之中華健兒也！」誰無熱血，豈眞「後不見來者」哉？

十九路軍

總指揮	蔣光鼐	
師長	第六十師 沈光漢	副 李盛宗
旅長	第一一九旅 劉占雄	第一二〇旅 鄧志才

團長	營長
第一團 黃茂權	第一營 陳正倫；二營 譚忠；三營 張展鸞
第二團 劉漢忠	第一營 陳生；二營 谷香圃；三營 陳次彬
第三團 黃廷	第一營 李畏；二營 劉幹廷；三營 周剛如
第四團 楊昌璜	第一營 梁宏；二營 關國安；三營 鄧融
第五團 梁佐勳	第一營 廖永榮；二營 湯毅生；三營 梁銳泉
第六團 華兆東	第一營 李友尙；二營 ；三營 劉光

將領姓氏及職分

軍長 蔡廷楷			
第六十一師 毛維壽	副 張炎		
第七十八師 區壽年	副 譚啓秀		
第一二一旅 張厲	第一團 梁世驥	第一營 朱炎暉；二營 王寶書；三營 古煌	
	第二團 田興璋	第一營 周克；二營 吳永山；三營 施堯章	
	第三團 廖起榮	第一營 劉樹福；二營 劉松生；三營 戴尉文	
第一二二旅 張炎	第四團 謝鼎新	第一營 丘世芬；二營 邱昌朝；三營 吳康楠	
	第五團 黃鎮	第一營 羅立夫；二營 陳茂光；三營 吳國焜	
	第六團 鄭爲楫	第一營 黃鎮中；二營 孫蘭泉；三營 李榮熙	
	教導團 鄔敏夫	第一營 彭孟濟；二營 唐愷；三營 李鴻鈞	
第一五五旅 黃固	第一團 雲應霖	第一營 雲昌才；二營 羅黎；三營 蘇守峯	
	第二團 謝琼生	第一營 林卓炘；二營 李金波；三營 黎冠雄	
	第三團 楊富強	第一營 蘇營河；二營 李炎榮；三營 馮岳	
第一五六旅 翁照垣	第四團 鍾經瑞	第一營 邱啓炘；二營 龔耀新；三營 梁文	
	第五團 丁榮光	第一營 熊彪；二營 黃康；三營 陳德才	
	第六團 張君嵩	第一營 利長江；二營 吳康鑑；三營 吳履遜	

第二編　淞滬禍變之導火線

日本欲貫澈其侵略我國之陰謀，去年九月十八日在瀋陽一度試其鋒。我負責長官以「軍人資格」發明不抵抗主義。敵未至不能防，敵已至未能禦。於是遼寧失，吉林陷，龍江亦告不守。半年以來，日人得寸進尺。既有東北矣，復窺天津；既窺天津矣，又擾我沿海諸商埠。狼子野心，必欲傾覆我國家而後快。上海為我國經濟中心，長江鎖鑰，其必不免被寇犯，固不待龜筮而後知也。

日本知國聯不足畏，我國當局更不足懼。本莊繁密奏日皇，曾有言曰：

「支那政府久已成為呼應不靈，殘缺不完之政體。蔣介石雖甚聰明，但對國家思想仍不健全。所謂北上收回失地者，無非無臭之宣傳，毫無作用者也。至於汪胡諸子，亦皆毫無實力，無絲毫國家觀念者也。張學良醇酒婦人，更不足道。」

評論時賢，如此冷峭刻薄，其視我國，尚有人哉？

淞滬之變，正如瀋陽之變，天津之變，如箭在絃，一觸即發。在我，則為勇於私鬥而不警備國防之果報；在日，則為其伸張勢力於長江流域之機緣。今言導火線者，不過證實日人借刀嫁禍之伎倆，又在上海重演一次。並非謂淞滬禍變之原因，即在於此也。

壹　日僧被毆之傳聞

半年以來，閘北虹口一帶，常有僧裝日人，出街入巷，測繪地勢。此等日人，大都三五成羣，窮凶極惡，屢與我國人發生齟齬。迄一月十八日下午五時，上海市政府忽得報告，謂有僧裝日人二，及平裝日人三，在引翔鄉因細故與鄉民發生衝突。日人因恃勢行凶，以致雙方皆有傷害。市政府據報，

即飭公安局派員從速調查眞相，以便公平處置。然而市政府未立時將案情通知日領事，並提出關於我國人被傷害之口頭抗議，使日人反得藉「保護邦人」爲口實，以與責難。在我方不免爲失計也。

公安局得市政府「調查眞相」之命令後，即派員往引翔鄉查勘。旋向市政府作片面之呈報曰：「有日僧天崎啓昇，水上秀雄，及佛教信徒後藤芳平，黑岩淺次郎，藤村國吉等五人，於十八日舉行佛教儀式之寒中修行。途經馬玉山路三友毛巾廠後面，被暴徒攢毆。天崎，水上，後藤三人逃避稍遲，身受重傷，橫臥道旁。後由五區四所飭警車送公共租界寧國路聖心醫院醫治。其餘黑岩，藤村受傷較輕，自行趨報楊樹浦捕房，由捕房車送醫院醫治。至行兇暴徒，則以該處地屬偏僻，向無崗位，未能當場逮捕。」

市政府得此呈報，認爲日本僑民在我國領土，爲我國人毆傷，事關重大，當令公安局限期緝凶，務獲究懲。

翌晨，日總領事村井倉松即爲此事到市政府訪問吳鐵城市長。當時吳氏適因公外出，乃由市政府秘書長俞鴻鈞接見。村井不待俞氏講述處理日人被毆案件之情形，即提出口頭抗議。俞氏當告以此案詳情，尚待調查。惟既據報，日本人民，在中國領土，爲中國人民毆傷，實屬不幸，應表遺憾。村井告別後，俞氏即耑誠往日領署回拜，重申前旨，並請日領事約束僑民，靜候解決。

貳　日浪人空前暴動

僧裝日人在引翔鄉被毆事件發生後，我市政府既限期緝凶矣。從情理言，日方爲法治國家，即應從正當之途徑，求依法之解決。不意日方蓄意啓釁，竟藉此事件爲導火線，發生日浪人在上海之空前暴動，以圖事件之擴大。

（一）縱火焚燒三友毛巾廠：三友毛巾廠設在滬東公共租界華德路底引翔鄉。其後門爲東王家宅，即

僞裝日人行兇遇害地點。一月十九日下午，據時報訪員稱，有日軍官四人並上身僅穿絨線衫之日浪人數名，四次於該廠前後觀察情形。翌晨二時餘，卽有四五十日浪人，各帶木棍武器及引火物，分兩路向該廠出發。一路由華德路結隊東行；一路則由日商東華紗廠側徑穿過。由華德路來者，與租界巡捕格鬥退回。由東華紗廠來者，則在該廠西北角之織巾部縱火。

當火起時，三友廠全廠員工均已入睡。幸有宿舍巡邏警張世勳嗅得硫磺氣味，並見織巾部火光熊熊，立卽報告司閽羅文彬，喚起該廠消防隊隊員；一面馳往灌救，一面用電話向楊樹浦救火會報告火警，故未肇大禍。

自織巾部着火救熄後，約一小時，日浪人捲土重來，擬焚炸三友廠之爐鍋間。該間在廠之東北。其西爲宿舍，再西卽爲日商東華紗廠。二度重來縱火之日浪人，仍係從東華方面而來者。惟所擲火種，未中要害。且日浪人恐廠中有備，未敢久留，須臾自行退去。

日浪人退去後，三友廠警士張世勳奉命馳赴公安局五區四所報告日浪人縱火事實。當由所長吳玉亭，帶同長警，會同楊樹浦捕房華探閃兆賢，調查被火狀況。在該廠水爐子傍，檢得引火硫磺布包一箇，火酒瓶七八只，黑漆鞋一雙，「高級飲料」（日本名稱）一瓶，刺刀鞘一只，及日文報紙一張。並發見竹籬及工房板壁鉛皮，被刺刀撬開痕跡。乃分別將被燬情形攝成照片，硫磺包火酒瓶等帶回，以備追究。

時報記者事後至三友廠調查，見該廠被焚廠屋，爲毛巾房六間，俱在王家宅路之旁。屋頂均已燒穿。內部共燬織機二十四座，棉紗等物亦有損失。廠房屋頂幸係鉛皮，故雖被燒，尙未全燬。惟屋頂琉璜彈之洞痕纍纍，數以百計。據該廠職員朱君云：「此次被焚損失，連同工作損失，廠屋機件被燬，統計達五六千金左右。事後曾拾得日人遺棄木屐數隻，並高三尺之大火油瓶一個，日本牌子汽水瓶硫磺布等甚夥。」

大通社記者亦於事後晤三友社總理沈九成，詢以該案之因果。據云：「此次日人縱火，證據確鑿。且爲貼鄰皮匠楊任生所親見，不容誣賴。幸本廠工房，均於板壁之外，包有鐵片一層，故雖被焚燒，損失不巨。至該案之起因，大致爲日前（十八日）馬玉山路上，有日本僧人三四名，行經該處，與途人發生衝突，日人卽以出事地點在三友廠前，以爲本廠工友毆打日僧，致發生縱火洩憤情事。」

又據三友工廠代理廠長勞惠民，語國聞社記者云：「日人於二時五十分到廠外，遂實行放火。先將火酒澆燒機房織巾間。時在深夜，工場無人知悉。嗣以場西值夜之人，前來報告，始由本廠原有消防隊，竭力施救，未釀大禍。不但損失不貲，機上未織就之毛巾布疋，悉經水漬，難以銷售。日人所遺證據，均由捕房及公安局攜去存案。鄙人僅拾得硫磺包布片甚多，察視確係日本織物。第二次四時重來，人數有謂二十餘，有謂四五十。因本廠救火不遑，故未能證實。總經理沈九成方纔來過，現已返去，大概命本廠法律顧問譚毅公，先備文呈報政府當局，派警維護。總之，本廠意思，不希望交涉勝利。因爲倘若交涉能勝利，我中國東省亦不會被人凌辱至此。是亦諸位所深悉。不過既有此不幸事發生，但願一切不由小事釀成大事。並希望以後再不發生同樣事件。」繼又云：「本（卽二十一日）晨聞得傳言，五區對面原係日人居留民大本營。因爲出事，故清晨六時，有日機關槍隊在彼會操。爲演習耶？抑示威耶？難以臆斷。尙望負責當局，有以預防。」

（二）殺傷公共租界巡捕　日浪人第一次縱火焚燒三友廠，係分兩路出發。其由華德路出發者，當行抵楊樹浦捕房第一號警亭時，見三友已兆焚如，卽衝進警亭，抽刀將電話線割斷，恐亭警傳報捕房也。守亭巡捕陳得勝田潤生阻之。陳捕被日浪人所執，劈去左手兩指，痛極倒地。警亭玻窗及電機聯絡線，均遭擊燬。陳捕之鎗袋，皮帶，及制帽亦被日浪人搶去。田捕見狀，奪門而出；擬逃至捕房報告。日人緊隨不舍。至臨靑路河間路交界處，臨靑橋西首，田捕遂被日浪人包圍。田捕爲自衞計，卽向空開鎗示威。不料鎗聲一起，日浪人更加緊逼迫。田捕恐有性命危險，且爲保持公共之治安，遂對準暴

徒放鎗一排，死梁瀨松十郎，傷北辻卓次及森正信。一排放罷，第二排子彈，復欲裝入。此時田捕因措手不及，被日浪人以刺刀刺斃。田捕年二十，籍山東。異地孤魂，因公殞命；好男兒爲國而死，究亦何傷？

當田捕被刺時，日浪人呼嘯狂叫，聲震屋瓦。在臨近臨青路値差之巡捕朱伍蘭，聞警趕至，亦被日浪人猛擊，倒於三星棉鐵製造廠門首。

田捕死，陳朱二捕傷，公共租界警務長恐不幸釀成大變，聞報即下緊急命令曰：

「爲令知事，查得今日清晨，有日本浪人一隊，攻擊殷翔港報警亭內之第三千零二十九號華捕。並將工廠一所縱火。當時華捕第七百六十五號田潤生被浪人攻擊殞命。本部長無任哀悼。查該華捕因聞警赴援，突被暴徒攻擊。渠雖竭力抵禦，卒以寡不敵衆，當場捐軀。進攻暴徒，內有三名，因華捕防衞受傷，已送醫院醫治。其中一名，現已身死。今該華捕死於非命，其親屬所受創痛，本部長甚表同情。並當竭力設法懲辦兇犯。此則可向全體華員保證者也。深望各員處以鎮靜，照常服務，此後設有報復警員行動，自當特別保護。且深信本部人員，仍能維持其固有之高尚紀律，及其自重心也。仰各知悉遵照爲要。此令。」

我華捕素守秩序，租界警務長即無此警急命令，其高尙紀律與自重心，亦斷不得因日浪人之暴行而動搖也。吾人所望者，租界當局之公平處置耳。

據華東社調查所得，此次縱火焚燒三友廠及殺傷巡捕之日浪人，於事出後向日領署自首者，計有七人：(1)光村芳藏，年四十六歲，住海甯路A一〇號。(2)細谷猶一郎，年三十一歲，住海甯路A一〇號。(3)原定次，年三十二歲，住虬江路二〇三號。(4)關恆太郎，年二十八歲，住蓬路久耕里。(5)木下感造，年四十歲，住吳淞路展安里一〇二八號。(6)森正信，年二十六歲，住士慶路明道里二三號。(7)北辻卓次，年二十三歲，住竇樂安路九十七號。以上七人，聞已由日領署派人押解

回大阪。素以法治自豪之日本帝國，對於此七名「邦人」究將何以處置乎？待之如殺人放火之凶手乎，抑待之爲「愛國志士」乎？是吾人甚望日當局向全世界宣佈者也。

當日浪人殺傷租界巡捕之事件發生後，據工部局傳出消息，日總領事村井倉松即至該局訪問，表示極深之歉忱。並云：「將與工部局總董商議對於死傷巡捕給予撫卹之事。」並告總董：「將取必要之措置，以處罰攻擊巡捕之人。」日董福島亦向該局保證曰：「日人方面之負責者，對於鼓勵此事件之日本青年團毫不表同情。」觀此，日人外交手段之靈活，眞非吾人所能望其項背也。而日人「兩重面目」之盛譽，又加一層保障。不然，何以一方面聲言緝凶，一方面對於暴徒領袖梁瀨松十郎之被擊斃，又備致哀悼哉？報載二十三日下午二時，日僑在虹口乍浦路本願寺舉行梁瀨松十郎追悼會，駐華各日人團體，均送花圈等禮物致敬。三時閉會，當由葬務委員會將靈柩裝上汽車，並備汽車四十五輛，給送喪者乘坐。舁至橫浜路日本墳山舉行火葬。此種喪葬儀式，備極尊崇，豈即福島所謂之「不同情表示」，豈即村井所謂之「必要措置」耶？

(三)滋鬧北四川路 新聞報載：自引翔港日浪人縱火殺捕後，日僑千餘名，於二十日下午一時，在公共租界蓬路日本人俱樂部開上海日本人居留民大會。推各路聯合會委員長爲主席。安井報告。大槪茂演說。當場決議，電其政府，增派陸海軍，壓止排日運動。開會至三時許始散。各日人分爲兩批，分往日領署及海軍陸戰隊司令部請願。手持木桿，聲勢洶洶。往北者沿靶子路步行。所有租界警捕，及日本軍士，均隨同監視。至靶子路北四川路口，折轉向北，大呼口號，沿途尋釁。見我國商店所貼反日標語。即有三四十日人，往馬路西側各商店，舉起竹桿木槓，擊碎商店門窗大玻璃。計有十餘家之多，均被打碎。一時路過市民，駐足而觀，人聲鼎沸。由北往南之一路第一百二十五號電車，及第一五零七零號公共汽車玻璃，亦被日人擊毀。電車司機及乘客西孩，咸受損傷。

日人肇禍行兇後，仍向前進至日海軍陸戰隊司令部請願。公安局及捕房方面，亦加派警捕及武裝

警備車，在途梭巡，加緊戒備。惟自靶子路至虬江路一帶之商店，則均臨時閉門休業。

(四)上海市政府對於暴動之嚴重抗議　日浪人於一月廿日清晨既結隊焚燒三友毛巾廠，殺死巡捕田潤生，刺傷巡捕朱伍蘭及陳得勝；當日下午，又結隊遊行，搗毀北四川路之我國商店。其趾高氣揚不可一世之氣勢，不惟目無公理，且亦目無法紀。我市政府得報後，以爲日浪人此種凶暴非法之行爲，若非加以嚴厲之制裁，必不足維持公共之安寧與秩序。故除派員訪日總領事村井倉松提出口頭抗議外，一月二十二日又發出書面抗議二件：

(1)爲日浪人殺人放火之書面抗議：「逕啓者：案據市公安局呈報：本市引翔港馬玉山路三友棉織廠，於本月二十日上午二時二十分，有日本青年數十名，潛赴該廠外縱火，共燃火頭四處。當時因深夜，工人已熟眠，未及覺察。厥後該廠職工等，經細密察查，並據附近鄉人目睹，係該日人以火酒汽油硝磺等物引導放火。是時該處附近報警亭有華捕三人值差，聞警卽電救火會求救。日人等乃將該亭施以包圍。用刀將三零二九號華捕砍傷，一一一六號華捕身被刺傷倒地，並將電話機割斷，拋擲附近浜中。另有七六五號華捕，被該日人等追至臨靑路，亦爲利刀殺死。該日人等逃逸無踪。計該廠被焚，損失極大等情。據此，查該日人等竟敢於清晨結隊縱火焚毀本國工廠，殺死在職華捕，不獨於法所不容，而際此多事之秋，其影響所及，尤爲嚴重。據報前情，除當卽派員面提抗議外，用特提出下列條件，(一)日本總領事向本市長表示歉意。(二)迅速逮捕及嚴懲縱火殺人之罪犯。(三)充分賠償被害者，其賠償之金額另協定之。(四)切實保證嗣後不得有同樣事件發生。本市長深盼貴總領事對於上述各條，能誠意履行，俾本案可以從速解決，以息糾紛，而睦邦交。相應函達，煩請查照爲荷。此致日本國駐箚上海總領事村井倉松。市長吳鐵城。」

(2)爲北四川路滋鬧事件之書面抗議：「逕啓者：案據市公安局呈報，本月廿日下午一時，本市日本僑民，在公共租界蓬路日僑俱樂部，開居留民大會。到會人數，約千餘人。會議完畢，赴駐滬日

本領事館，及日本海軍陸戰隊請願。行經北四川路時，沿途滋擾，打毀店舖多家。並將第一二五號一路電車，及租界公共汽車玻璃打壞。折至虬江路口，將華商店舖之玻璃窗亂行搗毀。直至午後六時餘，在狄思威路始行四散。當時本市民衆，憤不可遏。幸由各該管區所長，率同警隊長警，極力彈壓勸導，尚無事故發生。計此次華商各店舖損失極大等情。據此，查關於日僑此項非法行動，本市政府節經函請貴總領事注意，切實取締在案。乃此次該日僑等，復又故意尋釁。當此時局嚴重，民衆激昂之際，如果發生誤會，責任自有攸歸。用特提出抗議。卽希貴總領事迅予查明肇事人等依法懲辦。並嚴切制止，以後不得再有上項情事發生。至各商店所受損失數目，俟詳細調查後，再行要求賠償。相應函達，卽煩查照辦理。見復爲荷。此致日本國駐箚上海總領事村井倉松。市長吳鐵城。」

此兩件書面抗議提交村井後，村井竟置若罔聞。不惟滿意之答覆不可得，卽一不滿意之答覆，至今亦尚未經任何方面發表也。其如外交手續何？其如國際禮貌何？

(五)民衆爲日人暴動之憤慨 日浪人殺人放火，我國人莫不憤慨異常。今摘錄各法團發表之文字六種，民意之所在，亦可從此窺得一斑也。

(1)市黨部之宣言：市黨部爲日浪人暴動宣言略云：「此次日本浪人縱火焚燒我三友毛巾廠，搗毀我沿北四川路之商店，甚至破壞警亭，毆傷崗捕。如上海中外當局，不加以嚴厲之制裁，而任其馳驟放縱，則二十日之暴動，開端耳。中外當局，果欲保持地方之安甯秩序，對於今茲日人之暴行，萬不容嘗然視之，而認爲偶發之事故。應深加警戒，預防天津之禍變重演於上海。借使再予日人以破壞之機會，則吾人受禍之烈，當更深於天津。而其影響所及，不僅爲中國方面，恐居留之外僑與中外往來若干萬萬元之中西貿易，亦必同受其殃。故爲求中國與世界之共同利益起見，深望上海中外當局，應精極共籌最有效力之制止辦法也。抗日救國，爲我人今日唯一之出路。任何青勢，務當求其貫徹。凡我同志同胞，更應投袂而起，誓死奮鬥，以剷除擾亂世界和平之暴日。」

(2)民衆外交後援會之代電：中華民衆對日外交後援會致各義勇軍代電云：「上海各義勇軍均鑒：自遼案發生，不數月間，整個之東三省，完全在暴日鐵蹄之下。迄今猶復野心不死。一則以武力進攻熱河。再則嗾使日僑，任意在各地暴動，以求達到第二步侵略之目的。如一月廿日滬市日人在北四川路之暴行，慘殺我同胞，搗毀我商店，日領不惟無相當之制止；今反大調戰艦，滿載陸軍，齊集於黃浦江，大有掩護日僑行兇之勢。我國民衆在滬市之生命財產，岌岌可危。望各義勇軍之在滬市者，本悍國衞民之志，嚴密防範，以戢其野心。幷爲妥善之準備，作武力對抗。危機迫切，責任綦重。尙期仗義爲之，是所至盼。」

(3)市區分會之呈文：市民聯合會二十五區分會呈吳市長戴司令文云：「呈爲日本浪人，恃兇傷人，搗毀商店，請求嚴重交涉事。竊本月二十日下午三時，北四川路突來日本浪人五六百人，無故恃兇傷人，搗毀商店，擾亂治安，拒捕頑抗，種種不法，已詳載各報。敝會以事關切膚，責無旁貸。故於二十一日召集大會，議決四點，(一)賠償損失。(二)責令日領署向各店書面道歉。(三)從速加派軍隊以資保護。(四)立卽發給義勇軍槍械。上述四點，除向租界工部局呈報外，理合具呈鈞座，迅予嚴重交涉，據理力爭。幸祈接見，勿視爲一紙空文，敷衍了事。實爲德便。」

(4)各業工聯會宣言：上海各業工會聯合對日本浪人暴動宣言云：「自萬案發生以來，日帝國主義節節進逼。東北三省，盡被掠奪。近復得寸進尺，嗾使浪人擾我內地。華北既危，青島，天津各地，亦相繼發生日人暴動燒殺事件。我政府堅持鎮靜，致使暴寇肆無忌憚。本月二十日復在上海北四川路及引翔鄉一帶暴動。焚燒三友工廠，並槍殺華捕。嗟我中華大好河山，慘被摧殘蹂躪。我全國各界同胞，若不急謀抵抗，則土地生命財產，均將不保。我國人昔之所依賴於國際聯盟者，今已完全失望。所謂因循觀望，徒使暴日更形囂張而已。爲今之計，唯有我各界同胞共謀團結，組織義勇軍，要求政府發給武裝，以圖抵抗。並請政府嚴懲失地辱國官吏。對於燒三友社及槍殺華捕之日暴徒，責令日

領懲兇賠償道歉，並保障以後不再發生同樣事件。務達目的。本會當導所屬工友，以作後盾。」

（5）縣黨部及縣抗日會表示：上海縣黨部及縣抗日救國會，爲日人暴動案呈請中央云：「竊查本月廿日暴日僑民縱火焚燒三友實業社工場，殺傷第一特區工部局華捕多人、搗毀北四川路商店無數。本會目擊耳聞，深爲痛恨。蓋自九一八事件發生以還，天津福州廣州武漢各地，先後均」日人滋擾。測其用意，顯係故意尋釁。而我國當局，終未妥善保護，含忍息事。致使日人益無顧忌，釀成焚廠殺人之巨禍。且此次事件，在外人保護之租界區域內，尙難倖免，何况其他地帶？本會恨日人之野蠻，痛國人之受辱。日人一日在境，國人一日不得安甯。故特呈請鈞會，迅卽宣佈與日斷絕國交，限令日僑出境，以防後患，而保國民。」

（6）商店代表要求自衛：二十一日北四川路商民聯合會推王劍鍔，陳九峯，邢民一赴工部局要求自衛。呈文如下：「呈爲日本浪人，恃兇傷人，搗毀商店，請求嚴重處置事。查一月二十日在北四川路，突來日浪人五六百名，無故恃兇傷人，擾亂治安，焚燬工廠，拒捕頑抗。種種事實，已詳各報。敝會以事關切膚，責無旁貸。故於二十一日集召大會，議決三點：（一）請貴總董負責勒令日領事署嚴行懲兇，賠償，並正式向本路各商店道歉。（二）貴總董對於治安方面，如力有不逮，敝會所組織之義勇軍，皆各商店員，正式商人，與萬國商團處同樣地位，擬請貴總董允許敝會義勇軍協助巡查。並求准許自備槍械。而商店亦得各備自衛手槍一支，以防不測。所有槍械，概請免除照會等費。倘有疏虞，敝會願負全責。（三）以後如再發生同樣事件，商民爲生命財產計，祇有全體自動免除各捐，留作自衛費用。以上三點，已由大會議決。除備正式公函呈報外，特由大會公推代表王劍鍔，陳九峯，邢民一，面謁表示，幸祈接見賜教爲荷。」當日下午三時四十分，三代表始在工部局二樓，與總董費信惇氏會見。費氏表示云：「租界治安，現已商得各國領事同意，以最受訓練之軍隊、出防維持。必要時海軍亦可登陸。故對租界治安，毫無問題。至傳日僑將在蓬路舉行居留民大會，工部局亦已充分準備

足以維持秩序之軍力矣。故希望居民，亦勿故事張皇。」代表等重伸述北四川路商店被日人搗毀玻璃窗等損失。費氏亦允轉知日領事。至自衛等問題，始終無表示。

叁　日當局藉故生端

（一）日僧被毆案之五項要求　僧裝日人被毆案，三友毛巾廠被焚案，租界巡捕被殺傷案，四川路搗毀商店案，除第一案尚待偵查事實外，其餘三案莫不直在我而曲在日。日當局不自反省，反欲施其反誣手段，藉故生端。一月二十日據東京電通社電訊，日本外務省主腦部會議「上海事件」，決定：「務必乘此機會，絕滅反日會，以及以排日行動為目的之非合法團體。」此項決議電令日總領事村井後，村井即於二十一日上午到市政府提出書面抗議，並要求五件：

(1)市長正式道歉。

(2)迅即切實實行搜查，逮捕，並處罰毆擊日僧之凶犯。

(3)對於被害之日僧五名，須予以醫藥費及撫慰金。

(4)關於排日侮日之非法越軌行動，一概予以充足的取締。

(5)將上海各界抗日救國委員會以及各種抗日團體即時解散之。

吳市長接受此項抗議及五條要求後，當即予以口頭之答覆曰：「懲兇一項，我國法律對於傷害罪之處分，本有明文，自當緝兇，依法究辦。至道歉及撫卹二項，亦可予以優越的同情考慮，惟取締反日舉動及解散抗日團體二項，事關國民民衆運動，如在法律範圍以內者，政府實無權取締　如有非法行動，自當依法制裁。」村井對於此種答覆，不表示滿意，遂悻悻告辭。

（二）日閣議聽任海相主持　村井對於吳鐵城之口頭答覆，未認為滿意。二十二日據東京電訊，日政府竟有聽任海相主持上海事件之決議。其藉故生端　如司馬昭之心，路人皆知，雖百喙亦不能強辯也。

二十二日日聯社東京電訊云：「芳澤外相大角海相在本日閣議席上，關於上海之突發事件，均有詳細報告。對於此事討論日本政府應急對策，結果：決定立取適切之手段，由大角海相處置之。」又據同日國民社東京電訊云：「駐華日使重光今日至陸軍省與參謀次長談上海時局及中日人間之惡感時，幷討論保護上海及南華，尤其爲廣州之日僑辦法。重光昨曾覲見日皇，考慮上海局勢。於聆取外相芳澤之報告後，決議以應付上海事件之緊急計劃，聽海相主持。幷商定一切事端，悉由註華日艦隊司令鹽澤及駐滬川海軍官負責解決，今日閣議對於上海局勢，極爲注意。」以一尋常之外交事件，日本「動閣議」，「聆皇訓」，不交外交當局主持，而交海軍當局負責解決。形勢險兇，我政府尙欲伈伈俔俔，求免衝突於一時。爲計之左，未有甚於此者也。

凡熟知日本政局者，莫不知日本政治實以軍閥爲骨幹。薩閥主陸軍，長閥主海軍。二閥相持，而無不好大喜功，以求國人之擁護。時事新報曰：「薩閥既已啓釁於東北大陸，長閥遂欲有爲於沿海沿江。青島福州之小試其技，未暢所欲，於是別求一逞，而以上海發其端。」日政府聽任海相主持上海事件之決議，正予長閥一立功之機會。上海其終不免被敵軍之鐵騎摧殘也，稍有國際常識者皆能知之。我國當道，猶醉生夢死，不加警備。我國民何負於政府，而政府必欲置之死地哉？舍屈服外無辦法，此豈獨立國家應取之外交方針？知強鄰將以暴力相威逼，而不謀抵禦，此豈血性軍人應採之策略？與言及此，誠不勝其泣血也。

(三)黃浦江日艦示威　日政府一月二十二日之閣議，既決定由海相負責處置上海事件；自二十二夜起：海相大角即慶下「艦隊待機出發」之急令。迄二十八日止，一星期之間，日艦耀武揚威於黃浦江上者，竟達二十四艘，有如下表。其非備戰，有誰信之？

種類	艦名	附註
巡洋艦	平戶，常磐，二號	原泊上海
	大井號	二十三日到
	夕張號	二十八日到
航空母艦	能登呂號	二十三日到
炮艦	安宅，浦風，保津，三號	原泊上海
驅逐艦	藤，葛，薄，荻，四號	二十三日到，屬第十五驅逐艦隊。
	皋月，水無月，文月，長月，四號	二十八日到，屬第廿二驅逐艦隊。
	三日月，菊月，望月，卯月，四號	二十八日到，屬第廿三驅逐艦隊。
	如月，睦月，彌生，夕月，四號	二十八日到，屬第三十驅逐艦隊。

同時，在長江一帶，據調查所得，尚有日艦十七艘駐泊各緊要口岸，可以隨時妨礙我軍事行動並助長黃浦江上日艦之威風。十七艘有如下表：

駐泊地	艦名
南京	天龍，對馬，二號

鎮江	勢多號
蕪湖	比良號
九江	熱海號
漢口	樫，桃，柳，檜，宇治，小鷹，六號
大冶	伏見號
長沙	隅田號
沙市	鳥羽號
宜昌	二見號
遊行艦	堅田號

上海爲國際通商口岸，長江一帶亦爲英美日本共同角逐之商塲。日本單獨之海軍行動豈有不召忌嫉之理？日政府爲避免國際間對於其遣艦示威發生誤會計，即以敏捷手腕，由外相芳澤電令各駐外使臣向所在國解釋一切。並由海相大角發表一正式聲明書云：「海軍省體政府方針，始終以愼重態度，保護日僑生命財產，擁護日本權益，以至今日。然滬案發生後，中國對於日方合理的要求，毫無誠意。且用各種手段壓迫日僑。據最近報告，駐滬華軍進行準備與日軍開戰。日本海軍鑒於此事，前派巡艦大井，驅逐艦四艘，及飛機母艦能登呂，又於本月廿六日增派第一水雷隊及特別陸戰隊，以免發生

不祥事件。然中國方面若不停止準備戰鬥行爲，則日軍出於認爲自衛上必要行動，以達護僑目的。」

此種聲明之措詞，極盡委婉曲折之能事。而日軍閥之險毒惡辣，借刀嫁禍之鬼蜮，亦可於字裏行間得之。言爲心聲，大和民族之傳統精神，歎觀止矣！

日本外交當局一面提抗議，日本海軍當局又一面遣艦示威，大美晚報有一時評，甚爲公正。今錄於下，願與日方之賢者，以冷靜頭腦共同研究之。其評曰：「上海無需增加中日防軍。增兵不足遏止事變，反易鼓起之也。東京視近今上海爭端爲地方事件，聽令當地長官解決之，此舉實屬得當。但海軍省之命軍艦開往上海，實與此種態度不相符合。今固不必如海軍省所命加派陸戰隊來滬。中國亦不必如納稅華人會之請，派防軍至公共租界也。公共租界之保護，乃上海工部局之責。維持上海之和平，在今日不能不算極艱苦之事。若於現有之法律治安機關擅自有所增加，則吾人敢信或將增重所圖遏滅之危害。故武裝日兵或華兵之抵滬，適足挑釁而已。今日之局勢，貴在以心理應付。若耀武揚威，則星火燎原，殊可虞也。公共租界之警察，今正竭力盡其職責。吾人切望中日當局之談判，勿再煽起惡感。此次之事情，純屬地方性質。而其根原則種於邀案。東京方面，對於此節，應勿漠視。遠大之根原，置而不提。而謂提出要求，即可稱最後結果，未敢信也。矧此種要求，助以武力之恫嚇，在今日堪稱至冒險之手段也。本報固常不直華人抵制日貨所用之方法。惟此與日人所提出「担保嗣後華人團體或個人不再有抗日運動」之要求，絕然不能相提並論。怨望存在一日，華人必抗日一日。此爲無可疑者。恫嚇無濟於事，反足增高怒焰耳。華人與日人必須維持上海之和平。凡破壞法紀者，無論爲何國國籍，均當加以懲處。惟造成華人對日本及日人之惡感者，其根本原因，厥爲日人在滿洲之行動。抵制日貨之努力，固爲日本煩惱與恐慌眞正之難點。然抵制埋由長此存在，終難望其衰弱也。」

試問此種第三者之公論，日方賢者將何以解答之？「怨望存在一日，華人必抗日一日，」此豈我同文同种之日本所期望者哉？揚湯止沸，何如釜底抽薪。日本不乏明達，必知所以自處也。

（四）威逼民國日報停版 民國日報，我握有統治權之國民黨最高機關報也。一月二十一日登載日浪人暴動事，有「日本駐滬海軍陸戰隊掩護」一語，致爲日海軍司令鹽澤執爲把柄，向該報百般恐嚇。二十二日下午，鹽澤派中尉士山廣端持下列函件訪該報主筆：「民國日報主筆先生台啓，係貴報本月二十一日發行第二張「日浪人藉陸戰隊掩護」之記事，與事實全相違，故意破壞本陸戰隊名譽者也。於此對貴主筆嚴然要求下列之四項：（一）主筆來隊提出公文陳謝。（二）揭載半張大的謝罪文。（三）保證將來不再發生此種事情。（四）罷免直接責任記者。明（二十三）日午前五時爲限，要求答覆。若不承認莫怪也。昭和七年正月二十二日午後五時，日本海軍陸戰隊。」

民國日報當局接受此函，加以嚴重之考慮。二十三日即在該報刊一更正文曰：「本月二十日，引翔港三友廠被日本浪人縱火焚燬事件，次日本報記載中，有海軍陸戰隊掩護云云，係根據各方報告登載。昨據日本海軍陸戰隊本部派員來館聲明，上項記載，與事實不符合。據以更正，並表歉忱。」除此之外，據時報記載，該報主筆並另派人致函與陸戰隊本部道歉。並聲明其他要求，因碍於報紙慣例，未能照辦。日陸戰隊當局認爲不滿。復於二十三日下午五時許，二次派員與該報交涉。並致最後警告曰：「如不照辦二十二日所提出之四項要求，將用斷然手段處置。」當時因該報重要職員不在，未得要領。

延至二十五日，民國日報當局因「某方」勸告，乃決定接納鹽澤於二十二日所提出之四項要求。當該報負責人員向鹽澤作口頭與書面道歉時，鹽澤加以拒絕曰：「接受此項道歉之時期已過。今後該報必須封閉，以爲延宕之懲戒。」其咄咄逼人之態度，稍有羞恥心者，當不能忍受也。民國日報爲最高之國民黨報，鹽澤之直接侮辱民國日報，即不啻間接侮辱我最高之統治機關。「某方」忘記該報爲黨之機關報，竟勸其向一外國海軍司令折節屈服。不知鹽澤正因該報爲黨之機關報，故欺壓備至。我國對外，每次退讓，即每次予人以可乘之機。後之秉政者其鑒之哉！

鹽澤一方與民國日報交涉，一方並通知工部局，謂對於該報館如無適當處置，則陸戰隊將予以封閉。工部局方面以上海情形有如中立地帶，須經董事會議，方能有所舉動。故在董事會未開會以前，工部局請求鹽澤暫緩處置。

初，工部局總董費信惇，曾一度作中日兩方之居間人，期謀一和平解決方法。但因鹽澤態度堅決，此種企圖，終至失望。於是而謀其次，商請民國日報館自動休刊。該報亦不允許。所根據理由，為該報已派員向日方正式道歉，但日方拒絕接受。於是工部局經二十五日召集董事會會議之下，（日董亦出席，華董未接通知），決定勸告民國日報停刊。民國日報至二十六日晨未能依時出版，衆已起疑。但至十時三十分，該報仍舊發行。但謂出版誤時，係受檢查之故。至於受何人檢查，則未說出。不意至下午二時，該報當局忽接到公共租界工部局通告曰：「現因本埠形勢緊張，工部局董事會勸告貴報停版」等語。並由武裝西捕印捕前往，勸令該報職員悉數走出；將山東路前門上鎖，謙益里後門，除上鎖外，並釘木板二條。但無封條。派印捕三名在外駐守。該報不得已祇得暫時停刊。並發出通告如下：「昨據公共租界工部局通知：現因本埠形勢緊張，工部局董事會勸告貴報停版等語，本報自即日起暫行停版。特此布聞。民國日報緊要啓事。」

華東社記者聞此項消息後，即至工部局訪費信惇。適費氏因公外出，乃由總辦瓊司延見。據談：一、工部局方面，對於租界之治安，負有完全責任。近以日僑對於民國日報頗有惡感，工部局為防止事件之擴大，故勸令該報停版。總之，工部局純站在公正的立場上，不許日僑或華人在租界內有所舉動，危害治安。至於租界內之治安，則今後定可無慮。深望租界內之市民勿自驚擾也。而滬案之解決，尤望中日當局，能雙方讓步，勿各走極端，致釀成重大事變。」

痛心痛心，顯赫一時之民國日報，在國民黨尚握有統治權之時期，竟在日本暴力之下，如此下場。此而可忍，則國民黨實無不可忍之事矣！孫公有靈，能勿含淚？

（五）強迫終止抗日活動　引翔港日僧被毆事件發生，日政府不待眞相之査明，卽正式宣稱將乘此機會以謀終止上海市區之抗日活動。並訓令村井與吳鐵城開直接談判，担保抗日活動之終止。一月二十五日下午，村井卽本此旨訪吳氏，彼此晤談至一時廿分之久。新聲社於事後向吳氏探問談話性質，當蒙公佈曰：「日總領事村井倉松之來，對余謂：十八日日本僧徒，於馬玉山路被人毆傷案之抗議書，何日可以答覆。際茲時局嚴重，旅滬日僑，態度至爲憤激，設若不再迅速解決，延時過多，萬一因之而發生意外，其責任應由本市政府負之。同時並謂前晚法租界重光公使館有人放火，事後檢得有抗日會徽章及佈告等，詢予對此事之意見如何。余當卽答之云：關於十八日日本僧徒被人毆傷案，所提抗議書之四項，尙須加以相當時間，俾請示中央，及徵詢滬市各團體之意見。現在正在愼重考慮之中，並願從速加以答覆。至於時局嚴重，本市長當然亦極瞭解。但亟希望雙方民衆，均處於鎭靜態度。靜候當局以外交方式交涉，庶使案件早得和平解決。故該項責任，雙方均應負之。至謂重光公使館有人放火，雖云檢得抗日會徽章佈告，眞相如何，尙須派人詳細調査。或係有人僞造，冀圖嫁禍於人，亦未可知。且放火而遺留該項證物，其愚當不至此。故此事尙須詳細硏究，方可表示。談至此，日總領事卽辭去。今日談話之大概情形，卽係如此。因雙方均用翻譯，故不覺需時稍久。」

吾人一讀此談話之內容，加以分析，卽知日方將藉保僑爲護符，採取所謂而「臨機應變之措置」。不幸事變之來，果如預料。一月二十六日國民社東京電訊及電通社東京電訊皆有重要之消息：

（1）國民社電訊一：「駐華日使重光否認明日將抵滬，中日爭案將俟其到滬後再定最後辦法之說。重光須於星期四日乘長崎丸起程。其到滬須在星期日。上海交涉事現仍由日總領事村井秉承日外交省訓令，會同日艦隊司令鹽澤少將辦理。鹽澤現恆與東京海軍省通電。昨日內閣復討論滬案。因海相大角病臥，由次官報告上海之局勢。閣內閣決議對保護上海日僑事，不得懈其決心。」

（2）國民社電訊二：「今日外交省宣稱：外相芳澤今日將以辦理滬案之切實訓令致駐滬日總領事

村井。聞日當局因上海吳市長未予村井覆文，決議以嚴峻有效計劃，保護上海之日僑。又聞村井發訓令後，將商諸鹽澤少將等，以緊急手段對付抗日救國會。又東京海軍當道亦決議如中國當局對於日本要求無滿意之答覆，卽擬實施對付上海排日份子行動，故上海時局於後四十八小時內當有劇變也。」

(3)電通社電訊：「關於上海事件，外務省曾努力防止事件擴大。但吳鐵城市長對於日本要求解散抗日會爲不負責任之回答，採取傍觀態度，因此事態益顯惡化。依此推移，惹起如何事態，未可逆料，不堪憂慮。外務省昨日午後協議對策之結果，決定由保護僑民之見地，採斷然之行動。關於此事之訓電，大約本日中由外務省發致村井總領事。村井總領事關於抗日會之處分，與海軍方面接洽後，卽採緊急之措置。」

此三項電訊，皆非常緊要。我軍政領袖，除十九路軍將領外，皆未注意及之，誠可引爲大慽。電通社明言日外務省決定「由保護僑民之見地，採斷然之行動。」國民社且預言上海時局於四十八小時內將有異常變化。抗日活動，爲我國今日救國途徑之一。以救國運動而受人「斷然行動」之威脅，倘爲折節，我國家尙復成何國家，我民族尙復成何民族？

(六)法團對於日本藉故生端之表示　日人藉故生端之態度，凡有血氣，孰不生「吾與汝偕亡」之悲感？上海市民聯合會爲日方無理之要求，致國府及市政府之公電，實可代表大部份人民之公意。其宜言尤爲針針見血。併錄於後，作爲將來之參證：

(1)公電：「暴日借端向上海市政府提出要求，限上海市政府取締團體及個人之抗日運動，幷解散抗日救國會，及同樣團體。否則，將取軍事上必要行動。同時砲艦雲集。全滬市民，憤慨異常。竊思暴日之侵凌東北，邊防長官，放棄職守，不以武力抵抗，已使全國人民，痛心疾首。世界各國認爲極不爭氣之國家。暴日遂得更爲肆無忌憚，進亂天津，次擾青島，又逼福州。今竟對我國經濟中心，各國貿易樞紐之上海，亦將施以破壞之手段。其目無中國，目無各國，已昭然若揭。夫抗日救國，本

應採用武力。但酷愛和平，既爲我國民之天性，則採用文力，凡立國於天地間者，能不認爲當然之事。卽國際聯盟約章第十六條，亦經明白規定。暴日不自悔禍，不詳究抗日救國之運動，因何而起。而於朝鮮慘案，不謀合法之解決。侵凌東三省之軍隊，不依照約言，卽行撤退。竟忝顏要求上海市政府取締。噫，此種要求，如予承認，則暴日定必再作進一步之要求。曰各種教育，各種書報，均有抗日之宣傳，亦係抗日之運動，應予取締銷毀。曰各公私機關，有爲抗日運動之份子，應予解散或撤職。曰某人某人爲抗日運動者，應予嚴懲。否則爲維護帝國權益計，均須採取軍事上必要行動。我國如畏其砲艦政策，亦將一一承認之，而忘其爲獨立國家乎？爲特電請鈞府院，對於暴日此種足以亡我中華民國之無理要求，迅行訓令上海市政府，予以嚴詞駁覆。並決定武力與之周旋。全滬市民，甘爲後盾。不勝屏營待命之至。」

（2）宣言：「暴日侵凌我國東三省，蔑視世界公義，已屬萬分憤慨。既誤於邊防長官之不抵抗以武力，中央政府之不強硬對付，而勞我人民之施用文力，自動實行國際盟約十六條之經濟絕交。對於暴日，可謂仁至義盡。乃暴日侵凌東三省，擾亂天津，青島，福州，不足，對於我經濟中心中外貿易樞紐之上海，又復施以擾亂。砲艦雲集，恫嚇市府。要求取締抗日運動，解散抗日救國團體。此可承認，何求不得？暴日之計劃，直欲使我國人民，武力文力，均不得施其技，甘爲奴隸牛馬而止。蓋一俟市府承認此項無理要求，彼可指我國之集會，結社，言論，出版，均係抗日運動　公私機關之職員，社會各界之個人，均可指爲係抗日運動之份子：要辦卽辦，要撤卽撤。同胞乎，亡國之現象如是也！我上海市民，對於邊防長官之不抵抗，固已認其爲有忝職守矣。現政府之當局，在和會之決議中，固已明言不抵抗之非計矣。而今我上海市民，亦已當其衝矣。凡有血氣，自不願以五十步笑百步。而現政府之當局，均係國家棟樑，當亦不願爲五十步笑百步之舉動。不屈不撓之氣，我上海市民，斷不喪失毫末。對於抗日救國之運動，誓必再接再厲。我全國之親愛同胞乎，尤希格外努力，格外同仇。

為主人乎，為奴隸乎，均在此最後五分鐘之努力。勇往直前，視死如歸。急不擇言，伏希鑒察。」

上海女權運動同盟會致各救國團體公函曰：「慨自黨治專橫，見棄民衆。內訌不已，外患洊乘。四月於茲，國將不國。暴日壓迫頻加，實已暗無天日。國聯既不可恃，自救當有正途。無論經濟絕交，軍備禦侮，救國當銘心版，抗敵不在口頭。易曰，機事不密則害成。何况毫無準備，而與人口實。詩曰，兄弟鬩於牆，外禦其侮。政府雖不德，究屬同胞。敝同盟以為凡我救國團體，當籌其遠者大者。自動不用抗某國字樣。一面督促政府，取銷一黨專政，泯國內階級之爭。庶幾敵愾同仇，共負前驅之責。人格所在，不存後死之心。謹貢所懷，諸維公鑒。」此種見解，非有識者之所能苟同也。以為自動不用「抗某國」字樣，即可遏止日人圖我之野心乎？未免所見太小，而不知中日問題真正癥結之所在也。抗日運動為我國人民愛護國家之正當行動，决非任何暴力所能屈服。三軍可奪帥，匹夫不可奪志。我全國男女民衆，皆能抱「斷頭折脰，義無反顧」之决心，則國事尚有可為也！

肆　我當局「忍辱負重」

日本因僧裝日人被毆，擬乘機終止我國之抗日活動，使我國人皆為「皇軍浩蕩」下之順民。我當局不知自救，反唾面自乾，忘恥折節。民國日報被迫停版矣；中央黨部竟噤若寒蟬。日艦集中示威矣；國民政府竟任其長江佈防，黃浦列陣。抗日救國，豈易言哉？玆將我當局最後忍辱負重之表示，分叙如次。其亦能博悲歌激昂者一副同情之淚乎？在編者則已欲哭無淚矣！楚囚對泣，固不如擊楫中流之雄壯也。

（一）中委主張避免衝突　吳鐵城因制裁抗日活動，關係重大，屢以請示中央為辭。中央方面，主政其誰？一月二十六日，中委張繼，居正，何應欽等因挽勸孫科來滬。九時許，三人在張靜江宅晤談。除磋商慰勸孫氏返京事外，並邀吳鐵城顧孟餘黃郛葉恭綽列席，討論上海事件之應付策略。討論結果，

據二十七日所發表者．「上海中日問題，自日人縱火焚燒三友總廠等事發生後，日人反要求取締上海抗日運動；甚至有某項之企圖，因之，昨晨會談之初，即對日人之企圖問題，加以詳細討論。會談約一小時之久。僉以上海爲中國工商薈萃之區，中外居民密集。假使一旦日人在上海暴動，則其犧牲與破壞，自必甚大。至於辦法方面，則以關係重要，未容儘量發表。」

又據中華社消息，中委何應欽，葉楚傖，居正，張羣，吳鐵城於二十六日下午在市政府公餘社亦有一次會議。對於上海事件之應付方法，均主張避免衝突方式，謀得適當解決。

（二）**銀行公會集議時局** 吳鐵城除與中委商議應付日方策略外，並於二十六日下午四時邀集俞鴻鈞，王曉籟，徐寄廎，屈文六，徐新六，林康侯，虞洽卿，陶樂勤等數十人，在銀行公會舉行「時局討論」會。席間，對於應付上海時局，有極詳細之討論。其要點約有二項：

（1）民國日報問題，因公共租界工部局爲避免糾紛起見，請其暫行停刊。銀行公會對此問題，主張須俟時局稍微緩和，再行恢復。

（2）日方要求問題，對於一二三三項或可承認。對於四五兩項，希望市府，愼重處理。惟有人願主張今後各團體救國，不用抗日字樣，免致日人藉口。

（三）**總工會鄭重宣言** 二十六晚十時，吳鐵城又召集工界代表在海格路望廬談話。工界共推出代表十三人，屆時前往，由吳氏親自接見。當即發表意見，勸工界處嚴重時期，務須力持鎭靜，遵守法紀，與政府合作。工界代表皆表示願接受訓話。次日，各日報上遂發現總工會之煌煌大著曰：

「自九一八案發生以來，國人忍痛耐恨，聽候政府訴正義於國聯。而賴以促醒彼方之悔悟，及表示民衆之力量者，厥爲經濟抵制。良以我民族處此無理宰割之下，但顧維護世界之和平。一面固不忍採取積極之行動。一面則不能不謀正當之自衛。故自瀋案發生至今，國人悉本和平奮鬥精神，努力於經濟抵制運動。而各地救國團體，組織紛起。本市抗日救國會亦於以成立。數月以還，既無堅定之

政策，更無一貫之主張。而羣言龐雜，物議紛紜。徒滋民衆之責難，邊計救國之事功。結果適違反我全民所期望。此種會議及其他類似組織，實不足整齊步伐，貫澈主張。本會痛事機之危急，自即日起，領導全市工友，另籌救亡之方，盆策禦侮之效。尙希各界一致主張，邁力實際工作，毋使徒託空言。救國救亡，幸速固定。謹此宣言。」此種妙文，謂爲胼手胝足者之手筆，三尺兒童，亦未必肯信以爲眞也。

（四）市政府下令解散抗日會 吳鐵城爲上海事件與各方面「要人」「闊人」接洽，於二十六日栗六竟日。二十七日，卽下令公安局解散上海各界抗日救國會。原令云：「爲令遵事；慨自吾國蒙難以來，本市人民，愛國心切，乃有各界抗日救國會之組織。不幸措施失當，責難紛來。而本市民衆團體乆復呈控到府，籲請救濟。本市長深思痛慮，不得不奮謀國之忠，毅然制止。爲此令仰該局卽便遵照。會同社會局，迅將該會卽予取消。仍將辦理情形，具報核辦。切切此令。」吾人對於此令之措詞，不得不有一言。抗日救國會之解散，誰不知係出於日方之脅迫與恫嚇？而令中一則謂該會措施失當，責難紛來，再則謂本市民衆團體又復呈控到府，籲請救濟。試問措施失當，於平日爲何不加以糾正？試問責難紛來，果自何來？又試問本市有何民衆團體籲請救濟？控告到府，所控何罪？我國之政府公文，不誠如此，其何以取信於民？國難臨頭，我市政府受日人之威逼，違反民意，解散抗日團體，終止抗日活動，反欲加罪於吾人民以自解，豈眞不知天下有羞恥事哉？恐亦有不得已之苦衷，不過吾人莫能測其高深而已！公安局拜令後，卽由第五區區長王之敬會同社會局及租界探捕於二十七夜半至天后宮橋將各界抗日救國會查封，並將張貼壁上之反日標語一律撕毀。吳鐵城並發表宣言曰：「慨自瀋變發生，國難日迫，民衆迫於義憤，一致奮起，從事於愛國運動，和平奮門，自屬可嘉。政府亦斷無不許民衆愛國之理。惟國民處此環境，當體念國家之艱危。一舉一動，胥以絕不違法越軌爲範圍。庶於伸張民氣之中，不失爲政府後盾之意。所惜本市各界抗日救國會成立以來，組織既未遵法定程序，舉動

又時逾常軌，扣貨拘人，屢滋物議。宜判處罰，儼如法庭。甚至登記商貨，一律封存。遷延日久，絕無辦法。以致商會各同業公會等深感痛苦，呈請本府救濟。各業工會亦宜稱此類組織，徒滋責難，不足救亡。則該會之措施可想。余忝長本市，當此國難嚴重時期，自當以秉承中央，力維大局爲唯一職責。上海爲全國金融樞紐，工商命脈所繫。該會行動，既有逾越常軌之處，自多影響秩序之虞。爲保全地方，安定社會起見，政府職責所在，不能不令飭取消。丁此時艱，環境日益嚴重。以民衆之救國團體因行動之不檢，致余不能不出此斷然之處置，實所深痛。惟願國人從茲更加惕厲，眞誠愛國。則臥薪嘗膽，收效可期。若徒逞一時血氣，則地方糜爛，大局敗壞，愛國適以誤國。願與輿論界力促市民之猛省。」

（五）五項要求完全承認　一月廿七日東京路透電云：「據此間負責方面消息，上海日總領事將要求上海吳市長於明夜答覆。如答覆不滿意，日總領事將請示東京，然後採行斷然行動。但在滬之艦隊司令或將直接行動，而下令佔據抗日會辦事處。」此項電訊，若非自東京傳來，吾人居上海者，尚如在悶葫蘆中，不知日方關於上海事件尚有限時答覆之哀的美敦書也。二十八日，我市政府在「保全上海」烟幕之下，果然於下午一時四十五分派俞鴻鈞親送覆牒與村井曰：「逕啓者：案准一月二十日大函略開：日本僧侶天崎，水上，信徒後藤，黑岩，藤村等五名，於本月十八日下午，在馬玉山路附近被毆傷，提出條件四項，請求接受等因。准此。查本案發生，殊屬不幸。本市長深表歉仄。當日據報後，以案關傷害，法有明文，當即嚴令公安局限期緝兇，歸案法辦。所有被害人等之醫藥撫慰金，本市長亦可酌爲給予，以示體恤。至來函所提關於取締抗日運動一項，現查本市各界抗日救國委員會有越軌違法行爲，業經令行主管局將該會取銷，以維法紀。關於類此之越軌違法行爲，本市長仍當本法治精神，令行取締，至其他公共抗日團體，幷已令局予以取銷。相應函達，請煩查照爲荷。」

覆牒送達村井後，村井表示滿意。吳鐵城亦躊躇自得曰：「余爲上海市公僕。本市安全之責，關

係極大，而余實負之。故不惜犧牲一己，以求上海市之安全，榮辱毀譽，在所不計。」又詎料日方背信義，使吳氏「保全上海」之迷夢，終不得實現？

伍　淞滬禍變豈由日開

根據上列各種事實觀察，我國對於日本之蠻橫，可謂含羞忍辱，無微不至。僧裝日人之被毆，倘若果有其事實，吾人固不勝惋惜哀悼。然而市政當局既允道歉，緝凶，撫卹矣；日方為尊重國際禮貌計，亦不宜節外生枝，使糾紛愈益擴大。日方不此之圖，竟乘機要求終止抗日之活動。我政府因歷年來，專事內爭，未設國防警備，度德量力，恐不足當日本暴力之一擊，故「終止抗日」之要求，亦屈服接受。

當吳鐵城送達完全屈服之覆牒與村井時，全市軍民聞訊，莫不髮指眥裂。其時駐防淞滬之軍士，多係兩粵三湘之健兒。傲骨猶存，豈甘菲薄？適中央電令撤防，軍長蔡廷楷即召集所部，會議於龍華。將士一心，皆願誓死以報家國。惟以軍令所在，祇得準備撤兵。不意正在此一剎那間，日將鹽澤竟派兵向我防地攻擊。既收繳吳淞路五區一所，天潼路五區三所，引翔港五區四所各長警鎗械；又派隊佔領天通庵車站。我方防軍聞訊，因守土有責，遂毅然抵抗。三十二日之豐功偉績，即於一月二十八夜開其端矣！

哀閘北　杜尊

舉國紛紛言抗日：誰把東南繼東北？十九路軍好男兒，怒髮上衝劍光出。
敵意如入無人鄉，支那將士皆紅妝。誰知一旦顯身手，與敵周旋於疆埸！
敵兵紛來如狼虎，可憐閘北千萬戶，一時盡化作焦土。為國犧牲敢言苦？
俯仰盛衰成古今，蒼生痛哭欲成喑：戰功匝月隨流水，誰識行都主將心？
行都陪都羌孰是，宋家南渡今北止：中華倘無奇男子，定見胡塵西北起！

第三編 浴血禦侮一月又二日

壹 英雄禦侮第一聲

一月二十八日，村井接受我方滿意覆牒後，上海嚴重局面，當暫告和緩。入夜，日將鹽澤突向我市府要求接防閘北。並揚言四小時內可將閘北完全佔領。我方尚未答覆，日陸戰隊及便衣軍即在鹽澤指揮之下，與我十九路軍在閘北開始軍事行動。鏖戰十八小時，日軍主力全被擊退。此役為上海作戰之始，亦即我國庚子以來對外之第一次奇捷。意義甚為廣大，不得不詳紀。

（一）日軍進攻之準備 滬太晤士報記者述滬戰第一夜日軍之準備情形甚詳。申報遂譯之。暴日進犯閘北信史之一頁也。以與日本有特殊關係之報紙而有此段紀載，日本之為戎首，何容諱辯。其記曰：

「一月二十八日午夜將近，日軍向閘北進攻。據日軍方面消息，夜十一時五十七分，日兵發第一彈，以回答華兵。日軍進攻迅速，卒出不意。故在二十九日晨十二時十五分之前，即有兩卡車，載所俘華兵（譯者按此殆為所拘之中國平民），馳至登陸隊司令部之庭前矣。夜中閘北邊界一帶，機關槍聲與來福槍聲，怒鳴不已。日軍第一大隊與第二大隊，已開始穿北四川路外之小街前進。槍聲一鳴，伏於各處牆隅之兵，齊起直撲華兵衛守之地點，隨手而下者數處。日兵之機關槍聲與歡呼聲相應和。日兵所擲之炸彈，炸力甚猛。四川路一帶之玻璃窗，受震多碎。遙想受攻區域，受創必重。

進攻之兩大隊，似皆以北車站為其目的物。第三大隊亦在豫備進攻中。第一大隊由北四川路公立學校穿橫街而進，與北寶山路商務印書館附近之華兵交鋒。另有若干人，在登陸隊司令部後與華兵接觸。第二大隊已在桃山咖啡館附近與迪安影戲院後出四川路。兩大隊齊向鐵路方面進發，攻入

上海市義勇軍防守之地。

二十八夜十一時三十分，日水手與海軍陸戰隊約一千名，鐵甲車八輛，機關槍兵無數，炸彈兵數隊，同離北四川路海軍登陸隊司令部，埋伏於毗連華界之各地點，準備攻入華境。以鮫島大尉指揮全軍。將近午夜，各隊沿北四川路絡繹而進。以齊上刺刀五十人之小隊數隊，蹲伏租界邊線之屋隅。另以人數更少之數隊，潛入華境爲斥堠。鐵甲車分駐各地點　候令前發。醫務隊擔舁牀藥囊，伺於左右。機關槍兵則在守候之各隊前列，作豫備放。維時北四川路之景象，儼如比國之佛蘭特。所不同者，各隊軍官皆佩金柄之刀耳。

日軍之欲佔據中國土地也，租界中之日僑，早已宣傳矣（注意）。故在各隊由登陸隊司令部出發以前，已有日平民數百人、集於其地，紛向兵士歡呼。司令部垣內將士雲集，成一大營。上海泰晤士報代表，曾竚立司令部側汽車間之屋頂，以觀日兵之集隊。舍該代表外，場中無一西人焉。

夜十一時左右，第一次集隊之軍，號聲不鳴。登時庭前屋內，所見皆兵。卡車聲轆轆於途，滿載全副戰裝之大隊援兵，飛馳而至。頃刻間、庭園爲之人滿。機關槍兵曳其武器、列於庭之中央。長行之來福槍兵，雜以手溜彈兵，絡繹開入。廣場之中，有高臺。上立海軍參謀官兩員，監視戰士之會集。此時情狀，大類幻景。水兵紛自暗隙擁入，燈光照耀如白晝之廣場。其軍器磨擦作聲。其刺刀閃閃發光。身佩乾糧，與輕便應急器用。來福槍皆上刺刀，橫負於背。機關槍兵及饋送「吃人」之子彈者，亦然。軍官則踱步諸戰士中，狀殊閒適。維時只見鋼盔顚動，絕不聞語聲。即下士亦不向士兵作怒斥聲。人人知其應處地位而往就之。未及十五分鐘，各組列隊，皆立正待令。於是號角聲，發自暗處。臺上軍官一員，向衆發言。語殊急迫，聲殊壯厲。余側之日譯員低聲語余曰：「彼乃諭告將士，當盡其責。非至急要，勿作無益之殺戮。非被擊勿開槍。（譯者按，既進攻矣，焉有不開槍之理？日軍官意中，閘北華軍，必如東北軍不戰而退，可不必開槍也。）並祝衆順利●」言

畢，全場寂然。於是有日本攝影師一隊，開始鎂光攝影。即聞砰砰炸聲數次，衆目暫爲失明。繼由臺上另一軍官向衆勉勵數言。於是號角聲又作。接以炮步聲。蓋繫泊浦江日軍艦援兵疾趨入場也。就位既定，旋有四上刺刀兵，擁一持旭日旗之兵、步入亮處。於是聞尖銳號令聲，宏壯革履聲。又見諸軍官皆拔刀出鞘。臺上二軍官，則注目於其手腕之時計。維時黑暗之一隅 忽大放光明。顯出鐵甲車多輛。左右皆立有戰士。車作橘黃色，橘形穹頂之小門半啓。一鋼盔之首由內外窺。俄而號令之聲雜起。最前數行戰士，即躍登卡車。俄而機車軋軋，蓋第一卡車發動矣。餘車繼之。但轉瞬間卡車之機聲，悉沉沒於門外羣衆之狂呼聲中矣。不十五分鐘，廣場爲之一空。其間有一動人之短幕，試爲紀之如下：一袖綴三A字之老於戎行者，忽自其隊伍中趨出。在汽車間下沿牆向一少年奔去。既近其身，奪其手而緊握之。須臾，此灰色軍服之矮漢，又狂奔歸隊，蓋其隊伍已出動矣。少年旋亦他去。此二人殆係昆季也。（譯者按此二人必因出戰後不知能否復見，故依依不捨。嗚呼，誰無兄弟，如手如足。何屠殺他人時，則毫無惻隱之心耶？）最後一輛卡車駛出廣場，最後一隊水兵開步出發時，泰晤士報代表亦離其地。時門外集有日平民一小羣，而由人叢中擠出，頗不易易。若輩每見卡車或鐵甲車駛過，輒向歡呼。步行之隊伍經過時，則向鼓掌而狂號。附近日人家皆啓窗以覗。其中有女子「蘇牙那拉」（意即再會）之呼聲。與道中男子狂號之聲相應和。水手與陸戰隊士兵，則皆揮手大笑以答之。五分鐘後，卡車均駛抵指定之地點。戰士紛由車上躍下。

尾隨戰士入四川路冷靜黑暗之區，摸索蛇行，以覘若輩列陣，不啻握自己生命於手掌。前進時，經過蹤伏牆隅之許多隊伍。行近始能見之。稍一不慎，即將踐踏其身，蓋處處有之也。忽牆隅槍刺齊竪，軍官一員躍出，操日語問話。語不可辨。繼出電炬，照見爲白人之面，乃復帖然。沿華界邊線，滿佈此類匐伏之兵。鐵甲車則一無所見，顯已在步隊之前駛入華界矣。但並未聞有槍聲，僅寂靜之中，充滿殺氣耳。發號之聲，既不之聞，而軍器亦不使稍作響動。日兵之行動，如黑夜之貓

，異常謹愼。凡人數較多之隊伍所駐處，輒放哨於前。哨兵若干，在午夜時確已潛入華界。其同志緊躡於後。機關槍則居前列，以槍口向外。

泰晤士報代表旋乘汽車歸，沿四川路向租界中心進發。途中時遇日兵小隊。直至蘇州河始已。若輩擎槍巡邏，其狀森嚴。如閘北邊綫一帶潛伏之隊伍焉。」

此一篇紀實，將日軍偸襲情狀，繪色繪聲，日人見之，亦嘗曰：「上海之戰，我爲戎首也。」日外相芳澤於三月二十二日在議會報告滬戰經過曰：「當日軍正在閘北區域佈防，華人對之射擊，故日軍被迫採行自衞行動。」其誰欺，欺天乎？閘北豈爲日軍之佈防區域？攻人豈爲自衞？君子不文過，是非所望於日人也。申報記者譯泰晤士報記者之紀事，書其後曰：「一月二十八日，閘北，江灣，吳淞等處，農耕於野，商趨於市，工勤於肆。弦歌之聲，聞於庠序。稚子嬉於庭前，少婦妝於樓頭。熙熙攘攘，如登春台。詎意卽夜橫禍遽降。不數日間，繁盛之區，化爲焦土。數十萬戶，毀滅無餘。無老無幼，慘遭非命。屍骸旣殲，犬復噬之。修羅之場，寧能過是？其幸而獲存者，漂泊無依。鰥寡孤獨，比比皆是。悠悠蒼天，此何人哉？」

（二）日軍分三路襲閘北被擊退　二十八夜十一時許　日陸戰隊及便衣軍齊集閘北士慶路附近之日本小學舉行緊急會議，決定次日黎明前以武力佔領閘北。十一時三刻，北四川路上卽聞日軍隊歸隊號聲。士慶路派出所得警，卽報告五區警署，轉呈駐防長官準備。十二時左右，日軍分天通菴，川公路及虬江路三路向我閘北進攻。各路皆以鐵甲車爲前鋒，翼以乘機器脚踏車，攜手提機關鎗之兵士。來勢之猛　大有「皇軍浩蕩如入無人之境」之氣概。不知我十九路軍健兒，正在「磨礪以須，問天下頭顱幾許」也。

（1）激戰天通菴：日兵希圖佔據天通菴車站以截斷上海吳淞之聯絡，故於十一時四十分，卽有陸戰隊一小隊，約六十人，由便衣軍領導，自司令部出發，進佔天通菴車站。車站人員均避鋒離去。我

閘北防軍，靜守防線，未取攻勢。日兵即藉車站為軍事根據地，開始向我攻擊。激戰情形，據公安局因衛國受傷之警士趙煜三談：「公安局於廿八晚派六中隊警士六人，在天通菴路與同濟路口所設沙袋等防禦工程處防守。至深夜十二時，忽發現日軍鐵甲汽車數部，載日海軍陸戰隊三十餘人。守警詢以口令，日兵即開機關槍。六警當即抵抗，以步槍還擊。然以衆寡不敵，乃向橫浜路方面退却。幷向駐守該處之公安局第六中隊隊長孫謀報告。孫隊長聞訊，當率警士六十餘人應援。無如日鐵甲汽車以機關槍掃射甚猛。歷十分鐘亦不支而退。時天通菴車站，已被日軍所佔。乃於靑雲路集合。復得憲兵第六團機關槍隊之應援，氣勢遂又大振。當即竭力反攻。戰二小時，十九路軍第五團，亦聞訊趕至，加入作戰。日兵遂被我軍包圍。至二十九淸晨三時許，攻天通菴火車站之日軍，乃全告覆沒。幷奪獲鐵甲汽車第四十號第六十八及第一百廿號三部。其中一部已毀壞，餘二部尙可應用。至三時半，日軍又有一隊，向天通菴車站來攻，我軍復與應戰，日不支而退。於是天通菴車站，復為我軍奪回。是役我軍死傷十餘人。而日軍之死傷，則達百人弱。」

當日軍初次奪得天通菴車站，即由同濟路乘虛衝進。折入靑雲路與江灣襲入之日軍會合，攻過靑雲路橋。此橋為閘北北部之咽喉。防軍係十九路軍七十八師第二團第二營。日軍攻入我防線，第二營誓死抵禦，日軍敗北。此役戰況據二營營長吳康鑑曰：「二十八晚攻我第二營之防線者，係由同濟路向靑雲路進攻。時約在十一點三刻。該處東首有警察大隊防守。我營得悉日軍已向我進攻，並聞東首警察大隊已與抵抗，我營立即開上天通菴路，嚴家閣路，靑雲路一帶之防線援助。適值我軍開到小河南岸時，敵人已大舉向靑雲路攻來。我軍立即散開應戰。敵人陣勢，以鐵甲車當前，射發機關鎗。便衣隊在鐵甲車左右。陸戰隊緊隨鐵甲車之後。當我軍還擊時，便衣隊即分登兩旁民房樓上，向我方攻擊。當時敵人鐵甲車竟被衝過木橋，到達靑雲路南岸。我軍亦即登樓用手溜彈擲擊。敵始不支，退走橋北。當敵人退走時，我軍用機關鎗掃射，擊斃敵軍一百餘名。並將木橋燬斷，此後彼此即隔岸作

戰。」

（2）川公路退敵：二十八夜及二十九日北四川路一帶巷戰，以川公路，阿瑞里，及吟桂路為最烈。二十九日十一時，吟桂路日本小學校駐軍，全部敗退。我軍乘勝追擊，廣東街一帶，日兵死傷，橫臥於巷口者觸目皆是。我憲兵排長王天雄率憲兵一隊，越過北四川路。正午十二時，日軍圖反擊。與我軍在川公路阿瑞里肉搏，被殲者四十餘名。

（3）北車站失而復得：日兵二十八夜之挑釁，似以京滬路北車站為進攻之最後目標。二十九日十時前，天通菴及川公路兩路日軍為我軍敗退。十時以後，即大舉向北車站進攻。我方以北車站形勢重要，亦有相當之軍事佈置。界路鐵柵以北積有沙袋。防兵伏臥沙袋下，以鎗尖向北河南路口防守。在沙袋附近亦架有機關鎗。日軍三次衝鋒，均告失利。下午日用飛機在車站左右拋擲硫磺彈。我軍缺少高射砲，為日飛機所乘，車站遂兆焚如。下午二時，日軍乘車站大火，以大隊由虬江路包抄而進。我方竭力抵抗，一時鎗聲密如連珠。苦戰一小時，車站失守。五時我軍反攻。六時將車站克復，死日軍約七十餘人。我軍士氣大旺。

（4）北車站被炸回顧：據申報載：「京滬滬杭甬兩路車務處長鄭寶照，自聞日人擬佔車站消息後，即密囑調度課將北站與南站客貨車輛逐漸分別向蘇州與松江等處輸送，以免車輛為日人所得，再蹈北甯路之覆轍。在二十八日（即日兵暴動第一日），北站方面，僅有預備次日需用之極少度車輛約三四十輛。蓋京滬路方面共有客貨車約八百餘輛。上海一端平時每日至少常有三百餘輛。即至少度車輛，亦一律調齊。而車務處處長鄭寶照，以及其他重要職員，且已遷至車上辦公，準備於必要時離滬，以便維持其他段內與南京之交通。當戰事發生後，各預備離滬之各列車，乃先後開行。當時車站有職員華鈺文者，作職員列車離滬時，彼親向上峯自請留站服務，並聲明彼個人任何犧牲，均所不惜。於是站上僅有華氏及另一職員王本賢與兩站役四人維持站務。至夜深十二時許，戰事愈形激烈，子彈密如

連珠。車站方面，僅有憲兵第三營營長沈玉麟部之一營，在北站四周佈置防務，形勢頗形單薄。乃囑華氏急電眞茹站，將第一營周營長部調來上海助防。同時駐滬之鐵甲車隊，亦奉命將鐵甲車開至寶山路鐵柵處兩面掃射。無如此時上海僅有機車三輛，但司機多已不在站。且旱橋之路線並有車輛阻塞分路。華以眞茹站救兵開來上海，須派空車往接。而上海鐵甲車又需機車。乃借鐵甲車隊上兵士步行至機車房。時該處僅有一蔣姓監工，苦無辦法。乃勉以大義。而同時復經兵士之監視，始允設法。在蔣氏勉允後，經華氏發現旱橋分路上軌道，不知如何已被人拆毀一段，不能通車。又經華氏臨時召請工人勉強修理通車。時佈防北站之沈營長催援愈急。華氏又復代轉消息，促眞茹援軍開到。幸眞茹周營長知事機危迫　空車不能開到，乃率隊步行開拔來滬。於是華氏遂專心設法將鐵甲車開出。至夜間三時左右，空間發現日機，初發偵探燈。華氏乃將站上電燈全行熄滅。至黎明五時，眞茹援軍開到。由華氏導至沈營佈防處。於是站上防務乃形鞏固。當車務處長專車抵南翔時，因知上海有最後剩餘之空車若干輛，詢華有無辦法。華復與機務處接洽機車，久無結果。後復因車務處長親自電話與機務處接洽後，開到機車一輛，乃將空車調齊，預備離站。其時有警務朱總段長率領警員擬乘此車離滬，囑華氏同行。而華氏因不忍放棄援助軍隊之熱忱，堅不肯行。不意當警員多人欲奔上車輛時，爲天空日機所見，投下炸彈數枚，因此將車輛炸毀三輛，此車遂未逃出。當上午十時許寶山路日軍攻站愈急。華氏獻計憲兵營長，謂車站三層樓上可以置機鎗，憑高掃射。營長頗以爲是，乃撥兵士一排，機鎗一架歸華氏指揮。華氏遂破管理局小門直導兵士至三樓佈防。不意在下午二時許北站忽中炸彈。自第五層最高部直將中部炸斷至第二層。於是車站全部乃爲濃烟所罩。兵士因無出路，多被震落。華氏從濃烟中隨倒場之磚石滚至第二層，爬出夾牆，始得樓梯而下。華氏因兵士陷身火中，急趨至營長處報告，但已苦無辦法。眼見車站着火，無能施救，始擬離站。惟因四面皆鎗聲，不能行動，乃避讓至升順里。幸爲該弄中一路員所見，始開門速之入。略爲休息。後華氏復偕同該同事抱一小孩繞道而出。并據

華氏云，當彼未離站時，曾接天通庵站長電稱，該站王其昌炸斷兩臂。又寶山路站長沈寶鑫在極危時請求援助。華氏雖商營長，但無法救濟。後遂不知消息。據醫院方面云，天通庵路車站站長王其昌，蘇州人，於三十號日軍進襲車站時，因鑒我軍向日軍進攻炮火猛烈，卽與分路夫高紹泉暫避附近樹林中。經十餘小時後，因飢寒交迫，擬奔回北站。不料被日軍步哨拘獲，將王君押至就近空地上，擬將王君鎗殺。王君見狀，亡命奔逃；遂遭日軍連轟數鎗，命中後臂，倒昏地上。由新民路普善醫院救護隊救起，車至該醫院醫治。因王君臂骨已斷，須施用手術，故後由該院徐炳海轉送海格路紅十字會總醫院醫治。所有分路夫高紹泉，據王君云，已被日軍擊斃。」

按此段記載，後經北站兩路警務同人，提出異議，並致書申報館曰：「敬啓者：查貴報一月三十一日本埠新聞欄所載北站回顧一節，有關於警務方面，核與當時事實頗有出入者，玆特聲敘以明眞相。敬希賜載貴報，幸甚幸甚。兩路自朱警務長到差後，痛革積習。除攜眷者輪流回寓外，其他概須在段食宿，以重服務。及得到日人事變消息，復令所有員警，在段漏夜輪流服務，俾資戒備。并協同軍憲堆置沙袋，籌劃防務。一月二十八日午後，時局嚴重。當令京一東二杭一各分段長督飭所屬注意維持秩序，偵察消息。一面令全體警務稽查集中辦公處，分發鎗技，聽候差遣。以王副警務長督率員警一部維持辦公處事務。（楊副警務長因公在外）。朱警務長則親率稽查長警，協助憲兵營長沈玉麟佈置前防。北站秩序由第一分段長龔國棟率屬協同軍憲負責。是夜十一時許鎗聲突起。車務人員專車赴蘇。留站人員有王段長方站長等。至廿九日上午二時許，鎗聲愈緊。總段及寶山路一帶軍隊增加。朱警務長乃令員警集中北站。王方二君亦卽離站。站內除警務員警外，車務方面有處務員華鈺文及工役數人。至三時許，朱警務長得工務濮副處長等三人通知，復將伊等護送至租界。此後鎗炮益烈。新民路，大慶里一帶火光燭天。八時左右，朱警務長爲注重通信事務及保護安全起見，乃請華鈺文簽在站員役六人名單一紙。並聲明同留同去，以安衆心。龔分段長復向華君再四婉勸，免陷危險。及十二時許

，日機迴翔站上，拋擲炸彈。朱警務長乃多方覓到司機，卽調掛車輛，擬將所有人員要件，載往麥站暫避。甫登車，而車炸。人員四散，折回大樓，時亦遭彈炸，致無所存身。乃馳報局長。並召集離散員警，俾資收拾。及卅一日，有以貴報此項新聞詢之者，則曰，吾人生平作事，不可徒鶩虛聲，是非眞僞，自有定論云云。唯同人等出死入生，義理攸關，有不能已於言者。用將當時實況，略述如上，尙祈垂察爲荷。北站兩路警務同人公啓。」

（5）首先抗日之團長：日軍發難，十九路軍，七十八師，一五六旅，第六團團長，兼閘北軍警聯合辦事處主任張君嵩率防軍及警察禦之。使日軍「卽戰卽決」之聲譽，一落千丈，並使我委靡之士氣爲之一振，眞民族英雄也。時事新報記者於日軍敗退後，卽趕赴該團慰問，並詢問該團首先抗日之經過。承張氏詳細見告曰：「敝團成立未滿三月。多係新兵。故由江西開駐崑山太倉等處後，正在加緊訓練之中。上海閘北，原係財政部稅警第二團駐防。該團奉命改編，敝團始於一月六日，由太倉移來接防。第三營駐閘北。第一二兩營駐大場鎭。兄弟幷奉淞滬警備司戴令，委兼上海軍警聯合辦事處主任，指揮北站憲兵一連，鐵道砲隊一排，及警察第三六兩隊，與各保衞團等兵力，負閘北治安完全責任。自一月二十日，日浪人縱火焚燒三友廠後，兄弟爲維持閘北治安起見，乃調駐大場之兩營增防。幷在華租交界處，沿淞滬鐵路一帶之寶山路，虬江路，橫浜路口，廣東路口等處，裝置防禦工事，嚴密戒備，以防日浪人暴動。至念八晚十一時三十分，忽據報日海軍陸戰隊陰謀侵佔閘北。乃一面急調第一二兩營，由北站至靑雲路一帶，預備防禦。一面稟承我蔡軍長區師長翁旅長等各高級長官指揮。至十二時，我軍佈防尙未完畢，日陸戰隊已傾全力來攻。幷以鐵甲車十餘輛，電單車五十餘架，炸彈隊，機關槍隊等，分向我防線猛力衝犯，共有五六次。壓迫情形，殊爲危急。幸我官兵，人人死力抵抗，卒將日軍擊退。傷斃日軍甚多。獲鐵甲車三輛，電單車數架。我軍傷亡三百餘人。我各官長因皆身先士卒，奮勇殺敵。故第一營營附陸彬，機關槍第一連連長張金山，第三營九連連長林玉等三員，並

連附譚紹年等三員，均陣亡。該晚之所以能以少數兵力擊敗日軍三千人者，實恃我蔡軍長區師長翁旅長等高級官，指揮得宜。并將我軍第五團之第一營，憲兵第六團之第一連鐵道砲隊等加入作戰，暨警察第三六兩警，及各所團之協助，與我士兵等奮勇抵禦所致。當時第一營有一班長潘德彰，被彈中頭部後，即退下自解腳綁纏裹，復上前線攻擊殺敵。勇敢之氣，並不因受傷而稍懈。第二三兩營，被敵傷手部腳部者十餘人，兄弟均命救護回營敷藥。他們均言須每人擊斃日軍十名後始返。故士氣憤激確甚難得。現後方傷兵，每日仍頻催醫官，趕快療愈傷者，急欲復能至前線殺敵。至念九日拂曉，我翁旅長親率第五團之兩營，六十師之一營，暨憲兵第六團之兩營，復旦大學義勇軍等，增加佈防，於是我軍陣地愈益鞏固。劇戰終日；雖敵用飛機在我方亂擲硫磺炸彈百餘枚，將我閘北各地轟炸焚燬，我軍不但無懼色，且以作我士兵憤激劑，增加殺敵勇氣。並擊下敵機三架。故是晚十時，又將民衆敢死隊，在敵後方搗亂，我軍卒將敵軍大敗。奪回天通菴，佔領日本小學校及日海軍司令部。兩處傷斃日兵，又甚多，繳獲敵械無算。日軍勢窮力促，乃向公共租界竄逃。自念八晚抵抗起，敵團雖已傷亡過半。我前線官兵並不退縮半步。且由後方陸續開到前線。我們祗知有民族，有國土，有天職。最後一兵一卒，依然死守閘北。此次各友軍警團，義憤填膺，奮勇殺敵，誠堪告慰。並蒙各界民衆，及輿論界多方贊助鼓勵，尤為感奮。希望我中華民國國民全體一致準備，以制日本帝國主義之侵略。」

(三)十九路軍將領誓死衛國 時事新報談話曰：「我忠勇之將士，以寡敵衆，以設備未完，敵器械銳利之暴寇，而能有戰必克，屢建殊勳，此其功，固已足以永垂青史，流芳萬載。而更因其忠勇之熱衷，不撓之勇氣，使舉世皆知中華民族未可易侮；而使國中莫不聞風興起，儒夫立而貪夫廉。於不知不覺之中，提高國家之人格，而予我中華民族以新生命。此其為功，以視保守疆土之勳績，乃更高出萬萬倍，實乃我民族之一服續命湯也。」然而此豈偶然哉？十九路軍將領誓死衛國之精神有以致之也。先錄其通電，再紀其壯舉，殿之以蔡翁之談話。嗚呼；「凡我中華民國之國民，吾既已有此忠勇之將

士，爲吾人開新路之先鋒。人人均應砥礪精神，各以所有，各盡所能，以追隨於我忠勇將士之後，開始我民族之新歷程，以發揚我民族之光榮。」

(1)蔣蔡戴之通電：一月廿九日十九路軍將領通電全國曰：「特急，中央黨部，國民政府，各院部會，京滬衛戍司令長官，各級黨部，政府，各軍師旅團長，各報館，全國國民公鑒：暴日佔我東三省，版圖變色，國族垂亡。最近更在上海，殺人放火，浪人四出，極世界卑劣兇暴之舉動，無所不至。而砲艦紛來，陸戰隊全數登岸。竟於二十八夜十二時，在上海閘北公然侵我防線，向我開釁。光鼐等分屬軍人，惟知正當防衛。捍患守土，是其天職。尺地寸草，不能放棄。爲救國保種抵抗，雖犧牲至一卒一彈，絕不退縮，以喪失中華民國軍人之人格。此心此志，質天日而昭世界，炎黃祖宗，在天之靈，實式憑之。十九路總指揮蔣光鼐，十九路軍軍長蔡廷楷，淞滬警備司令戴戟。叩。豔午印。」

讀此一電，金石爲開。一則曰：「捍患守土，是其天職；尺地寸草，不能放棄。」再則曰：「爲救國保種抵抗，雖犧牲至一卒一彈，絕不退縮。」誠不得不使吾人想起陸放翁感憤一詩。詩曰：

「四海一家天曆數，兩河百郡宋山川。諸公尙守和親策，志士虛捐少壯年。
京洛雪消春又動，永昌陵上草芊芊。」

當此山河破碎，壯士無顏之時，居然有我忠勇之十九路軍，如電如怒，抵抗暴隣。大可使我不甘亡國之大丈夫，一掃「夜視太白收光芒，報國欲死無戰塲」之悲怨。

(2)插血爲盟，以死報國：此次對日誓死抵抗之第十九路軍總指揮蔣光鼐、第十九軍軍長蔡廷楷淞滬警備司令戴戟在誓師時，召集將士，插血立誓，以死報國。所發聯名通電，關係戴之親筆。戴預立遺囑，託妻寄子於其友李立民。蔣因病養痾寶隆醫院，屢徵不起，一得戴氏電話，力疾驅車趕至。蔡有二妻，亦事先話訣，送之他所，不啻死別。部下將士，無一不抱決死之心。

(3)蔡翁談話：一月二十九日下午，上海臨時救濟會代表冒險乘車，至前線慰問抗日將士。據袁

道豐之報告：幾經交涉，始達十九路軍防線。觀沿途士兵，精神至爲煥發。十一時達目的地。當蒙蔡廷楷軍長延見。蔡軍長發號施令，爲狀至勞。英爽氣概，流露於和藹態度之中。代表面致慰勞，並詢軍中目前缺乏何物。蔡氏當答云：「敝軍此次與日寇作殊死戰，完全爲謀國家之生存而抵抗，爲盡軍人之天職而抵抗。辱蒙本埠同胞援助，至深榮幸。至於目前所需，則以米麵，鹹菜，餅乾，藥品，醫士五者爲最迫切。」

一月三十日，上海市民聯合會集慰勞品六車，派代表赴十九路軍前線慰問。蔡軍長答詞曰：「鄙人此次抵抗暴日，並非因作軍長之故。請勿以軍長目我。余乃係以國民資格，盡國民義務，不辭勞苦，不避犧牲。只求有利於國，不計其他。」

同日各代表赴閘北，慰問在前線指揮作戰之翁照垣旅長。翁致詞曰：「此次敝軍打退日寇，並非軍隊之力量，乃係民衆之力量，能爲後盾之故。軍人亦屬國民，軍力卽民力，兩者實爲一體。今承諸位代表慰勞，惟有勉力爲國殺賊，以答同胞之盛意。」

時事新報記者赴前線視察戰爭情形，亦得蔡軍長接見。記者所問各點，蒙答如次：

(問)十九路軍在滬，與日周旋者，是否全部？

(答)如至必要時，在念四小時內，立可集合全軍。現在滬與日作戰者，均願作殊死戰，並毫無困難。

(問)有何意見發表？

(答)日本號稱文明國，而軍隊之野蠻，尚係五千年前之態度。我軍誓全力禦敵，務使不侵我國土。蔡氏復以手指沿途避難者云：「殺害此無抵抗力之人民，日軍行爲殘暴實甚。」

讀以上各段談話，一片愛國愛民之血誠，溢於言表。蔡翁誠人傑也！

(四)上海市民敵愾同仇　戰事一起，上海市民，除少數漢奸以外，莫不敵愾同仇。種種表示，紀不勝

紀。略誌一二，以表我民族尙非亡國之民族。甲午以還，吾自以爲以吾抗列強，有如以卵敵石。餒氣充塞，則暮氣愈深。國事之壞，亦因此三十年之餒氣。今日乃爲忠勇之將士一掃而盡，使我民族增加無量之勇氣。我民族之新生命將從此開始乎？以下所誌，皆係廿九日事，以其爲開宗明義之第一章也。自廿九日以後，市民間尙有許多可歌可泣之事，可與我忠勇將士之勳績相輝耀，篇幅所限，搜集當待諸異日。

（1）上海市民商會：市商會，自得悉日軍於廿八日晚十二時進犯我閘北後，即於二十九日清晨六時，發出緊急通告，令全市商店，一律罷市禦侮。並印就大批「日軍犯境罷市禦侮」通告，分發各商店，張貼門上。故二十九日，各商號均一律罷市。間有一二商店，意存觀望者，經市聯會各區義勇軍一度勸導後，亦均罷市休業，以示一致。下午三時後，全市已一律罷市。各交易所，亦均停止交易。民氣激昂，達於極點。通告原文云：「爲通告事，我市政當局，爲保全上海中國數百萬生靈暨各友邦在華商業起見，含羞忍垢，靡所不至。乃敵方毫不悔悟。突於二十八日下午十二時，又襲用佔據瀋陽之故智，肆行屠殺。充其舉動，必欲使亞東第一市塲，盡數摧殘而後快。我商民至此，有抱與敵同盡之決心，一致罷市。特此通告。」

同時市商會，爲徵集現金物品，慰勞前敵將士。特發公告云：「逕啓者，日海軍陸戰隊，於二十八日下午十二時，向我國駐閘北軍隊，突肆襲擊，橫啓釁端。我國爲自衞起見，巳力籌防禦。戰釁既開，何時終結，實難預計。諸將士喋血苦戰，爲國捐軀，深堪憫念。回憶黑龍江嫩江戰役之際，我滬人民，捐金慰勞，爭先恐後。玆則戰區卽在我滬，利害更爲迫切。諸將士爲保全疆土而戰，爲捍衞滬人身家性命而戰，凡我滬人，自宜毀家紓難，各就其力之所及，或籌現金慰勞，或集物品餽送，以期振作前敵士氣，且表吾人敵愾熱忱。凡我人民，願與國家同生死、共患難，不甘爲敵降虜者，其各一致奮起。所有捐集現金物品，均可交由本會轉送前敵將士。特此布聞。惟希公鑒。再本會徵集現金物

品辦事處假設香港路四號銀行公會。」

（2）銀錢業公會：銀行業同業公會，錢業同業公會，自接市商會通告，因日兵犯境，罷市禦侮後，特於二十九日上午十時，在香港路四號舉行聯席會議。當決定卽日起，實行罷市禦侮。於是加入同業公會之銀行錢莊，於十時後，一律罷市。下午二時，銀行業同業公會，在香港路公會內，開緊急會議，討論（一）匯票問題，（二）存款問題，決議決設法維持，以免金融恐慌。同時會同交易所聯合會及航業公會等發一重要公告曰：「上海各業團體，痛心國難，不忍使全國經濟組織之中心，輕於一擲。因於廿七日有忍辱負重之表示。不意日方於二十八日接受市政府承認要求條件之答復以後，竟於當晚背信開釁。全市同胞，認爲生死不忘之恥辱。各公團公同集議，決於二十九日起停市三天，以表哀痛。二月一日一律開業。願吾同胞誌此大哀，永永無忘。敬此公告。」

（3）上海市民聯合會：上海市民聯合會於廿九日下午緊急發表泣求前線救國衞士之志士曰：「務請勇毅堅決，剷除暴日，爲世界去除和平障碍物；爭人類之幸福。本會已決心統率全市會員一致起來，作我軍之後盾。現急集合所屬義勇軍，進行工作，幸希努力爲國前進。」同時，會同上海各界商業聯合會，上海各路商界總聯合會，中華民國國民救國會等聯電國民政府，請通令全國一致強硬抗禦。其電文曰：「不顧國際公約，侵我東北三省之日本，於滿意接受市府復牒以後，忽於二十八日晚又在各國商業聚會之上海，實行軍事暴動，肆其匪刦行爲。以致國防各士兵，迫于義憤，始出正當之防衞。全市人民已具決心，罷市禦侮外，已起爲後盾。務祈當機立斷，決定強硬抵抗政策。通令全國一致準備，以盡救國保種之責。生死存亡，在此一舉，幸勿再誤。無任迫切盼禱。中華民國二十一年一月二十九日叩。」

從此次上海作戰之情形觀之，我國軍隊非亡國之軍隊；我國人民非亡國之人民。亡國者其誰？願我政府當局三思之！

(五)吳鐵城提抗議 願犧牲一己以救上海之吳鐵城，一聞閘北事變，驚惶失色，昭告於我可欺之民衆曰：「余初以爲犧牲一己可救上海。自日軍無故襲擊閘北中國防軍事件發生，日總領事與日艦司令不可思議背馳之行動，實足令余之迷，爲之一覺。日領對於市府答復，表示滿足。且以宣之於領事團。余方以爲禍在眉睫之威脅，一旦冰消雪化。本人忍辱求全，得以見諒於中外。乃不意於數小時後，日艦隊司令忽深夜發出一般的通告，同時開始軍事行動，攻擊我駐軍，轟炸繁盛之街市，傷害無辜人民之生命財產。例如東方文化所託之商務書館編輯部、古籍孤本，盡付一炬，其損失已不可勝計。此種責任，應由日方完全負之。予已提出嚴重抗議。並通告各國駐滬總領事、主持公道。事已至此，夫復何言。幸國人有以匡教之。」

幸矣哉！我市長「神聖英明」，因日軍之一擊，居然能令其迷爲之一覺。編者知執迷不悟者雖多，而豁然大悟者當亦不少。則中華民國二十一年一月廿八日日軍襲閘北之暴舉，不可不大書特書，因其大有造於我國前途之國運也。明哲做事不貳過；我政府當局將來之應付暴日，其慎之哉？

(1)吳鐵城致日領抗議書一：「逕啓者，查關於本市最近中日交涉，本市長爲求和平解決計，對於貴總領事所提條件四項，業經接受。並於今日(二十八日)下午一時四十五分函復送達在案。當時貴總領事並經表示滿意。詎料今晚十一時二十五分，市公安局接到貴總領事館信封一件，內附日本第一外遣艦隊司令官致本市長及公安局長公告各一件。略稱：「帝國海軍，鑒於多數邦人住居閘北一帶，爲維持治安計，欲以兵力配備該處，以負保安之責。本司令希望中國方面，應將閘北方面所有中國軍隊及其敵對設施，從速撤退。」等語。即晚十二時，市公安局接得閘北報告，日本海軍陸戰隊，在該處開始自由軍事行動，向華界進攻。查貴總領事對於本市長之答復，經認爲滿意。而貴國海軍突然有此軍事行動，殊堪詫異。所有破壞和平及本市安甯所發生之一切責任，應由貴方負之。本市長相應提出嚴重抗議，即煩查照。轉致貴國海軍方面迅予停止軍事行動，以免事態再行擴大。並希見復爲荷。

此致日本國駐劄上海總領事村井倉松。」

(2)吳鐵城致日領抗議書二：「逕啓者，關於日本海軍侵攻閘北一帶，前經向貴總領事提出嚴重抗議在案。連日以來，該海軍艦用飛機炸轟閘北一帶。所有火車站及多數商廠民房盡成灰燼。人民死傷纍纍。又復糾同浪人，在北四川路附近縱火，焚燒屋宇，阻止撲救。不獨違背國際公法，抑且慘無人道。本市長相應嚴提抗議，卽希查照轉飭制止爲荷。此致日本國駐劄上海總領事村井倉松。」

(3)通知友邦領事主持公道：「逕啓者，查關於最近中日交涉事件，本市長爲求和平解決，以保全本市安甯計，業經完全接受日本總領事所提條件四項。並於今日下午一時四十五分函復日本總領事，並已表示滿意。距今日(二十八日)晚十一時念五分，市公安局接到日本總領事信封一件，內附日本第一外遣艦隊司令官致本市長及公安局長公告各一件。略稱：「帝國海軍鑒於多數邦人，住居閘北一帶，爲維持治安計，欲以兵力配備該處，以負保安之責。本司令希望中國方面，應將閘北方面，所有中國軍隊及其敵對設施從速撤退。」等語。旋於卽晚十二時，市公安局接到閘北報告，日本海軍陸戰隊，在該處開始自由軍事行動，向華界進攻。查日本總領事既經對本市府答復表示滿意，而日本海軍方面，突有此種軍事行動，殊堪詫異。所有破壞和平妨礙本市安甯之一切責任，當由日方負之。除向日本總領事提出嚴重抗議外，相應函達，煩請查照，主持公道，實紉公誼。此致英國駐劄上海領事璧約翰。法國駐劄上海領事柯克林。美國駐劄上海領事克銀漢。意國駐劄上海領事薛亞諾。德國駐劄上海領事丰理德。

吾人披讀此種抗議書與通告書，不禁發生無窮感慨。吳鐵城以爲犧牲一已可救上海。不知我國自東北事變發生之後，一髮相牽，震動全部。政府徬徨歧途，不知所措。大言炎炎，而無破釜沉舟之備。意存妥協，而無壯士斷臂之勇。沿江沿海，無時無地，不在危難之中。上海之所遭遇，未足異也！大勢若斯，如何能以一市市長之屈服，遽期局部之安全？卽使苟安，然日方並不以此爲止境；則

京滬咫尺，亦何望於上海之獨安？執國鈞者昏昏若此，豈吾人意料之所及。往者已矣。來日大難，方興未艾。十室之邑，必有忠信。挽狂瀾於既倒，願與天下志士共圖之。

貳　英領官舍議休戰

日軍與我軍於二十八夜起，鏖戰十八小時，敗北。鹽澤見我十九路軍奮勇，銳不可當；二十九日黃昏，下令退却。其收拾殘局之法，一面由上海日本武官電致日陸相請援，一面則由上海日領事與我方商議休戰，暫作緩兵之計。我方政治當局，本不主戰，一聞「和」字，如得綸音；一談「和」字，便眉飛色舞，於是遂有英領官舍之所謂「休戰會議」。

(一)休戰主動人　關於休戰之主動人有三種絕不相同之傳說。一說謂提議休戰者係吳鐵城。上海領事團回報國際聯盟之「滬案調查」，有一段曰：「廿九日下午，因上海市長之請，英美總領事設法，致成暫和局面。」一說則謂提議休戰者係村井。據市政府消息：廿九日上午十時半，日副領事啣總領事村井命，赴市政府謁吳市長，以開戰後，雙方俱受重大損失，請求停止戰事行動。又一說，則據中華社報告：二十九日上午，英美總領事鑒於中日戰爭激烈，出任調停。日方竟提出三項無理要求：(一)佔有閘北。(二)中國軍隊退出上海特別市範圍。(三)郵政管理總局由日人管理。蔡廷楷軍長表示，此種無理條件，雖剩一卒一槍，誓不接受。因此調停無效。

以上三說，究以何說為是，現尚無法證實。倘休戰果出於吳鐵城之主動也，則吳氏可謂執迷不悟而不能稱為識時務者之俊傑。倘休戰果非出於吳鐵城也，則吳氏對於上海領事團之「滬案調查」報告，似應有相當之糾正。

(二)泰晤士報之失實紀載　三十日泰晤士報載：吳鐵城，俞鴻鈞，及戴戟代表於二十九日親往日領署，與日總領事村井倉松，鹽澤代表，商議中日軍隊停戰辦法。當時並有英美領事，在場調停。此種紀

載、據新聲社記者與俞鴻鈞之談話，絕對失實。俞氏並謂：「停戰之提議，係由日本領事署派副領事白井康氏親來市府要求。同時英美兩領事，亦出面調停，希望事件不擴大。於是遂有英美兩領事往來於雙方之間，商酌停戰辦法。但我方希望之先決條件，必使日軍先行撤盡，方可談判停戰。幾經磋商，未有結果。嗣前線亦曾因調停，停止戰事。但日軍移時又復開槍，致戰爭又起。經向英美領事質問而止。至余之往日領署，係向日總領事抗議。」吾人對於政府當局素來表示不得已之信任。俞氏此言，予甚望其非專對我「可使由之而不可使知之」之小民而發也。俞氏之言確，則領事團之「滬案調查」報告更有糾正之必要。國事糾紛到如今地步，惟政府與人民開誠佈公，力除虛僞氣習，或可挽救於萬一也。

至於戴戟派代表參與會議一節，戴氏堅決否認曰：「本人並未派代表與日方會商停止戰事。外報所傳，定全不確。況本人態度，幾經表示。更證以最近情形，余決無要求停戰之意，可無待言。且豬羊被戮，尚復長鳴一聲。我豈願不事抵抗而亡國乎。」

壯哉斯言！烈哉此君！「豬羊被戮，尚復長鳴一聲，我豈肯不事抵抗而亡國。」快人快語，可為浮一大白也！

(三)區壽年談調解經過　二十九日之休戰會議未成功。三十一日、英美領事恐戰事擴大，約我日雙方當局，在英領官舍磋商避免戰禍方法。此為一正式會議。出席者，我方有蔡軍長代表區壽年，及吳鐵城；日方有鹽澤及村井。上海英美防軍司令，工部局總董，及英美總領事皆列席。會議經過，據區師長所發表者如下：「自日軍希圖佔據閘北，我軍死力抵抗，日軍大敗後，英美兩國領事，為避免戰禍起見，特約中日雙方，從事調解。我們以戰爭本非得已。英美既出調解，當然表示贊成。故日前曾一度調解，由雙方各先停戰。何如日軍竟違背信約，仍不息發槍進攻。英美兩領事為免戰事擴大起見，故再約中日雙方，於三十一日在英領官舍，進行調解。到英、美、法、意、各國領事，英美防軍司令

，日方鹽澤司令，村井總領事。我方除吳市長外，蔡軍長派余出席。余在會議席間，當將日方違背信約，加以嚴重之質問。并提出要求日軍首先撤至租界線以內，限三時內答覆。日方對於挑戰情事，尙飾詞狡辯。至撤退軍隊至租界線內，則謂須於二星期內請示政府。當時調解，一時頓形破裂。乃由英美兩國領事，提出折衷辦法。以三日爲期，限日領向政府請示撤軍意見。在此三天內雙方均停戰，不得發槍進攻。當經中日雙方同意而散。此余參加調解之經過情形也。至賠償道歉等事，以不屬軍事範圍，故另由政府提出交涉。英美兩國旣如此調解，吾們自當尊重信約。但日方狡詐百出，不免另有企圖。我軍爲防日方緩兵之計起見，已有相當之準備，以便隨時應付萬一也。」

（四）日軍違約進攻　休戰三日之議，經我日雙方同意，簽訂於三十一日。有效期間，應到二月三日下午四五時。我方爲守信義，由軍事長官派兵士赴閘北中興路，永興路等處，揭白布旗，上書：「奉蔡軍長令：停戰。」不意日軍於二日下午二時，竟乘我不備，違約在北河南路及山西路向我進攻。幸我軍沉着應戰，日軍節節敗退。市政府以日軍此舉有違國際信義，當向日領提出嚴重抗議，同時，通知各關係國領事，以明責任。

（1）市府向日領抗議書：「逕啓者，查關於貴國海軍侵攻閘北一節，前經向貴總領事提出抗議在案。旋經英總領事暨美總領事爲維持和平避免戰禍起見，邀集貴我兩方當局及各國防軍司令，於一月卅一日在英總領事官舍會議。當經英國防軍司令建議避免兩軍衝突辦法。并約定由貴總領事請示貴國政府，以三日爲期。如貴國政府不能同意，再由本府請示我國政府。在此請示期內，仍各不相侵。以上各節，均有紀錄可稽。乃自該日會議後，貴國軍隊，屢向我本國軍隊襲擊，迨至今日下午二時五十分，本府忽接到貴總領事署電話通知，謂貴國政府對於上述建議辦法，不能同意等語，殊爲詫異。且在本府未接到貴總領事署通知前一小時，貴國軍隊，已向我方駐在閘北之軍隊復行攻擊。且用飛機任意炸轟該處。查貴國旣違背信約，且不顧上海市內我國人民與各國僑民生命財產之安全，重行開釁，

所有一切責任，當全由貴國政府負之。除函達英總領事美總領事暨各國領事聲明外，相應提出抗議，請煩查照爲荷。此致日本國駐劄上海總領事村井倉松。」

（2）通知各關係國領事書：「逕啓者，查關於日本海軍侵攻閘北一節，前經函達貴總領事在案。旋經貴總領事暨美總領事爲維持和平避免戰禍起見，邀中日兩方當局及各國防軍司令，於一月卅一日在英總領事官舍會議。當經英國防軍司令建議避免兩軍衝突辦法，幷約定由日總領事請示日本政府，以三日爲期。如日本政府不能同意。再由本府請示本國政府。在此請示期內，仍各不相侵。以上各節，均有紀錄可稽。乃自該日會議後，日軍屢向我本國軍隊襲擊。迨至二日下午二時五十分，本府忽接到日本總領事署電話通知：謂日本政府對於上述建議辦法不能同意等語，殊爲詫異。且在本府未接到日總領署通知前一小時，日軍已向我方駐在閘北之軍隊復行攻擊，且用飛機任意炸轟該處。查日方旣違背信約，且不顧上海市內我國人民與各國僑民生命財產之安全，重行開釁，所有一切責任，當全由日本政府負之。除向日本總領事提出抗議外，相應聲明。並函達貴總領事請煩查照，主持公道爲荷。此致英美國駐劄上海總領事暨各國總領事。」

叁　鹽澤密令總攻擊

村井於二日得到東京反對休戰撤兵之電令。同時上海盛傳英美防軍將於五日抵埠，設立緩衝區域，迫日軍停止軍事行爲。鹽澤擬於此項緩衝區域未劃分前，佔領閘北及吳淞，故於三日晨下總攻擊密令。交鋒三日，日卒不支。

（一）三轟吳淞要塞受創　當日軍於一月廿八夜發難時，即傳吳淞失守。次日下午有西人自淞返滬，始證所傳不確。要塞防務，本極嚴密。沿江一帶，均有相當佈置。地方警衛由十九路軍担任。砲台亦有戒備。三日，日艦隊得鹽澤總攻密令，始正式向我要塞轟擊。惟三轟三北，日卒不支。

(1)一轟吳淞：三日晨十一時，日艦四艘駛至吳淞口外三夾水洋面。首則亂鳴汽笛。我砲台不之理。繼則高舉紅旗，終則開砲轟擊我要塞南北。正午，日飛機十二架由川沙白龍港飛來助戰，亂擲炸彈。彈之大者達一百二十磅，小者亦有四十磅。我砲台損砲一尊。防軍以全力抵禦。二時許，擊沉日艦一艘。其餘三艘追蹤前進，亦被我砲台還砲擊傷。二時半，上海各領國事忽得日領通告，稱我國吳淞口炮台無故損傷日艦，決由日陸戰隊登陸佔領。三時後，雙方砲攻甚烈。相持至五時一刻，日艦不敵，逃出口外。日機亦即飛去。

此役詳情，據吳淞要塞司令部王副官向時事新報記者所談 其中雖有與編者所搜事實、盡符合之處，但亦可以供彼此之參攷也。故錄如下：「三日十時，敵方突以軍艦念一艘，開至吳淞，向我砲台採取半弧形包圍勢。並以機關槍大砲，向我六壘轟擊。我爲採取合法自衞計，亦開砲力事還擊。十一時，槍砲聲大作，當將敵方驅逐艦一艘擊毀，霎時即沉沒。另一艘受砲火重創，不能活動。尙有二艘，亦被砲火擊中，惟創傷較輕。經我方奮勇激戰後，敵艦披靡，重圍亦解。十二時許，敵方飛機十二架，忽由川沙白龍港方面，飛到吳淞，一齊拋擲多量炸彈。我砲台立即向空瞄準，開砲轟擊。當時敵飛機一架，中砲墮地。更有趣者，即當飛機翻墜時，倭鳥人竟跌出機外，立變肉餅。飛機亦墜地成虀粉。軍民見者，咸踴躍歡呼，竟忘置身戰場。其餘敵飛機，以不得還，仍向川沙白龍港飛去。並經該處我防軍開砲百餘響轟擊，始狼狽遁歸原艦。當在敵我鏖戰時，出口開往甯波，溫州，等之中外各輪，亦不能越過火線，即行折回上海。皆以爲敵艦念餘艘正向我砲台圍攻，我必無幸。故外間有吳淞砲台已失守之訛傳。凡此助長敵人氣燄之思想，全爲無抵抗軍人所造成。殊不知我軍當倭寇犯滬時，即預料敵人必來窺我吳淞砲台。故抱定與台共存亡之心，早有準備，用能殺敵致果。」

(2)二轟吳淞：四日侵晨，日艦又向我要塞作第三次之進攻。鹽澤揚言，必於四日下午二時前，將吳淞要塞完全佔領，故砲火甚爲猛烈。八時，我南炮台東北角被日砲擊開陷口。我軍不還擊，祇於

路口暗中設防。九時，日飛機至砲台附近窺視，以爲我砲台巳被擊燬。遂以無線電報告。於是日艦陸戰隊六七百人，以重砲及機關鎗掩護，紛紛在炮台灣迤西沿浦登陸。迫逼近我要塞時，我軍號砲一聲，壕中伏兵，應聲齊起。雙方激戰二時餘，日兵被我軍殲斃者過半，餘均逃回艦上。十一時，日艦六艘又向我炮台圍攻。正午，日機十二架，分成四隊向砲台四周轟炸。砲聲隆隆，子彈亂竄；聲震天地，令人胆裂。日方攻勢之壯，不可一世。三時許，我方停止還砲，佯作不抵抗。日艦以爲我軍巳退走，又派陸戰隊一千餘名在砲台灣車站前洋碼頭登岸，意圖直取要塞。我方守軍靜待敵軍進砲台附近時，始用機關鎗及迫擊砲掃射。日軍逃避不及，登岸者幾無一生還。五時餘，日艦日機盡退，戰事暫停，吳淞尚在我手也。

（3）三轟吳淞：日軍兩轟吳淞失利後，四日夜及五日早，蓄銳養精，徐圖再舉。五日下午，砲台灣一帶，果有日機兩架，迴旋窺視。入夜，日艦遂作第三次之轟擊。我方形勢，一時甚爲緊急。日援軍紛紛登陸，幾將我要塞佔領。我防軍血戰肉搏，在細雨霏霏中，以沉毅之精神，與日軍周旋。激戰三小時，又將日軍敗退。鹽澤得報急令日艦停止進攻，並令陸戰隊暫時退却，靜待後命。吳淞三晝夜之激戰，我軍終告勝利。

（二）**閘北我軍進展**　鹽澤總攻擊計劃，擬同時窺取閘北及吳淞。自三日起，一連三日，竭駐滬之陸空全軍力量向閘北進攻。襲北站不利。侵天通菴又不利。鹽澤知事無可爲；於是於五日下午下總退却令。

（1）三日之閘北小接觸：三日上午七時左右　虹口一帶日軍向閘北各陣地實施攻擊。我防軍爲自衛計，當卽還擊。同時，日軍又用飛機九架在空中助戰，並在閘北拋擲炸彈，希圖亂我防線，經我軍用高射砲轟擊，日機未得逞。十時，日軍分三路總攻擊：一路在寶山路，一路在廣東路口，一路在青雲路西寶興路。各路均以迫擊砲及機關鎗爲前導衝鋒。我軍立以機關鎗迫擊砲掃射。日軍始終未得越

雷池一步。正午，日機六隊，每隊三架，又飛翔天空，擲彈助戰。二時餘，日機以我軍砲火猛烈，無隙可乘；乃相率退去。未幾鎗砲聲亦漸息。我軍陣線毫無更動。此次日軍在閘北向我軍進攻時，據自該處逃出之苦力者言，日軍係取散兵線，約十餘人一隊。對我軍擬取包抄勢。然以跑步不及我軍便捷，且於屋角巷曲，往往遇我伏兵截擊，故傷亡甚重。

（2）襲北站敗北：四日晨五時，駐老靶子路之日軍，依儉德儲蓄會為根據地，擬入頤福里，至寶山路包抄我北車站防軍，以便將北站佔領。當襲擊至寶山路時，為我軍抵住。日軍見無發展，乃用機關鎗向我軍掃射，我軍亦即還擊。同時，又有一部日軍匿居靶子路附近小樓，居高臨下，用鋼砲猛攻。因此，北站周圍，橫飛血肉。相戰四小時，我軍在奮勇抵抗之下，卒將日軍挫敗。

十一時，日軍後方增援，又大舉向北站進攻。七生的半大砲，小鋼砲，過山砲，轟擊不斷。我軍嚴陣以待，不予還擊。日軍乘勢打開北河南路口鐵門，我軍即用旱機關鎗掃射。十二時許，北站告危。幸賴我軍沉着應戰，日軍未能得手。

日軍於進攻寶山路不利後，又分兵向塘山路衝入東寶興路。其勢異常猛烈。但我軍早有準備，即積極抗禦。日軍曾為小挫。未幾，日軍續有大隊來攻。先用大砲掩護。繼以迫擊砲，機關鎗，小鋼砲，步鎗，作拚命之攻刺。我軍迎頭攻擊，彼此相持至六小時。我軍抽派勁旅，沿淞滬路綫超越至日軍後路夾擊。日軍始漸不支。正擬向後退却，奈後路為我軍阻塞，乃被包圍。日軍屢次奪圍，皆未得逞。後得援軍之助，始解圍，然生還者無幾。此處我軍截獲日軍大砲七門，機關鎗十七架。日軍受此重創，對於北站遂不敢正視。

（3）天通菴一帶日不利：自鹽澤於三日下總攻擊令後，閘北一帶，日軍攻我防地最猛烈者，厥為江灣路及青雲路。以此路適為日軍司令部所在，而又當虹口咽喉。日軍在此路出全力以搏，而我軍以此路實繫中右兩路陣線，故亦以全力抵抗。此路遂成為四五兩日我日雙方爭戰之焦點。

四日，沿淞滬綫天通菴路日兵，曾十餘次在大砲掩護之下，向我軍防綫作至猛之衝鋒。我軍出壘抵抗，甚至肉搏。迫擊砲機關鎗幾失效用。日軍後方，乃在虹口公園及六三花園用大砲向我軍後方陣地射擊，冀圖擾亂。我軍亦卽用大砲向日軍各砲位及日司令部轟擊。砲彈皆能中的，惜未爆發。一時許，停在北火車站內之我軍鐵甲車一列，亦奉命前調助戰。該車卽衝至淞滬綫，在寶山路站東發砲，當將六三花園轟燬，殲滅日兵百餘人，奪獲大砲五門，機關鎗十七架。三時，砲火最烈。我軍察悉北四川路底日本小學校內有日兵甚多，乃集中火線向該校攻打。有一士兵，奮勇非凡，竟獨自衝出防線，以手溜彈擲至日海軍司令部。傍晚，日軍集中虹口公園待援。我方陣線，堅不可摧，日軍乃停戰。

（4）五日之閘北大接觸：日軍於三四兩日與我軍交綏不利。五日，分三路大舉進攻：

第一路天通菴—此路日軍戰線甚長，一在青雲路，一在天通菴路，一沿淞滬路，總出發點在天通菴車站附近。日軍主動力，仍依砲隊，鐵甲車隊及飛機隊，向各路猛衝；尤以鄰近天通菴路寶興路處爲最烈。我十九路軍第六十師第一百二十旅第六團第三營士兵向日軍防綫進出者四次。當日軍幾乎全部敗退時，日機向我軍拋擲炸彈三次。我軍因受此牽制，幾致功虧九仞。十時餘，我軍向後移動，日軍如野犬咬人，拚命追擊。我軍不得已放其深入。待接近時，卽拋擲手溜彈，並移動左右兩部包抄其後，機關鎗迫擊砲同時俱發。因此截獲日鐵甲車兩輛。我軍卽時反攻。同時在青雲路之日軍五六百名亦告失利，被我軍包圍。傍晚，我軍奪回天通菴車站。

第二路邢家橋—晨五時，日軍一隊約五十餘人，以鐵甲車三輛，與第一路同時發動，由奥迪安影戲院後面邢家橋路西犯。此處均係居民住宅，因我軍利於巷戰，日軍乃用大砲轟炸該處房屋。同時用機關槍，迫擊砲，步槍，向我軍猛射衝鋒。我軍亦奮勇還擊。故日兵死亡相繼。我軍持戰約一小時，卽漸向後詐敗。日兵以爲敗退，乃一擁而上，衝過廣東街。先前預伏在廣東街之我軍，卽由兩旁衝出

，將日兵全部包圍。一時彈如雨下，日兵戰鬥力全失，屍橫枕藉。所有機槍四架，當被我軍截獲。同時北四川路形勢頓見緊張。日兵在北四川路以東一帶陣綫，有被壓迫搖動之勢。惟我軍爲自衞而抵抗，故不予追擊，仍守原防。

第三路福生路——至十時許，日兵以第一二兩路失利，乃調重兵側擊福生路新民路，及沿淞滬線北一帶。仍憑高射下，用迫擊砲及鐵甲車二輛，由新民路猛向北車站進衝。我軍一在淞滬路寶山路車站，及虬江路抵住日兵；並用鋼砲，迫擊砲，機關槍轟擊掃射。一在寶山路北火車站路口新民路作戰。我軍士兵用手溜彈，步槍，機關槍還擊。我後方砲隊，亦用大砲掩護我軍進展。日軍被我壓迫約一小時左右，卽漸不支後退。鐵甲車二輛，尙圖衝散我軍陣線。當被我軍以炸彈炸燬一輛，被逃逸一輛。斃敵五十餘名。我軍受傷三人。我軍陣線。已逼近北四川路。至午後二時後。日兵已無攻意。祇日軍大砲隊發砲轟擊閘北民房，自晨至晚，約發六百餘砲。

五日之戰，日軍自認兩隊全滅。據日文報每日新聞云：「五日晨，我軍（指日軍以下相同）決行總攻擊以來，爲空前未有之大激戰。敵軍死力反抗，我軍雖猛力發砲，然彼竟東衝西撲，致我軍不易進展。未幾敵軍（我軍）以迫擊砲襲擊我軍，致我軍慘遭未曾有之慘敗。（照日文直譯）第〇隊市川中隊與池田小隊，因在最前線，損失甚大。池田小隊長亦受重創。所有兵員三分之二，死傷瀕於全滅。（照日文直譯）其他第〇隊自午前六時進擊至七點二十三分，敵軍（我軍）抵抗猶爲頑强。柳營路之敵部隊，向我軍（日軍）不時擾亂，致我軍無暇進食。寶樂安路附近，橫須賀戰車隊二曹小園榮藏氏，爲手溜彈所傷。中隊長黎田惠助彈穿胸腹。均有生命之憂。」據前線視察之西報記者言，五日晨日兵向我軍各路進攻時，意謂既有重兵，定可一鼓而下。故衝鋒次數，爲數日來所未有。詎爲我軍挫敗。且被我軍反攻。至上午十一時，幾全部崩潰。乃於十二時半，急調生力軍分向各路應援。至下午一時半左右，各軍又有敗退之勢。正擬再調生力軍前往，但日兵已爲氣餒，鬥志全無，乃亟令退守。故午

後二時後，日兵始終未敢進犯者，緣在於此。並云：日兵衝鋒時，傴僂灣腰而進，一見我軍施射，卽爲却步。我方士兵則一聲令下，挺身捨命前衝，雖彈如雨下，未爲少怯。因此，凡曾目睹戰況之中外人士，無不佩歎我十九路軍將士之神勇。

肆　日軍易帥——以野村代鹽澤

日軍閥因上海日軍受鹽澤指揮，三挫於吳淞，兩敗於閘北，軍威所繫，遂有任令野村中將消息。臨陣易將，本軍家大忌。日方所以必出此着者，志在必退我軍也。易將事傳出後，國際間不明日方眞意之所在，如是作種種不近情理之推測：如美國華盛頓方面 因日方易將，對於中日糾端之解決，竟謂甚爲樂觀。紐約泰晤士報且謂日本駐滬海軍司令更動之舉，足證日本自知謬誤，並準備將時局予以結束。國際間賢哲，豈盡蚩蚩，然而對於日本與我國之眞相，隔膜實甚，日本宣傳力之偉大與陰險，誠可爲之一驚也。

野村於六日抵滬，卽作豪語曰：「對於上海事件，將以最迅速之政策解決。」且對字林報訪員曰：「此來乃任日本國海陸軍事之全責 奉有日政府切實訓令，於保護日人生命財產，當極取愼重。倘中國方面願意能使其軍隊退出閘北，則不難商量辦法，使閘北暫由中立國警衛，俾戰事得以限制，或竟終止。中國方面，以爲已獲得大勝。從日本方面觀之，近來戰事僅海軍之陸戰隊與人數衆多之軍隊相遇。俟日本之全師來滬，日軍計劃完成之後，情勢卽將不同。」一種氣焰凌人之驕態，自日人眼光觀之，的是可兒！戰敗還圖振作，此我國人求復興國運者必有之態度與精神也。

聞野村抵滬後，卽與鹽澤會同將所部點驗移交，鹽澤並將海軍死亡及受傷兵士等項開列清單。據官方消息，所得報告，大約如下：「日海軍自開戰以來，陣亡者有二千另三十五人。受傷者四百五十三人。剩餘之軍火，計有鐵甲車十七輛，坦克車十五輛，大砲三十五門，各種子彈三千萬發，均已移

交野村中將接收。一數日激戰，日軍傷亡達二千四百餘人；損失奇重，當非日將始料所及也。

伍　野村變更戰略

野村二月六日到滬，與鹽澤會商，意欲先佔領吳淞，使楊樹浦，沿黃浦江，至吳淞口外，打成一線，皆爲日軍攻據地。並將閘北戰線，改由虹口公園青雲路延長，沿河北繞至公興路八字橋，以便自閘北正面包抄，攻取閘北。佈署既定，野村即於七日晨下總攻擊令。並限於二十四小時內攻陷吳淞要塞，然後再以全力將閘北佔領。

（一）限念四小時陷吳淞未得手　野村圖陷吳淞，大受挫折，詳情如下：

（1）海陸空三面會攻：七日晨，日方將停泊浦東川沙白龍港一帶軍艦十三艘，及浦江中楊樹浦一帶之驅逐艦六七艘，先後調往吳淞，預備與飛機及陸戰隊等，同時會攻。日艦集中吳淞後，因見我炮臺前停有英艦兩艘，故未敢向我開炮，恐誤中外艦，引起國際干涉。因此海陸空三面會攻吳淞之計劃，在海軍方面。遂告失敗。

空軍方面，日以飛機十餘架，由白龍港飛赴吳淞，冒雨在天空猛襲。其目的地在毀我要塞砲台。投下炸彈甚多，然多未命中。僅傷台兵數人。我方以大砲還擊，致敵機不敢降低。同時敵機以暴風雨及稀霧；感受空中氣壓之不便，更因我方，砲火猛烈，乃不支而退。

野村因海空兩軍進攻不便，遂派陸軍三千名由楊樹浦依軍工路暨黃浦江旁之粮米站兩處，向吳淞進攻。當進行至蘊藻浜附近，被我十九路軍翁照垣旅在裏揚旗迎頭痛擊。十時許戰事爆發。日軍由日艦開砲及飛機在空中擲彈掩護而進，衝破我第一道最外防線。當被我軍擊退。下午日軍第二次進攻，較上午更爲劇烈。日軍死傷不少，我軍仍堅守防地。入夜，日到後援，終宵血戰。我軍於夜半略有移動，蘊藻浜車站遂爲日軍佔領。但旋即爲我軍在永安，華豐兩紗廠屋項所架之大砲及機關鎗將其擊退

。嗣後雖經日軍竭力反攻，卒因我軍沉着應戰，至八日晨，日軍毫無進展。念四小時陷吳淞之攻擊令，遂未能發生絲毫效力。我軍禦侮之英名，亦因之光芒萬丈矣！

(2)日軍之再接再厲：日軍於七日猛攻吳淞在蘊藻浜與我軍血戰一晝夜敗績。八日拂曉，復調援軍分兩路偷襲。激戰終日，我軍大勝。

第一路瑞芝橋—晨五時，野村派陸軍四中隊七八百名。從鄉間小路，迂迴兜抄至蘊藻浜西首瑞芝橋。希圖在該處搭架浮橋，偷渡蘊藻浜及泗塘河，截斷我軍後路，並攻擊我軍側面。我軍聞報，即有所備。俟日軍渡河及半，我軍於暗中由曲徑突擊之。日軍驚慌失措。被擊斃溺斃者，不下七十餘人。餘皆逃逸，遺下工兵器械甚多。十時，野村又派大隊向該方面進攻，但因不能過浜，遂與我軍夾河砲擊。

第二路蘊藻浜正面—此路日軍，多係生力軍。晨四時，二千餘日軍分乘軍用汽車七十餘輛，攜機關鎗四十餘架，向蘊藻浜出發。過軍工路，因司機不慎，誤落我軍戰壕。被陷車輛，幾及半數。我軍堵擊，死日軍一百六十餘人，奪獲機關鎗三十餘架。十八時餘，日援軍至，竟佔我蘊藻要道朱家木橋及吳淞地塘，取得聯絡線。十時後，即向我猛攻。衝鋒十餘次。我軍以逸待勞，極為鎮靜。數度肉搏，先後將日軍擊退。吳淞池塘一役，我軍因閘北援軍開到，左右夾擊，成一大包圍之形勢。日軍死傷達千餘人。我軍遂恢復固有之戰線。野村望風披靡，廢然而返；「吳淞佔領」，竟成畫餅。

又據報告，蘊藻浜方面，於八日午後一時二分，又突有日軍三百餘名，向我防線進攻。再有一部份日軍，約一百餘名，尚有便衣軍四五十人，往吳淞鎮偷襲。而我方早經嚴陣戒備，奮勇抵抗。頃刻間，鎗聲大作，彈如雨下。斯時停泊淞口對江龍王廟附近之日方兵艦兩艘，亦向張華浜，與蘊藻浜，暨吳淞鎮等處，發炮攻擊。我方三路抵抗。激戰歷一小時許，敵始退去。至午後二時許張華浜東首之糧米棧碼頭，又來日軍二百餘名，圍攻蘊藻浜。我方隊伍，隔岸應戰。時適大雨。烟霧彌漫。雙方互

攻至傍晚時，日軍不支潰退，死傷頗多。此時日方在軍工路方面，又到日軍百餘名，續向我方進攻。我軍發砲還擊。日軍除開步鎗外，並開機關槍，間擲炸彈，積極圖襲。我方沉着應戰，嚴陣抵抗。日軍終不得逞，絕無進展。迨至晚間八時以後，鎗聲與砲漸稀。

八日之戰，爲野村戰略上一大打擊，亦爲一二八以來未有之激戰。我軍大破日軍，使昔之蔑視我軍力之外報記者，忽變其態度。對於戰爭情況，詳細紀載；對於我軍之勇敢善戰，亦備致揄揚。大美晚報，卽其一例。其紀八日之蘊藻浜戰況曰：「本日（八日）侵晨，日海軍陸戰隊，助以新到陸軍，大舉向蘊藻浜進發，希圖攻陷吳淞砲台及寶山城。據今日正午日方官場消息，日軍已抵蘊藻浜。但以對岸華軍抵禦強烈，未能前進。目下雙方以機關鎗來福鎗對轟不已。間雜以野戰砲隊與日軍艦大砲。今晨十時，北四川路日陸戰隊司令部發言人發樂觀之語，謂日司令預料正午可將砲台攻克。但午後據觀戰者報稱，十九路軍扼守陣地，猛不可當，日軍毫未得有進步。日軍司令部現設於京滬路吳淞方面之工場，指揮該路戰事。今日正午，又據日總領事署傳出消息，日軍因蘊藻浜上橋樑已斷，尚未能大舉作戰，必俟造成浮橋，始能進攻云。聞今晨之惡戰，雙方死傷頗衆。華軍由戰壕中以來福槍，機關槍，手擲炸彈抵禦前進之日兵。致日兵死者纍纍。時有運貨汽車由戰地載屍自楊樹浦路駛回。至其確數，不能向日陸戰隊司令部或日總領事署探明。吳淞砲台經五日之猛轟，八日正午，仍在華軍之手。據中國軍署方面消息，今晨戰中，曾以重創加於登岸之日援兵。華軍伏於壕中，以逸待勞，甚有把握云。自吳淞方面開戰後，由楊樹浦通吳淞之黎平路，已由日水兵嚴守。無論何人，皆不得進至與黎平路交叉之平涼路以外。路口置有中英文木牌，上書禁止通行字樣。近前者皆爲日水兵以槍逐回。」

（3）敗退楊樹浦：日軍總攻蘊藻浜，被我軍翁照垣旅連敗兩日，已無餘勇可賈。惟困獸猶鬥，故於九日晨，又擬偸渡蘊藻浜。但因我軍鎗彈，密如雨下，日軍不得如意。加以潮水高漲，浜身闊三四百尺，搭架浮橋，更爲不易。野村至此時，正如鹽澤，見事無可爲，祇好下令退却。當退却時，日兵

二百餘人由蘊藻浜繞道至季家橋佯攻。適爲一農夫瞥見。奔告鄰村，集鄉民數十。趕至橋畔，將木橋拆卸。日軍見狀，知不能飛渡，放排鎗十餘排，死鄉民三，傷鄉民五。鄉民亦知衞國，且爲國犧牲，亦烈矣！羞煞嗇生！愧煞肉食者！我防軍聞鎗聲，立時將日軍包圍。互戰半時，日軍呼號咆哮，聲震屋瓦。生還者，不及一百。

攻淞日軍，迭經重創。得退却令後，卽紛紛逃向楊樹浦滬江大學附近。惟旣回之後，立卽在該地佈置防務；裝鐵絲網，掘戰壕，情形極爲匆忙。一方面似防我軍追擊，一方面似爲固守待援。

(二)取閘北大敗而逃　閘北之戰，以八字橋爲最激烈，其他各路次之。戰況如下：

(1)我軍連捷八字橋：八字橋在閘北橫浜柳營兩路之間，爲閘北北部之交通要道。奪閘北者必爭之地也。七日正午十二時，野村傳令進攻，日軍遂張左右翼，以鐵甲車，坦克車，掩護步兵，向八字橋方面猛擊　我軍當亦奮起抵抗，一部份且截擊日軍後路。日軍不支，向後潰退。午後二時，日軍喘息甫定，復得援軍，又以一千餘衆，向八字橋偷襲，大砲猛轟，飛機仍在空中助戰。惟我軍沉着應敵，又將日軍擊潰。日軍兩次進攻，均遭失利。但日軍之作戰者，多數係新來之正式陸軍，故終未肯罷手。復於下午五時左右，三次進攻我軍。其勢尤較十二時二時兩役爲烈。時日軍士氣已餒，當進衝之時，一經我軍還擊，發槍已多慌急狀態。故終爲我軍逐回敗去。傷亡過半。我軍亦有犧牲。

八日晨，大霧朦朧，天色未白。日軍又用野砲，鋼砲，機關槍，向我八字橋防軍直射。我軍卽用砲還擊，奮烈迎戰。日軍用鐵甲車衝鋒、先被我軍用炸彈擊退，未幾卽齊起追逐。機關手槍溜彈之聲，繼續不斷。當時此衝彼退者屢次。日軍死傷四百餘人。旋日軍援兵開到，始得暫時支持陣地，但我軍已逼近至天通庵路處。相持至下午二時許，日軍仍不支，乃於二時左右，向北四川路敗退。同時，日軍恐我軍伏於民房內，故將寶樂安路一帶縱火焚燒。

(2)西寶興路挫敵：八日午，日軍約五百餘人：突向克明路及西寶興路兩路我軍陣地襲擊。日軍

先以野砲轟擊，繼以鋼砲，機關鎗，並利用手溜彈，向我軍拋擲，乘隙衝鋒。我軍見其來勢兇猛，乃令全體應戰。並用迫擊砲阻其衝鋒。激戰約二小時，日兵漸覺不支。旋因其援軍開到，乃又重戰。我軍卽時向後詐退，日兵竟直衝而進。是時我軍已在電話局相近淞滬路鐵道兩旁，預有埋伏，故日兵將進至鐵路時，我軍伏兵四起截擊。同時先退之軍士，卽乘勢回攻。於是日兵左右前後又受包圍，截成四處。雖欲急退，勢已不及。當被我軍擊斃七百餘名。其餘均紛向克明路，從橫浜橋逃命。及日兵後方再來增援，奈大勢已去，已成弩末。至五時許，鎗砲之聲漸稀。我軍在西寶興路口，固守陣綫。

（3）虬江路巷戰：八日晚，新民路之日軍，於七時許，乘虛突侵我防線。我軍卽用散兵線接應。日軍屢次向北車站方面衝鋒，均為我軍用機鎗抗禦。我軍挺進，在福生路口又巷戰。約廿五分鐘，鎗聲密如連珠，日軍流彈達海寧路。未幾，日軍因我砲火威逼，乃不支而全部敗退，沿向北四川路以北而去。但砲聲繼續不斷。至九時許，日軍又集合殘部，向大德里，川公路進攻廣東街。我軍卽在該處應戰。雙方機關鎗掃射之聲，貫如連珠。間有盒子砲，迫擊砲，步鎗之聲，至爲清晰。相持至午夜十二時，日軍始倉皇退却。我軍傷亡甚微，日軍損傷甚重。

日軍因進襲西寶興路及虬江路慘敗，復思於狄思威路方面偷襲。初擬欲出我軍不備，猛力進攻。繼見我軍嚴陣以待，防範十分周密，遂改用野戰炮，向我防地射擊。藉大砲掩護，猛力進衝。我軍步哨，因在日軍未放炮前，早接探報，故全軍已預有準備。當日軍進衝之時，除奮勇出擊外，並另調四十餘兵士，從旁掩襲其後。日軍疑我方又有大隊伏兵，軍心立卽紛亂，向後潰退。我軍乘勢追擊，已穿北四川路，，向狄思威路前進。日軍卽退守寶樂安路附近。是役激戰，約二小時。日軍傷約二百餘人。

（4）外報所記之八日閘北戰況：泰晤士報云：「八日夜閘北戰事猛烈，爲前所未有。華軍曾以兩句鐘之大砲攻，掩護步兵驅逐日軍退出閘北區域。砲火集中於虬江路及寶山路一帶。華方步兵驍勇異

常。日軍因死傷頗多，大呼救兵，狀殊可憐。後有援軍趕到，始得苟延殘喘。其時雖有偵探機數架在閘北一帶空中作頗危險的低飛行，擬尋出華方置砲之處，但結果失敗而回。」

字林西報云：「自日海軍陸戰隊到滬後，本埠各方即知日方對於閘北及北車站將下總攻擊令。八日晨炮火集中於天通庵站一帶。日軍雖冒死作戰，然華軍陣線反有進展之勢。至下午四五時，日軍乃改變策略，由寶山路虬江路交界向北進攻。但華軍早已預防，又不得逞。」

大美晚報云：「八日晨華方以臼炮轟攻虹口及狄思威路一帶日軍。日方無法抵抗，十分狼狽。至十時許，日方始派陸戰隊由奧迪安戲院廢址後，沿虬江路衝往閘北，擬將華方臼炮隊迫走。陸戰隊出發後不久，即聞北四川路西有尖銳之機關槍聲。而華方臼炮聲則仍舊隆隆震耳。陸戰隊似已全隊覆沒矣。此後忽有一日飛機在閘北低飛約十分鐘。其時華方砲聲驟停。但至日機飛往他處，華方炮隊即刻重新活動。」

(三)屈家橋日軍中伏 八日上午七時許，大隊日軍進抵江灣屈家橋附近，擬即前進佔據江灣。並欲由此進窺大場，以抄閘北之後路。同時響應進攻吳淞之日軍。我方洞悉其隱，早在江灣要口佈防。日軍步隊知難前進，乃先開野炮轟擊。復駕飛機四五架，投擲炸彈百餘枚。一時巨聲轟發，震耳欲聾。烏煙騰起，天際皆黑。慘酷情狀、無以復加。我軍初不之理，靜待時機。日軍以為有機可乘，於是開始衝鋒。鐵甲車前導，步隊殿後。仍以大炮掩護前進。我方正面之軍隊佯為退却。日軍益無忌憚，冒然衝進。抵達相當地點 我方伏兵陡出應戰，截其歸路。正面我軍亦回頭攻擊。日軍進退失據，奪圍奔逃。倒斃二百餘名。我軍不加窮追，仍守原防。聞此次戰事，以下午二時為最劇烈。

(四)野村下令暫退却 野村幾更戰略，傾海陸空軍之全力，猛攻吳淞。先限念四小時將要塞陷落，後又作限令三小時內佔領吳淞之豪語。其後經兩晝夜之血戰，反為我軍敗於蘊藻浜。至閘北方面，八字橋西寶興路一帶，亦激戰至烈。西寶興路一役，我軍佯退，日軍竟深入。伏兵四起，斃日軍七百餘人

。八日夜風雨晦冥，雙方肉搏，全線戰况，我軍大勝。日軍經此大挫，士氣墮落，野村遂於九日晨下令退却，靜候援軍。

（五）我軍報捷　淞滬警備司令部電告擊退日軍情形曰：「連日敵陸戰隊及陸軍陸續增援，均被我軍擊退。吳淞要塞頻遭敵艦飛機圍攻，仍在我軍手中。八日晨，敵一部由軍工路進攻，激戰數次，敵不得逞。閘北方面，連日敵以猛烈炮火掩護，迭次向我猛衝，亦經擊退。微日空軍接觸，擊落敵機三架。敵現似有待援反攻之企圖。特聞。」又我十九路軍將領通電曰：「自上月儉夜暴日攻擊上海，我為自衛計，以武力抵抗。血戰經旬，暴日竭海陸空之力，與我搏戰。死傷枕籍，卒不得逞。我軍擄獲擊落日鐵甲車飛機甚多。光鼐等激於自衛之神聖義務。且信國際間終有正義公道可憑。官兵忠勇，有死無退。海內外同胞同志，痛心於民族國家之危難，祈一致奮起，予以精神物質的援助。不勝感紉。蔣光鼐蔡廷楷戴戟叩。」

讀此報捷兩電，不驕不矜，十九軍與強敵相爭持，其取勝之權輿，半繫於此。而電中所流露之忠勇浩氣，誠使海立雲垂，天地震撼。若我國軍人皆能如此，雖有權奸，亦必不致使敵人鐵騎，毫無忌憚也。當十九路軍擊破野村之戰略後，滬人有提議榮旌者，曰：「自上月念八夜，暴日陸戰隊衝入我閘北境內，我忠勇之將士莫不致果殺敵，爭先用命。苦戰連朝，屢摧強寇　聲威所播，不特已寒敵膽，而使舉世皆知中國大有人在，未可輕侮。於無形之中，其增高國家人格者眞不知幾許。吾人連日於夜靜更深之際，輒聽隆隆砲聲，通宵不絕。念彼愛國之健兒，不避砲火之威，以血肉之軀，與之相搏。前仆後繼，視死如歸。其忠義之氣，眞足以震撼山岳，泣鬼神而動風雨。而四萬萬民族之前途，與數千萬方里之錦繡山河，幸賴我忠勇之將士而得光耀常存。金甌不壞，我民族之受惠於此忠勇之將士者，實乃不可限量也。夫有功者必賞，有德者必報。彼忠勇將士之論功行賞，固將俟之軍事告終之日。而吾人為表示愛敬吾忠勇之將士起見，於物質上之慰勞以外，應再於精神方面為慰勞之表示。似應

由人民共起加以榮號如忠勇軍之類，以榮旌護國之健兒，而以全市三百萬人民之名義行之，庶足以報答健兒之忠藎於萬一歟？有同情於吾說者，盍起而行之。」

嗚呼，連年以來，我人民因受新舊軍閥之摧殘剝削，痛定思痛，銘刻最深，以故一聞「軍」字，便覺蹙額。今十九路軍一反前轍，鎗口向外，便受人民之愛戴若此，事豈偶然？執干戈以衛社稷者，國之干城；恃鎗彈以虐平民者，國之蟊賊。是非判別，有如黑白。誰謂民衆終可欺罔哉？以後之有志軍人，當知所擇也。

陸　我軍誓死守吳淞

日軍於二月七八兩日，受創於閘北，敗北於吳淞。野村下令退却，本擬稍圖休息，靜待援軍。不意九日夜，東京電責野村，詞極嚴厲。野村大懼，當即收拾殘軍，誓師再犯。吳淞方面遂發生激烈戰事。交鋒兩日，日軍仍歸敗逃。

(一)我軍大捷蘊藻浜　日軍於十日黎明起，圖佔蘊藻浜，窺吳淞陣線。屢次偷渡，皆未成功。十三日曹家橋一役，我軍大捷，士氣不振。戰事詳情，分述如次：

(1)蒼茫偷渡：駐淞申報記者於十日冒險繞道至楊行鎮，得晤吳淞公安局七區一所所長曾可光。據云：十日晨黎明，日軍利用曉色蒼茫，派兵數百名，在依周塘角南草菴前面，乘小船，擬偷渡蘊藻浜。當被我軍覺察。日軍偷渡時，天色沉黯。我軍放步鎗數聲試之。日軍齊將手電筒開放，窺探虛實。我軍立即用機關鎗掃射。日軍不死於鎗彈，即溺於黑水。其倖而逸去者，亦多負重傷。

(2)野戰軍工路：十日上午十時許，日軍又由軍工路抽調一大部份陸軍，向蘊藻浜方面偷襲。利用重炮掩護，猛向我軍衝鋒。我軍亦藉砲臺大砲掩護，奮勇迎擊。雙方即在蘊藻浜車站南軍工路上野戰。我軍左右兩翼甚爲活動，從日軍後方推進。日軍恐受包圍，乃急向後敗退。同時日軍正面亦被我

軍擊散。我軍即在軍工路原陣地固守。此役日兵死傷二百餘人。

（3）日軍增援：十日，日軍司令部，於下午五時半左右，派出空卡車九輛，經南京路直向楊樹浦方面駛去。企圖載運援軍，至軍工路滬江大學附近増援，以該處日兵防禦，佈置已將就緒。惟兵力甚薄。該空卡車上，每車有日陸戰隊二名押車。步槍緊靠車蓬，兇相畢露。各報盛傳原駐蘊藻浜車站以南之右翼日軍陸戰隊，及右翼軍工路日軍陸戰隊第二中隊，以及正面，均改由新到之下元陸軍團擔任。左翼則尚未更調完畢。僅前衛由陸軍接替。聞日軍坦克車已於十日運到；野村急於計劃，由蘊藻浜渡河。惟我軍機關槍掃射猛烈，敵軍甚爲膽寒，頗有徒事犧牲之苦也。

（4）謀佔蘊藻浜車站：十一日晨，日軍軍事佈置已畢　盤據於蘊藻浜南鐵路總工廠之日軍，即分左右兩翼，向浜南進攻。左翼在楊家宅及軍工路。右翼在胡家木橋周家橋。並以重砲在前轟擊，圖佔蘊藻浜車站。我軍以精悍士兵，挾機關槍及手溜彈，伏處車站兩旁戰壕內。正面部事應敵，卽向後退。日軍跟蹤來追，將近車站，我伏軍齊起，機關密射，手彈環擊，日軍退却。我軍獲野炮二尊，斃日軍一百二十餘人。

（5）十二日大舉來犯：十二日上午，日軍以閘北因遷出難民休戰，遂傾全力攻吳淞。晨六時，張華浜方面日軍七八百人，由野戰砲及飛機之掩護，向蘊藻浜防線進攻。更分一小隊在曹家橋隔浜衝突。時我守軍僅有兩連，然應戰殊勇。以多數手溜彈向日軍猛擲。別以大刀隊、盒子砲隊，將曹家橋之日小隊殲滅。戰至九時停戰。雙方均退守固有防線。

當日午後二時，據大美晚報訪員在張華浜所得之印象，卽預言日軍對吳淞之攻勢，「似卽在目前」。其言曰：「今日（十二）午後二時，大美晚報訪員在張華浜日軍司令部前，見日兵攜軟木竹筏，由持來福槍與機關槍士兵護送。先西進，後再向北，趨蘊藻浜南之日軍陣線。此項竹筏，乃以壓緊之軟木製成。每方軟木，厚二吋，闊約一呎，長三呎，以六方聯成爲一。兩端各置兩方，紮於毛竹，可浮

水不沉。兵士攜去者，共有百餘筏。司令部前之步兵，來往甚活動。司令部西南方墳壁後安置之陸軍大砲，晨間殊寂靜，是時亦隆隆作聲。下午二時後，由楊樹浦飛來飛機六架。連已在天空之三架，共有九架。內轟炸機五架，追逐機四架。觀此情形，日軍對吳淞砲台之攻勢，似即在目前矣。」

字林報亦稱：「十二日午後，軍工路運輸子彈之卡車，絡繹不絕。日人所有之各碼頭，卸運子彈軍需，亦甚活動。卽野村司令之旗艦上，亦有軍火卸下。曾見有鋼版數車，運向吳淞進發。雙方十二日均乘寂靜之機，從事鞏固陣地。聞華兵士氣甚壯，自信可操勝算。」

據時報消息：「日軍圖占蘊藻浜車站失敗後，休息數小時，於下午三時左右，卽將搭造浮橋之平底木船及步兵隊調至張華浜前線。平底木船約有百餘艘。每艘長三尺，闊一尺，厚兩寸。遇水能浮。同時用溜散砲向我軍陣線轟攻。我軍鎭靜力守，無大損失。故日方又調飛機九架助戰，內有燬炸機五架，戰鬬機四架。經我方以高射砲射擊後，不久卽退去。至晚間七時起，日軍加添生力一千名，又來總攻。砲聲隆隆，至十三日晨一時猶未止。我方陣線毫無動搖。」

(6)曹家橋我軍示威：十三日晨一時餘，我吳淞防軍及便衣隊，乘日軍疲乏之際，在蘊藻浜黃浦江口，向日艦夕張號及附近日軍猛擊。該處係日軍之大部隊宿營處，於忽促間，猝不及防。被我軍擊斃三百餘人，損失頗大。野村得耗，大爲震驚。卽傳令三軍分江灣，紀家橋，曹家橋，三路利用拂曉戰，以長蛇式進兵，首尾次第相應，猛攻蘊藻浜，意圖奪取吳淞要隘。

第一路江灣：日軍六百餘人，沿淞滬支路及軍工路，以鐵甲車重砲向江灣鎭進攻。開砲一百餘響，或間四五分鐘發砲一響，或連續二響，但均未能命中。我軍沉着應戰，彈不虛發，激戰二小時、日軍見不得逞，紛紛潰退。結果我軍陣線毫無變動。

第二路紀家橋：紀家橋日軍，自晨八時許激戰起，雙方相持約一小時許，經我軍痛擊，不支而退。至十時許，日又以五百餘人用手提機關槍猛衝。我軍以機關槍及排槍等應戰。日軍因雨雪，不能用

鐵甲車爲前導，死傷頗多。至十時十五分卽退。繼日軍以少數步隊，攻侯家木橋。我軍沉着應戰，敵軍以爲有機可乘，遂增厚兵力前進。我軍乃以機關槍掃射。日軍知中計，乃倉皇退却。

第三路曹家橋：十三日晨四時半，天方破曉，日軍二百餘名，在黑橋東，搭架浮橋　擬偸渡蘊藻浜，當被我防軍覺察，卽用機關鎗迫擊砲掃射。敵遺屍十餘具，棄筏而逸。七時，日軍三四百名，又各持刀鈎鋸斧，在南草菴前偸渡。日軍並發煙幕彈至我軍陣地。一時，蘊藻浜上，煙霧瀰漫，對面不能見人。我軍察知奸計，卽向依周塘角，用機關鎗十四架掃射。及至白煙消散，則已不見敵踪。十時餘，時方雪花紛飛，日軍千餘人，又藉煙幕彈之掩護，搭架浮橋，源源渡浜，如蟻趨穴。渡浜後，佔據曹家橋。同時卽在永安紗廠門口　建築高壘，準備向我軍開始攻擊。我方曹家橋哨兵卽時飛報軍部，派遣重兵，與日軍肉搏。戰至十二時，我援軍趕到，遂將日軍全部大包圍。當時，風雪交加，鎗彈橫飛，日軍狼狽四竄。我軍敵愾同仇，逢敵卽殲。日軍戰鬥力全部喪失。晚八時，日軍力盡，祗知竄匿。或躓仆中途，或投浜自溺，死者已達六百人。至九時四十分，因我軍包圍嚴密，日軍無隙可逃，渡浜「武士」，遂作異鄉孤魂矣。千餘敵屍，如山堆積；深閨夢裏，無定河邊；日軍閥之肉，豈足食哉！此役也，我軍大獲全勝，爲滬戰以來第一次大血戰。將士之奮勇，精神之勃發，實爲我十九路軍戰績上最光榮之一頁也。

（7）我軍將士之血戰談：十四日，據由吳淞來滬之十九路軍官述曹家橋一役之戰況曰：「敵軍初以四五百人，藉煙幕彈蔽護，在浜南紀家橋偸渡過河，卽佔曹家橋。其後陸續偸渡者，復有千餘人，將我軍防線衝破，施行強烈襲擊。是時我軍張旅已由後方趕到，率隊反攻。將敵三面包圍。肉搏數十次。敵抵死掙扎，屢欲突圍而出，不遂。血戰至入夜十時許，始將渡河之敵全數殲殁，無一生還。戰鬥之猛烈，爲開戰以來所未有。蓋其間十二小時中，未停息一分鐘也。是役我軍傷亡亦達百餘人。敵屍千餘具，猥藉於曹家橋浜中。曹家橋方面之敵已完全肅清。敵受此重創後，以後必不敢向我正

視矣。」

又據後方醫院是役作戰之傷兵口述當時經過情形曰：「十三日侵晨，敵軍藉烟幕彈向紀家橋偷渡時，我軍駐守之一二二旅之二團一營，即奮起圍攻。三面進擊，愈圍愈緊。敵軍亦死力猛搏，故激戰甚烈。是役敵軍既不能突圍而出，又不及渡橋而退。所架浮橋，亦失其效用。而我軍全力，逐步逼進，不稍鬆懈。是時但見敵軍進退失據，狼狽已極。於退無可退之時，落水紛紛。掩斃者前後相繼，約五百餘人。嗣有敵方飛機，見彼之軍隊被困待斃、即來天空擲彈助戰。孰意敵機所擲之彈，反落於敵軍叢聚之中，將敵軍炸斃甚衆。當時我軍不啻又多一助力。故是役敵衆一千六百餘人、幾無生還。至於我軍作戰之勇猛，實由於全體兵士自動用命之功。」

（8）日軍戰敗之自白：上海每日新聞十四日有一段日軍戰敗之新聞曰：本報記者訪問駐吳淞紀家宅之岡本大隊長，未遇。僅見已負傷之某軍曹。據某軍曹談：「岡本大隊於十二日夜、即分配於吳淞沿岸日軍第一線。至十三日上午四時渡河。敵（我軍）即用機關鎗山炮等猛射。一時炮彈如雨。我軍（日軍）激戰進攻。正在進行時，忽有炮彈飛來，炸裂甚猛。初疑為我軍（日軍）炮隊掩護炮擊、及炮隊回答並未發炮時，始悉係敵軍（我軍）之炮擊。於是鼓勇猛進，追擊突進、使敵（我軍）受相當之大損傷。在某處，敵軍（我軍）排長以下一小隊全滅。我軍（日軍）乘勝追擊。時已天明。我軍（日軍）駐地之周圍，忽聞敵軍（我軍）喇叭之聲。疑係敵軍（我軍）之埋伏。果然敵軍（我軍）將前翼及左右兩翼開始移動部隊，有包圍我軍（日軍）之勢。我軍（日軍）有被截後路之變。大隊長即命中止前進。各自據散兵壕，築造防禦陣地。我軍（日軍）約在五十密達之地點對陣。敵軍（我軍）於十時左右來襲。我軍（日軍）應戰。但彈藥缺乏。戰友亦漸傷亡。遂發乞派援軍速送彈藥之無線電。一面仍奮勇對峙。大隊長以下，已決意知其不能生還。散兵壕內，積水盈尺，不能衝出。援軍又不到。一時皆已絕望。不知援軍山本中隊長，已直向我軍（日軍）右翼之敵（我軍）衝進。中隊長以下皆上刺刀直衝。遂破壞敵

軍（我軍）之一角，友軍短兵直接之肉搏戰，誠勇壯無比。余亦受此激勵，一時絕望之心思，又復振作。奈敵（我軍）始終頑強抵抗。且常調新兵至前線對抗。故援軍之山本中隊，亦與我軍（日軍）相同，皆陷入苦戰之中。乃不得不發撤退之命令。當激戰時，戰友之死屍亦無暇顧及。乃乞碇大隊某中隊增援。該援軍至下午五時半始到。適時已薄暮。即利用此黑暗中，偷過近在五十密達前敵軍（我軍）之眼，收容戰死兵士及傷兵。是日自上午六時半至下午六時半，激戰十二小時之久，始行撤退。至今晨上午五時，全部均退至原防地。」

（9）龍華報捷電：「今晨報，敵約二三千人，在曹家橋紀家橋一帶偷渡。經我毛師派部迎頭痛擊，激戰終日。迄晚間九時四十分，卒爲我擊退。敵傷亡千餘人。謹此捷報。淞滬警備司令部參謀處卯元亥印。」

（10）鄉老持酒犒軍：十三晚，日軍偷渡蘊藻浜，被我勇猛軍士，全部解決後，新聞報記者前往調查一切。車行一小時，抵某地，該地除我防軍外，并駐有上海市民義勇軍，及華僑義勇軍數百人。紅十字會正在由戰地上用大卡車運救傷兵。道旁滿列三八式槍千餘枝，蓋自日方奪獲之戰利品也。途經一寺，上海市民義勇軍正在積極訓練。未幾又遇華僑義勇軍隊長陳瑞葉，謂該隊均係自海外歸來。十三晚戰事劇烈，該隊夜間均往運救傷兵。隊員均具有特種技術，如駕駛汽車，管理電信，修理機器等。對於軍事上將有不少貢獻。捨車步行，行二十餘里，至一橋。遇見我軍團長廖起榮，及團附田子玉。據云：「十三晚敵人偷渡，即在該團防線。十三晚之役，日軍果已全部解決矣。但我軍不願進佔，以便待其再來。」談至此，有鄉老夫婦兩人，持酒兩瓶，乾點數包來贈團長。謂：「昨晚辛苦了。今持酒奉送少許，聊以慶祝。」

（11）轟擊砲台無效　十日晨九時，泊三夾水洋面之日艦九艘，以十四英吋口徑之大砲，向吳淞砲台等處猛轟。同時並有飛機九架，在空中投擲炸彈。截至下午一時許始漸息。我軍還擊，亦甚猛烈。在戰

壕中防守極鞏固。砲轟結果，我方無若何損失。

。十一日，吳淞戰雲，意外和緩。日艦於晨間七時許，以五英吋口徑小鋼砲，由遠距離之地點，向要塞轟擊，計開三十餘砲。我軍因無何損失，故未開砲還擊，以免虛耗彈藥。至十一時半，日陸軍復以開花砲四門，向我軍射擊。我軍略事應付，日軍遂即停砲，至正午，砲聲全息。

十二日，砲台灣所泊日艦，共計十三艘。上午，日艦上之陸戰隊，時發鎗射擊我砲台旁之防軍。惟因砲台前泊有英美兩國之軍艦，日軍因有所顧忌，故未敢發砲轟我砲台。十時左右，日機兩架到吳淞亂擲炸彈，歷時約有一小時，總計拋炸彈二十餘枚，半未爆發。我軍防綫，並未受牽制變更。

十三日，野村欲斷我軍吳淞閘北之聯絡，決放棄海陸空軍猛攻吳淞之計劃，而改向吳淞江灣間戰線，分兩路猛衝。希圖有一處衝破，而收圍攻或包抄吳淞之效。其進攻策略，擬一路由張華浜襲侯家木橋，一路由殷翔路攻萬國體育塲。然兩路皆爲我軍所擊破。

柒　閘北鎗聲如泣如訴

野村得東京電斥，旗鼓重張，側重吳淞要塞。閘北方面，應稍寂靜。但日軍屢攻蘊藻浜不利，以爲閘北有虛可乘，於是八字橋虬江路一帶，又發生激烈之夜戰。鎗聲繼續，在更深夜靜時聞之，似怨天地之不仁，而以萬物爲芻狗也。

（一）青雲橋擊落日機　十日晨八時，有日機五架，飛來閘北天空。未一刻，又由浦東方面飛來四架。環繞起落，盡情偵察我青雲路及滬西沿鐵路防線。十時，大部東去。留閘北祗兩機，即開始擲彈。炸彈大半均落於江灣與八字橋方面。當飛機之來，沿寶山路一帶，即起砲聲與機槍聲。我方亦還擊。至十時半。日機全去。於是砲聲槍聲，亦因之而停。故十日全日，如天通菴路，虬江路，寶興路，老靶子路一帶，祗有斷續機槍聲，未有劇烈戰事。但至午後四時十分，日機五架，復來閘北。三高兩低，

所投炸彈，較晨尤猛。我空軍構隊長即駕起大號戰鬥機一架，凌雲應戰。此時日機因仍在亂擲炸彈，故飛行甚低。我方飛機，乃飛高於日機之上，用機關槍向下掃射。交戰約二十分鐘，日機不支，向東疾駛圖遁。惟中有一架，業已受傷，當即下墮於青雲橋南堍。日機師二人，一已斃命；一則僅折斷一足，故猶握手槍向我軍射擊，作最後之掙扎。當經我軍還擊，將其擊斃。其餘四架。則均逃入租界。

（二）十日晚我軍進展　十日，閘北方面，日間無劇烈戰事。晚七時起至八時半，寶山路周圍，大砲鎗彈之聲，忽又大作。據調查所得，七時起，日陸軍分三路向寶山路攻擊。一由老靶子路之福生路，一由老靶子路之赫司克路。一由虬江路。當時砲聲如雷，彈下如雨。我方盡力抵禦。歷一小時許，將其擊退。福生路赫司克路二處之日軍，向後退入老靶子路。我軍在後追擊，擊入租界之老靶子路。日軍均向北四川路分散逃逸。子彈飛至北四川路海甯路一帶。我軍將日軍追散後，復回入戰線防守

（三）休戰四小時救護戰區難民　十一日，自晨至晚，閘北未發生戰事。惟雙方步哨，間時放槍示威。下午二時許，曾有一二日兵，偷向我軍防壘襲擊。當被我軍用機關槍擊退。因此槍聲即起，旋即平息。十二日，因法教士之發動，英總領事之斡旋，商妥我日軍事當局，劃定於寶山路，寶興路，虬江路一帶，自晨八時起至十二時止，雙方停止作戰　以使由萬國義勇團會同各救護團體救護難民出險。

（1）日便衣隊喬裝來襲：當各慈善機關到閘北戰區救災時，不諒狡日竟派便衣隊百餘人，喬裝難民，暗藏軍器，由黃浦碼頭出發，在公平路某汽車公司僱卡車七輛，送至北四川路靶子路口下車。以三五人為一隊，分向江灣等處，衝入閘北地界。並向我江灣防軍挑釁。幸江灣一帶，未經劃為停戰區域。我軍為自衛計，即開鎗還擊。北四川路附近又陷入混戰狀態中。此皆日軍蔑視人道，毫無信義之所致，責任應全由日方担負也。

（2）日領捏詞向美總領事抗議：日總領事村井聲稱我軍破壞休戰條約，向領袖領事美領事克銀漢提出正式抗議，聞內容共有五點：（甲）八時至八時〇五分，我軍向橫浜橋日軍開槍。（乙）八時十五分，

，在寶山路之日軍，爲駐商務書館處之我軍攻擊。(丙)八時四十至八時五十分，橫浜橋日軍又被擊。(丁)九時〇七分，北站及寶山路口我軍，向日軍開槍十二餘響。(戊)寶山玻璃廠處我軍最少向日軍開鎗五響。日軍皆未還擊。

(3)吳鐵城之聲明：吳鐵城爲日領捏詞誣陷事，特發聲明曰：「關於報告華軍今晨違反爲眞正救濟難民停戰條約，向由貝兒少佐及賈晁那神父發起之救濟團開火一事，余覺有發表下列事實之必要。依照雙方同意之佈置，檢查非戰爭區域，僅限自寶山路與寶興路，東自鐵路北站及吳淞車站。其所定時期爲早晨八時至十二時。當救護隊正忙於工作之際，忽聞有開槍之聲。貝兒少佐及賈晁那神父均證明幷無有向救護隊方面直接發來之槍聲。且上述各區域，亦未有任何槍聲聞見。是以無人被擊受傷。而救護團各人均完成彼等高貴而又仁愛之工作。余曾向中國軍事當局查詢。據報，今晨日本便衣隊欲跨入閘北區域，故向防守天通菴段之中國軍隊開火。查天通菴段在寶山路之西北，並不包括在早經佈置之區域內。因日便衣隊之欲圖進入該段，中國軍隊被逼還擊，此所以有開槍之報告也。」

(4)致謝宅心仁慈之西友：自日軍無端向閘北及吳淞以大砲機鎗轟擊，並用飛機亂擲炸彈，兩處居民，均猝不及逃避。慘死於難者，不可勝數。戰事延至十三日，尚未停止。戰區災民、傷者纍纍。救護人員，均不得前進營救。男女老幼，無法逃躲。飢無食，渴無飲者，亦已多日。因而餓死者，時有所聞。宅心仁慈之西友、體念基督博愛精神，因一念之善，商得我日雙方軍事當局之同意，休戰四小時。被救難民，幾及五萬。編者亦曾到災區幫忙救助。見被救之老幼男女莫不感激。事後，吳鐵城特以市長名義，致謝法神父賈晁那及萬國義勇軍司令貝兒少佐。

(四)野村試行大砲政策 日軍自一二八發難以來，屢圖大隊衝鋒，破我閘北戰線。不料開戰旬餘，因我十九路軍防守鞏固，將士奮勇，迄未能攻進寸步。而日軍死傷者，不下五千。野村自知猛攻不足以取勝，遂決定不惜巨量砲彈，專用大砲轟擊，俾得減少死亡之數目，並望我軍或畏砲火之壓迫而退卻

也。十二日起，野村自恃此策略必能制勝，一試於天通菴，一試於虬江路及福生路。但兩方面皆未成功。

(1)日軍黑夜越小浜：十二日晨停戰四小時後，天通菴方面日軍，於下午六時起卽用大砲向我轟擊。我軍亦用大砲還擊。當時砲聲隆隆，而槍聲甚稀，卽日軍專用砲火不取衝鋒之試驗時期也。雙方砲戰約一小時左右。日軍見我防線絲毫不動，以爲砲擊之力，或有未逮，故又兼用衝鋒。卽有大隊日軍，在砲火掩護中，向我進犯。其時槍聲突密。我軍沉着應戰。來者俱以機槍掃射。接觸約一小時許，其時已八九時，日軍見絲毫不能取勝，而傷死者已五十餘人。至九時後，已覺不支，只得退却。我方陣線，毫無變動。

此役戰事，據陣傷烈士蔣桂林云：「十二日晚，予等正把守天通菴車站。至五十步前，臨一小浜，我軍派有步哨。我等均抱定敵不來則已，來則必與抵抗之旨。不料至七時，敵卽開砲，向我猛轟。我軍毫不理睬、聽其消耗子彈。然敵貧越轟越密。經兩小時之久，並不停止 後又派出有二百餘敵軍向我防地衝來。當開火時，我軍在小浜前，派有步哨，彼竟乘黑夜爬越過浜。浜南紅屋，卽爲敵軍司令部。該敵諒係均由該部出發。九時一刻，先與我哨兵衝突。將過我防禦物時，我軍突起還擊，並用機槍掃射。此時已撲殺敵人約五十餘名。連戰約一刻鐘，我等見敵難逞，且露有不支欲退之勢。因又想及敵來係越浜前進，退時亦須過浜。較諸平原退兵，總屬不易。於是卽竭全力衝出，與之應戰。手溜彈炸裂聲，不絕於耳。迨敵完全退過浜南、似已大爲狼狽。且此時擊斃於浜中敵人又增二十餘名。余乃於衝出之時，足部受傷。卽由救護者舁至團部。時正十一時半。俟至天明，(卽十三晨)轉投醫院療治。當午夜十二時，余在團部，聞得報告，敵軍二百餘，生還不及半數。因敵主攻，我主守，故敵傷亡甚大。我方僅傷亡十餘人。至十二時以後，槍砲聲始漸稀落。」

(2)日陸軍心旌搖動：虬江路福生路一帶爲日軍陣線之尾梢。其主力軍多集中於江灣路天通庵一

帶。日軍每次正面進攻，必援福生路，進襲北車站，希圖收夾擊之效。但屢試屢敗。十三日仍循舊轍向虬江路福生路撲車站。不過不重步兵而改用大砲耳。其主力砲架在北四川路廣舞台門口。四時起，即向我猛擊。我軍毫無畏懼，陣線不動。其時有新從日本運來之陸軍，一聞砲聲，以為勝利即在目前，無不心旌搖搖，躍躍欲試。遂奮勇從儉德會門口，向我猛衝。我軍即與抵抗。槍聲密集，彈如雨下。我軍更用手溜彈猛擲日軍。結果日軍又不支而敗退。我軍亦未追擊。

(3)我前線防務鞏固：十三日，日軍同時於虬江路，青雲橋，寶山路，寶興路，天通菴，八字橋等處進襲。其人數支配，或百餘人，二百餘人不等。以野戰砲，小鋼砲，機關槍，向我陣地轟擊，急圖衝亂我軍防線。一經我軍還擊，日軍即後退。如是往復四五次。日軍總未得逞。至八時許，日方飛機亦出動助戰。但日軍一再失敗，已無鬪志。測其用意，在騷擾我軍陣線。至九時後，終因我軍沉毅應戰，全部退回。午後二時許，寶山路虬江路一帶砲聲仍連續不絕。然雙方僅有小接觸，未有激烈戰事。八字橋青雲路一帶，亦間有槍砲聲，亦非正式戰爭。我軍對於最前線防務，甚為鞏固。步哨極密，僅二三尺，即有一人。每隔若干碼，則有平射砲機關槍等。故日軍殊難越雷池一步。日軍雖有大砲；我軍則有熱血。不可一世之野村，遂陷入進退維谷之苦境。

捌 日軍二次易帥——以植田代野村

野村自六日到滬：變更戰略，戰蘊藻浜敗績，戰八字橋又敗績。七日苦戰，未能搖動我堅如鐵壁之十九路軍戰線，日政府聞報。焦急異常。帷幄上奏，迭派援軍，並任命植田謙吉代野村為上海日軍之主帥。植田年五十六歲，曾隨福田參與歐戰，並任天津日軍司令兩年。現任日軍第九師團司令。第九師團．日之勁旅也。轄步兵第六旅團（步兵第七聯隊及步兵第三十五聯隊），步兵第十八旅團（步兵第十九聯隊，及步兵第三十六聯隊）；騎兵第九聯隊，山砲兵第九聯隊，工兵第九大隊，及輜重兵第

九大隊。軍容齊整，隨植田以俱來，將以報鹽澤及野村屢次敗北之恥也。

植田於十三晚抵滬，適在我軍大捷曹家橋之際。十四日，招待西報記者，竟作豪語曰：「第九師團之來滬，並非積極作戰。但如中國十九路軍不撤退上海附近區域，則予必以武力從事。」路透社十三日東京電訊曰：「據此間負責方面消息，植田到滬後，其第一步之舉動，在託其他外軍司令，設法勸令第十九路軍自行撤退。如華軍不允，則植田將表示其在上海境內繼續敵對行爲，直至華軍退至安全遠處爲止之決心。並且或將向十九路軍提出哀的美敦書。」

觀此一電，再證以植田之豪語，吾人固知日軍將傾其全力以與我軍一決雌雄也。適在此時，我國竟發生種種議和之妖言異說。氣象黯淡，使人昏悶欲死。沙場有武穆，中樞獨無忠良。時事新報鑒於植田之積極備戰，主張掃蕩異說妖言，而統一國論，甚得國人之同情。其言曰：「十九路軍忠勇作戰，蔣介石氏馳檄同袍，國民政府遷都洛陽，國府院軍委通電禦侮，我人嘗以極端肯定之辭，認爲國難之後期。政府既能尊重民意，實力抗敵，上下一致，義無返顧。則今日之問題，正應爲如何應援上海，務期制勝。海口江岸，毋任侵襲。集中人才，鞏固中樞。反攻關外，收復守土。至於周旋國際，折衝樽俎，亦以抗敵禦侮之精神，要求公法公約之運用，則責外交人員爲之。成敗利鈍，非所介意。若上海三公使之奔走調停，則以日軍退出淞滬爲惟一前提。受彼善意，自堅壁壘。在此切實強毅之軍國大計之下，國民官員各竭智能，奉公報國。劍及履及，協力邁進。我人深信夫能若是必得渡過國難。至少亦深信應付國難，必須若是。故時閱旬餘，壯士肉搏於前線，援軍絡繹於後方。上海市民忍受莫大之損失與苦痛，而猶慷慨輸將，協濟軍用。一德一心　羣策羣力。氣象萬千，未前見也。乃三五日來，妖言異說，乘機竊發。謂物質損失綦鉅，而與奮精神，得不償失也。謂日軍精練，久必不敵也。謂局部妥協，無傷大體也。謂予敵者虛面子，自全者實益也。謂友邦敦勸，未許峻拒也。謂小民無辜被戮，謀和所以爲人道也。適可而止，毋使擴大也。報仇洩怨，不在朝夕，羽滿豐滿，期以十年八年

可也。形形色色，不可究詰。而十百相傳；言之鑿鑿。嗚呼，國民既已早有伏心，政府亦經昭示態度。誠不知妖言異說之何自而興也。夫彼諸說者，我人何嘗必欲一筆抹煞，斥爲絕無所見。然今何日，豈有岐途？敵軍不撤，而遽云議和，是犧牲土地，犧牲人民，斷送國家主權，辱沒民族榮譽。此豈和議，此投降耳。不投降，惟有血戰。明明只有血戰是一條生路，則無論是何見地而主張和議，而傾嚮妥協；即使爲眞知灼見，爲至理名言，罔不應與妖言異說同科。何也？國家作戰於千鈞一髮之際之倫理若此也。邏輯亦若此也。」

嗚呼，因日軍之易帥，遂使我國家當局，舉棋不定。鄙矣哉，肉食之徒！怯矣哉，勇於內爭之軍閥！薛篤弼致蔣介石，何應欽，朱培德一書，一字一淚。言人所不敢言，言人所不忍言。赤血丹忱，可以感頑石也。書曰：「國事危急，賢勞可想。昨聞某國公使對於滬事，因我國當局希望適可而止。日本軍人希望顧全面子，故婉勸我方先行自動撤兵，給日軍一個面子。庶可兩全其美。諒先生已有所聞。愧憤之餘，僅貢所感。暴日侵佔我東三省，襲擊我淞滬，蹂躪我主權，殺戮我人民。我十九路軍忍無可忍，起而自衛，固爲國家爭人格，爲民族爭生存；亦爲我國軍人爭面子也。奈某使竟勸我自動撤兵，給日軍一個面子，是否欲使日軍所至之處，我軍即應退讓，以全日軍之面子。何其視我國之領土主權，吾民之生命財產，及我國軍人之面子，若是其輕，而視日本軍人之面子如彼其重耶。此次滬戰，釁自日開。其曲在彼，彼自應先行退兵。世界如尚有公理，尚有正義，尚有人道，某使決不應出此祖護日軍，蔑視我國人格，侮辱我國軍人之言論。稍有血性，誰不髮指？況我軍須撤退二十英里爲日方之所主張。我若先行撤兵，即無異戰敗，等於屈服。我十九路軍苦戰兼旬之犧牲，完全付諸流水。我國家民族及十九路軍全體將士之面子，將置於何地耶？雖然，人必自輕而後人輕之。人必自侮而後人侮之。昨讀上海總工會告同胞書內，有云『一到外寇侵犯，竟以不抵抗主義拱手相奉，這樣無恥不要臉的軍人，在全世界難以找到。』又李宗黃同志電云：「吾國軍人以內戰爲能事。對外以不抵抗相

標榜。頑鈍無恥，舉世震駭。』各等語。誠如此說，又何怪乎某公使重視日本軍人之面子，而看不起我國軍人及整個民族之面子也。噫！不抵抗主義，眞將吾國家，吾民族之人格顏面喪失盡矣。至今日而尙欲堅持此主義，伈伈俔俔，屈辱求和，以圖苟安旦夕，夫復何言。否則，應立即翻然改圖，以期雪此奇恥。勿再倖冀日人之饒我，亦勿夢想他人之救我。惟有自己以必死之決心，爲堅強之奮鬪。有敵無我，有我無敵。生死存亡，爭此一着。

先總理嘗論中國之存亡問題，有曰：『一國存在之根源，無不在於其國家及其國民獨立不撓之精神。其國不可以利誘，不可以勢刼，而復可以自存於世界。即令摧敗，旋可復立。不然者，雖號獨立，其亡可指日而待也。……須知國家之受損害，有時可以回復。若國家爲人所迫脅，不謀抵抗，則其立國之精神失矣。雖得大利，亦奚以爲。昔人有言，匹夫不可奪志。士有志也，國亦有之。以國家之志而見奪於人，則其視宋姬待姆，齊女汎舟，不尤有愧乎？夫戰不可必其勝，守不可必其完。然於不戰不勝之餘，使彼勝於兵而攻略地者，不能奪其志。則人將亦遂知其志之不可奪而不以無理凌之。故不勝於戰而兵不折，不堅於守而地不奪。不然者，英法非不能以較多之兵力侵希臘之土地也。而不爲之者，知其志之不可奪也。』

偉論名言，照耀千古。寇已深矣，禍益亟矣。吾黨同志，究應努力實行先總理之抵抗主義，以保持吾國家及吾民族獨立不撓之精神乎？抑仍堅持新發明之不抵抗主義，以斷送我國家及民族於萬刧不復之慘境乎？事理至明，無待蓍龜。而竟倘有人欲從違於和戰之間，徘徊於進退之途者，誠不勝其惶惑也。

如謂力不能抗日：則被壓迫者與壓迫者抗爭，根本上不應估計力量之大小，物質之優劣。十九路軍抵抗以來之成績，已爲世界所歎服。況我黨素以打倒帝國主義，取消不平等條約標榜於中外，豈應有怯弱亡國之心理乎？

如謂須保存實力：試問國家養兵，目的何在，留此實力，究作何用？自東北不抵抗，失地數千里，不惟出日人意料之外，實爲世界各國所不及料。我中華民族，如尚有羞恥心，今後必將個人之私心，權利心，以及對內作戰之心理，徹底革除，一致對外。卽國難解除後，無論何人，亦不可再有一毫排除異己，同室操戈之思想，以免再啓戎心，終致淪亡也。

況吾黨高呼精神團結，共赴國難，已數閱月矣。其結果對外如仍爲退讓，爲屈服，爲不抵抗，則團結之意義及作用完全失去。使宋慶齡同志『和平分贓，統一作惡』之預言，不幸而中。是以共赴國難始者，以喪權辱國終。以求精誠團結而來者，仍爲良心所迫而去。黨國前途尚復何望？

至最近政府遷洛，宣示決心。蔣先生亦有甯爲玉碎，不爲瓦全之通電。設若遂爾食言，不爲堅決之抵抗，而反進行祕密之屈服外交，是使當時懷疑，辱罵政府因畏葸而遷都，並非決心抵抗者，又不幸而言中。欺騙民衆，百喙莫辭。嗣後誰復敢信任此政府，政府尚何顏以與國民相見耶？故此次上海之抗爭，實關國家之存亡，人民之生死，與夫政府之安危。非政府痛下最大之決心，無以固士氣。非全國準備持久之抵抗，無以摧強敵。否則，日人窺破我和戰意見不一之弱點，侵略之野心愈堅，要求之條件益酷。一面造作種種之蜚語，向我內部施其挑撥離間之詭計，以懈我軍心而壯彼士氣。前途危險，何堪設想！

自古國家滅亡之際，非盡無賢俊在朝。特議論紛紜，坐失時機，以致鑄成大錯，終於滅亡耳。此等實例，史冊至多。趙宋中葉和戰之局未定，而金兵渡河。明室將亡，傾軋之風方熾，而清人入關。所謂朝議未散，戎馬臨江，誤國之罪，賢奸均無所逃其責。吾輩應引爲炯戒。化除私見。只期可以救國，不惜犧牲一切。只期可以救亡，不惜捨己從人。必能如此，然可與圖存也。

先生軍界泰斗，領袖袍澤。愛國熱誠，素所欽仰，務請統籌全局，堅決禦侮。爲國家爭人格，爲民族爭生存，爲政府全威信，爲軍人雪奇恥。不抵抗之主義，固須根本打倒，卽不擴大之心理，亦須

徹底掃除。一言一念，關係存亡，雲霓在望，不勝翹企。篤弼對於國事，向不願有所論列。特以危亡在卽，熱血沸湧。有懷不吐，若骾在喉。故於一中全會開會時，再四堅持須死守錦州，固我疆土。毫無對人成見，參於其間。今之貢獻所懷，猶此志也。激於血誠，不暇擇言。萬祈採納。國家幸甚。一

讀此書而不動心者，非人也。我十九路軍忠勇將士所以人人奮不顧身，誓欲力摧強敵者，其目的果何在乎？非僅爲保全國家之領土已也。實乃爲民族生存之關係而戰。何物植田，竟敢挾一師團之衆，迫我軍撤退上海區域：何物妖孽，竟忍因植田之威嚇而謀議和？

玖 和戰並進之危局

自植田到滬，上海時局，頓趨嚴重。風雨滿樓，和戰並進。戰則增兵佈防，充滿殺氣；砲聲鎗聲時震耳鼓。但同時和平空氣亦如輕烟淡霧，搖曳多姿。據歐美人士傳出消息，日方態度，殊形強硬。竟要求我方撤退十九路軍。否則，決不停止軍事行動。我方防軍，因守土有責，絕難忍受。故和平運動，爲時五日，終感棘手。雖有宋子文，郭泰祺等之盡力周旋，終不免十八日植田對於十九路軍之最後通牒也。

（一）三公使斡旋和平　英使藍浦森乘英艦白甲華特號，美使詹森乘艦辛博森號，二月十一日晨八時由京啓程。於十二日上午先後抵滬。上海市長吳鐵城得外部電告後，當派員赴艦招待。並擬與英美法三使約期會晤。蓋法使韋禮敦，亦已於十一日下午乘法艦德赫號抵滬。三使除奉各該國政府訓令，來滬調查戰事眞相，並視察僑民狀況外：並以私人資格向我日雙方重提調停。

（1）訪重光交換意見：三使到滬，以私人資格，斡旋我日和平運動，並未奉有政府訓令。故其初步之進行，先徵求我日雙方當局之意見。如有接近可能，再居間調停。否則，卽作罷論。英使藍溥森於十二日下午一時三十分，訪晤日使重光葵。法使韋爾頓，則於下午二時許晤及日使。據申報記者調

查所得，英法日三使會晤結果，僅交換私人意見。對於和平問題，尚無具體辦法。美使則定十三日往晤重光，接洽一切。

（2）宋邸之重要集議：十二日下午四時，吳鐵城，孔祥熙，郭泰祺，張壽鏞等十餘人，在宋子文寓邸，有重要集議。宋亦列席，至六時始散。集議內容，秘不發表。宋郭吳三氏於散會後，分別即訪晤英美兩國公使。訪晤詳情，亦未發表。但傳聞係設法求和耳。

（3）詹森談話：十二日上午十時半，美公使詹森接見新聞報記者，談話曰：「目下之情形，以個人觀察所及，確甚嚴重。本人及英法二公使之來滬，揆諸中外各報所載，均謂鄙人與藍公使等來此調停中日雙方衝突。實則鄙人之來此，不過欲調查經過之情況，以為個人之參考。既未與他公使取一致行動，亦未得到本國政府關於本問題之任何訓令。雖上海無殊為鄙人之第二家庭，目擊此種破壞之進行，間亦未嘗不思所以解決之道。但苦於尚未覓得一和平之途徑，不得不自視欲然也。自余來滬後，已與宋子文郭泰祺吳鐵城諸氏及日方當局等相晤。預料三四日以後，即將乘艦返南京。」

（4）法公使之表示：韋禮德十三日向報館記者發表談話曰：「此行目的，係欲調處上海事變，俾雙方敵對行動，得以從速停止，而時局不致愈增嚴重。流血之事，亦不致賡續發生。來此之後，已與外部次長郭泰祺，市長吳鐵城，暨其他中國人士，以及英美兩國駐華公使相會晤。鄙人所擔負之事，雖有種種困難。而與英美兩國公使一致進行，或能有所成就。」

（5）調解醞談：十三日，英美法三使邀同意國代辦公使齊亞諾，開一會議，對上海時局交換意見。英美法各國駐滬領事暨海軍司令均列席。磋商未有結果。據外交界消息，四使對滬案之調停，數日以來，雖覺棘手，而博采各方意見，擬於無辦法中求一解決之道。和平前途，似有一線曙光。不料自植田之第九師團登岸後，各使目見日方已決心與我方作戰，前此出而為雙方調停之熱衷，頓覺消沉。

(6)芳澤表示必逐我軍：十五日東京路透電訊曰：「日外相芳澤邀請駐日英法美德意五國大使，今日午後五時至外務省晤談。聞芳澤擬向五國大使說明日本派兵赴滬之理由，及第十九路軍如不自退，日軍有將該軍驅退至安全距離之必要。」

(7)郭泰祺談調停：時事新報記者訪前外次郭泰祺。茲紀其談話如下：

記者(問)先生連日周旋於各使之間，洽商內容，可見告否？

(答)連日與各使會商，止於交換意見，並無何種具體決定。第因日方堅持我軍撤退二十英里，爲我方所不能承受者，故調解前途，殊爲黯淡。惟各使咸願致其最後之努力，俾和平運動，得獲成效。滬地菁華，藉免糜爛。故目前尚未至絕望也。

(問)外傳軍事勝利，外交屈服。羣情憤懣。若有其事，先生於此，有何意見？

(答)現在一切均在洽商中。外交有何屈服可言？此言純屬外間謠傳，不足信也。

(8)日方條件之內容：英美各使與日使重光，在英總領署舉行會議時，重光提出四項條件，表示日政府之態度。至其內容，據某外人訪員所得之內容如下：(甲)日本政府希望以和議手段，終結上海事件。但須中國當局先行停止攻擊態度。撤退軍隊於着彈距離外二十英里。此即和議之先決問題。否則，決不應有任何停戰約束。(乙)約束雖經成立，中國方面如有違約行爲，日本應保留攻擊之自由。(丙)在租界周圍二十英里內，設定中立地帶。中立地帶內，由國際警察擔任治安。(丁)中國當局須切實保證，取消一切反日運動。

(9)和平運動未見效：英美法各使來滬，調停滬案，連日向我日各方面接洽。無如日方堅持必須我軍撤退，以全日方顏面，而我國方面，則以日方條件係無理要求；且國家主權所在，何能撤退駐軍？加以日軍登岸，步步進逼，我軍決不能忍辱退讓。故政府民衆一致反對撤兵之提議。同時日軍方積極進攻，毫無誠意。各使調停，遂無如何進步。至十八日，調停遂告決裂。

（二）日軍積極謀進展　自日援軍抵滬，佈置完畢，植田卽預備下哀的美敦書，詳情如次：

（1）第九師團全線佈防：日本在滬軍隊，自鹽澤，野村，兩次向我總攻失敗後，死傷逾半，已無作戰能力。日政府議決，調派第九師團來滬增援。人數共計二萬餘人。此二萬人中，能作戰者僅有一萬五千人。餘爲輜重兵。乘運送艦七艘，於二月十三日駛抵上海。並有大砲及小鋼砲數十尊。炸彈八十四箱。軍火三百餘箱，一幷隨艦運滬。全師團於十四日晨七時三十分，由楊樹浦路滙山碼頭，黃浦碼頭，大阪碼頭，悉數登陸。滙山捕房並派有日捕數人，前往照料。玆分紀其詳情如下：

▲登陸情形▼　新由日本調派來滬增援之陸軍第九師團二萬餘人，分乘七艦到滬，先抵吳淞口外。至十三日乃由引水人將各運送艦帶進淞口。先到步炮各隊，並大批野砲軍火，抵黃浦滙山各碼頭，已在下午七時許。當時官兵等均未上陸。植田亦在艦上，接見重光。至十四日晨，各官兵與大砲等，始陸續起卸上岸。第二批，亦於十四日晨從吳淞口外開到。步兵，騎兵，及通信隊兵等，皆在楊樹浦路滙山碼頭登陸。該項陸軍，衣黃色呢制服，頭載黃呢軍帽，帽上有紅邊一條，上有「陸軍第〇師第〇團」字樣。日本駐華公使重光，第三艦隊司令野村，陸戰隊指揮植松，日駐滬領事村井，均親赴碼頭迎迓。幷與植田在第一號艦中，晤談約半小時。滙山捕房並派有日捕四五人，在彼照料。日僑男女百餘人，亦到塲歡迎呼叫。日陸戰隊本部方面，亦派有武裝兵士四人，由一哨兵長率領，在附近一帶，嚴密警備。不准行人駐足而觀。稍違，卽加以驅逐。滙山碼頭兩旁，停有大號卡車二十餘輛，以備輸送登陸日軍之用。至十時許，登陸日軍，已達六千餘人。當卽分乘該項卡車，直駛而去。往返共計三次，均係運往吳淞蘊藻浜一帶前線者。綜計人數，約計一萬餘人。至下午四時許，二萬餘日軍，始悉數登陸完畢。一部暫駐東華紗廠內。

▲大批軍火▼　日軍陸續登岸時，其前導爲軍樂隊，繼以坦克車，次爲馬隊。馬背上均載有小鋼砲，約二十餘匹。後爲兵士，均乘坐卡車。數約十輛。再次爲機器脚踏車約七八輛。其行列，坦克車

每五輛爲一列。三列間隔出發，合計共十五輛。此外尙有卡車數輛，裝載大砲及小鋼砲多尊。子彈炸彈共三百餘箱。一併向軍工路一帶運去。大砲軍火等，因搬運費時，截至下午五時，尙未運畢。聞大小炮共有六十四種之多。

▲分配防地▼　據日方傳出確息：此次到滬陸軍，在該國素稱驍勇善戰。二萬餘人中，具戰鬥能力者，有一萬五千人。餘均爲輜重兵。至於防地之分配，日方因閘北方面，進犯屢不得手，遂以全力進攻吳淞砲台，及蘊藻浜一帶。故此次到滬之二萬餘人中，以一萬三千名，調往蘊藻浜前線，協同原有軍隊，向我方作戰。其餘約一萬人，則平均分配於閘北一帶最前線，替代海軍陸戰隊。其陸戰隊則悉數調爲後備軍。

(2)蔡廷楷快人快語：新聞報記者於十五日赴前線，訪晤蔡廷楷軍長。承蔡氏于指揮忙碌中，抽暇與記者作下列之談話：

(問)聞日軍自曹家橋大敗後，擬再圖反攻。昨日已到日軍二萬人，將於明日實行總攻，未知吾軍已有準備否？

(答)余亦聞此消息。惟我軍甚望日軍多來幾萬，俾可將其全部殲滅。至於日軍宣稱之總攻，余已聞多次。然至今仍未見彼等總攻之效果。我軍現已準備就緒，恭候日軍之總攻。至於他日總攻之成績，足下可以目睹也。

(問)聞日軍因屢受巨創，故將以毒氣炮向我軍攻擊。軍長對之，作何感想？

(答)如日軍不顧國際公法，不顧人道，用毒氣炮向我攻擊：我軍亦必拚命抵抗。決不因日軍之炮威，而稍勵素志。蓋我軍此次抵抗日軍，實爲中華民族求生存計。故雖戰至一卒一彈亦必抵抗。惟關於毒氣方面，我軍亦已有相當防禦，故可不必過慮。

(問)邇來英美法三國公使，相繼抵滬，有進行調解說。軍長對于和平，有何意見？

（答）此次滬上戰爭，端自彼開。故如日本能放棄侵略政策，將上海日軍全撤，則未嘗無和平可能。惟若日人如欲以外交狡計，使我軍撤退，則我軍決不上當。我軍皆甯爲鎗下之鬼，不願再屈伏於日本帝國主義鐵蹄之下。

（3）日政府訓令植田致最後通牒：日軍第九師團到滬後，積極準備與我軍作決死之鬥爭。十四日起至十六日止，三日之間，植田除將陸軍向各路增防，補充實力，安設砲位，及在滬江大學附近，建設飛機場外，並無特殊軍事行動。吳淞，江灣，及閘北各處，雖間有接觸，但無重大戰事。我軍亦處之鎮靜，未取攻勢。十六日，忽傳東京方面，陸相荒木及外相芳澤會商，決定訓令植田向我國致最後通牒。一時風聲鶴唳，皆知我日大戰之爆發即在目前也。茲將十六十七兩日自東京方面傳來之重要電訊，彙列如下：

十六日國民社電：「頃據此間可靠消息，日陸相荒木與外相芳澤會商後，已決定訓令上海登陸日軍總司令植田中將，在一二日內，即致哀的美敦書於中國十九路軍長蔡廷楷將軍。要求中國軍隊撤至離滬安全距離之外。倘中國拒絕，則將續派二三師團至滬。俾能以四五師團之大軍，攻擊上海閘北一隅之中國軍隊。又芳澤在與荒木相晤以前，曾邀英美法德意五國大使至外務省解說，日軍赴滬，專爲保護公共租界及其鄰近地方之日僑起見。並謂苟非中國軍隊願即撤至距滬相當地方，藉以擔保公共租界之安全，則日軍必須積極進攻云。」

十七日路透電：「駐華日使重光電告勸令華軍自動撤退一節，業已無望後，日政府今日決令准發哀的美敦書，向十九路軍司令警告。如不於限定時期內將其軍隊撤退距公共租界西北二十基洛邁當（十二哩半），則日軍將被迫施用武力。據可恃消息，此哀的美敦書僅適用於蔡楷廷所指揮之第十九路軍，而不適用於蔣介石之軍隊。日政府訓令重光予華軍以充分時期，俾依從日本要求。並囑重光自行酌定十九路軍撤退開始與完畢之時期。聞植田司令將以此哀的美敦書送交蔡廷楷將軍。而重光則再顯

會吳鐵城市長重提吳市長一月二十八日允撤退閘北軍隊之諾言。據負責方面稱，如列強代表欲參加華軍撤退之最後談判，日本準備接受其調處。若蔡廷楷依允日本要求，日本願歡迎中立國視察員監視撤兵之適當實施。」

十七日國民社電：「今日據可靠消息，日陸軍省已訓令植田致哀的美敦書於上海中國軍隊司令，要求立即撤退至離滬安全距離處。倘被拒絕，即可便宜行事。聞此項哀的美敦書將於今日發出。大約將要求中國軍隊於二十四小時內撤退。」

(4)日以閘北吳淞為雞肋：時報記者觀察滬戰之前途，以為日方之哀的美敦書，係一種威嚇與離間之伎倆。其觀察所得，發為言論曰：「三日來，戰事漸形岑寂。英美法三公使斡旋和平之聲浪，亦似在迷離撲朔中。但因日軍自吳淞偸渡蘊藻浜失敗後，即未進攻。外間頗多臆度之傳說。大致為日司令植田變更戰略，布置尚未就緒。而同時東京電報，謂日將續派陸軍來滬。關於種種，記者昨向各方調查，上項消息，似皆為日方故意威嚇之宣傳。實際上有不盡然者。據熟悉時局者言：日本陸軍之調動，據可靠方面調查：派在東三省約五師團；在華北約一師團；上海方面，亦有一師團半。其餘駐防國內及朝鮮台灣等處。現下日方是否可派出軍隊，姑且勿論。試察其國內經濟情況，並聯想到日本自侵略東三省以後數月來國內經濟上所受之影響，則日本是否仍將不顧一切，欲在上海方面再擴大一黷武之區域，誠屬疑問。故近日之休戰狀態，毋寧謂為日方已覺進退兩難，急欲見風轉柁也。我十九路軍之抵抗，及其善戰，實出日人意料之外。滬變之始，日軍思一舉而佔領閘北。傳說當時日本軍人會稱四小時內即可解決。並謂待閘北市民於廿九日清晨好夢初回，方知已非吾土。此種口吻，誠不可一世。但自進攻以來，屢戰屢北。主將三易，不能遂其野心。至此方知我國軍事當局非盡抱不抵抗主義者。當此之際，日雖野心未死，而已有種種困難。在滬作戰兩旬，銳氣已挫。再增軍隊，亦不能必勝。一也。日軍軍事行動，違反國聯會章及各公約。加以此次在滬日軍及浪人殘暴行為，大失國際同情

。二也。國內資本家以經濟關係，不顧戰事延長。三也。日人善變，詭計多端。前傳日對和平調停，祇須華軍撤退，給以面子。昨外報又有要求華軍撤退七八英里（前謂須撤二三十英里）。同時日軍亦擬退出吳淞附近及閘北之一小區域之說。但我軍前已聲明，守土是其天職。中國軍隊駐防中國土地，絕對不能受人干涉。且此次滬變責任，完全應由日方負之。我軍更無撤退可言。日以無計可旋。乃以哀的美敦書施其威嚇與離間之技倆。」

（5）宋子文發表談話：國民新聞社云：宋子文，十八夜發表談話。略謂，「十七日，路透東京電稱：「日方將致哀的美敦書於十九路軍，而蔣介石軍隊則不在其列」等語。我人聞之，不勝憤怒。此係日方故意企圖在十九路軍與前屬蔣介石將軍統率之其他軍隊間，引起誤會。且使世界發生一種印象，以爲日人之侵略，僅與一孤軍作戰。實與日本向來政策，欲將一切中日問題概視作地方事件，如佔據東三省及攻擊天津，青島，南京，上海等，皆欲稱之爲地方問題者，同出一轍。總之，日人此語，與日代表佐籐，一再在日內瓦聲稱，中國僅一地理名詞，同一侮辱我國。須知十九路軍爲國軍之一部份，受國軍各部隊與全國人民之贊助。其餉精軍械，概出自國民政府。而其守衞上海，亦係奉行國府明令。倘日軍竟實行其恫嚇，再事攻擊十九路軍，將見舊屬蔣介石統率之其他軍隊，莫不欣然，欲與十九路軍隊忠勇同志，攜手效命疆場也。」

拾　植田之最後通牒

日政府自派第九師團植田來滬任日軍司令，並增調大批援軍到滬後，擬先向我發哀的美敦書，嗣因故中止。乃改派日陸軍參謀長田代，偕滬副領事白井，於十八上午九時，謁我十九路軍蔡廷楷軍長，要求我方自動撤退防軍至相當地點。並謂如不撤退，日方將大舉進攻。蔡軍長當答以我方撤退防軍事，決無此理。日軍進犯時，我方爲自衞計，決不寬恕。當令所部迎頭痛擊。如日方能撤底覺悟，撤

去海陸空各軍，則和平自有可望。日代表因不得要領乃去。晚九時植田遂致最後通牒。並由日領通知上海市政府。

(一)通牒之措詞 植田致蔡廷楷軍長之最後通牒，措詞怪誕，儼然以戰勝國自居，誠令人拍案憤恨。其詞曰：

「第十九路軍司令蔡廷楷殿：

本職基於欲以和平友好之手段，達到任務熱烈之希望，茲對於貴軍通告左開各件：

(一)貴軍應即從速中止戰鬬行爲。於二月二十日午前七時以前，將現據之第一線撤退完了。於二月二十日午後五時以前，從黃浦江西岸由租界西北端連結曹家渡鎭周家橋鎭及淞鎭之線起算，黃浦江東岸由連結爛泥渡及張家樓鎭之線起算，各從租界境界線向北二十基羅米突之地域(包含獅子林砲台)內撤退完了。且在該地域內撤去砲台及其他之軍事設施。並不新設之。

(二)日本軍與貴軍開始撤退後，不行射擊轟炸及追擊動作。但用飛機之偵探不在此限。又貴軍撤退後，日本軍僅祗保持虹口附近之工部局道路地域，包含虹口公園之周圍。

(三)貴軍第一線撤退完了後，日本軍爲確認其實行起見，派遣有護衞兵之調查員於撤退地域。該項調查員攜帶日本國旗，以資識別。

(四)貴國對在該撤退地域外上海附近之日本人生命財產，應完全保護之。此項保護如不完全，日方當採適當手段。又對於便衣隊應一概有效禁止。

(五)關於上海附近(包含撤退區域)外國人之保護，容另商議。

(六)關於禁止排日運動，一月二十八日吳市長對於村井總領事約諾，應嚴重實行。關於此項，當另由帝國之外務官憲，對貴國上海行政長官有所交涉。

如以上各項，不能實行時，日本軍將對貴軍不得已採自由行動。其結果所生一切責任，應由貴軍

負之。

昭和七年二月十八日午後九時。大日本帝國司令官植田謙吉。

第十九路軍司令蔡廷楷閣下。」

（附日領致市府函）日領致市府原函，經市府將全文發表。原函云：「逕啓者：自一月二十八日晚，貴國第十九路軍及便衣隊，向日本陸戰隊攻擊以來，閘北方面，中日兩軍成對抗之形勢。廿九日晚雙方雖有停止戰鬥行爲之成約，但貴國軍隊仍背約向我方射擊，或加轟擊，使我方不得不予以應戰。且以貴國軍隊實行其有計劃之挑戰，於是吳淞及江灣方面，亦發生軍事行動。在此時間，貴方一方面，散布關第十九路軍勝利等無稽之虛報。一方面對於我方公正之行動，加以種種誹謗。其結果第十九路軍對於防衛租界保護居留民，而絕無他意之我軍，加以新的攻擊。便衣隊出沒於各處，依然不停止。其惡劣兇暴之行動，在傷日本人固無論矣。卽上海租界亦受到非常之威脅。本總領事認爲在此之時，從速解决由兩國軍隊衝突而起之事態，乃極爲必要。故希望依照左列條件，從速終止戰鬥行爲。切望貴國軍隊，接受該項條件，同時予以切實之履行。如貴國軍隊不接受該項條件，日本軍隊將有自由行動之事實。（一）中國軍隊須於二月二十日午前七時以前，將第一線撤退完了。於二月念日午後五時以前從黃浦江左岸，由公共租界西北端，連結曹家渡鎭周家橋鎭，及蒲淞鎭之線起算之，租界北部境界線以北，及接連黃浦江右岸爛泥渡及張家樓鎭之線以北，完全撤退至距租界線二十基羅米突以外之地域（包括獅子林砲台）。卽將該地域內之砲台，及其他軍事設施撤去。並不得重行建築在上海附近。而不屬於上述撤退地域內一帶之日本人生命財產，須由中國方面，完全保護。如上項保護有未完全之情形，日本方面，得執行適當之手段。便衣隊，中國方面，應一概有效禁止之。（二）日本軍在確認中國軍隊業已撤退之後，僅祇保持虹口附近之工部局道路地域，（包括虹口公園之周圍）。日本自中國開始撤退以後，停止射擊，轟擊，及追擊之行動。但飛機之偵察不在此限。（三）中國軍隊第一線撤

退完了後，日本軍爲確認其實行起見，得派遣有護衞兵之調查員於撤退地域。（四）關於保護上海附近（包括撤兵地域）之外人另行商議之。再關於第十九路軍，此次採取此種行動之經過，業於一月二十五日本總領事致貴市長函中言及，認爲畢竟由於貴市長對於一月二十八日答復一月二十日本總領事要求所稱卽時解散抗日會，及禁止其他排日運動之諾言，未有切實實行之誠意與能力而發生。是以本總領事應重新向貴市長要求從速而且完全實行上述貴市長之諾言。本總領事以極大之關心，監視貴市長對於本案之實行。如貴市長不能實行，我方不得不採取適當手段時，由此所發生一切責任，應由貴方負擔。合併聲明。相應函達，卽煩查照。此致。」

此通牒一經公佈，血氣之倫，莫不髮指。戰士祈死，豪傑搥胸。費敬仲稱植田通牒有七奇，而目之爲絕世奇文。其亦傷心人別有懷抱，故作此冷評乎。七奇者：我國軍隊駐我國境內，而須外國人指定撤退地界，令其撤退，又並無如何須撤退之理由。一奇也。以外軍侵入人國。旣勸令主國撤軍。而云基於和平友好之手段。二奇也。吳淞獅子林砲台。爲我國國防。我國旣未開釁，又未戰敗，向日乞和。何以無故自甘拋去國防。三奇也。自一二八日軍挑釁，發生戰事，距此已二十一日。日日槍砲之聲，飛機之聲，及軍艦之轟聲，遠近皆知。而云此條件不能實行，彼軍始不得已而採用自由行動。然則以前皆非自由行動耶？四奇也。外國人與我國有定約，亦各履行遵守。兩無違言。何勞日本憑空插入，商議保護。五奇也。禁止排日運動。係原提條件。所以預防彼此衝突也。今已衝突二十餘日矣，又責以履行戰前之條件。六奇也。日本持何理由。而遣派司令來華？該司令是何名義？且致我方公文，而不題國名，突稱爲十九軍。七奇也。嗚呼，有此七奇，日本視我國，果爲一獨立自主之國家哉？至於村井致市府一書，尤爲橫蠻無理。倘吾人欲不愧爲炎黃子孫者，誓必雪此恥辱！

（二）**蔡軍長駁覆植田** 蔡廷楷駁覆日司令植田之原函曰：「逕啓者：頃接貴司令二月十八日午後九時來函，備悉一切。本軍爲中華民國國民政府所統轄之軍隊，所有一切行動，悉遵國民政府之命令。來

函所開各節，業經呈報國民政府核奪辦理。由外交部逕行答復貴國公使。本軍長未便答復。此致大日本軍司令植田謙吉。中華民國第十九路軍軍長蔡廷楷。二十年二月十九日午後七時。」

（三）市政府駁復日領　市政府駁復日領函：「逕復者；昨晚九時，接准貴總領事來函。所開各節，業經閱悉。查來函所述，上海方面嚴重之形勢，均係貴國軍隊違反公約公法，任意進攻吾國領土，慘殺吾國人民所造成。其一切責任，應由貴國方面負擔一節，迭經函達在案。此次貴總領事所請轉達本國軍隊要求實行之各項條款，本市長未便轉達。查來函所指各節，均爲足以影響中日兩國一般關係之問題，應由兩國外交代表處理。故本市長業已呈報本國政府核奪，由外交部逕行答復貴國駐華公使矣。惟應聲明者；貴國軍隊現仍實行挑釁，攻擊轟炸，無所不爲，以致本國國民之憤慨，日見增加。在此情形之下，所謂抗日運動，自難消滅。因此而發生之一切責任，貴國自應完全負擔。相應函復，即煩查照。此致駐劄上海日本總領事村井倉松。」

（四）外部之嚴重態度　外部得蔡吳電告，即向日使提抗議，發宣言斥日牒，態度甚爲嚴重

（1）向日使提抗議：外部對日本植田司令最後通牒，向日使提出嚴重抗議。原文如下：「據上海蔡軍長廷楷電稱，十八日下午八時四十五分，接到日軍司令植田謙吉通牒，請中國軍隊從速終止戰鬥行爲。於二十日午前七時以前將現據之第一線撤退完了。並於是日午後五時以前，從黃浦江東西岸，指定地面各離租界線二十啓羅米突之地域內撤退完了。又在撤退區域內之砲台，及其他軍事設施，予以撤去，並不新設。並開列其他條款，要求實行。否則將採自由行動等語。又據吳市長鐵城電稱，駐滬日本總領事村井倉松，亦有同樣公函致該市長。查自上年九月十八日，日本軍隊，在瀋陽無端開釁以來，節節以武力進逼，侵占東北各地。迨本年一月廿八日，日本軍隊，又突然向上海閘北地方進攻。二旬之間，日本大隊，陸海空軍在閘北吳淞各地肆意攻擊。中國駐軍，爲自衛計，不得不加以抵抗。乃在滬之貴國駐軍司令及總領事，竟復分向蔡軍長及吳市長提出種種不可能之要求。實屬無理已極

。倘日本軍隊再行進攻，中國軍隊仍必竭力抵抗。所有因此發生之一切結果，應由貴國政府負其全責。相應提出嚴重抗議，照會貴公使，即希查照爲荷。」

（2）宣言斥日牒：外部十九日發表宣言曰：「日本在滬軍隊，利用各種戰爭利器，繼續向閘北吳淞地帶轟擊。歷時兩旬之久，致中國無數無辜人民之生命財產，蒙受鉅大之損失。猶以爲未足，復於十八日下午八時四十五分，由其司令植田致送最後通牒於我國十九路軍長蔡廷楷。要求中國軍隊應於本月二十日下午之前，自其現在防線，向公共租界東西兩方各完全撤退，至廿啓羅米達以外。並要求將撤退區域以內所有之一切砲臺，其他軍事設施均一律永久卸除。同時並由日駐滬總領事村井以同樣通牒送至我國上海市長吳鐵城氏。查日本政府恆宣言維持中日和平。而在國聯盟約第十條之下，又曾極允尊重並保持國聯各會員之領土完整政治獨立。最近國聯行政院且曾致請求書於日本，忠告其對中國採取和緩之行動。乃竟提出如此出人意外之過當要求，不但對中國國民予以重大威脅，且實係對國聯之權威及非戰公約及九國協約等國際協定之尊嚴，予以直接之挑戰。此種要求，實危及中國主權及國格。中國地方當局，無論其具有避免流血之誠意，亦絕對不能接受日本軍隊，藉其憑多數之援兵及最新之武器，殆將重新從事大規模與更橫暴之攻擊。彼對於一切和平之呼響，均充耳不聞。惟一決心，即在作戰。中國駐滬軍爲保衛中國土地計，迫不獲已，亦惟有從事自衛奮鬥到底而已。」

（五）蔣蔡之負責談話 植田通牒送達蔡軍長後，各報館記者聞訊，均於十九日驅車訪謁十九路軍將領，叩以對於通牒之意見。承蔣光鼐及蔡廷楷兩氏發表負責談話如下：

（1 蔣總指揮談話：「日本植田司令，統率第九師團來滬後，昨竟承其政府陸軍省之意旨，向我軍長蔡廷楷，致其最後通牒。并着蔡軍長依限期將所部退出北向二十基羅米突之地方。姑無論日本政府侵犯我國家獨立主權至何程度，其違反國際公法亦爲不可掩之事實。況所謂最後通牒，竟在開釁至二十天之後，致送哀的美敦書，更爲國際法所創聞。本路軍此次抵抗暴日，實爲不得已而戰。故自上

月二十八日戰事發生至今，我軍始終持抵抗之態度，絕非爲侵略或耀武而戰。想爲世界各國所共諒。至日本植田司令最後通牒，亦應呈明政府當局處理之。至本人之態度始終抱軍人守土有責之義，絕不肯絲毫退讓也。」

（2）蔡軍長談話：「余自昨晚，接到日本植田司令之最後通牒，要求余率所部向北二十基羅米突而退却。余以軍人守土有責，絕不因日本之恐嚇而畏縮。惟余一軍人，始終抱服從守土之責。其他一切，非余職務範圍內所應爲之事，絕不敢加以干涉。故對植田司令之最後通牒，只好呈明蔣總指揮，轉呈政府核辦。」又云：「十九路軍對於此次抵抗作戰之意義，早經昭示，諒爲各方所洞知。至於日本司令所遞之最後通牒，一味恃強，實屬無理已極。惟友邦從事調停之好意，自屬可感。總之，以日人歷來對我之態度行動觀之，遑論此種無理由之要求，無考慮之餘地。卽使有良善之條件，亦不能無疑。余敢鄭重說一句，十九路軍爲世界正義民族生存，決心抵抗到底。斷不受任何威脅甘言所屈服。」

此外，十九路軍宣傳組主任王志遠亦有一段談話，甚關緊要。其言曰：「關於日本哀的美敦書一事，吾等在未受正式委辦斥駁之前，原不欲，且亦并未設想，作任何正式答辯。但旣承詢問，爰就管見所及，以私人資格，姑略一置論列焉。

（甲）第一着爲吾等所必需揭出者，爲日方哀的美敦書之送出，旣然受命於東京政府，則自應以向我國民政府送達爲宜，而不應投送於十九路軍。誠以十九路軍，只爲我國軍隊中之一部份故也。所以日本軍隊如欲在本地有所動作，自應採取與我國民政府直接交涉之途徑，始屬正當。且也，以國際公法之眼光觀之，任何獨立國家如感到有與某一獨立國家宣戰之必要時，其宣戰書必須向該國政府投進之。焉有向該國家之某一獨立機關，或其國軍中之一部遞投哀的美敦書之理。是原則上已無異消失其宣言之價值與作用。而同時則欲使對方之責任，歸於某一地方之軍人負之，天下甯有是理？今日本竟悍然送達哀的美敦書於十九路軍矣。就此情境觀之，吾人不能不認爲此等哀的美敦書之送達，不獨有

違國際公法，並且對中國政府有特殊的冒犯。而其終極則無異默認十九路軍已足與日本政府分庭抗禮矣。

（乙）尤有須注意者，則爲日本在此哀的美敦書送達之前，其對中國自衛軍隊在吳淞及閘北兩處，開始攻擊者，已二十有二日於茲矣。中國民房既成焦土矣。中國人民既任意宰殺矣。其財產既破滅一空矣。文化機關毀壞無餘，而璀璨莊嚴之城市已成爲廢墟及瓦礫之場矣。何獨於此種情形之下而後開始其所謂哀的美敦書者乎？其意豈以爲自經此哀的美敦書送出之後，則前此不宜而戰之結果，致使中國人盈千累萬之生命蒙其犧牲，與夫無量數之精神上及物質上之損失，將一筆勾消乎？抑以爲前此不宜而戰二十餘日當中所受之重創與失利，將諉爲尚未正式宣戰，而欲藉此向國際間保存其強國體面乎？抑以爲前此之暴行猶未足稱爲正式與嚴酷之戰爭，而將併以此藉作護符之租界供其一擲乎？抑必欲以爲從此之後，中國軍隊將對此通牒無所置喙，而日軍將更有權利肆其殘暴，愈加摧毀華人之生命，愈加破碎華人之財產而可無所忌憚乎？此吾等百思而不得其解者也。

（丙）依照國際公法言之，兩國之間，無論任何方面，未有不宣而戰者。今日本既置國際公法於不顧，悍然進攻中國自衛防線，又復於啓戰之後，始送出其殺失其當之哀的美敦書。則此書果能稱爲哀的美敦書與否，自成疑問。而在另一方面言之，日軍既肆其殘暴的軍事行動於上海，無日無之。而在中華領土內之作戰狀態，隨地皆是。然則又安所用其哀的美敦書哉？

（丁）且也，中國自衛軍隊自始至終絕未踏進日僑生命財產所託之公共租界一步。此又爲彰彰在人耳目之事實。此原足以使彼等目前固不必鰓鰓過慮，而將來亦無所用其杞憂者。然而，事實上則日軍早已佔領閘北之一部，迄今猶未已也。其軍隊，其浪人，常出沒於中國地界以殺人放火爲事。而其空中軍力則尚無日不惠臨於公共租界之天空而盤旋飛舞。試問處此環境之下，中國有撤退之必要乎？抑日本軍隊有撤退之必要乎？倘使日人尚知有「正義」一語存在於人間，則當首先撤退其非法佔據上海之

軍力。夫然後始有要求中國軍隊退防之理可言。哀的美敦書中所言，殆窮天下之笑話而已。又況十九路軍所駐者，爲中國領土，是則人所共喻者，又何所用其撤退乎？十九路軍之守斯土也，乃奉有政府之命而來者。非得最高級之命令，無撤退尺寸土地之責任。」

(六)盼望所傳非實之外委決議　南京十九日專電：「中央據滬市長吳鐵城，十九路軍長蔡廷楷報告，各接得日總領事村井及日軍司令植田提哀的美敦書，請示如何答復。經召開外交委員會，決定答復大綱。十九日午電令吳鐵城蔡廷楷分別答復。據探悉其內容大致分五點如次：(一)雙方同時中止戰鬪行爲，並同時撤退駐軍，可表贊同。至應撤退至如何地點，可由雙方軍事領袖商定。惟日方要求我軍先撤，及撤除我境內砲台要塞，暨其他軍事設施，均絕對不能接受。(二)上海附近我境，如閘北等處，原非駐軍區域。撤軍後應由我方警察維持治安。(三)雙方撤軍後，毋庸派飛機偵察，並否認日方單獨派飛機偵察。(四)否認日方單獨派調查員調查撤兵區域。如雙方認有必要時，可由第三者出爲担任。(五)關於禁止排日運動，應按本國法律辦理。如人民有集會結社言論自由，均載在本國約法，政府自難干涉。如有違法或觸犯刑章行動，當隨時取締。並聞某當局告記者，上項答復大綱，爲中國最大讓步。原擬於復照內聲明保留此次上海戰事一切損害賠償，亦經決定另案向日方提出。預料日方若已有破壞世界和平決心，必難接受。大戰又將開始。我軍出於逼迫抵抗，士氣極旺，勝算可操。東省將組新政府說，中央尚未據正式報告。如果有此種事實發現，中央決下令討伐之。」

又據南京十九日路透電：「今日午後路透代表謁見行政院長汪精衛，據稱：國民政府覆日最後通牒之文，業已發出。內含五點如下：(一)中日軍同撤退而不說距離，此尙可接受。但中國軍單獨撤退之要求，國民政府決不能接受。(二)抗日活動將按照法律處理之。惟言論與出版自由，曾有法律担保，不能受人干涉。著抗日活動越出法律範圍，則將按國法治之。(三)撤除國防之任何建議，不能接受。(四)中國平常向不駐軍於上海區域。一俟該地常狀恢復，將仍以中國警察巡防。(五)日飛機監視中

國軍撤退之要求，不能接受。如監視員有絕對之必要，當以第三國方面中立國人任之，不得用日人。」

倘以上兩電果確，汪精衛之外交，誠有負國人之期望。大丈夫雖然可屈可伸，但對於外交，總以不辱使命為重。汪氏所言之五點，皆失之毫釐，差之千里。趙家渠曾為詞闢之。錄於此，以糾謬失。

（1）「中日軍同撤退，而不說明距離，此尚可接受。但中國軍單獨撤退之要求，國民政府決不能接受。」

按我軍在我領土以內，本無撤退之可言。又何與日軍同撤退，『尚可接受』之可言？若欲避免攻擊，日軍應單獨撤退其在我國土地內之一切軍隊，若以我軍日軍同撤退為言，試問日軍一撤二撤，仍在中國土地以內，我軍又應撤往何地？撤退至非中國土地歟？撤往空中歟？不然安能饜足暴日之意，又安能表示長期抵抗之用心哉？

（2）「抗日活動，將按照法律處理之。惟言論與出版自由，曾有法律担保，不能受人干涉。若抗日活動越出法律範圍，則將按國法治之。」

按暴日不侵凌我國，我國人何來抗日活動，暴日欲我不抗日，惟有繫鈴解鈴，自發猛省。蓋世界未有賊去不關門之笨伯。今賊尚未去，不但强制我不關門，且要我拆卸藩籬，禁止呼援，如非已僵之尸，安能接受此種要求！曰按照法律處理之，謹獻其愚妄，訂處理抗日之法律文曰：『凡抗日者腰斬棄市。』若外交委員會諸公必欲曲徇日人之意，惟有明訂如此國法，不識高明而自以為革命的汪先生，尚以為未足否歟？然而尚有一憾事，即「惟言論與出版自由，曾有法律擔保，不能受人干涉也。」幸而言論與出版自由，曾為法律擔保，否則依外交委員會之意亦必將「有抗日言論者斬無赦」明載於國法之內，庶大日本或不以為革命的汪先生為無國家意識也！

（3）「撤除國防之任何建議，不能接受。」

按國家設武備，保土地，自有完全主權。何物醜奴，敢來建議。不嚴辭駁斥，而云不能接受，意者接受之時機未至歟？

（4）「中國平常向不駐軍於上海區域，一俟該地常狀恢復，將仍以中國警察巡防。」

按上海區域，何時無我軍駐防。不然，設一吳淞滬警備司令部有何作用？今竟作此言，夢寐中之囈語乎？抑因駐防上海區域為自衛而戰之我軍，非政府之不抵抗軍隊，故有此說乎？就今日之事實言之，上海而有防軍，吾圉乃固；上海而撤防軍，吾國將亡。中立區之劃立，吾人猶且反對，而謂可竟徇不駐兵之說，以全上海資敵國乎？

（5）「日飛機監視中國軍撤退之要求，不能接受。如監視員有絕對之必要，當以第三方面中立國人任之，不得用日人。」

按我軍且不應撤退，何需飛機或第三國人監視哉？卽退一萬步言之，我國未亡，行動獨立，我軍自撤退，奚需他人監視？

拾壹　日軍拂曉總動員

閘北吳淞之戰，鹽澤敗於前，野村敗於後。自植田到埠，又積極佈防，企圖恢復所謂日本「皇軍」善戰之令譽。叱咤風雲，三軍屹立；氣概之雄，不可一世。在三公使調停席上，植田既堅持其無理之要求。開戰兼旬，又致我方以最後之通牒。迨我方將通牒嚴詞駁復，乃於二十日晨七時二十分，下令總攻。來勢洶洶，以為一鼓可奪吳淞，再鼓可掠江灣，三鼓可佔閘北。不意血戰兩日，我英勇將士，衛國禦侮，堅如鐵壘，反將日軍摧枯拉朽，節節擊破。二十一夜，日軍全線動搖，魚潰豕突，備極狼狽。經過詳情，約記如次。

（一）夜半備戰忙　植田新陣線，自吳淞至閘北邊界，蜿蜒十英里。前線軍力，約有三萬，其中一部為

戰隊。十九日下午，日軍陸續向前線開拔。入夜，又新派陸戰隊往閘北塡防。據西報所載日軍備戰情形及其軍事上之佈置，吾人早知大戰爆發之不可倖免。玆將各西報記載，摘錄於下：

（1）泰晤士報：上海泰晤士報二十日紀日軍總動員之情形曰：「昨日夜半，日軍即已佈妥。準備沿一長約十英里之戰線進攻華軍。現日海陸軍共有三萬餘人。日軍各司令部，昨日異常活動。至昨晚七時半，華方覆文送到，下級軍官雖未知覆文內容如何，然植田司令已下總動員令矣。倏忽間，日司令部外數千日軍，皆沿軍工路向前線進。脚步聲，炮車轔轔聲，馬嘶聲，不絕於耳。

在夜霧茫茫中，過山砲兵一隊，由吳淞附近調往前線，聞將集中於某處。此外尙有機關槍兵一隊亦向西進。軍中某人言：軍隊之目的地乃江灣鎭。日方軍官雖未確悉日司令部作戰計劃如何，然深信戰事將集中於江灣鎭。而吳淞方面之混成旅，將向西調動。準備衝破華軍江灣方面右翼防線。餘者將留於吳淞附近，掩護大隊向西部前線進。楊樹浦公大紗廠中，日軍顯然有集中之景象。昨日午後有軍隊無數趕上江灣前線，而守防於引翔港跑馬塲之日軍第七團，將再向前進。此外又有生力軍自北四川路底開出，調往虹口西北一帶。聞日海軍昨夜趕入閘北戰線者亦頗多。」

（2）大陸報：大陸報二十日記日軍佈防情形曰：「日軍現在吳淞閘北者約兩萬人。所守防線超出一萬五千碼。在蘊藻浜南面京滬鐵路工塲內，日方有兩營步兵，約一千兩百名。此外尙有兩砲隊。每隊有砲四尊，兩炮隊中一爲七五生的者，一爲一〇五生的者。其南又有步兵一小隊。在周家橋附近又有步兵一連。在四金橋哥爾夫球會西，亦有日軍兩連駐守。在翔殷路交界處又有兩營。日軍守住通往哥爾夫球會之路，此處似爲守防最嚴之處。

在江灣電力站之東，有日步兵兩營，守於鐵軌附近。此外尙有一營集中於靶子塲之西北。

至於北車站方面，日軍聚集最多。守於沙包網後者一團。而在北四川路虬江路一帶，數目最鉅。

蘊藻浜方面，現由騎兵三中隊守防。每中隊騎兵一百名。除砲兵數目尙未悉外，聞日方現有輜重

兵四百五十名，工兵四百五十名，步兵五千四百五十名，共八千八百五十名。而海軍方面則有七千名。與陸軍合計共一萬五千八百五十名。此外又有較第九師先到滬之陸軍約五千名。

昨日十一時，日方驅逐艦十三艘解纜離滬回日。據可靠消息傳，日方將再派兩三師陸軍來滬助戰。每師約兩萬人。到滬時期約在明日深夜或下星期二日。」

（3）大美晚報：大美晚報十九夜記日軍作戰之準備曰：「今日（十九日）有日兵數千名，攜帶各種新式戰品，開往各陣地。日軍開往前線之行動，已於兩日前開始。信號隊已於昨日將交通綫佈置告竣。步兵繼信號隊之後而前發。今晨野戰砲隊亦開始發動矣。日軍有由虹口公園區北進者，有由軍工路西進者。日第九師團之野戰砲隊一大隊，今晨沿北四川路前進，東趨狄思威路。該地集有大批人馬，砲隊運輸車，待命援助距江灣周圍華軍陣綫不足半英哩掘壕而守之日步兵。日野戰砲大隊，每隊有砲九尊，分成三中隊。砲之口徑，約在四吋半左右。砲車以六馬曳之。虹口公園區現全由第九師團之兵代陸戰隊接防。陸戰隊則担任後防。楊樹浦至張家浜之日軍陣綫，今晨與下午，亦非常活動。軍隊由楊樹浦各營前發者，絡繹不絕。楊樹浦外飛行場之日飛機隊，亦準備作戰。該地共有飛機六十架。計轟炸飛機十八架，追逐機十三架，餘有在裝配中者，有尚未開箱者。楊樹浦附近江中泊有日驅逐艦一艘。該地並安置高射砲兩尊，及高射機關槍多挺，以保飛行塲藉免華軍攻擊。張華浜方面之日軍，且圍有油筒數百個，與無數木筏，軟木筏，及大批木料，以供在蘊藻浜築造浮橋之用。觀此種之情形，日軍佈置，似將完畢。大戰恐即在目前也。」

除上列三項記載外，國聞社亦有兩段消息：「昨據滬東方面來人云，日軍最前線所裝之鐵網，均接通電流，以防華軍之向其陣地衝鋒。又據目睹者云，昨日匯山碼頭有日軍飛機十一架，完全拆卸，以汽車向他處運去。而提籃橋一帶，則有竹工多人，趕造長大竹梯。爲數頗多。梯及木板多隻，均向軍工路一帶運送。」

日軍方面，從以上各報社記載觀之，佈陣匆忙，情形緊急。各西報記者，因我軍現無利器，又少後援，記載之字裏行間皆爲我方危。且有仗義直言，責中樞不「幫忙」十九路軍及第五路援軍爲失計者。然而我中樞當道不顧也。當軍事最緊急之時，自中央傳來消息，堂堂當道，尙在議論行都陪都。嗚呼：洛陽雖好，不若西安；西安雖好，不若酆都。何不於陪都以外，再加一酆都以爲太平盛世之點綴？巫峽猿啼，返魂何日？苦我前線之將士，以血肉徼軀，與暴日鎗彈相周旋。然而浩氣凜然，下爲河嶽，上爲日星，卒將日軍戰敗。有可用之將士而不用，中樞豈眞憒憒哉？

植田以四日之長時期，將軍事佈置妥當，然後始下令總攻。分析上列泰晤士報，大陸報，及大美晚報所載之日軍備戰情形，植田之進攻策略，似以江灣爲正面，吳淞爲右翼，閘北爲左翼。先攻江灣者，期斷我防線之聯絡也。

(二)江灣血戰　植田於二十日，三路進兵，犯我吳淞江灣閘北。惟其主力，則集中江灣。我軍在江灣浴血應戰，相持兩晝夜，日軍死傷枕藉，野多露屍，始終未能越我防線一步也。

(1)隔夜試攻跑馬廳：十九日晚十時半，日軍分三路進攻江灣跑馬廳。第一路約二百餘人，由滬江大學進攻。第二路一百餘人，由沈家灣底出發。第三路百餘人，由小唐家宅小路進攻。十一時十分，砲聲開端，繼以步槍機關槍。其目的在衝過跑馬廳，打破我軍陣線。引翔鄉於十二時一刻，始聞砲聲，槍聲亦密。臨靑路日人運動塲所駐之念餘砲車，及二百餘騎兵，亦於十二時半，全部出發。廿日晨一時，但聞騎兵衝鋒喊吶聲。於一時三刻，步兵亦全部出發，向淞滬路進行，會攻江灣。我軍奮勇抵抗。手溜彈炸死日軍三十餘人。

(2)我計誘日軍深入：植田於二十日上午七時，在公大紗廠，召集軍官會議，以我軍駐紮江灣跑馬廳，迄未撤退，下令急攻。於八時許，大隊人馬，向江灣出發。砲隊騎兵之外，並以飛機八架，幫同進攻。所有進攻之步驟，事前已經布置。一路自張華浜發兵。一路自陶家灣附近出兵。一路自東嶽

廟方面進衝。預定三路夾攻我軍所駐之跑馬廳。日軍大兵進攻，我軍早有計劃。以預定策略，俟日軍開始進攻，略抵抗，誘敵深入。與其三面應敵，毋甯集中一處以禦日軍也。故廿夜西報有日軍佔領跑馬廳之說。

（3）跑馬廳大破日軍：日軍既達跑馬廳，自鳴得意，繼續進攻。所謂三路進攻之軍，已併成一線。我軍於此時，乃開始劇烈還擊。我軍士氣奮發，陣線鎮定。與敵相對射擊，延至下午四時，下令前攻。日軍陣線被我衝破。我軍利用手溜彈應戰。日軍陣線既亂，祇得短兵相接。肉搏對禦，日軍死傷無數，力不能支，乃向狄思威路方面潰退。七時後我軍已發捷報，獲戰利品甚夥。計炸燬日坦克車九部。並擒獲敵軍官兩名。

（4）江灣路兩次猛攻：江灣路方面，廿日上午，敵軍先以飛機六架，向我陣地偵察，往來迴旋，並抛擲炸彈。繼於六時許，首向我前線步哨接觸。江灣路至吳淞一帶，均同時發生衝突。迨至九時，日方以大砲連轟五十發。隨後卽有三千餘步兵，二十餘輛坦克車，猛攻我江灣路西體育會路一帶陣線。當經我軍猛勇還擊。衝出陣線。日軍卽見勢後退。我軍乘勝進攻，追擊不舍。日軍困戰至十二時，始潰散奔逃。是役日軍，被殲滅約在八百餘人以上。午後日軍仍側重於西體育會路方面。在二時後，又以二千餘人，向該處進攻。一時砲聲炸彈，同時並作。其勢至爲猛烈。惟於上午失利後，日軍士氣已餒。我軍迎頭痛擊，並以手溜彈猛擲後，激戰至三時許，勢卽不支，漸向後退。但截至四時後，戰事尚未停息。廿日終日激戰結果，我軍因以逸待勞，乘隙還攻，故損失極少。惟江灣車站，被日機投彈炸毀。

（5）日軍在新市廈架砲：前方形勢，廿日趨極度之緊張。日軍謀以全力在江灣方面發展。市中心區於去年開始與築之市府新廈，雖未完工，但建築已大致就緒。日軍以該屋高峻，遂派兵強佔。並在屋頂加設砲位，向我軍陣地進攻。然日軍發砲毫無目標，故我軍絕無損害。

(6)日軍死傷衆多：廿日下午四五時日軍用卡車十餘輛裝傷兵運至平涼路日本小學救護。當時卽以原車運子彈赴前綫。晚九時，又有十七八部卡車死傷日兵開往引翔鄉。

(7)先鋒隊達平涼路：廿日下午五時三十分，江灣路大連灣路方面，日軍陣綫內忽然起火。日軍以爲被我軍襲擊，怱促間，四散奔逃。我軍卽乘機追擊。日軍頑強抵抗。至七時，我先鋒部隊到達平涼路，迫近日軍司令部。九時許，引翔港方面日軍區域，有十三處起火，一時火光燭天。同時並有十餘輛卡車，滿載日軍屍體，運往楊樹浦，想見日軍傷亡之衆。

(8)植田在江灣左近小屋中：日文報上海每日新聞云：「日軍第九團司令部，於二十日午前七時半，命所屬部隊一齊進發後，植田中將與幕僚，在午前十時五十分，向囗囗(原文如此)方面出動。新設之團司令部，乃在一簡陋之民家。中將於庭前日光下，安置一桌，閱看地圖。此處附近，有第囗隊與第囗隊多數將士與軍馬，候命出發。遙望跑馬廳之大自鳴鐘，砲聲隆隆，黑煙四起。」

(9)傷兵談戰况：據江灣傷兵云：「廿日四時，右翼我軍向日軍猛攻，將其逼退。我軍旋亦退守壕溝。八時，日軍復反攻。在坟堆旁各以機關槍猛擊。愈逼愈近，遂乃肉搏。我軍勇敢對付。彼方傷亡不少。急以大隊掩護，將屍首拖回而退。亦有載屍於摩托自由車中而去者。現仍以大砲向我陣地猛攻，助以大批飛機。但無甚效力。因不敢衝鋒，畏我肉搏也。在某會館附近兩軍相距不過五六十米突。東洋鬧話，喊喳可聞。」

(10)二十一日日軍兩度進攻之設備：日軍二十日攻江灣跑馬廳失敗後，二十一日作戰，仍注全力於此路陣綫。二十一日進攻時，據外人調查，日軍在該處備有大砲一百十三尊，坦克車及鐵甲車共四十餘輛，陸路飛機共三十餘架，陸軍兵力約一萬餘人。分正面與左右兩翼三路進攻。其正面配置於江灣鎭東北方。右翼在孟家宅一帶。左翼在江灣車站東面，近復旦大學，沿翔殷路前進。

▲孟家宅日軍全滅▼　廿一日晨拂曉起，日軍以坦克車六輛，排一字形，從前綫向前推進。行至

距孟家宅我軍陣綫約一千餘米突處，忽有三輛陷入陷阱，以致其餘各坦克車不敢再行前進。待相距約二三百米，我軍當由戰壕中衝出，以手溜彈，步槍，及手提機關槍等，向日坦克車後尾隨之大隊前進。待相距約二三百米突之時，我軍卽下令衝鋒。一時入混戰狀態。雙方肉搏，血戰數小時。敵終以不支潰敗。

▲江灣鎭奪獲機關鎗▼ 廿一日上午十時，日軍積極向我軍江灣鎭陣地衝擊。先以坦克車，機關槍。繼以步槍。復由重砲掩護進攻。向梅園宅，天樂寺，及江灣跑馬廳進逼。我軍態度鎭靜，彈無虛發。俟其逼近戰壕時，地雷機關槍同時齊發，日軍之砲彈遂失其效用。日軍旅進旅退，衝攻十餘次，死傷無數。至下午四時，日軍力竭停攻，我軍奪獲機關槍二十餘挺，及戰利品無算。

▲敵軍騎兵中伏▼ 廿一日全日，日軍右翼，以復旦大學爲中心，時時向我陣綫攻擊，均被我軍擊退。日騎兵一小隊，中計被包圍，全部解決。惟江灣車站，於十二時許，被中數彈，全部焚燬。

（11）日軍總退平涼路：太晤士報訊，「二十一夜，據日軍司令部傳出消息，日方第七聯隊進攻江灣時，因華軍應戰極勇，故日軍死傷頗多。廿一日逼向江灣跑馬廳（附近有日軍司令部）之路，屢遭華方伏軍射擊。砲林彈雨，橫飛路上。日軍叫苦連天，不敢走大路，改由路旁農田進兵，因農田常有可躲身之處故也。廿一日整日，日方傷兵載回復旦大學臨時戰地醫院者，絡繹於道。狀似甚慘。而復旦大學校場上，又有以布蓋住之死兵無數云。」又訊：「江灣方面，日軍因連日血戰，步兵死傷頗多。自廿一日夜起，已下令步兵暫停進攻。聞將調過山砲隊作戰。此外尙有坦克車及鐵甲車亦在調動中。」

二十二日拂曉，日軍二千左右，在跑馬廳附近，又向我衝鋒。來勢洶洶。我軍待其踏上火線，一聲號令，伏兵齊出。取三面包圍之勢。兩軍步槍皆上刺刀，實行肉搏。我大刀隊亦參加作戰。喊殺之聲，震天動地。六時三刻，日軍引殘兵退出。我軍卽於此時利用機關槍掃射。日軍傷亡千餘人。我方損失頗少。受傷健兒多刺刀傷。我方追擊，日軍第一二兩道防線，遂爲我軍佔據。至一時半，日軍已

退至引翔港平涼路。翔殷路上所設之大砲四尊，亦由卡車運回，狀極狼狽。我軍則已進至高郎橋之北錦橋地方，奪獲軍用品甚多。日軍以陸戰隊不敵，恐被我軍全數消滅，急以飛機三架，前往錦橋亂擲炸彈。而我軍之高射砲亦同時射擊，致日機不能低飛，失去拋擲轟炸之技能。故我軍損失極少。在江灣血戰兩晝夜，日軍未能進我防線尺寸。

(三)日軍大舉攻吳淞　吳淞方面日軍，於十九日晚十時許，即以大砲向我要塞猛轟，我方當亦還擊。雙方砲戰終夜，直至二十日晨三時半始息。繼至七時半，植田下令總攻，吳淞日軍初僅以過山砲，野戰砲等由陸路蘊藻浜方面隔河對轟。待至八時半，日軍艦及飛機亦相繼參加作戰，於是戰事擴大。激戰兩日，日軍頗受損失，而我方陣線，仍無動搖。

(1)外報所記之二十日互戰情形：大美晚報云：「今晨（二十日）八時三十分起，日驅逐艦七艘，向吳淞砲台發砲猛轟。火砲自黃浦江口起，迄蘊藻浜止。致有數處起火。黑烟瀰漫天涯。華軍初未回砲。至九時零二分鐘，華軍第一砲彈飛入浦江。其所落炸裂處，數分鐘前，有一日驅逐艦駛過。於是向張華浜方面日艦所泊處，連轟不已。今晨之砲戰，先由泊於張華浜鐵路碼頭之日驅逐艦夕張號發五吋口徑之大砲彈二枚，以為猛轟之信號。旋有泊於淞口之驅逐艦第二十二號，緩緩駛近吳淞砲台，當距岸不及一百五十碼時，發砲一排，繼又發砲一排。岸上之兵，僅以機關槍與來福槍作答。槍彈掠江而過。於是又有一驅逐艦即第二號，如前艦之所為。是時岸上發出之機關槍彈益密。當第二十二號駛近張華浜鐵路碼頭對面濬浦局產業時，浦東方面高橋之華兵，亦以來福槍猛轟。岸上答以機關槍。另有日水兵駕一拖船發來福槍助之。華軍發砲後，第二驅逐艦即讓第三驅逐艦發砲既而第四驅逐艦駛至，代前艦發砲。無何，驅逐艦第二十號又駛近蘊藻浜，向華軍陣地發砲數排。繼乃駛去。旋第二號第三號兩艦，又先後發砲畢，此數艦並小驅逐艦兩艘乃又聚轟片刻。諸艦泊於蘊藻浜正北起，首尾相接，直延至淞口。當砲轟時，有日飛機一架，翱翔吳淞天空，以事偵察，未擲炸彈。十時左右，恰

和公司之廣生輪船出口時，險中華軍之砲彈。搭客多立於後部艙面。是時機關槍與來福槍彈雖飛舞江中，而搭客並不避匿。實不明其故也。廣生船頭桅懸有紅旗，表示船中載有炸藥。而砲彈一枚，掠船首而過，落於江心，距船僅百五十碼許耳。十時十五分，自來水公司之小輪一艘，亦由彈雨中安然駛過，毫未受損。後四十五分鐘，大連丸亦駛過危險地帶而出口。其餘出口之船，則均折回。」

(2)三千勁敵被包圍：廿日上午，日軍大隊沿蘊藻浜向我軍陣地進攻。我軍略與抵抗，嗣卽向後佯退。日軍以爲我方放棄陣綫，遂突進我方陣地五六里至廟行鎭地方，計有三千人之多。我前綫之左右兩方軍士，當卽將其後路截斷。此三千日軍，遂被我軍包圍。該日軍中，雜有俄人不少。

據本埠某機關張華浜工場主任西人，於四時四十分以無線電話報稱：「本日自晨至午後，中日兩軍作戰，其劇烈情狀，爲歷來所僅見。但華軍勇猛，較前愈形奮發。日軍因迭攻失利，仍有驚慌之象。至發電時，日軍約一千數百名，已被華軍包圍解決。日軍第一道防線，已爲華軍奪得。」

又據另一報告：「下午一時三十分，在蘊藻浜方面日本陸軍，被我方包圍。日本海軍，急令吳淞外日本軍艦，開入浦江助戰。當有日本砲艦兩艘，由吳淞駛進。適太古公司長江輪武昌號，亦於此際同時進口。據在船之友人目覩當時情形云：兩日艦開抵蘊藻浜時，聞日軍大隊，爲我軍包圍，兩日艦便發砲助戰。一連放二十餘砲，均不能命中。遂用硫磺彈，對岸上民房亂開。武昌輪各船員，目覩着彈房屋起火燃燒。而於前方戰事，絕無影響。武昌輪急切駛進。突聞我方回發兩砲。兩日艦幾被擊中，便倉皇逃走。」

(3)蘊藻浜日軍偸渡敗退：廿一日晨四時許，有日軍步兵二百數十人，分乘鐵殼駁船四艘，由停泊黃浦江中之日艦掩護，駛進蘊藻浜。希圖在蘊藻浜大橋塊偸渡登岸，襲奪我軍戰壕。當該駁船駛進浜內時，遂被我軍發覺。立時以機關槍奮勇掃射。日軍不支，隨卽敗退。至七時許，復有日機三架，自口外飛來，向砲台及蘊藻浜一帶擲彈十餘枚。蘊藻浜正面之日軍，廿一日仍用大砲轟擊，並無

進攻模樣。故雙方陣線，亦無特殊變化。午後四時，我軍突然渡蘊藻浜，直向日軍陣地，猛進攻擊。日軍驚慌無狀。自知無力抵禦，紛紛向後潰退，陣線大亂。日艦得訊，大砲亂轟，無一命中。惟我軍以總攻命令未下，略顯身手，復歸原防。植田對我軍之勇敢，向外報記者亦表示欽敬。

（4）軍工路搬運敵屍：廿一日晨九時許，由水電村逃出工人張阿貴。據談：「彼於廿日日軍開始總攻後，匿身於水電廠後廁所內，未能逃出。直至廿一日晨七時後，槍砲聲稍稀，始由三陽路展轉，隨紅會車逃出險地。曾於晨五時半，見由軍工路開到卡車四輛，滿載日兵屍，經水電村而入楊樹浦。六時後又運來七卡車屍身，斷頭折臂，爲狀極慘。車經過之處，血跡淋漓。當彼尋路圖逃時，又見大號卡車兩輛，裝日屍約八十餘具。車上滿圍白布。日兵四名押車。渾身血跡，神情頗爲萎靡。」又某君汽車夫某，被日軍捕去，目睹卡車數十輛，搬運日兵屍身及傷兵，計數不下千餘人。彼亦親與其役。幸乘隙逃出。亦云幸矣。

（四）**襲閘北虛耗彈火** 日軍二十日之總攻擊，雖重心側向江灣，而對於閘北一帶，仍不時以部隊一二千人或數百人衝鋒，擾亂我軍陣線。二十日起至廿一夜止，八字橋，天通菴，北四川路等處仍時有接觸。茲列誌於次：

（1）地雷燬日鐵甲車：廿日黎明，日以全力猛攻八字橋。日兵由江灣路方面源源衝來。同時用過山砲轟我陣線。我軍以機關鎗，迫擊砲等回擊。迨至上午十時許，日軍大舉衝鋒，以鐵甲車七輛前導，聲勢甚盛。進至距離我軍陣線約半里之處，我軍開放地雷。轟然三響，炸毀鐵甲車四輛。其餘掉頭逃回。後隨兵士，惶然奔避。毀壞之車，遺留火線之中。

又訊：二十日晨七時起，日兵首先向閘北進攻者，爲八字橋方面日兵。先以大砲向該處我軍防地轟擊。但我軍均伏處戰壕，不動聲色，亦不還擊。日兵乃於九時許，以坦克車十餘輛，步兵二千餘名，向八字橋進攻。步兵均尾於坦克車後。我軍即以機關槍射擊。迫擊砲隨之。日兵仍利用坦克車，猛

烈進衝。我軍乃拋擲手溜彈。同時日方飛機，亦在空助戰。大砲密發。我軍在彈雨之下，益奮勇迎擊。待日坦克車衝入火綫時，我軍卽以手溜彈引發地雷。轟然一聲，日坦克車二輛，卽爲炸燬。日兵死傷狼藉，血流成渠。我軍乘勢反攻，日兵不支，紛向原路奔逃。我軍恐有埋伏，固守原防，祇用步槍追射。至十一時許，日軍又用砲轟，但均未中的，未傷我軍分毫。我軍間亦以迫擊砲鋼砲還擊。至下午二時稍殺。三時後，日軍又圖反攻。因此雙方又起激戰。但日方因晨間受挫後，已露畏縮情態。故祇在原防綫內射擊。我軍沉着應戰，日兵不敢前進，乃漸平息。結果，我軍大捷。日軍傷亡四百餘名，燬去坦克車二輛。

(2)炮彈中雜有綠烟：日軍進攻我軍，雖以大炸彈 大砲彈連續轟炸，終歸無效、廿日破曉時，竟以有毒之砲，向我陣線亂擊。幸我軍防範得法，未遭毒手。所放之彈，係空中開花，開花後復又開花。煙氣濃厚異常。廿日風吹甚烈，而濃烟仍徐徐運行，久久不散。尤奇者，黃烟之中，雜有綠色，臭味亦殊。據前線軍官觀察、此種烟色，爲開戰以來所未見。

(3)天通庵路日軍敗退：日軍於廿日晨進攻八字橋後，卽於十時許，向天通庵路我軍防綫，同樣進攻。槍砲互射，密如連珠。日軍視爲唯一利器之坦克車，屢圖衝散我軍防綫。惟我軍手溜彈炸彈，密如雨點，齊集日軍坦克車上。同時我軍，多從戰壕中躍出，猛烈前衝。日坦克車恐受圍擊，亟亟後退。日兵胆寒，乃亦且戰且退。所用爲掩護衝鋒之坦克車，乃變而爲掩護敗退之用。日軍傷亡者二百餘名。至下午二時許 日軍又圖襲擊。我軍卽伏於戰壕內應戰。但日軍至距離約三百米突地點，卽不敢前進。互相對峙，約二小時。日軍因不得逞而敗退。

(4)邢家宅路日軍受挫：廿日下午一時許，日軍以八字橋及天通庵路，先後失敗，乃急急抽派陸軍四百餘名，鐵甲車十餘輛，由邢家宅路新民路 在飛機野砲掩護之下，向北站進襲。至寶山路口，吾軍突出應戰。一面拋擲手溜彈，一面以機槍橫掃。日軍驚惶四竄。有一小部份，由鴻興路向東逃去

，被實與路我防軍迎頭痛擊，悉數殲滅。義品里之南，屍骸狼藉。日軍偷襲不成，張脈憤興。北河南路底與靶子路北，同時以大砲轟擊我軍陣地，我軍亦發砲還擊。至二時後，完全以砲作戰。隆隆之聲，二十分鐘始息。聞靶子路口日人所設之大砲兩門，完全爲我軍擊毀。

(5)西寶興路激戰：日軍既敗於八字橋，又敗於天通庵路，再敗於邢家宅路之後，猶圖作困獸之鬥，於廿日下午五時一刻左右，重調精銳，向我西寶興路進攻。我軍早已嚴陣以待。俟日軍進衝，卽予痛擊。日軍乃改用鐵甲車衝鋒。又爲我軍手溜彈逼退。日方大砲，頓向我軍轟擊。但多中於民房內，且未炸裂。我軍乘勢進擊。同時手機關槍，盒子砲，追擊砲，步槍，手溜彈，鋼砲，齊向日兵陣綫集擊。日軍在我方砲火威逼之下，漸覺不支，傷亡枕籍。後援無應，乃逐步敗逃。我軍因戰略關係，仍守原防。

(6)佔領日軍司令部：廿日，日兵以大砲轟擊我軍陣線者，均發自虹口靶子塲及狄思威路日司令部方面。但我軍還砲準確，曾予日軍後方以巨創。因此在晨間，日軍陣綫，確起變化。未幾日援軍開到，乃得勉強支持陣地。至中午，狄思威路日兵司令部，被我砲擊燬。靶子場方面日軍砲位，有被壓迫放棄之勢。砲聲從未間斷。至下午六時三十分左右，我砲隊又將狄思威路日軍砲基轟燬。同時天通庵路我軍乘機追擊。日砲兵因步兵失却抵禦力，節節敗退。乃亟圖攜砲退却。但我軍已追到，當爲我軍奪獲山砲六門。日軍司令部，卽被我軍佔領。沿途日兵死屍暴露，滿衢血斑。

(7)大美晚報紀載：大美晚報云：「今晨(二十日)八時十三分，日砲隊開始以開花彈轟擊閘北。其炸裂處，輒在目的物天空一二百呎。日軍之砲轟，顯欲試探華軍砲位之所在。日砲彈雖落於華軍囘砲處之區域，擊中房屋，而華軍陣線，並未受有影響。日轟炸飛機兩架，曾於八時三十分飛起，在寶山路擲下炸彈兩枚，繼卽飛去，以讓砲隊作戰。中國砲隊，曾於晨間九時，發彈數枚。惟砲火最烈處，則在華軍前綫以輕砲囘轟虹口日軍砲火處。今晨自十時起，至正午止，日軍分兩處發砲。一由靶子

塢與虹口，砲轟商務書館之東方圖書館舊址。歷一小時始已。一由江灣附近砲轟閘北北區。且用引火砲彈，致起火三處。今晨日軍砲轟之際，華軍似未回砲。僅以來福槍機關槍向敵軍發砲之地猛射。以防日兵沿寶山路一帶衝擊。據外國軍事家之意見，日軍用尋常之戰法，終難得有進步。觀今晨日軍之砲轟，仍不離乎故智。將來大戰，必爲大規模之巷戰。肉搏之際，兵精數衆者，必佔上着。」

(8)我軍衝出廣東街：廿日日軍被我軍殲滅後，損失頗鉅。故廿一日不得不再以全力應付。晨七時，我軍在北四川路廣東街(即三民照相館後面)，衝出與日軍肉搏，希圖包圍其狄思威路之駐軍。而老靶子路口之日軍，同時應戰。雙方槍砲聲甚密。結果，我軍衝出廣東街。

(9)日軍衝新民路：廿一日十時許，日軍先以大砲開放四五發，繼即用鐵甲車一輛，在旁掩護穿黃色制服之陸軍五百人，向防守新民路之防地衝來。經我軍於沙袋旁猛轟一砲，將日鐵甲車廂穿一巨洞。車身既爲傾覆，車上日軍，見勢不佳，即向後逃竄。同時日軍五百餘人，亦經我軍猛射擊退。是役戰爭時間，祗一時許。至午後四時許，日軍又由該處衝出，當被我軍用機槍擊退。

(10)天通庵有激戰：十一時十五分，天通庵方面，日軍又以大砲向我軍陣地轟擊。我軍未加還擊。至二十五分，日軍四五百名，以我方毫無動作，即藉砲火掩護，向我軍衝鋒。我軍沉着應戰。迨日軍馳抵我方防線外百碼時，即以機關槍來福槍手溜彈等，加以猛烈掃射。頓時擊斃日軍百餘人。其餘日軍，即紛紛向後倒退。我軍當即出壕追逐，又擊斃日軍數十人，遺屍遍地。並奪獲步槍百餘枝。

(11)佔領虹口公園：晚七時許，北四川路底及虹口公園老靶子路一帶日軍，同時向我軍猛攻。我軍竭力抵禦，日軍不支，旋即向後潰退。我軍乘勢追擊，虹口公園及北四川路底，均被我軍佔領。老靶子路日軍，遂向虹口公園及北四川路底兩處開砲轟擊。砲彈大都係硫磺彈。北四川路底，發生大火。是役日軍死傷甚衆。生者均向黃浦碼頭狼狽圖逃。精神極感萎頓之狀。所有死傷日軍，均由衣白色和服者，驅車運往黃浦碼頭，共有五六輛之多。日軍敗北後，即有日艦一艘，駛近黃浦碼頭。浦中日

軍一部份，駐守老靶子路。其餘敗退者，均由黃浦碼頭登艦。目擊日軍中衣白色和服者，口鼻有罩，而無面幕。且專事救護傷兵工作。可知該衣白衣者，實爲日軍中之紅會救護員。

(12)砲燬日司令部：晚十時，北四川路日本小學司令部旁之房屋，被我軍砲擊，忽然起火。一時火光熊熊。日軍司令部急派員到虹口沈家灣救火會，請速往救火。當由該會派車前往。及抵該處，則見火勢甚猛。且砲彈正在攻擊，勢不能救。遂由救火員漢丁，登二樓打電話。電燈全無，略見微光。內藏有被拘我國人甚多，均係受傷者。據云，均係從華界被日軍所拘捕者。繼因電話不通，又無法救火，遂匆匆返會。繼日軍官見火勢太熾，深恐延燒倉庫，又急派員向救火會懇求再救。該會洋員，因地屬租界，應往救滅，遂再派車二輛前往施救。行抵該處，則見砲勢愈猛。雙方正在激戰，彈如貫珠。而日本小學大半已被砲燬。仍不得施救而返。救火員在簡短時間中，目睹日軍被擊斃者達四十餘人。救火員中有數人爲流彈所傷。

(13)有火光無燈光：北四川路一帶，自廿一晚七時起，日軍逃潰後，電燈熄滅，全成黑暗。有一方火光熊熊者，蓋數處起火也。

(五)日軍總動員又告失敗 植田挾其利器精兵，下最大之決心，期與我軍決一死戰。其爲「國」謀事之忠，臨陣之勇，於其屢北屢戰中見之，誠使人不勝其欽羨。我十九路軍及其他參加前線以敵植田之第五路軍，義勇軍及大刀隊諸將士，在蔡廷楷軍長指揮之下，祇有精兵，並無利器，卒能屢摧暴寇，其謀國之忠，臨難之勇，尤使人馨香頂禮，沒世不忘。植田之總動員，經時兩日，斃卒三千，全線潰退矣。江灣無恙，吳淞猶存，閘北尚爲我軍所堅守。我軍守士之忠勇，固執若植田，其對外報記者之談話，亦不得不表示慴服。植田曰：「今日之支那第十九路軍，若有我皇軍之武器，則本邦將無噍類。」知己知彼，將軍目銳，植田亦可見哉！

拾貳　大戰廟行鎮

植田於二十日下總攻令後，與我軍血戰兩晝夜；吳淞未能下，江灣未能取，閘北未能佔，即蘊藻浜半江淞水，亦因我軍神勇，未能飛渡；且折兵損彈，軍威大墜。雄師慘敗，不獨爲植田及日本軍閥所不及料，即西方軍事學者亦皆驚奇不止也。意相怪傑莫梭里尼在柏林發表一文曰，「近代之中華民族，係從比希臘羅馬更古之文化所產生。中華民族所缺者，即一種對外戰鬥之意識。因此，未能在近代有特殊之發展，而常爲人所侵略。然而自近日之中日戰事觀之，以一不事「武裝」對外之民族，一臨戰場，竟能表現軍人之氣節與作戰之神勇，不得不使全世界震驚失色。中國軍人實未可侮也。」

植田亦知我十九路軍之不可侮。但未知其他軍隊亦未可侮也。二十一日，植田探知吳淞江灣間之廟行鎮防線，係由我方援軍第五路軍八十八師所防守。於是於二十一晚召集軍事會議，决定變更策略，棄吳淞不攻，將全部兵力，轉移廟行鎮。逆思此間得手，便可動搖我十九路軍陣線。一方面，直衝楊行，可以包抄吳淞；一方面，截斷江灣後路，可以威逼閘北。其心目中，以爲除十九路軍以外，我國更無所謂軍人也。二十二日晨，兩萬日軍，遂向廟行鎮出發。我方得報，即由蔡廷楷軍長嚴命八十八師死守廟行，從容應敵。並命六十一師相機增援。自二十二日起，我軍與日軍在廟行彈丸之地，苦戰達五晝夜。我軍志堅如鐵，宛成天塹。日軍屢戰皆北，慘敗潰逃。

今在未述戰況以前，謹錄八十八師全部到滬禦侮之通電。電曰：「慨自九一八慘案發生以來，舉國惶惑，世界震驚。遠戍將士，感泣時深，而我政府始終本諸和平禦侮之旨，冀求國際之公判。迺者，正義尚未得伸，而倭禍愈演愈烈。始而虛言恫嚇，借題發揮；繼而各處慘案，威逼而來。既佔我遼東三省，擾我津沽。猶復得寸進尺，不惜破壞和平，蹂躪我萬商雲集之滬濱。封豕長蛇，鯨吞之象畢露。濟時等誓列戎行，救國具有决心。以爲天下興亡，匹夫有責。而亡國失地，尤爲軍人之大罪。是

以噩耗傳來，義憤填胸，五衷眦裂。值此國家存亡關頭，爰本中央團結禦侮之旨，請命殺敵。現已全部開滬，聽蔣總指揮光鼐指揮。誓與我十九路軍親愛將士喋血沙場，死生與共。爲我中華民族爭固有之人格，圖最後之生存。甯爲戰死之鬼，羞作亡國之民。尙望我各界同胞，念祖國之淪亡，禍至之無日；凜夫皮之不存將毛安附之戒，各竭力能，同挽國運。不使臥榻之側，再任他人鼾睡。彼獠雖狡，終爲我鐵血正義所降服。區區島奴，何足懼哉？仗義陳詞，希垂督教我。師長兪濟時，副師長李延年，旅長楊步飛，錢倫體，宋希濂仝叩。」

「亡國失地，尤爲軍人之大罪。」我中樞主將，邊防長官，其睇聽之。

(一)**第一日兩路應敵**　二十二日廟行之戰，開始於晨三時許。當時，日軍以精銳五千人分侯家木橋及野貓墩兩路進擊。尤以自侯家木橋進窺廟行鎮之一路，最爲慓悍。我方奮勇應敵，沉着抵禦，日軍兩路，皆被擊退。詳情如下：

(1)日軍大規模進攻：二十二日，日軍於晨三時，除少數兵隊留攻江灣鎮外，遣派大隊人馬，總計二萬餘人，自張華浜糧米棧碼頭長驅入江灣鎮附近之葫蘆灣，向我廟行猛攻。日方進攻廟行之兵力旣衆，而作戰之器械完備，亦爲全線之冠。據調查該處之日軍大砲，共達一百餘尊，坦克車五十餘輛，馬拖過山砲二十餘尊，裝載於老虎車上之小鋼砲亦有六十餘尊。砲火之烈，實爲前此所未有。

(2)天未明日軍衝鋒失敗：廿二日晨五時半，日軍乘朝霧未醒之際，以大砲向我軍猛轟。同時復調一大隊步兵，加入前線作戰。亡命向我防線攻擊。我軍沉着應戰。嗣因日軍完全猛向我軍衝鋒，故我軍遂改守爲攻，亦向日軍方面衝鋒。雙方浴血肉搏，實較曹家橋一役尤爲壯烈。七時許，日軍敗退泗塘河以東，我軍過河追擊，殲日軍四百餘人。旋我軍以河東無險可守，仍退回原防。

(3)九時許日軍來勢凶猛：至九時後，侯家木橋一路日軍，先由坦克車十六輛，結成二字形向廟行鎮推進，步兵大隊隨後。復有日機三十餘架，在空中向我陣地亂擲炸彈。日軍砲隊亦不斷向我陣線

轟擊。所有利器，如烟幕彈等，均取出使用。而久為吾人所注意之馬砲隊，亦出現於陣地。一時火力密集，聲震天空。日軍來勢之凶猛，為一二八開戰以來所少見。我防軍以日軍氣勢頑强，且以人數懸殊，遂略向西退。日軍悉力追擊，竟乘勢衝過塘東宅正面。蔡廷楷軍長得報，以日軍既深入我方陣線，急命張炎率隊赴援，抄走僻經，由日軍右側施行強有力之襲擊。蔡軍長且親自往前線指揮。日軍見我援軍之來，如天神下降，軍心大亂，紛向後退。我十九路軍及第五路軍將士乃分路將日軍包抄，兩面合圍，日軍死者，伏屍徧野。十二時許，我軍一部遂將塘東宅原防恢復。

(4)肉搏李家樓：當我軍包圍侯家木橋日軍時，擬將其聚而殲之。不意日軍詭計多端，植田竟另派大隊三千餘人，潛自廟行鎮之北，抄過野貓墩，向李家樓一帶突進，擬抄襲廟行鎮之後路，使我軍首尾不能相顧。我軍得耗，急即變更計劃。以原來合圍之軍，改作應援之軍，分途抵禦。同時並由後方亟派部隊增援。兩軍在李家樓遂相肉搏。下午一時，日軍始不支後退。我軍奪獲過山砲兩架。

(5)侯家橋水成赤色：塘東宅，李家樓，兩處日軍敗退後，襲侯家木橋之日軍，適得後援，又向我軍挑戰。作戰時，日軍先由坦克車前進衝鋒，野砲在後方掩護。日機四十餘架，滿佈我軍陣地天空，向我陣地投彈如雨。駐防黃浦江內之日艦，亦發砲向我防線轟擊。我軍先後將日軍誘至金穆宅，孟家宅處，突出奇兵，將其包圍。日軍遂利用氣壓低降，大放烟幕彈，企圖破圍衝出。不意烟幕彈一放，日機盡失作戰能力。加以我軍已知日軍被圍之所在，於是冒險衝鋒，將被圍之日軍悉數殲滅。我軍死傷者，自一二八以來，亦以此役為最多，金穆宅孟家宅等處小浜，盡成赤色。聞日軍被殲滅者，計達三千餘。植田經此巨創，急電東京增援來滬。據大陸報消息：植田並在無綫電中報告戰况曰：「今日午後華軍猛攻廟行鎮我軍（日軍）防綫。為欲避免多量死傷，我軍已於下午二時撤退。現我方死傷者一百十一人，內有軍官九位，」日方死傷者，豈真止一百十一人哉？

(6)區壽年談敗敵經過：我十九路軍七十八師區壽年師長發表二十二日廟行鎮退日軍之經過曰：

「日軍所以猛攻廟行之劇烈，其用意是在拊擾吾江灣閘北駐軍之背。惟吾方早燭其隱。是以彼方縱有堅強之坦克車，善戰之飛機，以及數萬之精兵，卒以吾軍之堅毅不屈，擊斃日軍在三千人以上。即以侯家橋一帶，敵屍尚堆積達千名以上。此可見戰事之激烈矣。當敵軍以重兵來犯時，任此間防務者，爲我軍第八十八師。最前線在南沈宅金穆宅及白漾宅，兵力各祇一連。敵軍人數過衆，該三連人乃退至孟家宅一帶。敵軍大部隊亦追至該處，並竭力猛衝。已越趙店宅至竹園墩。將進窺大塲。我軍於千鈞一髮之際，急調張炎會同八十八師，奮勇進戰。除將敵軍大部隊完全擊退，奪回原有之防線外；我軍最前線，並追至鍾家宅。成爲侯家木橋起，沿陶家灣，周家宅，湯朱家橋，東越淞滬路，繞萬國體育塲，至西體育會路，東體育會路，與虹口公園之東面陣線相聯。日軍大敗。受創之鉅，實前此所未有。此後當不敢小覷吾軍也。惟日軍精神，亦有一事，頗堪欽佩者。其進攻能力，不逮吾軍。惟敗退時，雖已魚潰，不能成軍，乃二十分鐘之後，忽復大部集合，向吾作頑強之抵抗。此則爲世界各國軍隊中所僅見。非然者，早已盡數殲滅。惟其有片時集合之精神，致吾軍未能立時制其死命，此則爲日軍之長處也。」

(7)毛維壽誓守國土：申報記者，二十三日遇我十九路軍六十一師毛維壽師長於軍次。據談：「敵軍以連日猛攻吳淞江灣，均不得逞。乃變更戰略，以全力攻廟行鎮，再襲大塲，以左轉灣之趨向，襲擊閘北，使我軍首尾不能相應。然我方早有準備。敵計雖多，終不能得利。且自二十二日敵向廟行總攻後，血戰兩日，敵軍死亡達三千餘人之多。傷者猶不在內，想較死亡者更多。外傳江灣或廟行失守，全係日方造謠。余爲師長，誓守國土，決不稍示畏縮。希望市民勿輕聽謠言，自相驚擾。」

(8)俞濟時報告戰況；我第五路軍八十八師師長俞濟時二十三日語報館記者云，「攻廟行鎮之敵軍，係由蘊藻浜調集之二萬人。猛烈攻擊。我軍由八十八師應戰正面，六十一師担任左翼，七十八師担任右翼。士氣異常奮勇。高級軍官，均親臨指揮。日兵死傷三千以上。狼狽而逃，混亂之至。遺下

軍械甚多。」

（9）已盡責任之連長：申報記者廿四日晨至眞茹採訪時，九時一刻，車抵閘北交通路，中途忽遇一素識之十九路軍高級長官。記者遂邀其共車，同往前線。車中談及廟行之役。據稱：「當敵軍猛攻該處陣地時，兵力足在一萬以上。分二次猛撲。來勢有如潮湧。敵更利用大砲飛機爲掩護，砲彈勢若聯珠，炸彈有如雨下。但我軍毫不示怯，奮起迎戰。兩次均未得逞。待最後一次，其勢更兇。當時我軍三面被迫，勢甚危急。際此千鈞一髮之秋，我軍士兵均大聲勗勉同儕。謂無論如何，萬勿退後一步。卽至萬不得已時，必須殺敵兩個，方才上算。其時忽有口師口旅第一團第一營二連連長陳志鵬（湖南人）亟率同士兵二十餘人，躍出戰壕。一聲喊殺，面迎如雨之槍彈衝去。詎敵兵一見我軍突出，均各倉皇後顧，手忙脚亂。當被陳連長生擒敵軍五人，斃敵數十人。而同時該連長左腿已中一彈，不支而踣。士兵一見連長帶傷，亟擬將其負回。連長搖手力示不可。命士兵等先返，順手將兩兵手中之盒子砲取下，加足子彈，閃身路側。未幾，敵兵三十餘人衝至。該連長雙槍齊發，當塲斃敵十餘。最後返手向自己胸部一槍，以表示彼衛國禦侮之責任已盡。當時我軍士兵目擊此種情形，益加奮發。人人均抱必死之心，拚命衝殺。故獲得最後之勝利。」

（二）日軍反攻受挫　日軍二十二日進攻廟行，被我軍完全擊退後，日軍大部二萬餘人，死傷者在三千以上。當我軍乘勝追擊時，於當晚十一時許，將日軍殘敵二千餘人，全部包圍於廟行迤南十里許金穆宅侯家木橋附近。日軍困處其中，完全失却戰鬥能力。我軍遂將其全部繳械。詎正在此時，日方敗退之先頭部隊，業已接得被圍報告，乃聯絡敗軍一萬五千餘人，並報告植田遣派援軍五千餘人，前往馳救。日軍得此生力，遂又竭力反攻。

（1）二十三日廟行血戰：申報訪員記日軍反攻廟行之血戰曰：「離廟行迤南十里餘之金穆宅侯家木橋地方，廿二晚十一時許，卽有日軍大部二千餘人，被我軍包圍。乃日軍司令部得悉，卽派大批援

軍，連同潰退士卒，向我軍作猛烈之反攻。日軍坦克車三十餘輛，鐵甲車二十餘輛，頑強當先，冀將我軍衝破，以期援被圍之敵軍出險。是役日軍，因本國軍隊被圍在內，不克施放大砲，祗恃機槍槍刺與我軍作猛烈之肉搏。我軍□師，當即分撥一部份士卒，約計五千餘名，與之應戰。大刀隊，機槍連，迫擊砲連等，均調赴前方，參加戰役。我軍當時，前後首尾銜接。重以日軍顧慮被圍士卒，未能充分發揮其砲火利器，故我軍雖以少敵多，殊佔優勢。惟當清晨四時許，日軍因反攻仍復不利，由日司令部電命海軍艦隊，派飛機多架，飛往吾軍陣地，猛烈擲彈。且由空中發射機槍，並開機關砲。我軍頗受危迫。時我駐防江灣東鎮之某部，得悉戰報，立即乘曉霧未清之際，由日軍左翼包抄，予以迎頭痛擊。日軍前鋒，乃呈不支。於廿三日上午十時許，反攻日軍後退約三里許。於是被圍日軍與反攻日軍，完全被我軍隔絕，不能呼應。惟日軍因此舉關於戰局，殊爲重大，始終猛烈衝攻。我軍則亦以一當十，爭先殺敵。相持至下午三時三十分，日軍死傷二千餘人，勢漸不支。其應援之部隊，遂完全崩潰。」

(2)斜風細雨血成渠：日軍於二十三日增援，被我軍擊退後，我軍不予窮追。不意天將黃昏，日軍任暮色蒼茫中，乘風雨交作之時，竟率兵掩進。此次日軍，率兵掩進，其舉動異常奸詐。先以數十草人作士卒打扮，矗立於廟行鎮莊家橋之西南田野間，誘我軍認錯目標，以便從容從東北角潛入我軍防線。

詎知日軍是項做作，早被我目光銳利之前線哨卒窺破。我軍聽其布置，另遣大兵增厚左翼。爲時未久，日軍四人爲一組(共數十組)，匍匐前進。我方則佯作不知，聲息全無，任其深入腹地。待至逼近散兵壕溝前，日軍正在裝架機關鎗預備掃射時，但聞一聲砲響，我軍司令官下令攻擊。一時機關槍與步槍並作，手溜彈與炮彈齊飛。日軍猝不及防，棄械而遁。日軍後方部隊，亦實行潰退。當時日軍陣線，覺距我有六里之遙。

當日軍敗退時，至一小村，日兵一小隊二十餘人，乃避入竹林中，架起機關槍，以謀截擊我軍。俄頃我軍追蹤而至。日軍乃以機關槍掃射，彈如雨下。而我軍不動聲色，插上刺刀，衝入肉搏。日軍死亡過半，不支而退。

至廿四日拂曉，日軍重復進攻廟行，人數在一萬以上。分三路並進。戰至九時許，露不支狀。於是我軍見其力竭軍疲，遂出壕反攻。雙方最近時不足百碼。當我軍見日軍欲退之前，另由支隊抄擊其後。日軍至此愈難應付，遂匆匆敗逃。經我軍用機關槍由側面掃擊，死日軍約百餘人。旋經我軍在周家宅發現有日軍第九師團口聯隊長之屍身一具。察視符號，始悉名百海實男云。

（3）金穆宅肅清殘敵：日軍總攻廟行，廿二日起，已被我軍由朱家橋猛力衝擊。日軍遂漸南退至唐家宅。再退至金穆宅侯家木橋。殘部二千餘人，遂於該處被我軍包圍。當時日軍大部，本已遠退侯家木橋迤南十里之遙。聞警集合援軍，乃復竭力反攻。當經我軍分隊迎擊，將殘敵隔絕兩處。激戰之烈，為開戰以來所未有。日軍屢擬猛力衝鋒，終不得逞。廿三日起，且節節敗退。殘部解決，不過指顧間事。詎此時日方來滬援軍五千餘人，已在張華浜登陸。且立即分開前線，加入作戰。日軍得此生力，遂以坦克車四十餘輛，立即反攻。並分擾我左右兩翼。此時我前綫駐軍，人數不足五千人，以敵三萬餘日軍，且苦戰已數十小時，遂被日軍取得聯絡。被圍殘敵，衝出千餘人。此時我軍士卒，雖極疲勞，然人人具必死之心，故仍猛力衝殺。被圍殘敵千人，立即全數殲滅。並乘勢進逼日軍，日軍遂全部敗退。復由侯家木橋以南撤退十餘里。是役我軍以少敵多。侯家木橋一帶，日軍屍骸，堆積如山。日軍高級長官，亦陣亡數十人。廿四日起，吾軍掩埋餘骸之際，曾發覺日第九師團第二聯隊長百海實男，亦在陣亡之列。此可想見是役戰事之烈。我軍俘獲日機槍二十四挺，步槍千餘支，小鋼砲數十門，其他戰利品無算。

（三）**日增援廿伍激戰** 日軍猛攻廟行鎮三日，非特不得逞，且死傷達六千人以上。後以日方援軍絡繹

而至，植田稍加整理，又令總攻廟行，以雪慘敗之恥辱。其作戰計劃，純以重量野戰砲轟擊。廟行一處，廿五日，列野戰砲六十餘尊，不絕射發。其意欲藉砲火之力，燬我陣地。砲聲澈霄漢，彈煙如帷幕。轟擊之烈，空前者也！十二時許，我軍爲保全軍力，略向後移一里。旋我援軍亦至，用砲還擊，陣線仍挺展至原守地。午後，日軍欲在廟行迤西之大洸宅竄進，我軍詐敗，誘其深入小場廟，伏起圍擊，全數殲滅。我軍反攻，直至白漾宅。

（1）日援軍新增萬餘：日政府以日軍連日慘敗，續調援兵三師團來滬。廿五日晨二時，先頭部隊已有五千餘人在張華浜上陸。至下午三時四十五分，又有一萬五千餘人分向匯山碼頭，以及滬江大學附近碼頭登岸。兵士均衣黑色軍服，紅色帽邊。登岸後，卽開向公大紗廠日軍司令部而去。並攜有大砲三十餘尊，機關槍數十架，子彈四百箱，且箱面均書有「最好上等醬油」等字樣。

按此次日軍增援，日政府對內對外，頗費周折。觀於下列華盛頓一電及東京一電，便知日本外強中乾之情形，而更促進吾人長期抵抗之決心也。編者之所謂長期抵抗，乃眞正之長期抵抗，並非不抵抗之代名詞也。

國民新聞社廿三日華盛頓電：「日本駐美大使出淵今日通知美國務卿史汀生，日政府已決定派遣援軍赴滬。其理由因『日本欲免目前局勢益增嚴重之故』。幷稱欲策上海之安全，必須中國軍隊退至大砲射程以外。目下植田所統之日軍不足以達此目的。因日軍被迫在低濕平地作戰，溝渠縱橫，加以陰雨後，泥土鬆軟，不利作戰。故必須由日本本部加派軍隊前往。再日軍係在租界附近作戰，一切軍事行動必須極端審愼，此亦難於奏功之一原因。但援軍數額則出淵並未述及。據日大使署署員表示：其數額之衆將足以應付一切或將發生之局勢而有餘。惟此間所接東京消息，則日本人民及一部分軍人已漸覺其軍部刻正循一最危險途徑盲進，從事冒險事業。將來非經困難不易出險。其銀行家已警告政府，若上海軍費之支出繼續不停，則財政將更見竭蹶，金融亦將感受窘迫。觀於目下世界輿論之態度，

日本不能再想借得外債云。」

新聲社東京二十四日電：「日參謀次長眞崎氏昨日下午六時半進謁日皇，報告上海戰事不利，奏請增兵，已蒙敕准。又荒木陸相昨日在閣議席上報告：上海重光公使及野村司令曾電外務省及海軍部，請求增援。但尚未接到植田司令求援電報。以觀現在滬案之嚴重性，派遣援軍有十分必要，並且須速即進行。」

又電：「日本此次出兵上海，原係保護日僑之生命財產爲目的。據本月二十三日閣議中，有人提出質問：(一)出兵上海，既係保護僑民，何以日來上海日僑紛紛回國？(二)上海日僑並非聚居閘北，日軍在閘北與華軍作戰何故？(三)蘇州日僑早已遷離，何故再往拋擲炸彈？以上三點，請當局加以解釋。該員提出上項質問時，竟被禁止發言云。」

(2)砲煙罨罩如張白幕：廟行鎮一地，既受日軍之注視，戰事重心，側移此間。因我軍守禦有方，日軍慘敗迭遭。但其貪念終未有已。除敗退整頓殘部時，砲火稍事停止外，無時不在砲聲隆隆中。而自廿五日晨七時起，日軍已不用步隊作戰。完全以六十餘尊之重量野戰砲，從事轟擊。大小砲彈，爲排而下。厥密而緊，幾同雨點。同時並有日機九架，成品字式，盤飛天空，向我軍陣線，亂擲炸彈。火力之猛，堪稱空前。我軍蟄居戰壕，沉着應戰。嗣因鎗彈之力，難能奏效，遂亦改用大砲還擊。雙方砲戰之烈，以十時至十二時間爲最。地面受炸，塵土高揚。彈外白煙，繚繞如雲。遠望幾疑日軍又放煙幕彈也。

(3)三路迎敵：日軍以我方士兵經巨量與密集之砲火轟炸，料必後退。故又派兵分三路向我軍襲來。第一路配於陶家灣。第二路配於侯家木橋與金穆宅之間。第三路配於陶家灣與侯家木橋之間。我軍則以大部隊配於金穆宅與孟家宅前面迎戰，並以大砲向日軍猛攻。雙方砲火交加，極爲猛烈。兩軍即於砲陣下，從事作戰。相持至十二時許，我方陣線未稍退却。此時，日軍利用小鋼砲轟擊，我軍遂

於此際，誘敵深入。適逢我生力軍又到，乘銳奮勇抵禦。至午後三時半許，我軍用機關砲迎擊，衝出陣線。詎日軍變更戰略，以人字式的包抄　並用大砲攻擊。　軍乃以手溜彈衝鋒，追擊砲掃射。猛勇前進，打破重圍。日軍陣線紊亂，我軍遂用機關槍攻擊。

日軍至此，大挫。死傷人數，約在千名左右。內有一部份日兵，（約二百餘名）於棄陣潰逃之際，被日軍指揮長官當場格斃二三十名。我軍遂衝破敵軍第一道防線。

日軍至此，知退必死，以為進或可以不死。遂又奮勇衝鋒，向我作最後之掙扎。其勢甚猛，不可遏止。我軍一再誘敵深入，直至小塲廟塲地。時下午十時。敵軍進入者，有千餘人之多。被我軍完全包圍，迎頭痛擊。敵軍如猛獸入圍，狠奔豕突，亟圖突圍。無如我軍如銅山鐵壁，絲毫不能搖動。槍彈如雨，血肉橫飛。桀傲不馴之強敵，被我擊斃者達一千七百餘人。血流成渠。我軍奪得大砲兩尊，坦克車一輛，步槍七八百桿，子彈四五箱。

（4）小塲廟憑悼：時事新報記者曰：「當日軍廿五日下午五時對外宣傳□時□□分，佔領吳家宅，□時□□分進佔□□宅，海外方傳日軍勝利。不料至晚間十時，我軍於誘敵深入之後，以數千人出壕突擊，在小塲廟圍殺，立斃千七百人。午夜捷報，不到半小時，已遍傳全球矣。

日軍以二萬之衆，全力猛攻廟行鎮三晝夜，進展甚微。遂於廿五夜七時，不得不增加援軍萬餘，以百餘尊野戰重砲及野戰砲，亂轟蠻幹。十餘架飛機擲彈益凶。其進攻陣勢，取雙翼活動式。以大部騎兵分配兩翼。左翼出吳家宅，右翼出金穆宅。推其原來用意，已足暴露恐懼我軍包抄之畏心。死守廟行之我軍，初以敵衆砲重，何苦立時角敵。堅守之餘，略誘敵人進展防地。敵人得此，氣傲興濃，以為此舉得逞，大功告成。不料我軍□□□師與□□□師，乘其兩翼一地會攻之際，均突然出動，亦作兩翼迎擊勢，包抄敵軍。同時苦守廟行我軍亦突然出壕，迎頭痛擊。敵人雖衆，軍心已亂。一塲惡戰，為我立斃千七百人。其餘人墜馬下，馬脫鞍轡。逃者逃，滾者滾。四面奔竄。至午夜日軍已肅清

無餘。惟屍骨堆山，血染四塘，記者身臨其地，想像夜間之景況，能毋慑然，毛骨皆悚！」

（四）廟行敵之最後掙扎　二十五夜，小塲廟報捷後，戰事略告寂靜。二十六日植田又以主力軍隊四千人，向廟行進攻。竟日衝鋒，砲聲不絕。下午又兩路進襲，均被我軍擊退。午夜，我軍乘月色微茫，銜枚疾走，向日軍陣線偷營。時日軍以連日鏖戰，十分疲敝。晚餐以後，除少數哨兵，仍於寒風凜冽之下，從事職務外，其他戰鬥士兵，大都鑽入農家村舍，卸甲丟盔，飽嘗黑甜滋味。迨我大軍衝至，日軍咸從夢中驚醒。陡聞鎗聲齊作，幾疑飛將軍從天而降。於心慌意亂之中，挾槍應戰。我軍乘一鼓作氣之威，莫不勇氣百倍。逢人便砍，遇敵卽殺。敵之死於我軍刺刀下者，不下五六百人。殘敵咸落荒而走。連棄三座村莊。是役我軍僅傷亡士兵十餘人。斃敵在百倍以上。俘獲戰利品無算。日軍自是對廟行一路，不敢正視矣。

拾叄　縮短江灣防線

植田二十日之總攻擊，本側重江灣。但兩晝夜之劇戰結果，未能稍得寸進。自二十三日起，日軍一面侵略廟行，一面仍以飛機四五十架，在江灣抛擲炸彈至三十六小時之久。有時混戰，我軍堅毅應付，從未退讓。惟環視江灣一鎮，民房破毀，滿目淒涼。軍民屍身，遍地皆是。血肉模糊，溝渠皆赤。且以爲日之久，腐爛汚穢，臭氣觸鼻。井水亦不能復飲。我軍以戰略關係，於念六夜，决議放棄江灣。今將植田總攻失敗後及我軍放棄前之江灣戰況，彙列於下，

（一）江灣鎮內外大火　江灣鎮爲戰事重心。全鎮民房，十九被日軍轟燬無餘。自廿日起，屢燒屢熄。至廿六日仍在火光熊熊中。而日機投彈則繼續不已。全鎮大小民房，均付一炬。大美晚報曰：「二十二夜，汽車駛於江灣北面，不必燃燈。蓋有充分之亮光，可資利用。江灣鎮內外火燒已數日。至二十二夜，遂不可收拾。日軍之目的，顯欲盡焚去戰線上之房屋。自江灣之日軍司令部觀察，東南北三面

，處處火起，沿路延燒。據司令部中人聲稱，此爲軍事上必要之戒備。鄉人數名，立於道旁，目覩其廬舍財物，化爲灰燼，而不敢發一言，作一手勢。司令部中有軍官數員，着溫暖之軍式大衣，踱步交談，一若游於娛樂之公園中然。植田中將則據案進其晚餐。其肩後壁上露一大字。諦視之，則爲「和」字。噫，和平果何在哉？」

（二）四日戰紀 植田攻江灣之兵力，二十一晚退却。二十二日無大衝突。自二十三日至二十六日，日軍雖以全力攻廟行，但亦不時進犯江灣，以資牽制。四日之間，戰事亦有可紀者：

（1）廿三日：拂曉五時許，由江灣廟行敗退之日兵約二千餘名，集合翔殷路復旦大學附近，復向我軍反攻。我軍除正面迎敵外，復分兵兩路包抄其後。激戰約一時餘，日軍不支，紛紛潰退。至晚間九時許，日軍二千餘人，復由軍工路而入翔殷路，向我軍進攻。以坦克車十餘輛爲前導。後面重砲掩護步兵衝鋒。我軍奮勇抵禦，拋擲炸彈及手溜彈，並還擊以野戰砲。日坦克車畏縮不敢前進。而我軍砲位極準，彈之所至，無不予敵以重創。日步兵衝至防線，我軍即以機槍掃射。同時更用大刀隊衝出。刀光飛去，敵人授首。大戰至十一時許，日軍不支而退。是役我軍截獲日軍之機關鎗兩架，並俘得日軍第九師團十九聯隊之步兵少尉名西尾勝六者一名。我方當局素以忠恕待人，且尊重國際公法，對於被俘得之敵方官兵，不予敵視，善爲容養，非若日軍之殘忍不仁也。茲覓得十九路軍交通處長唐德煌致各方之捷報如下：「（銜略）殘敗之敵，今日仍以重兵向我廟行進攻，卒不得逞。江灣方面，獲敵機關槍兩架，並俘敵第九師團十九隊聯日兵少尉西尾勝六一名。特聞。」

（2）廿四日：連日日軍進攻，多以坦克車鐵甲車重砲爲戰鬥利器。迭經我軍用手溜彈之轟炸，及掩埋地雷之爆發，破壞甚多，效用全失。故廿四日下午五時左右，日軍即捨棄坦克車而專用步槍機關槍重砲野砲向我方攻擊。傍晚時，日步兵約二百名，頻以野砲向離江灣三數里之郝家宅方面轟射。我軍毫不顧慮，絕對不發一彈。日軍略進，復以步槍砰砰射擊。我軍皆匐伏戰壕，仍無動靜。日軍以爲

我防線空虛，得意忘形。一聲號令，大舉衝鋒。既至垓心，我軍見機會已至，即四路紛集，將其包圍。日軍心慌意亂，倘思竭力抵抗。我軍皆用手溜彈步槍與之激戰。日軍四面楚歌，腹背受敵，相持一小時許，日軍全軍覆沒，無一生還。我軍傷亡甚少。並奪獲敵人所遺之步槍一百餘支。十時半，砲聲又復隆隆作響。本埠全市居民，多在夢中驚醒。江灣與廟行之間，日軍又以重砲向我陣地轟擊。每十五秒鐘，開砲一響。或竟連開兩砲。火光起處，砲聲隨之。惟日軍之砲彈，皆未能命中。或落於池田之中，或擊燬房屋而已。我軍以日軍此種砲擊，司空見慣，故並不還擊。旋日軍以爲我軍單薄，乃即衝鋒。詎我軍突出，以機關槍掃射，日軍之前頭步隊，均爲我擊斃。日軍知我有備，狼狽退去。惟仍以砲轟擊，我軍亦不之理。

（3）廿五日：黎明前，日軍分三路進攻江灣：

▲大樹圩▼第一路日軍一千五百名，由虹口公園出發，取道西體育會路，直窺江灣車站。當駛抵復旦大學東郊一里許，大樹圩地方，即爲我軍發覺，立即迎頭抵抗。日軍憑大樹圩爲根據地。分兵一隊三百餘人，向我衝鋒。我方靜待敵衝，至火力可達區域內，紛起以機槍手溜彈痛擊。斃日軍百餘人。日軍不支，仍退還原處。以野砲向我軍轟擊，我方祇以極疎少之快槍作應答。日軍始終不能越我防線一步。

▲翔殷路▼第二路日軍二千餘，由引翔鄉出馬玉山路而至江灣體育場正東半里許。先以坦克車七輛　馬拖過山砲十餘門，大小野戰砲數十門，作掩護利器，向我陣地推進，我軍當即奮勇應戰。接觸未數分鐘，日過山砲三門中吾地雷炸毀。同時坦克車二輛，亦被炸重傷。週轉不靈，已無作戰能力。日軍即遣他車拖去。雙方相持至晨二時許。日軍全力向我軍陣地衝來，我以大刀隊手溜彈迎頭痛擊。日軍死傷無算，紛紛退至鐵路東，仍據地向我軍襲擊。

▲小牛頭村▼第三路日軍七百餘名，由水電村推進至泗涇橋球場時，當爲小牛頭村附近我軍發

覺，立即會同張華浜方面開來之我軍，作包抄陣勢。日軍三面受攻，猶不示弱。激戰至廿五日晨三時二十分，始不支敗退。尾隊一部份約八十餘人，被我軍剪斷去路，悉數殲滅。

以上三路軍敗退後，江灣二十五日全日寂靜，但至下午六時許，日軍又由體育會路天樂寺方面突出，向我軍進攻。日軍乘大砲掩護，分兩路重兵，約千餘人進窺我軍防線。一自體育會路，一沿天樂寺，集趨江灣。並以坦克車前導。我軍即分途痛擊。我軍除以手溜彈轟炸外，並有大刀隊在前破陣。日兵被殲大半，乃不支而退。未幾日軍增援，重又前衝。砲彈密如雨點。我軍砲隊，亦以砲向日兵陣內轟擊。在鐵道以東，砲火連天。江灣鎮上亦中幾彈。激戰多時，日軍毫不能得手。至七時許，日兵愈戰愈衆。我軍突出奇兵，向體育會路之日軍側擊。日軍陣線動搖。天樂寺之日軍，亦似不支。未幾竟被我軍全部擊潰。我軍在體育會路方面，已逼近跑馬廳。在天樂寺方面，亦有進展。日軍見陣綫危急，乃亟用砲轟。我軍砲位，亦移進還擊。至十時許，雙方停戰。

（4）廿六日：晨三時，日軍以砲兵集團，在江灣體育會路向我防線猛烈進攻。而我軍之掩蔽陣，早已佈置完備，故無論日軍如何猖獗，我軍可從容應付，因我將士人人抱有決死之心也。至晨五時一刻，日軍復以排砲掩護，一面以步兵一連，再向我軍陣線騷擾。希圖破壞我防線，佔我陣地。我軍大刀隊即在深溝馬壘之間，蜂擁而起。日軍見勢兇猛，志不得逞，驚惶異常。其前哨士兵，即向後退縮。我軍之機關槍，立即乘勝追擊。此時日軍不支，其陣線逐漸搖動。我前線士兵乃衝鋒肉搏，向前殺出。日軍三百餘人，即向甯國路日本小學退去。我軍以該處並無防禦工作，當即仍回原防。

（三）放棄江灣之原因　據十九路軍司令部負責人發表談話云：「江灣鎮，廟行鎮，天通庵三處，成一三角形。江灣鎮一如跑馬廳，在戰略上稱爲脫脚，在陣線上稱爲弱點。非軍事所必爭。故得失無關大局。而地勢又爲三面受敵。放棄之策，早已籌之熟矣。此次放棄江灣鎮，在我可統一戰線，而易於呼應。在敵得之，一若鷄肋。而我新築之陣線更較前爲堅固。故敵決不能馳驅如意也。」

拾肆　日殘軍魚潰閘北

植田總攻計劃失敗，士氣喪失殆盡。廟行一役，尤使日軍防線零落不堪。但日軍堅毅之精神，亦殊不可及。加以援軍屢至，故一仗敗績，再來二仗；二仗敗績，再來三仗。閘北殘軍之所以能與我軍對壘者，其秘鑰全在於此。當日軍全力進攻廟行而我軍全力防守廟行時，在閘北一帶之日軍，喘息未定，又思蠢動。幸我軍抵禦得法，神威所至，殘敵膽寒。

(一)二十二日我軍達岳州路　廿二日閘北方面之戰事，自晨至晚，竟日未息。砲火之烈，幾與廟行鎮之戰事相埒。日軍傾力圖攻，均經我軍先後擊潰。下午三時，我軍挺進至狄思威路，岳州路，虹鎮，及老靶子路，北四川路等處。日軍陣線當卽全部總退却。至晚間八時，尙在沿吳淞路閔行路向後奔潰。同時寶樂安路，忽起大火。虹口日軍陣綫，亦因此大亂。

(1)八字橋我軍大捷：二十二日晨拂曉，日軍於總攻廟行鎮江灣鎮後，卽分重兵，向我八字橋進攻。計有陸軍五千餘名，利用鐵甲車，追擊砲，機關槍在前衝鋒。我軍卽奮起迎擊。手溜彈機關槍同時並發。當卽斃日軍先鋒數十名。嗣日軍又繼起猛衝，前仆後繼。終以我軍砲火猛烈，未爲所逞。我軍卽於斯時反攻，以至肉搏。雙方機關槍迫擊砲，全失其效用。日軍旋進旋退。我軍出沒於敵陣間，銳不可當。但見我軍到處，日軍東倒西傾，血花四濺。我軍愈戰愈勇。日軍已無抵禦能力，乃漸漸向虹口公園方面潰退。我軍卽乘勝追擊。沿途在靶子場，施高塔路，又起激戰。但敵氣已餒，稍抗卽潰。至下午三時許，我軍已達狄思威路。我後方部隊，亦呼應而進。至四時許，我軍最前綫，達岳州路。至六時許，已邁虹鎮。於是該路日軍陣綫，全部被我軍擊潰。同時寶樂安路突起大火，虹口一帶，日軍秩序頓時大亂，狼狽逃竄。八時許，日軍沿吳淞路，閔行路，向浦江方面敗退。

(2)虬江路又報殲敵：日軍於進攻八字橋後，又派千餘人向虬江路，邢家宅路，進攻。此處街道

縱橫，非有精密之佈置，决難應付。惟我軍利於巷戰，且防守得宜，故日軍屢攻皆敗。當日軍進攻時，係分兩路進犯。一自虬江路，一自邢家宅路。我軍於該處久有重兵，當亦分兩路囘擊。雙方均在夾弄間，衝鋒肉搏。機關槍，迫擊砲，居高臨下，尤使日軍心寒。戰半時日軍已死亡盈百。其後部隊，正擬退走，我軍卽乘機衝進。於是兩路日軍，同時退至北四川路。我軍會合，追達虬江路口，乃向老靶子路進攻。日軍處斯絕境，同軍頑抗。至午後一時許，全部覆滅。至三時許，我軍一路已達狄思威路，繼續向虹口腹地推進。同時我後方砲隊，用砲掩護。晚間十時許，我軍前綫達沈家灣，進逼吳淞路，與岳州路我軍會合。

(3)天通庵路之截擊：我兩路軍擊敗日兵，追蹤至虹口區域時，進攻天通庵路之日軍五百餘名，同時被我軍擊潰，向北四川路底之日司令部退却。我軍遂卽進逼，向日司令部圍擊。至下午四時許，日軍卽放棄退出。但我軍並不佔據，仍向北四川路追擊。因此虹口方面日軍受圍，全部奔潰。

(4)日軍奔潰之狼狽：日軍因受我軍四面追擊，以致秩序大亂，潰不成軍。紛向吳淞路，乍浦路，閔行路，等處四散奔逃。沿途並將槍械棄去，希圖混入民房。時有一部份日軍，於敗退至乍浦路時，駐防該處之美兵，見來勢不佳，亟發砲四下示威，日軍乃卽散逃。但在中途，卽被我軍殲滅.

(二)二十三日日軍重來挑釁 二十二日，我軍追擊日軍至虹口岳州路一帶後，卽退囘原防。二十三日天明後，日軍始喘息囘歸防線。我軍本防衞宗旨，聽其蠢動。下午二時，日軍又用重砲向我軍挑釁，仍以八字橋天通庵路寶興路爲目標。機關槍聲亦聒耳不絕。天通庵方面之日軍距我軍防線不過二百米突。但不敢衝鋒，亦無鐵甲車形跡。其行動仍在窺望。惟乞靈於大砲，而作無目標之射擊。我軍毫不關心。間亦用迫擊砲還擊日軍之陣地。兩方守兵未起衝突。

(三)二十四日小接觸 二十四日，閘北方面各防綫，不時有小接觸。晨間與晚間，日軍利用砲轟，我軍亦還擊，故砲戰甚烈。永興路於晨間被日飛機擲彈起火，旋卽撲滅。寶山路新民路等處於晨間曾有

日軍十餘名偷襲，被我軍居高臨下，用機關槍掃射，無一生還。

日軍開砲，多不中的。九時許，日飛機飛至閘北各陣地，在空中盤旋不已。其目的在指示日軍開砲。當時砲聲果然緊密。惟我軍多伏處相當地帶，日機未能觀察，砲彈亦歸無效。我軍雖不還擊，陣線毫無影響。青雲路方面，日機曾擲彈數枚，經我軍用高射砲擊退。

(四)二十五日日軍陣線動搖　二十五日晨，兩軍開炮轟擊，天明稍息。上午七時許，日飛機到我陣線示威。日軍又乘機開炮，惟不甚劇烈。兩方守兵亦未接觸。蓋日軍正用全力對付廟行江灣之間，不敢進窺閘北。僅開炮牽制我軍而已。

(1)天通庵路：日軍四面環攻我閘北，屢攻屢敗。最近始擇定一要路，盡力進攻。其所注意者為天通庵路。二十五日日軍即以此為攻擊焦點。晨間三四時，炮聲甚烈，以野山炮為多。蓋欲藉此擊毀我軍堅固之防守線。但我軍處之泰然，防線竟毫無變動。我守兵向沙袋外望，亦不見日軍蹤跡，佯作沉靜，以待日兵之偷襲。而日兵亦似預知我軍之計劃，不敢冒昧從事。

(2)西寶興路：西寶興路在虬江路與天通庵之間，日軍進窺南北兩路，不易奏效。二十五日晨乃竭力攻擊此路，以破我天通庵陣線。然又不敢單獨進取。乘天通庵方面炮火猛烈之時，乃亦響應出動。同時亦窺寶昌路，以便一舉而圍商務印書館。日軍前鋒進展至東寶興路印度教堂附近。藉高廈之掩護，窺伺欲進。我方守兵亦取同一之策劃。而地勢亦優，日軍欲進不得。卒乃自動退去。

(3)八字橋：二十五日晨，日軍猛攻廟行江灣之間，八字橋一路，稍覺平靜。惟飛機三架時在我陣線盤旋。日方砲彈，亦源源而來。其攻擊之方式，毫無變動，我方亦不受影響。且日軍進攻時，深恐天通庵方面之我軍出來襲擊，以斷其歸路，故該路之日兵反較天通庵為少也。

(4)寶山路南段：自開戰以來，日軍用鐵甲車衝進寶山路南段，僅有一次。結果遭受重大犧牲而逃。自後不敢近窺。日軍在該路進攻，一由東新民路而出，一由老靶子路而來。東新民路不易發展，

而老靶子路附近則有外兵駐守。日軍雖不再由靶子路衝鐵門而進，然我軍對於該處，極爲注意。日軍來，則以手溜彈機關鎗應付。日軍去，則不加追擊。蓋恐投鼠忌器也。二十四夜該處時有日兵影跡，但未敢向我軍防線行近。虬江路口日軍亦無力進攻。故寶山路南段廿四夜及廿五日尙稱沉寂。

（五）二十六日日軍地雷自炸　二十六日上午八時，日軍千餘人，向我前線挑戰。在大炮掩護之下，衝殺異常凶猛。我軍極力抵禦，以手溜彈應戰，並以機關槍掃射。日軍旋卽詐敗引退，希圖引我軍陷入日軍陣地。然後以地雷爆炸，冀乘勝長驅，直撲閘北，截斷吳淞江灣間之聯絡。無如日軍詐敗退却之際，誤認埋藏地雷方向，以致踐踏火線，適以自炸。一時地雷爆發，死傷日軍數百人。我軍乘勢追擊，日軍愈見紛亂，自相衝突。我軍奪獲炮彈及戰利品無數。嗣因我方恐日軍有詐，亦不窮追。

下午一時，敵軍又以重炮向我閘北虬江路，寶興路，天通庵一帶轟擊。初僅每隔半分鐘開一響。旋愈開愈緊，竟隔二十秒鐘開放一響。惟無部隊衝來。我軍以敵人此種炮擊，僅爲探我虛實起見，爲寶貴子彈計，並不還擊。至一時半，日機六架，飛至太陽廟一帶擲彈，亦僅炸毀民房及傷害無辜良民而已。直至三時許，日軍之炮聲始漸稀少。綜計共開五百餘炮之多。

拾伍　日軍三次易帥—以白川代植田

日軍發難，爭戰匝月。鹽澤敗，野村來。野村敗，植田來。暴師四萬，迭遭奇挫：廟行失利，全線動搖。日軍至此，已有日趨疲困，無力進攻之勢。但日本素以「軍國」自豪，一卒一彈，豈容虛擲？爲國際地位計，爲武士道名譽計，日政府不得不孤注一擲，求與我決最後之雌雄。於是派援軍，遣大將，三易主帥，破釜沉舟。我政府則自謂鎭靜應敵，處之泰然。北狩中樞，準備和約。日政府之謀國與我政府之謀國，何相差若是之甚也！幸我十九路軍將士及第五路援軍將士，尙知守土有責，誓死與暴日相周旋。不然，半壁東南，恐已步東北後塵，任異族之憑陵，受鐵騎之蹂躪矣。

（一）易將 植田以屢次失敗，向日政府乞派援軍。日政府以敗軍之將，不足言戰，故改派菱刈隆爲派遣軍總指揮，並特任白川義則爲上海日本海陸空軍總司令。白川爲日陸軍中之傑出人才。日俄戰爭時，任營長。曾出征西伯利亞。其後迭著功績，遞陞至大將。嘗任關東軍司令官，及陸相，等要職。關於軍事學識，亦有重要著作。菱刈亦爲大將，在日本軍界中，頗負盛望。菱刈於二十七日到滬，白川於二十八日到滬。日本在上海之高級軍官，在白川抵埠以後，卽有二大將，二中將，一少將。

（二）增援 日軍自發難閘北，截至白川到滬，正爲一月。在此一月中，日軍始用海軍陸戰隊六千二百名作戰。大敗。繼調二十六旅團作戰，又敗。復調第九師團作戰，又敗。二十四日以後，遂加調第十一師團，第十四師團，來滬作戰。第十一師團及第十四團之軍力，大約如下：

▲第十一師團▼ 此師團轄步兵第十旅團（步兵第十二及第二十二兩聯隊），步兵第二十二旅團（步兵第四十三及第四十四兩聯隊），騎兵第十一聯隊，工兵第十一大隊，山砲兵第十一聯隊，輜重兵第十一大隊。兵士總數共一萬六七千名。

▲第十四師團▼ 此師團轄步兵第二十七旅團（步兵第二及第五十九聯隊），步兵第二十八旅團（步兵第十五及第五十聯隊），騎兵第十八聯隊，野砲兵第二十聯隊，工兵第十四大隊，輜重兵第十四大隊，兵士總數共一萬八千餘名。

拾陸 日援軍猛攻八字橋

日本援軍四萬人，於廿四日起，先後抵滬。廿七日，菱刈與植田會商軍事佈置；二十八日得白川許可，定於廿九日再度總攻。其兵力之支配，以大部襲瀏河，包抄我吳淞要塞。以一部守江灣，截斷我吳淞與閘北之聯絡。再以一部猛攻閘北八字橋以牽制我軍主力。佈置既定，上海戰事之重心遂移至八字橋。我防軍相機應付。八字橋於兩日間，四失四得。日軍終未獲勝利。

（一）二十九日三失三得　自我軍因戰略關係，自動將江灣鎮放棄後，日軍又得後援，乃思突破八字橋以壓迫我軍之右翼。廿九日，自晨至夕，白川傾全力與我軍爭衡。我軍防線，凡三失三得。日軍死傷，達千人以上。戰事之烈，不亞於蘊藻浜，廟行鎮諸役也。

（1）日軍進攻之先聲：廿九日晨八時，日軍施行砲兵集團射擊。用十五生的以上之野戰重砲約百餘尊，七生的五之山砲野砲共約五六十尊，裝配開花彈，向我軍防線施行「重層射擊之大填埋」，期使我軍不能在戰壕中應敵。同時飛機四十餘架，排成品字形，在我軍陣地，投擲重量炸彈。一時砲彈聲，炸彈聲，震耳欲聾。烟塵蔽空，雷鳴獅吼，自一二八以來，閘北之第一次大戰也。

（2）一失一得：九時，日軍開始向我八字橋防線衝鋒。三四千生力軍，藉坦克車，鐵甲車及飛機之掩護，向我軍蜂擁而來，如海倒，如山崩。我軍爲避免「鋒銳」起見，略向後退。日軍乘勢前進，我軍即下令反攻。當時我軍士氣奮發，人人抱必死之心。與敵搏戰，有進無退。日軍於死傷重疊之際，仍退原防，八字橋遂爲我軍在短兵相接中克復。

（3）二失二得：十二時，日軍再攻。以坦克車八輛爲前導，以飛機三十架壯聲威。我軍初沉着應戰，繼起與肉搏。相持半時，日坦克車以不能過我軍戰壕，被我軍擊燬二輛，餘皆後退。日軍亦退，距離我軍防線不過百碼。談笑之聲，彼此相聞也。二時，日軍又來進攻，意圖衝入我軍陣線。我軍奮勇抵禦，斃日軍七十餘人。日飛機即以輕機關鎗向下掃射，我軍在嚴重之壓迫下，又放棄八字橋。迨我援兵一到，即時反攻。日軍因我軍神勇，爲之膽落，雖死力抵抗，卒爲我軍所敗，狼狽奔逃。五時許，八字橋又爲我軍克復。

（4）三失三得：晚間七時，日軍又向我軍進攻，以重炮大炮之掩護，猛力向我軍陣地衝鋒。我軍沉着應戰。待日軍衝近，即以機關鎗、手溜彈痛擊。日軍死傷達三四百人，乃即退去。我軍亦不窮追。至九時後日軍又以大炮轟擊，我軍亦以炮還擊。雙方激戰甚烈。繼而日軍又來衝鋒，我軍分頭襲擊

。並以左右翼作包抄之勢。日軍猛攻數次，均不得逞。蓋我軍陣線鞏固。日軍決不易衝進。戰至十一時許，日軍始退却。不意十一時半，白川嚴令日軍必將八字橋佔領。故日軍又拚命向我軍角鬥。奪據八字橋。我軍反攻，日軍又不敵而退。

(二)三月一日旅進旅退 日軍在八字橋經一晝夜之苦戰，一日晨，已力盡精疲。至九時許，日援軍又到，集中約三四千人。復利用其集團砲兵及三四十門之各式重砲，及大批飛機爲掩護，作第四次之猛烈進攻。砲彈到處，房屋立時起火。蓋日軍所用砲彈完全爲硫磺彈及霰溜彈也。飛機所擲炸彈，無一彈在百磅以內者。加之鐵甲車威脅更甚。日步兵得此最大之助力，更乘勢作猛烈之衝鋒。當時我軍見日軍來勢過猛，爲避免犧牲計，僅以機關槍稍加抵抗。正午十二時，我軍卽向後撤退約一百米突。當我軍撤退一百米突後，蔡軍長立卽調動大批生力軍，向該處增援。至下午一時許，我軍四度反攻。因此處爲全綫關係所繫不容放棄也。六十師師長並親任指揮。我軍士氣更覺百倍。人人均抱犧牲決心，全軍同時動作。以多數之手提機關槍爲前導，猛向日軍陣地衝擊。喊殺之聲，震撼遠近。同時我軍大刀隊已滾進敵陣。刀光四射，血肉橫飛。鏖戰歷一時四十分之久，敵陣全潰，紛紛竄退。於是遂仍佔原有陣地。並檢獲日軍機槍數挺，步槍三百餘枝，鋼帽子彈無數。嗣後日軍卽用大砲不斷轟擊，無一分鐘之間斷。待至薄暮，日軍又取攻勢，但我軍仍固守原線，屹然未動。

拾柒 我軍退守第二道防線

當我軍八字橋拒敵之際，敵將白川忽將重兵一萬，側重瀏河，並派軍艦在楊林口轟擊，以烟幕彈掩護軍隊登陸。意在攻我腹地，取大包抄之勢，佔領淞滬也。

當一二八戰事初起時，我十九路軍本有重兵在瀏河駐守。瀏河扼長江咽喉，有事東南，軍家必爭之地也。嗣因滬行緊急，瀏河駐軍，悉數奉調。留守兵士僅二連而已。以二連之衆，抗一萬之師，衆

寡懸殊，明知不敵。士兵猶奮臂一呼，爭先效死。迨我方總指揮部聞訊，欲調兵往救，奈閘北方面，日軍亦同時總攻，後方援軍又不能准時到達。如仍死守，則我軍自真茹，廟行，以致廟行之第一道防線，勢必全被包圍。

劉河形勢，既告緊急，我軍事當局乃於一日下午開緊急軍事會議。各將領席間表示，以我軍堅守淞滬，已經月餘。奮勇殺敵，士氣極旺。今日軍既變更戰略，側重腹地，我方自應將陣線變更，俾可貫成一氣，嚴陣對敵。議既決，遂由蔡廷楷軍長於一日下午四時下令退守第二道防線。

我軍自一二八抗敵以來，血戰已逾匝月。戰線近長，迫近五十餘里。以疲乏之士，應付陸續而來之日寇。加以器械不良，援軍不至，能支持如許之久者，悉賴我忠勇將士，以血肉之軀，作干城之寄。十九路軍及第五軍盡責之誠，應戰之能，洵可無憾。惟是三十餘日，非甚迫促。東南交通便利，非同齊齊哈爾。乃竟以待援不至，不得不變更陣線，此真可為撫膺憤慨者也。

(一)衛國將士報告退兵　我軍全師後退，衛國將領，先後發通電二道。一則曰：「從事抵禦，不共戴天。」再則曰：「一德一心，共抗暴日。」赤血丹誠，令人感泣。兩電全文，情詞並茂，出師表而後，少有之作也。兩電如下：

(1)蔣光鼐，蔡廷楷，戴戟暨全體將士之冬(二日)電：「我軍抵抗暴日，苦戰月餘。以敵軍械之犀利，運輸之敏疾，賴我民衆援助，士兵忠勇，肉搏奮鬥，傷亡枕藉，猶能屢挫敵鋒。日人猝增援兵兩師，而我以運輸艱難，後援不繼。自二月廿一日起，我軍日有重大死傷，以致傾全力於正面戰線。而日人以一師之衆，自劉河方面登陸。我無兵抽調，側面後方均受危險。不得已於三月一日夜，將全軍撤退至第二防線，從事抵禦。本軍決本彈盡卒盡之旨，不與暴日共戴一天。浴血陳詞，尚祈鑒察。蔣光鼐蔡廷楷戴戟暨全體將士叩冬。」

(2)蔣光鼐，蔡廷楷，戴戟，張治中暨各師旅團長之公電：「暴日縱兵遼瀋，轉窺東南。我十九

路軍奉命守土，作緊急之自衛，與之相搏於滬濱者一月有餘矣。最初與敵之海軍陸戰隊及其初到陸軍，鏖戰二十餘日，殺傷過當，敵不得逞。而其第二批陸軍運到，我駐在蘇浙之中央直轄第五軍兩師，亦加入作戰。相持者復一旬，殲敵者又六七次。彼虜仍不得逞。最後又以其白川大將，率領兩師團來。而我始終在戰場者僅五師。爲數不滿四萬。敵則加倍於我。至是彼虜一面以講和形色，詭商停戰，欺騙國聯。一面以一師加入正面，一師由瀏河附近登岸，襲我後路，使我腹背受敵。而我運輸困難，援師不及。不得已，乃東夕奉命，將前線陣地放棄，爲戰略的撤退，再圖反攻。此我十九路軍第五軍一月以來與敵苦戰之經過情形也。夫暴日挾其既定整個之計劃亡我，我非全國動員，以極大之決心，作普遍之奮鬥，不能得最後勝利。我十九路軍與第五軍抗敵，非求一隅之勝負，與彼虜爭一日之短長。乃欲以此僅存血肉，供救國犧牲，作同胞馬前之導卒耳。自政府遷洛，已決定長期抵抗政策。我全國軍民，正當秉承此旨，一致奮起。電擊響應，此仆彼繼。勿以滬海之偏隅進退爲念。勿爲敵人分化之詭謀所中。尤冀我東北同胞，喞爲虜之痛，急起遣兵，收復失地。使敵備多力分。我十九路軍第五軍當竭此未盡餘勇，與強虜作最後周旋，藉收夾擊之效。土耳其苦戰三年，卒大破希臘十五萬軍，轉敗爲勝。杜蘭斯窪一小部落耳，亦能血戰三年，不稍屈服。況我以三萬萬方里之地，四百兆人民之衆，果能全國一德一心，不能殲此跳樑小醜，吾不信也。朝鮮之亡也，猶有陸軍數萬，卒被日人解散以盡。今我國現額之兵，統計不下百餘萬。與其待國亡後供彼宰割，何如及此未亡之時，作一光榮之犧牲。此次暴日蹂躪上海多時，炸彈所至，廬舍坵墟，死亡枕藉。孑遺黎民，莫不同仇敵愾，不聞怨聲。此等悲壯之劇，可泣可歌。國土猶是也，人民猶是也，苟一旦主權既失，寄生命於仇人之手，其慘狀又當何若也。惟願我全國父老兄弟，毋忘閘北江灣。全國軍事領袖，毋忘朝鮮及今日之東省。暴日向國際公開宣傳，詆我謂非有組織之國家。即謂我國人不知鴒原急難，擊首而尾不動，可以各個擊破也。而我全國軍民，猶以巢幕游釜爲安，罔識鬩牆禦侮之義。忘同屋之纓冠，作鄉鄰之閉戶。是誠爲

見仇者所快，而爲見愛者所痛矣。我十九路軍第五軍，亦惟有收拾餘燼，背城借一。事之不濟，則拚命於沙場，以謝我炎黃祖宗在天之靈，不願爲亡國之民也。敢曰乾時之戰，雖敗猶榮。倘幸卽墨不亡，侵地終反。擐甲哀鳴，淚盡以血。惟我同胞，實昭鑒之。總指揮蔣光鼐，十九路軍長蔡廷楷，司令戴戟，第五軍長張治中，暨各師旅團長同叩。」

(二)撤退情形 蔡廷楷於三月一日下午下令撤防。四時起，前線軍隊開始後退，但仍用大炮作掩護，向日軍頻頻發炮。故二日晨天明時，仍炮聲隆隆。我軍撤退時秩序極佳。所有軍械等，毫無損失。自一日下午四時起開始撤退，至次日天明時，隊伍已完全開拔至預定地點。運兵極爲神速。斯時日軍尚渾渾噩噩，不敢前進。蓋尚未知我軍已開始移動陣線也。

(1)瀏河首先退却：據軍報，二十九夜瀏河方面，有日軍一萬餘人，(外傳千餘人不確)，於黑夜中偷渡登陸，向我陣地攻擊。步步逼迫，着着進展。我軍爲防衛起見，卽予抵抗。一時炮火猛烈，泥灰四濺。雙方相持，歷時甚久。繼而日軍陸續增援，愈到愈多。相形之下，有寡衆不敵之勢，而尤以左翼之被壓爲尤甚。徒作犧牲，於事無補。乃卽向後退却，以保實力，而待後命。

(2)他處繼之而退：瀏河之我軍，既先撤退。於是大塲，江灣，廟行等處之部隊，已感呼應不靈，失其聯絡，而有孤掌難鳴之感。倘仍作困獸之鬥，則勢必腹背受敵，而受重創。就事實與形勢兩端而言，實不應作勉強之撐持，致受不需要之損失也。故各該地陣線之我軍部隊，亦卽相繼後退。日軍初則進據楊家宅，繼至金家碼頭，而向大塲鎮等處進發。

(3)軍實絕無損失：此次退却，並非因戰敗而始出此，故退却時，極有組織，極有秩序。軍實方面，絕無絲毫損失。日軍雖乘我退兵之時，間亦加以追擊。然我方因並非戰敗而退之關係，軍心不亂，態度鎮定。故仍精神振作，毫無畏縮，而現狼狽之現象。是以整個之隊伍，皆得於安全中退走。

(4)浴血出吳淞：吳淞方面，守將譚啓秀司令及翁照垣旅長，於大軍退卻之時，仍誓死守土。以

一旅之衆，被敵三萬餘人包圍。血戰一晝夜，氣不稍餒。迨至三日，蔡廷楷於電話中，囑暫退守。繼之以泣。同時張子廉，持函殷勸，勵以保全實力以爲後效，不必作過量之犧牲等語。同時各方民衆請「保全實力，保國日多」等函件，紛如雪片。譚翁兩氏遂於三日午後一時，統帶雄師，衝出一條血路，從間道至瀏河。

(5)突出重圍：三日晨日艦二十餘艘，同向炮台上我軍開炮。並有飛機九架，盤旋空際，擲彈作戰。譚翁兩氏指揮士兵，極力抵抗。迨至午後一時，最後决定，密令部下，退向瀏河。時日軍有三萬餘人，將吳淞狐地，密密包圍。譚翁兩氏分頭指揮。在砲台方面，頻頻向日艦開砲，以事掩護。一方向日軍取包圍之勢，分其兵力。一方極力進攻，衝開一條血路，全旅人馬，安然退出吳淞，全部無恙。此次退出吳淞之翁旅全部，計三千餘人，此外尙有上海市民義勇軍三百零四人，鐵血軍四百餘人，大刀隊五十餘人。從吳淞轉戰至瀏河，無大損傷。因有計劃之且戰且退故。上級軍長除譚翁兩氏外，如副官處長邱秋星，參謀處長邱國珍，義勇軍指揮王南屏等，均各無恙。而廟行大場間轉戰餘剩之我軍，乃與翁旅合集，同退瀏河。時正四時。

(6)傷兵痛哭失聲：金神父路法政學院內所駐傷兵，聞我軍變更戰略，放棄頭道防綫，並開始撤退至第二防綫之訊，有十餘士兵，覺痛哭失聲。謂：「我等出生入死，白刃肉搏。血濺原野，沙場拚命。原冀保全國家領土，不使敵人越雷池一步。乃竟得如斯慘果，能不令人痛煞。我等欲哭無淚矣。」該院負責人見狀，恐有礙傷兵健康之恢復，故嚴囑一切服役人等，以後任何人在傷兵面前，均不准再事吐露軍事消息。

(三)總退却之原因　衛國將士之通電，謂退守二道防線之原因，係因日方迭增援軍，而我軍後援不繼。此蓋實情，不容諱飾。近聞中樞當道，激於國民之義憤，巧詞文過。不曰：「援師因日艦之威脅不能渡江。」則曰：「運輸困難，準備不足。」嗚呼！此亡國之音也。倘援軍果因日艦之威脅而不能

渡江，何不即時作緊急之應付？中樞果因日艦之威脅而不能遣調援軍，則我國任人宰割，終無對外作戰之可能矣。「運輸困難，準備不足。」前者不可諫，來者猶可追。兒帝兒王，我當局又有何樂？

(1)十九路軍高級軍官之談話：兵撤以後，有以此事原委問於十九路軍高級軍官者。軍官曰：「此次在上海四周作戰之第五軍及我軍，業已全師撤至第二防綫。此舉乃基於以前之決定。而此決定之執行，不過一時間問題而已。此種戰略上之撤退，實由於第一綫之作戰，其便利盡屬日方故也。蓋我軍之原有防綫，閘北至吳淞，並非一軍事防綫。其所以採取之者，僅因政治地位之重要耳。請言其故：

(甲)原來防綫，無攻勢之可能。此則因我軍不願攻擊公共租界。雖公共租界已爲日軍用作軍事根據地，而我軍不願攻擊公共租界。

(乙)原來防綫與滿佈日艦之黃浦江，成平行綫。故該綫常爲日方重砲火力所威脅。

(丙)在上海四週之我軍，數字上雖與日軍約略相等，但因運輸之缺乏，實際上僅能用其半數於戰場。此因我國之抗日，既係舉國一致之行動，而日海軍復完全控制黃浦江及揚子江，故我軍勢必分佈兵力於受日軍威脅之各地。因此我軍之集中於第一道防綫者，決不能如日軍所能遣來上海者之衆。

(丁)所有公共租界之馬路及吳淞上海間之汽車路，均在日艦來復綫之內，且爲日方所佔有。日軍利用此項道路，易於使用坦克車，鐵甲車，及重砲。而我軍則須往來於泥濘途滑之中，以取得後方之接濟。且因日海軍控制揚子黃浦兩江，我前線乃易爲其登陸軍隊任意襲擊。至日軍之不惜鉅大犧牲，從事於徒勞無益之正面攻擊，適足見其缺乏戰略上之知識。蓋彼若在黃浦江揚子江沿線任何一處上岸，則我軍爲避免後防之切斷，勢必早已撤退矣。現日軍卒遣一師團在瀏河登陸，於是我軍乃不得不自動退守第二道防綫。

現在距戰爭之終點尙遠。戰爭實正在開始進行中。月餘以來，我國軍隊，對抗日軍武力，毫無畏

懼。日軍攜有坦克車，飛機，野砲，最新式之重砲，凡人類知識所造之器械，無不應有盡有。而我國軍隊，祇有步槍及機關槍，以抵抗日本之激烈砲火。據某外國武官言，戰場之上，缺乏戰爭之嚴厲，實情有如假戰。蓋所有砲火，俱由日方發出。中國大砲，均被日飛機炸彈轟燬。中國軍隊，祇有靜居壕內，接受日砲砲彈，日機炸彈。必俟砲火已停，日軍出而衝鋒時，始能以步槍機關槍應戰。上海附近戰事，業已證明兩點重要之事實。(一)證明日本海陸軍可畏之作戰能力，不過一種紙老虎，業經揭破。(二)證明日本優於盡量宣傳。每日世界均飽觀日軍個人之英勇，及日軍之英勇。因其有多數之飛機，坦克車，海軍砲火之協助之種種優勢。在如斯軍隊之中，倘有個人英勇可言，當用之於比較高尙之主義。至我軍之英勇，皆由外人眼見所傳述，毫無偏袒於其間。蓋中國軍隊，並不僅以個人英勇見長，全軍均英勇奮發，無一例外。數萬健兒，誓保國家之榮譽。不惜以血肉之軀，抵抗新式戰器，誰謂如此英勇之民族，能終於失敗？」

(2)十九路軍後方辦事處宣傳主任王志遠之談話：王志遠答客問曰：「查十九路軍及八十七，八十八兩師，此次奮勇抗敵，原爲民族求生存，國際爭地位而戰。計自開始作戰以至三月一日晚撤退以前，激戰一月零二日。各路士兵以血肉當鎗砲。肉搏計共九十餘次，未聞有一人臨陣退縮者。查我軍所有軍械，均比不上日軍。甚至以步鎗射飛機，轟兵艦，守炮台，確是打破戰爭史上的新紀錄。其精誠衛國之苦心，實足以驚天地而泣鬼神。現在雖然撤退，但與軍事計劃絕無影響。當歐戰時，法軍爲德軍所敗，退守巴黎。當時法國政府且有遷都里昂之議。後德軍卒爲法軍所敗，反致失地賠償。倘我國民衆能有澈底的認識，抱絕大的決心，日寇不足懼也。茲將我軍撤退的理由略述如下：

(甲)一月二十八晚，日軍侵我軍防地。當時我軍與敵接觸者僅七百餘人，嚴守閘北天通庵江灣一帶防線十餘里。劇戰終夕，結果大敗日軍。隨後我軍續陸增調，共計人數三師。後再加入稅警團及八十七八十八兩師，總共不過五師。而日軍初時已有六千餘人，繼續增至八萬。雙方人數比較，日軍多

我一半。敵人雖尚未明瞭我方虛實，而知已知彼，我軍實不能不預為準備。故當三月一日晚上，仍與敵軍作最劇烈的激戰。當我軍撤退後，各路防線雖已無人，而日軍因屢被我軍迎頭痛擊，且深知我軍向以沉着應戰取勝，初則猛用大炮攻擊，繼則飛機觀察，結果仍不敢輕進。此實我十九路軍，八十七及八十八等師之奮勇殺敵，大寒敵胆所致。然援軍迄今未至，我軍為戰略上關係，故有撤退之必要。

(乙)關於十九路軍第五路軍所有軍械及戰鬥品物，吾輩可以不必談及。總之日軍飛機，軍艦，野戰重炮，坦克車等，均較我軍優越。為減少犧牲起見，均應撤退。

(丙)我軍戰線，由閘北延至吳淞約二十餘里。且要兼顧瀏河南市。在軍事方面研究，均應縮短防線，以為長久抗爭之計。

(丁)在運輸上而言，敵軍實處優勢。且沿江一帶，均為日艦炮火所壓迫，故我方實應為安全之撤退。

(戊)瀏河本為最可守之地。沿岸沙灘，日兵登岸，殊非容易。但因我軍人數不敷分配，以致失守。因此我軍左翼勢受壓迫。為鞏固防線及謀第二步進展起見，均有撤退之必要。

以上是十九路軍八十七八十八兩師之撤退原因。然援軍不至，實為全部之大誤，吾人所痛心疾首者。總之蔣總指揮蔡軍長及戴司令對日抗爭，是其素志。讀三人前後通電，便知其梗概矣。」

按日方初次調來援軍，往往先事宣傳，以相恫嚇。後以面子關係，多秘密運滬。不准日報披露。故日軍在滬人數究竟幾何，我人未由窺測。茲據日方可靠消息，日方兵力，最初鹽澤指揮陸戰隊六千餘人，商人義勇軍約三千餘人。第二次野村帶來陸軍萬餘人，特別陸戰隊三千餘人。第三次植田帶來陸軍第九師團約二萬餘人。第四次菱刈隆帶下第十一十二十四三個師團，約五萬人。以上人數，為報上所揭載，我人所已知者。此次白川大將來滬，共帶有三個師團，均為日本全國之精銳。（一）東京第一師團，（即日本禁衛軍。）（二）名古屋第三師團，以馬隊砲著名。日俄戰爭時曾在西伯利亞作戰，

建立大功。(二)廣島第五師團，爲名譽師團(即模範軍)，三師團人數，亦不下五萬人。此次日軍在滬作戰人數，雖祇有七萬人，但其總力量約有十二三萬人以上。故作戰時，在後方得以休養者，往往有四五萬人之多。此次十九路軍，雖爲戰略上關係，不能不退第二防線。然日方罄其全國之精華，以與我十九路軍作戰，亦未得多大之勝利，其伎倆亦可測而知矣。

(四)外報對於我軍撤退之觀察　我忠勇將士，因戰略關係，自第一道防線，退守第二道防線，各外報多有評論，摘錄一二，以示一斑。

(1)大陸報論我軍抗日爲防禦戰：大陸報云：「中國軍隊因戰略關係，三月一日晚間自吳淞江灣閘北一帶全軍撤退。秩序整然，未喪一人一物。可謂能進能退者矣。此次中國抵抗日軍侵略之兵，人數之寡，外間罕有知者。今既全部撤退，毋容再守秘密。查十九路軍全體不滿二萬五千人。協同作戰之其他部隊，其數更少於此。其所抵抗之日軍，則時時增援，迄今已逾六萬人。且中國軍隊，自開始作戰，則處不利之形勢。軍械既窳陋，子彈又不充足。更無飛機從事偵察，或轟炸敵陣要害之處，輔助作戰。日軍則所處形勢頗優。有大小六十餘艘軍艦，在中國領海內，可從安全距離轟擊華軍陣線。更以全國海軍飛機之半數，從事轟炸缺乏高射砲之華軍。其陸軍砲隊在此次戰事，亦居極重要地位。彈藥之運輸，不虞襲奪，能無限量供給。儘可用以蕩平村鎮，破壞陣地。且除此物質上之優點外，日軍更可藉租界爲保障。其戰敗後，退回租界整理者，不祇三數次。即日當道亦承認海軍陸戰隊曾迭遭殲殄之危，幸及時退入租界，得免潰覆。反之，中國軍隊則因須保持租界之中立，作戰須極謹慎。追逐戰敗之日陸戰隊時，未嘗有一次追入租界。中國司令深知有時以攻爲守，最爲上策。當日軍猛攻江灣廟行時，乘虛襲攻虹口日軍根據地，爲最優之戰略。但以此舉將違犯租界之中立，明知爲行軍之利，卒未實行。且華軍始終爲防禦戰。遵從中央政府命令，僅於敵人進攻時，力戰却敵。蓋以中國曾向國聯保證僅抵抗日軍之侵犯，不取攻勢也。日本之發言人及他國之表同情者，嘗以喪失威望與顏面爲

早日停止敵對行動之障礙。今中國軍隊，既已撤至第二防線，已畀日軍一異常機會，重獲其已墜之威望與顏面。中國軍隊刻在距滬二十公里之外，已合於日軍要求之停戰條件。日人是否將踐言勿再擴大軍事行動，將於今後數日間觀之。倘日軍行動再遠逾二十公里區域之外，則其責任將全由日人負担。中國軍隊以善於撤退，未喪其戰鬥力。仍準備如一月二十八日在閘北之保衛境土。果若日軍認敵人退兵爲大勝利，而圖繼續其軍事行動，則華軍之撤退，僅爲持久戰之開始。觀於遷都洛陽一舉，足見中政府政策未嘗不有長期抵抗之計劃。惟日人不宜之戰，施諸內地，則既無租界可供失利時之退兵地，又乏良好道路行駛坦克車與重砲，更不能得軍艦之掩護。形勢上頓失若干優點。勝負之數，正未可知。今租界內之西人，諒必驚異中國軍隊撤退之迅速與整齊。其所慮華兵將闖入租界之虞，實屬毫無理由。中國人民視目前局勢或將失望。但須知中國軍隊自始即未嘗期望大勝日人，久守陣地。今已可謂處極困難之環境下，有極良之成績。其抗戰器械犀利形勢優勝之日軍，至於一月以上，業已表示中國軍隊能若何保衛境土，抵禦可怖之新式軍器。今和平之努力，倘歸失敗，日人決意前進，則中國正在第二防線準備與敵一較短長。總之，中日戰禍，今猶未已。苟非日人稍示大政治家風度，乘機立停其敵對行動，則大戰正在前途也。」

（2）字林報稱贊我軍之勇敢：按字林報爲一對我國不表示好感之西報。但對於我十九路軍之抗日禦侮則表示十分敬佩。我軍退防後，作評曰：「中國第十九路軍，一月以來力拒日軍。論其事實，有可稱焉。該軍服裝不完，器械不備，其中又以童稚之年爲衆。以如此之軍，與日軍相抗，倘以他人遇之，五禮拜以前，久已退走不前。而該軍堅持不屈之精神，未嘗一動毫髮。其不能長抗不衰，久戰不敝，在該軍非不自知。然既戰則戰而至於死。旦夕之間，其聲名聞於全世界。第十九軍即使軍實不充，凡百缺乏，而有一物則獨不缺。此物者何？即自古以來爲士卒之所必備，爲軍中之所最重之勇氣是也。上海外人，初不悉十九軍爲何如軍隊，今既見其勇往之概，樂爲主義而死，使人不得不起敬重之

心。即如本禮拜三，該軍疾退之時，其中仍有力守，不肯即去，必欲彈盡而死者。他人所希望於十九路軍者，曷嘗如是其甚。錄而彰之，我人之責。在外人觀之，見其愼重不犯租界，不礙人之業產，自始至終，未嘗一易其志，當此撤防欲去之時，更應受我人之敬禮焉。」

(3)全德報紙謂最後榮譽仍屬我國：三日柏林國民社電訊曰：「今晨全德報紙對于上海中國軍隊爲戰略關係，撤退吳淞閘北，咸以爲極有政治的重要。並一致聲稱，戰爭榮譽仍屬中國軍隊。十九路軍能抵抗軍械遠勝之敵人至於卅二日，其勇敢與膽略當存天壤間，無有足以減損之者。」柏林日報評論稱：「中國軍隊之在日軍包抄行動猶未開始之際，即行撤退，實爲最適時宜。若再死守不退，並無實益。亦未必能再增十九路軍之威望。最後又謂日當道苟能踐言，則和平當能於比較短時期內達到。中國軍隊在此時撤退，顯然係政治行動。是見中國政府準備獲得一榮譽之和平。」波森日報亦預料可以早見和平。但謂上海事件，恐未必能僅藉簽字解決。並逆料全國對于三十二日激戰之反響，以爲不論上海不宣而戰之結局若何，其直接結果，已使中國站在新紀元之門閾。該報又極重視中國政府決定與俄復交事。謂一旦中俄聯盟後，恐將成爲世界之威脅。

(4)大美晚報贊歎我軍退兵整齊：大美晚報云、「自日軍十一師團八千人昨晨（一日）在瀏河登岸，佔據瀏河，對於上海華軍取包圍形勢後，十九路軍經五星期之血戰，以後防空虛，決定變更陣線。昨日下午開始總退卻，陸續後撤。至今日（二日）上午始畢。退往眞茹、泗涇、松江，一帶。北車站附近華軍固守陣地，掩護退兵，直至今午始向後撤退。吳淞中國軍隊則堅守不退，必死守至最後一人而後已。目下實際已在日軍第二十二聯隊包圍中。公共租界北區與西區邊境所駐外軍，昨今兩日，嚴爲戒備，以防退兵發生紛擾。但皆目擊中國軍隊撤退時，行列不亂，極爲整齊。迄於今午止，未有一兵一卒企圖走入租界者。此次華軍主力部隊，雖自昨日起開始退卻，仍留砲隊與迫擊砲隊，向敵陣開砲不止，以防敵人進擊，掩護退兵。日方遂亦猛烈還轟。直至今晨日步兵始向前進。日兵第九師團右

翼今晨八時進至李家樓。其中央陣線之先頭部隊，亦進至楊湖。下午十二時三十分與華軍少數殿後兵士激戰後，乃佔據大塲鎮。」

（五）輿論憤慨　時事新報記者曰：「謂戰略的退却者，所以異於敗退也。相持月餘，屢挫強寇，最近數日之劇戰，國軍亦無多大損失。謂非敗退，斷非飾辭。然我人不得不追問者，何以致使戰略上有退却之必要？證諸十九路軍將領之通電，謂以後援不繼，謂以無兵抽調。然何以後援不繼？何以無兵抽調？層層推敲，責有攸歸。記者方將執筆論之。而陳芷町先生之論文遞至。凡所質問當局者，無一非記者所欲質問。抑亦今日哀悲沉痛發憤之國民所皆欲質問者也。是非一家之言。逆知讀者之必予以十分同情」。陳氏之論文曰：「當十九路軍奮起抗倭之初，一時社會傳言，僉謂實攬國府權力之蔣汪，不敢抵抗，不願援應。甚且故意牽掣，以速前線覆敗。言者鑿鑿，舉國憤激。俄而國府遷洛，聲明準備長期抵抗。汪亦再三表示，決無坐視孤軍苦戰之理，惟軍事秘密，不能輕露，將來自有事實可見。風聲所播，全國欣慰。蓋固承認軍事祕密之必要，而甚願政府有援助事實證明也。

然及今日，不特未見所謂援助事實。且政府是否有抵抗決心，亦模糊曖昧，令人無從捉摸。十九路軍與倭寇血戰一月又二日之久。今乃以並非戰敗而被迫全線退却。據傳原因，純爲倭軍突由瀏河登岸，我軍陣線有全部被圍之勢，不得不放棄原有防線，迴師以擊後竄之敵。雖曰戰略關係，異於敗退。然陷上海於敵手，漲侵略之兇鋒，增外交之困難，使舉國民衆搥胸頓足，則固無可諱言。而同時傳說政府自一二八以迄今茲，除俞濟時張治中兩部來滬，係別有作用，半途被迫參戰外，絕無一兵一卒之援，一文一彈之助。並謂張發奎頓軍湘邊，蔣實陰令何鍵阻其前進。海門聚軍五萬，專候發令發餉，卽可渡江，扼守瀏河，政府亦卒靳而不予。外此類是街談，更不遑枚舉。雖內容如何，一時難明。然倭寇以傾國精銳，攻我一隅一軍，早爲世界共曉。瀏河爲滬戰陣線之背後要隘。旬日之前，已盛傳倭寇蓄意窺伺。在軍事上必守必爭，又爲稍具常識者所習知。政府日言長江防務，佈置完密。何以如

此重地，竟無相當部隊堅守其間，而聽倭寇安然上陸？是誠萬難索解。所謂長江布防一語，根本令人不敢置信。故十九路軍之退，純出政府不派援軍防守瀏河之罪。蓋十九路軍不過三萬餘人，對抗滬方五萬倭軍，不能兼顧，自屬當然，實爲極顯明之事實。汪氏所謂終有事實可見者，豈卽此類是乎？

上海爲我國經濟文化之中心，政府生存之命脈。日人所以『不惜重大犧牲』（日本軍閥自道者）欲繼東北而圖佔據者，蓋卽欲完成其侵略陰謀，乘使打破我抵貨之根據地。上海而落彼手，必如東北近事，交還無期。國聯不足恃，英美不能援，殊爲絕對明確。豈政府當局諸公尚痲木無知，不顧所謂黨國存亡，仍視上海爲十九路軍之私有地盤，仍不戮力同心共圖恢復之道乎？抑尤痛者；十九路軍退出上海以後，若繼續對倭作戰，所有後方接濟供應，更一惟政府是賴。我滬上民衆雖再願節衣縮食，略盡物資貢獻之義務，恐亦形格勢禁，不易送達。政府如再坐視不理，則其結果，予實不忍言之。

昔甲午中日將戰，倭酋懼不能決。伊藤博文奏曰：『中國各省一盤散沙耳。我與開戰，至多僅當衝之一省與我爲敵。傾我全國制彼一省，劵勝必矣。』及交綏，果僅李鴻章一部抵抗。故事後，歐美人士但稱是役爲日本與李鴻章之戰。嗟夫，此次植田通牒專致十九路軍，而聲明不對蔣介石君。彼因洞見我國當局甘於亡國滅種之心理，而用其甲午之故智也。最近倭關東軍司令本莊繁奏倭皇書有：『蔣介石人雖聰明，但毫無國家觀念。北上收復失地，特無臭之妄言耳。汪胡則本無實力，國家觀念亦薄。』等語。（見生活週刊文中）蔣汪固現時國府綜文武之大任者。倘不願爲亡淸奸佞之肖子賢孫，及倘知廉恥不受敵將之侮辱定評者，曷亦毅然奮發，表現援滬事實，以慰解全國劇痛之人心。」

時事新報又有時評曰：「自十九軍撤退至第二防線，戰局突生變化。傳說紛紜，謠言蠭起。其間最足使一般人衝動與悲哀者，莫若謂政府如何如何也，蔣介石如何如何也。平心審察，究其內容，似可信，似可疑。信之則證據不足。疑之則反證亦不足。善意度之，則不難發見種種可諒之根據。惡意度之，則不難列舉種種不可諒之形象。

讀者諸君乎。此豈記者之模稜兩可其辭？京洛與上海相去千百里，交通阻梗，消息未能轉達。而執政者之宣言通電，復有誠信不孚之歷史。我人既無自而確知我人所欲知之事實，又何敢祇據其宣言通電而肯定其言行表裏之始終一致。則強作解人，以欺罔讀者，當非讀者所期望於報紙，抑亦本報所決不爲也。若以其不可信任之歷史而聲討之，容可博得讀者之同情。然國難若斯，誰無心肝？乃謂當局竟喪心病狂，不肖人類，則以道德觀念爲出發點，不容作此證據不足之推論。

應付大難，務以理智爲本。感情最足誤事。其不以準確之事實而發之感情，所含之危險性尤甚。是以在此無從確認政府態度之日，不如暫時拋棄愛護或憎惡之成見，而惟向確認之焦點做去。國人所確認者，國家非政府與蔣介石之國家，而爲國人共有之國家。故無論政府與蔣介石之態度如何，國人必須爲自己而愛國。外侮非政府與蔣介石之外侮，而爲國人共有之外侮。故無論政府與蔣介石之態度如何，國人必須爲自己而禦侮。」

申報時評曰：「我人當繼續奮鬥。」旨哉言乎！「自一二八戰幕揭開，迄今恰爲一月又二天。十九路軍以血肉抗日軍軍艦大砲，飛機，以及鐵甲車，坦克車，烟幕彈，特姆彈等最新式之利器，維護我民族之人格。此三十二天中，衝鋒陷陣，肉搏鏖戰，亦已屢挫強敵，使其不敢正眼相看。十九路軍之英武，誠可昭示世界。誠無負於我國家與人民。誠不愧爲我民族之武力，人民之武力。應得我全體人民擁護與崇敬。

至我人民對於此次戰事，慰勞救護，與十九路軍協力抵抗，亦已竭盡國民之天職，亦已可謂無負於國家矣。

雖然，此次英勇之抵抗，既已昭示世界，以我民族今尚未喪失其立國之精神矣。此後本此精神，以終始抵抗，作持久之艱苦奮鬥，則我人當終可維護我民族之生存自由，並爭取公理與正義之長存。國人乎：今日之事，吾人爲自救救國計。惟有繼續奮鬥而已。復何言？復何言？」

第四編 浩劫傷痕

日本自稱爲廿世紀文明國家之一，吾人平時亦以文明國家目之。不意此次淞滬事變中，日本軍民所表現之暴行，如殺人，如強姦，如虐待，如放火，野蠻異常，無所不用其極。兇獰怪狀，有非文明國人所能想象者。十室之邑，必有忠信。編者知日本邦人，稍具近代倫理觀念如賀川豐彥一流者，亦必爲之唏噓泣血也。編者所搜集之暴行事實，皆係證據確鑿，日本軍民毫無可掩飾者。文化日有進步，不圖於二十世紀，尙見一等强國如日本者，其國民性竟如此凶殘，如此刻毒。

日本民軍在上海一帶之暴行，層見迭出，紀不勝紀，書不勝書。此編所錄者，因篇幅有限，不過聊示一斑，使國人知所警惕。人不犯我。我不犯人。人旣犯我矣，我將如之何？將以德報德，以直報怨乎？抑將以善勝惡，以柔克剛乎？爲人道計，爲保持二十紀之文明計，吾人對於日本軍民之野蠻暴行，誠不可不加以嚴厲之制裁也。

編者至此，尤有不得不忍痛一言者。上海自發生事變以來，國人生命財產之損失，幾無從估計。危難未已，且將不知伊於何底。吾人對於遭殃之國人，如時事新報所言者，實抱無窮之同情；並主張由政府與社會共負徹底救濟之責任。蓋此次淞滬壯烈之慘劇，正如東北之慘劇，乃整個國家之事，整個民族之事，决無所謂地方問題。籍曰我日兩國尙未正式宣佈絕交開戰，然遭殃者之遭殃，絕非任何個人之咎戾所致。獨以適逢其會，遂爲特別犧牲者。是爲道義計，政府與社會斷不容坐視。危牆之下，斷不容袖手旁觀也。抑編者又有欲爲遭殃之國人告者，已爲時事新報主筆先我而言。「吾人應確認今日之事，爲整個之國家與民族之問題，亦爲我曹之祖宗與子孫之問題。問題之性質如斯，則從大處着眼，全上海三百餘萬之生命，有何價値，十餘萬萬之富力，詎足珍惜？可以保全則保全，不可保全

則犧牲。富有千萬者，以千萬爲身家性命所繫，僅儲擔石者，以擔石爲身家性命所繫，是以僅儲擔石者之珍視其擔石，初不稍遜於富有千萬者之珍視其千萬也。犧牲！犧牲！犧牲千萬如擔石耳！傷心飲泣，讓之婦人豎子。凡七尺丈夫，巾幗英雄，有本領，有前途，何妨從頭做起。信心若此，遺殃之國人，宜欣欣於中華好男兒之衛國守土，奮勇殺敵矣乎？

壹　遍地血花

北史曰：「人之所寶，莫寶於生命。德之厚者，莫厚於宥死。」日本軍民在淞滬，其視我國人之生命也，則如草與芥之不足珍。下列事實五十五件，皆係信手拈來，可以證編者所言之不誣也。冤冤相報，因果相乘，日重佛法，編者爲斯懼。

事實一——被難人被刺死：一月廿九日下午二時許，北四川路海寧路前，有由閘北逃出之年邁婦人及三十餘歲之壯年男子各一。行經日兵附近，突爲日兵將男子刺死。鮮血四濺，婦人撫尸大哭。旋由捕來將屍車送向南去。

事實二——蔣時叙及家眷遇難：寶樂安路中華基督教會牧師蔣時叙，及其夫人與子女等（有一女年九歲，乘隙爲隣居所救），一月三十日下午被日陸戰隊捕去慘殺，毀屍滅跡。經該會董事應書貴，鈕立卿，霍思美，郭鮑懿，會同中華基督教會全國總會幹事高伯蘭，上海西人青年會幹事費吳生及其他親友等屢向日本駐滬軍事外交長官交涉，並經美總領事提出警告，皆未得要領。日本當局否認有捕殺蔣牧師及其家眷情事。但蔣牧全家之被捕，有證人毛文吟目睹。

事實三——刺刀上慘死：百老匯路順利五金店內，有學徒二人。因該店外有日軍守望，不能開市，亦不敢出門。二月二日店中忽由外間打來電話。兩學徒往聽。鈴聲爲日兵所聞，遂入該店，將兩學徒用刺刀刺死。

事實四——高談闊論遭殺：江北人張錦堂、許爲義，郭正有等十餘戶，皆住居檳榔路十間頭地方。因閘北發生戰事，恐遭兵燹之慘，遂在地下掘一地窖，以爲藏身避險之所。當在屋內高談闊論商議辦法之際，被門外日兵所聞。排闥而入，將屋內所有男子一併拘去，消息杳然。後由六區公安局勞勃生路派出所在蘇州河浜北日華紗廠對面河邊發現男尸十三具，皆遍體刀傷。當由張朱氏許王氏等聞訊前往辨認。內有九具係彼等之丈夫及親族。計(1)郭正有，年二十八歲，靖江人，紗廠業，住檳榔路十間頭三七二號。(2)沈長安，年三十二歲，阜甯人，泥水匠，住十間頭三七二號。(3)丁受堂，年二十四歲，泰州人，皮匠，住十間頭三七〇號。(4)張錦堂，年三十二歲，阜甯人，魚販，住十間頭一〇八號。(5)王懷雨，年四十歲，阜甯人，煙紙業，住十間頭三五八號。(6)許爲義，年三十二歲，阜甯人，黃包車夫，住十間頭一六八號。(7)崔炳裕，年卅九歲，阜甯人，魚業，住十間頭一〇八號。(8)潘正金，年二十一歲，淮城人，鐵匠，住十間頭三六二號。(9)王鳳才，年三十六歲，阜甯人，住十間頭平房。其餘四尸，因無尸屬前去認領，故姓名不詳。

事實五——刺刀不能拔出：二月二日晨有一黃包車夫，行經寶興路捕房附近，被一日兵用刺刀從背後刺進。因用力過猛，刺刀陷入甚深，不能拔出。日兵乃再開槍一響，將其擊斃。

事實六——林肯坊之悲劇：大美晚報云：「德人皮克夫婦，英人克利恩，又愛理斯夫婦，與其兩童，皆寓虹口公園對面林肯坊。陷於戰區中五日，歷盡驚險。至星期二日(二月二日)始行逃出。據謂，日人突攻閘北，致令彼等無機遷避。雖曾請諸日當局，而毫無效果。屢圖逃出，非爲便衣日人暴衆所阻，即爲日水手以槍刺逐回。星期二日因鄰宅起火，彼等遂決意於死裏求生。急取可攜之物，冒烟奔出。行至日人防綫，舉手而行。是時不知生命能否可保也。幸遇一日友，乃得援脫險。皮克曾由其本國領事囑其勿以一切情形告知報館。故不肯洩露其窗中窺見之慘狀。克里恩尙未晤其領事。星期三晨，曾述其五日中所見慘事一二，聞之令人心酸。」

克里恩曰：「滿街死屍縱橫，餓犬爭噬。犬集甚多，故不能見屍。吾人開槍驚之，但犬仍不散。吾人見黑影蛇行入一室縱火。室中華人由煙中奔出，卽遭擊斃。死屍橫地，有男，有女，有孩童。對街有一華人商店主婦，抱一嬰孩，正欲離店，卽遭擊倒。次日覩之，猶緊抱其孩，臥地呻吟。遂由吾人之華僕趨出，舁入一室，而照料之。吾人行時，母子尙生。華人欲圖移屍去者，輒爲日人用來福槍與機關槍轟擊。致死屍當街，任令羣犬聚噬。日人非常殘惡。遇見華人，或棍擊，或槍戮，或彈殺。卽孩童亦不能倖免。」

事實七——陸戰隊斃路人：二月三日早八時許，小沙渡地方，有日陸戰隊十餘，由東向西而行。時適路旁之人行道上有一年約二十左右，身穿短衣，形似工人模樣之男子，因見該日兵來，拔足奔逃。日兵卽連開三槍。該男子腰背着彈，倒地斃命。

事實八——拘殺滬西居民：滬西勞勃生路檳榔路間，係英兵防守區域。二月三日晨九時十五分，突有日兵一車，行經該處。適有一國人，由東京里走出。日兵遽開槍射擊。此人中彈之後，痛呼倒地。附近居民，聞聲出視，當被日兵拘去七人(內有二人係日商第五紗廠之工人)。詎至下午二時許，小沙渡以西蘇州河邊，有日兵十數人，拋屍身五具入水。彼時爲對岸大豐紗廠附近之我軍所見，卽開槍數響，日軍旋卽避去。

事實九——粵人慘遭屠戮：一月四日下午四時三刻，有日便衣隊八名，皆係上海橫浜橋及吳淞路之日本雜貨店夥，在西武昌路拘獲國人六名。至武昌路中仁智里口，有四名忽轉身將日便衣隊拖倒。其餘二人則轉身逃走。當時日便衣隊卽開槍擊斃一人。其餘五名仍被拘往。拉至本願寺巷中一屋內。其中有日人念餘名，當卽用皮靴將該五人鞭打十餘下，然後開始詰問。五人中四人係粵人。一名伍仕文，廣東嶺南人，在同發五金號爲夥友。一名周順發，廣東新會人，在虹口廣恆水菓廠爲店主。一名李俠文，廣東香山人。被擊死者王業棠，亦粵籍人。當時又在周順發身伴搜出手槍一支(無子彈)，及

大洋十一元。其餘二人，一名丁富生，一名邱法文，均海門籍。至下午五時五十分，日人又詢粵籍之三人云：「你們廣東人，有什麼利害。」其一答：「我們粵人誓死不辱。」並高呼中華民國萬歲不已。至晚間七時，日人將三粵人，用刀在背上劃寫『支那廣東』字樣，流血遍地。然後用刀向其腹刺入殺死。其餘兩名海門人，則用刀亂殺而死。殺死後，日人即裝入蔴袋，帶至浦江中擲下。

事實十——人間之活地獄：北四川路儉德公寓，曾為日本浪人子女避難之所。我國人在附近被執者，多送至公寓中，綑以繩，背壁立。然後授小日本人等以利刃，令向我國人拋去，以為游戲。謂為練習瞄準，並以壯小日本人之膽。如詢被獲者為粵人，則以刀尖在面部刺以「廣東」二字。我國人被獲者，多為刺死。如不死者，則將其頭顱割下，置花盆中。儉德公寓花盆架中，我國人之頭顱纍纍。似此慘無人道之獸行，實天理所不容也。以上為逃難歸者所口述。蓋其昔日曾傭於日人家，略懂日語，故能免於難。

事實十一——慘哉家破人亡：有營藥材業生意之甯波人虞若安，今年三十五歲。其眷屬所住地點，在閘北寶山路，適當戰區目的地。虞氏於二月三日隻身返閘北探望其家。得悉全家人口，盡死非命。因而神經感受刺激，頓發痴癲，罔知適從。於當日下午，至法租界黃浦灘招商金利源十三號碼頭投浦自盡。當由附近舢子見而趕上，設法救起。因身上所穿衣服，內外濕透，身體抖縮不堪，即送至停泊八號碼頭長江班江順輪船鍋爐間內烘救。向詢姓名，年歲，職業，住址，與所執業店號，以備救濟。奈虞氏因神經已失知覺，祗回答姓名，年歲，職業，其餘所言，皆答非所問。旋竟撲上燒紅之鐵板，致遍身燙傷。當時經人拖下，尚以為傷無大礙，仍任其睡臥船上鍋爐間傍。終因火毒攻心，延至六日下午二時身死。由在傍陪伴之小工南京人陳金生報告法捕房，將屍體舁入同仁輔元分堂驗屍所。查無家屬。於七日上午報請第二特院丁仕奎檢察官涖所，驗明死者委係生前燙傷身死。經證人陳金生供證當時目見情形一過。官諭屍身交同仁輔元堂收殮。旋由捕房將屍拍照，由堂收殮埋葬。似此虞氏

一家數口，全死於暴日殘酷手段之下，可勝浩嘆。

事實十二——日機彈炸災民收容所：按日機自一月二十九日以後，拋擲炸彈，毀我房舍，斃我平民，日有所聞。其最殘毒者，莫過於彈炸水災災民收容所。茲將事實經過臚列於下：

(1)杜陳江季報告朱慶瀾書：報告書原文曰：「日本陸海軍攻擊上海之後，職等自一月三十日起，曾每日前往閘北邊境水災災民收容所視察。至二月七日，日本飛機第三次向收容所拋擲炸彈。最後遺留之災民，盡數救出。茲將經過事實臚陳，敬祈鑒察。

(一)日本攻擊上海以前收容所狀況—(根據一月二十六日之報告表)一：第一收容所之災民人數七四四三，(成人男二五四八，女二二二二，兒童男一六一三，女一〇六〇，)。二：第二收容所之災民人數一〇二七，(成人男四〇五，女三二〇，兒童一七八，女一二四，)。三：收容所鄰近臨時災民居留處人數一九二九。總計以上災民，人數一〇三九九。收容所職員人數計共四九人。

(二)日本攻擊上海後第二日—(一月三十日)一：災民逃亡者約二千人，尚有八千人留收容所食宿。二：國府救濟水災委員會，及上海市收容災民委員會派陳君文奎等至收容所視察。三：臨時救濟會送來麵包食品一車散放。

(三)日本飛機於二月五日彈炸收容所—一：日本飛機於是日午間擲下大炸彈二枚。二：一婦人同一男孩當塲炸斃，又四人受重傷。三：有些患重病災民因驚駭致死。四：多數災民不顧飢寒危險，四散逃命。五：在收容所遺留之災民，爲數不過數百。大都老弱患病者，因恐逃亦不免餓死也。六：職員僅極少數，尚留收容所。

(四)日本飛機第二次彈炸災民收容所—一：職員已盡離收容所。二：蘆製之收容所，被炸壞數處，但幸未被焚。收容所內有炸彈轟炸之大坑二，其一深約七尺，徑約二十餘尺。四：在收容所覓見死亡災民四十八具，多數皆係醫室之患病災民。當由杜紹彭與王子元二君監督，掩埋於收容所鄰近之

空地內。五：餘剩災民載至公共租界二卡車。

(五)日本飛機二月七日之拋擲炸彈，與災民收容所之最後運命——一：二月七日下午，再至災民收容所各處覓查。所得先一日遺剩待救之災民，不及二十人。二：此餘數災民，當即運回，而災民收容所因以空虛。三：在下午三點鐘時，吾人將離收容所之時，目見日本飛機之來，及擲炸彈；將災民收容所隣近之民房炸壞。報告人杜延年，陳文奎，江尙青，李元。

(2)辛博生報告宋子文：國府賑災委員會總幹事英人辛博生勳爵，因日本飛機轟炸災民收所容一事，曾以一函致該會主席宋子文。其文如下：「閘北災民收容所，截至一月二十六日爲止；共有災民一萬〇三百九十九人，職員四十九人。一月二十九日，日軍第一次炮襲閘北之後，災民逃走者二千人。留而未去者在八千人以上。食宿照常。二月五日，收容所被日本飛機轟炸，致死婦孺各一名，受傷者四人。尙有患病正在醫治之災民若干驚駭致死。大部份災民業已逃逸。其遺留收容所者，爲數不過數百，大都爲患病或老弱不能逃走者。次日日本飛機，又轟炸收容所。事後察出災民尸骸四十八具。其中大半爲患病正在醫治者。其生存者遷往他處。二月七日日機又來投彈。收容所內災民，至是遂完全搬出。當照料人員方擬離去時，日本飛機忽又飛回重擲一彈，將收容所左近之房屋炸毀。鄙人曾向日本總領事提出抗議書。謂此種舉動，似無必要，且決不合於人道。鄙人並謂居住收容所之人，均係水災區域流離失所之災民。向此等地方施以攻擊，在軍事上實無任何利益。其惟一結果，僅使五十多名完全無辜之人犧牲生命而已。此函曾以一份送達領事團領袖，請其轉致其餘各領。另以一份送達上海市長。」

按二月十一日日內瓦哈瓦斯電訊曰：「日本飛機在上海閘北轟炸災民收容所，致有死傷一事，經中國水災救濟會總幹事英國人辛博生，函達該會主席宋子文，並電達國聯會祕書長德魯蒙。此電頃已遞到。」

（3）國聯注意辛博生抗議電：二月十三日日內瓦路透電訊曰：「國聯祕書長今日以其所接中國水災救濟委員會督辦辛博生爵士發來抗議日軍轟擊災民收容所之電，分送各會員。來電文曰：「余以人道名義抗議日軍飛機於二月五日轟擊內有難民八千餘人之水災收容所。擊死婦童各一。傷四人。而醫院病人受驚而死者數人。次日卽二月六日該收容所又遭炸彈轟擊。時所中僅有數百災民，大都爲患病者及老弱人民。此次轟擊後，檢查被擊死者有四十八人之多。當卽將所中災民移於他處。但翌日日機又來轟擊。日人此次行爲，實屬殘忍無人道。且從軍事立塲言，亦屬無益。」

（4）辛博生之義憤：辛博生因日機轟炸災民收拾所，向日總領事村井提出嚴重抗議。村井復函，對於抗議各點，飾詞推諉。辛博生再去函辯正。函曰：「逕啓者：二月十五日尊函至今午（卽二月十七日）十二時三十分，始由貴處信差面交鄙人。尊函謂接到二月十五日敝函，實爲錯誤。因鄙人發信之日，實爲二月十日也。關於尊函最後一節，玆謹將二月十二日鄙人致尊處原函，及二月十一日晚間鄙人致國聯會電文，各抄一份，送請查照。至二月十二日敝函送達尊處一層，有鄙處送信簿上所蓋日本總領事館圖章足爲憑證。對於尊函內容，鄙人所欲答復者，首爲災民受飛機轟炸一事：日本海軍當局，曾囑閣下代爲表示深切之歉意。鄙人甚願能將此種表示，報告災民救濟會會長，俾其轉告該會各會員。尊函謂災民收容所與華軍陣地相連，並設有鐵絲網。鄙人深知災民收容所，距北車站有兩哩之遙，而與滬甯鐵路相距最近之點，亦有一哩之遠。實不能認爲與華軍陣地相連。此固二月十二日敝函所業已聲明者。至於設有鐵絲網之說，尤爲錯誤。鄙人對於轟炸之原委，曾派人完全調查。據調查所得，則二月二日在收容所未被轟炸以前，曾有日本飛機一架，在收容所附近飛翔。其駕駛者並向收容所災民揮手。當時收容所內住有兒童三千名，烏能認爲軍隊駐紮之所。且二月五日，飛機於投擲炸彈以前，先以機關槍掃射。當時收容所內有馬姓，因此受傷。而飛機駕駛者，爲便於向收容所開放機關槍，特將飛機降落甚低。如此而猶謂誤將災民收容所認爲駐軍之處，實屬令人不解。鄙人收到此事之

報告爲二月七日，已在轟炸發生之後。鄙人向閣下提出抗議，不能較早者，其故在此。設於出事之時，卽收到報告，則二月五日鄙人必登時向尊處抗議矣。最後一點，宜請閣下注意者，卽災民收容所門上懸有紅十字旗一面。而醫院之上已亦懸藍十字旗一面是也。」

事實十三——日兵任意毆殺：公安局五區三分所警長陳漢卿，於二月二日下午，被日兵拘去，工作運屍。十一日以工部局之交涉釋出，已形消背瘦矣。據陳氏語記者云：「予服務於閘北五區三所。自前月念八晚，暴日進攻閘北，以職責所在，致被日兵迫令繳械，擄至虹口日海軍司令部。幾被槍殺。九死一生，旋幸得離險境。不意復於本月二日，因公於下午七時餘，經過外白渡橋百老匯路口時，突被日軍便衣隊四人攔阻。任意檢查。以袋內藏有中山日記本一册，致復被拘。押於附近商店空屋。時屋內已有三人，門外則有日兵把守。約至深夜十二時許，復被便衣兵用布帶紮緊兩目，押登一運貨汽車。行約念分鐘，至一地，卽迫登三層樓。樓上已先有吾國同胞念餘名。卽令坐於一處。至此不見天日，遂致不分晝夜矣。翌晚，有日兵七八名上樓，又將各人雙目朦紮。迫下樓入一汽車內。駛行約十餘分鐘，至一碼頭。下車入船底。方將紮目之布放去。卽令搬運白布袋。袋重百餘斤，外多血跡。捫之決爲屍尸。袋上且有號碼。工作六七小時後，卽復以布紮目，驅上汽車。稍有抗拒，卽予槍殺。或以刀刺死。聞多跳入浦江中求死者。每於工作完畢，回至樓上，輒有三五人不見。如此六七日，所恃以果腹者，則每日僅發給黑色麵包三塊，生鹹魚一小方耳。至電燈明後，約四五小時，則迫令下樓上汽車，至碼頭下船工作。往來紮蔽雙目。至今尙未知所登之樓爲何處。中間曾以鉛筆破紙作書，附以紙幣。上車時擲於途中，俾拾得者代爲馳報家人及長官。至昨晚（十日）工作畢後，汽車忽駛往捕房。同車者共念九人。下車後，捕房人員，於訊問姓名以後，方得飲熱水一盃。迨天明六時，遂復由捕房中人促上汽車，自楊樹浦駛至南京路口，令各人自由投家。當運屍時，曾留意於其布袋之號碼，計已至二千三百七十餘號。日兵對吾等時施毆擊，或則槍殺，一若兒戲。初無絲毫人道之心也。」

事實十四——殘殺碼頭小工：日方軍事當局，二月十三日藉休戰機會，以拾元一日之利誘，威迫楊樹浦一帶碼頭小工，代其運送軍火，赴虹口吳淞一帶。違則施以毒打。新聞報記者見一碼頭小工，名黃阿狗者，滿面流血。據其語記者，彼卽係不代日軍搬運軍火，而被其陸軍用籐條抽傷者。並云，彼曾親見一苦力同胞，因反抗日方命令，而遭毆斃，裝以麻袋，曳之以去。

事實十五——槍刀亂戳慘無人道：甬人胡增福，年三十二歲，住居虹口廣東街。自閘北方面發生戰事後，未及逃出，祗得蜷伏屋內。至二月二日下午四時許，突被日兵破門而入，押至日本小學校內。直至六日，始得工部局派員前往救出。眞所謂虎口餘生。據云：「余（胡自稱）自被日兵拘至日本小學校時，同胞之被押在內者，約有三十四人。迨至傍晚時，陸續被拘至者，共有一百餘人。先由日兵，逐一將余等手足捆縛。並用白布（約長三寸）條，上書號碼，扣於各人胸前。余係四十一號。被押一宵，至翌晨押登卡車，解送至匯山碼頭，將各人拋擲於預停之大鐵駁船上。斯時被難同胞，均倒臥疊積船中。監視之日兵，時用槍柄刺刀亂擊亂戳，任意兇害。於是血液淋漓者有之。遍體鱗傷奄奄垂斃者有之。並有年約八九歲之小孩啼哭大呼父母者。悽慘之狀，匪筆所能形容。至四日上午，又被日兵押同登岸。日兵聲言槪須槍斃。當時被難同胞，均知死在眉睫。有十數人卽乘間投入黃浦。距余被日兵拖上岸時，胸前所扣之號碼布條，忽然遺失。並不押上汽車。余已魂不附體。呆立岸畔。見各日兵紛將胸有白布條者押上汽車，運去槍決（地址未知）。惟余因無白條，並不押去。約逾半小時許（時被難同胞均已裝去），忽然另有二日兵，仍押回船中。後又陸續被拘至船中者，約有六七十人。其時余已知覺全失。痛苦饑餓，毫無所覺。直至六日下午，始由工部局派員到船救起，車送捕房。七日上午，始得釋回。至法租界親戚家，得以家屬重聚，略進稀粥。睡臥三日，始起床食飯。惟神經已受劇傷，一時不易回復。然亦可謂不幸中之大幸矣。」

事實十六——慘戳行路男子：有夫婦兩人年在卅歲以外，手持包裹，在勞勃生路經過。適有二日

兵，自西而東，喝令止步。男卽下車，兩手高擧，待其檢查。詎該日兵，不問情由，竟將槍口刺刀，從胸前猛刺一下。其人大喊一聲，鮮血直流，頓時畢命。其婦見之，急欲上前，又被一日兵用槍柄當頭猛擊。幸未命中。婦人卽大哭而去。

事實十七——洗刼蘊藻鄉鎭：十二日午後三時許，愛文義路大通路，附近來大批難民，均由蘊藻浜展轉來滬者。據云：「日本在初犯該處時，尚無若何殘忍擧動。截至七日後，卽一變其常態，漸露猙獰面目。李子村於七日午夜，忽來日兵十餘人，荷槍入村，實行搶刼。首當其衝者爲一章姓家。除搜括外，並擬強姦一傭婦。傭婦不從，日兵卽用刺刀從陰戶戳入。傭婦當卽斃命。八日晨，又到大批日兵，全村均遭刼掠一空。並焚去房屋二十七幢，死小孩五，婦人二。擄去男子三十餘。李子村之東焦木頭橋，午后亦被波及。日兵在九日午后，又將吳家壠小牛等處，抄刼一空。雖微如雞蛋年糕等物，亦爲若輩所垂靑。搶刼之物，滿裝七貨車，向楊樹浦方面駛去。當搶刼時，稍有阻梗，卽遭慘殺。被殺者，不下百餘人。」

事實十八——一幕慘劇：二月十二日 上海各慈善團體，赴戰區救濟難民。在虬江路鐵軌之西，近日軍防線處，發現一幕慘劇。有男女屍體百餘具，皆爲我國人，全身赤裸。其中間有脚曳破鞋一雙，腿纏破袴一條者。拋棄路側，或俯或仰，或跪或伏，令人目不忍覩。

事實十九——攔路調戲女工，旋卽擊斃：二月十五日晨七時三刻，有一年約十四五歲之女工，尙有姿色。經過虹口明華糖廠日軍臨時司令部，被日軍哨兵攔住去路，任意侮辱，藉檢查爲名，剝其下衣。繼卽令其裸體行走。女工因天寒戰慄，哭求日兵給還衣服。日兵抱之狂吻。女工大呼，日兵卽將其用鐵棍擊斃。

事實二十——到處搜索殺人：二月十五日下午五時半，姚炳章因事經公共租界提籃橋後保定路舟山路口，詎爲日兵五名所攔阻，立卽加以搜索。當在身畔檢出大洋廿一元，一元鈔票一張，銅元數十

枚，卡片十餘張。日軍遂將財物刼奪。姚據理力爭，竟攖日軍之怒，即開鎗轟擊。姚遂被鎗殺。當時附近我國人，目擊其事者頗多，咸敢怒不敢言。十六日有人往該處調查，見慘被日兵殺害之屍體，仍倒臥該處，無人收殮。姚身穿藍灰棉袍，衣服整潔，狀似中上級社會中人。

事實二十一——掃射逃難人民：上海市第一災民收容所，設在柳營路，專收被水災民。有災民萬餘人，兒童二千餘人。經中華慈幼協會在該所內組織慈幼組，就學災童有四百餘名。連同未就學者，以二千計。該會專職教員二人，助教若干人，担任慈幼組教育工作。玆得教員黃振鏞出險歸來報稱：「二月一日，日飛機向所內拋擲炸彈，擊斃難民一人，傷者頗多。四日日機向慈幼組後面擲一炸彈。落一大砲彈，當時斃命者三人，傷者甚多。」該教員等即行逃避於美人所辦之明強中學校。甫經出門，該所前門之蘆棚二座即被炸燬。各災民哭聲如雷，乃相率奔逃。日機見男女大小逃難者甚多，乃行慘無人道之殘酷手段。飛機十一架，在頭上飛翔。難民逃至何方，日機即飛至何處。屢擲炸彈。並用機關鎗向下掃射。難民死傷無數，尤以小孩為多。該教員幸已出險，而收容所與慈幼組盡成灰燼矣。

事實二十二——瞎子訪師中達姆彈：瞎子王富發，二十九歲，家住江灣路。家境極寒，生計困難。乃由人介紹投師學習說書。王之師住滬東引翔港。每日必往王處傳授。連日因戰事關係，不能通行故王師已數日未去。王於二月十八日下午一時許，偕其弟金發步行往引翔港訪師。詎行至引翔港附近，該處駐有日兵，不問情由，即舉槍向王等開放。兩人左臂各中一彈，當即痛倒於地。後由楊樹浦捕房派捕前往，將二人車送醫院醫治。據醫生驗得此項子彈係「達姆彈」。傷口前小後大。血肉模糊，骨已粉碎。非去其臂不可。二十日，兩人均因傷重死亡。

事實二十三——女青年死於刀下：二月十九日下午二時左右，有一女青年名麥愛珠，廣東人，二十歲，家住崇明路，前往東武昌路。行至三元宮附近時，有日兵七八名舉槍令止前進。但麥膽極大，仍望前飛奔。致被日兵趕上，將其拘住。麥即大聲呼救。卒被拖去用蔴繩縛雙手。令跪地上。日兵用

小刀刺其頭部一刀，胸部二刀，左手一刀。頓時受傷身死。

事實二十四——又一處活地獄：二月二十日午後二時，有廣東大戲院被捕逃出之李國富（二十歲，住南市廣福寺街二十弄五號。在虹口同仁醫院門前被捕。）丁桂榮（年二十二歲，業銅匠。）二人至中國新聞社聲請：「我等於本月十五號被捕。先拘至日本小學日軍司令部拷問。打手指印後，由日軍押送至北四川路橫浜橋附近廣東大戲院內。院門前有紙牌一塊，上書「華人拘禁處」。我國人之被拘在該處者甚多。與我等同室者共百餘人。時遭日軍痛毆。頭破血流者數十人。地上鮮血淋漓。每日上午九時發冷飯團，每人一個。至下午四時又發一次。其中觀瞻較好，穿西裝之漂亮我國人均在隔室中勒斃。尤以廣東人為多。據先被拘者言，總計我上流人物之在該院被慘殺者，至少在一二百以上。被我等目擊者，亦有數十人。」

事實二十五——日兵橫暴層出：二月廿二日大陸報云：「虹口一帶及閘北一小部份，雖日軍已保證由海軍當局組織特別警察，保護治安。但據觀察家所見，則該處現仍為恐怖世界。昨日上午十一時三十分，有華人夫婦在有恆路步行，突為日水兵槍擊。彈中其肩及腿。不久死去。其妻則拼命奔逃，未為所中。至日水兵開槍理由，則無人知之。又十九日有日水兵七人，槍擊一十七歲之蘇州女子。念日晨始經人舁赴醫院。聞傷勢頗為危險。又據報，日水兵搜查一中國老人，謂其藏有軍器。但搜查將近完畢，該老人忽欲奔逃。日水兵即以來福槍將其擊斃。觀察家云，此即日水兵保證保護治安聲中之偶然事件也。」

事實二十六——日軍槍殺鄉婦：江灣鎮東鄉民徐祥生，因日軍向江灣進攻，於二月廿二日晨率同妻子三人，逃避來滬。詎被日軍窺見，即開鎗將渠妻擊斃。徐子年僅數齡，亦被日軍擊中一鎗。徐乃携其幼兒奔逃脫險，家破人亡，慘不忍睹。日軍鎗殺無辜鄉婦，可謂殘酷之至。

事實二十七——西報記者目見江灣慘狀：二月二十二日大美晚報云：「本報總編輯於今日往江灣

視察情形。一路所見，不能使人無動於中。以前每見江灣賽馬之盛況，而是日所見則一片慘毒而已。眼中所見跑馬場，入門處皆死屍。皆目擊其立刻猝死。日軍所發官報，常謂死者爲暗地放鎗之人，或是奸細。其是否不能辨。然其中有婦人童孺在焉。婦人彈從背後穿入。所着棉衣，爲軍刀刺透數重。兒童滿身爲子彈所射穿。鄉農衣服之人，積屍於地。血染地面之上。此曹皆非穿軍服者。婦孺更非穿軍服之人。日軍司令部與日使署皆以便兵目之。且力指其爲便衣兵，孰能辯其非是？日本人又言，日本海陸軍非對中國人民開戰，非對中國政府開戰，且非對中國政府之軍隊開戰，僅對廣東所來之十九路軍開戰。然則此輩橫屍於路渠之中國老幼男女，皆十九路軍之兵士矣。人已死矣，安能起而問之？屋宇被焚者比比。往觀者且目擊其被焚。日軍焚燬屋宇之技精極，連一根火柴亦不妄施。跑馬場看台之下，有焚餘之屍體在焉。一屍滿身塗油，焦黑而仆於地。其他纍纍者，看台之下皆是也。登台而觀之，台上有日本步兵一隊，方預備開至江灣鎮，與中國軍隊作肉搏之戰。從台上遠望，鄉間房屋，火勢方熾，紅光熊熊然。幸而火裏逃生者，亦爲日軍所俘獲。日本軍官對一所捕鄉人一揮手，使之面對日光。此軍官驟出雪亮之軍刀刺鄉人，深入其體，而其人倒地矣。一人之後，又復一人。復有一可愛之童子，爲日兵解脫其縛，強按於兩屍之上，面俯地下。當其倒仆之時，日兵六人之手鎗齊發。自背而下，彈痕纍纍。鎗聲停，鎗彈響，地上之人，初尚轉側，旋卽不動。而第二人又來輪値矣。目見如此，手足俱顫。於是遂行，誠不忍更睹。」

事實二十八——日便衣隊拘捕行人，內有五人被殺：二月二十三日午後一時許，大通路培德里附近，有自戰區中逃出之難民數人，詳訴日兵之暴行，聲隨淚下，聽者動容。據云：伊等住於楊樹浦長江街某弄內。二十二日晨共逃出二十一人，皆係碼頭小工。行至黃浦路元芳路口，突爲三數日便衣隊攔阻。強迫彼等至司令部，聽候使用。內五人大駭奔逃，致被彼等追上，用刺刀戳斃。鮮血滿地，慘不忍睹。該日兵等行兇後，復拘去十二人。余等因年老而得倖脫。

事實二十九——江灣慘屠記：申報記者友人某君於二月二十三，喬扮汽車夫隨同西報記者，赴江灣一帶視察。目睹日軍屠殺我國人慘狀，歸而與記者詳述所遇。謂江灣民衆，幾於無一倖免。日軍殘暴可見一斑。友人之言曰：「二十三日晨十時三十分，余隨同二西報記者，赴江灣日軍陣地視察。余任汽車司機職。另一華友，則爲余車之副手。車抵江灣時，見附近民房，業被日軍焚燬一空。且有五六處尚在延燒者。烈焰騰空，爲狀至慘。道旁屍體，縱橫排列，均爲我哀哀無告之江灣民衆。男婦老幼，莫不具備。有屍體被劈爲半截者。有頭部分裂，腦漿溢流者。慘狀不忍卒睹。女子多服布裙，伏屍道旁。就余所見，已在二百具以上。想見日軍之殘忍。無辜良民，均遭荼毒。余之心房爲之震動不已。余前日(廿二日)往江灣時，尚無如此景象。想日軍下此毒手，屠殺民衆，定係前晚(二十二日)慘敗，老羞成怒所致。日軍江灣前敵司令部，本設在復旦大學。昨日移設於江灣跑馬廳東北角關帝廟之對面某樓房內。四週設有高射砲，及機關槍。日軍往來巡邏，警戒異常嚴密。余等在此門前停車後，二西報記者即入內，採訪消息，及請求戰地護照等。當時余及副手均在汽車內，見日軍往來運輸，異常忙碌。車馬更爲擁擠。而軍士面目均顯出極爲慌亂之態度。想見前線慘敗，確是實情。同時槍彈由鐵路西段我軍陣線內，紛紛飛來。子彈由車頂擦過，虎虎作聲。余思脫離此危險地界。遂將汽車開後，停在離司令部約百碼之遙。半小時後，余副手下車小便。行未數武，忽聞其銳叫，高呼余名聲。聲浪發顫，已失常度，知已發生意外之事。余即亦躍出車門，遙望數十步外，余友已被日兵三五，夾持而去。余情急，奮不顧身，疾行追及。以英語向日軍解釋再三。日軍瞠目不解，且發怒。一兵將余衣領捉住，擬一併捕去。此時實達萬分危險。適另一西記者由內而出。余爲素識，因大聲求援。經彼十分鐘之疏解，時同來之二西記者亦聞聲趕來，同爲說情，始允將余等釋放。但只許在車中，不許出外。於是余等復上車。據西報記者實地調查所得，司令部左右之民房，全被焚燒。民衆不及逃避者，殺者殺，槍斃者槍斃，已無一生存。大部份日軍仍在鐵道之東，僅一小部份越鐵路，已被我軍包圍。江

灣跑馬廳尚在日軍手中。置野戰砲多尊。余在車中，遙望有獨輪小車二百餘輛，滿載軍火，奔馳道上。車夫均為我苦同胞，衣服背部畫一白圈。手臂纏一白布。亦有特殊暗號。余卽詢以被日軍捕去經過。車夫還詢：「你是中國人麽？」余唯唯。車夫卽熱淚奪眶而出，謂：「我們做工也是死，不做工也是死。簡直是人間地獄。白日僅給一頓麵包。晚間則數十人拘留一處，手臂均互相鎖住，以防逃脫。偶用時，極為客氣，且派兵保護。但不給一錢。不用時，或人浮於事時，卽一槍了事，可怖之極。」余在車中，候至下午一時十分，日軍右翼正向我軍衝鋒。遠望大隊日軍，分抬死傷日軍約百數十名，徐徐而來。日軍屢次謊報，對於死傷尤諱莫如深。今日目睹，可知敵死傷之衆。據一般推測，作戰以來，日軍死亡，至少當在五千人以上也。余於二時二十分返滬。」

事實三十——引翔鄉民被屠，學生被焚斃：某善堂堂夫祝姓，弟兄兩人，其家宅在引翔鄉北首，適當戰區。家屬早已遷避。祇留壯胆兩男子，在家照料。但彼等在滬，時刻思家。冒險回家，察看一週，卽行返滬。有一鄰人同行。走至引翔鄉跑馬場傍，目見五六日本兵，拘捕三鄉民，兩中年，一老者。雙手反縛，押令至跑馬場北面，使之跪地。該日兵等步槍刺刀齊發，三人卽應聲倒地。旋卽拋棄於近處小浜中。祝氏弟兄等三人，覩狀不敢正視，拚命向租界直奔。至安全地點，驚魂始定，據以告人。又盲啞工藝學校在軍工路有第一分院。二十二夜十一時許，受日軍重砲轟擊，有二十餘彈之多。工場全部房屋，於着彈後，立刻起火焚燬。並焚斃學生周玉泉蔣恆口二名。次如東西二宿舍及膳堂等處，雖未遇火，但已受燬多起。此外尚有數彈落於操場上，致未爆炸。其餘學生因事先已遷至總院教養，故未蒙此難。

事實三十一——姦殺少女：二月二十四晚九時，提籃橋茂海路鳳生里，有一年約二十餘歲之青年婦女，出外購物。被日軍攔住。拖至鳳生里內，實行強姦。該女竭力抵抗，力弱不敵。日兵遂强褫其褲，威脅獸行。事後，並將刺刀將其刺死。旋經該里鄰人報告捕房。

事實三十二——擊斃碼頭工人：日軍因進攻失敗，憤無可洩，乃將戰區內我國人任意毆打殺戮。又因運輸軍用品之故，對於楊樹浦一帶碼頭華工，尤爲虐待。並據調查，公大紗廠內，截至二月廿五日止，被監禁我方工人約百餘名。中有因愛國而拒絕日軍之使命，致被毆傷者，約二十餘人。此項受傷工人，大都被棄於該廠後面貨棧內。既不予醫治，又不按時給飲食，任其慘痛呼號而斃。殘忍情狀，非筆墨可形容。二十五日上午十時二十分，日方商輪摩洋丸駛進吳淞，停泊於黃浦碼頭。隨輪裝來有鎗炮子彈等軍火四百六十餘箱。日方軍事當局，卽於十一時許派武裝日海軍陸戰隊一小隊至公大紗廠，押令監禁該廠內之一部分工人，約五六十人，前赴黃浦碼頭搬運軍火。時有十餘工人不願前往，奮起抵抗。當被日戰陸隊將爲首之二人，用蔴繩綑綁。以鎗柄猛擊其頭部。頓成一穴，血流如注。復攔腰脚踢，立時斃命。附從之工人，亦被痛擊。有二人腿骨被擊折斷，倒臥地上。其餘工人，懾於淫威，敢怒而不敢言，祗得任其驅策。至下午三時半，始將摩洋丸輪上軍火搬運竣事。但該項工人，仍被押解回廠。祗有一王姓小工，託言小便，乘間逃出。於五時一刻繞道渡浦來滬。據其言如此。

事實三十三——小學教員遇害：二月二十四，傍晚六時許，塘山路士林小學教員二人，爲日兵鎗殺，一死一傷。先是男教員某，歸校叩門。日兵五名，卽上前盤詰。某答此校係我所開，我係校長。日兵卽令解衣檢查。乃外衣方解，日兵卽用刺刀向胸前猛戳數刀，立時倒斃。繼卽奪門入內。見女教員某，問此校係何人所開。女答係法人所開。該日兵謂，男女言語，顯然矛盾。迫令解除衣服。至裸體時，意欲強姦。女見狀駭極大呼。日兵於惱怒之餘，隨用刺刀先將乳頭割下。又在肩頭腋下猛刺數刀。幸經西捕聞聲趕至，日兵始去。當將該女教員車送紅會醫院醫治。目下尙未脫離危險時間。

事實三十四——鎗殺藥店小孩：二月二十五日下午四時，據市公安局消息，明華糖廠對過某藥店內一小孩，因戲拋金錢炮，日兵卽藉端開鎗，將小孩擊斃。同時駐明華糖廠內之日軍均亂開機關鎗。一時紛亂異常。旋捕房將該藥店內全體國人一併拘去。

事實三十五——創巨痛深，死於非命：廣東中山人楊事柏，在開平煤礦公司爲大寫，家住北四川路豐樂里三十一號。自一月廿八日午夜日軍犯境後，楊卽於廿九日全家遷出，寓朱葆三路大安棧。二月十二日爲救戰區難民停戰。楊乃於是日上午乘機回家，擬搬取應用物件。詎甫入家門，卽有日兵數人，不問情由，將楊痛毆受重傷，門牙亦被打落四只。毆後，又被拘押於北四川路日本小學日軍司令部內。直至二十三日日司令部火燒後，因司令部他遷，始得放出。惟楊在日司令部拘押旬日，神經大受刺激。故回來後時常發狂。經家屬車送愛文義路健華醫院醫治。奈楊受傷過重，加以神經錯亂，不及醫治。延至二十五日晨氣絕身死。

事實三十六——非打卽拷或步槍擊斃：據受害人沈盈生（由王連法代筆）函云：「鄙人向在本埠浚浦局挖泥科爲工友。原住在吳淞紀家宅近段俞江巷鎮卅圖地方。不幸被在張華浜大隊日兵拖去服役，一連數日。當被捉之第一日，上下身衣服均脫光，一線不掛。肉身綁在屋中柱上，一連二日一夜。日兵以爲我已被征服，令我充敵當地嚮導。差幸口才尙足應付，未吃大苦。然有一般青年婦女，被捉去，燒飯洗衣。稍不如意，非打卽拷，或步槍擊斃，或用刀殺死。有時敵軍獸性暴發時，一婦六人姦淫之。另有一老年婦人，年五十有二，不幸亦不能免。至後以槍擊死。所有村中鷄鴨猪羊，被搜一空。房屋能住宿者卽住宿。不能住宿者卽以火焚燬。衣物取去者取去，不能用，亦毀壞之。種種不法行爲，恨不能加以制止。幸在日人前討做軍事探差，故能脫險出來。我捉去後，日兵司令部駐在念二圖顧錫中住宅內。駐兵約二百餘人，身體強壯，而能操上海話。」

事實三十七——遙見老母被殺，兩子含淚報仇：鉅離江灣約三里，有小張家宅村。全村計農民三十餘家，均藉耕種度日。內有農民張龍生張麟生兄弟二人（均三十餘歲），有田十餘畝，平屋三間，奉一六十餘歲之老母，種菜營生。自戰事發生後，全村居民均因不忍拋棄田產，逃出者祇十之一二。二月廿四日晚，盛傳日軍將至，全村老幼均狼狽出奔。龍生兄弟二人亦將老母扶出，欲與偕逃。而母不

允，情願死在家內。此時龍生因聞日軍已至村外，祇得棄母而行。甫出村外，日軍已入。遙見有二日兵走入家中，將其老母拖至門外，用槍上刺刀由胸部猛戳一刀，鮮血上冒，立時倒地。嗣見全村房屋均被放火焚燒。龍生兄弟見狀，心膽俱裂。祇得奔回，出其不意，猛將二日兵擒獲，用柴刀砍死，然後含淚而逃。

事實三十八——縱火活燒鄉民：江灣北鄉南北陶家灣，湯朱家橋，東西周老橋，馬橋宅，陸家牆，前武巷宅等處均被日兵用汽油稻草縱火焚燒。未逃出之鄉民，不許出門，活活焚死。亦云慘矣。

事實三十九——鎗斃男子姦婦女：二月二十七日有住居虹口塘山路之陸仁甫至遠東通訊社聲稱：「虹口一帶日人暴行無所不至。渠曾目擊在匯山碼頭附近有我國女子三人經過，其中一人，不過十八九歲。衣服並不時髦。被日哨兵瞥見，喝令停止。以檢查爲名，遍身摸索。幷令自動褪去小衣。三人中，其先行之二人拒絕，卽遭槍斃。其後一人睹此慘狀，只得從命。卽被曳至僻處，輪流姦斃，爲狀至慘。又虹口一帶各里放哨日兵挨戶搜索。見有燈光卽破門而入，男子槍斃，女子強姦，無一倖免。

事實四十——江灣鄉民述日軍屠殺無辜：鄉民王海如及袁小金者，家居江灣小周家宅。二月廿七日結伴轉輾逃出。與新聞報記者遇，縷述日軍殺人放火之暴行。王袁均誠實鄉農，各攜菜籃，歷盡艱險，繞道虹鎮等處逃出。虎口餘生，誠屬萬幸。其餘不及逃出，爲暴兵所殺者，更不知凡幾。茲錄王海如口述其目擊日軍殘酷行爲如下：「日軍猛攻江灣不下，卽用飛機擲彈，轟炸村鎮。江灣全鎮，現已炸成一片焦土矣。江灣鎮附近之小周家宅，沈家宅，徐家村等村落，亦無一幸免。日軍旋由江灣鎮東北侵入。遇見逃難鄉農，不問男女老幼，悉遭屠殺。其稍幸者，則被捕去，充當苦役。余等世居小周家宅。未逃出時，目擊村中鄉民被殺者，不下三十餘人。其他村落無稍異。余妻季雪齡，三歲子根生，及舉徒袁金榮，十四歲，均目擊其在村中，被日軍槍殺。更有同村李貴祥夫婦，及四歲子四根，亦死於非命。同村周桂會，雖幸得逃出，但其老母弟婦，及四歲八歲兩姪，均死焉。」

事實四十一——病女姦後再戳死：江灣附近白漾宅鄉民，備受日軍荼毒。二月廿八日據由白漾宅逃出之鄉民薛鑫生稱：「日兵對於我國男女，姦淫殺害，無所不用其極。所有鄉民無論老幼，均被迫令挖掘戰壕，搬運軍火。稍一不遂，即遭殺害。年輕婦女被日兵強姦而致喪生者頗不乏人。有陸金生之十七歲女兒玲寶，患病在床，不能行動；竟被一穿便衣之日人潛入，登床強姦三次。該女氣息奄奄，該日人即用刺刀將伊戳斃。」

事實四十二——武昌路口一屍橫：二月二十八日下午五時，有一我國人在北四川路武昌路口，被日兵用步鎗刺刀戳死。此人衣黑布棉襖袴，內襯白布短衫；足穿黑鞋黑襪，形似工人模樣。年約三十左右。左乳右眼及頸上各受刀傷一處。當時有一虹口捕房之印捕棧巡至該處查見，乃報捕房。後派探捕前往調查。一面將該屍車送驗屍所。

事實四十三——看火燒大喫其苦：虹口歐嘉路張鼎新醬園作場棧房之對面有某板木行，為日軍佔住，設有司令部。二月廿七日該木行附近為砲彈擊中起火，焚甚烈。該醬園棧房主任李某年逾花甲，睹狀頗為驚慌。曾至樓上開窗遠眺，並有該棧房夥友老司務同在觀看。詎為日兵瞥見，疑為暗探軍情，遂攝取一影。以距離較遠，不甚清晰。旋持照片至該作場棧房捕人。以照片上之面貌對照。致將李及職員老司務等捕去六人。內有一年約三十左右之老司務，疾馳逃逸，被日軍追獲，毆打至垂斃。當即嚴行訊鞫。後將各人兩手反縛，睡於水泥地上。圖逃之老司務即押令出外，不知去向。其餘李等五人於翌晨釋放回棧。但李因年邁已不能行走。

事實四十四——孀婦全家被殺：二月廿九晚六時三十分，有一自江灣逃出身受重傷之鄉婦，送至仁濟醫院救治。歷述日軍在江灣姦淫擄掠種種暴行，聞之令人眥裂。茲照錄於下：（以下皆婦人口述）「余祖居江灣馬橋地方。母家姓洪，長適朱氏。現年二十四歲。詎因生不逢辰，丈夫早逝。家中除一幼子麟寶（年方六歲）外，祇有邁姑張氏（五十三歲），嫂洪王氏（三十歲）。但均屬孀婦，景況悽涼，已

極人生之慘境。此次戰事爆發，江灣首當其衝。余因闔家均屬孤兒寡婦，無法遷避。遂決意死守田舍，聽諸天命。蓋初不料戰事有如是劇烈也。而馬橋地方，更不幸爲敵人防綫。加之敵人連戰皆北，而以江灣一帶犧牲爲尤甚。於是敵人讎視我國人民之心，亦因此而達於極點。廿七日之夜，突來敵軍二三十人，將余家雙扉衝開，直闖余等臥室。將余闔家老幼及所有鄰人，悉數綁縛，同施毒打。逼問余等錢財潛藏何處。余等至此，已魂飛九霄，噤莫能答。敵軍忽勃然大怒，竟將余等驅禁一室。一聲呼嘯，全數退出。復將雙扉反閉，實行縱火燒屋。殆欲將余等同葬火窟中也。當時我等內有一人得掙扎脫縛，亟將諸人一齊解開，各自向外逃生。但大門已被反閉，祇得躍窗而出。第一人爲余之邁姑。詎姑甫躍出，即突聞槍聲一響，姑遂應聲而踣，慘號一聲而死。次爲余子，再次爲余嫂，亦遭同樣之慘殺而死。而同時火勢已深佈全屋。余遂殿後，躍窗而出。詎萬惡之強寇，更不稍寬恕。對準余之面部狙擊，一彈適入余口，洞穿左頰。余亦應聲倒地，痛不可仰。所幸未中要害、否則，余亦將殉姑子而斃矣。當時暴敵且遠立觀火，狀甚自得。但見余倒臥血泊中，蓋疑余已擊斃。良久敵衆始去。此時余雖驚魂稍定，但傷部已痛澈入腑。忍痛匍匐向槍聲較稀方面而逃。直至天色大明，始得脫地獄之境。中途幸遇同鄉人沈生泉君，方獲轉道來滬，投入醫院。」當該氏泣訴時，暈厥至再，令人聞而酸鼻。

事實四十五——喫人竟有其事：二月廿九日上午九時，上海社記者驅車赴前線視察。途遇難民三名：一男子，二婦人，形色倉皇。記者乃停車靜待。詢悉爲避難往滬者。中有一中年羅俞氏云：「我家在蘊藻浜南楊家宅。日前有日機十八架翱翔天空。附近居民事先俱已挖有地窖，遂相避入。如是者約三晝夜，不敢出視。旋耳邊聞地雷槍砲聲大作。知戰事已作，房屋多被流彈着火。奈洞內食物已盡，遂起而逃生。相約自洞中出者計三男子，五婦人。經張家宅至孫家宅，迭被日兵攔路搜檢，任意將同逃者槍殺。且擄同行三婦人去。至是祇存我們三人。」記者又詢以日兵在吳淞一帶烹食人肝事。該難婦謂此乃事實。當彼逃至孫家宅母家避難時，目睹宅中居民名榮生被日兵剖腹取出心肝烹食，狀至

殘忍。言下欷歔不置。

事實四十六——紅十字會隊員被害：本市煤業公會自日軍犯境以來，逐日派大批救護車協同紅會各隊赴前線救護民兵。三月一日晨，又派卡車九輛，救護員孫蓮台等二十餘人，分赴戰地工作。該會第十一隊隊員郁鴻章，因聞八字橋方面有傷兵待救，故即隨同紅會第十一隊救護車前往。待至十時餘，車停共和新路。全體救護員下車步行過宋公園，折向柳營路平行一小道前進，同行者有十一隊隊員壽爾成等五人。郁君在後。詎行近西寶興路公興橋附近沙袋堆前不數步，竟被該處民房內之敵兵瞥見。即以步槍射擊，彈中郁之右胸，由臀部穿出。即由壽等舁至車上，急送白克路寶隆醫院醫治。而郁早已不省人事。旋由該院醫生注射強心劑後，始得復甦，並即加檢驗。據云肺，胃，腸，腎，各部均受重傷。延至下午二時半斃命。臨終以前，囑爲死後安葬萬國公墓。據探悉家屬方面已購得價值七百五十兩之棺木爲其成殮。並於三日下午出殯，安葬萬國公墓。查郁係甯波人，年二十二歲，未婚。爲直隸路敦大成煤號主郁鴻奎之五弟。此次加入救護隊，不幸被日兵槍殺。紅會已電請日內瓦總會，向日提出嚴重抗議。中國紅十字會以日本迭次違犯日來佛條約，槍擊紅十字會救護員，先後共有七人，已有二人因傷死去，除電陳萬國紅十字會外，又致函美領克銀漢，請轉領事團各領事。主持正誼，維護萬國公約。

事實四十七——旣捉其夫，復殺其子，二月二十九日傍晚近六時，有年約三十本地鄉婦某氏，背負衣包一個，將駱駝絨旗袍反穿身上。頭髮剪除，戴紫醬色絨線帽。額紮白洋紗手巾，似患神經病。由公共租界東新橋沿浙江路向北至廣東路折向東面而行。罵不絕口。後隨頑童與看熱鬧之男女近二十餘人。童子無知，向之調笑叫罵。氏一路逢人詢問丈夫下落。對人即問：「你看見吾哩阿明否？」人詢其阿明是你何人。答是丈夫，被東洋殺千刀捉去三數語。旋有人詢其姓氏住處，緣何如此狠狽。氏神經錯亂，起先答非所問。嗣又云：「吾逃難出來。江灣人。住江灣跑馬場相近。日前與丈夫挈同四歲

兒子逃出。路中被殺千刀東洋人將吾丈夫捉去。兒子因號哭卽被殺死。吾跪地叩求免難。家族中人均已失散。」言畢大哭。人再詢其姓氏，默不回答。向東且哭且行。頻呼丈夫之名。狀殊悽慘。

事實四十八——報殺夫之仇，雪被姦之恥：楊樹浦高郎橋鄉民張普一家，被日兵三名破扉侵入，將張殺害。張之兩子覩此橫暴，卽從後門逃逸。屋內祗遺張妻一人。該三日兵乃迫之入室，輪流强姦。旋兩兵先去，遺一日兵臥于床上，朦矓而睡。張妻以雪恥報仇之機，不可坐失。卽取日兵所佩刺刀，向該兵要害猛刺。霎時血花四濺。張妻卽棄刀越垣而逸。

事實四十九——大陸報證實日軍之殘忍：二月一日大陸報云：「有華人約一百五十人，被日人認爲便衣兵者，均爲日人槍斃。昨日侵晨，日人將彼等屍身，用數貨車載去滅跡。此外臨時槍斃者，尙不知凡幾。天潼路附近西華德路之享利洋服店，昨夜九時爲日兵搗毀。並拘去店夥兩人。昨日下午十二時後，有日兵入吳淞路附近，天潼路之某食肆。據謂，搜查中國便衣兵。店中之人雖未抗拒，仍爲擊斃店夥兩人。其屍爲日兵用小車載去。在此數分鐘前，有中國苦力二人，在吳淞路爲日兵喝令止步。二人立卽服從。但日兵舉槍作欲刺勢。二人驚而急逃。爲日兵開五槍擊死。其屍亦以小車載去。虹口旅館昨日爲日兵搗毀。並窮搜各室，拘去三十人，當場槍斃六人。其屍亦經用車載去。昨晨有人在吳淞路距虹口捕房不遠處，見一日兵拖殺死之二華人屍身而行。昨日下午有苦力一人，在吳淞路爲日兵用槍刺戳中腹部，當晚死於醫院。大陸報代表曾於昨日正午後在天潼路與吳淞附近親見日人拘獲苦力狀之華人百餘人，解至日人俱樂部。恐生命均將不保也。某外人亦在吳淞路親見日兵擊斃賣餅之華人一名。」

事實五十——日便衣隊慘毒：友人林君，住虹口克明路順大里，自日本便衣隊總部逃歸，述及日本便衣隊，慘殺我國人事甚詳：「本月二日，不知何人，在順大里內墻上，塗有打倒日本字樣。被日便衣隊發覺，認爲有意侮辱。卽將弄內尙未逃出之男女同胞二十八人（林君亦在其內），用強暴驅至日

便衣隊司令部。勒令跪地。任意用鐵棍毒擊。被擊者輕則血流被面，重者骨碎目突。更用雪亮鋒利，形如割稻用之鐮刀，由頸項拉割衣服，直至小腹以下。（蓋解鈕扣遲慢，故用鐮刀宰割也。）因之有胸腹割破，腸流血湧，伏地哀號而死者數人。餘者亦復一一槍殺。幸林君及其餘七人，形如亡國順民。即由彼給一白布黑字，上書「出火線去」四字，得以輾轉逃歸。

事實五十一——虎口餘生追述：鄭統一供職於北四川路底某食品公司。當一月念八夕，日軍向閘北天通菴附近進攻時，鄭適在公司，意欲翌晨逃避。不料翌晨該公司被日浪人闖入。將鄭擄至阿瑞里日本小學校內。入門後，許多如虎如狼之日兵：不問情由，各以拳脚：或槍頭，刀頭，木棍，皮帶等亂打。並詢問口供。鄭以實職對。當時有一日兵，將其衣服撕裂。衣袋中銀錢什物，悉被取去。是日不得飲食。入夜并不得睡覺。如欲睡覺，則日兵立以槍頭亂擊。尚有其他被擄者凡七八十人。內有少女數人，同樣受日兵慘酷待遇。凡衣學生裝或西裝者，更嚴厲敲打。如搜出有義勇軍及抗日會任務證據者，立即推出校外草地上槍斃。（門外殺人之聲，不絕於耳。）鄭又見一女子被擄來後，日軍任意侮辱。另有一女子內急難忍。因手足被綑綁，不能自由行動，遂向監守之日軍，要求暫撤。日軍置諸不理。該女子不能再忍，於是即在被綁處大小便。同時又有一女子，亦有同樣情形。以致滿地屎尿，臭穢異常。三十日，有一日浪人謂鄭曰：「汝能酬我百元，我當帶汝返租界。」鄭置不理。繼又有一日浪人來巡視，似與鄭曾相識。細視之，則係該公司附近之日本居留民，平日屢往購買食品者。鄭遂將無辜被擄情形詳說，懇設法放出。該日人遂向日軍保出，始獲脫險。

事實五十二——十八人排齊鎗殺：據由殷行鄉受傷逃難赴高橋之某姓鄉民云：渠被日兵拘去，強迫與同樣被捕之國人十八人為敵方建築戰壕工作。完畢後，由日兵勒令十八人並排齊立，即舉槍射擊。自第一人起，直貫十八人，全數均飲彈倒地。渠幸雖傷頭部，未中要害。得於日兵遠離後起而逃逸，卒獲脫險。言時猶戰慄不止。當由高橋臨時收容所送往浦東濟羣醫院醫治。

事實五十三——江灣負創兩難民：江灣鎮居民朱瑞龍，卅四歲。二月廿四日午後四時，有日兵數名侵入其家。迫朱出屋。朱稍遲疑，遂被日兵開鎗擊傷。朱乃負創逃出。途遇楊樹浦捕房二千六百廿一號華捕，送入仁濟醫院治療無效，於廿七晨身死。又住居江灣附近屈家橋之十四歲童子顧進發，於廿二晨被日兵鎗傷。經其母顧譚氏挈領逃滬，送入醫院，亦傷重而死。以上兩屍於二月廿七日已經第一特院委郭檢察官驗明收殮。

事實五十四——殷行鎮已成地獄：殷行鎮大街祥永百貨商店主人由水電廠附近乘民船逃滬。據云：「自一月二十八日兵實行進攻閘北時，殷行鎮尚偏安一隅。至二月十日後，即陷入恐怖狀態中。駐該處防守之我軍已經撤退。大批日軍，終日在各處紛擾。初則毆人索食，繼則鎗殺姦淫，無所不爲。小巷頭宋家二女一媳，僅中人姿。二十一日午夜，被日軍拘去，在哨兵船上輪流姦宿三宵。二女已投水死。一媳重傷，乘間逃歸。尚有多數年青婦女，強姦不遂，宛轉死於刺刀之下。近數日各居民之口糧，已被日兵搶刼一空。壯年男子被日兵拘去，強迫作工。終日不得一飽，其苦狀無殊地獄。」

事實五十五——蔣俊廉逃慘狀：蔣俊廉服務於上海各日報，擔任採訪滬西新聞。一月三十一日得通行證一紙。二月三日上午十一時許，因有事至百老匯路探友，行至外虹橋畔，突被日便衣隊攔阻搜查。當在袋內搜出上項通行證，指爲軍事密探。即將雙手反縛，押送裏虹橋某馬車行內日兵小隊部。未幾，即轉解至蓬路三元宮日本司令部內。推進門後，立將雙目矇蔽。經數日人略訊年歲，籍貫，住址後，將身上所佩訪員公會第一七號證章一枚，及銀洋雜物一概沒收。至當晚七時許，押登運貨汽車，解送黃浦碼頭。約共有十餘人，均摔在鐵駁船上。斯時蔣氏偸覷被難者，已有百數十人。雙手反縛，蜷伏艙中。均血染全身，勢將垂斃，臭氣四溢，令人欲嘔。船上派有武裝陸戰隊四名，日夜看守，嚴密監視。並向被難者任意凶毆。刺刀鐵棍，雙管齊下。至四日，被日兵押上碼頭斬決或槍斃者約四五十人。天昏地黑，悽慘萬狀。蔣至此欲哭無淚、欲訴無門。惟不忍受日兵之慘殺，決計投河自盡。

至五日午，日兵將其頭上所紮之布解去，提往岸上行刑。自念死期已至，遂跟上碼頭，以小便爲由，縱身河中。詎覓死不得，仍被撈起上岸訊問。簽以四十五號表記，押回船中。是時飢寒疼痛，集於一身，萬分難受，惟有任其擺佈而已。檢點艙中，被難者，祇剩八十五人。至六日下午，又將此中二十八人提去慘殺。至晚七時許，始得工部局預備隊將被難者六十五人悉數救出，車送齊物浦路工部局內暫住。經西探長裴白(譯音)，華總巡郭立齊殷勤招待，給以飲食。一面請紅十字會到隊醫治，(惟中數人已受傷甚重，一人因傷斃命。)始得保全生命。至九日下午安然回家。但兩手反縛四晝夜，手腕潰爛，全身靑腫，刻在醫院。

貳　侮辱與虐待

在日人鐵蹄蹂躪之下，血花徧地，生命雞蟲。其倖而免於一死者，亦備受慘無人道之侮辱與虐待。下列事實二十七件，不過海底撈沙，萬不盡一。

事實一——虎口餘生談日兵手段之殘：二月一日上午十一時，天潼路頭壩路鄧民興五金號，忽來日兵十餘人。五六人闖入店內，登樓搜查。將玻璃門敲破，直達帳房間，刦去鈔洋百餘元。並將該號經理鄧順銓，學徒楊阿根，及避難人陳貴賢兄弟兩人，一一細綁。由十餘名日兵押赴武昌路三元宮內(該處係日方駐兵機關)，任意毆打。一般浪人，均令彼等供出我方便衣隊藏匿處所。不供則以步槍對之作欲擊狀。並持槍柄痛打，以致身受重傷。及至下午十一時方始釋出。據四人脫險後語人云：「我等被日兵拘留三元宮內時，目覩同胞數人：有被日兵細綁吊打者，有被日兵用刀將雙目挖去者，有被將石灰迷其眼睛，以致失明者。觸目皆是，慘不忍覩。」

事實二——三元宮中慘狀：淞滬變起後，住在虹口之平民，無端被日人緊禁及慘殺者，不可勝計。而武昌路三元宮中之情狀，尤屬慘無人道。有上海電話局之職員自該處脫險歸來，據稱：伊行經虹

口，被日便衣隊拘至武昌路三元宮。目覩婦女多人赤露上身，綁縛柱間。其一乳頭割落。又男子一人，眼珠懸垂於目眶之外，慘不忍覩。伊因善修電話，乃由日便衣兵帶至蓬路日本俱樂部 命修電話，始得釋放。

事實三——檢查女子須令解衣：二月十日下午二時許，時報記者冒險赴百老匯路視察。行至吳淞路附近，見有兩年輕女子均被日兵解開旗袍，上下摸索。未有所獲，始經釋放。斯時記者正在對面步行。忽被站在吳淞路口一日兵喝止搜查。記者祇得停止前進。默思皮夾中有卡片甚多，設爲查着，必遭拘捕。斯時心中萬分憂急。惟見該日兵又正在搜查兩男子。記者遂乘機將皮夾中所有卡片取出，盡行投於路隅。兩男子被搜完成後，日兵遂向其細細搜查。並有日便衣數人在旁監視。該日兵以查無所獲，始釋手令去。至此遂得安然而返。

事實四——日捕貧苦同胞：有人目擊日軍，用第一四七號鐵甲車，載有所捕貧苦國人，送往楊樹浦黃浦灘碼頭棧房內，禁不許出。有時亦用卡車裝運。每日有五六次，每次約三四十人。均被反縛手臂。惟見送入該棧，而不見釋出一人。不知其作用何在。或謂日軍對於被縛貧民，飲以茶色藥水，衣以和服。然後用殘酷手段，致其死命。再行拍照。意在誣蔑我國殘害日僑之行爲，以作欺騙列國之僞證。一說日軍欲逼我貧苦國人，代做苦工。但又何苦反縛手臂，如捕罪犯？虹口居民，紛紛逃避。惟中途若遇日軍，仍無生路。以是該處商民，惟有束手待斃。

事實五——不願爲日方裝卸軍火被囚毆：據一馮姓江北工人報告云，有三井棧小工頭目張嘉德，江北人，家住鴨綠路。其妻係日人。二月十二日，日軍裝大批軍火來滬，待人起卸。遂由張預僱小工三十餘人，擬用小火輪駁運至匯山碼頭。起初各工人不知內幕，故欣然前往。及見大木箱笨重無比，定係軍火，各工人均表示不願。雖由張允先發酒資一元，卸竣每人再給工資十元，各工人仍不允。且有一二工人云：「餓死亦不願幹」。正在爭論之際，旋有日便衣隊到來，將工人攢毆。內有數人被拘

去。餘均逃散。

事實六——檢查婦女時任意調戲：據目擊者報告，二月十五日湯恩路一帶，我國人不能出入。凡經過該處者，均須經日軍之搜查。如男子與老嫗，概須先將衣服全身脫去。繼則拳足交加。而結果仍不得進去。凡過青年女子，亦須將上下衣服解開檢查。任意調戲，備加侮辱。結果亦皆不得進去。一般婦女輩竟皆哭笑不得。如檢出卡片紙條等物，卽行被拘。又該處相近胡家木橋有二人倒臥路旁。一穿長衣，一穿短衣。

事實七——兩腿遭棒擊傷：二月十六日下午三時，百老匯路一〇三號美商亞細亞圖書公司職員張某，奉命至美豐銀行存款。因電車未來，在天潼路口行走，被日兵拘拿至國際電訊局日司令部刑審後，押解至沈家灣救火會後面懸紅十字旗之屋內。卽遭日兵剝去衣服，痛打多時，及至暈去而停。繼復押解至東洋小學(吟桂路口)日司令部。未據長官詢問，卽遭日兵布扎眼目。正在用刑之際，忽聞提詢消息。當卽由數兵擎至樓上。據問官云，因其帶軍官銜片，認爲我國軍官。兼有數百兩鈔銀，指爲解餉。幸當時張君認爲必死，亦不得不剖明原委。以袋中卡片，來自友朋。銀鈔完全係美商亞細亞名義與美豐銀行來往者。確係安分商民。結果未遭屈死。但兩腿遭棒擊傷，行動不便。於十七日出險。

事實八——日軍捕擄茶客：楊樹浦路八九號申新第九廠斜對過三江茶樓，於二月十六日晨八時四十分，竟有日軍卡車六輛自東駛來，停在該茶樓門前。跳下武裝日軍十餘人，手執籐條。四日兵在樓下嚴密把守。餘均登樓。將全樓茶客，悉數驅上卡車。稍有抵抗，卽將籐條抽擊，以致身受重傷者，達十餘人。但仍爲日軍迫上卡車。一時秩序大亂。行人奔避。事後經切實調查，據該茶樓堂倌云：是日被捕人數，確在六十名以上。大半均係附近申新九廠工人。且多每日必至該樓啜名者。渠（堂倌自稱）因適在後面小便，聞變卽從後門逸出，幸未遭日軍捕去。嗣後復在附近調查，祗見妻號子啼，狀甚悽慘。

事實九——蒙目褫衣吊打：有從險地逃歸之于介福述其被捕及出險經過云：「余因經濟困苦，於二月十七日上午八時往楊樹浦親戚家借貸，路經虹口東嘉興路新橋。來一日兵，向余操日語曰：「康」「康」。余卽止步。該兵向我週身檢查，並舉手批頰。余見其來勢洶洶，因卽避去。而該兵竟老羞成怒，施以毒打。復將余拘送司令部。在部中所遭，尤爲殘酷。先將我目蒙以巾，卸我衣服，並將雙手以繩緊縛吊起。於是任意毆打，百般淩辱。毒打之後，繼以惡言恐嚇。謂「把他槍斃，把他刀殺。」或曰「把刀刺他頭顱。」並將肥皂水使我解渴，垢食使我充飢。余以舌辨知其物，佯言不渴不飢。種種威嚇，痛苦實不堪受。但求速死而已。直至下午五時正飢寒交迫之際，忽有人來盤問。余因略諳日語，再三辯白，始得釋放。但我遍體鱗傷，至今疼痛不堪。」

事實十——婦女經過被摸索：二月十七日下午二時許，有北蘇州路某號中人行經北四川路武昌路口。有日便衣隊二名，武裝日兵一名，攔住去路，施行檢查。同時有七人，一一檢抄。內有女子二名，衣服入時。當被日便衣隊解其外衣，伸手搜索。二女面紅耳赤，恐懼異常。後幸卽釋。

事實十一——男女難民被迫裸體前行：二月二十日晨七時許，江灣跑馬場附近日軍向我軍進犯。同時將男女難民六十餘人全身裸體，在冰天雪地中，驅之前行。其殘忍於此可見。

事實十二——日兵擄掠少女：有住居滙山捕房東面育仁里三十四號之本地婦人顧沈氏，有女名顧金弟，現年十九歲。業已許字與人，定於今春出閣。向在該處紗廠作工。母女二人，於二月二十一日攜帶衣包，由家內走出。行至提籃橋電車站等候電車。奈乘客擁擠不堪，該母女二人因無力擠上，遂退至對面沿上暫憩。詎來日兵二三人，因見金弟稍具姿色，卽恃強將金弟拖上該處所停之汽車上，向北楊樹浦方面疾駛而去。其母一路哭喊，亦無人出爲援救。該氏因愛女已被擄去，仍退回家中。

事實十三——破門闖入輪姦幼女：二月二十五日上午十一時許，有一住居楊樹浦提籃橋之江北女子陳小毛（年十四），逃至法租界菜市街親戚家。據云：彼於廿三晚九時許聞砲聲甚邇，正欲逃避之際

，(該女係寄居是處同鄉人家。向在紗廠作工。鄉人均已逃去。彼因無處可走，故仍居此。)忽有日兵兩名見屋內尚有火光，即破門而入。遽將其揿於地上，輪流奸污。旋即奪門而去。以致下部受傷，勉強行走來此。」後經其戚車送醫院醫治。

事實十四——閨女返家幾遭毆斃：住居北四川路底之廣東女子吳佩英，係大家閨女。於戰禍初起時偕母逃出。暫寓蒲石路漁陽里。後因聽說北四川路日兵已退，由工部局派捕上差。佩英思念家內貴重物件均未攜出，故於二月廿五日午後返家探視，能攜即攜。詎未到家門，遂被日兵四五人攔住搜檢，強欲脫內衣。佩英抗拒。致觸日人之怒，立被攢毆，以致遍體鱗傷。幸由印捕到來排解，未遭毆斃。但佩英神志昏厥。由途人沈某伴至籃球場收容所。迨驚魄稍定，始送回家。

事實十五——姦辱粵籍少婦：日兵之暴行種種，早為世人洞悉。據廣東大戲院逃出之伙食夫所云，尤令人髮指。二十五日上午十時，日兵由黃浦碼頭，刼來粵籍少婦二人。至院中輪流姦淫。後即以皮條繫其足脛。雙雙倒吊於牆上。並點洋燭，插於少婦雙股間，不准稍動。如違即以刺刀剜其股肉。據日兵云：「二婦人之丈夫，係在十九路軍作官長。故吾輩待之較優於他人。」

事實十六——中年婦被輪姦：有從吳淞鐵路工場西塊開小酒店之無錫人阿林之妻，口述脫險經過情狀，其事甚慘。據云：「丈夫在淞鎮鐵路工廠作工友。入款尚足度日。更兼營小酒店，故略有積蓄。此次日兵大隊，在張華浜糧米棧上岸。予見此光景，即身帶現款二千元及金飾多件，欲脫離危地。不幸途遇如虎似狼之日兵，將身帶現款金飾，搜括一空。並被日兵囚於暗室中，一連數日夜。渠雖年已四十四歲，然仍被日兵輪流姦淫。其後乘日人不備遁出。目下下部受傷，寸步難移。

事實十七——少婦受驚成瘋：寇滬日兵殺掠奸淫，慘無人道。二月廿六日有江灣路居民某姓婦人，年約二十五歲。以戰事猝發，未及逃出。連日遭日兵無理威嚇，致神經錯亂。經戰區難民臨時救濟會將其營救出險，車送亞爾培路亞爾培坊該會第一醫院醫治。至其病狀，則完全為受驚過度所致。見

人甕掩面狂呼「東洋人殺人」。致無法詢其姓氏住址。

事實十八——日軍廿八人輪姦少女：少女王桂如，年十七歲。住居江灣楊家灣地方。二月二十六日因遭日軍二十八人輪流強姦，受傷甚重。二十七日經其家人，舁送仁濟醫院就治。據云，勢甚危險，恐有生命之虞。

事實十九——強拉車夫：二月二十七日上午十一時許，公共租界培開爾路有日便衣隊七八人，偕陸軍十餘人，沿途捉拉小車二十餘輛。復往匯山捕房對面鴻升里，捉拉小車十餘輛。其中一小車夫，即求救於捕房某華捕，請爲勸阻。該華捕答以『無能爲力』。小車夫聞言大哭。並向華捕云：『我去雖死，不過犧牲一人，其事猶小。若爲日人工作，害我同胞，關係甚大。』言畢又放聲痛哭。該日便衣隊見狀，旋即趕來向該車夫拳足交加。並用利刃猛刺。其餘各小車夫，見狀知難倖免。遂被迫俯首隨便衣隊向茂海路而去。

事實二十——迫令到前線送死：江灣被難人孫有任，三十九歲，二月二十八日自戰事區域救出。據云：「余家居江灣鎮之東首。當大戰發生之翌日，余即偕同村人十四向西北逃避。行未及里，即爲日軍盡數拘捕。搜查後，見余等盡屬鄉人，乃由日軍四人，押往鎮之北首，令掘戰壕。先吾而至者已有三四十人。時兩方戰事極烈。掘壕處又爲火線中心。故於鎗林彈雨之中工作，早已置生死於度外。余等工作未及十分鐘，同伴五十餘人，已爲流彈擊倒約三十餘，旋余亦被流彈擦傷頭部。仍被迫工作。旋又被擊中臂部，倒臥於羣屍之中。後日軍敗退。余即爲佛教救濟會救出。」孫又謂：「日軍死傷確多。當余工作未到半小時，爲余目覩者已有六十餘人。」

事實二十一——擄同胞充軍役：美國狐狸(亦作福克斯)影片公司，以彼國人士，注意上海戰事，特於上月間自華盛頓來滬，攝取戰事影片。尤注意於日軍暴行。三月一日該公司攝影歸來之美人某氏，據其述日軍暴行云：「吾儕服務於福克斯公司。上月間在亞氏（按爲該公司主人亞力山大）領導之

下，到滬。商通中日兩方當局，攝取戰地影片。開攝以來，已有成績。但於日軍陣地中，見有衣服不完善之苦力，終日挖掘壕溝，搬運械彈。在在有日本武裝兵士監視。當時卽疑心是項苦力爲朝鮮人充日工兵者。後悉朝鮮人並無充日本軍人者。經探問後，始悉此輩苦力，均係華人。被日兵在戰區附近與租界等地擄來，充當軍役。故工作時間，均有武裝兵監視，以防其有違反舉動。苟稍有不遂，則日軍之威力，可立致之死。並聞已有數華人，被其慘殺後，將屍體昭示於若輩（指被擄充苦力者）之前。」某氏言下，不勝扼腕。

事實二十二——慘辱女界同胞：有江灣逃難二華婦，年約念六七歲，欲往租界避難。經過許家宅，被日兵瞥見，喝令停止檢查，遍身摸索。並令自動褪去上下小衣。二人中一人拒絕，卽遭槍斃。其後一婦睹此慘狀，只得從命。卽被曳至坟山僻處，輪流強姦。該婦卽跪地求饒，始免被害。後見日兵遠離。有某君見該婦寸步難行，隨給大洋五元，以助川資。後有張姓小車夫經過，見其可憐，車送租界其親戚處而去。虎口餘生，亦云險矣。

事實二十三——日兵輪姦少女：據目擊者報告，日兵二名，皆年僅十五六歲。於三月二日十點二十分，路過香烟橋物華路地方。擅自闖入該處草屋中江北人某姓家。見該姓僅祇婦女二人。婦已老嫗，女年亦十五六。前在日紗廠工作，故能日語。雖一再懇求，二日兵仍將少女撳翻，輪流强姦。事畢揚長而去。女已受重創。老嫗睹狀，痛哭失聲。

事實二十四——姦斃六旬老嫗：據三月二日自軍工路方面轉輾逃避來滬之黃順珊云：渠曾被迫作苦工。同伴中稍有不遂其意，卽遭槍殺。渠之隣舍，有一老嫗，吾人常稱之爲寗波阿婆者，年已六十二歲。自以爲年高，留家看守房屋。乃日兵獸性發作，以附近青年女子均已逃避一空，卽將該老嫗輪流奸汚。該老嫗因年高體衰，不久卽行斃命。

事實二十五——白布蒙目何處去：二月二十七日晨八點時，虹口嘉興路橋東堍有日兵七八名，站

立東橋堍，把守不放行人通過。當時有十餘人走至該處。見不能通過，皆站立橋西馬路兩邊人行道上觀望。旋有工部局垃圾卡車一輛由西向東駛來。車首插有旗幟。駛至橋堍邊，速率減低。有數人攀上卡車，欲藉以通過該橋。詎卡車過橋即被日兵攔住。將人拖下，持木棍亂毆。各人頭破血流。繼以白洋布條將各人眼目紮蔽，並出蔴繩反縛雙手，押之向東而去。不知何往。斯時站立橋西之人睹狀，咸大驚失色，向西奔避。

事實二十六——無臭無味白水一杯：廣東路偉靈醫院蔣樂安，自紅會廿五傷兵醫院服務歸，往馬浪路西成里七十一號探親。有同居之戚吳君求治。據吳君稱：於三月五號偕有派司往虹口搬物，道經崑山路。見鐵絲網阻攔，擬另行取道。日兵見之，故意將鐵絲網拉開，引領彼等入內，（計同行者九人）。彼等入後，即被日兵將衣服脫去，用繩捆之。送往日兵屍體室內查問姓氏後，勒令各飲無臭無味白水一杯。後放出三人，餘仍扣留。回家越數小時後，即喉發紅腫，語不成音。蔣君乃為診察。後又由紅十字會辦事處羅君到來開方，囑彼配服。未知得能無妨否？

事實二十七——慈幼協會總幹事被毆：中華慈幼協會之閘北虬江路長安里慈幼教養院，原為孤苦兒童而設。自日軍向閘北進攻，該院曾被砲轟中彈。所有院生盡行逃入租界避難。後因和平聲浪甚高。慈幼協會負責者，遂欲乘此時機，將該院所有未曾炸燬之重要物件取出，以應急需。三月十四日下午三時，該會總幹事吳維德請准工部局發給一七二二四號通行證，證明准帶二人。繼又自日軍第七大隊某中隊長方面正式領得荷物搬出許可證一紙。遂偕同該會執行委員會書記陳鶴琴，慈幼教養院主任潘石麟，前往閘北視察，整理院中一切。詎行至東寶興路鐵路口，突來日兵三人，右手持槍，左手執棒，先將吳所坐黃包車車夫毆打，禁止其載人通過。（吳車先行，陳潘繼之。）其時吳即下車，示以各項通行證。詎該日水兵又將吳痛毆，且摑其右頰。吳陳一行，在此情形之下，只好忍氣吞聲，忍耐前往。迄四時許，始萎頓返租界。

叁 破瓦頹垣徒供憑悼

閘北，江灣，吳淞一帶，經日軍彈炸砲轟，有時且故意縱火，以致繁盛市廛，皆成焦土。荒涼滿目，絕跡人煙。憑悼之餘，猶想見我軍衞國將士堅守三十二日之苦。

不堪回首話吳淞 二月四日正午十二時許，日軍兵艦，向我方砲台攻擊，歷一小時。五日上午十時許，日艦又向我方發砲進攻。以後因屢攻不利，遂利用飛機迴旋擲彈，以苦我民衆。吳淞鎮一處，自六日起至二十日止，大火四次。全鎮商店住宅完整者，覺百不獲一。縱目四覩，但見頹垣殘壁，已成一片瓦礫之場。我方高射砲不多，且不精，以致日飛機任意肆虐。將來我國軍事上之設備，從此又可多得一番經驗矣。

（1）第一次大火：六日晚間七時許，新街酒釀河寶家，中彈起火。朝東延至金家弄止。北面自德茂祥烟紙店起，延燒至舒順興茶食店，延生錢莊，萬新順南貨號止。梁成新衣莊，被火員拆斷，得未遭殃。北面王甡泰鹹貨莊起，延燒至刊字店洗衣作止。南面自顧生榮肉莊起，延燒至戴春林花粉廣貨店，王伯奎鮮魚行，松同肉莊止。朝南新街至萬春順止。南面胡鳴甫烟紙店起至周某所開之衣莊止。新街之南，葫蘆店（卽梳頭店）止。朝南協豐水菓行起，至小酒店止。朝東至耶穌堂止。此爲第一次大火。

（2）第二次大火：七日四時起，北和豐街被炸。桐河二家起火。延燒教堂，錢元茂酒店，南隔壁之荳腐店。被炸斃一十四歲之男小孩。同順米店等一帶房屋亦被延燒。此爲第二次大火。

（3）第三次大火：十一日，淞興路振隆烟紙店中彈起火。朝西陸稿薦，柳仁仁，同升，謝大隆烟紙店，永興館，婁寶華魚行，汪福泰鹹貨店止。朝南門口碗店起火。延燒對面和盛綢緞莊，隔壁萬順醬園，天祿茶食店，同興昌酒店，協雝元鮮肉鹹貨莊，西隔壁協泰熟貨店，新衣店止。此爲第三次大

火。

(4)第四次大火：二十日，和豐路新協業里濟生會被炸。南昌路朱淵如氏之住宅被炸起火。東面至蔣全泰，王恆大，北至淞興路文昌路東昇路一帶。此爲第四次大火。

除上列四次大火延燒之地段外，尙有荳市路之老萬盛醬園，和豐路兪葆郁氏之住宅門面，外馬路之亦吾照相館，衞商救火會，炮台灣之海濱旅館，三陽路之吳淞麵粉廠，泰興路之國立中央大學醫學院，砲台灣之水產學校，無線電報局，中國公學，蘊藻路之寶明電燈公司，中國鐵工廠，永安第二紗廠等處房屋，均被炸彈，及砲擊爆裂。或燬屋面及牆壁。或全部焚燒。是項損失，一時尙難估計。其慘痛之狀，筆難罄盡也。

淞興路爲吳淞全鎭精華，市廛繁盛。較大之商舖，均開設於此。全路東自廟弄起，西至油車路止，盡爲彈燬。郵政局，隆茂錢莊等數處房屋，雖未倒坍，但室內已被刦一空。四壁蕭然，了無長物。街道之上，盡堆瓦礫；一步一蹶，涉足爲難。沿江之外馬路，危牆斷柱，森然矗立。自東至西，計千餘家，靡不全燬。卽沿江堤岸，亦彈痕斑斑，泰半坍圮。其中如七區公安局，救火會，公用局，船舶所等，無一倖存。僅救生局以地位較低，屋頂中炮彈四五處：磚瓦淩亂，巍然獨立。屋後小庭則爲炸彈炸成深丈許，圍四丈之巨潭。綠水盈盈，不啻一小池也。

吳淞自被日軍佔據後，街中牆壁上滿黏紅綠色之日軍佈告。不署銜，其下僅書日本軍三字。共有如下之四種：

(一)日本軍隊，不犯秋毫。所有居民，毋得驚惶。

(二)歡迎鄉鎭居民歸來復業。

(三)日本軍隊爲保護日僑民而來。居民各安生業，不得聽信流氓謠惑。

(四)凡有破壞軍事工作及阻撓軍事設施者，從嚴究罰，決不姑寬。

以上四種佈告，街頭巷尾，觸目皆是。山河依舊，人事已非，孰令致此！砲台要塞，高懸日旗，隨風招展，使人腸斷而有不堪回首之慨。

江灣損失　江灣原係鄉鎮。祇以地近市區，鄉民雖無都市人民之生利力量，而受都市生活之薰陶，平時消費頗大，絕少蓋藏。差幸商人大都自有房屋，農人自有耕田，勉強維持。是以外表雖較繁榮，實際極爲空虛也。淞滬戰起，鄉人多以爲局部衝突，當可容易平息。江灣又非軍家必爭之地，重以產業關係，故鄉人多死守不去。迨日軍變更戰略，江灣正當其衝。炸彈砲火，相逼而至。鄉人倉皇出奔，強壯者幸以身免。婦孺老弱犧牲於彈藥之下者，據調查所知，已不下七千餘人。暴屍道路，野犬爭食，慘酷情狀，非經目睹者，殊難想像得之。至於物質上之損失，則非但鎮區市廛，盡付一炬；卽鄉村茅舍，亦十毀七八。日人之肆虐，誠有出乎人情意料以外者。

江灣房屋之被燬，據大美晚報之調查，皆係日人故意縱火之所致。報中有兩段記載，墨與淚俱，讀之黯然。遂譯於下：

（1）「江灣鄉間連日起火。但自禮拜一（二月廿二夜）間以來，日軍更致力於放火爲事。其目的似在乎燒盡其攻擊線內之一切房屋。日軍司令部設在江灣路之北一英里許之一廟內。其東北南三處，無處非火。日兵沿路放火。先將乾柴草堆於房屋向風之一面。火乘風勢，遂致燎原。日軍司令部之人，自謂有數處屋內或有便衣兵，或將來被其竊入，故先燒盡以預防之。鄉間無多鄉民，亦無人出而阻撓。天邊惟見飛機翺翔。有時於黃昏之際，見一物下墮。其光熊熊，乃火把也。有時飛過中國陣線，則放炸彈。有聲凄然。復旦大學相近處，卽以前之日軍司令部，裝有大炮數尊。先聞砲聲，次爲砲彈飛出之聲。火把大約爲指示發砲所用。機關槍步槍之聲，更覺不絕於耳。遠處砲彈亦偶有飛來。凄然一響，黑烟四起。日本植田司令與其將佐皆在廟內。外面有日兵休息於各處，兵器羅列於地上。路上所見，亦惟各種軍火。被火之房屋，或卽在數步之外。幕返之中，輒遠聞各種槍聲及日兵縱火歡呼聲。

華人多被焚死。」

（2）「四鄉戰區中華人屍身暴露於野未掩埋者，不少數千具。雖戰士居多，而平民亦不在少數。且於火餘屋中，時見婦孺焦爛之殘骸，令人不忍卒覩。日人之屍身，已由日兵迅速移去。惟華人之屍身，除要區如江灣車站四周外，顯尚無人過問。廣東山莊內佛像之側，有一老年農婦之屍。面目模糊，四肢殘斷。中股袒露其肉，表明曾受槍刺猛戳。數外人曾見之。尚有較此更甚而極慘者。爲備作證計，已留影焉。記者曾特別查視傳說加釘燒死之一屍。見屍臥釘板。但後見其釘乃由木板反面釘入。或係該人死後，房屋坍倒，屍適觸及釘板所致。江灣．大塲，眞茹，三處，大部分已毀。破瓦頹垣，一望無際。似多爲空中轟擊之結果。三處尤以大塲爲最。大塲附近，有殘破之紅十字會卡車數輛，顯爲砲彈或飛機炸彈所毀者。日本兵士及平民紛在此糜爛之區，覓取戰爭紀念品。兵士留影者，多立於華人屍身，持太陽旗，作露齒笑。間有取未炸之大砲彈，置於屍上，而留影者。日本平民，攜眷徜徉其間者，實繁有徒。且多手挽兒童，一路談笑，彷彿作休假之游樂者然。日當局對於外人之欲往戰區者，雖不肯發給通行證：而外人之得至戰區者，頗不乏人。惟歸途經過北四川路日海軍司令部時，皆爲日兵所阻，令下汽車，容其在車內搜查一過。」

讀上列兩段紀載，不啻一篇弔戰塲文也。傷心慘目，有如是耶？記得閘北正當激戰時，我方防軍對於日本平民毫無傷害；對於日方財產，亦盡力保護。蔡廷楷軍長之言曰：「戰塲相遇，祗有軍人與軍人交鋒，斷不宜損及對方平民之生命財產。」此種軍人道德，非日方之所知也。

上海普善山莊掩埋被難者屍首。據云：「所收之屍，多數爲平民。兵士寥寥無幾。人民屍首大都爲火焚斃者。尤以江灣之三百畝地方爲最。該處有一河浜，浜中屍首塡滿。有四肢全無者。有身首異處者。屍皆焦頭爛額。被燒後四肢收縮，類一小孩。有皮肉未着火處，則血水橫流，浮腫腐爛，臭氣薰蒸。種種慘狀，令人不忍卒覩。」

閘北景象淒涼

閘北一帶自戰起後，各處房屋先後被燬。當時閘北保衛衛團團總王彬彥即邀同多人組織戰區消防隊，推派王葆瑜爲隊長。王出身軍伍，勇敢過人。自一月二十九日起至三月一日止，日日在槍林彈雨之下，從事救火工作。至於救火時之種種危險困難，言之恐怖。蓋日兵犯境以後，所有閘北方面之火政人員大半走散。自來水時斷時有。白天，日機往來閘北天空中，向下偵察，時擲炸彈，或開機槍。且火燒處，大半均在雙方接觸之地。屈指工作三十餘日中，以二月十八日夜一次之救火工作最爲危險，當夜八時四十五分，接得報告，謂香山路鴻興里民房中砲彈正在火燒。王氏當塲率領人員紛紛趕往。是時雙方砲火萬分猛烈。槍彈在頭上飛過甚密。未幾至目的地，火勢已猛烈不可遏制。其時救火唯一之工具有二：一爲鐵鈎，預備拉倒房屋，使免蔓延。一爲鉛筒，用以在各馬路陰溝中提出污水灌救。蓋自來水，已經斷絕。皮帶起水機等皆不能用。救至深夜一時許，日兵砲彈集中於火燒處。王等無奈，乃設法退回。當塲匐匐地上。爬至大統路保衛團內，均已滿身汚泥。所幸諸人中無人受傷。現據該消防隊報告書上所載之火警，共計三十二處，約焚燬民房五千餘幢。玆將每日出發救火地點錄之如下：（一月二十九日）上午二時一刻虬江路。上午九時半寶山路。下午二時半商務印書館。（三十日）中午十二時四十五分，新民路仁安里。（三十一日）上午十一時，北火車站。又上午七時東方圖書館。（二月二日）下午九時永興路。（三日）上午十時虬江路小菜塲。（四日）上午八時半，寶山路鴻興坊。（六日）下午十時，共和新路永興里。（十日）下午九時香山路。（十一日）下午十一時中興路。（十二日）下午一時四十五分公興路。（十三日）上午九時麥根路火車站附近紙廠。（十四日）下午一時永興路寶山路。（十五日）下午二時寶山路。（十六日）上午一時半永興路小馬路。（十七日）下午七時中興路。（十八日）下午八時四十五分香山路鴻興里。（十九日）下午九時半西寶興路。（二十日）下午八時半京江路。（二十一日）下午六時寶昌路。（二十二日）上午九時天通菴。（二十三日）上午十一時永興路。（二十四日）下午八時中華新路。（二十五日）下午九時中興路。（二十七日）上午一時中華新路。（二十

七日）下午二時天通庵路寶通路。（二十八日）下午一時虬江路鼎元里。（二十九日）下午一時虬江路，下午三時東寶興路。（三月一日）下午三時二十分永興路三益里宗餘里。以後因日兵已進閘北，消防隊同時撤退。

從上列救火地點，吾人不難推測閘北之繁盛區域，盡成焦土。據時報記者三次之「閘北沿路調查」，寶山路鐵道以南若非火燒，卽遭槍刼：虬江路至寶興路一段，盡成瓦礫場。鐵路以北，東北部均遭焚燬。大統路北段商店，被搶一空。旱橋以西，則無一塊乾淨土。茲將調查報告錄於次，亦將來修地方史者之好材料也。

（1）第一次調查：自日軍侵犯我閘北以來，寶山路口頤福里，升順里一帶商店住民受創最巨。茲將鐵路至界路一段焚燬之各店，及未焚燬而被搶刼之各店，略誌如下：福昌五金店，宏源興洋貨店，張宏泰茶葉店，營業申記雜貨店，福昌衣莊店，協和祥烟紙店，（以上均面東），大明照相館，天祿糖菓店，義泰興鐘表店，元大祥洋貨店（以上朝西）等，均已焚燬。較南如德昌煙紙店，公泰米店，華成電料店，老萬年銀樓，秋月照相館，寶泰南貨店，孫順發鞋店，申成昌糖菓店，祥生典當，（在頤福里內）聚興麵館，順興飯館，王新記西菜社，章順泰煙號，正大水菓店，同寶和酒店，方順昌五金店，大中華菜館，（以上面西）好運道雜貨店，日新祥南貨店，餘恆興洋貨店，新泰祥南貨店，震康醬園，祥源香粉店，源人皮箱店，益南鞋店，發記理髮店，浦五房肉店，大來祥百貨店，鴻源祥洋貨店，（以上朝東）雖未遭火，而前後門戶皆開，店中物件已空。鐵路北由虬江路起直至寶興路，如義品里，鴻興坊，南北鼎元里，馨德坊，約有一里之遙，盡成焦土。

（2）第二次調查：閘北各馬路商店，自鐵路北起，東半部業經焚燬外，其西半部，為共和新路，大統路兩路（皆通過鐵道）。共和新路各店均被掄一空。大統路鐵路北一段，被搶各店於下：大中華橡皮套鞋廠（在承仁里內），恆山堂藥店，大順南貨店，吉泰米店，大成南貨店，吉順洋貨店，長春

堂藥店，德豐磁器店，大順糟坊，泰昌板木行，大中華菜館，（由寶山路口大中華分出之支店）魁泰米店，聚豐順煙紙店，明興押當。其他門牌門板均已被人取去。門戶洞開，店中空無一物者尚多。一時不及備載。

（3）第三次調查：新民路百祿路口，共焚裕壽里，留餘里，石庫門民房二十七幢；及順泰木棧，大觀書局，泰興書局，久義書局，昌吉酒店，德昌煙紙店，路南仁安里焚燬石庫門及東洋房子十五幢，尚有老虎灶及煙紙店一家。仁安里之西未焚去者無多。然如宏壽生藥號，怡昌鐵店，厚記米號，大興砂石公司等，在兩處民房中彈起火時，被無賴搜刦一空。滿州路口之新開洋布號，及大公鐵床廠，美術書局，祥興煙紙店，均已門戶洞開，空空如也。沿鐵路之南林里，新民坊，一帶民房之後門，均被搗毀竊刦。扶輪小學之窗門被毀，器皿蕩然無存。新疆路永慶里華旦小學，及第二，第三，第十一，第十五等號石庫門內，亦遭洗刦。隨安里之東松盛雜貨號，正興館，吳萬興酒店，成隆機鐵廠，六一米號等，以及近大統路之源來木行，川中飯店得利漆號等，亦無一倖免。

閘北自受日軍蹂躪後，路上行人絕少。日兵之乘汽車巡行者頗多。沿途敗壁頹垣，觸目皆是。其悽涼之狀，有非言語所可述者。加以難民之死於砲火者，拋尸荒野，聽其腐爛，尤令人心傷。日軍在閘北儼然以地主自居。街頭巷角，滿貼日本海軍陸戰隊似通非通之文告。其最使人髮指者，莫過於下列三種：

（一）「爲佈告事，雖中國士兵由閘北一帶撤退，而敗殘士兵，便衣隊，不逞之徒，潛在橫行。加之大批危險物品散在地。目下係日本隊嚴重掃討清理中。此期間，不准一般民進入。該地方清完了之後，迅速許可良民之居住矣。此佈。昭和七年。大日本海軍陸戰隊指揮官。」

（二）「大日本帝國海軍陸戰隊佈告：大日本帝國海軍入閘北。爲保護良民，無加危害。不要逃出。商民安心保自己家可也。」

(三)「你們做商的儘管做商。做工的做工。不要怕，不要搬場。走路慢些，不要快。」

〔文化機關被摧殘〕日軍進犯，在其「破壞程序」中，似有摧殘文化機關之一條。旣燬我最大出版事業之商務印書館，又焚我經營三十五載之東方圖書館。此而不足，又從而蹂躪我學校。此種破壞文化事業及人類進步之殘暴行爲，若不能加以有效力之制裁，誠恐封豕長蛇，得寸進尺，將來之遺害，必更無止境也。

(1)商務印書館與東方圖書館之被焚燬：一月廿八夜，日軍鑒於形勢不利，卽用飛機轟炸我軍後方陣線。但我軍陣線，均爲散形線，故未爲所乘。日機第一次起飛時，在二十九日晨四時二十分。因天色晦暝，故祇在空中盤旋示威。至十時許，天色大明，日機遂在商務印書館總廠拋擲硫磺炸彈。因該館曾承印許多保衞國權，反抗日本之文字也。彈落後，頓時火勢爆發。片刻間編譯所卽遭波及。所裝備之各種印刷機器，全部燒壞。焚餘紙灰，飛達數里。與商務印書館總廠相對爲鄰之東方圖書館，因火焰冲過馬路，亦兆焚如。商務印書館總廠房屋，於下午三時許，卽全部倒場。但火勢至五時許猶未全熄。

▲損失詳報 商務印書館總廠，編譯所，東方圖書館，及尚公小學等自被日軍用飛機拋彈縱火，全部焚燬後，該館當局依據實在情形，將全部損失數目，造具詳細清册。分別呈報國民政府，行政院，教育部，實業部，外交部，中央黨部，上海市政府，市社會局，等機關，並函告上海市商會，會計公會，書業公會等團體，請向日本要求賠償。損失數目列左：

(一)總廠：

(甲)房屋：(子)總務處一七〇・二八〇元。(丑)印刷所印刷部三七八・〇三一元。棧房一三九，二三四元。木匠房等五・七九六元。儲電室二一・九五三元。自來水塔一一・四二九元。

(寅)家慶里住宅七・二〇〇元。

(乙)機器工具(包有滾筒機米利機膠版機鉛版機大號自動裝釘機自動切書機世界大號照相機等)：
二・八七三・七一〇元。

(丙)圖版：一・〇一五・二四二元。

(丁)存貨：(子)書籍：木版書四・九八二・九六五元。原版西書八一八・一九七元。(丑)儀器文具七七一・五七九元。(寅)鉛件一九・八〇七元。(卯)機件六・二〇七元。

(戊)紙張原料：(子)紙張七七六・一〇〇元。(丑)原料三一一・二〇〇元。

(己)未了品：二七五・〇〇〇元。

(庚)生財裝修：(子)總務處一二・五二三元。(丑)印刷所八二・一〇五元。(寅)研究所五三五元。

(辛)寄售書籍：五〇〇・〇〇〇元。

(壬)寄存書籍字畫：一〇〇・〇〇〇元。

(二)編譯所：

(甲)房屋：在東方圖書館下層已列入東方圖書館損失數內不另計價。

(乙)圖書：(子)中文三五〇〇部，三・五〇〇元。(丑)外國文五二五〇冊，五二・五〇〇元。
(寅)圖表 七・五〇〇元。(卯)卡片四・〇〇〇元。

(丙)稿件：(子)書稿四一五・七四二元。(丑)字典單頁一百萬頁，二〇〇・〇〇〇元。(寅)圖稿一千套，一〇・〇〇〇元。

(丁)生財裝修：二四・八五〇元。

(三)東方圖書館：

(甲)房屋：九六・〇〇〇元。

(乙)書籍：(子)普通書：中文二六八・〇〇〇册，(平均三四本合釘一册)，一五四・〇〇〇元。外國文八〇・〇〇〇册，六四〇・〇〇〇元。圖表照片五〇・〇〇〇套，五〇・〇〇〇元。(丑)善本書：經部：二七四種，二・三六四册，史部：九九六種，一〇・二〇一册，子部：八七六種，八・四三八册，集部：一・〇五七種，八・七一〇册。購進何氏善本約四萬册，一・〇〇〇・〇〇〇元。方志：二・六四一部，二五・六八二册，一〇〇・〇〇〇元。報章雜誌：四〇・〇〇〇册，二〇〇・〇〇〇元。(寅)目錄卡片・四〇〇・〇〇〇張，八・〇〇〇元。

(丙)生財裝修：二八・二一〇元。

(四)尚公小學校：

(甲)校舍：(子 小學部一九・一〇九元。(丑)幼稚園部一〇・〇〇〇元。

(乙)圖書儀器及教具一二・〇〇〇元。

(丙)生財裝修六・〇〇〇元。

以上共計一六・三三〇・五〇四元。

▲外商踏勘情形之談話▼ 商務印書館總廠，被日軍炸燬，所佔面積廣大。機器原料存貨，種類繁多，損失可驚。月餘以來，談戰績者，無不口頌我十九路軍之忠勇，善於防守。談閘北工廠被燬最慘者，莫不皆曰商務印書館爲文化機關，亦橫受摧殘，相與扼腕。該館所用機器經多年購置更換，均歐美精品。在滬經手爲該總廠裝置機器之外商，急欲察看情形。曾先後前往履勘。據云：「予等由北四川路驅車至虬江路口步行，折入閘北。原冀由廣東街直趨該館總廠後門，較爲近捷。惜以作戰障礙工程未除，不能通過。乃繞道沿虬江路向西，越淞滬軌道，折入寶通路，由該廠便門入內。所勘處所，其情形如下：(一)同人療病房尚完好。(二)製油墨部全燬。(三)裝切部(前華東機器製造廠)存紙全燬。大小裝切機器數十架均燬。(四)機器修理部尙完好。(五)大紙棧房三所，又書紙大棧房一所，其

中儲存各種紙料書籍，均焚燬無餘。紙灰深可沒膝。屋頂牆柱餘燼傾積途中，行走不易。（六）藏版部，其中所存銅鋅鉛版均因燃燒強烈，悉已溶化，流出屋外成為片塊。三層巨廈，空洞若無物。（七）澆版部似尚完好。（八）儀器文具棧房已全燬。（九）木工部已全燬。（十）第一第二印刷所，此為該館印刷之主要部份。計二層樓長屋，前後兩大排。其中機器大小數百架。每架均值數萬元，或十數萬元。與房屋同歸於盡。亦即該公司損失最鉅中之一處。出第一印刷所，有路通達該總廠大門。但第一印刷所前已無路可通。又第（三）條所述之裝切部，本亦有路可通該總廠大門，惜為軍隊滿布鐵絲網。於是乃由該總廠後門步出。（後門遙對大門貫全廠中心，長約五百密達。）經寶源路轉入寶通路，行經便門，達寶山路。北望該館編譯所，函授學社，各雜誌社，東方圖書館，尚公小學，廠外書棧房（前謀得利風琴廠房屋）均僅餘頹垣殘壁，瓦礫灰燼而已。入大門所見情形如下：（十一）書籍總棧房，存舊房屋均燬。其狀亦如紙棧房。（十二）出版科及寄售股均被燬。（十三）標本模型製造部及寄發雜誌處，房屋圖樣名冊均被燬。（十四）裝切分部（即舊編譯所房屋）機器及三層大廈均已焚燬無遺。（十五）第三印刷所，亦三層大廈，其中以墨色石印為主要工作。而英文排版部在焉。亦均焚燬無餘。（十六）第四印刷所，此為四層大廈，下層為事務所營業部。該館主要彩印精印之機器數十架，即置於此屋二樓，三樓。最上層則為全公司總務處。均燬焉。此一部份損失亦極鉅。以上各處所經，逐一踏勘。深嘆該館總廠逢茲浩刦，靡有孑遺。所存燼餘，已不值全廠代價萬分之二三。余雖外人，亦不禁傷心慘目。是誠兕終隙末，無所不用其極。惜哉，惜哉。察看既畢，離該廠循寶山路向南行，向西折入寶通路。沿路民房多被轟燬。但不如虬江路，寶通路東段，寶山路之甚。更西達天通庵路，該館印刷分廠在焉。該分廠佔地約四畝。（總廠佔地約達一百畝）規模不大，機器存貨所值無幾。但內容無甚損傷。房屋為砲彈洞穿數孔。其四週曾發生大患。聞得公共租界救火會灌滅，未遭波及。亦云幸矣。該館現在事實上無法派人看守，注意消防，將來是否不至再兆焚如，亦殊不可知。」

▲泣血陳詞▼ 商務印書館編譯所同人爲東方圖書館被暴日炸燬宣言云：「商務印書館，及東方圖書館，爲遠東有數之文化機關，竟爲日機擲彈之主要標的，而首供其犧牲。按文化機關，卽在戰爭時代，亦應受戰時公法之特別保護。今中國並未宣戰，而東方圖書館等卽已遭襲擊，化爲灰燼。夫東方圖書館已有三十五載之歷史，其收藏之富，在遠東尤爲罕見。圖書總額，在六十萬册以上。其中中國書籍，尤爲珍祕難得。有中國最古之南北宋版本圖書百餘種。有木刻之重要名著繕本二萬餘册。所藏中國省府縣志，爲中國最大之史地書庫。至元清明之精刻書本，重要者更難屈指以數。又歐文書籍，歷年亦置備甚多，足與著名之馬利遜文庫相匹敵。此包羅重要文獻珍貴無比之寶藏，今乃無故被燬於日機狂暴轟炸之下。此種人類文化之損失，甯有恢復之可能。嗚呼，我國人，我友邦，我愛護人類文化之世界諸學術團體，對於日人此類罪惡行爲，其能默爾而息歟？苟正義猶存，公理未泯，我知必將羣起詰責而加以嚴厲之制裁。否則，世界文化，恐將爲此種無理性無人道強暴之日本，摧殘無餘。同人等悲痛之餘，一方面當要求政府責令賠償，一方面當就棉薄所及力圖恢復。茲將事實經過，貢諸國人，及世界各友邦人士之前，惟希鑒察。上海商務印書館編譯所全體同人謹啓。」

▲呈請要求賠償▼ 商務印書館因閘北總廠及編譯所，東方圖書館，尙公小學等，被日機拋彈或縱火，全部焚燬，損失重大，當卽備文分呈中央黨部，國民政府，行政院，實業部，外交部，教育部，上海市黨部，上海市政府，及社會局，等黨政機關，請求向日本提出嚴重抗議，並聲明保留賠償損失。呈文如下：「呈爲呈報被燬情形，請予迅向日本抗議並保留賠償要求，仰祈鑒核施行事。竊敝公司印刷製造總廠，及編譯所，東方圖書館，尙公小學等，向設上海閘北寶山路。上月二十八夜，日本軍隊侵犯閘北，二十九日上午用飛機連接拋擲炸彈，將敝公司印刷製造總廠，及尙公小學，全部炸燬。本月二日，編譯所及東方圖書館，又被縱火焚燬。敝公司三十五年苦心經營致力文化之基礎，盡付一炬。損失之大，莫可言喻。東方圖書館所藏古籍善本，及本國各省府州縣志，並各國學術圖籍，皆

積二三十年之精力，逐漸搜羅所得，尤非以金錢數目所能計其損失。敝公司董事會，因總廠全部被燬，資產損失殆盡。財力已無法維持，職工亦無從工作。不得已議決，上海總館全部停業，職工全體停職。俟大局粗定，召集股東會，決定方針，再定辦法。並已分呈各主管官廳在案。除敝公司損失數目，容俟設法清查 再行詳報外。理合將敝公司印刷製造總廠，及編譯所，東方圖書館，尚公小學，等被燬情形，備文呈報，仰祈鑒核。迅向日本提出嚴重抗議，並聲明保留賠償損失之要求。不勝感戴之至。」

（2）吳淞水產學校燬去大半：水產學校在吳淞砲台灣。學生三百餘人，課程專注重捕撈水產以及水產物之化學製造。意在培植我國撈採海產之專門人才。日本在三數年來，屢向我國沿海偸捕海產。迭經政府嚴重交涉。故對於我國之水產學校，異常嫉視。在日兵登陸侵入砲台灣之初，卽首先搜捕該校學生。並用大砲轟燬該校全部。學生宿舍與自修室全部房屋，已被完全焚燬。博物標本室全部被炸。惟博物教室與博物第二預備室，門戶仍舊封鎖，或能保存一部。敎務課房屋亦已炸燬。一切書籍焚燬無餘。氣象室所有儀器亦難保存。罐頭工場機械，幸尙未受損壞 惟貯藏罐頭，則已散失無餘。貝扣工廠，漁具工場陳列室 及材料儲藏室等一切器物，亦均散失盡淨。總計損失當在三十萬元以上。二十年來慘淡經營之文化機關，燬諸一旦，良堪痛心。

（3）同濟醫科學院：同濟醫科學院在吳淞鎭北二里。學生六百二十餘人。電汽間，生理學院，材料試驗室，中學部，教授室及全部宿舍，正在建築中之中學教室等，盡被日砲轟燬無餘。學生至白克路同和里該校醫正科報到者，僅有二百餘，其餘不知下落。全校六十餘工人，失蹤者亦有三十餘人。此校本係德人創辦。經我國收回。以醫科爲主。大部份藥儀具等，由德人捐助。現時醫科教務長德人拘德等已連電德國，請求德政府向日本提出抗議，保留賠償。

（4）中國公學：中國公學在吳淞砲台灣。學生二千餘人。全部校舍被日人縱火焚燬。所殘剩者，

祇科學館，健身房，及教職員宿舍三處。學生小半失蹤，不知下落。物質損失，大約如下：

▲直接損失▼

一：房屋—(1)舊宿舍建築費二十萬兩。(2)新宿舍十萬兩。(3)東西兩號教職員宿舍三萬兩。(計損失三分之二)。(4)大禮堂及各教室辦公室三十一萬兩。(5)科學館五萬兩。(損失五分之三)。(6)自來水塔及水管二萬兩。每兩以一元四角折合銀元，共計九十五萬二千元。

二：校具—(1)床榻一千六百餘具，值一萬四千元。(2)教室桌椅一萬四千元。(3)宿舍桌椅一萬四千元。(4)辦公室桌椅一萬四千元。(5)零星器具七千元。共計六萬三千元。

三：儀器七萬元。

四：標本一萬四千元。

五：圖書—(1)中文書籍七萬元。(2)外國文書籍十五萬兩。共計二十八萬元。

六：文具七千元。

七：校址地皮一百五十畝，原值十五萬元，現值四千五百元，損失十四萬五千五百元。

▲間接損失▼

一：搬運費二百八十元。二：房租五千零四十元。三：薪工二千八百元。四：工役損失六千元。(個人損失合計)。五：教職員個人損失合計十三萬元。六：學生個人損失合計四十五萬元。以上共計損失二百十二萬餘元。其他籌設臨時辦事處，移址開學，招尋失踪等一切善後費用，不計算在內。

(5)商船學校：商船學校在吳淞砲台灣。學生三百五十八。係國府交通部所辦。課程注重商船駕駛，河海測量，機器修理等。意在造就我國航海之專門人才。被日兵用大炮全部轟燬。除斷垣焦壁而外，一無所存。學生之失踪者，亦在半數以上。

(6)勞動大學：農學院在寶山附近，離吳淞十餘里。日飛機前往擲彈數次。校舍被燬一部分。因

離戰區稍遠，損失尚不甚大。工學院在江灣車站旁，正當戰區中心，全校已被燬。學生之失踪者在半數以上。

（7）上海法學院：上海法學院在江灣路。學生一千三百人。被日軍由該校邊門攛進，施用軋司林先燒教室，繼燒大禮堂及宿舍。所有建築計損失四十三萬五千餘元。

（8）持志學院：持志學院在江灣路口，有學生七百餘人。先後被日軍縱火焚燒，損失不資。計大學部直接損失：（房屋）鋼骨水泥三層大宿舍，二層教室圖書館辦公室，二十五萬五千元。（校具）辦公室，禮堂，教員宿舍，膳堂等處傢具，及宿舍牀鋪，課棹，椅等九萬八千元。（圖書）中書二萬三千冊，西書七千冊，及各項圖表十二萬九千元。（文具）打字機印刷器及各項文具五千元。（文件）一千五百元。（其他）發電機，蒸氣鍋爐，鋼鞦運動器具等三萬五千五百元。間接損失：（房屋）現在租賃校舍種種費用一年約計一萬五千元。（工役損失）一千五百元。（教職員損失）行李衣箱書籍一萬六千元。（學生損失）七百餘人行李書籍三萬五千元。其他八萬五千元。（人口損傷）姚勁飛一人。中學部校舍係租賃，故損失較微。總數僅八萬元。合計大中學部損失總數七十八萬元。

此校爲日軍先後兩次縱火焚燒。且殺傷校役門警。市政府曾向日總領特提抗議，但無覆件。抗議文如下：「逕啓者：本月（二月）四日據報，昨日下午四時，江灣路持志學院中學部，忽被日軍衝入。用刺刀殘殺門警茶役。女茶房逃避不及，亦被擊死。並將該中學部一切建築物縱火焚燬等語。正核辦間。復據報稱，十日下午五時，日兵機關鎗隊乂衝入水電路持志學院大學部。先用機關槍向門警掃射。繼卽縱火焚燒。將新建築可容千餘人之四層樓大宿舍，二層樓教室，大禮堂，圖書館，膳廳，標本儀器室，原動室水塔各一座，全部燬滅等語前來。查貴國軍隊，一再燬滅本國文化機關，殘殺無抵抗民衆。似此無理摧殘，殊爲公理所不許。除保留要求條件外，相應函達，卽煩查照爲荷。」

（9）中央大學醫學院：該院在吳淞鎮車站旁。有學生四十餘人。爲中大醫學之專門研究處。該院

門窗被日兵槍彈打成蜂窩一般。內部情形未詳。損失當在萬數以上。學生在事前離校，幸未遇難。

除上列八校外，其他中小學之被日軍故意縱火焚燬者，尚不可指數。

(10)中華學藝社：北四川路底中華學藝社，爲國內著名學術團體之一。該社社員，大半爲留日歸國之士。自九一八事件發生後，該社社員等對於救國工作，進行甚力，日人恨之刺骨。此次日既犯滬，其海軍第二司令部，係設於該社對面。一月二十九日，日海軍司令部即遣海軍及浪人多名，破門入內，搜索搗毀。旋即貼日本海軍司令部封條於大門而去。二月二十二日，我軍進攻北四川路底，日軍大敗。於退却時，縱火將該社焚燬。該社所藏專門圖書甚多，約值二十餘萬元。社員寄存專門圖書，約值十萬元。此外所存社員交來付印之著作稿件數十種。又該社秘書馬宗榮十數年來所搜集之社會教育專門書籍千餘册，均成灰燼。誠我國文化上又一大損失也。

(11)易氏藏書樓：易培基在江灣水電路建築住宅及藏書樓一棟，計三層大小房間三十餘間。易本世家。平生酷愛書籍金石字畫。三十年來，收羅豐富。此次日戰猝生，除運出少數書籍外，尚留有書籍字畫碑帖衣服等項，約三百餘箱，盡付一炬。據該區警察及該地土着工人云，我軍三月一日午前退去，日兵午後，即佔踞江灣。傍晚即有日兵率便衣隊數十人侵入該宅放火。並焚易宅弄堂房屋十棟。總計居宅及藏書等項，損失約值十餘萬兩。聞易氏藏宋元明舊本甚多。精抄本殿本亦不少。碑帖，字畫，磁器佳者尤衆。此次損失關係吾國文化，實非淺鮮。茲探得損失單，照錄於下：三樓大洋樓一棟，三層，共三十八間。花園亭子。又弄堂一樓一底洋房十五棟，共五十餘間。電燈電話自來水管俱損失。書籍二百零七箱：內有宋元本七種，精抄本四十餘種，明刻本四百五十餘種，殿本五十餘種，碑帖一千三百餘種，內有明拓二十餘種、故宮銅器拓片二百餘種。磁器七箱：內有明磁及乾嘉磁四十餘件。銅器三十餘件，內有楚宮鐘及漢鼎彝爵洗十七件。六朝唐造象十尊。元權四石器十三件：內有漢石經十三方，魏唐墓志三方，魏唐造象四方。雕漆器二十四件：內有明嘉慶大餅四，屏風二，嘉靖小

餅六，小盒八，乾隆大餅二，小盒二。衣箱七：內有貂皮男袍一，狐皮灰鼠十四。其餘棉夾單衣雜件二百餘件。器具生財三百餘件。內有全棟水汀美國油木全屋椅棹長几。以上各項，盡成灰燼。

(12)劉氏藏書樓：劉士木藏書甚富，尤以關於南洋問題者爲多。此次均爲日軍焚刼殆盡，殊爲可惜。劉氏專攻移民殖民問題。以研究南洋文化教育爲終身事業。二十年來，萃其心力，搜羅關於南洋美洲各國文字書籍雜誌不下五六千册。南洋各屬精細地圖三百餘種。博物標本十餘箱。歷史地理物產風俗以及人種等類珍貴照片五千餘幅。剪報資料二百餘巨册。編成文稿八十餘部。舉凡關於華僑問題南洋問題及吾國向海外發展之移殖民問題，各種參考資料，無不應有盡有。且多爲絕版本。如日文南洋叢書，自東京大地震後，日本書店已絕版。又如日本台灣總督府與東京南洋協會所出版之禁賣品南洋叢書，劉氏均極力設法託人羅致，備爲國人參考。此次日兵犯境，閘北劉氏寓所適在寶山路東方圖書館附近。當一月二十八夜戰事發生，劉氏適在寓所。二十九晨方脫險。而臨行匆促，致未能攜出藏書。迨三月一日十九路軍撤退後之第三日，劉氏得住居鴻興路之友人報告：目擊該宅於二日晨被放火焚去。此亦文化界之浩刼。對於南洋文化更有莫大影響。注意海外文化者，莫不爲之痛惜。

被災區域損害統計 淞滬自日軍侵襲以來，損害之大，爲近百年間所未有。凡在戰區內者，固屬生靈塗炭，廬舍爲墟。所有工商事業，住戶學校，公團及交通機關，政府稅收等項之間接損失，亦不知凡幾。準確統計，最爲需要。國府統計局及上海市社會局乃先後分途調查，編成「數」字。計損害之可以數字形容者，傷亡失踪者達一萬八千餘人，財產達十五萬萬元以上，誠洪楊以來之最大浩刼也。茲將初步統計，披露如下。此項統計係國府統計局根據各機關報告所編輯。

(1)全市被侵佔之面積，約四七四方里。受直接損害之人民，達一八〇八一一六戶，八一四零八四人，佔全市人口之半數(百分之四五)。其中死亡者六〇八〇八。受傷者二〇〇〇八。失踪者一〇四〇〇人。

(2)全市損失可以數字形容者，達一五六〇〇四九八七一元。

(8)財產：被侵佔區內住戶財產價值八〇〇〇〇〇〇〇〇元。損失百分之七十。房屋價值二四〇〇〇〇〇〇〇元，損失百分之八十五。全市財產受直接與間接損失之價值，達七八八一七三四九二元。計住戶財產五八四一〇四〇五四元。房屋二〇四〇六九四三八元。

(4)學校：被侵佔區內停頓之學校，計大學及專門一〇，中學三一，小學一九二。失學之學生三九七三五人，佔全市學生四分之一：計大學及專門六二八六人，中學六二八二人，小學二七一六七人。輟業之教職員三一〇七人，佔全市教職員三分之一：計大學及專門一一六六人，中學七五一人，小學一一九〇人。被焚炸或駐軍之學校，計大學及專門一〇，中學一七，小學四九。被焚炸之資產達一三六八二三九〇元，佔全市學校資產三分之一：計大學及專門一二二九四七三六元，中學九五七二一一元，小學四三一四五三元。本市教育機關團體，因滬變而全部停頓，所受損失，尚未計入。

(5)工業：被侵佔區內有工廠五九七家，佔全市工廠四分之一。其中受損失者過半數，計六七九九一八七四元。全市工廠受直接與間接損失之價值，達九七一五一二八七元。此數僅就已有報告者計算，全數必不如此。全市工人因事變而失業者，百分之八十。僅紗棉廠失業之工人已達二五〇〇〇人。其因失業而損失之工資，每月三七五〇〇〇元。如半年後復工，則損失二二五〇〇〇〇元。

(6)商業：被侵佔區內有商店一二九一五家，受損失者達百分之七十。全市商店受直接與間接損失之價值為五九八一三六〇七四元。

(7)金融：全市銀行與錢莊營業，因事變而減少百分之八十五。

(8)交通：被侵佔區內鐵路損失之價值達一六八九三三一七元，計佔全路資產十分之四。計路軌與建築損失一九三五五〇〇元，機車與車輛損失九八九〇三〇元，器具與設備損失一〇九七四九一三元，材料損失一七九一四一八元，營業損失一二〇二四五六元。被侵區內道路損失達一二〇〇〇〇

元。橋梁失損二〇〇〇〇〇元。全市輪船堆棧與轉運公司之營業損失達一〇〇〇〇〇〇〇元。

(9)公用事業：被侵佔區內公用事業之損失達一〇七四二〇二五元。計水電損失一〇二一二〇〇〇元。電氣損失一五〇〇〇〇元。電話損失二五三八〇〇元。長途汽車損失一二六二二五元。被侵佔區域以外公用事業之營業損失六一〇〇〇〇元。計電氣損失四三〇〇〇〇元。自來水損失一八〇〇〇〇元。

(10)治安設備：被佔區內公安設備因事變而損失者達五四〇〇〇〇元。

(11)財政：市府收入因事變而減少百分之四十強。實減二二一二八六元：計田賦減少百分之二一，契稅減少百分之二四，房捐減少百分之八一，車捐減少百分之五三。

我淞滬人民對於擁護十九路軍為國作戰，受此奇重損害，不惟毫無怨懟，且慰勞者慰勞　救濟者救者。氣象萬千，前無有也。人民如此，國焉能亡？

此外尚有一無形損失，而為社會與政府不可忽視者，即工人之失業。上海市社會局曾發表日軍犯淞滬後，工人因戰事失業統計如下：

(1)我國人經營之工廠(以地域分區調查)：閘北區失業人數，五四九七二。南市區二二三九五。浦東區五〇六六。滬東區四五五〇九。滬西區三八一〇五。法租界二九五七。共計一六九〇〇四。

(2)日商經營之工廠(以產業分類調查)：棉紡業失業人數五四六〇六。織造業四一八五。機器業一二〇三。化學工業八四六。玻璃業六八一。製革二六五。橡膠三〇〇。釀造業八九。製糖業九六。烟草七〇。印刷七七八。日用品業四〇〇。其他各業二三三。合計六三三九二。

(3)其他外商經營之工廠。(以產業分類調查)：紡織四四〇〇。蛋廠業八〇〇。印刷業一二〇〇。製藥業一六〇。機械業四〇〇。其他各業一〇四〇。合估計八〇〇〇。

此項統計，僅以產業工人為限。職業工人之失業數目尚不在內。按上海市原有產業工人二十八萬

五千一百七十八人。因戰事失業者達二十四萬零三百九十六人，佔總數百分之八十四強。倘政府與社會對於此項失業工人，不謀輔助，上海之繁榮恐將不可復興，而社會之秩序與安寧，尤有隨時紊亂之虞也。然而國難當前，編者爲國家興衰計，爲民族存亡計，甚望共產黨人，切勿利用此大多數工人之失業機會而謀發展，以致大局愈不可收拾。覆巢之下，寧有完卵？同爲炎黃之子孫，兄弟鬩墻，共禦外侮，此我國復興之轉機，亦民族丕振之關鍵也。當前大敵，惟有暴日。謹以劉夢衡之「血戰行」，爲此編殿：

黃浦灘頭風浪急，戰意彌漫神鬼泣。忽然一夜砲聲來，十九路軍齊對敵。
此軍多是粵南人，男兒個個好精神。只知效死爲中國，愧煞燕山十萬軍。
誰道軍人無父母？而今只愛中華土。有死不甘城下盟，殺盡倭奴方罷鼓！
我國昏迷二十春，一聲驚醒夢中魂。兵窮三島蓬萊震，劇戰兼旬天地驚。
日夜奔馳鞭戰馬，兵民誓守榆林下。偸活何如死戰場，氣壯心狂搖屋瓦。
回首從前內亂多，眼看失盡好山河。萁豆燃萁誰識得，人人都已厭干戈。
抗日軍與人共起，不滅强虜誓不已。誰說中華無健兒，痛哭三軍齊下淚。
天昏地黑雨濛濛，母死兒殤到處空。萬家樓閣成灰燼，滿眼梅花帶血紅。
勸君休作亡國奴，勸君休作階下囚。我輩願將肉與血，戰死沙場報國仇。

要聞一件

四月念九日，日人在上海虹口公園慶祝日皇誕辰，舉行閱兵式。十一時二十九分，在警備森嚴中，突有朝鮮志士尹奉吉向閱兵台拋擲炸彈。日大將白川義則頰傷，植田趾折，野村目瞽，日使重光葵膝骨炸去，腿骨已斷，日總領事村井倉松兩足踝骨受傷。居留民委員長河端死。我政府聞變，當派外交人員赴日領館慰問。

第五編　撲朔迷離之「停戰撤兵會議」

當我忠勇衞國將士與日軍肉搏於戰場時，我政府爲貫澈「不抵抗」之初衷，派代表求和於英艦。經英海軍提督克萊爵士之斡旋，我日雙方代表會商立卽停止敵對之基本條件，二月二十八日獲得假定之諒解五項如下：

(一)雙方同時撤退。

(二)不得提議永久卸除吳淞，或獅子林砲台問題。

(三)雙方立卽撤退，由中日委員會會同中立國視察員監視之。

(四)撤退區域，照舊由中國官吏治理，並由中國警察維持治安。

(五)中國軍隊退至眞茹，日本軍隊退至公共租界及越界築路地段。俟雙方上述撤退完竣後，中國軍隊退至南翔，日本軍隊退回艦上。此最後一點，交由將來續開之會議討論之。

同時並議定：「如中日政府贊同此假定之諒解，則雙方正式外交及軍事代表，當舉行一正式會議，以完成此項辦法。」

此假定之諒解　聞爲政府密令顧維鈞所手訂，故我方之贊同乃爲當然之事。然而對於我方不利已極，黨國當局不能逃誤國之咎也。試問我國軍隊駐在我國領土內，有何撤退之可言？又試問不得提議永久卸除吳淞或獅子林砲台，此永久二字，有何標準？國防設備，豈容他人提議拆卸？我軍撤退且不可言，更何可言監視撤退？撤退至南翔，豈南翔以東，便非我國之領土？此種諒解，不啻爲城下之盟，而政府諸公反揚言「外交順利」。嗚呼，其誰欺，欺天乎？

我政府有此自甘菲薄之諒解，日方遂不惜得寸進尺，偪我難堪。自我軍因後援不繼，退守第二道

防綫以後，日方更氣焰萬丈，不可嚮邇。所謂諒解，日本且以爲不足滿其野心，於是而有「四項停戰原則」之對案。對案爲我方所駁覆矣，又有五項新原則之提議。輾轉因循，日方必欲我方完全屈服而後已。迨國聯於三月四日通過中日先撤兵，後開圓棹會議之原則後，駐滬各友邦公使斡旋，遂有三月十四日至二十一日三次談話會之舉行。三次談話會之結果，規定停戰撤兵之三項大綱曰：

(一)中國軍隊，暫駐原防。

(二)日本軍隊，按照一定之程序，撤退至一月二十八日以前之原防。

(三)由參加各友邦代表在內之共同委員會證明第一及第二兩項之實行。

自三月二十四日起，我日雙方根據談話會所規定之大綱，舉行正式會議。開會十四次，費時十七日，雖我方忍辱折節，委曲求全，而日方迂廻曲折，以致會議屢瀕決裂。我方既放棄日軍無條件恢復一二八以前原狀之原則，又接受日軍在吳淞，江灣，引翔，閘北，暫時駐兵之要求。日方野心，仍不稍戢。夫淞滬之戰，日爲以武力侵略他人者；我爲被侵略，不得已起而抗拒者。日軍不言撤退則已；如眞言撤退，則非在一定期限內撤至未戰以前之原狀不可。否則，撤兵無期，何時是旦？否則，由我國甲地移駐我國乙地，僅可謂日軍在我國境內之移動，決不可以言撤退。

英艦上之求和，日方已測知我方「不抵抗」之窘態。此着一失，全盤皆輸。編者偶記社會日報有署名「莽賊」者，當我求方和之日，賦秦檜得七絕一首曰：「兀朮威風舉世無，雄兵直欲逼西湖。多蒙秦檜將和講，宋室猶能保一隅」。並有按語曰：「世人多痛恨秦檜與金人講和，余獨不然。其所以不能者，蓋恐秦氏子孫認余爲反動也。」慨乎其言！傷心無淚者也。玆將停戰撤兵會議之經過情形，分誌於次，以見除抵抗外，我國無生路；除力自振作外，我民族斷難久存。

壹　第一步直接交涉失敗

二月二十八日，顧維鈞與野村在英艦「甘特」號會議，此爲我方與日本直接交涉之第一步。亦即我外交方針上最大之失策。其故有二：認淞滬之變爲局部問題，與東北慘案分成二事，一也。認淞滬之變非日方單獨負責，而由我方分負其責，二也。「甘特」艦上擬定五項諒解，我政府完全贊同，並將贊同之意，由郭泰祺正式通知英海軍提督，並請其轉達日方當局。

國聯議案與日本之停戰條件

不意日方探得我方之「不抵抗」態度以後，對於所謂五項諒解，並不即時答復。反一面以大批軍隊向我繼續攻擊，一面突向國際聯盟提一「願意和平停戰」之秘密說帖。忽謂：「華軍如確願由現有陣線撤退二十基羅米突時，日本準備停戰。」英代表西門適亦於此時，將我日雙方代表在「甘特」艦上諒解之五項條件，向國聯行政院報告。於是行政院主席彭古以爲上海之停戰撤兵，較有把握。遂根據此五項諒解而提出一「中日停止敵對行爲」案於國聯大會。此案要點即：「於中日雙方撤兵後，由雙方代表，及英，法，美，各關係國亦派代表舉行圓桌會議。」

彭古之提案，爲我國及日本所接受。詎知我國軍隊於三月一日開始撤退後，日本軍隊，非但不撤退，且由閘北，眞茹，而進至南翔，加增其追擊行爲。並於此時，提出所謂立時停戰基本條件四條。完全與英艦上所交換之五項相違反，尤不啻將彭古所提出之停戰案推翻。此次日方突然提出之停戰四項基本條件如左

(一)倘中國保證將其軍隊，由上海撤至若干之距離，(距離由中日當局決定)，則日本允停戰若干時(時期由中日當局議定)。在未續有辦法以前，中日軍隊 各守原防。關於停戰細目，由中日軍事當局商定。

(二)在停戰期內，中日在上海開圓桌會議，由各關係國代表參加討論，以期對於左段所開中日軍隊撤退方法，連同恢復並維持上海及附近之和平與秩序辦法，以及保障上海公共租界法租界並界內外人生命財產及利益得一協定。

(三)撤兵（連便衣隊在內）應由中國軍隊開始撤退至一指定之距離。俟中國軍隊撤退查明屬實後，日本軍隊即撤退至上海及吳淞區域。又一俟平常狀態恢復後，日本軍隊再由上海及吳淞區域內撤退。

(四)倘有一方破壞停戰條件，他方應有行動之自由。又第一段所開議定之停戰期滿時，雙方均得自由行動。

此項新條件，日方託由英海軍提督轉交我方郭泰祺。郭氏接得條件時，當即聲明：「此項違反甘特艦上諒解之條件，我方決不能接受。」並急電外部及洛陽行政院請示。外部羅文幹亦以為日方所提新條件，過於苛刻。倘予承認，必招國人唾罵。故得汪精衞之同意，電囑郭氏對於日方所提條件不予考慮。郭氏得電後，即訪謁各友邦在滬公使及英海軍提督，正式證明我國拒絕接受日方新條件四項之態度。並堅決表示曰：「我國毫無憑藉武力以變更公共租界及法租界現狀之意思。且於抵禦日軍之時間中，我政府對於在滬各國僑民之生命財產加以保護。圓桌會議之目的，在完成如何停戰如何撤兵之辦法，而非為租界之安全問題。尤非解決中日一切交涉問題。否則，實無舉行此圓桌會議之必要。在日軍一日不撤退，則一日無舉行此圓桌會議之必要。」

日方又有五項新原則

日方所提之四項停戰基本條件，我方拒絕討論。各友邦公使對於我方拒絕討論之態度，亦表示同情。日政府不得已，又提出關於圓桌會議之下列原則五項，以轉移視線。

(一)中日兩軍停戰，以二月十八日最後通牒為基礎而締結軍事協約。鑒於軍事狀態，日軍之撤退地點，或須向前進。

(二)撤退區域設立中立地帶，由國際軍屯駐之。

(三)日本對上海及中國本土無領土行政之野心，或圖謀獨佔之利益，以及設定專管租界地之意。惟對於租界應有永久的措置。

(四)日本有要求損害賠償之權。

(五)中國須嚴重取締排斥日貨。

此五項新原則，關於政治問題者多，關於軍事問題者少。停戰撤兵為一事，圓桌會議又為一事。我方外交當局根據此理由，堅持國聯「先撤兵，後會議，」之主張，不稍讓步。

三月六日，英使藍溥森鑒於我日雙方意見相距太遠，乃邀請我方代表郭泰祺與日方代表重光在英領署交換意見。我方主張日本無條件撤兵，恢復一二八以前之狀態。日方主張有條件撤兵，逐漸恢復一二八以前之狀態。我方主張先停戰撤兵後開圓桌會議。日方主張停戰與圓桌會議同時進行，撤兵程序交圓桌會議詳細規定。雙方主張，既如此不同，和平運動，遂告決裂。英使恐戰事重開，有礙各國在遠東之市場利益，乃婉勸重光，請示東京，徐圖轉圜。重光允諾。此次意見之交換，郭氏態度，殊為磊落光明。

三月十一日，重光得東京覆訓，略謂：「在中國代表未表示讓步之態度以前，對於圓桌會議，停止討論。如認為有討論之必要時，必須遵照下列三條件開始討論：

(一)在日軍撤退以後，中國軍隊不准進駐日軍撤退區域內。

(二)在規定時期內，中國軍隊行動，有監視之必要。

(三)日軍撤退以後，對於警務治安問題，亦須在此圓桌會議詳細討論。」

重光將此項覆訓，通知英使，並轉達我方。我方代表認日方逼人太甚，「和平」運動，遂暫告停頓。

貳　英使藍溥森努力斡旋

和平運動，因日方強人為城下之盟，未有結果。英使為顧全各國在我國市場上之商業利益起見，終覺不恰於懷。反側思維，遂邀集美，法，意各公使共同研究我日雙方停戰撤兵之方案。研究既畢，

即請我日雙方代表與各友邦公使在英使行署舉行談話會，交換各方面意見。三月十四日舉行談話會一次。十九日舉行談話會又一次。二十一日舉行談話會又一次。幾經波折，始規定停戰撤兵之原則三項，並決定於三月二十四日舉行正式會議。

第一次談話會商妥會議性質 三月十四日下午五時，英公使藍溥森，邀集中日代表，在英使行署開談話會，商榷和平問題。到者有我國代表外次郭泰祺，日方代表重光葵，美公使詹森，法公使韋禮德，及意代辦齊亞諾等。先由英公使致詞，希望中日當局開誠接近，實現和平。

日代表重光首先發言曰：「關於停戰問題之阻碍，其責任實在中國方面，而不在日本。日本始終願根據國聯決議之精神，以求和平之實現。惟中國方面，堅持日本軍隊須完全撤退之主張。在此嚴重狀態之下，敵對行動未停止之前，日本對此主張，殊難承認。日本現已一再表示，願將日本軍隊，撤至相當區域。但撤兵之區，華軍不得開入。我人認此辦法與日本護僑宗旨甚爲相宜。和平之實現，亦當從此點上覓解決之途徑。」

我代表聆日公使言畢，即答稱：「中國政府，迭以十二分誠意，求滬事之和平解決。並承友邦各國竭誠調停，無不秉承俯允，委曲求全。惟日本方面，始終無誠意表示。且和平與備戰並進，致談判屢次發生阻礙。此項責任，實在日本，固無庸掩飾也。現日本方面，對於我方所提出日本軍隊『完全撤退』主張，表示難以承認。實則對於意義上尙有誤會。現擬加以詳細解釋。査我方之欲日本軍隊完全撤退者，係指恢復一月二十八日以前原狀而言，並非强令日本軍隊完全撤回本國。日本如有誠意，將軍隊撤至一月二十八日以前之區域，並將現所侵佔之區域，交還中國，則中國軍隊可駐紮至眞茹以西爲止。避免雙方敵對行爲，並實踐距離二十基羅米突之要求。然後在此休戰狀態之下，再開始一切談判。再進一步言，日本倘能於第一步，即將所有軍隊，全部撤退登輪，我方當表示熱烈的同情，而將中國軍隊駐紮至南翔方面，務使戰事不再有衝突可能。總之，日本軍隊撤退之後，敵對行爲即無形

消滅。如多懷疑，無異杞憂也。」

日代表至此，乃詢問日軍撤退後之區域，是否即將成立中立區。郭氏答以中國當局，仍擬設置警察維持治安。日代表對此，又復表示反對。此時中日代表，又有劇烈爭執與辯論。

最後經英使竭力調停，並提出折衷辦法五項，向雙方力勸。當經詳密熟商之下，中日意見，始漸見接近融洽　並對於英使所提五項辦法，認爲尚有承認可能，當允各電本國政府請示回訓。並定於十七日續開會議。至英使所提五項辦法，除有一項因關係重要，未許公布外；其餘四項辦法如下：

(一)日本軍隊應卽撤退至公共租界及越界築路地段，並恢復一二八以前原狀。

(二)中國軍隊以駐紮至南翔爲止，不得再前進。

(三)敵對行動完全停止之後，卽行開始正式談判。

(四)中日雙方軍隊同時撤退。

第二次談話會協定諒解　第一次談話會時，會決定於十七日舉行第二次談話會。後因日方請求延期，遂改在十九日舉行。此次談話會關係重要。詳細情形，未經公佈。各方面露出消息，亦迷離矛盾，難測眞相。玆將較爲翔實者，分誌於下，亦足見會議時之枝節橫生，而日方態度之不誠懇也。

(1)延期原因：第二次談話會原定十七日舉行。重光以東京覆訓未到爲辭，一再請求延期。但據消息靈通之日訪員消息，日政府覆訓，確已於十七日晨到滬。惟重光等外交代表與白川，植田，及野村等軍事領袖意見未洽，故談話會未能按約舉行。日軍事領袖方面，反對撤退軍隊；倘不得已而撤退軍隊，必須我國承認下列三項條件：

(一)確定日軍撤退區域作永久中立區，由日本及中立國組織警察，維持治安。

(二)中國政府須切實取締抗日抵貨運動，並負責保護日僑生命財產。倘日方認爲日本人民之利益果至無須實力保護時，日軍可考慮撤兵之提議。但日方仍保留保護日僑生命財產自由行動權。

(三)中國軍隊停止一切敵對行動。

日外交代表以爲軍事領袖所提出之意見，「雖甚高貴，但恐招各友邦之猜忌。」

十八日，重光又邀日首相代表松岡在公使館事務所，對於「停戰撤兵」問題，協議良久。二時半，同乘日公使汽車赴江灣日軍司令部訪白川。密議至四時。重光，松岡由日軍司令部退出後，又往外灘華懋飯店招集植田，野村等熟商，至晚始散。終日栗六，結果，將軍事領袖所提出之意見，修正如下：

(一)中立區問題：確定中立區爲撤兵先決條件。對中國無條件撤兵主張，絕對反對。雖不用「非武裝中立區域」之名稱，而在實際上仍不放棄此意義。關於撤兵區域，主張設一特殊國際機關管理。在國際管理之下，設置中國警察，維持治安。該項區域永久禁止中國軍隊之侵入及駐屯。

(二)撤兵問題：中立區及取締反日運動兩項條件解決之後，日軍完全撤退。但關於上述兩項條件雙方成立諒解，正式會議開會時，卽開始撤退。

(三)取締抗日抵貨運動，須與軍事上停止敵對行動同時並行。

上項修正，日方軍事領袖未發生異議，重光白川等遂聯名電東京請訓。東京電覆報可，重光乃通知英使；第二次談話會可於十九日舉行。

(2)談話會情形：十九日上午十時至十二時，下午四時十五分至六時十五分，我日雙方代表及英美法三公使，仍假英使行署舉行談話會，討論停戰撤兵之原則及具體方法。

上午會議時，重光鄭重宣稱：「停戰撤兵，須繼續維持一月廿八日上海市長吳鐵城覆允日領五項要求之諾言爲基礎。換言之，除非中國政府厲行取締反日運動，同時此間日僑得有安全徵象後，日政府斷難考慮撤退駐滬軍隊問題。」我方郭代表一聞此言，義憤塡胸，卽嚴詞駁覆曰：「今日之會議，專係討論上海方面之停戰及撤兵。一切政治問題，皆不得攙雜其間。無論如何，須以三月十四日所商

定之五原則爲原則。關於五原則之第一項「雙方同時撤退」，我方旣先自履行，日方尤有卽速履行之必要與義務。」關於此點，雙方辯論甚久。英美二使當卽表示意見，從中調解，重光始不固執。時已中午，遂散會。

下午，討論日軍撤退之具體方法。重光提出建議案三件：

（一）華軍留守現在防線，不得再行前進。

（二）日軍因人數太多，不能完全退入租界，可留住租界之附近，尤其是吳淞一帶。

（三）由中日兩國及英美法意各代表合組共同委員會，監視雙方退兵。同時中國須自動停止排日運動。「一月二十八日吳市長之答復及承認，盡須履行之。撤退區域內派華警維持治安，須受國際之管理指揮。

此三件建議案，卽日方軍事領袖與外交當局共同協議之結果也。不過措詞稍微柔和而已。我方郭代表對此三建議案加以反對。經詳細討論後擬定下列諒解：「中日兩國軍隊爲貫澈和平起見，決卽實行停戰撤兵。撤兵之辦法，則以目前之情勢，已與一月十四日不同，故不得不略爲變動。日軍可暫撤退至上海吳淞一帶。日軍撤退時，中國軍爲免除誤會起見，決不急遽前進。當由中國警察及保衛團先行維持地方秩序。警察及保衛團之接防，當另組中日委員會，及中立國視察員監視。停戰撤兵協定成立，日軍當撤至租界區域。所有一切中日間政治問題，與此協定無涉。」並規定雙方向政府請示，以便作最後之決定。

(3)日政府氣焰咄咄逼人：談話會所協定之諒解，我政府未發生異議。日政府則於二十日覆訓重光，將「日本軍隊撤退至上海吳淞」字句，改爲「撤退至租界及毗連租界地帶」。並令重光拒絕第三國居中干涉。同時，日政府並聲明三事，着重光轉達各友邦公使：

（一）日本軍隊之撤退，僅爲停戰起見；至於撤退歸國，係另一問題。

(二)撤兵區域，必須由日本警察或國際警察或國際軍隊，負警備之責。

(三)停戰協定倘不與圓桌會議相伴，即無甚意義。故停戰協定當明定開圓桌會議。」

第三次談話會規定大綱三條 二十一日下午四時至六時十分，我日雙方代表及各友邦公使——除法使因病缺席外——仍在英使行署舉行第三次談話會。關於停戰撤兵之原則與方法，雙方辯論，激烈異常，幾成僵局。經英使竭力斡旋，通過大綱三條：

(一)中國軍隊暫時留駐原防，以待將來決定。

(二)日本軍隊，按照一定之程序，撤退至一月二十八日以前之原防。此項程序，將由正式會議規定。

(三)由參加各友邦代表在內之共同委員會證明第一第二兩項之實行。

同時通過於二十四日起舉行正式會議，由軍事代表參加，決定大綱內之一切細則。

叁 十五次正式會議成僵局

我國自接受國聯「撤兵，會議，」之決議案，旋經各友邦公使斡旋，於三月二十一日規定會議之討論大綱三件。二十四日起，舉行正式會議。至四月十一日，會議宣告停頓。爲時二旬，會議十四次，每因日方節外生枝，藉詞狡展，以致毫無結果可言。在十四次會議中，日方除對於不關痛癢之條件表示就範外，會議最重要之撤兵日期，始終不願有切實之宣佈。居心叵測，不言可知。我方雖一再讓步，既放棄「日軍無條件撤退，恢復一二八以前原狀」之主張，又接受日軍在吳淞，江灣，引翔，閘北四區暫時駐兵之要挾，日方仍不能稍殺其凶焰。節節進逼，以致我政府徬徨於上，民衆怨讟於下。而在前線之將士，則搔首撫髀，感慨歎息。蘇子瞻謂六國破滅，非兵不利，戰不善，弊在賂秦。歷史上從無苟安乞和，而可救國之事實。編者對於十四次和議瀕於僵局之敍述，秉筆直書，聊以表暴政府

當局趦趄於和議之途而致負因循誤國之咎也。

二十四日兩次會議無結果

第一次停戰撤兵會議，上午十時舉行，至下午十二時四十五分。第二次會議自下午三時至六時二十五分。地點在英使行署。出席代表，我方首席代表外交次長郭泰祺；軍事代表淞滬警備司令戴戟，及十九路軍參謀長黃強，譯員郭德華，及殷汝耕。日方首席代表原定日使重光葵，臨時改第九師團長植田謙吉，軍事代表日軍參謀長田代皖一郎，海軍參謀長島田繁太郎，譯員林出，及岡崎，隨員水野，喜多，及阿部。友邦方面，英公使藍浦森，美公使詹森，意代辦齊亞諾。法公使韋理德因病未出席，由法使館參事卜德代表。各國海軍武官未列席。議席成丁字形。上面坐美公使，意代辦及法代表。兩旁右面上首坐英公使，下首為中國代表團。左面上首坐英使館漢文祕書台希滿，任紀錄，下首為日本代表團。中日譯員另行分坐兩桌。十時開會，突來日本飛機一架，翱翔英領署空中，飛行甚低。旋向浦東方面飛去。

（1）第一次會議先敘寒暄：上午第一次會議，歷時二小餘，我日雙方表示感謝各友邦斡旋之盛意，並表示雙方均欲停息戰事。寒暄畢，郭泰祺提議依照二十一日所擬定之三條大綱依次討論。重光表示贊同。郭氏遂聲稱：「如果日方誠意停戰，自以先撤兵為基礎。」至此，遂入於討論之途徑。惟議至中午十二時四十分，迄未得有結果。約定下午三時續議。

（2）第二次會議提及便衣隊問題：二十四日下午之第二次會議，亘三小時之久，首先討論停戰草約緒言。繼即討論大綱第一條：「中國軍隊留駐原防，以待將來決定。」當由我方軍事代表將我國軍隊所駐地點，一一確定。至此，日方提出取締便衣隊問題。要求載入第一條以資遵守，我方戴戟當予駁覆。否認我軍有便衣隊。雙方討論至五時，毫無結果，遂將此問題擱置。進行討論大綱本文。亦無結果而散。約定二十五日續議。

二十五日兩次會議幾致決裂

第三次停戰撤兵會議於上午十時舉行，至十二時四十分。第四次會議自

下午三時十五分至六時。地點及出席代表同前。英美法意四國武官伴同到會場，惟未參加會議。

(1)第三次會議田代帶來地圖一張：二十五日上午十時，第三次會議開會後，繼續討論大綱第一條。由我方代表黃强及日方代表田代共同查明地圖。此項地圖係由田代所帶來。嗣由黃氏與田代將我國軍隊之防線地域及日軍現在駐地，逐一指出後，討論細則，並無十分困難發生。惟日方提出我國之便衣隊問題，經英使調解，雙方議決擱置不談，以免會議發生障礙。故於大綱第一條暫作通過。

大綱第一條同意後，我方即將大綱第二條：「日本軍隊按照一定之程序，撤退至一月二十八日以前之原防，」提出討論。關於此條，必須將日軍確實人數，現駐地點，運輸方法，詳爲研究。雙方對此，均須有實際之明瞭；瑣屑雜陳，極費唇舌。大會遂派黃強，田代會同英，美，法，意四國武官組織一軍事委員會，專門研究日軍人數及現駐地點。黃強等奉派後，即退席至委員會議室開小組會議。十一時許竣事，回報大會。討論至十二時四十分散會。約定下午續議。

(2)第四次會議日方突提驚人提案：下午三時一刻，停戰撤兵會議繼續開會。日方表示大綱第二條不能立即實行。即欲實行，亦須等到圓桌會議開會以後。我方代表當即嚴詞駁覆。郭泰祺並謂：「日方如有誠意完成此停戰會議者，不應再提圓桌會議。如欲達到再開含有政治性質之和平會議者，必須先行撤兵，恢復一月廿八日以前之狀態。蓋停戰會議，既議決以軍事爲範圍，則政治問題，自不得在此會議上有所談及。否則，軼出範圍，中國代表無權續議此事。」因此雙方形勢，驟呈嚴重。乃由美使詹森，設法調解，勸告雙方勿趨極端。重又討論撤兵之程序，及撤兵時與撤兵後之地方治安問題，亦多爭執。我方表示：「在日軍撤退時，我國軍隊，既暫守原防，則當由警察及保安隊員維持治安之責。」日方則必欲另組一種特別警察，並確切担保不致使日人生命財產發生危險。我方告以保安隊及警察，足以負此責任。日方復多方遊詞強辯，爭論不已。致會議局勢，又陷窘狀。英使藍溥森又加勸解。乃姑將撤兵問題，重復討論。

詎於此時，日方代表忽又提一新案，謂日軍撤退後，屯駐地點，應確定由眞茹起，經唐橋，錫行，以至獅子林砲台為止。當時我方代表俱憤懣異常。當即聲明，此種提案，必須向中央請示後，方可再議。表示擬即退席之意。而各參加者亦多不以為然。惟英藍使等，咸望中日和平，可以實現，仍竭力斡旋。日方代表，見會議空氣不佳，當即表示重行考慮。我方代表，亦以顧全各友邦公使斡旋之盛意，遂允決定於二十六日晨十時，再開會議，討論一切。

（3）日方對於二十五日兩次會議之態度：二十五日下午會議閉會後，日軍部發表意見曰：「本日午後三時續開會議，關於小問題漸有進步。至重要問題，以彼我之意見不能接近，甚感困難。明日午前十時續行會議，討論細目。」重光亦正式發表公告曰：「今日討論，關於不重要之處，固有進展。可是對於基礎事項，仍得不到相當結論，殊覺困難。為欲打開此難點，目下當努力於最善之處置。」又據日方某要人談話曰：「雙方主張相距太遠，已無調和餘地。今日會議已成破裂局面。祇因英美各使之強勸，明日晨又將在英使行署見面。但明日晨之會議，不過面子會議而已。」

（4）郭泰祺談會議性質：郭氏以會議性質，民衆每多猜測，故於二十五日會議散會後，發表下列談話：「自停戰談判開始以來，本人迭次確實聲明，此項談判，係以中日切實停戰及日本撤兵為範圍，不涉及任何政治問題。蓋停戰會議與和平會議，性質不同。前者屬於軍事；後者屬於政治。日軍未撤退以前，吾人自不能在其武力威脅之下，談判任何政治問題。故最初（本月六日）本人應英公使茶會之約，在英領署與重光公使見面，非正式交換意見時，彼提及吳市長一月二十八日覆文問題，本人即謂此係政治問題，堅決表示不能討論。並電日內瓦顏代表，請其將此意報告國聯。旋國聯會議特別委員會，即根據顏代表報告，對上海停戰會議性質，加以解釋。謂政治條件不能討論，吾人此次進行停戰，始終係根據國聯迭次決議案，以軍事為範圍，不談含有政治性質問題。抱持此旨，罔敢或渝。乃近來外間多所揣測，竟有採用日本方面宣傳資料，以為臆斷之根據。又有以會議詳情未經披露；

爲秘密外交者。殊不知會議大綱，業經發表。範圍已定，何用驚疑。且連日會議情形，並經儘量宣布，卽對各界來訪者，亦僉告以實情。況參與停戰會議代表，不止本人一人，更無秘密之可言。尙望民衆袪除疑慮，爲外交之後援。會議前途，實深利賴。本人此次勉任政府諸公之命，出當滬案之衝。實以國難當頭，公誼私交，兩不可卻。絕無絲毫權位觀念於其間，亦實無權位之可言。且從政以來，已二十年，素抱合則留不合則去之主義。從未妄自菲薄；供軍閥官僚政府之奔走。追隨先總理，努力革命外交十有餘年，平日私淑甚深，薰陶有素。敢以人格担保，不爲喪權辱國之事。可請國民放心。」

二十六日會議仍無進展 二十六日會議，祇開一次，自上午十時至十二時散會。地點與出席代表同前。此爲第五次正式會議。形勢異常緊張。首先繼續討論撤兵問題，分撤兵地點及撤兵時間兩項，彼此交換意見。關於地點一層，日方堅持「眞茹至獅子林」之原議，絕對無磋商之餘地。至撤兵時間，日方亦謂人數衆多，短時期中決不能全數撤回。我方表示意見相差太遠，勢無接近之可能。英美各使從中調和，提議將撤兵地點一項，交與軍事委員會詳細研究後，再行討論。大會納之。並約定軍事委員會於當日下午三時開會；大會於二十八日繼續開會；同時雙方代表請示政府，以便轉圜。

（1）避重就輕之小組會議：二十六日軍事委員會開會。出席者，我方黃強，郭德華；日方田代，喜多，阿部，及各友邦武官。開會時，日方代表堅稱其軍隊現有五萬，馬三千餘，大炮百數十尊；公共租界內，實難曬容此多量之軍隊。故必須撤至眞茹至獅子林砲台一線之東，再徐圖後退。我方代表乃宣讀前議定原則第二條原文，及其附注所規定「日軍應撤退至公共租界內及虹口越界築路區域毗連之地點，」促起在席者之注意。並以地圖指出獅子林砲台與楊行眞茹等處，並不與虹口越界築路區域相毗連。列席之各友邦軍事參贊，亦以爲然。日代表無言可答。惟猶言此係暫住，並非長駐，我方代表仍以與原則第二條相違反，堅決反對。致雙方相持不下。英參贊乃發言稱：「小組會議所負之任務

，極爲重要。而設置目的，即欲避免會議破裂。苟再決裂，實至不幸。」旋日方略表讓步，將獅子林眞茹線，改爲吳淞江灣閘北線。然仍不肯退至原則第二項所述地點，揣其意見，完全爲討價還價之意。繼又續行討論。日方謂：「如照中國意見，則日軍應如何撤退。」我方代表乃向其反詰曰：「日方能否將軍隊之支配權，交與中國乎？如能交與中國，則撤退儘可早日辦竣。現在閘北吳淞等處房屋等等，均已被砲火轟毀，破壞不堪。日方仍駐軍隊於此，果欲何爲？」日方無言可答，僅表示並無何等作用。我方代表乃繼以地圖指示日軍由吳淞閘北等處撤退，則日軍左翼可受租界之保護。英參贊聞言，乃謂「甚對甚對。余（英參贊自稱）可担保。」田代聞言，似表示理屈，乃顧左右而言他。旋作微笑，若示贊成。但仍未發諾言。討論至五時十五分散會。並約定廿八日上午十時再行討論。

（2）會議公報：二十六日會議公報云：「停戰會議，本日午前十時，繼續舉行。對於共同委員會之組織及職權，曾經議定。該項共同委員會之組織，除中日代表外，并加入參與此次談判之四友邦代表，以證明雙方撤兵之履行。軍事小組委員會，繼續討論撤兵之細則。大會則午刻休會後，須至下星期一（二十八日）晨，始再舉行。」

（3）蔡廷楷之談話：日日社消息，據新自蘇州來滬之某軍官與日日社記者談及蔡廷楷軍長對於我日撤兵停戰會議，發表意見如下：「我國尊重各友邦善意之勸告，出席停戰撤兵會議。原期日方確遵守三項原則之協定，早日撤兵。乃會議三日，日方毫無誠意。藉口多端，始終不肯退至原則第二項所定之地點。儼然以戰勝國侵佔領土自居，此豈我國所能忍受。本軍受命黨國，但知禦侮，不知其他。本人經將此意鄭重電告戴戟黃強二同志，對於日方撤兵，非照第二項原則，無論如何，絕不承認。設不幸會議破裂，日方敢以暴力侵犯，本軍自當一秉平昔誓死衛國之精神，抵抗到底。」

（4）郭泰祺談會議癥結之所在：二十五及二十六兩日之會議，形勢均甚惡劣。二十七日上海各團體救國聯合會推派代表殷芝齡，殷汝驪等面詢郭氏停戰撤兵之應付方針。據郭氏稱：「此次上海停戰

會議，各友邦根據國聯決議案，極力調解。經中日雙方外交代表分別請示政府，核准成立撤兵協定原則，舉行正式會議。不料連日會議四五次，因日方堅持日兵只能退至獅子林，楊行，大場，及眞茹等處。除證明日方毫無撤兵之誠意外，可說毫無結果。我方對正式會議，雖有軍事代表戴司令等參加，但首席代表仍由外交官充任。而日方首席代表則換以軍人植田充任。對其外交公使會同各友邦所議之事前協定，不加注意。而另提違背國聯決議案及各友邦協定之撤兵地點。致使會議進行遲緩，殊爲憾事。故除將日提撤兵地點電達政府請示，及報告顏代表轉國聯特委會外，今後是否照常進行，我方尙持保留態度，須候政府訓示而定。再此次之上海停戰會議，由各友邦根據國聯決議案調解成立，絕無秘密可言。當討論協定原則時，爲顧全進行起見，自未便將討論情形盡量公告。各方未免誤會。但協定原則既經決定，凡所討論，應不離協定範圍及原則精神。官方自當隨時公告，俾各界明瞭會議之進行，以免誤會。」

二十八日會議英使苦心折衝 二十七日爲星期。大會及軍事委員會皆休會。英使乃乘休暇時間，將過去五次會議討論要點，分析整理；並根據二十一日所擬定之大綱三條，擬成一「停戰撤兵新草案。」此草案共有五條，並加附件四條。全文如下；

(1)協定草案計五條——

第一條：中日實行停戰。

第二條：中國軍隊在停戰及日軍撤退時暫駐原防，以待將來之解決。

第三條：日軍依一定之程序，撤退至一月二十八日以前之原防。

第四條：中日兩方代表及英美法意四國代表組織一公共委員會，證明第一第二第三各條所規定之實行。

第五條：協定由雙方簽字後發生效力。

(2)附件四條——

第一附件：關係協定草案第一第二條之詮釋，詳敘雙方軍隊現駐地點及其人數。

第二附件：關係協定草案第三條之詮釋，詳細規定日軍撤退之地點與時間。

第三附件：關係協定草案第三條之詮釋，規定日軍撤退後，所有留在已退出區域內之日本傷兵傷馬處置辦法。

第四附件：關係協定草案第四條所定共同委員會之辦事細則。

二十八日，我日雙方代表集第六第七兩次會議於英使行署。出席人同前。會議時，英使即將新草案全文提出討論。第一條無異議，原則通過。第二條，我方有爭執，保留。第四條無異議，原則通過。第五條無異議，通過。未能通過者惟第三條。大會爭點，亦即在此。最後決定，第三條之所謂「一定之程序」，分作兩部份討論。一部份討論撤兵地點。一部份討論撤兵時間。撤兵地點仍交軍事委員會詳細考慮。撤兵時間，則由大會考慮。至此我方郭代表遂提議：「日軍應在一定期限內完全撤退，恢復一月二十八日以前原狀。」日方表示不能完全同意，並提一對案曰：「日軍第一步退至租界毘連地段一節，原則上可以定一期限。惟日軍何時實行第二步退出所謂毘連地段，則須視地方形勢而定，斷不能規定期限。」我方對此種對案，予以駁覆。並嚴重聲明曰：「地方情形，非至日軍完全撤退不能恢復。反之，如日軍早一日撤退，則地方情形可早一日恢復。」雙方爭持甚力。反覆討論，迄無結果。

至於撤兵地點，經軍事委員會考慮，我日雙方意見，亦頗有出入。我方主張日軍無條件撤退，恢復一月二十八日前之原狀。日方則堅持原議，謂日軍人馬衆多，軍火繁夥，不克立即退至虹口區域及公共租界。我方再三聲明，原定大綱第二條規定須「撤至一月二十八日以前之原防」。並責問閘北，江灣，吳淞，等處，在一月二十八日以前，並無日軍，倘日軍現在撤至該處，實與該項條文相違反。且日軍苟不撤離閘北，江灣，吳淞，則該處如何能即恢復原狀？閘北一處，有居民八十萬，現均流爲

難民，如何能回至該處？日方如有誠意，當照原則續談。如超越範圍，實無從談起。日方又言：「日軍在張華浜有起重機，撤兵回艦較易。而傷兵在吳淞一帶尚多，如經立即移動，甚爲不便。」我方代表，乃詰以吳淞房屋，早爲日軍轟爲坵墟，不能再容傷兵。至江灣，閘北，已成焦土，且屍臭徧地，極不衞生。日軍駐此，既不便利，又不衞生，如何復能再容傷兵居此？日方語塞。嗣又表示張華浜一地必須包括在內。故不能決。雙方代表乃僉認爲必須商諸首席代表爲宜。因即休會赴大會報告。

二十八日會議散會，大會及軍事委員會皆有簡略公報，彙錄爲下：

（1）大會公報：「大會經英方於星期尾，將各方連日提出之增加條文或刪改字句，綜合一氣，擬成一新草案。今日討論結果，其中有數根本要點，仍未解決。但關於共同委員會之組織及其辦事細則，均已通過。定明晨十時繼續開會。」

（2）軍事委員會公報：「今晨討論，午後續議，稍有進展形勢。午後已議至一要點，雙方均認爲似以商諸各首席代表爲宜，因即休會。至下星期三（三十日）再開會。」

二十九日會議意見參差 第八次正式會議，於二十九日上午十時舉行。地點及出席代表同前。各國武官未出席。繼續討論英使之新草案。歷時三時三十分之久，爲會議時間之最長者。對於新草案第一條正式通過。第二條，我方主張加一說明，大意爲：如日軍在最後之某一時期內，退至租界區域，而恢復一月二十八日以前原狀態時，中國軍隊亦得恢復一月二十八日以前之原狀態。此項問題，日方反對甚力，致無結果。草案第三條，關於日軍現須撤退至何處，爭論頗爲激烈。據半官消息，謂日方對張華浜蘊藻浜江灣及楊樹浦以東等處，仍爲堅持之要點。我方代表對於撤兵，提出三點，促日方注意：（一）何日實行開始撤兵。（二）須撤至租界毗連地點。（三）何日撤完，盡行退至公共租界。日方仍堅持不能確定日期。僅表示能將現駐地點之日軍，向後撤退至上述各地點。以後須視地方情形而定。我方表示吳淞，江灣，閘北一帶，居民達一百數十萬。現在已至春耕時期。日軍一日不撤離此區域，居民

即一日不能復業。地方情形即一日不能恢復。日方仍游詞不作肯定之答復。故對於第三條並無結果。至第四條共同委員會則雙方尚無歧異之點，故連同附件，亦已通過。時已下午一時二十五分。乃約定當日下午及三十日暫時休會。以便雙方得以考慮。

〔軍事委員會議我方讓步〕三十日，軍事委員會開會兩次，上午十時至下午一時，下午三時至六時一刻。地點及出席人同前。會議六小時，專事討論日軍暫行退駐之公共租界毗連地段。討論結果已由空泛之區域而達於實際之地點。日方要求暫行退駐地點凡五處：

(一)京滬鐵路與滬杭鐵路交叉點之叉袋角。

(二)閘北之日本公墓至六三花園一帶；即西自八字橋，東至天通菴車站，緊接虹口公園。

(三)淞滬鐵路以東之江灣跑馬場一帶。

(四)引翔方面自楊樹浦東至遠東運動場一帶。

(五)吳淞之吳淞鎮至藻蘊浜張華浜一帶。

以上五處地點之選擇，據日方聲明：「其理由則為日軍人數有五萬，軍馬有五千匹，一時不克盡退入租界。故以此五處為暫駐地點。否則，交通不便，運輸困難，故必須選擇重要而適宜之地點。」我方代表詰以日軍既有誠意撤退，當非佔據要地，以備繼續作戰之用。應依原則精神，退駐足以暫為容留之地點即可。何必斤斤欲選擇地點。且叉袋角一地，房屋極稀，不適宜於駐兵。此處又為兩路交點，如須此地留駐日軍，實與原則精神，大相剌謬。經我方堅決反對後，日方乃不堅持。嗣討論及於日本公墓至六三花園一帶。我方亦詰以八字橋一帶，經大戰後，房屋盡成坵墟，如何駐軍。日方語塞，乃縮小範圍，限制日本公墓及四明公所北廠一帶及六三花園一帶，兩地不相連繫。我方亦不同意。又議及江灣跑馬場一帶及引翔跑馬場。雙方意見，較為接近。關於張華浜至蘊藻浜間之地點，雙方爭持頗久且烈。我方以淞滬鐵路之車屋修理廠，均在此處，故堅決反對。而日方則仍謂該處有大砲軍械

甚多，登艦時可由起重機搬運，較爲便利，必須規定在內。我方詰以此處完全不與租界毗連，何以堅持。則又不答。討論此點，幾成僵局。旋經友邦參贊勸解，乃約定三十一日晨十時再繼續商議。所有以上各地點，僅張華浜至蘊藻浜一處爭執激烈，完全未能接近。除叉袋角已不成問題外，餘皆意見接近。惟每一處之詳細里畝四至，則猶未決定。必待張華浜問題解決後，續爲詳細規定。然而我方之讓步，則已無可諱言。

三十一日會議通過我軍防守原則 第九次正式會議於三十一日上午十時至十二時三十分舉行。地點及出席代表同前。繼續討論英使所提之新草案第二條。該條原文爲「中國軍隊在停戰及日軍撤退時暫駐原防，以待將來之解決。」我方因此條有說明之必要，在第六第七第八三次會議中，均未有正式之規定。我方主張修正條文中「以待將來之解決」一語。第九次會議時，關於此點，又有爭議。結果，日方表示可以在第二條內加「附件」。我方提議附件措詞爲下：「本條不能限制中國政府關於其軍隊自由行動之永久職權。」日方表示贊成，於是修正通過。

第二條通過後，繼續討論第三條。此條規定日軍撤退之程序，始終最難解決。日軍撤退程序中之地點問題在三十日軍事委員會中，我方表示讓步，已擬成一方案，祇待最後之決定。惟日軍撤退程序中之時期問題，仍是僵局。此項時期問題，即爲第九次大會討論之焦點。我方堅持日軍撤退必有一定之時期；日方堅持撤退日期不能預先規定。各友邦公使亦無緩衝之表示。會議至此似已陷決裂之境遇。英使見機，提議於四月一日休會，以便日方從長考慮。並約定四月二日續開第十次會議。

當大會舉行會議時，軍事委員會亦舉行特別會議，繼續討論日軍撤退張華浜問題。結果：我方再讓步，表示日軍於短時期中，可以暫駐張華浜。但仍須請命首席代表後，方能算爲決定。日代表無異議。軍事委員會遂暫告一段落。計我方允許日軍暫駐地點有三：

（一）江灣——淞滬鐵路以東江灣跑馬場一帶。市中心區域及江灣鎮不在內。

（二）引翔——引翔港跑馬場周圍及楊樹浦以東之地。

（三）吳淞——張華浜。炮台灣，吳淞鎮，蘊藻浜，皆不在內。

卅一日之大會及軍事委員會散會後，形勢甚爲緊張，人心惶惶，乃由我方發表正式公報如左：「停戰會議，本日自晨迄午，繼續舉行。討論結果，頗有進展。幷已逐漸議至主要問題。現大會休會至星期六晨再開。俾軍事小組委員會，得有充分時間續議一切。」軍事小組委員會公報云：「軍事小組委員會，本晨會議，有良好之進展。關於撤兵之根本問題，已暫行議妥。本會現告休會，以便將未決各點，陳請雙方首席代表考慮。軍事小組委員會將來會議，一視雙方首席代表之訓令而定。」

日方存心破壞會議之傳聞

上海停戰撤兵會議，本爲我方主張不抵抗之當局所主動。宋子文府邸中之迭次「和平」討論，即可了然。各友邦公使或軍事長官爲保持商業利益計，亦不惜苦心孤詣，努力斡旋。所謂會議根據於國聯決議者，自欺欺人之談也。因國聯未決議前，已有「甘特」艦上之協定諒解，而國聯之決議案，又係基於我方有求和之意志而來。在日本則原無誠意。其所以在英使行署會議者，不過敷衍各友邦之面子耳。我方笨伯，見不及此，以爲和會一開，有各友邦代表從中調解，即可令日本就範。不知日本非偪我爲「城下之盟」不止。自求生路，惟有抵抗。自二十四日正式會議開始。九度「應酬」，兩瀕破裂。然而日方雖有破壞會議之存心，尚無露骨之表示。至三十一日則不然。倫敦一電，東京一電，竟證明日方作會議決裂後之準備。玆將兩電錄於次，以見日方之倔強也。

（1）三十一日國民社倫敦電：「東京消息，日本陸軍省開最高軍事會議。荒木陸相稱，若照目前情形，停戰談判，難免立時決裂。日本將駐兵上海，直至圓桌會議召集之後。倘若中國反攻，日本準備續派援軍赴滬。」

（2）三十一日日聯社東京電：「英使所提之新草案，經參謀本部會議，決定訓令白川：日軍撤退全由自主。不准他國置喙。中國要求撤至一月二十八日以前地點一節，萬難承認。閘北，江灣，吳淞

之線，爲用兵作戰上之重要地點，絕對不能讓步。會議因此決裂，亦不得已。」

四月二日會議仍無進展 第十次正式會議，舉行於四月二日。十時開會，十一時三十分卽散，爲歷屆會議之最短者。地點及出席代表同前。軍事委員會亦同時舉行。各委員依舊出席。兩會皆無結果。

（1）撤兵期限毫無決定：大會議題，完全集中在日軍撤兵期限一點。撤退期限分爲兩步討論。第一步日軍自前綫撤至公共租界毗連地段。日方口頭表示六星期內可以完成。我方要求以三星期爲限。申報記者當晚探悉，日本第一步退兵期限，雙方已商得折中辦法，規定停戰協定簽字後一星期內，日軍開始撤退，四星期內撤完。惟日方對於此項折中辦法，仍主保留至最後決定。至於第二步，日軍自公共租界毗連地段，撤至一月二十八日以前原防，仍爲會議中討論之焦點。日方初仍以地方秩序恢復爲辭。我方郭代表當再三反覆申稱：「現在地方秩序，已經恢復。有可證明者數端。現各商店已完全開市，此其一。公共租界與法租界，完全取消戒嚴。況上海僑民，非僅日本一國。各國僑民之生命財產，卽於戰爭狀態中，我國當局，仍處處加以保護。此其二。日軍撤盡之後，則地方秩序，更可恢復，尤爲顯明。日本僑民，如欲在中國經商，則廣告爲推廣貿易之唯一途徑。從未有槍砲推廣銷路而能成功者。中國人民之所以反日者，自去年九一八起至今年一二八而烈，可以證明此語之不謬。此其三。」日方各代表均默無一語。討論至此，英使提議，另組小組委員會討論。日方始允請示政府，再行續商。故二日晨會議，可謂毫無決定。

（2）小組會議節外生枝：軍事委員會三十一日會議時，我方代表，讓步再三。大致商定日軍退駐地點三處，卽引翔港，江灣與張華浜。閘北方面，以我方未能同意，故未決定。四月一日休會期間，雙方卽請示首席代表。二日晨會議，雙方卽根據訓令繼續討論。日方仍謂日軍五萬人，軍馬五千匹，大小砲百五十尊，飛機五十架；上述三處，不足容納。閘北自日本公墓至六三花園一帶，仍須暫由日本駐兵。張華浜方面，亦須擴充至曹家橋。我方堅不同意。友邦武官嘗提出轉圜辦法。主張日方如堅

欲駐兵閘北，則蘊藻浜北岸吳淞鎮一帶，應予放棄。日方對此表示反對。中立方面，遂向中日代表建議，商請雙方首席代表後，四日再開會議，繼續討論。聞雙方於重復討論撤兵地點之際，日方忽提出詢問我國軍隊在蘇州河以南與南市浦東等處之防務情形。我方當以此事與停戰會議無關，日方不能藉停戰會議之口，而詢問關於我全國之軍隊行動，故嚴詞拒絕。各友邦武官亦甚詫異。委員會之情形，因此，乃大形惡化。至十二時三十五分，遂無結果而散。約定六日續議。

（3）會議公報：停戰會議第十次大會二日午公表云：「本晨會議草擬協定細則，續有進展。現尚待解決之點，僅為中國軍隊防地，日軍退駐地點，及日軍最後撤退期限問題。大會定星期一（四日）午後再開。」軍事小組會議公表云：「軍事小組委員會，對於根本數點，未能同意，決定休會。至星期三（六日）下午三時再開。」

四日會議幾又決裂 四日下午三時，第十一次會議仍在英使行署舉行。出席代表仍舊。開會時，各代表相互談笑。至三時二十分，始開始討論。首由英公使致詞，略謂：「中日停戰撤兵會議，自廿四日開會迄今，前後已達十一次。時間經歷，已費卅四小時。其結果雖未等於零，然與零亦相差不遠。蓋本會之主要問題，尚未解決。以前議決各項，亦不能循序進行也。故希望今日會議，對於日兵撤退，求一滿意之解決。」

英使語竟，乃由日首席代表植田發言，謂：「日兵撤退，實與撤退之地點問題，至有關係。前者小組委員會，聲明日軍由最前綫撤至公共租界及越界築路毗連地。四星期內，當可撤退完竣。關於此語，當時日代表曾聲明尚未完全決定。蓋因撤兵時期與地點問題，至有關係。當時日代表之四星期撤退完竣一語，祇係暫時表示。其具體決定，須觀日後之情形而定。關於地點，尤其是華軍駐防地點，與日軍撤退，至有關係。故當時小組會之日代表，曾要求華方代表說明蘇州河以南華軍駐防之狀況。此項要求，日本當局認為與日軍之撤退至有關係，故不得不加以確切之聲明。同時並請與會華代表，

加以說明。」

植田言竟，我方首席代表郭外次，即據理駁覆謂：「關於日代表在小組會中，要求說明蘇州河南華軍狀況一點，不特當時華方代表表示反對，即列席之各友邦參贊，亦以爲奇。蓋此項討論，不涉本會議之範圍以內。須知本會議之唯一使命，爲停戰與撤兵。事前曾確定討論原則，不談任何其他問題。況日代表此項要求，關係中國主權。華軍駐在本國領土，行動完全自由，不受任何限制。日方對之，實無庸詢問。何況南市華軍，此次作戰時，絕對未嘗加入乎？」

郭氏言竟，日代表植田復反覆表示，日軍之所以欲明瞭蘇州河南我軍駐防情形，實因在撤兵期間，避免後方及側面之危險，不得不加以明瞭。故再三詢問郭氏，究竟該處有無我軍駐防。郭氏聆語，即以簡單之辭調答覆曰：「關於此點，事前實未預備答覆。因談判原則，早經規定。此項詢問，不合邏輯。至於日軍謂在撤退期間避免危險計，不得不爾。試問，南市與閘北，中隔兩租界，日軍撤退，危險何來？」日代表聆郭氏語，即謂此項詢問，實非兵對兵的問題。須知南市閘北，雖屬中隔租界，不特大砲可以轟射，即步槍亦可射達。因此之故，愈有明瞭我軍情狀之必要。日代表語竟，郭氏即堅決拒絕。謂此係停戰撤兵會議，而非備戰會議。應根據原則討論。英公使藍博森亦謂：「此項問題，日方無庸顧慮。因停戰撤兵，一旦實行，敵對行動，即已完全停止。如果日軍發生危險，儘有共同委員會中友邦各代表，加以調查。」英使語竟，各友邦公使亦相繼附和。日方至此，對於原議，始告打銷。惟反覆辯論已費二小時矣。

繼由郭氏發言曰：「日軍撤退，我方因日方屢次聲明，人數衆多，已作絕大讓步。容許日代表有一規定時間，暫駐公共租界越界築路之毗連地帶。現下日方對於時間問題，堅不表示，此實會議前途之唯一焦點。須知日期一日未能決定，即本會議一日未能終了。若欲我方未得一確定之駐兵時間而立行簽字，此不特違反民意。且政府當局，亦屢次訓令，無期間之規定，無論任何情勢之下，不得簽字

解決。故要求日方，從速規定一駐兵時間，至何日便能恢復一月二十八日前情狀。」

日代表重光聆語，當謂：「關於日軍撤退，日方刻正計劃一特別方法，自動撤退。但時間問題，則實未能規定。蓋若規定一確切時間，宛似表示日軍之撤退，顯因被逼之故。」郭氏當又據理駁覆曰：「我人所談者係撤兵。如果不規定一時間，是何異撤兵談判，半途而廢。故日軍何日能恢復一月二十八日前原狀，在會議中務須詳細規定。」郭氏談至此，日代表默然不答。當時席上，頓形沉寂。

英使見狀，以兩方態度顯陷僵局。因謂：「此次中日停戰會議，中立國代表，煞費苦心，始得舉行。如果雙方堅持，前途實堪焦慮。本人敬以友邦代表資格，希望雙方接近，使會議成功。此時無論如何　萬勿決裂。」英使言竟，郭當表示我方對停戰撤兵會議，實具充分誠意。今撤兵而無確切日期，實違本會原意。我方對此，決不讓步。日代表至此，乃提出一正式聲明書，略謂：「日方對撤兵期限，務期愈速愈妙。但須視地方情形僑民安全而定。」我方代表戴戟，當謂：「現下滬上情形，早經恢復。兩租界解嚴　即其明證。」日代表謂：「租界雖已取消宵禁，然戒嚴令依舊存在。」戴氏當又加駁復　謂租界戒嚴令之存在，卽係日兵不撤之故。雙方反覆爭辯，至此又達一小時。迄無結果。

英使謂，時期問題，討論已達四小時，請雙方再將此會情形，各呈報政府請訓。郭氏謂：「本人可不必請示。今晨尙得政府之訓令。總之，非使日方說明完全撤退時期，殊難討論。」重光謂：「本人亦得東京政府之訓令，對限定日期完全撤退，不能辦到。」英公使勸雙方不能如此。幷請雙方各設法，一方呈報政府，一方求轉圜辦法。大會乃延至星期四早晨十時再開。時已六時，於是會議遂無結果而散。

(8) 四日會議之惡劣情形露出後，申報卽抱悲觀，認會議之前途，殊爲黯淡。故爲時評曰：「上海中日停戰撤兵會議，自三月廿一日末次預備會議決定三項原則，進而自三月廿四日起舉行正式會議，迄於四月四日，共集議十一次。停戰協定新草案正文五條，業已通過四條。惟第三條日軍撤退程序雙方

爭持不決。該條中「日軍退駐地點」一點，亦已由軍事小組委員會決定引翔港，及江灣萬國體育場兩處無異議。吳淞鎮與閘北二處則尚在爭持中。另一點「撤兵期限」乃爲目前爭持之最大關鍵。雖大會七日又將繼續舉行，但此點如不能獲得合理之解決，會議前途，仍極爲黯淡。旬餘來之正式談判，或仍將付諸東流。……」

自會議開始至今，我方已一讓再讓，委曲求全。日方一面公表其在滬有兵五萬，戰馬五千，大小炮百五十尊，飛機五十架，以誇耀其軍力；另一面復積極備戰，且在前線挑釁。而我方公表，則不曰「雙方意見接近」，卽曰「續有進展」，曰「友邦又有折中辦法」。嗚呼，此將何以對在嘉定，太倉，崑山等地犧牲身家性命財產以及擁護國軍作戰損失十四萬萬元之上海一帶之人民？更何以對無數忠勇將士衞國自救之熱血？而來日之艱難與危機，足以令吾人焦慮者正多。吾人誠不解我政府於開始談判之先，固亦曾一體認日方意旨之所在否也。

日方之主張蓋分停戰撤兵爲兩事。停戰之條件必須我方承認取締排日運動，保障僑民之安全，幷組織共同委員會監視撤兵區域之行政事宜。觀乎三月三十一新聯社所傳日本軍部之態度，有謂：「閘北江灣吳淞之綫。在用兵策略上絕對不能讓步。若未得圓桌會議協定之前，便撤至租界毗連地點，是全然與放棄確保上海和平之出兵目的相等。故此點斷不能讓步。卽使會議破裂，亦無可如何」之表示。與日荒木陸相：「非成立停戰協定，舉行圓桌會議，不能達到出兵目的。故在其成立前，決不撤兵」之主張；卽可知日方除非滿足其政治之要求，決無撤兵之誠意。吾人今且不言在撤兵之前開始和平之談判，爲辱國城下之盟；而在日方無誠意撤兵與故意刁難之下，委曲求全之城下之盟，又果能獲得若何之結局耶？

吾人處於當前情勢之下，默察會議前途，暗礁正多。從此可知以公理殉和平，和平終無以確立。

吾人對於停戰撤兵會議，今敢再以嚴正之態度表示吾人之主張：

(一)不承認日本有條件撤兵，併軍事問題與政治問題爲一談。

(二)上海事件與東北事件不容分別談判。

上列兩項原則，爲我人民最低限度之要求。深盼我政府予以審愼之注意。愼勿忽視其當前艱鉅之重責。」

日軍退駐地點問題我方又表示讓步

六日下午三時，軍事委員會在英使行署會議。出席代表仍舊。繼續討論日軍退駐地點問題。至六時二十分始散。當會議時，我方代表黃強聲明曰：「本會議迭次討論日軍退駐地點問題，因日方要求過奢，雙方意見，迄未接近。日方代表，對恢復一月廿八日前原狀問題，屢次聲明，日軍人馬過多，故於撤退時，必須於租界毗連地帶，劃出相當地點，暫時駐紮，以便乘輪歸國。我方爲諒解日軍苦衷起見，當卽表示於租界毗連地帶，規定若干點，暫供日軍駐紮。惟是時間問題，必須有明確之規定。乃以日方堅拒規定時間，至會議迄未成就。茲我方特鄭重聲明：日軍在撤退期間，因爲便利計，我方願於毗連地帶，暫時容許日軍留駐。惟苟無規定時間，則不特中國政府與民衆，均抱不安，且將令人疑及日軍有永久佔據之野心。苟時間問題而無確定答覆，則本會議之一切撤兵討論，亦屬全等於零。故希望於今日會議時，對撤兵一點，雙方能有誠意之接近。而明日正式會議中，亦能根據本會之討論，從速規定一撤退時間。庶停戰會議，得一圓滿之解決。」黃氏發言竟，中立國代表等俱表示贊同。乃賡續討論撤兵退駐地點問題。最後，我方又表示讓步曰：「如果日方肯規定撤兵期限，我方願依照日方之要求，承認下列四區爲日軍暫駐地點：

(1)吳淞方面撤兵區：暫擬定吳淞鎭蘊藻浜，張華浜。包括張華浜車站。東面濱黃浦江，成一半圓形之地點。吳淞砲台灣及曹家橋不在內。

(2)江灣方面撤兵區：東北自殷行鎭，西南臨跑馬塲，成一長圓形之地點。江灣鎭不在內。

(3)閘北力面撤兵區：在橫濱橋東，包括六三花園，日本公墓，及天通菴車站，成一三角形之地

點。

（4）引翔港方面撤兵區：東臨黃浦江，南接公共租界楊樹浦東端，包括滬江大學及引翔港鎮，成一扇形之地點。

日方代表聆畢我方讓步之「演詞」及指定四區爲日兵退駐地點後，志得意滿，喜形於色。但張華浜車站及天通菴車站有關淞滬鐵路之交通，雙方同意，兩車站均可通車，不加妨礙。最後我方代表鄭重聲明：「如日軍最後撤退日期未定，則四區駐兵之諒解，不發生效力。」日方代表表示首肯。並提議請求大會准許軍事委員會委員於七日下午同往四區視察。視察後，再定期繼續商洽。我方代表未持異議。六時二十分散會。會散後，發表公報云：「小組會議，略有進步。對日軍撤退地點及是否適宜問題，討論甚詳。現定明日下午二時，中日雙方代表暨中立國代表，同往日軍撤退地點視察。本會定視察而後，再行定期繼續商洽。」

〔日方又作會議決裂之準備〕　四日舉行之第十一次會議，因我方代表尙有「骨格」，以致與日代表發生言詞上之衝突，會議竟成僵局。雖經各友邦公使調解，我方終以日方態度之橫蠻，實令人忍無可忍。會議無結果而散。東京方面接到此種消息，卽乘機訓令植田重光，不准讓步。訓令內容，據日文報所載，略謂：「撤兵地點，如對於最近主張，再作讓步，勢必不能發揮軍隊之機能。關於撤退時期，應以上海之治安維持爲先決問題。故今後不問中國方面持如何態度，最後，我日本決置之不理。如遇中國方面對日本主張實不能接受時，則不妨決裂。」觀此，可知日本對於停戰會議，實無誠意可言。倘我國外交當局，甘作「不抵抗」者之爪牙而招萬世之唾罵者，則會議之決裂可斷言也。

據日方可靠消息，白川大將預備繼續作戰。又新定戰略，取聲東擊西之法。故四月初間，白川雖傾三萬軍力於南翔，實則主力仍集中太倉附近。因太倉可附崑山之背，並可避免靑陽港正面進佔之困難也。又據某外國軍事家觀測，不幸第二次滬戰爆發，主力將移向口口路，因該路有水道可通蘇州

。若日方此處得手，京滬路方面之我國防軍，亦將受重大影響。日方飛機晝夜前往該路偵察，可見日方有重行作戰之準備。

四月六日，我方首席代表郭泰祺接十九路軍總指揮蔣光鼐關於日軍行動之密電，略稱：「日來前線日軍對於軍事進行，殊爲積極。最前線一帶，且佈置極堅固之防禦工作。日軍步哨且不時衝入吾軍防線，向吾挑戰。觀其用意，不特絕對無停戰撤兵之準備，且擬企圖大舉進攻。請於會議時，將此項情形，詳細報告。使各友邦公使明瞭日方居心之險詐。」

日本政府一方面積極準備軍事；一方面以不讓步之宗旨，在撤兵會議上，虛僞周旋。國聯人員亦因此轉增焦慮。據日內瓦國民社五日電云：「此間對於上海時局轉增焦慮。據東京消息，日本對於撤兵地點與時期，已決定不再讓步。卽談判因此決裂，亦所不恤。日陸軍省已擬定和議決裂後之應付辦法。目下大有靜待決裂之態。而消息靈通者，甚至預料四月七日中日代表會議時，卽將決裂。日當局目下亦認談判前途絕少獲得切實結果之望。蓋此次上海日軍田代參謀長回國報告中日談判詳情後，日軍部要人業於本日與外務省重要人物會商今後方針。陸軍方面對於中國要求日軍撤回一月二十八日以前原防，與規定撤完期限一層，竭力反對。主張無論中國如何要求，日軍將繼續佔領眞茹，大場，廟行，獅子林一帶。最少限度，亦祇能撤至閘北，大場，吳淞三處。外務省當亦與軍部同意。因此遂決定對於中國要求不再退讓。卽上海談判因此破裂亦所不恤。現日本態度既如此強硬，此間人士咸料和議前途已不絕如縷。」

自日方準備決裂之消息傳出後，英使恐戰禍重開，亞東局面，更難收拾，以致影響各國之商業利益。故趁於六日下午約同美使詹森商洽調解辦法。兩使共赴重光處，作種種忠告。重光頗難爲情。無意中表示日軍部專橫，外交當局眞無能爲力。略稱：「日方主席代表係植田。一切交涉事宜，實由軍部自主。本人(重光自稱)祇能供給意見或資料。」英使至此，知局勢嚴重。回署後，徵詢各友邦公使

意見，對於日軍撤退時期，擬出三項折衷辦法，預備於七日會議中，提出討論，以緩和嚴重之局面。三項折衷辦法，據外報所記，迻譯如下：

折衷辦法第一案：(由日本單獨聲明)「日本政府乘此時機聲明，若上海附近之狀況確見顯著之改善，關於日本居留民之生命財產及事業之保護，確保安全，此時則日軍當恢復一月二十八日以前之狀態。卽日軍撤回至上海公共租界及越界築路地界內。並且日本政府期望上述之事態改善，能於六個月內實現。」

折衷辦法第二案（中日共同聲明）此案日本方面不附以六個月之期限，惟後面加以中國方面之聲明：「日本政府雖有上述之聲明，可是中國政府以為日本軍若不向租界及越界築路地界內撤退，不能認為完全實行停戰協定之諸條項。」

折衷辦法第三案（由中國單獨發聲明）中國政府當締結停戰協定之時，請記錄以下之聲明，卽「日本軍若不撤至一月二十八日以前之地點，則認為與三月四日國聯大會決議之精神，及停戰協定之諸條項到底尙未實行。」

不絕如縷之四月七日會議　四月七日舉行正式會議兩次，卽第十二次會議及第十三次會議。第十二次會議自上午十時至十二時二十分；第十三次會議自下午三時至六時。地點及出席代表仍舊。

(1)日代表橫蠻無理：第十二次會議開會時，先由軍事委員會報告六日我方讓步之經過，並請求大會准許軍事委員往閘北，引翔，江灣及吳淞一帶視察。大會納而准之。繼卽討論日軍撤退時期問題。不意日方首席代表植田忽然詢問我方代表曰：「關於蘇州河南及浦東一帶之華軍駐防問題，日方實係根據停戰協定第一條，須包括停止兩軍一切敵對行動。故日方不特須明瞭蘇州河南及浦東一帶之駐軍狀況，在原則，且須明瞭中國領土內之軍事行動。故無論如何，須要求華方代表，說明蘇州河南及浦東之駐軍情形。」

我方代表郭泰祺一聞此質問，當卽堅決聲明曰：「當上次會議時，關於此點，我國早已明白表示。在事實上以上兩處，雖在交戰時期，我國軍隊，可以利用之而進攻日軍。但當時我國軍隊之抵抗日軍，純屬自衞。該兩處旣未受有日軍攻擊，故亦未曾進攻日軍。此在交戰時期間，已可見我軍之不願在蘇州河南及浦東方面，爲進攻日軍之地帶。矧在此停戰撤兵期間乎？况在協定原則上，初無討論此項問題之規定。更在中國主權上，絕對不容他人過問中國軍隊在中國境內之行動。日方之此項詢問，實屬超越協定原則之新問題。蓋前所訂之停戰協定，原指加入停戰之軍隊與已成戰區之地帶而言，絕對不牽涉其他區域。在原則上早已顯然，何必多事無謂之討論。何况日方所指地點，中隔公共租界與法租界乎？」

日代表聆語，乃復加以聲辯曰：「蘇州河以南與浦東方面，中國駐軍問題，討論業已多次。究竟中國方面，是否承認以上兩處，在協定第一條包括之內？」當日代表發言時，措辭殊爲嚴厲。我方郭代表，乃亦以簡捷之論調作答，謂此項討論，初不在範圍之內。因協定範圍所規定者，爲已參加戰事關係者爲限制。以上兩處，與此次戰事無關者也。此時雙方態度，均極嚴重。

日方見郭代表堅強答覆，默然良久。各友邦代表見狀，誠恐決裂。乃向我方代表婉勸：蘇州河南與浦東一帶，中國本無駐軍，無妨加以說明，俾祛日方之疑。郭代表對之，因此舉關於我國主權，仍表示堅決拒絕。且重復聲明，在協定原則第一條上，並無此項規定。何况此次討論，係屬停戰撤兵，絕非預備戰爭。假如當日軍撤退時，發生意外，則各友邦代表，儘可加以證明。此時日代表對於此點，仍堅持不稍讓步。謂我方代表如果不說明蘇州河南及浦東之情況，則日軍雖願誠意撤退，仍不能達到完全停戰之目的。

郭氏至此，乃謂日代表及各友邦公使曰：「欲達完全停戰之目的乎？此極易。祇須日軍恢復一月廿八日前之原狀可耳。中國方面，此次參加會議，完全根據國聯議決案，與中日雙方之停戰協定。須

知停戰與撤兵，完全相互而行。停戰既已通過，則最緊要之問題，端在完全撤兵。在協定第三條內，並明確規定，日軍須撤退至一月念八日前之原防。惟當時中國因日方屢次要求，謂實因人數過多之故，暫時准許日軍駐紮於租界毘連地帶。今日方對此，非特毫無誠意，抑且節外生枝，牽涉他項問題。而於撤兵談判，迄無明確規定。是誠令人失望。」

郭氏言竟，時已正午十二時。各友邦公使見雙方爭執，迄未稍止，正擬徐圖轉圜。日方亦覺難以下台，乃自動表示將蘇州河以南及浦東之駐兵問題，交軍事委員會討論：「該兩地駐軍是否於日軍撤退時，有威脅之可能。」俟軍事委員會討論而後，不能解決，可再交大會討論。當日代表提出此項表示後，各友邦公使，俱表同意。我方郭外次，當卽聲明，在原則與事實上，不願討論此項問題。然以尊重各友邦公意，此項提議，可予贊同，惟須不越原則範圍爲主。至此，已十二時二十分。會議乃告完竣。定下午三時，繼續討論撤兵時間問題。

（2）英使提出折衷辦法三條：下午三時，第十三次會議開會，我日雙方代表暨各友邦公使，繼續商洽停戰撤兵問題。首先發言者，仍爲日方代表。日代表謂：「當第十一次會議時，日方曾提一聲明書。當時中國方面，因內容空洞，並無確定日期，加以反對，且爭執甚烈。旋由英使調解，雙方將此項問題，請示本國政府，然後再行討論。當時中國方面，仍因此項聲明書，以屬日方提出，不允請示。終以各友邦之婉勸，表示容納。故日方對撤兵談判協定第三條附件第二項，須先行詢問中國方面之訓令，已否接到。」郭代表見詢，乃謂：「當上次會議時，中國代表，對於日代表所提之聲明書，卽已表示，在形式與內容，俱屬不滿。當時因各友邦婉勸，故卽請示政府。今中國政府回訓業經到達。不但對此不滿之意見，與本代表等相同。且以爲聲明書中所謂「視地方情形僑民安全」兩語涉及政治問題。今日所討論者爲停戰撤兵會議，並非政治談判。聲明書中所謂安全，係中國之內政問題。當中日雙方簽訂停戰協定之預備會時，中日雙方代表，均謂在所訂三項停戰撤兵之原則外，絕對不談任何

政治問題。當時各友邦代表，亦均在場。故今日會議，此項問題，可以不必討論。祇須規定一日軍完全撤退之時期，便可圓滿結束。」

日代表聆言，復謂：「此次日方出兵，完全爲保護僑民。如不達保僑目的，僑民仍不安全，則日軍殊難撤退。」郭代表乃即加以駁覆，謂：「日方此語，又屬政治問題。既背國聯決議案之原則，復越停戰協定之範圍。故中國方面，決計拒絕討論。」

雙方至此，業已完全破裂。英使目睹此項現象，深恐停戰撤兵會議，行將功敗垂成。即將六日所草擬之折衷辦法三條提出，徵求我日雙方代表之同情考慮。

我方代表接讀英使之折衷辦法後，認爲與我方主張相差太遠。郭氏即席發言曰：「本人尙有一辦法。蓋此項會議係屬根據國聯決議案而開。今日方旣不限期撤兵，則不妨將此次會議經過，詳細報告國聯大會。一方面各友邦亦可作一詳細報告。」

郭氏語竟，全室異常沉寂。時已下午四時十分。良久尙無人發言。郭氏繼續聲稱：「如欲打開僵局，必須有一新方法。中國政府，對會議態度，屢次明白表示，根據協定，決不讓步。而此次會議經過，中國代表之一切發言，各友邦亦均明瞭。日兵撤至中途而廢，無論如何，中國決不讓步者也。」

郭氏言畢，全室又復默然，達半小時之久。各友邦公使乃謂：「觀此情形，勢將決裂。本人等承政府命令，斡旋中日和平，今乃如此，殊屬失望。務請兩方於無辦法中，想一辦法。」

郭氏聞言，乃以極堅決之論調答覆曰：「欲求本會圓滿解決，此極簡單。祇須日方表示日軍能於何日撤退完竣。僅此一言，便可決定。」英使此際，乃復謂：「此項會議，迄今已達十餘次。世界人士，俱欲知會議之內容。現雖已至決裂之境，本人等仍須積極設法。」日使重光聆言，乃謂對此情形，殊覺抱歉。而各友邦代表，亦表示散會後，仍請兩方報告政府，以便轉圜。並向中日雙方聲明：

「全世界現均集中視線於本會。如果決裂，不但中日兩國，受其影響。卽各國在華之市塲，亦將危險。務請兩國對此嚴重注意，知解決停戰撤兵之必要。」郭氏聆語，乃作最後之答辭，曰：「吾人已明知此病人之病勢，已入膏肓。諸醫均已束手。但不妨再易一醫，爲之設法診治。」語竟，出席代表均失笑。時適下午六時，乃卽散會。定星期六（九日）下午三時，重行討論。

英使折衷辦法三條有三可慮　英使在第十三次會議中所提出之折衷辦法三條，其原意本欲藉以解決我日雙方關於日軍撤退時期之糾紛，用心良苦。但對於我方則甚爲不利。此三條辦法所包含之意義，有可慮者三。

折衷辦法第一條原文有「希望於六個月內實現」之字句。試問日方果有撤兵誠意，十日以內已可撤完，尙何須費時六月。如以撤退竟需時六月，試問彼派兵來滬，是否曾費時如是之久。乃我代表亦不惜自欺，公然從而討論其撤兵時間問題，此令人不勝驚異者也。吾人非健忘。國際聯盟兩次限日本東北撤兵之議案，其結果果爲如何？此可慮者一。

折衷辦法第一條且有「希望地方秩序恢復，確可以保僑時，始行撤退」之暗示。是日方一日不承認地方秩序已完全恢復，與確可以保僑，卽一日可以不撤兵，而不負任何違背諾言之責任。試問上海早已開市，租界早已解嚴，尙有何秩序未恢復？而所謂未恢復者，則只日軍佔據之閘北，江灣，吳淞一帶。此等地帶，日旣放縱浪人與漢奸作惡，我又無法過問。試問日軍不撤，究將何以謀恢復？日方所謂保證僑民安全，係此次侵略上海所藉之口實。而日僑之居住上海者，實從無不安全可言。此事實問題，非可任其揑誣。如我竟承認保僑，則日方正可藉以卸脫其此次進攻上海之軍事責任。此可慮者二。

折衷辦法第二第三兩條，雖規定我方可同時聲明日軍不全撤，雙方協定不能生效；但此項協定最低限度，可束縛我六個月內不能以武力收復淞滬。蓋日方可以藉口六個月尙未屆滿，又焉知其卽不撤

兵？是我欲用兵，反將負破壞和平之責。日軍到六個月以後不撤退，我固可以武力收復淞滬，但日軍在淞滬作六個月之長期軍事準備以後，我縱能反攻，亦必較難得手。此而承認，實無異養虎自噬。此可慮者三。

有此三可慮，吾人對於英使之苦心斡旋，雖願表示相當之謝意，但主權所在，決難通融。除非不抵抗者有心誤國，折衷辦法三條，絕無可以容納之可能。我折衝樽俎之外交當局，當知以眞理殉「虛僞之和平」，實世界上最無價值之犧牲。禍福無門，惟人自召；沉舟破釜，多難興邦。凜於斯言，國人固無不望我國之不屈服，而從求和以外另圖救國之方案也。

九日會議形勢急迫 停戰撤兵會議第十四次會議，於九日下午五時繼續舉行。地點及出席代表仍舊。首由英使發言，向我日雙方代表詢問關於所提折衷辦法三案，已否接到政府覆訓。俾會議得以賡續進行。

英使發言竟，日方首席代表植田，首先答覆。謂：「三項折衷辦法，日代表當時因係各友邦主張，故勉強接受。現本國政府囘訓業經到達，對三項辦法中，勉強接受第一項。對於第二，第三兩項，則另有附件二條：(一)日本一俟地方情形恢復，日軍希望可於六個月內完全撤退。此點日政府認爲地方情形之恢復與否，須由日人決定，拒絕第三國加以干涉。如六個月內日本認爲地方形情尚未恢復，得聲明延長其期限。(二)日本承認六個月撤兵一點，中國方面務須同時規定一召集圓桌會議之明白日期。其日期須在六個月之中。否則亦將不能實行撤兵之諾言。」

日代表言竟，我方首席代表郭外次，當亦加以答覆曰：「當各友邦提出三項調解辦法時，本席即經聲明，中國政府，無論任何調停條件下，必須明確規定一日軍撤退日期。今三項辦法，於日軍撤退，仍屬空洞，故當時即認爲不滿意。惟因友邦熱忱可感，故允即請示政府。但當時曾將中國代表團態度，加以詳細說明。刻下政府囘訓，業經到達。對三項辦法之內容措辭，認爲完全不能贊同。政府方

面，並將日方之聲明書加以修改，使空洞者變爲實際。」

郭氏言竟，卽將我政府修正文字，「日軍切望於三個月內，地方情形恢復至通常狀態時，完全撤退。」交各友邦公使及日方代表査閱。詎日方代表接閱吾政府修正文字後，竟謂當上次英使提出三項折衷辦法時，日代表因友邦建議，不得不勉強報告本國政府。今中國政府復別生枝節，日方對之，實再無法討論。日代表言竟，沉默不再作聲。似已完全拒絕繼續討論。大會於此，遂有卽刻決裂之景象。全室沉寂達半小時。各代表均面面相覷。

終乃由英使繼續調停，謂：「如此情形勢將再陷僵局。本會不妨將前提三項辦法中之第一項，卽日方發一聲明書，希望於六個月內撤退之文字，與中國政府所修正之文字，重行折衷修改，俾雙方均得同意，僵局亦可打開。」英使言竟，乃與各友邦代表互將中國政府所修正之聲明書，與業經各友邦修改之日方聲明書，重行加以討論並修正。蓋兩方字句，雖有若干點不同，然尙有若干點相近也。英使勉強將兩方文字修改。凡一刻鐘，始行竣事。重要點卽將三個月改爲四個月。當卽提出徵求雙方代表同意。詎日方代表，默然不答。顯係拒絕各友邦所重行修正之文字。於是形勢更趨嚴重。

各友邦代表乃謂情勢如此，似將陷於決裂之境。不特中日兩國，將重蒙戰禍：卽本人等奉政府命令，根據國聯三月四日和平決議之第三項使命，亦等於零。英使當時，並鄭重宣讀三月四日之國聯和平決議第三項文字曰：「勸告中日雙國代表，於敵對行動，一經停止時，卽會同駐滬其他各國官吏，及陸海軍當局，進行談判，成立妥協。俾敵對行動，確實停止。並規定日軍撤退之方式。大會盼望上開各國，將交涉情形，報告大會。」英使於宣讀該項決議案後，鄭重表示：「國聯特別委員會將於後日重復舉行。我方所負調解使命，將如何報告本國政府與國聯？」英使言竟，重請雙方代表加以考慮。我方郭代表乃謂：「現已別無辦法。中國之讓步，已至極點。姑再依照尊意，重行向政府請示。惟須聲明者，本席係因友邦之善意勸告，故重向政府請示，並非加以接受。」郭氏言竟，日代表仍無

表示。經英使一再詢問後，始謂：「此項問題，是否決定向本國政府請示，此時不能答覆。須待日方代表退席後往日領館作最後之決議，始可決定將英使折衷辦法，報告政府。」當時日代表約於下午八時卽行答復。英使聆言，乃謂：「如果日方可以請示本國政府，則暫定星期一下午，繼續討論。」於是大會遂散，時適下午六時四十五分。

軍事委員會會勘日軍退駐地點 七日上午軍事委員會委員得大會許可，共同會勘所擬定之日軍撤兵後暫住地點。下午二時，委員由英使行署出發。共計汽車五輛。第一輛爲日本田代參謀，及阿部中佐。第二輛爲日海軍中佐喜多，及譯員尾原。第三輛爲我方代表黃強參謀長，及郭德華祕書。第四輛爲英美武官。第五輛爲法意武官。出發時，本擬巡視吳淞，江灣，引翔及閘北四區。嗣以時間不及，且係吳淞方面之區域規定，日方尙有爭執，故往吳淞視察後，卽折囘上海。視察結果，規定如下：「日軍撤退暫駐吳淞之地點，在蘊藻浜之北，縱橫各二千密達，卽二英里左右。南至外馬路附近。西至康家行，及北泗塘河。北及印家宅，孫家樓。東至黃浦江畔。惟該區域內有吳淞鎭及淞滬鐵路，同濟大學，中大醫學院，中國公學等校，均劃出在外，日軍不得駐屯。故原則上雖係一正方形，而實際上則爲一斜長方形。其四圍之界限，則以附近之小河流爲間斷綫。」

吳淞撤兵區既經詳細規定，軍事委員因江灣引翔等區之劃分，不如吳淞之困難，故未努力查勘。閘北方面，則始終未往視察。大十一日，雖有江灣，引翔之行，但出馬者並非我日雙方之正式代表。閘北方面，大致規定日軍暫駐區域，與六日所擬草案，不相出入。

(一)江灣：淞滬路東之跑馬廳至殷行鄉屬之，各處面積綫，亦以小河爲界限。

(二)引翔港方面，自引翔鄉西北至軍工路之一部分，該處亦爲日軍駐屯地。惟滬江大學則不在內。

(三)閘北方面，爲六三花園至日本公墓一帶。西以横浜爲界，東至鐵路。

苟延殘喘之軍事委員會議 八日上午十時，軍事委員會在英使行署開會。日方初欲討論第十三次大會

交下之問題：「蘇州河以南及浦東方面之中國軍隊，是否於日軍撤退時，有威脅之可能。」我方加以拒絕。九日上午十時開會續議，日方又提出此問題。我方代表當即聲明：「中國軍隊駐紮中國境內，可絕對自由行動，不受任何方面之干涉。且此問題在本會議內並未預備討論，故無答復必要。」十二日下午三時，又開會續議。討論內容，仍爲同一問題。日方聲稱蘇州河以南及浦東之我國駐軍，於彼方撤兵，甚有危險。我方代表力加駁斥。雙方辯論甚烈。嗣由美武官調解，並願擬一兩全辦法，待十四日續商。

十四日上午開會。日代表田代又首先要求我方代表解釋浦東及蘇州河南之我駐軍情狀。並聲明日代表所以再三詢問，實因浦東及蘇州河南將來果有我軍駐紮，則將予日軍撤退以重大威脅。蓋蘇州河南而駐有我軍，日軍撤退，側面即有危險。浦東而駐有我軍，則不僅鎗彈射程，可以直達日軍防線。即黃浦江中之日艦及沿浦各日商碼頭，亦將受重大危險。日代表提出時，並謂黃浦江中日艦，以前曾受我軍射擊，以爲日方之唯一理由。我方代表聆言，即聲明此項詢問，無答復之必要。蓋與國聯決議及協定之基本原則，絕對相反。我方代表爲尊重國聯決議與協定精神起見，當然不能答復。況浦東及蘇州河南，皆屬吾國領土。日方此項詢問，意欲在日軍撤退期間，限制我軍之行動，絕對有傷吾國之主權。吾國軍隊，其責任在保護民衆。如果將來浦東及蘇州河南地方治安，發生危險，有時警力不足應付，我國軍隊爲責任計，當然須派兵鎮攝。第三者不能加以干涉。此在主權上，即屬難以討論。矧浦東及蘇州河南，自始至終，未曾發生任何戰事。豈有於日軍撤退之時，我國軍隊，反願向日軍挑戰乎？且在情勢上，黃浦江與兩租界，顯然爲日軍撤退後之屏藩。我軍縱欲進攻，事實上亦所不能。故無論如何，拒絕討論。此時各友邦代表，見情勢又陷僵局，乃提出一折衷辦法。由我方將浦東及蘇州河南情狀向友邦代表聲明。各友邦代表並謂在協定原則第一條第末項內，關於日軍撤退，友邦方面，亦負責任。我方代表聆言，以各友邦代表熱忱可感，乃即應允。詎日方對之，仍告不滿。必須要求我

方代表詳細答覆日方。我方代表至此乃深爲奇異。蓋日軍撤退，旣有黃浦江與兩租界作爲天然之保護，乃日方必須明瞭我浦東及蘇州河南之駐軍狀況，意欲加以限制，其用意實不可測。當卽嚴辭拒絕。並聲明日方此項提議，實屬軼出國聯決議與協定範圍，我方決難答覆。蓋撤兵談判，係屬撤退日方侵滬之駐軍，並非撤退我軍。今日方討論，反客爲主，軼出常軌，復不惜枝枝節節，加以阻撓，倘會議一旦決裂，則此項責任，完全當由日方負擔。我方代表言時，理正辭嚴，各友邦代表亦殊不以日方態度爲然。乃向日方調解，囑向首席代表方面詳細請示後，再行定期談判。軍事委員會，至此乃宣告無期休會。會中發表公報云：「今晨軍事小組委員會繼續討論關於浦東及蘇州河以南中國軍隊駐防地點問題，雙方代表關於此問題，有數點不能同意，暫行休會。俟各請示首席代表後，再行開會。」

正式會議進行窒碍暫告停頓

我日停戰撤兵會議，舉行十四次，費時十七日。最困難之一點，卽在「日軍何日完全撤至租界」之問題。日方雖在會議席上，表示其軍隊將於停戰協定成立後之一星期間，開始自前線撤至租界毗連地段，四星期可以到達其目的。但究竟「何日完全撤至租界」，則始終不肯略事吐露。各友邦公使爲避免意外變卦計，姑勸我日雙方將不關日軍痛癢各種問題，先行討論，以待達到不得不解決此難題之最後時機。殆我軍暫駐原防，共同委員會之組織職權，日軍撤退後暫駐地點等等問題，商議徵有眉目，日方仍不肯表示撤兵之前後期限。每至討論撤兵期限時，日方必故意延宕，無理糾纏。及至遭遇困難，雙方不能解決，則藉口請訓，休會一二日。務使翹首和平之我國當局，焦灼不堪名狀。國聯議決案，固規定「日軍撤退後再開圓桌會議」。而日方堅欲先開圓桌會議。我方代表因輿論之制裁，當然加以反對。日方格於中立國公論，又似囁嚅不敢明言，則迂迴曲折，不曰日軍之完全撤退，須先駐於租界毗連地點，再視地方情形而定；卽謂俟地方秩序恢復，當可完全撤退。經我方代表迭次駁斥：謂日軍一日不完全撤至租界，地方居民，一日不能安返故廬。證以租界取銷戒嚴及商店復市兩端而言，地方秩序，固已恢復無疑。日人無可狡辯，則又別尋蹊徑。將軍事委員會

所已擬定之各地點，要求擴大範圍。或另提一不在範圍內之新地點。使無謂之辯論，耗費寶貴之會議時間而不知珍惜。此固連日會議之大概也。日方既無誠意談判，會議進行，屢生窒礙；我方考慮之下，祇有將會議暫告停頓。並將會議經過詳情報告國聯，請國聯明確規定日軍撤兵期限。在國聯未有辦法以前，滬會卽行停止，但未結束。一俟國聯解決辦法後，再行繼續會議。然而國聯果可為我國伸張正義乎？九一八以來之經驗，已使吾人知國聯之不可靠。我國當局不求自助，惟求助於人；前途危機，尚不知幾許也。

（1）第十五次會議停頓：停戰撤兵會議原定於十一日下午三時開第十五次正式會議。嗣以第十四次會議時，英使所擬之折衷辦法，對於我國主權損失甚大。且聲明書內措詞空泛，不着邊際，尤為外交前途之障礙。當時我方代表郭泰祺，卽認為此種辦法，決不能得我方之同意，表示不接受。繼以英使之勸解，祇允請示政府再說。十一日上午日方代表已得日東京訓令。對四個月之撤兵期，雖表示可以贊同，但仍以日僑安全財產保障為交換條件。我方代表，為尊重國聯決議案起見，對英使辦法，雖未接受：但若能不違國聯決議案，則其他枝節，早應解決。十一日因國聯特別委員會，在日內瓦開會，我政府卽訓令顏惠慶將上海停戰會議經過詳情，報告國聯。我方代表在未奉到政府訓令前　祇得暫時休會。十一日下午一時許、我方代表郭泰祺，用電話通知英使，請其轉知日方代表。

（2）郭泰祺之談話：會議停頓後，郭氏發表談話曰：「會議之所以延期舉行，實因未接政府訓令之故。至於政府之所以未作囘訓，其原因亦極簡單。蓋日方之所謂聲明書，不僅內容空泛，且復涉及政治問題，有違國聯三月四日決議案，與中日停戰協定之精神。不得已，乃命顏代表向國聯特委會報告。會議將於何日繼續談判，此時實未能知。蓋政府訓令一日不到，會議一日不能舉行。此次會議之停頓，實因日方缺乏誠意。政府方面，在任何情勢以下，決不屈辱求全。本人此次奉命折衝其間，實亦無愧於國人。至於英使之最後調停，其熱忱殊極感佩。惟本人當時，以內容尚難滿意，故祇允請示

政府，未加接受。日來民衆團體，紛紛請願。愛國心之流露，實屬我國前途之好現象。惟每有不知內容，責難相加，本人亦祇得任之而已。惟須加以聲明者，政府與本人，決不致屈辱求和，敢以人格爲之保證也。」

（3）日方發表聲明：日政府關於會議之無期延期，於十二日發表聲明兩點：（一）誣稱日方對停戰會議期望成功，讓步多次。惟中國方面無誠意，故會議遂至無期延期。（二）中國當局既無停戰誠意，故意迴避。且前線各處，發見中國軍隊積極準備。日軍爲自衞計，將相機實行自由行動。

（4）日預備長期駐兵我境：據十三日電通社東京電訊：「中國方面，於停戰會議，陷於長期停頓態度。日軍部對於停戰，覺中國方面並無誠意，且不拋棄敵對意志。故在日軍部鑑於出動之使命，現決取二月二十日總攻擊開始時相同之堅決意志，幷採嚴重監視華軍之強硬態度。依此狀態，關於長期留駐兵力之編成，裝備，駐屯線之確保等，一切手段，一任上海派遣軍司令官白川大將決定。因此之故，日軍將延長至較停戰會議所擬日軍撤退線更西方面，大概於現今之地帶，構築半永久之陣地外，將謀長期駐兵所必要之裝置。且計畫兵力經濟等云云。」觀此電，日方之眞實態度可謂已表現無遺。恐會議將從此長期停頓矣！

肆　會議停頓後之正論一斑

正式會議既告停頓；我方將未能解決之最難問題，移交國聯。此固無辦法中之辦法也。但據某外交家之意見，按照國聯規章，必須召集議會而後，始能決定應付方針。目下歐洲突發空前之財政恐慌。歐洲各國奔走於其自己切身問題，對於遠東之興趣與注意，必不如前。換言之，無力之國聯，困於極嚴重之歐洲問題，其能出幾何力量援助遠東，實屬極大疑問。總而言之，停戰會議實質上已經決裂：形式上將入長期停頓狀態之中。日人則可長久佔據淞滬，壓迫我國。在此嚴重局面中，不生不死之

藩籬政策，已不中用。吾人祇有積極犧牲，自救自立之一途而已。茲將各方面類似之公論摘錄一二：

（1）國家大事一誤不容再誤：教育界救國聯合會電國民政府及軍事委員會云：「淞滬之役，執戈勇士，為國捐軀。無辜良民，因戰罹禍。其所以視死如歸，甘心忍受重大損失而無復怨懟者，無他，為民族爭生存，為國家爭人格也。戰爭既有目標，犧牲自有代價。不幸抵抗逾月，全國奮興。卒以援師不至，敵燄大張。致有三月二日放棄前線之舉。形勢一變，局面皆非。拋却前功，至可痛惜。倘使久戰疲敝之兵，稍得援助：三月一日以前，戰況仍可繼續維持。雖一時未能驅敵蹤於吳淞江外，而國聯開會，議決停爭，友邦公使，斡旋休戰。在我屯屢勝之師，處優越之勢，進退張弛，自屬綽有餘裕。今則吳淞閘北一帶既非我有：而嘉定寶山全境，太倉靑浦一部，且淪於敵。主客之勢大異，竟使敵人據我要區，從容佈置，築壕建壘，意圖久佔。而我乃熟視無可如何。上海一市，戰時適當炮火之衝，繁盛之場，早成瓦礫無論矣。即在此數縣境內，人民飽受日軍蹂躪，既非人所能堪。而一切財物糧芻，亦且悉數委以資敵。敵能據我之地，進以攻我。擄我之財，轉而殺我。大錯鑄成，誰尸其咎？此豈我全國人民痛哭流涕而繼之以血者也。上海舉行停戰會議，根據於國聯大會議決，而承受友邦公使之周旋。我本酷愛和平，苟不悖於國聯議決原則，且無損於我國主權，上海附近戰事，未嘗不可告一結束。乃歷時二十餘日，開會十餘次，日方無理要求，我方一再退讓。其結果也，駐兵地點，既已指定數區。所謂領土主權已不免破壞。而日方對於撤兵終了期限，且不肯明白規定。此與永久佔我領土何異？國聯鄭重聲明保全領土主權，行政完整，可謂大義昭於天壤。即日本又何嘗不一再聲稱，絕無利人土地野心。乃東三省之事如彼，上海之事如此，圖窮匕首見，路人皆知其心矣。彼既欲以擴張租界區域之甘言巧計，誘惑各友邦。同時使欲佔我領土，以迫脅政府舉行圓桌會議，冀達取消抗日運動之目的。在各友邦尊重中國主權，詳察世界大勢，當然不至為其所愚。而冀以此種強暴手段壓迫我國人，我國亦惟有拚命以與之爭。在我尊重民意之政府，又豈能不顧一切，聽命於敵，以自絕於民。茲

者，駐兵地點，大致決定。撤兵期限，尙在爭持。道路紛傳，或謂有人另提折衷辦法，或謂行將取決國聯特別會議。在政府瞻前顧後，當然深感此事應付之困難。凡屬國人，應能共諒。惟滬戰既啓，全國渴望增援，而政府以誤於事態不可擴大一念，致構成今日之局。痛定旣已思痛，一誤甯容再誤。本會同人區區之愚，竊以爲必能戰而後能和，必有民而後有國。此則中外不易之定理，亦古今不移之定則也。切盼政府諸公，暨最高軍事當局，鑒於國人心理所同，民族存亡所關，擯絕主觀，詳加省察。便知今日如此局勢，絕非屈服所能自存，苟安所能了事。更非一黨一派專攬政權所能勝任愉快。一面宜積極整飭軍備，下長期抵抗之決心。並集中全國人才，組成國難政府，開放黨禁，准許人民獲得組黨之自由。限期結束訓政，實施憲政，俾全國耳目一新。同時並決定教育方針，對於思想偏頗之青年，有法可以納於正軌。一面訓令上海出席停戰會議代表，嚴守領土及行政主權完整之原則，絲毫不得讓步。措施果能洽於人心，人民自願作爲後盾。滬戰期間，上海人民對於作戰軍隊之接濟，是其明證。載舟覆舟，古有明訓。撫我虐我，誰無公心。迫切電陳，伏希鑒納。

（2）我國惟有堅強不屈：抗日血戰之英雄蔡廷楷談「上海和議」曰：「上海和議，日方態度始終狡展，故意牽延時日。無非欲以阻滯我民氣，怠惰我軍心，和緩國際觀聽，以達到駐重兵於上海；扼我咽喉，長久佔領東北，爲對世界大戰之根據之目的。我國唯有堅強不屈，再接再厲，抗戰到底，民族乃有生路。日人旣無誠意言和，我方不立予拒絕，此乃係政府事，或因中立國從中斡旋，未至斷然決絕。但在國民萬不可稍存偸安依賴之心。須知屈讓終是死路，抗戰乃是生路。抗日之勝敗，是民族存亡之關頭。余意祗有化私爲公，精神團結，共赴國難，始能救目前國家之危亡。現聞全國均同此意志。」蔡氏此種表示，不失英雄氣概。然而偸安依賴者，從過去之事實證明，並非國民，實爲政府。正如教育界同人所言，政府之措施果能洽人心，則人民自願爲政府後盾。若政府以偏安爲得志，以屈服爲長保祿位之手段，則國家者，人民所公有，清室之顚覆，袁世凱之身敗名裂，皆可引爲殷鑒也。

第六編　附錄「有關文獻之要件」

(一)遷都洛陽宣言：國民政府一月卅日發表宣言，移駐洛陽辦公。原文如次：「自日本以武力侵佔東北以來，政府一面尊重華盛頓九國條約，國聯盟約，凱洛格非戰公約之精神，雖釁自彼啓，仍堅持忍耐，以待簽約各國之主持公理。一面嚴飭軍警應以全力捍衛地方，保障人民生命自由財產之安全。苦心維護，於玆數月。而日本進逼不已。最近竟以大批戰艦駛至上海。並輸送陸空各軍。藉口市民抗日舉動，以使用暴力，橫相恫嚇。夫人民組織團體，以急國難，而禦外侮，本出於愛國之熱誠。苟無越軌行動，政府無從加以干涉。惟政府為避免戰禍計，已不恤一再遷就日本之要求。始則對於民衆抗日之言論，行動稍涉激烈者，均予禁止。繼且曉諭各種民衆團體，自動取消抗日名義，以杜强鄰之藉口。本月廿八日午後一時四十五分，上海市政府對於日本駐滬領事之要求，已予以日領自身亦認為滿意之答復。而同晚十一時廿五分日本第一外遣艦隊司令官忽來通告，迫我上海駐軍讓出防地，俾其佔領。軍隊有守土之責，詎能應其所求？日本軍隊遂即向我軍進攻，竟使上海繁盛市面，罹於兵燹。且使用無限制之飛機轟炸政策，平民生命財產慘受荼毒。數量之巨，無可估計。同時首都及長江上下游各重要市鎮，亦有日本軍艦到處挑釁。夫日本所以繼續使用此等暴力政策，且進而愈厲，其用心不過欲威脅我政府使屈服於喪權辱國條件之下。政府受國民付託之重，惟知保持國家人格，尊重國際信義，決非威武所能屈。惟有堅持原定方針，一面督勵軍警從事自衛，決不以尺土寸地授人。一面仍運用外交方法，要求各國履行其條約上之責任。日本此次濫啓兵端，破壞和平。不但中國領土主權遭其損害。舉凡華盛頓九國條約，國聯盟約，凱洛格非戰公約亦為之毀棄無餘。政府深信中國對於此等暴行，有正當防範之權利與義務。同時深信各國為維持世界和平及國際信義亦必不能坐視。玆者，

政府爲完全自由行使職權，不受暴力脅迫起見，已決定移駐洛陽辦公。望我各省區行政長官及軍隊長官同心協力各盡所職，以靖地方，而安人民。尤望我全國民衆以勇毅沈着之精神，共赴國難。勿囂張，勿畏葸，務使暴力無所施，正義得以申。國家安危，悉繫於此，願共勉之。國民政府主席林森，行政院長汪兆銘。」

(二)國際聯盟盟約：（一九一九年四月廿八日初定於巴黎，一九二一年十月五日修正於日內瓦。）締約各國爲增進國際間合作並和平與安寧起見，特允：(1)承受「不事戰爭」之義務；(2)維持各國間光明平允榮譽之邦交；(3)確守國際公法之規定，以爲各國政府間行爲之軌範；(4)於有組織之民族間，從此待遇，維持公道；並恪遵條約上之一切義務；協同議定國際聯盟盟約如下：

第一條：國際聯盟之創始會員，應以本盟約附款內所列之各簽押國，及附款內所列願意無保留加入本盟約之各國爲度。此項加入，應在本盟約實行後兩箇月內，備聲明書，交存秘書處。並應通知聯盟中之其他會員。

凡完全自治國，及此類屬地，或殖民地，爲附款中所未列者，如經大會三分之二之同意，得加入爲國際聯盟會員。惟須確切保證有篤守國際義務之誠意。並須承認聯盟所規定關於其海陸空實力暨軍備之章程。

凡聯盟會員經兩年前預先通告後，得退出聯盟。但須於退出之時，將其所有國際義務及爲本盟約所負之一切義務，履行完竣。

第二條：聯盟按照本盟約所定之決議案，應經由一大會及一行政院執行之。並以一經常秘書處佐理其事。

第三條：

(1)大會由聯盟會員之代表組織之。

(2)大會應按照所定時期，或隨時遇事機所需，在聯盟所在地或其他擇定之地點開會。

(3)大會開會時，得處理屬於聯盟範圍以內，或關係世界和平之任何事件。

(4)大會開會時，聯盟每一會員，祇有一投票權。且其代表不得逾三人。

第四條：

(1)行政院由協商及參戰領袖各國之代表，與聯盟其他四會員之代表組織之。此四會員由大會隨時斟酌選定。在大會第一次選定四會員代表以前，比利時，巴西，西班牙，希臘之代表，應為行政院會員。

(2)行政院經大會多數核准，得指定聯盟之其他會員。其代表應為行政院常任會員。行政院經同樣之核准，得將大會所欲選舉列席於行政院之聯盟會員人數增加之。

(3)行政院應隨時按事機所需，並至少每年一次，在聯盟所在地，或其他擇定之地點開會。

(4)行政院開會時，得處理屬於聯盟舉動範圍以內，或關係世界和平之任何事件。

(5)凡聯盟會員未列席於行政院者，遇該院考量事件與之有特別關係時，應請其派一代表，以行政院會員名義列席。

(6)行政院開會時，聯盟之每一會員列席於行政院者，祇有一投票權。幷祇有代表一人。

第五條：

(1)除本盟約或本條約另有明白規定者外，凡大會或行政院開會時之決議，應得聯盟列席於會議之會員全體同意。

(2)關於大會或行政院開會手續之各問題，連指派審查特別事件之委員會在內，均由大會或行政院規定之。並由聯盟列席於會議之會員多數決定。

(3)大會第一次會議及行政院第一次會議，均應由美國大總統召集之。

第六條：

(1)經常秘書處設於聯盟所在地。秘書處設秘書長一員，暨應需之秘書及職員。

(2)第一任秘書長，以附款所載之員充之。嗣後秘書長應由行政院得大會多數之核准委任之。

(3)秘書處之秘書及職員，由秘書長得行政院之核准委任之。

(4)聯盟之秘書長當然爲大會及行政院之秘書長。

(5)秘書處經費，應照萬國郵政公會國際事務局經費分配之比例，由聯盟會員擔任之。

第七條：

(1)以日內瓦爲聯盟所在地。

(2)行政院可隨時決定將聯盟所在地改移他處。

凡屬於聯盟或與該會有關係之一切位置，連秘書處在內，無分男女，均得充任。

(3)聯盟會員之代表及其辦事人員，當服務聯盟時，應享外交上之特權及免除。

(4)聯盟或其人員，或蒞會代表所佔之房屋及他項產業，均不得侵犯。

第八條：

(1)聯盟會員承認爲維持和平起見，必須減縮各本國軍備至最少之數，以適足保衛國家之安甯，及共同實行國際義務爲度。

(2)行政院審度每一國之地勢，及其特別狀況，應預定此項減縮軍備之計畫，以便各國政府之考慮及施行。

(3)此項計畫，至少每十年須重行攷量及修正一次。

(4)此項計畫經各政府採用後，所定軍備之限制，非得行政院同意，不得超過。

(5)因私人製造軍火及戰事材料引起重大之異議，聯盟會員責成行政院籌適當辦法，以免流弊。惟

應兼顧聯盟會員有未能製造必需之軍火及戰事材料，以保持安甯者。

(6)聯盟會員擔任將其國內關於軍備之程度，陸海空之計畫，以及可供戰爭作用之實業情形，互換最誠實最完備之通知。

第九條：設一經常委員會，俾向行政院條陳關於第一第八兩條各規定之履行，及關於陸海空各問題之大概情形。

第十條：聯盟會員擔任尊重並保持所有聯盟各會員之領土完全，及現有之政治獨立，以防禦外來之侵犯。如遇此種侵犯，或有此種侵犯之任何威嚇或危險之虞時，行政院應籌履行此項義務之方法。

第十一條：

(1)茲特聲明—凡任何戰爭或戰爭之危險，不論其立即涉及聯盟任何一會員與否，皆爲有關聯盟全體之事。聯盟應用任何辦法視爲敏妙而有力者，以保持各國間之和平。如遇此等情事，秘書長應依聯盟任何會員之請求，立即召集行政院會議。

(2)又聲明—凡牽動國際關係之任何情勢，足以擾亂國際和平或危及國際和平所恃之良好諒解者，聯盟任何會員有權以友誼名義，提請大會或行政院注意。

第十二條：

(1)聯盟會員約定，倘聯盟會員間發生爭議，勢將決裂者，當將此事提交公斷，或交行政院審查。并約定無論如何，非俟公斷員裁決、或行政院報告後三箇月屆滿以前，不得從事戰爭。

(2)在本條內，無論何案，公斷員之裁決，應於相當時間發表。而行政院之報告，應自爭議移付之日起，六箇月內成立。

第十三條：

(1)聯盟會員約定，無論何時，聯盟會員間發生爭議，認爲適於公斷而不能在外交上圓滿解決者，

將該問題完全提交公斷。

(2)茲聲明：凡爭議關於一條約之解釋，或國際法中之任何問題；或因某項事實之實際，如其成立足以破壞國際成約；並由此種破壞，應議補償之範圍及性質者：概應認爲在適於提交公斷之列。

(3)受理此類爭議之公斷法庭，應由相爭國指定。或按本盟約第十四條所規定者。

(4)聯盟會員約定，彼此以完全誠意，實行所發表之裁決。並對於遵從裁決之聯盟任何會員，不得以戰爭從事。設有未能實行此項裁決者，行政院應擬辦法，使生效力。

第十四條：行政院應籌擬設立經常國際審判法庭之計畫，交聯盟各會員採用。凡各造提出屬於國際性質之爭議，該法庭有權審理並判決之。凡有爭議或問題，經行政院或大會有所諮詢，該法庭亦可發抒意見。

第十五條：

(1)聯盟會員約定，如聯盟會員間發生足以決裂之爭議而未照第十三條提交公斷者，應將該案提交行政院。職是之由，各造中任何一造可將爭議通知秘書長。秘書長即籌備一切，以便詳細調查及研究。

(2)相爭各造，應以案情之說明書，連同相關之事實及文件，從速交秘書長。行政院可將此項案卷，立命公佈。

(3)行政院應盡力使此爭議，得以解決。如其有效，須將關於該爭議之事實與解釋，並此項解決之條文，酌量公佈。

(4)倘爭議不能如此解決，則行政院經全體或多數之表決，應繕發報告書，說明爭議之事實，及行政院所認爲公允適當之建議。

(5)聯盟任何會員列席於行政院者，亦得將爭議之事實及其自國之決議，以說明書公佈之。

(6)如行政院報告書，除相爭之一造或一造以上代表外，該院會員一致贊成，則聯盟會員約定，彼此不得向遵從報告書建議之任何一造，從事戰爭。

(7)如行政院除相爭之一造或一造以上之代表外，不能使該院會員一致贊成其報告書，則聯盟會員保留權利，施行認為維持正義與公道所必需之舉動。

(8)如相爭各造之一造，對於爭議，自行聲明；並為行政院所承認，按諸國際公法，純屬該造本國法權內事件；則行政院應據情報告而不必為解決該爭議之建議。

(9)按照本條任何案件，行政院得將爭議移送大會。經相爭之一造請求，應即如此辦理。惟此項請求，應於爭議送交行政院後，十四日內提出。

(10)凡移付大會之任何案件，所有本條及第十二條之規定，關於行政院之行為及職權，大會亦適用之。大會之報告書，除相爭各造之代表外，如經聯盟列席於行政院會員之代表，並聯盟其他會員多數核准，請與行政院之報告書除相爭之一造或一造以上之代表外，經該院會員全體核准者，同其效力。

第十六條：

(1)聯盟會員如有不顧本約第十二條，第十三條，或第十五條所定之規約，而從事戰爭者，則據此事實，應即視為對於所有聯盟其他會員有戰爭行為。其他各會員擔任立即與之斷絕各種商業上或財政上之關係。禁止其人民與破壞盟約國人民之各種往來。並阻止其他任何一國，為聯盟會員，或非聯盟會員之人民，與該國之人民財政上商業上或個人之往來。

(2)遇此情形，行政院應負向關係各政府建議之責。俾聯盟各會員出陸海空之實力，組成軍隊，以維護聯盟盟約之實行。

(3)又聯盟會員約定，當按照本條適用財政上及經濟上應採之辦法時，彼此互相扶助。使因此所致

之損失與困難，減至最少之點。如破壞盟約國對於聯盟中之一會員，施行任何特殊辦法，亦應互相扶助以抵制之。其協同維護聯盟約之聯盟任何會員之軍隊，應取必要方法，予以假道之便利。

（4）聯盟任何會員違犯聯盟盟約內之一項者，經列席行政院所有聯盟其他會員之代表投票表決，即可宣告令其出會。

第十七條：

（1）若一聯盟會員與一非聯盟會員之國，或兩國均非聯盟會員，遇有爭議，應邀請非聯盟會員之一國或數國，承受聯盟會員之義務。照行政院認爲正當之條件，以解決爭議。此項邀請，如經承受，則第十二條至第十六條之規定除行政院認爲有必要之變更外，應適用之。

（2）前項邀請發出後，行政院應即調查爭議之情形，並建議其所認爲最適當最有效之辦法。

（3）如被邀請之一國拒絕承受聯盟會員之義務，以解決爭議，而向聯盟一會員以戰爭從事；則對於取此行動之國，即可適用第十六條之規定。

（4）如相爭之兩造於被邀請後，均拒絕承受聯盟會員之義務以解決爭議，則行政院可籌一切辦法，並提各種建議，以防止戰事，解除紛爭。

第十八條：嗣後聯盟任何會員所訂條約，或國際契約，應立送秘書處登記。並由秘書處從速發表。此項條約或國際契約未經登記以前，不生效力。

第十九條：大會可隨時請聯盟會員重行考慮已不適用之條約，以及國際情勢繼續不改，或致危世界之和平者。

第二十條：

（1）聯盟會員各自承認，凡彼此間所有與本盟約條文牴觸之義務或協商，均因本盟約而廢止。並莊嚴擔任此後不得訂立相類之件。

(2)如有聯盟任何一會員於未經加入聯盟以前，負有與本盟約條文牴觸之義務，則應立籌辦法，脫離此項義務。

第二十一條：國際契約如公斷條約或區域協商，類似孟羅主義者，皆屬維持和平，不得視爲與本盟約內任何規定有所牴觸。

第二十二條：

(1)凡殖民地及領土，於此次戰事之後，不復屬於從前統治該地之各國；而居民尙不克自立於今世特別困難狀況之中，則應適用下列之原則。即以此等人民之福利及發展，成爲文明之神聖任務。此項任務之履行，應載入本盟約。

(2)實行此項原則之最善方法，莫如以此種人民之保育，委諸資源上，經驗上，或地理上，足以擔此責任而亦樂於接受之各先進國。該國即以受托之資格爲聯盟施行此項保育。

(3)委託之性質，應以該地人民發展之程度，領土之地勢，經濟之狀況，及其他類似之情形，而區別之。

(4)前屬土耳其帝國之數部族，其發展已達可以暫認爲獨立國之程度。惟仍須由受託國予以行政之指導及援助，至其能自立之時爲止。該受託國之選擇，應先儘此數部族之志願。

(5)其他民族，尤以在中非洲者爲甚，其發展之程度，不得不由受託國負地方行政之責。惟其條件，應擔保其信仰及宗教之自由，而以維持公共安甯及善良風俗所能准許之限制爲衡。禁止各項弊端，如奴隸之販賣，軍械之貿易，烈酒之買賣。並阻止建設或建築礮臺，或設立海陸軍根據地。除警察國防所需外，不得以軍事教育施諸土人。擔保聯盟之其他會員交易上商業上機會均等。

(6)此外土地，如非洲之西南部，及南太平洋之數島，或因居民稀少，或因幅員不廣，或因距文明中心遼遠，或因地理上接近，受託國之領土，或因其他情形，最宜受治於受託國法律之下，作爲

其領土之一部分。但爲土人利益計，受託國應遵行以上所載之保障。

(7)每一委託案受託國，須將關於受託土地之情形，逐年報告行政院。

(8)倘受託國行使之管轄權，監督權，或行政行政權，其程度未經聯盟會員間訂約規定，則每一委託案，應由行政院特別規定之。

(9)設一經常委員會，專任接收及審查各受託國之每年報告。並就關於執行委託之各項問題，向行政院陳述意見。

第二十三條：除按照現行及將來訂立之國際公約所規定此外，聯盟會員應：

(1)勉力設法爲男女及幼稚在其本國及其工商關係所及之各國，確保公平人道之勞動狀況，而維持之。並爲此項目的，設立必要之國際機關，而維持之。

(2)擔任對於受其統治地內之土人，保持公平之待遇。

(3)關於販賣婦孺，販賣鴉片，及危害藥品等各種協約之實行，概以監督之權，委託聯盟。

(4)軍械軍火之貿易，對於某等國爲公共利益計，有監督之必要者，概以監督之權，委託聯盟。

(5)採用必要辦法，爲聯盟所有會員，確保並維持交通及通過之自由，暨商務上之公平待遇。關於此節，應注意一九一四年至一九一八年戰事期內受毀區域之特別需要。

(6)勉籌國際有關之辦法，以豫防及撲滅各種疾病。

第二十四條：

(1)凡公約所定業已成立之國際事務局，如經締約各造之認可，均應列在聯盟管理之下。此後創設各項國際事務局及規定國際利益事件之各項委員會，統歸聯盟管理。

(2)凡國際利益事件，爲普通公約所規定，而未置於國際事務局或委員會監督之下者，聯盟祕書處如經有關係各造之請求，並行政院之許可，應爲徵集各種有用之消息而分布之。並予以各種必要

或相需之援助。

(3)凡歸聯盟管理之任何國際事務局或委員會，其經費可由行政院決定，列入祕書處經費之內。

第二十五條：聯盟會員對於特有准許而自願之國家紅十字會機關，以改良衛生，防止疾病，減輕痛苦為宗旨者，其設立及協助，擔任鼓勵並增進之。

第二十六條：本盟約之修正，經行政院全體及聯盟大會代表多數之批准，即生效力。

聯盟任何會員可以自由不認盟約之修正案。但因此即不復為聯盟會員。

附款：(一)國際聯盟會之創始會員：北美合衆國，比利時國，玻利維亞國，巴西國，英吉利帝國，(坎拿大，澳大利亞，南非洲，紐絲綸，印度，)中華民國，古巴國，厄瓜多國，法蘭西國，希臘國，瓜地馬拉國，海地國，漢志國，閔多拉斯國，義大利國，日本國，里比利亞國，尼加拉瓜國，巴拏馬國，祕魯國，波蘭國，葡萄牙國，羅馬尼亞國，塞爾維亞克魯阿特斯拉文尼國，暹羅國，赤哈國，烏拉圭國。

被請加入本盟約之國：阿根廷國，智利國，哥倫比亞國，丹麥國，西班牙國，挪威國，巴拉圭國，荷蘭國，波斯國，薩爾瓦多國，瑞典國，瑞士國，委內瑞拉國。

(二)國際聯盟第一任秘書長：特留蒙。

(三)九國間關於中國事件應適用各原則及政策之條約：美利堅合衆國，比利時國，不列顛帝國，中華民國，法蘭西國，意大利國，日本國，荷蘭國，及葡萄牙國，茲因志願採定一種政策，以鞏固遠東之狀況；維護中國之權利利益；並以機會均等為原則，增進中國與各國之往來；議決訂立條約。因是簡派全權。各全權將所奉全權證書，互相校閱，均屬妥協。議定條款如左：

第一條：除中國外，締約各國協定：(一)尊重中國之主權與獨立，暨領土與行政之完整。(二)給予中國完全無礙之機會，以發展並維持一有力鞏固之政府。(三)施用各國之權勢，以期切實設立並維持

各國在中國全境之商務，實業，機會均等之原則。(四)不得因中國狀況，乘機營謀特別權利，而減少友邦人民之權利。並不得獎許有害友邦安全之舉動。

第二條：締約各國協定，不得彼此間，及單獨或聯合與任何一國或多國，訂立條約，或協定，或協議，或諒解，足以侵犯或妨害第一條所謂之各項原則者。

第三條：為適用在中國之門戶開放，或各國商務，實業機會均等之原則，更為有效起見，締約各國，除中國外，協定不得謀取，或贊助其本國人民謀取：

(一)任何辦法，為自己利益起見，欲在中國任何指定區域內，獲取有關於商務或經濟發展之一般優越權利。

(二)任何專利或優越權，可剝奪他國人民在華從事正當商務實業之權利；或他國人民與中國政府或任何地方官共同從事於任何公共企業之權利；抑或因其範圍之擴張，期限之久長，地域之廣闊，致有破壞機會均等原則之實行者。

本條上列之規定，並不解釋為禁止獲取為辦理某種工商或財政企業，或為獎勵技術上之發明與研究所必要之財產及權利。中國政府擔任對於外國政府及人民之請求，經濟上權利及特權，無論其是否屬於締結本約各國，悉秉本條上列規定之原則辦理。

第四條：締約各國協定，對於各該國彼此人民間之任何協定，意在中國指定區域內設立勢力範圍，或設有互相獨享之機會者，均不予以贊助。

第五條：中國政府約定，中國全國鐵路，不施行或許可何種待遇不公之區別。例如運費，及各種便利，概無直接間接之區別。不論搭客隸何國籍，自何國來，向何國去；不論貨物出自何國，屬諸何人，自何國來，向何國去：不論船舶或他種載運搭客及貨物之方法，在未上中國鐵路之先，或已上中國鐵路之後，隸何國籍，屬諸何人。

締約各國，除中國外，對於上海之中國鐵路，基於任何讓與或特別協約，或他項手續，各該國或各該國人民得行其任何管理權者，負有同樣之義務。

第六條：締約各國，除中國外，協定於發生戰事時，中國如不加入戰團，應完全尊重中國中立之權利。中國聲明，中國於中立時，願遵守各項中立之義務。

第七條：締約各國協定，無論何時，遇有某種情形發生，締約國中之任何一國認為牽涉本條約規定之適用問題，而該項適用宜付諸討論者，有關係之締約各國，應完全坦白互相通知。

第八條：本條約未簽字之各國，如其政府經締約簽字各國承認，且與中國有條約關係者，應請其加入本約。因此，美利堅合衆國政府對於未簽字之各國，應為必要之通告。並將所接答復，知照締約各國。任何國家之加入，自美政府接到該國通知時起，發生效力。

第九條：本條約經各締約國，依憲法上之手續批准後，從速將批准文件交存華盛頓。並自全部交到華盛頓之日起，發生效力。該項批准文件筆錄，由美國政府將正式證明之謄本，送交其他締約各國。本條約英文法文一律作準，其正本保存於美利堅合衆國政府之檔庫。由該政府將正式證明之謄本送交其他締約各國。

茲將議定條約由上列各全權代表簽字，以昭信守。一九二二年二月六日訂於華盛頓。

許士，洛治，恩特華特，羅脫，卡德，白爾福，黎，健特士，鮑騰，皮而斯，散而孟，白爾福，薩斯赤利，施肇基，顧維鈞，王寵惠，沙羅，尤賽龍，司強曹，利西，阿而白丁尼，加藤，幣原，埴原，貝拉斯，蒲福，阿而戴，物司康賽電斯。印。

(四)凱洛格非戰公約：德意志總統，美利堅合衆國總統，比利時君主，法蘭西總統，大不列顛愛爾蘭及海外各屬地之君主兼印度皇帝，義大利君主，日本皇帝，波蘭君主，捷克斯拉夫總統，以深感增進人類幸福，為彼等重大責任。深知明斥戰爭之時機已至，以戰爭為施行國家政策之工具，

應即終止。使目今存在各國人民間之和平友誼關係，永垂久遠。深信變更各國間關係，應用和平方法，及平靜秩序之努力。此後設有簽字本約之國，欲藉戰爭以增進其本國利益，所有本約一切利益，應拒絕不令享有。希望其他世界各國，因彼等之模範，感激奮發，加入此種仁慈的努力。於本約發生效力時，加入本約，悉納各國人民於本約慈惠條款之內。如是，則使世界文明各國聯合爲一，共同排斥以戰爭爲施行國家政策之工具。經決定締結條約，因是任命全權。該全權等，各將所奉全權證書，互相校閱，俱屬妥善。議定條款如左：

第一條：用各該國人民之名，鄭重宣告，彼等罪責依賴戰爭以解決國際糾紛。幷排斥於各國間相互關係，以戰爭爲施行國家政策之工具。

第二條：各締約國互允，各國間設有爭端，不論如何性質，如何發端，均當用和平方法解決之。

第三條：本約應由各締約國依照己國憲法批准。俟各該國咸將批准文件送往華盛頓存案後，本約在各締約國間即發生效力。本約於發生效力後，應有長期間之公開，以便其他世界各國之加入。各國加入本約之文件，應在華盛頓存案。存案以後，本約在現加入國與以前締約各國之間，即發生效力。

美國政府負責將本約及批准文件，或加入文件之證明鈔本各一册，送與締約各國，及以後加入本約各國之政府。美國政府幷願負責於批准文件送往存案後，即行電達各該政府。

本約繕寫，兼用英法兩國文字。兩種約本，有同等效力。各全權經簽字蓋印，以昭信守。

一九二八年八月二十七日，在巴黎簽訂。

（按我國於同年九月二十五日電令駐美公使施肇基代表簽字本約。編者注。）

（五）國聯行政院警告日本書：行政院各會員國代表，除中日兩國外，二月十七日提出迫切要求。其文如下：「行政院主席，前於一月廿九日，以其同僚名義，向雙方當事國提出要求，謂國際關係得以維持，端賴各國彼此合作，並互相尊重。若果出以強力，則無論武力或經濟力，均不能獲

取可以持久之解決辦法。且目前時局愈延長，則雙方齟齬愈擴大，而爭端解決，亦愈困難。其嚴重影響，匪特及於雙當事國，抑將波及於全世界焉，時至今日，行政院各會員國代表，除中日兩國以外，實有向日本政府，提出懇切要求之責任。俾日本政府，以國聯會會員兼行政院常任會員資格，承認在中日爭端上，負有特殊責任。并担有穩健賢明之義務。數月以來，遠東時局，發達情形，宜由雙方當事國同意而組織成立之調查委員團，詳加研究。固矣。但自該委員團成立以來，上海地方暨其附近，業已發生事變。現仍續續未已。足使世界輿論，益受震動。并危及多數國家人民之生命及其利益。而全世界在經濟變動中，所感受之特殊困難，爲之加重。軍縮會議，正在進行，亦爲之增加嚴重障碍。行政院十二委員會對於日本指責各節，毫未忘却。又以日本自國聯會成立時，即係會員國，向能遵守義務，克盡責任。故自數月以來，對之表示完全信任。但十二委員會有爲之惋惜者，即日本對於國聯會盟約所規定之和平解決方式，未能無保留而依從之是也。十二委員會復因巴黎非戰公約，載有莊重諾言。舉凡國際爭端，絕不可在和平方法以外求解決。特向日本再度提醒之。抑有進者，現行爭端雖在中國領土以內發生，而中國自始即訴之於國聯會。其對於國聯會所提議之和平解決方案，并承認接受之。十二委員會茲欲重提國聯會盟約第十條。按照此條規定，所有會員國對於任何會員國之土地完整及政治獨立，均皆承認尊重，并承認維持。似此任何會員國之土地完整與政治獨立，若因盟約第十一條，受人蔑視而被侵犯，或受危害，均不能認爲有效，而任其實現。十二委員會原有喚起注意之權利。茲特以友誼名義，喚起注意。日本對於中國關係，在世界輿論視之，應以正義與穩健爲主，其責任至爲擴大。一千九百廿二年華盛頓會議，訂有九國協定，對於中國主權獨立，領土及行政完整，均皆明白承認。日本既已簽明此項條約，是即以鄭重諾言，承認上項責任。行政院十二委員特訴之於日本高尚之名譽心，務請其承認義務所在。此種義務，基於日本所處特別地位，而欲維持和平，并不事負世界各國之信任心，實亦國聯會會員國即日本之義務所在也。」

此書爲宣傳暴日侵略，不保留版權。如有翻印或轉載者，祇請載明「原由國際文化學會發行」字樣。

中華民國二十一年五月十五日發行

編著人—范定九

發行者—國際文化學會

承印者—倉頡印務有限公司 南成都路一四一號 電話三四七二〇號

代售處—上海大東書局
上海新月書店
上海生活週刊社
廣州開明書局
華年週刊社 上海博物院路
微音月刊社 上海圓明園路
總會公報社 上海圓明園路

◉每本訂價實洋陸角◉

淞滬抗戰史

對日抗戰史要叢刊序

編者

在抗戰勝利的今日，回顧日本帝國主義歷來對於我們錯誤的觀念，錯誤的估計，以及種種錯誤的行爲，終至於自身受到了嚴重的教訓，我們站在人類同情心的立場上說話，真是無限感慨，……替代日本嘆息。要不是他們國內軍閥的瘋狂，以及少壯軍人所受教育的不健全，或許真能夠辦到他們當時所徒然空喊而並無誠意的那句話：「共存共榮」。事到如今，他們後悔已經無及了。

日本自從明治維新以來，自視太高，把中國看得太低，爲了軍閥們的急功好名的慾望鼓盪不可止，就確定了中國做他們征服世界第一步的犧牲品。在短短數十年間，強佔台灣，併吞朝鮮，由蠶食東北而至於發動「九一八」事變，由製造僞「滿洲國」而至於奪取平津，蹂躪華北，更進而至於發動「八一三」，不顧國際間一致的責難，而南京，而武漢，繼而妄想把中華民國一口吞下，完全忘却了本身的脆弱與矛盾，如踏泥淖，愈陷愈深，到底觸犯了世界的公憤，遭受到不可抗逆的制裁，最後向我們及我們的盟國無條件投降。

中國是一個崇尚和平的國家，決不作窮兵黷武的驕人面目，而其內涵的力量，自有其不可侮傷的所在。所以雖然屈辱於一時，終必抬頭於最後，歷史上不乏明證；此次日本的侵華失敗，更其是一個放在眼前最清楚的鐵證，不僅是以警惕日本，而且足備世界各國的參考。因爲中國雖以禮讓和平爲道德，到忍無可忍之時，始不惜任何犧牲，非待取得正義的伸張不肯罷休。如果以中國的禮讓和平的美德誤解爲怯弱無能，這就是錯誤了。

從二十六年淞滬戰事爆發至今，經過八年的奮鬥，我們終於取得了最後勝利。爲了珍視我們在八年之中的艱忍困難的奮鬥歷史，我們特於勝利完成之日，編印這部「對日抗戰史要叢刊」，供獻於國人之前，以作我們歷來工作於抗戰事的一個小小紀念。不過倉卒成篇，對於材料的取捨，未能十分精當，所可引以自慰者，我們決不視此爲投機性質的刊物，而仍以謹慎忠誠的態度做工作。希望日後當再加以比較精要的整理。

淞滬抗戰史

第一章 總述

二十六年八月十三日開始的淞滬血戰，追溯其起源，應該從「九一八」瀋陽之變說起，甚至於應該遠溯到中日甲午第一次戰爭。因爲其間都有脈絡的關聯。不過我們在這裏，求簡捷起見，就從「八一三」之變的本身做開始的敍述了。

事件的導火線，起於「虹橋事件」。八月十日下午五時半，我虹橋飛機場衛兵，見有日本海軍陸戰隊汽車一輛，向機場駛來，想衝進飛機場。衛兵喝令停車，車中所載的日本兵二人，置我警告於不顧，而且拔槍向我衛兵轟擊。那時候已經時常有日本人向我機場來作窺探，顯然存心不可測。我衛兵雖有上峯命令，遇有少數日本人來作滋擾，不可還擊，以免引起糾葛，所以機場衛士不予還擊。可是這兩個日本兵，非但不聽我衛士的阻止，竟然將我附

淞滬抗戰史

目次

第一章 血戰經過詳記

蔣委員長告全國國民書

芝加哥演說

日軍對於戰事

近的保安隊一名，射擊至死。保安隊爲自衛計，不能不開槍還擊，當時把兩個日本兵擊斃。於是造成了所謂「虹橋事件」。那兩個日兵，一個是「上海日軍陸戰隊第一中隊長」大山勇夫，一個是一等水兵齋藤要藏。大戰之機，由是就一觸而發了。

當時擔任警備京滬之職的司令官，是張治中氏，也就是第五軍長。以下參加戰役的重要將領，是八十八師師長孫元良，副師長馮聖法，參謀長陳素農，八十七師師長王敬久，三十六師師長宋希濂，蘇浙邊區司令張發奎等。上海戒嚴司令楊虎。

當時日本主持侵略的人物，首相近衛，陸相杉山，海相米內，外相廣田等。杉山的談話中，曾經說過：「中國事件前途之發展如何，不能逆料，但軍部已決意向前進行，克服一切困難，縱令中國作長期之抵抗，日本軍部非使華軍失去戰鬥精神之目的達到以前，亦決不能罷手」。氣燄之盛，可見一斑，到現在看來，無非是一場夢話而已。

日本藉口虹橋事件，由國內調集重兵來滬。八月十三日晨三時，滬戰開始。自此以後，雙方戰鬥劇烈，大過於第一次「一二八」滬戰情形。上海各界人士，無不乘時崛起，幫助戰場勇士一同奮鬥，所以我軍士氣激昂，沈着應戰，使日軍大受創傷，不敢再作一鼓而下淞滬的夢想了。兩軍相持凡二月有餘，到了十月二十七日，我軍因已達到預期的消耗戰目的，奉令開始從閘北區域撤退，轉進新防線，堅守滬西南翔以至瀏河的新陣地，繼續抗戰。

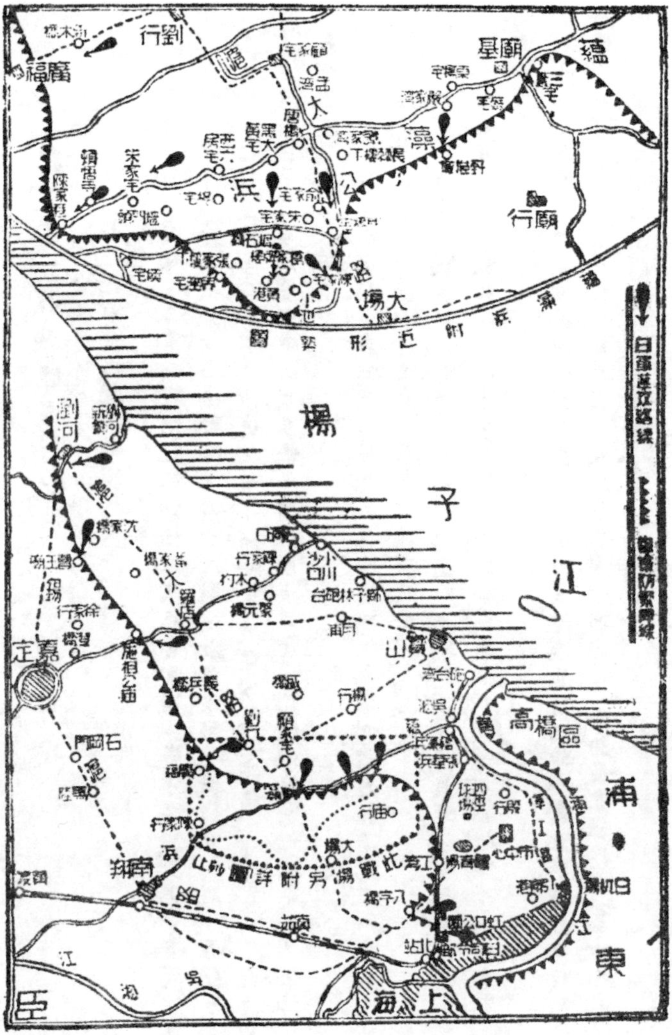
蘊藻浜附近形勢圖
日軍進攻路線
我軍防禦陣線
大場江灣戰況另附詳圖
揚子江
寶山
劉河
羅店
嘉定
南翔
大場
江灣
閘北
虹口公園
上海
浦東
吳淞江

淞滬抗戰圖

第二章 血戰經過詳記

第一節 我軍直搗匯山碼頭

八月十三日晨三時，日軍向我閘北横浜橋以東及青雲橋一帶守軍開槍挑釁。我守軍並未予以還擊。到了九時五十分，日陸戰隊七八十人圖越淞滬鐵路，衝往寶山路；我守軍乃忍無可忍，當予猛烈還擊，日軍不支潰退。下午四時，戰區擴至八字橋，江灣路，天通庵路等處，五時以後，日軍用燒夷彈向我轟擊，閘北若干房屋，均被燃燒。但我軍奮勇衝鋒，於硝煙如霧之下，進駐八字橋。

十四日，我空軍出動，轟炸浦江敵艦。我陸空軍上部隊亦猛烈掃蕩，日軍受創奇重。

十五日，戰事歷廿餘小時之久，我各線均有進展。

十六日晨四時，戰事轉於沉靜。至十六日夜，我軍包抄江灣敵軍司令部。

十七日我軍佔領虹鎮以南，范家宅附近之敵海軍操場。敵出雲號旗艦，中我魚雷，受創甚重。

十八日，我軍前線挺進，敵軍大砲全失威力，遂退爲前哨戰。我空軍英勇作戰，五日來共擊落敵機卅架以上。虹口敵軍因被我切斷其左右聯絡，紛紛敗竄租界，至十九日下午七時，我軍伸展至匯山碼頭，敵勢窮蹙，益爲萬狀。

二十日，我空軍轟炸敵軍司令部，命中起火。敵機炸南市，被我高射砲擊落二架。敵軍連日在虹口方面，戰事失利，其增援部隊，又爲我所阻，不克登陸，於是想在川沙方面之白龍港登岸，又爲我守軍發現，即予擊退。廿一日晚，敵軍在吳淞方面集中兵力，向我進犯，我軍發砲還擊，砲火猛烈，予敵重創。敵軍登陸企圖，至是完全失敗。

匯山碼頭一帶陣地自我軍佔領後，敵軍已狼狽不堪，有殘敵近四百人，越外白渡橋南竄，爲英軍繳械，送往膠州路管押。下午三時半，又有殘敵卅餘名，潰退至楊樹浦，闖進厚豐紗廠，該廠留有職工六十餘名，殘敵用手溜彈步槍向之射擊，致死傷甚衆。敵軍殘酷，竟至於此。

廿二日夜十一時以後，敵軍被我重重包圍中。我各路均有進展，浦東敵軍，經我襲擊，亦全線潰退。計敵自作戰以來，死傷已達六千人，其自動逃出戰線，爲英軍所俘者，又達千人。損失過半矣。

廿三日拂曉，結集在北四川路之殘敵，以重砲裝甲車爲掩護，由吳淞路，虬江路，乍浦路等處，分別向我軍右翼陣地反攻，企圖突破我軍陣地，解除其司令部之包圍。我軍防禦鞏固，敵軍雖經猛衝，未能損我毫末，且爲我伏守要隘各軍，以機關槍掃射，敵軍死亡百餘人之多。激戰後敵卒潰退。我乘勝由中州路，靖司克而路，邢家宅路各方面挺進，包圍敵軍陣地。是日晨四時三刻，敵機二十餘架，飛往吳淞，閘北，浦東，南市，大場，真如，龍華等處，偵察我軍陣地，急圖轟炸未逞。

廿四日天將破曉之際，吳淞蘊藻浜外面，駛來日艦三艘，向我軍陣地用重砲轟擊，我亦奮勇還擊，至六時許，砲聲尚未停止，但終未得登陸。同時吳淞砲台灣三峽水沿長江海面，又駛來日艦十餘艘，相繼向我發砲，我當予還擊，砲火四射，子彈橫飛，激戰達兩小時許，敵無法進襲，遂向北駛去。

第二節　我軍退出匯山碼頭

自我軍佔領匯山碼頭後，殘敵東西兩路，失却聯絡，浦江中敵出雲旗艦，也被我魚雷擊損，逃出浦江；戰爭的重心，因而由滬東移到濱海一帶。此次敵方侵我淞滬，又想抄襲「一二八」故智，由沿海各港口登陸，我方預料及此，在沿海全線密佈防軍，予以迎頭痛擊，故敵軍在淞口企圖登陸不成，在白龍港也然。至廿五日晨四時許，敵軍的主力部隊，在飛機廿餘架，和敵艦十餘艘的砲火掩護下，又在寶山小川沙口企圖登陸，向我羅店方面猛力進攻，卒爲我守軍予以痛擊。戰事延續至廿六日晚十一時半，敵方因傷亡過衆，不支潰退。同時敵艦多艘隨帶小艇開抵匯海灘，以排砲向我岸上轟擊，移時即以小艇滿載步隊駛近灘岸潮湧上陸。當時我守軍佯示力薄，僅以小部隊與敵周旋，俟敵軍乘機深入時，才以機關槍的集中火力，向敵全線掃射，復用砲火脅迫敵軍後路，以致敵軍進退兩難，幾將全軍覆沒。瀏河方面，當敵人進擾羅店時，也曾發現敵蹤，經我沿海口守備部隊沉着應付，敵遂不得逞。

困守虹口一帶的敵軍殘部，於二十八日晚，在浦江敵艦的砲火掩護下，向我守軍陣地猛力反攻，企圖突圍。我軍也以巨砲還擊，予虹口敵軍以大創。有數彈落匯路日軍的中心區

域，一彈則擊中三角地小菜場，我方因克復匯山碼頭的中路部隊，實出過甚，恐受意外襲擊，暫時撤退，使東西兩路互相啣接。敵人的宣傳機關，乘機造謠。說日軍已登陸若干萬人。又欲出我方在虹口一帶的軍隊，已完全撤退；租界區域內已完全沒有華軍的謠言其實都是言過其實。

第三節　日本海空軍之活動

自二十八日以來，最劇烈的戰爭，是在吳淞鎮附近。三十一日清晨，大批敵軍，企圖在江邊登陸，爲我軍攻擊後，越蘊藻浜而竄至吳淞，向北前進。我駐砲台灣方面的大軍，遂全面出擊，一時砲火密集槍如聯珠。九月一日晨，敵增援二千人，再度在吳淞鎮強行登陸，敵機十餘架，在上空向我陣地投彈轟炸；江心的敵艦，同時以上砲密集射擊，我扼守吳淞的部隊，不避犧牲，向登陸的敵軍奮勇迎擊。激戰約數小時。

二日上午八九時，戰況又形猛烈，因進犯砲台灣獅子林的敵軍，經我軍擊退後，紛向吳淞鎮逃竄，故我吳淞守軍遂將敵完全包圍。虹口方面的敵軍殘部，仍幾度企圖突圍。反攻閘北，八字橋，殷行等地，均不得逞。我方砲兵陣地，遂以重砲向虹口一帶之敵軍轟擊。三日上午九時左右，浦江敵艦，爲掩護敵軍在浦東登陸，又開巨砲向我浦東轟擊。敵軍雖屢戰敗北，仍企圖在各港口登陸，向本國乞派援軍來滬，以達其侵略之目的。

這次的全面抗戰中，我們是利於遷延時日，使戰爭變成爲長期的戰爭；敵人却反乎此，志在速戰，從它增調大批援軍來滬一事看來，已經是明顯的企圖了。截至五日止，敵軍在滬

作戰的實力，陸軍至少已經達到七萬人，內有最精悍的久留米師團，海軍方面，大小艦也不下七十餘艘，砲位合計幾近七百門；此外尚有新式的飛機二百架以上。敵人有這樣的作戰實力，所以在每次向我進襲的時候，都是運用最密集的火砲，不惜極度的浪費，而希望迅速將我解決。攻吳淞時是用這樣的戰術，侵犯寶山時也是用這樣的戰術：一方面由敵艦開砲轟擊，一方面又派大隊的飛機在我陣地猛烈投彈轟炸，當時在寶山的我方守軍，曾受到相當的損失，不得已退入寶山城內，敵軍復以重砲及飛機，向城內猛烈轟擊，以致無辜的居民也大受塗炭。六日晨十時，我增援之某精銳部隊已經趕到，與敵遭遇肉搏。我軍進至距寶山三里之三官堂，敵軍無援部隊也到達，雙方再度猛戰，到了下午三時半，寶山城廂的敵軍，被我完全擊潰。吳淞方面，七日夜的反攻也遭到我軍的痛擊，獅子林砲台附近的殘敵，更是到了「勢窮力蹙」的時候。在虹口方面，敵人雖也企圖突圍而出，且一再侵犯閘北，終是徒勞而無功。敵人企圖以最小的損失來易最大的收穫的計劃，終難實現。

據日本東京朝日新聞的記載，敵方空軍人員的死亡及失蹤人數，八月二十日，就有三名，二十一日在句容也有三名，在揚州一名，南京十三名，蘇州一名，南昌一名，二十二日上海一名，二十三日上海二名，南京五名，二十四日上海二名，二十六日失蹤一名，二十七日失蹤九名，合共四十二名之多。二十七日以後的損失尚不在內。

第四節　日軍轉變戰略

七日寶山大戰，敵方爲謀報復攻擊，當時向我輪流轟擊，以致城垣被燬，敵之戰車乃由

艇隊駛入；當時我死守孤城之姚營，全營官兵壯烈犧牲。但其餘各線我軍均有進展。敵因大包圍的計劃已失敗，改取「中央突破」的策略，浦江中的敵艦，頻以大砲向引翔港跑馬廳一帶我軍陣地轟擊，掩護敵軍前進，我即以機槍迫擊砲還擊。我軍一部，且猛力反攻，迫近虬江碼頭。敵為牽制我軍起見，終日砲擊我浦東與閘北。

八日上下午，敵又藉砲火的掩護，企圖衝入閘北寶山路，及在浦東登陸，均為我軍擊退。反攻市中心區的敵軍，也為我擊退至江邊，狼狽不堪。晚七時許，我英勇空軍，又飛滬夜襲，敵陣地有幾處着彈起火。

九日晨零時及一時許，我機又兩度飛滬襲擊浦中敵艦，當有一艘為我擊中。是日最激烈之戰爭，係在市中心區方面，因虬江碼頭敵軍千餘，在海空兩方砲火的掩護下，向我軍工路陣地猛攻，初為我擊退，敵聯隊長飯田七郎及中隊長梅田貞夫均被我當場擊斃，但敵仍繼續來犯，以致戰事竟日未息，至楊行一線，我軍扼守楊行油車，阻敵前進，並俟機反攻寶山之敵。閘北方面，午後以迄晚間，敵軍幾次來犯，均被我軍奮勇擊退。

十日敵圖在浦東登陸，浦江中曾兩處發生激烈砲戰，敵方二十一號驅逐艦一艘，及停泊於郵船會社碼頭之敵運輸艦一艘，均被我擊中。虹口敵軍陣地多處也相繼着彈起火。虬江碼頭殘敵，晚間企圖突圍，卒為我擊退。楊行月浦等處敵軍，也已為我所擊潰。寶山敵軍且為我重重包圍。晚間我空軍復飛滬夜襲，吳淞路北站等處上空，均有激烈空戰。

十一日前線戰事，以月浦楊行線最為猛烈。敵於十日夜已將主力分為兩路，向月浦楊行

進犯，企圖打通吳淞羅店之線。晨五時許，在敵艦猛烈砲火掩護下，復以坦克車引導步兵衝鋒，來勢兇猛。我軍沉着應戰，月浦方面始終堅守；楊行方面一度被敵突破，惟敵坦克車四輛被我砲隊擊毀，至夕陽西下時，我軍即以生力軍猛烈反攻，進展殊爲得手。其餘羅店，蘊藻浜，瀏河等處，敵或進犯未逞，或突圍不遂。戰事也相當激烈。是日上午九時許，復有敵機九架，在非戰區域的龍華廟上一共丟下炸彈近三十枚，將廟宇炸燬，並有寺僧及附近居民被炸死傷多人。

第五節　戰事入緊張階段

十二日晨拂曉，楊行方面展開空前的衝鋒肉搏戰。我軍以戰略關係，遂將陣線向東南瞿家浜一帶撤移。月浦方面，我仍扼守原來陣線，與敵軍在肉搏混戰。羅店瀏河方面，敵仍被我重重圍困。蘊藻浜張華浜一帶，敵以重砲不斷轟擊，我損失甚微。敵兩度進犯我八字橋，均爲我軍擊退。我空軍於夜間飛滬轟炸敵艦，擊中五艘，其中二艘是巡艦。

十三日我軍自月浦楊行一線後撤至瞿家浜後，市中心區引翔鄉及楊樹浦一帶陣地，已成突出之形勢，在軍事上是極度不利的形勢，爲避免無謂犧牲計，即日上午以整齊之陣容，自動移至北站江灣一帶的第一道防線，改取守勢。

十四日各線敵軍均有進犯企圖。劉行線上更趨猛烈，敵傾一旅團向劉行線西進；我廟行方面部隊特趕來增援，將敵全部包圍。激戰至上午十時許，敵人不支，一部向楊行方面潰退。下午三時，敵又進犯劉行廟行，我忠勇守軍乃起而應戰，雙方猛烈肉搏，至深夜尚在血

戰中。又江灣黄興路其美路一帶，上午十一時起，六三花園，虹口公園之敵又放烟幕掩護，逐步前移，犯我愛國女校及柳營路方面陣地，均爲我擊退。市中心區方面，翔殷路上曾發生遭遇戰，我予敵重大打擊，敵遂憑翔殷路與我相持。自晨六時起以迄午刻，浦江敵艦斷續向我浦東方面砲擊。自我退守第一道防線後，並將羅店方面兩翼部隊向後移動惟仍固守羅店鎮突出之點。十五日傍晚，我後方部隊開到增援，我乃在大雨滂沱中，與敵肉搏於泥濘之中，因我軍英勇前進，敵狼狽潰退，我軍即克復羅店鎮並乘勝向東追擊，恢復羅店鎮東郊原有陣地。

十六日晨敵有一部由小川沙登岸增援，午刻向羅店反攻。下午五時許，敵以三百人死力反攻我羅店西郊之侯家浜，爲我營旅奮勇抵抗，敵即不支潰退，是役敵軍傷亡甚多。自閘北柳營路水電路到江灣體育會路一線，是晚八時一刻，敵軍一聯隊又以坦克車十餘輛前導，分向持志大學及體育會路方面我軍陣線進攻，我軍俟敵逼近時，即躍出戰壕，與敵肉搏，激戰一小時，殺敵數百，敵勢不支即紛紛潰退。午夜敵又來犯。雙方激戰。劉行方面，我軍採取攻勢，一日中已收復村莊數處，將敵擊退一公里餘。至浦東一線，敵仍積極企圖登陸。上午八時，泊浦江中之敵艦數艘，聯合開砲轟擊；應用汽艇多艘，滿載敵軍，疾駛南洋坟山諸碼頭，企圖登陸未逞。

第六節　我空軍奮勇出擊

十七日天氣陰雨，全線沉寂。羅店，楊行閘北一帶，僅有小接觸。

十八日為「九一八」的六週年紀念日，當夜我空軍飛滬夜襲，展開空前未有的大空戰。我轟炸機一大隊，七時許出現滬空，向黃浦江上遊一帶敵艦投擲炸彈四枚，再飛淞口轟炸。折回楊樹浦虹口一帶，投彈多枚。九時許，我機又在楊樹浦公大紗廠附近，向敵軍新築飛機場投下炸彈五枚，敵機出動，與我機作激烈之遭遇戰，雙方互放機關槍，接戰約一刻鐘之久，槍聲始息。十一時一刻，我大隊飛機再度飛滬轟炸，投彈無數，至晨一時廿分左右，始安然離滬返防。是役敵方損失奇重。按：我空軍擊落敵機之第一架，係重轟炸機，在杭州筧橋上空，為高志航隊長所擊燬，落於筧橋附近之半山，機身全毀，駕駛員六人全被炸死。

十九日閘北方面，互開巨砲轟擊。敵軍企圖完成其中央突破戰略，切斷我淞滬全線聯絡，經我軍痛擊後，此計劃已全部失敗。

二十日，敵猛行側翼攻擊，我右翼距劉行二里許之孟灣一帶，當時砲火之猛，得未曾有，同時猛攻楊行羅店之線，但均未得逞。至市中心區的敵軍砲兵陣地，晨間開砲向我江灣及持志大學附近陣地轟擊，浦東方面的我軍，也遭敵軍的砲擊，我軍並無損失。是日晚十時五十分，我空軍一隊又來浦江襲擊敵艦，當我機已逼近敵艦上空時，敵始發覺，倉皇以紅色信號及高射機關槍高射砲等向空亂放，但我機却以迅雷不及掩耳的手段，投下炸彈，隆然巨響，附近咸聞爆炸之聲。

廿一日瀏河附近有接觸，敵艦亦向我陣地猛攻，均被我軍奮勇擊退。廿二日戰事，以瀏行方面為最激烈。敵軍於午後二時，以一聯隊之衆，猛力攻襲我瀏行附近孟灣的陣地，我從

其中部突擊，並掃射其衝鋒大隊，敵倉惶逃去，至五時左右，劉行沿蘊藻浜一帶的敵軍，與我軍也有激烈接觸。

廿三日晨五時許，劉行顧家宅一線，有敵軍五百餘向張家宅楊木橋我陣地進攻，我軍俟其迫近時，即躍出戰壕，以刺刀向敵猛撲，當被我殺傷二三百人。十一時半敵再來犯，也爲我擊退，下午一時起，敵即發砲猛擊顧家宅附近，前後共落二千餘枚。吾砲兵陣地當亦發砲還擊，直至晚八時始止。羅店方面右翼吾軍，於拂曉時分，乘敵不備，突派勁旅一隊，越滬太公路向敵猛烈反攻，敵不支而退，我軍乘勝追擊，東追達二千公尺，敵退據南塘口東蘇塘之線。憑工事頑守。

第七節　我軍放棄閘北

敵軍於九月十六日，用兵艦聯合向爛泥渡陸家嘴轟擊，同時用汽艇載運日軍，在南洋涇山各碼頭登陸。十七日，日軍又以四千餘人在虬江碼頭登陸。移動主力，向我江灣方面進攻。到二十四日，日軍向羅店，劉行，江灣到八字橋，展開全線攻擊。除由國內調來大軍外，又集中飛機大砲，作不顧一切的拚命轟擊。我軍堅守兩星期之久，爲避免無謂犧牲以保全實力計，始行作此線的自動撤退。

日軍取得了江灣方面的據點後，就以其主力向租界北區移動，企圖進攻閘北。十月二日起，日軍偷渡蘊藻浜。到十二日，蘊藻浜南岸的日軍，向廣石橋宅出擊。十四日的夜間，日軍企圖突破我大場與南翔間的公路線，由黑大黃宅向葛家牌樓方面猛撲，以期達到包圍我大

場守軍的目的。從蘊藻浜沿岸到大場一帶，至是展開空前未有的激烈戰爭，造成了淞滬戰役中最悲壯的一頁。

十月二十日起，敵軍以重兵猛撲大南公路線，直趨大場的左翼，我軍與之血戰五日，劉行方面的敵軍，從二十四日起，直撲大場以西的塔河橋宅。至是，敵軍深入公路綫已一公里，廟行大場的我軍陣地，遂形突出，大場情勢，就呈緊張狀態。可是我軍依然把握在手。到二十六日止，我軍陣線，從大場東面，經大場及市中心區向東北而成就一個半圓形，繞於江灣之北。敵軍屢次從正面進犯，都不得逞。最後敵軍集中兵力，以戰車四十輛作前導，向大場以西一公里許的地點突破，胡家宅塔河橋等處；遂因之不復可守。其後日軍渡走馬塘，大場的形勢，又爲之一變，我守軍爲戰略關係，就向南方作移動。

敵軍繼續向大場以西進攻，我軍閘北的左翼陣地，也因而感受到威脅，十月二十六日之夜，閘北我軍八十八師忠勇將士八百餘人，由團附謝晉元，營長楊瑞符領導之下，掩護主力部隊撤退，我大軍既已安全撤退，八百孤軍賈其餘勇，佈防於閘北新垃圾橋以北附近各要隘，向長驅而來的敵軍作迎擊。最後退集於橋西的四行倉庫的七層大廈中，分據各樓，憑窗固守。以示我軍一息尚存，一彈不盡，決不與敵人妥協，決不放下武器的嚴正不屈精神。當時租界內西藏路英軍，曾請孤軍退入租界，孤軍拒絕。血戰四日之後，奉到蔣委員長命令，始於十月三十日，退出四行倉庫。八百孤軍的榮譽，也就傳播於世界了。

第八節　我軍退出南市

我軍既於大場開北作撤退，就在從長江口到蘇州河沿岸佈置新防線，從瀏河起，經曹王廟，澄橋，廣福，小南翔，橫跨京滬鐵路到江橋，更越蘇州河，北新涇，到梵王渡，全長三十五公里。

十月二十九日，敵軍開始向蘇州河南岸發動攻勢。三十日及次日，先後在周家橋，陳家渡，陸家埭各處作偷渡，都爲我軍或予殲滅或予擊退。

敵軍偷渡不逞，改變方針，向蘇州河西岸作強渡。那時候我浦東砲兵，向浦江敵艦及滬東敵軍作猛烈射擊；使敵方受到牽制而減低其活動力量。敵軍在蘇州河沿岸不得進展，又想從長江口瀏河一帶作登陸戰，我軍防守嚴密，敵軍無隙可乘，仍歸失敗。

十一月五日，天方黎明，我杭州灣方面駐軍，剛在換防之際，日本海軍突然乘此機會，發動杭州灣登陸戰，於乍浦東北的金山衛，全公亭，潘涇鎮三處取得據點，一面由金山衛趨張堰，松隱，米市渡而直撲松江，一面由漕涇鎮趨亭林，葉榭攻取閔行。我軍以長期抗戰爲重，非保全實力不可，爲避免後路被截而失卻聯絡，就決定放棄滬西與浦東的陣地，而向京滬鐵路以西轉進新陣地。

自從十一月九日浦東我軍撤退後，南市就成爲敵軍的最後目標。鏖戰到十一日，敵軍由日暉港登岸，以戰事爲前導，掩護步兵，作猛力進攻。我軍在浦東南市的堅強支持，目的是在掩護大軍撤退，到了此時，我軍撤退已經完成，南市防軍的任務已經達到，就於十一日午夜以後，放棄這淞滬火戰的最後保衛地，安全撤退。至此，大上海防守，已告一段落，淞滬

戰局，於焉結束，留待將來的克復了。當然，我軍現在已克復大上海，足見當時的撤退，無非是戰略關係罷了！

淞滬血戰，自從八月十三日在天通庵，橫浜路開端，到十一月十一日南市撤退，爲期延長到三月之久，敵方先後增援，達七次之多，金山衛登陸之時，兵力已增加到十四個師團，死傷之數，當有十萬，人力消耗如此，武器方面的消耗，自然也必可觀。同時我軍鏖戰三月，不僅使敵人破滅了「不堪一擊」的幻想，更其顯示了我軍對於抗戰的決心和力量於世界各國之前，而使世界各國對中國能夠有一個新的認識。

第三章　蔣委員長告全國國民

蔣委員長於二十六年十二月十六日，發表告全國國民書，致訓國民，「當徹底認識抗戰到底之意義，與堅決抱定最後勝利之信心」。恭錄全文如下：

此次抗戰，開始迄今，我前線將士傷亡總數已達卅萬以上，人民生命財產之損失，更不可以數計，犧牲之重，實爲中國有史以來抵禦外侮之所罕覯，中正身爲統帥，使國家人民蒙此巨大犧牲，責任所在，無可旁貸，中心痛苦，實十萬倍於已死之將士與民衆，一息尚存，唯有摩頂放踵期以貫徹抗戰到底之主旨。求得國家民族最後之勝利，以報黨國，以慰同胞。敵人侵略中國，本有兩途，一曰鯨吞，一曰蠶食，今者逞其暴力陷我南京，繼此必益張

凶焰，逞行其整個征服中國的野心，對於中國為鯨吞，而非蠶食，已由事實證明，就中國本身論之，則所畏不在鯨吞，而在蠶食，誠以侵略於不知不覺之間，則因循苟且，馴至被其次第宰割而後已。今則大禍當前，不容反顧，故為抗戰全局策最後之勝敗，今日形勢，毋寧謂於我為有利。

且中國持久抗戰，其最後決勝之中心，不但不在南京，抑且不在各大都市，而實寄於全國之鄉村與廣大強固之民心。我全國同胞，誠能曉然於敵人之鯨吞，無可倖免，父告其子，兄勉其弟，人人敵愾，步步設防，則四千萬方里國土以內，到處皆可造成有形無形之堅強堡壘，以制敵之死命，故我全國同胞，在今日形勢之下，不當徒顧慮一時之勝負而當澈底認識抗戰到底之意義與堅決抱定最後勝利之信心。特為我同胞約舉其要義如下。

（一）此次抗戰為國民革命過程中必經之途徑，中國欲外求獨立，內求生存，解放全民族之束縛完成新國家之建設，終不能不經此艱難奮鬥之一役，故對日抗戰，乃三民主義與強權暴力帝國主義之戰爭，亦即被侵略者爭取獨立生存之戰爭與通常國際間勢均力敵之國家相互戰，大異其趣，故抗戰之始非不知我之武器設備一切物質力量，遠不如人，而我之革命精神，則遠勝於人。各國史例，凡革命建國之大業，本非旦夕所可期，所經之阻礙愈多，所獲勝利亦愈大，惟賴我革命精神，無所撓屈，再接再厲愈挫愈奮，則障礙摧毀之日，即最後勝利之時，敵人此次侵略中國，其最大目的固不僅欲佔我土地，屠我人民，滅我文化，而尤在消滅我三民主義與革命精神，但使我革命精神一日不滅，即我國家民族，亦一日不亡，且今

日所遭之挫折，尚未達到艱危之極度，若遂自退屈，則精神一衰，國隨以亡，奴隸牛馬之辱，有十百倍於今日戰爭痛苦而不止者，全國同胞須知任何國家，欲解除壓迫，完成革命，決非少量代價所能希冀，此日多忍痛一分，將來成功亦多增一分。我人爲國家民族與世世子孫計，犧牲雖巨，亦無可辭，所爲當澈底認識抗戰到底之決心者，此也。

（二）既明革命過程的中國，應以抗戰到底爲本務，則目前形勢無論如何轉變，惟有向前途邁進，萬無中途屈服之理，抗戰雖不能必勝，而屈服即自促滅亡；與其屈服而亡，毋寧抗戰而敗，戰敗終有轉敗爲勝之時，滅亡永無復興之望。國家獨立之人格，一受敵人宰割，萬劫不復。

況戰爭成敗關鍵，當繫於主動被動成分之多寡，此次抗日戰爭，綿延五月，敵方最初企圖，實欲不戰而屈我，我方所以待敵者，始終爲戰而不屈，不屈則敵之目的終不能達，敵愈深入，將愈陷於被動之地位，敵如必欲佔我四千萬方里之土地，宰制我四萬萬之人民，所需兵力，當爲幾何，誠使我全國同胞，不屈不撓，前仆後繼隨時隨地皆能發動堅強之抵抗力，敵武力終有窮時，最後勝利，必屬於我，所謂當堅決抱定抗戰必勝信心，此也。

（三）日本侵略中國者，實爲其侵略世界之開始，中國於抗戰之初，即揭櫫二義，一爲民族生存獨立而戰，同時即爲國際和平正義而戰，數月以來，雖國際之制裁，尚未充分發揮，而公理之是非，固已大白於天下，我人對於此種偉大之使命，當然不問國際形勢前途如何，必當盡其在我，不可稍存依賴，但使世界正義不亡，則我人目的，必有達到之一日，任

重道遠，不容少懈，此尤全國同胞所宜深念者也。

中正受命黨國，有進無退，當此存亡呼吸之際，願我同胞共勉之。

第四章　美總統羅斯福芝加哥演說

二十六年十月五日，羅斯福在芝加哥大橋落成典禮中，發表演說，從原則上斥責以武力破壞國際條約的國家。　蔣委員長曾有答覆美聯社記者的談話，謂「美總統為人權與條約之尊嚴，已發表名論，力主擁護，此不獨我艱苦備嘗之中國人民聞之而有所感動，即彼列強中向來主張永久和平應建築於國際道義之上者，亦必為之興奮。」茲錄羅總統演詞全文如下：

余現身來芝加哥，且得有機會，以參加此重要市政建設之落成典禮，實覺非常愉快。

當余橫貫本國之往返途中，余已見及各地市政府與中央政府依據常識，得合作之種種結果，且於千萬之國民歡迎聲中，由其言貌，即可察知在近數年間，彼等已在物質與精神方面，均獲長足進步。但當余見及本國農村之繁榮，工廠之興盛，鐵路之發展，以及本國之快樂安全與和平，即不得不持以與世界中其他之部分相較，則殊覺景象懸殊。須知美國人民，在現代狀況之下，為其自身之將來計，不能不對美國以外之世界，放眼注矚。余以本國負責的代表資格，爰特在此內地大都會之芝加哥，並特就此落成典禮之良好機會，將一與國家有重要關係之問題，為諸君一言。

最近世界政治形勢，日趨險惡，致使各愛好和平之人民與國家，均爲之非常憂慮。十年之前，六十餘國鄭重擔保，不以武力爲行使國家政策之工具，人類對於永久國際和平之期望，因之達於高峯。但此種表現，於非戰公約之高尚精神與和平願望，最近已轉爲大禍將臨之觀念所摧毀。現在的恐怖狀態，與國際不遵法律，殆不過起始於數年之前耳。其初係不法干涉他國內政，或違反條約，侵略他國土地；馴至今日，愈演愈甚，遂將使文明基礎，咸受重大威脅。文明演進以來趨於法律秩序及公理之一切標誌及遺傳，均以掃蕩無餘。未嘗宣戰，又無警告及理由，而多數無辜之平民婦孺，竟橫遭空軍之轟炸殘殺矣。在所謂平時狀態下，亦無原由或通知，而多數之船隻，亦正任其被潛艇擊沉矣。他國雖無傷於我，而偏煽動及助長其內亂；不許別國干涉己國之內政；無辜之人民與國家，現正爲爭奪權力所慘烈犧牲，而此爭奪霸權者，則係絕無正義與人道觀念。最近某作家有言，謂：「吾人或可預想，人類如至以殘殺爲快意時，則將橫行全世界，使一切文化藝術及所有千萬年來精存之寶藏，弱者小者無抵抗者，均爲之消滅無遺。」此種情形如果現於他處，諸君切勿以爲美國可保無虞，切勿以爲美國可蒙寬恕，切勿以爲西半球不致遭攻擊，切勿以爲西半球仍能在和平狀態中，繼續演進文明之道德與藝術。蓋此不幸之日，如果降臨，則武力不足恃，權威無所用，科學失其效；馴至一切文化之花，全遭蹂躪，則全世界人類，墮入大混亂狀態中矣！吾人如欲避免此不幸之日之降臨，吾人如欲在世界上安居樂業，自由無慮，則所有愛好和平之國家，應即起而合作，維持爲和平之基礎之法律與原則；所有愛好和平之國家，應即起而合

作，反對違反條約與人道之行爲。蓋此種違反條約與人道之行爲，現正造成國際混亂與不安局勢，而欲避免此種混亂與不安局勢之風波，決非嚴守孤立與中立所能奏功者也。

凡懷抱自由，並認識且尊重其鄰人有自由之平等權利而生存於和平中者，須共同努力，期使法律與道德原則俱獲勝利，和平公正與信賴，得以盛行於世界；質言之，即必須信賴約言，信賴簽字條約之價值，必須承認國家道德與私人道德，係屬同等重要。目前某主教致書於余，謂：「對於現時實施戰爭之恐怖於無辜平民，尤以實施此種恐怖於婦孺，似應代表一般人類提出抗議。在彼所謂現實派或將謂此種抗議爲無補於實際，實則人類心靈爲現在無謂之犧牲所激動，必能集中絕大力量，以減少將來之殘酷。縱使此種對於野蠻主義之集體抗議，需時二十年始能切實有效，然強有力之與論，足以加速此日之來臨，則毫無疑義也。」今日世界技術上道德上，均有一種休戚相關，互相依賴之關係。任何國家，欲完全孤立於經濟政治風潮日見伸張之時，殆爲不可能之事。苟非條約及道德標準爲各國一致所遵守，無論國際和平或國內和平，要均不能穩固。國際間無政府狀態，實足毀壞一切和平基礎，而使一切國家；無論強弱，其現在或未來之安全，遭受危險。因此，恢復國際條約之尊嚴，與維護國際道德，實爲對於美國人民至有重大利益與至有關係之事。

今日世界最大多數人民與國家，皆希望生存於和平世界。彼等均希望排除壓迫彼等之勢力。彼等寧願爲工業農業，爲商業，去努力生產有利潤之貨品，以增加財富。初不願從事製造軍用飛機炸彈機關槍大砲，以毀滅人類生命與有用之財產。在充實軍備，企圖從事侵略之

國家，以及恐懼外人侵略，破壞本國安全之國家，現均以其國家收入之大宗，直接糜費於軍備；其比例式竟達其國家收入百分之三十以至於百分之五十。至吾美國每年所用之軍備者，則遠低於此，蓋僅百分之十一二耳。吾人目前之環境，容許吾人將金錢用於橋樑與公路，用於水閘及改造森林，用於保存土壤，以及其他有用之工程，而不以之用於巨大之常備軍及戰事工具，吾人實非常愉快。但余對於前途，仍不能不抱殷憂；蓋世界人口百分九十之和平自由及安全，現正為其餘百分之十之破壞國際秩序國際法律者所威脅，然此百分之九十依賴法律及普遍遵行之道德原則，以生存於和平之人民，固可以覓取途徑，且必需覓取途徑以實現其願望也。

夫今日之情勢，係與全世界有關，確係無疑。問題所關，不僅在於某一條約之某一條款，遭受破壞，實乃為戰爭與和平間之問題，國際法之問題，尤其為人道原則之問題。其為違犯條約，尤其國聯會章非戰公約與九國公約，固屬確實，但亦與世界經濟，世界安全，與世界人類諸問題有關也。世界道德意識，對於失平之事，及確有理由之怨望，固須承認其有設法解除之權。但同時對於尊重條約之尊嚴，重視他國之權利與自由，防止國際間之侵略，尤應認為有無上之必要。不遵法律，猶疫癘也，蔓延全世，有加無已，事殊不幸。當疫癘方興之際，社會人士，固知贊同隔絕病人，以保護公共衛生，不受其傳染。余決以和平政策為主旨。並採取適當措施，以免牽入戰爭之漩渦。

夫處現在世界，參以過去經驗，獨有國家違背神聖條約，而使犯對其未加實際損害，且

原书此页缺失

軍士氣一斑。

其一、敵空軍機長斧田卯子助的妻敏子致夫函：

「每天在酷暑中歸來，掛念着，爲什麼呢，東西一點兒都吃不進？但並很强健着。你也强健吧？你的信一封都沒有收到，實在太掛念了。忙嗎？倘若想到你——萬一——悲慘的情緒立刻襲上我的心頭，我是非常的焦慮懷念不安，有時竟至通宵不能入眠，木更津的戰死者，委實太多了，十六日以後的戰死者，又在發表了！

請你每天給我信吧，我一時一刻一分一秒都在渴望着，期待着你的佳音，無時無刻不在遐想戰死的那樣事，希望你具有那樣的勇氣。

昨天去拜訪持同軍曹的夫人，沒沒有回到館山去，在她主人未歸來以前，仍住在木更津。

斧田君，你康健着，母親她們自從你出發後，天天朝晨去拜菩薩，祝禱你平安。

在這樣的冷靜的家中，尤其到了你晚歸的時間，而我等待的樣子，誰看了，都傷心！

祈你早一點回來吧，你永遠的平安！

餘略　　　　　　敏子

斧田卯之助兄

其二，敵一等兵中岡忠春致其兄函：

一仲藏兄：九月十四日抵中國，登陸已十六日，現在各線參加作戰，幸尚安在，乞勿懸念。我滿事變之際，我等奉命出征，抵滿時，事變已終了，我等係屬初年兵，故未出戰；但此次與前完全不同，終日蟄伏于彈雨之中。現我等距離敵三百米，伏屜於昨夜掘就之戰壕中，稍一竚立，即將爲敵射擊，但不常命中耳。最初槍彈飛來時，不自覺頭縮着以避，現因已習慣，雖聞槍聲，亦不急避。此間

滿植棉花及水稻，藏身田間，槍彈越頂飛馳而來，絕無危險。此間並多小河，前進時，或建橋，但急要時涉河而過，水高及胸，有時在壕內夜宿，一任雨露之浸濡。香烟火柴已絕，供應餐食之麵包，須分四次乃畢其食之，每至飢腸轆轆時，以泥水炊麥飯，加醬油食之，甘之如飴。十五六日以上，未能洗盥，沐浴更不必談矣。軍服尚係出發時所穿者，臭汗滿襟，垢穢異常，但生命尚不可卜，對此亦無怨言。至兩日前，因十餘日未曾洗沐，故就浴鹹水之中，此時精神之愉快，與在國內時相較，當尤過之也。戰爭之苦，非身歷其境，終不能知，中國已非昔比，軍隊配備整齊、所有武器，確皆自動步槍及機關槍，更有堅固之戰壕，由其槍眼中頻頻射擊，我雖還擊，則不易命中。我軍每次進攻，均匍匐以進，至二百米左右，即一躍突擊。某次進攻×××，敵有堅固之水泥鋼板防禦物，三面並有小河環繞，而鐵絲網更布置數層，不知是否通有電流。進攻某處，殊爲困難，較難攻之據點，尤爲堅固。我軍一再苦戰，然時無休止。敵軍飛機每日飛來投彈，中國飛機則並未出動。奉命出征，生命早置度外，但此次進攻，竟入危境，我既爲一等兵，當榮譽戰死以殉之。此時爲九月三十日午後六時二十六分，窗際多雲，天時陰沉，在敵方機關槍之格格聲及迫擊砲之爆炸聲中，伏戰壕中寫此，作信不易，以後如無中國一等兵戰死之電報，則我必仍在華南之一角自由呼吸，乞兒安心可也。九月三十日中岡忠治。」

日本侵畧上海戰記
第二冊

淞滬警備司令官戴戟氏

被我軍擊落之日本飛機

日海軍陸戰隊

五洲藥房職員被日本便衣隊拘去之情形

日本侵略上海戰記第二册

第二旬

自一月二十八日晚。日軍以海軍陸戰隊及便衣隊。犯我閘北。數次總攻。均被我軍擊退。損失甚鉅。同時更以軍艦十餘艘。轟我吳淞砲台。希圖佔據要塞。又遭失敗。旬日以來。迭受鉅創。士兵死亡者。達數千人。軍實被我軍截獲者亦無數。我雖閘北吳淞被夷爲平地。然屢戰皆勝。捷報傳來。額手相慶。亦幾忘此身有無家可歸之痛矣。惟是日人則惱羞成怒。侵犯之心。仍未稍戢。海軍司令鹽澤。陸戰隊指揮官鮫島。均奉命調回。改任野村中將爲海軍司令。植松少將爲陸戰隊指揮官。到滬後。卽變更戰略。以海陸空軍全部兵力。分水陸空大舉會攻吳淞。意欲先行佔領吳淞砲台。冀得自楊

樹浦沿黃浦江至吳淞口外。均爲日軍之根據地。然後再以全力進取閘北。七日晨起。卽開始實行此項新戰略。但仍繼續敗北。十三日。日軍千餘人。藉煙幕彈偷渡。被我軍包圍。無一生還。日方乃又以陸軍中將植田謙吉。統率第九師團二萬人來滬。玆將逐日戰情。分記如下。

二月七日

今日日方大軍到滬。變更戰略。大舉會攻吳淞。晨七時起。先用飛機十餘架。飛至我軍陣地視察。並投擲大批炸彈。同時又派陸軍二千餘名。由糧米站及軍工路會攻吳淞。停泊張華浜東面黃浦江中之軍艦六七艘。亦同時向我吳淞方面開砲。上午十時許。我方駐防蘊藻浜一帶之翁旅。卽在裏揚旗防線內迎頭痛擊。敵軍第一次衝鋒。卽被我擊退。死傷甚衆。十二時餘。復有第二次進攻。我軍竭力

抵抗。敵軍仍猛力進犯。激戰極爲猛烈。閘北方面。敵軍亦於同時由天通庵路用鐵甲車及坦克車掩護步兵。向我八字橋陣地進攻。當被我軍擊退。並在江灣路方面毀敵軍坦克車兩部。自下午六時後。閘北似入休戰狀態。又敵軍飛機上下午。均在我吳淞、蘊藻浜、閘北、眞茹等處擲彈。但均未命中我軍防綫。惟民房被炸毀及焚炸者甚多。

□敵機擲彈　晨七時許。敵軍派飛機十餘架。自上海方面空中。沿淞滬鐵路。飛至江灣、高境廟、張華浜、蘊藻浜、吳淞鎭等處。先行偵察一過。隨卽沿途投擲大批炸彈。最後又飛至吳淞要塞。擲彈十餘枚。均未命中。當敵機擲彈時。我軍卽用高射砲射擊。故敵機在吳淞要塞擲彈後。卽不敢再來。同日九時。敵飛機十餘架。至天通庵車站投擲炸彈數枚。旋飛至眞茹擲彈百餘。均未命中。損害極微。惟寶山路天通庵路口。及香山路與永興路間之房屋。均相繼

起火。火光燭天。

□吳淞戰況　自飛機於早晨向吳淞投彈後。日軍司令野村。卽派鐵甲車二輛。裝置機關槍之機器脚踏車十餘輛。及卡車十餘部。滿載日陸軍一千餘名。於上午九時許。由楊樹浦底沿軍工路開至張華浜進攻吳淞。一面有日海軍驅逐艦二艘。載日兵千餘名。駛至高橋沙（俗名老鼠沙）光華火油棧前面浦中。用鐵殼駁船二艘。渡至張華浜糧米站碼頭登陸。卽會同鐵甲車進攻蘊藻浜車站。十時許戰事卽爆發。敵軍由敵艦開砲。及飛機在空中擲彈。掩護而進。我軍駐守吳淞。兵力甚厚。卽經譚司令指揮禦敵。其時敵軍最前線在兩路工廠之東蘊藻浜車站、西揚旗、甘家橋、軍工路、糧米站一帶。甘家橋有不少草棚。已被敵兵焚毀。砲火初不甚猛。至下午一時許。復有敵艦三艘。開至助戰。而砲火漸趨劇烈。下午二時許。雙方激戰。較前更爲劇烈。敵軍死傷不少。我軍仍堅守原陣地。兀不爲動

。下午五時許。日兵駕駛卡軍六輛。滿裝洋松板木。及大批蔴繩。運往吳淞。因蘊藻浜大橋及鐵路橋已被我軍炸斷。故用以架搭浮橋。備偷渡蘊藻浜截擊。又據軍部報告云。(一)七日晨有敵艦十餘艘。由白龍港開往吳淞。並有飛機十餘架。由白龍港飛至上海。白龍港僅留敵艦四五艘。(二)七日晨。敵軍第一次用鐵甲車十餘輛。由張華浜方面。向我吳淞進攻。激戰頗烈。當被我軍擊退。(三)下午十二時半。敵軍第二次復用鐵甲車六架。掩護步兵六七百名。向我吳淞猛力衝鋒。正在激戰中。(四)據外人方面消息。日方確於六日晚到有陸軍數千名。並限令七日攻陷吳淞。(五)吳淞方面。敵艦因有英艦兩艘泊在我砲台方面。未敢開砲。祇有敵機數架。向獅子林砲台擲彈。我軍死傷十餘人。

◻閘北奇兵　閘北戰事。因日方注重吳淞。略見和緩。惟八字橋一帶。仍有激戰。正午十二時許。日軍以飛機大砲。向八字橋我軍

防地。猛烈轟擊。同時並以機關槍小鋼砲。連續射擊。於此砲聲機關槍密射之下。日軍卽拚命向我軍衝襲。我軍當亦奮起抗敵。迎頭痛擊。一部份且抄其後方。截擊敵方後路。敵始不支。向後潰退。是役戰約一時許。斃敵甚衆。至午後二時。日軍喘息甫定。復得援軍。又以一千餘衆向八字橋進攻。大砲猛轟。飛機仍在空中助戰。惟我軍以逸待勞。迨日軍進至公興路中柳營路上。卽出奇兵。勇猛應敵。又將敵軍擊潰。惟敵軍兩次進攻。均遭失利。且敵軍作戰者。多數係新來之正式陸軍。故終未肯罷手。復於五時左右。三次進攻我軍。其勢尤較十二時二時兩役爲烈。惟敵軍士氣已餒。當進衝之時。一經我軍還擊。發槍已多。卽現慌急狀態。故終爲我軍逐回敗去。又狄思威路方面。亦有敵軍進攻。惟經我軍應戰後。敵卽退去。故未有激戰。

口華人出險　日寇擄我華人。大都監禁於黃浦碼頭棧房內。公共

租界捕房得悉後。派西捕往該處營救。日兵尙不允釋放。經西捕數度交涉。始釋放一部份。約一百零三人。當由捕房車送楊樹浦利物浦路捕房預備隊駐所收容。以便家族認領。但所救出者。皆已遍體鱗傷。形成半死。據被難者云。吾輩監禁已四五日。祇吃過餅乾三片。每日受日兵用鐵棍毆打。內有一人。因不能受此暴虐。於前日乘隙躍浦。圖謀自殺。不意被一日兵所見。卽將其撈起。並謂自欲溺斃。乃卽置於缸內。以水浸之。現已二天。生命甚爲危險。又據字林報云。上海領事團已推出委員三人。由挪威總領事亞爾爲領袖。其任務在與日當道合作・監督此次日海軍所捕之華人。移交工部局各委員。並不行使司法權力。純係慈善性質。昨已有虹口等處被捕之華人一百十七名。移交公共租界捕房釋放。捕房接收之後。立卽給與飲食及紙烟。若輩情狀至爲悽慘。據捕房巡官言。大多數見巡捕後。第一語。卽詢問「爾等是否來槍斃我輩。果爾。則請立刻

賜死。免再凌遲受罪。」其中多數已三日未食。驚恐萎頓。甚致有給以西牢中取來之稀粥。亦不能食者。平時偃臥於地。聞啟門聲。則驚極突然躍起。捕房接收後。立派醫官診視。有一人病勢極凶險。立卽送往同仁醫院施行手術。又有三人。受子彈傷及刀創。亦分別爲之裹治。據昨夜捕房報告。仍有十一二人。暫留捕房。因受刺刀戳傷甚重。須待今晨加以醫治。其刀創大多數在身旁或臂部。有一小孩。僅三歲。亦受創傷。見醫生爲之敷沃度仿謨。驚極而啼。又匯中西飯店某西崽亦在被釋者中。其人係八日前爲日軍所捕。時猶身着飯店號衣。日軍將其手足細縛六日。腕際繩傷纍纍。又有一華人。在某洋行司賬。因家中藏有萬國商團制服一身。六日前亦在崑山路被捕。兩人見釋後。莫不喜得更生。據被捕者所述。若輩大多數最初拘禁於日本人俱樂部內。嗣卽分押於兩日本人學校中。距今三日前。乘夜移送一駁船內。擠塞艙中。悶飢欲死。昨夜捕房始

將若輩由黃浦碼頭釋出云。據大陸報云。日兵在租界內外所拘之所謂中國便衣隊。昨已有七十九人。移交公共租界捕房。工部局已派定挪威總領事亞爾、工部局律師博良、意人羅斯英、警察法庭副審官瓊思四人爲調查委員團。盤詰此釋回諸華人。工部局之舉派委員團。蓋因各方面之請求。向日當局交涉。索回所拘之華人。以免慘遭槍決。該委員團定於今日盤問諸人。俟詢明姓名職業及被疑之情形後。卽將公布。俾家屬前往認領。諸人且將留影備查云。

■婦孺離滬　日商輪金陵丸。於本月四日下午。滿載日本婦孺百數十名。及大宗行李物件。擬卽駛回日本。當因阻於吳淞戰事。停泊浦江二日夜。始於七日早啟椗開出。據該輪華水手陳某云。彼於六日晚祕密離輪登岸。該輪所儎之日婦孺食糧。均由日軍艦發來。每日減食米飯兩次。不用佐膳菜肴。飯中略撒食鹽而已。每晚七時。有日宣傳員一二人來船演講。詳述當日戰事及本國情況。滬上形

勢。並報告日軍民一日間死亡人數。少則一二百。多則三四百。言下囑全船婦孺肅立。靜默三分鐘。以表哀悼。各婦孺雖均迫於命令。然言談之際。無不怨憤其政府無端黷武。名爲保僑。反使僑民生死不得。離滬時均紛紛痛哭失聲。

▣國府通電　國民政府主席林森、行政院院長汪兆銘、及軍委會各委員。今日致全國將士電云。

特急。各省各總指揮各軍師旅長并轉各將士公鑒。自國民革命軍成立以來。我武裝同志奮其忠勇。以完成中華民國之統一。不幸國內建設尙未就緒。而外侮漸至。現在國家存亡。間不容髮。舍屈服於強隣暴力之下。喪失主權。自辱國體外。則惟有出於積極抵抗之一途。遙望我全體武裝同志。念先烈之締造艱難。哀民生之罹於塗炭。以大無畏之精神。作長期之奮鬬。以紐暴力。而伸正義。保國家之人格。爲民族爭生存。在此一舉矣。數年以來。我武裝同志。因意見參差。所起糾紛。已爲誠意共赴國難之一念消滌無餘。自此以後。生者相與戮力于疆場。則死者定爲歡笑于

九泉。以觀吾國最後之成功也。謹布腹心。其共勉之。國民政府主席林森、行政院院長汪兆銘、軍事委員會委員蔣中正、馮玉祥、張學良、閻錫山、李宗仁、李濟琛、何應欽、朱培德、陳紹寬、陳銘樞、唐生智東印。

二月八日

日軍變更戰略後。傾海陸空軍之全力。猛攻我吳淞。昨日經一晝夜之血戰。總攻既告失敗。今晨拂曉。以原有之兵力。復調六千陸軍。繼續下令攻擊我蘊藻浜之正面。同時派隊繞往紀家橋。企圖偷渡。截斷我後路。經我軍奮勇應戰。斃敵千餘名。蘊藻浜正面之敵。衝鋒達十餘次。我軍與之肉搏。敵死傷無算。並燬其鐵甲車四輛。至閘北方面八字橋西寶興路一帶。亦激戰至烈。西寶興路今午血戰時。我軍佯退。敵深入後。伏兵盡起。斃敵七百餘名。七時後。敵軍又向廣東街虬江路進攻。激戰至十二時後。仍被我軍擊退。

□吳淞血戰 今晨拂曉。日軍繼續向吳淞猛攻。除原有之兵力外。復將續到之大部份陸軍約六千餘名。悉數調往吳淞作戰。海空兩方。以大砲及重量炸彈。投射如雨。陸路則藉鐵甲車及坦克車等利器。衝鋒十數次。然我軍以逸待勞。極爲鎮靜。先後均將其擊退。在朱家浜西面一戰。我軍因閘北援軍開到。左右夾擊。斃敵至千餘人之多。紀家橋方面。日軍於五時許。派兵約七八百名。從鄉間小路。迂迴兜抄。希圖在該處搭架浮橋。偷渡蘊藻浜及泗塘河。截斷我軍後路。並攻擊我軍側面。詎我軍早有所備。俟敵渡河及半。我軍當卽奮勇爭先。出而迎擊。敵兵被我軍擊斃及溺斃者無數。始狼狽敗退。同時日軍又以新到之數千生力陸軍。猛攻蘊藻浜之正面。自拂曉起。至下午五時止。前後衝鋒不下十餘次。我軍以機關槍小鋼砲應戰。激烈時雙方繼以肉搏。我大刀隊運用其神技。日軍犧牲奇重。乃廢然而退。鐵甲車爲我軍所燬者。計有四輛之多。

□閘北砲轟　今日閘北方面戰事。竟日均在劇戰中。砲聲隆隆。終日未斷。晨八時起。日兵在虹口花園發砲。向張華浜及閘北一帶轟炸。我軍間或還擊。但因態度鎮靜。日兵莫測我軍用意。始終未敢進犯一步。至十二時許。日兵約千餘人。突向克明路及西寶興路兩路我軍陣地襲擊。（以此處曾有日兵五六百名。於六日晚一戰中。被我軍包圍。現在圍擊中。）我軍即奮起應戰。日兵先以野砲轟擊。繼以鋼砲、機關槍。並利用手溜彈。向我軍拋擲。乘隙衝鋒。我軍見其來勢兇猛。乃即令全體應戰。並用迫擊砲阻其衝鋒。激戰約二小時。日兵漸覺不支。旋因其援軍開到。乃又重戰。我軍即時向後詐退。日兵竟直衝而進。是時我軍已在電話局相近。淞滬路鐵道兩旁。預有我軍埋伏。故敵兵將進至鐵路時。我軍伏兵四起截擊。同時先退之軍士。即乘勢回攻。於是日兵左右前後又受包圍。截成四處。雖欲急退。勢已不及。當被我軍擊斃七百餘名。亦有被我

包圍。其餘均紛向克明路。從橫浜橋逃命。及日兵後方再來增援。奈大勢已去。已成弩末。至五時許。槍砲聲漸稀。我軍在西寶興路口。固守陣綫。同日八字橋方面。晨九時許。又用野砲、鋼砲，機關槍向我軍射擊。我卽用砲還擊。奮勇迎戰。日軍用鐵甲車衝鋒。先被我軍用炸彈擊退。幾卽齊起追逐。機關槍手溜彈之聲。繼續不斷。當時此衝彼退者屢屢。日兵死傷者四百餘人。旋日兵援軍開到。始得暫支陣地。但已逼近天通庵路處。相戰至下午二時許。日兵仍不支。乃於三時左右。向北四川路方面敗退。同時日兵恐中國軍隊伏於民房內。故將竇樂安路一帶縱火焚燒。

□家破人亡，暴日稱兵。侵犯閘北。居戶生命財產。遭其損害者。爲數不可勝計。實爲空前浩刦。有營藥材業生意之寧波人某甲。今年三十五歲。其眷屬所住地點。在閘北寶山路。適當戰區目的地。甲於本月三日隻身返閘北探望其家。得悉全家人口。盡死非命。

因而神經感受刺激。頓發痴癲。罔知適從。於是日下午。至法租界黃浦灘招商金利源十三號碼頭投浦自盡。當由附近舟子見而趕上。設法救起。因身上所穿衣服。內外濕透。身體抖縮不堪。卽送至停泊八號碼頭長江班江順輪船鍋爐間內烘救。向詢姓名、年歲、職業、住址與所執業店號。以備救濟。奈甲因神經已失知覺。祇回答年歲、職業。其餘所言。皆答非所問。旋竟撲上燒紅之鐵板。致遍身燙傷。當時經人拖下。尙以爲傷無大碍。仍任其睡臥船上鍋爐間傍。終因火毒攻心。延至六日下午二時身死。由在傍陪伴之小工南京人陳金生報告法捕房。將屍體舁入同仁輔元分堂驗屍所。查無家屬。於今日上午報請第二特院丁仕奎檢察官蒞所。驗明死者委係生前燙傷身死。經證人陳金生供證當時目見情形一過。官諭屍身交同仁輔元堂收殮。旋由捕房將屍拍照。由堂收殮埋葬。同日滬西曹家渡豐田紗廠工人。因廢歷年底。向廠方要求發給工資。詎爲駐廠之日

陸戰隊所毆擊。發生爭吵。有工房中之江北人。因呼喊而被陸戰隊捕去男女十三人。均被毆死。計男九女四。旋陸戰隊調去。而廠方乃報告我國六區警署。遂命地保王松生報地方法院檢驗。由沈檢察官等蒞場。驗得該屍等或係槍殺。或係刀斃。情形甚慘。當命地保如無家屬。則由善堂給棺收殮。又據新由閘北姚家宅川公路逃出難民姚崔氏語國民社記者云。其夫姚根生。本地人。業水門汀工。三日下午三時。日軍用大砲轟擊。頃刻房屋起火延燒。姚崔氏隻身攜兩男孩向北逃。適被日兵瞥見。開槍中婦右足。彈自前膝下打進。由足灣穿出。頓時血流如注。痛不能動。其七歲男孩隨此衝散。祇忍痛手懷嬰孩。再逃至寶興路火燒場旁。露宿五晝夜。粒米未進。今日下午三時。始由中國紅十字會救護車送西藏路時疫醫院療治。語時放聲大哭。又北四川路儉德公寓。前數日爲日本浪人子女避難之所。我同胞在附近被執者。多送至公寓中。細以繩。背壁立。然

後授小賊等以利刃。令向我同胞拋去。以為游戲。謂為練習瞄準。並以壯小賊輩之膽。如詢被獲者為粵人。則以刀尖在我同胞面部刺以「廣東」二字。我同胞被獲者。多為刺死。如不死者。則將其頭顱割下。置花盆中。現儉德公寓花盆架中。我同胞之頭顱纍纍。似此慘無人道之獸行。實天理所不容也。

■市府通告　市政府今日通告各國總領。以日軍利用租界為根據地。此後損害外僑生命財產。我國政府不負任何責任。其函云。

逕啓者。查關於租界當局。容許或不制止日本軍隊。利用租界區域。為攻擊中國軍隊之根據地一節。本市長節經向公共租界工部局。提出嚴重抗議。並聲明所有因此而發生之一切責任。應全由租界當局負担在案。惟租界當局。雖明知日本軍隊之上述行為。足以破壞租界中立。及危害本國人民之生命財產。迄今尚未採取任何有效辦法。加以制止。本市長不得不請貴總領事及其他各國總領事。嚴飭該工部局。即予採取有效辦法。以制止日本軍隊上述行為。同時鄭重聲明。如本國軍隊為自衛起

見。對於租界爲根據地之日本軍隊。施以攻擊時。各國僑民之生命財產。受有損害情事。本國政府。概不負任何責任。除分函外。相應函達。請煩查照爲荷。此至各國駐劄上海總領事。

■商會抗議　市商會今日函公共租界工部局。抗議日方獨負責任其函云。

逕啓者。此次日軍在閘北挑起戰釁。以公共租界爲作戰根據地。貴局不加阻止。致釀上海自通商以來未有之慘劇。實堪浩歎。查公共租界既非一國所得專轄。故其責任爲連帶的。日本固有侵犯中立之責任。而各國亦有決視其侵犯而不予制止之責任。前見貴局復吳市長函。諉爲應由日本獨負其責任。此種論點。在法理上絕對未能予以同意者也。敝會玆所欲論列者。卽爲貴局在界外所築之馬路。如江灣路等。竟任日軍大隊聚集。設立司令部。其中如該路之靶子場。地勢高聳。尤可利用爲砲兵陣地。以圖延長戰禍。其貽害於中外商業者。決非淺鮮。敝會以爲國際軍隊現已陸續到齊。實力雄厚。貴局欲維持其向來之尊嚴與地位。以恢復爲日軍蹂躪之權力。

此其時矣。應請將凡保貴局界外築路地方。如江灣路狄思威路地方。一律由貴國商請新近開到滬上之國際軍隊。暫爲分別接防。以資保障和平。此卽各友邦所以派遣軍隊來滬之本旨也。

二月九日

今日吳淞方面戰事。日兵自經二次進攻失敗後。已無餘勇。故除於晨間曾一度由糧米棧進襲。爲我軍擊退後。轉入沉悶。同時張華浜糧米棧內之日兵。被我軍由蘊藻浜南進攻。有包抄之勢。故於下午三時許。在陸家觀音堂軍工路滬江大學附近一帶。堆置防禦物。掘築戰壕。似因連日進攻失敗。又將改變其所謂戰略。

◻日軍偷渡　日兵傾全力進攻吳淞。先後連敗二次後。今晨五時許。又圖偷渡蘊藻浜。冀登吳淞鎮河岸。當時日兵除由後方增援軍工路外。又用小輪拖帶駁船一艘。載有陸戰軍二百餘名。沿浦江在

張華浜碼頭登岸。向蘊藻浜站我軍陣地猛攻。日艦及糧米棧內日兵。同時用砲向我軍後方及砲台轟擊。我砲台連續還擊。同時沿蘊藻浜南岸之我軍。奮勇挺進。在我砲彈掩護之下。向張華浜糧米棧進攻。敵軍不支。旋卽潰退。當時日兵正在偷渡。因受我方砲火壓迫。落浦而死者二三十名。傷亡者五十餘人。餘均敗退至糧米棧。刻下該棧內日兵。已幾在我軍包圍中。吳淞鎭已成焦土。砲台上我軍當敵軍由軍艦偷渡。以大砲掩護登岸時。無不奮勇作戰。甚有手足被折。仍不願退休。繼續發砲者。我軍之忠勇。可見一斑。日兵偷渡。旣告失敗。似知圖襲我軍防綫。已無希望。且旬日來損失實力不貲。乃於下午三時許。將鐵甲車十八輛。卡車八十餘輛。全部向陸家觀音堂軍工路退却。在滬江大學附近一帶。重堆防禦物。並掘築戰壕。似防我軍追擊。而有待援之勢。故自下午起。未有戰事。惟雙方砲轟。繼續不斷。

■日機墜落　今日上午。有敵軍飛機一架。因機器損壞。墮落於離瀏河七里之處。內有日人三名。有兩人當時斃命。另一人受重傷。又蘊藻浜軍工路。上午十一時半。有日人駕駛戰鬥機。在軍工路公大紗廠屋面盤旋。一時不愼。觸撞該廠六弄一二兩號屋頂。頃刻飛機墮落。炸彈暴裂。響聲震天。濃烟四起。駕駛機師二人斃命。並傷我國兩工人。一傷頭部一傷右臂。然非要害。

■戰地考察　敵軍出全力進攻吳淞。我軍憑蘊藻浜及泗塘河之天險。堅守抵抗。雙方激戰二日。敵頗多死傷。卒無絲毫進展。申報記者爲明瞭雙方戰况起見。於今日上午八時。冒險由楊樹浦出發。經黃興路步行至江灣。復循淞滬鐵路東行。沿途見逃難者頗多。扶老攜幼。狀極可憐。九時半許。至胡家莊。該處係在吳淞張華浜之西。距火綫已近。並未聞有槍砲聲。後詢之方自戰地逃出之公安局七區一所。張華浜派出所警士。（該所在軍工路七號爲敵軍佔據）得

悉敵軍於七日下午四時許。派大隊敵兵。進攻永安紗廠西南之黃泥塘。但結果仍不利。下午七時許。沿南泗塘河之黑橋、侯家浜、徐家灣、趙家浜、甯家宅等地之敵。復向我軍猛攻。但結果仍被我軍擊退。是役我軍曾有保衛團亦加入作戰。並因防地甚爲空虛。故由江灣方面調大隊生力軍。至該方面增援。雙方激戰。至九時許。全線卽行休戰。八日七時許。雖蘊藻浜方面復起槍砲聲。但係前線哨兵接觸。不久卽行寂然。又據張華浜方面逃出之難民稱。蘊藻浜車站後面之楊家宅。已完全毀於砲火。張華浜車站鐵路第六小學。及附近民房。均日兵佔住該處。未及逃出之鄉民男女。前日均被日兵拉去。搬運軍用物品。女子則强迫替敵軍煑飯。

口閘北平和　閘北方面。今日上下午。均無激烈戰事。僅於上午十時許。敵軍飛機飛來投擲炸彈時。敵軍在江灣路方面。不時以大砲協助飛機轟擊。以致八字橋及天通庵路等處起火。我軍除沉着固

守防線外。同時並用高射砲擊敵軍飛機。當被擊落一架。隨後敵機又飛往眞茹擲彈。亦被我軍擊落一架。敵機被我擊退後。敵軍雖不時以大砲及機槍向我陣地射擊。但不甚激烈。同時亦因我軍防守甚密。未敢向我衝鋒。惟至晚間九時後。敵軍又用大砲頻頻攻擊。故砲聲甚密。但我軍仍不爲動。

■德人評論　今日有德國軍事專家多人。親赴前線視察。對於華軍之戰略。甚爲讚美。據云外間每稱華軍體力甚弱。實際乃不然。華軍曾以望遠鏡瞭望。親見一華人。能與數日兵肉搏。而其結果。日兵輒不敵。又華人發彈甚經濟。彈無虛發。日兵則不然。恃其軍火之充足。濫發子彈。並無準的。華軍極富於作戰能力。可作長時間之困鬬。自歐戰迄今。未見有如是能戰之軍隊。該德軍事家等又謂。日軍槍械甚利。最適宜於示威。或虛張聲勢之用。惟作戰時。殊不見高明。其步槍機關槍之使用。不及華軍純熟。擲手溜彈更不及華

軍。

■四屍一棺　自一月二十八夜日方不宣而戰。迄今已歷旬餘。槍砲之聲。晝夜未嘗稍息。敵軍每戰輒北。兵士傷亡過半。陣地所陳屍體。彼必設法取去。先以卡車運至匯山碼頭日輪船內。市薄棺殮之。惟以每日死亡數鉅。故不能一屍一棺。聞最少每棺須置兩屍。甚有一棺而四屍者。該項棺柩初暫厝於浦東日商貨棧。待有倭船回國。始躉批裝去。至日兵與日本便衣隊則自戰事起後。每日任意屠殺我國毫無抵抗能力之良民。彼爲毀屍滅跡計。故一經殺戮。隨即取去。此項屍體。多被以船運到洋面。拋諸海中。葬身魚腹。

■蔣蔡通電　今日十九路軍長官發表通電云。

自上月儉夜暴日攻擊上海。我爲自衛計。以武力抵抗。血戰經旬。暴日竭海陸空之力。與我搏戰。死傷枕藉。卒不得逞。我軍擒獲擊落日鐵甲車飛機甚多。光鼐等激於自衛之神聖義務。且信國際間終有正義公道可憑。官兵忠勇。有死無退。海內外

同胞同志。痛心於民族國家之危難。祈一致奮起。予以精神物質的援助。不勝感紉。蔣光鼐、蔡廷楷、戴戟叩陽印。

又十九路軍總指揮蔣光鼐。關於中日戰事。發表談話如下。

當歐戰結束時。全世界渴望和平。一方面痛心疾首於戰時所受生命財產之損失。一方面希望世界各國之根本 悟。故國際聯盟成立之始。聞者莫不雀躍。以爲和平基礎。於此可期。美國政府復有華盛頓會議之召集。無非欲達到世界眞正和平之目的。迨九國條約簽訂。而舉世公認爲不獨中國主權得有保障。且爲世界和平之先聲。及凱洛克非戰公約成。而和平之希望愈大。我國本向來酷愛和平之主旨。爲簽訂上述公約之一國。不獨嚴守公約之條文。且尊重公約之精神。此皆舉世所共見者也。可惜者。中國和平之善意。爲鄰國日本所不諒。一再侵犯我主權。即一再違背國際之協定。我人於此。不禁回憶歐戰之慘狀。如在目前。然中國固以保守世界和平爲職志。故對於日本破壞世界和平之舉。斷所不容。用特舉國一心。竭其全力。以維護現被摧毀之國際公約。蓋保障我國家。即所以維持世界之和平耳。成敗利鈍。非

所計也。

□各公團電　上海各公團今日電請各國主持公道。迅採有效方法以保世界和平。其電云。

此次日本向中國不宣而戰。完全蔑視國聯規約、非戰條約、及九國公約。突然侵佔滿洲。世界輿論。視同無物。猶以爲未足。更進而對上海橫施暴行。積極施其侵略。置國聯議決各案於不顧。關於駐滬日領提出四項要求。上海市長已於一月二十八日下午完全承認。該日領且已表示滿意。乃是晚十一點二十五分。駐滬日海軍司令。忽又通知中國當道。要求撤退閘北駐軍。旋於三十五分鐘以內。即動員進佔華界土地。此中國軍隊所以爲自衛計。不得不竭全力。與日海軍陸戰隊及其一切武裝人員相周旋也。日軍計畫既不得逞。乃續調援軍。由公共租界登陸。復利用租界爲進攻中國軍隊之根據地。連日用飛機拋擲炸彈。焚燬房屋。並縱使居留日民。對於中國徒手市民婦孺。橫加殘殺。實行種種慘無人道之舉動。此種飛機襲擊。百詞不足以盡其祟。雪西爾爵士嘗目爲最野蠻之戰爭方法。其結果不過將繁盛市區。全部焚

燬。市民之生命財產。悉供犧牲。數萬非戰鬥之無辜良民。無家可歸。而上海全市之工商業。因之停頓。八十年來共同建設的經濟組織。遂陷於恐怖之狀態。日本此種舉動。顯欲擴大時局之嚴重。一方面希圖震懾上海方面之華人。與滿洲天津青島福州汕頭等處。受同樣恐慌。使中國易於屈服。一方面則欲在中國之北部及中部。獲得優越之地位。壓倒其他列強各國。最近上海事變。實導源於日本之進佔滿洲。故若視上海爲地方問題。欲其單獨結束。而不謀因侵佔滿洲而起全部之解決。則一切努力。必歸失敗。其結果日本必更肆無忌憚。而在中國其他各處。繼續實施同類之暴行焉。查日本侵佔滿洲。適值國聯舉行大會。其進攻黑省。直達齊齊哈爾。適在國聯通過第二條議決案之時。其計劃佔據錦州。（中國在滿洲最後之行政機關）又適當國聯對於本案通過第三條議決案。今復加上海以暴行。亦在國聯派遣調查團之後。日本之不顧世界輿論。蔑視國聯。蓋已彰彰明甚。中國政府與人民。對於國聯規約、非戰條約、及九國公約。始終表示信任。希其終能解決國際糾紛。今日本一再侵凌不已。完竟簽訂以上條約之各國。對於日本之違約失信。是否表具同情。

對於國際條約之威嚴。是否任其掃地以盡。此吾人所不得不質問者也。吾人深信貴國政府。對於中國人民之幸福。非常關心。用特誠懇請求貴國政府。會同其他三友邦。堅持已提出之五條調停案。以便解決中日間之危機。須知日本一日佔據滿洲。卽一日爲世界和平之大障礙。且將危及其他各國之安全。此所以列強一再善意調停。日本每過事張皇。而目爲干涉。吾人深望貴國政府。會同其他簽約國。爲遠東永久和平計。勸告日政府尊重其所立之條約。萬一日本不能接受勸告。則請毅然聯合三友邦。及其他簽約國。實施經濟絕交。或其他迅速有效之方法。以謀世界和平。否則條約尊嚴。無從保障。公道正義。無從維持。國聯規約、非戰條約、及九國公約。皆將爲天下所非笑。國際情形。益臻危急。勢必陷全世界不可收拾之地位矣。全國商會聯合會、上海市商會、國際商業總會中國分會、上海銀行公會、上海錢業公會、紗廠聯合會、大學聯合會、上海總工會、航業公會、交易所聯合會。

□國聯報告　國聯上海調查團係由英、法、德、西班牙、挪威各國總領事組織而成。以意大利代辦齊亞諾爲主席。國聯會運輸暨交

通股主任哈斯爲祕書長。至美國總領事克銀漢曾參加調查團最後一次會議。并閱悉調查團第一次報告書。此項報告書。係本月六日用電報遞送國聯會。今日在日內瓦正式發表。其原文云。

本團受國聯會祕書長之委任。對於上海及其附近所發生之事變。提出報告書。茲以自行搜集之消息爲根據。作成第一次報告書。其中所言各節。勢須加以引伸。或就細目加以修正。即此後所生事變。亦須另行報告。美國總領事克銀漢對於本團工作。曾加以襄助。本團任務。係將上海及其附近所生事變之原因事實及進展情形。提出報告書。

抵制日本貨物之事。始於一九三一年七月。係由朝鮮事件而起。厥後滿洲被佔。而抵制日貨之事因之加甚。并嚴切執行。日本商務因而感受極大損害。

抵貨運動。係由抗日抵貨會予以鼓勵。而中國各種商業團體參加其組織。分爲糾察商店、扣留日貨、罰款、拘禁、（此層對於購用或販賣日本貨物之華人而設）及其他非法行爲。受之者雖欲求直于法院而不可得。此日本人敵視華人之苦惱思想所由

生。厥後中國學生舉行示威。并要求向日宣戰。致使中國人心對於日本愈益不滿。而若干暴烈行爲。即在此極度緊張之情狀下。而時有發生。此外中國人對於日本天皇。亦有失敬之處。日本人大爲憤怒。乃愈益要求該國政府採取直接行動。俾彼等所處不堪容忍之地位得以平息。

一月十八日。有日本人五名。中有僧人在內。在三友實業社製造廠經過。爲中國人所狙擊。中國人中有數人大約係最近組織之抗日義勇隊隊員。中國警察到時甚晚。行兇者未及逮捕。被狙擊之日本人有兩名受重傷。僧人一名旋即因傷殞命。

一月二十日。有日本人約五十名。均爲「青年保護團」團員。手持匕首及棍棒。前往三友實業社製造廠縱火焚燒廠舍。伊等臨去時。曾與公共租界工部局警察發生衝突。中國警察三人受傷。其中一人因傷致死。日本人三名爲中國警察之槍彈所傷。其中一名旋即殞命。同日日本人在日本俱樂部開居留民大會。對於日本僧人被狙擊。以及報紙對日皇失敬事提出抗議。當即通過決議案。要求日本政府遣派軍艦及軍隊。以便完全消滅抗日運動。日本人示威者半數往見日本總領事。隨至日本海軍司

令部呈遞前項決議案。日本總領事請示威者將此事交由渠辦理。此時示威者羣赴日海軍司令部。中途與租界警察發生衝突。巡長受傷一人。日本官吏曾向租界當局道歉。有日本人七名自行向日本當局投到。經押送長崎審訊。以便按照日本法律懲治。同日下午日本總領事因一月十九日事件。向上海市政府秘書長提出下列各項要求。（一）市長正式道歉。（二）立即逮捕兇犯。（三）損害賠償及醫藥費。（四）抗日運動應以適當手段取締之。（五）所有鼓勵敵視日本鼓勵暴動及鼓勵排日各項團體應予解散。

一月二十一日上午。上海市長答覆日本總領事。謂前三項要求。準備加以考慮。至其他各項因有困難。未能予以滿意。日本海軍司令官旋即以公佈一件交報館發表。謂上海市長對于日本人若非予以滿意答復。並將要求各項立即實行。則海軍司令官決採相當手段。以保護日本帝國之權利利益。此項公佈並抄送公共租界當局及上海市公安局。

一月二十四日。日本海軍援兵開抵吳淞口外。同時風傳閘北中國軍隊亦已增援。是

日日本總領事通知上海市長。謂渠若不于相當時期之內接到答復。或答復不能滿意。則日本政府保留依照情形採取必要行動之權。爾時上海市長業向中立各國代表聲明。準備作最大讓步。藉以避免衝突。並努力勸告各界領袖。俾其取銷抗日抵貨會。又以「抗日」二字被日人認爲侮辱日本國家。卽對于其他團體名稱。有用「抗日」字樣者亦擬予以刪去。結果抗日抵貨會被封。其辦事處皆于一月二十七至二十八日夜間由中國警察一一封鎖。

一月二十五日。日本總領事知會上海市長。謂彼雖不限定時間。但欲于二十八日接獲答覆案之概要。

一月二十七日。日本總領事通知上海市長。謂次日下午六時。彼之要求當得一滿意之答復。否則日本人將採取其所認爲必要之手段。以實現其要求。

一月二十八日上午七點半。日本海軍司令照會他國防守司令。謂中國方面如無滿意答復。伊欲于次晨有所舉動。工部局隨于上午開會議。決定從下午四時起。宣布租界入于緊急狀態。此舉係工部局所自爲。不曾知照各國將領。欲使預備各自防守其

地段。同日下午尚早之時。上海市長答復日總領事。完全承認其要求。下午四時。日總領事告領事團。謂已接到復文。並稱該復文完全滿意。又稱。須看上海市長能否實行其所承認之事。但又謂所要求之事。大都已予實行。暫時不再取何舉動。乃外交局面雖有此變動。衆人之心。則以爲日本海軍當局決定無論如何。欲有所舉動日本報界聯合會所發煽動人心之新聞。謂中國無意實行其約言。並謂中國人士。預備攻擊日人。又逆料中國方面因反對市長之承認要求。或起叛亂。爲以上種種之故。在各國防軍委員會之心目中。以爲緊急布告。宜實行爲善。因此下午四時實行戒嚴。有當指出者。公共租界之防軍委員會。乃各國嚴守將領所組成。外加工部局之總董。巡捕房之總巡。商團之司令。以防守司令中最尊者爲主席。此人于各國防軍各防地段。應如何詳細辦理。並無以爲有指示之權。僅分派地段。聯絡辦理佈置防守之大計而已。英美兩軍于宣布戒嚴之後。卽開往所駐地點。意大利軍隊于廿九日開到防地。日軍之一段。爲租界東北全境。西以北河南路爲界。從防守委員會眼光觀之。亦包括租界以外一段地方。西以北江西路及吳淞鐵路爲界。北以虹口公園之

北面爲界。其東則連成一線。大部分爲虹口公園之東北角。連至哈爾濱巡捕房。日人住在虹口公園一帶者不少。該園與北四川路狄思威路雖在租界之外。却是租界之產業。平時由工部局派捕巡守。中國當局于夜間十一點發生事件以前。似乎於界外日軍一段之事。未接到關照。初行戒嚴之時。日軍亦未駐防至界外之一段。然須日本水兵往時常在工部局路上以上地段駐兵防守。以保護其僑民。而其海軍司令部亦設于該段之盡端。

是晚十一時。日本海軍司令部發布告兩道。並將副本送致上海市長。市長謂于十一點廿五分方接得之。布告之一。提及戒嚴。並謂日本海軍對于閘北情形。極覺憂慮。該處日僑衆多。已決定派兵到該段。以行其法律與秩序。因此。望中國當局從速將駐在閘北之兵。退往鐵路以西。撤除該地之佈防。其別一布告。謂派與日兵保護租界秩序之一段。凡須實行戒嚴上之事務者。將皆履行之等語。日本水兵以及武裝平民。先已在海軍陸戰隊司令部召集者。沿北四川路而進。西趨靶子路。直到北河南路。沿途在弄口分派隊伍。至中夜。信號一發。所派隊伍。即向西北趨進。鐵路

方面最後一隊。約有水兵一百。開一裝甲汽車。欲在北河南路之底分界處。越過大門。爲上海商團所阻。因門在該團所守之處。此門可通鐵路。中國軍隊初未從日海軍司令退兵之要求。且卽令決定自退。亦不能於其短時期內。將該段中國軍隊實行撤退。以前數日所釀成之時局。亦須顧及。蓋將使中國當局。自日本海軍當局所行之辦法。爲其較大之軍事行動之一部分。日本水兵。嗣遇中國正式軍隊之抵抗。日本軍隊開至鐵路綫南之寶山路。但未能更至該處之南。

其路線在鐵路以東。迤北河南路北四川路之邊界。日軍爲中國裝貨火車所創。該火車乃以車站出發。巡行於吳淞鐵路上。後避于東棧內。該路爲中國軍隊防守堅固。因此日軍于一月廿九日。在車站放炸彈。用飛機毀壞火車路。寶山路其他房屋。亦被放火。用發火之炸彈燒之。大概信爲故意爲之。以減去窺得日軍陣線之要地。死傷雖不可知。但生命損失。當頗不少。上海市長因日軍之舉動。向領事團提抗議。日本則謂此次舉動與所提要求之事無關。要求先已承認。所以如此。乃爲保護所欲佔據之地之一段內之日人。日本當局又稱。所取舉動。卽遇中國武力抵抗。且爲日

本當局自負完全責任者。乃在其所派界限之內。如屬必要之時。爲租界防務計畫之所許行。二十九日之大軍。戰爭進而不息。二十九日下午。因上海市長之請。英美兩總領事設法致成暫和局面。以夜間九時爲始。此暫和之策。僅彼此同意。勿再發放槍砲而已。

一月三十一日。日總領事日本海軍司令官上海市長中國當地司令官。在英美兩總領事房間。會晤一次。商定應由日總領事向其本國政府提出一法。使日軍退出該處陣線。倘日府答復不應。則中國方面亦當呈報中國政府。在未接最後答復之前。雙方商允非對方先開火。則不得自行開火云。會長薛亞諸伯哥署名。（意總領事）

二月十日

日軍二度總攻吳淞失敗後。靜待增援陸軍開到。再作大舉。今日。吳淞閘北兩處戰況。俱較和緩。惟日艦九艘。昨午一時起。在三夾水洋面。以重砲轟擊吳淞砲臺。我軍應戰甚力。四時始止。陸路

方面。昨晨二時日軍數百。偷渡蘊藻浜。被我全部殲滅。上午九時。敵復沿軍工路進攻。經我軍抄襲其後方。敵始潰退。閘北日間甚爲沉寂。晚七時後。敵大隊在猛烈砲火掩護下。由福生路衝攻我寶山路防線。激戰至八時五十分。敵不支敗退。我軍乘勝追擊。陣線進展至虬江路北四川路口。敵飛機。仍四出擲彈偵察。上午十一時。在青雲橋被擊落一架。日機師二人均殞命。

□吳淞三敗　吳淞方面日兵。昨仍在蘊藻浜。再試偷渡。結果又復失敗。繼由陸軍進攻。亦未得逞。午後因亦未來進攻。日飛機續在吳淞砲台投擲炸彈。但均未中的。雙方砲轟。至下午四時漸平。我軍仍固守砲台。而據吳淞公安七區一所長曾可光云。今晨黎明時。敵利用曉色蒼茫。竟復派兵數百名。在依周塘角南草菴前面。乘民船偷渡蘊藻浜。當被我軍發覺。隔河用機關槍掃射。敵兵不死於槍彈。卽溺於水。無一生還。在黑橋南徐家灣等一帶。敵軍復不時

向我軍進攻。雙方陣線。並無變化。吳淞全鎭房屋。十九已成焦土。寶山方面。尙稱寧靖。該處居民。早已遷移一空。寶山縣政府、公安局、建設局、冊單局、款產處等各機關。業已遷至羅店鎭辦公。另一報告。上午十時許。日軍又由軍工路抽調一大部份陸軍。向蘊藻浜方面偷襲。利用重礮掩護。猛向我軍衝鋒。我軍亦藉礮臺大礮掩護。奮勇迎擊。雙方卽在蘊藻浜車站南軍工路上野戰。我軍左右兩翼甚爲活動。從敵軍後方推進。敵軍恐受包圍。乃急向後敗退。同時敵軍正面亦被我軍擊散。我軍卽在軍工路原陣地固守。此役日兵死傷二百餘人。至海軍方面。下午一時起。敵艦九艘。在吳淞口向吾砲臺開砲轟擊。甚爲猛烈。吾軍亦發砲還擊。直至三時半左右始息。

□閘北進展　閘北方面戰事中心。已由北四川路一帶移往虹口公園附近。戰事要區。大部份東起狄思威路。沿江灣路。經天通菴路

、青雲路。北達體育會路爲終點。敵軍大部份。集中於虹口公園。在虹口公園之西面轉角處。敵軍配有野戰礮數門。鐵甲車及騎兵等。亦多集中於此。今日雙方除以遠距離之礮戰。及敵軍以飛機向我襲擊外。上午九時許。在江灣路體育會路附近。及虹口公園西北角之露天游泳池後面。中日兩軍。發生戰事。日軍以鐵甲車兩輛。及士兵等數百名。激戰歷一小時。日軍不支而退。鐵甲汽車。於急馳圖逃時。因我方砲火猛烈。有一輛馳落壕溝中。前部損壞。車輛不能移動。乃爲我軍砲火所毀。并斃敵兵數十名。輕重傷者。亦不下數十人。七時後。大隊日軍在砲火掩護下。又由福生路向寶山路我軍防綫進攻。我軍待其迫近。卽以機關槍掃射。戰約一小時半。日軍死傷枕藉。始不支而退。我軍乘勝追擊。防綫進展至虬江路北四川路口。同時在寶山路以北至虬江路間一帶房屋。中彈焚燒。火光燭天。至十一時。始漸熄滅。

■敵機脫逃　今晨八時。有日機五架。飛來閘北天空。未一刻鐘。又由浦東方面飛來四架。環繞起落。盡情偵察我青雲路及滬西沿鐵路防綫。可三刻鐘後。大部東去。留閘北祇兩機。旋該兩機由南市飛轉。即在閘北。開始擲彈。大半均落於江灣與八字橋方面。當飛機之來。沿寶山路一帶。即起砲聲與機關槍聲。我方亦還擊。至十時三十分。日機在青雲路天空擲彈。我空軍當由楊隊長駕起大號戰鬥機一架。凌雲應戰。此時日機因仍在亂擲炸彈。故飛行甚低。我方飛機。乃飛高於日機之上。用機關槍向下掃射。交戰約二十分鐘。日機不支。向東疾駛圖遁。惟中有一架。業已受傷。當即下墮於青雲路南堍。時日機師二人。一已斃命。一則僅折斷一足。故猶握手槍向我軍射擊。作最後之掙扎。當經我軍還擊。將其擊斃。其餘四架。則均逃入租界。

■粵機出發　粵航空隊長丁紀徐。十日晨十時。率全隊飛機出發

援滬。各要人及市民到大沙頭歡送者極衆。起航後。全市萬人。空巷出外歡送。並燃串砲。情形極壯烈。留粵各機亦凌空歡送。散發歡送歌云。航空救國。還我山河。殺敵致果。齊唱凱歌。丁臨行致決別函與張惠長、凌光銳。具必死之念。身後事請照料。陳濟棠對每機師贈一手表。各機師均轉贈愛人。以示無還心。

▣號哭震天　據某外商輪水手云。日商輪長崎丸前日進口後。因日兵死亡太多。屍身山積。亟須運回日本。由日司令部命令該輪裝僟。故於九日下午。由大批卡車滿裝死亡日兵屍身。每車約有六七十名。直至晚間始行運畢。共計約有二千之多。將屍裝入船中。即用大宗白鹽白糖撒於屍上。一面並放冷氣。以免腐爛發臭。迨至今日上午九時許。該輪啓椗出口。同日據某國當局之機要繙譯員。述及此次敵軍犧牲一斑。略謂某國當局據一日籍友人云。頃接日本家函。謂自連日日軍慘敗消息。傳到東瀛後。人心恐慌。達於極點。

加之國內報紙。所載戰事消息。亦完全自認蒙受重大犧牲。於是全國滿呈恐怖現象。而以參加作戰之官兵家屬爲最。老哭幼啼。妻號子泣。大有岌岌不可終日之勢。悉怨恨日軍閥之窮兵黷武。師出無名也。聞前數日有日運輸艦一艘。滿載陣亡將士屍身返日。船未抵埠時。碼頭附近早立有日官兵家屬萬餘人。一見艦至。立時哭聲震天。甚至有一見屍身。家屬竟投海身殉者。不可勝數。亦云慘矣。

◘領空主權　市政府前接美總領事克銀漢來函。請轉知中國軍事當局停止軍用飛機在租界上飛行。市府當卽函復。略謂租界內領空主權。本我國所固有。且從未放棄。故不能受任何之干涉云。茲錄市政府之復文云。

逕啓者。頃准貴總領事二月八日大函。以日本軍用飛機在租界上飛行採視。與示威與戰鬬等作用。危及租界內生命財產。將轉告日本海陸軍當局停止此種行動。並請轉達中國海陸軍當局停止軍用飛機在租界上飛行。至爲公荷等因。准此。査租界內

領空主權。本我國所固有。且向來並未放棄。故我國飛機之在租界上飛行。自不能受任何之干涉。惟本市長對于全市內人民生命財產之安全。亦彌深關切。自當體諒來函意見。轉達本國軍事當局斟酌辦理。抑尤有應鄭重聲明者。如租界當局容許或不制止日本飛機。繼續在租界上飛行或通過。則我國軍隊爲自衛計。向之射擊時。所發生之一切結果。本國政府不能負責。相應函復查照。

□中央慰勉　今日國府電獎我軍忠勇。原電云。

急陳委員眞如。蔣總指揮光鼐。蔡軍長廷楷。戴警備司令戟勛鑒。並轉十九路軍及淞滬抗日各師旅團長司令全體官兵均鑒。陳委員歌電轉來蔣總指揮等各電巳悉。該總指揮捍衛禦侮。忠勇無比。愛國深衷。尤堪嘉慰。望本茲赤誠。益加惕厲。必能樹建殊勛。早紓國難也。國民政府佳印。

又中央執行委員會自洛陽致電吳市長。轉捍衛上海全體武裝同志云。

暴日侵佔東三省嚇吾政府誓不簽訂辱國條件。又以砲艦陸戰隊威脅上海。幸賴我駐

守各軍暨援軍奮勇抵抗。忠義之氣。照耀天日。旬日以來。陸路空中暨各要塞方面。迭告勝利。敵受重創。寸土尺地。並無失陷。吾將士爲國家作正當防衛。爲世界維持和平。允爲全國全球所矜式。中央念各軍將士十分勞苦。特電慰勉。

□民衆抗議　暴日侵滬。藉公共租界爲護符。而工部局亦失却中立性質之地位。滬上三百萬民衆。憤激異常。連日以各公團代表名義。致函上海各團體救國際合會。請求該會代表全體民衆。對工部局提出抗議者。日有數起。該聯合會乃於前日召開代表大會。一致決議本民衆自決之精神。由該會八十一團體代表上海三百萬民衆。對工部局直接提出抗議。以爲最後之忠告。如工部局不予接受。當予圖自救之辦法。原文如下。

敬啓者。上海工部局。爲世界各國住民共同組織之團體。如會員國中。有一國國民有破壞工部局安寧秩序之行動時。則工部局當行使其職權。或以道德之方法。或以勢力的方法。矯正此種不守秩序破壞社會之行爲。絕不能推諉。更不能袖手旁觀。

今次暴日利用公共租界爲其軍隊之根據地。連日進攻華方。均由租界出發。敗後仍遁入租界。使中國軍隊。不能自由掃蕩其暴力。市內秩序。亦無法恢復。中外居民之損失。固無論矣。而工部局團體之組織秩序。亦根本破壞無遺。我滬上三百萬居民。直接間接所受之損害尤大。玆由本會八十餘團體代表上海市民三百萬人特向貴處提示最後之抗議如下。（一）公共租界所駐軍隊應限于中立國。其態度祇能防護界內治安。不能向界外施行攻擊。所爲軍事行動之日軍。應即日掃數驅出。（二）以後日兵來華。決不能容許其再在楊樹浦方面之租界內登陸。敗退後亦不能退避于租界。以上兩項務望即日實行。幷請迅發爲荷。此致貴工部局貴領事團公鑒。上海各團體救國聯合會代表上海市商會、銀行公會、總工會、各大學教育聯合會、納稅華人會、律師公會、國民救國會、上海地方維持會、學生聯合會、憲政促成會、民治協會、婦女大同盟等八十餘團體暨三百萬居民同啓。

二月十一日

今日各地戰綫。吳淞略有砲聲。其餘各地較爲和緩。但日本飛機。則大爲活動。到處拋擲炸彈。威脅及於兩租界。損害最甚者。厥爲永安第三紗廠。茲將各情分誌如次。

□吳淞和緩　今日吳淞方面戰雲和緩。日艦於晨間七時許。以五英寸口徑小鋼砲。由遠距離之地點。向吳淞轟擊。計開三十餘砲。我方因無若何損失。故未開砲還擊。以免虛耗彈藥。至十一時三十分。日陸軍復以開花砲四門。向我軍射擊。我軍略事應付。敵軍遂部停砲。至正午。砲聲遂息。惟盤據吳淞蘊藻浜南鐵路總工廠之日軍。則仍於晨八時許。擬偷渡蘊藻浜。分左右兩翼衝鋒。左翼自楊家宅及軍工路。以陸路砲及手提機關槍向浜北猛攻。右翼自胡家橋廟家橋向北轟擊。日軍中並有身穿救命馬甲者。擬搭浮橋過河。當爲我軍猛勇抵禦。劇戰一小時。敵軍不支而退。

□閘北沈寂　閘北方面。自晨至晚。未發生戰事。惟雙方步哨。

間有放槍示威。下午二時許。曾有一二日兵。偷向我軍防壘襲擊。當被我軍用機關槍擊退。因此槍聲又起。旋卽平息。

南市虛驚 市政府今日正午。忽接日副領白井電話。謂日艦常磐、安宅兩艘。泊於十六舖招商局金利源碼頭江面。近日時有被華軍警。以來福槍暗襲之報告。請市政府注意。幷謂倘不停止。日艦將開砲轟擊等語。市府因查無其事。當答以我軍決無此種挑釁行爲。惟因是遂發生日軍將於入晚。攻擊南市之謠傳。一時形勢頓告緊張。居民紛向租界遷避。扶老攜幼。箱籠載途。一若日軍卽將襲來者。於是法租界各捕房戒備更嚴。鐵柵邊門提早關閉。華界六時未到。卽行斷絕交通。

日機四轟 日兵自迭次失敗後。收拾殘部。重行分配。希圖再舉。幷鑒我軍防綫鞏固。極力增援。又恐我軍乘機進攻。乃於今晨。用飛機竟日在閘北及太陽廟、麥根路等處。拋彈至數百枚之多。

當塲被蟲死傷及壓斃者。計十餘人。車站貨房鐵路及民房會館等。坍牆倒壁。損失不貲。此外如租界內麥根路、永安紗廠、虹鎭、香烟橋、江灣鎭、南市、邑廟、及法租界等處。亦有日機飛往拋擲炸彈。以一日間而在人烟稠密之區。拋彈至十處以上。其慘無人道。可謂已極。茲將受殃各處情形。分誌如次。(西寶興路)今晨八時左右。日飛機四架。從浦東方面起飛。往閘北寶山路、西寶興路、虬江路一帶。在空中盤旋一匝。移時又有兩架。從東飛來。乃向西寶興路及虬江路拋擲炸彈。前後共三十餘顆。其中四彈。先在西寶興路爆炸。當有兩處房屋起火。勢甚猛烈。直至下午六時。尚未熄滅。又晨零點五十分左右。寶山路升順里及虬江路九如里。均中流彈。先後起火。直至四時左右。始爲警備司令部消防隊撲滅。(潭子灣)早九時二十分。閘北潭子灣菜市。有敵機二架。翺翔天空。飛行極低。旋兩機各擲一彈。均在義泰仁米店門前。登時暴炸。聲震

屋瓦。當場除炸斃老嫗一人。魚販蘇阿二一名外。米店招牌炸飛屋上。對門之大餅店。房屋炸倒。地穴深約七八尺。面積約有三丈。估計此彈至少在百磅以上。（麥根路）晨九時許。日機三架。在麥根路車站。擲彈十餘枚。四枚落該車站之東首貨房上。砰然數聲。貨房三間。卽被炸燬。屋面鐵皮木片。紛紛飛落。屋內所堆者。爲馬粉紙。故卽着火。延燒甚久。二彈落站北鐵道上。炸穴深數丈。鐵軌被炸斷一根長四五丈。枕木泥沙石子鐵釘。飛至里許之外。有一中年男子。行經該處。被鐵釘擊中頭部。立卽身死。一彈落太陽廟大統路西首鐵道上。炸斷鐵軌丈餘。路局鐵路職員室電話間玻璃窗牆壁。均被飛石打破。又一彈落大洋橋西鐵道上。未爆。彈尾露於地面。由路局職員。請軍隊工兵。設法取起。以免危險。其餘七八彈。均落在鐵路南首空地。深穴纍纍。沿鐵路交通路一帶民房。屋面牆窗。均被沙石擊破。屋內居民。亦均臨時避往他處。故未受害

。又站旁之中華製版廠中彈後。立卽起火。(大統路)同時。日機又在大統路、交通路附近普愛坊擲彈四五枚。漢興理髮所後民房五幢。全部坍炸。但未起火。理髮所後部亦被炸燬。前部門窗亦皆震壞。聞死傷貧民七人。又太陽廟路口亦擲彈三枚。炸燬民房五六幢。壓死民男一人。傷小孩三人。太陽廟萬福庵牆壁被震倒。後面東昇里民房玻璃門窗。震成粉碎。居民均逃避一空。(嘉郡會館)太陽廟路嘉郡會館。晨九時許。日機兩架。盤旋該館空中。連擲炸彈十餘枚。前部左右兩方樓房。中間大廳。後部三進六間。均被炸燬。中部尚未着彈。東首紙廠內空地上。又擲一彈。穴深數丈。當炸燬時。石瓦四飛。太陽廟牆壁。全被震坍。未有死傷。(中興路)中興路大統路口新造大興菜場。尚未正式營業。今晨亦被擲彈二枚。一炸去北首屋角一部。一落於場中。幸未爆發。祇穿一洞。菜場南首。亦落彈三枚。炸草屋五六間。亦未傷人。(外灘)外灘三號上海總會

後面。下午四時二十分許。日機投下炸彈。當場炸傷隆茂洋行看門人褚三黑之右手右脚。(虹鎭)虹鎭香烟橋附近。下午二時許。有日機一架翱翔空中。擲下炸彈一枚。炸傷行人葉美麗之右臂。刀四之肩膊。(法租界)上午七點餘時。有日本飛機一架。飛翔於法租界天空中。機聲軋軋。東西盤旋。先後擲下炸彈多枚。(一)在東新橋街寧波路口轉角逍遙池浴堂。與寧波飯店屋面水門汀平台上。(二)在西門路西成里十三號門牌某姓家屋頂。兩彈落下屋面時。響聲震天。均被擊穿一洞。(三)霞飛路霞飛坊三零九號晒台外牆。於早八時四十分。炸彈擊碎深一寸、闊二寸許之磚一角。同時該流彈跳回。擊破斜對面之二九零客堂玻璃三方。幸均未傷人。除上述各處之外。其因而引起交涉者。則爲永安紡織有限公司第三紗廠。該廠在蘇州河南麥根路五十五號。地屬租界。佔地約五畝。廠房甚鉅。晨十時半左右。先有日機五架。由北面飛駛而南。至永安紗廠之屋頂中

。即盤旋不去。旋聞轟然一聲。巨大之炸彈一枚。[illegible]空落下。着於廠屋之西北角上。直墜至二層搖紗間中。立即爆炸。又有一燃燒之硫磺彈。則由東北角穿過兩屋間之懸橋。成曲折線而下落。懸橋欄桿。立即炸去。祇留鐵條兩根。搖紗間中之搖紗機器四十餘架。均遭彈炸損壞。其時廠中駐有美國海軍陸戰隊兵士一排。險被殃及。當由美軍司令台納少將。向日領提出抗議。至於該廠死傷者。則因廠中十時半至十一時半。為進餐時間。當日機拋擲炸彈時。大多數工人。均往飯廳進膳。祇東首之紡紗間中。留有男女工人二十餘名。肇事時不及逃避。當場炸斃五名。其中女工四人。一為女孩。年祇十六歲。一係男工。受傷者則多至二十名。送往醫院治療。內有女工盧周氏一名。年二十歲。阜寧人。因傷重。送至醫院即死。其餘受傷人姓名為李德、吳留寶、王朱氏、楊普源、馬蕙珍、孫王氏、長阿巧、周雀氏、王阿妹、陳阿蓮、殷招弟、蘇阿毛、薛殷氏、

陸五芳、周萊英、王柏氏、黃陳氏、余盾標、王劉氏。十九人中。李德及吳留寶兩人。炸去右腿。傷勢最重。

■商會表示　市商會今日有重要表示。特發宣言云。

一國立國于世界之上。既有其生存權。卽有其維護生存而設兵自衞之權。故某地應駐兵。某地不應駐兵。純受其國內軍略上所支配。絕無可以容他國置喙之餘地。吾人試再設一喩。如有人建議。謂日本全國之要塞。當盡數撤廢。讓各國可以自由通商。日人聞之。是否能虛心接受。中日兩國。旣同爲獨立國家。且兩國公使領事照常駐紮。而其外務之官員。竟發爲上海、漢口、天津、廣州、靑島五處。應撤去警備之謬論。此種侮辱國體之言論。公然向世界宣傳。吾人無以名之。祇能名爲日本軍閥之發狂。該外務省發言人。謂在都邑四週。設立無軍事設備之區域。可制軍閥之死命等語。須知佔據遼吉黑。擾亂天津。轟毀上海。致中外商業受空前之損失。各國對華商業。陷于非常之窘境。而日本亦身受其敝者。實出于日本野心軍閥一手造成。故各友邦人士。暨日本明達之士民。欲保全其對華商業。保全其對于世界之

同情。祇有一致裁制其野心軍閥。將彼國海陸空軍備。縮至最低限度。使其不能爲擾亂世界之工具。然後東亞和平。方有永久保持之望。敬布腹心。期日本眞能顧全大局之國民急起圖之。

四黨部建議　市黨部今日建議。租界當局如仍准日兵駐境。則我華人應停止繳納稅捐。分致市商會、納稅會、市民會等公函云。

逕啓者。查上海公共租界之市政機關。本爲各國住民共同之組織。故一切市政建設警備消防教育衛生等各項行政經費。莫不取給于中外住民之稅捐。而尤以我華人所納之稅額。占工部局收入之大部。衡以權義相等之義。租界當局應負有維持公共秩序保障市民安寧之絕對責任。今日軍憑藉租界。襲擊閘北。于界內華人。視爲仇敵。恣性殺戮。飛機炸彈。到處拋投。遂致市廛邱墟。生靈塗炭。租界北區一帶。暗無天日。已成無政府之狀態。而租界當局尚熟視無覩。袖手旁觀。其放棄職守。歧視國人。實已無可爲諱。我租界市民年納巨萬之稅捐。今仍遭殺身之禍。破產之危。實寇兵而齎盜糧。于義更有何取。此就權利義務言。應即停稅者一也。自日寇侵

發以來。轉瞬兩週。雖連遭挫敗。尙復增兵不已。戰線旣經擴大。戰禍勢必延宕。今商已罷市。工多失業。社會機構。支解無遺。尙何能力再付稅捐。此就經濟能力言。應即停稅者二也。上海本爲繁華之都市。今已成瓦礫之沙場。我工商界數十年辛苦之經營。尙不値日兵一朝之破壞。人道滅絕。公理掃地。即今後再圖復興。亦奚能保不爲帝國主義者所摧殘。人存隔岸觀火之心。我遭焦頭爛額之慘。又何必悉索敝賦。竭澤而漁。此就商業前途言。應即停稅者三也。租界旣爲中立之區域。軍警復爲國際性質。則日本之單獨行動。必爲租界當局所特許。否則以一國之關係。任其破壞國際中立之地位。今公共租界配置防區。以日兵任虹口一帶。且聽其驅逐巡捕。佔據捕房。縱火殺人。造成慘劇。可知日兵之所爲。租界當局實應負其連帶之責任。非有相當救濟之方法。自不宜再繳稅捐。自貽伊戚。此就公理人情言。應即停稅者四也。今租界各區。瘡痍遍地。救死扶傷。已苦不給。而本季巡捕捐又將徵收。哀我市民。何以堪此。本會茲特提議。租界當局如不將日兵及日本浪人驅逐出境。並仍任日兵在租界登岸。則我人一切稅捐。惟有概行停繳。以資抵注。此非

故意搆怨于人。蓋亦弱者不得已之自衛權利也。貴會爲（商民）（市民）（納稅人）之代表團體。休戚相關。應請從長討論。決定辦法。隨時見復。以便一致進行也。中國國民黨上海特別市黨部。

二月十二日

自上海戰事發生後。已及半月。戰區難民。無法逃出者甚多。今日由法神父嘉克遜、英皮而少校之發起。英領白利南。向中日雙方約定。停戰四小時。救出難民三四千人。但日人仍不顧公法。以便衣隊喬裝華人。向江灣我軍攻擊。卽爲我軍擊退。下午。閘北方面。又發生激戰。砲轟不絕。結果。被我軍砲轟中日司令部。吳淞方面。則上下午均有戰事。

■停戰半天　今日上午八時起。至十二時止。停戰四小時。雙方陣地均停止攻擊。救護閘北一帶戰地難民出險。經市社會局聯合中

國紅十字會、上海戰區難民臨時救濟會等各慈善團體。備大批卡車。開往戰地。接連救出難民。爲數不下三四千人。除一部份自投親友處外。餘均經送往安全區收容所安置。其發起一方面。經上海萬國商團。選派中西團員十二人。由皮而司令率領。隨帶大號卡車四輛。作救護隊先鋒。法神父嘉克遜亦到。並請法籍姆姆二十五人幫同救護。淸晨七時許。在北四川路上海大戲院集合。時西報記者已到有多人。商團團員爲避免誤會。一律便服臂纏紅十字證章。移時日方卽派一軍官來接洽。開放虬江路之鐵門。導至日軍最前線。一面將虬江路中鐵道東邊無關係者。皆擯諸鐵栅之外。一行人抵達前線時。方七點三十分。距規定時間尙早。卽在戰壕四周略事觀察。八時正。中國團員吳壽文將紅十字旗幟一面展開。縛在竹竿之頂。任其招展空際。又恐竹竿太短。不易注目。遂緣日軍防線之沙袋而上。不意戰壕內日軍守衛。向天開放一槍。子彈一顆。適從吳之身

側掠過。吳乃下。復覓得竹竿一根用鉛絲纏繞。與另一根相接。方將紅十字旗豎起。我方前線戰士。瞥見紅十字旗。知救護隊已到。一戰士由戰壕出現。手擎快槍。作預備放式。口操粵語。高聲喝曰。「只准一人前來」。團員方面。仍推吳君前往。因先一日已得吳鐵城市長繕就通知前線軍士公函一通。函中略述英領事徇法教士之請。約定雙方停戰四小時。設法救護戰區內災民。憑函與前方軍隊接洽等語。吳君一手持函。一手高舉。慢步向該戰士之槍口前進。及行至相當地位。復喝止步。吳遂站定。戰士接函。命稍候。仍向戰壕隱下。不一刻。某旅長出來。接洽妥當。救護工作遂開始。團員與姆姆等臨時分為二隊。分向虬江路南北前進。此時紅十字會之救護車亦已開到閘北。戰地災民紛紛躍起。或由閘北登車。或越鐵路經寶山路界路由克能海路而入租界。克能海路口之鐵柵。因沙袋堆塞。不易啟開。團員乃將路角煙紙店之店門卸去。由店堂內出入。

婁時門限爲穿。來者如鯽。此外界路上之商店有後門可通租界者。均自動開門接客。大行方便。災民中無一男子。老老小小。均爲女流之輩。衣衫襤褸。行色倉皇。箱籠等物。亦不顧力之勝任與否。手攜背負。一步一趨。躑躅於途。有一老嫗。似飽受砲聲之驚悸。神經已經錯亂。逃出時。雙手緊握竹竿。橫之而行。經一團員問以何用。方如夢初覺。驚訝失聲。立將竹竿擲去。一似尙有若干較竹竿貴重之物已經失落者。但雙目烱烱。始終不復發言。由團員引之而出。在虬江路鐵軌之西。近日軍防線發現一幕慘劇。有男女屍體百餘具。皆爲我國同胞。全身赤裸。（其中間有脚曳破鞋一雙。腿纏破袴一條。）拋棄路側。或俯或仰。或跪或伏。令人目不忍覩。惻隱仁慈之姆姆。行經該處。更覺心酸。故後在虬江路以北救出之災民。多令繞行他路。以免驚恐。至十一時。對災民下警告。一切物件。不准再搬。凡是災民。均促其速走。最後百餘人。由姆姆率

領走虬江路。經日軍防線。往乘帶來之四卡車。車抵老靶子路時。團員等離開戰地。向鐵門內入租界。沿界路一帶。立刻纏繞鐵絲網。工作完畢。正十二時。

□破壞公法　自經法教士之發動。英總領事之斡旋。商妥中日軍事當局。劃定於寶山路寶興路虬江路一帶。自今晨八時起至十二時止。雙方停止作戰。由萬國義勇團。會同各救護團體。前往敵護災民出險。詎料狡日不顧人道。破壞國際公法。於今晨八時。當各方人士前往戰區救災之際。派有便衣隊百餘人。仿裝華人難民模樣。暗藏軍器。由黃浦碼頭出發。在公平路某汽車公司。租卡車七輛。送北四川路靶子路口下車。以三五人爲一隊。分向江灣閘北等華界衝鋒。並向我江灣防守軍攻擊挑釁。幸江灣一帶。並未劃爲停戰區域。故我軍早有戒備。當時卽行擊退。

□吳淞戰紀　吳淞方面。未列入停戰區域。今晨自六時起。日軍

卽開始向我攻擊。一部日軍圖在韓家橋偷襲。被我覺察。擊斃大半。同時日軍以大砲轟擊淞鎮。惟多未命中。至下午五時許。日軍及便衣隊又圖進攻蘊藻浜。日艦亦發砲助戰。被我軍用手溜彈斃敵多人。而楊樹浦江面之日艦。又開砲攻擊江灣一帶。勞動大學之社會科學院。亦被擊燬。

■閘北激戰　閘北方面。自晨間六時起。已無槍砲聲。八時至午十二時。因係四小時停戰救護時期。故雙方均入休戰狀態中。我軍將士利用時機。間有援助避難災民。搬運物件。及為之維護出戰區者。惟對於進出人民。恐有敵人間諜或漢奸混入。故防範甚嚴。至下午四時後。以戰區災民。已陸續運出。故卽宣告戒嚴。下午一時後。有日機五架。在閘北太陽廟飛翔。亂擲炸彈。至四時起。日兵又用大砲。向閘北轟擊。平均每五分鐘一砲。日兵發砲基地。仍在虹口公園內。並間以日兵前哨之鋼砲。均向閘北及麥根路太陽廟一

帶民房轟擊。入晚尤密。我軍亦予還擊。彈多落於日兵前哨綫。日兵損傷甚衆。至晚九時後。日兵乘機偷襲。乃又發生激戰。接觸地點。在天通庵路及虬江路等處。槍聲連續未斷。同時雙方均用大砲掩護進攻。機關槍掃射。此起彼接。迫擊砲手溜彈密發。鋼砲亦頻頻施射。聲震全埠。激戰之烈。爲發生戰事後之第三次。至十時後。槍聲漸向東北進移。我軍後方砲隊發砲點。亦進至寶山路口。至十一時。槍聲漸稀。間有機關槍聲。係少數日兵殘部。猶思困鬥。惟雙方砲轟仍未輟。大都係鋼砲。至十二時始稍殺。日兵傷亡達二百餘名。我軍傷十餘人。此役。日兵曾屢次向我軍陣地衝鋒。均爲我軍殲滅。我軍陣綫。一無變動。且下午六時。我軍砲隊。曾擊中北四川路底日陸戰隊本部。破壞房屋一隅。並擊斃敵少校參謀一名。時日軍官適舉行會議。中彈後轟然一聲。相率驚逃。被擊後日方聲稱。並無死傷。但據目擊者云。於瓦礫堆中。發現殷紅之血跡甚

爹。可知死傷必甚。據日報時事新聞之記載云。最可驚者。我陸戰隊本部指揮官室內屋頂。突然落下敵之八珊砲彈。徼幸萬分。彈竟不炸。否則。我陸戰隊首腦部長官。必遭全滅。此亦天佑我軍。然而各長官。已驚駭失色。呆若木雞矣。

◎日軍道歉　日飛機以炸彈轟擊麥根路永安第三廠後。日海軍司令野村少將卽親自正式訪謁美國亞洲艦隊總司令台納提督。向之深切道歉與謝罪。並稱。死傷華人。與私人產業所受損失。將予以充分賠償。野村之參謀官一員。亦奉命至肇禍地點。查視受傷者是否已送醫院。善加醫治。同時。日總領事署發出公報。謂肇禍原因。乃由機關鬆動。致炸彈滑落所致。日總領事村井。亦爲此事。謁見美總領事克銀漢。

二月十三日

今日上午二時。吳淞我軍。乘敵不備。攻其大營。殲敵數百人。同日敵三次偷渡。十時許。敵陸軍千餘人。第三次藉烟幕彈之掩護。竟被偷渡蘊藻浜。在北岸曹家橋登陸。當時情勢異常緊張。敵軍抱必死之心。努力向我防線衝擊。我軍奮勇應戰。並急調後方援軍。全部參加作戰。取大包圍形勢。敵頑强抵禦。不稍示弱。我軍以此戰爲吳淞之生死關頭。竭全力搏擊。敵突圍凡十餘次。均不得逞。雙方肉搏。喊殺之聲。遠近震動。敵軍復在隔河以重砲轟擊援助。然砲彈所及。無損於我軍毫末。戰至下午四時後。敵死亡枕藉。已力竭聲嘶。然猶作困獸之鬬。延至晚九時四十分。始全部解決。無一生還。是役也。雙方混戰肉搏達十二小時。實開吳淞中日劇戰之新紀元。我軍亦有傷亡。卒賴我軍將士用命。士氣奮發。始博得最后之勝利。殲此頑敵。閘北方面。敵數次進攻。均被我軍擊退。并由我國新發明之飛雷。擊落日機一架。同日。日軍增援部隊第九

師團二萬人。由陸軍中將植田統率。於今晚六時半抵滬。

□攻敵大營　晨二時。我吳淞防軍及便衣隊。乘敵不備。在蘊藻浜黃浦江口。向敵軍艦夕張號。及附近陸軍猛攻。該處係敵之大隊部宿營處。敵措手不及。怱促應戰。被我軍擊斃數百名。敵艦亦受重創。損失奇重。敵方亦驚嘆我軍作戰之勇敢。

□血戰大捷　今日。敵三次架搭浮橋竹筏。希圖偷渡蘊藻浜。及南泗塘河。第一次在晨四時半許。天方破曉之際。敵兵二百餘名。在黑橋之東偷渡。當被我防軍覺察。卽用機關槍迫擊砲掃射。敵遺屍十餘具。棄筏而逸。第二次在晨七時許。有敵兵三四百名。各手持刀鈎鋸斧等。在南草庵前偷渡。敵軍並發烟幕彈。至我軍陣地。一時蘊藻浜上白烟迷漫。我軍察知奸計。卽向依周塘角。用機關槍數架掃射。及至白烟消散。則已無敵踪。第三次在上午十時許。時方雪花紛飛。敵一千餘人仍藉烟幕彈之掩護。又圖偷渡。當被我軍

步哨發覺。乃卽報告軍部。卽派重兵。向後包抄。卽將敵軍包圍。被圍之後。左右衝突。急圖猛力反攻。冀破重圍。此時我軍。知巨虎已入陷阱。遂聯絡一致。迎頭痛擊。以懲創此等罪惡之魔。在雨雪交加中。槍彈橫飛。日軍狼狽四竄。我軍敵愾同仇。逢敵卽殲。敵戰鬥力全失。但仍作臨終之掙扎。至下午八時許。敵軍力盡。只知竄匿。或躓仆途中。或自溺於水中。死者已數百人。因我軍包圍嚴密。無隙可逃。至九時四十分。遂將千餘日軍。全部殲滅矣。是役也。我軍大獲全勝。爲開戰以來第一次大血戰。將士之奮勇。精神之勃發。實爲十九路軍戰績上最光榮之一頁也。當曹家橋兩軍激戰。敵正擬後退時。敵軍另派支隊約三百餘人。攻擊紀家橋。我軍卽出而應戰。雙方相持。約一小時之久。敵軍不支而退。至十時許。日又以五百餘人。用手提機關槍等猛衝。我軍以機關槍及排槍等應戰。敵軍因雨雪。不能用鐵甲車爲前導。故死傷頗多。至十時十

五分卽退。繼敵軍以少數步隊。攻侯家木橋。我軍沉着應戰。敵軍以爲有機可乘。遂增兵力前進。我軍乃以機關槍掃射。敵知中計。乃倉皇退却云。

■閘北戰情　閘北方面。日軍因十二日進攻失利。乃重調生力軍。至前線補充。於晨八時許下令。日兵千餘名。利用飛機擲彈、大砲掩護、及後方生力軍之補充。又向虬江路、新民路、天通庵路、青雲路等處我軍前哨綫總攻。當時雨雪紛飛。我軍卽在雪中奮起抵禦。雙方各用野戰砲、鋼砲、機關槍、掩護掃射。日飛機亦出助戰。希圖擾亂我軍後方。未幾卽被我軍高射砲擊退。我前綫各將士。在敵陣中衝入殺出者數次。至十時許。敵軍不支潰退。我軍防綫。堅如鐵壁。僅二十餘人受傷。日兵傷亡甚鉅。

■飛雷擊機　上午九時許。日方有軍用飛機計八架。飛翔於閘北一帶。環繞以至眞茹吳淞方面。繼又向閘北區內飛去。拋擲炸彈。

圖燬市房。天通庵路、中華新路口廣東醫院。不幸又爲日飛機投中炸彈及硫磺彈。先後凡四粒。一時該院烟霧漫天。火燎瀰漫。自晨九時半肇焚。直至十二時半。始告熄滅。我軍以日方軍用飛機。肆意破壞。到處擲彈。特於昨晨九時許。日方飛機環飛閘北我軍防線時。卽以蔡霖生君發明之飛雷。發擊日機。是時飛雷巨響。遐邇咸聞。結果日機經飛雷爆炸一架。落於太陽廟大通路附近云。

■炸彈肆虐　日寇犯滬。無戰不敗。其唯一洩憤之伎倆。在用飛機及便衣隊。向我無戰鬬力之平民拋擲炸彈。名之曰擾亂後方。究不知其效用於戰事者幾何。徒見其慘酷無人道耳。其最可注意者。對於租界區內。亦頻擲炸彈。似故意與租界當局爲難者。玆將今日機於炸彈之情形。分錄如左。(眞茹方面)晨七時許。敵飛機六架。由楊樹浦方面日人開闢之臨時飛機場中起飛。直趨閘北。在空中環繞數匝。然後飛向眞茹而去。意欲炸燬國際無線電台。向下拋擲炸

彈十餘枚。但均落於暨南大學南面空地上。當時吾軍用高射砲轟擊。敵不能逞。乃卽逃逸。（閘北方面）敵機自眞茹逃退。途過閘北。卽在麥根路車站、共和新路及青雲路等處接連擲彈。亦有十餘枚之多。至九時半左右。日軍用大砲向江灣方面遙擊。敵機聞聲。亦向該方飛去。至蘊藻浜方面偵察。並施轟炸。逾一小時。始向楊樹浦機場而返。據新聲社調查。日機在共和新路擲彈二枚。在四區一分所附近擲二枚。永興路擲二枚。永興支路擲二枚。惟僅有一彈爆發。燬屋頗多。未傷人。中興路亦擲二彈。傷憲兵一人。苦力一人。中山路水門汀橋北。擲十餘彈。其一彈爆裂。炸斃三人。一係該處鄉民陸阿桃之子名小桃。十三歲。一係阜寧人。業苦力之張小獅子。一爲孕婦鹽城人王老漢之妻季氏。二十八歲。懷有七八個月身孕。在永興路會文路一帶。擲彈十餘。當將湖州會館殯舍炸倒二十餘間。原厝棺材都被炸碎。新厝者屍體狼藉。慘不忍睹。禍及枯骨。

日軍之所謂勇者如此。（公共租界）上午九時許。滬西舢舨廠浜北蘇州河畔。被日飛機擲下炸彈一枚。炸毀某雜貨鋪房屋一角。（法租界）（一）上午八點半。日本飛機至法租界貝禘鎏路天空中。擲下炸彈一枚。落於九十一、九十三號門前馬路中。該處北首巨籟達路口爲菜市塲。正在上市之際。致炸傷男女八人。計高林祥三十五歲。傷右腿。許阿裕十八歲。傷兩腿。二人均本地人菜販。因傷重。由捕房車送馬斯南路一四一號世界紅十字會醫治。傷男女六人。以傷輕未投醫院。各自回家療治。（二）晨八時許。天空落下一彈。擊在法租界東新橋十八號萬順醬園屋頂。炸成一穴。幸未傷人。（三）晨九時十分。法租界火輪磨坊街十一號居民楊炳元屋上。落下一彈。爆炸力殊微。未傷人。（四）法租界拉格納路四十五號新泰南貨號門口。晨九時三十分。一彈墮落路中。亦未傷人。（五）晨八時許。法租界殺牛公司後面黃河路四十五號。新祥泰南貨店門口。被暴日便

衣隊擲一炸彈。轟然一聲。附近居民於驚擾中。均未注意擲彈之便衣隊。致被逃脫。該店外櫃台柱炸一大孔。地上石條亦被炸一孔。該店店員均在店內。幸免於殃。惟住居三十號前樓之徐姓家女工。適在該店購物。傷及股腿十餘處。又四十九號三星馬車行王桂氏。五十歲。師王氏。二十二歲。均寧波人。傷左腿等處。又安納金路十九號前樓朱阿根。十歲。傷頭面等處。頸被炸穿。口吐鮮血。又十號大餅店魏朋之女孩。八歲。傷頭腿手。並炸穿肚皮。（滬南方面）上午十時許。日軍便衣隊。喬扮華人。潛往城內硝皮弄及小北門等處拋擲炸彈。計小北門同慶街口乾大染坊隔壁街口。拋擲炸彈一枚。其聲不大。幸未傷人。擲彈之人即兔脫。硝皮弄內所擲之彈。亦未傷人。（黃浦江中）在新北京輪船爲茶房之丁聲林。年四十二歲。晨九時一刻許。往浦東爛泥渡。雇就本地人徐心順之舢板船。正在浦江中駛去時。忽有流彈飛來。一彈射傷丁之右腿。一彈傷徐

之足部。

■援軍抵滬　日本自開戰以來。猛攻閘北吳淞。歷經十餘日。海陸空軍。均無舒展能力。日本政府。決再抽派大隊生力軍一師團來滬。以與我軍爲主力之大戰。此項援軍。已由日當局徵發日本商輪。並由海軍電派在滬第二第廿六第十五及第三十各隊驅逐艦共十餘艘。開往日本。運載該兵來滬。該項師團。爲日本帝國陸軍第九師。由新任遠東總司令陸軍中將植田謙吉統率。於今晚六時半入港。當抵埠時。船上燈火全熄。故僅有少數人覺察。各船均泊黃浦碼頭及匯山碼頭。據稱第九師團。係日本陸軍中最精銳者。其中有一萬五千。俱屬慣戰之士。其餘五千。則爲輜重隊、醫藥隊、運輸隊、工程隊及其他戰爭中之需要隊伍。所攜砲位。極爲豐富。至少有六十四種口徑不同之戰砲。此種戰砲。均極輕巧。利於野戰。所駐地點。大約將在司各脫路狄思威路之日本民房內。虹口及老靶子路

一帶。亦有駐紮。大約稍事整理。卽擔任攻擊閘北前線防務。以替水兵。并由江灣區北進。卽楊樹浦吳淞方面。亦將同時進攻。以相策應。軍隊衣服式樣均同。但軍帽共計兩種。一係黑灰色鐵帽。一係黃色呢帽。加以紅邊。

二月十四日

閘北方面戰事中心。自北四川路北段。移至江灣路一帶後。戰線日漸延長。最近數日中閘北吳淞間戰線。已沿淞滬鐵路。連成一氣。蜿延成一長蛇形。自吳淞起至江灣鎭止。其防務極爲重要。蓋敵軍屢次沿該線猛襲。欲圖衝破防軍。以斷我軍閘北與吳淞間之連絡。而收圍攻吳淞之效。因於十三日晨。先後分三路向該線進攻。我軍與之血戰終日。結果曹家橋及江灣萬國體育場敵軍。被我悉數殲滅。并佔據該處日海軍司令部。侯家橋南敵軍亦被我殲滅大半。惟

日軍野心不死。第九師團抵滬後。已陸續登陸。日艦亦紛集淞口。

■江灣大捷　日軍以三路重兵犯我境界。一趨吳淞。以張華浜爲根據地。一攻閘北。以日本中部小學爲根據地。一攻江灣。以萬國體育場(卽跑馬廳)爲根據地。而江灣處吳淞閘北之間。爲兩路策應之地。自萬國體育場被佔後。日軍卽在此架設重砲。向兩路轟擊。掩護步隊之進攻。昨夜蘊藻浜方面之我軍。解決偷渡蘊藻浜之陸軍一千數百人後。乘勝衝過張華浜之北。同時虹鎭方面之我軍。亦在東南響應。遂會同夾攻江灣跑馬廳。初時日軍以重砲向我軍猛擊。我軍行近。砲遂失其效用。而各方援軍。又爲我軍隔絕。跑馬廳乃由我軍重重包圍。日軍作困獸之鬥。經十二小時之久。已於今晨十時三十分。將該處全部奪回。並佔據其西南部之司令部。將該處敵軍團部人員。及上下級軍官等。悉數殲滅。並獲得大砲小鋼砲及日軍軍用地圖多件。以及陣地軍隊設置計劃書等甚多。爲半月以來最

優勝之戰鬥。

▣閘北戰訊　今日拂曉日軍又攻我閘北。然恐蹈前次之覆轍。不敢冒然衝鋒。惟以重砲轟擊。並用飛機投彈。我方鎮靜對付。日軍徒費多量彈藥。玆誌各處戰訊如次。(八字橋)閘北橫浜橋路之八字橋。在水電路之末端。日軍謀東北兩端之連絡。今晨潛派兵士百餘向我防線攻擊。時天方曙明。約在六時左右。我軍不之理。惟發哨鎗警告。日軍深知難以進取。遂卽退回。燃發重砲。威嚇我軍。九時許砲聲漸息。我軍亦不前進。下午二時許。敵軍又潛出。我軍如前應付。經一小時。日軍又無聲息。(寶興路)寶興路方面。今晨鎗聲驟密。潛伏近處里弄之日軍。約數十人。以機關槍向我方掃射。我方防線堅如鐵石。日軍既不敢衝鋒。我方亦無動靜。下午二時許。槍聲復起。約一小時又息。陣線毫無變化。(天通庵)上午五時。敵軍以六百餘人。向天通庵方面陣地進犯。我軍當亦奮勇抵抗。以

橋爲界。橋北爲敵軍。橋南爲我軍。敵軍以大砲及機關槍猛烈射擊。我軍因敵方砲火毫無效果。故亦不用大砲機關槍還擊。完全以步槍抵禦。經激戰至九時許。敵不支而退。九時後敵軍繼至。其形勢已稍殺。我軍當與交戰至十二時。敵遂潰走。(虬江路)虬江路方面我軍扼守寶山路十字路口。形勢甚爲堅固。晨七時許。日軍雖潛匿北頤福里而出襲擊。然人數不滿百。亦不敢公然衝鋒。進退凡四五次。無重大接觸。九時後。戰線沉寂。

■吳淞陸戰　吳淞方面。敵軍於十三日由張華浜襲曹家橋被我擊退後。我軍陣線。向前推進約三五里。但至晚十時許。敵又以三千餘人。大舉來襲。我軍出而應戰。相持歷三小時。敵漸不支。陸續增援。我亦調隊應戰。至今晨七時許。敵方新到軍隊。其數達數千人。至十時許。我方部隊調齊後。乃分左右兩翼。沿小路分頭抄襲。一路趨紀家橋。一路出侯家橋。時泗塘河西首張宅浜俞氏宗祠附

近之敵軍。正在該處架設浮橋偷渡。當被我軍兩路包圍夾攻。日軍以手機關槍。向我衝擊。我則以手溜彈應戰。每一彈爆發。可死傷敵人數十名。雙方激戰至下午四時許。渡河之日軍被我痛擊。死傷不計其數。幾全部殲滅。

■我軍增援　國軍第八十八師俞濟時部奉命來淞滬增防。協同十九路軍抗敵。現其部隊均已到達。昨日敵軍在蘊藻浜偷渡。該師曾有兩團亦在該處參加抵抗。結果合同十九路軍將敵完全擊潰。今日該師並通電全國。實行參與抗敵。其文云。

各省政府各市政府軍民機關全國同胞各報館均鑒。慨自九一八慘案發生以來。舉國惶惑。世界震驚。瀛戍將士感泣時深。而我政府始終本諸和平禦侮之旨。冀求國際之公判。迺者正義尙未得伸而倭禍愈演愈烈。始而虛言恫嚇。借題發揮。繼而各處慘案威逼而來。既佔我遼東三省。擾我津沽。得寸進尺。不惜破壞和平。蹂躪我萬商雲集之滬濱。封豕長蛇鯨吞之象畢露。濟時等忝列戎行。救國具有決心。以爲天

下與亡匹夫有責。而亡國失地。尤爲軍人之大罪。是以噩耗傳來。義憤塡胸五衷眦裂。値此國家存亡關頭。爰本中央團結禦侮之旨。請命殺敵。現巳全部開滬。聽蔣總指揮光鼐指揮。誓與我十九路軍親愛將士喋血沙場。生死與共。以爲我中華民族爭固有之人格。圖最後之生存。寧爲戰士之鬼。羞作亡國之民。巳殖他族。實逼處此。尙望我各界同胞念祖國之淪亡。禍至之無日。凜夫皮之不存毛將安附之戒。痛神州之陸沉憫華胄之奴隸。各竭力能。同挽國運。不使臥榻之側再任他人酣睡。彼獠雖狡。終爲我鐵血正義所降服。則區區島奴。何足懼哉。仗義陳詞。還希全國同胞垂督。敎我爲幸。師長俞濟時副師長李延年旅長楊步飛錢倫體王賡宋希濂同叩。

□損害統計　暴日擅啟釁端。舉兵犯境。致使我繁華街市。頓成荒墟。本市市民及公家所受生命財產之損害。實爲從來所未有。市政府特於今日。訓令社會局曁市商會。設法調查。詳加統計。以便昭示中外。俾明眞相。並爲將來交涉賠償之根據。茲錄原文云。

（一）令社會局。爲訓令事。查此次暴日擅啓釁端。舉兵犯境。彈雨硝煙。飛機肆

虐。致使繁華街市。變作荒墟。舉凡本市市民及公家所受生命財產之損害。實爲從來所未有。亟應設法分類詳加調查。並通知各機關各團體及布告市民受害者。徵求詳實報告。作成精確完備之紀錄。及統計。以便戰事結束時。作爲交涉賠償之根據。且可昭示中外。以明暴日殘虐之眞相。除令市商會協助辦理外。合行令仰該局。卽便遵照。分別辦理爲要。此令。（二）令市商會。爲訓令事。（査此下同前文）詳加調査。並徵求各受害者詳實報告。作成精確完備之紀錄及統計。以便戰爭結束時。作爲交涉賠償之根據。且可昭示中外。以明暴日殘虐之眞相。除令市社會局遵照分別辦理外。合行令仰該會。卽便遵照。協助社會局辦理爲要。此令。

□中委電請　駐滬中央委員今日電請政府當局迅速定計。撤底掃除持重心理。以衝破今日危局。電云。

洛陽中央執行委員會國民政府林主席、軍事委員會鑒。津浦路沿途探送汪精衛先生、蔣介石先生、馮煥章先生、李任潮先生、李協和先生、分轉中央諸同志鑒。南京何敬之先生、陳眞如先生、朱益之先生、羅鈞任先生、分轉中央諸同志鑒。比聞軍

事外交當局。有主張滬事局部化。先行解決之意。英使復有我國自動撤兵之勸。而當局認爲可商。同人在滬。迭加研討。心所謂危。敢陳所見。溯自東北邊防司令長官張學良。誤于不抵抗之謬論。使日寇唾手遂得三省。而軍事當局。亦慴于日兵聲威。輒謂縱傾全國之兵。不足抗日。我與日戰。三日可以亡國。同人以爲此種心理。不特與總理遺教主義。完全違悖。充其弊。實足以亡黨亡國而有餘。非徹底掃除。決不足以衡破今日之危局也。蓋國家興衰。繫于人心振靡。戰鬬之事。兩方物質力量。固所必計。而士氣民心。所關綦巨。精神方面。有非數字能算者。世界革命鬬爭。若論被壓迫者所憑藉之武力。幾曾有一次足與壓迫者相頡頏。或可及其半者。苟咸如當局所謂持重。則世界可以無革命。而吾黨歷次之奮鬬。乃眞如螳螂奮臂之可笑矣。然鑒諸經過之事蹟。衡諸革命之理論。乃決不如此。日人宣稱三小時佔我閘北。而十九路軍應戰已將兩旬。敵究何如。我何尙不自奮。苟當局猶確信不抵抗之論爲天經地義。而十九路軍之捷不過偶然僥倖。以爲十九路軍將來犧牲。亦爲無知好鬬之童騃應得之教訓。則夫復何言。否則當局應卽下最後大決心。萃全力于

救亡之戰。縱不幸而敗。而人心未死。國終可為。所謂寧為玉碎。不為瓦全。非可徒視為文章之詞句也。抑尤有進者。今國民憤日與救國之熱情。已達極點。對主張不抵抗者。嫉之尤甚。觀于此次滬民之被難而無懟。與其輸將助戰之勇。即滬上素稱持重之報紙。亦咸為激昂之論。即可覘真正民意。苟當局猶牢執其妥協屈服之主張。或竟實行撤兵。使日軍佔滬。長驅而擾蘇杭與首都。將何以維民衆之信仰。遏軍士之忠憤。同人等亦不願與今日當局同負此責也。公等當猶憶昔年北伐。與北洋軍力較。相去何嘗不遠。然以我革命之義。足以深入民心。發揚士氣。勝利乃終屬我。今日又為吾黨起死回生之最後唯一機會。當局苟能恢復昔日之危念。領導國民誓死衛國。國民同志。誰有貳言。幸託總理之威靈。而國以復甦。黨以統一。馨香頌禱。何日忘之。是在公等勉之而已。茲經同人公決。請政府當局迅速定計者。（一）決定徹底抵抗政策。毋再游移。即宣示國人。全力禦侮。（二）萃海陸空軍力量。固守上海。予十九路軍以充分援助。（三）即令北方各軍。乘機向外反攻。收復失地。（四）外交方面。提出非日兵全部撤退不即交涉。上海問題。當與東三省

問題。同時解決。以上四項實行。士氣必且百倍。我能堅持下去。國際必生變化。此時乃有外交可言耳。掬誠奉陳。敬祈鑒納。亦復毋任盼禱。駐滬中央委員孫科、孔祥熙、薛篤弼、吳鐵城、孫鏡亞、梁寒操、范予遂、甘乃光、楊虎、熊克武、桂崇基、丁超五、馬超俊、陳友仁、何世楨、劉蘆隱、陳嘉佑、褚民誼、張知本、程潛、陳慶雲、楊庶堪、賀耀組、黃季陸、唐有壬、元冲。

二月十五日

自日軍分三路進攻失敗後。因死傷過衆。已無力再行反攻。十三日雖有大批陸軍約兩萬人運到。於十四日運至前線。惟尚未佈置完竣。故昨日除吳淞日艦大舉砲擊外。其餘各防線均較沉寂。我軍乘此機會。已將殘敵完全肅清。自吳淞鎮至江灣一帶止。均有進展。據軍事當局宣稱。新陣線自吳淞鎮起。沿江邊擴張出四五里許。以前蘊藻浜河爲對峙。現我軍已越河南。經蘊藻浜車站。至張華浜車

站以南之張家宅。海軍醫院一帶。已無敵軍踪迹。更沿淞滬路南下。擴至華家宅梅園宅前萬國體育場及遠東體育場後部之唐家宅。更經江灣與閘北八字橋防線相連。日軍已退至錢家浜。以水電廠沿軍工路至陸家宅沈家行鎮。虬江橋至陸家觀音堂與楊樹浦租界相連。

□砲擊吳淞　日艦連日襲攻吳淞口砲台。迄未得手。今日陸路蘊藻浜方面。甚爲沈寂。而日艦則又大肆活動。晨六時左右。停泊三夾水洋面之日艦七艘。卽以大砲向吳淞鎭砲台灣一帶猛力射擊。中國公學面海之牆。又被中二十餘彈。洞痕纍纍。大小均在十四英寸左右。該校之寄宿舍及圖書室等。全被轟燬無餘。吳淞鎭上房屋。被中四彈。二彈爆發。卽時火起。燃燒至午後六時。猶未熄滅。且敵艦在前。無法可以撲滅。故隨風延燒。該鎭全部房屋。均將付之灰燼。當敵艦大砲猛轟之際。我方駐守該處之軍隊。卽已全體準備。唯並未以砲火還擊。敵艦見我方並無動靜。一方面仍繼續開砲。

一方面即以日商輪三艘。滿載敵軍。冀藉砲火之掩護。泊近砲台灣之沙灘。圖於該處登岸。均被我軍以機關槍掃射。敵死傷甚衆。日商輪亦被擊傷逃回。嗣敵軍第二次繼至。仍用小輪運載。亦被我軍如法掃射。完全擊退。敵攻至第三次時。飛機十餘架。同時亦出而助戰掩護。轟擊至爲猛烈。然掙扎至十一時許。卒被我軍擊潰而退。綜計今日敵艦所發之砲。約在一百發以上。除吳淞鎮爆發外。餘均未炸裂。是役敵軍傷亡二百餘人。我軍則僅傷士兵十餘人。

▣閘北換防　閘北方面。自晨至晚。因日方正將新到陸軍補充換防。故無激烈戰爭。惟敵軍誠恐我軍進攻。不時以大砲或機槍向我方射擊。而我軍當敵之生力軍換防時。曾用小鋼砲轟擊。曾擊中寶樂安路敵軍水兵隊。死傷水兵甚多。此外敵軍又遣飛機至我陣地擲彈。當被我軍用高射砲擊退。

▣國聯報告　國際上海調查團。前已發表第一次。茲第二次報告

。又於今日在日內瓦發表。報告云。

一月二十九日。午後八時許。即休戰業已開始之後。槍礮之聲。爲之靜寂。翌日日本海軍司令乃向美兩國總領事提出抗議。謂停在北站之鐵甲車重行開火。此層經華人否認。並謂日本有射擊情事。

一月三十一日。晨間日本飛機十七架。在上海並在華軍防地飛行。但未轟擊。日本海軍當局謂。因華人近頃破壞休戰條件。乃以此項示威運動出之。但破壞休戰條件一層。經華人鄭重否認。是日各方會商設立中立區域。並決定繼續休戰。以待雙方答覆。此種談判。本團業于第一次報告書末段提及之。

二月一日。休戰之事。殆已實行。但若干槍聲。時作時輟。

二月二日。日軍司令又謂華人昨日重行破壞休戰條件。並謂華人顯然集合軍隊。預備包圍日軍。渠遣派飛機前往偵查。是日正午十二點鐘左右。有日本飛機數架。飛翔上海及中國軍隊防地。中國人對之射擊。日本飛機在閘北擲彈數枚。頃刻之間。雙方戰線上槍聲大作。至下午三時。即戰事重開以後。日本總領事通告各國領事。

請前所提議之中立區域。日本政府已經拒絕。

同日上海市長。照會各國領事。提及一月三十一日開會時所訂之休戰協定。謂日本人屢次破壞此項協定。並攻擊中國軍隊。又復以飛機轟擊（其情形即如上節所述）。此項照會。各國領事係于上月三日收到。

二月三日。日本海軍當局宣稱。中國當局。對于履行諾言。繼續表示無誠意。故中國軍隊應令退出閘北以外。至相當距離點。日軍方面。因欲執行此項計畫。其飛機或有轟炸中國陣線之事。厥後日本總領事通知各國領事。謂有驅逐艦三艘。因受吳淞礮台之礮擊。故日本人決定占領該礮台。但吳淞礮台發礮之事。又爲中國方面所否認。自二月三日以後。戰爭狀態。公然存在。即與休戰相似之情況。亦完全消滅。閘北及吳淞方面。繼續開礮。時作時輟。而日本方面。又以飛機轟炸。日本人自認其目的在奪取吳淞礮台。並驅逐中國軍隊於距離上海甚遠之處。故採取攻勢。完全係日本人所爲。

關於破壞休戰條件一層。所應注意者。即實際上完全休戰狀態。迄未成立。而火線

上並無外國觀察員在場。究竟破壞之責。應由何方負擔。實無法加以判斷。或者雙方孤立隊伍。或滋事份子。均應負責。亦未可知。

除戰線上正式軍隊重行開火之問題以外。在此時期以內。公共租界日本所管地段。曾發生若干事件。有關公共租界之制度。而在國際上有重要關係。必須簡單加以叙述。

自一月二十八日夜間。日本人採取行動之始。卽有多數着便衣之中國士兵。侵入日本地段或藏匿民房。或攀登屋頂。而以手槍向街上日本步哨射擊。是時日本人似無充分正式軍隊。以防守其所佔地段。乃召集所謂在鄉軍人界以槍械。此項軍人。亦着便服。但帶有臂章。日本水兵及在鄉軍人。以機關槍抵抗中國便衣隊。並挨戶搜查。搜查之時。發生極大損害。蓋以此輩因欲驅逐便衣隊。不惜縱火焚燒民房故也。是時虹口地段。完全在日本海軍當局管轄之下。該處若干街道。既已設置障礙物。而巡捕武裝。亦被解除。致公共租界市政職務。併消防事務在內。爲之停頓。虹口各處巡捕房與總巡捕房之間。交通亦完全斷絕。工部局乃不得不將學校病院遷出

。日本水兵及在鄉軍人。暨其他暴虐之徒。多有過分之舉。甚至以簡單手續。執行槍決。日本暴虐之徒。並無正式職務。其行動大約因中國人前此作有反日活動。乃以報復手段出之。結果發生恐怖現象。凡日本人以外之居民。幾皆逃避一空。有極多中國人。查無下落。疑爲日本人所捕殺。

二月五日。公共租界工部局請領事團轉商日本當局。對於此事加以調查。經日本總領事承認在混亂之際。日本人感情熱烈。誠有過分舉動。但情形業已大加改善。並允將公共租界以內。凡因嫌疑而被日本海軍當局逮捕之人。移交工部局巡捕房。此層業已實行。然失踪華人。爲數仍甚多。據工部局巡捕房。詳細調查。失踪之案。尚有三百起之譜。便衣隊之行動。頃已大爲減少。而日本之監察則仍森嚴。工部局巡捕及其他市政職務。僅能徐徐恢復。日本當局因日本人過分行爲。甚爲感動。已將若干不良份子遣送回國。

本團暫時不擬另提報告書。但如覺得新消息。須將上次報告書加以改正。或將第一第二次報告書所載特殊之點。加以伸引。或加以補充。則當別論。

二月十六日

日軍第九師團。由植田統率。陸續到滬後。卽分配於閘北江灣吳淞前線。連日日軍佈置。異常忙碌。各種犀利軍器。亦均已運赴前線。楊樹浦方面沿途輜重運輸。絡繹不絕。確有大舉進攻之狀。據某方探報。敵方新戰略。對攻擊則利用利器。節省兵力。作持久之戰。並擬一方衝散我閘北防線。使我軍連絡中斷。另一方面。則海軍由寶山海岸登陸。向駐淞我軍攻擊。蘊藻浜之日陸軍亦同時向前猛攻。取夾擊之勢。兩日來無劇戰。蓋卽敵軍準備未竣之故。傳敵方原定於今晨拂曉舉行總攻。但結果雙方僅有小接觸。而隆隆砲聲。則竟日不絕。日軍其殆實行其持久之戰略乎。

▣各路砲攻　新任日司令植田以鹽澤野村之計劃。均皆失利。經到滬連日視察之結果。決定改取大包圍勢。惟戰線延長。在滬之三

萬五千人。尚不敷支配。決再調一師團來滬。合成五萬人。再圖大舉來攻。其目標在吳淞砲台。以便扼我咽喉。作戰地點。已移至江灣路以北。至淞口爲止。公大紗廠日軍大本營。於今晚六時左右。卽已特別戒嚴。並於附近可通軍工路之各路。滿佈步哨。形勢至爲緊張。靑雲路八字橋及天通庵路一帶。晨四五時。日軍向我軍大砲不時轟發。至八九時許始止。至中午。八字橋方面。砲聲又起。每刻鐘必有十數發。午後兩方有小接觸。敵方砲聲。每小時仍必發數響。四時。蘊藻浜近浦江方面。封家灣地方。突有日兵一小隊。着黃色製服。袖有單條紅章。紛紛由南岸下坡。趨登民船。意圖偷渡。正至中流。卽被我軍察覺。當開槍數響。詎該日軍等見有準備。急命船夫掉頭。潮高流急。偶一顚簸。竟至翻身。祇有二三日兵船夫。泅至南岸。餘均遭滅沉。但九時以後。我方亦以野砲及迫擊砲共三十餘門。向敵方轟擊。約百餘發。目標爲虹口公園。恐敵方有

重大損失。此爲念八日以來我軍之第一次用最猛烈之砲火還擊。當時敵方寂靜。準備槍聲砲聲都歸消滅。蓋恐我軍攻擊故也。

■日機猖獗　日方飛機。今日又大肆猖獗。在大場、眞茹、江灣、閘北等處。飛行擲彈。玆將各處報告。分誌如下。（大場）晨八時。有日飛機三四架。在大場鎭空中飛行。日機飛行頗高。並未擲下炸彈。至午後三時許。突由東南飛來日機二架。在大塲週邊盤旋三四匝。該處居民大驚逃散。雖經軍警極力制止。終無效果。當時秩序頗爲紛亂。該日機旋卽投彈二枚。一落於大街後之空地上。爆發未傷人。一落於鎭東某廟後。炸去一殿角。該處居民。愈爲驚擾。紛紛遷徙。守駐該處之我軍。卽開砲射擊。二日機始倉皇飛去。（吳淞）晨六時許。吳淞口外之日艦。曾向我砲台灣、獅子林等處。發砲多響。同時又有飛機三架。在江上飛翔。拋擲炸彈十餘枚。砲台未受損害。僅焚燬附近民房數十間。（閘北）晨十一時三刻。日機

三架。赴中興路中山路一帶。偵察我軍陣地。幷擲下炸彈多枚。均未爆發。我軍用高射砲。向之射擊。有一雙翼機受傷。但仍被偕餘二機負創而遁。午後日機又至。旋卽飛去。下午一時。日機又在潭子灣一帶。開機槍掃射。傷一朱姓男孩。(彭浦)上午九時許。日機二隊。每隊三架。飛往彭浦一帶。盤旋空中。歷一小時許。於彭浦鎭北首張家宅擲彈三枚。炸傷張姓男女二名。傷勢尙輕。卽自投醫院求治。(眞茹)眞茹方面。日軍用飛機。每晨飛往繞翔。晨十一時許。日機三架。由吳淞境空。向眞茹飛來。至暨南大學空際。飛度漸底。旋飛經車站南再繞飛西北擲彈一粒。未曾爆炸。時我軍以步槍及高射砲射擊。日機逃飛江灣方面。(江灣)午有日機多架。往來於江灣天空中。經我方軍隊用步槍及迫擊砲等攻擊。日機旋卽遁去。(羅店)寶山縣屬之羅店鎭。於晨七時半許。突來飛機兩架。在該處抛擲炸彈。翱翔歷十分鐘。投彈約十餘枚。旋向東南方面飛去。

被燬之民房計有布場街潘瑞階新建住宅一所。全部被燬。梗浦橋西首之朱亦宜住宅。被炸一巨穴。有約二尺餘之石條被彈轟起。當墜下之際。鰺避難至羅店之吳淞木行主楊某。西巷裏之某姓居戶。亦被炸燬。蔡家橋被炸二彈。一在田畝間。一落河畔。按自戰事發生後。寶山縣城因與吳淞毘連。故寶山縣政府及其他各機關暨居民等。均已就近遷至羅店暫避。但被日機擲彈後。全鎮頓呈恐慌。是以霎時間又相率他遷云。

□暴行摘記　日軍暴行。每日必有多起。大有記不勝記之概。今日各方報告更多。茲摘錄如下。（日軍捕擄茶客）楊樹浦路八九號申新第九廠斜對過三江茶樓。晨八時四十分。有日軍卡車六輛。自東駛來。停在該茶樓門前。跳下武裝日軍十餘人。手執籐條。四日軍在樓下嚴密把守。餘均登樓。將全樓茶客。悉數驅上卡車。稍有抵抗。即將籐條抽擊。以致身受重傷者。達十餘人。但仍爲日軍迫上

卡車。一時秩序大亂。行人奔避。事後據該茶樓堂倌語。謂是日被捕人數。確在六十名以上。大半均係附近申新九廠工人。且多每日必至該樓啜茗者。渠(堂倌自稱)因適在後面小便。聞變卽從後門逸出。幸未遭日軍捕去。嗣後有人在附近調查。祇見妻號子啼。狀甚悽慘云。(到處搜索殺人)下午五時半。華人某。因事經公共租界提籃橋後保定路舟山路口。詎爲日軍五名所攔阻。立卽加以搜索。當在身畔檢出大洋二十一元。一元鈔票一張。銅元數十枚。卡片十餘張。日軍遂將財物刦奪。某據理力爭。竟攖日軍之怒。卽開槍轟擊。遂被槍殺。仍倒臥該處。無人收殮。身穿藍灰棉袍。衣服整潔。狀似中上級社會中人云。(日便衣隊慘毒)林某。住虹口克明路順大里。今日自日本便衣隊總部逃歸。述及此次日本便衣隊慘殺我同胞。事甚詳。本月二日。不知何人。在本弄內牆上。塗有打倒日本字樣。被日便衣隊發覺。認爲有意侮辱。卽將弄內尙未逃出之男女同

胞二十八人。（林亦在其內）用强暴驅至日便衣隊司令部。勒令跪地。任意由鐵棍毒擊。被擊者輕則血流遍面。重者骨碎目突。更用雪亮犀利。形如割稻用之鐮刀。由頸項拉割衣服。直至小腹以下。（蓋解鈕扣遲慢。故用鐮刀宰割也。）因之有胸腹割破。腸流血湧。滿地哀號而死者數人。餘者亦復一一槍殺。幸林及其餘七人。形如亡國順民。即由彼給一白布黑字。上書「出火線去」四字。得以輾轉逃歸云。（日兵强購木桶）晨十時後。楊樹浦龍江路祥泰木桶作。突有日兵十餘人。並有卡車一部。停於該號門前。當有兩日兵上前敲門。該號中人由門隙中窺見日兵衆多。不敢抵抗。立即放開。詎日兵中有漢奸一名。出而與該號店主聲言。欲購大號木桶八十隻。小木桶一百二十隻。價則照例計算。店主即以無此巨數爲答。該漢奸竟命日兵等强自搬運。店主情急。上前阻止。被日兵用利刀戳右肋右臂大腿等處。登時倒地。血流如注。日兵搬運後。齊登上車。

急馳而去。事後調查。共搬去大木桶七十一隻。小木桶四十八隻云。(丙舍被炸慘狀)湖州會館。本爲吾軍駐紮地。日機前數日。曾飛至該地。拋擲炸彈甚多。雖其時我軍已遷移他處。未遭斯厄。而館內房屋。則均被燬損炸裂。且兆焚如。紅十字會第六救護隊長俞松筠。今日前往視察。目擊館內丙舍棺木均已被炸。陳屍枕籍。多皮裂骨碎。斜陽影裏。照茲慘狀。不禁悽然涕零。又因所寄放該館之棺木。均係臨時者。故屍體多未腐爛。心肝腸胃。隱約可辨。道經其地。便聞臭氣四溢。其狀之慘。非筆墨所能形容云。

二十日以來

二十日以來。日方由鹽澤、野村、而至植田。三易軍事上中心人物。又調最精銳之金澤師團。來滬增援屢戰屢北之海軍陸戰隊。雖該師團尚未曾作主力戰。然吾人亦徒見其不自量而已。茲摘錄外報

之評論。專家之觀感。及日人之記載數則。以爲本書之殿。

□倫敦泰晤士報　外相西門所報告之遠東政策。定爲英國輿論所贊同。今公共所要求者。僅在以必要的毅力。實行此政策耳。美國反對日本過分行爲之輿情。現較英人爲甚。日本現須知其在華海陸軍代表之行爲。已漸使全世界輿情反對其國。日本已喪失其前所享受之許多擁護矣　日人交戰者在上海之種種不規則行動。已表示其遠不合於文化之高程度。從前世人對於新日本。稱爲有文化高程度。今則對於日本漸失同情。

□倫敦每日驛報　日本帝國主義。已顯明的決心欲征服中國。要知上海非卽中國。內地尙有力量可出與日本周旋。不過稍緩耳。日本加於中國之新侵略。其結果或不爲勝利。但爲日本黷武主義之自殺云。

□倫敦彙聞報　諺有之曰。眞宰所欲毀者。其人輒先發狂。日本

軍閥今所爲者。殆此之謂歟。日本軍閥不獨驕横。且亦盲行。除黷武外。不顧其他。乃日政府機關竟爲其支配也。日本海陸司令或行其心目中所視爲正當之舉動。但欲掩飾將來結果之異常嚴重。殊無所得也云。

■倫敦孟却斯德導報　中國既已承認日本哀的美敦書之要求。而日兵復接以確實占據中國土地。中國人民之公憤。使提倡抗日抵制數次者。扣留與毀壞日貨。然無論如何。此種可指摘之行動。不足爲異。抵制之蔓延。如可爲日兵佔據上海華界之合法藉口。則日兵侵略中國之大部分。亦可同一有理矣。

■紐約公論報　從國際方面觀察之。日本在滬行動與地位。已一步不如一步。既誤於前。復誤於後。着着錯失。形勢日益險惡。彼東京當局。不自承過失。責令其海陸司令鹽澤。從速挽救此危險之時局。不尊重他人之權利。而竟曉曉置辨。自謂所有舉動。止爲履

行其「保護」租界應盡之本分。

▣紐約晚報　在中國外交史上。中國固嘗屢受外侮之兇横殘暴。如日本今日所表顯者。實無前例可見。日本以制止反日運動爲藉口。竟密佈飛機。向繁盛市區濫擲炸彈。大肆焚燬。使無數和平之民衆。同陷空前之慘刼。此種殘酷行爲。歐西各國所未敢施諸中國也。

▣紐約時報　就日政府所持方針言之。吾人雖欲以國際間之責任相爲勸告。亦殊徒然。(又曰)簽約國在條約之下。儘可向日政府要求滿意之解釋。儘可反抗其在華之横行不法。同時又可召集國際會議。以解決此極重大之國際問題。世界各國對日最後之判斷若何。胥視其對吾人莊嚴合理之表示取何態度定之矣。

▣上海字林報　本報迭接公正人士來函。述及虹口一帶慘痛情形。而可靠之實際遭遇報告。亦時有到館。若輩皆不能視爲排日宣傳

家。而其所述。亦係實情。良屬悽慘。此際時局。已極複雜。本報不欲再加暢論。致益增複雜。第日當道對於若干日人不受節制之行爲。旣以表示遺憾。深信必已設法防免。再有此種過分舉動。倘能再昭示公衆。其軍隊已奉有命令。對於普通人民。應遵行防免發生前數日悲慘記錄之公約。則更善矣。

◻上海大美晚報　時至今日。工部局亟宜公開要求日本武裝隊伍。在公共租界內拘捕之平民。解至正當組織之法庭審問。不能由日軍事法庭處埋。凡日本陸軍或海軍當局下令處決之平民。直可謂之謀殺。在法律上。在道德上。俱不能再有他種名詞可以相稱。日本軍隊對於中國人民。或其他外國人民。應與任何普通人民一例待遇。不能有更多之權利。可以稍予審問。卽行判罰。目下亟應將此種地位使之完全明瞭。今日人堅稱。並非與中國開戰。但祇有在戰事進行之際。軍事法庭始在法律上與道德上。可有極少限度之權力。

控制平民之生命與行爲。若係駐防軍隊。不論爲日本。或他國軍隊。則拘捕平民後。應卽解往相當法庭特別審理。不能由軍事法庭逕予審問。今惟有日本軍隊自爲法律。一方力稱。並非作戰。而同時又施行戒嚴法規。卽以軍事法庭審理平民。日軍此種蠻橫行爲。僅此一端。已足以要求其完全退出租界。而將目下日人巡邏區域內之管理權。返諸工部局。況尙有其他無量數理由。可以要求其退出乎。若謂工部局之實力。不逮日軍。故不能力爭。使平民受合法待遇。是亦詖遁之辭。倘工部局之要求竟被拒絕。則日本軍人與軍官犯有擅自處刑之罪。必須認爲强盜行爲。而受强盜之待遇。世未有自尊之人。僅以衆寡之不侔。願如馴羊然。忍受强盜之暴行者。今租界內之警務官吏。皆驍有膽勇。忠於職守之輩。故深信工部局將可得充分實力爲後盾。實施該局所頒行之法令。此項法令。乃爲其所保衛之人民而頒發者也。(又曰)日本軍隊與攜槍之徒。不僅失去其

在上海保衛計劃中之效用。且已喪失其留居公共租界之權利。是以我輩今日關懷日本地位之心。已無異於日人之關懷我輩權利財產與生命矣。日本在名義上之地位。既與中國友誼未絕。又與他國協同保衛租界。但在事實上。則日本正與中國作戰。且以極不正當之道。利用公共租界中立區域。爲其作戰根據地。日人不僅以此種行爲妨害他日公共租界之地位。且以我輩所認爲極端不合之方法。自租界當道手中篡取警察權。而擴張其行使區域。至於他人當初所未嘗料想之地位。並濫用此權力作種種行爲。如縱火及屠害所拘之人等。是以公共租界當道。應立卽當衆表示。與此種過分舉動。絕無關係。並有以昭示公衆。使知他國及其僑民。絕未預聞任何侵犯中國之戰事。更應重行申明公共租界之中立地位。其他係外人安全居住之所。不能爲作戰根據地。當此中立性質既被蹂躪之時。欲圖恢復。應立卽要求下列諸端。（一）所有日本武裝隊伍。撤至租界以外。

至少亦應將除保衞租界所必要者外。悉數撤去。租界巡捕復得行使職權。(二)解除日本便衣隊之武裝。若輩已自行證明爲一種凶頑殘暴不負責任之團體。(三)一切日本武裝隊伍。不得再在租界境內登陸。日人鑄此大錯。其可慘之記錄。已無術消泯。我輩今日所能爲者。唯有使公衆明瞭日本係孤行己意。至不參加戰事之日本人民。當然可以留居租界之內。與中國人民同受租界當道及各國軍隊之保護。但彼武裝日人曾辜負所託。而利用租界爲作戰根據地者。吾人唯有以二字對之曰「滾蛋」而已。

□德專家　此次日援軍雖帶有重砲數十尊。銳利之軍械。不可勝計。惟此項重砲。祗適用於野戰。在上海殊非所宜。並云淞滬一帶。池浜甚多。土地又多崎嶇不平。重砲戰更難有發展之可能性。徒多毀民居。於戰事上實無多大裨益。且證之過去兩旬來滬上戰况。華軍勇猛作戰。在在優勝。此次日軍仍難遂其志云。

□大阪每日新聞 我軍（日軍）二星期來。飛機大砲。不時轟炸。除民房化爲瓦礫之場外。而敵軍（我軍）仍固守原陣地。繼續抵抗。日間殆未見敵影。入夜則暗襲我（日）陣線。查敵之陣地。依照近代戰術所築造。係半永久的塹壕。其複雜堅固。恰如歐洲大戰時法國戰線之塹壕式相同。其第一、第二、第三、第四等四道防線。有密如網目之坑道聯絡之。構造之複雜。不易推摹。是以雖受大砲炸彈直接轟射。仍無大損失。第一道防線。幅廣六尺。深約六七尺。上覆以鐵板與沙袋。防禦方法之堅固。歐美人多驚歎不已。在防線之地上。祇露出野砲之砲身。上面又遮以堅實之鐵板。以防飛機之炸彈。此種隱蔽塹壕。有無數之銃眼。可怕的機關槍銃口。密如蜂窠。特對於機關槍之射擊法。手溜彈之投擲法。步槍之使用法。以及陣地攻守之作戰術。完全已脫化中國式之戰爭。而爲純粹某國式的精巧戰法。近代戰術之結晶體。誠使我軍（日軍）無法應付矣。（均

照日文直譯。）（又云）此次上海市街戰。因我陸戰隊毫無經驗。海軍行動。大受挫折。而便衣隊之活躍。實如猿猴。不易捉摸。航空母艦之爆擊機。無論何處。不能發揮其威力。其後戰鬥艦所發之爆彈。擴大被害區域。彈片飛散租界。因此連日空中爆擊雖烈。但能登呂水上偵察機。絕對不能發展。陸戰隊因被便衣隊之擾亂。亦束手無策。蓋內地（指日本）所訓練之戰術。與上海之市街戰。大異其趣。我軍（日軍）之死傷者。遂日漸增加。

▣日文時事新報　日來敵方便衣隊。仍騷擾不已。持武器彈藥之學生義勇軍。竟敢與我（日軍）陸戰隊本部距離不及一站之處。出沒挑戰。其大膽不敵之行爲。我軍亦驚呆不堪。（照日文直譯）

中華民國二十一年三月初版

日本侵略上海戰記（第二册）

（定價大洋二角）

編輯者 東華編譯社

發行人 東華編譯社

印刷所 東華編譯社

總發行所 東華編譯社

上海抗战与世界反法西斯战争系列丛书

淞沪

淞沪抗战史料丛书续编 III

第十辑

上海撤兵区域接管实录 | 吴宏 等编

上海科学技术文献出版社
Shanghai Scientific and Technological Literature Press

“上海抗战与世界反法西斯战争”系列丛书总序

徐　麟

伟大的中国抗日战争，是近代中国人民反对帝国主义侵略并且取得第一次完全胜利的民族解放战争，是开展时间最早、持续时间最长的世界反法西斯战争东方主战场。在这场历经十四年之久的抗日战争中，中国各族各界人民同仇敌忾、共赴国难，经过艰苦卓绝的浴血奋战，以巨大的民族牺牲，打败了穷凶极恶的日本法西斯侵略者，取得了辉煌的胜利。正如习近平总书记所指出的，中国抗日战争“为拯救民族危亡、实现民族独立和人民解放，为争取世界和平的伟大事业，作出了彪炳史册的贡献”。中国抗日战争是在中国共产党倡导的以国共合作为基础的抗日民族统一战线旗帜下进行和取得胜利的。以爱国主义为核心的伟大民族精神是中国抗日战争胜利的决定因素，中国共产党的中流砥柱作用是中国抗日战争胜利的根本保证，全民族抗战是中国抗日战争胜利的重要法宝。

上海抗战是中国抗日战争的重要组成部分。在中国抗日战争与世界反法西斯战争中，作为中国共产党的诞生地，上海这座具有反帝反封建光荣革命传统的英雄城市，发挥了独特的重要作用，作出了重大的历史性贡献。

20世纪三四十年代，上海这座国际性的大都市，已经成为中国与世界各国通商贸易的主要港口，成为中国经济、文化中心和政治、外交副中心。同时，上海又是当时中国最大的军港和守卫长江的大门，具有重要的军事战略地位，因而始终成为日本法西斯军国主义

觊觎的一个战略要地。1931年“九一八”事变后，日本法西斯军国主义进而在上海挑起了“一·二八”事变，发动了对淞沪地区的武装侵略。驻守上海的十九路军和前来增援的第五军与上海人民奋起抵抗，给予日本侵略者以沉重一击，成为中国局部抗战历史进程中承前启后的关键性一役。“九一八”和“一·二八”时期的抗日武装斗争和民众抗日救亡运动，在世界上率先举起了反法西斯的旗帜，揭开了中国抗日战争和世界反法西斯战争的序幕。1937年七七事变后仅一月余，日本法西斯军国主义又把侵略魔爪伸向上海，遭到中国爱国军民的顽强抵抗，形成了以上海为中心的一场气壮山河、震惊中外的“八一三”淞沪抗战。七七卢沟桥事变和“八一三”淞沪会战，标志着日本法西斯军国主义全面侵华战争的开始。在中国共产党的积极倡导和推动下，抗日民族统一战线正式形成，揭开了中国全民族全面抗战的序幕，也标志着世界反法西斯的第二次世界大战在亚洲的东方战场正式形成。在“八一三”淞沪抗战历时一百多天的日日夜夜，中国军队和上海人民以其鲜血和生命，筑成了一座民族自卫的血肉长城，谱写了一曲民族团结、共御外敌的壮丽史诗。上海沦陷后，上海民众在全国人民和全世界爱好和平的各国人民的声援、支持下，面对极其艰辛险恶的环境，仍然以大无畏的英雄气概，坚定不移地继续投身于全民族抗战的洪流，对日伪的法西斯统治进行不屈不挠的斗争。中国共产党始终高举抗日民族统一战线的伟大旗帜，发动民众，团结上海各界人士，从人力、物力、财力等各方面支持抗日民主根据地和抗战大后方的斗争，冒着腥风血雨，迎接抗日战争的最后胜利。

两次淞沪抗战及上海民众在十四年不间断的抗日救亡运动中，

构成了一幅幅上海抗战英勇悲壮的画卷，也铸就了上海在中国抗日战争和世界反法西斯战争中的重要历史地位：上海不仅是中国对日作战的一个坚强的军事战略重镇，也是中国抗日救亡运动的前期中心和中国抗战文化的发源地；不仅是支援抗战大后方和抗日民主根据地的重要基地，也是世界反战反法西斯人士和中外难民的庇护所；是世界反法西斯舆论战、情报战的东方主要阵地，又是中国联系国际反法西斯阵营的纽带和桥梁。更为重要的是，上海抗日战争凸显了其重要的历史意义：它在外敌入侵、民族危亡的关键时刻，全面地、全方位地弘扬了以爱国主义为核心的民族精神，折射了中华民族有同侵略者血战到底的气概、有在自力更生的基础上光复旧物的决心，有自立于世界民族之林的能力。上海抗日战争在中国抗日战争和世界反法西斯战争历史上树立了一座永不磨灭的丰碑。

2015年是中国抗日战争暨世界反法西斯战争胜利七十周年。在中共上海市委的领导和支持下，上海学术界和理论界经过多年的努力，联合推出了“上海抗战与世界反法西斯战争”系列丛书。这套系列丛书分为三个子系列，**一是“上海抗日战争史”丛书**，内容包括上海抗战史通论、“一·二八”淞沪抗战、“八一三”淞沪抗战、日军在上海的罪行与统治、上海人民抗日救亡运动、上海郊县抗日武装斗争、上海人民支援新四军与抗日根据地、抗战时期的上海经济、抗战时期的上海文化、上海抗战与国际援助等；**二是“淞沪抗战史料”丛书**，选辑和汇集民国时期有关上海抗战的具有代表性的通讯、纪实、回忆录及报告文学等鲜为人知的孤本、藏本影印重版。**三是“上海抗战与世界反法西斯战争研究”丛书**，其中包括

资料性著作：如记忆中的淞沪抗战、淞沪抗战中文报刊资料选编、淞沪抗战档案史料选编、上海抗战历史文献选编等；专题性著作：如中国共产党与上海抗战、当代学者论淞沪抗战、国外学者论淞沪抗战、“一·二八”淞沪抗战画史、“八一三”淞沪抗战画史等；工具性著作：如上海抗战与世界反法西斯战争大事年表、上海抗战与世界反法西斯战争事件人物录等；通论性著作：在上述论著的基础上完成一部通论性著作，即上海抗战与世界反法西斯战争全史。这三个子系列丛书各有千秋、各具特色，在集结出版后，更能起到互相参照、取长补短的作用。可以说，这套系列丛书是上海学术界和理论界研究上海抗日战争和世界反法西斯战争的一项重大的学术成果，是对上海抗日战争史研究的一个重要总结和一次集中展示，也是向中国抗日战争暨世界反法西斯战争胜利七十周年献上的一份厚礼！

“疑今者，察之古；不知来者，视之往”。历史是最好的教科书。“上海抗战与世界反法西斯战争”系列丛书的出版发行，更是为了向社会提供一部能够弘扬时代正能量、培育与践行社会主义核心价值观的好教材。让我们站在新的历史起点上，进一步铭记历史、缅怀先烈、珍视和平、警示未来，为实现中华民族伟大复兴而奋斗，为促进世界的和平和发展作出我们应有的贡献。

出版说明

“淞沪抗战史料”丛书续编Ⅲ主要收集美国史坦福大学东亚图书馆等处所藏资源，将已见或未见的关于淞沪抗战史料以影印的形式出版，内容涵盖两次淞沪抗战，即“一·二八”淞沪抗战和“八一三”淞沪抗战，力求比较全面、翔实和生动地反映淞沪抗战的全貌。

两次淞沪抗战，是中国人民伟大的抗日民族解放战争的重要组成部分，特别是“八一三”淞沪抗战是在中国共产党抗日民族统一战线政策的指引下，以国共两党合作为中心，全国各爱国党派、团体，中央和地方各系抗日军队，各界爱国民众以及海内外侨胞，在抗日御侮、共赴国难的基础上发动和进行的，堪称民族自卫战争史上的伟业。它体现了中国人民血洒战场、拼死抗战的决心和民族团结精神。在抗战胜利70周年之际，阅读这些史料，重温那段中华民族优秀儿女面对强敌、誓死抗争的精神，就是最好的爱国主义教材。两次淞沪抗战展示了中华民族奋起改变自己国家命运的伟大信念，爱国主义激发出全体中国人民的巨大力量，这种信念和力量，在今天仍然弥足珍贵，令人心怀激荡。两次淞沪抗战中那些大气磅礴、气壮山河的史诗故事，均在本套丛书资料中有翔实的记录和质朴的史料作为佐证。

由于各种原因，原书中存在着印刷错误，而且有些细节也与史料不符，对书中的一些观点我们也不完全赞同，为了给读者提供最原始的抗战史料，对上述问题未做任何处理，希望读者能够给予理解。

编者

2018年7月

目 录

上海撤兵區域接管實錄
吳鐵城

——上海新聞報館之兩大日刊——

信譽久著讀者歡迎之晨刊

新聞報

日銷十五萬份以上風行最廣
爲全國輿論之忠實導師爲刊
登廣告之唯一媒介紀載最正
確詳捷於商業經濟尤爲注重

欲知當日重要電訊及商情市價
須購閱每日下午出版之

新聞夜報

日出一大張售國幣貳分定報
每月六角外埠每月連郵七角
除電訊商情外並有夜聲副刊
每星期日有全國播音節目表

——館址上海漢口路十九號—電話九四一六六號——

日銷十五萬份滿佈全球各地
内容豐富
消息正確
申報
言論公允
附刊完備
廣告効力無與比倫

輪船招商局廣告

總局上海黃浦灘九號

本局現歸國營凡長江南北洋各埠均設有分局並置有碼頭堆棧及新式快輪數十艘裝璜精美設備完善招待乘客務求周到裝載貨物愈益敏捷凡我愛國客商如蒙惠顧無任歡迎茲將本局江海各輪及行駛航線開列如下

長江線
滬漢班　江順　江安　江華　江新　江靖　建國
江裕　江天　江大
漢宜班　快利
宜渝班　峨嵋
漢沙班　利濟　利源

南洋線
滬甬班　新江天
滬甌班　海晏　廣濟
滬閩班　泰順
滬汕廈港粵班　源安

北洋線
滬海班　嘉禾　同華
滬威烟津班　新銘　新豐
滬營班　圖南
滬青連或廈汕港粵班　綏志　美利　公平　海瑞
海祥

電話　一一五八四　一一五八九　有
問訊處　一七二七八　無
線電挂號八九九六九

良藥信譽

得

英雄一言而益彰

永安堂主人胡文虎君熱心救國仁術濟人其所製虎標萬金油八卦丹頭痛粉清快水諸葯品治病靈驗早已風行海內衆口同稱此次本軍在滬抗日胡君援助最力急難同仇令人感奮書此以留紀念

蔡廷鍇

主治

內科

山嵐瘴氣 傷風感冒 心氣肚痛 霍亂吐瀉 肺炎腦炎 四肢厥冷 一切惡痧

中暑中熱 氣喘咳嗽 冷熱肚痛 積滯吐瀉 絞腸痧痛 人事不醒 一切危症

外科

舟車頭暈 手足酸痛 水火燙傷 疝氣偏墜 各種凍瘡

頭昏眼眩 刀傷物傷 惡蟲咬傷 脚指濕癢 新舊疥癬

用法

內科以此油重約四五分熱茶送下外搽口鼻手足等處五分鐘見功半點鐘全愈外科搽患處每二點鐘搽一次應驗如神

虎標永安堂上海分行 甯波路五九五號 電話九三一五九

用二天油驅除一切病魔
振起尚武精神
總批發處
上海北四川路
二天堂

願我同胞
具救國心
臥龍奮起
為雨為霖
吸此烟者
同心若金
南洋兄弟烟草公司出品
白金龍香烟
CIGARETTES
10 CIGARETTES
CIGARETTES

兩種著名出品
人造自來血
補血生精開胃健體功效卓著具有数十年之佳譽並幾千萬人之經驗誠為補劑中極有價值之出品
大瓶二元 小瓶一元二角
五洲固本皂
係用機力製造質地堅結耐用定價公道去垢快速不損衣料為最著名優良之家用皂幸希各界愛國諸君倡用是荷
上海四馬路
五洲大藥房發行

上海商務印書館復業紀念

一二八國難瞬屆一週、接收實錄適於此時出版、
敝館復業紀念亦適於此時舉行、用將遭遇國難以來
之概況、為愛護敝館之諸君告、
敝館總廠編譯所東方圖書
館等、於二十一年一月二十九日
及二月一日先後
慘遭國難、被炸一空、不得
已宣布將總館各機關暫時停業、
從事善後、但敝館絕不敢因此稍懷自餒、全國教育界
及讀書界、亦以敝館對於文化事業關係重大、督促早
日恢復、爰於二十一年八月一日、
勉力復業、繼續為文化而奮鬥、並在上海陸續
新設製版印刷平版五廠、合以北平香港兩分廠、
生產力量、逐漸充足、不特被燬各書、次第重版、
並自二十一年十一月一日起、每日出版新書一種、至
於各級學校教科用書、更早已印備齊全、供求可以相
應、茲為
紀念復業 起見、特自二十二年一月至三月底、
舉行廉價、同時提供辭源等十大辭典發行預約、藉以
酬答海內外人士熱心維護之盛
心、敝館努力恢復之情況、自問尚
堪告慰國人、各界諸君
惠予協助、俾敝館於巨劫
之後、早復舊觀、得與吾國文化教
育同其猛進、則受賜者豈特敝館
而已、我國民族前途、實利賴之、

為國難而犧牲

為文化而奮鬥

商務印書館謹啓 廿二年一月

中興煤礦公司廣告

本公司在山東嶧縣棗莊地方開辦煤礦所有產煉各種煤焦歷經中外著名礦師化驗灰輕礦少燄長性堅極合輪船鐵路工廠一切機器鍋爐之用是以津浦京滬隴海各大鐵路及沿站地方常年購運同聲贊許他若山東境內暨運河長江一帶各工廠亦均紛紛訂購如荷賜顧請就近向下列各處接洽辦理無不歡迎

津浦北段分銷共十二處　臨城　滕縣　鄒縣　兗州　曲阜　濟甯　泰安　濟南　禹城　平原　德州　桑園

津浦南段分銷共五處　韓莊　徐州　宿州　蚌埠　浦口

京滬路線分銷共五處　上海　鎮江　無錫　常州　蘇州

隴海路線分銷共三處　運河站　新浦　大浦

台棗路線分銷共三處　嶧縣　泥溝　台莊

運河一帶分銷共三處　清江　馬頭　宿遷

總公司　上海江西路二百十二號四樓　電報掛號　一五四二

電話號碼　一九八三八（管運處）　一七一三九（庶務處）　一八三六三（出納課會計課）　一七一五七（總處）

總礦　山東嶧縣棗莊　電報掛號五二八一

購買世界書局書籍的處所
面購
上海四馬路世界書局總發行所
下列各省各埠世界書局分局
全國各處各大書店
分局地址
南京太平街 漢口交通路 天津大胡同
徐州二府街 長沙南陽街 梧州南環路
蕪湖長街 衡州八元坊 瀋陽鼓樓北
杭州三元坊 常德常清街 廣州永漢北路
蘭谿西門大街 重慶縣廟街 汕頭至平馬路
溫州府前街 濟南西門大街 福州南大街
南昌戌子牌街 北平楊梅竹斜街 廈門中山路
太原柳巷街
函購
上海四馬路中市世界書局總發行所函購部
上列各省世界書局分局函購部
欲購精,美,廉的
教育用品
請到
世界教育用品商店
▲在上海四馬路(世界書局隔壁)
本店為我國規模最大之教育用品商店、發售下列各種物品、或係運自歐美、或係自製國貨、俱屬著名廠號出品、異常精良耐用、售價特廉、歡迎惠顧
一品類一
毛筆鋼筆 鉛筆石筆 粉筆畫筆
自來水筆 墨水墨汁 墨盒石版
松烟烏墨 鎮具規尺 五彩畫色
繪畫器物 書包書夾 中西簿册
風琴樂器 美術插圖 敎育用品
運動用品 游戲用品 零星雜件

中華書局出版

外交讀物

東北研究叢書

每冊五角 ● 特價八折

東北與日本 周憲文編
東北與列強 陳叔兌編
東北的貿易 魏銘編
東北的產業 徐嗣同編
東北的金融 何孝怡編
東北條約研究 胡昆 丁嵩勳編
東北鐵路問題 袁文彰編
東北移民問題 王海波編
滿鐵事業的暴露 魏承先編
東北的社會組織 王正雄編

國際聯合會調查團報告書
Report of the Commission of Enquiry of the League of Nations
定價二元 特價一元半

三國干涉還遼祕聞 王光祈編 一冊 三角
美國與滿洲問題 王光祈編 一冊 四角半

國難時期應備的常識

最近十年世界大勢 林希謙編 一冊 五角
太平洋問題之解剖 葛綏成編 一冊 八角
近代世界外交史 張安世編 精裝一冊二元 並裝二冊一元五角

國民外交小叢書

每冊八分

近代中日關係略史
門戶開放之今昔觀
領事裁判權與中國
外國在華之經濟侵略
中國交通與外國侵略
日本收回法權稅權小史
各國航業競爭
中俄關係略史
中英關係略史
法國殖民地
新疆問題
戰後德國之經濟
新土耳其

最近之日本 陳懋烈編 一冊 三角半
日本全史 陳恭祿編 一冊 一元二角
現代五大強國 許士廉編 一冊 三角

近代世界殖民史略 王錫綸編 一冊 一元二角
國防與外交 謝彬編 一冊 一元
廢戰計劃 高魯編 一冊 七角
世界聯邦論 高魯編 一冊 四角
華盛頓會議小史 周守一編 一冊 一元五角
戰後列國大勢與世界外交 張介石編 一冊 五角
蘇俄五年計劃概論 周憲文編 一冊 五角
國際小史 洪盛編 一冊 二角
戰後歐洲關稅政策 褚保時編 一冊 二元
現代世界經濟大勢 耿濟之編 一冊 六角
歐洲政治思想小史 高一涵編 一冊 五角
中美關係紀要 蔣恭晟編 一冊 四角
中德外交史 蔣恭晟編 一冊 四角
西藏交涉略史 謝彬編 一冊 二角
西藏外交文件 王光祈編 一冊 六角
庫倫條約之始末 王光祈編 一冊 五角
中國喪地史 謝彬編 一冊 四角
國恥史 蔣恭晟編 一冊 一元二角
國恥小史 二冊 一角半
辛亥革命與列強態度 王光祈編 一冊 三角半

華0073(全)　22,2.

上海撤兵區域接管實錄

朱錫百

長勿相忘
林森

上海撤兵區域委員會接管實錄

不敢忘也

羅文榦題

接管實錄編成敬題四字與國人共勗之

痛定思痛

顧祝同

觸目驚心

何應欽題

創鉅痛深 血痕猶在

褚民誼題

淞滬接管實錄題詞

孫科

永鐫此痛

一二八淞滬戰後接管實錄題詞

[illegible]

痛定思痛

上海撤兵區域接管實錄出版

吉家驊敬題

創鉅痛深

陳儀

還我河山

黃紹竑

創鉅痛深

蔡廷鍇

還我河山

蔣光鼐

上海戰區接管實錄

血跡未乾心已碎
河山誓復首重回

黃[illegible]題

題[illegible]接管實錄

國土尺寸
有司之責
還我故物
是昭竹帛

戴[illegible]題

一二八滬戰後接管實錄

還我河山

王正廷題

爭民族之光榮抗強權於滬濱創
鉅痛深萬家哀哭還我河山返我
區域團結拱衛視茲實錄

上海撤兵區域接管委員會接管實錄題詞

張群

上海撤兵區域接管實錄

可為信史

虞和德謹題

創鉅痛深
慎哉勿忘

蔡元培題

還我河山

周佛海題

痛定思痛

舒石父

多難興邦

民國二十二年二月

趙啟驤題

能犧牲而後能抵抗
能抵抗而後能圖存

羅[illegible]敬題

還我河山

接管實錄出版紀念
吳醒亞敬題

上海撤兵區域接管實錄出版紀念

不忘在莒

文鴻恩題

國難未已

李廷安識

暴力痛史

徐佩璜

永留創痛

金里仁敬題

前事不忘

上海撤兵區域接管
實錄出版

蔡增基題

忍辱負重

二十二年
二月十一日
黃伯

自倭禍作滬上被其蹂躪者幾兩閱月政府與人民數十百年慘澹經營之結果悉為摧毀無遺犧牲生命更不知凡幾倭之視我且犬馬不若讀此冊益不禁髮指眥裂矣雪恥復仇我炎黃神明之胄裔尚念之哉

民國二十二年二月市民鈕永建謹誌

痛定思痛

鄭洪年

東鄰憑侮滬濱灰劫
鼙鼓動地綺歌中輟
痛定思痛視此燼礫
懲前毖後袍澤偕作

翁之龍敬題

嘗膽卧薪

徐佩琨敬題

玉碎乎瓦全乎瓦不可全
寧為玉碎睹此瘡痍滿
目應出眥沒齒燃忘

革題

一二八戰役攝影實錄

祿福康

此書為滬戰最有歷史價值之刊物

虞洽卿何世楨敬題

前事不忘 後事之師
潘震敬題
還我河山
闞百川題

實錄凡例

(一)本書係上海撤兵區域接管委員會所編纂內載所有此次滬戰後日本軍隊撤退情形暨我國方面接管經過將來備充歷史上紀載資料

(二)本書係從停戰會議開始迄撤兵接管完竣爲止對於會議經過協定簽訂情形及共同委員會之設立均有專篇論列蓋接管委員會委員殷汝耕郭德華均曾列席停戰會議殷君係對日外交專家且在會議任日文譯事郭君係軍事小組會議代表對于此次協定簽訂情形完全明瞭也

(三)本書對于此次一二八滬戰後各撤兵區域內地方被災殘破情況均由接管委員會令飭各該地方長官派員切實仔細調查不厭求詳列表統計外且附有精印地圖及銅鋅版照片貳百餘幅俱係確實眞況異常寶貴迥非一般外界率爾採集編成者可比閱者可知日本帝國主義軍閥對華殘暴一斑

(四)本書內附有閘北吳淞江灣廟行大場五處地方房屋焚燬調查圖閱者可知日本空軍破壞力之一般

(五)本書有江蘇省太嘉寶三縣所遭滬戰損失報告

(六)本書有上海市政府所轄八局之接管前後工作報告紀載豐富調查翔實尤其各種被災狀況損失統計工作情形皆列有專表攷據備極詳細

(七)本書對于此次滬戰關于吳淞獅子林炮台要塞及三官塘火藥庫損燬情形列有專稿並附地圖

(八)本書對于各交通機關戰事損失如鐵路電報電話局俱有專門紀載

(九)本書內有商務印書館滬戰損失調查報告

(十)在接管期中各方對於日本軍隊所備就之引繼書大都懷疑其內容有不可告人者茲本書將原來日文引繼書製成鋅版一列披露以祛羣疑

(十一)本書係接管委員會結束時指派編輯六人費時閱四月之久負責編成此外又由上海市政府八局各派一人助理搜集調查江蘇省太嘉寶三縣縣長公安局長區長京滬鐵路局交通部電報局電話局及各關係機關均儘量供給資料彙成大觀

(十二)本書因接管委員會經費支絀關係當時委員議決核定刊資祇一千元而初版貳千册僅紙張銅鋅版及印製地圖一項已需款貳千餘元排印裝訂費尙在外印就出版後擬將一千册分贈全國各機關一千册定價每册五元出售俾民衆可以普遍購閱且彌補刊費之不足書係抗日宣傳及創痛永久紀念各界願備資添印或翻版者最深歡迎

(1)

編輯後話

民國二十一年五月五日，中日停戰協定簽訂，上海撤兵區域接管委員會奉令設立，平陽殷公亦農主之。宏濫竽記室，司每日工作報告，與共同委員會之聯絡。七月旣盡，接管完竣，會務結束；委員決議，有接管實錄之編印，而以主任編纂責之於宏。蓋所謂實錄者，誌所有日方撤兵之經過，紀我方接管之詳況，不啻綜合每日之工作報告，彙作一總報告也。受命以來，竊念接管工作，撤兵程序，事關國故，案屬重要，蒐討成章，固當務之亟。惟滬戰三月，倭軍肆虐，我國所受日本帝國主義武力侵略，其海陸空三方面整個蹂躪實在狀況，當亦爲舉國所願知。爰儘量搜羅各地日軍之暴行：凡交通機關之破壞；文化設備之損害；民居官舍之焚燬；人民之流離死亡；舉而悉載之於書，列之以表。窮個人心力所及，賴省市長官，及各交通機關之調查協助，供給資料，歷三月之久，全書告成。貢佈全國，宣明國恥所在，俾資紀念警惕云爾！同與編纂者：殷體新；趙之驊；何孝怡；查南强；梁扶初。

接管實錄編纂主任吳宏

民國二十一年十一月中澣令抑吳宏謹識

上海撤兵區域接管實錄目次

接管實錄目次

地圖目次

上海撤兵區域接管委員會全體委員攝影

溫委員應星　韓委員德勤　殷主席委員汝耕　郭委員德華　朱委員錫百

上海撤兵區域接管委（民國二十一年六月）

接下页

接管委員會省市全體辦理接管人員攝影

上海撤兵區域接管委員會全體委員職員攝影

前行（席地坐者）

自左至右　王積慶　陶孝潔　周志遠　查南强　張纖光

霍　實　謝志道　李盛鈞　趙之驊　江烱如

後行（立者）

自左至右　朱維瑤　周　道　劉恂如　湯芝甫　何孝怡

劉漁門　朱委員錫百　韓委員德勤　郭委員德華

殷主席委員汝耕　李處長明揚　溫委員應星　吳　宏

李　謨　梁扶初　殷體新　靳　瑩　郭泰俊　陸紹基

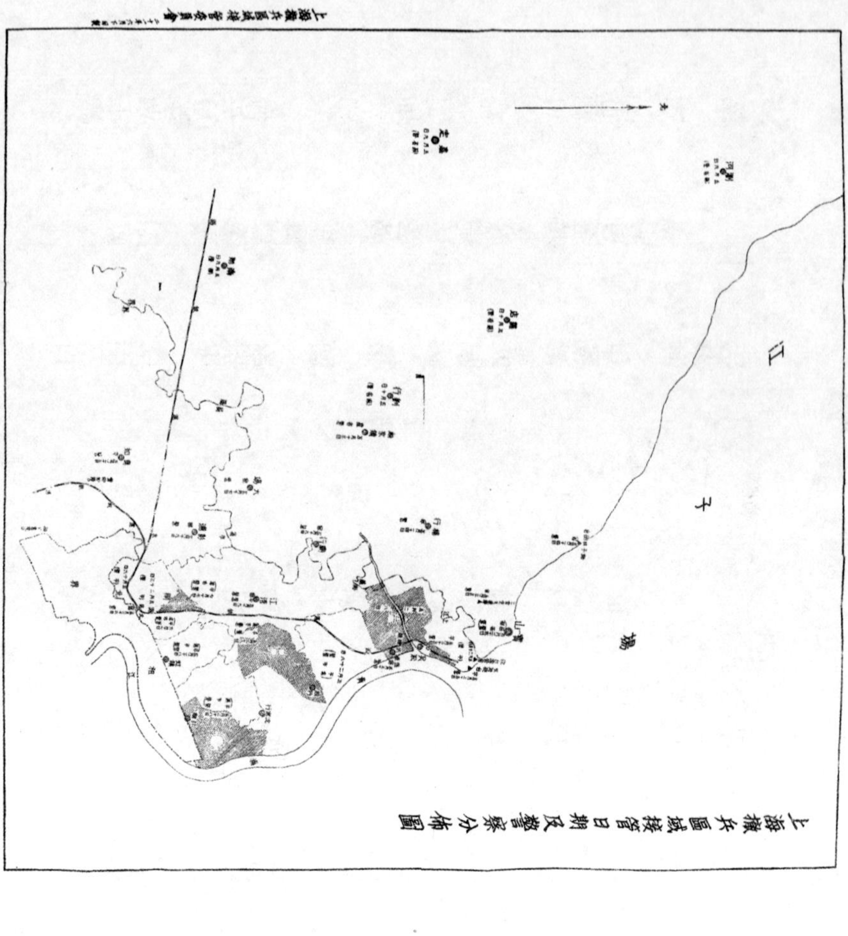
上海撤兵區域接管委員會
上海撤兵區域接管日期及警察分佈圖

國民政府行政院派狀

派殷汝耕爲上海撤兵區域接管委員會委員此狀

派溫應星爲上海撤兵區域接管委員會委員此狀

派郭德華爲上海撤兵區域接管委員會委員此狀

派韓德勤爲上海撤兵區域接管委員會委員此狀

派朱錫百爲上海撤兵區域接管委員會委員此狀

行政院印

院長汪兆銘

外交部長羅文幹

中華民國二十一年五月十日

監印畢繼沅

校對胡成龍

文電

上海撤兵區域委員會之誕生，乃停戰協定簽訂後，由吳市長鐵城，及郭首席代表泰祺會商呈准行政院設立。茲將行政院汪院長與吳市長往返電文列後，俾知本會設立之經過：

上海吳市長冬電

限卽刻到南京行政院汪院長鈞鑒團密停戰會議現已復開協定日內可望簽訂簽訂後日軍撤出區域須卽日從事接管現職府已着手籌備接管事宜惟前項區域包含江蘇省政府及職府雙方管轄地域且接管之際根據協定應由與會友邦代表合組之共同委員會協助佈置事關對外似宜先行統一接管接管後再行分別劃歸原管以免紛歧而資應付茲與會議首席代表郭泰祺商洽擬設上海撤兵區域接管委員會置委員五人由江蘇省政府及職府各派二人郭代表於參列會議人員中派一人呈請鈞院派委以資辦理而一事權是否有當伏乞裁奪示遵上海市市長吳鐵城叩冬印

行政院汪院長江電

特急上海吳市長勛鑒冬電敬悉團密請卽照辦並請屆時將人選電知以便照委爲盼汪兆銘江印

上海吳市長徵電

限卽刻到南京汪院長鈞鑒團密停戰協定簽訂日軍撤退在卽是以上海撤兵區域接管委員會卽須成立市政府方面擬派殷參事汝耕溫局長應星我方代表團擬派郭祕書德華爲該會委員現已去電江蘇省政府請速決定人選遲呈鈞院委派矣謹聞郭泰祺吳鐵城叩徵午印

上海吳市長陽電

限卽刻到南京汪院長鈞鑒團密陽午陽申電計達關於接管撤兵區域事宜現正由接管委員會積極籌備擬請迅賜正式委派俾便應付除飭該會隨時與共同委員會接洽辦理并將接管詳情呈報鈞院外謹此電聞吳鐵城叩陽西印

行政院汪院長青電

限卽刻到上海吳市長勛鑒某密（一）接管委員人選請卽電知以便正式委

派(二)承囑各件已分告鈞任兄及軍政部照辦謹覆兆銘青印

上海吳市長青電

限半小時到南京汪院長鈞鑒青電奉悉結密接管委員會人選市府所派二人爲殷參事汝耕溫局長應星我方代表閘所派一人爲郭祕書德華曾經徵午與復初兄會電呈報在案省府所派二人爲韓委員德勤朱祕書錫百度已另電逕呈謹電奉復並請迅予正式電派爲禱鐵城叩青申印

行政院汪院長蒸電

特急上海吳市長鑒青申電悉本日行政院第二十九次會議決議派殷汝耕溫應星郭德華韓德勤朱錫百爲上海撤兵區域接管委員會委員除派狀另寄外特先電達希即轉飭遵照行政院院長汪兆銘蒸印

通知共同委員會 本會委員就職魚日開始辦公

上海撤兵區域接管委員會公函 會字第四五號

逕啓者案奉

國民政府行政院江日電令准派殷汝耕溫應星郭德華韓德勤朱錫百爲上海撤兵區域接管委員會委員等因奉此本會委員當遵即奉電就職並擇定西愛咸斯路二四九號爲會址自魚日起開始辦公除呈報及分函外相應函達

貴委員即希

查照並轉知

貴會各國委員爲荷此致

共同委員會委員俞
溫

【1】

通電就職

江蘇省政府顧主席
上海市政府吳市長勛鑒奉
貴上海市政府轉到

行政院汪院長蒸電內開本日行政院第二十九次會議決議派殷汝耕溫應星郭德華韓德勤朱錫百爲上海撤兵區域接管委員會委員除派狀另寄外特先電達希即轉飭遵照等因查本會前承

行政院江電准許設立嗣以停戰協定於五日簽訂而日本軍隊即於六日開始撤退所有撤退區域指揮警隊前往接管及與共同委員會接洽事宜非常緊要不可無人辦理爰先行集會討論合力進行以免延誤先後接管各地方均經

上海市政府
貴政府電呈

行政院鑒察在案茲奉

狀派汝耕等爲委員遵即正式就職並即以奉電之日爲本會正式成立之日除呈報

國民政府行政院外特電奉

聞並祈隨時

指示一切不勝感荷上海撤兵區域接管委員會委員殷汝耕溫應星郭德華韓德勤朱錫百叩

南京外交部羅部長內政部黃部長交通部陳部長鐵道部顧部長軍政部陳次長首都警察廳吳廳長北平張綏靖主任蘇州蔣總指揮蔡軍長南昌熊主席並轉何總司令勛鑒奉上海市政府轉到

行政院汪院長蒸電內開本日行政院第二十九次會議決議派殷汝耕溫應星郭德華韓德勤朱錫百爲上海撤兵區域接管委員會除派狀另寄外特先電達希即轉飭遵照等因查本會前承

行政院江電准許設立嗣以停戰協定於五日簽訂而日本軍隊即於六日開始撤退所有撤退區域指揮警隊前往接管及與共同委員會接洽事宜非常緊要不可無人辦理爰先行集會討論合力進行以免延誤先後接管各地方均經上海市政府電呈

行政院鑒察在案茲奉狀派汝耕等爲委員遵即正式就職並即以奉電之日爲本會正式成立之日除呈報

國民政府行政院並分電江蘇省政府上海市政府外特電奉聞並祈指教上海撤兵區域接管委員會委員殷汝耕溫應星郭德華韓德勤朱錫百叩文

上海撤區兵域接管委員會組織條例

第一條　爲實行停戰協定接管撤兵區域依行政院五月三日電令設立本會

第二條　本會接管範圍包含江蘇省政府及上海市政府管轄之區域

第三條　本會以委員五人組織之江蘇省政府及上海市政府各推二人停戰會議中國首席代表推一人呈由行政院令派

第四條　本會除與共同委員會隨時洽商接管事宜外應將接管辦法訓示地方官廳及警務人員並有完全指揮監督之權

第五條　本會事務以會議行之會議時須多數同意方得通過

第六條　本會委員互推一人爲主席處理常務

第七條　本會得酌設各項職員分別辦事其辦事細則另定之

第八條　本條例如有未盡事宜得隨時呈請修改之

第九條　本條例自行政院核准後公布施行

行政院指令　字第一二三五號

令上海撤兵區域接管委員會

呈送本會組織條例請鑒核備案由

呈暨條例均悉查此案經提出本院第二十四次會議決議修正通過並公布已令行內政外交兩部及江蘇省政府上海市政府知照矣仰卽由該會公布施行修正條例隨令抄發此令

（1）

上海撤兵區域接管委員會職員辦事細則

第一條　本會依組織條例第七條之規定設左列各職員

(甲)祕書二人助理祕書四人辦理一切文電報告機要事宜招待新聞記者以及委員交辦事項

(乙)總務主任一人事務員六人書記三人擔任會議紀錄收發保管文書辦理會計庶務監印校對繕寫及其他屬於總務事項

(丙)特派員十人聯絡員四人視察員六人秉承委員指派分赴各地襄助接管及辦理關於接管區域接洽聯絡視察等事項

第二條　本會職員辦公時間每日上午九時至十二時下午一時至七時但遇必要時得延長之

第三條　本會每日輪派職員二人駐會值夜至十二時止

第四條　本會職員如因事請假須得主席委員之許可

第五條　本會職員在准假期內其職務須託他職員代理

第六條　本會職員對於職務有愼守祕密之義務

第七條　本細則如有未盡事宜得隨時修改之

第八條　本細則自委員會議通過後施行

每日大事記

五月七日

公函共同委員會我方俞委員鴻鈞溫委員應星請正式通知共同委員會主席及友邦各國委員本會奉令組織業於魚日開始辦公並擇定西愛咸斯路二四九號聯社爲會址

第一次委員會議

電行政院請調首都警察廳保安隊五百名

電江蘇省政府調省會警察三百名

推殷委員汝耕爲主席

推李明揚爲接管江蘇省轄撤兵區域專員

委嘉定縣長潘忠甲辦理接管嘉定事宜

委嘉定公安局長沈靖華辦理接管南翔事宜

委寶山縣長孫熙文辦理接管羅店事宜

委太倉縣第二區區長錢謹槃辦理接管瀏河事宜

五月八日

函京滬鐵路局及十九路軍總指揮部通知本會已商得日方同意即日可派員工修復蘇州至吳淞一帶綫路車站工廠云

函共同委員會請向日方交涉即日交還鐵路

首都警察廳保安隊第一總隊長卞稚珊率警五百名到達安亭

五月九日

瀏河日軍於上午九時撤退即由本會派員錢謹槃接管

南翔日軍於下午二時退盡本會派員沈靖華於正午十二時即率警接管

嘉定日軍下午二時退去本會派員潘忠甲劉漁門於下午二時入城接管

行政院派狀委殷汝耕溫應星郭德華韓德勤朱錫百爲委員

派李慶鑫郭貞良郭成垓曾可光四員前往嘉定等撤兵區域視察

五月十日

羅店日軍於正午撤退即由本會派員孫熙文接管

李專員明揚視察各接管區域

朱委員錫百由鎮到滬來會就職

五月十一日

南京汪院長來電謂准北平張綏靖主任電開盧鎔率保安隊第一批於十一日午前二時由津南下

五月十二日

本會五委員通電並分函各機關通告就職

接管撤兵區域有關係各機關聯席會議

第二次委員會議

派李盛鈞殷體新等八員視察大場劉家行羅店眞如閘北江灣吳淞寳山楊行等處

五月十三日

本會呈報行政院成立經過並附送組織條例

派寳山縣長孫熙文特派員霍實辦理接管寳山縣城區事宜

派寳山縣第二區區長陸鳳溥特派員劉漁門辦理接管楊行事宜

派寳山縣第一區區長王慶濤特派員陶孝潔辦理接管大場事宜

派施澤辦理接管獅子林炮台事宜

派朱麗臣辦理接管三官塘火藥庫事宜

派陳文正辦理接管吳淞炮台事宜

派曹勁栢辦理接管砲台灣營房事宜

派兵工廠職員劉守愚林同與劉錫康康𢵧初四員襄助辦理接管炮台營房事宜

派市公安局警察大隊長黃明辦理接管閘北京滬鐵路以南區域事宜並派市公安局督察長龔璽揆秘書殷體新第四區長吳紹璘第四區第二分所所長韓鐵仙譯員王光鮑琚本會特派員謝志道李盛鈞查南强襄助辦理

五月十四日

接管閘北第一次預備會議

函電報局郵政局恢復太倉瀏河郵電

第二次函共同委員會催還鐵路

向日方交涉在日軍防綫內發給雙方蓋印臂章以便派員工修理鐵路電報電話各綫

五月十五日

特派員靳鞏等赴豐陽館與日軍北崗大佐洽接管閘北事宜並視察接管區域一週

五月十六日

接管閘北京滬鐵路以南區域

公安局滬北辦事處成立委黃明爲主任

首都保安隊長卞稚珊報告在南翔起獲大宗械彈

京滬鐵路局函稱北站龍頭房馬達機器卡車大宗被日軍運去當由本會函共同委員會交涉

五月十七日

接管大場

派市公安局第五區第五分所所長戴鴻恩會同本會特派員梁扶初李盛鈞辦理接管江灣鎮事宜

函共同委員會主席克寧瀚請向日方交涉嚴究京滬路失竊機件

派公安局黃明殷體新本會特派員梁扶初查南强陶孝潔公安局第四區第三分所所長石錦章服務員劉鎮軍譯員吳淸等辦理接管眞如彭浦事宜

五月十八日

接管江灣眞如彭浦預備會議

五月十九日

接管江灣(淞滬鐵路以西五區五分所轄地)

接管彭浦

接管廟行

五月二十日

第三次委員會議

接管閘北鐵路以北區域預備會議

通令懸獎徵繳民間遺留槍械子彈

五月二十一日

行政院指令第一二三五號照准並公布本會組織條例

本會呈報行政院接管瀏河嘉定等十一區域經過請鑒核備案由

黃明龔靈揆等視察閘北第二次接管區域

派黃明負責辦理接管閘北四區五區二分所轄境(卽鐵路以北區域)並派秘書殷體新第四區區長吳紹璘第五區區長何以鳴第五區第二分所所長牛精鑒與本會特派員李盛鈞陶孝潔査南强襄助辦理

接管眞如預備會議

派石錦章負責辦理接管眞如事宜

五月二十二日

接管吳淞預備會議

派殷體新梁扶初查南强陶孝潔會同公安局第四區第二分所所長石錦章視察眞如撤兵區域

頒發取締綱領八條

五月二十三日

接管眞如

接管閘北（京滬鐵路以北）

北站眞如麥根路寶山路各站同日接收當天通車至眞如

奉行政院指令本會組織條例經會議脩正通過公布由

五月二十四日

呈報行政院接管區域人員姓名清册

接管楊行　獅子林炮台

派員視察吳淞撤兵區域

五月二十五日

接管　寶山縣城三官堂火藥庫　吳淞鎭吳淞炮台　炮台灣營房

本會委員由京滬鐵路局局長陳興漢招待掛專車視察京滬路滬崑叚各站撤兵區域

五月二十六日

本會呈報行政院繼續接管眞如等九區域經過請鑒核備案由

與日方商洽ＡＢＣ三區及其附近在日軍未撤時接管事宜

五月二十七日

派市公安局第五區第四分所所長廖成章會同本會特派員霍實李盛鈞前往沈家行鎭虬江橋引翔港鎭蔣家浜（協定附件第二號之ＢＣ兩地叚在內）視察並籌劃接管時佈崗事宜

派市公安局第五區第三分所所長吳廷勳會同本會特派員梁扶初劉漁門前往虹鎭臨平路等處視察並籌劃接管時佈崗事宜

派本會特派員會同海軍部海岸巡防處軍需官陳鏡秋接收吳淞海濱醫院

吳淞殷行引翔虹鎭等區接管預備會議（ＡＢＣ三地叚在內）

五月二十八日

接管吳淞殷行（市公安局七區一部分一二兩分所全境）（協定附件第二號之ＡＢ兩地叚在內）

接管引翔港鎭沈家行鎭（市公安局五區四分所轄境）（協定附件第二號之Ｃ地叚在內）

接管江灣鎭（淞滬鐵路以東一帶公安局五區五分所一部分）

接管虹鎭（沙涇港東部分屬五區三分所）

引翔港遠東賽馬場日駐軍退去由場主收回

江灣復旦大學內日軍撤去由教育局及校員收回

五月二十九日

派祕書李讜吳宏特派員查南强會同鐵道部派員孫謀（業務司幇辦）中英銀公司代表戴維遜京滬鐵路局派員王繩善（機務處長）鍾桂丹（機務處副處長）唐明甫（材料處副處長）德斯福（總工程司）葛利（電氣工程司）毛爾維（張華浜工廠廠長）携日方共同委員會原田委員介紹函前往張華浜鐵路工廠視察被拒

五月三十日

第四次委員會議

殷主席委員率各特派員視察吳淞殷行引翔等接管區域

五月三十一日

接收張華浜鐵路工廠

第五次委員會議

日本派遣軍司令部撤銷植田司令於下午二時乘艦回國所有在滬陸軍撤盡

六月一日

本會招待上海市戰區善後委員會諸委員赴眞如閘北江灣等處視察

六月二日

共同委員會我方委員俞鴻鈞函日方委員岡崎交涉催促沙涇港西撤兵及少數憲兵陸戰隊在甲丙丁三區內事件

六月三日

招待上海市戰區善後委員會視察　楊行　獅子林炮台　寶山　砲台灣　吳淞　市中心區

六月四日

招待上海市戰區善後委員會視察　瀏河　羅店　嘉定　劉行　大場

六月六日

派李讜查南强陸紹基招待首都勵志社戰區視察團往接管區域視察

六月七日

北平保安隊第二批到滬

六月八日

第六次委員會議

日方上海特別海軍陸戰隊司令植松少將奉調回國新任司令杉坂悌二到任

六月九日

（5）

行政院指令第一四五四號照准本會第一次呈報接管瀏河嘉定等十一區域呈請備案由

日海軍野村鹽澤植松等司令乘出云艦回國

日方共同委員會委員原田熊吉武官改委海軍陸戰隊參謀長鮫島大佐替代

首都保安隊在眞如集合乘京滬路專車返甯

六月十日

參謀部派德國顧問克魯格繙譯秦競來滬由本會派祕書李譔陪同前往視察獅子林及吳淞炮台狀況

六月十四日

行政院指令第一五三三號照准本會第二次呈報繼續接管眞如等九區域呈請准予備案由

六月十五日

接管沙涇港西第一次預備會議

六月十六日

接管沙涇港西第二次預備會議

派黃明龔壐揆殷體新靳鞏等前往日陸戰隊司令部接洽接管沙涇港西區域事宜

六月十七日

第三次接管沙涇港西預備會議

本會呈報行政院接管日軍暫駐之甲乙丙三區（卽協定附件第二號規定之ＡＢＣ三地段）經過請鑒核備案

接管沙涇港以西淞滬鐵路以東公共租界虹口方面越界築路附近區域

第七次委員會議

六月十八日

呈行政院爲本會委員會議預定六月卅日爲結束日期由

六月二十二日

第八次委員會議

六月二十六日

滬西同文書院內駐之日海軍陸戰隊及憲兵撤退

六月二十八日

行政院指令第一六六七號照准本會第三次呈報接管日軍暫駐之甲乙丙三區（卽ＡＢＣ地三段）及附近區域呈請賜予備案由

六月三十日
第九次委員會議
七月六日
A區內華豐紗廠內所駐日海軍陸戰隊及憲兵撤去
七月十四日
共同委員會日方岡崎委員通知我方俞鴻鈞委員丁區日軍准于十七日上午撤退
七月十五日
接管丁區第一次預備會議
派市公安局第五區區長何以鳴爲丁區接管專員
七月十六日
接管丁區第二次預備會議
派靳鞏等赴日陸戰隊司令部接洽關於接管丁區事宜
七月十七日
接管丁區
電呈行政院接管丁區情形
本會呈報行政院接管丁區經過請鑒核備案由
七月十八日
第十次委員會議
七月二十三日
行政院指令照准本會呈報接管丁區請賜予備案由
七月二十四日
本會結束

本會委員會議紀錄

五月七日上午十時第一次會議議事錄

出席　殷汝耕　溫應星　郭德華　韓德勤　朱錫百　（缺席）
列席　俞鴻鈞　李明揚　王長春　陳興漢
臨時主席吳市長　紀錄　朱維瑤

甲、報告事項

一、臨時主席報告

今日上午九時半共同委員會在美總領事署開第一次會議我方出席委員俞鴻鈞溫應星會議要點：

一、推定美總領事爲委員會主席

二、委員會經費由中日兩國負擔

三、關於撤兵程序第一期據日方委員報告於六日已開始將主力部隊撤退至接連獅子林大場羅店及眞如一線以東惟尙留一營在瀏河一營在嘉定一營及團部在南翔一營及過山砲一連在羅店至遲九日將以上留守各部隊完全撤盡云云至第二第三第四期撤兵程序由中日兩方委員商定報會

四、中國保安隊至遲於九日晨以前開到撤退區域以便接管

五、關於撤兵詳細情形由中日兩方軍事代表接洽辦理

照停戰協定規定撤退區域由中國特別警察接管所謂特別警察者雖未明言北平保安隊但在停戰會議時中日兩方代表及各友邦代表似有諒解是指北平保安隊而言本日共同委員會開會時關於此點曾經一度辯論日方委員云我方代表在停戰會議時口頭聲明將來調北平保安隊接管撤退區域且報告已調有北平保安隊一千名在京待命我方委員當時駁之謂停戰協定無此項規定爲免除延誤接管起見可先調南京保安隊五百名接管彼此同意但日方委員聲明保留請示該國代表權

今午已電報告行政院並請飭調南京保安隊五百名於八日以三百名集中太倉二百名集中安亭待命俟北平保安隊開到時再行遣回

乙、討論事項

一、推舉本會主席案

議決　公推殷委員爲本會主席

二：本會應如何辦理接管事宜案

議決　由本會推派專員帶領通曉日語之聯絡員前往撤兵區域指揮並負責辦理接管事宜隨時報告本會轉報共同委員會我方委員此項報告務須翔實

三、公推接管專員案

議決　公推李委員明揚為接管江蘇省撤兵區域專員

二十一年五月十二日第二次會議議事錄

出席　殷汝耕　溫應星　郭德華　韓德勤　朱錫百

主席　殷汝耕　紀　錄　朱維瑤

主席　恭讀總理遺囑

紀錄　宣讀上次議錄

甲、報告事項

一、主席報告

(一)派員接管嘉定南翔劉河羅店經過情形

(二)汪院長電告北平保安隊定於十一日由津南下

乙、討論事項

一、本會組織條例案

議決　修正通過

二、本會辦細則案

議決　修正通過

三、規定本會開會日期案

議決　暫定每日下午二時開會一次

二十一年五月二十日第三次會議議事錄

出席　殷汝耕　溫應星　郭德華　韓德勤　朱錫百

主席　殷汝耕　紀　錄　朱維瑤

席　恭讀總理遺囑

錄　宣讀上次議錄

甲、報告事項

一、主席報告

(一)派員接管閘北鐵路以南區域大場鎮顧家鎮廟行鎮江灣區彭浦區經過情形

(二)本日召集接管閘北鐵路以北區域預備會議經過
(三)北平保安隊到滬後警力支配情形

乙、討論事項

一、本處經費需用浩繁擬電請行政院令財政部先行撥款應用俟接管完竣即行覈實造報案

議決　照辦

二、接管區域內多有槍械彈藥遺留民間擬由本會通令各該地方長官及保安隊懸獎徵繳以免落於匪人之手案

議決　先電軍政部請電示前項給獎條例以憑辦理

三、續議本會開會日期案

議決　開會日期改爲隨時由主席通知但每星期至少開會二次

二十一年五月二十九日第四次會議議事錄

出席　殷汝耕　郭德華　韓德勤　朱錫百
主席　殷汝耕　紀　錄　朱維瑤
主席　恭讀總理遺囑
紀錄　宣讀上次議案

甲、報告事項

一、主席報告

(一)派員接管眞如閘北鐵路以北區域獅子林砲台楊行鎮吳淞鎮吳淞砲台砲台灣營房三官塘火藥庫寶山縣城經過情形
(二)派員前往日軍現駐區內設警佈崗情形
(三)本會最近經濟概況

乙、討論事項

一、上海市戰區善後委員會委員視察撤兵區域案

議決　由本會定期派員招待並預備車膳

二、重行分配本會職員工作案

議決　照案通過

三、核定本會職員薪俸及特別辦公費案

議決　照案通過

四、接管吳淞砲台等各接管員薪俸應如何核發案

議決　函請軍政部核辦

五、府機要室及無線電台職員幫助本會辦理電報事務應否酌予津

貼案

議決　俟本會結束時一次致送

二十一年五月三十一日第五次會議議事錄

出席　殷汝耕　溫應星　郭德華　韓德勤　朱錫百

主席　殷汝耕　紀　錄　朱維瑤

主席　恭讀總理遺囑

紀錄　宣讀上次議錄

甲、報告事項

一、主席報告

(一)本會派員會同鐵路局接管吳淞張華浜鐵路工廠經過情形

(二)江蘇省政府來函因各縣多匪願量收用首都保安隊所收集之械彈藉資保衛並由韓委員陳述與江蘇民政廳趙廳長及首部保安隊卞總隊長接洽經過情形

乙、討論事項

一、首都保安隊聲請遣回案

議決　應酌留若干守衛獅子林砲台及三官塘火藥庫餘可遣回

二、首都保安隊收集之械彈如何處理案

議決　可用之槍枝及槍彈砲彈由江蘇省政府派員點驗收用償還獎金其不可用之槍彈砲彈地雷等繳送兵工廠

三、收集械彈給獎標準案

議決　按照上海市公安局布告之查獲軍火給獎數目表辦理

二十一年六月七日第六次會議議事錄

出席　殷汝耕　溫應星　郭德華　韓德勤　朱錫百

主席　殷汝耕　紀　錄　朱維瑤

主席　恭讀總理遺囑

紀錄　宣讀上項議錄

甲、報告事項

一、主席報告

(一)協定規定日軍暫駐區域甲乙丙三區有少數日陸戰隊在內已商請共同委員會我方委員轉向日方交涉

(二)首都保安隊將於日內開回所遺防務經飭交各地方警務當局担

任

（三）本會派員招待上海戰區善後委員會全體委員暨南京勵志社員視察戰區經過情形

（四）本會爲使外界明瞭接管實際情形起見經派員趕編接管實錄期於本會結束前出版

乙、討論事項

一、戰區內遺留未炸彈藥已飭分別收繳應如何保管以免危險案

議決　電請軍政部迅派專員負責保管

二、首都保安隊總隊長卞穉珊請撥還收集械彈獎金墊欵案

議決　獎金核定爲四千七百六十八元外加運費二百元兩共四千九百六十八元由本會函請江蘇省政府照數核發

三、日軍擅自武裝越境及妨害我方警察服務應如何交涉案

議決　將日軍武裝越境及妨碍我方警察服務等情形開具清單送請共同委員會我方委員轉向日方交涉

四、續議市府機要室職員貼案

議決　由本會致送特別辦公費二百元

二十一年六月十七日第七次會議議事錄

出席　殷汝耕　溫應星　郭德華　朱錫百　韓德勤（缺席）

主席　殷汝耕　紀　錄　朱維瑤

主席　恭讀總理遺囑

紀錄　宣讀上次議錄

甲、報告事項

一、主席報告

（一）本日本會派員接管沙涇港以西淞滬路以東毗連租界之越界築路附近區域

（二）首都保安隊總隊長卞穉珊收集械彈獎金代墊欵項已由江蘇省政府託韓委員交會轉發該隊長具領

（三）關於戰區內遺留未炸彈藥准軍政部覆電已飭兵工署電令滬廠就近派員前往接洽妥慎收檢

（四）接管區域內日僑現狀亟待調查以便保護已訓令上海市公安局各區所長遵辦

乙、討論事項

一、接管事宜卽將完竣本會應否定期結束案

議決　預定六月三十日爲本會結束之期

二、接管區域內行政權應否卽日移交地方政府案

議決　分函省市政府本會結束在卽所有各該管戰區內一切治安行政嗣後應全由各該原管機關負責辦理請查照見覆並電呈行政院鑒核

三、五區三所所長吳廷勳等呈爲人民呈繳軍用品應否酌給獎金請鑒核案

議決　飭遝解上海市公安局核辦

二十一年六月二十二日第八次會議議事錄

出席　殷汝耕　溫應星　郭德華　朱錫百　韓德勤缺席

主席　殷汝耕　紀　錄　朱維瑤

主席　恭讀總理遺囑

紀錄　宣讀上次議錄

甲、報告事項

一、主席報告

(一)本會派員接管沙涇港以西淞滬路以東毗連租界之越界築路附近區域情形

(二)本會爲避免鄉民玩弄砲彈發生危險起見經繪製圖說分發各接管區域內張貼

(三)本會最近收支概況

乙、討論事項

一、本會是否查照上次議決日期結束案

議決　如期結束

二、本會結束後所有會印及一切文卷圖籍文具等項應移交何處案

議決　移交上海市政府

三、本會收支計算書表簿藉應造送何機關案

議決　報銷送財政部並呈行政院備案

四、日軍暫駐區域D區於本會結束前不能接管完竣時應如何辦理案

議決　移交上海市政府繼續辦理並函共同委員會我方委員查照呈行政院備案

二十一年六月三十日第九次會議議事錄

出席　殷汝耕　溫應星　郭德華　朱錫百　韓德勤（缺席）

主席　殷汝耕　紀　錄　朱維瑤

主席　恭讀總理遺囑　紀錄　宣讀上次議錄

甲、報告事項　一、主席報告

（一）奉行政院來電以丁區尚未接管本會任務未了飭即繼續辦理

乙、討論事項

一、本會應否繼續辦理接管事宜案

議決　遵照行政院電令暫緩結束並呈院備案暨分函各機關查照

二、本會經費應如何撙節案

議決　照呈擬撙節辦法辦理

三、本會委員應否酌支特別辦公費案

議決　各委員月支特別辦公費三百元

二十一年七月十八日第十次會議議事錄

出席　殷汝耕　溫應星　郭德華　朱錫百　韓德勤　（朱錫百代）

主席　殷汝耕　紀　錄　朱維瑤

主席　恭讀總理席囑

紀錄　宣讀上次議錄

甲、報告事項　一、主席報告

（一）七月十七日本會派員接管停戰協定所規定之丁區情形

（二）本會最近收支概況及經費竭蹶情形

乙、討論事項

一、本會應否定期結束案

議決　（一）定七月二十四日爲本會結束之期

（二）呈報行政院備案並通知各關係機關

二、本會編印接管實錄經費案

議決　接管實錄經費以一千元爲限

三、本會五六兩月份決算及七月份之預算案

議決　通過

四、本會職員其中不乏成績優良者應如何獎勉案

議決　先調查規程先例俟下次會議再行討論

中日上海停戰撤兵協定全文

第一條 中國及日本當局既經下令停戰茲雙方協定自中華民國二十一年五月五日起確定停戰雙方軍隊盡其力之所及在上海周圍停止一切及各種敵對行為關於停戰情形遇有疑問發生時由與會友邦代表查明之

第二條 中國軍隊在本協定所涉及區域內之常態恢復未經決定辦法以前留駐其現在地位此項地位在本協定附件第一號內列明之

第三條 日本軍隊應撤退至公共租界暨虹口方面之越界築路一如中華民國二十一年一月二十八日事變以前之原狀但鑒於須待容納之日本軍隊人數有若干部隊可暫時駐紮於上述區域之毗連地方此項地方在本協定附件第二號內列明之

第四條 為證明雙方之撤退起見設立共同委員會列入與會友邦代表為委員該委員會並協助佈置撤退之日本軍隊與接管之中國警察間移交事宜以便日本軍隊撤退時中國警察立即接管該委員會之組織及其辦事程序在本協定附件第三號內訂明之

第五條 本協定自簽定之日起發生效力

本協定用中日英三國文字繕成如意義上發生疑義時或中日英三文間發生有不同意義時應以英文本為準

中華民國二十一年五月五日訂於上海

外交次長 郭泰祺
陸軍中將 戴戟
陸軍中將 黃强
陸軍中將 植田謙吉
特命全權公使 重光葵
陸軍少將 島田繁太郎
陸軍少將 田代皖一郎

見證人 駐華英國公使 蘭浦生
駐華美國公使 詹遜
駐華法國公使 魏爾登
駐華意國代辦公使 齊亞諾

見證人依據國際聯合會大會中華民國二十一年三月四日決議案協助談判之友邦代表簽署

(1)

■附件第一號

本協定第二條所規定之中國軍隊地位如下

查照附連上海區郵政地圖(比例尺十五萬分之一)由安亭鎭正南蘇州河北岸之一點起向北沿安亭鎭東最近小浜之西岸至望仙橋由此北過小浜至沙頭東四基羅米突之一點再由此向西北至揚子江邊之滸浦口並包括滸浦口在內

關於此項地位遇有疑問發生時經共同委員會之請求由該會委員之與會友邦代表查明之

■附件第二號

本協定第三條所規定之地段如下

此項地段在附黏四地圖各別標誌爲甲乙丙丁並稱爲一·二·三·四·各地段

地段一見A圖　雙方訂明：(一)吳淞鎭不在此地段內(二)日方不干涉淞滬鐵路暨該路工廠之運用

地段二見B圖　雙方訂明：萬國體育場東北約一英里許之上海公墓不在日軍使用地段之內

地段三見C圖　雙方訂明：曹家寨及三友織布廠不在此地段之內

地段四見D圖　雙方訂明：使用地段包括日本公墓及墓東入口之路在內

關於此項地段遇有疑問發生時經共同委員會之請求由該會委員之與會友邦代表查明之

日本軍隊向上列地段之撤退於本協定生效後一星期內開始並於開始撤退起四星期內撤完

依照第四條所設之共同委員會對於撤退時不能移去之殘疾病人或受傷牲畜採取必要辦法以資照料並辦理其日後之撤退事宜此項人畜連同必需之醫藥人員得遺留原地由中國當局給予保護

■附件第三號

共同委員會以委員十二人組成之中日兩政府暨依據國際聯合會大會三月四日決議案協助談判之與會友邦代表卽英美法義各駐華外交代表各派文武官吏代表各一人爲委員該會委員依照委員會之決定得隨時任用認爲必要數之助理員所有關於程序事宜由委員會斟酌辦理該委員會之決定以過半數行之主席有投票取決權主席由委員會內與會友邦代表委員中選舉之委員會依照其決定以其認爲最善之方法監視

本協定第一、第二、第三、各條之履行並對於履行上述各條之規定有任何疏懈時有促使注意之權

中國首席代表郭泰祺於大會議決協定條文第二條第三條時特提出下列之聲明經各方同意當由大會決議接受是項聲明如左

(一)關於協定條文第二條者

吾人應諒解本協定並不含有中國軍隊在中國領土內行動受任何永久的限制用意

(二)關於協定條文第三條者

按照協定條文第三條吾人應諒解關於四暫駐地段內一切市行政權包括警權在內仍由中國當局行使之此項地段之暫時借用不得以任何方法阻碍上海市政府之工作。

(3)

停戰會議及協定

自一二八晚暴日侵攻閘北以還，我忠勇將士，衛國禦侮，奮起抵抗，淞滬一角，淪為戰區，繁華市廛，悉罹浩刼。我國政府，始終尊重國聯，信守盟約，一面抵抗，同時接受國聯三月四日大會之決議，由駐華英美法意四國公使之斡旋，乃有上海中日停戰會議之舉。該會議先在英領事館開預備會議三次，協定三項基本原則。旋於三月念四日在上海英國總領事館，開第一次會議。與會者：我方代表三人；為外交次長郭泰祺，淞滬警備司令陸軍中將戴戟，十九路軍參謀長陸軍中將黃強。日方代表四人；為第九師團長陸軍中將植田謙吉，駐華公使重光葵，派遣軍參謀長陸軍中將田代皖一郎 艦隊司令部參謀長海軍中將島田繁太郎。英國駐華全權公使蘭浦森。美國駐華全權公使詹森。法國駐華全權公使魏禮敦。意大利駐華代辦使事齊亞諾伯爵。我方任襄助及繙譯者，有外交部祕書郭德華，鄧中瑩，李鐵錚，外交部情報司長張似旭，外交部顧問夏奇峯，十九路軍祕書張益東，及外交部條約委員會顧問殷汝耕等。

會議進行中，因商議專門問題，特設軍事小組會議。我方代表為黃强，日方代表為田代皖一郎，參與者，四國武官；英國陸軍參贊桑海爾，美國陸軍參贊屈蘭達，法國參贊龐乃維泰，意國陸軍參贊法蘭梯尼。自三月二十四日起，前後凡開大會十五次，軍事小組會議十七次。我方代表，對於日方頑強無理之要求，堅持不辱國不喪權之原則，與之爭持，因之會議數經停頓，頻於決裂者屢。賴四國公使之竭力斡旋，尤以英使蘭浦森最為努力。國聯亦屢次集會有所決議主持，於是本會議歷盡波折 始於五月五日，簽訂中日停戰撤兵協定。

(一)協定原則

此次協定，計包含三大原則，即：

1.協定係遵奉國聯三月四日之決議而訂者。

2.所議範圍及目的，均限於停戰及撤兵，此外並不涉及任何政治條件。

3.受拘束者只限於雙方軍隊，且係暫時的，俟本協定履行後，即不受拘束。

根據第一原則

1.上海撤兵，可以提前單獨辦理。但上海問題，並不能因有此協定，即謂爲解決。蓋尙有道歉賠償等等問題，此次協定，均未經提及也。故將來或開圓桌會議，或由中日直接交涉，此等未了問題，將來仍應提出，屆時東北問題，亦可一併解決。世人有反對停戰協定，謂非與東北問題一併解決不得簽訂者，蓋未明此中眞相也。

2.我武力抵抗方針，並非放棄，但須在停戰會議決裂後行之。今旣成立協定，彼肯自動撤兵，我爲尊重信義，似不應追擊。必俟對方無誠意履行時，乃可再用武力。

3.俟其撤退後，我再與之談判是非曲直，此次停戰會議，並適合於先撤兵後談判之精神。

根據第二原則

1.決無變更原有行政區劃之事，更無所謂自由市不駐兵區之議。嘉定，南翔，瀏河，羅店，寶山等處，均各由原管長官接管。上海市閘北，江灣，殷行，引翔各屬，即公安局四，五，七各區所轄地段。一切區所，亦均仍舊貫，並無更張之事。

2.外間所謂接管戰區，必須特別警察，或北平警察云云，在協定本文中，並無規定特別字樣，祇定明須交中國警察接管。故無論何地警察接管，俱無問題。至中國政府，雖曾有酌聘專家訓練警察之言，不外表示將來有自動改良警察制度之意。專家亦非限定外人，至如何改良，聘用何等專家，均由我政府自主，他人不得過問。

3.所謂中立區及自由市云云，不但協定中無此條文，即會議席上，亦未提及，故全係謠諑。協定中第二條所云中國軍隊暫駐原駐地點，亦不外對於退去之日軍，不施追擊之意，決非永不前進。故當簽字時，我方代表，曾鄭重聲明，本協定對於中國軍隊，在其領土之內調動，並不含任何永久之限制。

4.外間所傳蘇州河南，及浦東二十基羅密達以內，不駐兵問題，事實上完全無此議。僅小組會中，曾有在此方面，對撤退中之日軍，不施追擊之言而已，此乃當然之事也。

5.取締排日等等，均係政治問題，當然不在協定範圍之內，此次亦絕未議及。

根據第三原則

1.所謂停止一切及各種敵對行爲，協定原文分明係指中日雙方軍隊，對於一般人民，當然不能拘束。

2.此項拘束，當然以停戰撤兵協定履行中爲期。過此期間，我方軍隊，卽可自由移動。且以不施敵對行爲爲限，苟我方軍隊之移動，非對日有敵對行爲之意，當然亦不受任何限制。

(二)暫駐地段

所謂四暫駐地段者，緣日軍攻滬，最多時，超過九萬人。在停戰會議開會之初，尙有六七萬人。故在預備會議之時，日方代表以此爲辭，謂其軍隊人數衆多，決不能立卽全部撤入租界。租界及越界築路內，亦無如許房屋，可以收容。故不得不於毗連地點，求與以暫駐之地段。當時友邦代表，以其言尙近理，故與我方代表協議，允其所請。此暫駐地點之由來也。迨正式會議開後，日方根據此條，最初要求眞茹，大場，楊行，獅子林連結之線以東，租界以北全部區域，允其暫駐。經我方以其超過必要，與原議懸殊，據理力爭。小組會議，亦經無數波折，始商定爲甲乙丙丁四地段。唯關於此地段，有可注意之點三，卽：

(1)日軍駐此地段係暫時的。

(2)只能在此地段內暫時駐兵，不能干涉警權行政權之行使。

(3)以其軍隊人數衆多，租界及越界築路不能收容，爲惟一理由。此外毫無政治的理由。易言之，如人數減少，租界及越界築路，足以收容，則彼卽不得再駐該地段。

撤兵期限可分爲二節言之：

(1)自前線撤至四暫駐地段之期限，協定簽字後一星期內開始，四星期完畢，逾期卽屬違背協定。易言之，卽自五月六日開始，至六月二日以前，日軍須全部撤入租界，與越界築路，及四暫駐地段內。

(2)自四暫駐地段撤入公共租界，及虹口方面越界築路。此項期限，日方始終不肯規定。揆其用意，不外：

(一)欲藉以要挾他項政治條件。

(二)維持顏面。表明撤兵係自動，非受他方强迫而已。故雖經種種波折，甚至屢訴聯盟，始終無結果。吾方自協定精神上言之，可與之爭者：

(一)其暫駐理由，爲人數問題。人數一旦減少，卽無再駐之理。

(二)吾國信賴友邦代表所共組之共同委員會，日方撤兵，須受該會監視。且由國聯決議，非日軍完全恢復一月二十八日原狀，該協定

與虹口方面越界築路，及四暫駐地點外，不得再留駐也。
月六日開始撤退。故依據規定，應截至六月二日止；日軍除公共租界
協定自五月五日簽字，日方代表，在簽字場上，當時聲明，自翌日五
即認為非完全履行。

(三)共同委員會

共同委員會之組織大綱，見協定第四條及附件第三號。自協定簽字後，旋於五月六日成立。其人員如下：

中國　俞鴻鈞　溫應星
日本　岡崎勝男　原田熊吉
英國　璧約翰　桑海爾
美國　克甯瀚　屈蘭達
法國　梅禮靄　龐乃維泰
意大利　羅斯　法蘭梯尼

共同委員會於六月七日開會，公推美委員克甯瀚為主席，美領署朗格為祕書。其後委員之更動如下：

五月十三日　法委員龐乃維泰赴平，法使函知以白佩羅代。
五月廿四日　英委員桑海爾離滬。英使改白蘭德充任。
六月八日　日委員原田，改委鮫島。因原田係陸軍武官，其時日方陸軍業已撤盡，僅餘海軍陸戰隊，故易以陸戰隊之鮫島參謀長。

戰區之接管

(一)接管之意義

自我軍撤退至第二道防線，於是吳淞，江灣，閘北，眞茹，南翔，寶山，太倉，嘉定，瀏河等處，相繼淪入敵手。各該區內之一切行政，因之停頓，而漢奸助虐，宵小橫行，遂致良民塗炭，如在水火之中，幾陷於無政府之狀態。幸自停戰協定簽訂後，日軍即開始撤退。我方根據協定，先後分派警察，在各該區內，行使警權，恢復一切行政權。按諸協定條文，日軍於每一區域撤退時，當即由我方派警舍尾接管。同時並由共同委員會協助佈置，俾日軍撤退之後，地方秩序，賴以維繫，而戰後餘燼，或可收拾，不至完全消蝕。且以警察性質，不含任何敵對意味，在友邦協助之中，亦不致發生其他枝節或誤會。此爲我方於日軍撤退區域，有派警接管之必要也。故接管云者，中國政府之警察；及中日兩國並加入四友邦各代表所組織之共同委員會之協助佈置，在日本軍隊撤退區域內，恢復我方一切行政權之謂也。故接管之兩造，一方爲中國之警察，一方爲日本軍隊，而共同委員任居間斡旋之勞。爲求進行之順利，與接管之圓滿，故協定中有由共同委員會協助佈置之規定。

(二)接管之區域

此次戰役陷入日軍範圍之區域，亘上海市之一部分，及江蘇省政府所轄寶山嘉定太倉三縣。廣袤達二千七百餘方里茲列表如下：

甲現屬上海市之區域

吳淞區	五〇・四八方里
江灣區	一〇〇・四〇方里
殷行區	九一・二三方里
引翔區	八二・三四方里
閘北區	二七・一三方里
彭浦區	三六・九八方里
眞茹區	三・七〇方里

乙江蘇省政府所轄區域

寶山縣	五二一・二二六方里
嘉定縣	一・一九九・三五一方里
太倉縣	五一六方里

總　計　　二・七三六・八三七方里

(三)接管委員會之組織

接管時之任務者，雖爲中國警察。然接管之對方，乃日本軍隊。其居間協助者，又爲有國際會議性質之共同委員會。故辦理接管事宜，當然含有外交性質，固不待言。而接管之區域，亘乎上海市與江蘇省管轄區域，尤非有統一的組織，以專事權不可。基於此點，乃由上海市市長吳鐵城氏，江蘇省政府主席顧祝同氏，及停戰協定我方首席代表外交次長郭泰祺氏，聯銜於五月三日電請行政院，設立上海撤兵區域接管委員會。由上海市政府推薦二人，江蘇省政府推薦二人，停戰會議我方首席代表推薦一人，呈請行政院派委。旋接行政院復電照准，當於五月五日協定簽字之日，由吳市長顧主席郭次長電陳人選，經行政院於五月十日狀派殷汝耕溫應星郭德華韓德勤朱錫百爲委員。

當協定於五月五日簽字時，日方代表當場聲明，日軍爲證明忠實履行協定起見，擬自翌日(五月六日)起，開始撤退。故接管事務，不容稍緩。各委員旣經推薦，以不及待行政院派狀之至，祇得先行組織，集會籌備，即於五月六日，着手辦理接管事宜矣。

(四)接管之經過

自日軍於五月六日開始撤退，接管委員會即於五月九日起，陸續接管太倉縣屬瀏河鎭，嘉定縣及南翔，寶山縣及大場，廟行，上海市屬閘北，吳淞，江灣等區域。至五月二十八日，所有協定附件第二號所允日軍暫駐之ABC三區，在日軍未撤退時，即由接管委員會派警接管，恢復警權。三區內之日方陸軍，於五月底已悉數返國，惟餘少數之海軍陸戰隊，仍留駐於A區內之華豐紗廠，與C區內之公大紗廠，而沙涇港以西，淞滬鐵路以東，公共租界以北一帶所駐之日軍，則依照協定條文，應於四星期內(六月二日爲滿期)退入四暫駐區。乃日方對於該區，及四暫駐區內的D區之海軍陸戰隊，延不撤去。原定接管程序，因以停頓。接管會與共同委員會我方委員，分別向日方委員及海軍當局，迭次據理交涉，催促撤兵。直至六月十七日，沙涇港以西始始得接管。而D區撤兵問題，日方仍多方延宕。幾經磋商，至七月六日，始先將吳淞A區內華豐紗廠之陸戰隊撤去。對於D區，仍屬遷延。嗣後我方擬提出共同委員會集議解決，日方知已不能再事延宕，乃決於七月十七日將D區駐軍撤退。同時由我方派警按管。所有撤兵區域接管委員會之任務，至此方稱已告完竣。當由委員會議議決，

呈准行政院宣告結束。所有前後辦理接管情形，及接管日期與人員，列表於左：

江蘇省政府屬撤兵區域接管情形表

地名	接管日期	負責接管人員	襄助接管人員	接管時警察類別	到場監視者
劉河	五月九日	太倉縣第二區區長錢譜槃	本會特派員陶孝潔	江蘇省警察隊	共同委員會五國武官會同我方溫委員事後視察
南翔	五月九日	嘉定縣公安局長沈靖華		首都保安隊	同右
嘉定	五月九日	嘉定縣長潘忠甲	本會特派員劉漁門	江蘇省警察隊	無
羅店	五月十日	寶山縣長孫熙文	本會特派員霍實	江蘇省警察隊	共同委員會五國武官我方溫委員
劉行	五月十日	同右		江蘇省警察隊	無
顧家鎮	五月十三日	同右		江蘇省警察隊	無
大場	五月十七日	寶山縣第二區區長陸鳳溥	本會特派員陶孝潔	首都保安隊	共同委員會四國武官我方溫委員日方原田委員
廟行	五月十九日	同右		首都保安隊	無
楊行	五月廿四日	寶山縣第一區區長王慶濤	本會特派員劉漁門	首都保安隊	共同委員會六國齊到
寶山縣城	五月廿五日	寶山縣長孫熙文	本會特派員霍實	江蘇省警察隊首都保安隊	共同委員會（法國缺席）

上海市政府屬撤兵區域接管情形表

地名	接管日期	負責接管人員	襄助接管人員	接管時警察類別	到場監視者
閘北（京滬鐵路以南）	五月十六日	滬市公安局警察大隊長兼滬北辦事處主任黃明	滬市公安局督察長龔璽接 祕書殷體新 第四區區長吳紹隣 四區二分所長韓鐵仙 辦事員王光鮑琚 本會特派員靳鞏 謝志道 李盛鈞 查南強 公用局派員謝保成 財政局派員梁思成 教育局派員馬崇淦 電話局派員朱福儀 鐵路局派員金鑄 救火會董致和	北平保安隊	共同委員會美國武官屈蘭達我方溫委員日方植松少將杉坂大佐原田委員
（京滬鐵路以北）	五月廿三日	黃明	滬市公安局督察長龔璽接	北平保安隊	共同委員會委員

			秘書殷體新等		（法國因病缺席）
江灣（淞滬鐵路以西）	五月十九日	滬市公安局第五區五分所長戴鴻恩	本會特派員李盛鈞梁扶初	北平保安隊首都保安隊	共同委員會五國武官我方温委員
（淞滬鐵路以東一部份）	五月廿八日	戴鴻恩		北平保安隊滬市警	
彭浦	五月十九日	戴鴻恩	彭浦區市政委員凌志斌周念祖	首都保安隊	
真茹	五月廿三日	滬市公安局第四區三分所所長石錦章	市公安局督察長龍顯揆秘書殷體新本會特派員査南强梁扶初李盛鈞陶孝潔	北平保安隊	共同委員會（法國因病缺席）
吳淞鎮	五月廿五日	滬市公安局第七區區長李警	市公安局秘書殷體新本會特派員査南强李盛鈞梁扶初陶孝潔	北平保安隊	共同委員會（法國缺席）
吳淞區一部份（殷行區全區（包括協定附件所定之A B兩暫駐區在內））	五月廿八日	滬市公安局第七區區長李警	七區一分所長楊于靑七區二分所長姚本元本會特派員陶孝潔査南强	北平保安隊滬市警察	
引翔港鎮沈家行鎮（C地段包括在內）	五月廿八日	滬市公安局第五區第四分所所長廖成章	本會特派員李盛鈞霍實	北平保安隊滬市警	
虹鎮（沙涇港以東）	五月廿八日	滬市公安局第五區第三分所所長吳廷勛	本會特派員劉漁門	北平保安隊滬市警	
虹口方面越界築路附近區域（沙涇港以西）	六月十七日	黃明	市公安局督察長龍顯揆秘書殷體新譯員鮑瑞第五區區長何以鳴五區一分所長居敬二分所長牛精鑒三分所長吳廷勛本會特派員劉漁門査南强	北平保安隊滬市警	共同委員會四國武官我方温委員日方鮫島委員陸戰隊杉坂司令到場

			梁扶初靳鞏黨實李盛鈞謝志		
			道		
丁區(D地段)	七月十七日	市公安局第五區區長何以鳴	本會全體特派員等市保安隊第一大隊長關眾等	北平保安隊滬市保安隊	共同委員會英美意武官日方杉坂司令本會殷主席委員

(五)接管之內容

甲、恢復一切行政權，(包括警權在內)乃爲接管之主體。行政權之能否實施，全視警權之能否行使爲前提。故恢復警權，即爲接管之主要工作。

乙、維持治安：日軍未撤退區域內，治安無人負責。經我方接管之後，即須負完全責任。尤以此次接管，在各國環視之下，稍有不慎，不唯有損國家信譽，且予敵人以反宣傳之資料。故此次對於接管後地方秩序，煞費苦心。事前對於警察之配置，隊伍之選擇，辦理人員之遴派，均豫有詳盡之挑剔與準備。故過去之工作，結果均稱圓滿。

丙、預防變故：倘日軍先退，而我警後到。在交替不能銜接之間，地方或發生何種事故，則其責任將不知誰屬？宵小乘機，貽民禍患。故此次接管，最注意者，爲此種事項。故接管時警員之派遣，務期於日軍未退之先，先行到達，庶可免青黃不接之弊。

丁、防範中日間之重醸衝突：日方此次撤兵，乃惕於國際公理，不得不如約履行協定。故在撤退之時，若意存挑釁，隨時皆可與我方警察，發生糾紛。如此則停戰協定之前功，盡行拋棄。故此次接收時，對於此點，尤爲注意防範。在我方辦理人員，處處謹慎，務使彼方無所藉口，庶無挑釁之可能。

戊、日方佔領公私機關屋宇之交回

戰區中公私機關及私人屋宇，多被佔用。迨接管時，乃分別收回。其間經日方正式移交者，列表如下：

羅店鎮	公安局第四分局	五月十日	寶山縣長孫熙文接管
仝右	寶山縣政府留羅辦事處	五月十日	仝右
閘北	市公安局第四區署	五月十六日	公安局大隊長黃明接管
仝右	市政府財政局辦事處	五月十六日	由財政局派人接管

閘北	救火會	五月十六日	由公安局派人接管
仝右	裕通公司	五月十六日	由該公司派人接管
仝右	佛教居士林	五月十六日	由該屋主派人接管
仝右	證券交易所	五月十六日	由該所派人接管
仝右	徐同憲住宅	五月十六日	由該屋主派人接管
大場鎮	濟溪小學	五月十七日	由日軍遷行移交該屋主
仝右	錢家祠堂	五月十七日	仝右
仝右	孫景西住宅	五月十七日	仝右
仝右	普善山莊	五月十七日	仝右
仝右	寶華寺	五月十七日	仝右
仝右	王家宅	五月十七日	仝右
江灣區	王應沂住宅	五月十九日	由屋主自行接管
仝右	陳翔住宅	五月十九日	仝右
仝右	吳文輝住宅	五月十九日	仝右
江灣鎮	董陳師曜住宅	五月十九日	由屋主自行接管
仝右	文化學院	五月十九日	仝右
仝右	住宅一所	五月十九日	因屋主姓名未詳暫由公安局五區五所所長代為接管
閘北	育嬰堂	五月廿三日	由屋主自行接管
仝右	安徽會館	五月廿三日	仝右
仝右	中華公學	五月廿三日	由公安局派警看守一方通知該校負責人員前往接管
楊行鎮	張德正住宅	五月廿四日	由日軍遷行移交該屋主
仝右	倪寶孫住宅	五月廿四日	仝右
仝右	唐伯琴住宅	五月廿四日	仝右
仝右	徐阿保住宅	五月廿四日	仝右
仝右	張靜年住宅	五月廿四日	仝右
仝右	張瑞芳住宅	五月廿四日	仝右
仝右	龔阿大住宅	五月廿四日	仝右

楊行鎮	莊祥生住宅	五月廿四日	仝右
仝右	董兆良住宅	五月廿四日	仝右
仝右	張錦芳住宅	五月廿四日	仝右
仝右	徐利正住宅	五月廿四日	仝右
仝右	邵雲章住宅	五月廿四日	仝右
仝右	張彭年住宅	五月廿四日	仝右
仝右	譚叔馨住宅	五月廿四日	仝右
仝右	顧順泉住宅	五月廿四日	由日軍逕行移交屋主
仝右	顧鼎鴻住宅	五月廿四日	仝右
仝右	花海江住宅	五月廿四日	仝右
仝右	陳緣三住宅	五月廿四日	仝右
仝右	陳義郎住宅	五月廿四日	仝右
楊行鎮	楊廟年住宅	五月廿四日	由日軍逕行點交屋主
吳淞鎮	水產學校	五月廿五日	該校校長自行前往接管
吳淞	海軍病院	五月廿七日	海軍部派員陳鏡秋前往接管

其他公共機關，未經正式移交，派員收回者如左

公用局所屬
- 滬北船務處
- 滬北車務處
- 滬北路燈管理處
- 滬北廣告管理處
- 江灣路燈管理處
- 吳淞路燈管理處
- 吳淞車務處
- 吳淞船務處

財政局所屬……市北稽征處

社會局所屬
- 第一平民住所
- 第三平民住所

衛生局所屬：
- 衛生試驗所
- 滬北區辦事處
- 廣告所
- 第一免費診所
- 滬北清道用具儲藏處

電話局所屬：
- 閘北永興路總局
- 閘北第一分局
- 閘北第二分局
- 江灣分局
- 吳淞分局
- 南翔分局

交通部滬漢電報幹線工務處所屬：
- 寶山路地綫房
- 寶山縣水綫房

此外最重要之公家機關，被佔用者有三大項，即鐵路砲台學校是也。茲略分述如下：

A. 鐵路

1. 路線　京滬　南翔—北站間　淞滬全線

2. 車站　京滬路：南翔　眞如　麥根路站　北站

淞滬路：寶山路站　天通庵站　江灣站　高境廟站

張華浜站　吳淞鎭站　蘊藻浜站　炮台灣站

3. 工廠　張華浜工廠

B. 砲台

1. 吳淞砲台

2. 吳淞砲台灣營房

3. 獅子林砲台

4. 三官堂火藥庫

C. 學校

撤兵區域內，計接管公私學校計一百十校。內國立大學四；私立大學一；部立學校一；省立學校一；市立學校四十六；私立學校五十七。（詳載市教育局接管工作報告）

己、應急善後之施設

（1）戰區內遺留械彈及爆裂品之處置

接管會接管南翔羅店等區域時，曾收集大宗軍用品。江蘇省

政府以各縣多匪，需用械彈甚亟，函商本會運省應用。嗣又於各接管區內，陸續發現各種地雷彈藥等件，大都未經爆炸。時有無知之徒，因檢拾或玩弄，以致觸發死傷。接管會有鑑於此，特派員會同上海兵工廠員工前往各區，搜集子彈及折卸地雷砲彈等危險部份，運兵工廠保管。並以戰區遼闊，各種軍用品之遺留各地，不易發現者，爲數亦屬不鮮。因此本會特印刷繪有炮彈圖形之標語數千份，分貼各接管區域內要衝地點，曉諭民衆，以防危險之爆發，並規定收集軍用品獎例，集中地點，以便彙送兵工廠保管。

(2)防範奸徒　接管各區域時，爲防範奸徒乘機擾亂治安計，其辦法可分消極與積極兩種。消極之辦法爲戒嚴，積極之辦法爲檢查行人與行李等。

(3)恢復交通　街道之整理，於接管後隨即蕆事，故車馬之往來，大形雜沓。京滬鐵路滬崐段與淞滬路，亦前後恢復行車。淞滬路之乘客，近日尤見擁擠。蓋經戰事之後，人民流離失所，備受生活壓迫之苦。今日得重見天日，無不爭先恐後，踴躍遄回。至於他種交通之設備，如電報電話等，接管後亦已修復大半矣。

(4)調查戶口　調查戶口，爲保境安民之良法。現接管各區域內，已由接管委員會明令各該管長官，限期調查完竣，呈報備案。

(5)招撫流亡　戰後各地，流亡失業之人數，固尚未有確實之統計，然其數字，决不在少數之列。此項多量流亡失業之人數，若不預爲設法安處，則將來難免流爲匪盜。故市社會局方面，已擬就具體辦法，以防患于未然。

(6)清除汚穢　各地在接收之前已由上海市衞生局準備清除垃圾，河水消毒，掩埋屍體。接管後不出數日，均收拾蕆事。中外人士，莫不贊歎手腕之敏捷焉。

(7)整理街道　接管各區，大都房屋傾圮過半，一片荒凉，滿眼瓦礫。當接管之始，實無從分別何者爲居屋，何者爲街道。車行播盪，不惟交通不便，仰且戰後常有炮彈等危險物品，混雜于瓦礫中。故各地經我方接管後，即飭工務局派夫趕速整理街道。至今道途整潔，已復舊觀矣。

（8）規畫路線　一如上述，戰區各地，大都房屋與道途不分，目下各街道雖已整理就緒，然謀將來之建設，大好趁此破壞之後，規劃一切路線。規劃之優劣，對於市政實有極大之關係，故此項規劃工作，亦已由工務局從事設計矣。

（六）接管之困難

接管任務，事屬特殊，時間既屬倉卒，工作尤爲急迫。且因日方海陸軍之歧異，命令多不澈底，致各處辦法不能一致，茲略述其梗概：

A 時間之匆促　停戰協定，自五月五日簽字後，日方在六日卽聲明開始撤退。我方第一次接管爲五月九日午前九時。並定於先一日（八日）派員接洽佈置。屈計祗有一日餘之準備時間。在主義上，極希望及早接管，故無論如何迫促，非如期接管不可。而該時平警尙未開拔到滬，原有警力，頗感不敷分配，不得不從他處就近調遣，其間種種周折，殊非易易也。

B 交通之梗阻　日軍之撤退，乃先自西線開始。所有交通要道，均在日軍警備區內。故日方聯絡，非常便利，而我方則須迂道繞行。且當時電報電話等通訊機關，全未恢復，與日軍之隨處設有軍用電報電話相較，其利鈍實有天壤之別焉。

C 警權之複雜　在停戰協定簽訂時，我方曾有附帶宣言，於接管區域時，得用特別警察，故特電北平張綏靖主任，調派北平警察千名南下。同時因感於上海市公安局戰後警力單薄，況接管區域範圍包含省市兩政府轄地，又恐平警不及屆時趕到，爲未雨綢繆計，故又分別電請江蘇省政府派省會警察三百名，首都警察廳派保安隊五百名，先後調到，庶臨期接管，得從容辦理。因之此次接管，警察共有四種，於調遣支配，頗費籌劃。

D 日軍撤退之不照手續　按諸規定，接管與移交手續，日軍於每一區域決定撤退時，應卽預將撤退日期，知照共同委員會，轉知我方。我方卽將接管人員姓名通知日方，如期接管。但日軍於彭浦，廟行，劉行，顧家鎭等區域，先後撤退時，事前並未通知，致有彭浦日軍退後，我方不及銜尾接管，地方空虛，發生搶案。廟行等處日軍，撤退時幸聞訊較早，立卽派員前往接管，尙未發生事故。又眞如日軍原通知於五月二十日撤退，我方已預備如期接管，嗣又接到電話通知改於二十三日撤退，事

實上則仍於二十日退去，僅留少數駐兵而已。辦理手續上深感矛盾。

E 日方之違背協定　沙涇港以西，淞滬鐵路以東，虹口方面越界築路附近區域所駐之日海軍陸戰隊，曾據日原田武官聲稱，當與駐在ＡＢＣ三區之陸軍同時撤退。乃三區日軍於五月底一律撤盡，而上述區域，竟違背停戰協定附件所訂四星期內撤完之規定，逾期遲不撤退。幾經本會及共同委員會我方委員向日當局嚴行交涉，直至六月十七日始克接管。

F 日軍故意之行動　當閘北，吳淞，江灣等處甫經接管之際，民衆紛紛遷回故居，人心未定，而是時暫駐區域之日軍，時有武裝越境，暨無故開槍，並演習野戰，及妨害我方警察服務等情。地方頗滋驚擾。諸如此類，不勝枚舉。本會迭次派員向日當局嚴重交涉，促其制止，彼僅諾諾而已，仍不停止其此種行動。

茲將接管後日方軍隊在滬北越界巡邏暨防碍警務各項事實列表於左：

撤兵區域接管後日方軍隊越界巡邏妨碍警務表

報告人	日期	事實
五區五分所長戴鴻恩	五月二十日上午十一時	日本海軍官兵四五十名分乘卡車四輛到江灣鎮西牛朗廟埲經焚化
		陣亡日軍官兵墓牌
五區區長何以鳴	五月二十三日下午二時卅分	接管五區轄境時駐在三陽路北西寶興路東靠近日本坟山附近一帶空地之日兵不准我方派去警察接防經接管委員會派員交涉後始于翌日退去
七區區長李磬	六月一日	日軍將蘊藻浜橋改名爲白川橋橋上日兵步哨至六月一日仍未撤去
		（查七區吳淞於五月二十日接管）
京滬鐵路局長陳興漢	六月一日	日本陸戰隊在天通庵車站阻礙淞滬支路通車
北平保安隊長盧鎔	六月二日	報告據第一大隊第一中隊隊長王恩娛報稱據五區巡官王子章來隊聲稱本區轄境柳營路八字橋地方所佈崗位與日軍步哨隔河對峙昨日（六月一日）日軍越橋將我方崗警驅逐揚言務要平警布崗云

五區區長何以鳴	六月五日下午八時	有日人在中興路連發兩鎗向西射擊
五區區長何以鳴	六月六日上午八時卅分	日兵四十餘名分乘卡車二輛由寶通路直進寶山路適該路鐵門關閉遂折回虬江路向西駛去
五區區長何以鳴	六月六日上午十一時四十分	日兵四十餘名分乘卡車二輛在中興路梭巡
五區四分所長廖成章	六月六日上午七時	警士祝椿林由孫家橋派出所巡邏至羅家宅地方遇日兵兩名上前將該警攔住强帶至大康工房日軍駐在所質訊後釋回
五區四分所長廖成章	六月六日上午八時	日本陸戰隊二名乘機器脚踏車在翔殷其美路梭巡
五區五分所長戴鴻恩	六月六日	報告日本海軍不時乘機器脚踏車全副武裝前往復旦大學及水電路體育會路一帶往來梭巡
五區區長何以鳴	六月七日上午八時廿五分	日兵卅餘名分乘卡車二輛經過五區轄境中興路由西向東駛去
	同日上午十一時	日兵三十餘名分乘卡車二輛由北四川路開來經東寶興路寶山路西寶通路直達中興路向西駛去
	同日上午八時三十分	日兵分乘卡車二輛經中興路向東駛去
五區五分所長戴鴻恩	六月八日	日軍鐵甲車十餘輛裝置手提機關鎗在江灣翔殷路及吳淞一帶梭巡多次
五區三分所長吳廷勳	六月八日下午五時卅分	日軍卡車二輛開至沙涇港西兵士下車後在沿浜一帶檢查行人並分佈崗位於香煙橋胡家木橋及其美路等處並將胡家木橋用鐵絲木架攔阻斷絕交通香烟橋上亦有日軍五名檢查甚嚴不准行人通過致該處商店紛紛關閉云
五區三分所長吳廷勳	六月九日上午十一時廿五分	日本陸戰隊鐵甲車四輛機器脚踏車二輛機關鎗兩架由香烟橋衝入物華路向兆豐路而去
七區一分所長楊子青	六月十三日	駐華豐紗廠日兵阻止七區一巡邏長警經過該廠門首並在廠前後設置鐵絲網阻礙交通
七區二分所長姚本元	六月二十一日上午	徒手日兵三十餘名同乘卡車一輛向吳淞駛去
	同日下午	日兵三名各佩手鎗同乘機器脚踏車向吳淞駛去
滬北辦事處主任黃明	六月二十三日下午三時四十分	警察大隊第二中隊警長李祥龍帶警八名巡邏經過北四川路（越界築路）時有日本海軍陸戰隊約二十餘名阻止該長警通過未幾又來

		日兵七八十名卡車三輛要將長警悉數載去其時適五區一日文譯員鮑琚趕到經交涉後始將警士八名放回惟李祥龍及鮑琚仍被帶至日軍司令部質訊後釋回
五區三分所長吳廷勳	六月二十三日下午二時四十五分	日本陸戰隊乘機器脚踏車二輛每輛四人上架機關鎗闖過吉祥路派出所門首向嵩路而去
	同日下午二時五十分	又來日本徒手陸戰隊十餘人在派出所門前往返示威
五區五分所長戴鴻恩	十月六日下午二時	日軍鐵甲車五輛每輛兵士六名駛至江灣跑馬廳操演三十分鐘而去
七區二分所長姚本元	七月十三日上午八時四十分	翔殷路西首駛來日軍鐵甲車九輛上乘日兵三十餘機關鎗十餘架在翔殷路中段民生養鷄場集合停車操演假射約十餘分鐘始揮動紅旗向軍工路駛去
五區三分所長吳廷勳	七月十三日上午九時五十分	日本陸戰隊機器脚踏車九輛每輛上架機關鎗自動步鎗及全副武裝軍士三名駛經香煙橋路入物華路向租界而去

此外接管區內日僑拒絕本會及市公安局派員調查戶口大約意在包庇漢奸開設烟賭及經營種種不正當營業均據該管區警所呈報有案不在表列

接管中要案

(一)平警問題案

停戰會議時，我方首席代表郭泰祺，曾宣稱中國政府將派特別警察接管撤兵區域。語載入會議紀錄。無非我國政府對諸友邦各國，表示有整頓警務之意，並未聲明限定北平警察。祇其時上海吳市長鑒于戰後警力之消蝕，曾電北平張綏靖生任，抽調北平保安隊一千名來滬，備補充及接管戰區之用。嗣後會議告成，協定簽訂，平警一時未能南開。接管委員會乃向鎮江南京，分調省警及首都保安隊。乃十七日日軍於大場撤退時，藉口于接管之警，係非北平者，據爲口實，多方留難。事後原田委員且函致共同委員會克寧瀚主席，及我方俞溫二委員抗議，謂我方不履行協定規定，要求非用平警接管撤兵區域不可。此事係日方故意欲干涉我方內政初步，經本會殷主席委員及我方共同委員會俞溫兩委員，向共同委員會申說，協定條文中並無規定北平警察字樣。所謂特別警察者，亦僅我國表示自行整理警務之意。無論友邦或日方，絕無干涉我國任用何種警察之理由。日委員始無辭。乃以後接管吳淞獅子林等處，日方下級軍官，不明協定內容，往往以平警問題提出留難。經本會派員，携同協定中英日文本，向其解釋，彼始理曲默爾，日方之狡黠，對于外交上，內政上，無隙不入，于此可覩一斑

(二)交還俘虜案

協定簽訂後，日方要求；有日兵屍首兩口，埋在太倉城外，請我方交回。同時本會亦受十九路軍委託，向日方索還俘虜。經過略述如左：日軍當局，向本會要求將戰時陣亡，遺留埋在太倉縣南門外之日兵屍首二口設法尋覓交還。同時與本會約定，當將俘獲或拘留我方之軍民交還。案經本會令飭太倉縣縣長趙恩鉅，將該日兵屍骸兩具尋出，發掘備棺，於五月十五日僱汽船運到吳淞。由本會派特派員李盛鈞，會同日方派員，於十六日赴吳淞點收。至于日方交還俘虜事件，則于五月十九日上午，日方派參謀富田直亮，携同我方被俘軍民三十九人，解到北站。由本會派聯絡員陸紹基，會同十九路軍祕書沈毅，前往點收。計十九路軍兵士十名，第五軍兵士六名，平民二十三人云。

(三)同文書院及華豐豐田公大三紗廠撤兵案

自五月五日中日上海停戰協定簽訂後，在友邦組織之共同委員會監視下，侵滬日本海陸軍，截至五月卅一日止，所有陸軍業已撤退俱盡。僅餘少數海軍陸戰隊及憲兵，留駐在A區吳淞之華豐紗廠內，C區平涼路之公大紗廠內。此外滬西之豐田紗廠，同文書院，均有駐兵。而D區之日兵，仍逗留未撤。接管委員會除派員逕向日方軍事當局敦促外，又請我方共同委員會俞委員鴻鈞溫委員應星，直接向日方委員岡崎交涉。同時提出共同委員會，請諸友邦代表協力催促。無如日方多事推諉，托辭延宕，函札往返，談判周折，接管事務，因之暫告停頓。延至六月廿六日，日方始先將同文書院駐兵撤退。而吳淞方面，華豐紗廠駐兵，蓋造營房；又在廠門築鉄絲網，阻碍警察行使職權，廠內駐兵，雖號稱僅三十名，然隔日調防，卡車鉄甲車，武裝兵士馳驟往返軍工路上，引起居民莫大之不安。經接管委員會屢次交涉，纔於七月六日。該廠日軍，始完全撤走。此時僅餘D區及公大豐田二紗廠日兵未撤矣。

D區日軍，於七月十七日撤退。日方對于公大豐田兩廠之日軍，諉爲一二八前，經工部局應許，(該廠在越界築路內)早駐有日兵。此次停戰協定，祇須遵照協定原文，恢復一二八前狀態。該兩廠撤兵問題，不在協定範圍之內，延不肯撤。截至七月二十四日，接管委員會結束，該兩廠駐兵，仍未撤去。接管委員會職權，祇在接管。此案關係撤兵問題，留待共同委員會解决矣。

(四)京滬鐵路北站及吳淞機廠被日軍竊運機件材料交涉案

引言

京滬鐵路淞滬支綫，自戰事開始，即淪入日軍鐵蹄之下；及我軍西退，自北站至陸家浜一段，復歸日軍佔領。建築物之毀壞，路產損失，固不待言。停戰協定簽訂後，日軍仍盤據各站不去。在此期內肆意破壞不可勝紀。又在北站電氣廠龍頭房及吳淞機廠，偷竊機器馬達，運去大宗材料器具傢私各件，被路局職員目擊證明者，計有十三車之多。始由路局洋員工務處長德斯福君與日方交涉，日方堅不承認有此項舉動，指爲誣揑，及德斯福君提出證據，無可抵賴，乃託辭謂外間盜掠太多，故將此項材料運來此處，妥爲保管云云。語調滑稽，誠出意表。其後路局派人往日軍領回該項材料，祇能領回材料共三車而已，其他十車，則已不知去向。又當日軍佔據吳淞機廠之始，中英銀公司代表英人蒲素白君，往見日軍司令，日軍司令宣言當負該機廠一切損失之責任。及接管之日，乃以預擬之書，逼我簽字，不認賠償，（事見張華浜工廠案內）其蠻橫反覆之態，前後如出一轍。茲將關於竊運材料機件一案交涉往來文件，彙錄於後，以資參證。

交涉文件目次

一、日軍盤據下之上海北站電氣廠，及吳淞機廠，盜運物件問題，兩路工務處長德斯福君，與日本總領事來往交涉函件譯文

（計函十一件）

二、京滬鐵路局五月十六日致本會函

三、本會五月十七日致共同委員會克寧瀚主席函

四、本會五月十七日致俞濫二委員函

五、京滬鐵路局五月十九日致本會函

六、本會致共同委員會克主席暨俞濫二委員函

七、共同委員會祕書郞格五月廿一日通告

八、共同委員會祕書郞格五月廿二日通告

（一）日軍盤據下之上海北站電氣廠及吳淞機廠，盜運物件問題，兩路工務處處長德斯福君，與日本總領事來往交涉函件譯文：

民國二十一年四月二十七日兩路工務處處長德斯福君，致日本駐滬總領事一函，如下：（函一）

近頃查得自戰事發生以來，日本軍隊佔據本路吳淞機廠之後，該廠發生被掠事件甚多，更有切實證據被偷去多量油類，及他種材料。現在日本軍隊尙據該廠爲司令部，懇卽令飭所屬將該廠房屋材料，妥爲保證。數星期以前，余曾往該廠察視一次，見該廠破壞甚重，然在日本佔據以前，該廠房屋材料，固完好無缺也。此外更有言者，則上海北站電氣廠，被人破屋入內，竊去車燈電池，及他種材料，價值數千元。上項事情，確有證據。駐紮該處之日本海軍陸戰隊，顯然未有保全該廠之意，應請將上海北站電氣廠，及其他房屋，妥爲保衛，不勝感佩。

四月二十八日德斯福君，復致日本總領事一函，如下：（函二）

頃得可靠報告，上海北站西首，附近新民路鐵路廠屋，昨日被江北人掠去木料瓦楞鐵，及他種鋼鐵，今日仍在偸掠，該項江北人，皆領有日本官長所發出入憑證，而其盜掠行爲，又爲貴管守兵之所目見。余於四月二十七日曾上一函，又於前星期內，對日本海軍官長，有所陳訴，惟尙未見有何種保護鐵路產業之舉動。茲特懇請，嗣後加以妥善保護，並請示復爲幸。

前兩函去後，並未見覆，五月九日德斯福君，復致日本總領事一函，如下：（函三）

茲得可靠報告，吳淞機廠正在被掠，掠物工人，皆是日本軍隊所僱用，懇請注意爲幸。前已數次致函貴領事，有所陳說，但至今尙未承覆示。

五月十日日本總領事致德斯福君一函，如下：（函四）

准五月九日函稱：吳淞機廠正在被掠，掠物工人，皆是日本軍隊所雇用等情到來，已轉送日本軍隊長官矣。前承迭次致函本署，皆卽轉送日本軍隊長官，但尙未得復，俟復到後，自當立刻轉知貴處查照也。

五月十三日日本總領事又致德斯福君一函，如下：（函五）

前准五月九日函稱，得有可靠報告，吳淞機廠，正在被掠，工人皆是日本軍隊所僱用等由，當卽轉送日本軍隊長官查明在案。茲據復稱，已由司令部切實查明，所稱各節，並非事實，兩星期以前日本軍隊確曾僱用中國工人十名，連續四日在該廠工作，但該工人皆受軍隊嚴密監視，除執行指定工作外，不得有他種行動，故來函所稱日本軍隊，僱用工人，盜掠吳淞機廠大宗物件等言，毫無根據，完全出於誣揑等由，准此，相應函覆貴處查照。

卽日德斯福君覆日本總領事一函，如下：（函六）

本月十三日來函具悉，本人不但對於前次各函，所稱各情，仍復堅持，確爲事實，及有證據可以交出，並且復告貴領事，現在本路所屬新民路電氣廠，又有貨車多輛，運去材料傢具等件，上項情事，見證甚多，其中一人，卽爲鐵路職員英國人電氣工程司

，將來査得損失數目，自當要求日本政府賠償也。今日更有一函陳奉，（按此函乃接洽酌派路警，入鐵路範圍駐紮守衛事，）幸望注意。

五月十四日日本總領事復德斯福君一函，如下：（函七）

本月十三日來函具悉，關於新民路電氣廠運去材料傢具等件一案，請駕臨閘北新民路日本海軍陸戰隊分駐所說明一切爲幸。

德斯福君接前函後，即往新民路日本海軍司令部，將欲說明一切，乃在天井內等候半小時有餘，並未有負責人員出來談話，於是即歸局，將此項情形函知日本總領事。

五月十六日又致日本總領事一函，如下：（函八）

茲將由新民路電氣廠及機廠內，運材料之貨車號碼抄錄如左，請煩查照：

五月十四日	五六七六號	下午十二時至五時
又	五六七四號兩次	仝右
又	五六七七號三次	仝右
又	九八二三號二次	仝右
又	五三五八／六〇號	下午一時入廠二時出廠
又	五三五九／六一號	仝右
又	一六四六／二八號	仝右
又	九八二三／三二號	下午三時入廠四時十分出廠

再者本月十四日星期六之晨，有日本水兵約十五名，同入電廠，旋聞廠內鑿嚮，表明該廠有一部份正在毀壞，並乞查照。

五月十七日德斯福君，又致日本總領事一函，如下：（函九）

茲復查得本月十五日下午，有日本水兵多名，從新民路總段工程司工廠內，運去洋松三汽車，該汽車是九八二六號五五六一號及五六七七號，敬乞査照。

以前各次來往函件，俱由工務處處長德斯福君抄送兩路局長，及中英銀團代表戴維森君存查，五月二十四日德斯福君致兩路局長一函，如下：（函十）

關於搬運上海北站機廠材料一事，余與中英銀團代表戴維森君，應日本當局之請，今日往北四川路日本海軍司令部，謁見伊藤司令。據伊藤司令言，因當時外間盜掠太多，故將此項材料運來此處，妥爲保管，本應事前知照貴處，以免誤會，但因部屬一時疏忽，故未曾照辦，今貴局可隨時領還等語。伊藤司令並即帶領余與戴維森君，往視該項材料一遍。前次余呈送關於此事項各來往公函，請抽出五月十三日及五月十六日鄙函兩件，暨日本總領事五月十四日來函一件，實爲公便。

六月九日德斯福君又致兩路局長一函如下：（函十一）

五月二十四日奉上一函，報告日本水兵搬運材料事件，計承亮鑒。查兩路材料被運去者，共計什物十三車，木料三車，今祇領還傢具機件共計三車而已。前函請於公函之中，抽出五日十三日及五月十六日鄙函兩件，暨日本總領事五月十四日來函一件，今請仍將該件一律補還，實爲公便。

京滬滬杭甬鐵路管理局五月十六日致本會公函

路字第六八一號

逕啓者案據本局機務處呈稱上月二十五日午後電汽工程司葛利曾赴北站電氣間及車房等處視察經查覺各處所存機件等項業被偸竊甚多本月十二日該工程司復偕副手潘祖椿赴日本海軍司令部取得通行證於下午二時乘汽車至北站電機房大門左近見有運貨汽車方駛回車場門前站崗日兵立將大門關上又據職員報告十二日下午四時左右有運貨汽車四輛由電機房開出上裝寫字椅桌及鐵管鐵鉗等物理合報請核辦又據警務長容裔報稱本月十二日派警士蕭錦玉張永祥朱晉生等前往北站查探情形據報是日上午八時前往北站調查見石灰門內有已燬之鐵甲車五輛均被日兵放火焚燒四等票房等處鐵柵欄已拉開日兵用拉行李車將寫字間內柏子兩張搬去十三日又派警士張永祥等赴北站龍頭房看管據報行至龍頭房左邊被日軍阻止不得入內見有日軍多人將龍頭房內所存放之機器馬達等物連同辦公長桌均搬上該軍所用之軍用汽車上共運去兩車是日上午十一時半又用軍用汽車三輛在龍頭房內運去電燈房之機器馬達及零物三車其車爲五十九六十六十一號內有一部租界照會係五三五九號謹報鑒核各等情并據工務處將新民路電廠及機廠內運去材料什物之運貨汽車號碼開列清單呈請鑒核前來查北站龍頭房內馬達機器爲本路重要產業價值甚巨現均被日軍運去鐵甲車五輛又被日軍焚燬損失非輕據呈前情相應照錄運貨汽車號碼清單具函奉達即祈

貴會轉商共同委員會我方委員請日方當局從嚴查究并制止再有上項情事以重路產至紉

公誼并希

惠復爲荷此致

接管委員會

附抄本路電氣工程司原譯函各一件運貨汽車號碼清單一份

局長陳興漢

京滬鐵路

NANKING-SHANGHAI RAILWAY.

中華國有鐵路

CHINESE NATIONAL RAILWAYS.

No. 54/525

Engineer-in-Chief's Office

May 14th, 1932.

The Managing Director,
for Information

Sd. I. Tuxford.
Engineer-in-Chief

Electrical Department,
Shanghai May 13th, 1932.

The Engineer-in-Chief,
N. S. L.

Dear Sir,

VISIT TO CHAPEI.

Yesterday morn I with my Assistant Mr. T. C. Pan visited the Japanese Naval Head Quarter to obtain a pass which I explained was for the purpose of getting into our yard with the object of finding out what was the latest state of our damages to communication and electric light and power lines, Power House plant and workshops, and same was obtained.

Shortly after 2 P. M. Mr. Pan and self proceeded in a hire car to the Japanese forward base adjacent to the Power House yard main gates.

As we passed these gates we saw a lorry being backed into our yard and we tried to enter, when the gate was immediately slammed in our face by the Japanese sailor on sentry duty at the gate.

The details of my interview with the officer-in-charge at the above alluded to base, I verbally gave you yesterday afternoon.

On arrival at my office this morn I am told by two of this Department's employees that 4 lorries were seen by them yesterday to leave the Power House yard about 4 p. m. and amongst the articles plainly discernable were office desks, tables, steel piping and bench vices.

Unfortunately theydid not obtain the numbers of these lorries.

The two men report that they saw two lorries going in again this morn into Power House yard.

I have sent these two employees back to watch today and tomorrow to keep a record of lorry number, time and contents as far as possible.

Yours faithfully,
W. J. Grey,
Electrical Engineer.

電汽工程司上總工程司德斯福函譯文

敬啓者職昨與助理員潘祖椿同往日海軍司令部聲請欲往本路車塲察看工廠電燈綫等項最近損壞情形當卽領得通行證職與潘助理員於下午二點餘鐘租用汽車巡駛電機廠大門左近之日軍分駐所經過大門時見有運貨汽車方駛回電機廠塲職等卽擬進內乃門前站崗日本水兵立將大門掩上至職與該處日軍長官面談情形昨日下午業向

鈞長面陳在案今晨到辦公室時有職員兩人前來報告昨日下午四點左右又有運貨汽車四輛由電機廠開出上載寫字枱棹鐵管及鐵鉗等物惜未將該車號碼記下又據稱今晨又見兩輛開進電機廠塲經飭令明兩日留心察看如再有遇見時須將運貨汽車號碼時間及上載何物詳細記載矣順頌

公祺

電汽工程司葛利謹上五月十三日

Duplicate

54/530

The Managing Director, N. S. L.
For information.

Engineer-in-Chief's
Shanghai, May 16th, 1932

To

H. I. J. M.'s Consul-General,
Shanghai.

Sir,

I am sending you, herewith, the numbers of motor lorries which have been taking materials away from the Railway Power House and Workshops at Sin Ming Road:—

DATE	LORRY NO.	TIME
14. 5. '32	5676	12 p.m. to 5 p.m.
,,	5674 two loads	,,
,,	5677 three loads	,,
,,	9823 two loads	,,
,,	5358 / 60	1 p.m. in and 2 p.m. out
,,	5359 / 61	,,
,,	16461 two loads / 28	,,
,,	9823 / 32	3 p.m. in and 4 10 p.m. out

(5)

Also a party of about 15 Japanese marines visited the Power House on Saturday morning, the 14th inst. and noises were heard indicating, that a certain amonut of damage was being done.

Yours faithfully,
(Sd) I. Tuxford
Engineer-in-Chief.

總工程司致日本領事函譯文（內開運貨汽車號碼清單一份）

逕啓者茲將新民路電廠及機廠內運去材料什物之運貨汽車號碼抄錄如左請煩查照

日期	貨車號碼	時間
五月十四	五六七六	下午十二時至五時
又	又五六七四兩車	又
又	五六七七三車	又
又	九八二三兩車	又
又	五三五八六零	下午一時入廠二時出廠
又	五三五九六一	又
又	一六四六二八兩車	又
又	九八二三三二	下午三時入廠四時十分出廠

又查本月十四星期六晨約有日本水兵十五名到電廠內旋聞廠內有嘈雜之聲可見該廠正遭毀壞也此頌

公安

京滬路總工程司德斯福啓　五月十六日

本會五月十七日致共同委員會克主席函（公函第六一號）

逕啓者案准京滬鐵路局函開據本局機務處呈稱（原函照抄至）以重路產至紉公誼等由並附抄送〇〇〇一份前來准此查該路局現正亟謀恢復交通而日軍尚無確定撤退日期北站方面既經發現被日軍運去大宗馬達機器等情事則在日軍未撤期內難保無同樣事件繼續發生所有鉅大之損失將影響於該路交通之恢復除函請我方俞溫兩委員向貴會接洽辦理外相應將該附件抄錄一份送請貴主席委員查照務希依照協定精神即向日方當局交涉從嚴查究索還該項馬達機件以利路政並制止勿得再有同樣情事發生如有損失責任應由日方負担並希辦理見復爲荷此致

共同委員會主席委員克甯瀚

本會五月十七日致俞溫兩委員函（公函第六二號）

逕啓者關于京滬鉄路局函請速向日方交涉索還路產一案前經本會于十四日函達

貴委員請即轉知

貴會各國委員查照辦理在案茲又准該局來函內開案據本局機務處呈稱（原函照抄至）並希惠復等由並附抄一份前來查該路局現正亟謀恢復交通而日軍尚無確定撤退日期北站方面既發已發現日軍有運去大宗馬達機器等事情則在日軍未撤退期內難免繼續發生同樣事情所有鉅大之損失行將影響於該路交通之恢復除函請共同委員會克主席查照撤兵協定條文察核辦理外相應將抄件照錄一份送請

貴委員查照即希會商

貴會各國委員向日方催促速即交還路產並查究上項被運去馬達機件及設法嚴行制止嗣後不得發生同樣事情以重路產而利路政至紉公誼此致

共同委員會委員俞溫

（7）

京滬鐵路局五月十九日致本會函 路字第六九〇號

逕啓者本局前以北站鐵甲車五輛被日軍焚燬龍頭房內馬達機器亦被日軍運去曾經函請
貴會查照交涉在案現復據工務處呈稱本月十五日下午查有日本水兵數人由新民路附近鐵路分段工程司工廠內運去美松木料滿載運貨汽車三輛而去該汽車號碼爲九八二六號五三六一及五六七七號理合報請核辦等情前來相應再函奉達敬祈
貴會併案轉商查究並希
惠復爲荷此致
接管委員會

京滬滬杭甬鐵路管理局啓五月十九日

本會致共同委員會克主席暨俞溫二委員函 公函第六九號

逕啓者關於日軍焚燬京滬鉄路局北站鐵甲車五輛及運去龍頭房內馬達機器等件一案前經本會函請
貴主席委員 查照辦理在案現復准該路局函開據工務處呈稱照抄原函至併案轉商查究等由合亟再行據情函達即希
貴主席委員 併案辦理爲荷此致
共同委員會主席克寧瀚
共同委員會委員俞溫

共同委員會祕書郎格五月二十一日通告

JOINT COMMISSION

May 21, 1932. (12:30 p.m.)

Mr. Cunningham:

Mr. Okazaki gave me the following information over the telephone regarding the alleged appropriate of railway property at North Station:

He says the property referred to may be divided into two classes, i.e., equipment belonging to the railway, and equipment belonging to the Chinese Army. With regard to the former, he has called on Mr. Davidson, of the British Chinese Corporation, which really owns the railway, has told Mr. Davidson that the Japanese Naval Landing authorities are making investigation and are ready to accord satisfaction for any misappropriated property, proved to have been taken away, or which may be in Japanese possession. A possible explanation lies in the fact that the Japanese brought a lot of equipment of their own to the North Station, and in removing it the marines may have taken away, inadvertently, some Railway property as well.

With regard to Chinese army property the armoured trains referred to having been burnt, cannot be returned. It remains for the Chinese to make a protest and/or claim if they so wish, in which case the Japanese will have an answer ready based on points in international law.

Mr. Okasaki hoped to have further information from his naval authorities by Monday morning and hoped some satisfactory settlement could be carried out with Mr. Yui direct. Otherwise he will be pleased to avail himself of your offer of a meeting for which offer he thanks you.

I communicated the sense of the above to Mr. Yui by telephone.

E. A. Long.

共同委員會秘書郎格五月二十二日通告

JOINT COMMISSION

Sunday, May 22, 1932.

(12:30 p.m.)

Mr. Cunningham:

Mr. Okazaki asked me by telephone to inform Mr. O. K. Yui that the Japanese planned to withdraw on Wednesday, May 25, commencing at 11 a.m. from the following places:

1. Walled City of Paoshan.
2. Woosung Forts,
   Woosung Military Barracks,
   Magazine Store.
3. Woosungchen (the place which the Agreement provides shall not be used by Japanese troops)

Until further notice the Japanese forces will continue to occupy the localities designated in the agreement for their temporary occupation.

With regard to the railway equipment alleged to have been taken away by the Japanese, Mr. Okazaki is arranging for a meeting between Mr. Davidson, of the British Chinese Corporation and Mr. Grey of the Shanghai-Nanking Railway on the one side and a senior staff officer of the Japanese Landing Force on the other to investigate and discuss the matter.

E. A. Long.

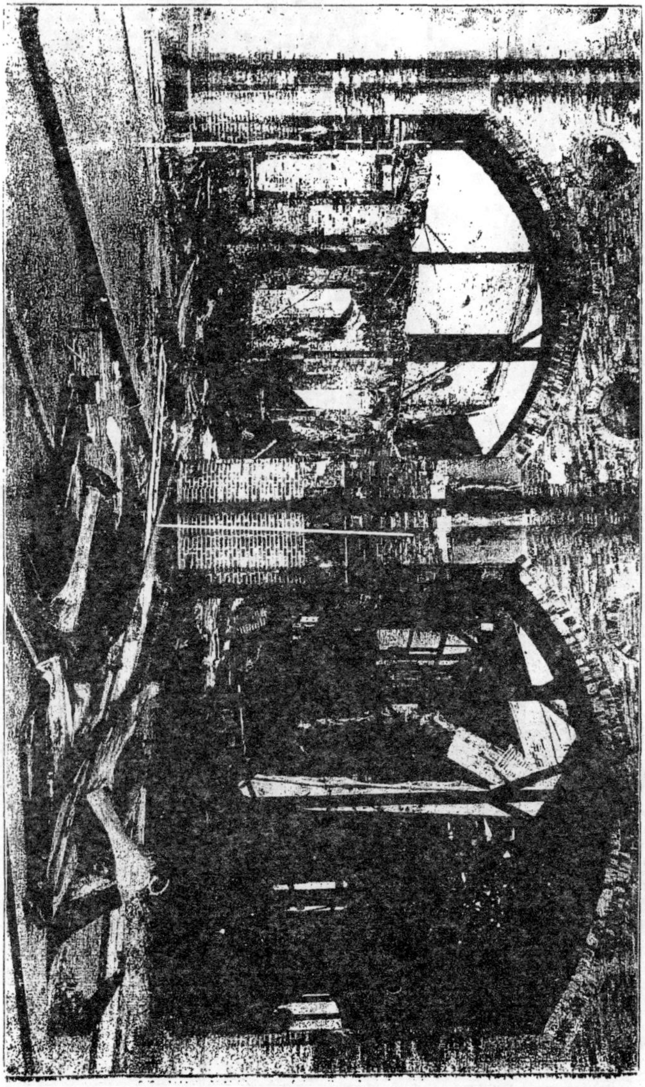

上海北站燒燬之機車房東南角外面攝影

吳淞張華浜工廠損燬零亂一班

(五)京滬鐵路張華浜工廠案

引言

吳淞張華浜工廠，爲京滬全綫機車車輛重要修配之所。關係行車，不可或缺。內設材料處管轄之材料廠，專供修配需要。當戰事開始，我國軍隊，從未入廠駐紮。迨日軍佔領，時經數月，在此期間，損失甚多。停戰協定簽訂後，接管委員會援據協定條文，屢向日方催索交還，同時復以日方軍事當局，曾向中英銀公司代表聲明，對於路局損害部份，願意負責賠償，（見中英銀公司代表戴維森致陳興漢局長函）是以本會對於該工廠之接管，倍加注意。事前日方共同委員原田熊吉，與本會商妥，駐廠日軍，准於五月卅一日撤退，我方定先一日派員接管。復由原田備函，向駐廠日軍當局介紹，函內載明在接管前，允許接管委員，會同中英銀公司代表，鐵道部代表，暨路局人員等，於接管前一日，前往該廠視察以便查勘損壞情形，妥籌整理，並充交涉根據。

視察被拒

五月廿九日晨九時半，本會派秘書李謨吳宏特派員查南强，會同鐵道部代表工務司幫辦孫謀，中英銀公司代表戴維森，京滬鐵路局派員機務處長王繩善，總工程司德斯福，電氣工程司葛利，機廠廠長毛爾維等，持原田介紹函，前赴吳淞該廠視察。十時抵淞投函後，乃駐廠日軍隊長避不出面，僅由門崗兵士傳話，對於原田函上所載允許視察一節，諉爲事前未奉日當局命令知照，拒絕我方人員入內。一行人員，被擯立於廠門外者，達三小時之久。據傳話兵士聲稱，該廠駐軍，於昨晚接軍部命令，囑先將該廠於今日交還華方接管，而駐廠軍隊，則須於三日後再行撤退。一應手續，俱經辦妥，可許路局派三人代表入內，與日隊長舉行交替手續，餘人則一概不許入內云。我方人員以奉命視察而來，並非接管，再三交涉，不得要領，況日方絕無禮貌，在廠門久候，殊屬無謂，乃相率賦歸，返會報告。

再度交涉

接管委員會以視察被拒，當夜再度派員向日方原田委員責問。交涉結

果，商定由會開列接管人員名單，通知日方，准定翌日先視察後，再行接管。

接管名單

接管委員會以接管張華浜工廠事，駐廠日軍，動輒藉詞留難，故與日方原田委員商定，一應人員統列名單備函通知，其原函如左：

> 茲派本會祕書李諟吳宏特派員查南强會同左列名單人員前赴吳淞張華浜鐵路工廠辦理接收事宜特此證明
>
> 機務處長　王繩善　副處長　鍾桂丹
>
> 鐵道部專員　孫　謀　材料處副處長唐明甫
>
> 中英銀公司代表　戴維森　(Davidson)
>
> 總工程司德斯福　(Tuxford)
>
> 電氣工程司葛利　(Grey)
>
> 工廠廠長毛爾維　(Mulvey)
>
> 職　員
>
> 吳毓崑　薛志賢　陸次蘭　李喬治　(George Lee)
>
> 李博文　章學濤　莊　勳　許應聲
>
> 孟斯斐　(Mansfield)
>
> 中華民國二十一年　五　月　三　十　日
>
> 上海撤兵區域接管委員會主席委員殷汝耕印

(2)

接收情形

一應接管人員於五月卅日上午九時半，由聯社出發，十時抵吳淞張華浜工廠門首，當由特派員查南强將來意託廠門日軍轉報駐廠日軍第九師團第七聯隊大隊長時澤直義。時澤大隊長派副官二名，至廠門外邀接管人員入廠。惟當入內時，須逐一按單唱名點進，如名單上未經列入者，概行拒絕。是以中外各報記者，俱被擯不得入廠。日副官引導諸接管委員入廠內前文牘課辦公室內小憩，並傳言祗許接管委員偕路局人員六人入內，與時澤隊長晤洽，乃由接管會秘書李諟吳宏，特派員查南强，偕同路局方面代表機務處長王繩善，副處長鍾

袿冄，材料處副處長唐明甫，總工程司德斯福，電氣工程司葛利，工廠廠長毛衡維入內。

會晤地點，在前計核課辦公室。室中陳列一方桌，時澤大隊長南向獨踞而坐，意態倨傲，旁坐日軍官二人，日繙譯及衛兵十餘，全體武裝，戒備森嚴，若臨大敵。我方由查特派員擔任日語譯述，各方發言均繙譯中日英三種語言，使在座人員都可了解。

我方人員入內後，即向日方要求，允許中英銀公司代表入內。日方表示拒絕，經我方再三交涉，日方始允戴維森以旁聽地位參加。戴代表入塲後，日方出其預先擬就油印之日文引繼書，要求我方即行簽字接管。我方則以機廠及材料廠內部尚未視察，必須視察後再簽字接管。日方堅持不允，我方幾度要求，並加解釋，歷一小時之久，日方始允。隨由日方派員領導，並有衛兵十餘名，跟同監視，我方代表暨機廠廠長全體人員，遂得分向機廠與材料廠視察一週。各部份俱屬凌亂汚穢，不堪入目，工具零件及儲存材料，損失甚多。至十二時半，視察始告竣事，仍回會議室，繼續協商交接手續，日方復出引繼書要求簽字，我方當以引繼書文字，尚須考量，加以修改，日方堅不應允。我方復云，祗能代表鐵路接收現在狀况之機廠及材料廠部份，所有賠償問題，應由政府辦理，故引繼書文字無須述及補償事項。是時中英銀公司戴代表聲述該公司已得駐滬日本軍政

接管張華浜工廠時方所預印就之引繼書草樣

引繼書

吳淞大日本軍守備隊長ハ昭和七年五月三十一日午前一時三十分吳淞鐵道機關庫ニシテ日本軍使用ノ土地建造物資材一切ノ保護ヲ中華民國接收委員ニ引繼キ爾後ニ於ケル是等ノ保護『過去ニ於ケル是等ニ關スル補償ニ就キテハ其ノ責ニ任セス』

中華民國接收委員ハ民國二十一年五月三十一日午前一時三十分吳淞鐵道機關庫ニシテ日本軍使用ノ土地建造物資材等ヲ大日本守備隊ヨリ完全ニ保護及警備セラレアリタルヲ確認シ其ノ一切ノ引繼ヲ吳淞大日本守備隊長ヨリ受ケ『爾後是カ補償等ニ關シ異議ヲ申立テサルヲ誓約ス』

右兩者立會ノ上引繼ヲナシ茲ニ調印ス

昭和七年五月三十一日

於吳淞鐵道機關庫事務所

吳淞大日本軍守備隊長　時澤直義

民國二十一年五月三十一日

中華民國接收委員

書中有『』符號數句即爲當時我方提議改去不果者

當局允認賠償該廠內之損失。但日方再三聲明，此項引繼書以現在駐廠守備隊直接移交於路局，所謂補償事項，祗對該守備隊而言，在該守備隊駐廠以前，其他日軍之行動，該隊不能負責，至國際間交涉，自有政府主持，非其所知。該隊駐廠後，曾經加以保護，現在路局旣願收回，儘可立刻接收，不必多費空談。雙方劇烈辯論至一小時許，日隊長態度堅決，強詞奪理，不允修改隻字。

接管委員會秘書吳宏，因此項引繼書，殊屬令人不滿，乃耳語王繩善氏，主張暫緩簽訂，退會返滬請示。王氏深以為然。詎語為時澤所聞，赫然震怒，兇性暴露，厲詢吳為何許人？以何資格發言？欲令衛兵將吳逐出會場。旋經王氏聲明，吳為接管代表，自有發言權。時澤始默然無語。

雙方至此，已成僵局。時澤復云，如欲接收，須立即簽訂引繼書，否則從此時起即不保護，如有損失，不負責任，態度凶惡，已達極端。其時日方翻譯 Kajiwara 起立解釋是項引繼書之簽訂，僅涉及時澤隊長與鐵路雙方關係，即謂路局方面不要求日方現在駐廠之守備隊賠償損失之舉。

復經我方中英銀公司代表，路局人員等，會商良久，認為時機緊張，不容有所迴旋，如拒簽退會，勢必激成日方惱羞成怒，反啓重大節枝，該守備隊倘須駐廠二日，勢必愈加破壞，損失不堪設想，況路局業於當日通車，機廠亟待整理應用。陳興漢局長曾面授機宜，對於機廠部份，無論毀損之若何程度，祗要日方肯交還，務必迅速接收。而中英銀公司代表暨路局人員，咸以必須保留廠內現有機件及材料，不便與日軍談判決裂，處此種情形下，祗有簽訂引繼書之一途。全體決定後，乃由路局代表鄭重聲明，此項引繼書，係以路局與現在駐廠日軍交接手續，關於損害賠償，其權操自吾國政府，不因此項引繼書之簽訂，致生影響。今日在場諸人暨中英銀公司代表，俱可作證云云。時澤起立承認我方之聲明並云彼已再三申述簽訂引繼書意義，與我方聲明相同。時澤旋即首先簽字於引繼書上，路局方面依次由王繩善唐明甫鍾桂升簽名蓋章，路局代表復再聲明在簽訂移交守備隊尚未離機廠以前，應當保護一切，並介紹機廠廠長毛爾維於時澤大隊長，所有移交及路警接管事項，概由該廠長辦理，務請隨時接洽以免再有損失云云。時澤表示認可，予以協助，當即約定次日(即卅一日)由廠長毛爾維率領路警二十名到廠接管，分佈駐守，於是交接手續告竣。

來往文件

五月三十日接管張華浜工廠引繼書簽訂後，越四日，（六月三日）日本共同委員岡崎氏，即馳函我方委員俞鴻鈞氏，並通知共同委員會克寧瀚主席，謂鐵路局負責代表，於五月卅日接管張華浜工廠時，曾允駐廠日軍隊長，將來中國方面不要求損害賠償，並謂工廠曾完全受日軍保護云云（原函見共同委員會官報第五十六號）我方俞鴻鈞委員接日本委員岡崎氏來函後，即轉知本會。當經函詢兩路陳興漢局長去後，茲將各方來往文件，彙列於後：

文件目次

(1)共同委員會官報第五十六號

（六月三日日本岡崎委員致中國俞鴻鈞委員函）

JOINT COMMISSION

AMERICAN CONSULATE GENERAL

(JOINT COMMISSION CIRCULAR NO. 56.)

THE CHAIRMAN OF THE JOINT COMMISSION PRESENTS HIS COMPLIMENTS TO ITS MEMBERS AND HAS THE HONOR TO CIRCULATE THE FOLLOWING FOR THEIR INFORMATION,

(From Mr. Okazaki to the Chairman.) June 3, 1932.

E. S. Cunningham, Esquire,
Chairman of the Joint Commission,
Shanghai.

Dear Sir,

I have the honour of notifying you that we have addressed Mr. O. K. Yui, the Chinese Member on the Joint Commisson, a letter whose contents are as follows:

"Referring to Paragraph I of the circular letter, No. 50, of the Joint Commission (Chinese report No. 10), the transfer of the workshops of the Shanghai Nanking Railway was completed on May 30th, as stated in the above report. According to the report, however, in my possession, I understand that the authorized Chinese representative promised the Commander of the Japanese Guard that the former would not demand any damages in the future, having recognized that the ground and materials within the workshops of the Shanghai-Woosung Railway, which were in use by the Japanese Army were completely protected."

I have the honour to be,
Sir,
Your obedient servant,
(Sd) K. Okazaki

Circulated: June 6, 1932.

(2)本會六月七日致京滬鐵路局函 (公函第一二八號)

逕啓者案准共同委員會我方委員俞鴻鈞交來該會第五十六號通知內容略謂日委員岡崎函開關於五月卅日日軍移交吳淞張華浜鐵路工廠時中國方面負責代表曾允日軍守備隊長將來中國方面不要求損害賠償幷謂工廠曾完全受日軍保護等情查關於貴局此次戰事損失向日方賠償一案前經本會提出共同委員會向日方交涉並由中英銀公司另向日方提出損害賠償各在案准函前由是關於吳淞張華浜工廠損失賠償一節業由貴局負責代表於接收時已向日軍方面聲請不再要求賠償事關外交重要相應檢同該通知原文一份送請

貴局長查照至於該項賠償交涉貴局是否不再進行而該接收代表聲明各節是否由貴局長負責卽希見復爲荷此致

京滬滬杭甬鐵路局長陳

坿抄原文一件

(3)京滬鐵路管理局六月十五日復本會函 (路字第八〇八號)

逕啓者案准

大函內開案准共同委員會我方委員俞鴻鈞交來該會第五十六號通知內容略謂日委員岡崎函開關於五月卅日日軍移交吳淞張華浜鐵路工廠時中國方面負責代表曾允日軍守備隊長將來中國方面不要求損害賠償並謂工廠曾完全受日軍保護等情關於貴局此次戰事損失向日方賠償一節前經本會提出共同委員會向日方交涉並由中英銀公司另向日方提出損害賠償各在案准函前由是關於吳淞張華浜工廠損失賠償一節業由貴局負責代表於接收時已向日軍方面聲請不再要求賠償事關外交重要相應檢同該通知原文一份送請查照至於該項賠償交涉是否不再進行而該接收代表聲明各節是否由貴局長負責卽希見復等由並抄通知原文一件過局准此查敝局接收張華浜機廠一案曾據接收代表王繩善等將接收經過及日軍守備隊長時澤直義迫簽引繼書情形呈報在案准函前由復經令飭該代表王繩善等切實呈復去後茲據呈稱查職等於五月卅日奉派前往接收張華浜機廠曾將接收經過情形並檢同引繼書原文二份呈報鑒核茲再將當日交涉情形縷晰陳之當五月卅日九時半職等偕同接管委員會李吳兩秘書查特派員暨工務處長德斯福電氣工程司葛利廠長毛爾維化驗工程司陸寶淦繪圖課長李博文計核課長李佐之總監工孟斯非爾吳淞材料

廠長張敏黎課員薛志賢等及奉派章學濤莊勸許應聲中英銀公司代表戴維遜出發前往十時半馳抵該廠向日軍聲明通報由一日軍副官按函送名單唱名點數導入廠內前文牘課辦公室候其轉報旋來傳話祇允本路方面六人領至前計核課辦公室內計職等暨德斯福處長毛爾維廠長葛利工程司偕接管委員會李秘書等三人當由日軍步兵第七聯隊大隊長時澤直義主席招待入座座中有日軍司令部派來軍官二人旁列日軍十餘人氣象極形森嚴時澤直義大隊長發表移交機廠之意經查特派員譯述繩善亦即聲明職等係代表本路接收機廠並向日軍要求允許中英銀公司戴代表列席日軍初頗不允幾經商洽始允以旁聽地位參加迨戴代表到場後日軍乃出預擬日文引繼書要求本路方面簽字職等要求先行視察機廠內部日軍堅持拒絕視察經交涉歷一小時許方得應允促即從速視察派員領向機廠材料庫房等處巡行一週至十二時半仍回室內繼續協商交接手續日軍復取預擬引繼書要求簽字職等當以引繼書文字尚須考量加以修改乃日軍堅持不允職等復云本路今日專為接收機廠引繼書文字無須述及補償事項應將（此後關於是等之補償等暫不另主異議）一節刪去是時中英銀公司戴代表聲述該公司已得駐滬日本軍政當局允認賠償機廠各處之損失但時澤直義大隊長再三聲明此項引繼書以現在駐廠守備隊直接移交於路局所謂補償事項祇對守備隊而言至國際間交涉自有政府主持非其所知此時路局既願收回儘可立刻接收何須多費空談態度已覺緊張又經交涉多次終無結果時澤直義大隊長又云如不簽訂引繼書駐廠日軍即不負責保護觀察情勢愈趨嚴重萬一談判決裂日軍仍駐該廠又不負保護之責勢必愈加破壞則廠內損失更將不堪設想為顧慮路產起見職等與中英銀公司戴代表及列席同人等會商之下迫不得已即經職等聲明此項引繼書係與駐廠日軍相對手續關於損害賠償其權操自我國政府不因此項引繼書簽訂致生影響該大隊長表示認可隨於當日午後一時四十六分在日軍預擬引繼書原文時澤直義大隊長簽名蓋章後由職等依次簽名蓋章共計同式五份以三份由日軍留存以兩份交本路方面收執當約定次日由廠長毛爾維率領派來路警到廠接管分佈駐守日軍延至卅一日下午完全撤退此收回吳淞機廠簽訂引繼書經過情形也伏查當時接收委員會李秘書讓吳秘書宏查特派員南強中英銀公司代表戴維遜等均在場目睹曾以英日語言譯述互相商酌認為時機迫切既無轉圜餘地復不容有所請示關於賠償事項職等本已聲明由我國政府交涉不因引繼書簽訂發生影響而時澤直義大隊長亦曾再三聲述所謂補償事項祇對該守備隊而言至國際間交涉

自有政府主持云云現在共同委員會日委員岡崎通知函內所稱日軍移交吳淞張華浜鐵路工廠時中國方面負責代表曾允日軍守備隊長將來中國方面不要求損害賠償等語顯屬揑詞抵賴抹煞事實詢之在塲諸人員均可作證奉飭前因理合據實申復等情並據工務處長洋員德斯福呈報略同前情並稱此次本路代表王繩善君等之簽字於引繼書可稱爲非人力所能抵抗其被迫情形當日在塲之共同委員及中英公司代表戴維遜君均能爲之證明等語查敝路張華浜機廠積十餘年之經營機器完備價值甚鉅此次經日軍佔住將廠內器具任情毀壞其損失幾不可指數日方於交還之先預擬引繼書臨時強迫簽字敝局代表王繩善等之簽字完全出於日方之威迫惟簽字時業經聲明此項引繼書於將來損失賠償之交涉不得因此發生影響且日軍隊長時澤直義亦曾再三宣稱此事將來應由中日兩國政府討論伊祗知服從命令將機廠及貨棧交還路局至損害問題於彼無涉等語是則此項引繼書之簽字與損害賠償交涉截然兩事未可混爲一談當日在塲之共同委員及中英公司代表皆爲能之證明日委岡崎函稱中國方面負責代表曾允日軍守備隊長將來中國方面不要求損害賠償一節殊非事實廠內損失綦巨不能因此強迫簽字之引繼書卽中止交涉除令飭機務處趕速查明廠內損失實數開單呈局再行函達外相應照錄引繼書原文中英公司代表戴維遜來函及工務處長德斯福原函各一件具函奉復致祈

貴會將此次接收機廠經過及日方迫簽引繼書情形提出共同委員會仍向日方繼續交涉賠償損失以維路產至紉公誼并希

惠復爲荷此致

上海撤兵區域接管委員會

局長陳興漢

附抄京滬路工務處處長上局長函譯文

敬肅者關於吳淞機廠接收一事日委原田君致共同委員會主席克銀漢君函內有華方負責代表允許日本守備隊隊長將來各該代表不索任何損害賠償因承認日本軍所使用之吳淞鐵路機廠其範圍內之土地及材料完全由日本保護故也等語查該日委所稱殊屬不確王繩善代表鐵路以極能幹而極婉轉之態度向日方接洽而日方除令其簽字於預擬之引繼書外並不許其有任何主張

（照抄引繼書）（原函係抄英文引繼書全文不複譯）

王君等要求先行視察機廠但日隊長時澤直義堅拒不允相持至數小時之久經職向其解釋視察機廠爲時當不逾半小時伊始首肯華方人員見機廠內部殘損甚鉅不允簽訂引繼書允回上海向高級人員請示該隊長堅決不允聲稱非簽字不可並盛氣向王君要求簽字王君及其他代表二人爲收回該機廠並派警守護起見祇得簽字當爭議之時提及該引繼書內關於損害問題王君謂此事應係將來中日兩方政府解決不宜羼入引繼書之內時澤直義君則謂祇知服從命令將機廠及貨棧交還中國至於應否討論損害問題與彼無涉……因伊爲一軍人而非外交官也此等語調該日隊長不止宣稱一次而最後仍稱預擬之引繼書非簽字不可故就王君之簽字於引繼書一事而論祇可稱爲非人力所能抵抗因不簽字則只有離去更無他道可走該日隊長旣絲毫不肯讓步而在鐵路利益方面計則接收該機廠愈速愈妙因此王君祇得接受該日隊長要求而被逼簽字以上情形當日在塲之共同委員以及中英公司代表戴維森君均能證明一切專肅祇頌

鈞綏

工務處長德斯福謹上

(Letter 12)

Case No, 1/731

Engineer-in-Chief's Office,

Shanghai. June 10th, 1932.

Copied to Mr. A. L. Davidson,
For information.Per No. 1/731 d. 10/6/32.
The Managing Director.
N. S. L.

Dear Sir, Taking Over of Woosung Workshops.

In reference to the copy of the letter from Mr. Okazaki to the Chairman of the Joint Commission on the handing back of the Workshops at Woosung, I have to report that the statement made by Mr. Okazaki in his letter to Mr. E. S. Cunningham, the Chairman of the Commission, "that the authorized Chinese representatives, promised the Commander of the Japanese Guard that the former would not demand any damages in the future, having recognized that the ground and materials within the workshops of the Shanghai-Woosung Railway, which were in use by the Japanese Army were completely protected" is not correct.

Mr. S. Z. Wong, who conducted the negotiations on behalf of the Railway in a very able and most courteous manner, was not given an opportunity to do anything but sign an already prepared document which reads as follows:-

"At 1.46 on the afternoon of the 30th day of the 5th month of the 7th year of 昭和, the Commander of the Japanese Guard at Woosung turns over to the Acceptance Committee of the Republic of China the land, structures and stores of the Woosung Railway Workshops, which have been under the occupation and protection of the Japanese army; and, hereafter, will not accept any responsibility regarding the protective affairs and the compensation for the past.

At 1.46 on the afternoon of the 30th day of the 5th month of the 21st year of the Republic of China, the Acceptance Committee of the Repulic of China recognize that the Woosung Railway Workshops occupied by the Japanese army have been completely protected and watched by the Japanese Guard; take them over from the Commander of the Japanese Guard; and swear that hereafter affairs regarding compensation will not be questioned."

The negotiations which took several hours were protracted by the action of Major Tokizawa, who for a long time refused to allow the delegation to make an inspection of the Workshops, eventually on my explaining that the inspection would not take longer than half an hour, he consented.

The members of the Chinese delegation of course saw the enormous amount of damage that had been done and refused to sign the document as it stood, asking for time to go to Shanghai to consult higher authorities. Major Tokizawa however

refused to allow this,saying his document must be signed. He insisted with great vigour that Mr. Wong should sign the document, and eventually for the sake of getting the Workshops back and putting our Police in to protect them, Mr. Wong and two other delegates signed the document. In the course of the discussion, the question of damages in the document was brought up, but Mr. Wong very properly declined to discuss it, saying that this was a matter to be brought before their respective Governments at a later date. Major Tokizawa insisted that he was merely obeying orders and handing over the Workshops and Godowns, and that the question of damages had no thing to do with him, as he was a soldier and not a diplomat. This he repeated several times and insisted that the documemt prepared must be signed.

As far as Mr. Wong is concerned in signing the document, it was a case of "Force Majeure." It was a way of signing or leaving. Major Tokizawa would not give the way on a single point, and as it was in the interests of the Railway to get the workshops back as quickly as possible, Mr. Wong was compelled to accept Major Tokizawa's terms.

This statement will, I think, be verified by the members of the Joint Commis sion who were present, also by Mr. A. L. Davidson, Representative of the Britishand Chinese Corporation.

Yours faithfully,
(Sd.) I. Tuxford
Engineer-in-Chief,

附抄中英銀公司代表戴維遜君致京滬路陳局長函譯文

逕啓者接誦本月廿八日

大函承告貴路吳淞機廠日軍將於本月卅一日以前退出希望鄙人於接收該廠時到場等由已悉鄙人甚願參加接收該廠並深信將於和平順利中完畢接收事宜又大函內述及日方允償該機廠損失請爲證明一節查蒲素白君於二月十一日前往該廠視察與該廠日軍司令Shimimoto會晤申訴其部下在該廠之無紀律行爲致該廠受損甚鉅等情日司令當語蒲素白君謂日軍當負該機廠一切損失之責任本處前已將此節照函日本領事查照備案尤相應函復即頌

台綏

戴維遜啓・廿一，五月卅日。

中英銀公司代表戴維遜五月卅日致陳興漢局長函原文

The British & Chinese Corporation, Ltd.
Shanghai, May 30th, 1932.

Mr. Chan Hing Hon,
Actg. Managing Director,
Nanking Shanghai Railway,
Shanghai,

Dear Mr. Chan,

I beg to acknowledge receipt of your letter No. Gl/1272 of the 28th instant informing me that the Railway Workshops at Woosung will be evacuated by the Japanese troops before the 31st instant, and expressing the hope that I will be present at the time of taking over these shops.

In reply I shall be pleased to be present at Woosung and trust that the handing over will be completed smoothly and in an amicable manner.

With regard to the second paragraph of your letter Mr. Boothby visited the workshops on the 11th February last and called upon the Officer in command of the Japanese forces, General Shimimoto, and complained of the undisciplined conduct of his men in doing wanton damage in the workshops. The General informed Mr. Boothby that the Japanese Army would accept responsibility for all damage caused to the Workshops, and this was duly communicated by this Office to the Japanese Consul-General for the purpose of record.

Yours faithfully,
(Signed)Alec. L. Davidson

(四)本會六月十六日致共同委員會溫一委員函

公函第一四三號

逕啓者查關於京滬鐵路局吳淞張華浜工廠接管一案前准
貴委員轉來共同委員會通告第五十六號內容略謂日委員岡崎函開中國
方面負責代表于接收工廠時曾允日軍守備隊長不要求損害賠償並聲明
該廠曾受日軍完全保護等由過會當經據情照轉京滬鐵路局去後茲將該
路局復函並附來文件照抄一份送請察閱即希
查照辦理爲荷此致
共同委員會委員溫　俞

附抄件一份

(五)共同委員會官報第六十六號

(中國俞鴻鈞委員六月廿日致克寧翰主席函)

JOINT COMMISSION
AMERICAN CONSULATE GENERAL

(JOINT COMMISSION CIRCULAR NO. 66.)

THE CHAIRMAN OF THE JOINT COMMISSION PRESENTS HIS COMPLIMENTS TO ITS MEMBERS AND HAS THE HONOUR TO CIRCULATE THE FOLLOWING FOR THEIR INFORMATION.

(From Mr. O. K. Yui to the Chairman)

June 20th, 1932.

Edwin S. Cunningham, Esquire,
Chairman, Joint Commission,
Shanghai.

Dear Sir,

With reference to Mr. Okazaki's statement, as embodied in Joint Commission Circular No. 56, to the effect that:

"the authorized Chinese representative promised the Commander of the Japanese guards that the former would not demand any damage in the future, having recognized that the ground and materials within the workshops of the Shanghai Woosung Railway, which were in use by the Japanese Army, were completely protected."

I beg to inform you that immediately after receiving the abovesaid Joint Commission circular, an enquiry was made. I am now in receipt of a letter from the Managing Director of the said Railway flatly denying any promise not to demand any damages in the future. On the contrary, according to a letter of Mr. Davidson of the British-Chinese Corporation, the Japanese Commander, General

Shimimoto, had definitely assumed responsibility with reference to damages done by Japanese soldiers to the properties of the said Chawhapang Workshops. Mr. Davidson's letter states in part:

> "With regard to the second paragraph of your letter, Mr. Boothby visited the workshops on the 11th. February last and called upon the officer in command of the Japanese forces, General Shimimoto, and complained of the undisciplined conduct of his men in doing wanton damage in the worksops. The General informed Mr. Boothby that the Japanese Army would accept responsibility for all damages caused to the workshops, and this was duly communicated by this office to the Japanese Consul-General for the purpose of record."

As to the alleged promise of the Chinese railway representative it appears that at the time of transfer, which was witnessed by the representative of the British Chinese Corporation as well as Chinese and British employees of the said railway, a document in Japanese was produced by the Japanese commander for the signature of the Chinese railway representative. After prolonged discussion with the Japanese commander, who threatened to deny further protection unless the prepared paper was signed, the Chinese representative of the railway did as demanded but not until he had declared, and his declaration accepted by the Japanese commander, that the question of damages was one that concerned higher authorities on both sides. It is noteworthy that the Japanese commander stated at the time that he did not know what his predecessors, the Japanese marines and infantry which had occupied the place previously, had done to the plant, and that as he had given the plant his protection he wanted a paper to this effect.

It is needless for me to point out that as the question of damages and indemnity can only be taken up in due course by the proper authorities, no promise made by any person ultra vires and under the pressure of a threat can be considered as legal and binding.

Yours sincerely,
(Sd)O. K. Yui.

Circulated: June 21, 1932.

(六)京滬鐵路與呈鐵道部文

呈爲呈報事查自此次戰事發生本路吳淞機廠被日軍佔住久未歸還前經由局商請上海撤兵區域接管委員會向日方商洽取得共同委員會日委原田准許視察函件即於五月廿九日飭令機務處長王綱善等會同接管委員會人員暨中英銀行公司表戴維森前往該廠視察去後旋據呈稱遵於廿九日晨偕同接管委員會人員暨中英銀公司代表戴維森本路工務處長德斯福工程司葛利廠長毛爾維等并奉鈞座特派章學濤莊勤許應聲二員持函

逕赴該廠詎駐守日軍仍予拒絕磋商至再迄無要領祗得返局報告復奉派赴接管委員會請其設法轉向日方交涉就緒備函開列名單預先通知以免臨時留難復於卅日九時半按照名單人數偕同出發計接管委員會秘書李謨吳宏特派員查南強三人本路方面職等暨工務處長德斯福材料副處長唐明甫電氣工程司葛利廠長毛爾維化驗工程司陸寶淦繪圖課長李博文計核課長李佐之總監工孟斯非爾課員薛志賢等及奉派章學濤莊勤許應聲中英銀公司代表戴維森於十時馳抵該廠向日軍聲明通報卽由一日軍副官按單唱名點數導入廠內前文牘課辦公室候其轉報旋來傳語祗允本路方面六人領至前計核課辦公室內計職等暨德斯福處長唐副處長毛爾維廠長葛利工程司偕接管委員會李謨等三人當由日軍步兵第七聯隊大隊長時澤直義主席招待入座座中有日軍司令部派來軍官二人旁立日軍十餘人氣象極形森嚴時澤直義發表移交機廠之意經查特派員譯述繩善亦卽聲明係代表本路接收機廠幷向日軍要求允許中英銀公司戴代表列席日軍初頗不允幾經商洽始允以旁聽地位參加迨戴代表到場日軍乃出預擬日文引繼書要求本路方面簽字職等以機廠內部必須視察後方能簽訂引繼書日軍堅持拒絕視察經交涉歷一小時許方得應允促卽從速視察派員領向機廠各處巡行一週至十二時半仍回室內繼續協商交接手續日軍復取預擬引繼書要求簽字職等當以引繼書文字尙須考量加以修改乃日軍堅決不允職等卽云本路今日係接收機廠部份引繼書文字無須述及補償事項應將「此後關於是等之補償暫不另主異議」一節删去是時中英銀公司戴代表聲述該公司已得駐滬日本軍政當局允認賠償機廠之損失但時澤直義再三聲明此項引繼書以現在駐廠守備隊直接移交于路局所謂補償事項祗對該守備隊而言至國際間交涉自有政府主持非其所知此時路局既願收回儘可立刻接收何須多費空談態度已覺緊張又經交涉多次終無結果時澤直義又云如不簽訂引繼書駐廠日軍卽不負責保護視察情勢愈趨嚴重萬一談判決裂日軍仍駐該廠又不負保護之責勢必愈加破壞幷恐一任宵小入內偸竊則廠內損失更將不堪設想爲顧慮廠產起見職等暨唐副處長與中英銀公司戴代表及列席同人會商之下迫不得已於當日午後一時四十六分在預擬引繼書原文日軍大隊長時澤直義簽名後由繩善暨唐副處長明甫鍾副處長桂丹依次簽名蓋章共計同式五份以三份由日軍留存以兩份交本路方面收執但經聲明此項引繼書係與駐廠日軍相對手續關於損害賠償其權操自我國政府不因此項引繼書簽訂致生影響日軍表示幷無異議當卽約定次日由廠長毛爾維率領派來路警三十

名到廠接管分佈駐守日軍延至卅一日下午完全撤退此交涉收回吳淞機廠經過情形也卅一日晨九時職等率同廠長毛爾維工程司葛利鄺達觀總監工孟斯非爾暨各員司等再赴該廠察勘經查全工廠大部份機器及待修機車尚仍存在但都損壞無一完整者車床之零件工具等項損失殆盡又冷氣間打鐵間冷作間鍋爐間等處所有設備之工具零件等亦均折毀及失去發電間發電機二具均已破壞木工間模樣間油漆間翻砂間一切設備殘餘無幾至辦公及繪圖各室內棹椅用具圖樣殆已掠取一空擋內舊存文件遺失若干亦須檢點後方可明晰等情并附呈引繼書原文二份請予鑒核前來正擬呈報間接准上海撤兵區域接管委員會函開案准共同委員會我國委員俞鴻鈞交來該會第五十六號通知內容略謂日委員岡崎函開關於五月卅日日軍移交吳淞張華浜鉄路工廠時中國方面負責代表曾允日軍守備隊長將來中國方面不要求損害賠償并謂工廠曾完全受日軍保護等情查關於貴局此次戰事損失向日方賠償一案前經本會提出共同委員會向日方交涉并由中英銀公司向日方提出損害賠償各在案准函前由是關於吳淞張華浜工廠損失賠償一節業由貴局負責代表於接收時已向日軍方面聲請不再要求賠償事關外交重要相應檢同該通知原文一份送達貴局長查照至於該項賠償交涉貴局是否不再進行而該接收代表聲明各節是否由貴局負責即希見復等由附抄原文一件過局并據工務處長德斯福呈報接收機廠經過情形與機務處長王繩善所報大略相同并稱此次本路代表王繩善等之簽字於引繼書稱為非人力所能抵抗其被迫情形當日在場之共同委員及中英公司代表戴維森君均能為之證明等語查本路張華浜機廠積十餘年之經營機器完備價值甚鉅此次經日軍佔住將廠內器具任情毀壞其損失幾不可指數日方於交還之先預擬引繼書臨時強迫簽字此實為圖免賠償之陰謀該處長王繩善等之簽字完全出於對方之威迫且以苟不簽字廠內器物必愈受破壞亦為不得已而簽字之苦衷惟簽字時業經聲明此項引繼書於將來損失賠償之交涉不得因此發生影響且日軍隊長時澤直義亦曾再三宣稱此事將來應由中日兩國政府直接討論伊祇知服從命令將機廠及貨棧交還路局至損害問題於彼無涉等語是則此項引繼書之簽字與損失賠償交涉截然兩事未可混為一談且有當日在場之共同委員及中英銀公司代表為之證明事實昭然詎日委岡崎致函共同委員會竟謂中國方面負責代表曾允日軍守備隊長將來中國方面不要求損害賠償等語此直抹煞事實希圖抵賴該廠經此次破壞損失至鉅不能因此強迫簽字之引繼書即中止交涉除已函復接管委員會請將此次接收機廠經過

及日方迫簽引繳書情形提出共同委員會仍向日方繼續交涉賠償損失幷函知中英銀公司代表請其一致嚴重交涉以維路產外理合照錄引繳書原文中英公司代表戴維森來函及工務處長德斯福原函各一件具文呈報仰祈

鈞部俯賜鑒察謹呈

鐵道部部長
鐵道部次長

京滬滬杭甬鐵路管理局局長陳興漢

附註

查路局呈鐵道部文，及復本會函內，當有接管張華浜工廠時，在場有共同委員會委員可資證明云云。查接管委員會祕書李讀吳宏，在視察被拒之夜（五月廿九日）曾竭力設法，擬延請共同委員會四國武官委員濇淞，監察移交，奈廿九日適爲星期六，而卅日又爲星期休沐，奔走接洽，不獲晤面。以致是日接管時，並無共同委員列席（查路局係根據工務處長德斯福呈報誤將接管委員認爲共同委員）觀於日方拒絕視察，急於移交，而交替又在星期日舉行，雖經接管委員會商請展緩不允，殊爲憾事。

撤兵開始

五月五日中日上海停戰協定簽訂；按照協定條文第四條規定，設立共同委員會，列入與會友邦代表爲委員，證明並協助佈置撤兵接管事宜。

五月七日上午九時半，共同委員會在美總領事署，開第一次會議。關於撤兵程序第一期；據日方委員報告，於五月六日，開始將主力部隊撤退至接連獅子林大場羅店及眞如一帶以東，惟尙留一營在瀏河，一營在嘉定，一營及團部在南翔，一營及過山砲一連，在羅店。以上留守各部隊，至遲至九日完全撤盡，請中國方面警察，務于九日前開往，以備接管云云。

日兵開始撤退攝影

日兵撤退中國警隊接防攝影

接管委員會成立

上海撤兵區域接管委員會遵照行政院江電設立，擇定西愛咸斯路二四九號聯社爲會址。五月七日開第一次委員會議，推定殷汝耕委員爲主席，主持接管撤兵區域事宜。並于五月十二日由市長吳鉄城氏召集各關係機關聯席會議，商洽一應接管辦法手續云云。

聯席會議

二十一年五月十二日接管撤兵區域有關係機關聯席會議議事錄

出席　吳鐵城　俞鴻鈞　殷汝耕　韓德勤　李明揚　郭德華　胡鴻基　沈怡　龔疊揆　黃伯樵　王之敬　黃明　朱錫百　宋式驫　陳興漢　王長春　溫應星

主席　吳鐵城　紀錄　朱維瑤

甲　報告事項

一、王長春報告　據日陸戰隊指揮官植松海軍少將稱閘北日軍撤退業已準備完竣祇以中國警察尚未開到爲維持地方秩序起見故未即時撤退云云日軍現留滬者尚有海軍陸戰隊約三千人陸軍約二萬人軍艦之數較前最多時減至三分之一其隸長江船隊者不在此內大約本月底以前日軍即可完全撤退惟海軍陸戰隊約須留滬二千人將由植松海軍少將統率俟將來情形較優時仍須酌量減少在接收期間我方應須注意者厥有數端一爲崗位之配置二爲譯員之僱用三爲寄宿舍之籌劃四爲接收區域內煙賭之取締五爲交替時事先之接洽六爲新聞記載之愼重凡此種種我方似宜加以研究以免發生糾紛

二、吳鐵城報告　據日方通告自停戰會議開會之日起至簽訂協定之日止日海軍已逐漸撤退長江下流行將恢復一二八以前狀態

三、俞鴻鈞報告　共同委員會接日方通知最近撤兵程序閘北海軍陸戰隊及淞滬鐵路以南日軍將自十六日開始撤退自十四日起我方即可派員前往佈置接管事宜余等已約定日方代表於今日下午三時商定今後各地撤退及接管日期及程序

四、殷汝耕報告　現在嘉定南翔羅店瀏河業已接收完竣現正由我方共同委員向日方接洽其他區域撤退日期以便準備接收至接收人員亦正在準備關於接收區域內警力方面現已有首都保安隊二百名集中南翔又二百名及省警一百五十名集中羅店今日本會已派員與寶山縣縣長及南京保安隊總隊隊長接洽此項員警之配置及接管地點至北平保安隊據張主任致吳市長電稱已於十一日上午由津南下此外尙須報告者即關於接收教育機關事宜已商由教育局派員辦理關於接收吳淞獅子林兩砲台事宜已由軍政部派宋廠長辦理關於接收京滬淞滬路廠站線路事宜

亦已由陳局長派員辦理

乙　討論事項

一、北平保安隊到滬日期案

議決　電請軍政部陳次長轉飭該隊須於十四日晚以前抵滬

二、關於各機關點收事宜案

議決　關於各機關點收事宜由各機關自行辦理警察負責保護

三、關於接收兩路廠站線路問題案

議決　由共同委員會我方委員根據停戰協定精神向日方交涉先行接收至修復線路問題視情形如何再行決定

日軍登陸之七鴉口攝影

（2）

江蘇省屬撤兵區域接管詳況

江蘇省屬撤兵區域

太倉縣

瀏河

嘉定縣

南翔

寶山縣

楊行

羅店

劉行

顧家鎮

大場

廟行

江蘇省撤兵區域接管專員
李明揚
江蘇省政府委員兼保安處長

調滬首都保安隊
總隊長卞稚珊

北平調滬保安隊總隊長盧錄

太倉縣被日軍佔領區域損失統計表

區域	被佔領區域面積	人口	損失	備攷
第一區	三二方里	三•三八八	一八七•九三七元	
第二區	一九三方里	三八•八四七	一•一六八•七三九元	
第三區	一〇七方里	二〇•一二六	二八二•六七九元	
第四區	一一八方里	一八•二三二	四六五•五二九元	
第七區	六方里	一•二〇八	一八五元	
第九區	六〇方里	八•七二八	二一七•六一一元	
合計	五一六方里	九〇•五二九	二•三二二•六八〇元	
說明	凡日軍佔領及放哨所到之處均列入被佔區域欄內			

太倉縣瀏河區面積人口損失調查表

面積		人口		損失	備註
方里數	公方里數	兵災前	兵災後		
一九三	六二•〇二	三九•〇六二	三八•八四七	一•一六八•七三九元	本區人口數受槍彈死亡者計八十二名因憂勞成疾殞命者計一百三十四名

被炸後之劉河鎮大街攝影民國二十一年乙月

被炸後之滬太汽車站正面攝影

太倉城內文昌廟被炸攝影

被炸後之滬太汽車站側面攝影

太倉城內城廟保衛團被炸攝影

瀏河（太倉縣屬）

▲接管日期　五月九日上午九時

▲辦理接管人員　太倉縣第二區區長錢謹槃

本會特派員陶孝潔

▲接管情形

錢區長會同陶特派員，於八日馳抵瀏河，晤日軍守備隊長石川，商定接防辦法。即晚入城，商請縣長趙恩鉅，遴派員警。於九日晨，會同縣第一公安分局長吉增昌，率警抵瀏。八時，日軍已開始撤退，共同委員會英美法意日五國武官委員，由我方委員溫應星陪同臨蒞，監視撤兵。當由日軍石川守備隊長，備就移交清册二份，內載日軍在瀏時佔用屋舍物件，交由我方錢區長簽印接管，分別交由原物主領訖。

太倉縣長趙恩鉅

接管劉河之太倉第二區區長錢謹槃

（1）

嘉定東門外被焚民房

嘉定城內沈家橋被炸斷

嘉定城內被炸之塔前商店

嘉定城內吳家館後面房屋被炸

嘉定縣城區市政狀況今昔比較表

項目	名稱及數量	從前狀況	現在狀況	
街道	東西大街南北大街及其他約三千五百文	寬十呎石片舖築本整高低適宜人力車暢行無阻	高低不平石片下陷甚深毀坍甚多不能行車者五百丈	
	南門外大街約二百五十丈	寬八呎石板完好可以通行人力車	石板毀斷及半加舖洋松板及西木板暫時通行車輛	
	各種沿河小街約五百丈	寬四呎磚塊完好街面平整行人適宜亦可通人力車	發生四五呎見方之局部毀壞十餘處大半無妨	
	空曠地段之小路約六百餘丈	三呎寬之七路備行人及肩担之用	局部毀壞共計百餘文略加修理即已恢復原狀行人肩担並無關係	
橋樑	石橋木橋共三四十座	欄杆完全橋面良好橋堍適度可以通行人力車	欄杆毀壞十餘座尚未加修理橋堍下陷者三座已經塡平橋面拆毀者二座暫片卞條鋪好未受損失者半數大部橋樑可免強行人通車	
公園	一所	有小山池塘亭台樹木草圃石台木椅面積雖小佈置粗備可以為遊人憩息公館散步之用	樹木草圃被摧殘石台木椅被徵壞損失尚小然較之從前大有遜色	
建築	中國舊式建築平屋佔十分之七樓房佔十分之三	東西南北兩大街最繁盛	東門外被焚四百餘間北門外被焚二百餘間城中被炸毀數十餘間此外一切房屋之被日軍佔據者內部門窗家具之損失亦頗不少	
溝渠	磚砌陰溝及石板陰溝二種	陰溝大小有二呎半見方者一尺見方者溝身通暢陰井石蓋俱全	石蓋壓斷溝身淤塞二百餘丈陰井被毀十餘只大雨後街道積水甚多行人極感不便	
河道	横瀝及練祁二河	水流甚暢為航行要道	尚無損害及游塞之惟小浜路有垃圾堆塡但於交通無妨	

(1)

嘉定縣被日軍佔領區域面積人口損失調查表

區別	被日軍佔領區域面積	人口	損失
嘉定	一•一九九•三五一方里	戰前二四四•五五一八人 戰後二三六•四六八八人	二•二〇〇•〇〇〇元

嘉定縣城

▲接管日期　五月九日

▲辦理接管人員　嘉定縣縣長潘忠甲　本會特派員劉漁門

▲接管情形

嘉定縣長潘忠甲

潘縣長劉特派員於八日晨八時，由上海南站動身，十點三刻到松江，轉乘小輪，折道青浦，於九日晨五時許抵嘉定縣屬西門外十二里之外岡鎮。其時據確報，日軍已將縣城南西北三門關閉，隊伍由東門撤退，沿途警戒森嚴，阻止通行。潘縣長等俟日軍於下午二時撤盡後，遂即率同警隊入城，惟在日軍未撤退以前，先已派有公安局督察長金吉山，及便衣警士二十名入城，於日軍撤退時，是項便衣警即出而維持過渡期中之地方秩序，故尚無不安。潘縣長進城後，即入署着手整理，一切，恢復辦公。

嘉定縣政府照牆被毀

嘉定縣兵災損失調查表

災況 \ 區別			第一區(城區)	第二區(南翔)	第三區(徐行)	第四區(外岡)	第五區(婁塘)	第六區(黃渡)	第七區(紀王)	第八區(安亭)
被災戶數			900	9421	3800	2500	3223	77	82	1252
死亡人數		有名	64	68	58	11	104	8	2	
		無名	17	86	22			24		
建築物被燬情形	民房	戶數	163	175	2		223	9		2
		間數	842	576	1		1074	48		8
		估計量	57240元	301200元	130元		306330元	33630元		8300元
	公共建 房屋	間數	7	11	18	(損壞)	22			5
		估計量	2800元	2850元	620元	600元	15600元			3000元
		道路橋樑等損失量計	57500元	12680元	120元	1400元	8790元	8000元		600元
商店損失估計量			640245元	347213元	291949元	463075元	198878元	10200元	208500元	20000元
農作物損失估計量			1116700元	818921元	16593元	112310元	5720元	81230元	35300元	1500元
其他損失估計量			2178120元	2006400元	154135元	287520元	321230元	22114元	3221元	55140元
全縣各學校損失估計量			133500元							
全縣各機關損失估計量			190142元				464人			
總計			10533。426元							
備考			「其他損失估計量」一項係指民間舟車船隻及財貨等等							

嘉定縣政府製

(1)

南翔（嘉定縣屬）

▲接管日期　五月九日上午十二時

▲辦理接管人員　嘉定縣公安局長沈靖華

接管人員嘉定縣公安局局長沈靖華

▲接管情形

沈公安局長於八日取道青浦，九日上午八時抵紀王廟擺渡口，遂將警隊暫行留駐該廟，沈乃絜同譯員趙秀民到南翔，晤日軍守備隊長宮村大佐，約定午後我方警察進駐該鎮，日軍於午前十二時全行退盡，我方警隊，遂於午後實行接管。

炸燬之南翔八字橋

被燬之南翔民房

南翔市政戰事前後狀況

南翔居眞茹黃渡之間，爲嘉定唯一首鎭，鎭成十字形式，南北五里，東西六里，距火車站僅二里，全鎭大小商舖數百家，以接近滬市，加之交通便利，故商業極爲繁盛，全鎭街道，總長叁千餘丈，大半爲石子彈街，路面止街寬十二呎，小街寬六七呎，人力車固可暢行無阻，即軍用汽車亦可直達鎭上，鎭之北端，原有六呎寬之石片人力車路，可以經馬陸石岡而通嘉定城之南，在軍事時，自鎭東築有翔眞公路，直通眞茹而至上海，全鎭共有人力車二百餘輛，自由車小車數十輛，橋樑方面，大部爲舊式石橋，或拱或平，鋼筋混凝土橋樑亦有數座，橋寬八呎，均作行人及通行人力車之用，房屋建築，大半爲中國式，樓房平屋，各佔半數，此外則新建築之西式住宅，亦有數十幢，類多旅滬商人之住宅，或別墅，以上各項，皆戰事以前之大概情形也，戰事以後，市政方面，道路損壞尤甚，爰將現狀，述之如后，

甲、街道　楊家街一段石板，受炸損壞，不能行車，西新街一段石板街，經重車妄壓，高低不平，八字橋至混堂弄，陳家園至萬善橋，發茂至新安公所等三段，受炸損壞，急須翻修，此外全鎭街道，至火車站馬路等，均屬高低不平，局部傾陷甚多，車行既不方便，雨後又是滿街水蕩。

乙、橋樑　全部炸毀者一座，曰八字橋，八呎寬，金山石拱形橋也，損失數千元，現在舊址加搭洋松浮橋，以便行人，被炸而局部損毀者二座，小八字橋及隆興橋是也，橋面及欄杆被毀者五座，財神廟橋小橋萬安寺橋萬善橋及金黃橋等是也，目今橋板毀壞者，加舖洋松木板，欄杆缺少者，略爲添補，所以車輛行人，均可暫時通行，

此外房屋建築方面，經暴軍所駐，內部毀壞頗多，外部或有被焚者，損失亦巨，至交通車輛，遺失達十之六七，現在求過於供，車價因之昂貴，凡此皆戰後之大概情形也。

羅店(寶山縣屬)

▲接管日期　五月十日下午一時

▲辦理接管人員　寶山縣長孫熙文
本會特派員霍　實

▲接管情形

十日上午十時，孫縣長霍特派員由嘉定率省警一百五十名，抵距羅店六里之施相公廟暫駐。孫縣長遂偕同霍特派員，前赴羅店日軍部，接洽接管手續。其時適共同委員會五國武官委員，及我方溫委員應星亦到。乃由日軍磐井守備隊長，備就移交文書兩份，內容係關于羅店警衛，及交還佔用民房兩事。雙方約定，於五月十日交替。移交文書，經雙方簽印，手續完畢。各執一紙。日軍遂即開始撤退，中午十二時半撤盡。我方於下午一時正式接管。

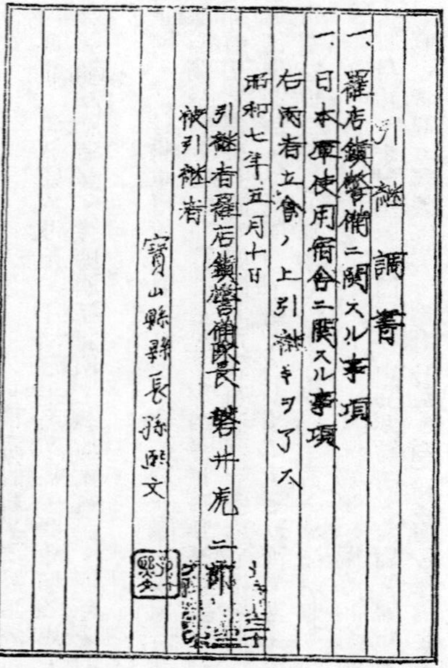
引継調書

一、羅店鎮警備ニ関スル事項

一、日本軍使用宿舎ニ関スル事項

右両者立會ノ上引継ギヲ了ス

昭和七年五月十日

引継者羅店鎮警備隊長　磐井虎二郎

被引継者

寶山縣縣長孫熙文

陸軍

(1)

劉行區及顧家鎮（寶山縣屬）

▲接管日期

劉行　五月十日

顧家鎮　五月十三日

▲辦理接管人員　寶山縣長孫熙文

▲接管情形

劉行日軍，於十日下午一時退去，寶山縣長孫熙文得日軍通知，卽派省警前往接管。

顧家鎮日軍，於十三日晨開始撤退，事前並未通知我方及共同委員會。寶山縣縣長孫熙文得報，當派省警察隊第三隊長趙志勤，第三公安分局長陳龍，率警馳往。日軍於午後十二點半撤完，我方警察卽入鎮佈崗接管。

寶山縣屬全體接管委員攝影

大場鎮東市太平橋附近民房被炸之景

大場鎮北街市房被日軍縱火焚燬

大場西市鎮被焚房屋祇剩甎竈

大場(寶山縣屬)

▲接管日期　五月十七日下午二時

▲辦理接管人員　寶山縣第二區區長陸鳳溥

本會特派員　陶孝潔

▲接管情形

接管大場寶山第二區區長陸鳳溥

十七日晨六時，首都保安隊朱中隊長煌率警一百五十名，由南翔開赴大場龍麟塔廟暫駐。接管委員陸陶兩員，與駐該鎮之日守備隊長杏賢一商定，日軍於下午一時開始撤退，一時後卽由我方警察維持治安。共同委員會英美法意四國武官委員，日方委員原田雄吉，暨我方溫委員應星，蒞羅監視。日方備就移交文書，將佔用公私房屋用件交還，由杏賢一守備隊長與我方陸鳳溥區長調印交換。雙方各存一份。下午二時，接管完竣。

大場鎮西市河南民房日軍陷鎮後均付一炬

大場鎮市河橋南首民屋被炸之景

大場鎮中市房屋炸燬之景

大場鎮中市之平江橋被日機炸場

大場鎮義學橋北堍市房全部焚燬

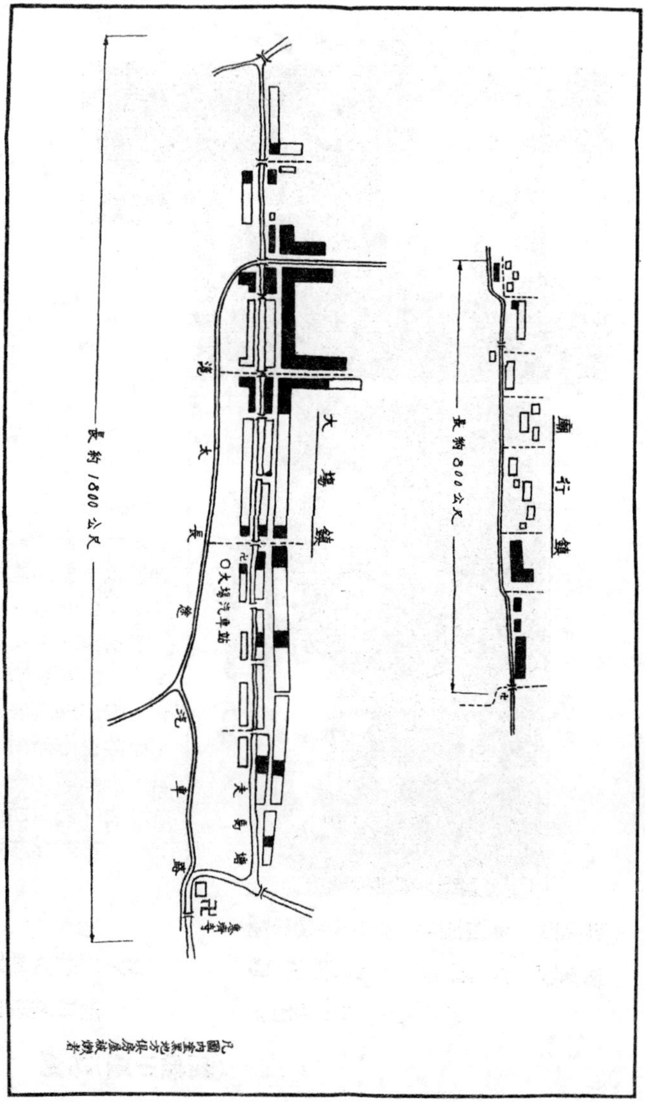

大塘鎮
長約1800公尺
滬太長途汽車路
〇大塘汽車站
廟行鎮
長約800公尺
凡圖內塗黑地方係房屋被燬者

廟行（寶山縣屬）

▲接管日期　五月十九日下午七時

▲辦理接管人員　寶山縣第二區區長　陸鳳溥
寶山縣公安第二分局局長　劉桂庭

▲接管情形
廟行日軍，早於五月十五日退去。日方並未通知我方，及共同委員會。本會得訊，當於十九日下午，派陸劉二員，於是日下午四時到大場，會同首都保安隊朱中隊長煌，率保安隊二十名，於六時許抵廟行接管。

接收之廟行鎮

廟行炸毀之石橋

廟行泗漕廟被日砲轟毀

西廟行民房砲燬之景

廟行鵝溪小學校舍被彈擊損毀

廟行前綫民房盡成瓦礫

寶山縣第一區調查戰事損失分類統計表

類別	項目	數目	項目	金額
人事損失	失業	一六〇一人	生產力	十萬七千二百九十三元
	失蹤	四七人	尋訪費	一千一百〇七元
	傷害	一〇九人	醫藥費	四千八百十五元
	死亡	二三〇人	喪葬費	二萬二千四百六十元
	共一三五六七五五元			
財產損失	房屋			三十萬四千九百十五元
	器具			九萬二千七百六十四元
	金石書畫			六萬四千〇二十一元
	衣			十萬二千〇五十九元
	飾			二萬五千一百三十四元
	現款			七千九百五十四元
	農具			一萬一千一百二十七元
	農產			一萬九千、百十五元
	牲畜			一萬五千八百八十六元
	糧食			二萬七千四百二十一元
	商品			九千七百三十元
	生財			一萬七千二百七十元
	機器			七千九百五十八元
	存貨			五萬〇四百三十八元
	共七五五七九二元			
間接損失	房租			九千二百三十六元
	田租			一萬〇一百八十元
	店賬			四萬四千六百五十四元
	放款			一萬七千五百七十三元
	遷運費			十四萬一千七百八十二元
	其他			一萬三千七百十六元
	共二三七一四一元			
總計	一百十二萬八千六百〇八元			
備考	惟奢城廟鎮袁希洛所報損失祗注物件而未估計無從核入倘付缺如			

楊行(寶山縣屬)

▲接管日期　五月二十四日上午十一時

▲辦理接管人員　寶山縣第一區區長王慶濤　本會特派員劉漁門

▲接管情形

寶山第一區區長王慶濤

王區長劉特派員於二十四日上午九時到楊行，晤駐該處日軍守備隊第三十五聯大隊長板津直俊接洽。十一時由日方備就移交文書兩份，日方由板津簽印，我方由王區長簽印，雙方各執一紙。共同委員會五國武官委員，及我方溫委員應星，到場監視。日軍于十二時撤盡，我方由接管人員會同預備接防之首都保安隊第一總隊第一大隊長李義師第二中隊長馮尙衡率隊佈崗接管。

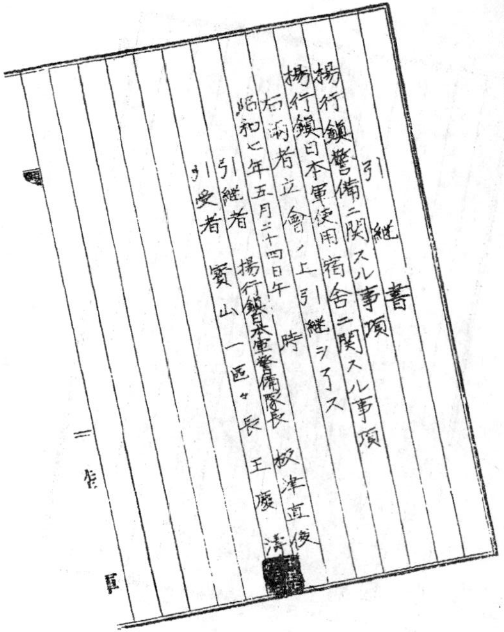

引継書

楊行鎮警備ニ関スル事項

楊行鎮日本軍使用宿舎ニ関スル事項

右兩者立會ノ上引継シ了ス

昭和七年五月二十四日午　時

引継者　楊行鎮日本軍警備隊長　板津直俊

引受者　寶山一區々長　王慶濤

（1）

寶山縣第一區人口暨被日軍佔領面積表

類別	男	女	合計	戶數
人口	一七三六六・	一六三六一・	三三七二七・	七八三七・

面積		
全區面積	被日軍佔領面積	備註
一六五・〇六六方里	一〇六・二三六方里	本佔除沙上長興石東瑞 鼎平安四鄉未經佔領合 如上數

引継書
寶山縣派遣警備ニ關スル事項
寶山縣城日本軍使用宿舎ニ關スル事項
右兩者立會ノ上引継ヲ了ス
昭和七年五月二十四日午前十一時
引継者　寶山縣城日本軍警備隊長　蓮花豊吉
引受者　寶山縣縣長　徐[illegible]文
中華民國二十一年五月二十四日

陸軍

（1）

寶山縣城

▲接管日期　五月二十五日上午十一時

▲辦理接管人員　寶山縣縣長孫熙文　本會特派員霍　實

▲接管情形

寶山縣孫縣長霍特派員，於二十四日，先與駐城日軍前原少將商定，二十五日晨十時，我方省警察隊及首都保安隊，先開至西門外大廟等候。日軍由南門撤退。十一時，共同委員會各國武官委員蒞場。日方由蓮花少佐備就移交文書兩份，簽印交我方孫縣長簽印接管。

寶山縣縣長孫熙文

同日，下午，孫縣長派科長高希天，接管三官堂火藥庫。

共同委員會監視接管寶山攝影

被日軍炮燬之城內石皮街宋宅

被日軍縱火焚燬之城南鄉陳家宅民房

寶山縣貧兒教養所被日軍炮燬之一部分

城南卿東嶽廟附近之戰壕

寶山兵事經過始末紀略

孫熙文

（一）緒言

中日自甲午而後，交涉繁賾，而日本以後起之强，世界上又鮮其發展帝國主義之餘地，祗有謀我鄰接之中國，以遂其侵略之慾望。上年九月，瀋陽事起，接踵而有本年一月二十八日上海閘北之變。兵禍蔓延，我寶山全縣，淪入戰區，略述經過，始末如左：

（二）日軍開始攻擊南北砲台

二月三日上午九時，日艦九艘，開始砲擊南北砲台，飛機十餘架，翱翔天空，擲彈示威，南北砲台開砲還擊，燬日艦煙囪，敵艦退却。是日起，砲珠炸彈，連日不絕。我軍調嘉定駐軍增防，運高射砲等防禦品，形勢益形堅固，復派旅長翁照垣駐台防守，譚啓秀代要塞司令，作長期之抵抗。駐城營長龔耀新督率士兵，沿隨塘河挖掘戰壕，城垣口及要道橋梁，堆壘沙袋，日夜工作，佈置周密。同時大場羅店等各駐軍，均能盡力於前線，後方工作，以是相持一月餘，敵未敢越雷池一步，地方亦無重大損失。

（三）國軍移置後日軍進佔縣境時情形

我軍因戰略奉令西移，全縣遂入日軍勢力範圍，强迫地方居留人民，出爲維持地方。奸民利用時機，如蟻附羶，大開煙賭之禁，敲詐良懦，强取牲畜，盜竊家具，古物，無所不爲。偶有違抗，均遭傷害，至是地方人民遷徙者益衆，奚止十室九空，此兩月餘，全縣已無秩序可言。

（四）日軍之慘無人道

日軍進佔第二區時，以搜查便衣軍爲名，焚燬大場鎮東鎮房屋，廟行鎮及三百畝竹園地，民居悉遭焚燬，達三千間以上，死傷人民，三百餘。載道流離，哭聲振野。其餘奸淫刼掠，尤指不勝屈。第一區之油車鄉，獅子橋，瑞芝鄉之紀家橋，附近鄉莊，亦同被燒毀。第四區之羅店鎮，第三區之顧家宅，爲工商薈萃之區，工場商店住宅，受炸彈轟毀者，亦達數十餘家。縣境日兵所到之處，廬舍爲墟。統計全縣公私直接間接損失，達千萬。其民死亡傷害，達千人以上。

（五）邀集士紳組織兵災救濟會情形及其結果

日軍佔據縣境後，逃滬難民，麕集數千人，熙文邀集旅滬士紳，組織兵災救濟會，推張紳嘉璈爲會長，王紳鍾琦朱紳鶴翔爲副會長，熙文

略

任名譽會長，共同籌畫進行。遣送各難民入上海各慈善機關收容所給養。旋省戰區救濟委員會成立，士紳等奔走呼號，請款救濟，屢次開會集議，寶山縣屬，應得到亟款二十五萬元。擬以八萬元爲無力農民救濟款，其七萬五千元，由上海市地方維持會指定，建築紀念村。並再提九萬一千六百六十七元，建築被燬農村房屋，以輯流亡。其餘救濟失業小工商，失學兒童，均議定分別貸借數目，俟收得振款，全數由會撥發。

(六) 接管前後之狀況

停戰會議協定後，奉上海撤兵區域接管委員會令派接管寶山縣境羅店大場縣城楊行及日軍駐兵區域。自五月十日起，至五月二十五日止，次第接管完竣。境內受災各處，舊時風景全非，淒凉滿目，第二區繁庶之區，一片瓦礫，尤不堪觸目，整理興復，誠不容或緩也。

(七) 接管後之感想及計畫

接管後地方安謐，人民已陸續遷回，秩序亦漸恢復。惟念此後教養生聚，係地方長官之責。農民亟振，已會商救濟會趕速辦理。救濟工商，日前雖救濟會議有辦法，但爲久遠計，主張以散放之資財，作興業之基金，酌撥救濟款項，設立地方銀行，兼辦平民借貸事項，用以扶助農工商業，恢復地方生產，已建議救濟會，請其採擇施行。惟全縣警力素嫌單薄，故於接收時，呈准撥派省警及首都保安隊來縣協助防務。嗣因省撥警隊先後撤回，而地方治安，關係重要，特遵省令，立時成立縣保衞委員會。同時改組各區保衞團，以資整頓，而保安甯。復以縣境毘連瀰濆，土客雜處，良莠不齊，大亂之後，戶籍變動，難保無外來匪類，匿跡鄉村，乘隙思逞，隱患堪虞。加以戰事期間，各方軍隊，遺棄槍械，爲數不少，雖經分別布告通令，嚴密搜繳，無如耳目難周，豈能搜查盡淨，萬一落於匪人之手，遺禍無窮，是以召集機關領袖，地方紳士，開會議決，舉辦清鄉及編查戶口，以期正本清源。已呈奉省令核准，並籌借經費，交由縣行政會議議決，卽日着手進行。其他如教育建設，及諸凡庶政，興復事項，已責成主管機關妥擬辦法，籌畫進行，惟經費爲庶政之母，經此戰事省縣財政均在仰屋之時，要惟挖肉務其先亟而已。

(八) 結論

寶山僻處海偶，地方素稱貧瘠。二十餘年以來，地方人士之經營，官廳之督促，自治已稍具規模，經此次戰事之後，地方什九糜爛，各項

事業，摧殘殆盡。熙文值此時艱，忝任斯土，力綿才絀，綆短汲深，惟有彈精竭慮，秉承省廳意旨，商同地方士紳，應與應革，擇要施行，俾數年之後，非但恢復舊觀，且益臻改進，是則熙文所希冀者也。

被日軍轟燬之寶山石塘

寶山縣被日軍佔領區域面積人口及損失調查表

區別	被日軍佔領區域面積	人口	損失
第一區	一〇六·二二六方里 二六·五五六五公方里	三三七二七	一·一二八·六〇八元
第二區	一三〇方里 四六公方里	二九四九三	二四·一二四·五一六元
第三區	一二〇方里 三〇公方里強	二七四四八	八六九·二二二元五角
第四區	二五〇方里 五〇公方里	四二一一五	一·〇〇〇·〇〇〇元
第五區	一五方里 三·七五公方里	三〇二七九	二九八·〇三一元

寶山縣政府製

上海市政府屬撤兵區域接管詳況

上海市屬撤兵區域

- 閘北區
  - 京滬鉄路以南
  - 京滬鉄路以北
  - D暫駐區
- 江灣區
  - 淞滬鉄路以東
  - 淞滬鉄路以西
- 真如區
- 彭浦區
- 吴淞區
  - A暫駐區
- 殷行區
  - B暫駐區
- 引翔區
  - 沙涇港以西
  - C暫駐區

閘北區

閘北之接管因日軍撤退時期先後之關係，分爲兩次：

第一次　五月十六日　京滬鐵路以南（市公安局第四區及四區一二兩分所轄境）

界址　蘇州河北　京滬鐵路南　浙江路西　廣肇山莊東

第二次　五月二十三日　京滬鐵路以北（市公安局第四區第五區及五區二分所轄境）

界址　京滬鐵路北　柳營路南　淞滬鐵路西　中山路東

閘北（京滬鐵路以南區域）

接管日期	辦理接管人員	
五月十六日上午十時	市公安局警察大隊長	黃明
	督察長	龔璽揆
	第四區長	吳紹璘
	祕書	殷體新
	本會特派員	靳鞏
		謝志道
		查南強
		李盛鈞

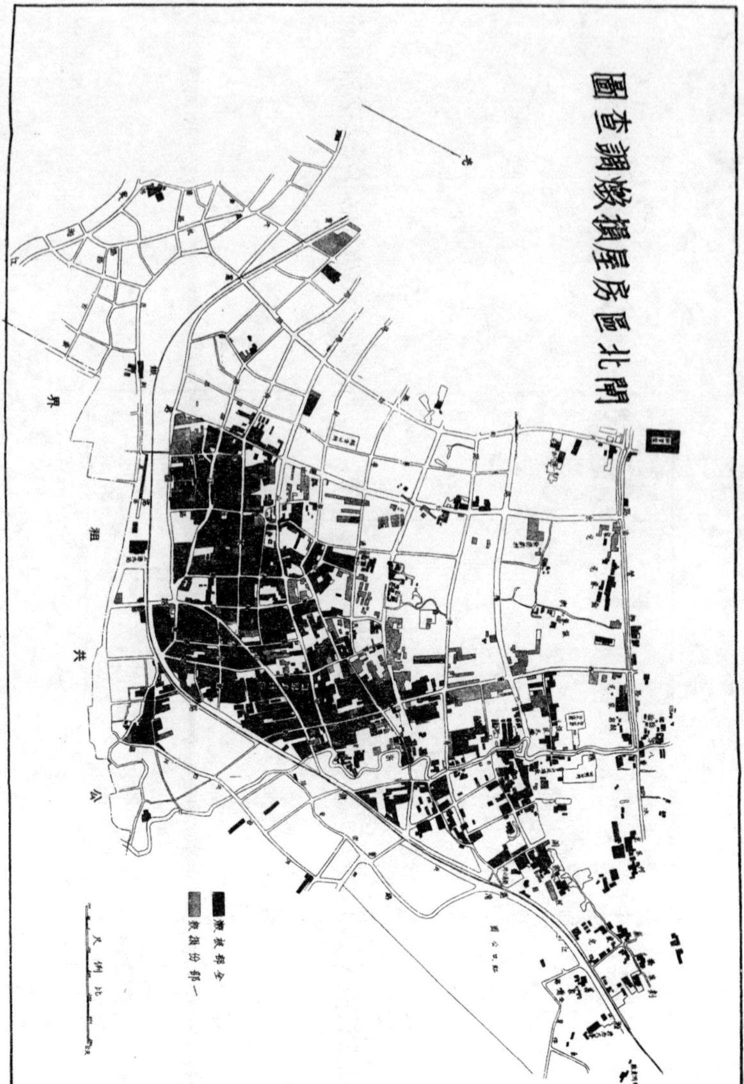
閘北區房屋損毀調查圖
全部被燬
一部份損燬
比例尺
公共租界

閘北戰區鳥瞰之一

閘北戰區鳥瞰之二

閘北戰區鳥瞰之三

閘北戰區鳥瞰之四

閘北戰區鳥瞰之五

閘北戰區鳥瞰之六

閘北戰區鳥瞰之七

閘北戰區鳥瞰之八

寶山路橫浜橋濠溝

廣東街淞滬鉄路口日軍作戰地點

西寶興路天通庵路口砂袋

西寶興路砂堆中覓出手溜彈炸彈砲彈等危險品

寶山路瓦礫

寶山路橫浜橋炸穴及砂袋

橫浜路寶山路口戰後

寶山路橫浜橋戰迹

（允餘絲廠）

閘北寶山路戰後

寶山路橫浜橋戰後

青雲橋戰迹

戰時日軍修築之水電路八字橋

寶昌路寶山路向東

寶山路寶通路口戰後

閘北寶山路(右有巨屋即東方圖書館)

寶興路瓦礫之一斑

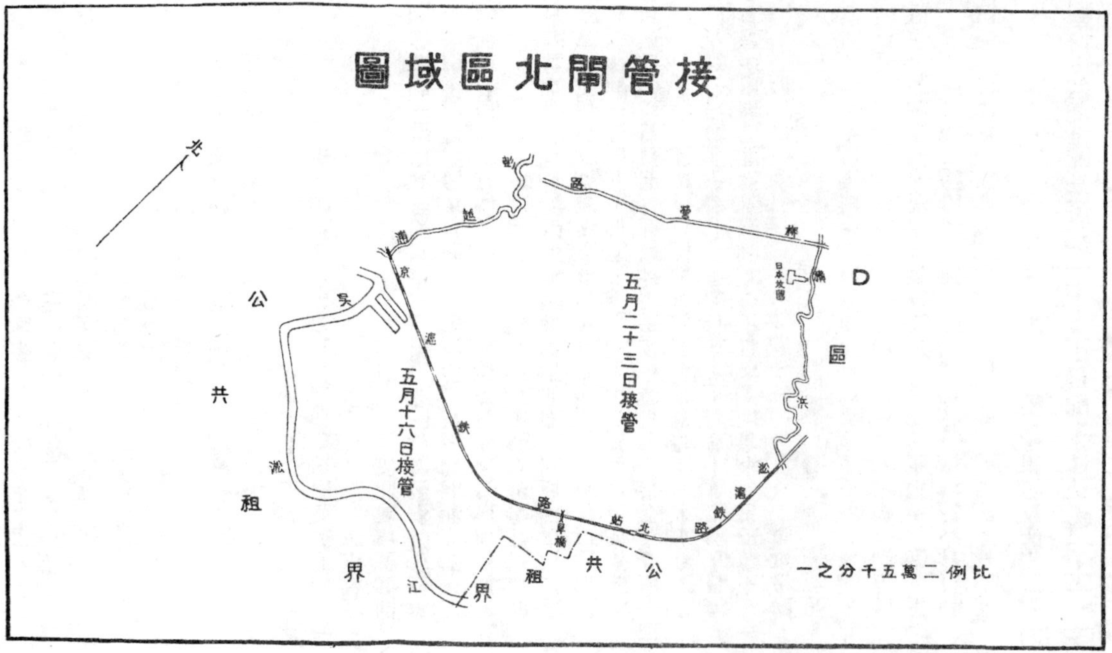
接管閘北區域圖
北
五月二十三日接管
五月十六日接管
比例二萬五千分之一
公共租界
公共租界
D區
淞滬鐵路
北站
寶山路
日本旅團

預備會議

二十一年五月十四日上午十一時接管閘北鐵路以南區域預備會議議事錄

出席　殷汝耕　王長春　李盛鈞　謝志道　靳　鞏　查南强（以上委員會）龔瓛揆　殷體新　黃　明　吳紹璘　韓鉄仙　鮑　琚
王　光（以上公安局）　朱有騫　鄭葆成　安鍾瑞　（以上公用局）梁思成　（以上財政局）　馬崇淦　（以上教育局）
朱福儀　（以上電話局）　董致和　（以上救火會）

主席　殷汝耕　紀　錄　朱維瑤

甲、報告事項

一、主席報告　本會因十六日上午九時接收閘北鐵路以南區域已與日方約定於十五日上午先行派員前往接洽並佈置一切今日特召集各位來此共同籌劃希望各位盡量發表意見

二、王長春報告　昨日與市公安局督察長及四區區長至日陸戰隊本部晤鮫島參謀長藤田參謀當約定明日（十五日）視察接收區域辦法我方派員於上午九時至公共租界豐陽館日海軍武官辦公處與日方派員同往閘北海軍陸戰隊事務所後分往接收區域視察如有疑問俟視察完畢再至陸戰隊本部討論辦法

三、龔瓛揆報告　關於前項報告尚須補充兩點一、據日方要求鉄路旱橋及共和新路口太陽廟路口三處日方仍須暫派步哨二、爲求雙方聯絡起見由閘北未撤之日軍駐所與我方警察總辦公處之間裝設對講電話

乙、討論事項

一、派往該區域接洽佈置人員姓名及分組辦法案

議決　一、派往人員規定如次

（一）本　會　靳　鞏　李盛鈞　謝志道　查南强

（二）公安局　黃　明　龔瓛揆　殷體新　王　光　吳紹璘　韓鉄仙　鮑　琚

（三）公用局　鄭葆成

（四）財政局　梁思成

（五）敎育局　馬崇淦

（六）鉄路管理局　金　鑄

（七）電話局　朱福儀

(八)救火會　董致和

二、視察人員計分兩組

(一)公安組　公安局救火會派員及本會特派員靳鞏謝志道爲一組

(二)公用組　鐵路管理局電話局財政局公用局教育局派員及本會特派員李盛鈞查南强爲一組

三、關於與日方接洽事宜指定龔璽撰黃明殿體新靳鞏擔任

二、派往人員應如何集合案

議決　全體視察人員應於十五日上午八時一刻在本會集合八時半由會出發

三、關於接收時公安方面應行注意事項案

決議　一、十六日最初接防之員警人數　決定本市警察兩中隊連北平保安隊四中隊共六中隊約七百八十人十六日上午八時先派兩中隊到達該接管區域佈防其餘四中隊隨後派往統於是日以內全體達到此兩中隊人數明日先通知日方如平警已到即與市警合派一隊如平警未到即全派本市警察

二、崗位佈置　暫照日軍原有崗位佈置

三、調查戶口　於十六日日軍撤退後　立即開始調查該區域內戶口限當日辦理完竣

四、戒嚴時間　定爲每日下午六時半起至翌晨五時

五、消防設備　暫派閘北救火會第一第二兩隊携帶輕便救火設備並借用南市救火機兩架前往該區域服務一面趕將原有機器修復以便應用

六、員警制服　由公安局另備特別符號交員警佩戴

七、區所編制　內部組織仍照原有區所編制

八、職務分配　由公安局製訂本市員警與北平保安隊職務分配辦法

九、員警駐所　員警駐所由公安局準備

十、聯絡方法　爲求本市員警與北平保安隊及該隊與日軍相互聯絡起見由公安局酌派職員本會酌派特派員加入該隊服務

四、關於接管時公用方面應行佈置事項案

議決　一、電話

㈠由電話局於十六日以前裝設閘北警士教練所與公安局間及該教練所與日軍駐所間對講電話

㈡由警士教練所通達市政府四區四區一所四區二所等電話由電話局設法趕裝

㈢關於總線修復如須與日軍交涉者可由電話局將詳細情形及總線地點擬派員工開單函送本會代向日軍接洽提前修復

二、電燈

㈠關於路燈方面由公用局明日派員前往查勘後先將最關重要之各處路燈即日修復

㈡所有警士教練所及各區所內部電燈須提前修復

三、自來水

㈠由水電廠明日派員前往查勘太平龍頭毀壞情形迅即飭匠修復

五、關於與日軍接洽應行注意事項案

議決 一、接收時我方派員一律蓋用名章

二、關於雙方崗警交替時之禮節應先行商妥

三、關於點交地點及交接雙方人員應先行通知

四、日軍與我方警察對講電話裝置何地及何時往裝須先接洽明白以便裝接

五、關於我方接收員警人數崗位佈置及戒嚴時間等明日應即通知日方

六、爲便利我方點收起見應通知日方預備移交清册

七、我方爲修理水電及調查教育機關等所派之人員應請日方一律發給通行證

六、日軍所佔私有建築物應如何接收案

議決 日軍所佔私有建築物俟十五日查明後即日通知原有物主屆時前往自行接收

先期接洽

五月十五日上午九時，派員分兩組視察接管區域

特派員靳鞏視察報告：八時半往海寧路豐陽館，晤日軍北崗大佐。當由該大佐派石本貫一，隨同前往閘北四區管地新民路日憲兵分駐所

第五大隊本部，與大隊長勝田接洽，先行視察公有機關及應行接收區域情形。卽由該大隊長派副官小原四雄及憲兵一名，隨同引導前赴：

(1)共和路四區總署舊址(卽今公安局敎練所地點)內駐日軍三小隊，計一百十四名。現正準備撤退中。所有敎練所原有器具，重要床桌，均尙存在。零物難免損失。電燈自來水均可使用。原有電話已廢，現由日軍設置臨時軍用電話。電燈燈泡、亦係日軍自行安置。撤退時均須攜卸。此外房屋完全無毀。

(2)民立路財政局閘北稽征處　該處日軍，僅設崗守衞，內部並無駐兵。所有該處原有器具，是否完全無缺？應俟財政局負責人員自行清查，始能明瞭。

(3)新民路救火會　該會內尙存救火車兩部。樓上存有銅帽皮鞋等物。其餘器具無存。所有損失，應由該會自行查考。

(4)四區及一二兩所管轄區　在該區內巡視一週。商民房屋，均尙完整，破壞無幾，住戶多仍其舊。據居民稱電燈自來水，均照常使用無毀。

五月十五日下午二時，龔璽揆殷體新等在北四川路日本海軍陸戰隊本部，與植松少將杉坂大佐商定接管手續八項如左：

一、日方指派勝田大隊長爲交代負責人員。

一、我方由公安局黃大隊長爲負責接收人員。

一、日方移交我方接收時，均以蓋用印章爲憑。

一、日方移交我方接收時，軍警互相行禮。

一、十六日早七時半，由公安局黃大隊長，帶警察隊二百五十名，由恆豐橋經由恆豐路，直至共和路原四區總署舊址，卽公安局敎練所前集合。先將重要崗位接收，俟八時後日軍完全撤退，再行布置其他崗位。

一、雙方交接人員，均於十六日午前九時，齊集新民路日軍第五大隊本部樓下。右方華員，左方日員。俟日方備齊清册文件，由華方蓋章接收後，所有中日兩方交接人員，互相交歡結束。並聲明日方由植松少將出席。此外並依中日停戰協定第四條，由共同委員會派英美各國人員臨場。

一、戒嚴時間　日方原定午後六時半起，至次日早四時止。因有各工廠女工在此時間內出入，故提早開放。華方亦暫仍其舊。嗣後由公安局再行酌改。

一、共和路教練所日軍撤退後，因雙方辦公便利起見，原擬設置臨時軍用電話，直達日軍司令部。議定由日方代爲安設，俟秩序恢復後，將該電話器具還交日方。

接管閘北之北平保安隊

接管情況

十六日晨七時，黃明會同北平保安隊長盧鑫，率北平警察二百五十名，至共和路原四區總署，現公安局教練所地址集合，先將恆豐橋，漢中路，各重要崗位接收。八時黃明龔璽揆等赴新民路日憲兵第五大隊本部（卽華東中學舊址）通知我方警察到達。日軍當卽陸續撤退，至九時退盡。我方隨卽由四區區長吳紹璘分佈酌置崗位。

保安隊接收崗位 北平調滬保安隊二百五十名，晨六時由總隊長盧鑫，總隊副張文傑率領，自龍華附近乘汽車十輛至公安局候命。七時由警察大隊長黃明等帶同車巡隊引導保安隊，至閘北。一部份百餘名列隊鵠立共和路警士敎練所日憲兵大隊部前。至八時忽大雨傾盆，途中泥濘不堪，但保安隊精神仍甚飽滿整肅。至九時。在敎練所內之日本軍隊，分三批退出。於是保安隊車巡隊魚貫入內。先時警察大隊長黃明，督察長龔璽揆，前四區二所所長韓鐵仙，秘書殷體新等四人，赴日憲兵本部通知，並商定接替情形。八時，日兵崗位撤退，卽由四區區長吳紹璘率警察二名，警長二人，二所長韓鐵仙率警十九名，警長一人，特務中隊小隊長陳貞石，率警十一名，警長一人，赴所轄區域內接崗。其接替手續，卽每一日人之崗位，派二保安隊接管。車巡隊

復駛往各處巡視。沿途居民歡迎者甚衆。崗位上午共有二十五個，至午後增至五十八處。

恢復區所水巡隊

長安路四區署，蒙古路四區一所，梅園路四區二所，恆豐路警察中隊駐所，曾爲日軍佔據，各所日軍退去。十時許，公安局派官警接收。四區署及四區二所首先恢復。四區且裝設電話，可與各處通話。四區一所，則正在整理，尚未完全恢復。區所官長，爲四區區長吳紹璘，區員朱勵公。四區一所長盛澤球，四區二所所長韓鐵仙。

六月十七日大雨中公安局接收鐵路東區警士經過虬江路

又等二批開往閘北之保安隊二中隊二百五十人，於下午三時奉令由總隊長盧鑅率領，分乘汽車駛赴共和路集合，聽候遣派。茲錄各隊警士暫駐地點如下：警察大隊第一中隊駐共湘路滬北辦事處；第十一中隊駐前第三中隊原址；特務隊駐梅園路；北平調滬保安隊第一二兩隊駐新民路；第三四兩隊駐蒙古路更新舞台；又水巡二分隊亦整理恢復，所備巡船，即將移泊華盛路光復路原處云。

接管儀式

晨七時三刻，溫應星局長偕同美武官德蘭達中校，蘇樂中尉，乘車，至閘北新民路日陸戰大隊本部。時日代表植松少將，杉板大佐，勝野司令均在。溫氏又偕武官外出環視一週，再返本部，已八時半。既而公安局龔督察長黃大隊長亦來，日軍官乃將佔用敎練所等處零物清册及盜竊犯二名，移交經我方代表檢點後即行簽字。該項清册，共有日文兩本，日文本由日憲兵第五大隊司令勝野實簽字。點交畢後，勝野即於日文清册之後，書右行織織四日文字。（意即右列物件移交）下書昭和七年五月十六日上海日本海軍陸戰隊第五大隊司令官勝野實。我方由警察大隊長黃明簽名於華文清册之後。簽云照收不誤。中華民國二十一年五月十六日上海市公安局警察大隊長黃明。雙方簽字蓋印後

，接收手續告成，乃共同攝影。德蘭達中校乘間向中日雙方代表，祝和平之成功，雙方代表即握手爲禮。嗣日方杉板大佐，向雙方以日語演說，由我方殷體新翻譯，其詞云：此次日兵之駐留上海，實因保護僑民不得已而出此，現在停戰協定，故而遵約將所佔區城交還，日本與中國，本係東亞鄰邦，希望從此能行親善，更希望閘北之繁榮，繼續增進云。於是諸人鼓掌而散，時至九時零五分也。

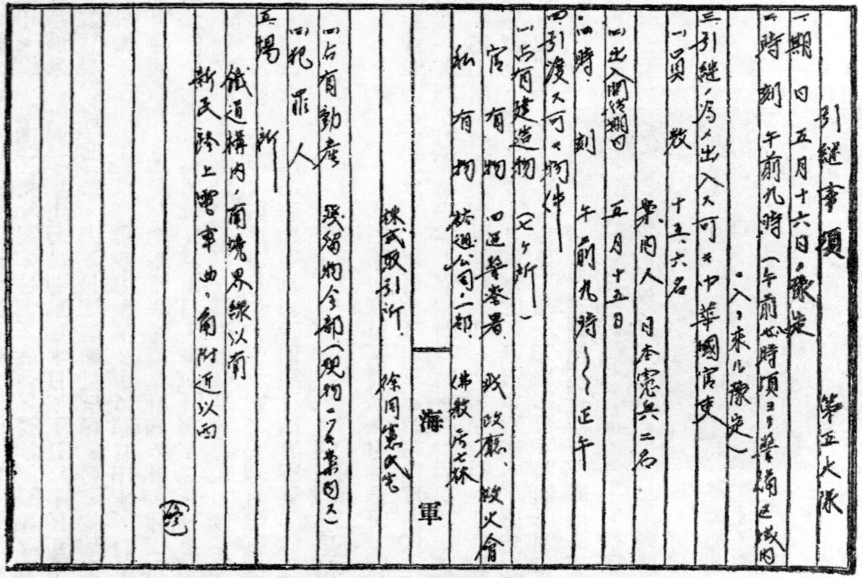
引繼事項　第五大隊
一、期日　五月十六日ノ豫定
二、時刻　午前九時（午前八時頃ヨリ警備區域內ニ入リ來ル豫定）
三、引繼ノ爲メ出入ス可キ中華國官吏
(一) 員數　十五、六名
警察人　日本憲兵二名
(二) 出入(關係)期日　五月十五日
(三) 時刻　午前九時～正午
四、引渡ス可キ物件
(一) 占有建造物（又ヶ所）
官有物　四區警察署、市政廳、救火會
私有物　滬通公司ノ一部、（佛教居士林）
株式取引所、徐園葉氏宅
海軍
(二) 占有動產　殘留物全部（現物ニテ受渡ス）
(三) 犯罪人
五、場所
鐵道構內、兩境界線以前
新民路上電車曲ノ角附近以西

接管閘北時之日文引繼書

(7)

成立滬北辦事處

市公安局警察大隊長兼滬北辦事處主任黃明

市公安局滬北辦事處正式成立，委警察大隊長黃明暫兼滬北辦事處主任，於六日上午七時十四分率領全體職員，赴共和路警察教練所舊址，布置一切。上午九時，日軍撤退完竣，當即正式成立。

辦公佈告

上海市公安局滬北辦事處布告第一號

爲佈告事案奉上海市公安局委任令總字第二八二號內開茲委該大隊長黃明暫兼本局滬北辦事處主任此令等因奉此業於本月十六日在共和新路警士教練舊址開始辦公除呈報並分別函令外合行布告民衆一體知照

此佈

民國二十一年五月十六日兼主任黃明

宣告戒嚴

本會派駐滬北辦事處之特派員靳鞏

上海市公安局滬北辦事處佈告第二號

爲佈告事查滬北方面防務重要茲規定每日下午六時三十分起至翌晨四時正爲戒嚴時間合行佈告民衆一體知悉此佈

中華民國二十一年五月十六日兼主任黃明

公安局布告安民

（一）上海市公安局布告政字第十一號

爲布告事查閘北日軍現將次第撤退所有撤兵區域均由本局立派官警接收恢復原狀舉凡地方治安警察負有全責除飭屬隨時盡力保護外合亟布告週知仰我商民人等其各安居樂業毋相驚擾如有不法之徒乘隙造謠滋事定當從嚴懲辦決不姑寬其各凜遵切切此布

中華民國二十一年五月十六日局長溫應星

（二）上海市公安局布告政字第十二號

爲布告事查閘北日軍撤退區域等由本局飭派官警接收地方治安警察負有全責倘有不法之徒希圖搗亂定當盡法嚴懲並於布告之日起戒嚴時間定於下午六時半至次日天明爲止合亟布告仰商民人等一體知照切切此布

中華民國二十一年五月十六日局長溫應星

吳市長布告安民

爲布告事照得自一二八變起閘北江灣吳淞眞茹各地先後淪爲戰區人民有流亡之痛廬舍罹炮火之災十室九空精華殆盡骨肉離散生業崩頹本市長目擊心傷悲憤曷亟茲者停戰協定已告成立日軍陸續撤退秩序日就安寧從前完整之區自當復其繁盛除已即日恢復警衛妥籌善後外合亟布告遷徙民衆其各來歸安爾故居服爾田畝掃除氛燼還我舊觀毋存觀望之心庶覩復興之盛本市長有厚望焉此布

閘北（京滬鐵路以北區域）

接管日期	五月二十三日下午一時半
辦理接管人員	市公安局滬北辦事處主任 黃明 督察長 龔璽揆 秘書 殷體新 本會特派員 查南强 靳鞏初 梁扶 李盛鈞 陶孝潔

預備會議

二十一年五月二十日上午十時半接管閘北鉄路以北區域（四區五區五區二所轄區）預備會議議事錄

出席 殷汝耕 李盛鈞 陶孝潔 查南强（以上委員會） 黃明 龔璽揆 殷體新 何以鳴 牛精鑒（以上公安局）顧震白（公用局）鍾士傑（教育局）景崧（土地局）薛次莘 周贊邦（以上工務局）孫詠沂（社會局）梁思成（財政局）何炳松（商務印書館）王彬彥（閘北保衛團）董致和（救火會）曾志洪 金鑄 李兆鈺（以上京滬鉄路局）洪景平（滬太長途汽車公司）鄭澄清（市商會）沈銘盤 徐鉄甫（以上閘北水電公司）陶鳳山（電報局）

主席 殷汝耕 紀錄 朱維瑤

甲 報告事項

一、主席報告 本會定於二十三日下午接管閘北鉄路以北原轄四區五區五區二所區域該區域東至横浜河及淞滬鉄路北至柳營路西南兩面以鉄路爲界頃已約定日方在未實行接收以前於明日先行派員接洽視察並佈置一切今日特召集各位舉行預備會議希望各紓偉見

乙 討論事項

一 派往該區域接洽佈置人員姓名及分組辦法案

議決 一派往人員規定如次

（一）本會三人李盛鈞 陶孝潔 查南强

（二）公安局九人黃明 龔璽揆 殷體新 何以鳴 吳紹璘 牛精鑒 夏還餘 林岐山 鮑琚

（三）公用局二人鄭葆成 孫閘祉

(四)教育局一人鍾士傑
(五)工務局二人周贊邦　薛次莘
(六)財政局一人梁思成
(七)衛生局一人江世澄
(八)保衛團一人王彬彥
(九)救火會三人董致和　陳友生　張惠民
(十)電話局二人朱福儀　吳皆仰
(十一)電報局一人陶鳳山
(十二)鐵路局四人金鑄　李兆鈺　曾志洪及一通曉日語者
(十三)商務印書館二人王康生　何炳松
(十四)滬太長途汽車公司一人吳仲裔
(十五)華商公共汽車公司一人(未定)由公用局通知派定

二、視察人員分局辦法如下

(一)公安組　公安局救火會保衛團派員及本會特派員查南强為一組

(二)公用組　公用局電報局公共汽車公司滬太長途汽車公司及本會特派員陶孝潔李盛鈞為一組（工務局財政局衛生局教育局派員附）

(三)鐵路局及商務印書館分別自行前往視察

三、關於日方接洽事宜指定黃明龔壟揆殷體新查南强擔任

二、派往該區域人員應如何集合案

議決　全體派員應於二十一日上午八時前在本會集合出發

三、關於該區域內警用電話案

議決警用電話應由電話局迅予趕修

四、關於恢復該區域內保衛團案

議決　該區域內保衛團應迅予整理早日恢復

五、關於該區域內衛生工務公用等事項案

議決　應由各主管機關妥籌辦理

先期接洽及視察

五月二十一日接洽

黃明龔壟揆殷體新查南强等，先至日本海軍陸戰隊本部，晤鮫島參謀長。當由鮫島派酒井少佐，導往中興路第一大隊本部，與森大隊長接

洽。經過情形如左：

接管區域 商定淞滬路以西，橫浜河西南，滬甯路以北，柳營路以南，連潭子灣在內各地，原五區五區二所四區管轄區域。共和新路以東者，爲日海軍第一大隊所駐防。共和新路以西者，爲第三大隊駐防。

接管時間 商定二十三日下午一時，吾方接管人員，可經由共和路至中興路，集中於平江育嬰堂附近準備。日軍於一時起開始撤退，吾方卽於同時佈置接收，二時接管。負責人員簽印，定中興路安徽中學日海軍第三大隊本部內。

佔用公私房屋 該區內日軍並未佔用公共機關房屋，所佔用之私人房屋，業由日方通知原主，於二十三日接管時，同時直接交還。

五月二十一日視察

依昨日會議議決辦法，分公安公用兩組，分道視察：

(1)公安組；繞道中興路，大統路，共和新路，及潭子灣一帶。

(2)公用組；經由寶山路，交通路，華商公共汽車公司，虬江路電報局電線房，共和新路電話分局，永興路電話總局，大通路滬太長途汽車公司等處。

接管情況

午十二時四十五分，接管委員率北平保安隊三百名，分赴育嬰堂日海軍陸戰隊本部，中興路第一大隊隊部，及大統路安徽會館等處接防。一時正，日軍開始各處撤退，我方警察隨卽佈崗。

接管儀式

雙方交替情形 下午一時四十五分，共同委員會中日英美意各國委員相繼蒞止安徽中學日海軍第三大隊部，監視日軍撤退。共同委員會各委員到齊後，卽相繼研究地圖，詳核日軍撤退地點。時日方軍隊，均集合於安徽中學院內，至二時十分，舉行交替儀式。日海軍第一大隊長森可允，吾方警察大隊長黃明，互相就位。首由日隊長森可允致詞：略謂中日兩國不幸而互成敵國，迄至今日乃得實現停戰撤兵，圓滿解決，本人對之，頗覺愉快。此次戰爭，中日兩國，均犧牲不少寶貴之生命，本人實覺非常痛心。回溯前情，尤深感慼也。查日海軍，自進駐閘北而後，閘北方面日僑殊少，而華人殊衆，惟日軍防範治安，不分彼此，一視同仁，使人民均得安居樂業，月餘以來，差幸無事，現則地方治安，交由華方接管，希望華方警察，照常維持治安，恢復

秩序。對於日僑亦能竭力保護，務使日軍曾經進駐之閘北，他日成為上海之模範區域，則本人實所欣望。日隊長語竟，當由吾方黃明大隊長致詞：略謂此次中日大戰，兩國失歡，現則業經停戰撤兵，本人對於地方，當視能力所及，不分階級，不分國籍，一體保護，力為維持。言竟，日大隊長與黃大隊長互相握手，乃履行換文手續。

引繼書原文

(一)治安維持警備區域無異狀
(二)(地區)虹口以西滬寧鐵路以北柳營路以南
(三)(佔有建造物)占有當時狀況保存中學公學(卽安徽中學)靜路寺院
(四)(占有動產)別紙通(卽另本附載之意)
(五)(犯罪人)無

頒布戰區取締綱領六條

(甲)對於焚燬區域，接管後須卽派員實地視察，劃定整理區域。在一定時期之內，除各公機關，及原住居民，經查明許可，給有許可證者外，一概嚴禁入內。其有檢拾剩餘鋼鐵，及其他財物者，尤須禁止。

(乙)接管區域，居民多未遷回，恐有冒充物主，搬取他人物件者。故對於搬運物件，須嚴加檢查。是否原有物主？如查明確為物主時，可發給許可證為憑。

(丙)關於接管區域內應出曉論，凡有發現或拾得槍械子彈砲彈等武器者，限於五日內從速報告，或繳出。過期後，應由公安局派警嚴行搜查。如有私藏，概予追繳，并依法懲辦。

(丁)沿橫河鐵路，及華租交界處各衝要路口，應加派崗位，最密施行檢查行人，以防不肖。

(戊)區內戶口，應限期清查。

(已)接管區域內，每日應將地方各項重要情形，報告到會，以憑稽考

(4)

江灣區（市公安局第五區五分所轄境）

江灣鎮因日軍撤退先後關係，分兩部接管：

第一次：五月十九日；淞滬鐵路以西區域

第二次：五月二十八日；淞滬鐵路以東區域

江灣（淞滬鐵路以西區域）

接管日期	辦理接管人員	
五月十九日上午十一時	市公安局第五區第五分所所長	戴鴻恩
	本會特派員	李盛鈞 梁扶初

【預備會議】二十一年五月十八日上午十一時接收江灣眞如彭浦預備會議

出席　殷汝耕　查南强　梁扶初　陶孝潔（以上委員會）黃　明　石錦章　戴鴻恩　殷體新　吳　清　劉鎭軍（以上公安局）馬崇淦（教育局）楊裕芬（暨南大學）王　邇（勞働大學）吳亮清　張相時（以上文化學院）朱紹成（司法行政部法醫研究所）吳序恩（江灣市政委員）吳垂鎣（江灣保衛團）周念祖　凌志斌（以上彭浦市政委員）王守餘（眞如市政委員）王志遠（十九路軍辦事處）金　鑄　喩瑞麟（以上京滬鐵路局）陸鴻勛（國際電信局）朱福儀（上海電話局）陶鳳山（滬漢電線工務處）蔡香孫　顧善章（江灣救火會）

主席　殷汝耕　紀錄　朱維瑤

甲、報告事項

一、主席報告　本會原定二十日接收眞如嗣因日方變更撤兵程序改爲十九日接收江灣二十三日接收眞如至於彭浦方面現在已無日軍故關於接管江灣眞如彭浦三區事宜亟應先事預備以免臨時倉促再關於接管江灣事宜已由本會委定市公安局五區五所所長戴鴻恩及本會特派員梁扶初李盛鈞負責辦理並由羅店抽調首部

保安隊一中隊於明日上午九時前開到江灣鎮外協同辦理接管事宜至接管員如彭浦兩區本會亦經派定市公安局滬北辦事處主任黃明等負責辦理

二、戴鴻恩報告　最近江灣日方駐軍大部在勞動大學附近其人數約有千數百名勞動大學校長室內及文化學院內仍駐有日軍若干電報電話路線大多均在淞滬路以東故一時無從修復一俟閘北部分完全接管後再行辦理再車站路中國婦孺救濟會前日軍貼有禁止入內違者格殺勿論告示此中恐有危險情形我方接管時應特別注意等語

三、楊裕芬報告　最近眞如日方駐軍本部均住於暨南大學內鎮上僅由其本部所派之巡邏兵士數十人而已並未有專駐隊伍其在眞如全部人數現已較前減少許多矣暨南大學方面曾派人前往視察學校損失情形然僅能於圖書館及中小學部分准予入內其他則未允通行故未能確悉其損失究爲何若也

四、凌志斌報告　最近彭浦所駐日軍原有人數約三十餘人現已撤退故羣宵乘機出沒日有搶案發生請迅予派警前往藉維地方治安並得恢復一切行政事宜等語

乙、討論事項

一、關於江灣接管區域案

議決

一、此次接管區域以江灣鎮及淞滬路以西一帶地域爲限

二、江灣車站及高境廟車站暫緩接收

三、明日接收江灣各關係人員於上午九時前集合本會九時出發前赴江灣

二、江灣接管區域內各機關應自行派員接管案

議決

由各機關開送接管人員名單送會彙辦

三、本會應如何接管彭浦案

議決

一、由本會先行詢明日方該處駐軍是否已經撤退果然則與江灣同時接管並由彭浦市政委員凌志斌前往協助辦理

二、關於警力方面由大場酌調部隊暫維治安

三、於接管該區後迅即恢復保衞團並佈置一切

四、關於接管員如問題案

議決　改日召集有關係機關再行討論

五月十八日接洽情形

本會特派員李盛鈞梁扶初，於下午二時，會同公安局第五區第五分所所長戴鴻恩，出發。二時四十分抵江灣鎮文化學院東鄰王應沂住宅內日軍守備隊本部，當由大隊長赤澤三六少佐接見。據赤澤云，彼方定明日（十九日）上午十一時全隊撤退。駐在時所占公私建築物；計文治路八十一號王應沂住宅，文化學院，車站西路一百二十三號陳翔住宅，車站路百九十號吳文輝住宅，文治路蕭陳師曜住宅，及屋主姓名不詳之住宅等六所，當於明日同時交還。並約定明日上午十時，我方警察先行入鎮。上午十一時由共同委員監視撤退情形，並由戴所長簽字蓋章於接管文書上，同時將全部駐兵撤退。繼詢以彭浦鎮尚有駐兵否？據謂業已撤退，遂即辭出。戴所長逕赴大塲，本會特派員即返會報告，時已五時矣。

接管情況

本會接管員戴鴻恩梁扶初李盛鈞等，於九時赴文化路文化學院第二院日軍守備隊司令部，與日司令赤澤少佐接洽。赤澤並將引繼書（即移交書）取出，交與我方戴氏觀看，雙方均表同意。

交替情形　十時餘共同委員會我方委員溫應星，偕同英代表桑海爾，美代表特來達，法代表龐納維大之代表巴勃司達，意代表法拉梯尼，及德來達之隨員蘇樂中尉等，亦乘汽車繼至，與日方代表會晤。於是即舉行交替儀式。在文化學院校址外之庭院內，置一桌，上置引繼書三份。一交我方，一交日方，一交中立國代表。雙方略加商議後，即行簽字。日方守備司令赤澤少佐致辭云：停戰協定已簽訂，日軍遵約退兵，希望以後仍維持東亞鄰邦之親善云云。十一時二十分飲香檳而散。

引繼書全文

江灣日軍撤退後之引繼書原係日文譯錄如下

江灣鎮日本軍守備隊長於昭和七年五月十九日午前十一時零五分江灣鎮（鐵路西方地區）日本軍使用之土地建造物及警備一切中華民國特別警察引繼承備後人民之保護並警備於日本軍莫負其責此後即請中華民

國特別警察於民國二十一年五月十九日午前十一時零五分確認在江灣鎮(鐵路西方地區)日本軍使用之土地建造物為日本軍守備隊完全保護並警備確認其一切引繼江灣鎮守備隊長受了一切後關以上之保護並警備莫關其責任

昭和七年五月十九日江灣日本軍守備隊長赤澤六三

中華民國二十一年五月十九日市公安局第五區第五所所長戴鴻恩

(査上項引繼書係日方所擬就文理不通)

日軍撤退 引繼書簽訂後，我方溫局長及中立國代表乘車返滬。日軍亦即先後退去。該項日軍共有一中隊百餘人，連同輜重隊憲兵等一百人，共二百餘人，完全自守備隊司令部門首撤退，由赤澤少佐率領。至於軍械等物，則於半小時後，始由日兵雇汽車載去。日軍與軍械，均移至江灣鐵路以東區域。

我方佈防 我方之北平調滬保安隊第三中隊，於十時由羅店到達江灣，由副總隊長張文傑及第二大隊長閻永，及第三大隊第三中隊長兼總教練馬鴻儒等率領。該項警士，共計一百二十人，連同戴鴻恩所長帶來之調查戶口警士二十人，共有一百四十餘。於十一時二十分日軍退盡後，即分往江灣鎮路以西之區域內接防崗位。計分派二十餘處。

(査接管江灣在預備會議時原定派首都保安隊旋因他故改調平警)

江灣(淞滬鐵路以東區域)

接管日期	辦理接管人員
五月二十八日	市公安局第五區第五分所長 戴鴻恩

接管情況

江灣在淞滬鐵路以東部分，於五月二十八日接管ABC三暫駐區時，同時派戴所長鴻恩接管。

接管後之江灣區

吳序恩
戴鴻恩

江灣南鄰閘北，北連吳淞，東通殷行，西接大場，全區面積九十方里強。以地位關係，市集頗見繁榮，鄉情亦稱樸厚。一二八夜敵犯我閘北，江灣南路，即告斷絕。雖人民不無遷徙者，而市面則鎮靜如恆。迨敵由張華浜糧米碼頭登岸，北部鄉村，橫遭蹂躪，人民則恐慌愈甚，遷徙載途。二月十三日敵初犯江灣，經我軍擊退，而鎮集商號，以

臨時治安委員會之勸導，依舊開市。地方秩序，由公安局保衛團之徹夜梭巡，亦無騷擾。二月二十日敵下令總攻江灣，則三面受敵，砲火之猛，炸彈之烈，恐較諸歐戰，有過而無不及。故旬日間。繁盛市街，鱗比村落，悉成廢墟。鄉民之被敵焚殺者，尤不可勝數。嗣我軍因戰略關係，退守第二道防綫，全區淪陷敵手，至是則敵人之慘酷殘暴，無所不用其極，及今統計，輒感心酸焉。損失情形，分別列表如左

江灣區戰後市政建設破壞概況表

類別	地點	破壞程度	修復約計	備考
河道	走馬塘	房屋傾圮堵塞	一二〇〇元	
河道	小吉浦	房屋傾圮堵塞	三〇〇元	
河道	新沙涇	房屋傾圮堵塞	一二〇元	
河道	斜塘	被敵軍堵塞	二〇〇元	
橋梁	香花橋	被敵軍炸壞橋面三條兩面欄杆	五〇〇元	
橋梁	楊家橋	被敵損壞	四〇元	
橋梁	韶嘉，花園弄，王家弄，三橋	欄杆被敵軍拆毀	一五〇元	
橋梁	三祝橋，虹橋	被敵軍毀壞	一五〇元	
橋梁	寺溝路橋，廿園橋	戰略關係自行拆去	二五〇元	
橋梁	東葛家橋西葛家橋	被敵軍炸毀	四〇〇元	
橋梁	西唐家橋	戰略關係自行拆去	二〇〇元	
橋梁	美善橋張觀橋	被敵軍拆壞	二〇〇元	
橋梁	雨卅圖劍卅五・雨廿六・劍廿八・殷七七・結十四・雨十五・推八・殷十一・等圖計橋十七條	或敵軍拆毀或自行拆去	四〇〇元	
橋梁	萬昌橋	全部炸毀	五〇〇〇元	
道路	山門街	被敵軍炸彈損壞	一三〇元	
道路	北街大街		八〇元	
道路	萬安路	被炸彈損壞	六〇元	
道路	花園街		六〇元	
道路	西大街	炸彈潭七處	一五〇元	

道路	奎照路	中段被拆壞	五〇元
溝渠	鎮集	全部淤塞	二三〇元

江灣區戰後人口傷亡調查表 截至四月十五日止（鎮集）

路別	失蹤	傷害	死亡
大街	七	一	一一
萬安路 北浦路 河濱路	六	一	三〇
公安路 山門 北弄 寺溝路 花園弄	六	一	五
新市路車站路	六	三	二一
總計	二五	六	六七

江灣區戰後人口傷亡調查表 截至四月十五日止（鄉村）

路村別	失蹤	傷害	死亡	備注
奎照路	六	〇	三	
馬家石橋 白漾宅 姚石蕩	一	一	二六	
大沈宅 梁印宅 家宅 孫周俞宅 丁	一	三	三二	大沈宅有一戶全家滅亡
南沈宅 北沈宅	〇	五	一四	
侯家木橋 周家宅 家宅小金木宅小沈宅 麥	一	一	三四	
陸家橋 馬橋 東西 周老橋 段氏坟	四	一	九	
陶家灣 米家宅 金江巷 西唐橋吳家石橋鍾家郵	一四	一	一三	
湯朱家橋 見科 皂筴 樹 梅園	五	一	一三	
季家灣 張俞金宅 天 樂寺	二	二	二二	
賀巷宅 印家宅 七七 圖馬橋	九	三	四八	
小郭家宅顧家宅小馬宅 小場廟楊家堰金家蕩	七	三	三	
孟家宅西黃宅徐江巷 吳家宅管行浦西	九	二	三七	
夏家蕩金家園嶺南路 八王宅	三	五	一六	
宋江巷周家宅趙江巷 吳家灣張江巷車站張 家宅跑馬廳朱家宅體 育會路復旦後門	三	三	二一	

路村別	登記總戶數	焚炸戶數	間數	估計銀元數
劉家橋周家宅橫浜路方浜宅蔡家宅勒宅趙家宅葉家宅西窖宅黃家宅奚家灣卞家宅水電路	二	二	一七	
顏家橋 孫郁江巷小楊宅 錢張宅 陸家橋	〇	〇	四	
楊家樓下楊家宅馬橋小談宅象儀巷太保堂王家蕩大楊宅	三	一	八	
陸家宅高家宅萬昌橋錢家蕩印家宅雨傘店聖堂宅楊家堰燕毛灣	〇	三	五	
總計	七〇	三七	三〇九	

江灣區戰後房屋焚炸調查表

（鄉村）

按本表係據本區被難同鄉會調查統計而製其後至者以時間忽促不及併入容俟續報

路村別	登記總戶數	焚炸戶數	間數	估計銀元數
李照路	五五	三五	一四〇	四•四〇五元
馬家石橋白漾宅姚家蕩	一一二	一〇二	二七一	七•六一五元
大沈宅梁印宅丁家宅孫孫周俞宅	八八	六八	一七六	四•五九六元
南沈宅 北沈宅	八四	七四	二四〇	七•九四〇元
侯家木橋周家宅麥家宅小金木宅小沈宅	一三五	一一一	二二〇	六•一五五元
陸家宅馬橋東西周老橋殷氏墳	六八	五五	一七〇	七•二三〇元
陶家浜朱家宅金江巷西唐橋奚家石橋鍾家頭	一四七	一二三	五一四	二〇•八九〇元
湯朱家橋見科皂筴樹梅園	九三	八八	三二八	一三•九四五元
季家灣張俞金宅天樂寺	一一五	九二	三五五	一六•六三五元
智巷宅印家宅七七圖馬橋	一一八	一一〇	五〇九	三一•六八〇元
小郭家宅顧家宅小馬宅小場廟楊家堰金家蕩	六二	三七	一一八	五•一二三元
孟家宅 西黃宅 徐江巷吳家宅 管行 浦西	一二八	一〇六	三一七	一〇•二二五元
夏家蕩金家圈嶺南路八王宅	八二	七五	三六〇	一二•一三一元
宋江巷周家宅趙江巷吳家灣張江巷車站張家宅跑馬廳朱家宅體育會路復旦後門	八六	七六	三二七	一八•〇三一元
劉家橋周家宅橫浜路方浜宅蔡家宅新民趙家宅葉家宅西窖宅奚家灣卞家宅水電路	六九	三〇	一五九	一八•二八三元

顏宗橋孫郁江巷小楊宅錢張宅陸家橋	七五	六二	二九	三・〇三五元
楊家棣下楊家宅馬橋小談宅象儀巷太保堂王家堰大楊宅	五六	四一	一二一	四・二八〇元
陳家宅高家宅萬昌橋錢家蕩印家宅雨傘店聖堂宅楊家堰燕毛灣	一〇〇	九四	二一四	五・六七五元
統計	一六七三	一三七九	四五六八	一九七・八七四元

江灣區戰事房屋焚炸調查表（截至四月十五日止）（鎮集）

路別	登記總數	焚炸戶數	間數	估計銀元數
大街	三九八	二五八	一八一八	一〇一・二〇五元
萬安路北浦路河灘路	一三九	一〇四	五二五	二三・四九〇元
新市路車站路	一二五	三五	三一一	一四・〇六五元
公安路山門花園弄北弄寺溝路	一〇三	六〇	三三二	一四・六六七元
總計	七六五	四五七	二九八六	一五三・四二七元

江灣區戰事直接財產損失調查表（截至四月十五日止）（鄉村）

路村名	房屋裝修	器具	衣服	物品	其他
奎照路	八・五〇〇元	三・四六三元	一六・八七五元	六・二八六元	四・八二五元
馬家石橋白漾宅姚家蕩	五・三二〇元	一五・九〇一元	八・九五五元	三・三五〇元	二・八〇〇元
大沈宅梁印宅丁家宅孫周俞宅	九・一一五元	九・六七〇元	八・二六〇元	七・三一七元	二・五九一元
南沈宅北沈宅	二・五八〇元	九・四三五元	五・二一七元	八・八四六元	一・四二六元
侯家木橋周家宅麥家宅小金木宅小沈宅	二・一一八元	三二・三八六元	一四・六四六元	三・六六〇元	一五・一一八元
陸家橋馬橋東西周老橋段氏坟	二・八七〇元	一〇・二九〇元	六・四二〇元	四・四二〇元	三八〇元
陶家灣朱家宅金金巷西唐橋奚家石橋鍾家頭	五・一五五元	三五・八四〇元	二四・六九五元	三・三四五元	七・八八一元
湯朱家橋見科皂筴樹梅園	四・九五〇元	三〇・〇四五元	一七・五九〇元	一六・三九五元	一・二三四元
季家灣張俞金宅天樂寺	四・一八〇元	二六・〇四〇元	一四・九五〇元	一〇・九八〇元	四・四九〇元
賀巷宅印家宅七七圖馬橋	二・七七〇元	二七・四六一元	三三・一八〇元	二〇・七六七元	二・五七九元
小郭家宅顧家宅小馬宅小場廟楊家堰金家蕩棉路	三・二六〇元	八・九五〇元	四・六四〇元	五・三九五元	一・五三五元
孟家宅西黄宅徐江巷吳家宅管行浦西	三三・一一〇元	二・三七五元	二・四七〇元	九・八二五元	二・四五五元
夏家蕩金家圈嶺南路八房宅	一・二五二元	一七・三一〇元	二・二八〇	八・〇〇〇元	三・七〇〇元

路別	房屋裝備	器具	衣服	物品	其他
宋江巷周家宅趙家巷吳家灣張江巷車站張家宅跑馬廳朱家宅體育會路復旦後門	一五•三五五元	四五•一八七元	三六•九九九元	二•六九六元	二三•六二〇元
劉家橋周家宅橫浜路方浜宅蔡家宅新宅趙家宅葉家宅西窰宅奚家宅卞家宅水電路	五•六四〇元	四三•一四〇元	三六•九一五元	二•五〇九元	一三•〇二〇元
顏宗橋孫都江巷小楊宅錢張宅陸家橋	一•八六〇元	六•三二〇元	七•四九〇元	九•三四〇元	九七〇元
楊家樓下楊家宅馬橋小談宅象儀宅太保堂王家堰大楊宅	二•五三〇元	六•五〇〇元	六•三八〇元	三五六元	一•五五一元
陳家宅高家宅萬昌橋錢家蕩印家宅雨傘店聖堂宅楊家埭燕毛灣	四•二八〇元	一〇•八二六元	七•六一〇元	五•〇八〇元	一•二一五元
總計	一二四•一七四元	二三六•一四九元	二六四•五七二元	二〇三•五六七元	二〇九•四〇五元

江灣區戰事直接財產損失調查表截至四月十五日止(鎮集)

路別	房屋裝備	器具	衣服	物品	其他
大街	九九•六七七元	二五八•〇九二元	二六九•五五五元	三五三•二〇二元	一六六•六八〇元
萬安路北浦路河灘路	三八•三一二元	六九•七〇六元	五六•〇九〇元	六五•七六九元	四五•九八七元
公安路山門花園弄北弄寺溝路	二九•一二七元	六一•九七八元	五三•六五〇元	七四•一六〇元	三四•六〇四元
新市路車站路	二〇•一九六元	四三•六七三元	四一•四六二元	七六•一四七元	五一•二四二元
總計	一八七•三二一元	四三三•四四九元	四二〇•七五七元	五六九•二七八元	二九八•五一三元

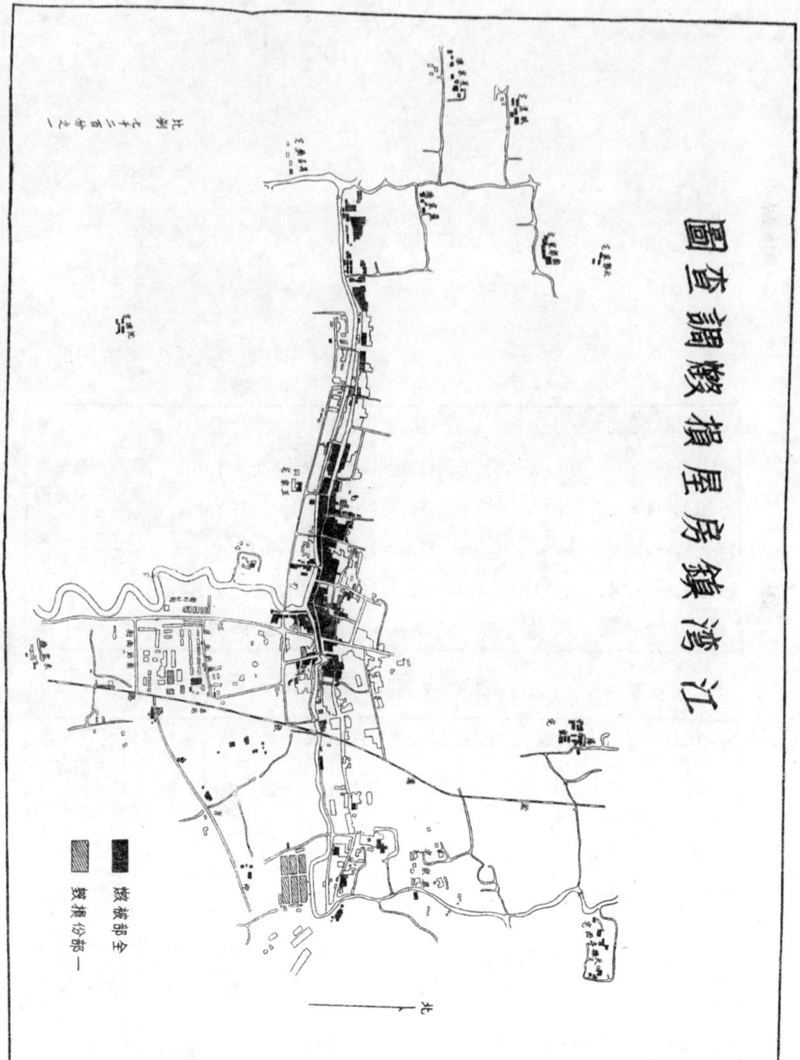
江灣鎮房屋損燬調查圖
全部被燬
一部份損燬
比例 七千二百分之一
北

江灣鎮戰後

江灣鎮戰後

江灣刼後一般

江灣鎮戰後

江灣鎮新市路河畔戰後

江灣鎮戰後

接管江灣之中日代表

接管江灣共委監視簽字

眞茹區（市公安局第四區第三分所轄境）

眞茹日軍之撤退據日軍部通知原定爲十九日乃臨時改爲二十三日

眞茹	
接管日期	五月二十三日上午十一時
辦理接管人員	市公安局督察長　劉璽揆
	市公安局秘書　殷體新
	市公安局第四區第三所所長　石錦章
	本會特派員　陶孝潔　查南强　梁扶初　李盛鈞

預備會議

二十一年五月二十一日下午四時接管眞如預備會議

出席　殷汝耕　梁扶初　陶孝潔　查南强（以上委員會）　黃明龔璽揆　殷體新　石錦章（以上公安局）　江世澄（衛生局）　周贇邦（工務局）　李兆鈺　顧震白（公用局）　鍾士傑（敎育局）　朱福儀（電話局）　喻端麟（京滬鐵路局）　陶鳳山（滬漢電線工務處）　洪蘭祥（眞如市政委員）　朱紹成（法醫研究所）　楊裕芬　林志瀛（以上暨南大學）

主席　殷汝耕　紀錄　朱維瑤

甲、報告事項

一、主席報告　關於接收眞如問題於十八日預備會議時曾作一度討論現在本會決定本月二十三日上午十一時接管眞如並於明日（二十二日）先行派員前往視察及佈置一切今日特再召集預備會議共商進行希望各位多多發表意見

二、洪蘭祥報告　眞如鐵路以南日軍已於十九日上午十一時撤盡於撤去前一日晚間已得日方非正式通知當由保衛團暫出担任一部之警備現在眞如全境日軍爲數不足二百名

乙、討論事項

一、派員前往該區域接洽佈置案

議決一、派往人員規定如左

（一）本會三人梁扶初　陶孝潔　查南强

（二）公安局四人殷體新　石錦章　劉鎭軍　吳清

(三)市政委員一人洪蘭祥
(四)教育局一人鍾士傑
(五)公用局二人孫開祉諸葛恂
(六)工務局一人周贊邦
(七)衛生局一人汎世澄
(八)京滬鐵路局一人喩瑞麟
(九)滬漢電線幹路工務處一人陶鳳山
(十)電話局二人朱福儀吳皆仰
(十一)華商公共汽車公司一人施體奮
(十二)法醫研究所一人朱紹成
(十三)暨南大學二人楊裕芬 林志瀛

二、關於與日方接洽事宜指定殷體新陶孝潔石錦章洪蘭祥擔任

二、派往人員應如何集合案

議決

全體派員應於二十二日上午八時齊集本會八時半由會出發

三、接管員警應如何集合案

議決

接管員警應於二十三日上午九時前集合曹家渡聽候調遣

四、修復眞如附近電報幹線案

議決

由滬漢電報幹線工務處於接收後一二日內設法修復

五、眞如電話應設法恢復案

議決

由電話局負責辦理

六、關於眞如戶口調查事宜案

議決

由公安局戶籍股負責辦理

接洽及視察情形

五月二十二日上午八時四十分，本會特派員梁扶初查南强陶孝潔及祕書殷體新，由聯社出發。九時二十分抵眞茹，在該鎭新木橋下陳宅日軍守備隊第一大隊本部，與井上二一隊長面洽一切接管辦法，議定明日(二十三日)上午十一時簽字接收，地點卽在新木橋陳宅。我方警察一百五十名，由石所長錦章率領，於明日九時入該鎭南部之眞茹小學

暂駐，同時佈崗警備。日軍則於九時起開始撤退。並由日方派該隊荻原通譯，先在該小學等候我警，以免引起誤會。該鎮尚有日軍三百名之譜，上午十一時可以撤盡。日軍所佔民房，除有二處無房主者外，餘數處均有人看守。

眞茹市內有維持會及自治會之設，維持會主持者爲沈頌閣，自治會主持者爲王松濤，均係當地人士。

十時井上守備隊長會同各關係者，視察暨南大學，電燈公司，火車站，救火會，小學校，市政委員會，及該鎮市街等處。內中尤以暨南大學之科學館損失最巨。房屋頂一部被炸，內部科學用件，多被竊去，所餘者亦均被破壞。車站亦多已破壞，火車被炸者計三輛。電燈公司，略有失竊機件。其他尚無受害。視察完竣後，於下午一時返滬。

接管情形

二十三日上午六時，公安局第四區第三所所長石錦章，至共和路警士教練所。七時率警出發，九時抵眞茹。十一時開始接收。共計七崗，均由平警分佈崗位。日兵於交崗後，卽集合暨南大學，整隊於十二時退入寶山路以東，秩序尙佳。四區三所及車站路派出所之一切門窗牆壁器具卷宗，均遭損失。惟境內居民，當日遷回頗多，商店亦多開市。卽日起，開始清查戶口。

引繼書

一、日本軍隊駐過房屋及用過傢具一切確已全部交還無餘

二、於昭和七年五月念三日午前十一時眞茹鎭並眞茹火車站一帶之警備確爲引渡貴方矣

三、對於日本軍撤退後所發生之一切事故我方槪不負其責

昭和七年五月二十三日

眞茹區守備隊長陸軍步兵少佐井上二一

一、日本軍隊駐過之眞茹鎭眞茹火車站附近房屋並其房內傢具一切確已接收未誤

二、於中華民國廿一年五月廿三日午前十一時確由日本軍隊方面接收眞茹鎭火車站一帶之警備矣從是以後此地之治安該由我方維持對於日本軍隊撤退後所發生之一切事故其責不在日本軍隊者不待言矣

中華民國二十一年五月二十三日

眞茹接收委員上海市公安局第四區三所所長石錦章

蘊藻浜大橋
（日人改名爲白川橋剡已更正原名矣）

日軍所改之金澤橋

吳淞軍工路

眞如殘破一瞥

被燬之暨南科學館

眞翔路中軍用橋

眞如殘破一瞥

唐家橋宅房屋燼餘

虬江路民德路一帶被燬狀況

永安公司製造廠（僅存大門）

小侯家宅全村被燬

彭浦區

接管日期	五月十九日下午八時
辦理接管人員	市公安局第五區第五所所長 戴鴻恩 彭浦區市政委員 凌志斌 周念祖

接管情形

彭浦鎮位大塲南。戰時所駐日兵，於五月初旬卽撤退。日方並未通知共同委員會及我方。日軍退後，該鎮附近村莊，已屢發生搶刼。市政委員據情呈報，當經本會派戴所長鴻恩，會同該區凌周兩市政委員，率領抽調之首都保安隊一中隊，前往接管。以日軍早已離去，故無交替手續。

彭浦區接管後狀況

市政委員　凌志斌

1. 人口狀況

彭浦南接閘北，故居民大都藉工商爲生。北部以遠離市廛，故業農者衆。此次暴日侵滬，我區南部，如虬江路，寶興路，指江廟路，止園路，民德路一帶，俱爲火綫。故開戰後二三日內，全部房屋，卽爲暴軍飛機炸毁無餘。居民他遷，以迄現時止，尙少萬餘人。北部居民，以業農，故於日軍侵佔時，尙存老者或壯男約佔全數十之二三，現已陸續遷囘。

2 工商狀況

區內沿彭浦河一帶，工廠林立，以繅絲廠絲頭廠最爲多數。戰後絲業不振，故各廠開工者僅十二。

3 市政狀況

彭浦區市政委員辦事處，承市政府暨各局辦理全區市政事宜。關財務者，有房捐契稅之征收。關係工務者，有道路橋樑河渠之計劃修理。關於衞生者，有清道種痘打針。關係社會者，有調查農民統計及貧民借本。戰後經費奇絀，而業務紛繁。

4 警備狀況

自暴軍撤退後，彭浦卽有首都保安警察隊一小分隊駐鎮捍衞。同時上海市公安局四區各屬分所，先後恢復。彭浦保衞團計五隊，襄助警隊

合力維持，地方幸賴安謐。惟彭浦派出所，僅有巡長一員，警士一棚，警力薄弱，當由市委商請市公安局添置巡官一員，警士一棚，派出所改爲分駐所矣。

5 損失調查

兹就報告所得統計，有左表各項。然尚有未報告者，當數倍於斯。

種類	數量	估計
死亡	三五人	
房屋	五二八間	一五五二五〇元
器具		一九二四八元
牲畜	二八四頭	八六八元

五區五分所所長接管江灣之戴鴻恩

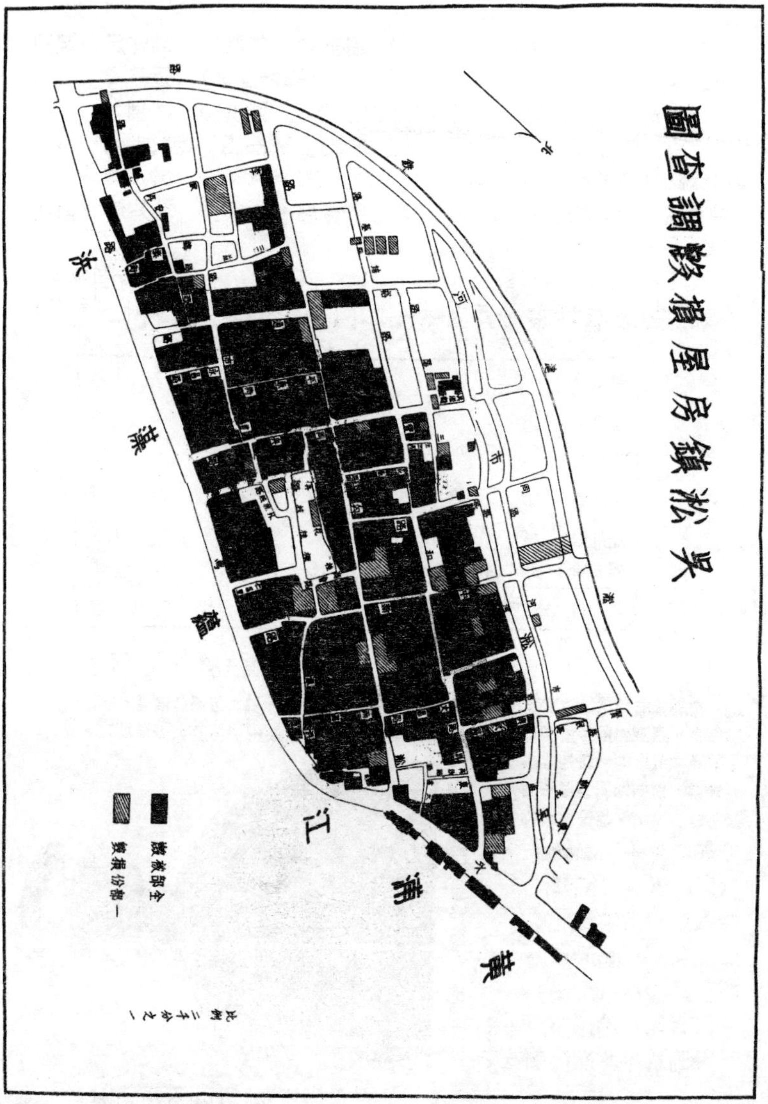
吳淞鎮房屋損毀調查圖
全部毀損
一部份損毀
比例二千分之一
蘊藻浜
黃浦江

吳淞區

接管吳淞之市公安局第七區區長李警

吳淞區之接管分為兩次：

第一次吳淞鎮：五月二十五日午十二時接管

第二次吳淞區：（包括協定附件第二號四晢駐區之A區在內）五月二十八日接管

接管吳淞時，日方仍留少數海軍陸戰隊及憲兵，駐紮華豐紗廠內。且每隔日換防一次，武裝兵車，馳驟軍工路上，引起人民驚惶不安。此項紗廠剩餘駐兵問題，疊經往返交涉，華豐紗廠內日軍，於七月六日始完全撤去。由七區區長另行派警保護云。

第一次吳淞鎮

接管日期	五月二十五日上午十二時
辦理接管人員	市公安局第七區區長 李警 秘書 殷體新 本會特派員 查南强 陶孝潔 梁扶初 李盛鈞

預備會議

二十一年五月二十二日下午四時半接收吳淞預備會議事錄

出席 殷汝耕 李盛鈞 陶孝潔 查南强（以上委員會） 殷體新 李警 王光（以上公安局） 沈詰（衛生局） 周贊邦 許應聲（工務局） 鍾士傑（教育局） 唐承宗（市政委員） 莊勳 韓雁門（勞動大學） 李兆鈺（以上京滬鐵路局） 陳鏡秋（海軍部）

主席 殷汝耕 紀錄 朱維瑤

甲、報告事項

一、主席報告　本會定于二十五日上午十一時接管吳淞鎮及吳淞砲台三官塘藥庫砲台灣營房關於接管吳淞砲台等事宜已經本會委派專員辦理今日所需討論者卽關于接管吳淞鎮問題希望列席諸君就此範圍充分發表意見

二、李警報告　關於吳淞鎮目前情形據個人所知者（一）電話方面原有淞陽電話公司及交通部電話局現已桿線破壞不堪不能通話（二）民房方面被燬民房約佔全數十分之八（三）保衛團原分兩隊有槍六十餘枝戰事發生後槍枝已散失三分之一

乙、討論事項

一、派員前往該區域接洽佈置案

議決　一、派往人員規定如左

(1)本會　三人李盛鈞　陶孝潔　查南强

(2)公安局　四人殷體新　李　警　楊干青　王　光

(3)教育局　一人鍾士傑

(4)衛生局　一人江世澄

(5)市政委員　一人唐承宗

(5)海軍部　一人陳鏡秋

(7)鐵路管理局　二人許應聲　莊勤

(8)勞動大學　一人韓雁門

(9)同濟大學　一人由教育局通知該校派定

(10)商船學校　由教育局通知該校派定

(11)中國公學　由教育局通知該校派定

(12)中央大學醫學院由教育局通知該校派定

(13)省立水產學校　由教育局通知該校派定

(14)公用局　一人由本會通知該局派定

(15)電話局　一人由公用局通知該局派定

(16)電報局　一人由公用局通知該局派定

(17)電燈廠　一人

二、關於與日方接洽事宜指定殷體新李警陶孝潔唐承宗擔任

二、派往人員應如何集合案

議決　全體派員應於二十四日上午七時三十分齊集本會八時由會出發

五月二十四日晨依照預備會議決定派員前往吳淞接洽並視察茲據該員等報告經過如左

(1)晨九時抵吳淞，先到蘊藻浜附近華豐紗廠內日軍第七聯隊守備軍本部，晤大隊長時澤直義少佐。據云，明日日軍撤退分兩部，區劃如下：

(甲)吳淞鎮部分，及同濟路以西各地。(時澤少佐所轄部隊)

(乙)炮台灣，及同濟路以東各地。(日軍機關槍第四大隊)

(2)關於甲區域內撤兵接管事宜，業與時澤商定：

(A)區域　公安局七區轄境，淞滬鐵路以東，至黃浦江止。南至蘊藻浜，北抵東新橋路，及淞滬鐵道西部。(自中央大學醫學院之西起，除協定甲區外至賢良路止。)

(B)時間　明日上午十時，警察及各關係人員，集合於吳淞鎮財神廟內。十時半準備接管，於十一時接管。

(C)手續　接管儀式，明日上午十一時在華豐紗廠內舉行。

(D)時澤並允，爲使我方警察聯絡便利起見，可通過日方警備區域，(即同濟路賢良路及新馬路)當不加以阻碍。

(3)關於吳淞乙區(炮台灣及同濟路以東)日軍撤退事宜，本會得該特派員等報告後，當即派聯絡員王長春赴日領署，與原田武官商定，該區內日軍准定明日同時撤退不悞云。

視察路程，係由公共租界經平涼路，軍工路，過蘊藻浜，至華豐紗廠。與日軍第七聯隊大隊長時澤直義接洽；晤談約一小時。即由該隊長引導至中央醫學院，旋又步行至吳淞鎮車站，視察約十五分鐘。復登車沿外馬路至海濱飯店，視察。又赴商船學校與駐該校之吉留少佐接洽，適吉留不在，稍候即出。自炮台灣路繞道至同濟大學，環視一週。因同濟學校，昨未派人同往，即遄返至吳淞鎮。鎮上，有電燈廠與電話局，亦盡燬於炮火。察看一週，至十一時半，循原道而返。

接管情形

第七區區長李警，率警一百七十名，十時到達該鎮財神廟集合。會同本會特派員，(於十時三十分抵淞)即赴華豐紗廠日守備隊部通知。

接管儀式原定十一時舉行，因各國共同委員遲至十二時到淞，延惧至十二時舉行。日方由時澤少佐備就移交文書兩份，簽印交我方李區長警簽印接收

接管儀式

華豐紗廠簽字

特派員李盛鈞，殷體新，查南强，及七區區長李警等，十時二十分至華豐紗廠。十時五十五分，日軍第七聯隊長時澤偕副官粟原凱二，通譯恆吉澁止。卽在該廠公事房二樓會見。原定十一時正式接收簽字。嗣因共同委員會接收寶山來遲，候至十一時五十分，和會軍事小組會議日人代表阿部先來，繼則英美意各武官，及中委溫應星，日委原田到。遂舉行簽字，時正正午。簽畢，共同委員首先辭出。日軍時澤隊長卽邀請接管委員暨各報記者午餐。至一時二十分攝影散出。李警卽回區所。唐承宗因辦理吳淞市政，亦卽辭出。李盛鈞，殷體新，查南强，於二時會同平警至炮台灣接收炮台。

吳淞鎮引繼書

吳淞鎮日本守備隊長於昭和七年五月二十五日正午零時零分將吳淞鎮鐵路以東地區（停戰協定內規定日本軍不得暫

引繼書

吳淞鎮日本守備隊長ハ昭和七年五月二十五日午前零時零分吳淞鎮鐵道東側地區（停戰協定ニテ日本軍ニ於テ使用セスト定メタル地區），警備ニ關スル事項ヲ中華民國接收委員ニ引繼キ爾後ニ於ケル是等ノ保護並ニ警備ニ關シテハ其責ニ任セス

中華民國接收委員ハ民國二十一年五月二十五日正午前零時零分吳淞鎮鐵道東側地區（停戰協定ニテ日本軍ニ於テ使用セスト定メタル地區）カ日本守備隊ニ依リ完全ニ保護並ニ警備セラレアルヲ確認シ吳淞鎮日本守備隊長ヨリ警備ニ關スル一切ノ引繼ヲ受ケ爾後該地區ノ保護並ニ警備ニ關シ其責ニ任ス

右異儀ナク調印ス

昭和七年五月二十五日

於吳淞日華紡織株式會社

吳淞日本軍守備隊長 時澤直義

民國二十一年五月二十五日

中華民國接收委員

上海市公安局七區區長李警

（4）

駐之地區）之關於事警備一切宜移交與中華民國接收委員嗣後該地之治安及警備一切事概不負責

中華民國接收委員於民國二十一年五月二十五日正午零時零分確認吳淞鎮鉄路以東地區（停戰協定內規定日本軍不得暫駐之地區）經日本守備隊完全保護及警備茲由吳淞鎮日本守備隊長將關於警備一切事宜移交前來嗣後卽負該地治安及警備之責以上雙方同意簽字爲證昭和七年五月二十五日中華民國二十一年五月二十五日於吳淞日華紡織株式會社

吳淞日本軍守備隊長時澤直義（蓋章）

接收委員上海市公安局七區區李警（蓋章）

移交書

吳淞鎮日本守備隊長於昭和七年五月二十五日午前（正）零時零分將吳淞鎮鐵路以東地區（停戰協定內規定之日本軍不用地區）之關於警備一切事項移交與中華民國接收委員嗣後該地之治安及警備一切事宜概不負責

中華民國接收委員於民國二十一年五月二十五日午（正）前零時零分確認吳淞鎮鐵路以東地區（停戰協定內規定之日本軍不用地區）經日本守備隊完全保護及警備茲由吳淞鎮日本守備隊長將關於警備一切事宜移交前來嗣後卽負該地治安及警備之責

以上雙方同意簽字爲證

昭和七年五月二十五日

於吳淞日華紡織株式會社

吳淞日本軍守備隊長 時澤直義

民國二十一年五月二十五日

中華民國接收委員

上海市公安局七區區長李警

日隊長之歡宴

當雙方調印完竣後，日守備隊長以所有日軍，須於下午二時前撤退，乃卽設宴款待各接管人員。日守備隊長舉杯向客共慶接收之成功。並卽席演說，略謂今日能將淞鎮警備事宜，交還中國，殊深愉快。祝中日兩國前途之幸福。繼陪席之日副官粟原凱二亦舉杯起立，謂今日正式撤兵，殊深感幸，自此以後，願中日兩國共同合作，以撲滅共產黨之擾亂世界云云。至一時十分而散。

第七區第一所接管報告

接收月日時	五月二十五日下午二時
臨時接收情形	五月二十五日正午十二時在蘊藻浜華豐紗廠與日軍守備隊長時澤直義簽字接收吳淞鎮並面接洽收炮台灣下午二時正式接收派北平保安第四隊佈置崗位二十六日由所長率同所員巡官長警等偵察所轄地面狀況因七區一所房屋被燬當即覓定淞興路救火會設立本所臨時辦公二十七奉接管委員會函召會議後與般行鎮紳士商妥暫借該鎮鄉公所爲分駐所駐防地址至二十八二十九三十三日由本所臨時設崗五處維持地方秩序
復崗情狀	接收後由北平保安隊在鎮內及外馬路先行佈崗七處二十八日起除外馬路仍由北平保安隊設崗外餘由本所設崗五處並加派警長一名警士六名每日分爲三班梭巡吳淞鎮內各街弄又服行分駐所於本月二十八日接收後臨時設崗二處並派警長一名警士二名每日分二班梭巡該分駐所管轄全境但原軍工路及張華浜兩派出所尚未接收
社會狀況	接收之日各臨時商鋪均高懸國旗惟本鎮房屋竟被炮火焚燬竟有百分之九十現各商店均臨時搭蓋房屋暫行營業所有避難民衆均已絡續遷回地方秩序平靜
交通狀況	淞滬間交通現由本市公用局渡輪每日往返六次汽車亦可通行
衞生狀況	由衞生局派員施行消毒現本鎮所有醫生因戰事均已避遷以致病者無可就醫
附記	本所報告因交通不便不能依照規定呈送爲特聲明

第七區第一所所長楊干青

吳淞區未接管前狀況調查（市政委員唐承宗）

人口狀況：

(甲)避難未回者，人數尚佔全區人口十分之六。

(乙)現已有十分之四，遷回本鎮。

(丙)鄉村中，老壯者十分之九已回。年輕婦女回鄉者，僅十分之五。鄉村房屋，石路之東，至大廟煤屑路附近，焚燬十分之五，砲燬十分之二。在石路之西，火藥房起至同濟路，焚燬十分之一，砲燬十分之一。至於被燬房屋各戶，均住居鄰家，或附近之親戚屋中，甚至一間屋，有住數家者。

市鎮狀況：

(甲)市房被炸燬約十分之二，焚燬約十分之七，剩十分之一。
(乙)道路橋梁，本鎮之外馬路，被砲火擊燬，凹凸不堪。文昌路，南昌路等街道，大都被炸彈炸成溝穴，及被火焚燒，崎嶇不平。北泗塘橋，陳家巷橋，泰興菴橋，焚燬不能通行。周家橋，化成橋等，未燬。蘊藻浜老大橋，被改爲金澤橋。新大橋被改爲白川橋。
(丙)全鎮房屋，僅剩十分之一。而各商店，現均臨時設攤營業。外馬路搭架小屋，爲臨時賣買者，爲數甚多。街中亦有已就屋基興工建築者，但均未向市工務局領照。

工廠狀況：
(甲)永安紗廠，華豐紗廠，國民製糖廠，均有日本陸軍佔駐。中國鐵工廠，吳淞麵粉廠，全部焚燬。
(乙)永安紗廠，華豐紗廠，近日雇工修理廠房及機器。聞修竣後，即將開工。

交通狀況：
(甲)鐵路車站之損壞，蘊藻浜車站，被砲轟燬，軌道拆去數段。吳淞鎮車站未燬，僅將門窗器具散失，軌道炸燬丈餘。砲台灣車站，被砲彈擊燬。
(乙)淞滬間之交通，自淞滬火車停駛後，汽車由軍工路可直達楊樹浦。水路由市輪渡每日往返三次。
(丙)與內地各鄉交通，吳淞車站，向有長途汽車，通寶山，楊行，劉行等處。自日軍侵佔後，各處橋梁燒燬，停駛多日，漸已逐漸恢復。
(丁)郵局電燈電話　郵政現已恢復。砲台灣無線電台，被炸燬停辦。張華浜電報局尙在通報。至電燈電話敷設之綫桿，完全焚燬，或爲當地流氓鋸去。

公共機關狀況：
(甲)敎育　吳淞小學被拆毀，培基小學被焚；吳淞中學被砲火轟燬；水產學校被砲燬；商船學校被砲燬一部分；中國公學全部焚燬；中央醫學院燬屋頂；同濟大學炸燬電廠；八區敎育會全燬。
(乙)衛生熬油廠炮燬一部分；模範區損失器具；清潔所被焚。
(丙)警衛　七區署被砲燬一部分；水巡隊全燬；要塞司令部全燬；水警四區署被燬一部分；保衛團炸燬；緝私營焚燬；海軍指揮處炮

燬。

（丁）慈善　各救火會均燬，僅剩吳淞東區救火會。近有藍十字會設辦事處於桂枝路，專事掩埋尸首。海濱醫院全部炸燬。

（戊）市政委員辦事處被燬，海濱公園炸燬一部。

（己）其他八區黨部房屋，尚未損壞。同泰路教堂被焚；金家弄教堂炸燬；聖公會無恙。

（庚）日軍行動　要塞駐三四十人，砲台灣一帶插木扦上寫陸軍共舍塲。糖廠駐馬隊一百六十名。華豐廠駐憲兵約三百名。前蓋營房三百餘間，現已拆除。鐵路工廠駐日軍二百餘名。

（辛）泗塘西首鄉村民房，被燬者約十分之一。

第二次吳淞區（市公安局七區及七區一二兩分所轄境協定附件第二號之A地段）簡稱A區（包括在內）

接管日期	五月二十八日
辦理接管人員	市公安局第七區區長　李警 第七區一分所所長　楊干青 二分所所長　姚本元
接管情形	詳四暫駐區及附近之接管

四暫駐區及附近之接管

中日上海停戰協定第三條，及附件第二號，載明日軍撤退時，得暫駐租界毘連地點，規定ABCD四地段，惟日軍於撤退暫駐期內，不得妨碍上海市政府之行政權，包括警權在內。（載軍事小組會議紀錄）查閘北一帶日軍，於五月十六日開始陸續撤退，本會卽向日方提出交涉，在日軍未撤時，先行恢復暫駐區及其附近警權。所謂四暫駐區之地段如左：

AB兩地段：在吳淞區（吳淞鎮除外）殷行區內卽市公安局七區及七區一二兩分所轄境（簡稱甲乙區或AB區）

C地段：在引翔區內卽市公安局五區四分所轄境（簡稱丙區或C區）

D地段：在閘北區淞滬鐵路以西成一三角形卽市公安局五區轄境（簡稱丁區或D區）

預備會議 區域預備會議

五月二十七日上午十一時接管ABC三暫駐區及附近

出席者
殷汝耕　朱錫百　郭德華　劉漁門　梁扶初　霍　實
謝志道　靳　鞏　李盛鈞　陶孝潔　查南强（以上委員會）
龔甕揆　黃明　殷體新　李　警　何以鳴　楊千清　廖成章
吳廷勳　吳和孚（以上公安局）　盧　鑅（北平保安隊）
顧震白（公用局）　沈銘盤　徐鉄甫（閘北水電廠）
江世澄（衛生局）　馬崇淦　鍾士傑（教育局）　齊　雲
（復旦大學）　勞鑑劭（持志大學）　薛次莘（工務局）
莊　勤　許應聲（京滬路局）　徐瀾珏（江灣市政委員）
王增裕（引翔市政委員）　唐承宗（吳淞市政委員）
王彬彥　馮一先（閘北保衛團）

主席　殷汝耕　　紀　錄　查南强

主席報告

本會自開始辦理接管以來大部均已接管現僅餘協定中之甲乙丙丁四區及殷行引翔越界築路附近區域等處然以上所述各地根據協定雖在日軍未撤盡以前吾方仍可行使一切行政權（包括警察權在內）現因前項區域日軍陸續撤退所餘無幾故已與日方洽安於二十八日上午十時由我方派警前往行使職權日軍則賡續候船出發大約本月

內可以撤盡惟自沙涇港以西淞滬路以東毗連公共租界及協定中丁區各地現由日海軍陸戰隊駐守須另事接洽佈置現擬俟上述區域佈置就緒卽開始接洽不久亦當接管完竣也警察方面昨曾開會商議區所地址及崗位均已決定今日則對上述區域內其他行政權之恢復須加研討本會昨已向日方索得其現在未撤退之部隊駐紮地及步哨配置圖以資參考現將該區地圖分配各關係人員祈各詳加審閱俾免誤會爲要

議決案

一、公安事項

甲、明日上午十時各該管區所負責人率警前往依昨日所定佈置圖辦理

乙、派往各區所部隊由黃大隊長會同盧總隊長商議決定

丙、清查戶口無日僑居住之處卽日開始清查其有日僑雜居之處自本月二十九日開始清查明日本會通知日領館請其通告日僑一體遵守

一、公用事項

甲、電燈電話由各區所開列應須裝置地點及數目具報本會轉知水電公司電話局從速辦理

乙、自來水由本會通知水電公司尅日修復

一、教育事項

除各大學由本會通知外其他各校由教育局轉知令其派員於明日上午十時後前往管理

一、工務事項

明日上午十時後卽由工務局派員前往修理道路及應辦事宜

一、消防事項

由公安局方面辦理並由各區市政委員協助之

一、衛生事項

於明日上午十時由衛生局派員前往各區辦理清道防疫及戰區內消毒事宜

一、保衛團事項

由各區市政委員責令先事準備俟日軍撤盡後再行佈防

吳淞區殷行區

（Ａｂ兩地段在內）市公安局七區及七區一二兩分所轄境

接管日期	辦理接管人員	
五月二十八日	市公安局第七區區長	李警
	第一分所所長	楊干青
	第二分所所長	姚本元
	本會特派員	陶孝潔
		查南強

上海市殷行區戰事直接損失統計表

項目	數目
全區住戶及人口總數	三九三〇戶人口一七九六七人
災戶及人口總數	九七六戶人口四八七四人 大口二九九九人 小口一八七五人
貧農戶及人口總數	六一六戶人口二九五九人 大口一七八三人 小口一一七六人
赤貧農戶及人口總數	二一六戶人口九八六人 大口六三八人 小口三四八人
財產損失　房屋	四〇四間半一九四六七〇元
財產損失　器具	一一八五一〇・元
財產損失　衣服	一〇九七八〇・元
財產損失　物品	一二六五二〇・元
財產損失　耕牛	一九頭二二八〇・元
人口損失　失蹤	一四人
人口損失　傷害	一一人
人口損失　死亡	四七人

民國二十一年六月十六日製

接管吳淞殷行之報告

第七區區長李警報告

案奉鈞會訓令第九五號內開為令遵事查依據停戰協定接管區域內日軍尚未撤盡部份亟待行駛一切市行政權茲經本會決定於五月二十八日起實行合行令仰該區長督率該分所長等并會同本會特派員陶孝潔於二十八日午前十時率警赴市公安局第七區及第一二兩分所未經接管部份內分駐佈崗規復警權並責成該區長負責妥慎辦理毋稍疏忽仍將遵轉情形具報備查切切此令等因奉此查二十七日決議定二十八日區長來滬率警接收沈家行殷行鎮兩處至二十八日因汽車誤時始於九時乘市輪渡滬及抵辦事處已十一時許承派之官長警已於九時許動身赴淞當將返署將官長警按照各地現狀分配下午二時許偕特派員陶孝潔赴殷行鎮沈家行兩處視察駐警處所惟撥配之官長警以卡車于上午十一時回滬無法裝運迨還滬雇車又以道路崎嶇抵淞已六時半因在日軍戒備期間不克通過只得將官長警留署過宿至二十九日上午八時由寶山雇車來淞責由七區一所所長楊干青率領長警十九名二所所長姚本元率領官長警十七名分別至殷行鎮沈家行兩處佈防以上按照七區一二兩所經過情形理合具文呈復

仰祈

鑒核謹呈

上海撤兵區域接管委員會

第七區區長李　警

附接收吳淞海軍病院報告（特派員陶孝潔）

為報告事竊職奉

命會同海軍部海岸巡防處軍需官陳鏡秋並隨從一名前往吳淞海軍病院襄助接管事宜茲將經過情形報告如左

五月二十七日下午三時五十分由本會出發四時三十分抵海軍病院即由該病院看守人稱日軍已於本日午前十時退出並將房屋什物交給看守人點收陳鏡秋軍需官云該處損失甚少於下午六時三十分返會

接管委員會

職　陶孝潔謹呈　五月二十七日

（13）

引翔區

(C地段在內)市公安局第五區四分所轄境

接管日期	辦理接管人員	
五月二十八日	市公安局第五區第四分所所長	廖成章
	李會特派員	李盛鈞 霍實

接管報告

五月二十八日於引翔港馬玉山路五區四所

(市公安局第五區第四分所所長廖成章)

一、本日上午九時三十分所長會同上海撤兵區域接管委員會霍委員實李委員盛鈞趨晤三友實業社日武官十時四十五分抵跑馬塲騎兵隊日員均將接防情形告知彼方惟對于接收移交手續未允照辦已由霍李兩委員呈報委員會核辦

二、本日十時三十分北平調滬保安隊總隊副張文傑率領第二中隊長警兩小排計六十四名到達分住馬玉山路潤德里共用民房七幢業已遷入居住

三、本所辦公地點暫借沈家宅二十四號

四、本日自接收後召集原有長警恢復以前崗位五處復派北平保安隊不時巡邏

五、本所計有分駐所一處派出所三處均於今日分別接收各所暫設崗位一處

六、遠東運動塲請願警派出所原駐有日軍於今日下午四時半撤退已派保安隊前往接防

(1)

虹鎮（沙涇港以東部份）

接管日期	辦理接管人員	本會特派員
五月二十八日	市公安局第五區第三分所所長 吳廷勳	劉漁門 梁扶初

接管報告 於五區三所 民國二十一年五月二十八日 （市公安局第五區第三分所長吳廷勳）

所長于本月二十八日帶同所員巡官書記等會同特派員梁扶初劉鑰及北平保安隊第三中隊長劉樹春率官警九十四員名于下午四時十五分達到本所轄境覓定德潤路一一八號暫駐作爲臨時辦公地點及擇要設崗十六處每班二十四人并加派巡邏四人于四點四十分會同保安隊長劉樹春及特派員梁扶初劉鑰等前往育才路育才學校日車憲兵駐所交涉請其退讓已收轄境以免誤會日憲兵特務曹長浦田多久美等表示歡迎并聲云該處地處遼闊盜匪甚夥久盼貴警早來接收以資保障市民并無移交手續等語至五時三十分該日軍完全退出所有商戶居民尙稱安謐并無事故發生

（1）

接管沙涇港以西區域圖

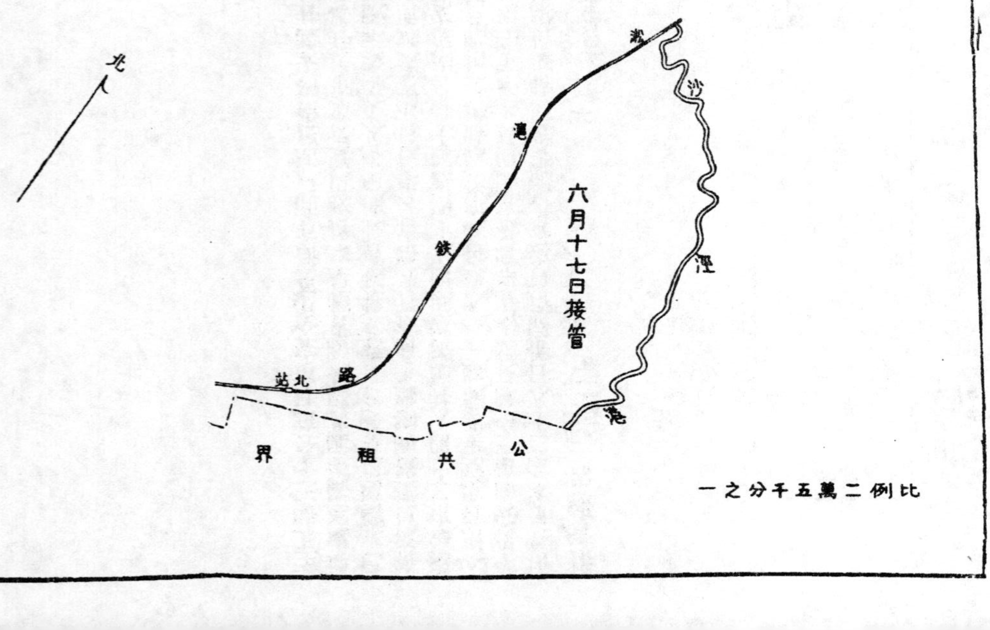

沙涇港西區域之接管

沙涇港以西，淞滬鐵路以東，虹口公共租界以北越界築路附近區域，依照停戰協定規定，日軍撤退期限，為自協定簽訂日起，限四星期內撤至暫駐區內。乃日方違反協定條文，於沙涇港西一帶，延不撤退。並在此區內，包庇漢奸，縱容烟賭。本會屢次派員催促，又請共同委員會我方委員，與日方原田委員，函扎往還。日方諉為該區所駐日軍為海軍陸戰隊，而原田係陸軍武官，接洽周折。至六月九日，日方改委陸戰隊參謀長鮫島，為共同委員，始確定于六月十七日撤兵。同時由本會派員接管。

預備會議

二十一年六月十四日上午十一時接管沙涇港西區域第一次預備會議

列席人員　殷汝耕　謝志道　霍　實　梁扶初　靳　鞏　劉渙門

查南强（以上本會）　黃　明　龔璽揆　殷體新　何以鳴

居　敬　牛精鑒　吳廷勳　鮑　琚（以上公安局）

主席　殷汝耕

紀錄　查南强

主席報告　戰區未經接管之地現僅剩沙涇港以西淞滬路以東毗連租界之越界築路附近區域及協定中之丁區雖由吾方共同委員再三交涉而日方仍事延宕迄未解決但據種種消息至多亦不出本月卽可實行接管查日方之所以延宕雖有種種原因而該區域內日本僑民為數衆多（據日方言約有萬餘人）兩國人民雜處戰時惡感未除日方頗恐一旦交還國人對之將有報復之舉此雖不免為日人之過慮然日僑之數既如是之多吾人卽不能不加以注意預對日僑有充分之籌劃以免接管後再有其他糾紛之發生是以本會特召集各關係人員先事計議俾得防患於未然此本日開會之主旨也

討論要點

一、對於日僑現狀詳加調查使瞭如指掌應如何辦理

二、此後日僑之變動應有完全登錄藉得稽考之各種方法

三、對於日僑之違警及不法行為等之取締方法

四、對於中日人民糾紛事件之處置方法

五、對於日僑之生命財產保護方法

決定辦法

一、先由本會繪製各關係區所詳圖分配各區所先將該管轄區域內之日僑概況戶數記明圖上另定人員專事彙集整理之

一、指定龔璽揆殷體新鮑琚梁扶初查南强五人負責彙集材料及籌商調查取締及保護日僑各種辦法事宜

一、指定靳鞏謝志道劉漁門霍實四人與各關係區所長聯絡負責辦理實地調查事宜

一、關於應辦各項事宜各關係人員應時相集議決定辦法一方關於對日交涉事宜應俟議定辦法由本會辦理

二十一年六月十五日下午五時接管沙涇港以西區域第二次預備會議

列席者　殷汝耕　劉漁門　霍　實　謝志道　梁扶初　查南强　（以上本會）黃　明　龔璽揆　何以鳴　居　敬　吳廷勳　吳和孚　鮑　琚　董致和　林歧山　（以上公安局）

主席　殷汝耕　記錄　查南强

主席報告　戰區未接區域經呂方厦屢次交涉結果今日下午得共同委員會轉來日方通知謂除協定之丁區暫緩數日撤退外沙涇港以西淞滬鐵路以東越界築路附近區域日本海軍陸戰隊已準備撤退請速決定日期派員前往接管並請予以通知等情本會當即派殷祕書靳特派員先往日海軍陸戰隊本部接洽視察時日現已約定明日（十六日）上午前往視察爲此召集各關係人員商議視察時間接管時日並一切接管手續之預備事宜俾免臨時措手不及此本日開會之主旨也

報告　公安局董致和報告將接管區域內之消防事宜現狀

五區一所二所原爲閘北三段救火會担任辦理頗完善惟因此次戰事會所已被毀去救火車亦已毁壞現止在修理中然二三日內當不能應用然可臨時借用租界車輛消防人員原有五十餘人卽日可召集五區三所原有胡家木橋救火會一無損失卽可應用五區則由閘北一二四段救火會担任毫無問題

議決案

一、視察日期及接管日期

決定於十六日上午八時各關係人員集合本會於八時半出發前往

（ 2 ）

視察將接管區域併佈置一切於十七日上午由各負責人員率警前往接管

一、視察接洽及接管人員

視察人員（本會）靳　鞏　劉漁門　李盛鈞　謝志道
霍　實　梁扶初　查南强（公安局）黄　明　龔璽揆
殷體新　何以鳴　居　敬　牛精鑒　吳廷勳　鮑　琚

視察接洽人員　黄　明　龔璽揆　殷體新　靳　鞏

接管人員由黄明負責接管龔璽揆何以鳴居敬牛精鑒吳廷勳鮑琚襄助辦理

爲便於與日方交涉計謝梁兩特派員往五區霍特派員往五區一所李特派員往五區二所協助各區所長辦理一切

一、警備隊部之分配

公安局決定派北平保安隊第一二三四四中隊第一中隊派往五區一所第二四兩中隊分配五區及五區二所第三中隊派往五區三所担任警備

一、警士服裝槍械之準備

由黄明何以鳴居敬吳廷勳負責與公安局酌定辦理

一、消防事宜

由董致和負責召集通知各關係人員辦理

一、對於日僑之調查事宜

俟先行與日領館接洽通令日僑知照遵辦

一、關於工部局巡捕越界巡邏佈崗事宜

由本會函請公安局知照工部局總巡捕房前各區域定於十七日上午十時接管轉飭各屬巡捕勿得越入華界俾免發生糾紛

一、將接管區域之佈崗事宜

明日視察後由各區所長負責決定崗位開列呈送本會查照

預備會議

二十一年六月十六日下午四時接管沙涇港以西區域第三次預備會議

列席人員　殷汝耕　吳　宏　劉漁門　查南强（以上本會）陶鳳山（電報局）黄修青（交通部電話局）景　嶶（土地局）顧震白（公用局）梁思成（財政局）莫　衡（工務局）孫詠沂（社會局）江世澄（衛生局）王彬彦

主席　殷汝耕（保衛團）　周　尙（教育局）

紀錄　查南强

主席報告　本會昨日得共同委員會轉來日方通知沙涇港以西淞滬鉄路以東區域日軍卽可撤退請速定期前往接管等情本會卽於昨日下午召集公安局各關係區所長會議業於今日前往視察現准明日上午十時正式接管昨日以時間忽促未及通知各位故特於今日召集商議該區域內各關係機關應行辦理事宜俾得於接管後卽日從事進行也

報告

一、電話局　電話局在東寶興路原有一分局祇以尙未接管故無從修復既定於明日接管當可由局卽行派人前往修理然暫時僅能將該區各關係公安局區所電話先行修復其他與南市及與租界連絡之電話因尙未與租界華洋電話局交涉妥當一時難以着手惟當於可能範圍內盡力辦理至吳淞方面當借用電報局電桿從事修理

一、電報局　電報局淞滬幹線現已修復至張華浜分局二三日中卽可通電現仍在積極修理中

一、公用局　關於該接管區域內之路燈大半完善至被毀部分明日卽可派人前往從事修復該區內自來水係水電公司向租界自來水廠租用訂有合同不生問題

一、保衛團　保衛團人員卽日可召集恢復原狀

一、衛生局　該區域內今日已前往視察垃圾堆積如山沙涇港河水頗穢惡且停滿艒艒船頗須整理擬於明日派四十人前往先行消除垃圾一方請公用局設法取締艒艒船後再行施行河水消毒

一、社會局　該區內有第一平民住所現僅於日間派員前往看守夜間因日軍戒嚴關係未派值夜人員惟該處住戶類多宵小擬於明日派員前往整理

議決辦法

各關係機關於明日十時後自行派員前往辦理各項專管事宜並隨時與公安局直接接洽

先期接洽

六月十六日派公安局大隊長黃明，督察長龔璽揆，祕書殷體新．及本會特派員靳鞏，帶同各區所長，前往日軍司令部接洽接管淞滬路以東

，沙涇港以西區域。晤杉坂司令官，鮫島參謀長，協議決定接管辦法。所有雙方約定明日接管辦法如左：

(1)接管時間爲十七日上午九時半，由公安局派警三百六十名，先行布崗，行使警權。同日午前十時，雙方正式交替。

(2)接管儀式：在日本海軍陸戰隊司令部舉行。

(3)接管負責人員：日方爲第三大隊長大沼；我方爲公安局大隊長黃明。

(4)我方警察經過路途爲虬江路，東寶興路，香烟橋路三處，九時起通過。

(5)視察各街道，有碍衞生處所，由衞生局派員淸除，並施行虎疫預防注射云云。

視察情形

十六日上午九時，視察人員咸集於西愛咸斯路聯社。視察人員，計接管會特派員靳鞏，霍實，梁扶初，謝志道，劉漁門，查南強六人，及公安局滬北辦事處主任黃明，五區區長何以鳴，五區一所長居敬，五區二所長牛精鑒，五區三所長吳廷勳，公安局督察長龔墾揆，祕書殷體新，翻譯鮑琚等。於九時二十分鐘分乘汽車出發，先至黃陸路之日本陸戰隊司令部，晤該司令官杉坂·略談數語。當由該司令官派參謀酒井慶三，第三大隊列官小原田雄，引導視察各地區。出日軍司令部時，已十時半。先至東寶興路之鐵道交界處視察，該處雙方皆有哨兵。視察人員在該處將地圖與實地對照一過，即改道廣東街歧峯公學。

共同委員會監視沙涇港西區域之接管

校內爲日海軍陸戰隊第三大隊第五中隊駐紮。校外皆有沙袋防禦物，

並有日哨兵。視察約數分鐘，車經老靶子路，吳淞路，狄思威路，而至香烟橋，當即視察一週。沙涇以西，已無日哨兵踪跡。其他地點爲五區三所管轄，據該所長稱，每黃昏前，即有日軍之遊動哨梭巡，不久即去。視察人員等在該處視察數十分鐘後，即折入寶樂安路，該處有日本女子小學一所，及日海軍之俱樂部一處。當時小原田雄即聲稱我方接管後，對于該極處請爲加意保護，並謂日方居民聚于該處甚多，已請我方注意，我方委員表示接受。至十一時視察完畢。

接管區域 沙涇港以西，淞滬鐵路以東，公共租界以北，虹口方面越界築路附近區域。

接管時間 六月十七日上午十時接管。

辦理接管人員 市公安局滬北辦事處主任黃明負責辦理。公安局督察長龔璽揆，祕書殷體新，第五區區長何以鳴，五區一分所所長居敬，二分所所長牛精鑒，三分所所長吳廷勳，辦事員鮑琚，會同本會特派員靳鞏，劉漁門，查南强，襄助一切。本會爲便於與日方交涉計，並派特派員謝志道，梁扶初，往五區。霍賓往五區一分所。李盛鈞往五區二分所。協助各該區所長辦理一切。

接管情況

我方警察於九時開抵該處，九時半開始佈崗，十時各員在北四川路日本海軍陸戰隊司令部會齊。日方派第三大隊長大沼備就移交文書，交由我方黃明主任簽印接管。共同委員會四國武官蒞場監視。日方陸戰隊司令官杉坂大佐亦到場。

接管儀式

雙方委員隔桌對向而立，先由日方發言，靳鞏特派員代譯謂『今天日軍佔領之土地，交回中國後，希望中日親善，益見增加，同時我們很有秩序的交給中國。』譯畢，黃主任作數語答復，其大意謂『我們很希望中日親善增加，並在本人職務上，努力保護日僑』語畢，日方大沼富男開始簽字。黃主任簽字後，於交替書上特意添上中華民國字樣，以維國體。簽畢，雙方交換，各人保留一份，並握手以示客氣，此交接儀式即閉幕。

引繼書

此書原文係日文茲譯其大意：

(一)日本軍隊撤退地點：公共租界以北，淞滬鐵路東，及北河南路以東，沙涇港河以西。

(二)右列地點內，由日本方面交與中國方面接收。以上各項，雙方均認各不相違。一九三二年六月十七日日本方面交替委員海軍特別陸戰隊第三大隊長海軍大尉大沼富男，中國方面接管委員黃明

引継書

一、日本軍隊撤收地區
共同租界以北、淞滬鐵路及北河南路
以東沙涇港（クリーク）以西ニ於ケル日本軍隊
守備區域中租界外擴張道路ヲ除ク地區

二、右地區内ニ於テハ日本側ヨリ中國側ニ
引渡スヘキ公有建築物公有財産
犯罪者ナシ

~~三、右外右地區内ニ於ケル損害賠償等ニ關~~
~~シ兩國當事者間ノ協議セラルヘキ事項ナシ~~

右各項相違ナキコトヲ認メ授受致候

昭和七年六月十七日

日本側引渡委員
大日本上海海軍特別陸戰隊第三大隊長
海軍大尉 大沼富男

中國接收委員黃明殿

區所接收

公安局各區所之接收，計接管會特派員梁扶初、謝志道，會同五區區長何以鳴、率領北平保安隊一百二十名，接管東寶興路，沿北四川路，施高塔路，沙涇港一段，五區管境。特派員霍實，會同五區一分所長居敬，率領北平保安隊二百五十名，接管四川路至狄思威路一帶，五區一分所轄境。特派員李盛鈞，會同五區二分所長牛精鑒，帶領北平保安隊八十四名，接管東寶興路南至北四川路一帶，五區二分所轄境

。特派員劉漁門，會同五區三分所長吳廷勳。率領北平保安隊一百二十名，接管沙涇港西至靶子場附近之施高塔路，沿狄思威路以東一帶，五區三分所轄境。

接管後委員視察

六月十八日上午十一時，殷主席委員汝耕，郭委員德華，朱委員錫百，帶同李祕書謨，由委員會辦公處同車出發，視察昨晨接收之沙涇港以西鐵路以東區域地方治安及衞生狀況。先至五區三分所，晤所長吳廷勳，特派員劉漁門，詳詢該所管轄地方情形。並由吳所長劉特派員率同巡官周傑王序贊，引導巡視該所管轄區域一週。繼繞道經吉祥路東照里，而至施高塔路。該處華洋雜處，日僑衆多。計在五區三所轄境，日僑約有三百餘戶，五區一所約有二百八十餘戶，實有加派崗警之必要。又前此施高塔路一帶管轄權限，究屬五區一所？抑屬五區三所？界限猶未分明，亦應從新劃定，以一事權，而專責任。各委討論後，卽沿北四川路，狄思威路，轉入邢家宅路，過邢家木橋，入虬江路而抵五區一分所。晤所長居敬及巡官王寶樹，詳詢地方情形，知居民已紛紛遷回，市面漸見起色。繼由居所長王巡官出五區一所，經北四川路導至五區二所管轄區域。此處在戰時燬壞最烈，所餘稍爲完整之住戶，據五區二所所員報告，不過百四十餘戶，因有調查整理之必要，又以所長牛精鑒，因公前往公安局，故由殷主席囑所員轉知牛所長，繪製該區所管轄區域明細地圖，分別表明住戶完整地域，與被燬地域，呈報本會，以作將來整理之參考。又據報五區二所境內，亦有日僑約一百名。故對於地方治安，亦囑加以注意。又查閘北三段救火會，已將救火車二輛修理完整，以備消防之用。旋再沿鐵道線路視察一週，後於下午一時許還會。

D區圖

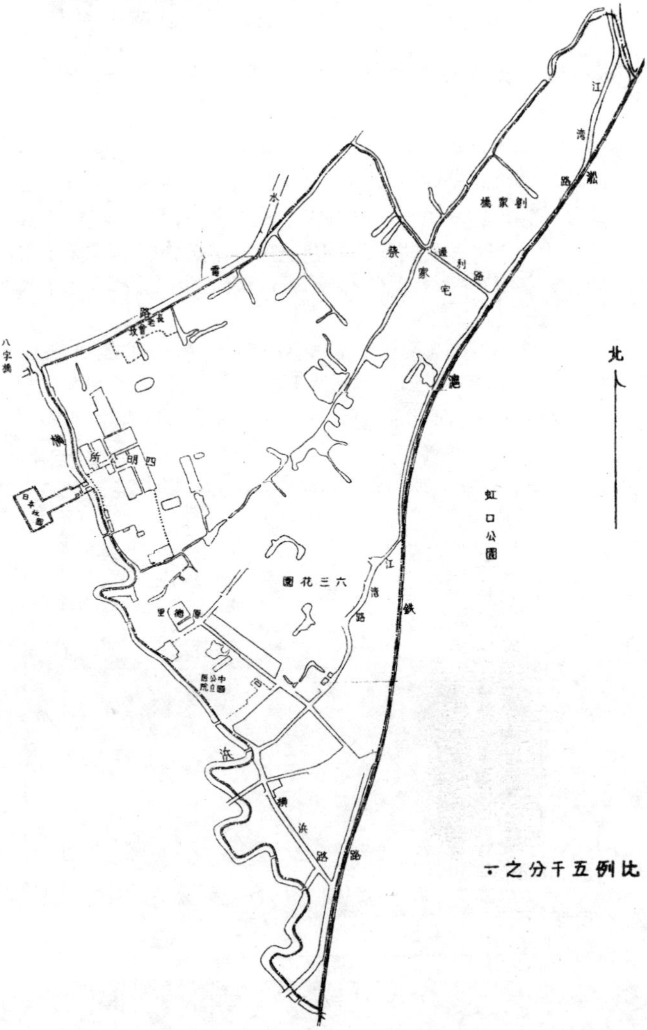

D區之接管

接管日期	辦理接管人員	
七月十七日	市公安局第五區區長	何以鳴
	本會	梁扶初 劉漁門 翟實 靳鞏 李盛鈞 查南强 陶孝潔 謝志道
	市公安局	龔纕揆 殷體新
	保安隊	關鞏 杜成
	公用局	鄭葆成
	衞生局	江世澄
	財政局	梁思成
	教育局	馬崇淦
	工務局	周贊邦

接管區域

D區區域：計東自沙涇港起，沿淞滬鐵路至橫浜橋止。北自沙涇港起，沿新市路至奚家橋止。西自奚家橋起，沿水電路至八字橋止。南自八字橋起，沿日本坟墓循橫浜河至橫浜橋止。

自六月十七日沙涇港西區域日軍撤退後，所有撤兵區域，大致接管完竣，祇少數日海軍陸戰隊，在D區方面逗留不撤。本會屢次派員交涉，並請共同委員會我方委員，一再催促。乃日方始終藉詞延宕，停頓越一月之久，直至七月十四日，始正式通告共同委員會，D區日軍，準於十七日撤退，本會卽從事接管之準備。該區接管後，所有撤兵接管事宜，始告終結。

預備會議

七月十五日下午四時接管協定H軍暫駐區域丁區第一次預備會議

出席者　殷汝耕　劉漁門　靳鞏　翟實　李盛鈞　梁扶初

謝志道　陶孝潔　查南强　（以上委員會）　龔纕揆　何以鳴

吳和孚　董致和　（以上公安局）

主席　殷汝耕　紀錄　查南强

主席報告　協定中之丁區日軍暫駐區域昨日下午得共同委員會通知日方已決定於本月十七日上午十一時撤退當於昨日派員與日軍司令部接洽準於明日（十六日）先往派員前往與日方負責人員接洽接管手續因時間關係先行召集公安局方面人員商酌接管準備辦法故各關係機關已定明日另行召集矣

議定辦法

一、明日與日方負責人員接洽事宜由龔璽揆殷體新何以鳴靳鞏劉漁門五人於明日上午十時前往辦理

一、因現有五區警察不敷故接管丁區時函保安處關大隊長撥一中隊協助辦理

一、由會派市公安局第五區區長何以鳴負責辦理接管事宜

一、丁區所有日僑居民公安局已定于十九日調查戶口故先由本會特派員梁扶初與日方交涉轉知各僑遵辦

一、該區內有日本人坟墓因日人時往火焚埋屍葬骨祭掃等事故須在該處附近加派崗位藉資防範

一、該區佈崗及其他警備事宜由公安局第五區區長何以鳴負責辦理

準備會議

七月十六日下午三時接管協定日軍暫駐區域之丁區第二次預備會議

出席者　殷汝耕　靳鞏　霍實　梁扶初　謝志道　陶孝潔　劉漁門　李盛鈞　查南强　（以上委員會）　龔璽揆　殷體新　何以鳴　（以上公安局）　關鞏　杜成　（以上市府保安處）　顧震白　（公用局）　江世澄　（衛生局）　梁思成　（財政局）　周贇邦　（工務局）　馬崇淦　（教育局）

主席　殷汝耕　紀錄　查南强

主席報告　協定中日軍暫駐區域丁區日方有意延宕屢經交涉始於前日（十四日）下午通知定於明日（十七日）撤退本會即於昨日下午召集公安局之人員商議該丁區接管時之警備事宜並於今日上午派本會特派員及公安局人員前往日軍司令部接洽接管手續因時間關係故於今日召集各關係機關再行籌商明日前往接管應行準備事宜

本會靳特派員報告與日軍司令部接洽情形

今日上午十時與日軍司令部參謀長鮫島參謀樋口接洽決定我方警備人員於明日九時四十分由三陽路進內佈崗於十時四十分當可藏事於十一時至日軍司令部行接管接交手續惟日方以該處日僑甚多深望此後加意保護當將此意轉告公安局第五區何區長矣

公用局代表報告

丁區路燈尚無大損害俟詳細調查後如幹線無重大損失二三日中卽可修復此外電話自來水則無甚損失也

衛生局報告

本局在未接管前已派有人夫在各處清道明日起當加派人夫清除復因該區河道穢污不堪擬於明日分隊派人前往各處消毒防疫方面則擬於明日起卽派員前往施打防疫針

工務局報告

本局已準備人夫百餘名於星期一前往整理一切

敎育局報告

該區內有市立學校二所私立學校四所應如何辦理

議決辦法

一、接管時警備事宜由何區長與關大隊長酌量辦理並派本會特派員霍實梁扶初協助

一、接管出席人員

本會殷主席及各特派員公安局龔督察長殷祕書何區長市府保安處關大隊長杜隊附公用局鄭葆成衛生局江世澄財政局梁思成工務局周贊邦敎育局馬崇淦

一、各接管出席人員除辦理警備人員於佈置完畢後逕往巳軍司令部外其他各關係人員於十時集合於公安局五區於十一時前往日軍司令部參加

一、該區內各學校由敎育局通知各校負責人員於明日自行前往管理

先期接洽

十六日上午九時，派特派員靳鞏，會同公安局何以鳴，龔璽揆，殷體新，赴日軍司令部接洽，關於丁區接管事宜。茲將該員等報告列左：靳鞏特派員會同公安局督察長龔璽揆，五區區長何以鳴，於上午十時，與日海軍陸戰隊司令部鮫島參謀長，樋口參謀，互相協議，決定接管手續如次

一、接管地點，在日海軍陸戰隊司令部。

一、接管時間，定於本月十七日上午十一時舉行。

一、交接人員，日方爲第三大隊長大沼大尉，我方爲公安局五區區長何以鳴。

一、警察配置，由我方於十七日上午九時四十五分，派警百名，經西寶興路，三陽路，通過工兵橋，於十時四十五分配布完結。

派員視察

七月十六日上午十一時，本會派靳鞏，何以鳴，劉漁門，龔璽揆，殷體新五人，由日海軍陸戰隊杉板司令，派第三大隊長大沼，參謀樋口，引導前往D區內視察。先由黃陸路穿淞滬鐵道，沿花園街而疾馳。鐵道口有日軍崗位二名。距此半里許，有一三九號洋房一幢，駐有陸戰隊第六中隊第二小隊一小隊，人數約有二百人。該屋據樋口云，房主係一華人，發生戰事前，係租與一日本商人，日軍退出後，仍歸還該商人。復行數十步，道狹不能駛車，遂相率舍車步行，該處有破殘房屋兩幢，係日人經營之寶山玻璃廠。廠之北首，有地方圓約五十餘畝，四週豎立木樁，繞以鐵絲。該地爲日本興業株式會社產，叢草滿目，一荒地也。平時曾作兵士運動場所，循圍繞視一週。樋口即仍言該地所圍鐵絲網，請保存勿拆。由此後迂迴至六三花園，亭榭依舊，濃陰蔽日，惟出入者，皆係日人，華人絕未見。據悉現爲日軍休息運動之用。在園內勾留念分鐘，在園內時，樋口語特派員云，該園西首有靈通里者，爲日僑居住最多處。請於日軍退出後，特別加以保護。言畢，遙指一鱗次櫛比之紅屋日，即該處也。特派員當答以保護僑民，公安局自當盡其職守，可勿顧慮。旋復登車，改由橫浜路北，駛經靑雲橋，日本公墓，而至八字橋。該路沿橫浜河西，已爲我公安局警士崗位。河東日軍崗位尚有十餘處之多，而尤以八字僑堍駐守日軍爲最多。當視察時，曾入日本公墓詳審一過，內有日軍，於是役戰死之大佐中尉等新墓二十餘處，標誌猶新。此處日方亦要求多予保護。至十二時十分，八字橋視察完竣，即分道而還。

接管情形

D區日軍，十七日上午十一時完全撤退，本會派員會同保安隊及公安局警察，於上午九時四十五分至十時四十分接收布崗。十一時在日海

軍司令部簽引繼書，辦理移交。共同委員會美英意三國武官到場監視。十二時以前，完全接收完竣。其詳情列左：

接收情形

特派員梁扶初霍實，於九時四十分至寶山路天吉里公安局五區總署，會同五區區長何以鳴，率公安局警察一小隊，先開抵天通菴，時保安隊第一大隊隊長關犖，及副隊長杜志成，率保安隊一中隊，亦已集中該處。當卽會同前往布崗。時日兵大部業已撤退，僅留少數崗位，由大隊長

接管D區之第五區長何以鳴

大沼富男，及一小隊長，在路口守候，與我方接洽。俟我方保安隊及公安局警察到後，卽由梁霍二特派員，向大沼等通知，旋卽開入D區。由何以鳴率公安局警察，與日兵換崗，並致敬禮。同時恢復八字橋與江灣兩處分駐所。十時二十分，日崗

接管丁區之上海市保安隊第一大隊長關犖

全部撤退，十時四十分我方亦完全布置竣事。

辦理移交

十時三十分，特派員查南强，陶孝潔，殷體新，市公用局鄭葆成，工務局周贊邦，敎育局馬崇淦，財政局梁忠成，及衛生局江世澄等，由五區總署出發，乘車至江灣路日本海軍司令部，與日方接洽，準備舉行簽字手續。至十時五十分，殷汝耕主席偕黃明，龔璽

揆，何以鳴，關鞏，杜志成，李謨及其他接管會特派員等，相繼蒞止。共同委員會英美意三武官亦準時到場。決定移交程序：

(一)由日方說明引繼書內容并簽字

(二)日委敬禮致詞

(三)中委敬禮答詞

(四)交換引繼書

(五)日本海軍司令敬禮并演說

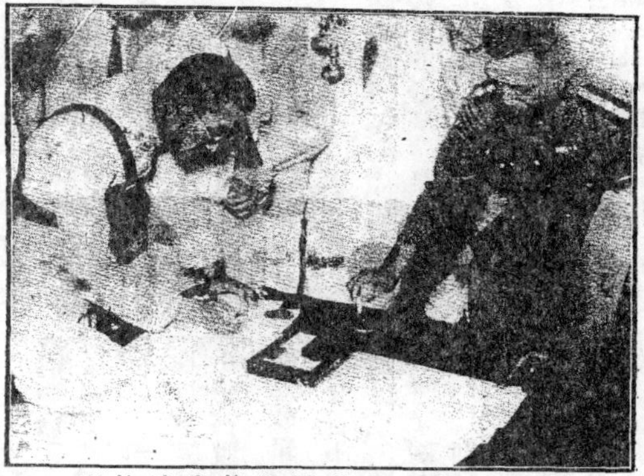

接收D區在日陸戰隊簽字時情形

共委監視 十一時十分，日方委員大沼富男，由英武官勃朗，美武官蓬恩大佐，意武官法蘭梯尼監視，向我方說明引繼書內容，交我檢閱，認爲滿意。卽由我方接收委員何以鳴，與日方代表大沼富男，先行簽字換文。雙方致詞，飲香檳攝影而散。

雙方致詞 引繼儀式完竣後，卽由日方負責移交人第三大隊隊長大沼富男起立致詞，略謂停戰協定中之四個區域，至今日D區撤退畢，均已依照協定原則，交還貴國，嗣後希望貴國方面能負責維護地方治安，使在滬日僑，得有良好之保障，中日兩國邦交，愈益敦睦，卽其他各國僑民，當亦至盼云云。繼由我方負責辦理接管之五區區長何以鳴答詞云，D區日軍撤退後，所有該區內之治安，中國政府方面，自有維持之責，對於中外僑民之安全，定當負責維持，不必稍有顧慮，且嗣後關於中日人民間之隔閡情形，亦當極力設法解除，以促中日邦交之敦睦云云。一切手續完畢後，日海軍陸戰隊司令杉板起立，以華語致詞云：現在D區日軍，亦已撤退，全上海情形，已恢復至一二八以前狀態，此爲中日雙方所同感欣幸之事。但是中日間，尙有不能圓滿之處，亟盼能從速得有解決，以恢兩國向日之邦交。此次承共同委

員及各位接管委員奔走辛勞，表示感謝。隨由本會主席殷汝耕，以日語致答云：中日兩國，此次不幸而發生戰爭，幸得各方努力調停，於五月五日簽訂停戰協定，簽字迄今，凡兩月餘，各處均已次第交還中國政府接管。D區屬最後一次，在過去的時期中，雖不免稍有誤會，然大體均極順利，此皆中日雙方，均有誠意所致。此次一二八事件，發生原因，乃在兩國人民之一種誤解，遂致輾轉而爆發戰禍，今於停戰以後，痛定思痛，實覺兩敗俱傷，皆蒙極大犧牲。嗣後兩國人民，倘能澈底覺悟，則中日邦交，必更益臻密切云云。

引繼書文　引繼書譯文如左

(一)日本軍隊撤退地點依中日停戰協定第三條即地圖中所示之D區

(二)右列地點內交還中國方面時並無佔有之建築物及犯罪者之贓產

右列各項雙方承認遵守無違

昭和七年七月十七日日本海軍特別陸戰隊第三隊隊長大沼富男

大中華民國二十一年七月十七日接管委員市公安局第五區區長何以鳴

引継書

一　日本軍隊撤收地區

日支停戰協定第三條ニ依リ「D」地圖ニ示サレタル地區

二　右地區內ニ於テハ日本側ヨリ中國側ニ引渡スベキ占有建築物占有贓產犯罪者ナシ

右ノ各項相違ナキコトヲ認メ授受致候

昭和七年七月十七日

日本側引渡委員

大日本上海海軍特別陸戰隊第三大隊長

海軍大尉　大沼富男

中國接收委員何以鳴殿

上海市公用局接管工作報告

一　公用局附屬機關及其業務

上海市公用局在戰區內所設之附屬機關：有滬北廣告管理處，滬北路燈管理處，江灣路燈管理處，吳淞路燈管理處，滬北車務處，閘北船務處，吳淞車務處及船務處（同在一屋辦公）等；所辦之市政設備，有路燈公共廣告場及標準鐘等。此次慘遭兵燹，損失甚鉅。猶幸管理人員在作戰期內，冒險前往將所存物品盡量運出一部份，如滬北江灣兩路燈管理處之辦公器具及路燈材料，滬北車務處閘北船務處之辦公器具及車船牌照等等。然事後檢點散佚，補苴殘壞，計其損失，已近三萬元，列如下表：

項別	房屋裝修	牌照套架	燈路	路燈材料	標準鐘	公共廣告場	物品	總計
滬北廣告管理處	一五・〇 圓	四五・〇〇 圓				二・一二七・二〇 圓	八〇四・九〇 圓	三・〇〇二・七〇 圓
滬北路燈管理處	五〇・〇〇		九・三三六・〇〇 圓	一・六五五・六六 圓	一・五六六・八二 圓		一・四四六・〇一	一四・〇五四・四九
江灣路燈管理處			二・三六三・〇〇	三三三・六六			七五九・四四	三・四五六・一〇
吳淞路燈管理處	一五・〇〇		二・三三七・〇〇	一・一〇六・三一			八七四・八四	四・三三三・一五
滬北車務處	八五・〇〇	一七八・〇七					四三四・九〇	六九七・九七
閘北船務處		一・一九四・五六					四九六・四八	一・六九一・〇四
吳淞車船務處	三六〇・〇〇	九九八・七六					七〇三・七四	二・〇六二・五〇
總計	五二五・〇〇	二・四一六・三九	一四・〇三六・〇〇	二・九九四・六三	一・五六六・八二	二・一二七・二〇	五・五二〇・三一	二九・二九七・九五

（1）

自二十一年五月十六日本市開始接管閘北區京滬鐵路以南部分後，該局即派員分赴各附屬機關察勘修復，結果如次：

（一）滬北路燈管理處留剩該處之辦公設備，完全散失，路燈材料遺失一部分，房屋小有損壞。當略加布置，即於十七日恢復工作。

（二）滬北廣告管理處房屋及原有設備，完全焚燬，暫在滬北路燈管理處設一辦公地位。

（三）滬北車務處留剩之辦公設備及扣存之違章車輛，完全散失，房屋略有損壞。當即重行布置，恢復工作。嗣因同屋辦公之財政局市北稽徵處遷赴大統路，該車務處亦即於六月十五日移併滬北路燈管理處，以期經濟。

(四)閘北船務處留剩之辦公設備及裝釘號牌用木條，完全散失，房屋燬壞甚多，當加修葺。該處在軍事期內，本已與財政局船捐處同在船上恢復辦公，至是卽行遷入。

(五)江灣及吳淞兩路燈管理處房屋全部焚燬，無法恢復。所有該兩處路燈，擬併設一管理處，現則暫歸滬北路燈管理處兼管。

(六)吳淞車務處及船務處房屋(原係同屋辦公)全部焚燬，暫用躉船駛往吳淞，辦理船務。

至公用方面市政設備，以路燈一項關係地方治安，需要尤亟，故恢復亦較速。綜計戰區內路燈都三千四百五十盞，幾全部燬損，自開始接管戰區之日起陸續修復。其經過情形，有如下表。

上海市公用局恢復戰區路燈一覽表

日期	地點	盞數	附註
五月十六日	閘北京滬鉄路以南部分	三八一	
五月十七日	閘北京滬鉄路以南部分	一八二	此區路燈本日完全恢復
五月二十日	蒲淞鎮	四八	此區路燈本日完全恢復
五月廿四日	眞如	一〇六	此區路燈可修復者本日均已修復其餘須隨眞如電氣公司整理桿綫工程同時進行
五月廿五日	閘北京滬鉄路以北部分	一九三	
五月廿六日	曹家渡及中山路	六三	此區路燈本日完全恢復
五月廿七日	閘北京滬鉄路以北部分	一四三	此區路燈可修復者本日完全修復其餘須隨閘北水電公司整理桿綫工程同時進行
五月三十日	眞如	四	
六月一日	閘北京滬鉄路以北部分	六	
六月二日	虹鎮	二四〇	此區路燈本日完全恢復
六月三日	閘北京滬鉄路以北部分	一九	
六月四日	閘北京滬鉄路以北部分	七	
六月六日	閘北京滬鉄路以北部分	一八	
六月十日	閘北京滬鉄路以北部分	八	
六月十一日	閘北京滬鉄路以北部分	七	

六月十五日	閘北京滬鉄路以北部分	二六
六月十六日	閘北京滬鉄路以北部分	一三
六月十七日	沙涇港以西淞滬鉄路以東	一三一
六月十八日	沙涇港以西淞滬鉄路以東	一一五
六月十九日	沙涇港以西淞滬鉄路以東	七
六月二十日	觀音堂路 馬玉山路	二一 四三
六月廿一日	軍工路	七五
六月廿二日	軍工路 殷行鎮	六六 三三
六月廿三日	沙涇港以西淞滬鉄路以東及閘北第二次接管區域	一〇三
六月廿四日	沙涇港以西淞滬鉄路以東	一三
六月廿五日	沙涇港以西淞滬鉄路以東	七
總	計	二〇六八

戰區內原有路燈，至是已恢復百分之六十。除使用運出及留剩之材料外，不足，則以其他各路燈管理處所存材料儘量移用，並集中路燈部分員工努力工作，乃能有此成效。至所以未能全部恢復者：一則閘北京滬路以北宋公園以東及江灣等處，閘北水電公司整理桿綫，猶未畢事；一則吳淞方面寶明電氣公司尚在改組，未能單獨整理。

標準鐘方面，原設滬北路燈管理處之母鐘一座及蓄電池等，先於作戰期內運出；子鐘則寶山路一座全燬，虬江路一座徽有損傷，其餘恆豐橋，新閘橋，及共和路三座，未受影響；而坿挂於電話桿之綫路，皆被炸斷。戰區接管以後，卽將母鐘移往布置，其恆豐路等處三座綫路，亦卽於五月十九日完全修竣，照常走動。寶山路一座，拆卸運囘，虬江路一座，加以修理，旋亦拆囘。蓋該兩處電話桿大半燬壞，須俟上海電話局整理竣事，方可裝復。

廣告方面，綜計戰區內公共廣告場連公告牌凡七二九平方公尺。一部分已遭焚燬，其僅存者，亦彈洞縱橫，且裝設有年，鉛皮本均鏽蝕，無法修補。雖戰區市面不能卽時恢復，然戰區以外工商各業，當仍有願在戰區揭布廣告者，則不無相當收入，且爲振起市容計，亦不可少。故擇要改建，或換裝鉛皮，正在積極進行。

(3)

二　民營公用事業

在中日軍事行動期間，經營市內公用事業各機關，無論坐落戰區或非戰區，大多數受有直接間接之損失。迨局勢稍定，各公司或先將經過情形報告，或於公用局令塡緊急處置表內塡報；惟尙覺未能完備而一致，艱於統計，爰再酌訂調查標準：

調查上海市內經營公用事業機關所受中日事變損失標準

(一)損失約分爲『財產』『營業』『人事』『特殊』四項。

(二)『財產損失』包括『金錢』及『物質』兩種而言，『物質』須依照設備資產目錄，分類開明。

(三)『營業損失』分爲兩款：

(甲)應收未收而以後收不到之營業收入，須開明時期。

(乙)在恢復原狀以前所減少應有之營業收入，須以按照歷年發展，推算應收之營業收入與實際應收及預測實際應收之營業收入之相差爲損失數，並開明時期。

(四)『人事損失』分爲三款：(此項雖非盡公司本身之損失然亦可列入以便參攷)

(甲)生命之損失。包括殮葬等費，及假定生存若干時期內之收入。

(乙)傷病殘廢之損失。包括醫藥等費，及在傷病期內或殘廢後死亡前之收入。

(丙)職業損失。解職職員工匠夫役人等之收入。

(五)『特殊損失』以因戰事而發生之特種開支爲範圍，約如下例：

(甲)人員與設備等爲遷避兵禍之開支；

(乙)車輛等爲受軍隊徵調之開支；

(丙)其他爲緊急處置而臨時增加之開支。

(六)倘更有別種損失，不在上列各項範圍內者，可另列一項爲『其他損失，』詳列款目，加以說明。

(七)無論何種損失，倘於價值外更有數量可記者，並須開列。

(如車輛損失若干輛等)

飭由各該機關參照列表陳報。嗣卽據以編製損失概況表：

上海市內公用事業機關所受中日事變損失概況表

公司名稱	財產損失	備註
閘北水電公司	(電)七三二・八五〇圓 (水)六六・九五〇	共計七九九・八〇〇圓
寶明電氣公司	一二二・五〇〇	
翔華電氣公司	三・九五二	
眞如電氣公司	三・八〇八	
滬太長途汽車公司	一八〇・五〇〇	
華商公共汽車公司	五七・八五七	
滬南公共汽車公司	一・九六四	
寶山城淞楊長途汽車公司	二〇・〇〇〇	公司無報告姑依原有資本額開列
交通部上海電話局	二一三・八〇〇	
淞陽電話公司	二〇・〇〇〇	公司無報告姑依原有資本額開列
總計	一・四二四・一八一圓	

至營業，人事，及特殊等各項損失，各機關亦均開列；惟其計算方法，互有參差，不能作爲十分準確，故暫從略。

戰區接管以後，各該項公用設備，均爲民衆日常生活所需，勢不能長此消沉，爰由公用局督令各公司就經濟可能範圍內，整理補充，力圖恢復，以免影響民衆福利。其經過情形如次：

(一)給水　閘北水電公司給水一項，因管綫埋地下，所受影響較小，新舊兩廠亦均無恙。故雖在軍事期內，仍力予維持。蓋自該區戰事發生後，寶山路水塔首先中彈洞穿，幸守塔工人冒險趕將有關係凡而關閉，水廠得以照常輸水。其後管線偶有損壞，均經公用局會同軍警當局及該公司隨時設法修復。二月八日，水電路九〇〇公釐徑總管及寶興路六〇〇公釐徑幹管，均被炸燬數處，猛烈炮火之下，無法修理，全區淪於斷水狀態。該公司爲應急措置計，一面將京滬鐵路東北一帶凡而關閉，以免漏水；一面將老水廠存水輸出，並卽實行與上海自來水公司所訂合同，將滿洲路一五

○公釐徑水表接通上海公司水管，餽水轉給。同時利用老水廠所備自流井，晝夜抽水，儲於水池，規定每日上午十時半至十一時半輸水一小時，通告軍民，各備缸桶存儲，勉維飲用。每日下午二時，再斟酌池中存水情形，輸水一次。延至四月，局勢漸定。該公司乃將總幹管被炸部份，分別折卸，換裝新管，旋卽恢復新水廠出水，停止老水廠輸水；其暫接上海公司水料之用戶，亦陸續收歸自給。五月十五日，公用局派員查勘閘北京滬鐵路以南區域內之消防龍頭發見損壞十五具，二十六日又查悉京滬鐵路以北之閘北區內消防龍頭損壞二十四具，均通知該公司派工修理。並於二十日據共和路警察大隊敎練所電話通知該所水管及消防龍頭損壞，卽派員修復；尙有一處，龍頭失去水流不止卽代購一具，妥爲裝置。

(二)電氣　電氣部分，以閘北水電公司所受損害最烈，恢復亦最難。該公司自戰事發生，初仍督率員工維持發電。二月四日濟陽橋總變壓所中彈，眞如國際無線電台電流告斷，公司復派工冒險修復；一面商同上海電力公司權宜簽訂餽電合同，當晚將上海公司電流接通新閘橋變壓所，以維該電台用電。迨二月六日濟陽橋總變壓所被流彈擊燬，停止供電，十日廠用電機亦因戰事激烈，危險過甚，停止開用，新電廠發電工程，至此完全停頓。所有需電之處，悉向上海公司暫購轉給。桿綫方面，在宋公園路以西者，影響尙小；在宋公園路以東，淞滬鐵路西北，柳營路水電路以南者，殘破折斷，觸目皆是，尤以寶山路橫浜路及八字橋一帶爲最。戰區接管後，公司卽就需要通電各路，着手整理。現已完成十之五六，各變壓所亦大部修竣；惟濟陽橋總變壓所，先由我軍駐守，繼爲日軍佔據，房屋機械，毀損達百分之八十以上，一時尙難以全部修復也。茲將閘北水電公司之破壞情形及修理情形列表如下：

閘北水電公司整理戰區給水設備一覽表

地點	破壞情形	修理情形	工料費用	附註
西寶興路天通庵路口	六百公釐水管炸毀三十公尺	接裝新管三十公尺	三·八〇〇圓	
西寶興路公興橋堍	一百五十公釐水管及水管橋被炸	接裝新管十公尺	一七〇	
八字橋旁(柳營路)	一百五十公釐水管橋被炸	接裝新管十公尺	一七〇	
八字橋旁(柳營路)	九百公釐水管灣頭處炸斷	包工修復	一·〇〇〇	
共和新路	二百公釐水管被炸	接裝新管十公尺	二二〇	
翔殷路東體育會路口	九百公釐水管被炸	接裝新管十公尺	一·八〇〇	
水電路和平村西	九百公釐水管被炸	接裝新管十公尺	一、八〇〇	
曹鴻生路	一百公釐水管被炸	接裝新管五公尺	五〇	
潭子灣	二百公釐水管被炸	接裝新管十公尺	二二〇	
柳營路公興橋東	九百公釐水管被炸	接裝新管十公尺	一、八〇〇	
寶山路寶興路北	水亭子被毀	包工修理	三·〇〇〇	
北寶興路	一百公釐水管被炸	接裝新管五公尺	五〇	
大統路姚家石橋	一百五十公釐水管被炸	接裝新管五公尺	二二〇	
公興路	二百公釐水管被炸	接裝新管七公尺	一八〇	
止園路	二百公釐水管被炸	接裝新管五公尺	一九〇	
天通庵路	一百公厘水管被炸	接裝新管五公尺	五〇	
共和新路	一百公厘水管被炸	接裝新管十公尺	九〇	
香山路	一百公厘水管被炸	接裝新管六公尺	五五	
北寶興路	一百公厘水管被炸	接裝新管三公尺	三五	
共和新路	一百公厘水管橋被炸	接裝新管五公尺	五〇	
交通路民德路口	二百公厘水管被炸	接裝新管五公尺	一五〇	
交通路旱橋堍	二百公厘水管被炸	接裝新管十公尺	二二〇	
新民路旱橋堍	三百公厘水管被炸	接裝新管三公尺	一一〇	
中興路寶通路口	五百公厘水管被炸	接裝新管五公尺	四〇〇	

閘北水電公司整理戰區變壓所一覽表

變壓所號次	地點	破壞情形	修理情形	工作費用	附註
一〇〇	濟陽橋	致三萬三千伏變壓器二只二十萬伏試驗器一只高壓配電板全套其他高壓油開關電纜切斷開關磁瓶母線等毀壞甚多房屋被炮毀多處門窗玻璃及器具等全毀	現正着手修理房屋高壓開關及磁瓶等已向國外訂購變壓器亦已運出修理	一六一·四七六圓	估計損失
一七	橫浜路底	房屋被毀變壓器全毀油開關電流表母線配電板等毀壞甚多	暫將損壞物件拆除從緩修理	一〇·五二六	估計損失
一五	江灣新市路	屋頂及牆壁炸壞並毀15KVA變壓器一只油開關六只表六只配電板全套	被炸機件悉數拆除現已着手修理房屋並裝置新開關及變壓器等	六·二一五	
一四	橫浜路	鉄皮房屋洞穿變壓器彈穿如蜂巢油漏盡電纜損壞	已將變壓器修復鉄皮亦悉數更換並換裝電纜照常供電	二·五〇〇	
一三	民生路	鉄皮房屋洞穿變壓器彈穿油漏盡低壓開關一只及紙柏綫及電纜均損壞	更換鉄皮及變壓器修補漏孔更換電纜並修復紙柏母線	二·四八五	
一八	東橫浜路	露天變壓器彈穿兩孔油漏盡	補孔注油已修復	四八六	
六	長春路	電纜被彈穿數孔	更換電纜已修復	五〇〇	
三	東寶興路	鉄門被毀變壓器彈穿二孔油漏盡	補孔注油已修復	八五七	
一	寶通路	房屋被炸數處高壓電纜兩根被彈穿存儲之變壓器被彈穿一孔表毀七只	修理房屋電纜變壓器補孔注油已修復	三·五九〇	
一六	體育會路	紙柏母綫及低壓開關吸鉄被竊	另行裝配已修復	三五〇	
八	邢家橋中州路東	低壓母線銅梗銅板分克等被竊電纜兩根被毀	暫不修理先將剩餘物件折迴待用戶增加再行修理	四·七一〇	估計損失

地點	破壞情形	修理情形	工作費用	附註
新市路	三百公厘水管被炸	接裝新管三公尺	一一〇	
閘北全區	海亭被炸	掉換或修理	三·〇〇〇	
閘北全區	水管漏水	加補青鉛並予整理	一·〇〇〇	
閘北全區	用戶水表約四百只	逐步整理	一〇·〇〇〇	每只以四分表價值二十五元計算
總計			二九·九〇〇	

五〇	東體育會路	變壓器被彈穿一孔油漏	補孔換油已修復	七四〇
一〇	宋公園路	電纜機兩根低壓令克損壞一付	修理電纜更換令克已修復	一、〇九〇
二二	紀念路	配電板損壞電表遺失	將該變壓所拆除歸併跑馬廳變壓所	三、八〇〇
總			計	一九六、三二五

閘北水電公司整理戰區電氣桿綫一覽表

地點	破壞情形	修理情形	工料費用	增註
虬江路	十寸方木電桿十八支 八寸方木電桿十 光綫約三千公尺	全路修理外加零件及附屬品	四、八四八圓	僅寶山路至淞滬鐵路一段未修餘均修竣
寶山路	十寸方木電桿二十九支 水泥電桿一支 光綫約壹萬一千公尺	仝上	一八、〇四二	僅寶興路至橫浜橋一段未修餘均修竣
中興路	十寸方木電桿二十支 八寸方木電桿一 光綫約貳千五百公尺	仝上	三、八二七	正在修理
西寶興路	十寸方木電桿三十四支 八寸方木電桿一 光綫約七千貳百公尺	仝上	一五、五二七	除寶山路至淞滬鐵路一段未修外餘均修竣
永興路	十寸方木電桿十五支 光綫約壹千八百公尺	仝上	二、五一七	已竣工
寶源路	十寸方木電桿五支 光綫約壹千二百公尺	仝上	二、二五六	已修竣三分之二
宋公園路	十寸方木電桿七文 光綫約四千貳百公尺	仝上	五、〇一四	已竣工
鴻興路	八寸方木電桿七支 光綫約乙千乙百公尺	仝上	一、〇四四	正在修理
寶通路	十寸方木電桿十三支 光綫約四千另六百公尺	仝上	一一、七〇〇	已修竣工作三分之二
中華新路	八寸方木電桿十四文 光綫約一千三百六十公尺	仝上	二、三四四	全部修理工作已竣工一半
寶昌路	八寸方木電桿七支 廿尺元木電桿七支 光綫約一千六百公尺	仝上	一、四三二	全部修理工作已竣工一半
同濟路	十寸方木電桿一支 八寸方木電桿二支 光綫約一千七百公尺	仝上	一、四一六	已竣工
柳營路	十寸方木電桿一支 光綫約三千五百公尺	仝上	三、九一二	已修竣三分之二

天通庵路	十寸方木電桿十四支 八寸 三支 光綵約四千壹百公尺	仝	上	五、八五四	已修三分之一
寄雲路	十寸方木電桿四支 八寸 一支 光綵約二千二百公尺	仝	上	六、三五五	已修竣三分之二
恆業路	十寸方木電桿三支 八寸 二支 光綵約九百公尺	仝	上	一、一〇〇	全部修理工作已竣工一半
橫浜路	十寸方木電桿十七支 八寸 五支 光綵約四千三百公尺	仝	上	六、三一〇	已修竣三分之二
三陽路	光綵約九百公尺	仝	上	二、五七六	已修竣三分之二
江灣路	十寸方木電桿四支 光綵約壹千貳百公尺	仝	上	一、二九三	已竣工
通閘路	八寸方木電桿六支 廿尺元木電桿六支 光綵約壹千公尺	仝	上	七七〇	未動工
公興路	十寸方木電桿六支 八寸 五支 廿尺元木電桿一支 光綵約壹千五百公尺	仝	上	一、三四〇	未動工
民德路	十寸方木電桿四支 八寸 四支 光綵約六百公尺	仝	上	六五三	全部修理工作已竣一半
香山路	八寸方木電桿十一支 光綵約一千一百公尺	仝	上	九二六	未動工
會文路	八寸方木電桿十支 廿尺元木電桿八支 光綵約一千三百公尺	仝	上	一、四五六	未動工
川公路	八寸方木電桿四支 光綵約三百公尺	仝	上	三二〇	全部修理工作已竣工一半
邢家橋路	十寸方木電桿七支 光綵約貳百公尺	仝	上	六〇〇	未動工
中洲路	十寸方木電桿乙支 光綵約壹千七百公尺	仝	上	四、七六〇	未動工
止園路	八寸方木電桿一支 光綵約六百公尺	仝	上	四五八	未動工
嚴家閣路	廿尺元木電桿十四支 光綵約壹千壹百公尺	仝	上	五四〇	已竣工
八字橋路（東自寶興路西迄橫浜路）	八寸方木電桿乙支 光綵約八百公尺	仝	上	四一〇	未動工
（江灣區）新市路 紀念路 車站路	八寸方木電桿四支 光綵被毀約五千二百公尺 被竊約五千餘公尺	仝	上	五、八三〇	已竣工

江灣鎮及該鎮附近以及大場等處	水電路	各路	閘殷路淞滬路翔殷路水電路	統計
電桿電線大半燒毀遺失一時無從估計	三萬三千伏鐵桿　九支	光絲約壹萬另八百公尺　里弄總綫及電表被毀被竊約計七千餘戶	三萬三千伏電纜被竊約一千貳百餘公尺	
仝上	仝上	逐步整理	逐步添設	
約九〇、〇〇〇	二七、五〇〇	一七五、〇〇〇	約一〇、〇〇〇	四一七、九三〇
正在修理	未動工	每戶以二十五元計算		

眞如電氣公司因在後方，未受直接重大之損害。該公司本向閘北水電公司購電，自一月二十九日起閘北電源斷絕後，亦卽停止供電。嗣將廠內原有電機略加修理，於四月二十六日自行發電供給。現以用電最多之暨南大學，尙未恢復，故能勉强支持。吳淞寶明電氣公司在蘊藻浜橋口，適當軍事要衝，損害極大，廠屋倒塌多處，舊機兩座，零件大半毀失，僅二百四馬力新機一座，經修理後，尙有開動可能。各路桿綫，損失亦鉅。供電方面，除軍工路用戶數家，因張華浜接受閘北電源之轉電所未燬，尙能供給外，其他各處，均自一月二十九日起停止供電，財力不繼，迄難恢復。現經董事會另推臨時經理，籌擬辦法，一面商請閘北水電公司與以人力及財力上之協助，正在進行。此外尙有翔華電氣公司，因在軍事後方，除桿綫稍有損失外，未受重大影響。亦於一月二十九日起停電，旋將桿綫略加整理，於三月二十七日仍向閘北水電公司照常購電轉給。

(三)交通滬太長途汽車公司，當軍事初起，卽將路線縮短，改自彭浦出發，直駛瀏河；嗣以我軍需用車輛甚急，遂停止營業，以全部汽車慨供軍用。事後檢點，計損壞數輛，遺失二十三輛。當將損壞者加以修理，並商由十九路軍撥給舊卡車十輛，(內六輛可用)抵償失車，復另租卡車十輛，於五月二四日恢復行車。華商公共汽車公司車廠，係在寶山路，而軍事恰在該處發動，故自一月二十九日起，卽停止營業。嗣悉車廠並未全燬，當由本局派員會同該公司，於二月十一十二兩日，駛出客車十二輛，借供我方軍用。事後檢存十三輛，配件散失甚多，卽行修理補充。先

就第二路暫改路綫，自京滬車站，沿新民路，大統路，交通路，駛抵眞如，於六月一日開始復業。十四日，寶山路口鉄絲網撤除，遂將停站移回該處，仍照原路綫行駛。其第一路自京滬車站至江灣，因寶山路橫浜橋損壞過甚，擬改由西寶興路，折入水電路，以達江灣。惟須俟公興橋及八字橋修理完竣，方可通車。

市公安局吳淞七區總署被燬攝影

上海市公安局接管工作報告

上海市公安局自接管開始後，即成立滬北辦事處於閘北，整理一切警務及調查戶口事宜。現將各區所及消防隊被燬及恢復情形，暨戶口統計，列表如左：

上海市公安局四五七區及各所轄境戰前後戶口統計表

市區	警區	戶口	二十年十二月份戶口數	接收後清查戶口數	比較減少
閘北	四區	戶	三四七八九	一一四六五	二三三二四
		男	八九一九三	三五二〇六	五三九八七
		女	六六二九三	二四六八四	四一六〇九
	四區一所	戶	一一二〇一	一九六一	九二四〇
		男	二五一六八	四五二八	二〇六四〇
		女	九五二二	三三〇二	六二二〇
	四區二所	戶	一六三五六	三一一〇	一三二四六
		男	三五三三四	六九三七	二八三九七
		女	三三二〇六	五一五九	二八〇四七
眞茹	四區三所	戶	五六五八	五二〇三	四五五
		男	一六一〇〇	一三七八八	二三一二
		女	一五〇二五	一二四六二	二五六三
閘北	五區	戶	二五〇六六	一〇一七	二四〇四九
		男	六四〇四四	三三七二	六〇七七二
		女	四六四九七	二三六七	四四一三〇
	五區一所	戶	九六八二	五一三二	四五五〇
		男	二四五三七	一〇二〇六	一四三三一
		女	一八六七一	九一九四	九四八七

區域	所別	項目	一二八前戶口	四五七區及所接收後調查戶口合計	比較減少
閘北	五區二所	戶	二四八四七	一四六七	二三三八〇
		男	六〇九八八	三八二八	五七一六〇
		女	四四一一六	二九四二	四一一七四
	五區三所	戶	二七四〇九	一一八二七	一五八八二
		男	六四五六三	三三二四〇	三一三二三
		女	五三八四八	二七三八八	二六五六〇
殷翔	五區四所	戶	六七八一	五三五一	一四三〇
		男	一八七八三	一四七八三	四〇〇〇
		女	一八六〇七	一四七八八	三八一九
江灣	五區五所	戶	六一八七	二〇八〇	四一〇七
		男	二〇〇四七	四七六五	一五二八二
		女	一三二一五	四二九九	八九一六
吳淞	七區	戶	五二〇七	一三〇二	三九〇五
		男	一一五九九	三五九八	八〇〇一
		女	八八〇六	三四八三	五三二三
	七區一所	戶	五五三二	一七七五	三七五七
		男	一四七二七	四五八一	一〇一四六
		女	一四六六六	四八九三	九七七三
市中區	七區二所	戶	七一四	六六七	四七
		男	二六〇八	一九七二	六三六
		女	一六四八	一六〇三	四五
一二八前四五七區及所戶口合計		戶	一七八四三九	五二三六七	一二六一七二
		男	四四七六八九	一四〇七〇二	三〇六九八七
		女	三五四一五〇	一一六五六二	二三七五八八

上海市公安局調查接管第五區轄境(丁區)戶口統計表

戶口		地址	五區丁區	統計
戶數	正		三四四	六〇一
	附		二五七	
口數	男		一四九九	二九三七
	女		一三四八	
說明	一、五區轄境均已查竣，（本月接收丁區）調查戶口數目。比較上年十二月份。戶口數約減十分之八。 二、丁區內外僑戶口數未列入。計發日英俄三國會查票十三張。其數列入外僑戶口統計表內。			

公安局恢復滬北各區所警權始末記

溯自一二八事變發生，滬北一帶，淪為戰區，砲火相持三十餘日。及我方變更戰略，日軍乘虛進駐，又歷時約兩月有餘。迨協定告成，日軍定期撤退，頭緒紛繁。公安局奉令同時恢復滬北各區所警權。接管之始，事機迫促，頭緒紛繁。抑且本局駐在南市，與閘北吳淞各區所，相距或十餘里，或數十里，中隔英法兩租界，交通大感不便。本局為謀應付迅速起見，呈准市府設立滬北辦事處，須發辦事處組織綱要。派本局警察大隊長黃明兼任主任，於五月十六日就閘北共和新路警士教練所原址，成立辦公。

組織綱要計七條：

一、上海市公安局為謀滬北一切公安事宜便利起見，暫設滬北辦事處。(以下稱本處)

一、本處設主任一人，秉承局長令，處理滬北一帶公安事宜。並得指揮監督該管地區內所有本局所設機關。

一、各區所不能解決之事項，應呈報本處辦理。

一、本處不能解決之事項，應請示局長辦理之。

一、本處職員，除由本局原有人員調用外，必要時得呈請添用。

一、本處為討論處務之進行：及業務之設施，得由主任召集處務會議

，並將會議經過情形，呈報核奪。

一、本處辦事細則另定之。

本局先後調派第一科科員鹿學沖，黃頌虞；第二科科員周純裕；服務員蕭亞雄，殷冠之，戈永康，黃以棨；繙譯王金林，夏仲明，胡葵生；書記王文龍，李福豪等；前往該處服務。旋奉市府訓令，所有調滬接防撤兵區域之北平保安隊，暫由本局節制調遣，當轉令該隊撥歸滬北辦事處調遣。並准上海撤兵區域接管委員會遴派特派員靳鞏，前往滬北辦事處服務，辦理該處與日軍一切接洽事項。嗣以工作殷繁，復經黃兼主任呈准酌撥市警察大隊部職員兼辦該處事務。六月中旬，滬北一帶除第五區八字橋轄境，卽停戰協定列爲丁區地段，日軍尙未撤退外，其餘業經接管完竣。經本局呈准市府，於六月三十日將滬北辦事處結束裁撤。茲於七月十七日丁區亦經接管清楚，特將接管日期彙誌于下：

五月十六日	四區（京滬路北轄境及四區二所轄境）
十九日	四區（彭浦鎭及五區五淞滬路西轄境）
二十日	四區一
二十三日	四區三；五區；五區二（淞滬路以西）
二十五日	七區；七區一
二十八日	五區三；（沙涇港東）五區四；五區五；（淞滬路東）
	七區二
六月十七日	五區；五區二（淞滬路東）；五區一；五區三（沙涇港西）
七月十七日	五區（八字橋卽丁區轄境）

戰後區域各消防隊損失暨恢復工作調查表

名稱	所在地	恢復日期	接收人員	原有救火車輛	損失情形	備攷
閘北救火聯合會	東新民路	五月十九日	董致和 王楝	一、買門牌救火頭車一輛 二、雪佛來牌救火頭車一輛	一、會所尚屬完好日用器具損失十分之三 二、上項車輛二具機件被拆甚多須修理後始能應用	
閘北一段救火會	新民路	五月十六日	董致和 王葆瑜	一、可兒牌皮帶車一輛 二、談姆勒牌幫浦車一輛 三、亞勿來牌皮帶車一輛	一、會所被砲彈洞穿多處須加修理 二、服裝損失十分之七皮帶斧頭損失十分之八 三、可兒及亞勿來兩輛皮帶車均被搗壞須修理後始能應用	
閘北二段救火會	華興路	五月十六日	董致和 曹序藩	一、回班脫三車一輛 二、達來海幫浦車一輛	一、會所尚屬完好日用器具損失十分之六 二、上項救火車二輛均被搗壞須修理後方能應用	
閘北三段救火會	虬江路	六月一日	董致和 張惠民	一、開特立牌幫浦車一輛 二、司帝華皮帶車一輛 三、混沌牌幫浦車一輛	一、會所被燬十分之五日用器具完全被刼 二、上項救火車三輛均被搗壞須修理後方能應用	會所現遷移至北四川路口
閘北四段救火會	青雲路	五月十九日	董致和 陳友生	一、派克牌幫浦車一輛 二、開特蘭克皮帶車一輛	一、會所暨日用器具完全燬去現已另覓會所加以佈置 二、上項救火車二輛均已損壞須修理後方能應用	會所現遷移至閘北嚴家角路口洋房內
胡家橋	天同路	六月一日	董致和 方鎮耀	一、士刁活牌幫浦車一輛	一、會所完好會用器具被刼十分之七 二、上項車輛完好可以應用	
江灣	公安路	五月十九日	吳垂瑩 蔡耀琨	一、大號頭車一輛 二、小號幫浦機二具 三、亭大牌幫浦車一輛	一、會所尚屬完好會用器具被刼一空 二、大號頭車一輛被亂徒竊走 三、幫浦車大小三輛均損壞須修理	
吳淞東區	泰興路	五月二十五日	吳垂瑩 黃鳴飛	一、馬達幫浦車一輛 二、皮帶車一輛 三、雙筒藥水車一輛	一、會所屋面被燬須修理器具損失十分之四 二、馬達幫浦車略有損壞	

吳淞	淞芷市路	五月二十五日	吳垂瑩	一、水汀浦車一輛 二、舊帮浦車一輛 三、小帮浦車一輛	一、會所燬去一半器具損失十分之七 二、水汀帮浦車損壞須加修理
吳淞嘗商	外馬路末	恢復		一、水汀浦車一輛	一、完全燬去
吳淞梁溪	淞興路	五月二十五日	吳垂瑩	一、馬達帮浦一輛 二、皮帶車一輛	一、會所尚屬完好器具損失十分之五 二、馬達帮浦車略有損壞
眞如	眞如鎮	三月十日	洪蘭祥	一、特羅維牌帮浦車一輛 二、皮帶車一輛	一、會所尚屬完好器具損失十分之七 二、上項救火車二輛均已損壞須修理後方能應用

八字橋公安局分駐所被焚後暫借四明公所爲分駐所

上海市公安局戰區各區所及分駐所派出所表

第四區	第五區	第七區
本署	本署	本署
談家橋分駐所	東橫浜路分駐所	泰興庵派出所
潭子灣分駐所	西寶興路分駐所	炮台灣派出所
民立路分駐所	義品里分駐所	第一所
烏鎮路派出所	八字橋分駐所	殷行鎮分駐所
中興路派出所	中華新路派出所	張華浜派出所
太陽廟派出所	江灣路派出所	軍工路派出所
彭浦派出所	嚴家閣派出所	第二所
第一所	儉德新村派出所	沈家行鎮派出所
天保里分駐所	屈家橋派出所	
第二所	第一所	
梅園路派出所	士慶路分駐所	
第三所	精一里派出所	
車站路派出所	華盛頓里派出所	
	德康里派出所	
	第二所	
	西虬江路分駐所	
	王家宅路派出所	
	沈家花園派出所	
	川公路派出所	
	虬江路派出所	
	采芝坊派出所	
	第三所	
	虬鎮分駐所	

	吉祥路派出所	
	天同路派出所	
	瑞康里派出所	
	新港派出所	
	平民村派出所	
	第四所	
	虬江路分駐所	
	淞滬路派出所	
	蔣家浜派出所	
	孫家橋派出所	
	第五所	

上海市公安局區所被燬表

區所別	區暨分駐派出所別	所在地
第四區	談家橋分駐所	共和新路新營盤
	太陽廟派出所	太通路萬福庵
第五區	區署	寶山路天吉里
	義品里分駐所	義品里
	中華新路派出所	中華新路積善里
	屏家橋派出所	東體育路
第五區第二所	第五區第二所	永興路
	虬江路派出所	虬江路敦仁里
第五區第四所	第五區第四所	引翔港馬玉山路華東里
第五區第五所	第五區第五所	江灣車站路體育會醫院
第七區	區署	吳淞淞興路財神廟
第七區第一所	第七區第一所	吳淞淞興路
第七區第二所	第七區第二所	沈家行鎮

眞如第四區第三分所被燬一般

焚燬之本所辦公室

被燬之本所大門

焚燬之職員辦公室

溝渠內起出之迫擊砲彈

炸燬之長警宿舍
立者所長石錦章

焚燬之男拘留所

市公安局第五區第二分所被燬一斑

市公安局五區總署劫後攝影（閘北寶山路）

市公安局第五區第四分所轄境戰後攝影

灣塘李廣

張家巷

市工務局接管後工作一班

東體育會路沙涇港橋修理中

中興路炸穴抽水修理

翔殷路橋修理中

上海市工務局接管工作報告

一二八事變後，上海市政府各局所受損失，以工務局爲最。自開始接管後，即着手整理，恢復工作，一面從事調查滬市戰區建築物之損失統計。玆將各項統計列後。

虹江路淞滬鉄路口出清砂袋

光復路木駁岸傾倒路面下陷

滬北戰區建築物損失估計表

區域	全燬部份 樓房 面積			全燬部份 平房 面積			受損部份 樓房 面積			受損部份 平房 面積			損失總數
	面積	估(元)價	損失估計	面積	估(元)價	損失估計	面積	估(元)價	損失估計	面積	估(元)價	損失估計	
	(平方公尺)	(每平方公尺)		(平方公尺)	(每平方公尺)		(平方公尺)	(每平方公尺)		(平方公尺)	(每平方公尺)		
吳淞	40,121	45	1,805,445	53,048	12	636,576	4,542	12	54,504	38,586	6	231,516	2,728,041
眞茹	1,490	45	67,000	1,160	12	14,000	500	12	6,000	170	6	1,000	88,000
彭浦				6,130	12	73,600							73,600
引翔				12,710	12	152,520				600	6	3,600	156,120
江灣	68,450	45	3,080,250	28,923	12	347,076	7,923	12	95,076	15,425	8	123,400	3,645,802
廟行				1,150	12	13,800							13,800
大場				4,500	12	54,000							54,000
閘北	(二層樓) 562,520	45	25,313,850	181,400	12	2,176,800	109,610	12	1,315,320	76,000	8	608,000	29,639,970
	(三層樓) 2,260	100	226,000										$36,399,333

附註：

（1） 閘北區商務印書館初次調查時僅以二層樓址估計算繼以復查各項建築分別估計應照上列總數再酌加2,250,000元。

（2） 滬寧車站被毀損失尚未列入上數內

閘北戰區道路溝渠及橋樑損失統計

項目	金額	備註
路面	二〇〇・〇〇〇元	
溝渠	二〇〇・〇〇〇元	
人行道及側石	二一〇・〇〇〇元	
拆除防禦物	一五・〇〇〇元	
出清路面	一〇・〇〇〇元	
拆除危險房屋	一〇・〇〇〇元	
橋樑	九五・〇〇〇元	
行道樹	五・〇〇〇元	
駁岸	三〇・〇〇〇元	
統計	七七五・〇〇〇元	

整理戰區工作統計表

整理區域	寶山路，虬江路，寶興路，中興路，大統路，共和路，恆豐路，交通路，中山路，江灣路，新市路，翔殷路，軍工路，五權路，桃浦西路，等八六路，及江灣吳淞鎮全部街道．	
出清各路瓦礫	一四・六一九立方公尺．	
搬運砂袋內砂土	合計二・四三八立方公尺．	
填實戰壕炸穴	填土一・四一一立方公尺．	
修理彈街路面	三・九七四平方公尺．	
修理柏油路面	二・三八七平方公尺．	
修理煤屑路面	二二七・九九〇平方公尺．	
修理溝管	九〇公尺．	
修理窨井	七只．	
修理茄莉	七只．	
修理側石	二六公尺．	
修理人行道	一五五平方公尺．	

戰區各橋梁整理工作統計表

自五月十六日至六月三十日止

橋名	修理情形	開工日期	完工日期
恆豐橋	修補橋面木條柏油砂及欄杆并加油漆	5/20	5/26
烏鎮橋	修補欄杆并加油漆	5/23	5/31
共和新路柳營橋	換去大樑一道橋面及欄杆全部拆做	5/31	6/11
交通路小洋橋	修補橋面板	6/3	6/3
共美路沙涇港橋	換去大樑六道全部橋面翻做并重製欄杆	6/1	6/28
西寶興路公興橋	全部拆建	6/4	6/30
東體育會路沙涇港橋	換去大梁九道全部橋面翻做	6/5	6/21
翔殷路第二號橋	全部大樑橋面欄杆拆建	6/12	未完
三民五權路三號橋	修補橋面板	6/20	6/20
寶山路横浜橋	重做混凝士大梁二道柏油砂橋面全部拆建	6/27	未完
北寶興路方家木橋	倒毁浜中者全部拆清	6/21	6/23
橫浜路八字橋	仝右	6/24	6/25
青雲路橋	仝右	6/26	6/28
天通庵路橋	仝右	6/29	6/30
中山路一號橋	修補橋面及人行道	5/23	6/11
中山路四號橋	修理橋座及石護坡	6/6	未完
整理行道樹	補植扶木	6/3	未完

上海市土地局接管工作報告

因滬戰而上海市屬究有幾何面積土地爲日軍所蹂躪者亦爲國人所亟欲知者也茲將土地局調查所得列表如下

區別	方里		方公里	
吳淞區	五〇	四八	一六	七五
江灣區	一〇〇	四〇	三三	三一
殷行區	九一	二三	三〇	二七
引翔區	八二	三四	二七	三〇
閘北區	二七	一三	九	〇〇
彭浦區	三六	九八	一二	二七
眞如區	一一一	七〇	三七	〇六

滬戰結果各災區大都瓦礫滿地各經界及道路界綫均模糊土地局於接管開始後卽訂定清釐兵災各區土地辦法數則從事整理其辦法如下

一、吳淞江灣閘北引翔殷行彭浦眞如等區內凡有前已請丈換證並請丈補證及請丈立界之件儘先辦理

一、吳淞江灣兩鎭及閘北地方房屋被燬頗多戶地界址依照地形圖册及四鄰業主之證明由本局派員常駐各處辦理測勘事宜以清經界

一、各業主如因兵災後地畝界址不淸而遺失土地證或田單以及其他產權證據者限三個月內覓具殷實舖保呈報本局登記以便登報通告並趕辦補給手續

一、凡受災各區內其戶地經界依舊清楚及產權憑證完全無缺而請求轉移者應由本局登報通告二個月內無人提出反對者准予照辦

目前工作狀況

一、江灣吳淞閘北等區之戶地界址現已從事測丈

一、籌備復測被燬之三角及道線點

一、測丈漕涇及法華區戶地

一、測繪市中心區域土地

一、測丈營造收用地

一、凡永租契地請丈及分丈之田單地部照公地等之測丈以及拍繪已測戶地種種業戶現均恢復戰事以前工作

上海市衛生局接管工作報告

接管各區，關於衛生之整理，極爲重要。因自一月二十九日起，直至五月十五日止，此一百零八日中，非但衛生工作，無法維持，而舊有設備，多已摧毀，且更增添種種足以妨害衛生之事實，如人畜屍體之不便掩埋，如垃圾之堆積，如糞便之狼藉，在在均爲妨害衛生之明證。上海市衛生局卽於開始接管之日起，將衛生事項努力整理，並分別訂有整理計劃，與復興計劃，爲推進工作之張本。關於整理計劃，均已實現；至復興計劃，亦在加緊促成中。茲分別查明事實，列表如次。

調查戰期內衛生局器物損失簡明表

處所	損失物品	價值
衛生試驗所	器械器具裝修書籍試驗動物及員役個人物品等案內另有簿册不及備載	共三千六百七十一元五角一分
滬北區辦事處	辦公用品及器具等案內另有簿册不及備載	約四百元
第一免費診療所	醫療器械藥品及器具等案內另有簿册不及備載	約五百元
滬北清道用具儲藏處	木垃圾車貳百十五輛號衣三十八件棕衣一百二十一件鐵鏟一百五十七把銅鈴一百二十三個	約五千元

整理戰後區域衛生計劃簡明表

事項	辦法	經費	備註
掩埋屍體	由普善山莊同仁輔元堂等慈善團體辦理	於慈善團體原定掩埋經費內開支	均已辦竣
清道	由衛生局遣派員役按照接管次第實施清除宿積垃圾恢復清道工作	臨時費一萬三千零二十三元經常費六千一百四十九元八角	附接管區域實施清除宿積垃圾作工一覽表（附表一）
防疫	推行免費注射霍亂及預防傷寒疫苗宣傳防疫常識	臨時費五千六百四十六元	附接管區域實施免費注射防疫針工作一覽表（附表二）
免費診療	設巡迴免費診療所三所	臨時費九千九百元經常費每月一千五百元	正在製造設有醫藥室之卡車俟車輛製成卽可開辦
消毒	用漂白粉派夫分別實施消毒	臨時費一萬元	附接管區域實施初步消毒工作一覽表（附表三）正在作第二步之普遍消毒
檢驗牲畜	恢復各區原有檢驗宰售猪牛羊辦法	經常費每月七百六十五元	已分別實施

（附註）詳細說明見衛生局所編整理戰後區域衛生事項計劃書

（附表一）

接管區域實施清除宿積垃圾工作一覽表

工作開始日期	區域	工作人數	工作完竣日期	清除垃圾總量	工數
五月十六日	閘北京滬鐵路以南蘇州河以北	管理員三人警長二人清道夫一百六十八人	五月二十日	一八四〇噸	八百工
五月二十三日	閘北鐵路以北橫浜河以西一帶	管理員三人警長二名清道夫八十四人	五月二十八日	七三三噸	五百〇四工
五月二十四日	江灣區	管理員一人夫役九人	五月二十六日	五〇噸	二十七工
五月二十四日	彭浦區	清道夫一人	五月二十五日	六噸	二工
五月二十八日	吳淞區	管理員警長各一人清道夫十一人	五月三十日	五〇噸	三十三工
五月二十九日	引翔區（沙涇港以東）	管理員警長各一人清道夫十五人	五月三十一日	二〇三噸	四十五工
六月十七日	五區一五區二五區三（沙涇港以西）	管理員二人警長二人清道夫八十五人	六月二十日	八三四噸	三百四十工
總數				三七一六噸	一千七百五十二工

附註　緊急工作告竣之日起卽照以前地段及人數分段工作

（附表二）

接管區域實施免費注射防疫針工作一覽表

自二十一年六月一日起暫繼至六月二十五日止

名稱	第一次注射針數	第二次注射（完成）針數	一次注射完成（每人注射一cc純苗）	共計注射針數
學校	一〇四八	三八一		一四二九
工廠	一六四	三二二		四八六
團體	一三一一	一二九六	三九五	三〇〇二
按戶注射			一八七三三	一八七三三
設攤注射			一一二八七	一一二八七
總計	二五二三	一九九九	三〇四一五	三四九三七

閘北在日軍鐵蹄下街道垃圾堆積如山穢氣薰蒸防害衛生於茲三影片內可觀其實況

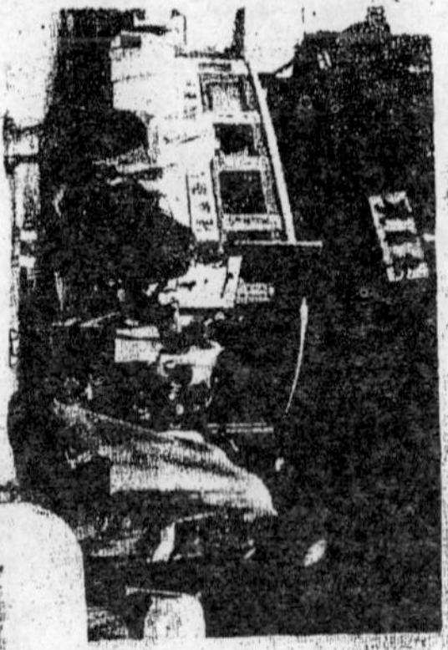

衛生局施射防疫針汽車

清除垃圾堆工作

各區街道之消毒工作

衛生局注射隊器具

衛生局消毒隊器具

接管後清除垃圾用船裝出

清道夫工作↓

接管後衛生局閘北辦事處支配車輛出發清除垃圾

注意右角上衛生局清潔告示

接管後出清垃圾用漂白粉消毒

接管後閘北垃圾碼頭工作繁忙一斑

（附表三）

接管區域實施初步消毒工作一覽表

區域	漂白粉用去分量	消毒目的地
閘北第一次接管區域	四〇六〇斤	沿牆根低窪之處死水浜及小便池
閘北第二次接管區域	三四四〇斤	鉄路兩旁臭水浜及曾有垃圾堆積之處
眞茹區	一九〇〇斤	便所小便池及曾有垃圾堆積之處並鉄路旁之浜水
江灣區	一七五〇斤	陰溝走馬塘水北弄一帶曾有垃圾堆積處
吳淞區	一二三〇斤	死水浜及曾有垃圾堆積處
引翔區	二四六〇斤	臭水浜及曾有垃圾堆積之處又牆根汚穢之處
閘北第三次接管區域	九二四〇斤	沙涇港水臭水浜及曾有垃圾堆積糞穢狼藉等處

共用漂白粉二萬四千〇八十斤

自五月十六日開始接管戰區後一方緊急運去宿積垃圾一方組織消毒隊連日施行消毒工作凡可爲蚊蠅發生之處如浜水垃圾堆牛馬糞以及廁所小便池皆施以消毒此外人民飲用用水如井水河水皆加以相當分量之漂白粉

戰區復興衛生計劃簡明表

事項	辦法	經費預算
第一市立醫院	在江灣區征地三十畝設市立醫院	基地約十萬元建築費約二十五萬設備約十五萬元
傳染病醫院	在江灣區征地二十畝設傳染病醫院	基地約六萬元建築費約八萬元設備約六萬元
火葬場及義塚地	火葬場占地約十畝義塚地二百畝	火葬場約三萬元義塚地約三萬元
公廁	南市二十所滬北二十所浦東洋涇十所曹家渡五所	土地約須五萬五千元建築費約十一萬元
市立宰牲廠	原照已定設立市立宰牲廠於滬北區興築	約百萬元
公共浴所	設蓮蓬頭式裝置之浴所二處每所能容五十至一百人沐浴	約五萬元
衛生陳列館	陳列各種衛生圖標並設演講廳附電影設備	約六萬元
改良處置垃圾	將卸運入船之碼頭增高使船于潮漲潮退時皆可傍岸並于碼頭上搭蓋棚屋以免灰塵飛揚垃圾入船時用漏斗裝置直入船內特備之箱內船抵場時則用起重機	約須二十萬元
添置垃圾汽車及洒水汽車	擬添置垃圾汽車十輛洒水汽車四輛	垃圾汽車約六萬四千元洒水汽車約三萬七千六百元

（附註）詳細說明見衛生局所編戰區復興衛生計劃書此項計劃已由上海市戰區善後委員會會議通過送請上海市政府辦理

（2）

上海市財政局市北稽徵處接管工作報告

查日軍侵佔期內，市北稽徵處民立路舊址，被奸徒佔駐，組織非法機關，（閘北地方人民維持會）於接收時，處內情形，凌亂不堪。所有卷宗票根，隨處抛散，器具物品，燬失殆盡，留存無幾。並發見該非法機關遺留鈐記及刊物多種，詳情已分別呈報財政局矣。從事整理，固爲首要工作，惟以處中各辦公室，經此番蹂躪，前門車捐處且爲日彈擊破，捐失情形可想概見。一切裝設，悉被拆除淨盡，修理良非易事，故將辦公處遷移較適地點，（大統路新疆路口）亦爲納捐人便利起見也。從六月一日起，即行恢復徵收。首先舉辦者，爲車捐屠宰稅遊藝捐渡船捐貨菜攤捐菜蔬執照等項。惟收數均比前減少，計車輛來處報捐者，除營業人力車全數報捐外，其他各種，僅及平時百分之六十；屠宰稅約百分之三十；其餘各項捐收益見銳減，惟渡船捐並未減少。房捐將於七月間開徵，照調查結果，被燬房屋計一萬零零四十九戶，每季捐款損失約計七萬元。總計一二八事變以來，本處捐收損失，約在六十五萬元。以後每月約比前減少三萬餘元。引翔分處，亦曾被奸徒佔駐，組織非法機關，頗受損失。吳淞車捐徵收處，完全被燬。以上二處，將於七月間恢復。又吳淞計有公產房屋六處，悉已化爲灰燼。全家庵路第一平民住所，及交通路第三平民住所，亦受損壞，即將興工修理。現目本處事務，業已循序進行漸復原狀。此接收已還，整理調查及恢復徵收工作情形之概略也。

第三平民住所被飛機擲彈毀炸

第三平民住所屋頂被炸彈洞穿

閘北劫灰(其一)

既破且空之國術館

建國中學體育場

市北公學大門

全燬之尚公小學

育德小學

市北公學預科二年級教室

閘北劫灰（其二）

永興路建成小學

止園路中華小學

建成小學大門

虬江路滬北中小學

天通庵路甯波同鄉會小學

閘北刼灰（其三）

中興路私立遠東小學

永興路道中女學外觀尚似完好內一片瓦礫

新民路京滬鐵路局扶輪小學着彈處

寶興路天通庵路角三民小學

文化創痕（江灣）

勞働大學殘壁

中大醫學院前面

中大商學院危牆

持志學院空殼

勞働大學頹垣

勞働大學大禮堂

吳淞刼後

中國公學圖書館

商船學校側面

水產學校寄宿舍

市立培基小學灰燼

中國公學正屋前景

市立吳淞小學之大禮堂

劫餘 江灣 庠序

上海法學院大禮堂

立達學院

上海市教育局接管工作報告

一　戰前情形

上海爲文化之中心，閘北江灣吳淞尤爲文化中心之中心。不特學府林立，小學若星棋之滿布，供給全國人士智識之糧休，商務印書館及東方圖書館，亦矗立於此。經一二八敵騎之蹂躪，往日繁榮，悉化作斷垣殘壁，瓦礫焦土，纍纍文化坵墓矣！滬難時期，直接影響本市教育，被害最烈之區，厥若閘北江灣吳淞，其次則彭浦眞如引翔殷行蒲淞。今述戰前三區教育情形於后，以供吾人永遠之囘憶。

(一)閘北：設市立：小學十四；幼稚園二；民衆學校六；職工補習學校四；閱報牌二十五；理科實驗室一。私立：有圖書館二；書坊六；中小學校二百餘；文化會社七。市校經費，月計八千四百九十二元。市校學生，三千一百六十二人。

(二)江灣：市設小學十二；幼稚園二；民衆學校二；職工補習學校一；閱報牌五。私立：大中小學三十餘。市校經費，月共三千零八十三元。市校學生，一千五百零三人。

(三)吳淞：設小學八；初中一；民衆學校三；閱報室一；閱報牌二；簡易體育塲一。經費月達一千八百七十八元。學生一千二百十三人。此市立方面概況也。至國立，部立，省立，私立方面，則有國立同濟大學，國立中央大學醫學院，國立勞動大學農學院，交通部吳淞商船學校，江蘇省立水產學校，私立中國公學，皆著名之學府也。

二　接管情形

自開始接管後，教育局卽派員會同各校負責人員，前往各處接管，玆列述如下：

接管日期區域負責人員及學校數表列後

（按接管日期先後共列五表）

第一次

日期	五月十六日
區域	閘北京滬路以西部份
接管人員	甲 市教育局 乙、馬崇淦 鍾士傑 校長 徐素瑛 張笑天 丙、保管員 孔繁熙 馮福聲
學校數	甲 市立 詠興 新民二校 乙 私立 東方 新華 南離 共和 務競 職工子弟第二 第五 正華 新光 三育 華旦 北市 中公 閘北 鎮安 自治 醒民 兩路扶輪 義務 寧波旅滬同鄉會 青夜 仁惠 飈青 晶文 華東 革志 智和 濼蒙 交通部 等二十六校

第二次

日期	五月十九日
區域	江灣彭浦兩區
接收人員	甲 市教育局 馬崇淦 張仰高 朱成鋆 鍾士傑 周尚 黎海洪 乙 市立校長 葛成宏 王定珩 金冠豪 李根盤 宗庭英 倪士奎 丙 董景昭 保管員 韋史南 汪梧鈞 陸懋言 丁 國立及私立學校接管人員 王景岐 黎仲明 匡互生 俞君適
學校數	甲 市立 中山 燕灣 陶灣 等十二校 西江 俞涇 彭浦 虬江 貝科 芥園 麥村 錢蕩 梅村 乙 國立 勞働大學 私立 立達學園 丙 文化學院第二院

第三次

日期	五月二十三日
區域	眞茹區及閘北京滬鐵路以東部份
接管人員	甲 市教育局 馬崇淦 張仰高 朱成鋆 鍾士傑 周尚 張眉孫 黎海洪 乙 姚昌燗 校長 葛芬 高德本 張欽闞 張增泰 丙 保管員 范鳳源 馮福聲 張笑天 孔繁熙
學校數	甲 市立 惠風 培本 建成 濟德 彭南等五校 乙 私立 建國中學 道中女學 市北 中學 中華小學 新命 商 工子弟 里仁 廣東 純德 寧波旅滬同鄉會 第九 尚公 遠東 聖保羅 立達 俊修 牖民 大光 廣東 養鏖 文藝 等十九校

第四次

日期	區域	接管人員	學校數
五月二十五日	吳淞區	甲 市教育局 馬崇淦 鍾士傑 張仰高 朱成鉞 黎海洪 乙 市立校長 陳象新 曹效賢 國立省立私立等 丙 馮立民等	甲 國立 同濟中央醫學院 乙 部立 交通部商船 丙 省立 水產 乙 市立 吳淞初中 吳淞小學 淞北 譚村培基 陳基灣北 郝橋 戊 私立 中國公學

第五次

日期	區域	接管人員	學校數
五月二十八日	閘北江灣吳淞引翔區末接收等部份股行	甲 市教育局 馬崇淦 周尚 姚昌煟 黎海洪 鍾士傑 鮑冠英 朱成鎮 唐敬修 乙 市立校長 薛惠康 喬望雲 吳人麒 丙 保管員 范鳳源 孔繁熙	甲 市立 其美 蘆濱 德新 潭鎮 育才 蘭路 培德 引南 虹鎮 引溪 益衆 知行 肇東 周灣 沈行 陸閣 東江 高境 泰興 十九校 乙 國立 中央商學院 丙 私立 復旦大學 東南女子體育 南洋高商 兩江體育 上海 法學院 持志學院 藝術專 校 滬北中 小學 育青中學 愛國女中學

三 損失統計

所謂損失統計者，指有形的物質的而言也。茲將搜獲之材料統計於左：

甲 人口傷亡

學校等別	死亡數	失蹤數	傷害數
初等學校		一九	一一
中等學校	九	四	五
高等學校	三	八	四
社教機關	一	四八	一〇
合計	十三	七九	三〇

乙 被災學校

學校等別	被災學校數	全市學校總數	被災學校佔全市學校之百分比
初等學校	八一	七七四	一〇
中等學校	三〇	一二五	二四
高等學校	一六	三三	五〇
合計	一二七	九三二	一三

丙 資產損失

學校等別	被災學校資產損失	全市學校資產總數	被災學校資產損失佔全市之百分比
初等學校	二九三·一四八元	六·一八八·八六一元	五
中等學校	一·八六六·七〇三元	一三·二四四·八六〇元	一四
高等學校	八·六一七·五七五元	一三·三七七·五五九元	六六
合計	一〇·七十七·四二六元	三二·八一一·二八〇元	三二

丁 失學學生

學校等別	被災學校失學學生數	全市學校學生總數	被災失學學生佔全市百分比
初等學校	七五·四二八	一一六·七三九	六五
中等學校	一四·九七三	二八·七八四	五三
高等學校	七·六四五	一四·二二四	五三
合計	九八·〇四六	一五九·八四七	六二

戊 教師失業

學校等別	被災學校失業教師數	全市教師總數	被災失業教師佔全市百分比
初等學校	一·一八二	二·三三二	二七
中等學校	六六三	二·七九三	二四
高等學校	五四一	四·八六六	一二
合計	二·三九六	九·九九一	二四

己 社教遭刦

機關名稱	被災社教機關總數	被災機關資產損失
圖書館	一	二・二七六・二二九元
書坊	五	一四・〇六七・三九四元
學藝社	一	三〇〇・〇〇〇元
理科實驗室	一	四・〇〇〇元
合計	八	一六・六四七・五二三元

四 接管後工作

各學校及文化機關，接管後，私立者由其負責人員分別料理。市立者本局委派保管員，訂定辦事細則，一一保管。現設保管員共九人，閘北四人，江灣三人，吳淞二人。保管員每一學校接收清楚後，造冊具報。為便利計，可將各校動產集中一處，或數處，俾雇工看管。同時本局亦常派員赴各區視察，對於校舍已毀之基地，及未毀半毀之校舍，皆已擬具方法，從事整理。至逼近戰區，如眞如殷行等，茲已恢復常態，開學上課矣。善後事宜，本局業經組織恢復戰區教育設計委員會。現分治標治本二種，治標曰臨時整理計劃，治本者為復興計劃。皆已呈請市政府核辦。復興計劃以科學的方法，整個籌訂，然非一時所克實現，今述臨時計劃於次：

一、整理校舍　各校校舍，轟炸毀損，幾無完整者。除全部焚燬，或坍毀不能修理各校，歸入復興計劃，統籌建築外，其餘校舍，分修葺，裝置，續租，退租等項，整理之。

甲　修葺裝置　戰區內各校之炸毀屋頂，砲毀墻壁者，勢甚危殆。如不及時修葺，恐將全部坍毀。其他逼近戰區（眞茹彭浦殷行引翔蒲淞等區）各校，受災雖無戰區之甚，而門窗籬笆被竊被毀者，幾各校皆然，應卽從速分別修葺裝置，以期減少損失。

乙　續租退租　租用之校舍，如查明仍屬需要，而房屋無甚毀壞者，繼續租用。如已不堪修理，或該處已無設校必要，或不適宜者，卽行退租。

二、整理校具　戰區及逼近戰區各校，校具除一部隨房屋同為灰燼外，其餘有為日軍作燃料者，有為日軍移用散失者，更有被地痞竊去者，損失殆盡。其殘餘部份，應卽分別集合保存，修配補充。

三、救濟失學　戰區秩序，現已次第恢復，居民逐漸遷回，學童急待入學。因擇原校舍尚可修理者，酌設臨時小學，以維學童學業。視察各區現狀，擬定辦法如左：

甲、閘北區各校救濟辦法：

1. 建成蘆濱惠風育德各小學，及閘北幼稚園等五校，其校舍全燬，或幾全燬，而附近房屋亦均燬壞，居民甚少，德新新民兩校，校舍雖未被燬，但係租賃，且不適用，均應參酌地方情形，擇定校址，另籌恢復計劃。

2. 培本小學一校，校舍雖未被燬，附近居民，雖漸遷回，但因房主拆蓋房屋，難以續租，應候下學期另定辦法。

3. 其美海山彭南詠輿潭鎮五小學校舍，略有損壞，校具略有損失，附近居民漸多，應略事修補，設法救濟失學兒童。

乙、江灣區救濟辦法

1. 麥村東江高境陶灣等四校，校舍全燬，或幾全燬，俞涇小學一校校舍雖未被燬，但不適用，應俟通盤籌書，參酌地方情形，另擇校址，另籌恢復計劃。

2. 西江小學一校，校舍一部被燬，其附近居民，逐漸遷回，應將未毀之各部份校舍，從速修理，下學期再行開學。

3. 中山虬江貝科錢蕩等四小學校舍，略有損壞，校具亦有損壞，附近居民漸已，遷回，陸閣小學一校，校舍無損壞，校具略有損失，附近居民已漸遷回，均應略事修理補充，籌備開學。燕灣一校，校舍雖已被燬，但附近居民遷回較多，應另覓適宜校舍，籌備開學。

丙、吳淞區救濟辦法：

1. 培基灣北淞北陳巷郝橋等五小學，校舍全燬，或半燬，應參酌地方情形，擇定校址，另籌恢復計劃。

2. 吳淞初級中學一校，校舍教室全部被燬，辦公室屋頂炸去一角，宿舍亦有損壞，如不修理，勢將影響全部，應將未焚燬之各部，先行修理，以減損失，餘屋另行計劃恢復。

3. 吳淞小學一校，校舍半燬，附近居民，已漸遷回，應將未燬各部份，速即修理，並補充校具籌備開學。

4. 泰興譚村等兩小學，校舍校具，略有損壞，且附近居民，多已遷回，應略事修理補充，籌備開學。

吳淞同濟大學燬損攝影

大禮堂及工學院課堂

生理學研究館

生理研究館內部

吳淞國立同濟大學「一二八」滬戰所受損害概況表 二十二年一月七日

項目	毀壞或損失情形	損失總數
房屋	全校房屋十五座均被砲彈及炸彈轟毀無一完整者大禮堂被日飛機擲彈炸穿七大洞醫學院生理研究館中學部教室宿舍及新築將竣工之宿舍共被日飛機擲彈炸穿十二大洞此外被日軍砲彈攻穿與機槍打破之板壁牕戶尚不計其數屋瓦橫飛椽崩棟折尤以附設工廠大部分竟至塌爲瓦礫塌觸目荒凉悉焉傷之	一五三四○○元
機器試驗所	所內所有100馬力聯合引擎容納閥機力彈簧開關接觸桿輪機殼調整機殼鉄管以及壓榨機傳動機汽油引擎等均遭損失	一三三三○元
工廠	工廠房屋大部分塌下內部機器損失甚大並有最貴重者亦被炸而蓄電池以及各種機械與傳動軸工具等均遭損害	二三三○○元
化學研究室	化學用品測量器具及銃架有機無機調製品以及各種設備均遭損失	四五七○元
物理研究室	壓力與抛力試驗器以及其他試驗器表尺等悉遭損失	三七五○元
電學研究室	電機和變壓器測量器以及其他一切設備頗多損失	二二七○○元
圖書標本設備等	本校圖書館房屋損失尚輕書籍則狼籍滿地散失頗多標本損失已有一部分不適於用	一六五○○○元
電燈設備	辦公室教室宿舍電燈以及電表與所屬電池等均有損壞	一四五五○元
天雨損失	災後所存之笨重電機儀器圖書等因屋頂經炮彈轟毀後雖暫用蘆蓆遮蔽而因天雨致重受損失	一五○八二元
生理學館	玻璃器具化學藥品等頗多損失	六二五○○元
解剖學館	同上	七八○○○元
校具及其他設備	校具損壞僅一部分而其他設備受害亦非淺鮮	二○○○○元
關於中外教職員及學生衣服行李書籍文具等	兵災之後繼遭兵匪之刼掠無屝不破無屋不搜無箱不撬教職員以及學生所有衣物行李書籍文具悉皆取之無遺	一九一八一八元
工廠工人及校工	工廠工人計一百二十人校工計八十人衣物行李大多損失	一○○○○元
營業公司貨物	各種貨物悉遭損失	二一○○元
備註		
	總數合計	七八○一○○元

眞如國立暨南大學滬戰損失報告

暨南成立迄今；凡念有六載，中間雖曾罹刼數次，要以此次損失最爲嚴重！爲校史上最可痛心之一頁。

當滬戰發生，本校因地處戰區：員生分處各地，校中器物，無法遷運，然在十九路軍未退之前，除科學館被炸一角外，餘均完好如舊，及日軍進佔，窗戶校具，以爲薪火，衣服書籍，貴重者刼去，殘餘者盡付一炬，敎員宿舍變爲馬廄，浴室膳堂作爲便所，學府精華，摧毀殆盡。

五月廿三日上午十時，日軍依停戰協定退出鎭茹，本校當派戰後整理委員，樊守執，楊裕芬，張天方，林志瀛及敎職員十餘人，隨同接管委員前往接收。十一時，駐紮本校之日軍始整隊退出，本校接收之後立卽高懸黨國旗於校門，並往校內各處檢視一週，所有敎室宿舍之門窗，多已毀壞，而門窗玻璃，十無一全，室內器物，亦狼籍不堪，新村房舍，十室十空，東面操場，則爲敵騎蹂躪，鉄蹄印跡，春草不生：囘憶吾校健兒，曾據此而獨霸江南，而今戰痕觸目，不禁令人感慨系之。

蓮韜館，在昔爲本校之行政中樞，各部辦公處咸在於斯，而風景幽雅，亦爲全校之冠，現在花棚傾倒，雜草叢生，馬矢狼藉，荒蕪凌亂，不堪寓目，各辦公室內，如暨大銀行財務室兩金融機關，鉄箱洞開，賬據滿地；而祕書處文書室，註册課等處，除重要文件已遷出外，表格散佚，亂雜不堪，南洋文化部之辦公處，變作廚房，多年苦心搜集之資料，盡變薪柴，化作灰燼，良用痛惜；惟該部書庫所藏歷年之出版物，除被竊一部份外，多已保存，實爲不幸中之幸！出版室內之印刷品，如講義書報，因橱架傾倒，堆積滿室，庶務室內，箱篋盡毀，存物盪然，圖書館書籍幸大部遷出，然所留貴重校具，亦存無幾，科學館內之理化儀器，各種標本，多被運走，所留下者，亦殘破不堪，狼藉架上，總觀各處，一片凌亂情形，足見日軍蓄意摧殘吾國文化機關，殊可痛恨』茲將本校所受損失列表於后：

一 校產之部

建築類	五二、〇〇〇元
儀器類	二五、〇〇〇元
標本類	一五、〇〇〇元
機械類	六、〇〇〇元

(就目前現狀估計)

化學用品類	一二、〇〇〇元
醫藥用品及器械類	一三、五〇〇元
中外書籍雜誌報章類	五、〇〇〇元
校具類	一〇〇、〇〇〇元
體育設備類	五、〇〇〇元
衛生設備類	二、〇〇〇元
水電設備類	一八、〇〇〇元
農場設備類	一、〇〇〇元
文具用品類	三、〇〇〇元
農場家畜類	八〇〇元
其他雜品類	二、〇〇〇元
共計	二五〇、三〇〇元
二 教職員之部 附新村教職員住宅	
書籍類	二〇、〇〇〇元
行李類	二〇、〇〇〇元
衣服器具類	三五、〇〇〇元
其他雜品類	八、〇〇〇元
共計	八三、〇〇〇元
三 學生之部	
書籍類	一六〇、〇〇〇元
行李類	四八、〇〇〇元
衣服器具類	二六〇、〇〇〇元
其他雜品類	一〇、〇〇〇元
共計	四七八、〇〇〇元
四 工警之部	
行李類	七、〇〇〇元
衣服類	五、〇〇〇元
其他雜品類	一、〇〇〇元
共計	一三、〇〇〇元
五 其他	
遷移清潔費	二、〇〇〇元
以上五項總計損失	八一六、三〇〇元

(4)

復旦大學一二八戰事損失表

學校損失

一	房屋	一六七四八元
二	道路竹籬等項	二四六〇元
三	水電五金	四六六六元
四	儀器 化學	三九三二元
	儀器 物理	二四七七元
	儀器 心理生物	四三二五元
	儀器 土木工程	三三五五元
五	體育器械	一八七九元
	軍事教育器械	三六二五元
六	牀櫃桌椅	一一八六五元
七	雜物文具	三四三二元
八	衞生處用具	一三五〇元
九	搬運物件費用	三〇一六元

總數六萬零壹百三十元

敎職員學生工役個人損失

住校敎職員三十餘人學生八百餘人平均每人以三百元計算共洋廿五萬五千元工役八十餘人計三千元總共廿五萬八千元

廿二年一月六日

江灣上海法學院校產損失一覽表

屬於建築物者

名稱	損失價值
教室	洋五萬四千四百元
男生宿舍	洋三萬八千元
女生宿舍	洋二萬三千四百元
門樓	洋一千九百元
大禮堂	洋五萬二千元
市房	洋三千六百元
門房	洋二千四百五十元
廚房	洋七百八十九元
浴室	洋四百二十元
廁所	洋三百七十元
儲藏室	洋二千九百五十元
汽車間	洋一千三百一十元

屬於設備者

名稱	損失價值
新宿舍電燈	洋六百五十元
教室電燈	洋七百八十元
舊宿舍電燈	洋七百九十元
女生宿舍電燈	洋五百二十元
教室桌椅	洋七千八百三十元
禮堂鐵椅	洋四千一百四十元
宿舍桌椅	洋四千八百十元
辦公處閱書室桌椅	洋二千七百五十元
圖書館書櫥書架	洋四千六百七十元
大禮堂電燈	洋一千八百五十元
衛生設備	洋六百四十元
圍牆及場地設備	洋二千四百二十元
自來水管	洋三百一十元
其他木器	洋三千六百九十元
鐵床	洋五千一百五十元
運動器具	洋二千七百七十元
儀器及銀專打字機	洋五千二百四十元
雜件	洋三千七百八十元

屬於圖書者

類別	損失價值
法律門中國文書	洋二千七百五十元
法律門外國文書	洋一萬三千零八十元
政治門中國文書	洋四千五百二十元

類別	價值損失
經濟門外國文書	洋一萬七千四百六十元
其他中國文書	洋四千六百二十元
其他外國文書	洋六千七百六十元

政治門外國文書	洋一萬五千四百一十元	雜誌	洋九百七十元
經濟門中國文書	洋三千二百八十元	報紙	洋二百九十元
以上建築設備圖書三種損失共計三十萬三千五百八十九元			

上海法學院師生私人損失一覽表

損失物種類	（一）鋪蓋（二）箱籠（三）書籍（四）著作品（五）日常用品		
受損失者	教職員	學生	校工
損失件數	二百三十六件	九百七十件	二百六十七件
每件平均價值	一百五十元	九十元	三十元
合計價值	三萬五千四百元	八萬七千三百元	八千零一十元
總計	共十三萬零七百一十元		

私立持志學院暨附屬中學
一二八事變損失表

		大學部	中學部
資產總額		七〇〇・〇〇〇	八〇・〇〇〇
被災情形及程度		廿一年二月十日下午被日軍機關槍隊縱火焚燬 (1)直接損失 計524.800 (2)間接損失 計67.500 (3)備考欄 計8.500	三月二日下午被日軍縱火焚燬 (1)直接損失 計70.103 (2)間接損失 計17.100
直接損失	房屋	三層宿舍二層教室及一切 計255.800	各項裝修及電燈等 計12.000
	儀器		4.000
	校具	98.000	35.000
	標本		500
	圖書	中書二萬三千册西書七千册 計129.000	中書三千册西書七百册 計24.000
	文件	1.500	800
	文具	5.000	2.500
	其他	發電機蒸氣鍋爐運動器具等 計35.500	鋼琴運動用具等 計2.300
間接損失	房租	興復時租用校舍一年 15.000	
	工役損失	1.500	1.100
	教職員損失	16.000	7.000
	其他	學生衣箱書籍七百八計35.000	9.000
人口損傷		學生姚勁飛	男校役楊阿大 女校役王氏
備攷		大中自治會傢具 1.100 同學會 〃 600 四區七分部 〃 500 七區十九分部 〃 300 蟹容室 〃 400	消費合作社 2.000 廚房 3.600 總計該欄8.500
			中學部房屋係租賃故除裝修及電燈等不計房屋

國立中央大學醫學院一二八滬戰損失調查表

名稱	國立中央大學醫學院		地址	上海吳淞鎮
主持者姓名	顏福慶		現在通訊處	海格路中國紅十字會總醫院
被炸情形及程度	(1)正教室轟毀全部 (2)宿舍半部轟毀 (3)解剖室轟毀全部 (4)動物室轟毀半部 (5)模範區未毀			
損失資產總額	伍拾伍萬陸千陸百元			
直接損失	(甲)房屋	三十萬元	(乙)校具	五萬七千元
	(丙)儀器	八萬元	丁)標本	四萬元
	(戊)圖書	二萬元	(己)文具	三千元
	(庚)文件	重要文件已取出	(辛)藥品動物	一萬三千元
間接損失	(甲)搬運費	三千元	(乙)房租	二千元(一學期)
	(丙)薪工	五百元	(丁)工役個人財產損失	二千元
	(戊)教職員個人財產損失	二萬四千元	(己)學生個人財產損失	一萬六十元
人口損傷	(甲)死亡	無		
	(乙)傷害	藍醫師及學生陳化東醫藥費 一百元		
	(丙)失踪	無		
	(丁)	無		
失業人員或工役員役失業共三十八				
善後情形	一二年級在約翰大學醫學院借用校舍校具于三月十四日開學二十一日上課女生八人另租膠州路膠州坊民房爲宿舍 三四五年級仍在實習醫院授課實習並分發各傷兵醫院服務			
備攷	校舍並未保過火險及兵險			

國立上海商學院一二八滬戰損失調查表

學校	國立上海商學院 前名國立中央大學商學院	地址	江灣西體育會路		
院長	徐佩琨	現在通訊處	霞飛路1698號		
資產總額	$1.047.000.00				
被災情形及程度	全部被焚				
直接損失	甲、房屋	$200.000.00	乙、校具	$150.000.00	
	丙、儀器	$ 1.000.00	丁、標本	$ 2.000.00	
	戊、圖書	$500.000.00	己、文具	$ 5.000.00	
	庚、文件	重要文件已取出	辛、打字機	$ 20.000.00	
間接損失	甲、搬運費	$ 1.000.00	乙、房租	$ 6.000.00	(一學期)
	丙、薪工	$ 80.000.00	丁、工役個人財產損失	$ 2.000.00	
	戊、教職員個人財產損失	$ 30.000.00	己、學生個人財產損失	$ 50.000.00	

國立勞動大學一二八滬戰損失調查表

名稱	國立勞動大學	地址	工學院	上海江灣
			社會科學院	仝
			農學院	上海吳淞
主持者姓名	國立勞動大學校產保管委員會	通信處	上海江灣	
被災情形及程度	校長辦公處全毀，工廠辦公處全毀，工廠陳列室全毀，醫院全毀，圖書館全毀，飯廳全毀，社會科學院全毀，張三橋附屬小學全毀，其他建築物工廠機器及各室設備損毀頗鉅無一完整者			
損失資產總額	洋六十二萬一千九百九十二圓			
直接損失	(一) 房屋：三〇〇〇〇〇元		(二) 校具：二〇〇〇〇元	
	(三) 儀器：五〇〇〇〇元		(四) 標本：一五〇〇〇元	
	(五) 圖書：五〇〇〇〇元		(六) 文具：三〇〇〇元	
	(七) 藥品：五〇〇〇元		(八) 工廠機器：六六四九二元	
	(九) 農場：二〇〇〇〇元		(十) 市房：四〇〇〇〇元	
	(十一)案卷：損毀十之九			
間接損失	(一) 搬運費：三〇〇〇元		(二) 房租：五〇〇〇元	
	(三) 薪工：一〇〇〇元		(四) 工役個人財產損失：一五〇〇元	
	(五) 教職員個人財產損失：三〇〇〇〇元		(六) 學生個人財產損失：一二〇〇〇元	
人口損傷	無			
失業人員或工役	該校結束後員役星散無法調查			
善後情形	損失過鉅難期恢復教育部於二十一年六月十一日訓令該校於二十年度終了時全部結束			
備考				

吳淞中國公學「一二八」滬戰損失調查表

(1)校產部　(照二十五年建造房屋時估價)

甲·建築部	洋二一·二七五·〇〇〇元
乙·儀器類	一〇〇·〇〇〇元
丙·機器類	一五·〇〇〇元
丁·化學用品類	一〇·〇〇〇元
戊·書報類	一五〇·〇〇〇元
已·校具類	一八〇·〇〇〇元
庚·體育設備類	九·〇〇〇元
辛·衛生設備類	一〇·〇〇〇元
壬，水電設備類	一八·〇〇〇元
癸·文具用品類	八·〇〇〇元
其他	二五·〇〇〇元
總共估記約洋	二一·八〇〇·〇〇〇元

(2)教職員部

甲·書籍類	洋二八·〇〇〇元
乙·行李類	二五·〇〇〇元
丙·衣服用具類	三五·〇〇〇元
丁·其他雜項類	五·〇〇〇元
總共估計約洋	九三·〇〇〇元

(3)學生部

甲·書籍類	二〇〇·〇〇〇元
乙·行李類	一五五·〇〇〇元
丙·衣服器具類	二四八·〇〇〇元
丁·其他雜項類	一〇〇·〇〇〇元
總共估計約洋	七〇三·〇〇〇元

(4)遷移清潔費　一〇〇·〇〇〇元

以上吳淞中國公學全部損失約估計值洋三百六十九萬六千元正

上海市社會局接管工作報告

（社會局第二科編製）

一、滬戰事變損失總計表
二、損失分區總計表
三、損失分類總計表

說明

1. 本統計表係根據上海市社會局市商會會計師公會調查戰事損失聯合辦事處所收到之登記表二萬六千二百五十一份分區分類彙編而成與被損店戶實數相差尙鉅勢難代表本市損失總額

1. 直接損失與間接損失依據損害之性質而分人事損害如喪葬醫藥費等併入『直接損失』欄內計算

1. 人事損害之『其他』一項以失業者居大多數

1. 『人事損害』欄內受傷者反較死亡者爲少似不合理處因輕傷者多未具報且此次登記各戶大都以塡報財產損失爲主要目的而於人事損害部份除死亡外不甚注意故傷害人數決不止九百餘人

1. 公司一類附在『商號』項下

1. 房產損失其在住戶或商號登記表內『直接損失』欄內附報者不另檢出核算據市工務局估計全市被燬房屋約値洋六千一百四十三萬一千九百七十二元

1. 學校損失據市教育局調查爲一千〇八十九萬〇九百六十一元

1, 農村直接損失附在『住戶』項內據上海市戰區復興委員會調查計値洋四百十九萬六千一百四十二元

1. 慈善團體損失據本局四科調查直接損失爲五十八萬三千三百十九元間接損失爲二十三萬六千七百七十八元六角四分兩共計洋八十二萬〇〇九十七元六角四分凡來登記之各慈善團體併入公團類內計算

一二八事變損失統計表

（根據登記表二萬六千二百五十一份編製）

區別	類別	登記戶數	人事損害				直接損失	間接損失	合計
			死亡	傷害	失蹤	其他			
閘北	住戶	14,424	630	293	325	413	35,761,489.56	2,016,530.56	37,778,020.12
,,	商號	4,204	191	130	318	9,339	25,888,019.01	7,589,022.88	33,477,041.89
,,	工廠	841	42	38	63	8,198	49,624,172.13	2,366,797.20	51,990,969.33
,,	房產	235	3	2	1	10	5,445,675.20	314,423.20	5,760,098.40
,,	學校	47	6	3	13		1,816,867.90	251,627.60	2,068,495.50
,,	公團	40	4	3		3	1,261,014.62	7,811.40	1,268,826.02
,,	寺菴	4					145,000.00	300.00	145,300.00
吳淞	住戶	2,215	283	83	103	1,718	5,693,846.93	262,613.94	5,956,460.87
,,	商號	546	27	11	31	997	2,904,652.28	1,567,652.41	4,472,304.69
,,	工廠	25	4		6	132	4,199,771.46	568,728.99	4,768,100.45
,,	房產	105	28	25			564,811.00	12,468.00	577,279.00
,,	學校	4					849,735.00	1,000.00	850,735.00
,,	公團	7	4		2		108,127.40	669.00	108,796.40
,,	寺菴	1					9,420.00		9,420.00
江灣	住戶	1,271	307	58	29	37	4,230,636.37	164,325.04	4,394,961.41

（2）

區別	類別	登記戶數	人事損害				直接損失	間接損失	合計
			死亡	傷害	失踪	其他			
,,	商號	121	11		11	148	1.158.631.90	208.102.40	1.366.734.30
,,	工廠	12	9	1	3	41	1.161.281.00	30.002.00	1.191.283.00
,,	房產	18					135.669.00	1.111.00	136.780.00
,,	學校	1					59.150.00		59.150.00
,,	公團	12	4				510.590.00	42.781.00	553.371.00
眞如	住戶	101	6	5			260.524.00	23.893.00	284.417.00
,,	商號	16	1			35	50.085.55	3.104.40	53.189.95
,,	工廠	4			1	80	40.280.00	34.00	40.314.00
滬南	住戶	34	1	3			14.329.00	15.357.00	29.686.00
,,	商號	108			2	572	9.324.00	985.649.14	994.973.14
,,	工廠	11				195		222.666.00	222.666.00
,,	學校	2					655.00	35.964.00	36.619.00
,,	公團	1						6.900.00	6.900.00
引翔	住戶	108	13	3	3		341.810.13	17.545.56	359.355.69
,,	商號	40	4	2		261	119.840.60	39.392.00	159.232.60
,,	工廠	13	1		2	141	88.318.00	21.644.00	109.962.00
,,	房產	2					4.285.00	1.051.00	5.336.00

區別	類別	登記戶數	人事損害				直接損失	間接損失	合計
			死亡	傷害	失踪	其他			
彭浦	住戶	18	1	1			33.110.00	2.467.00	35.577.00
,,	商號	2				3	1.662.00		1.662.00
,,	工廠	2		2		25	14.446.20	1.000.00	15.446.20
,,	學校	1					100.00	14.00	114.00
蒲淞	住戶	4					450.00	138.00	588.00
,,	商號	4				30	18.635.79	13.834.03	32.469.82
,,	工廠	2						22.00	22.00
殷行	住戶	94	8	7	3		323.272.60	9.127.00	332.399.60
,,	商號	10				2	44.575.00	740.00	45.315.00
,,	工廠	1				70	6.200.00	5.700.00	11.900.00
洋涇	商號	5					62.745.00	9.550.00	72.295.00
,,	工廠	1			1			2.000.00	2.000.00
特一	住戶	259	9	3	20		473.529.81	144.330.57	617.860.38
,,	商號	577	28	20	29	1.000	2.739.385.87	5.111.750.46	7.851.136.33
,,	工廠	51			1	1.200	443.509.03	1.001.874.31	1.445.383.34
,,	房產	1						5.520.00	5.520.00
,,	公團	1					5.452.00	2.094.90	7.546.90

(4)

區別	類別	登記戶數	人事損害 死亡	傷害	失踪	其他	直接損失	間接損失	合計
特二	住戶	6					3.149.68	1.252.00	4.401.68
,,	商號	32				175	63.180.00	327.794.00	390.974.00
,,	工廠	1						2.674.00	2.674.00
揚行	住戶	34	7	2	5	57	61.007.00	1.758.00	62.765.00
,,	商號	8				32	19.031.00	2.350.00	21.381.00
大塲	住戶	264	59	9	5		699.713.50	15.372.27	715.085.77
,,	商號	34	2		1	150	249.500.00	78.560.00	328.060.00
,,	工廠	1				30	12.200.00	1.800.00	14.000.00
,,	房屋	1					1.260.00	56.00	1.316.00
,,	學校	1					16.608.00	1.065.00	17.673.00
南翔	住戶	107	34	7			234.385.03	5.460.00	239.845.03
,,	商號	2					43.152.00	500.00	43.652.00
寶山	住戶	48	9	2	5		106.411.66	4.534.92	110.946.58
,,	商號	8					157.462.60	17.890.00	175.352.60
安亭	住戶	17					4.431.00	1.572.40	6.003.40
嘉定	住戶	53	3	6	2		59.350.87	1.571.70	60.922.57
,,	商號	2				5	6.102.00	632.00	6.734.00

區別	類別	登記戶數	人事損害 死亡	傷害	失踪	其他	直接損失	間接損失	合計
,,	學校	1					61.768.00	76.00	61.844 00
	政府機關	25					15.666.306.22	6.962.411.63	22.628.717.85
總結		26.251	1.739	719	985	25.099	164.089.703.90	30.516.658.91	194.606.362.81

一二八事變損失分區統計表

（根據登記表二萬六千二百五十一份編製）

區別	登記戶數	人事損害 死亡	傷害	失踪	其他	直接損失	間接損失	合計
閘北	19.795	876	469	720	17.963	119.942.238.42	12.546.512.84	132.488.751.26
吳淞	2.903	346	119	142	2.847	14.329.964.07	2.413.132.34	16.743.096.41
江灣	1.435	331	59	43	226	7.255.958.27	446.321.44	7.702.279.71
眞如	121	7	5	1	115	350.889.55	27.031.40	377.920.95
滬南	156	1	3	2	767	24.308.00	1.266.536.14	1.290.844.14
引翔	163	18	5	5	402	554.253.73	79.632.56	633.886.29
彭浦	23	1	3		28	49.318.20	3.481.00	52.799.20
吳淞	10				30	19.085.79	13.994.03	33.079.82
殷行	105	8	7	3	72	374.047.60	15.567.00	389.614.60
洋涇	6			1		62.745.00	11.550.00	74.295.00

區別	登記戶數	人事損害				直接損失	間接損失	合計
		死亡	傷害	失踪	其他			
特一	889	37	23	50	2.900	3.661.876.71	6.265.570.24	9.927.446.95
特二	39				175	66.329.68	331.720.00	398.049.68
揚行	42	7	2	5	89	80.038.00	4.108.00	84.146.00
大場	301	61	9	6	180	979.281.50	96.853.27	1.076.134.77
南翔	109	34	7			277.537.03	5.960.00	283.497.03
寶山	56	9	2	5		263.874.26	22.424.92	286.299.18
安亭	17					4.431.00	1.572.40	6.003.40
嘉定	56	3	6	8	5	127.220.87	2.279.70	129.500.57
政府機關	25					15.666.306.22	6.962.411.63	22.628.717.85
總數	26.251	1.739	719	985	25.099	164.089.703.90	30.516.658.91	194.606.362.81

一二八事變損失分類統計表

（根據登記表二萬六千二百五十一份編製）

類別	登記戶數	人事損害				直接損失	間接損失	合計	備考
		死亡	傷害	失蹤	其他				
住戶	19.057	1.370	482	500	2.225	48.301.447.14	2.687.848.96	50.989.296.10	附農村損失
商號	5.719	264	163	392	12.749	33.535.984.60	15.956.523.72	49.492.508.32	附公司損失 詳
工廠	965	56	41	77	10.112	55.589.777.82	4.224.942.50	59.814.720 32	
房產	362	31	27	1	10	6.151.700.20	334.629.20	6.486.329.40	僅及全市房產損失十分之一 見
學校	57	6	3	13		2.804.883.90	289.746.60	3.094.630.50	僅及全市學校損失三分之一
公團	61	12	3	2	3	1.885.184.02	60.256.30	1.945.440.32	說
寺菴	5					154.420.00	300.00	154.720.00	
政府機關	25					15.666.306.22	6.962.411.63	22.628.717.85	明
總數	26.251	1.739	719	985	25.099	164.089.703.90	30.516.658.91	194.606.362.81	

鐵道之接管

接收後之京滬鐵路上北車站

京滬鐵路接管後第一日北站試車紀念攝影

總工程司德司福　局長陳興漢　車務處長鄭寶照

鐵道之接管

鐵道爲交通命脈，京滬滬杭甬淞滬諸線，當然於軍事上佔重要地位。自一二八夜，日軍對我不宣而戰，侵攻閘北，北站被燬，路局人員在炮火下，仍努力工作。旋我軍退守第二防線，所有淞滬全綫，及京滬綫，自北站至青陽港站，完全淪入敵手。在日軍佔領之下，肆意破壞，路產損失，難以指數。和議開會時，我方代表，對於鐵道交通，尤其注意。停戰協定條文中，有『日方不得干涉鐵路暨鐵路工廠之運用』(見附件第二號)等語，同時軍事小組會議紀錄中，亦有『日軍暫駐期內，對于淞滬鐵路恢復通車，及運用張華浜鐵路工廠之常態，不得加以任何干涉或障礙』之記載。

北車站拆卸中

以上種種，可見我方對於鐵道交通，異常鄭重。接管會奉令組織成立之初，准京滬鐵路局長陳興漢函請，向日方交涉，即日交還鐵路及路產。當經函請共同委員會主席委員克甯瀚，及我方俞溫兩委員，向日方提出交涉，請其遵照協定，即日交還鐵路，以便從速恢復交通。日本共同委員岡崎屢與本會及共同委員會函札往返，無非藉此延緩。同時本會派員直接向日武官委員原田雄吉催促，乃原田係陸軍武官，北站及

上海北站

鐵路綫內所駐者，係海軍陸戰隊，輾轉磋商，先由路局備就臂章，由

本會函送日軍司令部加蓋印信，先派工人脩理路線。迄五月二十三日第二次接管閘北時始交還北站，其後陸續接收淞滬線各站，而張華浜工廠，延至五月三十日交還。所謂協定條文所載各項，日方始終狡展留難，並不切實履行。尤其在日軍佔用期間，肆意將路產偷竊，機件運走，工廠毀壞，俱有事實可以證明。（載接管要案中）茲除將本會與關係各方來往文電採錄外，復由路局編輯接管狀況實錄，彙載於後：

函件目次

（一）五月八日京滬鉄路局致本會公函

路字等六二九號

逕啓者查停戰協定業經簽字日兵開始撤退所有本路淞滬滬崑及麥根路至徐家匯沿綫軌道橋樑電綫及各車站建築物吳淞碼頭倉庫張華浜機廠材料廠北四川路246號本路辦公房舍上海北站房舍車房暨一切附屬建築物及設備等項應請
貴會轉函共同委員會與日方軍事當局商洽迅予訂定日期交還本路局派員接管以便早日修復通車相應函達即煩
查照惠復爲荷此致
上海撤兵區域接管委員會

局長陳興漢

（二）五月八日本會致共同委員會俞溫兩委員函

（公函第九號）

逕啓者案准
京滬滬杭甬鐵路管理局公函開逕啓者查停戰協定業經簽字 照錄至 以便早日修復通車等由准此相應函達即煩
貴委員等向共同委員會提請日方查照辦理並希見復以資轉達該路局遵辦爲荷此致
共同委員會委員 俞 溫

(三)五月八日本會復京滬鉄路局函 （公函第九號）

逕復者接准

大函以日軍開始撤退所有京滬滬杭甬路崑滬淞一帶產業囑爲轉達共同委員會與日方軍事當局接洽交還日期以便派員接管等由准此除函轉共同委員會我方委員請向該會提請日方照辦外相應函達卽希

查照爲荷此致

京滬滬杭甬鐵路管理局

(四)五月十四日本會致共同委員會俞溫二委員

公函

逕啓者頃准京滬滬杭甬鐵路局公函內開關於接收本路戰區內路產設備一案（原函照序五）並將接收日期惠復等由准此查中日停戰撤兵協定附件第二號有規定日方不干涉淞滬鐵路暨該路工廠之運用條文又軍事小組會議事錄有淞滬鐵路仍由華方管理日軍暫駐期內對於該路恢復通車及運用張華浜鐵路工廠之常態不得加以任何干涉或障碍之記載准函前由相應將交來之接收人員名單抄送一份函請

貴委員查照希催促日方速卽履約交還並將接收日期見告以便轉復該局爲荷此致

共同委員會委員俞溫

(五)京滬鉄路管理局五月十二日致本會公函

逕啓者查關於接收本路戰區內路產設備一案前經於本月八日函請

貴會查照在案現本路積極籌備恢復通車惟因此次戰事本路路軌橋梁及一切路產設備損壞甚多均須預先修復吳淞機廠爲本路機車車輛修理總廠上北站爲上海出發站均須於通車前先行整理應用應請

貴會轉請共同委員會我方委員向日方當局交涉請根據協定不妨礙本路交通條文之精神速卽履約將眞如麥根路上北以至吳淞沿綫一切車站機廠及其他路產設備交還本路接管運用以便日兵撤退時卽行恢復通車相應檢同本路派定車工機三處接收人員名單隨函附奉卽希

察照賜辦並將接收日期惠復爲荷此致

上海撤兵區域接管委員會

局長陳興漢

車務處接收自眞如至吳淞炮台灣各車站人員名單

鄒寶照　阮國瑞　毛文鍾　徐士元　謝文龍　金　鑄　王志剛
馬直山　李經緯　陳國良　曾廣豪　郁樹烝　王樹春　沈北珍
黎松柏　曾智洪　李兆鈺　方振華　劉紫耕　劉瑞萱　余海能
苻夢熊　劉伯壎　沈雁賓　張錫堃　吳震蕃　華增林　胡煥灼
浦子均　徐壽祺　曹本鑠　瞿鶴孫　施德璧　林賢榮　全國鈞
楊華斌　沈灝庭　莊　勤　劉良佐　鄧啓祥　鄭少瑜　高永清
鄧育和　薛　傑　周金龍　李桂生　陸錫根　羅麟昌　陳雨岱
李組如　汪連生　張朝宗　李景生　李茂昭　沈寶星　楊世忠
施錦棠　朱子振　靳錦鏞　潘省三　高中理　盛鍾道　喩瑞麟
張然生　唐煥南　何景祟　蔡永貴　孫遂之

工務處接收自眞如至吳淞炮台灣站沿綫路軌橋粱及一切建築物暨設備人員名單

L.Tuxford　濮登青　馮其禮　程鵬翥　韓昌阜　王汝霖　朱德生
黎傑材

機務處接收上北車房電氣廠及吳淞機廠各部份人員名單

接收京滬上北車房人員
王繩善　鍾桂丹　陳明壽　李錫之　吳慶源　孟乃德
陳榮貴等員
接收滬杭甬上北車房人員
孫嘉祿　施　瑩　陳福海　康亘鏡　梁培根　謝銘怡等員
接收上北電氣廠人員
葛　利　潘祖椿　馮思驥　鄒維生　陳道本等員
接收吳淞機廠人員
王繩善　鍾桂丹　毛爾維　孟斯斐爾　馮耀基等員
接收吳淞機務處辦公室人員
王繩善　鍾桂丹　陳明壽　薛志賢　李博文　李佐之等員
接收吳淞化驗室人員
陸寶淦　陳慶堯等員
接收吳淞材料廠人員
張敏鑒　李希賢

破壞之蘊藻浜車站

寶山路站屋被燬情形↑

江灣站台天棚上之槍洞↓

江灣站上被燬之蒸汽車←

寶山路車站月台天棚上槍洞之情狀←

上海北站被燬之客車貨車

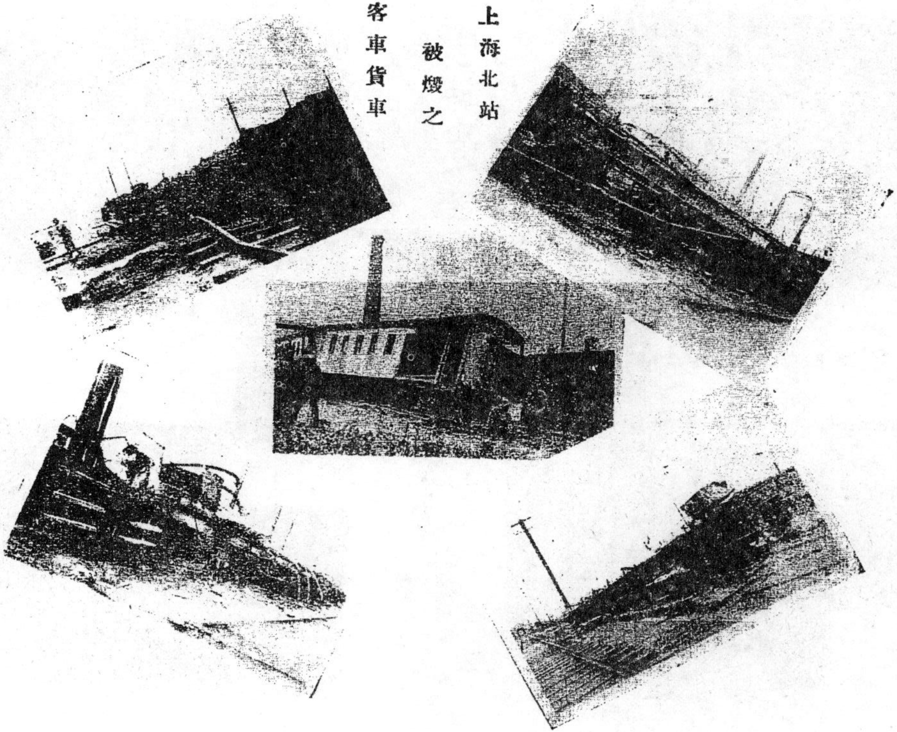

北站總局大門殘跡

被炸之北站月台

被炸之北站待客室

炸後之北站天棚

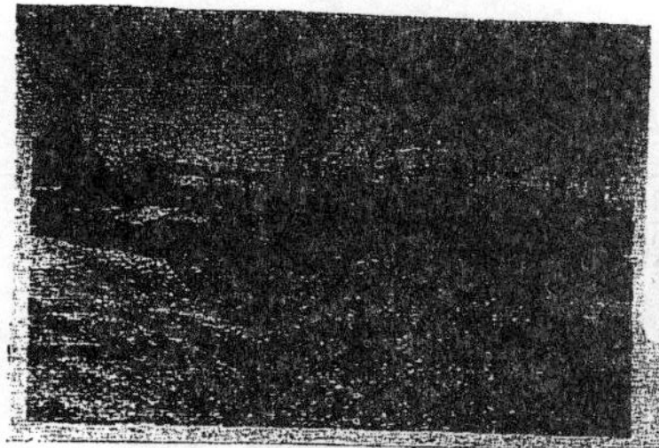

炸焚後之北站貨棧

上北龍頭房被炸

東段段長屋被炸成一空殼

眞茹車站天棚被炸

眞茹站台被炸

眞茹站上被燬之貨車

□京滬鐵路局接管京滬路東段經過實錄

引言

京滬滬杭甬兩鐵路幹綫，橫跨江浙，直綰京畿，近年以來，以全國經濟政治文化，都集中於江南半壁，因是兩路形勢，益覺重要。一二八變起，殘暴之日軍，遂以京滬鐵路東段為攻擊目標。旬日之間，總管兩路之上海北站及吳淞蘊藻浜張華浜江灣天通庵寶山路眞茹等站，遂為日軍飛機重炮所燬，而規模宏大之吳淞鐵路工廠，亦為敵軍盤据。北站之役，舉凡鐵路重要文件印信財產什物，均付之一炬，實為兩路有史以來之大破壞。迨三月二日我軍以戰略關係西撤，而眞如以西之南翔黃渡安亭天福庵陸家浜等站，又相繼燬於敵軍炮火，京滬路工程最大之青陽港鐵橋，亦同時遭敵機破壞。至此京滬路損失，益形奇重。幸當時本路局長陳興漢氏，以其經驗魄力，晝夜督率員工，加緊工作，故全路雖在重創之餘，猶能維持交通於不墮，及至五月五日上海停戰協定成立，路局乃積極為恢復京滬全路通車之準備。由五月十二日青陽港以東日軍開始撤退，至二十三日青陽港迤東至上海北站，乃次第由日軍手中接回。京滬路全綫行車，隨於二十三日接管北站後兩小時完全恢復。停滯四閱月之京滬路交通，至此乃恢復原狀矣。至淞滬支綫沿站及吳淞貨棧機廠等，截至五月卅一日亦完全接管蕆事，於六月二十二日恢復淞滬支綫行車。邇者撤兵區域接管委員會於接管完竣之後，痛定思痛，將此次接管工作情形，及有關各方所受損失統計，輯為接管實錄，並徵稿於本局。爰將本路此役損失調查，及接管經過，分類錄之，以誌不忘。

北車站通車

▲京滬鐵路東段及淞滬支綫各站接管日期情況表

站名	接收日期	經過情形	試行列車恢復站務
青陽港	五月十二日	經接收後以各站破壞不堪故卽飭該站員工返站從事於可能範圍內整理與清潔及籌備一切通車事宜	五月十四日試車十五日出售客票
陸家浜	又	又	又
天福庵	又	又	又
安亭	又	又	又
黃渡	又	又	又
南翔	又	又	又
眞茹	五月廿三日	又	五月二十三日試行列車二十四日出售客票
麥根路揚旗站	又	又	五月二十三日試行列車
麥根路分路站	又	又	又
麥根路貨棧	五月廿三日	又	下行貨車於五月二十九到達上行貨車於六月一日開行
上海北站	又	又	五月二十三日試行列車二十四日出售客票
寶山路	又	又	六月三日試行列車四日出售客票
天通庵	五月廿[illegible]日	又	又
江灣	五月廿八日	又	又
高境廟	又	又	又
吳淞分路	又	又	六月三日試行列車
張華浜	五月卅一日	又	六月三日試行列車四日出售客票
蘊藻浜	五月廿八日	又	又
吳淞鎮	五月廿五日	又	因橋樑尚未修復故不能試車
砲台灣	五月廿五日	又	因橋樑尚未修復故不能修
吳淞貨棧	五月卅一日	又	六月二日試行列車
吳淞旗站	又	又	又

京滬綫上北電氣廠所設之修理發電機新建工廠

▲接管各站情形

▲青陽港站：於五月十二日接收。除河西之員工宿舍外，站屋全部被炸，墻垣半倒。十四日試行列車，十五日出售客票。

▲陸家浜站：於五月十二日接收。站屋地板及玻璃稍損，長途電話電氣路簽及電報機均壞，宿舍被毀一門，柵欄一部被竊，揚旗損壞。十四日試行列車，十五日出售客票。

▲天福庵站：於五月十二日接收。長途電話機及月台柵欄一部被竊，電汽路簽機及上下揚旗，略有損壞。十四日試行列車，十五日出售客票。

▲安亭站：於五月十二日接收。長途電話電報及電汽路簽機揚旗等，均已損壞。站長宿舍門窗被毀。十四日試行列車，十五日出售客票。

▲黃渡站：於五月十二日接收。站屋被燬，僅存四壁，站長宿舍全部被焚，燈油間被損壞，人力車棚被拆，一部工役宿舍門窗已失，東西分路及揚旗均受破壞。十四日試行列車，十五日出售客票。

▲南翔站：於五月十二日接收。站屋略損，月台柵欄被毀甚劇，燈油間及員工宿舍揚旗等，均損壞，上行月台之廁所被砲彈炸毀，長途電話及電汽路簽機均被竊，情狀至慘。十四日試行列車，十五日出售客票。

▲眞如站：於五月廿三日接收。站屋當屬完好，惟門窗玻璃被損甚多，電話電報機電燈及電汽路簽機損壞甚劇，員工宿舍僅毀門窗，上行月台及天幔一部被毀。二十三日試行列車，二十四日出售客票。

▲麥根路分路站：五月廿三日接收，同日試行列車。

▲麥根路揚旗崗：五月廿三日接收，同日試行列車。

▲麥根路貨棧：五月廿三日接收。辦公室內各項器具櫃台隔板電燈等，全部被竊(A)棧電燈及保險間全毀，前後月台木級失去，後月台第四門至第九門殘破不全。(B)棧電燈全毀門窗破壞，樓上扶梯口欄杆全損。(C)棧電燈及保險間全毀，棧屋四周鐵皮破壞。(D)棧電燈及保險間全毀，木級全失，水落管損壞。(E)棧電燈及保險間全毀，地板及月台木板失去其半，木級全失，棧門損壞五扇。(F)棧電燈及保險間全毀，地板月台及木級全失，棧門損壞五扇。(G)棧電燈及保險間全毀，扶梯失去三只，地板由第四門至十二門全失

，後窗鐵梗損壞。下行貨車五月廿九到達；上行貨車六月一日開行。

▲上海北站：五月廿三日接收。各部房屋大半摧燬無餘，所剩者零星破屋路軌，在客廂房內損失較爲重大，其次爲幹路及第四五號月台間之調頭路亦被炸燬數處。揚旗及電燈電報電話綫，均遭損壞。車場內被炸彈炸成丈餘大洞十處，同日試行列車二十四日出售客票。

▲寶山路站：五月廿三日接收。六月三日試行列車，四日出售客票。

▲天通庵站：五月廿九日接收。灣路上之軌條一根已損壞。東分路上之鐵銷已失去，第六號柵門失去一扇，其所存之一扇，亦已損壞，月台及柵欄一部被損，揚旗綫均被割斷，號誌燈月台燈及電燈等均被損壞。站長室玻璃窗被損，電報電話機被竊，路簽機損壞，站長及員役宿舍玻璃稍有損壞，門墻均有洞數處。三日試車，四日通車。

▲江灣站：五月廿八日接收。站長室待車室炸毀一部，票房灶間樓上站長宿舍屋面，及一切門窗均被毀，夫役宿舍稍損，月台天幔受有彈傷，廁所及燈油間被毀，上下行月台及站名牌站名燈被炸，直路軌道被毀甚多，灣路尚堪行車，東西分路暨揚旗被損甚劇。東西柵門水泥柱已毀，管柵夫宿舍牆壁門窗俱受損，水電路管柵夫宿舍之門窗及電鈴等全部竊去。四號橋樑被炸毀後由日人修理，不甚堅固。五號橋被擊一洞，橋西路軌被炸毀約二十餘丈，電話電報機及電汽路簽均已被毀，月台柵欄大半被損。三日試車，四日售票。

▲高境廟站：五月廿八日接收，站長室內門窗損壞，月台柵欄大半被竊，分路上鐵銷失去，揚旗燈分路號誌燈及月台燈等，均遭損壞，揚旗綫被竊，佚役宿舍門窗失去，電話電報及電汽路簽機，均已損失。

▲吳淞分路站，五月二十八日接收。站長室及其毗連宿舍一大間，祇餘破爛鉛皮墻壁，所有門窗地板，全被竊去。揚旗間內零星機件木板木梯等完全被竊。遞送路簽台毀壞，分路上零星坿件及揚旗綫被竊。油間材料間站長宿舍及使役宿舍之門窗，完全被竊，地板亦被燒毀數間，夫役宿舍之門窗牆壁，有三間被拆毀，宿舍四週之籬笆全被竊去。六月三日試行列車。

▲張華浜站：五月三十一日接收。站屋及員宿工舍之門窗盡毀，其他窗戶及玻璃均損壞，上下行月台柵欄月台燈等，均損毀不齊，電話電報及電汽路簽機，均遭損毀。六月三日試車，四日售票。

▲蘊藻浜站：五月二十八日接收。站長室屋頂，已被彈穿，候車室地板一部被焚，下行月台被損壞，灣道路軌被轟去丈餘，電話及電報機被竊，電汽路簽破壞，揚旗綫被竊，站旁橋樑被毀，站長宿舍被焚，蘊藻浜柵門及柵夫宿舍被炸。六月三日試車，四日售票。

▲吳淞鎮站：五月二十五日接收。電話被竊，站屋及宿舍門窗地板被竊，站屋屋頂被炮轟受損。

▲砲台灣站：五月二十五日接收。全站房屋炸毀無遺。月台天棚被砲毀數處，水泥柱子擊斷二根，分路炸壞，揚旗綫及電綫被竊，揚旗燈損壞，衛兵房一間後半部炸彈洞穿，門窗被竊。

▲吳淞新站：五月三十一日接收。該站辦公室及宿舍，原係車廂兩輛改造，現門窗俱毀，車廂四週及籬笆毀壞甚多，電話機二具電報機一具損失，分路鐵鎖均失去，天秤機件被竊。

▲吳淞貨站：五月卅一日接收。電話機二具被竊，貨站門鎖盡被截去，員工宿舍門窗大半被毀，扶梯拆斷。

▲接管後通車情形

五月十五日至二十三日
蘇州南京間每日上行車三次下行車三次
崑山南京間每次上行車二次下行車一次
無錫南京間每日上行車一次下行車一次
蘇州無錫間每日上行車一次下行車一次
崑山常州間每日下行車一次
蘇州常州間每日上行車一次
南翔蘇州間每日上行車二次下行車二次

五月二十四日
上北至南京間每日上行車二次下行車二次
蘇州南京間每日上行車一次下行車三次
崑山南京間每日上行車二次
無錫南京間每日上行車一次下行車一次
蘇州無錫間每日上行車一次下行車一次
崑山常州間每日下行車一次
蘇州常州間每日上行車一次

五月二十五日
上北南京間每日上行車二次下行車三次
蘇州南京間每日上行車一次下行車二次

崑山南京間每日上行車二次

無錫南京間每日上行車一次下行車一次

蘇州無錫間每日上行車一次下行車一次

崑山常州間每日下行車一次

蘇州常州間每日上行車一次

五月二十六日

上北南京間每日上行車四次下行車三次

蘇州南京間每日下行車一次

上北無錫間每日下行車一次

無錫南京間每日上行車一次下行車一次

南翔無錫間每日上行車一次

南翔常州間每日下行車一次

蘇州常州間每日上行車一次

五月廿七日至廿九日

上北南京間每日上行車三次下行車三次

蘇州南京間每日下行車一次

崑山南京間每日上行車二次下行車一次

無錫南京間每日上行車一次下行車一次

蘇州無錫間每日上行車一次下行車一次

崑山常州間每日下行車一次

蘇州常州間每日上行車一次

五月三十日

上北南京間每日上行車三次下行車三次

蘇州南京間每日下行車一次

崑山南京間每日上行車二次下行車一次

無錫南京間每日上行車一次下行車一次

蘇州無錫間每日上行車一次

上北常州間每日上行車一次下行車一次

崑山無錫間每日下行車一次

五月三十一日

上北至南京間每日上行車四次下行車五次

崑山南京間每日上行車二次

蘇州南京間每日下行車一次

無錫南京間每日上行車一次下行車一次

蘇州無錫間每日上行車一次

上北常州間每日上行車一次下行車一次

崑山無錫間每日下行車一次

六月一日以後

閘口南京聯運車上行車一次下行車一次
上北南京間上行車三次下行車三次
上北無錫間上行車一次下行車一次
上北常州間上行車一次下行車一次
無錫南京間上行車一次下行車一次

▲修路通車情形呈報鐵道部僉電

南京鐵道部顧部長曾次長鈞鑒道密有感電奉悉查本路連日修理通車各情形迭經按日電呈鈞部鑒核在案本路自經滬變後所有自崑山以東一切橋梁路軌站舍車場機房電線電話以及各種行車設備幾悉陷毁破在短促時間本無通車之望第念京滬交通關係重要苟有一綫可爲自當負責盡力做去故當停戰協定進行之初卽分請外交當局及本路債權代表注意保存本路產業交通幷督率機工車材各處主管人員預籌準備修路通車工作洽協定簽字日兵未撤復商請中日雙方軍事當局不妨礙本路修路工作之進行幸賴籌劃周敏員工奮勇靑陽港橋迅速修復京翔通車遂克先期舉行又因日方堅守眞滬拒不交還以致修路工作稍挫東進乃幾經走商於日方海陸軍當局始得限派路工六十名先往修路之允許滌日午後日兵撤退眞滬而試道列車卽隨於是日下午五時半車抵北站翌晨卽能恢復京滬通車當時幹綫雖已修復而各站交車道及車場岔道站台暨電綫電話號誌及其他設備多未修復以致列車交會調度配組及行駛速率諸感困難而北站原設機房本爲機車到達後小修整理之所亦因此次事變毁掠一空致有利用救險車工具修理機車之舉其應急困難之情形概可想見數日來維持京滬往來通車六次實爲無辦法之中勉爲設法現各站岔道站台電綫電話號誌及行車設備已逐漸修復惟機車車輛在戰事期內失修甚多北站機房亦已損壞過甚復修不易一時自難完全恢復戰前車次茲爲應客運急切需要幷恢復京杭津浦有聯運關係各列車及夜快

京滬路靑陽港鐵橋被日機炸斷後攝影

車起見擬先將現開車次增加定自六月一日起開駛第一次閘京聯運特快車第二次京閘聯運特快車第三次滬京特快車第四次京滬特快車第七次滬京快車第八次京滬快車第十三次滬京三四等車第十四次京滬三四等車第十七次錫京區間車第十八次錫滬區間車第二十次常滬區間車第二十三次滬錫區間車第二十五次滬常區間車第二十六次京錫區間車以上客列車次數比諸戰前僅差快車兩次慢車兩次及短程區間車數次當俟張華浜總機廠收回機車修理至相當程度再行逐漸籌議恢復至爲行旅安全起見已飭加派武裝得力長警隨車保護除將行車時刻另文呈送外謹先將修路通車經過情形及實行恢復車次計劃日期電復鈞核職陳興漢叩儉

南翔站被炸後殘跡

▲恢復行車狀況呈鐵道部漾電

南京鐵道部顧部長曾次長鈞鑒本日下午一時半上北站完全接收後即派員乘搖車赴翔佈置試道車東進旋於下午五時半安抵上北站茲定翌日暫先開行滬京客車兩次上午一次係十一時由滬開二十三時到京沿途各站均停下午一次係十五時四十五分由滬開二十三時二十三分到京在崑山蘇州無錫常州丹陽鎮江等站停靠又京滬客車兩次係將現行七時三十分由京開行之第八次快車到崑山後展駛於十六時四十六分到滬除京崑段各站停靠照舊外崑滬每在安亭南翔眞如等站停靠及現行八時由京開行之第十四次車到無錫後展駛於二十一時五分到滬沿途各站均停現止籌劃於最短時間內盡量

蘊藻浜大橋被燬情形

增加車次北站機車房設備損失甚重整理恢復不易將來車次加多不無問題北站售票房尙可用站員辦公室可暫勉用存餘房舍惟北站原有總局大樓二三四層悉被炸燬危墻矗立已飭工務處趕速拆除以免危險此次於日兵撤退後乃能尅日恢復通車皆賴員工以愛國愛路之精神奮勇工作克有成績除分別嘉慰外謹聞職陳興漢叩漾

京滬 滬杭甬 路局建築物及材料器具損失情形

自一月二十八夜，日軍起釁之後，淞滬支綫及上海北站，即在日軍蹂躪之下。而又藉其飛機砲艦之力，隨時隨地，大肆兇暴，故北至南京南至杭州兩路，無日不在危險之中。及三月二日我軍退守青陽港以西，於是自淞滬支綫砲台灣站以東，至於京滬幹綫陸家浜，凡五十餘公里，俱爲日軍掌握。前前後後，焚燬盜竊，不可勝紀。兩路工務處所屬各項損失，除各站房屋設備等項破壞情形，爲國內外人士所共見共聞外，其餘各沿路路軌橋樑住宅之被炸燬，電綫電報閘門栅欄之被拆除，傢具儀器工具材料之被遺棄盜用，預防危險預施工作之種種設備，總計損失之數實已不貲。今就事後調查所得，估計如下：

(甲)直接損失者(軍事直接破壞之類)

一	京滬路東段	九五五・六〇六元
二	淞滬支綫	九八・九一五元
三	京滬路西段	一・三一五元
四	滬杭路滬杭段	一九一・四〇六元
五	傢具儀器工具	四八・九三六元
六	電氣設備	

以上六項共一・二九六・一九三元

(乙)間接損失者(預防危險預施工作之類)

一	京滬路東段	九・三一六元
二	京滬路西段	三・四七一元
三	滬杭甬路滬杭段	一五・四〇三元

以上三項共二八・四六〇元

總計直接間接兩種損失之數，爲一・三二四，六五三元。此爲物質上之損失，有迹象可尋，有數量可稽。至如員工之遷調集合，物料之轉折輸運，以及個人品物之連帶損失，均不在此數之內。今將兩路所受直接損失，列爲五表如下。

表一 自砲台灣站以東各站被燬情形

站別	項目	說明
砲台灣	站屋	全燬
	站長宿舍	全燬
	警察教練所	正屋全燬副屋略受傷損
	其他	月台雨棚護路兵房號誌間及號誌設備皆受傷損
吳淞鎮	站屋	五門六窗失去
	站長宿舍	屋頂及墻略損九門十四窗失去
	其他	站上各項設備皆有損失
蘊藻浜	站屋	屋頂墻壁地板俱受損三門二窗失去
	站長宿舍	全燬
	站役宿舍	二門二窗及床鋪盡失墻壁略損
	岔道木屋	失去
	其他	燈油間廁所柵欄及各項設備俱受損傷
張華浜	站屋	二門三窗火爐架俱失去餘者亦破壞不堪
	鉄路學校	竹籬門窗屋頂皆受損
	公益社房屋	門窗被壞
	其他	月台木柵號誌設備及站牌俱受損
吳淞分道	站屋	門窗盡失地板一部被拆去其他亦受損
	站長宿舍	全存
	站役宿舍	門窗盡失其他部份亦受損
	其他	各項號誌設備俱受損失
吳淞旗站	站屋	門窗地板破壞不堪竹籬失去三百尺
	宿舍	二門十七窗失去板壁大壞
	新秤車機	門蓋失去配件多數遺失此機不能再用
	其他	舊秤車機及錫棧油棧均受損失

吳淞貨棧	站員宿舍	磚墻板壁扶梯門窗均受損失
	貨棧A.煤場	鐵門被壞竹籬失去一千五百尺
	貨棧B.	鐵門受損地板雨管被壞
	其他	碼頭辦事室工人宿舍煤夫宿舍岔道夫宿舍煤場工具舍各處屋頂門窗床舖俱受損失
吳淞機廠	裝車間	硬木地板大部失去二十處大門被燬
	鉄匠間	四處大門及二門十六窗失去
	電氣間	二處大門及四門失去屋頂及磁磚牆略受損傷玻璃盡破
	鍋爐間	門窗及屋頂鉄皮破壞玻璃盡破
	氣壓間	二處板壁及窗七失去玻璃盡破灰坑略損
	翻砂間	鐵門門窗被毀玻璃盡破
	造模間	四處鐵門失去屋頂略損扶梯及大部份木樓板壁亦拆去玻璃盡破
	木匠間	六處大門被毀三十片鉄絲玻璃盡破磚墻略損
	油漆間	四處大門毀去灰坑枕木被焚五十片鉄絲玻璃盡破
	其他	大門門房點工室醫生室工人宿舍廠長辦公室監工室材料室鋸木間新舊貨棧總辦公室堆場油間等等房屋皆受損失
吳淞碼頭	舊碼頭	木樁護木支撐橫樑共十五根被毀燈柱及燈六處盡失
	新碼頭	接樑全部被毀護木地板木樁支撐橫樑共三十根被燬
	浮碼頭	護木五根失去
高境廟	站屋	門窗雨管盡失墻壁略損
	站長宿舍	門窗床舖盡失
	其他	月台木柵及號誌設備皆受重大損失
江灣	站屋	樓房被炸毗連之室兩間全燬
	站長宿舍	墻壁門窗天花板均略微損
	月台雨棚	柱子鉄皮均受損
	其他	月台木柵廁所岔道木屋及號誌設備均受損失
天通庵	站屋	墻壁門窗屋頂略受損失
	站員宿舍	仝右

寶山路	其他	洋灰柵板木柵及號誌設備均受損失
	站屋	屋頂墻壁均被彈傷門窗及大鉄門被燬
	月台雨棚	洋灰柱及鉄皮均受彈傷
	其他	鉄柵銅匠室及號誌設備均受損
上海北站	兩路管理局	一百六十方面積五層磚石房屋全被炸燬
	站後雨棚	玻璃頂蓋全破鋼架一部被燬
	行李室	木料構造四方被焚
	新辦公室	四十三方面積兩層磚屋全被炸燬
	貨棧	新民路一帶貨棧共長九百尺全被焚燬
	衛生稽查室	全燬
	電氣新廠	全燬
	京滬路機車房	一部被焚水龍頭盡失門窗受損
	滬杭路機車房	屋頂門窗受損水龍頭有失者
	號誌設備	大部份遺失損壞
	站上設備	各種標誌牌架盡皆失去
	售票間	木料被傷玻璃破銅料失
	月台雨棚	一部被炸多處微損
	搖車夫宿舍	竹籬被壞門窗受損
	軌道監工宿舍	一部被焚
	公益社房屋	門窗損失
	車場柵欄	多處被燬
	車站路	多處被燬
	其他	信件室燈油間貯煤間吳淞舊站收票室消防器具室電池室調度課辦公室文牘課辦公室鉄路學校軌道工頭宿舍車廂房鍋爐間等等均各受損
麥根路旗站	秤車機	機件大部遺失不能再用
	新舊揚旗間	二門二十窗及扶梯失去地板被壞
	其他	油燈間及號誌設備皆受損失

麥根路貨棧	貨棧A	板壁地台板欄杆踏步門窗皆有重大損失
	貨棧B	仝右
	貨棧C	鉄皮屋頂墻壁受損雨管板壁大部遺失
	貨棧D	地台板踏步雨管板壁大部遺失
	貨棧E	仝右但情形更重
	貨棧F	仝右
	貨棧G	仝右
	體育場	休息間所有木料裝修盡失去
	其他	消防器具室銅匠間畚類月台水龍頭均受損失
麥根路分道	警務處辦公室	所有木料設備如地板板壁門窗盡皆失去屋頂墻壁受損
	揚旗間	門窗損壞
	站長宿舍	仝右
	站役宿舍	仝右
	道房	仝右
	其他	路簽台二處皆失去號誌設備受損
眞如	站屋	門窗大部破壞
	站長宿舍	同右
	月台雨棚	被飛機炸燬一部約長四十尺
	廁所	全燬
	其他	月台油燈間衛生草棚柵欄號誌設備皆受損失
南翔	站屋	地板門窗受損
	站長宿舍	地板門窗受損鉄皮副屋全被拆去
	月台廁所	全燬
	月台待車棚	全燬
	月台欄柵	失去百分之八十
	月台	二百七十尺被炸毀
	油燈間	大部炸燬

路別	橋號	所在地	說明
淞滬支路	第一號	寶山路天通庵兩站之間	二十尺鋼板樑被炸一洞

表二 沿路橋樑被毀情形

	其他	站役宿舍號誌設備皆有損傷
新龍華	月台	被炸壞約三百尺
下關	鉄路學校	屋角爲日本砲艦砲彈所中
	衛兵草棚	全燬
	站長宿舍	略受損失
青陽港	站屋	全部炸燬
	其他	號誌及各項設備全部失去
陸家浜	站屋	小受損失
	其他	號誌及各項設備全部失去
天福庵	站屋	小受損失
	其他	號誌及各項設備全部失去
	木柵	失去百分之五十
	站役宿舍	屋受微損床舖盡失
	站長宿舍	仝右
安亭	站屋	略受損失
	其他	號誌及各項設備皆受重大損失
	衛兵草棚	被焚
	燈油間	全燬
	站役宿舍	門窗床舖盡失
	站長宿舍	全燬
黃渡	站屋	全燬
	其他	站役宿舍號誌設備等皆受損失
	衛兵草棚	被焚

京滬路	第三號	天通庵江灣兩站之間	十九尺鋼板樑北首部份被炸橋墩受重傷
	第四號	江灣高境廟兩站之間	三十二尺鋼板樑被炸一洞
	第六號	吳淞江	十四孔十五尺木橋上部全被焚燬北首橋墩被炸
	第四號	眞如站東首	六尺鋼樑被炸壞
	第六號	眞如站西首	三孔十五尺鋼樑被炸末中橋身受震移動
	第十五號	南翔站東首	三孔十五尺鋼樑被炸末中橋身抬起橋墩傾斜
	第二十三號	黃渡站東首	八尺鋼樑被炸末中橋墩略有傾斜
	第二十四號	黃渡站西首	三孔十五尺鋼樑兩樑被炸
	第四十七號	陸家浜站西首	三孔三十尺鋼樑東首一孔炸壞橋墩受傷
	第五十五號	青陽港	四孔四十尺鋼樑一孔炸壞二孔受傷東首橋墩受傷東西兩端磚頭圓拱均被震裂
滬杭甬路	第十二號	梵王渡	一百四十五尺鋼樑橋上枕木一部被拆

表三　沿路軌道被毀情形

表內祇列被炸鋼軌數量，其他如夾板枕木螺栓道釘石渣等項數量甚多，茲爲顯豁簡明起見，皆未列入。

路別	地段	被炸鋼軌長度
淞滬支綫	寶山路天通庵之間	七十二尺
	天通庵站	六十六尺
	天通庵江灣之間	三十六尺
	江灣站及第四號橋	一千二百六十尺
	蘊藻浜及第六號橋	四百三十二尺
	第六號橋砲台灣之間	九百七十五尺
京滬路	上海北站	一千五百十八尺
	麥根路站	二千七百三十尺
	眞如站	一百零八尺
	第六號橋	五百零四尺
	南翔站	七百五十六尺

路別	地點	長度
	南翔黃渡之間	一百零八尺
	第二十三號橋	七十二尺
	等二十四號橋	一百零八尺
	第四十七號橋	三十六尺
	陸家浜青陽港之間	一百四十四尺
	第五十五號橋	一百八十尺
滬杭路	麥根路外揚旗	三十三尺

以上十八項共計被炸鋼軌九千一百三十八尺

表四　沿路閘門道房被燬情形

路別	項目	說明
淞滬支綫	交路閘門	自寶山路起至砲台灣止共有閘門十七處柱子門扇或全燬或半燬不定閘夫宿舍門窗床舖類皆失去拊近柵欄多被拆除
	道房	第四號道房完全被燬第一號第二號第三號及吳淞小飛班道房皆受傷損門窗床舖多數失去四周枕木圍牆亦多被拆除
	柵欄	木柵及洋灰圍牆多處被拆
京滬路	交路閘門	自上海至中山路共有閘門四處破壞情形亦與淞滬支綫相等
	道房	由第一號至第六號及上海麥根路小飛班道房八處門窗床舖多有損失

表五　沿路傢具儀器工具材料損失情形

地點或類別	說明
上海北站工務處	傢具儀器圖書全燬
上海北站工程課	兩路重要圖樣十餘箱測量儀器十餘副連同繪圖儀器傢具圖書全部被燬
上北分段長及軌道稽查辦公處	傢具大部份遺失
上北分段工廠	工具都盡遺失
上北分段材料間	所存各種材料大部遺失
道班工具	淞滬支綫第一號至第四號及吳淞小飛班京滬路第一號至第六號及上北麥根路小飛班共十三班道房內所存工具都盡遺失
搖車	一輛失去五輛受損
小平車	失去三輛
軌道材料	沿路儲存各料共失去新枕木六十二根舊枕木一千九百五十根及轍尖二十副
電氣設備之屬於工務處者	電報機電話機電鈴電燈各種電綫乾濕電池電扇電爐銅板鉛板銅條鉛條發電機各種電表等等以及關於電氣各種工作器具種類繁夥或在各站或在總廠或被炸燬或被盜掠皆有紀綠可資查考

京滬 滬杭甬 鐵路局張華浜工廠及材料廠損害情形

張華浜機廠及材料廠，已於五月三十日下午一時四十六分接收。中英公司代表戴維森亦在場視察。各機器間內機件設備，均有損壞。最重要之發電間，爲全機廠原動力所在，破壞最甚；且此種電機配件，多數須向外洋定購，預計恢復原狀，最少非半年不可。現在機車二輛，亟待修理，爲迅速應用起見，擬暫時假用外間電廠電力，惟外間電廠係屬交流電，而該機廠向用直流電，故須先將電機設備改裝，費時亦需一月之久，始能完畢使用。材料廠損失以吳淞廠暨上北老龍頭房內之材料所爲最重；其次爲上北新龍頭房內之材料所，除存吳淞廠內之笨重材料，尙少損失外，其中所存各種油類漆料及其他可移動之應用材料，已悉數毀失。至屬北站老龍頭房內之材料所，及存油間，所存油類，亦全被毀失。該所辦公室全部，復被焚毀。上北新龍頭房內之材料所，雖未遭砲燹，而內部所存材料，幾盡毀失。此次所有材料損失大部份，係歷年由外洋購存各種貴重之機車配件，機廠工具，及零星鐵路用品等項。現時補充訂購，因需時日，而料價因金價飛漲，所費勢須數倍，於往昔按照原價計算損失，已佔全部材料百分之三十强，倘照現在市價核算估計損失，爲數當更屬不貲矣。

京滬 滬杭甬 路局財產損失約數報告表

損失	京滬路	滬杭甬路
一、車務處—燬損產業並營業損失	洋四、七三二、九九一元	洋九二六、七八八元
二、機務處	洋一、〇二八、八三八元	洋一九六、五九三元
三、路綫工廠及車站	洋一、三〇七、九三五元 英金一七、四六一鎊	洋一六、七一八元
四、材料處	洋二七五、六〇九元	洋一九、一一四元
五、總務處（兩路）	洋一四七、七六六元	
六、駐路總稽核室（兩路）	洋一〇、一二二元	
七、會計處（兩路）	洋二四八、四三八元	
合計	洋七、七七一、六九九元 英金一七、四六一鎊	洋一、一五九、二一三元

兩路合計損失數

京滬路之損失數	洋七、七七一、六九九元 英金一七、四六一鎊
滬杭甬路之損失數	洋一、一五九、二一三元
合計損失總數	洋八、九三〇、九一二元 英金一七、四六一鎊

員工因公傷亡表

姓名	職務	傷亡情形	備註
季有清	蘊草浜站站長	二月七日日軍進攻蘊草浜站站屋被炸起火該站長率同留站員工奮勇救火飲彈殞命屍身迄未尋獲	業於三月十三日第四九八/三二九號文呈請照北寧路特別撫卹辦法從優給卹
徐斌	高境廟站站長	該站長奉派至南翔站工作於二月二十一日上午十一時許服務之際突被日機襲擊中彈殞命	除已照給喪葬費外業已于三月十二日第四九九一三一〇文呈請照北寧路特別撫卹辦法從優給卹
王景賢	望亭站電務司事	該司事奉派至南翔工作於二月二十四日上午服務時被日機擲彈轟炸殞命	遺族尙未覔到
葉科慶	蘊草浜電務兼司票司事	日機進攻蘊草浜站時被敵機槍殺殞命	遺屍不知所在迄今家屬亦未前來呈請撫卹聞遺有父母妻子各一人兄二人
張錦殷	蘊草浜站收票司事	仝上	遺屍不知所在
江國臣	上北站分路夫	該夫奉派至眞如站工作於二月二十四日下午三時許被日機擲彈受傷經紅會救出送仁濟醫院醫治	現已痊好
高紹泉	天通庵站分路夫	一月二十八日夜日軍進攻被敵槍殺	遺族尙未覔到
王其昌	天通庵站站長	一月二十八日夜日軍進攻被敵槍傷兩臂甚劇	現在紅會醫院尙未痊癒
張文化	上北站管棚夫	該夫於一月二十八日在北站淞滬綫第三道棚門輪値夜班適値日軍進攻迄今存亡未卜	已有上北站務稽査呈報奉批査明再辦
李景生	江灣站站長	被流彈擦傷頭部	今已痊好
楊谷明	南翔站電務司事	二月二十四日下午三時三十分在南翔站被日機擲彈受傷	今已痊好
邱志源	東段管棚替班夫	被敵槍傷臂部	今已痊好

敵機破壞京滬路各站表

日期	站名	破壞狀況
一月二十九日	上北	總局貨棧及蒸汽車二輛中彈被焚蒸汽車僅留底盤
一月三十日	眞如	貨車644號中彈月台毀一角軌道裂數處機車四號水櫃炸毀貨車三輛受損
二月二日	麥根路	第五號貨棧中彈稍受損失
二月五日	眞如	中彈毀空貨車六輛內三輛底盤亦受損
二月九日	上北	機車房繪圖室中彈焚毀煤台略受毀損
二月十一日	麥根路	路軌中彈毀三公里
二十月八日	南翔	敵機以機關鎗向月台掃射死平民二人
二月二十一日	南翔	上午十一時敵機以機關鎗向月台掃射死站長徐斌及平民六人傷路員及平民二十餘人
二月二十四日	南翔	十二時毀貨車6467 6531 6450三輛6203 1090 1031三輛出軌月台毀十餘丈軌道裂斷數十丈着彈處穴陷深約二十尺徑四十尺裏揚旗處軌道亦炸毀一處擊斃電務員王景賢壓傷電務員楊谷民
二月二十四日	十五及十六號橋	被炸毀
二日二十四日	眞如	駐梁氏花園之車站臨時辦公室被炸爲平地傷平民二人
二月二十六日	麥根路	球場更衣室中彈微被炸損傷平民多人
三月一日	麥根路	下午四時炸毀軌道十餘丈四時三十分復毀軌道甚重傷平民多人
三月二日	清陽港	十二時毀五十五號大橋沽重站長辦公室亦同時炸毀軌道裂斷電桿震倒交通斷絕
三月二日	二十三號鉄橋	與青陽港橋同時炸毀橋基路樑尚完好

□京滬鐵路接管後

接管委員會以南翔，黃渡，眞茹，等處，業已相繼接收，該會各委員，乃於五月二十五日上午九時，搭乘路局專車，赴上述各地，視察接收後情形，至下午三時半始返滬，茲將詳情，誌之如下。

接管委員視察眞茹南翔安亭

▲視察人員　視察人員，有接管委員會主席殷汝耕，委員韓德勤，朱錫百，江蘇接管專員李明揚，秘書李謨，吳宏，何孝怡，市政府秘書黃劍棻，及兩路局長陳興漢，車務處長鄭寶照，工務處長德司福，副處長濮登淸，會計處長哈立司，警務段總段長容裔，工程師殷之輅，馮其禮，程鵬翥，車務段長唐煥南，招待員馬直山，朱銘新，孫衡志，兩路黨部代表陳伯華，工會代表閔羅鈉，及各報館，各通訊社記者共二十餘人。當出發時，並由容總段長派路警八名，隨車保護，車上餐務均由餐務主任金守仁主持。

▲專車開駛　各委員於九時許，先後蒞止北站，當卽登入路局所特備之專車。該列專車，計掛頭等臥車一輛，頭二等混合車一輛，二等連餐車一輛，三等行李車一輛，共計四輛。陳局長，鄭處長，均於八時許卽在北站等候，各委員蒞止後，遂於九時十分專車開行。

▲行車情形　當日電務處長葛利未及將眞茹站至上海北站電話趕工修理，故於開車前先行派人至眞茹車站通知，故專車開行時，爲避免危險起見，特減低速率，緩緩開行。九時二十分至麥根路站，因須讓由眞茹開往北站之車輛，故在該站停候，並進早餐，至十時十分，始復開行，十一時二十分，抵眞茹站。

▲眞茹一瞥　至眞茹下車後，一行視察人員，由陳局長及鄭處長引導至被炸各處視察，並視察前日在十三號橋及其附近掘出之地雷兩個。此兩地雷於掘起後，卽放置該處月台南面之油間小屋內，屋門已用木

板攔住，以免危險。該項地雷，爲扇圓形，直徑的兩英呎，炸力五百鎊，月台之南，尚有被炸毁之樓房一所，已完全炸毁。據路局中人云，此屋本擬由路局出價二萬元購買，後未果，否則路局方面，又多受一番損失矣。

▲南翔視察　至十一時四十五分，眞茹視察始行完竣，乃登車開行，於十二時十五分抵南翔。此次京滬路局損失，除青暘港橋外，當以南翔站爲最重。月台畔之兩股軌道，爲敵機所擲下之重約二百五十鎊炸彈所炸毁，當被炸後，炸彈所落之處，有丈餘深之大坑，直經亦有一丈餘，被炸之泥土，突起如一小阜，所有鐵軌，竟炸起直立，可想見當時炸力之猛烈。月台之南，不數武，爲該站站長徐斌之殉難處，當二月二十四日，日機五六架，飛往該站天空，擲彈開槍，徐站長不避危險，仍振作精神，在該站調度車輛，不幸遇難，然其精神，殊足令人仰敬。徐站長年僅二十五歲，甫於去歲結婚，生一子，尚在襁褓，現陳局長，鄭處長，除特別優予憮恤外，並擬在北站建築徐站長殉難紀念物，以資紀念。又是日徐站長被難外，尚有警察一人，路警一人，亦受槍傷，現已醫愈。此外尚有在該站候車往西逃避難者之平民多人，亦被炸斃，日人之殘暴可覘一班。南翔車站附近視察後，殷，韓，朱，三委員及李明揚，遂行乘黃包車赴該鎮視察，並在朱委員錫百寓所中，稍事休息，（朱氏爲南翔人，）時該鎮公安局第一分局長高鴻書，聞訊趕至，各委詢以接收後之地方情形，當由高局長詳細報告，各委旋卽返車，並在車中午餐，至下午一時十五分，專車乃復離翔西進。

▲黃渡狀況　一時三十五分，抵黃渡站，各委相繼下車視察，該站房屋，在月台之南，當日軍撤退時，已完全焚燬，僅餘四週牆壁，一片瓦礫，殊覺悽涼，現路局已在原址西首，建一臨時草蓬，作售票處，至站屋建築，路局工程處已將圖樣繪就，不日卽可動工。

▲安亭視察　至下午一時五十分，復登車離黃渡而往安亭，此時殷，韓，朱，三委員，以安亭西面，前爲吾方之十九路軍防地，日軍始終未曾進一步，故主張不再前進，遂以安亭站爲視察終點，回車返滬。

要塞之接管

吳淞炮台

獅子林炮台
吳淞炮台
炮台灣營房
三官塘火藥庫

要塞之接管

本會以吳淞與獅子林兩砲台，及砲台灣營房，三官塘火藥庫，向由中央直轄。此次接管，特電准軍政部陳次長公俠氏，電飭上海兵工廠廠長宋式驫氏，薦派人員，分別負責辦理。各員姓名，暨接管區域，分別如后：

吳淞砲台； 陳文止

獅子林砲台； 施澤

三官塘火藥庫； 宋麗臣

砲台灣營房； 曹勁柏

接管獅子林炮台攝影

（1）

□獅子林砲台

獅子林砲台	
接管日期	五月二十四日
辦理接管人員	兵工廠派員 施澤

接管情形

五月二十四日上午十一時，由施澤偕同首都保安隊第一大隊第二中隊隊長方子鑫，率領保安隊四十名，前往接管。由駐該處日軍蓮花少佐，備具引繼書兩份，在獅子林砲台北首草地上，舉行交接儀式。經雙方簽字，日軍逐即撤退。

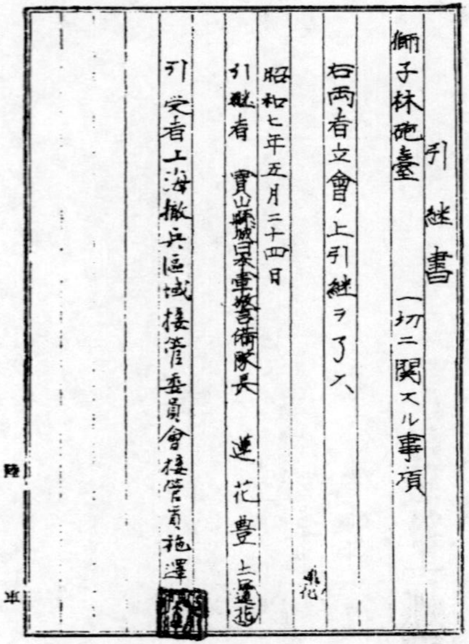
引継書
獅子林砲臺（一切ニ關スル事項
右兩者立會ノ上引継ヲ了ス
昭和七年五月二十四日
引繼者 寶山派遣日本軍警備隊長 蓮花豊
引受者 上海撤兵區域接管委員會接管員 施澤

接管獅子林砲台圖

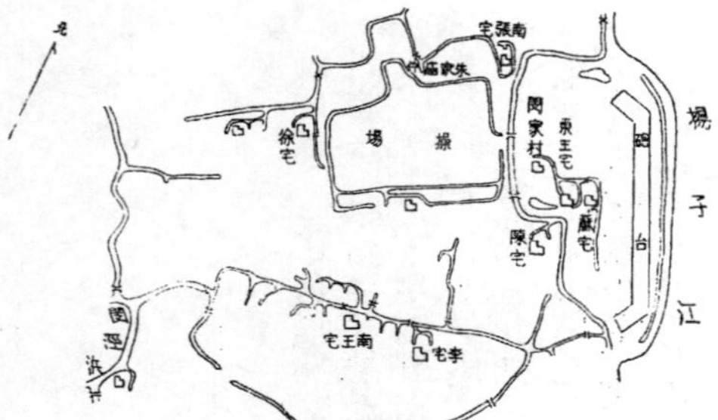

(2)

吳淞區要塞獅子林礮台各礮彈藥接管報告表

各械名稱	原有數量	現有數量	缺少數量	損壞程度
阿姆斯脫郎三十零半生的口徑後膛砲	二尊	二尊		砲身炸壞內有一尊砲架堪用
阿姆斯脫郎二十三生的口徑後膛砲	四尊	四尊		砲身炸壞內有三尊砲架堪用
阿姆斯脫郎十五生的口徑快砲	二尊	二尊		砲身炸壞內有一尊砲架堪用
阿姆斯脫郎五生的七口徑快砲	四尊		四尊	
克虜伯十二生的口徑後膛砲	二尊	二尊		均炸壞
八百磅子彈	一百四十顆	一百十三顆	二十七顆	堪用
二百五十磅子彈	三百六十顆	三百十五顆	四十五顆	堪用
一百磅子彈	五百二十三顆	三百九十八顆	一百二十五顆	堪用
六磅子彈	二百四十八顆		二百四十八顆	
四十磅子彈	二百四十八顆	八十八顆	一百六十顆	堪用
栗色六角一孔餅藥	二萬零九百一十五磅	無		
黑色圓條柯達無烟藥	五百磅	無		
黃色扁條柯達無烟藥	六十磅	無		
石子藥	一千四百四十六磅	無		
細粒炸藥	七十磅	無		

中華民國二十一年五月二十六日接管員施澤呈報

□吳淞炮台炮台灣營房

吳淞砲台	砲台灣營房
接管日期	五月二十五日
辦理接管人員	上海兵工廠派員陳文正 曹勁柏（周長清代） 本會特派員 陶孝潔 梁扶初

本會招待首都勵志社員視察吳淞砲台攝影

接管情形

五月二十五日，接管吳淞鎮時，同時接管吳淞砲台及砲台灣營房。由日方吉留少佐備具引繼書，舉行交接儀式，由雙方簽字。

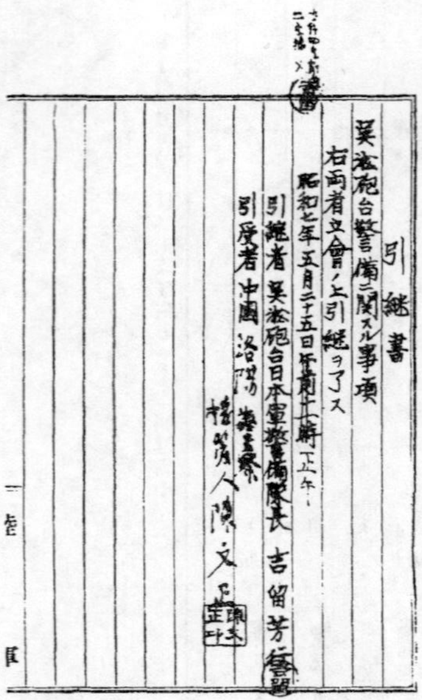

引繼書

吳淞砲台警備ニ關スル事項

右両者立會ノ上引繼ヲ了ス

昭和七年五月二十五日午前十一時（正午）

引繼者 吳淞砲台日本軍警備隊長 吉留芳

引受者 中國 淞滬 警察 接收人 陳文正

（4）

吳淞砲臺現狀一斑

吳淞砲臺，地頗重要。南北兩臺，計共十二吋四大砲四尊，八吋砲三尊，六吋砲四尊，四吋七砲五尊，二吋二砲四尊。其分配；北臺，九尊大砲，均集於此。南臺，十一尊，計共二十尊。兩臺綿延，長至一里半。茲已爲日軍將北臺之四吋七砲，拆去兩尊。南臺二吋二砲，拆去四尊。所存者，均斷砲口，間有爲日軍於佔據後所破壞者，已全部難於修理矣。砲臺既毀，砲傍之儲彈室，亦完全炸去。臺後兵房共六幢，亦復棟折梁傾，存在者亦輒百孔千瘡。兩臺彈穴甚多，間積成潦。砲管既有上海日本少年團粉書，而已炸之彈，及未炸之彈，俯拾卽是，砲徑中亦多有彈留存，足見吾軍當時撤退之匆促。無綫電發電臺，均被擊斷。砲基之石，亦炸成片塊，雜積各低窪之處。是可見當時戰事之烈，而敵軍砲火之猛也。此中當尙葬有吾忠烈之將士，境色荒涼，令人慨嘆！砲臺損失；其十二吋四者，每尊現値須三四十萬元，而砲基每個，則須五萬餘元，全部損失，迨將數千萬。接收以後，將先事清理，際此國庫空虛之時，對此國防要需，恐亦一時難於籌集欵項以事恢復也。吁！

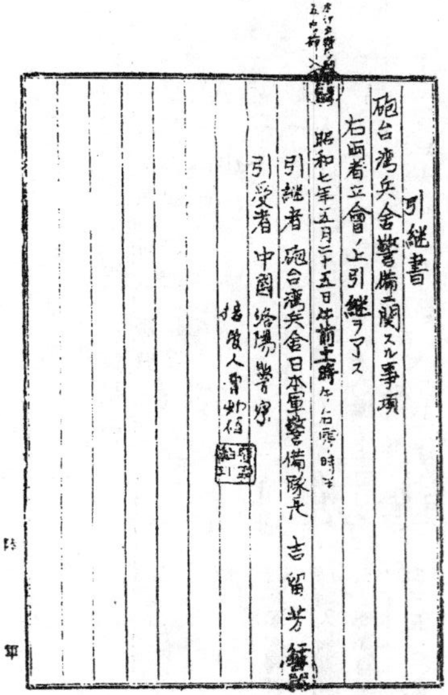
引継書

砲台湾兵舍警備ニ関スル事項

右両者立會ノ上引継ヲ了ス

昭和七年五月二十五日午前十一時

引継者　砲台湾兵舍日本軍警備隊長　吉留芳

引受者　中國　洛陽警察

吳淞區要塞南石塘砲台各砲彈藥接管報告表

各械名稱	原有數量	現有數量	缺少數量	損壞程度
阿姆斯脫郎三十零半生的口徑前膛砲	四尊	四尊		砲身炸壞內有二尊砲架堪用
阿姆斯脫郎二十零半生的口徑後膛砲	二尊	二尊		均炸壞
阿姆斯脫郎十五生的口徑快砲	五尊	五尊		砲身炸壞內有三尊砲架堪用
阿姆斯脫郎十二生的口徑快砲	二尊		二尊	
阿姆斯脫郎五生的七口徑快砲	四尊		四尊	
克虜伯十二生的口徑後膛砲	三尊	二尊	一尊	
八百磅子彈	一千零廿二顆	八百十二顆	二百一十顆	
一百八十磅子彈	一百六十五顆	一百零七顆	五十八顆	
一百磅子彈	八百二十四顆	七百二十二顆	一百零二顆	
四十磅子彈	六百三十四顆	五十五顆	五百七十九顆	
六磅子彈	一千六百二十五顆		一千六百二十五顆	
四十磅克虜伯子彈	一百二十五顆		一百二十五顆	
黑色圓條柯達無烟藥	一千五百四十磅		一千五百四十磅	
黃色扁條柯達無烟藥	七十二磅		七十二磅	
石子藥	七十九磅		七十九磅	
探照燈	一架	燈座一個 輪盤一個	燈頭電線電表等件	

中華民國二十一年五月二十六日接管員陳文正呈報

吳淞區要塞砲台灣各處營房接管報告表

營房地址	間數	損壞程度
司令部	二十四間	均己破壞門窗地板全無
南砲台	二十一間	仝上
北砲台	十三間	仝上
舊王府	八十八間	仝上
昭忠祠	二間	仝上
合計	一百四十八間	

中華民國二十一年五月二十六日接管員曹勁伯呈報

吳淞區要塞三官堂火藥庫接管報告表

各藥名稱	原有數量	現有數量	備考
六角一孔栗色幷藥	三千三百磅	無	
六角七孔黑色幷藥	一萬六千一百六十五磅	無	
四十磅柯達無烟藥	二百五十二磅	無	
大號石子藥	一萬九千八百五十磅	無	
二號石子藥	四萬零五百磅	無	
三號石子藥	一百二十五磅	無	
細粒槍藥	三萬零七十五磅	無	

新藥庫	洋房一所	門窗均無
舊藥庫	水門汀房十一間	門窗均無

中華民國二十一年五月二十六日接管員宋麗臣呈報

□三官塘火藥庫

接管日期	辦理接管人員	
五月二十五日	寶山縣政府公安科科長	高希天
	接管後移交於兵工廠派員	宋麗臣

接管情形

三官塘火藥庫，在寶山縣城外。二十五日接管寶山縣城時，日方蓮花少佐因我方兵工廠所派接管員久候未至，日方急於撤兵，當由蓮花少佐備文，一併交與寶山縣長孫熙文接管，即經孫縣長派科長高希天代表簽印接管。午後，再由高移交於宋麗臣。

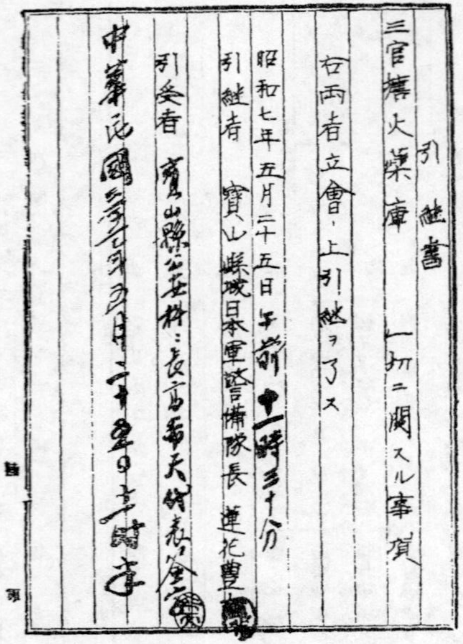
引継書
三官塘火藥庫　一切ニ關スル事項
右兩者立會ノ上引継ヲ了ス
昭和七年五月二十五日午前十一時三十分
引継者　寶山縣城日本軍警備隊長　蓮花豊
引受者　寶山縣公安科々長高希天代表人宋麗臣
中華民國二十一年五月二十五日十一時半

(8)

接管三官堂火藥庫圖

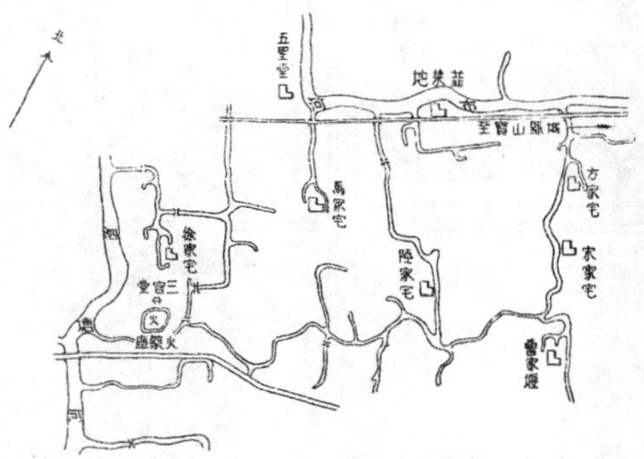

殘餘炮彈一瞥

交通部上海電話局接管工作報告

(一)未戰前狀況

交通部上海電話局，在戰區內，共有分局五所，即閘北一分局，閘北二分局，江灣分局，吳淞分局，南翔分局。合計五處電話，約有用戶六百七十六家。每月收入，約四千餘元。一分局及二分局，業已着手改裝自動電話，並自建三層樓房屋于閘北永興路育嬰堂路口。所有自動交換機，均已裝竣，一俟局外綫路改良妥善後，即能應用。江灣分局，亦因房屋不敷，曾于去年年底，由文治路寶善里，遷至江灣跑馬廳坍近。另裝新交換機，將局外所設裸綫，改用鉛包電纜，以冀傳話通暢，不意建設甫竣，即遭浩刼。

(二)接管時情形

(一)閘北區：

閘北一分局，及閘北二分局局屋，係賃租民房，無大損失。內部交換機，略加修理，尚可應用。

閘北永興路新局局屋，三層樓被砲彈擊中數處，內部所裝自動交換機，有一部份被燬。

閘北永興路料棧，存有電纜四萬呎，電桿四百餘根，悉數被燬。

局外綫路，被燬之處甚多。茲特列舉如後：

宋園路東北，迄北四川路天通庵公興橋等處，碎瓦頹垣，漫無涯際，本局桿綫，鮮有存在者。用戶話機等材料之損失，爲分局成立以來，未有之創聞。

京滬路以南，蘇州河以北一帶，除新民路及大統路炸燬桿綫二處外，流彈傷及電纜及明綫不少。

北四川路以東，迄虹鎮一帶，綫路完善，惟明綫及電纜箱，亦有多處爲流彈所傷。

閘北區損失總計表

料名	局外綫路損失數量	料棧存料損失數量
電桿	六八二株	四〇〇株
三百對電纜	—	一二〇〇〇呎

百對電纜	二三一〇〇呎	一二〇〇〇呎
五十對電纜	九五五〇呎	
廿五對電纜	二五八〇〇呎	一四〇〇〇呎
十七號銅線	一五〇〇〇磅	
十二號銅線	三五〇〇磅	二五〇磅
五十對電纜箱	三只	
廿五對電纜箱	二〇只	
十四對綫箱	二只	
磁石式電話機	二六〇只	

(二)江灣區：

本局綫路，在江灣區，除大部木桿，尙屬完好外，所有電纜及明綫，均破偸竊。

江灣區損失總計表

料名	損失數量
一百對電纜	六〇〇〇呎
五十對電纜	三五〇〇呎
廿五對電纜	三五〇〇呎
十七號銅綫	三一四〇磅
用戶電話機	四〇只
百門交換機	一座

(三)眞茹區：

本局在暨南大學內，裝置之十門小交換機，及話機十只，均已遺失。

(四)大塲區：

本局所裝之十門小交換機已被燬

(五)吳淞區：

本局桂枝街分局房屋，悉被焚燬，百門交換機，亦已遺失。

大場區損失總計表

料名	損失數量
十七號銅綫	四二〇〇磅
木桿	九八根
百門交換機	一座
用戶話機	七只

（六）南翔區：

交換機已被日兵拆毀，局外綫路，大都被毀。

南翔區損失總計表

料名	損失數量
十七號銅綫	四三八〇磅
電桿	五〇根
百門交換機	一座
用戶話機	十七具

（三）損失估計總數

（一）財產損失：

綫路　七二·〇〇〇元

機械　二〇·〇〇〇元

房屋　一〇·〇〇〇元

庫存材料　一一七·〇〇〇元

（二）營業損失　五〇·〇〇〇元

（三）人事損失　五·〇〇〇元

（四）特殊損失　三·〇〇〇元

（四）恢復工作

（一）綫路方面

查勘綫路　一〇五公里

建設桿路　五九公里

施放電纜　二公里
接斷綫　六〇公里
修通長途綫　二〇〇公里
修通中繼綫　一〇〇公里
修通用戶進綫　二四〇戶
修電纜障碍　五二處
修復電纜箱　十六只

（二）機械方面

查察用戶話機　四〇〇戶
裝公安局廿門小交換機　一座
裝電話機　五六具
拆電話機　四八具
移電話機　五具
試線　六〇〇戶
換電話機　三六具
修理局內總機　六〇〇餘號
修分綫架及保安器　六〇〇餘號
修舊機　五八只

電話局

電話局材料處被燬情形

電話局牆上之槍洞

電話局

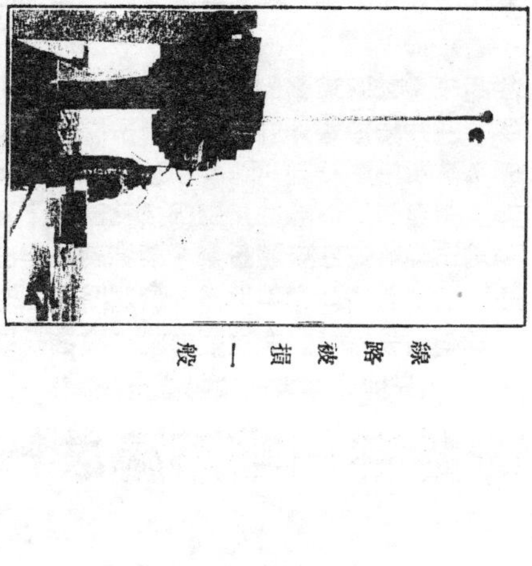

線路被損一般

自動機樓後情形（其一）

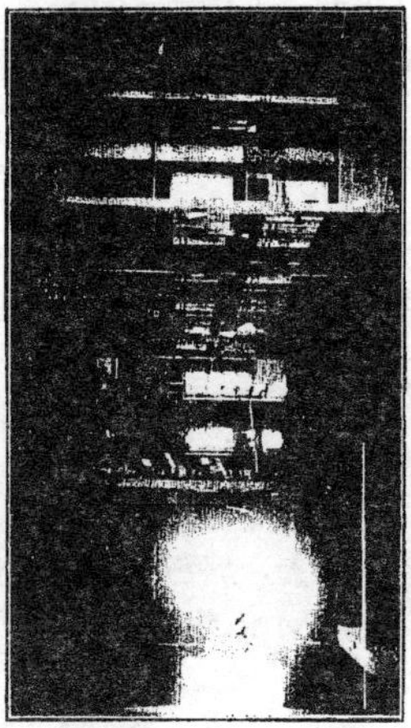

自動機樓後情形（其二）

自動機樓後情形（其三）

滬漢電報幹綫工務處接管工作報告

（滬漢電報幹綫工務長陶鳳山）

（一）戰前情形　上海至各路電報綫，係自福州路起，經地下電纜以達閘北寶山路地綫房，然後接至架空綫路，沿虬江路及京滬鐵道而至潭子灣。由此，一路西向，仍循京滬鐵路，經南翔崑山以達蘇州鎮江下關南京漢口天津青島等處。一路沿滬杭鐵路，以通市政府龍華高昌廟松江杭州寧波福州等處。其往吳淞瀏河一路者，則由寶山路地綫房起，向東循寶山路及淞滬鐵路，以達張華浜電報局及寶山縣東門外水綫房。南翔蘇州間電報桿上，並掛有京滬長途電話銅機四對，平時報話各綫，均極通暢。

（二）戰時情形　一月廿八夜暴日進犯閘北時，因天通庵一帶均爲敵軍佔據，上海吳淞間電報綫　首先被毀不通。其自寶山路起，至麥根路一帶總綫路，適在我軍之最前綫，亦卽敵軍射擊集中之處，以致綫路日必被燬數次。本處以上海與各路電報通信，爲應軍事外交及民衆之需要，不可頃刻阻斷，當卽一面督率技工，日日在炮火飛機之下，冒險搶修，以維眞如南翔蘇州南京松江杭州等處重要通信。一面另籌繞道安全地點，接通電綫計劃三種，次第實行。滬戰三月有餘，上海與各路通信，賴此卒能始終未曾阻斷一日。

（三）接管情形　此次暴日侵滬，最初僅將上海至潭子灣段，及上海至寶山段桿綫，及寶山路地綫房，寶山縣水綫房，用炮火擊燬。嗣後利用飛機時時在眞如南翔青陽港新龍華等處，拋擲大批炸彈，肆意破壞桿綫。最後我軍退至第二道防綫以後，及敵軍撤退以前，又將閘北眞如南翔黃渡等處木桿綫條，儘量砍割。種種破壞，其目的在使我方不易恢復，經於接管時一一視察，其損壞情形約略如下：

（甲）寶山路地綫房；屋頂及四面墻壁洞穿。樑木椽子擊斷。四週水落及玻璃窗等，全部破碎無遺。地綫及機件損壞，材料傢具，被竊一空。

（乙）寶山縣水綫房；屋頂及煙囪擊落。內部機件拆壞。

（丙）上海至崑段綫路；寶山路地綫房起，至潭子灣間，報綫二十二條，被炮火槍彈擊斷六十餘擋。潭子灣至崑山間，報綫十二條，共被燬八十餘擋木桿，計擊斷燒燬及砍去百餘根。南翔至天

福庵間之長途電話十一號銅綫四對，完全竊去無遺。

(丁)上海吳淞段綫路；寶山路虬江路口至天通庵一段木桿，及十對二十五對架空電纜各一條，完全燒去。天通庵經江灣蘊藻浜至寶山縣東門一段，報綫約被毀二百擋。木桿一百八十根。

(四)損失估計 上海附近綫路損失，估計約略如下：

(甲)房屋傢具臥具材料及機件修理費	三萬一千三百元
(乙)上海崑山段木桿銅綫鐵綫及工運費。	二萬一千八百元
(丙)上海吳淞段，電纜木桿銅綫鉄綫及運費	三萬四千元
(丁)戰事期間搶修費及架設繞道綫路工料費	二萬五千元
以上共計十一萬二千一百元	

(五)接管以後工作情形 本處以沿京滬路所設之電報及長途電綫，係全國通信之總樞紐，急需恢復原狀。爰於四月下旬起，即行籌拔大批桿料抽調各處技工，集中崑山上海兩處。并於五月灰日．即行商准十九路軍，開始自青陽港向東修理。嗣以查得破壞過多，文日起續派綫工兩組，由南翔黃渡分頭進修。京滬長途話綫，即於巧日先行修通一對。迨至閘北日軍於漾日下午撤退後，本處復於當日下午，分派技工，盡力搶修寶山路地綫房至眞如一段毀綫 該段綫路，即於敬日下午完全恢復。至滬淞一段報綫，自經接收以後，因橫浜河以東，尚有日軍駐劄，不能自由修理。當經商請接管委員會，向日方領取臂章，分發工人，攜帶前往工作，隨於六月篠日修復。查以上各綫，現時雖已完全恢復，惟自經此次破壞以後．原氣傷盡，尚須繼續加以整理，方能恢復原狀。

由總廠前門向內遠望危牆聳立情形

第一二三紙棧房之殘蹟存紙價值數百萬盡成刼灰

圖書總棧房之殘景內存圖書數千萬冊燬後刼灰深可沒膝

本館附設尚公小學校燬後之殘跡

商務印書館被燬報告

本館經始於清光緒二十三年正月，適當甲午中東戰役吾國失敗，列强刼盟，清政府變法圖强之際．創辦人夏瑞芳，鮑咸恩，鮑咸昌，諸人集資四千元，在上海江西路賃屋三楹，購置印機數架經營印刷事業，是爲本館創業之始．光緒二十四年遷於北京路，越五年始建印刷所于北福建路，設編譯所于唐家街，設發行所于棋盤街．規模至是粗具．光緒三十年本館擇地上海閘北寶山路東建築大規模之總廠，佔地凡八十餘畝，爲總務處，印刷所，編譯所，尙公小學，以及日後另設之東方圖書館等所在地．復于棋盤街新建發行所．基礎至是益固。此後迭圖擴充，資本總額逐漸增至五百萬元．歷任總經理經理夏瑞芳，鮑咸昌，張元濟，王雲五，李宣龔，夏鵬諸人先後赴東西各國研究考察以求公司具體之改進．設備日形充實，營業益有發展．

東方圖書館第四層樓之書庫古本珍籍凡數十萬
册均化爲刼灰堆積地上供人憑弔

本館成立迄今已達三十六年．述其貢獻之犖犖大者計有四端：卽敎育敎材之供給，中外名著之印行，實際敎育文化事業之舉辦，國貨之提倡是．就敎材之供給論，清季興學時則出版最新敎科書，民國成立時則出版共和國敎科書，國語運動興起時則出版新法敎科書，學制改革時則出版新學制敎科書，國民革命告成時則出版新時代敎科書，最近國民政府頒布課程標準時則又出版基本敎科書．無不適應潮流，風行全國．其他敎育用品之由本館供給者約計全國總百分之七十五之多．

其次本館深知出版事業關係我國文化前途甚鉅，故確定方針，一方發揚固有文化，謀溝通中西以促進整個中國文化之光大．本館因此有中外名著之系統印行．我國名著之出版者有四部叢刊，續古逸叢書，續藏，道藏，百衲本二十四史等無不響滿海內．藝術類名著則有宋人畫册，石渠寶鑑，宋拓淳化閣帖等，亦無不精美絕倫，關於西方學

術之介紹者則有漢譯世界名著，現代教育名著，以及其他各科叢書．最近風行全國之萬有文庫尤爲國內唯一之鉅製．此外工具用書如辭源，學生字典，教育大辭書以及名地名動物植物礦物醫學等辭書，尤足應付吾國學術界之需要．定期刊物之有裨學術者有東方雜誌，學生雜誌，教育雜誌，學生雜誌，兒童世界，英語週刊等，讀者皆以萬計．綜計本館出版物至民國十九年止已達八千餘種，一萬八千餘冊之多．

此外更出其餘力舉辦實際教育事業以謀貢獻于社會．已往者姑不具論，其較著者有由涵芬樓擴充而成之東方圖書館，培植同人子弟及閘北居民子女之尚公小學及幼稚園，以及學生普及全國之函授學社．本館並亦始終以提倡印刷上國貨之使用與製造爲宗旨．例如紙料石版鋼鐵之屬，無不儘先採用國產．至于鉛字銅模製版及各種機械油墨膠棍等以及教育用品如儀器模型標本文具等，亦無不自能製鑄．除自用外並以廉價供給國人．

至于本館各種設備向極完善．其印刷機器　應有盡有，在遠東尤無其匹．機器重要者有滾筒機，膠版機，米利機，鉛版機，大號自動裝釘機，自動切書機，世界大號照相機等，總數達一千二百餘架之多，世人多稱本館爲東方文化之中心機關洵非過譽．

由總廠後門向內遠望滿地狼藉情形

民國二十一年一月二十八日晚十一時後日本陸戰隊突然侵犯閘北，我十九路軍爲自衛計起而力抗．日軍志不得逞，遂于二十九日晨四時二十分開始用飛機多架由黃浦江中航空母艦上起飛，向閘北空際盤旋示威．至十時許接連向本館總廠擲下炸彈六枚．第一彈中印刷部，第二彈中機房，當卽爆裂發火．救火車因在戰區無法施救，祇得任其延燒．火起後日機復繼續擲彈，於是全廠皆火．濃烟瀰漫天空．又因總廠紙類堆積甚多，延燒更易．廠中各種印刷機器全部燒燬．焚餘紙灰飛達十數里外．是日下午三時許全廠盡燬，唯火勢至五時許猶未全熄．據日本海軍大尉小田所記，是日日本實有水上飛機四架翱翔於閘

北天空，皆攜有五百基羅格蘭姆炸彈多枚云．三月二日我軍因戰略關係西守第二道防線，日軍隨于同日傍晚進佔閘北，直至五月二十三日方由我上海撤兵區域接管委員會正式收回云．本館總廠既被日機擲彈炸燬．在上海力抗日軍之第十九路軍軍長蔡廷楷，上海市長吳鐵城，國民政府委員孫科，李宗仁，陳友仁，諸人皆通電指責日本炸燬本館爲「掠奪侵凌」表示痛惜．上海市商會等各團體致電美國大總統胡佛稱日本軍除猛攻華界、飛機擲彈放火．且將中國文化有關之商務印書館焚燬．古版圖書盡付一炬，請求主持公道，以強力制止日本暴行．蔡元培諸人亦代表中央研究院等電致國際聯合會國際文化合作委員會轉請國聯行政院迅採有效方法，制止此類破壞文化事業及人類進步之殘暴行爲．同時中外輿論界如大陸報，申報，大公報，時事新報等對于本館被燬亦無不備致惋惜之意．

不意本館總廠被燬後之四日，復有東方圖書館及編譯所被焚之事當，本館於前清光緒三十年購地于上海閘北寶山路建築新廠落成之日，本館編譯所所長張元濟卽着手籌設圖書館，搜羅國內諸名家散出藏書，以供編譯參考之用，此卽名著中外之涵芬樓之濫觴．此後二十餘年間蒐求未輟．卽方志一門已得二千餘種．日本歐美名家撰述，暨歲出新書，積年藏異，數亦非尠．本館鑒于國內文化進步之遲滯，世界潮流之日新，認爲有設立公開圖書館之必要，乃于民國十三年指撥餘利十一萬餘兩在總廠對面寶山路西特建五層鋼骨水泥大廈一座，移涵芬樓舊藏圖書實之，名曰東方圖書館，同時並聘王雲五爲館長總理館務．此爲東方圖書館由涵芬樓蛻化而出之情形也．

據本館統計，至民國二十年計終止，實藏普通中文書二十六萬八千餘冊．外國文書東西文合計八萬餘冊，凡古今中外各科學術上必需參考書籍無不大致粗備．圖表照片五千餘種，內有羅馬教皇凡的康宮所藏明末唐王之太后王后王太子及其司禮監太監皈依天主教上教皇書之影片，及中國古畫十餘軸，均張氏購入以供編輯考訂古代制度俗尙之用；此外如德英美諸國所出地質地圖，人體解剖圖，西洋歷史地圖，以及本館出版各種古畫油彩及照片之原底，尤爲不可勝數．

本館所藏善本書可分舊四部各書．方志及中外雜誌報章三大類尤足珍貴．先就舊四部各書言，計有

經部	三五四種	二・九七三冊
史部	一・一一七種	一一・八二〇冊

子部	一・〇〇〇種	九・五五五冊
集部	一・二七四種	一〇・七三五冊

以上各書就版本言有如下表：

宋版	一二九種	二・五一四冊
元版	一七九種	三・一二四冊
明版	一・四四九種	一五・八三三冊
清版	一三八種	三・〇三七冊
抄本	一・四六〇種	七・七一二冊
批校本	二八八種	二・一二六冊
稿本	七一種	三五四冊
雜本	三一種	三八三冊

以上四部各版本書合計總數約三・七四五種，都三五・〇八三冊・其中有五千餘册向寄存金城銀行庫中・此外本館並購進揚州何氏藏書約共四萬餘册，部別版本正在整理中

本館善本室中除藏有上述涵芬樓舊四部各書外，並藏有全國各省府廳州縣志整套，較國內任何圖書館所藏爲備・茲爲備學人參考起見，特據本館紀錄詳列如後：

直隸省	二三〇種	一・七九八冊
盛京	二七種	一六〇冊
吉林省	三種	五八冊
黑龍江省	三種	一六冊
山東省	一九四種	一・五九七冊
江南省	一六〇種	一・二六八冊
山西省	一九二種	一・四〇八冊
河南省	一七二種	二・〇八四冊
安徽省	一一五種	一・四二一冊
江西省	二三一種	二・六二三冊
福建省	九五種	一・一九八冊
浙江省	一八八種	二・四六六冊
湖北省	一二二種	一・四六八冊
湖南省	一一九種	一・五二四冊
陝西省	一三三種	一・七七六冊
甘肅省	七七種	四五一冊

新疆省	一種	三〇册
四川省	二三二種	一·七五四册
廣東省	一五九種	一·四八一册
廣西省	六七種	五七六册
雲南省	九一種	一·〇一〇册
貴州省	五〇種	五一六册

以上凡二十二省得方志二·六四一種，二五·六八二册；中有元本二種，明本一百三十九種．此中除省志齊全外，全國府廳州縣志應有二·〇八一種，本館已收一·七五三種，實已達全部百分八十四．搜羅賅備，蔚成巨觀，國內殆無倫匹．

此外本館並藏有公元十五世紀前所印西洋古籍 (Incunabala) 多卷，爲館長王雲五遊歷歐美時購歸，可稱珍品。

至本館所藏中外雜誌報章亦極完備．例如荷蘭出版之 (Tung Pao) 通報，英國亞洲文會所出版之學報，(Journal of the North China Branch of Royal Asatic Society) 等雜誌，皆爲研究吾國國故者必讀之書，無不備有全份．此外又有福州及上海出版之教務雜誌，(Chinese Recorder) 及香港出版久已絕版之中國彙報，(Chinese Repository) 哲學評論，(Philosophical Review) 愛丁堡評論，(Edinburg Review) 等雜誌全份，尤爲難得珍本．本館所藏各種科學雜誌甚多，而以出版已達一百餘年之德國李比希化學雜誌 (Lepzig's Annalen der Chemie und Pharmacie) 初版全套，殆爲遠東唯一孤本，最爲名貴．至於本國出版之日報如上海之時報，神州日報，民國日報，天津之大公報，益世報，以及清末光宣之際與京報並行之諭摺彙存，均藏有全份．上海之申報，新聞報，該館所藏亦均各達三十餘年以上．本國雜誌之備有全份者爲著名之外交報，新民叢報及國聞週報，以及二十九年來本館自出之東方雜誌及其他雜誌．搜集保存均非易事．以上普通舊本各書除圖表照片外，總數已達四六三·〇八三册之多．就吾人所知，吾國各公衆圖書館藏書之富，在當時殆以東方圖書館爲首，國人推爲我國東南圖書館巨擘，實非過譽．東方圖書館圖書布置既已就緒，乃于民國十五正式公開閱覽．各界人士赴該館閱覽者據民國十九年統計一年中已達三萬六千餘人．民國十八年該館更添設兒童圖書館，民國二十年復設流通部，以達服務社會初旨．

至于本館之編譯所原設寶山路東總廠中，民國十六年後移設東方

圖書館後部餘屋．所中除分設各科編譯小組外，附設雜誌社十處，及函授學社五科．

當本館總廠被燬之日，東方圖書館及編譯所卽已有人傳言因火焰沖過馬路，亦遭殃及．迨二月一日晨八時許東方圖書館及編譯所又復起火．頓時火勢燎原，紙灰飛揚．直至傍晚，此巍峨璀璨之五層大廈方焚燬一空．東方圖書館三十年來繼續搜羅所得之巨量中外圖書，極大部分之舊四部各善本書，積累多年之全部中外雜誌報章，全套各省府廳州縣志，以及編譯所所藏各項參考書籍及文稿，至是盡化爲刦灰．

東方圖書館既被焚燬，國內外人士僉形驚動．中央委員孫科，孔祥熙，吳鐵城，等通電全國謂日本對我國「交通文化教育機關，輒付一炬，」旣激同胞公憤，且失世界同情，應卽一致奮起，共救危亡．第十九路軍軍長蔡廷楷向兵士訓話時亦極爲憤慨．南京重要文化團體及教育機關如中央研究院，中央大學，中央政治學校等，上海律師公會，各大學聯合會，中國著作者會，北平學術界中人胡適，蔣夢麟，丁文江，翁文灝，傅斯年，梅貽琦，袁同禮，陶孟和，陳衡哲，任鴻雋諸人，以及上海英美籍基督教傳教士一百〇五人無不發表通電及宣言，認日軍以飛機擲彈炸燬全中國教育界所托命之商務印書館及其藏有多量無價典籍之圖書館爲慘無人道，應請全世界人民羣起制止日人暴行．國民政府教育部自得本館及東方圖書館等被燬消息後，部長朱家驊段錫朋先後專電慰問，表示痛憤．

同時中外輿論對於東方圖書館被焚又一再致其惋惜憤慨之意．大陸報，大美晚報，及華北明星等無不各著長篇評論表示憤慨．大公報，申報以及時事新報亦皆以東方圖書館收藏宏富，今玆遭刦，至堪痛惜爲言．

本館總廠及編譯所東方圖書館尚公小學等既被日機拋彈縱火全部焚燬，損失重大．乃于二月中旬備文分呈中央黨部，國民政府，行政院，實業部，外交部，教育部，上海市黨部，市政府及市社會局市教育局，並函致上海市商會及書業同業公會，請求迅向日本提出嚴重抗議，並聲明保留賠償損失要求．三月上旬，戰事停止後始得派人前往視察，據其報告所云：本館總廠中第一第二兩印刷所爲兩層樓長屋兩大排，中有機器數百架，爲本館主要印刷部分，均與房屋同歸于盡．第三印刷所爲三層大廈，係墨色石印部分，英文排版部亦在其中，均

焚燬無餘，第四印刷所爲四層大廈，二三兩層置彩印精印機器數十架．上層爲全公司總務處所在地，下層爲營業部所在地，均付一炬．其他如標本模型製造部．製油墨部，以及三層大廈置有裝切機器數十架之裝切部等亦無不全毀．又書籍及紙張等棧房之大廈及所存書籍紙張均焚燬一空，紙灰深可沒膝．儀器文具等棧房亦如之．藏版部係三層巨廈，被焚後所藏銅鋅鉛等版均溶成流質，溢出牆外，凝成片塊．他如儲電房，自來水塔，木工部，出版科，寄售股等房屋無不燒成瓦礫之場．其殘留者僅機器修理部，燒版部及療病房數處而已．

至于總廠以外之東方圖書館，編譯所及其附設之各雜誌社函授學社，尚公小學，以及廠外書棧房等，均僅餘斷壁頹垣與紙灰瓦礫云云．嗣經本館當局詳加查勘之後，當即于三月中旬依據實在情形，將全部損失數目造具清册呈報政府，茲將本館所報數目列左：

一 總廠

甲 房屋

子 總務處　一·七〇〇·二八〇元

丑 印刷所

1 印刷部　三七八·〇三一元

2 棧房　一三九·二三四元

3 本匠房等　五·七九六元

4 儲電室　二一·九五三元

5 自來水塔　一一·四二九元

寅 家慶里住宅　七·二〇〇元

乙 機器工具（包有滾筒機，米利機，膠版機，版機大號自動裝釘機，自動切書機，世界大號照相機等）　二·八七三·七一〇元

丙 圖版　一·〇一五·二四二元

丁 存貨

子 書籍

1 本版書　四·九八二·九六五元

2 原版西書　八一八·一九七元

丑 儀器文具　七七一·五七九元

寅 鉛件　一九·八〇七元

卯 機件 六・二〇七元

戊 紙張原料

子 紙張 七七六・一〇〇元

丑 原料 三二一・二〇〇元

已 未了品 二七五・〇〇〇元

庚 生財修裝

子 總務處 一二・五二三元

丑 印刷所 八二・一〇五元

寅 研究所 五三五元

辛 寄售書籍 五〇〇・〇〇〇元

壬 寄存書籍字畫 一〇〇・〇〇〇元

二 編譯所

甲 房屋在東方圖書館下層，已列入東方圖書館損失數內不另計價.

乙 圖書

子 中文 二・五〇〇部 三・五〇〇元

丑 外國文 五・二五〇冊 五二・五〇〇元

寅 圖表 一七・五〇〇元

卯 目錄卡片 四・〇〇〇元

丙 稿件

子 書稿 四一五・七四二元

丑 字典單頁 一・000・000張 二〇〇・〇〇〇元

寅 圖稿 一〇・〇〇〇元

丁 生財裝修 二四・八五〇元

三 東方圖書館

甲 房屋 九六・〇〇〇元

乙 書籍

子 普通書

1 中文 二六八・〇〇〇冊 一五四・〇〇〇元

2 外國文 八〇・〇〇〇冊 六四・〇〇〇元

3 圖表照片 五〇・〇〇〇冊 五〇・〇〇〇元

丑　善本書

1　經部　二七四種　二・三六四冊
2　史部　九九六種　一〇・二〇一冊
3　子部　八七六種　八・四三八冊
4　集部一・〇五七種　八・七一〇冊
（以上 1–4）　一〇〇〇・〇〇〇元
5　購進何氏善本約四〇・〇〇〇冊
6　方志三・六四一部　二五・六八二冊　一〇〇・〇〇〇元
7　中外雜誌報章　四〇・〇〇〇冊　三〇〇・〇〇〇元

寅　目錄卡片　四〇〇・〇〇〇張　八・〇〇〇元

丙　生財裝修　二八・二一〇元

四　尚公小學

甲　校舍

子　小學部　一九・一〇九元

丑　幼稚園部　一〇・〇〇〇元

乙　圖書儀器及教具　一二・〇〇〇元

丙　生財裝修　六・〇〇〇元

以上共計一六・三三〇・五〇四元

交通部國際電台滬戰損失統計表

項別	類別	損失金額（元）		備註
資產損失	眞如發報台眞空管	二七·五八六	二五	指眞空管之損壞遺失及搬運時損傷而言
	眞如發報台機件	一·八〇一	〇〇	
	眞如發報台器具	二六一	三〇	
	劉行收報台機件	二·五五四	一〇	
	劉行收報台器具	二六八	一九	
	上海劉行間遙控線路	四二、七三九	九七	
	上海眞如間遙控線路	二一·二九四	九九	
營業損失	減少商報報費收入	一六〇·〇〇〇	〇〇	
人事損失	眞如發報台全體員工役警行李服裝損失	四·一九二	〇八	
特殊損失	臨時發報台房租	六·四六一	〇〇	
	臨時收發報台裝置及維持費	六·四七二	七六	
	添購發電機馬達	三·七四〇	〇七	
	修理上海眞如劉行間遙控線工料	四、一一八	八一	
	修理蓄電池	四九九	一一	
	其他	一·八八八	二一	指防禦工程避危設備保全資產等費用而言
總計		二八三·八七七	八四	

兹將對本書供給資料協助調查統計諸君芳銜列下以誌感謝

（1）江蘇省政府方面

太倉縣縣長趙恩鉅
劉河區區長錢謹槃
嘉定縣縣長潘忠甲
嘉定公安局局長沈靖華
寶山縣縣長孫熙文
第一區區長王慶濤
第二區區長陸鳳溥

（2）上海市政府方面

公安局 黃明 戴鴻恩 吳和孚 陳繼武 石錦章 董致和
公用局 顧震白
工務局 薛次莘
衛生局 沈誥
教育局 馬崇淦 姚賡夔
財政局 梁思成
土地局 京菘

社會局 第二科
江灣市政委員 吳序恩
吳淞市政委員 唐承宗
彭浦市政委員 凌志斌
殷行市政委員 朱宗洛

（3）調滬北平保安隊長 盧鏇
調滬首都保安隊長 卞稚珊

（4）京滬鐵路局 丁振亭 樊守執
交通部電報局 陶鳳山
交通部電話局
交通部國際電信局 張承祜

（5）商務印書館 何柄松

（6）此外各方面供給統計及照片者亦不少尤以教育界新聞界為多特此誌謝

主幹 上海撤兵區域接管委員會主席 殷汝耕

編纂主任 吳宏

編纂 殷體新 趙之驊 何孝怡 查南强 梁扶初

繪圖 王積慶

總務主任 朱維瑤

上海撤兵區域接管實錄

價目
布面燙金精裝每本售洋伍元
紙面燙金平裝每本售洋叁元

代售處
上海 晨報社 山東路二八〇號
商務印書館
中華書局
世界書局
外埠 商務印書館

扶助土產發展

增進商品觀瞻

康元罐聽

責任最盡

每一罐聽當有三種重要責任

（一）罐底堅牢，不致脫落而漏去貨物．

（二）接縫緊密，務使罐內之物不變品質．

（三）式樣美觀，動人心目而能引人購買．

罐聽苟無上述三種責任，必不使人滿意也．

康元廠所製罐聽已將四萬萬之數，而每一罐聽莫不盡其責任．

上海 康元製罐廠 江西路一二一號 電話一七四九四

欲知詳情，請電本廠立即飭人來前接洽，如蒙訂購，定價從廉．

文化發達國自強盛

搆通文化尤賴交通

中國旅行社

乃國人創辦唯一代辦交通機關

總社 上海四川路一一四號

分支社 遍設國內各大商埠

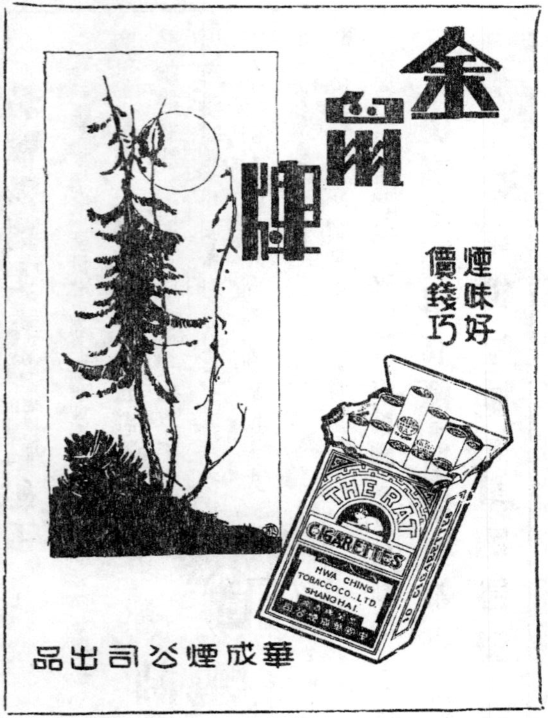

先施公司

附設 郵寄部

專理國內外函購貨品手續簡便寄遞迅速照單配奉審慎從事凡寄居外埠者雖在窮鄉僻壤祇須一紙貨單便可隨心所欲猶處身於繁華城中

統辦環球貨品

推銷中華國產

大家所需要 人人所愛用
雅霜
ELEGANT CREAM
雅霜
Manufactured by
THE TALOW CO.
SHANGHAI CHINA
上海大陸藥房出品
各處均有出售

國華廣告印刷社

服務忠實　規劃週詳

專營一切廣告印刷事業

專家組織

（社址）上海山東路二八〇號

（電話）九二〇六九號

欲自强　快服人中寶

欲殺敵　快服人中寶

價目列正人中寶大瓶二元小瓶一元二角

廣東兄弟創製樹膠公司

註册　雙飛劍嘜　商標

十九路軍勝利之一原因

敵人們的服裝武則武矣，尤其是脚下那雙笨重的皮靴子，不過臨陣脫逃的時候往往給靴所累，因動作不夠敏捷，飲彈而亡的，不知多少！瞧我們的十九路軍！衝鋒，則如狂瀾之至，其勢不可當；追敵，則捷若鷹犬，必殺擄而歸！十九路軍何以如是之英勇？何以如是之矯健？請看當時滬上各報的一宗事實：「他們都是穿的國貨膠底帆布鞋」，當然是兄弟膠鞋無疑，因爲祇有兄弟膠鞋纔眞是輕便耐用，價廉而壯觀！戰士們上前綫殺賊之前，讓敝公司先來盡一點後方的責任！

地址　廠址上海倍開爾路四百七十號　發行所上海愛多亞路江西路口

電話　五一一五六　五〇七五九

廣東兄弟橡皮廠軍用膠鞋部謹佈

（一日之計在於晨）

（一天辛勤之後）

『一年之計在於春；一日之計在於晨！』

諸君當此春光明媚，朝暾初上之時，將如何籌劃一天之工作乎？

盥漱既畢，諸君入餐室，進晨餐，有最佳之佐餐品爲諸君所必需者，卽爲上海異軍突起之『晨報』。彼有簡潔之文字，精美之圖畫。能詳告諸君以『國家大事』，『國際風雲』，「工會學界消息」，且能指導「婦女與家庭」，使大家獲享幸福，並介紹文藝科學醫藥法律經濟工程等各項專門智識，同時指示「每日電影」的映演批評，使諸君公餘之暇有正當的消遣，以回復其疲勞之精神。故諸君每日讀此一份晨報，不啻清晨卽得一良好之伴侶與顧問。

不但如此，晨報社另於每日下午發行「新夜報」，當天送達，故諸君直接向晨報社定閱晨報者，每天朝夕可以閱讀兩種報紙。一天辛勤之後，晚餐既畢，坐安樂椅中烟絲繚繞，悠然神往之際，亦正有大好之讀物也。

晨報定價　本國及日本（每月）大洋九角（三個月）二元六角（六個月）五元（全年）九元六角

蒙古新疆每月一元六角　香港澳門每月一元九角

歐美南洋每月三元七角寄費在內報費先惠

郵票九五計算

新夜報定價　本　埠（每月）大洋四角（三個月）大洋一元（六個月）大洋一元八角（全年）大洋三元四角

外　埠　每月）大洋五角（三個月）大洋一元三角

（六個月）大洋二元四角（全年）大洋四元五角

本外埠寄費一律在內報費先惠郵票九五計算

優待學生　凡直接訂閱晨報者。如能證明其確爲學校學生。得享特別權別。每定報兩月。祇須繳費一元

地　址　上海山東路二八〇號電話九一四九四

努力奮鬥

林康侯題

中南銀行

專營國內外匯兌各種存款貼現抵押放款保管等業務

▲總行▼ 上海漢口路七號

▲電話▼ 各部辦事室一五二二二 國外匯兌室一三〇九九

▲分行▼ 天津 漢口 廈門 南京 北平 杭州

鹽業銀行

資本總額壹千萬元

公積金五百另九萬元

業務要目

營業部 專營一切銀行業務

儲蓄部 專辦各項儲蓄存款

保管部 代客保管貴重物品有價証券

總行 天津

分行 北平 上海 漢口 南京 杭州 廣州

滬行 北京路一〇〇號

四明銀行

業務 辦理存款放款匯兌等業務又備堅固保管箱保管各項貴重物件經營房地產建築住宅店面出租

儲蓄 另設儲蓄部辦理各項儲蓄存款

發行鈔票 經政府特許發行鈔票專設準備庫辦理兌換及準備金事宜

總行 上海北京路八六號

南京分行 南京下關 辦事處 漢口 寧波

江蘇銀行

業務概要

（存款 押款）（匯兌 押匯）（堆棧 保管）

總行 上海江西路三七一 電話一一二七七

分行 南京 下關 鎮江 蘇州 徐州 蚌埠 常州 常熟

儲蓄部 基金二十萬元

金城銀行

辦理一切銀行業務兼營儲蓄存款滬行建有堅固保管庫出租大小保管箱滬行上海江西路二百號辦事處靜安寺路曹家渡八仙橋

電話 六一三三五〇 一三八〇〇 一六九六九

電報掛號 七〇〇七 KINCHEN

大陸銀行

專營一切銀行業務

資本伍百萬

公積金二百十萬

行址 上海天津路廿八號

電話 一六九七九 一一九六六 一一九六七

支行 北四川路五七五號 靜安寺路七七一號 霞飛路呂班路口一號

儲蓄信託部 上海南京路大陸商場

電話 九二二〇〇 九二二〇九

國華銀行

資本 收足國幣二百三十四萬元

公積金 國幣三十一萬元

業務 專營商業銀行一切業務兼辦信託儲蓄業務

總行 上海寧波路一三〇號 電話一八七五七 電報掛號四九九九

分行 本埠 虹口北四川路 烏鎮路橋境 南市小東門

外埠 蘇州觀前街 廣州十三行街 南京昇平橋

上海市銀行業同業公會會員銀行

香港國民銀行

本銀行於民國十年創辦資本總額港銀五百萬元收足二百五十餘萬元總行在香港分行設於廣州上海漢口天津專營商業儲蓄銀行一切業務兩廣各埠遍設代理處故港粵匯兌非常便利

上海分行 地址：江西路寧波路口 電話：一六五八五一六

上海抗战与世界反法西斯战争系列丛书

淞沪

淞沪抗战史料丛书续编 III

第一辑（上）

十九路军抗日血战史 | 华振中 朱伯康 合编

上海科学技术文献出版社
Shanghai Scientific and Technological Literature Press

“上海抗战与世界反法西斯战争”系列丛书总序

徐　麟

伟大的中国抗日战争，是近代中国人民反对帝国主义侵略并且取得第一次完全胜利的民族解放战争，是开展时间最早、持续时间最长的世界反法西斯战争东方主战场。在这场历经十四年之久的抗日战争中，中国各族各界人民同仇敌忾、共赴国难，经过艰苦卓绝的浴血奋战，以巨大的民族牺牲，打败了穷凶极恶的日本法西斯侵略者，取得了辉煌的胜利。正如习近平总书记所指出的，中国抗日战争“为拯救民族危亡、实现民族独立和人民解放，为争取世界和平的伟大事业，作出了彪炳史册的贡献”。中国抗日战争是在中国共产党倡导的以国共合作为基础的抗日民族统一战线旗帜下进行和取得胜利的。以爱国主义为核心的伟大民族精神是中国抗日战争胜利的决定因素，中国共产党的中流砥柱作用是中国抗日战争胜利的根本保证，全民族抗战是中国抗日战争胜利的重要法宝。

上海抗战是中国抗日战争的重要组成部分。在中国抗日战争与世界反法西斯战争中，作为中国共产党的诞生地，上海这座具有反帝反封建光荣革命传统的英雄城市，发挥了独特的重要作用，作出了重大的历史性贡献。

20世纪三四十年代，上海这座国际性的大都市，已经成为中国与世界各国通商贸易的主要港口，成为中国经济、文化中心和政治、外交副中心。同时，上海又是当时中国最大的军港和守卫长江的大门，具有重要的军事战略地位，因而始终成为日本法西斯军国主义

觊觎的一个战略要地。1931年“九一八”事变后，日本法西斯军国主义进而在上海挑起了“一·二八”事变，发动了对淞沪地区的武装侵略。驻守上海的十九路军和前来增援的第五军与上海人民奋起抵抗，给予日本侵略者以沉重一击，成为中国局部抗战历史进程中承前启后的关键性一役。“九一八”和“一·二八”时期的抗日武装斗争和民众抗日救亡运动，在世界上率先举起了反法西斯的旗帜，揭开了中国抗日战争和世界反法西斯战争的序幕。1937年七七事变后仅一月余，日本法西斯军国主义又把侵略魔爪伸向上海，遭到中国爱国军民的顽强抵抗，形成了以上海为中心的一场气壮山河、震惊中外的“八一三”淞沪抗战。七七卢沟桥事变和“八一三”淞沪会战，标志着日本法西斯军国主义全面侵华战争的开始。在中国共产党的积极倡导和推动下，抗日民族统一战线正式形成，揭开了中国全民族全面抗战的序幕，也标志着世界反法西斯的第二次世界大战在亚洲的东方战场正式形成。在“八一三”淞沪抗战历时一百多天的日日夜夜，中国军队和上海人民以其鲜血和生命，筑成了一座民族自卫的血肉长城，谱写了一曲民族团结、共御外敌的壮丽史诗。上海沦陷后，上海民众在全国人民和全世界爱好和平的各国人民的声援、支持下，面对极其艰辛险恶的环境，仍然以大无畏的英雄气概，坚定不移地继续投身于全民族抗战的洪流，对日伪的法西斯统治进行不屈不挠的斗争。中国共产党始终高举抗日民族统一战线的伟大旗帜，发动民众，团结上海各界人士，从人力、物力、财力等各方面支持抗日民主根据地和抗战大后方的斗争，冒着腥风血雨，迎接抗日战争的最后胜利。

两次淞沪抗战及上海民众在十四年不间断的抗日救亡运动中，

构成了一幅幅上海抗战英勇悲壮的画卷，也铸就了上海在中国抗日战争和世界反法西斯战争中的重要历史地位：上海不仅是中国对日作战的一个坚强的军事战略重镇，也是中国抗日救亡运动的前期中心和中国抗战文化的发源地；不仅是支援抗战大后方和抗日民主根据地的重要基地，也是世界反战反法西斯人士和中外难民的庇护所；是世界反法西斯舆论战、情报战的东方主要阵地，又是中国联系国际反法西斯阵营的纽带和桥梁。更为重要的是，上海抗日战争凸显了其重要的历史意义：它在外敌入侵、民族危亡的关键时刻，全面地、全方位地弘扬了以爱国主义为核心的民族精神，折射了中华民族有同侵略者血战到底的气概、有在自力更生的基础上光复旧物的决心，有自立于世界民族之林的能力。上海抗日战争在中国抗日战争和世界反法西斯战争历史上树立了一座永不磨灭的丰碑。

2015年是中国抗日战争暨世界反法西斯战争胜利七十周年。在中共上海市委的领导和支持下，上海学术界和理论界经过多年的努力，联合推出了“上海抗战与世界反法西斯战争”系列丛书。这套系列丛书分为三个子系列，**一是“上海抗日战争史”丛书**，内容包括上海抗战史通论、“一·二八”淞沪抗战、“八一三”淞沪抗战、日军在上海的罪行与统治、上海人民抗日救亡运动、上海郊县抗日武装斗争、上海人民支援新四军与抗日根据地、抗战时期的上海经济、抗战时期的上海文化、上海抗战与国际援助等；**二是“淞沪抗战史料”丛书**，选辑和汇集民国时期有关上海抗战的具有代表性的通讯、纪实、回忆录及报告文学等鲜为人知的孤本、藏本影印重版。**三是“上海抗战与世界反法西斯战争研究”丛书**，其中包括

资料性著作：如记忆中的淞沪抗战、淞沪抗战中文报刊资料选编、淞沪抗战档案史料选编、上海抗战历史文献选编等；专题性著作：如中国共产党与上海抗战、当代学者论淞沪抗战、国外学者论淞沪抗战、“一·二八”淞沪抗战画史、“八一三”淞沪抗战画史等；工具性著作：如上海抗战与世界反法西斯战争大事年表、上海抗战与世界反法西斯战争事件人物录等；通论性著作：在上述论著的基础上完成一部通论性著作，即上海抗战与世界反法西斯战争全史。这三个子系列丛书各有千秋、各具特色，在集结出版后，更能起到互相参照、取长补短的作用。可以说，这套系列丛书是上海学术界和理论界研究上海抗日战争和世界反法西斯战争的一项重大的学术成果，是对上海抗日战争史研究的一个重要总结和一次集中展示，也是向中国抗日战争暨世界反法西斯战争胜利七十周年献上的一份厚礼！

“疑今者，察之古；不知来者，视之往”。历史是最好的教科书。“上海抗战与世界反法西斯战争”系列丛书的出版发行，更是为了向社会提供一部能够弘扬时代正能量、培育与践行社会主义核心价值观的好教材。让我们站在新的历史起点上，进一步铭记历史、缅怀先烈、珍视和平、警示未来，为实现中华民族伟大复兴而奋斗，为促进世界的和平和发展作出我们应有的贡献。

出版说明

“淞沪抗战史料”丛书续编Ⅲ主要收集美国史坦福大学东亚图书馆等处所藏资源，将已见或未见的关于淞沪抗战史料以影印的形式出版，内容涵盖两次淞沪抗战，即“一·二八”淞沪抗战和“八一三”淞沪抗战，力求比较全面、翔实和生动地反映淞沪抗战的全貌。

两次淞沪抗战，是中国人民伟大的抗日民族解放战争的重要组成部分，特别是“八一三”淞沪抗战是在中国共产党抗日民族统一战线政策的指引下，以国共两党合作为中心，全国各爱国党派、团体，中央和地方各系抗日军队，各界爱国民众以及海内外侨胞，在抗日御侮、共赴国难的基础上发动和进行的，堪称民族自卫战争史上的伟业。它体现了中国人民血洒战场、拼死抗战的决心和民族团结精神。在抗战胜利70周年之际，阅读这些史料，重温那段中华民族优秀儿女面对强敌、誓死抗争的精神，就是最好的爱国主义教材。两次淞沪抗战展示了中华民族奋起改变自己国家命运的伟大信念，爱国主义激发出全体中国人民的巨大力量，这种信念和力量，在今天仍然弥足珍贵，令人心怀激荡。两次淞沪抗战中那些大气磅礴、气壮山河的史诗故事，均在本套丛书资料中有翔实的记录和质朴的史料作为佐证。

由于各种原因，原书中存在着印刷错误，而且有些细节也与史料不符，对书中的一些观点我们也不完全赞同，为了给读者提供最原始的抗战史料，对上述问题未做任何处理，希望读者能够给予理解。

编者

2018年7月

目 录

十九路軍抗日血戰史
華振中 朱伯康合編

朱伯康
華振中 合編

十九路軍抗日血戰史

神州國光社刊行

十九路軍抗日血戰史

民國二十一年九月初版
民國三十六年三月再版

編者　朱伯康　華振中
出版者　神州國光社
發行者　神州國光社　上海福州路三八四弄四號

重版自序

一九三二年（民國二十一年）一月二十八日起之淞滬抗日戰爭，距今已有十五年了。在此十五年中，中國歷史變化，眞是一言難盡。八年長期抗戰，總算已經勝利了，吾人抗日的初衷總算已經達到了。撫今追昔，實多餘慨。

一二八抗戰，雖以十九路軍爲中心，第五軍繼之，然而發動這個戰爭和支持這個戰爭的，始終是人民大衆，這是一個人民的民族戰爭。爲保留當時的眞象，爲留給後來史家一些眞實的史料，這一本書的再版，尚有其意義和價值。

過去幾年，上海淪陷期間，一切抗日書籍全部遭受毀滅，但本書紙型幸告無恙，使至今日尚能與世人相見，未始不是許多無名英雄和死難烈士在天英靈默佑之結果。

本書共計十章，都四十餘萬言，第一章，第四章，及第十章，皆係華振中先生之手筆，其餘各章均為個人所寫。兩者筆調雖不相同，但先後編制却是一致的。其間寫作經過，自上海南翔十九路軍總部，至八仙橋青作會，至蘇州顧家花園，以至廈門漳州，屢易地點，兩人消耗全部時間在半年以上，雖無所貢獻，然當時為民族服務的心情却是眞摯而純潔的。

十五年了！當年參與是役者皆係少年，今則垂垂老矣。當年同學戰友如陸彬諸烈士，墓木已成園矣。十九路軍早已不存在矣。而生者則大多顛沛流離，窮餓而死者，憂鬱而死者，瘋狂而死者，積勞而死者，觸目皆是！筆者不才，尚留餘命，十年教授生涯，飽經憂患折磨，以今視昔，無可欲言。

一九四七年二月十九日朱伯康于上海

序

——淞滬抗日戰爭的教訓與中華民族的前途——

一

悲壯的上海反日戰，過去快要一年了。這悲壯的鉅大的犧牲，所剩下給我們的是些什麼？

(一)這悲壯的犧牲證明了中國的士兵的血，是可以爲反抗野蠻的侵略而流的！在滬戰期中，我曾經幾次祕密上前線檢閱，爲了眼前士兵的勇敢而興奮得發狂。他們的每一滴血都爲反抗侵略的熱情而沸騰！他們在現代的利器之下，忘記自己的生命是可死的，這不僅是證明十九路軍和第五軍士兵的勇敢，却是證明中國士兵在反侵略的戰爭中是勇敢的。

(二)這悲壯的犧牲證明了中國的民衆在反侵略戰爭中是能萬衆一心發生很大的力量的。在戰爭期中農工青年的義勇軍風起雲湧，雖然沒有受過軍事上的訓練，但其不怕死的精神是可佩服的。上海孤軍抗戰之能維持到三十天，固然是爲了士兵的勇敢，而尤其重要的原因却是民衆的實力上與經濟上的援助。由這個事實的證明，中國要作反帝國主義戰爭，必須士兵與民衆互相結合。

(三)中國自鴉片戰爭以後，心理上的虛怯已經達到了極點。日本在四點鐘以內可以掃平上海的話，幾乎是沒有人會懷疑的眞理。所以在戰前許多反戰的人，都根據精確的統計——中國的財政可以供給幾天作戰，中國的子彈可以供給幾天的射擊等等理由來將主戰者哂笑。然而事實並不如此。這種事實打破了百年來人民虛怯的心理，自然是很可寶貴的犧牲的代價。

從以上幾點看來，中國決不是已經到了不可救的絕境。如果說得更明顯一點，被壓迫者決不會死於壓迫。而祇會死於不抵抗。不過我所謂抵抗，不僅僅指打仗而言，決非衝

圖式的抵抗，而是以持久的反帝國主義侵略的精神，全國生產各部門，政治經濟各組織，有計劃有組織的抵抗。這樣的抵抗，沒有不得到勝利的。

二

根據以上的教訓，我們知道中國民族是有光明的前途的。我們怎樣使中國走上這前途？

第一、中國是一個半殖民地的資本主義社會。在我們的面前擺着三個可能的前途：一是殖民地化的前途，換句話說，就是亡國的前途；二是資本主義的前途；三是直接走上社會主義的前途。無論我們能從半殖民地化中把中國的民族資本解放出來，或直接走上社會主義的路，解除帝國主義的束縛，是唯一的前提。所以我們要爲反帝國主義而鬥爭。

第二、中國的革命從辛亥革命到現在，都是三民主義在領導着。三民主義不是以它的靜的內容在領導革命，它是逐漸前進去適應革命的需要，換一句話說，就是三民主義

是在動的發展中領導革命。沈玄廬曾經有一個妙喻：「革命好像坐火車，最初上車的人，不一定都可同車到盡頭，他們中途也有陸續下車的，也有中途陸續上車的。」火車不能爲了中途下車的人們而停止，亦猶之革命不能爲着中途落伍的人們而中斷。乘着三民主義的火車從辛亥革命到現在的，已經是很少的了，然而我們仍然要負，駕駛這火車向前邁進的使命。不應當因爲中途有人落伍而懷疑三民主義，亦不應當因爲中途有人落伍而放棄三民主義的前進性。如果三民主義沒有前進性，則辛亥革命的時候早已窒息而死了。三民主義在現階段的動的意義，是反帝國主義並掃蕩一切帝國主義在中國的漢奸勢力，如買辦階級及地主等。

第三、中國在政治上要爲民族利益而謀統一。不統一則民族的力量薄弱，永遠衝不出帝國主義的天羅地網。但不在民族的利益上謀統一，是緣木求魚。不但必然求不到，即或求到也不是我們所需要的。爲了全民族的利益我想無論什麼主張上的成見或歷史上恩怨，都成了極脆薄的障礙。

第四、在經濟上要有統制的組織。在落後的國家要以放任經濟來追趕其他國家是絕對不可能的。要以國家的統制有計劃的來發展社會化的生產。即就消極方面說，統制經濟也是非常必要的。日本以中國的抵貨爲一種戰爭行爲，雖然這是他們的強辭奪理，同時也可見抵貨的確是殖民地性的國家反抗帝國主義侵略之一有力的武器。在必要的時候，我們可以由國家的統制來運用這有力的武器。

第五、反帝國主義運動要得到勝利，就需要民衆起來。這個勝利不是由英雄可以爭得來的，而是要全部民衆動員才能擔負這偉大的使命。所以要組織民衆，武裝民衆。這樣一方面可以使軍閥戰爭不能延續，並且保障大衆的反帝政權。

總之，日本帝國主義的最凶殘的相貌暴露以後，我們應當覺醒：以反帝國主義鬥爭爲我們目前惟一的任務，組織並武裝反帝民衆作爲鬥爭的主體，以統一的政權，統制的經濟爲我們鬥爭的準備與手段。

三

現在由國家的前途，想到我們今後應當怎樣努力。

我從菲律濱經過，慚感交幷地受到僑胞們熱烈歡迎。因此想到我們的第十九路軍是怎樣地博得高度的榮譽與期望。『盛名之下，其實難符。』何況在這艱苦的國運中博得偶然遇着的虛名，是如何的悲痛的事。我們應當十分地勉勵使我們的軍隊能永遠追隨全國革命反帝民衆與友軍之後作反帝的抗爭，所以應當從此加緊政治的訓練，使每一個士兵都不會有一點虛驕之氣，使每一個士兵都知道每一滴血都要爲反帝而流，尤其爲反抗我們正面的敵人日本而流。

第二、我們的第十九路軍要在負責綏靖的區域與人民合作，使每一個人都安居樂業，使每一個地方的農民都解除豪紳地主的束縛，而踏入耕者有其田的第一步，掃除日本帝國主義在福建的漢奸勢力。不要好高務遠，不要空喊口號，要一步步脚踏實地往前走。

四

滬戰後的中國的命運，依然是一步步地往下沉，一步步地往下沉！三十天的上海抗日戰爭給與了我們一些什麼？

如果爲了滬戰的教訓，中國堅決的向着反帝的路上走，則滬戰將是中國復興的號音。

如果中國仍然走着回頭路，仍然回到爭權奪利的個人戰爭，則滬戰將是中國滅亡的喪鐘。

東三省依然變了顏色，而別一面，義勇軍依然繼續不斷地反抗。復興之號音乎？滅亡之喪鐘乎？是在我們自爲之矣！

華強素兄與朱伯康君撰十九路軍抗日血戰史，爲此悲壯之戰爭留眞實之史蹟，亦前事不忘後事之師之意。書成索序，旅中匆書數語，願與國人共勉之！

一九三二年冬於印度洋舟次。陳銘樞

序

淞滬血戰瞬已一年。孤軍抗強敵持兩月之久，雖以無援撤退，然全國民氣爲此一振；回首淞滬，感奮萬千。

甲午以還，日帝國主義者之謀我，無日或懈。田中之輩，不諱言以吞併我國爲征服世界之第一步。九一八奪我東北之不足，復于一二八犯淞滬，蓋欲擴張其勢力于上海，使全國均俯首帖耳以受其宰割也。然淞滬小試，已足見彼夜郎自大者，技亦止此。特我國自甲午敗衄以來，已不敢作對外之戰爭，帝國主義者予取予求，我則俯首退讓，帝國主義者長驅直入，我則望風而逃。國人皆勇于私鬥而怯于公戰，此帝國主義者日益張牙舞爪而國民之悲憤不可仰也。我軍本守土之責，振臂一呼，全國響應，雖未能殲此仇讎，然亦足以警國人之迷夢。而日帝國主義所希冀之大上海計劃，亦未得如願以償矣。日帝國主義者向

中國作強盜之戰爭，吾人必須對之作抵抗之戰爭，始有唯一之生路，此民族之戰爭，乃神聖之戰爭，亦天職之戰爭，唯有在神聖之戰爭中，求民族之生存，此我國民所當深省奮勵者一也。

淞滬之役，我軍設備簡陋，器械窳舊，與第五軍合計亦不過四萬餘人，防線蜿轉數百里，以禦彼器械精良，源源傾國之師，自無勝利之可言。然我將士痛彼慘無人道之日寇深矣，上下一心，前仆後繼，精誠所至，感泣鬼神。倘全國團結，一致禦侮，不僅奇恥可雪而中國亦不患無新生之機，唯抵抗始能圖存，唯無抵抗即足亡國，此全國民所當深省奮勵者二也。

淞滬之役，我軍得民衆莫大之幫助，近者簞食壺漿，遠者輸財捐助，慰勞獎飾，永不敢忘。此同仇敵愾之心，使吾人感奮欲涕，捍衛國家，固吾人之天職；而民衆與軍隊合作，尤爲抗敵之必需條件。此吾人願與國人共勉者三也。

當茲淞滬戰爭週年紀念之日，正東北義勇軍苦戰冰天雪地之秋。不忍大好河山，沈

淪夷狄；於是揭竿挺險，抗彼兇頑。吾人紀念淞滬之戰，應不忘已變色之疆土，與血戰之同胞。此國人在此痛定思痛之餘，應在精神實際援助爲祖國奮鬥之東北義勇軍者四也。

國命阽危，已有山河破碎之痛，世界風雲日急，甯有苟且偷生之時？國命不絕如縷者，徒以帝國主義互相衝突，始得以倖存而已。近遠東之均勢已破，日本乘歐美之經濟恐慌，利用歐美以及美俄與歐俄之衝突，恃法英之後援，突襲我東北，其野心正方興未艾。夫生存競爭爲人類之天性，亦未有不奮鬥而能圖存者。象，物之巨者也，童子可折枝左之右之進之退之；蜂蠆物之細者也，壯夫不敢無備而侮之，自存之道，唯視其能奮鬥與否而已。淞滬之役，吾人雖明知孤軍難以持久，然爲民族爭生存，故不計成敗利鈍。紀念此神聖之戰爭，即在繼續此奮鬥之精神，此吾人願與國人共勉者五也。

華強素兄及朱伯康君，皆我軍同人，欲爲此次戰爭留眞實史蹟，特多方採錄，成茲巨編，於當日戰鬥之經過，軍事之布置，已傳其相十之七八；若以現代戰術評量，或不免幼稚之譏，然讀者念及將士之血肉犧牲，戰地之慘破慘裂，其將共奮臥薪嘗胆之志乎？是則陣

亡將士之血，將凝為民族復興之靈，而茲編之作亦為不虛矣。

中華民國二十一年十二月二十日。蔣光鼐

序

——寫在十九路軍淞滬抗日戰史的前面——

自從淞滬抗日戰爭發生，一直到現在，雖然事情已經過去了幾個月，但是，關於這一類的紀述，還是絡繹不絕的刊行，大概已有八九種之多。上海申時電訊社在編完了淞滬抗日血戰史以後，我曾被邀，寫了些個人對於這一役的感想，算做序文。現在，華強素兄和朱伯康君，又專門和十九路軍，編了一本淞滬抗日戰史，交神州國光社付印去了。強素兄對於軍事早有專門的研究，朱君是富有新思想的人，那末這本戰史的刊行，要比較有價值，比較可信，這是無庸疑議的。我素來不會說話，尤其不善於寫文章，所以在這裏，沒有多大的意思，可以貢獻給讀者。不過，我們應該明白：

「日本帝國主義者的謀我，已非一朝一夕，由「九一八」的佔領瀋陽，到「一二八」

的襲攻閘北，不過是積極侵略的微露其端倪，我們爲求民族生存，國土完整而抗戰，無論訴諸情感或理智，固屬天經地義，誰都不能反對，不過，抗日的陣線，却不能只憑一時感情的衝動來維持；事過境遷，恝之不問的心理，固然不對，只有行動沒有計劃的事態，也要不得的。這是第一點。

第二，由淞滬抗戰的結果，回溯到瀋陽事變，可以證明，對日帝國主義者只是抱着害怕的心理，或容忍的態度。實在不行的，除非能夠反抗。只有反抗，才能阻止日帝國主義者得寸進尺，貪而無厭的侵略暴行！

第三，由淞滬抗戰所得的教訓，是惟有抱着反帝的決心，才能眞有保障民族生存，國土完整的希望；也惟有對外有決心反帝的表現，才眞能獲得大多數民衆的同情。

第四，從瀋陽事變到淞滬戰爭，我們可以看出日帝國主義者侵略暴行的表演，實是軍國主義和資本主義，在合奏相劣的交響曲。因此，我們應該，澈底認識軍國主義和資本制度的弊害，從艱苦奮鬥中，打出一條自由平等的光明大道來，以建設國家，以和世界人

類相見。

據最近的觀察，東北三省義勇軍的活躍，足使日帝國主義者，和淞滬戰爭一樣的受着打擊。然而，武藤信義已赴滿洲統監之任。這明明是日帝國主義在更積極的表現其侵略中國的暴行；而且日帝國內部的法西斯蒂運動，日益擴張，大有壓倒其他一切勢力的氣概；在這兩種事態形成的結果，頓使國際形勢，更趨嚴重；日美日俄間空氣的惡劣，已成不可掩蔽的事實。我們處在這種形勢之下，正好切實準備反抗的力量，找一條正當的出路。至於要躲閃，恐怕天下決沒有這樣便宜的事。從瀋陽到上海，這明明都是人家要來找我們的，我們是爲求民族生存而抗爭。」這一點，希望讀者不要模糊！

蔡廷鍇。中華民國二十一年八月於漳州

序

——勿辜負上海及東北死難將士民衆之血——

一二八悲壯慘烈之一幕，忽又經年矣。午夜心魂，痛定思痛。一年容易，萬刼未回。我不得不爲戰地殉國民衆與諸同胞致沈痛靜默之哀悼！

淞滬之事往矣！然閘北眞茹大場蘊藻浜吳淞之壕塹未盡平，荒郊野外之累累戰骨未盡收，頹垣敗壁之慘象未盡泯，日寇鐵蹄下之殘跡，無一非我同胞之創痕，事過情遷，俄而奮興，俄而熟睡，時間空間之催眠與疲弱，殉國英靈當爲慟哭！

當戰事之酣也，民衆之熱情與將士之慷慨，直有「可使制梃以撻秦楚堅甲利兵」之概，物質貧乏，而精神奮發，今日倂此有死無二之精神而日就死亡委滅，當此日此時，願國人恢復此壯烈之精神，進而爲國防上物質上之準備，以還我東北大好之河山！

血的事變已一年矣！在此一年中，中國民衆所獲得者係無數生命財產的損失，與一

紙空文之李頓的報告書。回想戰時情景，願與全國同胞一來體認此慘痛戰爭中血的教訓。

十九路軍及友軍之抗戰，雖以糧盡援絕而退，然吾人試思：如無此次之抗戰，上海又將是何等景象？數萬人血肉保存一隅殘破之土地，固係痛心之事；然繼此血跡而起之全國民衆反日潮流，應係中國民族復興之朕兆。血不會白流的，而也只有在血中尋求中國民族的自由和獨立！

十九路軍等之抗戰，原無必勝之算，而這戰爭唯一意義，即在表示中國民族不屈不撓之精神，抵抗的精神！無抵抗主義之誤盡天下蒼生，我們已經看見了，與其束手待斃，何如一戰求存？如果全國能作持久的抗戰，中國民族何至無復興之機？

日本是我國全民衆的第一個敵人，在中國之肆毒深矣慘矣！甲午以來，殺人越貨，言之痛心！歐戰之中，中國本有自強之暇，而此時援助中國北洋軍閥，摧殘中國革命者，即是日本。

日本自九一八而一二八一直到最近之殘殺東北義勇軍，皆表示其非將我民族淪為朝

鮮不止。歐洲帝國主義者且利用其監視鎮壓東亞革命運動，默許其凌遲我國。日本，不僅是中國民族生死存亡之敵人，而亦是東方黑暗勢力之柱石。我們要反抗一切帝國主義，尤其要反抗這窮兇極惡的日本！

滬戰起于東北之淪亡，而今日本正以全力撲我東北之將士與我義勇軍矣！蘇炳文將軍飄流俄境，馬占山將軍在冰天雪地，僅留一息以搏鬥。東北戰爭已歷十五六月矣。東北之抗日戰爭，較之淞滬戰爭猶艱苦十倍，故吾人紀念「一二八」，猶當以實心實力，援助東北苦戰的同胞！

總而言之，唯有全國民衆一致武裝抗日，武力收復東北，中國民族才有一線之出路！上海是悲壯抗日戰爭暴發之地，在戰爭中上海民衆表現了誠懇的援助。死難同胞之血猶熱，在含淚追悼之日，我們應該勉勵：如何不辜負上海陣亡將士之血及東北死難同胞之血！而也只有全國一致，擴大抗日宣傳和運動，從經濟抵制，到準備全國民的武裝抗戰，才可以慰死者之英靈，亦即求國民生路之唯一手段也。

而今而後，國際情勢將日益尖銳化，而太平洋之次殖民地中國，益將為俎上之肉。「一二八」之慘劇，將見層出不窮。吾人將繼一二八之血跡，武力抗戰以求存耶？抑繼續無抵抗，坐以待斃耶？

華強素兄朱伯康君著十九路軍血戰史竟，血淚之跡，血淚之文，當國人之鼓暮晨鐘，聊誌數語，願與同胞共勉之！

吳 鐵

抗戰將領

京滬衛戍司令
陳銘樞

十九路軍總指揮
蔣光鼐

十九路軍軍長
蔡廷鍇

第五軍軍長兼
八十七師師長張治中

淞滬警備司令
戴戟

忠勇將士

忠勇之十九路前線殲敵

蔡廷鍇軍長親臨火線指揮

敢死隊出發前宣誓受訓

前線殺敵

八十八師勇士搶河殺敵

八十七師在大場追擊敵軍

張治中軍長親行指示軍機

燃燒中的閘北民房

愛國童子軍前線救護

無辜民衆慘遭屠殺

↑流離失所的人民

民衆慰勞品堆積如山

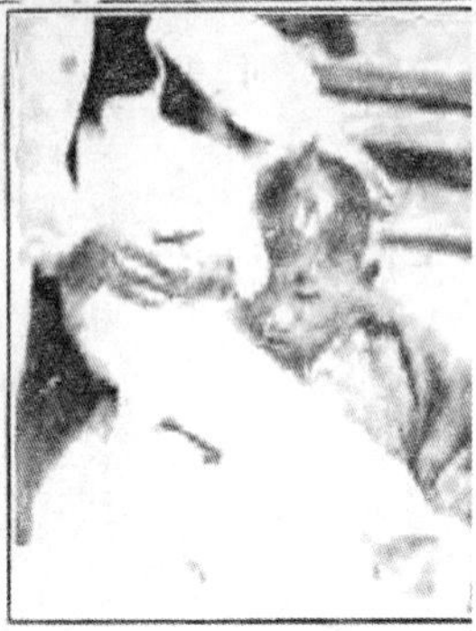
被刺兒童的慘狀

目次

第一章 十九路軍史略

軍隊精神與軍隊歷史，關係最為密切。研究戰史，必先明瞭其軍隊的歷史。所以我們在未記十九路軍抗日戰事以前，先將十九路軍的歷史敍述於此。

十九路軍因其歷史悠久，教育精良，養成官兵團結一心，犧牲為國的精神，所以此次上海抗日，血戰月餘，屢摧強寇，振起中華民族的精神，打破日本的心膽，驚動世界的耳目，得到意外的戰功，建立不朽的威名，這豈偶然的嗎？須知其備嘗艱苦蓋已十有二年了。

當民國九年，粵軍由漳州回粵，打破陸榮廷所統率的桂軍，解除客軍的壓迫，實行粵人治粵的時候，廣東軍人，大多數有感於過去八年來受客軍統治的苦痛，有根本整理部隊，以實現保國衛民的覺悟。時廣州北較場營房駐有粵軍第一師第四團，訓練最嚴格，最

精勤，最爲社會人士所親愛，稱爲全粵模範團，實即今日十九路軍之始祖。當時第四團的團長，即爲現任交通部長之陳銘樞。而現任十九路軍總指揮蔣光鼐，軍長蔡廷鍇，司令戴戟，師長沈光漢毛維壽區壽年等，當時皆分任團附，副官，連，排長等職，全團軍官以保定軍官學生爲骨幹，而第一師師長鄧鏗，字仲元，實爲該團的導師。

鄧師長仲元之統率第一師也，常以模範師自期，并每以此勉勵其部屬。常謂「軍人最要有愛國精神，軍隊最要有嚴肅軍紀，吾等治軍目的，須有遠大眼光，期在對外。」時團長陳銘樞，最爲鄧師長所器重。而第四團因爲人才集中，訓練有方，遂成爲第一師中之最精銳的，合於理想的，模範的良好軍隊。其特別的精神，即爲全團官兵皆富有愛國愛民的精神，而且十分團結。

當時第四團訓練情形，除日常學術科外，有軍官團以研究學術，鍛鍊身體；有各種禁條，以陶鑄德性，即煙酒亦在禁止之列。每星期三，六，營內或放電影，或演白話戲，或請名流講演。凡此種種，皆由於團長陳銘樞專心訓練，且由鄧師長特別優待，與以各種便利，故發

展長才。因此，全團官兵皆能於無形中養成其高尚人格，愛國精神。但當時有一特別困難問題，即逃兵特多，難以防止。因為第四團訓練嚴格，其志氣薄弱之士兵，往往逃到其他部隊中去，以為較得自由；且因第四團多受教育的關係，每逃到其他部隊時，必能升級，如兵可以升班長，班長可以升排長，當在師會議時，第四團官長中有將此種情形面報鄧師長，且請其設法維持，鄧師長則謂：『你們教兵最怕教得不好，若是把兵真正教好了，能夠愛國愛民，則逃入別的部隊又能升級時，他們也能使其他部隊因而改良，這也是我們對國家所盡一份的訓練責任。且可於無形中使其他部隊都變成第四團同樣的勁旅，豈不更好嗎？』團長陳銘樞最能體會這個意思，因而加倍努力訓練，結果，該團所有那些志行薄弱的士兵，大都逃走了。其逃至他部隊，能否影響使其改良進步，是另一問題，但其眼光遠大，能忍勞耐苦，熱心學術的優良士兵，大多都是因為當時的陶鑄，變成今日的十九路軍之優秀軍官了。

3

民國十年粵桂戰爭，兩軍主力激戰於梧州，相持不下。陸榮廷以沈鴻英部出連陽欲

由北路抄入廣州，鄧仲元師長指揮第一師，分兩路夾擊之。一由韶關經乳源出連縣；一由連江口入小北江進連縣，時陳銘樞團長指揮第四團，及鄧演達獨立營，任連江口之一路，大破桂軍於涵洸。此役爲粵軍勝利桂軍失敗之最大關鍵，亦爲第四團初次出戰之第一功，由此遂展開了以後常勝的戰績。當時鄧師長由廣州出發時，送行者皆有憂色，以兵力比較自有衆寡懸殊之勢，且全局安危，皆將繫此一戰，其危迫可知。然鄧師長鎮靜如常，且謂：「你們莫擔心，我自有把握，一星期間必可破敵。」及其凱旋回廣州，前後恰巧爲一星期。即此足見當日鄧師長深信第一師之有必勝把握如此，而其所最受深信的，且首立戰功之第四團的價值，可更不待言了。

廣西已定，移師北伐，當時國民黨總理孫中山先生已任大元帥職，因目擊北洋軍閥正驕橫江南，民衆無不陷於水深火熱之中，而第一師遂奉命北伐。十一年夏，圍攻鐵壁堅城之贛州，第四團與陳光遠部在城南王霸嶺苦戰七晝夜，卒大破之，贛州亦陷。方謂破竹之勢已成，革命大業不難立就，乃不幸身繫粵局和黨國安危的鄧師長因先受奸人暗算，

被刺於廣州大沙頭廣九車站。此時粵局遂有陳炯明變亂，而攻贛之師遂不得不全部回粵，而粵中遂從此多事了。陳銘樞團長痛國事之不可爲，卽辭去團長職，學佛南京。所遺第四團職務卽由陳濟棠担任。

十二年孫大元帥回粵主政，陳銘樞受任爲粵軍第一旅長。陳爲人忠心黨國，敬事上官，信朋友，愛部下。其治軍特長處，卽爲知人善用，相見以誠，此番所以後能出任國事，此後又能屢蹶屢起，且能造成今日抗日保國之十九路軍，原因基此。此時張發奎任第一團長，蔣光鼐任第二團長，蔡廷鍇黃固黃質勝沈光漢毛維壽區壽年等，卽在第二團分任營連長等職。全團下級幹部多由前第一師第四團調用，故能事半功倍，多立戰功。其最大戰績，卽爲十四年春在廣東興寧破林虎主力軍於神岡山之一役。同年夏，回師廣州，平定楊希閔劉震寰所部滇桂軍之變亂。此二役關係極大，不但使廣東內部日趨統一，且使革命軍全部亦因而漸歸於一致了。

十四年夏，陳銘樞受命爲國民革命軍第四軍第十師師長，卽以前粵軍第一旅將光

鼐團爲基本，擴充爲三團，蔣任副師長，蔡廷鍇任二十八團團長，孫繩苑、漢傑先後任二十九團團長，戴戟任三十團團長。而張發奎則任第四軍獨立旅長，後再升爲十二師師長，秋，第十師蔣光鼐以一團兵力在廣東鶴山單水口破鄧本殷主力萬餘衆，乘勝追擊，遂平南路，迨廣東內部統一告成，北伐又從始開幕。

十五年夏，革命軍北伐，第十師第十二師均奉命出發。歸第四軍副軍長陳可鈺指揮，且第十二師之於陳銘樞師長，因原有部屬的關係，所以表面上雖不相統屬，而實際上亦實受其指揮。在作戰的時候，頗收協同之效。故能所向無敵，屢建奇功。汀泗橋，賀勝橋，當武長路中段，爲湘鄂交界要險，爲軍事必爭之地，北軍十萬之衆，節節扼守。吳佩孚且親臨賀勝橋督戰，以示死守。卒以陳銘樞師長指揮靈敏，及將士之勇敢犧牲，攻汀泗橋破，攻賀勝橋亦下。第十師俘獲敵衆萬餘，將士無不以一當百，爭先猛進。因此時諸將士受革命熱潮所鼓蕩，只知勇往向前，打倒軍閥，不知有什麼生死利害。所以由賀勝橋至武昌，能跟蹤追擊，日走百餘里，不念勞苦，亦毫無倦容，吳部官兵無不縮頸吐舌，驚爲神兵。

圍攻武昌，血戰月餘，陳嘉謨劉玉春親率部屬萬餘人，用大炮，長槍，炸彈，短刀，拚命死守。因武漢爲軍事必爭的地點，實革命軍和吳佩孚生死關頭所繫。武昌不失，吳氏隨時可以反攻，武昌不下，革命軍根基到底不能穩固。陳銘樞師長深知這武昌城的得失關係重大，所以也嚴督所部將士，憑着革命熱血，利用竹梯爬城，前仆後繼，雖死傷過半，卒破武昌俘陳劉兩氏，幷降其全部。第十師因爲最先入城，俘獲最多，功亦最大，破城之日，適爲十月十日，萬民歡呼，好似重見天日。比之十五年前，武漢起義時，當日人民的狂熱，可有過之無不及。且第十師官兵因爲攻武昌的勝利，深信革命精神足以戰勝堅城利器。這次上海抗日，能血戰月餘之久，絕不是偶然徼倖的事，實在養成已非一日了。

武昌已下，移師入贛，攻馬迴嶺，斷南潯路。孫傳芳軍隊因九江南昌間消息隔絕，軍心搖動，先後崩潰。革命軍的第一第三第七各軍，遂得速定江西，直搗金陵。實亦多借賴第十師的力量。十五年冬，陳銘樞受任爲國民革命軍第十一軍軍長，且兼武漢衛戍司令。蔣光鼐爲副軍長兼第十師師長。苑漢傑爲副師長，戴戟爲二十四師師長。蔡廷鍇爲副師長。又

張發奎賀龍楊其昌各師，皆曾歸陳銘樞軍長指揮。時民衆以十一軍戰鬥力有如鐵的堅強，軍紀有如鐵的堅定，故特加以鐵軍的徽號。受民衆的愛戴，即此足見一斑。假使當日革命軍真能同心同德，努力北伐，則統一全國，不難立刻實現。

不幸十六年春，因叛國黨徒的離間挑撥，使寗漢分家。且知陳銘樞軍長忠心黨國，不能利用，遂用盡諸種手段，逼使去職。蔣光鼐戴戟兩師長亦離武漢。當事急的時候，陳銘樞軍長本可以其實力和衛戍司令名義，把叛國暴徒和反動份子一網打盡，然所以不那樣實行的緣故，就是由於陳的一念忠厚，不願於革命尚未成功時演爭權奪利自相殘殺的把戲。所以忍痛去職，直走南京。但以後卒不免於箕豆相煎，實非陳氏所願意，亦非當時所及料。陳銘樞和蔣光鼐戴戟等去職離武漢後，張發奎受任為國民革命軍第四軍軍長兼第十一軍軍長。蔡廷鍇則為第十師師長，然關公歸曹，其心實未嘗一日忘記劉大哥。是年春，二次北伐軍入河南，臨穎一役，十二師精銳消失殆盡，全賴第十師第二十四師挽回戰局。此固由於蔡廷鍇師長之力。但秋間當葉廷賀龍在江西脫離張發奎，直入廣東潮汕時，

蔡氏亦率第十師入閩，當時陳銘樞東渡日本，先則請蔣光鼐囘軍率領，後則電請陳銘樞復任軍長。是則由於陳之善於將將，待人以誠的果報。然亦是蔡氏有信義，有智能，不爲人所利用。十九路軍之有今日，卽此亦足見蔡氏的功了。

十六年冬，在福州以第十師爲基本，重組第十一軍，陳銘樞任軍長，蔣光鼐仍副之。第十師師長仍由蔡廷鍇担任，張世德副之。新編第二十四師以黃質勝任師長，旋奉命囘粵。陳銘樞軍長指揮十一軍，及錢大鈞三十二軍，陳濟棠十一師，與張發奎部五師之衆，大戰於廣東東江的老隆藍口岐嶺鶴樹下。兩軍死亡萬餘，張之二十六師師長許志銳陣亡，許本智勇兼備，誠爲國家有用將才，死得無名，眞可痛惜。當兩軍接觸的時候，陳銘樞軍長愀然嘆息，謂『兵凶戰危，非仁人君子不可以將兵，彼小孩輩意氣用事，把軍國大事作兒戲看，眞可痛心』！豈料此釁一開，手足相殘的禍害，尙不止這一次就可以了結呢。

十七年春，囘抵廣州，再編二十六師，以戴戟任師長。全軍各師旋分防南路，一方與地方民衆合作，辦理地方治安，交通，及其他建設事業。一方則專事軍隊的補充訓練，當時以

東江戰役死傷過多，特辦十一軍軍官教導隊於廣州河南小港，專訓練下級軍官。是年夏，濟南五三慘案起，全國民衆皆悲憤痛恨，誓死打倒日本帝國主義，報仇雪恥。時軍長陳銘樞，副軍長蔣光鼐，對其軍官教導隊學生訓話皆謂「當此國難臨頭，我輩軍人，應把這救國重任担負起來，你們應鍛練身心，誓與日本不兩立，如不能爲山東同胞復仇，爲民國雪恥，以發揚我中華民族的精神，光大我民族的歷史，你們可不要爲十一軍軍官教導隊的學生，更不配做十一軍的軍官！」而該教導隊主任華振中更時以「愛國家，信國民，報國仇，雪國恥」訓勉全隊學生。一切教育訓練，皆以打倒日本帝國主義爲對象。即早晚點名，每餐食飯，皆要高呼默念：「打倒日本」，「爲山東同胞復仇，」「發揚中華民族精神，」「中華民國萬歲！」等口號。又常對學生訓話說：「教導隊使命，要在爲我軍創造新生命，教導隊學生們的重任，全在對外作戰，打倒帝國主義時期，使我軍得有特別表現。」當年十一軍軍官教育如此；是則國家思想，民族精神，已深入全軍官兵腦中，無怪此次上海抗日血戰，有這個驚人的成績。

十八年春，陳銘樞軍長任廣東省政府主席。中央開編遣會議後，第十一軍即首先縮編爲一師一獨立旅，受陳濟棠節制。當時全國自動縮編者只有此軍。蔣光鼐爲廣東編遣區第三師師長，戴戟副之，幷兼第八旅旅長。蔡廷鍇爲第二獨立旅旅長，且受蔣光鼐師長節制。夏編遣會議決裂，粵桂有事，蔣光鼐師長率蔡廷鍇旅和陳維遠第七旅等，大破徐景唐師於東江派尾。當出發時，蔣光鼐師長對所部官兵訓話，謂：「中國現在最需要的爲統一和平，我們當以鐵血擁護之，不容任何人破壞。」所以派尾之役，能以少勝衆，雖係教育關係，然亦由於正氣使然。同時戴戟率第八旅亦大破白崇禧所指揮桂軍於花縣白泥，兩廣因此無事。中央得以安定，全係第三師第二獨立旅之力，亦係陳銘樞主席從中指揮之功。秋中央命改廣東編遣區第三師爲六十一師，以蔣光鼐任師長，戴戟副之。改第二獨立旅爲六十師，以蔡廷鍇任師長。因歷史的關係，兩師表面上雖不相屬，事實上却完全一致，教育作戰，未嘗稍事分離。冬，張發奎軍和桂軍連合攻粵，花縣血戰四晝夜，死傷三萬人。張軍進攻最猛，損失亦最鉅。當時第八路軍各師和中央第三第八師等，屢瀕於危，若非蔣光

鼐師長指揮若定，調動有方，則當日的勝負，眞屬不堪設想，那得有乘勝追擊，直入廣西的一回事。

十九年春，蔣光鼐師長指揮第六十師第六十一師和香翰屏所部第六十二師，再敗張桂軍於北流。廣西多山，地險勢要，人民強悍，李宗仁黃紹雄等統治多年，地方組織甚爲完備，人民武裝團體尤不可輕視，孤軍深入，處處受敵，當時作戰的困難，殊非吾人所意料。但卒能制勝的原因，不可不謂非蔣光鼐師長指揮之力。夏，因閻錫山馮玉祥之變，隴海路戰起，張桂軍走湖南，圖出武漢響應閻馮。時武漢空虛，南京震動，蔣光鼐師長奉命指揮第六十第六十一及李揚敬所部第六十三師，由韶關出湖南，追躡張桂軍後，先頭部隊抵衡陽，張桂軍由長沙回師，陳濟棠在廣州聞報，急電放棄衡陽，撤回至九峯碎石防禦。因當時張桂軍有四萬之衆，兵力多一倍有餘，必扼守湘粵交界要險的九峯碎石取攻勢防禦，戰局方有把握。但蔣光鼐師長知己知彼，獨斷專行，決心在衡陽取攻勢防禦，并以決心和理由報告陳濟棠總指揮和陳銘樞主席，後得回電有「我軍在衡陽如猛虎藏深山，雖屬險着，

亦是妙算」等語。及後張桂軍果爲蔣氏所算，大破之於衡陽。然兩軍肉搏爭持，死傷極大，第六十一師第九旅旅長張世德陣亡，尤爲蔣部最大損失。以張世德爲第六十一師勇猛果敢的戰將，蔣光鼐師長依之爲左右手，他的存亡，影響於該軍的前途至大；張發奎部幾全軍覆滅，退回廣西收容，不過九百餘人。桂軍亦受重創，其師長梁重熙陣亡，斷頭洞胸，總是革命的同胞。革命尙未成功，手足如此相殘，眞是痛心極了。

衡陽戰後，中央命調第六十第六十一兩師至津浦路線作戰，并任蔣光鼐爲國民革命軍第十九路總指揮，仍指揮第六十第六十一兩師，此十九路軍名稱所由來。蔣光鼐總指揮出自廣東東莞世家（其祖父爲前清翰林）根基已厚，德性寬大，無名利心，最富於革命精神民族思想，待下公正和愛，三軍信服，平時最能體貼下情，解除官兵的痛苦。戰時軍令如山，絕不容有一毫的苟且，用兵謹愼，處處留心，不與敵以可乘之機。戰鬥激烈時，則能不顧一切，勇敢犧牲，加之以沉着堅忍，所以以前能做陳銘樞主席的副手，今能做十九路軍的領袖，造成十九路軍常勝的戰績。當十九路軍未到津浦路以前，中央軍和閻馮軍

已苦戰兩月，相持不下，此時蔣光鼐總指揮統率所部，用迅雷不及掩耳的戰略，先克泰安，再攀越泰山長城嶺佔仲宮黨家莊直入濟南，兵臨城下，閻錫山部始知飛將軍從天而下。然大勢已去，無法挽救了，閻軍終於一敗而退。閻之於晉，生聚教訓幾二十年，其有用實力，不能用以對外，這次作戰，因十九路軍抄襲泰安濟南以致狼狽潰逃，死傷受俘逃散不下十萬人，晉軍精銳損失殆盡，最為可痛可惜。濟南已下，蔣光鼐總指揮受任兼濟南警備司令，第六十一師師長由該師副師長戴戟代理，蔡廷鍇受任為第十九軍軍長，仍兼第六十師師長。但蔣氏謂「我軍非為地盤而戰」，對警備司令一職，決辭不就。蔡氏對第十九軍軍長亦未正式就職，務實際，不貪虛名，第十九路軍將領大多如此。旋全軍奉命秘密調平漢線，長途行軍十餘日，始達目的地。時馮玉祥部多方偵探第十九路軍位置，因馮部在河南防禦堅固，閻部雖敗，尚未至受十分影響，他最怕的為第十九路軍。但蔣光鼐總指揮指揮該軍，突出平漢線西園攻禹城，斷平漢線路，把新鄭許昌馮軍主力，舉行大包圍。由山東戰線最東處，調到平漢線極西處，神出鬼沒，實為馮軍所不及料。這是由於蔣介石總司

令運用神妙，亦係第十九路軍忠勇善戰，不避艱苦所致。這牛集金鐘寨馮寺鎮莊郭店先後截擊，歸路全斷，而張維璽田金凱等五師之衆，完全在新鎮繳械降服。而河南也從此平定無事了。馮軍在我國爲訓練精良，能耐艱苦，善於戰鬥的部隊，力量足用以對外，惜其官兵不以國家爲中心，是教育的根本錯誤。這此爲內戰而犧牲殆盡，不念斷頭洞胸，總是黃帝子孫，你爭我奪，還是楚弓楚得，這是當時軍閥的過錯，也是中華民國軍人應當澈底覺悟的大事。

正當山東河南一帶戰爭十分危急的時候，原駐在湘鄂贛各省的中央軍隊，皆被抽調在北方去作戰，此時在南方早已準備完成的共軍，突發軍事行動，日益擴大，中央爲防止其燎原之勢，特下令十九路軍緊急進兵贛省，由萍鄉蓮花泰和向前推進。但該地皆山區，道路崎嶇，叢山峻嶺，行軍非常艱苦，同時當地居民無論男女老幼都已經深受社會主義的宣傳，都受共軍的軍事訓練，所以尤增種種困難。而十九路軍的士兵一向深受「不爲民敵」的訓誡，不准殺戮無辜傷害人民，在如此情形之下，其作戰之受阻，處境之困難

甚爲明顯。但幸當時共軍所用避實就虛的戰略，即所謂：「敵多我避，敵少我擊，敵來我去，敵去我追。堅壁清野，斷敵接濟，聲東擊西，埋伏襲擊，敵行我截擊之，敵在我騷擾之。」利用民衆的報告，以出奇制勝的方法，應付對方的軍隊。所以十九路軍漸漸向前推進，並未有猛烈的激戰，只是零零碎碎的小接觸而已。當時十九路所最感困難的問題，除了軍事上的用武以外，再有政治上的如何爭取民衆，使民衆與軍隊合作，達到安定社會，解決人民苦痛的目的。二十年夏，廣東政變，陳銘樞主席離開廣東。到江西受任爲右翼集團軍總司令官，將十九路軍集中吉安，擴編第七十八師，以第六十師施行區壽年調任該師師長，蔡廷鍇將軍辭去六十師師長兼職，由該師師長沈光漢升任。第六十師旅長戴戟因病辭職，而以該師旅長毛維壽升任。同時蔣光鼐總指揮適患腸熱病，養痾上海，總指揮職務遂歸蔡廷鍇軍長代理。而其十九軍軍部亦於此時正式成立。

二十年冬，九月，日本帝國主義者挾其現代化的軍力，用種種極卑劣陰險的手段侵佔我東北三省，終因「不抵抗」主義的作祟，錦繡河山，盡淪敵手。此時國內輿論譁然，上

下鼎沸，人民自動組織抗戰團體，向政府請願北上殺敵者不知數千萬人，各地軍隊中之熱血將校兵士，也磨拳擦掌，欲與日寇一決雌雄。此時中央政府的所謂「先安內，後攘外」的「剿匪」政策已經無法再繼續上去。

同時國內的和平會議宣告成立。安內尚未成功，外侮日趨嚴重，日本帝國主義者慾壑難塡，一路由東三省蔓延至熱河，進而向關內覬覦之勢。在江南的長江流域將日僑加以軍事訓練，間諜密佈，大有併吞中國的企圖。

政府當局也鑒於局勢之嚴重，特調派十九路軍駐兵京滬，陳銘樞受任爲京滬衛戍司令長官。嚴密戒備。十九路軍全體將士也同仇敵愾，湧躍從命，全部抱着對日犧牲的決心，與日寇拚命。所以二十一年一月二十八日開始的淞滬抗戰，揭開了中華民族抗日戰爭的序幕，也建立了對外戰爭史上最光榮的一頁。

第二章　抗日血戰之原因

人類社會所以賡續不替，其基本條件有二：一曰生存，二曰生殖。生存所以維持自己的生命，生殖所以維持下一代的生命。前者是以生活資料獲得爲條件，後者是以種子繁殖爲前提。由於前者，於是人類有勞働，有生產，有生產關係，有國家，有各種社會組織。由於後者，於是有兩性結合，有男女關係，有家庭組織，有宗族的綿延，以至於有民族的發展。一切社會現象形形色色；一切社會關係，錯綜複雜；以至於一切自然科學與社會科學，歸根究底，莫不匯流於這人類的兩大本能：曰生存，曰生殖。

每一生物，無論走獸飛禽，爬蟲節足，牠要維持生命，牠必須獲得物質的生活資料，牠必須經過吃食，消化，營養，排洩諸機能。換句話說，牠必須獲得生存與生殖本能的滿足，牠

纔能夠維持生命於永續。人類是最高的生物，亦如一切生物一樣，有營養排洩新陳代謝等等諸生命現象。這種要求的滿足，於是有賴乎人類的勞動。勞動是人類維持生存的手段。由勞動所發生的關係，是社會構成的本質。

然而，社會發展到一定的階段，人類的生存，並不完全依賴於勞動；這，便是掠奪。

掠奪，是人類爭生存除勞動之外唯一的方法。資本階級對勞動階級，資本帝國主義對殖民地民族，其間爭生存的關係，是掠奪關係。自己不能生存，於是掠奪他人以爲生存。中日兩民族間的仇視，就是這種爭生存的表現。

日本帝國主義者要求生存，在他們國內又不能維持他們的生存。他們有過剩的人口，他們有失業的恐慌，他們有多量的剩餘的生產物，他們有過剩的資本；同時他們更缺乏之原料，缺乏之食糧，缺乏之煤鐵，乃至缺乏之領土，他們求之於西方，則歐洲大陸與英倫三島決不容其插足。而向美洲的移民，又受到美國移民律的禁止，被根本的排斥。求之於南方，則物各有主，我來已遲，南洋羣島各地的殖民地早已被各帝國主義者分割淨盡了。於是他

們就不得不求之於地大物博的中國：琉球被割了，台灣被割了，朝鮮被亡了，他們也可以躊躇滿志了。然而不然，覺得寸進尺，到現在還有所謂厲行明治大帝第三期的計劃：吞滅滿蒙！

第一節　日本帝國主義之必然的動向

日本帝國主義對中國作全般的侵略，尤其是向東三省及上海施行軍事政治的佔領，從中日兩民族的整個歷史上看，乃是必然的事情。歷史上沒有無因而起的偶然，也沒有平空而來的突變。從同治訂約至最近的九一八，其間亘六十年之久，日本帝國主義所積極訓練的軍隊是為了什麼？上下一致的侵略為中心的軍國民教育是為了什麼？民政黨與政友會海軍省陸軍省歷年來所爭持的政策是為了什麼？財閥鐵路閥工業資本家與商業資本家，所以更積極投資與市場掠奪是為了什麼？從這種種，日本帝國主義向上海積極進兵，決不是意外的事了。

我們在歷史上更可以尋出日本對中國侵略的途徑。一部日本資本主義發達史，自

始至終，便是對中國的侵略史，而其前資本時代之歷史，則為中國的附庸史。日本是東海島國，種種風俗文化都與中國無異，自漢已正式遣使來朝，其發生關係更遠在古代。武王滅殷，封箕子於朝鮮，朝鮮即入中國的版圖，日本與朝鮮僅隔一衣帶水之對馬島海峽，其時必有中國人自朝鮮度日，而日本人亦必有經朝鮮以來華，只不過年代久遠，無史蹟可徵罷了。至秦時徐市（或稱徐福）入東海求神仙之事，更見之於史書，在日本史中載徐福抵日事甚詳，且有徐福墓及徐福祠等足為彼此相攷證。嗣後歷魏晉齊梁數百年間中日兩國民來往漸繁，而以漢文與佛教輸入日本，為中國對外之光榮。漢文輸入日本，始於東晉安帝時（即日本應神天皇即位之十五年）。其先日本無普通應用文字，因百濟王遣臣阿直岐至日本貢良馬，阿直岐通中國文字，天皇即命皇子菟道雅郎子就學，阿直岐又推薦百濟博士漢人王仁為皇子師，王仁即以論語十卷千字文一卷授之。其後我國書籍輸入日本漸多，於是孔孟之道，遂為日本所傳播。佛教傳入日本當在梁元帝承聖二年，（公元五五三年）其時中國人由朝鮮至日本傳播佛教者甚多，初時雖為日人所反對，然

經長期紛爭，佛教勢力終佔優勝。迨日本聖德太子執政後，信奉佛教者更逐漸增多。於是漢文與佛教之勢力在日本展開，日本之文化就發生重大之變化，而中國在日本所樹立之勢力遂至不可侮。至隋唐時代，無形中日本爲中國之藩屬。隋煬帝大業四年（公元六○八年）日本推古天皇慕隋之威名，特遣小野妹子來聘，並大遣學生來遊學。唐太宗之世，政教修明，威聲遠播，日本遣使朝貢更靡，其使節分執節、大使、副使、判官、錄事等。執節使由天皇賜節刀，監督大使以下隨員，奉函書方物，求謁天子。當發遣時，日天皇則先祈禱於神，一祈海上平安，一祈唐帝賜「拜謁」「宴饗」之榮，如是以爲例。同時更選拔朝野俊秀隨同來華留學，因此日本留學生之渡唐者更多，且有終身不返而入中國籍以終老者。在軍事上日本亦爲中國戰敗之附屬國，唐高宗時百濟恃高麗爲後援，連侵新羅，新羅乞師於唐，唐帝命大將蘇定方伐百濟，進兵成山，拔其都，降其王，以其地置熊津等五都督府。嗣後百濟降王之弟扶餘豐由日本歸，且乞日本援之，天智大皇遂冒然派兵至百濟。高宗龍朔元年（公元六六一年）唐軍大敗日本援兵於錦江口，百濟乃平，日本懾服，遂爲中國之屬國。

此外其一切文物[illegible]設皆偷竊模仿中國而成。例如日本無鑄錢，後由我國傳入隋之五銖錢，唐之開化錢，於是始有貨幣鑄造之舉。日本著名之大寶法令，即是採用我國唐律而成。嗣後歷五代趙宋，日本仍然爲我國無形中之藩屬。元代日本海盜屢到中國沿海標掠，於是有倭寇之患。元亡明興，倭寇如舊。成祖之世，日本實町將軍足利義教，遣使上書自稱國王，願受中國封册稱臣。其欲博中國歡心，因多捕海盜誅之。至足利義教時代，復上書稱臣，奉明正朔。及足利義政時，因日本財政困難，更乞中國救助銅錢，中國因處於主人地位而允之。日本在此時猶爲中國之屬國。其間雖屢有倭寇標掠之擾，然皆一擊即平，聞我國勇將俞大猷戚繼光之名而胆裂，望風披靡，海警遂靜。滿清定鼎，日本懷柔，依然爲中國之外府。迨至同治六年（公元一八六七年）日本維新，國勢大變，明治政府，鑒於中國迭次失敗於英法俄諸國，大開海禁，日本亦欲享通商利益。同治九年（明治三年，即公元一八七〇年）日本派柳元正光爲正使，花房義質劉永寧爲副使，來我國修好，總理衙門應之；翌年（一八七一年）日本復任伊達宗城爲特命全權大使，來北京，與直隸總督李鴻章締結

中日修好通商條約十八款，規定日本得置領事於中國各商港，並予以許多通商利益於是種下禍根，養成今日之大患。

日本在明治維新以前，爲中國之屬國，其以後則跨上資本主義之路，一變爲中國之仇敵。日本國勢之發展，乃中國國恥之累積。同治十三年（卽明治七年，公元一八七四）日佔台灣，締結和約，卹款五十萬兩，改琉球爲沖繩縣，琉球遂亡。是爲日本南進海洋政策之第一步。甲午（光緒二十年公元一八九四年）中日戰敗，馬關條約締成，朝鮮遂亡，並割讓奉天南部遼東灣黃海北岸台灣全島澎湖列島，奉天海外諸島嶼內河航行權及其他權利並喪。光緒二十六年（一九〇〇年）義和團之役，八國聯軍攻陷大沽口，天津，揚村，通州，北京等處，訂立城下之盟之北京條約。而俄人遂乘機佔領東三省，因之而爆發日俄戰爭，戰之結果俄敗，訂立朴茨茅斯條約，以我國之土地與主權爲戰利品，旅順大連轉入日本之手。我國且與之訂立中日滿洲善後協約並附件十三款，除向帝俄應該收回的權利完全讓渡於日本外，而且還讓出中國從未喪失之權利，其重要者如（一）開闢東北三

省之遼陽新民屯鐵嶺法庫門長春吉林哈爾濱齊齊哈爾海拉爾愛琿等十一處爲商埠，名義上爲各國共謀利益，事實上專爲日本開放，於是日本遂作大規模之移民。(二)陸路通商之最優裕的待遇，於是日本的商業金融機關便滿佈於東三省，(三)安東鐵路爲日俄戰爭時日本強築之軍用鐵路，而中國竟允許其存在，於是日本有了侵略上的交通利器，便源源而來，在翌年便設立南滿鐵道株式會社，同年七月又設關東都督府，（卽後來所謂關東軍司令部及關東州民政署者是）於是日本北進大陸政策乃得初步之成功，其侵略方式又展開了一個新局面，而外交上所謂問題者，也增多了。舉例言之，如所謂採伐鴨綠江森林問題，撫順煤坑問題，新民至法庫門之鐵路問題，營口支線問題，間島問題，安奉路問題，凡此都是日本侵略中國而引起比較大的問題，其結果，中國無一不是喪權辱國的！從此日本的侵略而且愈來愈凶，而中國的國恥亦愈積愈多了。未久卽有清末郵傳部以鐵路爲出賣之大借款，民國成立，又有以鹽稅爲抵之善後五厘金幣借款，民二有南京事件，而承認日本滿蒙五鐵道之建築權：(一)開原至海龍城，(二)四平街至洮南府，

(三)洮南府至熱河，(四)長春至洮南府，(五)海龍城至吉林。日本自此要求成功，其侵略則又進一步，而開始經營東蒙古。民三夏歐戰既開，日本便思乘機奪取德國在華之權利，如膠州灣之租借地等等。民四日本乘歐戰正劇而袁氏活動稱帝之時，提出足以滅亡中國之廿一條件。民五有鄭家屯案，強迫中國增聘日本警察爲顧問，駐紮南滿、東蒙之中國軍隊及中國之士官學校聘用日本將校爲教習。民六二月二十日日本與俄國訂立操縱遠東之合同。三月一日日本又與英國訂立密約，英允許日本戰後收領赤道以北德國固有各島嶼及承受德國在山東之權利。同日又與法意兩國訂立類似之密約。又懼美國未與訂立密約，特派石井子爵赴美與國務卿藍辛會見，以巧妙之措辭，遂於十一月七日騙得日美兩國發表共同宣言(即世謂藍辛石井條約)承認日本在中國有特殊之利益民六與民七之間，日本乘我國黎元洪與段祺瑞之衝突，督軍團之起事，張勳之復辟，及南北戰事等，組織特殊銀行團，借資於北京政府，以助長中國之內亂，其間計梁啓超經手之第二次善後借款及印刷局借款，曹汝霖經手之交通銀行借款，吉長路借款，第一次軍械

借款，有線電信借款，吉會路墊款，金礦森林借款，熊希齡經手運河借款，直隸水災借款，王克敏經手之第三次善後借款，劉傳紱經手無線電信借款，段芝貴經手之第二次軍械借款，章宗祥經手之滿蒙四路墊款，濟順高徐二鐵路墊款，參戰借款，不下五萬萬之多。繼之，又成立中日軍事協定，遂使日本得公然出兵北滿。民八歐戰終止，巴黎和會開幕，日本要求將山東之權利無條件讓與日本，因事先有我國駐日公使章宗祥與日外務省換文有對山東問題中國欣然同意之語，鐵證如山，中國外交陷入窮境，因此爆發偉大的五四運動，中國代表拒絕簽字得留下華府會議的一點後步。嗣後日本侵略愈進愈迫，案件愈演愈多，民八有長春案件，福州案件，並助長內亂發動奉直戰爭，收容安福禍首。民九有琿春事件。民十因有華盛頓會議，日本稍斂其凶鋒。民十一有所謂親善運動。民十二有六一慘案及廈門事件，民十四有五卅慘案的暴發，其冬又出兵南滿有助張（作霖）阻郭（松齡）之舉，民十五有大沽事件，民十六有寧案交涉，民十七更有進兵濟南阻撓革命，造成五三慘案之舉動，其冬，並有皇姑屯炸死張作霖之案件。六十年來日本帝國主義者無年

不在中國表現其猙獰面目，而中國當局六十年來誤國賣國，使日本的所謂積極侵略政策，無年不收到相當的成績！依照這些成績而言，這次東北的被佔及上海的進兵，並不算是突滑的事情！

尤其是在最近，日本帝國主義在自己本國以內造成的不景氣，使它必然的乘機向東三省佔領乃至向上海進兵。日本帝國主義之進兵上海，乃是從他們帝國主義所造成的矛盾中求解決。換言之，其唯一的出路，不得不求之於殖民地。日本政府必然的更換登台於殖民地的人物，使前警視總監大田政弘為台灣總督，前陸軍大臣宇垣一成大將為朝鮮總督，支那通內田康哉為滿鐵總裁，便是此種要求的表現。資本主義發達的結果，一方面有大量的過剩生產物沒有銷場，他方面有大量的失業人口沒有衣食，資本主義的發達，乃造成資本主義的大恐慌。對於政治，一則使日本政府感受從來未有的財政大困難，裁員緊縮的政策，徒然使政府機關中拋出大批官員的失業，而沒有積極的效用。二則使日本現內閣表示沒有能力，在野政黨大起風潮。三則因中國政府所建築的所謂南

滿鐵路平行綫及與旅順大連的葫蘆島商港，使日本的外府南滿鐵路及其附屬業務，起了空前的危機。此種政局不能安定的情形，使日本的執政者相信軍事獨裁可以安定政治，可以挽救危機。這引起軍閥宰執政府的野心，無顧慮的向東三省作橫領的行為及向上海作橫蠻的戰鬥。外求最後手段的成功，以救濟統治階級的危機，內求政黨爭鬥的和緩。尤其是這種政策，他們認為是可以緩和因資本主義沒落及大批失業人口所引起的恐慌。這種種的因緣，使日本軍閥號召失業軍人及鼓勵二十六年來的軍氣，從事滿洲的軍事行動。因滿洲的軍事行動，遂引伸到上海。

第二節 國際形勢之沉闊與世界經濟之恐慌

其次在國際形勢上，恰恰給予日本進兵上海的一個最好的機會。日本的統治階級，看透了自國狀況的不景氣，看透了國際形勢的沉闊與世界經濟的恐慌，於是它更敢在上海一試了。

在資本主義最後階段的帝國主義中，中國是世界經濟的一環，是帝國主義各國共

同的殖民地，是各帝國主義國爲解決其內部矛盾的對象。因爲最近世界經濟的恐慌，各國爲欲解決其矛盾，故對於殖民地利權的要求亦益緊亟。這些時，中國便處在帝國主義各國加緊的剝削之下而無從解脫。

自甲午中日戰爭以後，中國一時陷於瓜分的危機。列強各國都各自在中國劃分勢力範圍，從事借款和鐵路的競爭。競爭之不已，恐引起戰爭之恐怖，於是調和衝突，就把中國夷爲共同的殖民地。所以美國務卿海約翰（John Hay）有主有門戶開放主義的通牒。他主張各國對華機會均等，他主張保全中國領土與主權的完整。日俄戰後，美國重申前議，更於是乎有美國務卿諾克思（Knox）對於滿洲鐵路中立提案，藉以打破日俄在滿洲利權的獨佔。然而却不如人意，未能成功。因之最後乃有四國銀行團的成立，因日俄之反對，英美法德就把他們摒棄於借款團之外。民國成立，由日俄妥協，有由四國銀行團變成六國銀行團之舉，對華國際共管之機運，就走入了成功的境域。歐戰既起，銀行團無形消滅，中國就成爲日本單獨的侵略地，於是就利用袁世凱的帝制運動而有二十一條

的強迫承認，復操縱安福系成立西原賠款，造成南北戰爭，歐戰告終，各國嫉視日本的單獨獲利，於是有華府會議的召集，成立九國公約確定尊重中國主權獨立領土行政完整等原則，藉以抑制日本的野心。此後，因美國銀行團代表雷蒙德（Lamant）之來華，新銀行團的成立，曾盛極一時，然卒因中國政治的分裂，使其共同投資的計劃無形消滅。但是國際共管中國的企圖，卻仍往來於帝國主義各國的心目中，無日或忘，所謂新道威斯計劃，不外此種陰謀的顯露。

十餘年來，太平洋上能夠維持武裝和平，各帝國主義間能夠除了因不平等條約所獲得之權益以外，不敢破壞中國領土的獨立與主權的完整者，完全是靠着列強的均勢，可是現在，這太平洋沿岸的列強均勢已經破壞而轉變了，而這均勢的破壞與轉變，卻是有利日本的大陸政策的。

所謂均勢，是英美日三大帝國主義的相互對立，他們是代表着世界最大的三個海軍國，他們都有利害關係的牽制，他們都是在中國互爭市場與原料的主要國，他們三國

都不能單獨的向中國下手。美英爲爭奪中國及菲列賓的市場和太平洋的商業交通，早已結成不解之仇。他們兩國互爭世界投資市場與金融霸權，也是決不能並立的。美日與英日的關係恰巧又是如此。因此三國中如有一國要單獨攫取中國領土及特殊利益，其他兩國必聯合起來干涉。自德國歐洲戰敗退出太平洋舞台後，英美日三國便相互維持了東亞的均勢。然而近來英國經濟的衰敗與後退，美國的生產過剩與失業人口的激增，使他們都無東顧的餘暇，日帝國主義遂運用縱橫捭闔的外交政策，各送秋波，在「慷他人之慨」及「共同諒解」之下，就毅然佔領東三省及向天津上海等處挑釁了。這是國際形勢所給與的便利，這是日本帝國主義在世界經濟恐慌下聰明的出路！如果日本在「慷他人之慨」的政策下不爲單獨的絕對佔領，英美二國是不會加以干涉的。否則，若超過了獲得英美二國所默許的利益以外，英美兩國亦終必起來干涉。日本不欲世界大戰之再起，只有從此了事，於是上海戰事之解決與東三省之喪失便不成問題。

如上所分析，日本帝國主義所以毅然的對中國作如是的侵略，是千載一時的機會。

本來日本帝國主義於歐戰期中因緣時會，發展其勢力，聚斂其橫財，戰後遂完成其獨佔資本主義。然而金元帝國登台，新的危機同時孕育。英法德意諸國因合理化運動的復興，重伸勢力於東方市場，俄國又另換一副面目恢復舊俄時代的勢力並標榜着反資本主義的宣傳，移殖其勢力於中國；美國則對華門戶開放機會均等的政策極力保持，於華盛頓會議中迫令日本吐出歐戰時期內乘機攫取的獨佔權利，並竭力與中國親善，以擴大其投資區域，世界各強國中，左右顧盼，都使日本四面受敵，中國這塊肥肉使日本竟無法吞食，而中國這幾年能夠維持獨立相安無事者，也靠了這國際形勢的均衡與各帝國主義彼此利害的牽制。

但產業合理化的結果，生產額巨量增加，生產品價格低落，利潤減少，可變資本的工錢減少，而不變資本的新機械的價格增大，平均利潤率低下，勞動強度增加，工錢相對減少，失業者增多，大衆購買力貧困。於是商品過剩又成了嚴重問題。其次，合理化的厲行，造成世界市場競爭之尖銳化，於是就不得不採取嚴峻經濟壁壘，加緊保護關稅和傾銷

（Dumping）資本輸出，殖民政策等等，將市場競爭推向戰爭的方面。再其次，合理化的巨量生產，又造成國內市場的狹隘，引起農業部門和工業部門，金融資本與產業資本及其各自本身的諸種矛盾。這就造成世界經濟的大恐慌。而最近的恐慌，性質比從前還更加酷烈。從繁榮的美國交易所恐慌開始，波及全世界，遂造成世界的不景氣。各國生產和輸出的減少，物價低下，股票跌落，失業增加，農業恐慌增大，例如，一九二七年共同物價指數爲一百，則在美國一九三〇年爲九十小數一，一九三一年爲七十二小數八；在英國一九三〇年爲八十六點一，一九三一年爲六十六點三；日本一九三〇年爲八十九點六，一九三一年爲六十八。這樣物價每況愈下的跌落，就是表示生產的過剩，也就是表示生產力的低落了。又例如金券，在去年英美激劇的下落，毫無善狀，德國在四月雖頗爲騰漲，但四月以後卻一再暴落了。日本因一九三〇年原料品價格之下落與交易所的一時投機之增加，暫時還停留在小康的狀態中，然至去年卻大大的下落。從這一點也可以看出世界信用之收縮與經濟之恐慌了。至於失業人口，在去年上半年英國有二百萬，德國有四

百萬，意國有七十萬，法國有七萬，美國有一百萬，而在日本，據昭和五年（一九三〇年）十一月的國勢調查，失業總數爲三十二萬二千五百八，比一九二五年增加十分之四，而實際上還不止此數，據朝日年鑑的推察，總在百萬乃至一百五十萬以上。去年二月失業率爲百分之五點六十一，三月爲百分之五點七十九。三菱造船公司停歇與海軍軍縮，造出龐大失業羣，中小工商者的破產，更增加失業的人數。又據內務省統計，俸給勞動者及知識階級失業的約四十萬，而工廠礦區以及農區之熟練的勞動者尚不在內。一九三〇年一年間礦山工場停閉者四千六百，直接失業七萬八，事業縮小者五千六百件，失業六萬餘人，因罷工而失業者一萬餘人。爲防止這失業洪水泛濫，日本只有向中國求出路了。同時，日本的海外市場又受到收縮的慘運，例如一九三〇年一月至十月間貿易總額輸出一，二七六百萬圓，輸入一，四六九百萬圓，比一九二九年同期輸出減少百分之三十二，輸入減少百分之二十九。而英美之對外貿易更形不振。最重要的對華貿易自去年一月至九月減少百分之二八，十月比前年同期減少三分之一。最重要的商品之小麥棉織物

絲織物幾減少一半。以美國爲主要顧客的生絲也同樣的減少。生絲輸出減少，農家所受的損失奚啻五億元？而棉花，鐵，羊毛，木材的輸入，亦因生產之減少而減少。日本在美國的市場既如是暗淡，而印度輸入亦已絕望，而海外市場亦皆閉塞不堪。唯一有望的中國市場，又因政局不安，排貨屢起，及美國的競爭，一九三〇年下期比二九年下期輸出減少四一三五〇八千圓，輸入減少三四二，四七三千圓，其入超額有七千六百十九萬圓之巨，而去年下期與今年初春更甚，重要輸出品爲絲織物減少二千萬，糖，炭，紙及水產等，亦無不跟着減少，這是表示着生產的收縮；而輸入品中僅牛肉雞蛋牛皮却增加一百餘萬，這是表示着日本的必要食品之不足。像這樣的恐慌程度，故日本乘着列強自顧不暇時遂突然向中國求解決，九一八東北事件便是這求解決的實現。此外在金融方面亦是非常紊亂與恐慌，尤其在日本更有特殊的形態，如因金解禁及金禁之反覆實行，雖使資本價値增高，然因物價之下落，資產內容之實質價値顯然低下。又因金融本身的紊亂，形成更大的獨佔金融資本，徒使恐慌之輪廓擴大。因之日本的金融資本家在中國，尤其在滿蒙朝

鮮台灣更加緊殖民地的榨取，盡量投資。然而其資本大部分借自英美，故常受外國資本之威脅，而所謂獨佔的利益亦受動搖。此種動搖的恐慌，日本就逞其野心，佔東北爲己有。上海事件之發生，只不過是奪取東北的一個手段。

總而言之，在這世界經濟恐慌的漩渦中，日本獨佔資本主義必須把牠的賴以生存的原料產地販賣場所資本洩口的滿蒙獨佔這是這次「一二八上海事變」主要的原因。而國際局勢的沉悶，又爲日本這次侵略政策的決定點。因爲在中國競爭最激烈的是美國和日本，此外還有英國的參加。英國與中國貿易最早，有香港上海及長江流域爲根據地，且伸其勢力於威海衛，又把持着中國的海關實權及航業金融的霸權。美國在戰後對遠東經營不遺餘力，設立遠東貿易局，派遣商務官於各地，投資數量及區域日益增多，遂有凌駕日本而上之勢。然而，日本的勢力還是不容易壓倒的，日本對華的貿易雖不十分繁榮，然在去年尚有三億九千萬之巨。同時中國輸出之原料亦年有二億八千萬，日本仍佔着第一位的優勢，這樣，英美常有聯合以制日的趨向，自華盛頓會議以來至最近的

「九一八東北事件」都是如此。然終於因上述的經濟恐慌的關係，使英美都各顧自己，無力作強硬的干涉。法國意國及新復的德國，雖然都想替中國說話，然而皆因根基甚淺，只能看大局的推移以決定其態度而已。至於蘇俄與日本雖在北滿的利害衝突，常有風雲緊急的傳說，然而實際上蘇俄不敢與日本啓強硬的決裂，牠雖標榜着反帝國主義，亦同樣的只有看風轉舵而已。從這種種縱橫交錯的因緣，使日本肥敢向上海進兵，以爲解決滿蒙的手段。所以上海抗日戰爭的爆發，我們僅就國際關係上去看，更不是偶然的事了。

此外更有可以注意的一點，即日本因世界經濟的恐慌，政治的一般都趨向到法西斯蒂的道路。法西斯蒂政治的厲行，對外的侵略政策必然硬化。這不獨日本爲然，全世界都這般趨向。因爲資本主義恐慌的增大，金融獨裁政治必日益急進，自由民主主義必日益破產，此時的政治惟有讓法西斯蒂主義傲然抬頭，增強對外的力量，以鎮壓對內的紊亂。德國總統選舉時極右的國粹黨與極左的共產黨票數增多，與登堡國家緊急法令之

頒布與國家社會黨領袖希特拉(Hitler)勢力之日益澎漲;中歐及巴爾幹不斷的法西斯蒂騷動,英國的聯立內閣與保守黨的絕對勝利;而在美國,也有極少數金融托辣斯以百萬美金為背景樹立獨裁制度的企圖。在日本法西斯蒂的激進,更見明顯,軍閥的跋扈,在野軍人會與青年仕官思想行動的激進,民政黨與政友會所樹立的議會政治的破產,國本社勢力的澎漲,都使日本對中國終有逞其野蠻行為的一天。在這國際經濟政治的雰圍氣中,一切都向極端發展,妖氣正瀰漫着大地,中國民族不舉一致的積極抵抗,只好做日本極端軍國主義下的犧牲品!

第三節　所謂滿蒙問題與中日懸案

年來中國境內頻繁的災害與禍患,造成中國社會空前的危機,更使日帝國主義毫無忌憚的對中國作大規模的侵略。

在今日中國,一方面有大量人口的窮困,一方面有買辦金融資本的累積。農村經濟破產了,而都市工業不能振興。離村農民不能容納於工商業,於是只有當兵當匪之一途。

頻頻的戰亂，使灌溉農耕與水利經濟愈益破壞；於是就發生前年西北的大旱災與去年長江十六省的大水災，使我國的國家財政與人民生計陷入空前的危境。日本帝國主義者就運用其祖傳的流氓習氣，不顧人道與信義，乘人之危，趁火打刼，突然的就佔有了東三省。貪心無厭，更慘酷的向上海進兵了。

日本帝國主義對華露骨的侵略，處心積慮，必欲攫取謬認爲生命綫的滿洲，識者因早已料其必有今日的。而況在今日，又給予了日本千載一時的機會。三五年來中日懸案的增多與滿蒙問題的嚴重，都是日帝國主義準備鯨吞的張本。『欲征服中國，必先征服滿蒙，如欲征服世界，必須先征服中國。倘中國完全可被我國征服，其他如小中亞細亞及印度南洋等異服之民族，必畏我敬我而降於我，使世界知東亞爲日本之東亞，永不敢向我侵犯。此乃明治大帝之遺策，亦是我日本帝國存在上必要之事也。』（田中義一滿蒙積極政策奏章）無恥的日本帝國主義，一面嗾使御用的狗頭博士如矢野仁一等，攷證滿蒙非中國之領土，由帝國大學資助出版，對世界大事宣傳；一面又侈然高叫「滿蒙是他們

的生命線，是他們大和民族最低限度的生存權，政友會時代之滿鐵副總裁在其所著動的滿蒙東亞時局的動搖以及許多書籍雜誌報章中，就高叫着這類的屁話。上海如果他們有膽量攫取，那末上海非中國之領土，也自然會在他們狗屁不通的侵略邏輯之下致證出來的。侵略滿蒙以至全中國既是他們一貫的策略，而中國自身之無法抗拒，遂使他毅然的大喊着解決中日懸案的口號之下，演出空前的慘舉，乃是必然之事。半年來，所謂中村事件；萬寶山事件；朝鮮事件，都是日本併吞滿蒙的陰謀詭計之暴露。因為在今日滿蒙不僅是日本商品輸出與資本輸出的市場，且為工業原料品的資源地及食料品的供給地，而且更為大規模移民的目的地。日本二十餘年的努力，移居滿蒙的人口已有二十餘萬之多，而移住滿洲的朝鮮人，更達百萬了。「日民移鮮，鮮民移滿」的毒辣政策，既有相當的效果，而田中的秘密奏章中，還有移殖二十五萬以上的鮮人於滿洲，乘機搗亂韓農，以便採取直接行動的計劃。不但此也，日本更利用鮮人，為侵略滿洲的工具，希冀遮掩着他們的猙獰面目，這種露骨的毒辣政策，實為滅亡中國的利器。本來，朝鮮為吾國的領

士，其人民爲我國殷民箕子的裔孫，朝鮮人就是中國人，日本利用朝鮮人以侵略滿蒙，無異以中國人來侵略中國人，此種以手打手的自殘手段，若不早日設法防止，那麼中國的前途，不亡何待，可憐無知的鮮民，既做了亡國之奴，復爲仇人之傀儡，不顧中國農民的利害，擅掘溝渠，挑起了中韓農民的衝突。日本便一面嗾使鮮人屠殺華人，一面更大肆煽動造成朝鮮慘案，無辜受戮的華人不計其數，而日本反津津有辭以爲進駐重兵於滿洲的口實。

如上所述，日本帝國主義，所以突然作露骨的侵略，既爲數十年來預定的計劃，其處心積慮，必欲攫取滿蒙自屬毫無疑義的事實。查日本自日俄戰後，其對外政策，即由被動的而進於主動的地位，由防禦的而變爲進取的性質。日俄戰前，日本原有所謂南進與北進兩派。南進爲海軍派所主張，力主步歐美帝國主義之後塵，向海外發展。北進爲陸軍派所主張，向東亞大陸發展。當時兩派爭執頗烈。嗣後因海軍發展，與列強在太平洋及南洋之勢力範圍衝突，受到阻礙，於是不得不向大陸發展。此種大陸北進政策之發展，嘗之者

當然為老大之中國及衰敗之俄國，權衡利害，自以向中國積極侵略為宜。自此以後，日本無日不秉承此傳統政策，極力向東亞經營。而我國之滿蒙，乃為其注意力集中之地。其步調雖或急或徐，然而根本上固未嘗離開此種對華侵略的積極政策。『綜明治大帝之遺策，第一期征服台灣，第二期征服朝鮮，既爲實現，惟第三期之滅亡滿蒙，以及征服中國全土，使異服之南洋及亞細亞全帶，無不畏我服我仰我鼻息等等之大業，尚未能實現，此皆臣等之罪也！』（田中義一積極奏章）誠然誠然，天皇聖明，中國當滅！我們試來檢查一下無恥的日本帝國主義滅亡中國的成績。縱橫我們中國與日本是勢不兩立，這些舊賬總有清算的一天！

我們不說遠的作歷史上的攷察，我們也不說廣大的作地理上各地方的檢查，我們只就今日日人所侈然藉口的所謂滿蒙問題與中日懸案而論，日本滅亡中國的成績，已足夠使我驚心動魄，遑論其他！

例如鐵路問題，實爲滿蒙問題的主幹，無論政治方面，軍事方面，經濟方面，日本欲經

略滿蒙，均惟鐵路是賴。在日人方面視之，鐵路爲日本對華政策上的重大問題，當然置諸首位，具有早日能解決的性質。計日本在滿洲作侵略工具的鐵路，可分爲五類，並其條約上的關係，舉例如下：

(一)日本管理：

南滿鐵路（長春至大連）及其支綫（旅順柳樹屯營口煙台撫順各支綫）

一，一一四粁

一九〇五年日俄朴次茅斯條約。一九〇五年中日滿洲善後協約。一九〇九年滿洲五案協約第三款。

安奉鐵路（安東至奉天）

一九〇五年中日滿洲善後協約附約第六款。

(二)日本借款：

新奉鐵路（新民至奉天）

一九〇七年新奉鐵路協約

一九〇八年新奉鐵路續約（郵傳部與日本）

一九〇九年新奉鐵路借款細目（郵傳部與南滿鐵路會社）

吉長鐵路（吉林至長春）

一九〇七年吉長鐵路協約

一九〇八年吉長鐵路續約（郵傳部與日本）

一九〇九年吉長鐵路借款細目（郵傳部與南滿鐵路會社）

一九一五年中日條約（關於滿蒙）第七款

一九一七年改訂吉長路約（交通部與南滿鐵路會社）

四洮鐵路及其支線（四平街至洮南。其支線從鄭家屯至通遼，即所謂鄭白鐵路）

一九一三年滿蒙五路借款預約（交通部與日公使）

一九一五年四鄭鐵路借款合同（交部與日正金銀行）

一九一八年四鄭鐵路續借款（同上）

一九一九年四鄭鐵路四百萬墊款（交部與滿鐵公社）

一九二二年四洮鐵路續訂短期借款（同上）

（三）日本墊款正式借款未成立者：

吉會鐵路（吉林至朝鮮的會甯）

一九〇九年間島協約第六款

一九一八年吉會鐵路借款預備合同（交部與日興業銀行）

開海鐵路

一九一三年滿蒙五路借款預約（交部與日使）

一九一八年滿蒙四鐵路借款預備合同（章宗祥與日興業銀行）

洮長鐵路

一九一三年滿蒙五路借款預約

吉海鐵路

一九一八年滿蒙四路借款預備合同

同上

吉敦鐵路

一九二五年吉敦鐵路祕密合同（交部與滿鐵會社）

（四）日本讓渡與新銀行團者：

洮熱鐵路

一九一三年滿蒙五路借款預約

一八一八年滿蒙四路借款預備合同

洮熱鐵路之一地點至某海港

一九一八年滿蒙四路借款預備合同

(五)中日合辦未經中央政府承認者：

天圖鐵路

一九二二年天圖鐵路祕密合同(非正式合同)

綜上觀之，中日間關於鐵路之協定凡廿一，無一不是日本對中國侵略之工具，日本有如是周密之鐵路網，分佈東北，長驅直入，自然可制中國之死命。而日人尚有所謂天下四分勢，即以滿洲為中心，長春為中點，向四方放射鐵路，有四港為其主宰，即大連，葫蘆島，海參威，清津（或羅津）。此種鐵路，各自有其背後地，各自有其物質吸收的終端。滿洲鐵路之預定線完成後，此鐵路終端北朝鮮東海岸之海港，必能盡量發揮其機能，必為貨物之集散地，亦必各自有其勢力範圍，或由於人為，或由於天然，而形成劃然的分野。如果東三省問題不能解決，則日本直搗中原之勢一成，中國滅亡無日矣！

再如日本之對華經濟侵略的傳統政策而論，很明顯的，一為原料的掠奪，即所謂解決其本國之原料問題及食糧問題，一即市場的獲得，以解決他們本國的入超問題。此兩

問題全以對華投資與推廣貿易為唯一手段。而日本的對華投資，又以東三省為中心，以長江流域為基幹。他們除單純的經濟侵略之外，更有政治及武力為後盾。例如，東三省工業除大倉財閥在本溪湖之鐵與煤，東蒙古之水田，天津之裕元紡織廠，單獨投入資本約二千五百萬日金；三菱財閥在大連之油脂工業，安田財閥在南滿之正隆銀行因融通資本所管理之小企業；三井財閥在大連之小野塞門土公司及其分工場等外，其餘國家事業全為國家資本，或為國家資本庇護下所組織而成者。日本帝國主義者對東三省既用其全副力量侵略以吸收現金外，更需要從中國農村中間吸收工業的原料品，據滿鐵調查料的調查，近二十年來東三省的對關內貿易超出純額竟達七二三、二五七、九〇六兩，其中尤以近來出超額為最多。此外東三省的礦山，森林，港灣，工場，農田，教育，地方設施，研究機關等等，莫不為日本所侵略，所獨佔，而東三省金融事實又完全為日本所操縱。其侵略中心的機關，所謂南滿鐵道株式會社，實超出了英國用以滅亡印度的東印度公司之機能，其南滿鐵路對中國侵略的成績，亦超出了英國三A鐵路數倍！如此中國，

如此印度，後先相照，不忘何待！而況近來日人對中國更作露骨的侵略與南滿鐵道相提並重者，又有所謂吉會鐵路之修築。此路在滿蒙所佔之地位，在國防上及存在上所佔之重要，都超過滿鐵，日人最近三年來積極圖謀實行侵佔者，即爲此路的修築，同時我國人所惴惴不安，旦夕防範者，亦即爲此路的修築。所謂解決中日懸案及滿蒙問題，其最明顯的基點，也在於此路的修築。日本欲實現其侵略政策的成功必須強築吉會路，中國爲防止滅亡的悲慘必須全力拒絕，日本計無所出，於是遂以暴力佔領東三省，我國東北四省的領土主權就立時喪失！這樣嚴重的局勢，遂展開了上海戰事的前夜。

第三章 抗日血戰之醞釀與爆發

第一節 不抵抗主義與敗北主義（Defeatism）的反響

去年九月十八夜，日本砲火突然紅遍了瀋陽城，駐紮在該處北大營及其郊外的我國大軍，接受榮臻及張學良的不抵抗命令，避免與日兵衝突，立時退出，於是不到二十四小時，我國東北的七萬五千餘方里的版圖，就立刻變了顏色。我關東三千四百餘萬的人民就無辜的引頸就戮。我東北的物質精神皆被日本獸兵掃蕩而空之。我東北當局苦心所發明的不抵抗主義，遂彌漫了全國，所謂鎮靜政策就是這主義的引伸。於是日本的毒焰囂張與我國敗北主義的悲悶，交互錯綜，縈迴的造成了東北滅亡的慘史。

所謂敗北主義（Defeatism）是政治學上的一個名詞，是對敵爭鬥怯弱的一種主

義，其內容，簡言之可分爲：（一）常把敵力估量太大，而自視過小。（二）常取守勢，以圖苟安；一有機會，即與敵妥協，敵如進攻，則實行退却。（三）希望敵方內鬥不一致，或敵人自己破裂；若敵不內鬥破裂時，則希望第三者出來干涉，打抱不平。（四）希望敵人意外的損失，盼天公打雷下雹，把敵人打死。（五）希望自己一點也不犧牲，不勞而獲。（六）毫無鬥志，雖口頭宣戰，但不作戰爭的準備。（七）常抱主觀的勝利，自己覺得不戰則已，戰則必勝，即不幸而敗，將來亦必勝；即將來不勝，而精神上也是勝利。（八）本無鬥志，到了萬不得已，爲維持面子起見而戰，結果是願意失敗。敗北主義的內容如是，而我國上下所表現的事實，全是這內容的說明。當九一八事變發生之後，抗日運動應時而起，而全國的報紙充分的表現了敗北主義的內容，對於日本佔領瀋陽吉林長春新民牛莊通遼等處，故意描寫得威風，說日本軍器如何如何的犀利，佔領時如何如何的勇敢，否則就登着日本軍艦來到天津青島上海了，漢口日兵登岸了等等一類的話，說得過份可怕，使人人腦海中都印上了怕日本兵的心理，日本兵的威風，是我們中國人給他們宣傳鼓吹起來的。將自己看得太小，

把敵人看得太大，這不是敗北主義的呼聲嗎？中國政府當事件發生之初，即希望國際聯盟出來干涉，又希望美國出來幫助，故成天總說着國聯怎樣，美國怎樣，然而却忘記了自己應該怎樣，要知道國聯根本沒有力量，而中國希望之；美國根本沒有幫助中國以抗日本的必要，而中國亦希望之；世界上只有強權，本無所謂公理與正義，亦沒有什麼眞正的國際和平條約，而中國更信賴之；這不是敗北主義嗎？瀋陽陷落以後，張學良受不了國人的責備，始聲言在錦州死力抵抗，但不反攻，以圖苟安；迨至日兵追到錦州，又不抵抗，使向關內撤退，日兵在天津騷動了，便劃出中立地帶，以求妥協；有人罵東北當局爲亡國奴，即應聲說「你們平津的人却還在我們的統治呢！」以自解嘲。像這樣步步退却，臨到機會便與敵人妥協，而對於國內人民反用嚴厲手段去壓迫的態度，還不是敗北主義嗎？即如宣傳而論，這次東北的事變，明明出於日本上下一致的侵略政策，而我們偏偏說他不一致，偏偏說牠是日本軍閥的單獨行動，使他在國際輿論及外交上可以掩蔽罪惡，這消息本是日本在美國傳出，以減輕國際上的視綫的，然而我們的宣傳者，亦拿來掩飾自己的

愚昧和觀察不明的錯誤，這樣敵人明明一致，而我們却說他不一致，這不是敗北主義嗎？又如在九一八事變發生後不久，日本國內忽有小地震，上海的時報便當做要聞，用大號標題登出說是：『應該！天理照彰，報應不爽！』並希望日本再震一下，這與鄉下老太婆吃了虧，就希望天雷打死人，是同一的意義。這不是敗北主義嗎？再如對日作戰的呼聲雖高，而一般軍人則擁兵不動，希望自己一點也不犧牲，不勞而獲，旁觀而已，這不是敗北主義嗎？在國民間，雖努力於抗日運動，只口口聲聲說宣戰，寧爲玉碎，不爲瓦全的話，然而政府却不作戰爭的準備，更不爲戰爭的先鋒，又不知利用愛國運動，其結果，人民隨着政府走，政府隨着國聯走，國聯隨着日本帝國主義走，中國白白做了這其中的犧牲品！這不是敗北主義嗎？總之，九一八事變以後，敗北主義充滿了全國，將民意消沉下去，一切弱點顯露出來，坐待亡國而已！嗚呼，誰爲爲之，孰令致之？則曰：不抵抗主義爲之倡！

本來，不抵抗主義，即是亡國主義，是一個民族或一個國家，或某一個人，被壓迫到毫無能力抵抗時纔有的現象，是壓迫者對於被壓迫者，用來麻醉以消滅其抵抗性的一種

文化政策，是被壓迫者對於壓迫者的一種奴隸道德；故在其心理上的畏懼怯弱，行為上的卑躬屈膝，禮教上的自卑自謙，和順恭敬，宗教上的忍辱耐苦，希望來世，都是由此而起的。更從歷史上看，最早唱不抵抗主義者，為釋迦牟尼，佛經所說須菩提忍辱波羅密 等語，無非教人不抵抗。然而現在的印度怎樣？佛說慈悲，所為救人苦海，以求精神之安慰，但在政治上則造成印度之淪亡。次之，則為我國之老子。老子教人無為，教人不爭，教人柔弱，教人含垢忍辱，教人報怨以德；當然是一個不抵抗主義者。然而黃老之說最盛的西晉，竟致五胡亂華，偏安江左，而其結果，也終於為外族所滅亡。再次之，則為耶穌。因為他本身是一個亡國之民，所以他說：『有人打你的左臉，你的右臉也變給他。』以這樣的不抵抗精神，提倡宗教來救國，理應使敵人感化，使國家復興，然而猶太民族結果怎樣？而耶穌本人還釘死在十字架上！最近印度的甘地，所以受人崇拜的當然是他的不抵抗主義。然而現在怎樣？訂下了『甘歐協定』，停止了排斥英貨與非武力抵抗運動，而印度民族仍毫無得救。不抵抗主義在滅亡了的民族與國家間尚且行不通，而況主權獨立的中華民國。因

此輩情憤激，輿論騷然，不爲羣衆所接受。於是一反此種主張，要求一戰。各地學生就紛紛赴京請願與示威，學生運動會盛極一時。然除了『政府接受請願條件，答覆圓滿』等空洞詞句外，仍無一毫辦法。用於自衞的唯一武器的『杯葛』(Boy Cott) 政策，得不到政府的幫忙及奸商的偷運，對日經濟絕交仍無辦法。視爲唯一可以依賴的國聯，除因循延宕及一些議而不行，行而不通的空洞議案外，仍無辦法。全國上下無論言論界與抗日救國會，除了充分表現敗北主義與阿Q精神(阿Q被人打時，終說孫子打祖宗認爲勝利)外，仍無辦法。一般封疆大吏，除左發一通電，右發一通電，空叫『請纓殺敵，準備抗戰』外，又是一無辦法。在這樣的全國慘痛毫無辦法中及不抵抗主義的園氛氣中，黑龍江的抗日砲火一響，就打開了全國的悶氣，提起了國民的希望，於是紛紛募捐慰勞，馬占山將軍就成了一時的民族英雄，滿洲僞國的成立，這纔取消了他的頭銜。

第二節　三友實業社被焚與日　暴動

自東北被佔以來有四五月之久，我政府除叫人民鎮靜與依賴國聯外，我民衆除飲

恨忍痛作口頭宣傳外，既無事實上若何有效之表現，而日本又復進兵不已，先後向榆關，天津，塘沽，青島，廈門，福州，汕頭，上海等處挑釁，天津事件雖在小小抵抗之下劃出傷心的中立區以求解決，而上海事件則從此擴大了。

日本的有計劃的在上海尋釁，殆爲其外交上進用常有之取二還一，進百步退五十步的策略。他們想佔領滿蒙，於是便以侵略上海爲副作用。講價還價，是他們外交上慣用的策略。他們以爲倘僅佔領東三省以要求東三省，則就案論案，我國民必然的要起強硬的反對，而政府亦不敢專擅承諾。若使在佔領東三省以外的地方，如全國經濟中心的上海，那末就以交還上海爲取得整個東三省的條件，使我國政府以滬案勝利爲瀋案屈辱的掩護，由此可以欺騙人民。於是他們侵略東三省的目的就達到了。

日本帝國主義者在上海肆擾，既爲預定計劃，則日本之借口無端開釁，亦必爲日本政府所嗾使。一月二十日上午二時半，暴日僑民勾結日陸戰隊往引翔港縱火焚燒三友實業社毛巾工廠，胆敢不服從上海第一特區工部局巡捕之彈壓，殺死華捕一人，重傷華

捕二八，又於同日下午聚衆數百實行暴動，搗毀北四川路老靶子路各商店等慘毒行爲，實爲日本政府所嗾使，以便造成嚴重局勢，爲進兵上海之準備。當此暴動案發生後，市長吳鐵城曾於下午三時派祕書長俞鴻鈞親往日領事署提出口頭嚴重抗議，要求此後不發生此項事件，嚴緝兇犯，並保留一切交涉。日總領村井蒼松除承認日浪人此項舉動極端不法，表示無任遺憾，並允嚴緝兇犯之空洞言辭外，並沒有什麼外交上有效行爲的處置。而反於其翌日——即一月廿一日上午十時，日總領村井復至市府謁見吳市長，當面表示日前日本僧人五名在馬玉山路被毆打一事，要求吳市長嚴緝兇徒，同時並提出書面抗議，有四項要求：(一)市長須對於總領事表示道歉之意，(二)加害者之搜查逮捕處罰，應迅即切實施行，(三)對於被害者五名，須予以醫藥費及撫慰金，(四)關於挑日侮日之非法越軌行動，一概予以取締，尤其應將上海各界抗日救國委員會以及各種抗日團體，即時解散之。吳市長即予口頭之答復，謂關於第二項，中國法律對於傷害罪之處分，本明有文，自當緝兇依法究辦，第一三兩項亦可致慮，惟第四項事關民衆運動，如在法律範

圍以內者本人無權取締，如有非法行動，自當依法制裁等語。此種反賓爲主的交涉，顯見不利於我方，亦卽表示我國外交當局的無能。至日人結隊焚燒中國工廠，殺傷在職華捕等舉動，市府僅在廿二日下午三時向日總領署提出一紙抗議，文云：逕啓者，案據市公安局呈報本市引翔港馬玉山路三友棉織廠，於本月二十日上午二時二十分，有日本青年數十名，潛赴該廠外縱火，共燒燃火四處，當時因深夜，工人已熟睡，未及覺察，厥後該廠職工等經細稽察查，並據附近鄉人目睹，係該日人以火酒汽油硝磺等物引導放火，是時該處附近報警亭有華捕三人偵差，聞警卽電救火會求救，日人及將該亭施以包圍，用刀將三〇二九號華捕砍傷，十一，十六號華捕被刺傷倒地，並將電話機割絕，拋擲附近浜中，另有七六五號華捕，被該日人等追至臨青路，亦爲利刃殺死，該日人等逃逸無蹤，計該廠被焚，損失極大等情，據此，查該日人等竟敢於清晨結隊縱火，焚燒本國工廠，殺死在職華捕，不獨爲法所不容，而際此多事之秋，其影響所及，尤爲嚴重，據報前情，除當卽派員面提抗議外，用特提下列條件：（一）日本總領事向本市長表示歉意，（二）迅速逮捕及嚴懲縱

火殺人之罪犯，(三)充分賠償被害者，其賠償之金額另協定之(四)切實保證嗣後不得有同樣事件發生本市長深盼貴領事對於上述各條，能誠意履行，俾本案可以從速解決，以息糾紛，而睦邦交，相應函達，煩請查照爲荷。此致日本國駐劄上海總領事村井倉松，市長吳鐵城。」市府復對於二十日日僑居留民大會會衆，在北四川路沿途滋擾，打毀店舖事，向日本總領事提出抗議，原文如下：「逕啓者，案據市公安局呈報本月二十日下午一時，本市日本僑民在公共租界蓬路日僑俱樂部，開居留民大會，到會人數約千餘人，會議完畢後，即聚集赴駐滬日本領事館及日本海軍陸戰隊請願，行經北四川路時，沿途滋擾，毀店舖多家，並將第一二五號一路電車及公共租界公共汽車玻璃打破，折至虬江路口將華商店舖之玻璃窗亂行搗毀，直至午後六時餘，在狄思威路始行四散，當時本市民衆，憤不可遏，本由各該管區所長率同警隊長警極力彈壓勸導，尚無事故發生，計此次華商各店舖損失極大等情，據此，查關於日僑此項非法運動，本市政府節經函請貴總領事注意，切實取締在案，乃此次該日僑等，復又故意尋釁，當此時局嚴重，民氣激昂之際，如果發

生誤會，責任自有攸歸。用特提出抗議，即希貴總領事，迅予查明肇事人等依法懲辦，並嚴切制止，以後不得再有上項情事發生，至各商店所受損失數目，俟詳細調查後，再行要求賠償，相應函達，即煩查照辦理見復爲荷，市長吳鐵城。」兩國僑民因細故鬥毆，當然是極細微的事，我國僑民在鮮境無故被殺，死者一四三人，傷者三四五人，失蹤者七二人，暴亂經十日始止，並不聽到日本政府有若何之表示與處置，而今竟因此細故，反小題大做，造成焚燒工廠與北四川路暴動嚴重事件，自然可以十足證明日本帝國主義者在上海係有計劃的挑釁。而且三友實業社是我國較有希望的棉織工廠，是我國民族工業的一部分，北四川路老靶子路一帶的商店，是我國較有希望的商業經營，是我國商業資本的一部分，年來日本在華貿易的低減，恐不能與我國的棉織業及商業經營競爭，所以他們處心積慮必毀滅我國的民族工業與商業經營代表的處所，這更是顯露出他們計劃的毒辣。這種殺人放火的毒辣勾當，公然在我國領土內幹出，而且縱火暴動之後，還召集居留民大會，決議請求政府切實保護居留民生命財產，及日本應有的權利，並要求日海軍陸

戰隊負責防範。在我國內任人橫行，國尚未亡，國民生命已毫無保障，試問我們良心未死，熱血未冷，到此尙能忍耐嗎？

第三節　民國日報被封最後通牒承認

不但此也，當此事變發生之第二日——即一月二十二日，我市府提出之抗議書，不但日總領署未曾接受，而反於同日駐滬日本第一艦隊司令部在上海各日報復刊登啓事，略謂如市府答覆不能圓滿，則該隊將取嚴厲之對付行動云云。同時虹口公園附近一帶，日兵三五成羣，徘徊其間，站崗甚密。該處日本海軍陸戰隊本部戒備更嚴，並且鐵甲車馳驅不息，炮口向兩旁的居民瞄準，大有草木皆兵的氣象。北四川路行人稀少，貼在兩旁商店玻璃櫥上的反日標語，多被日兵撕去搗毀。向視爲小紐約的熱鬧街道，一變而爲肅殺的景象。閘北天通庵淞滬車站寶山路同濟路橫浜路等處，常常發現海軍陸戰隊，全副武裝，槍刺齊出，或荷手提機關槍或騎自行車，或機器脚踏車，往來馳騁，嚴密梭巡。距離日兵營五六十步的地方，設置軍用電話，兵營的左右，滿佈日崗，崗兵對我民衆，怒目相向，

頻舉槍描準作射擊狀，同時在日本方面更劍拔努張，躍躍欲試。芳澤外相，大角海相，在閣議席上關於上海之突發事件，均有詳細報告，對於此事討論日本政府應急對策，結果決定立取適切手段，由大角海相處置之。此外重光特別爲了此事覲見日皇，考慮上海局勢，決議以應付上海事件之緊急計劃悉聽海相主持，並商定一切事端，悉由駐華日艦隊司令鹽澤及駐滬日海軍官負責解決。一時風雲，譎集上海，大有山雨欲來風滿樓之勢。而我國則毫無準備，除由吳市長提出抗議書外，僅由外部電告我國首席代表顏惠慶，囑於開會時報告國聯，俾作公道之評判。嗚呼，即此無效之報告書尚須待至廿五日國聯開會才能提出，當他們雍容揖讓之際，而金兵早已渡河矣！我國外交之無能，即此一點，已暴露無遺。

日本挾其預定計劃與新帶來之威風，又復突然向我上海民國日報館無端提出如下抗議函云：「係貴報本月二十一日發行第二章「日浪人藉陸戰隊掩護」之記事，與事實全相違，故意破壞本陸戰隊名譽者也。於此對貴主筆嚴求下列之四項矣：（一）主筆

來隊提出公文陳謝。(二)揭載半張大的謝罪文。(三)保證將來不再發生此種事情。(四)罷免直接責任記者。以二十三日午前五時為限，要求回覆，若不承認莫怪也。」昭和七年正月二十二日午後五時日本海軍陸戰隊。」復於其翌日(廿三)開完居留民大會後蜂往該報館搗亂，因戒備森嚴，未被搗毀，然而可憐，堂堂的中國國民黨俱有深長歷史的機關報，竟不奉本國政府命令，而在工部局強迫命令之下於廿七日停刊了，該報的緊要啓事云：『昨日公共租界工部局通知「現因本埠形勢緊張，工部局董事會勸告貴報停刊」等語，本報自即日起暫行停版，特此佈聞。』我們看看這樣的通告，可恥辱甚！傷心孰甚！言論自由，在憲法上有無上的威權。無論何種政治黑暗的國家，均不容破壞；而現在中國尚未亡國，而言論自由首先受日本之干涉與壓迫，自由何在？主權何在？而且受到壓迫的，不僅民國日報一處，凡在各大埠的報館如北平的晨報，導報，世界日報，天津的大公報，益世報，以及漢口青島廈門福州汕頭等埠民國日報和其他各報，莫不接受同樣的最後通諜，要求停版，其唯一藉口的理由，說我們登載了韓國獨立黨的宣言。夫我國為獨立的主權

國，言論自由，本國自有權衡，又何至於受日本的干涉，我國國家還未亡，而先受此亡國的苦痛，毫無言論自由可言！况且此種凶惡的通牒，都在同日出現，十足顯出日本整個策略的毒辣，而我國各地報館大都接受其要求，紛紛停版一二日，或竟至於長期，更足形容出我國步步退讓的慘痛。嗚呼，國未亡，而亡國之慘痛，已備受至矣。

上海民國日報被封後，我國的國家面子，已經丟盡，日本帝國主義者當可躊躇滿志。然而竟得寸進尺，於廿五日日總領事又來市府，向吳市長催詢日僧案四項條件之答覆，而對我國因日浪人焚燒三友實業社工廠及搗毀北四川路華人商店所提出之抗議書，則竟一字不提，亦未見答覆。這樣愈逼愈緊的尋釁方法，實使人退無可退。於是，萬分嚴重的最後通牒，就在廿七日晚間八時向市府提出了，要求日前提出之四項，限四十八小時內，予以圓滿的答覆，並限至遲於廿八日下午六時爲止，否則日海軍將自由行動！

可憐在重重追壓環境之下，市政府爲了避免事件擴大，忍氣吞聲，竟承認他們的最後通牒了。

該項答覆，於廿八日下午二時，由市府秘書長俞鴻鈞送達總領署，原文云：『逕啓者，案准一月廿日大函開，日本僧徒天崎水上信徒後藤淺岩滕村等五名，於一月十八日下午，至馬玉山路附近被毆受傷，提出條件四項，請求接受等因，准此，查該案發生，殊屬不幸，本市長深表歉忱！當日據報以案關傷害，法有明令，當卽嚴令公安局限期緝凶，歸案法辦。至該被害人之醫藥費及撫慰金，本市長亦可酌爲給予，以示體恤。至來函所提關於抗日運動一節，現查上海各界抗日委員會，行動有越法軌，業經令行主管局，將該會取消，以維法紀，關於此類之越軌違法行爲，本市長仍當本法治精神，令行取締。至其他各抗日團體，幷已令局予以取消，相應函達，請煩查照爲荷。』

於是劈頭第一步的工作，就解散抗日會！抗日會之解散，明明是被迫於日本之最後通牒和海軍，飛機，大砲，等，然而市府却爲了顧全自己不可遮掩的面子起見，在令公安局取消抗日會的命令上却說得好聽了，好像是與日本帝國主義者無關的。原令云：『爲令遵事；慨自吾國蒙難以來，本市人民愛國心切，乃有各界抗日救國會之組織，不幸措施失

當，責難紛來，而本市民衆團體又復呈控到府，籲請救濟，本市長深思痛慮，不得不奮謀國之忠，毅然制止，為此令仰該局即便遵照會同社會局迅將該會即予取消，仍將辦理情形，具報核辦，切切此令。」

於是市公安局長溫應星，市社會局長麥朝樞，自奉市政府令，取消各抗日會後，於廿八日晨零時三十分派科員會同前往查封：（一）五區所屬天后宮內各界抗日救國會執行委員會，閘北中興路閘北檢查分處暨貨棧。（二）六區所屬極司非而路曹家渡檢查分處暨白利南支路堆貨棧。（三）二區所屬肇嘉路南市檢查分處暨兩宜坊六號堆貨棧。（四）三區所屬潭子灣堆貨棧（五）七區所屬吳淞檢查分處暨堆貨棧等處，至下午五時始完竣。我們在此，我們就可以瞭解我們當局之息事寧人的苦衷和一切官僚報銷主義的本質。然而不幸，我們當局抱着息事寧人的苦衷。步步退讓，件件忍辱接受，把嚴重的問題，輕輕的報銷過去，日總領事村井倉松也認為滿意了。可是村井滿意，而鹽澤不滿意，實於午夜率領大隊海軍陸戰隊及便衣隊，向我華界我軍防地閘北進攻了！於是乎，偉大的

抗日戰爭就此爆發。

第四章　抗日血戰經過

一，戰鬥前敵我兩軍的形勢和準備：我十九路軍有衛戍京滬警備淞滬之任務，當一月二十日，日本浪人焚燒我引翔港三友社工廠，慘殺華捕陳得勝和搗毀我北四川路各商店的時候，我軍從各方諜報，知道日本政府對上海事件，原係有計劃的挑釁。一欲造成上海之紛亂恐怖，以使國聯無暇顧及東三省；二欲以武力取締我各界抗日救國委員會，以及各種抗日團體，如天津青島福州等處，同樣屈服其亡國條件。日本海軍則因為要與其在東三省，佔領我國土地，和屠殺我國民衆的陸軍爭功，特逢長其政府罪惡，更欲使上海事變擴大，進圖佔領閘北引翔吳淞各區，以作日本的租界地。且在事實上看來，上海方面於一月二十一日上午，日本總領事村井倉松親到上海市政府，竟然提出他們預先有

意造成的日僧被毆案，要求道歉處辦撫慰金及取締民衆抗日運動，而對於其日本浪人的殺人放火搗毀商店毆打行人的橫行案件，反置之不理。同時虹口一帶日本陸戰隊武裝遊行示威，又放飛機在三友社工廠上盤旋，虹口公園附近的日兵和北四川路一帶的日本浪人，更身藏武器，三五成羣，徘徊來往，如臨大敵。其在北四川路底的陸戰隊司令部戒嚴尤爲嚴密，幷駕駛鐵甲車，馳驅不息，更以砲口向着馬路兩旁的我國居戶民衆威嚇，此種無風起浪，草木皆兵的蕭條恐怖氣象，完全由於日本方面故意造成，以圖實行其計劃和威脅我民衆。在日本國內方面，則於二十一日即由海軍省決調派航空母艦能登呂號，巡洋艦大井號，及驅逐艦四艘，陸戰隊五百名，預備役軍人和軍械若干，由吳佐世保兩軍港分向上海出發。其外務省對於上海事，開主腦部會議之結果，則決定要乘此機會，消滅我國內以抗日爲目的的一切抗日團體爲先決條件。幷命村井依下列數點，向中國當道提出要求：「(一)担保華人團體與個人將來不有抗日運動，(二)上星期華人毆擊日僧，中國當道應向日當道正式道歉，(三)日人爲華人所加或因華人慫恿之損失，與傷

害，應由中國當道予以賠償（四）華人在上海市區內，對日人作暴行者應加以懲治。一二十二日日本政府開閣議，則決在上海增加警備力，且由大角海相負責辦理，幷決令重光公使速行歸任，向我中央政府嚴重抗議，盡力鎮壓各地抗日會。二十五日午後，日本海軍省首腦部與外務省首腦部開聯合會議協議如中國方面不表示誠意，不實行日本之要求，決以實力務期要求之貫徹，幷協議萬一時之具體方策。二十六日，日本海軍省最高會議，決定在一二日中發揮實力，其方法如下：（一）駐滬兵力如不足，可遣第二艦隊，（二）就地保護旅滬日僑（三）自吳淞至上海航路由日海軍保護，（四）在吳淞口外拘留一切華籍輪船，（五）加派軍艦到南京漢口廣州汕頭廈門等埠，幷使浪人同時暴動。二十八日日本海軍下令航空母艦加賀鳳翔巡艦三艘，及驅逐艦隊，準備開滬。凡此種種行為，皆係日本政府和其海軍省，實施其原定計劃的步驟。其一切矯揉造作，不過用以欺騙國際和其國民罷了。所以自一月二十日以來，調兵遣將，全是極力準備戰爭行為。再看上海方面，二十三日，午後三時許，日驅逐艦薄狄藤蔦等號抵滬，拋泊於錫樹浦江面，巡洋艦大井號所

載陸戰隊及軍械等，則停泊於匯山碼頭登陸。是日所到軍械軍用品等，計有大砲，機關槍，及子彈，炸彈，電話戰壕用工作器具材料等，悉數運存日本海軍司令部。陸戰隊則大部駐公大紗廠，一部駐楊樹浦日兵營房，二十四日午刻，日航空母艦能登呂號載飛機一隊拋泊於黃浦江三四及三五號浮筒。二十七日午後三時，日有飛機三架由上海丸運到上海，在匯山碼頭起卸，運至虹口日軍司令部，是日日領且復以前次條件，向我上海市府提出嚴重要求，限二十八日下午六時圓滿答復，否則即取自由行動。二十八日早，日巡洋艦夕張號統率驅逐艦隊皐月，文月，水無月，長月，菊月，三日月，夕月，望月，睦月，如月，彌生，卯月，等共十三艘，幷陸戰隊千餘名，抵吳淞口，下午五時許，開入上海，夕張號停泊於匯山碼頭，陸戰隊及其大砲六門，軍械百六十箱，即登陸，運入司令部。其他各艦均在黃浦江第二十四五號浮筒附近拋泊。又晚八時許，另有日陸戰隊千餘名，在匯山碼頭登岸，開往北四川路一帶。截至二十八日晚止，總計敵人日本在上海軍艦，幷日本第一遣外艦隊司令官鹽澤所率原駐上海之安宅，平戶，常盤，保津，浦風，等艦，約有二十餘艘，陸戰隊約三千餘名，在

鄉軍人（即後備役預備役的武裝浪人）約三千餘名，飛機約四十架，鐵甲車十餘架，又長江各地日艦，計有宇治，伏見，偶田，勢多，對馬，天龍，比良，烏羽，熱海，二見，並桃，柳，樫，梅等十四艘，統歸鹽澤指揮之。又自二十五日以來，居虹口日僑婦孺，多數移遷至法租界，其一班浪人則購買糧食及購製中國平民裝之便衣，和在其海軍陸戰隊司令部領取槍枝炸彈等戰鬥用品。其陸戰隊和其在鄉軍人的一部，更化裝為我國平民，不斷的至我閘北北站至天通庵八字橋一帶防地偵察，極力準備其進攻工作。又利用浪人流氓，圖在真茹暴動，破壞國際無線電台。同時敵海軍司令鹽澤，且一方對上海各國總領事表示，如不先商諸工部局，決不在公共租界內作任何行動，一方則以其鐵甲車，陸戰隊，浪人在北四川路一帶極力示威梭行，形勢益加嚴重。二十八日上午九時，日陸戰隊約三百人，自江灣路移駐橫浜路日本小學，對我軍特別警戒，同時日軍司令部北端特派出排哨，對江灣方面警戒，下午日軍司令部附近之警戒更加嚴重，配有鐵甲車五輛，武裝電單車三十餘輛，似有向我進攻之勢。寶樂安路口日軍，更特配備警戒，計兵約四十名，機關槍四挺，武裝電單車十

餘架，日本小學之陸戰隊，增至約五百人，且有步兵砲四門。日軍司令部幷下令在駐軍附近的日僑限本日下午五時前遷入租界內。兇惡橫暴的日本，原係整個有計劃的來謀我，且以圖欺騙國際，正所謂得隴望蜀，志不在小。我中國同胞，即能低首下心，甘作亡國奴，長期不抵抗，也必不爲倭奴所容！所以北平各使館當局，當滬案緊張時，都認爲『中國對日現在祇有屈服和抵抗二途，和平的機會早已過去了。中國要立即醒悟！』以上就敵人方面看來，識者早知上海終不免於一戰，我中國同胞雖欲屈辱，亦不可得也！

我十九路軍因歷史教育的關係，官兵對於日本，原已深深的認識是勢不兩立的世仇。所以當中日交涉緊急，全軍由江西調來京滬線的時候，陳銘樞部長以下至十九路全軍各官兵，皆認定對日犧牲爲至上的光榮。當滬案緊急，日人無理要求的時候，全軍官兵皆深恨日本的橫暴，已欺侮我全中華民族，亦且目無我十九路軍，人人皆決心犧牲，欲一雪我軍人勇於內戰，和對外不抵抗的恥辱。及諜報知道日本有佔領上海的決心，總指揮蔣光鼐因鑑於敵情和本軍的狀況，即與軍長蔡廷鍇警備司令戴戟等作一度的密議。當

時最要解決的問題，一是如日軍攻我防地時，我軍應抵抗不抵抗？二是如實行抵抗時，應取何處作抵抗綫？結果決定在原地抵抗。其理由：（一）抵抗是因我東北軍過去的不抵抗，已鑄成今日的大錯，縱成敵人的驕橫，啓發國際的蔑視，中國軍人的價值，已毫無存留的餘地，現在豈容再誤。（二）在原地是因（甲）我軍原有衞戍京滬，警備淞滬之責，敵人以佔領上海為目的，我軍如退出上海，不論在真茹南翔或崑山取抵抗綫，實際皆與不抵抗同；（乙）上海為各國通商大埠，我們在原地抵抗，可希望因英美法各國利害的衝突，減少敵人的橫暴行為；（丙）我軍軍械比日本差，應利用街市戰，以減少敵人飛機大砲之威力。議決之後，當即以祕電報告政府和部長陳銘樞，當時陳氏完全贊同，政府當局則在此無可奈何中，亦認軍隊應當備戰。但一方仍希望能用外交方法和平解決，反言之，即能避免戰爭，則上海局部雖條件上稍為吃虧，亦所甘願。迨我十九路軍得陳銘樞部長和政府覆電同意之後，即密令七十八師翁照垣旅，在閘北吳淞之綫佈防，因當時十九路軍六十一師駐南京鎮江，六十師駐常州無錫蘇州，七十八師駐崑山南翔上海，而駐上海者僅閘北翁

旅張君嵩一團之兵力，所以必須另行配備，不能不言抵抗也。密令大意如下：（一）確報日本現派大批艦隊來滬，有佔據上海威逼我政府取締我國民愛國運動之企圖。（二）我軍有衛戍京滬防守上海之任務，如日軍向我駐地進攻時，應在原地抵抗撲滅之。（三）七十八師應以一五六旅防守閘北至吳淞之綫。（四）吳淞要塞司令應率部固守吳淞。（五）六十，六十一師，暫在原地準備候命。附注意事件：（一）對于租界外各國在華界之工廠，教堂房產，人民，務須格外保護。（二）作戰時我軍不可侵入租界綫內。一月二十五日，我軍大概如前令佈置完妥，并由一五六旅第五團派出一連，保護眞茹無線電台，而總部人員亦已有一部開到眞茹，軍長蔡廷鍇也親自出馬，到眞茹了。總指揮蔣光鼐雖尙養疴上海醫院中，但當此緊要關頭，他亦不得不力疾出來，担負全軍的全民族的重任了。我軍最前綫自寶山路北站起，經虬江路寶興路橫浜路天通庵路江灣路青雲路各通敵方路口，皆配備步哨，并以沙包鐵絲網嚴密佈防。步哨前方更有武裝警察在毗連北四川路之虬江路邢家橋路寶興路吟桂路各處加派雙崗，閘北一帶全陷於戰時混亂狀態，租界方面也十分

戒嚴，如臨大敵，此時上海市府因極希望避免戰事，而同時金融界張公權等亦有向市府警備司令部請願求和平解決。惟我一般民衆，則悲憤異常，皆有寧爲玉碎之慨，農工商各界領袖，則于二十六日下午，假座打浦橋法政學院開一次聯席會議，通電一致對日絕交，反對日領事所提四項無理要求。滬學生聯合會全體幹事二十餘人，則于二十七日赴市府請願，反對接受日領抗議，保障抗日團體，永遠公開存在。那時客觀的環境已如是，而十九路全軍的官兵心理又怎樣呢？這是値得注意的。當時智者雖以爲必敗，但人人都以對日成仁爲榮；勇者則以爲必勝，而且人人都以對日勝利爲幸，所以有的說『丟那媽，打日本鬼死都抵咯！』有的說『好噓，現在可有機會打衰日本鬼了！』『東洋鬼那末強橫，我們要給一個利害教訓牠，』『和東洋人打，我們打到死還是要和他打，絕對不和那野蠻的人講和平啊，』有的說『小鬼有什麼本領，那末凶，不過只會欺負我國無槍的百姓，無能的軍隊吧！現在我們預備好了，看你小鬼敢來麼！』『可惜我們的命令不許我們到租界去，不然我們一定衝過去把那些鬼頭鬼腦的東洋人，一個一個都打死牠才開心啊！』

還種民氣士氣，處處皆足表現我不屈不撓的民族精神。惜爲非戰派所誤，更惜爲當局不善于領導，徒其不能充分的發揚耳！可憐我顢頇的市政府，竟實行束縛子弟手足，以買欲破戶入室的強盜的歡心，以求一時的苟安和平，於二十八日早查封解散我各界抗日救國會，下午二時屈辱承認日領一月二十一日的四項無理條件了！當時上海市民聯合會，卽假座新世界，召集全體會員大會，通過電請政府，堅決與日絕交，反對上海市長吳鐵城擅自封閉抗日會，並行嚴重警告，另組織決死團，誓以武力對付奸商，並決死剷抗倭軍，請工商學各界一致立卽成立救國義勇軍，聯合組織金融集中機關，進行籌募，積極購備軍器等等嚴重議案。門口有市聯會十三十四兩區義勇軍守護，氣象異常悲壯。并定下午三時召集全市市民大會，後來竟被公安局強迫制止而散。而目光短小的一部份不知不覺的市民，以爲我市府已經屈辱了日領的最後通諜，上海可以和平了結，日前由閘北避難到租界的同胞，反於是日下午搬回閘北原處去居住，豈料大難臨頭，卽在當晚爆發，哀我閘北同胞，不知多少生命財產，盡受倭奴鐵蹄的蹂躪，一任其自生自滅，非玉廢于櫝中，是

誰之過歟？倭奴野蠻橫暴，和我當局的做官不管事的兩大教訓，都値得我國民們作永久的省悟啊！

戰鬥經過

一月二十八日晴　二，日軍進攻和我軍抵抗的第一聲：從上節事實看來，我們知道日本的謀我，是全國一心，始終一致的。政府的調兵遣將，領事的無理要求，浪人的故意橫行，總是爲求達其佔據上海，併吞東北的計劃和目的。反視我國，則政府軍隊，人民，主戰主和，處處矛盾，且係出自個人私見，不以國家爲前提，這眞令人悲痛極了！若非我十九路軍明知在喪權辱國的條約下，是絕不應當與之講妥協，對操刀入室的強盜，更不能與之講和平，而在事先有所準備，則兇暴的強敵，突如其來的初夜，損失犧牲，恐更有不堪設想的啊！可痛心者，當二十八日市府屈辱承認日領的無理要求的時候，我十九路軍且於下午三時許，奉命以七十八師移駐南翔眞茹，閘北防務即日移交憲兵第六團接收。實際因憲

兵第六團當晚只有一營到真茹，兵力不足，時間已晚，商定二十九日拂曉交代，同時探知日本已有大批軍艦及陸戰隊等到滬，敵方軍事已經準備完妥，料定不守信義，不講公理的日本，必不免有暴行，而爆發亦將在即。更從公共租界方面觀察，一，公共租界捕房本日總動員，下午四時起宣佈戒嚴，以英國陸軍司令佛平曼任上海各國聯軍總司令，並飭令華籍捕員即日遷入租界；二，閘北寶山路河南路口及滬西梵王渡曹家渡一帶通租界路口，均有英國陸軍警戒；三，法租界在徐家匯路一帶，均設電網，戒備甚嚴。下午六時以後，我軍疊接各方諜報，皆稱敵軍已決定即晚向我軍防地進攻。日海軍司令且口頭宣稱四小時內佔領上海，同時我最前線的警察，亦疊報敵方戒備，和便衣偵探活動狀況，並稱敵人有即晚進攻的模樣，晚十時許，我軍前方警察在天通菴路寶興路捉獲敵方便衣偵探四人，十一時許，我步哨聞日本小學方面之敵軍吹集合號音，綜各方情報，我十九路軍在最前線之張君嵩團遂不得不特別戒備了。當時該團之配備如下：第一營附步兵砲一排，位置於虬江路廣東路西寶興路各路口，第二營附步兵砲一排，位置於橫浜路天通菴路江

灣路青雲路各路口，對敵嚴密警戒；第三營派兵一連在寶山路口協同駐北站之憲兵第一團之一連及鐵道砲隊防守北站，其餘三連集結於太陽廟路嘉郡會館爲預備隊，十一時二十五分，上海市府接到日本總領事轉來日本第一遣外艦隊司令鹽澤幸一致上海市長公告一件，略稱：帝國海軍憂於多數邦人位居閘北一帶，爲維持治安計，將駐日軍於該處，以負保安之責。本司令希望中國方面將閘北所有中國軍隊及敵對設施立刻撤退等語，同時探報敵八大部已在北四川路天通菴路車站一帶集合，至十一時三十分野蠻橫暴凶惡狠毒的日軍在閘北開始向我軍進攻屠殺，放其第一槍了！這就是我，四萬萬同胞子子孫孫永久不能忘記的一二八夜。在最先，日領是以最無理的四項要求，任何國家所不肯接受的條件，以欺侮我上海市府和同胞們，但市府爲求維持其所想像的上海和平計，不惜忍痛屈辱，揮淚簽字。雖然，雖然！但日本本來計劃是在佔領上海的！所以此時日海軍司令並不認爲滿意，又不得不揭開其本來的猙獰面目，用其迅雷不及掩耳的手段，有意使我國市府來不及再接受承認另外更苛刻的條件，使我駐軍雖欲安全撤退亦

勢有所不能！日本海軍軍閥縱然要和其陸軍爭功，他們以為陸軍在東三省佔了大功，而海軍則當逞其威風於上海，以求補償，遂不惜任意橫行，破壞信義公理，絕不為我同胞留一線的生路！但我十九路軍却不得不為保持人道與正義，及民族生存軍人人格而奮行正式抵抗了。

三，上海市府對日領抗議和對各國領事通告：我上海市府當接到日領轉到日本第一遣外艦隊司令鹽澤的公告時，始知和平絕望，雖欲俯首屈辱而不可得，遂再向日本總領事村井提出抗議書云：

『逕啓者：查關于本市最近中日交涉，本市長為求和平解決計，對于貴總領事所提條件四項，業經接受，並于今日(二十八)下午一時四十五分函復送達在案，當時貴總領事並經表示滿意，詎料今晚十一時二十五分，市公安局接到貴總領事館信封一件，內附日本第一遣外艦隊司令官致本市長及市公安局長公告一件，略稱：帝國海軍鑒於多數邦人住居閘北一帶，為維持治安計，將駐日軍於該處，以負保安

之責，本司令希望中國方面將閘北所有中國軍隊及敵對設施立刻撤退等語，查貴總領事對于本市長之答覆，現經認爲滿意，而貴國海軍突然有此種軍事行動，殊堪詫異！所有破壞和平，及本市安寧所發生之一切責任，應由貴方負之，本市長相應嚴重抗議，即煩查照轉致貴國海軍方面迅予停止軍事行動，以免事態再行擴大，並希見復爲荷，此致日本國駐割上海總領事村井倉松。」

此項抗議，只不過爲外交上之一種例文，實際上日本海軍陸戰隊早已實行向我軍駐地進攻屠殺了！我市府當此無可奈何中，更通告上海各國總領事，其函云：

「逕啓者：査關于最近中日交涉事件，本市長爲求和平解決，以保本市安甯計，業經完全接受日本總領事所提條件四項，並於今日下午一時四十五分函覆日本總領事並已表示滿意，詎料今（二十八）晚十一時二十五分市公安局接到日本總領事信封一件，內附日本第一遣外艦隊司令官致本市長及市公安局長公告一件，略稱（仝前）等語，旋於即晚十二時市公安局接到閘北報告，日本海軍陸戰隊在

該處開始自由軍事行動，向華界進攻，查日本總領事已對本市政府答覆表示滿意，而日本海軍方面突有此種軍事行動，殊堪詫異！所有破壞和平，妨礙本市安寧之一切任責，當由日方負之，除向日本總領事提出嚴重抗議外，相應函達，卽煩查照，主持公道，實紉公誼。此致英（藍約翰）法（柯克林）美（克銀漢）意（齊亞諾）德（豐理德）國駐劄上海總領事。」

此項通告，原爲申明戰事責任，應由日本完全負責，在國際公法上，本極爲重要，不過在今日的國際公理還是建築在強權上面，并且又是我至弱的中國，不幸遇到了至橫暴的日本，誰肯出來主持公道呢！又有人說日本此次所以敢在上海如此橫行，公然向我軍民進攻屠殺者，全係在事先運動好了工部局，得工部局的許可的，這種說話，我們雖然沒有憑證，不敢斷定一定是事實，但是在戰時，日本是以租界作侵略我國的戰爭根據地，明明破壞租界的中立，英美法當局均置之不管，也沒有說過半句公道話，這都是值得我們的注意的。

四，初夜的戰況：當滬案緊急時，我十九路軍因探報日軍有進攻我軍，佔領閘北的企圖，雖極力準備抵抗，但亦遵上級的意旨，極力避免衝突，所以七十八師雖在上海佈防，但兵力甚爲分散。一五五旅任京滬路至龍華南市警戒，一五六旅第四團任吳淞寶山之警戒，第五團駐大場，實際上在閘北駐兵只有一五六旅第六團千餘人，且多係廣東籍士兵，多身體矮小，從表面上看來，都是十二三歲以至十四五歲的小孩子，又因我國士兵服裝不大講究，如對胸的大棉衣，中國式的褲子，不周正的軍帽，廣東軍的草鞋等，都很易現出士兵們毫無精神的狀態，資本化的日本帝國主義者，貴族式的海軍陸戰隊，當然先存了輕視的觀念，以爲也必是和東北軍隊一樣，日軍一進攻，就會不抵抗而走的。且在二十八晚，當時以敵軍和我軍閘北兵力比較，敵方實大三倍以上，無怪乎鹽澤敢大胆的誇口四小時內可完全佔領上海，的確，在當時我軍張君嵩團，更因奉命將閘北防務即日移交憲兵第六團接收的關係，戒嚴亦未免稍爲鬆懈，當二十八晚十一時三十分日軍發動，突然向我進攻的時候，實際上我軍還很多未進入陣地，大有倉卒應敵，措手不及之勢！鹽澤的

諺語，似乎要實現了！但我十九路軍戰的教育素有個口號是「有進無退」「有死無降」，對于這有世仇不兩立的外敵，自然更能發揮其固有的鐵軍精神，給野蠻橫暴毫無信義的日人一個當頭捧喝。當初日軍向我進攻時，最先是佔領我天通庵車站（當時，兵力和地形上關係我軍在先未派兵駐守）以斷我軍駐防閘北和吳淞軍隊車路的聯絡，次則利用鐵甲車和武裝電單車掩護，每路約二三百人，軍服便裝不等，分由寶山路，虬江路，廣東路，寶興路，橫浜路，天通庵路，青雲路，等向我防地進攻，行動如飛，來勢極猛，可憐在防地步哨前方的我無辜警察首先遭敵的機關槍掃射，手溜彈的炸擊，刺刀的刺殺，其盡忠職守者，勇敢不屈者，大多都是抵抗以死，其怯懦偷生者，則完全向我軍防線內潰退，便來報告敵情，且圖脫難。此時有些夢中驚起的難民，亦扶老攜幼，前來避難，更有一部已負傷的民衆，是鮮血淋漓憤怒慘呼，也爭先恐後來請我軍準備抵抗，努力殺敵。同時敵軍亦跟踪衝來，那種混亂悲慘的情狀實在難盡描寫。我十九路軍最前線的官兵，當此大敵當前，一髮千鈞的剎那間，自然而然的把我數千年來所謂「匹夫不可奪志」「男兒死耳不

可爲「不義屈」的民族精神，和最近所謂『寧爲玉碎不作瓦全』『寧戰而亡不願束手以待斃』的軍人決心，盡量發揮，不論先已準備妥當的，或倉卒應敵的，也有成羣結隊有官長指揮的，也有聞風自動，單獨向前的，總是獨斷專行，拚命抵抗。此時官兵心目中只有愛我中華，和打倒日本這種簡單思想，故人人皆以殺死倭奴，或受倭奴殺死爲快。軍人最大的事是愛國，人生最大的事是死，十九路軍的官兵能眞正愛國，又能打破了生死關頭，更遇着了向我侵略的累世仇敵，那種熱血勇氣，當然是銳不可當的。倭奴徒恃物質的優美，欲以征服我中國民族，事實上是不可能；我同胞的血肉足以戰勝倭奴的武器事實上是可能。請看這初夜抵抗的戰況，和以前作戰的經過，我們可以自信了。當時日軍的進攻，本來有計劃，有準備，預先已經詳細偵察，適當部署，對于到達我軍最前線的時間和攻佔各點的兵力，都是預先計算妥當了。所以敵軍的到達我軍所扼守寶山路，虬江路，廣東路，寶興路，橫浜路，天通庵路，青雲路各路口的時候，時間大概都是相同，而天通庵路方面，因爲敵人最先佔據天通庵路車站，與我軍相接最近，所以十一時三十分的敵人最先向我

開放的第一槍聲也就由那裏開始了。這樣一來，日兵卽在北四川路老靶子路一帶乘機把守，自由進兵，向我全線襲擊，我軍官兵當敵軍攻到的時候，不論他鐵甲車好，武裝電單車好，穿軍衣陸戰隊好，掛標記的便衣浪人也好，總是奮勇百倍，在原地沉着應戰，敵人雖衝至相距咫尺，我軍有死至僅剩一兵一卒，都是十分沉着，絕無一人退後。其間如上等兵潘得章被彈炸中了頭部，他用脚綁自行裹傷，仍在前線抵抗，總無一點的痛苦。其他受傷的兵，大多如此。也有重傷未死的傷兵，兩手能動的還是拿着步槍，向敵人不斷的射擊，目無我中國人和中國軍隊，以倭奴，初以爲十九路軍也是不抵抗的軍隊，閘北是可以毫不費力隨手而得的，不料經我軍的頑強抵抗，死傷狼藉，毫不得手，始大驚失色，手足無措。此時敵人困難萬分，黔驢技窮，只有專利用其鐵甲車和步兵砲，機關槍，手溜彈等，接近我防線，盡𥹭射擊轟炸，而虬江路，天通庵路，靑雲路各路口雖受敵人火力損害，以致全數死傷，給敵人一時衝入防線內，陷于危險的狀況，但因我軍預備隊的增加迅速，仍然卽時恢復原線，與敵抵抗。而增援虬江路方面的機關槍兵張天王華勝等因時間倉卒，突然遇敵，槍

手不待槍架裝妥，卽以兩手拿着機關槍身，猛向敵的車上撲去，卒使敵車毀而被俘，其餘鐵甲車也馬上向後退走，我增加的士兵，此時完全到達，虬江路口的防守也更加鞏固了。更有廣東路方面的守兵，當敵軍前進時，都是沉着不動，一槍不發，倭奴卽認爲我軍不抵抗而退出，傻頭傻腦的毫不戒備，跑到我軍防線內來，豈料我軍伏兵在正面和兩旁把步槍機關槍手溜彈一齊炸擊。絕無戰鬥經驗，不知打仗是什麼，只會欺侮我愛和平講公理的良善國民的敵兵，此時才心破胆裂，好像遇着了猛虎那樣畏懼，又好像拜見着他們的天皇那樣恭順，竟把槍刀等武器都一齊丟在地上，兩膝一齊向我方的士兵跪下，兩手都高高的擧起，幷把頸縮得短短幾乎要把頭都縮進肚子裏去，還有磕頭磕腦，口上不絕的叫 Yurushite Onega-i-mas（老爺饒命之意），表示乞降和請求的意思。我軍的士兵們因爲不懂他們的鬼話連篇，看見他們的奇形怪狀，有的是笑他們只會嚇人的紙紮老虎，說他們是一動手就破的豆腐軍，比只給人打，不能打人的三武鵝五還比不上，有的更恨倭奴不過只會磕頭嚼哭，毫無男子軍人的氣象的敵兵，也竟然敢跑到我國來，實行他

的侵略政策；個個都氣得眞是怒髮冲冠，目眦幷裂，那一霎時間，自然敵兵是死傷遍地，狼狽萬狀。沒有死的更是悲號慘泣，乞憐救命，其離我軍稍遠的，便是丟了槍械轉過屁股來拚命往後跑走，僥倖我軍的子彈沒有眼，可以給他們生還；可是有一部份該死的敵兵，却很多給我軍的子彈從屁股後面打進去，雖然死在廣東路，做了侵略戰爭不名譽的寃鬼，但是總算免了死後還…破肚挖腸和割頭醃鹽的悲慘！（敵軍死尸必查驗記名，其傷口自前面進去的認爲忠勇軍人，即破肚去腸割頭再加鹽醃，用蔴包裝好，運囘日本去火葬。其傷口自後面進去的，認爲辱國軍人可在上海火葬了事。）初夜的戰鬥時間雖然極短，但是敵方死傷却極大，當時雖無法正確統計，但至少也超過四百名以外。因此爲倭奴是甲午以來總是在我國吃便宜的或是無代價的肥猪肉，今天才算第一次撞着吃不下的硬骨頭。但當敵我兩軍激戰之際，我閘北數十萬的無辜民衆，都從夢中驚起，在槍林彈雨包圍中難于逃避，怯弱者呼號悲泣，不知所措；強壯者，扶老攜幼力圖逃生，死於流彈者已不知有多少，而萬惡的日軍，更因爲受了我軍的擊潰，竟遷怒於我手無寸鐵的民衆，逢人

便行槍擊刺殺，即婦人孩子，亦多有所不免，悽慘的情形，實爲上海有史以來所未有？日本軍人的野蠻兇惡，絕無人道，亦爲現在世界上任何國家所找不出來的，即此看來，我黃帝子孫，此夜在上海所受的奇恥大辱，固已值得我們生生世世永紀不忘；然豈料此夜而後，日軍的惡毒，更有加甚十百倍，而尤爲吾人所意料不及的呢？

附譯泰晤士報所記一月二十八夜日軍攻我閘北前準備的情形如下：

昨日（一月二十八日）午夜將近，日軍向閘北進攻。（注意）據日方消息，夜十一時五十七分日兵發第一彈，以回答華兵，（按日人之言當然如是）日軍進攻迅速卒出不意，故在上午（二十九日）十二時十五分以前，即有兩卡車載所俘華兵（按此殆爲中國平民）馳至陸戰隊司令部之庭前矣。夜中閘北邊界一帶，機關槍聲與來復槍聲怒鳴不已，日軍第一大隊與第二大隊已開始穿北四川路外之小街前進，槍聲一鳴，伏於各處牆隅之兵，齊起直撲華兵衛守之地點，隨手而下者數處，日兵之機關槍聲與歡呼聲相應和，日兵所擲之炸彈甚猛，四川路一帶之玻璃窗所震都

碎，遙想彼等所攻擊之區域，受創必重，附近華人所受之損失，今猶無法估計之。

進攻之兩大隊，似皆以北車站爲其目的物。第三大隊亦在進攻中。第一大隊由北站四川路公立學校穿橫街而進，與北寶山路商務印書館附近之華兵交鋒，另有若干人，在陸戰隊司令部後與華兵接觸。第二大隊已在桃山咖啡館附近與迪安影戲院後出四川路。兩大隊齊向鐵路方面進發，攻入上海市義勇軍防守之地。

昨夜十一時三十分，日水手與海軍陸戰隊約一千名，鐵甲車八輛，機關槍無數，炸彈兵數隊，伺離北四川路海軍陸戰隊司命部，埋伏於毗連華界之各地點，準備攻華境，以鮫島大尉任指揮。將近午夜，各隊沿北四川路絡繹而進，以齊上刺刀五十人之小隊數組，蹲伏租界邊線之屋隅，另以人數更少之數隊，潛入華境爲斥堠。鐵甲車分駐各地點，候令前發，醫務隊擔舁牀樂囊，伺於左右，機關槍兵則在守候之各隊前列作預備放，惟時北四川路之景象，儼如比國之佛蘭特所不同者，各隊軍官皆佩金標之刀耳。

「日軍之攻佔據中國土地也，租界中之日僑，早已喧傳矣。故在各隊出陸戰隊司令部出發以前，已有日本民數百人，集於其地，紛向兵士歡呼，司令部垣內將士雲集，成一大營。上海泰晤士報代表，曾佇立司令部側汽車間之屋頂，以觀日兵之集隊，舍該代表外，場中無一西人焉。

夜十一時左右，第一次集隊之軍，號聲不鳴，登時庭前屋內，所見皆兵，卡車之聲，轆轆於途，滿載全副戰裝之大隊援兵，飛馳而至，頃刻間，庭園爲之人滿，機關槍兵攜其武器，列於庭之中央，長行之來復槍兵，雜以手溜彈兵，絡繹開入，廣場之中有高台，上立海軍參謀官兩員，監視戰士之會集，此時情况，大類幻景。水兵紛自暗隅擁入，燃光照耀如白晝之廣場，其軍器磨擦作聲，其刺刀閃閃發光，身佩乾糧，與輕便應急器用，來復槍者上刺刀，橫負於背，機關槍兵及饋送「吃人」之子彈者亦然，軍官則踱步諸戰士前，狀態閒適，維時只見鋼盔顫動，絕不聞語聲，即下士亦不向兵士作怒斥聲。人人知其應處之地位而往就之，未及十五分鐘，各組列隊，肅立正待令，於是號角

之聲，發自黑處臺上軍官一員，向衆發言，語殊急迫，聲殊壯厲，余側之日譯員語余曰，彼乃諭告將士各盡其責，非至急要，勿作無益之殺戮，非被擊不開槍（按旣進攻矣，焉有不開槍之理，日軍官意中謂北華軍，必如東北軍不戰而退，可不必開槍也）並祝衆順利，言畢，全場寂然，于是有日本攝影師一隊，開始鎂光攝影，卽聞砰砰炸聲數次，衆目暫爲失明，繼由臺上另有軍官向衆鼓勵數言，於是號角之聲大作，接以跑步之聲，蓋緊泊浦江日軍艦之援兵疾趨入場也。就位旣定，旋有已上刺刀之兵，擁以旭日旗之兵，步入高處，於是尖銳之號令聲，宏壯之革履聲，又見諸軍官皆拔刀出鞘，臺上三軍官，則注目於其手上之時計，維時黑暗之一隅，忽大放光明，顯出鐵甲車多輛，左右皆立有戰士，車作橘黃色，橘形穹頂之小門半啓，一鋼盔之首，由內外窺，俄而號令之聲雜起，最前數行之戰士，卽躍登卡車，俄而機車軋軋，第一卡車之兵發動矣。餘車繼之，但轉瞬間，卡車之機聲，悉沉沒於門外羣衆之狂呼聲中矣。不十五分鐘，廣場爲之一空，其間有一動人之短幕，試爲記之如下：一袖綴三A字之老於戎行者，忽

自其隊伍中躍出，在汽車之下，沿牆向一少年奔出，既近其身，奪其手而握之，須臾，此灰色軍服之矮漢，又狂奔歸隊，蓋其隊伍均出動矣，少年旋亦他去，此二人殆係昆季也。最後一輛之卡車，駛出廣場，最後一隊之水兵，開步出發時，泰晤士報代表亦離其地，時門外集有日本居民一小羣，而由人叢中擠出，頗不易易。若輩每見卡車及鐵甲車駛過，輒向歡呼，步行之隊伍經過時，則向鼓掌而狂號，附近日人家皆啓窗以觀，其中有女子「沙牙那拉」（意即再會）之呼聲，與道中男子狂號之聲相應和，水手與陸戰隊士兵，則皆揮手大笑以答之。五分鐘後，卡車均駛抵指定之地點，戰士紛由車上躍下。

尾隨戰士入四川路冷靜黑暗之區，摸索蛇行，以視若輩列陣，不啻握自己之生命於手掌。前進時，經過跪伏牆隅之許多隊伍，行近始能見之，稍一不慎，即將踐踏其身，蓋處處皆有之也。忽牆隅鎗刺齊豎，軍官士兵躍起，操日語問話，語不可辨，幾出電炬，照見爲白人之面，乃復帖然。沿華界 線一帶，滿佈此類匐伏之兵，鐵甲車則一無

所見，謂已在步隊之前駛入華界矣。但未聞有槍聲，僅寂靜之中，充滿殺氣耳。號之聲，既不之聞，而軍器亦不使稍作響動，日兵之行動，如黑夜之貓，異常謹慎，凡人數較多之隊伍所駐地，輒放哨於前，哨兵若干，在午夜時，確已潛入華界，其同志躡於後，機關槍則居前列，以槍口向外。

泰晤士報代表旋乘汽車歸，沿四川路向租界中心進發，途中遇日兵小隊，直至蘇州河始已，若輩擎槍巡邏，其狀森嚴，如閘北邊線一帶潛伏之隊伍焉。

上述記載，全出於中立國人之口，足見敵人之首先進攻，不宣而戰，故造謠言，圖卸戰爭責任，眞是野蠻無恥極矣。

一月二十九日上午晴下午雨　五，十九路軍抗日通電：當敵軍進攻，我軍抵抗戰事已開的時候，我十九路軍總指揮蔣光鼐和軍長蔡廷鍇等，曾在警備司令部開一緊急會議，決定抵抗的步驟和本軍的調動，即報告政府，並發一通電，文曰：

特急：南京中央黨部國民政府各院部會，各級黨部政府，各軍師旅團長，各報館，全國國民公鑒：

暴日佔我東三省，版圖變色，國族垂亡，最近更在上海殺人放火，浪人四出，極世界卑劣兇暴之舉動，無所不至。而砲艦紛來，陸戰隊全數登岸，竟於二十八夜十二時在上海閘北，公然侵我防線，向我挑釁。光鼐等分屬軍人，惟知正當防衛，捍患守土，是其天職；尺地寸草，不能放棄。為救國而抵抗，雖犧牲至一人一彈，絕不退縮，以喪失中華民國軍人之人格。此物此志，質天日而昭世界，炎黃祖宗在天之靈，實式憑之。十九路軍總指揮蔣光鼐十九軍軍長蔡廷鍇淞滬警備司令戴戟叩豔。

軍隊本來是國家的，軍人的責任要在守土衛民，當外敵侵陵國難臨頭的時候，軍人職責所在，只有團結一心，不顧利害，決心為國為民作犧牲，雖把整個軍隊消滅了亦絕對沒有半點的顧惜。若是把利害看得太重，責任心放輕了，那是商賈化的軍人，軍隊可變為私人所有，成為官僚式的軍閥派了。十九路軍只憑愛國愛民的熱血和敵愾同仇的精神，竟能不顧一切，抵抗現代式軍備完美的日本，全係出于「衛戍京滬警備淞滬」的一個

責任心，寧願鞠躬盡瘁，死而後已，以盡軍人的天職，所謂「為救國保種而抵抗，雖犧牲至一人一彈，絕不退縮，以喪失中華民國軍人的人格。」這種論正義不問利害，明知其不可為而為之的眞正中華民族的軍人精神，正所謂天地之正氣，足使頑廉懦立，能在千秋萬世，為中華民族增無限的光榮，立不朽的模範，眞要愧煞那保全實力以圖霸佔地盤，爭權奪利，勇於內戰，只知自殘同種的敗類軍人啊！

六，拂曉前的第一次戰況：昨晚以來，我軍頭一步已把敵兵打得死傷遍地，狼狽不堪，僥倖不死的，都是屁滾尿流，逃回去了。但因我軍沒有還擊，被我打散的敵兵，三三五五，退到相當的地點，又轉過頭來拿着槍向我方亂打，此時我逃難的民衆，夾在兩軍中間，受敵兵殘殺的極多。然此時無十分激烈的戰鬥。待至午前一時三十分許，敵增到部隊約千六七百人，再用鐵甲車掩護，分由虬江路廣東路寶興路向張園第一營陣地猛攻，並利用該處高樓，各架機關槍數挺，向我陣地掃射，又用手溜彈，（以步槍或擲彈機投彈）步兵砲向我陣地轟炸我防禦工事，並利用鐵甲車掩護敵兵，向我衝鋒，或用鐵甲車裝載敵兵，至

我陣地下車，進攻我陣地，肉搏血戰，屢陷於危者不下六七次。我軍官兵因愛國情深，恨敵心切，愈頻危險，愈加奮勇。有一次當敵鐵甲車衝入我廣東路口陣地時，我軍一方應用營預備，即佔據路口兩旁商店樓上，奮勇應戰，而同時我臥地未死的傷兵，且以其手溜彈炸燬敵剛通的鐵甲車，而敵反以為中了伏兵，馬上都向後跑了。但是在該毀車前頭的兩架鐵甲車，亦向後逃，卻被那毀車阻止住，各車上的敵人，自然給我忠勇的士兵們斷送他們一去不回了。虬江路方面來的鐵甲車，當初我士兵受他的損害至大，因為牠可以接近來射擊我陣地的士兵，我們用步槍機關槍都打不着，手溜彈也無法炸毀，有時來得近了，手溜彈投到牠鐵甲上，反把手溜彈的破片炸回來殺傷自己，我軍士兵氣不過，竟以肉身和鐵甲相撞而死的，有十餘人之多。及後再用手溜彈從地面上滾過去，走到鐵甲車下面爆發，終把敵人的鐵甲車炸壞了，不能走了。足見天地間若有一厲害的東西，亦必更有其他同樣厲害的東西來制他；我軍有愛國的熱血，便足以抵抗敵人的鐵甲車和其他一切武器，便是一個很好的說明，血戰約二小時，結果敵人只送了一百餘死尸和五架鐵甲車到

我軍陣地上來，其餘一無所得，還有很多領了我軍槍彈手溜彈刺刀等等的實惠，鮮血淋漓，又退回去了。然我軍死傷亦頗大；而營副陸彬和機關槍連長張金山亦均於是役作了光榮的犧牲。且因死傷過大，兵力薄弱之故，未曾向敵跟蹤追擊，只仍扼守原防，殊屬可惜。

當午前一時三十分，敵由虬江路廣東路寶興路第二次大舉進攻之際，同時敵人另有約七八百人，亦利用鐵甲車掩護，向我天通菴路橫浜路靑雲路各路口進攻，激戰一時餘，我橫浜路靑雲路兩路口的工事多被敵鐵甲車衝壞，士兵亦因受敵鐵甲車的小砲機關槍的射擊，損失甚大。敵兵大部且跟車衝到，戰况非常危險，該營營長吳康鑑乃督率所部及警察第六中隊，紛登橫浜路醫院洋房及光明玻璃廠樓上，據險抵抗，敵人因見我路上無兵，直衝向前，有一部且將達到寶興路時，不料突受我方機關槍掃射，而手溜彈槍彈更從天而降，猛烈炸擊，竟斃敵百餘人，其餘即狼狽奔潰，又退回去了。但當敵潰退之際，有兩個班長名叫華中興和鍾國強因爲愛國心切恨着敵人，帶了二班弟兄們不管三七二十一竟跟着敵蹤，一直追到北四川路底的日軍司令部附近，把敵人整個司令部的人，嚇

得狼狽四散，雖卒因衆寡不敵，兩班士兵無一生還，却足以動天地泣鬼神；爲中華民族頓添無限的光榮，聞當時有五人被生擒，個個都向敵人拳打足踢，頭衝口咬，不屈而死。尤足以振我中華民族的軍人精神，以寒敵人的心胆。

七，一五六旅第五團的使用：第五團丁榮光所部原留駐大場，當我軍實行抵抗，日軍進攻，戰爭已開的時候，該旅旅長翁照垣即令其第二營開到江灣站西端的勞動大學附近：令其第一營派一連至八字橋以掩護我軍左翼，並牽制敵人。及後又令第一營（缺一連）開到閘北歸張君嵩團長指揮。午前一時許，第二營到達勞動大學，即派出偵探數班，分赴水電路及持志復旦兩大學一帶搜索，均無敵蹤。第四連同時到達八字橋，亦無敵情，第一營於午前二時三十分到達閘北，即接第六團寶興路和橫浜路的防線。因當時第六團死傷甚大，且敵情緊急，即以該營作伍間增加。三時許，團長丁榮光更奉令率全團（缺二營）開赴閘北增援，二時五十分到達閘北，更以第三營增加於青雲路至八字橋之間，以八字橋第四連歸回第一營，此時最前線兵力配備如下：北站至寶山路爲第六團第三

營之一連及憲兵連，再經虯江路至廣東路爲第六團第一營，經寶興路至橫浜路爲第五團第一營，經天通菴路至青雲路爲第六團第二營，青雲路以至八字橋爲第五團第三營，江灣勞動大學爲第五團第二營。

八，拂曉前的第二戰況：四時許，橫浜路以北槍聲稍沉寂，但寶興路以南槍砲聲仍極激烈，因我軍未乘勝追擊，敵兵退至相當地點，仍極力猛烈向我方亂行射擊，似欲借槍聲以壯胆，益實非激戰也。四時四十分，敵飛機數架從空中投擲照明彈及炸彈，轟炸我陣地，同時廣東路橫浜路寶興路一帶民房商店，或受敵飛機投擲燃燒炸彈，或因敵浪人四出放火，各處皆火光燭天，燃燒甚烈，可憐我無辜民衆，住在兩軍激戰彈如雨下之中，又遇大火四起，十分猛烈，人人都是扶老攜幼，背箱帶篋的狼狽逃難，途中死於槍砲火下的，和受擁擠踐踏死傷的不知多少，還有忙亂中向敵人方面逃走的，更是萬無倖免。到此時，我官兵因經過了數個鐘點的戰鬥，知道敵兵的無能，已勇氣百倍，毫不爲飛機和大火所動搖，仍然沉着應戰，固守原線，且以預備隊在戰線內極力救火。五時三十分，敵軍乘其飛機以

炸彈轟炸我防線，和焚毀民房之際，又以鐵甲車掩護步兵，向我進攻，但我方官兵因知敵軍的無能，愈加沉着，又見敵軍的慘無人道，焚我民房殺我民衆，更愈加痛恨，其敵氣同仇，奮勇抵抗，欲報仇雪恥，必得敵而甘心的精神大有不可抑遏之勢，所以當全線激戰時，敵兵死傷狼籍，我虬江路寶興路的部隊，均不期而然的齊向敵逆襲猛烈攻擊當面敵人，衝過淞滬鐵路以東，進入赫司克而路廣東街內和北四川路附近靶子路一帶敵人完全肅清，敵兵突然受此迅雷不及掩耳的意外反攻，死傷至大，狼狽潰退。其退到北四川路欲向日本小學方面逃走的，因見我軍已由寶興路截出，斷其歸路，一班胆小如鼠的敵兵，上天無路，入地無門，急得都把手上的槍械丟棄地上，并把穿着的軍衣脫下，見着日本人的住宅就敲門挨戶的叫『斯吾烏』（救命之意）『他斯咳六』（請救之意）請求收容，聽說有些走入屋內了還是面青氣喘，手彈足顫，說『中國兵眞勇猛，我們趕快逃走吧！』若是給中國兵追到了，可不得了。』在黑夜中也有打錯了門，請求我們中國人收容的。這自然給他一個閉門羹，也有愛國熱心的同胞，乘機給他們一個利害的。這足見怨毒入人之深。還有

一部逃走不及，已受包圍的，却匿在廣東路洋房內，負隅反抗，殘殺我民衆，並在各屋縱火焚燒，倏忽之間，火光燭天，不可向邇，可痛我民衆的生命財產損失又不知多少，而萬惡的無人道的敵兵，也只有在那裏自然的火葬了。同時我軍因爲外交上的關係受命令的限制，仍令追敵隊伍，退回原防駐守。

九，日間至晚八時的戰況：早六時許，天甫微明，敵水上飛機十餘架，在我陣地上空不斷的偵察，並四處投擲燃燒炸彈，焚燬民房商店無數，而湖州會館內之軍警聯合辦事處及第六團第一營部亦被炸燬，幸受翁旅長指揮之第八十八師小炮第十連，於五時二十分許已到達閘北，在滬太汽車站附近放列，此時即開始射擊，有敵機二架受傷，倉惶向東飛逃，其餘的飛機，也更十分戒愼，飛得高高，沒有初來時那樣放肆了，至八時許，敵又大舉進攻，先用飛機大炮轟擊我陣地，炸燬我民房商店，虬江路寶山路寶興路等處火焰四起，烟幕蔽空，我國費數千萬金錢所建築數十年苦心所經營爲全國文化中樞之商務印書館總廠及東方圖書館，又受敵飛機不斷的轟炸，爲有計劃的破燬，此時亦火焰衝天，付之

一炬了。聞當時鹽澤對他的左右說：『燒燬了閘北幾條街，一年半年，中國人馬上可以恢復，只有把商務印書館總廠及東方圖書館即中國最重要的文化機關焚燬了，中國人可永久不能恢復。』即此數語，足見日本人的陰險毒狠，直欲置我民族於亡國滅種的地位，眞值得我同胞永久不忘要誓死圖報的。此外北站鐘樓及列車鐵軌等亦同時悉被炸燬，停在月台內之中央鐵道炮隊，亦被炸壞兩卡，因即開赴後方，以避損害，而敵人即在其飛機大炮掩護之下，向我全綫猛攻，而寶山路廣東路虬江路之敵，約有步兵千餘人，向我進攻，尤爲激烈，企圖佔領北站，我軍因受敵飛機轟炸，死傷已大，又戰綫內外火焰衝天，危急萬分。由虬江路衝來之敵，且將到北站，我軍大有不能支持之勢，第六團長張君嵩當即飭令第三營長吳履遜率所部之預備隊，分向北站虬江路寶興路方面增加，各官兵皆沉着勇敢，死力抵抗，其間有重傷而不願退後，寧肯死在戰綫上的，有退後裹傷完了而復上前線去的，有當敵人衝來時硬拿着手溜彈或上起刺刀直向敵方衝過去與之肉搏的，我軍士兵愈戰愈勇敢，愈死傷愈憤激，血戰約三小時之久，敵方死傷約四百人，仍不支而退。此

役我第九連連長林玉身先士卒，竟爲國犧牲。又敵我兩軍正當混戰之際，防守北站之憲兵，竟有一部因死傷過大，紛向後退，幸其第六團第一營亦同時由眞茹趕到，並卽歸張君嵩團長指揮，該營營長李上珍率其所部，冒着敵火，增加北站，並佔領該站附近的洋房而死守之，使我右翼據點益加堅固，此役之勝利，李營長實與有功也。下午一時以後，敵因屢次進攻，失敗且死傷甚大，不敢再行進攻，除在散兵線上互相對峙斷續射擊外，無甚激烈的戰鬥。惟敵飛機仍不斷的飛行，並對戰線以外無兵駐紮的民房商店轟炸，而寶山路一帶則依然烈火延燒不已，日本的野蠻橫暴，毫無人道，殺戮非戰鬥的人民，炸毀戰線外無駐兵的商店民房等等，卽此一晝夜的事實看來，已足使我同胞痛恨萬分，和明白日本人的下流無恥，實爲世界上最惡劣的民族，我同胞爲求生存計，非澈底覺悟防患，則將來禍患更不堪設想啊！三時許，我高射砲連擊落敵飛機一架，六時三十分，六十師第一團第一營開到閘北，卽歸張君嵩團長指揮，增加於寶興路及天通菴路之綫，同時中央鐵道砲隊亦開回閘北，控置於共和路口，警戒北站西南一帶，掩護我右翼，並向敵方轟擊。七時許，敵

兵約一連來到八字橋方面，向我駐玻璃廠之守兵攻擊，我方以機槍掃射敵死傷二十餘人，又向天通菴路方面退去。

十，日軍因敗待緩請求停戰：自開戰以來，日軍屢戰屢敗，屢進屢退，且死傷過半，無法支持，深恐我軍反攻，必至全軍覆沒。又日本海軍陸戰隊與其陸軍相比，訓練較精良，軍械較精利，此次為要與陸軍爭功，卻偏給我軍打得死傷狼籍，棄械脫衣，叩首乞命，把日本的紙紮老虎真面目揭開，把日本人自誇為大和的軍人面皮拉破，在這愧懼交集的當中，只有調兵增援，以求一逞，又恐怕在援兵未到以前受我軍反攻，所以想出一個請求停戰的緩兵之計。一方日領直接請求吳市長，一方又托英美法各國領事出任調停，且甜言蜜語，用盡其欺騙威脅的能事，我十九路軍總指揮蔣光鼐不忍我人民生命財產再受敵人摧殘，雖明知日本人絕無信義，仍希望有一線的和平。故於是晚八時許，依英美法各國領事的請求，即令前線停止戰爭，並因原來防綫前後，自今早以來受敵人轟炸焚燬，頗多損壞，不能立足，同時且將陣地稍向後移動，一欲避免戰鬥，一圖堅固工事。不料無信義的敵人，

反以為我軍撤退，遂又乘機以小部隊，向我陣地，不斷的進攻，我士兵當然的固守原線，把敵人一個一個打得死的死，傷的傷，活的也都回去了。十時許，敵攻勢愈猛，然結果敵人還是徒招死傷，又退回去了。當時翁照垣旅長和前線一般官兵，都憤敵人的無信義，太陰險，皆欲即晚反攻，把敵人全部殲滅，但當時因國情和外交戰略的關係，有所顧慮，未曾實行，殊屬可惜。

十一，十九路全軍的總動員二十八夜未開戰以前，十九路軍的分駐地點如下：

六十師駐蘇州無錫常州丹陽，

六十一師駐南京鎮江。

七十八師一五五旅第一團駐龍華南市，第二團駐北新涇，第三團駐真茹，一五六旅第四團駐吳淞，寶山，第五團駐大場，第六團駐閘北。

開戰以後，我十九路軍總指揮蔣光鼐軍長蔡廷鍇知大戰必不可免，遂令全軍總動員，除有任務者外，皆分別調動，或加入戰線，是日全軍各部隊狀況如下：

六十師大部到達南翔，第一團到達眞茹，其第一營且增加入寶興路前線戰鬥。

六十一師一部在輸送中，一部仍任南京鎭江的警戒。

七十八師一五五旅在原地，惟第三團第二營調大場，一五六旅第四團在原地警戒，第五團第六團皆加入前線戰鬥。

動員爲軍隊由平時轉入戰時的一個重要的問題，此次十九路軍能即時動員，即時出發，調動能如此神速者，雖係預先準備和交通便利，然亦由於各級幹部戰事經驗豐富，和官兵愛國情深，團結力大，同仇敵愾，共急國難故也。

十二，我國民政府的準備和陳銘樞部長的決心：當滬案緊急的時候，我政府因內政外交諸關係，極希望和平了結，不惜委曲求全以免事變擴大。及二十八夜，日軍實行進攻，我軍實行抵抗以後，我國民政府知戰事已不可避免，必須上下一心，抵抗到底，然後可以得最後的勝利。所以今日決定成立軍事委員會，專策劃對外作戰事宜，如必要時且決心遷都洛陽，準備長期抵抗。交通部長陳銘樞，在事實上本爲十九路軍的最高領袖，當戰事

未爆發以前，原爲主戰最力的人，及戰事爆發以後，又聞知我軍大勝，其歡狂態度，堅確決心，比任何人都要熱烈，茲錄其當日致蔣總指揮等一電如下，即足見其一般了。

「蔣總指揮蔡軍長戴司令密：一，租界外日軍應相機消滅之。二，憬兄統率襲敵之部隊，已由參部令知，在敵增援之陸軍未到以前，須預想定其登陸地點，到時力阻其登陸，如敵增援陸軍之量數，探明超過我軍時，候令進止。三，軍委會即日成立，以後當隨時指示機宜。四，在外交上暫視作局部問題爲有利，而在軍事上中央已具全局應戰之決心，惟調集大軍不易，此時惟有準備最光榮之犧牲，切不可輕作退後之辱也。銘樞豔。」

從上電看來，我們知道戰事已開以後，我國民政府對外決心，原與十九路軍完全一致，十九路軍的進止，都係遵照政府的命令，因爲站在國家民族立場上，非如此不足以圖生存彼那些野心的失意的，爲自己打算盤，欲利用外交圖掌握政權的人反挑撥離間，造謠生事，攻擊政府，且污辱十九路軍爲所謂敗類的國民民族之罪人了。

一月卅日晴　十三，停戰聲中的戰況：昨晚以來，我方雖實行停戰，敵方仍以部隊時向我進攻，故戰鬥時起時止，但亦無甚大戰。惟北站和虬江路方面較爲激烈，又敵海軍向我方砲擊，敵夜不絕。拂曉以後，兩軍對峙，敵方且時以步槍機關槍向我軍射擊，飛機八九架時翔空中，不斷偵察，寶山路一帶火災仍繼續燃燒不熄，因敵時由機關槍或步槍發出燃燒彈，落在我民衆房屋，燃燒約七八分鐘，且有千五百度高的熱度。我軍仍一面救火，一面修築工事，未還槍擊敵，而敵亦不敢積極進攻，故無激烈戰鬥。惟午後六時，敵有陸戰隊十餘卡車，由租界運往滬西向潭子灣方面前進，有攻我閘北側面之模樣。同時新垃圾橋附近，有敵便衣隊數百人有通過四川路進攻閘北之企圖，又廣肇山莊對岸叉袋角附近，亦有敵百餘人，我軍得報當即以午前一時許到達閘北。現駐太陽廟路嘉興賓館爲一五六旅的預備隊之第三團第二營，於恆豐路西藏路各派兵一連，對敵嚴密警戒，另由總部令六十師第一團團長黃茂權率部由眞茹開抵中山路附近，與一五六旅連絡，對敵嚴密

警戒。因日人絕無信義，乘停戰期間，出我不意，抄襲側背一節，在軍事上尤多可能，我軍故不能不愼爲防備。江灣方面，今日無敵情。

十四，民衆的同仇敵愾：兩日來我閘北民衆因受戰事損害，以致父母兄弟，妻子，生離死別，無家可歸者五六十萬人，但人人皆以抵抗日本得到勝利爲榮，絕無一句怨言。同時許多青年，自動組織義勇軍，或加入我軍前線作戰，或深入敵區偵探敵情，雖因缺之訓練和組織損失極大。可是這萬衆一心，甯爲玉碎的精神，是永遠不可磨滅的啊！又上海各團體各界名人，並組織戰地救護隊親來閘北救護慰勞，戰線附近的民衆，且煮粥送飯給我官兵，凡此種種皆足表現我軍民一致的抗日精神，我中華民族已非二十年前的睡獅可比了。

十五，敵軍的增援和我軍的調動狀況：敵軍大敗後，由佐世保調巡洋艦龍田號及驅逐艦四艘，載其海軍省所認爲最精銳的特別陸戰隊約三千人幷大砲炸彈硫磺彈等，於今日午後四時許先後抵滬，登陸後卽增加前線。

至我軍的調動狀況，除昨日運輸中之六十一師二四、六團，今日到達黃渡外，其餘各部隊狀況，皆與昨日相同。

十六、我國民政府抗日的決心和處置：我國民政府為捍衛國土保障主權，免除敵人威脅，完全行使職權起見，於三十日實行暫移洛陽辦公，並發表宣言如下：

自日本以武力侵佔東北以來，政府一面遵重華盛頓九國條約國際聯盟凱洛格非戰公約之精神，雖釁自彼啓，仍堅持忍耐，以候簽約各國之主持公理。一面嚴飭軍警，應以全力捍衛地方，保障人民生命自由財產之安全，苦心維護，於茲數月。而日本進逼不已，最近竟以大批戰艦駛至上海，并輸送陸空各軍，藉口市民抗日舉動，以使用暴力，橫加恫嚇。夫人民組織團體，以急國難而禦外侮，本出於愛國之熱誠，苟無越軌行動，政府無加以干涉，惟政府為避免戰禍計，已不恤一再遷就日本之要求，始則對於民衆抗日言論行動稍涉激烈者，均予禁止，繼且曉諭各民衆團體，自動取消抗日名義，以杜強鄰之藉口。本月廿八日午後一時四十五分，上海市政府對於日本

駐滬領事之要求，已予日領自身亦認滿意之答覆，而同晚十一時廿五分，日本第一遣外艦隊司令官忽來通告，迫我上海駐軍讓出防地，俾其佔領。軍隊有守土之職，詎能應其所求？日本軍隊遂即向我軍進攻，竟使上海繁盛市面，罹於兵燹，且使用無限制之飛機轟炸政策，平民人命財產，慘受荼毒，數量之巨，無可估計。同時首都及長江上下游各重要市鎮，亦有日本軍艦到處挑釁。夫日本所以繼續使用此等暴力政策，且進而愈厲，其用心不過欲威脅我政府，使屈服於喪權辱國條件之下。政府受國民付托之重，惟知保持國家人格，尊重國際信義，決非威力所能屈。惟有堅持原定方針，一面督勵軍警，從事自衛，決不以尺寸土地授人，一面仍運用外交方法，要求各國履行其條約上之責任。日本此次濫啓兵端，破壞和平，不但中國領土主權遭其損害，舉凡華盛頓九國條約國際聯盟約章凱洛格非戰公約，亦爲之毀棄無遺！政府深信中國對於此等暴行，有正當防衛之權利與義務，同時深信各國爲維持世界和平及國際信義，亦必不能坐視。茲者政府爲完全自行使職權，不受暴力威脅起見，已決定移

駐洛陽辦公，望我各省區行政長官及軍隊長官，同心協力，各盡所職，以靖地方而安人民。尤望我全國人民，以勇毅沉着之精神，共赴國難，勿囂張，勿畏葸，務使暴力無所施，正義待以申，國家安危，悉繫於此，願共勉之。國民政府主席林森行政院長汪精衛。

再錄蔣介石先生和何部長應欽陳部長銘樞各電如下：

限即刻到。各總指揮部，各軍官學校師生諸同志均鑒：東北事變，肇始迄今，中央爲避免戰禍，保全國脈起見，故不惜忍辱負重，保持和平，期以公理與正義，促倭寇之覺悟。不意我愈忍讓，彼愈蠻橫。滬案發生，對渠要求，且已茹痛接受，而倭寇仍悍然相逼，再向我上海防軍突擊，轟炸民房，擲彈衞市，同胞慘遭蹂躪，國亡即在目前，凡有血氣，寧能再忍。我十九路軍將士既起而爲忠勇之自衞，我全軍革命將士處此國亡種滅，患迫燃眉之際，皆應爲國家爭人格，爲民族求生存，爲革命盡責任，抱寧爲玉碎，毋爲瓦全之決心，與此破壞和平，蔑信義之暴日相周旋。中正與諸同志久共患難，今身雖在野，猶願與諸將士誓同生死，盡我天職，特本血誠，先將電告，務各淬勵奮發，敵

愾同仇，勿作虛浮之豪氣，保持犧牲之精神，枕戈待命，以救危亡，黨國幸甚。蔣中正印。

（銜略）日寇侵滬，暴行未已，彼利用其砲艦政策，長驅深入我腹地，長江各埠，迭肇釁端，察其用心，直欲使我政府在彼砲火威脅之下，為彼苛刻條件所屈服，中央為求領土主權之完整，已具最大最後之決心，現為便於自由行使職權，不受強鄰威力壓迫計，決將整個政府及軍事委員會移到洛陽繼續辦公，此間事務，由弟負責處理。何應欽卅亥。

（銜略）國府重要人員，為應付時局便利起見，本日渡江，應欽等照常在京維持，餘詳另電。今後滬上停戰與否，由吳市長與蔣總指揮按外交情形，協同處理。作戰部署，由蔣總指揮適應情況，便宜處理，雙方連絡務期密切，情況處置，盼時詳報。何應欽卅亥。

（銜略）暴日欲以海空陸軍武力威迫首都，逼我簽約，我為保全根本不受鉗制

計，經將政府暫移洛陽，密留何部長在京主持，以囑祝同統軍死守南京，本軍在上海方面與決死戰。樞亦密留，擬明日先到鎮江，再隨軍前進，與兄等共生死，國家存亡，本軍榮辱，繫於此舉。望更激勵將士，無負初心，爲全國軍民之欽式也。銘樞卅申。

從上述宣言和各電看來，即知當日我國民政府的抗日決心，可惜以後不能貫徹，致淞滬到底不免敵軍的蹂躪，我方終歸簽字屈服，以至一切犧牲，盡化爲烏有，殊可痛也。

一月三十一日陰　十七，停戰聲中的戰況及和平會議：自昨晚以來，我方士兵雖遵令停戰，一槍不發，但敵人可以一部用步槍機關槍在較遠的距離時續時斷，向我軍射擊，幷發放燃燒彈，因爲這些殘兵，都成驚弓之鳥，深恐我軍反攻，特借槍聲以壯胆量，又用燃燒彈以毒我民衆。又利用北四川路老靶子路作交通，依據淞滬鐵路而在北河南路虬江路廣東路川公路寶興路橫浜路天通菴車站江灣路及各橫街路口等處扼要重重構築強固的防禦工事。又北四川路口吳淞路老靶子路海寧路崑山路鑿路天潼路一帶均有

日本浪人手執槍刀，阻止交通，拘捕殘殺我民衆。今日午前四時許，敵兵數百，由寶興路寶山路向我防線猛攻，終被我軍擊退。至拂曉以後槍聲漸稀，但我軍方面敵不來攻時，絕不放一槍。至午前九時許，敵飛機約十七架翔空示威偵察，敵軍方面利用停戰機會終日努力構造防禦工事，我軍亦極力修築戰壕，并在戰線後多築掩蔽部，因受敵飛機損害大，必增築地洞，以作掩蔽，方可減少死傷也。晚間，敵方槍聲不斷，未敢進攻，江灣方面，仍無情況。

昨晚以來，寶山路一帶大火蔓延益甚，而北四川路的奧迪安戲院廣東戲院及民房商店被焚不可計數。此皆由日本浪人四出放火和敵人發射燃燒彈所致，而焦頭爛額的逃難同胞，又多受日兵殘殺，廣東籍人更無幸免。我國因徇日本領事的請求，和英美法各國的調停，派出軍事代表區師長壽年，和吳市長鐵城，與日領村井海軍司令鹽澤及英美法等國領事，軍事司令官等，在英領事署正式會議停戰辦法，我方要求：「一，在滬日軍除依條約原駐滬外，即解除武裝退回兵艦；二，日本須負戰事責任，賠償損失，數目待後調查；三，由英美領事保證日本在上海以後無同樣事發生。」但日本反提出「一，華軍退出距

閘北二十啓羅米達以外；二在京滬路延伸綫以北的上海市區——即指閘北與茹楊行吳淞高橋洋涇周圍各區內，中國永久不駐兵』的亡國條件，向我方要求，又因爲怕我軍反攻，竟想出在兩軍陣線間，設中立區，請英美法國派兵駐守的滑稽提案，老奸巨滑的村井，什麼都說要請示政府，夜郎自大的鹽澤還是要憑着他帝國主義的聲勢，來欺侮我國，當在會議席上說：日本的飛機三小時內可以消滅中國的軍隊和其他一些毫無知識無價值的恐嚇話。午前午後，開會兩次，總是反反覆覆，毫無誠意，終至絕無一點結果，只得着徒利敵方的『停戰三天』四個字而已。因當時會議的最後決定，是日本軍隊要退入公共租界內，中國軍隊則退至距離租界，在步槍射擊距離以外，而村井鹽澤則以請示政府爲辭，須三日後始能答覆，實際則敵人援兵，約再須二日時間方能到達，三日內才可準備完妥，再行向我進攻，試看，日軍由佐世保調派第一航空隊約卅架由航空母艦加賀鳳翔兩艘裝速今晨抵上海，又第三艦隊巡洋艦那珂號由良號阿武隈號並魚雷艦四艘滿載特別陸戰隊約三千人及大砲炸彈硫磺彈等於午後四時三十分許開抵上海，分別登陸，僅

楊樹浦一段，已停有敵艦三十餘艘，而白龍港方面，且停有敵驅逐艦和飛機母艦等等事實，卽知和平絕望，用兵之道最貴制人而不制於人，現在敵人方狡詐以謀我，我們還是拿着中國固有的「王道」去應付，不乘着這個機會反攻過去，把敵人的殘兵完全解決，眞是太忠厚太吃虧了。

是日我六十師一一九旅(缺第團)集中大場附近，并派出一部至小川沙瀏河，對敵警戒，一二〇旅集中江橋鎭附近，六十一師之三團全集中南翔。駐京鎭各部隊準備調前方。

十八，外交的轉機和國內軍民的奮起：今日英美法各國公使先後抵京，皆稱贊我軍，并表同情於我國，國聯已允執行第十五條並派調查團在滬調查，各國報紙及上海外國報紙，多極力贊許我軍的神勇，宣傳日軍的野蠻，國際輿論，完全改變。足見惟能犧牲，才有外交，打出死路，才得生路呢。

自上海抗日戰鬥開始以來，全國民氣非常激昂，皆抱犧牲救國誓死抗日的決心，卽在敵軍勢力範圍內的愛國同胞，亦多自動的起來抗日，如在吳淞路武昌路北四川路狄

思威路各處，皆有一部份同胞不顧利害，突然和敵對抗，作殊死戰。雖各因衆寡不敵，或死或敗，但那種拚命抗敵的精神，實是爲我民族爭莫大的光榮。而軍人方面，尤爲憤慨，全國各軍，皆一致通電請纓，共赴國仇，欲効死疆場，滅此朝食。如京滬駐軍的十九路軍和八十七師各部隊，皆以出發前線爲榮，不願留住在後方。凡此種種，固然由於十九路軍犧牲抗敵的精神有以使全國同胞頑廉懦立，然亦係我數千年來所養成「匹夫不可奪志」的民族特有精神的表現。所以我同胞在平時雖然爲愛和平而肯吃虧退讓，有時能忍任何民族所不能忍受的欺淩，但至萬不得已時，則反抗的力量，亦比任何民族更要強大。

二月一日晴　十九，停戰聲中的戰况和日艦炮擊南京：日本（一）雖在停戰聲中，但敵方戒備極嚴，蘇州河以北各路，幾完全斷絕交通，我中國同胞，偶有通行的，多被拘捕殘殺，前線的敵兵，則時以機關槍步槍向我方射擊，且多發射燃燒彈，以焚燒我民房。午前一時至三時，進攻甚猛，但終被我軍擊退。拂曉以後，槍聲稍疎，但青雲路天通菴路寶興路一

帶終日焚燒，無法救熄。因敵專用機關槍燃燒彈，向我民房射擊，去救火的人，必遭死傷。且受傷的痛苦，比達姆達彈還要加重，故人人不敢向邇，只有一任其蔓延以至自熄而已！此係因敵方巷戰，進攻損失過大，故企圖破我防線，下此毒慘手段。聞當時鹽澤對人說：「雖然打不着中國的兵，也應當多燒幾間中國的房子，以損害中國的國力。」但我方士兵不論如何，總是沉着固守。當大火燒來的時候，在無法之中，只好把防線稍稍向後移動，及至大火燒過了，又再想法子進到前方去，且當前進的時候，一般民衆都是出來幫忙，搬沙包，築戰壘；及到敵人再來進攻時，見我軍還是在原來的陣地，或者更加前進些，敵人乃驚怪萬分，以爲我軍眞是神兵了。晚間前線甚沉寂。敵軍援兵已到，乃重新佈防。

今晚十一時二十分，日艦七艘在下關江面向我南京城及獅子山砲台發射二十餘炮，據此益足見和平的絕望，我同胞只有努力抵抗，以圖報讐。

二十，敵軍的增援和我軍的準備：日船照國丸今日載陸戰隊抵上海，人數和隊號均極祕密。但人數至少約有二千名，又日公使重光今日由日回到上海，即下令日僑即日完

全準備回國，婦孺先全遷入法租界內，其餘壯丁集合日本俱樂部，且要準備兩個月糧食。又探報日到滬飛機現共有一百架，裝好者已有五十架，未裝者五十架，鹽澤且對英美領事表示日方在上海兵力甚薄弱，不能放棄其使用飛機投擲炸彈之權，大戰重行爆發，萬難幸免。

我十九路軍各部隊狀況同昨日無變動，總指揮蔣光鼐今日下午三時親到眞茹前線指揮。

二月二日晴　二十一，停戰期中日軍的背約進攻：昨晚以來因敵方佈防交替，全線無戰事。拂曉以後，仍無甚劇烈的戰鬥，至午後一時許，敵忽來飛機六架，在閘北上空盤旋，偵察二時許，敵砲兵在天通菴附近開始向我青雲路，天通菴路，寶興路一帶砲擊，飛機同時投擲多數炸彈，一時驚天動地，火焰四起，機關槍和步槍聲亦同時大作，停戰聲中，忽來此晴天霹靂，殊爲駭異。日本在戰敗危急的時候，不惜卑躬屈膝以求和，增兵已到，又不顧

信義而背約，此確爲世界上最野蠻最卑劣的民族的特色。我們如不揭破其陰毒詭計，愼爲防患，將來眞不知要吃虧到什麼田地才止！敵人背約進攻後，於午後二時五十分許，日本領事以電話通知我上海市政府，稱日本政府對於三十一日在英領事署會議，日軍退入租界範圍所讓出之越界築路及附近地帶交由英美軍暫時維持，不能同意，實際日軍早已以其飛機大砲機關槍步槍向我全線轟擊，且利用其飛機大炮掩護之下，以鐵甲車六輛步兵約六七百名，分由青雲路恆業路中山路向我軍陣地猛衝。此因連日以來，敵在寶山路虬江路廣東路寶興路天通菴路各路口進攻，死傷已大，毫不得手，所以現在，在這方面取守勢，專以重兵猛衝青雲路恆業路中山路一帶，企圖包抄我閘北防線左翼，但我方官兵奮勇抵抗，且隔有一河，故激戰二小時餘，敵終無法衝入，只死傷百餘人，又退回去了。此役我方亦陣亡連長張福市和傷官兵二十餘人，七時許，我七十八師以砲兵一連加入前線，在中興路附近佔領陣地，砲擊敵軍司令部及日本小學校之駐兵。是晚敵我兩方只砲戰，步兵無甚大激烈的戰鬥。但閘北民房多處，終夜延燒不息，閘北數十萬民衆自二

十八晚開戰以來，都沿京滬路西走，逃難日夜絡繹不絕，今晚更是扶老攜幼，塞滿了整條鐵路和小路，爭先恐後，拼命向西逃走。此因連日以來，日本兵和浪人在閘北及北四川路一帶任意放火殘殺奸淫，雖小孩子亦多有受剖腹而死的，凡我同胞，無不談虎色變，今見敵人進攻，故有如此倉惶萬狀，其悽慘的情形，見的聞的，無不為之痛恨，想身當其衝者，更能永久不忘而必有以報答倭奴之賜的吧！

今日我軍部隊無變動，陳部長到真茹前線慰軍。又敵人晚間由商輪二艘載補充兵約三千人抵滬，即登陸。

二十二，蔣總指揮暨全體官兵通電及上海市府嚴重抗議：蔣總指揮暨全體官兵通電云：

（銜略）暴日貫徹其武力侵略之政策，傾其國力，意圖吞併疆土，消滅我民族，東北三省既被佔領，仍肆其兵威於長江流域，我軍不得已始有自衛之抵抗，中央政府因首都地位危險，時時在敵人砲火威迫之下，應急制度，斷然不疑，遷移洛陽，與法都

之遷波爾多，土都之遷昂哥拉，同爲禦敵圖存之必要政策。武裝同志，全國國民，方幸安全行使職權之政府，以領導民族鬥爭，不容懷疑，無可非難。方今寇益深入，國瀕危亡，血氣之倫，祇有發揮一致効死之精神，滌除詆排傾軋之惡習，舉凡私見異同，權利之夢幻，一洗而空。我十九路軍奉命守土，本捍患之天職，自衛之正義，洞胸斷手，萬衆一心，犧牲最後之一彈一卒，對於中樞之遷避，應援之困難，絕無顧慮。全國武裝同志，激於愛國自衛之良心，人自爲戰，任期守土之下，敵來則與之死戰，成敗利鈍，不容顧及，吾人深信能奮鬥者不滅亡，服正義者得勝利，世界苟有公道，暴日決不得逞。吾人尤切望於散處各方之中央委員政治領袖，發揮其拯救危亡之抱負，通力合作之精神，劍及履及，蒞止於洛陽行都，智者盡謀，勇者致力，應付存亡一髮之危局。古人有言，覆巢之下無完卵，不自救者，結果爲自殺。我十九路將士以純潔之心血，貢於黨國，獻於全民，邦人君子，聽此最高之哀鳴，其亦鑒至誠，察其衷直！

上海市政府對日本領事村井提出抗議書云：

逕啓者：查關於貴國海軍侵攻閘北一節，前經向貴總領事提出抗議在案，旋經英總領事暨美總領事，爲維持和平避免戰禍起見，邀集貴我兩方當局及各國防軍司令，於一月三十一日在英總領事官舍會議，當經英國防軍司令建議，避免兩軍衝突辦法，並約定由貴總領事，請示貴國政府，以三日爲期，如貴國政府，不能同意，再由本府請示我國政府，在此請示期內，仍各不相侵，以上各節，均有記錄可稽，乃自該日會議後，貴國軍隊，屢向我本國軍隊襲擊，迨至今日下午二時五十分，本府忽接到貴總領事署電話通知，謂貴國政府，對於上述建議辦法，不能同意等語，殊爲詫異，且在本府未接到貴總領事署通知前一小時，貴國軍隊，已向我方駐在閘北之軍隊復行攻擊，且用飛機任意炸轟該處。查貴國既違背信約，且不顧上海市內我國人民與各國僑民生命財產之安全，重行開釁，所有一切責任，當全由貴國政府負之，除函達英總領事，美總領事，暨各國領事聲明外，相應提出抗議，請煩查照爲荷，此致日本國駐滬上海總領事村井倉松。

又對美英各國總領事通告云：

逕啓者：查關於日本海軍侵攻閘北一節，前經函達貴總領事在案，旋經英美總領事爲維持和平避免戰禍起見，邀中日兩方當局，及各國防軍司令，於一月三十一日，在英總領事官舍會議，當經英國防軍司令建議，避免兩軍衝突辦法，幷約定由日總領事請示日本政府，以三日爲期，如日本政府不能同意，再由本府請示本國政府，在此請示期內，仍各不相侵，以上各節，均有紀錄可稽。乃自該日會議後，日軍屢向我本國軍隊襲擊，迨至今日下午二時五十分，本府忽接到日本總領事署通知前一小時，日軍已向我方駐在閘北之軍隊復行攻擊，且用飛機任意轟炸該處。查日方旣違背信約，且不顧上海市內我國人民與各國僑民生命財產之安全，重行開釁，所有一切責任，當全由日本政府負之。除向日本總領事提出抗議外，相應聲明，並函達貴總領事，請煩查照，主持公道爲荷，此致英國美國駐劄上海總領事暨各國總領事。

上項抗議和通告，當時不過是具文，事後也屬廢紙，強權卽是公理，打得勝仗，才能講

話，我同胞應當澈底覺悟，力圖自強才對。

二月三日晴夜雨寒　二十三，閘北方面的戰况：拂曉敵軍由虹口公園及天通菴車站方面向我猛烈施行砲擊，飛機九架在閘北不斷投擲炸彈，但敵的步兵却不敢向我進攻，只是無意識的亂行放槍。我方官兵知道了日本兵的無用，於是都坐在掩蔽部內休息，說笑，弄音樂，唱留聲機器，沉着以待；只以砲兵和迫擊砲由中興路天通菴路專對日軍司令部一帶射擊，至午後二時許，敵復用砲兵向我全線陣地轟擊，尤以天通菴路為甚。同時敵飛機約二十架，亦至閘北陣地投擲炸彈，商店民房多被焚燒，天通菴路寶興路焚燒尤為慘烈。我軍所據各洋房，殆全被轟燬，有再難以支持之勢。正當危急萬分之際，我軍因為愛國和恨敵兩種感情所驅使，對於炸彈，砲彈，槍彈以及猛烈火焰，皆一無所畏懼，所以當烈火焚燒所及，或敵火集中到來的時候，我軍不特不向後縮退，反由正面或橫路稍向前進，依據已被焚燬的殘牆破壁，瓦堆以作陣地，待敵人前進時，我勇敢沈着的士兵們，却在

火焰叢中，磚瓦堆後，突起與敵肉搏，殺得敵人死傷枕籍，又敗退回去了。一般年青無知和舊式頭腦，（日本人還很迷信鬼神，這次來上海作戰的官兵大多都在身上帶有護身符的）的敵兵，看見我軍士兵的神出鬼沒，總以我軍眞有什麽神兵前來助戰，所以敗退逃命的時候口中不絕的叫『天國萬歲』（日人在維新前對我中國稱天國）『大中華民國萬歲』『天兵饒命』等等說話，以求保他們的狗命。

二十四，吳淞方面的戰況：吳淞要塞，位置於吳淞口西岸，當黃浦江入揚子江要衝，實我國揚子江第一重要門戶，惜砲台與炮俱係舊式，可謂有名無實。當上海戰起，狡滑的日本人，因恐事變的擴大，無法應付，乃努力宣言，說上海戰事只係專對十九路軍不與南京國民政府和其他軍隊對敵的，似是而非的話，以侮辱我中國和欺騙國際。但是吳淞要塞司令鄧振銓也因爲自知力量薄弱，特別尊重政府人不犯我，我不犯人的意旨，努力避免戰鬥，以圖長久保持其祿位。所以在二月二日以前，吳淞方面全無戰事，連日敵方調兵增援，不論戰艦商輪，皆可在我要塞監視之下自由出入，此種在任何交戰國所無的特別現

象，竟是我民族不團結一致的最大表現，言之殊覺痛心。

本日（三日）上午十時許，當閘北砲火連天之際，敵在吳淞口外的戰艦六艘，忽然接近砲台，向我砲台猛烈射擊，同時敵飛機六架，亦飛到砲台上空投擲炸彈，一時彈如雨下，聲震天地，我砲台上亦即開砲還擊，我守砲台灣的十九路軍步兵營亦以機關槍步兵砲向敵艦快放助戰，激戰約二小時，擊沉敵驅逐艦一艘，擊壞敵巡洋艦二艘，驅逐艦一艦，中有一艦，受傷甚重，當時亦將沉沒，被其餘戰艦拖走，各艦亦遂不支，向外逃去。至揚子江口而停泊之敵艦敗退後，砲聲即停，但移時，忽有敵軍飛機十二架由川沙白龍港方面飛至我軍砲台天空，投擲大威力的重量炸彈，此時歸我十九路軍翁旅第四團指揮於午前一時到達的八十八師高射砲連，即以高射砲向敵飛機猛力射擊，當即擊落飛機一架，落至寶山城外，其餘敵機遂紛向東面逃去，而我砲台亦被炸燬砲三門，及砲台一部，晚間，吳淞方面無戰事，但九時許，敵有飛機六架，來行偵察。

又本日日本領事對外宣稱：『日本海軍陸戰隊決於三日內佔領吳淞要塞。』戰端

已啓，吳淞方面日間自然不免有一場惡戰。但日軍到底能不能在三日內佔領吳淞呢？在吳淞要塞內容說，是實在有可能，但據敵軍進攻閘北時的能力看來，恐怕日領的話，又是等於放屁吧。

是日我吳淞鎮附近民衆，已完全逃避走了。

二十五，我軍前線部隊的調防：我軍因爲作戰上的關係，十九路總部於今日（三日）午後一時下六十師七十八師命令之要旨如左：

一，着六十師派一百二十鄧志才旅（缺第五團）附黃茂權團，至閘北接七十八師翁旅防務。

二，着憲兵第六團（缺一營）至中山路接黃茂權團防務，担任對日本紗廠方面警戒。

三，翁旅交代後，開向金家角（郎眞茹國際電台西北之金家樓）附近，歸六十師沈師長指揮。但張團長君嵩酌留兵一連駐閘北，并指揮義勇軍，歸鄧旅長指揮。

四，鄧旅及憲兵團應於黃昏前派員到防地偵察地形，於黃昏後開始接防，限午後十

一時前接交完畢。

又午後五時三十分再下七十八師命令要旨如左：

一，據報，敵軍有在吳淞登陸，攻佔我要塞之企圖。

二，翁旅俟鄧旅接替閘北防務後，除第六團仍應照前令辦理外，應即開赴吳淞增防，并死守之。

鄧旅翁旅及憲兵第六團等各部隊受命後，皆遵命辦理，分別交代接防。是晚十二時許，閘北地區守備隊鄧志才旅（缺第五團）附黃茂權團及中央鐵道砲隊，小砲連，如下佈防完妥：

一，第一團守備區，右自新閘橋（在內）起，東沿蘇州河及華租界線至寶山路北折左至虬江路口止，右與憲兵第六團取連絡，左與第四團連絡。

二，第四團守備區，右自寶山路虬江路口（在內）起，東北沿寶山路橫浜河，左至天通菴路口止，右與第一團取連絡，左與第六團連絡。

三，第六團守備區，右自大涌巷路（在內）起，北沿橫浜河左至八字橋止，右與第四團取連絡，左與一一九旅派至江灣警戒部隊連絡。

四，鐵道砲隊在共和路，小砲連在大統路。

五，旅部在中興路大統路口。

是晚閘北方面戰事甚沉寂，敵軍只時以大砲向我軍轟擊騷擾，步兵無甚動作，故我軍能順利的按預定計劃調防完妥。

二十六，陳部長銘樞談話：陳部長銘樞自前方勞軍回京談話如下：

政府為準備長期奮鬥而遷洛，余為政府之一員，因十九路軍在上海對日軍之侵略，為正義光榮防衛國家而抵抗，余暫留代表中央慰勞該軍，前兩日入軍會晤各將士，有使余生極大之感動者，余可代表該軍全體將士一言，該軍秉正當防衛不以尺寸土地授人之本旨，人懷必死之心，願全體犧牲，以作民族生存國家復興之代價，始終一貫，服從中央政府，保持氣節，以克盡軍人報國之天職，此外不知其他。余又敢

謂該軍不論恐如何侵犯我國土之強敵，決不畏懼，雖至數犧牲，亦決不離開京滬線上，余深信其他各軍亦都抱同樣的精神與志節，且爭願効命。中國物質科學，雖落人家，然地廣人衆，且係農業國家，只恃此民族精神，以死衛國土，自必能於長期奮鬥中，求得最後之勝利，故吾人務須發揮最高無上之犧牲精神，方能自救。中國本為愛和平之國家，苟世界尚有正義公道與國際公約的責任可言，則吾人亦無不樂從，蓋吾人為抵抗強暴而犧牲，正為正義公道與國際公約的責任，若國際間有此深刻認識，國民有此深刻覺悟，則吾人亦願以外交方式，求世界和平，使國際間知破壞世界和平之責任之誰屬也。

二十七戰鬥聲中外交消息：我外交部昨（二日）晚接美英法三國重要抗議，大要如下：一，中日雙方俱退若干，中立國實行派兵作緩衝。二，雙方不得增兵。三，雙方能提條件。四，依照華府條約解決一切，不得保留等語。又駐日江代辦電稱：「英美大使向日提出抗議，其內容：一，日軍行動軼出自衛範圍。二，公共租界關係各國利益，日軍作戰以租界為根據

地，各國僑民生命財產，瀕於危險，日應負責。三，日本應速取一切處置，使租界恢復常態。四，日空軍爆擊中國非戰鬥員，第三國不能緘默。」云云，又昨（二日）晚日海陸軍當局會晤，決定派遣陸軍本日提出閣議，政府亦予同意等語。據上所述，外交方面都表同情於我國，但野蠻的日本，總是目無國際，一意孤行，英美法國也屬無可奈何吧！

二月四日微雨帶雪甚寒　二十八，閘北方面的戰況：本（四）日為敵軍增援到達後，向我總攻的第一日。但是敵方步伐實很錯亂，似有劉老老吃合鴿蛋，無從下箸之勢。大約因鹽澤是海軍人才，不懂陸戰指揮，或其陸戰隊無能，不能用命。不然是因為頭一步給我軍打暈了，以後却成了挖肉補瘡而無整個指揮的計劃。閘北方面昨晚以來，甚為沉寂，於午前七時許，敵開始向我軍砲擊，初以子母彈向我陣地後方猛烈施行縱射，繼復以重砲向我陣地線的工事房屋轟擊，至九時砲火益密，我軍寶山路天通菴路一帶工事及所據房屋，被毀甚多，我方為避砲火無為的損害計，只得留少數士兵於最前線，以監視敵人行

勵，將大部控置於後方，待敵方砲火稍沉寂，又復回佔前方陣地，修理工事，抵抗敵人十一時許，敵兵大舉來攻，分由新民路虬江路寶通路寶興路天通菴路青雲路向我全線攻擊，八字橋方面，亦有敵百餘名來攻，但當時即行擊退。正午十二時，敵當兩軍激戰之際，利用鐵甲車機關槍的掩護，以步兵七八百人，分由寶山路寶興路橫浜路等處向我寶山路及天通菴路陣地拚死猛攻，我軍亦奮勇應戰，雙方血肉相搏，死傷甚大。戰至午後二時許，天通菴路的敵軍鐵甲車，被我鄧旅第六團士兵奮勇拚命，以肉身和鐵甲搏戰，卒以手溜彈炸燬其二輛，斃敵四五十名，其餘即狼狽潰退，同時寶山路方面之敵，亦被我第五團擊退，敵步兵進攻失敗，又以其飛機來轟炸我陣地，幷以機關槍燃燒彈射擊，焚燬我陣地附近的民房，敵之用意，似欲先行盡量破壞為我軍所利用的房屋，然後再圖進攻，所以稍為完全的房屋，皆成了敵人轟炸焚燒的目標。三時許，天通菴路的民房，焚燒至為慘烈，敵人且乘機向我衝鋒，我軍士兵冒着猛烈火焰，死守原來陣地，與敵激戰，卒因火勢過猛，房屋倒塌，以至我守兵大部被壓斃命，不得不把原來陣地暫行放棄，但不久亦即恢復。當天通菴

路激戰，我軍危急之際，敵人更以一部向我青雲路進攻，但亦卒被我軍擊退，且斃敵三四十名，六時我鄧旅第五團第三營開至閘北為旅預備隊，茲後全線戰事漸入沉寂，晚間我方仍嚴密戒備，并修復工事。

二十九，吳淞方面的戰況：我七十八師一五六旅（缺第六團）昨晚由閘北開吳淞增援，於本日（四日）午前一時許到達，此時吳淞要塞守備隊為一五六旅（缺第六團）并原有的要塞守備營，其佈防配備如下：一，第四團照原來配備，右自泗塘河大興橋起，沿蘊藻浜吳淞鎮黃浦江岸，左至砲台止，另派出一營佔領寶山城，并須右與吳淞炮台，左與獅子林砲台確實連絡。二，第五團除留第二營為旅預備隊外，餘即在泗塘河東岸構築工事為預備陣地。三，各砲台守兵則在原砲台固守。

午前十一時，由上海駛來敵艦十三艘，并商船一艘，先盤旋於黃浦口內外，包圍我吳淞砲台後，即一齊發砲向我砲台轟擊，我砲台守兵當即還砲應戰，翁旅第四團士兵，亦放追擊砲機關槍助戰，接近砲台的敵艦亦以機關槍對我沿岸守兵掃射，同時敵飛機二十

四架，亦飛到上空，投擲重量的炸彈；當時大砲聲炸彈聲機關槍聲隆隆不絕，江中的波浪水花和地上的煙塵高飛，有如翻天覆地，砲戰之烈，爲開戰以來所未曾有。激戰至午後一時，我砲台殆完全被毀壞，砲亦炸壞六門，要塞司令部參謀長滕祺之及副官兩員均陣亡，砲兵守備營官兵傷亡亦甚衆，其餘皆逃避一空，而敵艦之攻擊尚未稍止，且有乘機登陸之勢。我翁旅第四團乃派兵一部據守殘毀的砲台，用機關槍步槍死力制止敵人接近我砲台，雖在敵砲火猛烈下死傷相繼中，仍皆沈着堅守，不稍動搖，敵卒無法登陸。三時許，敵方砲擊暫停，不久敵飛機又來十二架，再投擲炸彈，至五時始飛去。而槍砲聲亦全停止。共計敵人開砲約五百發，投炸彈約百五十枚。

是晚無戰事，但我軍仍嚴密戒備，士兵除勤務外，全數皆星夜修築工事，并挖掘地窖，以構築掩蔽部。又不敢點燈講話，因敵艦五六艘在我砲台江面，不斷來往，偶有火光或聲響，必受其砲擊，所以全吳淞鎮雖有四千官兵，整夜的戒嚴備戰，毫未休息，也非常沉寂。熱鬧的市鎮，一變而爲冷悽的荒野。

三十　兩軍激戰中的敵情和我軍的調動：一、敵軍司令部開戰的初夜，即被我軍步兵衝到以後，又常受我軍砲擊，并恐受我義勇軍的威脅，所以屢屢秘密移動，初移至岳州路工部局造冰廠，再移至大連灣路皮鞋廠，現又移至外白渡橋東端禮查飯店。二、在滬敵軍各級幹部和紗廠經理等，昨日會議，決定滬事絕對不稍讓步，若與美英兵衝突時，則增兵，實行佔領上海租界全部，并電請其政府採納。三、敵軍已更換軍司令官并決再增兵一師來滬，但因欲欺騙國際和其國民的關係，大部皆祕密登船，日內即開上海。

我軍因敵方猛烈進攻，且不斷增兵，今日已將六十一師集中南翔，（只第一團梁世驥部仍在鎮江警備，須待友軍接防後，始開來前線。）中央砲兵一排，今晨由京抵真茹，八十八師俞濟時部由浙調蘇州，今日已先到一團，又憲兵第六團調南市龍華接一五五旅第一團防中山路防務，由七十八師派一團接替，餘無變動。

二月五日陰寒　三十一、閘北方面的戰況：昨晚以來，敵方不時向我軍炮擊，但前線

步兵無甚動作，至本（五）日午前一時許，敵忽向我攻擊，而天通菴路第六團二營的陣地戰鬥，尤為激烈。戰鬥約一小時，卽將敵擊退，前線暫歸沉寂。至七時，敵仍以飛機大砲轟擊我陣地，及附近一帶的房屋，凡稍完整的殆無幸免。火炎四起，敵又乘機先向我天通菴路青雲路陣地進攻，同時八字橋方面，亦有敵兵三四百名利用飛機大砲掩護，拼名進攻，戰鬥極烈。八時，敵更向我全線攻擊，來勢比較昨日尤猛。似有背城借一，勢在必得之勢。新民路虬江路寶山路橫浜橋天通菴路青雲路八字橋各處，皆有激戰，敵我兩方死傷甚大，寶山路之新民路虬江路兩路口，因受敵方據高樓的瞰射，死傷過半，屢瀕危急，卒以預備隊增加，挽回戰局，斃敵七八十名。且在虬江路口炸燬鐵甲車一架，至十一時，敵卽潰退，八字橋方面，我軍與敵苦戰四時，敵人傷亡過百，亦於十一時潰退，但我軍亦屢危急萬分，且陣亡機關槍連長岳喜慶一員。至天通菴青雲路及寶山路橫浜橋一帶來攻的敵人，雖亦於十一時許潰退去了，但至下午一時，敵人又大舉來攻，尤於青雲路口與寶興路的橫浜橋敵方攻擊最為猛烈，但當激戰之際，我軍以一部向敵包抄側擊，更斃敵百餘名，繳槍八十

餘枝，敵遂全部潰退，至四時戰鬥稍息。但敵方飛機仍繼續向我陣地轟炸，五時以後，漸歸沉寂。

七時，六十師第五團（缺第二營）開到閘北中興路，歸回建制。又小炮連亦同時到達，歸鄧旅長志才指揮。因兩日的激戰，我方死傷甚大，尤以第四團三營較甚。即晚以第五團第三營接替該營在寶興路橫浜橋一帶防務，而小炮連則使其在共和路附近佔領陣地，向敵炮擊。

六十師部隊除一一九旅集中大場，并派出第二團進至楊家樓下任八字橋，至江灣之警戒和一二〇旅（缺一營）連絡任閘北防守，另派一部至小川沙瀏河警戒外，其餘各部隊及歸其指揮的中央炮兵排，皆隨師駐唐家橋附近。

附譯日文報每日新聞一段，足見敵慘敗之一般：

五日晨我軍（指日軍以下相同）決行總攻擊以來，為空前未有之大激戰，敵軍死力反抗，我軍雖猛力發炮，然彼竟東衝西撲，致我軍不易進展，未幾敵軍（我軍）

以迫擊炮轟擊日軍，致我軍慘遭未曾有之慘敗（照日文直譯。）第〇隊市川中隊與池田小隊，因在最前線，損失甚大。池田小隊長亦受重創，所有兵員三分之二死傷，瀕於全滅（照日文直譯。）其他第〇隊自午前六時進擊至七點二十三分，敵軍（我軍）抵抗猶爲頑強，柳營路之敵部隊，向我軍（日軍）不時擾亂，致我軍無暇進食，寶樂安路附近，橫須賀戰車隊二曹小園榮藏氏，爲手溜彈所傷，中隊長磐田惠助彈穿胸腹，均有生命之變。

三十二，吳淞方面的戰況：敵人於三日前攻我吳淞的時候，曾有三日內佔領的誇口，本（五）日可要期滿了，且炮台已經全毀，原有官兵全逃，我們料想敵人必大舉拚命再來進攻，非常担心，但事實適得其反，僅於午前十時，敵飛機四架，十二時，又來六架，飛至我吳淞鎮陣地，共投擲炸彈三十餘枚，幷放機關槍射擊我警戒兵，被我擊落一架，旋即飛去，而敵艦五艘，時出入於黃浦江口，向我共開炮約五十發，我方僅傷士兵三名而已。

又軍政部今日改委七十八師副師長譚啓秀爲吳淞要塞司令。

三十三，大戰中的我空軍消息：戰鬥開始後，我空軍因政府冀望和平的關係，牽延多日，未加入作戰，今日午前九時，我中央飛機第六第七兩隊，由京到滬，在閘北初次與敵機戰鬥，但因較敵劣勢，未能發現威力，且因外交關係，未曾攜帶炸彈殺敵，我軍作戰，如此不徹底，眞是怪象！茲錄空軍將領黃秉衡沈德燮等微電如下：

（銜略）東北事變，數月於茲，三省之失地未收，淞滬之慘劇繼演，公理淪胥，舉世憤慨，我空軍繫國民屬望之殷，將士抱敵愾同仇之忱，爲國死難，夙具決心，磨厲枕戈，匪伊朝夕，祗以政府負重，冀望和平，以致忍辱牽延，求死不得，茲者領空領土，橫被摧殘，寇燄益張，國亡無日，秉衡等防空有責，誓抗強梁，爰用集結，以圖自衛，海枯石爛，此志不渝，凡我國人，幸垂鑒察云。

又今日午前十一時許，當閘北激戰之際，敵飛機十餘架，飛至眞茹車站及我十九路軍總指揮部上空投擲炸彈，我中央小炮連在車站被炸死傷二十三人，但敵機亦被我擊落一架，死海空軍大尉矢部讓五郎等三人。

三十四，本（五）日敵軍和我軍的情況：本日（五日）敵軍由特務艦宮間號運輸艦易達號運到日本所謂最精銳的特別陸戰隊約二千名，炮約二十門，幷槍礮等千餘箱，在匯山碼頭登陸，又小艦保津號泊三井新碼頭，驅逐艦兩艘泊二十一，二十二號浮筒。晚另有敵軍約三千人在張華浜秘密登陸。

我軍六十一師的第一團梁世驥部，今日由鎮江開抵南翔，歸回建制。一二二旅（缺一團）開嘉定羅店，幷派一部至瀏河小川沙接一一九旅警戒。又八十八師今日集中蘇州，仙調一團到鎮江警戒，餘無變動。

二月六日晴寒　三十五，閘北方面的戰況：昨晚以來，前線步兵甚沉寂，只敵我兩方砲兵互行炮擊，拂曉後，敵仍以飛機大炮向我陣地轟擊，幷用燃燒彈燬我民房，午前九時許，我八字橋防線的牛皮廠被焚燬，至午前十時許，敵步兵又分向我虬江路及寶山路的橫浜橋青雲路中山路一帶進攻，每路有步兵百餘，鐵甲車數輛。而天通菴路至中山路陣

地戰鬥最烈，雖斃敵數十名，於十二時許將敵擊退，但我軍亦陣亡連長艾賀彬一員，及傷亡官兵數十人。八字橋方面，亦同時有鐵甲車四輛，步兵三百餘人來攻，激戰至烈，幾經危急，我軍且陣亡連附丁子堅一員，傷亡士兵三十人，至午後二時許，斃敵百餘，敵又退去，午後六時，我寶山路的橫浜橋陣地因着敵彈燃燒甚烈，因撤回至第二線防守。至九時則仍佔回原陣地，至十一時許，我軍全綫各以一部向敵攻擊。炮兵連放砲協助，敵倉惶應戰，死傷甚多。虬江路天通菴路之敵，且紛紛潰退，可惜我軍非整個計劃的反攻，而未曾跟蹤追擊。

三十六，吳淞方面的戰況：本（六）日吳淞方面亦無戰事，惟有敵飛機五六架，戰艦四艘，不斷往來偵察，但我軍則乘機得以休息，或築工，或掘地窖，作掩敝部。而獅子林砲台於午前十一時，有敵飛機六架，投擲炸彈轟擊，傷我官兵二十餘人，又吳淞口今日泊有英艦二艘，美艦一艘。

三十七，本（六）日敵軍和我軍的情況：敵軍屢敗，其政府另委野村吉三郎中將爲第

三艦隊司令，乘旗艦出雲號今日抵滬，主持上海方面的軍事，其新委陸戰隊指揮官植松鉢磨亦乘龍田同時抵滬，以代鮫島，今早七時，敵特別陸戰隊一千餘名在匯山碼頭登陸，後又到一艦，靠三井碼頭，內載陸戰隊一千餘名，槍砲彈六七百箱，即時登陸前在禮查飯店的司令部，現移駐吳淞路日人上海銀行內。滬江大學運動場及楊樹浦黎平路西之空地，均由敵人改築爲飛機場。又得確報，知敵決派陸軍一師來滬，幷擬在吳淞劉河方面登陸。

敵情如此，我軍情況如何呢？茲錄當日（六日）汪院長馮玉祥李濟琛朱培德及陳部長致十九路軍兩電如下：

（銜略）十九路軍將士，連日苦戰，克保疆土，勞苦卓絕，至深感慰軍事委員會支電計達，現闡日本目的，在急於攻佔閘北，此著關係重大，蓋上海一隅，不僅中國所繫，亦世界視聽所繫，吾人犧牲愈烈，則效果愈大，務望激勵將士固守原防，不可輕讓尺寸。現在各路援軍關趕不至，貴軍陷於孤立無援之境，尚新繼續努力，以獲最後之勝

利，是所切望，弟等本日已抵浦鎮與敬之真茹諸兄晤商一切等語。

（銜略）徽申電悉，英美已願自動強迫日軍出租界，希望我方不派飛機交戰，可照辦，并囑羅部長向英美方面表示好意矣。查我飛機能與敵作戰者，僅驅逐機○架，非廣東方面驅逐機加入，亦不易再行冒險，日寇志在攻佔閘北，我軍須死守，不輕讓寸土，蓋近租界，愈持久則效果愈大也。若日陸軍來壓迫我左翼，警衛軍正在增援，可無慮也。昨并飛電贛豫兩省，抽調勁旅來助等語。

據上電看來，我軍應萬無一失，可惜事實上不盡如此，終給敵人便宜的佔了上海，殊屬我國最痛心的事！

二月七日陰雨帶雪　三十八，閘北方面戰況：四日敵人再向我軍總攻以來，絕未得我尺寸土地，屢攻屢敗，徒招死傷，其用飛機大砲炸擊，焚燒的毒計，卻因為我十九路軍的勇敢沉着，善於防禦，絕不為其所搖動，至其步兵進攻，則損害尤大，而絕不能成功。大凡新

的敵人最初加入作戰的部隊，因爲不知道我軍的利益，總是傻頭傻腦的衝來，當敵兵在遠距離的時候，我士兵照例是不放槍的，及到接近我陣地附近，我軍出其不意，突然快放起來，在很短的時間內，給敵兵以很大的死傷，於是那些毫無經驗蠢豬似的敵兵，有的是叫苦連天，有的大驚失色，狼狽潰退回去了，及後吃虧愈多的敵兵，愈是談虎色變，不敢向我軍進攻，因爲他們是絕對不能衝破我軍的防綫，他們愈接近我軍的陣地，損害必愈大，生還的希望亦愈少，然而多吃虧一次，即多學乖一次，也是日本人的特長。所以敵人因連日所得教訓之關係，故今天不從閘北來進攻，而似移其主力轉向江灣吳淞了。因此，閘北方面，今天無甚戰事。

午前九時起，敵來飛機五六架，向我閘北一帶陣地投擲炸彈，我軍微有死傷，至午後二時許，敵又向我軍砲擊，且以步兵數百人向我中山路一帶陣地戰鬥，較爲激烈，至八字橋一帶陣地，因自五日以來不斷受敵人猛攻，我第六團第三營損傷甚，今晨四時即調由一一九旅第二團派第一營接防，此因我軍亦認定這處是敵我兩軍必爭之地，且防敵

從此處威脅我閘北陣地之側背，從兵力配備適當計，特以八字橋歸入一一九旅第一團担任，自午前九時起敵步兵即利用其飛機大砲掩護下，向我八字橋一帶陣地猛攻，且有一部約二三百人遷迴我橋之左翼，我軍以逸待勞，當敵人飛機大炮正在轟擊的時候，官兵都是躲在掩蔽部內，絲毫不動，及至敵人步兵來了，則利用在最近距離殲滅之法以抵抗。激戰六七時，斃敵二百餘人，敵兵又大敗，退回去了。午後四時以後，因下大雪，天氣驟寒，敵方飛機已不能活動，大砲亦停，步兵已沉寂，晚間閘北八字橋俱無戰事。

三十九，吳淞方面戰況：當三四日敵人攻我吳淞的時候，我軍部隊的大部除勤務外，多住在民房，敵人重量的飛機炸彈炸落一個，足使全座房屋倒塌，震動所及，鄰近的屋宇亦多因之傾倒。守備吳淞部隊，全部時時皆有滅亡的可能，惟期敵人飛機不來，炸彈不落，還有一條生路。因責任所在，又不能退走，在這樣狀況之下，人人只有等死罷了。自是以後，經過這個大教訓，我軍知道了房屋是絕對靠不住的，乃立刻挖掘地窖，以作掩蔽部，最先士兵是每班挖一個，及後時間愈長，則每四人或六人挖一個。各個間至少離開五米達以

外的間隔，五六兩日幸得敵人不進攻，多得上海各熱心的民衆團體送到五六百塊大鋼板，我軍在兩日之內，把掩護部築好。當敵人以彈炸轟炸的時候，因為炸力是斜向上的關係，我軍在地窖掩蔽部內絕不受什麼損害，即是恰恰把掩蔽部炸中了，亦不過死傷數人，躲在鄰近掩蔽部的，也不至受損害。

附記：陣地掩蔽部的構築，最要利用地物，如在室內樹下，或土丘等，最好使炸彈在上方爆炸，則其破片的侵徹力不至很大，若在掩蔽部上直接爆炸，則在普通地面有穿至三四米達多深的，即被炸中的掩蔽部，雖有鋼板并加二三米達的泥土，其抗力亦必不夠。但在室內掘構掩蔽部時，要注意到如房屋傾倒時，可以支持，又凡為避敵炸彈而築的掩蔽部，必須對敵方向，而左右開門，如有一門被炸封鎖時，可由他門逃出，且門口通路，須有轉灣，以防炸彈破片的直接飛入掩蔽部內。

敵軍攻佔吳淞，諜報係日海軍最高主腦部決定的計劃，但亦在我軍意料中。自五日

晚，敵有三千餘人在張華浜登陸後，昨日以來，無甚特別情況。今日（七日）拂曉，張華浜車站附近發現敵鐵甲車六輛，並有兵馬車輛的噪雜聲音，我軍當即嚴密監視戒備，翁旅幷以第五團之一營進入泗塘河陣地，以防敵人偷渡蘊藻浜上游，包抄我軍。午前八時，敵飛機四十餘架，突來我吳淞上空盤旋，幷投擲重量炸彈約有百枚，同時敵艦二十四艘在黃浦江張華浜碼頭附近及吳淞口之夾水等處，向我吳淞全線陣地轟擊，而張華浜站附近亦發現敵重砲約十門，幷野戰砲約三十門，向我吳淞鎮及其南蘊藻浜鐵橋一帶的陣地集中火力，猛烈轟擊，所有民房商店，或棟拆椽崩，或火焰四起，吳淞全鎮有如火山爆發，大地震烈，眞是昏天黑地，倒海翻江，其恐怖悽慘狀況，難以形容。而敵飛機的俯瞰注視，往來活動，絕不因天下雨雪而稍停，尤令我軍難以躲避，無法應付。且張華浜之敵鐵甲車，幷步兵二千餘人，亦同時向我蘊藻浜站第四團第八連前哨陣地進攻甚烈，該連連長趙金聲勇敢沉着，督率所部，依據工事，死力抗敵相持約一小時之久，該連亦死傷過半，比敵衆寡懸殊，勢難支持，且敵從兩方包抄，將有全連覆沒之危。趙連長即率殘部四十餘人向後移

動，擬退至蘊藻浜北岸本陣地抵抗，敵人乘勝猛進，由軍工路蜂擁而至，滿以爲我軍大敗，吳淞隨手可得了。但當趙連長退到鐵橋南端時，忽奉命要在原地抵抗，無命不准撤回，但事實上敵人大部已跟踪到達，再無法回復原有前哨陣地，然忠勇的趙連長亦認爲命令所在，只有絕對服從，所以以必死的決心，遂率同餘部，從車站東端繞出車站南端的民房，用機關槍向軍工路之敵突然掃射，將敵截爲兩段，而滿路死傷枕籍，紛亂萬狀，後截之敵，自然停止前進，紛向我軍還槍射擊，但前截之敵進至鐵橋南端附近者，因受我本陣地士兵的猛烈射擊，死傷至多；且同時聞後方槍聲大作，又以爲是中伏，遂像「馬鹿」的樣兒，紛向後潰退，那時在後截的敵兵見前截的敵兵潰退回去，狼狽不堪的形狀，更是莫名其妙，以爲大中華民國的神兵必然又從天而降，大舉反攻了。於是有的是下意識的亦紛向後潰退，有的是不管七二十一，把槍亂放，不特無一槍打着我軍，反把他自己的官兵打得尸橫遍地，結果敵方死傷約五六百人，全向張華浜自行潰退回去。我軍趙連長金聲遂率餘部仍守原陣地，後來英美報紙皆稱贊我軍以三四十人打退日軍二千餘衆，即是此

役。敵步兵退後，砲兵飛機仍繼續向我陣地轟炸，所有工事，悉被破壞殆盡，而第五團第六連有士兵一排，在吳淞鎮東北端的戰壕中，受敵砲彈和炸彈的炸擊，全被活埋，槍械尸骨，均無從收獲。現代火器進步如此，戰爭的殘酷，卽此足見一斑。又第五團第三營長梁文在鐵橋頭附近指揮，有一牆爲炸彈所中倒塌，該營長卽被生埋於瓦礫堆中。後經多人挖救，始慶生還，亦屬萬幸。

午後六時後，敵飛機活動漸少，砲聲亦稍停，敵艦亦多他去，血戰竟日，敵放砲約三四千發，投擲炸彈約二百枚，但我軍只第四團死傷官兵八十八人，此全係多築地窖掩蔽部之功效，因當敵飛關大砲轟炸時，我軍兵士全數躲在掩蔽部內，只留最少數人對敵監視多，戒而已。晚間敵殘部仍麕集張華浜一帶，黃浦江面有敵艦六艘停泊，且附有舢板艇頗警似有捲土重來，企圖登陸之模樣。我軍仍嚴密戒備，并修復被破壞的工事，在蘊藻浜的前哨連趙金聲部則退回蘊藻浜的本陣地。并將蘊藻浜橋梁破壞，以圖死守吳淞。

四十，敵軍和我軍的情況：敵軍在閘北迭戰皆敗北，今日已將其攻擊重心轉移到吳

淞方面，極端發揚其飛機大砲的威力，欲由蘊藻浜方面進攻吳淞，由八字橋方面包抄閘北。諜報知係野村遵守其海軍主腦部決定計劃，且欲以海軍單獨的力量，在今日內攻佔成功（某領事云日軍亦如此誇稱。）日政府因海軍再三敗北，已實行增派陸軍來滬，其增援兵力今晨在匯山碼頭登岸者，約四千八，有馬四百匹，砲四十門，鐵甲車坦克車四輛，分向張華浜方面開動，圖攻佔吳淞、下午三時，在張華浜鐵路碼頭登陸者約有三千八，據報係久留米混成旅，其旅長爲下元熊彌，大部駐公大紗廠，一部則至蘊藻浜方面協同陸戰隊作戰。又確報日僑自開戰以來，其最活動的團體，爲在鄉軍人和浪人青年團等合組的『吳友團』，內分輸送，偵探，便衣等組，且時買通我國無知窮人，以作漢奸，利用之以作助敵爲虐，爲虎作倀的工作。

我軍因敵方不斷增援進攻，今日調動情形如下：一，八十七師二六一旅宋希濂部，今日午前全部集中崑山，自我軍與日軍開戰以來，我國軍人大多都能敵愾同仇，欲開到上海以與敵決戰，尤以宋旅長希濂所部最爲憤激。二十九日而後，卽連日請纓開援，以至全

體官長簽字，派員請求陸軍部，下令准予出發，大有不聽命令自動出發參戰之勢。全旅官兵愛國激昂，誓死殺敵的氣慨，可謂比任何各部都要壯烈。茲節錄其到崑山後宋旅長呈蔣總指揮的報告一段，略云：『職部此次奉令歸鈞部指揮，全體官兵均異常歡躍。緣職旅早具與日寇肉搏之決心，以後聽憑鈞座如何使用，誓當絕對服從，幷盼能被派遣於與敵直接決戰之地作戰，以償宿願』等語。足見我宋旅官兵的犧牲愛國精神，假使全國軍隊皆能如宋旅的團結一心，不顧一切，相繼而起，以與敵軍抵抗，恐敵軍不特不能得志於淞滬，即東北亦不難恢復了。二八，十八師（缺一團）今日移進至南翔王廟，獨立旅之二團今日集中虹橋。

又兩三日來，英美各領事在滬及其公使在京進行調停甚力，日使亦屢表示欲速停戰，但我軍事外交當局今日與英領事等晤面磋商，毫無結果。

四十一，我軍的作戰計劃：自一二八夜開戰至今日，日軍的戰鬥完全是七亂八糟，絕無秩序，如同一個癲狗，毫無理性，見着了人就向人這裏咬一口，那裏咬一口似的。我軍看

透了敵軍的無能，也自然是隨便些沒有定出整個的作戰計劃，現在敵方已不斷進攻，不斷增援後續部隊源源而來，我軍除十九路軍外，已集中前方的部隊且有八十八師（缺一團）八十七師宋旅，王賡旅及憲兵第六團等部，因決定作戰計劃，概要如下：

第一，方針：本軍以固守淞滬，抵抗暴日之目的，決以一部分派於閘北，江灣，吳淞，及龍華，南市三地區，各死守之。主力則集結於南翔鐵道以東至眞茹大場楊家行地區，以待機反攻，殲滅敵人。

第二，指導要領：一，我軍以能固守閘北至江灣之綫，及吳淞要塞兩地區，使敵主力在江灣至蘊藻浜之地區，與我軍決戰最爲不利。二，江灣必爲兩軍戰爭焦點，我軍須派強固部隊，構築強固工事，以死守之。三，敵若以主力攻吳淞要塞時，我軍應由楊家行（敵渡蘊藻浜後）或由廟行鎮（敵未渡蘊藻浜前）方面側擊敵之側背，或共同夾擊之。如吳淞受敵攻破，我軍則以全力反攻殲滅之。四，敵若仍以主力專攻閘北時，我軍應沉着死守，待機出擊反攻。五，敵若以一部分攻我閘北吳淞，而以主力進出於江灣

瀏藻浜之間時我軍即在該地區內與敵決戰，以圖殲滅之。六，我軍行動及戰鬥，以利用夜間為有利，兵力配備宜力求縱深，最前綫兵力尤須單薄，散兵壕須用數綫的重疊構築，且宜多利用地形，力求與原地一致，勿連成一綫。

第三，兵力部署：一，王賡獨立旅（計二團）及憲兵團担任南市龍華虹橋北新涇（在內的守備。二，七十八師主力控置於眞茹附近，且担任北新涇至眞茹車站的警戒，以翁旅（缺一團）死守吳淞寶山。三，六十師担任閘北至江灣的守備。四，六十一師以一部控置於楊家行，主力集結於大場劉家行間。五，八十八師（計三團）及八十七師宋旅（計二團）控置於南翔嘉定間作總預備隊，但須派出一部至羅店瀏河小川沙任警戒，并須拒止敵人在該方面登陸。第五以下略之。

以上計劃，雖屬完善，但我軍此時兵力已經集中，較敵甚優勢。又據諜報，知敵人日間續有陸軍增援，我軍可不於此時積極的實行反攻，以殲敵人，佔先制之利，不能不算軍事上的錯誤。但在外交方面，此時仍偏重於主和停戰，軍事當局也只好照樣做去！

是日十九路總部下達各部隊命令要旨，同上第三兵力部署，

二月八日陰雨　四十二，閘北方面戰況：是日微雨紛紛，天色朦朧，敵人飛機冒雨飛行，並投擲炸彈正午十二時起，更投擲重量的炸彈，幷向我青雲路八字橋一帶陣地猛烈砲擊，附近民房被毀甚多。我第六團士兵被房屋倒壓及炸彈炮彈的轟炸，死傷甚大。同時八字橋方面且有敵鐵甲車數輛步兵約千八，向我猛攻，戰激三時餘，至五時許，炮聲漸息，敵步兵又分向我虬江路及寶山路橫浜橋青雲路八字橋陣地攻擊，八字橋方面較爲激烈，但戰至七時，敵死傷百餘人，即各退走。但我軍死傷亦大，虬江路當激戰時，我第四團陣亡營附任澤林一員。至晚十一時，敵復向我全綫猛攻，中山路方面，敵且有鐵甲車數輛，來勢尤兇，但夜戰本屬我軍所長，士兵更見沉着。敵雖反覆衝鋒多次，終因大受損失，不得不潰退回去。又本日午後，當敵向我猛烈砲攻之際，屈家橋附近發現敵二三百人對我江灣警戒，敵軍日增，戰區似有漸向江灣方面擴大之勢。

四十三，六十師在閘北至江灣之綫的防禦部署：該師遵照總指揮命令，即於本（八）日更下達佈防命令，要旨如下：

一，一二○旅附第一團及山砲連小砲連，固守右自新閘橋起，亘北站寶山路青雲路，左至八字橋之綫。

二，一一九旅缺（第一團）應以一部佔領八字橋（在內）亘兩傘店楊家樓下至江灣之綫。主力應控置於劉家宅俞家宅附近，但八字橋江灣須各派一營固守之

三，工兵營應以一連歸鄧旅長，其餘歸劉旅長指揮工作。

四，野砲連應在八字橋江灣楊家樓下附近選擇能對虹口公園劉家橋屈字橋一帶射擊之陣地。

右令下達後，各部皆遵命於今晚十二時前，配備完妥，各陣地工事，亦於今晚成。

四十四，滬淞方面戰況：昨晚以來，情況十分緊張，敵人步兵進至藴藻浜南岸，與我陣地守兵隔河對峙，無情的砲彈不時飛來，我軍方面不敢點火，不敢大聲說話，更不能安撫

綫電機，稍有違犯，敵人砲彈必集中射來。聞敵方砲兵有測音機，能測我軍發聲地點的方向和遠近，所以能於夜間射擊，精確命中。午前六時起，敵以鐵甲車數輛，飛機二十餘架，兵艦六艘，掩護步兵千餘，向我大興橋至吳淞鎮一帶陣地進攻，激戰至九時，始被擊退。自後敵飛機兵艦，竟日監視，時向我陣地轟擊。又午前八時許，當敵向我猛攻之際，敵艦四艘，載兵千餘，在張華浜登陸，向楊家行方面前進，午後三時，有敵兵百餘名，到蘊紀家橋，似有繞攻我吳淞之企圖。是日吳淞方面我軍陣傷官兵二十三員名，亡士兵五十三名，陣亡的士兵，因被敵炸彈砲彈炸擊，屍身多不完全，甚有全身飛散，而不知下落之處的！

四十五，七十八師部隊的部署：該師遵照總指揮命令，即再決定其部署，并下命令要旨如下：

一，一五五旅將虹橋北新涇之防務移交古團外，集結於眞茹附近，但須派一團任北新涇至眞茹間的警戒。

二，一五六旅（缺張團）死守吳淞，但張團則任眞茹站至大場間的警戒。

三，其餘直屬隊在原地待命。

右令下達後，全師皆於今晚前佈置完畢。但翁旅以三千之衆，死守完全破毀的砲台，幷在敵人陸海空軍四面包圍中，其任務殊屬困難。此時只有盡能力所及，準備一切，以圖抗拒強敵而已。其準備要事如下：一，加強工事，多築掩蔽部及交通溝；二，利用房屋，多做據點，以備各自爲戰；三，每兵補足子彈五百顆，手溜彈四枚，糧食盡量準備，

四十六、六十一師的部署：該師奉命後，其部署大要如下：

一，一二一旅集中大場，幷派出一團至江灣任搜索警戒。

二，一二二旅集中劉家行，但以一團在羅店警戒瀏河小川沙，又對楊家行胡家莊方面，應派出一部任搜索警戒。

三，師部及其餘直屬各部隊，集中大場附近。

右部署師部及一二一旅於本（八）日拂曉前到達大場，其派出江灣之第一團，於午後十一時到達該處，一二二旅仍在羅店瀏河一帶，未移動。

四十七，歸十九路軍指揮各部隊的部署：各部隊奉命後的部署如下：

一，憲兵第六團（缺一營）仍任南市龍華的守備。

二，王旅古鼎華團任虹橋北新涇間警戒，本（八）日拂曉前接防完畢；餘集結於虹橋附近。

三，八十七師本（八）日進至江橋。

四，八十八師仍在南翔。

四十八，敵軍方面的情況：本（八）日早晨敵陸軍在楊樹浦匯山碼頭登陸者，約四千人，有鐵甲車十輛，坦克車四輛，野砲八門，砲彈百餘箱，俱向軍工路方面進去。另有野砲八門，砲彈二百箱，用駁艇過江，向浦東搬運，似運吳淞對岸。諜報日本決定向滬增兵，其部隊為金澤第九師全部，及久留米十二師之混成旅約共二萬人；久留米混成旅，昨今兩日已先後達到。又日使重光力請日政府對於增兵事，應暫行嚴守祕密，深懼消息一經宣佈，我軍方面必即行總攻，恐增援未到以前，其陸戰隊將有全軍覆沒之虞。

綜各方情報計敵軍抵滬兵力約爲二萬四千八，但敵人詭計百出，其部隊到滬時頗守祕密，或以多報少，或以少亂多，並有時揚言某碼頭登陸若干，實際則另以艦艇運到他碼頭登陸，以圖欺騙我方耳目。且時多在深夜祕密登陸，故敵兵確數，甚難調查。但以連日戰況推測，敵方兵力無論如何，必較我軍劣勢，實毫無可疑的。我軍此時已集中的兵力，約有三萬人，實爲反攻最良好的一個機會。又明知敵軍增援，日間必繼續到達，陳部長今日致蔣總指揮等電亦云：「鄙見遲早總須決戰，愈遲於我愈不利，兄等當機立斷可也」。但政府方面，又因爲各種關係，仍希望和平了結，即時反攻的主張，未能貫徹，殊屬可惜。

二月九日陰　四十九，閘北八字橋江灣方面的戰況：是日無大戰，惟午前九時起，敵飛機大砲不斷向我寶興路天通菴路青雲路至八字橋陣地轟炸甚烈。正午十二時，且有步兵數百人，向我八字橋陣地進攻，激戰至午後二時，敵又以一部企圖向我八字橋左翼包抄，均經我軍擊潰。但至三時敵以鐵甲車二輛及步兵數百由江灣東向我一一九旅陣

地進攻，激戰半小時即將該敵擊退，而我軍方面陣亡連長熊耀章一員，及傷亡士兵十餘人。

又本日午前十一時，我六十一師第一團梁世驥部，由江灣派出搜索屈家橋之第七連，在該處先驅逐敵之便衣隊後，與敵陸隊約千人及坦克車三輛激戰，虹口公園之敵破且向我屈家橋猛擊，該團再命第三營長古煌率兵一連機關槍一連去增加，戰至午後四時，當場擊斃敵人約四十名，敵即向虹口公園方面潰退，但我軍亦死傷士兵七十員名。六時遂撤回江灣陣地。而集結於張華浜之敵所派出的警戒部隊，於午前十時在東唐家橋肇家浜與我軍梁團搜索隊略有接觸，晚前綫甚沉寂，但夜十二時起，敵向我八字橋轟擊，甚烈。

五十，吳淞方面的戰況：本（九）日無甚戰事，惟自午前九時起，時有敵飛機來偵察，并開機關槍或投擲炸彈，泊黃浦江的敵艦，亦時開砲向我吳淞鎮及各陣地村莊轟擊，終日無論軍民駐地，凡有烟火燈光之處，砲彈紛飛而至。各部隊早飯提前，晚飯延後，白日只吃

乾糧而已。是日我軍共傷亡士兵十七名。晚間甚沈寂，但敵兵蝟集於蘊藻浜南岸，與我軍嚴重對峙，又是晚我軍增加地雷隊一排，歸翁旅長指揮。

五十一，敵軍和我軍情況：敵軍方面已抵滬之陸軍爲第十二師之步兵第二十四旅，係日軍最善戰者，其編制爲步兵兩團又一營，幷砲兵隊，工兵隊，戰車隊，騎兵隊，輜重兵隊，各一部，人數約七千名。敵軍的攻擊部隊，閘北方面，以陸戰隊任之，其指揮爲植松，指揮部設江灣陸戰隊本部。吳淞方面，由新到陸軍混成旅任之，其旅司令部設軍工路水電廠附近。又敵海軍第三艦隊司令部，設在日領事館前停泊之出雲旗艦。但野村常駐禮查飯店。又今日午後三時，敵兵艦夕張號試用煙幕彈，想係準備攻擊我軍時使用。

我軍方面，則京滬兩方還是不斷的進行和平運動。此全係中敵方增兵未到齊前的詭計。試節錄陳部長銘樞本日致蔣總指揮等電文曰：『日艦向我警告，如江北調兵渡江，即礮擊，我調胡宗南梁冠英兩部，各設法祕密渡江，恐難達到，不必懸望。估計倭寇兩師，以我現在陣地兵力，與決死戰，有勝算否；若退後另擇陣地又如何？敬之將就此兩點電請兄

等決奪。……人心已死，吾儕只有認定爲民族光榮，而完成本軍之使命耳」等語，足見我軍自今而後要陷於困難的地位了！

二月十日晴　五十二，閘北八字橋江灣方面的戰況：昨晚以來，敵向我八字橋砲擊，至本（十）日午前一時，始稍停息。至七時，敵機數架，向閘北八字橋江灣一帶陣地轟炸。八時復向我閘北及八字橋陣地砲擊，我方官兵均沉着固守，不爲所動。十時砲聲稍息，飛機又聯翩飛來，偵察甚久而去。此因我軍連日被炸，損傷甚大，現在各掩蔽部，均已構築完妥且官兵均有戒心，敵飛機來時，大家都逃避到掩蔽部內，敵飛機在上絕不容易看見我軍一人，且閘北一帶皆已被炸，焚燬崩壞，殆將完盡。現在敵步兵對閘北方面，又未正式進攻，故敵飛機來時，也有不放炸彈就飛去的。午後二時，敵飛機又向我青雲路八字橋一帶投擲炸彈，幷猛烈炮擊，步兵亦同時進攻，戰約二時始將敵擊退。晚間無甚戰爭。是日我方陣亡第一團第一營營長陳正倫一員，及傷亡官兵三十餘人。

六十一師張勵旅在江灣之第一團，今日調水車頭任嚴家橋竹園墩廟行鎮的守備。另調第三團第一營守江灣，并歸第一團指揮之。而江灣方面是日無甚情況。

五十三，吳淞方面戰況本（十）日吳淞亦無戰爭，午前九時至三時，有敵飛機三架時來偵察，并以機關槍向我沿河一帶陣地掃射，又敵兵艦三艘，時來往於黃浦江中，向我開砲二十餘發，我方傷亡士兵十名。

六十一師張炎旅第六團今日進至楊家行，并派出一部在胡家莊紀家橋曹家橋沿蘊藻浜北岸警戒，而吳淞後方更為鞏固。

五十四，敵軍和我軍的情況：敵軍吳淞方面陸戰隊與陸軍交代，昨（九）晚完畢，敵陸軍在該方面有野砲三十六門，陣地在水電廠附近，山砲十八門，陣地在張華浜碼頭棧房附近。陸上飛機十二架，在滬江大學附近。軍工路水電廠及遠東運動場內，均有敵飛機場。又敵憲兵已到滬約五十名，專任偵查間諜及制止其浪人強盜行為等工作。晚續到日憲兵約千名，在匯山碼頭登陸，入駐公大紗廠，另有長崎來苦力五百名到滬服務，敵國工

人，渡萬里重洋，來為其國家服戰事勤務；我國窮人卻甘作漢奸，反為敵人所利用，做敵人偵探苦工等工作，兩兩相比，眞可痛心極了！

我軍自和敵開戰以來，死傷已逾千餘人，尤以受敵飛機大砲損失為最多。只以步兵長與敵陸海空軍爭持，殊屬可慮。而最前綫部隊，多係日間與敵戰鬥，夜間修築工事，絕不能休息，尤為艱苦。然此益足見我軍忠勇愛國的精神。茲抄錄蔣總指揮致汪院長陳部長蔣馮李委員灰晨電云：『敵連日機羣大砲，轟吳淞，房屋，砲台，樹木，毀掃已盡，無所憑依。閘北一帶，炸焚殆盡，敵屢以鐵甲車羣，分路來攻，我軍雖死守陣地，唯有肉搏相持。十日以來，我傷亡逾千，甚屬困難，吳淞尤危。敵增兵已到，大戰在即，誓拚犧牲，與敵一決！』足見我十九路軍蔣總指揮等當日的大決心，絕未因困難而稍懈。又因何部長電令『我軍為避免敵兵艦大砲及防敵利用租界起見，應擇定抵抗之本陣地，除現在楊家行大場眞茹虹橋之綫外，則以瀏河及嘉定南翔泗涇鎮之綫為宜』等語，楊家行至虹橋之綫已先行構築，瀏河至泗涇鎮之綫，今日令八十八師開始構築，以備作長期抵抗之用。

附記：陣地構築和兵力配備的注意：我軍因連日作戰的經驗，陣地逐日改良，死傷亦日益減少。關於陣地的構築，一，最要利用地形，不可連成一綫，宜採用鱗形的數綫配備，幷以交通壕連絡之。戰壕上應加掩蓋，使敵飛機砲兵，不易認識。二，胸牆不可高出地平面，且散兵溝須如左圖構築，可以減少敵飛機和砲彈

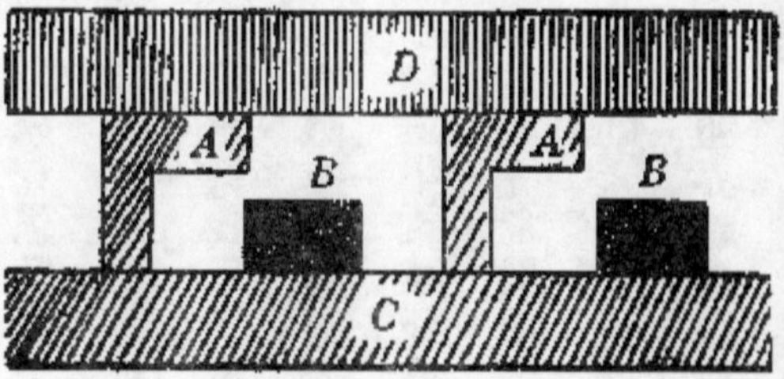

A 散兵窟
B 掩蔽部
C 交通壕
D 胸牆

的損害。三，機關槍陣地，須與步兵陣地完全相同；且須多構陣地，射擊時常行變換，以免敵方發見。又散兵綫的兵力，務須薄弱，其餘應控置於散兵綫稍後方，且散兵不論日間晚間，當敵人飛機大砲或機關槍步槍轟炸射擊時，須躲避在掩蔽部內，只可以極少數的士兵，在良好位置監視敵方行動，免招無謂的損害。因敵方常於交代時，或攻擊前進以前，亂行開砲放槍，我軍若於同時到散兵壕上面，向敵人還槍射擊，必多受損害。所以此時只好以極少數人監視，待敵有動作，如射擊後向我方前進時，始可到散兵壕內，去抵抗敵人。

又廣東空軍丁紀徐今(十)晨率飛機一隊(共七架)由廣州出發來上海參加抗日戰爭。

二月十一日晴　五十五，閘北八字橋江灣方面的戰況是：(十一)日午前八時起，敵飛機八九架來我天通巷路青雲路八字橋一帶陣地，幷全線陣地後方投擲炸彈數十枚。

同時敵砲且不斷向我全線陣地轟擊。十一時，用砲及機關槍向我方陣地猛烈射擊，且以燃燒彈毀我八字橋一帶民房。午後五時三十分，敵數百人以鐵甲車數架和機關槍掩護向八字橋衝鋒，激戰一時，將敵擊退。八時，敵又以砲兵向我八字橋寶山路橫浜路及閘北陣地猛擊，敵步兵且有一部肅靜進入至天通庵路青雲路陣地前，欲圖襲擊，經我軍以槍猛射。當場斃敵二十餘人，即時退去，以後甚沉寂。

江灣方面，於午後三時，敵由東方來步兵約二十名，向我偵察，當即驅逐遁去，黃昏時候，敵約千人分東南北三路用步兵礮機關槍向我體育會路六十師劉旅的部隊警戒包圍，企圖抄我左側。晚間八時激戰最烈，而持志大學附近之敵，亦有數百人分向我沈家宅八字橋猛攻，至十時始將敵擊退，而漸歸沉寂。

五十六，吳淞方面的戰況本(十一)早蘊藻浜附近，發現敵約二千人，并有二三百人向我鐵橋陣地隔河攻擊，旋被擊退，但有一部向右移動，又敵飛機三架時來偵察，敵艦數艘，時行往來，并向我開砲十餘發。是日我方陣亡士兵六名，傷排長一員。午後一時後，我六

十一師張炎旅第四團前哨在曹家橋南岸與敵偵探，時有接觸，晚間戒備稽嚴，亦無戰事。

五十七，敵軍和我軍情況：綜各方諜報，得知敵軍在滬軍隊實數尚不足二萬人，但有飛機約六十架，重砲十六門，野戰砲約一百門，重機關槍約四十挺，手機關槍約千挺。敵海軍陸戰隊改組為八營，每營約千八，其所任戰區區分如下：

一，北區由虹口公園至跑馬場，其司令部在前日軍司令部。

二，中區由虹口公園至寶山路，其司令部在寶山路口之日本飯店。

三，南區由寶山路至嘉興路，其司令部在蓬路日俱樂部。

四，東區由楊樹浦至吳淞，司令部在吳淞之日本飯店。

又敵司令野村對日本僑民發表談話云：「特別陸戰隊及陸軍到滬後，本應即時解決華軍，以盡保護僑民之重責。奈因各國之調停，及本不侵略主義，俟調停之成功，即華軍離滬二十英里外是也。若不能達此目的，當以武力實現之。各僑胞更稍忍耐數日」等語。

又野村本日接見各西報記者，茗談片刻，其最後結語聲稱：「日軍渡過蘊藻浜之日，

即爲日本在滬軍事行動終止之時。並作豪語，謂日軍自吳淞踏平華軍濠溝之日，爲時不遠，請諸君拭目相觀，屆時即可結束華軍之抵抗」云云。又當接見之初，諸人進茗後，野村即將預備就緒之宣言，向記者宣述一過，說明日軍進攻閘北之原因，及日方對付華軍之方案等語，足見敵人的野心企圖了。

我軍方面情況如何，可看下錄各電：

一，蔣總指揮發何部長陳部長眞酉電略云：「蒸午電奉悉，吳淞砲台被毀，敵以陸海空軍全力攻我，明知死守，終必燬陷，但遽然撤退，示弱於人，予敵便利，殊屬非計。仍擬以一部堅守吳淞閘北，餘配備於胡家莊大場眞茹虹橋之線，控置預備隊於南翔，敵來與之一決逵天交涉，日方要求雙方撤退，此可甚難，日方向無誠意，如我放棄閘北，敵目的已達，或更加無理要求，而政府更受人民攻擊，鈞意如何？請示。」等語

二，陳部長銘樞致蔣總指揮蔡軍長戴司令及各師旅長眞電云：「本軍爲着精神，道德，正義，公理，光榮，自由，而抵抗暴日，其價值是絕對的，永久的，吾儕必須貫徹全

軍犧牲之初心，以完成民族命運所寄托之使命。國民痺痿，非有驚心動魄之犧牲，不足以振起之！世界公道，亦非有震撼天地之犧牲，不足以喚起之！本軍抗戰十餘日來，所表現之忠烈神勇，雖足昭示中外，然尙未至全軍決戰之期，大敵不懼，失敗非辱，待本軍達到最後犧牲與失敗之時，卽吾民族命運復興，與世界公道得伸之機矣！本軍乃民族司命之軍，兄等應再接再厲，完此空前啓後之絕大使命也。近日頗有人發議，不忍本軍犧牲，無以爲繼，預欲設法避免再戰，樞極不謂然，故略申前意，以慰兄等願共勉之。」等語。

三、何部長致蔣總指揮眞電云：「訓令：日前閘北抗戰，純係巷戰性質，彼此不能運用多兵及特種砲兵，現則日軍主力漸向北移，將由巷戰而趨於野戰。戰術上應注意者，推想日軍，必利用其多數重兵器，先對我陣地之一點，集中火力，盡量破壞，使我陣綫之一部動搖，同時卽從此部施行突擊，或從兩翼包圍，以期波及全線，故我軍對於此着，應加預防，其方法：（一）兵力配佈前線，不宜過厚，須將重兵置於後方，力求縱

深配備，以期減輕損害，而策應便利。(二)散兵壕切忌連成一線，使飛機易於偵察，應按地形地物，分散配佈重疊構築。尤應設置掩蓋，隱蔽上空，如得時間餘裕，則增設二線三線，俾能頑強抵抗。(三)距本陣地較遠之處，酌設假裝物僞工事，以亂敵目，而分散其火力。(四)機關槍陣地爲戰線之骨幹，務必力求堅固，(五)指揮最重要者，爲各級官之通信，故其設備，須力求完備靈活，尤其部隊與高級指揮官之連絡，須十分確實。以上各項，即希切實遵照施行爲要」等語。

敵方正在調兵遣將，又極力宣稱調停，每次打敗了仗，又極力運動和平，及至增兵到齊，又即行向我猛攻，詭計百出，狡詐多端以謀我，我國却當此大敵當前，危亡在即的時候，議論還是未定，主戰主和，極不一致，且戰且和，十分矛盾，事事都在被動，此全由於我民族的甘心自誤，實非倭寇足以勝我國，這是我全國上下所應根本覺悟，而急圖有以自拔的。

又是日由京調到前方工兵地雷各一隊，中央軍校砲兵一連，皆分歸沈區兩師指揮。

我十九路總指揮部今日由眞茹移至南翔。

二月十二日晴　五十八，閘北八字橋江灣方面的戰况：本（十二）日午前三時許，敵不斷向我江灣至八字橋之線進攻，五時始將敵擊退，不敢再來，而閘北至八字橋之線無戰事，午前八時至十二時，因萬國商團援救我閘北難民離開戰區，由英美領事與敵我兩方約定，實行停戰四小時，故全線沈寂，但午前十一時天通菴方面之敵，利用停戰時機，進至我陣前約我六十米達處，構築掩體，厚鋪鐵板，十二時後，我軍雖以小砲射擊，無法破壞，午後一時許，敵飛機十餘架，來我陣地偵察一週，又向眞茹方面飛去，五時敵以機關槍燃燒彈向我陣地後方恆業路一帶猛烈射擊，該處民房多被焚燬，我陣地未受影響，七時敵向我全線陣地砲擊，極爲猛烈，八字橋尤甚。我方砲兵亦還砲對戰，當時有一砲中敵北四川路底陸戰隊部，斃敵少校參謀等三四人。九時敵以手機關槍隊由天通菴路青雲路中山路向我陣地猛烈衝鋒，我方士兵亦以機關槍步槍手溜彈沉着應戰，至十一時許，敵遂全部潰退。

北站至寶興路之線，連日皆無戰事，料係因該方進攻困難，敵屢次失敗，且所有民房

炸燬焚燒，殆已完盡，敵無所施其技，故亦在該方取守勢。江灣八字橋之線，是日無甚戰事，但午前八時，我梁團由廟行鎮派出之搜索隊，與敵在三疊宅北沈宅附近，發生衝突，死傷數人。

五十九，吳淞方面的戰況本(十二)日吳淞仍無戰事，只敵飛機六架，時來偵察，兵艦七艘，往來於黃浦江，幷發砲三十餘響，我軍陣亡士兵二名，傷一名午後八時吳淞全鎮四處起火，係敵收買漢奸所爲，但我士兵當卽將火撲熄，晚亦無戰事。敵軍進攻方略，原定先攻佔吳淞，然日來毫無動作，聞因七日受我趙金壁連大敗之後，對於我軍的神出鬼沒，眞是有點莫明其妙，驚魂未定，自然不敢冒昧進攻。且見我軍連日絕不發一砲，尤爲懷疑，深恐我軍或有特別計劃。殊不知吳淞砲台，早已全毀。使日本陸海空軍無可奈何者，倘有我中華民族精神和十九路軍官兵所構築成的一個肉要塞而已！

蘊藻浜曹家橋方面本(十二)日拂曉，敵約數百向我六十一師第六團的沈家橋曹家橋一帶前進陣地攻擊，八九時尤爲激烈，當被我軍擊退。至午後三時，敵再增加步兵數

百，及步兵砲，機關槍等，再來進攻，雙方且行肉搏，斃敵數十人。午後七時許，始將該敵擊退。但同時紀家橋南岸，發現敵兵數十名，並搬運架橋材料，有企圖渡河模樣。我曾家橋紀家橋的部隊，是晚非常戒備。

六十，敵軍和我軍情況：諜報敵增援陸軍自八日以後，遲遲不到，係因最高指揮權限問題，海陸軍部意見不合所致，現已決定，故遲至十四日，其預定之一萬六七千陸軍，可全數到滬。日領又下令在滬日僑急速回國，因日軍有佔我上海南京，欲在日方有利形勢下，始行談判之企圖，預料需半年時間。在滬敵軍，今日下令向我軍進攻，擬先壓迫我前哨警戒部隊，退至本陣地後，即行開始總攻。

我軍因敵情的關係，其調動如下：一，令八十七師宋希濂旅開至嘉定，以一團進駐羅店接替六十一師第四團所擔任瀏河小川沙的防務。二，令六十一師任江灣至廟行鎮沿蘊藻浜至吳淞的守備。在羅店第四團交代後，即歸回建制。三，令八十八師獨立旅即王賡旅（三團）附憲兵第六團（缺一營）並南市警察，專任南市龍華虹口至北新涇（在

內）之警戒，幷歸蔡軍長指揮。

又蔣總指揮光鼐因決心長期抗日，此後永不參與內戰，發廣東鄒海濱陳伯南胡展堂先生代徵兵文酉電如下：

（銜略）日寇犯滬，經已兩旬，屢加兵力，均被我軍擊潰，料其野心未死，或傾其全國兵力來滅我種族，在意中事，本路軍抱犧牲之決心，此後永不參與內戰，但未犧牲完之前，不得不預行第二步與日寇奮鬥到底，希轉令省府，令知各縣，代行徵兵，其辦法大縣每縣二百，小縣一百五十名，其徵兵計劃，由省府辦理，可否之處，懇電示知等語。

又陳部長覆蔣總指揮文辰電如下：

（銜略）作戰計劃，悉，如尊意布置可也。達天議和，誠屬徒然。如日軍肯退入租界，閘北由第三國軍隊居間，我軍方可與磋商，否則非特前功盡棄，更何以對此五十萬流離顛沛之民衆耶！民族一線生機，只有不計死亡，持久抵抗。冥電之意，當已了然。銘

兄等堅決到底，不可爲任何當局所搖奪爲要，等語。

從以上事實看來，在軍事上，可算針鋒相對，不論倭寇怎樣利害，我國若能全國一心，眞正準備長期抵，敵人必不敢目無中國！可惜我國偏是且戰且和，舉棋不定，完全出於被動，絕無整個計劃，當此軍事緊急中，我國府當局仍尊重英美法使的調停，進行和議，蔣總指揮於午後因調和事，特由前方回到租界內去。附本日兩電如下：

一，「何部長致蔣總指揮文未電云：「滬方軍隊配備，及吳淞陣地預定辦法，均甚周妥，請即照辦。關於中日軍隊引退一節，經將遠天接洽情形，商諸眞茹，均任諸兄，共同決定辦法如下：雙方自動撤退，即日軍撤至租界內，我軍撤至相當地點，兩軍撤退之中間，設一和平區，由雙方公同請中立國酌派小部隊暫時駐紮，所有和平區內之行政警察，仍由中國照常辦理，詳細請參照羅部長文幹致吳市長等之陽電。蓋日方以雙方撤兵，不能避免中國便衣隊擾亂爲慮，則最好有第三國居間，可以免此顧慮。且係雙方自動請第三國居間，與受第三國干涉不同，故無失體面。請兄等即照所定

辦法，與日切實商洽，結果隨時見告。待雙方商議確定後，仍移歸外交方面用正式手續解決也。原田定後日即十四日赴滬，幷聞。」等語。

二，陳羅兩部長致蔣總指揮文未電云：「昨晨英美公使已赴滬調停戰事，瀕行前，曾經文幹屢告以果能如外交部致吳市長等陽電所開，則我方固願意停戰，以免擴大，俾得早轉入外交途徑，以解決中日全部問題，不然，若專遷就日方，使我難堪，則我將不顧一切，死與抵抗等語。昨晚來滬電，日方將於寒（十四）日集中陸軍二萬人，陸戰隊七千人，軍艦四十艘，實行總攻擊，文幹當即又召英美代辦至外部，問其兩公使及日使重光進行調停如何，幷謂日報所登各難堪條件，決不承受。日軍集中，請其先事制止。不然，日軍果即專攻我吳淞瀏河，不攻租界，而我為首尾兼顧計，到時必全線抵抗，此時如租界受有損失，我不負責任。此層應請英美千萬注意等語。該兩代辦已允即電各該使矣。以現在情形而論，日軍集中後，恐必實行總攻，萬望準備一抗，調停成功固善，不然，不抗則無外交可談，而一抗之後，其影響所及，必更獲極大之價值

也。除分電宋部長郭次長吳市長并顧少川先生外，特達。」等語。

二月十三日午前陰雨帶雪午後大雪寒冷　六十一，閘北八字橋江灣方面戰況：據各方諜報，原說敵人昨晚向我總攻。而敵人亦於昨晚在八字橋中山路天通菴路一帶向我進攻戰鬥甚激烈，好像證明敵人確實總攻似的。但午夜十二時以來，戰況極沈寂。本（十三）日午前八時，敵飛機十餘架，分隊來我寶山路天通菴路青雲路八字橋江灣一帶投擲重量炸彈數十枚，且不斷向我陣地施行砲擊。九時江灣方面有敵五六百名，由萬國體育場水電路方面向我六十師一一九旅陣地進攻，企圖包圍警戒部隊，戰鬥約一小時，敵卽退去。十時小場廟我六十一師梁幽部隊，亦與敵小有接觸，旋敵亦退。十一時後，因天下雪，敵飛機絕跡，但大砲還連續向我陣地轟擊，至下午四時最爲猛烈。寶山路以至青雲路一帶陣地附近，及其後方稍完整的民房，多被炸毁。因敵多用重砲轟擊，威力較前更大，幸我方官兵因連日經驗，司空見慣，且躲避方法，亦較進步，故損傷甚少。六時砲聲稍息，我

躲入地洞內的官兵才由地洞內鑽出來，好像得慶再生似的說：「丟那媽！日本鬼管只多放兩砲，我底總是有一日報仇的！」七時敵復以機關槍向我猛放，幷以燃燒彈專向我寶通路一帶民房射擊，以至大火四起，無法撲滅，直燒至十二時以後仍火光萬丈，不可向邇。且全綫陣地，皆不斷有敵少數部隊來攻，此因敵主力正在蘊藻浜方面向我進攻，所以閘北八字橋江灣綫之敵，時行聲東擊西，以圖牽制我軍。

六十二，吳淞方面戰況：本（十三）日吳淞要塞內無戰事，但曾有敵飛機四架來行偵察，敵艦數艘出入於黃浦江口時，開砲示威，約十餘發，我官兵無傷亡。然蘊藻浜紀家橋一帶，敵與我六十一師部隊戰鬥甚激烈，因敵必欲攻我吳淞，又無法在蘊藻浜下遊飛渡，故從該方進攻，以圖包抄我吳淞後路。

六十三，蘊藻浜紀家橋戰況：我六十一師一二二旅張炎部，自昨晚以來，因情況緊急，即遵命令其第六團鄭爲楫部，守備胡家莊沿蘊藻浜北岸至吳淞之綫。並令其所指揮之砲兵連，在姚家灣附近，構築陣地。第四團進至胡家莊附近，餘仍在劉行鎮附近停止。而紀

家橋曹家橋一帶的敵情，終晚十分緊急。本（十三）日午前四時，紀家橋南岸發現敵兵四五百名，及砲約六門，突向我紀家橋北岸一帶陣地攻擊，最先專以砲火壓迫我陣地守兵，繼用烟幕彈蒙蔽我守兵視綫，同時以各種木板迅速架橋，强行渡河，是晨適値大霧濛濛，雨雪紛飛，我第六團守紀家橋之第九連，因被敵突然接近，死力抵抗，因衆寡懸殊，增援不及，全連官長全數死傷，士兵傷亡亦將殆盡。遂被敵突破，入佔我紀家橋，姚家灣鍾家宅一帶，其後續部隊，亦繼續渡河展開，聲勢凶凶，大有不可遏抑之勢。第三營長李榮熙聞報，卽率所部，由葛泗浜蔡家宅方面馳援，拚死抵抗，同時第二營亦以一部由翟家浜曹家橋方面西向壓迫敵人，幷以猛烈槍火阻止敵人後續部隊前進，敵人勢焰始行稍息。只在姚家灣鍾家宅一帶向我軍猛烈射擊，而南岸的砲兵，也不斷砲擊我增援的部隊，而其步兵一部，且在蘊藻浜南岸孫家宅侯家橋一帶展開，對我北岸及蔡家宅方面警戒。第一二二旅旅長，張炎聞報，當卽親至張家村指揮。幷命所部四五兩團兼程開至楊行鎭，張家村附近待命。至九時，我第六團部隊除原在曹家橋守備外，其餘大部及第五團一營皆展開於周

紀家橋附近要圖

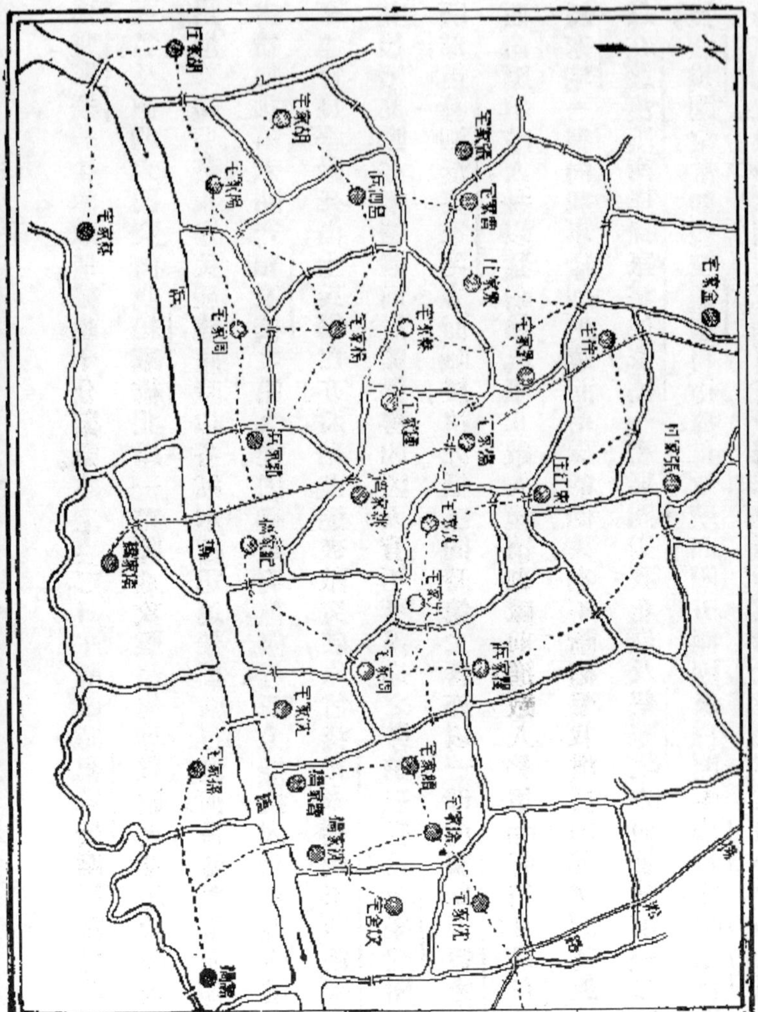

家宅吳家宅楊家宅劉家宅蔡家宅之綫，與敵抵抗。但敵利用姚家灣鍾家宅作爲據點，拚死撑持，以其猛烈砲火阻止我部隊前進，我軍雖努力反攻，反覆衝鋒，均未能得手。十一時許，我軍再以一營增加於楊家宅，先以猛烈火力射擊敵人，然後全綫一齊前進，激戰二小時，肉搏七八次，我方死傷甚大，士氣異常憤激，不論官長士兵，皆欲誓死破敵，生擒倭奴。至下午二時，我軍全綫更同時反攻，向敵步步進逼，一時槍砲之聲，震天動地，彈丸破片，如雨紛飛，敵人愈頑強，我軍愈奮勇，敵人愈增加，我軍愈猛進，死傷遍地，前仆後繼，血戰至三時許，我軍先克復鍾家宅，敵人仍佔據姚家灣及其小河南岸，以至紀家橋南北岸一帶，以猛烈槍砲火，拒止我軍前進。我第六團第三營營長李榮熙更身先士卒，再接再厲，奮勇前進，欲乘勢克復姚家灣紀家橋，肅清蘊藻浜北岸之敵，於是我軍勢若怒潮，敵火益加利害，李營長榮熙遂以陣亡。而第六團長鄭爲楫同時亦受傷，我軍士氣未免稍挫。且因爲細流交錯，前進困難，我軍因在吳家宅橋沈家宅鍾家宅之綫，與敵相持。以此時我軍前綫下級軍官，幾傷亡殆盡，士死傷兵亦至大，即未曾受傷因爲未吃早飯苦戰竟日，且雨雪紛亂，餘勇

殊難再鼓。不得不暫行停止前進，略整隊伍，再圖反攻。然敵方亦已氣竭力盡，無能再戰，前綫戰鬥，因暫停息。至七時三十分，我軍再開始前進，向敵反攻，逐步接近，竟以手溜彈刺刀與敵肉搏，敵亦殊頑強，不能得手。姚家灣西北端的敵人陣地，因兩軍再三搶奪，死傷尤多，但當七時三十分攻擊開始之際，我軍原以一連由周家宅向姚家灣紀家橋之間靜肅前進，渡過小河，竟於九時許到達接近，以手溜彈駁殼槍向姚家灣之敵猛烈襲擊，敵因當面已有我軍接近肉搏，正在苦戰，而後方又突受襲擊，即毫無抵抗，向紀家橋方面崩潰，我軍全綫乘勝猛追，敵遂大亂，爭渡蘊藻浜，向南岸潰退。一時殺聲手溜彈聲和敵兵啼哭聲相雜，混亂異常，而南岸之敵，又以爲我軍渡河夜襲突如其來，更把步槍機關槍掃射亂放，其不死於我軍槍彈者多溺於蘊藻浜河中，僥倖渡過南岸者，又多死於敵人的自行殘殺，眞可謂上天有眼，不赦惡人了。然當敵人潰退慘敗的時候，偏值潮水退落，未把敵人浸死在蘊藻浜中，亦殊可惜。是役計斃敵五百餘名。我軍死傷亦四百五十員名，來犯之敵，爲久留米陸軍第二十四混成旅一部，共約二千人。是晚我軍克復紀家橋後，未渡河窮追，只仍在

蘊藻浜北岸固守。但我軍今早因受敵包圍，死力抵抗，不肯後退之張炎旅第六團第三營士兵伍委尹抗日等七人，被敵擄獲，不屈，竟爲敵人斬去手足，火燒而死，悲慘餘燼，尙留紀家橋中。

是晚我軍原決定以主力由江灣出擊，先撲滅殷行鎭以北之敵，然後再向南壓迫，命令且已下，但因各種關係而中止，最爲可惜。

附烈士李營長榮熙傳

烈士諱榮熙，姓李，籍隸廣東台山。家富裕，父母健存，既室而有子矣。因慨中國現代武力不強，固有文化將墜，思有以改善而光大之，乃東遊入學於日本士官學校，時東京留學生有左右派之鬨，人多入漩渦，烈士獨超出黨派外，且常以莊度重洋，志在求學，毋以黨爭傷國體勸同人。儕輩咸欽仰之。卒業歸國，未還家，即獨入六十一師部服務。他部有慕烈士品學，而以較高階級羅致者，輒婉辭之。并對友好言：軍人偉大處，全在能盡所學，以爲國用，何必計階級之高下，以當時蔣光鼐任師長，深信該師異能

福國利民也。歷任參謀團附營長等職，皆能展其長才，盡其責任。倭奴謀我久，旣毒且狠，東遊學子，多深恚之。烈士愛國心最初，恨日心亦最深，故其訓練軍隊也，主專對外，且以日本爲其對外之理想國。六十一師連年轉戰粵桂湘贛豫諸境以及高興劉亦諸役，烈士幸勞特著，恆以煮豆燃萁，自殘同種爲憾。倭奴入東北，烈士力主戰，慨然曰：倭奴不講公理，我國惟有戰而求存耳。滬戰旣起，我軍自京調滬，出發時，歡騰勇躍，其欣喜之色，爲從來所未有。紀家橋之役，烈士身先士卒，爲國捐軀，至一息尚存時，猶大呼「前進」「殺倭賊」「打倒日本」不已，嗚乎，烈矣！雖曰求仁而得仁，精神不死，然倭奴未滅，繼起而圖報仇雪恥復興中華者誰乎！余深知烈士爲國士，痛其志未竟，而身先殉，并望我後死同胞必有以繼之也，因誌其傳略於此。（華振中撰）

附記：使用烟幕彈作戰攻者，最爲有利，但守者士氣旺盛，能沈着應敵時，則兩軍接近，完全變成白刃戰，且各級幹部無法指揮，士兵只有人自爲戰而已。戰鬥單位，原以連爲準。歐洲大戰，偏重於以班爲戰鬥群，待第二次世界大戰或將一

變而爲以個人爲戰鬥單位，即要增進士兵技能，使不待指揮而能各自爲戰，此我國軍隊教育應加以研究者。

六十四，敵軍和我軍情況：敵軍於本晚十時許，由商船三笠丸佛蘭西丸Amur丸摩耶丸筑波丸岩手丸生釣丸等七艘，載金澤等九師陸軍一部，以魚雷隊掩護進口，即晚在日郵船各碼頭登岸，終宵不斷，形勢非常緊急。

我軍當此前綫血戰，敵人增援部隊不斷到達的時候，我國因爲酷愛和平，今日仍尊重英美法使的調停，在上海進行和議，可恨狡毒的倭奴，毫無信義，只想在他兵力未曾到齊以前，敷衍欺騙，將來結果，總是我國吃虧，敵人多得了便宜罷了。茲摘錄本日蔣總指揮和何部長應欽等來往電報如下，於此即可略見一般了：

一，陳部長銘樞何部長應欽羅部長文幹致蔣總指揮元未電云：「介公刻到浦鎮，召弟等指示滬事，以十九路軍保持十餘日來勝利，能趁此收手，避免再戰爲主，其辦法如下：一，如日本確無侵佔閘北之企圖，雙方立即進行停戰辦法，從速進入外交

途徑。二，停戰條件，須雙方各自撤退至相當地點，中國軍隊退出地方，由中國警察維持，請兄等仍斟酌部外前開接受英美法調停辦法各電，及陳公洽所言，王俊所述辦法，擇其於我有利者，從速進行，盼示覆。」等語。

二，蔣總指揮元酉覆電云：「元未電奉悉，指示各條，謹遵辦理。但敵方狡詐百出，未審能達到否？謹覆。」等語。

三，何陳部長致蔣總指揮元酉電云：「蔣介公之意，我軍進攻，無論如何犧牲，不能達到目的，在全般計劃未定以前，仍取攻勢防禦爲要等語特達，希查照。」等語。

四，何部長致蔣總指揮元戌電云：「陳公洽兄頃與原田（日公使館武官）談話如下：一，先雙方停止射擊若干時間，爲辦理調停之餘地，其時間，由田代少將協商。二，停止射擊後，雙方如何撤退，及撤退區之維持治安方法，請兄與田代（日第九師參謀長）協商進行。三，上述事件，已由原田急電田代，候兄面談，請即前往接洽，並將接洽情形，立刻報告吳市長鐵少川郭復初蔣蔡諸兄，請其處理等語。合電另達，即希

查照。」等語。

二月十四日晴　六十五，閘北八字橋江灣戰況：閘北寶通路一帶，昨晚以來，因敵放燃燒彈，終宵大火，焚燒民房千有餘家，而爲國體育場，我軍則於午前一時許確實佔領。拂曉敵向我寶山路至八字橋一帶陣地猛烈砲擊，且多放燃燒彈，至八時雖稍停止，但陣地附近各民房，多被焚燒。且自來水管多被轟斷，水電工人救火會等，又未敢冒險施救，我軍官兵，多在水深火熱中與敵相持。午後二時，敵飛機大砲又來向我全線陣地轟炸，而青雲路中山路八字橋一帶最爲慘烈。我軍多受損傷，但敵步兵無甚動作。入暮敵復以大砲猛轟我天通菴路青雲路中山路八字橋江灣，各處陣地。七時敵約二三百攻我江灣，五六百攻我八字橋沈家宅，二三百人攻我天通菴青雲路，戰鬥均甚烈。八時自寶山路以至江灣，全綫皆有激戰，敵砲射擊甚多，但我方士兵沈着應戰，敵均不得逞。九時三十分許，全行退去，前線漸歸沈寂。

六十六，吳淞方面戰況本(十四)日有敵飛機十餘架，軍艦十二艘向我陣地不間斷擲彈發砲，但官兵殊鎮定；惟第五團第五連長羅彬在砲臺陣地督率士兵做工事，被敵飛機炸斃。計是日陣亡官兵四，傷四員名。又命義勇軍鐵血軍二百餘人到吳淞歸翁旅長指揮，協守吳淞，今早到達。此內自吳淞沿寶山至獅子林砲台，沿江防線甚長，兵力甚單薄，特多配義勇軍等以威嚇敵人，故後來收効甚大，被我軍打怕了的倭寇，只看見我岸上有人，即不敢冒險接近。

自江灣廟行胡家莊沿蘊藻浜至吳淞之線，本日無戰事。但六十一師於午後九時轉命其第一二一旅附小砲連工兵連速在原來守備的江灣小場廟廟行鎮蔡家宅之線，晝夜增築強固工事，嚴密佈防。第一二二旅附山砲連小砲連即將蘊藻浜北岸由胡家莊至吳淞之守備區，交八十七師宋旅接替，又以第六團接替宋旅羅店瀏河小川沙之警戒，其餘限於明(十五)日拂曉前開至胡家莊集結，爲師預備隊。砲兵營(缺一連)即進入廟行陣地。

六十七，敵軍和我軍情況：敵軍自昨晚以至本（十四）日晨，共登陸陸軍約七千八，卽分往江灣軍工路張華浜一帶。其金澤第九師師長陸軍中將植田謙吉，亦於今日抵滬。今後敵方軍事將由植田主持，這是敵方第三次更換的司令官。植田今日發表談話云：「日軍亦希望滬事迅速和平解決，故現暫停止攻擊行動。擬向十九路軍發表要求撤退之哀的美敦書，並擬給相當撤退之時間，不答應時，當卽以實力決行該軍任務。」等語。此足見敵方攻擊準備，尚未完畢，但其反客爲主，必佔上海的決心，已見于言外。

我十九路軍自開戰至今日，死傷總計約二千八。綜計敵方到滬兵力，可略與我軍相等。又連日英公使藍浦森美公使詹森法公使韋德理要同意代辦齊亞諾調和停戰，甚爲熱心。日公使重光，表面上亦極爲協力求和，但事實上毫無結果。因敵方毫無誠意，要求我國軍隊先退出上海吳淞，退出以後，再行談判，以顧全日本的面子。但我軍退了以後，他是否再行進攻，談判有無結果，則絕無保障。這種反客爲主，只要他有面子，不顧我們有沒有面子，這要他絕對佔便宜，不顧我們吃大虧的無理要求，目無我中華民族，眞令我國痛恨。

蔣總指揮即於今日下午返南翔，再錄關於我軍軍事準備要電如下：

一、蔣總指揮致何部長陳部長寒戌電云：「綜合各方確報，敵到滬陸軍并陸戰隊共三萬人，有必據吳淞取勝仗後始行停戰之企圖，我雖欲求和，而日寇絕無誠意，爲民族生存國家體面只有決心一戰，請令我飛機，排除萬難，速來前線，參加戰鬥，并設法在最近期內另調援軍一二師開來，爲千萬禱。」等語。

二、蔣總指揮接何部長寒電云：「第八十七師長樓景越另有任用，遺缺派委張治中接充並兼第五軍軍長，指揮八十七八十八兩師，除委令呈報外，特電查照。」等語。

三、蔣總指揮接何部長寒酉電云：「茲令八十七師張師長治中率同該師第二五九旅全部於明刪（十五）出發，密由堯化門和平門車站上車，開往南翔歸蔣總指揮指揮，并俟張師長抵崑後，宋旅長即歸該師長指揮，除分令外，特達，仍希將到達時期及分防情形電告爲禱。」等語。

四，蔣總指揮接陳部長寒未電云：「元日各電俱悉，據顧少川元日電與美英法使磋商辦法，果能辦到，則和平可望。請與切實接洽，但一面須刻刻防備日軍來攻，速準備一最後有利地帶，與之決戰。諜報閘北等處敵方陣地已調陸軍接防，若和平無望，敵來犯時，予以一極大懲創，然後別作良圖。現已準備加調八七師孫元良增援。總司令並電韓向方劉經扶上官雲相梁冠英共選現役徒手兵三千，輸送來補充代募五千新兵矣。又政府對外態度與民衆口氣輕重緩急，其作用不同，兄等須謹愼將事，依照政府指導而行，外間不負責之議論可不理會也。以上係總司令面囑電達，即希査照。」等語。

二月十五日晴　六十八，閘北八字橋江灣方面戰況：綜各方情況，敵似有今日拂曉總攻趨勢，我軍全線皆嚴陣以待。然敵方今日仍無甚動作，僅飛機數架，時來偵察擲彈，并於午前十時向我八字橋青雲路嚴家閣路天通菴路一帶砲擊約二時。正午雖暫停，但至下午二時，又以重砲作猛烈轟擊，各部電話線均被炸斷，步兵數百向我天通菴路一帶陣

地猛攻，第六團第一營營長指揮受傷，其士兵仍沈着不動。四時敵被擊退，八時敵向我中山路八字橋陣地進攻，至九時許敵又不支退去。江灣方面無戰事，惟敵時行砲擊而已。

六十九：吳淞方面戰況本（十五）日拂曉敵飛機十三架，軍艦八艘，不斷向我吳淞寶山一帶擲彈砲擊。敵海軍有舢舨船數十隻，藉飛機大砲的掩護，滿載陸戰隊，向我砲台灣方面強行登陸，有十餘次均被我軍擊退。但激戰甚烈，敵軍中彈落河而死者甚多。而我吳淞鎮附近陣地受敵蘊藻浜車站附近之敵砲擊，亦甚猛烈。午後六時後，戰鬥漸停。晚間雖無戰事，我軍戒備至嚴，全部毫無休息。是日計我軍傷第四團第一營長鄧啓炘一員，及士兵十一名，亡士兵七名。

七十，敵軍和我軍情況：敵軍第九師後續部隊，今日繼續到齊，約五六千人。查該師係日俄戰役時，屬於乃木將軍之第三軍，擔任攻略旅順之中央部隊，並參加奉天會戰，一九二十年曾出征西伯利亞，保有名譽之戰功者。敵軍第九師司令部，現設楊樹浦公大紗廠，旅部一在虹鎮，一在施高塔路與業里，部隊多在虹鎮附近。又查敵到滬飛機總數約八十

架，坦克車十二架。再錄蔣總指揮發何部長陳部長刪戌電如下：

（銜略）一，觀今日達天來函大意對和議事，敵絕無誠意，且對吳淞有特別企圖。二，確報敵第九師團全部已到達，計步兵四團，騎砲兵各一團，工兵二營，并唐克車鐵甲車飛機多架，合前到之兵及陸戰隊等計三萬餘人。三，敵積極準備渡河材料，預料日內必將總攻。四，今晨敵用飛機大砲及少數步兵吳淞試攻，并轟擊閘北，餘無戰事，謹聞。」

我軍方面，本日無甚變動，惟八十七師二五九旅孫元良部今日由京出發開來前方，正在輸送中。十九路總部本日下各部隊敎令如下：「防空射擊除小砲連外，各部隊應指定一部步兵，擔任對空射擊，嗣後敵飛機來時，應以火綫網密佈上空，以防止敵飛機之低空飛行，但禁止少數人自行射擊，以其效力極少，反足使敵飛機用測音機得知我軍部隊位置也。」

二月十六日晴　七十一，閘北八字橋江灣方面戰況：本（十六）日全線甚沈寂，惟有敵飛機數架時來陣地上空偵察。及午前十時許，敵砲向我八字橋方家木橋陣地轟擊二十餘發。午後三時，又向我青雲路嚴家閣各砲擊甚烈，至四時暫停，八時敵砲再向該處射擊，九時我軍集中各種砲兵向敵方還擊，敵砲又暫停。十時我方停止，敵又繼續射擊，至十一時始行停止。又數日來敵方利用商務印書館高樓，以瞰射我陣地，頗受損害。是晚十一時許，我鄧旅第五團以兵一排驅逐該處之敵，而佔領之，并斃敵數名，我方陣地益形堅固又鄧旅在閘北各團地區守備部隊，今晚略有變更，因連日天通菴路青雲路中山路一帶戰鬥較激烈，死傷甚大，寶山路以至北站戰事較少，北站以南全無戰事，不得不按情況輕重，死傷多寡，把任務略為變更，以備再戰

七十二，吳淞方面戰況：本（十六）日情況甚沈寂，敵飛機三架，間來偵察即去。敵艦五艘，時在黃浦江中往來游弋，張華浜敵砲兵亦時向我砲擊。是日我軍計傷士兵四名。又昨晚令調第六團第三營吳履遜部增防，係於本日午前三時到達吳淞，為旅預備隊。

七十三，敵軍和我軍情況：敵軍司令植田本日視察閘北江灣吳淞戰線，準備向我總攻。敵軍千餘人，并機關槍約三十架，上午由虹口向江灣方面出發又有一部增加閘北方面。又諜報植田向日陸相荒木報告，上海近郊河川溝沼縱橫，日軍作戰行動上，非常不利。十九路軍為中國軍隊中戰鬥力最強之軍隊，並有多數德人設計作戰，因此預測，必有若干時期苦戰。現日陸軍中央部正考慮此後之增兵。昨日荒木陸相已向芳澤求增兵之諒解云。

附記：日人誣我十九路軍有多數德人計劃作戰，完全非事實。只因倭奴橫暴已極，英美干涉。且欲連法以制英，又知德法世仇，故以此挑撥中法感情耳。此足見倭奴的毒狠狡詐，無所不至。

我軍方面則八十七師孫元良旅，今日開抵南翔，第五軍軍長張治中亦於今晚抵南翔。十九路總部與蔣總指揮面商，決定我軍全盤部署。丁紀徐率領之廣東飛機隊，今日抵京。

附本晚蔣總指揮光鼐下全盤命令我軍兵力部署大要如下：

甲，蔡軍長率十九路軍三師（缺翁旅）及王賡旅（缺古團）憲兵第六團爲右翼軍，佔領南市虹橋眞茹閘北江灣（在內）之線，主力控置於眞茹大場之間，待機向虹鎮方面出擊敵人。

乙，張軍長率第五軍兩師，及翁旅爲左翼，佔領江灣廟行鎮胡家宅紀家橋曹家橋泗塘之綫，主力控置於劉河鎮附近，待機向殷行鎮方面出擊敵人。但須以一部在羅店瀏河小川沙担任警戒。

丙，翁旅長率該旅爲吳淞要塞地區隊，須死守吳淞，以爲全軍右翼據點，并歸張軍長指揮。

再錄本日蔣總指揮來往要電如下：

一，發陳部長銘電云：「我軍連戰皆捷，然非主力戰，死傷已達二千，紀家橋一役，知敵亦不可輕。確報，敵到滬兵力已有三萬餘人，和議無望，敵只效佔錦州故智，我退

彼進，永圖佔據，稍一讓步，閘北南市均非我有。大戰在即，兵貴萬全。滬戰如大勝，可爲我民族復興之轉機，敗則將陷國家前途於萬刼。萬懇速請介公敬之務在最近期內調二三師開來前綫，預備急用，方能先爲敵之不可勝，以待敵之可勝。至江北部隊可在浦口上下游偸渡，鎭江有保安隊維持，八十八師之闕可調歸建制，如辦不到，宜速定和議，不容猶疑也。」等語

二，陳部長覆後方主任范志陸幷轉蔣總指揮蔡軍長戴司令銑電云：「删戌電誦悉。目前國論，確爲和戰交持之局。昨日孫哲生張靜江等猶有電責難政府，應早定大計。而主和派如某某等，其論又適與相反。今日豈有和之可言，惟有降服，降服，敵人亦不能放我，又豈有戰之可言。絕交宣戰之形式，既不適用，可適用者，祗有處處與之抵抗到底而已。此意早屢向政府陳之，羅外部長亦極同意。憬賢孝悃諸兄之誓死殺敵，亦本此旨。且目前形勢，斷無避免決戰之可能。政府若下令撤退求和，則日軍仍否進攻，黨政府是否仍能存在，必皆成問題。此次十九路軍蔣蔡等已成歷史民族之英

雄，倘全國人心不死，採取長期擴大抵抗之手段，必能激起日本國內及國際有利於我之新變化，以收不重喪國權之結果也。吾人倘祇斤斤為愛十九路軍之計，恐本軍之命運，在精神與實際，終陷於愛惜不了之局勢，即整個為與國任何部隊，恐亦將如此！弟早屢促軍政當局，下大決心，抽調各方援軍至前線，并極力設法推動東北，能否照辦，姑勿計。惟上海戰爭，必須在原線抵抗，或終必難有撐持，即失敗後，化整為零，作類似土匪式不規則之戰，最後之結果，積極仍可利便外交之解，消極亦可見民族之精神。十九路軍雖毀滅，全國猶將有千百十九路軍前仆後繼，猶是十九路軍之成功也。望兄等勿再疑慮」等語。

三，覆陳部長銑亥電云：「銑電奉悉，職等亦作如此打算，但希望政府有整個計劃，若頭痛醫頭，脚痛醫脚，則始終無濟於事也。據各方報告，敵今晚或明日有總攻企圖，經嚴陣以待矣。謹覆。」等語。

四，發朱何陳各部長銑亥電云：「頃接達天兄電話，日方和議毫無誠意，職等積

極備戰外，懸鈞座早定全般備戰計劃，盼切」等語。

二月十七日晴　七十四，閘北八字橋江灣方面戰況：是日午前四時許，敵向我陣地砲擊，拂曉卽停。但時有飛機數架來偵察，午後零時三十分，葉家花園發現敵騎兵二十餘兵，步兵二百餘名，向我萬國體育場東端排哨攻擊，戰半小時，敵卽退去。五時敵砲向我寶昌路香山路及八字橋一帶轟擊，並以機關鎗向我虬江路陣地射擊，我軍皆未還擊。夜間甚沈寂。

日來閘北方面戰事極少，只敵方無聊似的時時放鎗砲而已。我軍常置之不理，聽其亂放，因爲當初我在閘北作戰時，每聽敵方鎗聲，卽誤認爲緊急，有時或竟把後方的部隊，亦增加到戰壕上去。敵人見我戰壕中發見目標，更把鎗儘量快放，結果我軍每天都是很無辜的死了不少的士兵，蓋兩軍距離很近，敵兵射擊甚確，若是他們在戰壕中停止時，我方略有目標發現，必定受敵方射擊命中。但是後來我軍知道了敵人的這一套以後，每當

敵人亂放鎗砲的時候，我們總是不理會，且多躲避在掩蔽部內，及敵人鎗稍停放，眞正向我陣地前進時，我軍才一齊出來抵抗，敵人往往錯認我軍或已退走，待進到我陣地前端，而受一個很大的打擊。敵人屢次吃這樣的大虧，即我軍方面一鎗不發，且不見一個人影，也不敢輕易向前進了。

自敵方陸軍不斷的增援，閘北方面依然無甚動作，我軍惟恐其別有用意，如挖坑道以圖猛襲等，所以最近我軍在閘北防守的部隊，極力加築工事。第一綫固力求其堅固，前方要點，多設地雷，而第一綫稍後更多加濬內濠，再後更構築第二第三綫的工事，以防敵方破我第一綫後，直馳而入。這二三日來我軍更不論晝夜，忙築工事，經驗多的兵士們，絕不爲敵人鎗砲聲而動搖中止。

七十五，吳淞方面戰況：本（十七）日無甚戰爭，惟敵飛機三架尙來偵察。軍艦五艘時在黃埔江往來遊弋，且尙向我砲擊，我軍計陣亡士兵三名，傷一名。

七十六，敵軍我軍兩方的情況：綜各方諜報，知一，敵軍因屢次失敗，植田特別謹愼，現

在正在積極設施攻擊準備中。其計畫擬在攻擊前，施行猛烈的轟炸，破壞吳淞方面由海空兩方担任，閘北江灣方面由陸空兩方担任。其後以主力由江灣方面突破我陣地，斷我吳淞閘北之連擊，再分別包圍攻擊。二，日本第二艦隊司令末次中將，今日到滬視察敵海軍配備。三，敵今日新到戰鬥機二十四架，登岸卽向楊樹浦方面運去。四，敵在浦東高橋設一新飛機場，內有戰鬥機十架，擲彈機十五架。五，日陸相荒木對日記者團稱，必要時可再增兵三師於上海，并已下令待機出發。

我軍日來眞是矛盾極了！因京滬方面認爲大戰在卽，皆努力進行調和，所以蔣總指揮今天也無可如何再由南翔到租界內去會議，以事實如此，不得不再勉強一行，作最後的和平努力。然在軍事方面，我軍亦積極準備一切，全綫總配備，限今晚完妥。丁隊長紀徐所率廣東飛機隊今日抵蘇州。至於和平到底有無希望呢？固然要待看會議的結果，但是我們看今天蔣總指揮來往的函電，也足見一斑了。

一，發何部長陳部長孫巳電云：「對和議事，請政府派人參加談判，商定後自當

遵從。但敵極狡詐，前次在閘北救濟難民，停止四小時射擊，彼竟利用此機會進至我陣地前構築工事，其無誠意可想而知。料敵係緩和機會，作一切之部署耳。一面談判，仍望不忘作全般之備戰，如如仍盼示覆」等語。

二，王造天來函稱：「目下和平似難有望，倭即日進京，在滬諸承關照，至感。我國家及民族此後之生存進展，惟有以閣下之精神及十九路諸同志之鐵與血足以維護之。諸祈保重，專請戎安。」等語。

二月十八日晴　七十七，閘北八字橋江灣以至吳淞各方面戰況：今日因爲在租界內再開和平會議，午前全綫俱無戰事。至午後三時許，敵飛機復來偵察，并以大砲向我天通菴路青雲路八字橋附近陣地砲擊，黃昏砲聲停止，晚間全沈寂。

吳淞方面本日亦無戰事，但午後九時我軍增加山砲兩連，在同濟大學附近構築陣地。

七十八，和平絕望與敵我兩軍的情況：倭奴目無中國，已非一日，和平無望，早在意料中。日本和平會議全係敵方因外交上不得不敷衍英美法各公使，在軍事上則因為準備未妥，借此以延長時日，欺騙我軍。今日午前在英領事署的會議，果然在我們意料之中破裂了。因敵方要求我軍即時撤退距上海二十啓羅米達以外，且須上海市區永不駐兵，吳淞要塞（獅子林砲台在內）永久毀止，凡此種種無理條件，不特視我為戰敗國家，且完全視我為亡國的國家，不欲我民族再有起頭的一日，我們不欲亡國，所以會議即時破裂。

敵方因軍事準備已大致完妥，今日上午會議，故意以無理條件，使我難堪，使和平會議決裂。在虹口一帶敵軍來往頻繁，調動至忙，大多係向江灣方面移動。午後九時許，敵植田以日本軍司令官名義，向我十九路軍蔡軍長提出哀的美敦書，同時敵總領事松井另致吳市長一份，詞句略相同，茲譯錄該書條文如下：

本職切望以和平友好之手段達到任務，茲對於貴軍通告左開各件：

一，貴軍應速即中止戰鬥行為，於二月二十日午前七時前，將現據之第一線撤

退完了；於二月二十日午後五時前，從黃浦江左岸，由公共租界西北端，連接曹家渡鎮周家橋鎮蒲淞鎮之線及租界北部境界線以北，并連接黃浦江右岸爛泥渡及張家樓鎮之線以北，完全撤退，至距租界線二十基羅米突以外之地域（包含獅子林砲台），且撤去在該地域內砲台，及其他之軍事設施，並不得再重新建設之。

二，日本軍於貴軍開始撤退後，不行射擊轟炸，及追擊動作，但飛機偵察，不在此限。又貴軍撤退後，日本軍僅保住虹口附近之工部局道路地域（包含虹口公園之周圍）。

三，貴軍第一線撤退完了後，日本軍為確認其實行起見，派遣有護衛兵之調查員，於撤退地域，該調查員攜帶日本國旗，以資識別。

四，貴軍對在該撤退地域外，上海附近之日本人生命財產，應完全保護之。此項保護如不完全，日方當採適當之手段。

五，關於上海附近（包含撤退區域）外國人之保護，容另商議。

六關於禁止排日運動一月二十八日吳市長對於村井總領事之約諾，應嚴重實行。關於此項當另由帝國之外務官，對貴國上海行政長官，有所交涉。

如以上各項不能實行時，日本軍將即對貴軍採自由行動，其結果所生一切責任，應由貴軍負之。昭和七年，二月十八日午後九時，大日本帝國司令官植田謙吉。

第十九路軍司令蔡廷鍇閣下。

再記國際聯盟二月十七日發致日本應在道義上，法律上，尊重九國公約所訂尊重中國主權獨立及土地上行政上之完整，勿害世界和平申請書。日本帝國主義者反強詞奪理，誣衊狡辯的答覆如下：「(一)國聯對日本的警告，出於善意及愛好和平，日政府雖能了解其意，但施之日本則認為失當。(二)日本為自衞(?)而戰，在中國軍隊未撤退前，日本實不能停止抵抗。(三)國聯和平解決，而沒有提議具體的辦法，設日本從國聯之要求，則公共租界秩序，將受華軍蹂躪(?)，日僑生命財產將受害不淺。(四)中國聲明有和平解決的用意，實與事實相反。至日本早抱和平宗旨，且現居防禦(?)的地位。對於國聯

發出之警告，在日本實無接受的義務，因獨立國應有自衞權，日本政府在條約及道義上，應有拒絕這種警告的權利。（五）國聯的警告，根據會章第十條，固然不能加以否認，但對獨立國的自衞權，何能以日軍之行動爲不對。且列國間既須互相遵守，向常進兵上海，不乏先例，又何以自解。若僅默想中國獨有攻擊他國的權利，世界上寧有此種道理。日本對於中國領土的完整，毫無反對，國際對中國既予以寬容的態度，不宜有所偏袒，而失光明正大的精神。中國政府無組織，無秩序，內亂不息，各省獨立，不應該爲整個的國家，國聯會章，實不能適用於中國，列國定有可了解之一日。」

我軍前線配備，已於今（十八日）拂曉前完妥。敵軍來攻，必可決一死戰，如在現在陣地作戰，敵軍我軍兵力不再增時，很有勝利把握。對於敵人哀的美敦書，決以大砲答覆之。——蔡軍長接敵軍通諜後，請示蔣總指揮光鼐如何答覆，蔣答以大砲答覆之。——因倭奴野蠻兇暴，卑劣下流，絕對不能與講公理，只有以武力壓倒他，打得贏仗，倭奴自然恭順拜服，我們若是強不過他，想和他講理，向他乞憐，恐我們中華民族永久沒有抬頭的希望。

茲記錄十九路軍蔣總指揮所下全軍佈防命令及配備狀況如下：

命令（二月十六日午後十一時於南翔總部）

一，據確報，倭敵金澤第九師十五日全部抵上海，并久留米第二十四混成旅，及陸戰隊殘部共約三萬餘人，歸植田謙吉指揮，聯合其海空軍有再攻佔我上海吳淞之企圖。

二，本軍以守土自衞之目的，决佔領南市龍華北新涇眞茹閘北八字橋江灣廟行鎮吳淞寶山獅子林之線抵抗該敵，并集結主力於眞茹大場劉行鎮附近，待機反攻而殲滅之。

三，右軍翼應佔領南市及龍華北新涇眞茹閘北八字橋江灣（在內）之線，主力控置於眞茹大場之間，待機向虹鎮引翔港方面出擊，殲滅敵人。

四，左翼軍應佔領江灣北端，及廟行鎮蔡家宅胡家宅紀家橋曹家橋酒塘之線，主力控置於劉行鎮附近，待機向殷行鎮方面出擊，殲滅敵人，但須以一部在羅店瀏

河小川沙方面担任江面之警戒。

五，吳淞要塞地區隊，須死守吳淞寶山獅子林之要塞地區，以作全軍左翼據點。又須以有力部隊乘機進佔、張華浜地區，並歸張軍長指揮之。

六，左右翼軍作戰地界爲大場江灣之線（線屬右翼軍）

七，航空隊須努力妨害敵飛機活動，以掩護本軍作戰。

八，各部隊一切戰鬥準備，限十八日午前三時完成之。

九，通信及連絡：（一）以電話爲主，各師旅應遵照作戰計劃辦理。（二）交接防務時，須將已成之線移交，電話機則自行裝卸。

十，補充給養：（一）糧秣各部隊應自行準備半個月。（二）彈藥總庫在南翔。

十一，衞生：（一）各師應在前線開設野戰病院。（二）南翔有軍政部特設傷兵收容所。（三）總病院分設蘇州常州南京。

十二，余在南翔總指揮部。

十九路總指揮蔣光鼐。

傳達法：以油印命令分發各部隊受命者。

附錄軍隊區分

右翼軍指揮官第十九軍軍長蔡廷鍇

六十師

六十一師

七十八師（缺翁旅（缺第六團））

八十八師獨立旅附憲兵第六團及南市團警

左翼軍指揮官第五軍軍長張治中

八十七師

八十八師

中央軍校教導總隊學生義勇軍（滬庸大學生約一連在瀏河）

要塞地區正副指揮官　譚司令啓秀　翁旅長照垣

一五六旅（缺第六團（缺一營））

義勇軍約三百人　沈德燮

航空隊指揮官丁紀徐

飛機三隊

再記全軍配備狀況如下：

右翼軍

一，八十八師獨立旅（缺古團）附憲兵第六團，及南市警團，警戒南市及龍華漕河涇虹橋至北新涇（連北新涇蘇州河在內）之綫，并須死守南市龍華，以作右翼軍之據點。

二，七十八師（缺翁旅（缺一團））警戒北新涇至曹家渡中山路至北站及真茹

站之綫，主力控置於眞茹鎭附近，以便策應閘北或南市方面。

三，六十師佔領新閘橋亙北站寶山路橫浜路河八字橋雨傘店楊家樓下至江灣之綫，配備同前。

四，六十一師以一團死守江灣，其餘集結於大場附近，但第六團仍在羅店劉河小川沙任警戒。

五，軍司令部在眞茹。

左翼軍

一，八十八師（缺一團）以二六二旅佔領江灣北端亙小場廟竹園墩麥家宅廟行鎭周巷蔡家宅至蘊藻浜南岸之綫，其餘集結於馬橋附近。

二，八十七師以二六一旅佔領蘊藻浜北岸胡家宅亙紀家橋曹家橋至泗塘之綫，二五九旅集結於火燒場附近。

三，七十八師翁旅（缺一團（缺一營））附義勇軍約三百名，固守吳淞要塞（獅

子林寶山在內）。，四軍司令部在劉行鎮。

總計我軍兵力約四萬人（八十八師在鎮江之一團計明（十九）日可開到前綫歸回建制）與敵比較，略爲相等，或稍優勢。以現在配備，如在此短期內，敵人兵力尙未增加，向我進攻時，我軍卽乘機反攻，必定可操勝算。可惜以後總爲和戰兩可的政略所誤，以致殺敵未能致果，殊覺痛心！

我軍軍事方面如此，至於國民方面，則與敵人開戰二十日以來，國內民衆以及國外華僑，皆一致奮起共赴國難，誓死抗日，或捐款，或慰勞，或組織義勇軍參加前綫作戰，或服後方勤務等工作，不論精神上，物質上，皆直接間接予以援助。閘北江灣吳淞百萬民衆，無家可歸，家產全數犧牲，皆毫無怨言，上海各銀行也絕無提款擠兌情事，凡此種種，皆足以表現我國民抗日的決心。昨日上海市民聯合會更代表滬市三百萬市民發表擁護十九路軍抗日到底的鄭重宣言，原文如下：

自暴日逞其武力，侵略我東北三省後，猙獰面目，日益暴露。上月二十八日，駐滬日軍，於其國領事對市府答覆認爲滿意後，違背信義，引起戰禍。我十九路軍爲防衛國土計，誓死抵抗，血戰兼旬，屢摧強敵，我民衆敵愾同仇，故抱甯爲玉碎，勿爲瓦全之心，爲我國家民族爭一線生機。各竭其力，爲我忠勇衛國之十九路軍後援。不圖在此浴血抗敵，千鈞一髮之秋，執政諸公，忽有依違和戰之間，舉棋不定之勢；日人亦竟不顧廉恥，提出種種無理條件，以冀我人屈服，遂使杯弓蛇影，伯有相驚。夫物必先腐而後蟲生，穴穴來風，非爲無故，吾人苟抱定犧牲之決心，則公理終有戰勝強權之一日，物質損失，猶是小焉者也。敝會敢代表滬市三百萬市民，堅決作下列之表示：（一）非日軍先行退出中國領土，絕對無調和之餘地，（二）反對設立中立區域，（三）擁護十九路軍武力抗日到底，（四）全國總動員，實行正當自衛，拒絕日方任何要求。以上四點，爲一日最低之要求，如果不能達到，而竟致軟化則此次上海千萬生命財產之犧牲，無異付諸流水，國家興亡，在此一舉。尚希我全國同胞各秉匹夫有責之義，督促當

軸，一致奮起，勿令秦檜張邦昌輩復見於今日，國家幸甚，民衆幸甚，謹此宣言。

我國軍隊和民衆方面情形如此，在事實上，總可與日本決一死戰。陳部長銘樞一日到前方詢察，其抗日主張，至爲堅決。再錄其本日自眞茹發汪院長蔣李朱委員等巧酉電云：

「倭寇詭譎，絕無誠意，大戰在即。計倭軍在第九師到滬前，有久留米爾岡混成旅先到滬，九號以來，與我軍在江灣吳淞一帶作戰者，即該混成旅。查倭國反對出兵，現尚陸續由東三省祕密運兵來滬增援，我軍雖決死抵抗，而兵力物質懸殊，成敗之數可知！爲今之計，惟有照樞前所陳議，嚴令東北全軍反攻，幷密令沿海江各省埠一致抗日，使事件擴大，爲倭之所懼，即我之所利，持久抵抗，不顧目前之損毀，必收最後之勝利無疑。若恐東北將領不聽命，最好蔣先生到北平坐鎮，示以必反攻之勢，則亦可收同樣之效果也。是否有當，即請偉裁爲禱」等語。

觀此電，即足見一般。惜中央總是因循，猶豫不決，一誤再誤，以致殺敵未能致果，爲可

惧耳！

二月十九日晴　七十九，右翼軍方面戰況：一，閘北八字橋江灣之綫本（十九）日無甚戰事，惟敵飛機十餘架不斷在我前綫和後方上空偵察，八字橋方面之敵自午前九時起，至午後六時，以步槍機關槍，向我軍射擊，江灣方面間有砲擊，午前十一時許，敵步兵四五百名，并便衣隊百餘向我江灣站前進。當經擊退，萬國體育場的警戒部隊正午與敵亦略有接觸。二，南市至閘北之綫無戰事。

八十，左翼軍方面戰況：一，吳淞方面敵飛機數架不斷的偵察，黃浦江敵艦七艘時向我沿岸陣地砲擊，并開機關槍掃射，張華浜之敵亦向我陣地砲擊數十發，蘊藻浜車站附近敵約百人，似埋設地雷，經我軍出其不意，以機關槍掃射，斃敵數名。是日我軍傷亡官兵共五員名，本晚增加榴彈砲二門，在張華浜北金家宅附近佔領陣地。二，吳淞紀家橋胡家宅蔡家宅廟行江灣之綫無戰事，但敵飛機十數架不斷偵察，陣地前方村莊時常發見敵

人搜索小部隊與我軍前進哨及偵探衝突，我八十八師五二七團本日由鎮江歸還建制，午後十一時完全到達馬橋宅附近。

八十一，敵軍和我軍情況：敵軍一，今日續由匯山，黃浦虹山各碼頭登陸者有陸軍約一千，陸戰隊約一千，砲八門，軍械軍用品數百箱。二，植田奉敵陸軍部令云：「此次攻擊之成功與否，與日軍名譽及國家生命攸關，須愼重將事」。敵昨日正午在司令部召集各級部會議，——內容未詳——並即派參謀長歷訪英美當局，聽取日軍攻擊時之態度。英美方面答稱「若華軍進入各該軍警備區域時，即予解除武裝，希望日軍攻至英美警備區相近時亦勿使用飛機槍砲等，以免流彈飛入該軍防線內」云。三，敵砲兵陣，分設在北河南路愛而近路口靶子路四川路口虹口公園靶子場軍工路中段張華浜車站殷行鎮南端蘊藻浜鐵路工廠附近等處。四，狄思威路有敵陸軍約一千，分據各房屋，幷有重砲六門。五，敵大部皆移到江灣方面淞滬路三民五權路一帶，有敵步騎砲兵，新市政府附近有敵步兵二千餘，機關槍十餘架，安砲二十餘門。六，軍工路公大紗廠後門有敵飛機場，內有大

小戰鬥機三十六架。楊樹浦有敵飛機場，內有戰鬥機十二架。七，匯山碼頭今日運出浮水衣千餘套，及類似竹梯之物約六百件，送往軍工路方面，想係預備渡蘊藻浜攻我吳淞。八，敵領事今日再令北四川路日僑全數搬遷。

我軍方面最前線部隊兩三日來，更努力構築工事，今晚全線皆已完成，並甚強固。而蔣總指揮更下達關於工事及防敵戰事之命令如下：

一關於工事的命令：

一，本路軍為圖長期抵抗倭寇，於鐵路之北再選擇防禦線構築強固工事，以完成其目的。

二，其防禦線之選擇及構築工事之區分如下：

(甲)防禦線之選擇　以北站—八字橋—雨傘店—楊家樓下—小場廟—蔡家宅之線為第一線。以潭子灣—潭家宅—彭浦鎮—唐家衖—孫家宅—謝前宅—楊煥橋—蔡家宅之線為第二線。以王家井亭—俞趙

宅—王家宅—王家衖—李家橋—胡家莊之綫爲第三綫，以眞茹站—浦家角—柏家宅—勞家宅—童江宅—馬橋宅—蘇家橋—蘇家池—新宅之綫爲第四綫。

（乙）各綫上之構築工事區分如下：廟行鎭—楊煥橋—李家宅—馬橋宅之綫以北地區（綫上屬之）各綫未完之工事歸六十一師担任構成之。自潭子灣經彭浦鎭至牆前宅之綫，其未完成工事由六十師及七十八師之謝團協同構成之。自王家井經王家菴至大場之綫，其未完成之工事由七十八師担任構成之。

三，各綫工事應盡量加其強度，尤以機槍陣地之工事益宜堅固。

四，各綫應構築交通壕以便連絡。

五，構築工事之材料除由交通處盡量撥發外，令由各部就地徵集之。

六，各工事限於兩日內完成之。

二關於防敵戰事的教令：

一，陣地前之河溝，兩岸須削成絕壁，並設法增加河溝之寬度深度，但須注意對此河溝設置側防機關。

二，潮水漲時，須將河之下流堵塞，使水增深。

三，陣地前無河溝者，須掘外濠，務使敵車不能直達我外濠。

四，便於敵車通行之陣地前後，更須多設寬深的陷井，上面蓋以薄板，敷以泥土，使與平地相似，我陣地內的木板須能通行人馬。

對於敵軍通牒，本（十九）日蔡軍長以軍長名義答復如下：

「逕啓者，頃接貴司令二月十八日上午九時來函，備悉種切。本軍爲中華民國國民政府所直轄之軍隊，所有一切行動，悉遵國民政府之命令，來函所開各節，業經呈報政府核奪辦理，由外交途徑答復。」等語。

又汪院長皓來電告上海市府對敵牒文之答復如下：

「此次中國軍隊在滬行動，原係對日本攻擊之正當防衛，祗須日軍停止進攻，

「中國軍隊自當立即停止戰鬥行爲。我方極願速謀上海和平之恢復，但來文所開各條，關係中國主權至鉅，茲就大體上逐條說明如下：一，爲避免衝突計，以雙方撤退軍隊爲原則，雙方撤退之距離，可由雙方軍事當局商定，但撤退區域內之砲台及其他軍事設備仍應存在。二，中國軍隊撤退時，日方飛機殊無偵察之必要，日方軍隊撤退時，我方亦不用飛機偵察。三，雙方撤退完了後，雙方均無派遣調查員之必要，可請鄰三國組織之委員會調查證實。四，上海及附近中國當局管轄內日本僑民，中國當局當盡力保護之，但因日本僑民不守秩序而致發生事故，日方不能認爲保護不完全。至雙方便衣隊彼此應以有效方法禁止之。五，上海及其附近在中國當局管轄內包含撤退區域其外國人之保護完全由中國警察担任之。六，關於此項運動當依法取締之。以上各項實爲謀上海區域內之和平正式辦法，深望日方能洞悉其意，勿採取任何動作致令局勢愈加嚴重，倘日方必欲堅持原開條件而採自由行動，則因是所生之結果，當由日方負担其完全責任。」等語。

二月二十日晴　八十一，右翼軍方面戰況：本（二十）日午前七時爲敵軍限我軍由第一綫退出的期限，我軍前綫將士早已遵了蔣總指揮的意旨，以大砲答復野蠻的倭寇，且在嚴陣以待，我們所預料的大戰，當然也在今天午前七時開始，茲先從右翼軍方面，緒述如下：

甲，閘北八字橋江灣之綫——六十師方面戰況：是日午前七時許，敵向我全綫總攻，最先是以飛機大砲轟擊我陣地，而八字橋沈家宅楊家樓下江灣一帶最爲猛烈，飛機十餘架，大砲數十門，總是不斷的轟炸我全綫陣地及陣地後，八時起敵步兵約四五百名，向我八字橋及其左翼努力進攻，十一時敵步兵約七八百名，由屈家橋持志大學進出，猛攻我沈家宅錢家滆各前進陣地；另以一部向我孟家宅排哨攻擊，飛機的轟炸，大砲的射擊，機關槍的掃射，無所不用其極，來勢兇猛，爲開戰以來所僅見。我軍亦同仇敵愾，咸抱有敵無我，有我無敵的觀念，沉着應戰，肉搏多時。八字橋方面之敵，雖終未得逞，然我孟家宅之排哨，則因官兵全數傷亡，午後三時，卒被敵以傷亡約百人的代價，實行佔領。但我在沈家

宅錢家蕩的守兵，仍與敵繼續搏戰至午後九時，我軍乘夜更將蓋家宅奪回。來犯之敵，死傷遍地，遂全數潰退。而北站方面自正午十二時以來，受敵飛機大砲轟擊至烈，且有敵砲彈落至新民路南美國兵防守的租界地，更激起美兵之憤怒。午後六時，敵步兵二三百名，機關槍數挺，由河南路方面，向我寶山路新民路之陣地進攻，激戰至八時，敵忽然潰退，且其後方有機關槍聲頗密，聞因敵人侵犯美兵防綫，美兵以機關槍向敵掃射，敵兵反疑我軍抄襲，遂狼狽崩潰而退。九時以後，閘北八字橋江灣方面全綫無激戰，我軍遂乘機增調洗家宅錢家蕩陣地守兵，及連夜修築全綫工事，以死傷甚大，陣地且多破壞故也。

附註：美國駐上海軍隊第三十一團士兵全係美國西部的青年國民，忍勞耐苦，勇敢善戰。軍隊嚴肅，最注重正義，為美著名良好軍隊。但因美國西部最多日本移民，平日習見日本僑民野蠻橫暴，卑劣狡詐，一與之親近，即須吃他們的大虧，早已深惡痛恨，罵日本人為世界上最惡劣的民族。這次見日軍在閘北的橫暴，及荼毒我無辜的民衆，更對我軍深表同情，欲為正義人道而與日軍戰，

雖因時機未到，美軍未正式與我軍連合，與日軍對抗，然無形中已不啻與友軍無異。如美兵每晨與我軍士兵相見時，必說："Good-morning, our friends; Wishing you in every victory."又每見敵人飛機來時，必以手示意，叫我軍士兵射擊，若是敵飛機侵入到他們防綫上空內，美兵必毫不懷疑的向之射擊，凡此種種，皆足見美兵對我軍之好意。而我十九路軍士兵們對此好意，認識亦最為深刻。

乙，江灣方面戰況：守備江灣的部隊，為我六十一師張勵旅第二團田國璋部及第一團梁世驥之一營，其配備：一營在江灣南部，一營在東部，一營在北部，而萬國體育場及各陣地前三四百米達處，皆配置排哨，為前進陣地。第一綫全部使用兵力約六連，餘皆集結於江灣大街內，為預備隊。另附砲兵一連，重迫擊砲兩門，及輕迫擊砲一連。皆在江灣內分別進入陣地。又江灣車站附近，有我六十師劉占雄旅一部。此為江灣方面佈防配備情形。

本（二十）日午前七時，敵飛機十餘架，大砲多門，開始向我江灣陣地轟擊敵步兵二

千餘，即由萬國體育場方面攻擊我前進陣地，我警戒部隊努力抵抗，并擒獲敵方士兵一名，知當面之敵爲第九師第六旅第七團，至八時，我萬國體育場警戒部隊，乃逐漸撤退。而敵亦跟踪進抵萬國體育場西端，我第二條前進陣地的警戒部隊，更努力抵抗。至八時三十分許，敵飛機大砲轟擊，更爲猛烈。江灣東南部陣地步兵，亦已開始向敵射擊，敵坦克車鐵甲車更掩護其步兵向我陣地前進，其由體育場南端而來者，有坦克車四輛，同向我陣地前進。并以小砲機關槍齊向我軍射擊，聲勢兇兇，難以抵禦。我軍即以小砲射擊制壓，阻止其前進。至九時二十分，由體育場北端來者，被我擊破三輛，餘四輛即向後逃去。由體育場南端來者，進抵我江灣東南陣地前，更被我地雷炸毀其鐵甲車三架，其餘亦不敢前進，旋卽退去。但至十時，敵步兵已進至距我在鐵路陣地百餘米達處，戰鬥愈趨激烈。此時我軍受敵飛機大砲猛烈炸擊，死傷甚大。敵情危急，眞有一髮千鈞之勢。但我軍官兵，仍堅忍沈着，絕不爲敵所動搖。敵方愈向我軍接近，而損失亦愈衆，每次數十人，其猛來衝鋒，至接近我陣地者，俱無生還。江灣附近敵兵，連受三四次大挫折，又不敢向我軍進攻，至十一時

戰鬥焦點又移到江灣鎮東之鐵路附近一帶陣地，敵以飛機大砲機關槍等不斷的猛烈轟炸，至午後二時，我江灣鎮東一帶陣地工事，及副防禦鐵絲網，全被敵破壞。江灣房屋焚燬極多，小砲機關槍亦多被炸燬。我陣地當衝之田崗的第四第六連守兵官長傷亡殆盡，士兵亦達大半，其他亦多死傷，但當敵人各種火力猛烈的時候，敵步兵亦無法前進，我軍只有沈着以待，及至敵方火力稍減，步兵向我進攻時，我軍又奮勇抵抗，傷者皆起。三時許，我軍死傷更多，仍死力與敵肉搏，而敵進攻亦愈猛，我軍更以預備隊增加。四時，團預備隊已經用盡，戰況仍趨緊急。張勵旅長乃更由其第三團派一營增加。五時，到達江灣，而戰況亦稍爲沉寂。因敵人步兵，今日已受巨創，且一失飛機大砲掩護，即不能活動。我軍即盡夜將前綫部隊分別調動增加，實行整理。敵方則時以步槍機關槍向我射擊騷擾。

丙，南市龍華北新涇至閘北之綫——即王賡旅和七十八師警戒方面，今日無甚情況。惟有飛機五六架，時來偵察及投擲炸彈。

八十四，左翼軍方面戰況：敵軍已於今日實行總攻，我左翼軍方面自然同時受敵攻

擊；茲分述其戰況如左：

甲，江灣以北小場廟廟行鎮蔡家宅之綫——八十八師方面戰況：敵方飛機七八架，於午前七時以來，不斷在我廟行鎮陣地一帶上空循環偵察，不時投擲炸彈，放射機關槍。九時，敵少數步騎兵先進至我小場廟至麥家宅陣地前方，向我行威力搜索，并用砲擊敵飛機且放下白烟信號，以指示其砲兵射擊。不久，敵步兵千餘人，在其飛機及砲火掩護之下，向我各警戒陣地前進。而周巷前方，亦發現敵步兵數百名，對我方展開搜索，敵砲兵更以猛烈砲火，向我本陣地全綫砲擊，尤以廟行麥家宅爲集中火力之區我各前進陣地之守兵，皆沉着應戰，強級抵抗。至午後三時，乃逐漸退回本陣地。且見敵兵約二千餘，已在小場廟麥家宅前方展開，在攻擊準備位置，且有一部向我小場廟陣地前進，我八十八師第五二三團官兵皆沉着應敵，衝鋒數次，皆被擊退。且死傷甚多，而周巷前方之敵兵，則終日未敢前進，無甚動作。入夜以後，我軍將陣地前各敵兵完全擊退，且乘機恢復各前進陣地，但未尾追，敵去亦不遠，終夜皆嚴陣以待，無甚激戰。

乙，胡家宅紀家橋曹家橋泗塘之綫——八十七師方面戰況：是日雖有敵飛機不斷偵察，并擲炸彈，敵砲兵時對我陣地及其後方砲擊，但無甚激烈戰事。惟午後一時，有敵約二百，向我紀家橋前進，被我警戒部隊猛烈射擊，敵死傷廿餘人。即向張華浜方向退去。又午後三時再來，敵約三百餘名，在蘊藻浜南岸，對我構築工事，我軍以榴彈砲射擊之。其餘無他情況。

丙，吳淞要塞即吳淞寶山獅子林之線——翁旅方面戰況：午前七時，敵艦十二艘，飛機二十八架，及張華浜東砲八門，野戰砲二十四門，齊向我陣地猛行砲擊，并擲彈炸擊，我方砲兵亦開砲向敵還擊，戰鬥頗爲劇烈。寶山城獅子林吳淞鎮一帶，最爲激烈至午後三時，敵以裝甲電船三隻，掩護兵船三十餘隻每隻滿載陸戰隊約三四十名，在其飛機大砲掩護之下，向我砲台灣附近，強行登陸。我軍官兵皆沈着以待，把機關槍集中火力，向敵掃射，激戰二時，敵死傷落河者甚多，卒將敵擊退。入夜以後，敵仍不斷向我砲擊，其戰艦則分爲兩部，一入黃浦江向上海開行，一退出吳淞口外停泊。計是日敵在吳淞要塞方面開砲

千餘發，擲炸彈兩三百枚，我軍官兵死傷三十五員名。駐潘家宅之鐵血軍（即義勇軍）被敵砲轟斃四名，傷十五名。

丁，羅店瀏河小川沙——六十一師第六團方面戰況：本日敵艦三艘，到瀏河口外停泊，另五艘到楊林口，向我岸邊陣地砲擊，一艘到七丫口邊巡，楊林口七丫口一帶，并有舢板小艇，似有登岸企圖，午後九時，敵艦三艘，并民船七隻，舢板小艇等，駛至我茜涇口，企圖登陸，經我義勇軍射擊阻止，敵卒退去。晚，我中央軍校教導總隊步兵一營，開到瀏河。協助六十一師第六團防務。

八十五，敵軍和我軍情況：是日敵軍除向我全線總攻外，其飛機尤為活動。我大場眞茹瀏河南翔等處，多受敵轟炸，道路橋樑，間被破壞，無辜民衆，亦多死傷。

我軍除前線努力抵抗倭寇，及各局部部隊因作戰上關係略有調動外，其餘無他情況：但我十九路軍總指揮蔣光鼐，軍長蔡廷鍇，警備司令戴戟，及各師旅長發致國民政府各省軍民長官全國民衆號電稱：

「暴日蔑視我國家政府，以挑撥造謠之卑劣技倆，違反通例，單獨致本軍以蠻橫之最後通牒，本軍惟有以鐵血答復之。軍人報國，粉身碎骨，是分內事，大戰開始之日，即本軍授命之時。使一卒一彈猶存，則暴日決不得逞，惟願全國朝野上下，人人懷必死之志，引偷生苟活為無上恥辱，團結一致，前仆後繼，則本軍之犧牲為不虛，伏屍流血之戰士，必含笑於九泉矣。」

等語，益見我軍抗日之堅決。可惜我國上下，終未能團結一致，以抵抗到底，收最後勝利為痛恨耳。

二月二十一日 陰晚微雨寒 八十六，右翼軍方面戰況：是日倭敵還是繼續向我全線總攻，而江灣方面最為激烈。但此係我軍作戰計劃預料所及之現象，故我軍應付甚鎮定安閒。茲先敍述本(二十一)日我右翼軍戰況如下：

甲，閘北八字橋至江灣之線戰況：本日午前二時起，敵尋以大砲向我寶山路天通菴

路一帶陣地不斷射擊，陣地後方民房，因受敵燃燒彈射擊，多被焚燬，拂曉以後，火勢稍熄。而敵飛機即來偵察投彈，而我八字橋方面受敵砲轟更十分激烈，九時，敵以步兵二百餘名，向我寶山路天通菴路一帶陣地進攻，且以鐵甲車四輛，猛衝我寶山路陣地，同時，八字橋方面，亦有敵數百來攻，我軍雖沉着應戰，敵終不得逞。但其頑強程度，似較以前增大，或因敵軍全線總攻，這方面雖然非敵人所選定的攻擊點，但亦欲極力佯攻，以實行其威脅牽制，所以今天敵人雖屢攻屢敗，屢進屢退，總是前仆後繼，反覆來攻。午後二時，當敵大砲飛機猛炸各陣地後，敵再以鐵甲車六七架掩護其步兵，向我寶山路天通庵路青雲路恆業路中山路八字橋各處陣地猛撲，激戰至六時，敵始潰退而去，戰況始稍沉寂。七時有敵數百，幷機關槍十餘挺，又向我天通菴路陣地進攻，激戰至八時，被我擊退。八時至十二時，八字橋之敵，向我八字橋陣地再攻兩次，均被我軍擊退，而沈家宅錢家濤方面，今日無劇戰，惟受敵飛機大砲轟炸，微有損傷。但我軍總是沉着以待，倭敵竟無可如何。

乙，江灣方面戰況：今日守江灣部隊仍為六十一師第二團及附第一團第三團各一

營，昨晚以來，我軍與敵對峙，或修築工事，或担任防守，不論官兵，皆枕戈待旦，絕未休息。拂曉，敵復開始向我砲擊甚烈。七時，敵飛機十餘架，亦來投擲炸彈。午前八時，敵步兵乘其飛機大砲猛烈轟炸時，復開始向我陣地進攻，我官兵沉着應戰，待敵接近，即以各種槍砲火猛烈射擊抵抗，使敵受很大損失，復敗退而去。八時後，敵專以飛機大砲不斷轟擊我陣地；所有工事，多被破壞。同時楊家樓下陣地，亦同受敵砲擊，破毀甚多。敵更施放烟幕彈，以遮蔽我守兵視線，其步兵即同時向我江灣站及江灣鎮之東南一帶陣地猛撲，我軍亦沉着奮勇，死力抵抗，以機關槍掃射，步槍快放，手榴彈炸擊，刺刀格鬥，與敵肉搏多時，雙方皆死傷遍地，敵遂稍退。其後方部隊，仍繼續推進，我方甚為危急，而敵攻擊正面，更漸向北推移，激戰至正午，敵砲兵因得飛機指導，射擊更加有效，且重砲多門亦集中火力，轟我陣地，我軍工事，大部被毀。江灣民房，亦大火四起，焚毀甚多。正面敵人攻擊，亦愈加猛烈，我軍乃將第三團第一營悉數增加至前線，以與敵抵抗，敵死傷數百，終不能進入我軍陣地一步。

午後五時，敵因江灣無法進展，遂移其攻擊方向於江灣以北地區，而江灣戰鬥漸入平靜。

是日江灣正面來攻之敵，係金澤第九師前原指揮之第六旅約三四千人，是日因六十一師第二團死傷過大，晚，以梁世驥接替江灣防務。

丙，南市龍華以至閘北之線，今日仍無甚情況。

八十七，左翼軍方面戰況：本日我左翼軍戰況以八十八師廟行方面較為激烈，茲緒述如下：

甲，江灣北至小場廟廟行鎮蔡家宅之線戰況：昨晚以來，敵人不斷向我砲擊，敵軍大部不斷向我江灣以北廟行鎮方面陣地移動，我方判知該方為敵之攻擊點，而大戰必在日間無疑。我軍愈加增築陣地工事，並嚴密戒備。敵軍果於拂曉五時餘起，更以各種砲火向我陣地猛烈射擊，飛機不久亦來陣地及後方猛行偵察轟炸，以阻我部隊的活動，敵步兵一部亦向我各前進陣地進逼，經我警戒部隊痛擊，隨卽退去。至午前七時，敵乃在其各種絕對優勢火力掩護下，以步兵大部縱深配備，向我廟行以南麥家宅竹園墩小場廟嚴家宅方面之陣地節節進逼。我警戒部隊乃退回本陣地，以與敵抵抗，激戰甚烈。而麥家宅

前之敵，進攻更爲急迫，同時普西方面，更有集團步兵約千有餘人，午前九時，戰鬥更加激烈。雙方死傷甚大，敵砲兵射擊，改以我陣地後方一帶爲目標，其步兵全力卽向我陣地猛衝，我軍陣地雖大多已經破壞，而我官兵則奮勇百倍，繼續抵抗，敵死傷徧地，終不得逞。入黑以後，我軍乃由廟行北出擊，敵漸不支而退。午後十時，戰況乃稍沉寂，我軍仍恢復前進陣地，與敵對峙，努力戒備，幷修築工事，準備再戰。

乙，胡家宅紀家橋泗塘之線戰況午前一時許，敵步兵當其砲擊猛烈時，在紀家橋曹家橋附近，企圖預渡蘊藻浜河，攻擊甚猛，激戰二時餘，敵卽退去，但有敵步兵及小砲兵等盤據北沈宅一帶村莊，構築強固工事，而張華浜方面的砲兵，更自昨晚以來，不斷向我陣地射擊。今日拂曉後，更加激烈。至午後一時以後，乃稍停息。敵步兵則拂曉以來，屢欲強渡蘊藻浜河，俱被我軍擊退。又敵飛機五六架，終日不斷偵察，到處投彈，午後一時三十分，被我小砲擊落一架，墜於火燒場附近。其飛機爲「八四六」號戰鬥機，駕駛員田中少尉，當時斃命，身上帶有銅牌一塊，上鐫一菩薩小像，及「信濃國別所厄北向大悲尊別當常樂寺」

等字樣，聞係敵人自知侵略戰爭太背人道，早知必死，故帶此小菩薩，請其保護，此種迷信舉動，敵方官兵幾全體如此，非僅田中機師一人而已。西洋人信上帝，日本鬼拜菩薩，原與我國敬祖宗孝父母同一作用。現在我國青年把中國數千年舊禮教破壞無遺，而新道德又未確立，宜乎全國內亂不已，不能團結一致，共圖對外了。

丙、吳淞要塞方面戰況：本日午前二時，敵飛機數架，來轟炸我吳淞一帶陣地，並放火球甚多。張華浜敵砲兵向我吳淞方面射擊，六時起，砲火益烈，專向我泗塘以至吳淞一帶陣地不斷轟擊。而敵軍艦十三艘，飛機十八架，亦同時向我吳淞全陣地爆炸，而蘊藻浜站之敵步兵四五百名，且有在其火力掩護下，強行渡河之勢。經我軍沉着應戰，努力抗拒，始將該敵擊退。而獅子林方面午後二時，亦有敵艦五艘，飛機數架，到來努力猛烈轟擊。又午後三時許，當敵人飛機大砲齊向我軍陣地猛烈轟炸時，突有一砲彈自張華浜方面飛來，穿過永安紗廠鐵窗，在廠內爆炸。而我軍防守該廠之七十八師一五六旅第四團第三營第八連連長趙希聲，排長劉得標，士兵六名，皆同時被敵彈爆炸，陣亡官兵血肉橫飛，屍體

破碎，而趙連長頭顱四肢，不知去向，死得最慘，殉國亦最烈。「大好頭顱爲國擲，何須馬革裹屍回」，眞可爲趙連長咏矣。嗚呼！我忠勇的趙連長，於二月七日以一連之衆，抗敵二千餘人，殺得落花流水，不幸機會不容他再率鐵軍健兒，向倭寇衝鋒陷陣，今竟爲國作最後之犧牲，雖有遺憾，然取義成仁，亦可告慰矣。午後六時後，敵砲飛機始漸停息，而步槍機關槍仍徹夜不絕。是日我軍共傷亡官兵二十一員名。

我防守吳淞鎮沿蘊藻浜至泗塘一帶之翁旅第四團第三營梁文部自二月三日以來，苦戰已將二十日，連日受敵人砲擊彈炸，日夜進攻，官兵死傷甚大，其不死者，也因炸彈的震激，和日夜苦戰，不得休息，精神疲乏萬分，甚至有耳聾目眩，或發神經病者，故於今晚特乘暗夜，以第五團第三營與之調防，於午後十一時，始接換完妥。

附故連長趙烈士金聲傳

趙烈士金聲，江蘇泰興縣人，生性聰慧，富愛國心，年十八，畢業於南洋公學，感懷國事，投軍福建陸軍教導團，畢業後，歷任十一軍教導營排長，軍官教導隊分隊長，六

十一師第七旅十四團營附，訓練有方，成績卓著，愛士卒如手足，視民衆若家人，忠於職務，臨難不避，雖歷任艱苦，未嘗云勞。上峯器重，部屬愛戴，智仁勇兼備之軍人也。旋改編爲本軍七十八師一五六旅四團三營八連連長，滬戰乍起，烈士興奮異常，痛恨萬分，勉其所屬官兵云：「以前對內打仗，完全罪惡，現在可眞正是我們報國殺賊的時候了！」二月七日，吳淞之役，烈士率一連兵力拒倭寇二千餘衆於吳淞蘊藻浜站，血戰終日，誓守不屈，其英勇可知矣。此後倭寇不敢輕犯吳淞，我軍退守前，吳淞仍無恙，烈士與有功焉。吳淞之役，烈士鱗傷遍體，竟以身殉，嗚呼，烈矣！作者曰：『烈士往矣，但不知我國能有無限趙烈士相繼而起，以抵抗倭寇否乎！』（華振中撰）

丁，小川沙瀏河楊林口方面無甚戰況，惟敵艦十一艘，停泊楊林口一帶不斷梭巡，并向我楊林砲擊數十發而已。

八十八，敵軍及我軍情況諜報：一，敵之善通寺陸軍第十一師，昨日出發來滬。餘待機出發，擬派兩三師，其出發日期，則視今後戰況及各國態度如何，再由閣議定。但植田佐藤

鮫島等昨日在靶子場陣營協議今後作戰計劃，決電東京軍司令部，請求速派三師增援。

二，敵第十一師師長爲中將松井石根，其編組兵力如下：

步兵第十旅。

步兵第念二旅。

騎兵第十一團。

山砲兵第十一團。

工兵第十一大隊。

輜重兵第十一大隊。

又敵在軍工路公大紗廠後方飛機場內，有大小戰鬥機三十六架。又查敵坦克車，現共有三十架。江灣萬國體育場敵築砲兵陣地，已設野砲十二門，重砲八門。敵司令部已移復旦大學，主力已移到江灣方面。

至於我軍方面。當此敵方調兵遣將，猛烈進攻中，除前綫拚死抵抗外，到底怎樣應付

呢？這是當時我軍最爲急切的一着。因爲此時兵力，敵我兩軍，不過約略相等，如敵軍增加，我軍不增加，結果，終不免於一敗，則以前一切犧牲，亦將變爲毫無意義。茲摘錄蔣總指揮本日來往電報三件如下，以見一般。若問以後事實如何，作者執筆傷心，實在不堪記述啊！

一，「陳部長銘樞李委員濟深馬來電云：『政府經决長期抵抗計劃，務令各方調軍，俟面詳。望速飭員催夫構築劉河羅店廣福南翔黃渡陣地，以爲不得已時之第二重防禦綫，弟等即夜帶同工兵軍官前來』等語」，

二，覆航空丁隊長紀徐馬申電云：『號電奉悉：敵機日來四處轟炸，尚盼貴隊速來助戰，以挫敵燄。敵機場在滬江大學球場，張華浜鐵路碼頭，浦東高橋鎮，及楊樹浦華租交界處，約計四處。如能乘其不備炸毀之，尤善。再，敵機場與沈家宅虹口等處均有高射砲，特幷聞』等語。

三，發何部長陳部長並轉汪院長蔣委員長李委員等馬電云：『敵在滬海陸空軍今日全部出動，向我全綫猛攻，始以砲兵壓迫，繼以唐克車掩護陸軍突擊，並企圖

突破我中央，故江灣車站及江灣鎮間戰事最爲激烈。該處受敵機數千架之盤旋擲彈，及砲兵之轟擊。所有房屋工事，被毀淨盡，以陸軍數千，藉唐克車十餘架之掩護，拚死來衝，經我死力抵抗，斃敵甚多。我毛師在江灣鎮之第二團官長傷亡殆盡，士兵亦傷亡甚多，現仍在苦戰中。但敵砲所發多爲燒彈，江灣鎮四週房舍起火，勢甚危殆。閘北廟行鎮曹家橋吳淞一帶，亦受敵之猛衝，我官兵沈着應戰，敵均不得逞。惟尚未退，仍與我支持中。同時，敵機來眞茹南翔一帶擲彈，傷老百姓極多並燒毀房屋數座。劉家行方面被我擊落之846號戰鬥機一架，內有機關槍兩挺，其大尉機師死焉。」等語。

二月二十二日早霧日晴 八十九，右翼軍方面戰況本日戰況以江灣及左翼軍廟行方面最爲激烈。玆分述如下：

甲，閘北八字橋江灣之綫戰況本日（二十二）午前四時，敵大部猛攻我八字橋陣地，

破我軍擊斃百餘，退去。拂曉敵飛機大砲照例向我陣地轟炸，午前八時，敵以鐵甲車四輛，掩護步兵，向我天通菴路青雲路中山路一帶陣地進攻甚烈，激戰二小時，卒將敵軍擊退。午後一時，因我左翼軍廟行方面，與敵主力激戰，我軍這方面爲牽制敵人計，乃施行佯攻，先以槍砲火力向敵方陣地猛擊，後以一部份由寶山路天通菴路中山路向敵進攻，激戰約二時，敵陣地後方部隊，紛紛增加，我軍略有損傷，乃撤退回原陣地。六時三十分，我軍更以一陣向屈家橋持志大學之敵進攻，戰約一時，我軍仍退回原陣地。七時後，敵砲猛向我陣地轟擊。九時，我廟行方面已將敵擊潰，且以一旅實行追擊反攻。我全綫更以一部進至敵陣地前，與之搏戰。我方官兵因二十日來均係在陣地抵抗，滿胸憤恨，無從發洩，今聞敵軍大敗，我軍反攻之訊，這方面雖係佯攻牽制，而官兵則奮勇向前，勢如潮湧，大多皆直衝到陣地，以手溜彈刺刀與敵人肉搏，敵在黑夜認我軍反攻，倉惶應戰，并以其後方部隊加入陣地，戰益激烈。我軍乃乘機退回原陣地，與敵對峙。但聞敵戰壕呻吟之聲，最爲慘酷，敵方死傷甚大，我軍亦略有損失。是日八字橋以北，寶興路以南無劇戰，敵飛機亦少活動。十

一時後，全綫漸沉寂：

乙，江灣方面戰況：我六十一師第一團梁世驥部附第二團第三營接守江灣防務，於昨晚十時許佈防完妥，其配備以兩營守江灣站北端，沿鐵道江灣鎮東北虬江小學，以一營守江灣鎮北，以一營爲預備隊，而江灣站附近有我六十師劉旅一部昨晚以來，敵不斷向我江灣站附近陣地攻擊，被我軍殺傷二三百名。本日午前四時後，敵乃退去，前綫乃稍安靜。至午前六時起，敵復以多門重砲及野戰砲向我江灣鎮猛烈轟擊，同時飛機二十餘架，盤環天空，向我陣地頻擲重量炸彈及燒夷彈轟炸，霎時江灣鎮東市商舖，及陣地附近房屋，均先後起火，濃煙四佈，火焰漫燃，極爲慘烈，至上午七時三十分，即用唐克車八九架，分數路由跑馬廳方面向我江灣鎮及江灣站一帶陣地猛衝，掩護步兵二三千，向我前進，來勢極猛。此時我狙擊砲連因砲彈盡，已調返後方，而山砲僅三門，因受敵砲火集中射出，日間又不敢射擊，我軍步兵只得固守陣地，沉着應戰，然江灣爲軍事上必爭之地，我軍必須固守，敵軍亦勢在必攻。我失江灣，則吳淞上海之連絡斷絕，閘北八字橋堅固陣地將

全失其效用。吳淞要塞亦將受敵包圍，而最初決定『就地抵抗』的計劃，必然根本打破。敵得江灣，則可以側攻閘北，或圍攻吳淞，且可使彼軍之展開進出容易，而在外交上更可借作宣傳要脅。今日爲敵第九師團到滬後實行總攻的第三日。兩日之間，皆注其全力猛攻江灣，今日也自然不能例外，凡敵所有野戰砲攻城砲平射曲射各種重砲，盡量向我江灣陣地轟擊，其飛機更在上空監視爆炸並指揮砲兵射擊。江灣一帶陣地民房，人影，無一不遭敵人殘酷損害。我軍步兵，當敵人飛機爆炸，大砲轟擊，戰車衝鋒，步兵猛進及陣地大火中，又絕無他兵種的援助，只憑一枝步槍以與敵搏戰，其困難危急，殊非局外人所能想像。被敵人轟炸的房屋倒壓的，烈火焚燒的，死傷狼藉，悲慘萬狀。午前八時，當我左翼軍廟行鎮方面正在危急萬分的時候，敵人更欲擴張其戰果，大有一舉而奪我江灣之勢。除向東面陣地猛攻外，更向北面陣地進攻，加猛烈砲火，且集中向我江灣西北及叢家宅一帶射擊，威脅我軍側背。敵人坦克車及步兵，則前進至江灣鎮東西一帶陣地，與我軍肉搏，我軍亦以步槍機關槍向之射擊，或以手溜彈投擲接近之敵，或以刺刀與之相搏，有時殘屋瓦

堆上，烟火叢集中表面看來，似我軍已全部死傷了，待敵接近，我軍殺聲四起，槍彈手溜彈四處橫飛，敵人幾無生還，所以敵雖死傷續出，仍不能佔我尺寸的陣地，戰車屢進屢退，步兵屢進屢亡。十時許，我左翼軍方面，因得我六十一師張炎旅的增援，陣地已復穩固。而敵方死傷過大，兵力用盡，亦再無力擴大其戰果。江灣方面的攻擊，亦稍停息。但飛機大砲的轟炸，絕未稍殺，至午後三時，敵利用其飛機大砲的掩護，再由我江灣鎮北面陣地前約三百米遠處，力行突擊作孽，雖死傷數十人，亦當即將當面來攻及作孽之敵擊退。當時捕獲敵兵二名，該二兵從袋內取一紙包以示我軍士兵，因即暈倒，敵兵即逃脫而去。四時以後，江灣方面之敵，已漸停止進攻，我軍苦戰之後，亦得暫行休息，與敵對峙。入黑以後，我軍即續行修築各陣地工事。晚間雖無甚激戰，但嚴家宅以北敵人進攻甚烈，我軍亦努力反攻，我江灣方面官兵為修補工事抵抗敵人連絡友軍計，仍嚴陣待敵，未得片刻安息。

丙，南市至閘北之綫，今日亦無情況，惟真茹一帶時有敵飛機來投擲炸彈騷擾。

九十，左翼軍方面戰況：今日敵軍除猛攻江灣外，江灣以北至蘊行之綫，攻擊亦十分

激烈，即在抗日戰爭中，所謂廟行鎮之役是也。是役敵我兩軍死傷六七千人，茲將大戰經過分述如下：

甲，江灣北嚴家宅小場廟竹園墩麥家宅廟行鎮周巷蔡家宅之線——廟行鎮之役戰況：敵人攻我廟行方面的陣地，已經兩日了，雖屢進屢退，表面上徒招損傷，毫無所得，但事實上，因我八十八師部隊，對於前進陣地，未派有力部隊防守，敵人二日來的進攻，已完全知道了我本陣地位置，及全線的虛實，故今日（二十二）敵人大舉進攻，主力專用於廟行方面，且能在天色未明前，即猛烈的開始動作，當時我軍八十八師佈防狀況，最前線兵力約共三團，江灣鎮北經嚴家宅至小場廟北之金家塘（在內）為五二三團馮聖法部，金家塘北經竹園墩至麥家宅（在內）為五二七團施覺民部，麥家宅北經廟行鎮周巷至蔡家宅為五二四團何凌霄部，每團所用兵力不過二營。午前一時起，敵主力第九師一部，及久留米混成旅，乘夜突然向我軍猛烈襲擊，尤以竹園墩麥家宅方面的陣地最為猛烈，然均被我前進部隊抵抗擊退。至午前三時，敵集中砲火，向我陣地射擊，甚為猛烈，同時敵步

兵亦全線向我陣地進攻；來勢十分凶猛。我軍亦奮勇抵抗砲擊，槍彈手溜彈互相轟擊投擲，敵我兩軍皆血肉橫飛，拚命撕殺。而麥家宅附近，因爲敵之攻擊點，而戰鬥亦最烈，敵我死傷亦最多。午前五時許，敵方砲擊已不下三四千發，且全向我竹園墩麥家宅廟行一帶陣地集中火力，所有陣地多被破壞，又值天霧瀰漫，拂曉之際，敵步兵更以縱深重疊配備，向我陣地節節逼進，戰鬥益加猛烈，我方沉着抵抗，拚死撐持，敵方前仆後繼，反復衝鋒，拂曉後，敵飛機大砲轟炸益加猛烈，我軍死傷益大，血戰至午前七時，我麥家宅方面之二五七團第三營，因官兵士兵幾傷亡殆盡，而後方增援因受敵人飛機和大砲的轟擊，多在未到達前，已死傷過半，而麥家宅的陣地遂被敵人突破，錢旅長倫體親率所部向麥家宅方面之敵努力反攻，當時卽重傷胸部，而戰況益加危急。我廟行鎮五二四團之第二營因受衝入麥家宅方面之敵人側擊，損失亦極大。八時許，我軍死傷益大，敵方飛機大砲的轟炸益烈，步兵進攻亦益急，戰況危險，眞有一髮千鈞之勢。所幸何團長凌霄指揮沉着，能於戰鬥激烈，友軍崩潰，所部死傷甚大，敵方進攻不已之際，嚴率所部，死守廟行；而楊旅長步飛

調度有方，又能在抽調所屬前後方部隊，向麥家宅方面之敵猛烈反攻；又錢旅長倫體能負傷指揮，前線各團長能互相協同，故竹園墩以南陣地，因得不至動搖，苦戰至十時許，雙方傷亡益大，我八十八師俞師長李副師長，皆親自出馬，上前督戰，而所有預備隊以及工兵營等皆完全用盡，因得與敵相持於嚴家橋塘東宅沈家宅金家碼頭之線，與麥家宅方面來攻之敵奮勇抵抗；且因敵軍兵力用盡，死傷亦衆，又不知我軍作戰性質，無法擴張其戰果，我軍與敵軍能力終不過如此，血戰半日，士氣漸定。同時我六十一師張炎旅接替所部兩團，先後到達水車頭附近，我軍士氣益壯，敵方更絲毫不能進展。至午後零時三十分，敵人因廟行以南，再無法進攻，因又在廟行北至周巷之線，增加步兵一千餘人，連合飛機大砲猛烈進攻，企圖再突破該線，包圍我廟行而奪取之。敵方現有兵力，似將孤注一擲，我軍廟行得失，尤爲全軍安危之所繫。雙方戰鬥至爲激烈，死傷亦甚衆多，血戰至午後三時許，我八十七師宋旅，由紀家橋方面渡河，已到達北沈宅附近，與敵激戰，且逐漸向南徐稷宅方面逼進；我嚴家橋塘東宅沈家宅金家碼頭正面，更乘機向麥家宅方面之敵反攻。五

時我六十一師張旅部隊，已先後增加一部於小場廟竹園墩陣地，與八十八師部隊努力向當面之敵反攻，我方死傷甚大，仍難進展；傍晚敵飛機已停止活動，我軍即乘機向敵猛烈反攻，敵遂不支而退。我八十七師宋旅亦進抵南沈宅附近，與敵苦戰。十時我大部陣地皆得逐漸恢復，惟麥家宅之敵一部，因受我軍包圍，頑強撐持，我出擊部隊因此未十分窮追，我軍乃以八十七師孫元良旅解決麥家宅之敵，調回宋希濂旅仍守蘊藻浜北岸原陣地，六十一師張炎旅則向趙店宅吳家宅之敵攻擊，但仍不能十分得手。惟敵方亦氣窮力盡，勢成強弩之末，是晚只兩軍互相對峙，除嚴家宅郭家宅方面較為緊急外，全線皆無甚衝鋒，肉搏血戰，不下二十二時，實為抗日戰役中最激烈者，我軍死傷約三千餘人，敵方因取攻勢；死傷更大，敵第九師團為日本軍隊歷史上負有名譽而且最精銳的部隊，這次進攻我廟行陣地，偵察十日，試攻兩天，在敵魁植田以為十拿九穩，一攻必得，故傾其全力，作孤注一擲，欲因此一役，以挽回日本軍隊屢戰屢敗的名譽，并表現其第九師團的威風。豈知竟給我軍殺得七零八落，晚間十一時許，有一部失了官長指揮的第九師團潰退的士

兵，竟有由廟行方面一直跑到楊樹浦匯山碼頭附近找船回日本去的，其狼狽慘敗的情形，可想而知了。當時上海租界裏面有說日本軍總退却，有說中國軍已追入租界直到了楊樹浦的，即外國記者亦多以日本軍慘敗的消息密告我軍說：「日本軍預備隊已完全用盡，中國軍宜乘機反攻，直可使日本軍全軍覆沒，萬不可錯過了機會。」惜我軍當時因諸種關係，竟把這個機會錯過去，使九死一生之敵，再得死灰復燃，以後敵軍源源而至，我軍始終只有這名號五師，實不過四萬的兵力，與敵相搏戰，絕無一兵增援，徒再多死傷八九千人，終不免於一退，眞可爲之痛惜長嘆的啊！

乙，胡家宅紀家橋曹家橋泗塘之線戰況：我軍在這方面因爲佔據蘊藻浜北岸，與敵隔河對峙，敵軍不易進攻，故自二月十三日紀家橋一役以後，敵軍未敢向這方面企圖進攻，所以連日以來，敵情不甚緊張，間或來犯，也不過零星戰鬥，企圖牽制，以利其主力的進攻。本日（二十二）早，敵人以主力向我廟行八十八師陣地進攻時，敵人仍以少數步兵，隔河向我進擾。拂曉後，敵人飛機大砲，亦時向我陣地轟擊。我宋旅仍嚴陣以待，以爲敵人不

久亦必來此攻擊。八時我廟行方面十分危急，敵人拼死猛攻，而蘊藻浜之線的敵人，仍無動作，我軍雖以猛烈火力向其側射，但不見什麼效力。十時，我宋旅官兵皆忍至不能忍，宋旅長乃決心自動的向敵側面出擊，威脅敵側背，援助我友軍，即以一營担任紀家橋至吳淞之警戒，以一營進至紀家橋附近作策應，其餘分由紀家橋周家宅強行渡河，攻敵側背；但敵人當時分據蘊藻浜南岸朱家橋顏中橋宅趙家宅南北沈宅各村莊，不下三四千人，且築有強固工事，正午十二時，我軍一切準備，已經完妥，即以民船小艇，努力渡河，敵步兵拚死阻止，飛機十餘架，且在兩渡口盡力轟炸，我軍死傷甚大，宋旅長指揮所部，不顧一切，期在必渡，各官兵亦踴躍爭先，斷無畏縮，一面苦戰，一面渡河，至午後三時，我軍經不斷的血戰猛衝，乃將顏中橋宅北沈宅一帶之敵擊退，而奪回佔領之。并再繼續向南進攻，敵軍二十四團之一部，於四時屢向我軍反攻，終不得逞。然雙方死傷續出，搏持至苦。至六時天色漸黑，敵空軍已失活動能力，我軍士氣益壯，乃進至南沈宅一帶，敵狼狽潰退，損失甚大，我軍奪獲甚多，中有日本旗數面，我士兵多拿來撕細踐地，因恨敵心切，絕不顧該敵國旗

幟存留在我國土地上也。我軍以破竹之勢，更乘勝將金穆宅之敵重重包圍，敵雖作困獸之鬥我軍可殺敵如狂，大有殺盡倭奴方能罷手之慨。此全因倭奴之於我國怨毒已深，我國人愛國心愈切者恨倭奴心亦愈深。況八十七師宋旅，當滬戰爆發時，全旅官兵皆請纓出發，誓不與倭寇兩立，今日乘勝殲敵，欲其不愆步伐，所殺不至過當。自然是不可能，假使我軍能於是夜乘勝追擊，全線反攻，倭奴必全軍覆沒，毫無疑義；又誰料我軍竟因政略未定，殺敵不能致果，使釜中之魚，復得生機，眞可痛惜！午後十二時，我宋旅以援助八十八師恢復陣地之任務已達，奉命實行調回蘊藻浜北岸原陣地。當撤退時，官兵皆多嘩然，有甯死不退之憤，且有自動奮行向敵衝鋒而死者，尤爲可歌可泣，最足痛心！是日我八十七師宋旅死傷官兵共五百餘名，舊仇新恨，更不知何日何時可得報復呀！

丙，吳淞要塞方面戰況：本日(二十二)仍有敵機十二架及軍艦七艘，小時向我吳淞砲台及各陣地擲彈砲擊，但不甚猛烈，只傷陣地士兵一名。而獅子林方面，亦到有敵艦九艘，及飛機五六架，向砲台轟擊，十二寸大口徑砲及營房全毀，各藥庫亦多被炸，幷死傷士

兵二名，此砲台遂全失戰鬥力，以致更無法制止敵艦的來往了。

丁，小川沙瀏河楊林口方面今日無戰況，敵艦不斷往來遊弋，幷向我瀏河方面砲擊，九十一，劇戰中的敵我兩軍一般情況：敵軍今早到有援軍一部，在張華浜登陸，惟兵數及隊號未明。敵由青島募來勞工約三百八充當苦力，及作間諜之用。又北四川路一帶及各橫路口，皆設置山砲，共約十餘門，及坦克車十餘架，似企圖攻我閘北，或因我軍佯攻，特在此方面加以防備。晚，敵因攻我廟行陣地失利，特別恐慌，連晚特電東京請速增援，企圖在三月三日國聯再開會前，打一個勝仗，以便外交得站在有利地位，以為了結。

我軍自抗日開戰以來，國內已漸加團結，國際地位亦日益增高，然在此劇戰時期，我國到底怎樣去應付呢？就今日陳部長銘樞到前線和蔣總指揮蔡軍長等會商後，發致各方電報上看，即可見一般。茲附錄各原電如下：

一，發呈蔣委員介石養辰電云：「現細察前線作戰情形，及影響各國關係，依蔣蔡等意見，決不宜撤退，且因戰鬥日烈，亦不能抽兵囘作工事，茲決定以南翔至瀏河

之線爲第二防禦地帶，由吳工兵監規劃工事，請即飭上官雲相所部，前來担任作工爲禱。前方兩軍協同作戰，情同手足，無殊一軍，必能發揮最大之光榮，請釋鋻慮。但爲持久抵抗之計，務請俯照前言，迅調江西陳衞譚各部，兼程前來無誤，現在前線如何犧牲，亦可達到目的也。」等語。

二、發吳市長鐵城養午電云：『立轉哲生兄暨諸同志：政府經決定長期抵抗，密調各地大軍，并設法推動東北，此乃全國同心，衆志成城之時，滅敵興國，在此一舉，請兄等邀同各中委迅詣洛陽，鞏固中央，主持大計，無任急迫待命之至。覆電請指蔣總指揮轉，并乞祕密。」等語。

三、發蔣委員介石及汪院長兆銘李委員濟深養申電云：『現與蔣蔡等熟商，依目前戰況，我軍如撤退南翔附近，戰綫愈長，又不能脫離敵火，士氣影響亦大，更難持久，決死守原線待援，除請嚴飭上官雲相星夜渡江前來外，并懇再抽調江北部隊渡江，重砲及湖北砲兵亦請調來，日方懼擴大戰區，當不至向我渡江部隊尋釁，若果尋

鬪，此正我之利，務乞速決，又蔣鼎文師何日可到，盼覆。據報，日再增援之師，已陸續到滬，幷聞。」等語。

附記關於敵軍內情，張軍長呈蔣總指揮報告如下：

職軍第八七師第二六一旅營附嶔家與於念二日由紀家橋東南齊家宅顏中橋突擊敵側背，敵紛紛潰退，損失甚多，當時拾得敵軍士日記一本，現已譯出，查其中內容，雖對於軍事方面，無若何價值，然摘出數點，尚可明白敵軍內情一般。(一)當日軍出發之前一晚，該日記中載有『班內鬧得不堪，也有哭泣的，甚至有裝死的。』等語。又當出發之際，有『中隊有個兵，跑步來到面前，說了一聲「班長」就哭泣起來了，我也覺得很悲哀，以致把剛才那信子(女人名)拿來的花，都弄丟了。』等語，又命其充當斥候時，有『隨準備好，決心出發，忽然命令中止，這才把心放下來了。』等語，可見日本此次侵略我國，非特世界輿論所不許，且亦違背其本國民意，即其士兵亦非所願，惟迫于政府及軍閥之淫威，不得已而勉強從事，然其軍心渙散，士無鬥志，已無

疑意，無怪其屢戰皆北也。(二)當日海軍在滬幾次失敗後，該日記中載，有一個兵曹說：『海軍太不行，我們受的教育太少，什麼也不知道，班長排長不懂戰鬥法，我們一點情況都不知道。』等語，由此可知日軍乃烏合之衆，不足爲懼，其自命執太平洋海上霸權牛耳之海軍陸戰隊，尙如此，其他可想而知矣。(三)日軍在滬有『夜晚到西方民衆家裏看看也沒有好的東西，一手拿了手槍，形狀可笑。』又有『將附近人家所有的鷄酒取來吃，雖忙，但是很有趣味的哩。』等語，可見日軍紀廢弛，不堪設想，且其在滬種種暴行，慘無人道之情形，于此可見一班矣云云。

二月二十三日晴　九十二，右翼軍方面戰況：敵人今日(二十三)仍向我江灣至廟行之線進攻，但多用砲擊及飛機爆炸，步兵不甚活動，茲詳述如下：

甲，閘北八字橋江灣之線戰況：昨晚以來，這方面戰況雖甚沉寂，但敵我兩軍仍在十分嚴重相持中。本日午前我軍在閘北集中各種砲兵向敵方轟擊，敵還砲甚多，又引起變

方步槍機關槍的互相射擊，拂曉至幕，步兵無劇戰，惟午前九時至午後四時，敵以大砲向我陣地轟炸甚多，又敵飛機十餘架時來我陣地盤旋投彈，而以八字橋江灣方面陣地損害較大。惟我全線陣地附近民房，早已成了瓦礫焦土，燒至不能再燒，炸至無可再炸，我軍士兵乃利用之，使敵人飛機不能在上空視察，砲兵無明顯的目標，故我陣地及守兵反更覺安全，入晚以後，此方面亦無甚戰爭。

乙，江灣方面戰況：敵連日攻我江灣不得逞，總攻廟行又失利，昨晚以來，乃以一部向我郭家宅嚴家宅及江灣北端東葛家橋一帶陣地進攻甚急，似有攻破我這一帶陣地，以包抄我江灣之企圖。我梁世驥團為鞏固江灣陣地及援助八十八師友軍計，乃抽調陣地守兵兩連及機關槍一連，由古營長率領，於本日（二十三）午前二時從東葛家橋陣地實行出擊，向敵衝鋒七八次，彈雨血花，殺聲震野，繼以白刃手溜彈肉搏，惡戰約二時之久，當場斃敵百餘，殘部始向顧家宅孫家宅方面崩潰；我軍跟踪追擊，并將敵第九師第七聯（聯隊）第二營（大隊）營長空閑昇捕虜，奪獲日本國旗三面，及其他步槍，機關槍，擲彈機，

鋼帽等甚多，而空閑所部幾完全覆沒，我郭家宅嚴家宅一帶陣地得復安全，而江灣亦得鞏固。然我方亦死傷營附陳拔雄等官兵共約百人。天色微明，敵飛機大砲又紛出活動。并以步兵一部向我江灣站至江灣鎮陣地猛攻，我出擊部隊乃撤回江灣原陣地。至午前六時，敵集中重砲，野戰砲，步兵砲等，猛向我江灣全陣地轟擊，飛機十餘架，更頻投重量炸彈，爆烈之聲，密如串珠，江灣全市幾全部破燬。十時我江灣鎮東北紀家花園陣地，被敵飛機炸倒洋房七八棟，波及陣地，我守兵陣傷連長何保松及官兵等共四十餘人，更有士兵十二名被炸壓而死，尸身完全不能收拾，我忠勇士兵殉國的壯烈，殊令我們十分敬佩。梁閣官兵，人懷必死之決心，誓與江灣共存亡。當敵人飛機大砲猛烈轟炸的時候，人人皆鑽入地洞，或利用破燬牆垣，監視敵人，坐以待死。及至敵人步兵衝來的時候，我軍官兵又一齊出來，和敵頑強抵抗，敵死又傷狼藉，潰退回去。午前十時以後，敵方步兵均無動作，惟專以飛機大砲轟炸。入晚以後，戰況稍沉寂，但敵人多接近我陣地，兩軍在嚴重對峙中。

附烈士陳營附拔雄傳

陳營附拔雄，廣東興寧人也。少負奇氣，天資聰穎，畢業興寧中學後，負笈浙江，考入之江大學，感國事日非，外患頻臨，乃棄文就武，毅然回粵投考十一軍軍官教導隊，畢業後，在本軍歷任政治訓練員及排連長等職，皆能盡其所學，力盡職責。二十年夏任六十一師一二一旅第一團三營營附。九一八瀋陽事變，烈士憤倭奴侵凌已矣，捨身救國之宏願，決自動赴東北收復失地，致書家屬，意至決絕。一月廿八夜，倭寇進攻上海，該團由鎮江開到江灣，屈家橋一役擊退倭寇，烈士之力居多。梁團守江灣，烈士勤慎有加，日夜無休息，常謂我陳某在，不讓倭奴攻入江灣，該團向倭敵出擊時，敵飛機轟炸，機關槍掃射，君攘臂大呼，衝入敵陣，所向無前，敵因崩潰，斬獲甚多，生擒日寇陸軍少佐宮閑昇一員，斃敵官兵百餘，鹵獲敵國旗三面，乘勝逐北，士卒爭先，適第七連駱連長名揚重傷，烈士奮不顧身，親率七連隊伍，猛追殘敵，正高呼「殺絕倭寇！打倒日本！」一聲中，竟爲敵彈所創，一蹶不起。時年二十五歲。嗚呼！烈士之死，實爲軍人爭人格，爲民族爭光榮，馬革裹尸，死有榮焉。惟余不能無感焉。當民國十七年，余在廣州

小港主辦十一軍軍官教育時，朝夕所訓勉學生者，全在保國衛民，以盡軍人天職；努力準備對外，期在國民革命第二期之完成，在打倒帝國主義戰爭中，要使本軍有其特別之表現，以光大鐵軍之榮譽，並發揮民族之精神。然自十八年以後，卒業同學八百人，死於粵桂湘贛魯豫諸役者，不下十之三四，雖云討逆剿匪，究其實終不免有自相殘殺之嫌疑，沙蟲猿鶴，死者其能無憾乎！此次抗日戰役，如烈士駱名揚黃元吳子和張篤初蔡劍青陳希豪陸益初羅彬張福甫丘挺國楊得昆譚啓友等（前十一軍軍官教導隊抗日死難同學姓名多未及調查，實不止此數）同學，眞能爲國家爲民族爲革命而死，死而不朽者，究得幾人？瞻前顧後，實爲我國寒心，不知我國同胞，何日得脫出內戰漩渦，而一致團結對外對日耶？余不禁企踵望之。（華振中撰

附記敵被虜營長空閑昇的終結：

大美晚報云日本第九師團第七聯隊（團）第二大隊（營）長空閑少佐前在江灣戰場被中國俘獲，解至南京拘留十日，約在兩星期前釋放，頃據日人消息，業於

星期一下午在江灣西首嚴家宅曩日被俘地點開槍自殺。查空閑少佐係隸屬植田少將部下，二月二十日率部開往江灣前線作戰，嗣被中國軍隊包圍，日軍苦戰兩日，未得進食，空閑爲手溜彈炸傷胸脊等處，遂被俘獲，解往南京。及三月十六日，空閑與其他俘虜數人，經中國當道釋放後，卽解送來滬空閑旋經日本軍軍事法庭審問，而於星期一開釋。詎是日下午，卽赴被俘地點出手槍對準口內開放，當受重傷。旋卽身死。空閑於未死前，猶作遺書聲明所部兵士，作戰極勇。現聞日軍當道傷悼空閑自殺，已請本埠日僑及本國人民醵資郵其家族云。

按空閑被虜，解到十九路總指揮部審問時，他只說：「我是日本的軍官，我不能把日本的軍事告知貴軍，我看貴軍缺點甚多，不如及早撤退爲有利。不然，貴軍弱點，將爲我軍所乘。」其他不論問什麼，都以「不知」回答，其倔強如此。聞其自殺前，曾給他父親的信幷付詩云：「華人的恩恕，使我在塵世上又空過了一天。遵從父親的教訓，我要走武士的路。我將與不結實的花一樣而長逝。」又歡第九師團西尾甚六

少尉被虜解到十九路軍總部受審問時，表面雖非常和平，裏面却十分頑強，如問其何以要來上海參加侵略中國的不名譽戰爭，他竟說中國軍隊要侵略上海日僑租界地，不是日本軍隊侵略中國。據此二例，足見日本軍隊教育之一般。我國軍隊不特軍械不如敵人，卽精神方面亦相差甚遠我國上下如不澈底覺悟，急圖補救，亡國滅種，禍起肩睫，豈可再如此次的倉卒應戰，空言抗日，所可與言成功的嗎？

丙，南市至閘北之線，今日仍無情況。惟上午滬南方面，敵飛機來往偵察，較日前特多。似別有企圖，故特加戒愼。

九十三，左翼軍方面戰況：敵自二十日起，攻擊我江灣廟行，企圖向我陣地中央突破計劃皆已失利，且受巨創，我軍不乘機反攻殲滅敵人，在我眞是失着，反之，在敵當然佔便宜。故今日敵方雖力竭聲嘶，毫無辦法中，還敢大膽的不斷向我左翼攻擊，此非敵人萬能，實因我國毫無政略，以致軍事上亦絕無辦法。所以敵人絕對不怕我們，敢於一意欺侮，非至佔領上海，決不罷手。玆分述本日戰況如下：

甲，江灣廟行蔡家宅之綫戰況：昨晚以來，敵我兩軍在嚴重相持，且努力互攻中。今日敵仍由江灣廟行間努力進攻，欲實現其中央突破企圖。拂曉以來，敵不斷以飛機和大砲向我陣地轟擊，步兵亦時有接觸。江灣以東之敵，亦陸續向廟行方面移動，而廟行至塘東宅一帶陣地，及小場廟至竹園墩一帶陣地，受敵攻擊較烈，因一爲受敵攻擊，而成爲凹入的部分。敵欲由此打穿，以圖擴大其戰果，一爲凸入部分，敵欲攻破之，以使其戰況的進展。午前敵步兵約二千人，向我八十七師孫元良旅進攻甚烈，午後則又轉向我小場廟竹園墩陣地進攻，但我軍經過昨日血戰，官兵皆已由死傷的悲慘驚慌中而入於鎮定沉着，所以敵人雖然猛攻，却成了蚊錐牛角，絕無効力。大砲飛機雖是猛烈，給我軍以永久不忘的悽慘死傷，步兵雖再三向我前進，仍得不着我陣地的尺寸，有時或有不知死的敵人，冒火來攻，我軍總是一槍不發，裝着好似完全給他飛機大砲炸死了似的，及到敵人進到近距離時，我軍又一齊快放掃射，打得敵人流血洞胸，死傷狼藉。如午後四時許，有敵約二百餘人，向我小場廟的陣地進攻，我軍總是不動聲色的沉着以待，直等敵人進到我陣地前，然

後步槍機關槍手溜彈一齊使用，竟把敵人全部殲滅，無一生還。自後敵步兵更不敢輕易進攻，晚間戰況稍沉寂。

但八十八師因自二十日以來苦戰數天，且死傷甚大，故於今日拂曉前，以八十七師孫元良旅接替，其廟行以北至蔡家宅之陣地，入黑以後，又以六十一師張炎旅附王賡旅之古幽接替，其廟行以南至江灣之陣地，限本晚十二時前交代完畢，八十八師則調回西塘橋附近整理。

附編者本日軍中日記的一段：

今日因奉憬公命，特到八十八師和光中旅方面去視察，因該方日來最緊急；憬公對之最為担心也。至前綫，見敵機二十餘架不斷環飛爆擊，砲聲如雷，烟塵蔽野，皆係敵方砲擊，步槍機關槍聲至少，因敵步兵今天不大活動，我們也沒有去打他們，實在白天亦無法去打他們，所以光中說：「白天我們只有等死，死不了的，晚上才可以活動，去進攻敵人。」與最前綫的士兵們，拂曉前吃飯後，須待至入黑後，才可以得着吃，

白天只有在前綫挨飛機炸彈大砲彈，晚間還要一方打仗，一方修補工事，總不得休息，可幸士氣極壯，不論官兵，皆抱爲國而死的決心，故能不畏一切艱苦，而抵抗兇惡的強敵，不過受敵飛機大砲死傷多些，敵人不來攻時，我們又無法打他，長此下去，吃虧一定是不少。——我想用兵之道，最貴制人，而不制於人，古今中外，無專守的戰術，專守的必失敗。我國還次因爲沒有整個的政略，以至軍事上亦絕對無辦法，上海的抵抗而不反攻，與東北的不抵抗，同是專利敵人一樣錯誤。所不同的，一個是轉過屁股來跑，表現自己是無膽非類，一個是紮穩馬步任人打，而不還手，表現自己還有工夫，但對方的敵人，總是暗笑我們是個笨伯啊。兵凶戰危，竟兒戲其事，眞屬可嘆……

乙，胡家宅紀家橋泗塘之綫戰況：日間敵砲兵間向我陣地砲擊，飛機數架，亦時來偵察，或投炸彈，敵步兵則未向這方活動，故全綫無甚戰事，晚間亦甚沉寂。

丙，吳淞要塞方面戰況：是日情況，無大變化，午前有敵艦三艘，向我陣地轟擊有數百發，且有飛機六架，來擲炸彈十餘枚，午後敵砲兵向我砲擊三四十發，共傷官兵六人，張華

浜方面無甚情況，惟蘊藻浜口黃浦江中午後發現敵小艇十餘隻。經我軍射擊，即遁去。又敵艦在吳淞口外拖有民船四十餘艘。不知是何企圖。晚間甚沉寂，惟前設置在吳淞之山砲兵，因効力甚微，且受敵砲火集中，飛機轟炸，損失甚大，今晚特撤退，歸回後方建制。

丁，小川沙瀏河楊林口方面，無特別情況，惟敵艦五艘，在茜涇口向我軍砲擊，且徵集民船，有進攻模樣，又敵飛機數架，日間曾到瀏河方面偵察，及投擲炸彈，此方面防務，由左翼軍於今晚派中央軍校教導隊總隊接替，原有之六十一師第六團，即晚歸回建制。

九十四，敵軍和我軍情況：敵本日午後到滬有第十一十二師約四五千人。又諜報敵方因屢敗，現已委軍事參議官陸軍大將菱刈隆為上海派遣軍司令。並決再增三師，約一週內可到滬。敵軍自昨日廟行失利以來，深恐我軍由閘北出擊北四川路一帶，日僑甚恐慌，現敵軍似抽調一部兵力專在北四川路虹口一帶防止我軍，江灣廟行方面，似亦暫取守勢，以待援兵。

我軍方面，當這前綫連日血戰，敵人又不斷增援中，僅在第二綫拼命構築不適用的

戰壕外。其餘一切都是空談，毫無補於實際，茲錄當日緊要數電如下，即可見一般了。

一，蔣總指揮發何部長梗午電云：『第二陣地帶設計已妥，擬先行完成通信網之設備，第一次架設以嘉定為中心。分向瀏河羅店南翔黃渡一帶完成後，再架設由崑山經太倉至瀏河，由崑山經嘉定至沈家橋，由嘉定至廣福等線連絡之，懇鈞座飭交通兵團電信隊即來架設。惟查滬戰迄今將及匝月，敵傷亡雖大，而援兵不斷，我方似應統籌應付。速派有力部隊增援，以免孤軍久戰為叩。』等語。

二，鄧參謀長世增致蔣總指揮便未電云：『今晨晤蔣先生，催速增援，伊云：各部隊俱未集中，何能增援，預算增援部隊，須在十日之後。希囑蔣蔡諸兄務照原定計劃，迅在南翔之線趕築工事，以期長久抵抗。至撤退時間，由蔣蔡諸兄察看情形，自行定之等因。查增援部隊，難期迅速，確是實情，懇請諸兄等查察情形，妥為處置為禱。』等語。

三，陳部長由南翔發蔣汪李何朱先生梗戌電云：『三日內如能增加四團兵力，

必可維持原陣地至一星期以上，其時蔣鼎文師到達，則勝券可操。上官所部宜用砲兵掩護渡河，準備對抗敵艦，幷催蔣師兼程來援，至原陣地之不宜撤退，當面陳。」等語、

又美國義士蕭脫今日（二十三）午後在蘇州架寶靈號飛機與敵飛機六架對戰，因機身中彈被焚，義士即以身殉。義士係憤日本對蠻，自動投入我軍盡義務者。抵抗倭寇，全出正義，我們對義士此種行爲十分致敬，然亦愧煞我國空軍同胞啊！

二月二十四日陰　九十五，右翼軍方面戰況：本日（二十四）全綫情況，無大變化，惟江灣至廟行南端原左翼軍八十八師担任的陣地，昨晚經由六十一師一二二旅附古鼎華團接防，現左右翼軍作戰地區境界爲李家橋廟行鎮姚家宅殷行鎮之線（線上屬左翼軍。）茲分述全線戰況如下：

甲，閘北八字橋江灣之線戰況：昨晚以來，前線甚安靜，是日敵步兵亦甚沉寂，惟時放

檢向我射擊示威，其飛機時來全線偵察，并投擲炸彈。午前六時至八時江灣八字橋一帶敵向我陣地砲擊甚烈及投擲炸彈數十枚九時許，敵又向我楊家樓下一帶陣地砲擊，一小時內發砲約二百發之多，我軍沉着不動，死傷甚少終日共傷士兵四名，而敵消耗砲彈則有千餘彩以上。正午，又向我寶山路砲擊，午前十一時，我軍由沈家宅方面派兵一排至屈家橋向敵襲擊，斃敵十餘名，得敵手溜彈罐頭食品等甚多，并知該方面之敵軍為第九師第十九團。午後五時至十時，向我寶興路天通菴路一帶砲擊約三百發。人員略無損傷，工事未被破壞，其他無甚戰事。

乙，江灣方面戰況：昨晚以至今晨無激戰，午前六時敵以大砲向我陣地猛烈轟擊，八時稍停，但步兵亦無甚動作。九時至十二時，敵飛機餘十架，時在上空環飛，又不斷投擲炸彈，十二時後，步兵時以小部向我進攻，但均係小接觸而已。午後四五時，敵飛機大砲又復向我陣地炸擊，我江灣北端東葛家橋附近陣地，被飛機炸中守兵駐地房屋，我梁團第三營士兵被炸碎和壓倒者十七名，死者尸身多無法收檢。六時，敵坦克車六架，向左翼移動；

晚間戰況甚靜，因梁團連日苦戰，死傷甚大，張勵旅長特命其第三團接替梁團江灣防務，但其第二營仍留江灣歸第三團長指揮之。

附記：對有飛機敵人作戰時，絕不可誤認房屋為安全。實際上，在屋內比在野外更加危險，因普通房屋只能遮蔽而不能掩蔽，如敵炸彈轟炸，房屋倒塌時，必更增大損害，但高在三層以上之堅固房屋，可以利用，因炸彈在瓦面爆發後，不易波及地下一層，否則宜在屋內再掘地窖，防房屋倒下時，仍不至受壓倒為妥。又易為敵做目標的高大房屋，務須避開，不可利用。又在野外對敵飛機施放炸彈，可以臥倒和橫走躲避法（不可正向敵飛機頭逃走）亦可以減少損害，但又不能避敵飛機上機關槍掃射，故只少數人可用此法，部隊絕不適用。

丙，江灣北端及嚴家宅小場廟竹園墩塘東宅嚴家閣——六十一師張炎旅附古鼎華團方面戰況：六十一師張炎旅附古鼎華團於昨晚十二時許，將這方面防務接替完妥，其配備狀況：廟行鎮南端以南至金家碼頭（在內）之線以古團守備之，金家碼頭以南至谷家

宅西北端之線以第四團守備之。谷家宅（在內）以南至江灣西北端嚴家宅之線，以第五團守備之，砲兵營在顏家宅附近，第六團於昨晚將劉河方面防務交代後，今早歸回建制。

是日拂曉前，兩軍無劇戰，拂曉後，敵以飛機和大砲轟炸我陣地，及陣地後方村莊，前線士兵，及後方預備隊，俱多受損傷。最前線步兵，拂曉起，亦時有接觸，但無激戰，正午十二時，敵以一部分向我郭家宅竹園墩金家碼頭各陣地進攻，戰鬥甚激烈，至午後三時來犯之敵，因受我軍頑抗逆襲，死傷甚大，毫不得逞，遂潰退回去。然敵似係威力偵察，試行攻擊，三時以後，續向我軍砲擊，飛機亦不斷轟炸。入黑以後，戰況甚沉寂，我軍乃盡全力專做修復工事，努力準備再戰。

丁，南市至閘北之線無情況，真茹一帶時有敵飛機來偵察。

九十六，左翼軍方面戰況：現在所述左翼軍戰況，即指廟行鎮以北至蘊藻浜北岸至吳淞泗塘而言，今日無劇戰，茲分述如下：

甲，廟行鎮至蔡家宅之線戰況：北線自昨日起，即全由八十七師孫元良旅担任，昨晚

以來，全線甚安靜，今日午前五時，敵步兵約一營，在其猛烈砲火掩護之下，向我廟行鎮陣地進攻，我軍待其進至陣地前，以各種槍火猛烈射擊，敵傷亡百餘，即向金穆宅退去，天明以後，敵不斷向我陣地及其後方一帶村莊猛烈砲擊，飛機亦時來偵察及投擲炸彈。步兵則無甚動作，但我溜彈砲兵在寶龍菴所構築陣地，於午後四時因被敵飛機察覺，當即變換撤去，午後九時至十時，該處果受敵砲擊六七百發，然我軍絕未受損傷。是晚敵時以小部隊向廟行陣地進攻，均被我擊退，其餘無戰事。

乙，胡家宅紀家橋泗塘之線戰況：這方面自昨晚以來極沉靜，但敵砲兵時向我陣地轟擊，日間敵飛機更不斷前來偵察，其步兵無動作，晚亦無甚戰事。

丙，吳淞要塞方面戰況：昨晚以來，敵砲兵時向我吳淞鎮至永安紗廠一帶陣地轟擊，本日午前八時至午後四時，敵飛機十餘架時來偵察，并投擲炸彈二十餘枚，敵艦二十餘艘向我砲台灣陣地轟擊數十發，并以機關槍掃射二小時之久，我軍共傷亡士兵四名。又午後有敵軍艦三艘，附商輪一艘入口，并向我方砲擊，晚間無戰事，我方士兵多乘機修築

工事。又八十八師前開來榴彈砲二門，因其發射效力甚少，且數日來多受敵海陸空軍之集中轟擊，今晚特准其歸回原師。

丁，小川沙瀏河楊林口方面，自中央軍校教導總隊接防後，仍無大變化；惟敵軍艦和飛機時到偵察，或行轟炸。

九十七，敵軍和我軍情況：敵軍第十一師今日續到滬約三四千人，滬敵民團開會議決，日僑除與戰鬥直接有關者外，全行回國。敵對我江灣至廟行之陣地，自昨日(二十三)起，實行構築攻擊陣地，敵全線野戰砲兵，今日多向我陣地方面推進。又敵飛機今日至我南翔車站轟炸，毀我鐵路兩段，車六輛，敵軍且有以飛機施行大規模炸毀我京滬路，斷我軍交通計劃。

我軍方面當此敵我兵力衆寡懸殊，而敵方且繼續增加之際，可謂一髮千鈞，若不早爲之計，其危險當然不堪設想，但是我軍除忙於第二線的陣地構築外，還是空談抵抗，而無切實準備，和整個計劃，此我軍以後所以終不免於撤退也！特錄本日陳部長致蔣總指

揮敬午一電，足見我國之無人，這何怪倭寇之橫行呢！

（衔略）「一南翔瀏河地帶之工事速構築，二上官部現僅渡過一團及京守備之某團可先調往。，三蔣鼎文師下月五號方能到三團。，四須看日軍增加兵力如何，再定計劃，惟盼兄與諸同胞盡力之所能及以抗強敵而已！」

二月二十五日晴　九十八，右翼軍方面戰況本日（二十五）係江灣至廟行之線戰鬥最激烈，其他方面無劇戰，茲分述如下：

甲，閘北八字橋江灣三線戰況：是日午前三時起，敵砲兵連續向我天通庵及寶山路之東方圖書館一帶砲擊，直至九時許，始稍停止，日間步兵無甚戰鬥，敵飛機時來偵察，并投擲炸彈，午後十一時，敵步兵數百，向我八字橋及其左翼陣地進攻，且以曲射砲多門，向我軍猛烈射擊，激戰半時之久。敵又退去，餘無甚情況。

乙，江灣方面戰況：我六十一師張勵旅第三團附第一團第二營，於昨晚十二時接替

江灣防務完妥，其配備情形約略同前。本日拂曉以前。時與敵步兵小部接觸，拂曉後，敵飛機大砲時向我陣地炸擊，工事人員頗受破毀損傷。午後當竹園墩小場廟方面激戰，敵步兵一部，亦努力向我江灣東及北面陣地進攻，但均被我軍擊退，入晚以後，敵亦時向我陣地砲擊，但無激戰。

丙，江灣北端至小場廟竹園墩至廟行南端之線戰況：是日為敵我兩軍在此線第二次的激戰，因為在地形和我軍情況上，這方面恰好為敵戰略上之攻擊點也。拂曉，敵集中各種砲火及飛機約三十架，猛烈向我陣地轟擊，尤以郭家宅小場廟谷家宅金家塘竹園墩金家碼頭一帶陣地為最激烈。大砲炸彈爆裂如雷，紛飛似雨，烟塵蔽空，天色為之一變，泥土翻揚，大地為之旋動。我前線士兵。或被彈炸而血肉橫飛，或受土湮，而尸身全滅，死傷悲慘，為抗日開戰以來所未有，比之歐洲大戰，亦有過之而無不及。此因敵連日進攻，與我對峙，已盡知我主陣地線位置，偵察已經十分周到，設備自然十分完備，以百餘門的大砲，數十架的飛機，對我絕對優勢，毫無妨礙的自由向一個陣地轟擊，而我軍只憑一枝步槍，

一身血肉，以與敵搏戰而已。午前六時三十分許敵，步兵在其飛機大砲掩護下，開始向我進攻，敵砲火則或向我陣地全線橫射，或更向我陣地後方縱射，飛機亦不斷的環旋擲彈，我軍則在死傷續出中，與敵步兵血戰，而守嚴家宅郭家宅小塲廟谷家宅陣地之第五團，尤能不顧一切，沉着應戰。當步兵初向我前線進時，全線皆不動聲色，一槍不發，表面上好似因爲應敵飛機大砲損害，已經全部消滅了，及至敵人接近至百餘二百米達或到陣地前時，全線突起，一齊以機關槍步槍手溜彈等拚死抵抗逆襲，出敵不意，給以至大的死傷，反奪獲步槍百餘枝，機關槍四挺，敵除死傷數百外，餘即狼狽潰退回去。而守金家塘竹園墩陣地之第四團方面，和守金家碼頭沈家宅塘東宅嚴家橋之古團方面，皆同時受敵步兵進攻，至爲猛烈，並均被我守兵擊退，又再三增加部隊，反覆向我陣地進攻。午前九時，敵人死傷雖大，仍增加部隊，向我全線進攻，更爲猛烈，其砲火尤密如連珠，與飛機連絡，向我陣地轟擊，陣地多被破壞，守兵亦死傷繼出，我官兵雖堅忍撐持，但炸彈大砲彈均屬無情，我軍守兵只好沉着伏臥，靜以待斃，陣地破壞不能利用時，則利用砲彈孔大砲彈孔以作

掩護，有時第二拳炸彈大砲彈一齊落到爆炸時，把整塊地皮打翻過來，竟把以前彈孔完全塡滿。或且變成一個小丘，我軍守兵必然完全都遭生埋了。即萬幸不死的，亦所剩無幾。當面敵人步兵更且前仆後繼，不斷進攻，然我軍亦絕無畏忌，拚死抵抗，死傷愈衆多，精神愈振奮，第五團方面血戰至正午十二時許，官兵傷亡達三分之二，中校團附王堅民亦陣亡，而谷家宅小場廟陣地因其形成凸出部，變作敵人彈集，第三營守兵傷亡尤甚，機關槍多被炸壞打壞，步槍亦多因槍機受地泥沾着困難射擊，而敵步兵更努力繼續前進猛攻其戰局危險，眞有一髮千鈞之勢。第四團方面亦苦戰多時，死傷甚大，金家塘第一營陣地被敵破壞更甚，官兵死傷亦更多，敵人死傷續出，而跟進部隊，且亦繼續增加，正午十二時，當面之敵更增加千餘人，迫近我谷家宅金家塘竹園墩陣地肉搏爭持，戰鬥至爲慘烈，古團方面此時亦苦戰已久，死傷過半，且正與敵血肉相搏，危險萬分中，因午前十時許，敵集中砲火，專向金家碼頭陣地射擊，十數分鐘內落彈三四百發，其在該處陣地之第一營守兵即在此最短時期內幾乎完全消滅，全團預備隊於十一時前已完全用盡，而敵更繼續

向金家碼頭塘東宅陣地猛攻，而我古圍遂陷於百孔千瘡，無法補救之勢。當此全線危急，各部動搖，戰況極其悲慘艱苦之際，一二二旅長張炎即令其第六團以二營增加古圍，以一營增加第四團，其增加古圍方面者，一營增加於金家碼頭至塘東宅之線，一營增加於金家碼頭與竹園墩之間，其增加第四團方面者，則增加於金家宅及其左翼陣地，皆於午後零時三十分許到達前線，協同原線守兵，努力向當面之敵反攻，激戰至午後二時，敵亦死傷狼藉，悲慘萬狀，先後潰退，前線始稍穩定。但第五團方面因血戰半日，死傷過大，增援不及，於午後二時，谷家宅小場廟陣地，竟被敵突破，我第五團谷家宅小場廟守兵，乃退據廣肇山莊，及其附近各村莊，繼續抵抗至四時，敵大部復向我郭家宅猛攻，肉搏多次，死傷甚大，我軍不得已遂撤退至嚴家宅北端玫墩抵抗。當午前苦戰緊急之際，一二一旅第一團以其第一營朱炎暉部開到棉罕宅策應，且以一連進佔廣肇山莊，此時該連連合第五團退回之兵抵抗敵人，甚為得力，旋七十八師黃固旅第二團先後到達廣肇山莊及其東南何家宅一帶村莊展開，向敵猛烈反攻，反覆衝鋒，因白日多受敵飛機大砲轟擊，行動困

難，死傷亦已甚大，無甚進展，遂固守原地，準備入夜以後，再行反攻。

又當午後九時，我軍準備方妥，正要實行反攻之際，敵步兵數百，向我廣肇山莊進攻，我黃固旅第二團奮勇抵抗，卒將敵擊退，且連合張炎旅第五團乘勝努力向小場廟方面之敵反攻，命令一發，官兵皆奮不顧身，爭先前進，但敵亦甚頑強，殊難進攻，兩軍肉搏多時，死傷甚大，十一時黃旅第二團謝瓊生亦受傷，然我軍仍前仆後繼，乘夜不斷猛攻，血戰至二十六日午前三時，殺敵甚多，且奪獲敵之機關槍等，而各部戰況皆有進展，陣地亦逐漸恢復。而我軍忽因全部兵力配備上的關係，變更計劃，將第二團奉命調回楊家樓下佈防。當黃旅第二團向廣肇山莊向敵猛烈反攻之際，我六十一師梁團第一營亦同時向郭家宅方面之敵進攻，先令其第一連一排散開於前郭家宅西北方，對後郭家宅及小場廟之敵警戒，次令第二連先以一排由前郭家宅西端墳地葡萄園前進，接近敵陣地用手溜彈向敵猛炸，其餘兩排在後跟進，企圖殲滅前郭家宅之敵，再佔領之，方乘機急進，勢如怒潮，槍彈與手溜彈同時並發之際，敵以機關槍小砲猛射，我首先衝入之第二連連附靳國棟

及士兵十餘名均陣亡，其餘均落小溝內，傷亡甚大。該連後續部隊，亦多有死傷。而後郭家宅及小場廟之敵，見我猛衝郭家宅，即以最猛烈火力向我壓迫，雖再令第一連連附陳仁洲率兵一排及機關槍一挺增援，終無進展。直戰至二十六日上午一時三十分，我軍朱營變更計劃，令第三連連附黃元率兵一排，另從南面交通溝襲擊前郭家宅，我軍越過小溝，折破籬笆，欲躍入進攻拆毀鐵絲網，不料鐵絲已通生電，一觸即斃，方擬用手溜彈炸毀時，而敵已發覺，用機關槍小砲及手溜彈猛烈放射，我方以血肉之軀，終敵不過砲彈之殺傷，連附黃元陣亡，士兵幾無幸免，仍未能得手，三時，朱營亦奉命撤回棉絮宅，而我六十一師張炎旅即在原線佈防，敵方亦因屢受挫折死傷甚大，前線遂稍沉靜

丁，南市至閘北之線，今日仍無特別情況，惟七十八師一五五旅北新涇至眞茹之防務，今晚由王賡旅接替担任。

九十九，左翼軍方面戰況：本日(二十五)左翼軍方面無劇戰，茲略分述情況如下：

甲，廟行鎭蔡家宅胡家宅紀家橋曹家橋泗塘之線——八十七師方面戰況：是日這

方面無甚戰事，惟敵飛機數架，不斷偵察，及不時投擲炸彈而已。午後十時，孫旅集中其榴彈砲兩連及山砲兵營共砲十二門，在張家橋附近放射，向麥家宅之敵猛烈射擊百餘發後，即撤回後方，敵以重砲還擊，均落寶龍菴附近，我軍無損傷，我砲兵因近於劣勢，日間不敢使用，夜間則放列於預先偵察妥當之自然地上，但不敢預做掩體，恐敵飛機察覺也。十一時，敵步兵小部時向我廟行閘巷附近陣地追攻，均被擊退，我軍亦以小部不時向敵襲擊。十二時，我小砲連長蕭冲漢在楊換橋被敵便衣隊刺傷，犯即逃去未獲，又八十七師獨立旅第一團由京開來，今日增加到前線。

乙，吳淞要塞方面戰況：是日拂曉起，即有敵飛機數架，時來偵察及間投擲炸彈放射機關槍，敵軍艦十一艘，不時向我開砲，我軍共死傷士兵四名。晚第五團抽調回夏家宅爲師預備隊，此因二十餘日來之事實，知敵軍不敢進攻吳淞，而江灣廟行之線緊急，故不得不如此冒險調動，兵本詭道，必知己知彼，然後可以百戰百勝也。現吳淞要塞守兵，計有第四團及第六團之第三營，鐵血義勇軍等，又守獅子林砲台有中央軍校教導總隊一部。

丙，小川沙瀏河楊林口方面今日仍無特別情況，

一〇〇，敵軍和我軍情況：敵軍於今早五時到軍艦六艘，載兵約三千在張華浜登陸，下午一時續到商船一艘，魚雷艦二艘，載兵二三千，在張華浜鐵工廠碼頭登岸，計敵十一師共到滬之兵約有一萬三四千人、或說內有第一師一部另諜報敵增援部隊，尚有兩師之衆，四日內可全到達。又日間敵飛機數隊不斷到我大場瀏行眞茹南翔各處炸擊，晚間亦間來肆擾。

我軍當此前線激戰，敵人不絕增援時，而增援部隊，總是遲遲不到，或是到了京杭，又不開來前方，離開事實，空言計劃抵抗，眞巧婦難爲無米之炊，試錄本日蔣總指揮和各方來往電報如下，讀了眞令人急煞。

一，發上官雲相有晨電云：『頃接樣電，欣悉吾兄決提挈雄師同赴國難，聞之益爲壯奮，但渡江者望即向黃渡增援爲盼。』等語。

二，發浙江主席魯滌平轉戴旅長岳有晨電云：『倭奴無理啓釁滬濱，敝部順民

心而伸正誼，憤寇深而自衛，苦戰匝月，幸挫敵鋒，惟雙方死傷已不忍言矣，乃敵以保持顏面計，已調其第一及十一師團來滬增援，而我倘徒以此久戰孤軍與之周旋，何異驅羸尪而鬥虎狼，然守土有責，雖犧牲而何辭，弟恐無補于事耳！現聞貴部棨戟遙臨，當與敵愾同仇，迅開來前方，作同舟之共濟，共灑熱血于黃浦江畔，一洗新仇舊恨也。甫電佈臆，并希示覆」等語，

三，接戴旅長岳有酉電云：「有晨電敬悉，倭賊寇滬，全國震憤，貴部奮勇殺賊，連獲大捷，為人類申正義，為民族爭光榮，中外人士，莫不敬佩，倘冀再接再厲，以竟全功，敝旅暫駐杭城，同深敵愾，枕戈待命，誓步後塵，岳奉蔣公電召，明日入京，日內返防，謹先電覆。」等語

四，接蔣委員介石徑戍電云：「廟行鎮附近正面已為敵方窺破，係我軍弱點，不宜以特稅警務團（古團）担任，須以六十一替師接，以固陣綫，免為敵所乘為要。」等語。

五，又接有酉電云：「第二次決戰之期，約在艷東各日，我軍援隊非到魚日不能參加戰鬥，望于此數日內，盡量節省前綫兵力，抽調部隊，原集各地區預備隊約在總兵力二分之一上，數方得應戰裕，如不致臨時竭蹶，對于瀏河方面尤應準備三團兵力為要，如何部署，盼詳復。」等語。

二月二十六日晴　一〇一，右翼軍方面戰況：是日全綫無劇戰，但我右翼軍因死傷過大，兵力不足，於今早拂曉前五時許，自動放棄江灣，改守夏家湖廣肇山莊連竹園墩及楊家樓下之綫。江灣本為我軍戰略上必守的重要地區，日前敵人拼死猛攻而不可得，今日乃因兵力不足而輕易的自動放棄，敵人不勞而獲，真是我軍一大失着。但我軍後援不至，孤軍撐持，實在已陷於氣窮力盡之苦境，在事實上非如此配備，或將更陷於困難危急也。茲分別絡述本日各方面戰況如下：

甲，閘北八字橋雨傘店張三橋之綫戰況：此綫仍係六十師担任，本日(二十六)午前

無甚戰事，惟天明後，敵飛機不斷前來偵察，及間投炸彈，又九時許，全綫略受砲擊，午後二時，敵飛機五六架到我中興路中華新路投擲炸彈二三十枚，另派飛機二架，在虬江路公興路口迴旋，幷放記號，敵砲即向該處砲擊二三百發，至三時三十分，始漸停止。民房被毀甚多，然傷人極少，雙方步兵則各在原陣地間互相射擊，午後八時，八字橋有敵約二百人，向我陣地進攻一次，當時即被擊退，餘無特別戰況。晚間我軍士兵多乘機修復被敵所破壞之工事。

乙，張三橋楊家樓下廣肇山莊竹園墩廟行之綫戰況：此綫計分三段，張三橋亙楊家樓下至走馬塘由七十八師黃固旅担任之。走馬塘亙夏家蕩廣肇山莊至竹園墩之綫，由六十一師張勵旅擔任之。竹園墩（在內）亙塘東宅嚴家橋至廟行南端，仍由張炎旅附古團擔任之。午前四時，當我軍決定放棄江灣時，各旅皆依任務或據預構陣地或佔現成村落，分別佈防，於拂曉前完妥。六時餘，原守江灣之張勵旅第三團及第一團之第二營亦皆安全撤還，午前七時三十分，嚴家宅附近，發現敵旗一面，敵人數百，且向我方陣地射擊，敵

機十餘架，不斷偵察或在我陣地及其後方間投炸彈。九時敵大部隊約千人，進佔江灣鎮，並派一小部向我楊家樓下陣地進攻，我軍待其接近，即用機關槍猛烈掃射，將敵約百人完全殲滅。進抵江灣之敵，旋復退去，想係因我軍自動撤退，敵不知我軍虛實，深恐中計，吃虧之故。自後日間全綫皆甚沉寂無戰事。午後九時，敵百餘人，向我楊家樓下附近陣地襲擊一次，被我守兵以手溜彈炸斃敵傷亡大半，狼狽潰走。午夜敵以小部來衝鋒數次，亦被擊退，夏家潟至竹園墩，亦間有小接觸，無劇戰。竹園墩至廟行之綫，亦沉靜。今晚由八十八師接防，於十一時許交接完妥後，六十一師一二二旅開回牆前宅、古園開回大場附近整理。

丙，南市至閘北之綫，今日亦無特別情況：

一○二，左翼軍方面戰況：本日（二十六）這方面仍甚沉寂，前綫步兵無甚戰事，飛機大砲亦甚稀少，茲略述各方情況如下：

甲，廟行鎮蔡家宅胡家宅紀家橋泗塘之綫戰況：廟行鎮至蔡家宅之綫，日來完全戒

爲陣地戰狀況；而廟行鎮附近陣地，敵人接近至四五十米遠；雙方均在掩蓋散兵壕內瞄準對峙，稍露頭手，卽有被擊之虞，夜間則均用手溜彈互相擲擊。孫旅當初接防時，因陣地土事不佳，第一二天傷亡甚大，後將工事改良，且築有堅固的掩蓋，並多築與後方連絡的交通壕，於是死傷極少。且因與敵相接太近，敵之飛機大砲，皆不敢向此陣地轟擊。今日午前一時許，敵向我廟行及其右翼陣地進攻一次，激戰一時，敵敗退去拂曉後，時向陣地砲擊，周巷北沿蘊藻浜以至洇塘河陣地，敵步兵不敢活動，惟時以飛機和大砲向我轟擊威脅而已。晚間戰況更沉寂，但敵飛機數架，乘夜飛行，不時來偵察我廟行及其後方一帶。

乙，吳淞要塞方面戰況：本日午前三時，敵艦四艘，向我方砲擊，旋卽停止。六時起，有敵飛機五六架，不斷在上空迴旋偵察，間投炸彈八時，張華浜方面敵砲亦時行射擊，同時寶山城東門外敵艦七艘，與飛機九架，向我獅子林砲台攻擊，發砲二百餘，擲彈三四十枚，我方亦開砲還擊，拚命死守。午後五時，戰鬥始停止。該台大小各炮，均損壞不堪使用。所賴以固守者，只有步兵步槍而已。

我吳淞要塞方面，因兵力單薄，今日特調上海市民義勇軍二百餘人，槍五十枝，到寶山協防，另調大刀隊五十八，歸第四團第三營梁營長指揮，以備與敵肉搏。又由八十七師借自動步槍十枝，分配各營，以作緊急時之使用。

丙，小川沙瀏河楊林口方面，今日仍無特別情況，惟敵艦數艘，飛機數架，時來遊弋偵察。

一〇三，敵軍和我軍情況：敵軍因昨日進攻我小場廟竹園墩陣地，死傷甚大，今日全綫其步兵俱無甚動作。綜據各方諜報，今日敵亦無援兵到滬，但今晨八時有敵軍艦一艘，大商船二艘，由吳淞進口入上海，推測必運有兵到。然敵方關於軍事上軍隊調動，必多秘密，此或我軍無法探悉其中實情。又據前綫的觀察，今日敵軍大部多由江灣向廟行方面移動，且有騎兵坦克車等。

我軍自開戰至今日，死傷甚大，十九路軍已達五千，第五軍亦有三千了。下級軍官傷亡尤大，無法補充，士兵雖能補充少數，但臨時招來，因訓練和歷史諸關係，亦難以應急，即

勉強使用到前線，戰鬥力亦極差，有時反足以誤事；前有強敵，後無援兵，只孤軍抵抗，議者早深為我軍憂，然十九路軍當初抵抗之時，原早知其必敗，支持到今日，已算得意外的勝利，所最痛心者，全國二百萬軍隊，能繼十九路軍而起者，只第五軍一部耳！再錄本日蔣總指揮發電兩件，可略見前線的困難狀況了：

一，發何陳部長并轉蔣委員宥晨電云：「介公有酉徑戌兩電均奉悉。一，職部作戰彙旬，各師傷亡逾千，擔任正面過寬，處處有兵力薄弱之患。二，俞師廟行鎮一役，傷亡極大，調後方整理。其防線由毛師之張炎旅接替，兵力不敷配佈，因着稅警古團担任一段。昨日敵來猛攻，官兵不沉着，遂致動搖，着張炎入黑後反攻，雖告得手，但傷亡過千，官長損失尤大。三，敵企圖突破江灣廟行鎮間陣地，集其主力於大洑宅一帶，作縱深配備，連日作戰焦點，亦在于此。四，兵力配佈，當遵所示要旨辦理，但敵軍不絕增援，我軍死傷日衆，空談配備，至可慮耳！」等語。

二，發何陳部長宥酉電云：「本日敵向小場廟一帶砲擊，步兵無動作，上午有敵

艦七艘攻擊獅子林砲台，至下午始停息。六一師昨在江灣廟行之線，被敵集中砲火轟擊，拼死抵抗過萬之敵，雖幸原陣地得保，而死傷極大，經飭俞師接替小塲廟以北防務，使該師得暇整理也。」等語。

又我軍空軍因較敵劣勢，開戰以來，絕未活動，今日因敵預先探知我杭州筧橋機場，午前六時半，敵飛機十五架忽到襲擊，廣東機少數飛起應戰，互有損傷，餘未飛起，各機則多被敵投擲重量炸彈，損毀甚大，我軍飛機今後愈不堪使用了。又今日與敵飛機戰鬥時，有印度飛機師 Jota Sirgh 爲義奮而協助我軍，對日戰鬥，亦同受傷。

附敵飛行隊海軍大尉小田原俊彥在大阪朝日新聞發表的空中戰爭記一則：

一月二十八日，因上海事態忽變，在華北方面之我方飛行隊，奉命南下，至翌日（二十九日）卽翱翔於閘北天空。斯時我軍有水上機四架正在抵制敵軍。惟敵軍雖衆，因乏飛機與我相抗，故受我方重大的脅迫。二月一日，我第二驅逐隊所組織的第一航空戰隊，亦懸加藤少將之旗，出現於上海空中，於是上海周圍，全被我海軍機所

蹂躪。我攻擊機攜帶五百基羅格蘭姆之炸彈，飛翔於吳淞獅子林高橋等砲台之上，頻被我投彈炸毀。自是以後，連日搭載炸彈之戰鬥機，除轟炸砲台外，同時參加地上作戰。至二月五日，突然在戰線上發現敵軍複座戰鬥機四架，使我軍忽起青天霹靂之感。是日清晨，我第一驅逐艦隊，在吳淞口外洋上，約離七十海里之處，只有偵察機×架，戰鬥機×架，陸續進發，參加閘北陸戰。其中由平本大尉所指揮之偵察機，與所大尉所指揮之戰鬥機，即開赴眞茹轟炸敵陣，不料與敵之計爾水加式複座戰鬥機相遇，遂開始空中戰爭斯役也，雙方均無勝負。嗣後我方據各種情報，與中國人之傳言，敵方有飛行大隊，將從南京出發。然我軍慣於海戰，始終不易發現敵軍陸上陣地之所在，六日，方欲低飛偵察敵陣，忽有敵機四架，竟迫近我偵察機而來。然空中戰爭，在於奇襲，此時敵機反讓一步，悠悠上昇，冀飛上方射擊。適値俯瞰地上敵軍之所大尉，指揮飛機隊，仰觀上空有綠翼赤體，翼旁塗以青天白日之敵機，似有攻擊我偵察機之狀，所大尉欲向閘北地上投下炸彈，再飛高以應敵機。未幾，加藤二等航空兵曹

所指揮之飛機，亦爲敵機所壓迫，而敵機見我戰鬥機馳至，乃轉身遠避，高際北方雲間。時所機加藤機均向北方追擊敵機，平林大尉之偵察一號機，與田中大尉之偵察二號機，反覆攻擊彼我兩方，相距僅五十米突，敵機突以機關槍連續發閃爍之砲，我方亦發砲應之，交戰數合後，平林機突然取反擊之勢。此役我軍竟得優勢，敵反敗退者，係我軍之善於應變有以致之也。嗣後我軍之戰鬥機，不復參加於陸上作戰，專備對付敵之飛行機，而敵機亦不再來。我軍於先發制人計，於二月七日，佔據上海郊外之飛機場，使敵機無安身之地，而我機之使用更爲便利矣。敵機自失依據後，經一星期，未見其影。至十三日，忽接情報，南京方面敵飛行隊，行將來滬，參加作戰；又據各種情報，謂廣東軍之戰鬥機爆擊機，已抵長沙，大約某日可到南京。而中國報紙與中國人，揚言廣東飛機於某日出發，受粵省官民盛大歡送，因此我事先，遂爲相當的準備。

至二月中旬，探悉南京固有之飛機，亦將南來，吾人預料由南京至上海，直距離約五十海里，度彼敵機之性能，必不能一氣由南京直到上海作戰，勢必在虹橋或蘇州

停泊休息，故我方決從事兩地間之空中偵察，偵知敵機連日在兩地準備新設格納庫，我飛機所夕伺候敵機之來，果於二十日，所大尉指揮之戰鬥機，在蘇州飛機場附近空中，遙見美國最新式之波英克單座戰鬥機一架，疾馳西來，我軍遂勇躍進迫，敵機見我機進迫，亦飛迴應戰，惟敵機之特殊性能，其上昇力較我為優，故我機遂處於被動的地位，敵乃利用上昇力，飛至我機之上，窺我之隙，急降直下猛射，我機回身返擊，交戰約二十分，未決雌雄；旋敵利用快速力，飛向北方，我機因困於燃料，亦南飛歸隊。至二十二日，加賀小谷大尉所指揮偵察機，與生田大尉所指揮之戰鬥機，再赴蘇州偵察，適值敵機場有一精巧飛機離陸，即二十日與所大尉激戰之機是也。敵見我機飛至，仍如前日之狀，飛高至我機之上，急轉直降，脅迫小谷大尉之後，我方雖有偵察機隊加入作戰，不幸指揮官小谷大尉，突為敵彈命中三發，指揮官機之銃手一等航空兵佐佐木，亦遭重創，機遂墮落。是役以望遠鏡探照操縱敵機者為中國人，觀敵機過於勇敢作戰，遂被我機射落。

二三日，我軍繼續使用戰鬥飛行隊，本擬破壞虹橋與蘇州之敵軍飛機場，適念飛機場並無飛機，縱破壞之，亦無所得。俄聞有粵機十八架，已飛集杭州，行將準備出動。於是我方爲先發制人計，急急編成襲空大隊，謀襲杭州敵之航空基地，由余（小田原）統率連續佐多大尉，安延大尉，所大尉，渥美大尉等精銳攻擊機戰鬥機，秘密規定在離吳淞口百二十里之處集合。同時暗由航空母艦某某等進發，約定自翌日午前五時起程，直飛至杭州敵機之根據地。但此事最感困難者，即我機中應裝燃料的最大限度，與離根據地的附近距離地點二點。蓋恐深入敵之腹地，萬一發生障礙，必將陷於不可收拾之境。故當時頗爲焦慮，第已奉行命令，勢在必行，故亦不計成敗，於是由攻擊機隊，掩護戰鬥機出發，隱密溯錢塘江口而上，在晨光微曦中，突飛旋於杭州城天空，俯瞰杭州城外筧橋飛機場，已瞭然在目。正欲投彈時，見敵機五架，急昇上空，與我機猛烈交戰，時我方飛機十五架，應付敵戰鬥機五架，綽有餘裕，故得從容炸毀敵之飛機場後，照預定地點，分隊飛集於錢江口外，先返者爲佐多隊，次爲安延

隊二號機，惟小田原隊因投下之炸彈不發，復因中途發生阻礙，歸隊最晚。此次被炸毀者有六機，然吾人迴憶飛機塲中，敵機並無十八架，均極懷疑，殊不知敵之低翼單式飛機，早已飛航他處，及聞我機襲擊，遂跟踪而來，先與小田原交戰，因敵機巧妙，迴旋昇降，亦極輕快，且聯合其他六架戰鬥機，節節進逼，時我遲羣隊見事勢危急，加入應援，卒被我方擊燬數架，其餘敵機，雖猛力衝突，而我方藉旋回槍之力，奮勇抵禦，敵始終不得逞。至時敵機乃向南飛行，我攻擊機亦受損害。繼聞安延隊長，在錢塘江口三十里之地，向驅逐艦告急，並在該艦附近，有二機着水，乃皆歸隊而返。

此為自上海事變爆發以來，空中戰爭之概略。要之，空中戰爭之要諦，以三分技術，七分精神為本；中國飛行隊之失敗，因缺乏航空技術故也。

附編者本日戰地通信一封

瀛霖總幹事先生：

（前略）我軍自和倭軍開戰以來，一般情況，想早在報紙方面得其大概，無待另

贊。簡言之，可謂我軍已得意外之勝利了。因爲在上月廿八夜抵抗之眞意，本係明知其必敗而戰，不過當時受倭賊欺侮太甚，蔣總指揮和十九路諸同胞皆認定軍人守土有責，可死不可辱之旨，抱定甯爲玉碎不作瓦全的決心，以保我民族之精神，人類之正氣。豈料開戰以來，可看不可用的倭軍，竟屢戰屢敗，死傷逾萬，四易司令，因倭賊所恃爲飛機大砲，其步兵實毫無戰鬥能力，不堪一擊，我軍士氣殊壯，初雖爲敵飛機大砲所苦，久且司空見慣，毫不介意，外人俱驚嘆我軍爲神兵。上海有稱我士兵爲『鐵足，夜眼，神仙腹』者，意謂善走路，（行軍）長夜戰，雖不吃飯，亦能打仗（前綫士兵受敵飛機大砲炸擊，每日在拂曉前早餐，入黑後始再能得食，）倭賊雖多飛機大砲，亦無所施其技。十九路軍諸同胞，人懷必死之心，強紉固已如此，但他軍加入前線，對倭作戰之部隊，如第五軍，日來戰鬥能力，亦遠超內戰時十百倍，足見兩軍相交，悲哀者勝。倭行不義，將自斃也，軍械雖利，亦何足恃。

支持已將一月，國人萎靡不振之精神，苟且偸安之睡夢，已因此一戰而奮起，外

人已知我國軍之能戰，亦由輕視眼光一變爲同情之態度。蔣總指揮以下諸同胞，皆認定此戰爲中華民族生死存亡關頭，勝足爲我國復興之轉機，敗則將陷民族於萬劫，故全體一心，決定雖剩一兵一槍，亦要抵抗到底。三月三日爲國聯再開會日期，倭賊欲在此數日內佔領我吳淞江灣閘北之線，爭其一等國的面子，我軍則欲在此時期內死守吳淞江灣閘北之線，以圖打倒倭賊一等國的威風，恢復我民族固有之榮譽，已預備在此數日內再作最大的犧牲，絕不以前此小勝爲滿足，無論如何，總以非達到打倒倭國，驅逐倭兵，得到最後勝利，決不能手也。

近來政府及全國同胞，對於抗倭運動，皆已漸漸由空論而到實行了。政府已作長期抵抗之準備，調實兵到滬抗日，民族方面則爲捐款投効義勇軍救護隊等工作，皆直接間接以精神實力參加援助，且閘北無家可歸之民衆，已近百萬，犧牲財產達數萬萬以上，亦毫無怨言，開戰以來，上海各銀行，國人亦絕無提款擠兌情事，全國人民進步，足見一斑。國府方面意見日趨一致，團結日加增大，長此以往，將見我國對日

抵抗，戰爭愈激烈，時間愈延長，而全國團結愈堅固，國民愈進步，而最後勝利，將終歸我國也。

廣東爲我中華民族先進之省，素號革命策源地，今此十九路軍已代表全民族奮死抗日，得着相當成績，然國家大事，絕非一部一軍的力量所能成功，故吾人惟一期望，在自後能全國有無數十九路軍，繼起抗日，倭賊兵力所及的地方，我國軍要以大無畏的精神，不顧成敗，拚命抵抗，不容敵人侵佔我國尺寸土地，如倭賊兵力不及的地方，我國民要堅決自動的對倭賊絕交，即消極方面，我們要絕對不與倭賊合作，如不買日貨，不做日工（上海戰地有國人代倭做工事偵探等可痛心！）不乘日船，並不賣仇物，不租房屋土地與日人等。至於積極方面，我們更要以國民武力，斷不與倭賊決鬥，以剷除倭賊在我國一切侵略機關和人員等。簡言之，我們要全國總動員，仇視倭賊，因爲我國民與倭賊已成爲不兩立的民族，我們雖欲忍辱，倭賊也要不斷攻擊，非至我全民族滅亡，必不止步。如上月廿八日我上海市府已承認日領一切要

求，而晚間還要向我軍隊市民進攻屠殺；又如我們在前線捕獲倭賊官兵，口供皆屈強蠻分，直認倭賊向我民族進攻屠殺爲應當之事，其野心不死，目無中國，言之痛心。我同胞雖欲不徹底覺悟振作，豈可得乎！貴會服務爲懷，先生熱心國事，廣州一呼，必多繼起，將來豈特十九路軍受賜，而民族前途，多利賴之。來滬服務，至表歡迎，康甯發銘耀常諸兄，暨各好友，便請代致意，戰地紛忙，恕未一一致候也。弟蔡振中二月廿六日，南翔總部。

二月二十七日晴：一○四，右翼軍戰況：本日（二十七）全線仍沉靜無劇戰，敵人在待援和準備總攻中，我軍援兵絕望，只盡人事以延時日而已。茲分述各方戰況如下：

甲，閘北八字橋張三橋三線戰況：是日拂曉前無戰事。天明以後，敵以曲射砲向我八字橋一帶陣地轟擊；其步兵不敢進攻。九時敵砲又向我天通菴路青雲路一帶轟擊，工事大部多被毀。正午十二時，敵兵數百，分向該處陣地進攻，在我陣地前十數米達，遇我地雷

爆炸，敵即驚惶潰奔，我軍乘機以機關槍步槍等掃射，敵死傷甚多。午後兩軍互相對峙，各部皆無激戰，間向我砲擊，飛機亦時來偵察，晚甚沉寂。我軍另調六十一師第六團和王旅古團接六十師一二〇旅自新閘及北站以至寶山路橫浜橋之防務，一二〇旅則調陳劉家宅俞家宅一帶爲軍預備隊。因這方面敵進攻不易，敵情較緩，故不得抽調較爲完整的部隊，以作軍預備隊，以便應付萬一也。

乙，張三橋楊家樓下廣肇山莊竹園墩之線戰況：昨晚以來，甚沉靜，拂曉，見江灣及其附近村莊，俱有敵兵發見，且做工事，我軍向之射擊，敵忽隱逃。午前無戰事，僅敵飛機數架間來偵察，正午十二時，敵砲忽向我楊家樓下一帶陣地射擊，至午後一時，更加猛烈；同時敵飛機六架，更來環旋投擲炸彈，至三時，各陣地多被破壞，敵步兵數百，即向我陣地進攻，敵砲則移向我夏家灣廣肇山莊一帶陣地轟擊，楊家樓下方面戰至四時三十分，始將敵擊退。我軍陣亡排長陳希豪及士兵二十餘名，敵因取攻勢，死傷更多。此後敵方仍時向我軍砲擊，但我官兵沉着應付。隱藏掩蔽部內，死傷甚少。午後九時三十分，我軍派兵兩班，向

江灣敵人陣地襲擊俘獲一穿敵人制服之我國人名鍾飛類，供稱敵人於二十四日在楊樹浦招作小工，二十五日將強壯者百餘人，強迫穿軍服到江灣前線掘戰壕，作輸送子彈，拚發手溜彈徒任偵探向我軍衝鋒等工作，敵違公法亦至如此，誠可痛恨，我同胞無知受愚，更可憐也。又十時，廣肇山莊我六十一師第三團駐地，被敵重砲擊中，炸去人槍十餘，機關槍一挺，尸身械彈完全飛散。此爲未掘地窖之錯。是晚夏家湍廣肇山莊竹園墩六十一師一二一旅及教導團担任之陣地防務，完全由七十八師一五五旅接替之。一二一旅則開回大場西方洛河橋一帶村莊整理。

丙，南市至閘北之線，今日仍無特別情況，惟八十八師獨立旅長王賡今日在虹口禮查飯店被敵捕去，戰時無故放棄職守，竟入敵人範圍之內，實我國軍人之大玷辱也。

一〇五，左翼軍方面戰況：左翼戰線今日是由竹園墩以北起算，因昨晚八十八師已接替竹園墩至廟行鎮之防線也。

甲，竹園墩（在內）至廟行鎮之線戰況：是日這方面無甚戰況，惟小場廟有敵四五百，

麥家宅有敵三四百人，與我軍對峙，且時放槍，防害我軍修補工事。又敵飛機數架，時來偵察，晚間亦沉寂。我軍專事修補工事，及妥慎配備。

乙，廟行鎮（在內）蔡家宅胡家莊紀家橋泗塘之線戰況：這方面步兵，今日無戰事，砲兵亦沉寂，惟飛機數架，時來偵察而已。

丙，吳淞要塞方面戰況：敵軍艦七艘，飛機六架，時行遊弋偵察，間行砲擊，或投擲炸彈，然我軍無損傷，但獅子林砲台自午前九時起，受敵飛機炸擊數時，砲臺俱已全毀，不堪再用。晚九時，有敵飛機二架來吳淞偵察，并施放照明彈，旋飛去。晚間極沉寂。

丁，小川沙瀏河楊林口方面，仍無特別情況，惟敵軍艦時來遊弋，飛機亦不斷偵察。

（六），敵軍和我軍情況：敵軍日前到滬部隊，多係第九師後續隊伍，而第十一師部隊只到一部。今日到滬，由張華浜登陸，約四五千名，則全係敵第十一師部隊，并隨帶各種戰具頗多。另運到軍械軍用品等兩船，由大坂匯山碼頭起運，自楊樹浦及華浜向江灣廟行方面調兵，運輸至爲忙碌。又諜報敵第十四師，計可於明日（二十八）抵滬。第二第六師

亦已動員，敵第十四師編制爲步兵第二十七旅轄步兵第二第五十九兩團，步兵第二十八旅轄步兵第十五第五十兩團，騎兵第十八團，野砲兵第二十團，工兵第十四營，輜重第十四營，敵陸軍師長現特別更動，即第十二師長木原清免職，以陸軍次官杉山元調充，警衛師長岡本連郎免職，以台灣守備隊司令鎌田彌彥調充，係與滬戰有關。日政府更任陸軍大將白川爲派遣軍司令官，一二日內可到。聞係因菱刈來滬中風暴死之故。

我軍因後援絕望，前線死傷日多，極感困難。是日本有退守劉行鎮大場眞茹北新涇之議；但最後仍決定在原線抵抗，犧牲到底，明知其不可爲而爲之，雖係事實上不得不如此，亦由蔣光鼐總指揮和十九路軍第五軍等各官兵愛國精神有以使之然也。再錄本日陳部長發洛陽汪院長感酉一電和編者本日軍中日記一段，可略見當日的困難一般了：

(銜略)必親譯。有日，我六一師與敵新到十一師激戰，傷亡甚大。現我軍益孤，咸願死前綫原陣地，不肯撤退。上官雲相師除調兩營任黃渡作工事外，忽奉令兩團守鎮江，一團守京歸谷司令指揮，未審何故戴岳獨立旅已抵杭，魯主席不願調列參加

作戰，幅擬前往乞援，特聞。

附軍中日記

是日前綫甚平靜，只有零星的戰鬥，但我軍每日死傷亦有一二百人，全軍死傷已達八千人了。而六十七師原有七團，現只編成七營，有某連只剩士兵三人，餘悉死或傷，眞是慘極。敵人是不斷的增援，我軍死傷日益增多。援兵卻遲遲不到，誠屬怪事。眞公來電話，援兵且似絕望，中央政府不知到底弄什麼把戲，國事可痛心之極，還有一部缺乏教育，不知何爲國家的同胞，有爲敵作偵探的，做運輸的，接濟糧食的，爲虎作倀，更可痛心，唉！如此政府，如此民衆，怎樣講得到對外呢？敵第十一師今日已到齊，聞第十四師和軍司令白川明日將續到。我軍若苦戰呢，則此時已無力進攻了。支持呢，徒招損傷，終不免於一敗，且無補於國事，撤退呢，無以慰民衆。國事益不堪設想，惟有束手待斃而已！今日的軍事處置，殊覺焦急困難，眞苦煞眞公，憬公，雖最後仍決心犧牲到底，在原線抵抗，以期表現我中華民族的精神，安慰我同胞的熱望，并希望多

支持一日，世界形勢更緊張一日，使倭寇陷於孤立困厥，然從古名將未有遭忌不得內援而能成功者，今日正是大敵當前，生死存亡，一髮千鈞，事實又如此，我深爲眞公憬公憂。而更爲我民族前途悲……

二月二十八日晴　一〇七，右翼軍方面戰況：是日爲我軍抗日的一週月。上月的今日，正是敵人耀武揚威，目無中國，今天呢，敵人可出盡九牛二虎之力，戰戰兢兢，不敢輕動。惜我國團結不堅，處置失當，終不免於坐讓敵人成功。將來仇恨重重，更不知我同胞將來何以解決也。今日全線戰事以江灣至竹園墩方面較爲激烈。茲分述如下：

甲，閘北八字橋張三橋之線戰況：這方面的防守，今日爲六十師一一九旅，及六十一師第六團，八十八師古團。是日這方面無激烈戰事，惟拂曉移，敵飛機數架，至閘北投擲燃燒彈，以至中興路公興路一帶大火，延燒終日未息。飛機且時來投擲炸彈。上午九時，敵向我閘北及八字橋陣地砲擊半時，但步兵無動作，只勞勳大學前進部隊與敵略有接觸，不

久敵復向江灣方面退去。午後四時，再向我八字橋天通菴路陣地轟擊，且有一部步兵來攻，不久又復退去，晚間仍甚沉寂。

乙，張三橋楊家樓下廣肇山莊竹園墩之線戰況：此線今日全由七十八師黃固旅守備，其配備情形是第二團担任張三橋楊家樓下走馬塘(在內)之線，第一團担任走馬塘夏家蕩廣肇山莊之線，第三團担任廣肇山莊(在內)竹園墩之線，係於午前一時三十分接替，配備完妥至五時許，敵向我夏家蕩廣肇山莊竹園墩一帶陣地砲擊甚烈；七時，敵以担克車數輛，向夏家蕩陣地前進，破壞我副防禦工事數處，後被我地雷破壞其一輛，敵騎兵數百，又繼之而進，被我軍射擊，傷亡甚多，遂行退去。同時竹園墩方面亦有敵千餘，向我陣地來攻，亦被擊退。另有敵一部，由江灣向南移動，被我六十師在勞動大學之前進部隊截擊，復退回江灣。九時，敵砲及飛機協同轟擊我夏家蕩廣肇山莊一帶陣地甚烈，其步兵更同時向我軍進攻，戰鬥甚激烈，炸彈砲彈手溜彈機關槍步槍聲音混雜，繼續不斷，令我前線官兵，俱有耳聾眼花暈頭轉腦之勢，但我軍官兵皆置生死於度外，除殺敵外，無他顧慮，

沉着應戰，拚死抗敵，敵人雖猛烈進攻，前仆後繼，衝鋒五六次，終至死傷遍地，毫不得逞。至正午十二時，敵進攻益猛，戰鬥且漸大，至楊家樓下方面，直戰至午後三時，敵更由江灣再來鐵甲車數輛，衝到我楊家樓下陣地前，以機關槍向我陣地掃射，我軍以手溜彈奮勇抵抗，卒炸毀其一輛。同時夏家蕩方面亦以迫擊砲及地雷炸毀敵車兩輛，而敵死傷亦甚大，其勢遂稍殺，戰況暫沉寂。五時，敵又再進攻，薄暮時，廣肇山莊至竹園墩方面最爲激烈。當面敵人之數雖入黑未得其詳，但以耳辨之，機關槍亦有四五十挺之多，我守兵只有待其接近，以手溜彈投炸，敵終不能得我尺寸的陣地。此後則槍聲砲聲時密時疏，兩軍終宵對峙，我守兵且乘夜修築工事，一毫不得休息。今日我軍傷第一團長雲應霖一員，并死傷官兵二百餘人。

丙，南市至閘北之線無戰況，但敵飛機數架來偵察甚密，又在眞茹附近投擲炸彈數枚。

一〇八，左翼軍方面戰況：本日（二十八）左翼軍方面敵仍接近對峙，時有小接觸，但

無大激戰。

甲，竹園墩至廟行鎮之線，盤據麥家宅小場廟方面之敵，仍甚沉寂，但至拂曉，敵一部向我竹園墩陣地進攻，約一時，未甚接近，旋即退去。正午十二時，亦有敵一部向我金家碼頭塘東宅間陣地，擾我軍作工事，未幾亦退去。午後九時，敵約七百人，向我竹園墩陣地襲擊，幷用砲火猛射，我官兵不動聲色，待敵接近，則以自動步槍手溜彈迎頭痛擊，斃敵甚多。同時敵以少數部隊，分向我金家碼頭蹤家橋等處陣地襲擊，均被我軍擊退，十一時後，戰況漸入安靜狀況。

乙，廟行鎮蔡家宅胡家莊紀家橋泗塘之戰況：這方面今日無劇戰，但日間敵人間以砲兵向我陣地轟擊，飛機數架，亦不斷偵察，晚間則以少數步兵襲擊我廟行鎮，我軍亦時派少數兵向敵人夜襲。又是晚我軍八十七師以其獨立旅第一團幷教導總隊第三營接替蘊藻浜北岸胡家宅紀家橋泗塘三線防務，原在該陣地之山砲連即由第一團指揮之，廟行至蔡家宅之線，仍由孫旅担任。之又教導總隊之野砲兵連在楊行南方之徐宅附近

放列。宋旅將防務移交後。集結於劉行南方之唐塘附近村莊，爲軍預備隊。又是晚該師之獨立旅第二團，開到劉行南方之顧家宅附近。

丙，吳淞要塞方面戰況：本日拂曉，敵艦六艘，向我陣地砲擊四五十發，以後亦間斷砲擊，敵飛機數架，往來偵察，并投擲炸彈，蘊藻浜已有增加，且時向我陣地砲擊，并以坦克車向我進攻多次，旋即退去。又敵軍艦四艘，於午後二時，向獅子林砲台猛烈轟擊，至三時向上游方面開去，晚間無戰事。

丁，小川沙瀏河楊林口方面情況沉寂。

一○九，敵軍和我軍情況：敵軍第十四師今晨到滬約二千五百名，又午後三時，有約三千名在張華浜碼頭登陸，部隊號未詳。查係由四國開來，則似係十一師，與今晨到滬者是否爲同一部隊，未得詳悉。因敵方日來調兵極爲祕密，且有時把其已到滬部隊，故意亂行調動，以欺騙我軍偵探。敵軍二三日來積極準備總攻，擬待白川到滬，即行開始，吳淞口一日來敵出口船多，入口船較少，未知其有何動作。又查江灣方面作戰之敵，內雜有我國被

強迫的強壯小工甚多。另諜敵到滬軍隊除第十一師及十四師外，實共約三萬二千人，閘北約六千，吳淞約七千，江灣廟行約一萬六千，後方勤務約三千人，新到第十一師第十四師尚未加入作戰，敵情如此緊急，大戰卽在日內了！

我軍方面到底怎樣應付呢？我是不忍再言了！惟錄是日陳部長致汪院長兩電，另節錄我軍中日記一段於下，卽可見一般困苦的狀況了。

一，陳部長致汪院長儉未電云：『昨電諒經賜鑒。上官雲相所部，弁髦命令，不願赴援，樞病未愈，不能赴杭，戴旅赴援，當亦無望矣！謹聞。』

二，同儉酉電云：『兩電計達。臥病多日，頃鈞任兄來談蔣先生日來積極，又謂俄運兵東來，與日衝突，形勢漸逼，日方亟欲了結滬戰，我軍能在原線支持多日，其利甚大，蔣先生亦相同意，惜哉！前誤於軍政部之不調兵，茲又誤于上官部之不願作戰，惟恃我孤軍之決死耳！樞默念熟思，方今對內對外，惟有集合全黨之意志，樹立統一黨國之中央，提挈全國一致所趨之民衆，以與暴日周旋，此外一切人事，臧否利害，均當

暫置。茲値粤已聽命，各中委齊集行都，尤爲難得之機，雖權位不稱，亦旋轉之一大關頭也。鈞意如何？盼覆」等語。

附編者軍中日記一節：

早兆琛兄自京來部，係眞公使其以援兵無望的消息告我們，幷知敵方的增兵，還是源源而來，這種情況，眞令我們無限担憂，不過我軍已決定犧牲到底，死守原線，而心神反覺安定，因爲事實如此，已屬無可如何，只有努力以盡軍人天職，求良心之所安，一般官兵心理，亦都認爲此屬軍人快事也。然犧牲完了，到底能否有補國事呢？却使我十分懷疑。另有一好消息說：俄已出兵對日，倭奴急向我求和，以圖早行了結上海戰事，但是狡猾的倭寇，每次大敗增兵時，總是以和平之說，欺騙我政府，待援兵到齊，準備完妥，又即向我軍進攻，我們上當已非一次了，和議之說，我實不信。

二月二十九日晴　一一〇，右翼軍方面戰況：我們預料的大戰，今日竟開始了。拂曉，

敵向我軍前綫總攻。各方面終日皆有激戰，尤以八字橋楊家樓下，竹園墩廟行鎮之綫，最爲劇烈，茲緒述如下：

甲，閘北八字橋張三橋之綫戰況：是日拂曉，敵六七百人由江灣方面向我陳家宅聖堂宅及其北端勞働中學之前進陣地猛攻，我六十師第三團前進部隊一連，與敵激戰，死傷甚大，且敵大部隊節節進逼，包抄至側後，不得已遂撤退至錢家蕩沈家宅抵抗，敵又續向我跟進猛攻，且以飛機擲炸彈多枚，但我六十師第三團第三營官兵奮勇沉着應戰，不爲飛機炸彈所動，誓死抵抗敵人，以我軍一月來作戰經驗，已詳知對敵飛機和大砲唯一方法，即主陣地之位置，勿使敵人發覺，故甯可一部在前進陣地犧牲，拚命抵抗，使敵誤認主陣地之位置，利益更大也。激戰至晚，敵人終不得逞，無法進到我楊家樓下張三橋一帶主陣地，只在錢家蕩沈家宅互相對峙。而八字橋方面，則敵于午前九時三十分起，以坦克車九輛，掩護其步兵約千人，由水電路向我軍猛攻，我守兵六十師劉旅第二團第三營三二連，與敵肉搏血戰，死傷甚大，至十一時，陣地工事被敵坦克車衝破，敵後續部隊，不絕增

加，努力進攻，我第一線遂為敵衝破，正當敵人聲勢洶洶，我軍形勢危急之際，第二團更以預備隊一部，並邝旅第六團第二營，協同反攻，以手溜彈毀敵坦克車兩輛，卒將敵擊退，而恢復原陣地。下午四時，敵仍用曲射砲機關槍坦克車協同步兵不絕進攻，我軍死傷殆盡，而八字橋第一線陣地，又復再失。入黑，以第六團華兆東部，再行反攻，以手溜彈刺刀與敵搏戰，敵死傷徧地，又以手溜彈毀其坦克車一輛，敵自行翻倒一輛，敵又狼狽潰退，我軍乃再復八字橋陣地，修復工事，嚴密佈防。而閘北方面，敵于午前九時許，以飛機大砲轟擊我陣地，幷以鐵甲車掩護其步兵數百，向我北站一帶陣地猛衝，又步兵千餘，向我寶山路天通菴路靑雲路一帶陣地進攻，且因敵多放燃燒彈，以致我天通菴路中興路一帶大火，延燒甚猛烈，我軍沉着冒火抗戰，且因陣地堅固，敵終無法進攻，激戰終日，毫不得逞，但日間本軍死傷，約有四百人，敵方則更多，晚間此方面悉嚴重相峙。

乙，張三橋楊家樓下廣肇山莊竹園墩之線戰況：敵人自昨晚以來，不斷向我進攻，幷努力接近我陣地，投擲炸彈，至九時，敵以飛機大砲向我陣地轟擊，非常猛烈，其步兵亦在

飛機大砲掩護之下，逐漸向我陣前進，甚爲逼近，雙方皆瞄準以待，稍一露頭，必爲敵彈所中，敵亦潛伏不動，稍有舉動，亦必爲我軍所擊，而楊家樓下方面，因敵以鐵甲車四輛，接近我陣地猛攻，我軍死傷甚大，但因隔一河，敵卒無法衝到，旋復退去，午後二時，敵飛機十數架，向我陣地不絕盤旋，似作詳細偵察，或行攝影者；幾度沿陣地線上飛行，或拋擲炸彈，或噴放白烟，以示我位置於其砲兵，四時許，敵砲兵猛烈向我陣地轟擊，在二小時間，約放千發，此時我軍除以極少數監視敵人外，餘悉避在掩蔽部內，死傷不甚多，楊家樓下之敵，雖以鐵甲車來衝兩次，亦均被我軍擊退，午後九時，敵步兵忽向我全線猛行總攻，雙方激戰，至爲猛烈，實爲數日來所未有，我方各部，亦時以一部行逆襲包抄逼近敵人。以刺刀手溜彈與敵人終宵血肉相搏，我軍死傷甚大，敵人死傷則更數倍于我

丙，南市至閘北之線，今日無戰況，惟敵飛機偵察較多，且終日不絕。

—二，左翼軍方面戰況：此方面日間無甚激戰，晚間戰鬥則十分激烈，茲分別各部戰況，詳述如下：

甲，竹園墩至廟行鎮之線戰況，昨晚起，敵時以小部向我陣地進攻騷擾，今日拂曉以來，戰況仍不甚緊張，惟飛機不斷環翔偵察，并放符號與砲兵連絡試射，步兵則間有小接觸，午後九時，敵砲兵忽向我陣地猛擊四五百發，同時敵步兵千餘人，向我陣地進攻，步槍機關槍，非常環密，我官兵沉着抵抗，激戰約三時，敵仍不得逞，其勢稍殺，前線乃漸入沉寂，但兩軍終夜，仍十分嚴重對峙

乙，廟行鎮蔡家宅紀家宅胡家橋酒塘之線戰況：此線今日敵人步兵，仍無十分動作，惟飛機數架，向我全線陣地偵察攝影，並用白烟信號，與其砲兵連絡，砲兵則向我陣地轟擊數百發而已。晚間，廟行至周巷一帶，時有小接觸，但無劇戰。

丙，吳淞要塞方面戰況：本日蘊藻浜方面，仍與敵隔河對峙，無甚情況，吳淞口外，有敵艦十餘艘，間向我砲擊，午前七時起，敵飛機五六架，不斷偵察及間投炸彈，午後一時，敵飛機十餘架又來投擲炸彈數十枚，炸燬民房甚多，我官兵幸無損傷。四時敵飛機始去。入晚以後，敵仍時向我方砲擊。九時後；始稍停止，入于沉靜狀態。

丁，小川沙瀏河楊林口方面，本日仍無甚情況，惟敵飛機數架，時來偵察，軍艦數艘，往來遊弋，夜午後五時，有敵艦三艘，由下游上駛，直過楊林口，仍未停止，晚間往來船隻，似較上晚增多。

一一二，敵軍與我軍情況：敵軍司令白川義則和第十四師，雖於今日到滬，但其登陸地點，無法查悉，吳淞口外，停泊運兵船及軍艦，共四五十艘，崇明島外之小橫沙，敵築有半永久之堅固砲台並安砲數門，敵第九師司令部日前移至江灣天樂寺內，敵主力注重于該方面，確無可疑，又諜報：敵外交省主張和平，而軍部方面，則以未實現哀的美敦書各條件而講和，爲日本之奇恥大辱，故訓令上海方面軍司令官無論如何犧牲，務于三月三日以前，必實現其向我所提之各條件，故敵自今日起，即實行猛烈之總攻。

我軍當此前綫激戰，後援絶望，敵人已實行總攻，且其到滬援兵有一部份不知去向，當時焦急萬狀，殊非局外人所能想像！以此次抗日戰爭，實爲國家生死關鍵，民族存亡樞紐，非僅一軍之得失也！自南市而閘北，吳淞，瀏河，防線二百餘里，已有無處不備，無處不寡

之勢，雖正面堅固，尚可支持，但敵人進攻不已，而浦東及長江沿岸，敵人處處皆可登岸，而由兩翼包抄我軍之側後，時時皆有可能。而最顧慮者，尤爲楊林口上游之長江沿岸，蓋該方面一無警戒，且我方後方空虛，萬一有失，絕對無法應付也。我軍當此萬分困難，無可如何之際，只有再行嚴令嘉定太倉兩縣長，督率武裝民團，沿河警戒，以阻止敵人登陸，並隨時將情況報告，以此種「牛當馬騎」之辦法，雖明知其無濟于事，不過亦係聊盡人事，以期得一線生機而已。

再錄本日陳部長在京致洛陽段錫朋鑒電如下，足見當日國事之可痛可悲也：

（銜略）「病中熟思，對于全會，愧無具體貢獻，竊本精神上謹呈數言如下：「堪忍委曲通力合作，致斯和群，國乃可救」兄可代向諸同志前一陳。竊每見外人，輒以中國政府能否統一爲問，日復國聯通牒，亦以無組織之國家見誣，嗟乎！外侮非足亡國也，亡國者，自侮耳！心之憂矣！聊貢區區，願勿河漢。」云云。

三月一日晴 一，二，三，右翼軍方面戰況：本日敵我兩軍全線激戰，敵方尤爲「一生懸命」以爭其一等國面子。惜哉！我國坐失時機，竟以面子讓敵，自侮自誤，陷民族前途於萬刼也；右翼軍戰況以天通菴寶山路八字橋張三橋方面最爲激烈，分述如下：

甲，閘北八字橋張三橋（在內）之戰況：昨晚以來，我與敵嚴重對峙，不時有小接觸，但夜戰非敵所長，其步兵如離開飛機大砲戰車，幾一毫不能活動，所以我方官兵，雖在敵軍總攻期中，仍應付裕如，今日拂曉起，敵再向我全線進攻，先以飛機大砲，猛烈轟炸，而閘北一帶，尤主用火攻，多放燃燒彈，以致虬江路天通菴路中興路大統路八字橋一帶，不論陣地前後，俱是大火四起，終日延燒，凡飛機炸彈大砲所及，悉爲天翻地覆，火光熊熊，有如火山爆發，又似旋風捲地，我前線官兵，似暈似夢，若醉若癡，第以愛國心之驅使，盡置死生于度外，全任飛機大砲安排。飛機大砲轟炸後，戰車步兵又繼續來攻，攻而不破，敵必死傷遍地，其不死者，只得退回，而飛機大砲，並又轟擊，轟擊後，戰車步兵又復再行進攻，嗚呼，慘矣！敵方不斷來攻，我軍努力抵抗，北站虬江路寶山路天通菴路八字橋沈家宅錢家宅各點，

最爲激烈。北站至八字橋南，全線因我利用街市，陣地堅固，敵進攻雖猛，肉搏多次，血戰終日，始終未越雷池一步。八字橋則自午前九時起，戰鬥十分激烈，三失三得，屢退屢進，兩方死傷極大，血戰至晚，敵軍仍然拚命猛攻。以我軍南市閘北吳淞要塞全線言，則江灣實爲我全軍重要之支撐點，戰略上爲敵所必攻。我軍放棄江灣，則八字橋爲我右翼第支撐點，戰術上亦爲敵所必攻也。八字橋以北，至方家木橋雨傘店張三橋之陣地，以因敵人攻八字橋，屢得屢失，故錢家蕩沈家宅谷前進陣地，敵亦屢爲我前進部隊攻退。因此，敵人從未到達我軍主陣地，敵飛機大砲，雖屬厲害，終未能集中其力量，以實施其大威力，而我軍在該線士兵損傷因亦較少，是日敵人雖由江灣進攻到我萬昌橋楊家樓下陣地，然終不能得此線陣地之寸土。以此觀之，是證明對優勢飛機大砲作戰，絕對不能用第一線式陣地，應使用所謂數線陣地帶，此爲歐洲大戰之教訓，而今吾等亦親歷其境矣。

是晚，我軍于十一時開始作戰略之撤退，此線以鄧志才旅在北新涇真茹之線收容，全部分路星夜向江橋鎮集結。

乙張三橋廣肇山莊竹園墩之戰況：敵軍無能，自一二八以來，屢攻屢敗，其所恃者，只物質之優異而已。但我軍善于防禦，敵軍飛機大砲，終無所施其技，及我軍放棄江灣後，敵人得利用之以作攻擊據點，其利用優異之軍械，以圖向我陣地中間突破之計劃，似乎漸趨實現，連日以來，向我楊家樓下，以至竹園墩陣地，不斷攻擊，昨晚以來，進攻尤烈。然夜戰非敵軍所長，其步兵離開飛機大砲，即不能作戰，故進攻終夜，終無所得，但在我陣地前構築前衛攻擊陣地，今（一日）晨拂曉，敵愈猛攻，因其連日飛機偵察照相，與大砲之試射實射，步兵之屢次進攻，已盡知我軍之陣地狀況及虛實情形，而一切之準備，皆已十分完妥，飛機五十架，如亂鴉飛翔，大砲二百門，如雷雨放射，整個戰線，似地陷天崩，若山飛海倒，不論陣地前後，悉屋傾樹倒，烟塵萬丈，砂石與彈片齊飛，骨肉與泥土同碎！大砲飛機炸擊之後，戰車步兵又機至，前仆後繼，不斷進攻，攻不得手，飛機大砲又猛烈轟擊，轟擊後，敵戰車步兵又再行進攻，敵人如此循環猛攻，志在必得，我軍更加拚命抵抗，誓死殺敵，所以我軍雖血肉横飛，敵人亦死傷遍地，戰鬥悲慘，爲開戰以來所未有！我軍固精神振奮，死傷益多，

作戰愈勇，敵人亦源源前至，死傷愈大，增加亦愈多，有排山倒海之勢。血戰竟日，戰線屢退屢進、我軍七十八師黃固旅，死傷十之六七。各團之各營連，有全班全排死傷者，有全連全營官長完全死傷者，有士兵祇剩十之一二者，但于午後得翁照垣旅之第五六兩團，及六十師劉占雄旅之第三團一部增加，苦戰至午後五時，我軍仍佔領楊家樓下談家宅虹橋水車頭之線，與敵對峙，此黃旅在此線血戰之概略情形也。至其他各團，血戰詳細經過情形，再分記如下：

（一）第一團担任之夏家濤至廣肇山莊方面——當面之敵，爲敵第九師原田旅，自昨晚以來，已不斷向我軍進攻，接近我軍陣地。今晨六時餘，敵各種砲兵，飛機，助向我陣地轟炸，至七時已落下數百發，我陣地及附近房屋，破毀殆盡，其炮火飛機，乃轉向我楊家樓一帶陣地轟擊，同時敵騎兵千餘，突分向我左右翼活動，唐克車十餘輛，進至我陣地前面，向我軍掃射，當其逼近我夏家濤時，第一營第一連連長雲勉，率部衝出包圍敵車，並用手溜彈猛炸，破壞其一架，擊毀其一架，其餘則全向廣肇山莊方面移動，連長雲勉亦因

受傷而返，入原陣地抵抗，敵繼來衝鋒之步兵，以重疊縱深配備，節節進逼，十分接進我陣地，我軍極力抵抗，雖以各營連預備隊逐次增加，但死傷甚大，非常危急，卒以官兵沉着，上下協同，人懷必死之心，敵無前進可能，使敵久暴于我軍火力之下。九時許，死傷不下千數，漸呈動搖之勢，我軍乘機逆襲，躍出反攻，敵果狼狽潰退，我軍更向敵追擊進逼，但卒爲敵副防禦物及坦克車等所阻，無法再進，乃再返原陣地與敵對峙，此時斃敵甚多，但我軍已陣亡第一連連長雲勉，第二連連長鏞大初，及傷第一營營附何友箴，連長譚公民，李青甫其他官兵傷亡且及半數。敵飛機大砲，更互相協助，猛烈轟擊我陣地，所有陣地及附近房屋，盡變作一片焦土，第三連連長蔡幹青，亦于此時陣亡，其餘官兵存者不及半數，砲火稍停，即以團預備隊增加前線，至十一時，敵預備隊亦增加，進綫五六千人，共向我夏家灣廣肇山莊一點進攻，我軍衆寡懸殊，努力苦戰，斃敵至多，然敵砲彈如暴雨飛來，步兵亦如怒潮而至，中午十二時，我軍電話機電話，全被敵砲火破壞，消息完全隔絕，而第九連連長宋德甫陣亡，第七連長任湘泉亦受傷，其餘官兵存者不過五百八，士兵槍枝，且多因敵砲火

過多，泥沙飛入槍機彈槽內，難于射擊，敵衆且衝至壕外，我軍官兵仍奮勇殺敵，與之肉搏苦戰，更斃敵數百人，而我第三營營附陳必有陣亡，第三營營長羅鎏受傷，此時我第一團官兵，存者僅三百人耳。正萬分危急之際，更有敵一部且衝到陣地右後方，企圖包抄，第一團乃以其最後之數十人，向該敵抵抗，當即擊退，未幾敵又以大隊來包抄側後，危急，全線更有無法支持之勢，此時官兵皆一齊高呼：「打倒日本！」「中華民國萬歲！」預備作最後之犧牲，奮勇歡呼，衝入敵陣，所向披靡，斃敵無算。然我第三營營長羅鎏營附江燊等，及士兵四五十人，又於此時同為國作光榮之犧牲矣！我戰線官兵，正死得七零八落，處處空虛，而前面大敵，仍節節猛進，且有一部，包抄至右側面，至二時三十分許，第五六團各增援一營至前線，協同抵抗，乃得在談家宅及孟家角前方一帶村落，支撐入黑，此日當面之敵，約斃二千，其聯隊長林蝺大佐亦死焉。

(二)第二團担任之張三橋至走馬塘(在內)方面：自昨夜九時起，當面之敵，除原有第九師外，尚有第十一師一部，協力向我猛攻，而我官兵沉着應付，敵受巨創，終未能越

我雷池一步。是日拂曉起，各方面皆有激戰，但當面敵之步兵，無甚活動。至七時，敵各種砲兵，忽由虹口公園殷家宅江灣大洸宅方面集中向我陣地交叉猛烈射擊，同時敵飛機十餘架，在上空與之連絡，指示目標，或更投擲炸彈。一時地拆天崩，陣地翻覆，烟塵上騰，血肉橫飛，敵步兵尚未前進，我方死傷已經甚大，乃以預備隊之一部增加于楊家樓下陣地。午前十時，敵以坦克車五六輛，掩護其步兵數百，向我陣地猛行衝鋒，我官兵亦奮勇沉着努力迎擊，激戰約半小時，敵步兵悉被消滅，其坦克車亦被我地雷炸燬一輛，其餘卽潰退回去。未幾，敵砲兵飛機，又向我陣地轟擊，其猛烈程度，較前更加十倍，彈如雨下，一小時間，我陣地工事，完全被敵轟平，官兵死傷亦不少。正午十二時，敵以鐵甲車坦克車七輛，掩護步兵千餘人，向我猛攻。戰鬥極爲慘烈，我第三營營長唐三章奮勇指揮，與敵肉搏，當時中彈陣亡，連長吳日廷，陳德燊，排長李志俊，馬良等均負傷，其他官兵死傷極衆，我軍乃再以預備隊增加前方，同時敵方亦增加其所謂陸軍精銳之第一師部隊，約三千人，向我正面猛衝，另以一部約六百人，由夏家蕩嶺南路方面，抄向我側後面壓迫，我軍衆寡懸殊，死傷

衆多，預備隊用盡，仍奮勇抵抗，當戰鬥正烈，我軍危急之際，第三連連長賴忠和，手持自動步槍，向敵奮勇馳突，斃敵三十餘名，但卒為敵所害，我方排長陳紹良廖壽等相繼負傷，烏熾南黃明等同時陣亡，其他官兵死傷甚衆，全線只剩三百餘人，後卒因前線死傷過大，為敵衝破一點，午後一時餘，因六十師第三團之一營增加嶺南橋方面，得以死守楊家樓下陣地。五時，第二營長黃師焯等又相繼負傷，六時許，遂以原線陣地交六十師第二團接替，該第一團乃奉命開回徐家宅附近整理，計血戰終日，斃敵約千餘名。

（三）第三團担任之廣肇山莊至竹園墩方面——自午前二時起，敵小野旅部隊，利用樹木等蔭蔽物，匍匐接近我陣地，向我進攻猛烈，夜襲二三次，均被我官兵以步槍手溜彈作熱烈之迎擊，先後潰退而去。四時以後，漸稍安定。拂曉，仍無劇戰。至午前八時餘，敵飛機十餘架，來陣地上空盤旋十餘次，旋即投擲炸彈，而敵砲亦隨砲彈所及之處，不斷施行猛烈砲擊，各種彈類爆裂之聲，綿如聯珠，隆隆歷歷，不絕於耳，烟塵蓋天，彈落如雨，苦戰多時，死傷相繼，敵兵在其飛機大砲掩護之下，乘我死亡極大之際，乘機向我陣地進攻，我官

兵皆努力抗戰，不知生命爲何事，戰鬥愈久，死傷愈大，戰線愈加緊急，預備隊使用且盡，我官兵有全排全班死傷者，有盡爲敵彈將戰壕翻覆而生埋地下者，有幸從覆泥中逃出，而復努力殺敵者，我前方兵力一少，火力即薄弱，易爲敵人所乘，兵力若厚，則又多爲敵飛機砲彈所殺傷，苦戰萬狀，難于應付，正午十二時，死傷更大，敵攻愈急，戰況遂陷十分慘酷境地，然猶死力支持，敵攻仍不得逞。至午後三時許，我軍死傷愈大，計陣傷少校團附聶李淮營附叢得中連長張廷治農國陸威郭銓甘耀祖閉澤霖排長陳維藩陳冠雄謝志堅王勝標梁安雄陳延康張洪坤等，陣亡排長龐傑羅漢屏梁世榮鄭企瞻梁震文林海尹杰邱廷國等，而士兵存者只十之二三，午後三時，前綫正非常危急，敵更增加大部隊約三四千人，向我方猛攻，右翼第一團，左翼八十八師，亦同時陷于搖動，而竹園墩陣地，先爲敵所衝破，全線亦稍後退，正當萬分危急之際，幸第五團派一營前來參加，協同反攻，敵復後退，且利用我軍戰壕，與我激戰，兩軍遂相持至晚。

以上各團本日血戰詳細情形，但傍晚我軍仍佔領楊家樓下談家宅虹橋水車頭之

綫，與敵相峙，至晚十一時，我軍因作戰略上之總撤退，黃旅遂以一部份佔領大場夏家車頭之綫，作收容，其餘並五六團，則逐次撤退，至南翔集結。

丙，南市至閘北之綫，是日仍無戰況，晚，我軍全線撤退時，八十八師獨立旅，并憲兵團，則向顧橋鎮莘莊七寶鎮撤退，

一一四，左翼軍方面戰況：是日左翼軍之戰況，以竹園墩廟行鎮周巷一帶，較為激烈，尤以瀏河七丫口方面，因過于空虛，為敵所乘。今早敵十一師在該處登陸，威脅我全軍側背，今晚乃不得不實行戰略上之總撤退，茲分述如下。

甲，竹園墩至廟行之線戰況：是日拂曉起，敵以大砲向我陣地轟擊，飛機亦不斷飛翔，并與其砲兵連絡，向我陣地炸擊，密如聯珠，直至午後三時，仍未稍停，陣地工事，大部被毀，後方村落，亦被破壞，其步兵則在其飛機砲火掩護之下，屢次向我衝鋒，經我八十八師官兵，沉着應戰，斃敵甚多，均不得逞，旋因竹園墩金家碼頭塘東宅方面因死傷極大，為敵衝破，戰綫遂稍向後移動，午後五時許，我八十八師在顏宅李家庫楊煥橋之綫，與敵相持，晚

十一時，則向嘉定撤退。

乙，廟行周巷蔡家宅胡家宅紀家橋泗塘之線戰況：今日敵軍猛攻我陣地，且主用砲擊，故廟行鎮一地，落彈約有三千餘發，正面敵步兵四五千人，雖因屢攻屢敗，銳氣挫盡，今日仍有一部在其飛機大砲掩護下，努力向我廟行周巷一帶陣地猛攻，以圖牽制，我守兵在其飛機砲火猛烈轟炸之下，沉着殺敵，自拂曉起，至午後三時，敵仍不得逞，我軍陣地無變動。至午後五時，因右翼八十八師陣地變動關係，在廟行至蔡家宅之孫旅亦奉命撤至楊煥橋野貓墩蘊藻浜胡家莊之線，至胡家宅紀家橋泗塘之綫，敵雖終日以飛機大砲猛攻，但因隔蘊藻浜河，且此綫非敵之攻擊點，故激戰一日陣地無變動。晚十一時，我全軍撤退時，我八十七師之孫旅，及教導總隊，以一部在烏橋宅顧家宅收容，其餘則向婁塘撤退集結。

丙，吳淞要塞方面戰況：敵軍盡量使用其飛機大砲，於二月三四日，已將我吳淞砲台完全破毀，一月來所恃以抵抗倭奴者，只我十九路軍翁照垣旅之一部，和少數之義勇軍

而已，國防要塞，爲敵軍完全毀破以後，專賴野戰軍以固守，而敵軍仍始終無法攻破，實爲世界戰史上之特例，推其原因有三：一，爲吳淞形勢險要，一，爲我十九路軍官兵愛國團結，能以七尺之軀，築成不破之肉城，一爲敵軍步兵無能。自二月七日後我趙金聲連，殺得敵人落花流水，魂飛魄散後，倭奴悉驚嘆我軍爲神兵，絕不敢再企圖攻我吳淞了。

是日敵雖向我全線總攻，但對此方面，仍爲佯攻牽制而已，故無十分激戰，只當我楊家樓下竹園墩劇戰時，敵機十餘架，間漸來投擲炸彈，及放機關槍，而敵艦亦不時向我射擊，尤以寶山獅子林方面，較爲劇烈，午後四時，敵以鐵甲小汽船三隻，掩護民船三十餘隻，向我寶山東門進攻，企圖登陸，來勢頗猛，駐該城之上海市民義勇軍，及我十九路軍步兵一排，協力抵抗，激戰約一小時，勢頗危急，後由吳淞以步兵一連，并附機關槍自動步槍各兩挺，馳赴增援，遂將敵擊退，晚十一時，我守吳淞部隊，遂逐漸向嘉定撤退，但直至翌(二)日午前九時，敵兵仍不敢正視我吳淞，我軍當夜撤退時，曾留下偵探二名，於二日午前九時，由吳淞退回，仍未見敵兵隻影，敵兵仍在蘊藻浜對岸，以機關槍放射，即此撤退後一段

實情，足見敵之震懾我軍之聲威矣。

丁，小川沙瀏河楊林口方面戰況：兵法云：「備前則後寡，備後則前寡，無所不備，則無所不寡。」此方面戰綫，自獅子林以西，沿河防綫五十里，警戒兵力祇有教導總隊一營，我軍亦明知其危險萬分，但以兵力關係，事實上祇能如此，且因江蘇民氣柔弱，團警無能，故為敵所乘。連日以來，敵軍增援部隊，大部祕密行動，或以少報多，或以多報少，或故意變亂其部隊為號，以欺我軍間諜耳目。其第十一師主力，實于昨（二十九日）早到達長江口停錨，昨晚向瀏河方面運送，今早拂曉，敵依照其連日偵察計劃，由第一師長指揮，利用烟幕彈，在其軍艦十餘艘掩護之下，實行在七丫口強行登陸，我軍在該處警戒者，祇十餘人，因衆寡懸殊，無法抵抗，敵最先登陸，約三千人。當即進佔我浮橋及茜涇，以掩護其後續部隊登陸，以實行威脅我軍之側後，我軍聞報，當即命八十七師宋希濂旅，由顧家宅馳援，最先以汽車輸送，於午後零時三十分，一部到達瀏河，當即向茜涇前進，即在該處與敵遇戰，我軍亦陸續到達，兩軍戰鬥十分激烈，三時許，敵飛機二十餘架，來我瀏河向我運兵汽車低

飛行轟炸，各車多被破壞，我後續部隊不得不徒步行進。當時我先行到達之五二一團，因急欲驅逐倭寇，以切實掩護我軍側背，各官兵奮不顧身，不管敵人飛機轟炸，海軍砲擊，步兵頑強，總是屢次衝入敵軍所據村莊，與之肉搏，卒因衆寡懸殊，登陸之敵，亦且死力對抗，我軍死傷極大，仍未能得手，卒相持至晚十一時許，我宋旅徒步馳援之五二二團，尚未到達，又不得不行戰略上之撤退，向太倉集結，我宋旅熱心愛國之忠勇官兵至此雖欲誓死殺敵，亦不可得，眞可爲之痛惜長嘆也！

百十五，敵軍和我軍一般情況：敵軍今日，向我全線進攻，而張三橋楊家樓下夏家澇竹園墩廟行鎭之綫，爲其攻擊點，且主用砲擊，同時以其第十一師大部，由瀏河楊林七丫口方面登陸，威脅我軍側背。敵軍司令官白川則于昨日乘伊吹艦到達我楊子江口停止，今日午後一時，在張華浜登陸，又敵之第十四師及十一師後續部隊，亦同時先後登陸，白川登陸後，入駐平涼路公大紗廠，以軍司令名義發出聲明，卽我軍須接受其要求實行撤退，以後敵軍亦停止軍事行動，不使戰局擴大之聲明。但某國公使對我當局謂：日本提議

和平，決難成事實，中國欲抬頭，只有努力準備一切云。

又敵新增部隊之編紺如下第十四師團（宇都宮）步兵第二十七旅團，——步兵第二聯隊二四〇〇人步兵第五十九聯隊二四〇〇人；步兵第二十八旅團——步兵第十五聯隊二四〇〇人，步兵第五十聯隊二四〇〇人。騎兵第十八聯隊八五〇騎。機關槍一六五挺，野砲兵第二十八聯隊八〇〇人，野砲一〇〇門。工兵第十四大隊，六〇〇人。輜重兵第十四大隊七五〇人。衞生隊二五〇人。經理部四五人。約計一二八九五人。武器：（步槍不計）重機關一九二挺，輕機關七六八挺，步兵砲一九二，曲射砲一九二，野砲一〇〇門。第十一師團：（善通寺）步兵第十旅團步兵第十二聯隊二四〇〇人，步兵第二十二聯隊二四〇〇人，步兵第二十二旅團步兵第四十三聯隊二四〇〇人，步兵第四十四聯隊二四〇〇人，騎兵第十一聯隊八五〇騎，機關槍一六五，山砲第十一聯隊八〇〇人，山砲一二〇門。工兵十一大隊六〇〇人。輜重兵第十一大隊七五〇人。衛生隊二五〇人。經理部四五人。約計一二八九五人。武器：（步槍不計）重機關槍一九二挺輕機關槍七六八挺，

步兵砲一九二，曲射砲一九二，山砲一二〇門。以上爲敵軍方面之大概情況

我軍方面因苦戰一月，前綫各師，死傷巳大，不死者亦因日夜不得休息，困疲萬分，在此敵人總攻中，眞可謂前有強敵，後無援兵，比之敵軍兵力衆寡，勞逸，軍械，皆已懸殊，側後且巳實受威脅，不論用正兵奇計，皆已無攻擊敵人之可能，雖再行支撐，亦不過束手待斃，徒然犧牲，無補國事，午後九時，乃不得不決心忍痛下令向黃渡方泰嘉定太倉之線，作戰略上之撤退，以後更退至崑山常熟之線，當撤退時，我全體官兵，無不悲泣痛憤，深慨此仇此恨，不知何年何日得向倭寇報復也。

我軍經此一撤退，以前種種犧牲，一切希望，皆付之流水，自後惟有任倭寇宰割，或各人自動長期抵抗倭寇而巳。編者所紀之抗日戰鬥經過，在此亦告終止，因此後不過零星的接觸，于戰術上皆無研究之價值，且今日而後倭寇愈橫行，其兵力所到處，對我同胞任意屠殺姦淫，刼掠，這種不法行動，使予更爲痛心，不忍再記也。

附記蔣總指揮三月一日以後所發要電於下：

甲，發何部長陳部長冬晨電云：「一，敵十一十四兩師，於豔日到達，東晨敵全線向我總攻，同時并以大部由兵艦二十餘艘掩護，在楊林口七丫口登陸，至午後二時，我中央之區俞兩師正面瀏行以南至楊家樓下之綫，被敵突破，各部傷亡極大，預備隊已用盡，致無法應付楊林口七丫口之敵。二，至午後四時，我正面戰況更形不利，而楊林口七丫口之敵，已進佔浮橋，我左側背深感威脅，然猶望上官師能即加左翼，驅逐楊林口七丫口之敵，則正面尚可維持。至午後八時，援絕兵盡，無法應付，全綫動搖，職乃決心于十一時開始全綫撤退，而作如下之部置：甲，右翼軍莫雄旅撤至顓橋鎮辛莊七寶鎮；沈師經鐵道南撤至黃渡鎮；區師撤至方泰鎮；毛師撤至方泰鎮北方。乙，左翼軍撤至嘉定太倉之綫。丙，上官師集結於崑山青陽港。三，現在右翼軍主力既安撤至江橋南翔廣福之綫，在眞茹大場之綫之左翼軍主力亦脫離敵人至嘉定太倉之綫，四，士氣仍旺，待援即反攻」等語。

二，覆陳伯南冬戌電云：「東申電敬悉。我軍與敵苦戰月餘，前綫官兵因受敵飛

機砲火炸轟，日不得食，夜不得眠，死傷極大，無法補充，宵晚放棄江灣，實因兵力不足，不得不變更配備，自動撤退，敵當時實無能力攻佔也。江日爲國聯再開會期，我將士皆認定滬戰得失，影響至大，不惜以非常艱苦重大犧牲，支撐待援，期望捱過江日，以博全軍勝利，民族光榮；倭寇亦欲在此期內拼命爭面子，以圖貫徹其侵略野心，雖屢次挫敗，更再增兵，五易主將，陸軍抵滬且有五師之衆，豔日以前，耑以和平狡計欺我政府，豔日以來，則向我吳淞江灣閘北全綫施行總攻，但敵在正面毫不得逞，東晨敵以一師兵力，乘我後方空虛，在瀏河七丫口方面強行登陸，我軍以兵力用盡，乃陷于無法應付的情勢，東夜遂放棄吳淞江灣閘北第一綫陣地，然將士振奮，絕對不甘于休，現決在第二綫支持，整頓待援，以圖反攻，非把倭寇驅逐出境，誓不罷手也。」等語。

三，冬日發退守待援通電如下：「中央黨部，國民政府，各報館，全國民衆均鑒：我軍抵抗暴日，苦戰月餘，以敵軍械之犀利，運輸之敏捷，賴我民衆援助，士兵忠勇，肉搏奮鬥，傷亡枕籍，猶能屢挫敵鋒。日人猝增援兵兩師，而我以運輸艱難，後援不繼，自二

十一日起，我軍日有重大死傷，以致傾全力於正面戰線。而日人以數師之衆，自瀏河方面登陸，我無兵抽調，側面後方，均受危險，不得已於三月一日夜，將全軍撤退至第二防綫，從事抵禦本軍決本彈盡卒盡之旨，不與暴日共戴一天浴血陳詞，尙祈鑒察。蔣光鼐，蔡廷鍇，戴戟，曁全體將士叩冬。」

四，江午與蔡軍長張軍長等發泣告國人通電如下：「洛陽中央黨部，二中全會，國民政府，軍事委員會鈞鑒，各院部，各省市政府，各級黨部，各總指揮，各軍長，各團體，各報館，全國同胞均鑒：暴日縱兵逞藩，轉寇東南，我十九路軍奉命守土，作緊急之自衛，與之相搏於淞濱者，一月有餘矣。最初與敵之海軍陸戰隊及其先到陸軍，鏖戰二十餘日，殺傷過當，敵不得逞。而其第二批陸軍運到，我駐在蘇浙之中央直轄第五軍兩師，亦加入作戰，相持者復一旬，殲敵者又六七次，彼虜仍不得逞。最後乃以其白川大將率領兩師團來，而我始終在戰場者僅五師，爲數不滿四萬，敵則加倍於我。彼虜一面以講和形式詭商停戰，欺騙國聯，一面以一師加入正面，一師由瀏河附近登岸，襲

我後路，使我腹背受敵。而我運輸困難，濟師不及，不得已乃於東夕奉命將前線陣地放棄，爲戰略之撤退，再圖反攻。此我十九路軍第五軍一月以來與敵苦戰之經過情形也。夫暴日挾其既定整個之計劃亡我，我非全國動員，以極大之决心，作普遍之奮鬥，不能得最終勝利。我十九路軍與第五軍，孤軍抗敵，本非求一隅之勝負，與彼虜爭一日之短長；乃以此僅存血肉，供救國犧牲，作同胞馬前之導卒耳。自政府遷洛，已决定長期抵抗政策，我全國軍民，正當秉承此旨，一致奮起，雲擊響應，此仆彼繼，勿以滬海偏隅之進退爲念，勿爲敵人分化之詭謀所中，尤望我東北同胞，懍灼膚之痛，急起遣兵，收復失地，使敵備戰力分，我十九路軍第五軍當竭此未盡餘勇，與強虜作最後周旋，藉收夾擊之效。土爾基苦戰三年，卒大破希臘十五萬軍，轉敗爲勝；杜蘭斯瓦一小部族耳，亦能血戰三年，不稍屈服；况我二萬萬方里之國，四百兆人民之衆，果能全國一德一心，不能殲此跳梁小醜，吾不信也。朝鮮之亡也，猶有陸軍數萬，卒被日人解散以盡；今我國現額之兵，統計不下百餘萬，與其待國亡後供人宰割，何如及此未亡

之時，作一光榮之犧牲！牽牛釁鐘，未死猶知觳觫，執豕於牢，其羣亦見轟逐。此次暴日蹂躪上海，大砲炸彈所至，廬舍丘墟，死亡枕藉，孑遺黎民，莫不同仇敵愾，不聞怨聲，此等悲壯之劇，可歌可泣！國土猶是也，人民猶是也，苟一旦主權既失，寄生命於仇敵之手，其慘狀又當何若耶！故願我全國父老子弟，毋忘閘北江灣，全國軍事領袖，毋忘朝鮮及今日之東三省！暴日向國際公開宣傳，詆我爲非有組織之國家，即爲我國人不知鴒原急難，擊首而尾不動，可以各個擊破也。倘我全國軍民猶以巢幕游釜爲安，罔識鬩牆禦侮之義，忘同室之纓冠，作鄉鄰之閉戶，是終爲仇見者所快，而爲見愛者所屏矣！我十九路軍亦惟有收合餘燼，背城借一，事之不濟，則從魯連於東海，以謝我炎黃祖宗在天之靈，不願爲亡國之民也！敢曰乾事之戰，雖敗猶榮；倘幸卽墨不亡，故地終反；擐甲哀鳴，淚盡以血，惟我同胞實昭鑒之！總指揮蔣光鼐，十九軍軍長蔡廷鍇，司令戴戟，第五軍軍長張治中，暨各師旅團長同叩江午。」

戰聞記餘

余編戰鬥經過竟，覺尙有幾個神勇的戰士，其犧牲死難的精神足爲後死者悲歌感泣。今「滬戰雖將被人們健忘，而我十九路軍死難戰士之愛國精神，雖歷十百年，當猶覺虎虎有生氣。」余特記數則於此，以免遺忘。然仍不免有滄海遺珠之憾也。

一，身負重傷殺敵數人

七十八師一五五旅一團二營營附江桑，幫助指揮爲最力，當撤退時，負重傷不能動，猶右執駁壳槍，左執隨帶小刀，伏於路口假斃，敵人衝至，即右手扳機，連斃敵數人，該營附就此被敵刺而亡。

二，班長奪獲最新式之機關槍

又第二團班長陳友三，於二月二十五日竹園墩之役，敵方有連珠槍射來，其勢頗異，前所未聞，料爲敵之新式槍。當時第五連欲奪此槍，奮勇衝進，因而犧牲者不少。該班長深夜由側面蛇行斜繞，深入敵陣，自機槍手之側背，襲擊狙殺而奪獲之。據俘虜言，此槍名鐵兜機關槍，係日本最近發明，輕便犀利，認爲祕密之新械，此乃初次使用於戰場者。

三士兵趙發德之奇勇

又第三團二營列兵趙發德，身軀強壯，從未染疾，不知病痛於何狀，亦不知人間有生死事。當其與敵鏖戰，該兵浴血肉搏，奮不顧身，殺敵適當。至三月一日夜奉命撤退至第二道防綫，計該團傷亡過半，而趙仍無恙，且精神弈弈，服務如往昔，隔十餘日，其後在第二道防綫構築工事，趙因作業過力，覺右膊微痛，怪之，乃解衣給同伴視之。則見肩下寸許，為敵彈洞穿，傷痕宛在，而創口將平復矣。人稱十九路軍為鐵軍，趙當之而無愧。

四，負傷不返回頭殺敵

又第一營第一連班長韋應忠，左腋下中一敵彈，血流如注，担架兵即舁之回。該兵曰：你替我裹紮好即可，我尚精神充足無恙，我可自回後方去，你舁別個負傷兄弟。該兵即起身向後行數十步，轉身潛到第一連壕壘內，支持一晝夜後為敵機炸彈而殞首。

五，武藝超羣

又第三營列兵袁正山，素嫻武藝，有趙傳少林派之學。一日與敵血搏時，該兵持槍力

敵十餘人，當者輒披靡，敵萃聚而刺之，後因用力過猛，將槍打截兩段，而左右手仍各持一段，傷敵甚多，終爲敵人刺數十傷而死。

六、女子從軍

又第二團二營連長曾統之妻陳宜貞，芳年二十，體強健有氣力，頗通文字。當滬戰始時，語其夫曰：男兒殺敵，機會勿失，我雖女流，欲從軍如何？曾曰不宜，不若做看護工作。女曰：祗許男子殺敵，不容女子殺敵乎？一人夠本，兩人有利，我倘多殺幾個敵人，不更大有利乎？於是薙髮爲男人裝穿戎服，隨夫至營中，時操看護工作。一日自荷槍上前線，恰値敵人衝來，女士據壕沉着發射十餘槍，斃敵數人。嗣後女士常在前綫與士卒共生活，敵飛機大砲猛攻不少怯。每有接戰，女士必勇於向前，與敵肉搏，其瞄準甚精確，因平時隨其夫學習之故也。

七、一五六旅之勇敢的戰績

第六團第一營營附陸彬，在閘北一月二十九日上午五時，親率士兵，衝過鐵路，企圖

截敵，不幸中彈，垂死猶高呼打倒日本帝國主義，繼續奮鬥，卒以殉難。

同團第一營二連下士班長潘德章，一月二十八日晚，在閘北廣東路口，敵以鐵甲車來衝，該下士以機關槍抵抗，斃敵數十名，左手負傷，不退，仍死力奮鬥。

同團一營二連上等兵伍培伍金兄弟二人，於一月二十八日晚十一時，在閘北寶山路與敵肉搏，刺斃敵八十餘名，全刺二名。後以衆寡不敵，卒被敵害，均殉難焉。

第四團迫擊連士兵劉金全楊青坡段福生楊致強張廷貴等五名，於二月七，十四，二十九等日，在吳淞永安紗廠附近，受敵砲傷，均不願退，仍與敵奮鬥，而楊致強一名，卒不入醫院。

同團三營機關槍連士兵楊全勝孔祥勝鄧明大宋長發等，二月七日在華豐紗廠，敵以猛烈砲火飛機壓迫，該兵等屹然不動，誓死不還。

第五團第一連士兵雷揚劉希元，機一連劉寶靑陳光言，第四連士兵王玉林等，於二月一二等日，三月二三等日，在八字橋談家宅等處抗戰，敵以大部來襲，均能奮勇抵抗，以

一當十。

以上不過舉其一二例耳，其他誓死殺敵，不稍退縮，奮勇衝鋒，不顧一切者，不勝枚舉。

戰鬥死傷

全戰鬥經過中敵軍和我軍死傷數目如左表：

一，敵軍傷亡統計表

區分／隊別	陣傷者	陣亡者	備考
陸軍	一八八四	五四一	陣傷內有傷後死者九三名
陸戰隊	六四二	一一七	
合計	二五二六	六五八	
傷亡總計三一八四名			

二十九路軍第五軍淞滬抗日傷亡官兵統計表

區分／隊別		陣傷數 官佐	陣傷數 士兵	陣亡數 官佐	陣亡數 士兵	備考
十九軍	六十師	九二	二一十五	三九	三五〇	另有失蹤士兵一三一名
	六十一師	一九五	三八三〇	四四	七五一	
	七十八師	二二四	一九六五	四六	一一七〇	
第五軍	八十七師	一〇一	一三四〇	三四	四九九	軍校及教導總隊傷亡在內另失蹤官長十四員失蹤士兵二八一名另失蹤官長一二員失蹤士兵三一八名
	八十八師	一四一	一五五七	五七	一〇三四	
	獨立旅	三四	三一四	一六	一九五	
合計		六七七	九一五三	二一六	三九九九	失蹤官長二六士兵七三〇

傷亡失蹤總計官佐九一九員士兵一三八八二名共一四八〇一人

據上兩表看來，敵我兩軍死傷數目相差懸殊，但敵軍死傷數，係依據其陸軍部和陸戰隊所公佈者。狡詐的敵軍，原係侵略的不名譽戰爭，為欺騙其國民和欺騙國際，誇張其軍威，保持國家面子計，全係以多報少，其公佈數與實在數完全不符。依戰死推測，敵軍死傷數，至少亦有萬二三千人，或與我軍略等。因二月二十三日以前，敵軍取攻勢，比我軍死傷大，二十三日以後，我軍受敵砲擊，死傷則比敵方大故也。至我軍死傷數，則根據各部戰鬥報告而編成。

戰鬥經驗

我軍的軍械和兵種，較敵懸殊。戰事爆發，識者皆認為螳臂當車，深為我軍危。及後抵抗月餘之久，國內同胞多驚為神祕，皆以「何以抗日？」及「抗日所得」為問，我所以特記這節，答覆以上兩個問題，亦係我軍犧牲萬五千人，和其他不可勝計的生命財產所換來的無價寶也。

一，陣地之編成及改善：歐戰以前陣地多採用一綫式。歐戰第一年，第一戰鬥陣地卽

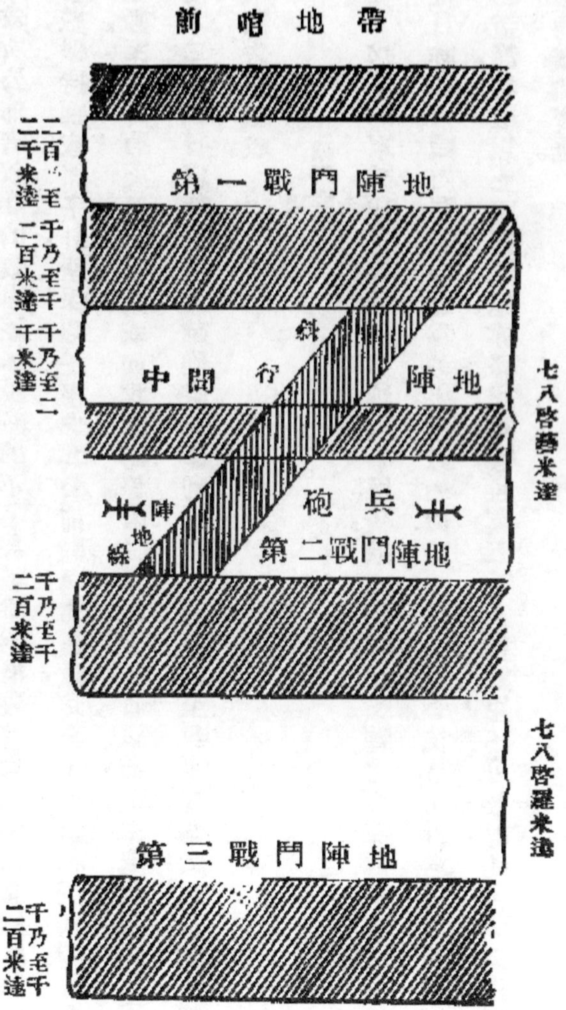

前哨地帶
二百乃至二千米達
第一戰鬥陣地
千乃至千二百米達
斜行
中間陣地
千乃至二千米達
七八啓羅米達
陣地線
砲兵
第二戰鬥陣地
千乃至千二百米達
七八啓羅米達
第三戰鬥陣地
千乃至千二百米達

由二重或三重散兵溝編成陣地帶。且開始採用第二戰鬥陣地。歐戰第二年，第一戰鬥陣地全用前後重疊三四線散兵溝編成陣地帶，而以第一線散兵溝爲主線。又採用中間陣地，及開始採用第三戰鬥陣地。歐戰第三四年，第一戰鬥陣地採用據點式，將此據點縱橫配置，保持其獨立性能。又更有採用第四戰鬥陣地帶者。歐戰第五年，第一戰鬥陣地區分爲戰鬥地帶與前哨地帶，縱深愈加增入茲以圖示舉美軍陣地編成之一例如下：（圖見上頁）

前哨地帶，又名掩護地帶，此地帶在掩蔽戰鬥陣地，保持與敵接觸，搜索敵情，妨礙敵砲兵接近第一戰鬥陣地，受敵本攻時，則遲滯之，或使陷於混亂。此陣地內容，以圖示之如下：

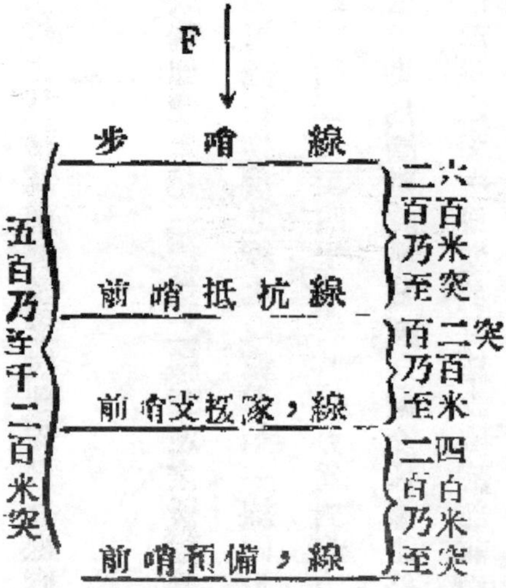

上圖各線須設交通壕連絡之。前哨抵抗線爲阻滯敵軍攻擊之戰鬥陣地前哨支援線，應構成與抵抗線相輔之抵抗巢，前哨預備隊線之任務，爲逆襲及支援前線，又各線應設交通壕連絡之。

第一戰鬥陣地，亦由四線成立。第一線爲火線，即連之第一線，第二線爲連之援隊線，約在第一線後方百至二百米達處，此線之兵力，可施行逆襲。此線之設備，與第一線同，形成抵抗巢。第三線爲營預備隊線，與援隊線之距離約二百至四百米達。其兵力爲對前方施行逆襲，或援助前線，設備亦與第一線同。各抵抗巢周圍敷設鐵絲網，并掘交通壕連絡之。團預備隊線，距營預備約三四百米達，亦担任前線之支援與逆襲，并施設掩蔽部、前哨地帶之守備隊，通常由團預備隊派遣，退却時，仍歸回團預備隊之位置。

第二第三戰鬥陣地之設備，與第一戰鬥陣地同，如第一戰鬥陣地失守時，則以第二戰鬥陣地代之。第二戰鬥陣地再不利時，又以第三戰鬥陣地代之。

各陣地間均設交通壕以連絡之，各戰鬥陣地之距離約七八啓羅米達，務使敵奪得

第一陣地後，其砲兵非變換陣地不能再行射擊。

中間陣地，設於兩陣地之中間，掩蔽砲兵，使能繼續長時間之射擊，

斜行陣地，如在前方陣地失去一部時，則變成抵抗正面，繼續防禦。如施行大規模逆襲時，又可作出發據點。

抵抗巢，共分為支點，支撐點，據點三種。支點即構成一排或半排兵力之射擊陣地，以為防禦陣地之基礎，其壕或用直線，或用曲線，或成丁字形，此壕對前方側方，均能射擊。支撐點係由數支點成立，為步兵連防禦地區，兵力或用半連，或用二連以上，此支撐點通常跨火線與援隊線，有時更兼跨營預備隊線，但無論如何，內部必須包含有逆襲用之預備隊據點，即為包含數個支撐點之營防禦地區，其範圍，由火線至營預備隊線，在據點前面側面，俱設有障礙物，以保持其獨立性能。團預備隊線，亦設據點并支撐點，支點等，組織與前同。上述之支點支撐點據點等，彼此均能側防，其內部火力可及各處。

以上所舉，為歐戰以後陣地編成之一例。其餘各國所採用，皆大同小異。我國連年內

戰，因所用兵器皆係舊式，未加改良，所以陣地仍用一線式的舊式陣地。十九年之戰役，馮閻兩軍在山東河南採用有外壕高胸牆之掘擴散兵壕，中央各軍幾有無法進攻之勢。馮玉祥信使到中央，竟有中央軍如一星期內攻下蘭封，即行下野的誇口。實際上在歐戰的眼光看來，當時的陣地究竟不算強固。我十九路軍，固然有固有的特長處，但在抗日戰爭中，最初是以舊式陣地和戰法，以與使用現代新式武器之日軍戰，其吃虧自然不少。若非在戰鬥中逐漸改良以求進步，恐死傷數目，將更重大，不能抵抗至三月一日，全軍早已消滅，而淞滬已非我有了！茲分別敍述關於陣地所得之經驗如下：

甲，陣地應絕對避免的：

(1)不可全線連續不斷。因為易受敵飛機認識和砲火損害，且一點如被敵衝破，則必有牽動全線之虞。

(2)胸牆不可高出地平面。因為易受敵認識和破壞，抗日血戰中一星期後，即不使用高出地平面之胸牆。

(3)不可用一線式陣地至小限度，亦應有前哨陣地，尤須強大兵力，非萬不得已時，不可放棄。二月二十三日廟行之戰役，八十八師在陣地前方之前哨陣地，未用強大兵力，以至主陣地在五六小時內，即被敵突破。又八字橋至楊家樓下之線，因六十師以前哨死守陣地前之孟家宅錢家宅一帶村莊，敵人至戰鬥告終之日，仍未能進到我主陣地，即爲最顯明之一例。

乙，陣地應十分利用及注意的：

(1)應十分利用地形以減少我軍兵力和敵軍火力之損害。堅固之村莊，可利用爲最良之支撐點等，作頑強之抵抗。利用堅固高樓，以瞰射及監視敵人，尤爲有利。但亦易做敵目標，受砲火大損害。

(2)應利用不整齊的經始，或假裝工事，使敵飛機不易認識，使其砲火十分浪費。

(3)應利用鱗形式的重疊抵抗巢，以交通壕互相連絡，用交叉火側防火互爲支援，及忽退忽進的戰法，減少損害，逆襲敵人。

（4）陣地線必須連續不斷時，須設掩蓋，以避敵飛機之認識，又全線須多構築支撐點之類，以作戰地之骨子。

（5）利用陣地前方堅固房屋之類，努力拒止敵人，最為有利。

（6）機關槍陣地應與步兵陣地一致，且不可施行連續不斷之射擊，約每放三十發，必間斷一次。又須多構預備陣地，在不得已時，必須連放多數子彈時，則宜變換陣地。

（7）陣地各線及交通壕內，宜多設極少數人用之掩蔽部。

二，對敵飛機防備法：敵人飛機，係用於對我軍偵察攝影爆炸，以機關槍射擊，指示其砲兵射擊等，但無論如何，總以低飛行最為確實。防備之法，本以高射砲和高射機關槍放列組成火線網，待敵飛機到來，即行射擊，最為有利。但我軍因缺少上種槍砲，當激戰時各部隊皆指定步兵一排以上兵力，為對空射擊部隊，預先選定適當位置，並派出對空監視哨，用步槍組成火線網，向敵飛機射擊，亦收效果。因步槍最大射程有二千米達，如敵飛機

在二千米達以上飛行，則偵察攝影爆炸等，俱不能確實也。至於消極防備法，一，敵飛機來時，官兵應停止一切工作或行動，避到蔭蔽處勿為敵看見。最好伏臥在地上或小溝內，則敵彈在十二米達以外爆炸時，可免損害。二，陣地各部應多設少數人用之掩蔽部，日間各官兵應分匿於掩蔽部內，不可同駐一個房屋或一個大掩蔽部內，因敵飛機炸彈最大威力，在普通平地炸寬約八米達，深約四米達。三，宿營應選疏散小村莊，又在陣地帶之部隊，早飯應提早，晚飯應推遲，日間不可起火，晚間亦勿點燈。

三，對敵砲火防備法：除照上述陣地改良，及防備飛機方法注意外，一，最要應用偽裝物等手段，使敵誤認我陣地主要線之位置，可免敵砲集中射擊。二，散兵間隔務極力增大，其餘援隊預備隊，亦須增大距離間隔，分藏於掩蔽部內。三，當敵砲火猛烈時，不論官兵，除有任務之監視敵人者外，其餘應全在掩蔽部內蔭蔽，不可亂動。六十師砲兵連長容正平，以使用此法，在整個戰役中，其全連只有一兵因自信大胆而傷頭部，其餘絕無死傷，即其一例。

四，對敵戰車——坦克車鐵甲車的防備法：敵軍每向我軍進攻時，多使用飛機大砲猛烈轟炸。然後以戰車向我方前進，其步兵則在車後跟進，我軍對付之方法如下：一，在便於敵戰車通行之陣地前，多設地雷或掘寬三米達深兩米達寬之外壕，敵戰車即不能通過。在街巷戰陣地前，不能掘外壕時，則在陣地後約十米達處掘一同樣之壕，防敵戰車衝過我陣地後，再行直衝。又副防禦物附近，應設阻礙敵戰車通行地之處置，以免破壞。二，敵戰車和步兵衝來時，我守兵對於敵戰車宜暫躲匿，另以一部，專對敵步兵，使其不能前進，與敵戰車分離。再待敵戰車接近時，即以一部迫近車旁，用手溜彈向其車底車輪炸擊。三，又敵戰車接近我方時，以舊式前膛槍用鐵沙或以打雀之沙槍，專射擊敵之戰車之展望孔，使傷駕駛人眼目，亦得奇效。四，小口徑步兵平射砲爲射擊敵戰車及機關槍飛機通用之良好兵器，我軍無論如何困難，皆應設法配備之。

五，對敵軍作戰所得的戰鬥經驗：兵法云：「知彼知己，百戰百勝，」我軍這次抗日血戰，因兵器懸殊，所得經驗亦特異。茲條錄如下：

(甲)對優勢飛機大砲之敵，應以市街戰爲最有利。村莊爲我軍最良好之支撑點，務處處利用之。

(乙)對優勢飛機大砲之敵，如待其防禦配備完妥，我軍不易進攻，我軍如在一線專守，亦必受敵突破，故應絕對的避免大規模的會戰，最好採用運動戰法，遊擊戰法，神出鬼沒，忽進忽退，則敵飛機大砲失其效力。

(丙)夜間及風雨之候，敵飛機大砲，俱不能活動，爲我軍作戰最好時機，務宜十分利用之。不得已，必須白日戰鬥時，務迅速接近敵步兵，而與之肉搏，或使敵接近我步兵線，則可限制敵飛機大砲之活動。

(丁)防禦時，各陣地必須有三四線構成之。第一線兵力務求稀薄，各線須多設掩蔽部。當敵人向我陣地砲擊時，我各綫官兵須全躲匿在掩護部內，或用一進一退的方法——如敵砲擊第二線時，則該線官兵應退至第三線或進至第一線，以減少敵火効力。

(戊)敵步兵向我陣地前進時，應沉着以待，不要放槍，待至進到我最有効射界，實行

猛烈射擊，必收奇效。又敵人最初衝入我陣地時，為我軍逆襲最良機會。尤應對於敵砲火威力不及或我砲火集中之處所，和敵孤立妄進之步兵，多行逆襲，均必奏効。

(己)街市戰中，敵飛機大砲及機關槍步槍，施放各種燃燒彈，無法防備。但陣地前後大火焚燒時，我軍應十分沉着，可用忽退忽進之方法，抵抗敵之進攻。大火猛烈之處，我軍雖不能防守，敵人亦不能來攻，然大火燒過之後，我軍可由各交通路再進至烈火前方陣地，拒止敵人。

(庚)對敵使用烟幕彈向我進攻時，守兵宜十分沉着，應用夜間戰法，以抵抗敵人，第二線後方各部隊，宜準備逆襲，烟幕正濃時，我守兵固看不見敵人，但敵人亦同樣困難，萬一敵衝進我陣地，我後方部隊亦可利用烟幕立時實行逆襲。

(辛)敵進攻前，必以飛機大砲步槍機關槍等，向我方猛烈轟炸射擊，我軍此時宜躲避於掩蔽部內，沉着以待。只在第一線留極少數之兵監視之，萬不可錯認為危急，即時加入戰線，應待敵步兵實行向我前進時，然後進入戰線，抵抗敵人。(我六十師最初不知此

法，二月五日以前之數日中，死傷數竟與六日以後二十餘日之死傷數約略相等。)

(壬)敵以小部隊向我陣地進攻時，多係敵大舉進攻前之威力偵察，我軍應十分準備應付，不可錯認敵此攻擊為無意識。

以上所述，係我軍對日軍戰鬥中所得之特別經驗，且多為普通戰術上所無者，而又在戰鬥經過中未記入者，特記於此，以公諸我同胞。

六，關於兵器等的經驗：我軍兵器一切落後，必須根本改良，才可以言對外。就步兵最要的言，一，鋼帽為前線步兵萬不可缺，無論如何困難，應設法置備。二，步槍無槍蓋，在敵砲彈紛飛，泥塵撲面的時候，必生障礙，不能射擊，宜速行改良。三，有線電話通訊在敵砲火猛烈時，絕對不確實，宜用雙線離開架設，及無線電話或手旗通訊等補助之。四，營連旗有百擊而無一利，宜廢除之。五，射擊飛機戰車機關槍三用之小砲及自動步槍機關槍擲彈機等，俱應設法增設之。此外關於砲兵飛機及其他特別兵種之必須設置，以及軍制之改良等，皆應加以研究，并盡力之所及，以急圖進步為要。

戰鬥結論

關於血戰經過，以及損失經驗，皆已記述於上，現在再把我所見的敵我兩軍得失，結述於此，以作此篇之結論。

或問敵軍這次在上海作戰，戰略到底如何？我軍能否得知其詳？我說：可謂完全無戰略？因爲敵軍最初是以我十九路軍也是不抵抗的軍隊，不自量的鹽澤幸一，竟想四小時內佔領上海，不料一二八頭一晚，敵軍竟給我軍打得棄械脫衣，叩頭乞命，一敗塗地，退了回去！於是增調海軍陸戰隊，更換野村吉三郎爲司令。然而還不過是海軍爭面子爭功而已。但野村仍不免於再敗！於是不得不特增陸軍，以爲日本爭回面子。在敵方之意，以爲陸戰隊不行，陸軍可一定是行的了，而上海一定是日本囊中物的了。殊不知紀家橋一役，又殺得久留米混成旅官兵屁滾尿流，生還無幾！而敵第九師團，續行來滬，軍司令又更換爲植田謙吉了。此時敵軍已知十九路軍利害，中國不易輕侮了。植田到滬，還想以和平手段爭回日本的面子，可是無理的哀的美頓書，來到竟被我軍以大砲答覆，而其多日準備

謹愼從事的廟行一役，又被我軍打得死傷遍地，兵盡計窮！於是敵軍再增兵來滬，且特任菱刈隆爲軍司令官，不料老朽的菱刈，竟因勞思過度，才到上海卽斃（敵方祕密，未公佈，）乃更另任白川義則代之。再三增兵，五易主帥。至最後我軍總撤退之三月一日，敵軍到滬陸軍四師，不下六七萬人，軍艦八十餘艘，飛機百餘架，大砲三百門，軍械已經懸殊，兵力且過三倍（當時我軍前線兵力除死傷外）實不過二萬五千人，出盡九牛二虎之力，才僥倖得到我全軍安全撤退！在軍事上說，整個戰鬥經過，敵軍全係頭痛醫頭，脚痛醫脚，被動而已，絕對沒有什麽戰略！

然則我軍的戰略又如何呢？則因爲蔣光鼐總指揮在前方主持，陳銘樞部長在後方指導，我軍戰略，誠可謂盡善盡美，在全作戰經過中，敵人的一切戰爭行爲，皆完全在我軍計算之中。且於二月二十三日以前，我軍完全佔優勢，時時皆處於主動地位，可以實行反攻敵人而殲滅之。在戰略上說，是我軍比敵軍優勝，在軍隊的戰鬥力說，敵軍因軍械優異，教育精良，且其下級軍官指揮能力勝過我軍，士兵射擊亦極正確，然除了遵守刻板的原

則而外，其他實無特長，而且有很多的弱點，其步兵離開了飛機大砲戰車而外，幾乎全不能作戰，比之勇敢沉着能各自爲戰互相協助的我軍，眞是望塵莫及。我十九路軍固無論矣，即第五軍各部隊抗日時的戰鬥能力，亦比內戰時期倍加堅強，其主要原因，固由於我同胞熱心愛國，犧牲殺敵，然亦實由於敵軍無能，已啓我軍以輕視之心，無形中使我軍自信力愈加倍大。我軍有良好的戰略，有堅強的戰鬥力，宜乎可以操必勝了。即最小限度，亦可於二月二十三以前，一度殲滅之於黃浦江畔。但是爲什麼終不免於撤退呢？可說完全由於政府有抵抗的決心而無澈底抵抗的行爲，國民有抵抗的決心而無澈底一致的步驟。忽戰忽和，又戰又和，全受敵被動，任憑國聯操縱，政府說增兵，而兵終不來，前線望增兵，而兵終不到，支持到月餘之久，卒至側後已受敵包抄威脅，而不得不因後援不繼而撤退了！在我十九路軍固是雖敗猶榮，而我中華民族前途，眞可爲痛惜長嘆也！又攻擊爲我十九路軍特長，這次對日，因爲待援失機，不能發揮之，尤屬可悲可嘆！自後不知何年何日才能及鋒而試呀！此外關於國防的建設，軍制的改良，尤要於軍官教育之講求，徵兵制度之

採用，軍器之改革，最爲當務之急，我同胞急須亡羊補牢，而力加研究與改良，務求進步，才可以言對外也。

上海抗战与世界反法西斯战争系列丛书

淞沪

淞沪抗战史料丛书续编 III

第一辑（下）

十九路军抗日血战史 | 华振中 朱伯康 合编

上海科学技术文献出版社
Shanghai Scientific and Technological Literature Press

“上海抗战与世界反法西斯战争”系列丛书总序

徐　麟

伟大的中国抗日战争，是近代中国人民反对帝国主义侵略并且取得第一次完全胜利的民族解放战争，是开展时间最早、持续时间最长的世界反法西斯战争东方主战场。在这场历经十四年之久的抗日战争中，中国各族各界人民同仇敌忾、共赴国难，经过艰苦卓绝的浴血奋战，以巨大的民族牺牲，打败了穷凶极恶的日本法西斯侵略者，取得了辉煌的胜利。正如习近平总书记所指出的，中国抗日战争“为拯救民族危亡、实现民族独立和人民解放，为争取世界和平的伟大事业，作出了彪炳史册的贡献”。中国抗日战争是在中国共产党倡导的以国共合作为基础的抗日民族统一战线旗帜下进行和取得胜利的。以爱国主义为核心的伟大民族精神是中国抗日战争胜利的决定因素，中国共产党的中流砥柱作用是中国抗日战争胜利的根本保证，全民族抗战是中国抗日战争胜利的重要法宝。

上海抗战是中国抗日战争的重要组成部分。在中国抗日战争与世界反法西斯战争中，作为中国共产党的诞生地，上海这座具有反帝反封建光荣革命传统的英雄城市，发挥了独特的重要作用，作出了重大的历史性贡献。

20世纪三四十年代，上海这座国际性的大都市，已经成为中国与世界各国通商贸易的主要港口，成为中国经济、文化中心和政治、外交副中心。同时，上海又是当时中国最大的军港和守卫长江的大门，具有重要的军事战略地位，因而始终成为日本法西斯军国主义

觊觎的一个战略要地。1931年“九一八”事变后，日本法西斯军国主义进而在上海挑起了“一·二八”事变，发动了对淞沪地区的武装侵略。驻守上海的十九路军和前来增援的第五军与上海人民奋起抵抗，给予日本侵略者以沉重一击，成为中国局部抗战历史进程中承前启后的关键性一役。“九一八”和“一·二八”时期的抗日武装斗争和民众抗日救亡运动，在世界上率先举起了反法西斯的旗帜，揭开了中国抗日战争和世界反法西斯战争的序幕。1937年七七事变后仅一月余，日本法西斯军国主义又把侵略魔爪伸向上海，遭到中国爱国军民的顽强抵抗，形成了以上海为中心的一场气壮山河、震惊中外的“八一三”淞沪抗战。七七卢沟桥事变和“八一三”淞沪会战，标志着日本法西斯军国主义全面侵华战争的开始。在中国共产党的积极倡导和推动下，抗日民族统一战线正式形成，揭开了中国全民族全面抗战的序幕，也标志着世界反法西斯的第二次世界大战在亚洲的东方战场正式形成。在“八一三”淞沪抗战历时一百多天的日日夜夜，中国军队和上海人民以其鲜血和生命，筑成了一座民族自卫的血肉长城，谱写了一曲民族团结、共御外敌的壮丽史诗。上海沦陷后，上海民众在全国人民和全世界爱好和平的各国人民的声援、支持下，面对极其艰辛险恶的环境，仍然以大无畏的英雄气概，坚定不移地继续投身于全民族抗战的洪流，对日伪的法西斯统治进行不屈不挠的斗争。中国共产党始终高举抗日民族统一战线的伟大旗帜，发动民众，团结上海各界人士，从人力、物力、财力等各方面支持抗日民主根据地和抗战大后方的斗争，冒着腥风血雨，迎接抗日战争的最后胜利。

两次淞沪抗战及上海民众在十四年不间断的抗日救亡运动中，

构成了一幅幅上海抗战英勇悲壮的画卷，也铸就了上海在中国抗日战争和世界反法西斯战争中的重要历史地位：上海不仅是中国对日作战的一个坚强的军事战略重镇，也是中国抗日救亡运动的前期中心和中国抗战文化的发源地；不仅是支援抗战大后方和抗日民主根据地的重要基地，也是世界反战反法西斯人士和中外难民的庇护所；是世界反法西斯舆论战、情报战的东方主要阵地，又是中国联系国际反法西斯阵营的纽带和桥梁。更为重要的是，上海抗日战争凸显了其重要的历史意义：它在外敌入侵、民族危亡的关键时刻，全面地、全方位地弘扬了以爱国主义为核心的民族精神，折射了中华民族有同侵略者血战到底的气概、有在自力更生的基础上光复旧物的决心，有自立于世界民族之林的能力。上海抗日战争在中国抗日战争和世界反法西斯战争历史上树立了一座永不磨灭的丰碑。

2015年是中国抗日战争暨世界反法西斯战争胜利七十周年。在中共上海市委的领导和支持下，上海学术界和理论界经过多年的努力，联合推出了“上海抗战与世界反法西斯战争”系列丛书。这套系列丛书分为三个子系列，**一是“上海抗日战争史”丛书**，内容包括上海抗战史通论、“一·二八”淞沪抗战、“八一三”淞沪抗战、日军在上海的罪行与统治、上海人民抗日救亡运动、上海郊县抗日武装斗争、上海人民支援新四军与抗日根据地、抗战时期的上海经济、抗战时期的上海文化、上海抗战与国际援助等；**二是“淞沪抗战史料”丛书**，选辑和汇集民国时期有关上海抗战的具有代表性的通讯、纪实、回忆录及报告文学等鲜为人知的孤本、藏本影印重版。**三是“上海抗战与世界反法西斯战争研究”丛书**，其中包括

资料性著作：如记忆中的淞沪抗战、淞沪抗战中文报刊资料选编、淞沪抗战档案史料选编、上海抗战历史文献选编等；专题性著作：如中国共产党与上海抗战、当代学者论淞沪抗战、国外学者论淞沪抗战、“一·二八”淞沪抗战画史、“八一三”淞沪抗战画史等；工具性著作：如上海抗战与世界反法西斯战争大事年表、上海抗战与世界反法西斯战争事件人物录等；通论性著作：在上述论著的基础上完成一部通论性著作，即上海抗战与世界反法西斯战争全史。这三个子系列丛书各有千秋、各具特色，在集结出版后，更能起到互相参照、取长补短的作用。可以说，这套系列丛书是上海学术界和理论界研究上海抗日战争和世界反法西斯战争的一项重大的学术成果，是对上海抗日战争史研究的一个重要总结和一次集中展示，也是向中国抗日战争暨世界反法西斯战争胜利七十周年献上的一份厚礼！

“疑今者，察之古；不知来者，视之往”。历史是最好的教科书。“上海抗战与世界反法西斯战争”系列丛书的出版发行，更是为了向社会提供一部能够弘扬时代正能量、培育与践行社会主义核心价值观的好教材。让我们站在新的历史起点上，进一步铭记历史、缅怀先烈、珍视和平、警示未来，为实现中华民族伟大复兴而奋斗，为促进世界的和平和发展作出我们应有的贡献。

出版说明

“淞沪抗战史料”丛书续编Ⅲ主要收集美国史坦福大学东亚图书馆等处所藏资源，将已见或未见的关于淞沪抗战史料以影印的形式出版，内容涵盖两次淞沪抗战，即“一·二八”淞沪抗战和“八一三”淞沪抗战，力求比较全面、翔实和生动地反映淞沪抗战的全貌。

两次淞沪抗战，是中国人民伟大的抗日民族解放战争的重要组成部分，特别是“八一三”淞沪抗战是在中国共产党抗日民族统一战线政策的指引下，以国共两党合作为中心，全国各爱国党派、团体，中央和地方各系抗日军队，各界爱国民众以及海内外侨胞，在抗日御侮、共赴国难的基础上发动和进行的，堪称民族自卫战争史上的伟业。它体现了中国人民血洒战场、拼死抗战的决心和民族团结精神。在抗战胜利70周年之际，阅读这些史料，重温那段中华民族优秀儿女面对强敌、誓死抗争的精神，就是最好的爱国主义教材。两次淞沪抗战展示了中华民族奋起改变自己国家命运的伟大信念，爱国主义激发出全体中国人民的巨大力量，这种信念和力量，在今天仍然弥足珍贵，令人心怀激荡。两次淞沪抗战中那些大气磅礴、气壮山河的史诗故事，均在本套丛书资料中有翔实的记录和质朴的史料作为佐证。

由于各种原因，原书中存在着印刷错误，而且有些细节也与史料不符，对书中的一些观点我们也不完全赞同，为了给读者提供最原始的抗战史料，对上述问题未做任何处理，希望读者能够给予理解。

编者

2018年7月

目　录

第五章 國民義勇軍之奮起及其參戰經過

中國年來更深的殖民地化，帝國主義的猙獰面目日在中國展開，則中國的反日戰爭，即是反帝國主義的戰爭，亦即是一種革命的戰爭。在這種戰爭之下，無論地主，資本家，商人，學生，自由職業者，以至於工農大衆，都要一致參加的。總之，凡是中華民國的國民，他們都有民族意識的存在，他們都有自身解放的要求，他們都有這種戰爭的衝動。他們都自願意以財力物力乃至以自身的血與肉都供獻於這至高無上的最神聖的戰爭。由於前者的以財力物力相供獻，乃有國民的後方救濟與慰勞的狂熱，乃有軍民合作，一致奮鬥的新景運。由於後者的以血與肉與帝國主義者相搏戰，乃有犧牲一切，視死如歸的壯烈，乃有民族戰鬥力的偉大表揚。這兩者都是中華民族精神煥發向前奮勵自求獨立的

起點。除國民救濟與慰勞容後一章敍述外，茲先將義勇軍的奮起及其參戰經過，略記於此。

第一節　各地學生義勇軍之組織與訓練

此次義勇軍之奮起，其來源甚廣。然大別言之，亦可分學生爲，工人，商人，自由職業者，及在野軍人等等。而在時間上，則以學生義勇軍爲最早。當九一八事變之初，青年學生即有斷指，血書，自殺，失蹤，絕食，失眠，神經錯亂等等愛國的悲慘行爲。他們的中間縱然是大多數不用這些消極的方法對自身作自戕，而各人的面上却都浮上深深的暗影，臂間都纏上死氣沉沉的黑紗，這表示着無限的悲痛，這預示着亡國奴的末日來臨，這豈僅僅是爲遼吉兩省被佔的國土，和東北無辜死難的同胞誌哀的嗎！他們是社會的中堅，是國民的先導，是國家未來的主人翁，他們的知覺到底比較敏銳的。「五四」與「五卅」對於中華民族自求獨立運動的偉蹟，都是他們創造出來的。這次遼吉被陷，我守土之官倡言不抵抗，將東北七萬五千餘方里的土地，拱手讓敵，而我國政府又高唱鎮靜，一毫不動，既不能守，

又不能戰，更不能作有效的處置，一籌莫展，絕無辦法！於是，熱血滿腔的青年學生們不能忍耐了，首先起來開會，遊行，罷課，請願，以喚醒民衆，警告政府，這纔打破了這種沉悶的鎮靜空氣，以希望達到他們救國的目的。而學生義勇軍，即在此種目的下首先着手組織了。

在北平，就有清華大學首先停了課，併大模大樣的把同學組織了一番，訓練了一番的；於是北平的學校沒有一處沒有義勇軍了。在上海，更是盛極一時，各校都有義勇軍，而且又有女子救護隊，各大學學生抗日救國聯合會及中學生抗日救國聯合會，更是大規模的從事於義勇軍的組織與訓練了。此時的中央政府，看見學生義勇軍的紛紛而起，聲勢浩大，大有掃蕩南北直搗黃龍之慨，於是也大規模的正式的見之於中央政治會議的決議案，見之於軍政部與教育部的命令，且特派中央軍官學校教育長王柏齡為上海學生義勇軍訓練處主任，一時義勇軍的熱潮，就泛濫了大江南北，於是長江流域的各省，無論都市與鄉村，無處不有義勇軍的組織。在天津，更了亡國執刺與請求政府的出兵，而有

國立北洋工學院院長王季緒的絕食。這樣，教育界的同人和學生們都感動了，他們的目標一時都集中在向政府請願的一點上。其後不到數十天，北平國立清華大學的講師吳其昌也同樣的做了全家絕食，並不知去向，後來才知道由海陸空軍副司令張學良送至南京見國府主席蔣介石，一見就跪地大哭，蔣亦同跪而哭，其結果，則三呼萬歲而回！這雖沒有達到出兵的目的，然却因此激動了清華大學的學生，就首先南下請願，燕京大學繼之，於是各校風起雲湧，都紛紛入京請願了。但是，在政府除口頭接受條件外，仍是沒有出兵。因此國立北京大學學生就生面別開，改請願為示威。但其結果，在京被禁於孝陵衞，武裝送回。從此政府就禁止學生入京請願，命令路局不准乘車，以免滋事。可是，請願潮仍是高漲不已，並不因政府的禁止而停止。這其間，就有北平，濟南，太原，武漢，杭州，上海等處數十餘萬學生臥軌的壯舉。他們仍願在冰天雪地寒氣砭骨的當中，餓死凍死，不願回校，不願國家在無抵抗中滅亡。這種行為，可泣可歌，可以感天地，可以動鬼神，其對民族的貢獻，並不亞於直接組織義勇軍赤裸裸的以血肉與敵人相搏。這一點，值得我們在此大書特

書的。

本來，學生義勇軍在民十四上海五卅慘案民十七濟南五三慘案後已開其嚆矢，彼時名爲學生義勇軍者幾隨地皆是，爲中華民國反日武力的中心。『五三』以後，政府且佈之於命令，成之爲政制，學校正式課程上都有軍事訓練一科，每週有兩小時至六小時，以實施軍國民教育。然而日久玩生，空有其名，而無其實，此種教育算是失敗了。這次九一八事變突起，東北三省被佔，各校義勇軍紛紛組織，實行軍事訓練。並要求政府發給槍械，而政府亦從而正式頒佈義勇軍組織條例。於是『五卅』『五三』以後的盛況，彷彿復見於今日。在上海，有各大學赴東北義勇軍的組織，有青年援馬團的組織；在北平，有青年決死團的組織；在南京，有三民鐵血團的組織；在各地，亦莫不有同樣的組織，紛紛出關，慷慨赴敵，民族的生機，都在此蓬勃的生長了。

第二節　各種義勇軍及戰地服務團之奮起參戰

學生義勇軍之組織與訓練已如上述，而東北民衆義勇軍之堅苦奮鬥，實爲一切義

勇軍之鴆矢：

自瀋陽事變後，中央政府僅有運用外交收復失地的空言，而高握軍符的大員，亦惟知節節撤退，貫徹不抵抗以維持不必要的和平。然而，在一般有血氣，有心肝的東北民衆，他們受苦最深，他們受壓迫最多，他們不能忍耐以待日帝國主義者的宰割蹂躪。他們由痛哭流涕而振臂奮起了。所以張學良的錦州最後軍隊撤退後，就有黃顯聲，熊飛等諸人率領數萬義勇軍，轉鬥喋血，屢挫敵鋒，即綠林豪客如小白龍，蓋省三，老北風等亦奮其餘勇與倭寇相旋週；稍後又有李杜，丁超，蘇濮章等義勇軍十餘萬奮起，襲擊日軍，屢獲勝利。最近又有王德林，劉萬魁之救國軍。共有五路十萬餘衆向哈綏線推進。使日軍左右受敵。嗚呼，東北被佔以來，日本之不能安然統治，使吾民族尚有些須之生氣者，亦惟有義勇軍。耳！此外，則僅有三數有血性的軍人！曰張發奎，曰蔡延鍇，曰馬占山，張發奎之請纓北上，雖有不能遂其志之政治關係與苦衷，然其殺敵盛氣，已振聾發聵，足爲軍人生色。而蔡廷鍇則竟欲辭去十九軍軍長職，另行集合素有軍事訓練的愛國青年，組織西南義勇軍救國

軍，統率北上，共赴國難，更使人聞風興起。馬占山則以絕乘孤軍，奮勇殺敵，實爲當時義勇軍之先鋒。因此，盛極一時的義勇軍援馬團等等組織，更因此奮起，普遍全國。

迨至東北的日人傀儡劇滿洲僞國登台，馬占山失節，一般赴東北熱血愛國的援馬義勇軍無法前往，中途灰心離散者甚多，其一部分堅欲赴遼西加入東北義勇軍者，雖曾紛紛向熊飛接洽，然亦無相當辦法，出關者仍屬小數。義勇軍高潮，無形低下，然而，當此之時，上海風雲又告緊急，各種義勇軍更奮其救國之勇，又紛紛活動了。及一二八夜閘北槍聲一開，十九路軍節節勝利，其前此經過挫折者，至此都紛紛來滬，要求加入。而一時匆忙組織開赴前綫者，更是不計其數。即到十九路軍接洽參加者，日必數起，風起雲湧，滔滔不絕，民族的生機完全在此中顯露出來了。十九路軍最高長官爲便於接洽起見，即命七十八師秘書徐名鴻專責辦理此事。但以後愈來愈多，且有接應不暇之勢，同時爲收指揮統一及發揮義勇軍特有性能起見，特任高級參謀華振中爲義勇軍總指揮官；而以一五六旅長翁照垣副之。於是各地義勇軍，都在十九路軍統一旗幟之下紛紛加入前線工作，向

日本帝國主義者作民族持久的鬥爭了。然而一切尚在未着手之時，而忽有三月一日因後援不繼，而爲戰略全線退却的結局。繼之，政府卽命令禁止了。因此關於義勇軍的統一指揮及其諸種問題都在無形中消失了。故各地義勇軍之加入前線者，自始至終，都零星雜處，分散於各部隊之間，並沒有發揮其特有性能及其最大威力。這是對中華民族一件重大的損失，同時對我們也是一件痛心的事體！

加入前線工作，在時間上，當算上海各大學的義勇軍以及在戰區內直接受影響的或無家可歸者所組織的義勇軍爲最早了。在二月一日的上海時事新報就有一篇洪深的火線後具記着復旦義勇軍的：

「怕死的人，在未死之前，要死去多次；勇敢的人，他一生一世，祇死一次。——沙士比亞。

「……………

「我走到天通菴路，聽見來復槍和機關槍聲，到止園路，看見鹽生油墨廠隔壁炸彈

爆裂的痕跡，再過中華新路，遙望見過去了的商務印書館。

「不，不，這倒不要緊的，如果以往的商務印書館是費了五十年的氣力經營纔有今天的，以後要恢復決無須乎再用這樣多的力氣，十年也就可以夠了。我所担憂的，決不是物質的破壞，而是中國人心理上是否已被征服。

「中國人是否已經失望了，灰心了，混亂了，瘋狂了？不，不，還好！閘北雖然逃難的人多，但是不逃的人更多，他們大概都是窮人，在租界上無處寄居的。他們的心理最值得注意，也最有關係，他們並不慌急，並不害怕，他們是安然的在那裏候着，笑着。

「在這以掠奪求生存的社會裏，在這犧牲別人的幸福以謀自己的幸福的制度裏，那被壓迫者，被殘殺者一向只都會哭；現在我們笑了，因為我們在等着。

「無意中又遇見了復大義勇軍，他們正做着勞苦的工作，有幾個對我行一個軍禮，增加我無限的感喟。他們是：郭堅，吳文慶，曾獻猶，姚邦華，李鏡麟，趙彰芳，吳世傑，黃修齊，孫作雲，陳澂，周中規，楊守文，許拔，趙本楨，唐賢軫，羅裕久，張容，余一萍，張劍萍，陳存，周蘭波，卓

啓均，駱雲媛，宗炳武，唐慕堯，李佩龍，周志滿，譚弈安，「我應當鄭重地告知他們的家族親友不必担心，不必恐懼，他們這幾個人，至多祇會死一次的。」

在不久以後，大約是二月十九日吧？時事新報的特派記者又有一篇義勇軍的血的文章，內容是記着復旦義勇軍的，由担任吳淞前線的師長口吻裏寫出了他們在天通菴作戰的情形，和死傷二百多的數目。往後就不禁贊嘆了一番，說九一八以後上海各大學的義勇軍中，常有人說：「復旦是少爺兵，」但少爺兵居然敢到火線上，這自然難得。於是又說：「這些義勇軍的勇士，在死的權威裏，他們爲民族而奮鬥，爲國家爭榮譽，我們躲在後方的老百姓是應當如何的慚愧啊！他們碧血灑在吳淞的空間，洗淨了過去的恥辱，開闢一塊光潔的園地，建築上大中華民國的國基，記者在這裏向他們致最敬的禮。」更於是以專電拍發各埠報館，用大字登了出來，使人看了大受感動。啊啊，青年之血，民族之光，使人怎不肅然起敬啊！

復旦義勇軍確可使人起敬的，他們在戰線上確曾建立了不少功績，而他們隊伍的中間也有數名的死傷，守備時在吳淞也曾建立了戰功，而後方宣傳，消息的遞送，慰勞品的接濟，經過他們有文學家的描寫，有自己的啓事，有新聞記者的吹擂和拍拍電，使復旦的校譽日隆，而他們的勳名也會凛凛然佔據了光榮的一頁。其次是馮庸大學的義勇軍，他們的參戰上海是很聞名的，尤其是北方的社會，其大名，使人聞之，如雷貫耳這因爲他們的訓練有素，與復旦的相較，有過之無不及。其實，他們也確曾爲國盡相當的力，作防禦工事，是他們偉大的功績，尤其使人欽敬的，當三月一日全線撤退的時候，他們曾在瀏河方面從容抵禦過敵人，發揚他們的固有戰鬥力。但他們受到各方的挫折亦太大了，即如請領槍械與開拔出發兩層，曾給予他們許多的爲難。如下的一段新聞，也可以看出其中的一部分：

「馮庸大學義勇軍，於前年中東之役，已播義聲，此次滬變爆發，該軍全體在平聞訊，立請校長馮庸，率領南下，援助十九路軍抗日。馮以國府遷洛，槍械一層，須向中央請示，故先率隊往洛，面謁各當道及蔣介石委員，均甚嘉許，並由馮氏面懇蔣委員手電軍政部長

何應欽」，俟該軍抵甯時，按名發給械彈」。嗣以在洛結果圓滿，故於九日由鄭州轉車渡江至甯，持蔣函請何氏照發，何以甯方並無槍械儲存，故允電滬兵工廠具領，該軍在甯又悉日援軍又有一師開滬，大戰即在目前，故於昨日來滬。當在眞茹下車，抵站時適雨雪交加，但該軍精神均甚奮發，令人對之激起愛國心血不少。全軍因未領得槍械，故均執紅纓，背朴刀一柄，雄糾糾如古戰士。嗣服衣褐色軍服，佩指揮刀，在雨雪中與人談話，精神飽滿，據其表示云：「本軍此次南來，不辭跋涉，間關千里，援助十九路軍參加對日作戰，全軍人士，個個抱必死之心，故雖械彈至今尚未領到，同人並不氣餒。故無長槍，亦必以朴刀與日寇肉搏，相見疆場。聞日軍作戰，惟恃其猛烈之礮火衝鋒陷陣，非其所擅，最懼我國之大刀隊，故本軍即領得槍械後，亦必一試身手，以殲醜虜云」。並悉該軍全體中有女同志十六名，裝束與男軍士等，故撲朔莫辨，殊無愧於古之木蘭云」。

然而，此外比較上義勇軍更有勳功的多着呢：如華僑義勇軍與上海市民義勇軍，是各種義勇軍中之成績最佳最勇敢最有勳功者，尤其華僑義勇軍，在火線上與我們底士

兵共同作戰，在後方不斷的挖掘戰壕，所受的苦痛亦最多，不過沒有特殊的人替他們宣傳，社會上不很知道吧了。聞名與否，原是社會的事情，與他們本身無關的。不很聞名的，他們仍是一樣爲國家努力的。

其實，自一二八夜開戰，當地戰區的工人，學生及自由職業者紛紛加入巷戰，以血和肉與日本的陸戰隊及便衣隊相拚，協助軍隊作遊擊戰爭，當收空前的勝利。但因當時無統一的指揮，無一定的組織，且在戰區內倉卒應戰，彼此不相知，故到現今無法知道隊名爲何，死者多少。這種爲國犧牲的無名英雄，實在是眞正的義勇軍的骨幹。後面所表的不過是小數可考證的而已。

十九路軍抗日義勇軍參戰表

（與十九路無關係者不在此表）

名稱	參戰人數	統率者姓名	日期及地點	任務及參戰經過
中國青年反日救國團援滬討日義勇軍	四十餘人	隊長羅春霖	二月三日在眞茹接洽參加	因組織未臻齊開回後方訓練四日乘車回京
南京中國抗日救國義勇團鐵血軍	一百二十五人	隊長臧天人	二月三日到眞茹駐桑家角十九號民房	十四日派赴吳淞歸翁旅指揮撥大刀及工作器具與伙食
上海特區市民聯合會十七廿八兩區義勇軍	未詳	隊長李楷	二月四日由閘北開到眞茹	
上海法政學院學生義勇軍	隊員嚴乃綬丁樹勳等八名	未詳	由閘北翁旅調至前方四日又到大塲旅翁	
上海救國義勇軍第一中隊	約四十人	隊長王秉	三月四日到達眞茹暫駐暨南大學候命	
救國決死軍	約一千人	司令官余立奎	駐眞茹辦事處車站路九八九號司令部駐張鑑中學	十日在江橋高家宅陳家祠辯廟集合，十二日到南翔高宅集中

廣州中山大學赴京請願學生	領相若楊衍鈞週立羣李紹華等數人	中途請求參加無統率者		
中華民國國民救國會救國軍先鋒隊	未詳	總指揮張子雄參謀長劉薑蘇		
鐵血救國軍	未詳	總指揮朱琳		
救國義勇軍	五百餘人			
義勇工兵隊	三百餘人	隊長蕭曉侯	八日到	
賑日前綫敢死隊	大刀隊六百第三隊九十人	軍事委員長程天指隊長楊集中	大刀隊在句容待命第三隊在蘇州	
中國青年反日救國援滬討日義勇軍第二隊	六十餘人	隊長馮君懷	八日到什仇家尚沈家村	十一日選志願者廿人編救護勇歸軍醫處辦理

第十八師志願抗日赴東北新同者	三人	姚耕謝修梓徐[illegible]	九日到	派翁旅工作
南京中央大學學生	十七人		九日到蘇州前方工作	後援隊三月一日晚開回
馮庸大學義勇軍	一百二十六人	校長馮庸	十一日開抵真茹	暫駐暨南大學
招商職工義勇軍	隊員卞長儒胡茂槐張發陞等十二人	隊長俞仙亭	六日	開赴前方擔任救護工作
暹羅對日義勇軍第三大隊	八十三人	隊長藍[illegible]	十二日開南翔集中	十五日開到真茹改編為担架隊
泰興縣救國義勇軍第一隊	二十餘人	隊長董笑天	十三日到南翔	原是地方警察故派往七十八師第六團安置
中國青年鐵血抗日團	十六人	大隊長駱駿		因人數太少與董笑天人隊合併

震旦大學教授	一	江鎬	二月十日	派交通處工作
隊 曾	一		二十日	到敵方作反宣傳
中國國民救國義勇軍	十二總隊一總部約當一旅	軍委會委員長朱子橋副張子廉王漢良總指揮洪嘉毅副劉慕蘇		小數參加前方工作
上海市民聯合會義勇軍	共二五區，每區約百人	正指揮王屏南副王馨成		
市民義勇軍先鋒大隊	兩批共四百餘人	先鋒隊長王志祥	二月三日開往閘北分駐永興路上虞同鄉會等處	
誓勇先鋒隊	未詳	蔣玉枕吳坤山張志剛劉鳳桂等		

南京中央大學學生	十人		十五日到暫住招待處	編爲宣傳隊
中國國民救國軍第一軍第一師		師長孫炎		
留蘇學生國難服務團	周世楨等五人		十六日攜救傷藥品到南翔	交七十八師軍醫處指揮
上海義勇團	未詳	朱爲珍黃建平		受市公安局干涉命軍裝整齊准者予合到前方
上海各大學義勇軍	約五百餘人	代表温司廣鑾于璞令顧傳綱參謀連丕烈	二月齊集西門少年宣講團以傾整隊開赴前綫	
國民救國志願軍	二百人	司令張煊		准開戰地改編
上海建築業同人後方供給隊	百餘人			派交通處工作

四川義勇軍	廿餘人			
中央大學義勇軍		隊長軍事教官徐挽瀾		
上海中學聯青年義勇軍	未詳			
驅日前綫敢死隊		隊長倪權		
天津鐵騎團	八十餘人			
上海市水木業義勇軍工兵隊	二百人	隊長張世發		
上海市民抗日決死隊三大隊	一千五百人			
遼東民衆便衣隊	約三百人	隊長孫華山		二月日奔江灣路附近鄉間集合向日軍防綫遣攻適有敵十九路軍擊退之敵百餘人由打衝引翻港方面潰退便衣隊當郎迎頭痛擊當場擊日兵三名我死七人傷三人戰約半小時日軍敗退

救國義勇勵志社	三百人			
上海市工會輸送嚮導衛生救護等隊	三千人	總會委員李永祥		担任輸送掘壕膳炊擔運陣亡屍體埋密查察敵方須人並協同警察維持治安等工作
中國退職軍人抗日義勇軍	約百餘人	司令六十八歲老人仇鼇變		二月一日起在閘北助戰在天通菴襲敵廿餘一月廿一夜遇敵便衣隊於青雲路發生衝突隊員王子清受傷
上海市民聯合會勇軍各分區義勇軍	未詳	委員會		二月一日起在閘北工作成績頗佳其十一中隊經十九路軍給以救國軍名稱給養等由市民自籌
郵工義勇軍	約百餘人		二月一日起	開赴前方担任遞送交通工作
華僑救國義勇軍	約二百人	北伐軍舊部吳越所組織	十二日開赴南翔	十六日起正式參戰
抗日決死隊	由十九路新編共三十二大隊另有諜報一隊			

四川省抗日救國義勇軍敢死隊	百餘人		廿五日到	派往翁旅工作
四川開江青年討日義勇軍	六十餘人		三月二十日到駐眞儀	
首都各界抗日救國會救護隊	四九餘人	主任尹天民由陶寄天女士率領	由教次段錫朋介紹廿四日到眞茹	作暨大內廿五日看護組令開南翔候命留工作人員廿人在眞茹駐仇家巷二號
廣東女子救護隊	約二百人		由上海派往蘇州等處工作	
上海市商會童子軍救護隊	約六十人			
上海震旦醫科第七隊救護隊	廿餘人	隊長汪揚	駐暨大	
無錫縣儉德會救護隊	十餘人	該會會長章福派楊采陳紫泉及醫師王惠林率領	二月十五到	派往顧團服務

安徽理督會江蘇吳縣分會担架隊救護	廿四人	唐春海司馬鑫	二月十五日	住小場開始工自籌給養一月
廣東同鄉救護隊	廿四人	利明印刷美術公司羅正平介紹		以上數隊雖參加救護工作其性質與義勇軍同故列此
湖南青年鐵血團救國		分隊長胡彬		四月十二日起在蘇州擔管城壕工事
上海青年軍戰地服務團	八十餘人注	鄧		工作全上此外尚有許多服後方諸勤務

（註）如有遺漏希函書局轉編者俾於再版加入

最後，且將四川省抗日義勇軍敢死隊的一篇報告書錄在下面，以為此節之結束：

「親愛的父老昆弟諸姑姊妹們！

「在中國這個次殖民地的國家當個國民，相信個個人都是感覺十二萬分的難受，尤其是最近的暴日將牠資本帝國主義的真面目十足的表現出來，向着我們老不長進

的民族瞄準進攻，這是更深一層的難受。

「此刻我們的民族，就應當從日本人的二十一條中件覺醒起來，從屠殺中起來，被炸彈聲驚醒起來作，將死的最後一剎那的掙扎，謀最後不屈辱的奮鬥，從死中求生，且更被日本人的大礮和炸彈驚醒起來，作以死抵抗的動

「現在我們已於四月二日到達前方了，經十九路軍總指揮部的照應，接受了命令，歸一五六旅部聽其節制指揮。一五六旅的旅長，係以孤軍死守吳淞砲臺的翁照垣將軍，膽識過人，爲抗日健將。

「這樣一來，使我們持槍殺敵的志願，可以有機會達到，然而使我們有能貫徹報國之志願的大原因，還是我們親愛的同胞們的賜予，因爲我們在旅途和出發之中，一路上同胞們給予我們精神上和物質上的幫助，委實不少。

「在精神上，使我們感覺着雖死猶榮。在物質上，使我們於進行中，甚得便利。在這重感激的當中，使我們的腦海裏得着永遠不會磨滅的印象。

『親愛的同胞們，現在我們沒有話可以感謝你們了，可以報答你們的，一面，祇有努力奮鬥，以求完成我們救國的使命。一面，還得深深的向親愛的同胞們行一個民族革命的最敬禮，要請大家拿出捍衞民族的精神來。』

『四月八日午前十一點鐘，我們全體整隊謁見一五六旅翁照垣旅長，當我們表示了我們的意見和決心以後，翁旅長很沉毅的說：

『……在這個時期中，救國全靠有覺悟的國民，不過以你們這般比較智識健全而缺乏軍事訓練的青年去犧牲，也是將來國家一種頂大的損失。諸位！切宜忍耐，我總有可以令各位圓滿達到各人所抱滿腔熱望的奮鬥的機會，在忍耐當中，無妨切實作番準備功夫，加緊訓練自己。當滬戰發生時，滬上各大學學生組織了不少的義勇軍，要求參加前線，我都通通把他們編制起來，留在後方訓練，或担任後方勤務，諸位可以一道去練習，一道去工作。一方面，可以增加各位的軍事智識，再一方面，可以造成將來抗日的勁旅，切望諸位忍耐……』

「我們將去受訓練了，將編入十九路軍隨營訓練班去受訓練了。新的服裝，已由旅部派人量量各人身幹的尺寸去訂製了。每日的伙食，已由旅部每人每日規定發給大洋兩角了。但是有不需訓練的，想來旅部也許會有一種適當的救國工作給他們做吧。」

「二月二十六日到重慶。重慶的長官，以為我們有武器，命令守城軍士不許我們入城，並不能容許我們喚醒一般酣睡的人們。」

「三月一日抵宜昌，見岸上遍插國旗燃鞭炮，人們俱個個歡喜，十分高興。沒有想到上海失守，瀏河大敗，而報紙滿載白川陣亡的消息，是不可靠的。」

「宜昌所得消息，全成虛謊。倒是我軍退守太倉嘉定，盛傳滬上議和。」

「出錢買票之平漢車，滬上有議和的確息，使我們不能不請教遷都洛陽的國民政府。然而可惡的平漢路局竟徵收了我們每人車票大洋九元六角五分，活活送去大洋二百六十元五角五分，唉！國有的鐵路。」

「三月十七日抵洛，國府主席赴京謁見調查團去了。行政院長及各部主管人員均

大多不在行都。向中央黨部請願，得葉楚傖委員訓示：「政府決不以違反人民之意志為意志」果能如是，稍可使我們滿足希望。

「三月廿七日車轉鄭州，說邱伯清同志的病危了，大家都焦急起來了。尤其伯清同志的哥哥邱錫崐同志更急得流出淚來了。我們馬上預備一百塊錢並派錫崐同志去看視一切。好在現在已快好了，要到前方來了，我們很感謝鄭州同仁醫院的特別優待，不取分文醫藥費。

「三月三十一日車抵徐州，站上的兵，講馮總司令在徐養病。當派同志前往求見。隊片甫入，馮先生因喉病不能講話，即在片上親書：

『為民族爭人格的主人們：你們真是有血性，有良心，有志氣，有硬骨的先鋒啊！敬佩之至。馮玉祥二一，三三一，于徐州病院」

「三月卅一日抵京向黨政軍機關報到後，當日下午，首都衛戍司令部突然來了一張條令，上書：「頃有自稱敢死隊代表章楚僑，向本部肆意要求，查此種藉名團體，本部迭

經取締在案，仰即派得力兵士多名，勒令出境，違者拘辦，不得寬縱。但是我們按照手續正式推舉之代表，所負任務，除報到外，別無何項請求，更談不到肆意二字，現在却接到這命令，勒令第二天午前十二點鐘出境，奇怪！

「到京之第二日，雖有衛戍部之取締，我們因洛陽衛戍司令部有函介紹，至南京有留京辦事處張道藩主任指導我們一切進行，所以我們還是能夠在京停留，而且見到了張主任。結果允許把我們介紹到十九路軍，衛戍部之麻煩，也因此無形中取銷。

「中央留京辦事處雖有函介紹我們到九路軍，但還得經過軍政部的允許，但是軍政部最初說得很好，結果他爲執行行政院取義勇軍的命令，不能正式給予我們任何名義，允許個別爲我們介紹工作。我們說：我們之來就是四川同胞的委托，爲抗日義勇軍這個名義而來，名義取銷了，我們到底爲着什麽來？豈不是爲軍政部介紹工作而來，做官我們不願意，如果軍政部要我們取消名義的頂好是明白告訴我們不准愛國，則只好回去。彷彿「愛國」還像有罪一樣。末了，軍政部仍然原諒我們遠在四川不易回去，不顧行政

院的命令，可以例外的派往十九路軍。不過，他又來封信說：「十九路軍軍官並不缺少，所缺少是的兵。」我們是求敢死，那管他官也好，兵也好，總之走上前線，再說下文

「政府對日方針，決定兩個原則，即是一面抵抗，一面交涉；彷彿既不敢簽訂喪權辱國的條約，復不敢大刀闊斧的進攻，所謂抵抗，祇是退讓的抵抗，快等於不抵抗。所謂交涉，祇不過乞憐國聯，一種磕頭禮拜的交涉。總而言之，統而言之，一切責任，現在通通加上我們的肩頭了。我們應當快馬加鞭，挺身去幹。待死和靠人，都沒有好的補益。我們要從死裏求生，纔有意義。國家的獨立，待我們去追求。民族的恥辱，待我們去洗滌。同時，我們還急切的盼望全國親愛的同胞能一致嚴厲監督着我們的政府，使他們要根本做到保國衞民守土的抗日工作。一面我們自身也應當完成我們輸財出力捨命的救國責任。」

第三節　後方勤務與隨營訓練

義勇軍的奮起及參戰既如上述，在此，我們對於後方勤務與隨營訓練的情形，也似乎有一述的必要吧？

很顯然的，義勇軍在前線作戰是很少的，其大部分不消說都是在後方服役。這因爲他們的性能關係，自然要如此。

首先值得說明的是童子軍的忠勇服務。

誰都知道去年「九一八」日本帝國主義者在東北投下一顆危險性的炸彈，不但和平的中國人，連東西兩半球的尚在睡夢中的人們也驚震了。然而，在中國卻出乎尋常意想不到的有兵不戰有土不守而斷送東北幾千里錦繡河山的所謂不抵抗長官，於是大家憤慨了，中國童子軍就在這憤慨之下，也組織了「童子軍戰地服務委員會」，會準備了一切，要到東北去。誰知道東北沒有去，而一二八上海事變發生了。於是上海戰區內逃難的難民，就首先受到童子軍的忠勇服務的嘉惠。例如一二八事變的翌日，有許多逃到世外桃源的慕爾堂的災民，夜深寒重，不能成寐，往往相偎假抱以求暖，慕爾堂的童子軍，就不忍覩這慘狀，他們感動了，當夜趕到金榮小學借毯子。這種雪中送炭的厚誼隆情，這種人類同情心相關切的摯愛，諒來當時身受其惠者至今還不曾忘記吧。稍後，童子軍就

擴大服務範圍。向戰地出發。一月三十日，該軍理事會辦的教練班與慕爾堂的二百七十團童子軍，開始活躍，並招請了自願投軍的六百多人，成立了『童子軍戰地服務團』，浩浩蕩蕩，氣吞山河，來到我軍為祖國爭生存了。

當登報招募新團員報章發表之日，報名投効者，踵趾接相，男女青年，其中無不激昂慷慨；口試時，種種悲壯痛沉之詞，皆在非筆墨所能形容得了的，更有許多使人感動的事實如斷指血書以示堅決者無日無之，這種愛國的精神，真要令千秋萬世的英雄志士悲歌感泣的啊！他們的功績，全在於後方服務，不論傷兵醫院，難民收容所，以及輸送傳遞等等莫不有他們的足跡。二月二日起，他們即輸送各團體各慈善家捐下之救濟物品如食品衣服等，日必數百件，常至眞茹南翔總部及交通處，雖在槍林彈雨之下，但他們的堅忍耐勞不怕死的大無畏精神，始終如一。此外大部分的工作，則為傳遞公文信件等。他們又能駕汽車或機器脚踏車，故傳遞異常敏捷。因此，十九路的同志們都異口同聲贊嘆了，而他們也很起勁，二批，三批，四批，源源而來，於是該軍除輸送物品傳遞信件外，並兼任裝

修及視察軍用電線，警戒防區，修築城牆及防禦工事等等，忠勇哉，爲祖國爭光榮的孩子們！

他們的救濟工作，在閘北最前線救出了七百多如火如荼行將死的同胞，在後方辦了十三個難民收容所，同時服役於其他二十餘的收容所及傷兵醫院，專門管理警備事宜。十九路軍的車輛出入和慰勞品的整理，也靠了他們，秩序井然。築路，架橋，監工，偵查，通諭，招待，通訊，維持秩序，都他是們常做的工作，崑山至常熟的電杆木和電線的裝置，都出自他們之手，蘇州城牆一圈的戰壕之挖掘，要算他們與湖南鐵血團的勞蹟居多了。他們的足跡遍滬甯滬杭兩路而迄於太倉常熟勾容等處，他們常駐的地方爲松江，眞茹，南翔，崑山，正義，蘇州，無錫等處，他們服務最多的地方爲十九路總指揮部副官處，交通處，兵站等，而尤以交通處爲最多。所以他們發號司令的總機關『童子軍隨軍辦事處』常依交通處爲進展。他們有幾個同志在蘇州服務於總部兵站，與作者很接近，作者知道他們勞蹟是很多的，他們並爲作者服役，抄了不少的稿件，就作者個人而論，至今猶爲感念。此外上

海市商會第五十四團童子軍因為單獨進行，與十九路總部很少服務關係，作者知之不詳，但他們的功績也是很多的，只可惜流彈死了幾個同志，連姓名也不曾知道，幽殤哀怨，作者敬在此深深致其函默追悼之情。

此外純在後方勤務者，要推上海華商紗花業義勇軍了。該軍係紗花同業所組織，招足了二百五十名，編定一中隊，確定經費，以華商紗布交易所平台為操練場所，繼又借定蓬萊市場空地為操場，準備北上參加驅倭工作。不意一月二十八夜上海戰起，於是他們要求十九路軍總參謀部處發給槍械加入前線作戰。然而該軍臨時招募，倉卒訓練，那裏有作戰能力呢，作無謂之犧牲，未免可惜了，不准。於是該軍就在後方工作。其時周浦楊思橋周家渡保衛團，以為各該處地處衝要，與兵工廠祇有黃浦一線之隔，而周家渡後面又有火藥庫存在，恐敵襲擊，就要他們開赴浦東，連合協防，械彈是由該團供給的。於是就在周家渡等處掘壕佈防，前後凡三十餘日，沐雨櫛風，晝夜嚴防，雖沒有參加前線作戰，其功績仍是一樣偉大的啊！三月一日我軍退守第二防線，該軍遂亦退回，槍械各交還了保衛

團。自是以後，該軍遂派一部分到十九路軍後方辦事處上海兵站服務，隊部駐南市沈家花園，担任運輸上海至蘇州崑山太倉等戰地之軍用品，又派一部分至崑山交通處工作，編為監護隊，發給他們步槍三十枝，子彈六千發，受交通處指揮，担任監視船舶運輸，保護鐵道交通，以及戰地防禦工程等工作。停戰會議成功，他們並帶了械彈回到上海。

再此外如『湖南青年鐵血救國團』等等義勇軍的後方勤務都是特著勳勞的，只因篇幅關係，恕不一一描述。一斑之徵，可知全豹，遂請閱者，自己去聯想吧。

於是，說到隨營訓練。

這，就是關於學生義勇軍隨營訓練班的事實經過。

推本溯源，又要從九一八事變說起。當時東北失陷，天津肆擾，血性之倫的上海各大學學生所受到的刺戟當然特別激烈，就紛紛向中央政府請派軍事教官到校訓練，以為武裝禦寇的準備。於是中央特在上海設立『上海學生義勇軍訓練處』，統一各校編制，加緊訓練。訓練未及兩月，各學校照例放寒假，學生星散，訓練又暫時停止。恰好這時十九

路軍一五六旅，由嘉定移防閘北，總監部就委翁照垣旅長爲訓練處副主任，即有復旦大學軍事委員會主席林鐵庸君到處聲稱，該校同學擬請利用寒假期間，組織訓練軍事特別班，並請至翁旅軍中實習各種武器。翁旅長允之，於一月二十四日編隊成立。但當時人數僅及一排，不便演習各種戰術，乃向其他各校徵求隊員，又因此時各校學生大都返里渡歲，應徵者自然寥若晨星，於是就在復旦校內先行演習軍中生活，和必要的學術科。十餘日後，開赴大場旅部，與士兵共同生活，特別加緊操練，爲時僅僅六七日，而上海敵軍就向閘北進攻了。

當一月二十八日晨間，他們隨營訓練學生，演習追擊砲畢，散隊的時候，即見上海各報均載有市政府已接受日本之五項無理要求，最後一條，竟明令解散抗日會，憤慨已極，同時翁旅長亦已接到退出上海命令，於是他們更憤慨了，都以爲上海乃我國領土，駐兵乃我自由，彼日本帝國主義者究以何種權力干涉我國行政？前次對東三省之不抵抗，而陷於萬劫不復之地，此時何能一誤再誤！遂一致要求旅長固守，勿使東南尺寸土地，

拱手讓人，致被國人駡為東北當局第二。甚至有要求發給炸彈，持往日本海軍陸戰隊司令部拚命者。翁旅長則以服從為軍人天職，中央命令不能反抗為答，曾再三勸解開導，以免另生枝節，並說道：「俟各校開學後，集合大多數同志，加緊訓練，有機會可同赴東北，驅逐日兵出境。」於是他們更憤慨了，很沉痛的說：「在此緊急關頭，有槍在手，尚無辦法，又何必高聲打倒日本帝國主義，駡東北軍誤國！」一時聲淚俱下，翁旅長也感激流淚了，一時大家相對痛哭，在河山黯淡中更顯露出空前未有的悲壯。於是翁旅長始命他們先至上海向各團體查訪情形，舉行宣傳，並請學生聯合會通電表示態度後，再相機行事，他們都遵行了。於是他們到上海去，在寶山路虬江路一帶整隊高呼「請市政府收回成命，」「打倒日本帝國主義」等口號，至晚八時許歸營。那知道就在這晚十一時許日本獸軍就向我防線衝來了！當時一五六旅因閘北接防部隊尚未到齊，交代手續未清，故未移退，第六團倉卒應戰，駐大場之第五團援之，旅部僅留學生守備，於是他們就努力於宣傳，情報，救護，輸送等工作，訓練就中止。迨至戰事告終，因性質相同之義勇軍參加甚衆，一時不

忍而且無法遣散就把他們統統編制起來正式成立『十九路軍學生義勇軍隨營訓練班』共分爲三大隊，每隊又分爲三中隊。第一大隊大部分爲上海各大學學生，其較高級之軍官研究班亦屬之。二三大隊係上海市民義勇軍（內有小部分由東北拆回之上海青年援馬團團員）及四川湖南等處的學生抗日義勇軍，此外尚另有女生一支隊。訓練的地點，初是唯亭，繼而無錫惠山。時間草草，雖是兩個多月，便舉行畢業，但他們的意義是深遠的，精神是始終興奮的，情緒是長遠緊張的。他們所學的東西雖很膚淺，但自各個教練以至於班教練排教練連教練，自典範令以至於大教程，此外還加上政治經濟等，他們都學到一點。同時因爲他們努力的關係，成績不致於十分差的吧？然而，卻因爲種種的關係，十九路軍自身又奉命開閩，他們就不得不在萬分沉痛萬分哀怨的當中畢業遣散空空的回去了！這其間，自然有許多要流離失所受盡社會的磨折的！在這樣的中國，在這樣局勢下的中國，『抗日』『愛國』『義勇軍』如是等等，都是不容易談的呀！

雖然，雖然！來日方長，類乎『一二八』的事件將來更多呢！作者在此敬禱祝他們不

要灰心，盼此有用之身，努力向前，將來再見吧！

末了，我敬把他們之一的復旦義勇軍歸來感慨的記載錄了，以見他們的情緒一斑，也可以當做此節的收尾：

記復旦義勇軍　　心羽

一二八事件確然是一顆巨大的炸彈：不分地域，不分階級，不分性別，世界的每一個角落裏的人都被它震驚了。那聲氣奪人之先的大學生更不能例外，爲『着替民族爭生存』脫去花花綠綠的洋服穿上灰布衣走向『光榮的十九路軍陣容中去了。』如此便構成上海各大學義勇軍這一事實。

由『死守淞滬』而『退守第二道防線』而『長期抵抗』而『停戰協定，』於是前線平靜無事。上海正在謀中興它昔日的繁榮了。十九路軍奉命開閩，各大學義勇軍也在隨營訓練班畢了業，他們也各回原校，復旦的義勇軍是在北站被幾輛卡車歡迎了回來。一切都如舊，只是出發在江灣，而今卻是徐家匯而已。

在李公祠的飯廳裏，大中兩部教職員同學擠滿一屋子，神龕的前面張着一塊『歡迎復旦義勇軍回校』的白布橫披，底下就是主席台了，第一個上來的是李老博士，演辭是超過理想以外的長，在激昂慷慨之中仍不失其莊重，第二個是一位同學，他是代表在校同學致歡迎之忱，也發揮了不少的感想，第三個在一陣全場一致的鼓掌聲中上了台，那就是武裝同志的代表了，請他報告從征的經過，會場的空氣頓時嚴肅起來，衆目睽睽都集中在這灰布衣的英雄身上了。他開始那宏壯的聲音，恐怕是被熱情激盪的緣故，聲音已經斷了，我在那英雄的面頰上發現兩行亮晶晶的眼淚，他的報告的確很詳盡，幾乎花去一小時有半的時間，他說十九路軍的自動抗日，歷述他們的勇敢，他們如何幫助作戰，如何宣傳民衆，組織民衆。這個，我希望修歷史的人，不要將這事忘記。最後，他說出他的感想和救國計劃，他願以在中國尚未發現杜美爾事件和犬養毅事件爲憾。又在一陣熱烈的鼓掌聲中下了台，再經過一些節目，最後是拍了一張照，於焉禮成。

一陣擾攘，飯廳恢復它的寂寞。

最令人難忘的是那英雄面頰上的兩行亮晶晶的眼淚。

附錄學生義勇軍隨營訓練班第一隊長彭堉亮君報告該隊經過之詳細情形之一文於下：（節錄）

隨營訓練班，乃由復旦中公法政三校同學組織而成。一二八戰起，同學等堅請赴火綫參加工作，旅長（翁照垣）勸阻無效，乃亦移司令部於閘北太陽廟，令同學組織特務處，分五股工作：

（一）情報股

同學等類能操本地方言，熟識街道，相識人亦多，担任諜報，極爲相宜。每受派作偵探時，有向汽車夫借衣扮車夫者，有扮報童者，有雜於救護隊中者，化裝頗佳，人莫能辨。同學等在無水洗面不刷牙寢食或有或無之生活中，礮火聲震耳欲聾，大家不覺痛苦，不知畏懼。化裝之後，互相笑謔，揚揚得意之形狀，誠爲出於本人意料之外者。

視察本軍防線，亦爲同學所最喜之工作。因日間砲火稀疏，可以就地與長官討論戰術。夜晚可以攜槍參加射擊也。猶憶某日下午，同學在公共汽車廠後面與吳履遜營長談如何佈陣法，正在手指脚劃，忽一敵彈由二人中間穿過，幸未命中，而彼等談話，並未中止，仍蹲下繼續談論。同時另一同學伸首出沙包外探視，經兵士急止之，始蹲下，可謂好奇心盛者矣。

傳令工作中，尚有一笑話可言者，即某日奉軍長諭，限閘北居民於當日晚六時完全遷出，因時間匆促，恐居民難以遷移，故油印布告數百張，用汽車載出，分途至各街巷張貼，并用白布書大字負之，至街上跑喊，以通知市民。有數同學因爭負布旗，趁先取出，以致遺亡蓋印，當時各軍警機關，尚未得此消息，街上保安隊及警察，見其在街上亂跑亂叫，以爲造謠惑衆，即不由分說，將其帶入警所，及入室，則軍警聯合辦事處，正以電話通知此消息，始釋之回營，思之可發笑也。

(二)交通股

擔任運輸事宜，最爲麻煩，亦最重要。在閘北作戰時，民衆逃走，往往將門戶緊閉，我軍愛惜民物，不肯破扉而入，以致露天街道中，不能多堆什物，一切軍用品，皆須旅部隨時以車運往。當時旅部有汽車二三十輛應用，但時有車夫畏苦，私自開車逃走，或缺油或損壞者，倘有誤軍機，其關係實大。同學乃將車號旗幟通行證車夫及車上鎖鑰，統行編號登記。每有需車，先問用途，以定車之大小。然後出門外指定車輛，始有車夫入，交發旗幟鑰匙等，詳記載運物品。開車時間，開赴何處，路程若干，何時可返，及各種號數，派人押車，同學又多數爭去，亦爲難解決者。及車返，車夫常常忘記入內報告，及交還旗幟鑰匙等，又須出外查視。故終日足疲於奔，手疲於寫，雖食溺猶不敢離開。

閘北激戰，多在夜間，一月三十一日晚，同學押運子彈至虬江路，返時離開火線約三十丈，忽有敵彈連續飛來，知車行聲爲敵人所注意，乃停車路旁，同學憤不可言，下車執槍至火線參戰，囑車夫徒手回報，當即有及三四同學，奮勇前去，俟機將車開

問，其餘均往參戰。及次晨清檢人數，則有孫作雲等三人失蹤，至今未查明其是否陣亡，良深悵憾。至於黑夜摸索中，點發麻袋電網等，爲有擠滿泥濘，及剌破手皮衣服者，亦皆始終未聞勞苦聲。此次作戰，運輸方面，并無差池，要皆同學等辦事之精密敏捷所致也。

（三）慰勞股

十九路軍此次抗日，民衆極熱心幫助，戰啓之次日，即有送慰勞品來者，以後更日見增多，送貨汽車，前後相接，搬移物品，皆由同學自任，哼唷啊呀之聲，終日不絕。余初不料手無搏雞之力之同學，竟一變而爲搬運夫也。

先是，慰勞品堆積於太陽廟之天井及四廊，行路不便，且遇雨即有糜爛之患。乃由同學將各種物品在大殿左側分類四方，疊如牆壁，主管者坐其中，成一自然之房間，有門有窗，需取何物，隨手指搬，無翻尋之苦，可謂善於建設者矣。

物品收存妥當，即分派同學攜往火線，分給士兵享用，并多進慰勞語及鼓勵之

詞。因之士氣更壯。分送慰勞品後，得知火線上士兵，因飲料不足，且所吸之火藥氣及焚屋烟火氣太多，乾燥食品如餅乾麵包及罐頭等食品，多不能下嚥。乃由同學轉告各界，以後如有贈送，以軍用品及水菓爲妙。幷將過多之燒餅饅頭等，奉旅長命，用汽車載出。分發給窮苦難民，一時滿街滿巷，爭食者汽車爲之阻。同學派人下車，推強助弱，維持分發之平均。幷乘機宣傳鼓勵民氣。故軍民情感，從此更爲濃厚，而自願來軍投效者更多。

同學日間多在外服務，每不能在營進食，輒自在外買餅乾充飢。旅長屢令自由取用慰勞品，各同學不肯，最後始將因搬運而散包之物品。如餅乾蛋糕香烟之類，略加取用，猶連稱慚愧不已，蓋以爲慰勞品祇火線上之兵士可用也。某日，慰勞股同學，因公取用民衆送來之手電筒，其他同學等紛紛訾議，竟因此而發生齟齬，經予再三勸解始已。此種精神，實令人欽佩不已。竊以爲我國各機關辦事員，如皆能有同樣之廉潔，則中國早興百廢，臻強盛之域矣，幸望各同學永持毋變。

(四)交際股

十九路軍各官佐，如副官書記等，均富有軍事學術，此爲中國軍中之罕見者。如一五六旅副官主任丘秋星，卽爲黃埔軍校第四期畢業者，學術兩科，均有深研，故戰事發生，各官佐大都荷鎗參加火線，司令部雜事，概交本隊辦理。其雜務如(甲)招待新聞記者。自戰事發生，各報館及各通訊社各團體之前來採訪新聞探聽消息者，踵趾相接，概由交際股接見談話。(乙)接待各界代表前來慰勞者，點收慰勞品。(丙)審問漢奸及敵探。暴日横行，國民無不憤恨，戰期中凡有稍通日人，或形迹可疑者，無不被民衆拘扭，痛打，送來旅部聽候處置。民衆此種愛國行動，固可欽仰，但日人與我之軀貌，實無大别，往往有平日極少出街之同胞，或穿破舊西裝者，皆有被捕之危險，若不加以相當審問，遽行處決，實爲冤枉，故處理此事者，亦有終日無暇之感。三月一日，獲日探二名，能操國語粵語及上海方言，身藏手鎗，自稱爲國民政府職員，可謂胆大普欺者矣。經旅長參謀長再三覆審，始確證其爲敵探，同學等卽欲以爲射擊靶，爭行

射擊，見之令人發笑。(丁)處理前來投效之民衆。九一八事件發生以後，民衆即有各種義勇軍敢死隊援馬團之組織。滬戰發生，奔來投效，更有臨時組織之便衣隊先驅隊決死隊援滬軍等團體及個人前來請纓者，總計約數千人。本隊一一加以相當之審查，再請示旅長酌發手溜彈及授以可能之任務，并挑選品行端正，身體強健之退伍軍人數百人編至第六團補充，其他則因毫無軍事學識，頭腦不機敏，旅長不忍以不教民戰，多數遣回。尤以身軀不健而被遣回去者最多。蓋國人素不講究衛生，以致大多數爲病夫，如此輩救國有心，殺敵無力者，其痛何可勝言！

(五)宣傳股

戰事突起，上海民衆素無戰事經驗，自必異常驚恐，不知所措。而宵小乘機，煽人受恐，則秩序不易維持，勢將有礙軍事。故宣傳工作，亦爲切要。戰期中，每日派人至各街巷，報告戰事情形，說明戰爭意義，教以避飛機，擾敵人的方法，及如何幫助軍隊任運輸，當偵探，抬傷兵等自救救國之道。同時向士兵宣傳，鼓足其勇氣，一心向敵，并散

發各種簡短之傳單及貼寫標語。二月一日，曾在閘北中興路召集軍民聯合抗日大會，到會者三四千人，情形極爲激烈。二月二日，又派人至蘇州一帶及與租界毗連處在牆上大寫英文標語，竟日方歸，而衣手已滿染石灰水矣。

滬案發生之翌日，吳淞中國公學主任軍事教官劉蘭陔率領該校學生十數人前來請求入伍從軍。越二日，又有法政學生數人前來，當併入復旦同學，使在特務處服務。該生等爲砲響後而來，其視死如歸之精神，尤堪敬佩。憶某次在外視察，一彈落在一法政同學面前不滿一尺之土地內，激起之灰土，爲浪花飛濺於該生之身，而該生反現笑容，連呼「倒滿好玩」也。

迨一五六旅移防吳淞後，民衆逃避一空。特務處宣傳股失其宣傳對象，交際處第二股，亦無事可辦，同學頓時清逸，極感無聊；敵人亦漸改戰略，不來衝鋒，專以飛機大礮遠轟。當時旅長在鄉間小民房內，本隊亦由閘北移駐於大場旅部，即參加部隊構築極堅固之防禦工事。及竣事，則如手創之業，不肯離開，雖寢飯亦不歸。越數日，又

覺無事可爲，乃相率至吳淞地穴中，砲彈炸彈及飛機上之機關槍彈，如急雨下，乃紛紛避開。歷一時之久，鎗砲聲始稍息，重行集合，檢查人數少二名，到處尋找，則見其在某路東端因坍屋下壓倒三人，彼等方盡力設法營救之也。自此旅長恐同學在敵人砲火下犧牲，太無意義，乃下令禁示以後不准再到吳淞、然學等仍每潛行赴砲台也。

綜計本隊參戰近兩星期。雖不敢謂有若何功績，然亦未嘗爲軍隊之贅，且協助軍隊之處亦復不少。尤以一般同學，初次參戰，不慌張，不畏懼，辦事精細敏捷，雖受過長期之軍事訓練者，亦未必能如此，是則爲個人所欽佩不置者。惟以訓練期短，加以同學等過于奮勇，故於服從上，未能完全做到，而如參加火綫，旅長則以大學生之犧牲，爲國家之損失，責成余加意加以管理，不使受險，同學則謂『既不參戰，何必從軍？』。其實在司令部担任重要工作，何嘗非有價值之參戰，而同學等則必以參加射擊，爲狹意的參戰之解釋，殊令余上下爲難也。

旅長以吳淞居民逃走一空，軍隊行動，諸多困難，感於國際戰爭，有軍民聯合，共同奮鬥之必要，乃令本隊至後方，沿京滬綫各埠宣傳，以期喚起民衆，限令二月十一日午前出發。十日晚，奉到開赴後方宣傳令後，同學等即會集商議，改名為「上海各大學學生義勇軍十九路軍隨營訓練班宣傳隊」。決定宣傳方式為（一）文字宣傳——印發傳單宣言，貼寫標語。（二）口頭宣傳——至各地召開市民大會，向各機關宣傳。街頭講演，茶肆及鄉農談話。（三）化裝宣傳——編演抗日戲劇，指示民衆抗日方法，并舉行募捐，為深入宣傳之手段，此外更代募前方看護救護人才及指導民衆組織救國團體。十一日由大場出發，至嘉定。關於宣傳種種，更為大學生之能事，在嘉定勾留二日，使全城空氣頓形緊張萬分。宣言為臨時所作，表演劇本為『鐵與血』寫上海戰事實況，指示民衆殺賊方法。劇本上午十二時完稿，下午三時表演，成績亦尚不差。十三日，移南翔，其時雨雪交加，途上泥濘不堪。同學身負數十斤，步行三十餘里，行進速度較普通軍隊為快，到達目的地時，大家赴河岸濯足，絲毫無倦容，不知寒冷。

當時即有民衆持爐炭來爲同學烘衣，于此可見民衆對抗日軍隊之熱忱矣。

在南翔努力工作二日，又開赴崐山，加演『小白龍』劇本，寫東北綠林義士，爲國殺賊之壯舉，詞句慷慨激昂，激動民氣不少，送肉食來犒勞者數起。十七日開赴蘇州。過去所經各地，皆住宿於廟宇祠堂中，寢於潮溼之地，同學雖能耐寒苦，但無櫈桌椅櫈，辦事實更感不便。至蘇後，始改借住學校，蘇州地域較闊，人口衆多，且民氣遠不如其他各地，于是同學工作更加努力，計十八日派人日出寫牆壁標語，並赴各方接洽，加印傳單及戲劇說明書數千份。十九日全隊分散至各茶肆街頭舉行演講及談話，終日始歸。二十及二十一兩日，在城內外舉行花裝宣傳，民衆已受我隊之影響，故表演時，萬人空巷，場內無隙地。表演至激烈處，觀衆大呼『打倒東洋鬼義勇軍萬歲』等口號，可見數日來宣傳之結果，已有相當成效。廿一日應十九路軍六十師之請，復在城外院更舉行化裝宣傳一次，同時派人至各機關各戲院演講。廿二日離蘇州赴無錫。錫地工廠林立，各學校亦已開學，乃改訂宣傳日程，分日向工界學界農民及市民

化裝表演，加演『忠勇的乞丐』，寫窮苦人不受日人利用，幷奮勇殺敵事。結果極爲圓滿。蓋錫地各黨政機關及各民衆團體，對於抗日空氣異常濃厚，工作多向實際方面努力，如申新紗廠之編抗日課本，教育工友，幷施行軍事訓練，及江蘇省立民衆教育學院，力向農民宣傳，研究防敵武器，製造簡易軍用品等事，均爲極重要之工作。尤使同學歡欣鼓舞者，即向農民同胞宣傳，得極度之反應。故如廿五日赴各鄉村宣傳者，至午夜方回，猶興高采烈，盛說救國之大力實潛於鄉村及工廠中不置。計在錫工作八日，舉行大規模化裝演說四次，每次到會人數，均在數千人以上；而向隅者，正不知凡幾。本隊爲普及宣傳起見，祇得忍痛離錫，而以繼續指導之責，鄭重付托於當地各機關學校矣。三月二日，開赴常州，途中見火車上乘客頗多。乃分派同學至各車廂演講；其時車行轟轟，同學以大聲與之爭響；及抵常，則大半喉啞矣。承省立常州中學盛意招待，極爲殷勤。上午分組在各處口頭宣傳。化裝表演及召開市民大會，均已佈置就緒。忽見報載我軍退至第二綫，翁旅長孤守吳淞，同學情緒，一時緊張萬分，紛紛

整理行裝，準備衝上前綫，與旅長共生死。本人當時正在常州縣政府接洽要公，同學以電話召歸，請求即日開拔，余以交通斷絕，在日人飛機重砲壓迫之下，開至前方，必不易易。且未奉旅長命令，不敢專行，乃婉勸同學仍繼續宣傳，并備文遣人向旅長請示。同學見不能即行，有痛哭失聲者！此後宣傳，氣勢更為激烈。猶憶當日下午開市民大會時，有同學演說，厲聲勸常州同胞，無論官紳窮富，一律不準逃走，如敵人到來，即全體動員，以刀棒齒牙，與之撕拚，至死盡而後已，否則舉行堅壁清野，全體遷出，使敵人來無可居之地，無可用之物等語，聽衆數千人，無不神色為變。在常工作四日，舉行化裝宣傳大會三次，該地各機關團體，對於抗日工作，均甚努力，協助本隊不遺餘力，復旦大學同學會武進分會，及武進婦女救護隊，各贈本隊綢旗一面，以資鼓勵。三月六日，開赴丹陽，七日為星期一，乃由該地縣黨部召集舉行擴大紀念週，本隊全體參加，得知該地地方自衛會組織非常完善，辦理亦極有計劃，且極努力。散會後，仍有極多民衆圍觀不肯去。同學興奮異常，遂分別領導民衆至空地演說，直至下午二時，始

同學進早膳。同時佈置化裝事宜加演『赤心報國』及『快醒酣夢』二劇。『赤心報國』寫中日甲午之戰左寶貴守平壤，其母自殺，妻斷指血書，以堅其爲國犧牲之心，情節極爲悲壯，女同胞見者無不爲之激動。『快醒酣夢』寫一般青年男女，終日昏昏，不問國事，及日兵到來，加意侮辱殘殺，已悔之不及，給一般醉生夢死者以重大之警告。在常工作四日，成績頗佳。三月十日開赴鎮江。鎮江爲江蘇省政府所在地，街市廣大，人烟稠密；但政府當局非常腐化，對我隊取懷疑態度，最先不承認我爲正式隊伍，及經交涉解釋，又索審宣傳大綱，及傳單標語，并規定宣傳日程及地點，使本隊處處受限制。舉行宣傳大會時，並派許多便衣探及武裝巡查隊，警察會等到監視，一如我等皆爲叛徒者然，同學等無不憤恨，但仍忍痛努力奮鬥。計在鎮江勾留一星期，舉行化裝宣傳三次，全體出發至街頭宣傳者一次，而因各機關商洽解釋，其他同學留營無事者，有三日之多，時間荒廢，莫此爲甚！所可告慰者，民衆教 館設備甚周，辦理人亦異常努力，如設軍事圖書館，開抗日展覽會，募收軍用品，出版各種抗日刊物，

極著成績。此外省宣傳委員會及各界代表，亦甚熱心，惟重重機關之限制，未能有多量之工作表現耳。鎮江復旦同學會，協助本隊之處甚多，並設宴招待，贈『爲國宣勞』旗一面，以留紀念。初抵鎮江時，即得旅長來令，前方無特點，我隊仍在後方繼續宣傳，且旅長已安然退去吳淞，不必爲念。同學等感於江北窮苦民衆甚多，且當時形勢亦極重要，乃決於十六日渡江至揚州宣傳。在揚州承各界之招待與協助，辦事均順手。同學工作，亦極努力。舉行化裝宣傳三次，加演『新希望』及『存亡之戰』二劇。『新希望』爲啞劇，寫農工商學兵聯合起來，一心一德，打倒日本帝國主義，表情極佳，受觀衆熱烈之歡迎。『存亡之戰』寫日本野心不已，圖滅我國，壓迫備至，我華民衆全體總動員，打倒日本帝國主義。廿日奉旅長命令，開返唯亭旅部。蓋旅長以久不見同學，深爲念念，且在休戰期中，正可施以軍事訓練，遇必要時，可再出發至滬杭線宣傳，本隊奉到命令後，即中止宣傳，于廿二日離揚州，承揚州復旦大學同學會贈旗及犒子等。開赴唯亭時，同學等歡欣鼓舞，恨不得插翅飛去。及見旅長，又奉派至各師各旅，

向士兵宣傳。同時舉行慰勞會，除將在各地宣傳所表演之話劇外，加演滑稽劇與音樂表演，聊使困苦奮鬥之武裝同志略開笑臉而已。每有機會與士兵同志談話，同學無不高興異常，軍師長屢見之，輒加意獎勵。因此又奔走於蘇州崑山數十日始擬定課程表，開始訓練。

綜計此次宣傳，歷時二月之久，經過十餘埠，三日一徙，五日一遷。同學等跋涉勞苦，自不待言。而終日奔走於街頭及會場，無駐足時；稍有暇，又須施以軍事訓練，故毫無靜思與寫作機會，為同學所最感不便者。

關於宣傳任務，旅長予以二星期之限，及種種特殊情形，不能在各地多留時日，以致雖激起民氣，而不能就地指導其組織方法，或代為組織就緒，然後離開，故民衆亦徒俱一腔熱血，無處宣洩；其有義憤塡膺，當場請求加入本隊或請代為介紹入伍者，本隊亦復無法收容，祗得勸其在本地組織起來，加緊訓練，以為前方戰士之後援耳。至于代募前方看護人才，則有常州及丹陽之婦女救護隊，及無錫救護隊，經本隊

介紹至前方服務。其他有個人請求者，則皆勸其先在本地組織成功，然後以整個團體參加前方服務。至於經本隊宣傳後，起而收募慰勞並軍用品自行送往前方者，各地皆有，此可見民衆非皆懵懵者一般散沙，亦非民衆之罪，實政府不予領導，及一般知識分子，不肯倡導耳。

本隊終日碌碌，無暇靜思，殊無何種新奇有效之方法，幸國內明達，有以教之。又宣傳工作，無論喚起民氣，普及民智，對國際戰爭，均極重要，望各界同胞，加意研究及努力，則中國前途幸甚！

改組訓練

四月間，各部參戰義勇軍，均調集唯亭總部，以停戰會議將成功，擬解散之，使各復舊業。但各義勇軍均以日賊並未出境，不願解散，要求訓練，旅長以義不可辭，乃請准師長，于最短期間，施以必要之軍事訓練。各部義勇軍，除本隊外，爲上海市民義勇軍，鐵血團，敢死隊，决死隊，援滬討日義勇軍等等，各自爲名，五顏六色之旗幟，不知凡

幾。爲便於訓練起見，乃完全改組，統一編制。改名爲「十九路軍隨營學生義勇軍」，共編爲三大隊，而以本隊爲高級班，但無廣大之操場可供三大隊之訓練，遂又與唯亭紳董商洽，開闢一公共運動場。從此除義勇軍得有訓練之場所外，又爲唯亭民衆開提倡體育之風。旋以各部義勇軍自參戰以來，經費迄無接濟，食糧發生問題，又蒙旅長各師旅長湧躍捐助，始得解決。然後規定學術科進度表，預定兩月爲期，自四月廿五日起，至六月廿五日止，除軍事訓練外，又乘暇教以組織民衆及宣傳方法，由北平大學教授盛成先生主其事。在此經濟不足，設備不周之環境中，實行嚴格之訓練，預料將來分散後，各同學必能將此種熱心與精神，及所得者，灌輸於各地各界也。

第四節 本質的暴露

無疑的，這次義勇軍的奮起與參戰，是有缺憾的。這缺憾，十足的暴露了義勇軍的本質。

先以學生義勇軍而論。誰都知道，學生是國家的柱石，是民族的生機，是社會的中堅，是國民的先導，是未來世界的主人翁。在中國，青年學生更是一切救國份子的結晶。青年學生和一個兵一樣與帝國主義者的犀利戰器相肉搏而犧牲，無疑的是中華民族的一種損失。青年學生這樣的犧牲太可惜了。於是就有中委黃少谷朱霽青等通電反對青年學生作如是的犧牲，而主張衝鋒殺敵的大任委之於二百萬專以供內戰吃國稅為業的大軍，這主張自然是對的。然而這未免太多心了，實際上，有一部分人的確是不行的。

當一二八戰事未發生之前，日僑在上海將要蠢動之際，上海忽有謠言，謂日艦大隊進入黃浦江，準備佔領上海云云。一聞風，學生界就首先有非常偉大的表演：急急逃跑！復旦大學的義勇軍先逃，持志大學繼之，不到數小時，閘北江灣的學校都逃之空空如也。於是閘北的人民，不分皂白，也相繼向租界裏逃，一時租界人滿，頓陷入戰時狀態。迨至消息證實，並無其事，始相顧而笑，以為好玩，並不覺到是羞恥事。因此外人方面，尤其是日本帝國主義者更看穿了中國民族性的貪生怕死，卑劣怯弱，毫無抵抗能力，毫無國家組織。於

是更啓日人的野心。卽有四小時佔領上海的誇傲。這不是學生青年怕死的罪惡嗎？這不是學生義勇軍的卑怯無訓練的恥辱嗎？

其次，在綜合組織的青年義勇軍而論，更有許多令人感慨者。例如各大中學的義勇軍訓練，爲時不過每天一兩個鐘頭，而此一兩個鐘點內是否切能切實實作嚴格的訓練，尙成問題，反使全部功課停止，終日借組織義勇軍之名以爲嬉戲遊閑，這種互相欺騙，有名無實的把戲，尙算是救國嗎？又例如在文化經濟中心的上海，有大規模的『青年援馬團』的組織。這組織中，有著名律師做法律顧問，有著名會計師做財政經理，更有海上聞人，著名交際博士和交際花某某小姐做後方顧問團。一面大規模的向南洋各埠募捐，一面招募一些愛國無業的青年充團員。未出發之先，作大大的宣傳；既出發之日，作大大的歡送會與訣別式。由滬甯車站出發，沿滬甯線各埠如崑山蘇州無錫等處，既作宣傳，又來募捐，並得了許多贈送的物件如光榮的旗幟與閃爍的大刀等等委蛇復委蛇，好容易到了北平，借宿平大工學院，遲遲出關的目的未達，而內部早已出了醜態的分裂，一部分團

員不服團長的可不對人言的處置，同時並揭穿了經濟來源與開支的黑幕。因之團長就以絕對服從命令為口實，欲以手槍擊死團員，而團員則以眞理為依據，起而反抗。於是一鬨而分散了。勉強出關者，以給養不足，許多團員受凍餓而死，由平折回者，則沿途求乞，狀至可憐。這種現象，作者個人在平時親見他們在工學院鬧案的情形；二月廿七日至廿九日，由平南下之途中，又親見團員在津浦車中募捐以維持生命的慘狀；三月一日由京開蘇的滬甯車中，又見該團團員二人並他們的一女同志向乘客募捐的情景。他們三人與我所坐的是鄰座，更看得親切，同時並向我訴說了他們的前後慘痛的經過，使我發生無限感慨。這固然是國家不好，不能利導，使青年無愛國的正當出路，但一方面却完全暴露了流氓知識分子的本質。嗚呼『愛國』，『愛國』天下不知幾多的聰明人假汝之名以獲利！

即以學生本身而論，滬戰將要開始期間，雖在寒假，而回家者仍是寥寥，此時的軍事訓練與義勇軍及救護隊的組織正在緊張中，一切形形色色甚覺熱鬧，以為都有了辦法，何患東三省不能收回？然而，晤！沒有多久，日軍向我軍防地進攻，上海戰事發生了，照理他

們的軍事訓練義勇軍與救護隊等等是英雄有用武之地，可以爲國努力了。而在事實上表現怎樣？所謂學生也者，都不願自認爲學生了，把制服或義勇軍服解下去，長褂穿上來，逃入租界，求他們的安樂去，什麼義勇軍咧，救護隊咧，都是成了他們的時髦的裝飾品和騙人的把戲！曾經大吹大擂的各大學學生義勇軍，特由大學聯成立了堂皇的軍事訓練部，委了許多大官，用了數千元的活動費，結果，幾個委員們的風頭出足，大菜吃脹，汽車坐飽，活動費也耗了差不多，却仍不見有什麼眞正學生來報名。無已，幸虧委員們的聰明，在浦東臨時招募了一些無業流氓冒充學生義勇軍，開赴前線工作。這算盡他了們愛國的義務！但是天曉得，由於他們內部的分贓不均吧？一部分代表對於他一部分的突然肆行攻擊，說他一部分人侵吞公款，賬目不明，濫用職權，如是等等，在上海各日報登了一個很大的啓事，以昭告於社會人士之前。過了幾天，巧妙得很，上海各日報上又發現了同樣具名的啓事，說前日對於被攻擊者如何如何的誤會，現在如何如何的諒解云云。但究竟其內幕如何，老實說，只有天知道！想來他們都是代表委員，有話無不可說，相視而笑，莫逆於

心，『咱們原是一夥兒！』

更有趣的是一些羅曼締克故事的開展。例如校址在租界未受戰事影響的某大學的學生三十餘人要堅決的去十九路投軍，於是大大的做了許多訣別同學，訣別親朋，訣別姊妹，訣別愛人等等的花樣。在這些羅曼締克的花樣當中，他與她的戀愛趣劇就一幕一幕的展開，一幕一幕的製造，而人數已少了一半；出發之時，有愛人的則握手依依，相抱就哭，又少了一半的一半；加以中途逃回，眞的赴前線的只有八人！而此八人，則華其服，安其身，並沒有在火線上衝過鋒，猶說火食不良，住處不好，若寫信給人說總是在前線殺敵，當然光榮萬分，此之謂救國，也只有天知道。然而，這不過是一例而已，一般的學生青年都犯了如此毛病，幾乎沒有是例外。更有的是不但沒有幫助軍隊，反累了軍隊，要求什麼維持生活費，住宿所，更進而要求什麼讀書機會，眞累得死人！例如天津來的骷髏團（命名爲骷髏，其必死之心可知）初到之時，十九路總部招待於副官處。當夜即嫌怨住處不良，累得招待的副官發氣，更是一個很好的註腳。

此外，一些無業游民或官僚政客所利用而組織的義勇軍更是不堪言狀，根本上除招搖撞騙外，沒有目的，有之，則升官發財是例！如四月六日有『精忠救國軍駐蘇』的自己發出的消息，謂奉准該軍軍委會任命，並奉准十九路總指揮指令，迅予集中，聽候調遣之第二軍軍長李飛倘刻已到蘇，設立辦事處於（蘇州）城內寶林寺廿三號，其所部第三師師長王孟任，第六師師長吳鏞，現亦督飭各部隊不日到達，加緊訓練，共赴國難云云。這種儼乎其然的消息，自己送出，又說奉准十九路的指令，而名目又極好聽，範圍又大，有軍委會，有各軍，有各師，簡直比十九路軍大數倍！但按其實際，則不見真正一兵一卒，十九路總部亦沒有指令准他組織或集中。四處賣官鬻爵以騙錢，如旅長一職多少錢，團長一職多少錢，營長一職多少錢等等。而六十師一百二十旅五團一營一連傷兵唐雲甫竟受其愚，得到一個團長之職，這不是笑話嗎！其結果，只好扣留這批所謂『精忠救國軍』的僞首領，以軍法從事而已。嗚呼，義勇軍到此已成末路矣。

尤其更可痛心的是一些迫於真正愛國心所驅使，很勇敢的走上火線的義勇軍。一

聽大砲聲，飛機炸擊聲，以至於一見諸種戰場上特有的現象，便不能支持，向後逃却，東西四散的走了！來的時候，整整齊齊，威風凜凜，去的時候，零零星星，無路無影，這種熱心有餘，毅力不足，誰都知道，是沒有統一的整個的『訓練與組織』所種下的罪惡！

然而，我們要問：義勇軍的缺點為什麼有這樣多？為什麼義勇軍間有這樣醜態的現象？這，不得不歸咎於無統一的指揮與訓練，這不得不歸咎於把義勇軍當做與兵一樣的看待的錯誤，沒有依其各別的特有性能而利導之。而十九路軍又為了應付戰爭的忙碌而無暇顧及，縱有一部分人顧及而又為他部分人所忽略，遂至漫無組織，漫無訓練，更沒無整個的計劃，聽其自生自滅，種下了許多罪惡。總之，這由政府沒有整個計劃，軍隊沒有餘暇充分的利用和國民沒有統一的組織所致。有許多很好的真正愛國的義勇軍，三三五五，分散於各部隊之間，毫無聯絡，毫無組織，既不作戰，又不作他項工作。使他們的時間空耗，使他們的熱血自冷，這是誰的罪惡？是義勇軍本身的嗎？不，決不，這由於政府軍隊國民三者都是一盤散沙，毫無組織的罪惡！我們雖然求全責備，我們却不能不轉而深深的

自艾。

其次我們要分析這次義勇軍的奮起過程中，為什麼學生義勇軍與無業流氓所組織的義勇軍缺點最多？而其他由工人或商人或自由職業者所組織的義勇軍的缺點較少，甚至毫無呢？而這次義勇軍的參戰當中為什麼人口佔最大多數的農民除在東北的義勇軍外，沒有參加呢？這，須得我們作歷史社會學的分析。

中國現社會的結構，是外來帝國主義的金融資本和本國原有的小農經營小手工業生產及商業資本相互錯綜之下交織而成的。由縱的而言，自原始的封建主義至最後階段的帝國主義，進化時間相隔有數十年之長。由橫的而言，有大都市大商業中區以至於內地農村和原始部落的居住地，在地理上橫亙有數十萬里之廣。故中國社會比歐洲任何社會為複雜。其間脈絡貫串，帝國主義的勢力無不到達，已佔着最高支配的地位，使整個中國根本陷入殖民地的境地。而近年來尤甚。其由來非一日矣！

外國資本的進口，對於中國經濟當然起相應的變化。中國本來有二千年來不斷發

達的商人資本，票號，錢莊，銀爐已有日益盛大的勢力。這種商人資本是依於農產物及手工製造物的交換而存在的。票號，錢莊，銀爐，是經營商人資本最高形式的貨幣資本的業務，這種商人資本與強有力的外國金融資本相遇，其結果，殊途同歸，前者投降後者。中國的商人資本被吸收被隸屬於外國金融資本之下，票號錢莊銀爐，或改形爲銀行，或附從於銀行之下，而皆爲外國銀行之支店。但商人資本的發達，是以農民爲犧牲的。商人資本雖使生產益進於商品生產，但其有販賣賤貨及高利借貸而破壞小生產者作用，所以商人資本特殊發達，便是說明生產落後的意義。同時外國商品把中國的生產更加以重大的壓迫，凡外國商品所到之處，即中國生產衰落之處。不衰落的生產，也逐漸適應外國工業的需要，尤隸屬於外國金融資本的勢力。生產雖然衰落，商業與高利貸却仍舊繁榮。商業與高利貸得到外國資本雄厚的供給，更且比從前有加無已。因此近年來中國社會釀成農業衰落，商業繁榮，金融資本獨特發達的畸形狀態。農村半自足經濟因商業資本擴大影響而愈益破壞，窮鄉僻壤都有日益轉化於貨幣經濟的境遇，農村附從於小都市，小

都市附從於大都市，大都市附從於國際都市。這幾年來中國經濟的變化，指出了農村衰落而都市繁榮的畸形現象，同時也指出了農村愈益附從於都市的淒慘狀態。總之，中國目前的社會，農村附從於都市資本，最後附從於國際都市資本。

因此，對於帝國主義首先受直接影響的，當然是大都市的社會各成員，農村次之。在都市裏的各層份子，又依其本身的利害關係和立場對於反日戰爭皆各異其態度。在社會最高層的銀行家及企業家，最先是反對戰爭的，及看出戰爭的勝利才來踴躍參加的，這在一方面可以說民族資本與外國金融資本的鬥爭，在另一方面也可以說是英美帝國主義資本與日本帝國主義資本的鬥爭。因為中國的商人資本早已降附了帝國主義的金融資本。在這種鬥爭之下，他們的態度是堅決的。這與工人的態度是一樣的堅決的，他們是在同一立場反抗日本帝國主義的，因為他們都是生產行程中人，他們有同等的利害關係，他們都處在被壓迫的殖民地民族的地位。他們參加戰爭為本身的真正利益，為中國民族真正的利益而奮鬥，所以他們沒有沽名釣譽的舉動，也沒有其他種種醜態

的表演。只有學生官僚政客及一切無業流氓，才五花八門，沽名釣譽，招搖撞騙，演盡了人世間種種的醜態，這因爲他們是中間階級。他們是一切社會的滓積，他們無固定的立場，他們無固定的利害關係，他們脫離勞動，脫離生產，他們是站在鄉村社會及商業經營與工業組織之外，他們是依靠原有家庭及獵取利祿朋分國稅爲生活的。在學生間的沽名釣譽，不能吃苦，不能耐勞，不能抑下虛榮心，而且特別怕死，這些都是學生的特質！而一切借愛國爲招牌，招搖撞騙爲目的，更是官僚政客及無業遊民的特色！至於農民他們限於生產關係，他們定住於農村，雖所受帝國主義的壓迫比任何層社會爲深，但他們與上海大都市距離較遠，感覺亦較遲鈍，組織亦較散漫，所以他們起來較遲，而且一般眞正的農民還沒有起來時，而滬戰已因退却而停止了。弄到結果，只有原有的地方武力如民團游匪散勇等參加戰爭，還沒有大規模的農民遊擊戰爭。而此種因抗日戰爭而起的民團游匪散勇，因戰事失敗，國家無正當的方法去收編或導之繼續對外，而反加以壓迫，他們無路可走，於是大規模的刼掠，遂有土匪如毛羣盜蜂起的現象，乃是必然之事。因爲既已因

反帝戰爭而起了，決不能無因一時就要安靜下去，不能用於對外，即用於對內，不能打『東洋人』，那末只好行刼。上海戰爭停止之時，各地土匪反紛紛而起的事實便是一個很好的說明。他們猶水也，水可載舟，亦可覆舟，在中國歷史上已有不少的先例，如在南宋之時，岳武穆以大破金兵之威，行將直搗黃龍，此時山東豪傑蜂起，四面響應，燕雲數十萬巳失的土地，不勞一兵一卒，便可傳檄而定，然而其結果，十二金牌班師言和！前此百戰所爭回來的土地不但完全喪失，而一時蜂起的豪傑，於灰心之餘，羣趨爲盜，於是南宋的小朝廷也便從此結束了！這歷史上重大的教訓，在今日還值得我們深深的回味。在這回味的過程中，我們還不得不佩服智識分子的聰明：當時金兵大敗，準備棄甲曳兵逃回老巢的時候，有一書生扣馬諫曰：『權臣在內，大將在外，未有能建功者，岳少保自身且難保矣，願太子（自然是金兵的主帥）勿回』。（大意）呵呵！的確，此言何其對耶！果然，不出所料，當秦承相府黃金累累之時，而岳少保之頭早已割下，而早屍體巳腐蠹生蛆了！

第六章 國民後方救濟與慰勞

在血與淚縱橫交織成的亡國怨悶之前夕，全國人士無處求得安慰，彷徨失措，如行死柩之中，其慘苦沉悶，實非言語所能形容。迨至十九路軍在閘北抗戰的砲火一響，立時引起了希望，打破以前的沉悶，忘卻了以前的慘苦，全國上下，無論智愚與賢不肖，一個個，一批批，都墮入戰事的熱烈狂潮中了，都情緒緊張到萬分而至於發瘋了。於是以赤裸裸的生命供獻給戰爭者就有上述義勇軍的可歌可泣之事，以精力財力相供應與救濟者，就有此節所述的各項事實。

當一二八戰事一開，各地民衆歡欣鼓舞，每個心弦都爲戰爭消息所打動，促住了生命的整個意義。每家報館門前及公共揭示處都聚滿了黑壓壓的人頭，報紙一出版，則立

時四處飛送，街頭巷尾，萬頭鑽動，莫不人手一張，其瘋狂的狀態，其愛國心的沸烈，處處使人興奮感泣，尤其在上海，戰地的居民不但不逃，而且還笑着待着以求最後時刻的到臨，作光榮的歸宿。在稍後方者則輸送搬運莫不爲救濟與慰勞而忙碌。如戰地傳出一消息我軍需要何項物品，則一刻之間此項物品已如山積，例如我軍需要自行車與汽車，一刻之間，全上海的自行車與汽車完全徵集送到軍中，如我軍需要口罩與避風鏡，又立刻之間完全徵集，甚至有用香煙罐掘一洞以爲代替口罩之用的消息傳出，又立刻之間徵集了數萬萬隻香煙罐輸送到軍中，把全上海的香煙罐都收羅完了。推而至於一切物品莫不皆然，如報紙一刊出「前方將士無以禦寒，後方民衆何以救濟」字樣，不到數小時之間，不論何處的成衣舖與家庭婦女，都匆匆趕製絲棉背心，絨線衫，棉被等等，一時風起雲湧齊向軍中輸送了。總之，此時民衆的全部生命意識已與戰爭的高潮相鼓蕩，忘却了自我，忘却了私有觀念，忘却了物權的存在，不論財力與物力，有什麼就送什麼，需要什麼就預備什麼，甚至送完了只剩一條褲帶，他們還是笑着跳着鼓舞着，絕不吝惜，絕不躊躇，他

們整個的一切一切都供獻給這至高無上的戰爭上了。嗚呼，有如是的戰爭，有如是的國民，中國民族還不能復興嗎？是的，這是中國民族獨立的起點啊！

第一節 救護隊

自一月二十八夜開戰，閘北十萬生靈罹於浩劫，我軍奮勇而犧牲與傷殘者，都得着了國民空前的熱烈救濟，這在平時內戰時期除自己軍隊所設置的小數担架排而外，一任死屍暴露，誰來代爲出力掩埋？一任傷殘者坐以待死，誰來設法救濟？而此時則大大不同了，民衆組織之救護隊如潮斯起，不可記數。他們都不顧生死，不顧辛苦，不顧汚穢，出入槍林彈雨之中毫無難色，紛紛駕卡車由戰區救出難民和傷殘的官兵向後方安全地界輸運，經過戰區，死屍載道，不能通過的地方，他們也不稍餒其氣，開足馬力，向前直衝，一時死屍血肉飛濺，厥狀甚慘，然亦甚壯烈。嗚呼！仁愛之心，人皆有之，救人殺人，壯矣哉。

關於救護隊，因爲材料不能集中，而且無法集中，所以很難作詳盡而有系統的敍述。其間成績亦難判其高下但據著者實地調查所得當以煤業工會和中國紅十字會兩救

護隊爲最努力最勇敢。而其犧牲亦較大，童子軍及各職業團體所組織者次之。而由女學生臨時組織者爲最劣。她們個個都佩武裝帶，儼然軍官。不到戰地，不操苦役，怕死畏勞，虛榮特重，救國云云，認爲時髦，雖然女子能知救國，亦足爲鬚眉生色，當然不能苛責，不過總覺得美中不足吧了！

中國紅十字會救護隊，於戰爭發生後，即籌備救護事宜，於二十九日晨全隊出發，即救出難民數十，又至北火車站戰區救護傷兵，因鐵門已關，乃由北高壽里至東站，時正値日兵衝鋒之際，其時日軍以大礮掩護，並以飛機拋擲炸彈，我軍以高射炮仰射，先後落地炸彈五枚，將傷兵車炸燬，該會義務救護員及護士等正在搬運傷兵之際，甫離地點不及一分鐘，雖未波及，但該會人員竟從容不迫及視死如歸之精神，殊不多得。這因爲他們長期訓練的關係。同時藍十字會護送傷兵醫院亦組織救護隊分頭救護，但鑒於力量單薄不敷分配，乃以閘北慈善團體及保衞團原有職員組織藍十字會救護隊三隊，連同已設之救護隊共計四隊，分往前綫救護，並關閘北慈善團體爲臨時收容所。公共租界白克路

之寶隆醫院，亦於同時緊急組織救護隊，於三十日晨八時攜帶藥品往戰地救傷。而中國童子軍在此時更有大規模之組織，其慕爾堂童子軍團所組織之救護隊，於二十九日即出發，救出難民百數十人，即寄存於該團團址之慕爾堂，此時之上海市衛生局亦爲其職責的關係，特電紅十字會，紅萬字會迅組救護隊，救護傷兵傷民，並分電紅十字會總醫院，公立上海醫院，新普育堂醫院等準備收容醫傷牀位數百張以便應付，又電同仁輔元堂普善山莊等慈善團體速組掩埋隊，以便收殮戰地死亡之人，工作亦甚緊張，其實人民愛國比官場爲切，一切救護隊等都是自動組織，用不着什麼致電督促的，不過在市衛生局也算是一項例行公文爲國努力了。市社會局亦是如此，特派科員赴各慈善團體接洽收容戰地難民，工作甚忙。而中國著名慈善家朱子橋又因閘北住民紛紛搬入租界，致租界內各大小旅館莫不均告客滿，但一般貧民雖逃入租界，却無處投宿，均露宿於路中，而不及逃之難民更衆，乃赴濟生會紅十字會等慈善機關接洽收容，並指定嵩山路國恩寺等處爲收容難民處所。而婦女界領袖何香凝及陳朱光珍（陳銘樞夫人）更組織婦女救

護隊往前方救護傷兵，於三十日下午率領全隊工作人員余心一夫人，曾獻聲夫人，王體錫夫人陸晶濤女士，甘陳杏容陳半木夫人，劉蘅靜陳銘英，楊建平夫人等加入翁旅參加救護工作。而何香凝所組織之國難婦女救護訓練班，即改名國難戰士救護隊，計隊員六十人，假新開路口海關監督公署為辦公處所，三月一日由劉毅天夫人持函與紅十字會接洽工作，當經該會允許，指為第七救護隊，專任官兵救護事宜。市商會之童子軍團救護隊亦於同日各支隊陸續出發，成績亦佳。至於童子軍戰地服務團，在二月一日除市商會另行組織者外，已報到參加服務者有理事會教練班，慕爾堂，郵務工會，光華，青年會，企榮，靜安，友聲，金庭，少年會，甯波，滬江，愛國等童子軍及服務員共三百餘人，其大半工作為救護運輸等等，天眞活潑之童子軍，出入戰區，使人肅然起敬，即在同日（三月一日）上海各公益團體及慈善家朱子橋王一亭等百餘人，對閘北戰事同胞慘遭寇禍，目擊傷心，組織大規模之上海戰區難民救濟會，專辦戰區被難同胞臨時收容給養事務。上海各大學學生聯合會亦在同日議決，將同濟大學學生六百人編為救護隊，出發前方服務，設立臨

時救護病院於暨南大學內，從事救護。中央大學醫學院救護隊，更開眞茹方面軍民受傷甚多，於三十一日晨攜帶大批藥品及救護應用器具趕赴該處。而特區市民聯合會除設收容所四處外，又就各區義勇軍中抽出一部分編爲救護隊，往來巡梭，以資救護，此外各工會所組織之救護隊更不計其數。如上海總工會當日寇閘北時卽通令全市各工友能工禦侮至第二日（卽三十日）復着手組織民衆救護隊，由郵務工會担任運輸交通等事務，九區皂藥業工會担任救護事宜，該隊並向五洲大藥房捐得紗布藥品多種，計洋五百元，已定卅一日開赴前綫，實地救護。婦女及女學生之臨時組織加入者亦多。戰區難民及我軍之受傷官兵，均賴此種後方民衆所組織之救護隊救濟，使唵唵垂斃之傷難兵民得慶更生，使軍隊得以專心抗敵，無後顧之憂，日軍兵器雖兇，人數雖多，終不得逞，我軍終獲勝利。嗚呼！救護隊之功，豈僅救傷卹難而已哉？

第二節　傷兵醫院與難民收容所

傷殘官兵與被難民衆，既有各種紛紛興起的救護隊熱烈救護，則救護之後，當然要

設法以善其後的。這，就有傷兵醫院與難民收容所的設立。

傷兵醫院與難民收容所都是民衆爲愛國心及人類最高同情心所推使而自動組織的。其間大大小小，高高下下的服務人員都是盡義務，而且其工作時間與工作速力比平時都是加倍的。他們純爲義務心所驅使，忘却一切的疲勞了。

在傷兵醫院中，看看一批一批的我們的勇敢戰士呻吟的擡回來，泥土滿身，赤血滿衣，斷脛殘肢，穿皮刮骨，其一種悲慘的景象，突然浮上心頭，立時會發生疑問，人類到底爲什麼要戰爭？人類到底爲什麼要互相殘殺？人類到底爲什麼不能享和平的幸福？倘能戰爭消滅了豈不是很好嗎？如是等等，一切一切都向腦中齊集，使人情感興奮到極點了吧？若再追究下去，這一次戰爭到底爲什麼發生的？爲什麼繁華的上海會變爲瓦礫之場？爲什麼我軍始終退駐原防會不能逃免敵人的攻擊？爲什麼在我國國境內會發生如此的戰爭？想想這些，看看受傷戰士的慘狀，更眺望一下閘北一帶火光燭天什麼都同歸於盡的恐怖世界，我們情緒更會緊張萬分，自然對於日本帝國主義者痛恨切齒，誓不兩立，冀

要麼拳擦掌，罵一聲『東洋人殺千刀』呀！

更有使人感泣者，是我們的士兵衞護祖國的勇敢不死精神。他們不待醫好，他們帶着繃帶，他們不顧一切痛楚與衞生，總之，他們顧不得生命的愛惜，他們只顧戰事的勝利，他們忘了自己是傷兵，他們常常偸偸的跑了，跑回火綫去作戰。他們中間除非重傷不能跑走，或跑走時被醫生或管理員看見而阻着，否則他們大半是跑走了的。這是每個傷兵醫院都有的現象，這是事實。其重傷者，只有神智稍爲清晰，也必慇懃的問着看護婦：『同志，我們前綫打勝吧？我們前綫打勝吧？』充當看護的必照例答說：『我們打勝了我們打了！』於是病傷勝者終安然睡去，進入理想的夢境。

同時，更使傷兵在院中感到涕泣的是民衆的慰問頻頻和送來的慰勞品纍纍。一些溫存的言語，一些良美的食品，在生活最苦的士兵，久經風霜的士兵，萬死一生久經戰陣的士兵，他們感到民衆厚愛的眞切，他們感到自身的偉大，他們感到平時內戰時死了算了，傷了有什麼人來慰問，而且還萬分招人厭惡，現在却好了，與前不同了，現在算是一個

人了！於是他們感到人生的意義，家庭的生趣，和人類彼此的關切。他們感激，他們眞要哭了。

這些熱烈，悲壯，都是偉大的中華民族抗日戰爭所給與的！

至於難民收容所，也有同樣的使人肅然起敬。這些難民大概是無家可歸的窮人，他們住不起旅館，他們無處可去，他們被收容於難民收容所。他們的家被燬於礮火，他們絕無怨言，飯菜不良住處不好，他們更甘之如飴，他們樂意的服從管理員的指導，管理員亦懇懃地爲他們盡力，嗚呼！仁漿義粟，養生送死之風，復見於江河日下之今日，也是這次神聖的抗日戰爭所給與的啊！

自一月二十八夜開戰，其翌日，一切大的醫院及慈善團體均紛紛改設或籌設傷兵醫院，其間如紅十字會，紅萬字會，寶隆醫院，大陸商場等，都是很著名的爲民衆自動所組織的傷兵醫院。而難民收容所更是星羅棋佈，爲各慈善家及慈善團體爭先恐後的設立了。救傷與卹難，當然是我國民應盡的義務。

傷兵醫院之首先成立者爲紅十字會各醫院，寶隆醫院，紅萬字醫院，公立上海醫院，新普育堂醫院普善醫院等等，而後有要求加入紅十字會純粹盡義務者有星加坡路建華頤養園，龍華路惠工醫院。而紅十字會迄至二月五日，已編成後方醫院十一處，計第一院爲海格路紅十字會總醫院，第二院爲新閘路紅十字會北市醫院，第三院爲十六鋪紅十字會南市醫院，第四院在西藏路，第五院在靜安寺路，第六院在膠州路建華頤養園，第七院在楓林橋骨科醫院，第八院在天潼路粵商醫院，第九院在靑雲路靑雲橋下公立醫院，第十院在新民路普善醫院，第十一院在法租界亘籟達路公時學校，傷兵總站在愛文義路中國醫學會，又在吳淞組織後方醫院一所。又以瀏河太倉受傷難民過多，組織一救護醫院。而救急站，則遍於眞茹閘北江灣各附近戰區，眞茹則有前方病院一所，至二月五日，又有聯義善會惠旅養病院及南洋醫大同學會三團體合組紅十字會第十二病院，并担任藥品伙食經費等項，日夜分治受傷兵民，國難戰事慰勞救護會除組織紅十字會救護第七支隊外，並在滬法租界公時學校及蘇州閶門外農業學校成立後方醫院，收容前

綫受傷將士。而地方維持會並爲難民預防癘疫，設有臨時救濟醫院於小沙渡路勞工醫院內，難民患病均送往該處。醫師公會更爲統一及進展計，又召集何香凝主辦之國難救濟會，顏京周主辦之同德救護隊，及紅十字會等聯席會議，議決添設救護隊外，並在眞茹設醫療所，在上海設醫院，收容傷者，設總辦事處於西摩路武定路口，其第二步進行計劃接洽蘇州辦理後方病院事宜。而上海各大學義勇軍亦設後方醫院於打浦橋法政學院內，震旦大學亦讓屋作醫院。茲將上海傷兵醫院列表於下：

上海傷兵醫院一覽表

醫院名稱	院長或負責人姓名	地址	受傷官兵人數	備考
中國紅十字會第一傷兵醫院	顏福慶	海格路三六三三號	二五二	
二	王培元	新閘路八五六號	九四	

三	王一亭	福熙路愛仁里末弄	六七
四	劉鴻生　史量才	西藏路五四五號	九七
五	俞[illegible]琦	靜安寺路張家浜六號	九二
六	張竹君	膠州路健華頤養院	
七	牛惠生	徐家匯路八五二號骨科醫院	五〇
八	周楚良	南市多稼路公立上海醫院	一八八
九	陳秋田	蒲石路一一〇號	一八
十	王一亭	新民路普善醫院	
十一	何香凝　郭景[illegible]	巨籟達路公時學校校舍	一二三
十二	王一亭　陳榮章　翁演初	愛文義路派克路口惠旅醫院	一八八
十三	葉[illegible]	南市大南門阜民路葉[illegible]醫院	二八

十四	金燮亭	法租界寶健路十九號	一五
十五	王漢𡍖	江灣鎮花園街	
十六	陸伯鴻	南市大南門國貨路新普育堂	一四四
十七	金伯琴 常云生 顧吉生	嘉定大場	二二二
十八	S. R.isenthel	法租界呂班路望志路口	六〇
十九	李元善	赫德路康腦脫路口	六五
二十	惠主教	法租界金神父路廣慈醫院	五三
二十一	王蘊香	閔行徵家花園	一〇八
二十二	莊德	天主堂街類思小學校內	一三八
二十三	張佩年	貝勒路底恆慶里後華東中學	七四
二十四	俞松筠	靜安寺路梅白克路張家浜十四號	一〇七

二十五	錢龍章	福熙路多福里療養院	二八
二十六	方液仙	柢欖路一五〇號	一〇三
二十七	范守淵	小沙渡路四八五九號	五四
二十八	莊桂生	法租界呂班路震旦大學	一九一
二十九	陸伯鴻	楊樹浦寧國路十四號聖心醫院	
三十		南市董家渡天主堂街對面公教進行會	一八八
三十一	瞿直夫	南市老西門蓬萊路新上海縣東首八十八號	三一
三十二		徐家匯天主堂	
三十三	郭守純	膠州路貧兒教養院	二〇二
三十四	張維光	康腦脫路五五號	一七七
三十五	邵萃濤　邊端譽	望平街民國日報館	七九

三十六	朱世恩	新閘路和安學校	六九
三十七	魏鴻文	北浙江路羅春閣	
三十八	顧南羣	天后宮橋北堍	八二
三十九		太倉	四三
四十		膠州路大夏大學	一〇三
四十一	張篋言	恆通路三齊中學	
四十二	牛嘉生	靜安寺大西路日延哲里一號	二八
四十三	陸的鴻 周學文	松江西門外馬路橋啓慈醫院	
世界紅卍字會臨時第一醫院	夏悟澂	南市斜橋東路	兵六四 官二
二	羅喜達	法租界馬斯南路體育會	兵三〇二 官二九
三	何乾仁	寧波路念四號上海銀行舊址	兵一〇九 官三

四	羅道悟	西門外天祥花園徐家匯路六十六號	官兵六四七	
五	趙贊緒	呂班路山東會館	官兵四三一	
六	江乾六	靜安寺路靜安學校	官兵八五二	
上海市民地方維持會臨時第一醫院	駱傳榮	大統路三十三號培德中學	兵四一	爲孔祥熙孫哲生杜月笙三人等所籌辦
二	湯飛凡	戈登路檳榔路玉佛寺		
三	倪葆春	新閘路八九六號	一〇三	爲倪葆春王曉籟等所籌辦
四	龐京周	普善路正始中學	二七五	爲杜月笙個人捐資創辦
第四第一分院	徐季爽	大同公寓		
第四第二分院	徐季爽	法租界紫來街五號利源公司		
五	謝應瑞	姚主教路大同坊十八號	四八	
六	譚以禮	梅白克路白克登飯店	二一七	爲丁夢星等捐資創辦

七	周誠滸	憶定盤路道育學校	一三四	爲中國銀行所創辦經費全由該行籌募
上海戰區難民臨時救濟會第一醫院		亞爾培路亞爾培坊二五，二六號		
二		亞爾培路芝蘭坊二三號		
三		小沙渡路勞工醫院		
國難將士慰勞委員會臨時傷兵醫院	招桑暉	金神父路法政大學		
婦女救護傷兵醫院	劉瑞恆	山東路大陸商場四樓		
國民傷兵醫院		海格路交通大學		宋慶齡女士創辦
臨時殘廢醫院	周誠滸	憶定盤路	一〇〇	
中德醫院	俞松筠	靜安寺路張家浜二號	寶二六	
寶隆醫院	柏德（德人）	白克路	寶二〇	

廣慈醫院		金神父路	官二〇
黃斐醫院	容玉枝	大西路	官二〇
仲華醫院		愛文義路	官二六
骨科醫院	牛惠生	楓林橋	官一三
時疫醫院		西藏路	官一三

至於戰區逃出難民經上海市民地方維持會救濟股調查組調查，謂截至二月七日上海市設有之收容所已達三十三處，九日達四十七處，收容難民共五千餘人，各所難民大半隻身逃出，除隨身衣服外，一無他物，其一切都是賴社會各公益團體接濟的。其最大多數還紛紛逃往原籍及附近各縣鄉間，其稍有錢者均自找門徑，或寄住他處，或暫宿旅館，即以公共租界而論，在二月四日前已有五萬七千餘人。茲列表於下：

區域	人數	住所
靜安寺	二，〇〇〇	分住靜安寺各旅舍及友人家

西虹口	五，〇〇〇	旅舍及友人家
老閘	三三，九五二	各旅舍
新閘	二〇〇	由市民維持會假成都路大王廟收容
中央	三，三〇〇	由市民會假九江路大陸銀行各屋或各旅舍
戈登路	三，〇五七	在紅十字會醫院收容或居友人家
虹口	二，〇〇〇	居友人家或旅舍

此外經公共租界入法租界或浦東或赴他處者爲多，赴杭者亦衆。各公益團體之難民收容所，爲便明瞭起見，列表如下：

上海難民收容所一覽表

名稱	地址	管理機關	負責人姓名	收容人數
上海戰區難民臨時救濟會第一收容所	辛家花園清涼寺	戰區難民救濟會	楊欣蓮	三〇〇
第二收容所	維爾蒙路國恩寺	仝	袁承祚	六〇〇

第三收容所	亞爾培路七五一號	全	黃謗	三〇〇
第四收容所	茄勒路法藏寺	全	宋綑之	五〇〇
第五收容所	愛文義路覺園法會	全	池運邦	
第六收容所	亞爾培路靈學會	全	姚筆枚	
第七收容所	康悌路全榮學校	全	施仁政	二〇〇
第八收容所	新橋路日同善義會	全	鄭波劍	五，〇〇〇
第九收容所	北京路寶潤里	全	王龍章	
第十收容所	馬浪路惠通學校	全	王一亭	
第十一收容所	海格路復旦中學	全	王蕊亭	
第十二收容所	成都路三號	全	倪世昌	
第十三收容所	平濟利路普濟寺	全	王剛	

第十四收容所	大世界	仝	童子劍
第十五收容所	拉都路雷米坊	仝	朱嘯岑
第十六收容所	愛多亞路齊天舞台	仝	夏壽庭
第十七收容所	巨潑來斯路八厄號	仝	王達
第十八收容所	華成路華生公司	仝	蕭繩之
第十九收容所	海格路復旦中學後面	仝	夏長耗
慕爾堂收容所	西藏路五六號	童子軍理事會	汪剛
廣仁堂收容所	成都路廣仁里	仝	何偕
大陸上下收容所	九江路山東路	仝	沈桴
新閘路收容所	新閘路A一〇九五號	仝	吳一球
福熙路收容所	福熙路五〇四至十號	仝	吳鑫

勞合路收容所	勞合路三九一至二號	仝	王定昌	
廈門路收容所	廈門路九一至四號	仝	陸雨田	
武定路收容所	武定路十至二十號	仝	施湘舟	
熙華德路收容所	熙華德路仁德南里	仝	鄭勝廣	
靜安寺收容所	靜安寺區	市聯會	王翰成	一,五五六
大王廟收容所	北成都路	仝	王茂卿	二二〇
報本堂收容所	長沙路	仝	張獅僧	
學法寺收容所	牯嶺路	仝	葛福田	
鐵觀音寺收容所	長沙路	仝	陳樹德	
關帝廟收容所	孟德蘭路	仝	趙泊清	
關帝廟收容所	淡水路	仝	顧仁豪	一〇〇

陸家觀音堂收容所	淡水路	仝		一〇〇
山東會館收容所	西門路	世界紅卍字會	趙贊須	四〇〇
體育會收容所	勞神父路	仝	方師龍	
寶豐錢莊收容所	河南路天津路	仝	李迪先	
金業學校收容所	白克路大通路	仝	施仁政	
全備福音堂收容所	赫德路三一二號	基督教	杜華德	
狄楚青收容所	大西路小菜場	仝	狄楚青	
青年會收容所	四川路	基督教	陳立廷	一,〇〇〇
大陸商場樓上收容所	南京路	仝	楊懷僧	
聖彼得堂收容所	愛文義路一〇二號	仝	俞恩嗣	二〇五
聖保羅堂收容所	山東路外國墳山	仝	姚賢揚	

大安堂收容所	山東路一號	仝	尤樹勳	
紅十字會第一收容所	潭子灣	紅十字會		五〇〇
紅十字會第二收容所	新閘路棲流所	仝	朱世恩	七〇〇
紅十字會第三收容所	四馬路天蟾舞台	仝	顧竹軒	一,〇〇〇
廣肇公學收容所	寧波路四五號	廣東同鄉會	潘少山	
玉佛寺收容所	成都路	仝	吳雲奇	
四明公所收容所	民國路	寧波同鄉會	金剛恆	一,〇〇〇
中央研究社收容所	愚園路底	地方維持會	楊谷惠	
臨時孤兒難民收容所	愚園路	仝	楊谷惠	
婦孺收容所	東新橋洋貨公所	中國道德會	傅逸亭	五〇〇
鴻成營造廠收容所	西愛咸斯路	中國濟生會	蔣麗軒	

同敎堂收容所	浙江路六馬路	同綏	哈德威	五〇
崇眞學校收容所	八仙橋永樂里	天主敎	徐溥澤	
江寧公所收容所	成都路		李勤成	
仁德所收容所	膠州路六百號		陸先生	
民智收容所	威海衛路一二五號		徐忍寒	一二〇
定安寺收容所	愛文義路	九江商聯會	吳豐厂	
大陸橋下收容所	九江路	南京路商聯會	王廉方	
燭業會收容所	浙江路二八三號		閔百里	一七五
常州同鄉收容所	成都路二號		莊淞蓀	一五〇
江西同鄉收容所	小南門外江西會館	江西同鄉會	黄瑞霖	
聖母院收容所	徐家匯轄界		金姆太太	

培鐵里收容所	新閘路大通路			五四七
外國墳山收容所	九江路			一〇二
天裕收容所	博物院路			
天興祥收容所	博物院路十四號			
興成洋行收容所	仝			
仁安里五處	牯嶺路			
愚心寺收容所	白爾路			八〇
普濟寺收容所	平濟利路			一四〇
聖公會收容所	辣斐德路四二三號			五〇六
青年會收容所	八仙橋	基督教		一,四〇〇
天主教收容所	愷自爾路			

南陽路收容所	南陽路四十號		
西安斯路收容所	甘肅路口		
難民收容所	嵩山路國恩寺		朱子橋
戰區小學學生收容處	徐家匯路東陸中學		盧錫榮 張鼎新
戰區學生避難所	海格路現代中學	現代中學	盛衡

第三節　物質慰勞

自馬占山在黑龍江抗日，國民即紛紛匯款慰勞，爭先恐後，迄至馬占山因失援而投降偽國，而十九路軍在上海抗日之戰開始，國民乃立即轉移視綫，向上海警備司令部及十九路軍各辦事處輸送物品及款項，一時如潮洶湧，慰勞之熱，爲空前所未見，此時國民眞的完全瘋狂了。茲略記之，以見一斑。

一月二十八夜閘北開火，不到兩天，即收到慰勞品不可勝數，已堆積如山，故一月三

十一日申新各報刊出如是消息云：『近據司令部消息，謂各界慰勞品大多食品，固屬軍中所需，但各界幾多類同，殊嫌過剩，目下軍中所最需要者即運貨汽車，汽油，機器腳踏車，跑鞋及藥品等，尙望熱心同胞，儘量捐助，至捐輸現金，一則漫無稽考，二則以之犒軍，徒增軍士重財愛命之嫌，目下士氣旣極旺盛，早置生命於度外，何論金錢也。』此消息一刊出，於是不到半天，上海全市的大大小小的車輛不論汽車腳踏車機器腳踏車運貨車等等交通工具幾完全捐空，齊向軍中輸送，其熱烈的盛況，在大革命的時期亦不多見，作者在此書中當然不能記其萬一的啊。即以市商會所發出的通告而論，自該會二十九日通告徵集現金物品慰勞前敵將士之訊傳出後，三十日各公共團體及個人名義前往輸助現金物品，自晨至暮，極形踴躍，僅香港路四號銀行公會一處，已堆積如山，物品種類亦甚夥，若麵粉，年糕，餅乾，麵包，牛肉，羊肉，牛奶，紅棗，毛巾，襪布，雞蛋糕等難以枚舉，當經該會請由十九路軍派員押運裝貨車十餘輛，絡繹運赴閘北一帶散發，截至傍晚，而捐助者猶接踵而至，幾至無地可以容納，而輸將現金者約有十餘萬元。由此即可見當時的熱烈慰勞情景。更

有許多使人感泣者，如二十九日午前十一時紅十字會救護車經過北四川路海甯路時有一苦力持餅四斤，向該會救護員蕭心琴哭泣，請即帶交傷兵，蕭即收受，謂請放心，決將尊意達到受傷軍士之前，該苦力道謝而去。又於同日九江路中國紅十字會收得各方男女老幼捐送餅乾麵包甚多，院中堆積如山，有一年約七八齡之童女，至該會送去餅乾二包，贈予傷兵稱係：「吾母令爲給我吃食者，我偷了送來給傷兵吃。」問其姓名，含笑而去。二月八日時事新報，又登有愛國的孩子們的一封信，和洋十五元，錢是他們所得的拜年錢，原函是這樣的寫着：

時事新報諸位先生大鑒，可恨的倭寇又到我上海來，用他慘無人道的暴毒手段，無故把我同胞，用利刃刺死。沒有被殺的同胞，也是牽着年幼的孩子，攙着年老的父母，哭哭啼啼的逃難。在路上看見了，使我傷心流淚，我們也是中華人，聽見倭寇如此的把我同胞殺戮，我心似割，恨倭寇入骨，但我們年幼，不能拿槍去殺倭寇，是抱恨的事。現在把區區十五元（是我們父親母親給我們的拜年錢）奉上，來賑濟那可

憐無家可歸的遇難同胞，略表我們的愛國的心。請貴報代收轉交遇難同胞寄寓的地方，並希貴報能在報端披露，以驚醒一般將當的富人心。知國難的孩子，王良壽，王瓊華，王瓊仙，王瓊瑶，王徵蘭，王徵萱，王徵弟，王徵麟，王徵慧，王徵和，王徵泰，王徵麗，王徵賢，沈祥林，沈瑞林同啓二月七日。

即如操皮肉生涯為人賤視的妓女，亦知努力愛國，如二月四日有小林弟老七，富春樓老六，香君老五，親以毛巾一千二百條及帆布鞋四十雙，送至上海市臨時救濟會請轉送十九路軍將士應用，并附一書，致其誠意略謂倭寇暴行，人類共憤，有志之士，無不枕戈以待，我輩女流，雖不能上馬殺賊，然後方工作，亦願竭力贊助，一則以盡我國民之天職，一則以鼓助我十萬健兒之壯氣，以期滅此朝食云。其翌日又有福裕里甬一弄香女老三，福致里龍簪老四兩妓女交捐洋五十元。嗚呼！妓女亦知愛國，可見此戰感人之深矣。此外更足使人起敬，可以風示後世者，為許多成千成萬之無名英雄，他們捐物輸款，不求名，不望報，更不作故意之誇耀，目的只是單純救國，為國盡力誠屬難能可貴，例如二月二日申報

早版刊有一新聞云：『昨有陳君送一萬元支票至本館，囑爲轉至前方將士，用資慰勞，愛國熱忱，殊足風世。原函云：

上海申報館總經理先生台鑒：逕啓者，此次上海之役，吾國仁義之師，勘滅兇燄，樹全勝之戰勳，足使日寇喪膽，外強寒心，吾政府久困於悲苦絕望環境之中，乘此天賜之良機，在全世界視線中一霎時間，一躍而登無上光榮之地位，吾謀將戰士之功，萬歲流芳。在歷史上，直可與華盛頓將軍相伯仲，不亦偉哉！嗟夫！我四萬萬的同胞們，揚眉吐氣，此其時矣。孰不知吾們受恥足矣，東方病夫強矣，睡獅醒矣，誓抱玉碎之心，毋爲亡國之奴，當此國難之際，寧受生命財產犧牲，雖死足榮。私蓄財產貪生者，罪不可恕。鄙人伶仃孤苦，家寒力微，日來見貴報載有慰勞前方將士之舉，竭力贊助，附足支票洋萬元，懇請貴報館即日兌現，轉交當局，則終身沐德矣。陳啓，二十一年二月朔日。附中行支票一紙。』

我們讀了這段新聞，覺得虎虎有生氣。有這樣的戰爭，有這樣的慰勞，一時神爲之暢，

血爲之熱，心爲之動，無限的希望，無限的激昂，無限的慷慨，乃至無限的悲壯，都震抖了人人的心弦、嗟呼！有國民愛國如此，中華民國是不會亡的！永遠不會亡的！

其次可爲大書特書的是我國僑胞慰勞之特別狂烈和外人對於我們同情的援助。國外華僑受外國資本主義壓迫較深，其對於祖國的愛國心較切，我國列次的革新運動，莫一次不賴外國僑胞的幫助，這次抗日戰爭顯然是一種反帝戰爭，於是他們就比以前努力了。當戰爭勝利的消息傳到國外時，國外僑胞的熱烈的情形比國內更踴躍萬倍，一時募捐集款，齊向十九路軍慰勞，而且其慰勞款項的數目較國內任何處爲多。當一月二十八夜開戰，三月二日即有匯款來，至三月四日更見踴躍，如爪哇公局匯來萬元，小呂宋華僑救國會一萬元，舊金山華人會一千二百零三兩，一日之內即約有大洋六萬三千七百餘元又銀一千二百餘兩。五日又有菲律賓華僑聯合會雜貨商會由中興銀行匯來二萬兩，並拍致蔡軍長一電略云：『我軍殺敵致果，震動全球，淞滬之戰，開民國以來未有之光榮，請再接再厲，謹先電匯中興銀行二萬兩，充作前敵戰費』云云又小呂宋瑞隆興

鐵業公司職工由中興銀行匯來國幣三百元，菲律賓華僑匯到六千八百元。而美國哈佛大學留學生又電匯美金三百零九元，囑代購糖菓香煙爲犒軍之用。嗣後華僑更絡繹不絕，無日沒有匯款到來，數太多，恕不能一一記載，一切詳細的報告，只好在後日公佈册或徵信錄上查攷。但是華僑愛國的狂熱，我們應該在此大書特書的，例如在戰事終了之後，美僑周崧君猶謂政府如對日作戰，個人願捐軍餉一百萬元，玆錄華聯社一通訊，以爲國人愛國者勸，該通訊云：

「自滬案發生後海外各地僑胞，莫不慷慨激昂，捐輸軍餉，在美僑胞，尤爲最努力，有三藩市僑商周崧君者，平日熱心公益，所有難民求濟，莫不樂以援助，尤喜資助航空學校留學生。尙云吾國航空人材缺乏，應急從速倍養，因此等人材不特與敵國交戰時所必需，即平日作交通用，亦不可少。此次暴日侵滬，除本人捐助軍餉十萬元外，並在公司提出十萬元，作爲抗日軍餉，聲明如中國對日宣戰，願捐軍餉華幣一百萬元，現該公司已實行月捐助餉，以爲當地各界之倡。並每日親率留美學生向西人

勸募捐款，其爲國犧牲精神，誠不可多見者。此次祖國遭難，在美僑胞不但一般商店踴躍捐助，卽患病及失業者，亦不惜以家具質之，所得資悉數提作捐款。兒童則將長輩所給餅餌費捐助，其熱心愛國，於此可見一般。綜計此次美洲方面寄回捐款之數達五百餘萬金云。」

又三月九日大陸報記載云：

「旅美華僑七萬人各盡其力，爲祖國國難之後盾。美人觀此，將憶及一九一七年本國之情形。查美國華僑曾捐洋五百萬元匯回祖國，其中僅紐約一處二萬五千人，已捐一百萬元，舊金山及芝加哥等處，亦有大批捐助。唐人街上之龍燈，競作大蹈步之舞，而中國鑼鼓聲，呼喊聲，震耳欲聾，嬌小可愛之女孩，則充賣桃花之業，凡此種犧牲，均皆爲其祖國，彼等在美生活，異常簡單，住則陋室，食則粗飯，無非欲節省金錢，爲祖國效力，當美國華僑舞龍燈募款之際，卽表示美國華僑與日本之戰爭已達成功。彼等深信中國惟有戰爲唯一出路，戰而勝，中國將從此統一，蓋統一之國家，卽無黨

派分歧之現象其黨之恐駭，亦將因之終止。苟不幸而敗，則不堪設想，然較亡國，猶勝一籌。紐約運河街上，一中國酒飯館月捐五千元與祖國。一般愛國者捐每月所入百分之十，其他若干中國商店由主人發起，凡職員不願捐款祖國者，將均以解雇為恐嚇，然實際無一人不願捐助。哥倫比亞黃興之女公子黃澄華女士，曾以首飾出售，並以所得之資捐助祖國，且聲言曰：『倘外侮日亟，余將為國服務，雖死不辭。』又有紐約中國學生聯合會主席胡維德君發起捐款，異常努力，聞胡君閘北房產已為日機炸燬，其家屬杳無音訊，或已死亡，胡君之言曰，為國戰爭何家室之有，使余全家被害，彼等已作最大犧牲，余奚用戀戀。余亦惟有犧牲而已！唐人街上有勞君者坐於廣東銀行伊之寫字檯上對衆演講某華僑捐款十萬元之故事。勞君本人之店，亦捐此數。紐約中國學生聯合會有學生一千七百人從事於捐款之工作，并舉行飛行隊至各處宣傳。據胡君云，所收捐款百分之九十五均出自商人，各處中國團體對於捐款均自動採取合作態度，且因極端熱心之故，而華僑之美友，亦有被邀捐款者，故所得之

數倍於從前。現在中國已直接自美購用飛機，此間華僑正在盡力供給駕駛員事，有安良堂在芝加哥訓練二百三十四位飛行員，加利福尼亞所訓練者尤多。而紐約之羅斯福場地則更多。凡此種種，均爲其祖國，爲此數千年文化之邦愛好和平之民族圖生存，旅美華僑均存一爲國決死之決心。甯願爲國捐軀，死於桃花樹下，其忠歌慷慨，有如此者。』

海外華僑尤其是美國華僑如此熱烈爲國犧牲，而中國自己不長進，不爭氣，對不起海外僑胞多矣！

此次作戰，歐美人士對於中國殊表同情，故於救傷卹難兩項得到外人的援助不少。在救傷方面例如各外國醫院均盡量爲我國受傷官兵收容醫治，均爲純粹無報酬的義務，各公私立醫院亦有許多外國醫生來盡義務的。而華人所組織之救護隊亦有許多英美士女參加，且有單獨自己組織者。例如中國紅十字會救護隊，於二月四日即接有美國旅滬僑民章慈丸爾斯夫人電話，自願約同美籍女友十餘人爲中國紅十字會辦理救傷，

所用之棉花紗布即由隊長王培元送去以便製成繃帶棉花球等應用品出發前方救護。五日又有上海德商美狄根洋行，特將價值一千七百元之橡皮膏棉花紗布及繃帶分送二馬路及海格路紅十字會以救治受傷軍民。嗣後來參加救護者更繹絡不絕，可見公理自在人心，當然不分中外，都一視同仁也。而對於難民之救濟，旅滬外人亦多表同情而匯援助。上海市民維持會救濟股自一月三十一日成立以至三月八日，不過十天，已收到捐款五萬餘元。其有二千元爲外人所捐助者，如西門子洋行總理薛克君捐洋一千元。華比銀行副經理萊豐登君洋五百元。德國商行四百元，司得門君一百元，漢特君四十一元。無名氏西人三十元，沙遜大班白米一百擔，鹹魚五十擔。而法租界邁爾西愛路四百九十八號洋房之臨時婦孺收容所，即爲英人某所捐讓，更有使人感激者，四月十一日上午十時，有美國婦人送一鮮花籃，並附二寸四方漢玉一塊，至四川路中國青年會，聲稱轉贈十九路軍傷兵，當由該會幹事代爲接受，詢問該婦姓名，該婦堅不說明，僅書外國友人致送中國大英雄十九路軍傷兵而已。此外，美國各地人士對於本軍之贊助亦無微不至，紛紛致

函蔣光鼐蔡廷鍇兩將軍，並往往將美金附入函內寄來。而要求投入十九路軍爲中國効力或表示其敬仰崇拜之忱者更不知多少，其函電原文，當於下節述之。

其次使人感泣不忘者，即各界人士不辭勞瘁，或爲傷兵服役，或爲難民服役，或到前綫作苦工，而親身持物前往傷兵醫院慰勞或往戰線慰勞以鼓勵士氣者，尤使前綫將士樂爲効死。其熱烈的情緒，無一不使軍民感動而至於涕泣。其最努力者如孫總理夫人宋慶齡女士與廖仲愷夫人何香凝女士除，組織救護隊，創設傷兵醫院，捐，款輸物之外，復至再至三，不辭勞瘁親至前綫及傷兵醫院散物慰勞，使將士忘身，傷兵忘痛，敵愾同仇，都願得一光榮的死所。這樣的熱烈的情景，實爲中國空前所未有。其次如各大學教授，各黨國要人，各公益團體，各外埠民衆代表，每天都有捐贈物品款項旗幟等親到前綫慰勞。而一般天眞活潑之少女，童子軍，及中學生，更組織寫字隊爲傷兵及前綫士兵寫信致慰其家屬，更使軍士感激。總之，一切中華民族的生機都在此表現出來了。

關於物質慰勞之數目及統計，迄至作者執筆時止，尙未有定數，且未到公佈時期，如

徵零星記載，亦不勝其煩瑣，故暫止於此。不過在這物質慰勞過程中最可注意之事，即此次慰勞之捐款中在國內大多爲中下階級之小有產者及出賣血汗之苦力，而大資本家之輸財助餉者甚少。在國外之僑胞則無此界限，一律踴躍捐輸，這是這次物質慰勞中的一個特色。這特色是値得我們研究的。至於這次捐款的用途，各界都很加注意，茲錄蔣蔡兩人的通電，以爲此節的結束。該電云：

各報館轉全國同胞公鑒，敝軍抗日淞滬，承海內外愛國同胞敵愾同仇，熱心輸助，士挾纊而知仁，馬加鞭而愈疾，所得執餌屬鞬，與強虜周旋，以至於今者，惟在實事求是，款不虛靡，矧至一黍一銖，皆同胞救國所寄，必使一黍一銖，需用於抗日救國之途，故自義款頒來，即劃定用途，於下列各項：救卹傷亡將士一也。作全軍之特別活動費二也。軍實虧缺之補充三也。準此支配，所有出納收支，一一列註簿錄，敬謹保存，關在寇敵未殲，猶在繼續作戰期內，應與一般軍事內情暫從秘守，一至相當時機，立即宣佈中外，以著信徵，庶使同胞紓難之情，照於天壤，政軍報國不欺之志，目指山河，僅

賀數言，並鳴謝悃。

第四節 函電慰勞

此次慰勞之狂熱，除物質捐輸外，尚有許多精神上的鼓勵。此類精神上之無限安慰與興奮的事實，幾多至不可勝言，編者亦覺無從着筆，即如本節所欲述的函電慰勞一項，讀之令人歌，令人哭，令人笑，令人興奮，令人跳躍。又有許多在物質慰勞之中，繫以詩文或有意義的詞句者，更使前方將士悲歌感泣。例如上海婦女捐助軍用服裝會之趕製應用衣物，致送前方，該會各女士所織絨繩頸圈，均繫有勉勵將士小詩，錄之如下：

風雪入新春，干戈起滬濱，心長嫌線短，聊慰出征人。（陳彩珍織題）

一針一線密加工，送至軍前慰有功，勿忘禦寒並禦侮，閨閣救國與人同。（施淑雲）

織此織物，聊表寸衷，慰我將士，暖我兵戎，守土盡責，爲國效忠，殲厥醜類，克奏膚功。（陸均瑞）

秦大觸天河，傷心奈若何，獻臘與壯士，累唱凱旋歌，（胡淑卿）

士庶慶彈冠，倭奴胆盡寒，只因雪國恥，眞個斬樓蘭。（胡幼卿）

又如廣州青年會所籌募之征衣，俱由省立第一女子中學員生義務縫製，大多數綴有鼓勵將士之字句，如『國家干城』『奮勇禦侮』『祝君康健努力衛國』『奮勇上前必得勝利』等等。又有刺繡七言詩句者，古人所謂戎服傳音，復見於今日矣。茲錄數首，以見一斑：

腰纏十萬橫磨劍，壯士如雲共枕戈，但得捨身同衛國，槍林彈雨奈吾何。（阮舜英）

諸君努力去衝鋒，休畏重重礮火攻，抗日堅持須到底，莫教人笑五分鐘。（黃增祿）

直搗黃龍恨始平，青年義勇鬼神驚，他朝斬將搴旗返，簞食壺漿到處迎。（忘名）

須知忘國卽亡家，十九軍威最可嘉，頭可斷兮心不屈，拚將熱血救中華。（黃增

譽）

熱血男兒志尙高，爲爭人格殺倭奴，中華雪恥惟君賴，凱歌齊奏賀英豪。（蘇秀瑰）

大好山河似舊不？須將武力洗前羞，揮戈逐日同心力，不滅倭奴誓不休。（鄧紫封）

至於慰勞函紮以詩者，多至不可勝數。古體及五七言律絕皆有，其間打油與滑稽者歸其半，此外則歌功頌德，激昂慷慨者居多，茲限於篇幅，不能全錄，僅錄北平朝陽大學袁明琪高恩傳等來函及附詩十四首於下，以侈一格：

憬然賢初諸公惠鑒：慨夫大禍中國，變起非常，倭寇犯邊，窮兇極醜。旣逞勢於遼東，復憑陵於上海，凡屬國人，莫不痛心疾首，引爲奇恥大辱，然亦無如之何也！今幸諸公毅然誓師，殲彼頑敵，滬戰未終，河山壯色。使我中華民族之地位一躍而蜚聲歐美矣，我諸公精誠喋血，義尙照然，此我四萬萬同胞額手遙祝，馨香崇拜者也。明琪等自

愧一介書生，不能執殳撻虜，徒增汗顏耳！謹草成舊詩十數章，藉頌諸公之勞，俯祈哂存爲荷。

北平朝陽學院東北同學袁明琪等八人

附詩十四首：

怒髮衝冠敵早虛，身先士卒有誰知，驍軍到處敵披靡，野寇何難一掃除。

驚天鞨鼓起郊圻，血淡征衣尚未歸，天烏也知烽火地，歸時不向陣雲飛。

勇戰吳淞百不輸，天來神將握兵符，託妻寄子年前去，如此高風世有無，

風驚鼓角星晨暗，月耀旌旗河漢低，夜戰不知何所似，寒光凜凜馬嘶嘶。

我馬城門未肯降，將軍一怒走家邦，重重戰壘風雲變，血氣瀰漫黃浦江。

陣馬堂堂勢亦雄，出奇制勝笑談中，縱然驕虜難權盡，早有威名孚海東。

搴旗斬將幾摧鋒，大敵縱橫若未逢，麾下健兒齊効命，將軍插血飲黃龍。

十萬豺狼一路師，紛紛告捷總相持，驚看十九軍宣外，救國前鋒更有誰。

四野揚塵鼓角哀，張華浜外陣雲開，將軍馬走河山壯，贏得中西說將才。

敢將熱血報蒼生，敵愾同讐氣自橫，若使太平勞將士，論功還讓亞夫營。

一役莫名震九州，披堅執甲為仇讐，頭顱換得河山在，飲馬長江水斷流

蕩寇同揮落日戈，來從海上挽山河，慢誇李廣稱飛將，不及將軍戰略多。

挺身躍馬掃奴氛，麟閣名標不世勳，憔悴河山今尚在，風塵籠罩四將軍。

血戰淞濱爭國光，夷方小醜莫跳梁，縱然淘盡長江水，難洗將軍甲上霜。

其次，在這七八千封慰勞函件中，一些小學生寫的信，是值得我們介紹的。在他們天真活潑的跳躍中，在他們幼穉的無邪的心理中，居然發出所謂愛國的叫喊，這是不應該抹煞的，在這地方，自然，我不敢跟着老態可掬的人說那樣「這些，算什麼」的勇氣的話。正是相反，現在，我有權利介紹於下：

勇敢的十九路軍將士們：

你們這一次和可惡的日本倭奴打仗，一個月來，打了許多次勝仗，很是勇敢，很是辛苦！我們聽了，非常快樂，非常佩服！不過，還望你們繼續努力，殺死日本人！打倒日

本帝國主義!!

祝你們

勝利!

錫中實小二年級小學生寫的　三月二日

漢中連長王成連附暨全連將士均鑒:

貴連前次的來函,已經收到,回信也覆了,並且是用單掛號覆的。

最近這幾天裏,我們都是在做種種的幻想:『貴連是正在勝利的殺敵,是正在凱旋的歡呼,是正在愉快的報告我們得勝的消息』果然,在昨天,接到 貴連的來信,信裏面充滿了為國犧牲的精神,悲壯激昂的態度,親愛精誠的赤心,沸騰滿腔的熱血,一切的一切,在在都可以在信的字句間裏尋出來,使我們欽佩到十二萬萬分。

貴連這次殲滅倭奴,不幸稍受損傷,真叫我們惋惜感傷!恕我們不能親自替受傷者看護,只有在紙面上祝福受傷的人,早日痊癒。尤其是勞連長以暨重傷的劉連

附，我們祝福你們早點好。

像片已經洗好，現在寄來一張，不過不大清楚，這是因爲太小的緣故。等待將來放大時，再寄給你們幾張大的。

最後還要說，貴連時常的把勝利的消息告訴我們，不多寫了，就此敬祝貴連不日凱旋歸來！

燕子磯實驗小學校友會 二月廿五日

信內還附着一張新江甯報，指示着一段『燕子磯小學歡送十九路軍之盛況』新聞，略云『江甯燕子磯鎮，駐有十九路軍士兵一連，該連長勞漢中，治軍嚴肅，爲近日軍隊中之幹才，日前奉令赴滬，加入前線防衛，……燕子磯小學校友會亦贈綢旗一面，上書「民族精神」並饋贈餅乾糖菓，開會歡送，復合攝影以資紀念，是日到場歡送者數百人，手執旗幟，齊呼「打倒日本帝國主義」及慶祝該軍殺賊勝利等口號，一路燃放爆竹，送至郊外方歸。』該信是寄至上海互籟達路中國紅十字會傷兵第十一後方醫院中的，在這短短的一封信中，使我們意味到軍隊和民衆打成一起，休戚相關，而且抗日戰爭的巨潮已震

動到寂靜鄉村的小孩子的心弦了，不但震動到本國全部，而且震動到外國了。不信，請看下函：

倫敦小學生碧沁曼 Pessiman 來函云：

親愛的蔡將軍：

余今想得一策，可助君驅逐日本人，即設君往日本投炸彈，日軍當必撤回日本。試于背面繪圖以明之，（信的背面繪有從中國至日本的圖，但不清楚，恕不照繪——編者）

說到國外的慰勞函件，一時多至數十信，讀之令人興奮，茲錄數信於下：

美國西亞圖律師力曼 Redmen 來函：

親愛的蔡將軍：

茲附上匯票一紙，（計美金一百元，）聊表仰慕貴路軍在上海英勇的抗戰。貴軍與形勢懸殊之大敵抗戰，正如三百年前沙士比亞所言：「為正義而戰的人，是三

倍的武裝着的而，那良心被不義腐蝕了的人縱然裹在鋼鐵裏也，是裸着的」。

務望堅持到底，君等必得最後之勝利敬祝

貴軍與貴國人民的成功！

Redman 啓

華盛頓海陸軍俱樂部來函：

蔡將軍：

請允許余祝賀君于此次在滬戰中所表現之英雄氣概。君及君所率領之健兒，已成爲歷史大事件中之主要演員，此乃一般公正人士所共認者也。

此間開演關於君之新聞影片時，觀衆皆同聲歡呼，君聞之亦必欣然也。

余遊歐美，曾屢爲重要人士稱頌此事，彼輩皆一致希望由于全中國人民之同聲讚美十九路軍而得到全國統一，息止內事，共禦外侮，驅逐日人於上海及滿洲之外，此間懷抱此好意之數百萬人士皆望君爲此偉大之目的而奮鬥。無論何時，苟有所需于余，希即爽直告之，因余多與在美及南洋之中國人士相往還，極爲融洽也。

祝君爲抗日救國而更加努力，中國之統一，將必因君之英雄的努力而成功也。

伐梅 James W. Farmer

美國 Connecticut 省女士白林 B'een 上蔣總指揮函云：

本日在報上戰區新聞欄內得悉大名，用特冒昧函懇請君寄我一明片或一小小之消息，藉此得一貴國之郵票，置于余之郵票書中，余將極珍重之。

余聞戰禍蔓延於貴區域，對於一般爲兒女者及爲父母者，深致系念。

願聖神錫君以和平，余將爲君等祝禱也。

蔣總指揮覆函云：

白林女士：

余甚樂於接受君之要求，此覆，順祝

康健！

蔣光鼐 四月二日

美國公民屋特 Ohter 來函：

請許余表示無限的欽佩，對于君等在上海英勇的抗戰。余信凡屬美國人民，無不祈求貴國繼續的勝利。奉上美金五元，藉以慰勞貴豪俠的軍隊，敬祝勝利！

美國公民夏利安哥來函：

蔡將軍：

君與貴著名之十九軍使世界知中國非弱，局勝忻賀！貴軍武器雖不如敵人，而勇士之心則異之。

德國烏伏司貼君來函：

親愛的蔡將軍：

不單是我個人，我們奇林那工廠的全體同伴，都贊揚你們在閘北英勇地抵抗毫無人道的日本人，這事振動了全世界，且因而對於你們的苦難的民族，發生大大的同情和敬意。

我以最大的敬意與友情，希望你給我一個紀念品。祝福你。

烏伏司貼　三月八日

蔡軍長覆函云：

烏伏司貼先生：

函悉。謝君厚意。卽以此函爲吾人友誼連繫之紀念品。卽頌

康健！

蔡廷鍇　四月八日

美國印第安那波力士英特四四五〇學院之佛郎士・華林頓來函：

可敬的蔡將軍：

貴軍士兵抗戰，異常英勇，舉世咸表同情於貴國矣。

佛郎士・華林頓　月六日

又外國人士欲充本軍醫師及願投効本軍爲下級幹部或士兵者甚多，茲順便抄錄一二：

菲律賓人戴亞士君上書蔡軍長云：

可敬的將軍：

這封信用作我對你和在你智略指揮下的十九路軍，爲着護衛你們國家的權利，和我們鄰國日本的橫暴和野心，作英勇戰鬥的態度，幷恢復我們可愛的東方被蔑視的公道，很欽佩和很表同情的活證。

將軍，爲着這件緣故，請你允許我在你的軍隊裏做一個最低位置的內外科醫生。

我是菲律賓的人民，生在菲島的馬尼剌，現年三十六歲。

我現在受有藥劑師和外科醫師的學位。我到現在已經有了十二年的實習，其中四年是在上海公共租界裏，在那時，我在那裏由美國總領事署註册。關於我的經驗和工作的信用，張謨醫師，和一九一六至一九一八年間在上海法界海甯醫院的張G.K.醫師，可爲證明。若是需要的，我還可以拿我國那些高尚的人的證書來給你。

將軍，希望你對我的請求早賜覆書。

戴亞士

美國巴西國蘇哩甘馬哩尼省拿瓦城易士丹匿士拉來函云：

閱報，得上海慘案，無任憤慨。甚願投効我具有勁力之軍隊，爲一兵一卒。關於余之人品，請詢拿瓦省部議員哪波麥西米努君，便悉。切盼於下期郵船覆函。

再者，余及余一友人，均願充兵士，如蒙許諾，當即偕往，如未許可，亦請函蘇哩甘馬哩尼中國太平洋公會，俾先檢驗身體。

余等常準備前赴援助我國，均盼於下期郵船賜覆爲禱！（譯者按，上具函人，按其語氣，大抵爲一華僑，生長於巴西蘇哩甘馬哩尼省拿瓦城者。）

美國阿里安路易亞拿城公民查里士致函蔡軍長云：

余曾以投効貴軍之意，商請貴政府派駐阿里安副領事李君，代爲轉遞。據云，渠未奉有此項命令，應由余向麾下請求等語，爲此具函台端，擬請准予加入貴軍之工程隊。余爲美國公民，生於阿里安路易安亞拿城，倘蒙覆示，無任幸感。並盼從速示知爲禱。敬祝勝利！

蔡軍長覆函云：恐爲事實所不許，請從他方面爲我軍助力也。 蔡廷鍇

加拿大公民金堅匿士利致函蔡軍長云：

余茲請求投効貴軍，幸致意焉。余年十八歲，高五呎九吋，重一百卅二磅，胸圍卅一吋。余體格健全，長於技擊，視聽覺均佳。余善駕駛汽車，並自信胸力甚爲健全。如須履歷書，當塡上。甚望君之能用我也。

蔡軍長覆函與上同。

現在，回轉頭來重述國內寄來的慰勞函電。喔，這個，也委實太多了！就編者所搜到的而論，已堆滿了一案頭；廢了一天功夫去看和整理，看得頭腦昏了的還沒有看完，足足有二千件之多。若是把它統統都編出來，儘可以寫成三四十萬字，此處只好擇要登錄，算不得整理與編排呀！

首先我們要編登的是稀如鳳毛麟角的鄉村貧農的血汗文字之捐款勞軍書。按我國農村近年以來根本破產了，農村生活狀況苦得不堪言說，當然更遠在水平線以下。因爲他們生活的不優裕，所以幾盡爲文盲，軍國大事，更當然不識不知。這回在上海抗日戰

火一響，居然也震起了農民，而遠在河北定縣的農民居然委托天津大公報匯了款寄了信來，這是難得的茲照錄如下：

我最敬愛的十九路軍同胞們：

這次日本帝國主義用武力來壓迫我們，我們眼看就要做亡國奴了，親愛的十九路軍，不作軍閥的走狗去爭地盤，爲我民族爭存，不怕死，用全力抵抗日本，而作保國衛民的忠勇戰士，我們心中是很感激的，自覺無法可報答，所以才集合我農民們盡力捐款慰勞。但是捐款並不多，表白表白我們老百姓愛國的心思！我們是鄉村種地的農民們，念書不多，是個老粗，不會寫信，總請你們原諒我們！請軍長務必親手回一信白話信，知道這筆慰勞傷兵的捐款收到了沒有，千萬不要叫人寫，親手寫淺顯一點，我們好看懂，不，我們看不懂的。

大深河平校女同學會全體鞠躬　三月十三日

（編者按：原函已在天津大公報本年五月五日影印披露，據該報云係平民教

育促進會啓迪之力。此外尚有兩函文長恕不錄。)

以次我們只好擇其有意義或有趣者錄之如下，藉示國民愛國之赤誠：

先錄地域較遠者：

(一)青海回教促進會來電：

南京王處長轉探投蔣總指揮蔡軍長戴司令並轉前方諸將士勛鑒：日本謀亡我國，處心積慮，已有幾十年。甲午庚子兩役，吾國割地賠款，壓迫侈至；嗣乘我國多事，提出二十一條不平等之條約，其蠶食鯨吞之野心，未嘗一日或忘。近復侵佔我東三省，出兵於上海，焚殺淫掠，滅絕人道，大難臨頭，國亡無日！幸賴諸公之抵禦有方，諸將士之拚命殺敵，得以保全我疆域，護持我人民；將見旌旗所指，滅此朝食，凡屬國人，莫不神馳以祝。本會敢代表蛾腰澎百萬同胞，以期爲諸公之策應。除慰勞費洋另行電匯外，先此佈臆，敬祝革命勝利。青海省回教促進會第一次全省代表大會謹叩刪印。

(二)多倫縣黨部來電：

上海十九路軍蔣總指揮轉全體將士勛鑒：自滬變發生，全國震駭，幸賴貴軍奮勇殺賊，迭與倭奴以痛創，岳家軍陣屹立如山，每聽捷音，五體投地。除捐款交由察哈爾省黨部彙匯，藉表微忱外，尚乞貴軍不辭勞瘁，抵抗到底，稱雄大陸，此正其時！本部當率塞外健兒，磨厲以須，作為後盾也。多倫縣黨部真印。

（三）東北民衆來電：

上海第十九路軍前敵諸將士均鑒：貴部捍衛外侮，殺敵致果，為民族爭光榮，為山河壯氣色，挽國運於顛危，蘇人心之槁死，精忠益世，薄海欽遲。同人等流離轉徙，久矣無家！誓死願作後盾，殲此醜賊！特此電聞。東北民衆王鍾宇等署名者四十八。（編者按：東北淪亡，慰勞絕無，然終得此電於東北民衆流離轉徙之餘，足徵人心猶未死也。但是版圖已變色矣！編至此不禁慨然！）

（四）內蒙革命同志會電：

萬急。上海十九路軍蔣總指揮蔡軍長戴司令及全體將士勛鑒：暴日既侵滿蒙，今復

入寇淞滬，貴軍奮起殺賊，爲世界爭公理，爲弱小求生存，丹心碧血，壯烈可欽。相信能自衞者始能自立，理勝者力亦必勝，尙望繼續努力，貫澈始終，敝會心懸落日，志切回天，願率內蒙千萬羣衆，誓爲後盾，謹電慰問，無任神馳。內蒙革命同志會叩 二月廿四日。

（五）北甯路特別黨部電：

（銜略）暴日侵滬，我軍迎頭痛擊，連日捷報，舉國騰歡。乃敵於屢敗之餘，不自悔禍，竟於巧日向我提最後通牒，限時撤兵，滬淞爲我領土，守土禦侮，軍人天職，使彼誠意求和，何不撤兵回國，此項無理要求，實屬侮我將士，藐我民族，萬難忍受，務乞再接再厲，實踐抵抗到最後一滴血不使尺土寸草失於敵人之言。我國家將爲復興之士耳基，抑從此淪爲朝鮮之續，皆以此舉卜之！臨電不勝憤激盼禱之至。北甯路特別黨部叩皓。

（六）墨西哥總支部電：

國民政府轉十九路軍將士鑒：日賊肆橫，憤甚，請力戰，誓爲後盾。Kuomintang of Mexicala

495

(七)舊金山華僑商會電：

中央轉十九路軍將士斬殺日賊，全僑稱快，希更努力，誓死擁護。 Chinese Produce Marchomt A'sn

(八)三藩市來電：

南京國民政府轉十九路蔡蔡戴全體將士鑒：日賊凶橫，滬海同憤，請戮力抵抗，萬勿退讓，同人等願爲後盾。美國至德三德公所主席周源。

(九)菲律賓來電：

上海市政府轉十九路全體將士公鑒：強寇壓境，侵我滬濱，貴軍奮勇殺賊，捍衛疆土，捷報傳來，無任快慰，尤盼肅清殘餘，勿使賊燄復張，則貴軍榮譽，照耀世界，中華國基，於焉永固。本會統率華僑，誓爲後盾，謹此電祝。菲島華僑各團體聯合對日後援會冬。

(十)小呂宋來函：

蔡廷鍇將軍鈞鑒：貴軍捍衛國土，赤心忠勇，屢敗日寇，我 公指揮若定，勞苦功高，遙

聽捷音，欣慰莫名。故月之五號由中興銀行電匯大洋一萬元，料邀妥收，區區之數，聊應戰費，以盡國民之責。並懇犒勞前敵，激昂士氣，驅日寇於海外，移 旆北指，恢復東省，他日青史傳名，揚我國光，皆賴 公等決心戰日而保我民族之地位也。僑衆雖未能荷戈戰場，決作物質上之援助，伏祈努力貫澈初衷。臨穎神馳，不勝翹盼切禱之至。肅此奉達，敬頌

勳安

粵僑商業聯合會主席歐陽磐石
出入口製工會林瑞章謹啓

次錄慷慨激昂者：

(一)人民王道本來電

中華民國軍蔣總指揮蔡軍長戴司令鈞鑒：東北淪亡，心驚國難，開門揖盜，日寇乘虛，當道無能，喪權辱國，應請將吳鐵城明正典刑，以安天下，而爲簽字滅種亡國者戒！夙仰諸公抗日凧忱，同胞愛戴，揚大漢之天聲，洗軍人之奇恥，中華三傑，再現於今，爲神州之砥柱，增世界之光輝，遙望南天，不勝額乎！中華人民王道本叩冬。

(二)長沙市民胡瀆陵來電

（銜略）民乃湖南長沙市民，爲暴日無故侵吾邊疆，佔吾領土，瀋黑變成異族，繼而犯吾淞滬，兵艦飛機，擲彈亂轟，冒昧心肝，專行獸逞，噩耗傳來，不勝憤恨。嗟乎！國亡無日，四百兆民命何堪，生死關頭，千萬里版圖誰保！在此局際，幸賴諸大將督率五萬雄師，挺身抗敵，血戰淞滬，救民救國，出入槍林彈雨之下，坐立卜坡駿馬之區，爲國家圖生存，爲民族增幸福，威訊傳來，不勝欽佩。誠足雄傳千古，威震萬邦，欽佩之餘，無方報德，欲奉薄資慰勞，實因經濟困難，欲直驅前綫，亦苦無路請纓，既不能捐體沙場，又不能提刀殺賊。午夜思量，不禁汗顏之至。只得持刀破體，取熱血作血巾，郵遞　座前，一面表民心臨，一面捐血沙場，身雖不能臨陣殺賊，熱血代體捐赴沙場。特具糊（疑蕪字之誤——編者）函，懇求大將勿棄民之野意，函到時，乞賜教音，或寄長沙國民日報羅心冰宋曼君代收轉交民便是。或者委飭送長沙草上阿街六十號裕昌棧頁交更美。教音祈勿明有血巾，只明收到糊函便是。臨楮依依，不勝迫切感禱之至。長沙市民胡漢陵。

（三）潮州旅滬同鄉會來函

暴日侵滬，舉國共憤；貴軍奮勇抵抗，敵愾同仇，雖以醜虜十萬之師，挾其犀利之器，尚能以寡禦衆，屢挫敵鋒，苦戰月餘，增光國族。所恨者，除自動來滬參加作戰之第五軍外，政府絕不調派援兵！以戰線數十里之長，敵軍又陸續增援，使敵大隊得由瀏河登陸，以包我軍後路，秦檜復生，飲恨何極！此次之總退却，實爲事勢所應然！各表同情，共抱隱痛。惟是我軍抗日，應爲長久之計，一時一地之得失，不足蒂芥於懷。所望貴軍仍與同志友軍繼續奮鬥，貫澈初衷，各界民衆，亦一致團結，以作後援。理直氣壯，吊胆提心，最後勝利，當屬於我。除一面由敝會派代表，仍指貴軍後方辦事處接詢應需何項物品，設法輸送外，謹具函奉慰，即請垂察爲荷。此致

第十九路軍蔡軍長

湖州旅滬同鄉會救國委員會啓　三月四日

(四)中國自強會來電

蔣總指揮蔡軍長戴司令暨全體將士均鑒：日本軍閥爲貫澈其侵略政策，既佔我東省，復犯我淞滬，貴部爲正當防衛，痛予膺懲，苦我月餘，著績于宇宙，屢摧強敵，播威聲於

列邦，視東北當局擁兵數十萬，聞風畏避，罔謀抵抗，其賢不肖於以判然，凡屬國人，莫不欽佩。方期殲彼兇頑，固我河山，孰意當國權奸，按兵坐視，以致孤軍絕援，前功盡棄！昨誦撤防各電，憤慨同深，但因戰略所關，無礙最後勝利，尚望繼續奮鬥，以竟初衷。本會同人，誓竭棉薄，喚起民衆，共圖禦侮。除電中央迅調大軍，協收失地外，特電奉慰，統希亮察。中國自強協會李國謨等叩陽。

（五）立法院彭養光來電

上海十九路軍蔣總指揮蔡軍長戴司令勛鑒暨全體武裝同志均鑒：捧誦江電，一字一淚，不忍卒讀。自暴日壓境，貴軍晝夜血戰，其壯烈不減岳戚，其策略無異頗單，其新奇，直等歐戰，其光榮足耀寰區，奮乎百世之上，百世之下，四海之表，五洲而遙，見者聞者，莫不邁往而興起也。先儒大張許之功，爲其以一城而捍衛諸鎮使不陷於淪亡也。今貴軍以上海捍衛長江各省數萬里之地，此功此德，巍巍然下塞重淵，上臨九天矣。惜乎，濟師不及，盤計以退，舉國壯慨，功敗垂成！然非貴軍之咎也。乃我輩興亡有責者之咎也。而貴軍之再奮起，

可以斷言。神州之長城宛在，龍城之飛將猶存；鐵肩足以擔宇宙，必可整再造之乾坤，士氣足以厲風雷，必可挽神聖之華夏。有志者事竟成，師直者氣必壯，較之暴倭師出無名顯背公理者，已不啻霄壤之別矣！昔周公瑾以五萬之師，敗曹瞞八十三萬之衆，謝安石以江左之卒，破符堅投鞭斷流之兵。上下千古，縱橫萬國，祇聞以直勝以曲敗，未聞以衆勝以理敗也，祇聞憤兵捷，未聞驕兵克也。德聯之不敵，天下所知也，久戰而德敗；楚漢之不敵，盡人所知也，百戰而楚敗；今貴軍有必勝之道四焉：天理必勝，人情必勝，事勢必勝，智勇必勝，讀古今中外兵家政家之書，而知暴倭之有以自禍也！猛虎足以震山谷，獾之微，而奪其魄；長蛇足以吞豕羊，蜈之細，而制其命；此言雖小，可以喻大。養光心未衰而力薄，撫髀歎膚肉復生，腸一日而九迴，拭目望旗鼓重振，心長語重，無任神馳。彭養光即豪。再，此電將發，而捷音果至，敵將既殲，虜衆敗績，瀏河既克，江灣復返，養光之所謂『必勝必勝』者，於此驗矣！天生李晟，國有道濟，萬靈攸賴，九有生輝！戔戔懇言，一變而為欣欣賀電，瞻望麾旄，百祝白勝！彭養光再即豪。（編者按：彭君所謂『此電將發而捷音果至』云云者，乃中央社為鎮壓民

衆失望之情而誤發之電訊耳。此處不但使彭君白歡喜一場，而亦浪費各埠民衆三月四日晚間狂熱慶祝時所燃放之鞭炮矣，嗚乎！）

（六）廣東開平縣黨部來電

十萬火急，上海分送蔣總指揮蔡軍長戴警備司令勛鑒暨全體將士英鑒：日冠肆暴，既陷我遼陽，迭侵我重鎮，馬將軍而外，負守土之責者，未聞加遺一矢，猶復以不抵抗求和平爲面具，坐視寇氛日亟，獸兵橫行，華胄淪亡之禍，神州有壘卵之危，髮指心痛，曷其有極！今復淞滬淪陷，門戶失守，噩耗驚傳，椎心泣血！惟幸我精忠英勇之十九路軍全體武裝同志，本愛國之精誠，守封疆而不屈，遏倭寇之兇燄，義薄雲天，振民族之光榮，名垂竹帛。側聞捷報，人心振奮，尚望繼續努力，貫澈始終，激勵士氣，務殲蝦夷。敝會雖遠處南輙，誓本同仇敵愾，願爲後盾，敬祈察納，不盡熱忱，臨電不勝懇切之至。中國國民黨開平縣黨部執行委員會叩冬印。

（七）湖南教育廳全體職員來電

（銜略）失地不抗，舉國同悲，幸有南方之強，力挽東隅之失，保障滬瀆，鞏固京畿。遂聽捷音，益伸民慶。同人等埋頭廡下，愧未効命疆場，謹節箪耕之資，聊申盃酒之敬，冀助温於挾纊，盼飲至於陳俘。儀雖不豐，意實甚重，另郵匯上，伏冀哂存，佇候奇勛，益乞努力。（銜略）

（八）南昌市商會來電

（銜略）暴日稱兵，目無餘子，淞滬一挫，全局搖動。公等運以神機，操此勝算，連戰皆捷，敵燄頓摧，樹此先聲，足寒寇膽。士氣因而益壯，中外莫不同情。横海功高，一時無兩，專此祝捷，不盡依馳！

（九）鄱陽反日救國委員會來電

（銜略）倭賊犯滬，貴軍赫然申討，喋血苦戰，將軍具必死之心，士卒擯生還之望，用能挫遏寇燄，振起國魂，中外驚嘆。本會聞捷之餘，且感且泣。國事急矣！東南半壁，責在貴軍，仍盼益秉忠貞，再接再厲，殲盡倭奴，雪此奇恥，不特我全體民衆奮盡擁護之誠，即總理暨諸先烈在天之靈，亦當默佑左右也。特電馳慰，敬祝凱旋，旌旗在望，毋任欽遲！

（十）安徽秋浦縣黨部電

倭寇進犯，國運垂危，時至今日，非奮鬥無以圖存，捨鐵血莫能救國！貴軍連日在滬奮勇殺敵，爲國家爭生存，爲民族爭人格，頻聞捷報，欽敬莫名。本縣除全體一致加緊反日工作力爲後盾外，特電馳慰，并希奮鬥到底，殲滅倭軍，以挽頹危而維民族是幸。

（十一）衡山郵局長何國璋來電

竊查日本帝國主義者，乃世界惡魔，人類蟊賊，彼竟以蕞爾三島，辱我上邦，目中華如無人，以侵略爲得計，雄稱東亞虎視全球，東北既不抵抗於先，政府復主鎮靜于後，而國人亦疑有三頭六臂，莫敢抗衡，穩忍苟活，數月於玆，近復欲佔我上海，脅我中樞，諸公念黨國之將亡，感已往之失策，拚命殺敵，屢奏膚功，偉績豐功，萬流景仰，不獨國人感其忠誠，即列邦亦讚我神勇，人類公道，世界和平，舍我黃炎華胄，誰負其責？尙望繼續努力，以竟全功。此間民衆，誓以至誠，爲我武裝同志後盾，并舉辦救國儲金，以助戰費。臨書感泣，敬候捷音。

（十二）陝西省立第七師範學校來電

暴日甘冒不韙，破壞和平，盜據關東，稱兵京滬，我民族生死存亡，千鈞一髮；幸賴軍武裝同志，忠誠義勇，迅奏膚功，洗百年怯戰之羞，振五族同仇之氣，功在黨國，光被華宗，引領南天，觀忭無極！同人等徘徊漢上，空懷報國之心，伏處山轎，未遂投軍之願，緣製綵旗，用紀豐烈。隨電慰勞，共祝努力。

（十三）北平東北大學學生會來電

倭夷橫暴，壞我封疆，視盟約如弁毛，置信義於不顧，殺人越貨，極惡窮兇！最近中江一戰，中外驚心，賴公等神勇知方，威武不屈，領袖袍澤，撼（原文）衛家邦，策籍勝光，山河壯色，萬民瞻視之點，獸集於公，列強援助之功，生乎由是。敝會久經喪亂，逖處金臺，道里殊方，一籌莫展！所冀同心戮力，貫澈始終，振我貔貅（原文），蕩彼巢穴，雪民族之恥辱，復日月於光華，黨國幸甚，生民幸甚！臨電悚惶，不勝迫切延貯之至。

編至此，似乎很多了，為了節省篇幅起見，縱有許多好的，只好割愛。但尚有幾件特殊意義或比較有趣者錄下：

(一)組織女子軍來投効者：

上海十九路軍蔣總指揮蔡軍長戴司令暨前敵全體將士均鑒：敬誦陽電，愛國熱忱，溢於言表，將士有成仁之志，摧敵無驕矜之心，爲國爭榮，伸張民氣，引瞻偉績，全國歡騰。木蘭身雖女子，救國之心未敢後人，現在組織救國女子軍，內分宣傳，救護，決死三部，一俟批准成立，卽率所部前進，追隨驥尾，誓殲倭寇！臨電神馳，佇候明教。吳木蘭叩元。

(二)崐山縣獄犯請求効死者：

謹再拜

蔡軍長麾下：竊自暴日橫行，舉國共憤，貴軍將士，奮其忠義，勇敢殺敵，使倭寇氣奪，犯民等聞捷之餘，無任欽敬，是中國前途尚有一綫光明。惟自慚形穢，負罪爲囚，値此千均一髮之秋，不克爲國捐軀，以盡匹夫之責，捫心疾首，涕淚交流。猶自恨過去爲非，致蹈法網，尙念諫往追來之義，故敢冒昧呼籲，請命効死，犯民等血猶未冷，一息尙存，誓以死殺敵，負罪効忠，卽力有未逮，不堪臨陣，然而輸送軍需，猶自可能。伏乞矜憫愚忱，恩准所請，則犯民等

生生世世，沐德無涯矣。崐山縣監獄犯民等謹呈。

（三）有稱蔡軍長為宗兄以為蔡氏萬世之光榮者：

十九路軍長蔡廷鍇宗兄鈞鑒：惟兄忠心赤胆，為國為民，奮湧（原文）殺敵，百戰百勝，名揚萬國，威振全球，人民歡賀，感仰莫名，實我蔡氏萬世之光榮也。此後但願希早凱歌（此句原文，）俾以國泰民安（此句亦原文，）使四萬萬之同胞得享安居樂業，大小感德，永垂不朽之芳名耳。宗弟永嘉縣中義鄉鄉長蔡廷英代電叩賀。

此外尚有許多有趣的，如和尚，道士，妓女，及走江湖者寄來之信，因非關於正式慰勞，且為篇幅所限，恕不錄。而尤其有趣者，是一些毛遂自薦的書信，他們大概都讀過封神演義，或者中了近代荒誕怪謬的武俠小說的毒，總是說我有祕訣或祕法，可使將軍不廢一兵一卒，殺得日本片甲不回，其條件只要你能用我。其所謂祕訣，又不肯在信中寫明，只是希望蔣將軍或蔡將軍的回信，以便『下山傳道』以便『當面傳授』云云。此類信件，依編者所目見已有三封，此外當不在小數的吧。又在另一類自薦的函中，想是中了東周列

國志等之書，或是讀孔子聖人之書讀得太多了，總模仿蘇秦說六國的形勢去動筆，或是自比管仲樂毅，希望有個劉備去三顧草廬，或是滿幅充滿了仁義之言和干祿之話。這一些信也是有趣的。此外的來信，又可分為兩類，一是關于接洽義勇軍或率部投効或響應抗日的信，又一類是關于條陳計劃的信，此兩類的函件，比前者為多，只因不涉本章範圍，故不述。

關於此次慰勞函電之統計，以地域而論，則湖南廣東兩省為最多，近在咫尺之江浙兩省反很少，以內容而論，亦以粵湘兩省為最憤激，氣魄亦大，而江浙兩省之寄來者則甚覺纖弱而溫和。以職業區別而論，則以各地黨部之函電為最多，幾佔三分之二，次之則為學校教育界，再次之則為商會及鄉鎮自治團體。以文字而論，則北方數省較差，其內容且為全封建意識所籠罩，形式字跡亦甚草亂，如東北大學學生會寄來之代電，用黃紙書寫，別字有六七個，字跡蛇行盤走，初視之，如道士的一張符錄或告天文。這個小小的觀察，或許是中國社會之縮影吧？至於上面所編的自然是掛一漏萬，不免有遺珠之歎，在此，編者

只好頂禮合十，說一聲「罪過」而已！

第七章　國際形勢的轉變與中國外交

中國自門戶洞開，無復閉關自守的可能，以後其間與海外各帝國主義國家相周旋者，將有百年的歷史了。這近百年來的歷史，中國無不處於從屬的地位，根本沒有外交。有之，也無非是官僚及買辦的應酬而已。所以中國始終沒有主動的外交，即勉強謂之有外交，也始終是被動的，其一切須受外來的動力以爲決定。這外來的動力是什麼？一言以蔽之曰，是各國帝國主義向外發展的侵略政策而已。

因此，中國的外交只能受決於世界大勢的推移，而絕對沒有左右世界大勢的可能。然而這一次十九路軍在上海抗日的一戰，却把國際形勢轉移過來了，這種在中國歷史上破天荒的偉大壯舉，是中國民族復興史上光榮的一頁，在此更是值得我們記載的。

第一節 國際輿論轉變

在這國際形勢轉移的過程中，第一顯而易見的，是國際輿論的轉變。

在上海十九路軍抗日戰未發生之前，一般的國際輿論是很不利於中國的，現在爲明瞭起見，約略的敍述於此。

先以英國而論，其言論界最有權威之倫敦泰晤士報，在九一八事變發生之後，覺受日本的宣傳，抹煞事實，作袒護日本的評論，例如該報十月二日評論之言曰：「日本在南滿之建設工作，吾人固予以同情與欽羨，日本在滿洲所有之重要利益，吾人固承認之。華人妨礙日人合法事業之行爲，華人之苛待朝鮮農人，華人之自造鐵路，與南滿鐵路並行線，致違反中日條約之精神，以及其他挑釁事件，如日人所陳訴者固可使日本振振有詞，以此事實，日本在中日交涉中，似可立於不敗之地矣。乃日本未先向其所加入之國聯請求救濟，而竟以違反國聯會章之方法擅自行動，不亦大可惜哉！日本須知，在此各方不靖時代，國聯原則稍一破壞，即足發生廣大慘惡之後果。反抗國聯志願，孤行己意，以摧殘打

擊，是加諸他國之穩健政治家，而鼓勵各處諸武力為解決強頑難題之最有效工具者之輿論也。英國輿情，對於日本表現於滿洲之政策加以抨擊者，徒以此耳。日本乃以為英國在日內瓦與南京所行者，為仇日政策，此種印象，失實甚矣。顧若強奪他國之土地，而揚言於衆曰，非俟該國已談判某種基本問題後，吾不交還所佔土地。此舉也，曾恢復陳腐不復用之外交方略，而大反禁止以戰爭為政策工具的公約之精神。日本今置其友人於極為難之地位，使之不維持固有友交，即保障業已以極莊嚴形式擔任維護之原則耳，非此即彼，二者必擇其一。此種情形，尚望日本於十一月十六日以前了解之也。』又星期時報九月廿日之言曰：『南京政府雖實力單薄而仍誇張稱霸於中國全土之上，此即其根本禍根之所在，無容多疑者也。為韜朋少年失縱事件，南京政府不能予英國以滿足之答覆，此足說明中國政府不能取得外國信用之原因。』又九月廿一日倫敦時報之言曰：『日本受中國方面之侮辱已及數次，而僅表示一可驚之忍耐，至今似已忍無可忍之勢，中國國民政府方面之政治家及論客等，否認日本在滿洲之重大利益，否認中日提攜之莫大利

甚，皆係釀成不穩空氣之原因。但謂日本軍未奉政府指令而作最初之一擊者，已無庸再加辯解。』孟却斯德導報亦云：『滿洲事態，現尚不明，但其危險。前以縮朋少年在滬被害事件，英人對中國之感情加惡，日本國民中村事件，對中國感情加惡，亦係事實。以中國現狀言之，此亦是證明中國不僅不能保障中國人民，且亦不能保障外國僑民之安全。但外國政府即因此出軍事行動以謀保護其僑民亦屬不妥之一，結局適與目的相反，僅更激增其困難而已。』縱觀他們各種論據，都以為中國的政治黑暗，不能保護外僑，日本在東三省的舉動為當然，而對於危害世界和平這一點，只是表示其惋惜，此外都是輕視中國的語調，這豈是真正的輿論嗎？查英國自九一八事變後，在各列強中算是對中國最表好感的，其次則美國。但雖然表好感於中國，然彼時的輿論是顯然不幫忙中國的，其有對中國的同情心，也為了他們自國的利害關係所發動而已，如紐約世界電訊九月廿一日評論云：『當世界列　束手於各國之政治的經濟的困難，呆然自失時，日本軍蹂躪無力的凱洛格非戰條約，且不顧華盛頓太平洋九國條約，占領滿洲。日方宣傳，謂華兵最先開槍，

但與美政府所得之情報不符。奉天陷落後，日軍佔領縱橫約五百十哩之地域，進駐戰略上之重要港灣，甚至在青島上陸。如此擴大範圍之軍事行動，究係自發抑因華兵攻擊所引起？華盛頓政府之有力觀察者，將瞋目而視之也。記者所知，爲日軍行動，在事前已有愼重計劃之充分證據，惟不信政府命令作此種軍事行動，然至少可以相信爲出於有力的日本軍閥之放恣行爲。此次衝突，無論其結局如何，日本之國旗或將永遠飄揚於滿洲矣。同時，非戰條約及九國條約之效力亦將永遠消失矣。」又該報同月廿四日云：「日本因人口過剩，與經濟繁榮，欲求發展之土地，以出入滿洲者，爲確定之事實。但問題在何時開始作獲得滿洲之運動，記者嘗叩之於日本某前代議士，彼則答稱世界已至再逢危機之時，各民族有保護其生存權利。」又如紐約晨報在九月廿五日社評云：「日本向中國投資，約十二萬五千萬元美金，內有四分之三投於滿洲。從整個的看，日本投資，與各外國投資之性質不同。此種投資不含有奢侈物的意味，而爲維持日本現在經濟狀態上的必要投資。日本自認從帝俄奪來的滿洲，開發成爲現在之狀態的功績之偉大，無論那國向

中國投資，而占對華投資與商業的最高優位的國家，必然是日本。石井子爵雖如此的說過：「日本若無中國，則不能生存。」從日本人的眼裏來看，決非誇張之談。故欲判斷滿洲現在之事情，世界將不能不熟加攷慮。」如上所述的話，若即若離，似乎為中國表同情，然究其實，只是一種袖手旁觀的說些風涼話而已。

除英美而外，世界各強國如法如意如德如俄也各為其自己本身利益而立論。法與日是有暗約的，故其袒日言論較露骨，俄與日在北滿的利益是衝突的，而且兩國國家的地位是立於相反的，故俄國的言論無處不赤裸裸的恣意抨擊帝國主義。德意在遠東的利害關係較淺，所以他們的輿論比較無足輕重。茲再述一二以為戰前戰後的比較。

法之巴黎時報九月廿一日評論云：『爭端之原因，至為複雜，遽然加或袒非難，實不可能。日本政府只立於設計解決政府之難局上，蓋一面欲使國際輿論趨於鎮靜，同時，欲尊重日本軍隊之感情，且能充分擁護滿洲利益也。』又廿二日路透社電云：『此間政界今日對於中日現局之進步，甚為滿意。感覺如不發生意外事變，則雙方不久可將事端解決。

巴黎週報與晨報之論調，均袒護日本。」而俄國之言論則顯然與法不同，例如彼國眞理報十月廿一日之評論曰：「日本所以欲攫取滿洲者，無非欲在太平洋上爭得霸權。而在此競爭中者，除日本外，尙有英美二國在。而法國則尙在觀望之中，蓋亦深知滿洲之爭，實在世界領土重新分配之起點也。日美二國交惡，已成不可掩飾之事實。其最大之原因，爲日本帝國之雄圖，欲在太平洋上建立無遠勿屆之版圖。其所欲囊括者，實不僅滿洲，並欲併呑菲列濱，馬來羣島，哇姆薩摩，以至兼併澳洲爲止。日本田中首相一九二七年之奏章，卽陳述日本何以必須建立鐵血主義，以排除日本征服遠東前途之一切障礙之理由者也。田中奏章中曾言明：日本在此種企圖中，勢必與美國對敵。故日本之第一戰爭，係美日之戰爭。非擊敗美國，不能操管理中國之權，而欲管理中國，尤非先得滿洲不可。觀於近日滿洲之事，恰與田中奏章中所陳述者脗合。可見日本之奪取滿洲以及蒙古，並不以此爲止境。不過爲建立大陸政府，奴隸中國人民之始點耳。國際聯盟者無他，蓋亦瓜分中國之一種組織耳。但瓜分中國，須先有瓜分中國之戰爭，該項戰爭，所以現在尙未發生者，因

時勢尚未成熟也。自滿洲問題發生以來，帝國主義者之報紙，無日不思將蘇俄牽入漩渦，而日本某大通訊社，則連續散佈謠言，稱蘇俄聯邦如何與日本表示同情云云。但此種慣造之謠言，頃刻不攻自破。因蘇俄之政策，係尊重國際間條約及他國之獨立。蘇俄之方針，旣如此正大，則與乘人之危，攫人之財之日本較，更有善惡之分矣。如是日本一計不售，又生一計，至近日復揑造蘇俄軍隊協助中國黑龍江軍事當局之說，誠可謂無聊之極。而美法兩國人士，居然有爲所恐者，尤覺可異矣。」這樣露骨的評論，針鋒相對，頗覺有滿眼風雲之慨。然而德意的言論却緩和多了，如德國通報在九月十九日云：「當此次聯盟總會議方酣之時，聯盟有力之二加盟國間開起礮火了，這是如何可以諷刺的事！如中國方面非法破壞爲國際法所保障之南滿鐵路等問題，孰是孰非，暫置不論，然而總之聯盟及凱洛格非戰公約之無意義，已顯然證明矣。但我等希望日本之武士道的軍隊，以騎士的精神，對於頻受內亂天災以致疲憊窮困不堪之中國，出必要的正義之行動。」又如意大利日報九月廿一日云：「此次雖發端於中村事件，而係由來於日本在滿洲有鐵道及其他

複雜的利權之故。美國認爲未侵犯非戰條約，如是則非戰條約成爲無用之廢物矣。本事件應視爲戰爭行爲。」這樣不關痛癢的輿論，也算是兩國的政治背景使然，也是九一八事變以來的世界輿論之一般。

什麼叫輿論？輿論無非是武力的代名詞而已！世界上沒有眞正的輿論，只是強權而已！輿論在強權之前，曾變成了顏色！

被人視作極端衰弱的民族，受着極端的壓迫，遂至世界的輿論也極端的鄙視。但不意卒激動了一部份極端的抵抗，以純粹的血和肉向侵略者淋漓搏擊，以亘三十四天的血戰，造成了中華民族千古未有的悲壯，掀動了全世界人類的視聽。噫！所謂國際輿論也者，也完全改變了！

當一月廿八夜日軍突攻我軍防地，我軍爲自衞而抵抗的礮火相接觸，於是日軍就慘無人道的用飛機大礮向我閘北數千徒手的居民轟擊，閘北的精華蕩然無存，因此戰爭的範圍也擴大了。當此消息傳至西歐及美洲各國時均大爲驚動，以爲世界的危機從

此爆發，目光都移注到遠東，而他們的輿論也改變了。最早的如在戰事發生之翌日（即一月廿九日）路透社紐約電云：「美國各報對於日飛機轟擊閘北之詳情，皆大驚駭，紐約時報謂就最寬之意見而論，日軍司令已鑄成慘烈之大錯，彼等之意志，必不欲使華人移爲「日本野蠻之表現，」故日本於再進之前，殆必止步。該報又猜度英國擬待美國之首倡，英相麥唐納欲切知胡佛總統牽引英國加入足以引起遠東和戰問題之遠大計劃以前，已得美國民衆之贊助云。」又同日國民社紐約電云：「此處以上海傳來報告日軍有擲彈轟擊上海，美國社會報紙均示憤慨，謂轟擊無防衛之民衆，雖在戰爭時期，亦屬違反國際公約之舉。」又卅日路透社倫敦電云：「今日孟却斯德指導報載有社論，謂國聯行政會集會之時，日本竟毫不遲疑，以飛機與機關槍轟擊閘北平民暴舉，其侮辱國聯，莫此爲甚。此雖稱爲戰爭，較之屠殺場，似尤甚焉。行政會於提告日本侮慢國聯冒險過甚一節，無多作爲，此實無疑。但有一節令人詫異者，即日本對付棼苦已久之行政會，是否尙未稱過分乎是已。上海與滿洲迥然不同，其地接近行政會會員列強之利益，而英國尤甚。到

此地步，行政會幾不得不有所舉動，第一切政策而不顧及美國之態度，似難成功。美國今竭力反對武力之行爲，故吾人立於共同陣線者，施行國際匪行消極抵抗，此屬至少將爲之起點云云。」自上面數電觀之，可見英美兩國對於上海戰爭之重視，其輿論的態度是抨擊日本而同情中國的。至於德國的輿論之幫助中國的又更明顯了，當上海戰事消息傳至德國時，德國的報紙均以大字登載出來，而加以許多同情的評論，二十九日哈瓦斯電云：「晚間各報均以廣大之篇幅登載中日事件，右派各報只照錄關於此糾紛及國聯會各方對此問題之電報，自由派各報對于日本，予以嚴厲之批評，謂其行動，儼如「以火投諸火藥之上。」」禾斯日報謂：「正當中日兩國兵士奮鬥之時，出席軍縮會議之中日代表態度，最足玩味。」又謂：「日本軍隊之新式組織，遠勝於中國。結論謂：上海之火災，隨時可波及世界。」柏林日報謂：「日本衰的美敦書既經上海市長接受，則日軍之侵入，有何理由？閘北中國軍隊司令官加以抵拒，實極正當，無人加以訾議。」民主派機關報謂：「由歐美人觀之，似戰爭之神帶有日本之標記者，日本正在進行，中國尚無能力，但事實

上或不盡然。』國家主義派機關報謂：『日本於此時向中國進展，實足表明其爲政治上偉大之實行者，緣在此時世界政治之力量正用於他處，英法兩國當然立於旁觀地位，美國之對於遠東亦三思而後行，歐洲復在崩潰之中，宜乎日人之敢於放手行之也。』又同日路透社柏林電云：『晚報抨擊日人在滬之行爲。僧錫志報稱：當中日代表行將集於一室，討論軍縮之時，其軍隊居然彼此血戰，此誠奇恥，亦極荒謬，確可無疑者。日本利用世界經濟恐慌，以期征服中國，而爲東方之唯一霸國。今攻擊上海之舉動，將使人必須詢問惟一有國聯非戰公約與軍縮會議戰爭仍可作否乎？』至於法國，因與日本在華利害無若何衝突，又爲有暗約的關係，所以他們的言論似是而非，其目的還是幫助日本的，例如三十日路透社倫敦電云：『法國各報雖毫不低視上海大局之嚴重，但並無張大事實之趨嚮，就各報之評論觀之，法國不願入一「蜂窠」，衆意公共租界與法租界保護殊爲周密。』巴黎迴聲報言：『列強出而干涉，徒足增重局勢云。』如此電中之所述，法國之輿論，在上海礮火連天遠東危局日在展開之時，猶作袒護日本之聲調，則法日之有密約，自屬毫無

疑義。然而關於此點，法當局却加以否認，卅一日哈瓦斯電云：『某某外國報紙，登出消息，謂：法國與日本訂有協定，其交換條件，係法國在遠東贊助日本，而在軍縮會議時，則由日本贊助法國。此項消息頃由官場切實否認。又據別一消息，上海法國官廳已允日軍開入租界，亦屬毫無根據。上海法國租界仍由法國警察維持秩序，要之法國在上海之態度未能以消極出之。緣法國總領事，參加領事團會議，而此領事團則以維持租界秩序爲任務者也。抑法國係國聯會行政院會員，仍當以此資格而保持其調和力量。日昨行政院決定組織上海調查團，茲已就地成立，法國總領事卽爲該團委員，而以英美兩國昨日向日本所提交涉而論，對於日本嚴請維持公共租界現狀，法國租界自不待言。』法國雖然如此聲明，但其根本態度毫無改變，則此種聲明，自然難以使人相信。

迨至二月三日後我軍英勇擊敗日軍，戰爭區域將見擴大，世界輿論更一致斥日，而英美報紙之抨擊尤烈。路透社三日倫敦電云：『晨報評中日事件曰，四國對日干涉恐將爲日本所拒絕，謂日人或將因此激怒，然日本利用租界爲作戰根據地以轟擊閘北，實非

善策。日本無異作冷血之舉。好戰之國，每不易管束云。」又電「泰晤士報今日社論謂外相西門所報告之遠東政策，定爲英國輿論所贊同，今公共所要求者，僅在以必要的毅力實行此政策耳。美國反對日本過分行爲之輿情，現較英人爲甚。日本現須知其在華海陸軍代表之行爲，已漸使全世界輿論反對其國，日本今已喪失其前所享受之許多擁護矣。日人在上海之種種不規則行動，已表示其遠不合于文化之高程度，從前世人對於新日本，稱爲文化高程度，今則對於日本，漸失同情，此乃與最後解決不能無影響者。上海解決較諸滿洲，尤爲國際性質之解決。除日本外，各國在上海絕大貿易中心點之上海，咸有極大的固有利益，斷不能消極，而聽日本以暴力造成一種特惠局勢也。」而美國此時之態度，較英國更可注意，據上海所接二月五日紐約電云：「美國各報對於日軍無故轟燬閘北，無不大動公憤，即前此對於日本侵略滿洲之政策作偏袒之論調者，亦因日軍此次對於並無軍事準備之閘北民衆橫施礮轟，而一變其昔之主張，紐約公論報(Herald-Talbu-ne)向頗袒日，其今日社評云：「從國際方面觀察之日本，在滬行動與地位，已一步不如

一步，既誤於前，復誤於後，着着錯失，形勢日益險惡，彼東京當局不自認其過失，責令其海軍司令鹽澤，從速挽救此危險之時局，不尊重他人之權利，而竟曉曉置辯，自謂所有舉動，止爲履行其保護租界應盡之本分。』紐約晚報，對於日本轟殺閘北馴良居民，尤爲憤慨，其社評云：『在中國外交史上中國向嘗屢受外侮之兇橫殘暴，如日本今日所表顯者，實無前例可見。日本以制止反日運動爲藉口，竟密佈飛機，向繁盛市區濫擲炸彈，大肆焚燬，使無數和平之民衆，同陷空前之慘刼，此種殘酷行爲，歐西各國所未敢施諸中國也。』紐約時報云：『就日政府所持方針言之，吾人雖欲以國際間之責任相爲勸告，亦殊徒然。』該報關於九國公約又曰：『簽約國在條約之下，儘可向日政府要求滿意之解釋，儘可反抗其在華之橫行不法，同時又可召集國際會議，以解決此極重大之國際問題，世界各國對日之最後判斷若何，皆視其對吾人莊嚴合理之表示取何態度定之耳。』至於英美之私人方面的論調，亦無不抨擊日本，與報界輿論相彷彿，如英國下院工黨領袖藍斯堡七日向報界發言，謂英工黨鑒於日本在中國之暴行，甚爲憤懣，各國政府宜採行列強所可

協定之辦法，以肅清中國境內莫可忍耐的與非法的事態，日本侮弄國聯，並視條約爲廢紙，無論商業上或金錢上犧牲幾何，世界各國必須有舉動。此舉動，未必竟成戰爭，因日本旣知文明世界不能容許此種非法行爲，繼續不已，而無抗拒，定不敢犧牲其全部商業之前途也云。而美國方面之政府人員或國民，他們對於日軍的暴行幾有一致的憤慨與抨擊，其言論更不勝述。總之，各國的輿論均各依其利益的不同而各異其旨趣，但其態度，却與一二八以前不同。各國不同的態度，誠如三日德報所分析：「中央黨白魯甯總理機關報日爾曼尼亞報，觀察列強對遠東事件所採態度，謂美國多數政界人物，以爲日美衝突，勢不能免，但美國不願與日本開戰，蓋卽使開戰，美國經濟發展，至少較他國落後二十年。法國在遠東方面經濟利益有限，故巴黎政府對於時局，僅作通盤籌劃，於事已足。至於英國態度，則游移未定。按首相麥克唐納之理想，則英國將協助國聯會，增加其威權，以應付中日困難之問題。但英國向有若干政界人物，專就英美抵觸之點，以判斷英國外交政策，等此分子，見日本在太平洋中，推行其發展政策，以減削美國地位，恐將轉額手稱慶也。」

此時各國之態度，誠如德報之所分析。卽稍後，亦是如此。其間輿論甚多，然大致與上述相彷，固無再加細述之必要。其最有價值有意義惹國際各政治家注目者，當爲美國務卿史汀生致參議院外交委員長波拉一函。茲將原函節錄如下：

『（上略）頃承垂詢，以邇來有人倡議九國公約不能適用於中國，目前狀況，及該約對於中國現狀，不能有效施行，應有修改之必要等語。設果若是，美國政府應取何種政策？查該約爲目下對華門戶公開政策之合法基礎，諒爲君所素知，毋待贅述。考門戶開放政策，一八九九年創始於海約翰，所以終止列強在華之勢力範圍，以免中國有分崩瓦解之虞。海氏持此政策，有兩大原則：（一）各國對於中國在商務上，應有均等機會。（二）欲維持此均等機會，必須保持中國領土與行政之完整。顧此兩大原則，在美國對外政策上當時亦非新創，我國與他國往來以此項原則爲本，特對華提出之者，蓋欲挽救當時之危局，以免此亞洲偉大民族之主權與未來發展有防害之虞，而世界各國間，亦可免除增加敵對形勢之危機。因其時中日間曾經開戰，迨戰事告終，另有三國出而干涉阻止日本取得其

所要索之某種戰利品，此諸國遂因是得一種勢力範圍，而其後中國發生嚴重亂事，危及各國駐京公使，此亦為造因之一。當各使署正在被攻之際，海約翰遂宣布門戶開放政策，作為各國平定亂事應守之原則。海氏曾云：美政府政策在謀得一解決，俾中國可得永久之安全與和平，保全中國領土與行政之完整，保護各友邦在條約上與國際公法上所得之權利，與保障全世界在中國各地方均等與公平貿易之原則。海氏既創此原則，遂商得之同意，英政府尤熱誠贊助，英首相薩理伯勳爵答覆海氏宣言，曾極端鄭重表示贊同美國之政策。嗣後二十年間，開放門戶政策遂為列邦非正式之任務。迨一九二一年至一九二二年間，與太平洋有關係各主要國家在華府會議，此項政策乃結晶成為九國公約。而將其所有產生之兩大原則，與以正當之解釋與精確之措辭。該約第一款規定締約各國，除中國外，同意於（一）尊重中國主權獨立及其領土與行政之完整，（二）供給中國最完滿最無妨礙之機會，俾可發展維持一富有效能而穩定之政府，（三）各締約國用其勢力，以期有效建立與維持各國工商業在中國全境機會均等之原則。（四）不得在華利用情

勢，求得特殊權利，以減損友邦人民之權利，亦勿作暗中危害各友邦之行爲。是故此項條約，係代表一審愼發表業經成熟之國際政策，一方面爲各締約國保障其在華權利與利益，另一方面爲中國人民保證有最完滿之機會，發展其主權獨立，俾可符合今世各民族間維持之新式而開明的標準而不受阻礙。（纖述此約簽訂之經過及其重要茲略）：

：此約爲有關係各國在華府會議所締數種條約及協定之一，而此諸約皆互相關係，互相依賴，未可以漠視其一而不致擾亂全部諸約所欲造成之籠統諒解與均勢者，華府會議，原以軍縮會議爲主，其目的，在增進世界和平之可能性。欲達此目的，不僅在停止海軍設備之競爭，且又須解決種種糾葛問題，足以危及世界和平，尤其是以危及此種問題所牽纏之遠東和平者。當時美政府於放棄建造戰鬥艦之優勢，及再不增加甘姆與菲律濱之防禦工程者，即因有九國公約中自行檢束之條款，可爲種種信賴之一。蓋該協不僅保證世界各國人民遠東有貿易之均等機會，且禁阻任何強國之對華軍事侵略。所以吾人苟非同時考慮九國公約內此項條文所眞正依賴之其他信諾，不能論及修改或廢棄此

項條文自九國公約締結六年之後，此約所由基以成立之列強勿得侵略弱國自行檢束政策。因巴黎公約（即所謂凱洛格白里安非戰公約）經世界各國之批准實行，更得一有力之援助。此兩約者，雖各自獨立，但係協調之步驟，期將世界之良心與輿論，列成一線，贊成憑藉國際公法從事有秩序的發展之制度。此種制度，包含用公道和平方法，代替暴力解決一切糾紛爭執在內，而保護中國，勿受外國侵略之計劃，實為此種發展之重要部份。

「各大國，公約簽字各國，及參加各國，皆正感覺使四萬萬人民居住之中國有秩序的和平發展，實為世界謀和平福利所不可少者。凡為整個世界謀福利之計劃，決不能忽視中國之福利與保障。近日中國發生事件，尤其自東三省發端而最近延及上海之敵對行為，益令各約無修改之可能。亦更足以見遠東有關係各國忠實遵守前述條款之重要。吾人於此，無須根究爭執之原因，亦不必在兩國間判斷咎責之攸歸，因其造成之局勢，無論如何，不能符合前述兩條約文所規定之義務。苟此兩約，能忠實遵守，則決定不發生此

種局勢此。種情形不必再問其原因與責任，早已明白無疑。因此，九國公約與巴黎公約簽字國，凡與中日爭執無關者，皆未見有修改兩約條文之理由。且以僑民在上海受有危險與損失，益見此項條約有忠實履行之眞價值。以上所述，皆爲我國政府之見解，我人實未見有理由可以放棄此項條約所援用之開明的原則」

「深信此項條款，苟能忠實遵守，當可避免今日局勢；亦未見有正當遵行此條款之後，行將妨及保護簽約國及其人民在華合法利益之證據。上月七日（二月七日）我國政府奉總統訓令，正式通知日本及中國，不能承認兩國政府違背此項公約所造成之任何局勢，與締結任何條約或協定。因此公約，有關於我國政府及人民在華之權利，設世界他國政府能有同樣決定，採取同樣立場，此種行動，將可成爲一教訓，今後當可有效的阻止由壓力或違背條約所取得之任何名號或權利成爲合法行爲，更就以往歷史觀察，終將可以導至中國恢復其被人剝奪之權利。我國爲太平洋大邦之一，深信中國人民前途無量，我人循公平及忍耐，與彼此善意之原則，與其往來，必博得最後勝利我政府向來對

華政策皆以此為準繩，我人深知中國政治家發展其國家與政府，事絕艱巨，進步必緩，其識得負責任政府之企圖，不能一番風順，定將時虞顛躓，已早為海約翰及休士及其同時諸執政所瞭及，此卽門戶開放政策所欲應付之障礙，今出席華會各國之政治家，既決定中國應有完成其發展國家之必要時間，我人與之俱有同意，仍準備以此作為今後之對華政策焉。」（路透二月廿七日倫敦電）

上述史汀生致波拉之函，在普通意義上說，原不過是一國以內兩政治家自行討論外交方針之函件，但事實上並不如此，美國國務院除正式發表於國內外以外，且令其外交代表正式遞示到國際聯盟，這樣就不啻變成了外交公文而為近十年來美國重要之宣佈，是對遠東危局之一種偉大宣言，隱露遠東紛爭如不能獲滿意之解決則海軍建築復將發動之意，換言之，美國不能獲得一致的以有效的手段維持九國公協，以保太平洋之和平，那末預備為太平洋之大戰而已。於是世界凡欲維持其海上優越地位之國家，惟有各竭其金錢，立卽開始為海軍擴張的工作，以為此太平洋怒浪發生之準備，美國參議

院九萬八千萬元之造艦計劃，即爲其第一聲。因爲到了此時，世界的風雲，尤其太平洋的怒潮，已是澎湃不堪了。這如曾任泰唔士報編輯多年之斯蒂德在星期泰唔士報發表論文論及美國之暗示所說：「如日本繼續破壞非戰公約及九國公約，美國將建築菲律濱及扃姆島之礮台。若此事實果如此，美國艦隊將大增加，英國亦將被迫同樣增加其海軍，否則須放棄對美國海軍平等之原則，在此種情況，若美日發生戰爭，則澳洲新錫蘭及西加拿大將被迫請求美國海軍保護」云云。也可以看出史汀生致波拉函之眞意義了。

在此時之意輿論界中，尤可注意者，爲意大利首相法西斯黨首領墨索里尼氏之「遠東衝突論」及蘇俄被逐共黨首領杜洛斯基氏之「遠東局勢論」。墨氏在近著遠東衝突論討論中國問題時，以爲中國將有兩種出路：一爲與蘇俄同盟，即無異受蘇俄之保護；一爲將受日本之統制，而仍懷疑於日本之是否成功。最後墨氏於中國前途，仍加重視，尤其對於上海一戰，盛致讚許，而歸結於白種人大團結之鼓吹。三月廿八日柏林波森驛報載云：「墨索里尼氏特撰之遠東衝突論，篇幅頗長，氏對於西方文明是否將因遠東命

運而是兩難情勢，加以討論氏謂蘇俄於最近之將來、將準備與中國締結同盟，在實際上將無異受蘇俄之保護，中國人民此種感想亦日漸擴張，此為一種出路。其另一出路，即日本將握取黃種之統制權，氏懷疑日本是否能以成功。墨氏恐中國將來追隨日本先例，在規模範圍下運用其無窮資源與低廉之勞力，憑藉國外之市場而生存，并不許西方工業侵入中國之市場。繼謂：中國一向保持其永久的傳統文明，其肇端尚遠在希臘羅馬之前，中國之進步並未因缺乏奮鬥的理想而蒙受障礙，此不崇尚武力與並無完備武裝之民族，近頃所表現之作戰精神與個人膽力，使全世界為之震驚。此項能作此驚人事件之民族，世界殊難輕視。墨氏於結束時稱：遠東事件，無論採何出路，白種人不能不從事團結，不應如現時之供人呼斥與恫嚇，歐美澳洲之團結，能掌握全人類命運之鑰云。」而托洛斯基更目光四矚，發出巨銳驚人的言論，對於遠東局勢有着這樣的結論：(一)日本的目的欲把中國夷為殖民地，但結果必定失敗，(二)許多日本的及非日本的政治家都覺得日本與蘇俄的衝突為不可避免，(三)俄國寧不願戰爭，但日本若以強有力的同盟者的尤

許，他要挑發這戰爭，(四)若戰爭發生，關於軍事的形勢，有如下述：(一)日本如果欲攻擊俄國，他非集中其地位於滿洲不可，(二)日本的西進也許可以得到相當的成功，但愈進則愈困難，卒至全部殲以毀滅，(三)日本以國內有發生恐慌的危險，結果將使其革命勢力抬頭起來。他更堅決的說：「當此之時，也許有人會造出五年的戰爭計劃，並把五年的經濟計劃，再應着時機來加以更改。當然，凡是參加戰爭，其經濟與文化方面必須遭受巨大的打擊。但由我的假定，决沒有其他出路。戰爭一旦發生，必須認眞應付，發動一切的力量，利用一切的方策。因了蘇俄的參戰，中國人民將從此開拓新的光景，大規模的發動而爲國民的運動。這是凡明白事理及羣衆心理的人所决不否認的。在中國，人力是不愁沒有。幾百萬的中國人民，已知道怎樣運用來福槍了。他們不愁沒有戰鬥的意志，他們只缺乏軍事的教育，組織與統率。關於這些，紅軍可以給與他們以極有力的援助。這樣，西伯利亞鐵路所輸送的——除了必要的軍需品以外——不但是軍隊，還有軍隊的精神所以我敢確定的說，在一年或半年之內，可以動員百萬的戰鬥員，加以訓練，武裝起來，而輸送

戰地。且他們的意志與日軍比較有過之無不及。日本現在已過了他的頂點，漸漸的日趨衰落了。除了這，還有一件重要的事，即世界的形成，不止遠東一部，在目前世界局勢的鎖鑰是不在奉天而在柏林。德國法西斯蒂的領袖希得勒(Hitler)的出現掌握政權，其結果將使蘇俄所受的直接的危險，遠過於東京少數軍閥的企圖——這短小精神的革命怪物，現在雖已沒有往昔指揮千軍的毫氣，但他的言論則有如閃電一樣在密雲未雨的空中放射而過，使人不禁悚然震驚於世界大風雨的到來。

我們知道，墨索里尼與杜洛斯基兩氏，爲世界相反的新興兩大政治勢力之代表，於世界政治舞台上俱有無上之威權，且同爲政治兩大怪傑，對於日本前途，皆不爲之抱樂觀，反於中國民族之運命，致其期待之意。我們不知日本人士讀之作何感想？更不知我們的同胞讀之又作何感想？偉大的中華民族，從此怒吼吧！

第二節 國際關係緊張

自滬案發生後，國際輿論突然轉變，且有談虎色變之勢，全世界的風雲盡匯集於中

國，一時驚濤駭浪，我們看了情緒爲之緊張，同時在國際關係上亦莫不相應的起了變化。在這國際關係變化中，尤其在遠東比較關係重大的列強，各有各的利害關係，各依其國際情勢上不同的關係，都採取了不同的步驟，對於上海事變發生之初，各國都震驚日本帝國主義者不顧一切的暴行，已經扯毀了『九國公約』『非戰公約』『國際聯盟約章』而無遺！因此各國皆極端注意這事件。英國因遠東貿易的關係，尤其是長江一帶貿易因受戰禍的影響，將致重大的損失，除徵調軍艦軍隊來上海外，在倫敦也曾商議及對付上海事件的態度。據報載，在上海事件發生的開始，倫敦外交部燈光徹夜明亮，恍如歐戰時的情景。英國在遠東的利益歷史比較長遠，根據比較穩固，對於遠東方面近數年來皆取保守政策，求其能保守着原有利益，雅不欲多生枝節，同時因爲在世界經濟恐慌中，國內有數百萬工人的失業，金磅落價，海軍譁變等種種嚴重問題橫亙在眼前，實無暇干涉別國的行動，更說不上實行戰事的話，她的唯一願望在遠東的利益不給旁人掠去，那就夠了。即在九一八事變後，英國曾在國際聯盟表示如國聯需要，英國海軍可全部供國

聯服務，這是表示着什麼？這並不是英國主張『公理』保障『和平』，而是恐怕日本帝國主義用暴力侵略中國損及他們的利益的緣故。英國因爲恐怕日本動搖她原有的長江利益，對於她的貿易與投資發生危險，所以才硬着肚皮說話的。然而，這其間經過日本的疏通和聲明，英國也就默然了。這次上海事件也是施着她從前的一貫的政策，不動搖他們的經濟利益，她是不會加以干涉的，她是始終希望戰爭不要擴大，能夠保全原有利益就算完事。對中國對日本本無所愛憎，對公理對正義更無所維護，她們所以抱定如此態度發生如此的國際關係者，一言以蔽之曰利害關係而已！

美國對於這次上海戰爭所表現的關係與英國又有些不同。美國外交整個的政策是『門羅主義，』其對於中國的一貫的政策是『門戶開放，』『機會均等，』此種政策的眞意義及其政治目的，在上述史訂生致波拉函中已詳細反覆的敍述了。我們看了上述的一函，卽知道美國在上海事變中所表現的關係。美國要維持門戶開放機會均等，所以對中國的態度特別緊張，而且很關切。當上海戰事之消息傳至華盛頓時，美總統胡佛

幾以覺日之時間研究上海時局，迭與國務院中要人會商應付方針，同時又電南京美領事通知該地美僑準備必要時接到通知卽行離境。這是日美戰爭的信號。這次上海事件，日本對華的積極侵略與美國發生直接利害的衝突，顯然的是兩國在太平洋爭霸權的尖銳化。如果中國給日本暴力征服了，則美國所堅持的『門戶開放』『利益均沾』的政策，將會因此而發生問題。爲保持這種原則，對於日本的暴行是反對的。而且由歷年來太平洋爭霸的事實上說，這次日本的暴行對於中國是一種壓迫，對於美國是一種威脅。因此之故，美國對於這次事件就非常重視，華盛頓方面對於這次事件的討論特別詳盡，反對的態度也比各國特別鮮明。其大隊海軍出動與會操，就是此反對的先聲。

次之，除英美而外，對於中國有特別關係的要算是俄國了。蘇俄在國際地位和國家的本質上，顯然是與其他各國不同的。對於上海事件認爲各帝國主義者相互間的衝突，而以中國爲犧牲。其所取的態度是旁觀，是隔岸觀火。她除了對於國內聲言情勢如何緊張，直接準備武力外，對於上海事件，仍未取決然的態度。這是因爲蘇俄因爲五年計劃尙

未完成，正在發展生產的途中，決不敢與帝國主義者遽然宣佈有什麼主張而加以什麼積極的行動的。這種暫時的觀望政策是蘇俄迴避目前國際威脅的戰略。蘇聯雖然努力的在狂喊反對帝國主義的口號，而對於日本的暴行，仍不發一言以遽然反對，這可見蘇聯不敢採取孤注一擲的冒險政策。近來北滿風雲的緊急，紅軍的調動，俄美聯合的漸趨接近，都可以看蘇俄走穩步的趨向。在中國民族求解放的血戰當中，說句公道的話，給予以有力同情的援助，在以社會主義國家援助弱小民族自居的蘇俄，是不應該放棄其責任的。然而可憐，俄國年來所表現的赤色帝國主義的恐怖，對中國有什麼好處？他們在滬戰時所表現的態度，僅止於旁觀而已。

至於其他各國對於遠東關係比較不同，所取態度亦各異。法國為着西歐霸權鞏固，控制戰敗的德奧，抵抗新興的蘇聯，和防禦互爭雄的英國及法西斯蒂的意大利，並在遠東方面的貿易關係，實與遠東的日本有共同的形勢，因此，對日本此次在上海的暴行和中國自衛的抵抗，雖然表示中立，不願捲入漩渦；而客觀形勢上卻是日本帝國主義者朋

友，使其有暗約的可能，給日本許多的幫助。意大利在遠東的關係比法國更爲簡單，同時因本身的力量關係，祇是在歐洲馳騁，對於這次上海事件，取着順風轉舵的形勢以决定其態度而已。德國因本身是被壓迫的國家，在遠東的貿易，雖欲逐漸圖恢復，但不欲另有枝節，致礙商業經營，更因其本身力量薄弱，祇取了緘默的態度。其外各小國，雖然都有一致的同情中國，都有憤慨激昂的言論，和在國聯席上替中國說幾句公平話，但有什麼用呢？只是空說而已。現在到底是強權的世界，小國的態度誰去理他！

以上所述各國的態度是根據其本身利益而決定的。對於日本帝國主義者的暴行，雖不免有良心上的主張，然而卻限於情勢上，祇是在其各自切身利益範圍內施行防守罷了。即如上海戰事發生之初，日本帝國主義者以一等強國的資格，冒然強行以公共租界爲根據，襲擊中國，這顯然的是防害了租界中立，但各國竟怯於聲勢，竟估量以日本的強大軍事力量，和日本聲明四小時肅清閘北的誇大語所蒙蔽，一任日本以租界爲根據去進攻中國軍隊。迄至日本軍隊二次失敗之後，中國抗日的十九路軍奮勇的結果，立時

變更了國際間旁觀冷靜的態度，其間就有以美國爲主動，聯同英國，且參加法意等國，向中日兩方提出和平的五條件，要求雙方停止敵對行爲，其五條件爲：（一）雙方停止暴力行爲，（二）雙方勿再動員或作進攻準備，（三）所有各接觸地點之作戰人員各自撤退，（四）設立中立區域，保護公共租界，（五）此項辦法接受之後，雙方應即遵從『非戰公約』之精神，進行談判，永久解決各項懸案。這五條停戰條件顯見是不利中國的，然而中國方面竟表示接受了，而日本方面只接受第一項雙方停止暴烈行爲。拒絕第二項不再作敵對行爲之準備，第三項中日交戰者從上海境內互相接觸之各點撤退；第四項設中立區域，由中立國人担任警衛，以保護公共租界，其佈置由當地領事領導爲之，均經完全接受第五項立即開始無條件談判，以非戰公約及十二月九日國聯決議案之精神，並以中立國視察員之協助，解決一切懸案則拒絕。並且強詞奪理的說中國如何擾亂，爲拒絕調停的張本，一方面大批的陸軍和海軍戰艦增加到了上海，借和平運動爲掩護佈置以爲一切進攻的準備。迨至日本帝國主義者的暴力準備妥當時，和平的空氣使給日本的

大礮和飛機炸彈所衝散了。在這時候，美國英國以及他國的態度可算是與前進步了，可算是上海事件發生後最強硬的一幕，然而其結果，反給日本帝國主義者做準備再次進攻中國的掩護，到了日本帝國主義的態度強硬後，各國的態度反成軟弱了，這種軟弱的原因，稍明白國際情勢的人都明白在帝國主義進程中都含着種種矛盾，尤其是一九二九至一九三一整個世界經濟恐慌的襲擊，自顧不暇，日本帝國主義者在這時候進攻中國，是因利乘便的行動。各國的調停如果要執行，祇用武力強制爲最後的一着，但在目前的國際形勢看來，暴發太平洋的戰爭似乎還未成熟，並且這次的調停主動是美國而得英國會同向雙方提出。但英美兩國情勢各異，英國對遠東方而與其說是提防日本防害她的利益，毋寧說是提防美國。美國對於英國也因爲有利害衝突的存在，遠東利益雖爲日本所獨佔，還不能促成英美的眞實聯合。所以調停的條件仍有利於日本，亦對於日本的暴行，卒不敢取決然手段以爲制裁。在英國政府只成立上海事件委員會（Shanghai Committee），而不敢對日表示何種態度，美國亦不敢遽然採取對日經濟絕交的辦法。

雖然如此，但若戰事延長，則對於國際資本主義，無論英美或其他各國，都有害而無利，竟因此而爆發世界大戰，亦屬意中之事。於是結果乃有二月十六日國聯對日的通牒。十九日的會議，並決定由中國於三月三日召集特別會議以爲討論，藉表對日的威脅，以免爆發大戰。當此之時，日本軍以攻擊失敗，戰事勢將延長，上海爲國際都市，恐陷於外交的不利，於是卽提出在上海四週劃中立區，並要求我國退兵三十哩之案。在日本帝國主義者之意，以爲如此無異實現大上海計劃，擴充上海的租界地，以博得英美各帝國主義的同情，希圖以中國爲犧牲成立自由市但竟以各國的利害不同，未能如願。於是日本乃作第三次之進攻，在此時期，國際關係最爲緊張，太平洋的風雲四面匯集，各國劍拔弩張，大有一觸卽發之勢，然而不幸，我軍竟因後援不繼，而於三月一日退守第二防線，戰事告一段落，於是緊張的國際關係，立時又復弛緩下去。三月三日的國聯特別會開成，不關痛癢的議決案產生，如所謂『緊急勸告雙方趕行磋商眞正與永久之和平，』『致謝美國及其他與遠東有關係各國之斡旋上海圓桌會議，』『完全核准理事會自去年九月以來處

理中日爭執之方法，』『特別核准派遣調查委團之舉，並將要求趕速解決上海事件，以利委員團工作之進行』云云，無非求其馬虎解決而已。於是中日雙方軍事首領各宣言遵從國聯特別會議案，停止進攻，國際局面又得緩和，而因上海戰事而起的這一顆危險的炸彈，也未至爆發世界第二次大戰。幸哉否耶？只好等待將來的事實去證明吧！

第三節　中國外交的失敗

中國向無外交，所謂外交也不過是官僚的對外酬應而已。很顯然的九一八事變以至於上海戰事結束以來，我國外交當局徬徨畏縮，莫知所措，更不知道如何去應付，苟苟庸庸，愛國的民衆當然不能滿意。先之以毆打王正廷，繼之以攻擊顧維鈞與陳友仁，都是國民憤慨的發洩！最可痛心的是我國外交毫無方針，毫無步驟，既不能聯俄以抗日，更不能聯美以抗日，又不能運用國際間彼此的衝突以轉移形勢，眼看着優越的有利於中國的形勢，僅幻作曇花一現，於中國仍無利益。當上海戰事激烈之時，我國當局即奔走於各公使之門，要求調停。當各國輿論均同情中國，而且願援助中國之時，而中國當局則不知

利用。即在國際關係上說，中國那時是處於優越有利的地位，是給予中國千載一時的機會，若稍有外交手腕的運用，中國的外交可操必勝之權。然而我們看看現在怎樣？還用不着作者來敍述，國民自然不會滿意的吧？

當一二八事變之前夕，形勢非常嚴重，全國上下步驟不能一致，而政府當局對外交方針，爭論尤烈，主張宣戰與和平解決者，顯然形成兩派。迨至上海戰爭爆發，南京受到日本戰艦的威脅，國民政府乃實行遷都洛陽，準備長期抵抗，以表現政府對於保護國家領土之堅強決心。即在此時全國生氣勃勃，以為政府實行對日宣戰，倫敦華盛頓等處就立時傳出此項中國政府對日宣戰之消息。於是我國外交次長郭泰祺即在二月一日發表重要談話，否認對日宣戰，略謂：『中國仍循上次宣布之方針，倘日人再行進攻，則準備武力抵抗，但絕無在此時遽行宣戰之意。查此次攻擊上海，擴大軍事侵略行為，中國不得不行使法律許可之正當防衛權，以予抵抗，絕非對日宣戰，國民政府及外交部之宣言，皆甚明顯，倫敦華盛頓消息係屬誤會，應請即予更正』云。嗣後政府即本此一貫的『一面抵

抗，一面交涉」之方針進行外交。在此時期中，中國外交除仍哭訴於國聯外，仍無若何有效的處置，只是被動的與各方面週旋而已。例如二月七八兩日，日軍第二次慘敗後，即授意法國提出國際警察共管上海，以作停戰的談判，但不聞中國外交當局起來首先反對，迨至英美兩國表示反對，於是中國亦跟在背後作反對之宣示。又同日國聯行政院在日內瓦開祕密會，以決定列強所採行之步驟；而中國代表團反聲明云：「今日所以未向行政會有何陳述者，因悉上海調查團之報告書尚未接到，而行政會若干會員復有在「談判正在進行而事態又極錯綜之時，最好暫停辯論之表示也。」似此空洞言詞，顯係逃避爭執，這不但被動，而且是連中國些須的外交攻勢也自動取消了。即如戰爭消息連續傳入歐美兩大陸，列強咸為之震驚之時，國聯乃承英國之請召集特別會，以解決中日爭端，美法意德等國亦一致同情中國，聯合進行消弭戰禍，此時中國代表僅起立說：「中國深感英法意德代表所發重要宣言」一語，並不作積極進一步之要求或攻擊，反使日代表從容有中立區域之建議，坐失機會，自取失敗，這樣無能的外交，就在此處已充分的顯露

出來了。於是依賴國聯的結果，僅得到李頓調查團（Lytton Commission）的來華以謀國際共管中國及三月三日召集特別會議的結果，是舉行上海圓桌會議以實行擴大上海租界的計劃。因此所謂圓桌會議與自由市的聲浪，遂響遍塵環，其應注意者，所謂圓桌會議原係上海中日協定簽字之後即從速舉行，此為早經預定者。故於五月五日中日停戰協定簽字後，日本即邀請美國參加東京圓桌會議與英法意日四國討論共同行動，以謀保護在華之外人生命財產云云，證以美國國務卿史汀生收到請柬後，甚感困難之消息，當係事實，在此，中國外交之失敗與瓜分之危險，已用不着我們諱言了。

茲更所欲述者，即中日停戰協定。中日停戰協定，係產生於中日停戰會議，停戰會議之產生，即根據於三月三日國際之特別會，及駐華英美公使之斡旋而成。會議雖經長時間的爭執，協定雖經數度的修改，然卒於五月五日兩方代表匆匆在病榻上簽字而宣告成功了。停戰協定簽字之翌日，日本朝野歡呼狂熱，認為藍辛石井換文以來未有之勝利。這是顯然的，日本的勝利即是中國的失敗，故五月六日紐約電云：『國務院預料在滬

日軍撤退必速，因東三省續需日兵去剿滅義勇軍也，於是日本得到了協定的保障，移師東北，以完成其各個擊破的政策。外交算是失敗了。茲更不憚煩瑣述其經過如次：

停戰之談判，卽與戰事同時進行，一月二十八夜日軍突攻我閘北，戰事發生，一月廿九日我國根據盟約第十五條請求國聯行政院召集大會特別會議，二月一日駐華英美各使卽提出休戰三天，調停戰事辦法五項，當時因爲日本對第五項不予承認，調停未成。自是每遇日軍一度挫敗，卽有一度停戰之建議，如日援軍大集，則又反悔，因爲日本本無誠意停戰，只因援軍未到，不過借作爲緩兵之計吧了。同時中國外交因自願處於被動的地位，無所可否，純以日本爲轉移，所以只要日本反悔，停戰卽不能成功。至於二月二十八日，以英提督克萊幹旋，中日雙方又曾在英艦康特號作數度非正式會商，議定五項基本條件，次日我方表示接受，但以日方無答覆而罷。同時國際行政院決於三月三日召開大會，及期大會開會，卽由行政院長彭古電知日本，限於三日午前四時以前停止戰爭。四日一致決議中日兩方實行停戰。十一日通過停戰辦法三條，於是中日兩方軍事長官，各下

令停戰，自此以後，日方雖屢增重兵，而我方始終未與接戰。因此日方始躊躇滿志，日使重光葵即數度託英使藍溥森提出談判意見。是時國聯調查團（即李頓調查團）適自東京抵滬，日方不敢再進攻，於是和平空氣，瀰漫一時。中日代表會議卒於三月十四日開首次會議，經十九日二十日兩度會議，決定基本原則三條，爲正式停戰之根據。三月廿四日中日正式停戰會議開第一次會，即依據三項原則，開始計議，迨議至第二項原則：日軍按照一定程序撤退至一月廿八日原防線時，日方屢施刁難，非在地域上堅持眞茹大場楊行吳淞之大範圍，即在時間上作空洞含混之推宕。於是乃另行組織軍事小組會議，討論軍事問題，以免妨害大會之進行。但亙數次會議，停戰協定草案五條附件四條，雖經通過，而日本於第三條撤兵日期一節，始終未克就範。同時議及日軍暫駐區域，日方忽而爭吳淞，忽而爭張華浜，忽而提出閘北江灣引翔港張華浜至蘊藻浜四處，忽而要求撤調京滬線之十九路軍，忽而問及我浦東蘇州等處駐軍情形，篇外生枝，一味延宕，對於撤兵日期總不願爲明確之規定，會議無形停頓。至四月七日，英使藍溥森從中調停，提出所謂折衷

辦法三條，經多方商權，但卒未成。於是我方代表郭泰祺戴戟黃強草就會議經過報告政府，轉令顏惠慶提請國聯行政院立即召集十九人委員會，請求根據國聯約章及決議案，嚴促日本開誠談判，確定撤兵日期。十六日委員會開會，經三日之祕密會議，於十九日通過決議草案十四條，其第十一條關於混合委員會職權之規定，日方堅決反對，謂為侵其日皇統帥權，違反彼邦憲法，乃經英使藍浦森的奔走調解，提出折衷辦法，將國聯之權力減縮，而解釋範圍也形寬泛，於是日本即表示棄權投票，予以默認。至於我方，則不消說，凡有決議，自然照例接受！國聯一再遷就，無非顧全日本的體面，不惜犧牲中國以求解決。日方既無難詞，事案當然可以解決，於是即在四月卅日開國聯公開大會，將十九委員會提交而經藍浦森修改的決議草案一致通過。因此停戰會議在滬重開之說，又甚囂塵上。又因為此時日使重光葵因參預該國天長節慶典與白川植田野村等在虹口公園遇刺炸傷，又因為東北義勇軍紛紛奮起，並且節節勝利，日帝國主義者恐事態嚴重與日方不利，所以日外相芳澤訓令重光謂停戰會不以炸案而停頓，即在五月五日上午大會重開，停

戰協定乃在西捕房重戒備之下，宏恩福民兩醫院病榻之前，簽字告成，而我方外交代表郭泰祺亦被民衆擊破頭顱之餘而在醫院之中病榻之前亦陪着簽字了該協定中文本原文如次：

中日停戰協定中文本

第一條　中國及日本當局，既經下令停戰，玆雙方協定，自中華民國二十一年五月五日起，確定停戰，雙方軍隊，盡其力之所及，在上海週圍，停止一切及各種戰鬥行爲。關於停戰情形，遇有疑問發生時，由與會友邦代表査明之。

第二條　中國軍隊，在本協定所涉及區域內之常態恢復，未經決定辦法以前，留駐其現在地位。此項地位，在本協定附件第一號內列明之。

第三條　日本軍隊應撤退至公共租界暨虹口方面之越界築路，一如中華民國二十一年一月二十八日事變以前之原狀；但鑒於須待容納之日本軍隊人數，有若干部隊，可暫時駐紮於上述區域之毗連地點。此項地點，在本協定附件第二號內

列明之。

第四條　為證明雙方之撤退起見，設立共同委員會，列入與會友邦代表為委員，該委員會並協助佈置撤退之日本軍隊，與接管之中國警察間移交事宜，以便日本軍隊撤退時，中國警察立即接管。該委員會之組織及其辦事節序在本協定附件第三號內訂明之。

第五條　本協定自簽字之日起，發生效力。本協定用中日英三國文字繕成，如意義上發生疑義時，或中日英三文間，發生有不同意義時，應以英文本為準。中華民國二十一年五月五日訂於上海。

中代表郭泰祺簽署

日代表重光葵簽署

見證人（依據國際聯合會大會中華民國二十一年三月四日決議案協助談判之友邦代

表）簽署

中日停戰協定附件

附件第一號

本協定第二條所規定之中國軍隊地位如下：査照附連上海之郵政地圖，（比例尺十五萬分之一）由安亭鎮正南蘇州河北岸之一點起，向北沿安亭鎮東最近小浜之西岸至望仙橋，由此北過小浜至沙頭東四基羅米突之一點，再由此西北上至揚子江邊之滸浦口，幷包括滸浦口在內。

關於此項地位遇有疑問發生時，經共同委員會之請求由該會委員之與會友邦代表查明之。

附件第二號

本協定第三條所規定之地點如下：

此項地點，在附黏四地圖各別標誌A.B.C.D.幷稱爲一，二，三，四各地點。

地點（一）見A圖。雙方訂明，（甲）吳淞鎮不在此地點內，（乙）日方不干涉淞滬鐵路暨該路工廠之運用。

地點（二）見B圖。雙方訂明，萬國體育場東北約一英里許之上海公墓，不在日軍暫用地點之內。

地點（三）見C圖。雙方訂明，曹家寨及三友織布廠不在此地點之內。

地點（四）見D圖。雙方訂明，暫用地點，包括日人公墓及墓東入口之路在內。

關於此項地點，遇有疑問發生時，經共同委員會之請求，由該會委員之與會友邦代表查明之。

附件第三號

共同委員會以委員十二人組成之，中日兩政府，暨依據國際聯合會大會三月四日決議案協助談判之與會友邦代表，即英美法義各駐華外交代表。各派文武官吏代表各一人爲委員。該委員會，依照委員會之決定，得隨時任用認爲必要數之助

理員，所有關於程序事宜，由委員會斟酌辦理。該委員會之決定，以過半數行之。主席有投票取決權，主席由委員會內與會友邦代表委員中選舉之。

委員會依照其決定，以其認爲最善之方法，監視本協定第一，第二，第三，各條之履行，並對於履行上述各條之規定，有任何誤解時，有促使注意之權。

日本軍隊，向上列地點之撤退，於本協定之生效後一星期內開始，並於開始撤退起，四星期內撤完。

依照第四條所設之共同委員會，對於撤退時，不能移去之殘疾病人或受傷牲畜，採取必要辦法，以資照料，並辦理其日後之撤退事宜。此項人畜，連同必需之醫藥人員，得遺留原地，由中國當局，給予保護。

上面之協定原文，係中國當局所公布者。但與大阪每日新聞所載者微有出入，茲並錄之。以備參攷：

日方所傳協定內容

外論社譯大阪每日新聞云：二十七日在條文整理委員會中所決定，中日停戰協定五條及附屬文書四則，全文如左：『中日停戰協定』第一條　爲使中日兩軍之正式停戰及停戰事實之更成現實化，中日雙方自〇月〇日起，停止所有一般形式上之對敵行爲。第二條　中國軍隊，經日後之決定，卽駐於現駐地點，（現駐地點，由附屬書中規定之。）第三條　日本軍隊撤退至一月二十八日前之地位，卽租界及租界之越界築路線爲止。但日本軍隊因兵數衆夥，爲撤退之宿舍關係上，暫以右方附近地域爲止。其右方之附近地域，另於附屬書上闡明之。第四條　爲確認上記之條項之實施，設立混合委員會，關於撤退後之治安維持，由中國特別警察担任之。第五條　本協定自〇月〇日起，發生效力。本協定以中日英文作成之，如發生疑義時，以英文爲標準。『附屬書』（附屬書一）本協定第二條所規定之中國軍隊，現駐地點，北面自揚子江岸之福山起，迄梅里太倉安亭白鶴江之連絡線，偵察方法之保留。本條對於中國軍隊之在中國領土內任意移動者，並非永久之限制。（附屬書二）

日本軍隊之撤退程序。自○月○日起於一週間開始，下週內撤退完畢，至另列地域。

（附屬書三）日本軍隊之撤退地域，爲（一）吳淞地帶：南自外馬路，西自唐家行泗塘河，北自印家宅孫家橹，東自黃浦江岸，（在同地域包括淞滬鐵道，同濟大學，中央大學，醫學院，中國公學，已經日軍之諒解，不作宿舍之使用）及張華濱，蘊藻濱。（二）江灣方面：淞滬鐵道之東，跑馬廳起至殷行鎮方形之地域止。（三）引翔鄉方面引翔鄉起至西北軍工路止。（四）閘北方面：自六三花園，日本人墓地起至橫濱路一帶止。

（附屬書四）中日及友邦組織混合委員會，委員會委員各國文武官各一名，合計十二名，各委員得設輔佐員若干，委員會之決議，由多數表決之。委員長有其決定權，（委員長由委員中選任之）混合委員會以其所具之權能，有認證本協定第一，第二，第三條各款實施之權限。并附與締約國之某國有違反履行時之注意之權限。（混合委員會對至期而不能撤退之日本傷兵，須負保護之責），特別警察，由中國之已受訓練之警察一千五百名組織之。中國須招聘顧問及專門家，顧問及專門家得就外國人

中招聘之。

至關於停戰協定之良否，編者不願有所論列，但當五月五日協定成功之日，上海時事新報卽有如下之一篇評論，茲又錄之，以爲本章之結束，且可以見到國內輿論的一斑：

昨日上午十一時五十五分，滿斟於英領署琉璃之盃者，非國民之淚，壯士之血耶？自一月二十八日，日軍啓釁於上海之閘北，十九路軍抗戰三十餘日，援盡而退，又閱二月，我國委曲求全，簽字於停戰協定，中日問題未決，而淞滬戰事至是告一段落矣！嗚呼國人乎！公道如彼，而强暴若此；犧牲如彼，而結果若此；誰無心肝，誰無熱血，能不悲傷，能不憤慨耶！！

敵軍入寇，未能逐出國門，停止戰爭，猶待妥協條件，彼雖曲，我雖直，而彼則駐兵有地，撤軍無期，我則人民徒遭絕大蹂躪，軍警俱有明文束縛，如此協定，謂未屈服不可得也！謂未辱國喪權不可得也！是爲國民所痛心，尤爲政府所諱言。雖然，屈服事實也，喪權辱國事實也，痛無以使事實變更，諱無以使事實消弭，然則徒痛奚益，徒諱奚

愆，時至如今，事至如此，國民與政府惟有慨然自承曰：吾乃對外屈服，喪權辱國之國民！吾乃對外屈服，喪權辱國之政府！國民與政府復同負其直接之責任焉。

國民主戰而政府不戰，國民激昂而政府卑怯，國民力援十九路軍，而政府坐誤戎機，國民紛紛組織義勇軍，置身火線，而政府擁兵二百萬，參戰者不過四十分之一，國民反對議和而政府毅然簽字，則一切責任，顯然獨在當局，曷言乎國民亦應自承爲對外屈服與喪權辱國之國民，曷言乎國民亦應同負其責任耶!?曰：縱之以歷史眼光，橫之以世界眼光，離國民無國家，離國民無政府，故凡政府代表國家之行爲，始終應由國民負責，此一義也。不戰或戰不利，固自有其當負之責任者；然在此次交戰之際，以及戰前戰後，民間所暴露之弱點，亦足推想繼續作戰之障礙與困難，今以戰事之範圍尚窄，時期較促，故弱點猶未顯著爲不堪之證據，然弱點之不惟存在，且極深刻則不可諱也。夫民氣之旺，可自表面隱藏弱點，非可彌補弱點之實際，故充民氣之量，可以支撑到底不屈服，而未可以保障到底不失敗，今之國際，公道不張，事實上

既有失敗之可能，如何保持事實上不喪權辱國之結果，若謂未到盡端，未願負責，是意氣之談，非平情之論也！此國民負責之又一義也。

國人乎！數月來奔走呼號於國難，無非發之愛國之眞誠，誰不願拚七尺之軀，灑滿腔之血，以不屈不辱，保國之不亡，族之不滅，而政府態度，重違民意，卒有屈服與喪權辱國之停戰協定，民間憤激達於極點矣！今乃猶謂國民應與政府同負責任，宜爲國人所死不甘服，雖然，國人乎！請思之，深思之，深長思之；記者之言無當歟！其無當歟？抑自有不可不自承者在歟？況以國命民脈之重，雖以既往絕大之過失，盡諉之政府，政府雖亦慨然自承爲獨負其責任，然亦何補於事實！國人乎！其倒嚥淚與血，其以大智大勇，承認既往之責任；其以大智大勇，負荷而今而後國命民脈之責任！

政府中人乎！國民自承其既往之責任，初未足以末減爾等之罪狀，禍國誤國，政府實爲罪魁，此而猶謂非對外屈服與喪權辱國之政府，何所逃於天地間耶！？

第八章　國內外對我軍作戰之輿論，觀察，及批評

第一節　神聖的戰爭

慰軍致詞

吾忠勇之將士乎，汝等荷鎗持戈，馳騁於滬濱之野，汝等之忠勇將得世界萬民所感戴！

汝等知此次之戰爭，非僅為民族競生存，且為公理正義打出路，倭人之破壞和平，無可諱言，而汝等之光榮無假。

汝等勿以家鄉為念，家鄉之名正從汝而永彰，汝等勿以親老為念，親老正冀汝

成爲新時代之英雄。

汝等今日之犧牲，即奠將來吾民族之基礎，殺盡此蠻族之鬼魔即世界永久安寧之維護，汝等灑一滴血，即將來普遍世界之甘霖雨露。

汝等之死，重於泰山，汝等之死即降福於後世萬人！勉乎哉！誓不生還！

誠然，誠然，我軍在這神聖的戰爭當中是誓不生還的，不但我軍，全國皆如此！當一二八夜開戰以來，不到二十四小時，舉國空氣完全改變，繼而國際空氣也完全改變了！於是凡在覆載之中，六合之內的人類，除站在特殊環境者外，不論中國與外國，皆一致歌頌，以至於瘋狂崇拜了。二月三十日上海時事新報社論云：

舉國皆在戰線矣

十九路軍以及民間志士，憤日本之侵侮不已，乃於前夜應戰於上海之閘北，忠勇奮發，殺敵致果，殲彼勁旅，克彼軍部，虜甲車，墮飛機，一鼓而挫其兇燄，再鼓而追亡

逐北，湖四閱餘月以來，外侮所加之恥辱，國際輕蔑之觀感，民族垂絕之人格，萬衆抑鬱之心理，一舉而有掃蕩之觀。蔣介石氏等屢次聲言其「戰而不宣」之策略，至是而始得事實爲之證明。英美諸國夙昔採取熟視無覩之態度，至是而漸見搖撼。國事大勢，此其打開新局面之機運矣乎！

國人自聞抗日軍事之捷報，無問智愚，喜溢眉睫，簞食壺漿，絡繹載途。攘臂奮呼，踴躍投効者，實繁有徒。雖遙望閘北，火光燭天，明知付之一炬者，無非國人膏血，雖刼餘災黎，扶老攜幼，明知大多衣食失所憑藉，來日大難，然綜觀民氣之旺，尤遠勝於辛亥革命初期之景象焉。嗚呼！國家存亡，猶待未來之判決，顧謂如此人民而爲亡國之人民，我不信也，我不信也！……

又上海申報社論云：

抵抗與同情

方去年九一八日軍強佔我東北，東北當局擁數十萬大軍，竟全師退却毫不抵抗，而東北軍人亦竟忘其衞國守土之天職，甘受個人之指揮，一退再退，坐視東北半壁河山，全淪敵手！當局旣如此其怯弱顢頇，故斯時雖値國際聯盟集會伊始，而遂倖持冷眼旁觀之態度，一再作遷延敷衍之決議。蓋在此不抵抗之怪現象下，國際人士已視中國民族爲甘受日本之宰割。

及天津禍變再起，錦州失陷，青島福州等地之擾亂，接踵而起，種種暴行，絕對爲有血氣之民族所萬難忍受。而各地當局，終始持息事寧人之態度，甘心退讓。在此情形之下，我國民族固奄奄無生氣，而國際人士對於日人之暴行，則更忘其爲違背公理與正義者，故當此次上海禍變爆發之初，列強竟不顧慮其市場，不預爲制止，在其心目中蓋早已預料我國軍隊必不抵抗，卽抵抗亦不過如鹽澤所云四小時卽可解決，故仍冷眼觀變，此蓋自九一八以來列強一貫之態度也。

斯時乃幸有我十九路軍英勇之將士，毅然肩承其衞國守土之天職，奮起抵抗。

旬日以來，每戰必捷，彼耀武揚威目無世界之「東亞霸王，」平素爲國際人士所稱道者，今在我十九路軍英勇抗爭之下，雖擁有海陸空之大軍，與最新式之利器，竟毫無所施其暴力，此種偉大之事實，蓋亦國際人士始願所未想到者也！

有此英勇之抗爭，夫然後國際人士之耳目，乃爲之一新，乃認爲中華民族尚未喪失其立國之精神，於是而國聯對日，乃發出嚴正之勸告，於是而國際輿論，除有特殊原因者外，亦頓時轉變。

及聞我軍之退也，國人無不痛哭，可見此神聖之戰爭感動人之深！申報社論云：

我人當繼續奮鬥

頃據前方消息：我軍以敵重兵壓迫，後援不至，已全綫退却。國人驟聽此消息，當無人不爲之痛哭，當無人不爲之撫膺長慟而莫可如何！

自一二八戰幕揭開，迄今恰爲一月又二天，十九路軍以血肉抗日軍軍艦大礮

飛機，以及鐵甲車坦克車烟幕彈特姆彈等最新式之利器，維護我民族之人格。此三十二天中衝鋒陷陣，肉搏塵戰，亦已屢挫強敵，使其不敢正眼相看，十九路軍之英武，誠可昭示世界，誠無負於我國家與人民，誠不愧為我民族之武力，人民之武力，應得我全體人民擁護與崇敬！

至我人民對於此次戰事，慰勞救護，與十九路軍協力抵抗，亦已竭盡國民之天職，亦已可謂無負於國家矣！

雖然，此次英勇之抵抗，既已昭示世界，以我民族今尚未喪失其立國之精神矣！此後本此精神，以終始抵抗，作持久之艱苦奮鬥，則我人當終可維護我民族之生存自由，並爭取公理與正義之長存。

又云：

國人乎？今日之事，吾人為自救救國計，惟有繼續奮鬥而已，復何言！復何言！

如何創造更偉大之歷史

十九路軍以孤軍抗強敵，苦戰一月又二天，雖終以敵重兵與利器壓迫，不得不改變戰略，退却待援。然而在退却之前，猶奮其英武於八字橋之血戰中，予敵以重創，而後全師從容引退，秩序井然，日軍於此，應亦知中華民族之尚未容輕侮，公理未必遂終為強權之鐵蹄所蹂躪！

一月又二天，茲已倏然過去，但此一月又二天，在我民族歷史篇幅中，為悲壯，為偉大，為光榮，為永永不可磨滅，極有意義有價值之一頁！而此一頁光榮歷史之造成，則完全為我盡職之將士與人民協力奮鬥之結晶。故吾人今後如欲保存此一頁之光榮歷史，并創造我民族之新生命，則吾人惟有繼續作艱難而持久之奮鬥，毋灰心，毋餒氣，士耳其抗禦希臘，苦戰二年；歐戰前後之比利時，亦苦戰四年而復國。吾人如能具持久抵抗之決心，則更偉大更光榮之歷史，終當在吾人熱血濺洒之下，展開於

世人之眼前。

至於國外對我軍作戰之贊美崇敬與同情，幾隨處皆是，即敵軍本國亦不免要致其十二萬分的敬佩。關於此類材料委實太多了，茲擇其簡要者匯錄如下：

歐美軍人觀戰驚歎我軍神勇

一聲喊殺向礮火衝去

昨午江灣路血戰一般

昨晚據西人方面傳出一可喜消息，略謂此次日軍向華軍挑戰，日方早出驕矜誇大之詞，皆謂華軍不值一擊，日軍於數小時內即可佔領上海全埠，不料事出意外，日軍連戰皆北，日當局頗慚愧欲死。於是惱羞成怒，遂不惜孤注一擲，竟於昨日（三日）竭海陸空全軍之力，向吳淞砲台及閘北方面大舉進攻，但效力更等於零。且全軍大受重創。日艦一沉四傷。此種消息傳出後，不獨華人聞之悲喜交集，即外人方面，

亦同時感到愉快。於是留滬歐美各軍事家，乃組織一戰地觀察團，紛往前線陣地觀察。昨午觀抵江灣路，適該處戰事正烈，日軍以大批野礮及機槍向華軍防線猛攻，華軍初僅囘礮還擊，旣見日軍發礮勢若聯珠，華軍防禦物被毀數處，此時華軍非獨不退，反一聲喊殺，而迎如雨之礮彈方面，衝鋒而出，前仆後繼，勢如潮湧。結果，日軍大亂，紛紛丟槍棄礮而逃。是役華軍共奪得機槍十七挺，野礮七門，步槍子彈無數。然所受犧牲亦鉅，惟當華軍衝鋒時，不獨日軍望風披靡，旁觀者亦且驚心咋舌，悉認爲此種犧牲精神，即歐洲大戰中亦所罕見也。觀此，則日軍最初數小時佔領全滬之夢想，殆已完全打破矣。

美軍官稱贊我軍

布置適當作戰神勇

大美晚報云：北平美使館警衛團軍官湯馬遜氏，前星期一日抵滬，曾偕本埠美

國海軍軍官視察華軍陣線，對於華軍戰壕及士卒勇氣，甚爲稱贊。湯氏不但爲一軍官，同時亦爲一著名戰爭小說家，其傑作常發表於 Cosmepolitan 雜誌上。據其對記者談：華軍戰壕陣線，選擇適當，且能盡量利用自然界軍事要點。雖前有大礮轟攻，上有機隊猛炸，卒能奮勇抵抗，至死不懈，十分可佩。然日軍防線單薄，華軍不加反攻，屢失良機，實在可惜。又有一點，華軍死傷者多係頭部中彈，爲大礮及機隊炸傷者極多，可見華軍之死傷，多因無『鋼盔』所致。華軍所戴者，係軟棉帽，不堪子彈一擊。華軍對於此點，急需改良云云。

美軍官評論滬戰

國民新聞社十三日紐約電：美國卸任軍官白德勒陸軍少將今日語人云：日軍在天空轟擊閘北，鑄一大錯，因非必要之着也。又謂中國軍隊之如此善戰，渠並不謂異。因若輩不論在何種領袖之下，天然爲善戰之士。苟能有相當組織，可與無論何種

軍隊作戰云。

美軍官對中日滬戰之觀察

美國某軍官曾參加歐洲大戰，日昨與記者談及上海中日戰事，據其觀察云：現十九路所作戰壕，極其奧妙。無論用如何利器，決難攻入。日本之礮火，祇能毀壞民屋耳。且日人所用礮火，成本高貴，大約中國人祇費三角錢所築之戰壕，日方非用日金千元之礮火，不能攻破。至於兩國步兵之戰鬥力，則華軍一人所守之地，日人卽以十人攻之，亦嫌不足。果使中國軍隊一心一德，堅持到底，不以常勝而驕，不以偶敗而怯，則最後勝利，必屬諸中國云云。

英報讚美我軍

華軍威力業已成立

定可恢復國家威信

路透社廿四日倫敦電：今晨每日電聞評論上海戰事，謂戰爭三日後之榮譽，屬諸中國軍隊，其威力業已成立，較諸一般世人所預料者，更爲偉大，定可恢復中國乃能以自衛的國家之威信云。該報又謂據現象察之，日人現紛紛退出虹口戰線，將漸近租界，愈增外人所抱戰爭涉及租界之惶慮云。該報末稱，英政府現既援助國聯權威，局外熱心者宜少安勿躁，將此事交負責政治家辦理可也云。

德軍事家評論戰績

讚許我軍作戰能力
譏評日軍徒恃利器

昨日吳淞閘北大戰之役，有德國軍事專家多人，親赴前線視察，對於華軍之戰略，甚爲讚美。據其以私人資格向新聲社記者表示：外間每稱華軍體力甚弱，實際乃

不然，曾以望遠鏡瞭望，親見一華人，能與數日兵肉搏，而其結果，日兵輒不敵。又華人發彈甚經濟，彈無虛發。日兵則不然，恃其軍火之充足，濫發子彈，並無準的。華軍極富於作戰能力，可作長時間之困鬥，自歐戰迄今，未見有如是能戰之軍隊。該德軍事家等又謂日軍鎗械甚利，最適宜於示威，或虛張聲勢之用，惟作戰時殊不見高明。其步鎗機關鎗之使用，不及華軍純熟，擲手溜彈更不及華軍云。（新聲社）

字林報對華同情論

華兵勇敢一鳴驚人
良好國民性堪欽佩

字林報昨載短評云：邇來各方紛紛評論近一二星期內所生之大事，容或有忽視閘北抵抗日軍後華人心中所激發之情感者。中國軍隊常為各方指摘之的，今則一鳴驚人，以雙方軍械良窳之迥殊，吾人不得不欽佩第十九路軍官長士兵之勇敢。

而同時數千難民，雖喪其貲產，生計垂絕，而仍不失堅毅不撓之概，亦令人不能相忘。倘不再使中國士女確知各方對此良好國民性之眞心欽佩，不將更可悲測。今之救濟正在積極進行，雖杯水車薪，要亦不無小補。至中國兵士，除敵人外，對於中外人民，莫不和靄相親，卓然自重，誠即最頑固者亦不能不認此華兵造成之紀錄也。（譯者按：此文出於字林報，極堪注意也。）

西報贊美十九路軍之勇氣

字林西報云：中國第十九路軍，一月以來力拒日軍，論其事實，有可稱焉。該軍服裝不完，器械不備，其中又以童稚之年爲衆，以如此之軍與日軍相抗，倘以他人遇之，五禮拜以前久已退走不前。而該軍堅持不屈之精神，未嘗一動毫髮。其不能長抗不衰久戰不敝在該軍非不自知，然既戰則戰而至於死，旦夕之間，其聲名聞於全世界。第十九路軍即使軍實不充，凡百缺乏，而有一物則獨不缺，此物者何，即自古以來爲

士卒之所必備，為軍中之所最重之勇氣是也。上海外人，初不悉十九路軍為何如軍隊，今既見其勇往之概，樂為主義而死，使人不得不起敬重之心。即如本禮拜三，該軍疾退之時，其中仍有力守，不肯即去，必欲彈盡殺敵而死者。他人所希望於十九路軍者，曷皆如是其甚，錄而彰之，我人之責。在外人觀之，見其慎重不犯租界，不礙人之業產，自始至終，未嘗一易其志，當此戰敗欲去之時，更為應受我人之敬禮焉。

我軍神勇！

西人亦多驚歎

西報記載：在公共租界內之日軍，自前夜整夜大礮攻擊後，昨晨又繼以戰鬥機，在天通庵車站附近作最殘忍之轟炸，華軍奮勇出戰，短兵相接，振臂一呼，傷疲皆起彼此相持頗久。昨晨九點四十五分鐘左右，一隊日兵由北四川路與迪安戲院廢址附近，向閘北衝去，數分鐘後，忽聞機關槍聲甚密。雖則日軍之礮攻凶猛異常，有如西

部前線上之德軍，然華軍步兵仍以機關槍及來福槍應戰，神勇驚人，日軍相顧失色。

昨日午後日軍又以礮隊轟攻閘北，華軍方面力持鎮靜，以逸待勞，雖在野戰礮及六英寸榴散彈猛攻之下，陣線仍甚鞏固。

據駐守北河南路寶山路口石屋內之外國商團出而語人：當中日兩軍開火時，彼等皆由石屋之小孔內作壁上觀。寶山路上我軍之行動，歷歷在目，據謂我軍軍士臨陣鎮靜，進攻時能扼要射擊，地位得宜，作戰計劃可與歐戰時相埒。

我國兵士之勇敢與鎮定

北站一美兵所親見

大美晚報云：北火車站駐守第八道門之美國兵一名，嘗親見日軍在界路攻擊中國方面之柵網，伊見一中國兵士冒死救一夥伴，其壯烈可稱。該處柵網已毀，禮拜六有一年少中國兵士往修，嘗見日軍一隊，竊至界路轉角，向之開機關鎗，該處伏有

地上別一中國兵，從沙袋之後躍出，疾趨其夥伴之側，其衣服爲機關鎗之子彈所裂。此兵因助救無效而奔避，亦未見其返往中國陣線。界路與浙江路轉角之屋頂上，有人方觀戰，此美國兵以所見告之。此時忽見兩軍陣線相對處之中間，有一所房屋，其洋台上坐一傷兵，方事縫紉。屋內尙有留聲機發悽哀之音，發之再發，未嘗一換。日軍時向該處發礮，礮彈炸裂於數百碼外，而傷兵仍事其手工不輟云。

日軍震驚我軍勇猛

泰晤士報云：據日軍司令部之發言人報稱：中國軍隊抵禦之堅勇，出乎意料之外。日軍自言其混成旅與第九師團頗受損失，惟八英里長度之陣線上，日軍傳已前進約一英里。日軍第七營與其右翼所遇中國軍隊，抵抗之猛，更較以前爲烈。故日軍傷亡尤衆。嘗有中國軍隊一百，因後路截斷而被圍，匿於村落間。日軍以爲必且投降，不意圍兵從事於肉搏，將日軍困持竟日，所有通至跑馬場之各路，均爲匿藏之兵用

步鎗機關鎗掃射日軍行過，多有死者。故步軍惟有跋涉田野而過，一路常見日兵死屍，日軍卒以損失太甚而不前，更用過山礮轟擊云。

日人盛稱我軍勇敢

礮彈意外正確
戰術非常奇妙
日中隊長自殺

大阪每日新聞六日載戰事消息云：敵（指我軍下同）之野礮隊之射擊，意外正確。（照日文直譯）我（指日軍下同）陸戰隊本部，數日來中敵方礮彈十餘發。而我軍因不慣於巷戰，遂遭極大的犧牲。且敵嘗以機關槍向我軍裝甲車之前衝鋒，我若亂射，則敵軍沉默，而我軍以為可放心前進，敵乃乘機衝出，又中其計。此種奇妙戰術，不敵戰法，我軍嘗出大部分之死傷者，（均照日文直譯，由此足徵敵膽已寒，直

傑不讓。記者又查此次戰爭，日軍中之死傷者，如水雷長，航海長，隊長，艦長等。不下四五十人。而我方下級軍官受傷者，不過一二人。」

又時事新聞云：最可驚者，我陸戰隊本部指揮官室內屋頂，突然落下敵之八珊破彈，僥幸萬分，彈竟不炸。否則，我陸戰隊首腦部長官必遭全滅，此亦天佑我軍。然而各長官，已驚駭失色，呆若木雞矣。

又六日大阪每日新聞載上海岡田特派員報告云：我軍（指日軍下同）在上海亙於全線之苦戰，而蔡廷楷軍爲中國之鐵軍，其兵之強可知。故我軍戰況，絲毫不能進展。目下租界刻刻危險，照現在之情勢，徒然遷延時日，增加我軍之犧牲者云。

東京報知新聞接長春池田特派員電云：日軍長谷部旅團長，於一日晚在雙城堡驛內東華俱樂部席上，報告戰爭之感想，其冒頭卽稱「中國兵實不可侮。」繼謂余（指長谷下同）此次戰爭中，頗有極深刻的感想，而爲我國人（日本）所意料不及者：中國兵之作戰，實不讓獅是也。（照日文直譯）當余目擊濟南戰爭時，敵竟

跳越屍身衝進我陣地，此次雙城堡之激戰：敵（我軍）又向我軍（日軍）夜襲，且敵不畏砲火積極的向我（日軍）出攻勢，其勇猛實不可當。當時我軍（日軍）部隊不多，乃將兵站部衛生部以及附屬於其他旅團之部隊，集中車站，原爲縮短戰線，而敵軍竟不顧生命，在砲彈如雨中蜂擁而來。使我軍（日軍）氣爲之餒云。

日文報又載電通上海二日專電云：中隊長米丸大尉，於今晨三時，以軍刀刺胸自戕，留下遺書一封，內有『促鹽澤司令決斷與猛省挽回失敗之名譽』云云。此所以有鹽澤自殺之誤傳也。

日方輿論一斑

稱贊中國軍之精勇

近來日本國內對於武力對華，頗表反對，茲摘譯時事新報記載之一頁，已可以窺知其一斑：

（一）陸戰隊之苦鬥　上海事變發生以來，至本日（二月十一日）止，已經過旬有餘日，我（日本）軍艦來滬者共四十七隻，陸戰隊共六千餘人，死守閘北及虹口公園之陣地，並搜索租界內之便衣隊，已為無上之努力。

開戰以來，戰事毫無進展，已完全成膠着狀態。而敵人（指中國軍）之砲彈又頻頻脅迫邦人之生命，此種狀況，無人滿足。而各方非難海軍之無能，自不足怪。然以陸戰隊固有之性能及戰鬥，若就市街戰之點而論，已為最險惡之至善。而我等對於陸戰隊澈晝澈夜之活動，猶不能不相當感謝也。

（二）中國軍之精勇　我政府軍部以及國民對於中國軍之實力，以及市街戰之情形，似尚嫌無切實之認識，或者尚存有明治廿七八戰役之記憶，及滿洲野戰之經驗，以為上海敵軍可以指日掃蕩。至我軍（日軍）之精銳，固不待言，然十九路軍決非龍旗辮髮之軍隊可比。江西剿共之役，有戰事實地之經驗，有鐵軍之稱。且尤有須注意者，即為中國國民思想之覺悟，以青年男女為尤甚。對於軍隊物質上及精神上

之援助，此乃明顯之事實也。

(三)十九路軍未可輕視　對於敵人，(中國)我國(日本)政府軍部及國民，以一九二七年來南京路等事件之印象，於敵之實力評價不免過小。而我(日)陸戰隊對於市街戰毫無經驗，欲其致勝難矣。且記者疑我當局太輕視十九路軍之實力，然此或為我不遜之想像，且或無輕視之理。且雖重視，以國際都市戰之關係，亦不得充分進展，其戰備如此解釋，或較妥當。要之事實上之結果，頗予吾人以輕視之想像。是否如此，亦不遑多言也。

日人亦讚譽十九軍

日軍界新聞界之批評

為中國軍隊雪恥不淺

(東京通信)在今日之世人，任何一國，對於中國之軍隊，莫不輕視。蓋謂中國之

軍人常供個人之驅使，於國家人民毫無裨益，而一聞外人礮聲，則心驚膽寒；不堪一戰。豈知十九路軍之忠勇，軍規之嚴肅，愛護非戰鬥員，優待俘虜，一洗平日受人輕侮之恥辱。茲將參於戰事之日本軍界，及日本新聞記者對於十九路軍之批評，彙錄於下，以告國人。「十九路軍作戰技術之奇巧，衝鋒之勇猛，塹壕構造之新式，誠出乎吾（日本）軍人意料之外。每一次衝鋒，將官身先士卒，奮不顧身，令人驚佩。在戰壕內之十九路軍，每遇我軍（日）猛烈衝鋒，毫無懼色。軍士出入於槍林彈雨之下，視爲平常。卽學生軍，義勇軍，女子救護隊，距我（日）軍戰線不過二百米而已，亦無懼色，搬運子彈，救護傷兵，此種精神，不期出自平日受我（日）人輕視之華人，誠屬料想不到。中國有此種軍隊，何以不強。又有足道者，十九路軍對於非戰鬥員，秋毫無犯，軍紀之嚴，與我（日本）無異。對於俘虜優禮有加，如厚葬藤井海軍大尉於眞茹，救護受重傷之空閑少佐，尾大尉等，種種優待敵軍俘虜，亦令人夢想不到。十九路軍之此一戰也，足爲中國軍隊雪恥不淺，中國在國際地位亦爲之增高。惜十九路軍缺乏坦克車，裝

甲車，野礮飛行機軍隊作戰武器，完全用手溜彈，來福槍，以及新式各種機關槍而已。舊式野礮亦有數門。惜礮彈不炸，失其効力。且軍士無鐵兜，致頭部中彈，無生活希望。但軍士一種決死之精神，即我（日）軍亦非常欽佩，作戰失敗原因，則祇守不攻，吳淞至上海之軍工路，又為我（日）軍利用，陸軍上陸，吳淞礮台，獅子林礮台，不發礮阻止我軍登岸，此皆為十九路軍失敗之原因。此一戰也，如非我（日本）之海陸空軍以全力猛攻十九路軍，若屬他國之軍隊，早為十九路軍一日間解決。今日之戰術，若祇固守而不反攻，皆為失敗之原因，此層中國軍人不可不注意於此點也。」日人平日對於我中國鄙視，至此已不禁再三讚揚，可見此戰之一斑矣。

西報記者戰地觀察

我方軍實充足防禦完固

字林西報云：各外報訪員於禮拜三應蔡軍長之招，往觀中國陣線，所見江灣鄉

間以及沿滬甯路至眞茹等處，防地堅固，倘使中國軍隊接濟不缺，非大舉進攻，難以取勝，鄉間坟墓亦成爲絕好之防守物，掘壕堅固，礮火不能猝入，而據守者，則放射之程甚遠，所掘壕溝，縱橫四達，皆當扼要之處，路上挖成深穴，以防敵軍前進，一路派有哨兵，眞茹路上汽車絡繹，裝送大宗鐵絲網，以作柵欄之用，且眞茹一帶樹木蓊翳，駐軍防守，最爲利便，爲敵人所不覺，訪員等於上午到眞茹，天氣陰沉，天際見日本飛機五架軋軋作響，二架似爲放炸彈者，飛過之處，黑烟兩道，從下面屋屋上升，三架環飛不已，有時向陣地放機關鎗，訪員經過之道上難民小車，絡繹於途，皆向曹家渡租界而去，中國礮手見飛機飛過，向之放高射礮，一時機關鎗步鎗並發，飛機乃遁去不見，蔣介石之八十七八十八兩師兵士，在眞茹不甚多見，大都皆十九軍之兵，觀其面貌服裝以及服役之狀，無不使人驚奇，大都看似十四歲之童子，而一種堅决之心，現於顏面，手握機關鎗手溜彈纍纍然，軍實充足，防守工程，尤爲完備。

日報評論我軍戰壕

稱為近代戰術之結晶

大阪每日新聞載上海青岡特派員專電云我軍（日軍）二星期來，飛機大砲，不時轟炸，除民房化為瓦礫之場外，而敵軍（我軍）仍固守原陣地，繼續抵抗，日間殆未見敵影，入夜則暗襲我（日）陣線，查敵之陣地，依照近代戰術所築造，係半永久的塹壕，其複雜堅固，恰如歐洲大戰時法國戰線之塹壕式相同，其第一第二第三第四等四道防線，有密如網目之坑道聯絡之，構造之複雜，不易推摹，是以雖受大砲炸彈直接轟射，仍無大損失。第一道防線，幅廣六尺，深約六七尺，上覆以鐵板與沙袋，防禦方法之堅固，歐美人多驚歎不已。在防線之地上，祇露出野砲之砲身，上面又遮以堅實之鐵板，以防飛機之炸彈，此種隱蔽塹壕，有無數之銃眼，可怕的機關銃口，密如蜂窠，特對於機關槍之射擊法，手溜彈之投擲法，步槍之使用法，以及陣地攻守之作戰

術，完全已脫化中國式之戰爭而爲純粹某國式的精巧戰法，近代戰術之結晶體；誠使我軍（日軍）無法應付矣。（均照日文直譯）（記者按我軍防禦之鞏固與將士之用命，敵亦自知無法應付，而徒以礮火專事破壞民房，殺戮無辜，其行爲亦太殘暴矣。）

生活週刊之言論

至於十九路軍在國際上替我們民族增高人格與聲譽的地方，處處使我們發生興奮與銘感。我們每讀西文報紙及雜誌，講到中國，只有熱諷冷嘲，令人嘔血，但是自經十九路軍忠勇抗敵之後，他們說到這件事，沒有不一致讚揚的，最近出版的在美國銷數最廣的週刊"The Literary Digest" (March 5, 1932)，裏面有一文題爲中國對侵略者的可驚的抵抗"China's Amazing Repulse of the Invader"所述尤詳，這一篇文裏面所撮舉的各報言論，一致承認中國在道德上精神上已遠

得勝利。像華盛頓的"Herald"報，說得尤其鄭重牠說：「中國經過許多年的屈伏與不抵抗，最後如眞能學習與敵抗戰，東方的全局便要基本上改變過來。」又謂「這一戰對於東方未來趨勢的影響，是難於預見，是不能預料的。」總而言之，各國素把我們視爲卑劣的民族，一見我們有相當的努力，便不能自禁的流露其相當的敬畏。

十九路軍的努力還是不幸因援絕力盡而未能始終不退的，但是所得的效果已如此。倘當時能有實援而堅持——至少至三月十四國聯調查團到滬之日——其效果又何若？能禦侮的軍隊至少須打時不怕死，敗後不搶刼，我國夠此資格的軍隊，除十九路軍外，再有多少？純稱模範軍的某私人的軍隊，其已給我們民衆的印象爲何如？這都是當前無可爲諱的事實。我們能抗外侮的軍隊只有這些，所以所能獲得的效果也只有這些，我們不能說滿意，也不能說不滿意，因爲我們要想到效果與努力是成正比例的；幾分努力，只有幾分效果。

迨至三月一日，我軍爲戰略而退師，外人方面亦無不贊嘆者，茲錄之於下：

外人評論我軍退師適當

贊我將材智勇兼備
用兵神速令人驚嘆

記者昨晤某國軍事專家，論及我軍此次退師之適當，並贊譽我軍事當局，爲智勇兼備不可多得之將材，爰濡筆述如下：（以下皆軍事家語）在戰事開始之初，據吾人預測與觀察，僉以爲戰事結束時間，至多不過在一星期與旬日之間，即可完全告一段落，初不料竟延長至三倍以上也。而雙方增援情形，又適成吾人預料中之反比例。蓋最初日軍僅有海軍陸戰隊數千之衆，初試鋒芒，即遭重挫。嗣後竟四易其主將，陸續增援達四個師團，近十萬之衆，實非吾人始料所及者。至於華軍方面，則衆寡懸殊，何啻霄壤、蓋除十九路軍主力以外，增援者僅得數千人，尚不及日軍半數，他如

器械之優劣砲火之利鈍，更不能與日軍同日而語。今竟相持逾月，日軍始終未能獲一次勝利，結果華軍全師自動引退，實為難能可貴。設使華軍方面亦能得充分之增援，犀利之器械，恐日軍早已失望而歸東瀛矣。再吾人所最引為不平者，即日軍始終盤踞租界為軍事根據地，攻則可進，退則可守，華軍則投鼠忌器，百事掣肘，不能自由發揮其天勇。設使雙方同一形勢，實力均平，照目前之結果，吾恐在開戰兩旬之間，植田尚未來滬之前，日軍將掃數敗登軍艦，即或不能立時退歸三島，但最低限度，亦必遁竄出黃浦，而離淞滬矣。惟此次雙方犧牲之比較，日軍實較華軍數逾三倍，故吾人為華軍着想，甚覺值得。今華軍當局更能於瀏河後方告急之際，從容不迫，一夜之間，全師悄然退去，其用兵之神速，更足令人驚嘆。且退時秩序井然，雞犬不驚，尤堪令人起敬，實屬世所罕有之人傑，非智勇兼備之將材，不能得此最後勝利，殆已完全獲得矣。

我軍撤退淞滬博得國際好評

華軍勇敢永不磨滅
最後榮譽仍屬中國

（柏林）今晨全德報紙對于上海中國軍隊爲戰略關係，撤退吳淞閘北，咸以爲極有政治的重要。並一致聲稱：戰爭榮譽仍屬中國軍隊。十九路軍能抵抗軍械遠勝之敵人至於卅四日，其勇敢與胆略留存天壤間，無有足以減損之者矣。柏林日報評論稱：中國軍隊之在日軍包抄行動猶未開始之際，卽行撤退，實屬最適時宜。若再死守不退，並無實益，亦未必能再增十九路軍之威望。最後又謂日當道苟能踐言，則和平當能於比較短時期內達到。中國軍隊在此時撤退，顯然係政治行動，足見中國政府準備獲得一榮譽之和平。波森日報亦預料可以早見和平，但謂上海事件，恐未必能僅藉簽字解決，並逆料全國對于三十四日激戰之反響，以爲不論上海不

宣而戰之結局若何，其直接結果，已使中國站在新紀元之門閾。該報又極重視中國政府決定與俄復交事。謂一旦中俄聯盟後，恐將成爲世界之威脅。（三日國民電）

（倫敦）晨郵報今晨社論，謂就保全顏面點言之，華軍之退卻，與日軍之前進，已顯然改善地位。華軍現已在二十基洛米達（即十二哩半）之外，是已履行休戰條件之一矣。華軍或謂並非被逐，但係自退，而日軍亦未嘗不可謂其所要求之條件，已爲華軍履行云。該報又謂：此事可保全日內瓦之顏面，蓋國聯議會在集議時，或見雙方視前較易就範圍，而使日本承認其所提出之休戰也云。（三日路透電）

大陸報論華軍抗日爲防禦戰

此後戰事是否擴大

全視日軍是否覺悟

大陸報云：中國軍隊因戰略關係，三月一日晚間自吳淞江灣閘北一帶全軍撤退，秩序整然，未喪一人一物，可謂能進能退者矣。此次中國抵抗日軍侵略之兵，人數之寡，外間罕有知者。今既全部撤退，毋容再守秘密。查十九路軍全體不滿二萬五千人，協同作戰之其他部隊，其數更少於此。其所抵抗之日軍，則時時增援，迄今已逾六萬人。且中國軍隊，自開始作戰，卽處不利之形勢，軍械既窳陋，子彈又不充足，更無飛機從事偵察，或轟炸敵陣要害之處，輔助作戰。日軍則所處形勢頗優，有大小六十餘艘軍艦，在中國領海內，可從安全距離轟擊華軍陣線，更以全國海軍飛機之半數，從事炸轟缺乏高射礮之華軍。其陸軍礮隊在此次戰事，亦居極重要地位，彈藥之運輸，不虞襲奪，能無限量供給，儘可用以蕩平村鎮，破壞陣地，且除此物質上之優點外，日軍更可藉租界為保障。其戰敗後，退回租界整理者，不祇三數次，卽日當道亦承認海軍陸戰隊曾迭遭殲殄之危，幸及時退入租界，得免潰覆。反之，中國軍隊則因須保持租界之中立，作戰須極謹愼，追逐戰敗之日陸戰隊時，未嘗有一次追入租界。中國司

令深知有時以攻為守，最為上策，當日軍猛攻江灣廟行時，乘虛襲攻虹口日軍根據地，為最優之戰略。但以此舉將違犯租界之中立，明知為行軍之利，卒未實行。且華軍始終為防禦戰，遵從中央政府命令，僅於敵人進攻時，力戰却敵，蓋以中國曾向國聯保證僅抵抗日軍之侵犯，不取攻勢也。日本之發言人及他國之表同情者，嘗以喪失威望與顏面為早日停止敵對行動之障礙。今中國軍隊，既已撤至第二防線，已畀日軍一異常機會，重獲其已墜之威望與顏面。中國軍隊劃在距滬二十公里之外，已合於日軍要求之停戰條件。日人是否將踐言勿再擴大軍事行動，將於今後數日間觀之。倘日軍行動再遠逾二十公里區域之外，則其責任將全由日人負担。中國軍隊以善於撤退，未喪其戰鬥力，仍準備如一月二十八日在閘北之保衛境土。果若日軍認敵人退兵為大勝利，而圖繼續其軍事行動，卽華軍之撤退，僅為持久戰之開始，觀於遷都洛陽一舉，足見中政府政策未嘗不有長期抵抗之計劃。惟日人不宣之戰，施諸內地，則既無租界可供失利時之退兵地，又乏良好道路行駛坦克車與重礮，更不能

得軍艦之掩護，形勢上頓失若干優點，勝負之數，正未可知。今租界內之西人，諒必驚異中國軍隊撤退之迅速與整齊，其所慮華兵將闖入租界之虞，實屬毫無理由。中國人民覩目前局勢或將失望，但須知中國軍隊自始卽未嘗期望大勝日人，久守陣地，今已可謂處極困難之環境下，有極良之成績。其抗戰器械犀利形勢優勝之日軍，至於一月以上，業已表示中國軍隊能若何保衛境土，抵禦可怖之新式軍器。今和平之努力，倘歸失敗，日人決意前進，則中國正在第二防線準備與敵一較短長。總之，中日戰禍，今猶未已，苟非日人稍示大政治家風度，乘機立停其敵對行動，則大戰正在前途也。

第二節　偉哉英雄！

日報讚蔡廷鍇爲中國新英雄

日文報大阪朝日新聞云：此次上海事變，中國之新英雄蔡廷鍇，恰與北方英雄

馬占山，遙遙相對，實爲不可多得之將才。蔡現任第十九路軍軍長，年末四十。蔡本爲陳銘樞部下，現率領六十師六十一師及七十八師，在上海附近與我軍（日軍）交戰。蔡之軍隊，在南方爲最可怕之常勝軍，其必勝日本軍之心甚強。目下中國人幾崇拜若軍神，因皆樂聞其每日戰勝日本軍之事。總之中國軍中，有此奇特勇敢之軍隊，能與我軍（日本）頑強對抗，而不畏我軍（日軍）之猛烈轟擊者，實所罕聞。最可怪者，當本月三日，〇〇〇等到眞茹十九路軍司令部時，召開軍事會議，〇〇〇等力主停戰，中止攻擊，而蔡竟非常憤慨，獨唱非戰不可之說云。

又日本名古屋新聞載稱：「敵之七十八師爲中國兵最勇敢的部隊」，我軍（日軍）因未諳市街戰爭，損害甚大。查敵軍（我軍）七十八師，原爲中國軍中最勇敢之部隊，自不能與其他中國軍同日而語。且敵將蔡廷鍇，對於我軍（日軍）嘗以拚命的頑強抵抗，以致我國連日攻擊，卒難奏效云。

紐約講壇報讚蔡廷鍇將軍

大陸報云：此間昨日接紐約電，謂紐約講壇報昨日有一社論，讚美蔡廷鍇將軍及十九軍全體將士，謂其作戰之力，足以使日本改變態度，趨向和平。該報謂蔡將軍之光榮的防禦工作，予日本軍閥以展覽世界趨勢之機會，此種趨勢，使日本威名掃地，而同時又使世界輿論灼知扶助美國國務卿史汀生之宣言爲不謬。上海戰事，無論其最終結果如何，其最令人注意者，卽華軍已有充足之抗拒力。蔡將軍已將軍隊中所不可缺少之本質，盡量補充於中國軍隊云云。

美報一致稱讚蔡將軍

（紐約）上海正在接洽重開和平談判，與日人已表示較前合理態度等消息抵美後，美國各報復擧起稱道蔡廷鍇將軍，表示欽慕之心。今日紀事論壇報社論聲稱：

使日人改變態度，願開談判，趨向和平，撥厥首功，當推蔡廷鍇將軍，及第十九路軍。該軍力掩日本增援不已之大軍於公共租界附近，既迫日本軍閥，將其不顧他人利益之心理，暴露於世界。又使日本人民對於其軍事方略得失是否相償，發生嚴重之懷疑。蔡將軍光明燦爛之抵抗，會畀日本軍閥以表現其意嚮之機會。此種意嚮，已耗費日本無限量之信用，又畀世界輿論以充分之光陰，表示其對於史汀生國務卿美國政策宣言及國際聯盟權力之擁護。

又晚郵報評論亦稱此次上海戰爭，不問最後結果若何，其最顯著之現象，即為中國軍隊之力抗強敵，蓋蔡廷鍇將軍業已將完全發展軍人本質所不可少之成分，即「將才」供給中國兵士矣。（一日專電）

無畏之中國人

四五年前，法京巴黎各報，曾刊一驚人消息，謂有一華人，在法學習航空，一人獨

駛一機，作練習之飛行。不意機壞自墮，自數千尺下落，觸於近郊電線，當時飛機全遭焚燬，而此中華之飛人，在機將觸電線時，突自機內躍出，略受微傷，竟免於難。報館記者對於此新聞，除詳細敍述外，并標題曰：『無畏之中國人。』登於顯明地位。今年此無畏之中國人，却又在萬目睽睽之上海抗日戰中，屢建奇勛。從茲無畏精神益復發揚光大。蓋所謂無畏之中國人者？即我在閘北首先抗日在吳淞死守不退之十九路軍一五六旅旅長翁照垣騰輝將軍是也。運籌決策，指揮若定，沉勇之精神，又豈偶然得之哉。（魯鑾）

差利張的神勇

差利張者誰？我十九路軍中之無名英雄也。上月我軍駐守北站有士兵某，即外兵稱為差利張，忠勇異常，伏守戰壕，歷五六十日而不倦，長官有時以其過於勞苦，命其暫囘後方休養，他亦不從。日兵每次來犯，此所謂差利張者，輒能運其神手，將敵人

掃射無餘。因此日兵視此路進攻爲畏途，眞有一夫當關萬夫不前之概。差利張所守之地與中立國之防軍相近，不特可以望見且可談話，外國兵士及其觀戰將官，見差利張如此神勇沉毅，驚歎不置。常來慰問，幷餽贈品物以表佩忱。最可笑者，有一次某外國長官以差利張受日兵之注意太甚，所處地位過於危險，不忍此無名英雄，略有傷害，特送贈鐵帽數件，以資防護。但差利張笑謝不納。正謙辭間，忽日兵大隊衝鋒而來，差利張不動聲息，俟其既近，急行掃射。日兵原視此路爲畏途，以我方既有戒備，死傷復衆，遂又敗去。差利張乃上前將日兵之鐵帽除下數件，自己戴上，以示外兵。外兵見狀益爲驚佩，幷以酒道賀。差利張一飲而盡，略無難色。從此差利張之威勇廣播於中外人士之口矣。下段新聞是我軍於三月一日退守第二道防線時外報關心差利張之紀載，特轉錄如下：

大美晚報云：閘北火車站地方，有一中國機關礮之礮手，渾名爲差利張。凡在該處租界防守之外國兵，皆知其人，現聞此人亦已退出無恙，在別處放其機關礮，但不

知其實在何處。當中國軍隊退出閘北之消息初次傳出之時，人皆不知此能手之存亡。與之隨同放礮者亦有兩人。差利張臨去之時，尙還有手溜彈於地下，待日兵前來留神拾取，宛若送禮以與日兵者。此人夜間衣黑色常服，日間則着軍服，每日淸晨卽於沙袋陣中露面，向對面租界之商團美兵蘇格蘭兵說早安。此人久於其事，歷一月之久，恐非他處礮手所能及。差利張不特善放機關礮而已，此人亦善於放炸彈。歐戰之時，德國兵有善於擲炸彈之技者，人呼爲丟山芋，而差利張則以丟山芋爲本領，向日軍沿綫隨處擲之，悉中要肯。一夜，此人與一日本機關礮手兩相對放，彼此對街而射，相去五十尺，竟無恙而歸。又一次，日兵用坦克車來攻，差利張用機關礮及山芋應付之，坦克車不期而退。若照蘇格蘭俗語言之，必曰此人是大好老。

六十無名烈士傳

嗚乎！自海上軍興以來，將士之死者多矣，未有如蘊藻浜一役，决死者六十輩赴

死之烈也。六十輩者，隸十九軍，多粵籍，不能詳其名氏。今歲二月，倭既屢敗不獲逞。十三日，復驅五千餘衆誓必死，犯我蘊藻浜之陳壘，勢如摧山排海，呼聲動天地，數里之內，血肉橫飛。我軍苦戰，自巳達申未已，勢頗危。六十輩者大忿，慷慨請決死，各纏大爆彈環其胸背及四體，並以火油濡上下衣，分伍潛入敵陣，突仆地搥掌，彈齊發，骨肉皆糜碎。賊出不意，當者亦糜碎；遠近相應，倉卒中賊以爲大軍襲至，遂大潰。我軍乘勢逐北十餘里而後止，浜水爲之不流。後十餘日，復有四十輩以此法破江灣之賊軍數千。

王蘧常曰：昔人有言曰：殺一賊而死，足自償，死無恨；殺二賊而死，則爲國立功矣。况諸烈士之什伯於此者乎。吾知諸烈士其身雖死，其志彌樂而無所恨，獨念泯泯無所償而受死者爲可恨也。無所償而受死，牛馬也，而世唯牛馬死之是求，不知殺賊以自償也。哀哉！（蘧常）

續禦侮遺聞

余既爲禦侮道聞，今又續有所聞，作續聞。

有何生爲余言，何生居閘北，今歲一月二十八日夜半聞變起，既而槍礮聲漸近，生好奇忘險，僩僩走屋後，鐵門石柱旁竊望。忽見吾軍潰退，棄數兵於途中，狀若嬰重創者，方竊嘆。而賊之坦克車已掩至，將近棄兵矣，而所棄兵忽騰躍起，兩手各持火藥罐狀，猛撲賊車，一時爆炸聲雷起，而賊軍之哀號聲和之。生駭極，避匿。有頃，但聞我軍喊殺聲四震，不復聞坦克車之軋軋聲矣。（案此即報載虬江路大破賊軍之第一次，而語焉不詳，今得此，足以補史闕矣。）

又趙生爲余言：二月七日之夜，賊犯某路，時我軍守此路者僅三人，二人方入屋小憩，留一人某應守，賊來犯者甚衆，彈下如雨，而某殊不以爲意。急行至前壘，冠其盔於槍，舉而露於壘，復左右之，使若數十人者然。賊於火光中望見之，遽發槍，某亦斷續發機關槍以應。倭知有備，彈益密，某度賊不敢猝至，遽奔還招憩者，而援者亦至；倭久不聞我軍聲息，以爲潰走，遂進攻。我軍突起圍之，竟覆其全軍。

又粵人陳某，精於射擊，某夜與同伍五六人守北車站某隘。賊軍以三十餘人進犯，勢剽甚，同伍皆自危。陳笑曰：觀吾爲君等撲殺此獠。乃命衆鳴數槍，卽走伏壘後十餘丈，賊知有備，攻益烈，陳屏息不之應，持機關槍內向伏壘下隱蔽處，居頃，賊以爲潰矣，乃越壘而前，陳俟其至彼與伏之間，突起擊之，伏亦盡起以應，賊暗中倉卒，以爲大軍且至，皆棄槍走，亡十餘人，而五六人者竟無恙。（鐵彌陀）

滬戰之光

一個智勇的兵士

二月七日那天晚間，我將去旅部報告機密的途中，忽聽得托托的機鎗聲，由東而起，我知道敵人又在挑釁了。一家燒不完轟未坍的牆角，做了我絕妙的屏障，前面是一條直串鐵道的橫路。兩旁路口，成就了敵我攻守的要隘。這時東口的日軍，斷續向西射擊，西方毫無動靜。心中着實有些忐忑。眼看身藏的地位，已不可靠，忙從亂塚

似的瓦礫堆裏爬垣越坑向西急透。好容易尋出路徑，定睛一看，却巧瞥見的橫路，此處正是我軍第二防線，我呼了口號，一個年約十七八歲的弟兄跑來，他說：敵人正在挑釁，這路口我們三人防守，他二人現在那邊屋內休息，祇我一人在此警備，請你蹲在這裏稍息一會，看我耍他丟拉媽孩的矮鬼。說着狠得意的跑向前線。我就彎着腰伸長頸，從槍眼裏注意他的動作，只見他跑到第一線，蹲下脫帽頂在鎗口上，擎起露出堆外。一高一矮的來往攢動。誰知他這樣弄，敵人就見鬼似的開了排鎗，他應聲將鎗身傾倒，並放駁壳鎗誘擊，引得敵人眞的機槍猛射。好弟兄，他一面放鎗，表示還擊，一面把帽子頂着倒着的弄個不歇。一會兒，敵人火力更大了，看他時，却站在禦牆的沙袋邊，向敵探望，突地飛跑到我的後側，叫了屋內二人，齊奔前去。一陣陣哈脫聲和脚步聲，敵人已衝鋒了。看他三人，確伏在沙袋下，屹然不動，忽地放鎗擲彈，向敵掃射。更越堆進擊，沒有一刻工夫，鎗聲就停了，猛抬頭，他們已猴一般的跳躍而來，丟下戰利品的機鎗和鐵帽，狂笑着說：矮鬼以爲我們人死傷完了，便三十餘人大着膽子衝

來，想奪我們的陣地，那知反中我計；眞是鷄沒抓着倒折了一把米呢。

我想一個在火線的兵士，能隨機應變的，固屬少了。若臨敵定謀獲勝的，更百難得一了。像這位弟兄，眞不愧爲我中華民國的軍人，値得我們熱烈的敬仰和欽佩。可惜在百忙中沒有問他的姓名，這才是我的憾事呢。（子成）

孝脫上尉傳

上尉姓孝脫氏，名勞勃脫，美利堅華盛頓州泰科瑪鄉人也。爲人肫摯而豪俠，習航空有聲，任職於其國蓋爾飛車（飛機歐西人又名飛車，飛車之名甚古，我國湯時已有之，見帝王世紀）公司，主駛。旋來吾國上海時，蟄居（據蓋爾公司蓋爾君言），遂就任我國航空教士，與吾國之習航空者多契。今歲日侵上海，見其殘虐無人理，義憤之色，時流溢於眉宇。二月廿一日，忽變服至吳淞，狙擊日飛機，碎其一。二十三日，聞敵飛炸蘇州之耗，立駛一飛機曰波林者，躡其後，遇飛機六，方肆虐於吾蘇民。敵見上

尉至，遽上下遮遏而萃攻之，上尉知無幸，然猶從容力禦，碎其一機，殲厥渠魁。（據大陸報及泰晤士報）卒以殉，年二十有七。（據上尉致蓋爾公司之文告）耗聞，我國人皆震悼，國議追贈上尉，以軍禮葬於吾國土，異數也。

王遽常曰：我聞方事之殷，上尉語所親曰：我中立國人也，固無所袒於其間，第人類而見非人類之殘殺，我安能忍！我安能忍！我爲正誼人道計，不容與兩立矣，縱死，亦心所甘。我何憾，然未死，愼勿聲，死則報我父母耳。（據二月二十五日時事新報夕刊）嗚呼！上尉今竟以正誼人道死，上尉其無憾矣！然今之非人類之殘殺猶日肆而無已，上尉其終能無憾乎！上尉以異國人而不忍我國人蒙非人類之殘殺，扶義而起，終至投死而無憾，以視同踐國之土，同食國之毛，獨熟視其國之人宰割呼號而無覩，或竟遠走高飛以自保者，則上尉之死，有似乎不智，上尉其果能無憾乎？嗚呼！（王遽常）

胡阿毛誄 幷序

胡阿毛者，上海汽車夫也。日入侵江南，與我大戰于淞滬，焚殺無入理，壯者掠爲役。胡被執，搜得御車證，拘于司令部，啗以重利，強令運軍火。胡陽允，陰圖馳歸，日兵四挾持之，不得間。道經黃浦江，迺撥機橫駛，望波直駛，烟沉浪飛，人車俱杳，胡亦殉之。時中華民國二十一年二月二十七日也。先年九月，日軍陷遼東，一夕奪三省里地膏腴之地，未傷一卒，折一兵，而所得利器無算，糧餉無算，製造飛機鎗礮之工事又無算，我之剖符專城負守土之責者，既熟視若無覩，秉鈞執契司捍國之任者，亦充耳如無聞。於是長彼寇志，復窺長江，逞貪婪，縱荼毒；猛士潮涌，利兵山積，茲之所指於胡者，不過所得九牛之一毛耳，何足道哉。然胡君一市非逐利之氓耳，非死制之士也，無負杖入保之愧，焚衛濡褐之義，迺奮其薄技，乘其厚賂，捐軀俄頃，誓命洪濤，非夫壯志勇烈，玄慮速捷，豈能赴危機，蹈深淵，引義同仇，以死徇國若是哉？昔童汪踦死郎之戰，魯人欲勿殤。仲尼曰：能執干戈以衛社稷，雖欲勿殤，不亦可乎？縣賁父御魯莊公馬驚敗結，恥無勇而死，圉人浴馬，有

流矢在白肉，莊公以非其罪而誅之。士之有誅自此始，漢之司馬叔持白日于市朝手劍父讎，視死如歸，史臣班固誅之。胡君無殺父之讎，敗績之恥，手無干戈而能死以衛社稷，覆敵喪器，身沒名稱，爲天下慕。三十流風，蔑以加矣。綴文之士，安得不引表微之訓，徵蠡哲之規，而爲之辭哉。宋陽門之介夫死，子罕哭之哀而民說。晉人之覘宋者，報不可伐，孔子聞之曰：善哉覘國乎，詩云：凡民有喪，扶服救之，雖微晉而已，天下其孰能當之。今之爲晉人者衆矣，且游目怵心於我匹庶衛國死義之地矣，將欲覘我國之存亡乎，請視胡君，並鑒余文！其辭曰：

嗟彼東鄰，胡然猾夏。赫赫尸位，游魂氣假，閱牆爲勇，禦侮爲寡。曾是一毛，能利天下。

風起懦夫，川咽逝者，逝者伊何？孰御曰胡。憤彼凶殘，侵逐滬吳，肆毒南朔，虐我師徒。雲崩霹靂，星霣形珠，雖謂微賤，騰躍淵淦。君非我僕，義無死綏，亦既輿臺，謀在銖錙。千金一壺，敵之所資，云何造父，曾不羈縻。載鬼一車，嗌我族類，載器滿箱，隳我堅利。忻然臧奕，湛然歛愾，計無措手，義無反轡，見危致命，何勇且智，跬步無却，四輪風邁，蒼波在

前，時平不再，好謀難成，臨難彌泰，暴虎憑河，死又何悔，以溺救焚，以生易死，惆然從井，豈徒濡趾，盈盈淞滬，蕭蕭易水，精貫白日，魂歸箕尾，陵彼三勇，（江灣一役日人得利，有所謂三勇士）懿茲一士，誠欲填海，烈比陷陣，夫豈求名，亦非茹恨，人孰不死，紛羅仇刃，泰岱鴻毛，所爭一瞬，摧彼鯨牙，同殉魚腹，震驚潛龍，齊開闞虎。成仁一朝，炳蠻千古，允矣國殤。豈惟俠武，誰錄高標，祀之黃浦？滔滔黃浦，海塵盈氾，君靈長在，神州不死，汨羅陶沉，胥江濤起，從此濁流，永汎馨綺，聞君有母，年翁遇極，陟屺孔哀，忘身非惑。以顯後世，式是南國，養生送死，邦人之責。母以子貴，君其勿戚，知君毅魄，洄流魚躍，倘彼江臯，碧血盈甕。粲粲沙蟲，紛紛遼鶴，君靈不孤，君魂勿索，終古無絕，惟菊與蘭，臨川望復，揮涕狂瀾，人間何世，來日大難，誄君鴻烈，攄我煩寃，古爾君子，視此執鞭。（劉異）

謹以此空白紀念此外許多的無名英雄

編者

大美晚報公論

罪不在中國而在日本

大美晚報昨日社論云：凡持槍尋釁者，恆得其所欲，中國之嚴詞拒絕，實日本所自肇者也。特日本軍閥威嚴之代價，須吾人大衆負之，斯爲不可解耳。誠然吾人今日已俱在日本侵略的自衞『保障』之下。日本參謀長田代之言曰：『租界之危機，居民之不安，至今已臻其極，故實不能再任時機之遲誤。』惟有一點，爲田代及日本一般發言人所無法宣告世人者，即現在形勢下之危機及不安，其罪不在中國，而在日本也。吾人平日常覺中國內亂足以危及吾人之本身，日本竟思利用吾人此種思想上之習慣。奈事實過於明顯何。（一）日本在滿洲侵略行爲，實爲此次上海形勢緊張之造因。（二）日本之誤認虹口一帶爲日本之領土，實爲現在一切衝突事件之發源

地。(三)因日本提出要求之後，上海工部局始宣佈戒嚴令。(四)日軍判決錯誤，走入中國境界，實爲眞正戰爭之起點。(五)日本在華界天空擲彈，以及種種暴厲行爲，非但在華界，並波及租界上之華人，遂造成日本不可赦免之處境。(六)及至現在，因日本陸戰隊開始之失利，致日本不得不調集大隊人馬，遂使中國遭遇非禮無狀之要挾，並不合規程之行動。知以上種種之造因，然後日本尋釁之原因可知矣。本日某晨報，謂『凡一爭端，總須有一方讓步，惟按照尋常之慣例，弱者往往先退讓耳。』(記者按此係上海泰晤士報昨日社論之主張。)惟某報作此表示後，忽又自辯，並非主張『強權卽公理』。又稱『中國非無友助，若能于日本開誠布公交涉，中國實無須畏葸』云云。斯誠思想上之糾纏，亦卽日人慣用之理路，並欲引吾人于作同一思想者也。該報復稱：『中國軍隊自有駐紮中國土地之權，斯實無可疑義者。惟中國軍隊抵死不去，是否合乎理智，(嘖嘖)(原文如此)實屬可疑耳。』換言之，卽中國軍隊駐所，無論是否與外人相去絕近，實有其駐在之權。惟中國弱於日本，故一遇日本之威嚇，

卽應退縮、但中國之退縮，又非因弱於日本，乃因中國在國外多得友助，故對於日本理想上之開誠布公之交易，不妨讓步，因友助卽屬一種安慰云云。日人復竭力辯白：滿洲事件與上海事件之不相關屬。斯二事固因不抵抗與抵抗之故，不能同日而語，然吾人可以毫無吞吐而大聲疾呼者，卽滿洲事件與上海事件，同爲日本自尋的帝國主義之行爲。中國復牒之文字，實已使日本種種理曲之表現，益見明顯，如畫龍之點睛。中日雙方軍隊之互相撤退，實是完成日本宣稱之目的。若欲於此時儼然以戰勝者自居，實爲辦不到之事也。至於排日之事，應以法律爲歸宿，中國政府，固應以法律限制排日行爲，然不思清其源而絕其因。中國政府，將何以擔保排日行動之絕止，復如解除中國之國防，斯語可謂極端之要求。如他一國要求日本解除其本國之國防，日本之答復如何，吾人可想像而知之矣。中國政府宣言，中國軍隊平日並不常駐紮上海。此言亦極得體，因此次係日軍加危害於中國人民，而非中國軍隊之危害日本人民也。（下略）

宋慶齡之談話

在國民傷兵醫院中
贊美十九路軍抵抗

國民傷兵醫院在海格路交通大學，爲最近成立之傷兵醫院，由中外熱心救護此次滬戰傷兵者所組織。記者特於昨日前往參觀，承孫夫人宋慶齡女士接見，茲記其問答如下：問國民傷兵醫院之組織如何？答余（宋女士自謂）少數友人因見十九路軍衞國抗敵之忠勇，實爲眞正之民衆武力，我輩對於其傷兵之救護，自應各盡綿薄。同時感覺上海現有傷兵醫院，數多而散漫，似應有持久集中之組織，故有國民傷兵醫院之設立。公推廖何香凝夫人陳朱光珍夫人等及余擔任理事，馬克斯威爾博士擔任副院長。此外尚有中西專家多人，分任醫務事務。院中全體職員均盡義務，不支任何薪給。我輩設立醫院之惟一單純目的，爲救護治療此次爲中國苦戰之傷兵，

並予以精神上之安慰與鼓勵。凡抱同一觀念者，均請其參加援助。孫夫人對於最近戰事及政治主張如何？答余個人之政治主張，已見歷次表示。至對於抗日戰爭，當然主張積極抵抗到底。人類惟有從奮鬥中求生存，革命者尤當祗問是非，不顧目前利害。十九路軍明知衆寡懸殊，器械財力均不如人，而能不顧一切，以血肉爲中國爭一線之生機，使世界知中國尙有不可侮之軍隊與民氣，不特爲軍隊之模範，實爲革命之武力與反帝國主義之先鋒。我輩之設立此醫院，僅站在民衆一份子之地位，對此空前之革命戰士表示其敬仰感謝而已。今之自命聰明不顧民意者，每以強弱成敗，自文其不抵抗之過。不知惟眞絕頂聰明之人，乃能從死中求生，險裏求安。日軍謂四十八小時可消滅十九路軍，某軍事家謂日本三日可封鎖中國，今十九路軍於苦戰一月以後，猶能繼續抵抗，中國不特未因抵抗而亡，反因抵抗而益堅國民犧牲奮鬥之志。人皆以中國此次戰爭爲失敗，實則中國在精神上完全勝利，日本所得者僅物質之勝利而已。得精神勝利之人民，必日益奮進於偉大光榮之域，得物質勝利者，

祇日增其侵略與帝國主義之野心，終於自取覆亡而已。

章太炎書十九路軍禦日本事

民國二十年九月，日本軍陷瀋陽，旋攻吉林，下之。未幾又破龍江，關東三省皆陷，明年一月，復以海軍陸戰隊窺上海，樞府猶豫，未有以應也。二十八日夕，敵突犯閘北。我第十九路軍總指揮蔣光鼐，軍長蔡廷鍇，令旅長翁照垣直前要之。敵大潰，殺傷過當。其後敵復以軍艦環攻吳淞要塞，既擊毁其三矣，徐又以陸軍來。是時敵船械精利，數倍于我，發礮射擊十餘里，我軍無與當者，要塞司令鄧振銓懼不敵，遁脫走。乃令副師長譚啓秀代之。翁照垣往來閘北吳淞間，令軍士皆塹而處，出即散布，礮不能中。俟其近，乃以機關槍掃射之，彈無虛發。軍人又多善跳盪，時趨出敵軍後，或在左右，敵不意我軍四面至，不盡殲，即繳械，脫走者纔什一，一卒不能逾我軍尺寸。始，日本海軍陸戰隊近萬人，便衣隊亦三千人，後增陸軍萬餘人，數幾三萬，我軍亦略三萬，自一月廿八

日，至二月十六日，大戰三四，小戰不可紀，敵死傷八千餘人，而我軍死傷不逾千。自清光緒以來，與日本三遇，未有大捷如今者也。原其制勝之道，誠由將帥果斷，發於至誠，亦以士卒奮厲，進退無不如節度。上下輯睦，能均勞逸。戰劇時，至五晝夜不臥，未嘗有怨言，故能以弱勝強，若從竈上掃除焉。初，敵軍至上海，居民二百餘萬，惴恐無以為計，聞捷，饋餉持橐，幾塞而至，軍不病民，而糧秣自足，諸傷兵起醫院者，路人皆樂為扶輿，至則醫師裹創施藥，自朝至夜半，未嘗倦，其得人心如此。章炳麟曰：自民國初至今日，將帥勇于內爭，怯於禦外，民聞兵至，如避寇仇。今十九路軍赫然與強敵爭命，民之愛之，固其所也。余聞馮玉祥所部，長技與十九路軍多相似，使其應敵，亦足以制勝，惜乎以內爭散亡矣。統軍者慎之哉！民國二十一年二月十七日章炳麟書。

上海時事新報全人追悼文

中華民國二十年九月十八日夜，日本遣其南滿鐵路駐軍襲瀋陽。東陲疆吏是

時方率妻孥盤桓上邑，邊師十萬，以主將無人，悉望風解甲，東北疆土，淪於俄頃。警報既至，樞府持不和不戰之策，東事益不可收拾。雖舉國怨憤，羣情洶湧，而當局徒託空言，且謂將先安內而後攘外。日人瞰中國之不敢抗也，謀鯨吞乃益急。翌年一月，先後遣海軍陸戰隊萬人來上海，日以密約若干款相脅，既屈服矣，日之軍閥猶未饜大欲，必欲據租界以北若干方里為專管租界，且謀占滬寧鐵路以扼東南形勢。進而脅南京，求為城下之盟。遂於一月二十八夜，突撲閘北，方以為唾手可得矣。我忠勇將士咸怒曰：寸土尺地，皆國家所有，豈容輕棄，吾曹受國民之奉養，今日誓以血肉保疆土，而雪民族八十年以來孱弱之恥，炎黃祖宗之靈，實憑式之，乃踴躍赴敵，大敗敵師，殲其衆逾千，事聞列國，莫不震驚，咸嘆中國猶有人也。日之軍閥則大恚，更遣大將，率精兵十餘萬至滬，佐以飛機大礮軍艦之威力，欲滅此朝食，以掩兵敗之辱。而我守軍合計不足五萬人，器械皆遠遜於敵，然皆百戰勁卒，又人人爭欲衛國，忠義奮發，每戰無不一以當百。日之利器幾失其效，實開近世戰史之奇跡，雖名將如魯登道夫，皆為驚服

云。守淞滬一月有四日，前後大戰數十，殺敵逾萬，奪其器械輜重無算，而蘊藻浜廟行鎮之役爲最烈。戰士前仆後繼，雖傷者猶裹創再起應敵，礮火日夜不絕，壕壘燬十六七，將士猶皆屹然扼守如故，其奇節如此。先後殉國者蓋與敵相稱焉。其間得歸忠骸者數千，其餘皆或碎於礮火，或掩於壕溝，先軫之元，不復返矣！滬戰既終，國人追念此忠勇健兒，捨身衞國之殊蹟，以今日開追悼大會於蘇州，四方來弔者肩摩而轂擊，其感動人心蓋已深矣。本報同人乃謹略次其事跡，而爲之贊曰：

嗚呼！中國自鴉片戰役以還，中間歷英法中日庚子諸戰，莫不大絀於敵，國勢遂以一蹶不振，彊土日蹙，舉國上下，皆偷安苟活而已。列強偶有誅求，執政惟有屏息聽命。晚近國由黨治，高唱毀不平等條約，擊帝國主義，而瀋陽事起，樞府乃不戰不和不守，至日人長驅而至，國家幾亡於俄頃。幸有忠勇健兒，投袂大呼，奮起殺敵，遂使天地爲之變色，舉世爲之震撼，而列強乃皆知中國猶有勇士，未可輕侮，漸易昔日鄙視之觀念，國中有貪廉懦立之觀，雖在婦孺，皆欲踵起而求紓國難，此其豐功偉烈眞足以

動風雨泣鬼神，而實堂堂華夏炎黃裔胄之起死回生之藥也。中華民國今後之新生命，發其端者，蓋皆受此忠勇將士之賜而已。嗚呼，巍巍五嶽，浩浩江河，我淞滬抗日陣亡之忠勇將士，雖不得悉歸壯骨，而一一建豐碑以彰殊蹟乎？而此名山與大川，乃其自然之邱墓，摩天之石崖，將永誌其奇節，而江水之滔滔，皆若含有忠魂之血，將以洗民族之大恥，以與天地共垂而不朽。嗚呼！蒼蒼之高，日月之明，我抗日陣亡將士之忠烈大節，實與蒼蒼比其高，而與日月並其明。國家民族，實賴於而永存！

戰壕之女

譯三月三十一日日本東京電日日新聞三月三十一日。日本東京日日新聞云：

海軍少將植松陸戰隊指揮官的苦心孤詣，我們國民（日本）是不得不永遠牢記着的。

「擁有那樣銳的武器，與世界無比的鐵甲兵，爲甚麼對於雇傭兵的烏合之衆

一樣的支那軍，全然沒有辦法呢？

這樣認識不足的非難，像手溜彈一樣從外國人，從日本人，甚至有時從中國人那裏，朝着植松少將亂投過來了。

磊落的將軍，對於這個非難，很明白地向我們解說了：『說那樣話的東西，太認識不足，我們也認識不足。中國方面呢？也是認識不足咧。喂，中國底一錢銅貨你知道罷，就是所謂『銅板』那東西呢。把中國的兵當作一個銅板吧，那末日兵就是十圓金幣了。你想怎麼能夠把十圓金幣去換一個銅板呢？就是誰也會太可惜罷。所以這裏的打算是想拿一個十圓金幣去換百來個銅板的，是很愼重過的呢。要是亂七八糟給他們幹的話，大約只要兩天就可以肅淸的罷。不過咧，戰局延長的眞的原因，還是中國兵意外地頑強抵抗了呢的確，很是努力地戰了，雖是我的敵人，然而是很光榮的。為什麼會這樣頑強地抵抗呢，說到這問題，這就是因為中國底國民，戰爭的目的和意義。若借你們的話說就是『觀念』這東西。很明顯地保有的原故。男的也好，

女的也好，都在抗日的敵意上，旺盛地燃燒着呢，……

「日本的女性雖然說是如何如何勇敢，可是往來於軍紀之前，或戰線的塹壕之中的人，還沒有過。然而中國的女性呢？她們這次戰爭中，非常地在最前綫活躍着，雖然是一種錯誤的觀念，可是她們是如何有着悲壯的決心和覺悟，在此可去窺見的。

「在江灣方面的戰壕裏，一位中國女人被拉出到人情將軍前原旅團長的面前，據她說是一個女學生，在激戰的一週間，約五十個士兵的事情，都給她一手包辦着：從飯食的料理，至軍服的補綴，暇的時候還要從事彈丸的搬運，以及傷病兵的看護，她簡直寢食都忘掉了，這也許是真的吧。她是像病人一樣衰弱着了！

「在嚴家宅的部落裏，像做過敵人的旅團司令部的一個民家中，拾到一個現代中國知識階級的女性所非常歡喜帶着的，美國式手提皮夾。那內容呢，香油，雪花膏，針綫，藥品，髮針，此外還有一册日記本。把這日記本打開一看，——×日跑到××旅長那裏唱了一會歌給他聽。——×日把彈藥××個搬到××地，——代替兵士們

寫了許多家信，——×日飛報了日軍白川大將的死信，我軍士氣俄然為之一振。——採集了蜂蜜到各隊分配。——大約是這樣的寫記着在戰線裏也養着蜂蜜麼，喂的一聲，把士兵們叫攏來，到處一找，果然，是飼養着。寫着『十九路軍的蜂箱』約有三十個在田裏排列着。閘北之敵完全退却了的傍晚，途遇着從前線來的拉着三個中國女人的日本兵，『怎麼的，那些女人？』向他探問時，他們在敵人逃走之後還留着，等到日本軍追來的時候，想去幹拉引地雷的電線這個勾當的呢。

吳淞砲台陷落的那天，我和蕭華君在這破碎微塵的吳淞部落裏走着。忽然，從半壞的家屋下面，一位斷髮的穿着中國軍服的中國女人很凶猛地跳了出來，隔着約十米遠之間，我們和她都停了脚步，暫時怒目相對着，像要用着滿腔的憎惡和可怕的迫力，朝向我們推押過來似的。她那種瞋目相視的樣子啊，『臭貨，這畜生，』我和蕭華君突然拾起一個轉落在脚下的炸彈，向她擲去。可是就這樣麼，她也沒有要逃走的神色，而炸彈不曾爆發。

我轉過腳跟，靜靜地退却了。我總想努力用着堂堂的步調走着，可是我的腳終於輕微地顫動起來了。

滬戰雜感九首

劉永濟

按此詩從對面着筆，猶古希臘伊斯克拉氏(Aeschylus)所作『波斯人』The Persians 一劇之寫法，而意亦同之。編者識

血濺黃沙不顧生，誓將忠義作干城，憐渠自詡兵無敵，一樣橋邊有哭聲！

(劉潛夫詩曰『身屬嫖姚性命輕，君看一蟻尚貪生，無因喚取談兵者，來此橋邊聽哭聲。』淞滬之役，我國戰士出死衛國，神勇精忠，舉世欽歎，而彼出無名，理曲氣竭，使誦潛夫此詩，不知當生何感也。)

月黑風嚴盡楚歌，紛紛貂錦葬淞波，扶桑少婦如相問，此即當年無定河。

(聞去年張宗昌客日京，婦人有誦陳陶隴西行，問張無定河在今何地者，

張答曰：咱家只知有灤河遼河，不聞有無定河。一時傳爲笑柄。）

萬斛樓船不載情，碧波重疊送君行，從今銀甲春風手，盡作離鸞別鵠聲！（聞日軍徵調時，軍士家屬送行者，皆牽衣泣下，不如日俄戰役時之壯烈。蓋其士氣先餒矣。）纔聞報捷詔書頒，旋見連橋素旐還，畢竟將軍能愛士，倘留白骨付紅顏。（日庭諱敗，卒報捷音，以慰其民，然傷亡之迹歸者，纍纍相望。橋上皆懸招魂喪旐，見者盡爲失色。）

聞道官家更點兵，一聲腸斷鐵車行，蛾眉宛轉車前死，難遏君王好武情。（報載日本三次增援軍登車待發時。忽來婦女數十百人，臥鐵軌間，阻車開行。卒被軋斃數十人而去。）

相公謀國亦忠貞，敗耗朝傳萬戶驚，歐浦波添僑婦血，出師猶用保僑名。（此次滬戰，日人以保僑爲名，出師六七萬。當戰端初開時，日軍令僑民組便衣隊，四出擾害，被我軍殲滅無數。婦人痛夫傷子者，多投歐浦而死。

驕將鄰封還黷武，諸侯壇坫正裁兵。權衡符璽皆資盜，始見南華憫世情。（滬戰起時，適日內瓦軍縮會開會之際，日本亦與會之國也，當世賢士，多嗤笑之。不知符璽資盜，莊生早概乎言之，不足怪也。）

萬刼胡麻不返身，那教猨鶴化烟塵，何因淨洗金戈氣，重見人間六合春。（淞滬惡戰，兩國傷亡枕藉，而其禍根則彼國軍人跋扈，於人民無與。倘若輩能及時悔禍，立釋兵戎，歸我失地，則我雖憤其強暴，爲人道計，當亦不欲深罪其民，以見我大國之風度。是有望於彼邦賢明之士者。）

我似盤沙志不齊，曾聞此語妄相詆，而今試看長江水，爲爾澄清萬斛泥！（昔聞彼邦某大學教授譏我國民性如沙，雖堅而難合。彼國民性似泥，如汙而實堅。余謂此語亦得半失半。彼民如泥，爲彼自知之明。我民則實水而非沙。水之爲德，和平廣大，柔而能剛，弱而能強。淮南數語，頗善形容。所不幸者，今吾之水，方停壅淤塞，或橫溢泛濫耳。滬戰既發，我以窳劣之器，與強敵爭，鏖戰逾月，而彼技殆窮。上海一隅，自貴婦至乞

烈。皆同聲響應，一致抗敵。雖曰民族思想之勃興，軍士衞國之忠勇使然。實則國民本性充滿於內，精神表露於外也。當國者苟能因勢利導之，則汪洋浩瀚之氣，無堅不摧。傅合汗泥，將如我何哉。是有望於我國人者，故以綴吾詩之末章焉）

續成滬戰雜感七首

劉永濟

卽墨存齊未可知，平原抗賊最堪悲，分明一着關全局，何事沈吟應劫遲。

（三月二日滬淞我軍全線撤退，實因瀏河後防兵力單薄。政府援兵遲到，敵到乘虛上陸，致苦戰逾月之功，隳於一旦，聞者莫不扼腕，至有泣下者。）

羽檄宵傳失左甄，前鋒萬甲尚乘堙，江南廟算無安石，莫罪軍中有婦人！

（淞滬軍之退也，瀏河後防被襲，牽動左翼。全線有包圍之虞。正面之師，尚據壕抗戰，固未嘗敗也。或謂有旅長王賡者，當戰事吃緊時，潛入租界外人旅社，訪其棄妻陸小曼。爲敵偵騎所獲，搜得我陣地防禦圖，知我軍虛實，故不得不退。

然政府苟能早遣重兵防守瀏河，則敵豈能一攻而下之哉。失機誤國之責，終不能爲政府諸公諱也。（編者按：本年三月十二日北平晨報第五版載有安石卽鄧之誠君所爲「後舊湖曲」卽詠陸小曼徐志摩王賡事也。吳梅村有鴛湖曲故題云後鴛湖曲。）

冲霄一擊氣如神，仗義纓冠豈爲身，寄語金閨莫哀恐，長留俠骨式華民。

（敵機六架襲擊蘇州，我航空郵員美人蕭特，憤其橫暴，駕機騰起，與之搏戰，卒以衆寡不敵，機墜殞焉。國人哀之，厚卹其家屬，且請留遺骸，葬我國土，永爲邦人矜式。）

猋輪電駛入江心，臨難從容最可欽，愧爾素餐尸位者，更留何面對蒼黔！

（日軍器械之至滬也，苦不得駕車輸送之人，大索居民，得胡阿毛者，善駕車，啗以千金，胡僞允之，將以駛入我軍。詎料日兵四人押之行，計不得逞。乃開足汽力，直入淞江，與械同殉。中外報章同聲嗟悼，謂爲民族英雄。嗚呼！此可以愧尸

位者矣。）（編者按：本節有劉異君「胡阿毛誄」可參閱。）

鍼寒翦冷不辭煩，一夜三軍挾纊溫，密縷暗滋嫠婦淚，開籠疑有粉香存。

（十九軍隆冬鏖戰，而每戰皆捷，國人嘉其忠勇而閔其苦辛。滬上婦女，爭縫綿半臂勞之，一夕至成萬襲。燕京大學女生，更爲編毛繩之衣，遠寄前線，其得人同情若此，孰謂吾民如散沙哉。）

擺倫雅詠哀希臘，屈子悲歌弔國殤，欲仗雄文起衰敝，可憐辭賦久俳倡！

（國難以來，政府文告，都無沈痛壯烈之辭。文士詠歌，亦少奮厲激昂之氣。識者謂此有二因，國力衰微，人心頹放，一也。白話流行，文體荒傖，二也。誦擺倫哀希臘之章，屈子弔國殤之作，不禁惕然憂復仇之無日，嗚呼！此誰之咎邪！此誰之咎邪！）

仲尼無父禹爲蟲，大聖玄言總鑿空，今日上邦文物盡，有誰流涕嘆爲戎，

（晚近學風，務反舊說，自命新奇。頹波所被，舉凡先聖典謨，可以行己立國

者，皆視為陳腐迂闊，誅掃而空之。於是禮坊大毀，人欲橫流。譎詐者得權勢，貪縱者為英豪，雖無外侮，已無以立國。一旦禍發，安得不倉皇失措哉，此今日之深憂大患也。失地辱國，特其必食之果耳。有心者要當於此三致意焉。）

第四部　別矣諸君，後會有期

行矣十九軍前途珍重（蘇州明報）

嘗讀唐人斷句云：「去違知已往違親，欲策贏驂歷遠巡，千里關山歸養志，十年門館受恩身。」深情一往，而令人盪氣迴腸，於邑不能自已！今十九軍奉命開閩，移攘外而安內，在十九軍固屬義不能辭，然東南民眾依依掩袂之情狀，似亦未可恝然不顧。是十九軍今日之處境，艱於唐人遠矣！乃觀其告別之言，則幽咽如巫峽啼猿，嘹亮如清空唳鶴，悲涼雄壯，直令閱者忽而悽愴，忽而感奮。蓋情文並茂之作，惟至誠至性者能之。十九軍之一往情深，雖木石亦將感化，況情意相符之東南民眾，能不感動於

衷乎！

雖然，十九軍自贛來蘇，吳人對之，初未嘗發生情感。而十九軍之於蘇地民衆，亦僅求盡其職責而已，未必知今日臨別贈言時，有此逡巡難舍，無限依依之景況也。『知君此去當回首，江南處處泣袁安』，眞堪爲十九軍詠矣。然而記者不情，竊以十九軍與民衆，此際皆非縈迴情愫之時，雖至性之行，哲人所許，然事有經權，須衡其輕重而后發。今之急務，莫甚於救國救民，救國之道惟攘外，淞滬一役，十九軍與第五軍起而力行，民衆從而援助，似於救國之道，得其轍矣。救民之道惟安內，匪共縱橫，閩民顚頓，則勦滅又安可緩。中央調十九軍前往，於救民之道，似亦無乖。故十九軍以盡職故，不得不去。民衆既挽駕未能，又安可泥以感情重增十九軍之悒悒乎！然則民衆將何以申其意，其事非難，即以贊助十九軍者，益加精結，以贊助共同抗日之第五軍，則內可安而外可攘，他日金湯鞏固，郅治光明，然後握手言歡，掬誠示愛，非優於作楚囚之相對乎！行矣十九軍，前途珍重！竹馬之迎，敢預代蘇民矢之。

模範軍調福建（上海時事新報）

十九路軍調駐福建，內定既旬日，隔昨始見軍事委員會命令，卽日開拔長征。行矣！可敬可愛之模範將士乎！諸將士爲國苦戰於淞滬，今乃遠離淞滬而南下，我人逆知舉國人民必興奮而刺激，尤知滬甯綫人民必依戀而感且泣。行矣！可敬可愛之模範將士乎！閩省同胞方陷於水深火熱之中，方延頸翹企以俟諸將士之爲之振拔，我人安得尼諸將士之行。行矣乎，諸將士！諸將士之行，我人安得灑滿眶熱淚，罄滿腔熱血以相贈！

模範將士乎！停戰協定已簽字，諸將士不獲自効於禦侮衛國之戰綫，坐視日軍從容引退，作戰東北，我人知諸將士之必深憾也！雖然，諸軍士之豐功偉烈，旣千古而不磨。不有諸將士之忠勇，何以轉移國際之觀感。曰此古國古民族，猶有生氣，大有人才，未可視如無物也。不有諸將士之抗戰，彼敵將四小時內佔領閘北之豪語，必證實

於一二八之翌晨，易幟於不流血之中，何來全世界之震撼。長此橫行滬南，控制淞口，囊中事耳是今日之所接收者，固猶藉忠魂碧血爲蔭庇也。不有諸將士之守土，將作城下盟於南京，滿朝兢兢，且不知如何屈服，如何喪權辱國，外有陸沉之虞，內有魚爛之禍，可斷言也。不有諸將士之愛民，顛沛流離之同胞必作時日曷喪之感，此其可痛，尤甚於外侮之亡國。諸將士所至能嚴紀律，故所至爲人民愛戴，諸將士亦知戰區同胞有口如碑乎？曰十九路軍之於人民，相親相愛，雖家人父子兄弟，亦無以過之，國軍若此，誰不愛國，誰不願與共死生！嗚呼，此戰區同胞之公言也。此德此功，有造於國家民族者，謂尤在殺敵禦侮之上可也。

模範將士乎！諸將士之忠勇抗戰守土愛民，昭若日月，千古不磨，既發揮模範軍之使命矣。當諸將士之苦戰淞滬以及退防次線，有數念也，縈迴我人方寸之間：國事紛亂，四海鼎沸，諸將士將何以處此？苟爭持而發生於政府與民衆之間，則又將何以自處？此一念也。對外作神聖之戰而後，對內在萬民敬崇之中，如何保持謙和勤奮沉

殺之寶貴精神？此又一念也。志不在爭地盤作憑藉，義不附權勢作爪牙，則今後何來補充？何地容身？何自給養？此又一念也。滬甯綫同胞，誰不願與諸將士長相處，誰不願盡心盡力任供應，然終老於滬甯，宜非同胞所以敬愛諸將士，亦非諸將士所自期許，況亦未必爲事實所容許。容許矣，我人竊所念念者，猶未盡解決也。言念及此，爲之氣短，而每見國內之糾紛，每見軍閥之跋扈，毋論同胞苦於兵，苦於匪之哀號呼籲，則又必有一念也。念及我模範之十九路軍將士！嗚呼，此豈我人之私念，又必爲舉國同胞所共念也。

模範將士乎！諸將士奉命入閩矣！閩中有賊民之軍人，有殘民之流寇，諸將士此去，必登閩省同胞於衽席之上，牛刀小試，游刃有餘，何足預祝諸將士之成就。我人徒羨閩省同胞之竟得托庇於諸將士而已。行矣乎諸將士！閩省不足大有爲，然局處海隅，涔離漩渦，亦未始非計；國內國際，前途茫茫，舉國人民之期待於諸將士者無窮無盡也！

第九章　日軍之殘暴及我國物質損失之統計

第一節　天地昏黑之暴行

我讀揚州十日記嘉定屠城記及洪楊之亂時被難者之私家筆記，常常髮指目裂，擲書大叫，以爲天地昏黑，是人類獸性的大慘現。不意，不意在這二十世紀一切進步的今日，號稱有組織有秩序近代文明國家的日本，居然在我們堂堂中華民國的領土內，幹出比揚州十日記嘉定屠城記所記述的慘酷更多至十倍百倍千倍萬倍乃至萬萬倍！哩日本是文明國家嗎？不信，不信，十萬個不信！

野蠻，慘毒，殘忍，下流，是日本鬼子十代相傳的道地貨色！上海一役，日本的紙老虎也揭穿了，我們所受的教訓也就夠了！哼，以血償血，總有一天要輪到日本的頭上的！

自一月二十八夜日軍啓釁以後，其祖傳的道地貨色，一時盡表現於我們中華人民的頭上，焚燒房舍，刼奪財物，奸淫婦女，屠殺人民，無惡不爲。南自北四川路閘北，北至吳淞大場以至於瀏河南翔，毒燄所至，死傷遍地，廬舍爲墟，財產蕩然，而婦女幾無一得善死者，窮凶極惡，滅絕人道，凡非人世所能忍之殘酷荼毒，而倭奴則盡行演作於吾人之前，此種罄竹難書之慘酷，世界上任何野蠻民族，無以過之！茲爲篇幅的關係，僅記其要，以示所謂文明近代國家之日本的眞面目。同時，希望我們同胞毋忘此不共戴天之奇恥大辱，誓死反日到底，則這筆慘酷的糊塗賬，總有和日本帝國主義者淸算的一天！

先記下奸淫的醜賬：

日軍恃虹口公共租界爲根據地，屢向華界進攻，因我軍防禦周至，未能一逞。日軍乃仇殺華人，慘酷備至。而於虹口一帶之女孩爲尤甚！一月三十日始雙方停戰期內，虹口難民，紛紛出險，日軍則多方留難，捕去不少。遺下女孩，在十幾以上者，多被姦汚死，十歲以內者，則用刺刀插入陰戶，剖腹而死！其殘酷的手段，實爲古今中外所無、據避難者言：北四川

路崇福里某姓家，遺下週歲女孩，被日軍捕去，用槍頭刺刀，插入女孩陰戶，舉槍搖曳，血流如注，旋卽斃命！又邢家宅子衖生某姓家十二歲女孩，被日軍圍姦，女孩且罵且哭，日軍大怒，亦以槍頭刺刀，刺入陰戶而死！如是者不勝枚舉，而日軍視女孩爲玩具，以刺刀刺入陰戶，見其流血，以爲賞紅，無不鼓掌大笑。咄咄！殘暴若此，日本是近代文明國家嗎？不信，不信，十二萬個不信！

又據虹口沈家灣逃出之難民言：其鄰居潘姓婦，身懷六甲，大腹槃槃，因艱於步履，不能逃出，被日軍所見，闖入其室，大肆強暴。婦哀免不得，竟致墮胎而死，其狀極慘。婦死後，該日兵卽不顧而去。日人每每宣傳軍隊如何如何的有紀律，啐！像這樣慘無人道，竟狗彘之不若，紀律云胡哉！

不但此也，還多着呢！女生黃含英，係廣東番禺籍，在閘北某女校肄業，一月三十日上午，偕同學方蕙貞朱淑芬等，行經六三花園，被日軍捕去。方朱二生，由日軍四十餘人，輪姦致死，黃則脫險。據其告人云：方朱兩人，亦廣東籍，以家鄉遠隔，寒假期內，仍留宿校中，戰事

既起，欲避免礮火危險，擬入租界，是日上午十時許，雙方適在停戰，她們僱黃包車，隨帶簡易行李，行經江灣路六三花園，適被日軍所見，突來四十餘人，如餓一般，將我等三人擁入園內，關閉一室。所帶行李，亦安置室內，門外有二日兵看守。當時無所動靜，見玻璃窗外，三五日兵結隊窺探，唧唧私語。約一點鐘時，一形似當差者，送午膳至，視之，則青叉魚三尾，飯三盂，置席上而去。我等斯時，心頭如轆轤擂擊，雖有嘉肴，何能下嚥，況此粗糲乎？約九點餘，送晚膳至，菜肴一如午膳。我等飢腸轆轆，勉食少許。少頃，一形似軍官者至，年可三十許，目光灼灼，向我等三人注視，操日語向我言，我不解所言，旋即挽我手，我知其非好意，退避者再，然終無可避免，卒被擕至另一房舍。該軍官向我作獰笑，余斯時插翅難飛，雖欲覓死，亦不可得。無何，一當差者即擕所帶之行李至，擲置席上，該軍官以手指余，其意似命我就寢，余低頭不語，彼即直前擁余，為余解除衣扣，余甚畏，然無可拒却，任其擺佈。既寢，該軍官似甚愛我，余斯時已非完璧，而憤怒則不可名狀，雖傾西江之水，不足以洗我恥辱。翌日，得其同意，於十點時，至前次被拘之室，探視方朱兩同學，則有日兵兩名，與之同臥，見余至，日兵

卽披衣而去，兩同學則血染被褥，不能動彈，視余若無甚者然，對余下淚，旋方同學低聲告余曰：自姊去後，卽有二日兵至，強我輩同寢，經我輩一度之堅拒，彼以刺刀加余頸，余畏懼忍辱，朱同學亦如之。與余同寢者，首先係一強有力之日兵，余受其蹂躪，疼痛難忍，然惟有暗中飲泣，不敢抵抗。過一點鐘後，該兵披衣而去，探視朱同學，則知其與之同臥者已另易他兵矣！余知該兵雖去，尙難幸免，正沉思間，突來二兵，爭入余之被窩，余大懼，然亦不敢出聲。自是此去彼來，絡繹不絕，而下部流血過多，已潰爛矣！方同學言已，不勝羞憤。時朱同學默不一言，神志昏迷，所受痛苦，一似尤有甚者！於是三人相對欷歔。至晚，余仍由形似軍官者領去，而方朱兩同學竟於是夕被辱身死！迨我軍一度佔據六三花園，余始被救出險。聞者皆髮指，撫慰之。黃生現居法租界友人處，已將被辱情形函告家長矣。

二月十七日上午十時許，虹口蓓開爾路大連灣路口，有一青年中國女子，衣服整潔，貌亦姣好，狀如學生，手持報紙，且行且讀，突有一日軍迎面而來，攔住去路，迫令脫去衣服搜查，女懾於淫威，不敢抵抗，將大衣卸下，解開旗袍。但日兵堅欲其解脫內衣，並須脫下袴

子，女羞澀猶豫，日兵立將剌刀挑開內衣，脫去其袴，女嬌羞萬狀，日兵意欲強行姦汚，但女誓死不從，日兵大怒，猛戳數刀，血如泉湧，倒地而斃，遂致赤身露體，橫屍路旁，其殘酷實令人髮指！

又有女生胡寶珩，係某校高材生，家住靶子路集賢里，日軍開釁後，方偕弟妹逃避，不料爲浪人所獲，捕入施高塔路日浪人住宅，先將弟妹殺害，然後對女施行暴行，女目覩弟妹之慘死，淚簌簌下，且恨浪人之無禮，更覺怒火中燒，遂直批浪人之頰，時則浪人三四輩來辱女，或執女手，或拖女足，或握女髮，或褫女衣，女輾轉於羣虎之下，卒以力弱被汚。但女則駡不絕口，誓與浪人不共天日。因此浪人大憤，遂以極殘酷之手段，使女死於非命！某日之夕，浪人剝女衣，反縛其手，分析其足，使直立草地上，用爆竹塞女陰戶，然後燃放，轟然一聲，爆竹直入女腹，五臟六腑，四分五裂，其死甚慘。倭奴手段之惡毒，誠駭聞矣！

二月十四日，有上海電話公司北分行某女接線員，於下午出外，路往同仁醫院，省視弟疾，行經東西華德路，爲日軍所阻，并施行嚴厲之檢查，勒令依次解去衣裳，比及褻衣，亦

令解去，女嚴詞拒絕，誓死不從。日兵獸性大發，頓時猛批其頰，執其髮，強曳之行，然女郎不之怯，竟與之抵抗，以致髮衣破，慘不忍覩，是時適有西人夫婦二人，道經其處，目擊慘狀，即趨前代爲解釋，詎日兵竟舉槍相向，不許干涉。兩西人雖不得要領，然心殊不忍，乃尾之行，比抵中虹橋附近，遇一某國商團團員，告以始末，該團員遂勸令日兵釋放，始得虎口更生。女郎旋即旋返公司，報告同事，皆爲髮指。夜深寢後，女郎忽自牀上躍起，大呼「去！去！東洋鬼，誓死報仇云！」咆哮呼號不已，雖經同事多般解慰，依然高呼不止，察其情狀，似受刺激過深，已獲神經病云。

有蔣三妹者，住吳淞徐家宅，係蔣珊珊之妻，珊珊爲吳淞冷作工人，早出晚歸，習以爲常。三妹年逾花信，薄具姿色，平日治理家務，頗以勤儉稱。夫婦之間，異常恩愛，家道小康，小家庭之內，融融如也。二月一日，實有倭軍十餘人入其家，時則風聲鶴唳，鄰居已遷徙一空，珊珊亦在滬找尋房屋，準備移徙。家中除三妹外，僅一三齡女孩，倭軍既至，遽行強暴，三妹係一弱女，安能抵抗，只得含垢忍辱，任其輕薄而已。無如倭奴慾焰甚熾，更迭奸淫，致三妹

神情頹喪，舉步維艱，事已，倭奴覺扶之而去。其三齡幼孩，號哭不已，匍匐跟隨，倭奴大憤，覺以刺刀刺死。三妹覩此親生骨肉，慘遭戮斃，痛不欲生。而倭奴則呼么喝六，擁三妹入兵車，抵糧米棧營部。日間則供其驅策，或爲洗衣，或爲縫紉，入夜則仍有日軍數人，輪流奸污。如是者越一星期，三妹因不堪凌虐，稍有慍色，致觸其怒，歷受鞭韃，以致體無完膚。二月十日，一少年日兵，欲白晝姦之，三妹力拒，日兵推三妹倒地，旣褫其褲，三妹仍抵抗，日兵大怒，乃舉槍將其左右兩腿，擊穿兩洞，然後推入河浜內，三妹忍痛，沿浜爬至新閘碼頭，遇一舟子救起，送入醫院療治。然傷勢頗重，恐有性命之憂。而其夫珊珊，得此消息，至爲怨憤云。

北四川路儉德公寓，爲日浪人子女避難之所，我同胞至四川路附近，不論男女，被日人拘捕者，多送至公寓中，男子則綑縛背立，以利刃向其身上剜花，如口操粵音者，則爲其所切齒，於是面上刺廣東二字，然後再加以慘殺。其殺死之方法，各各不同，遇能言語者，則先割其舌，數日後再處死。或則斬斷手足，或則割去耳鼻，使必盡痛苦，其慘酷不可名狀，婦女則一任浪人之姦淫，稍不如意，亦必凌遲處死。據在該寓逃出之某婦云：余被捕在儉德

公寓，已二星期，余之所以不死者，以事事順從浪人之意也。然此二星期中，同胞之被害者，不可勝數，目見一廣東少年，與日人略辯數語，即被割舌，數日後又割其鼻，少年尚未死，後刖其足，斬其手，然後槍殺之。又有一中年婦人，拒浪人之調笑，被浪人斫斷十指，昏暈數次，多日未死，痛苦難堪，又有少年女郎，貌甚姣好，一浪人強施暴行，女郎不堪，奮力抵拒，浪人忿甚，縛女郎手足，褫其衣褲，用鏹水澆入陰戶，致潰爛不堪，備嘗痛苦。又一女子，口操蘇音，豐致楚楚，亦不堪浪人之強暴，自縊而死。諸如此類，不勝枚舉。某婦並自承，能隨機應變，庶免於難云。

日軍在虹口勢力範圍內，見有中國女子，以檢查爲名，除解去衣服外，必迫令脫去褲子，因此愛惜生命者，只得唯命是從，任其調戲。間有守身如玉，羞人答答之一般女郎，往往以袴子之故，犧牲性命，在報紙所載，屢見不鮮。二月二十二日，有已經避出之青年女郎，意欲抵虹口周家嘴路，探視親戚，行至北四川路清雲里口，即被日兵拘住，令其脫去外衣，摸索久之，後令脫去袴子，女甯死不從，日兵即拖進里內，強將袴脫去，俄聞砰然一聲，女郎即

死於非命矣！

又有一廣東妙齡女郎，欲抵北四川路清雲里住宅，攜取衣服，行經二白渡橋北堍，卽有日兵攔住檢查，命其脫去衣袴，女郎一一如命，日兵將女郎衣服詳細檢視，歷半小時之久，女郎兀立其旁，寒風入骨，戰慄不可耐，向索衣服，日兵不理，復剝去其小衣，摸索又久之，女羞憤欲死，大呼救命。隔岸華人貯立而觀者，皆無法援救，敢怒而不敢言。少頃，兩日兵竟曳女郎入附近之某洋房內，歷二小時之久，而女郎之呼號，時斷時續，尚隱約可聽。結果，兩日兵先後出，而女郎則踪跡杳然。逆料枉死城中，又添此一小女之魂矣！

女郎王仁美，亦廣東籍，裝束入時，每於夕陽西下時，往來於北四川路一帶，狂蜂浪蝶，尾隨其後，不問而知其爲巫山神女也。滬變後，失踪久之，其家人疑爲遭情侶引誘，願作鴛鴦不羨仙矣。方登報招尋，突於二十日晨，有紅會隊員某君，在橫浜橋畔，見其屍體，橫臥橋之一隅，諦視之，卽摩登女郎王仁美也。王與該隊員有一夕之雅，是以辨認無誤，見其死狀，不禁惄焉傷之。於是拖入救護車，運送租界，爲之棺殮，現擬登報招領。據某君告人云：王女

本良家子，粗通文子，父曾入政界，沒後家道中落，女迫於生計，遂操皮肉生涯。然頗知自愛，與勾欄普通妓女不同。夜度資非十金不辦。平時裝束艷麗中寓雅觀，故王孫公子，趨之者鶩。此次被害，周身無傷痕，莫名真相，惟頭髮撩亂，身上衣服，紐扣歪邪，似係致死後，重行穿著者，袴中血跡斑斑，以意度之，必係倭奴輪姦致斃，蓋就近東方劇場中，駐有日兵，想姦斃後移屍於此者。某君言次，爲之悼喪不置。

據一死裏逃生者云：余於廿一日行經翔殷路，抵一村落旁，見有屍體壘壘，七橫八豎，列於道旁，數之共十一具，皆係青年婦女，斷頭折臂，血肉模糊，厥狀甚慘。惟下體均係赤露，陰處紅腫，以意度之，此類婦女，必住居於該村者，日兵到後，必係先受強暴，然後殺害，觀其下體赤露，實爲姦殺之鐵證。

某日老閘捕房送一被強姦之女子，至仁濟醫院療治，據女子自述被姦經過，聞之殊堪髮指。女子云：余王姓，名桂如，年十七歲，住江灣楊家灣一弄，曾受中等教育，父爲商人，服務於上海某公司，合家未及遷出火線。今晨十時許，突來日兵十餘名，勒索柴米，其時我僅

母女兩人；余母年三十八，方洗衣，見日兵至，不及躲避，將家中存米數斗，悉與日兵。日兵得米，逡巡不去，突入余之臥室，余方梳理晨裝，一兵即直前擁余，余情急呼救，余母聞聲馳至，向日兵婉言：我女年幼，不勘蹂躪，汝輩苟勿諒，請以身代，該兵即棄余就我母，余惶悖欲遁，無如爲另一日兵所阻，遂亦不免。一兵既去，他兵又至，余竟爲衆矢之的，雖我母見余受盡苦楚，願爲替代，而日軍竟一箭雙鵰，母女俱遭姦汚，今下部受傷甚重，步履艱難，此種痛苦，殊爲難受云。

殷行鄉某村朱姓女，小家碧玉也。二月十五日，日兵十數人，闖入該村，村中婦女，未及逃避者，均遭汚辱。朱女匿柴室中，以爲可以避免，不料日兵搜入柴室，即舉火焚燒，女駭極，遂從火中奔出，爲日兵所見，即遭拘捕，日兵四五人，擁女另至一室，持慾逞強。女奮力抵抗，且以手指抓破一日兵面，日兵忿甚，即拔刀刺女，爲另一日兵所阻，刺未中，而女則抱「與其被汚無甯死」的決心，於是又抓破另一日兵面，該兵亦忿甚，遂亦以刺刀戳之，血流腸破，女猶未死，日兵惡其貞潔，於血泊中竟強汚之！女漸漸氣絕，而日兵之慘無人道，眞達於

極點矣！

日軍侮辱華婦，慘酷萬狀，早爲中外人士所共悉。茲據廣東大戲院逃出之伙食伕所云，則尤令人髮指。二月二十五日上午十時，日兵由黃浦碼頭，刼來粵籍少婦二人，由一軍官略加詢問，即交給士兵，禁錮暗室，由各兵輪流姦污，致兩婦宛轉哀啼，聲達室外，事後，復以皮條繫其足脛，一絲不掛，雙雙倒吊於牆上，並燃洋燭，插入兩婦私處，不准少動，如洋燭墮地，即以刺刀剜其股肉，兩婦遭此酷刑，欲哭無淚，洋燭燃罄，兩婦私處，已成潰爛，而日兵始將兩婦釋下，復閉暗室，依舊輪姦，聞日兵相語云：二婦人之丈夫，係在十九路軍作官長，吾輩待之，當較易於他人云。

寇滬日兵，姦殺擄掠，慘無人道，中國婦女之被害者，已不可計極，而江灣爲尤甚！近來江灣路居民某姓婦，年約二十餘歲，以戰事猝發，未及逃出，連遭日兵無理威嚇，致神經錯亂，經戰區難民救濟會將其營救出險，車送亞爾培坊該會第一醫院醫治。至其病狀，則完全爲受驚過度所致，見人輒掩面狂呼『東洋人殺人！』以至無法詢其姓氏云。

夠了，已是很多了！上面所記均採自上海中外各報及私家眞確記述及被難者之口述，雖然爲篇幅的關係，不能盡記，然一鱗半爪，也儘夠認識倭賊猙獰的眞面目了！倭賊在上海的暴行，不但極人世之殘忍，天昏地黑，而且下流到萬分！茲再述一二事如下：

虹口蓬路日人俱樂部，爲海陸軍下級軍官集合之場所。近爲籠絡漢奸計，並收容漢奸在內。日浪人亦雜處其中，日與漢奸規畫擾亂我軍後防之計，日人並欲取悅我富有智計之漢奸，不惜自損其國體，選日僑婦女之有姿色者，供漢奸之取樂。日僑迫於淫威之下，雖恨入骨髓，然亦不敢抵抗。而漢奸之諂媚日軍者，亦率領浪人，強搶華婦，供之取樂。據俱樂部中逃出之華婦云：渠被拘旬餘，被日軍及浪人之蹂躪，痛苦不堪言狀。俱樂部中我國青年婦女八九十人，大抵作亡國順民，任其擺佈，一經倔強，立遭殺害。而漢奸更爲虎作倀，對於孱弱婦女，不時恫嚇，甚亦有遭其蹂躪者。二月五日，日浪人捕女子三人，豐姿綽約，體態輕盈；獻於軍官，數軍官無不眉飛色舞，以爲得此尤物，艷福無窮。無如此三女子中，其一則艷如桃李，凜若冰霜，被捕以後，雖然經軍士之威迫及浪人之恐嚇，和我國順從婦女之

勸導，終不肯屈。數軍官因愛其姿色，亦不忍加害，屢圖強行非禮，亦終不得逞。某夕，一軍官以紙幣一束，希圖利誘，女低頭不語，該軍官以爲女已入彀，笑逐顏開，命女就寢，女不允亦不拒，解除衣服，席地而臥。軍官更樂不可支，解帶寬衣，擬作入幕之賓，詎女死志已決，乘其不備，力握其勢，軍官痛極，然猶冀女之順從，不遽加害，而女則更進一步，以軍官遺下之刺刀一柄，猛刺其腹，血流如注，該軍官殊強悍，乃忍痛奪女刀，向女亂刺，女遂斃，而軍官亦受巨傷。女既死，日人憤極，將女戮尸萬段，委之垃圾箱中。至順從之兩女，在被捕婦女中，最爲美麗，軍官中爭暱之，馴至醋海興波，發生暗殺。此事日人諱莫如深，故外人鮮有知道。婦又謂渠之得脫，係一浪人所援救，言次若自鳴其手段之高妙者。

又北四川路橫浜橋北之東方劇場，爲敵軍特務處，中國失意軍人及下流社會甘作奸細者，日人多收容之。故該劇場內，實爲漢奸出沒淵藪。滬戰以來，日兵死傷無數，在滬日僑組織便衣隊，在前線作戰，因而畢命者亦日有所聞。以故在滬日婦，多失其所天，其哀哭之聲，時與隆隆之礮聲互相應和，可憐亦可笑也。自東京索夫閣之消息傳至滬上，而滬上

日婦，亦三五成羣，至東方劇場軍務處，向當局索夫壻。日軍當局百般撫慰，而日婦痛苦不已，相率不肯去。當局無奈，乃曰：此間男子纍纍，汝輩人盡可夫，何用悲悼。遂引領日婦，使就漢奸中自行選擇。日婦楊花水性，本無貞操可言，各憑己意，紛以吾國漢奸爲其夫壻。聞有汪鍾麟者，係前狗肉將軍部下之下級軍官，將軍失敗後，汪閒居海上，無事可爲，以私販鴉片，暫維生計，今則喪心病狂，夤緣浪人，在日軍充當漢奸，日以我國軍隊作戰故使，供獻日人，日人以其有軍事經驗，亦重視之。汪身材高大，儀表不凡，中某日婦雀屏之選，日婦係一有產之商人，汪既獲選，於是面團團作富家翁矣。日婦得新忘舊，恩愛逾故夫，汪乃醉心柔鄉，頓忘奸細職務，不至特務處者已三日。日軍當局，以其辦事不力，立予槍斃。日婦忿日軍之殘暴，日往劇場詬詈。日當局不能耐，出被捕之中國少年多人，復命日婦於囚犯中選所夫，日婦乃選中一廣東少年。少年係新自拘捕者，日軍以其有反日嫌疑，擬加以槍殺，但既爲日婦所垂青，只得寬恕其罪戾，以免日婦之纏繞云。

像這樣下流無恥的勾當，日軍層演不窮，這眞是人類的汚點！日本的女人，本是天下

有名的賤貨，日本的男人更是天下著名的敗類，當然除殘忍野蠻之外，而且還十分下流！最近，東北在日人操縱下的滿洲傀儡國，爲請求日本承認該國起見，由協和會特派少女使節于靜遠等十四人（滿洲人八日人六）赴日。這使我們意味到：這些被派的艷物，不但有她本行的用途，而且在外交上還可以用爲『遠交近攻』的。日本每次有重要外交談判時，女人就特別活動。前年日政府選了幾位妙齡女郞到美國去感謝救災，藉以聯絡邦交，美國人是歡喜日本女人的，果然大見功効，世界傳爲美談。又其前幾年，英太子到東京，日本當道爲敦睦邦交起見，特選派美麗的女明星伴寢，以鮮艷的肉獻給貴賓，當然可以躊躇滿志如願以償了！上次遠東運動會在東京舉行，日本當局又暗中嗾使妙齡少女吊我國選手的膀子，結果，不但我國選手大輸特輸，而且精已丟盡，生病回來，路都跑不動了！從這種種看來，這回日本在上海表現的下流，乃是其祖傳的道地貨色之反覆運用而已。下流的日本人，可以休矣！

日軍在滬無惡不作，凡其鐵蹄所到之處，無不變成人間活地獄！除恣意姦淫以外，燒殺擄掠，無所不用其極！茲略記之：

上海公安局五區三分所警長陳漢卿，於二月二日下午，被日軍拘去後經工部局之交涉，始得脫險，已面無人色。據其語華東社記者云：予服務閘北五區三所，自一月二十八晚，暴日進攻閘北，以戰責所在，致被日兵迫令繳械，擄至虹口日海軍司令部，幾被槍殺，九死一生，幸得脫離險境。不意復於本月二日，因公於下午七時餘，經過外白渡橋百老匯路口時，突被日軍便衣隊四人攔阻，任意檢查，以袋內藏有中山日記本一冊，致復被拘押於附近商店，時屋內已拘有三人，門外有日兵把守。約至深夜十一時許，復被便衣兵用布帶緊紮兩目，押登運貨汽車，行約廿分鐘，至一地，即迫登三層樓，樓上已先有我國同胞念餘人，即令登於一處，至此不見天日，遂無分晝夜矣！翌晚有日兵七八名上樓，又將令八雙目矇紮，迫登汽車內，開行約十餘分鐘，至一碼頭，下車入船底，方將紮目之布揭去，即令搬運白布袋，袋重百餘斤，外多血跡，捫之，似爲尸屍，尸袋上尙有號碼。工作六七小時後，即復以

布袋雙目，驅上汽車，稍有抵抗，卽予槍決，或以刀刺死，聞多，跳入浦江中求死者，故每於工作完畢後，回至樓上，輒有三五人不見，如此六七日。所恃以裹腹者，則每日僅發給黑色麵包三塊，生鹹魚一方耳。至電燈明後，約四五小時，卽迫令下樓，上汽車，至碼頭，下船工作，往來緊蔽雙目，至今尙未知所登之樓爲何處也。中間曾以鉛筆破紙作書，附以紙幣，上車時擲於途中，俾拾得者代爲馳報家人及長官。至昨晚（二月十日）工作畢後，汽車忽駛往捕房，同車者共二十九人，下車後，捕房人員，於訊問姓名以後，方得飲熱水一盃。迨天明六時，由捕房中人促上汽車，自楊樹浦駛至南京路口，令各人自由投家。當運屍時，曾留意於其布袋之號碼，計已至二千三百七十餘號。日兵對吾等時施毆擊，或則槍殺，初無絲毫人道之心云云。

有蔣俊廉者，服務於上海各日報，担任滬西採訪新聞，領有通行證，於二月三日上午十一時至虹口百老匯路，探訪親友，行抵外虹橋畔，突被日便衣隊攔阻搜查，當在袋內搜出通行證，指爲軍事密探，卽將雙手反縛，押送裏虹橋某馬路內日兵小隊部，少頃卽轉解

至蓬路三元宮日本司令部內。推進門後，立將蔣君雙目蒙蔽，經數日八略訊年歲籍貫住址後，將身上所佩訪員公會第一七號證章一枚及銀洋雜物，一概沒收。至當晚七時許，押登運貨汽車，解送黃浦碼頭，同行者約有十餘人，均牽在鐵礮船上，斯時，偷觀被難同胞已有百數十人，雙手反縛，蜷伏艙中，均血染全身，奄奄欲斃，臭氣四溢，令人欲嘔，船上派有武裝陸戰隊四名，日夜看守，嚴密監視，並向同胞任意凶毆，刺刀鐵棍，雙管齊下。至四日，被日兵押上碼頭，斬決或槍斃者，約四五十人，天昏地黑，淒慘萬狀。蔣君至此欲哭無淚，欲訴無門，惟不忍受日兵之慘殺，決計投河自盡。至五日午，日兵將其頭上所紮之布解去，提往岸上，蔣君自分必死，遂跟上碼頭，以小便為由，縱身河中。詎覓死不得，仍被日兵撈起，嚴加訊問，簽以四十五號表記，押回船中。是時飢寒疼痛，集於一身，萬分難受，惟有聽之天命，任其擺佈而已！檢視艙中，祇剩八十五人，餘已為刀下鬼矣！至六日下午，又將此中二十人，提去慘殺，至晚七時許，始得工部局預備部，將被難同胞六十五人，悉數救出，車送齊物浦路工部局內暫住。經西探長裴白華總巡各立齊，殷勤招待，給以飲食，一面請紅十字會趕速醫

治，始得保全身命。至九日下午，蔣君安然返家，但兩手反縛四晝夜，手腕潰爛，渾身青腫，雖得慶再生，而已備嘗痛苦矣。

二月六日下午，有自楊樹浦逃難來滬者，經過匯山碼頭時，目覩一日船上，有華人七十餘名，被日兵將雙手反縛，兩目以白布紮住，或以手鎗轟擊，或以刀割耳鼻，受害者大喊救命，號哭之聲，慘不忍聞。日兵將華人刺死後，或推入浦江中，或推入船艙中，其慘無人道之行為，實為近世所罕覩云。

大美晚報云：本報總編輯於禮拜一往江灣視察情形，一路所見，不能使人無動於中。以前每見江灣賽馬之盛況，而是日所見，則一片慘毒而已！眼中所見跑馬場入門處皆死屍，皆目擊立刻猝死者，日軍所發官報，常謂死者為暗地放槍之人，或是奸細，其是否不能辨，然其中有婦人童孺在焉。婦人彈從背後穿入，所着棉衣，為軍刀刺透數重，兒童滿身為子彈所射穿。鄉裝衣服之人，積屍於地，血染地面之上，此曹皆非穿軍服者，婦孺皆非穿軍服之人，日軍司令部與日使署皆以便衣兵目之，且力指其為便衣兵，孰能辨其是非。日本

人又言：日本海陸軍非對中國人民開戰，非對中國政府開戰，且非對中國政府之軍隊開戰，僅對廣東所來之十九路軍開戰，然則此輩橫屍於路渠之中國老幼男女，皆十九路軍之兵士矣！人已死矣，焉能起而問之！屋宇被焚者比比，往觀者且目擊其被焚；日軍焚燬屋宇之技精極，連一根火柴亦不妄施！跑馬場看台之下，有禁餘之屍體在焉，一屍滿身塗油，焦黑而仆於地，其他纍纍者，看台之下皆是也！登台而觀之，台上有日本步兵一隊，方預備開至江灣鎮，與中國軍隊作肉搏之戰，從台上遠望鄉間房屋，火勢方熾，紅光熊熊然，僥幸火裏逃生者，亦爲日軍所俘獲。日本軍官對一所捕鄉人一揮手，使之面對日光，此軍官驟出雪亮之軍刀刺鄉人，深入其體，而其人倒地矣！一人之後，又後一人！復有一可愛之童子，爲日兵解脫其縛，強按於雙屍之上，面俯地下，當其仆倒之時，日兵六人之手槍齊發，自背而下，彈痕纍纍，鎗聲停，鎗彈罄，地上之人，初尚轉側，旋卽不動，而第二人又來輪值矣！目見如此，手足俱顫，於是遂行，誠不忍更睹云！

又大美晚報云：德人皮克夫婦，英人克利恩，又愛理斯夫婦，與其兩童，皆寓虹口花園

對面林肯里，陷於戰區中五日，歷盡驚險，至星期二始行逃出。據謂：日本軍隊突攻閘北，致令彼等無機遷避，雖曾請諸日當局，而毫無效果。屢圖逃出，非爲便衣日人暴衆所阻，即爲日水手以槍刺逐回，星期二日，因隣宅起火，彼等遂決意於死裏求生，急取可攜之物，冒烟奔出，行至日人防綫，舉手而行，是時不知生命能否可保也。幸遇一日友，始得脫險。皮克會由其本國領事囑其勿以一切情形告知報館，故不肯洩露其窗中窺見之慘狀。克里恩尙未晤其領事，故在星期三晨，曾述其五日中所見慘事一二，聞之令人心酸。克里恩之言曰：滿街死屍縱橫，餓犬爭噬，犬集甚多，致不能見屍，吾人聞槍驚之，但犬仍不散。吾人見黑影蛇行入一室，縱火，室中華人由烟中奔出，即遭擊斃，死屍橫地，有男，有女，有孩童。對街有一華人商店主婦，抱一嬰孩，正欲離店，即遭擊倒，次日視之，猶緊抱其孩，臥地呻吟，遂由吾人之華僕趨出，舁入一室，而照料之。吾人行時，母子尙生。華人欲圖移屍去者，輒爲日人用來福槍與機關槍轟擊，致死屍當街，任令羣犬聚噬。日人非常殘惡，遇見華人，咸殺之，或棍擊，或槍戳，或彈殺，即孩童亦不能倖免。某外人曰：余認識行暴日人中，有上海義勇隊日本隊

隊員數人，彼等服務於銀行商行，往日余曾與之有商業接洽，彼等亦識余，見余攜行李躑躅避開危險區域，向余作種種非笑，諸外人寓虹口多年，華人從未與之稍起齟齬，當日變起，外人甚感糧食缺乏，鄰居華人，多冒險送米肉等食品救濟吾人，且送煤炭以供取暖之用，其盛意殊可感也。七外人離家之時，為附近諸屋濃烟所包，故彼等皆信所有產業，今已悉付一炬矣。（編者按：此係第三者純客觀的言談，已十足的表現出日人之兇惡與中國人之仁慈，兩相對照，究竟誰是野蠻？）

甬人蒯增福，年三十二歲，住居虹口廣東街，自閘北方面發生戰事後，未及逃出，祇得蜷伏屋內，至本月二日下午四時許，突被日兵破門而入，押至日本小學校內，直至六日始得工部局派員前往救出，眞所謂虎口餘生，據云：余（蒯自稱）自被日兵拘至日本小學校時，同胞之被押在內者，約有三四十人，迨至傍晚，陸續被拘者共有一百餘人，先由日兵逐一將余等手足綑縛，並用白布（約長三寸）條，上書號碼，扣於各人胸前，余係第四十一號，被押一宵，至翌晨押登卡車，解送至匯山碼頭，將各人拋擲於預停之大鐵駁船上，斯

時被難同胞，均倒臥船中，監視之日兵，時用鎗柄刺刀亂擊亂戳，任意兇害，於是血流淋漓者有之，遍體鱗傷奄奄垂斃者有之，並有年約八九歲之小孩，啼哭大呼父母者，悽慘萬狀，匪筆墨所能形容。至四日上午，又被日兵押同登岸，日兵聲言，概須鎗斃。當時被難同胞，均知死在眉睫，有十數人即乘間投入黃浦江，詎余被日兵拖上岸時，胸前所扣之號碼布條，忽然遺失，並不押上汽車，余已魂不附體，呆立岸畔，見各日兵紛將胸有白布條者，押上汽車，運去槍決。（地址未知）惟余因無白條，並不押去。約逾半小時許（時被難同胞已裝去，）忽然另有二日兵仍將余押回船中，又陸續被拘至船中者，約有六七十八。其時余已久失知覺矣。且痛苦飢餓，更無所覺。直至六日下午，始由工部局派員到船救起，車送捕房，七日上午始得釋回云。

江灣八沈生介，昨晨六時半，伴送鄰婦朱洪氏到仁濟醫院，醫治槍傷，據朱洪氏向人泣訴云：前日倭寇數十人破門而入，聲勢洶洶，勒令交出銀錢，其夫已早故，祇有婆媳三人，何來錢財，日兵拷打不遂，翻箱倒籠，搜刼良久，仍無所得，遂將老幼禁閉一室，放火燒屋，瞬

即烈燄飛騰，一家行將葬身火窟，乃冒險衝倒牆壁，匍匐而出，日兵即開槍亂擊，朱洪氏之六歲孤兒，五十三歲老姑朱張氏，及其妯娌朱王氏悉被擊斃，尸皆投入火中。朱洪氏面頰亦中一彈，仍忍痛匍匐而逃，屢奔屢踣，踐踏尸體而過，半日後，到達一竹園，始遇鄰人伴送來滬，言念家破人亡，肝腸寸斷，聞者亦爲下淚。

二月二十日午後二時，有廣東大戲院被難逃出之李國富丁桂榮二人，至中國新聞社聲稱，彼等於二月十五日被捕，先拘至日本小學日軍司令部拷問，打手指印後，由日兵押送至橫浜橋廣東大戲院內，有紙牌一塊，上書「華人拘禁處」華人之被拘該處者甚多，與我等同室者約百人，時遭日軍痛毆，頭破血流者數十人，地上鮮血淋漓，腥穢之氣，撲入鼻官，令人欲嘔。每日上午九時，每人發冷飯團一個，至下午四時，又發一次，其中觀瞻較好，穿西裝之漂亮少年，雖無抗日證據，亦必加以殺害，我輩所居之隔室，即爲殺人處所，每日槍擊聲，呼救聲，哭泣聲，必有數起，據先被拘之同胞言，我國上流社會之人士，在該院慘死者，至少在二三百人左右，又謂：我等被捕僅五日，目覩被殺同胞，已有四五十人云。

又有鄭統一君，供職於北四川路底某食品公司，據其語人云：當一月二十八日之夕，日軍向天通菴附近進攻時，余適在公司，意欲翌晨逃避，不料翌晨該公司被浪人闖入，將余擒至阿瑞里日本小學內，入門後，許多如虎如狼之日兵，不問情由，各以拳脚或槍頭刀頭木棍皮帶等亂打，並詢問口供，余以實對，當時有一日兵，將余之衣服撕破，衣袋中銀錢什物，悉被取去，是日不得飲食，入夜不得睡覺，如欲睡覺，則日兵立以槍頭亂擊。尚有其他被擄同胞，凡七八十人，內有少女數人，同樣受日兵之慘酷待遇。凡衣學生裝或西裝者，更嚴厲敲打，如搜出有義勇軍及抗日會任務證據，立即推出草地上槍斃，門外殺人之聲，不絕於耳。又見一女同胞，明眸皓齒，正在妙齡，被擄來後，日軍任意侮辱，狀甚猥褻，不可逼視。女欲自縊死，屢被日兵所阻，依舊強行非禮。又有一女同胞，內急難忍，因手足被縛，不能動彈，遂向監守之日兵，要求暫撤，日軍置之不理，該女同胞不能再忍，於是在被綁處大小便；同時，另一女同胞發生同樣情形，以致斗室之中，屎尿狼籍，臭穢異常，被另一日兵所悉，復以槍頭向兩女亂刺，立時血流滿地，昏暈不省人事，後復被槍殺。越數日，一浪人語余曰：汝

能酬我百元，我當帶汝返租界。余以無款對，被其向頰上猛批兩下。幾又有一日浪人來巡視，似與余相識，細視之，則係某公司附近之日本居留民平日慣往購買食品者。余遂詳述被擄情形，懇其設法放出，該日人以余確為殷實商人，遂向日軍保出，始獲脫險云。

日軍攻江灣時，迭遭失敗，沿途遇有老百姓，不論男女老幼，被捉即行綑綁，擊集一處，以機關槍掃射，慘殺甚夥。當進攻孟家宅敗退時，益更慘酷，對於附近之中年婦女，先行輪姦，然後以刀斷其四肢，或割傷各部，聽其在地上輾轉呼號，其慘狀有非筆墨所能形容者！有孟姓婦，產未及旬，被日兵強姦，已成癱瘓，日兵臨行，又斷其足指，現由紅十字會救護，送入寶隆醫院醫治。據醫師云：該婦受創甚重，雖無性命之憂，而已成殘廢，無可救藥。至孟家宅全村男女均被屠殺，所餘僅孩子三人云。

大陸報記者曾於二月二十三日晨，隨二西人記者至江灣一帶視察，目覩日軍屠殺我同胞慘象，歸而述其所遇，謂江灣民衆，幾無一倖免，日軍之殘暴，已可概見。據云：車抵江灣時，見附近民房，業被日軍焚燬一空，且有五六處尚在延燒者，烈燄騰空，為狀至慘。道旁

屍體，縱橫排列，均爲我哀哀無告之江灣民衆。男婦老幼，莫不具備。有屍體被劈爲半截者，有頭部分裂，腦漿溢流者，慘狀不忍卒覩。女子服布裙，伏尸道旁，就余所見，已在二百具以上，想見日軍之殘忍。又遙見獨輪小車二百餘輛，滿載軍火，奔馳道上，車夫均爲我苦力同胞，衣服背部，畫一白圈，手臂纏一白布，亦有特殊暗號，余即詢以被日軍捕去經過，車夫反問曰：你是中國人嗎？余唯唯，車夫即熱淚奪眶而出，謂：我們做工也是死，不做也是死，簡直人間地獄，白天僅給一頓麵包，晚間則數十人拘留一室，手臂均以鐵索交互鎖住，以防逃脫。備用時，極爲客氣，且派兵保護，但不給一錢；不用時，或人浮於事時，任其高興，即一槍了事！我們生命，朝不保暮云云……

自戰事延長，戰綫擴大後，人間活地獄之慘劇亦愈演愈廣，罹難者不獨閘北江灣等處，而鄉村之嘉定太倉等縣亦莫不浩罹慘刼，即如殷行鎮而論，就有如下一段記載：

自滬戰發生後，殷行鎮居民，以爲地處鄉僻，不至波及，是以遷避少，距自二月十日後，該處即陷於恐怖狀態中，大批日軍，突然闖入該鎮，分頭滋擾，毆人索食，殺刼姦

淫，無所不爲，小巷頭宋姓家二女一媳，貌僅中姿，於二十一日午夜，被日兵破扉入室，輪流姦污，事後復拘至哨兵船上，姿意姦淫，歷三晝夜之久，二女已被姦斃，媳則受傷甚重，被日兵推入浜內，匍匐逃歸。其他青年婦女，無一幸免。間有因強姦不遂，婉轉悲啼於刺刀之下者，亦不在少數。壯年男子，則被其拘去，強迫至前線工作，稍不如意，即遭痛毆，或竟斷送於砲火之下。其慘狀與地獄無異云。

如上所述，均爲千眞萬確之事實，人間活地獄之森羅氣象，躍然紙上，茲再錄兩段事實于後，以爲本節結果，國人閱後當不知將作何感想？

日軍侵佔嘉太寶諸縣，屯重兵於瀏河以來，橫暴殘忍之兵士，姦掠燒殺，無所不用其極。住居瀏河新鎭之外科醫士何少章，爲人豪爽，擅辭令，生兩子亦皆能紹箕裘。長子何元奇，爲著名西醫，次子何元明，爲民黨人物，歷任縣黨部委員，及上海市黨部職員。鄉民中有爲日軍作嚮導者，日與日軍週旋，即進讒言於日軍，謂何家爲國民黨員，平日宣傳抗日甚力，盡除之以絕禍種。日軍然之，即蜂擁至何家。時元奇元明昆仲

均已逃避他處，僅留其父少章守宅。日軍搜索書室，果查得反日宣傳，及打倒帝國等書籍，即將少章綁至老鎮司令部，赤其全身，以利刃割其肉，至千百塊，少章痛極而號，就地亂滾，在痛無可忍之際，竟將堅硬之街石猛噬，成為碎粉，如是垂一晝夜始卒。而街石之為其嚙成碎粉者亦多至十餘處，其慘狀令人不忍睹。而日軍則猶鼓掌以取樂。聞元奇元明驟聞父耗，竟為暈厥，現決投筆從戎，誓死殺敵，為父報仇也。

茲有張某者，昨由嘉定避難來錫談，嘉定自我軍放棄後，日寇遂派軍佔據，余(張自稱以下倣此)即乘間逃逸，暫避鄉間，身旁僅攜小洋六角，家中物件，未及攜走。嗣因聞悉日軍有准許人民搬物之訊，故即回家探望，但見家內之門窗戶闥，以及一切箱籠物件，大部份已被搶掠殆盡，值錢者一無所存。破壞桔椅，則拆作燃料，一生心血，已悉燬於倭奴之手。適時鄰人來訪，告知日軍入城後居民搬去一空，不意倭奴狡詐異常，忽下准許搬物之令，民衆所以懼於倭奴獸性，不敢遽返。嗣以第一日貧苦居民入城搬物，果然通行無阻。第二日遂有一般中等居民回家探望，日人仍不干涉。至

第三日民衆已深信不疑，紛紛回家，於是日寇即下辣手，而嘉定浩刼，亦於此開始。蓋日軍自第三日多數居民入城後，突下閉門之令，派有武裝獸軍，四出搜捕，凡居民年少面白之男子，悉予槍殺，年青婦女，則捕去後。任意強姦，甚至數人連姦一次，或一人連姦數女，總計被姦婦女，不下數百人之多。姦淫後，復逼婦人赤裸全身，日寇將銅鈴數串，繫於婦女之耳間乳峯，然後取皮鞭痛笞其臂，婦女痛澈肺腑，婉轉號泣，慘不忍聞，而每一蹤跳，則乳上銅鈴聲響大作，獸軍竟以爲笑樂。我嘉定婦女之受此毒刑，不知凡幾云云。

第三節　損失一瞥

自一二八夜日軍開釁以後，無日不肆其毒焰，轟炸也，燃燒也，屠殺也，搶刼也，奸淫也，種種暴行，滅絕人道，上面所記，不過僅萬分之一罷了！而我國所受之損失，無一不是日人滅絕人道的暴行之結果！損失之浩大，當然非筆墨所能形容。更不能作全般的記述，無已，只好先作一瞥之見，以爲部分的記述，閱者就在這一隅的記載裏也要驚心動魄的吧？

先談教育：

關於務育事業的損失，申報教育欄有一篇一二八後的上海教育事業，記載頗詳，玆擇要介紹於下：

新大陸左翼作家辛克來，在他批評美國教育『鵝步』一書，開頭刊着這樣的一段話：『如今千百萬的少年在學校讀書他們是我們民族的命根，是我們國家未來的柱石。假使他們受到健全的教育，國家便會安甯而偉大。不然，一切的一切，就難有希望。』的確，教育是救國建國的最基本的事業，任何人不致否認的。國家的民窮財盡，不是眞貧，靑年兒童沒智識，才是眞貧。日人的堅甲利破擊沉了吳淞閘北，上海決不破產。獨吳淞閘北文化機關的滅絕，上海眞要破產。日軍似乎也看淸這層，一二八滬難暴發後，敵人蹤跡所至，學校，圖書館，書坊，無不受其蹂躪。這種損失是什麼東西都贖不回的。我們且揩乾眼淚，忍住傷痛，爲一二八後上海教育界算一筆賬吧：

人口傷亡

二十年度學校曆規定，二月一日係第二學期開始，各級學校將近上課的日子。恰遭滬難。有的學校因熱心教育，認眞辦學，打算補足上學期學生爲了東北淪亡而罷課所缺的學業提早開學，所以多數學校的教職員相率到校，學生聯袂入學，他們準備度那打鐘上課搖鈴下課的安定的教書與讀書生活，萬想不到敵人的槍礮炸彈，驚醒他們的好夢，連『最後一課』也上不成。縱然，事先聽得風聲吃緊，聰明的智識階級，自會挨入民衆隊裏如蟻般的喬遷，但畢竟學了政府抱着『鎮靜』態度一無舉動的也不少。於是廣東中小學男女師生流離失所，崇德女子中學校長行蹤，要煩行政機關四面打聽。商務編輯所李石岑稱病脫險，沈百英挑了小難民的擔子出奔，上海法學院的一千四百七十三件行李不翼而飛，各人自己性命難保，誰還念及立國之本的教育事業。謹愼的人們，學着古人『小亂避城大亂避鄉』的垂訓，遂厭棄平日萬衆心營目注的上海，紛紛的高唱歸去來辭而退轉內地。

然而回不得家鄉，見不得爹娘的員役學生，又怎樣呢，只好像沒國籍的白俄般

淪落，只好像雞鴨羊豕般的任人宰割。記者留意報載或友朋的報告，於戰區內一百三十七學校中，調查出各級學校人口的傷亡的情形，謹述於次，東吳大學學生周某，持志大學學生姚勁飛，東吳二中教務主任趙敵七，廣肇初中舍務主任黎伯伊及其二個兒子，東南醫學院校工江大，持志附中校工楊阿大女僕王氏，廣東初中門房潘阿發校工陶阿大等，都死於非命。大夏大學學生四人，（聽說今由日司令放回二生）交通大學工廠技師譚便，（住北四川路大德里）暨南大學學生楊賢文，楊伯仁，陳德華。南洋高商學生王永鎮，三育初中教師張啓侯，修德小學教員蔣時敍及其家屬六人，清白小學教師江聖治，德國家爵學校張根松，張亞根，白鵝繪畫補習學校職員方雲鵬等，至今尚沒下落。受傷的有中大醫學院監醫院學生陳化東，藝術專科職員陳時道，學生馮合浦馮抗爛；崇德女中之西教師馬女士，南洋高商職員吳靜璵等。還有很多的校工受傷的受傷，失蹤的失蹤，閱者看到這不辭消息，除咨嗟怨讟外，更有何種反應。

學校遭劫

日軍的槍礮如有慧眼，往往看中了學校，凡鐵騎咆哮的區域，青年兒童埋頭絃誦地方，多為全部校產葬身之所。假使你向戰區裏走一趟，不由你哭不出淚來。一處一處的斷垣殘壁，一堆一堆的瓦礫灰燼，無非是壘壘的文化坵墓。辛苦締造的有數年有數十年。今則同遭浩劫於一旦，現在把各校全部毀滅掉的製表於次；

全部資產被毀學校

高等學校

校名	如何毀壞	損失總額	校址
中大商學院	焚燬	一百零四萬七千元	江灣
勞動大學	搗毀及焚燬	八十餘萬元	江灣
持志學院	縱火焚燬	七十萬元	江灣
上海法學院	縱火焚燬	三十五萬八千六百元	江灣

中國公學	礮彈轟炸及縱火焚燒	一百五十八萬六千元	礮台灣
同濟大學	大礮飛機炸毀	一百二十萬元	礮台灣
藝術專科	縱火焚燬	七萬一千二百九十元	江灣

以上七校損失五百七十六萬二千八百九十元。

中等學校

校名	如何毀壞	損失總額	校址
吳淞商船	轟炸	九十六萬五千六百元	礮台灣
水產學校	砲彈轟炸	二十五萬元	礮台灣
市北中學	縱火焚燬	二十四萬三千九百五十元	閘北
南洋高商	縱火縱燬	二十萬元	同濟路
滬北初中	延燒焚燬	一萬二千四百九十元	虬江路
持志附中	縱火焚燬	八萬元	江灣

道中女中	焚燬	一萬七千元	
廣東初中	焚燬	十六萬五百元	北四川路
惠生助產	飛機擲彈	五萬元	大場鎮
立達學園	轟燬	三十餘萬元	立達路
吳淞中學	轟炸及焚燒	六萬元	吳淞鎮
民生初中	縱火焚燬	二萬五千元	北四川路

以上十二校，損失二百三十六萬四千五百四十元。

嘉興路旦華中小學現在剩了幾根絲的柱子，他們的損失，尚未查明。

初等學校

高等學校和中等學校全部被毀的已如上述。初等學校實因恆河沙數，短時間難能一一的整理，即使小心翼翼地核算，多方面的探查，亦難保沒遺漏。爰將知悉的，說一個梗概，截止到革命政府紀念日，屈指計算，已有二十四初等學校完全遭劫。如

西橫浜路盧濱小學，香山路惠風小學，嚴家閣路聖保羅小學，寶山路教養小學，承志小學，永興路建成小學，天通菴路三民小學，同濟小學，礮台灣北灣小學，江灣北新浜橋小學，江灣東嶽廟東江小學，殷行鎮殷行小學，青雲路香山路甯波同鄉會第七第九兩小學，寶昌路曉東小學，寶興路尙公小學，民成小學，寶通路牖民小學等等，損失總額達四十萬六千餘金。他如補習學校方面，有德國家禽學校和白鵝繪畫補習學校，也難逃劫運，二校資產損失，約四萬五千金。

一部分資產被毀學校

——暨南中大醫學院損失最大——

上列的四十五校已成焦土，全軍覆沒了。此外八十二校，其中有的僅存空空如也的校舍，有的祇剩支離破碎的校具，有的一部分完整一部分百孔千瘡了。茲將元氣比較損傷厲害的各校報告國人：一，暨南大學損失八十二萬四千三百元，二，東南醫學院損失七十八萬五千四百元，三，中大醫學院損失五十五萬六千六百元，四，建

國中學損失三十六萬元，五，東吳法學院損失二十萬元，六，愛國女子中學損失十三萬零三百元，七，復旦大學損失十萬元，八，新民中學損失八萬餘元，九，復旦實中損失六萬餘元，十，滬北中小學損失四萬六千元，十一，東南女子體育師範損失三萬三千九百五十五元，十二，育清中學損失三萬五千元，十三，東吳二中損失三萬一千五百五十三元，十四，安徽中學損失三萬一千一百十二元，十五，青年會中學損失二萬零五百五十元，十六，朝陽小學損失二萬元，十七，廣肇初中損失一萬九千六百元，十八，惠生助產第二院損失一萬七千六百元，十九，正華小學損失一萬一千八百元，二十，中國女子體育師範，二十一，兩江女子體育師範，兩校損失合計近五萬二千零五十八元，總計二十一校損失三百四十一萬五千八百二十八元。

自然，被災的學校，何止此數。以記者搜集的結果全都和局部遭刼的至少初等學校在八十一所以上，損失額達二十九萬四千餘元。中等學校在三十所以上，損失總額達一百八十六萬七千餘元。高等學校十六所以上，達八百六十一萬七千餘元。

總計學校遭摧的達一百二十七所，資產損失爲九百七十七萬八千元以上。

教師失業

教育是爲着人生，所以教育是神聖。然而從前一般穿盔甲的着黃馬掛的將軍老爺們，常把教育看作一件毛大的不關重輕的事，將培植一國莘莘學子的紙墨書籍費，不惜供給那桃紅柳綠的去充臙脂水粉費，小學教員的收入，抵不過小官僚的聽差，中學教員的進款，抵不過普通的汽車夫。但先生的門面，先生的長衫，都免不了的，對朝庭要寬容，對大人要逢迎，對政客要聯絡，對紳士不敢得罪，結果終於因欠薪而索薪，但憑你聲嘶力竭看作亡國滅種一樣大的去爭，終歸無效。革命政府成立後，教育看重得多了，可是教師們啼饑號寒的消息，各報仍時有披露。

上海市教師的俸給雖優於內地，畢竟開銷大，生活高，寅吃卯糧的，甚至已届卯時，寅糧尚未吃到的，比比皆是。學校受到這次殘踏，教師不致奄奄待斃的幾希哩。下邊是各級學校的教師數和失業數，據市教育局稱：公私立三十三高等學校中，原有

教師二千三百三十二，公私一百二十五中等學校中，原有教師二千七百九十三，初等學校公私總合七百七十四校中原有四千八百六十六。眼前知道各級學校失業教師爲二千三百九十六。其中高等學校計五百四十一，佔原有在職教師百分之二十二，中等學校計六百六十三，佔原有在職教師百分之二十四，初等學校計一千一百八十二，佔原有在職教師二十七。從這個失業的數目上，可推知今日一般坐冷板櫈的長衫朋友所處的境遇。

至於被災教師各個的行李，書籍，著作，心愛物，紀念品等等的損失，記者無從打聽，祇好略談一二個例子，作本章的結束。例子如下：周季藩君執教愛國女中，他是研究國學的，平日好金石書畫，一二八夜，經過不少的難關，才得出險。留校的家當中，存着比鴉片烟貴重的印泥，寶玉彷彿希罕的石章，以及十稔來從事著作的將成未成的一部中國文字學。這是歷年的心血，出任何代價買不歸的，而今都成了夜間的幻影！

英文作家周越然，歷年搜藏的英文文學等全部書籍，暨南大學南洋文化研究部劉士木所有研究南洋文化的珍藏，考古學家張鳳幾十年來覓到的考古材料古磚，古瓦古鼎，化石，甲骨等等，易培基的古玩碑帖祕本各件，都付諸烏有！一個人總有一個人的生平愛物，這愛物踏破鐵鞋走遍神州費了畢生精力找不到的，往往所在皆有，經了無情的萬惡的砲火洗劫後，不知有幾千百人唏噓嗚咽，終身們抱着悵觸，懷了說不盡的滿腔怨憤。失業，不久或有復業希望，失了生平無價之寶的愛物，心靈上將永久的受創，這個深邃的創痕，再也沒什麼能安慰了。同時，對於文化前途又倍增一重打擊。停戰協定簽了字，可曾忖到萬衆無量的損失，準備作何種交涉，以慰庶民？

文化坵墓

往昔提起東方圖書館，大家總喜氣洋洋地伸出大姆指讚一聲說：「這是東方唯一的智識寶庫。」如今提起東方圖書館，衆人的臉上油然地反映出心中的悲劇，

全國收藏最富，善本最多的私家公開圖書館，已葬送於「上海之圍」的槍林彈雨中，已緊隨着一九三二年的春風去了！「天長地久有時盡，此恨綿綿無絕期，」國人國人！其記之，其深記之！這文化坵墓裏究有多少物質的價值，請聽下列的清單：

（甲）房屋　九萬六千元

（乙）書籍　二百一十五萬二千元

一，普通書（平均三四本合訂一册）

中文二十六萬册　十五萬四千元

外國文八萬册　六十四萬元

圖表照片五千套　五萬元

二，善本書

經部 二百七十四種 二千三百六十四册
史部 九百九十六種 一萬零二百零一册
子部 八百七十六種 八千四百三十八册
集部 一千零五十七種 八千七百十册
購進何氏善本約四千萬册
一百萬元

方志 二千六百四十一部 二萬五千六百八十二册 十萬元

報章雜誌 二十萬元

三，目錄卡片四十萬張 八千元

（丙）生財裝修 二萬八千二百十元

總計損失 二百二十七萬六千二百十元

社教被災

在文盲遍野的中國，社會教育是何等的重要，不幸的很，一二八以後市立的補

習學校，中心二所普通十七所，悉數停辦，八百七十餘學生隨之無書可讀，私立補習學校，共有三百餘所，計學生一萬五千，半數亦告結束，市立的中心民衆學校二所，獨立民衆學校六所，附設民衆學校四十四所，學生逵二千餘，亦宣告一律停歇。私立三十餘民衆學校，十五校無力維持絃誦中輟，市立圖書館二所，不得不暫請鐵將軍看門，私立圖書館三十餘，被焚的化作春泥了，幸存的則「十叩柴扉九不開」了，巡迴文庫，市教育局辦的二輛，暫行中止，市商會辦的迄今復活巡迴。

像這樣的國家，上海市居然創設一個「市立理科實驗室」，眞的已費九牛二虎之力，這個鳳毛麟角的機關，剛巧設在敵人大本營的狄思威路天同路口，因此房屋破碎了，儀器毀壞了，用具受損了，主任范鳳源的鋪蓋行李，不翼而飛了，損失約四千元光景。然較諸打成一片瓦礫的，敵人對於理科實驗室，總算優待得多多！

更嚴重的，橫浜路鴻德里八號「上海市武術研究社」，所有的房屋儀器圖書文件等一切財產，遭了回祿不算，四十八會員（約會員全體之半）失蹤不幾，三會

員被毆遍體受傷，夫役一名被害後，屍體無存，咳，哀莫哀於亡國之奴，如今國未亡，而哀甚於做亡國之奴，請問這種損失，這種奇恥大辱，憑什麽來賠償？

北四川路底中華學藝社爲國內著名的學術團體，該社社員大半爲留日歸國之士。自九一八事件發生後，他們對於救國工作，進行甚力。敵人恨之刺骨。此次敵既犯滬，其海軍第二司令部，係設於該社對面。閘於一月二十九日，敵海軍司令部曾遣海軍及浪人多人，破門入內，搜索搗毀，旋即貼敵人海軍司令部封條於大門而去。二月二十二日，我軍進攻北四川路底，敵軍於退却時，縱火將該社焚毀。查該社所藏專門圖書甚多，約値二十餘萬元，社員寄存專門圖書約値十萬元，此外所存社員交來村印之著作稿件數十種。又該社秘書社會教育專家馬宗榮十數年來所搜集之社會教育專門書籍千餘册，均成灰燼，誠我國文化上之又一大損失。

教育事業如此，其他更可想而知，即如以商務印書館而論，工廠編輯所等等全部被毀，除有形的直接損失一千四百萬七千二百九十四元（若與東方圖書館尙公小學校合計，

則爲一千六百三十二萬五百零五元）可資報告外，其他如全部工人的失業，全部職員與編譯員的失業，以及廣大文化界知識分子依靠商務印書館賣文爲生的落業，如是等等，更無法計算了！我國文化事業向落人後，惟賴全國唯一的大書坊如商務印書館者供給全民族智識之糧食，而今都被倭奴的無情彈火吞噬殆盡，我們每念及此，對於中國前途，不勝悲痛與徬徨。偉大的中華民族呀，將往何處去呀！我編至此，眞要落淚了！

更有不能已於言者，開戰以來，學校關門，工廠停閉，上海百餘萬之工人，幾半數失業，此種失業無告之勞苦大衆，其所受損失，更憑什麼去估計？其所受流離失所的痛苦，更憑什麼去解除？至於私人方面的損失，更不知多少？僅與中國文化有關者，就有如下之損失：

易培基江灣居宅及藏書被燬

前農鑛部長易培基氏，平常守不居租界主義，曾於江灣水電路建築居宅及藏書樓一棟，計三層大小房屋三十餘間，易本世家，氏平生酷愛書籍金石字畫，三十年來，收羅豐富，此次日戰猝生，除運出少數書籍外，尚留有書籍字畫碑帖衣服等項，約

三百餘箱盡付一炬，據該區警察及該地土着工人云，我軍本月一日午前退去，日兵午後，即佔據江灣，旁晚即有日兵率便衣隊數十人侵入該宅放火，並焚易宅弄堂房屋十棟，總計居宅及藏書等項，損失約値十餘萬兩云。聞易氏藏書宋元明舊本甚多，精抄本殿本亦不少，碑帖字畫磁器佳者尤衆，此次損失關係吾國文化實非淺鮮，玆探得損失單，照錄於下：三樓大洋房一棟，三層共三十八間，花園亭子，又弄堂一樓一底洋房十五棟，共五十餘間，電燈電話自來水管俱損失，書籍二百零七箱，內有宋元本七種，精抄本四十餘種，明刻本四百五十餘種，殿本五十餘種，碑帖一千三百餘種，內有明拓二十餘種，故宮銅器拓片二百餘種，磁器七箱，內有明磁及乾嘉磁四十餘件，銅器三十餘件，內有楚宮鐘及漢鼎彝弩洗十七件，六朝唐造象十尊，元權四石器十三件，內有漢石經十三方，魏唐墓志三方，魏唐造象四方，雕漆器二十四件，內有明嘉靖大餅四屏風二，嘉靖小餅六，小盒八，乾隆大餅二，小盒二，衣箱七，內有貂皮男袍一，狐皮灰鼠十四，其餘棉夾單衣及雜件二百餘件，器具生財三百餘件，內有全棟水

汀美國油木全屋椅棹長几，以上各項，盡成灰燼。

張鳳博士之古物損失

暨南大學代文學院長兼圖書館長張鳳博士，於一月二十九在梭村寓所倉皇出走後，數月以來，稍聞大聲，即患心悸，張氏愛好古物，二十餘年來積存不少，此次日寇，寓所一切，全部淪陷，近氏於本月六日九日兩次設法至寓所，悉已蕩然無存，計其損失清單，古物一項，有一百三十餘月之多，計數四千七百五十餘件，價值不貲，據張氏稱述，內古錢最多，但無特著之品，而石鏃銅斧等物，頗有著述上之印證，其『多兄母』一鼎，足以反證時人『多父多母』之說，其『子』鼎足以證子為『孚』字，始建國注水區，已見著錄，傳為國器，其埃及甲蟲珮印五十餘件，去歲在明復圖書館展覽，見者稱美，又埃及巴比侖等古文書刻石家等，頗為國內藏家所少見，又張鳳字典底片及民衆識字標準諸稿，皆為氏在五六年來著述，張氏於此項古物及著作悉數損失後，形氣阻喪，然猶曰『古物無時不在消滅，歷史無時不在增加，此次閘北損失

一十六萬萬元，購得十九路軍之抵抗戰史民衆毫無怨恨，反見十分興奮，亦殊爲値得。

劉士木藏書盡燬

日軍犯滬以來，我國文化事業，多被摧毀，損失甚鉅，教育部華僑教育設計委員會委員劉士木，藏書甚富，尤以關於南洋問題者爲多，此次均爲日軍焚刦殆盡，殊爲可惜。劉氏專攻移民殖民問題，以硏究南洋文化教育爲終身事業。二十年來，萃其心力，搜羅關於南洋美洲各國文字書籍，不下五六千册。南洋各屬精細地圖三百餘種，博物標品十餘箱，歷史地理物產風俗以及人種等類珍貴照片五千餘幅，剪報資料二百餘巨册，編成文稿八十餘部，舉凡關於華僑問題，及吾國向海外發展之移殖民問題，各種參考資料，無不應有盡有。且多爲絕版本，如日文南洋叢書，自東京大地震後，日本書店已絕版，又如日本台灣總督府與東京南洋協會所出版之禁賣品，南洋叢書，劉氏均極力設法託人羅致，備爲國人參考。此次暴日入寇，閘北劉氏寓所，適在

寶山路東方圖書館附近，當一月二十八夜戰事發生，劉氏適在寓所，因處於火線，二十九晨方脫險，而臨行匆促，致未能攜出，其後因奔走營救日軍捕去之華僑，未能顧及寓中書物，迨本月一日，十九路軍撤退後之第三日，劉氏得住居鴻興路之友人報告，目擊該宅於二日晨為日軍便衣隊侵入，刦去書籍數只，幷放火將劉寓焚燬，各種文化品及諸友寄存書籍，均付一炬。此亦文化界之浩劫，對於南洋文化更有莫大影響，注意海外文化者，莫不為之痛惜云。

至於在戰區以內之損失，更是觸目驚心，無法記述，昔日繁華之閘北江灣吳淞等區域，今均一變而為瓦礫之場，生命財產，蕩焉無存，我們若一臨戰區憑吊，更焉得不始而欷歔嘆息，繼而涕泗橫流耶！我們對之流淚尚且不暇，那裏還有心情描寫其損失狀況！而且，事實上，除一片白土外，一無所有，則此種損失，當然無法描寫。江灣區被難同鄉會對於江灣燬屋曾作如下之調查，但該調查極不正確，茲錄之，以見一斑而已。

江灣燬屋之調查

江灣區被難同鄉會成立後，卽行着手調查該區人民戰事損害，茲聞該會調查結果，已登記者共計二千四百六十四戶，其間房屋被焚成炸毀者，計大街二五八戶，一八一五間，萬安路五七戶三一一間，河灘路二二戶一〇七間，新市路三八戶，六四一間，車站路二八戶一五八間，北浦路二五戶一〇七間，北弄一五戶七三間，市溝路一五戶四九間，公安路三〇戶二一〇間，奎照路三五戶一四〇間，以上鎭集部分，共計五二三戶三一一一間，又北鄉七六四戶二三五四間，東鄉二七八戶一一九一間，南鄉一二四戶三七三間，西鄉一四二戶五一〇間，以上鄉村部分，共計一三〇戶四四二九間，兩共一八三一戶七五三九間，平均每間建築費以五百元計，其損失共為三百七十六萬九千五百元，聞該區全燬，共有居民六千六百餘戶，此項統計僅及三分之一。

又戰區農村損失調查如下：

戰區農村損害之統計

、毀屋萬三千間，值達四百多萬，
赤貧戶口增加至十幾萬以上。

本市吳淞江灣各區，自經一二八兵燹之後，所蒙損失，實難數計，現上海市戰區復興委員會，對於復興計劃，復興款項，業已積極進行，開會討論，亦已多次，該會對於農村損失，業已調查完竣，茲將統計表二份照錄於下，庶亦爲關心戰區農民生計者所需要也。

戰區農村房屋農具及家畜損失調查表

房屋

區別	間數	值銀	農具	家畜
吳淞	二一〇〇間	四二〇〇元	一三〇〇〇元	八一〇〇元
殷行	三九八間	一五九二〇〇元	五六七四元	一一三五二元
江灣	一〇〇〇〇間	二〇〇〇〇〇〇元	二三〇〇〇元	二三〇〇〇元

彭浦	四二八間	一二五二五〇元	九二四八元	八六八元
引翔	八六二間	一二六四三二〇元	八六四五〇元	九五八〇元
真茹	一一〇間	二二〇〇〇元	六一〇〇元	一〇〇〇元
總計	一三八九八間	三九九〇七七〇元	一四三四七二元	六一九〇〇元

戰區農村貧戶及赤貧戶人口一覽表

區別	貧戶數	赤貧戶數	貧戶人口		赤貧戶人口	
			大口	小口	大口	小口
吳淞	五一六	四二八	一六三三	六二六	一一一九	七一三
江灣	三四五	三九三	八八五	六一一	六六二	五一五
殷行	六一六	二一六	一七八三	一一七六	六三八	三四八
彭浦	三六八	三三九	一一八六	八七七	六一八	四三九
引翔	一〇一三	二六五二	三六一〇	二六四八	八一一八	五二二五
真茹	一四〇〇	二二〇〇	四二〇〇	二八〇〇	六六〇〇	四四〇〇

總計	四二五八	六二二八	一三二九七	八七三八	一七七五五	一一六四〇

除上表外，我軍因後援不繼，而爲戰略的撤退之後，日本獸軍的鐵蹄更踐踏了我廣大的農村區域，我國的物質損失更大，以致於更無法統計！同時更因日便隊四出活動，加以浪人漢奸流氓之助暴，無惡不作，而我國之損失更不貲，如眞茹我軍退出後，即有日便衣隊十餘人，在暨南大學足球場，召集漢奸流氓三百餘人，分途向近郊各村落出發，當時各村富戶即被刼一空，尤以金利宅及東窰巷兩處爲更慘。除財物被刼外，復拘去壯丁數十八，並將觀音堂房屋焚燬，同時即在麗川浜一帶放火，四鄉村莊，均遭蹂躪，便衣隊及漢奸更四出活動，婦女之稍具有姿色者，無一倖免，遙望四鄉火勢，已不下四十餘處，可謂慘矣。然而此種情形，豈僅眞茹一處而已耶？又如我軍退却匆遽，各方民衆之全部慰勞品貯藏於眞茹暨南大學倉庫及南翔倉庫者，皆全部爲日本獸軍所得，以民衆心血結晶之物，盡以資敵，殊覺痛心！再即如汽車一項，亦臨時倉惶不及開回，除極少數在滬者外，全數百餘輛，盡以資敵，損失已在十萬元以上。嗚乎，遑論其他！

統計事業，在中國尚未發達，極爲幼稚，向無一項有正確的統計，即如人口統計一項，至今還弄不清楚，其他已可概見。此次上海因日軍進攻而所受之損失，因範圍太大，內容複雜，公私直接間接有形無形之損失，因報告及調查者之不同，而所爲之統計亦異，如日文報載此次上海事變，據美國人調查所報告，謂閘北虹口方面被害工場之損失，約值一億七千萬元，失業者約十一萬人云云，此種統計，殊非實數，一望可知。其實我方所受之損失，奚止此數，日文報云云，顯見有意亂造，企圖卸責。最近上海市商會呈行政院請速籌救濟淞滬戰區損失辦法文云：「查淞滬損失，僅就已向社會局等三機關合設之戰區損失登記委員會，填表登記者，已達十六萬萬之鉅。……」可見十六萬萬之數，係暫時估計之數，實際並不限於此數。且填表登記之辦法根本不能作爲正確數目之根據，戰區大多數受損失之人民不全家死於礮火及獸軍屠殺之下者，必轉徙流離而爲餓殍，何來填表登記？即倖有存者，亦大多數不識字，何來填表呢？或識字而因道途遙遠而不來，或因他故而不

登記，亦屬可能之事，所以此十六萬萬損失統計之數目，同樣的不足靠。

在這樣統計困難與無法統計中，編者欲製造一個正確的統計，不問而知其爲困難更甚了，無已編者只好根據中央統計處，上海市社會局教育局兩路管理局招商局及公私各團體所發表之各種不完備的統計資料，另爲一種不完備的初步統計，聊備社會的參攷，至於完備的正確的統計，編者希望我國的統計專家或統計機關早日製就，給我們以改正。

上海戰事中我國物質損失統計表

(一)先介紹中央統計處之損失統計如下：

上海自被日軍侵犯以來，損害浩大，準備統計，最爲需要，中央黨部統計主任，兼代國民政府統計局長吳大鈞，最近來滬，向各方調查，並編成上海市區內滬變損失初步估計統計，茲採誌於下：

說明　此次日軍侵佔淞滬附近之面積，達二一四一方里，將兩倍於上海市，惟嘉定，寶山，太倉等縣屬之區域，因交通阻隔，無法報告，且無舊案可稽，估計亦所不能，故調查頗需時日。茲先就上海市政府管轄區域內（包括閘北吳淞江灣眞茹引翔殷行彭浦及南區特區等）所受損失，作爲初步估計。餘俟調查齊全時，再作更詳備之統計。至本項估計之材料，悉係根據各機關之報告，以及各方面主管長官，依照原有紀錄，加以相當之估計。

（1）全市損失可以數字形容者，達一、五六〇、〇四九、八七一元。

（2）全市被侵佔之面積，約四七四方里，受直接損害人民達一八〇、八一六戶，八一四、〇八四人，佔全市人口之半數（四五%）其中死亡者六、〇八〇人，受傷者二、〇〇〇人，失蹤者一〇、四〇〇人。

（3）財產被侵佔區內住戶財產價值八、〇〇〇、〇〇〇、〇〇〇元，損失十分之七，房屋價值二四〇、〇〇〇、〇〇〇，損失十分之八五，全市財產，受直接與

間接損失之價值，達七八八、一七三、四九二元。房屋二〇四、〇六九、四三八元。

（4）學校被侵佔區內停頓之學校，計大學及專門一〇中學三一小學一九二，失學之學生三九、七三五八佔全市學生四分之一，計大學及專門六、二八六人，中學六二、八二八人小學二七、一六七八人，輟業之教職員三、一〇七人佔全市教職員三分之一計大學及專門一、一六六八中學七五一八，小學一、一九〇八被焚炸或駐軍之學校計大學及專門一〇，中學一七，小學四九，被焚炸之資產達一、六八二、三九〇元，佔全市學校資產三分之一，計大學及專門一二、二九四、七三六元中學九五七、二一一元小學四三一、四五三元，本市教育機關團體因滬變而全部停頓，亦受損失，尚未計入。

（5）工業被侵佔區內，有工廠五七家，佔全市工廠四分之一，其中受損失者過半數，計六七、九九一、八七四元，全市工廠受直接與間接損失之價值，達九七、一五一、二八七元，此數僅就已有報告者計算，全數必不如此，全市工人，因事變而失

業者達十分之八，僅紗棉廠失業之工人，已達二五〇、〇〇〇人，其因失業而損失之工資，每月三、七五〇、〇〇〇元，如半年後復工，則損失二二、五〇〇〇、〇〇元。

(6)商業，被侵占區內有商店一二、九一五家，受損失者達十分之七，全市商店受直接與間接損失之價值，爲五九八、一三六、〇七四元。

(7)金融，全市銀行與錢莊營業，因事變而減少十分之八五。

(8)交通，被侵佔區內鐵路損失之價值，達一六、八九三、三一七元，計佔全路資產十分之四，計路軌與建築，損失一、九三五、五〇〇元。機車與車輛損失九八九、〇三〇元，器具與設備損失一〇、九七四、九一三元，材料損失一、七九一、四一八元，營業損失一、二〇二、四五六元，被侵區內道路損失達一、三〇〇、〇〇〇元，橋樑損失二〇〇、〇〇〇元，全市輪船堆棧與轉運公司之營業損失達一〇、〇〇〇、〇〇〇元。

(9)公用事業，被侵占區內公用事業之損失達一、七四二、〇二五元，計水

電損失一〇、二一二、〇〇〇元，電氣損失一五〇、〇〇〇元，電話損失二五三、八〇〇元長途汽車損失一二六、二二五元，被侵占區域以外公用事業之損失，達六一〇、〇〇〇元，計電氣損失四三〇、〇〇〇元自來水損失一八〇、〇〇〇元。

（10）治安設備，被侵占區內公安設備因事變而損失者，達五四〇、〇〇〇元。

（11）財政，市府收入因事變而減少十分之四強，實減二二一、二八六元，計田賦減少百分之二一，契稅減少百分之二四，房捐減少百分之八一，車捐減少百分之五三。（中央統計處製）

以上合計全市損失逾十五萬萬元。人民損害計十八萬戶強，死傷失蹤者一萬八千人。

（二）再介紹上海市社會局之損失統計如下：

上海戰事損失估計表：

北區

(甲)住戶(一)財產損失計四八六、六七一、一六九・五二。(二)間接，計七九、二六〇、八八三・三六。合計五六五、九三二、〇五二、八八。(三)棚戶計六〇三、九〇〇・〇〇。以上三項，共計五六六、五三五、九五二・八八。

(乙)商店(一)財產損失一二八、五九三、九〇九・六〇，(二)間接損失，一八、九五四、二五八・四〇。合計一四七、五四八、一六八・〇〇。

(丙)房產(一)直接損失計二〇一、一六六、六六一・〇〇。(二)間接損失，計一、九七二、二二二、〇〇。合計二〇三、一三八、八八三・〇〇。

(丁)工廠(一)直接損失計四五、三二七、九一六・〇〇。(二)間接損失，計二三、六六三、九五八・〇〇。合計六七、九九一、八七四・〇〇。

北區總計九八五、二一四、八七三・八八。

南區

(甲)住戶，計一七、五六八、一〇二‧六〇。

(乙)商店，計一六一、九二五、一九八‧〇〇。

(丙)房租，計九三〇、五五五‧〇〇。

(丁)工廠，計五、六二四、六五七‧五〇。

合計一八八、〇四八、五一三‧一〇。

特區

(甲)商店，(一)公共租界，計一九三、三九六、二〇八‧四〇。(二)法租界，計九五、二六七、四九九‧六〇。

合計二八八、六六三、七〇八‧〇〇。

(乙)工廠，計二三、五三四、七五五‧七五。

以上三項總計三一二、一九八、四六三‧七五。

統共計一、四八三、四六一、八五四‧七三。

（附註）（一）本估計表以各區受災之輕重，分爲直接受災區與間接受災區，直接受災區（北區）爲閘北，引翔，殷行，吳淞，江灣，眞茹，彭浦等市區，間接受災區（南區及特區）爲滬南，漕涇，法華，蒲淞，浦東等市區，及公共租界法租界。（二）直接受災區所受損失分直接（或財產）間接兩項，估計間接受災區，僅計其間接損失。（三）本表僅受住戶商店房屋工廠四項估計，至於交通事業學校公團，政府稅收，金融疲滯等直接間接損失，均未計及。（四）住戶商店之家數，根據市公安局二十年十二月份戶口統計，（五）特區商店之家數，根據本局商號調查。（六）損失以統一調查處收到報告表平均計算。（七）房產以市財政局房捐推算。（八）工廠之家數及資本，根據本局工廠調查。

以上合計我損失逾十四萬萬。

（三）又再上海市教育局關於學校損失之統計：

（一）

被災學校數	全市學校總數	被災學校佔全市學校百分數

初等學校	一九一	七七四	二四·四
中等學校	三六	一一五	一八·八
高等學校	一一	三三	三三·三
共計	二三八	九三二	二五·五

（二）

	被災學校資產損失	全市學校資產總數	被災學校資產損失佔全市之百分數
初等學校	七九六、一九二元	六、一八八、八八一元	一二·七
中等學校	二、三二一、五七一	一三、二四四、八六〇	一七·五
高級學校	七、一七四、九七八	一三、三七七、五三九	五三·六
共計	一〇、二九三、七四一	三二、八一一、二八〇	三一·四

（三）

	被災學校失學學生數	全市學生總數	被災失學學生占全市百分數
初等學校	二七、七四八	一一六、七三九	二三·八
中等學校	六、二八一	二八、七八四	二一·八

高等學校	五·九〇〇	一四·三二四	四一·二
共計	三九、九二九	一五九、八四七	二四·九

(四)	被災學校失業教職員數	全市教職員總數	被災學校失業教職員占全市百分數
初等學校	一、一八四	四、八六六	二四·三
中等學校	七八〇	二、七九三	二八·〇
高等學校	一、〇五七	二、三三二	四五·三
共計	三、〇二一	九、九九一	三〇·二

以上合計被災學校共二三八校，占百分之二十五，財產損失達一千萬元，占百分之三十一。

(四)又，市報教育欄內一二八後的上海教育事業一文，關於學校及文化團體之損失統計與上述有出入，茲又介紹之，以便互相印證：

(一)	被災學校數	全市學校總數	被災學校佔全市學校百分數
初等學校	八一	七七四	一〇

中等學校	三〇	一二五	二四
高等學校	一六	三三	五〇
合計	一二七	九三二	一三

（二）

	被災學校資產損失	全市學校資產總數	被災學資產佔全市之百分數
初等學校	二九三、一四八元	六、一八八、八八一元	五
中等學校	一、八六六、七〇三	一三、二四四、八六〇	一四
高等學校	八、六一七、五七五	一三、三七七、五三九	六六
合計	一〇、七七七、四二六	三二、八一一、二八〇	三二

（三）

	被災學校失學學生數	全市學生總數	被災失學學生佔全市百分數
初等學校	七五、四二八	二六、七三九	六五
中等學校	一四、九七三	二八、七八四	五三
高等學校	七六、四五	一四、三一四	五三

合計	九八、〇四六	一五、九八四七	六二

（四）	破災學校失業教師數	全市教師總數	破災失業教師佔全市百分數
初等學校	一、一八二	二、三三二	二七
中等學校	六六三	二、七九三	二四
高等學校	五四一	四、八六八	二三
合計	二、三九六	九、九九一	二四

（五）	死亡數	失蹤數	傷害數
初等學校	〇	一九	一一
中等學校	九	四	五
高等學校	三	九	四
社教機關	一	四八	一〇
合計	一三	七九	三〇

（註）上表人數包括教師學生及員工，復旦，中公法學院三校人亡傷未表。

（六）

	被災社教機關總數	被災機關資產損失
圖書館	一	二、二七六、二一九元
書坊	五	一四、〇六七、三九四元
學藝社	一	三〇〇、〇〇〇元
理科實驗室	一	四〇〇〇元
合計	八	一六、六四七、五一一元

（註）學校圖書館未曾列入

（七）

	全部被燬學校數	全部被學校損失總額
初等學校	二四	四〇六、〇二〇元
中等學校	一二	一、三六四、五四〇元
高等學校	七	五、七六二、八九〇元

補習學校	二	四〇、三六一元
合計	四五	六、五七四、八一一元

從上列各表中，文化團體所損失的資產，統計二千七百四十二萬四千九百三十九元，學校圖書館以及小範圍的圖書館暨普通的社會教育機關。一則他們自己沒報告披露，二則記者於短時間內，不易各各的查明，祇有付諸闕如，至個人的文物犧牲，尤其一時無由着手統計，容待來日再談吧。

以上統計文化團體資產損失逾二千七百四十餘萬元。

（五）上海市公安局發表其江灣閘北吳淞消防損失如下：

會址房屋	四一、四〇〇元
辦公用具	二三、六二六元
救火警	七四、二〇〇元
幫浦汽車	一三四、九二〇元
皮帶捲車	一九、七二〇元

梯及車頭	一七、八〇〇元
藥滅火機	四、二〇〇元
出水皮帶	九八、二八〇元
救火用具	二八、二三四元
四季制服	五七、七五〇元
隊員雨衣	四、四〇〇元
總　計	五〇四、五三〇元

以上損失僅江灣閘北吳淞三區已五十萬四千餘元。

(六)滬甯滬杭兩路及招商局受戰事營業損失發表如下之消息云：

自滬戰暴發後，京滬路卽被炸毀，滬杭路雖一時乘客非常擁擠，然大部份均係爲免票，故該兩路之營業損失，實爲空前所未有，國民社記者，昨晤兩路管理局×處長。承告兩路戰後營業損失狀況，據云自滬戰發生，祇就北站局址而言，損失達一千

二百餘萬元，業已呈報鐵道部，至目前兩路營業狀況，平均較前爲四與一之比，滬杭路因受戰事影響較淺，在前每日平均收入約二萬元，現亦減半，祇日收一萬餘元，京滬路則因各車祇能駛至蘇州，故在昔每日有四萬元收入，現竟減至五千餘元。是以每日損失，約爲四萬五千元，計滬變迄今，兩月有餘，已達三百餘萬元之鉅云。

招商局自一二八本埠發生戰事以來，所有長江各埠貨運大減，同時南北洋各埠，亦受有影響，統計自一六日起至四月一日止，損失已達一百餘萬元云。

以上合計共達四百餘萬元。

（七）又商務印書館發表其損失統計與上述第四欄中之書坊損失之數目又有出入，故再錄之：

總廠

（甲）房屋，內分（一）總務處，一七〇、二八〇元。（二）印刷所，計印刷部，三七八、〇三一元。棧房，一三九、二三四元，木匠房等，五、七九六元。儲電室，二一、九五

三元，自來水塔，一一、四二九元，(三)家慶里住宅，七、二〇〇元。(乙)機照工具，(包有滾筒機，米利機，膠版機，鉛版機，大號自動裝訂機，自動切書機，世界大號照相機等。)二、八七三、七一〇元。(丙)圖版，一、〇一五、二四二元。(丁)存貨內分(一)書籍，計本版書四、九八二、九六五元。原版西書八一八、一九七元。(二)儀器文具，七七一、五七九元，(三)鉛件，一九、八〇七元。(四)機件，六、二〇七元。(戊)紙張原料，內分(一)紙張，七七六、一〇〇元，(二)原料，三一一、二〇〇元，(己)未了品，二七五、〇〇〇元。(庚)生財裝修，計(一)總務處，一二、五二三元，(二)印刷所，八二、一〇五元，(三)研究所，五三五元。(辛)寄售書籍，五〇〇、〇〇〇元。(壬)寄存書籍字畫一〇〇、〇〇〇元。

編譯所

(甲)房屋，在東方圖書館下層，已列入東方圖書館損失數內，不另計價。(乙)圖書，計(一)中文，三、五〇〇部，三、五〇〇元。(二)外國文，五二五、〇冊，五二、五〇〇

元，(二)圖表，一七、五〇〇元，(四)卡片四、〇〇〇元，(丙)稿件，計(一)書稿，四一五、七四二元。(二)字典單頁一百萬頁，二〇〇、〇〇〇元。(三)圖稿，一千套，一〇、〇〇〇元。(丁)生財裝修，二四、八五〇元。

東方圖書館

(甲)房屋九六、〇〇〇元。(乙)書籍，內分(一)普通書，計中文二六八、〇〇〇冊，(平均三四本合訂一冊)一五四、〇〇〇元。外國文，八〇、〇〇〇冊，六四〇、〇〇〇元，圖表照片五〇、〇〇〇套，五〇、〇〇〇元。(二)善本書，計經部二七四種，二、三六四冊，史部九九六種，一〇、二〇一冊，子部八七六種，八、四三八冊，集部一〇五七種，八、七一〇冊。購進何氏善本約四萬冊，共計一、〇〇〇、〇〇〇元。方志二六四一部，二五、六八二冊，一〇〇、〇〇〇元。報章雜誌，四〇、〇〇〇冊，二〇〇、〇〇〇元。(三)目錄卡片四〇〇、〇〇〇張，八、〇〇〇元。(丙)生財裝修，二八、二一〇元。

尚公小學校

(甲)校舍內分(一)小學部，一九、一〇五元。(二)幼稚園部，一〇、〇〇〇元。

(乙)圖書儀器及教具，一二、〇〇〇元。(丙)生財裝修，六、〇〇〇元。

以上共計一六、三三〇、五〇四元。

(註)上述第四項所統計之書坊為五所，損失共為一千四百零[illegible]萬七千二百九十四元，內商務印書館估一千四百萬七千二百九十四元，原表如下。

書坊被災一覽

名稱	主持者	毀破程度	損失總額	地址
商務印書館	王雲五 何炳松	工廠編輯所全毀	一千四百萬七千二百九十四元	寶山路
新中國書局	計劍華	紙版原稿外全數被燬	三萬五千元以上	寶山路天吉里
出版合作社	鄒韜	全部被掠	一萬元	江灣永義里
民治書店	戴渭清	全部被燬	一萬元	鴻興路東鴻興坊

寧海書局　蘇東海　存貨被刦　五千元　虹口青雲里

總　計　五　所　損失一千四百零六萬七千二百九十四元

(八)上海市社會局發表上海市產業工人因戰事失業損害統計表如下：

(甲)本國人經營之工廠

地區別	原有工人人數	失業工人人數
閘北區	五四、九七二	五四、九七二
南市區	二二、一九五	二二、一九五
浦東區	五、〇六六	五、〇六六
滬東區	五三、七六三	四五、九〇九
滬西區	五〇、八〇八	三八、一五〇
法租界	一四、七八三	二、九五七
合計	二〇一、七八六	一六九、〇〇四

（附注）滬東區包括楊樹浦虹口一帶；滬西區包括曹家渡及越界築路一帶。

（乙）日商經營之工廠

業別	原有工人人數	失業工人人數估計
紡紗業	一一、〇〇〇	四、四〇〇
蛋廠業	二、〇〇〇	八〇〇
印刷業	三、〇〇〇	一、二〇〇
製藥業	四〇〇	一六〇
機械業	一、〇〇〇	四〇〇
其他各業	二、六〇〇	一、〇四〇
合計	二〇、〇〇〇	八、〇〇〇

（丙）其他外商經營之工廠

業別	原有工人人數	失業工人人數

綿紗業	五四、六〇六	五四、六〇六
織造業	四、一八五	四、一八五
機器業	一、二〇三	一、二〇三
化學工業	八四六	八四六
印刷業	七七八	七七八
玻璃業	六八一	六八一
製革業	二六五	二六五
橡膠業	三〇〇	三〇〇
釀造業	八九	八九
製糖業	九六	九六
烟草業	七〇	七〇
日用品業	四〇	四〇

其他各業	二三五	二三五
合計	六三、三九二	六三、三九二

就上述三類工廠而計，失業工人人數，即有二十四萬三百九十六人，每人之工資損失，平均每日以一元計，自一月二十九日起至三月十日止，共計四十二天，其損總額當爲一千零零九萬六千六百三十三元，而產業以外之職業工人之損失，尙不在內。（編者按：僅以工資損失一項而計，卽達一千餘萬元，至於生產能力之損失，更不止十百倍於此數！）

綜合如上之各種統計，編者敢去其重複與矛盾者，依據之作一簡表如下：

項別	損失總額	備攷
傷亡人數	八一四、〇八四人	
房屋財產	八九九、二四二、九二〇元	佔上海全人口四五%
文化事業	三〇、三二〇、九〇三元	內學校損失佔一三、六八三、四九〇元商務印書館及其他社教事業佔一六、六四七、五一三元

工業	一〇、〇九六、六三二元	工人失業人數估二四〇、三九六人而工資損失以如上數而工廠營業損失尚不在內
商業	六五九、八一三、六七九元	
金融		全市銀行錢莊營業因戰事減少十之八・五，其數無從估計
交通	二〇、〇〇〇、〇〇〇元	
公用事業	三、七四二、〇二五元	
財政及治安設備	四、七六一、二八六元	
合計	一、七一八、九七七、四四五元	

如上所舉之一七萬萬餘之數目，實際上決不祇此，若以南翔太倉嘉定瀏河等處廣大區域所損失統計之，其數目更爲驚人，正確之統計，只好希望將來，此處不過給讀者作一個小小的參考而已。

第十章　抗日戰爭所得的教訓和我中華民族今後應有的覺悟

人類是不斷進步的，在動物界也有優勝劣敗適者生存的天演公例，而況在我們這最高等的動物人類社會，所以，在歷史上看，世界上不論那一個民族，都是不強即弱，不進則退的。人生要把經驗作導師，向前進取，競爭生存，不然，必走上退步滅亡的死路。即在這次短促的抗日戰爭中，我們已得了兩個最大的教訓：第一，這次戰爭恢復了我們民族的自信力，我們以後應該本着這自信力努力去發揚。第二，在他方面則暴露了我民族的大弱點，我們就應當從此去設法補救。基於這兩大教訓的原則，我們能夠孜孜不倦的去努力，那末，才不負我們這次二萬萬頭顱和十五萬萬金錢的鉅大犧牲！

(二)民族精神的復興：我中華民族，在甲午之戰以前，素以大國自居，而自認為天之驕子，鄙視外人目為蠻夷；自甲午失敗以後，我國民族由自大而變為自小，由藐視外人的心理一變而為畏懼外人，由排外一變而為媚外，民族自信力從此就完全喪失了。更因為總理孫中山先生說了一句「日本一動手即可以亡中國」的話，一些神經過敏的人，以詞害意都嚇得畏懼日本如虎狼，而日本也竟侈然的逞其封豕長蛇之威，更加貪婪無厭，得寸進尺，浸淫衍溢，竟養成九一八的慘變。慘變發生後，東北三省完全被佔，而我國上下徬徨，猶以鎮靜忍耐相勸勉，忍氣吞聲，束手待斃，國家民族的生存權利，已喪失殆盡。當此之時，雖有一部分熱心愛國的同胞，奔走呼號，力主絕交宣戰，以武力收復失地，而一般自認為識見高超的人們，卻大多以為他們都是如瞎子之不怕懸崖，孺子之不知深淵，徼倖嘗試，豈能幸免；即當一二八之夜，我十九路軍在閘北拼命抗日已得到了大勝利的時候，除了一部分青年，真正歡天喜地預祝凱旋以外，大多數的人還是提心吊膽，以為十九路軍演了螳臂當車的把戲，必將自誤而誤國。殊不知再三血戰，節節勝利，支持月餘，得了當

外的成功；日本竟派出全國四分之一的陸海空軍，二分之一的大將；五易主帥，費盡九牛二虎之力，僅能使我軍在戰略上的安全撤退，我全民族始恍然知日本實是個外強中乾，空有其表，只會嚇人的紙紮老虎。他自誇爲世界最強的陸軍，也不過只有舉手縮頸，跪哭乞降，和狼狽潰退，脫衣棄械的幾種本領，此外實在一無所長。卽白色人種，也不勝其欽慕同情，一變其驚視中國的眼光，認爲中國人不是不能戰，實在是愛和平，不肯戰，若是認眞的戰起來，比誰都要利害。而我五十年來，毫無生氣失了自信力的民族精神，到此時才得再生復起，這個由民族之血所培植的鮮花，我們應當努力愛護，使之光輝燦爛，留給我們的子子孫孫，以爲中華民族重光的先例。在軍事方面，既已證明日本的陸軍，不堪一擊，我十九路軍的威力，固無論矣。卽就第五軍說：也曾給過日本軍隊以重大的鉅創，也曾作過數晝夜的堅韌抵抗，由於日軍無能，我軍憤慨和勇敢的事實，我們可以知道，我國任何軍隊，皆足以抗日而有餘。且因上海一戰，已改變了國際的輿論，國聯的態度，證實了不抵抗和鎮靜的過錯。惟有血戰，才可以拒止敵人的野心，挽回已失的主權，得到外交的勝利，免

去國家的危亡，而國內一切的糾紛，也可以因對外勝利而自然的得到解決且可推見戰爭愈激烈，國內愈團結，戰期愈延長，國際地位愈增高耳。而同時日本在我國各地的日僑，非賴兵力保護，都要自動回國，去日本國內將愈陷於崩潰危險的狀態。縱使他們的海軍佔絕對優勢，對我港口完全封鎖，也不過使我入超過大的中國，自然得着了經濟絕交的利益。這對於我國經濟，只有益而無損。即退一步說，如此一來，我全民族將自然而然的和日本斷絕一切關係，我們更用不着做什麼抵制運動——如所謂積極的，以國民武力剷除暴日在中國的浪人，及其軍事，政治，經濟一切的侵略機關。消極的，做全國民衆永久不買日貨，不做日工，不乘日船，并不賣原料，不租借房屋土地給日人等等的工作了！

由上所述，我中華民族，實在足以獨立有爲，不過我們從前太放棄了！我中國實在足與日本一戰，戰且有百利而無一害，不過我們從前太退讓了！經過這次的試驗，已恢復了我民族的自信力。我們即當本這一點自信的精神，努力振奮，把以前一切卑污，怯懦，悲觀，苟安的不良心理，洗滌干淨，恢復我民族獨立自尊的精神；把衰老的中華民族從根本上，

救起，這是在抗日戰爭上所得的良好教訓，我們應當努力去發揚的。

(二)民族弱點的補救：我們在這次抗日戰爭中，所得的教訓，第一就是恢復了我民族的自信力，給我們以復興之機，上節已說過了。可是在其相反方面，自然也有不良的教訓，也就是這一節所要說的暴露出來了我民族的弱點！在這些弱點中，我們應當怎樣注意去補救，我們應當做個不自欺的坦白，勇敢，改過自新的有爲者，我們不要做諱疾忌醫的自誤者，那纔是我們民族今後的出路啊！

先從外交方面說：我國最大的錯誤，就是無根本的外交方針，和眞正的與國。在表面上，我們說是要打倒一切帝國主義；在實際上，我們却沒有一個心腹的國家做聯盟或友邦。現在世界上的人類，顯然有二大界限存在，一是黃色人種與白色人種的對立，一是壓迫階級與被壓迫階級的對立。從前者說，我們是黃色人種，應當和日本聯合；從後者說，我們是被壓迫階級，應當和弱小民族結盟。但是在今日，日本已成了我們的世仇，俄國和我們已斷絕了國交，我們又沒有良好的外交人才，利用帝國主義的利害衝突關係，以縱橫

捭闔的手段，玩弄列強，對付敵國。國家的外交，和朋友的關係，是絕對不同的，朋友要講道德，守信義；國家只有論利害，用手段，這在歷史上已有不少的先例。我國在九一八事變以前，外交上無一個與國，固無待論，即九一八事變而後，我們原可以利用俄國的直接利害衝突，或美國的間接利害衝突，與之連結，并要脅國聯，以制日本。及一二八滬戰發生，更可利用英美的直接利害衝突和體面問題，以及其國民對我國的同情心等，也應當與其切實聯盟，共同與日本對敵，這在事實上，全是千眞萬確，凡局中人皆能回憶當日的經過。（這經過是外交的祕密，此處不便詳言。）此經過，實爲我國千載一時的良機，我當局偏把這個最良好的機會，輕輕放過，低聲下氣，聽命『扶強抑弱』的國聯，受動於狡滑無賴的仇敵，戰和進退，毫無自主，待至吃了大虧，外交失敗，至無可挽救的時候，則又以『弱國無外交』五字以卸己過。噫嘻，弱國眞無外交嗎？何以美當獨立時，佛蘭克林能聯法以抗英？法當拿破侖戰敗時，達祿朗能在維也納和會雄辯以挽法國之危？意當統一時，加富爾能聯普法以攻奧，德當統一時，俾士麥能先聯法以攻奧，後聯奧以攻法，即當大戰失敗後，更

有史特萊斯曼利用外交形勢以挽救德國的危難，這些都是弱國以外交轉敗爲勝的先例，難道我們不可以效法嗎？

再在軍事方面說：我軍這次在上海抗日，戰爭本有絕對勝利的可能，卽最小限度，也可以一度把日本陸軍壓迫到黃浦江中，使其全軍覆沒，給敵軍以重大的打擊，或使其國際地位根本動搖，而我軍可以博得比現在更高的聲譽，使我國國際地位無形的增高。但是可憐！弄到現在，其結果，滬淞錦繡河山反不免於倭奴鐵蹄蹂躪之辱，這不能不說是由於當局的過於消極，空有抗日之決心而不澈底，不會神速集中兵力，使用國家力量以誓死抗日之過失啊！如我軍始終不封鎖吳淞口，我軍飛機來滬不帶炸彈，江蘇保安隊不調到瀏河常熟的長江沿岸警戒，又極力防止我國內各通商口岸的國民和日僑衝突，以及事前不戰不和，又不準備，事後忽戰忽和，忽和忽戰，又皆聽敵方的操縱，凡此種種皆給日本以便利，遂將滬淞土地斷送於「運輸艱難，後援不繼」的猵語中。這種宋襄公之仁，實爲任何國家所不取的對敵方法！以這種方法對素以「征服支那」爲政策，死不改變的

狡毒日本，那有不失敗的道理！

更在國民方面說，我國民素受『一盤散沙』『五分鐘熱度』的譏誚，但是這次上海抗日戰爭一啓，羣情憤激，投軍捐款，或祝勝利，或出心力，或輸金錢，不論男女老少，都是奔走呼號，犧牲爲國，無一不是出於民衆的自動。這種熱心愛國團結精神，實爲從來所未有，也足證實我國今日的民氣，全非以前的民族所可比擬了。然而在事實上，也因當局的太不注意，和國民的程度太差，所以愛國同胞，雖出了十分的力量，實際上還得不到兩三分的成績！不特此也，更還有拋最大犧牲找不到出力的地方者，於是由熱心而痛憤自殺，或悲觀縱欲的更不知有多少！這些良好國民，我們不能善於誘導，使之團結集中，以爲國用，任其散漫頹廢，固是十分可惜。更有一部分失教育，缺知識的國民，在閘北江灣吳淞戰地，和眞茹南翔崐山蘇州車站附近爲看熱鬧，寃枉死於敵之飛機炸彈大礮機關槍者，也不知有多少！又有少數無恥江北人爲貪圖個人的蠅頭利益，代敵人作苦力，服戰爭後方勤務，更或甘作漢奸，爲虎作倀，待到捉了來問時，還說『我不知道什麽，他給我四十塊大

洋，叫我來看你們軍隊的行動怎樣。」「聽說是廣東軍和東洋人爭租界，我的老鄉某某拿三十塊錢給我來看你們有多少人，我不知道那幾是東洋人」等等事體，眞是可憐又復可痛！這是我民族的汚點，我們對此既不能善於防患，更不能善爲利導，尤爲我們最可恥的事！

以上所據各弱點，皆就這次上海戰爭中最明顯的重大的言之，此外尙不在內。卽以此寥寥數點而總結之，其原因：一由於國民的缺乏教育，一由於政府的無整個計劃。這是我們應當亡羊補牢，而圖有以補救的。今後我政府和國民須互相策勉，共負國難，切勿互相責難，各自爲政；政府須把民衆領導起來，把責任担負起來，如認爲要和，不妨先忍痛受辱割地簽字，然後臥薪嘗胆，以圖恢復。如認爲要戰，則須破釜沉舟，堅決抵抗，長期支持，以圖收最後的勝利。萬不可如過去之主戰主和，莫衷一是，徒陷國事於不可爲。救國大計，更在於臨機決斷也。卽以過去之主戰者而論，他們皆以民氣爲根據，認爲軍事的勝利，不僅關於兵力的強弱。美利堅的獨立，比利時的抗德，土耳其的勝希臘，以及我革命軍的擊吳

孫，皆是很明顯的先例。我們和日本爲不兩立的仇敵，欲求生存，終不免於一戰。割台灣，棄朝鮮，征服滿蒙的計劃，已經吃了萬刧不復的大虧。現在何能再誤，使敵得了征服滿洲，更圖征服支那的雄圖呢！夫臥薪嘗胆，奴顏事仇，在吳固爲救國第一良策，在現今的中國可萬不適用了！故不如死中求生，長期抵抗，以求最後的勝利。主和者又以軍事爲根據，認爲中國軍備如此不完，絕對不能與日本戰，戰必敗，敗必更割地賠款，加增國民痛苦，故不如在相當條件之下，忍辱求和，然後生聚教訓，以圖報雪云云。如此堂皇的議論，非不宏富也，但終不能解除國難，以致議論未定，兵已渡河了，即在上海激烈戰爭中，政府已經遷都洛陽準備長期抵抗的時候，仍然主戰主和，意見各異；而且更有一部亡國大夫，以糧資敵，使敵軍得以源源入寇，殊足痛心！所以這一次戰局，先則誤於可戰可和，而結果則不戰不和，後則誤於又戰又和，而結果則忽戰忽和，遂致有今日痛心之結局！至對於國民尤須原諒其愛國苦心，如請願，示威，主戰等一切救國運動，都宜善加誘導，使爲國利，不可錯認爲惡意搗亂，加以壓迫取締，以致青年失望，走到反對政府之惡化途徑，或流於悲觀自殺等。至

於民衆武力，作戰雖屬不足，擾敵實在有餘，東三省被日本佔領半年了，但是在鐵路三十里以外，日人絕對不能自由活動，這全是由於東北義勇軍之功，證明我民衆武力所在，敵人即絕對不能統治，政府對此，尤須有全般計劃，使其走上眞正救國的途徑，成爲國家有用的力量；最小限度，亦要在消極方面防止其爲敵人所利用。至於國民對於政府，最要緊的是絕對信仰，並加以扶助，萬不可專事責難攻擊，使政府難於負責，須知我國當這種積弱情勢之下，不論任何人當局，都是免不了應付困難，只要我國民與政府能全體一致同心協力，則不論或戰或和，國事均有可爲，絕對不致陷於危亡地位。若利用國難以圖傾覆政府，爭奪政權，則適足以暴露我民族的惡劣根性，非特不能救國，實足陷國家於異常危險之境域。至對於敵人，更須知恥同仇，認淸楚我們的大敵，不論何時何地，都要不斷的與之對抗決鬥，切實做到，如日本人所謂排日抵制，因爲他要借名向我們侵略，我們即不排日，不抵制，他也要說得像煞有介事的。我們以後在消極方面，要根本和日本人不合作，他要賣給我們的，我們無論如何都不要；他要買我們的，我們總是不給他。如有奸商走狗爲

虎作倀的，我們就要把他當敵人看待，在積極方面，我們更須根本的仇視日本，以國民的力量，處處給日人以打擊，要剷除他在我國所有政治的，軍事的，經濟的侵略機關和人員，要使他兵力所不到的地方，卽無法在我國內立足。要使他知道我國家雖弱，我國民是絕對不弱的，我政府雖無辦法，我國民是有辦法的。總之，我政府和國民，要全國一致的集中所有的力量，共同對外，國家前途，才得有光明的希望。

（三）軍人應有的覺悟：軍人本是民族中最健全的份子。論身體，要有忍勞耐苦衝鋒陷陣的氣魄；論學問，要有知己知彼運籌決勝的智能；論道德，要有保國安民殺身成仁的精神。一個民族的盛衰，全視其軍人的人格是否高尚以為判。如軍人足為國民的模範，軍隊能夠嚴守紀律，捍衛國家，其民族必然的強盛。反之，如軍人缺乏愛國精神，不能把整個的生命獻給國家，甚或怕死貪錢，兵驕將惰，則其民族的敗亡，可以立見。我國當此內憂外患交相逼迫，人民正在倒懸的時候，真是一髮千鈞，危急萬分；而我四萬萬同胞究竟能否打過這個生死關頭，進入光明大道，全視我全國軍人有無徹底的覺悟。此種覺悟分言之：

第一，要我全國軍人一心一德，共圖對外，自今而後，誓死不參加內戰，不作個人的工具，使整個中華民國馬上得以眞正統一起來。第二，要我全國軍人全體一心，以身許國，努力盡爲國爲民的義務，如遇外敵侵犯我國家的尊嚴和國民的權利的時候，須以殺身成仁的決心，與敵拚個你死我活。第三，要我全國軍人鍛鍊身心，勤勞廉節，以振起我民族墮落的精神，挽救國民奢侈委靡，醉生夢死的頹風，不要貪生怕死，不要苟且偷安，不要爭權奪利，不要利己損人。第四，要我全國軍人不要忘記了我中華民族固有愛和平的文化，和維護公理打不平的兩個獨特的義俠精神。滿清以來，因爲武力不振，國家衰弱，整個民族都受各帝國主義者陵辱壓迫，無所不至。而固有的『和平』『義俠』兩個獨特精神，更一毫無所表現。民國以來，我軍人最大的罪惡，就是勇於內戰，無意義的自相殘殺。而犧牲最大的，尤爲民十六年以來所謂征伐討逆各次大戰役，究之所謂敵人，那一個不是我親愛的同胞，所有的損失，那一點不是我國家的精華。我也是一個罪惡的軍人，隨波逐流，幹過十年自誤誤國，自殘同種的內戰勾當！曾和共起居同飲食的好友們撕殺過多次，曾在戰場

中暗自流過不少的傷心淚即現在回想猶覺嫌終身懺悔皆不足以補過去誤國誤民並且自誤的大罪過。而最矛盾無以自解的，就是往往今年作共患難的戰友，明年可變成誓不兩立的敵人！而由對方所得來的俘虜，大多都是要請他飲食，送他路費，和多方去保護他們！其次是戰場上認為敵人的，當戰鬥的時候，瞄準惟恐其不精確，殺傷惟恐其不衆多，待至戰爭結局，當局者所謂意見衝突，政見不對，已於無形中消滅了，而和議告成以後，彼此敵意又冰消瓦解，歡聚一堂，更或心內還是愧憤交作，而表面上可不得不敷衍，以求所謂顧全大局、待第二次戰爭再起，則又成了共生死的戰友，或變了不兩立的仇敵了！而最可憐的是士兵，更是大多莫明其妙的為什麼而爭，為什麼而戰，那個是敵人，那個是友軍，只是為了幾塊大洋，可糊糊塗塗把生命送掉了，把身體殘廢了！當他做俘虜的時候，往往當天在敵方補了名，即時就拿起槍來對本軍瞄準，向戰友衝鋒了！而他們所得的酬報，就是死無葬身之地，生無歸宿之處，徒使社會厭惡痛恨而已！這種不識不知，可笑可憐，顛沛悲慘，非人生活的士兵們，都是我國家的優良分子，只因教導無方，使其走入歧途，在軍的

時候，已不能盡保國衞民的天職，反做了個人走狗，幹那自殘同種的事體。兇惡之徒，遇着機會的時期，可更帶了槍枝，脫離軍隊，去做殺人放火打家刼舍的強盜生涯，這都是由於平日軍人教育不良，當局只以軍隊作個人爭奪的工具，沒有把眞正愛國愛民的精神深注入軍人的腦中，使知軍人對於國家的重大責任，只知個人利害關係，白無爲國爲民殺身成仁的勇氣。凡爲內戰而已犧牲者固無論矣，即現有存在的軍隊，其精神實力，究亦大多不足與言對外。敵人今日敢如此橫暴，完全是我軍人過去的罪過。一誤再誤，國事遂至不可收拾了！我軍人過去的墮落，已種成今日的惡因。今後應痛心努力振作，以補從前的大過，收將來的好果。消極方面，要臥薪嘗膽，誓雪國恥，復我中華一切失地，如朝鮮台灣琉球西伯利亞中亞細亞安南南洋羣島等地，求我整個民族的自由平等。積極方面，要把我民族愛和平的文化，從軍人槍口上撒布到全世界去，以維護全世界的和平，增進全人類的福利。如有野蠻橫暴，不講正義人道，以強權壓迫弱小民族，爭奪其自身利益的帝國主義者，我們要一概以義俠的精神，爲公理打不平，以盡我軍人的天職，發揚我民族的獨特

精神。凡此種種，皆爲我軍人確應受十二萬分良心上的責罰而深自彼此懺悔覺悟，以圖挽此萬劫的國運啊！

（四）學生應有的覺悟：學生爲民族之花，即將來的主人翁，要爲民族前途担負重大的責任，國家的危難，要學生去挽救，國家的恥辱，要學生去洗雪，國家的光榮，要學生去發揚。普法戰役，普能勝法，俾士麥認爲是學生的功勞。法國因爲打了敗仗，割亞爾薩斯和羅蘭二省於德國，法教員常披地圖指亞羅兩省失地對他的學生說：『你們若不恢復這個失地，就不是法蘭西的男子。』所以歐洲大戰，法國到底打勝了仗，把亞羅兩省收回來了。他們國家期望學生正殷。學生自勉亦切，精神已緊張，其貢獻於國家者必大，所以能夠破強敵，復失地，報國仇，雪國恥，發揚國家的光榮，反觀我國學生，當九一八事變以來，仇敵深入，到了滬戰激烈的嚴重時期中，雖有不少愛國份子奔走呼號，什麼『開會』『請願』……以及軍事訓練，組織學生義勇軍，或加入前綫，或服後方勤務等等，究其實際，或則是緩不濟急，或是失之空泛，或是近於兒戲。除暨南大學，復旦大學和上海各大學義勇軍和

童子軍一部份加入前綫和服後方傳令勤務外，其餘只空有其名，實不能對於國家有所裨益。甚或借愛國運動爲名，貪出風頭，罷課惰學，荒廢時日，縱欲偷安，適足自誤。更或受人利用，開些搗亂的行爲，不特貽敵人以譏笑，實有忝做救國運動的先鋒，貽羞萬世的呀！其間更有少數學生，因愛國心熱，憤激自殺其精神固屬可敬，其行爲實在可鄙。因爲徒把生命送掉，減少國家救國的力量，無損於敵人，無補於事實，愛國靑年總不應如此消極的去講救國的啊！以上只就學生毛病中較大的數端言之，以促我學生們的反省而已。但今後應該怎樣做呢？就管見所及，舉以就正我親愛的學生們：

（甲）學生要向着『求實學救國』的道路走，歷史教訓我們二十世紀的戰爭，是科學戰爭，勝敗之機，全視其國力如何，即其國民素質和經濟交通產業等，都直接間接與戰爭有極大關係，絕不是依陸海空軍的強硬，即可得最後的勝利的。我國國勢衰弱，原因雖不止一端，而教育不普及，科學落後，使國家經濟交通產業等皆受不良的影響，不能與各國爭衡，實爲一個最大的原因。這次上海戰役，我軍因爲無新戰器，只受制於敵人的飛機

大破，而無主動的能力；又因爲交通困難，以致增援不及，這是科學落後的顯明例子。又日本強逼我國承認廿一條的時候，我國民何嘗不是如這次的悲憤痛恨，要馬上和倭奴拚命。我那時正在學校中，慷慨激昂，要爲國死的決心，也不後人，可是當時有個教員對我們說：「你們不要急，須知救國大業，不是那末簡單容易，即時講即時就可以做得到的。現在我國所以受日本的欺侮，不單是陸海空軍不如日本，實在全由於教育的不發達，科學的落後，整個民族太幼稚，恐怕即把英國的全部戰艦，德國的齊伯林飛機，克虜伯礮廠，都搬移到我中國來，我們也無法使用，難以勝敵。你們學生們要圖報仇雪恥的話，只要今後個個都能眞心愛國，努力讀書，到了眞和日本打仗的時候，個個都能以眞實的學問貢獻國家，對付仇敵，萬不可空言救國。」當時我們在學生時代，對那位先生的話，表面上雖然服從，內心實在反對他太迂腐。現在看來，實在可爲一般虛浮的學生，不講實際的學生，貪出風頭的學生，借端惰學的學生們的良藥。因爲救國是大事，報仇雪恥是大業，絕對不能徒托空言，虛張聲勢，要眞正切實的準備下死工夫，要踏實脚步咬緊牙根的來做人。做民

族之花的學生們所負救國的責任，本來比普通國民重大，所以更要有最底限度的實學，以作救國殺敵的中堅份子。

（乙）學生要能永久保持學生時代的愛國純潔精神。語云「國必自代，然後人代之，」我國今日衰弱至於此地步，實全由於國民的道德墮落，失了民族固有的精神。溯自滿清鴉片戰役失敗以來，外患日急，帝國主義者不斷的向我國侵略壓迫，假如我同胞有眞正的愛國心，能澈底覺悟的話，我中華民族早已雄飛奮起，執世界的牛耳。但是我同胞偏是苟安敷衍，毫不長進，最痛心的就是一般由學生出身的當局大人，自滿清以至民國，大多都是向着營私舞弊的死路上走，所以把國家事業，社會事業，至今還是一塌糊塗，毫無頭緒！即民四勾結日本的段曹章陸，現在東三省作日本虎倀的袁金凱，熙洽，張景惠等國賊，以至於年來在國內互相爭奪，殘殺的黨政軍要人，大多也是出身於學生，或者還是學生時代熱心愛國的份子。『一入官途，便無羞恥，』這是我國描寫官僚墮落的話，在事實上已是一個很好的證明。我國的社會，本來是個大火爐。什麼人投進去都是要受鎔化的，

學生也是不能例外。因爲不是跟着惡社會隨波逐流，受其同化，那就要受社會的淘汰了。所以有人說，嚴復若是生在美國，可以做威爾遜，生在日本可做大隈伯爵，生在法國可做克里孟素，不幸生在中國卻做了袁世凱帝政的六君子！這在表面上可以說是嚴復的不幸，實際上也可以說是嚴復的不會做人。因爲他的中西學問都算很好，並且是得風氣之先的優秀留學生，爲什麼不把着「匹夫不可奪志」的民族精神去做救國救民，轉移風化的大事業？我敬愛的學生們啊！國家的前途如此危險，自己的前途如此黑暗，過去的教訓如此可怕，我們若不從根本上立定志向，做中華民國的愛國好男子，國亡無日矣！自今日起從積極方面要切切實實做國家的事業，不論大事小事，只要見一件做一件，見一步行一步，盡力之所能及，事實上所許可的，我們就努力去做，從消極方面，最小限度我們亦要不去做誤國害民的事體。不能流芳百世，亦當遺臭萬年的思想，是我民族的墮落思想，是國民的惡根性，我們要根本的剷除牠，我們不要口頭上罵人，行爲上還是受人罵，我們不要在學校裏當學生時代能純潔的愛國，及至爲國家社會服務的時候，卻又偷偷摸摸，

或者明目張胆去做誤國害民的壞細！學生們呀，須知什麼危險，一切絕望皆不足憂，最可慮的，就是青年學生的墮落絕望。當這國破家亡的時候，講到救國問題，一定要先從自己救起，把自己的熱血，洗淨自己的心胸，把學生純潔的愛國精神，永久保持着，立定救國救己的志向，完成報國仇，雪國恥的事業！

(丙)學生不要爲愛國而自殺，人生的眞意義有兩種：一是爲自己謀幸福；一是爲人羣謀幸福，我們人生行爲的標準，是不能違背這兩個原則的。若是違背了的話，卽是罪惡，自殺是害己害人的行爲，其犧牲是毫無價值無意義的。不過志行薄弱的人，遇到艱難困苦的問題，自己因爲才力不足以應付解決，遂不惜把重大的性命作犧牲，一死以求自己的解脫，便把艱困的責任，叫別人去代行担負，這種不負責任自私自利的心思，絕對消極的行爲，完全違背人生的眞義，其人格的卑劣怯懦，實在毫無足取。假使整個的民族多數的人，抱着這樣悲觀消極的態度，其國家社會前途的危險實在不堪設想。「有報人之志而不能下人者危，」學生的思想行爲是應該積極的，不要講悲觀的話，不要作悲觀的文，

不要有悲觀的思想，不要有悲觀的行爲，要把淚和飯一齊吞，要把血和汗一齊出，要嘗試一切艱苦，要忍耐一切困乏，要時時的鍛鍊身心，要不斷的拚命奮鬥，要在危險萬分中求生存，要從九死一生中求出路，對於救國事業，要有「鞠躬盡瘁死而後已」的決心。我們的救國，要如孝子醫父母的大病一樣，雖到了如何危急，如何絕望，但未至斷氣以後，總應盡能力之所及，設法挽救，決不能在危在旦夕時，作消極的啼哭悲傷，只聽父母臥以待死。更不能在父母未死以前，自己因看到父母無法醫治，便先行自殺以殉。我國現在正當內爭不已的時候，日本用迅雷不及掩耳的手段，直殺進來。而不爭氣的同胞，還是你扯我的衫領，我扭你的耳朵，國家前途，賊無一樣足以樂觀，但是我們做國民的絕對不能因此而束手待斃，以消極了事。尤其是當學生的，絕不能因國家前途的悲觀而作消極的自殺。我們既有死的決心，還有什麼事情不好作？我們若去作消極的自殺，徒損自己有益於敵的行爲，我們就不如以不怕死的精神，作積極的救國工作。推而至於人人有此決心，我敢斷言，救國大業必定可以成功。即不然，我們到萬不得已時，也不妨以個人行動，向日本帝

國主義者拚命，我們殺死了一個，也算爲我中國減少一個敵人，殺死了兩個，就減少兩個敵人，雖屬一時的洩憤，也足使敵人寒心，不至目無中國人，總比自殺有利得多了。親愛的學生們呀，愛國不要爲消極的自殺，要去積極的做殺敵人殺倭奴的工夫。

(五)農工商人應有的覺悟。救國的大責任，須全國同胞，羣策羣力，共同擔任，絕不是某一部份人的事體，亦不是某一部份人所能擔負得起。我國衰弱的原因至多，而懶怠一病，亦實足以自亡。全國民衆號稱四萬萬或稱四萬萬七千萬，而這四萬萬中半數爲婦女，又大半數爲老少衰弱者，而壯丁男子，實數不過一萬萬，這一萬萬壯丁中，有眞正職業的，不過若干，或可謂官惰其職，士惰其學，農惰其耕，工惰其業，商惰于市，大多都是苟且偸安，向着奢侈逸樂的死路上走，絕不爲國家爲社會打長久的算盤，謀多數人的福利。卽就其本身上言之，除了一部份自私自利的以外，就有很多好吃懶做，不從生利方面創造，而在自害害人中求生活的，如盜匪，叫化子，娼優，賭徒和其他拿錢不作事的官僚，政客等等！又有幾多寅支卯糧朝不保夕的，還有許多得過且過，醉生夢生的！這樣的國家，不特不能集

中力量以爲國用；而且足以使國內危險萬分，百病叢生，雖無強敵，亦將自亡，比之列強政治上了軌道的國家，全國國民都有相當職業，安分守己，一天到晚，向着強國的途徑走的，強弱勝敗，何待較量！因爲我國的弱，絕不是只爲陸海空軍不如列強，實在是整個國家的國民都說不上和人家競爭，所以外交屢次的失敗，愛國志士屢次的奔走呼號，仍是毫無裨益；失去的主權，到底沒有爭回，國恥的污點，到底沒有洗雪，深大的國仇，到底沒有法子去報。其比較的有些効力的，只有抵制仇貨的一法，然而這一法也因無具體的辦法，亦不過只有五分鐘的熱度！事過境遷，還有買的買，賣的賣，甚或有比未抵制之前的仇貨入口更多！至於奸商在當時私換商標，冒充國貨，爲圖自己利益，不惜認賊作父，欺騙同胞，種種賣國行爲，固不足道，進一步說，即無此種毛病，但我國內國家工業不發達，國民奢侈太過度，對國家觀念太薄弱，所以每當抵制仇貨的時候，不過抵制甲國便買乙國的，抵制乙國便買丙國的，甚或再去買甲國的出品來用，國民經濟絕不因爲抵制仇貨而有所富裕，或者更因愈抵制仇貨而損失愈大。凡此種種過失，我同胞皆當痛定思痛，應有徹底的覺悟，

而求其補救的方法。我農工商人都要自動的把救國重担負任起來，自動的想出抵制倭奴的辦法，努力向前去做。而商人尤要把眼光放大些，要從大規模大利益方面去着想、絕對不要貪圖個人的小利，甘心做賣國的事體，應爲求抵制的澈底計，圖國家大利計，即個人稍有損失，也當忍痛須臾，另圖補救，須知抵制仇貨的大權，全操在我商界同胞手上，所以抵制的是否澈底，全看我商界同胞有無根本的覺悟，能不能自動的不待政府誘導，不要團體監督，自行忍痛一時，堅持到底，以負起救國的大責任啊！工人方面，尤要以國家利益爲自己的利益，須知我百孔千瘡的中華民國最需要的是全國一心，共同爲國爲民，求整個國家的大利，絕不容我們某一部份人專求自己的利益，遂不惜犧牲他一部份人的利益，所以工人惟一的出路，是在與我國民族工業的資產階級切實合作，力求生產力的增展，使直接有利於民族工業的發展，間接大利於國家的前途。在這場合之下，自己也可得着大利。什麼勞資爭鬥，什麼罷工怠工，什麼減少時間增加工資等等運動，皆係直接殺人，間接自殺的政策，尤爲我資本未發達的中華民國工人過去最大吃虧處。因爲我國工人

的痛苦，全由於外國的大資本的掠奪，絕不是受本國資本家的壓迫，所以我工界的同胞們，要學德國工人的努力生產，自動的加多工作時間，互助互利，以求國家的大利，圖民族的復興，

編後追記

本書費五個月之力，畢竟在萬種艱苦中算已寫成了。編者當時只是將抗日的事實作赤裸裸的暴露，脫稿的第三天將原稿交給王禮錫先生後，即時離滬南行，未暇加以充分的整理，我們對此深覺慚愧與抱歉。

在這抱歉的回味中，我們深覺尚有一言要向讀者報告。我們以為一切有價值的史料，都是在當時的事實中赤裸裸的暴露出來的。本書因為在這暴露的記實過程中，所寫下來的大多是當時軍事的祕密和民族的弱點。又因為本書的第一編者華振中在抗日血戰經過一章中，開頭幾日，對於政府抗日決心和措置不禁加意描寫系以贊嘆，而在末後幾日中則又常致其不滿，同出一人手筆，似乎前後矛盾，而第二編者朱伯康年青歷淺，還帶學生脾氣，在其所寫幾章中，更不免言辭率直有得罪人之處，因此種種關係，本書可

否出版的問題，又遲疑了兩月之久，然而軍事秘密是有時間性的，戰鬥完了以後，當然不怕給敵人知道（其實尚有一部分事當沒有公開），民族的弱點，也應該暴露出來，以共同補救的，絕對不能因為怕外人知道而因噎廢食。況對於戰鬥經驗，更應該公佈全國，共同研究，以為實行繼續抗日並準備第二次大戰之用。至於編者二人情緒的張弛，言辭的率直，全以當時的事實為轉移，在悲痛的記述中，自然難免無憤慨。編者當時的愛國心弦實受制於當時事實的震蕩，一切皆聽之自然，絕無絲毫憎愛的成見，也沒有一點擁拒的作用。現在雖然能夠實行出版，然而我們仍覺得有無限的抱歉與慚愧。

總之，編者唯一的願望，就是欲把這次抗日真像，完全公諸我全國同胞之前，使我整個中華民族能一致團結，繼續抗日。至於書中掛漏錯誤之處，希望全國同胞——尤其是十九路和第五軍的同胞——海內賢達，不吝指教，俾得改正，則不獨編者兩人之幸也。

編者 一九三二，一〇，二七，重會於廈門之日。

上海抗战与世界反法西斯战争系列丛书

淞沪

淞沪抗战史料丛书续编 III

第三辑

血染淞沪	|	觉民编辑社 编
上海民众慰劳前敌将士大会报告书	|	上海民众慰劳前敌将士大会 编
上海各大学学生义勇军十九路军随营训练班报告书	|	彭培亮 等著
一·二八沪战日记	|	李 警 著
一·二八的回忆和教训	|	吴履逊 著

上海科学技术文献出版社
Shanghai Scientific and Technological Literature Press

“上海抗战与世界反法西斯战争”系列丛书总序

徐　麟

伟大的中国抗日战争，是近代中国人民反对帝国主义侵略并且取得第一次完全胜利的民族解放战争，是开展时间最早、持续时间最长的世界反法西斯战争东方主战场。在这场历经十四年之久的抗日战争中，中国各族各界人民同仇敌忾、共赴国难，经过艰苦卓绝的浴血奋战，以巨大的民族牺牲，打败了穷凶极恶的日本法西斯侵略者，取得了辉煌的胜利。正如习近平总书记所指出的，中国抗日战争“为拯救民族危亡、实现民族独立和人民解放，为争取世界和平的伟大事业，作出了彪炳史册的贡献”。中国抗日战争是在中国共产党倡导的以国共合作为基础的抗日民族统一战线旗帜下进行和取得胜利的。以爱国主义为核心的伟大民族精神是中国抗日战争胜利的决定因素，中国共产党的中流砥柱作用是中国抗日战争胜利的根本保证，全民族抗战是中国抗日战争胜利的重要法宝。

上海抗战是中国抗日战争的重要组成部分。在中国抗日战争与世界反法西斯战争中，作为中国共产党的诞生地，上海这座具有反帝反封建光荣革命传统的英雄城市，发挥了独特的重要作用，作出了重大的历史性贡献。

20世纪三四十年代，上海这座国际性的大都市，已经成为中国与世界各国通商贸易的主要港口，成为中国经济、文化中心和政治、外交副中心。同时，上海又是当时中国最大的军港和守卫长江的大门，具有重要的军事战略地位，因而始终成为日本法西斯军国主义

觊觎的一个战略要地。1931年“九一八”事变后，日本法西斯军国主义进而在上海挑起了“一·二八”事变，发动了对淞沪地区的武装侵略。驻守上海的十九路军和前来增援的第五军与上海人民奋起抵抗，给予日本侵略者以沉重一击，成为中国局部抗战历史进程中承前启后的关键性一役。“九一八”和“一·二八”时期的抗日武装斗争和民众抗日救亡运动，在世界上率先举起了反法西斯的旗帜，揭开了中国抗日战争和世界反法西斯战争的序幕。1937年七七事变后仅一月余，日本法西斯军国主义又把侵略魔爪伸向上海，遭到中国爱国军民的顽强抵抗，形成了以上海为中心的一场气壮山河、震惊中外的“八一三”淞沪抗战。七七卢沟桥事变和“八一三”淞沪会战，标志着日本法西斯军国主义全面侵华战争的开始。在中国共产党的积极倡导和推动下，抗日民族统一战线正式形成，揭开了中国全民族全面抗战的序幕，也标志着世界反法西斯的第二次世界大战在亚洲的东方战场正式形成。在“八一三”淞沪抗战历时一百多天的日日夜夜，中国军队和上海人民以其鲜血和生命，筑成了一座民族自卫的血肉长城，谱写了一曲民族团结、共御外敌的壮丽史诗。上海沦陷后，上海民众在全国人民和全世界爱好和平的各国人民的声援、支持下，面对极其艰辛险恶的环境，仍然以大无畏的英雄气概，坚定不移地继续投身于全民族抗战的洪流，对日伪的法西斯统治进行不屈不挠的斗争。中国共产党始终高举抗日民族统一战线的伟大旗帜，发动民众，团结上海各界人士，从人力、物力、财力等各方面支持抗日民主根据地和抗战大后方的斗争，冒着腥风血雨，迎接抗日战争的最后胜利。

两次淞沪抗战及上海民众在十四年不间断的抗日救亡运动中，

构成了一幅幅上海抗战英勇悲壮的画卷，也铸就了上海在中国抗日战争和世界反法西斯战争中的重要历史地位：上海不仅是中国对日作战的一个坚强的军事战略重镇，也是中国抗日救亡运动的前期中心和中国抗战文化的发源地；不仅是支援抗战大后方和抗日民主根据地的重要基地，也是世界反战反法西斯人士和中外难民的庇护所；是世界反法西斯舆论战、情报战的东方主要阵地，又是中国联系国际反法西斯阵营的纽带和桥梁。更为重要的是，上海抗日战争凸显了其重要的历史意义：它在外敌入侵、民族危亡的关键时刻，全面地、全方位地弘扬了以爱国主义为核心的民族精神，折射了中华民族有同侵略者血战到底的气概、有在自力更生的基础上光复旧物的决心，有自立于世界民族之林的能力。上海抗日战争在中国抗日战争和世界反法西斯战争历史上树立了一座永不磨灭的丰碑。

2015年是中国抗日战争暨世界反法西斯战争胜利七十周年。在中共上海市委的领导和支持下，上海学术界和理论界经过多年的努力，联合推出了“上海抗战与世界反法西斯战争”系列丛书。这套系列丛书分为三个子系列，**一是“上海抗日战争史”丛书**，内容包括上海抗战史通论、“一·二八”淞沪抗战、“八一三”淞沪抗战、日军在上海的罪行与统治、上海人民抗日救亡运动、上海郊县抗日武装斗争、上海人民支援新四军与抗日根据地、抗战时期的上海经济、抗战时期的上海文化、上海抗战与国际援助等；**二是“淞沪抗战史料”丛书**，选辑和汇集民国时期有关上海抗战的具有代表性的通讯、纪实、回忆录及报告文学等鲜为人知的孤本、藏本影印重版。**三是“上海抗战与世界反法西斯战争研究”丛书**，其中包括

资料性著作：如记忆中的淞沪抗战、淞沪抗战中文报刊资料选编、淞沪抗战档案史料选编、上海抗战历史文献选编等；专题性著作：如中国共产党与上海抗战、当代学者论淞沪抗战、国外学者论淞沪抗战、“一·二八”淞沪抗战画史、“八一三”淞沪抗战画史等；工具性著作：如上海抗战与世界反法西斯战争大事年表、上海抗战与世界反法西斯战争事件人物录等；通论性著作：在上述论著的基础上完成一部通论性著作，即上海抗战与世界反法西斯战争全史。这三个子系列丛书各有千秋、各具特色，在集结出版后，更能起到互相参照、取长补短的作用。可以说，这套系列丛书是上海学术界和理论界研究上海抗日战争和世界反法西斯战争的一项重大的学术成果，是对上海抗日战争史研究的一个重要总结和一次集中展示，也是向中国抗日战争暨世界反法西斯战争胜利七十周年献上的一份厚礼！

“疑今者，察之古；不知来者，视之往”。历史是最好的教科书。“上海抗战与世界反法西斯战争”系列丛书的出版发行，更是为了向社会提供一部能够弘扬时代正能量、培育与践行社会主义核心价值观的好教材。让我们站在新的历史起点上，进一步铭记历史、缅怀先烈、珍视和平、警示未来，为实现中华民族伟大复兴而奋斗，为促进世界的和平和发展作出我们应有的贡献。

出版说明

“淞沪抗战史料”丛书续编Ⅲ主要收集美国史坦福大学东亚图书馆等处所藏资源，将已见或未见的关于淞沪抗战史料以影印的形式出版，内容涵盖两次淞沪抗战，即“一·二八”淞沪抗战和“八一三”淞沪抗战，力求比较全面、翔实和生动地反映淞沪抗战的全貌。

两次淞沪抗战，是中国人民伟大的抗日民族解放战争的重要组成部分，特别是“八一三”淞沪抗战是在中国共产党抗日民族统一战线政策的指引下，以国共两党合作为中心，全国各爱国党派、团体，中央和地方各系抗日军队，各界爱国民众以及海内外侨胞，在抗日御侮、共赴国难的基础上发动和进行的，堪称民族自卫战争史上的伟业。它体现了中国人民血洒战场、拼死抗战的决心和民族团结精神。在抗战胜利70周年之际，阅读这些史料，重温那段中华民族优秀儿女面对强敌、誓死抗争的精神，就是最好的爱国主义教材。两次淞沪抗战展示了中华民族奋起改变自己国家命运的伟大信念，爱国主义激发出全体中国人民的巨大力量，这种信念和力量，在今天仍然弥足珍贵，令人心怀激荡。两次淞沪抗战中那些大气磅礴、气壮山河的史诗故事，均在本套丛书资料中有翔实的记录和质朴的史料作为佐证。

由于各种原因，原书中存在着印刷错误，而且有些细节也与史料不符，对书中的一些观点我们也不完全赞同，为了给读者提供最原始的抗战史料，对上述问题未做任何处理，希望读者能够给予理解。

编者

2018年7月

目　录

上編

狂妄暴日之侵滬動因

殘暴倭寇之兇行一斑

可歌可泣之民族英雄

永垂宇宙之光榮戰績

下編

拉開驚人之層層戰幕

第一齣 華軍勝利 鹽澤撤職

第二齣 敵軍敗挫 分掌帥權

第三齣 敵屢挫敗 白川來滬

第四齣 自動撤退 靜待反攻

華軍暴日之實力估計

淞滬變中之大事日記

狂妄暴日之侵滬動因

毒蛇一般，瘋狗一般的日本帝國主義者，這次饑狠餓虎似的加緊對華侵略，自九一八東省的突變，進而大擾津沽華北，再而尋釁於武漢福州青島各地，更在華洋雜處百商會萃的淞滬，毫無聊賴的興風作浪，終於掀起了東亞的戰雲，引動了世界各國的震驚，直到現在，淞滬的抗日血戰還在急激的延展着，設再推演下去，第二次世界大戰將不免於爆發，人類的前途危厄將不堪設想！對於這樣的巨大事件，我們怎能不注意，怎能不抱着驚懼之心去想法消弭去想法避免呢？

探討這次淞滬血戰的致因，我們不能不歸咎於日本帝國主義

者的狂妄。日本帝國主義者爲什麼這樣狂妄，並且怎樣的狂妄呢？要解答這個問題，首先要考量日本和中國的本身。日本是資本帝國主義的國家，是資本家階級統治着的國家，他們爲維持其自己階級的權益，對內要剝削一般勞苦的無產大衆，對外要侵略殖民地和半殖民地。而中國呢却正是他們侵略的對象，因爲中國有四萬萬五千萬的人口，可以購買他們的貨物，有豐饒的物產，可以供他們掠奪，有廣闊的土地可以被他們殖民屯墾。佔在這種關係上，所以日本對中國便瘋狂似的進攻。

上海的事件是怎樣發生的呢？

一、九一八變的擴延——暴日蓄意西侵，由來已久，正當近年歐美各帝國主義者千瘡百孔無暇東顧，認爲是千載一時的良機

，所以便本着其備俄避美壓迫國聯的方針，加速的對華侵略。九一八事變，東省一旦淪亡，驚顫了每一個中國同胞的腦海，激起了全國的抗日反帝之狂濤巨浪，抵貨運動，風馳電掣般普及宇內，日本對華貿易感受了莫大損害，爲鎭壓全國的抵貨運動，所以日本要壓服上海威脅首都，此其一。東省淪陷後，日本拼命扶殖其政治勢力以保護其經濟之侵略，同時又想一手掩盡天下耳目，所以便集全力以促其卵翼下的所謂滿蒙僞國，爲使中國屈服而與以默認，所以便威脅全國沿海口岸並進攻上海，作進一步之要挾，此其二。再者，上海是中國經濟之咽喉，日本未始不得隴望蜀，想更進一步，建樹其政治勢力；並另闢一日本租界，所以便積極威脅上海，此其三。大公報一月二十三的社論說：『日本今日

之政策，一方於東三省僞造獨立國，借中國政府不得再過問三省，俾進一步漸達完全吞併之目的。一方則欲以一切方法，威脅沿海沿江，終止中國抵貨運動。』所見正是如此。

二、日人的無理挑釁——東北事變以後，日人屢次在滬滋事，焚燃三友實業社等案，便成了大戰的導火線。三友實業社紡織廠，在滬東華德路底，地處華租交界間，前門爲租界，廠後卽租界外的引翔港，地屬工廠區域入夜卽很冷靜。十八日有日僧五人，在此盤旋，不知因何事故，與當地工人忽生衝突，相互毆打，結果日僧中有受傷者。日領署於十九日會向市政府交涉，提出下列各項要求：（一）市長正式道歉，（二）立卽逮捕凶犯，（三）損害賠償及醫藥費，（四）抗日運動應以適當手段取締之，（五）所有鼓

勵敵視日本鼓勵暴動，及鼓勵排日各項團體，應予解散。乃雙方正在協商中，有武裝日人四五人發現於三友廠左右，繞廠勘視數周，並詢問工人宿舍在何處，意頗不善。至二十日，竟釀成日人之離奇暴動：晨二時，有黃衣日人二十餘，竟趨三友廠將該廠燒燬，並橫行刺殺當地華捕，同日下午四時日人又來侵，陸戰隊一部也登岸到場，日本載重汽車，也整日在馬路馳驅示威。至二十一日，爲三友社事，日領雖向市長吳鐵城表示遺憾，聲明卽將實行懲凶賠款，並向工布局口頭道歉，而北四川路虹口一帶，竟嚴布崗位時有示威並撕毀商店窗上反日標語。二十二日，日本第一遣外艦隊司令部，竟以司令官名義，向市府及公安局提出嚴重警告，請對該國領事之抗議作圓滿答覆。二十五日，日領又照會滬

市長，請於二十八日能有答覆。二十七日，又通牒市府，限二十八日下午六時前圓滿答覆。二十八日，我市府卽作答覆，對所提條件完全承認，該文略謂：『接二十日來函內開，日僧天崎等五名，十八日午至馬玉山路附近，被毆受傷，提出條件四項，請求接受等因。查該案發生，殊屬不幸，本市長深表歉疚。以案關傷害，法有明文，當卽嚴令公安局限期緝兇歸案法辦，至該被害人等之醫藥費，亦可酌給，以示體卹。至來函所提抗日運動一節，現查滬各界抗日委員會，行動有越法軌，業經令行主管局將該會取消，以維法紀，關於類此越軌違法行爲，本市長仍當本法治精神，令行取締，至其他抗日團體，並已令局予以取銷。』據此覆牒，足見我市府對日極盡忍辱負重委曲求全之能事了，卽日領村

井，對此答覆，已於下午四時通知領團認爲答覆滿意，誰知當晚十一時半，日方竟調兵遣將進佔淞滬路天通庵車站，攻擊當地十九路軍，於是，驚人的淞滬血戰，便在日方的狂妄挑釁，無端進攻之下拉開了其壯烈的面幕！

殘暴倭寇之兇行一斑

自從大戰以來，日帝國主義者及其忠狗臣僕們的殘慘暴戾，遂逐漸的暴露於人世，自誇爲文明國已經是不再可能了，因爲他們的文明之面具已漸撕破，猙獰的面目已在隆隆的砲聲之下顯示給舉世的人類了！他們不但對中國人，甚至對他國人以及本國的被壓迫階級，都一樣的殘暴：

他們的對付華人，第一是肆行轟炸：日軍因不利於巷戰，遂用飛機到處擲彈，並用大砲肆行轟擊，繁榮的閘北幾成焦土，江灣吳淞南市一帶民房，歷次被炸毀轟擊焚燒，動輒延燒數日不熄，被燒的不計其數，華人死傷更是難以統計。此種轟炸都市已非

人道所許，又據自江灣葉家花園逃避來滬之鄉民云：日兵在江灣一帶，每抵一村落，必將村人禁於一室，盡佔其餘房屋，婦女則強令操作，並遭姦淫，當其部隊開行時，則必將該房屋焚燬無遺，惟稻草則滿載而去。我軍退後，在閘北各地日軍，並用火油焚燬僅存的房屋。上海二月八日電謂：『日便衣隊在吳淞放火，燬屋三百餘幢。英報評日在華暴行，全世界輿論幾一致抗日，現在滬轟炸，使無辜羣衆受重大損失。』其殘暴可知！彼更設法轟炸我難民收容所，關於此事，在國聯二月十九日行政院會議席上，佐籐尙狡辯謂係日方之誤會(？)。當時因收容所之周圍有鐵絲網，故日飛機帥誤會擲彈云云。閱之更令人指髮！第二是殘殺華人：二月末大公報載，心冷的通信內說：『日浪人在北四川路一帶

，殺戮我無辜的同胞，差不多有四百多人。他們更强迫着被拘而未死的同胞，專做搬運死屍的工作，搬上汽車，駛向楊樹浦一帶，完全擲在江裏。』又說：『至於手無寸鐵的平民慘遭殺戮的，更不知其數。其發見而被人目覩者，是青年婦女被割去兩乳，還有一個老者背負着孫兒，被他們由小孩的背上，用刀直刺到老者的前胸。像這種猥籍在道路上的慘狀，簡直令人感覺好像置身於菲人的野人國中一般。記者見聞雖多，但也不願多把這種慘酷的印象，介紹給讀者了！』最堪痛憤的是二月十日『日軍在匯山路碼頭，屠戮華工百餘人，斬首級運日，證明勝利。』滬商會爲此，曾請工局部禁止。又二月二十六日，日本先已禁止外報記者往前線觀戰，並於當夜竟將我被害鄉民，用火焚滅。據某記者冒險調查

結果，江灣閘北一帶，均有火焚痕跡，被焚者，至少有數百人。又二月二日路透電稱，某外人一日見：『日水軍擊斃中國少年一名，謂該青年「擬」拋擲石塊，其家屬將死孩舁入家中。日軍復侵入，將尸奪出，並用刺刀戮傷屋內居人。昨日蘇州河岸被日軍用刺刀戮斃男尸，計十三具。』又二月十二日，西華德路高郎橋，有日兵四人，便衣隊四人，搜查行人物件。當時有男女各一經過該處，男抱小孩，女提皮包，內藏餅乾，日兵查畢復向皮包搜索。女云：此餅乾當不犯法。日兵不解滬語，卽以刀刺女胸致死，復投屍於高郎橋河中，意圖滅跡。再據上海十六日電：『日方因軍事，不能得手，組織暴殺團，團員有千六百人，專事暗害我方要人。某機關曾緝獲一人。』其他記載尚不勝枚舉，作者也不忍

再寫出了。第三是姦淫擄掠：這種事實，報上每天都有揭露，難以盡言！

當敵軍敗退之際，在前線服務的紅十字救護隊，就在隆隆砲聲之下，救護那班受傷的勇士，以及無故遭殃的平民。據紅十字會救護隊中人言，他們在「六三花園」中，發現三個女學生，其中兩個，已被敵軍輪姦致死，還有一個也是氣息奄奄，受創很重，當時卽送醫院治療又二月二十六日上午十一時許，有一住居陽樹浦提藍橋之江北女子陳小毛，（年十四）逃至法租界菜市街親戚家。據云：彼於前晚九時許聞砲聲甚邇，正欲逃遁之際，（談女寄居是處，係同鄉人家，向在紗廠作工，鄉人均已逃去，彼因無處可走，故仍居此）忽有日兵兩名，見屋內尙有火光，卽破門而入

，遽將該女掀於地上，輪流姦污，旋卽奪門而去，以致下部受傷，勉强行走。這種慘狀，眞是不一而足。

第四次摧殘文化：最重要的是一月二十九日晨十時，竟擲彈將中國最大文化機關商務印書館總廠轟炸，該廠印刷排字部全燬，紙棧毁兩處，病院毁一部分，編輯經理兩部倖存。東方圖書館亦被燬一角，損失在三四百萬間。

此兩處之被炸，及於文化上的損失更難以形容了！他如吳淞江灣各大學慘遭炸燬，持志大學竟悉化灰燼！江灣復旦大學，自被日軍占據後，建築物如簡公堂子，彬院女生宿舍，衞生處等，均遭極大之摧毁，而圖書館所藏書籍，亦盡成灰燼！上海十五日上午八時電謂：『吳淞文化機關被日軍破壞無遺，學生數千人大

半失學，各大學如同濟大學之大學醫院，中國公學，勞働大學，農學院，工學院，均被日軍破壞。』一切一切，正足證明日軍與文化爲敵。

又當戰事發生之後，滬市社會局和商會及律師公會，對於戰事損失決作初步調查，曾由社會局登報，請被災者塡調查表，截至二月底止，共收到報告表三千五百四十二份，統計損害數額，已經多至四千一百三十六萬餘元，而大多數被災公司廠號，如商務印書館，兩鐵路管理局，永安紗廠，法政大學等等，以及避難各處者，還都沒有塡報到局，將來全數列入，統計起來，將不下數萬萬之鉅：這都是殘暴的倭寇的功績呢！

日寇對各國，也同樣的暴橫：如日軍破壞租界中立，開己往

未有之惡例。因爲上海的共租界，自一八四三年十一月十七日成立以來，到如今已有八十九年，中間經過一八八四——八五的中法之戰，一八九四——九五的中日之戰，一九〇四——〇五的日俄之戰，以及一九一四——一八之世界大戰，租界有關各國，無不承認牠的中立權，絕對加以尊重。可是到今年卻被日本破壞無餘，不但篾視我國，連各國也都不在他們的心目中了。再如不顧世界公憤，竟大用毒達姆彈，看二月二十三日滬電：「萬國紅會，復中國紅會，關于日軍用達姆彈事，已向日照會抗議。」可見已引起各國反對，但暴日竟置之不顧！再如倭寇竟砲轟外國防地，肆意炸轟租界地帶，破壞外商，便迭次兇毆外人，美領及英僑竟多被打，更可謂目無列强！關於這些，僅請看二月中旬各報如下

的紀載卽知：（上海十五日下午二時二十五分電）路透電：昨夜午，住在莫干山路之美陸戰隊，感受日軍砲彈之危險，計日軍砲彈落於美軍防線者共三彈，美軍當局，立卽向日方提出抗議，日軍砲火始無云。（中央社上海十一日下午八時十分電）眞（十一）晨十時半，日機突在租界之麥根路永安第二紗廠擲二枚，搖紗室被燬一部：死廠工五人，傷十六人。出事時，有美水兵隊長柯克及隊衆十八人在廠守禦，亦險遭擊中。（上海十五日下午一時三十五分專電）滬美領林滋，寒（十四日）午後偕己入美籍之華人楊太太，至北四川路。楊尋覓小孩，及抵楊寓，突有日浪人十餘闖入，將楊園毆，並種種侮辱。美領及從人上前排解，亦被毆傷。美領轉報總領，向日提嚴重抗議。（上海十五日上午九時三十五分

電）路透息：前上海西童學校教員英人派克斯，昨在虹口地方，被日在鄉軍人七十餘人所兇毆，初派克斯乘汽車赴其友人住宅，爲日在鄉軍人所阻止，派克斯遂出示執照兩張，一爲工部局之戒嚴區通行證，一爲日海軍司令部所發之通行證，有此無論在何嚴重狀況之下皆可通行。乃日在鄉軍人，竟將兩執照撕毀。並兇毆該英人。其後派克斯設法赴日海軍司令部說明，日軍官員上方准離境，並將汽車發還。現派克斯已將此情形報告英總領館云。按此種情形很多。並延續不絕。如三月內之（上海六日下午一時十分專電）字林報載：日人在虹口侮辱美僑。又有新事件發生。支（四日）晨美浸禮會麥魯衞女士。偕同會鐵問孫士由白保羅路順往女學視察。突有臂纏白布之便衣日人多人。不問情由。用手杖及

掌猛擊女士。經另一能操美語之日人詢明情由。始將麥釋放。美領署對此，已向日當局提出抗議。以外的事還很多，已爲中外人士所洞見，我不須再費筆墨了！唉！狂妄的强梁，看你們橫行到幾時！

日本帝國主義者及其忠狗臣僕對中外人士旣已如此其殘暴，而對於本國的勞苦大衆也同樣的殘暴！這，我們更有說明的必要：這次日軍來侵，並不是整個日本民衆的意志，只是日本國內的資本家階級——如三井，三菱這些財閥——和被他們豢養代他們執政的政府當局海陸空軍當局罷了！他們所以要侵略中國，只是要爭奪中國的市場與財富，只是要加緊他們對華的投資與掠奪而已。有人說：『苦心經營「滿鐵中心主義」的日本資產階級，意外

的促成了支那在經濟鬥爭線上的勝利，和美英投資的加增，這是日本出兵蒙州的直接原因。』細看起來，這只是資本家階級們自利的鬥爭，於日本的一般勞苦大衆不但無一益而且有百害。日本出兵中國，軍費浩繁，使全國經濟窮窘，工廠停工，民衆生活艱難，工人失業挨餓，己是普遍現象，所以此次出兵，不但一般人反對，有識的當局及學者們也很反對，兵士本身，也極不願作戰。東京二十五日電：『日本此次出兵上海，稱係保護日僑之生命財產爲目的，據本月二十三日閣議中，有人提出質問：一，出兵上海旣係保護僑民，何以日來上海日僑紛紛回國？二，上海日僑並非聚居閘北，日軍在閘北與華軍作戰何故？三，蘇州日僑，早己遷離，何故再施投擲炸彈？以上三點，請當局加以解釋。該員

提出此項質問時，竟被禁止發言云。』可見閣議中也有人反對出兵。至如文藝作家，各種學者，一般學生市民，更無日不有反抗的表現。請看日軍的如何畏縮厭戰：

（上海十二日下午二時三十分電）日本俘虜求我大刀隊饒命。此項日軍被我大刀隊俘虜者三百餘，被俘時跪地哀求，或號啕大哭痛詆日軍閥，我大刀隊均未加害。

（上海十二日電）虹口虹江橋一帶，日僑居留民甚多，因男子均被陸軍編入日便衣隊，連日死傷甚重，婦孺無法生活相率自殺。

（上海二十二日下午一時四十五分專電）我軍馬（廿一日）在楊圩附近擊落敵第八四六號甲種四型戰鬥機一架，架駛員田中中隊

長墮地卽斃。最可笑者；該中隊長，身上帶有銅版一個，一面鑄羅漢菩薩，一面鑄吉祥字樣，迷信畏死如此。一般日人如此反對戰爭，日資本家階級及軍閥如何對呢？只好用猙獰的面目和殘酷的手段了！記得二月五日報載：『日長崎神戶江（三日）兵變，社會黨被殺三百餘人。』當時曾驚異得很，以爲日軍不會如此的輕於叛變，後來才知道原來是日軍閥授意如此，借以殘殺反對戰爭的異己，嗚呼！再看二月二十六日的東京通訊，更可見其強制徵兵，不惜驅平民於死地，使東京學校充滿愁慘空氣！原通訊云云。

『上海事件，刻正擴大不已，前日（二十四）日政府下召集令，（徵兵令）被徵者多爲各大學學生。（昨日午後十一時已開發）故昨日各校，充滿悽慘空氣，記者同班被徵者，有十餘人之多（均

爲東京人）。彼等尙剩一星期，卽將畢業，竟不彼不犧牲，被徵者滿面悽慘，未被徵者，刻刻不安。按日本常備兵爲十二個師團，此次新編十三四兩師團，開往上海，日帝國主義驅此一般無勇氣青年，往前線送死，中國若能再抗爭半年不失敗，日本內部將發生巨大變化云。」至於日軍如上的厭戰，日軍閥更大肆强迫，不惜任意屠戮，慘情之多，令人不忍回憶！且看不列的一斑以代全豹吧：

（上海二十一日下午三時電）號（廿日）晚九時四十分駐守閘北一帶日軍，自接得植田之總攻擊令後，三千餘名之新到陸軍中，有六百名不願參加作戰，頓時譁變，一時日軍防地秩序大亂。當經其他日軍將其包圍繳械，并急電植田司

令，請示處置辦法。于十一時零五分植田之命令已到，囑將該項譁變部隊即日押解回國，以免煽動軍心有碍作戰。馬（二十一日）晨十時許，有日艦一艘駛出吳淞，已將六百名譁變日軍隨艦押解回國。並聞此項叛兵並不運回日本，一出吳淞口即將其沿途拋棄入海，毀屍滅跡，以免彼等返國從事於日軍失敗之宣傳，而致動搖國內人心云。

可歌可泣之民族英雄

這次在滬奮勇抗日的戰士，當然首推十九路軍。他們的忠烈强毅，不但使全國胞衆異口同聲的稱譽，視爲『民族的英雄』，『神勇的戰士』，『眞正的黨軍』；卽各友邦，亦交口讚頌，放棄了歷來對華的蔑視心理；甚至日敵也不免頻頻浩歎，敬畏其大無畏的精神與夫精奇的戰術，各報時作驚異的記載，如大板朝日新聞，亦知『此次上海事變，中國之新英雄蔡廷楷等，恰與北方英雄馬占山，遙遙相對，實爲不可多得之將才』。並稱我軍『砲彈意外正確，戰術非常奇妙』，且評我戰壕爲『近代戰術之結晶體』，其他各報亦紛作驚嘆，日本電通社的新聞稿件，亦不斷讚頌十九

路軍，甚至也不得不說：『十九路軍富有堅强戰鬥精神，打得很漂亮』！可見十九路軍的忠勇了。茲特參照各種記載，把所謂十九路軍作一個簡要的介紹：

十九路軍，久已名震珠江流域，這是由於他們的堅强的戰鬥力和光榮的戰績所致。該軍初成於民國十年冬，孫中山先生任陳銘樞爲粤軍第一師第四團團長，蔣光鼐陳濟棠蔡廷楷戴戟諸人，分任團附營長連長等職。十一年任北伐前鋒，頗著戰績。同年六月，陳烱明叛變，陳銘樞離職從學，陳濟棠繼任團長。十二年，陳烱明敗，孫大元師回粤，又任陳銘樞爲粤中第一旅旅長，張發奎爲第一團團長，蔣光鼐爲第二團團長，時蔡廷楷戴戟區壽年毛維壽等均分任第二團營連長。十四年春，第一旅擴充爲國民革命

軍第四軍第十師，以蔣團爲基本，張發奎團擴充爲第十一師。十五年北伐，兩師均有殊勳，武漢民衆，以其紀律及戰鬥力均如鐵，咸奉以『鐵軍』之徽號，其後迭有擢升。嗣後蔣蔡諸部返粵，張發奎部相與離分。十九年夏，蔣總司令任蔣光鼐爲十九路軍總指揮，仍指揮蔡廷楷及戴戟兩師，這是『十九路軍』之所由稱。去（民國二十）年在贛剿赤，另擴編七十八師，師長之職，以六十師旅長區壽年升任。六十一師師長戴戟，因病辭職休養，以該師旅長毛維壽升任。蔡廷楷升十九路軍長，六十師師長之職，以副師長沈光漢升任。十九路蔣總指揮除指揮十九軍三師外，尙有其他部隊，惟以六十・六十一・七十八・三師爲其基本隊伍。時日荏苒，調京滬後的十九路軍，其組織仍與前略同。

以上是十九路軍的沿革，下面對於該軍的人物，再作一個簡明的介紹：

陳銘樞——字眞如，廣東合浦縣人。幼時家赤貧，而勤於學。性恬淡誠篤，而富於感情，疏財重義，用人頗專，善將將，有帥才，運籌帷幄，常以策致勝。十九路軍乃其一手訓練而成，一般官兵，對之非常親切，唯命是聽，儼如家人父子兄弟一般。自辭軍長任粵主席，實際上仍是該軍的太上指揮。在日內瓦國際日報，曾譽陳爲『南中國之新時代偉人』，吳稚暉也稱他是『常勝將軍』。陳氏精佛學，善詩文，頗具政治眼光，熱心文化事業，今之滬上某大新書店，傳亦係陳氏之力促成，眞可謂大有儒將風度啊！

蔣光鼐——字憬然，廣東東莞人，爲十九路軍之總指揮，曾從學於保定軍官學校。性頗和平，軀幹瘦矮，對下頗寬，而三軍咸服，勇敢沉着，指揮有方，激烈戰事，處之泰然。

蔡廷楷——字賢初，廣東羅定人。猛勇無匹，可稱一員虎將治軍極嚴，性爽直，善將兵，每次作戰，均身先士卒。蔡極仇視倭奴，彼在贛時，聞東北失守，卽義憤塡胸，曾於贛州召集十九路軍全體將士訓話說：『有我蔡廷楷，就沒有日本，有日本，就沒有我蔡廷楷。我若戰敗，必自殺，誓不作俘虜』。

戴戟——字孝悃，安徽旌德人。性豪爽，淡名利，辦事極有精神，對下恩威並用，處事公平，智勇兼備。汀泗橋，白泥，濟南諸役均有軍功。去年夏間，因病辭職，此次經陳銘樞再三敦勸

，始就淞滬警備司令。戴尙不到四十歲，魁梧奇偉，嗜酒能詩，很有古名將風。

此外，區壽年（字介眉，粵羅定人）。毛維壽（贛峽江人）沈光漢等三師長，皆驍勇善戰，每戰皆破日寇之膽，日報曾載：『十九路軍軍長蔡廷楷。六十師師長陳光寬。（按卽沈光漢）。六十一師師長毛文炳（按卽毛維壽）。七十八師師長郭純榮（按卽區壽年）。都是一班暴徒。所以不怕死』。這話眞眞耐人尋味！他如張炎（六十一師副師長。粵吳川人。爲陣亡張世德張之乃弟。世德渾名「猛張飛」。以張發奎之勇，尙呼之爲「牛筋」。張炎有乃兄之風。）劉占雄（江西人，體高大，人多呼之爲「俄羅斯」，以勇敢耐戰著稱。）二旅長，均勇猛異常，尤以翁照垣（名輝騰，粵惠來

人，體格魁梧，精明強幹，對下極好。曾在日本學陸軍，英國學海軍，法國學航空，可謂海陸空軍之全材也。當其在法時，由五百尺高之飛機落下，且跌在電燈桿上，因處事鎮靜，得不死，法報爭相交譽翁君爲『勇敢的中國人』，法軍人尤贊佩不置。翁頗精馬術，能於雙馬並馳中，由此馬跳上彼馬。旅長不特長於軍事學識，臨陣時，膽略過人，指揮若定，此次在滬抗日，翁任前線指揮官，該旅作戰亦最猛，其實該旅大半係新兵，訓練尚未成熟，能有如許戰績，實出意外。三月二日我軍以戰略關係暫行總退却，翁部竟能孤軍抗敵於吳淞，最後始受命安然撤退。至於十九路軍全體將士大衆，那種奮鬥犧牲的精神，更難以盡言，玆以限於篇幅，暫不在本文內詳述。

除了十九路軍以外，在滬抗日的，還有京方的憲兵師，張治中兪濟時，三月初我軍撤退以後，蔣鼎文，上官雲相，馮玉祥舊部梁冠英等部，均亦參加激戰，這些將士，大都是忠勇衞國的戰士，不必備載。除正式軍隊以外，尙有南京中大組織的義勇軍，滬上復旦大學等義勇軍，馮庸大學義勇軍，以及各地方學生各界民衆義勇軍，爲數亦不少，雖未能盡上前綫，雖無作戰經驗，但間接的有助於戰事者很多，尤能激勵前方的軍心。最可一記的：當一月月底，日方曾收買我方流氓至數千之多，當時曾與某某二三等流氓頭協商，除每名給餉若干外，且議要彼等炸天通庵車站，謂炸後則給日金二十萬，並步槍一千枝。事爲法租界某領袖所知，告以車站之炸仍照行，庶可取得二十萬及步槍，但領槍後則

要向日人攻去，這便是開火後，車站被炸一小部分的由來，得槍後，果向日人進攻，日人死傷之多，此爲一大原因。時尚有日人買好後之流氓三百餘人，置之虹口日旅館中，未及退出，竟被日人遂派兵包圍，盡殺，眞堪惋惜！聞政府曾應某氏之請，對此流氓每日給予二萬元，以養之，便是要利爲戰事上之用。按此等非常俠氣，很有血性的羣衆，竟不爲利誘，一致抗日，他們路徑很熟，作軍隊的嚮導，此次迭獲勝利，眞不能忽視他們的功績呢！

此外，一般民衆熱切的助戰，不惜犧牲身家生命財產，爲民族盡忠義，各種事實，比比皆是，我可以舉一個例，以見一斑：

「滬訊：本地人胡阿毛年四十一歲，向在前副郵務長秦雲笙處開汽車，解雇後，現在南市救火會爲開車。二十六日午後至虹口老

百匯路，探望親友，行至中虹橋附近，被日守兵攔住，搜獲開車執照一紙，知胡擅開車技，遂拖至匯山碼頭司令部。拘禁至二十七日晨，有日兵四人，押令胡至附近，有預停之卡車一輛，滿裝子彈軍火，迫胡駕駛至公大紗廠。胡無奈，只得佯爲允許，開足速率，由日兵四人押解。詎阿毛仇日心切，遂決犧牲報國之志，將駛至目的地，故意橫轉車頭，直駛浦灘，因車行極速，當時連車開入浦江，一時浪花四濺，人車均無踪影，阿毛與敵軍及軍火同殉洪流，犧牲報國，眞乃民族英雄。據阿毛友人云：阿毛家尙有邁年老母，家境頗爲蕭條云。二十九日市商會特函滬南區救火會，請表揚不爲敵人威屈之胡阿毛，以慰忠魂。原函云：逕啟者：本日報載南市救火會汽車夫胡阿毛，爲日兵逼駕駛汽車，裝載

軍火，胡爲其迫脅，遂將汽車直駛浦江，甘與洪流同殉，日人軍火全數沉沒。似此智能應變，義能殉國，神志湛然，臨難而不渝，悲壯慘烈，士夫猶愧。尤宜特予表揚，幷謀贍其遺族，以慰忠魂。貴會如荷贊同，請爲提倡發起，敝會當隨同列名也』。（見三月六日大公報）這是何等動人的事！

以上都是此次在滬抗日的戰士，都曾喚醒了國魂，震驚了列强，爲我們中華民族建樹了永不磨滅的功績，所以我們一併稱之爲『民族的英雄們』，應對他們永永的存念着。

永垂宇宙之光榮戰績

我們可以毫無疑慮的，摯樸無華的說：無論是我國朝野上下，或是高鼻子綠眼睛的外國人，甚至醜惡的日本帝國主義及其忠實走狗與臣僕，都會相信這次淞戰中，中國的抗日將士，確曾建立了許多光榮的戰功。在沒有詳述這些戰績以前，首應自問爲什麼中國軍隊會有這許多好的成績呢？

中國軍隊之所以時常獲勝，推敲起個中原因來，第一在於中國將士的憤勇：日帝國主義之橫暴的侵略，給予中國民衆以什麼感想，這已不言可喻。上海的抗戰，是被宰割的弱大民族求生存爭生存的抗爭，是在全國民衆血淚鼎沸下之破斧沉舟的掙扎，大

戰之前，十九路軍將士早已憤激如狂，所以戰雲一開，蔣光鼐雖仍在醫院，聞訊卽赴前線指揮，臨行與妻訣別，謂『人生必有死，死有重於泰山，有輕於鴻毛。我能爲國抗日而死，亦何榮幸焉。』戴戟司令，亦卽預立遺囑，託妻子於陳眞如，不分晝夜，拼死於戰場。陳銘樞亦有致友人書云：『今敵十餘倍於我，此戰絕無勝理。但爲革命前途計，惟有一死，以報黨國。我固有決死之心，卽部屬亦有偕亡之願，恐將爲田單第二也。』至蔡廷楷，更遂其殺賊之願，其他將士，莫不痛欲死。聽說在大戰時，我方輕傷傷兵，都不肯下火線，重傷的臨死仍大呼『打倒日本帝國主義』，有的於萬不得已時，竟聯合數人，用肉體阻攔敵坦克車，又曾時有兵士身掛五六炸彈，阻擋敵坦克車，人死之後，車乃被炸燬。

且一般士兵，見敵飛機不但不怕，反從容用來復槍描準射擊，曾於同時擊落日機十餘架。又據三月八日大公報載南京天流四日通訊云：『當植田初到上海，尙未開戰時，（指此次增兵後之戰而言），我方探悉其司令部所在，以數十兵士，全身浸以洋油，滿掛手溜彈，奔至植田司令部，其彈爆，全身發火，當時卽將其司令部搗燬。植由卽由兵士挾以出亡，幸免於難。我方見其火發，卽繼以槍砲衝鋒，此次日軍損傷極重，其司令部卽時遷移。外間見其司令部被燬，以爲植田必沒於此，繼開我軍已入其司令部，故信爲必捕得植田也。我軍之壯烈亦可見一斑矣，』一切可歌可泣的壯舉，筆難盡述，可見我軍的義勇了。第二在於日俄戰後已二十六七年了，日本的老兵多已死了，而新兵未曾有大戰的經驗，

還不知我軍之習於戰鬥。其次，我軍處處得民衆的帮助，日軍則適得其反。當開戰迄今每天報上都可見民衆的熱烈助戰記載，有的送食物助金錢，有的作嚮導充偵探，有的救護戰士，有的効力運輸，對於日軍，却恨之入骨，如陳阿毛(參照民族的英雄們)便是最好的一個例。國軍到處都是朋友，日軍到處都是敵人，而易失敗，且滬上戰事，又多係巷戰．我軍地理熟習，日軍利器亦不便應用，甚至日軍本身亦多厭棄日閥暴行，無心作戰，時有變亂：這都是我軍所以獲勝的重大原因。

看了三月二日守滬軍士的總撤退，有人認爲是中國失敗了，是沒有希望了，這只是皮毛之見！因爲這次抗日之戰，我全國上下都已主張一致作長期抵抗，則一時的勝負於大體並非十分關切

，我們可以退，反面言之還可以進呢！一時迫於環境作戰略上的退却，足以避免重大的損失，而且日軍越深入內地，越易於殲滅，龔德柏說：『中國有這大的地土，幾千年歷史，四萬萬人民，稍一發揮他的精神，便可震動全球，所以我希望日本多多佔領中國土地，愈多愈有辦法，上海才退了幾十里，退上一千里二千里也不要緊。我們要請他到內地來，我們相信日本就沒了一點辦法。我們到處有同胞援助，日本處處孤立，我們的軍隊一天可走二百里，日本軍隊一天六十里是最高的速度！有人說中國子彈不足，其實就我所知，現有子彈就照上海打法亦可以打六年，何況我們在內地方法用不着那樣！……拿破崙所向無敵，但至俄羅斯卽被俄羅斯堅壁清野所敗，我們拿堅壁清野的辦法對付日本，我

敢說日本人就成了「甕中之鼈」專等被捉。兄弟說話總是樂觀的，只怕日本不肯來，政府不敢打！』」（三月七日在河北省黨部講演）這些話雖不免太樂觀，但終是言之中肯。國民黨四屆二中全會電守滬將士文中，也說明了：『吾人民既以最大之决心爲長期之奮鬥，則勝亦不足喜，敗亦不足悲，惟知以犧牲爲民族復興之代價而已。』並亦認淸了雖已撤退而『此次我武裝同志，在淞滬一帶抵禦强暴，保衞疆土，于國家民族實有極深之影響。』我們可以說：在一月二十八日至三月二日午刻這三十五天之戰，我們終可認爲是勝利，至少也可說是雖敗猶榮。

當日軍發動的時候，驕氣盈人，曾大吹小擂的說：『只須四小時可解决全部華軍。』而結果呢？竟苦戰了八百多小時，比所

謂四小時竟超過二百多倍，日本調動海陸空軍多至十三四萬，飛機出動至三百四十餘架，軍艦至五六十艘，軍費竟達一萬萬之鉅，用盡了各種奇械利彈甚至毒彈，易帥至四次之多，竟至傷亡過半，而我始終僅五六師人，竟大寒敵胆，多建奇功，最後才以戰略關係撤退！『權然後知輕重，度然後知長短。』倭冠試一度之，臉面還放在那里！

且看在這短短三十五天內，我軍所獲的勝利的九牛之一毛，以證明中國人不是劣等民族，而是睡獅——而且是大夢方醒的睡獅：

（二月三日）清晨只聽得疏疏落落的砲聲，過了十點半，忽然砲聲大響，比平時格外響得厲害，原來他們停泊在吳淞口外的軍

艦，開始向我要塞砲台，用半孤形的陣勢，行猛烈的攻擊。可是防守砲台的勇士，十分沉着，也開砲還擊。在日艦方面，以爲不消多少時光，便可佔領，誰知我方開砲，將他們第二十六號艦頓時沉擊，艦上的士兵，當然果了魚腹。雙方轟擊的結果，沉了一隻之外，又擊毀了三艘，又毀日機一架。這時他們才知道我軍未可輕侮，開足了速率，逃出口去。

(二月五日)我援滬空軍飛機四架赴虹，至眞茹時，我戰鬥機兩架，見二日機擲彈，急將日機擊落一柄，餘一架飛去。繼至閘北，遇六日機擲彈，我機用機槍掃射，當擊落一架，其餘四架逃回，一架受傷，被我沿江追擊，終將該飛機在江陰擊落江中。

(二月八日)晨八時，日軍在吳淞池塘包圍夾擊，日軍死傷達

千餘人，倖免生還者僅百分之一二。

（二月十日）晨二時，日方派小火輪七艘，輪內滿載日軍三千餘名，欲渡蘊藻濱，並以兩千人衝鋒抄我方防地，我軍得息後，佯退十餘里，日輪尚未知悉中計，仍冒險深入，我軍候至相當地點，立即回兵包圍將日輪完全切斷去路，日軍一千餘人，全部覆滅無一生還。

（二月十四日）江灣一帶我軍，因追擊日軍，已佔領其重要根據地之江灣跑馬廠。是役計斃敵三千以上，我軍亦有傷亡。

（二月二十三日）敵以全力向我廟行鎮陣地正面攻擊，經我派隊由孟家宅及南沈家宅向該敵夾擊，敵利用屋宅頑强抵抗，激戰終日，血肉橫飛，當將該敵完全擊退，斃二千一百六十三人，傷

者尤衆。

（二月二十七日）晨一時敵軍千餘在瀏河登陸，希圖襲我後方，當被我防軍察覺，故示鎭靜待其登陸完畢，我軍乃三面包圍，鏖戰至晨八時，敵軍全部被解決。檢點屍具共一千二百七十餘具，我軍僅傷十七人由紅十字會救護隊聞訊救出，運送醫院診治。

同胞！我們要慶祝這光榮的戰績，而且更要還我淸醒，全國一致，步着光榮的前塵，創造更明耀的成果，建樹更偉大的前路！

（三月四日夜）

拉開驚人之層層戰幕

第一齣　華軍勝利　鹽澤撤職

上海日軍既已準備妥善，於日海軍外遣艦隊司令鹽澤指揮之下，便根據預定計劃，開始暴行！

一　閘北開戰

華方雖已接受日方之橫戾要求，日仍決定一月二十八日晚占領閘北。是日午夜前，日海軍在虹口公園外齊集，巨大之鐵甲車七輛，汽車二十輛，準備載日海軍赴華界，其占領計劃，爲在通閘北之各馬路口分派軍隊，信號發動後，一齊衝至閘北，其他部隊隨開。我北站並無一兵一卒，日方當能從容占領，被佔後我軍下級官佐即義烈的自動的開始抵抗。日軍分五路由租界向虬江路福生路天通庵進攻，即佔淞滬路滬站。接觸後，北站我軍及憲兵將站奪回。眞茹來兵車三輛應

援，息滅全站電燈。日軍鋼甲車由天通庵江灣路衝入華界，與警備部鋼甲車相遇交鋒，被我奪獲三輛。日軍數路均被擊退。夜二時後日軍在虬江路用機槍掃射寶通路民房，因起燭天烈火！

開火後日艦隊繼續來華。二十九日午飛機轟炸益烈，集中華界閘北火車站，車站有一角被炸毀，有帮同防衛之鐵甲車一輛被擊甚猛，不得已撤退，六時日軍占領閘北華軍司令部，但失去已占領之北站。

中外憤激 二

日方發動時，英美雙方曾向日方責問，日方聲明，謂祇須四小時卽可解決全部華軍，但英美武官觀察，按目前情況，若華軍械精，則四小時內反可解決全部日軍！

我滬市民聯合會，推代表四人往訪費信惇（二十九日），反對日軍恃以中立爲本旨之租界作戰，納稅華人會函工部局，亦提出同樣抗議。商會通告罷市總工會下令總罷工！

三 日機轟炸

二十九日午時起，日飛機開始惡毒轟炸。閘北火起濃燄沖天！我損失無算，並我中樞文化機關商務書館總廠亦被焚毀；我方飛機于晨四時以機槍射落日機一架，午後二時又由高射砲擊落日機一架，虹橋小南門亦各擊落日機一架。

四 決心禦暴

國民政府認日此舉在欲占領東南政治經濟重地，威脅政府承認其吞滿蒙，二十九日中政會議決對暴力誓死抵抗，三十日宣言遷都洛陽，決定永久奮鬪。誓

備滬寧之十九路軍士尤爲激昂，誓與暴日死戰！

全國各地民衆促催政府出兵援滬呼聲，與慰勞資助抗日軍之奔走吶號，最爲鼓舞振奮！

滬市府對日本總領事村井倉松提出抗議（二十八日晚日軍發動後），同時對駐滬各國領事通諜，說明日軍挑釁經過。請主張公道。

閘北五壘戰

日軍西至北河南路口南至蓬路，多數集中于此。

三十日下午日水兵以防止便衣隊爲由，縱火焚民房，且不準工部局救火會施救！

三十一日午，在上海有砲艦二，巡洋艦四，驅逐艦十八，在吳淞口有航空艦一，驅逐艦二。在揚子江口有巡洋艦三，航空母

艦二。驅逐艦四。在南京有巡洋艦三。

（三十一日）英美兩總領事在英領館約中日兩方當局磋商避免戰禍方法無效後。閘北戰事又起。北河南路一帶日軍擬聯合靶子路以南日軍進攻寶山路及車站，雖用機槍掃射亦不得逞。晚閘北方面槍砲聲並作，至十二時最爲劇烈。蘇州河橋北電燈全滅。北四川路靶子路口及七浦路等處均有衝突。

晨（三十一日）有日機十架。飛滬上空示威。內十架擲數十彈。圖炸國際電台；駐軍用高射砲射落日機兩架。

六 暴行擴大

寓滬日人多組便衣隊，私藏槍械。向中國良善市民肆行屠殺，或私人綁刼，暗中處死！生命財產喪失不可數計。泊下關日艦曾發二十餘砲。轟擊獅子山砲

台。下關與車站間之陸戰隊，亦對（二月一日）我巡隊開槍。二月二日日第三艦隊巡洋艦三水雷艦四，及特別陸戰隊七千已到滬；日郵船照國丸又載來陸軍一批。鬼厲魔妖，源源不絕，毒策未遂，慾燄益熾，日機又轟炸全市，且在虹口公園靶子場安置八生的及五生的野砲十數架，用榴散彈與我軍互擊。由午後二時起，轟擊一晝夜！

日浪人四出潛擾我方，並收買游民作亂。滬我各商店仍罷市。各業除車行米店連館營業特盛外，餘皆如雨打敗葉凋殘不景！

七日初總攻

三月三日日軍乘飛機到時，由寶興路福生路之間數次向北站方面衝鋒，我軍向北站增援，砲火甚烈。日機擲黑色炸彈多枚，火力較强，天通庵站南面民房

，江灣附近，車站北面及郵政局後民房，皆摧棟折梁，或濃烟騰滾！

晚十一時日向我閘北吳淞總攻；吳淞我防禦甚堅，日艦均被我還擊敗退，並擊沉日二十六號驅逐艦一艘傷二艘；且被射落日機一架，墮海中。閘北方面，日向虬江及天通庵二路進攻，砲聲獰吼，形勢極嚴重，四日黎明，青雲路一帶房屋均被日方轟毀！我軍防線毫未移動。我軍還砲準確，殊令倭寇膽寒！

八日再總攻

閘北方面自四日晨七時起，日軍仍在靶子路方面用大砲猛轟。日步兵在北河南路口起，沿寶山路一帶衝鋒十數次，我軍沉着應戰，不多還砲，靜待日軍衝至相當地點，始以機關槍掃射，助以迫擊砲；日軍每次衝鋒均被

擊退，死傷極多。至十一時日軍不支，開砲愈烈，江灣路有日軍一隊，被我軍包圍，我軍乘機反攻，青雲路方面已攻過淞滬路線而至寶樂安路，日方甚吃緊！經九小時激戰後，我軍陣線依然穩固！日軍損失約二千人，我方死傷四百餘人。

日艦自四日晨雖一度攻吳淞，但亦失利，又被我軍擊沉一艦！並被我兩隊伏兵，俘獲日陸戰隊五百餘人。又擊落一架日機。

九　鹽澤愧退

日方以狂誇四小時便完全解決我滬軍之鹽澤既頻遭挫敗，故另委中將野村爲遣外第三艦隊之司令官。該隊包括駐上海以南中國沿岸之一切日本海軍。日方並派陸軍一師來滬。誠將不達其獸慾，便永不絡止其暴行！

第二節　敵軍敗挫　分掌帥權

日攻被挫

二月五日晨一時，日向我方以槍砲猛擊，我軍奮勇迎敵。至晨四時戰稍停。天明後日軍復砲擊民房，飛機亦來轟炸，閘北東區寶山路公興路天通等處焚燒甚烈，暨南大學亦被焚。——暴軍對文化實業機關轟擊最力！晨五時日軍由天通庵一路藉砲火掩護進攻，用裝甲汽車衝鋒，我軍堅守；乘敵砲火弱時，時時進迫。日軍前進勇猛，惟舉動欠靈活，故進則損失。九時日軍向寶興路橋衝進，我軍靜待其越第一道防線時，乃從兩旁突現，截其後路，奪獲鐵甲汽車兩輛。全線竟日無大變化。我占領沈家灣之義勇軍，仍向前挺進！午後八時戰停。

吳淞口未有砲擊(五日)，僅有日機投彈。

二　空軍告捷

五日晨我飛機四架赴滬虹橋，至眞茹時，我戰鬥機二架擊落正擲彈之日機一架。繼至閘北，遇日機六架擲彈，我機用機槍掃射，當擊落一架，餘四架逃回敵艦；一架受傷，沿江而逃，我機追至江陰，終將該機擊落江中。我一機機頂被日機擊穿，駕駛員朱達先君受微傷。

三　砲擊閘北

日軍艦間宮五日晨到匯山碼頭，陸戰隊千餘人登岸，隨帶野砲十餘門。六日晨又到一千五百人，即開滬西。六日全線大致平靖。七日晨起大雪。掩護步兵，以機槍炸彈向我閘北及八字橋方面猛衝，均被我擊退，敵我傷亡均大。日軍重砲仍由靶子路西向轟擊。夜間閘北沉寂無戰事。

四 淞江大戰

野村到滬後，變更戰略，因日軍不利巷戰，閘北戰事損失太多，故戰事趨重吳淞江灣方面。六日晚，日援軍四千餘到滬後，即擬定計劃，以海陸空會攻吳淞砲台，並限二十四小時攻下。至七日晨九時許，即將停泊川沙白龍港一帶軍艦十餘艘，及楊樹浦一帶之驅逐艦六七艘，先後調淞，備與飛機及陸戰隊同時會攻。日艦集中吳淞後，因見我砲台停有英艦二艘，恐誤中惹起問題，故未敢開砲。「陸路方面」，由宇松少將率新到陸戰隊千餘人，分兩路運至吳淞附近之蘊藻濱，一路係由江灣路乘軍用並鐵甲車十餘輛，經張華濱運抵蘊藻濱，當於十時許與我翁照垣旅步哨衝突，該處有一小濱，我軍於第一道壕作戰，旋佯敗，宇松等遽進，遂陷入圍中，受猛烈砲火，死

亡甚多。後路斷絕，待另隊陸戰隊到時，已不能救。我軍復回第一道壕，宇松於深夜逃回。另一路則由虹口匯山碼頭以日本郵船會社及日清輪船公司之小輪運至蘊藻濱登岸，當與該地日軍會合。十二時許再度猛烈進攻，我軍以機槍來福槍掃射甚利，同時以手溜彈轟炸敵之鐵甲汽車，敵始終未得逞。「空軍方面」敵以飛機七八架，冒雨猛襲，目的在毀我獅子林砲台，投彈甚多，僅傷台兵數人，我方以大砲還擊，故敵機不敢降低；復以風雨霧阻，不便飛行。至下午三時許，敵海空兩軍不得逞而退。日軍損失奇重，砲隊司令雨田大尉受傷。日陸軍師團先遣隊於下午三時半，在吳淞登陸，四時三刻日驅逐艦砲擊在蘊藻濱與黃浦合流處之吳淞鎮，日本陸軍與鐵甲車數輛自滬開到協助，因濱上大橋被毀，日

軍不能前進，戰車無由利用，日軍乃在南岸開砲，轟擊淞鎮，我軍防衛淞鎮極爲奮勇。日陸軍參加淞滬者九千餘，以蘊藻濱戰區爲最激烈。至八日晨九時止，日軍死傷千餘，我方因取守勢，死傷不及百。

五　日又慘敗

八日戰局大勢，日軍仍事急攻，我則沈着應戰，故日之軍火生命損失爲多，而我方則建築物質上之損毀爲甚。閘北方面：八日正午，日軍千餘名，由「西寶興路」向我軍進攻，野砲手溜彈同時施放，雙方激戰兩小時，日軍衝入，我分途退却，日追擊，我伏兵四起，彈如雨下，日軍退却不及，被我截擊，殺傷約七百餘名。「八字橋」方面，晨九時日方猛烈攻擊，至午後日軍屢次衝鋒，均被擊回，旋退回天通庵

之北，砲火未停。閘北方面寶興路，下午二時至晚八時，日砲擊未停，五時半後復有密集之機關槍聲。七時此路日軍五百餘再衝鋒，被我包圍殲四百餘。

吳淞方面：敵軍（八日）調部隊約九千餘，分途向淞猛攻，飛機大砲同時動作。陸上部隊爲水道所阻，且戰略拙劣，進展甚難，向東北圖趨楊行鎭，迫獅子林砲台之後，此方我有重兵，不容彼進。同時日擬用小船塞河而渡，惟爲濱北我機關槍砲火所阻。我士氣振奮，沿蘊藻濱一帶，沈着應戰，敵軍無法前進，我繼派部隊向敵左翼進攻，日軍死傷約千名，爲開戰來空前大勝。

日仍進攻

八日英提督葛萊調停戰事，日方以戰不能勝有傷體面決不願中止戰鬥！日屢欲於蘊藻濱建浮橋渡淞，但被我機槍掃射，且該處河面闊三十餘丈，工程爲難。日軍以損失重，未猛攻；轉以飛機擲彈作威脅。九日晨一時許，日陸戰隊乘卡車七十五輛，滿載日兵士，進迫蘊藻濱，陷入我戰壕者四十輛，死傷甚衆，餘逃回。晨七時，日機一架在淞投彈，華豐紗廠貨棧被炸毀，江灣午刻起焚燒甚烈。日兵昨在淞附近建築砲壘，駐軍七百，九日晨我敢死隊百餘人，以炸彈衝鋒突進，燬砲二，毀壘，死傷日兵四百餘，敢死隊三十餘人生還。下午有日艦多艘，對吳淞砲台與淞鎮，作最綿密之轟擊。下午四時，發生大爆炸，濃烟延長數英里。

閘北戰况稍靜。九日晚九時天通庵方面又起猛烈攻擊，雙方重用機槍，有一二處起火。

日軍連日死傷甚衆；屍身層疊積壘，置于卡車運回。兵士用鹽防腐，運回日本；便衣隊則運滬西埋葬。我方連日雖亦有傷亡，但較少于日軍遠甚。且勇毅

七　稱贊我軍

善戰，頗博得中外讚許。九日晨日軍驅逐艦以極近距離猛放槍砲之際，突有中國兵士肩一機關槍，自斷垣躍出，馳過毫無屏蔽之一百五十碼，而重得一屏蔽地方。雖以機關槍之沉重，勢幾不勝負荷，而敵艦又僅在數百呎外，砲彈集其一身，密如雨下；該兵毫無畏懼，卒荷機關槍達其目的地，顯似未曾受傷。可謂神勇！并曾有身經歐戰之三西人，見我飛機于低空中追擊日暴炸機時之

靈活，致日機狼狽而逃，亦深稱讚；謂前見空中戰鬥多次，幷無如此次兩機對戰情景之驚人者！

八 砲轟彈炸

十日日艦九艘，午一時起，在三夾水洋面，以重砲轟擊吳淞砲臺；我軍應戰甚力。四時始止。陸路方面，晨二時日軍數百，偸渡蘊藻濱，被我全部殲滅。上午九時，敵復沿軍工路進攻，經我軍抄襲其後方，敵始潰退。閘北日間甚爲沉寂，晚七時後，敵大隊在猛烈砲火掩護下，由福生路衝攻我寶山路防線，激戰至八時五十分，敵不支敗退。我軍乘勝追擊，陣線進展至虹江路北四川路口。敵飛機，仍四出擲彈偵察，上午十一時，在靑雲橋被擊落一架，日機師二人均殞命。

十一日各地戰綫：吳淞略有砲聲，其餘各地槍聲亦稀。而日本飛機，則大爲活動，到處拋擲炸彈，威脅及於兩租界。損害最甚者，厥爲永安第三紗廠。

擊退九暴軍

十二日晚七時起，日軍用極猛烈之砲火，向我虹江路天通庵路一帶防綫攻擊；一時槍聲機關槍聲密集。敵係威嚇性質，始終未敢衝鋒。我軍沉着應戰。至十二時四十分始止。雙方陣綫未動。吳淞方面，晚八時後，復在蘊藻濱之正面，向我砲轟，較閘北之砲戰，稍爲和緩。至夜半始停止，敵亦未曾絲毫得手。

十二日自上午八時起至十二時止，雙方陣地均停止攻擊，救護閘北一帶難民出險（此事經法教士之發動，英總領事之斡旋，

始商妥於日方。）顛沛流離者，創傷痛楚者，皆得脫險；我無處投奔之市民，則收容于救濟會。此三千老幼難民無不酸淚涕零，以慶重生！惟喪盡天良之暴日，尚利用停戰救護機會，派仿裝華人難民模樣之便衣隊，向我江灣防守軍攻擊挑釁，幸我軍早有戒備，始不得逞。破壞公法，滅絕仁道，無時無地不顯現其猙獰本色！

血戰十大勝

十三日上午十時許，敵陸軍千餘人，第三次藉烟幕彈之掩護，竟被偸渡蘊藻濱，在北岸曹家橋登陸。當時情勢異常緊張，敵軍抱必死之心，努力向我防線衝擊；我軍奮勇應戰，并急調後方援軍，全部參加作戰，取大包圍形勢。敵頑强抵禦，不稍示弱，我軍以此戰爲吳淞之生死關頭

，竭全力搏擊。敵突圍凡十餘次，均不得逞，雙方肉搏。喊殺之聲，遠近震動！敵軍復在隔河以重砲轟擊援助，然砲彈所及，無損於我軍毫末。戰至下午四時後，敵死亡枕藉，已力竭聲嘶；然猶作困獸之鬬。延至晚九時四十分，始全部解決，無一生還。是役雙方混戰肉搏達十二小時，實開吳淞我敵劇戰之新紀元。我軍亦有傷亡。卒賴我軍將士用命，士氣奮發，始博得最后之勝利，殲此頑敵！

十一　醞釀大戰

野村十二日發表談話，謂渠不過暫時兼轄在滬海陸軍。一俟陸軍師團完全開到上海後，陸上作戰，將歸植田少將指揮，渠僅統率海軍。日陸軍援軍一師團十四日已全部開到，以砲兵爲最多。

第三齣　敵屢挫敗　白川來滬

一　日將總攻

日援軍第九師團十五日晨始到齊，對進攻計劃尚未佈置就緒，故十五日無劇戰，僅各線稍有衝突。敵軍戰略，已由閘北移至吳淞，而江灣為兩路之聯絡線，故亦為敵軍所重視。連日砲轟吳淞及十六日襲攻江灣，均為其戰略之見端，而閘北砲聲不過為其聲東擊西之威脅而已。我軍沉着應戰，抱敵來則攻之決心，故敵軍砲火雖猛，而均為我軍所擊退。

日既野心勃勃，準備總攻；故連日英法美三公使之極力奔走和平，終不能生效。十七日閘北江灣吳淞等處，竟日在休戰狀態中。十八日中日雙方談和平辦法（日軍司令植田派參謀長田代謁十九路軍蔡軍長，要求我軍自動撤退至相當地點，我以在我本國

領土內執行自衛權爲詞，拒絕日方。）故除敵機仍來騷擾我方外，各戰線亦僅有小接觸。至晚上海日軍司令植田及總領事村井以無理，最後通牒致十九路軍蔡廷楷及上海市長吳鐵城，當經我外交部于十九日晚照會日使重光，提出嚴重抗議。是時雙方準備殆已完畢，大戰卽將開始。此次戰線自公共租界老靶子路蜿蜒至吳淞黃浦江口，長數十里。

二十日晨七時二十分，日方下總攻擊令，以海陸空軍全副力量，於七時半，開始向我吳淞江灣閘北全線大舉進攻。我方對於敵軍此次進攻，早有充分準備

二　總攻敵潰

；故敵軍進犯時，我方全線將士，奮勇抵抗，毫不退讓，敵軍雖用全力攻擊竟日，結果終被我軍擊退；而我方陣線，仍舊毫無變

動。二十日戰事，以江灣方面爲最激烈，敵軍用坦克車二十餘輛，掩護大隊步兵，前後衝鋒三次，均被我軍擊退。並被我方地雷炸燬坦克車四輛。下午五時半，大連灣路方面，敵軍陣地內起火；敵軍陣線紊亂，我軍遂乘機進攻，敵軍不支而退，我方亦跟踪追擊。至七時許，我軍前鋒，推進平涼路。閘北方面，敵軍於上午九時用坦克車十餘輛，掩護步兵進攻，當被我擊退；並被我方地雷炸燬坦克車二輛。十時許，天通菴路，亦有激戰。至下午六時半，敵軍砲隊向狄思威路退却，被我軍奪獲山砲六門。西寶興路方面，敵軍於下午五時一刻，向我進攻，激戰至六時半，卽被我軍擊退。吳淞方面，自上午八時半起，敵軍有軍艦三十艘，飛機二十架，向我砲台攻擊竟日；我軍沉着應戰，敵終不得逞。敵

艦被我獅子林砲台擊沉一艘，傷二艘；蘊藻濱方面被我擊傷一艘。又蘊藻濱方面有敵軍三千，在廟行鎭地方被被我軍包圍，全部解決。我軍極有把握。敵軍飛機，紛紛飛至我軍陣地擲彈轟炸。在大場及廟行被我軍用高射砲擊落兩架。但我民房被炸起火者甚多。

二十一日自晨至晚，仍向我江灣及吳淞砲臺全綫繼續攻擊，我方亦全綫應戰，敵終不得逞；且在江灣路持志大學內有日兵七百餘名，被我軍包圍，於下午五時許，完全殲滅。並於上午十一時許，在廟行鎭八字橋，擊落敵飛機兩架。下午三時許，又在劉行鎭擊落一架，閘北方面，較爲靜靖，惟晚間我方曾向敵軍司令部（卽北四川路日本小學）開砲，被我砲彈擊中起火，爲勢甚烈，

死傷甚多。敵軍飛機多架，飛至我軍後方各處，偵察擲彈，炸燬民房甚多，民衆受傷亦不少。

二十二日晨三時許，敵又變更戰略，以二萬大軍猛攻我廟行鎮，萬餘人攻江灣鎮，六千餘人攻八字橋。經我軍迎頭痛擊。廟行鎮方面雖衆寡懸殊，我軍抱必死之心，無不以一當十。激戰數小時，敵終不得逞。至晨十時，形勢突告緊張，敵進攻益猛，我軍勢殊急迫。至十二時，我援軍大集，出奇兵抄敵後路，局勢遂安。雙方肉搏血戰，激戰之烈，較諸曹家橋一役尤甚。下午五時後，敵傷亡三千餘人，軍無鬥志，紛紛潰退。江灣八字橋方面之敵，亦先後被我擊敗。八時，敵萬餘人，在江灣鎮以北，廟行鎮以東之金穆宅地方，被我軍大包圍；敵并力突圍，終本得逞。殘

餘之敵於晚九時後，遂沿江灣鎮廟行鎮八字橋等防綫，全綫總退却。我軍乘勝追擊，斃敵無算。敵紛紛逃入租界，由狄思威路平涼路後退，集中於匯山碼頭。虹口區域，以敵之無秩序奔竄，一時陷於大混亂，我軍先鋒部隊到達狄思威路，岳州路，沈家灣，等處。可謂作戰以來，空前之大捷，與敵軍以最重大之敎訓！

二十三二十四兩日，全綫無重大戰鬥。十三日江灣敵軍第九師團左翼，向我進攻；待敵軍進至二百米達外，以大隊衝出，敵見我人數衆多，卽自行潰敗。在廟行鎮有二千餘人不及逃走，被我圍殲，至十四日該敵衆始全部覆沒。閘北方面，敵退楊樹浦待援；十四日雙方曾有一度砲擊。吳淞方面，十三十四兩日，敵海陸軍亦曾向我攻擊，但兩度敵皆被却敗走。

二十五日，敵軍於晨起，自江灣至廟行，全綫用大砲百餘門，向我軍陣地猛力壓迫。江灣方面，我軍死守，陣綫未動。廟行側面，因敵軍共有大砲五六十門，集中火力攻擊；上午九時許，我軍稍退至水車頭。但廟行仍由我軍固守。至十二時許，我後方援軍開到，猛力反攻，遂於下午，將敵軍擊退，奪回原有陣地。至晚間九時許，我軍攻擊益力，敵軍不支而退，我軍陣綫進展小場廟。同時江灣方面，我軍亦有新進展，此役敵軍死傷甚衆，我方亦有損失。

日援軍于下午開到後，卽全部加入江灣方面前綫作戰。下午六時，敵向江灣廟行等處取猛烈攻勢，以坦克車數十輛掩護衝鋒，並以重砲猛轟我陣地；我軍俟其衝近，卽與之肉搏應戰。未幾

，我軍佯敗，誘敵至江灣鎮與廟行鎮間之小場廟地方，我軍卽採取大包圍形勢，敵衝擊十餘次，終不得逞。至晚十時餘，擊斃敵一千七百餘人，奪獲槍械等戰利品無算；少數之敵則奪圍潰走，我軍乘勝追擊。前綫陣地仍未變動。

敵軍主力戰既已失敗，故二十六日各路無劇戰。敵軍受創後，廟行江灣，全綫岑寂，我軍固守陣地。閘北方面，二十六日雙方又有時斷時續之砲戰。吳淞方面，二十六上午有敵艦十餘艘，停泊三夾水外，未開砲；至下午漲潮時，有三艦向我砲台輪流開砲，潮落時，卽停止。敵軍飛機向我陣地亂擲炸彈，我軍咸伏戰壕中，毫未受損，惟民宅市屋，盡成瓦礫。蘊藻濱方面之侯家木橋紀家橋一帶，敵軍於二十六日上午向我陣地進攻，同時並有敵

機六架擲彈助戰，我軍固守陣綫，無變動。

敵軍自向廟行江灣等處，總攻以來，集中火力，連戰兩日，屢戰屢北；其主力軍隊，實已疲乏不堪，一面向其政府乞援，一面特以飛機，擾我各地。及至二十七日，該處已無劇烈戰事，時有稀疏之槍砲聲，聒人耳鼓而已。其十四師團已於本日運到。查此次日兵運來吳淞者，總數爲一萬四千名，另有工輜兵一部分，居十四隻軍艦中。除大部在上海登陸外，擬一部于瀏河上岸。以後作戰，除江灣一路作正面攻擊外，瀏河方面，亦將派兵圖擾。

三 敵軍雲集

二十八日日援軍又開到三師團。本日晨八時起江灣方面，竹園墩孟家宅八字橋等處，敵分三路來攻，先用大砲飛機轟炸，隨後向我衝鋒。至午劇戰始停。

我軍保持原綫。本日晨四時起，我軍由天通庵路進攻，敵退平涼路。吳淞廟行方面戰事沉寂。

本日蔡軍長勸滬商家開市；市商會議決位於安全地帶之各商家，當即日起開市營業。

二十九日，敵援軍全部抵滬後，即開始總攻。本日晨首以大隊攻我江灣方面防綫，經我軍迎頭痛擊，予以重創，敵遂改變目標。於十一時起，由天通菴站集中六千餘人，以八輛鐵甲車及猛烈砲火之掩護，向我八字橋陣地衝攻。激戰至下午五時三十分。敵傷亡過半，始狼狽退走。是役，八字橋三失三奪，燬敵鐵甲車三輛，敵軍死亡在三千人以上。敵戰之猛烈，實爲自二十三日以來所未有（植田二十日下總攻擊令，二十三日戰事最爲猛）。

入晚後，我軍亦利用大砲政策，由六時起，向敵軍陣地猛轟；步兵伏處戰壕不動。至翌晨五時餘，我砲隊之動活，始行停止；而敵方之砲火又起，向我八字橋至竹園墩一帶陣地攻擊。砲聲隆隆，每分鐘有二三十發之多；同時並有飛機數十架助戰。至翌晨九時，敵步兵千餘人，襲攻竹園墩左近，我軍奮勇應戰，又兩失兩得。

三月一日，上海日軍新總司令官白川大將來滬。渠又帶來三個師團，連以前日方派遣軍，其總額當不下十三四萬。日方準備既十分充足，故對近三數日來英法美三國公使之斡旋和平，愈顯明無誠意。暴軍既以天數未盡，我方遂終貽敵以可乘之機，而得益肆其兇威。

我方永不能忘之三月一日夜。我十九路軍一月以來，晝夜未能闔眼；加以猛烈之砲聲與砲火，已成耳聾目瞶之狀。瀏河方面，本置有守兵兩團，自廟行江灣之戰事轉烈，悉數奉調，參加戰事，留守之兵士僅兩連而已。白川到滬後，復將植田之戰略一變，注重側面攻擊。以運輸艦四艘，載兩師團之主力二萬餘人，於本晚駛抵瀏河，用烟罩彈掩護，全部登岸。以二連之衆，抗二萬之師，衆寡懸殊，明知不敵，士兵猶奮臂一呼，爭先効死！迨我總指揮部聞訊，欲調兵往救，奈江灣方面日軍亦同時總攻，後方援軍又不能准時到達。如仍死守，則我軍自眞茹大場廟行以至吳淞之第一道防線，勢必全被包圍。後方既彼截斷，如不早自爲地，十九路軍犧牲不足惜，但十九路軍覆沒以後，我大好河山亦將

淪於敵手。故下令全軍，自吳淞江灣大場廟行閘北以迄眞茹之線，全師後退，堅守第二道防線，以圖繼續與敵抵抗。

第四節　自動撤退　靜待反對

一、我軍退兵詳情

三月一日夜瀏河方面有日軍二萬餘人，於黑夜中偷渡登岸，向我方陣地攻擊。步步壓迫，節節推展，我軍爲防衛計，即與抵抗。奈我軍衆寡不敵，從事抵抗，與事無益，乃即向後退却。

一　瀏河先撤

瀏河之我軍既先撤退，大場江灣廟行等處步隊，戰必腹背被敵，而受重創，就事實與形勢而言，實不應作勉强之支撑，致受不需要之損失。故各該地陣線之我軍步兵，亦即相繼後退，敵軍即進據楊家宅，繼至金家碼頭，而向大場鎮等處進發。

二　他部繼退

寶山縣屬之大場鎮，二日上午十一時，日軍步兵約二千名左右，由江灣附近開來，向我陣線進攻，先由騎兵隊衝鋒，繼以步兵排槍及機槍猛力衝進，我軍嚴陣以戰，相持至下午三時，我軍用手溜彈與迫擊砲大刀隊等衝出陣線，迎頭痛擊直至下午九時許，猶聞槍聲。

三　大場激戰

（見上）

四　軍實無損

我軍此次退却，並非戰敗，故退却時極有秩序，軍實方面，絕無絲毫損失，日軍雖乘我軍退却時間，加以進擊，然我方因並非戰敗而退，故軍心不亂，態度鎮靜，仍拚死戰爭，毫無畏縮狼狽現象，是以整個安全退出。

一日晚嘉定大倉間既發見日軍，我軍以如不變更戰略，則後路將爲所截，異常危險。因決定後退。於二日午前開始，至下午三時前已全數撤完。移眞茹之司令部至南翔。原設之三路陣地，均自行放棄。現時我軍退紮上海之正西及沿京滬線自南翔崑山以至蘇州，如日不來攻，我軍亦不進攻。南翔距滬以已逾四十餘里，日人原宣言祇要我軍退出二十餘里，彼即退軍，現時我軍已退較遠之地，惟日人之信義問題，本無價值之可言，此後能否撤退，實尙難言。

五　全軍撤畢

吳淞要塞司令本爲鄧振銓，當戰事吃緊時彼託名向京請示機宜，乃一去不返；不得已蔣蔡遂派副師長譚啓秀接充而撥所部翁照垣旅（兩團）駐守。該部士卒

六　吳淞屹立

多爲十七八歲之青年，英勇敢戰，破命殺賊；其滿腔沸騰之熱血無或稍煞！迨二日總退却時，該全體將士矢志與此七同殉，堅不撤退。迄與敵在相持中。

七　淞滬治安

淞滬撤兵後，吳淞，江灣，閘北等區治安，以日軍隊駐紮，我上海市政府關於各該區之公安衛生公用等業務，未能繼續維持；故我市府當局職權，現已不能行使。

二、我軍撤退原因

我軍撤退原因，綜合各方報告，當得下列諸端。我聰明讀者，倘已明瞭日帝國主義鐵蹄之權威，又深知我國近代之國情，個中原委，定不難于下列諸端中尋繹及之。

日方上海派遣軍司令白川大將來滬後，其有軍隊七八個師團，總數當不下十三四萬。我軍不過十九路軍三師及客軍兩師。故我始終在戰線者爲數不過五六萬。

一　敵我來寡懸殊

七十八師旅長王賡行經公共租界（據云往晤其愛人某女交際明星），誤近日軍司令部，爲日兵追逐，逃至理查飯店；日軍卒將王氏捕去。該旅原在中路，其中路地形，及軍隊分配砲位安置之詳細地圖在王氏衣袋中，爲日軍所得；此路軍情，日方當能了解無遺，且此後必危及我方。

二　王賡遺敵地圖

劉河方面我軍空虛時，最高當局本已命調上官雲相所部一旅塡防；因該軍遲至，時日軍全部上岸已逾四小時。至河南劉峙所部之第一師，一日晚間方由六合渡江，未行及鎮江，戰局卽已大定。

三　援軍軍行遲滯

我軍事當局自一月二十八日起，卽調兵增援淞滬；駐在蘇浙，尙能趕到，其他各部過江則爲日艦所截，撤防又爲共匪所乘，至今猶在長途跋涉中（汪精衞語）。以視日本以海船運兵，兩日卽達，遲速不侔；故十九路軍第五軍將士三日午通電有運輸困難濟師不及之言。此爲援兵遲到之最大原因。本來江西剿共，牽掣十數萬衆；江海腹地，在在須防；水陸運兵，胥多顧慮。徵調之迂緩，是實制限于環境。

日軍利用租界掩護，使我艱于進攻；而我方海軍又無封鎖黃浦之力，如逐近江邊，反易爲彼海軍所乘，此爲我軍能守而不能攻之一大原因。凡用兵必能攻乃能守，我既不克轉取澈底的攻勢，故瀏河後路，一爲所算，則全線動搖。

四 敵軍地利勝我

五 我方軍械鈍劣

敵方陸海空軍之戰鬥具，精銳鋒利；我方除粗笨之步槍及手溜彈與大刀外，幾他無長物。論陸軍人則有多輛猛惡絕倫之坦克車，並各種各用之槍砲毒彈；論海軍人則有多艘犀利之戰鬥艦；論空軍人則有需用不竭的兇辣無比之軍用飛機。相形之下，我能不戒懼痛心。尤令人忿恨者即爲我海軍，非但沒有一絲之抗敵力，甚且若無我陸軍掩護則不能

獨存；是寧非怪事！

六　軍事指揮不專

我方軍事指揮不專，故戰守之計劃不周。某處調兵則遲遲不行，無法以懲之；某地當退則爭持不去，又無法以强之。號令不統一，未能領導我滿腔義憤與熱血的僅微五師之健兒，與强敵作一致有力之周旋！

華軍暴日之實力佑計

極慘憐之我軍

我陸軍在上海禦侮者，迄三月二日總退時止，主力軍不過五師（汪精衛六日電有云：軍事當局自一月二十八日起卽調兵增援淞滬，張治中俞濟時諸師，駐在蘇浙尚能趕到其他部隊，至今猶在長途跋涉中。是足徵我除第十九路軍之三師外，僅增援軍兩師。）卽再算入各小股之援軍，定爲一師，合計亦祇有六師。論其所用衝鋒陷陣之軍器，則有粗劣的機關槍小鋼砲步槍手溜彈大刀等物，是皆近代新式戰爭中最落伍之戰鬥具，無一精銳者。

大戰初起時，曾由蚌鄭調來戰鬥飛機二十四架，其後張惠長

續派來十數架；故我與敵機曾有一度之空中戰。迨日方援機大增，勢太懸殊，便惟有任日機獰惡活躍，我方飛機遂有若無，而自茲不得不銷聲歛跡。

最不足齒數最令人痛恨者，厥我海軍；匪但不能爲我陸軍助以協力擊寇，反爲我陸軍累，若不在我陸軍掩護之下，則軍艦不能獨存，是寧非有軍備國中之畸形的怪現象。

由是，我海空軍既不足取，又無精良器械以供我陸軍之用，所餘者僅我兵卒之筋凸體魄而已！人以堅利的凶器來，我以血肉的身軀往；亦惟有此肉擊血濺而與敵周旋之一途！事殊良苦，誠不能不令吾人作錐心的痛楚！倘視諸下列敵人之軍備，其衆多，其完善，其犀利，尤不能不令吾人驚煞！

暴日初次調來援軍，往往先事宣傳，以相恫嚇；後以面子關係，多密秘運滬，不准日報披露。故日軍在滬人數，究竟幾何，我人未由窺測。茲據日方可靠消息，日方兵力，最初鹽澤指揮陸戰隊六千餘人，商人義勇軍約三千餘人；第二次野村帶來陸軍萬餘人，特別陸戰隊三千餘人，第三次植由帶來陸軍第九師團約二萬餘人；第四次菱刈隆帶來第十一十二十四三個師團，約五萬人。以上人數，爲報上所揭載，我人所已知者。此次日大將白川來滬，共帶有三個師團，均爲日本全國之精銳：(一)東京第一師團(即日本禁衞軍)；(二)名古屋第三師團，以馬砲隊著名，日俄戰爭時曾在西伯利亞作戰建立大功；(三)廣島第五師團，爲名譽師團（即模範軍）三師團人數，

二　雄厚之敵陸軍

亦不下五萬人。故此次日軍在滬作戰人數，其總力量約有十二三萬人以上。故作戰時，在後方得以休養者，往往有四五萬人之多，暴日不但有如是衆多之兵卒，且一切新式戰鬥具無不應有盡有；如步兵隊，騎兵隊，野戰砲隊，過山砲隊，騎砲隊，野戰重砲隊，重砲隊，工程隊，輜重隊，鐵道隊，電信隊，氣球隊，飛機隊，坦克車隊，鐵甲車隊（此閙假坦克），高射砲隊，化學戰隊（毒氣隊），便衣隊，拆𡑞隊等。其各師團中大都均有若是完全之軍備。至各師團各內包何種兵卒，玆表示第三師團於下，以見一斑。

第三師團（師團司令部）

- 步兵第五旅團司令部
  - 步兵第六聯隊
  - 步兵第六十八聯隊
- 步兵第二十九旅團司令部
  - 步兵第十八聯隊
  - 步兵第三大隊
  - 步兵第三十四聯隊
- 騎兵第四旅團司令部
  - 騎兵第三聯隊
  - 騎兵第二十五聯隊
  - 騎兵第二十六聯隊
- 野戰重砲兵第一旅團司令部
  - 野砲兵第三聯隊
  - 野戰重砲兵第二聯隊
  - 野戰重砲兵第三聯隊
- 高射砲第一聯隊
- 工兵第三大隊
- 飛行第一聯隊
- 飛行第二聯隊
- 飛行第七聯隊
- 輜重兵第三大隊

(附)中日軍語對照表

中	日
軍	軍
師	師團
旅	旅
團	聯隊
營	大隊
連	中隊
排	小隊
軍長	軍司令官
師長	師團長
旅長	旅長
團長	聯隊長
營長	大隊長
連長	中隊長
排長	小隊長

此次暴日攻我，頗得力於四出轟炸之空軍；反之使我軍民最創傷最深烈者，厥爲敵方之狂毀獰炸的野蠻空軍。其戰鬥機之數目，必甚夥；不然，何以退守

三　敵空軍如蜂擁

前之半月間，我數十架飛機不再有一次一絲之搏擊？據航空界消息，日本在滬飛機，已增至三百四十餘架；計海軍航空戰鬥機一百餘架，陸軍助戰機一百六十餘架。在吳淞口外及長江一帶（地點不甚明悉）泊有日本航空母艦三艘；鳳翔號，能登呂號，賀若號。其中以鳳翔號爲最大；平均每艦有飛機六十餘架。以此，我飛機之隱匿不出而避免犧牲者，殊不能謂無因。

四　蟻聚之敵海軍

一月二十九。，東京新聯電有云：華南方面日本派遣日艦總計四十七艘，陸戰隊〇〇〇〇名。上海有

安達，常盤，大井，堅田，能登呂，萩，薄藤，鳶，浦風，夕張，五月，水無月，長月，文月，如月，望月，彌月，三日月，陸月，夕月，陸戰隊○○○名，由是，敵之所以能封鎖我海口，錮閉我長江者，亦良有因。

淞滬變中之大事日記

自一月十八日起
至三月二日止

一月十八日

△日僧五人在三友實業社附近尋釁，與華人互毆。

一月十九日

△日領爲日僧被毆事向滬市府提出五項要求。

一月二十日

△日僑燒三友紡織廠，死一華捕，搗毀北四川路商店。

一月二十一日

△日領爲三友案，向市府道歉，允懲兇賠償。

一月二十二日

△日內閣決議，派大批軍艦赴滬。

△日艦隊司令官鹽澤向市政要求解散反日團體。

△市府爲三友被日僑打毀商店案，提出抗議。

一月二十三日

△日艦續到滬

△市府開治安會議。

△外部電顏惠慶，將滬案通告國聯。

一月二十四日

▲日本在滬示威事使華盛頓驚訝。

一月二十五日

▲國聯對滬局緊急討論。

一月二十六日

▲日領向市府提最後通牒，限四十八小時答覆。

▲日領勸各地日僑撤退。

▲上海民國日報停刊。

▲日海軍謀進佔淞滬間。

一月二十七日

▲日領通知市府限明日下午六時前完滿答覆日牒。

一月二十八日

▲大批日艦抵滬。

▲日使重光返滬。

▲市府覆日牒，對日領要求，完全承認。

▲晚十一時半日軍佔天通菴車站與我軍衝突。

一月二十九日

▲晨六時日機轟炸閘北，大火，商務印書館及東方圖書館被燬，夜北時閘北又激戰。

▲十九路軍通電誓死守土。

一月三十日

▲顏惠慶在國聯行政院提出援用第十五條

，主席宣佈，日代表阻撓無效，決定照章由駐滬各領作緊急報告。

▲外部通牒各國公使，中國不得已，望各國迅阻日本違法行為。

一月三十一日

▲英美第一次對日抗議。

▲英美領斡旋停戰無效，日機十七架轟眞茹國際電台。

▲十一時晚，閘北又開火。

▲外部抗議日軍濫租界作戰。

二月一日

▲日援軍到，仍攻閘北，敗退。

▲夜十一時，京下關日艦開砲，我未還擊。

二月二日

▲日軍於下午三時開砲轟擊閘北，晚十一時始止。

▲日海軍編制第三艦隊攻滬，野村任司令。

▲英美對日再提嚴重抗議，法義勸日停戰。

二月三日

▲英美法對中日提具體要求，共停戰，撤兵，劃中立區，開具體交涉四項，德義亦照會請停戰。

▲日海軍轟吳淞砲台，日機炸閘北，砲戰竟日。

▲市府對工部局及日領分別提抗議，日軍遲租界作戰。

二月四日

▲我國對五國調停，全部接受，尤望國際參加東北交涉，日政府覆五國牒，拒絕調停，反對干涉東北事件。

▲日軍砲轟閘北，衝鋒失敗，陸戰隊攻淞，遇伏大敗。

二月五日

▲英美答覆後，英美提出第四次抗議。

▲日機轟吳淞眞茹閘北，被我軍飛機擊落二架。

▲我軍激戰一週，士氣愈振，京請義勇軍參加作戰。

▲日軍言華軍不可侮，野砲射擊準確。

二月六日

▲國聯行政院，開緊會議，討論遠東形勢。

▲外部對日陸戰隊殘殺華民抗議，並通牒英美，禁日軍遲租界作戰。

▲日陸戰隊撲攻閘北被擊退，日機被我軍擊落一架。

二月七日

▲市府對工部局抗議日軍由租界登陸。

▲日軍變更戰略，攻吳 江灣，淞鎮市場盡燬，竟日砲擊閘北，各路均敗退。

▲工部局覆市府，對日方無力制止。

二月八日

△日海陸軍總攻吳淞，受重創，日軍死傷千人，西賓興路殺傷日軍七百，爲滬戰第一次大勝。

△英海軍提督凱萊，提議休戰，無結果。

△市府又通告各領，禁日軍據租界作戰。

△日外務省擬就方案，提議在滬漢津粵青各通商口岸，晝不駐兵區，寬十五至二十英里，向各國探詢意見。

△外長羅文幹發表談話，駁斥日外務省之方案。

△李杜電告退哈經過。

二月九日

△國聯行政院開全體會，顏報告日軍暴行，主席宣布盼成立緩衝區，晚特別會議討論滬領團報告。

△美政府對日方各通商口岸及東北不駐兵提議，表示不能接受。

△英美對日暫不提調停，俟有新形勢發生，使日本較易接受。

△日本拒絕英美調停，用飛機砲火轟擊，仍不得逞。

△顧祝同部出發援滬。

△守滬三將領通電求援助。

△中執委會電慰勞滬將士。

△蔣返洛，與林商定，對日外交，不能局

部解決。

二月十日

▲閘北平靜，日軍砲轟吳淞，我軍仍堅守。

▲日軍在匯山碼頭屠戮華工百餘人，斬首級運日，證明勝利，滬商會請工部局禁止。

▲粵贛空軍出發援滬。

▲美使牒復外部，已請日政府令日軍不得利用租界作戰。

二月十一日

▲日軍仍砲轟吳淞，日機在各處擲彈，永安紗廠吳淞各大學均受損，持志大學全部燬滅。

▲英美法三使赴滬，將調停息戰。

▲吳鐵城牒覆日領，我方力求防止戰禍擴大，希日方勿重起糾紛。

二月十二日

▲外部電顏，根據第十五條，請國聯召開大會。

▲英美領事提議，十二日晨八時起，停戰四小時，淞滬難民，救出五千餘人。英美領事要求延長至晚七時，日軍拒絕。

▲晚八時起，閘北戰又起。

▲日軍司令向美領道歉，永安被炸事。

二月十三日

▲顏惠慶依據國聯盟約第十五條，請求召

開大會，討論中日糾紛。

△日援軍到滬，仍在淞滬擲彈，晚敵三千進襲張華濱曹家橋。

△滬市府對日抗議，日軍毀持志大學事。

△在滬中委會電中央，請迅定大計，徹底抵抗。

△洛府電滬商會，已令京鄂防日軍。

△汪發表一面抵抗一面交涉主旨。

△首都各界開代表大會，通過應付國難提案十九條，滬國難會議成立上海會員會。

二月十四日

△日第十九師團一萬二千人，由植田率領

赴滬。

△滬戰趨重江灣，襲張華濱日軍，被我包圍，幾全滅。日艦對吳淞，未開砲。

△外部第三次照會英美兩使，抗議日軍在租界碼頭登岸。

△英美法三使在滬斡旋休戰頗力。

△滬市府答覆法領抗議，日機轟炸，應由日負一切責任。

△胡漢民表示，對滬戰切實應援，集中民衆抗日，收復東北失地，整頓沿海戰備四項。

二月十五日

△吳淞江灣終日砲戰，閘北夜戰。

▲滬美副領事，被日人侮辱，美方提出抗議。

▲滬日浪人擾公共租界，向南京路商號開槍。

▲滬租界工部局聲明，對日軍行動，不負責任。

▲漢日僑向領署請撤防禦物，以重貿易。

▲軍委會電粵桂，令出兵監視共匪，便抽調贛中兵力。

二月十六日

▲日訊，滬日領對市府，提通牒要求我軍撤退三十公里。

▲滬各戰線僅有小接觸，日軍在準備總攻中。

▲美政府對日軍依據租界作戰，再提抗議。國務部准上海軍事外交人員，可自由作緊急處理。

▲粵空軍第二隊由京轉杭。

▲日陸相荒木表示，將再增軍赴滬。

▲府院及軍委會，通電全國，準備長期抵抗。

二月十七日

▲國聯十二國代表，昨會議，照會日本，促其注意第十條責任，不承認日軍行為正當。

▲晨，江灣激戰，我軍大捷。日陸軍飛機

十二架到滬，在楊樹浦開飛行場，今晨，日機十八架，飛眞茹南翔偵察，被我擊落一架，其餘各處，終日無何大戰。

二月十八日

△日軍提最後通牒，要求我軍於二十日上午七時前，撤退二十啓羅米達，並撤吳淞獅子林砲台守兵。

△滬各陣線，無大接觸。僅閘北方面有小戰。

△宋子文聲明，日軍對十九路軍提通諜，爲毒惡宣傳，日軍對十九路軍作戰，不啻與全國作戰。

△國聯警告日本，詞極嚴厲，日仍强辯。

△英下院議員，有人主張對日絕交；英外長西門答，決與國聯及美密切合作。

二月十九日

△外部發宣言，駁覆日方通牒。滬市長吳鐵城，十九路軍長蔡廷楷，亦分別函覆日領及日軍司令。

△顏惠慶十八日將日牒報告國聯，要求召集臨時會。

△在滬日軍集中，預備總攻。

△滬英領通知僑民，遷離虹口一帶。

△首都各團體建議，節衣縮食，供救國難。

二月二十日

▲日軍晨七時總攻，自吳淞起，沿淞滬路陣線，迄閘北天通庵一帶均起激戰，均被我軍擊退。

▲汪精衛通電全國，下最後決心，爲長期奮鬭。

▲外部對日軍總攻，提嚴重抗議。

▲十九路軍通電，以鐵血答覆日牒，誓死抵抗。

▲國聯不顧日本反對，定三月三日，召開大會。

▲首都婦女及漢商界，募捐慰勞滬軍。

二月二十一日

▲日軍竟日總攻，仍不得逞，江灣戰仍烈。

▲舊金山華僑，募百萬美金勞軍。

▲孫科等電汪，擁護中央對日自衛。

二月二十二日

▲滬激戰三晝夜，我軍大捷，追敵進至租界內，因避攻租界，仍退原防。

▲滬日軍司令植田，電東京請增兵。

▲在京中委及外委，均開會，決定抵抗到底。

二月二十三日

▲滬無大戰，日軍正待援。日機飛蘇州，炸死我商用機美機師蕭德，又飛虹橋，炸毀機場。

▲滬日僑退出上海返國。

▲在京各中委，電勞滬軍。

▲財部收古巴等處華僑捐欵十萬元。

▲首都救護隊赴滬，湘女界組看護隊。

▲我國聯代表團宣稱，將提出盟約第十六條。

▲英上議院討論滬事，工黨首領請用經濟方法，制裁日本，外長西門宣布英政策三原則。

二月二十四日

▲日用砲火轟擊各綫，無大接觸。

▲滬市府向各領抗議，租界優容日軍。又復美領牒，破壞商航業，責在日本。

▲中執會電勞滬軍。

▲英工黨宣言，援華抗日。

二月二十五日

▲滬江灣大戰，我軍勝。

▲日援軍兩批到滬。

▲美國務卿聲明，反對破壞九國公約，擁護門戶開放。

二月二十六日

▲江灣日軍被我擊退；敵艦攻吳淞，我陣線無損；敵機又襲杭州。

▲政府電令造冊具報陣亡將士姓名等級，以便議恤。

▲日本閣議通過增加侵略軍費；自去年九

一八迄三月底，其支出約達一萬萬。

二月二十七日

▲全綫作戰，我軍佔優勢。吳王村敵軍大敗；楊樹浦敵機場中彈。

▲敵援軍七千到滬登陸。

▲英美法義要求日軍不得在租界登陸，日艦亦應駛往黃浦下游。

▲日本向捷克與波蘭購買軍火，已逾三百萬美金。又由法國各兵工廠定購大批軍器。

▲政府向日方抗議飛機襲杭州。

二月二十八日

▲江灣戰事激烈，吳淞平靜。

▲英法美三使新提上海休戰案，勸雙方後退，以待國聯大會。

▲中日軍事領袖在英艦商休戰辦法。

▲敵機又襲杭州。

▲美籍飛行家蕭特，助我參戰，殉難。

▲敵援軍又到二批。

二月二十九日

▲閘北戰事激烈，我軍勇敢應戰；廟行之敵被却，江灣亦被擊退。

▲八十七師獨立旅長王賡在租界內被日兵捕去。

▲敵援軍又到一批。白川率三師團抵滬。

▲英美法三使調停休戰中，我方否認日牒

中之要求。

▲美國宣言否認一切違約舉動。法國工界請國聯斷然制裁。

▲日方通告將轟炸蘇州嘉興鐵路，滬寧滬杭甬兩路，定三月二日後實行。

▲蔡軍長勸滬商開市。商令議決安全區域今日開市。

三月一日

▲日全線猛攻，我各路鏖戰。

▲各國仍努力謀上海休戰，我方對休戰條件不放鬆。

三月二日

▲敵在瀏河登陸；我變更戰略，安全總退，據守第二道防綫。

滬變前夕，日軍司令鹽澤曾狂誇四小時內，便能完全解決駐滬華軍。自一月二十八日晚迄今，已越三十四日，亦即八百餘小時；我每戰皆大捷，敵連次受鉅挫。是不啻益具體證明堅甲利兵之不可恃，在强暴壓搾下求生命活躍的弱小大衆，乃人世間之鐵

軍，戰爭最終一刻之勝利者！

時代之警鐘已鏗然長鳴！彼趨近死期的帝國主義，猶振奮其迴光獰威，作殊死的掙扎。奈時代之權威，非任何强暴橫逆所能苟且迎拒。時代既已令彼完成其歷史的使命，比後便祇有滅亡之一途。我全國重重壓迫下的可憐者，奮起鬥爭！火速完成我等所負現代史上之任務！

（三月七日夜）

中華民國二十一年四月初版

血染淞滬（第一册）

（定價大洋四角）

編輯者　覺民編輯社

發行者　覺民編輯社

總發行所　覺民編輯社

湘民衆慰勞前
將士大會報告
孔祥熙題

總理遺像

總理遺囑

余致力國民革命凡四十年其目的在求中國之自由平等積四十年之經驗深知欲達到此目的必須喚起民衆及聯合世界上以平等待我之民族共同奮鬥現在革命尚未成功凡我同志務須依照余所著建國方略建國大綱三民主義及第一次全國代表大會宣言繼續努力以求貫徹最近主張開國民會議及廢除不平等條約尤須於最短期間促其實現是所至囑

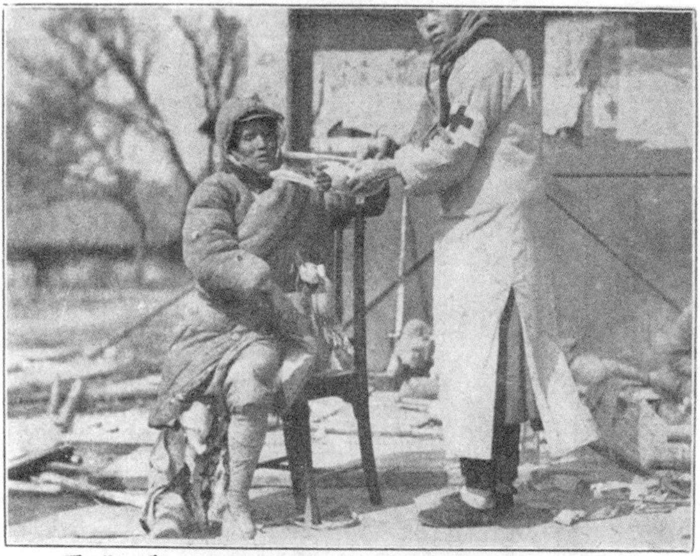

本會救護隊隊員在大場車站為傷兵施藥包紮情形（申報館攝影組攝）

本會救護隊全體隊員

本會全體委員會救護隊看護班

本會看護訓練班全體正班學生

本會救護隊隊長組長出發蘇州留別

朱子仁（丙組組長）　趙作霖（丁組組長）　楊素蘭（隊長）　李鐘秀（乙組組長）　吳心田（甲組組長）車渠賢代

本會執行委員

康選宜　吳耀宗　梁士純　鄭　維

何廷述　楊素蘭　朱懋澄（主席）　金國珍

（陳立廷傅若愚任啟珊三委員未攝入）

目錄

（一）緣起

自本年一月二十八日之夜。日本海軍陸戰隊妄肆凶暴。向我駐在閘北之第十九路軍挑釁以後。戰幕乃開。一時第十九路軍及第五路軍武裝同志。奮不顧身。浴血應戰。後方民衆。亦感於國難之臨頭。責任之重大。紛起慰勞。爭先恐後。人心未死。國事可爲。至足慰也。惟是衆擎易舉。團體不妨其多。萬衆一心。組織尤貴嚴密。同人等愴懷大局。彌切深憂。稟匹夫有責之義。存舍我其誰之思。以在野之身。作救國之舉。爰乃糾合同志。組織上海民衆慰勞前敵將士大會。從事慰勞救護看護等工作。歷時將近二月。所活已逾千人。雖精衛塡海。只覺工作之繁難。而愚公移山。惟持志氣之堅定。此時停戰滬瀆。暫作忍痛一時之計。他日飲馬遼河。重雪毫不抵抗之恥。此則國民之所希冀。而同人等之所禱祝者也。現因和戰之局未定。本會工作亦未能遽作結束。然深維二月以來。各方捐款之踴躍。男女參加之熱烈。以及本會男女同仁犧牲奮鬥之精神。均有足以爲國人告者。爰乃綜其經過之大略。編爲報告。以就正於全國父老昆季之前。舉凡本會一切組織、工作、會務、捐款、等。無不據實紀載。一律公開。爲過爲功。均非所計。熱誠人士其共鑒諸！

附二月六日所發通啓二則於後

慰勞前敵將士募捐通啓

自日軍犯我上海，我第十九路軍將士，本衛國之天職，奮起抵抗，屢挫强敵，保我疆土

，當此前敵軍士正拚死與倭寇相周旋，時機緊迫，千鈞一髮，凡在後方之愛國同胞，亟須奮起，圖謀合力禦侮，人人視力之所及，慷慨捐輸，以爲購贈用品，救護傷兵之用，使我忠勇衛國軍隊，得我同胞精神上之援助，益振敵愾之氣，奮我神威，殲彼凶頑。如蒙惠解義囊。請交敝會彙轉，此啓

上海民衆慰勞前敵將士大會謹啓

徵求救護隊員通啓

逕啓者，此次倭寇不自揣量，大舉犯境，趾高氣揚，燄炙萬丈，咄咄逼人，蔑視同胞，目無中華，幸賴我忠公體國之第十九路軍全體將士，奮勇苦戰，殺敵致果，大挫其鋒，倭寇抱頭鼠竄，狼狽不堪，我軍爲國保土，爲民增光，歷年鬱積之國恥奇辱，幾因此次勝利而昭雪淨盡，惟前方將士出入於鎗林彈雨之中，前仆後繼，殘肢碎體，死傷橫野，吾輩安處後方之同胞，想像前方將士犧牲之慘狀，能不惻然無動於中，本會爰集同仁，組織救護大隊，專事治療救護工作，以鼓士卒之勇氣，而利戰爭之進行，素稔

執事愛國憂時，不甘人後，用特敦請

加入。並祈

將登記表收集，交與本會，以便編隊訓練，無任盼禱之至，此致

先生大鑒

上海民衆慰勞前敵將士大會啓

(三)組織

本會組織。係採委員制。由會員大會當場選舉執行委員、朱懋澄、陳立廷、金國珍、楊素蘭、吳耀宗、梁士純、何廷述、康選宜、鄭維、傅若愚、任啓珊、等十一人。組織執行委員會。其執務之分配如下：

執行委員會

主席朱懋澄

- 常務委員：陳立廷、金國珍、何廷述、楊素蘭
- 文書委員：傅若愚、何廷述
- 財務委員：鄭維
- 交際委員：朱懋澄、康選宜、金國珍
- 事務委員：梁士純、任啓珊、吳耀宗

臨時募捐委員會
- 朱懋澄
- 鄭　維
- 康選宜
- 何廷述

辦公處
- 總務主任　金國珍
- 事　　務　顧不凡

臨時救護委員會
- 楊素蘭
- 康選宜
- 任啓珊

(四)工作

本會工作。共分三項；計(甲)慰勞工作(乙)救護工作(丙)看護工作。分述之如後：

(甲)慰勞工作

(1)捐贈十九路軍捐款三百元　本會因前敵將士作戰之忠勇，曾經公決在捐款項下，儘先提出一部分計洋叁伯元，由鄭委員維親自賫送銀行公會轉交十九路軍，並取得收據爲憑。

(2)捐贈嘉定中國紅十字會第十七後方醫院軍毯一百條　先是本會救護隊員朱子仁等於赴前線工作之歸途上，遇見紅十字會後方第十七醫院院長，言及該院草創伊始，設備不周，毛毯一項，尤感缺乏，當即函請本會設法援助，經由本會陸幹臣先生代向維持會募得毛毯一百條，於二月十九日派遣隊員袁士輿送往嘉定，面交該後方醫院如數收訖，並取得收據爲憑。

(3)捐贈中國紅十字會墊褥二十二條　本市市民顏任光君，熱心捐助本會墊褥二十二條，當即派員轉送中國紅十字會，俾發各傷兵醫院重傷者應用，並取得收據爲憑。

(4)捐贈中國紅十字會第三十四傷兵醫院竹椅十四把　本會因感於傷兵住院，傷勢一經減輕，頗有需要坐椅曝晒日光之必要，乃購竹椅十四把，派員送交中國紅十字會第三十四傷兵醫院應用，並收得收據爲憑。

(乙)救護工作

自一月廿八夜事變發生，戰事日趨劇烈，前方將士，既不惜以血肉與敵人相周旋，則救死扶傷之責，後方民衆，實有不容稍緩者矣。本會有見及此，爰有救護隊之組織，遵照萬國紅十字會章程，純粹從事救護工作，並隸屬於中國紅十字會，番號爲中國紅十字會第十六救護支隊。玆將該隊規程組織工作等等，分述如下：

(1)救護隊隊員規程

集多數人於一處，以從事於某種工作，則紀律尚焉。故本會救護隊，亦訂有規程十條，以資齊一，而便遵守。其規程原文錄後：

救護隊隊員規程

(一)每日早晨七時，須按照指定時間，到隊服務，過時一刻以缺席論。

(二)過時或缺席三天者，請其退職，如有萬不得已事故，不能到隊者，亦須向辦公處請假

許可。

(三)每隊出發時，無論有無隊員缺席，不准旁人替代。

(四)服務半日者不發膳金，已發者由組長負責繳還。

(五)出發救護人員，應向辦公處報到，並簽名領取旗幟臂章衣帽，及各種應用物品。

(六)救護歸來時，首先應將簽領之旗章衣帽及物品等交代清楚，不得少欠一件，萬一不能交齊，應向隊長告明理由，轉呈委員會核奪。

(七)辦公處指定人員，掌管一切領取及交還等手續，隊員不准擅自拿用。

(八)隊員須守紀律，言行尤當謙愼，其奉公守法，努力工作者，應予獎勵。辦公處主管人員，負有履行委員會決議案件及指導隊員隊務之責任，應有合作精神。如有故意頑梗，或出言不遜者，按其情節輕重，予以警告或請其退職。

(九)組長須在星期三六下午七時列席本隊執委會議，有事不能列席者，亦須派員替代，否則請其退職。

(十)隊員出發在外，如有舉動野蠻，損壞本隊名譽及舞弊等情事者；一經察覺，除其退職外，並向保人追問。

注意　本規程由本會委員會議決施行其修改時亦同。

(2)救護隊隊員組織

本隊組織除隊長一人，甲乙丙丁四組正副組長八人外，尚有隊員二十二人，更加醫師四人，總計三十五人，其職務之分配如下表：

隊長　楊素蘭

甲組

正組長　吳心田

副組長　車渠賢

醫師　黃銘新

幹事　楊四寶

救護員　丁久大　郁士法　王藹靈

潘東發　張福祥

乙組

正組長　李鐘秀

副組長　鄭榮

醫師　徐崇恩

幹事　趙望銑

救護員 葉景雄 陳耐
蒙漢釗 周達

丙組

正組長 朱子仁
副組長 張子友
醫師 丁兆星
幹事 程通甫
救護員 陳子仁 范家訓
王炳暉 張樹生

丁組

正組長 趙作霖
副組長 陳琛冠
醫師 徐仁惠
幹事 魯炳全
救護員 沈慶章 沈泉藻 蔣錫麟
蘇慶堂 葉超

復次本隊隊員入隊，須經嚴格之審查，方許登記，對於姓名性別住址年歲職業等等，均須填寫清楚，方爲合格。其登記表格式如後：

上海民衆慰勞前敵將士大會救護隊
徵求救護員登記表第　　　　號

姓名	
性別	
籍貫	
住址	
年歲	
職業	
曾否學習救護課程	
有無救護經驗	
審查	
備考	

中華民國　　年　　月　　日填

（3）救護隊逐日救護工作

本會救護隊自於二月八日成立後，九日由主席朱委員懋澄金委員國珍何委員廷𨔈及楊隊長素蘭等率領往眞茹戰區視察。十日由總會備車出發救護傷兵二人。十一日以總會車輛不夠分配，在隊工作，其後由本會向馬迪汽車公司借得卡車一輛，又蒙胡詠騏孫梅堂張申之陳忠皋等君接洽，由甯波旅滬同鄉會贈用卡車二輛，於是工作進行益感便利。總計救護傷兵七百零二人，難民三百四十餘人。茲將逐日救護工作列表如後：

救護隊逐

月日	星期	出發隊數	經過戰區	工作
二月八日	一			成立紀念
九日	二	甲乙組	眞茹	戰區視察
十日	三	甲乙組	吳淞	救護輕傷二兵士未帶回
十一日	四	甲		隊內工作
十二日	五	甲乙組	寶山吳淞蘊藻浜	寶山路救護難民六十四人病兵一名傷婦一名傷兵一名在蘊藻浜傷兵五名
十三日	六	甲組	楊行蘊藻浜	蘊藻浜救護傷兵十名楊行難民四十餘人
十四日	日	乙組	寶山縣	救護難民三十八名
十五日	一	甲組	中山路	中山路救護難民三十餘名車到紬飯廠新橋美軍不許通過即卸下
十六日	二			隊內工作

日救護工作一覽

十七日	三	甲組	太陽廟	紅會無車全隊隊員不能完全出發祇由甲組長吳心田搭美亞第十廠之救護車赴太陽廟救回被傷工人二名
十八日	四	乙組	天通菴路	併同第十救護支隊出發至天通菴路公興路中華新路一帶救護傷兵難民各一名
十九日	五	甲組	大場劉河	救護車至大場復至劉行劉河救護傷兵二名車回紬緞廠新橋車胎被釘刺破卽返隊
二十日	六	乙組	大場	救護傷兵二名受傷難民一名
二十一日	日	甲乙組	大場眞茹	大場救護傷兵十六名眞茹九名難民十三名
二十二日	一	甲丙組	眞茹大場顧家宅	眞茹大場救護傷兵二十四名顧家宅十五名
二十三日	二	甲乙丙組	大場劉行眞茹公興路八字橋	楊行劉行救護傷兵四十七名
二十四日	三	甲乙丙組	大場劉行吳淞羅店楊行	大場劉行救護傷兵二十名楊行三名傷民一名劉行傷兵三名羅店難民五名
二十五日	四	甲乙丙組	大場劉河公興路紬緞廠新橋	大場救護傷兵八十一名劉河十八名紬緞廠新橋四十四名公興路小菜場八名
二十六日	五	甲乙丙組	大場中山路	大場救護傷兵六十九名中山路被日機炸傷之平民四名亦救回
二十七日	六	甲乙丙組	大場劉河眞茹劉行	大場救護傷兵一名劉河難民二十二名眞茹傷兵九名
二十八日	日	甲乙丙組	劉行大場馬橋	劉行救護傷兵二十五名大場十九名傷民一名難民二十八名馬橋傷兵三名佣工謝天方一名
二十九日	一	甲乙丙組	太陽廟劉行大場唐橋新閘橋嘉定	太陽廟救護傷兵一名劉行十七名難民三十四名大場傷兵四名唐橋七名新閘橋一名嘉定難民二十名又在路上救護傷兵三名
三月一日	二	甲乙丙組	中興路大場眞茹彭浦八字橋	中興路救護傷兵七名大場九十三名眞茹二十五名彭浦六名八字橋八名
二日	三	甲丙組	彭浦大場劉行眞茹	彭浦救護傷兵二十八名大場六十四名劉行十五名
三日	四	甲組		由紅會派赴新普育堂全日裝運傷兵
四日	五	甲丙組		紅會服務

表

五日	六	乙丁組	紅會服務
六日	日	甲丙組	紅會服務
七日	一	乙丁組	紅會服務
八日	二	甲丙組	紅會服務
九日	三		甲乙丙丁四組組長暨丙組副組長計五名派赴蘇州前方救護

(4)救護隊逐日工作比較

因前敵戰事之緊急與否，而定死傷之多少。更因死傷之多少，而定本隊工作之張弛。故本會除編制逐日救護傷兵工作一覽表外，更編製逐日比較表一種，以資比較。例如二月十日只救傷兵二人，至十三日只救十人，二十日只三人，均足證明無大戰事。至二十一日，忽變爲二十五人，二十二日爲三十九人，二十三日爲四十七人。則證明戰事日趨劇烈。至二十五日突增到一百一十一人。迨三月一日，竟達一百三十九人。已臻最高紀錄，三月二日爲一百另七人，蓋戰事已劇烈萬分，次日即爲撤退之日矣。茲將原表刊佈於後：

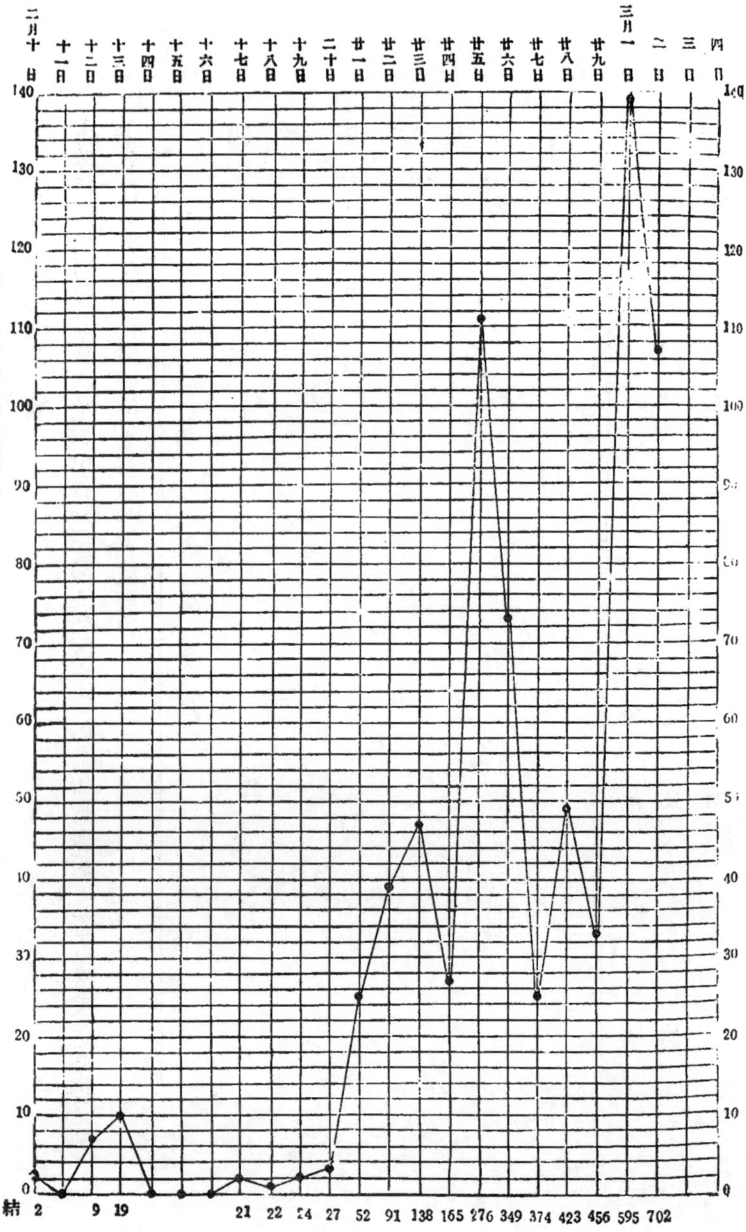
二月十日
十一日
十二日
十三日
十四日
十五日
十六日
十七日
十八日
十九日
二十日
廿一日
廿二日
廿三日
廿四日
廿五日
廿六日
廿七日
廿八日
廿九日
三月一日
二日
三日
四日
140
130
120
110
100
90
80
70
60
50
40
30
20
10
0
總結 2 9 19 21 22 24 27 52 91 138 165 276 349 374 423 456 595 702

(5)救護員出發手續

本隊隊員於出發之時，必領用各種用品，於歸來之時必如數繳還，若有遺失，亦應呈報，因此本會特製應塡表格三種。茲一并刊載於後：

(甲)領傷兵食品表

茲請發給下列傷兵食品

品名	件數	備註

隊長　簽

組長　簽

民國二十一年　月　日

(乙)領出發用

茲請發給下列物品

品名	發給件數	收回件數	備註
毛毯			
棉被			
熱水壺			
油布			
背包			
蔴繩			
鉛杯			
鉛桶			
大紅十字旗			
小紅十字旗			
面盆			
臂章			
白帽			
白衣			

二十一年　月　日

隊長
組長……簽

品表

特別符號	醫生用品（藥料醫具等）	膳金（每名五角）	傷兵食品	担架	風鏡

右陳

上海民衆慰勞前敵將士大會救護隊總務處

(丙)遺失用品報告表

遺失物品報告

二十一年　月　日　隊長 組長……簽

品名	件數	地點	月日	理由

右陳

上海民衆慰勞前敵將士大會救護隊總務處

（丙）看護工作

本會深維傷兵日多，臨時傷兵醫院日衆。而各院看護，乃供不應求，除將原有之看護人員分派工作外，乃議決組織擴大看護訓練班，於二月廿九日在新申時三報登招生啓事，招募看護傷兵女看護員三十名；凡（一）年齡在十八歲以上，三十歲以下，（二）初級中學畢業，（三）身家清白，（四）體格健康，刻苦耐勞，富責任心者，均可於見報三日內每日上午九時至十二時前來八仙橋青年會三樓本會辦公處接洽。乃登報之第一日，即有五十餘人報名，次日又來五十餘人，第三日又來四十餘人，共計一百五十餘人。亦可見同胞之踴躍矣。只得將第一日報名者連同原有看護人員編爲正班生，其餘一律編爲預備生，茲將看護班規程，訓練組織，分述於後：

（1）看護班規程

本會看護班規程，共計十條。全爲看護生所必遵守者。茲將原文錄後：

看護班規程

（一）本班學員，須要遵守本會一切規則，否則請其退出。

（二）本班學員，以一星期畢業，須按照規定時間前來授課，如有一次缺席，即請退出。

（三）本班學員，當上課時須格端肅靜，不許喧擾，否則請其退出。

（四）本班學員，訓練完畢後，應靜待本會派往指定醫院工作，不得自行挑選，

（五）本班學員，無論被派日班夜班，均應本為國犧牲精神，忠心服務，不得畏難避免。

（六）本班學員，被派服務，須待戰事終了，方能解職，不得中途退出。

（七）本班學員，被派服務，除疾病特別事故外，不許請假。

（八）本班學員，被派服務，須於每星期六將工作情形，報告本會一次，并得每院推派代表一人，到會列席會議。

（九）本班學員，被派服務，除由各醫院供給伙食外，對於交通問題，視醫院情形而定，不得隨便要求。

（十）本班學員，對於傷兵應竭誠招待，特別溫和，不得大意。

（2）看護班訓練

本班訓練期間，為一星期。由本會委員楊素蘭醫師負責訓練，另聘德國醫學博士盧寶法及醫師鍾覺民二先生，担任教職。經過嚴格之訓練，考查成績及格，乃發給証書。玆將課程表及証書樣式刊列於下：

(甲) 看護訓練班課程表

月 日 星期	上午 第一學時 十時至十一詩	上午 第二學時 十一時至十二時	下午 第一學時 二時至三時	下午 第二學時 三時至四時
三 二 三	外科淺解 盧	同上	生理學 鍾	同上
三 四	裹帶學 楊	外科淺解 盧	生理學 鍾	同上
四 五	裹帶學 楊	消毒法 盧	生理學 鍾	同上
五 六	裹帶學 楊	消毒法 盧	病房衛生 鍾	同上
六 日	裹帶學 楊	傳染病 盧	病房衛生 鍾	同上
七 一	裹帶學 楊	傳染病 盧	藥名 鍾	同上
八 二	病房管理法 楊	同上	藥名 鍾	病房管理法 楊
九 三	考試 楊	同上	考試	同上

(乙)畢業證書式

學生　　年　　歲　　省　　縣人係本會護士訓練班第一期學生曾受一星期之護士訓練考查成績及格准予畢業此證

主席　朱懋澄
　　　盧寶法
醫生　楊素蘭
　　　鍾覺民

上海民衆慰勞前敵將士大會

中華民國二十一年　月　日

(3)看護班組織

看護班組織計分正班生及預備班生二種。而正班生又分男生及女生二種。正班生女生共計七十人，男生十三人，預備班學生九十八人，全屬女性。惟正班成立不久，十九路軍卽已撤退，故預備班生訓練之事，只得從緩。茲將各班男女學生姓名列後：

正班女學生

范葆眞	范紫英	陳菊芳	金美卿	徐孟英	葉佩琴	葉佩蘭
徐孟珍	徐孟琦	李宏澤	朱坤瑞	李蕙芳	李沛雲	朱清和
劉君霞	張若英	朱挪西	柏志安	洪素雲	洪素秋	蔣聯芳

張慧英　張慧芳　陸秀英　張秀貞　喬汶荃　潘光慧　尤紅英
朱耀志　馬毓鳳　潘佩青　王佩德　王瑞德　保世穀　丁蕙英
張曼貞　沈林珍　仇明秀　張備生　杜榮森　丁蘭英　張伯婉
張根生　許明珠　楊麗賢　李芷芬　徐寶仙　計如心　姚明珠
盛省良　林　沅　詹秀廉　洪　弼　郭箴一　孟滋齡　李蔓芸
潘仁玉　葉　蕾　楊秀娟　溫嗣玲　黃維裕　蔣浚渝　楊秀錦
張靜珍　高美寶　楊令英　仇　快　楊世玉　張巽權　鄭志芳

正班男學生

蔣義森　徐孟偉　徐孟俊　葉自儀　袁士興　楊金生　蔣不鳴
高仕楷　周　魯　林啓芳　徐同康　賀瑾瑜　孫時俊

預備班女學生

俞民悟　周雲霞　徐沙斐　杜　衡　周舫溱　歐陽文霞　陳桂英
沈競權　姚淑琴　賴郁雲　李蕙芳　韓秀珍　歐陽鳳貞　歐陽淑珍
連琴繡　梅心玉　劉美華　姚惠清　朱熏韵　陳志賢　詹憶萱
林　淑　吳儉農　丁梅卿　孫志雲　楊禎儀　王秀珍　楊佩貞
盛和音　王素仁　潘玉崐　陳琍玲　盧　貞　張平復　陳菊英

孫蘭芳　曹金英　胡菊娥　王踶吉　梁雪尋　姜愛娜　金含玉
李蘊芬　陳凝秋　黃席貞　張志君　趙韻芬　陳佩英　陳佩雲
李汝淳　倪智羣　蔣無吾　王堅氷　馮素英　祝景德　張啓宇
朱覺之　孫祥徵　祝文霞　劉麗華　何志俊　陶學梅　王偉芳
傅家芬　張軾儒　華德寶　凌靜珍　梁孟華　鈕覺世　顧挹清
周一明　陸靜芳　廖明霞　蔡云弟　王英華　葉超羣　陶學榭
王靜霞　李允恭　王秀英　俞鴻羣　黃　建　鄭　壘　徐文超
陸蘭英　張景倩　夏文頤　楊綺綠　周誦良　鄧惟濂　劉雪鵬
鄧寶珍　梁妙英　梁桂芳　王維樂　陳錦美

（4）看護班服務情形

本會看護班自訓練完成後，卽先後派往各醫院服務。計派往康腦脫路五十五號紅十字會第三十四傷兵醫院者共有陸秀英等三十二人。以陸秀英爲正班長，劉君霞爲副班長。派往新閘路紅會第二傷兵醫院服務者，有楊秀娟等八人。派往紅會第三十八醫院，市民維持會第一醫院，紅會第三十三傷兵醫院者，各一人。玆列表如下：

看護班服務各醫院表

派在紅十字會第三十四傷兵醫院服務者如后

陸秀英　劉君霞　洪　弼　姚明珠　盛省良　林　沅　詹秀廉
葉　蕾　李芷芬　王瑞德　楊麗賢　王佩德　徐寶仙　朱挪西
朱清和　朱耀志　喬汶荃　徐孟瑛　徐孟琦　杜　蘅　丁蕙英
丁蘭英　潘佩青　張慧英　張慧芳　蔣聯芳　柏志安　張備生
張伯婉　張根生　鄭志芳　張若英

派在紅十字會第二傷兵醫院服務者如后

楊秀娟　溫嗣玲　黃維裕　蔣湲渝（以上看護在該院服務二十日後轉派至大陸商場婦女傷兵醫院服務）　楊秀錦　張靜珍　高美寶　楊令英

派在紅十字會第三十八傷兵醫院服務者如后

袁士興

派在上海市民維持會第一傷兵醫院服務者如后

郭箴一

派在紅十字會第三十三傷兵醫院服務者如后

金美卿（一月後轉入紅會第三十四傷兵醫院服務）

（五）會務紀要

一月三十一日　舉行第一次籌備委員會。

二月一日　舉行第一次籌備委員會。

二月二日　舉行第二次籌備委員會。

二月四日　舉行全體會員大會。

推舉執行委員十一人。到會之人自由認捐，計捐得五百五十四元。

二月五日　舉行第一次執委會議。

決議（一）捐款中提出洋三百元送交銀行公會，作爲慰勞前敵將士之用。（二）擬定八仙橋青年會爲本會會址。

二月六日　舉行第二次執委會議。

決議（一）開辦救護隊。（二）聘請楊素蘭醫師爲救護隊隊長，進行組織救護隊。

二月七日　舉行第三次執委會議。

分發捐册。第一次救護隊隊員三十餘人開始訓練。

二月八日　舉行第四次執委會議。

救護隊訓練完畢，編爲中國紅十字會第十六救護支隊，舉行成立紀念。擬定本會預算

二月九日　舉行第五次執委會議。

全體委員、救護員、出發眞茹等處，視察前方情況。

二月十日　舉行第六次執委會議。

救護隊第一次出發往吳淞最前線救護。

二月十一日　舉行第七次執委會議。

二月十二日　舉行第八次執委會議。

二月十三日　舉行第九次執委會議。

二月十四日　舉行第十次執委會議。

二月十五日　舉行第十一次執委會議。

二月十六日　舉行第十二次執委會議。

二月十七日　舉行第十三次執委會議。

第二次救護隊新隊員訓練班開始。馬廸汽車公司捐借救護車一輛。

二月十八日　舉行第十四次執委會議。

紅會第七救護支隊隊員劉祚瑞，因救護傷兵，被日軍槍擊斃命，本會派甲隊隊員四人，前往執紼。

二月十九日　舉行第十六次執委會議。

二月二十日　舉行第十七次執委會議。

二月二十一日　召集救護隊隊員大會，鼓勵工作。
舉行第十八次執委會議。
規定救護隊隊員規程。
二月二十二日　舉行第十九次執委會議。
甯波旅滬同鄉會每日捐助救護卡車二輛租金。
二月二十三日　舉行第二十次執委會議。
二月二十四日　舉行第二十一次執委會議。
決議以後每逢星期三六開執委會議。
二月二十七日　舉行第二十二次執委會議。
決議開辦擴大看護班。
二月二十九日　登新申時三報，徵求女看護員。
三月一日　看護正班登記。第三次救護隊新隊員訓練班開始。
三月二日　舉行第二十三次執委會議。
看護預備班登記。擴大看護訓練班開始授課。送嘉定第十七後方醫院
軍毯一百條。
三月三日　舉行執委會緊急會議。

三月四日　各執委分赴各傷兵醫院調查傷兵，需用何物，以便本會購買贈慰。

三月五日　舉行第二十四次執委會議。

派定吳心田、李鐘秀、朱子仁、趙作霖、張子友、五人，出發蘇州救護。

三月七日　全體委員、救護隊、看護班、假大世界跑冰場攝影。

三月九日　舉行第二十五次執委會議。

看護訓練班考試。舉行訓練班畢業禮。

三月十二日　舉行第二十六次執委會議。

三月十六日　舉行第二十七次執委會議。

決議以後每星期三開執委會議。發給看護正班學生畢業證書。

三月二十三日　舉行第二十八次執委會議

(一)決議本會將經過工作，編製報告書。(二)通過報告書大綱草案。

三月三十日　舉行第二十九次執委會議。

(六)特載

出發蘇州

自三月二日，我忠勇之第十九路軍，因戰略關係，向後撤退後，本市與戰地交通，一時爲之斷絕，救護工作，無從進行，本會救護隊乃與各支隊在紅十字會集議，決定組織救護總

隊，開拔蘇州，繼續工作，每支隊派出一人參加紅會前方辦事處，另派三人充任救護總隊隊員。本會乃派李鍾秀、吳心田、朱子仁、趙作霖、張子友、五人出發，幷由本會發給每人褂褲一套，獎金三元，以資獎勵，且攝影留念紀云。

（七）募捐報告（三月底截止）

本會成立以後，迭承各界贊助，踴躍捐輸，綜計收入捐款，共達三千五百三十六元六角三分。現因和戰未定，本會工作未能遽作結束，故暫且將二月來捐募所得之數，先行公佈之。其各項支出細目，容在會務結束時，再作詳細之報告。茲將捐款戶名及款數，分類刊列如下，並致謝忱：

孔庸之先生捐助洋一千元　林康候先生代募洋一千元

仁社救濟會捐助洋五百元

孫張大太　捐助洋一百元　先施公司　捐助洋一百元

馬廸汽車公司捐助洋三十三元七角五分

陳立廷先生捐助洋二十五元　霍啓謙先生捐助洋二十五元

朱懋澄先生捐助洋二十元

盧寶法先生捐助洋十五元

梁士純先生捐助洋十元　徐淑淵先生捐助洋十元　張民熙先生捐助洋十元

李福五先生捐助洋十元
潘光旦先生捐助洋十元
陸幹臣先生捐助洋十元
朱炎之先生捐助洋十元
康選宜先生捐助洋六元
徐穆如先生捐助洋五元
楊素蘭先生捐助洋五元
傅若愚先生捐助洋五元
陳啓東先生捐助洋五元
陳天民先生捐助洋五元
宋蘊璞先生捐助洋五元
尹任先先生捐助洋五元
凌旭明先生捐助洋五元
嚴子方先生捐助洋五元
胡問政先生捐助洋五元
姚鎔甫先生捐助洋五元

謝君讓先生捐助洋十元
李清茂先生捐助洋十元
蔡太太捐助洋十元
無名氏捐助洋六元
胡貽穀先生捐助洋五元
楊雲英先生捐助洋五元
朱錫年先生捐助洋五元
黃荊石先生捐助洋五元
饒邦泰先生捐助洋五元
沈祖籌先生捐助洋五元
金止觀先生捐助洋五元
潘蒓書先生捐助洋五元
Mr. Y. O. Lee捐助洋五元
李先生捐助洋五元
盧迺賡先生捐助洋五元

張登瀛先生捐助洋十元
王雲五先生捐助洋十元
盧寶法先生捐助洋十元
吳耀宗先生捐助洋五元
陳偉先生捐助洋五元
誠靜怡先生捐助洋五元
黃夢雲先生捐助洋五元
林保康先生捐助洋五元
王友輔先生捐助洋五元
丁濟祥先生捐助洋五元
王治平先生捐助洋五元
姚志崇先生捐助洋五元
王葆真先生捐助洋五元
閻玉衡先生捐助洋五元

廖雲清先生捐助洋五元
陳襄南先生捐助洋五元
朱立德先生捐助洋五元
陳文楨先生捐助洋五元
黃惜光先生捐助洋五元
陳維新先生捐助洋五元
余心清先生捐助洋五元
管梅璐先生捐助洋五元
聶先恩先生捐助洋五元
何柏丞先生捐助洋五元
黃仲明先生捐助洋五元
李季植先生捐助洋五元
曾　相先生捐助洋五元
余心清先生捐助洋五元
張少棠先生捐助洋四元
洪　年先生捐助洋三元

鍾　白先生捐助洋五元
吳雲蓀先生捐助洋五元
陶希聖先生捐助洋五元
屠楚漁先生捐助洋五元
林求源先生捐助洋五元
Mr. K. Sung 捐助洋五元
楊　達先生捐助洋五元
宋以熹先生捐助洋五元
聿傳卿先生捐助洋五元
鮑慶林先生捐助洋五元
史久芸先生捐助洋五元
方培壽先生捐助洋五元
陳　勳先生捐助洋五元
范定九先生捐助洋五元
任啓瑞先生捐助洋四元
陳金燦先生捐助洋三元

蔡　偉先生捐助洋五元
翁錫忠先生捐助洋五元
鄺富灼先生捐助洋五元
王雲五先生捐助洋五元
葉　瑋先生捐助洋五元
楊懷僧先生捐助洋五元
周　先　生捐助洋五元
何肅朝先生捐助洋五元
張絜北先生捐助洋五元
潘光迥先生捐助洋五元
黃普安先生捐助洋五元
夏少平先生捐助洋五元
梁　六　姑捐助洋五元
陳金華先生捐助洋三元

任啓珊先生捐助洋三元　章名濤先生捐助洋三元　王子瑜先生捐助洋三元
劉　君先生捐助洋三元
李嘉會先生捐助洋二元五角　李嘉粹先生捐助洋二元五角
陸琪臣先生捐助洋二元　Mrs. C. Chen捐助洋二元　胡大小姐捐助洋二元
鄭　維先生捐助洋二元　梁小初先生捐助洋二元　孫永佳先生捐助洋二元
夏承櫑先生捐助洋二元　王曼壽先生捐助洋二元　夏公柔先生捐助洋二元
巫凱帆先生捐助洋二元　戴義誠先生捐助洋二元　胡大齡先生捐助洋二元
錢一勤先生捐助洋二元　霍儷白先生捐助洋二元　無名氏先生捐助洋二元
鄔志堅先生捐助洋二元　黃公權先生捐助洋二元　康興衢先生捐助洋二元
朱穀香先生捐助洋二元　龔晏如先生捐助洋二元　吳　剛先生捐助洋二元
吳文蔚先生捐助洋二元　蕭子廉先生捐助洋二元　童　禱先生捐助洋二元
黃澤生先生捐助洋二元　魏一帆先生捐助洋二元　姚鳴九先生捐助洋二元
吳宗魯先生捐助洋二元　徐琢如先生捐助洋二元　陳紹光先生捐助洋二元
李晉臣先生捐助洋二元　林振常先生捐助洋二元　Mr. Y. Y. Kung捐助洋二元
劉　太　太捐助洋二元　黃　太　太捐助洋二元　黃　三　姑捐助洋二元
關少良先生捐助洋二元　梁愛光先生捐助洋二元　周以泰先生捐助洋二元

林阿泉先生捐助洋二元

Mr. P. Hin Wong 捐助洋一元六角

顧不凡先生捐助洋一元　顧秦麗菊先生捐助洋一元　楊明照先生捐助洋一元

陳雅魁先生捐助洋一元　楊壽標先生捐助洋一元　邱裕生先生捐助洋一元

李蔚然先生捐助洋一元　錢耀彬先生捐助洋一元　高倚筠先生捐助洋一元

朱倫達先生捐助洋一元　潘尚周先生捐助洋一元　陳景賢先生捐助洋一元

李榮生先生捐助洋一元　陳仁亨先生捐助洋一元　陳仁炳先生捐助洋一元

沈來秋先生捐助洋一元　周良相先生捐助洋一元　李豫南先生捐助洋一元

謝伯憩先生捐助洋一元　賚子進先生捐助洋一元　王湧源先生捐助洋一元

李　先生捐助洋一元　張福民先生捐助洋一元　傅子明先生捐助洋一元

陸鴻謨先生捐助洋一元　林瑞華先生捐助洋一元　江文謹先生捐助洋一元

劉良模先生捐助洋一元　張宗弼先生捐助洋一元　任士胤先生捐助洋一元

任士舜先生捐助洋一元　任先雲先生捐助洋一元　王秀水先生捐助洋一元

羅少洪先生捐助洋一元　梁志輝先生捐助洋一元　韓采玗先生捐助洋一元

陸松蔭先生捐助洋一元　林宗咸先生捐助洋一元　魏紹翰先生捐助洋一元

傅五喬先生捐助洋一元　張居平先生捐助洋一元　無名氏先生捐助洋一元

徐　雉先生捐助洋一元
王之幹先生捐助洋一元
蕭阿餘先生捐助洋一元
吳　芳先生捐助洋一元
徐健人先生捐助洋一元
唐　瑛先生捐助洋一元
盤　　君捐助洋一元
林　俊先生捐助洋一元
石昌利先生捐助洋一元
徐林慶先生捐助洋一元
陳德標先生捐助洋一元
劉緒庚先生捐助洋一元
陳泉海先生捐助洋一元
于恫濤先生捐助洋一元
陳家法先生捐助洋一元
施連勝先生捐助洋一元

徐揖青先生捐助洋一元
宣寅生先生捐助洋一元
程珍麟先生捐助洋一元
梁升初先生捐助洋一元
李　　姑捐助洋一元
元　均先生捐助洋一元
黨　　君捐助洋一元
何榮寶先生捐助洋一元
張毛毛先生捐助洋一元
李　升先生捐助洋一元
王殿元先生捐助洋一元
李季山先生捐助洋一元
章兆榮先生捐助洋一元
朱兆鈞先生捐助洋一元
周志仁先生捐助洋一元
王棟樑先生捐助洋一元

張松亭先生捐助洋一元
張順貴先生捐助洋一元
周文琴先生捐助洋一元
Mr. Frank Liu捐助洋一元
李渠田先生捐助洋一元
陳　先　生捐助洋一元
高　二　姑捐助洋一元
潘金寶先生捐助洋一元
高　二先生捐助洋一元
金祖康先生捐助洋一元
劉緒遜先生捐助洋一元
郝佩臣先生捐助洋一元
馮榮生先生捐助洋一元
王欲順先生捐助洋一元
任盛祥先生捐助洋一元

于同陵先生捐助洋五角四分

黃家鴻先生捐助洋三角六分

劉宜榮先生捐助洋二角

黃嘉芳先生捐助洋一角八分

共計洋三千五百三十六元六角三分

附 謝

(甲)甯波旅滬同鄉會每日捐助救護卡車二輛租金，計七天，共計洋三百十二元。(該款係由同鄉會直接付發)

(乙)紅十字會屢次發給本會救護隊所需之汽油，醫藥用品，傷兵食品，難民食米等件。

上海各大學生義勇軍
十九路軍隨營訓練班諸同志

一面訓練
一面殺敵

蔡廷鍇題

上海各大学学生義勇軍
十九路軍隨營训练班洪同志
劍及履及
区寿年題
四、八、
唯亭。

負責犧牲

翁照垣題

本隊宣傳至揚州時全體攝影

蔡軍長玉照

區師長玉照

翁旅長玉照

丘參謀長玉照

彭隊長玉照

我們在京滬線宣傳的片斷

化裝宣傳時之觀衆（一）

化裝宣傳時之觀衆（二）

我們在京滬線宣傳的片斷

寫牆壁

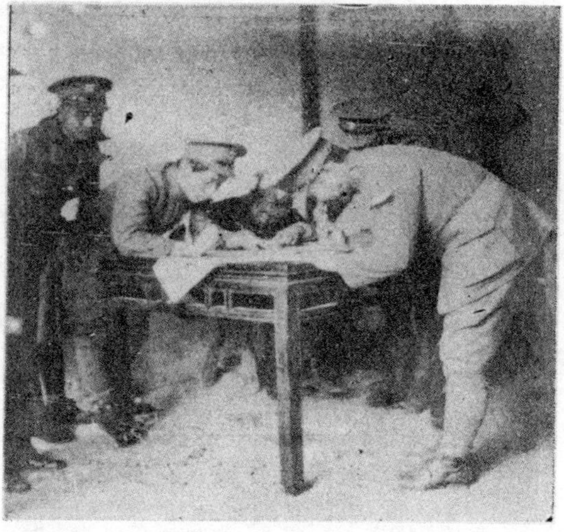

寫標語

戰利品

奪獲日軍的槍械

日兵所帶之水壺飯鍋銅帽

戰利品

日軍官所佩之徽章

在前綫擊斃之日軍

抗日血戰中之一幕

地雷爆發

砲戰

無辜被害之同胞

擁護公理之美飛機師蕭特烈士之櫬

我們的軍中生活

野戰演習

射擊練習

我們的軍中生活

在前線掩避部裏的我們（一）

在前線掩避部裏的我們（二）

上戰場去

4/4 轉 2/4 F調

華作

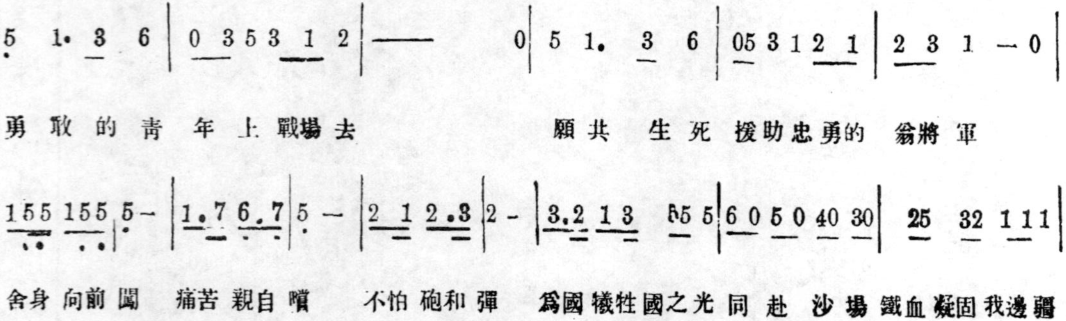

義勇先鋒

4/4 C調
跑上前去呵 國難當頭 同胞們奮鬥
用我們的赤血和黑鐵 開民族的路
勇敢向前 努力殺敵 要高揚中華的旗幟
我們是抗日和救國的義勇先鋒隊
我們是抗日和救國的義勇先鋒隊

序言

彭培亮

自去歲九一八瀋陽事發，舉國上下凜國社之將傾覆，與恥辱禍患之深切，莫不同仇敵愾，以爲非武力不足以擁護公道，非武力不足以維持和平，非武力更不足以挽救今日國家危亡之急，於是全國學商各界有義勇軍之組織，蓋鑑于政府無備戰之誠，唯民衆武力，方有以挽國家之頹運，圖民族之生存也，一月十一日復旦大學學生兼數十人，利用寒假之暇，來上海學生義勇軍訓練處，向兼副主任一五六旅旅長翁照垣氏請求予以機會，實地學習兵間行伍之事，蓋唯習之精而後用之利，不學而戰，無異乳犬犯虎，伏鷄搏狸也，翁氏燭照瞻及，即准各同學至十九路軍七十八師一百五十六旅隨營訓練，迨一二八滬案爆發，各同學訓練尙未及二週也，戰端既開，訓練停止，參加戰地工作，中公法政等同學十數人，亦先後來閘北一五六旅旅部參戰。當閘北江灣激戰最烈之日，即本隊同學在前綫出入槍林彈雨之時，翁旅長以此次中日戰爭，爲民族存亡所繫，應喚起民衆，共同奮鬥，方有勝利之望，乃命本隊赴後方宣傳，余奉委隊長，於二月十一日隨諸同學自大場出發，沿京滬線前進，所至各地，承當地機關團體之招待指導，民衆之熱烈鼓勵與歡迎，本隊感激之餘，祗有益加奮勉，以盡瘁于國事也，

旋滬戰告停，本隊亦奉命自維揚開回前方，繼續學習，以期獲得相當軍事學識，他日能爲軍民聯合之媒介，刻正從軍事容行陣之訓練矣。

序言

余一軍人也，爲國効命，自屬天職。惟見此以理智相結合，以愛國相號召之青年學生，離家庭，別父母，以赴國難，血性忠誠世殆罕見，余深信中國非秦無人，中國必不亡也，計余追隨諸同學迄今爲時四月，本人從未離隊用一膳或住一宿，余以同學爲精神所寄同學對余亦情逾手足，此四月中，受困厄，歷險阻，同甘苦，共患難，風雨一舟，得相持至今而不懈者，不外余與諸同學眞誠相待，坦白相見，並能和衷共濟也。

現本隊擬出特刊一册，內容分抗日論文，滬戰紀實，及軍事常識等類，承十九路軍諸長官惠賜大作外，類係諸同學四月來觀感所得，及平時修養所積，抒之筆端，以供諸邦人君子，余是爲之序。

卷頭語

是熱血環迴迸開的花，
是壯淚倒咽凝結的珠，
血花淚珠，攙和混合
化成這小小的刊物；
這小小的刊物
亦平凡，
亦不平凡。

編者

本隊經過之詳細情形

彭培亮

一　組織隨營訓練班緣起

隨營訓練班，乃由復旦中公法政三校同學組織而成按自九一八暴日寇我東北以來，繼入天津，舉國悲憤，尤以上海各大學學生，更爲激烈，屢向中央政府請派軍事教官，到校訓練，以爲武裝禦寇之準備，中央方面，深爲嘉許，特在滬設上海學生義勇軍訓練處，統一各校編制，加緊訓練，本人亦被派在該處服務，訓練將及兩月，各學校照例放寒假，同學星散，訓練亦暫時停止，適十九路軍一五六旅，由嘉定移防閘北，總監部委翁照垣旅長，爲訓練處副主任，先是有復旦大學軍事委員會主席林繼庸君到處聲稱，該校同學，擬請利用寒假期間，組織特別軍事訓練班，並請至翁旅軍中，實習各種武器，本人自畢業於黃埔軍校第三期後，曾在粵服務多年，原與翁旅長爲舊同事，乃代爲商請，旅長見各同學如此熱心，亦慨然允諾，並派柏岳君與本人，及該校郭學教官三人，負責訓練，於一月二十四日，編隊成立，但人數僅及一排，不便演習戰術，乃向其他各校徵求隊員，奈各校同學，大都返里渡歲，應役者寥若晨星，于是仍就復旦之一排在該校內，先行演習軍中生活，及必要之學術等科，十餘日後，開赴大場旅部，翁旅長以見習官之地位相待，各同學堅請准予與兵士同樣生活，旅長於嘉許之外，即允所請，同時因該校將屆開學，訓練期間甚短，故操練特別加緊，學術科均由翁旅及各級長官擔任，各同學以報國心切，精神異常奮旺，更以學識充足，對於各種操法，及各種武器使用法，進步極速，加以精神灌注，無不一

本隊經過之詳細情形

學卽會，一教卽知，各教官見同學如此精進，均極稱許，故樂與研究，惟惜在軍僅六七日，上海敵軍，不顧信義，一二八夜竟向我軍無端開釁戰禍亦卽因之爆發。

二　參戰工作

一二八晨間，同學演習迫擊砲方畢，散隊時，見滬上各報均載有市政府已接受日本之五項要求，最後一條，竟明令解散民意表現非武力抵抗日帝國主義者之抗日會，無不憤慨萬狀，時旅長亦已接到退出上海命令，同學等以上海乃吾國土地，駐兵乃我自由，彼日帝國主義者，究以何種權力，干涉我國行政，同時以東北三省不抵抗，而陷於萬刼不復，何能一誤再誤，乃要求旅長固守，不使東南尺寸土地，拱手讓人，被國人唾罵爲東北當局第二，並請發給炸彈，持往日本海軍司令部拚命，使彼日本軍閥，知我四萬萬黃帝子孫，並非人人均係遵守不抵抗主義者，旅長則以服從爲軍人天職，中央命令，何能反抗，并再三勸解開導，以免另生枝節。

並謂俟各校開學後，集合大多數同志，加緊訓練，有機會可同赴東北，驅日兵出境，同學等則謂在此緊急關頭，有槍在手，尙無辦法，又何必高唱打倒日本，罵東北軍誤國，言時聲淚俱下，旅長爲之感激涕零，於是相對痛哭，約一小時久，旅長始令先至上海向各團體訪問情形舉行宣傳，及請學生聯合會，通電表示態度等，再相機行事，同學等始遵行，本人恐同學在外發生意外，亦與偕行，至晚十一時，同學猶在寶山路，虬江路一帶，整隊高呼『請市政府收回成命』，『打倒日本帝國主義』等口號，是

晚一五六旅因閘北接防部隊，尙未到齊，交代手續未清，故未移退，詎料十一時許，日軍卽以鐵甲車等向我防綫衝來，我第六團待命移防，毫無準備，幸將士勇猛，以血肉之身當鐵車之進行，誓死抵抗，激戰三四小時，我方損失極大，勢將不支，乃調住大場之第五團增援，旅部僅留學生守備，次日淸晨旅長及參謀長卽來，以擊退日軍之消息報告，并勸同學等繼續訓練，同學等堅請赴火綫參加工作，旅長勸阻無效，乃亦移司令部於閘北太陽廟，令同學組織特務處，分五股工作，

（一）情報股　同學等類能操本地方言，熟識街道，相識人亦多，担任偵探，極爲相宜，每受派作偵探時，有向汽車夫借衣扮車夫者，有扮報童者，有雜於救護隊中者，化裝術頗佳，人莫能辨，同學等在無水洗面，不刷牙，寢食或有或無之生活中，炮火聲震耳欲聾，大家不覺痛苦，不知畏懼，化裝之後，互相笑謔，揚揚得意之形狀，誠爲出於本人意料之外者，『視察本軍防綫』亦爲同學所最喜之工作，因日間炮火稀疏，可以就地與長官討論戰術，夜晚可以攜鎗參加射擊也，猶憶某日下午，同學在公共汽車廠後面，與吳履遜營長談如何佈陣法，正在手指脚劃，忽一敵彈由二人中間穿過，幸未命中，而彼等談話，并未中止，仍跪下繼續談論，同時另一同學，伸首出沙包外探視，經兵士急止之，始跪下可謂好奇心盛者矣，『傳令工作』中尙有一笑話可言者，卽某日奉軍長諭限閘北居民於當日晚六時完全遷出，因時間匆促，恐居民難以遷移，故油印布告數百張，用汽車載出，分途至各街巷張帖，并用白布書大字，負之至街上跑喊，以通知市民，有數同學因爭負布旗，趁先取出，以致遺忘蓋印，當時各軍警機關，尙未

本隊經過之詳細情形

得此消息，街上保安隊及警察，見其在街上亂跑亂叫，以爲其造謠惑衆，卽不由分說，將其帶入警所，及入室，則軍警聯合辦事處，正以電話通知此消息，始釋之回營，思之可發笑也，

(二)交通股　担任運輸事宜，最爲麻煩，亦最重要，在閘北作戰時，民衆逃走，往往將門戶緊閉，我軍愛惜民物，不肯破扉而入，以致露天街道中，不能多堆什物，一切軍用品，皆須旅部隨時以車運往，當時旅部有汽車二三十輛應用，但常有車夫畏苦，私自開車逃走，或缺油或損壞者，倘有誤軍機，其關係實大，同學乃將車號旗幟通行證車夫及車上鎖鑰，統行編號登記，每有需車，先問用途，以定車之大小，然後出門外指定車輛，始有車夫入，交發旗幟鑰匙等，詳記載運物品，開車時間，開赴何處，路程若干，何時可返，及各種號數，派人押車，同學又多數爭去，亦爲難解决者，及車返，車夫常常忘記入內報告，及交還旗幟鑰匙等，又須隨時出外查視，故終日足疲于奔，手疲于寫，雖食溺不敢離開。閘北激戰，多在夜間，一月三十一日晚，同學押運子彈至虬江路，返時離開火綫約三十丈，忽有敵彈連續飛來，知車行聲爲敵人所注意，乃停車路旁，同學憤不可言，下車執鎗至火綫參戰，囑車夫徒手回報，當卽有三四同學，奮勇前去，俟機將車開回，其餘均往參戰，及次晨清檢人數，則有孫作雲等三人失蹤，至今未查明其是否陣亡，良深悵憾，至于黑夜摸索中，點燮麻袋電網等，常有潛滿泥溺，及刺破手皮衣服者，亦皆始終未聞苦勞聲，此次作戰，運輸方面，幷無差池，要皆同學等辦事精密敏捷所致也。

(三)慰勞股　十九路軍此次抗日，民衆極熱心幫助，戰啓之次日，卽有送慰勞品來者，以後更日見

增多，送貨汽車，前後相接，搬移物品，皆由同學自任，哼唷啊呀之聲，終日不絕，予初不料手無搏鷄力之同學，竟一變而爲搬運夫也。

先是慰勞品堆積于太陽廟之天井及四廊，行路不便，且遇雨即有糜爛之患，乃由同學將各種物品在大殿左側分類四方，壘如牆壁，主管者坐其中，成一自然之房間，有門有窗，需取何物，隨手指撥，無翻尋之苦，可謂善於建設者矣。

物品收存妥當，即分派同學攜往火綫，分給士兵享用，幷多進慰勞語及鼓勵之詞，因之士氣更壯，分送慰勞品後，得知火綫上士兵，因飲料不足，且所吸之火藥氣及焚屋烟火氣太多，乾燥食品，如餅乾麵包及罐頭食品等，多不能下喉，乃由同學轉告各界，以後如有贈送，以軍用品及水菓爲妙。幷將過多之燒餅饅頭等，奉旅長命用汽車載出，分發給窮苦難民，一時滿街滿巷，爭食者汽車爲之阻，同學派人下車，推強助弱，維持分發之平均，幷乘機宣傳鼓勵民氣，故軍民情感，從此更爲濃厚，而自願來軍投效者更多。

同學日間多在外服務，每不能在營進食，輒自在外買餅麵充飢，旅長屢令自由取用慰勞品，各同學不肯，最後始將因搬運而散包之食品，如餅乾蛋糕香烟之類略加取用，猶連稱慚愧不已，蓋以爲慰勞品祇火綫上之兵士可用也。某日慰勞股同學，因公取用民衆送來之手電筒，其他同學等紛紛訾議，竟因此而發生齟齬，經予再三勸解始已。此種精神，實令人欽佩不已，竊以爲我國各機關辦事員，如皆能有同

本隊經過之詳細情形

學等之廉潔，則中國早興百廢，臻強盛之域矣，幸望各同學永持毋變。

(四)交際股　十九路軍各軍佐，如副官書記等，均富有軍事學術，此爲國軍中之罕見者。如一五六旅副官主任丘秋星，卽爲黃浦軍校第四期畢業者，學術兩科，均有深研，故戰事發生，各官佐大都何鎗參加火綫，司令部雜事，概交本隊辦理，如：

(甲)招待新聞記者自戰事發生，各報館及各通訊社各團體之前來採訪新聞探聽消息者踵趾相接，概由交際股接見談話

(乙)接待各界代表前來慰勞者，點收慰勞品

(丙)審問漢奸及敵探——暴日横行，國民無不憎恨，戰期中凡有稍類日人，或形迹可疑者，無不被民衆拘扭，痛打，送來旅部聽候處置，民衆此種愛國行動，固可欽佩，但日人與我之軀貌，實無大別，往往有平日極少出街之同胞，或穿破舊西裝者，皆有被捕之危險，若不加以相當審問，遽行處決，實爲寃枉，故處理此事者，亦有終日無暇之感，三月一日，獲日探二名，能操國語粵語及上海方言，身藏手鎗自稱爲國民政府職員，可謂膽大善欺者矣，經旅長參謀長再三覆審，始確證其爲敵探，同學等卽欲以爲射擊靶，爭行射擊，見之令人發笑。

(丁)處理前來投效之民衆——九一八事件發生以後，民衆卽有各種義勇軍敢死隊援馬團之組織，滬戰發生，羣來投效，更有臨時組織之便衣隊，先驅隊，決死隊，援滬軍等團體及個人前來請纓者，總計

約數千人本隊一一加以相當之審查，再請示旅長酌發手留彈及授以可能之任務，并挑選品行端正，身體強健之退伍軍人數百名編至第六團補充，其他則因毫無軍事學識頭腦不機敏，旅長不忍以不教民戰，多數遣回，尤以身軀不健而被遣回者最多，蓋國人素不講究衞生，以致大多數爲病夫，如此輩救國有心，殺敵無力者，其痛，何可勝言！

(五)宣傳股　戰事突起，上海民衆素無戰事經驗　自必異常驚恐，不知所措，而宵小乘機，窮人受愚，則秩序不易維持，勢將有礙軍事，故宣傳工作，亦爲切要，戰期中每日派人至各街巷，報告戰事情形，說明戰爭義意教以避飛機，擾敵人之各種方法，及如何幫助軍隊任運輸，當偵探，抬傷兵等自救救國之道，同時向士兵宣傳鼓足其勇氣，一心向敵，并散發各種簡短之傳單及帖寫標語，二月一日曾在閘北中興路召集軍民聯合抗日大會，到會者三四千人，情形極爲激烈，二月二日又派人至蘇州河一帶及與租界毗連處在牆上大寫英文標語，竟日方歸，而衣手已滿染石灰水矣，

滬案發生之翌日，吳淞中國公學主任軍事教官劉蘭陵率領該校學生十數人前來請求入伍從軍，越二日又有法政與生數人前來，當併復旦同學使在特務處服務，該生等爲砲響務而來，其視死如歸之精神尤堪敬佩，憶某次在外視察，一彈落在一法政同學面前不滿一尺之土地內，激起之灰土如浪花飛濺於該生之身而該生反現笑容連呼『倒滿好玩』也

迨一五六旅移防吳淞後，民衆逃走一空，特務處宣傳股失其宣傳對象，交際慰勞二股亦無事辦，同

本隊經過之詳細情形

本隊經過之詳細情形

學頓時清逸，極感無聊，敵人亦改變戰略，不來衝鋒，專以飛機大炮遠轟，當時旅長在鄉間小民房內，本隊亦由閘北移駐于大場旅部，即參加部隊構築極堅固之防禦工事，及竣事，則如手創之業，不肯離開，雖寢飯不歸，越數日，又覺無事，乃相率至吳淞地穴中，與炮隊研究各種炮之射擊及構造，二月七日方黎隊在吳淞江邊巡視，忽被敵人發現，一時砲彈炸彈及飛機上機關鎗彈，如急雨下，乃紛紛避開，歷一小時之久，鎗炮聲始稍息，重行集合，檢查人數少二名，到處尋找則見其在某路東端因坍屋下壓倒三人彼等方盡力設法營救之也，自此旅長恐同學等在敵人炮火下犧牲，太無義味，乃下令禁止以後不准再到吳淞，然同學等仍每日潛行赴炮台也，

綜計本隊參戰近兩星期，雖不敢謂有若何功績，然亦未嘗爲軍隊之贅，且協助軍隊之處亦復不少，尤以一般同學，初次參戰，不慌張，不畏懼，辦事精細敏捷，雖受過長期之軍事訓練者，亦未必能如此，是則爲個人所欽佩不置者，惟以訓練期短，加以同學等過于奮勇故于服從上，未能完全做到，即如參加火綫，旅長則以大學生之犧牲，爲國家最大之損失，責成予加意管理，不使受險，同學等則謂既不參戰，何必從軍？其實在司令部担任重要工作，何嘗非有價值之參戰，而同學等則必以參加射擊，爲狹意的參戰之解釋，殊令予上下爲難也，

三　後方宣傳

旅長以吳淞居民逃走一空，軍隊行動，諸多困難，感于國際戰爭，有軍民聯合，共同奮鬥之必要，乃

令本隊至後方，沿京滬綫各埠宣傳，以期喚起民衆，限令二月十一日午前出發。十日晚奉到開赴後方宣傳令後，同學等卽會集商議，改名爲上海各大學學生義勇軍十九路軍隨營訓練班宣傳隊決定宣傳方式爲(一)文字宣傳—印發傳單宣言，帖寫標語，(二)口頭宣傳—至各地召開市民大會向各機關宣傳，街頭講演茶肆及鄉農談話(三)化裝宣傳編演抗日戲劇，指示民衆抗日方法，并舉行募捐，爲深入宣傳之手段。此外更代募前方看護救護人才及指導民衆組織救國團體，十一日由大場出發至嘉定關于宣傳種種更爲大學生之能事，在嘉定勾留二日，使全城空氣，頓形緊張萬分，宣言爲臨時所作，表演劇本爲『鐵與血』寫上海戰事實況，指示民衆殺賊方法，劇本上午十二時完稿，下午三時表演，成績亦尚不差，十三日移南翔，其時雨雪交加・途上泥濘不堪，同學身負數十斤，步行三十餘里，行進速度較普通軍隊爲快，到達目的地時大家赴河岸濯足，猶毫無倦容，不知寒冷，當時卽有民衆持爐炭來爲同學烘衣，于此可見民衆對抗日軍隊之熱忱矣，

在南翔努力工作二日，又開赴崑山加演『小白龍』劇本，寫東北綠林義士，爲國殺敵之壯舉，詞句慷慨激昂，激動民氣不少，送肉食來犒勞者數起，十七日開赴蘇州，過去所經各地，皆住宿于廟宇祠堂中，寢于潮溼之地，同學雖能耐寒苦，但無檯桌椅櫈，辦事實更感不便，至蘇後，始改借住學校，蘇州地域較闊，人口衆多，且民氣遠不如其他各地，于是同學工作更加努力，計十八日派人日出寫牆壁標語，并赴各方接洽，加印傳單及戲劇說明書數千份，十九日全隊分散至如茶肆街須舉行演講及談話，終日始

本隊離過之詳細情形

歸，二十及二十一兩日在城內外舉行裝宣傳，民衆已受我隊之影響，故表演時萬人空巷場內無隙地○表演至激烈處，觀衆大呼打倒東洋鬼，義勇軍萬歲等口號，可見數日來宣之結果，已有相當成效，廿一日應十九路軍六十師之請，復在城外院更舉行化裝宣傳一次，同時派人至各機關各戲院演講，廿二日離蘇赴錫，錫地工廠林立，各學校亦已開學，乃改訂宣傳日程，分日向工界學界農民及市民宣傳化裝表演，加演忠勇的乞丐，寫窮苦人不受日人利用、幷奮勇殺敵事、結果極爲圓滿，蓋錫地各黨政機關及各民衆團體、對于抗日空氣，異常濃厚，工作多向實際方面努力，如申新紗廠，之編抗日課本，教育工友，幷施行軍事訓練及江蘇省立教育院，力向農民宣傳研究防敵武器製造簡易軍用品等事，均爲極重要之工作，尤使同學歡欣鼓舞者，即向農工同胞宣傳，得極佳之反應，故如廿五日赴各鄉村宣傳者，至午夜方回猶興高采烈，盛說救國之大力，實潛于鄉村爲工廠中不置○計在錫工作八日舉行大規模化裝宣傳四次，每次到會人數，均在數千以上，而向隅者，正不知凡幾，本隊爲普及宣傳起見，祗得忍痛離錫，而以繼續指導之責，鄭重付託于當地各機關學校矣，三月二日開赴常州，途中見火車上乘客頗多，乃分派同學至各車廂演講，其時車行轟轟，同學以大聲與之爭響，及抵常，則大半喉啞矣○承省立常州中學盛意招待、極爲殷勤，上午正分組在各處口頭宣備，化裝表演及召開市民大會，均已佈置就緒，忽見報載我軍退至第二綫翁旅長孤守吳淞，同學情緒，一時緊張萬分，紛紛整理行裝，準備衛上前綫，與旅長共生死，本人當時正在常州縣政府接洽要公同學以電話召歸，請求即日開拔，余以交通斷絕，在日人飛機重砲壓

迫之下，開至前方必不易易，且未奉旅長命令，不敢專行，乃婉勸同學仍繼續宣傳，并備文遣人向旅長請示，同學見不能即行，有痛哭失聲者：此後宣傳，氣勢更爲激烈，猶憶當日下午開市民大會時有同學演說，厲聲勸常州同胞，無論官紳窮富，一律不準逃走，如敵人到來，即全體動員，以刀捧齒牙，與之拚撕，至死盡而後已，否則舉行堅壁清野，全體遷出，使敵人來無可居之地，無可用之物等語，聽衆數千人，無不神色爲變，在常工作四日，舉行化裝宣傳大會三次，該地各機關團體，對于抗日工作，均甚努力，協助本隊不遺餘力，復旦大學同學會武進分會，及武進婦女救護隊各贈本隊綢旗一面，以資互勉○三月六日開赴丹陽○七日爲星期一，乃由該地縣黨部召集舉行擴大紀念週，本隊全體參加，得知該地之地方自衛會組織非常完善，辦理亦極有計劃，極努力，散會後，仍有極多民衆圍觀不肯去，同學興奮異常，遂分別領導民衆至空地演說，直至下午二時，始回營進早膳同時佈置化裝宣傳事宜，加演『赤心報國』及『快醒酣夢』，二劇，『赤心報國』寫中日甲午之戰左寶貴守平壤，其母自殺，妻斷指血書以堅其爲國犧牲之心，情節極爲悲壯，女同胞見者，無不爲之激動！『快醒酣夢』寫一般青年男女，終日昏昏，不問國事，及日兵到來，加意侮辱殘殺，已悔之不及，給一般醉生夢死者以重大之警告！在常工作四日成績頗佳，三月十日開赴鎮江，鎮江爲江蘇省政府所在地，街市廣大，人烟稠密，但政府當局非常腐化，對我隊取極懷疑態度，最先不承認我爲正式隊伍，及經交涉解釋，又索審宣傳大綱，及傳單標語，并規定宣傳日程及地點，使本隊處處受限制，舉行宣傳大會時，并派許多數便衣探及武裝巡查隊，警察

本隊離過之詳細情形

本隊離過之詳細情形

等到會監視，一如我等皆爲叛徒者然，同學等無不憤恨，但仍忍痛努力奮鬥，計在鎮江勾留一星期，舉行化裝宣傳三次，全體出發至街頭宣傳者一次，而因向各機關商洽解釋，其他同學留營無事者，有三日之多，時間荒廢，莫此爲甚：所可告慰者，民衆教育館設備甚周，辦理人亦非常努力，如設軍事圖書館，開抗日展覽會，募收軍用品，出版各種抗日刊物，極著成効，此外省宣傳委員會及各界代表，亦甚熱心，惟重重機關之限制，未能有多量之工作表現耳。鎮江復旦同學會，協助本隊之處甚多，併設宴招待，贈『爲國宣勞旗一面。以留紀念。初抵鎮江時，即得旅長來令，前方無特需，我隊仍在後方繼續宣傳。且旅長已安然退出吳淞，不必爲念，同學等感于江北窮苦民衆甚多，且當時形勢，亦極重要，乃决于十六日渡江至揚州宣傳。在揚州承各界之招待與協助，辦事均順手，同學工作，亦極努力，舉行化裝宣傳三次，加演『新希望』及『存亡之戰』二劇『新希望』爲啞劇，寫農工商學兵聯合起來，一心一德，打倒日本帝國主義，表情極佳，受觀衆熱烈之歡迎，『存亡之戰』寫日本野心不已，圖滅我國，壓迫備至，我華民衆全體總動員，打倒日本帝國主義。廿日奉到旅長命令，開返唯亭旅部。蓋旅長以久不見同學，深爲念念，且在休戰期中，正可施以軍事訓練，遇必要時，可再出發至滬杭綫宣傳，本隊奉到命令後，即中止宣傳，于廿二日離揚州，承揚州復旦大學同學會贈旗及襪子等，開赴唯亭時同學等歡欣鼓舞，恨不得插翅飛去，及見旅長，又奉派至各師各旅向士兵宣傳「同時舉行慰勞會、除將在各地宣傳所表演之話劇外，加演滑稽劇與音樂表演；聊使困苦奮鬥月餘之武裝同志，略開笑臉，每有機會與士兵同志談話，

同學無不高興異常，軍師長屢見之，輒加意獎勵，因此又奔走于蘇州崐山間，數十日始擬定課程表開始訓練。

綜計此次宣傳，歷時二月之久，經過十餘埠，三日一徙，五日一遷，同學等跋涉勞苦，自不待言，而終日奔走于街頭及會場，無駐足時，稍有暇，又須施以軍事訓練，故毫無靜思與寫作機會，爲同學所最感不便者。

關于宣傳任務，旅長予以二星期之限，及種種特殊情形，不能在各地多留時日，以致雖激起民氣，而不能就地指導其組織方法，或代爲組織就緒，然後離開，故民衆亦徒具一腔熱血，無宣洩處，其有義憤塡膺，當場請求加入本隊或請代爲介紹入伍者，本隊亦復無法收容，祇得勸其在本地，組織起來，加緊訓練，以爲前方戰士之後援耳，至于代募前方看護救護人才，則有常州及丹陽之婦女救護隊及無錫救護隊經本隊介紹至前方服務，其他有个人請求者，則皆勸其先在本地組織成功，然後以整个團體參加前方服務。至于經本隊宣傳後，起而收募慰勞金軍用品自行送往前方者，各地皆有，此可見民衆非皆懵懵者，一盤散沙，亦非民衆之罪，實政府不予領導及一般智識份子，不肯領導耳。

本隊終日碌碌，無暇靜思，殊無何種新奇有效之方法，幸國內明達，有以敎之。又宣傳工作無論喚起民氣，普及民智對國際戰爭，均極重要，望各界同胞，加意研究及努力，則中國前途幸甚！

附錄一　本隊宣傳時組織表

本隊經過之詳細情形

本隊經過之詳細情形

隊長　由旅長委任總理宣傳一切事宜下設六股分任各種專責，股長股員皆由同學担任

(一)表演股　設股長一人股員八人專司化裝表演事宜

(二)講演股　設股長一人股員四人負責分派演講員搜集演講材料起草演說大綱等等

(三)出版股　設股長一人負責起草宣言製定標語編排劇本等等

(四)組織股　設股長一人股員六人調查各地民情風俗及經濟實業狀況抗日情形武力實況并指導各地民衆組織起來，或向已有組織者供獻意見，使其組織更爲完密更爲切實。

(五)財務股　設股長一人股員二人主持募捐事宜幫助隊長管理本隊財政及決定各種預算決算

(六)交際股　向各方各界聯絡及接洽事項股長由隊長自兼股員無定數由隊長臨時指派

附錄二　告民衆書

上海各大學學生義勇軍十九路軍隨營訓練班宣傳隊敬告民衆書

我們不共戴天之仇的敵人日本帝國主義者，竟抄襲其攻陷瀋陽，擾亂天津的故智，於一月廿八日夜，向我上海吳淞進攻，焚燬我民房，殺戮我羣衆，極盡人世間的殘暴和蠻橫，幸經我十九路軍將士，奮力抵抗，迎頭痛擊，日軍不支屢戰屢北，一洗我數十年之奇恥大辱，博得國際同聲贊許，這正是我們中華民族抬頭的時機，更爲舉國同胞的生死關頭，現在敵人正傾全國之師，大舉來攻，而站在最前線上的戰士們，依然很堅毅地死守着，同胞們，不可再作旁觀了，非抵抗不能生存，祇有一致參加作戰，才能

打退倭奴，要民衆起來抗日才可爭得最後勝利。

我們要有決心，(一)具決死之心，爭取民族之獨立與自由，(二)以繼續奮鬬的精神，求得國家之光榮，(三)我們應爲自己生存而戰，爲世界和平而戰

我們最切要的工作，(一) 擴充保衛團警以維持地方治安！(二) 組織民衆義勇軍救護隊及運輸隊！(三)捐助食物及軍費！(四) 投入軍隊直接參戰 (五) 組織便衣隊擾亂敵人後方，阻絕敵人交通和糧食！

鐵血是我們抗日惟一的工具，同胞們，起來爲了保護我們的國家，準備犧牲你的一切，將你的熱血灑滿那自由之花，民族解放。國土完整，是我們最後目的。同胞們，衝上前去呀，高呼着我們的口號，

軍民團結一致！

擁護前線將士繼續奮鬥！

打倒日本帝國主義！

收回東北失地！

中華民國萬歲！

本隊經過之詳細情形

本隊經過之詳細情形

附錄三　各地聽講人數比較表（以百為單位）

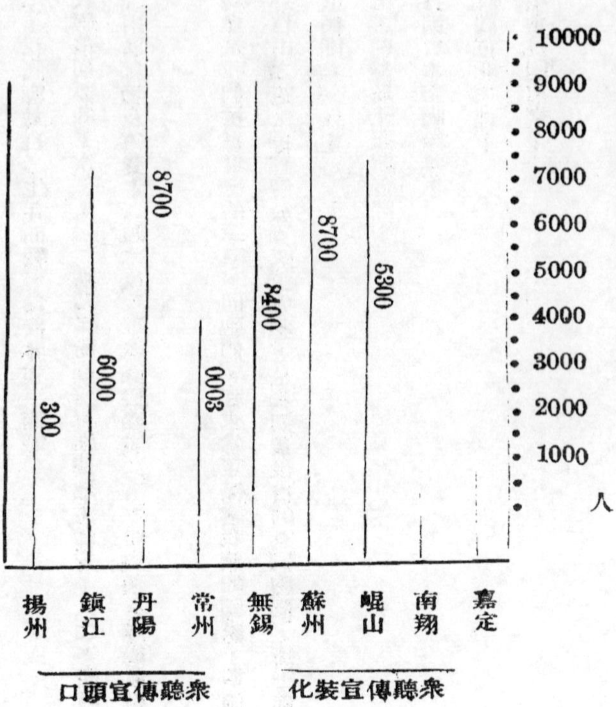

(附錄四)本隊各地募捐比較表

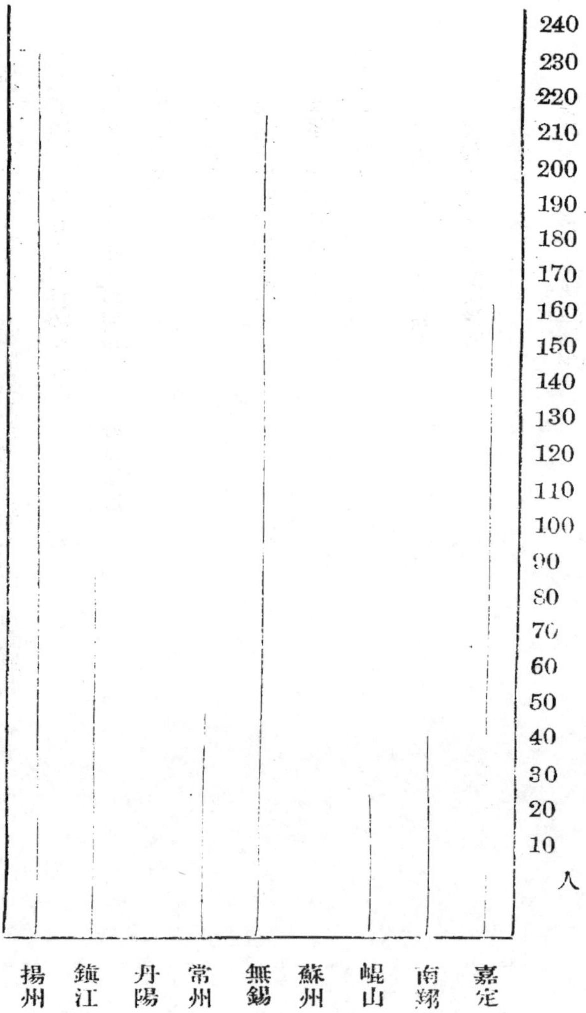

附錄(五)標語錄要本隊宣傳時，在各地所寫標語，不下數千條玆謹就其重要者節錄數則于後。

(一)軍民團結一致，打倒日本帝國主義

本隊離過之詳細情形

本隊識過之詳細情形

(二)戰死沙場，無上光榮

(二)人人要具開赴前方效民疆場之決心，方可博得最後勝利

(四)一介戰鬥員要有六个非戰鬥員的幇助，軍事上方可得到勝利

(五)慷懈捐助軍費等於執鎗殺賊，

(六)軍隊打賊前，民衆打賊後，一齊殲滅倭冦

(七)學生救國；

加緊軍事訓練

努前軍事科學的研究

從事有効的宣傳工作

(八)工人救國：

組織義勇軍，加緊訓練。

充當便衣隊，攪亂敵後方

努力生產，刻苦工作，

要人窮志不窮，不受敵利用。

(九)商人救國；

永遠對日經濟絕交

慷慨解囊捐助軍費

(十)老人救國；

灌輸愛國思想于幼童

勉勵子女為國犧牲

(十一)婦女救國；

慰勞前方將士，

看護受傷健兒，

鼓勵家屬從軍，

(十二)國難當頭，同舟共濟，有財者輸財，有力者出力。

改組訓練——四月間各部參戰義勇軍均調集唯亭總部以停戰會議將成功，擬解散之，使各復復舊業，但各義軍均以日賊并未出境，不願解散，要求訓練，旅長以義不可辭，乃請准軍師長，于最短期間，施以必要之軍事訓練，各部義軍，除本隊外，為上海市民義勇軍鐵血團敢死隊決死隊援滬討日義勇軍等等，各自為名，五顏六色之旗幟，不知凡幾，為便于訓練起見，乃完全改組統一編制，改名為十九路隨營學生義勇軍共編為三大隊而以本隊為高級班。但無廣大操場可供三大隊之訓練，遂又與亭唯紳董商洽

本隊經過之詳細情形

本隊經過之詳細情形

，開闢一公共運動場，從此除義勇得有訓練之場外，又爲唯萃民衆，開提倡體育之風。旋以各部義勇軍自參戰以來，經費迄無接濟，食糧發生問題，又蒙旅長及各師旅長湧躍捐助，始得解決，然後規定學術科進度表，預定兩月爲期，自四月廿五日起至六月廿五日止，除軍事訓練外，又乘暇教以組織民衆及宣傳方法，由北平大學教授盛成先生主其事，在此經濟不足，設備不周之環境中，實行嚴格之訓練預料將來分散後，各同學必能將此種熱心與精神、及所得者，灌輸于各地各界也，

(附載)隨營學生義勇軍訓練處組織系統表

- 訓練處
  - 主任
    - 總務科
      - 軍需股
      - 文牘股
      - 庶務股
    - 訓練科
      - 學科
      - 術科
    - 組織科
      - 教育股
      - 宣傳股
      - 編輯股
    - 醫務科
      - 診斷股
      - 司藥股
      - 救護股

蔡軍長訓話

（五月十二日唯亭）周中規記

你們是負有國家的責任而來的，你們都是年青的優秀份子；自從一月二十八日上海的戰事發生，你們經過了一個多月的戰爭，你們所得的軍事經驗總算不少了，但這些經驗是需要嚴密的探討與整理的；我所以叫你們到翁旅長這邊來受訓練，便是這個緣故。

我們訓練的目的是什麼？我們的國家現在到了什麼境地，這是大家都很明白的了；所謂國破家亡，便在這個時候！現在，上海的敵人還未離開，東三省還未收囘，我們要建豎中華民國獨立的主權，我們要拯救中華民國四萬萬同胞的危亡，這是如何重大的責任！誰能負起這樣重大的責任？那就全在你們青年的身上了。中華民國的希望，全靠你們青年的努力，你們要做救國的戰士，根本非受嚴格的訓練，養成堅忍耐勞的身心不可。

軍事的訓練，常在當兵著手，因爲軍事需要敏捷精密的動作，需要嚴明的紀律；當兵便是這種基本訓練的起點。我們要做民衆的引導者，要做軍人的模範，沒有基本的訓練是絕不可能的？

訓練本來需要充分的物質準備。但是環境已使我們不能不捨棄繁重的物質準備而採取活動的訓練方式：行軍所至，隨地訓練。

有了基本的訓練，我們便可以設法找尋中國的出路了。我們唯一的目標只是對外；我們認爲國家生

死的關頭，應該絕對免除內亂，所以我們在對外的目標底下，尤其反對內戰！上海戰事剛剛停止，廣東的風雲便接踵而起了。我們不能隱諱這件可恥的事，我們看出這些都是權利的爭奪。我們爲求國家民族的生存，我們應該澈底反對一切的內戰。

我希望你們能夠根本提高國家的觀念。關於這點，我對六十六十一各師都已說過了。我認爲中國的衰亡，是軍人不認識國家的結果。中國的軍人缺少國家觀念，不明國家民族的出路；中國所以連年發生內亂，也正爲了這個緣故。前幾天我問一個初投軍的青年說，你爲什麼要來投軍？他說不出自己投軍的希望，只知投軍而已，這是多痛心的事呢！你們是年青的智識份子，你們明白救國的途中，應該沒有個人意識的存在，甚至要把家庭的觀念完全打消。家庭只是國家的附屬品，你們的標語也說過；國亡，家就沒有了；我們以救國爲我們必應履行的任務；我們只求國家的存在，我們甚至可以忘記家庭與個人的毀滅的！

區師長訓話

四月六日在正儀　周中規記

『好人不當兵』，和講究『斯文氣』這兩種錯誤觀念，把一個老大的中國，弄到文弱不堪，任人家來欺侮，壓迫，甚至于宰割，而不敢抵抗，也不能抵抗，試問要這『斯文氣』有甚用處？兵不去抵禦，誰去抵禦？諸位能夠打破這兩種試念，而且忍辛受苦，參戰月餘，這兩種精神，我非常佩服，但望更加努力，將這種精神，普及到全國學生界去，引導他們走切實的路，不再空喊口號帖標語，就算完事。

對外戰爭：很需要全國一致，軍民合作，諸位担任宣傳工作，喚起民衆，共同禦侮，這是極重要的任務，因爲我國教育不普及，很多老百姓不明白國際戰爭的義意，祗聽說打仗，大家便非常恐懼，相率逃避，這如何能持久抵抗呢？甚至於有些無智識的窮人們，爲了貪一點小財，便去替日本人當漢奸，眞是最痛心的事，諸位宣傳，第一要將國際戰爭的義意，明白的告訴于民衆，羣策羣力，共赴國難，第二告訴民衆防禦敵機砲彈的方法。

在過去，軍隊和民衆，是不十分親近的，所以聯合，團結，合作等事，都不能澈底做到。諸位以民衆的資格，站在軍隊裏，正可以做一個軍民合作的媒介，將民衆對于軍隊的誤解釋消，軍隊對于民衆的態度說明，使軍民間的情感，濃厚起來，以後能切實做到軍民合作的地步。諸位更要處處做民衆的領導，軍人的模範，這便是我所切望的。

新兵器之防禦綱要

一 防空

甲 通說

防空之法頗多。約言之。可分爲積極的及消極的兩種。積極的防空。卽以我軍之飛機。高射炮。高射機關槍。氣球封消隊。探照燈。聽音機等。以資防禦者也。消極的防空。卽利用地物。偽裝及烟幕等。以資掩蔽。而免爲敵所發現也。然在討論積極防空之前。必先明消極防空之重要。蓋消極的方法。若運用適宜。動作敏捷。則常可以避免敵機之損害。至底程度。亦可使其效用減少。故本章先述消極的防空法。然後述積極的。惟吾人有應注意者。卽不可過視飛機之價值太大。以爲此卽天之驕子。較任何兵器爲可怕。而不思方法以抵抗。甚至於受其威脅而屈服。俗語曰。一法立。一弊生。兵器亦然。據已往經驗。凡有一新兵器出現。卽有方法以制之。故吾人必具有沉着。剛強。靈敏。的意志。以爲抵抗。而平時則應週密訓練。以免臨時倉卒。致以一動作之微而陷己身及全體同胞於絕大之危險也。

乙 消極的防空

消極的防空。可分爲掩蔽。偽裝。煙幕三法述之：掩蔽，掩蔽指所處之地位及一切的動作。應取蔭蔽故凡部隊無論日行軍夜行軍日夜宿營或在作戰中其動作皆以掩蔽爲原則。茲述其動作。如次。夜行軍

本爲行軍部隊最安全之掩蔽。然敵機常利用行軍大路爲偵察目標之基楚而搜索。或利用照光詳切發現我軍之行動而加以襲擊。故亦不能完全無顧慮也。不過敵機之來夜間比日間較易聽見。而防禦亦較便。故此間時各部隊之動作。1.行進中之部隊必須離開行軍道路。或至於避入樹林及房屋之下。但此須較小之部隊始可行之。如附帶車輛及馱馬之大部隊。則須將徒步部隊離開大路在其兩側臥倒。車輛及馱馬務令其分散置於道路之兩傍。2.如飛機之來在未確知其爲敵機。抑本軍之飛機時。任何行進運動。均應停止。俟已確定飛機遠離。無再被發現之疑。始可繼續行進。3.當有飛機顧慮時。立將應用之燈火熄滅。幷禁止吸烟。因此時雖極微之火光。亦可釀成巨大之損失。以上凡各級指揮官均須負完全責任。而隨時注意者也。自有飛機偵察以來日行軍比較雖少。尤其以前方遼遠。易於被敵發見之地區爲然。但欲完全避免仍絕對不可能。且在白晝求掩蔽亦非常困難。而附帶車輛及馱馬縱隊之大部隊尤甚。爲預防奇襲計。則其動作：

1.指定馬術優良之士兵若干。專任防空傳騎。此種士兵每團規定二三名已足。但須靈敏機警。且視力聽覺均好者。幷給以精良之望遠鏡。如有可能務使在行軍路之兩側。隨伴前進。一遇發現飛機或已確認爲敵機時。應卽刻報告指揮官。

2.後有敵機之警報時。則徒步部隊。當迅卽覓求掩蔽。此時通路附近卽存一樹木。一果園。或一房屋。亦當盡可能而利用之。

3.如無此種掩護之可能時。則徒步部隊須以倒於道路兩傍之溝渠中。或田畔。小時等。或倚臥於道

路之斜面。此際無論何人不准活動。因在三千米遠之高度。有精良之望遠鏡。即一動之微。亦易於認識。如車輛無法掩蔽時。務須分散各處。以減損害。此外有須注意者。先頭車輛之御手。須選一確實精粹者任之。同時所御之馬。須最馴良者。庶受攻擊時。免至驚逸而呈紊亂，日間宿營中。如有發砲敵機之驚報。則一切人等。無論因何事故。一概不得外出。務使地方偽作毫無軍隊駐紮之模樣。各人之好奇心。均足招致重大之損害。故須嚴行取締。而暴露一切火光。各級指揮官及軍士等。務須經常注意禁止。否則敵機在遠距離時。已足判定該處有軍隊駐紮。此時馬匹雖在放牧亦須盡速牽入。總之馬匹放牧務須在後方較遠之地。如在陣地附近。則須取蔭弊之牧場行之。車輛切忌放扎廣場務安在於棚內。但原則上終以在森林及密蔭廣大之果園內。設置車場。此際利用原來道路。不可開闢新路。露營及休息通常亦以在林內或果園及村內行之為宜。開闊及對空暴露之場所均須避之。營內火光務須極少一得警報。應立即完全熄滅。露營時如無森林。或其他適當地點。宜力行搜求陰鬱黑暗色之地區。蓋其對空中視察掩蔽改良好故也。但在此等場所露營。即不得架砲及陳列背色等。帳棚須不規則的張設。營內路經。亦須避免。車輛亦宜不規則的分置。營內火光宜置於深穴中。上加庶蓋。敵機來時立即熄滅。夜間燃燈前。凡內外之窗牖洞隙。均宜覆密遮護。各軍士於其所轄範圍內。負責執行。敵機來時仍須立即熄滅。此外指揮官。一到舍營或露營地時。宜立即派遣對空監視哨。一遇飛機。即行報告。縱舍營地遠在陣地後方。此項監視哨亦須配置。蓋飛機之航行繼續力於夜間尤為著大也。部隊在野外或戰地中。掩獲較為容易

○因各部隊此時以已分成若干較少之隊伍○對于敵機之視察○自較大部密集縱隊易於掩蔽也○各士兵對於個人之切身利害關係○自已亦必能掩蔽以求安全○此時即極小之掩蔽物○一叢林如一顆樹○亦須利用之○各士兵如圍抱於大樹之下○彼處密接樹身○則敵機甚難察覓○然須不動爲原則○至於草堆○穀束○蘆葦等○尤爲良好之掩釋也○向戰地前進○如須通過毫無掩蔽之平原時○遇有飛機○則以每個人緊貼站立○或坐在一處○其方式最妙將頭俯下，互相接觸○并各用臂彼此環抱○依此法不規的分配於全部戰地○即足以令敵機誤認作草堆○若在山地則宜常行利用有陰影之一側○蓋陰體之對於視察○固屬無上之掩蔽體也○

二　僞裝

僞裝者即人或物○使視察者對之不能發見之謂○其法分爲天然及人工兩種○天然之僞裝物，即爲樹枝○叢林○生章○蘆葦○穀藁○乾草○闊葉與田中之穀束生苗等○人工之僞裝○則以張綱○設色○覆蔽等之手段爲之○僞裝之構成○應使作戰時之戰鬪部隊○不僅對地上之視察○可以掩蔽○即對空中視察○亦能掩蔽始可○如能使敵機縱在極低空視察○亦不能容易發現戰地○此可減少部隊無限之損害也○炮及車輛之僞裝○實屬非常困難○縱使用綱覆蔽○而能達到僞裝之要求○但其所用之樹枝與雜草○容易枯萎○亦不甚適宜也○

三　烟幕

烟幕之目的。在遇有敵機之警報時。對於一切物體如彈藥廠。工廠。巨炮陣地等。得行煙幕遮蔽其視察。然此惟對於敵之爆炸機始有必要。至於作戰地之各個部隊施放煙幕。多屬妨阻敵之攝影機窺察我陣地時行之。又如對於敵方指導砲兵射擊之視察機。施放煙幕。雖不能使其完全無修正射擊之可能。但確可令其極爲困難。舉凡本國與戰地後方關係生活上。及戰爭上重要之建築物裝設烟霧器。實最適合煙幕之目的遇有飛機警報即可以資應用。又每士兵二名以一名攜帶烟霧炸彈一枚。但須俟有長官命令方准拋炸。蓋烟霧炸彈拋擲過早。有時且使部隊遭受最大之損害。而陣地本來不致爲敵所認識。亦因之暴露於敵矣。如地面上有輕微之蒸汽或雲霧時。實爲施放烟幕最良之時機。若能適時適地應用。可使飛機之視察及照相完全失其能力。

丙　積極的防空。

積極防空之任務。乃用火器之威力。在我陣地間或陣地後方防禦敵機之窺向。保護後方生活上及戰爭上重要之事業。並援助本軍飛機爭取制空權。　屬於積極防空之器械。前已論及之。爲高射砲。高射機關砲。本軍飛機。以及補助器械如探照燈。聽音機。及汽球對鎖隊等是也。總之防禦敵機之上策。仍在力求空軍之優勢。但陣地之正面愈廣。縱深愈大。敵方航空軍兵力愈強。則空軍之優勢愈難於獲得。此則不在數量之寡。而在寄託部隊之精神如何。至於空軍之特別有待於物質。更無論焉。積極的防空之担任掩護部隊之任務分爲以下四項述之。

1.行軍間○

行軍前集合時○如有一敵機來攻擊○則防空部隊須分成各小羣○使對於部隊能實施有效之掩獲○根據此旨則高射砲應有連之編制○高射機關砲以其高度之發射速率應有排之編制機關砲及二生小加農○則由營長指定若干常採持射擊準備○以期對於突然低飛之飛機○能立有效之射擊○行進時高射砲須在行軍路側運動○俾能於受威脅的危險之際○立即就射擊位置○高射砲無論如何○不得摻入行軍縱隊之中○蓋行軍間之高射砲○此行彼停○交互担任警備○則持續的防獲○即可以確保無虞○行軍通過隘路○橋梁○及士隈時○應以高射砲及驅逐機担任特別警戒○如在此種地區○高射砲連不能保獲時○則驅逐機須單獨担任防獲之責○如將縱隊取大間隔行進○則防獲之効能尤可以增高也○

部隊指揮官須注意用傳騎與各高射砲連始終保持連絡○凡有由前方飛來之飛機○立即通報高射砲○然後高射砲藉其補助器械易於確定其為敵機或本軍之飛機○

2.宿營間○

舍營或露營時○部隊之指揮官○亦須預先顧慮防空之事務則定高射砲之分配及設置○使宿營地全部得有平均之掩獲為要○

配置高射砲連時○務須計及不得有火力薄弱之空間○無論向何方射擊○均須有完全開闊之射界○

防空警戒哨○以防空部隊派出為最適當○同時即充高射砲或高射機關抱附近之哨兵○藉電話與部隊

指揮官。及與已就射擊位置之各高射砲連等互相連絡。

高射機關砲。以配置於村落外之屋頂上為最佳。因在該處射擊低空飛機有最好之射界也。

3. 攻防間。

準備攻勢或守勢時。防空之關係。非常重要。故必須團集高射砲。高射機關砲。及驅逐機。以編成一特殊的防空兵力。用各種器械及手段。以防敵人窺察我地區。此類掩蔽次於全軍團或各方面軍開進時。抑或準備包圍時始實行之。如因特種目的而準備大聯合部隊。或預備隊。須避免為敵察覺時。亦須施行特殊之防空。陣地後方之鉄路交叉點。在掩蔽上非常重要。該處之掩蔽兵力。並得增大。因敵軍爆炸機不論晝夜。常常以此處為目標也。

4. 作戰間。

作戰地防空之實施。其困難實遠過於戰地後方。因此處有敵方遠距離射擊。以及其他之抵抗効力之故至於何處應特別掩獲。須視戰術上之情形而定。任攻擊之部隊。常有高射砲連與高射機關砲伴戰。因抵禦敵之低空飛機。乃其主要之事也。如向前推進作戰。則高射砲須獨斷的計劃變換陣地。各高射砲連長。無論如何須事前互相約定如何協同動作。庶不致因同時變換陣地。致一時間內有完全停止掩獲之廣。

各防空部隊。通常須掌握於統一指揮之下。此等部隊之指揮。普通屬砲師。但須隨時將其所屬各高

射砲運之狀況。通報各指揮官。俾其於必要時。坦克車之攻擊亦可以通知該高射砲援助也。

如須攻擊深廣之陣地則高射砲聯合部隊應取縱深之配備。防禦廣大之陣地時亦同。

凡高級司令部各軍團司令方面軍司令部以及彈藥庫最大口經砲等。均應有特別之對空掩護。戰鬭線後方緊接之行軍路亦須有相當之對空掩護。

如係陣地戰。即須在前方戰鬭地區內準備變換陣地。以備被發現時能迅即變換射擊位置。

在運動戰時各營長等亦須對於其作戰地帶之防空分配。三致意焉。蓋現代之戰鬭往往以戰鬭機行攻擊。此則爲指揮官者所因切記者也。對戰鬭機可用小加農及機關砲若干。分別抵禦之。

高射砲應與本軍飛機協同動作例如：

1. 高射砲施放方向射擊。指示本軍飛機以搜索敵機之方向。

2 高射砲施放警告射擊。於本軍飛機未察覺敵機來襲時。

3. 高射砲施以妨害射擊。使敵機兵力分散本軍飛機實際易於攻擊。或於敵機有威迫之優勢時行之。藉以保護本軍飛機。但警告及方向各射擊。應如何施放。須由飛機及高射砲協定之。

丁 補助器

積極的防空器械。其主要者爲本軍之飛機。高射砲。及高射機關抱等。此外如探照燈。聽音機。氣球封鎖隊等。乃補助器械也。茲分別述之如下。

1.探照燈。探照燈之任務。不僅在夜間易於識別及搜索敵機而已。且有擾亂敵機之作用。蓋當探照燈放強烈之先照耀敵機之際。其駕駛員及其他人員。必爲之頭暈目眩。而極易喪失其攻擊之目標。因此之故。凡戰鬥重要之建設物。團圍須設置多量之探照燈。因數量愈多。敵機愈成困難也。

爲便於識別夜間飛機起見。陣地後方。亦須設置探照燈。並依縱深及寬廣之分配。

探照燈爲須將各敵機。始終困禁於其光線之中。便高射砲。及本軍飛機易於覺得起見。其位置常在高射砲。或高射機關砲之附近。且敵機來攻時探照燈本身亦有防獲也。

2聽音機　聽音機配屬於高射砲連。俾得迅速確知敵飛機飛來之方向。惟用此項器械多在夜間。

3.氣球封鎖隊。氣球封鎖隊設於繫留氣球之周圍。或於夜間在彈藥庫及他軍事建設物之周圍設置，氣球封鎖隊通常於其應保獲之目的物。距離八〇〇米乃至二〇〇〇米。其高度在六〇〇米乃至八〇〇米。因氣球至此高度。當有威脅之危險時。大概尚能降落。其他軍事建設物。各須防獲交間攻擊時。至少須置氣球或飛鳶於一〇〇〇米之高度。如此則夜航飛機於此高度之下。切不能飛近攻擊目標。否則自陰攻入。必觸繫留氣球之繩綱。而墜落也。

戊　本軍飛機。

飛機之應用不同。而其種類亦有分別。大抵可分爲下列幾種。

1.驅逐機　驅逐機有單座及雙座兩種。專任航空之戰鬥。在力求制空權之獲得。以確保障空中之優

勢者也。其任務在防禦敵機超我陣地或取攻勢出擊，敵空軍有時幷附以爆炸機。

2戰鬪機。戰鬪機在援助本軍步兵前進。用機關砲或手榴彈制壓敵之抵抗。使本軍部隊易於掃除之此機大都飛航甚低。幷裝甲以防機關鎗射擊。戰鬪機並須協同地面上作戰部隊。以防禦敵之戰鬪機。其式樣多屬雙座。

3.步兵機。步兵機在一切通信方法斷絕時。須能與前綫之連絡。當用雙座裝甲。

4.爆炸機。爆炸機分爲晝間及夜間兩種。此機多係較重或最重式。因求其攜帶多量之炸彈也。

5.搜索機。搜索機僅供偵察之用。分爲遠近兩種。均裝備攝影機及特種發動機因其每次飛行。至最高之空中故也。此機多爲雙座式。

6.觀察機。觀察機者。係指導重砲兵轟擊。並修正各砲兵連之射擊。以無線電與各砲兵連連絡。此外尚有攝影勤務。依計劃以攝取地形全部。一則供製圖，一則以供測量之用。如某一地段內顯有嫌疑之點卽用攝映飛機重攝該處之影。再與以前所攝互相比較則凡有變動。無不可立卽確實也。

二 防毒

A 通說

毒氣戰雖爲國際公法所禁用。然際此國際信用墮落。一切公法大約等於空文之時代。則當戰爭及於勝敗之關鍵時。難保無竊用之以企圖戰局之轉敗爲勝者。近代各國對於毒氣材料之準備。及防毒常識

之灌注。而未嘗稍懈者卽是故也。

然則以吾國化學兵器之幼稚。防毒材料之缺乏。而又處此國際戰爭將要表演之場所。一旦強鄰之敵。果挾其殘忍之毒氣。以襲攻我國土。則我四萬萬同胞能有焦類耶。如是則我軍民對於毒氣之防避。實不可不加以注意審矣。玆爲喚起同胞之覺悟及普及其防避之常識起見。特將防毒方法述其概要如次。

B　毒氣(毒瓦斯)之種類。

欲明防毒之方法。必先知毒氣之種類。並就其主要者列表如下。

氣味	分類	代表物	狀態	比重	溶解度	生理的作用	持續性
芥末味	糜爛性	依百力	無色液體	12,7	溶解困難	由液體化爲霧狀在皮膚起作用糜爛性極大能使人至死	極有持久性
有刺激之臭味	窒息性	鹽素	帶綠黃色氣體	2.47	能容解	氣體在呼吸器起作用空氣中含有此毒百分之零五卽能使人昏睡	一時性
腐敗果味	窒息性	福司根	無色氣體	3.41	溶解容易	氣體作用同上毒性極強人觸之卽窒息而至死	一時性
有制激之臭味	催淚性	碌化畢克林	無色油狀液體	1 69	溶解困難	氣體作用有強烈之催淚性且帶有窒息作用	稍有持久性
有大蒜味	噴嚏性	鹽化砒素	白色固體	1•42	同右	由固體而化爲微粒散於空氣中人觸之卽起強烈之噴嚏作用且致嘔吐	一時性
有扁桃油臭味	中毒性	青酸	無色液體	0 70	能容解	氣體作用人觸之卽中毒而立死	一時性

(備考○)以上六種依百力爲遲效餘皆卽效

C: 毒氣施放法○

施用毒氣攻擊時○其法有三○(一)風吹法○(二)砲射法○(三)擲彈法○

風吹法係利用風之方向○用撒毒器將毒撒於空氣中○由風吹進於敵軍之陣地也○此法與風向及風速極有關係○例如風向自己陣地時○則此法不能用○用之反以吹進自己陣地來○如風速過大○則毒氣不能凝聚○極易爲風吹散○效力甚少○

砲射法係以毒氣製爲液體○裝砲彈內○用迫擊砲○或各種炮向敵方陣地施放○凡放出後○毒氣一部滯留地面○一部飛散於命中點週圍○一部化爲水蒸氣○

擲彈法係將毒液裝於手留彈○而擲入於敵之陣地中也○

以上三法中○普通以用砲射法爲多○現僅就砲射法列表如下○以供參攷○

表一

國別	地區	時間	砲彈數
法	一百米之陣線	三分鐘內	七生的半 二〇〇——四〇〇 十五生的 五〇——一〇〇
英	四十碼之陣線	二分鐘內	十一生的四 十二極的七 三〇 十五生的 一五、

美	一萬平方米達之陣地	二分鐘內	七生的半 十一生的四 十五生的半	一〇〇 五〇 二五

表二

國別	砲種口經	地		區	備放
法	七生的半 十生的半 十五生的半	一百米陣線	五〇〇 三〇〇 二〇〇		風速三米達時
英	八生的 十一生的 十五生的半	四十碼陣綫	六〇〇、 三〇〇、 一八、	一千平方碼面積	一〇〇〇 五、〇〇〇 三、〇〇〇
美	七生的半 十一生的四 十五生的半	三千平方碼面積最初卅分鐘	七〇〇、 四〇〇 二〇〇	以後繼續三十分	一二五 二〇、 一〇、

上表雖未列出日本之毒氣射擊法。然以此表爲標準。亦可得其射擊之概要也。至於施放毒氣之時機。則多在空氣潮溼。朝露朦朧之際。故夜半以後至拂曉。爲敵人放射毒氣之良好時間。但毒力則以天氣愈温暖而愈大。反之則毒力亦相反。

施放毒氣之地區。以地形底窪。空氣不流通之地。爲佳。如山谷中。山峯內。或田禾叢生。樹木環繞之田野間。皆爲毒氣所停留凝積。受毒最重之區也。其他若空氣流動。風易吹過之地。則毒氣較弱。

但山領及森林之背面○有防風屏障作用○往往毒氣不能飛入○

避毒氣之方法○分為個人防避法及集團防避法兩種○玆分舉其概要如下○

D防避法

個人防避法

1.用防毒面具及防毒衣○此具應於平時準備○攜帶身上○一遇窒息性○催淚性○噴嚏性○或中毒性等毒氣時○即將面具套於面上○如遇糜爛毒氣時○同時幷將防毒衣穿上○使全身與外界隔絕○而不為毒氣所侵○此為防毒之主要方法也○

2.應急處置○因上項器具○價值太高○購備不易○即有此具○然有時倉卒間取用不及○或以破爛而未修理○或其藥力已過而不堪用○此時須用應急法○例如：(一)一遇毒氣○即閉口不言○或藏身於乾草○溼葉○或腐土堆中○或埋首於青草○木炭○或鋸屑內○或用溼手巾掩口或醮曹達水覆面○或利用軍帽布片○塡以讓土○以尿潤之○擋於顏面以供呼吸○以上方法○雖非有良善之功效○然亦可免一時之危險○總之○毒氣襲來時○最要鎮靜○切不可倉皇失措○大聲疾呼○強步速走○蓋此適足以增大呼吸而中毒更深也○

3.預防法○普通毒氣以屬於酸性者為多○故往昔有預先服用(亞爾加里)劑○使全身血液增加礆度以中和毒素者○其法○每人攜帶重曹錠○(Fasuil Sad Bica rLonate)｜○聞毒氣警報時○即服此錠○一至二片○用以增加對酸素毒素之抵抗力○或以〇五%至一%

重曹液靜脈注射。亦頗有效又腋窩。會陰及外陰部等皮膚溼潤之處。對於毒氣尤爲過敏。故應常時散布重甚粉。(Colwm Bicrl onate) 及滑散。(Powder) 等亦爲有效之皮膚預防法。又預先攜帶炭酸鈉。(GodCart on)及次亞硫酸鈉。(S odH Po'newl) 二種藥物。一遇毒氣時。則以溶於水中。再用棉紗浸於該液內。稍擠乾緊縛於口鼻間。亦有效力。此亦預防之一簡法也。

集團防避法

(一)一般防避：毒氣防避法。原以個人防避法爲主要。其集團防避法。效力極微。惟關於軍事上之設施所應顧慮者。却有數端。如濠溝。地道等工程良善者。往往士兵潛伏其中。即可無須常戴面具。又濠溝中撒布漂白粉或洒『次亞硫酸鈉』。『炭酸鈉』。及水之合劑以中和毒素。或於營房綳帶所等之門戶垂懸毛氈龐布。以遮斷毒氣之侵入。或於塹濠之前注『石油扁陣』(B nryin)。於爇薪木屑等點火燃燒。使煙焰上騰。或用機關砲彈及水溶液急激發射。皆爲衝散毒氣之方法。其他曾受糜爛性毒氣攻擊之陣地。速宜變更及佔領高地等。亦爲軍事上必要之舉。

(二)清靜空氣：當毒氣瀰漫於空氣中時。或佈入於濠溝中。或滯留於宿營地。或其微種分子飛散於空中有如塵埃。故此時務必要清靜空氣以驅逐毒質。其法：有用一種風扇機器以竭力鼓動空氣。於最短時間。將其溝內一切毒質產養完全逐出。所謂愛利通扇。(Aryton'Fans)是也。又有用空氣淨器者。於各軍隊辦公室及各戰船技術等室常用之。其清潔之藥液。大凡能中和毒素者。俱可應用。如亞莫尼亞(Ammo iia)石灰。(Lime)等又再加入四十磅石灰曹達(So'slime)。能耐用十六小時之久。清淨器之

效用。蓋利用『亞爾加里。』性藥液吸收空中之炭酸汙臭。又使空氣中含有相當水分。至所用之藥液俱能分解毒素。故可利用爲防毒之用。能將室內空氣之毒質除去百分之九十五云。

(三)防毒室。及防毒幕。選取緊密堅固之房屋。作爲避難之防毒室。此爲戰地及後方市民具不可缺乏之常識。

防毒室必須開曠而空氣流通之處。避去深窄之谷地。及森林等處。以此等處所。毒氣最易留滯不散故也，且房屋構造務要堅固緊密。而無罅隙者爲宜。倘無適宜之房屋時。亦須加覆密之彌補爲要。例如。有時可將房屋之門窗關閉緊密。并於門窗上。懸以一種防毒帳幕。使有毒空氣不能入內。此項帳幕亦可用於壕溝掩蔽部中。但通掩蔽部之通路應有幾度曲折。隔以兩三層之防毒幕方爲緊密。

E 戰術上之防避

(一)第一綫警戒兵須稀薄。以免避敵之毒氣突然襲來。致受重大之損失。

(二)陣地須築成二三綫之陣地帶。及連以多數之交通壕。如敵以毒氣攻第一線時。即可退守第二線。及敵步兵向我第一線前進時。則我又可推進於第一線。

(三)如敵用催涙性或噴嚏性之毒氣時。則可潛伏於陣地內不動。同時使用面具或其他簡便方法。因此種毒氣隨風卽失効力也。

(四)如敵在守勢地區撒布毒氣時。則其持久性必極長。故不可昧然前進。須先用煙火燒焚。消毒後

方可進攻也。

(五)軍隊通過之途經。應擇疾風迅掃之處。或佔據上風離開毒區至少須五六百米以上之地區前進。

F 警戒

毒氣襲來時。防避之動作必須迅速。欲防避迅速則察覺必要及早。於是最前綫之警戒部隊。每連必須派出哨兵二三名攜帶面具。專司毒氣警戒。一發現毒氣之來襲。該哨兵卽發警報呼人預備。警報之方法頗多。而其大要。多用鳴鑼。或搖鈴。鳴汽笛等。但當槍砲聲緊密之際。往往不能聽及。故亦有用各種顏色之火光。或烟火者。但此只能看見。其他目力所不及之地。亦不能普及。至未曾經過之地區。其警報法則用木板。釘於牆上。或用一定之標記。使後到之友軍。或來往之部隊。知所趨避。

G 毒氣之認識

如何判別敵之毒氣來攻。實爲不可不注意之事項。此法大抵從其臭味以判別之。(例如二)敵彈發來。忽然空氣中含有一種辣刺之臭味時。卽可決定爲毒氣。如有經驗者併可從其臭味之不同。而判定其毒氣爲何種性質(例如二)芥菜味者卽爲糜爛性。敗果味者卽爲窒息性。大蒜味者卽爲噴嚏性等。餘可類推。然同時從空氣之色上亦可判別。(例如三)敵彈發來。空氣忽呈綠色而兼臭味時。卽可斷定爲毒氣也。

此外有在陣地前安置鴿子。以司警戒者。因鴿子之嗅覺最靈。一遇毒氣。即驚跳揚翼。可爲中毒之表示也。

三 防戰車

A。戰車之性能及用途

戰車係衝鋒之兵器。利用其本身堅固之鋼甲。抵抗敵軍之火力。同時以其所附之砲或機關槍以制壓敵軍之重火器。以掩護自己步兵之衝鋒者也。有時對於佔領強固陣地之敵。并可破壞其障礙物以開步兵之突擊路。總之戰車除掩護步兵衝鋒外。自己無獨立作戰之能力。

戰車之運動。雖能於道路外行之。頗稱利便快捷。且能於四十五度之斜陂自由升降。然以其視界過小音響過大。耳目不靈。連絡困難。不便之處仍多。同時如遇河流或四十五度以上之急傾斜地。依然被限制。故此。使用戰車時。無論攻擊時掩護走兵衝鋒。或攻勢轉移時掩護步兵出擊。必先選定預備位置。前進目標。及進路。

B。防禦法

一般防禦戰車之方法大概如次：

1• 部隊應疎開。并須隱匿。切不可密集及暴路。以爲敵戰車之攻擊目標。

2• 敵之戰車後。必有隨伴前進之步兵。此時除指揮定一部專對付戰車外其餘部隊。應注意於殲滅車

後之敵步兵。因此種步兵旣殲滅。則戰車卽陷於孤立。縱前進亦不能據守陣地。且有被俘之危險矣。

3.若敵步兵緊隨戰車後。則應由橫方向施行側射。使敵步兵與其戰車脫離。

4.破壞敵戰車之砲或機關槍。須加僞裝。或置於戰車所不能到達之處。如樹林中。坟後。溝內等。

5.事前須先探測敵戰車之來攻。例如：敵兵是否有塡濠架橋等舉動。夜間用探照燈。或聽機器之聲音等。但普通戰車多在夜間開至預備地點。至明晨拂曉始行進攻。

6.事前預測敵戰車進攻路時。可在其要點埋藏地雷。地雷須用一百磅或五十磅者。（白藥較善）但以電發者爲佳。埋藏時幷須預防被敵兵察覺。然亦可利用此物以僞亂眞。例如：於衝要道路上將地皮挖鬆。或置以蓆張或他物。僞作爲已埋地雷而使敵人察覺。另於其他道路埋眞地雷。以誘敵車經過而爆發之。

7尋常步砲槍子彈。不能穿過其鐵甲。用十三米厘以上之特別鋼彈。始能穿遇小戰車。如欲以步砲槍或機關砲槍射擊戰車。則候其至近距離時。專瞄攻其視察用之隙縫。或其他洞穴可傷車內駕駛員之目及其他部。

8用二或三生的口經之小鋼砲。或小加農砲。亦可破壞戰車。但須用鋼彈。同時自身須嚴密隱蔽。以免爲敵發現。

9.用砲兵抵抗戰車時。應注意視察所之隱蔽。以免爲敵破壞。或用煙幕蒙蔽。

10如車已迫近。以上所述各兵器不能抵禦時。則對戰車部隊迅速迫近車旁用手溜彈破壞之。但手溜彈須擲於戰車之底。其効力始大。蓋戰車之薄弱點卽在車底。且其油池多在底部。手溜彈爆發時卽可壞其底部或油池。有時且能使戰車翻倒也。

11可在陣地前用木棒。繫一與戰車上面之『活動圓頂』。齊平之鐵纜。此纜待車開到時。卽將圓頂扣住。甚至使圓頂脫去。而失其効力。且可由此擲下手溜彈。蓋戰車之最弱點卽此活動圓頂。破壞後卽無法使用。但鐵纜須堅固。並須杜以適宜之顏色。使遠望不易識別。

12戰車除用兵器及鐵纜抵禦外。可用濠溝阻陷之。濠溝之深淺寬狹。雖依戰車之大小而定。然而普通野戰以輕戰車爲多。大抵濠溝寬度至少在二米達半以上。深度須在一米達八以上。其斷面之形狀有長方形及三角形兩種。如下圖：

（甲　圖）

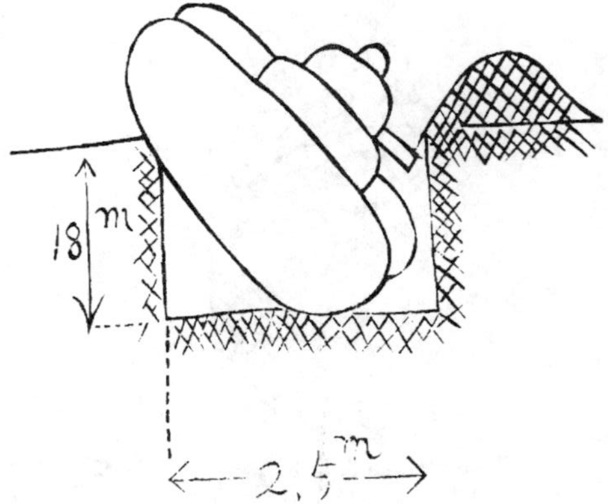

（乙　圖）

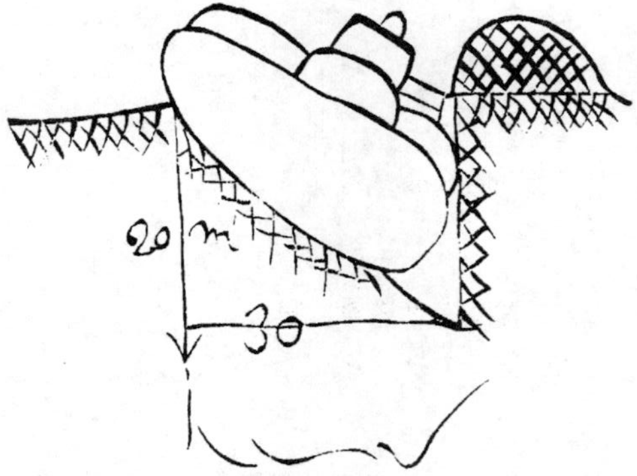

新兵器之防禦綱要

以上兩種。三角形者較爲省工。總之其後崖必使之陡絕。但以鐵絲網塡滿溝底。上面蓋以薄土，或草。以作陷阱亦可。其圖如下：

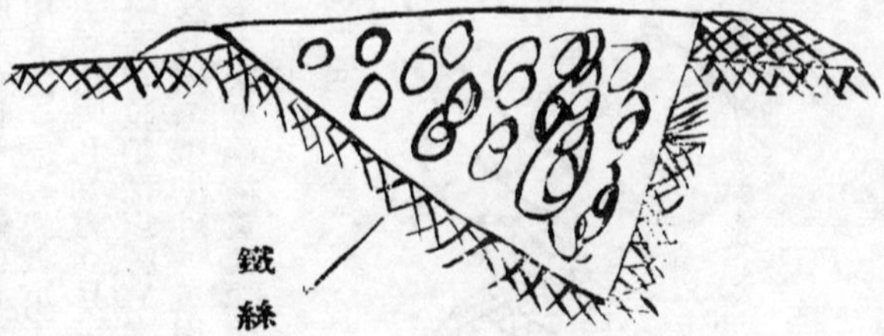

此外於衝要之道路上。開暗坑以代濠溝亦可。如坑底置地雷更妙。

以上略舉其概要。以供參攷而已。至於兵器之進步無窮。而防禦術亦不能一定。全在吾人隨時加以研究焉耳。

抗日的方法論

張法舜

一

一般悲觀和消極的人們，談到怎樣抗日的問題，不是說聯美不免失望，就是說靠國聯的調解，也難得勝利的成功。不是說經濟絕交是無濟燃眉，就是說武力抵抗的終歸失敗。好像就是說，除了卽刻割地乞和，就祇有亡國的一條路了。我是樂觀和積極的一份子，始終認爲一切的方法，都是制暴日死命的條件。不過是否成功，就要看用者的計劃和方法之巧拙而已。今請先言聯美。

二

要討論聯美政策的成敗問題，先得分析太平洋的局勢，考察日美的感情。我們知道，海上爭霸，是由地中海而遷入大西洋，現在已經整個的光臨太平洋了。光臨的唯一原因，就是在太平洋的西岸，有個龐大的市場是我們中國的原故。自然，資本主義發達到現在，生產過剩的經濟恐慌之危疾，已經到達了不治的時期。各帝國主義者爲着要苟延殘喘，必然的就要擴充他們的軍備，用武力來維持和發展他們的市場。市場旣罄，就發生帝國主義者間露骨化的衝突，於是國際軍備的競爭，隨之活躍，世界大戰的危機，大有一觸卽發之虞。你看，暴日竭盡心機的攫奪旅順和大連，莫非是想據此而爲太平洋海軍的根據地。英國在新加坡大築其軍港，也是想把他的軍力，由歐洲而伸入太平洋。美國在夏威夷和斐律賓，也

就盡力的做防禦工程。總之，英美日三國軍備競爭的活躍，早已形成了太平洋上風雲的緊張。他們虎視眈眈的，莫非是爲着太平洋上的霸權，換言之，就是爲着中國的市場。這就是現在所謂的太平洋問題。

我們既知道帝國主義的各懷鬼胎，同時，在這種國際局面之下，又知道國際戰爭是隨時有爆發的可能的，尤其是美日在太平洋上的衝突，已經是危機四伏了，關島事件，顯明的把日美行將血戰的眞態暴露出來，後因暴日知難退讓，得以無事。今更就最近美國加入國聯會議討論中日事件，日本單獨反對，和美國最近在夏威夷會操海軍兩點言之，我們也就可以想像美日的裂痕了。

職是之故，我們就要說，聯美抗日是可能的，尤其是在暴日近攻上海，有獨占太平洋權利的企圖之後，更有成功的希望，不過爲甚麼時至今日，日美還沒有發生若何衝突呢？在這點上，我們就應該說，這并非事實上有甚麼值得懷疑，不過時間還沒有來臨而已。

抑更有進者，卽蘇俄與美有攜手的新趨勢，此一舉在蘇俄視之，可以打破反蘇聯的聯合戰線，可以保持東北固有的利權。在美國視之，可以牽掣強日在東北的暴行，或者還可以達到一九〇四年所題出的滿洲鐵路中立問題和滿洲門戶開放的目的。本來國際的離合，是因利害而隨時轉移的。在利害相同的立場上，資本主義國家和社會主義國家也有暫時攜手的可能。所以聯美，將來或者會變爲同時聯俄咧！我眞不解暴日有武力幾許，將如何應付未來的大難！因此，假若我們能作長期的抵抗，我相信瞬息萬變的國際形勢，總逃不出共同制日的範圍。

三

今請更言國際聯盟調解的結果將來究竟如何？吾人言至此，誠不勝歎恨唏噓，痛恨國聯之無力解決。自九一八事件發生以來，國聯大胆的兩次明令日軍撤退，然而其成効果何如？徒散失國聯的威信，減低各國對於國聯的信仰心而已。我們很可以徹底的明瞭，在形式上，國聯雖然好像是寄生在各帝國主義威權之上的，但是實質上，不過是帝國主義者欺騙弱小民族的機關而已，談到國聯的本身，也好像我們無能爲的窮小子。既無軍力，復無信仰。那裏還敢說能憑着自己的力量，來解決遠東的糾紛呢？現在國聯調查團也就回他的老營了，一般人對國聯的信仰，也就漸漸的減到零度以下了，不過，我們平心靜氣的說，國聯還有一方面的力量存在呢！

試專就國聯調查團過去在歷史上的事績而言，也還有相當的成功。譬如一九〇四年的英俄北海漁船案，一九二〇年的瑞典芬蘭間之爭議，和一九二三年的密密爾的地域爭議，及一九二三年英國和土耳其的爭議，國聯負調查之責，都能得到相當的成功。尤其是一九二五年希臘和保加利國境的爭議，國聯除解決外，并且還判定賠償的責任。就這幾點看，我們好像對於已絕望的國聯，還應當繼續不斷的作更進步的希求。

不錯，國聯過去的成功，除了藉列強之力來解決弱小國家的糾紛，就是由於列強自身的醒悟和政策的變更，然後才能盡量的來完成他的任務，發揚他的効能。除此而外，國聯是沒有其他的能力可言

的。

國聯的能力是如此，暴日的態度是如彼。以這樣的國聯，來制裁那樣的日本，將來的結果究竟如何呢？我們知道，日本是五大列強之一，中國不過是個可憐的次殖民地。次殖民地和列強的糾紛，請這樣的國聯來解决，自然好像中國是天然的要失敗，我們民族的前途，是充滿了黑暗和荊棘，但是我認爲中國的前途，正放着異彩的光明呢！我們要明白這點，我們就得把日本的國際環境來分析一下。

我們先知道法國在歐洲的地位，我們就明瞭日法親善的原因，也就可以知道暴日的外交政策是終歸失敗。自歐戰以還，法國儼然以戰勝國自居，想佔有全歐的霸權。這種思想，與英國正相衝突，英採助德抑法政策，所以就有楊格計劃和道斯計劃寬緩凡爾賽條約的成功，抑更有進者，就是地中海利害衝突日趨尖銳化的法意，已陷於和平解决不可能的險狀，你看，一九三〇年的五國軍縮會議，法意竟因爭執而退出，我們由這兩點來觀察，顯然法國在歐洲已陷於孤立的地位，聰明的白里安，在一九三一年竟欲組織歐洲經濟聯邦，想法國爲其盟主，藉脫孤立的險狀，在這種各懷鬼胎的時期，那有成功的可能？於是更改變其策略，與亞洲強國日本傳送秋波，結果，日本也因爲九國協定代替英日同盟之後，在太平洋上感覺得和法國一樣的孤單得可憐，所以也就心心相印，結果造成日法的親善，這次中日事件，法屢助日，卽其明證。同胞們，我們在這種局面之下，很可以不必憂慮法的助日，我們要靜待着美意英德能協力以制裁日法的奸情呢！假若這句話不幸而言中，在那時期，國聯至少也可以用解决希保國境爭議的

手段，來公平的解決中日的糾紛，這正要我們武裝同志，能作長期的抵抗，光明的前途，離我們正不遠喲！

四

今更言經濟絕交是否可濟燃眉？十餘年來底制日貨之呼聲，澎湃塵上，而彼暴日仍依然屹立亞洲，固守着列強的地位。在我們看起來，這自然不是經濟絕交的本身不足以致暴日的死命，而是我們中國人，尤其是奸商，不能夠堅持徹底的抵制有以使然。假若我們眞能和暴日經濟絕交，我們敢說，馬上就是暴日一個致命的打擊，到了相當的時期，我們就可以看見暴日工業的崩潰和革命的爆發。因爲日本是工業國家，他一切的生產品，都是以我國爲其唯一的出路，假若這唯一的出路斷絕，一切的生產品，馬上就發生過剩的恐慌，工廠的工人，自然就會連續不斷的幾千幾萬的因失業而餓飯，日復一日的，自然就會發生工業的崩潰和革命的爆發，這是自然而必然的，不過能否達到我們的目的呢？換言之，就是說能否從這條路來置暴日於死地呢？這自然又要看我們武裝同志們能否長期抵抗，以決敗成，因爲我們知道，人類的心理，是不能用一個暫時的刺激來維持長時期的反映的，所以，假若我們不和暴日作長期的抵抗，恐怕這次很有成績的底制日貨，又要陷前車之轍而功虧一簣了。因此，假若我們要根本的來剷除我們數十年不共戴天之仇的敵人日本帝國主義？我們唯一的有効方法，就是延長戰的時間，來徹底的與暴日經濟絕交，靜候着他本身的動搖和崩潰。

五.

最後我還要申述的，就是武力抵抗是否終歸失敗？關於這點，我在以上三種抗日的方法論中，已經證明了要以抵抗爲各種方法成功的條件，好像現在不必說，也就可以明晰武力抵抗是目前唯一的政策，並且是必勝的政策了，但是爲甚麽我還要喋喋不休的申述理由呢？因爲還有兩個値得解釋的問題。

第一，就是一般人都認爲暴日是海陸空軍最強的國家，我國不過有些器械不精的陸軍，這樣的來抵抗，不出數日，也不過是同樣的走到亡國之途。

其實，孔明曰：『伐亦亡，不伐亦亡，不如伐之。』所以爲着表現民族的本能，爲着發揚中華的民氣，就是必敗，也得盡力的與我們的敵人周旋。別說我們還有許多可以用以殲敵的武器，也可以說國家還豢着許多衞國衞民的軍隊，卽是沒有這些，我們也得用我們的菜刀和石頭來向我們的敵人進攻。因爲這樣的，才可以留下一個沈痛和悲壯的歷史，來等待我們的子孫和我們復仇。這是就必敗說，而况用我們的武力抵抗暴日，眞無異摧枯拉朽呢！

你看，這次十九路軍以少敵衆，還能夠周旋兩月，屢殲敵人。最後因戰略關係，才退守第二道防綫，我們向日自卑自棄的心理，也就應當從此自信了，以前一般人常說，中國這樣多的人口，同暴日來拚命，以五人敵一人，最後的勝利還是我們的。我們經過這次的教訓，已經證明向日的理想錯誤了。暴日雖然器械精銳，他還要用幾個人才能拚我們一個人呢。從這點看，我們就可以證明精神可以戰勝物質，用我們積數十年之經驗的軍隊來和數十年不戰的暴日實地決戰，最後的勝利，天然的是屬於我們。

至於飛機和軍艦的不敵敵人，我們也很可以放心。昔土耳其與英希聯軍戰，土軍沿海岸退出，專用陸軍決戰，最後同樣的能殲滅敵人。因爲軍隊的主力勝敗，不在海空軍，而在陸軍。況且汪洋的大海，是冷血動物棲身之所，我們何必要同暴日計較高低。蒼蒼彼天，是飛禽翺翔之所，我們也很可以寬洪大量的讓他胡鬧。我們祇要固守着我們的領土，同時我們的主權也是不可以尺寸與人。我們就算不愧對我們的祖宗於地下，我們也可算不愧對我們的子孫於未來。我們的目的，就算整個的達到了，我們又何必要效法帝國主義用海軍來擴大版圖呢？

因此，一切的一切，我們都可以不必顧慮了，我們要勇敢的向前衝喲，甚麼黨派的分歧，站在抗日的立場，也應該整個的捐除私見了。我們要集中全國的力量，和暴日抵抗到底，這是不成問題的，最後的勝利是屬於我們。

第二，就是一般的人認爲武力抵抗的結果，不過是犧牲許多的同胞和不可數計的財富。以這次滬戰而論，損失之鉅，誠足驚人。結果同樣的不免退出上海，徒苦蒼生，果胡爲乎？

這自然是謬誤的見解，但是一般的同胞，尤其是戰區被難的同胞，甚至於很多的是這樣感覺。我們要明瞭這種錯誤，祇要回溯法國拿破侖以百勝之師征俄，俄國堅壁清野，直退至莫斯科京城。法軍雖屢戰屢勝，佔地數千里，然而所佔的地方，一點也不能利用，最後俄軍能一戰就把當時名震歐洲的法軍驅逐出境，這自然不能說不是堅壁清野的政策的成功。讀史的人們，從未批評堅壁清野是犧牲財富，反而

稱揚他的功績。爲甚麽原故呢？因爲歷史上的事實告訴我們，國亡之後，所謂同胞，不過是別人的牛馬，所謂財富，同樣的是屬於他人。今日不忍犧牲一部份的同胞和財富，明日整個的都要送給敵人呵！所以我們要認爲這次滬戰的犧牲，是有價值的，是光榮的。爲着民族的生存，一切可怕的犧牲都不能顧惜。噫！現在的東北，已經是暴日的勢力範圍了，我們不準備着一個驚心怵目的犧牲做代價，能夠無償的收復我們的失地嗎？我相信我們要收復我們一切失地，比滬戰一千倍以上的犧牲還多咧！

何況暴日既用每日支出數萬金軍費的代價，進攻我國，他的目的，自然是想取得中國一部份的領土爲之補償。換言之，就是想取得一部份的領土做他的生產地域爲之補償。我們既明瞭暴日的企圖，我們究應如何的對付呢？目前唯一的有効方法，自然又是武力抵抗，用神出鬼沒的遊擊隊，潛隱民間，避實擊虛的，專破壞暴日的生產事業，使暴日雖暫佔我們的土地，不過好像獲得石田。反而要支出鉅大的軍費，日復一日的，必致財政棘手，民怨沸騰，而影響於軍事的潰敗。

現在可敬可佩的東北義勇軍，不就是採用游擊的方法，使暴日一籌莫展嗎？我們要追隨着救國救民的東北義勇軍的後塵向前衝喲！我們至少要使全世界的帝國主義者深刻的明瞭，中國民族是不可以征服的，那麽，打倒日本帝國主義之後，同時我們也就是給世界列強一個教訓，使他們都能卽早醒悟，俾整個人類，得進化到和諧的境地。本義勇軍的目的，就算是圓滿的達到了。

一九三二，五，四，脫稿唯亭軍次。

中國兵的戰鬥力

姚邦華

中國陸軍同世界各國陸軍比較起來至少要發現他三個特點(1)數目最多——約計三百萬(2)武器最壞——半數的槍械是不堪應用的(3)生活最苦——每月上等兵伙餉十二元並扣伙食六元但戰鬥力若何，就成問題了，誰也不相信中國兵會有若何了不起的戰鬥力，換句話說，誰也承認我們中國兵，是夠不上和洋兵打仗的，所以去年九一八事件後張學良等這類眼光看得太遠的軍閥老爺們，早抱了不抵抗的决心。寧願把自己的地盤——不必說國家的疆土，因為他們早沒國家觀念的——整個送給東洋鬼，不敢嘗試嘗試抵抗兩個字的滋味，這時我們很懷疑，中國兵的戰鬥力是等於零。

馬占山在黑省孤軍獨守，支持了月餘之久，後來彈盡援絕，也和日本人至少是妥協了一時，這給了我們老百姓兩個教訓（一）中國兵一小部份的兵有相當的戰鬥力，而大多數的兵沒有機會發揚戰鬥力，（二）中國兵僅是幾個私人的保家狗，對內有戰鬥力，對外？

一二八上海戰爭發生時，許多人提心吊膽，不知中國兵要敗到怎樣地步，日本鬼子公然宣佈，四個鐘頭驅逐中國兵出淞滬區域的鬼話，十九路軍的高級長官也只希望犧牲全軍能抵抗兩個星期，作者在前線上更常常憂慮到我軍有覆滅的可能性，但結果：

在第一星期中，日軍陸戰隊二萬多，十九路軍僅一五六旅五六兩團，二千人對二萬人，是以一敵十

中國兵的戰鬪力

一月廿八日夜閘北之役，計我軍傷亡約二百人，日軍死八百人，是一個中國兵殺了四個日本兵。在本旅守吳淞後，日軍軍艦圍攻多日日艦七艘。二月八日自八時至九時。共發炮三百餘響，飛機十餘架，擲四百餘磅炸彈二十餘枚，我軍傷亡僅十餘人，被毀地穴一間，計日本兵用二個四百五十磅的炸彈同三十響大炮才能打死一個中國兵，在江灣等地我軍築土壕頗堅，日人攻我，用飛機指示大炮轟攻，每日發炮千餘響，飛機五六十架擲彈，統計我軍築一尺長土壕費小洋一角，日本兵要用一千塊錢的炮彈，才可攻毀。

連戰數月以來我軍無一被敵俘擄，而我方擒獲的日本兵却不少，而且校官也有，我軍始終以少敵衆，直到日兵增至十五萬，我們才增多至五萬，支持到一月〇一星期之久，同他們客客氣氣，退到第二線來待命堅守，日本鬼的一場雄心，也再不能越第二線一步了。此次十九路軍抗日四月以來，除每月由中央領餉三十餘萬外，民衆接濟的約四百餘萬，總計不到一千萬，日本兵就軍餉一項十五萬兵每月也得千多萬，他們最值錢的大砲彈炸彈和最漂亮的軍艦的用費，恐怕不是我們弱小民族能夠替他們計算的，但至少，中國兵打了一個月用的錢，不夠他們帝國一天的費用。

上面幾件，作者雖不敢說是千眞萬確的統計，但事實表現出來的，我也不敢抹煞，寫了出來，供我們同胞們的參攷，請相信並切實認識我們自己軍隊的戰鬥力，我要大膽地說口，中國兵是世界上最勇敢，最經濟，最善戰，最能克盡職責，最富於犧牲精神，而且最有攻擊力量的，我還記得，

在一月卅號上午八時，我同兩個傳令兵到虬江路口去第一次領略作戰風味的時候，距沙袋十餘間鋪而路側倒了幾個壞甲車，一個約十三歲的小同志站起來還沒有一枝槍高，很高興的對我說「是前夜我

們用手把牠們推倒的』。聽說一共犧牲了三十多個勇士，拿血肉的軀體和兇猛的鐵甲車鬥力，是全世界破天荒的作戰新紀錄。在守吳淞炮台至蘊藻浜一帶的兵最初是一五六旅四五兩團後來調開一團，加上我們義勇軍共計只有一千三百人，却勞了日本兵多次的偸渡，兵艦大放其禮炮，飛機兜圈子的示威，後來我們索性統統都到地壕去開留聲機，幾乎在幾十方里上找不着一個中國兵，而日本兵無論他每次的登陸和進攻，結果都是全軍覆沒，我軍靜守，每日除希望兩餐乾飯之外，就數數日本的大炮響聲，這回用的空城計，是世界上空前奇妙的新戰略，

一個倒于血泊中的兵張着口叫殺，斷了右手，還用左手開槍，抱了炸彈滾到敵人的隊裏去放『自動炸彈』，這一類的偉跡，不知有多少次表演，弄得日本兵看見我們影子就溜之乎也我要發誓，決不敢吹牛皮，一個德國教授親眼看見，一個中國兵追四個日本兵，殺死三個，共餘一個也是殺死了。

事實昭彰，不用多說，歸納起來，平心的批評一下，中國兵的戰鬥力的確在精神戰方面說來是天字第一號，但我們也不必空守着家醜不可外揚的話，我們的武器及一切軍事上的設備，也的確太劣等，太幼稚，可以說是沒有戰鬥力。

我們如果要準備參加第二次世界大戰，如果希望再能戰敗日本收回失地的話，除了發揚我們已有的精神戰鬥力之外，應該積極設備新式軍器，組織有力之空軍，把舊有技能科學化，把犧牲精神合埋化，那末現在別人都說十九路軍在日本人炸彈炮火下出風頭，將來我却希望中國人在世界大戰的科學新兵器下出風頭。

中國兵的戰鬭力

關於宣傳

胡伯琴

引言

宣傳是一種手段。

我們要做成功一件事，我們決不能不聲不響，一無動作，我們必須要使用種種方法才行。如其那件事是我們個人所辦不了的，我們便得請別人來跟我們合作，那時，我們就要有方法使別人聽從我們了。這使人家聽從的手段便是宣傳。

宣傳的作用現在知道的人很多了。黨部有宣傳部的組織，商界對於廣告，常預備大宗金錢去辦理，這些已足證明宣傳已受中國人之重視。所以這次中日戰事發生後，各地很多抗日的宣傳，不過關於宣傳方法，似乎還沒有人去深刻地研究；大家以爲貼幾張標語，喊幾句口號，就算是宣傳了。其實我們應該想到，宣傳旣然是一種手段，一種方法，那方法就得研究。如何可以收到效果？如何便是白費力氣？這是很值得我們用科學方法去探討的。

從事宣傳的先決條件

(1)目標的認定　我們要別人來跟我們合作的事情，就是我們的目標，當然自已先要認識清楚，然後才可以向別人去宣傳。目標既定，我們就想出種種方法，按照時地，加以選擇，向前做去。譬如這次上

海各大學學生義勇軍戰時宣傳隊，沿京滬線宣傳時，他們的目標是抗日救國，因此他們說的話，寫的文字，演的戲劇，一切的一切，是本着抗日救國而發的，民衆受過他們的宣傳的，就也都多少知道一些：日本人現正窮凶極惡地在侵略我們，我們的國家是非常危險了，凡是中華民國的國民，都應該起來抵抗日本人，以救國家，以救自己。我想目標的認定是從事宣傳的第一先決條件，似乎無用再加說明了。

(2)事件本身和宣傳對象，深切認識『知己知彼，百戰百勝』。這句話眞說得確切，我們要宣傳一件事，就先得知道那件事的眞相。在這兒，歷史的方法是唯一的方法，過去的成因先應加以分析，現在的種種情態當然更要研究，未來可能的趨勢也應當測料。拿這次抗日宣傳來做例，宣傳之先，我第一要研究日本，認識日本。日本怎樣會達到現在強盛的地步，這是我們該知道的；日本的人口，地理，經濟，政治，外交，軍力，民族性，和侵略中國的計劃等等我們都該有相當認識，日本的長處和弱點，自已的能力和缺點，都該十分明瞭才好。同時，我們向民衆宣傳，民衆也就須要我們研究一下，民衆，有各式各樣，他們除通性之外各有其特性，因人設辭，我們就不能不明白民衆。羣衆心理學和社會心理學在這方面是可大大幫助我們的。

(3)個人所應具的才能和精神　宣傳人員須具有流利的口才和寫作的本領，說話最好是兼演說家和戲劇演員的長處，寫作要能迅速，扼要，最好是同時有新聞記和著作家的才能如其兼能繪畫，那就是無上的完才了，然而在事實上，這種長才是很少有的，最妥當容易的補救辦法，就是集合幾個或幾十個各

有專長的人，組成一個隊伍，分工合作去幹。

可是，祇備具了這些才能還是不夠的，宣傳員非有忍苦耐勞的習慣和誠摯強毅的精神還是得不到大效力的。『至誠格天』固然是句迷信話，不過至誠纔能感動人，這是確而又確的。所以向人宣傳，自已必須誠懇，一個人有一分力做一分事，有十分力就做十分事要民衆跟着我們來，強毅的精神也是我們必備的性格，至于忍苦耐勞之為必要，那就不用申說，你幾時曾經看見少爺小姐做成過大事？

(4)物質的條件　關于這一層，我不想多說，天下沒有人能離開物質而生活的，更不必說要做事了。我們宣傳，自然免不了要費用，和種種物質的設備，錢的獲得，一定要光明正大最好不在宣傳的地方募捐，以免使人懷疑：錢的支配，更要留意，大概宣傳應用的東西，尤其是化裝宣傳的東西，以向人家借用為最好，一則省錢，一則免行途擕帶之累，

幾條原則

1.使人明白，使人相信，使人動作——做到了這三件事，宣傳的目的可說是達到了，我們講的，寫的，表演的，無非是這三件事罷了

我們在從事宣傳的先決條件裏已經說過對於條件本身和宣傳對象應有深切的認識，我們自已既然認識了所宣傳的那件事的種種成因，現狀和未來趨勢，我們就可以使人家明白那件事對於他們有什麼關係，有什麼利害，該怎樣去對付，時間允許我們的話，我們可以細細告訴民衆，從各方面使他們知道明白

，時間匆促的時候，我們可以捉住緊要點，像打針一樣去刺動他們的心，

民衆明白之後，他們自然會相信，信仰之後，他們自然會動作，他們一動作，我們再加以指導協助，或者自已去參加在裏面，這時，我們的宣傳也就可說是得到相當的收獲了。

2，感情與理智兼顧

誰都明白，事從羣衆運動，必需造成感情的激動，才可以叫羣衆去做出事來。我們宣傳？也要在激動人們的感情後，方可以操縱他們。關于抗日救國的宣傳有三種情感是最重要的：一種是悲哀，一種是憤怒，一種是怨毒，悲哀可以發生非常深刻的印像，與沉痛的決心；憤怒可以使人犧牲，怨毒可以使人採用嚴酷有力的手段、所以這三者，對於抗日是必要引起的情感。感情是激動了，羣衆會變成瘋狂一樣，這時，如何利用這預備着犧牲的人們去做出於我們的目標有利的事來，就要我們用理智來支配了，發蹤指使的人那時在羣衆中必須要頭腦極冷靜，自亡審察形勢，決定指揮他們的步驟，用暗示，用旁敲側擊，用言辭用單刀直入去引導，他們動作，那時叫他們自己流血，或者去流別人的血，都可以得到的，

3，多暗示，多供給深刻的刺激，少用正面的說話 正面的說話可以譬作教育法中的輸入式，它是沒有多大效力的，所以我們應注意多用暗示，多供給深刻的刺激，使人們自已去發現，自己去領悟，自已去反應，那力量就大了，漫畫，旁敲側擊的文字，戲劇等在這方面是有大大的用處。

關於宣傳

4，深入持久而我們常常看到宣傳團體工作，三天兩天經過一個城市，五點鐘三點鐘經過一個市鎮，幾次演講，幾自將宣言，再加些口號標語，幾乎就是宣傳的全部作工，他們一經處地方過去，可說是宣傳普及了，然而稍為把民衆搔動一下，其效力是很可疑的，所以我們以為，宣傳應該在有相當的長時期，應該深入民間，仿照基督者，傳道的精神，去伵傳我們要宣傳的，非獲有相當成績決不輕去，

宣傳的方式

宣傳的方式很多，為方便起見，分為口頭，文字，化裝，及其他四類來簡略地敘述。

(一)口頭宣傳

演講　口頭宣傳中演講為最重要，最有力。古來不少英雄以幾句演說辭轉移極嚴重的時局所以激昂慷慨的演講，在重要的場合和時候，是足以抵過洋洋數萬言的文字的。

談話　私人的談話，隨時隨地，都可以舉行的。乘車坐船的時間剃髮洗浴的時間都可以利用來和人談話，看對手是什麼樣人就說什麼樣話，事情不妨造作一些以投合他們的心理祇要態度誠誠懇懇，我們的話便會為人相信而傳說出去，

口號　簡單梳要的幾句，在開會或演劇將終的時候，可以集中人們的情感，使之尖銳化。

(二)文字宣傳

宣言　簡明，梳要，切實動人，是應注意之點，可以登于報上，或印刷單張分發，標語，低行寫的

不能經久，最好是用油漆或染料寫于通衢大道的牆壁上，再加以美術的修飾，既奪目而富于刺激性，又能經久不壞。

圖畫　諸位有讀過薛福成的巴黎油畫館記的嗎？普法之戰，拿頗侖第三被俘，法國大敗，於是法國特闢一油畫館，壁繪法國戰敗種種慘狀，以激勵法人愛國心和復仇心，所以漫畫，壁畫，諷刺畫等等都可用爲宣傳的利器。

刊物　第一點應注意的是；要使讀者忘記了是宣傳品；因爲我們出特種刊物大概是爲智識份子出的，你寫上幾句標語式，口號式的東西，恐怕人家看都不高興看的。我們寫的應該是學理的論文，技術內容兩俱精妙的文藝！小說詩歌等等——和可以使人相信幷感動的紀事文等，如其是對國際宣傳那就更不能寫淺陋的文字和自露怯弱向人乞憐的東西，因爲西洋人是崇拜英雄的，弱者的呼聲徒然貽笑于人罷了不過對智識淺薄的人，我們却又需要反其道而行之，我們應力求其通俗易解，山歌，小調，灘簧，大鼓等體的東西是可以流行而發生效力的，

報紙和雜誌上的記載和通訊，這是文字宣傳中極有效力的一種，不過材料方面，須加精選，應以能使人相信並感動爲標準，在這次上海中日戰事中，我記得某報上曾記載過蘊藻浜左近某處鄉人斷橋以阻日本兵前進的事．七個農民用斧頭，鑿子，鋤頭，鋸子等去毀壞一座木橋，六個人先後爲日本兵槍彈打倒，日本兵差不多已經跑到橋邊時，最後的一個樸實的老農夫祇當不見用他的全力闢開最後的一塊木板

關於宣傳

槍彈呼呼從他身旁擦過，他却以全身撲於將斷未斷的木板上，連人連板一起沉入蕩蕩的河水中，報上寫得有聲有色，當時我讀了悲痛得幾乎流下眼淚來，我又看見過報上記幾個壯年農婦，在吳淞為抵抗日兵的侵入他們的家屋而拚了性命，她們以廚刀去砍日本人，口裏痛，高喊，我們中國人死也不願受日本人的欺負的，這一類悲痛壯烈的記事不獨可以使中國人奮起，如其譯為外文，也會使外人感動的，假如沒有事實，或者事實並沒有十分動人的力量，作者不妨利用他的聰明，想像出一些可歌可泣的情事來，

連索信　連索信發源于美國，中國人也有不少接到過那種 (Chain of fortune (幸福的連索) 信的吧，這一種信，我們也可以利用于宣傳方面，在這次滬戰之前我曾接到過如下面所抄的一封信

志士；

暴日肆虐，國家危殆，凡屬華胄，請為負責之匹夫，

(一)不與日本人往來，澈底對日經濟絕交，

(二)準備武裝起來，以血與鐵，抵抗日本人，

(三)先覺覺人，喚起民衆，共同救國，

志士愛國前鋒，務將此函錄寄他人，廿四小時內發出九封，否則涼血之奴，志士當不願受此頭銜也，敬請努力！

黃帝子孫

3，化裝宣傳

這類包括戲劇電影以及灘黃大鼓等等，

電影　費錢最多，收效也最大，他可以一處處流轉於國內國外，感動千千萬萬的觀衆，是極好的宣傳品，不過這不是普通宣傳團體所能辦到的，應由電影公司去幹，這兒不再多說；

戲劇　他的效力也很大，因為他本身是一種綜合的藝術，是一種社會教育的利器，他最富于暗示和深刻刺激，最能感動人們，這次上海各大學學生義勇軍戰時宣傳隊在各地宣傳，在各種不同方式中，以戲劇的力量為最大，我記得有一次在丹陽公共體育場演赤心報國時，七八千觀衆有一大半因沉痛悲憤而流過淚，這很夠證明戲劇的為用了，

宣傳的戲劇還是同平常戲劇一樣，應注意脚本，演員，和觀衆三個要素，雖然不能像平常演劇似的充分預備，一一講究，然而也應力求技巧上的純熟，脚本的適切，去適應各種相異的觀衆，

灘黃大鼓等　這些本是通俗的東西，平時極受下層社會歡迎，眞可說是民間藝術，我們宣傳時這些也是一定要利用的，演唱灘黃大鼓等的人大概都僅僅識得幾個字，沒有什麼學識因此我們先要向他們去宣傳，說信了他們，然後供給他們以材科，叫他們去做．

4，羣衆大會

十六年國民革命軍從廣東北伐的時候，國民黨的宣傳工作是做得非常利害的，那時尋常開民衆大會，幾千幾萬，有時甚至幾十萬的人熱烈地聚集在一起，幾千幾萬，幾十萬顆心會把一已的利害忘記，

一齊向着同一的目標預備去犧牲。

宣傳而能開羣衆大會，是最好沒有的了在開會的時候，我們可以綜合他應用各種不同方式的宣傳，例如演講，發印刷品，喊口號，演劇，映電影等等，都可因地制宜，結合在一起舉行，互相協助，以收特殊的効力，

指揮者！所謂主席——在羣衆會中是處于最重要的地位的，熱烈的言辭靈敏的手段，強毅的精神，冷清的頭腦，數者俱備，方可以領導有方，

5，其他

音樂 音樂是最抽象的藝術，他刺激人們感情的力量很大，能夠變易人們的性情，這是古今中外大家所公認的，法國的馬賽曲，曾把革命的潮浪掀高，至今聽之，還使人發生激昂向前的情感，俄國的伏爾加船夫曲，吐出被壓迫者的積痛與鬱憤，現在正流行于世界，震動萬萬人的心絃。

宣傳 而用音樂，自然極有好處，所以這次抗日，我們有過不少的歌曲，這證明出人們是多明白音樂的重要和力量了

小物件上的文字 簡單的字句或圖畫印製于手帕，刷子等等各種小物件上，弄得漂漂亮亮的，也可以收到相當的効果。

其他 還有別的方式，我們這裏沒有提過的，自然也可以應用，宣傳人員是隨時隨地可以工作的，

有什麼場合可以利用，有什麼東西可以利用，就應該立刻抓住，不讓它錯過，

結論

宣傳之前，須有觀察和研究，以求能對于事件本身和宣傳對象有深切的認識，宣傳之後，也須有觀察和研究，去知道宣傳究竟發生了什麼効力，這宣傳後的觀察和研究是必要的，它決定我們的方法的更改或繼續，它決定我們的前進的程序它測驗已往，又指示未來，

我們注意的第一點是受宣傳人的反應，調查他們明白那事件沒有，是否相信我們所說的？有什麼動作沒有

我們着手的第二點是研究那反應是否在我們意料中，是否係我們所希望的，如其是的，適合到什麼程度？我們行事的第三步是決定怎麼樣繼續下去，以已得的結果分析，以決定一改善或補充，繼續或調換我們的方法

五月卅日極沉痛時于惠山寫完

各種不同的面孔

吳文慶

自滬戰爆發，我們參加前線工作十數天後，就調到京滬線一帶宣傳，附帶募些捐，以作慰勞前方爲國爲民拚命殺敵的將士們。

我們到過了許多地方，同時我們也看到了不少的面孔，這面孔並不是猪羊馬牛的面孔，也不是三眼二鼻奇形怪狀的面孔，更不是什麼大偉人，大人物所擺出來的架子面孔；而是我們大中華國民的普通面孔，而是我們在各地募捐時所見到的對方的面孔，也許有人說我是少見多怪吧，怎麼活了一把年紀，難道連世面都沒有見過嗎？祇要頸頸上長出一顆腦袋，正面配上幾點眼耳口鼻，就是一付面孔，還要你來介紹嗎？話不是這樣說，我覺得這些面孔，是有研究價值的，不但是可以研究，而且更可以當作一種參考的資料，以備將來再碰到那一類面孔時，就可以隨機應付。現在我將我個人所見到的，把他們分做幾類，簡單的敘述如下。

(1)鐵板面孔　這種面孔，要算最普通，任你說得舌敝唇焦，要他慷慨些，困難得很，因爲他生成的是鐵面無私，一毛不拔的。

(2)鋼鑽面孔　鋼鑽是一種銳利無比的東西，所以這種面孔也就最可怕最難應付，當你向他捐募時，他就口若懸河，滔滔不絕的說了一大篇苦話，明明是『生意興隆』，他偏說：『年年兵災鬧到頭，三間

店面只剩二隻手』任你如何鐵石心腸，給他這一鑽，也就要軟化下來了，所以最好的辦法，就是另到別家。

(3)菩薩面孔　這菩薩並不是大慈大悲觀世音菩薩，是塑在帳櫃上呆坐不動有求無應的菩薩，你只當已還過了願，不必再行求籤了。

(4)彈簧面孔　誰都知道彈簧是有伸縮力的，能伸當然能縮，怕的是縮了伸不出來，一開口就大談其救國之道：『我們怎樣才能澈底抗日，怎樣才能長期抵抗……』話倒是好聽，要是你轉到你的正文，請他樂捐些錢，他頓時會兩眼無神，雙眉不展，一張嘴閉成緊緊的一條縫，萎然縮作一團，扳扳地一動都不動。

(5)橡皮面孔　，他根本不知道國家是什麼東西，『救國』格外是莫明其妙了，假如我是醫生的話，我就診斷他的病症是：『此人血管破裂，血球凝結成塊，已無一點熱血。脈息全停，週身發冷，頭腦膜糊不清，神經不能受激；應用薄版六塊，鉄釘八枚，做就一只輕便長眼牀，務使不能通風，將其仰臥於中，然後掘土三尺藏之，免得貽累他人。』

我並不是說我們中國人個個都是這樣的，熱心愛國的當然很多；不要你去說，他自動的捐助出來的，我們也遇見過好幾次，但是像以上這幾種面孔委實還不少，我也不知是什麼緣故？大概是我們中國人善於面部表情吧。

因為本刊篇幅有限，不便多寫，待下次有機會時，再給諸位介紹●

各種不同的面孔

乞援國際聯盟的結果

徐泰鑾

自民十六年我政府奠都南京後，四分五裂的老大中國，在外表上已宣告統一，數十年來喁喁望治的四萬萬民衆，不禁馨香禱祝，咸以爲從此便可躋於治平之域，曾幾何時，而事實的表現，竟有令人失望者！別的姑不論，單就外交方面的缺點由我個人所見到的地方略述如下：

我國的外交政策，自民十六年以還，所標榜的是『革命外交』而實際却是『妥協外交』『屈辱外交』其矛盾是無以復加！

『妥協外交』『屈辱外交』之所以造成，其責任完全在懦弱無能的外交當局，在『公理』『正義』等：似乎好聽而實際可恥的名詞之下，處處讓步，以請求國聯主持正義，掩護其妥協與屈辱！一九二八年五三慘案發生的時候，政府的外交政策，除退兵講和外，只是『請求國聯』，一切『聽諸國聯』反主爲客，不自救，而求人救！豈非笑天下之大話？結果國聯給了我們什麼東西呢？王正廷首先被日內瓦的帝國主義者們申斥了一頓：『不爭氣的東西滾蛋』而唾面自乾的中國政府並不因此而降低其信仰國聯的决心，對外乞援如故：對內敷衍如故。

九一八事變，政府依然以其『乞援國聯』爲唯一無二的法門。施肇基折衝樽俎於日內瓦，受盡了一切的怨氣！白里安公然說：『請閣下發言時，不要忘記了這時候貴國的情形』在巴黎更挨了本國留學生的一

的一場打，而結果呢？國聯所給予我們的仍不外恥辱與譏誚！

上海一二八的事變，政府依然是『乞援國聯』『靜候解決』並聞財政部曾特別設法數十萬元淸償國聯一部份的會費，藉以表示政府對於國聯之『矢忠』『矢信』而外交部長也居然於此時發表始終絕對的尊重國聯之宣言，論理國聯應如何仗義執言，聊答盛意於萬一，偏偏事實會出人意料之外，結果又是一盆冷水澆頭！滿懷希望的外交當局，對此已爲啞子喫黃連，有苦說不出！東北的傀儡組織，沒有成立以前，政府曾一再表示，俟僞組織一成立後，當不顧一切毅然決然施行撻伐，現東北的僞政府成立將有半年之久政府只有『乞援國聯』這套用之不竭的法寶！

英帝國主義者主動的上海停戰會議，因日本帝國主義者態度的強硬，和議幾經破裂，政府依然是『訴諸國聯』中國究竟是一個禮義之邦，特別是講求孝道，新以其孝順國聯，服從國聯也如此，而國聯之蔑視中國也又如彼。嗚呼！如此愚庸地與虎謀皮，如此恥辱地認賊作父，欲中國之不亡，烏乎可得！

我們要知道『乞援國聯』是最失當的政策，乞援國聯就是直接去投降帝國主義，當然也就是自己暴露自己的無能與恥辱，而且是斷送國家民族運命的最巧妙的方法，如果政府尙不憬然覺悟，再繼續這種的新調『革命外交』則大好神州我敢預卜其必步朝鮮安南的後塵，四萬萬仝胞將永遠永遠地倫爲異族的奴隸！

在這裏或有人要問，國聯究竟是一個什麼東西？簡單的說，是資本帝國主義者間敷衍門面的集團，

乞援國際聯盟的結果

乞援國際聯盟的結果

質言之，是帝國主義者聯合戰線侵略弱小民族的和平分贓的機關，大國與小國的爭執，從沒有解決的辦法，昔意大利侵入希臘的哥甫島，波蘭強佔立陶宛的維爾諾，便是一個很好的證明，國聯的無能，從這時起早已暴露無遺，況現在國際超越國家權力，它絕不能限制國家的最高主權，故任何國家也不能加以實力的制裁，除敷衍調停以保其紙老虎的威嚴外，則無他策，政府去乞援這樣的一個集團，豈不是大錯而特錯？緣木求魚，明知不可得，而欲勉強爲之，何不智乃耳！

我們更進一步的看：這時候歐美各國的內部是怎樣一個局勢？美國因資本過度發展的矛盾，社最秩序頗呈恐慌之象，在外交上歐戰以後的賠償問題和戰債問題，均煞費躊躇，尤其是太平洋上的霸權問題，以英國論，在經濟上金融屢起恐慌，爲對抗美國計，突於去年改金本位爲銀本位其窘狀可想而知。在政治上印度的獨立運動，日益澎湃，應付極感棘手。以德國論，在經濟上國家財政幾頻破產，在政治上國權黨和共產黨時和政府爲難，政府大有疲於奔命之勢！法意兩國，衝突日益尖銳化，而國內的政治經濟亦均岌岌不安最近法總統杜美爾之被刺，牽動了整個的政局，更引起社會秩序之不安，在此危機四伏中，各國均自顧不暇，那有餘力去管遠東問題，只要和他本身無利害的衝突，誰肯出而仗義執言，爲弱國伸張公道，而見惡於共夥打刼的日帝國主義者呢？

上海停戰協定，已經政府簽字，十餘萬生命之犧牲，數十萬萬財產之損失，至此都等於零，二十公里內中國軍隊，是沒有駐防權，祗容『平警』維持秩序，否則日軍須再取斷然的處置，在自己的國土內

，連軍隊的行動亦無自由權，配稱什麼獨立的國家？眞令人不可思議！往昔政府招告於民衆之前者，爲『不喪權，不辱國，決長期抵抗到底』現事實已如此，洵令人欲哭而無淚：民衆反對協定的文電，雖如雪片似的紛飛，當局儘可充耳不聞；但日內瓦帝國主義者的停戰勅令倒不可不遵，假如九泉之下忠勇爲國的抗日陣亡將士的英靈有知，將如何痛心疾首！

親愛的全胞們，勿因國事之無可爲而灰心，而喪志，我們要於無辦法之中想出辦法來，不必依賴任何人，只有自已的力量才是可靠，我們要堅決反對『妥協外交』『屈辱外交』更要鼓起我們的勇氣踏着先烈的血跡再接再厲地前進，不達目的誓不休！

乞援國際聯盟結果

國難中我人心理應有之大革命

劉辛覺

遼東已陷，滬濱被佔：我國家處茲兇濤駭浪之中，我國民益奮赴湯蹈火之志，于是有義勇軍之組織，有經濟絕交之勵行，有南北統一之呼號，我人民以自為謀也如此，雖然我猶有感也，日本侵我國，我當道諸公不能無愧于心，侮我民，我等又豈能無自省乎，值此國難當頭，我人除努力于抗日運動外，余以為須檢察自身已往之過失而糾正之，用作斯文也，

一、勵耿直之節

中國士風，夙重氣節，御史諫臺，嘗有拂袖鬧殿，面劾同僚，犯虎威，披逆鱗，身戮家誅，概所不惜，晚近政壇盛倡政略與政策之說，只求目的，不擇手段，于是在上所好，在下成風，時至今日，迎合之心理，圓滑之手段，比比然矣，昔宋用李邦彥計，罷李綱以謝金人，大學生千餘人首上書請願，軍民因之而集者數萬人，遊行撾鼓，喧呼動天地，數邦彥之罪而毆之，內侍被殺者，亦計數十·詔復用李綱乃退·東省告陷舉國激昂，京滬學生運動尤烈，于風雨水泥之中，奔走呼號而不懈怠·究之，較北宋太學生之毅勇堅持，相距何遠，然李綱奏中，尤每之以變士風為言·則今之學子益不深不自警也，

二、弭意氣之爭，

從來武人之亂，好動干戈，文人之亂好爭意氣，甚至內樹黨派、外結軍閥，國亡而不顧，中國黨禍

若漢之鉤黨，唐之牛李黨，明之閹黨，是皆以小人陷君子，不足論矣，若夫同屬時賢，共負重任，而猶各立旗幟，搖唇鼓舌斷斷以相爭如宋代士大夫者，則良深浩歎也，宋代爲一南北朝對峙之局勢，北宋與遼相始終，南宋適當金之盛，是時外患頻來，在朝大臣，不思團結，反日以傾軋爲事，眞宗時，親征與遷都之爭，仁宗時，獻幣之爭，迨至欽宗時戰守之論，割地請和之議，復不相上下，太原眞定相繼陷落，朝廷方詔百官，議棄三鎮之得失，金人嘗語宋使曰，『待汝家議論定時，我已渡河矣』，南宋半壁山河，于主戰主和意氣紛爭中，蒙古大一統之業坐是完成矣，凡茲史蹟後世之鑑，今外侮日急，國勢淩夷之際，乃有同爲總理信徒，同負革命重任者，彼此齟齬，各不合作，此卽意氣使然也，孔任方有詠燕詩云『日日爭門戶，今朝傍那家』，嗚呼國亡矣，身且莫屬，又何論派別之爭乎，從今後希望國人洗心革面，除此意氣用事之習，

三、打破個人主義，

今日國家水災匪患之如此重，外侮之如此深切，其原因雖多，然其最大病根卽國人祇知有己，不知有國，祇知有家族，不知有民族也，數千年來，中國未嘗與各文明國家相角逐于世界，致此病根不能改變，國人凡爲父母者，能攫取金錢以養其子女，子女能攫取金錢以奉養其父母，則社會必稱譽之，能得更多之金錢分其餘潤以贍其親戚者則更得社會之好評，至于錢之如何得來，義與不義，則不問也，岳武穆有言『文官不愛錢，武官不惜死，則天下太平矣』夫此事本屬易爲，而國人不能有者，卽以其養家也，

國難中我人心理應有之大革命

去年國府曾下令『在國難期中公務人員不得擅離職守』，于是搬家者更多，若謂公務人員需安置家庭，方能以全力從公，情猶可原，但多數人已愛惜其生命，又顧變其家財，謠言偶來，即持鈔擠兌，而不知倘銀行因之而倒閉，全國金融發生恐慌，國且不保，家之何有成，國人祇知有個人家庭之福利，全不顧社會國家之安危其害實甚，時之今日文官無不愛錢，武官大多怕死，其所以然者，皆由文武能攫錢，即受鄉黨社會之稱譽，不然反加輕視，此即病根之所由來也，國內青年學子愛國心切，比比皆然，及其脫離校門，態度忽變，其故亦在乎此，蓋無家庭負担，乃有愛國熱心，及受家庭妻子之束縛，一片赤心遂以淹息，于是雖爲惡社會合汚同流，亦不顧惜矣，二十一年前，武昌起義，先烈不顧身家，無父母妻子之情，三月十九日黃花崗理七十二人，慷慨急昂爲民族生存而死，有此捨身救國之精神，始有今日中華民國之實現，値此國家危亡，國人應痛改個人觀念，凡一事一物多要以國家利益爲前提，無論處任何困難環境，一舉一動，都以救國爲目標，若仍抱向社會攫金錢以養家庭之習念不改，國爲亡無日矣，

四、振文風

齊梁宮體溫李豔詞，此娓娓之文素不稱道，晚近佻達輕薄之文盛極一時，言必曰愛語必曰她頹廢虛靡，絕無剛勁勵節之氣，昔東坡謂『李後主不能爲天子而不失爲一詞人』，王静安亦云『生于深宮之中長于婦人之手，是後主爲人君之短處亦即詞人之長處也』夫以一後主足以亡南朝，今乃至數十千萬之李後主，中國危亡無極矣。

兵法云『攻心爲上』總理建設好重心理，今玆所舉者，皆屬內心之事唯其無輕薄之情乃能爲國犧牲成勇敢之士，唯其不競意氣，乃能容納衆長，實現黨治，唯其精誠團結乃能懲奸進賢，澄清吏治，唯其不顧個人，乃能忠心爲國，不及私情，嗚呼！寇深矣！我國人曷思之！曷思之！！曷深思之！！！（完）

翁旅長訓話（斷片）

各位整天的吵着要到前綫去衝鋒，究竟你們衝死了，就可以救中國嗎？要知道國家培植一個大學生出來，是不容易的，你們自己不怕死，也應當顧慮到國家的犧牲太大呀！不須說中國軍隊很多，用不着各位去衝鋒，卽使到了諸位犧牲的時候，也要領導着多數民衆去犧牲，才比較一個去衝鋒的力量來得大。所以宣傳工作及組織民衆，訓練民衆，才是你們所負的重大任務。

三月五日

胡說八道

胡伯琴

(1)緊張與弛散

人是感情的動物，中國人的感情尤其丰富，這句話你不想信嗎？

在我參加某次抗日宣傳大會的時候，我從丹田中提出氣力來，高喊打到日本帝國主義，打倒東京去，最後高喊中華民國萬歲時，眼淚充滿了我的眼眶，熱血在我的血管中奔流，我一些也沒有別的念頭，除了抗日救國之外，

口號喊完了，羣衆三個五個，一個二個，議論紛紛地分散了，我也囘到了家裏，啊喲！口渴得很！先叫僕人倒了杯茶，再抽了一根香煙，跑進了內室，煙茶加點心，沙發上躺着，很乏力，不覺睡着了，睡了後，就什麼也不知道了。

(2)東三省，上海，和我的家

七個多月前，日本人佔據了東三省，那時我嘆了口氣道：『惜，可惜！』三個多月前日本人又進攻上海，那時我蹬着脚說：『可恨，可恨！』一個多月前，十九路軍退守第二道防綫，那時我縐起眉叫，『啊喲！啊喲！』現在日本暫時不致再打進了，我又嘆了口大氣，慢慢說道：『還好，還好！』

因爲，東三省雖然我知道是中國的土地，然而離我的家太遠了。上海我更明白，是中國經濟文化的

中心，可是離我的家還有三五百里路，十九路軍退守，我眞的着急了，爲的是怕打倒我的家裏，現在僥倖得很，我的家暫時不要緊了。

(3)兩種不同的集會

我們宣傳到京滬線的C城，在化裝宣傳大會中大聲向民衆喊道：『軍民團結一致！打倒日本帝國主義！中華民國萬歲！』

同時，在C城的玄妙觀中、黃燭高燒，香煙繚繞，比我們會場中的民衆多上兩倍的人，在祈禱，在爲國祈禱，喃喃地唱着：『救苦救難護國菩薩！救國救難護國菩薩』。

(4)清潔運動與國粹館

大街上一隊一隊的人，西裝長袍，掛了銀圈圈和綢條子的做領袖，新的掃帚，一路掃過去，終年泥垢穢積的街道，猶如給前清高明官吏剷過三尺土皮似的清潔了。

我讚美這清潔運動！

十字路口矗立着一所高大洋房，門口掛着長長的粉白牌子，烏黑的字密密地寫在上面，二個短衣縛褲雄糾糾的人託着鉄桿子相對地站着。人們告訴我說：這是國粹館。

偶然的機會使我瞻仰到了國粹館裏的人物。很奇怪！他們各自在立着做夢。有的在夢中回味從口唇上嘗到了紅胭脂的美味。有的在夢中打呵欠，十二分盼望能橫倒榻上，吹一吹短簫，弔起一些精神。有

的在夢中考査竹質長方的彫刻品，還是一百三十六張的好玩，還是三十二張的痛快，他們又有一種共通的夢，他們同時都在盤算，怎樣可以多弄一些花花綠綠的紙。我瞻仰之餘，不知道該如何讚頌纔是，我祗希望：清潔運動再進一步！

(5)權變與英才

王主席切齒道：「奸商太可惡了，居然還敢進大批的日本貨，我們站在反日的立場上辦事，非扣留充公不可！」

ф ф ф ф ф ф

王主席泰然微笑道：(這張支票請帶回去，我是不能受的，不過，不過旣承你先生解释過，我還有甚麼不遵從的嗎？請你放心好了。)

ф ф ф ф ф ф

王主席鄭重地說：(前星期扣留的□□號的一批日本貨，現在已經查明白，的確係抵貨以前所定的，應照本反日會罰則第三條，收一成救國捐，將貨發還。)

ф ф ф ф ф ф

那獲得公道處置的商人稱頌道：(王主席者，今之臨機達變之英才也。)

(6)我們中國國民所表現的

蔡元培先生曾說過：『新中國的國民要有駱駝樣的精神，獅子樣的氣力，猴子樣的敏捷。』從九一八瀋變至一二八滬變，一直到現在，我們中國國民所表現的却是（猪玀樣的精神，綿羊樣的氣力，癩狗樣的敏捷。）

翁旅長訓話

我國的一切情形，都是無法的，但我們做事，應當勇往直前，在無辦法之中，找出辦法來，環境惡劣，我們就要同惡環境奮鬥，總不要碰了小小的釘子，便恢心隳意，或覺得難期有效，卽停止不做，我們奮鬥的精神，應當將死馬當作活馬醫。

三月廿四日

抗日中之婦女工作談

劉劍平

男女平等，是近代全婦女的要求，但是權利和義務是相因而成的，享權利，必須先盡義務，女子要求平等，必須從努力於對社會所應盡的義務上追求，否則如果單想享樂不盡義務，那就等於緣木求魚，永不會有眞平等的實現。

現在國難當頭，正是婦女們對社會盡義務的機會到了，全國女同胞，應該拋棄一切享樂，負起責任來，從事救國工作，玆將愚見所及，供獻給我二萬萬女同胞，作爲參攷。

1. 宣傳　宣傳兩字，久已成爲老生常談，當此國家民族存亡危急之秋，在城市中多般人已經知道國難的一囘事，附於鄉村及離京滬綫較遠的地方，能夠知道國難的人就很少了，並且知道的人，也不過知道有國難這囘事罷了，至於這次暴日侵略，是我們國家存亡，民族生死的關鍵，多數人是不關痛癢的，因此我們要把這切身利害的關係，努力宣傳！

宣傳不是一件很難的工作，祇要是口，就可以做，牠是不受任何條件的限制的，一個人能做，十個人亦可以做，早上可以做，晚上亦可以做，晴天可以做，雨天亦可以做，祇要我們有信仰，有決心，有毅力，有精神，我相信，我們隨時隨地，都可以獲得相當的効力，當與暴日作戰的時候，宣傳更爲重要，効力也更大，我們可以使軍民一致，充實殺敵的力量，得着最後的勝利，卽使我們或許因爲軍械

的不良，不幸而一時退守，那末藉着民衆的幫助，反敗爲勝，也是很容易的事情，我希望全國的女同胞，振作精神，從事宣傳，用我們愛國的熱忱，像發狂般地，逢人便談，有空便講，人多要講，人少也要說，務使中國人個個知道帝國主義侵略的危險，抱定抗日的決心，以打退敵人爲止，

2.救護　有人說：男子去當義勇軍，女子也要去當義勇軍，直接參戰殺敵，可是像我們這一無訓練的女子，跑到戰場上去，能力上一定比不到一個兵卒，徒憑血氣之勇去犧牲，是沒有價值的，參加作戰的目的，在消滅敵人的戰鬬力，假如能直接殺敵，固然最好，否則增進我們自己軍隊的力量，也是好的，所以救護是一件非常重要的工作，並且這是特別適宜於我們女子的，因爲敵人如果把我們的兵士彈傷了一個，那末我們殺敵的實力，就因此減少一分，傷十人就減少十分，救護工作就是努力醫好受傷士卒，使他們能夠早日跑到戰場上去，補充殺敵實力，如果我們能夠治好一個傷兵，前方實力，就增加一分，治愈十個，就增加十分，如果你能醫好很多很多的傷兵，那末不比你親自參加，作無謂犧牲好得多嗎？這叫做分工合作，在這個時間，女同胞們，應當多多團結同志，學習救護，這是應該而切要的。

3.軍需　在作戰的時候，軍事所需要的東西，很多很多，能維持兵卒們的健康的衣食，以及作戰的工具，時時需要不斷的接濟，如果偶然供給不週，對於軍事上的影響很大，所以我們民衆要盡力捐募供給，使軍事長官不爲着計劃軍需而致減少了他計劃殺敵的精神，說起來眞傷心，我國政治，誰都覺得黨政當局，高唱建設建設，可是實際上呢？有許多能幹的人才，上了台往往因爲終日把籌劃經費做了他唯

一的要事，把本來要幹的事情，反而弄得無計無劃，不能按步進行。（貪官汚吏，祇管個人升官發財，當然不在此例）所以我們對於前方抗日的救國軍，應當努力設法接濟，使軍隊得以殺敵致果，不因軍需困乏而受影響，這於軍事上既爲重要，而且是我們女同胞所極能做的，有人說：『民衆自一二八滬變以來，經濟貧困，已達極點』，但是，爲國家的前途計，民族的生存計，我們決不能顧惜目前的犧牲，我們女同胞當知道，上海作戰時，後方的民衆，仍能高枕安眠，這完全是前線忠勇士兵，犧牲一切，拚死而得的效果，要是沒有一二八的抵抗，恐怕眞的已經中了暴日的狂言，我們早就在日人鐵蹄之下，做着偸生苟活的亡國奴，甚者已經成爲槍刀下之怨魂了！所以在此東北失守尙未恢復之時，我們要節衣減食，將我們的衣食和金錢，供給勇敢抗日的將士們，，我們要哭泣跪求全國的同胞，積省金錢，供給抗日所需，同時我們各地女同胞，要一致聯絡起來，務使消息靈通，採辦敏捷，譬如甲地接到前方消息，想去乙地徵求，而乙地已經盡其所有的送到，這工作，我們女子是極宜做的。

4.犧牲一切　我們既然在危急中負起救國的責任來，我們就要設想，假如敵人抓到我的時候，怎樣辦呢？至少我們要受訓練，要鍛鍊身體，這個我並非說，我們一定要結合大隊人馬，操練齊整，但是我們至少要能利用武器，假如敵人到了我們的面前，我們要用種種方法，去誘惑敵人，煽動敵人消滅敵人爲着要免除這些，所以，要無機會湊巧，我們要假獻殷勤，去離間他們，偸探消息，或者竊取重要命令和地圖等等，綜之以犧牲一身而能博得敵人受重大創傷爲原則，在特殊情況之下，如果能使敵人的損傷

重大，那末卽使犧牲貞操，也要去幹，凡我女同胞，應該認淸，犧牲個人的色相，而能保障國家民族的生存，對社會對國家，都是光榮的供獻，願我女同胞，放遠眼光，各盡所能，羣策羣力，救此危亡的國家民族。

現在上海停戰協定，已經簽字，政府抗日的決心，使人懷疑，因此我們更應時時准備，刻不懈怠，因爲東北數萬方里的土地，我們要想恢復，三千萬同胞，我們要想救援，我們應當從此團結一致，長期抵抗；把日本人打出門外去，敬以十二分的誠意，請求女同胞們，衝破舊禮教的束縛，犧牲個人一切的享樂，一齊振作起來，負担救國的責任，

(完畢)

滿蒙統計小研究

張俊英作
魏文驥譯

(一)所希望于讀者的

在未入正文以前，應當告歉於讀者的，就是製作本文的作者，知識本來非常淺譾而以前搜集的一些統計，又葬送在這次日本帝國主義者的炮火之下，因此；這篇文章，掛漏的地方，在所難免，所以要向讀者告歉，希望讀者鑒諒。

(二)滿蒙的面積及人口

所謂滿蒙，就是滿洲蒙古的全地域，總面積實達二十八萬餘方里，但是爲現時中日問題交涉主體的地域，却是東北四省，其面積及人口如左表：

	地方別	面積（方里）	人口（人）
滿	遼寧省	一二，〇〇八	一四，九八八，五六〇
	吉林省	一七，三六〇	九八，〇七五，六三〇
	黑龍江省	三七，七七四	五，一三三，七三〇

熱河省	一〇，一六八	四，五〇〇，〇〇〇
蒙 三省接續之內蒙古未開地	三，〇四〇	——
計	七七，三一〇	三三八，一九七六九二〇

（註）一里＝三，九二七三啓羅

一方里＝一平方里

（三）各種分類統計

A耕地面積

據調查東三省的耕地面積爲：

省別	可耕地（町步）	既耕地（步）	未耕地（同）
遼寧	六，四五九，八〇六	四，五〇三，八八一	一，九五五，九二五
吉林	一〇，七一四，七二八	四，八六六，七五九	五，八四七，九六
黑龍江	一二，四八一，〇二九	三，八三一，一六八	八，六四九，八六一
計	一九，六五五，五六三	一三，二〇一，〇八〇	一六，四五三，七五五

註一　一町步等于十分之一平方啓羅弱

註二 如將耕地面積以人口分配時，遼寧一人得『三反步』吉林一人得『五反三畝步』黑龍江一人得『七反四畝六步』平均一人得『四反五畝二步，』日本內部的耕地面積六百餘萬町步人口一人平均得『一反○二步』

註三 (一)一反(步)＝十分之一町步(二)一步＝六尺平方

B森林地面積及木材

滿洲不但有礦物埋藏量豐富極有名的撫順本溪湖等的煤鑛及鞍山的鉄礦等而且還有如左表之廣而且豐富的森林地和木材，

地方別	面積（町步）	立木（石）
鴨綠江流域右岸並渾河流域	九八○，八三一	三六二，三三三，六八○
松花江流域	一，四三六，八三九	八七四，○三六，○○○
豆滿江流域	八三三，五六三	四二○，四○○，八○○
牡丹江流域	六三四，九六六	四三○，九五○，九○○
拉林河流域	六三三，七七	三○○，四八九，八○○
中東鉄路東部沿線	二，六五一，○六三	八九八，二九六，五五○
三姓地方	五，二九○，九九二	二，六一五，三○一，八○○

大興安嶺	一四，○○○，○○○	五，六○○，○○○，○○○
小興安嶺	一○，○○○，○○○	三，五○○，○○○，○○○
計	三六，四六一，一二八	一四，九九一，八○八，五三○

石——尺——三十三分之十米達

C滿州的主要農產物及其生產額

種目	數量(石)	種目	數量(石)
大豆	三七，一二五，四○○	豆類	二，六二三，五○○
高粱	三六，五六六，七○○	粟	二八，七二六，三五○
玉蜀黍	六，二九三，三○○	小麥	九，八五七，九○○
水稻	一，四二四，二○○	陸稻	二七○，七一○
雜穀	一六，五七四，四○○	計	一四七，○九四，一○○

D關於礦產

種目	數量(噸)	備考
鐵礦	十五萬萬噸	水準上 十萬萬噸
石炭	三十萬萬噸	水準下 五萬萬噸

火　油　火油之生產雖尚未發見而只撫順炭田所有之頁岩之埋藏量已有三萬萬一千萬噸。

菱苦土鑛　製鑛用及其他之用途極廣滿州出產者鑛床雄大世界無與倫比現今年產額三萬噸

以上之外尚出產滑石，耐火粘土，硅石等工業原料品將來頗有望又貴金屬及稀金屬類亦頗有望，

註　母油岩有豐富火油成分，

E 其他

1，羊毛　出產數量甚多，惜無確實之統計，

2，獸皮　生產年額約在三千萬枚之上，

3，棉花　棉花生產年額未明，但年年增加，可種棉花之地有二百二十萬町步

F 滿州各種出產物最近三年間之輸出額表

種目＼年別	一九二七（圓）	一九二八（圓）	一九二九（圓）
農產物	二七六，八三四，六一五	三六一，六三一，五八七	三四〇，三五九，六一五
工產物	一八四，八〇一，二六三	一六六，四五六，八二三	一四二，〇八二，六一八
鑛產物	六〇，八四〇，八八八	六六，四二一，一六一	六六，六四六，一三三
畜產物	一〇，二〇六，五五二	一五，三九七，二八九	一四，七二〇，一〇八
水產物	三，六四四，六七〇	三，六二九，四二三	四，八八九，二九四

林產物	九，四八四，六五六	八，四六○，七六○	六，四九六，一三九
計	五四五，八一二，六四四	六二一，九九七，一四二	五七五，一九三，九○一

註　圓　日本貨幣單位　現今日金之一圓換銀洋一塊三四毛

G滿洲三港之貨物輸入額

	輸入額（海關兩）	從日本輸入額（5）	百分率
大連	二一六，○八三，八四一	八三，三六一，四八七	四四%
安東	四九，七八八，六，五	三六，三三四，一六○	七三%
營口	五二，二六九，一九○	六，七五九，○二三	一三%
計	三一八，一四一，六三六	一二六，四四四，六七○	四九%

註　據右表由日本之輸入額占總輸入額之49%則日本帝國主義者對滿洲經濟侵略之激進昭然而見

（四）日本帝國主義者之經濟侵略

A日本帝國主義者之滿洲投資額

日本帝國主義者之滿洲總投資額約十四萬六千餘萬圓（日金）其內容如左表：

形式別	金額（圓）
借款	二三八，○六二，三四二

滿洲本據會社	九一一,七五七,七八八
滿洲外之本據會社	一八七,三七三,六六五
不依日本商法之會社	三六,一二〇,四七六
個人企業	九四,九九一,五六〇
計	一,四八六,四〇五,八三一

註(一)滿洲本據會社　總店在滿洲之公司

(二)滿洲外之本據會社　公司總店不在滿洲

B 滿洲之鉄道

滿洲的交通,除有由營口入勃海灣的遼河及北滿的黑龍江,松花江之舟便外,可以說是全靠鐵道,這些鐵道的總長爲六千〇四四啓羅其中由日人直接管理或間接管理的二千七百〇四啓羅觀左表卽知,

鐵道名	區間	啓羅數	所屬
南滿	大連長春間支線共	一,一一四	日本
北寧	北平遼甯間本支線	八七四	中國英國借款
中東	滿洲里綏芬哈爾濱長春間	一,七二七	中俄合辦
四洮	四平街洮南鄭家屯通遼間	四二六	中國(日本借款)

洮昂	洮南昂昂溪間	二二四	同　(同)
吉長	長春吉林間	一二七	同　(同)
吉敦	吉林敦化間	二一〇	同　(同)
金福	金鎮城子疃間	一〇三	同　(同)
瀋海	遼寧朝陽鎮間支線共	三三六	中日合辦
呼海	松浦海倫間	二二一	中國
齊克	昂昂漢泰安間	一六三	同
穆稜	小城子梨樹間	六三	中俄合辦
鶴立崗	蓮花泡鶴立崗間	五六	中國
溪城	本溪湖牛心台間	二四	中日合辦
開豐	開原西豐間	六四	中國
天圖	池坊頭道溝龍井局子街間	一一一	中日
齊昂	昂昂溪齊齊哈爾間	二九	中國
吉海	朝陽鎮吉林間	一八三	中國

C 鑛產利權

滿洲鑛山之豐富，已如前述，而此大部分的採掘權與試掘權亦多爲日人所得：

遼寧省　鞍山（鐵）牛心台，田什付溝杉松崗鐵廠，暖池塘（以上石炭）

吉林省　杉松崗（鉄石炭）缸窰（石炭）夾皮溝（金）

註　以上兩省之鑛產採掘權及試掘權是民國四年二十一個條件中日本所得

撫順煙台　二煤礦之採掘權南滿安奉鐵路沿線之合辦權是日俄戰爭後日本所得

（二）森林採伐權

滿洲的森林地域及數量，上面也說過了，是很多數的，而重要的鴨綠江及豆滿江流域大森林的採伐權，雖爲中日合辦實際上却爲鴨綠江採木公司日人（經營）所操縱

五　結論

以上一，二，三，四項雖然很簡略，但重要的統計的大部分，却已俱備了。據此而日本帝國主義者對滿洲死力的侵略，昭然若揭，這是去年九月十八日以前常態，我們不要忘記了！

自九一八事件發生以後，全滿洲三千五百萬悽苦的中華民族和八萬方里廣袤肥沃的天然豐富地域，都被彼等暴惡的軍閥的馬蹄蹂躪了！

要把這三千五百萬多數的人民及八萬里廣大肥沃的地土從彼等日本帝國主義者的鐵蹄下救出，必須中華四萬萬人民堅固的團結起來抗日到底！

註　商工業方面之統計本文毫未提及尚希讀者鑒宥

五，十，於唯亭軍次

旅長訓話

你們要穿士兵的衣服，說在困難環境中，應力求節樸，這是不錯，但我們在社會上做事，應有專強的精神，和偉大的魄力，要從最困難境地中，建設起來，況且我們的動作和儀表，不是專給中國人看的，是給世界各國看的，我國大人物們辦公廳的玻璃窗破了，用紙糊起來，私人在名山大川，修起高大的洋樓，那種虛假的儉樸，只見其顯出國家衰落的樣子來，我們不要去學他。

三月廿八日

義勇軍三個字，是最好的一個名稱，你們要好好的保護牠，愛惜牠，不要把牠帶到臭的地方去，若是把牠帶到臭的地方去，這個名字也給你們弄臭了，要帶到香的地方去，使人人覺着這是很香芬的，一個人若不知自檢，往往到一處地方，你坐下啦，別的人都走開了，這是多末可恥呢，你們不要做這樣的人，要使人人都歡迎你們，

四月廿日

復旦同學的一封信

伯琴，炳德，中規，堅，邦華，諸學兄，及全體同志；

在偶然中與你們相會，又在偶然中與你們相別，可說相會時來得痛快，別時又來得痛快！談到痛快，使我想到人類最不痛快的耗血與滴血的生活。

耗血的生活是由於內在的，官蠹的吮吸和豪紳的剝削，滴血的生活是由於外來的，帝國主義者的壓榨所致，以上兩種生活都缺反抗性，聽人宰割，不肯將血整個的賣出，寧可一點一滴零碎賣出，終了想要灑一點血在我們敵人的刀上，也是不可能的事，終於呀！免不了以屈死了之！

你們的偉大乃是正幹着那痛快流血的生活，流血是有反抗的意義，流血主義乃是新中國主義！中國人一向把自已的血看得太貴重，於是不肯Whole sale(躉批)專愛做那Dealersale(零賣)的生意，可是中國人的血愈不肯整個的流，於是內在的官蠹和豪紳與際國間的大盜，愈使中國人終日不斷的在那耗血和滴血而終乃是屈死，流血而終乃是痛快死的。

我們爲人類犧牲的方法，不是耗血和滴血，乃是流血！犧牲的方法有了，我們祇要有一個正確的犧牲的對象，我們隨時都可以犧牲了，在我們未得到犧牲對象之前，倘望諸兄重死持義，然後才可以殺身成仁！餘俟再談，諸希爲國珍重，敬祝勝利！

學弟郭泰瑕二月卅一日于鎮江

宇宙中的中國人

盛成教授演講
雷樹栩紀錄

若是有人站在政治講壇上發言，那末這個人在政治上之人格如何，我們先要認清。我今天與諸同志談論政治問題，我首先要把我是怎樣的一個人，告訴諸位。我不是國家主義派，也不是共產主義派，我乃是一個中國人！宇宙間中國人中之一個祖傳細胞的結晶物，再重說一遍我……是……中……國……人！我不懂得什麼是東北人，西北人，東南人，蒙古人，四川人，廣東人，與江蘇人，我祗知道有中國人，不知什麼是省分，什麼是同鄉，我們都是同胞，四萬萬份子當中的一份子，

德國的大哲學家尼采在超人中說過，『德國是人中的超人』可是費修題Ficht却說『I am a Garman hat is a 』『我是一個德國人，不知其他』費修題的民族結晶思想，再加上尼采的民族精鍊思想的醞釀薰陶，使德國的人物確有超乎人類之上可能，所以他們死後，德國就出了一位鐵血將軍畢斯麥Jen Bismack給德國民族放了一個異彩遂使德意志民族思想，由理想進了實際，由開花而結果，所以一個民族要團結要有偉大功業的表現，先要存簡單的愛國思想，這種思想才適合于我們目下被壓迫的環境，纔有辦法這次——一二八——十九路軍所以斷然決然不顧犧牲而與暴日血戰者，即是這種單純思想救國——打——之實際表現，

我們要保存我們祖民已往的光榮歷史，如其不設法保存，我們民族的生命就會滅亡的，那末，我們

就是中華民族的罪人，我敢說在諸座同志，誰也不願做這個罪人，

我們一個民族生存在這大宇宙之間，人生的壽命——六十年一百年是有限的，但是我們全民族的生命是無限的，並且要一代一代的光榮偉大的遺傳下去，我們若是不向着這一點努力奮鬥的，即是愚人！蠢才！傻子！

人類的歷史可以說就是宇宙的歷史，那末他究竟有多少年呢？歐州自從發現了鐳 Radium 及銥 Helium 兩原子以後，學者根據地質學之研究以及由鐳變鉛的年齡，測得了過去二十萬萬年的歷史，又由太陽熱之研究推算，以及研究日射的結果而地球之生命，遂得決定今後尚有二萬萬年，由此可以恍然大悟，人類生命，民旅生命是如何的一樁事了，從前人的煩悶是宇宙無窮，現在宇宙有窮了，再證之愛因斯坦 Einstein 之相對論 Relativity 及最近之量子論 Quanta 更知道宇宙是有窮的，以此最長之歷史，將來二萬萬年過去二十萬萬年看起來，人類以及我們民族不過尚在宇宙之青春時期中，而各民族于宇宙中，今後在地球上如何的生存競爭，可以想像了，我們認識了此點我們決定以我們各個的小生命，去建造民族的大生命，

世界上最神祕之怪物，即是中國人，我們的思想—歷代的發明與建設—就可以表現這種神祕性的，以及屬于上意識，屬于中意識屬于下意識之種種不可思議之運動，都是中國人所以為中國人之特點你看長城是中國人造的，巴拿馬運河也祇有中國人能開，非州 Traustaal 之金鑛也是中國人開的，像指南針

針火藥，印字術，紙張，更不用說，全世界沒有一個地方，沒有一個地方沒有中國人的足蹟的，所歐美各國都驚嘆中國人爲神祕的民族，

中國人在世界上，過去有如此之光榮及功績，何以近代毫無能力，竟爲區區的日本所壓倒？此又爲歐美學者所驚奇的。日本之所以能逞強稱霸者，亦不是毫無原由，日本人確有高人一籌的魄力，即是日本人有人肯破肚子—爲愛民族的原因，把鋼刀插入肚腹而自裁—質言之日本人多能爲國家犧牲，而我國人民，很少能此，這是我們應該明瞭的，不過，據世界許多學者的批評，都說中國人之智力，確是勝過日本人—留歐學生，中國人一年能學會的，日本人至少須學兩年才行—所以我們要努力奮鬥，要犧牲一切而奮鬬，爲我二萬萬年以後之子子孫孫的老祖宗而奮鬬，我們要做子孫歌頌崇拜的老祖宗，我要給他們保持着無上的光榮，不要使後輩子孫指着我們呪罵，罵我們不知甚麼是人生，

四月廿五於唯亭一五六旅隨營學生義勇軍政治訓練部。

吳淞陣中日記斷片

鄧啓圻

一月廿八日

昨天晚上演習緊急集合，從發號音起到集合畢止，總共七分鐘，動作仍然很慢，講評之後，已經兩點三十七分鐘了，因夜間失眠的緣故，睡到很晏纔起床，洗面之後，即用早膳，

近來外交情勢很惡劣，我們在兵房裏仍然加緊訓練，因昨晚夜間演習的緣故，早操停止，到早膳之後纔出操，收操之後，和各官長到宿營地附近一帶偵察情形，我們預定的計劃，第一步圍守河邊一帶，和砲台連成一線，最後的一步，便死守兵房，和砲台成犄角，在砲台與吳淞鎮之間，形成一個中立的支撐點。

今日砲台灣車站的搭客很擁擠，但學生佔多數我偵察地形歸來的時候，經過車站，見商船學校的學生幾十名攜帶有許多行李搭車向上海方面去了。此地老百姓拖男帶女的很多，個個面上都帶着一種驚惶的態度。

午後兩點鐘和梁君龔君兩人到團部謁見團長，團長已經返家裏去了，乃到他公館訪他，關於作戰的計畫和防禦的各種準備，商量很久，然後返部。

因為我担任的防禦區域，係在砲台之右，吳淞鎮之左，關於戰時的連絡種種問題，不能不和要塞司

令部協商一切，乃卽乘馬到要塞司令部，剛巧鄧司令已經出去了，乃請謁他們參謀長，但參謀長又已經出去了，只得見到他的副官長及少校參謀羅學材中尉副官林效星，和他們磋商警戒地域的區分很久，幷和他約借工作器具，然後辭出，因爲我們每連只有四把小方鏟一柄鶴嘴鋤，整天的做也做不得許多之工事。

晚餐之後，召集各官長將最近的情況，和一旦戰事發生的時候，應付的方法，告訴他們，幷率領他們沿着江邊一帶偵察地形，和決定構築之工事地區，歸來已經入夜了，令各連乘夜構築工事，因爲白天工作，容易被敵人的海軍看見，幷且使民衆恐慌，我們軍隊方面，必須表現出一種沉着鎭靜的態度。

燈下翻閱軍用地圖，劉排長來報告我說：「公安局派了很多警察，在街的週圍各處洗擦標語幷且派了一個警長請求我們，要我們派些士兵把砲台灣附近抗日標語洗擦」我囘復他說：「老百姓寫的可以擦，我們寫。不能擦。

各連做工事至十一點鐘始收隊，我在燈下作筆記，然後就寢。

廿九日

昨夜晚上約摸兩點鐘的時候，接到高團附的電話，知江道灣寶山路一帶，已經開始接觸了，我接到這個電話，馬上披衣起身，出到辦公廳外邊，向門上操場一望，正下着霏霏的微雨，步槍的聲響，隱約可以聽得到。

吳淞陣中日記斷片

我們守備的區域太闊了，一個排哨警戒，在平時已經不能週密，何況已經入了戰時狀態呢，遂派傳令兵叫各連長來營部集合，將最近戰況告訴他們，并派陳連長耀率領他那一連全部，并附第一連之一排，機關槍兩挺，向砲台灣車站推進，任全綫警戒，其餘各連一律裝束好，在寢室內休息，等候命令，從午前兩點鐘起到天亮止，各方面的諜報，情況，命令，通報，和電話的聲音，往來如織，再得不到合眼的機會了。

曉色微茫的時候，大砲開始轟擊了，猛烈的音浪，傳到我的耳膜，匆匆洗面之後，卽乘馬到要塞司令部，但鄧司令未有返部，見不着，只見到副官長稍談幾句話，便告辭出，乘馬沿江邊一帶視察，那時黃浦江出口的船特別多，汽笛的聲音，滿江都是，但砲台灣馬路上的行人，比較往日稀疏了，寂靜了，并且個個都帶着一種驚惶的面色，尤其是砲台灣車站，除了我們自已的部隊和一個站長以外，鬼也見不到一個，因爲昨夜的微雨，路上還溼滑，半途遇着團長莫團附將一切機宜指示與我，然後返部。

早膳之後，再和莫有波胡煥然陳國雄三人沿着江邊一帶陣地詳細考察，對於兵力配備，亦斟酌更改，令第一連專任宿營地四週的警戒，二三連按日輪流，担任江邊一帶警戒，并將營內戰時後方的各種部署方法規定，然後乘馬返部。

途中見似學生的民衆，大隊約有三百人，手執着旗幟，沿砲台灣一帶的大馬路巡行，呼口號，散傳單，他們的口號，『工農商學兵團結起來，打倒帝國主義，民衆自動武裝起來，士兵們自動抗日』，

等等口號，沿途大呼大叫，並沿途招呼民衆去開會。

返部之後，因昨夜先眠，并防今夜戰事，乃午睡約兩小時始醒，未幾團長打電話來，着我派兵士看守商船學校所存儲的槍械，因爲據警區和當地的民衆報告，反動份子，想乘機活動，并想先搶奪那些槍械來做作亂的武器，我想這班人的罪惡，比任何軍閥都要大，現在國家危亡，到了千鈞一髮的時候，還想來作亂，試問是何居心呢？遂即由機關槍連派步兵一排前往看管，據學校裏面的人說，那些槍都是壞槍，係中央發給學生作軍事訓練用的。

晚餐之後，再赴車站一帶視察，點名時集合一三連和機關槍連訓話，勉勵他們要努力殺敵，爲國犧牲，盡軍人的本分，國民的天職，并解釋對敵人海空軍襲擊時，應付的方法，然後就寢。

三十日

昨夜沒有特別的事情發生，但上海方面的槍砲聲，通宵不絕，很像廢歷的除夕一樣，朝早起來，接到團長的電話，着派步兵一連入要塞司令部裏面駐紮，我遂趕洗完面，和胡連長去見要塞司令鄧振銓，却巧鄧司令又不在，只得見他的副官長，和他商量住地很久，他們好像很不願意我們進去駐的樣子，據他的意思，一則恐怕我們士兵防礙他們動作，并損壞他們的機件，二則沒有地方駐，我覺得已奉了命令，不管他們願意不願意，也要求他指定一個地址我們居住，當時那位副官長便引導我們在砲台內巡視一週，要塞內的兵房倒塌很多，副官長對我說，「唉眞的沒辦法，這些房子倒了很久，也沒錢修理，十月

份的伙食纔領到一千塊錢，其他不要說了」，我覺得很奇怪，我說現在已經是正月了喇，那麼你們這三個月吃什麼呢？他說這都是我們司令官自己出法維持的啊，你看探海燈的皮帶坏了，要八十塊錢修理，也沒得辦法，探海燈沒有了，打起仗來，眞危險啊，我想南京的鐵道部和其他什麼院……等等都修築得這麼漂亮宏偉，何不拿出錢來修理修理要塞呢，難到大門不要緊，而內房倒要緊起來嗎？

我們看過了兵房之後，再到前面看看各種大炮，計南北砲台共有大砲十六尊，最大口徑的三十八生的，但係前膛砲，另外有小口徑砲十幾尊，這些砲都係清朝張之洞在國外買囘來的，砲式很陳舊，發射動作很慢，目標又暴露，又沒有高射砲，故此對於空中的防禦，是完全沒有的，據副官長告訴我說，「要塞內的彈藥，若果連續發射，只夠兩小時的使用」我愈想愈覺危險，

返營部後集合第一連訓話，把這囘的任務告訴給他們知道，然後使之出發，用膳之後，走到江邊一帶視察陣地，并順步到吳淞鎮，那時鎮上的居民紛紛搬走，從吳淞到上海小汽船可以往來，鎮上獻出一種紛亂狀態，團部已經搬到鎮外的村落，遂到團部謁見團長，談話片時卽辭出，乘足蹴車返部，并令第三連接第二連的任務，

午後用電話和茹苓談話很久，并藉此知道閘北方面的情況，

晚餐之後，到江邊海濱旅社附近散步，旅社的主人係英國籍，已經避到上海去了，只留下幾個工人在那裏，我站在旅社的門口，看見黃浦江的流水，仍然是澎湃地奔馳，但江上船隻已很稀疏了，太陽的

餘光，映得江水通紅，好像顯示着未來的大流血，我站着很久，纔轉回到砲台灣車站來，陳連長給一張上海報我看，戰爭發生後得閱報紙，纔第一次，我感覺到本路軍有史以來的戰績，從沒有這一回的偉大殉國諸烈士的精神不朽了，後再到河邊巡查步哨，至六點鐘纔返部，燈下作日記乃就寢，

四月一日

早上沒有事，早餐之後，和陳連長莫連長周營附三人到江邊陣地一帶視察工事，預計戰時對空中防禦，將各陣地要點，一律要加築掩蔽部，今日江邊一帶更寂寞了，往日的汽笛聲，槳的聲，完全聽不到，但上海方面的槍砲聲音，倒聽得很清楚，路上的行人很少，偶然碰到的，不過係兩個衣衫襤褸，窮無可歸的小百姓，從江邊歸來之後，和王書記到商船學校，因為該校裏面存有一幫廢槍，係平時軍事訓練的時候使用，現在據警局的探報，一般反動份子很想來強硬取去，拿作搗亂的武器，故此要我們特地派了一班武裝兵在那裏看守，但我們兵力太少，又要顧慮砲台，又要顧慮江邊，又要顧慮兵房，眞是防不勝防，後來決定由要塞司令部派副官長和守備營的營長各帶兵來，運回要塞司令部裏面存貯，

從商船學校出來之後，到福社旅社飲茶，那旅社係一西人開設的，主人的年紀已經很老了，精神很好，他很歡迎家們，他不怕打仗，故此沒有走，旅社裏面的設備，比海濱旅社更好，但價錢很貴的，我們坐了好久，吃了兩碗加厘雞飯然後算賬走，歸來順路到車站，碰見莫連長和楊醫官，就在車站坐着，談話好久，然後返部，因為肚子還飽，沒用吃晚飯，

吳淞陣中日記斷片

夜後派副官和上士去團部領子彈及蔴包手榴彈等軍用品，我并到江邊一帶巡查步哨，至十點鐘纔歸來，燈下作一家信，并作日記，然後就寢，

四月二日

早起之後，和莫連長再到江邊視察左翼陣地，酌量將陣地增加堅固，并加設掩護部，歸來用早膳，飯後到吳淞鎮上，想買一些零用的物品和日記部，在書店內翻來翻去，揀不到一本合意的，乃坐手車返部，

午後副官到團部領來民衆慰勞的食品幾担，民衆這樣子熱烈的幫助家們，是希望我們努力殺敵，保衛國土的，我們不要負了民衆的期望纔好啊，

晚餐後，乘馬隨團長到江邊視察陣地很久纔返部，

夜後到吳淞鎮上找梁文晤談，至夜深纔告辭歸營，燈下作日記，然後就寢，

四月三日

昨夜上海方面槍砲的聲音，通霄不竭，火光燭天，可憐錦繡的山河，竟淪亡於異族的砲火之下，清夜思維，眞有無限的感慨，我想在上海租界裏面住着華麗的洋房，摟着美貌的侍妾，慣會打通電，愛說風涼話的一般偉人，昨夜不知能睡得着否

早起之後，翻閱上海地圖，和閱各方情況，早膳之後，我正在房裏修理我的軍用圖囊，聽見遠遠有飛機翺翔的聲音，沒有好久，越聽越近了，我即刻背起圖囊，拿着望遠鏡跑出房門口一看，見有紅太陽的敵機四隊，每隊三隻，形成一個人字形，正盤旋在我們兵房的上空，料他一定是不懷好意的，遂即刻叫各連集合，帶到兵房外麥田疏開，跟着轟然一聲，好像地震一樣，料係砲台開始射擊了，我遂着各連取疏開隊形，向洋碼頭前進，各連到達洋碼頭之後，取疏開隊形停止，并派傳令兵通知第三連在原陣地固守，那時砲台的砲還繼續的轟擊着，約摸一小時便停止了，但敵人的飛機，大部份還在砲台的上空盤旋，施行爆擊，另有三架在兵房一帶偵察，但見我們兵房沒有動靜，他便沒有爆擊，這樣子直到下午，敵人的飛機始終沒有離開我們的上空，今天的天氣很冷，士兵們疏開在麥田上個個都牙齒打震，那時敵人的飛機已經停止爆擊了，總是在上空往來偵察，我想兵房不能再住了，遂令第二連在洋碼頭之右，機關槍連在洋碼頭之左，一帶小茅屋內宿營，本部亦在洋碼頭附近

安置妥當後，我到要塞司令部謁見鄧司令，由副官長帶我去見他，鄧司令住在一個新造未久的掩蔽部裏面，我到要塞司令部好幾囘，這囘纔獲識荊，鄧司令穿着一套靑絨的中山裝，頭上留着長髮，他的面部左邊有一粒很大的黑痣，他對我說，『眞不得了，敵人的飛機，沒方法抵禦他，我們對於空中總得想個方法纔好，現在我們的砲被他們炸壞了兩門，人被他炸死十幾個了，明天敵人的飛機，一定會再來的，我們總得想個辦法』，我只得學着北方同胞的口音，應了十幾箇『是』後，後來鄧司令又介紹我認識

吳淞陣中日記斷片

了滕參謀長久壽，滕君是貴州人，身體很肥胖，以數量計，我祇值得他三分之一，他對我的態度很誠懇，他又帶我去看那被炸壞的三十八生的前膛砲，據滕參謀長說，炸死了一個台員，炸死了十七名台兵，砲炸壞了兩門，砲台內周圍都是大洞，一個炸彈孔方橫總有四丈，深約二丈左右，我正在看那彈痕的時候，胡連長很慌忙的來報告我，問我怎樣辦法，我問他死了好多，他說沒有，我說那未有關係，我和滕參謀長週圍看了一囘，我遂轉囘掩蔽部，門口我們的團長又來了，遂同團長到各處重看一囘，乃步行返部，這時敵機還在我們的上空盤旋着，崇明島外浦東那邊的砲聲連續的快放，大概是敵人的兵艦，又在攻擊白龍港方面的砲台了吧，

今夜全個吳淞都像廢墟一樣的死寂，電火全熄了，電線和泥土磚石瓦鑠滿路都是，表現出一種荒涼愁慘的形狀，甚至連遠遠的村犬吠聲也聽不見，燈下電話往來不絕，命令通報連續的送來，直到十一時始獲作筆記就寢，

四日

昨夜接到胡連長的電話說，鄧司令因為避免敵人的飛機轟炸的緣故，已經漏夜搬到離要塞司令部後方十幾里的火藥庫去了，現在要塞司令部由滕參謀長及副官長負責，守備營亦退出砲台背後的村落了，我遂轉報告團長，

早起之後，天氣很冷，并且下着微微的細雨，近來我們在拂曉便用早膳，因為白天不能舉火，恐怕

被敵人的飛機和軍艦發見，故早膳在拂曉之前煮晚餐便在入夜之後煮的，飯後接高團附的電話，囑我趁今天下雨，敵人的飛機飛不起，趕快把被敵砲打爛的工事修築和增補，遂派陳連長吳排長唐排長和守砲的廖排長帶士兵到砲台右側的沙州集合，正在開工沒有二十分鐘的時候，從崇明島口駛入大兵艦四艘，離我們這裏很遠，我拿千里鏡看他的旗看不清楚，漸漸愈駛愈近了，我們砲台便發號音，奏的什麼號，我聽不清楚，但那四條兵艦，便停止了，我們見沒有什麼事，便繼續做工，那時從黃浦江內有兩隻小的日本驅逐艦，前後掩護着中間一只日本皇后船，船上載着許多人很迅速的駛出來了，離我們面前頂多約三百米遠，先頭的驅逐艦，和中間的皇后船，駛過了砲台之後，後尾的驅逐艦，突然開機關槍向我們工作中的部隊射擊，并向砲台發砲轟擊，砲台亦發砲還擊，我遂即令各官兵趕速進入散兵濠內，那時已死傷十幾個了，同時泊在吳淞口外的那幾個大兵艦，一面昇起太陽旗，一面發砲環向砲台轟擊，猛烈的砲戰便開始了，我站在散兵濠內，拿着望遠鏡看去，看得很清楚，敵人的兵艦成了一個環形行駛，一面環行一面發砲，我們砲台發的砲不準確，總是打落海面去，那些砲彈打落海面的時候，海水激起數丈高，真是奇觀了，我們砲台的砲發射得很慢，幾分鐘纔響一砲，但敵人的兵艦，一分鐘響幾十炮，炮台灣附近一帶，煙霧漫空，火藥的氣味，觸人鼻孔，強烈的聲浪，使人頭腦都失了知覺，天旋地轉一樣，那時我覺得隊伍通在這裏不方便，若果敵人一炮打死，豈不是就完了嗎，遂叫廖排長把隊伍帶回礮台、叫陳連長唐排長吳排長帶隊伍帶回洋碼頭，原來固守陣地的江排長，着他仍在原地固守，那時敵人的兵艦通

通拋了錨，並且在崇明島又駛入了幾艘兵艦，一共有十三艘，仍然繼續的發炮，但沒有剛纔這樣密了，同時我們炮台也沒有砲響了，我遂回洋碼頭打電話報告團長，回到洋碼頭的時候，碰見了莫團附，遂將情形報告他，請他轉告團長，敵人的飛機，在上海方面翱翔飛來了，一共有十五架，每三架一隊，成一個人字的隊形，盤旋着在砲臺的上空，施行爆擊，並沿着岸邊低空飛行，開機關槍掃射我們的隊伍，那時有敵人的驅逐艦三隻，沿着岸邊很緩很緩的行駛着向岸上偵察，那時風雨交作，江水很漲，敵人的兵艦，頂多離岸邊不過五十米達，心中只是焦急到不得了，兵力又少，防綫又闊，飛機整日在頭頂上飛着，動也不能動，他看見一個人，總要丟一個炸彈，放一排機關鎗，我們拿自動步鎗來打他，鎗一響他便下墜，好像青蜓點水的樣子，不知道的以為他是跌下來，那曉得突然低下，是丟炸彈呢，我想開仗以後，中國這麼多的飛機，連影子也不見一個，不是說下雨，便因風大霧大飛不起，但日本的飛機落雨也飛，本雪亦飛，甚至連夜晚也可以飛，眞是奇怪極了，到底還是日本貨好，怪不得我們的同胞死也要買日落貨，

天色漸漸入暮，敵人的兵艦飛機通通回去了，胡連長打電話報告我說，砲台內的官兵通通都回去了，我想眞糟糕，怎麼辦呢？他們回到那裏去呢，即刻打電話報告旅長和團長，并派固營附到砲台裏看看情形怎樣，結果沒得辦法，因為他們走到那裏去，是找不着的，只好自己多辛苦一點吧，

眞好極了，砲台裏面遺留下有幾十包白米，很多的罐頭食品，我想長者之賜，却之不恭，即令各

連派長伕去挑回來，我併打電話去告訴胡連長，說『鄧司令雖然回去了但他對於我們的贈與，不可謂不厚，卽使我們不念祖國的危亡，也要念念鄧司令的恩德，替他幫幫場面』，

晚餐後，團長派第五團第四連羅連長率本連來做我們的預備隊，我感覺到兵力太單薄，防線太長，並且敵人空中監視很嚴密，多留預備隊沒有用的，因為增加困難，遂決心將本營兵力全數展開，重新區分陣地，第一連担任砲台及砲台之左，併與第三營連絡，第三連担任海軍司令部面前的沙灘，及砲台右翼；與第一連連接沙洲之右，直至洋碼頭右五百米達一帶，歸第二連負責，每連附機關槍一挺，留第四團第四連及機關槍連為預備隊，同時為求策應右翼容易起見，將營部及預備隊移到砲台灣車站背後的一帶民房裏面，并囑各連掩埋陣亡了的我們的好兄弟，傷的趕快送到醫院裏去，各事佈置妥當之後，已經深夜了，[illegible]

我好幾天沒有返營部後方了，遂順步返兵房裏面看一看，各連的伙伕到砲台裏面挑了很多白米轉來，但機關槍連的伙伕還找得一副很精緻的鴉片烟具，我平生最恨這種東西的，馬上把烟燈打爛了，把那枝烟槍送入火爐裏去，後來有一個文書對我說，太可惜了，這枝烟槍的價值，最少可以夠窮人家半年的米粮啊，我細想起來，覺得很奇怪，堂堂一個要塞司令部，怎麼會有這些東西呢，遂再追問那個伙伕，因為恐怕他們去騷擾到老百姓家裏，後來那特務官說，是確實在司令部裏面一個很精緻的房間裏面抄出來的，但我始終不相信，因為要塞司令部，餉也沒得發，十月纔領過一千元的伙食，那個有錢去買一百

幾十塊錢一桿的煙槍呢，遂把那伙伕痛打一頓，

從兵房返到前方營部的時候，已經十一點鐘了，燈下作日記，然後就寢

五日

早起洗面之後，便用早膳，飯後沒有什麼事，便在車站附近散步，砲台灣的情景，前後不過幾天，便變成一個殘廢零落的荒墟一樣，前幾天還有些窮苦的老百姓，今日一個也看不見了，斷壁殘垣，處處都是，

日本人雖然兇惡，但他却怕英國人，因為車站隔壁有一間英國籍的什麼商船公司，高高的豎起一枝英國旗，所以他不敢向那邊發砲，砲台灣車站也得以久延殘喘，正好像像我們中國的大官富戶們住在租界裏一樣，任憑老百姓的死活都不關他們的事，車站背後有一間路警教練所，在未開火以前，我們夜間在那裏做工事，他那隊長來看我們做工事，他老人家很義憤塡胸的操着手勢說，打東洋人阿拉弗怕的，阿拉也要打一份的，我想他們也還在吧，順步到那裏面一看，已經人去樓空了，他們眞個是聰明的好漢

我從車站轉囘來，行到兵房附近，碰見了陳德才，剛剛談了幾句話，敵人的飛機來了，我說，我們歸囘隊伍吧，站在這裏不妥當啊，我遂轉囘營部，今日敵人的飛機來了九架，分作三隊，有兩隊在獅子林砲台的上空，有一隊在我們的頭上，飛得很低，開機關鎗向我們的隊伍掃射，敵人的兵艦又來了兩只，停在洋碼頭附近，向着中國公學和兵房發炮轟擊，並開機關槍來掃射我們洋碼頭的隊伍，天不祚

漢，這幾天的風雨，江水漲得很高，敵人的兵艦離洋碼頭頂祇多距離一丈，他兵艦的船頭站滿了很多穿黑軍服陸戰隊，目標又大又近，給我們一排機關槍突然側射過去，眼見他倒了十幾個，馬上駛向江心，一連向着洋碼頭附近的茅屋，轟了幾十砲，洋碼頭附近小民房通通都平了，

午後，和工兵排長程茂林到海軍司令部面前視察陣地，準備架鐵絲網，至午後三時許，纔返營部，

晚膳之後，帶領工兵排及第二連之一排，機關槍連之一排，到河邊築工事，今晚沒有月亮，最好了，但天氣很冷，吹來的海風，和利刃一樣，遠遠望見崇明島附近敵的人的兵艦，燈火輝煌，很像一個熱鬧的市鎮一樣，上海火燒還沒有熄，互相輝映，我們做工做到夜間十一時纔歸來，燈下作日記，乃就寢

哥哥死去罷

何陽標

(一)戰鼓響鼕鼕！戰雲彌漫中，抗日救亡聲洶洶！革命健兒要衝鋒：殺到遼東！

哥哥……死去罷！別訴離衷，國破家亡，留生何用？

(二)東北陸已沉！西南禍將臨！中華圖易色！人間好夢已難尋；我倆又怎忍心！

哥哥……死去罷！別要留痕，快醒華魂，莫待瓜分。

(三)(喪)鐘頻頻餉！極目盡荒涼！哀鴻聲遍野！日色慘無光！可憐的國民呵，多麼悲傷！大好的中華啊！却目送葬在亡國的坟場！

哥哥……死去罷！別細思量，無偷生而待死，從死裏而救亡。

(四)你我倆情濃，何等融融，驚神州淪落，何等凄愴，今日華北亡，明日華南兇！從此粵秀山頭，寶漢亭中，無我倆的遊蹤！

哥哥……死去罷！別要愁容，挽救危窮！爲國盡忠。

(五)聽來的耗音，總是傷心，傳來的新聞，總是驚魂，不是人心死，就是日寇侵，這樣的中華，何能久穩，元黄的子孫，怎忍糊混，

哥哥……死去罷！別要傷神，寧爲槍下鬼，不作亡國民。

（六）唯革命唯能真情，唯真情唯能革命，是誰都承認，可笑呀！奢奧談唱愛的人們，竟失了一種心靈，醉生夢死，從慾陶情，任國家怎樣飄零，鬼魂還未醒，

哥哥……死去吧！我倆是神聖的結晶，不忘革命，誓滅倭奴，復我光榮！

（七）金甌已破缺，倭奴勢猖獗，不戰國不存，不殺仇不雪，緊握着槍兒，緊扣着征衣！擲頭顱，灑碧血！

哥哥……死去吧！國亡種滅，那有歡悅，鐵騎橫雲！踏破富山缺！

（八）國勢飄搖，民生蕭蕭，外憂內患怎能了？亡國在崇朝，覆巢之下無完卵，說什麼愛情！唱什麼高調！

哥哥……死去吧！無自逍遙，還我山河，力挽狂潮，

（九）你我雖有可慮白髮的慈親，可憐手足的關心，可是呀！聽來的國土被侵，和難民饒命之音，却使熱血狂噴！淚溼衣襟！

哥哥……死去吧國不保兮家不穩，別嘆難堪，日禍日深，決難容忍，

（十）愛黃金，輕國家，慕虛榮，是最卑鄙的女流，地遭佔，權遭奪，民被殺，是最大的國化，我誓不作卑鄙的女流，你決不甘作亡國的死囚，大好的東京我們的歸休，

哥哥……死去吧！救國有路，別要心憂，日本不倒，誓不回頭

註（一）粵秀山乃廣州北郭外之山，爲越王留跡之地，登之可俯視全市風景概佳，今改爲公園，

（二）寶漢亭乃粵秀山麓之茶亭，遊山者多憩息于此

哥哥死去吧

從軍日記之斷片

張法舜

二月二日

噫！連日進攻上海之炮聲，不斷者已數日矣。予日昨至北四川路，尚能西裝革履，隨碧眼兒挺身通行。初不料至虬江路口，尚不見中日兩軍，匆匆然敗興而歸。今日再往，竟不能如法通行矣。一九三二年之生死問題，盤旋於腦府者，已逾廿四小時，今決矣。予決以此七尺之軀，葬身閘北。予先父張華飛於討袁之役，與吳祿貞同被刺於山西之石家莊，予父為國捐軀矣。為人子者，亦當繼續烈父之道志，此空前最好為國犧牲之機會，寧能錯過。予乃與同學李漢杰等，決於即日出發，冒險迂往前方，投翁旅殺敵。臨行復相誓曰：「倭奴未滅，誓不生還。」

上午十時，同學等數百人，齊集法政學院門首。歡送我等赴前方効命，照例致歡送詞及留別詞，最後，高呼口號，其聲壯且悲，即旁觀者亦莫不動容涕下，惟予等危坐車中，反覺泰然。俄而汽笛一聲，予離此可愛之打浦橋不知死所矣。

車行抵靜安寺路口，英陸軍正築沙壘，一兵操英語令車停，復詢予等將何之，驗查畢，始准車更前行，路過日本紗廠，目力所及，遙見洋樓之平台上，二日兵左手持機關槍，右手持望遠鏡，台下兩旁，計有尸體十餘具，均係我無辜同胞，予等覩狀，急令車夫窮汽車之馬力，飛越而過。及日兵知情開槍

，則予等已安抵我敬佩之十九路軍防地矣。

將抵閘北，遠見蜂擁八羣，迎面而至，及近睇之，乃日軍偵探二名，爲我軍擒得將待槍決矣。離八羣約百米，兩傷兵蹣跚道旁，一傷面部，一傷胸部，赤血殷殷由創口湧出，此可敬可佩之救國軍，，予等敢不以十二分之誠意致最敬禮。乃相約下車，敬禮後，囑夫車送此勇敢戰士，至後方醫院診治。予等乃緩步當車，抵太陽廟，前線戰事轉烈，砲聲槍聲炸彈聲，震耳欲聾，斯時宛如置身戰場，俄而飛機四起，爆聲隆隆，一彈落予側約二百米達之塘間，碰然一聲，水花四溢。景若廬山之曡泉，假非棄學校而就戰場，得賞此景乎？

抑更有令予畢生不能忘者，即飛機被擊後，由空際翻下之奇觀是也。蓋予等抵閘北後，即詢翁旅長旅部所在，輾轉二小時，始悉旅部已遷往眞茹。時已向晚矣，予等於萬難中覓得軍用汽車一輛，乃囑其開往眞茹。半途，遙見日機被擊下落，儼若『蜻蜓直下』，落地後，即見烏烟一團，斯時四野民衆之歡呼聲，不絕於耳。車抵眞茹，乃往七十八師師部探詢，得知一五六旅旅部現駐大場，惟時已夜，萬難通行。乃由祕書徐名鴻君着八隨予等往覓民房，於離市二里外得民房一所，予等得棲身之處，度此良宵，亦云幸矣。惟飢腸轆轆，已一日不食，乃往師部領餅乾一箱，聊以充飢。時朔風怒號，雨雪紛紛，此一間頹垣敗瓦之民房，孤立於萬頃田中，既無被褥，復無燈火，且風雪均乘隙光臨，將何以度此夕耶？不得已，四方提摸，得一束草於灶下，橫散地上，和衣而睡，自以爲能圓好夢矣，初不料甫及中夜，李漢杰發現蜈蚣一條，駭而大呼，全體爲之驚起，於是同學等均相戒不敢安眠，時復一時，東方白矣。

二月三日

雪霽天晴，惟道上泥深，依然半尺，起後，無水洗盥，乃由塘中汲得冷水一桶，開嚴冬冰水洗面之新記錄，因昨夜失眠，今日之精神異常疲乏，同學等均決於即日赴大場旅部，乃往參謀部接洽，伊囑待有汽車前往，距時復一時，借餅乾以充飢者又一日矣。下午五時，仍無汽車，知今日離眞茹無望，感昨夜之糟糕，乃分途覓較優之民房，於西南得一尼菴，菴居三尼，均粵籍，性和藹，悉我等均係學生，且爲救國而來，并表示十分欽佩，及予等踏入，烹茶煮飯，招待慇懃。予等於困苦中得此安慰，儼若置身天堂。時已薄暮，天際愁雲作慘色，各尼於斯時念誦晚經，其聲宛轉悽絕，動人心絃，予勇往直前之初衷，聞此聲竟將軟化，噫！佛之魔力大矣哉！是夜，以日昨過勞，更得良好臥榻，一睡入夢，及醒，已日上三竿矣。

二月四日

晨，洗面畢，決步往大場，乃給該菴茶飯資三元，并將所餘餅乾，全部奉贈，藉表謝忱。赴參謀部接洽汽車，仍無定時，乃於該部草繪地圖一張，作步行之參考，由眞茹出發，逕小道往大場，祇八里耳。道上逃難者，絡繹不絕，狀至堪憐。將抵無線電台，敵機四架，翱翔空際，彼或瞥見予等係衣學生軍服，於是開機關槍，兩彈落予前約五米達，迸石成火，光若飛螢，噫！自九一八事件發生以來，無辜之同胞，遭此慘刼者，誠不知凡幾，誰實爲之？孰令致之？抵大場後，悉旅部駐寶華寺，乃與同學等遷入

，該寺位於大場之東，予等居於寺內西部，房外卽花園，風景之幽，遠非囂塵之溷濁所可望及。以故吾人雖處於砲火連天之中，尙若置身世外桃園也。

更有足以增加我人之興趣者，卽於旅部得與復旦中公各大學義勇軍聯合一致，且悉復旦義勇軍於戰前寒假時，卽來旅部訓練，吾人正苦不學無死之技能，能藉資訓練，準備踏先烈之血跡以赴死，是卽予等排萬難冒萬險而來前綫之唯一目的也。午餐後，至寺側視察，戰壕地穴，雜位於沿河一帶，防禦工程，誠可謂盡善盡美矣，彭隊長頃謂予曰：『日昨吳淞暴日軍艦，擊砲七百餘發，飛機投炸彈六十餘枚，步槍彈無數，傷我弟兄，不過十餘人耳。』於此，吾人當深信精神可以戰勝物質，暴日器械雖利，如我何哉？夜八時點名後睡，夜半三時至四時守衛，因前綫緊急，衛兵之責任重大，是夜，毫無意外，亦云幸矣。

二月伍日

上午四時起，彭隊長令五分鐘內集合早操，乃不四分鐘，同學等已背槍林立於操場矣。蓋寶華寺爲第二道防綫，隨時有敵人襲擊之可虞，爲便於行動計，隊長令各員和衣而眠，枕槍而臥，故動作極爲敏捷，時朔風怒號，手凍欲裂，天上星辰，尙發其燦爛之光輝，予深信斯時所謂愛國學生，正擁其錦被，尋酣夢滋味，豈復能憶及前線作戰之士兵，身凍欲僵，尙竭力持槍實彈，作救國救民之最後掙扎乎？

是日早操，爲跑步半小時後，操步槍，蓋能跑爲當兵之條件也。操畢，手冷與肩痛齊來，加之軍人

須用冷水洗面，藉以增加皮膚之抵抗能力，八時早餐，九時操機關槍及迫擊砲之射擊法，一時休操，計操四小時，予等對於射擊之方法，亦得窺其一部份之奧妙矣。二時，操散兵綫及步槍之各種射擊姿式，類多偏重於實際應用，不注意於各種隊形之整齊法。四時休操，四時半午餐，飯後，天垂暮矣，予散步花園遙見遠方火光燭天，想係閘北之餘燼尙燃，誠堪痛恨，七時半睡。

二月六日

上午四時起，四時五分早操，仍復習跑步散兵線及步槍射擊姿式。八時早餐後，予等要求往吳淞火線實地見習，經彭隊長允許，乃乘軍用汽車前往，由教官郭堅領隊，至吳淞鎮，滿目悽涼，昔日之市鎮，今日之頹垣耳。瓦礫之間，有時尙隱約可見殘屍之手足，此均我無辜之同胞也。行抵江邊，遠見暴日軍艦，交錯江面，沙壘後見二兵屍體，一屍頭部炸裂，一屍胸部擊穿，均兩目怒視，似其胸中之餘憤，尙有未洩者然。予等向屍敬禮後，持槍靜伏，以爲暴日雖狡，豈能發現我等之行蹤？初不料轟然一聲，一砲彈由頭上飛過，繼而軍艦上之機關上聲亦聯珠不絕，予等面前之沙壘，被擊而沙塵四起者不下五六處，俄而敵機二架，由航空艦直上，向我等陣地飛來，時教官郭堅及學生等均鎮靜如常，若不知死神將臨者然，斯時敵機節節逼近，予等所伏之陣地，毫無遮蔽，郭教官乃下緊急口令，命予等迅速各覓遮蔽地域，以蔽敵機視綫爲要件，予等乃錯雜伏於頹圮之屋間，由瓦隙尙能窺見敵機迴旋空際，久之，以不得目標，胡亂擲炸彈四枚，冀圖倖中。旋卽飛去，至此，吾人乃恍悟，所謂飛機大砲之能力，不過恐嚇

耳。假吾人有良好之防禦工程，士兵有必死之決心，一切不足畏也。輾轉火線，約五小時，奉命歸，四時半午餐，七時點名睡。

翁旅長訓話

一個人無論持身處世，總要把眼光放遠大些，也不要把名利放在心上，正像總理所云，不要做大官要做大事，名利薰心，什麼都做不好的，應該把努力做事的結果及一切的利益，撒播在社會，民衆間，使牠自然而然的開花結實，我們不必一定要收其成。

四月廿七日

古人講舍已從人以爲善，在軍中，服從兩字，尤爲重要，你看意大利之墨索里尼，一人而兼總理，內相，陸相，外相，等要職，若不是意大利的民衆舍從人以爲善，焉能臻至治境，我們中國比墨氏精明強幹的也有——並且很多——就是我們人民嫻忌心太大服從性太缺，使做事的人到處掣肘，所以我們要觀察一個人做的事是于大衆有利的就當想法子擁護他服從他成就一樁事；不要一遇見人家做事，就反對，嫉妬，這最是普通一般人的病態心理，你們不可存留這種觀念，

五月六日

詩歌

盛成

出關殺敵

我是長城保漢族　我是中原豈容人逐鹿　我是黃帝子孫豈受人鞭扑　我是東方主人豈供奴魚肉　出關殺敵兮滿天紅　忠勇報國兮眞英雄　戰兮戰兮軍人榮　戰兮戰兮攻攻攻　戰兮戰兮我衝鋒　戰兮戰兮我是老松不怕冬

贈十九路軍

十九路軍國之光　十九路軍浩氣蓋沙場　戰兮戰兮民氣揚　戰兮戰兮暴日亡　戰兮戰兮我族壽無疆

抗日歌

抗日圖存兮黃帝之子孫　救國自尊兮新民之紀元　我有魂兮保我中原

三月廿三日　北平

新軍語

楊守文

軍中生活，我已有半年的經驗了，我們這個部隊，和其他的部隊不一樣，做事起來會做事，淘氣起來也特別會淘氣；高興守紀律的時候，紀律比任何部隊都好，高興自由的時候，譬如休息時喫飯站隊時，早晚起床睡覺時，常常有高興自由的事體發生，任隊長怎樣責罵，甚至于他自己氣死了，我們也是不負責的。所以我們的軍中生活，有些特別的新軍語。

一、立正（正字音要特別尖銳，尖到不能再尖爲止）這個口令，本不算『新』，但因牠是適用于床上，而不是在操場上的，所以成其爲新。原來在初到大場時，軍紀非常嚴肅，一天三操兩講，沒得說話的機會，到晚上歸了寢室，那整天除『報數』喫飯而外無所用的嘴，就要大展經綸了。我的左右旁鄰，一個是非滑稽聲調不出口的寧波老板，一個是非滑稽像不做的丘拔，我不過愛笑而已，其實是一個大大的好人，但我們三星聚會，就不得不說，不得不笑了。熄燈號吹過，我們的笑神經失了約束，郭教官滿肚皮的氣，跑來大喊『第一三班沒有，第二班立正！』啊唷！冷死人的天，全班從熱被窩裏跳起來，靜靜的眞眞的立了五分鐘，身上就祇有一件背心，冷得動也不敢動。好了，從此以後，我們祇要稍微笑一下，不用郭教官來管，大家就會用『：第二班立正』的聲音來壓制了。

二、老虎：我們的彭教官｜現在大隊長了｜起初是莊嚴的，我們對他也很莊嚴，他無論講甚麼動作

、都說『我們要同老虎一樣…』確實，他無論說話做事，走路，都像老虎。于是乎我們就送他一個尊號叫『老虎』，一傳十，十傳百，漸漸的，全隊人都不稱隊長而稱『老虎』了。

三、老婆；老婆，是個人名，到營的第三天，旅長令我們到他房間去，作個別談話，我們先行演習禮節，假定彭教官是旅長，李同學走去，在門外，報告！假旅長：來！同學進門一步，脫帽，立正，鞠躬。旅長問：你叫甚麼名字？我叫李爻，你家有多少人？有一個老婆……，大家笑起來，老虎也笑了。李同學連忙聲辯：有一個祖母……但無論他怎樣說，我們總是笑，而且事後想起就要笑，所以也贈他一個大家公認的尊號 老婆 ，實在，他的原名我已忘記了。

四、鬍子；鬍子便是我們的班長，說也奇怪，他的嘴毛長得特別快，修面不到兩天，鼻子下又是毛葺葺了。他那瘦瘦的臉龐兒，鼻下配上一點髯鬚，剛好像蔣總司令的玉照，我們曾經這樣地尊稱他，他却大過其官癮，索性留起鬍子來，但我們又用輕視的名字稱他 鬍子 —他依然是和氣一團，不多談話，笑笑而已，現在鬍子成爲他正式的名字了，有這樣的班長，我們祇八分淘氣的，却大膽的十分淘氣了。

五、快四碗同慢四碗；初到軍隊裏，飯是下等米做的，菜是清一色的鹹菜或豆付干，限五分鐘喫完，不準早到遲退，不到最末一碗不準淘湯，不準離開坐位泡茶，不喫飽咧，祇有挨餓的一法，所以大家拚命，把不願下喉的東西，硬塞到肚裏去，只有老曾，在四分鐘之內，吃完四碗飯，我們不得不心裏折服，尊稱他爲『四碗飯』。兩天之後，發現老安比他更快，四碗飯，在三分鐘之內就解决了！我們更加驚

服，衆口一聲的尊稱老安爲『快四碗』因此又有『快四碗』與『慢四碗』之分，後來宣傳經過蘇州，六十師在大酒樓請我們的客，聽說快四碗解决了十六碗，慢四碗解决了十四碗！唉，如果遇到荒年，我眞替他們急得慌！

六、洋沙發：我自已也得介紹一下：，我本不胖，但因隊中同志，多是瘦子，所以他們喊我是胖子，後來，法政學院來了一個眞胖子，他們便喊他爲大胖子，我是小胖子，這也罷了，後來，又來了一位女同志，肥肥的有說有笑，很大方的，他們異想天開，喊她是『沙發』，我覺得當面喊不好意思，便于會見時，高唱黨歌譜 | 05 04 06 | 05 61 07 | 02 01 這麽一來，人家都注意我了，他們因我姓楊，也夠做沙發的資格，便叫我是『洋沙發』，我雖會用革命外交的手腕，幾次提出嚴重抗議，但他們都怙惡不改，眞『好不氣死我也！』

七、下釘　一塊木頭上，本沒有空隙，你如釘下一個釘子，她仍然容下了，這是物理學上的奧妙。我們在閘北太陽廟參戰時，織組特務處，三四十人，連辦公室與寢室，共有房地五方丈，睡不下自然是不必說了，白天在外工作，到不覺得怎樣，一到晚上，隊長死死的把我們拘在房裏非奉令不準外出，因此大多數都去睡覺，去得遲的人想找一個安身之所，是不容易的，聰明的大學生，便採用物理上的奧妙，採取下釘法，先脫下鞋子，向橫陳着人叢中跳去，定有一人會被踏痛，趕快擠開，你便乘機把身體安置下去也就下去了，而且戰地是和衣睡的，樂得不蓋鋪被，反擠得一身大汗，這法子是最妙不過了，大

家沿用成習，便改就寢爲『下釘』。

八、夫子廟上 南京的夫子廟，有書攤茶園戲場，五花八門，無所不有，大家都知道的，我們的郭教官，整天的除上操之外，都愛同我們一齊玩笑，所以一到飯後，郭教官房裏，有著名武生小白龍，唯一小丑吳排長，十足女人余班長，粗大花旦雷幹事，著名京胡郭副官，另有象棋國手馬占山，牛皮大家羅久兒，羣賢畢至，少長咸集，難得有杯開水吃，郭教官房裏是供給所，長久不洗澡，郭教官房裏，可以脫掉衣服打打浴，寫信沒得紙筆書檯，郭官教房裏，一應俱全，每逢有人來參觀內務，破皮鞋臭襪子，趕快送到郭教官房裏去，要看軍事學，說岳傳，郭教官的房裏有，啊哈孔夫子的廟郭教官的房，是一而二二而一者也。

九、手溜彈，准尉領章同絲棉背心，有一次我問老劉擇愛人的標準如何，他說『我要手溜彈』我莫明其妙『隊長常說鎗支如愛人，要時時刻刻記念着，把他收拾得乾乾淨淨漂漂亮亮晚上還應抱着睡，難道手溜彈也可抱着睡嗎？那豈不太危險？』

老劉說；愛人有手溜彈准尉領章同絲棉背心三種，手溜彈攜帶便利，輕巧美觀，擲向敵人去，其効用也很大，但帶在身邊，往往有爆發的危險，就好此一個又漂亮又多能的女子，地會迷醉你不上進，或動不動，便提出離婚，准尉領章金恍恍的，遠看是一個尉官兒，但實際上不過是一個准尉而巳，這就好比一個漂亮而無所能的女子。絲棉背心，可以禦寒，聽說穿着可使子彈不入腹，到是有用得很，但背在身上，很不美觀，好像烏龜殼似的，這就好比是一個多能而不漂亮的女子。……』

得了，得了，以後介紹女朋友，一個名詞，就可以形容得淋漓盡緻，

我們的洗澡　山我們的隊伍開到無錫了，駐在一坐山的脚下，究竟是惠山還是龍山，！我們弄不清楚，但我們不跟着別人叫同樣的名字，因我們已製定了一個新軍語、叫做洗澡山，正好像一個工事，普過人說溝熟鐵絲網，樹枝，軍隊只說一個『工事』就完了一樣○洗澡山怎樣得名的呢？原來我們開到無錫的那天，天氣非常熱，每個人的衣服，都汗溼透了，到達目的地，既沒有洗澡堂，隊部又沒得水，有人發現山凹有綫流，水清，不深不淺，兩旁裸石如坐位，洗澡非常便當，大家爭去嘗試，果然不錯，從此每天下午，山凹處兩里路之長，盡是洗澡客，因名其山爲洗澡山，軍人無不承認的○

十一、飛機不知是甚麽人發明的，說女人是飛機，于是有新飛機，舊飛機，老飛機，小飛機，戰鬭機，偵察機，引誘機，轟炸機等等的分別○軍中無人不知，無人不說，端正的鬚子說，莊嚴的教官說，身膺特銜的女同志也說，但問起來源，的都莫明其妙○

十二、喔　這個特別聲音，更莫明其妙了，其爲音是像狗叫但又像鷄打噎聲○本來是表示得意的，但有時被罵，也發這種聲音，講話講到『只可意念，不可言傳』時，也是一個喔，軍中很是流行，有一次隊長曾經罵過，說，你們如果再鷄叫狗叫叫得我莫明其妙時，一定重重處罰，隊長話還未完，隊伍裏接來一個喔，隊長細查，到底沒查出是誰○

致戰士

程天爵

你們看不過把整個的國土拱手讓人宰割，
你們看不過弱小的人民在鐵蹄下哀號呻吟；
你們把眞理去和敵人的利槍對壘。
你們把熱血去灌注國人冰冷的心；
你們把響亮的喉嚨喊破，
將沈睡不起的一個個喚醒。
你們倂着擲去大好的頭顱，
你們不惜流盡猩紅的鮮血，
你們不計自已的利害和性命，
爲我民族爭生存而犧牲：
黑暗沈淪中現着光明純潔的眞理，
黑漏陰森間開着人們幸福之門。
可是現在！強權仍在跋扈濕飛揚，

一二八淞滬戰後

彈痕

葉楚傖署簽

執干戈以衛社稷

民國廿三年十月

吳鐵城

鞠躬尽力
死而后已

自信力者生命力之知其所當生，然後能死其所當死，信其自身之有力，乃能行其所自信。

陳立夫

陳立夫

無忘渝滌
楊虎
楊虎

永矢勿諼

陳焯

春秋大復仇
也

痛定思痛
書不勝書
求民族之解放
豈此血之糢糊
王陸一敬題

抗戰史實之一頁

民國二十三年 張玉祺

强哉矫

我武維揚
揚家之光

孫璞

君子以仁存誠以義為勇白
刃在前不能懼凶暴之气
不能懾蓋不在力之武由忠
義之壯也　錄張九成語奉題
覺庵先生一二八淞戰日記
洪蘭友

緒　言

現任上海市公安局西門分局局長李警覺庵先生，在一二八淞滬戰役，守土禦[illegible]殊建奇勳；蓋爾時李氏正居五區二所長任，地當衝要，職屬公安，宵旰從公，出生入死雖所統僅長警百數十名，而因精誠一貫，擘畫周詳，履險如夷，守身如玉之故，卒成懋績，以有今日。

氏於軍書旁午，戎馬倉皇之中，日必綴日記若干語，以誌當日之所經，積久成册，棄諸笥腹；余以其所紀，胥爲當時之真事實，堅乞其册，分刊報報，並誌『彈痕』兩字爲弁，以備他日有修淞滬戰史者，作輶軒之采焉；不識李局長示善否耶？

胡愍珠拜識

一二八滬戰日記

李警

自九一八事變發生，風聲所播，舉國若狂，抗日之聲，高唱入雲，而僑居上海北四川路一帶之日人，又如封豕長蛇，肆意挑撥，每日若開會，若示威，成羣結隊，橫衝直撞，希望事態擴大，適時余適長五區二所，該所東枕北四川路，自三多里起，迄川公路止，正屬一般愛國民衆結合場所，每至夕陽西下時，該段行人道上，昂首怒目之熱心人士，一聚千數，若逢日人遊行經過，無不髮指眥裂，劍拔弩張，無時無地，莫不有一觸卽發之勢，奉令維持秩序之余，竭盡氣力，歷四閱月之久，幸得一般民衆之諒解，官警之用命，在此淒風苦雨中，安穩渡過，不至成爲戎首，雖吃盡辛勞，淘盡閒氣，然對於國人，亦差堪告慰，惟日人對於五區二所，從此又加一番注意矣。

一月二十六日，風聲忽緊，閘北軍警團臨時辦事處，召集閘北各軍警長官緊急會議，討論防禦辦法，多數主張，將辦公處所發之沙袋鐵絲網，密藏沿鐵道口兩傍民房，免貽日人口實，當時余獨主張，將沙袋及鐵絲網，卽刻堆置各要隘，以備不虞，緣日人消息靈通，瞞無可瞞，況日人之來也，風馳電掣，不五分鐘，卽可到達目的地，如俟日人發動，始設法堆置，則時間上萬難辦到，是一切防禦物，豈不等於零耶，乃在座諸公，

均默無表示，余以責任所在，竟於是晚將各要口沙袋及鐵絲網，分別堆架，以防萬一，至下午八時，接警備司令部來電，以今晚十一時，日人有進攻閘北消息，務加意防範等因，當將全所休息官警，緊急集合，區分五隊，與十九路軍擇要布防，警備達旦，日兵未臨，而官警疲憊已極矣。

二十七日上午十時，據小兒太觀來報，隣居紛來探詢，公館有無遷移，此往彼來，無少間斷，緣敝寓密邇五區二所，而賤眷大小男女不下十人，一般民衆推測，萬一風聲緊急，賤居必先遷移，殊不知余負守土責任，何得作俑先避，矧抗日早具決心，國且危亡，何以家爲，兒女之私，彼時何遑計及，五時在五區署開會，決定虬江路鐵道口，由五區二所防守，川公路鐵道口，則劃歸警察第三中隊防守，以專責成。

二十八日上午三時，接公安局來電，以日人擬於天拂曉時進攻，務嚴爲戒備等因，又將全所官警集合，擇要布防，至八時，向各方探聽，均無日人進攻模樣，才令長警各回派駐所服務，是日寶山路一帶，遷家搬戶者，途爲之塞，至下午一時許，忽接探報，公共租界巡捕房，宣告下午四時戒嚴，紛傳今晚日兵決攻閘北等語，全所官警紛來請示，當卽曉以大義，勉令盡忠職務，毋負國家創設警察之旨，各官警咸點首而去，下午五時三十分，友人徐芹香，匆促來告，以據同事英人某通知，日人今夜十一時，決攻閘北

，可將眷屬交我，代爲設法護送租界安頓等語，當以職居所長，萬一先將家眷搬遷，不特引起秩序紊亂，並何以爲長警表率，卽婉言辭謝，然徐君熱誠，至今猶爲銘感，至八時接七八師張團長電，以市府答覆日領四項要求，日領認爲滿意，本團協防虬江路鐵道口之士兵，今夜暫向後退一步，該口着由該所加派長警嚴防等因，當卽加派警士四名，協同原派之警長一名，警士四名，前往防守，並將北四川路一帶加班及巡邏警士，一律撤囘，每崗僅留一警，伺日軍動靜，藉通消息，緣北四川路離防禦線千餘米突，多派長警無益於事故也，至十一時，風聲益緊，除崗警照常外，乃令林巡官岐山，率警長葉幼臣宋景德及警士桂斌鄧可襄等十八名，至虬江路鐵道口防守，一面將全所休息長警集合，聽候指派，至十一時二十五分，據站在北四川路虬江路口之三十五號崗警李鴻傑報告，値勤時，目見日本陸戰隊，大批出勤，情知有異，飛囘報告，卽有日兵數十名，尾隨追來，連連放槍，警以情形急促，卽吹警笛報警，虬江路派出所長警聞報，全體出所，幸未遭險，除報告防守鐵道口之林巡官外，理合據情報告等語，同時據巡官林岐山電報，頃間忽聞槍聲，並有日方形似士兵者數十名，疾馳而來，迭喊口令不答，反向巡官開槍，當卽督同長警，奮勇抵抗，當場擊斃日兵數名，嗣又有日兵，大隊衝來，巡官等竭力防禦，幸克保持防線，相持約十五分鐘，日兵改派鐵甲車衝鋒，七八師六團援隊，疾

馳而來，總克保守等語，當卽集合全體官警，馳赴策應，適六團三營營長，派人前來，以防守川公路鐵道口之連長陣亡，士兵死亡枕籍，機關槍又損壞不堪應戰，情形危急，請派警援助等語，當派警長牛季勳程松岩率警士二十名，交由該營營附率往增援，同時復據該團二營利營長來云，寶山路鐵道口及存仁里一帶，防務空虛，請派警嚴爲戒備等語，當派警長孫雲龍，率警士十二名，前往戒備，其時槍炮密如聯珠，而日兵迭次衝鋒，均不得逞，乃改放夷燒彈，炮彈所及，火隨而起，火光灼天，秩序頓亂，一班男女老幼，哭泣聲，震動里弄，縱心如鐵石，未有不爲之黯然神傷也。

二十九日天雨，上午三時，派援川公路鐵道口警士回所報告，警士王仲元季世英相繼陣亡，屍身槍械，無法抬回，緣日兵佔據廣東街岐峯小學二樓，安設大炮機關槍，居高臨下，防禦工事頓失効用，且鐵道口兩傍房屋着火，火光之下，纖毫畢現，防守該口之長警，祇得退後百米突，另謀抵抗，第日兵是時，亦以迭次衝鋒，均屬失利，亦不敢冒險前進，故陣線尙無大變動等語，當卽電告四區一所，請派救火車前來救火，乃靜候一時，渺無消息，只得轉告公安局，勒令押車來所，聽候指揮，至三時三十五分、七八師張團長，命在虬江路小菜場後，建築第二道防禦工事，至四時半，又命在虬江路口報警亭兩邊，建築第三道防禦工程，均限二小時完工，倉卒應命，一切材料全無，又在天

雨之中，幾無可措手，當卽督率全所官警分別至華商公共汽車公司，借來鐵鍬數十把，附近各米舖，借來米袋千條，並勸令境內尚未逃避民衆，分頭帮同裝運泥土，該二道防線工事，均克依限築成，日兵之不得逞，該防禦工程，不無相當之效力也，九時許，據川公路派出所警士李漢臣來所報告，警於二十八夜十一時三十分值勤時，見日本大隊向邢家橋路衝來，卽回派出所報告，方回身下樓，已被日兵包圍，將警鎗械繳去，續據馬起龍史文彬報同前情，並云警長武德，現不知下落等語，十時許，派警士劉漢川劉玉琢，護送眷屬出境，是日敵人飛機，於黎明六時卽盤翔空中，亂放炸彈，湖州會館內軍警團辦事處，及商務印書館，北火車站，均先後被炸，而對五區二所，又特別注意，常飛繞所之前後，施放炸彈，所左公興路，所右九如里，所後永興路等處，均被炸燒，下午五時許，敵機偵察尤密，時向五區二所施放機槍，及手溜彈，全所長警震駭，倉卒出所，不得已命在沈家花園派出所集合，詎知出所數分鐘，卽被飛機炸彈炸燬，全所文書簿册器具，及長警被褥衣服，均付焚如，至六時以官警要求，又退至儉德新村，第二游民習藝所集合，廻望虬江路一帶，火光燭天，喊殺之聲，遠聞數里，戰事激烈，可想而知矣。

、三十日天氣晴，四時許，集合長警訓話，曉以大義，勸以國仇爲急，努力殺敵，各

長警均知感動，卽整隊重回，假永興路市北公學，暫爲辦公地點，一面呈報張團長，以供驅策，乃地痞流氓，借地方秩序紛亂之時，乘機放火搶刦，若輩真別有心肝也，卽經派警四出緝捕，計拘獲放火者二名，搶刦者八十三名，下午二時，點驗全所長警鎗械，計有步槍三十五枝，駁売槍二十四枝，白郎林手槍四十四枝，長警一百二十八名，巡官三員，緣日人進攻時，川公路虬江路兩派出所長警，因在防禦線外，尚有十餘名，無法回所，而巡官卞家奎，書記王賁銓，貼寫王鼎九等五人，已於二十八夜，避入租界，故人數不齊，當卽通傳長警，有帶槍回所者，姑予收容，如有將槍送回，而人不來者，亦准免究，倘有帶槍潛逃，一經查獲，定予送局槍斃，經此一傳，帶槍潛逃之警長王福臣，警士朱仁等，均分別託人將槍送回，當時卽將王福臣等宣告開除，將奮勇作戰之二等警士桂斌，拔升警長，以示鼓勵，嗣後雖歷經危險，而長警始終不離，賞功罰罪，令出必行，實一最大原因也，是日上午十時十分，忽見十九路軍巡查隊，高擎奉蔡軍長命令停戰旗，巡行街道，一時寂然無聲，街道上來往行人，頓時擁擠，而一般困居戰地婦孺，均乘此時機出境，呼爺喚母之聲，充滿耳鼓，又有從租界回來之人，見房屋器具，焚燬一光，以積蓄已無，不禁有十年心血，一旦付諸東流之慨，竟有失聲痛哭，而至昏絕者，可憐亦復可恨，蓋國人祇知私計，不知國家存亡爲何物者。

三十一日上午四時許，旱橋一帶，忽聞槍聲澎湃，劇戰頗烈，約三十分鐘，寂然停止，事後調查，係出雙方步哨誤會所致，至十時許，見派送賤眷之警士劉玉琢劉漢川回來報告，以出境後，沿途步哨，盤查頗嚴，不無躭擱時間，至恆豐橋時，鐵門已閉，擬雇船引渡，又以捕房禁止，正在徘徊岐途之間，適逢督察員程若文，以太太大腹便便，承程督察員好意，將太太及警等，引居渠家，留宿一夜，翌日，再由程督察員，設法送到租界，現寓四馬路尙賢旅館中云，小兒女旣寄託有所，則殺敵之心，益爲堅決矣，是日，正在協議停戰之中，前線較爲和緩，翻閱日記，起草報告作戰經過，並呈請賞罰，當以一等巡官林岐山，指揮有方，請記大功一次，三等警士鄧可襄，不避艱險，破格提升三等警長以示鼓勵，此外升級記功，均視其戰時功績而定，至畏罪潛逃書記王貴銓，代理警長張文彬等，均以命令公告開除，爰在特殊情形之下，倘再依據向例辦理，實不足以資應付，至下午七時，翁旅長派兵來召，當隨至旅部，密交轉呈陳銘樞部長函一件，並限於一日上午十時前送到，卽於翌晨六時，派妥警投遞，幸依限送到，未至誤公，蓋翁旅長稔知余曾受業於陳部長故也。

二月一日，上午八時，奉張團長令，將本所辦公處搬入沈家花園後面指江廟內，與五團聯絡，至下午三時，奉張團長命，以大戰在卽，將轄境內民衆，一律遷移，以免危

險，當即派人四出勸告，一般民衆，扶老攜幼，奔走於途，情殊可憐，五時六團送來牛肉兩箱，餅乾六大袋，賞給本所官警，七時送來蔴袋二千五百條，限令漏夜裝置泥土，運赴寶山路寶興路青雲路各防線，即經督率所屬，招募伕子，漏夜裝送，幸未誤期，是夜前線各處，雖聞槍聲，尚無激戰，

二月二日上午，五團亦送來餅乾六大袋，牛肉數箱，當即分賞各官長警，蓋是時前線，漸形緊張，境內住民，搬居租界，已十之八九，惟有少數窮苦無告之男女，逗留境內，苟延殘喘，間有漢奸十餘人，混雜其間，希圖趁火打刦，擾亂治安，幸官警用命，嚴密防範，致若輩不得逞，但食物缺乏，購買蔬菜，殊感不便，迭得多量牛肉餅乾接濟，於感謝之餘，亦足使軍心一震也，八時許，六團又送來蔴袋三百條，限一小時內，裝泥運竣，亦經依限交代，下午一時許，日機忽來偵察，見辦公處左右前後，停有搬場汽車多架，誤認爲十九軍司令部，即放藍烟報告，未幾日軍大炮，即向辦公處集中攻擊，本所屋後，落大炮彈四五枚，屋前落大炮彈十餘枚，雖牆壁玻璃被震，有數處塌壞，幸未爆發，所以得免危險，約一小時後，炮聲稍稀，即飭長警押同汽車夫，將汽車運藏附近民房內，一面令全體官長警，俯臥牆下，以避日機耳目，三時許，日機重來偵察，以無所見，悠然而逝，事後有多事長警，竟將炮彈檢送團部，經華團長指示危險要點，即

予收埋，是夜槍聲頗密，青雲路警察第三中隊部，卽於是夜被日軍炮炸，三隊長警，紛向退後，惟戰線尚無變動，而虬江路口一帶，據赴參戰長警回所報告，並未發生激戰云，是日以書記王貴銓於戰前離所，至二日前來領餉銀，又去而不回，値此軍書旁午之秋，該書記竟私爾忘公，畏葸不到，殊屬不合，卽予開除，同時卽請姚君耕愚，担任書記工作，姚君曾充蘇省府秘書處科員，人品學問，均極優勝，但在此槍林彈雨中，肯惠然就聘，熱心愛國，實屬難能可貴也。

二月三日天氣陰沉，舉目四望，皆現悽慘狀況，六時許，前線槍聲沉寂，率長警十餘名，四出梭巡，到處見破垣殘壁，及道路被日軍大炮轟炸痕跡，且於里弄之中，見有餓死者，及被流彈擊斃者，死屍累累，臭氣四溢，派警押同前日趁火打刼之囚犯十數名，從事掩埋，掃除工作，道路里弄，爲之一新，蓋若輩本已奉溫局長及翁旅長等口頭命令槍斃，第以人數過多，且多係無知愚民，概予槍决，心有未忍，乃囚禁一室，給以飯食，留作苦力，予以自新機會也，十一時許，日機十餘架，環繞本所左右數週，至下午一時，忽然炮聲大作，離所左首數十武空地，落彈數十枚，幸未開花，至五時許，七十八師與六十師換防，長警誤會，以爲十九路軍退却，同時第三中隊及五區長警，均向後退却，行經所前，長警更形惶恐，羣來請示，當經曉以大義，並極力鎭攝，始各安定，

同時有三隊長警等數人前來，請借搬場汽車，當告以該車係十九路軍託爲保管，無權借貸，乃該長警誤爲有意刁難，悻悻不平，含憤而去，致種後來該隊長警向余放槍之兆，亦云險矣。

二月四日天氣陰晴，八時張君嵩團長，派兵傳至六團團部，告以五團奉命調防，此後悉聽六團華團長調遣指揮，至九時許，奉華團長令，至六團團部，命派官長警二十名，防守八字橋，緣日兵瞰知八字橋防務空虛，已向該處進襲，而六團士兵在閘北者，已悉數派防，僅餘一連，遠在大場，一時無法抽調，囑派官警迅往抵禦，明知該處隸五區轄境，防禦工程，一無配置，以連戰七日之長警，本已成强努之末，不堪再戰，第以八字橋地屬要隘，萬一該處失守，日軍分兵包抄，則防守寶山路及天通菴兩綫，均陷危境，權衡輕重，只好不顧一切，勉力擔承，囘所後召集官長警曉以大義，勗以爲國捐軀，雖死猶榮，當有巡官林岐山，奮勇投前，自願率警二十名，擔任該項重大任務，將出發時該巡官集合長警，慷慨陳詞，努力殺賊，其一種英武肅殺之氣，大有聲寒易水，氣貫長虹之概，惟臨行時，警士吳金庭所佩之駁壳槍，忽然走火，雖未傷人，終覺不是好兆，詎至十一時許，正在抽調長警預備換防之時，忽見警長牛季勳囘所報告，巡官林岐山，被日軍機關鎗鎗傷左腹，勢極沉重，同時警士董岑等，已將林岐山抬囘，全所長警，

目覩斯狀，嚎啕大哭，當卽派十九路軍託爲看管之搬場汽車一輛，運送真茹醫院救治，詎該院以破腹接腸，器具不備，僅上消毒止痛藥，卽囑護送警士，轉送上海醫治，其時華租兩界，交通斷絕，乃商准十九路軍，由中山路經法租界送同德醫院，察驗結果，大腸擊斷四截，子彈深入腹內，幸經曾立羣先生，施用手術，佘士能先生悉心診治，並注射强身劑，精神稍濟，在院療治一月餘，得慶更生，亦云幸矣，林巡官於九時出發，抵八字橋時，已發現敵兵，佔據沿街樓房，林巡官當卽分配長警，擇要佈防，奮力抵抗，戰約數十分鐘，前線鎗聲忽寂，乃偕六團所派之某營附，同去視察地形，並指示戰略，被日兵探知，用機關槍掃射，致身受二槍，是日全所官長警，爲之胆寒，巡官鄭衍昆姜春崧，相繼離所，警長劉克功劉玉森程松岩，亦不假潛逃，集合檢點之下，僅有長警百零四名，鎗九十五枝，且各有坐立不安之態，當以情形緊急，飛報滬局長請示，至下午五時十分，奉令向四區界內退却候命，乃又向儉德新村續退，同時報告六團華團長，以免誤會，至八時，在彭浦汽車站集合，卽分配長警，擇要佈防，是夜北風凜烈，長警席地而臥，上無覆蓋之被，而下乏墊身之毯，寒風砭骨，肌肉盡癟，至五更時，均不臥而起，僉云惟其死於風寒，不如死於前敵，決議明晨仍回閘北效命，回望八字橋一帶，火光燭天，鎗炮聲如聯珠，振耳欲聾，而扶老攜幼之災民，陸續向真茹逃避，途爲之塞，

其有弱不能走，因受寒不能動，伏臥道傍，數亦不鮮，一種慘痛形狀，實令人目不忍睹也。

二月五日天氣陰晴，派警向老百姓買得白米五斗，鹽菜蘿蔔數十斤，分鍋煑飯，席地而食，雖屬粗米蔬飯，然在饑寒交迫之下，能得一飽，已爲幸事，至十時許，五區區員牛玉麟來訪，正在談話時，忽日機向站傍投擲一彈，聲震屋宇，該彈適落辦公室之窗外空地，被擊之處，深計一丈，幸未爆炸，但落彈之處，垠沙飛舞，辦公室窗門玻璃，被垠沙擊成片片，飛撲身上，幾數千粒，三粒飛至牛區員前，將牛區員皮鞋，擊成三穴，亦云險矣，二時許至五區晤區長王之敬，決定將長警移駐恆豐路二百八十號內辦公，惟該屋尙有少數三隊長警及王隊長未去，乃至隊部，與王隊長接洽，該隊門崗，竟記不借搬場汽車之恨，百般刁難，幾經解釋，始得入內，嗣與決定三隊長警，於下午四時，一律撤囘南市，本所長警由四時三十分，移駐該處，至五時，率隊至恆豐路時，三隊長警，仍有十餘人未去，手持駁壳槍，俯倚樓房，向我長警連放百餘鎗，雖係一種示威舉動，亦見該隊長督察不嚴，有以致之也，六時卽將奉令移防情形，報告旅團部，是夜卽分配勤務，仍令各長警至五區二所服務，以維地方治安。

二月六日，天氣晴，上午八時至旅部謁鄧旅長，承蒙奬慰有嘉，並令歸六團華團長

管轄指揮，十時至六團謁華團長，即令派傳令兵二名，長駐團部，專事傳達命令，一面令飭征集小貨車十輛，以資應用，是時住民逃避一空，拉車者亦藏車不拉，征集車輛，頗感困難，幸余在五區二所幾近二年，人地熟識，乃將平日推小車者，一律傳集，曉以大義，公平分擔，各車夫亦有所感，如擬攤派，準時集合團部候命，下午六時，訂臨時管理長警辦法九條，由所令公布施行，以資整頓。

二月七日，天氣晴，八時率長警七名，至虬江路一帶巡邏，見鼎元里南首及馨德坊一帶，均被炮火焚燬，斷垣殘壁，倚傾可虞，而沿途彈痕，比比皆是，在虬江路方面，我軍仍以寶山路報警亭爲第一道防線，正在戰壕中，與士兵接談時，日機十餘架，軋軋飛繞頭上，盤桓五分鐘，向西飛去，同時聽得八字橋一帶，炮聲隆隆，喊殺喧天，蓋雙方正在衝鋒拚命時也，至九時，行經沈家花園，見公用自來水亭，被炮彈炸壞，該區街道，水深盈尺，即經派警飭水電工人修理，第以北四川路自來水總管，亦被炸壞，無從着手，當商由華團長，將水管關閉，以利通行，免誤戎機，下午四時許，巡官程衍昆同所，訓以努力殺賊，免干咎責，是夜前線無戰事，蓋敵人目標，已移到江灣吳淞一帶，故境內反覺沈寂也。

二月八日，天氣陰晴，製就三角旗一面，上書上海市公安局五區二所巡查隊十三字

，給長警於出巡時，當先領導，以免友軍誤會，並每警發給白色臂章一方，纏於左臂，以資識別，下午一時，奉鄧旅長手令，撥歸第一團黃團長指揮，二時馳赴團部，與黃團長商妥，轄境後方勤務，統由敝所長警負責維持，並派傳令兵二名，聽候差遣，至七時，第一團調防，訓飭長警，加緊戒備，免被敵人乘虛襲擊，並通傳全體崗警，所有境內居民，只准搬出，不許入內，緣日來每逢日軍猛力進攻時，即有逗留境內之漢奸，四面放火，以爲聲援，爲維持後方治安計，故稟准鄧旅長，通傳軍警，入夜不准居民逗留，以免漢奸混入也，八時許，寶山路及來安里一帶，敵人幾度衝鋒，均經擊退，防線仍無變動，十時許，率警至寶山路口巡視，見十九路軍士兵，斜倚戰壕，託鎗待放，仰觀天空，黑雲黯黯，萬籟無聲，一種陰慘氣象，觸目驚心，倍增感慨焉。

二月九日天氣晴，八時許，據來安里飛星公司請願警王甫臣報稱，於昨日下午四時，由該里內逃出，現該里內有日兵五六十名，內有機關槍二架，手提機關鎗十餘架，盒子槍三十餘枝，又龔家宅路交角處，安放大炮二架，並在該公司屋頂，望見廣東街川公路鐵道口南首，趙奇峯義務小學露天操場上，日人亦置有大炮二架，機關槍五六架，士兵數十名云，當即據情報告鄧旅長外，一面集合長警，告知日兵備配情形，總計虬江路來安里及川公路沿綫日兵，不及兩連，其無力進攻，改變作戰計劃，可想而知，下午鄭

重奉准補充巡官，抵姜春崧缺，卽勗以努力殺賊，無負保荐之旨，並將巡官勤務分配，俾專責成，而免貽誤。

二月十日天氣晴，上午八時許，日機六架，由東而西，飛繞本所辦公處數匝，爲避免危險計，卽令長警，一律入屋簷下，或地洞內，並禁止居民吵鬧，詎一般百姓，不知預防方法，見日機來，叫囂張皇，扶老攜幼，東碰西撞，途爲之塞，日兵委無心肝，卽在共和路一帶，施放炸彈數十枚，辦公處窗門，亦被震倒，麥根路車站，受彈十餘枚，燒毀庫房數座，金陵路被擊一穴，深約丈餘，並炸死一人，警士彭文甫，値勤回所時，腿部亦被炸傷，日機在空中盤繞約三十分鐘始去，事後呼爺喚母聲，痛哭房屋焚燬聲，耳爲之聾，至下午七時許，有漢奸五名，由九如里後頭挖牆進內，在大椿里二十五號放火，當火光上沖時，日兵卽向虬江路方面進攻，當時前線戰事，則由十九路軍竭力抵禦，火場秩序，及救護工作，則由本所長警担任，惟因缺乏自來水，故施救困難，直至九時許，始行撲滅，至放火漢奸，當時協同第一團士兵，弋獲四名，解送團部，尙有一名，在人聲嘈雜之中，竟被漏網，入夜日軍在虬江路覓生路，幾度衝鋒，均經擊退，防線仍舊，而長警又忙碌一夜矣。

二月十一日天氣陰晴，是日前線沈寂，一無鎗聲，乃率巡官鄭重，長警牛季勳等數

十名，分途掃除街道，抬埋死屍，緣一二八戰端一啓，衞生局辦事人員及清道夫，不知退避何處，以致垃圾塞途，汚穢不堪，而被流彈傷亡之老百姓，暨老弱餓死之乞丐，均無人埋葬，日子一久，汚氣薰蒸，實屬有礙衞生，今日較閒，故率警清除，免得釀成瘟疫也。

二月十二日，天氣晴，上午八時，由四區署轉來局令，以本月十二日起，停戰三日，後方治安，仍由區所隊維護，一般長警，聞此消息，羣來請假回家，探視家屬，當曉以日人狡計多端，應宜刻刻提防，未可因一紙停戰傳諭，放鬆防務，况在密邇火線之區，後方治安，關係重大，吾儕應存爲國忘家之念，不可以兒女之情，繫於腦海中，致減殺敵觀念，正在訓話時，又接鄧旅長傳諭，據密報日人陽示求和，私向沿蘇州河一帶襲擊，包抄後方，務嚴爲戒備等因，卽經當衆宣佈，各長警始信有預見之明，是夜卽在沿蘇州河一帶，嚴爲戒備，戰事幸未發生。

二月十三日天氣晴，日間無戰事，至夜八時至十一時，日軍在福生路虬江路等處，向我軍防線炮攻數次，均未得逞，確見日人求和，絕無誠意也，是日上午十時起，至下午二時止，奉旅部通知，境內居民，出入准予自由，是日男女老幼，前來看視與搬取物件者，途爲之塞，所有人力車小車等，均大敲其竹槓，無不利市三倍，十二時許，在儒

林里碰到鄰居某某等，均怨我不事前通知，或及早搬家，予以暗示，藉免臨時張皇失措，空受驚怖，緣境內居民，在戰事未爆發之先，羣來探詢，及見我家大小男女十餘口，安居未動，認爲無事，相率不搬，所以事後相見，羣相見責，殊不知我因守土有責，不如一般老百姓之得以自由也，下午五時許，據密報警士劉子玉孫北辰吳清臣三人，潛入人家，先後搬取皮箱十餘只，於十二日有大皮箱八只，車往電話局門口，並將陸續寄放電話局之件，一併車去等情，當以警察以保護人民生命財產爲天職，況値國難當前，凡我同胞，均應敵愾同仇，共禦外禍，該警等如果借警察之名，行强盜之實，委屬罪不容誅，卽經將該警等解除武裝，嚴密訊審，詎該警等，抗詞强辯，諉爲其岳母所有之物，當查得該警岳母等，亦非富有之家，何來如許皮箱，正在再四研詰之時，不料該警忽發暴性，惡言相向，卽將該警禁閉，擬送公安局偵審，乃全所長警，以當戰事吃緊之秋，整頓警紀，固屬當務之急，第同袍有年，該警等尙屬初犯，環跪案前，請求從寬處分，卽予禁閉二日並由各長警出具連環保結，公告開除，並令出具甘結，以後不得停留境內，貽害人民，幷又集合長警，曉以大義，勉以盡忠職務，無負國家設立警察之旨，全所長警均爲感泣，嗣後雖吃盡艱辛，不發怨言，有由來也。

二月十五日下午九時，集合全所長警，檢查武器，計警長十二名，警士八十九名，

步槍三十二枝，子彈一千七百粒，駁壳槍二十四枝，子彈一千一百十九粒，手槍四十五枝，子彈五百六十一粒，馬槍一枝，子彈四十五粒，查本所共有長短槍一百二十五枝，步槍每枝配子彈一百發，駁壳槍二百發，手槍三十發，自一二八後，川公路及虬江路兩派出所，被日兵包圍，損失長短槍二十餘枝，川公路口戰死警士二名，又損失二枝，連日參加作戰後，僅剩長短槍一百另二枝，每槍子彈，平均不及五十發，精神物質，均感疲竭，所幸官警用命，尙能一鼓作氣，願與暴日拚命耳，下午九時，由四區轉來消息，日兵有沿蘇州河包抄後方企圖，當卽嚴飭長警，特別戒備，以期無忝職守，除加班值勤外，均荷槍實彈，整裝待命，如臨大敵，至夜半忽聞槍聲，羣來探視，見余安若無事，乃重復歸棚，坐以待旦，其實余當時全副精神，均注意在前線戰事，第爲安定軍心計，不得不故示鎭靜，以壯長警之膽耳。

二月十六日，天氣晴，除派長警沿蘇州河一帶，嚴加戒備外，寶山路虬江路一帶，寂無槍聲，乃率警至永興路一帶巡視，適永興里內失火，同時有年約七十餘歲之老人，見長警拚命救火，渠竟用汽油灌澆，一再阻止，輒言我是來救火者，那麼大的火，怎麼還不救呵，如瘋如狂，語無倫次，是否受日人買託，潛來縱火，抑係傷感過度，發神經病，不得而知，爲救護公衆安寧計，只得將該老人，暫行綁綑，禁閉空屋內，一面督警

盡力灌救，至下午七時，始行撲滅，乃將火場搬出之箱籠物件，封置一室，登報招領，並將該老人押送出境，沿途囑咐崗警，不許該老人再來，事後檢點，長警焦頭爛額者，計三四人，至八時許，回所，已倦極矣。

二月十七日上午前線，雖時聞疎落之槍聲，乃係日人步哨示威，我軍並未還槍，至十時許，復率巡官鄭重等，至虬江路口永興路寶山路口一帶巡視，並在戰壕內，與十九路軍士握手閒談，據告日兵訓練極熟，可是膽子極小，蓋每逢日兵衝鋒猛晉時，一聞我方伏兵槍聲，卽四散潰退，倘被我軍包圍時，有向我軍合十跪拜求釋者，但不十分鐘，卽整隊返攻，行伍一點不紊，確見其訓練功夫，實屬不可及也云云，至十二時回所，下午將本所長警勤務，重行分配，計在止園路以東，則注重巡邏，每班派警八名，巡官一員，警長一名，來往逡巡，止園路以西，擇要設崗，嚴密檢查行人，以免漢奸混入，而一般老百姓，以日來槍聲較稀，相慶無事，相率聚叉麻雀，真是燕雀在堂，不知大厦之將傾也，下午二時許，集合休息長警，檢點武器，結果發現步槍五枝，手槍二枝，機件損壞，不堪應用，乃卽派警轉送公安局，飭科修理，一面呈請將代理警長蘇先耀桂斌史文彬等補實，以資激勸，下午十時，前線槍聲忽密，蓋日兵以連日前線沉寂，竟爲我方或疎於防範，故向虬江路一帶襲擊，殊不知日兵狡計多端，早在我方軍事當局意料之中

，所以刻刻提防，故日兵衝來時，卽受很大打擊也。

二月十八日，上午一時許，日兵因襲擊不遂，改用炮攻，永興路電話局屋頂，落炮彈一枚，穿牆而過，後門亦落炮彈一枚，未爆炸，而局內機件，擊壞不少，乃集合長警，整裝待命，至六時槍聲漸寂，飛機又發現空際，戰雲密佈，頓形緊張，上午十一時許，育嬰堂路被日炮流彈擊斃行人一名，年約三十許，姓名未詳，至二時許，接第六團通告，日兵有包抄右後方企圖，沿蘇州河一帶，由該所長警，嚴密戒備等因，當與四區及第六中隊商妥，分配防地後，乃將所有休息長警，一律撤至沿蘇州河負責防守段內佈防，下午六時，奉團部令，以大戰在卽，漢奸可慮，無論何人，不許入境，以免騷擾後方秩序，至八時許，日兵改放夷燒彈，香山路鴻福里一帶，被彈炸燬民房三十餘幢，至十一時許，始行撲熄，同時日兵向虬江路一帶衝鋒數次，均被我守軍擊退，乃率警至沿蘇州河一帶巡視，壕內長警，均聚精會神，注意對岸行人，各具一種果毅態度，私爲欣慰。

二月十九日上午一時，虬江路一帶仍有小衝突，至六時許，敵方頻放空中開花大炮，彈落永興路育嬰堂路者數十枚，哨兵與崗警，均避站有掩護之牆簷下，路上行人，爲之裹足，同時奉旅部通知，以前線連日作戰，境內被流彈擊斃之行人，及餓死之居民不

少，着卽刻收埋，以重後方衞生等因，當卽督率官警，押同夫子，分班收埋，至下午三時許，才行竣事，計收埋男屍三具，小孩死屍四具，三時許永興路電話局又着炮彈二枚，損壞機件頗多，派往看守該局之警士，頗覺自危，前來請示，當告以該局建築堅固，且離前線約有二百咪，較在壕內守禦之警士，安全許多，仍令回局服務，下午八時以大戰在卽，着各警士將槍械擦拭，以備應用，詎有警士張秉鈞，擦槍失愼，彈傷伙夫劉萬順腹部，卽僱車運送法租界寶建路大華醫院醫治，雖經施用手術，將彈取出，但腸穿數穴，血流過多，性命堪虞，殺敵未成，士卒先傷，眞是意料所不及也。

二月二十日，虬江路福生路一帶，前哨步兵，時有小接觸，陣線無變動，本所長警仍在蘇州河一帶，擇要佈防，是日天氣陰晴，好像暗示大戰之將臨也。

二月二十一日，晨間無戰事，惟戒備森嚴，本所境內，絕鮮閒人來往，乃率警至閘北華商公共汽車公司前後左右，視察一週，見十九路軍迫擊壕機關槍壕建築頗堅固，而掩護隱蔽工程，亦很適宜，所以日機迭來偵察，終未爲窺破，緣十九路軍，因日兵利用夜戰，故每至下午六七時許，卽令迫擊炮隊機關槍隊，分佈要隘，至天亮卽撤回，虛虛實實，所以令日兵莫名底蘊，並避日機之偵察也，下午五時，敵軍頻向永興路中興路虬江路一帶，放空中開花大炮，虬江路新馬路被炸斃居民二名，年歲未詳，爲安定軍心計

，卽督令伕子，抬埋掃除，以滅痕跡，八時許，日兵向八字橋一帶，猛烈衝鋒，雙方喊殺之聲，與槍炮聲，驚人耳鼓，同時福生路寶山路一帶，亦時有接觸，均經我軍擊退，防線仍無變動，九時許，據派看伙夫劉萬順之警士劉春榮報告，知該伙夫已於今日上午一時身死，當令設法收殮，可憐更可憫也。

二月二十二日上午十一時，公安局派科員王殿奎，將槍傷伙夫之警士張秉鈞，押送赴局，下午二時許，寶山路虯江路一帶，有小接觸，敵方並以大炮，向我軍轟擊，本所公興路采芝坊派出所全部被燬，僅剩哂台，尙未遭刼，同時在永興路市北公學附近，炸傷軍士居民各一名，敵軍並派飛機，在永興路一帶，散發傳單，誣指十九路軍爲禍首，告後方民衆，不要接濟十九路軍，直欲一手掩蓋天下耳目，下午七時許，敵軍向福生路及江灣一帶，猛烈進攻，戰至十一時許，敵始棄甲而逃，在江灣方面，我軍曾追至天通庵路，殺傷敵兵千餘名，奪獲戰利品無算，予敵兵一大教訓，敵士兵雖在拚命之餘，無不興奮異常也。

二月二十三日晨間，前線僅有稀少槍炮聲，蓋敵人於慘敗之餘，借此示威，圖整軍再攻也。

二月二十四日晨間，前線時有小衝突，陣線無變動，巡官程衍昆，以目疾請假三天

，至十二時許，永興路三多里着彈起火，延燒十餘家，至下午八時許，虬江路福生路一帶，日兵衝鋒數次，均經擊退，嗣日兵以屢次衝鋒不逞，改用炮攻，聯珠炮響，聲聞遐邇，是時日兵已知巷戰非所長，利用飛機唐克車大炮等利器，向江灣大場廟行等區，猛力襲擊，儘量表演其野戰之暴力，其戰事之慘烈，雖曾由傷兵口中探得一二，第以我軍士兵皆具決死之心，拚命與敵週旋，所以敵方戰械雖利，激戰二十餘日，死傷不下萬人，而屢退屢進，前仆後起，始終不懈，誰謂我軍無民族性也。

二月二十五日晨間至四五兩團部接洽，以江灣方面戰事吃緊，並聞敵方新有援兵自日本來，擬沿蘇州河一帶襲擊，後方防務，頓覺緊張，乃與該兩團值日副官商妥，每團派傳令兵四名，靜候差遣外，所有五區二所境內後方防務，白晝統由本所長警負責，入夜改派巡邏隊，協同四五兩團所派之士兵，來往逡巡，以資聯絡，而免誤會，並沿途曉諭居民，一律遷出戰區，以免危險，至七時許，前線雖有小衝突，陣線如舊，至十二時許，第六團與第四團調防，由本所派警十名，導向大場方面駐札，當以前線調防未妥，防務吃緊，乃令全體長警，整裝待命，以應時變，俟至天亮，幸未發生事故，而長警又辛勞一夜矣。

二月二十六日，上午九時許，中興路三多里中彈起火，下午二時許，永興路亦中彈

起火，卽經分撥長警，努力灌救，詎見永興路被火之貼隣聚新豐雜貨店，堆有火油毛紙引火等物，當時火勢已成燎原，該店倘一經着火，真是火上澆油，萬難救熄，乃督長警，冒火將該店所堆易於引火之火油等物搬出，一面督警將屋折倒，以免延燒，至七時許，始行撲熄，當將搬出之物，一一登錄日記，逐件點封未被燒燬之空屋內，並派警看管外，一面登時事新報招領，俾令物歸原主，使小百姓亦得減少一分痛苦也。

二月二十七日晨間，福生路虬江路一帶，小有接觸，六時許，十九路軍六十師第四五兩團，奉令調防，其所遺天通庵路一帶防務，由六十一師第六團接防，虬江路一帶防務，由八十八師古團接防，兵車粟六，熙來攘往，途爲之塞，一般老百姓，莫名究竟，羣來探詢，第以軍事秘密，只好含糊以對，緣平時調防，均在夜半，者番忽改晨曦初動，所以引起一般人之誤會也，下午一時許，巡官鄭重，在中華新路止園路，拘獲放火漢奸一名，卽送團部鎗決示儆，二時接四區轉來旅部電傳，以敵軍定下午向北站一帶總攻擊，令飭在蘇州河一帶，嚴爲防範，當卽率警至蘇州河佈置防務，加班戒備，下午四時許，敵軍向虬江路福生路一帶，炮擊數次，第以我軍戒備森嚴，均被擊退，雙方陣線，仍無變動也。

二月二十八日上午，前線雖時有鎗聲，陣線無變動，十時至八十八師，特務旅第二

團團部，與古團長商洽防務，當經商妥，後方治安，由本所負責，並派傳令兵四名，以備差遣，至下午八時許，八字橋一帶敵軍，進攻頗烈，同時寶山路口日兵，亦曾衝鋒數次，均經擊退，當前線接觸時，卽有潛伏境內之漢奸，乘機放火，希圖擾亂後方治安，卽經長警四出搜查，拘獲數名，轉解團部訊究，十一時，古團長以後方時常起火動搖軍心，着搜查救火器具，以便施救，乃向閘北救火會，商借滅火藥沫二瓶，及救火具數件，送交應用，同時古團長以境內旣有漢奸潛伏，在在可虞，囑將居民一律驅逐出境，當以時在深夜，戒備森嚴，路上行人，不易通過，縱可派警押送，然在半夜嚴寒之時，朔風冽冽，刺人肌骨，一般大男小女，將令向何處投身，只得從權，將一般居民，驅聚一室，四面派警看守，候至天明，着各回家，檢點什物，妥爲封鎖，隨帶應用物件，限時重集原處，再行派警押送出境，免得一般老百姓，露宿荒郊，受無謂之痛苦也。

三月一日，上午六時許，接六十一師第一團飛函，卽令徵集伕子六十名應用，當以連戰月餘，境內居民，曾經數次押遷，卽有窮無可投之戶，逗留境內者，亦於今晨驅之而去，委屬無法徵集，然因軍令森嚴，且六團所派之官兵，立候應用，同時二團五團，均派兵前來坐索，無可如何，只好將連日拘押乘機縱火之嫌疑犯，及旅團部送交偵訊之犯，儘數分配，以資應急，是時全所長警，以各團何以需用伕子，若是之多，羣相疑問

，實在是時楊林口已失守，十九路軍已準備退守第二道防線，不過秘而不宣耳，十二時，古團長令在境內加班戒備，一面斷絕行人，以利戎機，至四時許，接古團長令，以前線房屋，處處着火，着派警五十名，前往救火，如違以軍法從事，乃派代理巡官李開平，率長警四十名，帶救火員二十名，馳往團部，聽候指揮，至五時許，據崗警報告，以第二團士兵，已將輜重子彈大炮，運赴真茹，而第四五兩區，及四區一二兩所長警亦向南市退却，李巡官所率之長警，已被古團士兵，押守第一道防線，軍心惶惶，紛紛要求向南市退却，當卽電詢公安局，據總値日電告，准酌量情形辦理，當以大半長警，尚在前線，何忍捨之而去，乃集合在所長警，曉以大義，勉以同仇敵愾，務求同死同生，共存共榮，不得苟且偷生，遺前線之弟兄而不顧，至八時許，四區一所毛巡官前來，商酌安定長警辦法，當令集合長警，聽候指揮，乃毛巡官以四五兩區官長警，統已撤退，不願逗留，亦率二十餘名長警，向南市而退，至九時，第六隊三小隊長，同來相商，僉以孟隊長不在隊，一切願聽指揮，當令沿蘇州河一帶，嚴密佈防，以備萬一，是時長警一時數報，不曰某營已退，卽曰某連向某處撤退，而地方秩序，頓現紊亂，除力示鎭靜外，只好不時派警，到前線探聽李巡官消息，一面令飭長警，準備一切，免得臨時張皇，乃候至十二時，仍未見李巡官囘所，同時據巡邏警囘報，因古團盡量運輸輜重，斷絕交

通，卽長警亦不許進出，故消息隔膜也。

三月二日上午二時半，奉古團長令，至團部聽訓，據告已奉十九路軍命令撤退，所有長警，着一律隨軍向真茹方面退却，至此後一切給養，由我負責，或者卽改爲特務隊，擔任警戒團部及後方治安事宜等因，當答以公安局自有系統，且奉局令，退囘南市，雖在作戰時間，奉令劃歸指揮，然事實上，萬不能脫離公安局，而違背其命令，當時古團長頗現不豫之色，告以所管長警，大半尚在前線，第以訓練有日，所以作戰月餘，雖各區所長警均已撤退，而本所長警，尚能團結一致，惟命是聽者，非一朝一日之力也，現在我如離開隊伍，恐長警誤會，反多不便，爲地方治安計，只好先行囘所，主持一切，至同來警長四名，儘可暫留團部，聽後指揮，較爲妥當，卽經古團長首肯放行，惟令集合長警，至太洋橋，同向真茹退却，同時瞰知團部，僅留參謀一人，護兵四名，汽車一輛，所有該團士兵輜重，已掃數退却，前線只有少數勵志社義勇軍，及本所官長警，在第一道戰壕內，施放排槍，並有鐵甲車一輛，作游擊式施放大砲，藉以示威，掩護退兵，乃令葉幼臣候古團長動身後，通知巡官李開平，設法逐漸退却，至三時半，李巡官等率隊囘所，當卽率全所長警，整隊退却，一面通知第六中隊，各小隊長撤防，行至大洋橋，見古團長汽車，已在橋傍相待，第全所長警，均不願追隨古團，乃向中山路而去

，至中山橋，有某保衞團團丁，力阻前進，以目見十九路軍，於臨行時，在橋南堆有大批地雷，萬不可自陷險地，即昨日四五兩區撤退長警，亦向真茹方面退却云云，當時該團丁言之鑿鑿，信以爲真，只好折向真茹，回轉南市，事後調查，始知爲彼團丁所騙，多行二十里，該團丁究不知具何心腸也，在途各長警，知余疲倦，互相扶持，倘余走快一點，即奮力追來，倘余走慢一點，即坐候道傍，至周家橋，由長警尋獲小椅一張，身坐其上，即行入睡，不五分鐘，又被長警喚醒，飲以荳漿，藉提精神，其一種愛護熱忱，至今回憶，實覺難能可貴也，行行重行行，至八時，才抵西門唐家灣，乃將長警安頓於新造某弄空室內，至局見溫局長，承蒙撫慰有加，並諭准回家休息，聽候命令，至十時五十分，才達戈登路私寓，是時以漏夜率隊步行六七十里，精神疲倦已極，一到即睡，一睡即鼾鼾入夢，夢中正在與長警談話時，忽聞呼喚聲，雙手擦目，見警長章雲，送來局長手論，以據古團長電告，以該團奉令撤防，閘北一帶，無一兵一卒，地方秩序大亂，李所長未奉命令即行撤防，實屬不合，請轉飭率警重回閘北，以維治安等由，准此合行令仰該所長，率警重回閘北，維持秩序，切切毋違，皇皇手諭，映入眼簾，舉目仰望，案上時鐘，已一時三刻，只好披衣起床，不及吃飯，即行赴局，至戈登路麥根路口時，適逢某流氓，「不識其姓名」大聲呼曰，李所長你也退回南市耶，經告此係軍事整個

計劃，不能見責，不料該流氓反辱相識，以在閘北時，拘這個，押那個，何等威風，今何在耶，余以流氓無知，不與計較，及上電車，渠亦跟蹤而至，大聲詈罵，當時察知彼係漢奸，曾在某處見一面，其黨或其徒，在閘北於乘機放火時，被余拘送旅部槍決，因此懷恨前來尋釁，車經車袋角時，余卽借故下車，當時身帶手槍，倘該流氓，追蹤下車，擬卽予以懲戒，乃該流氓，於余下車時，大聲呼曰，我知爾身藏手槍，今日給你便宜一天，將來再算，余一笑置之，轉車至局，已二時，奉溫局長面諭，只須帶手槍隊囘閘北，凡有駁壳槍及步槍長警，一律不准帶去，當時溫局長，明知日兵已晉境一日一夜，重囘閘北，殊鮮生還，以駁壳槍步槍被繳，未免可惜，故不許帶去也，至三時許，囘至唐家灣集合長警，慷慨陳詞，情愿殺身成仁，長警感泣，爭願同去，當時檢點手槍，尚有五十枝，子彈五百發，剔選警士五十名，各給手槍一枝，平分子彈十發，警長五名，從權准各帶駁壳槍一枝，子彈五十發，率巡官鄭重，於三時四十分，分乘兩卡車出發，於四時四十分，電馳而至閘北恆豐路辦公處，見門戶洞開，所有堆積招領物件，均被老百姓搬取一空，下車後，卽派尖兵十二名，分赴五區二所境內，偵查敵情，一面卽在四區境內，佈置防務，當時見保衛團數人，無故開槍，卽派警制止，至八時許，所派尖兵陸續囘所報告，沈家花園及指江廟兩處，均駐有日兵，每處約一連，頭帶鋼帽，身穿黑

色制服，沿途施放排槍，搜索前進，到處放火，禁止行人等語，當以日兵旣已深入境內，恆豐路與沈家花園，相隔咫尺，且該處後有大河，無路可通，倘日兵將麥根路，及交通路中興路口等處鐵門封鎖，是不啻甕中捉鼈，萬無生理，乃率警退駐鐵道口外交通路一空房內，派哨戒備，斯時日軍已發現本所長警重回閘北，亦逐步推進，見我哨兵，卽開機關槍掃射，我長警每人僅帶手槍一枝，子彈十發，抵無可抵，抗無可抗，乃將情形電報滬局長，擬諭不得退回，卽官警全數犧牲，亦所不惜，未及詳稟，電話已斷，轉還四區及四區一二兩所，大門深鎖，闃無一人，而日人逾逼逾近，危險萬分，不得已，又退至大洋橋佈防，適五區孫區長率警二十名重來，詢閘北情形，據實以告，第重以局長嚴命，只好相約前進，行未十步，日軍尖兵已趕到，又放機關槍掃射，孫區長以似此寃枉犧牲，實犯不着，乃下令退却，至十時，仍回駐南市唐家灣，惟當退却時，以時期匆促，致哨兵劉鳳元張福成等五名，不及歸隊，是否被日兵俘擄，抑被日兵擊斃，生死不明，是時人心惶惶，卽長警亦頗現坐立不安之色，當以長警在閘北時，一鼓作氣，與敵人拚命，不虞有他，退回南市，旣無勤務，又乏金錢，情形複雜，環境所逼，約束爲難，乃集合長警，說明意旨下令繳槍，各長警亦深明大義，咸願繳槍，檢點之下，計有駁殼槍二十二枝，手槍四十七枝，步槍二十七枝，除仍發警長每人手槍一枝，担任守衞勤

務外，其餘統交巡官鄭重李開平書記姚耕愚負責保管，所以作戰月餘，本所長警槍械，除被俘擄或陣亡因公損失外，均得保存，實余步步注意，時時檢點，有以致之也。

三月三日上午八時，滬局長派張宗武爲第八隊中隊長，奉令將五區二所長警，改歸管轄，放來搬場汽車十二輛，裝運長警至徽甯會舘點驗改編，長警驟聞改編命令，以與余作戰月餘，艱苦備嘗，退囘南市未及休息，卽離余而改編，憤激萬分，羣來要求，將已繳之槍發還，聽彼自由行動，當卽集合長警，解釋誤會，並告以警察係國家公務人員，政府欲如何則如何，絕對服從，長警如欲余爲奉公守法之官吏耶，則應服從命令，歸隊改編，如欲余爲跋扈恣肆之叛徒也，則非我所欲爲，可將余槍斃，聽汝等爲之可也，長警聞言，同聲大哭，僉曰願受編，乃整隊至徽甯會舘，將槍械子彈服裝名册，一一點交，計點交巡官三員，書記一員，警長十一名，警士八十七名，步槍二十七枝，子彈一千三百五十粒，六寸勃郎林手槍三十三枝，八寸手槍十四枝，共子彈二百三十六顆，駁壳槍二十二枝，子彈一千三百粒，點交後，重集長警訓話，勉以服從長官命令，盡忠職務，各長警聞余言，均嚎啕大哭，余以責任已卸，負担較輕，乃別長警囘家，是時長警別有誤會，待余去後，集隊赴局請願，要求以五區二所名義，在南市歸余訓練，其理由以與余，出生入死三十餘日，現在死裏逃生，脫離虎口，應與共同患難之余，時常敘晤

，於私於公，諸得慰藉，當時滬局長派嚴帮辦代見，於訓話時，內有你們不要受李所長挑剔一語，各長警以當局不諒苦衷，憤恨之餘，一鬨而散，至下午四時，又奉局令，勸導長警，再候改編，乃重至唐家灣，派警四出收容，至六時許，約有長警八十餘名報到，一再勸導，不得星散，聽後改編，是夜余因精力已疲，支持不下，回家安息，至十二時，張隊長又駕汽車八輛，重來改編，長警又一鬨而散，至四日晨，又派警長牛季勳蘇先耀，鄧可襄等，四出收容，約集警士三十餘名，曉以大義，並告以滬局長責成勸導改編經過，各該長警始允受編，緣滬局長以五區二所長警，在前線作戰月餘，同心一德，抗日工作，始終不懈，亦屬難能可貴，若令星散，委屬可惜，稔知余與長警，情感不薄，故責余勸導受編，是時余已奉令，調局辦事，月支生活費五十元，每日到督察處簽到一次，實以疲癥之餘，不堪再供驅策也。

再本篇倉卒落筆，語多不文，且係專供報告之用，故所記僅係與軍事有關各點，而掛一漏百，情所不免，閱者請諒之。

一·二八的回憶和教訓

吳履遜

目　次

第一部：

一•二八的回憶

第二部：

作戰後的教訓

第 一 部

一·二八的回憶

1. 開仗之前

一·二八，光榮的日子！悲壯的民族英雄的祭日！

忠勇的士兵，用他們的赤血，寫上了這光榮的歷史的一頁。——牠成爲不能磨滅的紀念碑，牠啓發中華民族一個新的躍進。

日本帝國主義者，頭腦簡單地整天做着那樣的幻想，他們以爲不費一兵，不折一矢便可得我們東四省，他們也同樣以爲不費一兵，不折一矢，便可以得到我們華中和華南。他們又以爲中國所有的軍人都像東四省的軍人一樣，是自私的，屈服的，怕死的，於是盡量施用了他的殘暴，貪鄙，向我整個民族壓迫。

上海是盛旺的商業區，爲一般帝國主義者傾銷貨物的爭奪地點，日本帝國主義者爲了想屈服中國人，想和列強爭霸，他又怎肯放過這塊肥美的地方——上海呢？

日本之在上海尋釁，還有一個理由，卽是他們外交上運用常有的取二還一政策，他們想佔領滿蒙，於是便以侵畧上海爲副作用。他們

旣預定了這樣的計劃，便看中了中國經濟重心的上海，以交還上海爲取得整個東三省的條件，他們的目的就達到了。

一月二十日上午二時半，暴日僑民勾結日陸戰隊往引翔港縱火焚燒三友實業社毛巾工廠，又不服工部局的彈壓，殺死華捕；又於同日下午聚衆數百實行暴動，搗毁北四川路老靶子路各商店。閘北虹口一帶居民，一方面憤恨日本人的殘暴行爲，一方面又憂慮自己的生命沒有保障，於是萬分驚惶地忙亂地帶了最輕便的物品，紛紛逃到租界裡。居民在路上，在車上，給日本兵任意檢查行李，好像將有什麼大禍降臨在他們身上似地。嗣後日兵在虹口公園一帶戒備得更嚴了，崗位站得密密的，刺刀在敵兵肩上發閃，好像牠就要逃出來的樣子。鐵甲車野獸一樣，橫蠻地在馬路上撞來撞去，牠們似乎要把所有的中國人吞噬了才會甘心；大炮的徑口向兩旁的居民瞄準，神氣是不能再忍耐了，牠的粗野和兇殘馬上就要發洩出來。一些門口張貼了反日標語的店舖，都給日本兵搗毁。一向熱鬧煩囂的街道，一變而爲肅殺陰森的畏境了。

2. 爲民族的生存而戰爭

日本之進攻我上海，旣然是預定的計劃，於是他一步比一步緊廹地向我政府要求，務要造成上海的紛擾和恐怖，十九路軍爲了護衞自己的領土，護衞自己的同胞，他們就舉起槍桿對日帝國主義者宣示：他們爲民族的生存而應戰了！

當時我政府爲了考慮各方面之關係，雖欲極力避免戰爭，而敵人却早作戰爭之準備了。二十八晚以前，在上海集中的兵艦約有二十多艘，陸戰隊約三千多名，武裝浪人約三千餘名，飛機約四十架，鐵甲車十餘架，又長江各地的日艦有十四艘之多，日領事並限令僑民在二十八日下午五時前遷往租界；浪人多化裝中國平民，到閘北，天通庵，八字橋一帶防地偵察，也有向商人購買糧食的，同時有一部分企圖在眞茹暴動，破壞國際無線電台。

誰能忍受日本人的那種橫蠻無理呢？——十九路軍從軍官到兵士都深切地痛恨日本的橫暴，於是人人抱犧牲的决心，而在政府的默許

之下準備應戰了。

敵軍什麼都預備好了，二十八晚最先佔據天通庵路車站，與我軍相接最近，所以十一時三十分敵人最先向我開放第一槍了。

其實當時駐上海的只翁照垣旅張君嵩的一團兵力吧了。那時我指揮一營兵力，一二七以前，我和張團長早已準備應付，佈置沙包，一直等到敵人的槍聲响了，我們也就還禮，揭起爲民族生存而戰爭的旗幟了。

敵人乘機把守北四川路老靶子路一帶，向我全線襲擊，我軍官兵當敵軍攻到的時候，不論他鐵甲車好，武裝電單車好，兵士好，浪人也好，我們總是奮勇百倍，在原地沉着應戰，敵人雖衝近咫尺，我軍唯有抵禦到底，絕無一人後退。上等兵潘得章被彈炸中了頭部，他用脚縛自行裹傷，仍在前線抵抗，沒有哼過一聲。其他許多兵差不多都很勇敢，那些重傷未死，兩手還能動的還拿起步槍向敵人射擊。敵接近我防線，盡量射擊轟炸，而虬江路，天通庵路，青雲路各口雖受敵炮火損害，以致全數死傷，但我方預備隊增加迅速，立刻恢復原線。增援虬江路的機槍手張天，王華勝等因時間倉

卒，突然遇敵，槍手不待槍加裝姿，即以兩手托機槍身，猛向敵車撲去，終於把敵車擊毀俘虜過來。還有，廣東路方面守兵，當敵前進時，不發一槍，敵以爲又是不抵抗主義，猛衝我防線，我伏兵便在正面和兩旁把步槍機槍手溜彈一齊炸擊。敵兵慌亂地丟了武器逃走，也有跪在地上的。——他們了解到，中華民族已經醒來了。

因爲敵兵連日失敗，援兵又沒有趕到，於是用緩兵之計，向我政府請和，但在我依約履行互相撤退時，不守信義的敵軍又乘機向我襲擊，我軍便立刻固守原線。他們之這樣做，不是志在進攻，而是作賊心虛，恐我乘他們之虛而襲擊吧了。

我們前方將士苦戰一月餘，用血和肉促醒同胞的覺悟與團結，警惕敵人的兇殘橫暴，同時向世界各國宣示：中華民族並不是懦弱可欺，而挺着槍桿站起來，爲自己生存而戰，爲悍衞世界和平而戰！

民衆方面，給我軍以精神和物質之援助至爲巨大。當地民衆親自到前線爲士兵燒粥，掘戰壕，或充任運輸，其他各界團體購送食品用

物到前方的，眞是多到不能計算，各地的熱血青年男女，抑不住愛國熱情，抱定犧牲精神而組義勇軍，救傷隊，到戰地服務的也成爲很普遍的現象了。

我們這一次的戰爭，雖因爲種種原故，不能立刻趕敵人出領土，而民族的振奮昂揚的精神，已經傳遍世界了。

3. 連長林玉

是的，在這一塲戰爭中，我忘記不了我的可愛的士兵，我尤其忘記不了我一個好連長「林玉」！

「林玉」我永遠記得這兩個字，我願所有中國人都永遠記得這兩個字。

那一天黃昏時分，我帶着兩個衞兵視察營盤，東北邊曠野的積雪還沒有溶解，白茫茫一片，———我從沒有看見過那樣可愛的白色，牠會叫人更純潔，更勇敢！我正在默默地想着的時候，連長林玉突然站在我面前，立正向我報告說：

「報告營長，竹園墩敵人的那挺機關槍太可惡了！牠殺死了我們許多兄弟，您讓我把牠奪過來吧，我要拿牠來殺他們那些狗子」。

但那時我柔和地勸他，我們要取勝日本，不能單靠勇敢，應該注重智謀與策略。他鬱鬱地退下了，瞪白的光亮照着他的健壯的背影，一直向黑暗的營幕消失。

又一天夜半，我正在帳幕裏做寐，連長

林玉又在我面前出現了○他底低沉的喉音驚覺了我○他頑固地向我說：

「報告營長，敵人那挺機關槍太可惡了，牠比所有的機關槍都要特別一點，您讓我把牠奪過來吧，我要拿牠來殺東洋鬼子○」

可是我終於不願意他做無謂的犧牲，我愛兵好像愛自己的子女一樣，我不吽一個士兵白白地送死，不吽一顆子彈亂花○他得不到我的允許，又悶悶地退下去了○以後我每次望見他的面影，都是很不放心，很不快樂的樣子，我知道，他在掛慮着，爲了敵人的那挺機關槍而放心不下！

沒有好久，他又像蜜蜂似地在我耳邊響了○這一次他簡直沒有讓我說一句話，絮絮地不知在說什麼○我只聽到了他說的一句：「…………爲了那挺機關槍，我連飯也吃不落，我做了許多惡夢，夢見我爸爸責罰我，說我是懦怯的傢伙！」…………

那一天，子彈和手溜彈好像冰雹一樣在空中亂飛，搖撼山嶽似的喊聲震聾耳鼓的時候，我的勇敢的連長林玉好像一匹發瘋的犀牛一樣向敵人的機關槍衝上去○

以後，我就沒有看見我的連長林玉了。可是我常常會想起他，直至現在已經那麼多年了，還老是想 起他强健 的身影 ，和他低沉的喉音。

敵人那特別的機關槍還在天天對我們獰笑，一直過了一個禮拜左右，那挺槍才歸到我們手上，由俘虜的口中，才知道那根槍叫做「鐵兜機關槍」，是日本最新發明的利器。

11

4. 聰明的班長

那一天天色很暖和，戰事也很沉寂，許多兒弟小孩子似地在後面做各種運動和游戲。他們在作戰的時候像一條一條狼；但是退下來，他們也會換一個有趣的方向來發洩他們的精力。我遙遙望着他們，像一個父親對於一班兒女似地望着他們。有兩個弟兄在下棋，另外一個很年青的面孔圓圓的小伙子在一個下棋者的背後不曉得捉弄什麼，一會兒愉快地走開了。看見這班活躍的弟兄們，看見他們的熱心，純眞的表情，我心裡起了一種燃燒似的感覺，我想逐個逐個擁抱他們，親吻他們。他們雖然是在游戲，他們的熱情還是和打仗一樣，我開始了解人是很復雜的東西，他們需要打仗，需要吃飯和睡覺，也需要娛樂和游戲。……可是，戰事是這樣沉寂，究竟敵人怎樣」呢？我們爲什麼按兵不動呢？弟兄們簡直再也按捺不住了，寧願馬上損壞了自己的肉體，喪失自己的生命也不叫敵人的壽命多延一刻。兵士們戰爭的決心，正像創口的血流一樣，已經不能遏止的了。

我不覺站住了，沉迷在一種愁苦的思慮裏。

「營長，你在想什麼呢？」

我發覺那面孔圓圓的小伙子立在我面前了。他雖然是靜止着，但兩顆發亮的眼珠，和大鼻子却顯示着他的生命力是怎樣地充滿。

「敵人幾天沒有用炮彈向我們這邊轟擊了？」我對他歎息說。

「是的，營長，像他們下棋下得眞沒意思，兩家守得很好，進進退退，誰都吃不到誰的子，沉悶得叫人討厭！可是對不住的很，我偷偷幫他推了象一下，局面也許會緊張過來了，他們不曉得我推了一推子的。」

…………………………

沒有兩天，敵人背了「講和」的約言，用許多鐵甲車機關槍向我陣線衝過來。

結果，我們還能回復原線。除了敵人損毁了一部鐵甲車之外，兩家的損失還不算多。

後來我才曉得，敵人的那部鐵甲車是那樣被毁壞了的。——

有一個班長，眼見敵人要用鐵甲車來衝鋒了。他就預先拿出好些個手溜彈來，用一根長

長的繩子的一端繫住裡面的藥引子，依着這個樣子，他一連繫了十幾個手溜彈，自己握住長繩子的一端，跑到自己的陣地，等到敵人的鐵甲車衝來的時候，他遠遠地把長繩子一拉，十幾個手溜彈一齊爆炸，作用就等於地雷一樣。

過後，我才知道那個聰明的班長就是面孔圓圓的，活躍，喜歡捉弄別人的小伙子，他的名字叫吳桂芳。

5. 我們的俘虜·空閒少佐

戰爭雖然是經過短短的三十多天，可是我們獲得的俘虜也不算少。在第一天，囂張浮誇的敵人料不到我們會這樣敏捷和迅速，倉猝給我們的伏兵掩殺的時候，那些來不及回頭跑的都跪下來了。他們嘴裡喃喃地不知在說什麼，可是兵士們着實沒有耐性聽下去了，他們就把那些俘虜當作好玩的玩意兒似地結果了。

他們厮殺的時候，對於敵人比貓對於老鼠還要追踪得利害，但是俘虜得到了手上，他們又似乎滿足了似地，旣感不到狂烈的喜悅，也感不到什麼人道和慈悲，只是很隨便地用槍口和刺刀在那些敵兵身上弄點花樣，如果敵兵怯弱的向他們求饒，他們就會生起氣來，氣起來，他們也就會特別殘忍的。

那一次捉來了一個少佐，大家都非常有趣地把他圍起來。他是一個相當高大，不愛說話的三十多歲的人。他叫空閒少佐，這好玩的名字使所有的人都高興起來了。

那少佐留了兩撇小髭子，那小髭子襯托着

他尖尖的臉，使他顯得不振，無論怎樣也快活不起來的樣子；弟兄們都覺得那兩撇鬍子着實留錯了，他和其他那些留鬍子的日本人一樣，先把自己裝成小小器器的樣子。

審判空閒少佐的恰巧是他從前士官學校的學生。昔日是堂堂的教師，今日頓成階下之囚了。

空閒少佐告訴我們，日本之侵略我國，並不是上下一致的意見，只是一部分軍閥的主意罷了。

「為了少數人的利益而侵略別國，結果，自己國內的大部分人感着痛苦，因為他們知道得很清楚，假使打贏了仗他們的痛苦也不能解决，即有往下加深罷了。」少佐不勝慨歎地說。

「可是，你現在想怎麼樣了呢？」

「我想回到我的鄉下，以後我打算再不吃軍隊飯了。我會耕田，我和我的老婆耕田，養活我的老母和兒女。………。」

可是空閒少佐的學生不能依照他的話，送他回鄉，把他解到軍法處去了。

這個被自己的學生俘虜過來的日本人，後來是自殺了的。

6. 有趣的生活

軍隊裡的每一個人，不知道自己的壽命有多少長，有時覺得自己在最近的一秒鐘就會死去，有時却又覺得自己永遠不會死去；正像他們不願意死同時又覺得死是一件不應考慮的事情是同樣的。

「唉，你還活着麼？」

「還要多活些時候。你呢？你還活着！」

這些成爲很普遍的，隨時隨地都可發現的問答。大家說着，一點也不覺得奇怪，正像平常人家說：「你吃飯了嗎？」「是的，我吃過了。」一樣。

許多人不願意進傷兵醫院，他們都害怕自己進去之後會担憂前線的進退，會覺得創口痛，會想起許多事情，總之他們是願意過一種很單純的，很簡陋的但充滿了搏鬥精神的生活。

最有趣是有一次一個伏在戰壕裡的老兵士對他底隣伴說：

「 我的老婆已經懷孕七個月了，我很想知道她到底養了一個男的還是養一個女的。讓她

養一個男的吧，男孩子長大了好讓他和東洋鬼子打仗！兄弟，你這樣年青，很掛心你的老婆吧？」老傢伙說了狡猾地笑了。

但是他的隣伴這樣回答他。

「我，我不會掛念我的丈夫，因爲他也在前線。你看我吧，現在的女人不也可以上戰場打仗了麼？」她跟着把軍帽揚了一下給自己証明。

像這樣的事情是眞實的，的確有許多女同志參加到我們的隊伍裡來的。

這次的戰爭，與其說是兵士勇敢，不如說是民衆賣力。他們跑到前方，給我們燒粥，給我們掘戰壕，女人給我們補衣服，洗衣服，煑飯。他們給我們送衣服，麵包，糖菓，附近的農民給我們送許多山芋，芋頭，蔬菜。

一個七十三歲的老公公，我們在那兒駐守那麼多天，他也在那兒幫助我們那麼多天。兄弟們都勸他回去休息休息，他說：

「你們幾千幾萬弟兄在這裡爲我們拼命，我這個老廢物難道躲在家裡偷懶？」

後來聽說那老公公和傷兵一道進了傷兵醫院的。

一些團體給我們送了許多香煙來，這時候香煙在我們雖然是一種奢侈品，但我們吸着，的確很興奮，我們想起很多事情，想起戰場以外的許多親愛的兄弟。

我們的香煙怎樣吃法呢？敵人的燃燒彈所賜給老百姓的房屋的餘燼，就是我們上好的火柴！我們沒有忘記這種吃煙法，這恐怕是中國人自有史以來的首創的吃煙法吧。

第　二　部

作戰後的教訓

7.軍民合作的必要

一、二八戰爭，誰都知道得很清楚，除掉了後來加入的第五軍，開頭就只有我們十九路軍單獨和敵人作戰了。——那時候，我們雖然是孤軍應戰，但我們却能够把戰爭支持了那樣久，而且屢屢把敵人打敗了回去，實在不能不歸功于我軍官兵的英勇無匹，和廣大民衆給予我們精神上物質上的幫助。

記得那時候，當我敵的戰幕揭開了以後，上海市的同胞自動的組織慰勞隊來安慰我們；他們不特帶來了不可以數計的精神上的鼓勵和撫摸，而且還送了許多吃的穿的東西給我們。不特上海市的同胞這樣做，而且全國各地的同胞都這樣做了：他們給我們募來了不少的錢，有智識的在無智識的面前說了許多關於這一次戰爭的意義的說話。

在那時候，這一些事實實在是令人感泣的。

現在，我把我的說話轉到「保衛華南」的主題上來。

但是，爲了使得後面我的說話有根據，和比較有力量起見，我打算先引兩個短小的故事在這裏。這些故事是發生在全面抗戰開展了以後的——

敵人已經侵入山西境內了。前方和後方之間當然時時有多少工作人員來往的。有一次，有一批工作人員要到前方去；有一天走到一個村落已經是黃昏了，他們只得停歇了下來。當他們和村民們商量住和吃的問題的時候，他們都搾搾頭。給他們錢，他們也不答應………

這是一個事實。他們不答應這一批工作人的住和吃的原因，照寫這篇文章的作者的推測大概有兩點：第一，他們恐怕漢奸知道了有政府機關在這裏的時候，要放訊號給敵機擲炸彈的；第二，恐怕他們吃了東西不給錢，就是給錢，也恐怕給的是僞幣。

這一個故事還不算怎樣動人。還有一個初聽去覺得好笑，細想起來却令人非常悲痛的故事在下面——

「華北某地的一個村莊的近邊，突然有一架機件發生故障的日本飛機落下來，村莊裏的人都圍着看，一個日本飛行士跳下來，只管把

飛機修理，不聲不响，飛機修理好了，他拔出了手槍，把圍着看的中國人趕走，然後駕着他的飛機淩空而去……」（東平：從北戰場前綫歸來。）

實在說罷，當這個爲爭取全民族的自由解放戰爭揭開了之後，在我們祖國的大地上面還有這些離奇古怪的事情發生，實在不能不令人悲憤的。自然，這是一些令人不愉快的例子吧了，叫人興奮感動的例子還多着。不過，由這樣：我們可以了解到我們現在只有軍事的動員，沒有政治的動員。——也就是說，有些地方民衆和軍隊之間還隔着一條深大的鴻溝；不特是隔着一條鴻溝而已，而且民衆對于軍隊還存着一種仇恨，一種懼怕。

這種仇恨這種懼怕的結果，民衆不特消極的對于政府的軍隊，機關人員和一切設施取着疏遠的態度，而且還要積極的變成敵人的奸細敵人的嚮導而出現的。

這是一件怎樣嚴重的事體呵！

記得我在小孩子的時候，如果一聽到有軍隊要從我們鄉下經過，年青一點的女人便急急忙忙的躲到了屋子裏去——連在門縫裏張一下

也不敢，鷄鴨和一切吃的東西也把來藏到秘密的地方去了。最後，受害的便是鎮上那些店舖了。

吃了東西，如果他們乾脆一點，就一個銅板也不給；如果是輭滑一點，就拿出一大堆銅角子任由你揀。

老實說罷，上面我所記的小孩子時候的所見所聞，除非那個鄉下沒有軍隊經過，如果有，實在是一個很普遍的情形。—— 但自全面抗戰發生之後，我們政府並沒有馬上設法使得一般政治水準較低的民衆對于軍隊的仇恨懼怕的觀念改正過來，以致演出了如我上面所引的兩段故事那樣令人憤激令人悲痛的結果。

我們不是要求民衆站在中間的地位看軍隊和敵人打仗，而是要訓練民衆成爲廣大的游擊隊和軍隊的主力配合起來。

如果我們眞的做到「軍民合作」這一個地步，如果我們眞能利用每一個村落做堡壘，那麽，敵人走進了我們的土地，就好像走進了一個變化無窮的八陣圖：有入路，無出路。他們想生還，除非他們有一個再生的孔明了。

但是，怎麽能够使得軍民合作起來呢？—

一這實在是一個難題。

在這裏，我可以提出幾個一般的原則：

第一，要使得每個民衆都曉得這一次抗戰的意義：從廣義來說，是爲了爭求中華民族的自由解放，從狹義來說，是爲了保存自己的身家性命。

第二，要使得農民和豪紳地主之間的對立減少，這就是說，要盡量取消豪紳地主對于農民的剝削，然後才能够說得到「改善人民生活」。

第三，要使得軍隊和民衆的感情融洽起來；要做到這一點，從前的不良習慣固然不可有，而且還要更進一步的開「軍民聯歡大會」。

一·二八的時候，軍隊和民衆打成一片的事實是有着無上光榮的意味的。

8. 正義使人勇敢

我們要澈底相信，從歷史再三証實了的眞理：戰爭的最後結果，是由活的人力來解决的。所以，中國對日寇抗戰，希冀同全副武裝的日本帝國主義者作一個澈底解决，那麼，我們一定要動員全國民衆，組織起來，武裝起來，在抗戰鬥爭裡面，使全民族堅強地站立起來！我們首先要喚起民衆。

有人認爲，他們並且把許多事實列舉出來，証明中國人民是盤散沙，是永遠團結不起的民族，甚至証明到中國假如跟日本帝國主義抗戰，結果是會跟亞比西尼亞之於意大利一樣。他們認爲動員民衆是要立刻去做的，但是他們碰到自己的同胞的無知而嘆息，而却步，他們認爲只是知識階層幹的事，民衆是永遠不足教訓的，只要用起來才叫他們幹便可以了。

這是一個很不好，很不透澈的見解。

「民可使由之，不可使知之。」這句話，在一向的統治者都沿爲法典，其實這是最想不通的。因此，有人認爲祗要壯丁隊能够組織起來

便够了，或者是這樣說，把所有人都拉伕了，好聽一點的就是人民變了大兵，他們把人民看作孩子，有人認爲是最好的辦法，却不知道這原來是最行不通的辦法。

我們應該這樣說：「民可使知之，不可使由之。」命令是永遠行不通的，他除了使人民發生逃避兵役，甚或做了漢奸，準漢奸，此外決沒有更好的結果。

中國人民爲民族自由解放的武裝鬥爭，我們決不能否認有許多弱點和困難，但是我們更決不能逃避，決不能這樣便妥協下去，我們要用最大的努力去和他搏鬥，人民的力量是永遠不可戰勝的力量，要用最大的努力去喚起民衆，要澈底相信民衆，民衆才是不可侮的。

六年來，在失去了的東北，中國人民大衆組成的義勇軍，已經做成了我們收復東北失地的鐵的基礎，已經成就了永遠不可消滅的力量。

人民永遠不是愚蠢無知的，東北民衆爲什麽會自動武裝起來，因爲他們嘗到了亡國後的痛苦，在上海「一二八」抗戰便是這樣，我們把亡國的痛苦告訴他們，告訴給他們知道：我

們要保護自己的田園家鄉，我們要保護自己的父母妻兒，我們便要抗戰，我們不要讓强盜——日本帝國主義——踏進來一步！結果：孤立無援的十九路軍，在淞滬跟頑强的敵人併了一個月以上，使日寇不能達到佔領淞滬的目的。我們知道，民衆不是無能的，只要團結和組織起來，敵人便休想在我們前面徘徊半步。

一二八以前，誰都以爲中國人是一盤散沙，誰都以爲中國兵打不得仗，不特日本人看我們不起，外國人也看我們不起，世界上的一切人也不把中國看在眼內。

一二八，是中華民族給日本一個驚詫，給世界人士一個最大的驚詫。

這場英勇的戰爭爲什麽會發生呢？——那是因爲士兵們知道我們的戰爭的意義，他們知道是在爲自己而戰，爲父母子女而戰，爲衛護廣大的同胞和自己的領土而戰！

由此可知，正義可使人勇敢！

現在有人認爲：在這樣一個嚴重的生死關頭，在國內還存在着壯丁逃避的事實，便憂心到中華民族就會滅亡，便憂心到黃帝子孫淪爲夷族，其實這是不必的，這些弱點存在的確

是事實，然而我們不能否認，我們是有能改善的，在抗戰中我們的力量是會不斷的增强的。我們决不能够說是民衆沒有愛國熱情，沒有民族意識，不過是沒有做過很好的教育工作，沒有使每一個中國人，以及一些落後份子，好好地了解到本身在抗戰中的責任。

至於說：沒有訓練的軍隊是不能够作戰的，拿這樣的話去瞭解民衆，把戰爭看作是單方面的戰術問題，這是不對的，因爲只有在鬥爭的洪爐裡獲得的經驗，才是最寶貴的，才是最有力量的。

民衆永遠是民族革命戰爭中的主要成員。

一·二八的時候，我在上海帶領的兵士中，上海人很多。一般人都知道廣東兵能打，而上海兵不能打，我把他們都叫了來，把打仗的意義懇切明白的告訴他們，末了對他說：「誰敢打的留在這里，不敢打的儘管走開！」結果沒有一個人走開，而且結果都能打，這便是一個好例證。

9. 村落就是堡壘

到過上海的人當然不用說了，就是沒有到過上海的人，我相信也不會把「閘北」這個名字忘悼的吧？

這是什麼道理呢？

請大家暫時把現在許多令人悲痛令人奮發的新聞丟掉了不管，試回憶一下距今已有了六年的時光的「一・二八」戰爭吧。——閘北，就是前六年我們十九路軍屢次使無恥的日本軍隊喪胆的一個地方。——當時，我們這個勝利的消息傳播了開去的時候，使得我們的一部份同胞，尤其是那一群「恐日病者」「準備論者」，和大部份的外國人，都感到了一種神話似的驚奇，而我們的敵國的蠻橫無理的軍閥，卑鄙齷齪的政客，却大大的驚惶起來了！

這個驚奇也不是沒有理由的。因為我們的軍隊所持的武器大部份是步槍，至於較為犀利的武器如機關槍迫擊砲等，不過是佔了一個很小的數目罷了。而敵人方面，不特有着一切科學的裝置，而且還有多量的飛機，重砲，坦克車

做他們衝鋒的掩護。——我們和敵人的武器簡直差了半個世紀！我們和敵人相打簡直就是以卵擊石！

但是，在閘北，和在別的許多地方，我們却把敵人打得垂頭喪氣的倒退了回去。——這個原因是在那裏呢？

第一，我相信大家一定會歸功於我軍的英勇，和敵人的「士無鬥志」，這是不錯的。至於——

第二，似乎就沒有人注意到或者談到了。但這是我們那時候把敵人打敗了的一個依靠，這個依靠就是那許多高大的建築物。

這些建築物我們既然能够利用來做我們的掩護把敵人打得大敗；現在，我把我這個經驗加以整理，再經過配合，如果敵軍真的來光顧我們的華南的話，我們也一定能够把他們打得一敗塗地的。

這個勝利的把握就是利用村落來做堡壘。——我們知道，我們中國的任何一省，任何一縣都有着許多村落；這些村落都是聚族而居的，小者十幾戶，或者幾十戶，大者幾百戶，甚至幾千戶也有。他們不特有槍械而且還有堅固

的碉樓！

比方以合浦縣來說吧。他們從前因爲防土匪，和做販賣私烟的勾當，一家人擁有幾十枝長短槍實在是一個普遍的情形。——這是指一般有錢人家而言。至於以耕種爲業的窮人，一兩枝長槍也有的。倘若敵軍眞的在北海登陸，恐怕沒有二十萬軍隊是不能够把整個合浦吞掉下去吧。因爲合浦不特地域遼濶，而且多叢山峻嶺，山嶺上還生長着許多高大的樹木。敵軍來打這一個村落，別的村落便走去援救。這時候，他們的飛機大砲已經失去了效用；就是沒有失去效用，他們能够轟炸這一個村落，也不能够轟炸那個村落的。最後，如果有必要，我們還可退到山嶺上去。

他們不能够使用他們的飛機大砲，光是步槍對步槍，而且我們還有建築物來抵擋他們的子彈；我們一切都便當，他們給養困難；我們逸，他們勞；我們「士氣旺盛」，他們「士無鬥志」；——我們有着這許多優點，我們還怕敵人來光顧我們的華南嗎？我們不特不怕他們來，而且還歡迎他們來呢！因爲他們費了許多力氣才攻下我們一個村，但我們這麼多的村，

他要完全攻下，恐怕他日本全國的財富也耗盡了！

不過我們爲了要保証這個勝利起見，還有兩個基本的工作要做到的就是——

第一，改良人民生活。（在這裏，我打算引一個故事來証明這一件事的重要性。）

山西的靈丘縣城被敵軍佔領了之後不久，閻錫山派了許多工作人員到鄉下去宣傳。他們對那許多鄉民說：「我們不久就要來收復靈丘了，請大家放心吧！」可是，鄉民們却向他們哀求說：「先生，請不要說收復的話吧！我們現在生活得還要比以前好呢！」

如果人民生活得很苦，甚至飯也沒得吃，他們還能够去打什麽日本呢？所以，保証我們的勝利的第一着，就要使人民的生活不像從前那樣壞，那樣苦。但是，我們光是做到這一點，人民方面還沒有一致的行動，他們的腦袋裏還沒有國家民族的觀念是不行的。所以——

第二，要有組織。

我們不特要使人民不仇視軍隊，還要使人民和軍隊打成一片；我們不特要使人民沒有「敵軍猛攻山西，韓復渠却按兵不動」的現象

，還要使人民知道中國是整個的，全民族是一致的。

我們能夠做到上面這兩點，我們再來用我們的村落做防禦物，還怕什麽日本來進攻我們呢？還怕什麽大砲和坦克車呢？——我們不特不怕，我們還要像東平在「長夏城之戰」裏所寫的那樣：敵人的大砲和坦克車通通都變成了我們的！

我們不特不怕敵人進攻我們的華南，我們還要歡迎他們來呢！

10. 取攻勢不可取守勢

經過了半年來的對日抗戰，在幾個戰場上面的戰事看來，有部份雖然是失利，尤其是自從上海失陷，退守無錫江陰，一直弄到國府遷都，以至南京陷落，在這樣的一個過程裡面，有部份的人便商量到怎樣應付亡國後的生活去，無疑這些都是可以歸併到準漢奸之流。但是，在戰事上，我們的軍隊究竟爲什麽會失利呢？同時這又是否不能够爭取勝利呢？不，我認爲我們决不應有這種憂慮！我們要堅决的相信：中國决不會亡，最後勝利永遠是屬於我們的，只要我們奮鬥到底！抗戰到底！

首先我們應該注意：日本無論在東戰場，在西戰場，在北戰場上，他們都是綫條的佔據，靠着運輸上的便捷和炮火的利害，違背了世界公理，不惜用一切最殘暴的手段加諸我們！用最無恥的行爲在我們黃帝華胄的疆土上染上了污點。

有人認爲弱國跟强國發動了軍事上的抗爭，只要能够有堅固的防禦陣地便够了，其實這

是最錯誤的，這是完全沒有體驗到事實而來的幻想，這全是等着挨打的行爲，尤其是在弱小民族的抗爭裡面，單純的防禦是不可取的，我們要曉得在現代技術發達的時候孤立的一個防禦陣地決沒有不可能攻破的，我們一定要澈底的運用戰術，運用每一個進攻的機會，我們一定要用最小的犧牲，去博得最大的勝利，要在每一次戰役上，達到了消耗敵人的力量，進而澈底消滅我們的敵人，我們一定要澈底了解：進攻的犧牲比防禦的犧牲是要小得多的，尤其是在近代化的立體戰爭下面，我們在戰略上雖然要採取防禦，但是我們一定要經常保持主動的地位。

在「一二八」的戰役上，起初便能够緊握着這一點，去擊破我們的敵人，但是沒有繼續的追擊下去，給敵人的一個抄擊，一直弄到全綫崩潰，這是最痛惜的一件事！這就是個很好的教訓，我們不能處處把握着主動的地位，沒有繼續去爭取反攻，結果守不下來了，便全綫崩潰。

失敗，我們固然不要悲觀，但是我們更不要盲目地樂觀一切，我們要檢討我們每一次的

行動，使我們從不斷的教訓裡面，去提高我們的質量，加重我們的素養，我們要曉得我們力量的提高，就是敵人力量的減削。比方在江陰無錫的封鎖線，雖然有了相當的防禦工事，但是却恰恰發揮了敵人底現代技術的威力，結果又敗下來了。

防禦雖然是需要的，而且還是急切的，必須的，不過，我們不要把防禦孤立起來，我們一定要採取攻勢，決不是等着挨打，我們要把敵人的皮鞭奪在手裡。

11. 不可迷信大刀隊

我們中國人，尤其是鄉下的老太婆，最迷信神鬼，把神鬼奉爲人類最高的主宰。她們以爲人類的一切禍福都不過是鬼神在太空裏取决罷了。於是她們爲着去禍求福起見，便只有在神鬼面前跪拜。

現在我們這個爭取民族自由獨立的戰爭總能够把她們的愚蠢無知去掉了一些吧？——可是，下面有兩個普遍事實使得誰對於這個發問無論如何也不能够寫下肯定的答案：

東莞是廣東的著名縣份之一。自去年八月十八日之後，一則因爲虎門在牠的東面，二則因爲廣九路穿過了牠的腹部而達省港，所以，該縣便時常受着敵機的騷擾和殘害……這一些事實在老太婆方面得到了一種什麼反應呢？大家試猜一猜吧。

因爲我們現在沒有多量飛機和敵機厮殺，而又因爲她們時受敵機的殺害之故，所以她們把許多紙製的飛機虔誠的燒給了鬼神。

這是一個東莞的朋友告訴我的。

還有一個實事就是：有一天午上我去找一個朋友，恰遇空襲警報，在一條巷子裏我看見一個中年婦人正點燃了香朝着神廳喃喃的不知道說些什麼。——大概她是向鬼神請求不要把炸彈擲到她的屋頂上來吧。

她們這些可笑而又可憐的迷信，不用說我們是要設法破除的。

另外有一個嚴重的，我們不能不加以剷除的就是：一般人對於大刀隊的迷信！

講起了大刀隊，我們就不能不想起了「三國誌演義」和「薛人貴征東」「薛丁山征西」那許多故事。——一般人，都把大刀隊看成了神話，尤其是不知底細的外國人，更嘆爲奇蹟。

因爲一般人都不相信中國兵士，尤其在和帝國主義者作戰時不相信中國兵士，他們覺得十九路軍對日本爲什麼會這樣英勇？全使日兵這樣喪胆？於是他們就把那原因歸到我們祖傳的落後的武器「大刀」了。報紙更大吹特吹宋哲元的大刀隊敗敵於喜峰口，又說「一·二八」戰爭的時候我們的十九路軍因爲得了大刀隊的幫助才能够獲得那樣光榮的戰蹟。於是大刀隊在一般沒常識的人腦海中，就成爲神兵了。

我親身經歷了「一·二八」的戰爭，我忠實的告訴大家：那時候實在沒有什麼大刀隊帮助我們的。

實在說，大刀隊無論如何也不能够做出那樣的偉蹟。——我們試想像一下吧：槍彈走得快呢，還是大刀的動作快？就算衝鋒的時候吧，手溜彈的破壞力大呢還是大刀的破壞力大？就是大家「短兵相接」的當兒，大刀也不能够發揮牠的威力。因爲大刀是笨重的東西呵！

我們快些剷除一般人對於大刀隊的迷信吧！

我們要剷除一般人的迷信。我們要使得全國的兵民都相信科學。——一切的疑難只有從科學的知識才能够得到正確的解答。

只有這樣，才能够打破中國人的宿命論的錯誤思想；也只有這樣，我們的抗敵力量才能够加强。

如果我們不把這許許多多的迷信都剷除淨盡，我們是不能够保証我們的最後勝利的！

12. 不可完全倚賴游擊戰

游擊戰術是一切被壓迫的弱小民族，爭取自由解放的主要戰術，牠可用少數的兵力，去撲滅帝國主義的軍隊。因此，有人說：在抗日的民族革命戰爭裡面，中國祇要廣大地組織游擊隊，廣大地發動游擊戰爭便可以了，甚至有人主張把所有跟日寇在陣地上直接鬥爭的軍隊，應該立刻改編成廣大的，無數的游擊隊，這眞是陷入了一個莫大謬誤的泥沼裡去。

無疑的，他們把游擊戰幻想成爲一件神秘的東西，好像只要一發動起游擊戰，勝利便立刻可以把握了。把它幻想到舊小說裡的孫悟空一樣，一個跟斗就忽然在敵人的後面站了起來，這樣地把游擊戰爭孤立起來，當兒戲一樣的弄法，這是極端錯誤，神聖的抗日民族革命戰爭，永遠是在一個艱苦過程裡面發展着的。

所以，發動廣大而普遍的民族解放的抗日鬥爭，這鬥爭固然不可能限於每一局部，同樣地在戰術上我們也不可能限於游擊戰，或者陣地戰，並且不能取消任何一種。問題只是怎樣

使它們相互地配合起來，使戰爭達到勝利的目的，使每一次戰役好好地發生最大的効用。

在「一二八」上海抗戰的時候，十九路軍雖然一開始便運用到游擊戰，向敵人包抄突擊，把日本軍隊一直趕到租界去，可是，沒有窮追到底，結果，給敵人乘我們立足未穩，在陣地上尚未把兵力分配完善的時候，側面攻擊到我們兵力分配不到的瀏河，使我們整個陣綫瓦解了。

「一二八」上海抗戰失敗的最大原因，固然有各種，沒有澈底的抗戰決心，沒有發動到全民的抗戰等都是。同時也沒有好好地運用戰畧上的防禦，和戰略上的進攻，單純地運用到游擊戰術，沒有和整個陣地上的各方面配合起來，結果，一線防不住，全部就瓦解了。

所以，有人說上海抗戰的失敗，在戰術上是沒有採取游擊戰，其實並不是的。在戰術上實在已經採取了游擊戰，但是却不了解到游擊戰的定義，因為游擊戰爭的定義應說是群衆戰爭，所以說群衆沒有直接參加抗戰是「一二八」失敗的最大原因這是對的。

因此有人便對於「一二八」抗戰的經驗，近

半年來在各戰場上的戰況，發生了無限的悲憤，有許多人便認爲，如果中國跟炮火犀利的日本抗戰，就祇有游擊戰這一條路，這眞是只看見樹木，不看見森林。如果說沒有把游擊戰好好地運用起來，沒有好好地配合到陣地戰，沒有做到去調動敵人，分散敵人，封鎖敵人消息，使我們的正規軍隊以採取大步進大步退的原則，這是對的。假如說只需要游擊戰就够了，我想，這是離開勝利較遠的說法吧。

六年來的東北失地上的游擊義勇軍，雖然使敵人感到極大的疲憊，消耗敵人極大的力量；在最近華北的游擊隊，和在各戰場上的游擊隊，雖然能够經常的獲得偉大的勝利，但是，假如我們能够和陣地戰上的正規軍配合起來，不是離勝利更近麼？

我們雖然緊握持久的消耗戰目的，但是我們更了解到持久的消耗戰裡面，敵我的戰與形勢的變化，是會給予我們更大的力量，與更大的改進的，所以我們一定要善於利用各種戰術，無論是游擊戰或者陣地戰，我們要知到，單純的游擊戰爭，在目前是不可採取的！

上海抗战与世界反法西斯战争系列丛书

淞沪

淞沪抗战史料丛书续编 III

第二辑

上海血战实况 | 李南沙 编述

上海血战抗日记 | 楼产文 编

淞沪御日战史 | 徐 怡 等编

上海科学技术文献出版社
Shanghai Scientific and Technological Literature Press

“上海抗战与世界反法西斯战争”系列丛书总序

徐　麟

伟大的中国抗日战争，是近代中国人民反对帝国主义侵略并且取得第一次完全胜利的民族解放战争，是开展时间最早、持续时间最长的世界反法西斯战争东方主战场。在这场历经十四年之久的抗日战争中，中国各族各界人民同仇敌忾、共赴国难，经过艰苦卓绝的浴血奋战，以巨大的民族牺牲，打败了穷凶极恶的日本法西斯侵略者，取得了辉煌的胜利。正如习近平总书记所指出的，中国抗日战争“为拯救民族危亡、实现民族独立和人民解放，为争取世界和平的伟大事业，作出了彪炳史册的贡献”。中国抗日战争是在中国共产党倡导的以国共合作为基础的抗日民族统一战线旗帜下进行和取得胜利的。以爱国主义为核心的伟大民族精神是中国抗日战争胜利的决定因素，中国共产党的中流砥柱作用是中国抗日战争胜利的根本保证，全民族抗战是中国抗日战争胜利的重要法宝。

上海抗战是中国抗日战争的重要组成部分。在中国抗日战争与世界反法西斯战争中，作为中国共产党的诞生地，上海这座具有反帝反封建光荣革命传统的英雄城市，发挥了独特的重要作用，作出了重大的历史性贡献。

20世纪三四十年代，上海这座国际性的大都市，已经成为中国与世界各国通商贸易的主要港口，成为中国经济、文化中心和政治、外交副中心。同时，上海又是当时中国最大的军港和守卫长江的大门，具有重要的军事战略地位，因而始终成为日本法西斯军国主义

觊觎的一个战略要地。1931年“九一八”事变后，日本法西斯军国主义进而在上海挑起了“一·二八”事变，发动了对淞沪地区的武装侵略。驻守上海的十九路军和前来增援的第五军与上海人民奋起抵抗，给予日本侵略者以沉重一击，成为中国局部抗战历史进程中承前启后的关键性一役。“九一八”和“一·二八”时期的抗日武装斗争和民众抗日救亡运动，在世界上率先举起了反法西斯的旗帜，揭开了中国抗日战争和世界反法西斯战争的序幕。1937年七七事变后仅一月余，日本法西斯军国主义又把侵略魔爪伸向上海，遭到中国爱国军民的顽强抵抗，形成了以上海为中心的一场气壮山河、震惊中外的“八一三”淞沪抗战。七七卢沟桥事变和“八一三”淞沪会战，标志着日本法西斯军国主义全面侵华战争的开始。在中国共产党的积极倡导和推动下，抗日民族统一战线正式形成，揭开了中国全民族全面抗战的序幕，也标志着世界反法西斯的第二次世界大战在亚洲的东方战场正式形成。在“八一三”淞沪抗战历时一百多天的日日夜夜，中国军队和上海人民以其鲜血和生命，筑成了一座民族自卫的血肉长城，谱写了一曲民族团结、共御外敌的壮丽史诗。上海沦陷后，上海民众在全国人民和全世界爱好和平的各国人民的声援、支持下，面对极其艰辛险恶的环境，仍然以大无畏的英雄气概，坚定不移地继续投身于全民族抗战的洪流，对日伪的法西斯统治进行不屈不挠的斗争。中国共产党始终高举抗日民族统一战线的伟大旗帜，发动民众，团结上海各界人士，从人力、物力、财力等各方面支持抗日民主根据地和抗战大后方的斗争，冒着腥风血雨，迎接抗日战争的最后胜利。

两次淞沪抗战及上海民众在十四年不间断的抗日救亡运动中，

构成了一幅幅上海抗战英勇悲壮的画卷，也铸就了上海在中国抗日战争和世界反法西斯战争中的重要历史地位：上海不仅是中国对日作战的一个坚强的军事战略重镇，也是中国抗日救亡运动的前期中心和中国抗战文化的发源地；不仅是支援抗战大后方和抗日民主根据地的重要基地，也是世界反战反法西斯人士和中外难民的庇护所；是世界反法西斯舆论战、情报战的东方主要阵地，又是中国联系国际反法西斯阵营的纽带和桥梁。更为重要的是，上海抗日战争凸显了其重要的历史意义：它在外敌入侵、民族危亡的关键时刻，全面地、全方位地弘扬了以爱国主义为核心的民族精神，折射了中华民族有同侵略者血战到底的气概、有在自力更生的基础上光复旧物的决心，有自立于世界民族之林的能力。上海抗日战争在中国抗日战争和世界反法西斯战争历史上树立了一座永不磨灭的丰碑。

2015年是中国抗日战争暨世界反法西斯战争胜利七十周年。在中共上海市委的领导和支持下，上海学术界和理论界经过多年的努力，联合推出了“上海抗战与世界反法西斯战争”系列丛书。这套系列丛书分为三个子系列，**一是“上海抗日战争史”丛书**，内容包括上海抗战史通论、“一·二八”淞沪抗战、“八一三”淞沪抗战、日军在上海的罪行与统治、上海人民抗日救亡运动、上海郊县抗日武装斗争、上海人民支援新四军与抗日根据地、抗战时期的上海经济、抗战时期的上海文化、上海抗战与国际援助等；**二是“淞沪抗战史料”丛书**，选辑和汇集民国时期有关上海抗战的具有代表性的通讯、纪实、回忆录及报告文学等鲜为人知的孤本、藏本影印重版。**三是“上海抗战与世界反法西斯战争研究”丛书**，其中包括

资料性著作：如记忆中的淞沪抗战、淞沪抗战中文报刊资料选编、淞沪抗战档案史料选编、上海抗战历史文献选编等；专题性著作：如中国共产党与上海抗战、当代学者论淞沪抗战、国外学者论淞沪抗战、“一·二八”淞沪抗战画史、“八一三”淞沪抗战画史等；工具性著作：如上海抗战与世界反法西斯战争大事年表、上海抗战与世界反法西斯战争事件人物录等；通论性著作：在上述论著的基础上完成一部通论性著作，即上海抗战与世界反法西斯战争全史。这三个子系列丛书各有千秋、各具特色，在集结出版后，更能起到互相参照、取长补短的作用。可以说，这套系列丛书是上海学术界和理论界研究上海抗日战争和世界反法西斯战争的一项重大的学术成果，是对上海抗日战争史研究的一个重要总结和一次集中展示，也是向中国抗日战争暨世界反法西斯战争胜利七十周年献上的一份厚礼！

“疑今者，察之古；不知来者，视之往”。历史是最好的教科书。“上海抗战与世界反法西斯战争”系列丛书的出版发行，更是为了向社会提供一部能够弘扬时代正能量、培育与践行社会主义核心价值观的好教材。让我们站在新的历史起点上，进一步铭记历史、缅怀先烈、珍视和平、警示未来，为实现中华民族伟大复兴而奋斗，为促进世界的和平和发展作出我们应有的贡献。

出版说明

“淞沪抗战史料”丛书续编Ⅲ主要收集美国史坦福大学东亚图书馆等处所藏资源，将已见或未见的关于淞沪抗战史料以影印的形式出版，内容涵盖两次淞沪抗战，即“一·二八”淞沪抗战和“八一三”淞沪抗战，力求比较全面、翔实和生动地反映淞沪抗战的全貌。

两次淞沪抗战，是中国人民伟大的抗日民族解放战争的重要组成部分，特别是“八一三”淞沪抗战是在中国共产党抗日民族统一战线政策的指引下，以国共两党合作为中心，全国各爱国党派、团体，中央和地方各系抗日军队，各界爱国民众以及海内外侨胞，在抗日御侮、共赴国难的基础上发动和进行的，堪称民族自卫战争史上的伟业。它体现了中国人民血洒战场、拼死抗战的决心和民族团结精神。在抗战胜利70周年之际，阅读这些史料，重温那段中华民族优秀儿女面对强敌、誓死抗争的精神，就是最好的爱国主义教材。两次淞沪抗战展示了中华民族奋起改变自己国家命运的伟大信念，爱国主义激发出全体中国人民的巨大力量，这种信念和力量，在今天仍然弥足珍贵，令人心怀激荡。两次淞沪抗战中那些大气磅礴、气壮山河的史诗故事，均在本套丛书资料中有翔实的记录和质朴的史料作为佐证。

由于各种原因，原书中存在着印刷错误，而且有些细节也与史料不符，对书中的一些观点我们也不完全赞同，为了给读者提供最原始的抗战史料，对上述问题未做任何处理，希望读者能够给予理解。

编者

2018年7月

目　录

上海血戰實況

李南沙編述

全書五萬餘言
定價一角四分

人道學社出版

淞滬戰區略圖　人道學社製

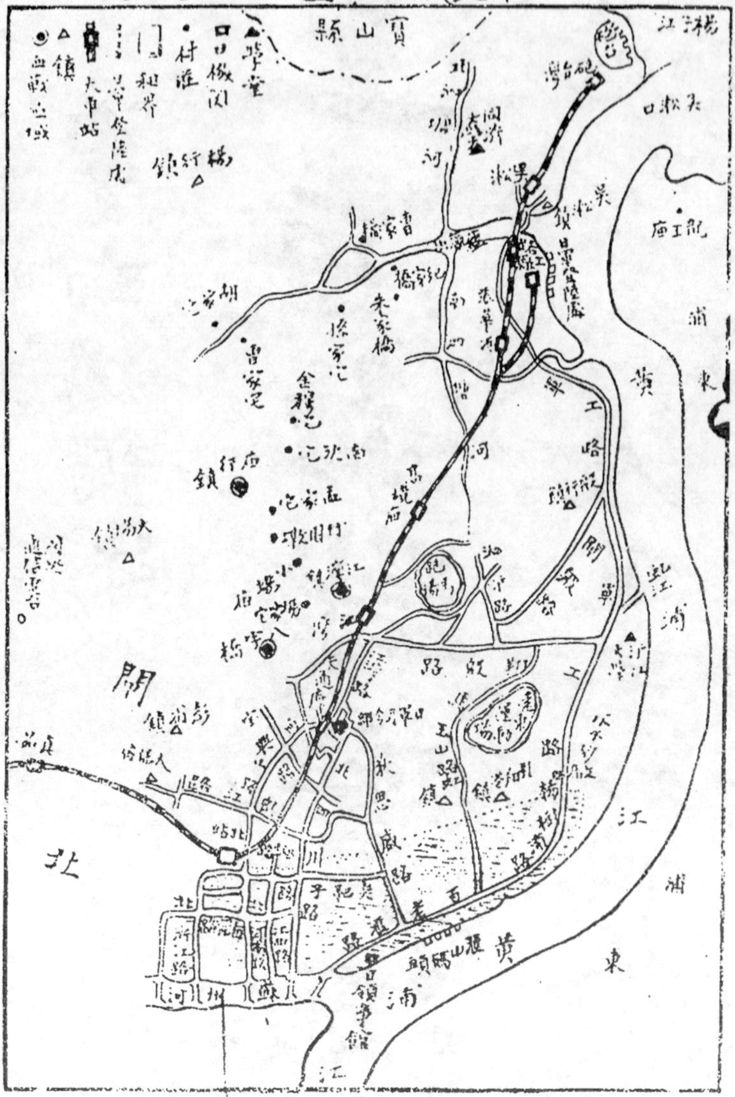

目次

何序

古之史于官。今之史於民。良以史于官者多言約而微。忘其大體耳。誠不若民之史者之不厭其詳。無半豹之憾也。

今夫暴日侵我淞滬。庶情鼎沸。以爲憤憤者當軸。殆將師其故智而弗抵杭矣。固未料我十九路軍之奮然崛起。而痛予寇以創殲也。吁。偉矣哉。壯矣哉。勝負斯可勿論。其激揚我炎胄聲氣者。亦烏可無以史之。

予固參與是役者。方以不獲將當時情實史之爲疚。適得南沙先生上海血戰實況一書。讀竟欣然。以爲史之上乘也。蓋先生工於文而通於史。具備大手筆。以寫此千古偉事。豈不佳哉。

方茲外侮日亟。國難孔殷。誠願讀此書者。知來者之可追。兢兢業業。共肩大是。不負作者之初心耳。

何嘉序於蘇州軍次

上海血戰實況

緒言

這一次上海的抗日血戰，自從一月二十八日開火以來，由十九路總指揮蔣光鼐，軍長蔡廷楷，督率了他們全部將士和各友軍，具着大無畏的精神，誓師奮鬥，不管暴日如何頑強，器械如何精銳，勇往直前，每戰必勝，把個夜郎自大，久霸東亞的日本海陸空軍，打得落花流水。到了三月二日，雖然因爲後援不繼，無兵抽調，退到了第二道防線，但是一個多月的血戰，把暴日的將士，已弄得焦頭爛額。他們用商輪軍艦運回去的陣亡將士，便衣隊等等的死屍，約計已不下二萬有餘。飛機的擊落有好幾十架，兵艦是打沉了兩只，擊毀了四五只。什麼鐵甲車，坦克車，大砲，機關鎗，步鎗等等，被我們打毀和奪來的，更不知多少。不要說別的，就是他們指揮作戰的總司令，不到一個月，已經更換了四五次。第一是鹽澤，第二是野村，第三是植田，第四是凌刈，（原來想派的是末次，因爲名字不吉利，所以又改派了凌刈。）第五是白川；由少將而中將，由中將而大將，他們如果不是節節失利，大吃敗仗，爲什麼要這樣接二連三的添兵調將呢？

不過他們敗仗雖然打，終究是殘忍而缺乏人性的。在兩軍陣前吃了苦，便在我們手無寸鐵的同胞身上去出氣。每天擄掠去的男女老幼，不曉得有多少。都把他們關在像地獄般的破

屋裏，虐待得連猪狗也不如。破肚皮，斷手足，割乳頭，挖眼睛，種種慘殺的非刑，比上蘇妲己的酒池，肉林，炮烙，還更要殘酷！女子是更加可憐，他們不問老少美醜，都是先奸後殺！有一次，他們擄到了一位十七歲的小女子，因爲稍有姿色，竟被二十餘個日本獸兵輪姦死了！

驕傲而惡毒的暴日，以爲中國的軍人都是張學良，沒有一擊的價值，只消放幾響鎗，開幾個砲，把我們軍隊就嚇跑了。閘北，吳淞，也像東三省一樣，用不了多大的犧牲，輕而易舉的佔據了。不料釘頭碰着鉄頭，和十九路軍一經接觸，非但毫不退却，並且勇敢善戰。暴日的軍隊，打一次，敗一次，總是白送性命。因爲他們慚無可洩，到處用大砲，飛機，去亂轟亂炸，把閘北，虹口，吳淞，江灣的繁盛市街，八九所大學，附近一帶的鄉鎮村莊，都毀滅焚燒得幾乎沒有一處不變成觸目傷心的焦土。就一個月中算起來，被他們慘殺的無辜同胞，至少要超過六七千，失踪數萬餘，損失的財產，約計在十萬萬以上。他們無端造成這樣的空前浩刧，何等痛心！我們中國眞要讓他們滅亡了，我們還不曉得要被他們蹂躪到什麼地步呢?!

暴日用武力來壓迫，固然是要想侵呑中國，完成他們數十年來一日不能忘懷的大陸主義。而既得了東三省，又來進攻上海，那是因爲日貨被抵制，他們的商業都被英美侵奪去了，所以刻不容緩的想在上海開闢一塊日租界，做挽回長江流域商務的根據地。可是他們沒有料到偏偏遇着十九路軍，連戰失敗，把數十年英名毀於一旦，而且還引起了全世界各國的

惡感。惟有一件很可注意的事。他們侵佔了東三省，已經三四個月了，爲什麽到了一月二十過，才發生日本浪人在三友實業社去放火，惹動是非，做這一次進攻上海的導火綫呢？據編者的推斷，還是從甯粵實行合作而促成的，而海陸軍的爭功，也是其中一個原因。

中國治權的不統一，是中國的根本大患。但險詐而幸災樂禍的暴日，却希望我們各個有實力的黨國巨頭，互相敵視，永久形成四分五裂的局面，好施展他們挑撥和造謠的技倆，弄得我們內亂不息。各方爲保全私人的實力，不肯對外犧牲，他們乘機就明火執杖，或借端發難來攫取那漁人之利。去年他們侵奪遼吉，便是看了民國十八年中俄滿洲里的一戰，韓光第將軍孤軍奮鬥，終於力盡援絕而屈服的榜樣，才敢斷然入寇。來勢雖暴，却也是謀定而後動的。不過他們在東三省，因爲張學良抱定不抵抗主義，很不費力的把幾千里土地搶到了。然而各路義勇軍，紛紛而起，到處襲擊，所謂獨龍難鬥地頭蛇。義軍憑藉着深山大林，進攻退守出沒無常，弄到暴日疲於奔命。他們雖然一再增兵，至今沒有壓服的可能。況且，負着排難解紛責任的國際聯盟，雖然表示着穩健態度，不肯用強硬的手段來制裁，終以公理所在，迭經中國申請，特派國際調查委員團，實地調查暴日侵佔滿洲的眞相。那事實昭彰的罪惡，無論暴日如何狡猾而善於掩飾，決不能不稍稍顧忌，豈肯再把事態擴大，更授人以口實？那末，爲什麽比狐狸還乖巧的暴日，突然又在上海玩起這一套勾當來呢？這不是大可研究的一件事麽？我可以猜到他們的賊心狗肚腸。因爲看見蔣介石汪精衛兩氏決定同到南京去，合力主持中央的政務。他們以爲寧粵從此妥協，對外將有一致的動作，恐怕將來再沒有間隙可

乘，於是由情急而悍然不顧的更在上海幹那末一下子。

讀者諸君如果疑惑，只要翻開報紙來檢查一下。這回上海事變的發動，是不是正在蔣汪兩氏在杭州議決，一同乘坐飛機進京的當兒？所以我說寧粵合作，(？)倒促成了暴日急遽進攻上海的動機。至於他們的海陸軍人的爭功，那是從可靠方面得來的消息。據說他們的陸軍將士，自從奪取了我們東三省之後，非常驕傲。海軍將士很為慚愧，蓄志要顯顯他們的身手，爭回一點面子。剛巧遇到這個機會，因此海軍司令鹽澤，便力負奪取閘北和吳淞的全責。他自誇只消六個鐘頭，就可把中國軍隊解決，而完成其佔據淞滬的偉大功業。但看當日方發動時完全由海軍陸戰隊作戰，並無一個陸軍士兵參加。這，足徵海軍爭功之說，並非出於臆造了。

暴日想併吞中國，獨霸東亞，進而征服世界列強的野心，他們早已定下了精密的具體計畫。在那「田中內閣侵略滿蒙之積極政策」中，已很明白的告訴我們了，此地不必再來轉載。上面所講的，不過把東北和上海兩處事變突然爆發的近因，和內容帶敘一敘，好讓全國同胞明瞭外侮之來，莫非為連年內亂所造成的。倘使各個有實力的黨國巨頭，受了這樣的大教訓，仍然不知覺悟，事定之後，依舊各存私見，黨同伐異，置國家民族於不顧，亡國之禍，終難幸免。

最後我對於全國的民衆，還要來一個提醒。中國終究不是獨夫或少數野心家的中國。我們在此創鉅痛深之餘，對於國家大事，決不可以再謙讓退縮，作隔岸觀火的態度，而聽他們

逾斷獨裁，任意宰割了。我們盡了納稅養兵的義務，原爲求一個安甯。若然養兵專供野心家爲滿足領袖慾，而用來做他們私鬥害民的工具，對外不加抵抗，一任異族的侵略，我們納稅還有什麽意義呢？簡直可以說，愚笨而懦怯的民衆，化了用血汗換來的金錢，買一個自殺的酬報而已。這並不是我個人的憤激之詞，因爲看見這次十九路軍對日血戰，敵方續續增兵，再接再厲，而我洛陽政府却坐觀成敗似的，並無重大的實力加以援助；去年蔣總司令親口說過收復東北失地的一句話，非但至今沒有實行，幾乎諱莫如深，連提也不願再提了。究竟葫蘆裏賣什麽藥？不能不令人感覺到他們仍然不肯放棄把持兵權，征服異己的主張。所以我們這次抗日戰爭，無論結果如何，對於內亂的再現，不可不預爲防備。

編者要說的話還很多，因爲這本小册急於出版，只好適可而止了。至於編輯方法，除開火以前的一段經過，按照事實進展的程序，作有統系的敘述外，自一二八雙方部隊接觸後，即倣日記式的體裁，按日把「戰訊」，「政聞」，「災情」，和其他瑣聞之値得報告者，一一列敘。編者所以用這方式來編制，一則使讀者依次觀看，較爲醒目；一則在此册出版時，戰事尚未結束，以便繼續編輯下册，而成一貫之作。

日浪人放火肇禍（浪人即流氓）

一月十九夜裏，日本浪人突然暴動，用火酒炸藥在虹口般翔區，縱燒三友實業社的工廠。雖然覺察得早，趕緊救息，但是已經燒去了廠房六間，燬損了機器二十四架。當時華租兩界的警察前去查辦，他們竟敢拒捕，殺死租界華捕一人，傷害兩人，連一只崗亭也被搗毀了

。他們所以敢於這樣殺潑，實在是暴日官民狼狽爲奸，按照預定計劃，借此挑釁，想把這件事鬧大起來，好和中國來動干戈。海軍陸戰隊是暗暗掩護着做他們的後盾。不料傷了三個租界巡捕，得罪了工部局，由此只好另換方法，免得英國人插在裏邊干涉。

利用日僧被毆案要挾中國

上海市政府對於日浪人放火殺人案，提出抗議後，日本領事村井倉松口頭表示遺憾，並允緝兇嚴辦；同時，他却又提出日僧被毆的一件案來，向市政府嚴厲抗議。據說：本月十八日，有日僧天崎啓昇，水上秀雄，和佛教信徒後藤芳平，黑容淺次郎，藤村國吉五人經過馬玉山路被暴徒毆打了，身受重傷。當時他就開出四項要求：(一)市長向總領事道歉；(二)加害者之搜査，逮捕，處罰，應速實行；(三)對於被害者，須予以醫藥費及撫慰金；(四)關於排日侮日之非法越軌行動，一概予以取締，應將上海各界抗日救國會，以及各種抗日團體，即時解散之。市長吳鐵城便口頭答覆：一二三項查明之後，總可辦到，第四項事關民衆運動，如在法律範圍以內者，那可不便取締。這是二十一上午互相交涉的一件事。連日虹口，日人非常活動，陸戰隊武裝游行，顯欲故意搗亂。並且日本駐滬艦隊司令鹽澤乘機而起，向中國當局作更強硬的要挾。聲明：如果不使日本滿意，他所統帶的艦隊，便要取嚴峻的行動。換句話說：便要開大砲轟了。在日本的東京，也小題大做，內閣會議對此決取積極手段，紛紛調動軍艦，向上海駛來。華租兩界當局恐怕發生禍變，飭令軍警嚴密防守，虹口一帶的形勢是危險極了。廿三日，有一千五百餘名日本居留民在蓬路俱樂部開會，密議對我應取手

段。散會後，出發游行示威，中外商民異常驚恐。

日軍艦大批到滬

日本浪人放火一案內的兇犯十二名—光版芳藏，關攸太郎等—由日領事審訊後，把七個正兇押回日本；（聽說都是自行投到的，不曉得鬧什麼鬼）一方面通知中國當局，把一件縱火殺人的大案輕輕的敷行過去了，而他們所提出關於毆打日僧的四項要求，却催迫得非常嚴緊。吳市長因為覺得第四項「取締抗日運動」，未便用政治力量來壓迫，所以遲遲未覆。豈知日本居心要借此擴大事態，二十一日，他們海軍省已有迫急會議，派遣大批軍艦，和陸戰隊到上海。至二十四日止，黃浦港內，已到有航空母艦能登呂號，驅逐艦葛，藤，薄，萩，四艘，和巡洋艦大井號等十餘艘。他們的意思，決定派遣軍艦四十七艘，陸戰隊一萬人外，還有陸軍預備出動。在日文滿洲日報上所登的是：以久留米師團為主力外，加金澤師團之迫擊砲隊，騎兵隊，大砲隊，機關鎗隊，富山砲兵隊，步兵隊等等，連同駐屯上海之原有師團，為數當不下四五萬人。

市政府取消抗日會

日本的大批軍艦，陸戰隊，飛機開到之後，總領事村井迭向市政府威迫承認他們無理要求。各團體見此情形，大為憤激，決議誓死抵抗，環請市政府萬勿屈服。但，吳市長見日本如此橫暴，形勢益見嚴重，除請示中央外，於廿六日下午，急召集政商各界王曉籟，徐寄廎，林康候，虞洽卿，屈文六等數十人，會商應付辦法，他們多數主張對於第四項終須慎重處

理。當晚在張靜江宅中，又由張繼，居正，何應欽，張靜江，吳鐵城，顧孟餘，黃郛，葉恭綽等八位黨國要人，作重要談話。彼此均惴惴恐懼，以為上海全國工商萃薈之區，中外居民密集，萬一日人竟恃蠻發動，恐遭不堪設想之犧牲和破壞。會議至一小時之久，其最後決議，外面不得而知。不料至廿七日下午十一時，所有上海抗日救國會，均由市公安局會同社會局一律查封了！這是由市政府密令突然辦理的。據吳市長說：查封抗日會是為該會辦理不善，屢滋物議，近由藥業，海味，火油，紗花，顏料等百餘同業公會，聯名呈請解散，而並非徇日人的要求，才把牠們封閉的。第二天，各報果然把各公會呈請市府解散抗日會的全文登出來了。這顯然是我們市政府被暴日用海陸軍的威力來壓迫得無可如何，但求苟且目前的和平，暗中授意各公會遞這一個呈文，總算是中國自動取消抗日會．拉一個極面子罷了。這樣說不出的痛苦多難受！

忍痛接受四項要求

連日日艦紛紛到滬，廿八日又到魚雷司令艦夕張號，和驅逐艦皋月，文月，如月，菊月等十三艘。連前次所到，已有廿七艘之多。除新到之海軍陸戰隊分批登岸佈防外，並派大號爆擊飛機數架，飛繞天空示威。因此全滬居民大起恐慌，形勢萬分險惡。住居閘北南市的人民，從廿八上午起，都急急遷避租界，寶山路口是擠得連路都塞斷了。偏偏那一天在日本領事館中，又發現了一個炸彈，他們更多了一種藉口。華界方面為嚴防禍變起見．軍警分段戒備。向來不戒嚴的租界，除派英美法日軍隊分區警備，（日軍擔任虹口楊樹浦一帶的警備，

這實是一件大誤蒼生的事！）並設置障礙物，關閉鐵門外，公共租界還是遍貼其戒嚴佈告。一個花團錦簇的上海市，立時變成了恐怖世界。上一天，市政府封閉了抗日會，全市各界莫不憤怒，都向吳市長提出質問，但是吳市長恐怕鬧出大禍來，爲求上海的安全，才不顧一切的下此決心，却也有不得已的苦衷。日總領事是限他廿八日下午六點鐘前，必須要把承認四項要求答覆送到；否則，日海軍便要採取斷然手段，佔據各機關。所以，引起了大衆驚恐，形成了這個混亂的局面。到了下午兩點鐘，接受日本四項要求的覆文，市政府已忍痛送達，日領事也表示滿意。吳市長又恐民衆不服，還用高壓手段，禁止集會游行，以免再生枝節。這種辦法，雖然是很爲痛心，幸而紛擾了一天，沒有發生流血之禍，保持了暫時的安全，而日方目的已經達到，當然別無問題了。

日海軍爭功啓釁

日僧的被毆，無論出於誤會，或者有心，既然是兩國人民的私鬥，決引不起多大的交涉，實際也因爲日浪人常在虹口一帶肆意騷擾，才激起這反感而有此舉動。要比起日浪人的殺人放火來，案情還輕得多，何須小題大做，調遣大批軍艦陸戰隊來呢？這一次的發動，一半是他們看見中國的統一政府成立了，錯過了這機會，恐怕再得不到開闢上海的間隙；一半便是因爲陸軍方面立了佔據東三省的大功，海軍方面不肯示弱，所以乘此自告奮勇，殺奔過來。中國對日的經濟絕交，他們是最感痛苦，我們却在政府無抵抗主義之下的惟一利器。這回借端要挾，取消一切抗日運動，在他們意中料定中國當局決不能辦到的。專等一聲拒絕，馬

上就幹。不料市政府卻如期於廿八日下午兩點鐘竟讓滬台命的把四項要求完全接受的覆文送到了。日海軍對此當然是大失所望，但是他們已經弓上弦，刀出鞘，豈肯從此掩旗息鼓。於是就管不得日總領事已經表示滿意，到了當晚十一點二十五分，突然由海軍司令鹽澤發出公告，通知市公安局。他託言保護閘北日僑，要在該處派兵戒備，勒令中國將閘北軍隊和防禦設施從速撤退。而十餘分鐘以後，不待中國答覆，日本海軍陸戰隊和便衣隊已從租界衝出，猛力進攻。至十二點鐘，因天通庵車站僅有警察憲兵防守，猝被襲擊，並用鐵甲車衝鋒，雖竭力抵禦，激戰半小時，終於實力不足而退卻。同時，虬江路，寶山路一帶，則已與十九路軍正式開火。

十九路軍各師，都是勇敢善戰的南國健兒，此次因寧粵合作而來調衛戍京滬。軍長蔡廷楷預知暴日不懷好意，早有戒備。當日下午，先已召集部隊，懇切訓話，以愛國精神激勵士兵。所以暴日雖極橫暴，始終不易取勝。鹽澤在開始發動之先，他自己誇口說：只須六小時，就可以把上海的中國軍隊全部解決而佔領淞滬，西面達到崑山，南面達到梅家弄。那裏知道遇到這個勁敵，除了把平民的房屋用砲火炸彈轟燒外，第一夜接觸便受絕大的打擊。從此他們就不得不積極抽調重兵來挽回所謂日本皇軍的命運了。

（編者註）以下照日記式的體裁，按日記述其戰事的進程與其他一切，以便讀者檢閱。

一月廿九日

第一天大激戰——從昨晚十一點鐘，雙方開火後，閘北寶興路，江灣，均有激戰，直到天明。我軍奮勇抵抗，頗佔勝利、上午十點鐘，敵人進攻北火車站，並用飛機擲爆發炸彈，焚燒北站棧房洋樓。先以我軍防範極嚴，不易進展，後因敵軍乘着大火，用大隊從虬江路包圍夾擊，竟被佔領。但，我軍於下午五點鐘，經一度反攻，血戰多時，卽於鎗林彈雨中，把北站奪回。北站是京滬的咽喉，關係極爲重要，今能失而復得，士氣爲之大旺。天通庵車站，昨晚因無重兵駐守，受鐵甲車和機關鎗掃射的壓迫而失守。後由十九路軍聞訊趕到，會同憲兵第六團一部圍攻，敵人不支，全部覆沒。我軍除將該車站奪回外，並繳得鐵甲車三輛，惟其中一輛已炸燬。此外在北四川路和江灣等處，終日巷戰，均極猛烈，雙方都有死傷。吳淞方面，敵艦徹夜用探海燈照射，天明後，開砲向各砲台轟擊，隆隆之聲，如打巨雷，全市爲之震驚。暴日居心破壞，從淸晨起，由航空母艦能登呂號放出飛機十餘架，翱翔天空，在華租兩界，到處投彈。一日之間，焚燒房屋，傷害人民，不可勝數。此中以商務印書館損失最大。該館總廠，和編輯所，東方圖東館，被炸焚燬，大部均成焦土。在火勢最盛的時候，黑煙繚繞，滿布半天，紙灰飛遠至數里以外，約計該館受損，當在千萬以上，而尤可惜者，許多不易購得的古書完全化爲灰燼。但，日機是日被我擊落，共有四架。

十九路軍將領第一次通電——南京政府不主張抵抗的，所以密令市政府承認了日本四項要求，封閉了抗日救國會，又命十九軍撤退防地，派首都谷正倫部的憲兵來接防。因爲憲兵開到的時間遲了一點，沒有趕得及換防，日軍已開始進攻，於是憲兵也只好加入作戰。並且

還聽說，顧祝同部也有三團兵士，於廿八日開到上海，協同防守北站一帶，(?)因爲未奉命令，不便應戰。十九路軍下級軍士，紛向該軍詰問，該軍迫於良心和大義，當時就殺牛三頭，插血爲誓，然後一致開始動作。不曉得我們政府對於日本爲什麼這樣步步退讓，而懦怯到像老鼠見貓一樣的循服？十九路軍將領雖然未奉政府明令而毅然抵抗，態度却極光明。那班勇於私鬥，怯於公戰的武裝朋友，對此不應不有一點感動罷？今把他們的通電，照錄於後：

「暴日佔我東三省，版圖變色，國族垂亡。最近更在上海殺人放火，浪人四出，世界卑劣兇暴之舉動，無所不至，而砲艦紛來，陸戰隊全數登岸，竟於廿八夜十二時，在上海閘北，公然侵我防線，向我挑釁。光鼐等分屬軍人，惟知正當防衞，捍患守土，是其天職。尺地寸草，不能放棄。爲救國保種抵抗，雖犧牲至一卒一彈，絕不退縮，以喪失中華民國軍人之人格。此志此心，可質天日而昭世界，炎黃祖宗，在天之靈，實式憑之。十九路總指揮蔣光鼐，十九路軍長蔡廷楷，淞滬警備司令戴戟叩。豔。」（二十九日）

那天他們出發前線指揮之先，戴司令還預立遺囑，託妻寄子，決死報國；蔡軍長也與妻子慷慨決別。他們下這樣的決心，毅然表示忠烈，恐怕一半也鑒於無抵抗的誤國而出於憤慨罷！

三十日

敵軍連遭慘敗——今日敵又屢攻北火車站，爲我軍擊退，並退出海甯路，殺傷極衆。華界北四川路一帶，善於搗亂的日便衣隊被我痛擊，傷亡更多，殘餘逃入租界。駐紮虹口六三

花園（日本花園）的日軍，於上午十時，突被我十九路軍一連兵士包圍繳械。該園已被我佔領。自閘北寶山路口，經虹口小菜場，狄思威路，到楊樹浦，爲雙方最前線。交戰非常猛烈，彼此幾度肉搏。從昨天清晨起，炮火兩晝夜未熄。結果，殲敵千餘名，我軍亦多傷亡。惟在這場惡戰中，把他們的最新式坦克車炸燬了一架，奪獲了兩架。坦克車這樣戰具是最兇猛而堅利，不過轉折略爲礙滯，然用機關鎗輔助了他來衝鋒，眞是猛不可當。因爲我軍人人存必死之心，置自己生命於度外，當他們橫衝直撞的進攻時，冒着急雨般的鎗彈，用手溜彈忘命拋炸，先把頭一架擊燬。敵人見此，莫不喪胆，手脚一軟，機關鎗幾乎也失了效力。後面的坦克車正要想向後轉，我軍一擁而上，就一面衝殺，一面把坦克車兩架奪了過來。素來沒有實地戰鬥經驗的日陸戰隊巳勇氣全消，而不勝狼狽的潰退了。

暴日積極破壞——殘忍的日本人，戰事雖屢遭慘敗，對於閘北，虹口各處，積極破壞。除用飛機拋擲巨量的硫磺炸彈外，便衣隊分投放火燒殺。一日之間，同胞之無辜受害者，數百餘人，被焚公私房屋，更難計數。

各國領事商請停戰——英美法三國領事，目覩慘狀，希望戰事不再擴大，商請中日兩方停戰談判。（據市政府當局說：這是出於日本的請求；但是我們看上海領事團寄給國聯的報告書，却說是：由於吳市長的請求。我們中國官吏，到了這樣危迫的時候，爲什麼還要來欺騙民衆？可嘆，可哭!!）我們和日方當時都接受了這項調停的意見，允許暫行休戰。

中央政府遷移洛陽——今天我們滿口抵抗到底，決不屈服的中央政府，說什麼

「爲自由行使職權，不受暴力威脅」，通電宣言，由南京遷到洛陽去了。軍政部長何應欽留京。京中治安，由衛戍司令和警備司令等維持。

卅一至二月二日

口頭提出停戰條件——這三天算是休戰期。卅一日下午三點鐘，各領事邀約中日兩方當局到英領事館，商議避免戰禍辦法。當時到場的是：英總領事白利南，日總領事村井，美總領事克銀漢，上海吳市長代表俞鴻鈞，美國駐滬防軍司令發格，英國駐滬防軍司令愛爾明，工部局總董麥克奈登，日海軍陸戰隊司令鹽澤，十九路軍代表區壽年師長等若干人。此項會議全是口頭談話，直到五點三刻，方始散會，提出的條件是：

(一)中日兩國軍隊，同時退出公共租界，另派中立國軍隊駐防；

(二)華租交界處之中國軍隊，改由中國警察負責，維持防務及治安之責；

(三)自卽日起，雙方停戰三天；（從卅一日下午五時起到二月三日五時爲止）

(四)在停戰期內，請村井領事電徵東京政府同意；

(五)英美兩總領事，亦各將此項條件報告本國政府。

這種口頭談談的和議，絕無保證。暴日何等狡猾，決難信任。英美領事的態度，倒還公正。他們請求日軍自動退出華界，以息戰禍，但是日方代表說：這種舉動，不經東京政府的核准，決難辦到。其實，不過借此推宕。他們因爲連日戰敗，正向本國請增援兵，再圖大舉侵略罷了。

日軍違約襲擊——在這休戰期中，我軍當然遵約守信，按兵不動。但是暴日生性狡惡，依然隨時隨地破壞偷襲。在虹口北四川路，老靶子路一帶，本來兩軍對峙。他們時時開鎗，向我挑釁，並派便衣隊混入我軍防線，拋投炸彈。我軍被迫還擊，以致引起戰鬥，鎗聲繼續不斷，晚間格外緊密。在天通庵路，狄思威路等處，他們攻擊更烈，竟用機關槍，大砲，對我陣地轟射，我軍不得已，也用迫擊砲，機關鎗抵抗。三天之中，並幾度向我衝鋒，幸均被我擊退。連日敵機也依然四出騷擾。在吳淞，真茹，引翔港，亂投炸彈，害得各區居民驚惶失措，幾如白晝見鬼！暴日非但不顧信義，那種卑劣而殘酷的行為，簡直野蠻到極度了。

英美法三國政府勸止中日戰爭——英美法三國公使，於二月二日，關於中日衝突一事，奉到各該國政府同樣覆電。他們先後照會中日兩國當局，提議根據後開條件，立即停止軍事行動。該條件內容的大意是：

(一)兩國間此後不再有動員，或準備任何敵對行為；

(二)在滬中日作戰人員，退出彼此接觸之地點；

(三)設立和平區域，分離兩方作戰人員，以保護公共租界，該項區域由第三國軍警駐防，其辦法由領事團擬定；

(四)兩國一經接受該項條件後，不先提出要求或保留，即根據非戰公約，及十二月九日國聯議案之精神，在第三國觀察者或參與者協助之下，迅速進行商議，以解決一切懸案之爭議。

我國接到之後，聲明完全承受。但是日本對前三項條件，聲明加以修正後尚可接受，對於第四項，因須遵照十二月九日的國聯議案，連帶東三省一案一併辦理，表示絕對反對。他們的理由是：因爲滿洲問題決不許任何一國插身干預，所以關於解決中日間一切懸案的交涉，萬難承認列國的旁聽。（卽不准第三國在旁監視與過問之意）就此看來，日本抱定武力侵略主義，對於和議，顯然沒有接受的誠意。同日，東京政府拒絕上海英美領事，在一月卅一日，所提出的調停條件的覆文也到了。調停旣歸無效，三天休戰的日期已滿，他們繼續來到上海的陸海軍，兵艦，飛機，軍火，也已大部到達。本定三日下午五時，爲限制的休戰時刻，然而他們却不顧各國的抗議，竟又突然開始正式總攻了。

日艦砲轟首都——一日晚間十一時，日艦又在南京用探海燈放射，探照獅子山砲台，並向城內開砲示威挑釁。下關居民，都從夢中驚醒，紛紛避難入城。長江形勢，亦告緊張。總之，暴日竭力要把戰事擴大，造成不可收拾的局面。幸而諸位黨國領袖，早經離開都城，恭喜貴人沒有受到虛驚。漢口日海軍陸戰隊，閙亦登岸示威，並於日租界裝置電網沙袋。因此，上游局勢，亦甚嚴重。

三日

日兵艦飛機轟炸吳淞——日兵艦二十六艘，於今晨十一點突然到吳淞，採取半弧形向我砲台包圍，卽開大砲機關鎗，大舉襲擊。我爲自衞計，也開放大砲回擊，一時砲聲大作，震動天地。敵方驅逐艦一艘，被我擊燬，立刻沉沒，另一艘受砲火重傷，不能活動，還有兩艘

，受傷比較略輕。經我奮勇激戰後，敵艦大敗，解圍退往三夾水外。至十二點鐘時，敵方飛機十五架，忽由川沙方面飛到吳淞，同時拋擲多量炸彈。我砲台立刻向空瞄準，開砲轟擊，當時卽有一架中砲墮地。最可笑者，當該飛機翻墜的當兒，倭邦鳥人（日本人稱飛機師叫鳥人）竟跌出機外，立變肉餅，飛機墮地，當然已成齏粉。作戰的士兵們見了，莫不踴躍歡呼，竟把自己在戰場上的地位都忘却了。其餘飛機，從此再不敢嘗試，飛向川沙白龍港方面，又經該處我駐紮的防軍發砲遙擊，方始狼狽遁回原艦。當在雙方激戰的時候，正有預備開出吳淞口的中外商輪數只，從黃浦港中開到，因爲不能駛過火線，仍舊折回上海。船上的搭客。以爲敵艦念多艘圍攻砲台，決難希望保全。所以，在下午的時候，大家都說，吳淞砲台已經失守。其實是出於猜想罷了。不過日海軍吃了這一次大敗仗，把他們格外激怒了，所以當天下午，日總領事通知各國領事，說我吳淞砲台無端開砲，擊沉了他們的兵艦一艘，打傷了三艘。爲報復計，日本海軍陸戰隊決定要準備登陸，佔領吳淞。這完全是有心反咬，明明他們的兵艦先開砲，想掩護陸戰隊在吳淞登陸，我們才還擊的。

閘北又激戰——上午十一點鐘，日派飛機十二架，分四小隊，在閘北一帶飛繞擲彈，並放機關鎗，擾亂我軍陣地。日陸戰隊見有飛機威脅，突由寶興路和福生路小弄中衝鋒。因爲同時在天通庵方面，有劇烈的戰爭，他們想從靠近北火車站之寶山路口衝出，使我前線車隊受其牽制。不料我軍早有準備，敵方雖用猛烈炮火壓迫，並一再增援，終被我防守北站之某團士兵奮勇痛擊而退，並乘勝追殺，奪獲步鎗無數。在天通庵方面，雙方血戰一日，至下午

五時，敵亦不支，向南潰敗，死傷極多。是日，橫浜橋，狄思威路等處，亦有巷戰。

擊落日飛機——日飛機飛翔眞茹偵察，並向我陣地拋彈，被高射砲擊落一架，又一架受傷脫逃。

寶山路一帶慘被轟炸——日軍陣地所射出之砲彈，大半爲燃燒彈。今午連放大砲數百發，加以飛機四出擲炸，故同時起火有七八處之多。火燄最烈，要算青雲路寶山路一帶，焚燒十餘小時未息。

英美軍艦到滬——美國軍艦十七艘，定於五日全部到滬，並有飛機母艦及潛艇預備開來。今天已先到四艘，載有陸戰隊一千二百名。英艦別立克號，和一萬噸之巡洋艦康脫號，都於今日進吳淞口，載蘇格蘭陸兵一千二百名，印炮兵一隊。意艦也有兩艘到滬。法艦也預備來滬增防。這樣看來，上海局勢的嚴重，也就可想而知了。

四日

日艦再攻吳淞失敗——今晨九時，日海軍司令部又派軍艦十三艘圍攻吳淞砲台，並用大批飛機掩護陸戰隊登岸，激戰數小時，敵兵分數隊登陸，都被我軍機關鎗掃射擊退，溺斃數百人，敵兵艦又有兩艘受傷。據軍部方面消息：今日吳淞戰情極爲激烈，我軍暗中分兵埋伏，一面砲台忽然停止發砲，日軍以爲砲台已被擊損，日艦陸隊急急登岸，我砲台與伏兵同時開砲衝殺，故敵又大遭慘敗。

我奪獲大砲機鎗——閘北方面戰事，從今晨五時起，直到下午五時方始暫停。雙方都損

野戰砲，小鋼砲，機關鎗等，連戰十二小時之久。其中以正午前後最烈，砲聲隆隆，平均每間一分鐘，開砲一響。我方於十二點半鐘，用鐵甲車由天通庵路衝鋒，把六三花園附近的前衛日軍，完全包圍殲滅。奪大砲七門，機關鎗十餘架。在老靶子路之日軍，先與我軍小衝突，敵得後方大隊增援後，卽大舉進攻我軍防線。先以大砲猛轟十餘發，後以小鋼砲向我陣線左右射擊。其陸戰隊一千餘名，猛力進衝，仍想佔領北火車站，經我十九路軍迎頭痛擊，才把他們打得落花流水。這一回他們很抱着決死之心來幹的，所以傷亡的人數也格外多。據說他們因爲英美要預備實行劃分中立區，想把閘北淞口先行佔據了，消滅這中立區之議。故而昨今兩天各路的戰鬥，日軍炮火的猛烈，爲從來所未有。

日軍艦運屍回國——日軍連日大敗，兵士的死傷已不下數千人。今天據虹口的人報告，他目覩兵艦一艘，滿載死屍，裝回日本去了。

攻滬日海軍調換司令——日海軍中將野村，今日乘旗艦從橫須賀出發來滬，代鹽澤少將任日海軍司令。這大約是因爲日軍屢戰屢敗，鹽澤不蒙信任而另換野村來的罷。

法租界提早戒嚴——近日日軍在閘北猛攻我軍，南市及法租界風聲很緊急，法租界從今天起，也提早至十時戒嚴，十時後斷絕交通。夜間並由法捕房巡警駕鐵甲車出外巡查，如遇違章在街上游行的人，卽須拘押捕房，至第二天朝晨釋放。

日燬文化機關——日軍突入持志學院中學部，把飯廳，禮堂，教室，縱火焚燒，大批圖書儀器，均被燒燬。院內男女僕役，且被驅逐一隅，立時槍斃。

五日

我空軍首次戰功——日本海空軍前兩日總攻失敗之後，自昨晚起，吳淞砲台方面已入於休戰狀態，日艦都遠遁到三夾水外去了。僅有飛機不時偷偷的到吳淞拋擲炸彈，不過民房受點損失，在軍事上沒有什麼影響。今日是飛機戰鬥開始的第一天。上午九點鐘，我飛機第六第七兩隊，計有戰鬥機驅逐機各若干架，從南京來滬，正遇敵機九架，在閘北拋彈之後，飛到眞茹，又想擲炸國際無線電台。我空軍聞警，立刻趕到眞茹，和日機在天空作戰。我空軍翔駛靈活，盤旋上下，自始就佔到了優勢。雙方機關槍在半天雲裏互相射擊，劈拍之聲如連珠般的接續不斷。遠近居民仰首聚觀，在恐懼而又驚奇的心理中，幾乎都看呆了！因我機舉動敏疾，常常居高照下，向他們掃射，而我陸軍高射砲又很準確，上下夾攻，他們漸覺不支。至十一點半鐘，敵機一架，首中砲彈，機身着火，儲藏機中的炸彈爆裂，立時炸燬墮地。十二點後，又有兩架連中十多彈，受傷後，急急向南翔方面飛遁降落。其餘六架，狼狽逃去，我空軍乘勝追逐，彼此在虹橋相近再度激戰。至下午一點鐘，我機兩隊，方奏凱而歸。這一場正式空中戰爭，日機擊燬一架，擊傷兩架，焚斃敵機師三人。陸軍既連日勝利，空軍也馬到成功，足見我國的武力和技能，未必不如他人。讀空軍將領的通電，我們更當敬佩其自動救國的精神。電文照錄如下：

「各報館轉全國各界公鑒。東北事變，數月於茲。三省之失地未收，淞滬之慘暴繼演。公理淪胥，舉世憤慨。我空繫國民屬望之殷，將士抱敵愾同仇之切，爲國死難，夙具決

心，磨厲枕戈，匪伊朝夕。祇以政府負重，冀望和平，以致忍辱牽延，求死不得。茲者領空領土，橫被摧殘，寇燄益張，國亡無日。秉衡等防空有責，誓抗強梁，爰用集結，以圖自衛，海枯石爛，此志不渝。凡我國人，幸垂鑒察。黃秉衡，曹寶清，沈德燮，毛邦初，晏玉琮，張廷孟，劉芳秀，楊鶴霄，黃毓沛，張有谷同叩，微，印。」

被害同胞埋屍滅跡——公共租界戈登路，先有日海軍第三大隊司令部一所，今晨美國知照日兵讓出，由美兵駐入。美兵遷入後，見各處地土甚鬆，一經發掘，發現無數華人屍首。這顯然是暴日把中國人害死之後，埋屍滅跡，如此殘忍，還有什麼人道！

難民統計——昨天公共租界工部局，把界內所來的難民調查統計了一下。自從戰事發生後，在一個禮拜內，界內增多了五萬六千餘人。這都是從戰區由和戰區相近的地方逃來的，而避入法租界和逃往浦東及各外埠者，尚不在內。

六日至八日

吳淞要塞更調司令——吳淞要塞司令鄧振銓去職，由七十八師副司長譚啓秀接充。譚氏已於五日到差嚴密佈防。

砲火中之廢歷元旦——六日是廢歷元旦，在上海地方，本來何等熱鬧，尤其是在城隍廟，和各游戲場。這一次，因爲暴日進攻，鬧得遍地烽烟，逃難還來不及，那裏說得上過新年？自從廿八晚上開火後，由市商會通告全市店舖，一致罷市後，家家門上貼着「日兵犯境，罷市禦侮」的條子。華人所開的商號，除了幾家小烟紙店和飲食場所之外，都是關門大吉。

什麼跳舞場，大世界，影戲場，京戲館，在此國難當頭的當兒，這種娛樂場所更不能不一律停閉。所以，到了元旦佳節，往年的鑼鼓聲，都改變了鎗砲聲，民衆歡天喜地的興致，都變成了恐怖驚惶的神色。無論華界租界，一種悽涼混亂的景象，看了正令人興起無窮之感！還有，上海灘上向來占着一部分勢力的小報，從此一律停止出版，大報的篇幅也改小，而所登載的不是戰訊，便是民衆遭刧的消息，和各慈善團體救護的情形，往年的新年刊物是見不到了，惟有每天所出的各種號外報紙，因爲民衆熱烈盼望我軍打勝仗，銷數倒非常之多。這幾天，什麼生意都受損失，只有賣號外的一般窮報販却獲到了一筆大利，然而靠新年做買賣的商賈小販，都被暴日害得叫苦連天了！

馮庸大刀隊到滬——馮庸大刀隊，六日由蘇到滬，加入前線作戰。他們背負大刀、手執紅纓的鋼鎗，服裝非常特別，很像古代的戰士。

粵商助餉二十萬——這一次十九路軍抗日血戰，屢挫暴敵，很得到全國人民的同情。連日海內外匯到的慰勞鉅款，已很可觀。六日，又由廣東市商會電匯毫洋二十萬元，捐助十九路軍充軍餉。

日司令野村之新戰略——新任司令野村接替鹽澤後，查閱移交清單，見開戰以來，日軍陣亡者已二千另三十五人，受傷者四百五十三人，覺得死傷之數如此之多，而日軍毫無進展，他決計改變戰略。故自六日晚，新從日本調到之四千餘名陸戰隊後，即於七日早晨，用海陸空軍全部的兵力，分水陸兩路，大舉會攻吳淞，並限二十四小時內，把我要塞佔領。他想

得到了吳淞砲台後，從楊樹浦沿黃浦江，到吳淞口外，完全作爲日軍的根據地，然後再用全力進取閘北。當時先用飛機十餘架在淞飛翔擲彈，陸隊三千名，由粗米站軍工路出動進逼，停泊張華浜東面黃浦江內之日艦七艘，也同時向吳淞方面開砲。上午十時左右，我方駐防蘊藻浜一帶的翁旅軍隊，從裏揚旗防線內衝出，迎頭衝擊。敵軍第一次衝鋒，卽被我軍擊退，十二時後，又增新兵，作第二次進攻，我軍冒着敵方的砲火，奮勇抵抗，敵仍猛力進犯，戰事極爲激烈。激戰一晝夜，日軍傷亡過半，受此鉅創，更無餘力再攻，殘敵紛紛潰退。

蘊藻浜之血戰——野村司令見海軍屢攻吳淞砲台，均遭失敗，又見淞口停有英國兵輪，不便盡量發揮，因此又改方針，側重砲台後面之蘊藻浜方面，故於八日黎明，重集原有部隊再調昨日新由日本到滬的生力軍八千人，加入會攻。該項日軍，分向張華浜，蘊藻浜，吳淞鎮三路逼進，並用鐵甲車，大砲，掩護衝鋒。我軍亦分三路抵抗。停泊淞口對江龍王廟附近之敵艦，時時向張華浜，蘊藻浜，發砲助戰，一經接觸，雙方鎗砲之聲立時大作。此次暴日志在必得，故厚集海陸軍兩萬之衆，向我決死會攻，據英國軍事家說：這次日軍利用精銳的新式戰具，作拂曉戰，突然進犯。正面軍在蘊藻浜，除配置左右翼外，另組游擊隊，在後策應。衝鋒都用鐵甲車，坦克砲等利器。來勢的洶湧，是可想而知了。但是我軍敏疾多智，鎗無虛發，敵來則隱伏在戰壕之中，專等日軍進至相離一百米達以內，一聲呼喊，同時躍出，先用手溜彈拋入敵陣，繼以機關鎗掃射，以一當十，勇猛如虎。是日，蘊藻浜一路戰鬥最激，彼此再接再厲，由衝鋒至於肉搏，戰至下午三點鐘。結果，日軍大敗。我軍各路均告勝利

總計擊斃敵兵千餘名，並奪獲鐵甲車三十餘輛，我軍略有死傷。是晚，日軍因損失太大，各路均已總退却，殘部向引翔港楊樹浦而去。海軍砲戰亦烈，但敵方終未得手。

我軍智殲敵騎兵——日本的鎗砲，當然比中國的利害，並且軍隊的訓練也比我們好，不過他們缺乏實地的打仗經驗。這次，偏又遇到了經過四十餘次戰鬥的十九路軍，無怪他們每戰必敗。十九路軍不但勇敢善戰，他們的將領也很有智謀。蘊藻浜一戰，有智殲騎兵的一事，很爲奇妙。在日騎兵加入作戰之先，我軍早已知道，所以事前先有準備。那天上午，日騎兵四百餘名，當先衝鋒，勢如狂風驟雨，猛不可當，我軍便將預先堆積在防地左右的水門汀桶推動，向彼紛紛滾去，敵騎一見，大驚跳躍，不能制止。於是日軍大亂，我軍卽乘機從戰壕中衝出，用機關鎗掃射，騎兵全數殲滅。後來我軍還有用炭甕大破騎兵的方法，那更奇妙了。

淞鎮精華盡付一炬——吳淞連日砲火連天，所有該處的中央大學醫學院，同濟大學，中國公學等大建築物，都被焚毀；永安，華豐兩大紗廠，八日亦被焚燒，黑煙滿天，至晚未熄。其餘店舖居戶，莫不遭殃，總計損失，已超過千萬。

同胞被日軍非刑弔打——七日下午，惇叙銀行會計主任蔡良觀，和琅禮公司職員郁君，因被日軍誣爲反對日本的愛國青年，由行中帶往乍浦路日本小學校。他們眼見該校有千餘名中國同胞在內。有被弔打者，有雙手反縛者，有高懸被毆者，形形色色，慘不忍覩！蔡郁兩人經他們種種檢查，詢問口供，也綑縛了雙手，百般虐待。當時便見四人拖出槍斃。蔡郁兩

人幸得該行經理轉輾設法營救，脫離虎口。然而未經放出之同胞，恐多數必受其害。並聞武昌路三元宮，也有華人千餘名拘禁在內，備受非刑，正是人間地獄！

九日

暴日兵車四十輛陷入戰壕——自從敵軍變更戰略後，軍事重心，已由閘北轉移到了吳淞。但是他們連日總攻，終歸失敗。因爲他們野心不死，今晨又派大隊向我軍工路，張華浜，楊家營，兜攻吳淞。日軍陸戰隊乘大卡車七十五輛，向我蘊藻浜進發，預備夾擊。不料經過軍工路的時候，因開駛太快，有四十多輛陷入我軍戰壕，死傷將士數百名，其餘三十餘輛，急急逃回。他們受了這重大的損失，只好不戰而退了。

日飛機又被擊落兩架——日飛機今日又四出拋擲炸彈，租界方面，愚園路中彈數處，大西路，極司斐爾路等處房屋，也多被炸。天通庵路廣東醫院中兩彈，以致院內病房着火燃燒，其餘各處因中彈而起火，或被炸傷之人民甚衆。但在光復路地方，被我用高射砲擊落一架跌死機師三人。又在眞茹無線電臺附近，日機六架，飛來圖炸，亦被我用高射砲擊落一架。又有日機一架，於上午十一時半，在軍工路公大紗廠屋面盤旋，誤觸屋頂，頃刻墮落，炸彈爆裂，響聲震天，機師二人斃命，並傷我國工人兩名，一傷頭部，一傷右臂。

大刀隊之奮勇——據戰線內逃出之難民云：我軍有大刀隊四五十名，都赤膊單袴，手執大刀，殺敵時勇氣百倍。日人見之莫不寒心，因此一見大刀隊殺來，大多不敢抵抗而逃。該隊軍士，年輕力壯，但臨陣雖如猛虎，對於難民極爲謙和。

納稅華人會反對日軍租界登岸——上海租界納稅華人會，因反對日軍憑藉租界，進攻我軍，破壞租界治安，任意轟炸燒殺，致函公共租界工部局，請採有效辦法，制止日本暴行。今將該函節錄於後：

「(上略)日本憑藉公共租界為軍事根據地，劃蘇州河以北為日軍作戰行動之範圍，蹂躪商場，焚燒民房，殘殺華人，窮凶極惡，無所不至，為文明世界所罕有。觀其種種暴行，已超於共產黨之上。工部局係負有地方治安之責者，不能預防於事先，事實上難辭其咎，所謂實力單薄，不能不忍痛待援，尚情有可原。邇來英美各國，已有相當軍隊，陸續到滬，則租界上既已有充分之準備，即宜力謀救濟方法，實施中立，以維我東亞第一商場。倘長此遷延，我國商民固遭重大損失，各國亦必發生經濟上之恐慌，當亦為各國所不取也。然治標必先治本。日人所以能如此猖狂蠻橫，皆以軍艦可以任意到埠，軍隊可以任意登岸。最近如匯山碼頭，日軍肆無忌憚，自由登陸，工部局即宜阻止，使其應接間斷，軍事不致擴大，租界保持原有地位。否則，日軍源源而來，戰事延長，萬一租界發生危險，工部局是否能負完全之責？(中略)相應函請貴局，並轉告有關係各國，放大眼光，迅採有效辦法，制止日本破壞東亞和平，以維世界經濟。(下略)

十日

日機重砲轟我陣地——今晨七點到九點鐘，敵人用飛機七八架，重砲多門，猛烈向吳淞我軍陣地轟擊，希圖用火力燬我陣地，故並無步兵進擊。

敵軍二次偷渡蘊藻浜——今晨兩點鐘，敵軍數百偷渡蘊藻浜，被我全數殲滅，至九時，敵軍又沿軍工路進攻，經我抄襲其後方，敵始潰退。

閘北劇戰——閘北日間甚沉寂。晚七點鐘，敵大隊由福生路進攻我軍寶山路防線，一時砲聲隆隆，搶聲密集，雙方激戰至八時三十分，日軍死傷極多，不支而退。我軍乘勝追擊至虬江路北四川路口。同時寶山路以北至虬江路間一帶房屋，又中敵彈焚燒，火光燭天，直到半夜，方漸息滅。

日增兵一萬到滬——日領事館發言人說：如中國軍隊不撤退至上海大砲所擊不到的地方，日軍必須繼續進攻。現在已加派日兵一師團來滬，其數約一萬餘人，今晚可到。

市國術館組織大刀隊——上海市國術館同人，因憤日寇橫暴，現正召集本市各國術團體，組織大刀隊和長鎗隊，協助軍隊，與敵肉搏，以貫澈鍛鍊身體，保種衛國之志。間長鎗輔以大刀，功效更為宏大。

英兵稱贊我軍神勇——有一位曾經在歐洲大戰時參加過前線的英兵，這次被派在河南路寶山路口防守。他對人說：十九路軍眞可稱得神勇絕倫。據他講，當着中日兩軍開火的時候，他從防區石屋的小孔內作壁上觀。雙方作戰的情形，歷歷在目。日軍的砲火的確兇猛，與歐戰時德國的砲火一樣利害。然而華軍非常鎮靜，雖然只用機關鎗來福鎗來應戰，但是臨陣還擊，都能扼要放鎗，毫不虛發。地位得宜，作戰的方法，正與歐戰相等，無怪日軍始終得不到勝利。

南京路商民不願開市——滬埠戰事發生後，全市商店一致歇業。現在因爲市商會預備提議復業，南京路商界聯合會今日特開緊急會議，堅持繼續罷市。決定各案，附錄於後：

(一)須日兵完全退去上海市；

(二)工部局接收租界區警權，並追查失蹤居民，爲納稅人盡納稅之保障；

(三)上列辦法實現後，工部局須負責制止日僑，不得借詞挑釁，並再不得有慘無人道之野蠻舉動，以危我華民。本會同人貫徹主張，爲民族求生存，非達目的，寧願犧牲，決不開市，全市市民，幸共鑒諸。

十一日

敵運兵軍艦到滬——今日下午一點鐘，運到第十二師團新兵一萬餘人，計有：步兵兩旅；重砲兵一旅—野戰砲一隊，過山砲一隊，重砲兵一隊兩營—飛機一隊；騎兵一隊；及坦克車隊；工程輜重等隊。虹口日本僑民，紛紛懸旗歡迎。聽說此項部隊，有一部是福田所部，算是日本的最精銳軍隊，故都表示欣慰之意。

日機炸燬永安紗廠——近日敵飛機到處擾亂，租界各路也遭爆炸，死傷居民，將近百人。今天上午十時，日機在麥根路一帶，又連擲巨量炸彈三十餘枚。民房鐵軌，都有炸燒。十一點鐘時，忽來一箇達百餘磅之硫磺彈，對准該處永安第三紗廠搖紗間擲下，炸死女工五人，傷三十餘人，燬馬達一部，搖紗機五十二部，計值一萬數千兩。該搖紗間本有工人百餘名，幸在散工吃飯時間，室內僅留三十多人，否則，死傷還不至此數。麥根路爲美國水兵駐防

區域。擲彈時，美海軍大尉考克，和步兵十八名，正駐在該廠相離不過百步，差一點也被炸斃。美領事當即親往視察，決定對日提出嚴重抗議。

市黨部建議停止納稅——上海市黨部因憤恨公共租界工部局放任主權，聽憑日本利用租界爲軍事根據地，並蹂躪商民，工部局不加阻止，建議市商會，主張租界市民罷稅，以促工部局之覺悟。

強迫運屍——據閘北第五區警長陳漢卿說：我在二十八晚上，被日軍擄去之後，在虹口一家店舖內關了幾天，連日拘來的同胞很多。有一夜，由日便衣隊用布帶紮緊雙目，驅上汽車，行了十餘分鐘，至一碼頭，方把布帶解去。我看見已有數十餘個同胞先在那裏了。我們就被迫上船，搬運白布袋，袋重百斤，外面都有血跡，並有腥臭，裏邊是死屍。工作了六七個鐘頭，又用白布條紮上雙目，趕上汽車。倘使不聽指揮，立刻槍斃，或用刀戳死。因此，很有人投入江中求死的。每晚這樣，一連六七天。每天只發黑麵包三塊，鹹魚一小方。日兵對待我們，任意毆擊，或竟鎗殺，宛如兒戲。眞是慘無人道！幸而我生了一種急智，有一次，我上汽車的時候，把我預先用破紙寫的鉛筆字條，連同鈔票一張，做一小包，擲在路上，請求拾得的人，報告我家中，或者長官，設法營救。昨天（十日）工作完了之後，汽車忽向捕房駛去，同車的共有廿九人。下車之後，捕房問明姓名，才回復了我的自由。至於我所受的痛苦是一言難盡了。

日便衣隊的標識——日本便衣隊，往往假充華人，混入華租兩界，擲彈放火，並偵探我

軍軍情。因爲他們的相貌，和我們中國人大同小異，很不容易分辨。不過這班便衣隊，都有暗號。茲經調查，大概分爲三種：一種是上紅下白的布章，爲參加作戰的便衣隊所佩用；一種是黄布袖章，上加青年吳友會五個字，那是刺探軍情的便衣隊所佩用；還有一種是日本銀幣一個，這種專門爲搗亂後方和破壞治安的便衣隊所佩用。

十二日

今晨停戰救濟閘北難民——中日開火以來，雙方各守防線，戰事連續不斷，至今未停，即一二日，明爲休戰，實際敵方仍時時向我偷襲，以致戰區災民，或傷或亡，救護人員，無法去營救。男女老少，旣無出路，而又飢不得食，渴不得飲，這種困苦的情狀，正是慘不忍言！昨天下午一點鐘，英總領事和萬國義勇團司令皮爾少校，因着西國教士的請求，特地向我市政府和日領事面商，於今晨八時起，停戰四小時，以便設法救護閘北戰區以內的被難人民。當經兩國當局允許照辦。所以，今晨由紅十字會及紅萬字會等持派大汽車數十餘輛，分往公興路，江灣路，青雲路，大場，寶山路，劉行，吳淞等處救護。聞救去難民，將近兩千人，但終以時間侷促，仍不能儘數裝載，只好盡力爲之而已。至被救災民，均已面黄皮瘦，十分可憐。

停戰時間日便衣隊混入進攻——日軍蔑視人道，在停戰時間，又密派便衣隊二百名假裝中國難民，身懷軍火，分乘七卡車，混入戰區，向我防地猛衝。幸我早已料到，預有準備，立時擊退，故於四川路一帶，又陷入混戰狀態。事後，日領事却反誣我軍首先開釁，破壞原

約，特向美領事提出抗議，未免太不要臉了罷。

我砲聲中敵軍司令部——日軍開戰十餘日，死傷達五六千人在右，陣線毫無進展，知道衝鋒肉搏，決難取勝。故又變更戰略，利用砲轟，以圖減少死亡之數。因此，於今日四時起一方用大砲向天通庵猛轟，一方把主力砲架在北四川路廣舞台門口，向北車站轟擊，我軍亦發砲還擊。當時緊密的砲聲，震動了上海全市，而鎗聲却甚稀少。此次即日軍專用砲火，不取衝鋒之初次試驗。雙方砲戰一小時，但敵砲亂放，極不準確，我方並無多大損害。中間亦經步兵衝鋒兩次，我軍沉着應戰，敵軍未能得手。最後，我軍瞄準北四川路之敵司令部，開放兩大砲，均能命中該部，該部即時混亂，急急遷移。從此砲聲頓絕，其時已在晚間十時一刻。是日上午六時，日軍向吳淞鎮也開大砲三十餘發。旁晚，日艦由楊樹浦江面，又砲擊江灣一帶。勞動大學之社會科學院，連中三彈，毀損極大。

日艦運屍歸國家屬號哭震天——日軍陣亡將士，已不下五六千人，用商輪分批運回日本，照該國慣例，焚燬火葬。昨日下午又有卡車二十多輛，由日司令部裝載屍身一千餘具，運入商輪長崎丸出口。據某公司日人說，他接到家中來信報告：國內人民，因為聽得日軍慘敗消息，恐慌已達極點。最可憐的是一般官兵家屬，老哭幼啼，妻號子泣，都怨恨日軍閥的窮兵黷武。上兩日，有運輸艦一艘，滿載陣亡將士屍身回國。船將到岸，碼頭上的官兵家屬一萬餘人，同時放身大哭，聲震天地，也有一見屍身，即投海而死者，真悽慘極了！

十三日

敵用烟幕彈架橋偷渡——今晨敵軍又利用拂曉戰，以長蛇式進兵，首尾次第相應。在彼左翼方面，並先向蘊藻浜開砲，旋放烟幕彈。一時煙霧瀰漫，對面不能相見，千餘敵兵，乘此在蘊藻浜上，急駕浮橋，從煙幕掩護中，源源偷渡，如螞蟻的搬場。因我一時看不清楚，曹家橋一帶，竟被佔領，預備進攻吳淞。當由該處哨兵發覺，報告軍部，立派重兵包圍。其時正雨雪交加，雙方冒雨拚命激戰。我軍一面分派大隊截斷其聯絡，分頭接戰。直至下午三時，先將敵方後援擊退，至九時後，渡浜之敵兵千餘人，已被全數殲滅。這一次，可算得開火以來第一次的浴血大戰，十九路軍精神勃發，在戰績上，是最光榮的一頁了。

各界捐助絲棉背心——絲棉背心可以禦寒，也可以抵抗鎗彈，前敵將士很為需要，各界紛紛趕製贈送。近來前敵收到的慰勞品極多。吃的如：牛奶，餅干，雞蛋，炒米，香煙，點子，乳腐，牛肉，糖果，麥包等等；用的如：套鞋，熱水瓶，衛生衫褲，手套，絨襪，絨毯，千里鏡，風鏡，脚踏車，汽車，卡車電筒雨衣等等，幾乎應有盡有。在這一點上，就看得到我們民衆贊成實力抗敵的一片熱誠了。

宋慶齡視察前線——今日孫中山先生的夫人宋慶齡女士，到前線視察，並慰勞戰地將士。她對於十九路軍，極口稱贊。一再勉勵他們為國犧牲，奮鬥到底，決不能讓中國土地有一寸半尺入於敵人之手。

被釋同胞形容憔悴——上海各國領事，要求日本領事釋放被捕華人。今日日軍迫不得已，將扣留之華人一百十七名，送往工部局。內有男子八十一人，女子二十一人，兒童十五人

，都是形容憔悴，想因失眠失食所致。悽慘狀態，不忍目擊！

蘇省組戒嚴司令部——江蘇省政府遵照國民政府戒嚴條例，組織戒嚴司令部，今日成立，推李明揚爲司令。

外報建議發行戰事公債——上海大美晚報評論：以爲中國若發戰事公債，每月一千萬元，並不爲多，因華僑愛國心切，都願擔任接濟軍費的義務。

十四日

日海軍司令之聲明——昨日，日海軍司令對字林西報記者說：現在暫時兼轄海陸軍，專等陸軍師團完全開到後，陸地作戰，即須改歸新派來的植田中將指揮。這，不過表明他們前線已都由陸軍擔任作戰，並不像開始的幾天，只有海軍陸戰隊罷了。

日艦增派進駐長江——日艦近日紛紛開往漢口，九江，南京，鎮江一帶停泊。該處日僑亦相率離境，故作張皇，不知其意何居？

我軍戰線連成一氣——昨日曹家橋一戰，我方大獲全勝，敵軍受挫，損失奇重，故今日並無重兵來襲。惟現在戰事中心，由閘北移至江灣路一帶。戰線延長，自閘北沿淞滬鐵路至吳淞成一長蛇形。其防務最重要之處，在吳淞到江灣鎮一段，因敵軍決向該處猛襲，衝斷我軍連絡，而收圍攻吳淞之效。一二日內敵援軍到齊後，又將有一逗劇烈之戰爭。

十五日

日第九師團兵二萬到滬——日本第九師團，計兵力二萬八、由陸軍少將植田統領來滬，

已於昨晚夜半，分乘大運艦七艘到埠。據說，該團爲日本最精銳的軍隊，所帶炮位極多，至少有六十四種口徑不同之戰砲，大都輕巧而便於野戰。在他們抵埠時，船上燈火全熄，所以知道的人很少。但，今晨七時，已陸續登岸。日本僑民又大聲疾呼的表示歡迎。前導是軍樂隊，其次是坦克砲及馬隊，馬上架有小砲百餘門，又有大砲五十餘門。該團兵士，軍服式樣一律，但軍帽分黑灰色和黃色加紅邊兩種。並有子彈炸藥三百餘箱，一併運向軍工路一帶而去。

吳淞七大學全燬於炮火——吳淞方面，本有同濟，商船，水產，中國，中大醫院，勞大農院，勞大工院七所大學，已大都燬於暴日炮火之下。學生四千餘人，失踪而查無下落者甚衆。物質的損失，一時當難統計，不過三年以內，恐難恢復原狀。我國文化機關，如此橫被摧殘，實堪憤恨！

駐滬中委電請政府速定大計——近日傳言洛陽政府有屈徇各國公使之請，將與日本把上海事件作局部解决之說。駐滬中委孫科，孔祥熙，陳友仁，熊克武，褚民誼等表示反對，特電中央，提出辦法四項，請求採納。原電節錄如下：

（上略）溯自東北邊防司令長官張學良，誤於不抵抗之謬論，使日寇唾手遂得東三省。而軍事當局亦懾於日兵淫威，輒謂縱傾全國之兵，不足抗日。我與日戰，三日可亡國。同人以爲此種心理，不特與總理遺教主義，完全違悖，充其弊，實以亡黨亡國而有餘。（略）日人宣稱三小時佔我閘北，而十九路軍應戰已將兩旬，敵究何如？我何尚不自奮？

（略）苟當局猶牢執其妥協屈服之主張，或竟實行撤兵，使日軍佔滬，長驅而擾蘇杭與首都，將何以維民衆之信仰，慰軍士之忠憤？（略）茲經同人公決，請政府當局迅速定計者：（一）決定澈底抵抗政策，毋再游移；（二）萃海陸空軍力量，固守上海，予十九路軍以充分援助；（三）調令東北各軍，乘機向外反攻，收復失地；（四）外交方面，提出非日兵全部撤退不即交涉，上海問題，當與東三省問題同時解決。（下略）

十六日

新任日司令植田又變作戰策略——今日除未天明前，在天通庵，八字橋方面，日軍向我發炮轟擊，並由步兵略施攻襲外，別處未有劇戰。因新司令植田到滬後，視察之結果，鑒於鹽澤，野村，連次失利，決再改變策略，取大包圍勢。惟覺戰線延長，在滬之三萬五千人，尚不敷分配，須再調一師團，合五萬人，然後大舉來攻。其目標在吳淞砲台，以便扼我咽喉。一面出兵衝散我閘北防線，使我連絡中斷；一面用陸軍由寶山海岸登陸；同時從蘊藻浜進攻；三面夾擊。故彼今日亚在積極布置，非常忙碌。

植田分訪各國要人——今日上午日司令植田，拜訪英工部局當局，美國領事，美軍司令，及法國司令等要人。當十一點鐘時，由汽車十五輛，滿載日軍及機關鎗，前後護從，風馳電掣，經過法租界。見者一時大起謠言，以為日軍將通過租界，在楓林橋方面，預備作軍事上之佈置。

和戰並進——日軍積極增防，上海全市充滿了殺氣，而日夜炮聲隆隆，震驚耳鼓；同時

和平空氣，卻也像輕煙淡霧，不斷的在硝煙彈雨中飄搖。但據歐美人士方面傳出消息，日方態度強硬，決心要求中國不得在特別市境內駐紮軍隊，否則，決不停戰議和。這種主張，華人自難忍受。所以滬局萬無調停希望。總之，日本若不覺悟，前途萬分悲觀。

十七日

閘北前線仍沉寂——從昨夜到今晨，在八字橋相近，雙方雖有砲聲，和機關槍聲，但並不激烈。默猜敵情，大概是專等援軍到滬，再作大舉夾攻。

日方堅持我軍撤退主張——英美各國公使為恢復上海和平計，與日公使重光於十三日又在英總領事署舉行會議，重光對於停戰問題提出下列之四項條件：

(一)日本政府希望以和議手段終結上海事件，但中國須先撤退軍隊，距離上海三十英里，否則，決不應任何停戰約束；

(二)約束雖經成立，中國方面，如有違約行為，日本應保留攻擊之自由；

(三)在租界周圍二十英里內，設定中立地帶，中立地帶內，由國際警察担任治安之責；

(四)中國當局須切實保證，取消一切反日運動。

這種條件的提出，日本顯然沒有停戰的誠意。否則，我們不是被征服的國家，怎樣能承認？

日便衣隊之殘暴行為——據自日便衣隊總部逃出之林君報告：在虹口克明路順大里牆上，寫有「打倒日本」數字。被日便衣隊看見之後，認為有意侮辱，即將里內同胞二十八人(林君亦在內)一併拘去。到部後，勒令跪地，任意用鐵棍毒打，輕則流血，重則筋斷骨碎。

更用雪亮的鐮刀，由頸部拉割衣服，直到小腹之下，（解鈕遲慢，故用此法），因此有胸復剖破，腸流血湧，滿地哀號而死者數人。餘除我等七人假裝願意順從日本外，都遭槍斃。中國還沒有滅亡，已經受他們這樣的殘殺，亡了之後的慘痛，不用說，連猪羊都不如了！

十八日

敵軍提哀的美敦書——十三日英美公使與日使重光，會議和平解决滬戰問題，重光所提四項條件，已極無理。不料日本在此軍事方面屢遭慘敗之餘，該國司令植田謙吉竟於今日更作進一步的強迫撤兵要挾，致通牒於十九路軍長蔡廷楷。原文照錄於後：

本職基於欲以和平好友之手段，達到任務之熱烈希望，茲對於貴軍通告左開各件：

（一）貴軍應即從速中止戰鬥行為。於二月二十日午前七時以前，將第一防線軍隊撤退完了。於二月二十午後五時以前，從黃浦江西岸，由租界西北端，連結曹家渡鎮，周家橋鎮，及蒲松鎮起；黃浦江東岸，約由連結爛泥渡及張家樓鎮之線算起，各從租界境界線向北二十基羅米達之地域（包含獅子林砲台）內撤退完了。且在該地域內撤去砲台，及其他之軍事設施，並不新設之。

（二）日本軍於貴軍開始撤退後，不行射擊轟炸，及追擊動作，但用飛機之偵察，不在此限。又貴軍撤退後，日本軍僅祇保持虹口附近之工部局道路地域。（包含虹口公園之周圍）

（三）貴軍第一線撤退完了後，日本軍有確認其實行起見，派遣有護衛兵之調查員於撤退

地域。該項調查員，攜帶日本國旗，以資識別。

(四)貴國對於該撤退地域外，上海附近之日本人生命財產，應完全保護之。此項保護，如不完全，日本當採適當之手段，又對便衣隊應一概有效禁止。

(五)關係在上海附近(包含撤退區域)外國人之保護，容另商議。

(六)關於排日運動，一月二十八日吳市長對於村井總領事之約諾，應嚴重實行。關於此項，當另由帝國之外務官憲對貴國上海行政長官有所交涉。

以上各項不能實行時，日本軍將對貴軍不得已採自由行動。其結果所生一切責任，應由貴軍負之。昭和七年二月十八日午後九時，大日本帝國司令植田謙吉，致第十九路軍司令蔡廷楷閣下。

雙方軍隊已打了二十多天的仗，忽然又說什麼自由行動不自由行動，眞無恥而滑稽極了。而且，這個通牒不向我政府提出，只限於十九路軍，顯然是故意離間。不過內幕中究竟有沒有戀情？我們不吃政治飯的人却猜測不出來。同時，日領亦有同樣之通牒，致上海市政府。

各路均有接觸—— 日軍第九師團到後，前線海軍陸戰隊都已退出換防，以便純由陸軍作戰。植田一方威嚇手段，要求我撤兵，一方積極備戰。今日午前後，江灣，寶興路，八字橋等處，均有接觸，吳淞亦有小股敵軍偷渡。察其舉動，近乎試探性質，專等我軍拒絕要求，便開始總攻。

十九日

十九路與市政府駁覆日牒——日司令植田與日領事村井，自昨日致送最後通牒於我軍政當局後，全國各界莫不異常憤慨。今日午後七時，十九路軍軍長蔡廷楷及市長吳鐵城，已先後派員分送覆文，嚴詞駁斥。外交部亦發表宣言，聲明：日本提出如此出人意外之過當的要求，不但對中國故意威脅，對國聯的權威，和非戰公約，九國協約的尊嚴，也與直接挑戰。他們無非憑藉着多數的援兵和最新式的武器，想重新再作大規模與更橫暴的攻擊罷了。中國在滬的駐軍，爲保衛國土地計，他們如果沒有悔禍之心，一味恃蠻用武，惟有出於自衛，奮鬥到底而已。

暴日用毒彈射擊——達姆達姆彈是一種毒彈，爲萬國公法所嚴禁。近因暴日屢吃敗仗，他們竟情急而不顧公法，用達姆彈射擊我軍。兵士中了這毒彈，往往骨碎創深，痛極而死。我們發覺之後，已經提出抗議、不過日領事仍施狡辯，不肯承認。今日由德國醫學博士彭廖君函告紅十字會，在他所醫治的傷兵身上證明，日軍所放，的確是達姆達姆彈，並無疑義。中國已把此項毒彈，和被傷兵士的創口，照下相片，以便報告國聯，和紅十字總會。

拍攝日暴行影片——美國派拉蒙，福克司，百代三公司駐蘇事務所，把閘北，吳淞等處戰區內，被日軍炮火轟毀的民房，敵機擲彈炸壞的一切物質，和路斃屍體等的慘狀，拍成新聞影片，寄到外國去、以供宣傳日本的殘暴行爲。

二十日

敵軍全線總攻——日方最後通牒被我嚴詞駁覆後，敵軍卽於昨晚九點鐘起，向我分路進攻。吳淞，江灣，閘北，同時發動。但初起仍爲窺探性質，雙方交戰終夜，各保原有陣線。直到今晨七點鐘，敵才傾其全力向我猛進。從吳淞到閘北之西寶興路，戰線延長二十餘里。各段都有激戰。吳淞方面，敵海陸空並進。張華浜外所停兵艦三十多艘，遠射大砲，飛機二十架，飛翔天空，擲放炸彈助威。陸軍三千人，偷渡襲擊，進攻之劇烈，爲開戰後所無。我軍因早有準備，用機關鎗手溜彈掃射迎敵，一部分用高射砲向空高射。故敵始終未進展，惟砲台頗受損傷，民房被敵轟炸，焚毀極多。江灣方面，植田因志在衝斷我中段陣線，故特別注重，又因我軍駐紮跑馬廳，不先逼退，未能達其目的。因於八時後下令急攻，砲隊騎兵之外，派飛機八架掩護，敵分三路夾擊：一由張華浜，一由閔家灣，一由東嶽廟。我以三面應戰，不如集中一處，所以跑馬廳的軍隊略與抵抗，卽便後退。待彼三路併成一線，然後我方會合援軍，開始還擊。我軍謀定而進，士氣奮發。與敵互相對射，戰至下午四時，奉令衝鋒，將敵陣線衝破。繼以短兵相接，肉搏一小時，日軍死傷無數，紛紛潰向狄思威路而退。跑馬廳依舊奪回，獲得戰利品甚多，並炸毀敵方坦克車九部。八字橋方面，戰事亦甚劇烈，敵軍千餘人，用坦克車及鐵甲車念四輛，向我防地衝進。經我以機關鎗掃射，手溜彈擲擊，兼有地雷爲助，相持約兩小時，斃敵數百人，炸燬坦克車四部。敵方經此挫敗，已無鬥志，因亦向後潰退。是日，江灣車站被敵炸毀，而各處房屋，因敵機拋擲硫磺彈，及敗退之日軍縱火破壞，致被焚者，不下數十處，誠空前之浩刦也。

十九路軍將領通電——今日十九路將領又有通電，照錄如下：

（上略）暴日蔑視我國家政府，以挑撥造謠之卑劣技倆，違反通例，單獨致本軍以蠻橫之最後通牒，本軍惟有以鐵血答覆之。軍人報國，粉身碎骨，是分內事。大戰開始之日，即本軍授命之時。使一卒一彈猶存，則暴日決不得逞。惟願我國朝野上下，人人懷必死之志，引偷生苟免為無上恥辱，團結一致，前仆後繼，則本軍之犧牲為不虛，伏屍流血之戰士，必含笑於九泉矣。第十九路軍總指揮蔣光鼐，軍長蔡廷楷，淞滬警備司令戴戟，師長沈光漢，毛維壽，區壽年，副師長李盛宗，張炎，譚啓秀，旅長劉占雄，鄧志才，張勵，翁輝騰，黃固，暨全體官兵同叩。號。

二十一至二十五日

敵總攻血戰五晝夜——敵軍自二十日開始總攻以來，第一日，雖經擊退，當日夜半，敵又重振旗鼓，增派重兵砲隊，向我吳淞閘北間全線，積極進攻，步步加緊，雙方浴血大戰，砲火橫飛，殺聲震野，天地為之變色，鬼神為之號泣，繼續奮鬥至五晝夜之久。論兵力敵衆我寡，論鎗砲亦敵利我鈍，惟士氣之旺，戰術之精，及經驗之富，敵却遠不如我。故敵雖有飛機數十架，砲艦數十艘，坦克車隊，鐵甲車隊，及大炮數百尊，晝夜轟炸，然我軍沉着應付，見機回擊，非但足以固守陣地，且能屢戰屢勝，敵軍所受損失，數倍於我。在此五天之中，尤以廟行鎮一處雙方犧牲最大。彼此重重包圍，互相夾擊，被困者，二日三夜，斷絕飲食。這種艱苦而猛烈之惡戰，雖歐洲大戰時，亦無過於此。今將連日戰況，記述如下：

二十一日晨，敵對吳淞，用軍艦三十艘，飛機數架，向砲台轟炸；下午三時起，又圍擊獅子林砲台；終日砲聲，隆隆不絕，但並無陸軍進攻。惟我軍出其不意，在海陸空軍毀炸之下，突越蘊藻浜，向敵陣綫作一度襲擊。是日敵方發砲數百響，我軍損傷尚微，但民房到處起火，慘遭焚燬。此次總攻，敵方側重廟行江灣，預圖斷我聯絡，故二十二起，吳淞方面，戰事極沈寂。

敵自總攻令下後，主力部隊全集江灣及廟行之陣綫。據外人調查，該處備有大砲一百十三尊，坦克車鐵甲車四十餘輛，陸路飛機五十餘架，陸軍兵力二萬餘人，分正面與左右兩翼，三路進襲。從廿一晨起，一路攻廟行，一路攻江灣，又一路攻八字橋，激戰兩晝夜。江灣，八字橋，被我夾擊暫退，遺屍兩千餘具。廟行敵軍，則與我相持拚死抵抗。廟行附近的孟家宅，敵因受挫憤恨，把該處居民，連殺帶燒，全數屠戮，僅剩幼童三名，後由劉旅長救出，得慶更生。廟行敵軍，聲勢最浩大，步兵以外，有六馬駕車之野戰炮，及坦克車隊，並有飛機四十架，滿佈我軍陣地之上，投彈如雨。惟我軍雖受此壓迫，都能奮不顧身，戰至二十二下午六時，乘機沖衝。此時兩軍已成短兵相接，各用手溜彈鎗刺，肉搏兩小時。大刀隊亦前進衝殺，神勇無比。敵陣亡極衆，我亦死傷不少。至八時後，方將敵軍萬人包圍，並擊燬坦克車五輛，俘獲甲車兩輛，野砲二十餘門，槍械無數。次日，被圍之敵，拚死爭扎，卒被脫圍而逃。先一日，我廟行陣地之大小麥家宅兩點，曾被敵軍衝破，不久幸卽奪回。但金穆宅一點，敵軍有強固之支撐點，以待援軍，未易消滅，雙方繼續砲轟。至二十四晨拂曉，有

新到的日軍步砲騎兵，紛紛由蘊藻浜西首，進襲廟行。八點鐘又派大隊飛機二十三架，掩護援軍前進。我軍恐前線力薄，再派重兵應戰。於是層層包圍之勢成，而空前之大戰，震動了全世界，十九路軍的光榮，在抗日血戰史中，也永永不能消滅了。自從雙方援軍合圍之後，二十五一天，作全日血戰，砲轟彈炸，槍刺肉搏，同時並舉，真殺得屍橫遍野，血流成渠。午後漸入混戰狀態，敵機雖猛，因雙方軍隊夾雜，主客不分界線，炸彈無從拋擲。三時以後我生力軍一批又到，便用誘敵之法。先以手溜彈迫擊砲衝入，打破重圍，日軍紊亂慌張，然後我軍引退，敵乘勢追擊，直至小場廟地方，被我突然包圍，擊斃一千餘名，又奪大砲兩尊，坦克車一輛，步鎗七百餘枝。廟行之圍既解，殘敵至此，已不敢戀戰。但廟行一鎮，大部均已焚燬，火光燭天，至夜半尚未息滅。

江灣，八字橋閘北各方面，連日亦有劇戰，但敵均遭挫敗。今將十九路軍二十四日下午十時發表的正式戰報，照錄於後：

（一）敵自廿一日以海陸空軍全部，向我全線來攻，企圖江灣間突轟我中央之計劃失敗後廿二日起，復以全力向我廟行鎮陣地正面突轟。經我派隊由孟家宅及南洗宅向敵夾攻，敵用物資，頑強抵抗。血戰三日，彼此突擊十數次，短兵相接，血肉橫飛，死亡枕藉，卒將該敵完全擊退。是役斃二千七百六十餘人。（二）廿三日黃昏，在江灣鎮東北，被我擊斃百餘名，獲槍一百另五枝。（三）敵因閘北我軍出擊北四川路虹口一帶，恐其僑民居留地，被我軍佔領，故由前方調回多數兵力，防守該處。至江灣廟行鎮

，暫取守勢待援。(四)廿三日晚被我六十一師繳獲水機關鎗三挺，旱機關一枝，步鎗五十餘枝。

擊斃俘獲敵聯隊長，──(一)廿三日敵第九師團左翼，向我江灣陣地進攻，被我回擊，激戰一小時，斃敵百人，生擒十九聯隊隊長西尾少尉。(二)廟行之戰，我以少數勝多數，斃敵至數千人，陣亡高級官亦不少。後於掩埋餘骸之際，發覺第九師團第二聯隊長百海實男亦在其內。

砲燬司令部──(一)福生路儉德會內，設有日軍司令部，內儲軍實，廿二下午二時，被我砲彈擊中，損失甚大。(二)北四川路日本小學內之日軍司令部，亦被我大砲轟燬，並斃日軍四十餘人。(三)楊樹浦公大紗廠，是日軍的根據地，也就是他們的大本營。廠後並築有大規模的飛機場，內停轟炸機及驅逐機七十餘架，四週佈防守衛。廿五晨三時，我軍砲兵瞄準開砲，轟燬該廠房屋一部分，並有數彈，落於飛機場。燬敵機六架，各機師大吃其驚，廠內精華，受損甚巨。

日飛機被擊落──(一)廿一日，日機偵察閘北，我軍駕戰鬥機追逐，趕至八字橋，與彼空中作戰良久，敵一機中彈墜地。(二)廿二日敵機在吳淞，大場，閘北，虹口，飛翔擲彈。是日吳淞砲台用高射砲擊落一架，跌在鴨窩沙江面，機師跌斃，機身己燬，漂流江面。(三)同日，眞茹有我兵車一輛向東開駛，敵機三架降低，開機關槍掃射，當被我軍擊落一架，後續來九架，分三隊進逼，我機立卽飛起應戰，空戰半小時，敵不支向東飛去。(四)廿三日，

日軍司令部派白濱大尉，率機一隊飛往蘇州投彈，擾我後方。內有攻擊機三架，戰鬥機兩架。我方飛機一見，卽應陣而起，騰空駕霧，直上雲霄，放下機關槍數十發，日方小谷中尉中彈斃命，該機亦落地炸燬。(五)廿四日，敵機又在閘北，及虹橋，眞茹等處，飛炸民房，着彈焚燒者十餘處。下午三時，我方在眞茹之飛機，見敵圖炸國際電台，卽飛起兩架，開鎗轟射。雙方鎗聲一時密如爆竹。因我機勇猛活潑，敵機不能支，被我擊傷兩架而逃。但是日我虹橋飛機場被投彈二十餘枚，場內辦公室大門等建築物，均為炸燬。(六)廿五日敵在江灣，羅店，眞茹等處炸擾；先後共被我軍擊落四架。

敵機散發傳單——日軍於廿五日潰退之前，忽來飛機三架，在互相包圍之陣地上，狂散傳單數萬張，誘脅我軍。此種手段，卑劣已極。傳單用鉛字排印，說的是：

「你們在江灣鎮，已受包圍，他方軍隊亦不能接濟，速出投降，本軍決不加害，並可優待。若仍死守不出，本軍為掃清計，卽用爆彈破壞，不為言之不預也。日本司令官植田謙吉。」

大批敵屍裝運歸國——五日血戰結果，敵方死傷人數，據精密調查，實在一萬以上。除遺棄在陣地上，不及搶回者外，卽公大紡廠內堆積，已有三千多具。死傷之多，已打破自有戰事以來的新記錄。該項屍首，用蔴袋包裝，每袋裝兩人，由日輜重兵，強迫碼頭小工及被擄同胞裝運。公大廠內，血流滿地，腥臭撲鼻，且有因傷重而不能言語的日兵，亦不問其死活，塞入蔴袋，悽慘之狀，不忍目覩！

我國名流發起撫育陣亡將士遺族——我國名流許世英等，因此次暴日侵襲上海，幸我十九路軍忠勇衛國將士，誓死抵抗，並得各軍參加作戰，經二十餘日之浴血奮鬥，迭奏奇功。但愛國健兒，不無死傷，武裝同志，爲國捐軀，極堪憐憫！此輩陣亡將士之遺族，若不妥籌撫育方法，實不足以慰忠魂而振士氣。故特邀集各慈善團體領袖等，開會商訂辦法。此舉實爲崇德報功之要圖，想熱心愛國者，必能踴躍贊助，以底於成也。

敵軍又換新司令——植田以在滬屢戰失敗，向東京政府乞派援軍。聞已派定大將菱刈到滬，統轄全軍，指揮海陸空軍作戰。並議再派三師團增援，以挽回帝國面子。凌刈名隆，現任軍事參議院參政官，前任師團長，台灣司令，關東軍司令等職。

二十六日

廟行餘波——我與敵軍血戰五晝夜，敵遭慘敗，非候新軍再到，已無餘力奮鬥。但表面不肯示弱，故今晨又集殘部，向廟行進攻，但略變作戰方法。以一千人爲第一綫，二千人爲第二綫，三千人爲第三線，續續向我衛鋒。再先以大砲猛轟十餘發，待砲聲將停，然後進衝。不過久敗之師，全無勇氣，僅藉砲火之力，勉強作戰，一經痛擊，卽棄械而逃。因此，一日之中，雖接觸多次，實無可記的價值，只能作爲數日來的餘波能了。今日下午，停泊吳淞三夾水洋面的日炮艦五只，向我砲台轟擊百餘發，經我還砲，一艦中彈，燬去烟筒，餘艦因卽開向楊子江附近洋面而去。

杭州空軍戰鬥——今日敵機飛向蘇，杭，乍浦等處，投彈肆擾。乍浦蘇州先有戒備，無

甚損害。杭州方面，我飛機場被敵暗算。今將航空處發表之雙方空戰公報，照錄於後：

今晨，日機十五架忽飛至杭州，我機十架即與迎戰。另有數架未及飛起，日機即擲炸彈，損我訓練機三架，運輸機一架。當時日機十二架與我機交戰時，日轟炸機三架先逃去。雙方戰鬥十分鐘，日追逐機亦向上海逃去。我駕機員兩人受微傷，日機一架中彈，落入錢塘江。

二十七日

日兵待援——日第九師團潰敗後，即調第十一師團來滬加入廟行鎮總攻，又經我方擊潰。現已再調第十四師團增援，用軍艦十餘艘裝運，約七千餘名，便衣隊居半數，今日進口，並帶有大砲機關砲甚多，及炸藥數百箱，分在張華浜，匯山碼頭上陸。晚間猶有續到，聞定明日再作總攻擊。

汽車夫為國犧牲——前副郵務長秦雲笙的汽車夫胡阿毛，前天到虹口探防親友，被日守兵攔住，搜獲開車執照。該日兵知胡素善駕駛，即拖往匯山碼頭司令部，拘留一天。昨晨有日兵四人押胡駕駛卡車一輛，滿裝子彈軍火，迫令開往公大紗廠。胡無奈，開足速率，實則胡仇日心切，故意橫轉車頭，直向黃浦而行，一霎時，連車帶日兵四人，一併衝入江中，立見浪花四濺，人車均沉江底。據阿毛友人云：胡家尚有老母，家境且極窮苦。果能人人如此愛國，中國何愁不強。

二十八日

敵兩新司令先後到滬——敵軍在滬作戰一月，屢遭慘敗，以致司令一換再換。凌刈隆大將前晚到滬後，已在日領事館與植田，野村，及公使重光葵，芳澤代表松岡等作一度軍事會議。而最近日政府委派接代植田中將在滬司令職權的白川大將，今晨亦到，有少將兩員，和大部分十四師團軍隊隨同登岸。聞日政府因對於滬戰蓄意擴大，前次決議增派第二，第六，第十一，第十四，四師團。現除十一師團全部，十四師團一部分已經到埠外，其他均在途中，今明可陸續趕到。

我軍縮短陣線——自二十後，雙方血戰多日，凡靠近戰線的村鎮建築物，大都已被砲火燬壞得不成樣子。最近兩天，敵軍一方待援，一方仍不斷的轟炸。江灣是最吃緊的的地方，敵軍竟連連開發排砲，(用數十尊大砲並列開放)一天之中，多至千發，把個江灣鎮全部燬光不算，地皮也轟得沒有一塊平坦的了，而且軍民死得過多，遍地血肉，腐爛臭惡，溝渠全變紅色，觸鼻難聞。非但不能作爲防守之地，水源斷絕，萬難存紮。因此我軍爲戰略關係，前天晚上秘密離鎮，縮短防線，退往該鎮西北。然敵方當時不敢輕進，不懂軍事的人疑心是戰敗而退，那是大大的錯誤。

各公使又調停滬戰——各國公使聽見日本連派凌刈，白川大將到滬，認爲中日前途，益形荊棘，故特開緊急會議，磋商初步辦法。其內容大概是：(一)中日戰爭應在相當日期同時停止；(二)雙方停戰之後，中國軍隊撤退十華里，日本主要部隊全體退至安全地帶，其程序當與華軍相距二十至三十華里；(三)雙方撤退時，由第三國派員監視，同時，撤退之陣地，

由第三國派隊駐守，此項部隊待中日雙方開始交涉時撤退之，

這一項擬議的條件，英美法三國公使已與中日當局洽商，但是日方是狡猾而強硬，尚沒有確切的答復。據說：三月三日國聯開特別大會中，將有總結束，強制中日兩國停止戰爭，避免引起世界二次大戰危機的辦法。

二十九日

八字橋發生劇戰——今晨八時起，敵軍突又分兵向八字橋，青雲橋，寶興路，寶山路等處猛力進攻。並由砲艦向吳淞開炮轟擊，飛機亦飛炸助戰，而以八字橋方面爲最劇烈。從早至暮，經敵四次大舉衝鋒，且開鋼砲，過山砲，迫擊砲百餘門濫放。每小時發砲數百響，且多係硫磺彈，故八字橋附近民房，到處起火延燒。但，雙方激戰終日，敵軍徒多死傷，終於不能絲毫進展。各路亦被擊退，至晚槍砲聲漸見和緩。總之，我軍防守鞏固，戰法精巧，殺敵時，人人存必死之心，爭先奮進，日本以素無實地經驗之師，人數雖多，槍砲雖利，一經接觸，如遇猛虎，安得不膽怯心驚而一敗塗地？

敵言將炸兩鐵路——日軍屢戰屢敗，爲杜絕我方援兵，阻止軍事運輸，日領事村井竟敢致函市政府，聲稱將破壞京滬，滬杭兩鐵路。如此舉動，橫暴已極。今日市政府已嚴詞駁覆，一面通知各國領事，聲明如因日本蔑視人道，妄炸兩路而發生之一切不幸，當完全由日本負擔責任。同時，並佈告周知。沿路居民，得到了這消息，一時又大起驚恐，紛紛遷避了。

鄉婦忍辱殺敵——高郎橋鄉民張姓家，前日有日兵三人破門而入，先將張某殺害，張之兩子驚由後門逃去。三兵卽將張妻輪流強奸，奸後二兵先走，一兵朦朧睡着，張妻卽取廚刀對准該兵要害，猛劈兩刀，血化四濺，立時斃命。張妻以大仇已報，遂棄刀越牆而去。此婦雖一時忍辱，終能爲夫報仇，也算得智勇兼備的一個女英雄了！

我軍旅長被捕之疑案——我軍獨立旅長王賡，二十七日在白渡橋北，禮查飯店，被日兵捕去，手中提有皮包，包內藏有重要文件，(傳說內有我軍防區內之詳細地圖)幾經我國當局交涉，已於今日被釋。但既在前敵作戰之上級軍官，而又帶此重要文件，何以無知至此，竟輕身走入敵方防線之內；且日方捕到之後，何以又肯釋放？人言嘖嘖，實堪懷疑。

三月一日

八字橋決死戰——自我軍因戰略關係，自動放棄江灣後，據險以守，敵人已無法衝破。因此，他們想改攻八字橋，壓迫我軍左翼，昨已試攻一日。今晨用主力部隊再配置在八字僑我軍正面。八時卽施行砲兵集團攻擊，用十五生的以上之野戰重砲百餘門，七生的五之山砲野砲五六十門，裝配開花彈，施行重層射擊之大塡埋。同時，飛機八架在上飛投重量炸彈。一時砲炸之聲，震得耳聾眼黑，每分鐘平均約八九發。直轟至十點後，砲聲稍停，由生力軍一大隊向我陣線衝擊，在洸家宅，聖堂宅，亦有少數出現，向我逼進。此時我軍卽出應戰，槍彈密如雨點。戰至下午一時，敵援軍蜂湧而來，將我前線陣地奪去。後因我方援軍亦到，拼死反攻奪回。該處陣地，凡三得三失。下午六時，我軍再奮全力，與敵肉搏一小時，終於

在天搖地震赤鉄黑血之中，恢復了我八字橋的全線陣地。計燬敵鉄甲車三輛，獲得步鎗百餘枝，斃日軍千數百人，但我方傷亡亦有六七百人之多。

聖堂宅砲火連天——聖堂宅在江灣閘北之間，爲我右翼的重要防區，故敵方自今晨七時起，用野戰重砲一百餘門，向聖堂宅密放十五生的及二十四生的砲彈，至上午十一時未停。每分鐘約放二十發，統計上午發砲四千餘響。我軍亦用重砲還擊，砲火連天，酣戰至正午。敵方所用砲彈，除硫磺彈，溜彈之外，並用溜霰彈。(卽開花子母彈)空中並有大隊飛機，三三成羣，在我陣地偵察及爆炸。午後砲聲稍稀，敵方步兵卽分向八字橋，沈家宅，聖堂宅衝鋒，經我軍迎頭痛擊，先尙頑強抵抗，後漸不支。惟仍爲命令所迫，又賴後方大砲掩護，以壯其胆，再度進攻。但我再接再厲，至旁晚各路敵軍皆被擊退，聖堂宅防線亦始終保守，惟房屋樹木，均已倒坍斷折，無一完整，而被大砲所擊之地，平坦的原野，添上了不可勝數的坎穽，沃肥的農田，都變了埋葬砲彈的坟墓罷了。

敵兵艦險被炸燬——今日上午十一時，在浦東日本驅逐艦「禾」號附近，忽有水雷爆發，甚爲猛烈，但除該艦士官食堂內的器具略有損壞外，餘無所傷。下午一時二十分，在海軍司令野村中將的坐艦，「出雲」號外檔，相離三四碼之處，忽又轟然發一更猛烈的巨聲，由水底炸起，水勢被擊，冒有四五丈之高，而沿黃浦一帶地皮，都被震動，那發動力的兇猛，也可想而知了！該旗艦停在外白渡橋北堍，日本領事館之後的三菱碼頭前面。近來海陸軍領袖開軍事會議，均在這旗艦上舉行。出事以後，他們立刻派四只小輪船，四出搜查，但終於

影跡全無。傳說，這是日本人中，反對政府用武力出征友邦的激烈份子，煽動工人來做的。這套勾當，究竟什麼人玩的？那就不得而知了。

救護隊員爲國犧牲——中國紅十字會隊員郁鴻章，今晨八時乘汽車到閘北，施行救護。該車停於寶興路底，下車步行到邢家木橋附近，忽被該處日兵從樓上用步鎗連開兩響，一中前胸，郁君立時倒地，第二響中後股，流血不止。同行隊員急急把他扶上汽車，送往寶隆醫院，因爲彈中要害，卽於下午三點鐘畢命於該醫院。郁君曾在復旦大學讀書，年廿二歲，現在商界服務。爲人忠實熱心。這次暴日侵滬，他加入救護隊，每天到前線去工作，不料竟遭日人暗算。在他臨終的時候，他的哥哥鴻奎去安慰他，他就說：「爲國犧牲，視死如歸，算不了一回事，不過希望我全國同胞抗日到底，不讓獸性的日人得到中華民國的寸草尺土，我死也瞑目了！」說完了這幾句話，他便氣絕而終。紅十字會是純粹慈善性質，戰事不論如何猛烈，對於救護隊員是絕對尊重而萬無仇視之理。今日人如此橫暴違萬國公法上所規定的這一點禁例，都不放在心上。把他們呼作吃人的野獸，也不爲過當。

各團體決議舉行勝利大會——中學校抗日會和大學被難同學會等十餘團體，因此次十九路軍抗日血戰，奮鬥月餘，節節勝利，實爲我中華民國無上的光榮，非但國際地位可以從此增高，民族前途的強盛也可以從此發軔了。關係既極重大，爲激勵士氣，表揚忠烈起見，特定於本月四五兩日，公開慶祝十九路軍大會。規定四日假大舞台舉行游藝會，邀集輕傷士兵，前線代表，一律參加，五日召集全市民衆，分南市、閘北兩處，同時舉行市民慶祝大會。

各界聞信，莫不踴躍鼓舞。預料屆時必有一番極熱烈而美滿的空前盛舉。這種心裏表現，不能不認爲是一件極好的景象。

二日

可憐十九路軍因「後援不繼無兵抽調」而全線總退却——昨日敵軍實行中央突破之計劃，竭其空砲步三種軍力合作，向我威迫，猛烈進攻。然我軍器械雖不如敵方的精銳，終能奮其神勇，於砲火震天，飛機狂肆炸爆之中，死力抵抗，血戰終日，繼續擊斃敵軍無數而固守原防。自誇舉世無敵的三島倭軍，在這淞滬數十里烽火連天的沙場中，和我十九路軍周旋了三十多天，陣線不能進展，司令換了四五個。當初說過，幾個鐘頭可以解決我軍全部的豪語，非但貽了一個笑柄，而陣亡將士的死屍成千累萬的運回扶桑三島，引起了像國喪般的悽慘哀哭之聲，經濟的恐慌，當然已鬧得不堪設想。如果我軍和他們在淞滬方面，再給幾次像在蘊藻浜，廟行鎮，八字橋那樣劇戰時的大創傷，把慘敗的消息，再傳達一點到了倭邦，總崩潰的危險，免不了就有實現的可能。狂妄的倭族，受了這樣的大教訓，爲挽回他們垂危的運命，也得不思死裏求生，益肆其狂暴，作孤注的一擲，進行他們更惡辣的大破壞？

論理，兩國交降，對於敵人向後方的襲擊，在戰略上，當然有一種實力的預防。這一次，中日的淞滬戰爭，凡關於長江一帶，在暴日砲艦接二連三來華之下，豈可不駐重兵防守？瀏河一段，緊貼淞滬，尤其應該特別注重。但是，十九路軍，連同八十七師，八十八師，總數不過四萬餘人，力抗強敵至一月之久，殲敵雖衆，實力的損失，當也不容諱言，何有餘力

，兼顧數十里外之後方？不過，我黨政府一再宣言，要對暴日作長期的抵抗，雖十年二十年的久戰，任何重大的犧牲，也在所不惜。那末，陸軍部，參謀本部，—海軍本來只好放放禮砲，接送接送大偉人，打仗當然沒有他們的分兒，姑且置之度外—在那裏做什麼？國家養了兩百萬的軍隊，在淞滬戰爭已經一個月，後方的援軍，為何始終沒有調到？重要的國防門戶如瀏河，如楊林口，為何不未雨綢繆，派駐勁旅？說是各軍師旅不肯為國犧牲罷，却又不然。軍部固然有調遣國軍的全權，況且梁冠英，張之江，張發奎，蔣鼎文輩早有自告奮勇的通電，和電呈政府調赴前敵的請求，而政府對於十九路軍，若坐觀成敗似的，一概置之不理。各方關於政府言行不符的舉動，很多猜測的話，我們雖不敢盡信，終究，事實是事實，虛偽的欺人之談，終不能掩飾到底而有暴露真相的一日。昨天晚上，幾如青天的霹靂，苦戰月餘，節節勝利的十九路軍，突然全線退却！淞滬民衆，為暴日妄動干戈，受無情炮火的轟炸，生命財產的喪失，幾不可以數字計算，然而為忠勇的十九路軍誓死抵抗，為國爭光，縱備嘗流離失所，家破人亡的痛苦，未聞有何怨言，而一旦聽到我軍全線退却之信，舉凡全市人民，無老無少，無男無女，富者貧者，甚至素來不知國家為何物的車夫僕役，莫不倉惶失措，奔走相告，一如驟遭地震海嘯，將有沒日已到了之慨！那種悲憤哀痛的狀態，幾不能以言語形容。當時紅會醫院中有傷兵數人，得此非常消息，切齒大罵，因憤激過度，竟致創裂氣結而立時畢命！

十九路軍所以不得不退的緣故，並非畏怯，實因暴日暗襲瀏河，若不退守，難免腹背受

敵，敵將前後夾攻，作大包圍，我軍有全部覆沒之虞。昨日瀏河，楊林口方面，（太倉縣屬在崇明島對岸）暴日密派軍艦八艘開到，並用大鹽船二十艘，裝運日軍，先在浮橋地方（離瀏河約十里之口岸）由大砲掩護登岸，然後用機關鎗，步鎗，向該處少數駐防軍隊襲擊，並在太倉常熟交界的浮橋地方上岸，縱火圖襲。暴日在上海被十九路軍一再擊敗，知已無可發揮，如再相持依然無功可圖。所以白川大將到後，又開到援兵三萬餘人，決計向上流進攻，作大破壞的手段，這本是避重就輕的一種計劃。我方苟有重兵防守，暴日未必有多大的功效。怎奈該處僅有少數軍隊，勢難抵抗，故瀏河竟被佔領。幸而十九路軍的聲威，早已把暴日鎮住了，昨晚得到後方失利的報告之後，一面仍令前哨步隊對付敵軍，一面緊急動員，命令全線同時退守，神不知，鬼不覺，按步而退，秩序井然，無一鎗一彈的遺落。日方直到今日黎明，忽然不見我軍踪跡，不勝驚駭。軍事家所謂進兵容易退兵難，在幾個鐘頭裏邊，能草木不撼的盤軍而去，等到敵方覺察，已經遠離至數十里以外，此所以十九路軍之為十九路軍。但我軍既去，敵方如釋重負，且很不要臉的自吹自擂，竟以我軍敗逃，勝利自居的捷報遙驚於世界。雖然，我軍以一月餘的光榮戰史，犧牲了多少愛國健兒的生命，博得這樣一個結果，誰為為之，孰令致之，能不痛心！

翁旅長誓死守吳淞——我軍不得已而決定暫行放棄淞滬後。總指揮部即令吳淞，廟行，江灣，閘北的軍隊全線退卻，惟防守吳淞的翁照垣旅長奉令之後，不勝悲憤，決以一旅之師，誓死守禦，實踐其「願以最後一滴血洒在吳淞」之前言。故今日仍與暴敵奮勇血戰，敵以

海陸空軍大舉轟炸，敵軍數逾兩萬，我方僅有一五六旅三千餘人，鐵血軍四百人，上海市民義勇軍一百餘人，總數不及四千。除翁照垣旅長，譚啓秀司令，抱定誓守吳淞要塞之初志外，全軍將士亦莫不同具台存人存，台亡人亡之決心。自朝至暮，敵雖以猛烈炮火，繼續威迫，該軍絕不畏懼而仍用機關鎗步鎗竭力抵抗。後因滬上各團體以孤軍死守，衆寡不敵，既無充分械彈，又無援兵接濟，忠烈雖極可嘉，如此犧牲，未免不忍，因特公舉代表張子廉會組湘先後由僻路冒險前往，淚泣叩求翁旅長暫時退守，以保存精銳，留為最後之奮鬥。翁譚先仍拒絕，泣求至再，方勉允所請。待至半夜，始全部整隊開拔，義勇軍鐵血團亦相隨退却。退後日軍聞信追擊，經翁旅長預先掩伏的部隊突出應戰，彼此相持若干時，敵恐深入中計，亦即引退。於是該軍得由間道開抵瀏河，仍與大部會合，再圖恢復失地。

十九路軍忍痛撤退的一個通電——十九路軍為孤立失援而退却，究竟誰使他們孤立失援而退却的呢？使他們孤立失援而退却的人，到底是何作用，是何居心？我們民衆沒有參預軍機，固然不敢作肯定的斷語，就是十九路軍將領明知其所以然，也不忍宣佈這眞實的隱情，不過他們退却後，不能不通電表示一點心跡和苦衷罷了，所以，我們對於前線作一個多月抗日血戰的全體將士，應當始終敬愛而信任他們決不是因投死偷安，改變初志而出此下策。今將十九路軍通電原文，照錄於後：

中央黨部，國民政府鈞鑒，各報館，全國民衆均鑒，我軍抵抗暴日，苦戰月餘，以敵軍械之犀利，運輸之敏捷，賴我民衆援助，士民忠勇，肉搏奮鬥，傷亡枕藉，猶能屢挫敵

錄。日人狡增援助師二團，而我以運輸艱難，後援不繼，自二十一日起，我軍日有重大死傷，以致傾全力於正面戰線，而日人一師之衆，自瀏河方面登陸。我無兵抽調，側面後方，均受危險，不得已於三月一日夜，將全軍撤退至第二防線，從事抵禦。本軍決本彈盡卒盡之旨，不與暴日共戴一天。浴血陳詞，當祈鑒察。蔣光鼐，蔡廷楷，戴戟，暨全體將士叩，冬。

損失總計

這一次，我軍在淞滬方面的抗日血戰，從一月二十八晚開始，到三月二日晚間爲止，總共三十三天，除去中間因各國領事的請求，有名無實的休戰了三天外，實實足足打了三十天的仗。現在我軍雖然退却，這三十天的光榮戰史，已足夠供給全世界各國的稱贊了。不過，野心勃勃的暴日，決不肯從此干休。在我們退軍的第二天，除把吳淞，江灣，閘北，全部佔領之後，他們已派遣步兵，砲隊，鐵甲車，坦克車，跟踪追趕，積極推進，並又向該國請調援軍三師團來華，作更進一步的威脅和破壞。預料未來的禍患，恐非最短期內可以告終。或者，淞滬一幕，只能算開場的小劇，倘使我們政府，眞能實踐前言，抱定長期抵抗的決心，那一齣驚天動地的正劇，不久就會繼續開演。更不幸的，竟因此而引起第二次世界戰爭也說不定。那時，全世界各國既捲入了旋渦，損失的質量和數量的巨大，誰都沒有那樣的大胆去預測，這種破壞的責任，完全應該由暴日擔負。目前，戰事既告一段落，先把三十三天惡，我們淞滬人民所遭的損失，—軍事上的犧牲在外！附帶報告一個概略的統計，給全國同胞知

道，搏得這三十天的光榮戰史的代價是有如此之大。還有，東三省被暴日侵佔之後，所有官方財產損失的初步統計，和瀋陽兵工廠槍砲子彈的損失概數，也連帶報告一下。

淞滬損失概數

(一)全市損失達六萬餘萬金。(二)受直接損害人民八十一萬四千有零，其中死亡者六千餘人，受傷者二千餘人，失踪者一萬餘人。(三)學校因被焚炸，損失資產達一千三百六十八萬餘金。教育機關團體全市停頓，所受損失不在內，(四)被佔區內之工廠五百七十九家，受直接損失者過半，計六千七百九十九萬餘金。(五)全市商店受直接與間接之損失，約計五萬九千八百餘金。(六)鐵路部分損失約計一千六百八十餘萬。(據中央統計處調查滬變損失初步估計)

東三省官產損失概數

(一)民政機關，損失三千六百餘萬；軍政機關，四萬六千五百餘萬；官辦鐵路，六萬三千另七十餘萬；官辦航業，二千餘萬。官辦電台，二百六十餘萬；官辦銀行，五萬八千八百九十餘萬；官辦林鑛業，二百餘萬；東北大學，一千一百八十餘萬；國稅，一千五百餘萬，合共十七萬萬有另。(據中央統計處根據東北各主管機關報告之初步統計)

瀋陽兵工廠損失約數

瀋當兵工廠創於民國十一年，這十年裏邊的費用，已達到了幾萬萬。彈藥存儲的數量，在中國可稱第一。這次被暴日搶奪去的軍械，大約有：飛機二百六十餘架，坦克車二百

六十餘輛，迫擊砲二千餘門，千五生的溜彈重砲二百餘門，輕重機關鎗四千餘挺，載重軍用汽車五百餘輛，步騎鎗之總數，可供十師軍隊之用，公私用汽車二千八百餘輛，機車貨車四五千輛，高射砲六十餘門，已成彈藥，可供二十四萬人用三年，野山砲一千餘門。

看了上邊寫的幾篇賬，編者希望同胞們既不必怒目切齒的憤恨，也勿庸過分傷心，只要大家明白現在的局勢，我們和暴日已成不共戴天之仇，非全國一心，抵抗到底，不但此恨難消，此讎難報，我們是永無抬頭之日。爲今之計，惟有咬緊牙根，忍着痛苦，督促政府和他們來一個最後的火併，立定你存我亡，你死我活的決心去幹，所謂寧甘玉碎而無永瓦全。

續編預告

本書編到十九路軍退卻爲止。退後，戰事雖暫形沉寂，而日軍的舉動，依然非常橫暴，如果和議不成，雙方一觸即發。所以，編者已着手徵集材料，倘竟烽烟再起，决再續編下册，先此預告。

中華民國二十一年三月出版
中華民國二十一年四月再版

上海血戰實況 一冊
定價大洋一角四分

編述者　李南沙

發行者　人道學社　上海貝勒路恆慶里五弄

代印者　太平洋印刷公司　上海白克路鞏壽里

分售處　各書局

要保全領土與主權
　惟有誓死抵抗到底
決心置暴日於死地
　惟有對日經濟絕交
如政府屈服求和
　便是政府甘心亡國
倘民衆買賣日貨
　便是民衆甘心自殺

上海血戰抗日記

楊衛玉題

潘序

暴日憑其侵略之野心，蔑視公理公約，提出極苛刻之條件，迫我承認，此種手段，已失其國家之資格。我上海市長忍痛茹苦，含淚承認其要求，在暴日志得意滿，宜可偃旗息鼓，捲甲以去矣。詎知事有大謬不然者，我市長承認之書甫經發出，而一月二十八日之晚，日兵遽出其殺人放火之故技，突然出兵侵佔我上海之閘北，其海軍鹽澤司令倡言於四小時內可以解決閘北，八小時內可以使上海盡入日本勢力之中，狂妄之情，可恨又可嗤也。我十九路軍將士，本其自衛之天職，毅然出而抗拒，血戰三十日殲敵三萬餘人，伏屍山積，血流成渠，頓使日本增多寡婦三萬餘人，有組織索夫團，羣起與日政府爲難之舉，增兵十一次，更換四司令，用兵費二千萬元，結果則兵敗將殲，日艦日以麻袋盛屍歸國，或火化於荒山孤島中，既爲歐美列邦所訕笑輕視，復受國聯之嚴厲詰責，英美人士頗有提議與日經濟絕交以懲創其黷武專橫者。嗚呼，日人之伎倆如是，日人

之無狀又如是，宜乎爲世共棄，爲列邦所共憤，辜以歐戰時之德意志目之，此不祥之日本，此狗彘不食喪心病狂犯衆怒冒天下大不韙之日本，外失各國之同情，內結民衆之怨毒，時日曷喪余及汝亡，日本之末日之命運已至，此迴光返照中之毒餤獨來殃及我中華，我中華人此恨此怨，不敢忘，子子孫孫永不能忘，千世萬世永永不能忘，我中華人有力殺日本人，多殺一日兵，多洩一分之憤，多挫一分暴日多消一分之氣，卽使無力殺之，亦必合羣力以殺之，集衆人以殲之，爲天地間留些公理，爲人道上得些正氣，卽所以懲戒未來之暴日也。此志此心，我同胞誌之，我子子孫孫誌之，我中華人千世萬世人人共誌之。回憶此三十日血戰中，我前方將士斷脰瀝血，折骨傷股，犧牲生命以與暴日作戰，兵器完矣，繼之以棍棒，棍棒完矣，繼之以徒手，徒手之不足，繼之以齒牙，前仆後繼，再接再厲，伏屍不懼，流血不懼，傷於礮火不懼，死於炸彈不懼，直至彈盡力竭，猶殺敵數人不肯休，其仗義奮鬥視死如歸之節操，可以驚風雨泣鬼神，大節凜然，無非爲國家增地位，爲民族爭人格，而

無一毫餒怯之心理，宜乎爲世界所贊美，民衆所謳歌，嗚呼偉矣。是役之戰，爲民族史上最光榮之一頁，爲世界史上最榮譽之壯舉，不可以不紀，不可以不表揚，不可以不宣傳，紀之，表揚之，宣傳之，卽所以詔示來者，最勵國人也。樓子產文，一熱心國事之有心人也，出其心力，編『上海血戰抗日記』，一字一血，一句一淚，讀之使人神爲之往，氣爲之壯，殺賊之志愈堅，誠爲一部有價値之戰史，書成余受而讀之，並囑予爲之弁言，余應其請，并大聲以呼曰：讀此書後，願人人立下殺敵殲敵之决心。

中華民國二十一年二月潘文安序於上海職業指導所

自序

自從海陸空軍副總司令張學良氏抱不抵抗主義將東三省拱手讓於日本後，暴日仗其『不戰而勝』之餘威，作更進一步之侵略，謀襲號稱世界第七大都市之上海。砲艦紛來，海軍登岸，浪人四出，殺人放火，無所不爲，演世界卑劣兇暴之舉動。竟於一月二十八日夜十一時許，公然侵我閘北駐軍防地，向我挑釁；幸賴我愛民衞國之十九路軍總司令蔣光鼐，十九路軍軍長蔡廷楷，淞滬警備司令戴戟，暨全體將士抱捍患守土之志，奮勇抵禦。一月以來，寸土未失，斃敵數萬，獲敵坦克車、鐵甲車、及小鋼砲、機關槍等無算外，並射落飛機二十餘架，擊沉兵艦六七艘。雄列五大强國之日本，其戰鬥力之薄弱，已有見諸。卽陸續增派數師團來滬援戰，亦不足我十九路軍之一擊也！

然暴日蓄意破壞我文化機關，竟利用飛機四出拋擲炸彈，如商務印書館、暨南大學、持志大學、水產學校、中國公學、東方圖書館、

北火車站以及商店民房均被炸燬。逮捕同胞，拷打者有之，槍殺者有之，挖目割耳者有之，刀傷裸身而棄於道旁者亦有之，其兇暴，其悽慘，爲世界之創聞也。

同胞乎！時機至矣！準備起來，效命疆場，爲國犧牲，以求國家之生存，以增民族之光榮，切莫隔岸觀火，坐視國土淪於異族，同胞受鐵蹄下之蹂躪！

不佞欲使全國同胞，明瞭上海禦暴經過之真相計，爲鼓勵全民武裝起來計，編印是書。遺漏之處在所不免，幸讀者指正，

中華民國二十一年二月樓產文序於互助出版社編輯室

事前

一月十九日日本藉口僧人在引翔港被華人所打傷，於二十日日本浪人於深夜潛入引翔港，身帶火油等物，攜入三友實業社工廠，實行縱火，當時被廠內人發覺，幸未成災，該浪人臨去時，鎗傷工部局華捕田潤生，並於是日下午該浪人等又聚衆在北四川路等處沿途搗亂，打毀商店車輛，傷二西捕，此事發生後，日領事只向租界工部局道歉，對我市政府反說是日人報仇行爲，同時日陸戰隊登陸示威；並由該日領事向我市政府提出下列五項要求，（一）市長正式道歉，（二）立卽逮捕兇犯（三）損害賠償及醫藥費，（四）抗日運動應以適當手段取締之（五）所有鼓勵敵視日本鼓勵暴動及鼓勵排日各項團體，應予解散，並限時答復，一月廿八日下午一時，向市政府爲忍辱就全，略以修改，當派俞祕書長將復牒送往，復牒全文如下：

逕復者，案准一月二十日大函略開，日本僧侶天崎水上信徒後籐黑岩籐村等五名，於本月十八日下午在馬玉山路附近被毆傷，提出條

件四項，請求接受等因，准此，查本案發生，殊屬不幸，本市長深表歉仄。當日據報後，以案關傷害，法有明文，當卽嚴令公安局限期緝凶歸案法辦，所有被害人等之醫藥及撫慰金，本市長亦可酌爲給予，以示體恤，至來函所提關於取締抗日運動一項，現查本市各界抗日救國委員會有越軌違法行爲，業經令行主管局將該會取銷，以維持法紀，關於類此之越軌違法行爲，本市長仍當本法治精神，令行取締，至其他各抗日團體，並已令局予以取銷，相應函達，請煩查照爲荷。

當時日領事，亦認爲滿意，豈料當晚日海軍司令鹽澤氏，致函十九路軍長蔡廷楷氏要求我軍退出上海二十英里外，一面已有其派出之便衣隊及日海軍陸戰隊向我挑釁矣！

血戰經過彙報

一月廿八日

▲十一點半起閘北開火　今日下午四點半時，日清公司輪船碼頭有六百餘便[redacted]，有步行，有乘車，至北四川路始各散去，此時即有一消息，謂此項日人將於當夜用手槍手溜彈等攻擊華兵，至夜十一時，我軍一營，自青雲路世界大戲院起至橫浜橋佈防，在天通庵遇見日哨兵二名，小起衝突，經一西捕一華捕勸開，至十一點三十五分，忽起槍聲，據聞雙方鐵甲車因相近而衝突，雙方均用機關槍步槍盒子砲，華兵以月台為掩護，旋華兵鐵甲車於十二點半折開北車站停靠，仍相持不下。

一月廿九日

▲老靶子路北不見敵蹤　自昨晚與日軍正式開火後，我軍始取守勢，至今日晨便轉入攻勢，下午一時，完全佔領黃陸路日軍司令部，截止二時止，共斃日軍五百餘人，俘虜二百餘人，並擊落日機三架，又今晨五時許，天通庵方面，我軍已到北四川路，日兵潰退

，江灣路之日陸戰隊司令部遂爲我軍佔領，至下午四時許，寶興路橫浜路虬江路寶山路等處，據淞滬鐵路進攻之日兵，均經我軍抵抗，節節敗退至北四川路，我軍各路會合，即在北四川路上，與日兵交戰，日兵不支，向南退卻，五時許，北四川路日本小學日兵司令部，亦被我軍佔據，斯時蔡廷楷軍長親臨前敵督戰，兵士奮勇百倍，六時許，我軍進駐老靶子路，日兵係由北蘇州路百老匯路華德路楊樹浦路等處潰退，聞均由楊樹浦逃上兵艦，我軍當以老靶子路爲第一道防線，北四川路老靶子路以北遂完全在我軍手中，是時老靶子路以南日兵祇剩一名，惟日便衣隊東自北蘇州路百老匯路，西至蓬路等路，三五成羣，或執刺刀，或持盒子砲，逢人開槍，仍不退卻，因此我市民受傷者頗多。

△日軍節節退向引翔港　日本陸戰隊，大都因地點關係，由久居本埠之日本浪人即便衣隊爲之前導，但日方經我軍沉着應戰，猛烈反攻之餘，處處俱不得逞，日浪人死者亦甚多，該日浪人之屍身，大都身繫紅條標識，至今日傍晚止，日軍節節敗退，在江灣閘北方面之日軍多數向引翔鄉方面退走，大都已退至公大紗廠附近。

△我擊落日飛機三四架　日兵用飛機向我後方亂擲炸彈，確實被我軍用高射砲擊落三架，今晨八時許，擊落一架，餘兩架爲下午二時餘擊落，地點均在寶山路附近。

▲白龍港日海軍圖登陸　今日下午四時，日海軍艦隊在川沙白龍港方面，希圖登陸，由吳淞要塞司令部開砲轟擊，擊沉日艦一艘，又一艘之煙囪被擊碎，日兵被擊落水死者數百人。

▲虹口方面之戰事猛烈　北四川路既爲戰區，今晚路燈完全熄滅，成爲黑暗世界，而商店之牆壁，彈痕纍纍，玻璃窗多被擊碎。今晚八時我方軍由瀏河開來，即抵前線，與日軍相遇，相持在沈家灣，至明晨一時激戰更烈，日軍慘敗，死傷六七百人，即將放棄沈家灣。中國軍隊方面欲將日兵趕上日艦，昨日下午三時將日軍左翼擊退至崑山花園，現閘北安謐，迄至明晨三時許，閘北火勢更烈。今日下午四時，我軍進攻江灣路日軍司令部時，雙方激戰甚烈，卒被我奪得，並獲步槍三千支，彈子二百箱，後又在上海大戲院附近激戰，獲機關槍八架。

▲十九小時擊退日主力　日兵於昨晚十一時餘與我開火，我方祇以十九路軍一團兵力與之抵抗，至今日下午，因日兵飛機投彈各處着火，而天通庵因北車站起火失守，當即調增兩營兵力加入，遂將車站奪回，總計是役我軍祇以一團兩營兵力與之對敵，鏖戰達十九小時，日方潰不成軍，乃得進至北四川路，昨晚十一時餘與日兵接觸之軍隊，直戰至

今午十一時，始得換防，食粥一碗，然精神仍極飽滿。昨晚至今日，我軍方面在前線指揮督戰者，除蔡軍長外，爲翁旅長張團長二人。

▲**福生路方面之戰事況**　靶子路間之橫路福生路，係華租交界處，今晨三四時，日兵數十人，自靶子路衝入，與我軍發生小衝突，至天明五六時間，趨於激戰狀況，我軍係憲兵第一團第三營，奮力應戰，旋因日兵增多，乃稍退至福生路北之新民路寶山路口，日軍乃强登該地之民房小樓上，緊閉窗戶，乘虛射擊，擊後隱於室內，使我軍無從捉摸，沈營長督促部屬，在界路上（即日軍所居小樓之對面）砌壘沙囊，與之周旋，自後互有鎗擊，雙方死傷，尚不重大，迄至午後五時，仍相持不下。

▲**天通庵方面戰爭狀況**　公安局第六中隊二等警趙煌三於今晨任天通庵車站附近，與日兵激戰受傷，彼談該處中日兩軍衝突，及天通庵車等被佔據又行奪回經過情形云，公安局於昨晚派第六中隊警士六人，在天通庵路與通記路口所設之沙袋等防禦工程處防守時，已深夜十一時四十分，忽發現日軍鐵甲車數部，載日海軍陸戰隊三十餘人，守警詢以口令，日兵即開機關槍，六警當即抵抗，以步槍還擊，然以衆寡不敵，乃向橫浜路方面退卻，並向駐守該處之公安局第六中隊隊長孫謀報告，孫隊長聞訊，當率警士六十餘人

應援，無如日鐵甲車以機關槍掃射甚猛，歷十餘分鐘，不支而退，時天通庵車站已被日軍所佔，乃於青雲路集合，復得憲兵第六團機關槍隊之應援，當即極力反攻，戰二小時，十九路軍第五團亦聞訊趕至，加入作戰，日兵遂被我軍包圍，至清晨三時許，攻天通庵火車站之日軍，全告覆沒，並繳獲鐵甲汽車三部，其中一部已毀壞，餘二部尚可應用，至三時半，日軍又有一隊向天通庵車站來攻，我軍復與應戰，日軍又不支而退，於是天通庵車站，復爲我軍奪回，是役我軍死傷十餘人，而日軍之死傷則達百人弱，該我軍奪得之鐵甲車三輛，係屬第四十號六十八號及一百二十號。

▲**北四川路方面之戰況**　北四川路一帶巷戰，以川公路與阿瑞里對面吟桂路爲最劇烈，蓋日軍此次進攻閘北，共分三路進攻，一路由江灣路入天通庵路，圖攻北火車站之後，然已爲在天通庵路之我軍擊退，並將江灣路虹口公園附近之日本海軍司令部擊毀，一路由吟桂路日本小學校內所駐之海軍陸戰隊，沿該路西進，圖與橫浜路及天通庵方面日鐵甲汽車隊相聯絡，另一路則由虬江路直攻北站，因之北四川路附近，如川公路及吟桂路巷戰甚烈，吟桂路於昨晨被我軍圍攻，至今午十一時半，以該路日小學校爲根據地之日軍，已全數退出，雙方死傷不少，由虬江路方面進攻之日軍，被我軍擊退，至川公路廣

東街一帶巷戰甚烈，日兵死傷，橫臥於巷口者，觸目皆是，在該處巷戰時，我軍憲兵排長王天雄，曾率一隊憲兵銜鋒，擬越過北四川路，故在正午十二時左右，在老靶子路北四川路口，槍聲甚爲清晰，同時在租界口之日機關槍聲亦大作，至下午一時許始漸息，聞王排長所率之一隊憲兵，均未見歸來，或有意外，亦未可知，當時日方以汽車運輸麻袋及沙土等，以爲架設防禦工程之用，此又可見當時日軍之失利情形也。

▲十九軍之五兵士力戰　昨夜一時，川公路有十九路軍兵士五名，與日兵交戰，將日軍鐵甲車擊燬，其中一名手部受傷，張團長命退，該兵不允，願死戰到底，至今晨十時，因起火，調至後方防護。

▲白保羅路廣東路一帶　今晨三時三十五分，日軍自白保羅路襲來，並有飛機一架在空中拋擲炸彈，我軍以作戰計劃，略爲退讓，白保羅路及東虬江路寶山路義品里等處，被日軍佔領，寶山路市公安局第五署暫時退出，在儉德新村派出所辦公，至六時許，我十九路軍即舉行反攻，日軍向廣東街潰退，被我軍殲斃四百餘人，我方傷軍警十餘人，被佔各地，當即規復。

▲蔣蔡戴誓作正當防衛　各報館全國國民公鑒，日佔我東三省，版圖變色，國族垂亡，

最近更在上海毆人放火，浪人四出，極世界卑劣兇暴之舉動，無所不至，而炮艦紛來，陸戰隊全數登岸，竟於二十八夜十二時，在上海閘北公然侵我防線，向我挑釁，光鼐等分屬軍人，惟知正當防衛，捍衛守土，是其天職，尺土寸草，不能放棄，爲救國保種抵抗，雖犧牲至一卒一彈，絕不退縮，以喪失中華民國軍人之人格，此物此志，質天日而昭世界，炎黃祖宗，在天之靈，實式憑之，十九路總指揮蔣光鼐，十九軍軍長蔡廷楷，滬警淞備司令戴戟叩豔(二十九日)子

▲**張黃兩將任側面指揮**　第四軍軍長張發奎及黃琪翔兩氏，今日上午往陸軍俱樂部訪晤戴司令後，遂會同蔣光鼐氏，即加入側面指揮，京滬路正面，則由蔡廷楷氏負責。

▲**吳淞激戰槍砲聲隆隆**　日本海軍艦隊昨日本已開進滬淞口，停泊黃浦江楊樹浦沿江，今日十一時許，突駛往淞口外，已而砲擊吳淞炮台，並有大批日軍登陸，我軍以日軍突然向我挑戰，十九路軍駐淞口所部軍隊與日軍互相搏戰，在下午一時左右，戰鬥極烈，槍砲聲隆隆，如雷貫耳，我軍士氣極旺，頗佔優勢。又江灣方面，於今日下午三時，日軍及日浪人進攻，卒被我十九路之軍奮勇擊退，而江灣車站被日機擲彈炸燬。

▲**日飛機圖毀眞如電台**　今午十二時半，眞如無線電台東側，被日飛機擲下一彈，爆發

後未有大損，旋於下午三時許，日機繼續擲彈二次，幸亦無大損失。

▲商務書館全部成焦土　日本戰鬥飛機三架，今日上下午在閘北各區拋炸彈，寶山路中之商務印書館閘北總廠及編輯所東方圖書館占地八十餘畝，該總廠等爲我國文化界出版之巨擘，今日上午十時起，不幸因日戰鬥機頻擲炸彈，頓時起火，移時延燒，全廠紙棧貨棧等，及對面之東方圖書館編輯所等，自晨十時至晚，焚燒猶未停止，紙灰散達數里外，據該館總廠逃出之工人謂該廠共被炸彈擲中五枚，因之起火。

▲北火車站亦盡焚去　北火車站被炸彈擲中後，售票處前大廳即起火，旱橋下之貨車亦焚燬一輛，車站房之貨棧亦有延及，並炸死一婦女，血肉模糊，至下午四時，車站房屋五四兩層已全部延燒，所有窗門均彼延燒下墜，後由窗木下墜之火延及車站下層，在五時，車站火勢自上燒下，同時又由下上焚，故車站全部均已着火矣！

一月三十日

▲十字街頭一幅流民圖　今晨迄暮，由老靶子路向蘇州河而入浜南之各路上，避難之人，沿途充塞，各個面部均呈恐慌之色，放步疾趨，惟恐脚之不前，一若虹口方面即有猛

烈炸彈臨頭者、任何物件，皆滿載車上，由小車以至摩托車，除人坐以外，尚有箱籠鋪蓋之屬，並雜有雞，犬，貍貓，婦人孺子以及老嫗襁褓，亦不斷的一一送入眼簾，窮苦之家屬，大都三五成羣，互相推挽，並攜帶包裹牀褥食物等，踵相接，肩相摩，一路行來，宛如魚貫，最困難者，在十字街頭，行人聚積，車馬匆匆有不搭排擠而拆散者，有手攜物件被擠落者，形形色色，實甚倉皇，想流民之圖，不能逾此。

▲**北火車站儘四面空殼**　記者今日下午三時許，由共和路沿京滬路軌向北火車站前進，該處難民甚多，有以戰事似停，或出而視察，或出而預備逃難者，人數極多，記者見路軌側地面，爲日飛機投炸彈所轟炸之深穴，直徑約三碼有餘，其右側，爲C字二二號機車，及C字一六號機車，兩節相連，C字二二號機車，因受炸彈轟，前部向西南傾斜，但二機車均未受損失，由此前進，至水亭後面，有炸彈巨穴一，直徑約六七碼，深約六英尺，再前進數十步，有炸彈孔二，寬徑均可五六碼，再前進有P字八〇五號四等車一節，前部被炸毀，並炸死兵士一名，殭臥於車中，其右足則被炸飛於車之南面，更前進有炸穴五，均甚深大，行近旱橋下，有五號鐵甲車一列，自第十四迄十六三節全部被炸毀，上有被焚斃之兵士二，其左側之鐵棚車，已被焚毀，火尚未盡熄，臭氣異常，惟旱

橋則仍如故，越旱橋而南，路局所屬之扶輪小學校房屋四間，全數炸毀，其側有〇字一四號機車，接連客車六輛一併焚毀，所餘者僅車架及輪盤耳，北浙江路及新民路角貨棧棚，被焚八間，北浙江路與界路轉角，工部局所設鐵門旁之防禦亭，已無敵人或外軍駐守，記者經過斯處時，可安然越過矣，殆進至站台時，則見北面四號月台及台下路軌均被炸毀，南面與界路相近之新屋，為鐵道部辦公處之房屋，及正面候車室，票房電報房站長室，以及管理處等，全樓均被炸焚毀，所餘者僅四面牆壁耳，同時停靠鐵道部辦公處之郵局汽車第一五九八三號及一五六七二號兩輛全被焚毀，其餘各部份，則尚完整，此為北火車站之大概情形。循道至旱橋堍憲兵與警士鵠立，橋東一機頭，尚偉然聳峙於烈火中，機件已燬去，車頭旁磚房，諒為叉道夫居憩處所，排比約五六間，亦被焚燬，橋西有五號鐵甲車一列，被日飛機炸燬多處，旱橋西（即南林里後面）行去約六十步，有一女屍蹲踡道旁，約二十八九歲，相距約二三丈，又有一士兵裝束者陳屍路旁，身面遮覆棉衣，祇露一手於外，觀者尚多，穿南林里至新疆路，氣象尚佳，惟商店閉門，行人愁眉恐怖。

▲**北四川路方面起大火**　今日上午十一時許，北四川路虬江路口之鴻慶坊，被日人縱火

焚燒，以在兩軍警戒區域內，故無人往救，延燒至下午五時，奧迪安及上海大戲院等巨廈均成灰燼，火焰在空際招展，北四川路一帶商店見之，懼其蔓延波及，咸驚愕無所措，詳細情形無法調查，迨至五時二十分，始由公共租界救火車兩架，前往施救，但火勢猛烈，撲滅殊不易。

△閘北方面大火後憑吊　閘北寶山路方面之火，至今日上午尚在焚燒中，記者於今晨九時許冒險繞道馳往察視，計寶山路天吉里三號房屋火勢正熾，該里沿馬路一號起以北市房十餘幢已付一炬，五區公安局亦被燒去，僅餘危牆一角未倒，該局對面靠北寶昌路起朝南直至虬江路附近資德堂藥店止，所有之店舖住戶均成焦土，其間爲聯智里、義品里第十三十四兩弄，成志小學，五區公安局戶口異動登記處，同發官醬園，黃順泰酒店，聚源菜館，美盛皮鞋店，寶和樓菜社，大怡染坊，中央鐵床店，糖菜店，南貨店，西服店，大醬園等，不下四百餘間，，商務印書館亦完全燒去，該館附近中興軍服廠，對面東方圖書館，亦均殃及，據稱東方圖書館係於前晚八時被炸起火，燒至黎明始熄，聞商務印書館僅保有兵險五百萬元，香山路光裕里香與里一排房屋約二三百間，記者抵該處時，已焚去三分之二，而烈焰飛騰，火勢尚熾，永興路小菜場對面由鳳凰菜館起焚燒約有

四百餘間，其中除幾塊住戶外，沿馬路者大部爲鮮肉，豆腐，醃臘，油酒，雜貨，傢俬，南貨，煙紙及吃食等店舖，其餘尙有多處被燒者，因在緊要軍事區域內，未能前往，乃仍繞道而返，惟查寶山路一帶其未燒之牆壁玻璃窗上彈痕纍纍，可見該處戰事之劇烈而情狀之慘，亦可謂極矣。

△**川沙日兵上岸被擊斃** 有日兵五十名上岸，被該地七十八師兵士開砲，當場擊斃日兵四十七名，餘三名即由我方兵士拘入隊伍中，目下川沙終日戒嚴，形勢嚴重。

一月三十一日

△**虹口方面入休戰狀態** 晚間十一時〇五分，滬北方面槍砲聲與炸彈聲又大作，經多方探問咸稱，日軍與我軍已在狄思威路嘉興路西華德路開火，北四川路橋沿蘇州河一帶橋兩防守者，皆巡捕及萬國商團預備隊荷槍防守，而英領事館門首，則有西捕一人華捕四人把守，門內則有英軍守衛，記者向彼等詢問橋北槍聲是否激戰，據答此係日兵示威，並非開火云。

△**日艦開空炮與淞虛驚** 今日下午三時，吳淞口開進一英艦，白龍港外停泊之日艦開空

炮，表示迎接，吳淞市民驚恐異常，紛紛搭船逃來上海避難，若係私人搭輪，費須六七十元，後經公安局通告，人心略定，七時許又有日本飛機四十餘架，自口外遠處洋面飛來，在要塞上空盤旋良久，嗣後有十餘架飛向滬方，餘皆飛回口外。

▲**瀏河偷襲被我軍擊退**　司令部消息，今日下午四時瀏河方面有日兵上陸，向我軍進攻，當由我軍擊退。

▲**商團防守滬西無變化**　中山路第四號橋樑，我軍有大隊布防，機關槍鋼砲密布，並設沙袋，白利南路梵王渡鐵路等皆有外國商團佈防，堆置大批沙袋並密置鐵網，故該處安穩如常。

▲**我軍鬥械雖少亦能勝**　連日戰爭，日軍兵力計有陸戰隊三千名，在鄉軍人及武裝便衣隊三千名，共計兵力五千，我軍連日在前線作戰，只有七十八師第五團所部，迨昨日日軍進佔北站，我軍始增二營，參加衝鋒，日軍兵力實倍我軍，且有飛機軍艦助戰，然卒爲我軍所敗，可見日軍戰鬥力之薄弱，據蔡軍長語新聞記者，現十九路軍全部已次第集中，日軍如仍不悟，縱增調數師團來滬，以十九路軍將士具必死之心亦不足一擊也。

▲**英美總領事再作調解**　今日英美兩國總領事在英領事官舍約中日兩方當局磋商避免戰

禍辦法，到有區壽年師長，吳鐵城市長，鹽澤司令官，村井總領事，及英美防軍司令，暨工部局總董麥克煞登，首由吳市長申述日方起釁經過情形，加以嚴厲之質問，並由區師長質問何故違背停戰信約，日方飾詞置辯，但表示願意設法避免戰禍，我方謂最妥善辦法，爲日方首先撤退至租界線內，英美防軍司令亦有同樣主張，態度尙爲公允，日方則尙須請示政府，以三日爲期，三日內雙方各不相攻，以待解決，據另一方面消息，我方在英領署提出停戰條件七項，須日方完全承認始可，七條件中，主要者有三，（一）日軍完全退出吳淞口以外，（二）賠償我一切損失，（三）向我政府道歉。

▲**市政顧問忠告工部局**　工部局市政顧問吳經熊氏，以日本飛機在空中翱翔示威，租界居民頗感不寧，從學理上言，租界地面上之空間係在中國所有範圍之內，惟租界現有占有權，故日人此種行爲非但侵略中國之權，即對於租界之中立地位亦公然藐視，故吳氏以市政顧問資格，向工部局提出忠告。

▲**南車站逃難市民擁擠**　今日滬上男女逃難赴杭之旅客，計達一萬以上，南火車站除仍開早快車等三班外，加臨時專車二班，該站共計售出票款一萬五千餘元之多，從未有之。

▲殘殺我同胞到處可見　今晨七時許，在虹口日人區域內，忽有大隊日兵及便衣日人對於華人，嚴加檢查，動輒凶毆，有一年約十餘齡之小孩，日軍在彼身上搜出小洋刀一把，日軍即以小洋刀將孩連戳三刀，頓時倒地身死。

▲商界聞人組織維持會　聞人虞洽卿、王曉籟、徐寄廎、黃任之、秦潤卿、張嘯林、杜月笙、史量才、張公權、劉鴻生、貝淞孫、錢新之、李馥孫等發起組織上海地方維持會，從事於維持商業，調劑金融，救濟難民，分組進行，當場並認捐三萬餘元，充救濟難民之用。

二月一日

▲浦東高橋日兵隊上陸　今夜十時餘，日兵三百餘在浦東高橋光華火油公司碼頭上陸，步行向龍王廟方面而去，幸無意外事情發生。

▲虹口居民三夜不敢睡　蘇州河兩岸，只有外白渡橋可暢行無阻，惟向北者寥寥無幾，向南者則汽車黃包車等啣接幾如鐵索，較前兩日更爲激增，難民不論婦孺老幼，均露三日不睡之倦容，乍浦路口，則寂然無一行人，路內各弄口均駐有武裝日兵。

▲**虹口捕房華捕均他調**　在虹口方面之狄思威路捕房，哈爾濱捕房，及虹口捕房，所有華捕今日起因日軍不准通過不能上差，故已奉令分別往居住地界內之捕房報到上差，至該三捕房內之西捕頭，仍留在內，大門鐵柵關閉。

▲**閘北居民今日悉遷出**　今日下午我軍持白布標語，沿途令閘北居民遷移，並限在今晚十二時以前，故梅園路以迄西段大統路居民，無不趕於晚間走出，衣服等亦不得多帶，在租界一帶逗留，蘇州河北電燈均熄滅，黑魆魆，莫辨民房。

▲**蘇州河橋上斷絕交通**　北四川路橋於今晚五時以前本可通行，後以形勢危急，橋面由萬國商團英國軍隊把守，實行斷絕交通。

▲**南市至龍華防得嚴密**　今日下午三時，日艦一艘駛至十六舖東門路附近，有日陸戰隊十餘人，離艦登岸，經我駐防軍及警士瞥見，前往趕催返艦，未曾衝突，龍華警備司令部附近，計家灣茂公橋一帶，我方開掘戰壕。

▲**義勇軍開赴前線工作**　救國義勇軍勵志社，經十九路軍改編為抗日決死隊第三大隊，委周啓綸為隊長，於昨晚在南市公共體育場集合，當晚在龍華警備司令部留宿，今晨始由漕河涇轉赴閘北，並聞鄞工義勇軍，市民聯合會義勇軍等均由教官率領，分赴閘北

云。

▲各師旅長僉願作後盾　今日劉峙、陳繼承、樓景樾、張礪生、蔣伏生等各師旅長均僉蔡廷楷、蔣光鼐、戴戟三領首謂願作後盾，並已準備。

▲死傷枕藉其慘不忍睹　紅十字會救護隊今赴閘北一帶救護受傷兵民，各慈善團體亦派代表隨往，在中山路青雲路天通庵路寶山路等處視察一週，最慘者，爲六七歲之女孩，多被刺刀由陰戶戳入身死，有一苦力頸上被刺刀剜一洞而死，有一婦女被割去兩乳尙未氣絕，有一六七十歲之老人背一二三歲之孩童，似爲祖孫模樣，以帶捆紮，被刀連戳數刀而死於血泊中，諸如此類不可勝計，誠浩刼也。

▲日兵擊紅十字會會員　中國紅十字會爲救護北四川路江灣路遂路等處難民起見，由會員龐見賓持該會函件赴日本領事館商得村井領事許可，派日員隨同前往救護，至遂路時日步哨加以檢查，正擬前進，日軍竟不理日領事館人員之通知，舉槍射擊，龐等無奈，只得退回，日軍直視日來佛萬國公約於不顧，彼日本領事所派之專員亦無能力，誠世界空前之異聞也。

二月二日

▲美向中日提停戰四條　關於上海事件，國民政府接到美國照會，建議(一)中日兩方須即停止對敵行動，(二)雙方軍隊須即退至原防地位，(三)雙方區域須由中立國軍隊填駐，(四)所爭之點，雙方須即根據國際聯盟約及凱洛公約之下開始交涉，由各國參加，美國以同樣之照會，送致日本政府。

▲今送停戰辦法與芳澤　東京今晚六時，英美駐日大使將以上海停戰之詳細計劃，送致日外相芳澤，同時並將由各國相當長官訓令上海英美日總領事及鹽澤司令，將此計劃見諸實行。

▲瀏河南首發現三日艦　蔣光鼐蔡廷楷今日電何應欽云，據瀏河警戒部隊報告，今晨離瀏河南端二千米突處，見有日艦三艘，尚無特殊動作。

▲日軍進佔北山西路口　公共租界宣佈戒嚴，本定蘇州河以北，北江西路以東，為日軍防範區域，北河南路寶山路口鐵門本為租界義勇軍所防範，但日軍因老靶子路麻生路爲戰事地點，故向西進佔，佔守北河南路寶山路口鐵門，義勇軍不得已即退守北河南路要

而近路，今日起日軍得寸進尺，又向西前進，佔據北山西路界路口之鐵門，義勇軍遂至克能海路愛而近路華童公學，下午三時，北河南路寶山路口及北山西路界路口之日軍在鐵門內向火車站我軍發砲及用機關槍轟擊，我軍亦開放機關槍抵禦，雙方戰鬬甚烈，當時彈雨如注，住於北江西路愛而近路以南之一帶居民，均紛紛向南遷走，至傍晚六時，槍聲始息。

▲靶子路東日架砲埋雷　今晚六時，日兵在老靶子路東段嘉興路口，將該處源大商店主人拘入日本司令部，一面由日兵運進鋼砲三尊，排在屋頂上，並在樓下大門旁暗埋地雷炸彈。

▲日艦二艘開往長江去　吳淞口外三夾水停泊之四日艦，於今晨三時半許，已有二艘開往長江方面而去。

▲浦東有兩砲幸未傷人　今日下午四時許，楊樹浦對過浦東陸家嘴方面突從楊樹浦飛來炮彈兩顆，一落於隆茂棧房牆壁上，當塲轟倒牆壁一方，一落在馬永橋新馬路，轟斷電燈總線一段，今晚新馬路一帶電燈熄滅，居民益起恐慌。

▲各義勇軍都紛紛活動　上海各大學義勇軍聯合民衆團體，組織救護，敢死，看護隊，

決定明日上午九時，由小西門少年宣講團齊集出發，該隊全體，係由復旦大學義勇軍總司令張亦飛君率領，團員計四百餘人，市民聯合義勇軍二百餘名，今由總指揮王屏南率領，於下午一時開赴閘北。

▲十九路軍全體將士通電　十九路軍將領蔣光鼐，蔡廷楷，戴戟等，今日通電全國，表示以純潔之心，純潔之血，貢於黨國，原文照錄如下：洛陽中央黨部國民政府，林主席，汪院長，蔣委員，各院部長，各省市，各級黨部，各級政府，各軍師旅長，各民衆團體，各報館均鑒：暴日貫澈其武力侵略之政策，傾其國力，意圖吞併我疆土，消滅我民族，東三省既被佔領，乃肆其兵威於長江流域，我不得已，乃有自衛之抵抗，中央政府因首都地位危險，時時在敵人炮火脅迫之下，應急利變，斷然不疑，遷都洛陽，與法都之遷波爾多，土都之遷安哥拉，同爲禦敵圖存之必要政策，武裝同志全國國民，方有安全行使職權之政府，以領導民衆鬥爭，不容懷疑，無可非難，方今寇勢深入，國瀕於亡，血氣之倫，祇有發揮一致效死之精神，滌除詆排傾軋之惡勢，舉凡私見之異同，權利之夢幻，一洗而空，我十九路軍奉命守土，本捍患之天職，自衛之正義，洞胸斷首，萬衆一心，犧牲最後之一彈一卒，對於中國之遠遠，應援之困難，絕無顧忌，全國武裝同

志激發於愛國自衛之良心，人自為戰，在其守土之下，敵來則與之死戰，成敗利鈍，不容計及，吾人深信能奮鬥者不滅之，服正義者得勝利，世界苟有公道，暴日斷不得逞，吾人尤切望於散處各方之中央委員政治領袖，發揮其極救危亡之抱負，致力應付存亡一髮之危局，古人有言，覆巢之下無完卵，不自救者其結果為自殺，我十九路軍將以純潔之心，純潔之血，貢於黨國，貢於全民，邦人君子聽此最後之哀鳴，其亦鑒其至誠，指兵戀直，蔣光鼐，蔡廷楷，戴戟，暨十九路師旅團長全體官兵同叩冬。

二月三日

△**今日清晨槍聲極稀少** 昨夜十一點以後，浜北方仍有繼續之槍聲，截止今晨二時，在高處尚能聽到，當今晨零點四十分時，突有日機一度在空中飛翔，但旋即不見。

△**日艦四艘圍攻兩砲台** 今日上午十一時二十分，有日本第廿六驅逐艦二艘，自滬開出，至吳淞口外三夾水海面，會同原泊該處洋面之日艦二艘，首則亂鳴氣笛，繼舉紅旗，當即開砲向吳淞要塞南北兩砲台轟擊，要塞司令鄧振銓遂亦親督官兵以機關槍等還擊，同時有敵飛機十餘隻，滿佈要塞上空，拋擲炸彈二十餘枚，炸彈最大者有一百三十

磅，小者亦有四十磅，兩砲台略受損害，惟炮台全體官兵不稍示弱，一面開槍攻擊敵艦，一面用高射砲射擊敵機，至二時許，敵艦四艘中有一艦被射中要害，當即沉沒，其餘三艦，亦各受相當損害，但仍集中砲火向炮台攻擊，同時復有敵飛機一架，中我軍高射砲，墜落寶山城內，駕駛該機者二人當場斃命，雙方相持至下午五時一刻許，三敵艦不敵，逃出口外，敵機亦即飛去，是役要塞台兵死傷尚少，當開火時駐淞十九路軍亦即在沿江一帶助戰，淞濱居民紛紛向鄉間避難，當時秩序頗爲紛亂，據聞寶山方面略有損害，敵艦在口外川沙縣境白龍港方面，要塞即嚴加戒備，當上午十一時半，吳淞口砲聲隆隆時，已起椗之商輪新甯紹，鄱陽，泰順，閩南，公平，寶華，寶豐等船，聞警後均紛紛駛回十六舖碼頭停泊。

▲**日艦進攻白龍港砲聲**　日兵艦數艘，今又在白龍港地方進攻，我軍抵抗，雙方開砲八十餘響，岸上駐軍陣線未動，日艦見無法可逞，向東開去。

▲**虹口日兵大砲轟閘北**　今晨十時，在閘北之日軍，分三路總攻擊，一路在寶山路，一路在廣東路口，一路在靑雲路西寶興路，均以迫擊炮，機關槍爲前導衝鋒，先以大炮將我軍猛攻，我軍亦即以砲還擊，數分鐘即將日軍擊退，但仍開槍激戰，後廣東路靑雲路

日軍亦均以大砲及機關槍向我軍猛攻，我軍亦用大砲迎戰，至十一時起，日機六隊每隊三隻，共十八隻飛翔天空，擲彈助戰，青雲路西至寶興路一帶，被炸燒燬民房甚多，苦少救火車前往施救，從昨晚起至今日下午三時止，我軍仍堅守原防，未有退讓。

▲大砲轟毀百餘間房屋　昨日傍晚至今晨。兩軍發生激戰，日兵用大砲轟擊，並以飛機擲彈，計有百餘間房屋被砲轟倒，計青雲路天壽里師壽坊二三兩弄樓房完全轟坍，約計四十五間，八字橋後姚郎村，共有樓屋二十餘間亦被轟倒，西寶興路恆裕里老虎灶，南星里過街樓及該里對面天福堂藥房，中國女子體育專門學校，亦被轟倒，又寶山路寶山里順泰里明德里寶興里東寶興里新寶興里廣安里及沿馬路各店舖不下千餘間，盡成一片焦土，此外尚有商務印書館對面之振興里，橫浜橋之九餘絲廠，江灣路之開林油漆公司，亦遭焚燬誠空前未有之浩刼也。

▲周家橋大火深夜未熄　滬西周家橋中新第一紗廠浜北，有日人所設之野村鋁本廠，於今日下午二時許起火，火光冲天，遠近皆見，直至深晚火勢尚熾，附近一帶，未聞砲聲，起火原因未明。

▲日機擲彈七八處起火　今日閘北因日飛機擲炸彈，起火者約有七八處之多，火焰最烈

者爲寶山路虬江路東，其他青雲路亦焚燒甚久，午刻天潼路亦告火警，風向西南，故在河南路及泥城橋一帶盡被烟封，燒約三刻鐘而熄，但至深晚尚有火光，大致在北四川路一帶云。

△愛文義路砲彈毀馬路　今日上午十一時，有日軍砲彈射入愛文義路卡德路口，立時爆發，該處馬路亦被炸成兩窟，一窟大約三尺圓形，深約六寸，又一窟大約一尺圓形，深約三寸餘，附近民房亦因震動牆裂，幸未傷人。

△無線電台日人圖破壞　日方派出大批便衣隊，潛入華界擾亂治安，經軍警保衛團四出搜捕，今日便衣隊六人擬赴民國路上海無線電總台意圖破壞，經警團將該便衣隊六人捕獲解局訊究。

△火燒持中並殺校役多人　今日下午四時，駐防江灣路一帶之日軍，突爾侵入該處持志學院中學部，當衙入時，立將該院門警用刀慘殺，同時並侵入該院內部，將該院男女傭役十餘人驅逐一隅，立時用槍擊斃，繼續侵入該院三樓大宿舍，二樓教室禮堂等處，縱火焚燒，致該院所有大批圖書儀器及房屋全被焚燬。

二月四日

▲我軍砲幾中日司令部　今午十一時至下午二三時，我兵發砲甚佳，日兵司部幾中三彈，一彈落在牆外，頓時爆發，一彈落在二百碼距離之房屋上，即起黑烟，一彈落在百碼相近露天游泳池後，亦爆發，日本小學幾乎被包圍在砲火之中，六三花園日兵之前時曾被我軍包圍，後得援軍救出，此後即在淞滬鐵路上對抗，機關槍聲與步槍聲震澈遠近，日兵不及我軍奮勇，情勢極危險。

▲虹口閘北日兵吃敗仗　今日下午二時至三時，青雲路虬江路方面，我軍與日軍激戰最烈，砲聲機關槍聲接連不絕，至下午五時，虬江路方面敵兵不支，由邢家木橋退出北四川路，向狄司威路退却，狀極狼狽，死傷滿途，未及拖去，又下午四時，我國義勇軍，佔據狄司威路，又閘北寶山路一帶之日軍，昨晨起迭向我軍衝擊，並以大砲掃射，我軍還砲抵抗，義勇軍則追繞後方包圍，日軍前後受敵，於昨日下午六時向沈家灣方面退卻。

▲獲砲九尊機槍十餘架　北四川路橫浜橋北一役，我方義勇軍司令部奪下十二門大砲九

殲，機槍十三架，所獲步槍亦不在少數。

▲**六十師接調七十八師**　六十師一百廿旅第四團團長楊昌璜譖，七十八師一五六旅第五六團將士，自廿八晚起至昨晚止，已有七晝夜，早夕作戰，十分勞頓，乃由我六十師師長沈光漢，請蔡軍長，由我軍開赴前線迎戰，調前敵將士，退赴後方休息佈防，除第一團已於前三天先開赴北火車站駐防外，第四團第六團於昨晚十一時開赴前方迎敵，由一百二十旅旅長鄧志方指揮作戰，現一團任右翼，駐守寶山路北車站一帶，四團在中路駐守天通庵，寶昌路，寶山路一帶，六團任左翼，駐守青雲路西寶興路北四川路一帶。

▲**龍王廟日本飛機失蹤**　浦東龍王廟砲台方面，今日下午三時許，日飛機又往擲彈，第一次日飛機有六隻飛至龍王廟方面，後僅飛回四隻，第二次又飛去八隻，僅飛回五六隻，失蹤之飛機是否被龍王廟方面我軍擊落，無從調查。

▲**日艦攻吳淞被我擊退**　今日正午另時二十分許，敵艦復大舉來攻，砲火較前更為激烈，並有敵海軍陸戰隊分頭在寶山城北及砲台灣車站前洋碼頭，由敵艦砲火掩護登岸，希圖攻擊炮台正面，經要塞守備兵會同十九路軍將敵兵擊退，同時吳淞張華浜對江老鼠沙，敵兵登岸擾亂後方，下午二時許，復有敵艦五艘（連前共十三艘），及飛機八九架親

駛至吳淞口加入作戰，一時砲台方面砲聲連續不斷，聲震天地，又今日下午一時吳淞口突來日飛機四架，日艦四艘，向砲台攻擊，我方爲自衞計，開砲還擊，擊沉日飛機一架，日艦一艘，尚有一日艦受重創，下午三時又來日飛機五架，日艦四艘，向砲台攻擊，我方嚴守不發一砲，日軍以爲無人，即派陸戰隊登岸，至近火線，我方用機槍掃射，日軍死傷甚多，並俘虜五百餘人。

▲**蘇州河以北紅光滿天**　今日上午十時許，北河南路北山西路等處起火，延燒頗烈，閘自西華德路起至北山西路計起火有八處之多，至晚間尚未熄滅，又日軍自淸晨六時起即頻頻用大砲攻擊，時天雨兼下細雪，至九時二十分在東寶興路與福生路一帶先告火警，一時烈燄騰空，愈燒愈大，火舌炮聲槍聲亦以此時爲最密，不久文監師路德興里又失火，租界救火車即往救熄，至十時，沈家灣以北與天通菴方面亦起濃煙，惟所燒範圍與時間並未如東寶興路之廣大，過午約一時左右，由東來日機三架，先匝繞濃煙處數週，繼兩架飛向滬西，一架飛南市，旋由滬西飛回二日機，在閘北大統路中山路等處擲彈，又龍華亦被擲一彈，落於曠地，無甚損失。

▲**法租界日人亦擲炸彈**　今日下午三時三十分，法租界八仙橋鴻裕坊附近有一日人拋擲

炸彈，炸死一老嫗，日人即被拘入捕房。

▲閘北鴻興路流彈傷人　今日下午閘北鴻興路三號門口，有一甬人何阿銀（四十六歲），左肩中一流彈，經送醫院敷藥後，旋即他去。

二月五日

▲北四川路今晨之激戰　今晨半時，日軍為欲保持其北四川路底司令部，捲土重來，用大砲轟我陣地，連續不絕，至一時二十分，大砲聲未停，我方亦以機關槍步槍及小砲奮勇迎擊，日方仍不得逞，在寶山路方面，則並無戰事，在北河南路口北望，祇見一點三刻時，相近虬江路方面房屋，又有一處起火，火光燭天，數處幾混成一片。

▲日便衣隊襲南市失敗　今晚八時半，泊在日清碼頭浦邊之一灰色驅逐艦上，忽然放射探海燈，向小南門城內中華路上南市救火會瞭望台爛照，約三五分鐘即止，沿浦一帶防兵，看見後立刻加緊巡查，至八時三刻，有憲兵一大隊，會同南市保衛團第〇隊〇〇名，在董家渡方面大達、大通兩碼頭之間巡邏，忽見黑沉沉之浦江中，有一隻小汽油拖帶兩只小划子船，由浦東方面向浦西開來，船上燈火全無，當離浦邊一丈地位時，我方無

兵以在戒嚴時間，不准船隻往來，即向汽油船高呼問口令，不聞回答，再用電筒照視，不料一舉手，汽船上突向我憲兵開槍，憲兵保衛團等見後，立刻分散伏地，亦放步槍還擊，汽船上除用盒子砲步槍外，並開機關槍，我方以自衛起見，亦開機槍對擊，一區公安局聞警，立派幹警到場協助，一時槍聲密如連珠，浦邊居民，驚慌失聲，均從榻上逃至樓下，雙方約戰二十分鐘弱，汽油船不支，轉舵向東逃去，我方未有傷亡，事後調查，知汽油船完全日本便衣暴徒，小划子船內則保火油等烈性爆發物，蓋欲偷渡上岸，以圖潛至小南門中華路，將救火瞭望臺炸去，然後到各處放火擾亂人心，乘機進攻，此種狡猾手段，令人咋舌。

▲**我飛機初次交戰大勝**　今日上午十一點半，我國飛機隊與日機隊在眞茹天空上初次會戰，我軍奮勇異常，連戰皆勝，日機師膽戰心驚，莫不曳尾而逃。

▲**鄉人爭看火燒日飛機**　今日下午十一時半，有十九路軍兵士一營，由後方趁車到眞茹，停於車站，將運送前方，此時日機十餘架，自東飛來，本擬炸燬國際無線電台，忽見我方援軍，即擲彈進攻，其擲彈七枚，三彈落站東空地，深均丈餘，二彈落月台上，二彈落車上，我軍當即發砲還擊，並有京來飛機多架，飛至高處，夾攻日機，擊落一架，

隔四十分鐘，日機再來，又被擊落二架，日機飛來擲炸時，該站職員均機警先走避，故未受傷，月台之左右兩角，均着一彈，屋面被炸，木板鐵皮，亦均飛至數丈之外，售票室職員室候車室等四面玻璃窗亦皆震碎，零亂不堪，其餘尚無損壞，日機圖炸該站時，兵士大多避走脫險，故雖落彈二枚（在第五、六兩節），作燬二車廂，死傷尚少，暨南大學科學館被炸燬一角，當日機紛紛擲彈時，我軍即用高射砲機關槍步槍等迎擊，當即先後擊傷日機二架，一落於東站南首空地，自行焚燒，日機師等三人均焚死，機師所帶之手槍三支，機關槍二架，均被焚壞，機身甚大，祗賸骨骼，機頭有「三菱航空株式會社修理昭和六年七月十八日」字樣，羣衆圍觀者甚衆，均各攜另件，謂此作抗日之紀念，另有日機一架，被擊受傷，飛墜於南翔地界，又閘北方面，我軍用高射砲瞄準，擊中一日機，落於交通路大洋橋以西小洋橋附近，日機師二名身着藏青嗶嘰西裝，當時燒死，該處一帶平民聞之，爭往觀看。

▲**日軍反攻三路皆敗退**　今日閘北戰事情形，以天通菴火車站一帶為最劇烈，與廸安影戲院後面邢家橋路次之，北火車站與福生路一帶又次之，除第一路飛機助戰外，第二三兩路，各以鐵甲車三四輛猛烈衝鋒，然結果均未得逞，第二路軍及鐵甲車皆大敗。全軍

覆沒，無一生還者。

▲吳淞公私房屋損失大　下午一時，突有敵飛機六架，自滬飛出張華浜京滬杭甬兩路工廠，拋擲炸彈十餘枚，幸均未中，大都墜落於糧米站碼頭之鐵軌兩旁，一彈落甘家橋馬姓草棚上未炸，復有一彈落鐵路煤棧，即爆發，當將煤數十噸炸去，煤塊滿空飛舞，幸管棧員工迅速逃避，未受傷害，另有一彈落浜南徐家灣田間，炸一大坑，嗣經駐軍用高射砲及步槍射擊，始向南逃去，旋至四時許復有敵機二架飛至吳淞，並未擲炸彈即行離去。

二月六日

即壬申年正月元旦

▲晨火勢稍殺槍聲亦稀　虬江路交通路附近，因昨午日機擲炸彈起火，延燒地點在德馨坊一帶，午後火勢甚熾，傍晚稍戢，至今晨三時，餘燼復燃，登高北望，紅光衝天，該處民房，已成焦土矣，槍聲極稀，間有一二聲，似係前哨防禦所發。

▲日兵攻八字橋失敗　閘北戰事自上月廿八號起，迄今已有九日，其間日軍，兩次向我軍總攻，均未得逞，日兵死傷，據日軍司令部自稱，僅三百〇三人，實際至少有一千

入，現由野村來滬指揮，因租界方面受到拘束，決計變更戰略，將戰線延長，改由虹口公園北部正北而進攻，以前戰線，自北火車站起沿老靶子路北四川路經江灣路天通菴路車站左近，達青雲路為止，現聞野村注重虹口公園北面，已決定由青雲路延長，沿河北沿至公興路八字橋，向公興路一帶正北包抄進攻，今日正午十一許，有日軍用飛機九架，在閘北北部投擲炸彈，未幾又有日海軍陸戰隊一中隊約百餘名，恃飛機掩護，襲擊公興路八字橋，我方用大砲掩護，仍將敵軍擊退，至十二時，敵飛機亦改向眞茹轟炸。

▲衝攻天通菴車站失敗　今日上午八時許，日軍二十餘，曾在天通菴車站方面，向車站衝鋒二次，均被我軍擊退，東寶興路在九時許，亦有同樣衝鋒，亦被我軍擊退。

▲美通告日軍限期撤兵　美國會同各大國，通告日本於二月十一日之前撤退在中國之日軍。

▲日機有戒心不敢低飛　今日上午有日飛機十六架，在南翔眞如方面投擲炸彈，分兩隊而來，每隊八架，兩路進攻，我機見後，立刻飛起作戰，約十餘分鐘，將日機一架打落在大場稻田內，頓時焚燬，祇存鋼骨，又日機隊今日改易戰略，每三燬炸機成一小隊，其上又有飛行較速之偵探機追隨袒護，雖經高射砲之射擊，但因日機飛行頗高，不易擊

中。

▲今日日兵又到一千餘　今午日艦一艘，開進淞滬口，泊於匯山碼頭，有陸軍一千五百名上陸，帶來炮彈三百箱，槍彈五百箱，當夜加入前線作戰。

▲拾荒人可疑係一日探　今日下午三時許，有日人一名，喬裝拾垃圾之苦力，衣衫襤褸，手挽破竹筐一只，自浦東楊家渡擺渡到東門路碼頭上岸，有人以其形跡可疑，向其盤詰，該日人不諳華語，，瞠目不答，遂由南市保衛團團員將其拘捕，會同警察解送小南門公安局審訊，聞該日人曾經一度搜查，尚無危險物品攜帶，大約係日方偵探。

▲不顧公法炸傷美女醫　紅十字會美國女士Love Bauakin，昨晨赴吳淞，距當下午十時，正在暨南大學門前工作時，為日飛機所見，擲下一彈，落於距離六尺之地上，當時有一汽車被炸翻倒，地上亦陷一大洞，女醫士一臂受傷，仆地後為泥土所掩，後經人救出，送醫院求治。

二月七日

▲蘊藻浜我軍擊退日兵　日軍既不能在吳淞前後上陸，今日下午由滬開大批鐵車，由軍

工廠前往蘊藻浜以南向我軍陣地猛攻，在下午四時三十分，戰事最烈，吾軍奮勇抵抗，日軍不支，又失敗，惟吳淞鎮上着彈，火起多處，砲台方面因日軍上次上死傷六七百人，不敢貿然登陸，寶山至瀏河，吾軍亦嚴密佈防，故自吳淞鎮北至砲台轉西沿江一帶均無動靜，閘北方面，日軍屢次失敗，現在固守，聞援軍開到，圖再起云。

▲日海陸空軍聯合來犯　敵軍鑒於兩次進攻砲台失敗，變更戰略，決由陸路進攻，當今晨雙方未開火前，先有敵機十餘架，自楊樹浦方面沿淞滬路線飛至吳淞，沿途在江灣尚境廟吳淞等處，拋擲炸彈多枚，最後向要塞擲彈十餘枚，始分飛各處，及至九時又派鐵甲車二輛，及機器脚踏車十餘輛並由卡車十餘輛裝載日軍六百名，經楊樹浦軍工路，沿黃浦江駛至張華浜，圖攻蘊藻浜車站，一面又有敵艦二艘載日兵五六百名，駛之高橋沙光華火油棧前面浦中，用鐵駁船二艘，渡至糧米碼頭登陸，即會同鐵甲車，十時許，與我軍接觸，日軍由日艦及飛機掩護而進，十一時許，敵軍前線在蘊藻浜車站西外揚旗廿家橋軍工路糧米站一帶，我軍前線在蘊藻浜車站揚旗，開火之後，廿家橋附近各處草棚即被日兵縱火焚燬，至下午一時許，復有日艦三艘開至，雙方激戰極爲劇烈，敵軍頗有死傷，我軍則堅持原有防地，絕不後退，吳淞西鎮適當火線，在下午四時許已有多處着

彈起火，至五時許，卡車六輛滿裝洋松板木蔴繩均由日兵駕駛運往吳淞，聞係因蘊藻浜所有橋樑均被我軍炸燬，預備將此等木料在河面搭架浮橋，但據我方軍界消息，十九軍在吳淞各處架設新砲，並在蘊藻浜南有極堅固之防禦工程，日軍雖聲言欲於二十四小時內佔領吳淞，必致仍歸夢想，停泊高橋沙相近浦江中之日艦五艘，吳淞口外日艦四艘，但以有一英國兵艦夾泊其中，未能向我方開砲，因此海陸空會攻吳淞之計劃，在海軍方面已告失敗，復有日機七八只在吳淞一帶冒雨擲彈，我方以高射砲還擊，致日機不敢低飛，同時日機以暴風雨及稀霧，感受空中氣壓之不便，未敢逗留卽飛回母艦。

▲**甬興輪進口幾中炸彈**　今晨由寧波開來之甬興輪，駛至吳淞口時，因口外有日艦十四艘，排成一字形，艦上砲口均對準吳淞砲台，見甬興經過，彼等極爲注意，開進吳淞口後，日艦七艘，停在浦中鳴槍示威，同時飛機天空軋軋作響，在甬興輪空上盤旋良久。

▲**閘北我軍堅守敵失利**　日軍昨晚十時，向我軍進襲，激戰一時許，經我軍奮勇應戰，將其擊退，敵受重創，此後又入休戰狀態中，並無十分動靜，至今日正午十二時許，日兵復以飛機大砲向八字橋我軍防地猛轟，同時以機關槍小鋼砲連續射擊，我軍當亦奮起抗敵，迎頭痛擊，一部份且抄襲日兵後方，日兵不敵，向後潰退，是役也，戰約一時許

，斃敵甚衆。

▲天通庵路擊落日飛機　今日上午十時，有日機七架，自北方飛至天通庵路，連擲炸彈十數枚，無重大損失，後被我軍以步槍射中機前螺旋槳，當即落下一架，機中三人已粉碎不成人形，其餘六日機即行逃逸。

▲寶山路一帶數處起火　今日九時後，日飛機至天通庵車站，投擲炸彈數枚，虹口花園日軍又用大砲頻頻向西地轟擊，寶山路天通庵路口先行起火，至午後另點一刻，香山路與永興路相繼起火，下午二時許望見寶山路福生路之火向東延燒，逐步燒去，竟有燒近北四川路氣象，虬江路北鼎元里尚好，南鼎元里亦有數埭房屋燒去。

▲日兵殘殺同胞不停手　住於虹口一帶居民及路過虹口之華人，連日被日兵拘去殺傷者，不知凡幾，今日由工部局醫院送往仁濟醫院傷人又有三人，又虹口靶子場日兵營於今晨放出受傷市民三人，由救護隊送至同仁醫院醫治者又三人，又今日八時許由八字橋敗退之日兵一小隊，約三十餘人，至物華路香烟橋東首之草棚內乞食，該處居民等已遷徙，祗有江北苦力百餘人，尚留該處，見兵乞食，向代索價，乃起衝突，詎日兵竟用刺刀向苦力戳斃三人，其他苦力，覩狀駭極，方爲備飯，予以早餐，該項敗兵，始飽食而

去。

▲流彈及租界死傷民衆　今日下午三時半，提籃橋巡捕房送入同仁醫院傷人二名，據云，當行從狄思威路歐嘉路時，祇聞轟然一聲，此後即失知覺，未知為何物受傷，想係炸彈也，又今日下午三時四十分，忽有日軍所發砲彈一顆，射入白克路卡爾登影戲院後面，懷德里底一百十二號，嵌在後牆磚內，幸未傷人。

二月八日

▲吳淞浜南死日兵逾千　今日自晨至暮，吳淞蘊藻浜方面雙方砲火未停，至下午四時後，日軍又來猛攻，我軍變更陣線，運用調虎離山之法，預伏陷阱，日軍未察，拚命爭先，我軍下令包抄，冲來日軍，遂困在重圍，我軍再用機關槍掃射，計斃幾約千人，又近永安紗廠之橋樑，早經截斷，我軍據河以守，日軍今日運去木料甚多，希在砲火掩護之下搭橋前進，亦經我軍憑高掃射傷亡枕藉，我軍並獲得木料甚多，又今日下午三時半，閘北香烟橋方面，我軍與日交戰，日軍首取攻勢，繼以失敗，乃退取守勢，專以機槍機砲大砲向我軍陣地亂轟，但我軍深伏，敵不得逞，又晚八時，日軍圖毀北車站，自新民

路開槍射擊我軍，被我軍擊退，乘勢衝鋒，由中州路穿過赫司克而路，至老靶子路，日兵敗退北四川路海甯路，同時由香烟橋退至嘉興路至斐倫路，以達沈家灣，日兵七零八落，死傷甚衆，當激戰時，槍彈滿飛，秩序大亂，中西捕均避入虹口捕房，至十一點三刻，敗退之日軍增援，又來反攻，我軍以機關槍掃射，一時密如聯珠，日軍無門志，仍向虹口方面避去，我軍亦不追擊，未幾即停。

▲**我軍與敵在吳淞肉搏** 敵軍於今晨拂曉起，截止下午三時，衝鋒達十數次之多，據日傷兵談，今晨衝鋒，曾有數度之肉搏，日陸軍調滬，即爲衝鋒與肉搏戰之用，然今日仍未獲得效果，且有三四輛鐵甲車爲我所敗。

▲**閘北我軍斃敵軍百餘** 今晨八時左右，江灣路附近敵方突又以大炮我軍陣地頻頻射放，惟爲時甚暫，且其軍隊亦未向我衝入，故我軍仍處以鎮靜態度，並未還擊，測其用意，雖有進攻之企圖，然因莫測我方之底蘊，是以僅作示威而退，正午十二時許，敵軍有千餘人，忽又轉由克明路西寶興路兩路，向我軍猛攻，先以野戰砲連轟十餘發，繼之以小鋼砲機關槍，當其死力衝入時，拚命用手溜彈對我軍士拋擲，我軍見其來勢凶惡，亦即全體出擊，惟爲避免無謂之犧牲起見，於激戰二小時後，即分途向兩翼撤退，敵軍乘

隙而進，將進至鐵道時，不意我伏軍四起截擊，先進之軍士亦乘勢回攻，將日兵截成四處，雖欲急退，其勢已不可能，結果被我軍擊殺七百餘人，餘均紛紛向克朋路從橫浜橋方面逃命。

▲**我軍用砲攻又勝敵軍**　今晨我方以臼炮轟攻虹口狄思威路一帶日軍，日方無法抵抗，十分狼狽，至十時許，日方始派陸戰隊一隊由奧迪安戲院廢址後，沿虬江路衝往閘北，擬將我方臼砲隊追走，陸戰隊出發後不久，即閘北四川路西有尖銳之機關槍聲，而我方臼砲聲則仍舊隆隆震耳，陸戰隊已全隊覆沒矣。

▲**閘北日機忽自動降落**　今日午後有日機一架，忽然降落於閘北太陽廟附近，該機未經我軍射擊，自動落地者，想係下地偵察軍情或因機油燃盡，當被我軍察知，將該機扣留，併捕獲機師四人，機身完好，並無損壞。

▲**租界有流彈治安堪虞**　泥城橋西鴻壽里某號屋後，迫近河浜，今日下午突由天空落下長可三寸粗若茶盃之巨彈一枚，炸碎舊木一段滾入河中，又辛家花園後面之空地上，今晨七時，飛落巨彈一枚，約四寸多長，未傷人，又午後二時許，發現兩砲彈一彈在海甯路南高壽里對面之某弄內，一彈在文監師路華商別墅對面廁所內，均未爆發，又下午二

時，落下炮彈二枚，在北浙江路龍吉里主義烟草公司附近，均未爆炸。

▲便衣隊帶有三種符號　日軍屢次失敗後，即派員分赴滬西一帶，收買無知華人，組織便衣隊，以四十元一日之代價，令其前往華界，用種種方法，擾亂我方秩序，茲經探悉，該項便衣隊，現已混入華界者已達二三百人，其所佩符號，約可分爲下列三種，(一)上紅下白者，爲參戰之便衣隊，(二)身藏日本銀幣一枚者，爲擾亂後方者之符號，(三)胸縫黃色布章，章上蓋有「清年吳友會」字樣者，即係日本間諜。

二月九日

▲橫浜橋日兵深夜偷襲　今晚北四川路橫浜橋方面忽又起火，紅光燭天，俄而槍聲大作，間亦雜以炮聲，蓋東寶興路方之日兵又向我軍襲擊，我軍大刀隊機關槍手溜彈等齊行殺出，戰約半小時，敵兵不支敗退，槍聲遂即停止，至深夜，岑寂無聲，已入於休戰狀態，惟火勢仍烈，民房不少被燬。

▲保衛團加入作戰敗敵　日軍於昨日下午四時復派大隊進攻永安紗廠之黃泥塘，結果仍失敗，下午七時許，沿蒲泗塘河之黑橋侯家浜徐家灣趙家浜甯家宅等地之敵約千餘名，

復向我軍猛攻，但結果仍被我軍擊退，是役我軍曾有東唐家橋之殷行保衛團亦加入作戰，並因該處防地甚爲空虛，故由江灣方面調來軍隊，雙方激戰至九時許，日軍不支而退。

▲**鞭韃隨之爲狀至悽慘**　今晨七時蘊藻浜方面雖槍聲頻起，但係哨兵接觸，故不久即歸甯靖，據自張華浜逃出難民稱，蘊藻浜車站後面之楊家宅，完全被砲火所燬，張華浜車站及鐵路第六小學及附近民房，均被敵兵佔住，該處未及逃出之一般鄉民，均被日軍拉去，男子搬運軍火，女子燒飯，稍一反抗，即鞭韃隨之，爲狀至慘。

▲**敵軍心大亂自相酷殺**　前日日軍由軍工路攻擊吳淞，以海軍陸戰隊作前鋒，而以新到之大隊陸軍爲後援，顯陸戰隊連日受十九路截擊，元氣大傷，士兵均無戰志，不願充作前鋒，陸軍方面見陸戰隊臨陣畏卻，乃以機關槍掃射，逼令前驅，因此陸戰隊死傷二百餘人，一時軍心大亂，最後仍由陸軍大隊奮勇前攻，而十九路軍守防有方，卒不得逞。

▲**吳淞方面敵準備再攻**　今日吳淞方面戰爭，敵軍兵艦及飛機，除於晨間以大炮及炸彈，繼續向蘊藻浜吳淞砲台及寶山縣城三處轟擊，經我軍還擊，未幾即告停止外，海陸軍隊未曾參加作戰，敵軍現以吳淞造船廠爲司令部，陸軍九千餘人，由下院團長指揮，陸

軍陸戰隊，卽由上村指揮，其正面蘊藻浜左岸本部隊約三千人接替，右翼軍工路，左翼陸家宅河畔，亦積極從事布置，擬完全改由陸軍充前衛，並布置十四英寸口徑之大炮，敵門於中街後部，以為掩護陸軍衛鋒之用，同時並抽調軍隊，增厚實力，閘野村亦親往查看。

▲閘北日敗後仍在調援　閘北一帶我軍，屢次擊敗進攻之日兵，十餘日來，始終堅守應防，不入租界今日日方因死傷甚多，進攻不甚劇烈，一面調派援軍，自胡家木橋香烟橋一帶開至北四川路，預料布置稍妥，又將對我進攻。

▲閘北日飛機又來擲彈　今午十一時許，日本飛機又在閘北天空盤旋擲下炸彈約百枚，惟俱係爆裂彈，非流磺彈，故除毀傷民房殘害平民外，幸未起火，又十二時二十分，天通菴路廣東醫院，被日機擲彈，炸毀一部，其中傷兵傷民祇救出七八人。

▲總指揮蔣光鼐之表示　十九路軍總指揮蔣光鼐，關於中日戰事發表談話如下，當歐戰結束時，全世界渴望和平，一方面痛心疾首於歐戰時所受生命財產之喪失，一方面希望世界各國之根本覺悟，故國際聯盟成立之始，聞者莫不雀躍，以為和平基礎於此可期，美國政府復有華盛頓會議之召集，無非欲達到世界正義和平之目的，迨九國公約簽訂，

而舉世認不獨為中國主權得有保障，且為世界和平之先聲，及凱洛非戰公約成，而和平之希望愈大，我國本向來酷愛和平之主旨，為簽訂上述公約之一國，不獨嚴守公約之條文，且尊重公約之精神，此皆舉世所共見者也，所惜者，中國和平之善意為鄰國日本所不諒，一再侵犯我主權，即一再違背國際之協定，我人於此，不禁回憶歐戰之慘狀如在目前，然中國固以保守世界和平為職志，故對於日本破壞世界和平之舉，斷所不容，用將舉國一心，竭其全力，以維護現被摧毀之國際公約，蓋保障我國家，即所以維持世界之和平耳，成敗利鈍，非所計也。

▲**十九軍電請各界援助**　各報館各團體暨各界同胞均鑒，自上月二十八日夜，暴日攻擊上海，我軍為自衛計，以武力抵抗，血戰經旬，暴日竭海陸空之力，與我搏戰，死傷枕藉，卒不得逞，我軍擄獲擊落日鐵甲車飛機甚多，光鼐等激於自衛之神聖義務，且信國際間終有正義，公道可憑，官兵忠勇，有死無退，海內外同胞同志於民族國家之危難，祈一致奮起，予以精神，物質的援助，不勝感紉，蔣光鼐，蔡廷鍇，戴戟叩。

二月十日

▲毁敵鐵甲車斃敵騎兵　目下日兵配置，自老靶子路沿北四川路，人數不多，其大部份東起狄思威路，沿江灣路經天通庵路青雲路，北達體育會路，而主力則集中於虹口公園，在虹口公園之西面轉角處，敵軍配有野戰炮數門，鐵甲車及騎兵等，亦多集中於此，今日雙方除以遠距離之炮戰，及敵軍以飛機向我軍襲擊外，在上午九時，在江灣路體育會路附近，略有戰事，據日方自供，在距離該路五百碼之持志大學左側，及虹口公園西北角之露天游泳池後面，中日兩軍發生戰事，日軍以鐵甲車兩輛，及騎兵等數百兵，激戰歷一小時，日軍不支而退，鐵甲汽車，於急駛圖逃時，有一輛落壕溝中，不能移動，乃爲我軍炮火所毁，並斃敵騎兵數十名，輕重傷者亦甚多。

▲日機墮落機師無生還　日飛機一架，今日在青雲路橋堍，已片片碎，機內四日人殞其三，一日人尚思掙扎，當爲我軍擊斃。

▲敵兵增加一萬援滬戰　日政府擬再調陸軍一萬，加入滬戰，今已有二千人登陸，並有輸送艦一艘，載大批糧食外，尚有鉅額之軍械卸運上陸。

二月十一日

▲**南市方面軍警戒備嚴**　今晚南市方面，因日領向市府電詢一節，深恐日兵藉此擾亂，路有謠言，故軍警戒備甚嚴。

▲**今日閘北無劇烈戰爭**　今晨五時至黃昏六時，閘北無激烈戰爭，沿寶山路至八字橋之間有斷續槍聲砲聲，但盡屬日方射擊，我軍未多還擊。

▲**我軍擊退日方偵查隊**　今日下午另時三十分，天通庵路發現日軍一小隊，從事於偵察我軍陣線，被我伏軍於傍面截擊，死傷十餘人，僅二三人生還。

▲**我軍截讒日方坦克車**　吳淞同濟路敵軍以坦克車，開向我陣地而來，我軍用手溜彈截獲二輛，敵復用大砲還轟，但我軍態度鎮靜，毫不在意，且亦不輕以大砲還轟，敵雖迭次來攻，但均不經一殺，現我軍堅守防地，遇敵來則大殺一陣，敵退則亦不追云。

▲**同濟大學已彈痕纍纍**　同濟大學科學館被砲彈轟得百孔千瘡，電氣處宿舍教室等亦均彈痕纍纍，客室之桌椅書籍文具等縱橫滿地，凌亂不堪，而宿舍之學生箱籠舖蓋等物，已空無所有，據聞係當地痞棍所刦，足球場內地面上中大砲彈兩枚彈孔，深約數尺，噫，日人蓄意毀我文化，於此概可想見。

▲**吳淞民房被炸燬甚多**　日機在淞擲彈時，必定成羣結隊，虛張聲勢，但是我軍早有預

伏，高射砲之轟擊，奇峯突出，無一定地位，昨午起，日機四次至淞拋擲炸彈，今日除將同濟大學炸毀外，其他遭炸者，計有(一)中國公學鐘樓，(二)吳淞無線電桿，炸斷一根，(三)水產學校後面房屋炸去二間，(四)同濟路東西旱道口城，(寶山)淞(吳淞)楊(楊行)車站房屋完全被燬，(五)楊行東首馬君武與居正住宅後面房屋，炸去三間，(六)國民製粉廠，炸去屋頂一角，至於吳淞鎮上，沿浦江一帶市房，十分之九，皆被炸壞，褒馬路至今日止，並無損失，永安紗廠之高煙囪，及金城牌香煙廣告木牌，日機屢次作爲投擲炸彈目標，至今無恙。

▲**老百姓贊美十九路軍**　由閘北繞道至吳淞，約有六十餘里，經過之小鎮，如大場，顧家宅，劉行，楊行，數處從滬太路折入寶山路東西旱道，逃難盈千，其中一小部份，露宿在楊行橋東首二區救火會內，飲食不常，狀殊悽慘，據一老者云，此種痛苦，勝過於前清洪楊之役，蓋昔者均用刀銃，百步之內，方能殺人，今則槍炮流彈，隨處可及，往往老百姓見斷送於不知不覺間，所幸十九路士兵，保國衛民，和藹可親，我家住楊行之東，離吳淞火線不遠，當日艦開放大炮時，士兵輒向老百姓安慰云，這種大炮，不過嚇嚇人，因爲他們不敢衝鋒，單靠大砲攻擊，想嚇退我們，但我十九路軍兵士，身經幾十

次戰爭，聽了炮聲，如聞爆竹，反而增加前線，兵士的勇氣，老者言畢，舉起大姆指曰，十九軍，那麼溫。

▲**日兵使用達姆達姆彈** 據救濟機關報告，於七八兩日，在吳淞受傷將士均受有達姆達姆彈(Dum Dum)之槍傷，射入口雖小，而射出口每成極大之裂創，治愈甚難，痛苦非常，所以一八九九年海牙和平會議議決禁止施用，日人竟違反海牙議決條件而用之，可謂殘忍達於極點。

二月十二日

▲**晨八至十二鐘方停戰** 因戰區災民傷者纍纍，救護人員均不得前進營救男女老幼無法逃避，飢無食渴無飲者亦已多日矣，因而餓死者時有所聞，昨日下午一時半，英總領事璧約翰偕同萬國義勇團司令部皮而少校徇西教士之請，特赴市政府面謁吳市長，請通知我方軍事當局，於今日上午八時起至十二時止，於閘北寶山路，寶興路，虬江路一帶雙方暫時停止攻擊四小時，由皮而少校督率救護團體前往戰區，設法救護該區域內災民，我方軍事當局即允許，英領等與日方亦同樣商妥。

▲**蘊藻浜方面之戰爭**　今晨五六時張華浜方面日兵七八百人，由野戰砲及飛機之掩護，大股來犯，同時又向該地附近之曹家橋攻擊，約二小時，被我軍奮勇擊退，此後槍聲連續不絕，則發步哨所發，午後一時左右，日軍將搭造浮橋之平底，木船及步兵隊調運至張華浜前線，（平底木船約有百餘艘，每艘長三尺濶一尺，厚兩寸，過水能浮，）同時用榴散砲向我軍陣線轟攻，我軍鎮靜力守，無大損失，故日方又調飛機九架助戰，內有燬炸機五架，戰鬭機四架，經我方以高射砲射擊後，不久即退去，至晚間七時起加添生力軍一千名，又來總攻，炮聲隆隆，至今晨一時猶未止，我方陣線毫無動搖。

▲**閘北方面之戰爭情況**　今晚六時起，日兵由青雲路天通庵路開放大炮，掩護日陸軍衝鋒，我軍在防線之內，祇用步槍與機關槍還擊，至十時一刻，日方約開一百餘炮，鮮有中者，而我軍槍彈，死傷日兵已百餘，日軍漸漸退卻，炮火漸漸移向東北角，我軍機關槍聲愈擊愈近，一時不知者疑為我軍失利，實則適得其反，至十一時十分，日兵無力掙，還守原防，我軍亦即停止射擊，一時空氣，復歸沉寂。

二月十三日

▲**曹家橋斃敵一千七百** 今晨日軍用聲東擊西法，令第十二師團一面炮轟閘北，一面在重炮掩護之下，向沿吳淞防線總攻擊，當時閘北方面經我軍用機槍掃射，日軍傷亡約五百餘人，同時一部份日軍，在蘊藻浜進發，早晨六時許，適天氣陰霾，氣壓甚低，日軍復利此機會，射放煙幕彈，掩護大隊前進，在曹家橋搭架浮橋木筏，陸續渡過者約有一千七百餘人，我軍即經察覺，誘敵深入後，即派兵將敵包圍，同時另派一支隊截彼歸路，敵軍至此，三面在河，遂被圍在核心，當時激戰甚烈，自朝迄暮，均在酣戰之中，敵曾幾次欲奪圍而出，俱未成功，直至晚間九時四十分經我軍將包圍之敵軍，全部解決，無一脫留，獲鎗械甚多，淞滬警備司令部發出元電云，各報館均鑒，今晨起敵約二三千人，在曹家橋紀家橋一帶偷渡，經我毛師派部迎頭痛擊，激戰終日迄晚間九時四十分，卒爲我擊退，敵傷亡千餘人，謹此捷報，淞滬警備司令部參謀處叩元亥。

▲**閘北日軍數路來犯我** ，閘北方面自昨夜日軍向我猛攻失敗後，嗣即聲言，於今晨七時，向我軍下總攻擊令，至時敵軍故又進攻，同時於虬江路青雲橋寶山路寶興路天通庵八字橋等處進襲，其人數支配，百餘人二百餘人不等，以野戰炮小鋼炮機關槍，向我陣地轟擊，意圖衝亂我軍防線，但一經我軍還擊，敵即退去，如是往復四五次，敵軍總不

得還，至八時許，敵方飛機，亦出助戰，至九時後，終以無計可施，全部退回，又江灣方面，今日上午十時許，敵軍六百餘人，由軍工路向我陣地進攻，亦經我軍奮力擊退，是役激戰約一時許，午後一時許，寶山路虬江路一帶，槍聲炮聲仍連續不絕，但雙方僅有小接觸，未有激烈戰事，八字橋青云路一帶，亦間有槍炮聲，惟時發時止，亦非正式戰事，據口口部參謀長談，日軍今晨之戰，意圖擾亂我軍陣線，惟若輩均甚怕死，果均被我軍擊退，現我軍對於最前線防務，甚為堅固，步哨極密，僅二三尺，即有一人，故日軍殊難越雷池一步。

▲**新垃圾橋北擊落日機**　日飛機於今日晨間九時在閘北擲彈，共有十餘枚之多，又與如方面日飛機三架，於八時至該處探視，當被我軍擊退，又今晨日機一架，在新垃圾橋北面，裏古路左近，被我軍擊落。

▲**我軍一彈中日司令部**　今晨黎明時分，我軍一戰壕臼砲擊中北四川路阿瑞里附近日本小學校，（此小學現已改為日本海軍二等司令部，）砲彈轟然一聲爆發，日塲死傷甚夥。

▲**日機擲炸彈仍被擊退**　今晨七時四十五分，有數架日機，飛至閘北，狂擲炸彈，一時炮烟蔽空，聲震全滬，據目擊之外人言，我軍高射炮手甚準確，有數彈在日機二十碼內

爆發，雖未擊中，然日方已飽受虛驚矣。

二月十四日

▲**我軍克復江灣體育場**　日軍於昨晚十時許，由閘殷路上端及體育會路方面，向萬國體育場我軍夾攻，並佔據該處，我軍於當晚十二時許，大隊來援，實行反攻，激戰終夜，已於今晨十時三十分，將該處全部奪回，並佔據其西南部之司令部，將該處敵軍團部人員，及上下級軍官等殲滅，並獲大炮小鋼炮及地圖等多件。

▲**敵向吳淞江灣間進犯**　敵軍欲斷我軍吳淞閘北間之聯絡，故決棄海陸空軍猛襲吳淞之計劃，而改向吳淞江灣間戰線，分三路猛攻，希圖有一處衝破，以截斷淞滬間聯絡，而收圍攻或包抄吳淞之效，其進攻計劃，以呼應方法分三路猛衝，一路自前晨拂曉五時許起，由蘊藻浜渡河襲曹家橋，一路由張華浜於七時許襲侯家木橋，另一路則於晚十時出閘北殷路上端及體育會路夾攻引翔鄉萬國體育場，此三路進攻之情也，今晨七時半，敵方所到侯家木橋之陸軍，將近萬人，我軍於十時許，候大部隊調齊後，即下令猛衝，旋即層層前進，以致敵軍之東西唐家橋及鍾家宅附近者，悉數被我包圍，敵以手機關槍等

向外衝突，我則以手溜彈，向內拋擲，敵尙未突出，仍在包圍中，又今晨七時，有日兵千餘人，沿蘊藻浜圍繞向炮台後方進攻，在紀家橋地方被我軍擊退，至於閘北方面敵軍於天將黎明時，以六百餘人，向天通庵方面陣地進犯，我軍亦奮勇抵抗，橋北爲敵軍，橋南爲我軍，敵軍以大炮及機關鎗猛烈射擊，我軍完全以步鎗抵禦，激戰至九時許，敵方不支而退，是役敵方死傷百餘人，九時後，敵軍再至，交戰至十二時敵乃潰走，八字橋同時亦有同樣之激戰，約一小時後，敵卽敗囘，虬江路與寶山路口，東寶興路與寶山路口，入晚亦一度接觸，結果日方仍不能進展。

▲新到日兵佈閘北吳淞　日本在滬軍隊，自三次向我總攻失敗後，死傷不少，當經該國調派四師團軍隊來滬增援，並委任陸軍中將埴田爲陸軍司令，統率來滬，人數共計二萬餘，惟能作戰者僅有一萬五千人，餘均爲輜重兵，分乘七艘兵艦，於昨日駛抵上海，並有大炮及小鋼炮六十四尊，炸彈八十四箱，軍火三百餘箱，一併隨艦運滬，已於今晨七時三十分，由楊樹浦路匯山碼頭悉數登陸，當卽分乘卡車輸送閘北及吳淞等處。

▲紀家橋我軍擊退日軍　今晨七時有日兵七百餘人沿蘊藻浜圍繞向炮台後方進攻，在紀家橋地方被我軍擊退。

▲以偽亂真仿製華軍服　我軍今據探報，謂日本海軍軍需品供給所，現正積極仿製我軍軍服數百套，至今日業已完成，意圖冒充我軍赴租界各地擾亂，或運往前線冒充華兵得深入我陣地偵察。

二月十五日

▲日攻天通菴路被擊退　今晚六時，日兵在閘北天通菴路方面，向我軍開放大炮轟擊，一小時間，連發四十餘響，我軍沉着對付，雙方陣線不動，七時半停止開炮，至八時三刻，日兵又開大炮，掩護日陸軍衝鋒，我軍開放機關鎗掃射，激戰半小時，日陸軍不支，遂向後退，嗣後雙方均用機關鎗應戰，時疏時密，至十一時半，日軍仍不得進，鎗聲遂停止。

▲吳淞我軍陣線有進展　新陣線自吳淞鎮起，沿江邊擴張出四五里許，以前在蘊藻浜河對峙，現我軍已越河南，經蘊藻浜車站，主張華浜車站以南之張家宅，海軍醫院一帶，已完全無敵軍蹤跡，更沿淞滬路南下，擴至華家宅梅園宅前萬國體育場及遠東體育場後部之唐家宅，更經江灣與閘北八字橋防線相連，日軍今已退至錢家浜，以水電廠佔軍工

路至陸家宅洗家行鎮，虬江橋至陸家觀音堂與楊樹浦租界相連，今敵軍經一日之布置，已大致就緒，將再向我全線反攻。

▲**日兵襲江灣被我擊退**　今晨五時，日軍一部，向江灣偷襲，我軍當即應戰，至七時甚烈，十時後，日軍已爲我軍擊退矣。

▲**日艦攻炮台希圖登陸**　今晨六時左右，日艦以大炮向吳淞鎮炮台灣一帶，射擊，中國公學面海之牆，又被中二十餘彈，該校之寄宿舍及圖書室等，全被轟燬，吳淞鎮上之房屋，被中四彈，二彈爆發，即時火起，燃燒至午後六時，猶未熄滅，當敵艦大炮猛轟之際，我方軍隊已全準備，惟並未以大炮還擊，敵艦見我方並無動靜，一方面仍繼續開炮，一面即用日商輪三艘滿載敵軍，冀藉炮火之掩護，迫近炮台灣之沙灘，圖於該處登岸，被我軍以機關鎗掃射，無一生還，日商輪亦被擊傷逃回，嗣敵軍第二次機至，仍用小輪運載，亦被我軍完全擊退，敵攻至第三次時，飛機十餘架同時助戰掩護，轟擊至猛烈，然至十一時許，卒被我軍擊退。

▲**真如彭浦擊落日飛機**　今晨七時有日飛機二架，由楊樹浦方面飛起，先向浦東吳淞偵察一週，旋飛至閘北青云路及滬西梵王渡天空，嗣由東北方又來三架，會齊後，一同飛

向眞茹，先在東治四週偵察，繼至電台附近，擬欲投彈，我射炮四起轟擊，三架見機而避，兩架盤旋不舍，曾被我高射炮擊中一架，頃刻墜落，又彭浦亦有擊落日機一架。

二月十六日

△日反攻跑馬場又敗退　江灣跑馬場經我軍克復後，日軍於今日下午一時許，在重炮掩護之下舉行反攻，希圖衝鋒前進，經我軍用機關鎗擊退，旋又來攻，但人數不多，雙方戰至四時以後，日軍退卻，結果，日軍傷亡士兵約八十名，我軍獲機關鎗四架。

△半夜炮聲忽發十餘響　今日傍晚有謂日軍於午夜十二時向我軍總攻擊之消息，至十一時三十分，果聞隆隆炮聲，陡然爆發，但旋發旋止，共約十餘響，炮聲係江灣路天通菴一帶，之日軍示威並無行動，我軍未還擊，至十二時後，炮聲停止，四境寂然。

△閘北今在休戰狀態中　閘北方面，今日下午以迄午夜，均在休戰狀態中，因悉敵軍主力，集中在江灣方面，故青雲路至寶山路一帶陣地，均無接觸，間有稀少之鎗炮聲，亦不過破沉寂之空氣而已，在今日清晨六時許，天通菴方面，曾發生小衝突一次，約半小時，正午八字橋方面，亦略有炮聲，旋亦停止，並聞崗田作戰計劃，尚在佈置中。

▲職教社發起慰問災民　中華職業教育社今日發起組織宣講慰問逃難同胞週，派楊崇皋趙文龍吳宗文等分赴各難民收留所宣慰。

二月十七日

▲各路均在休戰狀態中　今夜寂靜，各路均在休戰狀態中，爲一月二十八日以來少有之現象。

▲吳淞日圖登岸被擊退　吳淞昨晚並無接觸，但日方不時開放大炮及機關槍示威，停泊張華浜之敵艦，則放射電光，探照我軍陣地，徹夜不息，今晨四時，天將破曉之際，有敵兵百餘名，分乘小划船四艘，由一灰色小汽船拖帶，由口外駛至要塞海軍指揮處前石壩，希圖偸襲登岸攻擊炮台，當被我軍發覺擊退，其時在張華浜之敵艦，開炮轟擊，詎料所開炮彈，誤中敵自己小划，擊斃敵兵二十餘人，餘一小划亦幾遭波及，敵小汽船見勢不佳，當卽開足速率，拖帶三小划向口外逃去，今日雙方仍無重大接觸，全線頗甯靜，下午一時許，有日輪載敵兵二千名，開至吳淞增援。

▲閘北方面今日無戰事　昨日半夜起，日軍在閘北一帶炮轟迄至昨晨始止，日軍所開之

砲，爲數達數百響，其開炮原因，實係日軍前哨謹防，故結果雙方並無激烈戰爭。

▲**今日日軍之行動雜記** (一)今日香烟橋及胡家木橋一帶，日軍裝置軍用電話，直通西華德路日軍司令部，(二)日軍在浦東高橋新建一飛機場，有單葉飛機十餘架，專擲炸彈之飛機數架，另有炸藥數十箱，亦在機場內，(三)今日下午三時許，日兵又到三四千人，分駐滬東公大等日本紗廠內。

二月十八日

▲**天通庵敵軍又發炮聲** 今日下午，日除飛機往陣地偵察外，前方並無接觸，至下午三時後，日軍在四川路寶山路天通庵一帶，以大炮向我軍轟擊，尤以天通菴爲最烈，一時炮聲隆隆，每分鐘竟有四五發之多，此係日軍示威性質，約一刻鐘旋卽停止。

▲**江灣方面日軍又擊退** 江灣方面今日下午一時半，於跑馬廳葉家花園南面，發現敵新軍二三百人，彼等似欲偵察我軍防線，當由我軍阻擊，戰約半小時，敵軍因恐我軍包抄，故且戰且退，至二時十分，鎗聲已息，結果敵死三人，傷十餘人，我方受輕傷者二人，由紅十字會救送後方醫院。

▲日方今晚有示威炮聲　今晚閘北方面，戰事異常岑寂，下午三時起至四時止，有斷續之炮聲，並非正式作戰，係日軍示威而發，至晚九時半，八字橋於東寶興路兩處之日軍，又頻頻向我陣地炮轟，但並無目標，炮彈所至，除民房略有被毀外，我軍毫無損失，其發炮完全為虛張聲勢，故布疑陣，我軍深知其伎倆，態度鎮靜，至九時後炮聲乃止。

▲閘北方面今有小接觸　北四川路底一帶，敵軍自將該處陣線完全調換陸軍擔任後，今日該處陸軍為第一次與我作戰，時在下午三時半，地點在虹口總點及寶興路二處，惟非正式作戰，雙方僅以來福鎗及機關鎗接觸，至下午三時半已停止，敵方因該處陸軍作初次作戰，我方即以機鎗掃射，敵人畏縮不前，旋知日軍已完全失敗。

▲劉祁瑞於今午後入殮　紅十字會第十七支隊救護員劉祁瑞，十五日在寶山路身中三鎗，於昨日逝世，該會即於今日午後一時假新閘路辛家花園西松茂殯葬館入殮，送至虹橋外國公墓安葬，劉君為福建人，年廿八，立誓捨身救國，今果成事實矣。

▲日軍司令送最後通牒　，今晚八時四十五分，日軍埴田司令致我十九路軍蔡廷楷軍長最後通牒，同時與鐵城市長，亦接到日總領事村井之最後通牒，詞意均相同，其致蔡軍長通牒錄下：本職基於欲以和平友好之手段，達到任務之熱烈希望，茲對於貴軍通告左

開各件，（一）貴軍應即從速中止戰鬥行爲，於二月二十日午前七時以將前現據之第一線撤退完了，於二月二十午後五時以前，從黃浦江西岸由租界西北端連結曹家渡鎮周家橋鎮及蒲松鎮之線起算，黃浦江東岸由連結爛泥渡及張家樓鎮之線起算，各從租界境界，線向西北二十基羅米達（約三十華里）之地域（包含獅子林炮台）內撤退完了，且在該地域內撤去砲及台其他之軍事設施，並不新設之，（二）日本軍於貴軍開始撤退後，不行射擊轟炸，及追擊動作，但用飛機之偵察不在此限，又貴軍撤退後，日本軍僅祇保持虹口附近之工部局道路地域（包含虹口公園之周圍），（三）貴軍第一線撤退完了後，日本爲確認其實行起見，派遣有護衛兵之調查員於撤退地域，該項調查員攜帶日本國旗，以資識別，（四）貴國對在該撤退地域外，上海附近之日本人生命財產應完全保護之，此項保護如不完全，日方當採適當之手段，又對便衣隊應一概有效禁止，（五）關於上海附近（包含撤退區域），外國人之保護，容另商議，（六）關於禁止排日運動，一月廿八日與市長對於村井總領事之約諾，應嚴重實行，關於此項，當另由帝國之外務官憲，對貴國上海行政官有所交涉，如以上各項不能實行時，日本軍將對貴軍不得已採自由行動，其結果所生一切責任，應由貴軍負之，昭和七年二月十八日午後九時大日本帝國司令官植田謙

吉，第十九路軍司令蔡廷楷閣下。

二月十九日

▲八字橋今晨擊退日軍 今晨零點十分，閘北八字橋日兵又向我軍進攻，先以大炮猛攻，我軍不理，繼以機關鎗步兵衝鋒，我軍始抵禦，步鎗機關鎗齊發，激戰至晨一時，日兵死傷甚多，我軍乘戰勝之威，奮勇痛擊，至一時十分，日兵不支而退。

▲軍政當局駁覆日通牒 關於日司令植田之最後通牒，並日總領村井要求市府之各條，於昨晚致送吾軍政當局後，我全國各界莫不異常憤慨，吾軍政當局已於今晚七時，由市府派陳訓佘君，持文往日領署並日司令部，嚴正駁覆日方之最後通牒，一方並將詳情報告中央，靜候中央交涉，茲分誌如后。(一)市府駁覆日領，市政府駁復日領函云，逕啓者，昨晚九時，接准貴領事來函所開各節，業經閱悉，查來函所述，上海方面嚴重之形勢，均係貴國軍隊違反公約公法，任意進攻吾國領土，慘殺吾國人民所造成，其一切責任，應由貴國方面擔負一節，迭經函達在案，此次貴總領事所請轉達本國軍隊要求實行之各項條款，本市長未便轉達，查來函所指各節，均爲足以影響中日兩國一般關係之問

題，應由兩國外交代表處理，故本市長業已呈報本國政府核奪，由外交部逕行答復貴國駐華公使矣，惟應聲明者，貴國軍隊現仍實行挑釁，攻擊轟炸，無所不爲，以致本國國民之憤慨日見增加，在此情形之下，所謂抗日運動，自難消滅，因此而發生之一切責任，貴國自應完全負擔，相應函復，即煩查照，此致駐劄上海日本總領事村井倉松。(二)蔡氏駁覆埴田，十九路軍長蔡廷楷氏駁覆日司令埴田之原函云，逕復者，頃接貴司令二月十八日午後九時來函，備悉一切，本軍爲中華民國國民政府所統轄之軍隊，所有一切行動，悉遵國民政府之命令，來函所開各節，業經呈報國民政府核奪辦理，由外交部逕行答復貴國公使，本軍長未便答復，此致大日本軍司令埴田謙吉，中華民國第十九路軍軍長蔡廷楷二十一年二月十九日午後七時。(三)蔣總指揮談話，第十九路總指揮蔣光鼐談話云，日本埴田司令統率第九師團來滬後，昨竟承其政府陸軍省之意旨，向我軍長蔡廷楷致其最後通牒，幷着蔡軍長依限期將所部退出北向二十基羅米突之地方，姑無論日本政府侵犯我國家獨立主權至何程度，其違反國際公法，亦爲不可掩之事實，況所謂最後通牒，竟在開釁至二十天之後，致送哀的美敦書，更爲國際法所創聞，本路軍此次抵抗暴日，實爲不得已而戰，故自上月二十八日戰事發生至今，我軍始終持抵抗之態度，

絕無侵略或黷武而戰，想為世界各國所共諒，至日本塩田司令最後通牒，亦應呈明政府當局處理之，至本人之態度，始終抱軍人守土有責之義，絕不肯絲毫退讓也。（四）蔡廷楷之談話，第十九路軍軍長蔡廷楷談話云，余自昨晚接到日本塩田司令之最後通牒，要求余率所部向北二十基羅米突而退却，余以軍人守土有責，絕不因日本之恐嚇而畏縮，惟余一軍人，始終抱服從守土之責，其他一切，非余職務範圍內所應為之事，絕不敢加以干涉，故對塩田司令之最後通牒，只好呈明蔣總指揮轉呈政府核辦。

▲**我國外交部對日宣言**　外部今日酉刻發表宣言云，日本在滬軍隊，利用各種戰爭利器，繼續向閘北吳淞地帶轟擊，歷時兩旬之久，致中國無數無辜人民之生命財產，慘受鉅大之損失，猶以為未足，復於十八日下午八時四十五分，由其司令塩田致送最後通牒於我國十九路軍長蔡廷楷，要求中國軍隊應於本月二十日下午五時三十分前，自其現在防線，向公共租界東西兩方各完全撤退二十啓羅米突以外，並要求將撤退區域以內，所有之一切砲台及其他軍事設施，均一律永久卸除，同時並由日駐滬總領村井，以同樣通牒送至我國上海市長吳鐵城氏，查日本政府，屢宣言維持中日和平，而在國聯盟約第十條之下，又曾擔允尊重並保存國聯各會員國之領土完整，政治獨立，最近國聯行政院，且

曾致請求書於日本，忠告其對中國採取和緩之運動，乃竟提出如此出人意外之過當的要求，不但對中國國民予以重大之威脅，且實係對國聯之權威及非戰公約及九國協約，等國際協定之尊嚴，予以直接之挑戰，此種要求，實危及中國主權及國格，中國地方當局，無論其具有避免流血之誠意，要絕對不能接受，日本軍隊濫藉其多數之援兵，及最新之武器，殆將重新從事大規模與更橫暴之攻擊，彼對於一切和平之呼聲，均充耳不聞，惟一決心，即在作戰，中國在滬駐軍，爲保衛中國土地計，迫不獲已，亦惟有從事自衞，奮鬥到底而已。

△今晨閘北炮火甚猛烈　今晨二時許，閘北日軍又欲進窺，即以野砲出射砲數彈，向寶山路底至八字橋一帶轟擊，其中以寶山路方面落彈最多，我軍乘機回擊，均皆落於靶子場狄思威路北四川路施高塔路寶樂安路間，日本小學前之敵軍軍用車二輛，中彈被燬，據閘北前線歸來之某高級軍官稱述，敵方共開六百餘砲，我軍僅開數十砲，日軍乘砲火猛烈之時，每路派兵士數十，向我防線偷襲，虬江路方面前夜經我軍擊死十餘人，大都倒斃於我軍防線，附近，今晨我守兵躍出防線，檢獲敵軍餘械及鋼帽等，帽上有大衞字樣云。

▲江灣方面分組來進犯　江灣方面今晨有敵軍三十餘人，每四五人分爲一組，由翔殷路及體育會路進犯，偵察我陣線，除有數組被我哨兵開槍擊退外，另有兩組，其中一組計四人，於跑馬廳東北，爲我便衣隊由後面開槍擊斃，另外一組，於持志大學一帶被我軍包圍。

▲日軍又向吳淞開大砲　今日拂曉，日軍又向吳淞開砲十餘響，彈落砲台灣吳淞鎮及楊行間，據前方軍官推測，砲彈似在浦江對岸射來，我軍未還擊，自後吳淞各區均甚沉寂，惟日飛機時來偵察。

▲日飛機偵察我軍陣地　今日上午十時，日機三架飛至吳淞大場一帶偵察我軍陣地，我軍卽以高射砲向上轟擊，惟日機飛行甚高，故未命中，日機在空中盤旋數匝後，卽飛至真茹一帶偵察，旋被我方射擊，卽行逸去。

二月二十日

▲寶興路大戰獲大砲六　今日上午三時半，東寶興路方面，日兵百餘名，以大砲掩護，向我軍防線衝鋒，我軍用小鋼砲機關槍等還擊，並取包圍形勢，激戰至五時許，日軍向

後退却，我軍追擊，日軍即退至狄思威路，重又反攻，同時江灣路方面日軍，大舉進攻，此路我軍，即包抄其後路，以與狄思威路聯絡，五時廿分，日兵不支敗退，我軍乘勝猛追，日兵紛紛棄械而逃，因我軍包抄之故，日兵後方大連灣路方面之陣線亦動搖，六時許，在狄思威路與我軍對峙之日兵，又敗退，我軍截獲敵兵野戰大炮六尊，旋江灣路狄思威路兩路我軍會合，仍奮勇追擊，包抄後路之我軍，進至大連灣路，日軍後方各路陣線完全動搖，遂在平涼路引翔港等處放火，同時引翔港方面有十三處起火，六時許，大連灣路日兵又節節敗退，旋日兵退至平涼路，我軍仍前進不已，八時半，日兵最後之引翔港防線亦動搖，至十一時後各路仍在激戰中，今日十時許，日兵裝載戰死日兵屍首十餘卡車，運往楊樹浦第二紗廠。

▲閘北方面我擊退日軍　閘北方面日軍，今日自七時起，初以砲火轟擊，繼於八時許，日唐克車鐵甲車等各十餘輛，分兩隊向天通菴路及八字橋方面進攻，並有步兵兩隊，每隊約兩千餘人，尾於車後，向前推進，我車在八字橋方面者，以手機關槍迎擊，並以手溜彈毀其鐵甲車，使不能前進，然後以手機關槍向敵軍衝鋒，敵死傷頗多，雙方止混戰時，敵飛機數架，在上空擲炸彈，然所投者中其自己步隊，飛機在該處助戰者，完全不

收效果，繼戰至十一時許，日軍敗退天通菴方面，日軍之進攻，因我軍埋地雷於地下，以手溜彈置於道側，待敵唐克車行近地雷線，卽以手溜彈齊發，引起地雷爆發，以致唐克車被毀者有四五輛之多，同時我軍自戰壕中躍出，乘敵唐克車被炸混亂之際，猛烈前衝，日軍膽寒，且戰且退，唐克車亦僅能作掩護退卻耳，至下午二時許，日軍復以唐克車十餘輛，與步兵多人，再向該處進攻，我軍伏於戰壕內，應付敵軍，至距離約三百米地點，日軍卽不敢前進，雙方對峙，約二三小時之久，敵因不得逞而退。

▲**今夜體育場肉搏大戰**　今夜七時起，日兵千餘，又向體育場方面進攻，同時利用坦克車十餘輛掩護衝鋒，我軍始作猛烈之抵抗，立毀日方坦克車九輛，直至八時許，雙方前哨實行肉搏，我軍則由大刀隊手溜隊對付，日方槍頭上刺刀猛刺，一時殺聲四起，血肉橫飛，我軍愈戰愈烈，奮不顧身，至十時，尙在肉搏中。

▲**日攻江灣體育場退敗**　日兵因昨日被我軍克復江灣跑馬廳，於今晨十時，調重兵及坦克車十餘輛，沿葉家花園後向該處進攻，我軍以戰略上關係，曾一度放棄，意在引兵深入，距敵兵終無攻意，我軍乃於下午四時乘機反攻，日軍四面受圍，傷亡枕藉，甚有棄械而逃者，坦克車被我軍用手溜彈激發地雷，炸燬四輛，我軍乃重佔跑馬廳，但日方仍

不時用砲轟擊，均未命中，彈落江灣鎮內，有上處延燒，迄晚未息。

▲偷渡蘊藻浜日兵被圍　今晨六時許，日兵三千餘人，由張華浜向蘊藻浜進攻，一面沿浦江南草菴處偷渡，當被我軍分兵截住，南草菴日兵因受我軍機槍掃射而落浦者無數，旋即敗退，張華浜之日兵藉大砲飛機掩護，屢被我軍作猛烈之衝鋒，我軍手機關槍步槍迫擊砲鋼砲亦同時並發，掩護我軍回擊，激戰之烈，不下於曾家橋之役，至下午四時許，我軍右翼終於奮勇衝破日兵陣線，向其後路包抄，至下午六時許，日兵已被全部包圍，又傍晚五時半，蘊藻浜方面，雙方開槍轟擊，未幾，日兵三千餘，共分三路，偷渡蘊藻浜，向我軍陣線作激烈之衝鋒，經我軍誘敵至伏兵處，將日兵四面團團圍困，日兵見中伏，拚命抵抗，我軍則在四周還擊，一時鎗砲聲震天，流彈四飛，直至深夜十二時，尚在交戰。

▲吳淞方面擊落日飛機　今晨五時起，至下午六時止，日飛機十三架，砲艦七艘，圍攻吳淞礮台，礮彈及炸彈密如雨下，多中砲台附近民房，我方還礮亦密，迫擊礮炮擊最烈，因此日機未曾低飛，礮台仍在我軍手內，無恙，又晨八時，瀏行鎮附近，日軍三千餘人，向我陣地進攻，我軍沉着應戰，至下午三時當在接觸中，同時擊落日飛機一架。

▲我軍在大場擊落日機　今午大場附近毛家橋方面，有日機多架飛來擲彈，當被我軍擊落一架，機內尚附炸彈四枚，均未爆發。

二月廿一日

▲江灣方面今日之激戰　敵軍此次作戰注全力於廟行鎮及江灣間之陣線，敵軍自昨晨開始向該線進攻時，該處備有大砲一百十三尊，坦克車及鐵甲車共十餘輛，陸路飛機共三十餘架，全數用於該陣線上，陸軍兵力約一萬餘人，分正面與左右兩翼三路進攻，其正面配置於江灣鎮東北方，右翼在廟行鎮與孟家宅一帶，左翼在江灣車站東面，近復旦大學，沿翔殷路前進，三路戰事截至昨晚，已經兩晝一夜之血戰，（一）在敵軍右翼方面，因屢攻孟家宅不得逞，截止前晚，已將該處居民，放火及飛機擲彈，屠殺殆盡，今晨拂曉起，更以坦克車數輛，排一字形，向前推進，行至距孟家宅我軍陣線約一千餘米突處，忽有三數輛陷入陷阱，以致其餘各坦克車不敢再行前進，我軍當由戰壕中衝去，以手溜彈步鎗及手提機關鎗等，向敵坦克車後尾隨之大隊前進，待相距約二三百米突之時，我軍即下令衝鋒，一時入混戰狀態，雙方肉搏，血戰數小時，敵終以不支而潰敗，（二）

在敵軍正面，屢由東北向梅園宅及天樂寺以及萬國體育場進逼，自前夜續戰時，敵軍本限於昨晨拂曉，佔據或逼近江灣鎮，至少限度，亦須越該處鐵路之南段，然截至今日下午四時半止，兩軍尚隔淞滬路對峙，但聞敵軍因屢攻萬國體育場無效，已放棄該處，繞道向北進展矣，(三)敵軍右翼，距江灣車站約一英里有奇，以復旦大學為中心作戰，據我方報告，該處於今日下午一時左右，有敵鐵甲車兩輛，於雙方混戰時，被敵軍飛機於無意中自行炸燬，幷有騎兵一小隊，中計被包圍，總計三路激戰之結果，我方仍佔優勢，又江灣方面今晨有猛烈之劇戰，八時後，敵方以坦克車七輛掩護千餘敵軍向我軍防地衝鋒，當敵車衝駛時，中我軍所埋地雷，我軍並以機關槍手溜彈還擊，敵不得逞，燬敵坦克車四輛，餘三輛旋即退逃，斯時敵軍千數百人，為我軍猛擊，隨車後逃非常狼狽死傷遍地。

▲蘊藻浜日軍偷渡失敗　今晨二時後，蘊藻浜南突來日兵一隊，約三百餘人，着黑色制服，在月色朦朧下進至浜口，即有形似苦力多人，掮木桶數十隻結繩作串，正待偷渡，我前線士卒，立以機關鎗掃射，當時斃敵七八十人，落水者亦有五六十，餘均逃竄，遺下木桶五十餘隻，水機關鎗一架、六八式快鎗二百餘枝，又蘊藻浜近浦江口一段，白鶴

頭附近，於今晨五時二十分，由浦江中開來日哨船十餘隻，當進口時，我軍並未開鎗射擊，殆至大隊日軍七百餘名取道哨船實行偷渡時，我軍始遽加射擊，在槍林彈雨中，日軍已有一部份登岸，為我軍包圍繳械，並截獲日哨船十七隻，手提機關鎗十五枝，頭號手他筒三十五只。

▲閘北敵數路進窺受挫……閘北方面，今日仍有激戰，但日軍進攻焦點，已自八字橋移至東寶興路商務印書館之後，日軍進攻失利，終於遠却，茲誌各路情形如下。(一)天通菴今晨三時起，日軍用山炮向寶興路三陽路青雲路天通菴路寶山路轟擊不已，俟至天明，始自動停息，上午七時起復如法轟擊，同時天通菴車站附近開到鐵甲車六輛，預備乘機衝鋒，但因我方守甚堅，深恐再蹈前日之覆轍，趦趄不前，及晚尚停留道旁，又今晨天通菴方面之敵軍，人數約在一千名左右，純以野戰炮小鋼砲之掩護，向吾陣地猛衝，吾軍當敵軍前進時，並未予以還擊，比其衝近吾防線，乃以機鎗掃射，敵軍前鋒倒斃甚多，(二)寶興路，商務印書館東北之寶興路為中路要衝，日軍屢次進窺，自我軍將防線推出後，據守鐵路以東東寶興路之敵軍，遂不能立足，今日下午一時許，乃大舉反攻，欲一舉而奪商務印書館之地位，我軍佈滿於該館之前後，以機關鎗迎戰，日軍進而又退者

數次，其後惟以山炮轟擊，不敢行近，我軍亦不衝出，越一小時，敵軍知難而退。（三）寶山路：寶山路南段今日尚無重大接觸，惟在昨晚七時許，日軍用鐵甲車二輛，由新民路飛星人力車公司方面衝出，轉至寶山路，向北猛進，我軍初不抵禦，迨見敵軍行近寶山路鐵路，始從容不迫，各以手溜彈向前拋去，敵軍驚惶奔潰，鐵甲車掉頭逃回。（四）八字橋：八字橋方面，敵軍曾用全力猛攻，犧牲甚巨，又不得逞，今晨日軍仍以山砲遙擊，欲借砲火之力，燬我防線，但彈多落空，毫不見效，下午日軍傾全力以攻江灣，八字橋因此無甚接觸，前日經我軍擊毀之敵軍鐵甲車四輛，尚在火線之中。

▲**今晨三處擊落日飛機**　今日下午二時，有日機盤旋於劉行空中，亂擲炸彈，以圖擾我後方防線，經我軍施放高射砲轟擊，標的甚準，僅開三砲，機即下墜，機師立時斃命，機體爲我軍所獲，又大場劉行間顧家宅鎮，今晨九時許來日機二隊六架擲炸彈二枚，旋即向大場飛去，至十二時半又來三架，盤旋可三刻鐘，內有二架飛繞甚低，當被一兵開放一槍，適中要件，當即落於寶豐紗廠大門前，駕駛三人同時斃命，又今日下午三時二十分吳淞方面擊下日機一架，機身八四六號碼，又八字橋亦擊日機一架。

二月廿二日

▲我軍在閘北血戰却敵 今晨二時許，日軍仍向我方開炮，至天明始止，其所用之彈，蓋係空中開花，發射甚遠，但對於我軍，毫無效果，當敵方炮彈飛射之時，我方炮隊不之理惟測量其炮位之所在地，俟至相當時機，乃連續回合，僅發數十餘響，彈中北四川路日本小學，敵方靶子場方面之炮位，亦受重大損失，北四川路一帶之日軍防線，遂岌岌可危，我軍因戰略關係，暫不衝出。又天通菴於今日上午十一時許，虹口公園方面之日軍，傾全力進攻天通菴，步兵衝來者爲數甚衆，以機關槍我方掃射，後方復以砲作掩護，兩方前鋒，相距僅百餘步，我守兵尙欲引其前進，距日軍見機而退，潛伏不動，旋又挺進，仍不敢衝鋒，終因我方炮火猛烈，被迫退却。又靑云路之日軍連攻八字橋失利，昨午乘反攻之時，進窺靑云路但橫浜河無橋可渡，不能飛越，乃用小鋼砲掩護，以便乘機搭橋，窺伺良久，無從下手，我軍突起射擊，日軍倉惶逃逸，同時八字橋方面日軍仍取攻勢，亂放機關槍，歷二小時，槍聲消息，又我軍在寶興路之防線，近日益形鞏固，而附近之高廈，又經我軍奪回，日軍衝來，我軍居高臨下，向之射擊，戰無不利，昨

日日軍反攻失敗，今日不敢再度嘗試，惟用砲轟擊，敵兵則潛匿東寶興路民房內，時出窺探，未敢公然進攻，又虬江路方面，今日尚無劇烈接觸，惟日兵在義品里小菜場以東時放冷槍，而虹口公園之砲，亦時向我陣線轟擊，又聞昨晚八時許，日軍又以鐵甲車二輛衝鋒，旋即逃回，東新民路一帶之日軍，今日未敢向西北進窺，北站無甚接觸。

▲**江灣廟行方面之激戰**　江灣方面，日來戰爭最劇烈，日方宣傳能於二十日佔領江灣，二十一日佔領大場，故日軍雖傾其主力，屢向江灣衝鋒，我軍知其步驟如此，早已整備分頭抵抗，激戰數日，日軍傷亡甚衆，日軍見不得逞，遂改變戰略，移兵向西北猛攻廟行鎮，欲取道廟行，再攻大場，於今晨三時以全力向廟行猛衝，駐在該處之我軍，見敵軍如潮湧而至，即起與抗拒，詎敵來頗衆，約有三千人，並有鐵甲車坦克車三十餘輛，重砲十數尊，來勢至猛，我以寡不敵衆，遂於上午十時一度被衝過塘東宅，是時我軍□師以敵既深入，即派士兵抄走僻徑，由其右側施行強有力之襲擊，敵見我軍之來，有如天神下降，於是軍心大亂，紛向後退，我軍乘勝追擊，日軍於槍林彈雨之下，伏尸遍野，至十二時許，我軍一部將塘東宅原防恢復，但日軍敗走後，心殊不甘，曾屢次以重砲掩護，向我陣地衝鋒，並有空軍在天空擲彈，我軍則以機關槍步槍衝鋒向之敵軍掃射，

並亦用野砲向之轟擊，日軍死傷枕藉，但仍向我挑潑不已，我軍於下午五時許，選派精銳士兵，分路包圍，一路由談家宅水車頭推進，一路由北沈宅徐港巷抄襲敵軍後路，一路由楊烘橋向廟行鎮正面反擊將敵包圍，敵以腹背受擊，無從退走，乃竭力頑抗，而我軍猛勇異常，與敵肉搏，敵死傷無數，浜中之水，盡成赤色，敵以無路可逃，乃以機關槍衝開氣路圖逃，我軍亦以機關槍掃射，並以手溜彈猛擊，敵死傷達三千餘人之多，殘餘生還者寥寥無幾，紛紛向引翔港匯山碼頭潰退，敵經此鉅創，已失戰鬥力矣。

▲**吳淞方面今有小戰事** 今日清晨，自川沙開來之敵艦五艘，又向我方獅子林砲台，發砲猛攻，我軍即發砲還擊，一時砲聲隆隆　震動瓦垣，戰約半小時後，日艦勢不能支，即相繼逃去，自是以後，昨日吳淞方面，甚爲平靜，卽潮水高漲時，日艦亦未向我方開炮，至晨十時左右，吾軍以敵方集全力在江灣線與我軍作戰，其他方面，弱點暴露，遂以一部份軍隊由蘊藻浜方面渡河西進，向敵軍右翼進攻，是時敵軍與我應戰者，約有千餘人，並有敵艦飛機爲之助戰，吾軍仍奮勇前進，激戰至十一時，敵方砲火漸息，遺屍盈野而遁，吾軍遂亦停止進攻。

▲**某軍官傷後仍力戰敵** 今晚七時許，紅會救護隊由江灣運回傷兵三十餘人，內有三軍

官係重傷，遂入仁濟醫院醫治，餘皆逐往天主堂街傷兵醫院，在仁濟醫治之某軍官，浙江杭州人，今日下午二時許，與日軍肉搏，被日兵刺刀戳傷肚腹，大腸流露於外，血如泉湧，某軍官仍揮刀衝殺，砍斃日本軍官一人，日兵二人，某軍官用九龍帶束縛傷口，親自捌腸納入腹中，兩手沾血，衣袖盡赤，大聲呼殺，一躍而前，日兵驚爲天神，望風披靡，部屬見官長盤腸大戰，都精神奮發，以一當百，軍醫見某軍官血流過多，強拽入救護車，載送後方醫院，某軍官在病院中，猶欲掙脫軍醫之手，上前線作戰，及至醫院，仍復喊殺不已，其餘受傷官兵，亦皆欲速回至戰壕。

二月廿三日

▲**敵反攻廟行血戰竟日**　昨晚七時許，我軍廟行之陣地，在大小麥家宅兩點，被敵突破，不久即被我軍奮勇收回，突進至孟家宅趙家宅金穆宅南洗宅之線，敵人死傷約三千餘，大敗而退，在金穆宅前之一點，敵軍設有強固之支撐點，以待援軍，我方突擊數次，未易將敵消滅，雙方相繼炮轟，八時十分復派大隊飛機二十三架凌空掩護前進，我軍陣線鞏固，準備迎，敵堅守應敵，至午後二時，日軍下令猛力進攻，吾軍以手溜彈及手提

機關鎗射擊抵抗，敵軍未能衝動我陣線，及三百畝地方我軍開到，我軍開始劇烈攻戰，日軍見勢，遂令坦克車出動衝陣，同時敵人砲車隨之開砲掩護，我軍彈不虛發，沉着應戰，以手溜彈炸燬，敵軍坦克車一輛，砲車一架，一場惡戰，直至夕陽西斜，六紀鐘時，敵援軍左右兩翼已覺疲乏，不能再持，漸次退却，廟行鎮之敵旣失援軍之輔助，陣線亂亂，即於我軍以機關槍掃射，敵人士卒，至是各自逃命退却，我軍亦乘勢追擊，敵人此役，死傷幾達千餘，我軍獲軍用品無數，直至七時，槍聲猶未絕停。

▲**兩路襲高境將敵擊退**　今晨六時半，日本調遣張華浜駐兵七百餘人連同日本依衣隊百餘，分二路圖襲高境廟，（按高境廟離江灣鎮東首六里）第一路由唐家宅進，第二路由印家棚進日軍進攻形勢，以步兵爲前鋒，以大砲掩護三路前攻，至高境廟附近，與我軍接觸，日軍除放步哨外，並用砲車轟擊，向我方陣線衝進，欲企圖江灣，我軍除用機關槍掃射外，更用大砲襲擊，間擲手溜彈，激戰至傍晚五時許日進已擊退；我軍並奪獲坦克車一輛，及步槍等戰利品頗多，日軍死傷達二三百名，我方受傷者，僅數十人。

▲**江灣方面奪獲敵機槍**　江灣方面，爲敵軍第九師團左翼，於今日午刻，並出第九十兩聯隊，向我陣地進攻，我軍於敵軍進至三百米達外，以大隊衝出，敵軍見我人數較衆，

有追不得已而應戰者，有見勢兇猛棄械而逃者，未及一小時，我已衝至戰壕，當奪取機關槍兩架，生擒敵軍十九聯隊隊長西尾少尉，斃敵近百。

▲**敵襲北車站中我伏軍**　靶子路北河南路口敵軍、亦以大砲轟擊吾陣地，吾亦開砲還擊，一時隆隆之聲，震動全滬，少頃日軍大隊，即來衝鋒，吾軍靜候敵衝至三十碼境中，急以手溜彈機關槍抵抗，首二排日兵一百餘人，立刻同歸於盡，後至者，見勢不佳，紛紛而由寶山路折途北逃，至虬江路小菜場附近，又遭吾伏軍痛擊，死傷極夥至下午七時許，敵又進攻，我軍當即進擊，敵人不支退却，我軍由北車站衝出，向靶子路方面用機槍掃射敵軍敗退。

▲**我空軍今日奮勇應戰**　今日下午三時許，日機六架，飛往真茹一帶偵察，至國際無線電台附近，飛行甚低，擬擲彈圖炸，其時在該處之我方飛機二架，遂即飛起，頻開機槍，向日機驅逐轟擊，日機遂向閘北方面逃走，我國飛機，仍在後追擊，至閘北麥根路車站附近，該日機六架，忽排成一字，向我機進攻開槍，我飛機亦開槍還擊，記者適經該處，目擊我方飛機，上下左右，迎戰甚爲活潑，勇猛非常，一時槍聲密如爆竹，附近居民，均站在遠處觀看，雙方劇戰約一時。有二日機受傷，先向東逃去，其餘四架，以天

色已晚亦不敢久戰，旋卽亦向東逃去，我國飛機，並不追擊，卽飛還原處。

二月廿四日

▲**廟行鎭敵軍一萬潰敗** 日軍自廿二日潰退後，我方不予窮追，仍固守原防，預料敵方必收拾殘部，捲土重來，故我方早已謹愼防範，靜窺敵之行動，昨晚六時，敵在暮色蒼茫中，乘風雨交作之時，率兵掩進，其舉動異常奸詐，先以數十草人作士卒打扮，矗立於西南田野間，誘我軍認錯目標，彼卽從容從東北角潛入，詎知敵軍是項做作，早被我目光銳利之前線哨卒窺破，窺其佈置，另遣大軍增厚左翼，爲時未久，日軍四人爲一組，（共數十組）匍匐前進，我方則佯作不知，聲息全無，任其深入腹地，待至逼近散兵壕溝前，日軍正在裝架機關槍預備掃射時，但聞一聲炮響，我軍司令官下令攻擊，一時機關槍與步槍並作，手溜彈與炮彈齊飛，敵軍猝不及防，棄械而遁，敵後方部隊，亦實行潰退，當時敵軍防線，竟距我有六里之遠，當敵軍敗退時，至一小村，日兵一小隊二十餘人，乃避入竹林中，架起機關槍，以謀截擊我軍，俄頃我軍追蹤而至，敵乃以機關槍掃射，彈如雨下，而我軍不動聲色，插上刺刀，衝入肉搏，敵死亡過半，不支而退。

日軍服裝在最近數日內，頗爲怪異，或着全身白色，矮其雙脚，彳亍陣前，頗爲有趣，或着黑色，一若監牢中之囚徒，或着黃色，光怪陸離，其服裝之不一，爲世界各國所罕見，至今日拂晚，敵重復猛攻廟行，人數在一萬以上，分三路並進，戰至九時許，敵露不支狀，於是我軍見其力竭軍疲，遂出壕反攻，雙方最近時不足百碼，當我見敵欲退之前，另由支隊抄襲敵後，敵至此愈難應付，遂匆匆敗逃，經我用機關槍由側面掃擊，死敵約百餘人，旋經我軍在周家宅發現有敵軍第九師團口聯隊長之屍身一具，察視符號，始悉名百海實男。

▲**郝家宅日軍全部覆沒**　數日以來，日軍欲謀吳淞，未能得手，遂改變計畫，以全力猛攻江灣及廟行，冀斷我後路，但我軍攻守得當，故日軍犧牲至巨，爲一二八開戰以來最深之創痕，且連日日軍進攻，多以坦克車鐵甲車重砲爲戰鬥利器，迭經我軍用手溜彈之轟炸及掩埋地雷之爆發，破壞甚多，效用全失，故今日下午之五時左右，日軍卽捨棄坦克車而專用步兵機關槍重砲野炮，向我方攻擊，當今晚傍晚時，日步兵約二百名，頻以野炮向離江灣三數里之郝家宅方面轟射，我軍毫不顧慮，絕對不發一彈，日軍略進，復以步鎗砰砰射擊，我軍皆匐伏戰壕，仍無動靜，日軍以爲我防線空虛，得意忘形，一擊

號令，大舉，衝鋒既至拔心，我見機會已至，即四路紛集，將其包圍，日軍心慌意亂，尚思竭力抵抗，我軍皆用手溜彈步鎗與之激戰，日軍四面楚歌，腹背受敵，相持一小時許，日軍全軍覆沒，無一生還，是役我軍傷亡甚少，並奪獲敵人所遺之步鎗一百餘支。

▲今晚敵軍大炮攻江灣　江灣大場間昨晚起截至今日午刻止，仍時有接觸，日方且常用重砲野炮向我作無目標之轟炸有時日軍集數十之衆，以步槍機關鎗等向我衝鋒，但一經我軍之抵禦，即紛紛逃退，未幾又向另一路前進，我軍復用機鎗或手溜彈放擲，結果雙方各有死傷，惟損失均不甚大，又今晚十時半，砲聲又復隆隆作響，本埠全市居民，多在夢中驚醒，聞江灣與廟行之間，敵又以重砲向我陣地轟擊，每十五秒鐘，開砲一響，或竟連開兩砲，火光起處，砲聲隨之，惟敵之砲彈，皆未能命中，或落於池田之中，或毀燬民房而已，我軍以敵軍此種炮擊，司空見慣，故並不還擊，旋敵軍以為我軍單薄，乃即衝鋒，詎我軍突出，以機關槍掃射，敵之前頭步隊，均為我擊斃，敵知我有備，狼狽退去，惟仍以砲轟擊，我軍亦不之理。

▲閘北今晚亦有大砲戰　飛機作目標，敵軍開砲，多不中的，今晨九時許，日飛機飛至閘北各陣地，在空中盤旋不已，其目的在指示敵軍開砲，當時砲聲果然緊密，惟我軍多

伏處相當地帶，日機未能觀察，砲彈亦歸無效，我軍雖不還擊，陣線毫無影響，靑雲路方面，日機曾擲彈數枚經我軍用高射砲擊退。靑雲橋對岸，日軍無力駐守，晨九時許，日兵數十忽由遠近，機關槍聲拍拍不絕，我方守兵躍出戰壕，向前線細察僅見數人躲身吏全弄旁，似欲偷摸我陣線之勢，我守兵各執手溜彈，預備拋擲，但日軍不敢行近，及午槍聲漸稀，敵已遠去矣，至晚九時後，日軍先以野砲挑釁，砲落天通菴止園路中興路永興路鴻興路西寶興路等處，敵軍之機關槍聲，較前尤密，敵兵亦多潛出蠢動，但黑夜茫茫，未能遠望，惟我軍用全力以野炮還擊，虹口方面，火光烱爍，可見炮火之烈。

▲日軍圖謀攻擊我吳淞　連日敵艦在吳淞方面，忙於搜集我方民船，截至昨日止，爲數不下百餘只，均停泊吳淞口外，度其用意，準備引渡海軍登陸，或另有企圖，我方軍隊，已嚴密防絕矣，駐泊於本埠黃浦之日本燬滅艦第十五及二十六等三艘，及運輸艦一艘，均於今日八時前離浦至吳淞聞日艦以江灣戰事不利，將對吳淞炮台，有所舉動，今晨八時起有日機三架，翺翔天空，偵察我軍防地，惟以飛行甚高，故我軍亦未發高射砲向上轟擊。

二月廿五日

▲今晚小場廟之劇烈戰 敵軍於二十日總攻廟行鎮後，非特不得逞，且死傷達五六千人之多，自昨日上午敵之援軍開到後，乃復變更戰略，猛攻廟行及江灣間之金家木橋洇塘涇等處，昨日下午四時許，在江灣東首跑馬場之敵軍二千餘人，向該處移動，初僅砲擊，繼見我無動靜，即派步兵衝鋒，我乃出其不意，以手溜彈還擊，斃敵甚衆，敵知我有備，遂即退去，至晚十時半，敵又以砲轟擊，但均未能命中，我軍亦不之理，而敵軍以此時兵力尚少，不敢衝鋒，故不時以砲亂轟，迄至今晨一時半，敵之生力軍開到，向金家木橋一帶猛攻，頻頻以重砲向我陣地轟擊，敵步兵在大砲掩護之下，向我陣地衝鋒，我軍聞之，以爲無情之槍彈，又得斃敵之機會，乃奮起精神，與敵相周旋，敵以鐵甲車機關槍來復槍衝來，我軍以手溜彈手提機關槍應戰，激戰三小時，敵死傷過半，知難得手，乃即退却，我軍爲免鉅大犧牲起見，亦不窮追，四時以後，敵不時以砲轟擊，但不如前之劇烈，我方並不還擊，七時半以後，敵以該處難以攻破，乃將殘部整理，並調新開到之生力軍共約一萬人，向江灣西北之小場廟進攻，並自江灣起至廟行間之竹園墩趙

家宅孟家宅全線，以重砲向敵地轟擊，而尤以小場廟一處進攻更爲劇烈，我軍駐守該處之守兵，僅口師口團第口營，但並不以人少而膽怯，仍竭力抵抗，敵以大砲掩護，猛力衝鋒，我軍待敵距離較近，則以機關槍掃射，彈如雨下，激戰甚烈，相持至十一時許，敵以不得手，亟派飛機十餘架飛至我陣地，偵察我軍所在之處，卽在空中盤時，暗示此處有我軍步隊在焉，敵乃以重砲對準飛機盤旋之處，瞄準開放，於是砲彈落處，卽爲我軍據陣抵抗之地，故間有被敵之砲彈所傷，且我軍在該處抵抗者，僅一營步兵，與敵兵一爲八相較，衆寡懸殊，爲免鉅大犧牲，不得不暫退至周與黃宅，駐守江灣之口師得訊，亟派勁旅一團，由談家宅敵之左翼襲擊，駐廟行之口師，亦派精銳一千，沿塘東宅水車頭，向敵之右翼包抄，而在周與黃宅待援之部隊，亦得增援，於是士氣大振，軍心激昂，三路並進，將敵重重包圍，敵以該處爲其最注重之出路，故頑強抗拒，而我軍勇不可當，以一抵十，並以機關槍掃射，敵以大砲機關槍抗戰，並以飛機在空中助戰，此時祇聞隆隆之砲聲，軋軋之機聲以及劈拍之槍聲，烟霧瀰漫，彈如聯珠，雙方初以槍彈接戰，繼以肉搏，戰爭之劇烈，與二十二日廟行一役無分軒輊，而尤以下午一時最爲激烈，我軍奮勇殺敵，毫不畏縮，旋經我左翼之勁旅以手溜彈向敵進襲，敵之被彈死傷者甚

衆，於是敵軍之軍心搖動，其先頭部隊，見聯絡線將被我軍截斷，無心戀戰，紛紛向後潰退，復經我右翼之精銳痛擊，死傷達七百餘人之多，激戰至下午二時，始將敵擊退，敵狼狽遁去，我軍亦不窮追，至三時許，敵又集烏合之衆，復向我軍小場廟衝來，我軍沉着應戰，彈不虛發，至下午五時半，猶聞隆隆之砲聲，兩軍尚在劇戰也，我軍一路由江灣談家宅，向小場廟進擊，一路由廟行鎮之塘東宅竹園墩向敵之右翼抄襲，而上午暫退周吳黃宅待援之口營，亦得援軍反攻，以三路之襲擊，卒將敵包圍於垓心，敵見四面包圍，軍心大起恐慌，而又見我方增援之部隊，銳不可當，知已陷於絕境，乃猶頑強抗戰，繼以肉搏，我軍奮勇殺敵，一以當十，並以機關槍掃射，將敵完全殲滅，是役敵死傷至一千七百餘人之多，我軍奪獲敵之步槍一千餘桿，機關槍數架，子彈無數，敵經此鉅創，已失戰鬥力矣。

▲**金穆宅殘餘敵軍肅清** 被困於廟行鎮金穆宅殘敵，業於昨晚十二時許，經我軍兩面包抄，當場擊斃二百餘人，奪獲槍械二百餘枝，餘敵負傷逃回，嗣敵人又於今晨二時後得其後援加入，會集殘敵約三千餘人，再度猛力反攻，藉其重砲之掩護，圖衝破我江灣鎮之東北吳家宅左近陣線，當經我軍奮勇抵禦，肉搏激戰，形勢猛烈，當激戰時，有九架

敵機飛出助戰，向下紛擲炸彈，催敵軍迭遭敗績，已失鬥志，而我軍則前仆後繼，愈戰愈勇，且得口師一團由捷徑直抄其後，準備斷其歸路，於是敵軍愈覺不支，紛向後退，我軍從後追擊，敵多自相殘踏，是役敵傷亡過半，極爲狼狽，約至十時許，始得稍事喘息，但敵方主持、對于所謂右翼之進攻，仍未甘心，故又在中午十一時後，再集合其部隊向我軍陣線進衝，其時敵兵已多畏縮不前，經我軍與之交戰一小時左右，卽行敗囘，午後敵仍時有進攻，但已不若前此之激烈，據口部秘書徐名鴻云，日來各方雖迭由敵方猛力進攻，但無一役不被我軍痛擊敗囘，截至現在，我閘北陣線，祇有進展，廟行江灣等處，敵雖傾其全力攻至四五次以上，亦未能搖動我軍陣線一步。

▲**敵軍分三隊攻擊廟行**　敵軍于今晨拂曉起，繼續昨夜戰事，向我廟行鎭東北部進攻，并以飛機十數架大砲多門助戰，分陸軍步兵四千餘人，爲左中三大部隊，左隊配于陶家灣方面，右隊在侯家木橋與金穆宅之間，向金穆宅推進，中隊則在陶家灣與右中兩隊之間，直向孟家宅進攻，我軍則以大部隊配於金穆宅與孟家宅前面迎戰，并以大炮等向敵猛轟，雙方炮火交加，極爲猛烈，兩軍卽于砲丸之間從事作戰，雙方肉搏數小時之久，敵軍漸形不支，至十一時許，我軍再接再厲，誓死抗拒，敵死傷達數百人之衆，我方傷

亡，未及敵之半數，至午刻，敵右方部隊略向南斜，擬與中路隊聯絡，被我軍以猛烈砲火所隔，至下午敵始敗退，我軍仍守原防。

▲**泗塘涇殲斃敵軍甚衆**　廟行金穆宅東端泗塘涇，我軍原有□連駐紮，昨夜敵軍在猛烈砲火之下，以四百餘名越過該浜，擬前進救援，被我軍包圍於孟家宅敵軍，不料時在黑夜，誤於方向，該敵非但不能策應被圍之自已軍隊，而反為我將此四百餘敵軍完全圍住，敵人雖頑強抵抗，無法突出，戰至今晨二時，敵似察得方向，由原路死力衝擊，遂漸敗退，祇逃回二百，其他二百餘，完全經我軍殲滅。

▲**昨晚兩軍砲戰甚劇烈**　敵軍自今晨一時，以全力之衆，並新近來滬之生力軍，向江灣廟行間各處猛攻，並以重砲一百數十尊，向全線襲擊，我軍奮勇抵抗，激戰竟日，至晚九時後，我方由□師開赴前線增援，即加入作戰，向敵之陣線反攻，敵頑強抗戰，我軍以大砲轟擊，並以手提機關槍手溜彈射擊，雙方接戰頗烈，至十二時，更為激烈，每二十抄鐘或半分鐘，可聞砲聲一響，間雜以機關槍聲及來復槍聲，似在衝鋒，我軍復令部隊向敵之左右翼包抄，正面由新增援之□師迎頭痛擊，敵以左右被襲，無法應付，且又不慣夜戰，於是死傷累累，紛紛向後潰退，我軍江灣廟行二處之陣線，即進展三里之譜

，敵恐內線動搖，一面退却，一面以砲抵擋，俾阻我軍追擊。

▲**敵三路攻江灣被擊退**　昨晚十一時許駐防江灣之敵軍，突分兵三路，進攻吾方，一由虹口公園出發，取道西體育會路，直窺吾江灣車站，一路則由引翔鄉出發，至體育會路東北里許向吾猛襲，另一路則在楊樹浦之水電村廠向泗涇橋球場方面之小牛頭村推進，三路敵軍人數，約在四千名左右，當第一路敵軍由西體育會路，進窺吾江灣車站時，在大樹圩地方，即被吾軍迎頭痛擊，由翔殷路出發之敵軍，則以坦克車七輛為前導，在體育會路之東半里許，與吾激戰，吾軍方面除以手溜彈向敵軍猛擲外，並派大刀隊向前衝鋒，至水電村前進之敵軍，人數較少，戰鬥力不強，當進抵小牛頭村時，即被吾軍作總包圍，激戰至今晨三時許，敵軍被殲大半，乃不支而退，至江灣車站並引翔鄉之敵軍，則人數既衆，坦克車大砲亦多，與吾激戰亘十餘小時，至今日下午四時許，始被吾軍全部擊退，惟敵方因恐吾軍進攻起見，頻以大砲示威，至今深晚，猶濺發不已也。

▲**今日閘北方面之戰況**　今晨二三時許，天色昏暗，日軍深恐我軍衝出襲擊，照例開砲示威，山野砲小鋼砲同時並用，間以燃放重砲，我軍亦以大砲還擊，約百餘響，聲震全市，彈中楊樹浦公大紗廠之日軍司令部，天明後，日軍借飛機之掩護，又以重砲轟擊，

我軍不應，下午四時起，砲火尤密，晚九時許，我軍亦以大砲還擊，又今晨十時許，有日軍三四百人，藉大砲掩護，復出壕挑戰，以機關槍向我軍猛射，意圖衝過青雲橋，壓迫我方陣地，我軍見狀，立即應戰，以手溜彈機關槍懸河掃射，約一時許，敵終不逞潰退，聞是役斃敵百餘人，我軍僅傷二三名，且均無性命之憂，西寶興路一帶天空，今午十二時一刻，飛來日機三架，（據該處駐軍告，二架係爆炸機，一架係戰鬥機）在我軍陣地視察，並擲下巨量炸彈十二枚當即爆發，致附近民房又起大火，延燒至下午一時三刻，尚未告熄，我方陣線，未受損失，我軍旋用高射砲轟擊，彈中一機左翼，該機離地約三百尺時，突然向左一旋，復向上飛去。

▲**日機在南翔眞茹擲彈**　今日上午十時許，日飛機十三架，飛往我軍後方南翔眞如一帶，往返視察，並投擲炸彈，在南翔車站附近擲彈七枚，死老媼一，傷行人五名，在眞如投下炸彈十一枚，死四人，傷五人，當日機在眞如擲彈時，童子軍戰地服務團適駕四卡車經過，被日機五架追蹤，包圍擲彈，幸未命中，後經我軍用高射砲射擊，始行遁去。

二月廿六日

▲**江廟間敵軍全日佯攻**　江灣與廟行一帶之敵軍，自退出廟行後，不斷以大砲射轟，敵自昨日四次敗後，復經我援軍將一部敵軍在小場廟包圍殲滅，敵經此鉅創，雖似毫無前進能力，然彼則防我反攻，故全日佯攻，自拂曉五時起，初以大砲轟擊，繼至七時飛出敵機十餘架，半作偵察，半任投彈，所落砲彈與炸彈，均在江灣與廟行附近，至八時後，敵每隔一小時，以五六百人衝鋒，試探我軍軍力，但我軍以逸待勞，非但陣線屹然如鐵壁，且必俟敵人至相近，方始還擊，一經槍擊，敵卽紛紛敗退，記者於午後三時二十分抵大場迤東，聞槍砲聲尚甚密，據兵士言，此已成尾聲，敵軍因防我前進攻擊，故特放槍放砲，藉以示威而已，日人之頑強殘暴，世人皆知，惟今遇我十九路軍，彼亦無所施其伎倆矣，言下一種奕奕奮勇精神，溢於言表，敵軍復於昨日四次總攻廟行江灣間之金家宅竹園墩小場廟，又遭慘敗，祇不及舁回遺棄戰地之敵屍，在八九百以上，是足見昨日一役，敵軍受創之鉅也，今日自拂曉五時起，卽密用排砲轟擊，轟擊目標，均在竹園墩與小場廟之間，故該處自敵軍趨重廟行以來，地經砲彈竟無一寸完土，全以我軍預築溝壕與避彈堡壘鞏固異常，隱蔽得宜，得無損我毫末，尤以敵攻我守，因之敵軍損失與死亡較為重大，至今日我軍計算，已與敵鏖戰六晝夜，而敵曾未能越我防線一步、是

可見我防護周密與將士用命矣。

▲我軍大刀隊大殺敵軍　昨有日軍二百餘人，在江灣跑馬廳附近，衝過我方鐵絲網，由我軍大刀隊出而應戰，敵無法抵禦，被大刀隊殺盡，無一生還，並被我軍奪得槍械二百餘枝。

▲敵地雷自炸死傷甚多　今日上午八時，日軍千餘人，向我前線挑戰，以大砲掩護之下，衝殺異常兇猛，我軍極力抵禦，以手溜彈應戰，並以機關槍掃射，日軍旋即詐敗引退，希圖引我軍陷入日軍陣地，然後以地雷爆炸，並乘勝長驅，直搗閘北，截斷吳淞江灣間之聯絡，無如日軍詐敗退却之際，誤認埋藏地雷方向，以致踐踏火線，適以自炸，一時地雷爆發，死傷日軍數百人，我軍乘勢追擊，日軍愈見紛亂，自相逃遁，我軍奪獲槍彈及戰利品無數，嗣因我方恐日軍有詐，亦不窮追云。

▲敵炮向閘北轟擊不絕　昨日下午一時，敵軍又以重炮向我閘北虬江路天通庵一帶轟擊，初僅每隔半分鐘開一響，旋愈開愈緊，竟隔二十秒鐘開放一響，惟無部隊衝來，我軍以敵人此種砲擊，僅為探我虛實起見，為寶貴子彈計，並不還擊，至一時半敵機六架，飛至太陽廟一帶擲彈，亦僅炸毀民房及傷無辜良民而已，直至三時許，敵軍之砲聲始斷

稀少，綜計開共五百餘彈之多。

▲日飛機今在閘北擲彈　今日下午二時許，有日軍飛機五六架，飛往閘北察視我軍陣綫及後方駐紮營房，意圖擲彈，飛至中興路太陽廟路間之上海市政府所建之平民第三住所，其有平房二百餘間，其中居民，均係貧苦之小販及工人，日軍以爲我軍駐兵之所，當即擲下炸彈十餘枚，立時炸裂，共炸毀七十八、七十九、八十、八十一、八十二、八十三、九十一、一百、一百十、一百三十八、一百三十九、一百四十、一百四十一、一百四十三、一百四十六、一百四十七、一百五十三、一百五十四、一百五十五、二百四十八、二百四十九號等房屋二十一幢，當場炸斃江北婦人葉王氏（三十六歲）女子朱阿勤（十八歲）二名，炸傷戴寶金等三人，事後經公安局到場，將受傷人車送醫院醫治。

▲眞茹昨晚有敵機擲彈　敵飛機連日在各處擲彈，但僅毀房屋，及傷害無辜良民，每至薄暮，則飛歸母艦，詎今晚九時忽飛至眞茹一帶視察，旋即投下炸彈數枚，惟仍炸房屋而已，後由我軍以高射砲轟擊，敵機乃即逃去。

▲敵軍艦飛機襲擊吳淞　吳淞方面今晨七時，日機由偵察機前導後隨戰鬥轟炸機數架，翔翔我要塞上，盤旋數匝，即開始逞其淫威，機關槍炸彈連續向下攻擊，顧皆無損於我

軍，彼且如驚弓之鳥，一聞我高射炮聲，即慌忙遠遁，不敢逗留，至上午九時半，日本海軍偵察機又來，暗示彼艦開炮目標，敵機即作其例行公事，每二分鐘發砲一次，直至十一時許，始覺無聊炮聲漸少，我軍見其無的放矢，置諸不理，日艦遂於午後悄然逡巡退去，彼之炮彈，大半落於張華浜蘊藻浜三官塘一帶，民房慘遭轟燬甚多，有落於江河者，水花四濺，高約數丈，內雜魚蝦，日本海陸空軍所能肆威者，亦即僅限於此，誠屬可恨，亦復可笑也，日軍在吳淞方面，除此動作外，未敢再事衝鋒，故我軍陣地迄無變更。

▲敵軍又在白龍港開炮　敵軍自來滬後，在虹口一帶地方，不敷容納，故有一部分海軍及飛機母艦，開赴川沙白龍港駐泊，惟尚無軍事行動，故該處居民，尚不甚恐慌，詎敵艦於昨晨忽向衆開炮，而飛機亦在空中以機關槍掃射，致居民有被擊死傷者，敵軍對手無寸鐵之民衆，加以射擊，實屬慘無人道，惟據軍事家觀察，日軍以連日在滬東一帶慘敗，乃向該處挑釁，冀分我兵力，藉以牽制云。

▲廟行方面敵飛機擊落　廟行大場今晨敵機飛來多架，繞空片刻，偵察我軍防線，旋即向東南飛去，至十一時後，敵機復有八架飛至，先後在廟行鎮防線及後方投擲炸彈多枚

，我軍以敵機飛來目的，在施行破壞，故用高射炮等發射，結果於十一時半敵機爲我擊落一架，又據大場來客云，今日下午二時半敵機三架，由西南向大場境投彈，彈墜後均經炸烈，未有禍殃，同時我軍的步鎗及鋼炮射發，亦擊下一架，機落滬太汽車路餘慶橋東北角用野間云。

▲**敵軍專用機關槍衝鋒**　日軍以連日慘敗，死傷過多，在滬一隊，已失戰鬥力，特電東京請援，日政府令派第十一師團增援，昨日業已到滬，在楊樹浦登岸，當開赴軍工路一帶暫駐，聞日軍司令植田，以迭次砲攻，未收效果，現擬改變戰略，專用機關槍衝鋒，故此次十一師團來滬，攜有多數機關槍，並聞攜有釘板，將鋪於地上阻止大刀隊，現正從事佈置，一俟完竣，卽行總攻云。

▲**張華浜日軍企圖登岸**　日軍幾度偸渡，鑒於我軍防護嚴密，竟一變其偸襲而爲砲轟，今記者遇一由淞來滬士兵，據談吳淞昨日八時起，停泊於三峽水洋面日艦十三四艘，頻用大炮轟擊，白晝且有飛機擲炸彈，我軍咸伏戰壕中，待其逼近還擊，實則與我軍軍隊毫無損失，而民宅住屋盡成瓦礫，竟無一間完整，其炮彈大部來自口外，小部則來自浦江內所停敵艦上者，今日敵有一運艦載敵軍約千餘名，又在張華浜東北企圖登岸，當被

兵守禦退。

二月二十七日

正月二十一日

▲敵軍今日兩路攻江灣　敵軍江灣方面左翼，今晨分兩路出動，一路由梁宅及周家橋宅向江灣鎮西北前進，進攻我嚴家宅地方，我軍於嚴家宅前約半英里地方，與敵應戰，計自晨四時許起，鏖戰約一小時，敵不支而退，繼以砲轟歷一小時半始止，敵方損失極重，死傷約百餘人，另一路由江灣鎮東南在復旦大學一帶，亦於同時向我反攻，敵又失敗，此外除不時有砲戰外，無劇戰。

▲我軍彈炸中日飛機場　昨晚十一時，我軍以大砲向平涼路公大紗廠之敵軍飛機場轟擊，共發三十餘彈該場被中十餘彈，同時停留該場之日機數十架亦被炸燬六七架之多云。

▲日海陸空會攻砲台灣　昨晨至午混戰七小時，敵圖登陸如終未得逞，全線敵軍連日挑釁，經我軍痛擊，疲困已極，昨日未敢向我反攻，今晨七時半改調兵艦二十餘艘，集中於瀏河寶山間江面，同時以飛機七架集中砲火，向我獅子林炮台轟炸、我軍沉着應戰，亦時發炮還擊，至十一時二十分，敵機飛去，而砲轟如故，掩護敵軍，圖在炮台灣登陸

，至相當地點，我軍是時乃以機關槍及迫擊砲，向敵射擊；多命中，敵艦又開炮，混戰至下午二時許，尚未停止，其所投炸彈，多為二百五十餘磅重彈，敵軍今日絲毫未得逞云。

▲**今晨日機在浦東擲彈**　死一人傷三人，今晨七時二十分，敵機三架，由公大紗廠內飛往浦東楊家橋，高橋，塘橋一帶，拋擲炸彈，但該機因懼我軍高射砲轟擊，故初時飛行甚高，至十時半，始稍稍飛低，但仍不擲彈，至十一時，兩機即陸續向下拋擲炸彈，其餘一機，則或前或後，或左或右，盤旋掩護，前後共計擲下炸彈十餘枚，有數枚當即爆發，炸燬楊姓草屋一間，並炸死路人一名，傷三人，旋經我軍開砲射擊，始行逸去，茲調查死傷路人之姓名如下，王春大（男）傷臂，李褚氏（女）傷腦，褚阿毛（男）傷左腿，死者一人，則為一十六歲之俞姓小孩云。

▲**日援軍到滬後之計劃**　日本派遣軍總指揮菱刈氏，今日上午十時半，統率第一師團到滬，茲將菱氏抵滬後，對於軍事上之各種情形，分誌於後，該師團抵滬後，將遵受菱刈總指揮官之命，以攻取吳淞及江灣等處為目的，且為避免滬人士之注意，故仍在張華浜方面登陸，其時間係於今日下午四時起至七時止，聞該一師團將即會同第九師團及原駐

之海軍陸戰隊等，分向我吳淞，江灣，閘北等處總攻，大致吳淞線，配備二萬人，江灣線，配備二萬人，閘北方面，共配備一萬五千人，並聞日本政府，除派菱刈蒞滬，專任派遣軍總指揮外，並特任前關東總司令白川義則氏，任上海日本海陸軍總司令，除菱刈已經到滬外，白川聞於今日亦可抵埠云。

▲**日本又運來大批軍火**　今上午，日驅逐艦三艘至黃浦碼頭大阪碼頭，卸下砲彈，裝九卡軍，運往軍工路，又大砲若干，送平涼路，又下午六時，在匯山碼頭有日方招來之白俄軍百餘人登岸，日艦一艘，晚開至新開河方面江中停泊。

▲**日兵強擄華人築造壕**　日軍在虹口之暴行，迄今愈演愈烈，近在大連灣路華德路一帶，日本便衣隊見華人卽擄，不論工商學子，概強迫運子彈，或爲修路築壕苦工，工作須二十四小時，工作時飲食全無，稍一不如彼意，輒被槍殺，若馴服無違，則工畢仍放回，但半途仍被拘去者，亦復有人，昨有數人工作畢後，幸得生還，疲乏不堪，有一某店職員，已驚悸成狂云。

▲**日軍殺同胞慘無人道**　據由殷行鄉受傷逃難赴高橋之陸姓鄉民云，渠於日前被日兵拘去，強迫與同樣被捕華人十八人爲敵方築建造壕工作，完畢後，由日兵勒令十八人並排

齊立，即舉槍射擊，自第一人起直貫十八人，全數均飲彈倒地，僥幸祇傷頸部，未中要害，得於日兵遠離後起而逃逸，幸獲脫險，言時猶戰慄不止，又日軍在吳淞蘊藻浜楊家宅一帶，任意殺戮華民，彼曾目擊難民十三人，內中二為男子，餘均為鄉婦，由楊家宅逃至張河浜，孫家宅，中途忽被日兵截住搜查，當場即將一男子擊斃，再思擊殺另一男子時，此群難婦即跪地求饒，始免被害，又曾於楊樹浦日軍營中目睹日兵將一華人男子刺殺，剖取心肝，烹食後，即相與拍掌狂笑，某英國人，心殊不忍，曾婉言規勸，無如此群日兵冥頑不靈，仍怙惡不悛，殘忍之狀，殊令人不忍言云，又據住虹口塘山路陸仁甫君來社聲稱，虹口一帶日人暴行，無所不至，渠曾目擊在匯山碼頭附近有華婦三人經過，被暴日哨兵瞥見，喝令停止，以檢查為名，逼身摸索，并令自動褪去小衣，三人中其先行之二人，一致拒絕，都遭槍斃，其後一人睹此慘狀，婦得從命，即被曳至僻處，輪流姦斃，為狀至慘，又虹口一帶，各里放哨日兵，挨戶搜索，見有燈光，即破門而入，搜括一空，男子槍斃，女子強姦，無一倖免，故虹口一帶，已成人間地獄云云。

▲我義勇軍皆奮勇殺敵　上海義勇軍四大隊千餘人，開赴真茹之後，由總隊長聶嘯侯派隊副陳其超兼充真茹辦事處主任，積極訓練，除第一大隊第二大隊擔任道路橋梁建築外

，第三第四大隊，由四師派有經驗之軍官教以戰術後，即分別開赴前線作戰，擊退江灣頑敵，該隊隊士均奮勇異常云。

▲將愈傷兵踴躍歸原隊　今日後方各醫院，輕傷士兵，已經療治將愈者，皆願仍回前線，有口述一等兵，左手已殘廢，亦仍願歸隊有勸其不必犧牲者，彼即厲聲曰，我尚有右手可擲手溜彈殺賊，豈能因喪一手，即偸安後方耶，聞者大爲感動，另有呻吟床第者五人，亦一躍而起，欲仍往前線作戰，醫生護士，勸阻無效，都揮淚送之，不一時歸隊傷症有數百人，外國醫生皆深爲贊嘆，稱爲中華民族性之特殊價值云。

介紹十九路軍

這次上海十九路軍，僅以二萬餘衆，憤然抗敵，爲國家爭生存爲民族爭光榮，這種忠勇奮發的抗日救國軍隊，我們怎樣能不表示敬意呢。

十九路軍在南方——珠江流域，聲威很大，普通一般民衆，都知道該軍的戰鬥力，異常堅強，這是由於他們每次作戰的成績，昭示於人們的，可是北方民衆——長江黃河流域，卻很少知道該軍的底蘊。

記者前曾在粵從政數年，該軍各級官佐認識的朋友很多，故詳悉一切，現在完全就客觀的事實，介紹於讀者諸君之前！

A 十九路軍的沿革

程景

要知道該軍的詳細情形，當要先清楚該軍的沿革，民國十年冬，孫中山先生任命陳銘樞爲粵軍第一師第四團團長，那時蔣光鼐陳濟棠蔡廷楷戴戟諸人，分任團附營長連長等職，十一年北伐，該團任先鋒，屢敗贛軍陳光遠部，並攻陷金城鉄壁之贛州，是年六月，陳炯明在廣州叛變，北伐軍回師攻韶關不克，轉入閩南，陳銘樞離職赴甯學佛，在支那內學院肄業團長一職，即由陳濟棠承之，十二年陳炯明敗東江，孫大元帥復回粵主政，任命陳銘樞爲粵軍第一旅旅長，招募兩團新兵，從事訓練，時張發奎爲第一團團長，蔣光鼐爲第二團團長，黃琪翔繆培南李漢魂吳奇偉鄧龍光許志銳（陣亡）諸人在第一團分任營連長，蔡廷楷戴戟區壽年毛維壽沈光漢，張世德（陣亡）諸人在第二團分任營連長，十四年春，第一旅奉命改爲國民革命軍第四軍第十師，即以蔣光鼐爲基本，擴充爲三團，蔣氏任副師長兼廿八團團長，蔡廷楷爲廿九團團長，戴戟是三十團團長，張發

奎國奉令擴充為第四軍第十一師，十五年夏，革命軍北伐，第十師十一師建立奇勳——江泗橋賀勝橋武昌城馬迴嶺諸役，都是他們的戰績，那時武漢各界人士，以該軍紀律如「鐵」戰鬥力又如「鐵」故奉以鐵軍之徽號，十五年冬國民政府擢升陳銘樞為國民革命軍第一軍軍長、蔣光鼐為副軍長兼第十師師長，戴戟為廿四師師長，蔡廷楷副之，十六年冬，甯漢分裂，陳銘樞蔣光鼐戴戟相繼離開武漢，十一軍軍長由張發奎兼任，蔡廷楷長第十師，是年秋，蔡率第十師脫離張發奎，由江西間道入閩，由陳銘樞統率，重組十一軍，蔣光鼐仍為副軍長，新編廿四師廿六師，由閩回粵休養補充，訓練經年，盡成勁旅，十八年春，中央開編遣會議，十一軍縮編為一師一旅。

蔣光鼐為粵第三師師長，戴戟為副師長，兼第八旅旅長，蔡廷楷為第二獨立旅旅長，旋奉中央統一番號令，改粵三師為六十一師，二獨立旅為六十師，歸第八路總指揮陳濟棠節制，時陳銘樞為廣東省政府主席，該軍雖名受陳濟棠節制，而實愛陳銘樞指揮，該軍全體將士，對陳銘樞異常崇拜，該軍行動，惟陳之馬首是瞻，十九年夏，六十師六十一師奉蔣總司令調北上，任蔣光鼐為十九軍總指揮，仍指揮六十師蔡廷楷部，六十一師戴戟部，此十九路軍之所由來也，去年在江西剿共，另擴編七十八師，師長之職，以六十師旅長區壽年升任，六十一師師長戴戟，因病辭職休養，以該師旅毛維壽升任，蔡廷楷升十九路軍長，六十師師長之職，以副師師長沈光漢升任，十九路蔣總指揮除指揮十九軍三師外，尚有其他部隊，惟以六十、六十一、七十八、三師，為其基本隊伍耳。

（未完）

時事論壇

組織國防政府

王造時

（一）理由　自九一八這次國難發生之後，我即提出兩大救亡政策：一，對外準備殊死戰爭，與日拚命到底，促成日本革命；二，對內取消一黨專政，集中全國人才，組織國防政府。現在因爲十九路軍在上海的抵抗，使向來抱不抵抗主義的政府，也不能不遷都洛陽，傾向自衛。

若是政府決定要自衛，要抵抗，那麼對於我提出的第二個政策實在有立即實行的必要。對於這點，政府之所以要召集國難會議，及延聘各方特殊人物，未始不是集中全國人才，共赴國難的一種表示。假定政府有這種誠意，那麼我們可以進一步來提出國防政府具體組織的方案。

在提出這種方案的時候，有兩點事實我們要先認請：一，是現政府組織的不健全；二，是民意機關不能立即召集。

現政府完全是『黨政府』並且是黨內的『派政府』，不但是不能集中全國的人才，並且不能集中黨內的人才。國民政府過去所做的事情，實在使國民不能與以絲毫的信任。就其本身的組織而言，也是重床疊架，不能運用。如五院中操實權的行政院須向中政中會負責，政常會須向中政會負責，中政會須向黨部負責。這種組織，在平常已經運用不靈，在戰時當然更不適合。何況這些會，這些院這些部的要人太多又多避居各處，不負責任，結果從一方面看來是個人獨裁，個人專制，從他方面看來，是茫無頭緒，無人負責。

這種政府，無論在法律上或事實上，在平時或在戰時，都無存在的價值。最合的辦法，自然是召集國民大會，接受國民黨的政權，組織新政府。但是國民大會若是要真能代表民意決不是隨隨便便可以召集的。事前必須調查戶口，規定選民，有公開的政黨活動；否則，如前此南京所召集的國民會議，又有何意義，何必多此一舉。在此國難當頭，千鈞一髮的時候，國民大會既不能迅速召集，現政府既不健全，我們只有去找一個過渡的辦法。

(待下期續)

岑春煊函犬養毅

木堂先生閣下，雲海相望，鮮通尺素，側聞宰國，欽企德風，竊自中日搆怨以來，已三月餘矣，此三月中，頗冀災害，銷於霄烟，干戈化爲玉帛，歸馬富山，還我侵地，兩國人民，恢復情感，重申盟誓，修好邦交，乃貴國竟一意孤行，不顧人道之公理，不聽友邦之勸告，不守國際之信條，旣佔我遼瀋，又略我黑吉，行且強奪上海，進窺中原，我國堅抱不抵抗主義，一再讓步，相忍爲國，而民衆方面，無不泣血椎心，誓不兩立，欲與貴軍拚於一戰，當此危機四伏，間不容髮之時，我政府更允貴國之要求，禁止抗日運動，阻遏愛國熱誠，試爲貴國設想其亦可以已矣，乃貴國忽實施無限制之攻擊，圖佔我要塞口岸，及滬甯車路，斷絕我交通，焚燬我商務印書館及暨南大學，摧殘我文化，我爲正當防衛計，始出而抵禦，軍警憤慨，誓死應戰，市民結合，徒手拒敵，上岸之兵，被我殲滅，其勝敗之數，亦略可逆睹矣，伏思中日兄弟之國也，以歷史關係論，同種同文，允宜互相輔助，促進東方之學術，發揚固有之文明，以國際關係論，處此列強並立之世，各欲擴張軍備，發展國力，尤宜戮力同心，保持東亞之局勢，維護永久之和平，今兩國不幸而訴諸武力，此誠可爲悲痛之事，設或一戰之後而繼以再戰，以至三戰四戰，微論勝負在誰，國之與民，悉蒙莫大之損失，倘因此而引起世界大戰，我國不能自全

，貴國亦難圖存，鷸蚌相爭，利在漁人，斯語豈未之聞乎，又或貴國處處戰勝於我，而征服我，屈服我國，我國能甘心忍受乎，讓一步說，即能亡我之國，能亡我國之人乎，即能亡我國之人，能亡我國之人之心乎，不見前之元，今之清，非不臣服我而君主我乎，我國人心不死，卒能光復故物，滿蒙民族，且被我同化，今爲貴國計，爲貴國之久安計，不特中應親日，日亦應親中，蓋合則兩美，共謀發達，保持亞東我國之福，亦即貴國之利，離則兩傷，立召外禍，擾亂中土，我國之殃，抑豈貴國之幸，況以力服人，人決不服，遠不必征，德皇威廉其殷鑒也，煊伏處山林，不問世事久矣，祗以今茲之役，適值閣下當國，猶憶惜時閣下曾屢以中日親善方法提出商榷，言猶在耳，尚未能忘，是中日和好與否，不獨關乎兩國之存亡問題，直關乎世界之安危問題，矧又重以唇齒之誼，昔岑之契，吾愛中國，更愛日本，故不忍以同一種族之人，重罹鋒鏑，相互殺戮，又愛閣下，恐緣此次戰爭之故，致貴國發生內變，使萬世一系之帝國，喪於閣下一人之手，不將貽盛名之累而蒙，千載之羞乎，心所謂危，故敢披肝瀝膽，詳盡忠告，思挽旣倒之狂瀾，洱彌天之浩刼，甚望懸岩勒馬，戛然止戈，全師東返，咸召天和，囘復往日之國交，救濟蒸黎之生命，惟閣下實圖利之，天際白雲，瞻望不盡，敬頌興居，佇候明教，岑春煊敬啓，二月二日。

上海血戰抗日記

續集預告

記者編完上海血戰抗日記，而隆隆的炮聲，乒乓的槍聲，仍不絕地響着，故不得不再編續集，以資御接，並搜得前線將士之照片與歷史，用道林紙精印，仍收大洋三角，歡迎預定。

上海互助出版社謹啓

聯合優待劵

凡剪下列聯合二字來預定

聯合

上海血戰抗日記續集

若同時訂閱

互助旬刊全年

合併祇收大洋七角

郵票九折計算

本劵以二十一年三月三十一日以前爲有效期

並祇能通用於上海本社

上海互助出版社贈

上海血戰抗日記第一集

中華民國二十一年三月一日出版

實售大洋三角

酌加寄費

編者　蕭山樓產文

出版者　互助出版社　上海温州路一七六號

印刷者　人文印書館　上海山海關路二三九號

代售者　上海　現代書局　曉星書店　光華書局　泰東書局

淞滬禦日戰史

第十九路軍總指揮蔣光鼐

第十九路軍軍長蔡廷楷

淞滬警備司令戴戟

日便衣軍及陸戰隊在公共租界蘇州路橋中國郵政總局前檢查行人殺戮甚多

日軍在北河南路以沙袋佈防

一月二十九日上海法租界亞爾倍路底難民逃難

閘北商務印書館及附設之東方圖書館被日飛機炸燬

京滬路北車站被日飛機炸燬後

虬江路我軍佈防

蔡廷楷軍長指揮炮隊

日飛機在閘北被我軍以高射炮擊落後

二月十二日曹家橋之役我軍所獲戰利品之一部

吳淞鄉老夫婦以酒食慰勞王團長田團附

淞滬禦日戰史目次

插圖目次

淞滬禦日戰史

第一章　淞滬戰事之遠因——六十年來中日關係的鳥瞰

中日淞滬戰事雖然是發生於民國二十一年一月二十八日下午十一時二十五分，但其種因遠在數十年前。我們要明白現在戰爭之所以發生，與我國國民全體不惜以死力抵禦暴日不可不先明白近代六十年來中日的關係。

近六十年來中日的關係，左舜生曾在民聲週報第三期（二十年十月十七日出版）有一長文述及，玆摘錄如下：

「我們綜計日本這六十年來侵略中國的經過，可截然的分爲四個時期：

「第一時期，自中日修好條約的成立至甲午的中日戰爭以前。其時在中國爲同治十年至光緒十九年（一八七一——一八九三），在日本則爲明治四年至明治二十六年。在這一期中，日本的國力已日漸充實，侵台灣，滅琉球，與朝鮮定約認其爲自主之國，且於光緒八年的大院君之亂，十年的金玉均等之亂，兩度在朝鮮引起絕大的風波，卒於十一年遣伊藤博文來華，與我定立天津條約。一面更朝

鮮爲中日兩國的共同保護國，一面爲後來的中日戰爭伏一深遠的根子，都是這一期的犖犖大事。

「第二時期自中日戰爭的開始至日俄戰爭的爆發以前。其時在中國爲光緒二十年至二十九年（一八九四——一九〇三），在日本則爲明治二十七年至明治三十六年。在這一期中，日本以一戰勝我，因而取得馬關條約的種種權利，幷得改訂中日通商條約；光緒二十四年，既隨俄德英法之後指定福建省爲日本勢力範圍，二十六年，又參加八國聯軍，破我天津北京。且爲鞏固其在中國的既得權利及防禦其在朝鮮和滿洲方面的最大敵人俄國起見，因而於光緒二十八年（一九〇二）有英日同盟的成立。這一期中日本的國際地位既驟然提高，其對我的侵略也突飛猛進。

「第三時期，自日俄戰爭至世界大戰。其時在中國爲光緒三十年至民國三年（一九〇四——一九一四），在日本爲明治三十七年至大正三年。在這一期中，日本以武力戰勝強俄，於是由樸資茅斯條約及中日滿洲善後協約取得俄國在南滿的全部權利，同時又因在朝鮮的中俄兩國的勢力已先後爲日本所排除，於是日本乃於宣統二年實行併吞朝鮮。這一期尤其可注意的事實，則日本於中日滿洲善後協約訂立以後，即先後於大連成立三個重要的機關；其一爲『南滿洲鐵道株式會社』，作用完全等於英國亡印度的東印度公司，而規模的宏大則尤過之；其一爲『關東廳』，其一爲『關

東軍司令部』則爲日本在南滿一切政治軍事的佈置所從出。

「第四時期自世界大戰至現在。其時在中國爲民國四年到現在，在日本爲大正四年到現在。在這一期中，日本利用英日同盟出兵佔我青島，又以大戰期間列強無暇東顧，突然向我提出二十一條要求。其後以中國參戰之故而有大借款及中日軍事協定等問題；亦以中國參戰之故，而有中日兩國在巴黎和會與華盛頓會議中的衝突。山東問題雖於華盛頓會議後已告一結束，但當民國十六七年之交，中國的內爭正日趨激烈，日本謀奪取滿蒙的態度也愈加强硬。其時日本正值田中義一組織內閣，既一面於十六年五月第一次出兵山東，又於六月召集所謂東方會議，決定侵略滿蒙的積極政策。根據此項積極政策，於是有十七年第二次的出兵山東，造成五月三日有名的濟南慘案。同時張作霖反對日本修築吉會長大鐵道，更築打通一綫以與南滿路競爭，而日本所認爲非求一根本解決的「商租權」，張亦不肯痛快的解決，於是日人恨張刺骨，乃更有是年六月在皇姑屯車站將張炸死的一幕，最近日本的佔領東北，也就是實行田中積極政策的初步，其餘的種種說法，都不過一種託辭而已。

「日本何以要侵略中國，他的藉口的重要原因，據他說：其一爲人口過剩而糧食缺乏，其一爲產業發展而原料與市場兩俱不足。

「查日本明治五年（一八七二）的人口總數，爲三千三百一十一萬零七百五十六人，如合朝鮮，臺灣，樺太等殖民地計之則在大正十四年已爲八千三百四十五萬六千九百二十九人。以日本人口總數與世界各國人口最多的國家相比較，則……居第五與世界各國每一方里的人口密度相比較，則……居第四。大概照現在日本人口增加的速率，（最近每年約一百萬）則三十年後，日本人口當在一萬萬以上，到二十世紀末，當在一萬萬五千萬左右。

「日本人口增加的現勢既如上述，我們再看看他們糧食的供給又是怎樣呢？大正三年（一九一四）日本米穀的耕地面積爲三〇·三三·三六八町（日本一町合中國一·六一四一五畝）其收穫額爲五七·〇〇六·五一〇石；經過十三年到昭和二年（一九二七）則耕地面積爲三·一七二·一〇七町，收穫額則爲六〇·八一〇·一八〇石；又大正三年的麥類耕地面積爲一·八二二·三〇五町，收穫額爲二一·二四四·三五一石。經過十二年到大正十五年（一九二六）則耕地面積爲一·四五九·二九二町，收穫額則爲二一·九〇〇·八二六石。根據上述的數字，可見爲日本重要食糧的米穀與麥類，在最近十餘年幷無何種大量的增加而人口則漸次增加到每年近一百萬因而食糧的增加不能與人口的增加相應。……我們試看昭和元年日本的貿易狀態，食糧的

輸入額，竟達三萬萬五千二十八萬圓；除去輸出一萬萬四千七百二十九萬五千圓，入超尚爲二萬萬二百九十八萬五千圓。爲過剩的人口找出路，爲不足的食糧謀補充，此實日本藉口侵略中國的最大原因之一。

「日本近代產業的發展，自維新後十年內外的短時期，卽有長足的進步；中日戰爭（一八九四）後，得了中國二萬萬三千萬兩的鉅額賠款，於是日本開發產業的資本也有了解決；加之在二十年以前，日本的工價尚異常低廉，同時又能運用保護政策，因之日本產業的開發，遂有一日千里的進展。第一步由手工業進而爲機器工業，第二步乃由粗工業進而爲精工業。可是產業的發達既到了最高點，隨之不能不解決的乃有兩大問題：其一爲原料的供給問題，其一爲市場的取得問題。

「日本要發展他們的纖徵工業，需要最多的原料便是棉花，民國十三年中國對日本的出口貿易，其總額爲二萬萬三千二百零三萬一千海關兩，而原料品乃佔一萬萬二千五百七十七萬二千海關兩，棉花又佔原料品中之三千三百八十餘萬兩。其次爲發展一般工業所必不可少的原料爲煤與鐵，而日本這兩者的產額和藏量都不很多，中國蘊藏煤鐵的豐富，當然是日本所豔羨不置的。現在日本人在中國所經營的煤鑛，卽以遼甯省的撫順一處而論，其埋藏量爲十萬萬噸，截至民國十五年末

爲止已投下資本一萬萬二千九百十一萬七千二百五十四圓十五年的煤炭產額爲六百餘萬噸，預計十八年可產八百萬噸二十年可產一千一百萬噸……現在日本在中國所經營的鐵鑛，以鞍山（其地點在遼陽南方滿鐵線鞍山驛附近）一處而論，其蘊藏量爲五萬萬噸此較日本全土包含朝鮮而僅有一萬萬二千二百萬噸者已四倍有餘。日本經營此鑛所投下的資本截至民國十五年爲止，計有四千六百萬圓……民國十五年的產額計有銑鐵十六萬餘噸，骸炭二十一萬餘噸，硫安三千二百餘噸，其他如本溪湖，如弓張嶺，如安徽的裕繁鐵鑛等爲數尙多，而在中國每年產額只八十萬噸由漢冶萍公司經營的大冶鐵鑛亦以借貸關係而完全落於日人之手這是從原料的供給一點可以看出日本人決不肯放棄侵略中國的野心的原因。

「再以消納商品的市場論中國人的購買力雖不見得很强，可是人口的衆多居全世界的第一位，而日本在地理上人種上乃至文字習俗上，又天然與中國接近，則中國這樣一個廣土衆民的國家，當然是日本商人最理想的市場之一。我們從日本出口貿易的情形看，則北美居第一位，中國居第二位，印度居第三位，南洋，英國居第四第五位。照大正十四年（一九二五）的統計，日貨輸出北美者，爲一・〇〇六百萬圓，輸出中國者爲五四二百萬圓。

「隨着日本在中國奪取原料壟斷商場而更有一個重大的事實可注意的，則日本以其過剩的資本向中國大事投資是也。據昭和元年（一九二六）的統計，日本對中國投資總額爲十八萬萬餘圓，內中投於東三省者實占十三萬萬三千七百萬圓，而滿鐵事業又占此數中之八萬萬八千八百餘萬圓，其餘如上海，漢口，天津，青島等處合計，則爲五萬萬二千二百萬圓。

「綜合以上所述，則日本以人口過剩，要向中國移殖；以食糧缺乏，要向中國補充；開發產業，要中國供給原料；有了大量的生產，又要以中國爲市場；及至賺了鉅額的金錢，造成一種資本過剩的現象，仍然要運用於中國；則日本之處心積慮要向中國大施其侵略的辣腕，當然是鐵一樣的事實。」

第二章　淞滬戰事之近因一——所謂萬寶山事件與中村事件

日本藉口所謂生命線，處心積慮，欲侵略中國。因我國東北與其屬國朝鮮壤地相接，便於吞併，於是特別注意於東北。民國四年乘歐戰列強不能東顧的時候，提出二十一條，亦特別注意於東北的權利。其關於東北方面者有如下列數項：

一、旅大租借及南滿安奉兩鐵道期限，均展至九十九年。

二、日本臣民在南滿蓋造工廠商房或經營農業得商租地畝。

三、日本臣民得與中國人民在東內蒙合辦農業及附隨工業。

四、由中國開東內蒙合宜地方爲商埠。

五、改訂吉長路借款合同。

六、日人得在下列奉天吉林兩省的九個鑛區從事開採：

(1)本溪縣中心台的煤鑛，(2)本溪縣田什付溝的煤鑛，(3)海龍縣杉松崗的煤鑛，(4)通化縣鐵廠的煤鑛，(5)錦州暖池塘的煤鑛，(6)自遼陽至本溪鞍山站一帶的鐵鑛，(7)和龍縣杉松崗的煤鑛及鐵鑛，(8)吉林縣缺窰的煤鑛，(9)樺甸縣夾皮溝的金鑛。

七、滿蒙鐵道借款的優先權，以各種稅課作抵借款的優先權。（此項已在華府會議聲明讓與新銀行團）

八、在南滿聘用政治，財政，軍事，警察顧問的優先權（此項在華會已聲明放棄）。

二十一條雖始終沒有得到中國國民的承認，但日人已悍然不顧，更已積極實行他們的既得權，因此日本在滿蒙的勢力乃更加膨漲，雖以對中國素表好意的美國，也於一九一七年（民國六年）有所謂藍辛石井的宣言，居然承認日本在滿蒙有特殊的利益了！（但後來已經取消）。

民國二十年日人看到蘇俄五年計劃成功，傾銷俄貨於東北，深感商品市場被侵略，故目蘇俄五年計劃爲軍事計劃；又見東北鐵道網之成功，葫蘆島築港之進行不遺餘力，如我國計劃完全實現後，滿蒙之滿鐵株式會社經營鐵路港灣，都將失去功用，遂乘中國內亂天災日迫的時候，以先發制人的手段，謀維護其滿蒙特殊權利。於是對華政策突趨積極。如朝鮮增兵，滿洲改置常駐師團，更換滿鐵人員，以內田任總裁，江口副之，又以宇垣改任朝鮮總督等等，皆早對滿蒙有具體計劃，而所謂萬寶山事件，中村事件，則尤其藉口啟釁之根源，茲略述如下：

甲　萬寶山案

萬寶山案發生於六月一日至九月十八日遼吉被佔仍無結果，其經過情形如下：

本案之起因　長春有稻田公司經理郝永德於民國二十年四月十六日，租得長春鄉三區萬寶山地方蕭翰林，張鴻賓，孟昭和等十二人生熟荒地五百晌，租期十年。於契約內訂明：「此契於縣政府批准日發生效力，如縣政府不准，仍作無效」等語。此項契約，長春縣政府並未經正式批准。同時郝永德以租得前項生荒熟地，轉租於韓人李昇薰，李造和等九人耕種，亦以十年為期。此項契約，亦未呈明長春縣。但韓民竟在該地挖掘水道，導引伊通河流，沿途佔用民地，長二十餘里，寬四丈。其挖出之土，又毀壞良田四百餘畝。地方農民起而反對。事經長春市政籌備處請示省政府，於六月一日令縣府派員協同縣公安警勸諭韓民出境。韓民不去，公安局當將其首領申永均等十人帶至縣署，供稱受日人命令在此種稻。三日，縣公安局率隊帶同申某等至掘水溝處之馬家哨口地方，將工作中之韓民施行驅逐，但日人竟於次日續令韓民百名至該地工作，一面並派警官前往保護，遂成對峙之勢；亦即為本案之起因。

此案之經過　六月三日長春市政籌備處致函日本領事田代，提出抗議，並將申等交該領懲辦。該領置之不理，且令日警保護韓民繼續工作。市政處於十二日十七日再向日領抗議，均不得要領。延

至七月二日而大衝突發生。

七月二日，萬寶山被害地方及村農，鑒於官廳無力制止韓人掘溝，由外交後援會集合農工四五百人實行塡溝，被日警開槍壓迫，並捕去十餘人。日領復集在長春日本軍警開軍事會議，議決繼續出兵援助韓人繼續掘溝築堤；同時向我提最後通牒，限四十八小時答復，否則採取最後手段。我方市政籌備處亦決議對日提出最後抗議，請交還被捕農民，撤退已派出之軍警，並制止其不法行爲；並由縣府速派警保護農民，監視日軍行動。三日，兩方派兵至萬寶山形成對抗局勢，而朝鮮各地如漢城，元山，平壤等處均發生鮮人仇視華人事件：漢城於四日晚暴動，華僑飲食店之被搗毀者二百餘家，避難領館者達四千餘人，元田仁川平壤，亦於四日起繼續暴動，華僑損失達數百萬，死傷以千數計。

日本政府於事變發生之後，不獨不加制止，反倒因爲果，誣爲係由萬寶山壓迫鮮農而起。我政府於七月七日向日本提出嚴重抗議，要求立即制止韓民暴行，同時保留要求賠償權，並保證嗣後不再有同樣之事實發生。並於九日令駐日公使汪榮寶赴朝鮮肇事各地調查。汪於八月六日呈復外交部，備述漢城，仁川，釜山，新義州各地華僑死傷慘狀及損失情形。而日政府七月十五日之復牒則僅稱對於鮮事表示遺憾，且將其肇事原因歸之於萬寶山鮮民被地方官憲壓迫。我政府復於二十二日提出

第二次抗議，直至八月十日始行答復，但對於責任及賠償問題仍置之不理。八月二十四日我政府復發第三次抗議，更提出具體要求。（一）懲兇，（二）道歉，（三）處罰負責官吏，（四）賠償生命財產損失，（五）保障將來不再有同樣事件發生。但二十六日日政府之復文仍如從前之不負責任，而態度更爲强硬。至對於萬寶山案，我國要求速令日警韓民退出，取消租佃權，賠償農民損失。日方則除於八月八日撤退日警外，其他概不負責，對於租佃權，並援引用民國四年二十一條中之第一第二兩條，不獨不允取消，且對於韓僑亦欲引用。萬鮮正在交涉尚無結果之時，日人又提出所謂中村事件，至九月十八更實行佔領我遼吉兩省。

乙　中村事件

所謂中村上尉事件，據日本政府發表消息，略謂：「陸軍步兵上尉中村震太郎，及前騎兵伍長井杉延太郎奉參謀本部命，偕昂昂溪昂榮旅館主伊木延太郎等一行共五人，携帶中國護照，於六月上旬經由哈爾濱出發，往興安嶺視察。原擬兩月即返，但出發而後，杳無消息。當由哈爾濱特別機關派員調查，據報告中村一行於六月二十七日左右抵洮索鐵路終點葛根廟附近之民安鎮，正在該處飯館進膳之際，突有興安屯墾隊第三團所屬官兵數人進館檢閱，命中村一行停止旅行，示以護照亦無効，

竟被拘捕。槍六挺及隨身衣物都被掠去，不經提示任何理由，竟將中村一行綁赴該兵營後之山林中槍斃。七月一日復堆積木材焚燬屍體，而此種消息則乂得之於朋分中村等遺款之一中國軍人云。」（八月十八日日本東京大阪各地披露日政府所發表中村事件）至其所提出之證據，則謂有親見中村被殺者多人，但不能發表其姓名。另尙有中村之金錢及其他物品，聞爲屯墾軍第三團長韓玉瀏所取去。但據我方調査，則中村等一行之旅行及其被害，迄無確切證據。日本政府則本其所謂積對華積極政策，惟恐對於侵畧中國缺少藉口之資料，而特別向全國宣傳激勵其人民仇視中國的情緒。當此事發表之後，日本輿論譁然，陸軍方面尤爲强硬。九月八日日本閣議，決議：倘中國不能誠意迅速調査，則陸軍與外交當局，應採取一致行動。陸軍及參謀本部尤强硬，主張乘機鞏固帝國既得權益。各首領亦決意實行某種行動，決定於外務省方面開始第二次交涉時，要求中國在一定期限內答復：萬一東北政府不表示誠意，則斷然發動實力，急速集中關東軍所屬部於一定地點，從事示威的行動；視中國態度如何，更使用武力爲最後手段。

就本章及前章所述，我們知道日本之謀侵略中國而尤特別注意於東北方面者，乃由其歷史上之所謂對華政策而然，並非一種偶然的現象。所謂萬寶山事件，固然由日本所激成，而中村事件則更

爲其所虛構（申報九月十八日北平晨報八月二十三日社評論之甚詳。）這些固然是淞滬戰事之近因，然而這種近因實日本藉口挑釁之人爲的資料，中國根本不負責任。

第三章　淞滬戰事之近因二——東三省被佔

前兩章所述雖然是中日淞滬戰是所以發生的原因，然而還只是內台的準備，而不曾達到登場地位。九月十八日以後，日本佔領東三省進攻天津，則已優孟衣冠，實行登場。這一齣劇雖然擾動了世界的全部，但對於淞滬戰事，仍只能算作序幕，仍只能算作前奏曲。因爲此次淞滬戰爭，其影響及於中國及世界者更大，其持續性恐較東三省之戰爲更久。不過現在尙未完全見諸事實而不爲一般人注意耳！

東三省被侵的一齣悲劇，編得太長，爲讀者便利計，再把牠分作幾節：

一、遼吉被佔記

日本固然處心積慮要侵略中國，而尤注意於東北；雖然時時想製造些啟釁的資料以爲侵略的口實。無如素以和平自炫的老大中國，無論在什麽地方，總是委曲求全；就如最近因萬寶山案而損失華僑生命財產至於無數，亦不過在文字上提幾次抗議而已。所以弄到日本忍耐不住，終於在提出所謂中村事件之後，而將南滿鐵路之長春柳河鐵橋自行炸去，以爲佔據遼吉的口實。

日軍在九月十八日以前，即有夜間演習，十八日夜十一時將鐵橋炸毀，即向北大營進攻，我軍受

東北邊防司令長安公署參謀長及遼寧省政府主席榮臻之命完全不抵抗，未幾日軍進西北之營房，亦不抵抗；日軍遂將該營縱火焚燒。及日軍襲擊迫擊砲廠及火藥廠兵工廠，仍由副司令張學良諭令不抵抗。至十九日長官公署及省政府官銀號各機關以至於張氏私邸，又均於不抵抗主義中被佔。日軍司令官本莊繁更派多門第二師團長爲臨時奉天衛戍司令官，於二十日在軍部會議，决施行軍政，在司令官下設軍政署，以三谷奉天憲兵隊長司之，更施市制，以土原肥大佐爲市長。

當十八夜日軍在瀋陽活動，所有撫順、安東、寬城子、長春各地亦同時佔領。各軍雖有抵抗，卒以事前無充分準備而不支，至二十日上午而各地概入日軍之手。二十一日日佔吉長路局，二十二佔洮路局及吉敦線之敦化縣。二十三日日軍進新民府將皇姑屯至巨流河一段之北寧路劃作防地，同時並佔吉林。遼寧省政府亦於二十六日遷移錦州。

遼吉兩省之大好河山，遂在不抵抗主義聲中陷落於日人之手了！這可以說是序幕之第一幕。

二、公理强權爭鬥記

九月十九日遼吉被佔，國際聯盟第二十五屆理事會亦於是日下午開第一次會，對於此事特別重視。中國代表並於二十一日向國聯秘書長提出書面申明，請根據盟約第十一條立即召集理事會

採取最有效之方法保障國防和平國聯行政院於二十二日一致通過，由主席爲下列處置：（一）對於中日兩國政府發緊急通知務須避免一切足以使事變擴大或足以妨害和平解決之行動；（二）與中日兩國代表協商一種確實方法使兩國立即撤兵使兩國人民之生命財產不受妨害；（三）行政院決定將關於本事件之會議紀錄及其他事件通知美國。美國亦於二十四日援用九國公約，照會日本，謂滿洲事件，日本當負責任。日本內閣乃於同日發表申明書謂日本軍隊已漸次撤退且無領土的野心；而日本陸軍則非正式聲明：國際盟約不能適用於特殊情形之地方協定，決不能接受國聯決議之調停及裁判，否則退出國聯亦所不辭。國聯二十四至三十日之行政會議，均討論中日問題：三十日決議中之最重要者爲令日本退出東北佔領各地，恢復九月十八日以前狀態。並預備十月十四日續開會議。在此期內，我國遵照國聯意志準備日軍退後接收東北政權。日本則不惟不退一兵一卒，反用飛機轟炸錦州，破壞通遼鐵路，復派大批戰艦來華。國聯因我國之請求，提早於十三日續開會議。二十四日以十三票對一票議定令日本於十一月十六日以前在第三者監視下將南滿鐵路線外之日軍，一律撤退，然後開始中日直接交涉。日本則提出對案五條堅持條約上之旣得權利，與所謂基本原則。同時日本在國聯休會期間，不惟不如國聯之命撤退日軍；且藉口修洮昂鐵路嫩江鐵橋進兵北滿。要求我

政府官吏將政權讓出，向我黑省代理主席馬占山二次通牒，不待答復即行轟擊。並立即進攻錦州，同時再度擾亂天津。且要求我退兵至山海關以內，關以東爲中立區域，任彼有討伐土匪之權。自十一月十六至一月十日，國聯改在巴黎開會，爲時將及一月，除去會場上之空論外，對於實際問題不生任何效力。十日最後一次會議，將限期撤兵之兩次原議完全打銷，而以一新聞記者式之調查團敷衍了事。至我國自九月十八夜事變發生之始，即依賴國聯，一切聽其處置；而集世界各國之外交家政治家前後開會數十次，爲期四月餘，卒不能伸張公理，卒不能不將公理斷送於日本的强權之手。這豈獨是中國之不幸，抑亦世界之不幸！

三、孤軍血戰紀

日軍不顧世界公理，不顧國際正義，悍然侵佔遼吉，其目的不止佔遼吉而已，實欲併吞全滿，以謀其國內人口上經濟上之出路。其併吞滿蒙之步驟有三：（一）維護所謂「既得權利」（二）樹立日軍監視下之獨立政權，（三）實行併吞改屬日本統治。此次日人之佔領東北，惟一目的在實行第二步驟，樹立在日軍監視下之獨立政權；故佔遼吉後，即使趙欣伯組織遼寧維持會，以熙洽爲吉林省長官，以樹立所謂獨立政權；內蒙古之洮南鎮守使張海鵬亦在日人掌中，惟黑龍江代理主席馬占山獨能作

中流砥柱，誓死衛國，乃遭日人之大忌。日人為實現東北四省獨立政權之樹立，故一再援助張海鵬攻黑，於是在毫無既得權利之北滿，大舉用兵！

日本於數日之內，佔據兩省，其目中無人，自是事理之常。不意竟於躊躇滿志之時而遇一馬占山。十一月十日以前之戰紀，可以馬氏灰電為代，原電說：

「慨自遼吉事變，日軍對於江省，必欲取而甘心；百計千方，思遂其所謂計劃，初則鼓惑張海鵬軍北犯，充其傀儡。我軍奉令阻止變軍，不得已將洮昂路江橋拆斷數節，所謀因未得逞；繼則派其少佐參謀林義秀來江，以洮昂路江橋日本有債權關係為理由，引日領向我交涉，擬由滿鐵代為修復，並要求我軍退出江橋十五華里；張軍亦然。查我軍原駐距江橋十八華里之大興車站，與所要求並不衝突。該少佐同時並聲明，日軍除掩護工人修橋外，决不作軍事行動。我軍為尊重國聯議決，避免日軍口實，計隱忍曲全，無可如何。該軍於三日夜，突向我大興駐兵投擲炸彈。我為和平計，曾與清水領事要求雙方避免衝突，遂於支日上午八時，派石上校蘭斌偕同該少佐赴江橋察勘，及促雙方撤退，以免誤會，俾便動工，當令我軍開始向後方移動，而林等甫離江橋，詎意日軍竟乘隙將我警戒哨兵擄去三名，並發見挑戰行為。經雙方交涉至下午三時，該少佐偕領館書記

官早崎，由我方韓秘書樹棠，那副官連宿，陪同乘專車共赴江橋視察；乃專車甫過大興車站，即被日軍飛機數架，迎頭紛投炸彈，那副官當被炸傷，專車不能前進，林等遂回省城。蓋前方日軍，方在向我猛烈攻擊中也！我軍將士悲憤塡膺，莫可自止，不得不施以正當自衛，稍抑敵鋒，以保祖國疆土，以存華族人格；誓拋熱血頭顱，弗顧敵我強弱。占山等於無可如何之餘，猶竭力保持和平之旨，嚴令將士只准防禦，不得進攻。該林少佐目睹日軍此等行爲，不但不加制止，反更要脅我軍，退讓江省，一切由其宰割，嗚呼蔑矣！此次攻擊大興日軍四千餘人，黃衣銅帽，大砲四十餘門，飛機七八架，鐵甲車三列。其過江攻擊之兵，並無張海鵬，是知張氏屢經勸告，聲言覺悟，而受日軍愚弄壓迫之情，於此殆亦有徵也！日軍自支（四日）午以來，開始向我軍攻擊，下而砲火，上而飛機，陸空交施，兇暴之極！我將士拚死抵抗，不爲所屈。碧血橫流，再接再厲！占山等以大興地勢難守，未忍將士孤注一擲，因於麻（六日）下令左右互相掩護，再撤退至距江橋五十華里之三間房車站一帶，以資固守。八日該林少佐持本莊司令通告，令占山速將江省政權授與張海鵬，否則日本軍即進佔黑龍江省城，現尙日在交涉中。是役也，我軍因無防空軍器，致官兵傷亡五六百名之多；然而士氣仍未稍餒，依然振奮異常！現在雪地冰天，防禦中所有事實，不惟當地各界共見共聞，即各友邦人士，

亦所目覩，誠恐日方顛倒責任，欺人自欺，並以舉國同胞，殷殷企注，此項日軍侵入北滿之事實，與其宣言大相反背，爰將經過本末情形，宣咨中外，以明眞相而定是非。占山等守土有責，愛國心同，明知沙塞孤軍，難抗强日，顧以存亡所繫，公理攸關，豈能不與周旋，坐以待斃。援田橫五百之義，本少康一旅之誠，謹先我同胞而赴國難焉」特電奉達，敬祈垂察，馬占山謝珂叩灰（十日）」

自十一月三日起至十八日之半月間，馬以孤軍與餉械充足之日軍奮鬥，重創日軍，十五而後各地封凍，坦克車及鐵甲車到處可以馳騁，我無利器，無法抵禦，卒於十八日退出黑垣，集中海倫，訓練民團騎兵，以謀再戰。日人懼其勇武，改以權勢爲餌。十二月七日，本莊派其參謀長遊說馬氏，向之提三條件：（一）宣佈脫離中央，（二）交出江省政權，（三）實行前兩項，即同時派馬爲警備司令。馬當嚴詞拒絕。二月一日，聞滬變消息，仍從海倫通電，願率所部效死殺敵。

四、民族團結紀

自九月十八夜政府以不抵抗而將遼吉兩省名城重鎭拱手讓諸日人，全國民衆即已義憤塡胸，不可終日。但政府信賴國聯，一切聽其主持。一般人的心中也以爲世界上總有公理，日本總是國家，牠絕不能置國際信義於不顧而專事强暴。不料四個月來，所謂國際正義，所謂世界公理，都是爲强有力

者而設，弱者根本無分。國際既不可恃，政府復於國難聲中裂而爲二。環顧周遭，除非民衆自己振起救國的重擔，實無別的辦法。所以自萬寶山慘案發生而後，各地便有經濟絕交之趨勢。及國聯議案不生效力，日本侵略日亟，經濟絕交乃由散漫的而趨於有組織的，由局部的而進爲全國的。而國內有識之士以及青年學生，更忍無可忍，欲與日人宣戰。只以政府持以鎭靜，連自衞手段尙不敢用；一般民衆也只得「氣從頭上出，淚向心中流」過那苦悶的日子。及馬占山以孤軍抗日，民氣爲之一振，從前所不能發舒的鬱氣，好似由馬氏代爲宣達。於是學生請願團，青年援馬團的組織，均不期然而然的普遍產生。至於從物質上援助馬軍的，更是風起雲湧。就是分裂的國民黨，國民政府，也於國難聲中重行結合；而五年來國民黨所認爲政敵的，也一一納之於國難會議之中。這一幕可稱爲中華民族的大團結。

這一幕的事實，隨時隨地都有，用不着詳述。我們所當注意的，只是牠的潛在力量：現在淞滬戰事的前途雖然尙不能預決，但在二月十五日以前，總是勝利。這種勝利自然是由於前線軍人的奮鬥。但若無此潛力爲其後援，恐怕連這種自衞的成績尙不可得啊！國民記着！這團結的潛力，是無形的堅甲利兵，我們應得努力培植使之發揚光大！

第四章　淞滬戰事之序幕

日本處心積慮欲侵略我國，而特注重於東北方面，有數十年之歷史的事實可以證明。上海是國際的商業市場，既非軍事重地，復非中日糾紛的中心，為什麼日本獨不顧一切而必要壓迫到非戰不可，是蓋有其深刻惡辣的計劃。上海時事新報二月二日曾有上海作戰之性質一文論及，茲錄如下：

「東北義勇軍前仆後起，輾轉作戰，屢復失地，迭創敵軍，為暴日自始意料所不及。似此曠日持久，於彼不利，而國際外交彼已佈置就緒，故欲以迅雷不及掩耳之方法使我國政府屈服於暴力作城下之盟。襲上海者，所以為壓迫首都之初步也。在此計劃之下，雖以市長之屈服而喪其肆暴之藉口，以國軍之頑抗而挫其方張之凶燄，以首都之遠遷而失其對象之焦點，然處心積慮昭然若揭矣。是以襲上海非僅為上海也！

「商務印書館既化為灰燼，而個中消息，復以盡毀銀行與報館為快，蓋全國之文化金融與論所寄也。此其用心，攘奪東省之不足，欲陷我於至愚至窮之境，萬劫不復之地而已。閘北尤租界外之唯一繁盛區域，縱火焚掠，及今估計，損害已逾八千萬，此皆國人之膏血。此其用心，於破壞的意義而外，謂將驅國人於租界，實為獨闢租界之先驅，將以據為侵略我國中部之策源地而後已。

是以毀上海非僅爲上海也！

「日本政治實以軍閥爲骨幹，主宰陸軍者稱薩閥，主宰海軍者稱長閥。二閥相持，而無不好大喜功，薩閥既已啟釁於東北大陸，長閥遂欲有爲於沿海沿江。青島福州之小肆其技，未暢所欲，於是別求一逞，而以上海發其端，固也。三日之內，沿海則脅迫汕頭與浙省諸岸，沿江則於南京鎮江漢口同時示威。預計繼上海而以砲火相加者期不在遠。是以上海遭殃，非止於上海也！」

日軍此次襲上海之原因，固如上述，然而他們敢於不顧國際關係而悍然一試者，還有其特殊的心理：卽不料我軍竟能作自衛的抵禦也。

上海的國際關係，日人未嘗不知道：但上海的經濟勢力，以英美爲最大；英美兩國的海軍力量雖然與日爲十與三之比，可是她們的艦隊散處各地，一時不能集中。而且兩國因失業與局地上的種種問題，非至萬不得已時，也絕不輕易與人開釁。在日軍的想像中，以爲遼吉兩省既不抵抗而拱手讓出，在天津兩試小技，又皆得如所願。他們想：上海亦中國之領土，市外駐軍猶中國的軍隊，他們果以武力相加，縱不如遼吉之完全不抵抗，最多亦不過如天津之小有糾紛而已。所以日軍在開釁之前，公然謂四小時內佔據閘北。他們想：若果在幾小時乃至一日內佔據閘北，英美以至其他各國縱爲條約計卽

有所抗議，也不過是一紙空文而已；他們却已得了實際的利益，所以無論如何，都得設法以武力相加而期逹其上述之目的！

他們旣懷着上面的種種目的與想像，在想像未揭破，目的未消滅以前，終會要一試的。所以中日間淞滬戰爭，是事實上之絕對不可避免的，所謂日僧事件，不過是與其他所謂種種事件一般，只是一個藉口的資料而已！

日僧事件　中日淞滬戰爭之起因，是由於所謂日僧事件。

日僧事件據日人所發表的是這樣：

一月十八日有日本五僧人，二人僧裝，三人常服，行近滬東引翔鄉三友實業社工廠，被人毆打。當時二人乘間逃脫，三人被毆受傷。日人疑係三友社工人所爲，於二十日由日浪人兩次焚燒三友社，並砍死華捕一名，傷二名。此事可稱爲中日淞滬戰爭之導火綫，玆分紀其經過如下。

日領抗議　上海日領村井倉松因日僧事件，於二十日向市府提出抗議，並提出要求四項。（一）市長須對總領事表示道歉之意；（二）加害者之搜查逮捕處罰，應迅即切實施行；（三）對於被害者五名，須予以醫藥費及撫慰金；（四）關於排日侮日之非法越軌行動，一概予以取締，尤其應將上海各界

抗日救國委員會以及各種抗日團體，即時解散之。吳鐵城市長即予以口頭答復，謂關於第二項，中國法律對於傷害罪之處分，本有明文，自當緝兇依法究辦，至一三兩項，亦可考慮。惟第四項，事關民衆運動，如在法律範圍以內者，本人無權取締，如有非法行動，自當依法制裁。

三友實業社被焚與北四川路暴動　二十日晨二時半左右，三友實業社工廠，突被日本暴徒四五十名，携帶槍械刺刀火油硝磺等引火藥品，兩次縱火焚燒。公共租界華德路底報警亭華捕聞警，擬用電話通知捕房，派警往援，詎日暴徒，竟用利刃猛戳，並開槍轟擊。結果，斫死華捕一名，傷兩名，日暴徒亦有一名飲彈而亡。三友社方面織巾部房屋一部份被焚，織機多具亦受損失。至下午一時許，日僑在蓬路日本人俱樂部開上海日本人居留民大會，決議請日政府派兵來滬，遏止抗日運動。散會後，結隊遊行，在北四川路暴動，搗毀路旁華人所開商店，並將電車及公共汽車打壞，捕房西捕亦被毆傷。市政府於二十二日向日領署提出抗議。原文云：

「逕啟者案據市公安局呈報本市引翔港馬玉山路三友棉織廠，於本月二十日上午二時二十分，有日本青年數十名，潛赴該廠外縱火，共燃火頭四處。當時因深夜，工人已熟睡，未及覺察。厥後該廠職工等，經細密察查，並據附近鄉人目睹，係該日人以火酒汽油硝磺等物，引導放火。是時該處附近報

警亭有華捕三人值差，聞警即電救火會求救。日人等乃將該亭施以包圍，用刀將三〇二九號華捕砍傷，一一一六號華捕，身被刺傷倒地，並將電話機割斷，拋擲附近浜中；另有七六五號華捕，被該日人等追至臨青路，亦爲利刃殺死。該日人等逃逸無踪。計該廠被焚，損失極大等情。據此，查該日人等竟敢於淸晨結隊縱火，焚毁本國工廠，殺死在職華捕，不獨於法所不容，而際此多事之秋，其影響所及，尤爲嚴重。據報前情，除當即派員面提抗議外，茲特提出下列條件：(一)日本總領事向本市長表示歉意；(二)迅速逮捕及嚴懲縱火殺人之罪；(三)充分賠償被害者，其賠償之金額另協定之；(四)切實保證嗣後不得有同樣事件發生。本市長深盼貴總領事對於上述各條，能誠意履行，俾本案可以從速解決，以息糾紛而睦邦交。相應函達，請煩查照爲荷。」

二十一日上海租界警務部長裘萊亦發出緊急命令。原文云：「爲令知事，查得今日淸晨，有日本浪人一隊，攻擊殷翔港報警停內之第三千零二十九號華捕，並將工廠一所縱火，當時華捕第七百六十五號田潤生被浪人攻擊殞命，本部長無任哀悼。查該華捕因聞警赴援，突被暴徒攻擊，渠雖竭力抵禦，卒以寡不敵衆，當場捐軀。進攻暴徒內有三名，因華捕防衛受傷，已送醫院醫治，其中一名，現已身死。今該華捕死於非命，其親屬所受創痛，本部長甚表同情，並當竭力設法懲辦兇犯，此則可向全體華員

保證者也。深望各員處以鎮靜，照常服務，此後設有報復警員行動，自當特別保證，且深信本部人員，仍能維持其固有之高尚紀律，及其自重心也。仰各知悉遵照爲要。此令」

日本浪人之無理行爲，不獨我國及公共租界之工部局認爲非法，即日領亦不能自諱。當二十一日市政府派祕書長俞鴻鈞至日領署提出口頭抗議時，日領當認日浪人舉動非法，表示遺憾；同時日領並親至工部局訪晤總董麥克那登正式道歉。而二十二日並有日人七名同日領署自首，由領署押解回大阪。但對於我國所提之抗議則無明文答復。

市政府對於北四川路暴動亦有抗議云：「逕啟者：案據市公安局呈報，本月二十日下午一時，本市日本僑民在公共租界蓬路日僑俱樂部，開居留民大會，到會人數約千餘人，會議完畢後，即羣赴駐滬日本領事館及日本海軍陸戰隊請願。行經北四川路時，沿途滋擾，打毀店舖多家，並將第一二五號一路電車，及租界公共汽車玻璃打壞。折至虬江路口，將華商店舖之玻璃窗亂行搗毀，直至午後六時餘，在狄思威路始行四散。當時本市民衆憤不可遏，幸由各該管區所長率同警隊長警極力彈壓勸導，尚無事故發生。計此次華商各店舖損失極大等情。據此：查關於日僑此項非法行動，本市政府節經函請貴總領事注意，切實取締在案，乃此次該日僑等復又故意尋釁。當此時局嚴重，民氣激昂之際，如果

發生誤會，責任自有攸歸，用特提出抗議，即希貴總領事，迅予查明肇事人等依法懲辦，並嚴切制止，以後不得再有上項情事發生。至各商店所受損失數目，俟詳細調查後，再行要求賠償，相應函達，即煩查照辦理，見復爲荷。」

民國日報停刊 同時日本海軍陸戰隊，並以民國日報記載與事實不符，於二十二日派中尉上山廣端持下列一函至該報。原文云：

「民國日報主筆先生台啟：係貴報本月二十一日發行第二張「日浪人藉陸戰隊掩護」之記事，與事實全相違，故意破壞本陸戰隊名譽者也。於此對貴主筆嚴然要求下列之四項矣：(一)主筆來隊提出公文陳謝；(二)揭載半張大的謝罪文；(三)保證將來不再發生此種事情；(四)罷免直接責任記者。限二十三日午前五時爲限，要求答復，若不承認莫怪也。昭和七年正月二十二日午後五時日本海軍陸戰隊。」

這種要求之不近情理，誰也可以明白：因爲新聞記者本有聞必錄之原則，對於記載有失實之處，當然負責更正，但除更正外，絕無其他任何的義務。他們明知民國日報係中央黨部之直屬的言論機關，使民國日報不堪，卽所以侮辱中央。此時我國仍抱定和平主義，委曲求全。結果民國日報終於二十

七日停刊了！其停刊之啓事如下：

「昨據公共租界工部局通知：「現因本埠形勢緊張，工部局董事會勸告貴報停版」等語，本報自即日起暫行停版，特此佈聞。」

封閉抗日救國會　這裏所謂「本埠形勢緊張，」是日本於二十日以後，陸續由其本國調遣戰艦，水雷魚雷飛機等到滬，截至二十七日戰艦已有二十四艦，水雷魚雷各一隊，戰鬥飛機三架。是日上午，日軍陸戰隊且在浦東登陸。至於北四川路一帶之示威，則更爲常事。工部局看到這種現象，明知戰禍無可倖免，然猶努力於維持和平，而由董事會出名勸告民國日報停刊，以冀滿足日軍之慾望。我國更忍辱負重，於民國日報停刊後，復將市長從前所認爲人民救國團體，其活動在法律範圍以內無權取締之抗日救國會一律封鎖。這是我國歷史上所未有的事實。茲將市府命令及處置情形與市長談話分錄如下。

甲、取締命令　「爲令遵事：慨自吾國發難以來，本市人民，愛國心切，乃有各界抗日救國會之組織。不幸措施失當，責難紛來，而本市民衆團體，又復呈控到府，籲請救濟，本市長深思痛慮，不得不奮謀國之忠，毅然制止。爲此令仰該局（公安局）即便遵照，會同社會局，迅將該會即予取銷，仍將辦理情

形，具報核辦，切切此令。」

乙、執行情形　二十七日夜十一時，市政府密令市社會局公安局，趕速派員會同各區所，將上海抗日救國會及浦東，吳淞，楊樹浦，曹家渡等六處分會，一律查封。兩局奉令後，均派委員蒞場監視查封，至二十八日二時三十分，各工作人員，即開始奔走，甚爲忙碌。茲將查封辦法錄後：（一）取消天妃宮內抗日救國會辦法：（甲）派警將抗日會所租五貨棧加封，負責妥善保管，無論何人，不得在內取任何物件，（乙）派警將各界抗日會封鎖，並將招牌卸除，交存公安局，其屋內物件，一律封存。（二）凡日本人住所工塲商店，口頭命令所屬各區所嚴加保護。（三）實行認眞取締：凡在公共塲所開會，一律嚴加制止，并禁止遊行。

丙、市長談話　吳市長謂「慨自瀋變發生，國難日迫，民衆迫於義憤，一致奮起，從事於愛國運動，和平奮鬥，自屬可嘉，政府亦斷無不許民衆愛國之理。惟國民處此環境，當體念國家之艱危，一舉一動，皆以絕不違法越軌爲範圍。庶於伸張民氣之中，不失政府後盾之意。所惜本市各界抗日救國會，成立以來，組織既未遵法定程序，舉動又時逾常軌。扣貨拘人，屢滋物議；宣判處罰，儼如法庭。甚至登記商貨，一律封存，遷延日久，絕無辦法，以致商會各同業公會等，深感痛苦，呈請本府救濟。各業工會，亦皆稱

此類組織，徒滋責難，不足救亡，則該會之措施可想。余忝長本市，當此國難嚴重時期，自當以秉承中央，力維大局爲唯一職責。上海爲全國金融樞紐，工商命脈所繫，該會行動，旣有逾越常軌之處，自多影響秩序之處。爲保全地方安定社會起見，政府職責所在，不能不令飭取銷。余已令行社會公安兩局遵辦，丁此時艱，環境日益嚴重，以民衆之救國團體，因行動之不檢，致余不能不出此斷然處置，實所深痛。惟願國人從玆更加惕厲，眞誠愛國，則臥薪嘗膽，收效可期。若徒逞一時血氣，則地方糜爛，大局敗壞，愛國適以誤國，願輿論界力促市民之猛省。」

這篇談話的苦衷，我國民應當於字裏行間尋得出，不必再說。

答復日領　我政府以絕大忍耐，於二十七日將抗日救國會封閉，二十八日下午一時四十五分將覆函送達日領。原文云：「逕復者：案准一月二十日大函略開日本僧侶天崎，水上信徒，後藤黑岩，藤村等五名，於本月十八日下午，在馬玉山路附近被毆傷，提出條件四項，請求接受等因。准此，查本案發生，殊屬不幸，本市長深表歉仄，當時據報後，以案歸傷害，法有明文，當卽嚴令公安局限期緝兇歸案法辦。所有被害人等醫藥及撫慰金，本市長亦可酌爲給予，以示體恤。至來函所提關於取締抗日運動一項，現查本市各界抗日救國委員會，有越軌違法行爲，業經令行主管局將該會取銷，以維法紀。關於類

此之越軌違法行爲，本市長仍當本法治精神，分行取締。至其他各抗日團體，幷已分局予以取締。相應函達，請煩查照爲荷。

這封復牒，雖然不能稱爲城下之盟的「降書，」但委曲求全的苦痛，都一一躍然於紙上。我國對日本之抗議既如此委曲求全以復之，對於日本焚三友社及北四川路暴動我方提出之抗議且置之不問，在理似可以告無罪於世界，告無罪於日本而可以免戰禍了。無如我們的委曲求全，終不能改動日本預定的計劃的絲毫，結果我國領土的閘北終於在當夜爲日本襲擊了！

第五章　淞滬戰事之第一聲

淞滬概畧　此次戰爭以淞滬爲主要地帶，自居淞滬者對於地理上之情形當能於心目中繪出縮影。無須再爲說明，但此次戰爭之影響不獨及於中國全部，而且要波動世界萬國；即在時間上亦爲我國歷史上最光榮之一幕：不獨現在的中國人要知道，世界人要研究，就是未來的中華民族與世界的學者也得要知道要研究。則今日淞滬之情形，實有簡單說明之必要。

淞滬即吳淞上海的簡稱。(一)上海在八十八年前猶爲一海濱荒地，惟以地當黃浦入長江的會口，爲沿海七省的中央扼江海樞紐。故自道光二十二年(一八四二)依南京條約開闢商埠以來，有京滬滬杭甬兩鐵道之交通利便，遂一躍而爲東亞第一商場。與國內外各大商港的貿易，年達十萬萬元之多。工廠林立，人口三百餘萬。城市約分六部：一，城邑即舊上海縣城；二，南市在城東至黃浦江岸之間；三，西鄉在城南及西南高昌廟；四，閘北北連寶山縣境，南界公共租界；五，浦東即黃浦江之東沿岸十餘里地；六，租界原分a，英租界東自黃浦灘，西至泥城橋，南至洋涇浜，北至蘇州河，b，美租界即虹口一帶；c，法租界北自洋涇浜，南至城河浜，東至黃浦灘，西至白爾布路。洪楊戰役起，避難租界者日衆，乃推廣租界，西闢泥城橋以西至靜安寺，東北闢虹口迤東至引翔港，由各國公使議決，將英美舊租界合此新

淞滬附近詳圖

關租界統名公共租界，復分為東、西、北、中四區。法租界亦推廣至徐家匯。至租界管理權，自開闢以來即各自為政，清咸豐四年（一八五四）太平軍興，英領事愛爾可邇倡設工部局，由各國人之居租界者，以公選議員主治之（法租界之公董局其性質同）。所有界內行政權均由工部局管理。(二)吳淞為寶山縣之一鎮，濱黃浦江。距上海三十餘里，離鎮五里有砲台灣，位於黃浦江長江會口處，置有砲台，形勢險要，為南京門戶。由滬至淞，有淞滬鐵路，半小時可達。

辨別敵我

從上面的地圖和說明看來，我們知道上海的租界是條約上的一個通商口岸，其行政權本應屬於我國。只因太平軍之役，由外人代管，遂形成一個治外法權的地方管理市政的公共租界工部局及法界公董局，對於任何戰爭，都保持其中立性質，平時除維持界內治安之軍警外，無論何國軍人，不得武裝通過；戰爭尤不能據為根據地。此為開埠以來歷史上之事實，然而竟由此次中日戰

事中之日本破壞了！這是我們應該注意的第一事！

其次，我國一般人腦中之上海，大概只有一個租界的縮影，所謂上海戰事，不是與所有的外國人作戰，便是在租界中作戰。實則此次之戰，只有一個惟一的敵方日本，其他各國與我國還一樣地是朋友，而且很同情於我們。至於戰爭區域雖則日本以公共租界的東部爲作戰根據地，但我國軍隊，始終尊重條約，未傷及租界一草一木。這是我們應該注意的第二事。

第三，日本的目的在侵略，所以無故挑釁，無故用飛機巨彈轟炸民屋以及文化慈善機關；我軍是迫不得已的自衞，除去必要的反抗而外，始終不曾追擊敵人，更說不到侵及敵人的無辜。這是我們應該注意的第三事。

戰爭第一聲　日本要襲上海之種種原因，前章曾經說過。他們既立定方針，毅然進行，所以我們無論怎樣委曲求全，都是無濟於事的。當二十八日下午市政府送去覆牒，日領已口頭申明滿意，照理是可以安然無事了！不料二十八日夜十一時，日海軍司令官忽然通函要求中國軍隊自毫無條約根據的中國地域撤退，而且不待致慮答復，即於十二時爲軍事行動。當日軍進攻閘北時，我市政府曾向日領提出抗議，並通告各領事。原文如下：

「逕啟者查關於本市最近中日交涉，本市長為求和平解決計，對於貴總領事所提條件四項，業經接受並於今日（念八日）下午一時四十五分函復送達在案；當時貴總領事並經表示滿意。詎料今晚十一時念五分市公安局接到貴總領事館信封一件，內附日本第一遣外艦隊司令官致本市長及市公安局長公告各一件，略稱帝國海軍，鑒於多數邦人住居閘北一帶，為維持治安計，欲以兵力配備該處，以負保安之責。本司令希望中國方面應將閘北方面所有中國軍隊及其敵對設施，從速撤退等語。即晚十二時，市公安局接到閘北報告，日本海軍陸戰隊，在該處開始自由軍事行動，向華界進攻。查貴總領事對於本市長之答復，既經認為滿意，而貴國海軍，突然有此軍事行動，殊堪詫異。所有破壞和平及本市安寧所發生之一切責任，應由貴方負之。本市長相應提出嚴重抗議，即煩查照，轉致貴國海軍方面，迅予停止軍事行動，以免事態再行擴大，並希見復為荷。此致日本國駐箚上海總領事村井倉松，吳鐵城。」

戰況一斑　「日海軍陸戰隊挾其利器，以為數小時內可以將駐閘北之我軍驅逐，再挾持之以為迫我作城下之盟的張本。不料事有出人意料之外：日軍不獨不能壓迫，反而大敗。鐵甲車三輛且被我軍擊毀。」當夜戰況上海各報記載甚詳，摘錄於下：

日軍登陸襲擊閘北　昨日（一月二十八）下午十一時有鳥阿艦派陸戰隊三百五十人並有退伍日僑一千人加入工作。該隊登陸後，即分散在虹口北四川路施高塔路一帶；閘北方面則在寶興路虬江路各地佈崗；並有便衣隊在各處襲擊。其時前方軍警聞訊，即準備佈防，將閘北方面由五區警署及第六團公安大隊嚴密防範。未幾槍聲愈密，我方軍警即全體出防，以東寶興路口虬江路為中心。

日鐵甲車開赴閘北　十一時五十八分，士慶路方面忽聽得日軍召集歸隊號，而各日軍即分隊出發，並有鐵甲車多輛開赴閘北一帶。

天通菴首先接觸　十一時十分，日陸戰隊約數十人，均携手提機關槍，乘機器脚踏車，臂纏白布，由便衣日人領入天通菴車站。時車站人員均避鋒離去，我軍多散伏各處，靜守防線。

閘北巷戰　日軍在該處首先向我十九路防軍開放步槍數響，隨即分淞滬鐵路及虬江路兩方面向我軍防線衝鋒。我軍兵士憤激萬分，用機關槍射擊。日軍連衝數次，均被擊退。此後雙方遂用步槍抵抗。直至十二時五十分時，日軍又由後方補充生力軍向我軍猛攻，我軍死力還擊，互戰至一時二十分，日軍仍不得逞，退回天通菴以東。自一時半以後，槍聲稍稀，日軍後退。但至一時五十分時，機關槍聲又起，且甚稠密，在淞滬車站之屋頂，可見子彈火光。激戰至二點半，槍聲尚未停止。同時寶山路口方面，

亦起槍聲，又北站方面，亦有槍聲。

我軍獲勝　二時三刻日軍漸不支，向廣東街方面退去。我方奪得鐵甲車三架，尙有一架較大者，被我軍猛力炸毀。

閘北大火　閘北方面劇戰，日方向後撤退時，遂縱火開槍，至四時火猶未熄。各地救火會，亦未敢出爲援救。

轟擊吳淞　十時許，日艦十三艘駛進三夾水，向吳淞砲台轟擊，發砲三四十發。我軍初先積極應戰，其後忽寂然無聞，日艦以爲砲台已燬，正擬登陸佔領間，我砲台突又開砲，日艦遂退。

飛機擲彈　四時三十分，突有飛機一架，由東向北轉向西南各處，空中偵察，至四時三刻，又轉向浦東方面飛翔，復在租界空中來往視探。並在各處拋擲炸彈。

租界情形　上海是國際商場，一有戰爭，各國均受影響。雖然租界外最繁盛的閘北是與日僑聚居之公共租界北區及越界築路之虹口毗連，一旦兩軍有事，不會直接影響及於其他各區，但商業與經濟上的影響是無法避免的。所以公共租界及法租界的當局看得日軍那種盤馬彎弓的情形，便也放心不下，而於二十八日下午四時起宣布戒嚴。並將租界防務爲下列之分配：(一)英國軍隊，擔任膠

州路以西警備，(二)美國軍隊，擔任跑馬廳馬霍路以西至慘州路一帶警備；(三)義勇軍，擔任跑馬廳以北，北江西路以西，閘北北火車站一帶警備，(四)日本軍隊，擔任蘇州河以北，北江西路以東，東至楊樹浦，沿淞滬鐵路線一帶警備；(五)法國軍隊，擔任法租界全部警備。至於與租界毗連之南市，有高昌廟之兵工廠，西部有眞茹之國際無線電台，我國當然也有相當的佈置。

殺敵健兒　自去年九月十八日日軍佔據遼吉而後，四個多月，除了馬占山在黑龍江敢與暴日一戰而外，自政府以至軍人，都抱不抵抗主義。今年一月二十八日的昏夜中，竟有愛國健兒，敢於冒萬死抵抗暴日，不以尺土寸草讓人。這不獨是中華民族之光，中華民國的國家地位，也賴他們提高了許多，他們是值得景仰的，而且也是讀者所要問的。他們是誰？是十九路軍的全體將士。代表他們全體的有下列三人具名的一通電報：

「暴日佔我東三省，版圖變色，國族垂亡。最近更在上海殺人放火，浪人四出，極世界卑劣兇暴之舉動，無所不至。而砲艦紛來，陸戰隊全數登岸，竟於儉(二十八日)夜十二時在上海閘北，公然侵我防線，向我挑釁。光鼐等分屬軍人，惟知正當防衛，捍患守土，是其天職，尺土寸草，不能放棄。為救國保種而抵抗，雖犧牲至一人一彈，絕不退縮，以喪失中華民國軍人之人格。此心此志，質天日而昭世界，炎黃祖

宗在天之靈，實式憑之。十九路軍總指揮蔣光鼐，十九路軍軍長蔡廷楷，淞滬警備司令戴戟叩艷（二十九日）子。」

第六章　一致禦侮

二十年來之中華民國無日不在內亂中渡生活。內政不修，外侮因而憑陵；過去之二十年，中國軍人忙於內戰，政客忙於挑撥，學生工人商人忙於罷學罷工罷市；政府之不健全，人民如一盤散沙，都是無可諱言的。日本譏我國爲輿地上之名詞，譏我國不具備獨立國家的資格，譏我軍只知內戰，我們總得，雖然要憤憤然怒形於色，但無事實的證明，亦無法辯之於口。這一次經過日本長期而多方的壓迫，壓迫到我們無路可走；於是大家轉身走上一條路綫；於是從前一盤散沙的人民居然如水門汀之凝結，所有全國的農工商學軍政，無不努力於對外。這一致禦侮的現象，實是中國起死回生的仙丹。這不是空論，是有事實可以作左證的。

當凇滬難發生之日，大家都有點驚疑不定；尤其是人民對於軍政當局之不信任。現在二十日已過去了，種種的事實都擺在面前。無論是誰都不再疑心而努力向前了。這些事實之最重要者有下列幾項：

遷都洛陽　國民政府三十日發表宣言，移駐洛陽辦公，原文如次：「自日本以武力侵佔東北以來，政府一面遵重華盛頓九國條約，國聯盟約，凱洛格非戰公約之精神，雖釁自彼啟，仍堅持忍耐，以候

簽約各國之主持公理，一面嚴飭軍警，應以全力捍衛地方，保障人民生命自由財產之安全。苦心維護，於茲數月。而日本進逼不已，最近竟以大批戰艦駛至上海，並輸送陸空各軍，藉口市民抗日舉動，以使用暴力，橫加恫嚇。夫人民組織團體，以急國難而禦外侮，本出於愛國之熱誠，苟無越軌行動，政府無從加以干涉。惟政府為避免戰禍計，已不恤一再遷就日本之要求：始則對於民衆抗日之言論行動，稍涉激烈者，均予禁止；繼且曉諭各種民衆團體，自動取消抗日名義，以杜强隣之藉口。本月廿八日午後一時四十五分，上海市政府對於日本駐滬領事之要求，已予以日領自身亦認滿意之答復。而同晚十一時二十五分，日本第一外遣艦隊司令官忽來通告：迫我上海駐軍讓出防地，俾其佔領。軍隊有守土之責，詎能應其所求。日本軍隊遂即向我軍進攻，竟使上海繁盛市面罹於兵燹。且使用無限制之飛機轟炸政策，平民生命財產，慘受荼毒，數量之巨，無可估計。同時首都及長江上下游各重要市鎮，亦有日本軍艦到處挑釁。夫日本所以繼續使用此等暴力政策，且進而愈厲，其用心不過欲威脅我政府，使屈服於喪權辱國條件之下。政府受國民付託之重，惟知保持國家人格，尊重國際信義，決非威武所能屈。惟有堅持原定方針，一面督勵軍警從事自衛，決不以尺土寸地授人；一面仍運用外交方法，要求各國履行其條約上之責任。日本此次濫啟兵端，破壞和平，不但中國領土主權遭其損害，舉凡華盛頓九國條

約，國聯盟約，凱洛格非戰公約亦爲之毀棄無餘。政府深信中國對於此等暴行有正當防衞之權利與義務，同時深信各國爲維持世界和平及國際信義，亦必不能坐視。玆者政府爲完全自由行使職權不受暴力脅迫起見，已決定移駐洛陽辦公，望我各省區行政長官及軍隊長官同心協力，各盡所職，以靖地方而安人民。尤望我全國民衆，以勇毅沈着之精神，共赴國難，勿囂張，勿畏葸，務使暴力無所施，正義得以申。國家安危，悉繫於此，願共勉之。國民政府主席林森、行政院長汪兆銘。」

蔣中正通電禦侮　軍事委員會委員蔣中正於三十日，致電全國將士，淬厲奮發，以救危亡。原電如下：「各總指揮各軍官學校師生諸同志均鑒：東北事變肇始，迄今中央爲避免戰禍，保全國脈起見，故不惜忍辱負重，保持和平，期以公理與正義，促倭寇之覺悟。不意我愈忍讓，彼愈蠻橫，滬案發生，對渠要求，且已茹痛接受，而倭寇仍悍然相逼，一再向我上海防軍突擊，轟炸民房，擲彈衢市，同胞慘遭蹂躪，國亡即在目前。凡有血氣，甯能再忍。我十九路軍將士，既起而爲忠勇之自衞，我全國革命將士，處此國亡種滅患迫燃眉之時，皆應爲國家爭人格，爲民族求生存，爲革命盡責任，抱甯爲玉碎毋爲瓦全之決心，與此破壞和平蔑棄信義之暴日相周旋。中正與諸同志久共患難，今身雖在野，猶願與諸將士，誓同生死，盡我天職。特本血誠，先行電告，務各淬厲奮發，敵愾同仇，勿作虛浮之豪氣，保持犧牲之精神；枕戈

待命，以救危亡，黨國幸甚！蔣中正印」。

外交部通牒各公使　外交部於二十九日致國聯及九國公約簽字國駐華公使之牒文云：「爲照會事，查自上年九月十八日，日本無端侵佔瀋陽後，即繼續在東三省及中國其他各重要地方積極實施其武力侵略政策，今且侵及國際商務集中之上海矣。本月二十八日下午一時四十五分，上海吳市長對於上海日領事一月二十七日之來文業經予以駐滬日本總領事認爲滿意之答復。乃是夜十二時，日本第一遣外艦隊司令官忽通告市政府，要求中國軍隊撤退，由日軍佔領佈防，即以武裝軍隊衝入閘北，向中國軍隊首先用機關槍施以襲擊。二十九日繼續進攻一日，並以飛機二十餘架，不停止轟炸居民稠密區域之閘北。該處已遭大火，居民死傷極多。當地交通機關及暨南大學、商務印書館各文化機關與主要商店多被炸毁；現仍繼續其敵對行爲。實屬違反國際公法、凱洛格非戰公約及國聯盟約，且蔑視國聯行政院迭次決議，而對於華盛頓九國公約尤屬直接侵犯。因此不獨各國人民生命財產均受重大危害，即人道與文明基礎亦受威脅，其責任應由日本完全擔負。中國政府爲遵守國聯迭次決議，對於日本種種侵略行爲，極端忍隱，詎意日本悍然不顧，立令日軍攻擊上海，威脅首都，故意擴大事變之軍事行動。中國當局忍無可忍，不得不採取相當手段，以實行其國家正當防衛權。上海爲

中國之國際商業中心，現既在嚴重局面之下，中國重要各地亦隨時均有重大危險發生，日本違反華府會議九國公約，危害中國主權與獨立暨領土與行政之完整，貴國政府爲該公約之首創者（簽約國）相應緊急照請貴公使，迅電貴國政府，本其在該公約上之所負責任，速採有效之手段，嚴正制止日本在中國領土內之一切軍事行動以及違反該公約之一切其他行爲，俾該公約之尊嚴與遠東之和平均得維持，並希查照，立予辦理見復爲荷。須至照會者。」

國民政府激勵全國將士　各省各總指揮各軍師旅長幷轉各將士公鑒：「自國民革命軍成立以來，我武裝同志奮其忠勇，以完成中華民國之統一，不幸國內建設尚未就緒，而外侮漸至。現在國家存亡間不容髮，舍屈服於强隣暴力之下，喪失主權，自辱國體外，則惟有出於積極抵抗之一途。遙望我全體武裝同志念先烈之締造艱難，哀民生之罹於塗炭，以大無畏之精神，作長期之奮鬥，以紓暴力而伸正義。保國家之人格，爲民族爭生存，在此一舉矣！數年以來，我武裝同志因意見參差，以起糾紛，已爲誠意共赴國難之一念消滌無餘。自此以後，生者相與戮力於疆場，則死者定爲歡笑於九泉，以觀我國最後之成功也。謹布腹心，其共勉之！國民政府主席林森，行政院院長汪兆銘，軍事委員會委員蔣中正，馮玉祥，張學良，閻錫山，李宗仁，李濟深，何應欽，朱培德，陳紹寬，陳銘樞，唐生智，東印。（一日）」

十九路軍全體誓死衛國　一日十九路軍全體官兵通電云：「洛陽中央黨部國民政府林主席，汪院長，蔣委員，各院部長各省市各級黨部各級政府各軍師旅各民衆團體，各報館均鑒：暴日貫徹其武力侵畧之政策，傾其國力意圖吞併我疆土，消滅我民族。東三省既被佔領，乃肆其兵威於長江流域，我不得已乃有自衛之抵抗。中央政府因首都地位危險，時時在敵人砲火脅迫之下，應急利變，斷然不疑，遷移洛陽，與法都之遷波爾多，土都之遷安哥拉，同爲禦敵鬪存之必要政策。武裝同志，全國國民方幸有安全行使職權之政府，以領導民族戰爭，不容懷疑，無可非難。方今寇氛深入，國瀕於亡，血氣之倫，祇有發揮一致效死之精神，滌除詆誹傾軋之惡勢，舉凡私見之異同，權利之夢幻，一洗而空。我十九路軍奉命守土，本捍患之天職，自衛之正義，胴胸斷首，萬衆一心，犧牲最後之一彈一卒，對於中樞之遼遠，應援之困難，絕無顧慮。全國武裝同志激發於愛國自衛之良心，人自爲戰，在其守土之下，敵來則與之死戰，成敗利鈍，不容計及。吾人深信能奮鬪者不滅亡，服正義者得勝利，世界苟有公道，暴日斷不得逞。吾人尤切望於散處各方之中央委員，政治領袖，發揮其拯救危亡之抱負，致力應付存亡一髮之危局。古人有言，覆巢之下無完卵，不自救者其結果爲自殺。我十九路將士以純潔之心，純潔之血，貢於黨國，貢於全民。邦人君子聽此鼓後之哀鳴，其亦鑒其至誠，宥我戇直。蔣光鼐，蔡廷楷，戴戟暨十九路師旅團

長全體官兵同叩冬。」

馬占山等電望全國勵員　三日馬占山等自海倫通電云：「各報館海內外同胞均鑒：本軍抗日，前以力盡援絕，暫退海倫，一以圖整理部曲，聯合友軍，俾作最後奮鬥；一以冀外交有效，日方覺悟，而得相當解決。枕戈待時，誓死禦侮，區區苦衷，業於佳電通告奉聞。詎意日本軍閥倒行逆施，既侵我領土，摧殘我政權之完整，復强佔東鐵，破壞歐亞交通。近更變本加厲，肆其凶燄，予東北之毒流正湧，對東南之爪牙又張。復以浪人策畧解決東北善後，以海陸淫威開闢東南新局，而同惡相濟，無所不用其極。苟彼武力足恃，則世界從此絕無公理之存留，倘我人心不死，應全國一致共作奮鬭之犧牲。國如喪亡，家於何有；古訓昭垂，無或僥倖；國難益急，責任愈重矣！占山等謹率部曲，效死殺敵，念茲在茲，義無反顧。惟望我海內外同胞，共凜匹夫有責之義，奮起力鬭，毋任個個擊破，而保我子孫，還我山河，在此一舉。彼有良械，我有熱血，精神終勝物質，勝算貴在決心，禍燃眉睫，急共圖之，並盼各友邦人士一致主持公道，勸轡陳詞，不勝引領之至。馬占山，謝珂，蘇炳文，程志遠，張殿九，范崇毅，吳松林，王爾瞻，崔伯山，徐景德，樸炳珊，徐寶珍，石蘭斌，周興歧，陳海籌等同叩東。」

孫科等電請抵抗　四日孫科等通電云：「自暴日侵害我國以來，瞬經四閱月，此四閱月內，我全

國含垢蒙恥，忍辱圖存，卒不邀彼日之悔得寸進尺，復有侵我上海之舉。旬日來，幸我十九路軍及各軍之忠勇不屈，誓死抵抗，屢戰皆捷，幷得海內外同胞之後援，全國人心，爲之一振，各國視聽爲之一轉。加以日軍殘虐，戕我國徒手人民婦孺，不可勝計，交通文化敎育各機關，輒付一炬。且破聯盟之規約，擾租界之安全，種種暴行，不勝枚擧，致激同胞之公憤，失世界之同情。有英美法意四國之通牒警告，我外交部已表示接受，聞日方尙欲以陸軍增援，爲最後之決戰，其意蓋以上海一失，則各國必認爲我國不能扶助，一切援應，將因之中止。而我國以十九路軍及各軍皆不能揩柱之故，以後亦決無何項軍隊，敢於抗日；我國遂陷於萬刼不復之地，彼因得遂其囊括東亞之謀。故今日上海之一隅，實爲我國存亡之所繫。上海之抗日並非爲上海而抗日，實爲全國而抗日。溯自上海發生警耗，政府因謀抵抗，遷往洛陽，旅滬同人，目擊彼虜之凶殘，我軍之苦戰，人民之萬衆一心，實令同人忘其棉力，而參加奮鬭。當我軍屢戰捷以後，吾國人士，始憬然我國之倘有人在，而生其重視，載在記錄，可考而知。暴日銳氣，因之稍挫。同人不敏，竊謂此實我國起死回生之機會，若不急圖奮起，必不能展開新局，力爭生存。當此千鈞一髮之時，深願我全國同胞，一心一德，迅爲援應，共拯危亡。現哈爾濱倘固在守，吉林省垣業經收復，東北民衆，並已奮起。昨日上海各銀行開市，提存兌現者極稀，此實我國人心萬分團結之表徵，亦卽爲國家決可生

存之券據。尚冀我全國同胞，羣策羣力，渡此難關；尤望我軍界同胞，鑒於上海情況，知無抵抗之萬難立足，而抵抗之轉可圖存，毋再因循坐誤，致失事機，庶正義人道，必有伸于世界之日。迫切陳詞，敬希明教！孫科，孔祥熙，吳鐵城，程潛，李宗仁，顧孟餘，薛篤弼，劉蘆隱，方振武，何世楨，馬超俊，鄧家彥，褚民誼，李文範，傅汝霖，甘乃光，梁寒操，陳慶雲，陳友仁，張發奎，張知本，楊虎，王正廷，賀耀祖，范予遂，孫鏡亞，熊克武，唐生智，楊庶堪，陳嘉佑，張靜江，黃季陸，桂崇基，張羣，經亨頤，等叩。」

馮玉祥等謀長期抵抗　馮玉祥等七日電孫科云：「暴日既侵佔東北，復肆其毒盤擾及上海，去月艷卅等日中央同人緊急集議，一致決議以最大之決心，謀長期之抵抗，並將中央國府移至洛陽辦公。既使暴日之砲艦政策無所施，同時於中原腹地建立中樞，策應四方，團結舉國一致之勢力，共謀最後之勝利。二日中央黨部於洛陽第一次開會，議決中央黨部國民政府暨所屬各機關官吏於國難期間，停發俸給，祇發維持生活費，自選任特任官以至僱員，最高者月不過八十元，最低者三十五元。蓋惟有刻苦自勵之精神，乃能有持久之志力，始能不負遷地辦公之最大之意義也。至於對日方策，軍事外交同時并行，必軍事上有積極抵抗之決心與方法，然後外交乃有進行之可言。現在十九路軍將士奮發忠勇，與敵死抗，內伸民氣，外揚國威，中央同人至深嘉慰，并已積極籌劃，必不使於陷孤軍無援之境。

要之，吾人爲正當防衛而戰，當竭全體武裝同志之力，以爲全國人民之前驅。雖餘一彈一卒，必不以寸土尺地輕授於人，爲吾抗日應有之決心，亦惟一之義務也。玉祥等忝躋行伍，備員中央，此次決定大體，曾參末議，誓竭心力以共艱危，我兄黨國中心，衆望所屬，除有特別任務者外，似宜同赴行都，力戡大難，使一般同志有所矜式，此實爲目前最切要之要求。臨電奉懇，尙祈鑒察，是所深荷！馮玉祥，李濟深，朱培德，惠陽。」

以上種種都是軍政當局所發表的。平時，軍政當局的通電每被人看作八股式的濫調，這次的表示是有事實作證明，人民固不懷疑。同時還要本敵愾同仇的心思，努力從各方面工作。自十九路軍開始抵抗之始，全國人民的救國情緒便驟然緊張。二十九日起上海即全體罷市，而捐助軍用品，參加救護隊組織義勇軍的種種活動，更是最普汎的事實。華僑遠在異國，不能爲國捐軀，則設法捐寄鉅款，人力車夫以及其各種工人，亦莫不踴躍輸將。凡屬軍隊需用某種應用物而未備者，只要人民知道，無不立卽報効。在此種普遍的禦侮聲中，下列四事，應得特爲標出：

孩子們的愛國　二月七日上海時事新報得十五個小孩子的一封信如下：「時事新報館諸先生：大膽可恨的倭寇又到我上海來，用他慘無人道的暴毒手段，無故把我同胞，用利刃刺死，沒有被殺

的同胞，也是牽着年幼的孩子，攙着年老的父母，哭哭啼啼的逃難。在路上看見了，使我們傷心流淚。我們也是中華人，聽見倭寇如此的把我同胞殺戮，我們心似刀割，恨倭寇入骨。但是我們年幼，不能拿鎗去殺寇倭，是抱恨的事。現在把區區的十五元（是我們父親母親給我們的拜年錢）奉上來賑濟那可憐無家歸的遇難同胞，略表我們的愛國的心。請貴報代收轉交遇難同胞寄寓的地方，並希望貴報館能在報端披露，以驚醒一般吝嗇的富人心。知國難的孩子；王良壽，王瓊華，王璵華，王璵仙，王徵蘭，王徵萱，王徵弟，王徵麟，王徵慧，王徵和，王徵泰，王徵麗，王徵賢，沈祥林，沈瑞林，同啓。二月七日。

淞鎮鄉民爲國犧牲　二月十日上海各報載有鄉民爲國犧牲之新聞一則如下：吳淞沿西之季家橋地方，於九日上午十一時半，突有日軍約二百數十人，由西南方面潛來，繞道至該處，欲過橋而折入吳淞鎮。斯時適有農民某甲瞥見，遂飛報該村鄉民，立時聚集二三十人，趕至該處，立將該木橋拆去。迨日軍步抵該橋，已不得通過，惟見前面我方農民一聲，飛奔而逃。日軍遂連放排槍十餘排，結果農民中槍斃命者三人，受傷者兩人，其餘均得脫險逃去。時我方駐防吳淞之隊伍，已聞訊飛馳而至，當將該日軍包圍攻擊，兩方互戰約半小時許，日軍不敵，紛紛潰退。我軍乘勝追擊，日軍脫逃者僅數十名，其餘皆被我方擊死。

銀錢米三業共濟國難　上海自二十九罷市，百業停頓；尤以銀錢兩業關門，金融週轉不靈，米業停止交易，糧食購取不易，社會上頓呈不安之象。當罷業時，三業知其所業有關於社會治安，乃各開便門爲小交易，二月三日並正式復業。銀錢兩業握社會經濟之樞紐，關係尤大，調劑不易。但開市後竟獲良好結果，尤見其布置有方。時事新報曾於二月七日爲社評以譽之。錄其要語如下：

「銀錢兩業平時如何穩練，事前如何佈置，姑措勿論，此次在罷市之時，大多別開方便之門，此種辦法，爲彼自身計之，洵屬爲所不必爲，然社會因此稍獲呼吸餘地，受益匪淺矣！其後爲安全計，亦大可優遊卒歲，以待新春，顧乃先各業而毅然復業，既見勇氣之不可及，亦足徵有備而無患也。國難貴共赴，而國難下之社會尤貴共濟，共赴共濟之實行，厥爲各盡所長，各竭所能，銀錢兩業有之矣！」

上海道不拾遺　上海是東亞唯一的國際市場，也是盜匪的唯一淵藪，平時殺人放火，刦貨綁人的種種非法勾當，可稱是上海下層人民的家常便飯，報紙本埠新聞所載的大部分都屬這一類的記載。自一月二十八日以後，至本天脫稿之日（二月十六）止，報紙上固然絕未見此項記載，即事實上亦未聞有此種舉動。這絕不是一種偶然，實是由於平日以刦奪爲生活的弟兄們，激發愛國天良，而不願作這種勾當，以擾亂社會，搖動軍心。

以上只是我們從文字紀載中所知道的一致禦侮的精神：我相信這種精神是充滿了我們全體人民的血液之中，而且會發揮光大的。這精神能使中華民國立國於世界，能使中華民族放異彩於世界，能增加前綫的作戰力量，能鎮定後方的社會秩序。我們讀戰史，不只是要知道戰場上的流水帳，應該知道此帳之所以產生，與如何整理。所以編者在未敘戰紀以前，首先述出此項戰事所引起我全國一致禦侮的事實，使讀者明白戰爭之勝敗，不僅繫於前敵軍士，而重視全國民衆的力量！

第七章　國際關係

上海是中國的國際市場，且有各國租界有各國僑民，秩序稍有變動便影響及於全世界。所以上海戰事將發生之前各國視綫無不集中於此；此戰事發生以後各國以直接間接所受之影響特大，更惴惴不安。謀調停者有之，思干涉者亦有之。只因各國以利害關係之故，固不願徒爲正義爲公理而干涉暴日，因暴日處心積慮欲侵略中國，雖以英美法意四强之調停，國際聯盟之勸告，亦無結果。上海的戰禍，因是使世界由其所親受的種種影響而知道不是中日的問題，而是世界的問題；同時也可使他們由身歷其境之事實而知道破壞世界和平的禍首罪魁不是中國而是日本。然而以世界的列强，竟不能制裁暴日，這豈獨是中國之不幸，實是世界之不幸。本章所述雖多係未能見諸實行的，然而由此可見國際間對於上海之重視，以及日本之橫暴。倘若我們能知道這其間種種情形種種經過，則中日淞滬戰爭所以延長與所以擴大的原因當可瞭然。

以下分租界中立，四强調停，國際聯盟與此次戰事諸項，述此次戰事中國際關係。

甲　租界中立

租界本爲各國在中國通商各港劃定界限租地通商的地方，界內的行政權本應屬之我國。只以

初關租界時不注意於此，太平之役又將課稅權授之於人，於是遂形成一個國際的中立地帶。查公共租界自一八四三年十一月十七日成立以後至本年一九三二年，中間經過凡八十九年，公共租界始終保持其中立權。在此八十九年中凡國際間發生戰事，或爲中國與外國，或係外國與外國，（此外國卽係公共租界有關係之重要份子）每次對於公共租界及上海口岸之中立權，皆能遵重不踰。例如一八八四年至一八八五年間中法東京之戰，首先正式承認上海口岸公共租界之中立權。此後一八九四年至一八九五年間中日之戰，及一九〇四年至一九〇五年中俄之戰，與一九一四年至一九一八年之世界大戰。凡三次國際戰爭，上海公共租界有關係各國，無一次不承認其中立權，絕端加以尊重。此次戰爭乃並此中立性而亦不能保持；日人以租界爲作戰根據地，工部局亦無法制止。關於此重公案，有下列的事實足資研究。

市政府向公共租界工部局抗議　三十日市政府向工部局抗議云：「逕啟者查自本月二十八日夜，日本軍隊進攻閘北以來，迭次攻擊時，均以租界區域爲根據地，與貴局所稱嚴守中立之主旨不符，乃貴局對於日本軍隊破壞租界中立之舉動，未聞有任何制裁表示，殊深詫異；相應提出抗議，請煩查照，迅予設法制止，並希見復爲荷！此致公共租界工部局總董麥諾登。」

納稅華人會向工部局抗議　納稅華人會三十一日向工部局抗議云：「逕啟者：日本軍隊，對於國際公約，已視同廢紙，早於去年九月十八日侵佔我國遼甯吉林兩省各地以後，在在可以證明。爲防患未然起見，於日人在界內迭次暴動，本會曾連續不絕警告貴局，並表示在貴局於事實上未能充分維持治安之際，本會有法協助。詎料貴局對於此種警告，視爲無足輕重，且聲明界內治安絕對不成問題。而今如何？貴局當知所悔矣！日本陸戰隊破壞貴局中立地位，將界內虹口一帶作爲軍事之策源地，進攻我國閘北駐軍，業經我國董事抗議在案。本會爲領土主權計，爲居民利益計，對貴局提出抗議：（一）爲何不嚴守中立，執行維持中立之必要辦法；如（甲）解除界內日本軍民之武裝；（乙）制止日本軍隊之戰爭行動，例如日本在歐嘉路等處之開掘壕溝，勞勃生路等處日本在界內紗廠等處之屯駐軍隊；（丙）不許日本軍登陸。（二）爲何自無維持安全之能力，不就近請由中國當局派兵協助。在本會觀察最近之以前及現在，祇有此法足以掃除破壞上海世界商場之危險。蓋陸戰上日本軍事行動，如能完全制止，其空海之軍事行動，盡利害相關者之力量，必能制止。（三）現在界內全體居民之生命財產，均在日本軍隊破壞之中，殺人放火，日有數起，此皆由於不尊重本會意見，姑息養奸而起。（四）曾有一次董事會未經通知華董出席，而日董則否，顯見有所偏袒，自行不守中立，更使日本狐假虎威，事機

危迫，稍縱卽逝，上海之安全，上海之繁榮，上海之生命財產，皆係於此一刹那間。貴局如與我國政府與人民，爲維持世界和平與繁榮與國際公法公約之効力起見，上下積極奮鬥到底之決心，而我上海全體居民，尤已具死中求生之志願，惟有採用種種正當辦法，以維本界內之保全，並以完整我國之主權。相應函達，希煩查照卽予施行，並見復爲荷，此致工部局總辦。」

市商會向領團抗議　市商會向駐滬領袖領事美總領事克銀漢提出抗議云：「逕啟者：案查公共租界爲我國與各友邦人民貴定之通商區域，在性質上既非一國所能獨擅；則各友邦領事自應恪守兩國通商條約，於維持界內商民治安以外，并應顧及駐在國友誼關係，不得於任何一國以軍事上之便利，與駐在國爲敵對行爲，此實爲條約上及國際法上應予之義務。就上海之日本海軍陸戰隊而論，自該國向上海市政府提出最後通牒而後，已成對峙形勢，立於戰爭狀態之下。日本雖爲公共租界內之一分子，照通常事理而論，有協助維持界內治安之責任，然不應不顧及當時嚴重情勢，將與中國防區毗連最緊要之一段，讓歸日軍駐紮，致予以進攻中國軍隊之便利。蓋此項軍隊防區支配辦法，係各國公同議定，非友邦之同意，則日本軍隊斷不能擅自將租界內最緊要之地點，移於其支配之下也。非特此也，當一月二十九日，日本海軍陸戰隊進攻中國軍隊未能得手之後，重行退入租界，此時各友

邦所採手段，以國際通例而論，祗有兩種：（一）不許其重行退回租界；（二）解除武裝，予以收容。蓋此時之日本軍隊，已非復爲協同維持租界治安之一員，而爲與中國敵對者之一方，彰彰甚明。公共租界欲維持其中立之地位，不得不採此適宜之處置。乃公共租界當局事前既將其界內最緊要之一段，讓歸日軍駐紮，事後復許其從容整隊，退回租界，爲重行進攻之準備。此種措置，顯然違反公共租界中立之性質，妨及各友邦與中國友好之關係。敝會等不得不代表上海全市中國商民，向貴領事對於各友邦此項舉措提起抗議，併請會商租界當局暨各國駐滬艦隊，採取中立地位應有之措置；將駐在租界內之日軍，速予解除武裝，以維治安，至爲公企！此致駐滬領袖領事美國總領事克。」

市政府重向工部局抗議　市政府二日重向工部局抗議云：「逕啟者：查關於公共租界容許日本軍，隊以租界區域爲攻擊軍隊之根據地一節，本府業經向貴局提出嚴重抗議，未蒙見覆。在過去數日間，復又疊據報告，日本海軍陸戰隊，屢次武裝通過租界，以達滬西及其他種種軍事行爲，危及本國人民之生命財產；而租界當局，雖經宣言中立於先，復經本府抗議於後，尚復予以優容，尚未見切實制止，殊爲詫異！相應重提抗議，并嚴重聲明：所有因此而發生之一切責備，當全由租界當局負之，請煩查照見復爲荷！此致公共租界工部局董事麥克諾登。」

工部局向日警告　四日上海各報載有新聞云：『公共租界工部局警備委員會昨，日致日本海軍司令一照會，措詞殊為強硬，要求日軍不能再繼續佔據公共租界，為對華作戰之根據地。照會有云：「日本陸戰隊在租界內之單獨行動，殊有碍於秩序與和平，必須立刻停止。照會指出日軍之行動，已超越警備委員會之職務共治權」工部局又另致一照會與日本當局，堅持警備委員會之主張並云工部局之行政權，如救火隊及虹口之巡捕崗位，均應立即恢復，不得延遲云』。

工部局請領團向日抗議　工部局總董於四日函美總領事兼領袖領事云：因日本陸戰隊在其駐區外之行動所及於租界治安之重大影響，工部局盡力贊助防守委員會之抗議，並請美總領事向日本當道為急切的抗議。總董麥克諾登氏又請美總領注意日本武裝軍人及武裝平民在北區東區活動之嚴重情形。蓋其行動已使市府停頓，居民驚恐；甚至工部局之巡捕及看門巡捕覺被繳械，不能行其職權；救火隊服制服工作之隊員又受妨碍及攻擊；而食品之運送及醫院事務，皆因日本海軍及便衣隊之妨害，致生重大困難。故請其立即向日本當道交涉。

工部局復華人納稅會及市政府　工部局六日復上海租界納稅華人會函云：「逕啟者，奉大函，敬悉。查所有日本海軍陸戰隊及日便衣隊僭奪市政職權，造成租界東北兩區極度恐慌之事實，業經

本局向領袖領事提出最嚴重抗議在案。現正用種種壓力，使日方停止其目前之行動，本局已在各波及區域內恢復重要之職務。至該區域內全體居民之安全，本局尤爲關切，現正採取種種方法，援其危難，諸希釋慮爲荷。」

七日該會向工部局抗議日軍由匯山碼頭登岸，其復函云：「二月七日來示奉悉。工部局雖在當前極端困難之中，仍竭力維持租界之秩序與安甯。來示所云日本新兵在匯山碼頭登陸一節，本局未有所聞；但工部局之政治上地位，非一獨立國，亦未具統治權，故對於任何外國之行動，不克直接干涉。但本局必盡其所能，以維護租界之完整，及本埠商業之興隆，此則可請放心者也。」

市政府通告各國領事日軍利用租界爲根據地損害我不負責　市政府八日函各國總領云：「逕啟者，查關於租界當局容許或不制止日本軍隊利用租界區域爲攻擊中國軍隊之根據地一節。本市長節經向公共租界工部局提出嚴重抗議；並聲明所有因此而發生之一切責任，應全由租界當局負擔在案。惟租界當局雖明知日本軍隊之上述行爲，足以破壞租界中立及危害本國人民之生命財產，迄今何未採取任何有效辦法，加以制止。本市長不得不請貴總領事及其他各國總領事，嚴飭該工部局，即予採取有效辦法，以制止日本軍隊之上述行爲。同時鄭重聲明：如本國軍隊爲自衛起見，對于

利用租界爲根據地之日本軍隊施以攻擊時，各國僑民之生命財產受有損害情事，本國政府，概不負任何責任。除分函外，相應函達，請煩查照爲荷」！

工部局對於市政府之復函　大意謂公共租界工部局爲各國共同之團體，日本亦不過團體中之一，日軍本軍事行動關於責任問題，工部局不能負責，應由日本政府負其責任云。十二日復上海地產會並申明將虹口劃爲日軍防區，係各國在滬駐軍所爲，工部局未曾參加。

伍澄宇函工部局　十二日時事新報載有新聞一則云：本埠僑務協進會，爲海外歸國華僑所組織，近因該會會員在滬經商者，迭遭日人在租界爲軍事擾亂，損失甚大，紛向該會請求辦法。現由該會法律顧問伍澄宇律師致函責問，其函如下：

「逕啟者：現據僑務協進會函開，因海外華僑在滬經商，此次租界迭被日人破壞中立，似此市民輸捐，絕無保護，請爲向貴局責問等語前來。查連日暴日侵害租界中立權，已在貴局迭次抗議中。敝律師認貴局既爲市政整個機關，日本此種暴行，已非合法，自應于抗議無效之後，採一種斷然有效行爲；否則任令慘象一再蔓延，貴局以後法令亦無價值。至所謂有效行爲，應聲明駐軍係爲治安。今暴日之駐軍反於治安有妨，應請其離去租界，否則以各國駐軍，實行其制裁之手段。若恐力有不逮，爲保持中

立權之信譽，借助吾國軍隊驅逐之後，租界原防，仍由第三國駐守。此敝律師敢信吾國軍隊，決無侵害中立之觀念，而出於貴局之請助，係由貴局主動，則協助之後，交回原防，亦無傷於中立權之行使。此係爲貴局中立權開一新例，以保持此中立之威譽，使自後不再有侵犯中立之惡例也。若於此貴局仍不爲之，則市民生命財產，勢將不保，損害責任，恐難辭咎。否則因自力可以制裁，不必請助我國軍隊，而又不自爲之，則何異任令暴日慘刦市民而弗顧。按諸法律，恐貴局亦不能認爲相當。正繕函間，又見貴局覆吳市長函，謂公共租界之中立性之存在，全賴租界內皆有政治的或其他利益之列强同意合謀，方能維持；而日本乃列强之一，故日軍在租界內之軍事行動，應由日政府負責，與貴局無關云云。似此完全舍棄法律觀念；緣列强之同意合謀，恐舍日本而外，未有不一致爲維持中立性之存在者。日本在此情形，已爲當事國，法律上自無得其同意之可言，復以租界係爲吾國許與外邦僑民居留互市之區域，並非許與外邦駐軍作軍事之根據地，日本既違反住居租界之原則，何能仍有權與議于同意與否之可言。今貴局以此諉責於日政府，無異認貴局非整個的，而爲各別的，殊失法律之根據。試問市民納捐，是納與日政府，抑納與貴局？於此一再考量，自知失言，更因此而喪失租界之主權。故謂日政府負責者，祇能由貴局向日政府提出，而不能以此答覆吾國及市民也。敝律師因市民熱望，特爲代表，謹就所見，

向貴局提出請務貴局速採有效行爲，使日軍不得在租界地上及空中爲軍事行動，勿再爲空文抗議，致失市民之熱望」。

此函的主張在法理人情上均極合理，只可惜我們沒有力量去執行。十三日工部局曾復他一函說「貴函所議辦法，係工部局與列强間在目前形勢嚴重時外交上所討論之問題，來函轉送領事團核辦矣」云云。

納稅華人會聲明不開市原因　自一月二十八日夜滬日侵我軍上海防地而後二十九日即總罷工，除去銀錢米三業於三日提前開市而外，其餘各業至二日十四日尙未開市。其不開市之原因也是公共租界不能保持其中立性。納稅華人會於十二日致工部局一函說明之原文如下：

「逕啓者，准南京路商界聯合會及市民聯合會一區分會會銜函開，頃據本路商店會員來會面稱，此次上海事變，因公共租界工部局有便利日方軍事行動之事實而起，以致商業停頓，爲特召集緊急會議，一致議決三項條件如左：（一）須日兵完全退出上海；（二）工部局須收回租界警權並追查失蹤居民，爲納稅人盡保障安全之義務；（三）上列兩項條件實行後，工部局須負責制止日僑不得借詞挑釁，並不再有慘無人道之野蠻舉動。爲貫澈主張，爲求生存，非達目的，甯願犧牲一切，決不開市，希煩

轉知工部局。採取有效辦法，俾可早日恢復，共謀福利爲荷等因，准此，查此次日軍亂滬，事實上由於日軍得有租界之便利而起，任何人所不能否認。本會與各公團迭函貴局，迅採有效辦法，迄未執行，殊爲憂慮，設長此遷延，恐上海之繁榮與中外人之利益直接間接均爲日軍所毀滅矣！准函前因相應函請查照，迅即辦理爲荷。」

停付稅捐　十三日山東路商界聯合會，市民十三區分會，愛多亞路商界聯合會，市民十四區分會，會銜通告商號市民云：「查此次公共租界中立區予日兵以軍事行動之便利，致造成上海空前之紛亂，我華人直接間接所受損害，該租界當道，實難卸其責任。在此商業全部停頓，地方未恢復戰前狀態之時，所有一切捐稅，自即日起，概予停止付納，一俟地方恢復原狀，再由公衆商議辦法。特此通告，仰各查照是要。」

由上面的種種，固然可以看日本之橫暴，也可以看出工部局以及各國都無力制止日本的橫暴。眞正的禦侮責任，還得我們自己負担啊！

乙　四國調停

上海租界雖有歐美各國僑民，但人數之多與經濟上商業上關係之重大，均以日英美三國爲主

體。自去年九月十八日日本佔據遼吉而後，抵制日貨之風潮日漸擴大，英美對於中國之商業很有進步，中日在上海發生戰事，英美的商業要首先受影響，所以他們絕不能輕輕放過。但以兩國現在社會經濟上的種種關係，又絕不願以强硬手段對付，所以只有抗議與調停。

英美抗議　英美平日在國際關係上，本是不合作的，這次上海事變發生，因利害上之種種關係遂趨一致。一月二十八日滬變發生之後，二十九日，英國即照會日本，希望日本不先商諸有關係各國政府，不在公共租界內取何種行動。同時將此意通告美政府，美政府亦致同樣之照會於日本。三十日英美並請意法一致行動。日本亦復英美，謂使日本軍隊不以租界爲攻擊根據地。英美同時並命駐馬尼剌及香港之艦隊來滬。法意衞各國亦陸續派艦來滬。

英美領調停　三十日日本復英美照會之後，駐上海英美兩國總領事爲避免戰禍計，於三十一日在英領官舍約日海軍司令鹽澤，總領事村井，及上海市長吳鐵城，十九軍師長區壽平及英美防軍司令與工部局總董等，酌議停戰三日，乃以日不守約（詳第八章）而無結果。

四强調停　當二十九日日本飛機四處擲彈炸毁京滬路北車站及商務印書館，事變擴大以後，英美即一再商洽，復得法國取一致行動，於一日分别向日本再提抗議，謂日軍在滬行動，破壞國際權益。

日本當復以日兵之行動，並未越出必要範圍。二日英美並聯合法意兩國向中日提出具體辦法五條請中日兩國根據所開條件立即停止各軍事行動。五條件如下：

（一）雙方停止暴力行爲；（二）雙方此後勿再有動員或準備任何敵對行爲；（三）所有各接觸地之作戰人員各自撤退，（四）設立中立區，分離雙方作戰人員，以保公共租界，該區由第三國軍警駐防，其辦法由領事團議定；（五）兩國一經接受該項條件後，不先提出要求或保留，即根據非戰公約暨十二月九日國聯議決案之精神，在第三國觀察者或參與與協助之下，迅速進行商議，以解決一切懸案。

我外部於四日照復各國表示完全接受，惟將中立區域及中立者字樣改爲和平區域及第三國等字樣。照會原文如下：

「爲照復事，接准貴公使照會，將貴國政府對於解決現在事變之各項提議，通知中國國民政府，國民政府於懇切願望嚴格遵行足以保障世界和平，暨國家主權獨立及土地行政完整之國際協定義務，對於貴國政府所通知之提議，特行接收。再者各友邦對於遠東時局，旣有極大之關係，不僅爲和平之一般利益計，爲各友邦所共同簽字上述國際協定之尊嚴計，中國國民政府熱望各友邦與其以觀察者之資格，不若以參與者之資格，參加將來之商議。至提議中第四節所用中立區域及中立者字

樣，國民政府所欲指出者，即該項字樣，殊不適用於現時中國方面之情勢，故提議分別改爲和平區域，及第三國等字樣相應照復查照爲荷」。

日本對於四強提議之五條，拒絕第二第五兩項，對於東三省案尤不容第三者參加。據路透社四日東京電，該復文之內容如下：「日本答復列強五項建議之文，今晚六時已由外相芳澤送交英美法大使。文中接受第一項雙方停止暴烈行動，拒絕第二項不再作敵對行爲之準備，第三項中日交戰者從上海境內互相接觸之各點撤退，第四項設立中立區域，由中立國人擔任警衛，以保護公共租界，其布置由當地領事當道爲之，均經完全接受。第五項立即開始無條件談判，以凱洛格非戰公約及十二月九日國聯議決案之精神，並以中立國視察員之襄助解決一切懸案，經拒絕。文中謂日軍知華軍人立即完全終止危逼與擾亂行動，則日軍亦允停止敵對行爲。惟中國正式軍與便衣兵如仍倔強，則日本不得不保留行動之完全自由，因往日華人所作之危迫與現局之嚴重，日政府覺完全放棄動員或敵對之準備，實不能解。如有必要，日本不反對由日總領事及日軍司令加入關於分開雙方軍隊，在閘北區設立中立區域之協定談判。所謂中日各懸案，殆包括滿洲問題在內，日政府視滿洲問題與滬案全不相關，滿洲問題將依十二月十日國聯行政會通過之決議案辦理，且不接受中立國視察員之襄

助以解決關於滿洲各問題，爲日政府已定之政策，故列强之第五項建議實不能接受云」。

美國得日本復牒本擬再與各國商提二次和平辦法。日本竟於六日發表聲明說明其增兵上海之理由。據路透社七日東京電其主要點如下：

（一）日本陸戰隊與人數十倍之華兵相敵，亟待換防。（二）日本出兵與他國增兵同一目的。（三）日本行爲將以保護其利益及在滬三萬日人安全並行使日本在租界防務中之責任爲限。（四）如華兵不阻撓日兵行使其職務，則日本不攻擊華兵。此文在倫敦巴黎與日內瓦三處同時發表。並聲明上海事件與滿洲問題全不關聯。

其海相大角並倡上海當做天津成例由國際協定於若干里內，中國不能駐兵。自此，列國知日本之不可理喻，亦不向之再提調停辦法。惟由英美法三公使至滬爲個人之調停而已。

日本之干涉謬論　日本見列强莫如之何，乃再進而倡干涉之謬論，並指五大商埠不設置軍備，而以放棄五埠以外之領事裁判權爲餌。據路透社八日東京電，此謬論之內容如下：

今晨日外務省發言人陳說一種提議，衆認此爲試探各方面意思之性質，其提議之目的，據謂在特殊方面上永遠解決上海問題，而在普遍方面上則永遠解決中日問題。外務省之提議，簡言之，即主

張在中日各重要商埠：如上海漢口天津廣州與青島五處，四周設立不置軍事設備之區域，各廣十五哩至二十哩是。外務省並建議滿洲亦可解除軍事設備，不過滿洲境內紀律較佳之華兵一部份，可編成警察耳。外務省發言人於陳說上述提議時，自認此種提議與華盛頓會議所定之計畫，即目的在以外人不干涉政策，聽令中日設立穩固政府者相背馳；但謂十年試驗已證明此項政策之無效力，今欲獲到所希望之結果，其唯一方法，即在以干涉政策代替不干涉政策，此法終必有益於中日，尤以商界為甚。依渠見解，中外皆可獲益，但中日受益將甚於列強，故此提議為解決目前上海爭執之國際會議將來或將正式談及者，將有與九國公約之同樣目的，不過從不同的立場以達此目的，而代替九國公約耳云。發言人又謂：在都邑四周設立無軍事設備之區域，可制軍閥之死命。中國之不穩定，實軍閥為之厲階；軍閥現據都邑以自肥，若軍閥之活動僅以鄉區為限，而不能盤據要邑，則將不能存在。是以最受益者，厥為中日商人；因彼等可經營其事業而無所擾也。此議乃道德上程序，而非政治上程序。首先有疏通各國輿情以贊助此議之必要。依渠意見：如列強除在此無軍事設備之五邑外，自願放棄中國他處之領判權，則中國當可依允此議也云。發言人又謂日本現尚未正式探詢列強對此之意思，但已訓令駐外日外交代表覓取機會正式的或非正式的提倡此議。但日本並無久駐兵於上海，直待各國

對於此事有所協定而後已之意。在滬日兵，俟達到其目前目的，即保護日本利益及日人生命後，即將撤退。日政府固亟欲避免目前戰爭之延長也，日本亦無欲在上海開闢日人租界之意云。

我國得此消息，即於九日由外交部長羅文幹發表談話，嚴斥其海相大角及外交當局之提議。其原文如下

日海軍大臣大角，近倡上海應照天津成例，由國際協定於若干里內，中國不能駐兵，以免除將來糾紛之說。日外交當局，復有上海漢口天津廣州青島五埠周圍十五至二十英里，中國不得駐兵，又東三省中國不得駐兵，或僅駐小部分軍隊，專司警察職務之提議等情。查上海為中外和平通商重埠，數十年間中外均能相安。上海得有今日之發展，即其實證。此次事變純由日兵利用租界攻擊中國軍隊所造成，其責任當由日本負之。中國軍隊守衛中國領土，係最正當之合法行為，斷無因日兵違犯條約無理侵略之軍事行動，反使中國放棄領土以內之生存自衛權之理，此實破壞迭次經國際條約保證之中國行政權之完整；至和平區域純係臨時隔離兩軍衝突之設置，事後立即取消。設日本在上海更得一表面通商之軍事根據地，扼京滬交通之咽喉，則以後上海更不能安全。此不特有碍各國之商務，及其一切在華利益，而且為破壞遠東和平之一主要爆發點。此層應為各國政府人民所共同認識清

楚者。至所傳日本外交界對於上海漢口天津廣州青島五埠，自十五至二十英里以內，中國不得駐兵，與東三省不能駐兵，或僅駐小部份軍隊，專司警察職務之說，更屬駭人聽聞！在上海一隅，尚屬不可，理由既如上述，何況他埠與東三省！是直剝奪中國全部之生存自衛權，及獨立國一切法律上應享之權利，與保障任何地段接近侵略最便利之一國之宰割，世間任何戰敗國均不能簽訂此項苛刻自殺之條件。況中國並未對任何國宣戰，關於東三省問題，且有國聯迭次議決案之保障，以證明公理是非之所在。總之，日本破壞非戰公約，國聯盟約，及華盛頓九國條約，武力侵略中國領土，而無辭自解，乃欲以國際利益聳動各國，不知其用心與結果，全與國際利益相反。吾深信國際間正義猶存，各友邦均能認明是非利害及其條約上之責任，決不爲此別有用意違背事實之宣傳所動。至於中國政府之穩定，係中國內政問題，中國人民自能決定。至所謂中國商民歡迎此項主張，吾知愛國商民，必聞而義憤填膺，乃日本外交當局反稱此主張爲道德的計劃，吾不知以强凌弱而反誣弱者爲侵犯强者，並不任其有生存之保障，國際間有此道德典範否耶？吾欲世界認識今日之中國，已非一九零一年之中國。國府斷不能簽訂三十一年前時代落伍之條約，此余敢負責代表聲明者也。」

丙 國際聯盟與此次戰事

四閱月來，國際聯盟會議的唯一主題是中日問題。當一九三二年一月二十五日國聯理事在日內瓦開會的時候，正是上海中日問題緊張的時候，故在會議席上由顏惠慶與佐藤辯論東三省問題及上海事件之後，主席彭古謂行政院勸告雙方立即採取必要方法，以免擴大。二十九日行政會開會時，我國代表顏惠慶援用會章第十條及第十五條（參閱附錄三）請行政會立即開始調查，並依照調查所得行事。當時日代表很有爭論，但卒由國聯接受。日政府且欲以此退出國聯，並譏我國為輿地上之名詞。當日之辯論及消息在中國外交史是一種重要資料，茲錄於下：

路透社二十九日日內瓦電　國聯行政會今日集議，中代表顏惠慶博士關於中日爭案事，以中政府名義正式援用會章第十條與第十五條。按此條文行政會必須立即開始獨立的調查，並必須依照調查所得行事。中代表此舉，使全部事態為之驟變，行政會顯為之震動。一般人皆承認中國之援用會章第十條與第十五條，已置行政會於困難之地位，行政會勢將用其所有力量以覓取可不損毀國聯威信之解決辦法。主席彭古在行政會公開會議時，首先聲明列強業已用其能力以阻止事態發生，如目前不幸發生者之變化。繼言及昨日宣讀之宣言文中任何解決法，凡與國聯會章抵觸者，國聯不能贊同等語。末謂局勢因中國援用會章第十五條現已更變，但國聯之手續與努力，仍斷續有效。中國

既已訴諸第十五條，行政會唯有依此條文行事，行政會不能諉卸會章下之責任，故吾人今須請祕書長陳述所應採之途徑云。顏博士稱：日本施用武力以覓取中日爭執之解決之行爲直接違反會章，故中國覺有訴諸會章第十五條以鞏固行政會手腕之必要。顏博士旋宣讀關於日軍侵略上海之來電，並聲明日本必須負全責。佐藤答稱：時事之發展，未許行政會結束中日衝突，殊可扼腕！但過失不在日本，中代表所宣讀之電文，似謂日本水兵無故攻擊上海，但日代表團所接官場公電，則所言不同云。佐藤乃宣讀上海來電，詳述上海事態發展之由來，據謂日僑受危害，故水兵登陸以資保護；但在途中爲中國正式軍隊所攻擊，日兵司令部繼亦被攻擊，日兵乃不得不採自衛行動云。佐藤又聲明日本水兵之登岸，係根據外國海軍司令之勸告。佐藤言及會章第十條，謂中國以日本不接受公斷爲言。但日本不願接受任何國之公斷，故日本未曾承認國際法庭條例中關於公斷之一條云。佐藤繼言及中國指責日本破壞中國領土完整之行爲，謂關於此事，不幸遠東已有前例多起，日本並未首開其端。如一九二七年砲擊中國土地，而日本獨未參加是。中國今訴諸會章第十五條，以代第十一條，已將使局勢迅速變更。不知行政會能同時在二條會章下辦理此問題否？上次議案之有效與否，繫於行政會之決定，渠以爲宜令國聯調查團稍後起程，以待行政會決定此點。中國不欲以直接談判謀取解決，但昧然

於會章第十五條而將此事提交行政會。渠以爲此事宜繼續於會章第十一條下進行。渠未見現所提出之公文與報告有可使顏博士於第十五條下提出其案之充實理由，渠勸顏博士準備新文書之提出。中國曾欲以直接談判謀與日本解決平直接談判之可能尚在，奈何遽援用會章第十五條云。議長彭古答稱：根據第十五條的呈請是否正當之問題，非行政會所可決定。法學家委員會以日人安達爲主席者，曾判定行政會不得考慮此問題，行政會惟有根據呈請而行事耳。根據第十五條之呈請，並不推翻以前根據其他條文之行爲與手續或決定，蓋第十一條與第十五條並不彼此抵觸，而根據第十五條之手續，並不使行政會不得繼續其和解努力。故行政會顯然必須接受中國之呈請。今首先需要者，在覓取消息，及關於事實之眞正認識云。彭古發言至此，乃詢祕書長德魯蒙曾否考慮渠所可主張之辦法。德魯蒙乃起而對於第十五條有所陳述。並希望中日代表供給詳細報告，附以公文式之證據，及必要與最近的實際消息。繼謂渠擬於明晨提出關於手續之辦法。但渠或須請求扶助，以覓取務必公允的必要情報云。日代表佐藤聞議長之言後起稱：渠不完全贊同議長關於第十五條手續之解釋言論，渠以爲現已發生之局勢，至爲嚴重，或將礙及世界和平。行政會已有嚴重的決定，而負重大的責任。渠亟欲糾正手續，故提議研究此事日內向行政會陳述意見云。彭古答稱：行政會決不於明日閉會，

故日代表可於數日內向行政會述其意見云。議長於此乃發誠摯之言，結束一場討論。請中日代表各電致政府，制止再有可致生命死亡或造成不可收拾的時局之一切行動。並聲明行政會甚密切注視時局。佐藤答稱渠願欣然將行政會之言轉達日政府；但中代表今日之舉動，已使複雜而危險的時局愈臻惡化，並使解決愈感困難。但渠願照行政會志願勉力從事云。顏博士亦以願將國聯請求轉致中政府爲言。議長遂代表行政會向中日代表致謝。此後行政會遂另議其他事件。

路透三十日東京電：政府發言人今日聲稱日本有退出國聯之可能，如國聯竟援用會章第十條與第十五條，日本或將出會。政友會未握政權時，曾通過一議案，主張如國聯堅持其不合理之態度，則日本須退出國聯。發言人又謂國聯仍認中國爲有秩序而負責的國家，深爲可惜；實則中國者，不過爲輿地上名詞耳云。

三十一日我代表並報告國聯，我將採有效自衛方法，請即以有力之行動制日。二日國聯命上海領事團調查滬案。同日下午五時上海調查團在英國總領事館出席開會。出席者有英法德意臘威西班牙各國總領事，主席意國代辦兼總領事席亞諾，祕書長哈斯，美國以未加入國聯，其總領事克銀漢以領袖領事資格供給有關係之各種消息。五日深夜將調查報告電致國聯，於六日送到。報告內容頗

不直日所爲（參閱附錄一）。八日下午五時國際公開會議，應我國代表之請求，將滬案報告未公布。但九日繼續會議，討論達數小時，顏惠慶報告日在上海暴行謂事勢至此，中國若再退讓，則將碍其國家生存。佐籐則以我抵貨爲言。辯論多時，主席彭古草草結束，謂行政院現亟希望中立軍所防守之中立區域，可迅速實現，俾可停止敵對行爲，而維持秩序。但實際上不曾通過一議案，事遂擱置。十一日我國會依據會章第十五條請求召集特別會議，但各理事考慮未決。須俟十五日理事會公開會議時決定。但我國的態度，則由顏惠慶在軍縮會議中表示得明白。據路透十三日日內瓦電：中國總代表顏惠慶博士今日在軍縮大會演說，畧謂吾國與國民在今日存亡危急之秋，不欲向他國乞憐，亦不欲向他國求援。吾人唯要求簽字於莊嚴條約之各國履行其所擔負之義務耳。中國有四千餘年之歷史，經歷多次風濤，輒能化險爲夷，故敢信此次仍能渡登彼岸也。中國願贊同一九三一年十一月七日國聯議會所提出以軍備休戰爲軍縮大會初步之建議，惟中政府之意見，以爲此議與軍縮大會本身之命運，皆繫於遼案之結局。今日中國人民之痛心於軍備問題，視在會之任何各國爲切。此次抵禦外來極殘刻侵畧之奮鬥，其結果必能決定中國將來所擬進行之軍備政策。吾人在原則上贊成各種方式之軍縮。西門爵士曾提出二原則：一爲縮減與限制軍隊；一爲分別軍器，其原意供侵畧之用者，應加廢除。中

國贊成此二原則，巨大戰爭機械之危險，已昭然若揭。一九一四年歐洲因此產生帝國主義，而貽大禍於世人。今日亞洲復因此產生帝國主義。近數月來，痛苦之經驗，已表明新時代戰爭之引擎，使攻擊佔完全之優勢。尤其爲突然與不宣而戰之攻擊，大戰艦坦克車重砲隊轟炸飛機，吾人於戰爭中已盡見之。保障會員國免除戰爭，與保障會員國免除其土地完整或政治獨立受有侵畧之國聯高尚目的，已爲所敗矣！

顏博士又贊助泰狄歐所發僅軍縮不足保障和平之宣言。繼又畧述遠東之地位：謂中國曾嚴厲遏抑人民之憤懣，故在四個月緊張中，中國自轄之土地內，未嘗發生滋擾一個日人之案件。吾人曾聞東三省有土匪爲患之說，敢請公正之觀察員舉事實以明之。近者日軍復攻擊上海，吾人曾請國聯加以干涉，今非俟民衆深信國聯不特僅具一機關，且具有權力，而於事實昭彰時，復有施用權力之勇氣，則決無安寧之可言。

顏博士於其結論沉着言曰：諸夫人與紳士，君等對此擬何所爲乎？其國聯會章與巴黎公約任其作片片碎乎！君等其將維護諸條約之尊嚴乎！抑和平機關將令破壞，而十年前推倒之野蠻勢力將令復其舊位乎！軍縮大會之成功，全賴諸君對此數問題之回答！

第八章 淞滬戰紀

此次中日淞滬戰爭之原因及其與國際上之關係，已見前七章。本章只述自一月二十九日至二月十五日之戰況。惟編者非軍事家，不能將關於此次戰爭策略上之一切，爲詳密的叙述而論其得失。這裏所說的，只是呈現於外面的事實。

日軍之準備　日人之圖謀上海，不止是爲上海，前面已經說過。他們以爲上海若得手，則與中國爲城下之盟，無求不得。所以自上海所謂日僧事件發生以後，日海軍省即準備調兵遣將，以期一戰。據日人電通社二十八日之消息，日海軍省有下列之申明及舉動。

一　海軍省關於上海事件之對策：廿六日增派軍艦，昨晚七時復發表聲明云：中國各地之排日運動，根底於多年釀成之排外思想；非一朝一夕之故。滿洲事件以來更加激烈，爲世人所週知。而日本海軍穩健自重，努力保護日僑及擁護權益；至於上海事件，國民政府對於日本合理的妥當的要求，毫無誠意，不肯承認。以如此手段壓迫日僑，據最近情報，以正式軍隊對於日本爲對敵準備。日本海軍望中國停止此種行爲，前已增派驅逐艦四隻及特務艦能登呂。二十六日復增派水雷戰隊及陸戰隊。日本海軍雖望事態之和平解決，萬一國民政府不肯反省，不停止不法行動，日本於自衞上，不得不採適

當之行動，以保護日僑及擁護既得權，以期萬無遺憾。

二　海軍省因上海形勢更形險惡本日下午二時對如下各艦隊發待機命令．(一)第一航空戰隊航空母艦「加賀」「鳳翔」，又第二驅逐隊本隊司令官加藤隆義少將。(二)第一艦隊第三戰隊巡洋艦「那珂」「阿武隈」「由良」，司令官掘悌吉少將。據聞航空母艦「加賀」現泊在佐世保。「鳳翔」及第二驅逐隊定明日由橫須賀開往佐世保。「那珂」「阿武隈」兩艦亦於明日由吳赴佐世保等候出動命令，（二十八日日聯社電）

從上面的兩件消息看來，日人之決心啓釁昭然若揭。我國當局不明此意，以爲上海市政府完全承認其要求將抗日救國會封閉，將各地反日標語洗淨，（二十八日上海租界外之此項標語，均經由警察洗去）即可以免去戰禍，實是不思之甚。

日本因爲在東三省佔得便宜，以爲上海也和遼吉一樣，只要用軍械一嚇，便可以垂手而得。所以二十八日日海軍司令鹽澤竟向英美海軍司令說：四小時即可佔領閘北，絕不擾及租界，所以最初之數日，除了派遣軍艦及飛機外，正式陸軍不曾加入。自二十九日攻擊閘北大敗之後，知道海軍陸戰隊之無濟於事，而又不願自丟面子（此面子問題，在日人看得最重要，所以屢次戰敗，還屢次申言要中

國自動撤兵）於是由日領村井一面向英美領事請求調停停戰三日，一面電本國請援。截至二月十四日止，據申報所載日軍在滬之概數如下：

（一）原有海軍陸戰隊一千二百名，（二）自事變發生後陸續派遣來滬有兵艦十七艘，兵數八千五百名。（三）二月四日加派陸軍一師團約九千人。（四）六日至十日上海丸及長崎丸儎運陸軍三次約八千人。（五）十一十二兩日到陸軍一萬。（六）便衣隊在滬約有六百名。（七）十三日到日兵五千餘。（八）十四日到第九師團二萬五千人。

總計日軍到滬者六萬餘人，利器尤夥，但自開戰至今，除去殘暴的虐待人民炸毀民房而外，從未得勝一次。死亡數目達一萬餘。此次戰事之失利，日人初欲掩飾，但死屍裝運回國，終不能以一手掩盡天下人之耳目，至最近其本國新聞亦自認戰敗。十五日申報云：大阪每日新聞載上海柿本特派員電云：「此次上海市街戰因我陸戰隊毫無經驗海軍行動，大受挫折。而便衣隊之活躍，實如猿猴不易捉摸。航空母艦之爆炸機，無論何處不能發揮其威力，其後戰鬥艦所發之爆彈，擴大被害區域，彈片飛散租界，因此連日空中爆擊雖烈，但能登呂水上偵察機絕對不能發展。陸戰隊因被便衣隊之擾亂，亦束手無策，蓋內地（指日本）所訓練之戰術，與上海之市街戰，太異其趣，我軍之死傷者，遂日漸增加。」

當日本在上海啓釁之初，固不曾想到駐上海十九路軍有如此之威力，但以既經開釁，絕不能中道而止，於是在緩兵的期間（即英美領調停停戰之期）以海軍威脅南京。無如此時之南京，已非首都所在，縱有威脅亦無用處，而況並無結果！日人以計不得逞，於是汕頭漢口之海軍陸戰隊登陸，且以飛機赴杭州鎮江示威。在他們的想像中，以爲如此一來，我國非屈服不可；無如事實適得其反。其中隊長米丸大尉覺自殺以促鹽澤司令挽回失敗之名譽。於是乃於四日改派野村中將代鹽澤爲攻滬海軍司令。可是鹽澤攻滬一週，報告清册上不過死傷二千五百人，野村代他兩週，其報告清册中若有死傷一欄，至少要塡上鹽澤所報告者之四倍數目。最近且鬪親與濟南慘案之植田師來以期作孤注之一擲。然而我軍前綫士兵，以該師曾慘殺我外交官蔡公時，聞其來，更莫不切齒痛恨，誓死復仇。其結果又須將其所謂大和魂之精華用麻布袋裹上輪船也。（日兵死屍均兩人盛一麻布袋中由輪船裝回。）

我軍之抵抗　我軍開初擬不抵抗，只以日軍進逼得太快，爲自衛計，不得不出於一戰，這事有一三十月日時事新報之兩則新聞爲證。

（一）前晚軍部會議　二十八日市府將覆牒於下午二時送交日領署後，因四項條件已完全接受。日領口頭向市府祕書長俞鴻鈞表示亦認爲滿意，人心稍定。同時警備司令部方面又接到南京來

電令將十九路軍後退閘北等處。防務改由新自南京開來之谷正倫部憲兵擔任。蔣光鼐蔡廷楷戴戟等接電後，卽於晚間十一時召集全體軍官於龍華會議，席間多數軍官均極憤慨，願誓一死；旋以本埠形勢已轉緩和，雙方衝突，或可倖免，決遵令辦理。會議畢，三氏及各軍官紛赴閘北等處準備後退，時已十二時左右。詎正在此最危險之一刹那間，日兵竟開始進攻，我軍以守土有責，毅然抵抗。

（二）蔣光鼐任指揮　日軍自前晚十一時開始越北四川路，向閘北進攻。當經我國軍奮極力抵抗。昨向我軍事當局探悉：此次除七十八師一部份兵士開往天通菴附近作戰，十九路軍總指揮蔣光鼐，亦在滬擔任指揮事務。以該部職責，爲拱衛京滬治安，故該軍中下級幹部官佐，對日軍之挑釁行爲，非常憤慨，業全體一致主張，決堅決抵抗到底，不稍退讓，仍由軍長蔡廷楷總指揮蔣光鼐，分別負責統率。全部兵士願將熱血爲國犧牲。刻淞滬區內兵力除原有配置外，現正火速調遣部隊，增厚實力云。

最初抵抗時之情形，二月三日上海時事新報載有該軍首先參與之張君嵩團長言之甚詳。茲錄如左：

「自日軍陰謀侵佔我上海閘北，於念八晚十二時用陸戰隊全力向我閘北猛力進攻，幸我十九路軍第七十八師一五六旅第六團以全力決死抵抗，方使日軍陰謀，技不得逞。昨因戰事稍停，記者特

往該團部謁見張君嵩團長，詢該團首先抗日作戰經過情形。蒙詳為見告云：

「敝團成立未滿二月，多係新兵，故由江西開駐崑山太倉等處後，正加緊訓練中。上海閘北，原係財政部稅警第二團駐防，後該團奉命改編，敝團始於一月六日由太倉移來接防。第三營駐閘北，第一二兩營駐大場鎮。兄弟廿奉淞滬警備司令戴委兼上海軍警聯合辦事處主任，指揮北站憲兵一連，鐵道砲隊一排，及警察第三六兩隊，與各保衛團等兵力，負閘北治安完全責任。自一月二十日日浪人縱火焚燒三友廠後，兄弟為維持閘北治安起見，乃調駐大場之兩營，增防并在華租交界處，沿淞滬鐵路一帶之寶山路，虬江路，橫浜路口，廣東路口等處，裝置防禦工事，嚴密戒備，以防日浪人暴動。至念八晚十一時三十分，忽據報日海軍陸戰隊陰謀侵佔閘北，乃一面急調第一二兩營由北站至青雲路一帶預備在防禦抵抗線增防，合共兵力不滿千人。一面秉承我蔡軍長蔣師長翁旅長等各高級長官指揮，至十二時，我軍佈防尚未完畢，日陸戰隊已傾全力來攻，幷以鐵甲車十餘輛，炸彈隊，機關槍隊等分向我防線猛力衝犯，共有五六次，壓迫情勢，殊為危急，幸我官兵人人死力抵抗，卒將日軍擊退，傷斃日軍千名。獲鐵甲車五輛，繳械及俘虜無算。我軍傷亡三百餘人。」

我軍軍械當然不能與日軍者比，就常情言，我無勝日之理。然而二十日來，無戰不勝，其中最大的

原因是我數十年來被日本橫蠻欺壓得無路可走；去年以不抵抗而失遼吉，尤使血氣男兒忍不可耐。所以十九軍抵抗之始各級軍官即立遺囑，誓死作戰到底；而民衆之接濟尤爲歷來所未有。此次我軍戰鬥力之强，臨陣之勇武，不獨歐美人稱讚不置。就是日人也一樣地稱讚。十四日上海日報詳載日報紀載說：「大阪每日新聞六日載戰事消息云：敵（指我軍下同）之野砲隊之射擊意外正確，（照日文直譯）我（指日軍下同）陸戰隊本部數日來中敵方砲彈十餘發。而我軍因不慣於巷戰，遂遭極大的犧牲。且敵嘗以機關槍向我軍裝甲車之前衛鋒，我若亂射，則敵軍沉默而我軍以爲可放心前進，敵乃乘機衝出，又中其計。此種奇妙戰術，不敵戰法，我軍皆出大部分之死傷者。（均照日文直譯，由此足徵敵膽已寒，直供不諱，記者又查此次戰爭日軍中之死傷者如水雷長航海長隊長艦長等不下四五十人，而我方下級軍官受傷者不過一二人。）又日本時事新聞云：最可驚者，我陸戰隊本部指揮官室內屋頂突然落下敵之八珊砲彈，徼幸萬分，彈竟不炸。否則，我陸戰隊首腦部長官必遭全滅。此亦天佑我軍，然而各長官已驚駭失色，呆若木雞矣！又六日大阪每日新聞載上海岡田特派員報告云：我軍（指日軍下同）在上海互於全線之苦戰，而蔡廷楷軍爲中國之鐵軍，其兵之强可知。故我軍戰況，絲毫不能進展。目下租界刻刻危險，照現在之情勢，徒然遷延時日，增加我軍之犧牲者云。」

兩次停戰　自一月二十八夜至二月十五之十九日間曾停戰兩次。第一次因英美領事之調停於一月三十一日下午六時起停至二月三日下午六時止。此次停戰之因果及破壞停戰之責任，當時上海各報紀載甚詳茲錄於下：

二月一日申報云：「昨日英美兩國總領事，在英領官舍約中日兩方當局，磋商避免戰禍方法。到有區師長壽年，吳市長鐵城，鹽澤司令官村井總領事，及英美防軍司令暨工部局總董麥克那敎，首由吳市長聲述日方起釁經過情形，加以嚴厲之質問；并由區師長質問日方何故違背停戰信約？日方飾辭置辯，但表示願意設法避免戰禍，我方謂最妥善辦法，爲日方首先撤去，英美防軍司令，亦有同樣主張。聞日方尙須請示政府，以三日爲期，目前雙方暫時各不相攻，以待解决云。

「又一報告：蔡廷楷司令之代表吳鐵城市長，日總領事村井，日海軍司令鹽澤，及駐滬英防軍司令佛禮明等，昨晨十時在英總領事署會議中日息戰辦法。英美總領事亦列席。中國方面允日軍如撤退，則華軍亦願退離租界邊線二千米突。日方要求華軍退出之地，須由英美兵佔據巡邏。當時雙方頗爲接近，希望午後續開會議。英司令佛禮明對於日人之要求不肯接受。因租界與閘北有許多小路可通，深慮中日雙方仍起衝突，將令英美兵處爲難地位。是時日方又要求華方撤退砲隊，華方以日方

不得再以飛機轟擊爲條件。日方不允。雙方各執一理，互相辯難，會議歷三小時之久，卒不能獲有結果。於是乃於五時四十五分宣告散會」

一月三日上海時事新報記載云：「閘北戰事，經英美領事等調停，雙方以三日爲期，暫行停戰。據司令部與市政府宣稱：須至今日（三日）下午四五時許，始滿三日之期，乃昨日日軍不守停戰信約，於下午一時二十分復以大炮機槍等由北四川路底一帶向我軍進攻。雙方在狄思威路及天通菴路發生劇烈之戰事。我方亦以迫擊砲機槍還擊。同時有日飛機兩架，在閘北及南市一帶偵察。市政府於事前先得英美領事通知，謂將有日機出發偵察，當時市府且曾口頭抗議；但日方不顧信約，仍出而偵察。旋閘北又發生激戰。市府遂於昨日下午二時許，向英美日三領事，提出正式抗議。其內容首先說明日方不守停戰信約及抗議公共租界不得許日海軍陸戰隊登陸，並通過租界。最後說明所有一切責任，應由日方負之云云。」

第二次爲二月十二日午前八時至十二時之四小時，閘北方面停戰。因閘北方面居民不及遷出者甚多，日在炮火炸彈之下慘死者不少。十一日下午英總領事璧約翰及萬國商團司令部少校皮西，徇法教士之請，商請兩方軍事當局於十二日上午停戰四小時，以使救護；但在停戰期內，日人仍違約

開槍。不過未發生大衝突而已。

四次大戰　自一月二十八日至二月十四日，中日兩軍無日不有戰爭，但多屬小接觸。其每日戰爭情形及與戰爭有關之各種事項，請閱本章後部之戰事日誌。在此十八日中，我軍本着自衛的方針，均止於敵來則殲，守土不棄。故以保守陣綫爲主要目的。日軍在此十八日中曾爲總攻擊四次，但均失敗。茲述此四項之戰況如下：

第一次在一月二十九日：二十八日日海軍司令鹽澤決定於夜半佔據閘北，以截斷京滬威脅首都，卽於夜十一時二十五分無端佔據淞滬路天通菴車站，向我駐軍第十九路軍蔡廷楷部之第七十八師挑戰。結果不能如所預期於四小時內佔據閘北；乃於二十九日，海陸空三路並進，總攻我軍。結果，我軍在陸路進佔日軍司令部，日軍艦炮擊炮台無功，日飛機四處擲彈，被我軍擊落兩架。戰爭之歷程如左：

我國以條約關係，各國軍艦可以駛入領海以及內河之各通商口岸。吳淞炮台灣扼黃浦揚子之會口處，形勢雖極險要，並且設有炮台，但以中國對日並不曾宣戰，國際的關係未斷，不能封鎖海口；所以日艦仍可自由出進。而且我國以自衛爲目的，只要人不犯我，我絕不侵人，所以日艦進口，我吳淞炮

台不發砲轟擊，日運兵至上海登陸，我未加截擊。日飛機在我領空飛行，我亦未加射擊；但日艦於進口時發礮擊我砲台，爲自衛計，當然要還砲，陸戰隊登陸侵我，也當然要還攻，飛機擲彈破壞我軍防禦綫，損燬我民房，我更不得不射擊。此爲我國民當首先明白的。

日本既有條約上之種種便利，所以他們的軍艦飛機可以乘機出入，他們的陸戰隊，可以乘機登陸。二十九日之役，他早已布置就緒，所以一面陸戰隊在淞滬路綫進攻，飛機在眞茹（眞茹有我國際電台一座，極關重要。）及京滬路北站擲彈，一面命軍艦在吳淞口向砲台開砲。

據三十日上海各報記載（一）天通菴之戰：公安局於前晚派第六中隊警士六人，在天通菴路與通記路口所設之沙袋等防禦工程處防守時。至深夜十一時四十分，忽發現日軍鐵甲汽車數部，載日海軍陸戰隊三十餘人。守警詢以口令，日兵即開機關槍，六警當卽抵抗，以步槍還擊。然以衆寡不敵，乃向廣浜路方面退却，并向駐守該處之公安局第六中隊隊長孫謀報告。孫隊長聞訊，當率警士六十餘人應援，無如日鐵甲汽車以機關槍掃射甚猛，歷十餘分鐘，亦不支而退。時天通菴車站，已被日軍所佔。乃於青雲路集合，復得憲兵第六團機關槍隊之應援，氣勢遂又大振。當卽竭力反攻，戰二小時，十九路軍第五團亦聞訊趕至，加入作戰，日兵遂被我軍包圍。至淸晨三時許，攻天通菴火車站之日軍，乃全告

殲沒。并奪獲鐵甲汽車三部，其中一部已毁壞，餘二部尙可應用。至三時半，日軍又有一隊向天通菴車站來攻，我軍復與應戰，日不克而退。於是天通菴車站復爲我軍奪回。是役我軍死傷十餘人，而日軍之死傷，則達百人弱。

(二)估日軍司令部：北四川路一帶巷戰，以川公路與阿瑞里對面吟桂路爲最劇烈，蓋日軍此次進攻閘北，共分三路進攻：一路由江灣路入天通菴路，圖攻北火車站之後，然已爲我軍在天通菴路擊退，並將江灣路虹口公園附近之日本海軍司令部擊毁。一路由吟桂路日小學校內所駐之海軍陸戰隊第二隊，沿該路西進，圖在橫浜路與天通菴方面日鐵甲汽車隊相聯絡。另一路則由虬江路直攻北站，因之北四川路附近如川公路及吟桂路巷戰甚烈。吟桂路於昨晨被我軍圍攻，至昨午十一時半，以該路日本小學校爲根據地之日軍已全數退出，雙方死傷均不少。由虬江路方面進攻之日軍，被我軍擊退至川公路廣東街一帶，巷戰極烈。日兵死傷，橫臥於巷口者，觸目皆是。

(三)日軍退入租界：日軍自節節敗退以後，即向租界方面逃竄，而我軍爲肅清殘餘起見，在華界境內萬難容忍日軍片刻戀棧，故亦節節進展。當時我軍分散取大包圍式，右面向橫浜路，左面向天通庵路，其側面右翼，即向河南路方面進攻。日軍因受嚴重之壓迫，而中途死亡殆盡。後面既無援軍，故竄

得藉空中飛機，藉以助戰。但飛機坦克車兩種利器，均為我軍同時奪取。日方孤軍無援，故殘餘部隊、即向租界方面撤退；而我軍追至海甯路時，即告其請放心，我軍決不前進侵入租界。此時日軍乃從容向北四川路一帶撤退。至入夜八時二十分，北四川路橫浜橋以南已無日軍蹤跡。

（四）擊落日機：昨日日本飛機，到處投彈，破壞甚大。當清晨四時許，晨霧未退，細雨迷濛，即聞軋軋之聲，在閘北南市天空環繞飛翔，約有五架，一日之間，我軍擊落日機二架。一架於昨日午後二時，用高射砲擊墮於寶山路吳淞路車站。又一架為虹橋飛出之航空戰鬥機擊落，因日機由吳淞飛來，天色未明，我軍飛機繼起，彼疑係租界飛機，毫未介意，仍在商務印書館一帶投彈。我飛機見彼實行破壞，遂高飛於日機之上，用機槍射擊，落於太陽廟淞泰長途汽車公司門前。

（五）京滬路北站被轟炸：日飛機拋擲炸彈，第一次即向北車站施放，時在八時左右。第一二兩彈落在車務處辦公室外，未炸。車場道內亦受三彈，未有巨創。麥根路及眞茹方面同時受彈，因我軍轟擊甚烈，乃未得逞。在九時許，上北機車房頂上着彈，當被炸毀倒塌。惟因該屋全係鐵料瓦料造成，致未成災。至下午一時許，上北貨棧亦着彈，爆烈後即時延燒，各貨棧內貨物因受戰事影響，均未及運出，今則全付一炬矣！損失當在百萬元以上。至下午二時三十分，上北車站管理局四層屋頂上同樣被炸，即向

下延燒，漸及下層車務處辦公室時，車場內所停鐵甲車二列，竟亦被炸轟然一聲，車內軍火，遂因而爆裂，以致車站樓屋因受震不支而倒塌，火勢自下午二時半起至十時尚未熄滅。

（六）商務印書館總廠被轟毀：日本戰鬥飛機三架昨日上下午在閘北各區拋擲炸彈。寶山路中之商務印書館閘北總廠及編輯所，東方圖書館，占地八十餘畝，爲我國文化界出版之巨擘。昨日上午十時起，不幸因日戰鬪機頻擲炸彈，頓時火勢爆發，移時延燒全廠。廠址及對面之東方圖書館編輯所等，自晨十時至下午猶晚焚燒猶未停止。下午黑烟繚繞，已滿佈半天，焚燼紙灰，達數里外。四馬路中飄蕩之紙灰，時稀時密，聞逃出之廠工，昨日下午五時至租界言：全廠及編輯所圖書館盡付一炬，大部已成焦土矣！損失雖無切確統計，至少當在一千五百餘萬元。

（七）日軍襲擊吳淞：日本海軍艦隊，前日本已開進淞口，停泊黃浦沿江。昨日十一時許，突駛往淞口外，已而砲擊吳淞砲台，並有大批日軍登陸。我十九路軍與日軍互相搏戰，在下午一時左右，戰鬥極烈，槍砲聲隆隆，如雷貫耳。我軍士氣極旺，頗占優勢。三峽水外洋面一帶，用探海燈徹夜照射。昨晨黎明時。有日艦一艘，由洋面駛來，直駛淞口，開砲轟擊，當彼砲台發砲擊退。昨日下午五時許，吳淞張華浜外灘，突有炸彈一枚，自天空投下，因彈落浦畔，故未爆裂。吳淞口三峽水海面，於昨日午後五時十五分許，

由西南方面駛來日方飛機一架，翱翔空際歷三分鐘左右，希圖窺探軍情。當被我方覺察，立即開放空砲示威，該飛機知事不妙，遂向來處飛去。

（八）日軍之死傷（路透社念九日東京電）今日官場報告：昨夜上海戰爭中死日軍官二人。又訊昨日清晨爲止，日軍傷亡甚衆。據已經調查明白者：在赫司克路與虬江路相近傷少尉一人，士兵二人。虬江路中段傷陸戰隊二人，又在虬江路東面，其第六中隊之小隊長一人，爲手榴彈所斃，又士兵三人重傷垂絕，四人於四肢受創，又第七中隊之中有二小隊，殆同歸於盡。實則閘北參戰之日軍，被我軍擊斃之確數，實在八百名以上。昨日上午六時，日軍用汽車四輛，滿載日死傷兵士五百餘人，經北四川路繞道至匯山碼頭裝入軍艦中。十一時許，又有死傷日兵三汽車，裝赴匯山碼頭日艦，計共裝七大車，人數當在八百以上。我軍爲國犧牲者約百餘人。

第二次大戰爲二月三日至五日　三十日日軍以二十九日慘敗之故，徐圖整理，不再猛攻，只是閘北方面小有接觸而已。三十一日至三日因英美領事調停，約停戰三日，但三十一日晨日本飛機十七架在上海全市飛行示威，閘北方面亦小有接觸。二月一日只兩方步哨畧有接觸，日兵四十餘人登陸佈防，二日正午日本飛機至閘北，眞如四處擲彈，被我軍射落一架。閘北方面更有激戰。日本領事並

通告各領事，謂日前所提之休戰辦法（即兩方撤軍，畫出緩衝地帶由中立國担任防務。）日本政府已經拒絕。三日日領並申言欲佔領吳淞，是日上午，日艦及飛機即向吳淞砲台進攻。結果日艦被擊沉一艘，傷二艘，飛機被擊落一架。當日之戰況如下：

三日十時，敵方突以軍艦念一艘開至吳淞，向我砲台採取半弧形包圍勢，並以機關槍大砲，向我大舉襲擊。我為採取合法自衞計，亦開砲力事還擊。十時槍砲聲大作，當將敵方驅逐艦一艘擊毀，霎時即沉沒。另一艘受砲火重創，不能活動。尚有二艘，亦被砲火擊中，惟創傷較輕，經我方奮勇激戰後，敵艦披靡，重圍亦解。十二時許，敵方飛機十二架，忽由川沙白龍港方面，飛到吳淞，一齊拋擲多量炸彈，我砲台立即向空瞄準開砲轟擊，當時敵飛機一架中砲墮地。其餘敵飛機，以不得逞，仍向川沙白龍港飛去。

閘北方面，日本於上午以飛機十八架，四出擲彈，致多處火起，同時又向北車站猛衝，當被我擊退。市北沈家灣之日軍再向後退，我軍已進展至寶興路。

以上可稱為日軍第二次總攻擊的序幕。

二月四日，日軍下總攻擊令，以海陸空三方面同時猛攻閘北吳淞，結果亦均失敗。（一）閘北方面，日軍於晨間分數路進攻：（1）福生路，該處日軍依儉德儲蓄會為根據，於昨晨五時，向北至新民路進

擊，擬越入頤福里，（該里在寶山路淞滬鐵路南）再至寶山路包抄我駐守車站及界路之軍隊。同時又有一部日軍，匿居附近小樓，居高臨下，發彈射擊，但未獲勝利，反被我軍擊敗。至頤福里之日軍，亦經我軍擊潰，自晨迄午，未有寸進。（2）虬江路日軍數少隊，由飛機掩護，自晨五時進攻，旋卽潰退。飛機因我軍用高射砲射擊，亦卽遁去。（3）江灣路，日便衣隊與殘軍、同於昨晨五時，在施高塔路入虬江路進擊，但該處日軍根據地，已為我軍奪去，故不能得勝。我軍於晨九時，又得駐在天通庵之軍隊助戰，將日軍擊斃甚多。其餘北四川路靑雲路等，均發生衝突，我軍多勝利。（二）北站方面：上午十一時，在老靶子路之日軍，得後方增援，遂大舉進攻我軍防線：先以七生的半之大砲，向我軍猛轟十餘發後，以小鋼砲向我軍防線左右射發，其陸戰一千餘名，卽於砲彈掩護之下，猛力進衝我駐守軍隊防線，意圖佔領北站。經十九路軍士奮力抵抗，迎頭痛擊，始將日軍完全擊退。是役日軍頗抱決死之心，故傷亡人數甚衆，我軍因能避重就輕，損失尚小。惟一至午後，日軍因恨我軍利於巷戰，故極力用大砲飛機，向我閘北一帶轟炸房屋，致黑烟四起，火光燭天。（三）吳淞方面：日海軍司令部昨派驅逐艦二艘，於上午開赴吳淞口，預定計劃，于下午二時，圍攻吳淞砲台，謀完全佔領。至午後一時，日艦卽開始猛力向我防地開砲轟擊，連續不絕，亙一小時之久，因我軍佈置嚴密，盡力固守，迄未得逞。至三時後，日方又調大批艦隊，開至吳

淞，大舉向吳淞口砲台圍攻。同時並以飛機十餘架，在空中拋擲炸彈助攻。我砲台上亦以大砲奮勇向日艦還擊。其砲火之猛烈，爲前數日所未有。惟吳淞砲台一帶，則始終仍爲我軍防守。

二月五日下午日艦隊及飛機仍進攻吳淞，結果仍被我砲台擊退。閘北方面，日更傾全力進攻，并以飛機大砲助戰。天通庵路一帶，雙方激戰後日軍被我殲滅五百餘人。邢家橋路之日軍，被我包圍，全軍覆沒，同時并奪獲戰利品甚多。惟閘北方面被日軍砲擊，火勢燎原，不可嚮邇。

本日戰爭應當特別申叙者爲我空軍之作戰敗日我空軍訓練甚久，且有戰鬥經驗，只因政府未有命令，故未出發。數日來，日軍到處以飛機爲助，我空軍忍無可忍，乃於五日由黃秉衡等通電集合赴援，原電云：「東北事變數月於茲，三省之失地未收，淞滬之慘暴繼演，公理淪胥，舉世憤慨。我空軍繫國民屬望之殷，將士抱敵愾同仇之切，爲國死難，夙具決心，磨厲枕戈，匪伊朝夕，祇以政府負重，冀望和平，以致忍辱牽延，求死不得。茲者領空領土橫被摧殘，寇燄益張，國亡無日。秉衡等防空有責，誓抗强梁，爰用集結，以圖自衛，海枯石爛，此志不渝。凡我國人，幸垂鑒察。黃秉衡，曹寶清，沈德燮，毛邦初，晏玉琮，張廷孟，劉芳秀，楊鶴霄，田曦，黃毓沛，張有谷同叩，微（五日）印。」

本日六時，飛機兩隊十八架抵滬。十一時日飛機隊知吾飛機大隊來滬，竟有七架飛至滬西一帶

偵察，圖炸我方來滬飛機。當被吾方覺察，卽行迎戰，卽在空中用槍相互激戰，當場擊落日機兩架，餘五架則向曹家渡方面逃逸。同時日飛機並有一隊赴眞茹擬炸國際無綫電台，我軍高射砲機關槍步槍等迎擊，當卽擊落日機一架，落於車站南首空地，該機卽着火焚燒。日機師三人，皆焚死。機師所帶之手槍三支，機關槍二架，均已焚壞，機身甚大，祇存骨骼。機頭有「三稜航空機株式會社修理昭和六年七月十八日」字樣。羣衆圍觀者甚衆，均各手携零件，謂以作抗日之紀念。（參閱照片）

第三次大戰爲二月七八日兩日：日軍竭三日之全力猛攻吳淞閘北，終不得逞，只有等待援軍。六日日本援軍四千人到滬（陸路在江灣路，空軍在滬西方面，仍有接觸；八字橋方面之日軍且被我包圍，但只能稱小衝突）新海軍司令野村亦到。乃改變戰畧，一面將閘北陸路方面之戰綫延長江灣車站，一面以海陸空三方面之全力攻擊吳淞，並限二十四小時佔領該地。於七日午前九時起，同時開始進攻。但結果（一）日艦失敗：六日九時許，日方卽將停泊浦東川沙白龍港一帶軍艦十餘艘，及浦江中楊樹浦一帶之驅逐艦六七艘，先後調往吳淞，預備與飛機及陸戰隊等同時會攻。日艦集中吳淞後，因見我砲台前停有外艦兩艘，故未敢向我開炮，恐誤中外艦，引起國際干涉：因此海陸空三面會攻吳淞之計劃，在海軍方面，遂告失敗。（二）陸軍失利：陸路方面，敵軍以前日新到大批陸戰隊內，抽調一部份，

約三千人，分兩路運至吳淞附近蘊藻浜。一路由江灣乘軍用汽車并携鐵甲車十四輛，往張華浜，運抵蘊藻浜。當於十時許向我進攻。我軍翁旅竭力抵抗，戰至十一時半，敵不支而退。另一路則由虹口滙山碼頭，以日本郵船公司及日清輪船公司之小火輪，裝載一部份軍隊，由浦江繞至蘊藻浜登岸，當與原有軍會合。於十二時許，再以鐵甲汽車六七輛，會合殘敵六七百人，再度猛烈進攻。我軍以機關槍及來福槍等掃射甚利，同時再以手溜彈轟炸鐵甲汽車，致日方始終未能得手。(三)日機不支而退：空軍方面，日以飛機十餘架，由白龍港飛赴吳淞，冒雨在天空猛襲，其目的地在毀我獅子林要塞砲台，投下炸彈甚多，但多未命中，僅傷台兵數人。我方以大砲還擊，致敵機不敢降低，同時敵機以暴風雨及稀霧，感受空中氣壓之不便，更因我方砲火猛烈，乃不支而退。

七日日軍雖然全部失敗，但心仍未甘。八日自拂曉起，又傾全力再攻吳淞。除原有之海陸軍兵力，共約萬餘人外；又將七日續到之陸軍九千餘人，悉數分三路開往吳淞應戰，合計其兵力共達兩萬之多。陸路方面以鐵甲車大砲掩護衝鋒，肉搏數小時，結果日軍各路均慘敗。我軍擊斃日軍達千餘名，我并在紀家僑奪獲日鐵甲車二三十輛。而蘊藻浜之役，日騎兵被我用奇計擊敗，幾不成軍。至晚八時許，日軍卽開始向楊樹浦方面總退却。所謂奇計，只是用些平日老百姓都認爲無用的水門汀桶而已。據

上海各報所載此奇計之詳情如下：

水門汀桶殲日騎兵　昨日上午，日軍進攻蘊藻浜，以騎兵四百，並步兵大隊衝鋒，同時日艦開砲掩護，一砲中我陣線，續發一砲亦中。我軍急抵抗此勢如驟雨之日騎兵，利用水門汀桶，堆積地上，向敵滾去，敵馬皆驚而騰躍，不能制止，日軍大亂。我軍乘機由戰壕地窖中用機槍射擊，敵騎兵步兵共死七百餘人，遂敗退。

第四次大戰爲二月十二至十四日：二月七八兩日，日軍竭全力攻吳淞不得逞。九日要收集殘兵，無力向我猛攻，在吳淞方面，圖偸渡蘊藻浜，未成，閘北方面由飛機擲彈，被我擊退，十日畧有進展，十一又歸沉寂；據申報載如下：十日日艦九艘，昨午一時起，在三峽水洋面，以重砲轟擊吳淞砲臺。我軍應戰甚力，四時始止。陸路方面，昨晨二時，日軍數百，偸渡蘊藻浜，被我全部殲滅。上午九時，敵復沿軍工路進攻，經我軍抄襲其後方，敵始潰退。閘北日間甚爲沉寂，晚七時後，敵大隊在猛烈砲火掩護下，由福生路衝攻我寶山路防線，激戰至八時五十分，敵不支敗退。我軍乘勝追擊，陣線進展至虬江路北四川路口。敵飛機昨仍四出擲彈偵察：上午十一時，在靑雲橋被擊落一架，機師二人均殞命。十一日各地戰綫；

吳淞畧有砲聲，其餘各地槍聲亦稀；而日本飛機，則大爲活動，到處拋擲炸彈，威脅及於兩租界，損害最甚者，厥爲永安第三紗廠。

十二日（一）閘北方面：日軍自開戰以來，屢圖大隊衝鋒，破我陣線。因我軍防守鞏固，將士奮勇，迄未攻進寸步。而日軍連日死傷，迄十一日止，先後已達五千人。自知猛攻不足以取勝，由軍事當局會議之後，決定更變戰畧：不惜巨量砲彈，專用大砲轟擊，俾得減少死亡之數，並冀我軍或畏砲火之壓迫而退却。日軍當局自恃用此策畧必能制勝，故於今日下午起，即向閘北方面試行砲火戰策，一方面砲攻天通菴我軍防地，一方面砲攻虬江路福生路一帶我防線。我軍亦同時還擊，結果日軍不支而退。其北四川路底之日陸戰隊司令部及虹橋日本小學之陸軍司令部均爲我軍擊中。（二）吳淞方面：自六時起，日軍即開始向我攻擊，一部日軍圖在韓家橋偷襲，被我覺察，擊斃大半，同時日軍以大砲轟擊淞鎮，惟多未命中。至下午五時許，日軍及便衣隊又圖進攻蘊藻浜，日艦亦發炮助戰，被我軍用手溜彈擊斃多人；而楊樹浦江面之日艦，又開砲轟擊江灣一帶，勞動大學之社會科學院，亦被擊燬，但未傷人。

十三日吳淞方面，日軍利用烟幕彈由蘊藻浜進佔曹家橋，至晚十時竟全部被殲滅。此役我軍奪獲戰利品甚多（參閱照片），斃敵千餘人。軍事當局稱此役爲淞滬開戰以來之第一次大勝利。各報

載其經過之情形如下：

敵軍於十三日侵晨天陰雨雪之際，初以四五百人藉烟幕彈蔽護，在浜南紀家橋偷渡過河，即佔曹家橋，其後陸續偷渡者復有千餘人，將我軍防線衝破，施行強烈襲擊。是時我軍張旅，已由前方趕到，率隊反攻，將敵三面包圍，肉搏數十次，敵抵死掙扎，屢欲衝圍不遂，血戰至入夜十時許，始將渡河之敵，全數殲滅，無一生還。戰鬥之猛烈，爲開戰以來所未有：蓋其間十二小時中，未停息一分鐘也。是役我軍陣亡亦達百餘人。敵屍千餘具，現仍狼藉於曹家橋浜中。現曹家橋方面之敵，已完全肅清。又後方醫院是役作戰之傷兵口述當時經過情形：謂十三日侵晨，敵軍藉烟幕彈，向季家橋偷渡時，我軍駐守之□門□旅之□團一營，即奮起圍攻，三面進擊，愈圍愈緊，敵軍亦死力猛搏，故激戰甚烈。是役敵軍既不能突圍而出，又不及渡河而退，所架浮橋亦失其效用；而我軍遂步逼進，不稍鬆懈，是時但見敵軍進退失據，狼狽已極，於退無可退之時，紛紛落水，淹斃者前後相繼，約五百餘人。嗣有敵方飛機見彼之軍隊被圍待斃，即來天空擲彈助戰，孰意飛機所擲之彈，反落於敵軍叢聚之中，將敵軍炸斃甚衆，當時我軍不啻又多得一助力。故是役敵衆一千六百餘人，幾無生還，至於我軍作戰之勇猛，實由於全體兵士自動用命之功云云。

十四日日軍以吳淞方面失敗改變戰畧，放棄海陸空猛襲吳淞之計劃，改攻閘北，斷我聯絡。故吳淞方面除由軍艦不斷砲轟吳淞鎭以外，並無激戰。閘北方面則分三路猛衝，希圖有一處衝破，以截斷淞滬間連絡，而收圍攻或包抄吳淞之效。其進攻計劃：一路自前晨拂曉五時許起，由蘊藻浜渡河，襲曹家橋，一路由張華浜於七時許襲侯家木橋，另一路則於晚十時許，由閘殷路上端及體育會路夾攻引翔鄉萬國體育場，但曹家橋旣未能襲進，侯家橋日軍被我軍包圍殲滅，江灣路之日軍司令部亦被我軍佔領。

總計四次大戰，我軍無次不勝，但日軍仍不悔悟，仍續調日人所謂最精銳之兵二萬五千人於十四日至滬，十五日正在布置換防，因恐我軍襲擊，用大砲在吳淞閘北轟擊以爲掩護；正式大戰當在十六日以後，我軍殺敵之捷音，當於第二輯中詳告我國民。

戰爭中之損失與日軍之違法　戰爭是破壞之神，生命財產之受損失，自不待言。此次戰爭場，在我國最繁盛之上海市，日軍且用無限制之炸燒政策，我國民損失之重大，尤出意外。損失之詳數，此時無從知道，（約畧估計已達一萬萬以上。）但最痛心者，是日本飛機於毀壞我京滬路北車站的大建築物之餘，且儘量損燬我文化機關。我三十五年經營之商務印書館及其附屬之東方圖書館以及江

灣持志大學，均在日人炸彈火把下成爲灰燼。而吳淞之同濟中公等各大學與眞如暨南大學亦均爲日兵砲火所毀。當商務印書館被燬時，蔡元培於三十一日曾電國際文化合作會數其罪。原文如下：

「此次日陸戰隊及飛機二十餘架，壘在上海之閘北橫施暴行，故意摧毀文化機關如中國最大出版事業之商務印書館，東方圖書館，暨南大學等，均被焚殆盡。同人等謹代表中央研究院，中央大學，中山大學，北京大學，武漢大學，清華大學等，請貴會轉請國際聯合會行政院，迅速採取有效方法，制止日軍此類破壞文化事業及人類進步之殘暴行爲。」

但燬文化機關猶不足以壓日軍之慾，且進而用國際禁用之達姆達姆彈，更進而炸慈善機關，至於其他虐待我無辜人民之事迹，則更不可勝述，茲錄上二事之記述如下：

十二日上海時事新報云：頃據中國紅十字會第七救護隊隊長湯蠡舟，由前方來滬報告：於七八兩日，在吳淞受傷將士乃受有達姆達姆彈（Dum Dum）之槍傷。射入口雖小，而射出口每成極大之裂創，治愈甚難，痛苦非常，所以一八九九年海牙和平會議議決禁止施放。日人竟違反海牙議決條約而用之，其野蠻可謂達極點矣！

同日該報又載中國水災救濟會總幹事辛博森，因日本飛機轟炸災民收容所一事，曾以一函致

該會主席宋子文，及國聯祕書長德魯蒙，其文如左：

敬啓者閘北災民收容所截至一月念六日爲止，共有災民一萬〇三百九十九人，職員四十九人。一月念九日日軍第一次砲轟閘北之後，災民逃走者二千人，留而未去者在八千人以上，食宿照常。二月五日收容所被日本飛機轟炸，死婦孺各一名，受傷者四人，尙有患病正在醫治之災民若干驚駭致死。大部份災民業已逃逸，其遺留收容所者，爲數不過數百，大都爲患病或老弱不能逃走者。次日日本飛機，又轟炸收容所，事後察出災民尸骸四十八具，其中大半爲患病正在醫治者，其生存者遷往他處。二月七日日機又來投彈，收容所內災民，至是遂完全搬出。當照料人員方擬離去時，日本飛機忽又飛回重擲一彈，將收容所左近之房屋炸毁。鄙人曾向日本總領事提出抗議書謂此種舉動，似無必要；且決不合於人道。鄙人並謂居住收容所之人，均係水災區域流離失所之災民，向此等地方施以攻擊，在軍事上實無任何利益。其惟一結果，僅使五十多名完全無辜之人犧牲生命而已。此函曾以一份送達領事團領袖，請其轉致其餘各領，另以一份送達上海市長」。又哈瓦斯十一日內瓦電：「日本飛機在上海閘北轟炸災民收容所，致有死傷」。事經中國水災救濟會總幹事英國人辛博森，函達該會主席宋子文，並電達國聯會祕書長德魯蒙。此電

頃已遞到。

以上為十九日來戰況之概略。為讀者檢閱便利計，再將啓釁以來各方面有關係之事項分條編為戰事日誌附錄於後：

戰事日誌

此次中日淞滬戰事以日人所謂日僧事件為起因，故日誌亦溯自二十一年一月二十日起。

二十一年一月二十日　駐滬日本總領事村井以十八日有日僧五人在殷翔鄉被人毆傷向上海市政府提出抗議提出要求四項。

日僑聚衆暴動焚三友實業社毀北四川路商店。

二十一日　日領為日人暴動事向工部局道歉。

日軍自熱河新立屯進逼新鄉。

日人與臧式毅等協議樹立新國。

二十二日　市政府為日人暴動事向日領提出抗議。

日陸戰隊要求民國日報道歉。

二十三日　日艦五艘抵滬。

日軍在哈爾濱助于深澂攻五常。

二十四日　日陸戰隊登陸。

日航空母艦到滬載飛機一隊。

興城義勇軍與日軍激戰。

二十五日　日領催市長答復日僧事件抗議。
日飛機炸阿城。
溝帮子我義勇軍擊落日飛機。
國聯開會勸告中日勿擴大滬案。
二十六日　上海民國日報停刊。
日本續派水雷隊戰鬥機來滬。
二十七日　市政府下令解散抗日救國會。
日續派飛機來滬。
各地日僑退出。
日陸戰隊在浦東登陸。
二十八日　市政府答復日領全部接受其要求。
日海軍陸戰隊函迫我軍退出閘北，並立施攻擊。我軍正當防衛，日軍敗。

日飛機繞行全市。
二十九日　日軍續施攻擊，我軍抵抗佔日司令部。
日飛機四處擲彈，炸毀京滬路北車站及商務印書館，閘北大火。
上海市商會通告各商家罷市禦侮，三日為期。
日飛機被擊落兩架。
三十日　英美向日本提抗議。
日軍被迫退出華界，我軍限日軍退出租界。
日艦運特別陸戰隊三千至滬。
市政府華人納稅會向工部局抗議日軍破壞租界中立。

日軍大舉攻哈。
錦西日軍盡退。
國都遷洛陽。
蔣介石通電與暴日周旋。
外部照會九國公約國。
京日領下旗離京。
日艦四艘到京。
我出席國聯代表顏惠慶提第十五條。
三十一日　上海英美領事調停暫停戰三日，但虹口等處仍有小戰。
日飛機十七架示威至眞如，被我軍擊落二架。
日本復英美申明不以租界爲軍事根據地。

我報告國聯將採有效自衞方法。
日公使重光葵到滬。
二月一日　上海日軍四千登陸。
上海繼續罷市。
英美軍艦來滬。
英美對日再提抗議。
日艦再下關開砲。
雙城日軍大敗。
英美租界特別戒嚴。
蔡元培等電國聯文化合作委員會謂日摧殘我文化機關，請制裁。
汕頭日軍登陸。
二月二日　閘北日夜激戰。

日軍違約進攻市府向日領提抗議。
國民政府通電自衛。
英法海軍來滬。
法意四强提議停戰計劃五項。
我軍克復雙城。
國聯調查滬案。
汕頭日艦開槍。
福州日僑離境。
二月三日　閘北劇戰日猛撲北站被擊退東嘉興路我軍進展。
日艦砲擊吳淞我還擊日艦一沉一傷。
市政府向工部局提抗議請制止日以租界為軍事根據地。

工部局向日警告。
英美意三領向日抗議。
英美提議日拒絕第二五兩項。
銀錢米業開市。
二月四日　日猛攻閘北吳淞又敗。
日派陸軍一師團來滬。
工部局總董函領袖領事請抗議日軍行動。
上海百六十同業公會反對設中立區。
日海軍易司令野村代鹽澤。
商務印書館停業。
二月五日　我空軍作戰敗日。
日艦隊飛機三襲吳淞敗退。
邢家橋路日軍全隊覆沒。

我國答復四强照會接收提議；但中立區應改和平區。

工部局接收虹口警權。

黑軍克復黑垣。

日軍入哈爾濱。

二月六日　江灣路今晨砲戰，日攻八字橋被我包圍。

日發聲明欲迫我軍撤退。

日增侵滬軍費。

日援軍四千到滬。

義勇軍反攻遼西，日軍又敗。

二月七日　日傾全力進攻吳淞失利。

日軍衝八字橋受創。

國府電全國將士以大無畏之精神，作長期之奮鬥。

日發表聲明：謂與他國同一目的行使租界防務責任為限；如華兵不阻日兵行使職務，日不攻擊華兵；並謂與東省事件全不關聯。

國聯滬案報告送達。

天津日軍越境打靶。

佔瀋日軍提倡舊年。

二月八日　日軍三路猛襲吳淞，敗退。

閘北激戰日軍中伏。

閘北我軍擊落日機一架。

市政府通告各國總領日軍利用租界為根據，損害我不負責。

日外務省高唱對華干涉政策，並指五大商埠不設置軍備。

二月九日 犯淞日軍大部撤退楊樹浦。

外長駁斥日提議。

國聯公開會議，應我國代表之請求公佈滬案報告書。

日前藏相井上被刺死。

二月十日 日軍兩路攻襲閘北敗退，江灣路我奪獲敵鐵甲車。

日軍砲擊吳淞，日艦七艘偸襲被截擊。

市政府答復美總領：申明租界領空主權我國從未放棄。

美英法使爲調停滬案，由南京起程來滬，國聯討論滬案，未通過一議案。

二月十一日 日機炸毀永安紗廠。

日增兵萬人來滬。

日兵焚燬持志大學。

日違反國際條約，使用達姆達姆彈。

市商會函工部局，請制止日軍虐殺行爲。

英政府反對日本增兵來滬。

今晨停戰四小時，救濟閘北戰區難民。

二月十二日 吳淞砲戰甚劇；韓家橋日兵偸渡失敗。

我國向國聯行政院申請召集議會特別大會。

英美衞艦續到滬。

日飛機炸水災救濟會災民收容所，總幹事英人辛博森電告國聯。

二月十三日　吳淞曹、家橋日軍全部覆沒。

飛雷在太陽廟炸落日機。

納稅華人會申明不開市原因。

商聯市民會等通告停付捐稅。

二月十四日　吳淞侯家橋日軍被我軍殲滅。

江灣日司令部被我軍佔領。

日軍第九師團二萬人五千登陸。

吳淞七大學被日兵砲燬。

國聯各國接到國府宣言敘述日本侵略經過，證明戰事責任。

二月十五日　日軍艦砲轟吳淞損害民房甚多。

日軍布置換防時向閘北方面開砲示威。

英美法意四公使於前日到滬。挺運動和平。

國聯發表滬案調查第二次報告書。

第九章　淞滬戰事與中國前途

現在戰事還正在進行，結果如何，自難逆料。不過此次戰爭，為中華民族的命脈所關，戰而勝，固足以提高國家地位，即不勝，亦足以增進民族光榮。國家之強弱，軍事之勝敗，原為事實上之所難免，惟國家無國格，軍人無鬥志，人民無骨氣，斯謂沉淪海底，萬劫不復。此次戰爭，也許其結果大出我們意料之外，然而有此一戰，至少可以使世界各國知道中華民族的文化確有其異於其他國家的地方；使她們知道酷愛和平是中華民族的天性：平時不凌人，不侮人，並不一定是力有未逮，實是由於不願以霸道自處；同時也可以使世界各國知道中國的物質力量雖不足以制勝他人，但充滿全國國民的愛國精神，還足以抵抗外侮；尤其使日本知道中國雖以和平自期，但遇着壓迫過甚時，還能作自衛的抵抗，絕非他們想像中的那樣脆弱，那樣無用。此一戰果不幸而敗，敗而至於中國全部為日本所佔據，我敢說我國民能本此次戰爭的精神於最短時期內恢復之。此二十日來我軍為自衛而戰，幸而不敗，我國民自當懽欣鼓舞，然而一日之勝敗，絕不足以覘國運之興衰。要救中國之危亡，非全國國民動員不可，尤非全國國民忍最大犧牲，持絕大毅力不可。國民而不願作亡國奴，而欲得最後之勝利，祈請讀下列之言論而實行之。

如何赴國難！

強寇蹂躪域內，頗危迫於眉睫，正志士仁人效命之日；亦匹夫匹婦報國之時也。前線迭勝，顧亦安能無所傷亡，莫往投軍補充實力，勢必漸削，此自効之途一。糾合同志，揭竿而起，進與國軍呼應為戰，退負閭里守望之責，此自効之途二。解囊捐輸，錙銖不遺，以裕軍需，以張士氣，此自効之途三。安步當車，則車輛可資軍用，節衣縮食，則衣食可惠災黎，此自効之途四。有一藝之長者，無間鐵工木工，駕車行船，軍中皆有用處，此自効之途五。力足以負荷奔走者，亦可投効軍前，此自効之途六。救死扶傷於前線，看護醫藥於後方，此自効之途七。擅舌辯嫻文字者，宣揚民族精神，鼓吹衛國大義，灌輸戰時之智識，安定浮動之人心，此自効之途八。總之，人非白癡，必有所長，必可致用，謂報國有心，自効無術，非欺人欺天，卽不思之甚耳。（時事新報二月一日社評）

如何歸宿！

中日糾紛將如何歸宿乎，一視錯綜複雜之事實為推移，必至歸宿之日，始知歸宿之所；苟非妄人，斷乎不敢妄言將來，然旬日來之局面，殆已昭告我全國同胞曰：我國已向國民所期望之前途邁進，將以國民力量所能造就之境為止境。

自二十年九月十八日暴日發難於瀋陽，至二十一年一月二十八日計一百三十日，此國難之前期也。一月二十九日起情況驟異，此國難之後期也。當局始以不抵抗，繼以標榜戰而不宣；其實則不戰不宣，不抵抗如故，暴日得心應手，恣所欲爲，國際愛莫能助，徒相委蛇，國民外不能忍受侮辱，內不能駕馭政府，渴思一戰而戰無所自行能所及，止於經濟絕交，凡百期望事與願違，或則憂傷悲哀消沉欲絕；或則憤激怨毒橫決堪虞，各趨極端，過猶不及，固無前途之可言也！雖馬占山將軍孤軍奮鬬，大義凜然，亦無以挽危殆之大局，此爲前期之特徵，蓋始於張學良之坐失關外，而終於吳鐵城之屈服以解散抗日組織。

及二十一年一月二十九日子時，我國第十九路軍忠勇將士，抗戰來侵之日軍於上海閘北，砰然一聲，天地震撼，大局丕變，萬象皆春，蓋國民同仇敵愾，至是而竟得國軍對敵作戰，爲正面之周旋，以一再不抗，一再屈服之卑怯行爲，爲舉世所誹笑者，以十九路軍將士之英勇果敢，努力殺賊，至是而一變舉世之視聽，朝野背道而馳者，先以蔣介石氏之通電禦侮，繼以遷都表示不屈，昨復以國府主席行政院長及軍事委員之名義發表「東電」，傳檄全國將士，以大無畏之精神，作長時期之奮鬥；而中樞對於前線作戰之軍隊，顯然既以實力爲之盡量援助，並聞北方同時準備動員，圖復失地，國民夙昔日軍

人之勇於私鬭怯於公戰者，至是而獲見各領袖之團結禦侮，夙昔憂疑於軍備之不足遏强寇一擊者，以近日閘北之戰而知軍中之大有人在。暴日猖獗，世論改觀，國民至是而報國之意念愈見其奮發，報國之機會愈見其繁多，陰霾播蕩，抑鬱伸張，大局之新氣象層出，蓋與國難之前期迥不相侔矣。

國民之期望，至純一而明瞭也；顧在國難前期，爲國民期望之障者，不在外而在內，上下自成兩橛，互相責難，互相猜忌，相激相盪，各行其是，於是僅有之力量，以互相乘除消殺而等於零。以此禦侮，何侮可禦！以此謀國，何國不亡！今以證之十九路軍之抗命應戰於前，國家中樞改弦易轍，以東電所示者應響於後，於是乎知政府卒以民意爲依歸矣。舉國上下，一致以向國民所期望之前途邁進矣！是誠暴日入寇一百四十日以來最可欣慰之事，而舉國之向前推進，實以此爲發軔。

雖然，禦侮非兒戲，制勝無僥倖，三島雖小，初不脆弱，來日大難，未許一絲一毫之苟且，一時一刻之疏懈。往日我人怨政府之蔑視國論，一意孤行，今日我人却尤不可不知上下一致之結果，無異舉國爲孤注，勝敗與衰，惟視國民之力量如何，以確定其歸宿而已。（時事新報二月九日社評）

中國的出路何在？

我們認爲此一問題在目前已至爲簡單，亦至爲明顯，一言以蔽之：即我民族如欲求得光明之出

略，惟有發動一次廣大的革命的自衞戰爭。

這次十九路軍的英勇抗禦日軍，已經給予我們一個當頭的敎訓，正如鹽澤所曾：「這次戰爭是中國所應受的敎訓。」這種敎訓的意義，卽是我們惟有以齒還齒，以目還目，惟有發動大衆的力量以答覆日本軍閥的暴力；幷爭取我民族的生存自由；屈服卽爲等死，而乞援與求助也爲卑怯可恥的行爲！

日本軍閥的代言人曾說：「中國陸軍在國防上爲無用，不過爲軍閥在國內政治競爭中之工具而已。」而自去年九一八以來，我國政治領袖所一再昭示人民的意旨，亦異口同聲的爲：「我國積弱，軍力太薄，不足以反抗日軍的暴力，惟有忍辱負重，暫時屈服。」然而這次十九路軍的英勇抗爭，竟在國際人士驚奇的掌聲中一勝再勝，使日軍之野心與暴行，終無由得逞，這不僅是證明了惟有以革命的武力，才能答覆日本軍閥的暴行；而其最重要者，尤爲指明了他們對我們政治領袖的說話，都是一片謊言，甚或是別有用意。

不錯，在某種觀察上說，我們的軍備，當然不如日本軍力之雄厚；然而假使我們能發動廣大的羣衆，爲人民武力的後盾，與日軍作持久的苦戰，我爲保守，彼爲進攻。我理直，彼理曲。誰能說强暴者不將

陳尸於我們的足前，又誰說我們民族地位，不將從此提高呢！

當美國華盛頓爲爭取獨立而戰爭的時候，在一七七八年的冬天，敗退福萊河流域。這種艱苦的情形，據有一個法國少年將軍棘斐德說：「不幸的兵士，沒有什麼東西沒有外套帽子與襯衣，也沒有鞋，他們的足與腿都凍成黑的了，軍中常終日沒有吃的。」然而，在官長與兵士的堅忍與僅剩下一個不死的爲公道的信心，美國的獨立終於成功了。又如蘇聯革命的初期，長爲別國所中傷與侵略，有一個時期，蘇聯政府要抵禦十二條戰綫。自一九一四年起經過了六年戰爭，變爲戰爭與革命所疲乏；又爲一九二一年可怕的瘟疫與旱荒殺死了三百多萬人，然而在一種至高尚的堅忍信心，與艱苦奮鬥之下，蘇聯的地位終於日益鞏固了！再如土耳其的復興，莫不經歷險惡的挫折與艱苦的鏖戰，只要我們能以必死的決心與堅忍的信心作百折不撓的苦鬥，我們固何有於日本軍閥的侵略，又何有於當前的國難！

所以要打破當前的國難，惟有變不抵抗的武力爲國家的武力民衆的武力，發動大衆的力量，奮起與日軍作肉搏之血戰。必如此，始能轉變我民族的命運；也必如此，始能奮起我民族光明的前途！（申報二月十一日時評）

附錄一

國聯發表滬領團報告書

第一次報告

上海調查團係由英法德西班牙脳威各國總領事組織而成，以意大利代辦齊亞諾為主席，國聯會運輸暨交通股主任哈斯為祕書長；至美國總領事克銀漢會參加調查團最後一次會議，並閱悉調查團第一次報告書。此項報告書，係本月六日用電報遞送國聯會，其原文如次：

本團受國聯會祕書長之委任，對於上海及其附近所發生之事變，提出報告書。茲以自行搜集之消息為根據，作成第一次報告書，其中所言各節，勢須加以伸引，或就細目加以修正，即此後所生事變亦須另行報告。美國總領事克銀漢對於本團工作，曾加以襄助，本團任務，係將上海及其附近所生事變之原因事實及進展情形，提出報告書。

抵制日本貨物之事，始於一千九百三十一年七月，係由朝鮮事件而起，厥後滿洲被佔而抵制日貨之事，因之加甚，并嚴切執行，日本商務因而感受極大損害。抵貨運動，係由抗日抵貨會予以鼓勵，而中國各種商業團體參加其組織，分為糾察商店，扣留日本貨物，罰款，拘禁（此層對於購用或販賣日本貨物之華人而設）及其他非法行為，受之者雖欲求直於法院，而不可得，此日

本人敵視華人之苦惱思想所由生。厥後中國學生，舉行示威，并要求向日宣戰，致使中國人心，對於日本愈益不滿，而若干暴烈行爲，卽在此極度緊張之情狀下，而時有發生。此外中國人對於日本天皇亦有失敬之處，日本人大爲憤怒，乃愈益要求該國政府採取直接行動，俾彼等所處不堪容忍之地位得以平息。

一月十八日有日本人五名，中有僧人在內，由三友實業社製造廠經過，爲中國人所狙擊，中國人中，有數人大約係最近組織之抗日義勇隊隊員。中國警察到時甚晚，行凶者未及逮捕，被狙擊之日本人有兩名受重傷，僧人一名，旋卽因傷殞命。

一月二十日有日本人約五十名，均爲「靑年保護團」團員，手持匕首及棍棒，前往三友實業社製造廠縱火焚燒廠舍。伊等臨去時，曾與公共租界工部局警察發生衝突，中國警察三人受傷，其中一人因傷致死，日本人三名爲中國警察之槍彈所傷，其中一人，旋卽殞命。同日日本人在日本俱樂部開居留民大會，對於日本僧人被狙擊，以及報紙對日皇失敬事，提出抗議，當卽通過決議案，要求日本政府遣派軍艦及軍隊以便完全消滅抗日運動。日本人示威者半數往見日本總領事，隨至日本海軍司令部，呈遞前項決議案。日本總領事請示威者，將此事交由渠辦理。此時示威者羣赴日海軍司令部，中途與租界警察發

生衝突，巡長受傷者一人，日本官吏曾向租界當局道歉。有日本人七名自行向日本當局投到，經押送長崎審訊以便按照日本法律懲治。

同日下午日本總領事因一月十九日事件，向上海市政府祕書長提出下列各項要求：(一)市長正式道歉；(二)立卽逮捕兇犯；(三)損害賠償及醫藥費；(四)抗日運動應以適當手段取締之；(五)所有鼓動敵視日本，鼓勵暴動及鼓勵排日各項團體應予解散。

一月二十一日上午上海市長答復日本總領事，謂前三項要求準備加以考慮，至其他各項，因有困難，未能予以滿意答覆。日本海軍司令官，旋卽以公佈一件，交報館發表，謂上海市長對於日本人若非予以滿意答復，並將要求各項立卽實行，則海軍司令官決採相當手段，以保護日本帝國之權利利益。此項公佈，並抄送公共租界當局及上海市公安局。

一月二十四日日本海軍援兵開抵吳淞口外；同時風傳閘北中國軍隊亦已增援。是日日本總領事通知上海市長，謂渠若不於相當時期之內接到答復，或答覆不能滿意，則日本政府保留依照情形採取必要行動之權。爾時上海市長，業向中立各國代表聲明準備作最大讓步，藉以避免衝突，並努力勸告當地各界領袖，俾其取銷抗日抵貨會。又以『抗日』二字，被日人認爲侮辱日本國家，卽對於其他國體名稱，有用『抗日』字樣

者，亦擬予以刪去，結果抗日抵貨會被封，其辦事處皆於一月二十七至二十八日夜間由中國警察一一封鎖。

一月念五日日本總領事知會上海市長謂：彼雖不限定時間，但欲於念八日接獲答覆案之概要。

一月二十七日日本總領事通知上海市長，謂次日下午六時，伊之要求當得一滿意之答復；否則日本人將採取其所認爲必要之手段，以實現其要求。

一月二十八日上午七時三十分，日本海軍司令官通知各國駐軍司令官謂如不接到中國方面滿意答復，則明日上午，即開始行動，公共租

界工部局，乃於是日上午開會，決定自下午四時起宣佈戒嚴，此決議由工部局自行負責。此項戒嚴令之宣佈，不啻通知各國駐軍司令官，請其各自守衛其防區也。同日下午上海市長答復日本總領事，尚未戒嚴時，完全承認其要求。下午四時日本總領事通知領事團，謂已接到中國方面答復，書認爲極端滿意。又稱須看上海市長能否將所接受之要求付諸實行，但大部份業已實行，而日本方面一時不擬作何行動云。外交形勢雖屬如是，一般人仍以爲日本海軍當局已決定無論如何，必當有所舉動。當時日本聯合通信社發出稿件，至爲狂熱：謂中國人決無履行成約之意，並預備攻擊日本人；又預言中國人民因反對上海

市長接受日本要求，必起而叛亂，因此種種，公共租界防務委員會，乃宣佈戒嚴以為必要，於是戒嚴令即於當日下午四時起予以實行。查公共租界防務委員會，係由各國駐軍司令官工部局總董，巡捕房總巡，及商團司令組織而成，以各駐軍司令中官階最高者為主席，此項委員會對於各駐軍司令各在其地段以內應取之防務上詳細辦法，幷無命令之權；其職務僅在分配地段，規定防務上主要原則，幷就各區司令之間設法聯絡而已。英美軍隊於宣佈戒嚴之後即各開往所指定之地段，分別布防。意大利軍隊則於二十九日開赴其地段以內。日本地段，包括公共租界東北區之全部，其西北以北河南路為界，依公共租界防務委會員意見：日本地段除前一區以外，尚包含公共租界以外一段地方，此一段西以北江西路及吳淞鐵路為界；北以虹口公園北面為界；東則約略以虹口公園東北角為起點，而至哈爾濱路巡捕房為止。虹口公園一帶日本人居住者甚多，該園與北四川路及狄思威路雖在公共租界以外，然為工部局之產業，習慣上各該處均由工部局巡捕看守。在二十八日晚間十一時事變發生以前，關於此段公共租界外之區域，由日本佈置一層，中國當局似未接到任何通知。而日本人於戒嚴令實行之時，亦未圖謀進據此一區域。但日本水兵在此一區域內工部局所屬各道路上，常設駐守所，以保護其僑民。其海軍司令部，亦設

於該區盡頭處附近，此則不可不知者也。

是晚十一時，日本海軍司令發出兩種布告，並以數份送致上海市長，據上海市長聲稱：此項布告係於十一時二十五分接到。第一佈告聲明戒嚴，謂日本海軍對於閘北多數日僑情形，極為憂慮，決定派附近軍隊至該區內維持秩序。因此日本海軍司令，希望中國軍事當局將駐在閘北之軍隊迅速撤至鐵路以西，而在該區以內，不得留有任何防禦工事。其第二布告則謂保護公共租界起見，而指定之日本地段以內，所有為施行戒嚴令，認為必要之手段，皆將予以執行。

日本水兵及多數武裝便衣隊，先已召集於日本海軍陸戰隊司令部者，至是沿北四川路一帶，向靶子路西進直達北河南路，沿途編為小隊，分列各口弄。至十二時，信號一發，所有隊伍，齊由西北兩方分向鐵路進展，最後一隊約有水兵百人，以裝甲汽車一輛掩護，欲通過北河南路盡頭處公共租界與華界之鐵門，此門可通火車站，而在上海商團防守地段以內，日軍一至該處，即為商團所阻止。

中國軍事當局，是時幷未曲從日本海軍司令之要求而撤退其軍隊，即使中國決定允許日本之要求，而匆促之間，欲將其駐防區內之軍隊立予撤退，在事勢上亦難辦到；且自數日以來，事變迭出，形勢極為緊張，在如此情形之下，中國當局，咸慮日本將有廣大之軍事行動，而日本海軍

當局所取之手段，不過其中之一部份。此層心理，固亦未可忽視也。以是日本水兵遂遭中國正式軍隊之抵抗，日本水兵，得由寶興路極南端進抵鐵路，但由此點往南之鐵路，則未能達到日本陣線，由此處起迤邐至鐵路以東，達於公共租界邊境爲止，適介於北河南路及北四川路之間。其時有中國鐵甲車一列，由北車站開此在吳淞鐵路上梭巡，對日本人射擊，旋卽避入北車站以內。該車站爲中國軍隊防守甚固，以故日本人於二十九日白晝以飛機轟擊車站，並炸毀火車一列，而火車站及其他沿寶山路一帶之建築物，均被日人拋擲燃燒彈，致付一炬，一般人皆相信此等舉動，出於有意。蓋因此等建築物，可爲偵察日軍陣線之瞭望台，故必毀除之也。是役損失之數，尙不可知，然生命犧牲，爲數必多。上海市長因日本此項舉動，特向各國領事提出抗議；而日本當局，則謂此次舉動，與日本向上海市長提出並經該市長承認之各項要求不相關涉。其目的乃在對於所決定之占據區域內多數日本僑民，加以保護；並謂日本行動，遭遇武力抵抗，日本當局，對此行爲承認擔負完全責任，並謂遇必要時，此種手段，實可包括在防衛公共租界計畫範圍以內。

二十九日，一大部份時間戰鬥未停，下午英美兩國總領事，因上海市長之請求，出而斡旋，由二十九日夜十時起，暫行休戰。此項休戰，僅係雙方相約停止射擊而已。

一月三十一日，日本總領事，日海軍司令，上海市長，北站一帶中國軍隊司令，當英美兩國總領事之前，開會商定由日本總領事向日本政府建議，將日本軍隊撤退虹口公園凸出處，如日本政府不允所請，則由中國方面報告中國政府在未接確定答復以前，雙方相約除對方先行開火以外，不得自行射擊。調查團主席齊亞諾簽字。

第二次報告

其第二次報告書，於本月十二日發出，其文如下：

一月二十九日，午後八時許，即休戰業已開始之後，槍炮之聲，爲之靜寂。翌日日本海軍司令乃向美英兩國總領事提出抗議，謂停在北站之

鐵甲車重行開火，此層經華人否認，並謂日本有射擊情事。

一月三十一日晨間，日本飛機十七架，在上海並在華軍防地飛行，但未轟擊，日本海軍當局謂因華人近頃破壞休戰條件，乃以此項示威運動出之。但破壞休戰條件一層，經華人鄭重否認。是日各方會商設立中立區域，並決定繼續休戰，以待雙方答復此種談判，本團業於第一次報告書末段提及之。

二月一日休戰之事，殆已實行，但若干槍聲，時作時輟。

二月二日，日軍司令又謂華人昨日重行破壞休戰條件，並謂華人顯然集合軍隊，預備包圍

日軍，渠遣派飛機前往偵查；是日正午十二鐘左右，有日本飛機數架飛翔上海及中國軍隊防地，中國人對之射擊。日本飛機在閘北擲彈數枚，頃刻之間，雙方戰線上槍聲大作。至下午三時，即戰事重開以後，日本總領事通告各國領事，謂前所提議之中立區域，日本政府已經拒絕。

同日上海市長照會各國領事，提及一月三十一日開會時所訂之休戰協定，謂日本人屢次破壞此項協定，並攻擊中國軍隊，又復以飛機轟擊，（其情形即如上節所述。）此項照會各國領事係於上月三日收到。

二月三日，日本海軍當局宣稱：中國當局，對於履行諸言，繼續表示無誠意，故中國軍隊應令退出閘北以外，至相當距離點。日本方面，因欲執行此項計畫，其飛機或有轟炸中國陣線之事。厥後日本總領事通知各國領事，謂有驅逐艦三艘，因受吳淞炮台之炮擊，故日本人決定占領該炮台。但吳淞炮台發炮之事，又爲中國方面所否認。自二月三日以後，戰爭狀態，公然存在，即與休戰相似之情況，亦完全消滅。閘北及吳淞方面，繼續開炮，時作時輟；而日本方面，又以飛機轟炸。日本人自認其目的在奪取吳淞炮台，並驅逐中國軍隊於距離上海甚遠之處，故採取攻勢，完全係日本人所爲。

關於破壞休戰條件一層所應注意者，即實際上完全休戰狀態，迄未成立；而火線上並無外

國觀察員在場，究竟破壞之責，應由何方負擔，實無法加以判斷，或者雙方孤立隊伍，或滋事份子，均應負責，亦未可知。

除戰線上正式軍隊重行開火之問題以外，在此時期以內，公共租界日本所管地段，曾發生若干事件，有關公共租界之制度，而在國際上有重要關係，必須簡單加以敍述：

自一月二十八日夜間，日本人採取行動之始，卽有多數着便衣之中國士兵，侵入日本地段，或藏匿民房，或攀登屋頂，而以手槍向街上日本步哨射擊。是時日本人似無充分正式軍隊，以防守其所佔地段，乃召集所謂在鄉軍人，畀以槍械。此項軍人，亦着便服，但帶有臂章，日本水兵及在鄉軍人，以機關槍抵抗中國便衣隊，並挨戶搜查。搜查之時，發生極大損害，蓋以此輩因欲驅逐便衣隊，不惜縱火焚燒民房故也。是時虹口地段，完全在日本海軍當局管轄之下，該處若干街道，旣已設置障礙物，而巡捕武裝，亦被解除，致公共租界市政職務，併消防事務在內，爲之停頓。虹口各處，巡捕房與總巡捕房之間，交通亦完全斷絕，工部局乃不得不將學校病院遷出。日本水兵及在鄉軍人，暨其他暴虐之徒，多有過分之舉，甚至以簡單手續，執行槍決。日本暴虐之徒，並無正式職務，其行動大約因中國人前此作有反日活動，乃以報復手段出之，結果發生恐怖現象。凡日本人以外之居民，幾皆逃避一空。有極多中國人，查無

下落，疑為日本人所捕殺。

二月五日，公共租界工部局請領事團轉商日本當局，對於此事加以調查。經日本總領事承認在混亂之際，日本人感情熱烈，誠有過分舉動；但情形業已大加改善，並允將公共租界以內，凡因嫌疑而被日本海軍當局逮捕之人，移交工部局巡捕房，此層業已實行。然失蹤華人為數仍甚多。據工部局巡捕房詳細調查，失蹤之案，尚有三百起之譜，便衣隊之行動，頃已大為減少，而日本之監察則仍森嚴。工部局巡捕及其他市政職務，僅能徐徐恢復，日本當局因日本人過分行為，甚為感動，已將若干不良份子遣送回國。

本團暫時不擬另提報告書，但如覓得新消息，須將上次報告書加以改正，或將第一第二次報告書所載特殊之點，加以伸引，或加以補充，則當別論。

附錄二

滬變後日本國內狀況

（彙譯日文報）

自日軍犯滬，其國內情勢若何推移，當為國人所樂聞，茲就日本著名報紙之紀載，（東京時事新聞，東京報知新聞，大阪每日新聞三大日文報）為有系統的分類撮譯其梗概如下：

▲外交　日本以既定方針，破壞世界商業中心之上海，當事變之前，意以為滬軍亦若東北軍之無抵抗，將上海全埠華界，視如探囊取物，必不礙及租界，亦無意外外交問題發生；迨事變既起，迭戰敗北，日軍頻以飛機槍彈危害公共租界，駐箚東京英美法三國公使，先以口頭警告日政府，至本月二日正式接到各國政府訓令，英使林德利，美使福勒士，法使馬爾太，聯袂訪芳澤外相，提出三問題。（一）請日政府勿續派軍隊往上海（二）於中日軍之中間，設中立地帶，同時請日軍迅速退出公共租界。（三）中國軍亦撤退至一定地點。當時日政府對於一三兩項，不願承認，第二項中立地帶，因無具體的指明，為作戰上之便利，絕對不允後退一步，於是三使不歡而退，芳澤則言明三日內當正式答復各使，惟斯時日政府內部，對於三國此舉，認為干涉軍事行動，頗感困苦，僉主從長計議。是夜，芳澤與犬養毅及大角海相，荒木陸相，協商復牒，因陸海二方面之態度強硬，當場

議決復文要旨：(一)日軍續派與否，須視中國方面情形而定，但爲保護上海權益，在必要時仍須續派自衞軍。(二)日僑之生命財產，若委託第三國保護而撤退日本軍隊，應調查上海現地情形後，方可定奪。(三)令中國軍隊先行撤退，減少兩軍衝突之危險。同日東京接到華盛頓與英美兩國對日直接協定之提議，並悉日內瓦英代表德馬司態度强硬，主張停止雙方武力的敵對行爲，撤退戰鬥員，設立中立地帶，保護公共租界，由中立者擔任治安之責，且根據非戰條約與十二月，九日國聯理事會決議之精神，未附何等保留，以中立的第三者之力，促中日兩國速行交涉，以解決兩國間重要紛爭事項。其他意法等國，亦與英美協調，竭力主持，而日內瓦形勢，似多不利於日。對於日代表佐藤，異常注目，而日代表斯時鑑於各國態度對日之不滿，已漸軟化。故翌日(四日)東京時事新報社論題爲「標準爲英美兩國之正式抗議」，發表意見曰：「望日軍自重，切不可擴大無益糾紛，蓋滿洲問題，已喧傳於世界，上海爲古來東洋之一大商港，歐美人之雜居該地者甚多，國際關係，非常複雜，該地突遭兵火，比滿洲事變尤爲嚴重，如驚動全世界，萬一誤解，必引起與第三國之重大不幸事件……」是日，芳澤以情勢險惡，赴興津坐漁莊訪問西園寺元老，報告英美法意列强之態度，請示對付方針。及芳澤返京，又與犬養毅會商。犬養遂向全世界發表聲明，

反詆中國爲破壞和平，並求各國認淸事實。其聲明書散發於美國上院外交委員會以及各議員，作種種巧辯，掩飾其殘暴事實，顚倒是非，淆亂黑白。於是華盛頓倫敦各方面，竟爲所蒙蔽，形勢頓變。歐洲各國新聞，亦刊登犬養之聲明書，對之頗表同情。（記者深嘆我國外交之失敗，對國際情勢之惡劣，率因我國處處落人之後，而不預先向世界各國聲明暴日侵略之野心，既爲所中傷，又未將日人新發生之横暴行爲，依據事實，逐一痛駁，無怪各國爲其朦蔽耳。）日以其術既售，乃於五日閣議後，在犬養私邸，召集大角海相，荒木陸相，芳澤外相等，討論上海問題，決採既定方針進行。六日、大阪每日新聞，乃揭載「美國得日本之回答空氣變佳之標題」，略謂美國駐日公使福勃士訪芳澤時，報告美國政府諒解。日本頗爲樂觀云，以上爲六日前日文報所得之消息。

▲經濟　自滬事發生，日本財界，受極大的衝動，陷於大混亂之境。茲節譯大阪每日新聞，東京報知新聞，東京時事新聞，所載關於經濟方面之消息如下：此次我國（日本）財界之演成大混亂狀態，不獨對華關係，即對美對英與國際聯盟，均受重大的影響。今後形勢之推移，難以預斷，而在經濟界不安氣象之增加，日甚一日：自本月一日以來，股票國債生絲綿絲各市場，完全大暴落。其最險惡者，爲賣方之紛亂，幾至無法收拾，匯兌行市，對美激漲，加以美國誤解我國（日本）之立場，深

可憂慮，以致金融業痛苦萬分。而美國銀行界謂中日兩國在東洋戰爭，勢必向紐約倫敦金融界募債，美國已表示拒絕，將來國內外資金之需要供給，恐發生阻礙。加以一月份之輸入額超過四千五百萬元，輸出七千餘萬元，輸入一億一千餘萬元，及上海事變後，產業界已陷於危險萬分之境，將來趨勢，尤不堪設想。上海郵船之戰時保險，已為保險會社所拒絕。在華紡織事業，恐長期閉鎖，一時決無再開之可能性。米穀一項，六年度之日本內地產量，為未曾有之歉收，竟減少一千二百萬石，近來因上海事變，米價高漲不已，普通生活品亦隨之暴騰，因消費者之苦痛增加，社會上遂呈不安氣象。且法國對日本之輸入品，增設附加稅，對外貿易，又受影響。最可慮者，中國南部排日氣燄甚熾，如廣州、汕頭、廈門、以及新加坡長江流域各埠，突聞滬變，驟增排日熱度，雖最近變更輸入口，經由青島而散售於各地，但天津北平，反日形勢惡化，貨物之轉運，大感困難，從前每當曆歷年關，中國與我邦（日本）貿易商，交易最為繁盛，今完全停滯，是以經濟界前途慘澹，足抱無窮之悲觀。

▲財政　自滬變突發，大角海相於本月一日午後，與高橋藏相會商經費之調濟，結果由大藏海軍兩省事務官着手預算需要費，連同外務陸軍兩省之關係費，追加二千萬元。但為應目前之急需，照第二次之緊急處分，以公債財源填補之，其

後復經各閣員之討論，突增加至四千萬元。查目下急迫待用者，爲總選舉之責任支出額，計三百三十萬元，內務一、八六二，司法五六三，遞信九六二）其他再加司法遞信之費用，共需總選舉費四百二十七萬六千元。關滿洲事變費三百五十萬，亦包括在內。然自金輸出解禁以來，現金之流出，財政上已深感周轉不靈，六年度預算編制，本已拮据，七年度實行預算編定方針，於本月二日提出閣議決定；今突然增加此項鉅額臨時支出，羅掘既空，不得不在公債方面籌畫。但國民對此咸感無力負擔，故國債未來之難關，實不可思議矣。

▲生產　據報知新聞載稱，日本去年因遭荒旱，全國各地，收穫大減，米穀產額，減收二千萬石，加以經濟恐慌，失業增加，頻于飢餓者日有所聞，茲據岩手縣衞生課之報告，農民之死亡率，單就二戶，九戶，岩手，和賀等四郡而言，自去年十月至十二月，在三個月之間，因飢餓而死者，達千四百五十四名。每日平均約十六七名，其病死之大原因，皆爲貧血、乏食、消化不良、榮養不良等所致云。

▲輿論　此次滬案發生，瞬經旬餘，綜覈日本國內輿論，多不滿於軍閥措置，且不顧延長時日，聳動國際觀聽。茲節譯日本各報之言論如下：大阪每日新聞本月七日發表社論，標題爲上海事件應善爲處置，略謂今日日本國民中對於我陸戰隊所取之行動，是否爲合法性與合理性，實一疑

問。現在陸戰隊之苦於陸上戰鬥，已爲不可掩之事實。特自事件發生以來，每日每時，死傷者續出，而在滬居留民之安全，仍毫不能達到目的，故今日欲中國方面停止攻擊，不外和戰二途：一，求和，倘我國（日本）單獨不能勸告，須與列國共同勸告中國方面停戰，二，卽採武力解決：然用武力解決，深恐事態擴大，故極望採第一種和平的方法爲宜。就今日之形勢觀之，一方與英美設合努力勸告中國停止戰鬥行爲，他方仍爲自衞之必要，續派陸軍增援；如此可以將今日局面平穩收拾，實爲最善之法也。又十日東京時事新報社論標題爲上海事件與滿洲事變，謂此次上海事變突發，已驚動全世界，國際聯盟竟欲採聯盟規約第十五條以處分我國，英美法三國政府，尤爲重視，迭次向我抗議警告，而聯盟理事會委託上海各國領事調查事變眞相作爲判斷之根據；自七日上海調查委員會之報告送達聯盟事務局，預料其必有何等態度表現。但上海原爲東洋之一大國際都市，列國居留民之繁多，利害關係之錯綜，今突然化爲作戰之地，其驚耗傳聞，各國人心必大衝動。而不明實際事情遠隔東亞之邦，將發生如何感想耶。況滿洲事變，已爲各國所驚疑，今又以上海事件而刺激各國之神經，萬一各國判別錯誤，則我日本豈不在國際上發生無窮之惡化哉。望政府（日本）與國民三復思之云云。（記者統觀日本各報，大抵異口同聲，對於此次滬變之

批評，多不滿於政府，吾人細味上述二報之文，茲外之音，不難推知。）

△政府　上海事變，日政府部內分爲二派，（一）官僚派，主張緩進：當一月二十八日接到上海市長吳鐵城之答復，四項要求完全承認，此派大多數認爲滿足，不願再發生兵禍，以惹起國際間重大糾紛。不料當晚禍變爆發，初時尙以爲一舉可解決華軍，必不致事態擴大，故皆不以爲意，專事於選舉運動。（二）軍人派，主張武力征服中國：此派之主腦爲海相大角，陸相荒木，彼輩所以堅欲用武者，厥有二因：一，受旅滬日僑之慫恿；二，受滿洲之影響，蓋日僑自奪取滿洲後，嘗煽惑軍人，侵略上海，意謂上海爲東亞第一商場，亦爲日本對華貿易之主要輸入口，而上海又爲排日出發點，若欲消滅中國各地之排日，不得不先將上海完全佔領，上海既爲我（日本）勢力範圍，排日氣燄，自可消滅。此不惟日僑人人皆抱同一觀念，即政府內部，亦具此意見。故前月二十以來，在滬紡織業者，召集祕密會議，咸反對閉鎖工場，其後因政府決欲從根本的用武力解決，不得不強令一部邦人（日人）犧牲利益。然九大紗廠業者，（內外棉、大日本紡、日華紡、裕豐紡、東華紡、豐田紡織、上海製絹、同興紡）尙猶預不決。至二十九日，因鑒於情勢險惡，深知戰禍難免，始決定總閉鎖，（大阪每日新聞所載。）果於閉鎖之晚，海軍開始動員。所謂受滿洲問題影響者何，即九一八夜不抵

抗而得奉天是也。彼等軍閥，以爲瀋陽有如許大軍，尚不敢抵抗，上海一隅，僅駐少數軍隊，易如反掌耳。故中國方面，無論如何滿足答覆，總不若用武力佔據之爲當，此爲軍人派之預定計畫。豈知天下事有不能如願者：滬變起後，政府迭接敗耗，舉國上下，怨謗叢生，國際形勢，日趨惡化，自號爲一等强國，豈甘屈服於不列等之中國，故仍堅決進行。但深恐戰禍擴大，引起第三國干涉，於是政府內部，有主張由第三國出而調停，俾得顧全面子者，此最近日本處於騎虎難下之情勢也。

▲物價　農產物方面，日本全國之產額，本已不敷供給，去歲北海道東海道東山道等區，又逢凶年，農產物之收成，頓然減少。獨就米穀而言，去年減收千二百萬石，加以朝鮮米昭和六年度，實收額爲千五百八十七萬三千石，比前年減少三百三十萬七千六百八十石，台灣米去年實收爲三百八十五萬千四百石，亦比前年減少三萬七千四百七十八石。歷來我國（日本）素仰外米調劑，本年外米輸入雖增至六十五萬七千元，然尙呈供不應求之勢，而各地因鬧饑荒，形勢混亂，如本月三日青森縣等地方，因發生救濟食米問題，大起騷動。此次上海事變，貨物航路，完全斷絕，橫濱至上海與神戶至上海二大航線，輸送既停，一面由滬歸國之難民，已達九千人，而僑居上海之日僑二萬五千人，今亦半數返國，又不得不仰給食品於本國。加以自金輸出再禁止，匯兌暴落，物價

之指數，已逐漸高漲，據日本銀行所調查，一月份中之國際物價，東京竟居全世界之第一位，（東京爲一二六・八，倫敦爲九八・八，紐約爲八六・四，巴黎爲四一・三，而倫敦紐約巴黎，均比十二月份爲廉，獨東京高漲。）蓋滬變之關係，實使匯兌急變，金融阻滯，需供失衡，物價遂陡然狂騰，恰與大地震時之現象相類。據日本銀行最近之調查，日用品中之米、煤、糖、醬油、蛋、綿、魚、薪、麥、肉類等，皆繼續騰貴不已，倘戰禍延長，則社會上必發生大恐慌，目下人心惶惶，一若大難將至，此種景象，不惟東京如此，即大阪京都以及全國各地，亦莫不皆然也。

▲貿易　本年一月內之貿易，既如上述，輸入則竟超過四千五百三十二萬一千元，其最大的對象，因中日關係之惡化。其間貿易品之重要者，以生絲、棉織品、絹織物、精糖等，比前年同月減少達千八百九十四萬元。又查昭和六年度對華輸出額，比五年度減少九千六百五十餘萬元，實爲昭和元年以來之最低記錄，且不惟輸出減少，即由華輸入，亦減少百分之二十五。原來我國（日本）以中國爲唯一商場，我國（日本）貨物，除上述生絲棉織絹織物精糖外，紙類、煤、機械、水門土、帽子、玻璃製品、洋傘等雜貨，亦爲大宗。此等商品，因滿洲事變已受極大打擊，今上海事件勃發，營業者所受之苦痛，不難推想，如大阪之製糖工場以及大里日糖工場，皆相繼閉鎖。次爲水門土，我國（

日本）素以法領印度支那香港上海爲大主顧，自滿洲事變激減十分之五。今上海方面輸出又告杜絕，對華水門士貿易已完全停頓。又次爲紙類，年額約二千五百萬元，其間十分之六向中國輸出，獨上海占十分之四，煤之輸出，每年八百萬元，完全向上海輸出，今亦已斷絕矣。他如大阪神戶之中小商家，關於水產物陶磁器帽子洋傘玩具等，皆陷於絕境。輸出既不能，而素賴上海方面供給之毛皮，糠麩，胡麻，棉子，棗子等原料，亦無處購求，以致製革業者失業，農作物衰微，且間接所受影響而失業者，不下百萬人。此誠我國（日本）立國上之一大危機也。又據日本大藏省公布自二月一日至十日，旬日之內，日本主要十六港對

外貿易，輸出二千五百四十萬五千元，輸入四千四百五十八萬三千元，是輸入竟超過千九百十七萬八千元。入超之原因，乃內地物品缺乏，輸出減少之原因，即上海事變所影響，且滬變既起，華北華南各埠，亦間接不能輸入，銷路滯遲，此二月上旬貿易之不振，實陷於空前未有之悲境，茲錄其十六港輸出入超過之額如下，「橫濱入超一·七三七，神戶七·九六五，大阪五·〇一二，長崎五九一，門司七六三，函館五四，名古屋二·三八九，四日市四四三，清水四七一，鹿兒島一五九，小樽四〇一，若松四〇〇，武豐二二六，尾道系崎六〇，德山二四二，下關輸出入相等，德山與武豐毫無輸出」

▲思想　日本全國自受蘇俄革命之影響，十年來民主主義、社會主義、共產主義之思潮勃興，社會上漸有不滿政府之趨勢，學術界與勞動界反對政府尤烈，蓋彼輩直接所感物質的精神的痛苦，屢圖推翻其政治組織，惟是政府防範綦嚴，無由發洩。二月十一日，爲日本神武天皇建國紀元節，東京帝國大學自治學生會，突於十日午前十時，在帝大校內走廊前，開學生大會；時各級散課，學生千餘名，齊集三樓十一號大講堂，用長約一丈之紙，大書「推翻愛國學生聯盟」、「打倒建國祭」、「帝國主義戰爭絕對反對」、「減少學費八十元」等標語，作成大旂，飛揚戶外，復由窗中屋頂散發赤白傳單，多數學生，相繼演說，會議後，方欲結隊遊行示威，忽有附近本鄉區富士署署長及稻村警部等，率領警官隊百名，分乘汽車，連合坂本菊屋兩署警官隊馳至，立將學生團四面包圍，與學生團大起衝突，當場受傷者數十人，結果有二十餘人爲警官所捕，並將羣衆驅散，（東京報知新聞所載。）又大阪高等商業學校，前數日亦發生學潮，其他各地聞風響應者，時有所聞，是足見日本知識階級思想不安穩之一班矣。

附錄三

國際聯合會盟約（一九二六年修正本）

締約各國為增進國際間協同行事並保持其和平安寧起見，特允：

承受不事戰爭之義務；

維持各國間光明平允榮譽之邦交；

確守國際公法之規定以為各國政府間行為之軌範；

於有組織之民族間彼此待遇維持公道並恪遵條約上之一切義務。

議定國際聯合會盟約如下：

第一條　（一）國際聯合會之創始會員，應以本

盟約附款內所列之各簽押國及附款內所列願意無保留加入本盟約之各國為度；此項加入，應在本盟約實行後兩個月內備聲明書交祕書處，並應通知聯合會中之其他會員。

（二）凡完全自治國及此類屬地或殖民地為附款中所未列者，如經大會三分之二之同意，得加入為國際聯合會會員；惟須確切保證有篤守國際義務之誠意，並須承認聯合會所規定關於其陸海空實力暨軍備之章程。

（三）凡聯合會會員經兩年前豫先通告後，得退出聯合會；但須於退出之時將其所有國

際義務及為本盟約所負之一切義務履行完竣。

第二條　聯合會按照本盟約所定之舉動經由一大會及一行政院執行之，並以一經常祕書處佐理其事。

第三條　(一)大會由聯合會會員之代表組織之。

(二)大會應按照所定時期或隨時遇事機所需，在聯合會所在地及其他擇定之地點開會。

(三)大會開會時，得處理屬於聯合會舉動範圍以內或關係世界和平之任何事件。

(四)大會開會時，聯合會每一會員，祇有一投

票權，且其代表不得逾三人。

第四條　(一)行政院由協商及參戰領袖各國之代表與聯合會其他四會員之代表組織之；此聯合會之四會員，由大會隨時斟酌選定；在大會第一次選定四會員代表以前，比利時、巴西、日斯巴尼亞、希臘之代表，應為行政院會員。

(二甲)行政院經大會多數核准，得指定聯合會之其他會員其代表應為行政院常任會員；行政院經同樣之核准，得將大會所欲選舉列席於行政院之聯合會會員數增加之。

(二乙)大會應以三分之二之多數，決定關於

選舉行政院非常任會員之條例而以決定關於非常任會員任期及被選連任條件之各項章程爲尤要。

(三)行政院應隨時按事機所需，並至少每年一次，在聯合會所在地或其他擇定之地點開會。

(四)行政院開會時，得處理屬於聯合會舉動範圍以內或關係世界和平之任何事件。

(五)凡聯合會會員，未列席於行政院者，遇該院考量事件與之有特別關係時，應請其派一代表以行政院會員名義列席。

(六)行政院開會時，聯合會之每一會員列席於行政院者，祇有一投票權，並祇有代表一人。

第五條 (一)除本盟約或本條約另有明白規定者外，凡大會或行政院開會時之決議，應得聯合會列席於會議之會員全體同意。

(二)關於大會或行政院開會手續之各問題，連指派審查特別事件之委員會在內，均由大會或行政院規定之；並由聯合會列席於會議之會員多數決定。

(三)大會第一次會議及行政院第一次會議，均應由美國大總統召集之。

第六條 (一)經常祕書處設於聯合會所在地；祕書處設祕書長一員，暨應需之祕書及職員。

（二）第一任祕書長以附款所載之員充之，嗣後祕書長應由行政院得大會多數之核准委任之。
（三）祕書處之祕書及職員由祕書長得行政院之核准委任之。
（四）聯合會之祕書長，當然爲大會及行政院之祕書長。
（五）聯合會經費，應由聯合會會員依照大會決定之比例分擔之。

第七條 （一）以日來弗爲聯合會所在地。
（二）行政院可隨時決定將聯合會所在地改移他處。
（三）凡關於聯合會或與該會局關係之一切

位置，連祕書處在內，無分男女均得充任。
（四）聯合會會員之代表及其辦事人員，當服務聯合會時，應享外交上之特權及免除。
（五）聯合會或其人員或蒞會代表所佔之房屋及他項產業，均不得侵犯。

第八條 （一）聯合會會員，承認爲維持和平起見，必須減縮各本國軍備至最少之數，以適足保衛國家之安寧及共同實行國際義務爲度。
（二）行政院應審度每一國之地勢及其特別狀況，應預定此項減縮軍備之計劃，以便各國政府之考慮及施行。
（三）此項計劃最少每十年須重行考量及修

正一次。

(四)此項計劃經各政府採用後，所定軍備之限制，非得行政院同意不得超過。

(五)因私人製造軍火及戰事材料引起重大之異議，聯合會會員責成行政院籌適當辦法以免流弊；惟應兼顧聯合會會員有未能製造必需之軍火及戰事材料以保持安寧者。

(六)聯合會會員，擔任將其國內關於軍備之程度、陸海空之計劃、以及可供戰爭作用之實業情形，互換最誠實最完備之通知。

第九條　設一經常委員會俾向行政院條陳關於第一第八兩條各規定之履行及大概關

於陸海空各問題。

第十條　聯合會會員擔任尊重並保持所有聯合會各會員之領土完全及現有之政治上獨立，以防禦外來之侵犯；如遇此種侵犯或有此種侵犯之任何威嚇或危險之虞時，行政院應籌履行此項義務之方法。

第十一條　(一)茲特聲明凡任何戰爭或戰爭之危險，不論其立即涉及聯合會任何一會員與否，皆為有關聯合會全體之事；聯合會應用任何辦法視為敏妙而有力者，以保持各國間之和平。如遇此等情事，秘書長應依聯合會任何會員之請求立即召集行政院。

(二)又聲明凡牽動國際關係之任何情勢，足

以擾亂國際和平或危及國際和平所恃之良好諒解者，聯合會任何會員有權以友誼名義提請大會或行政院注意。

第十二條 (一)聯合會會員約定，儻聯合會會員間發生爭議勢將決裂者，當將此事提交公斷，或依法律手續解決，或交行政院審查。並約定無論如何非俟公斷員裁決或法庭判決或行政院報告後三個月屆滿以前，不得從事戰爭。

(二)在本條內無論何案，公斷員之裁決或法庭之判決，應於相當時間發表；而行政院之報告，應自爭議移付之日起六個月內成立。

第十三條 (一)聯合會會員約定，無論何時聯

合會會員間發生爭議，認為適於公斷或法律解決而不能在外交上圓滿解決者，將該問題完全提交公斷或法律解決。

(二)茲聲明凡爭議關於一條約之解決，或國際法中之任何問題，或因某項事實之實際，如其成立足以破壞國際成約，並由此種破壞應議補償之範圍及性質者，概應認為在適於提交公斷或法律解決之列。

(三)為討論此項爭議起見，受理此項爭議之法庭，應為按照第十四條所設立之經常國際審判法庭，或為各造所同意或照各造間現行條約所規定之任何裁判所。

(四)聯合會會員約定，彼此以完全誠意實行

所發表之裁決或判決，並對於遵行裁決或判決之聯合會任何會員，不得以戰爭從事；設有未能實行此項裁決或判決者，行政院應擬辦法，使生效力。

第十四條　行政院應籌擬設立經常國際審判法庭之計劃，交聯合會各會員採用。凡各造提出屬於國際性質之爭議，該法庭有權審理並判決之；凡有爭議或問題，經行政院或大會有所諮詢，該法庭亦可發抒意見。

第十五條　(一)聯合會會員約定，如聯合會會員間發生足以決裂的爭議，而未照第十三條提交公斷或法律解決者，應將該案提交行政院。行政院職是之由，各造中任何一造可將爭議通知秘書長，秘書長即籌備一切以便詳細調查及研究。

(二)相爭各造，應以案情之說明書，連同相關之事實及文件，從速送交秘書長，行政院可將此項案卷立命公佈。

(三)行政院應盡力使此爭議得以解決；如其有效，須將關於該爭議之事實與解釋並此項解決之條文酌量公布。

(四)倘爭議不能如此解決，則行政院經全體或多數之表決，應繕發報告書說明爭議之事實，及行政院所認爲公允適當之建議。

(五)聯合會任何會員列席於行政院者，亦得將爭議之事實及其自國之決議以說明公

布之。

（六）如行政院報告書除相爭之一造或一造以上之代表外，該院會員一致贊成，則聯合會會員約定彼此不得向遵從報告書建議之任何一造從事戰爭。

（七）如行政院除相爭之一造或一造以上之代表外，不能使該院會員一致贊成其報告書，則聯合會會員保留權利施行認爲維持正義與公道所必需之舉動。

（八）如相爭各造之一造，對於爭議自行聲明，並爲行政院所承認按諸國際公法純屬該造本國法權內事件，則行政院應據情報告而不必爲解決該爭議之建議。

（九）按照本條任何案件行政院得將爭議移送大會，經相爭之一造請求，應即如此辦理；惟此項請求應於爭議送交行政院後十四日內交出。

（十）凡移付大會之任何案件，所有本條及第十二條之規定，關於行政院之行爲及職權，大會亦適用之。大會之報告書，除相爭各造之代表外，如經聯合會列席於行政院會員之代表，並聯合會其他會員多數核准，應與行政院之報告書除相爭之一造或一造以上之代表外，經該院會員全體核准者同其效力。

第十六條　（一）聯合會會員，如有不顧本約第

十二條第十三條或第十五條所定之規約而從事戰爭者，則據此事實，應卽視爲對於所有聯合會其他會員有戰爭行爲；其他各會員擔任立卽與之斷絕各種商業上或財政上之關係，禁止其人民與破壞盟約國人民之各種往來，並阻止其他任何一國爲聯合會會員之人民與該國之人民財政上商業上或個人之往來。

(二)遇此情形，行政院應負向關係各政府建議之責，俾聯合會各會員各出陸海空之實力組成軍隊，以維護聯合會盟約之實行。

(三)又聯合會會員約定當按照本條適用財政上及經濟上應採之辦法時，彼此互相扶助，使因此所致之損失與困難，減至最少之點；如破壞盟約國，對於聯合會中之一會員，施行任何特殊辦法，亦應互相扶助以抵制之；其協同維護聯合會盟約之聯合會任何會員之軍隊，應取必要方法，予以假道之便利。

(四)聯合會任何會員，違犯聯合會盟約內之一項者，經列席行政院之所有聯合會其他會員之代表投票表決，卽可宣告令其出會。

第十七條 (一)若一聯合會會員與一非聯合會會員之國或兩國均非聯合會會員，遇有爭議，應邀請非聯合會會員之一國或數國承受聯合會會員之義務，照行政院認爲正

當之條件以解決爭議。此項邀請，如經承受，則第十二條至第十六條之規定，除行政院認為有必要變更外，應適用之。

(二)前項邀請發出後，行政院應即調查爭議之情形，並建議其所認為最適當最有效之辦法。

(三)如被邀請之一國，拒絕承受聯合會會員之義務以解決爭議，而向聯合會一會員以戰爭從事，則對於取此行動之國，即可適用第十六條之規定。

(四)如相爭之兩造，於被邀請後，均拒絕承受聯合會會員之義務以解決爭議，則行政院可籌一切辦法，並提各種建議，以防止戰事解除紛爭。

第十八條　嗣後聯合會任何會員所訂條約或國際契約，應立送祕書處登記，並由祕書處從速發表此項條約或國際契約；未經登記以前，不生效力。

第十九條　大會可隨時請聯合會會員重行考慮已不適用之條約，以及國際情勢繼續不改或致危及世界之和平。

第二十條　(一)聯合會會員各自承認凡彼此間所有與本盟約條文抵觸之義務或協商，均因本盟約而廢止，並莊嚴擔任此後不得訂立相類之件。

(二)如有聯合會任何一會員於未經加入聯

合會以前，負有與本盟約條文抵觸之義務，則應立籌辦法脫離此項義務。

第二十一條　國際契約如公斷條約或區域協商類似孟羅主義者，皆屬維持和平，不得視爲與本盟約內任何規定有所抵觸。

第二十二條　(一)凡殖民地及領土於此次戰事之後不復屬於從前統治該地之各國，而其居民尚不克自立於今世特別困難狀況之中，則應適用下列之原則，即以此等人民之福利及發展成爲文明之神聖任務；此項任務之履行，應載入本盟約。

(二)實行此項原則之最善方法，莫如以此種人民之保育委諸資源上經驗上或地理上足以擔此責任而亦樂於接受之各先進國，該國即以受託之資格爲聯合會施行此項保育。

(三)委託之性質，應以該地人民發展之程度領土之地勢經濟之狀況及其他類似之情形而區別之。

(四)前屬土爾其帝國之數部族，其發展已達可以暫認爲獨立國之程度，惟仍須由受託國予以行政之指導及援助，至其能自立之時爲止，該受託國之選擇，應先儘此數部族之志願。

(五)其他民族，尤以在中非洲者爲甚，其發展之程度，不得不由受託國負地方行政之責；

惟其條件，應擔保其信仰及宗教之自由，而以維持公共安寧及善良風俗所能准許之限制爲衡。禁止各項弊端如奴隸之販賣，軍械之貿易烈酒之買賣並阻止建築礮台或設立海陸軍根據地，除警察國防所需外，不得以軍事教育施諸土人，擔保聯合會之其他會員交易上商業上機會均等。

(六)此外土地，如非洲之西南部及南太平洋之數島，或因居民稀少或因幅員不廣，或因距文明中心遼遠，或因地理上接近受託國之領土，或因其他情形，最宜受治於受託國法律之下作爲其領土之一部，但爲土人利益計，受託國應遵行以上所載之保障。

(七)每一委託案，受託國須將關於受託土地之情形逐年報告行政院。

(八)倘受託國行使之管轄權監督權或行政權，其程度未經聯合會會員間訂約規定，則每一委託案應由行政院特別規定之。

(九)設一經常委員會，專任接收及審查各受託國之每年報告，並就關於執行委託之各項問題向行政院陳述意見。

第二十三條　除按照現行及將來訂立之國際公約所規定外，聯合會會員應

(甲)勉力設法爲男女及幼稚在其本國及其工商關係所及之各國，確保公平人道之勞動狀況而維持之；並爲此項目的設立必要

之國際機關而維持之。

(乙)擔任對於受其統治地內之土人，保持公平之待遇。

(丙)關於販賣婦孺販賣鴉片及危害藥品等各種協約之實行，概以監督之權委託聯合會。

(丁)軍械軍火之貿易，對於某等國爲公共利益計，有監督之必要者，概以監督之權委託聯合會。

(戊)採用必要辦法，爲聯合會所有會員，確保並維持交通及通過之自由，暨商務上之公平待遇。關於此節，應注意一九一四年至一九一八年戰爭期內受毀區域之特別需要。

(己)勉籌國際有關之辦法，以預防及撲滅各種疾病。

第二十四條　(一)凡公約所定業已成立之國際事務局，如經締約各造之認可，均應列在聯合會管理之下，此後創設各項國際事務局及規定國際利益事件之各項委員會，統歸聯合會管理。

(二)凡國際利益事件，爲普通公約所規定而未置於國際事務局或委員會監督之下者，聯合會祕書處如經有關係各造之請求，並行政院之許可，應爲徵集各種有用之消息而分布之，並予以各種必要或相當之援助。

(三)凡歸聯合會管理之任何國際事務局或

委員會，其經費可由行政院決定，列入秘書處經費之內。

第二十五條　聯合會會員對於得有准許而自願之國家紅十字機關，以世界改良衞生防止疾病減除痛苦爲宗旨者，其設立及協助擔任鼓勵並增進之。

第二十六條　(一)本盟約之修正，經行政院全體及聯合會大會代表多數之批准，即生效力。

(二)聯合會任何會員，可以自由不認盟約之修正案，但因此即不復爲聯合會會員。

附款

(一)國際聯合會之創始會員

北美合衆國
閧多拉斯
義大利
英吉利帝國　坎拿大　澳大利亞　南非洲　紐絲綸　印度
尼加拉瓜
巴拿馬
比利時
葡萄牙
羅馬尼亞
賽爾維亞克魯阿特斯拉文尼
赤哈
烏拉圭
希臘

澳志
玻利維亞
日本
里比利亞
古巴
祕魯
波蘭
巴西
中華民國
暹羅
厄瓜多
法蘭西
瓜地馬拉

海地

被請加入本盟約之國

阿根廷　哥倫比亞
巴拉圭　智利
和蘭　薩爾瓦多
瑞典　挪威
日斯巴尼亞　委內瑞拉
波斯　瑞士
丹麥

(二)國際聯合會第一任祕書長

特留蒙

附錄四

九國公約

緒言

美利堅合衆國、比利時、不列顛帝國、中國、法蘭西、意大利、日本、荷蘭及葡萄牙，願望採用一種政策，以鞏固遠東局勢之和平，保障中國之權利與利益；並根據機會均等原則，增進中國與他國間之交際，決定為此目的締一條約，各任命其全權代表，彼此驗視全權憑證無誤，協定如下：

除中國以外之各締約國協定如下：

第一條　（一）當尊重中國之主權獨立，及領土的與行政的完整。

（二）當給予中國以最完全及最無障礙之機會，俾自行發展並維持一有力而安固之政府。

（三）當用彼等之勢力，以期有效，確立並維持各國人民在中國全領土之商工業機會均等主義。

（四）當自行抑制，勿利用中國之情形，以求獲得足以減損友邦臣民或市民之權利之特別權利或特典；並勿容許有害友邦安寧之行為。

第二條　各締約國協定不得於相互間各別或共同與任何一國或數國締結違背或有害第一條說明之原則之任何條約協定契約

或了解。

第三條　除中國以外之各締約國爲更有效的適用開放門戶、或各國在華商工業機會均等之主義起見，協定彼等將不求取或贊助彼等之國民求取下列各項：

（一）於中國任何特定地域內，關於商業或經濟之發展，爲彼等自己利益計，設定任何一般的優先權之協定。

（二）任何獨占權或優先權之足以剝奪任何他國國民經營在華任何合法商業或工業之權利者，或足以剝奪其與中國中央政府或任何地方官憲共同經營任何公共企業之權利者，或爲其範圍時效或地理的關係

足令機會均等主義實際的適用歸於無效者。

但本條之協定不得解釋爲禁止取得必要之財產或權利，藉以經營特別之商業工業或金融業或獎勵發明及研究者。

中國政府對於無論是否參加本約之各國政府及人民，欲得經濟的權利特權時，審當依據本條前記協定之主義處置之。

第四條　各締約國協定不贊助各該國人民間相互所爲之任何協定，其目的在於中國領土之特定部分內創設勢力範圍或規定彼此享受獨占的機會者。

第五條　中國允許於中國之全部鐵路不實施

或准許任何種之不公平差別待遇，尤其是不問旅客之國籍爲何、或其出發國或到着國爲何、貨物之原產地或所有者爲何、或其原發送國或到着國爲何、以及在中國鐵路運送之前後、其運送此等旅客或貨物之船舶或其他輸送機關之國籍或所有者爲何、關於運費或一切便利上概不得設何等直接間接之差別待遇；除中國以外之各締約國關於前記之鐵路中，有爲其國或其國人基於特許條件或特別協定而有管理權者，當擔負與前項同旨趣之義務。

第六條　除中國以外之各締約國協定於中國不參加之戰爭中，當完全尊重中國之中立國權利；中國聲明如處於中立國之地位當遵守中立國之義務。

第七條　各締約國協定凡有一種時局發生，締約國中任何一國認爲包含本約規定之適用問題，並宜討論此項適用問題者，各關係締約國間應即爲充分無隔閡之交換意見。

第八條　凡非簽字於本約之諸國而其政府爲簽字本約之諸國所承認並與中國有條約關係者，應被邀請加入本約。爲此目的，美利堅合衆國政府應向非簽字諸國爲必要之通告。並以所得之回答通告各締約國，他國之加入本約應於美國政府接到其通知時發生效力。

第九條　本約應由各締約國各依其憲法上之手續批准之，儘速將各批准書送存華盛頓。一俟全數送到，本約即發生效力。美利堅合衆國政府應將各批准書之承認謄本分送其他各締約國。本約英文法文兩種，均爲可據之本，應保存於美利堅合衆國政府之文書保藏所內，其承認謄本應由同政府送於其他各締約國，本約經前記各全權代表簽字爲憑。

一九二二年二月六日於華盛頓。

附錄五

凱洛格非戰公約

德意志總統、美利堅合衆國總統、比利時君主陛下、法蘭西總統、大不列顛愛爾蘭以及海外各屬地君主兼印度皇帝陛下、意大利君主陛下、日本皇帝陛下、波蘭總統、捷克總統，深感增進人類幸福爲彼等之莊嚴責任；

深知公然拋棄戰爭爲國家政策之工具之時機已至，庶現存各國民間之和平友誼關係可永垂久遠；

深知所有各國民間關係之變更，祇可用和平方法暨溫和有秩序的手續使其實現。此後簽字本約之國，如欲恃戰爭以增進其利益，不准享受本約給與之利益。

希望世界其他各國當仁不讓，共爲人道努力，於本約發生效力時加入，俾得各國人民悉納於本約利益條款之內，而世界各文明國乃可一致拋棄以利用戰爭爲其國家政策之工具。

該全權等各將所奉全權證書互相校閱，俱屬妥善，議定條款如左：

第一條　締約國茲以各該國人民之名義，鄭重宣言訴於戰爭以解決國際糾紛之非，及在相互關係上利用戰爭爲國家政策之工具應行拋棄。

第二條　締約國互允各國間設有爭端或衝突，

不論其性質及起源為何，祇可用和平方法解決之。

第三條　本約應由上列締約國各依照己國憲法批准，俟各該國咸將批准文件送往華盛頓存案後，本約即在各締約國間發生效力。

本約照前項之規定發生效力後，應有長時間之公開，以便世界其他各國之加入。加入文件應在華盛頓存案。於存案後本約即在現加入國與以

前締約國間發生效力。

美國政府擔任將本約及批准文件或加入文件之證明鈔本各一冊，送與各締約國及以後加入本約各國之政府；美國政府幷願擔任於批准文件或加入文件送往存案後即行電達各該政府。

本約兼用英法文字繕寫兩[illegible]效力，全權均經簽字蓋印，以昭信守。

一九二八年八月二十七日訂於巴黎。

上海抗战与世界反法西斯战争系列丛书

淞沪

淞沪抗战史料丛书续编 III

第十一辑

上海抗战全史（第一编） | 憾庐 编

上海科学技术文献出版社
Shanghai Scientific and Technological Literature Press

“上海抗战与世界反法西斯战争”系列丛书总序

徐　麟

伟大的中国抗日战争，是近代中国人民反对帝国主义侵略并且取得第一次完全胜利的民族解放战争，是开展时间最早、持续时间最长的世界反法西斯战争东方主战场。在这场历经十四年之久的抗日战争中，中国各族各界人民同仇敌忾、共赴国难，经过艰苦卓绝的浴血奋战，以巨大的民族牺牲，打败了穷凶极恶的日本法西斯侵略者，取得了辉煌的胜利。正如习近平总书记所指出的，中国抗日战争“为拯救民族危亡、实现民族独立和人民解放，为争取世界和平的伟大事业，作出了彪炳史册的贡献”。中国抗日战争是在中国共产党倡导的以国共合作为基础的抗日民族统一战线旗帜下进行和取得胜利的。以爱国主义为核心的伟大民族精神是中国抗日战争胜利的决定因素，中国共产党的中流砥柱作用是中国抗日战争胜利的根本保证，全民族抗战是中国抗日战争胜利的重要法宝。

上海抗战是中国抗日战争的重要组成部分。在中国抗日战争与世界反法西斯战争中，作为中国共产党的诞生地，上海这座具有反帝反封建光荣革命传统的英雄城市，发挥了独特的重要作用，作出了重大的历史性贡献。

20世纪三四十年代，上海这座国际性的大都市，已经成为中国与世界各国通商贸易的主要港口，成为中国经济、文化中心和政治、外交副中心。同时，上海又是当时中国最大的军港和守卫长江的大门，具有重要的军事战略地位，因而始终成为日本法西斯军国主义

觊觎的一个战略要地。1931年“九一八”事变后，日本法西斯军国主义进而在上海挑起了“一·二八”事变，发动了对淞沪地区的武装侵略。驻守上海的十九路军和前来增援的第五军与上海人民奋起抵抗，给予日本侵略者以沉重一击，成为中国局部抗战历史进程中承前启后的关键性一役。“九一八”和“一·二八”时期的抗日武装斗争和民众抗日救亡运动，在世界上率先举起了反法西斯的旗帜，揭开了中国抗日战争和世界反法西斯战争的序幕。1937年七七事变后仅一月余，日本法西斯军国主义又把侵略魔爪伸向上海，遭到中国爱国军民的顽强抵抗，形成了以上海为中心的一场气壮山河、震惊中外的“八一三”淞沪抗战。七七卢沟桥事变和“八一三”淞沪会战，标志着日本法西斯军国主义全面侵华战争的开始。在中国共产党的积极倡导和推动下，抗日民族统一战线正式形成，揭开了中国全民族全面抗战的序幕，也标志着世界反法西斯的第二次世界大战在亚洲的东方战场正式形成。在“八一三”淞沪抗战历时一百多天的日日夜夜，中国军队和上海人民以其鲜血和生命，筑成了一座民族自卫的血肉长城，谱写了一曲民族团结、共御外敌的壮丽史诗。上海沦陷后，上海民众在全国人民和全世界爱好和平的各国人民的声援、支持下，面对极其艰辛险恶的环境，仍然以大无畏的英雄气概，坚定不移地继续投身于全民族抗战的洪流，对日伪的法西斯统治进行不屈不挠的斗争。中国共产党始终高举抗日民族统一战线的伟大旗帜，发动民众，团结上海各界人士，从人力、物力、财力等各方面支持抗日民主根据地和抗战大后方的斗争，冒着腥风血雨，迎接抗日战争的最后胜利。

两次淞沪抗战及上海民众在十四年不间断的抗日救亡运动中，

构成了一幅幅上海抗战英勇悲壮的画卷，也铸就了上海在中国抗日战争和世界反法西斯战争中的重要历史地位：上海不仅是中国对日作战的一个坚强的军事战略重镇，也是中国抗日救亡运动的前期中心和中国抗战文化的发源地；不仅是支援抗战大后方和抗日民主根据地的重要基地，也是世界反战反法西斯人士和中外难民的庇护所；是世界反法西斯舆论战、情报战的东方主要阵地，又是中国联系国际反法西斯阵营的纽带和桥梁。更为重要的是，上海抗日战争凸显了其重要的历史意义：它在外敌入侵、民族危亡的关键时刻，全面地、全方位地弘扬了以爱国主义为核心的民族精神，折射了中华民族有同侵略者血战到底的气概、有在自力更生的基础上光复旧物的决心，有自立于世界民族之林的能力。上海抗日战争在中国抗日战争和世界反法西斯战争历史上树立了一座永不磨灭的丰碑。

2015年是中国抗日战争暨世界反法西斯战争胜利七十周年。在中共上海市委的领导和支持下，上海学术界和理论界经过多年的努力，联合推出了“上海抗战与世界反法西斯战争”系列丛书。这套系列丛书分为三个子系列，**一是“上海抗日战争史”丛书**，内容包括上海抗战史通论、“一·二八”淞沪抗战、“八一三”淞沪抗战、日军在上海的罪行与统治、上海人民抗日救亡运动、上海郊县抗日武装斗争、上海人民支援新四军与抗日根据地、抗战时期的上海经济、抗战时期的上海文化、上海抗战与国际援助等；**二是“淞沪抗战史料”丛书**，选辑和汇集民国时期有关上海抗战的具有代表性的通讯、纪实、回忆录及报告文学等鲜为人知的孤本、藏本影印重版。**三是“上海抗战与世界反法西斯战争研究”丛书**，其中包括

资料性著作：如记忆中的淞沪抗战、淞沪抗战中文报刊资料选编、淞沪抗战档案史料选编、上海抗战历史文献选编等；专题性著作：如中国共产党与上海抗战、当代学者论淞沪抗战、国外学者论淞沪抗战、“一·二八”淞沪抗战画史、“八一三”淞沪抗战画史等；工具性著作：如上海抗战与世界反法西斯战争大事年表、上海抗战与世界反法西斯战争事件人物录等；通论性著作：在上述论著的基础上完成一部通论性著作，即上海抗战与世界反法西斯战争全史。这三个子系列丛书各有千秋、各具特色，在集结出版后，更能起到互相参照、取长补短的作用。可以说，这套系列丛书是上海学术界和理论界研究上海抗日战争和世界反法西斯战争的一项重大的学术成果，是对上海抗日战争史研究的一个重要总结和一次集中展示，也是向中国抗日战争暨世界反法西斯战争胜利七十周年献上的一份厚礼！

“疑今者，察之古；不知来者，视之往”。历史是最好的教科书。“上海抗战与世界反法西斯战争”系列丛书的出版发行，更是为了向社会提供一部能够弘扬时代正能量、培育与践行社会主义核心价值观的好教材。让我们站在新的历史起点上，进一步铭记历史、缅怀先烈、珍视和平、警示未来，为实现中华民族伟大复兴而奋斗，为促进世界的和平和发展作出我们应有的贡献。

出版说明

“淞沪抗战史料”丛书续编Ⅲ主要收集美国史坦福大学东亚图书馆等处所藏资源，将已见或未见的关于淞沪抗战史料以影印的形式出版，内容涵盖两次淞沪抗战，即“一·二八”淞沪抗战和“八一三”淞沪抗战，力求比较全面、翔实和生动地反映淞沪抗战的全貌。

两次淞沪抗战，是中国人民伟大的抗日民族解放战争的重要组成部分，特别是“八一三”淞沪抗战是在中国共产党抗日民族统一战线政策的指引下，以国共两党合作为中心，全国各爱国党派、团体，中央和地方各系抗日军队，各界爱国民众以及海内外侨胞，在抗日御侮、共赴国难的基础上发动和进行的，堪称民族自卫战争史上的伟业。它体现了中国人民血洒战场、拼死抗战的决心和民族团结精神。在抗战胜利70周年之际，阅读这些史料，重温那段中华民族优秀儿女面对强敌、誓死抗争的精神，就是最好的爱国主义教材。两次淞沪抗战展示了中华民族奋起改变自己国家命运的伟大信念，爱国主义激发出全体中国人民的巨大力量，这种信念和力量，在今天仍然弥足珍贵，令人心怀激荡。两次淞沪抗战中那些大气磅礴、气壮山河的史诗故事，均在本套丛书资料中有翔实的记录和质朴的史料作为佐证。

由于各种原因，原书中存在着印刷错误，而且有些细节也与史料不符，对书中的一些观点我们也不完全赞同，为了给读者提供最原始的抗战史料，对上述问题未做任何处理，希望读者能够给予理解。

编者

2018年7月

目　录

上海抗戰全史

目錄

第一章 虹橋事變發生至戰爭開始

自蘆溝橋事件發生之後，日人着着侵略，進兵攻佔平津一帶；一方陸續撤退各地日僑，準備大舉進攻華北。日人之狡計百出，必欲在華北造成第二偽國，故師「一二八」在滬掀動戰爭，放烟幕彈以轉移世界視聽之故智，乃有此次事變之發生。虹橋飛機場禁止外人窺探為當然之事，而他國在滬駐軍亦未嘗有人往該處窺探，獨日人必欲偵察我方設備，此其居心如何可知矣。事變發生，日方一面稱同意以外交方式解決，一方派艦增兵來滬，其必欲引起戰爭之心「路人皆知」。爰將經過事實記載成書，以存其真，而我中華民族之英勇抗戰亦得以光垂青史也。

事變發生

八月九日下午五時半，有日陸戰隊第一中隊長大川勇夫及一等水兵齋藤要藏乘坐汽車一輛，赴虹橋飛機場，抵達時即擬衝進場內，當由我機場衛兵，加以阻止，該日兵等竟發槍射擊。事前，我軍警當局以邇來常有日人至飛機場窺

探，曾嚴令機場衛兵，如遇少數日人擾亂之事，不得發槍還擊，故當時機場衛兵，見該日兵等開槍，即在防禦物後躲避，未加還擊。該日人等旋即乘原車折回，其時我附近保安隊，因聞槍聲出巡，該日兵等復開槍射擊，我保安隊一名，當被擊斃，乃予還擊。大山勇夫當場擊斃，齋藤要藏亦被擊中，逃逸數十步，因傷重而死。市府接得報告後，俞鴻鈞當即用電話向日駐滬總領事岡本詢問。同時，外交部秘書周玨，亦與日海軍武官本田通話詢問。岡本與本田，初均不信有此事，且謂日本海軍陸戰隊官兵，本日未有奉令出外者；縱令有人外出，亦決無人至虹橋飛機場，蓋日本官兵絕對不應至該地云。

交涉經過

俞市長於下午十時許，赴日本駐滬總領事館開始交涉。日方參加者有總領事岡本，領事田本，海軍武官本田，沖野，田尻等。俞首述本日發生事件經過，幷謂：本案發生，誠屬不幸。惟市府前因貴國海軍軍官及水兵迭次在虹橋飛機場窺探，及與守兵發生衝突，屢經提出書面抗議，幷要求制止，以免發生意外糾紛在案。本日又因貴國軍人窺探飛機場，致發生不幸事件，殊深遺憾。俞當時詳述我方所得確實報告，幷謂詳細情形，現在尚待調查。又我方是否尚有其他死傷，亦待調查。惟此次不

幸事件之發生，係由於貴國水兵忽視以前屢次之抗議，並開槍射擊我方飛機場衛兵及保安隊而起，殆無疑問。惟現値華北時局嚴重之際，貴我兩方曾共同努力維持本市治安，勿使發生事變。此次雖發生不幸事件，仍盼貴方力持鎮靜，盡力勿使事態擴大；一方面雙方調查，循外交途徑，以謀圓滿解決。雙方磋商良久，結果日方同意將本案由外交方式解決。

俞辭出日總領館後，日總領館，日武官室，陸戰隊司令部，日本記者等，由我市府秘書張廷榮，警備司令部參謀主任朱俠，及警察局工部局等處代表，陪同至出事地點調查。被擊斃之日本軍官屍身由日方領回。

八月十日　雙方進行調查眞相：我方參加者爲市府秘書長周雍能秘書張廷榮，警備司令部副官長趙恩先，公安局督察處長汪大燧等，日方以海軍陸戰隊參謀山內英一少佐爲主體，餘爲海軍武官田尻穰中佐，駐滬總領事館領事吉岡範武，秘書福井，警察奧村儀一郎，憲兵少尉東川好信，及日本記者等十餘人，公共租界巡捕房亦派西探長貴恩，捕頭惠司脫，日探井口，監察官霞都司，淞江梅造等參加。八時在日總領館會齊，九時至虹橋飛機場出事地點實地調查，對汽車所經路線，雙方死難官兵地點及子彈等項，調

查研究頗爲詳盡，直至下午五時許始告完畢。旋又至日海軍陸戰隊司令部，視察肇事官兵所乘之汽車。調查時雙方均能秉公正之態度，從事研究，故無劇烈之爭辯。惟雙方觀點則不少差異之處，故尚未能提出交涉。

案件眞相

此次不幸事件之死難者，我方爲機場掩護隊士兵時景哲，日方爲海軍中尉大山勇夫，士兵齋藤要藏。時景哲共中兩槍，均由右背肋入，右前胸穿出，屍身伏臥於距虹橋飛機場大門一百公尺之處。大山勇夫被擊斃地點，則相距一百五十公尺之外，齋藤要藏更距數百公尺。故事件眞相，極易明瞭，顯然由日方官兵駕駛汽車由東向西，至虹橋飛機場大門，企圖闖入，被守兵所阻，乃發槍射擊。當時守兵伏地蹲避，於是折北向碑坊路開行。其時距離機場大門一百公尺許之掩護隊士兵時景哲，因聞槍聲，擬回場報告，被日方官兵擊中兩槍，仆地而死。同時我附近保安隊士兵，因槍聲大作，出而巡視，日方官兵仍繼續開槍，乃予還擊。大山當時被擊斃，齋藤亦受重傷，奔跑數百步，因傷重而死。

死者後事

我掩護隊士兵時景哲之屍身，經雙方派定醫官檢驗，塡具傷單，並各攝照片存查，我方並定明晨十時由法醫所解剖。至於日方死者官兵，因日方認

為無須解剖，故於本晚七時在八字橋火葬場舉行火葬，日方官兵參加者甚衆。事前曾通知我方，轉告附近居民，以免驚惶誤會。

日中同意外交解決　雙方對於本案，均同意用外交方式解決。惟因調查未竣，故尚未交涉接洽。又日本海軍武官本田，為避免事態擴大起見，曾向駐滬僑民發表談話，請力持鎮靜，信賴當局，以謀解決云。

滬領事團提備忘錄　上海領事團鑒於形勢嚴重，本日向中日兩方分別提出同樣之備忘錄。下午三時由挪威領事奧爾（現為領團領袖領事），先赴市府晉謁俞市長，致送備忘錄。大意謂現在華北形勢緊張，上海局面亦趨嚴重，如一旦發生意外，則上海各國僑民生命財產事業，勢必受其影響。希望上海市政府能注意及此，凡任何軍隊足以破壞和平影響治安之一切行動，均應使上海區域完全避免云。俞市長當即答以我國政府向來努力維持和平，且從無破壞治安之舉動，本市政府秉承中央政府意旨，對維持和平與治安，亦始終努力不懈。今後仍當繼續以往精神，維持上海之和平與治安。惟希望日本方面，亦必須同樣努力，則和平目的始能達到。希望領事團注意及此云云。奧爾領事旋即辭出，至日本駐滬總領事館訪岡本總領事，致送同樣備忘錄。

日領岡本訪俞市長

日總領岡本於下午四時十五分赴市政府訪謁俞市長，對上海現局作種種之交涉，談約三小時之久。岡本首謂：日本海軍陸戰隊官兵在虹橋飛機場遇害一事，日本全國極為震動。關於本案用外交途徑解決一點，本人曾向東京請示，東京政府對此，一面表示同意，一面認為有向中國質問對本案態度之必要。其次在本案未解決前，為避免發生同樣事件起見，認為應有兩點要求：（一）將保安隊撤退；（二）將保安隊已築之防禦工事完全撤除。俞市長答稱：此次不幸事件之發生，中國政府亦極為重視。至於中國方面之態度，即認為本案雙方應以誠摯正式之態度，澈底調查真相，然後再循外交途徑進行交涉，當可得圓滿之解決。望日本方面勿過事衝動情感，亦勿僅憑理想與臆測而推斷事實。再者，本案現在正由雙方進行調查事實，真相尚未判明，將來責任應由誰負，亦不容推斷。萬一應由中國方面負責，則中國決不諉卸責任，如應由日本方面負其責任，則希望日本亦應同樣以光明之態度擔負之。至於避免發生同樣事件一點，市政府早已注意及之。當事件發生之夕，已自動將距日僑居住區域較近之保安隊步哨稍稍後退，以免衝突。至沙袋與鐵絲網，因恐引起市民驚惶，亦早已撤除。是貴方所要求者，我方早已自動辦理，岡本總領事旋又叩詢保安隊後退之距離究已

多少，並建議雙方派員共同決定。俞市長答稱：保安隊之離開日僑居住區域，係我方避免衝突之自動行爲，無所謂距離。且該處區域爲我國之土地，更無所謂撤退；派員一節自難同意，蓋此乃不合理之要求也。岡本又謂：保安隊現在駐紮地點，成包圍日本陸戰隊之形勢，非撤退不足以避免衝突。再如，掘戰壕堆沙袋等工事，亦應撤除。俞市長答稱：保安隊所有措施，無非爲防範起見。總之，我方維持和平之心志，日方應能諒解；如認保安隊之工事含有危險，則不免神經過敏矣。如果日方亦能遵守範圍，衝突自可避免。岡本對此，表示滿意，并謂當即報告政府云云。旋談及虹橋事件，岡本謂據日方調查，日本海軍官兵並未開槍。俞市長以岡本今日並非爲交涉本案而來，故未願詳談，俟正式交涉時，再行討論云。最後俞市長以日本軍艦今日有十六艘來滬，一部份停泊吳淞口外，一部份開進黃浦江，且有軍隊登岸，質問岡本是否知之。並謂在此一面用外交交涉之際，一面增加軍艦，是乃威脅；但我方抱有固定之方針，非威脅所可改變云。岡本對增艦一事，初稱不知。旋謂如雙方能用誠意交涉，雖增艦亦無關係云。至七時許岡本興辭退出。又昨日日方並派海軍武官冲野謁見楊司令，作同樣交涉。楊司令因事，由副官趙慰先接見。

十一日　十一時，日方再派副領事福井往謁俞氏，謂閘北之保安隊仍未撤退，足以引起嚴重局面云云。俞氏當答以中國方面，對於鄰接日僑居住地帶之保安隊員，業已自動向後稍退。但日本方面，則反於此時開進大批艦隊，昨晚並有海軍陸戰隊三千人登陸。此種情形，實有威脅滬市增加人民不安造成嚴重局面之趨勢，應請貴副領事轉告貴總領事通知貴國海軍當局，應加慎重爲要云云。福井旋即握別而去。

日海軍省開會　（同盟社東京電）海軍當局十一日邀請軍事參議官大角，末次，高橋，藤田四大將，下午二時半在海相官邸開會，海軍省方面海相米內，次官山本，軍務局長豐田，軍令部方面次長島田，第一部長近藤等出席，對上海虹橋發生之大山事件作重要協議。

日當局取慎重態度　（新聞報東京電）日外務省發言人稱：日政府對滬虹橋機場日僑二人被害後發生之新局面，現仍取極慎重態度，加以詳細調查，以期事態之不擴大。惟此後如不幸再發生嚴重事態，則日將取相當之應付。又謂自華北事件發生後，日方在上海及華南華中，已取和平政策。希中國當局對此種情形，重新加以考慮，以期和平解決。又據東京官場稱：上海日海軍及外交當局，對新發生之時局，抱慎重態度，加

以詳細調查後，再與中國當局開始交涉。

日外省希和平解決

（中央社東京電）十一日午，外務省發言人接見外國記者時，朗誦印就之虹橋事件經過說明書，與日報所載大體相同。經各種質問後，答稱日對虹橋事件，希望和平解決。

駐京日大使館參贊日高十一日晚七時赴外部訪常次陳介，說明日外務省對滬虹橋機場事件，不欲擴大見解，希望我外部轉令滬市府將本案作為地方事件從速解決。

日艦大隊開到

日本從佐世保及橫須賀調來上海之大隊軍艦，本日開到吳淞口外者，計有驅逐艦二隊，巡洋艦四艘，又魚雷艦兩艘。下午一時二十五分起，至二時五十分止，其巡洋艦由良號、鬼怒號、名取號三艘，即由吳淞相繼開進浦江。至下午三時，又有巡洋艦川內號亦進口，當時分泊在楊樹浦之大阪及黃浦碼頭。艦內滿載軍火，並有大批陸戰隊到來，即在兩碼頭登陸起卸。又下午五時十分至五時四十分，第九隊驅逐艦四艘，與二十一隊驅逐艦四艘，又有魚雷艦兩艘魚貫而入，均在楊樹浦江面拋泊。各該驅逐艦內，亦有大批軍用品，及陸戰隊兵士等裝到。當夜均在楊樹浦起卸上陸中，尚有兩隊驅逐艦，將續到吳淞口外，猶未駛入上海也。

日方兵力已及萬人

據大美晚報記者調查所得，上海方面現共有日本軍隊萬人。其中原有陸戰隊三千人，昨日下午抵滬之陸戰隊二千人，晚間抵滬之陸戰隊三千人，在鄉軍人及武裝僑民等二千人。黃浦江中日艦，計共廿九艘，自滬至淞，舳艫相接。淞口之外，另有日艦隊一大隊，待機而動。此外並有運兵船十餘艘，滿載日陸戰隊，集結口外，似有向瀏河楊林口川沙等處登陸之企圖。日方對於此種準備，似已相當完成。至於虹口一帶日兵，表面上甚爲鎮靜，但日方工兵在虹口各區仍在紛紛增加軍用電話；而日方之軍用卡車，馳騁道上，爲數甚多。足證日方對於虹橋事件，已有重大決心。

川沙訊十一日午十二時許，有日艦十六艘經白龍港開往上海，聞其中數艘昨曾在大小金山附近（松江南海面）巡弋，並時以探海燈向岸上照射。

十二日 晨六時許，突有日海軍陸戰隊一小隊共四十八人，全副武裝，攜輕機關槍四架，自其司令部開出，經同濟路，徒步開入六三花園後面花園街灘屋造酒廠舊址曠場。旋於七時許，續有卡車三輛，每輛載有武裝陸戰隊七八名，攜輕機關槍二架，重炮兩尊，經同濟路；同時另有卡車四輛，每輛載十餘名不等，又重炮二尊，經虹口公園邊

門火車過道處，均闢入灘屋造酒廠；並有工兵一隊，架設自該處接通其司令部之軍用電話。十一時許，北四川路施高塔路口，亦有日工兵架設軍用電話，以接通北四川路日本小學及歐陽路日本女子小學。兩處現有新到大批日陸戰隊駐守。各國駐滬當局，對於滬局極度關心，美領署助理總領史丹桐，今晨特偕該國陸戰隊軍官兩人，乘車分往各處，實地視察。

又今晨八時三刻，日海軍司令部派出日本工人約一百餘名，分乘軍用卡車數輛，至軍工路高爾夫球場地點，在該處進行建築飛機場。日軍在江灣路一帶佈設軍用電話線，日軍匍匐地上，假作演習，保護軍需品搬運。日司令部瞭望台擠滿日軍，在四周用望遠鏡不斷偵察，有打旗語者，搬運軍需品者，擦高射雙管機關槍高射砲者，極為忙碌。

日艦繼續開來

日艦十二艘於昨日到滬，載來陸戰隊及大批軍火，均於當晚登陸。大部集中於楊樹浦公大等各日商紗廠，其步哨安置於平涼路軍工路口；北四川路底之日本特別陸戰隊司令部及日本男女兩小學內所駐之日軍亦有增加。昨晚又有日艦四艘續到，目前滬上共計泊有日艦二十六艘。

又訊：連日黃浦江停泊日艦突然大增，前晚共達二十六艘，本日又來五艘，但中有日艦十艘由浦江駛往瀏河口外駐泊。（按該處為密邇上海之重要腹地，在軍事上形勢極為險要，現除該日艦十艘由浦江內駛往者外，尚有數艘將由佐世保調華後，即擬分駐該處及附近一帶。）

日軍籌築機場

日軍在滬籌闢機場，蓄意已久，前擬收買引翔鄉跑馬場改築不果。近則積極暗中進行，傳其擬闢之機場地點有三，一為虹口公園，一說於灘屋造酒廠舊址曠場，另一說在軍工路高爾夫球場。

形勢逐趨嚴重

自大批日本軍艦開抵滬濱，大量陸戰隊登陸之後，本市空氣一時頓趨緊張，昨晚更形嚴重。北四川路自老靶子路以北一帶，晚十時起幾已斷絕交通，素日燈紅酒綠號稱神秘之區者已成死之市街。日軍在該處作何行動，殊非空想所能推測，站立於老靶子路口向北瞭望，僅見日軍架設機槍之機車往來頻仍耳。與閘北接壤之界路，晚間已斷絕交通。沿界路口所設之鐵門，亦已完全關閉。公共租界之萬國商團，業於昨晚九時半全體出動，在老靶子路河南路口及沿海甯路以北之愛而近路暨界路鐵門內一帶佈防。一路電車及公共汽車，均以老靶子路為終點，而通至北站之各路電

車，則均止於北浙江路海甯路口。滬北空氣之緊張，有似於一二八之前夕云。

市長發表談話

關於本市時局最近發展情形，俞市長發表談話如次：自虹橋機場不幸事件發生後，我方決定以誠摯公正之態度，從事調查，按照外交途徑，以謀解決。乃日方一方面表示靜候調查，並贊同以外交方式解決，一方面派遣大批軍艦到滬，復有多數軍隊登岸，跡近威脅，殊深遺憾。本市居民驚魂未定，覩茲情況，自感不安。益以傳說紛紛，謠言四起，人心愈形恐慌。本市長深盼全市市民，務必力持鎮靜，盡國民之職責，發一己之天良，勿張皇，勿驚擾，一心一德，信賴政府，靜候事態之推移，共謀國難之解脫。其有散佈謠言，妨害治安者，定當執法以繩，決不寬貸云。

我外交部發言

我外交部發言人談：自盧溝橋事件發生以來，日方口頭上屢次宣稱不欲擴大事態，但事實上之行動，則恰與此相反。以華北言，日方初則聲言就地和平解決，繼則增派大軍，進攻平津，屠殺焚燬，無所不至；現復更進一步，一面猛烈攻擊南口，一面進窺冀省南部，了無止境。以上海言，日方口頭上同意我方提議，以外交途徑早日和平解決虹橋機場事件；但日本政府竟派遣大批飛機戰艦陸戰隊，以及其他武裝隊伍來滬，施行威脅；同時並提出各種要求，企圖解除或減弱我方自衛力量。而日

本飛機亦連日在上海杭州甯波等地，不法飛行，準備軍事行動。凡此種種行爲，均屬侵犯我國領土主權，與違反各種國際條約。我國處此環境之下，忍無可忍，除抵抗暴力實行自衞外，實無其他途徑。今後事態之演變，其一切責任，應完全由日方負之。

重要會議

淞滬停戰協定共同委員會十二日下午三時應日本方面之請求，在工部局會議廳召開會議。參加者除我國代表上海市長兪鴻鈞，日方代表駐滬總領事岡本外，尚有英法美義四國代表。席間，首由日方代表岡本致詞，稱中國代表於昨日告知本人，謂距離日僑居住區域附近之保安隊業已後退，但今晨保安隊及正規軍隊已在近郊設置防禦工事，此種行動違反停戰協定，應請共同委員會加以注意，採取有效辦法，加以制止云云。岡本詞畢，兪市長卽以嚴正之態度與言詞加以駁斥云：余聞日方代表之言詞後，深覺日方代表以爲共同委員會乃專爲滿足日方要求而設置者，此種心理，實絕對錯誤。共同委員設置之目的，在維持上海之和平與治安，並非協助日本政府實施侵略政策。日方代表乃以各中立國之代表爲其工具，需要時利用之，不需要時棄置之，不亦大謬。余作此語，蓋有所根據：去歲日本軍隊曾侵入八字橋一帶地點，按照停戰協定之規定，日軍應在該處撤退，是以停戰協定早已爲日軍之背信行爲破壞無餘矣。須知停戰

協定須雙方遵守始爲有效，如僅一方遵守，決無補於實際。現在停戰協定既早爲日方之違反行動扯毀無餘，是以中國代表認爲日方根本無根據協定再作任何提議之權，此應請注意者一。其次，虹橋不幸事件發生後，日方曾一再表示靜候調查事實眞相，以外交方式解決，但一方竟軍艦雲集，軍隊大增，軍用品亦大量補充，此外尙有大批軍艦正在途中，源源而來。此種措施，不獨妨害上海各國僑民之安全，且對中國爲一種威脅，且足發生危害之行爲。中國在本國領土內，當然有權採取自衞之行動。本人昨日確曾告知日方代表，我國保安隊已從日僑居住附近區域稍稍後退，此乃係以市長之資格通告者。當時本人並曾對日本軍艦軍隊雲集上海一點向日方代表提出抗議。日方代表當時對日軍增加一節，答稱不知。惟相隔不久，本人卽徵實日本軍艦軍隊確已大量增加。是則爲防衞計，保安隊當然無可撤退矣。總之，我方秉承中央所定人不犯我我不犯人之一貫政策，對僑居上海之各國僑民，仍當加以保護，對各國僑民之利益，亦仍當照常尊重，請各代表轉知僑民釋念可也云。至此，各國代表提議可否將保安隊稍稍後退，以免發生衝突。俞市長當卽答稱：停戰協定早經日方破壞，故日本實無召集共同委員會之必要；但各國代表係以領事資格出任調解，本人亦極願商談。惟我國軍隊在本國土地行動，有絕對自

由之權，此則未容他人置喙。茲為維持上海之和平與治安計，如日本將增加之軍艦與軍隊調回，則我方對撤退保安隊一點亦願加以考慮云。日本代表對於此點無具體答復，於是會議卒無結果，惟雙方代表均表示決竭力設法避免開釁。至五時一刻散會。

日高謁見外次

駐京日使館參事日高信六郎，十二日下午三時半，赴外部見次長陳介，代表川越，對上海虹橋事件之解決意見有所傳述，談一小時。日高謁陳時，係重提十一日滬領事岡本與滬市長俞鴻鈞所談各點。外部以此案雙方同意在滬就地談判，部長未表示具體主張。英大使許閣森下午四時赴外部訪政務次長徐謨，對虹橋事件表示關心之意，有所探詢。又談及英方所聞此案情形，並以客觀的談及滬領事團致雙方勸告和平。徐氏當告以吾方仍抱外交方式解決原意，與各國旅滬僑民，期望正同。

浦江日艦調查

日方於虹橋事件發生前後，從佐世保軍港及華南北各海面飛調大批艦隊來華，其間有自沿江各處撤退來滬者，且已決將駐泊長江之第十艦隊，與駐在上海之第十三艦隊實行會合。其駐泊並無確定地點，但在十六浦及日領事館匯山、黃埔、公大紗廠等碼頭，俱泊有日主力艦，如出雲由良等等，尤以楊樹浦面一帶為最多，

其總數幾在三十一艘之上。淞口外並有日航空母艦，拋泊三夾水洋面。其各艦之噸級及所有炮量，如次：

艦名	隊號	排水量	速率	主炮	小炮	高射炮	機關鎗	電雷	飛機	建造年月	建造廠地	全艦尺度
出雲	一等巡洋艦	九〇、〇噸	一六海浬	四	三	一	二	二	一	明治三十一年九月	德國	長一二四·四六 寬五八、
知床	特務艦	五八二〇	一四	二	〇	二	〇	〇	〇	大正十一年十月	神戶川崎造船廠	長一四四·七八 寬一八·五九
由良	二等巡洋艦	五一七六	三三	七	〇	二	〇	八	一	大正十年五月	佐世保海軍工廠	長一五二·五〇 寬一四·四〇
鬼怒	同上	五一七〇	三三	七		二	〇	八	一	同十年一月	神戶川崎船廠	同上
名取	同上	五一〇〇	三三	七	〇	二	〇	八	一	八年九月	佐世保海軍工廠	同上
川內	同上	五一〇五	三三	七	〇	二	〇	八	一	十一年二月	三菱長崎船廠	未詳
刈萱	同上	八二〇	三三	三	〇	〇	〇	四	〇	九年十月	石川島	長八三·八二 寬七·八二
八重山	敷設艦	一九七〇	一六	三	〇	二	〇	〇	〇	昭和三年二月	浦賀船渠會社	長一〇〇、 寬一二·七五
子日	、等驅逐艦	一三六八	三四	五	〇	〇	〇	六	〇	大正六年十二月	同上	長一〇二·九六 寬九·九四
初春	同上	同上	同上	同	〇	〇	〇	同	〇	昭和六年十二月	同上	同上
若葉	同上	同上	同上	同	〇	〇	〇	同	〇	同上	同上	同上

初霜	同上	同上	同上	同	○	○	○	同	○	同九月	同上	同上
有明	同上	同上	同上	同	○	○	○	同	○	同十二月	同上	同上
夕暮	同上	同上	同上	同	○	○	○	同	○	同上	同上	同上
白露	同上	同上	同上	同	○	○	○	同	○	同上	同上	同上
時雨	同上	同上	同上	同	○	○	○	同	○	同上	同上	同上
芙蓉	二等驅逐艦	八二〇	三一・五	三	○	○	○	四	○	大正十一、年一月	藤永田船廠	長八三・八二 寬八・〇八
朝顔	同上	同上	同上	同	○	○	○	同	○	同上	同上	同上
栗	同上	七七〇	同上	同	○		二	四	○	九年十月	石川島	長上 寬七・九二
栂	同上	同上	同上	同	○	○	○	同	○	同上	同上	同上
蓮	同上	同上	同上	同	○	二	○	同	○	同上	同上	同上
勢多	砲艦	三〇五	一六	○	○	同	○	○	○	同年四月	播磨造船工廠	長五四・八六 寬八・二三
安宅	同上	七二五	同上	一	○	同	○	○	○	同上	同上	同上
鳥羽	同上	二、五	同上	○	○	同	○	○	○	同上	同上	同上
堅田	同上	一五〇	同上	○	○	同	○	○	○	同上	同上	同上

比良	同上	三〇五	同上	〇	〇	同	〇	〇	〇	同上	同上	同上
保津	同上	同上	同上	〇	〇	同	〇	〇	〇	同上	同上	同上
熱海	同上	一七〇	同上	〇	〇	同	〇	〇	〇	同上	同上	同上
二見小岡	同上	同上	同上	〇	〇	同	〇	〇	〇	同上	同上	艦長未詳

京滬交通暫停

京滬路昨日上下行各列車，均未開入北站。京滬夜快車原定七時〇五分抵滬，因誤點至十時許始抵眞如，並未開到北站。又八時之首都特快，亦遲至九時，方由眞如開出。因車輛不敷調度，故此後竟日無上行車赴京，亦不出售客票，至於滬杭線各班車次，係由南站開出，上下行車仍通，惟擁擠異常。因此之故，各車均有誤點。淞滬區間車昨亦停開，站內顯見靜寂，車站四週則由我武裝保安隊警嚴加戒備，並阻止行人闖入。公路交通，如錫滬公路滬太公路等長途汽車，因車輛另調，不敷分配，故客車於昨日起暫時停止。閘北市區內華商公共汽車，亦暫告停駛。電話北區於昨日中午起，已不復與租界接通，除南市方面無阻外，閘北與吳淞等區，均告間斷，至晚尚未恢復。

難民逃出收容

滬北一帶，因日軍艦大批集滬，情勢突告緊張。江灣閘北天通庵等處居民，紛紛向滬搬移，自晨至晚，絡繹不絕，大都均攜老扶幼，手提肩挑之貧苦人民及鄉農。有一部份難民，均赴雲南路仁濟堂請求救濟；尚有一部份因路徑不熟，曾在北河南路北浙江路各里弄息足，愁眉苦臉，厥狀甚慘。上海市救濟會特於仁濟堂舉辦難民登記收容給養，已覓定大世界廣恩寺佛教淨業社清涼寺江甯公所等處，開始收容。此後，難民逃出者日多，各團體均起而從事收容救濟。

萬國商團下動員令

昨晚八時半，本市公共租界萬國商團總司令部，以時局已至極端嚴重階段，為防界內治安萬一起見，特下緊急動員令，令英美意等各隊隊員，集中一定地點，候令出防。各隊員均須戴鋼帽制服食袋水瓶及槍械子彈，整裝出發云。

日政府開會議

（同盟社東京電）首相近衛今曉於上海情勢急趨惡化，乃於午後九時在私邸邀請陸相杉山．海相米內．外相廣田等舉行重要會議。

又電：日本海軍對於大山事件保持慎重態度，事件發生後，與華方共同調查真相，第三艦隊長谷川司令長官已向本省請訓海軍應取方針。海軍當局定於今明日開首腦部會議後，對長谷川發重要訓令，故時局在此兩三日內或有嚴重展開。

我鎮靜決

（南京電）滬日領對俞鴻鈞市長要求我保安隊撤退，經俞鴻鈞婉拒後，日方仍未滿意，刻正積極向上海增兵。一般看法，日方已將導火線燃點，即將爆發。我政府立場早經決定，而日軍處心尤極明顯，故社會各方對滬事雖感緊張，而政界態度却甚鎮靜沉着。政界有力方面表示，如日軍發動戰事，決予驅逐。政府態度殊鎮靜，現仍命俞市長努力折衝中；惟日方如以武力壓迫，決以武力報之。

十三日　吉祥路日本學校日軍，於清晨十二時許，發槍數響，威脅我警察局吉祥路派出所撤退。又昨下午四時起，日軍由天通庵司令部出發佈防，至今晨三時止，已將北四川路江灣路其美路寶山路一帶佈置完備，與我方保安隊士之崗位相離甚近，若雙方再稍前進，即有一觸即發之勢。晨四時許，日軍在最前線之步哨兵，開放警戒槍，槍聲疏疏落落，遠遠聽約可聞。

日軍挑釁

自巨量日艦駛滬，及大批陸戰隊登陸後，即積極佈置工事，十二日下午曾屢次開槍尋釁，我保安隊未予還擊。至今晨九時許，橫浜路上之日軍，向前推進。其步哨之崗位，已能望見橫浜橋境我方隊士崗位。當是時，有其美路逃出之難民，經過橫浜橋邊，日方步哨兵即舉槍射擊，而在後方之日軍，亦即行推進。

九時一刻發生衝突　日軍一小隊由橫浜路向我守軍進攻，當經我保安隊所放之步哨兵開槍還擊，日步哨及日軍乃向後退；為時不過數分鐘，故雙方發槍不多。九時二十分，橫浜橋方面槍聲方息，虬江路附近日步哨又從北四川路推進。同時日便衣隊隨在後面，希圖潛入我方保安隊之警戒線內，隨進隨即開槍，向我保安隊步哨攻擊，我保安隊哨兵亦即還擊。日哨兵及便衣隊見不得逞，同時後退。

攻天通庵　十時零五分，日軍又利用日便衣隊從天通庵日海軍司令部出發，繞道走黃陸路，向天通庵車站方面進攻。此時我方兵士駐防於淞滬鐵道之西，當亦舉槍迎擊，未二三分鐘，日便衣隊即行退去。又十時許，天通庵路江灣路之間，曾一度發生小衝突，各開槍約五六響即止。

正午衝臨平路　午十二時，日兵十餘名，由分水廟南進過臨平路橋，入臨平路寶華路一帶。該處因地勢不佔重要，故並無我保安隊；警察局臨平分駐所，據前方崗警趕回報告，該所所長即率大隊幹警四五十人，上前應戰。

午後有小接觸　午後十二時半起，寶山路及江灣路八字橋一帶，時有斷續之槍聲。下午二時三十五分，寶昌路上日軍又來進攻，發槍數十響，試探我方動靜，當經

我方步哨兵擊退。下午二時餘，寶山路東淞滬鐵道旁橫浜橋方面，雙方發生小接觸。該處自今晨九時十五分起，迄三時止，雙方小衝突時發時止。

我方抗議　上午九時十五分，日海軍陸戰隊，突向本市區內警戒線內衝入，並攻擊我守軍後，俞市長得報立即向日本駐滬總領事提出抗議，並致函領袖領事奧爾轉知各國駐滬總領事知照。原文如下：

致岡本抗議書　逕啓者：關於最近貴國海軍麕集上海，威脅敝國之舉動，經本市長向貴總領事提出嚴重抗議在案。後本市長為維持本市和平治安計，曾與貴總領事約定雙方不得輕啓釁端，此事昨（十二）日在共同委員會開會時，英美意各國代表均皆聆悉，並可為證。乃言猶在耳，貴方陸戰隊於本月九日十五分，在北區地帶忽向本市區內警戒線內衝入攻擊我守軍。當經我軍沉着抵抗後，因我方不欲事態擴大，除將貴方挑釁部隊驅回外，並未追擊，糾紛旋即停止。本市長認貴方陸戰隊此舉，足以危害和平，妨害治安，相應提出抗議。請煩查照轉知貴國海軍當局尊重諾言，嚴切制止為荷。此致日本駐滬總領事岡本。

致領袖領事函

逕啓者：今日本市長致日本駐滬總領事抗議書一件，關於日方今晨違背諾言，輕啓釁端事，相應抄同該抗議書函稿，送請查照。並煩轉知各國駐滬總領事知照爲荷。此致挪威國駐滬總領事兼領袖領事奧爾。

淞滬停戰協定作廢

淞滬停戰協定自昨日共同委員會開會後，中國當局認爲日方業將該協定全部撕毀。故即於昨日正式聲明，該協定應即作廢。

我封鎖長江下游

我政府鑒於目前情勢急迫，已將揚子江鎮江下游江面予以封鎖，所有該段江面航行一律暫行停止，外交部方面已分別照會各關係國駐華使節，轉飭各國僑民一體知照。我軍事當局頃發表談話，謂現下時勢急迫，我國爲自衛計，不得不採取各種適當措置，而封閉揚子江鎮江下游江面，實爲我國目前在國防上必要自衛辦法之一。此種辦法實施於中國領地，目的純爲自衛，雖一時對於中外航業略有不便，但應爲中外人士所諒解。一俟外來之威脅解除上述江面之航行，當立即恢復。

日政府緊急會議

東京路透電：據十三日朝日新聞所載，日最高當局昨夜舉行會議，討論上海事件，結果決定日本應以嚴厲之形式，行使其「自衛」之權。此決議將於今晨提出內閣緊急會議，請其通過。昨夜參加會議者，有首相外相海相陸相等。再則

昨晚九時海相謁見首相，報告上海情形，並向首相提出日艦隊司令官長谷川之「重要建議」後，首相即召集外陸兩相共同討論。事後首相告新聞記者稱，余恐不得不施行「自衞」一策略云。

同盟社電：杉山陸相昨於十二夜四相會議散會後，在陸相官邸召集梅津次官，後宮軍務局長，柴山軍務，田中軍事兩課長，及其他要員，商議至深更。米內海相亦於四相會議散會後，急至海相官邸，召集山本次官，豐田軍務，島田軍令部次長等，與海軍省要員舉行重要會議。

同盟社電：日政府以上海情勢，截至十二日午後，愈趨危險，乃於昨夜九時，在首相官邸召集四相會議。陸相海外三相均經出席，討論今後政府應取之態度，舉行重要協議。席上由米內海相報告上海各項情勢後，經各項協議，並考慮最惡劣之際，日當採萬全之策以為應付，此種意見已歸一致。復於十三日午前九時起，在首相官邸召開臨時閣議，十時散會。

戰爭開始

下午四時，日軍積極向我八字橋與江灣路進犯，用鋼炮向我轟擊；同時寶山路天通庵路亦發生接觸，戰線甚廣，一時槍聲及大炮聲大作，租界內清

晰可聞。五時許，日軍又以燒夷彈向我轟擊，閘北若干房屋均被燃燒。五時半，我軍於敵密集炮火下，奮勇衝鋒，敵不支潰退，我軍遂佔領八字橋。至晚九時五十分戰事一度停止，惟閘北火光冲天，至十二時始稍弱。

日艦砲轟擊

下午六時，泊駐吳淞高橋日艦，以巨炮向虬江碼頭至軍工路滬江大學一綫轟擊，滬江大學建築一部略有破壞。測其目的，係在試探我軍防守實力，並企圖掩護敵軍由右翼前進。我軍知其企圖，沉着應付，敵艦約開八九炮卽行停止。

滬西日軍撤退

滬西極司非而路豐田紗廠，原駐大批日海軍陸戰隊，現鑒於該處實力單薄，不能堅守，為避免損失計，決自撤退，並要求工部局派英國駐軍往駐。該處屯積之軍用品，日方已於十三日下午，用卡車運回虹口司令部。

第二章　我軍應戰及戰局之展開

日方自十一日大隊戰艦到滬之後，積極備戰，佈置一切。我國以日人侵略野心日熾，遂派「一二八」戰役時之第五軍軍長張治中為京滬警備司令，於十四日率八十七八十八等師來淞滬佈防。此外又委任張發奎為滬杭警備司令，率部防守滬杭路及浦東一帶。張治中司令於戰爭爆發後，通電表示抗戰到底。通電云：

各報館轉各部隊各機關團體暨全國同胞公鑒：十三日下午，暴日侵滬艦隊突以重砲轟擊閘北，繼以步兵越界襲我保安總團防地，我保安隊忍無可忍，起而應戰。治中奉命統率所部，星馳援應，保衛我先祖列宗篳路藍縷辛苦經營之國土，爭取我四萬五千萬黃炎華胄之生存，誓不與倭奴共戴一天。今日之事，為甲午以來四五十年之最後清算。彼曲我直，彼怯我壯；彼為發揮野心之侵略，我為決死求生之自衛。無論暴敵如何披猖，最終勝利，必屬於我。願我舉國同胞武裝袍澤，毋忘我東北平津數千萬同

胞呻吟於日寇鐵蹄踐踏之奇慘，毋忘我一二八戰役，長城戰役，平津戰役，忠勇犧牲先烈之血跡；以悲壯熱烈之精神，共負洗雪國恥收復失地之重任；遵奉最高統帥蔣委員長之昭示，以百折不撓抗戰到底之決心，求得最後光榮之勝利。擐甲陳詞，不勝激越。張治中叩刪印。

〔我政府發表聲明書〕　外交部本日代表國民政府，發表下列之聲明書：——

中國政府對於現在中日局勢，發表聲明如下：

中國為日本無止境之侵略所逼迫，茲已不得不實行自衛抵抗暴力。近年以來，中國政府及人民所努力者，在完成現代國家之建設，以期獲得自由平等之地位。以是之故，對內致力於經濟文化之復興，對外則尊重和平與正義，凡國聯盟約，九國公約，非戰公約，中國曾參加簽訂者，莫不忠實履行其義務。蓋認為獨立與共存二者，實相待而相成也。乃九一八以來，日本侵奪我東四省；淞滬之役，中國東南重要商鎮，淪於兵燹；繼以熱河失守，繼以長城各口之役，屠殺焚燬之禍，擴而及於河北；又繼之以冀東偽組織之設立，察北匪軍之養成，中國領土主權橫被侵削。其他如縱使各項飛機，在中國領土之內不法飛行，協助大規模走私，使中國財政與各國商業，同受鉅大損失；以及種種毒

辣手段，如公然販賣嗎啡海洛英，私販槍械，接濟匪盜，使我中國社會與人種，陷入非人道之慘境。此外無理之要求與片面之自由行動，不可勝數，有一於此，已足危害國家之獨立與民族之生存。吾人敢信此爲任何國家任何人民所不能忍受者，然中國則一再忍受，以迄於今。吾人敢言，中國之所以出此，則於盡可能之努力，以期日本最後之覺悟而已。及至盧溝橋事爆發，遂使中國幾微之希望，歸於斷絕。盧溝橋事件之起因，由於日本大舉擴張天津駐屯軍，且屢於辛丑條約未經允許之地點，施行演習。日本此種行動，已足隨時隨地引起事變而有餘；而本年七月七日深夜，日本軍隊竟於鄰近北平之盧溝橋，施行不法之演習，繼之以突然攻擊宛平縣城。我守土有責之駐軍，迫而爲正當防衛。我無辜之人民，於不意之中，生命財產燬於日本砲火之下。凡此事實，已爲天下所共見。盧溝橋事件發生以後，日本之行動有深足注意者，即其口頭常用就地解決，及不欲擴大事態之語調；而其實際，則大批軍隊及飛機坦克車以暨種種最新戰爭利器，由其本國及朝鮮與我東北，源源輸送至河北境內實行武力侵略，向我各地節節進攻之事實，絕不能爲其所用之語調所可掩蔽於萬一。中國政府於盧溝橋事件發生後，猶以誠意與日本協商，冀圖事件之和平解決。七月十二日，我外部曾向日本大使館提議，雙方即時停

止軍事行動，而日本未予置答。七月十九日我外交部長復正式以書面重提原議，雙方約定一確定日期，同時停止軍事動作，同時將軍隊撤回原駐地點。並曾聲明中國政府為和平解決此次不幸事件起見，準備接受國際公法或條約所公認之任何處理國際糾紛之和平方法，如雙方直接交涉，斡旋調解公斷等等。然而以上種種表示，均未得日本之置答。於此之際，中國地方當局為維持和平計，業已接受日本方面所提議之解決辦法；中央政府亦以最大之容忍，對於此項解決辦法，未予反對。乃日本軍隊於無可藉口之中，突然在蘆溝橋廊坊等處，再行攻擊中國軍隊；並於本年七月廿六日致哀的美敦書，要求中國軍隊撤出北平。此則於雙方約定解決辦法以外，橫生枝節，且為吾人所萬萬不能接受者。日本軍隊更不待答覆，於期限未到之前，以猛力進撲中國文化中心之北平，與中外商業要樞之天津。南苑附近，我駐軍為日本轟炸機及坦克車所圍攻，死亡極烈。天津方面，人民生命，橫遭屠戮，公共建築文化機關以及商戶住宅，悉付一炬。自此以後，進兵不已，侵入冀省南部，並進攻南口，使戰禍及於察省。凡此種種，其橫生釁端，擴大戰域，均於就地解決，及不擴大事件語調之下，掩護其進行。當此華北戰禍蔓延猖獗之際，中國政府以上海為東方重要都會，中外商業及其他各種利益，深當顧及，屢命上海

市當局保安隊加意維持，以避免任何不祥事件之發生。乃八月九日旁晚，日軍官兵竟圖侵入我虹橋軍用飛機場，不服警戒法令之制止，乃致發生事故，死中國保安隊守衛機場之衛兵一名，日本官兵二名。上海市當局於事件發生之後，立即提議以外交途徑謀和平解決，而日本則竟遣派大批戰艦陸軍以及其他武裝隊伍來滬，並提出種種要求，以圖解除或減少中國自衛力量。日本空軍並在上海，杭州，寧波，及其他蘇浙沿海口岸，任意飛行威脅，其為軍事發動已無疑義。迨至十三日以來，日軍竟向我上海市中心區猛攻。此等行為，在盧溝橋事件發生以後，向河北運輸大批軍隊，均為日本實施其傳統的侵略大陸政策整個之計劃，實顯而易見者也。日本今猶欲以淞滬停戰協定為藉口，將使中國於危急存亡之際，尚不能採用正當防衛之手段。須知此等停戰協定，其精神目的，即欲於某地點內雙方各自抑制，以期避免衝突，不妨和平解決之進行。若一方違背約言，自由進兵，而同時復拘束他方，使之坐而聽受侵略，此為任何法理任何人情所不能曲解者。中國今日鄭重聲明，中國之領土主權，已橫受日本之侵略；國聯盟約九國公約非戰公約，已為日本所破壞無餘，此等條約，其最大目的，在維持正義與和平；中國以責任所在，自應盡其能力，以維護其領土主權及維護上述各種條約之尊嚴。中國決不放棄

領土之任何部分，遇有侵略，惟有實行天賦之自衛權以應之。日本苟非對於中國懷有野心，實行領土之侵略，則當對於兩國國交謀合理之解決，同時制止其在華一切武力侵略之行動。如是則中國仍當本其和平素志，以期挽救東亞與世界之危局。要之，吾人此次非僅為中國，實為世界而奮鬥；非僅為領土與主權，實為公法與正義而奮鬥。吾人深信凡我友邦既與吾人以同情，又必能在其鄭重簽訂之國際條約下，各盡其所負之義務也。

十三日上午日軍開始向我進攻，我僅擊退之，未加追擊。至下午四時日軍向我八字橋，江灣路，寶山路，天通庵路等處進攻。六時許，日艦亦發砲轟擊我軍陣地，戰爭遂正式開始矣。戰局展開如下：

十四日 三時五十分消息：昨日我軍與日陸戰隊接戰數次後，各路均在節節推進中。昨晚十二時後槍砲聲漸劇，至今晨二時卅分起，我軍自八字橋青雲橋一帶反守為攻，集中炮火，向天通庵日兵營及糵屋造酒廠進逼。我軍所發大炮，皆中日軍要地，聞日方死傷累累，同濟路花園街一帶，日傷兵不絕於途。江灣路我軍，今晨同時向天通庵推進，我前綫已展至與日陸戰隊兵營距離約一千公尺之處，敵軍形勢極為危急。引翔港我軍亦頗佔優勢，前進甚速，現已逼近公大紗廠敵司令部，步槍射程可以到達。惟今晨

三時半後，槍砲聲已漸疏。至四時後，大砲聲又作。又昨日下午我軍以大砲向北四川路底日陸戰隊司令部轟擊時，有兩彈落於該部附近，敵方損失甚大，又公大紗廠昨亦被我軍擊中一彈。

陸戰全日陸續未停，我軍頗有進展，日軍防地逐漸縮小。惟彼以租界為根據地，我軍投鼠忌器，進攻較感困難。此點最應為各友邦所注意，若使日軍退出租界，日艦駛離黃浦江，則免危及各租界之安全。本日市戰，流彈四飛，租界戒備特別加嚴，全市之電車及公共汽車，七時後即行停駛。自晚迄夜，砲聲不停，約每分鐘即發一巨響。同時在狂風怒吼中，閘北天空燃燒着濃赤之火光，自係日艦自江中發砲轟擊閘北一帶。夜十二時左右，風仍勁疾，更降冷雨，但砲聲仍隆隆不已，火光熊熊燃燒，直迄十五日晨四時，砲聲火光猶未止息。

本日我方空軍奉命正式應戰，建立殊勳，炸中敵艦三艘，又轟炸敵軍根據地，及掩護我前綫部隊進攻，予敵軍以重創。又敵機襲我杭州筧橋，被我機擊落三架。我空軍首次應戰，即奏奇功，不負全國人士之熱望，且為遠東前此未有之空戰，誠可謂為莫大之光榮也。以後我空軍每日均著戰勣，故列為專篇以紀之，詳第三章。

十四日各路戰訊如左：

閘北戰爭激烈　晨五時十分，虬江路，寶山路口又有接觸，一時機槍及機關砲聲甚密。日軍圖衝我陣線，卒被擊退。五時三十五分，緊密之機槍聲又作，但終以我軍攻守得力，日軍未敢前進。六時後，砲聲漸密，我軍約每隔二分鐘，發砲一響，此時天通庵虬江路一帶未有接觸。六時四十分，我軍對敵作猛烈之砲轟，虬江路附近，一度發生激戰。在機槍嚴密掃射之下，我軍極佔優勢。

晨五時，江灣一帶我軍向日軍陣地猛攻，當卽佔領水電路持志大學一帶地方。我軍前鋒已完全越過淞滬鐵路線，直至上午十時，仍在繼續進擊中。又晨五時許，日傷兵車二輛，由黃興路轉眉州路向黃浦碼頭而去。閘北旱橋下塊王家宅及柳營路，拂曉時起均發生劇戰，因我陣地堅固，日未得逞。旋於上午八時許，我軍士兵奮勇向日陣地反攻，日軍不支，退向天通庵路。

我軍向八字橋推進　我軍自十三日下午五時半，在八字橋乘勝進擊，旋又佔領中興路橋後，現仍在繼續推進中。八字橋一帶，居民已逃避一空，前方給養，甚感困難，現正由市政府及抗敵後援會以麵包接濟中。

日艦砲擊江灣

虬江碼頭一帶，日艦十餘艘同時開砲，火力猛烈。我軍固守防線，阻止日軍登陸企圖。下午五時許炮火更烈。

虬口激夜巷戰

昨晚十一時起，北四川路虬江路，寶昌路一帶，巷戰繼起，步槍機槍雜作。直至今晨一時許，戰況轉趨激烈，至二時許仍繼續作戰。惟陣地已向東北推進，每隔五分鐘，雜以砲聲，迄三時許仍未止，雙方俱傷亡頗重。閘北一帶，自昨晚八時起，即因砲火延燒，紅光燭天。直至今晨三時許，火勢更熾，照耀甚廣。浦東亞細亞油廠等處昨日下午四時起火，因風大火熾，延燒不已，今晨二時半始熄。

晚八字橋一帶鏖戰

晚十時後，我軍向八字橋一帶敵軍猛攻，將敵千餘人擊退，敵受創甚重，惟敵仍增援，據防禦物堅守。

本日之戰，我軍在八字橋及江灣路一帶均獲勝利。惟八十八師黃旅長梅興，不幸竟於攻克敵軍陣地時殉國。據馮副師長談其陣亡情形如左：

『黃將軍十四日奉命沿江灣之線，向持志學院之敵突擊，在敵軍猛烈砲火下，奮不顧身，卒將敵陣摧毀。下午四時，正以電話向師部報捷，而敵彈橫來，炸中腹部，遂至隕命。孫師長接話未畢，遽爾中斷，知必有異，而殉國陣亡之報告踵至矣。晚間其遺體

業已安運後方，忠魂寄於國土，黃氏之死可謂不朽。馮氏慨述黃旅長之一生，謂以「勇敢忠實」四字可以包括其爲人行事。』（大公報）

日艦謀襲劉河失敗

日方欲師「一二八」之故智，由劉河登陸，抄襲我後方。於十四日下午，有日艦五艘駛至劉河口，企圖掩護軍隊登陸襲擊。我空軍得報，即飛往轟炸。而我在軍彼處配置有相當兵力，故敵謀無從得逞。

十五日

戰局向外擴大，因十四日我軍應戰之結果，我左翼陣綫已進展至楊樹浦，將公大紗廠日軍司令部包圍；右翼進展至江灣路北四川路，迫近日本特別陸戰隊司令部，敵軍主力已陷入我弧形包圍之形勢，困守待援。又日方在劉河方面謀登陸，吳淞亦發生炮戰，故戰局已從內心陣形擴大而爲外緣陣形矣。

日人蓄意在滬作戰，故十三日雙方未開始衝突之前，已由國內調派陸軍一師團來滬。故戰事發生未及四十小時，其援軍一師團已於今晨全部運抵吳淞口外，準備登陸。

本日我空軍亦大發揮威力，轟炸日海軍司令官旗艦出雲號，與敵機激戰，詳情見第三章。

本日戰況報告如下：

我佔日海軍俱樂部

上午九時卅分，我軍佔領日海軍俱樂部。我某連連長受傷不退，仍奮勇前進，將敵軍擊退。此役我傷亡士兵二十餘名，敵兵傷亡二百人以上。

中央社記者於下午三時，大雨滂沱中，冒雨赴前線視察，至十一時返滬。曾晤某長官，據談前線戰況云，我軍於十四日將水電路一帶敵軍消滅後，即乘勝前進。十五日晨，越過愛國女學，進逼北四川路底之日本海軍俱樂部，我軍於彈雨密集之下，奮勇前進。××師連長，身先士卒，中彈受傷，士兵擬扶之後退，該連長忠勇異常，奮不顧身，仍扎掙負創前進，士氣更為振奮，爭先浴血前進。當於上午九時三十分，佔領日本海軍俱樂部，防守該處之敵軍三百餘人，完全殲滅。敵軍旋於午後二時十分，在日本海軍俱樂部以南地帶，向我猛烈反攻，肉搏數次，均被我軍奮勇擊退，敵軍死傷甚衆云。

敵根據地被我包圍

下午三時半報告：戰事在大風雨中澈夜未停，十五日晨拂曉，砲聲與機關鎗聲，尤為猛烈。七時後成沉寂狀態，偶有轟擊而已。江灣路方面，我軍奮勇進攻，頗有進展，已自水電路持志大學一帶進至江灣路口，迫近敵司令部，楊樹浦方面，我軍迫近公大紗廠，取包圍形勢；殘敵頑抗死守，仍相持中。

虬江橋我

虬江橋橫貫市中心與虬江碼頭，傍近於軍工路間。十三日起，日軍自兵艦

軍奮戰 上，發射大砲，作猛烈之轟擊。我軍扼守橋端，並憑河岸作戰，日軍之砲火勢力，極爲劇烈，我軍奮勇抵抗。迨至今日，我軍沉着應戰，仍佔優勢。

又訊：市中心虬江碼頭殊爲衝要，日艦停泊該碼頭，十二，十三，兩晝夜之間，向岸上發砲不下數百響。日軍屢圖登陸，但該處我軍防線極端鞏固，如遇日艦發砲時，則暗伏軍工路上不動聲色；敵如登陸，則以機槍掃射敵因不得逞，祇得仍退回艦。自戰事發生以來，我軍均以此應付，嚴取守勢，因是敵至今未能越雷池一步。惟該處建築物則已遭敵轟毀無餘。

敵艦開砲轟擊浦東 晨六時許，停泊黃浦江內日領館前之出雲旗艦偵察飛機，又出動向我浦東及南市區域偵察，往來盤旋，約二十分鐘。當其偵察浦東時，竟以機槍掃射，我駐浦東部隊，爲防衛計，即發機槍還擊。敵機不支，高飛折回。迨至下午二時許，該敵機又出現於浦東上空，同時出雲敵艦，竟向我浦東東昌路新馬路地方，放砲轟擊。並有敵兵在其昌棧登陸，當爲我軍擊退。

敵援軍已加入戰 據確報：敵方昨日深夜，已有久留米師團抵滬，本日已加入前綫作戰。又下午二時許，一部敵軍向海軍俱樂部增援，猛烈向我攻擊，被我軍擊退。

敵軍擬在常熟上岸。

常熟方面之楊林口與白茆口，突來敵艦七艘，載有大批陸戰隊，有在該江面一帶上岸模樣。但我該處駐軍，已嚴加戒備，如敵軍登陸，即迎頭痛擊。又常熟徐興涇口，到有日艦七艘，陸戰隊有登陸企圖。但我駐軍兵力雄厚，江防極爲鞏固。

自十三日開戰至十五日止，我方顯佔優勢。此後，十六日起至月杪之各路戰訊，將於第四章述之。

第三章 空軍戰勣

八月十四日空戰

日機挑釁

戰事自晨起益趨激烈，日軍不勝我方砲火之壓迫，乃出動空軍助戰。日海軍陸戰隊司令部，於九時許通知租界，如有損害租界之事，不負責任。日軍水上飛機三架，於十時起即自浦江中升起，向虹橋方面前去，我方空軍遂出而應戰。

我國空軍出動作戰

晨十時一刻，我空軍出動作戰，參加之飛機十數架。時值天陰欲雨，浮雲蔽空，我飛機先飛至楊樹浦方面，向公大紗廠以南日軍後方攻擊。繼有三架漸飛向西，在日領館以東浦面之日艦即向空開高射砲，砲聲繁密殊甚，但不能命中。我機則擇日軍要害地點擲彈，在日出雲艦附近，亦有數彈落下。當時日艦陸續開放高射砲，但我飛機無所畏懼，坦然執行其壯烈使命。在此一霎間，日高射砲射之方向，隨飛機而改變，初向東北，漸移西南，致五馬路外灘碼頭上亦落有高射砲彈，頓時引起燃

燒。十分鐘後，我飛機安然向東南方飛去，歸還後方。

十二時，我空軍掩護步隊，衝潰日軍防線。日方有白色偵察飛機兩架，曾在公平路沿海口天空與飛機發生空戰。雙方飛機經一刻鐘戰鬥，日機分頭逸去。

我機圍攻出雲旗艦

十時三十分許，我空軍兩小隊計轟炸機六架，在浦西一帶偵察。當時停泊在浦江中心之日旗艦「出雲」號，以高射砲向我機射擊，我機向該艦投彈三枚。惟以風勢甚大，彈被風力吹動，致標的稍偏，未曾命中。一彈落於江中，兩彈落於「出雲」左近浦面，將該艦激起數尺，浮蕩水面。當我機向該艦投炸彈時，該艦上全部日軍出動，日砲手即架準高射砲及機關槍，向吾軍飛機射擊。但我機駕駛行動極為敏捷，投彈後即疾閃入雲霄，雖敵艦以槍砲向吾猛射，皆未命傷。吾機投彈三四次，盤旋約二十分鐘即飛去。旋於午後一時二十分許，我機二架，又在浦江上空出現，並連續向敵艦猛投炸彈。敵艦倉皇萬狀，亂開高射砲，共發一百餘響，流彈波及外白渡橋及外灘公園一帶，傷行人頗多。

下午空戰激烈

下午四時，日機在滬市上空盤旋，我機二架亦在上空偵察，雙方追逐不已。至四時二十分，我機二架先誘敵機向西南方飛去，同時突由雲端飛出

多架，向黃浦江面急飛擲彈。日軍倉皇之間，高射砲亂放時。我空軍不避砲火，奮勇前進，向日艦停泊之處投下數彈。同時，敵水上機六架，亦緊急出動應戰。我機即奮勇與之接觸，而黃浦江上空之遠東空前空戰，遂呈現於萬千市民目前。我機技術純熟，以最迅速之動作，忽而高翔，穿入雲表，忽而低飛，掠頂而過，或包抄，或夾擊，均使敵機倉皇失措，前後不能兼顧。我軍共進攻敵艦凡十餘次，敵艦前後發砲五百餘響；敵艦遭我重大威脅，狼狽不堪，我機始終未被擊中。此次空戰至為劇烈，砲如連珠，聲如巨雷，黑點層密，烟霧漫天。鏖戰至一小時又二十分鐘之久，我機始於五時十分許揚長飛去。當激戰時，千萬民衆暨西僑等，均麕集外灘一帶及附近觀戰，以我空軍首次出動，即予敵人以重創，實開我國軍事歷史上未有之光榮紀錄，無不欣然高呼中國空軍萬歲聲，足證民衆愛國之血誠為如何也。

日艦兩艘中彈

下午四時四十分許，楊樹浦方面我另一隊空軍戰士，曾駕機三架，前往該處一帶偵察。當時停泊該處浦面日艦三艘，即以五六架高射砲同時開砲，向我機攻擊。但我忠勇之飛將軍，鎮靜沉着，在敵彈爆炸時，即中止前進，立刻降低，在已炸之砲彈下安全越過，重復升高飛回原處。瞬息間復一齊下降低飛，於迫近日艦時

各機炸彈齊落，擊中兩艦，方始折回。當時中彈日艦，立即起火，後悉一艦已毀，一艦受傷。

轟敵司令部 我國空軍於晨十時許，出動參加作戰。當以楊樹浦底軍工路旁之日商公大紗廠，爲日軍東區根據地，日軍司令部亦附設於內，故我空軍飛機數架，飛往楊樹浦方面，以日軍司令部爲目標，投彈轟炸，並以機槍掃射。敵軍驟遭我空陸夾擊，損失頗重。

日機轟炸浦東等處 午後有日機數架，分飛浦東、閘北、南市一帶，投彈轟炸。午後四時餘，日機曾有一彈擲中浦東亞西亞火油棧，立即燃燒，火勢甚大，直至午夜猶未熄滅。

晚間我機復出偵察 晚七時許，我機一架又飛來偵察，敵艦不待我機飛近，即又開砲亂射。其舉措倉皇之情狀，顯然可見。

我空軍殉國者 本日在滬上空戰，我方有二員殉國。據翌晨報載：昨日我方轟炸日軍及日軍艦之飛機，有一架被敵擊傷尾部，駕駛員未受傷，安然降落於某處機場。另一架，後坐駕駛員空軍少尉任雲閣受傷殉國，前坐駕駛員雖受傷，仍奮勇駕該機

安降於某機場。又十六日報載，該後坐駕駛員爲空軍中尉梁鴻雲，亦負重傷，送入同德醫院救治後，終以出血過多，至晚間九時五十分不治而死。

誤落炸彈

自戰事發動後，愛多亞路大世界即移作難民收容所，內住難民四五千人。本日下午四時三刻，空戰最劇烈之際，我國兩飛機因被日方高射砲射中，致駕駛員受傷，炸彈架損壞，因之炸彈兩枚，自動遺落於大世界前廣場內。時路人四百餘，不幸傷亡，誠爲遺憾。慘劇發生後，救護車及救火車立時出動施救，並斷絕交通，將死屍移去。又南京路口匯中飯店亦落下炸彈一枚，死傷中西旅客及路人二百餘名。

我軍事當局談話

南京電：關於我國兩飛機十四日在上海公共租界及法租界遺落炸彈數枚，致多數無辜民衆死傷一節，據軍事當局發言人談：此誠極不幸之事，中國當局及外僑均極關切，而引爲遺憾。據調查結果，上述之兩機，當向日艦及其他軍事目的物動作時，被日方高射砲射中，致駕駛員受傷，炸彈架損壞，因之炸彈自動遺落於並非爲攻擊目標之地點。此爲不可避免之意外，不但駕駛員本身毫無落彈之意，且與其本願相違。該發言人繼謂：無辜民衆之遭受如此意外損害，誠屬遺憾。而死傷者多數爲中國人民，且有少數素爲中國友人之外僑，尤堪惋惜。該發言人末稱：現已對作戰部隊重

申命令，於可能範圍內務在不為日軍用作根據地之公共租界內之地方及法租界全部，避免戰事。並希望此種使無辜民眾損害，但為中國軍隊所不能控制之非常事件，不致再度發生云。

常熟炸中敵艦

常熟急電：刻得確息，晨九時二十分，白茆口與楊林口間江面泊一日艦，為我輕轟炸機擲彈中的，艦身一部炸毀。日艦曾發高射砲還擊，城區聞砲聲頗清晰。又已刻此間聞重砲聲十餘響，歷五分鐘始息，似係由楊林瀏河口方面傳來。

杭州廣德擊落敵機

杭州電：十四日下午五時，日軍之雙發動機重轟炸機十一架，由台灣方面飛到杭州，向航空學校投彈。我空軍×隊事前得報，當即還擊，敵機三架被擊落，一落在車山（地名），一落在蕭山，一落在錢塘江附近，駕駛員二人逃出，被我捕獲。我航空學校因事前已有準備，一切均已還移，故無損傷。其餘敵機八架，旋又飛至我廣德機場轟炸，僅傷我方士兵二人，停在該處之飛機一架，尾部受微傷。但該八架敵機被空軍還擊，其中五架受傷甚重，狼狽逃去，先後墮於浙境，現正搜查中。又據報告：殘餘之敵機三架，於晚八時許，經溫州飛回台灣。嗣據續報：受傷逃逸之敵機五架因汽油告罄，在蘭溪附近降落云。

八月十五日空戰

日機三襲杭被擊落

浙洋面日航空母艦上之飛機廿七架，十五日晨五時飛襲杭州。我機聞報迎擊，遭遇於杭紹一帶上空，結果敵機被擊落五架，此役我方毀二機，軍官四員受傷。八時許，敵機九架，二次襲杭，我亦以九架迎戰，遇於曹娥江上空。敵無一命中，又被我擊落一架，餘機遁回。至正午，敵機又大舉來襲，我機奮勇迎戰，敵亦頑強搏鬥。我隊員陳盛馨擊落敵機兩架，董明德轟落敵機一架，其餘敵機於一時許逃去。我方亦損三架，人員受傷。

南昌空戰

晨八時三十分，贛東貴溪發現日機十四架，計重轟炸機六，驅逐機八架。九時三十五分，至南昌上空，我陸上防空隊，當予射擊，空軍亦立即出動。敵機共投十餘枚，十時許被我空軍驅逐，分向上饒光澤方面逃去。我方損失，計行營舊址附近被炸死三人，汽車總站附近三人，汽車倉庫被燬，但庫內無車停放。敵機曾向中正橋投下數彈未中，又百花洲東湖邊落二彈，未傷人。

日機襲首都被擊落

十五日下午有日本重轟炸十六架，來襲我首都，兩小時之空中戰鬥，我方獲得勝利，敵機被擊落六架之多，僅十架逃還。敵機係由台灣台北空軍根

據地飛來，飛至浙境時，我防空當局即已得報，遂於下午一時半發出警報；同時派驅逐機二架，升祭。一時五十五分，敵機飛達京市上空，我方急派大批驅逐機迎擊，交綏於京郊大操場一帶，一時戰況激烈。敵機并衝入城內，在數處投彈，並以機關槍掃射。我機跟蹤追擊，市各處高射砲機關槍均對準敵機射擊，敵機乃向城外飛逃。我仍予追擊，在大校場句容間，重復激戰。結果敵機被我擊落六架，其中四架落於京郊，二架落句容附近。其餘敵機十架，於三時二十分亦狼狽向東南方而逃去，三時半解除警報。我空軍此次應戰奮勇卸敵，蔡世呂負傷而回，所駕之機被擊損，陳有爲下落不明。

路透社訊：今日下午二時，有日飛機襲擊首都，由中國飛機升空應戰，此爲首都第一次遭遇空襲。敵機以炸彈擲擊明故宮飛行場等處，彈落處濃烟騰空。襲擊歷半小時之久，高射砲與機關槍間時齊作，敵機旋向南逃逸，但中國飛機仍在天空翱翔片刻，以防敵機續至。當襲擊之際，有敵機四架低落飛過路透電社辦事處，並有炸彈碎片落於院中。敵機未到前半小時，全城已鳴警號，警察憲兵救傷隊消防隊均準備以待，公民訓練團團員亦分駐各街之隅。首都居民從未見過空襲，故未見其危險，當空戰進行之際，衆猶談笑道中。警號既鳴，交通全停，迨事了之信號既發，全城立即恢復原狀，間居民無

死傷者。路透訪員旋巡視全城，見明故宮飛行場落有兩彈，光華門外亦落下炸彈五枚，兩處均無大損失。敵機爲三馬達德國海恩克爾式轟炸機，共十六架分爲三隊，聞來自台北，以三小時飛抵首都。所擲炸彈爲重二百五十與五百公斤。聞有六架曾被擊落，現信兩架起火落於光華門飛行場東，三架毀於溧水附近之方山，一架毀於山間。路透訪員曾目擊落於光華門飛行場附近之一架，機中之人均燒焦，不能辯認。鄉民紛拾飛機碎片留爲紀念。

又訊：十五日襲京敵機，均係日本三菱重工業株式會社名古屋航空機製作所之塚六式陸上攻擊機，每架價值自日金三十餘萬元至五十萬元不等。在京郊五里外被擊落之一架爲「三菱四一號」，於殘毀機翼上有一銅牌，註製造所機體番號等項。機內五人，均於落地後傷重斃命。在各人身畔，檢出其姓名布條，知爲「伊藤敏忠」「秋元」「櫻井」「田中正平」「成田山」五人。每人均懷有「護摩供御札新勝寺」佛勅，其緇線均有「木更津海軍航空隊」字樣，且有衣袋中藏愛妻之照片與信札者，血跡殷然，狀復可慘，此外，機內尙有航空應用圖表多種，其「中國與日本濟州島台灣大連三航空根據地之航綫距離圖」中所列各地，北至平津，南達杭贛均爲我重要城市，廬山亦赫然在焉。

滬上空戰

晨五時半左右，日旗艦出雲號上，曾飛起偵察機一架，先在該艦上空盤旋數匝，旋即飛往閘北，滬東區，及北車站，麥根路，南市一帶偵察。未幾又循浦江東飛，偵察蘇州河，方向淞口飛去。

午後一時，七浦路北浙江路一帶上空，曾發生中日空軍交戰，機聲軋軋，槍聲拍拍，惟片刻即去。

二時許，有日機一架由東南角飛來，至北火車站一帶偵察，並拋擲炸彈。當時我軍即用高射砲轟擊，敵機於倉惶逃避中，擲下炸彈一枚，竟落於公共租界克能海路愛而近路長慶里東弄口，傷六人。

三時一刻，敵機一架自西北天空向東疾飛，我機一架緊追於後，互以機槍射擊。歷時刻許，槍聲猛烈，致七浦路左近之屋頂，均有流彈。同時虹口日軍之高射砲，亦開砲攻擊，但未奏效，我機安然而返。

暴風雨中轟炸敵艦

下午三時三十分左右，我飛機一架飛往淞口偵察日艦行動，並向日旗艦出雲號頻加轟炸。當時該艦及浦東日華紗廠內日兵，亟用高射砲向我機襲擊，不下百發。但我空中戰士履險如夷，處之泰然，仍向該艦猛施轟炸，並以機關槍向

下掃射。於是浦江上面，頓起激戰，槍砲聲密如連珠。約二十分鐘後，我機於暴風雨中折回，但淞口方面忽飛起日機一架，在後追上。我機勇猛敏捷，遂即轉向迎上敵機作戰，在靜安寺以西及法租界西南角華界接壤處兩次相遇，遂在該兩處上空發生兩度激戰。當時兩機均飛度甚高，而機關槍聲仍清晰可聞，歷二十餘分鐘，兩機乃分向東西兩方飛去。

又浦江空戰時，日「出雲」旗艦上之高射機關槍彈紛紛落於法租界公館馬路東段，有行人十餘名被其擊傷。又河南路天津路口，茄勒路，愛來格路，喇格納路等地，均有行人為敵軍高射機關槍之流彈所擊斃。

駁覆各國領事抗議

十五日晨駐滬各國總領事推派領袖領事代表往訪俞市長，提出下列二點：（一）駐滬各國領事，對俞市長前日關於日軍利用租界為軍事根據之聲明書，已加考慮，並將警告日方。但各國領事之態度，以為如任何一方有損及租界外僑生命財產時，有關方面仍應負責。（二）各國領事，對中國飛機在租界上空飛行，認為危及租界安全，特提出抗議。俞市長當駁稱：關於第一點，各友邦對於中日戰爭，義當嚴守中立，乃竟任縱日人，利用租界為軍事根據地，根本已破壞嚴守中立之原則。各國既無

法制止日方，我國軍隊爲自衛計，當然有權採取必要行動，因之所發生一切結果，自不能負責。關於第三點，各國須知租界爲我國領土，租界上空爲我國領空。領空權乃我國主權之一部，我國空軍在本國領空飛翔，根本不容他人干涉。現飛翔目的爲殲滅利用租界爲軍事根據地之敵艦，各國更不應過問。俞市長繼謂：據確實報告，租界內有數處日本銀行及商行之屋頂，均有架高射砲及機關槍，租界當局不加干涉，殊堪遺憾。本市長特利用此機，順便提出抗議，如再不注意制止，則我方空軍恐將轟炸此項本非作戰而竟用爲作戰之建築物。屆時如發生不幸結果，其責任應由租界當局與日方共負之。雙方談一小時，領袖領事乃告辭。俞市長質問其曾否向日方抗議，彼謂現正商洽。

第二次答復

駐滬領事團領袖領事挪威總領事奧爾於訪俞市長後，即於午間召開領團會議，對市府所提出抗議，租界各日商銀行及日商店屋頂上設置高射砲及高射機槍攻擊中國飛機一點，責令工部局詳查結果，並未發現上項事實。同時經領團質問日總領署，日總領事亦答復謂日商大廈屋頂，並無此項高射砲及高射機槍等之設置。下午四時半，奧爾總領事復往訪俞市長，報告經過。並謂可請華方官員會同調查，但在調查完竣，證明無上項事實時，應請市府予以公開聲明云。俞市長當即答稱：關於貴領袖

領事所稱，此間今晨已接英總領事署通知，謂已經過捕房搜查，並無其事。故本市長日前信賴英領署之報告，認為暫時無須派員調查。將來如再發現，當再通知。奧爾繼稱：日駐滬領事岡本現向領團表示，日軍飛機可以不飛至蘇州河南岸，深盼貴市長能作同樣表示。俞市長當即答稱：租界領空權，為我國所有。故中國空軍，在租界上空飛行，絕對不受任何限制。但領事團方面如能使日方之出雲旗艦駛離租界範圍以外，則為維持租界安全計對於各友邦之請求，願為轉達軍事當局，加以考慮。

八月十六日空戰

上午激戰 轟炸敵艦

今晨七時十分，我空軍飛機一大隊，共計二十架，奉命出動，攻襲敵出雲旗艦。我機共分四組，由東西北三面進發，取包抄形勢，齊向敵艦猛投炸彈，並以機關槍掃射。敵艦得訊，亦即亂開高射砲還擊，一時炮聲交作，震動全市。我機團攻敵艦二次，第一次激戰約十分鐘，第二次在七時四十分許激戰至烈。歷一刻鐘即止。當我機團攻敵艦敵機時，日方聞訊，即有十四架升空應戰，在浦江上空與我機相遇，立即互開機關槍射擊。嗣我機飛赴滬西方面，偵察日紗廠內駐軍行動。敵機跟蹤而

至，空中激戰又起。敵機一架尾部，被我機關鎗射中先行遁去。其餘敵機，見勢不佳，旋亦倉皇飛逃。同時另有敵機一隊，在吳淞口上空，與我空軍相值，即互以機關槍掃射，激戰至爲劇烈　敵機不支先退，我方絲毫未受損傷，安然告捷而歸。十一時半，我轟炸機七架在出雲旗艦上空盤旋翱翔，敵艦及日領館尾頂高射砲一時齊鳴，我機沉着應戰，毫不退却。其中一架，突由高疾駛而下，投擲重彈一枚，落於離出雲艦旁廿餘尺之日郵船碼頭。據目擊者談：當時轟然一聲，黑烟上衝，碼頭上日軍及浪人數十名，漢奸六名，白俄二名，均被擊斃；炸彈碎片四飛，出雲艦亦受傷，附近日警署被炸燬。

日機轟炸虹橋龍華

晨間敵機多架，在南市天空發現圖襲我防地，我方防空機關得訊，即以汽笛發出警報，同時用高射砲向敵機轟擊。敵機僅在龍華飛機場投下三彈，並未爆發。敵機並在南車站向逃難民衆用機槍掃射，略有受傷，惟旋即逝去。

又訊：日機多架，今晨飛虹橋飛機場轟炸，共擲九彈。其中五彈，落地後則爆炸，其餘四彈未炸，無甚損失。又日機一隊，今晨四次飛龍華飛機場轟炸。機場方面，於事前即已接得報告，嚴密防範，於日機飛近機場上空時，即以高射砲猛烈射擊。日機旋於

高射砲之威力，不敢逗留，卽倉皇遁去。綜計日機前後共飛來四次。終以我方防空隊之得力，均未達其企圖。

我機襲擊日艦中彈

大美晚報載：中國空軍一隊，於四時二十分在楊樹浦日軍陣地之天空出現。其中一架爲單翼巨型轟炸機，在日艦高射砲齊發聲中，突然疾瀉而下，向黃浦江內日艦投下巨彈多顆；另一架則用機槍向江濱日軍掃射。其時，日方接報，卽派水上機三隊上空迎戰，並助以機關槍射擊。當時記者目擊日機一架中彈，頹然下墮。經一度空戰後，中日飛機各自分飛。日機向南市浦東紛紛投彈，中國飛機亦以炸彈還報虹口楊樹浦日軍陣地。自四時半至四十五分之一刻鐘內，高射炮聲與炸彈落地爆炸聲，如夏日之怒雷，連續不斷。及四時五十分，各機始均返原地。

南通基督醫院被炸

南通電：日機八架十七日晨冒雨到通投彈。中南鄉百塘廟宰牛場，死六牛，一婦。數彈中基督醫院及附近學校，死傷十餘人。

敵襲京杭揚被擊落

南京電：敵機十餘架突於十六日晨來京空襲，六時許我機數架前往攔阻痛擊，行至丹陽，與敵機相遇，開始交戰。激戰約半小時，敵機爲我擊退，七時止京市解除警報，恢復原狀。又電：日機十六日晨六時起，至下午五時止，來京凡

五次，擲彈數枚，無大損失。

南京電：十六日敵機飛我各處空襲被擊落者，計上海擊落敵驅逐機二架，揚州擊落敵輕轟炸機二架，句容擊落敵重轟炸機三架，嘉興擊落敵輕轟炸機二架。又浦口浦鎮間擊落敵機一架，正搜查中。

出雲號被擊重創。

數日來停泊黃浦江外白渡橋一日領館前，指揮敵軍作戰的日旗艦「出雲號」，晚間九時零五分被我爆炸物擊中，轟然一聲，震動全滬。該艦受創甚重，經兩小時之艱苦支持，駛至距原地七百碼之處，停泊修理。按：出雲號爲日海防艦，排水量九千一百八十噸，一九〇〇年在德國建造，每小時速率二十海里七，裝二十生的口徑大砲四門，十五生的口徑大砲十二門。

又訊：停泊浦江指揮敵軍作戰之敵出雲旗艦，十五日晨十一時半，被我轟炸機投彈受傷，下午九時許，於砲火猛烈中又被我某項爆炸軍器擊中船身一部，負傷頗重，敵急加修理，旋於十一時許向下游移去。

八月十七日空戰

晨起陰雲蔽空，細雨濛濛，我飛機連續數次沿浦江偵察敵艦敵軍動作。十一時一刻，我空軍轟炸機兩架飛行浦江一帶，向敵艦施行轟炸，在外白渡橋天空，與兩敵機發生遭遇戰，殊為激烈。經六七分鐘戰鬥，我機始分途向西北飛去。十二時四十五分，我空軍大隊復出現上空，以最高速率掠飛楊樹浦一帶敵軍投彈，敵陣地頗受損失。

我機一架被迫降落

上午十時半，我飛機三架飛至浦江天空，轟炸敵艦。敵方於驚惶中高射砲及高射機槍向空際亂發，我機高沖雲霄，盤旋數匝西去。十二時許，我空軍再度出動，飛行極低，在楊樹浦一帶用機槍掃射，敵方之高射砲高射機關槍齊發，空際烟雲瀰漫。不幸我機一架，機件受損，尾部着火，被迫降落。其他各機仍安然飛返。我再接再厲，下午二時許又飛來偵察云。

（案：十九日滬報載被迫降落之駕駛員為張少尉，以降落傘下降，不幸因風力甚大，落於敵陣地。張少尉即以防身短槍向敵人猛射，斃敵九名，已亦殉國而死。又九月七日報載：上月十七日，我機三架轟炸敵陸戰司令部，敵高射砲密集射擊，我機一架不

幸受傷，航空員閻海文立用降落傘下落，但仍墮入敵軍陣地，被敵包圍。閻即出手槍擊斃敵數人，至最後一粒子彈，向太陽穴自擊殉國。此壯烈犧牲的史實，日本各報均以大字刊載。昨日此間收到八月廿日大阪每日新聞，亦詳載此事，對此勇士，深致欽佩意。）

敵機二架中彈焚燬

上午九時許，有敵飛機一架在龍華一帶偵察，當被我軍開高射砲擊傷機尾，該機即飛向浦東南匯縣境逃逸。詎駛至該縣附近，因機身後部起火焚燬，不得已降落該處。有敵軍三人，從該機內躍出，奔向田間亂竄，當被我保衞團員九名所見，該敵軍竟出槍轟射，我保衞團員遂開槍還擊，該敵兵三名均被擊斃。至敵機一架則已焚燬，現已將該機焚餘機件檢送總部發落。

又下午四時許，敵飛機八架結隊飛往閘北虹口方面我軍陣地偵察，並投彈轟炸。我候敵機逼近時，即齊發高射砲及高射機關槍，向空中掃射。當時激戰甚烈，有雙翼轟炸敵機一架被我擊中，立即負傷而逃。詎飛至楊樹浦美孚油棧方面，該機即已失去駕駛能力，從空墮下，轟然一聲，全機即告燬損。駕駛員及兵士二名，立時斃命。

敵機被擊落二架

軍息：滬敵機十七日晨飛到我陣地擲彈，被我空軍猛烈攻擊，當擊落敵機二架（案：據後來報告，此二敵機均爲我空軍劉粹剛一人所擊落），我機

全部安全飛回。又敵之重轟炸機二架，疑往杭州擲彈，被我高射炮隊擊落一架，落於錢塘江中。

敵機襲杭二次　十七日晨，敵機又分兩路襲杭，八時半，十時，二次發警報。敵在筧橋擲八枚，均落機場附近田中，無損失。將委員長以空軍忠勇殺敵，除獎給參戰將士薪餉一月外，特電慰勉，俘獲日機師已解京。

敵機飛至淮陰投彈　淮陰電：十七日午後二時，敵機三架由西南來襲，共投彈四枚，無損失。當敵機未到達時，我已預得警報，派機六架迎擊，高射砲亦同時轟擊。敵不支，飛向東北逃竄，我機跟追，後安然飛回。

俘敵機戰鬥員解京　南京電：十四日在蕭山附近擊落之日機，其戰鬥員除已斃命者外，有生存者四人，當被俘獲。十七日已解到首都，其姓名為『岡本純』『竹卜良』『松漢久夫』『恩地』。岡本竹卜受傷，當送中醫院醫治。餘二人亦予優待，且准其寫寄家書，彼等均表示非常感激。

丹陽擊落敵機　鎮江電：十六日午在大港丹陽間，被我空軍擊落之敵機一架，記者午後乘車前往墮機處察看。該機為三菱式二十七號雙發動機雙翼重攻擊機，屬鹿

尾航空隊，機身暨官兵屍七具，均被炸橫飛四散至數十丈外，破壞狼藉不堪。七人中，一為山本海軍中尉梅村孝次，一為槍手，餘為駕駛暨助理與電務員。

浦鎮覓獲敵機運京

南京電：日昨被我擊落之敵機，在浦鎮附近被農人覓獲一架，機身已毀，人員均慘斃。津路局聞訊，刻已派車一輛，將該被毀之敵機運京。十八日晨可以運到。

浙擊落敵機十四架

浙省府主席朱家驊通電報告：自十四至十六日，前後三日內，敵機襲杭州海甯餘姚等處，被我擊落之敵機已經證實者達十四架，擊死敵航員數十人，生擒四人云。

空戰以來敵機被擊落卅餘架

據軍政部公佈：自本月十三日，上海中日軍交戰後，我空軍於十四日晨出動，轟炸敵軍艦及楊樹敵敵根據地，予敵軍以重大打擊。其匯山碼頭，公大紗廠，日陸戰隊司令部，均中彈損傷甚大。而自十四日下午起，敵大隊飛機先後飛杭州南京及浙贛各大都市轟炸擾亂，因之引起激烈空戰。我空軍奮勇殺敵，予敵機以意外之大損失。計十四日下午敵重轟炸機十一架，由台灣飛杭州廣德等處轟炸，當被我在杭州擊落三架，又五架受傷，在浙省蘭谿等處被迫降落，僅有三架仍循原

路線逃回台灣。十五日敵機二十餘架飛炸杭州，十六架飛炸南京，往杭州者被我擊落八架，往南京者被我擊落六架。十六日上午敵機復大隊來襲，當在句容被我擊落二架，擊傷一架，在上海被我擊落二架，在揚州鎮江被我擊落三架，在嘉興被我擊落二架。又十六日下午敵機二十餘架，轟炸蘇州飛機場，投彈甚多，但均未命中，有一敵機被我高射炮隊擊落於蘇州機場附近。合計三日以來，敵機損失已在三十架以上。

中央社訊：我空軍自應戰與敵機交綏以來，我奮勇戰士迭奏膚功。茲將自八月十四日至十六日敵機損失之數目，探誌如下：（一）高志航於十四日在杭州擊落重轟炸機一架；（二）梁添成於十四十五兩日在杭州擊落重轟炸機三架；（三）李桂丹於十五日在南京附近擊落重轟炸機二架；（四）周庭芳於十五日在南京附近擊落重轟炸機一架；（五）陳有維於十五日在赤山湖附近擊落重轟炸機一架；（六）劉維幟於十五日在溧水附近擊落重轟炸機一架；（七）黃居谷於十五日在南京總站擊落重轟炸機三架；（八）董明德於十四日在曹娥擊落輕轟炸機一架；（九）陳盛馨於十四日在曹娥附近擊落輕轟炸機二架；（十）黃光漢於十四日在杭州附近擊落重轟炸機一架；（十一）毛瀛初於十四日在杭州擊落重轟炸機一架；（十二）秦家壯於十六日在句容擊落重轟炸機一架；（十三）傅嘯宇於十六日在句容

擊落重轟炸機一架；(十四)陳其光於十五日在句容擊落重轟炸機一架；(十五)馬庭機於十六日在揚州擊落轟炸機一架；(十六)劉粹剛於十六日在上海擊落水上機二架，并於十六日在鎮江擊落水上機一架；(十七)陳瑞綱於十六日在句容擊落轟炸機一架；(十八)王新瑞於十六日在嘉興擊落水上機一架；(十九)黃漢揚於十六日在句容擊落重轟炸機三架；(二十)樂以琴於十四日在錢塘江擊落重轟炸機四架；(二十一)蘇州我地面某士兵於十六日擊落重轟炸機一架。總計擊落重轟炸機廿八架，輕轟炸機三架水上機三架，共計擊落敵機三十四架。此外劉粹剛於十七日在上海擊落敵驅逐機二架，尚未計算在內。此外擊落敵機，有觸山或沉沒於海面中者，正在查報中。(何人擊落何機，係據各隊報告，尚待戰鬥詳報之考證，機種及數目亦待詳細之調查。)

日本木更津隊損失精銳過半

十四日敵飛機在上海我軍防地投彈轟擊，我空軍不得已起而應戰，連日擊敗其號稱精銳神勇之木更津航空隊。日本為應付第二次世界大戰，歷年來對於空軍之發展，尤嘔心經營，積極訓練。木更津航空隊即其最精銳者，其實力如左：(甲)編制，該航空隊下轄五個分隊，每分隊分三個小隊，每小隊有重轟炸機三至五架，全隊計有重轟炸機五十二架；(乙)飛機種類及性能，木更津航空隊飛

機爲九六式單翼雙發動機之全金屬重轟炸機（原名九六式陸上攻擊機），係仿造德國亨格式，最高速度每小時二百廿公里，航行半徑爲二千公里，機內有無線電設備，乘員可容六至七人（操縱員．轟炸手．無線電手．射擊手等）。

十八日至二十日之空戰

十八日 十八晨四時許，天空尚未放現曙光，我空軍一隊，即飛往楊樹浦百老匯路虹口公園一帶轟炸。敵軍在各日商行等處屋頂之高射炮，紛紛轟擊。直至天明，我空軍始奏凱飛回。

敵機三襲龍華 上午敵機三度襲龍華機場。第一次在上午五時，共投六彈，第一彈墜落歐亞公司機廠之東南角，第二彈投於辦公處樓上，電報房被燬，尚有四彈投在江邊，未有損失。停泊江面之我軍艦卽用高射砲射擊，敵機倉皇遁去。八時許敵機再度來襲，在機場投下巨彈一枚。十時左右，敵機三度來襲，又投三彈，一彈落於機場，一彈毀飯廳門戶，尚有一彈落江邊未爆發。

日機圖犯廣州

廣州電：日機十八日上午十時十七分，在虎門外上空出現。當經我空軍派出大隊飛機，前往截擊，敵機見我防備嚴密，即行逸去。當警報所發出第次警報時，市民沉着鎮靜，秩序井然。至十一時廿分，解除警報。

香港路透社訊：據外人可靠方面消息，日航空母艦一艘，泊於汕頭附近海濱之外，故今日廣州之恐慌，似非無因。現信日飛機日內或將威脅廣州，同時廣州居民來港者日盛，每一輪船火車抵港，輒載有數千人。香港驟增巨數居民，不久將成一嚴重問題。

敵機炸及醫院

敵機三架，晨飛眞如轟炸，在東南醫院傷兵醫院投彈十三枚，有數彈爆炸。又童子軍押送慰勞品赴前方，被敵機開機槍掃射，幸童軍伏卡車下躲避，僅金鳴腰部中一彈穿過，幸無生命之憂。按該院屋頂四週，均高插紅十字會旗幟，乃日機竟不顧國際紅十字會規章，加以轟炸，其慘無人道，當為全世界人士所不齒。

炸鐵路橋未遂

下午三時許，敵機轟炸滬杭路三十一號及三十四號鐵橋（在松江石湖蕩之間），僅毀鐵軌數處，電線電桿亦略有損毀。現路局方面已派員前往修理，明日即可修復通車。

我機炸敵陣地

南京電：我轟炸機一隊，十八日晚八時，飛滬助戰，轟炸楊樹浦虹口一帶，多處起火，燃燒甚烈，各指定目標均被轟炸，敵損失奇重。我機隊於轟炸敵陣地後，安全飛回。

敵機擲燃燒彈

晚七時許，敵機至閘北各處，擲下燃燒彈若干枚，江灣路及天通庵路等處同時起火，民房多被延燒。閘北救火會冒險馳往灌救，幸即撲滅。又北江西路海甯路口及北浙江路底二處，亦被燃燒彈射中起火，因該處駐日軍，公共租界救火會無法往救，故火勢猛烈，房屋被燬者甚多，至十時餘猶未熄。時我方空軍聞訊趕來，即在空中以機關槍掃射，敵機不支，向東逸去。

晚間滬東空戰

晚七時許，天已昏黑，我方空軍飛往滬東投彈，敵機亦即昇空應戰，向我機射擊。我機騰上高空，穿入雲中，敵機亦跟蹤上昇。在星月光下，只見火星飛射，雙方激戰十餘分鐘，我機未受傷，從容向西北飛去。

一敵機被擊毀

敵機三架，於晚九時半飛往閘北浦東一帶，投擲硫磺彈多枚。閘北北站之後，及寶山路寶興路附近，曾有三處着彈起火。浦東亦有一處着彈起火，延燒甚烈。當時曾有敵機一架，被我擊毀，墮落於滬西方面。

怪飛機在滬西降落

大美晚報十九日載：昨晚十時半左右，滬西法租界上空，突有怪飛機一架。盤旋於徐家匯路海格路一帶，偵察飛行。但在不久後，該機忽疾然降落，傳降落極司非而路兆豐公園內。機中人已秘密離去。該機乃為雙翼式，工部局警務處及市府當局，目下已在進行徹查中。（按：此事在滬外報均載之，稱為"mysterious plane"。事後傳為日航空人員不願意作戰，棄之而逃者。）

俘日機員解京

杭州電：日機飛行員被我俘獲之四員竹下等，經已解京。昨又在慈谿北觀海衛獲兩員，一名田中下令，一名濱崎三郎，係十六日襲杭，被我空軍截擊，逃至海面降落，泅水被俘。十八日解杭後，即轉解南京。

敵襲京不得逞

十八日夜十一時五十分，敵機來襲首都。報警後，全市燈火熄滅，我防空人員全體出動，空軍分隊飛起迎戰。迄十九日晨一時四十分解除警報，敵機終未飛達京上空。

十九日

我空軍轟炸機一大隊，於晨六時許，飛至東百老匯路吳淞路南潯路武昌路一帶日軍根據地，從事轟炸。前後投彈十餘枚，有數處均中彈起火，燃燒甚烈，敵方受損甚重。有日軍用卡車一輛，滿裝藥火子彈，適中炸彈爆發，死日兵甚多。二十分鐘

後，我機始奏凱而歸。

敵機活動　晨十時許，敵機八架飛南翔投彈轟炸，並向紅十字會南翔救護處投彈，炸傷我傷兵二人，第三救護隊醫生一人。同時崑山上空發現敵機十餘架，經我軍高射砲射擊，向東逃去，並投彈十餘顆，爆炸二顆，餘彈未爆。又晨上午十一時許，日機七八架，分成兩隊，在眞茹上空飛翔，我軍高射砲高射機關鎗轟轟並作，日機見我軍防衛周密未敢投彈，即倉皇飛去。又晨十一時許，敵機三架飛赴浦東及南市龍華飛機場一帶盤旋偵察，約一小時。又下午一時半，敵機三架在高昌廟及十六鋪碼頭一帶天空，飛翔窺探。

敵機侵京被擊落　下午一時許，敵機兩隊各六架，分飛廣德及南京，企圖轟炸。廣德方面被我空軍擊落一架，當即着火，餘機返回。飛南京之敵機，亦被我空軍於迎戰時，在句容附近擊落一架，其餘敵機亦倉皇遁走。又下午七時許，時適雷雨，又有敵機十餘架來襲首都，我防空部隊早有準備，敵機被我高射砲擊毀兩架。一架至安徽郎溪墜落，機中六人一人已死，五人攜輕機鎗逃逸。又一架在孝陵衛墜落，機翼已發現。

南京路透電：據空軍司令部宣稱，日重轟炸機又自台灣飛來，於今日正午襲擊首

都。敵機共八架，中國飛機在安徽廣德天空攔擊之，擊落敵機兩架，惟餘六架進至首都，在距飛行場兩哩許擲下炸彈兩枚，死村民數人。中國驅逐機一分隊起而追擊之，又擊落敵機一架。

南京路透電：今日午後四時半，有日轟炸機八架，出現於南京天空，聞共擲落炸彈十枚以上，皆在東南門之外，聞廣德擊落日轟炸機三架，現確悉共毀日機兩架。

擊中一敵艦

南京電：我空軍十九日上午飛經浙江洋面花鳥山，轟炸敵艦，擊中一艦，其尾部受傷甚重，有下沉之勢。

南京路透電：今日午後七時半，日轟炸機又來圖襲南京。是時適有雷雨，全城皆聞炸彈爆烈聲。八時一刻，日機退去。據空軍司令部稱，今晨中國轟炸機一架，轟炸吳淞口外之日本飛機母艦，擊中其船首云。

敵飛江陰投彈

晨八時至九時間，有敵機數架飛往江陰，竟投擲毒氣彈數枚。幸我當局有嚴密準備，故無損失。惟敵軍慘無人道之行為，益暴露其獸性。

嘉興擊落敵機

嘉興電：晨間有日機十二架飛禾盤旋空中，用機鎗掃射，並投彈多枚，死四人，傷六人，鐵路無損。敵機卒被我擊落兩架，落在東西兩鄉間。又

訊：敵機一架在海鹽被迫落地，兩機師已解禾。

敵襲浙被擊落

杭州電：敵機十架，十九日晚六時半襲杭，在筧橋投彈。經我方發炮還擊，敵機遁去，解除警報。定海十九日擊落敵偵察機一架。

敵機飛湘偵察

漢口電：十九日有敵機九架，經南京・安徽・九江・岳州，飛往湘陰偵察。又電：武漢防空司令部十九日午據報，敵機過蕪西上，似有襲漢企圖，當命空軍及防空部隊準備一切。旋得潯電，謂敵機過潯，此間當有驅逐機編隊翱翔於近郊高空，作迎敵準備，一面遣機東下偵察。旋據報，敵機到潯，折向南飛，似趨南昌。三時五十分，得岳州報告，發現敵機八架，此間乃急派偵察機及驅逐機馳往。迨六時許，我機返漢，據謂敵機已向東南逸去，此間始解除戒備。

閘北浦東擊落敵機

晚九時許，敵機二架在閘北各處拋擲燃燒彈，民房多處起火。我方空軍聞訊，即趕來迎戰；同時我方高射炮，亦向敵機轟擊。時有敵機一架，突然疾向滬西飛去，即寂然無聲，衆料該敵機已被我擊中。該敵機翌晨在中山路附近發現，機身全燬，駕駛員二人均已斃命。

又傍晚一時，在浦東爛泥渡附近落下敵方轟炸機一架。該機係為我高射砲所傷，

被迫降落。該機落地後，機內日籍駕駛員二人，及一白俄駕駛員，即向浦江方面逃去。當時我民衆多人，均目擊該機師等倉皇逃避情形。後有人目覩該日駕駛員等避入浦江邊某外商堆棧內，旋即由浦東方面渡江登西岸。

二十日 我軍飛機八架，於淸晨八時突現上空，盤旋飛至楊樹浦虹口一帶敵軍陣地，投下炸彈多枚。浦江敵艦雖用高射砲向天空射擊，但俱未命中，我機安然而返。楊樹浦一帶有數處中彈起火，烟焰瀰漫，如黑雲蔽天，遠近可見。

擊落敵機二架

晨敵機多架，在我閘北浦東南市龍華等地偵察，並投彈多枚。第一次爲上午七時許，敵機六架，投擲數彈，我方即以高射砲迎擊，敵機匆匆逸去。數分鐘後，敵機三架又出現雲端，適值我機趕到，以機鎗射擊，一時激戰甚烈，流彈四飛，路人受傷者數名。我機旋即飛往虹口一帶，投彈轟炸敵軍陣地及敵艦。虹口及楊樹浦方面，嘗有數處着彈起火。

另訊：廿日上午有敵機二架飛我後方陣地意圖轟炸，我軍劉隊長駕機趕來，以機鎗猛射命中，該二機受創不支，一落於黃浦江，一落於我陣地後方。又廿一日報載：敵機多架昨晨飛往南市一帶轟炸，曾有二機被我高射擊中墮落，業經關係方面證實。

敵機自炸紗廠

午後二時十五分，有敵機一架飛往滬西一帶轟炸。敵機以畏我高射砲之射擊，不敢低飛，故投彈絕無標的，以致有一炸彈墮落於日商豐田紗廠之內。該廠原駐敵軍數百，業於十四日撤退，由英軍駐守。敵機投擲炸彈後，該廠當即着彈起火，並炸傷英兵一人，及我平民四人。

又訊：下午二時四十分許，有敵機六架盤旋滬西中山橋上空，投巨量炸彈四枚後，又以機關鎗向浜北一帶鄉民掃射，始向東飛去。

下午我機大顯身手

下午四時許，我空軍又出動向楊樹浦一帶投彈，當即命中南洋兄弟烟草公司，頓時黑烟四起，火光燭天。因敵軍曾在該廠駐兵，內貯各種軍火甚多，一時爆炸之聲，隨之而起，深晚猶未熄滅。下午五時一刻，我機四架沿浦江南端北飛，藉浦東楊樹浦一帶房屋被火焚燒之烈燄作掩護，轟炸虹口一帶敵軍陣地，故當我機飛至時，敵艦猶在不知不覺中。當時我機一架，遂使用巧妙技術，從高空突然下駛，於投畢一彈後，即迅行直騰上空，身輕似燕，其姿勢之美妙，得未曾有。其時浦江中各日艦之高射炮彈密集射出，但我機已去如黃鶴矣。該彈投落地點，在日領館後西華德路百老匯路之間，未幾即有烈燄升起，炸毀之烈可見。

申報特訊：我空軍諸將士，連日作戰，大顯英勇。惟最初數日，因天黯雲低，加以風雨交作，未能顯其技能。二十日，我空軍於下午四時餘大隊出動，在浦江及虹口一帶上空向敵軍根據地轟炸。因天朗氣清，我空軍之妙技遂得完全顯露，黃浦灘旁目擊作戰之西人，亦贊不絕口，驚嘆不已。我空軍共計六架，分成兩隊，一向匯山碼頭及虹口一帶轟炸，一隊則往浦東日華紗廠投彈。雖浦江敵艦倉忙迎戰，而我軍在密集高射砲火圍攻之中，依然不動。迨飛達目的地上空時，突然下駛，高度甚低，猛投一彈，即告中的。同時亦即迅速直上雲霄，玲瓏巧妙，得未曾有。二次轟炸，俱係如此。日華紗廠及匯山等處，熊熊大火，高射炮效用全失。我機目的已達，遂即從容駛去。

敵機廣德被燬兩架　南京電：敵機十四架，於二十日晨前往廣德轟炸。我空軍當即與之應戰，約半時許，我軍以斬釘截鐵手段，連擊落敵機二架。其餘敵機倉皇向上海方面逃去。

路透社電：今晨八時左右，日機飛廣德擲彈。南京得訊，即派戰鬥機前赴廣德，中途遇敵機，遂與接戰。敵機二架中彈墜地，火焰四射。

蚌埠射　蚌埠電：廿日午後敵機八架襲蚌，投彈多枚，無大損失。實地調查，我方

落敵機

射落敵機一架，在小王莊落下。

敵襲武漢未逞

漢口電：敵機四架，廿日晨四時，經南昌廣濟宋埠，圖襲武漢。防空部派大隊機迎擊，敵見有備，折英山。六時半在九江以機鎗掃射，被我高射炮擊逃。

二十一日至月杪之空戰

二十一日

晨六時二十分，我機兩架出現於虹口敵軍陣地，繞空數匝，在敵艦高射砲中從容擲下數彈，均命中，有數處着彈起火，兩機卽向東飛去。八時十分，我機一架又悄然掩至敵陣地，在極度高空之中突然下降，勢似驟雨，當投下重量炸彈一顆，立卽爆炸，敵兵倉卒間被炸死者六七十人。我機投下炸彈後，卽又直上青雲，疾如流星，迨敵艦亂開高射炮追擊，我機已冉冉駛入雲層，從容向西而去。當時在浦濱之中外人士，目睹此活躍之表演，均贊譽不止。

淞口戰落敵機

晨七時許，我轟炸機於驅逐機保護之下，飛往吳淞口轟炸敵艦。八時許遇敵機約三十架，當卽發生激戰。我飛將軍劉粹剛又再度建功，擊落敵機兩

架。同時，並有敵機多架，被我擊傷兩翼。我空軍直至九時許，始安然離滬而返。

滬西空戰激烈

晨九時十分，敵機六架分兩隊猛炸真茹及滬西中山路一帶。我軍飛機兩架，英勇迎擊，發機關鎗猛烈掃射，歷二十分鐘。敵機失散亂飛，其中有一機，被我機驅逐，幾被迫降地。又昨日下午四時許，敵機在真茹南翔一帶大炸，我空軍出動助戰，擊落敵機一架於東南醫學院附近田野中，敵人機俱焚燬。

晨六時半，在離大場南六里之地方，日機兩架與我空軍一架大戰，達半小時，旋見我機六架飛來，兩敵機急向東逃逸。又上午十時半，有日機三架往大場轟炸，飛行極低，共投彈三枚，前二機各投一彈。當第三機投彈時，我軍發高射炮射擊，一炮即將該日機擊下，日機駕駛員等均中彈，當即斃命。

敵襲京被擊落三架

南京電：敵方重轟炸機十餘架，突於晨四時許，企圖來京夜襲。當敵機飛達揚州附近，我機已上升前往攔殺。兩方相遇後，即開始交綏，激戰半小時許。敵機被我擊落三架，一架落於揚州起火，另二架落於東台縣與泰興縣之間，其餘敵機倉皇逃逸。我方一架略受損傷。

南京路透電：今日侵晨，空襲之警號又作，居民皆從睡夢中驚醒，即紛紛覓地藏

匿。四時三十分，敵機三架出現首都郊外天空，但未進至都城界內，亦未擲彈，即向東南疾飛而去。同時，有敵機六架襲擊揚州飛行場，擲落炸彈數枚，中國戰鬥機立即升空，擊落敵轟炸機三架。

東台空戰　擊落日機

鎮江電：二十一日上午四時，丹陽有敵機九架，旋向東逃去。東台電：敵轟炸機三架，與我機四架遭遇，激戰後敵不支，被我擊落二架。一落楊家壩，爲五五零號，另一機中彈被焚，敵飛行員四人均斃。

漢口電：二十一日晚七時，敵機十一架經潯三次空襲武漢，投三彈，均落荒地。

二十二日

晨五時三十分，敵機三架沿浦江飛至十六鋪及浦東方面偵察。至七時十五分又來敵機三架，至南市上空往返數次；又有敵機八架飛浦東，投下七彈均落空地。

晨拂曉六時許，日軍轟炸機四架，偵察機兩架，飛至我軍南市陣地盤旋偵察，並擲巨量炸彈數枚。當被我軍用高射炮，機關鎗猛烈轟射，敵機始四散逃逸。

閘北空戰

晨九時，敵機一大隊，飛經閘北陣地企圖投擲炸彈。在中山路上空時，適我機轟炸隊亦開到，雙方遂在該處作激烈之空戰，互以機關鎗掃射，密如連珠，火星四飛。敵機因恐受我包圍，故不敢戀戰，十五分鐘後即四散飛逃。

我轟炸機多架，午後二時十五分，在驅逐機掩護之下，飛滬轟炸敵軍。當

我機轟炸敵艦

我機甫至特區上空，浦中敵艦即倉皇以高射炮連續射擊，我機仍從容飛至虹口上空，向敵軍陣地投擲炸彈多枚。旋即飛往楊樹浦轟炸敵軍陣地，並至淞口轟炸敵艦；約歷四十分鐘，我機再度飛至虹口上空，敵艦又以高射炮亂射，但我機從容投擲炸彈多枚之後，即安然離滬而去。

下午四時三十五分，我大隊空軍二十二架，由西飛東，直向吳淞口外，於日艦密集處，猛施轟炸。敵倉皇中即以高射炮射擊，勢若聯珠，但我機從容在烟霧中活躍，毫無損傷。轟炸約二十分鐘，敵頗受威脅。

江陰擊落敵機

江陰電：敵機十二架，二十二日下午五時十分飛澄，企圖轟炸。我防空部隊事前據報，準備予以痛擊。因我高射槍炮射擊準確，敵機被擊落一架，另有二架負傷，連同餘機狼狽逃走。擊落之一架，爲九四式單發動機複葉轟炸機，機中三人均已斃命。敵機於逃去前，曾投數彈，但多未炸，僅略燬房屋數間炸傷數人。

敵機夜襲首都

敵機六架，廿二晚八時飛京夜襲，懼我高射炮射擊，在領空飛翔甚高，九時餘解除警報。廿三晨零時卅分，警報又起，我空軍亦出動。敵機三架在

首都東南部飛翔一週，即向東飛去，至晨二時始解除警報。

南京路透社訊：今夜八時轟敵炸機三架，來自東南方面，擬襲攻首都。探照燈立即向上偵察，得知敵機所在，高射砲乃開始發彈圍擊。是時月光皎潔，天空無雲，敵機駕駛員似因探照燈光力甚强，目爲之眩，闖在南門外，擲落炸彈數枚，旋即越城而逸。十五分鐘後又復飛來，歷時未久即相率逃去。

西報證實我大勝利

上海字林西報載特派駐京訪員專電，對日方所傳空軍如何勝利消息斥爲無稽，遂譯如左：今（廿二日）晨日本無線電台廣播消息稱，日本飛機曾在南京炸燬中國機場數處，並毀中國飛機數架云云，純係出諸日方之捏造。緣余（字林西報駐京記者自稱，以下仿此）今日曾隨英美陸海軍軍官數員，赴明故宮及句容機場視察。在明故宮機場內，僅見工場一所曾落三彈，內有一機正在修理中。除此以外，並無損毀情事。至於句容機場，則曾有八彈落於離該場飛機棚三十碼處，毀舊練習機一架，餘無損毀。據中國空軍前敵副指揮毛邦初告英美陸海軍官，日來日本飛機被擊落者，共三十四架，內有重轟炸機廿四架。中國方面則並無一架被擊落，僅有一架被迫降落，兩架略受微損，三架在地被炸云。余復隨英美陸海軍軍官視察被毀日機，內有雙發動機飛

機數架，均係在南京附近被擊落者。余等旋往晤中國空軍將士，其中一人告余，謂曾獨自擊落日機四架云。綜觀今日視察所得，余等一行，連英美陸海軍軍官在內，均深信中國在近數日來，在空戰方面，實已獲得極大之勝利云。

二十三日　以後，我空軍似改變策略，除日間必要時飛淞口羅店轟炸敵軍及掩護我軍進攻外，每在夜間出動襲擊，予敵以重大之威脅。

敵機在滬活動　吳淞口三崍水附近，停有敵方之航空母艦三艘，拂曉即有敵機四十架起飛，整日盤旋於浦東，閘北，眞如，江灣，及吳淞等處。曾於浦東以機槍掃射渡江之平民，殺傷多人。並曾投擲炸彈多枚，惟以漫無標的，我方絕無損害。嗣於十二時二十分，敵機再度出現，盤旋數匝後，即廢然而去。

南京路大慘劇　午後一時零五分，轟然一聲，響震全滬，南京路中塵烟冲天，蓋爲炸彈一枚，墮落日昇樓口先施公司三三層樓洋台間，突然炸發。該彈炸力殊大，先施永安二公司被毁甚重，自大新公司以至三友實業社一帶玻璃及霓虹燈管均震燬，狼籍滿地。是時行人頗多，故罹難者三百餘人，其中百餘人當場身死，受輕傷重傷者二百餘人，在路口指揮交通之印捕二人立被炸死，而斷臂折腿者遍地皆是。據南京路某商鋪

店員述稱，當時目睹一飛機由東南越過日昇樓口，飛行甚低，瞬即轟然一聲，顯係由該機擲下炸彈爆炸所致，該機機翼係作紅色。又該彈爆炸前之兩分鐘，四川路福州路口，卜內門公司背後之美國海軍貨棧內，其地點適在漢彌登大廈後面，亦落下一彈，洞穿該棧房之屋頂，直穿至四樓底層，當時發聲甚巨，幸未爆炸。該彈似爲同一飛機上所落下者，長三尺半，直徑十八吋，該彈上各項符號字跡，均尙完整。經各方研究，斷定爲日本飛機炸彈。

又訊：此慘案中，經送往仁濟醫院者，計輕傷一百餘人，不及醫治而死者五十餘人，重傷五十餘人，至晚傷重斃命者又有三人。送寶隆醫院者，重傷六十餘人，輕傷一百三十餘人，死二十五人，內有二華捕。此外紅十字會醫院，及各醫生診所自投求治之輕傷者，計綜不下五六十人。

先施公司及四川路福州路口墮落之炸彈，事後各方已查明確係飛機炸彈。由未爆炸之炸彈上各種記號，及目覩者所見飛機顏色，可證明該彈係日本飛機上所投下。我國昨日並無飛機至租界上空，蓋我國飛機每次飛到租界上空時，日艦均大發高射砲射擊，聲震遐邇，惟昨日租界上固未聞高射砲聲，此則任何國人均可證明者也。又數日後，由消

息靈通者傳出，係日方探悉我高級軍事長官及財界要人擬在東亞酒樓午膳（事誠有之，但臨時改變，未果往），故派飛機往炸云。

敵機襲京

南京電：二十三夜十二時許，有敵機四五架，由東南方向京飛來。我空軍聞報，卽派驅逐機出擊。敵機未得侵入京郊，卽倉皇遁回。

又路透電：午夜後，日轟炸機六架，來自東北方面，越過首都北郊，擲下炸彈六枚，五枚落於玄武湖中，一枚落於城牆上，無甚毀損。歷時甚短，敵機迅卽向東方逃去。敵機顯欲轟擊北極閣之飛機要地，聞八月十九日該處砲火曾射落日轟炸機一架。

我機夜襲敵艦

廿三日夜一時半許，我機飛滬夜襲敵艦。當我機飛抵滬市上空之時，浦中敵艦倉皇以高射砲亂射，我機從容飛越，逕赴淞口轟炸敵艦云。

又訊：午夜一時二十分，我機在皎潔之月光下，飛至外白渡橋匯山碼頭等處上空偵察。浦江敵艦當卽施放紅色信號警戒，旋以高射砲轟擊。我機盤旋數匝，從容向十六鋪方面飛去，至盧家灣徐家匯路上空時，忽遭遇敵機三架，雙方各以機關槍掃射，居民皆從夢中驚醒。戰約三分鐘，敵機不支，向吳淞口方面逃逸，我機乃從容而去。

俘日機員六名

鄞縣電：慈谿觀海衛海中，十七日下午二時半，有日空軍兩名負浮水袋漂泊海中，經民船救起，交當地駐軍，訊悉：一名濱崎三郎，爲加賀航空母艦(216)輕爆炸機槍手，一名田中下价，爲駕駛員。據稱該機十六日晨被我軍擊落，漂海一夜。現解防守部。

蕪湖電：廣德日前擊落敵重轟炸機一架，在近郊白水塘地方焚燬。駕駛員除一人當場斃命外，餘四人逃逸。後該四人行至南鄉某村迷途，狼狽不堪，被農民押送縣府，即解京發落。

又敵機十二架，廿三日飛往江陰偵察轟炸，當被我軍擊落一架，機中飛行員三人，同時斃命。

二十四日 晨九時二十五分，敵機兩架飛浦東一帶偵察投彈，損失甚微。十一時許又有敵機七八架，在閘北一帶天空循環飛行，並濫施投彈轟炸。下午一時左右，敵機十二架飛南市偵察轟炸。我方高射炮轟射高空，敵機不敢低飛，無隙可乘，盤旋甚久始飛去。

敵襲京被擊落

南京電：二十四日晚八時，有敵重轟炸機九架，由西北方向京飛來，企圖夜襲。我空軍聞報，當即派驅逐機出擊。敵機受威脅，在郊外投下二彈，即圖逃遁。我軍從上空猛然飛下，以機槍對敵掃射，驅至句容附近青龍山之東，一敵機中彈落地起火，餘機倉皇遁去。

我機二次夜襲

晚九時二十分，我空軍於夜色蒼茫中，突然出現於浦江敵艦及虹口區敵軍陣地上空。敵猝不及防，倉皇失措，流星式之紅綠照空彈及高射炮，聯珠齊發，五光閃爍，蔚為大觀。但我空軍毫不介意，機聲且愈逼愈近。約歷一刻鐘之久，敵方高射砲更加密集，而同時我軍飛機，亦報以極猛烈之機關槍聲。一剎那間，突聞霹靂巨聲，震動遠近，蓋我軍飛機已擲下巨型炸彈矣。我機投彈後，復飛往淞口外轟炸敵艦，午夜安然而返。

午夜後，零時十五分，我空軍飛機數架，又向浦江敵艦作第二次之夜襲。敵艦高射砲齊發，我飛機連續投彈五枚，內有一彈，炸聲異常宏脆，當係命中敵艦所致。我飛機轟炸約半小時之久，始從容向淞口方面飛去。是時敵驚魂甫定，以為今日拂曉以前，我機決不致再度飛往，不料未及半小時，我空軍竟作第三度之奇襲。當時以敵軍高射砲無

的亂放之情形，即可覘知敵令倉皇紛亂之一斑。此次我飛機僅迴旋約十餘分鐘，並未投彈，仍向東北方面而去。綜計我空軍三次夜襲，估計敵軍所耗去之高射砲彈，至少當在千發以上。

又中央社訊：茲悉，前晨九時敵軍企圖在吳淞一帶登岸被我軍痛擊時，我飛機廿七架，曾往助戰。除向敵艦投彈，予以重傷外，並擊落敵機兩架云。

兩敵艦被炸傷

中央社訊：我空軍廿四日晨飛滬敵方陣地轟炸時，將敵巡洋艦驅逐艦各一艘轟中負傷極重。該兩艦當即掙扎駛往崇明島南堡鎮港西，停留修理；爲防我空軍轟炸，竟冒懸美國國旗。我該地當局，立即電京報告。外交部據報，特於廿五日派人至美大使館詢問，並請查覆。現美方已有覆文，謂該兩艦並非美國軍艦。

敵機飛甬轟炸

杭州電：廿四日晨敵機曾兩次飛甯波轟炸。敵機在甬上空投彈二枚，僅傷市民一人。

蘇省報告敵機降落

南京電：蘇省府有電到京，報告敵機在蘇境降落情形，節錄如下：（一）敵機被擊降落於東台縣之富安及時堰各一架，儀徵縣之婁營一架，江都與泰縣接壤地方一架；（二）溧水縣第三區烏山鄉太尉莊降落重轟炸機一架已燬，人員四人

巳死，檢得地圖九幅，緒言一本，本牌一個，五十錢日幣一枚，神符碎紙一袋；（三）江都縣第六區交平鄉降落一架全燬，人員四人巳死；（四）句容縣第一區石營光里兩鄉降落二架巳燬，人員巳死；（五）儀徵縣皖廿鄉婁家山降落一架巳燬，人員巳死。

敵機掃射難民

敵機多架，二十五日晨又在浦東南市一帶肆意轟炸，並低飛向我難民掃射。又浦東方面連日敵機轟炸，殘殺無辜平民，洋涇曾被投兩彈，死傷二十餘人，爛泥渡楊家渡等處，亦常有傷亡。又昨晨高昌廟敵機轟機，江邊碼頭附近之棚戶，當即着彈起火，延燒至晚間，始漸熄滅。

敵襲京被擊退

南京電：敵機數架，於廿五日晚八時一刻，由東北向京飛來，企圖夜襲。我軍聞報，當派機前往截擊。敵機飛至揚州一帶，即遭我軍迎頭痛擊，見不得逞，倉皇逃去。

京滬擊落敵機統計

國民海通社電：據中國空軍司令部宣稱，自八月十五日至二十三日，京滬綫進行空襲之日本飛機，共被擊落二十四架，俘獲駕駛員十四人。其中數人，身帶重傷，全數均巳押解南京。至中國方面，計損失飛機八架，陣亡機師五人云。

二十六日 晨二時許，我空軍出動襲擊敵艦。當我機飛抵滬上空時，浦江中之敵艦倉皇以高射砲亂射，我機從容飛越，在虹口及楊樹浦一帶敵軍陣地，投擲炸彈多枚，旋即飛往淞口轟炸敵艦。

敵機濫炸鄉鎮 晨五時許，有敵機四架飛至南鄉閔行沿浦，共擲炸彈十餘枚。十時許，有敵機九架分作三隊，在龍華梅隴一帶偵察，用機鎗向樹林中掃射，旋在滬閔路惠靈站附近，擲下一彈。又上午九時許，敵機數架，在南市一帶無的投彈。居民被炸傷者五六人，其他並無損失。

啓東俘日機師 南通電：日機師一人，在啓東以安全傘降落被俘。據稱，因被我機追逐缺油，同機尚有六人，想已隨機墜海。餘堅不吐實。

楊行擊落敵機 中央社訊：前（廿五）日下午五時許，我軍在楊行東北，用高射機關槍擊落敵機一架。

日機襲擊英大使 英國駐華大使許閣森爵士，廿六日由京乘汽車循公路來滬。距車抵距上海四十哩至五十哩之地點時，被日本飛機投擲炸彈，並開機槍掃射，致大使

身受重傷。詳情如次：

英大使於晨十一時四十五分，由京偕武官佛萊塞，經濟顧問巴志，循公路來滬，分乘汽車兩輛，大使之車在前，武官等所乘之車在後，均於車上鋪有英國國旗。下午二時許，行抵距上海四十哩至五十哩之地點時，有日機兩架，急由上空低飛而下，向大使之汽車追逐，第一架即開機槍低射，汽車夫立即將車停住。而另一架竟繼續投擲炸彈一枚，幸落地稍遠，未被炸毀。當時佛萊塞，巴志，及車夫等均立即從車中躍出，伏於地上；英大使在車中即中機關槍彈受傷。日機見目的已達，即飛翔而去。佛萊塞等急乘原車，疾馳來滬，於五時十分抵達。許大使當即車送宏恩醫院醫治。並由英名醫潘頓，高特萊脫，兩氏主治。惟大使脊骨受傷，肝亦中彈，且沿途出血頗多，故抵醫院後，即先行輸血；至晚間尚未及施行手術，將子彈取出。

俞市長聞英大使受傷消息，即派祕書唐士暄，於午後六時赴醫院慰問。旋於晚間七時三十分，俞氏又親自赴院，代表蔣委員長致慰問之意。淞滬警備司令楊虎氏，亦於晚八時派員前往慰問。按英大使係於上月蘆溝橋事件發生後，由北戴河來京，接洽和平，熱忱奔走，頗費苦心。此次來滬，聞亦擬對和平有所斡旋，乃竟被日機射擊受傷。我國

各界人士，對英大使莫不表深切之惋惜與同情。

英人大為憤激

英大使被日機擊傷消息傳出後，英方大為憤激。日駐華大使館代表，及海軍武官本田，第三艦隊司令代表等，當晚即赴英使館表示歉意。

英倫全國騷然

倫敦電：自英駐華大使許閣森爵士受日機狙擊受傷消息傳來後，英倫全國為之騷然。倫敦各晚報均以大字標題登載此項消息，并刊載大使及大使夫人離英赴華前在車站所攝之照相，民衆爭相購買，頗露關切之狀。惟迄今官方尚無所表示，而中國駐英大使館某發言人，則向記者表示深切之痛惜。並謂在此英大使正在斡旋重大使命之時，使之不能行使其任務，尤屬憾事云。查許閣森現年五十一歲，去年九月中被任駐華大使，前曾任駐伊朗及拉脫維亞等國公使。

又電：英國駐華大使許閣森，遭日本飛機襲擊受傷，消息傳至此間之後，政界人士及一般輿論，均極為憤慨。關於此項事端，外務部方面尚未接得正式報告，經過情形，亦尚未明瞭。但政界人士以為縱使許閣森大使生命不至發生危險，此項事端之影響，亦決非細小。

此後，幸而英大使傷勢逐漸脫離危險之境，數星期可愈。關於此事，英政府對日抗

議及交涉情形，將於國際關係一章中述之。

首都防空周密 大陸報云：南京音樂公司之皮尼諾氏，昨由京抵滬，將於下星期攜其夫人返京。據皮氏聲稱，首都防空，其爲周密，故反較滬地安寧。日飛機輒每日到京兩次，惟其轟炸所損甚微。日機未到前，全城即鳴警號，故日機無隙可乘。渠曾目覩擊落日機六架，渠獲有馬達鐵片與機輪以爲紀念。城中糧食充足，僅米價漲高百分之二十五，其餘物價，未見大漲。京中外人幾全遷離，尤以婦孺爲多，皆赴上海牯嶺漢口等處。京滬路軌，並未受損。

二十七日

我空軍連日深夜，飛滬轟炸敵艦，予敵方重大損失。今晨二時，我機又來滬攻擊敵軍，在淞口及浦江投彈多枚，敵艦雖亂放高射砲，但我機仍從容完成其任務而歸。

敵機四處肆虐 晨七時左右，敵機多架，飛至閔行鎮轟炸頗烈。沿浦江房屋，十九被燬，且傷亡無辜居民多人，鮮血淋漓，慘不忍睹，頓使該鎮滿佈恐怖局面。下午六時許，又來敵機六架，投彈十餘枚。

上午十時許，敵機四架，飛至南市王家碼頭及日暉港等處投彈數枚。又據工部局情報：下午二時至三時，日機在眞茹投彈。

敵機被我擊落

下午四時，楊樹浦上空，有敵機三四架飛往我軍陣地偵察，與我飛機相遇，乃發生空中激戰。雙方各以機槍射擊，我機上下飛騰，甚爲靈敏。有西人曾目擊敵機一架被我擊落。

又訊：午後四時廿分，有一敵機自眞如方面飛歸，尾部突然冒烟，隨卽向下墜落。着地時炸彈爆發，機身全毀。度其墮落地點，約在楊樹浦底之處。

我機夜出襲敵

廿七夜十一時三十分，我軍飛機一隊，出現於浦江上空，向敵艦施行夜襲。敵艦當卽施放信號，並用高射砲射擊。停外灘英法等國軍艦，亦施放照明彈，以減除我機誤會。約五分鐘後，我機卽向楊樹浦及吳淞方面飛去，對該處敵軍加以轟炸。至午夜後二時十分，我機復由東向西，冉冉飛來。時星光燦爛，但聞機聲軋軋，不見機影。我機略作盤旋後，卽在敵艦高射砲聲中安然飛去。

二十八日 晨八時，浦東楊家渡一帶，有敵機在該處盤旋偵察，並投彈二枚。當有

一枚爆炸，傷三人，餘無損失。

吳淞擊落敵機

據乘林肯總統號輪抵滬之西人談：渠等所搭林肯號輪於廿八晨抵淞口，正候大來公司專派小輪前來接送來滬之前，突見有日機十二架，分隊自口外起飛，於浦面盤旋一周後，預備襲擊吳淞方面我後方陣地。當被我高射砲從容轟擊，有兩彈擊中敵機兩架，其中一架當時卽行墮落。另一架被我擊中機稍，該機猶謀掙扎逃逸，奈飛行未久，油箱火起，遂潰焚毁，終亦降落。時爲上午十一時左右也。

杭州擊落敵機

杭州電：今晨十時，敵機十架由滬飛石湖蕩偵察，我高射砲轟擊，敵機兩架受傷，倉皇遁去。下午二時半，又來敵機三架，被我高射砲擊落一架，墮橋畔，日機師三名斃命。下午二時，永嘉發現敵機一架，盤旋偵察二十分鐘後他去。

南站被炸死傷奇重

午後二時許，敵機十二架，在南站附近共投炸彈八枚，該站站屋天橋及水塔車房當被炸毁。同時在站候車離滬難民均罹於難，死傷達六七百人。死者倒臥於地，傷者輾側呼號，殘肢頭顱，觸目皆是，血流成渠，泥土盡赤，

景象之慘，無以復加。敵機於轟炸之餘，又投擲硫磺彈多枚，南站之外揚旗及鄭家橋兩處，當即着彈起火，延燒甚烈，直至傍晚始行救熄。南市一帶並無軍事設備，敵機竟橫加轟炸，慘殺平民，焚燒房屋，此種絕無理性有背人道之舉動，實可謂向全人類挑戰也。

所有被炸死者以婦孺為多。出事後，中國紅卍字會，童子軍救護隊，佛教救護隊，董家渡及西北南三區救火會，暨同仁輔元堂掩埋隊，均出動工作。沿途難民屍體，至晚始收拾完畢。惟屋內尚有屍體，須待翌晨收埋。

此慘炸無辜難民之事發生後，旅滬外人及各報以日軍違背人道及國際公法，一致加以抨擊。日軍發言人乃諉稱，當時南站駐有中國軍隊，所炸死者為華軍約六十名，傷六十餘，此外僅賣食物與兵士之小販十餘人而已。但英文大美晚報稱，出事前半小時，該報訪員正在彼處，所見均係候車逃難者，並無兵士在彼處也。又字林西報記者亦曾於出事後往觀，謂被炸死傷者皆為平民婦孺云。

敵機被我擊落

下午四時許，我軍在蘊藻浜擊落日機一架。當時該機尚繫炸彈，致墜落時復遭炸燬。同時在江灣路跑馬廳附近，亦擊中敵機一架，起火墜地。事後

檢視餘燼，發見有九艦四爆愛知一二五號左等字樣。

我空軍再夜襲 晚十一時，我空軍飛至浦江上空，襲擊敵艦，敵軍高射砲卽倉皇亂射。晨三時十分左右，我空軍再度出現，盤旋空際，久久未去。敵艦高射砲雖發如聯珠，我機仍從容環繞高空數週，安然而返。

二十九日 午十二時半，敵機三架飛往閘北轟炸，並在北站一帶，投擲炸彈十餘枚。一彈落於新疆路，起火燃燒甚烈，毀民房百餘間。又午後二時許，有敵機四架駛赴京滬北站投擲巨彈四枚，經我軍高射砲轟擊，敵機驚慌逃去。

下午三時許，有敵機十餘架飛龍華滬濱四週盤旋偵察，約十餘分鐘後始去。至四時許復來，在新龍華車站後面擲彈六枚。

浦東南匯縣屬北蔡鎮，離滬約廿里，並非軍事地帶，日機忽飛往投彈，炸燬市房三四間，死傷民衆廿餘人。

敵機襲浙擊退 杭州電：晨五時半，日機一架察偵澉浦。下午五時許，日機一架偵察海甯硤石海鹽平湖等處。五時四十分，日機八架在德淸上空發現，經塘棲，餘杭，繞道蕭山來杭，在筧橋投彈數枚，經我空軍擊退。又電：上午十一時，日機六架轟

炸石湖蕩，我以高射砲射擊，一架被擊受傷。由滬開杭之首班車，於下午四時三十五分開抵硤石時，適遇敵機飛來，乘客自車中逃出，敵機未投彈。

松江擊傷敵機

松江電：下午三時五十分，來松江投彈之敵機，爲保安隊擊傷。於四時後在上海縣吳家塘附近有汽缸先落地，標有名古屋製作所番韓第補十六等字，機身在尋覓中。

廣德空戰激烈

南京電：敵重轟炸機十五架，於下午四時二十分，飛往廣德轟炸。該地我空軍當即起與交綏，激戰約半小時許，我軍奮勇擊落敵機二架，餘機僅投數彈狼狽逃走。并於下午五時半左右，繞道來京，企圖空襲。我軍聞報，即派十餘機前往攔擊。敵機飛至揚州一帶，恰與我軍相遇，見不得逞，乃倉惶逃逸。

夜襲武漢

漢口電：敵機九架，越黃梅，蘄水，第五次夜襲武漢，被我空軍驅逐，至蘭溪即東返。

三十日

南京電：日方宣傳，謂有中國購自日本之軍用飛機兩架，漆作日機顏色，並用日機標誌冒充日機，在黃浦江向日艦投彈等語。我空軍發言人聞訊，頃予以絕對否認，並認爲對中國軍人之一種侮辱。據稱，中國從未向日本購買軍用飛機，且

中國空軍尤不願效日軍所為，作此卑劣之舉。或係日空軍投擲欠準，致有如此滑稽之結果云。

我機夜飛滬轟炸

我空軍於今（三十日）晨零點五十分，兩點十五分，兩次飛滬夜襲。在敵艦高射砲亂射聲中，從容在虹口及楊樹浦敵軍陣地投擲炸彈多枚，並赴淞轟炸敵艦。旋即安然飛返。

又南京電：廿九日我轟炸機數架，在泗礁山附近炸毀敵輸送艦一艘，尾部重傷。

敵炸大場浦東閘北

午刻，敵機多架飛往大場轟炸，惟投彈漫無標的，我方無損失。午後二時許，敵機兩架飛往浦東轟炸，投擲炸彈七八枚。同時另有敵機兩架，飛往閘北一帶轟炸，寶山路虬江路民房着彈起火，延燒甚烈。午後四時許，又有敵機六架飛南市偵察，並未投彈。

北四川路底虬江路一帶，房屋被焚，蔓延甚廣。楊樹浦亦有民房數處着火，租界消防隊被阻不能往救，只得任其延燒。

我機誤炸傷美商船

我空軍據報有日本運輸艦多艘三十日入口，乃於下午五時許派機赴淞口外偵察，適美輪胡佛總統號駛來，且在兩日艦之間，致被誤認為日本運輸

艦，向其投彈。彈落輪旁水中，彈片飛起，致水面上廿五呎處之船舷稍受損壞，船員七人受傷，其中二人傷勢較重。乘客中有三人受驚，惟無妨礙。該輪遭此意外，即直駛神戶。至受傷船員，則由英艦載之來滬就醫。

此事發生，我外交部即發表談話，述致誤之因，並聲明負責，已電令駐美王大使向美國政府表示云。其後，美政府提出抗議，經我承認賠償損失及道歉，美政府即表示滿意，事件遂告結果。

敵機晨襲廣州

和平之廣州，於今早六時軍警當局第一次向市民發出敵人飛機襲擊廣州之警號。未幾，日本轟炸機七架出現天空，分散向各處偵察投彈。我方素有準備，各要區高射砲立即迎戰。敵機不敢盤旋，當即遁去。計擲彈二枚，落於沙河附近軍用飛機場，損失甚小。

襲京在鎮被逐

南京電：敵重轟炸機十二架，下午六時半來京，企圖空襲。我空軍聞報，即派機數架出擊，七時正遇敵機於鎮江附近。敵機見我軍勇猛迎擊，倉皇逃逸。敵機於中途改道，前往徐州一帶，企圖窺察，施行轟炸。

三十一日 敵機仍四出投彈，上午有多架，在寶山縣城，及縣屬月浦等鎮，肆意轟

炸，民房幾全被毀。下午五時許，在閘北方面投彈，麥根路車站投中三彈，惟僅毀路軌一小段，損失甚微。大統路新民路一帶，民房被硫磺彈投中爆發，起火燃燒頗熾，入晚未熄。恆豐路水雷廠水池內，亦中一彈，未炸發。

慘炸楊行難民傷兵　上午十時許，有由戰區救護出險之難民及傷兵約二百餘人，停留於楊行鎮之長途汽車站。是時忽來敵機一隊，在空中盤旋數匝，突投炸彈十餘枚。此流離失所之難民，及輾側呻吟之傷兵二百餘人，無法逃避，全歸於盡。敵機之屢次轟炸難民及傷兵，慘無人道，可謂達於極點。

廣州擊落敵機二架　廣州訊：敵機二次來襲廣州。首次於上午五時四十五分，發現敵機六架自西飛來，由防空處除發出警報外，並出動全市防護團員，協助憲警指導市民趨避。一面我空軍即凌空應戰，各射空砲兵及高射機槍隊，紛紛瞄準射擊。劇戰十五分鐘，敵機不支，向東逃去。我機隊追至虎門附近，擊落重轟炸機二架，重傷一架，輕傷一架，我機始安然返隊。警報隨於八時廿分解除。是役敵機共投彈九枚，均落荒地，於我無損。第二次為十時四十分，石龍上空忽又發現敵機一隊，有向廣州進襲模樣，復為我空軍截擊。敵機見勢不佳，遂倉皇逃去。

又訊：晨五時半，敵機侵東郊擲彈。我機迎擊，中敵機三，一落東莞，二落虎門。在虎門被我擊落敵機兩架，均完整，機員六人被俘。在東莞被我空軍擊落之敵機，在縣城東四十里山豬潭大橫鄉高地尋獲，機為昭和十一年二月一日東京株式會社出品，號碼為一九〇五號。機身一部爆炸，尾部焚燬，機師五名斃命。在毀機附近，尋獲敵旗一面，地圖多幅，日記一本，上有『第九分隊長河野』字樣。

汕頭空襲

汕頭電：上午十時四十分，敵機圖襲本市。潮汕防空司令部接監視哨報告，即發出警報，並調遣軍警及消防救護人員，在市區內施行戒備。一面勸導民衆赴防空壕暫避，以保安全。嗣敵機以我防備週密，不敢來犯，隨即悄然逸去。十二時卅分解除警報，市面旋復常態。

敵機三襲漳州

軍息：敵機今晨三次襲漳州，計五時半四架，六時半三架，八時一架，共投彈二十餘枚。事先，於夜間，石碼警報台聽悉有機自台灣來，發出警報，漳廈均警備中。

廈門電：今晨五時許，日機四架自台灣飛來，過廈偵察一週，即飛漳州，投彈十數枚，損失甚微。我空軍起而應戰，敵機乃向泉州方面遁去，我派二驅逐機追擊搜索，至

八時許，經廣返滬。

〇敵機襲京皖杭〇敵轟炸機九架，今晨襲廣德未逞，擬襲京。我機趕往中途迎擊，敵即逃逸。又訊：上午十一時五十五分，日機五架由閔行飛入浙境，折入安徽省境，並投彈七八枚。當時有日機一架，被我軍用高射砲擊落。

杭州電：敵機十五架，下午四時許經吳興德淸到杭，投數彈後，即向嘉興方面逃去。我方無何損失。

八月底止擊毀敵機敵艦統計

我空軍自應戰以來，擊毀敵機敵艦頗多，擊落敵機達六十餘架，燬敵艦達十餘艘。茲將自八月十四日至八月三十一日止，各戰鬥員所擊落敵機與擊燬敵艦之統計，列表如下：

姓名	籍貫	擊落敵機架數				擊落敵機地點	日期
		轟炸機	驅逐機	水上飛機	合計		
樂以琴	四川蘆山	四	一		五	筧橋附近擊落四架 滬西擊落一架	十五日 廿一日

劉粹剛	遼寧昌圖	一		一	三	五	一架落滬西約廿華里 一架落滬西鐵路北十餘里 一架沿江 一架於上海 一架於瀏河口西	十六日 二十六日 十七日 三十日
董明德	遼寧海城	一	一			二	曹娥附近擊落一架向 錢塘江滑下 揚州擊毀一架落東台縣間	十五日 廿一日
梁添成	福建南安	二	二			四	在杭州附近擊落一架 南京濼水閘擊落二架 近橋附近擊落一架	十四日 十五日 十六日
陳盛馨	福建連江		二			二	在曹娥附近擊落二架 落於機場南方後山	十五日
傅嘯宇	福建福州	一		一		二	句容附近擊落一架 上海擊落一架	十六日 十七日
楊慎賢			二			二	嘉興擊落二架	十六日
李桂丹	遼寧新民		一			一	曹娥江擊落一架	十五日
毛瀛初	浙江奉化		一			一	杭州場東	十五日
楊夢青	河北天津		一			一	半山橋司間	十五日
王蔭藩	河北清苑		一			一	杭校半山間	十五日
黃光漢	浙江餘姚	一		一		二	南京濼水閘 落南匯咀海面	十五日 三十日
王遠波	遼寧安東		一			一	翁家埠	十五日
鄭少愚	四川渠縣	二				二	錢塘江一架 南京濼水閘一架	十四日 十五日

吳鼎臣	江蘇溧水	一			一	南京溧水間	十五日
巴清正	吉林寧縣		一		一	笕橋附近	十五日
黃泮揚	廣東恩平	一			一	句容之西	十六日
黃泮揚 徐其光	廣東番禺	一			一	句容之北	十六日
秦家柱	湖北咸豐	一			一	落於南京東擔地焚燬	十五日
黃新瑞	廣東台山	一			一	落於南京東擔地焚燬	十五日
袁葆康	江蘇上海	一		一	三	揚州擊落一架落淮陰附近 擊中一架於上海日領館冒出白烟	廿一日 廿三日
宋恩儒	河北天津	一			一	揚州擊落一架	廿一日
李桂丹 柳哲生 王文華	河北清苑		一		一	擊落於杭州	十五日
李桂丹 友機三架	河北清苑	一			一	擊落於杭州	十五日
王文華	河北大城		一		一	擊落於笕橋機場南	十六日
高志航	遼寧通化		一		一	擊落於半山附近	十四日
高志航 譚文等			一		一	擊落於半山附近焚燬	十五日
譚文	遼寧安國		一		一	喬司	十五日
范金函	河北清苑		一		一	擊落於東南廿公里	十五日

譚文 范金函		一				一	擊落於方山東南五公里	十五日
周庭芳	河南內黃	一				一	擊落於句容南京間	十五日
馬庭槐	廣東台山	一				一	擊落於鎮江縣屬華鄉山	十六日
劉依鈞	江西萍鄉	一				一	揚州擊中一架落於六合儀徵間 廿日見焚燬	廿一日
趙乃俊 徐漢穠	福建 浙江		一			一	落於靑娥江間山中	十五日
楊季豐 魏詢方	安徽 江蘇		一			一	靑娥機場附近	十五日
陳有維 黃谷居	湖南 廣東	一				一	落於天王寺附近	十五日
劉熾徽 岑澤鎏	廣東	一				一	落於溧水附近	十五日
呂基淳	河北景縣	三				三	南京句容間一 天長一高郵湖附近一	廿四日 廿七日
陳瑞鈿	廣東台山	一				一	句容	十六日
鄧政熙	廣東高要			一		一	焚燬於上海江邊	廿三日
騰業悌	湖南湘潭	一				一	擊落廣德西北山中	十九日
施齊賢	遼寧鳳城	一				一	聞落於廣德附近撞山焚碎	十九日
合計		二九	二四	五	三	六一		

附註：(一)敵機擊落後，屍身已由各地方政府埋葬，有案者計八十一具。按其機種推測，其死亡人數尙應有

五十六人。(二)俘虜十一人，已解京者十人，餘逃近在弋緋者十人。共計敵死亡人員當在一百五十餘名。(三)此外被我擊傷者，或觸山，或沉海，預料當不在少數(如九月六日，據寧波防守司令王皞南轉據定海縣政府報告，有敵重轟炸機一架受傷後，沉沒於縣屬岑前岸海岸，用竹竿可以帶着)。

八月份擊毀敵艦統計表

月日	地點	損壞情況	備考
八月十四日	吳淞口外	炸敵艦旁十餘米處彈暴發敵艦搖擺甚劇	
十九日	花鳥山附近	炸毀敵艦尾有沉沒可能	
廿一日	洞龜山附近	彈落敵艦旁艦身搖動	
廿四日	吳淞口外	炸沉敵艦一艘沒於吳淞口外另一艦艦尾着火	
廿七夜	吳淞口外	擊中敵艦一彈先後被炸敵艦因傷擱淺者二隻被拖走者一隻	
廿八日	白龍港	擊中敵艦起火艙面人員立即搶救	
廿九日	泗礁附近	擊中敵運輸艦艦尾	
卅一日	瀏河附近	命中敵艦彈藥庫見艦上爆炸多時有沉沒可能	九月一日晨二時四十分轟炸

附記：本表所列，係目見證明者。此外尚有在夜間雖命中以後不知下落者。

日空軍自滬戰發生，即加入作戰，且飛至我國各重要城市及航空根據地轟炸。惟以

我空軍之英勇應戰，及防空設備之完美，敵機大受打擊，屢次慘敗。我空軍建功擊落敵機之統計，已見上表；而遭我高射砲擊落，及油盡或機損被迫降落者，當亦不在少數。東京朝日新聞二十日至二十七日所載死亡飛行士兵姓名及戰死地點，錄之如左：

八月二十日載：三等航空兵中越健三傷重身死。三等航空兵楠元武則傷重身死。二等航空兵松井政守，十六日在揚州戰死。

二十一日載：在句容戰死之航空兵大字秋山，三等航空兵福田武高，三等航空兵小越辰三郎。在揚州戰死者，有三等航空兵志村實。在南京戰死者，有一等航空兵南波芳隆，一等航空兵大友保，三等航空兵戶川啓太郎，三等航空兵波場美賀，三等航空兵岩下良之助，一等航空兵鉢村利巳，一等航空兵富樫修治，航空兵長安藤仁藏，一等航空兵東川清三郎，二等航空兵古郡正三，一等航空兵沖谷興作，一等航空兵中島享三，一等航空兵千葉三郎。在蘇州空戰死者，有南野中尉。在南昌戰死者，有航空隊長渡邊勇，一等航空兵太由武夫。二十二日載：在上海戰死者，海軍航空隊長小野俊夫。

二十三日載：二十日在上海空戰中死亡者，有一等航空兵瀧澤萬，二等航空兵宮崎三郎。二十一日在南市空戰死者，有一等航空兵小林義治，二等整備兵井上清，三等航

空兵及川喜治郎，三等航空兵橫山正午，一等航空兵佐藤彥三郎。又十五日襲擊南市戰死者，有一等航空兵毛利健榮一名。

二十四日載：在上海戰死者，有二等航空兵和田正，三等航空兵蒲池梅吉。二十六日載：日海軍分隊長吉田和雄行蹤不明。二十七日載：在對我空戰中，日本空軍行蹤不明者，計有一等航空兵岩田武雄，二等整備兵內田辛助，三等航空兵小原一壯，一等航空兵小野進司，一等整備兵增山進，二等航空兵龜山重，三等整備兵時任正武，二等整備兵鈴木幸三，三等航空兵堀越志津惠。以上，計死亡及行蹤不明者共四十四人。

此外二十日以前報紙未見，但即此四日中之記載已可見一斑矣。又上所載皆為在蘇皖贛三省境內，浙省境內戰死者未見，其殆台北航空根據地之木更津隊未發表之故耶？十四十五兩日，襲杭州廣德南昌及首都者，均來自台北，而被我擊落者已十五架，負傷及油盡降落者五架，故傳聞木更津隊共損失四十餘架，其聯隊長石井義將有無顏見人，切腹自殺之說。又下訊述十五日第一次襲京死者三十名，可為敵空軍慘敗之鐵證：

中央社訊：八月二十六日夜敵機襲擊我首都，被我機追蹤至天長境內擊落敵機九五式陸上攻擊機兩架，機燬人亡。搜出該機機長大庭彌一郎曹長日記一冊，其中記錄八月

十五日第一次攻擊我首都被我擊敗之慘況甚詳。茲照譯如下：本空隊零九零零八月十五大空二十機出發攻擊南京。第一中隊之一號機墮下，太田一空曹戰死；本機中彈四二發。第二中隊旋入颱風之中心。第三中隊之「二」「四」號機起火墮地。第四中隊之四號機行方不明，其一號機渡邊航空曹長戰死於偵察席上。第五中隊之三號機起火墮地，一號機片船戰死。最初即遭如此之不幸，最後回千葉，必更痛心也。本有一齊跳下而死之決心，但已身非吾所有，惟以雙手握機槍默禱而已。航行六時間。是日損害三十名：第一中隊太田一空曹；第三中隊，越二空曹，伊藤一空，紺野空曹長，中西二空曹，全森一空，田中二整曹，須藤二空曹長，峯一空二見一空曹長，櫻井三空曹，田中一空，星野一整曹；第四中隊渡邊曹長，大反一空曹，南波一空曹，富樫一空，波湯三整，戶田三空曹，鉢村一空，山石二整曹，齋藤一整；第五中隊東小川一空曹，大林一空，安藤空曹長，古郡二空曹，千葉一空，仲谷二整曹。柯木空（即木更津），海軍航空隊大空（即大村航空地，因木空由大村出發襲擊南京）。

此日記中有「第二中隊旋入颱風之中心」語，其損失幾架，死幾人，雖未言明，但亦當不少也。

又敵第三艦隊司令長谷川，曾於八月廿七日報告其海陸軍省，自戰事起至廿六日止，飛機包括轟炸，驅逐，偵察，共被燬及失蹤四十二架，受重創者十二架，輕創者廿二架，於此亦可得一證明也。

第四章　陸軍及炮隊之戰績

自戰事發動至敵軍增援，企圖在瀏河吳淞等處登陸，戰局遂益擴大，八月十三至十五日之戰事，已於第三章述之。此後至月杪之戰事，依日次敍述之如左：

十六日　拂曉，我軍乘敵增援部隊陣地尚未鞏固之際，各路同時進攻，槍炮密如雨點。我將士忠勇肉搏，有進無退。八時十五分，滬東方面公大紗廠敵司令部中死守之殘敵，以無法支持，向後潰退，現以裕豐紗廠爲根據地，圖再頑抗。我軍一面越過公大紗廠，向前推進，一面派隊抄查敵司令部。虹口方面，我軍佔領愛國女學，育青中學，虹口公園等處後，瞄準北四川路底敵司令部轟擊。敵以勢力孤薄，被迫放棄，已退至狄思威路，以日本小學爲根據地。各路敵軍死傷頗重。

關係方面發表：我軍左右翼同時擊敗日軍，乘勝進攻，在廣東街方面，截獲敵鐵甲車二輛。

浦東方面　敵艦由浦江中向浦東方面射擊，於晨五時半有炮彈兩枚擊中英美烟草公司工廠之鍋爐間，有相當損毀。同時有另外之兩敵艦，亦以炮口瞄準，集中炮火向該公司轟擊。泊在吳淞口江東岸邊日艦上兵百餘人登岸，爲我駐軍迎頭痛擊，戰事激烈，至十時後，日軍不敵負傷回艦。又浦東陸家嘴東首三井煤棧內，駐有日軍三百餘人，我軍因恐其衝出滋擾，已飭軍將該棧包圍，必要時將予以痛擊消滅。

炮戰猛烈　晚七時起，我炮兵陣地向敵軍楊樹浦一帶陣地轟擊，炮火異常猛烈，敵軍艦亦發炮還擊。一時炮聲隆隆槍聲軋軋，租界房屋亦爲震動。敵軍企圖在浦東其昌碼頭方面登岸，已被我軍奮勇擊退。其後槍炮之聲移至東面，蓋我浦東方面炮兵，亦加入攻擊，約於十時許停止。

擊中兩敵艦　靠近虬江碼頭之敵艦七艘，晨向我陣地轟擊。經我報以巨炮，敵艦二艘當即命中。其中巡洋艦一艘，因受傷由二小艦拖出，向吳淞口外洋面逃竄而去。

十七日　我軍五日來浴血苦戰結果，確已獲得偉大勝利，將全部敵軍，完成大包圍之形勢。楊樹浦敵軍由公大紗廠潰退後，以裕豐紗廠與大康紗廠間之發電廠爲新根據

地。我左翼軍沿浦江乘勝推進，下午二時許已將該廠包圍。

敵潰退我佔青雲橋

十六晚敵軍一千五百人，在鐵甲車七輛掩護下，向我青雲路陣地進攻。當經我軍擊退，並乘勝反攻，至今晨九時許，我軍在重炮掩護下衝過青雲路青雲橋，敵向寶山橋方面潰退。當我軍進攻青雲橋時，敵軍一部以橋堍草屋爲掩護，以機關槍向我密集射擊。我忠勇士兵多人伏地滾入，焚火燃燒，屋內敵被燒斃，大部敵軍慌亂。我軍即行衝鋒前進，當將該處佔領。

三佔敵海軍俱樂部

北四川路底之日本海軍俱樂部，爲敵軍重要根據地之一。曾於十五日被我軍佔領，旋又退出。十六日再度佔領，旋又再度退出。今晨八時許，我軍繼續進攻，在敵軍密集彈雨之下，浴血前進，三度佔領該俱樂部。敵軍死傷甚衆。我軍刻正一面乘勝追擊，一面構築陣地。

浦東方面

晨三時許，曾有敵軍陸戰隊五百餘名，在炮火掩護之下，由浦東三井碼頭登岸，以機關槍及小鋼炮向我猛烈射擊。我軍奮勇應戰，卒將敵軍擊潰，倉皇登艦，向楊樹浦方面逃逸。

炮戰情形 晨五時起，我軍以重炮轟擊虹口方面之敵軍，炮火密集，標的準確。至上午八時廿分，敵方之海軍武官室及日本小學，先後被我軍炮擊中着火，燃燒甚烈。下午三時許，敵我雙方以大炮互擊。我方炮彈曾擊中匯山碼頭敵方之軍料工程艦。該艦尾部受創甚重，當由附近敵艦拖至公和祥碼頭修理，但軍料擊毀甚多。晚七時半，我方炮隊以大炮向楊樹浦一帶之敵，不斷轟擊。敵亦開炮還擊。一時炮聲隆隆，火力十分猛烈。

十八日 我軍各路均佔優勢，敵根據地愈趨縮小，東路方面敵全部退入租界，負嵎頑抗。北路方面自我軍佔領日本小學後，敵於十七日午起至本日午後一時止，全力反攻，激戰異常激烈。八字橋之爭奪，雙方旅進旅退者達五次之多，我軍奮勇搏擊，敵死亡枕藉，始不支潰退。現敵憑防禦工事之特殊堅固，深壘死守。

我佔申新兩廠 我軍兩日來傾全力在東路方面，乘勝進攻，敵連戰連敗，軍心渙散。本日我軍又進佔華德路之申新紡織公司第五廠，及第六廠。敵軍現集中匯山路電車公司車廠。午後四時，我軍由大連灣路進攻，在華德路口激烈巷戰。我以小鋼炮助戰聲勢甚盛。榆林路及楊樹浦兩捕房，因我軍節節進展，槍彈炮火過烈，不得已撤退。

榆林路捕房撤退時，卽由我軍某師團駐入。當時該團長表示對於該捕房之財產要件，均負責保全。各華捕見我英勇將士，咸興奮萬分，爭熬茶水供給，始退出去。

敵新根據地受包圍

晨黎明五時許，引翔港方面經我軍幾度衝鋒，日軍不支後退。七時三十分，我再增厚軍力，包抄日軍後路，當將該處日軍完全解決。同時我部隊用小鋼炮向楊樹浦五四〇號公大第二紗廠之日海軍操場進攻，雙方激戰歷一小時餘，日軍終不支，遂退出操場。臨行時，放火將廠燒去。我軍於八時三十分正式進佔，建立淞滬戰後之奇勳。因該操場爲敵軍之東西兩翼聯絡之處，在戰略極佔重要，我軍佔領後，可截斷敵軍聯絡也。九時半許，滬東區高郎橋方面，中日部隊作劇烈戰，我軍亦佔優勢。

敵軍陣地偪促

滬戰六日來，我軍節節勝利。敵軍連失要隘多處，現已全部退入租界區內，負嵎頑抗，雖經源源增援，屢圖反攻，但徒勞無功。敵方陣地最北者爲北四川路底陸戰隊司令部根據地，憑其堅固之營房，孤軍困鬥。而我軍自攻克敵中路要隘之海軍操場後，經本晨猛烈之攻擊，已迫入租界區，將敵之陣地切成曲尺形，卽可將其左右兩翼切斷。現敵之防地東西狹長計爲八千公尺，南北最寬處爲北四川路，約二

千五百公尺。東區方面，寬二千公尺，最狹處則不足一千公尺。

浦東方面

上午及晚間，有激烈之炮火交轟。高橋唐家灣敵軍，以飛機多架希圖掩護登岸，被我以機槍掃退。浦東陸家嘴中彈着火燃燒，火光冲天，烟霧迷漫，至翌晨未熄。燃燒地點，為浦東英美烟公司棧房，及日華紗廠。

炮戰建功

上午十時半，敵機在我方陣地盤旋偵察甚久，浦江敵艦之炮聲遂起，我軍立即還擊。雙方互戰，約十餘分鐘即息。晚七時四十五分，炮戰又復開始。我炮隊以巨彈向敵方新三井碼頭，老三井碼頭，其昌棧碼頭，及楊樹浦一帶轟擊。我方炮火密集，瞄射準確，敵艦慌忙開炮還擊。有數敵機自浦江起飛，在月色中環飛敵陣，以偵察我方炮位。十時三十五分起，炮戰最為激烈，並雜有密集之機槍聲。高橋唐家灣江面之敵艦，再圖掩護步隊登陸，我軍遂發炮，並以機槍掃射阻止。雙方交互轟擊，達半小時之久，炮聲未息。夜十二時五十五分，隆隆之聲又起，鏖戰約十分鐘。其間砰然一聲巨響，則為敵艦一艘被我炮彈擊中也。

十九日

上午我軍繼續進攻，至午十二時許，我軍中路已挺進至其美路底岳州路塘山路一帶。敵軍不支，已全部退入租界滬東區南部。

我軍進抵匯山碼頭敵被切斷

下午我軍頒發攻擊令，於晚七時許乘敵不備之際，出奇制勝，在機關槍掩護下，以手溜彈向敵陣突進。敵雖陸續增援，並用飛機不斷轟炸，我軍奮不顧身，肉搏衝鋒，經三小時之血戰，將敵擊退。敵狼狽不堪，向黃浦江邊一帶逃竄。我軍已佔領昆明路，岳州路，塘山路等處，並向百老匯路繼續挺進，迫近匯山碼頭。現敵人已被迫至黃浦江邊，東西兩路完全被我切斷，失却聯絡。是爲我軍作戰以來最大之勝利。

敵登虬江碼頭敗退

十八夜之戰，敵機六架，曾於月色中自日外航空母艦上起飛，環繞虬江碼頭偵察。越十五分鐘，高橋唐家灣江面之敵艦，齊發重炮數響，希圖掩護部隊由該處登陸。我駐守該處部隊早知其意，當時未加還擊。午夜十二時，敵軍果擬上岸。正在跨步之間，我軍突發重炮，並以機關槍掃射，阻止其登陸。兩方交互轟擊十五分鐘，敵紛紛退艦逃亡。

二十日

我軍自昨晚進抵匯山碼頭後，敵軍左右兩翼已被切斷。我軍晨起分東西兩路，繼續向敵軍進逼。敵軍狼狽異常，尤以右翼北四川路一帶之敵軍，腹背受我壓迫，慌亂達於極點。公共租界方面，鑒於日軍之慘敗，深恐向蘇州河以南逃竄，故特於蘇州

河以南一帶嚴密戒備。並於本午十二時起，下令實施臨時戒嚴，外灘自外白渡橋起至江海關由吳軍佈防。

敵三路被包圍

我軍左翼自佔領申新五廠後，與日軍在定海河隔岸對峙。自昨晚總攻擊後，已越過定海路而達高郎橋。中路則自周家嘴路，塘山路，越過下海廟，而達匯山碼頭外灘之東百老匯路。右翼我軍亦取攻勢，由虹口公園東北方面，進佔湯恩路橋，一面則伸達至外虹橋。當進攻湯恩路橋，敵頑強抗拒，經猛烈激戰，敵不支退守湯恩路橋西境。現敵之在我地界者，僅八字橋猶在頑強抵抗，經我方猛烈進攻後，敵已敗退橫浜河之北，及同濟路一帶。寶山路我軍已逼至橫浜河之南，雙方隔河對峙。

我前鋒進抵裏虹橋

我軍切斷敵左右兩翼後，卽乘勝分東西兩路進迫。將士精神抖擻，勇氣百倍，向前追擊。下午四時許，沿東有恆路東漢壁禮路挺進，前線已進抵裏虹橋。戰事於下午極爲激烈，敵軍不乏至死不悟之徒，據若干險要處頑抗。虹口一帶，到處大火，至晚間十時許，火勢極爲猛烈。

敵圖反攻未逞

我軍自佔領滙山碼頭一帶陣地之後，即行構築堅固之防禦工事，後方部隊亦已陸續進駐，兵力頗爲雄厚。敵軍自晚間以迄廿一晨拂曉，數度向我猛烈反攻，均經我軍擊退。

敵被解裝收容

申報二十一日報載：昨日下午三時許，聞有敵軍前線敗兵，逃竄至外白渡橋，被英兵解除武裝事。記者特於下午三時半，赴外灘一帶視察，當即問北京路外灘大英銀行前之路人。據答，確有此事，敵兵約百餘人，均被外白渡橋駐兵解除武裝，僅留襯衫一件，分裝三車，押至捕房等語。據另一方面消息，確有殘敵兵約百人，被解除武裝，由英兵押往跑馬廳英兵司令部收容。又在下午五時左右，靶子路北河南路口亦有逃兵約十餘名，被解除武裝，一併解押跑馬廳英兵司令部。

浦東劇烈炮戰

晚十時起，浦江日艦又與我浦東駐軍發生劇烈炮戰。一時隆隆之聲，響徹雲霄。日軍竟用開花大炮彈，實施近距離轟炸，但我軍並無損害，而陸家嘴隆茂洋行則中彈起火。

二十一日

我軍東路自佔領滙山碼頭及周家嘴路塘山路外虹橋等處後，即將新陣地加以整理及配備，待機進攻。敵方則自潰敗後，亦佈置防線。本晨拂曉，我東路軍復開

始進攻，由引翔港方面與敵激戰，交鋒半小時後，敵即不支，退入東華紗廠。現我軍前鋒已進抵漁市場。一方對楊樹浦橋之敵亦予以攻擊，敵不戰而退。我軍現已越過楊樹浦橋，向西楊樹浦路推進。惟對東華紗廠之敵，本可沿定海路進襲，但該廠北面係電燈廠，我方爲顧全公共租界治安計，暫不進攻。

天通庵敵突圍大敗

困處我軍嚴密包圍中之天通庵敵軍，晨零時一刻起，紛起反攻，冀突圍而出。同時八字橋之敵，亦起而呼應。戒備彼處之我軍兩團，以小鋼炮猛轟，敵則以坦克車掩護，一時炮火密集，機槍聲頻頻，始終未退。直至天將破曉時，狼狽逃返司令部中。

虹口楊樹浦大火

虹口楊樹浦一帶，自日前被潰退之敵軍縱火焚燒後，烈燄飛騰，蔓延極廣。二十日晨九時，敵又四出在滬東熱鬧市區，以火油松香等引火物，向各市街里弄民房拋擲，一時延燒極速。如東有恆路，東漢陽路，鄧脫路，兆豐路，塘山路，東西華德路等處，完全陷入濃烟烈火中，民房四五千間，均成灰燼。

敵艦轟擊吳淞

吳淞口外，敵艦於上午八時許，發炮轟我陣地。但絕無標的，炮彈散落田陌間。旋經我炮兵予以還擊，炮火猛烈，戰鬥約二小時，敵艦退移至三峽

水洋面。炮台灣沉沒敵艦一艘，尚有桅桿露出水面，艦名未詳。午刻，敵飛機在吳淞上空盤旋，惟僅在遠處亂放炸彈，經我高射炮轟擊後，即遁去。迨至晚間，敵又集中兵力，向吳淞方面進犯。但我軍防衛森嚴，發炮還擊，一時炮火殊為猛烈，敵軍登陸企圖完全失敗。

敵兵繳械收容

中央社訊：二十日下午，敵敗退越至外白渡橋南之日兵，陸續為駐守該橋南境之英兵所解除武裝者，有三百餘人，曾分別送至跑馬廳及戈登路英兵營安置。廿一晨十時許，復由英兵輸送至膠州路日本尋常小學者約二百餘人，送至槟榔路日華紗廠工房者百餘人，並由英兵在該處駐守。又廿一日傍晚，又有敵軍百餘人，越橋南逃，當經英軍繳械之後，送往膠州路管押云。

二十二日

虹口敵軍因被我三面包圍，楊樹浦百老匯路一帶殘敵乃自行放火，並以飛機投燃燒彈，圖將所有建築物焚毀，藉火燄阻我前進。晨八時許起，洗家灣，文監師路，海甯路，乍浦路，吳淞路，公平路，及提籃橋一帶，多處着彈起火，延燒甚烈，人晚火光沖天，猶在燃燒之中。又周家嘴煤油碼頭附近，漢壁禮路梧州路口，北四川路新亞酒店北面，閔行路虹口捕房東北三百碼處及黃浦路禮查飯店後面，均發生大火。浦東

日華紗廠已全部焚毀，陸家嘴英商隆茂洋行貨棧，亦被日方炮擊起火，所貯價值二百萬元之棉花，盡付一炬。

。我軍進抵北四川路 閘北方面我軍，於晨零時，乘黑夜由虬江路等處，向北四川路方面敵軍襲擊，敵倉皇應戰，遂上海大戲院等建築物頑強抵抗。激戰達兩小時之久，我軍奮勇前進，卒將上海大戲院一帶敵軍掃盡。我軍已進至北四川路，將與裏虹橋方面我軍會合。

。東區方面 楊樹浦方面殘敵，均已退集申新紗廠、上海紡織第一廠、公大第二廠、上海紗織第四廠、三新紗廠，及大阪碼頭、黃浦碼頭，依附堅固建築物，恃為據點，並佈置炮兵陣地，裝置高射炮，企圖作最後之掙扎。大阪碼頭，黃浦碼頭，有敵船裝運軍需品，在該處起卸，搬運至為忙碌。另一部殘敵，分據各街道房屋，不時向我軍開槍，我軍現正逐步向沿浦追擊。

。浦東方面 廿一晚十時，日艦集中火力，向我浦東陣地轟擊，我軍當亦加以還擊。未幾，即調軍在月光之下，藉槍炮掩護，在新三井新三菱兩棧碼頭，強行登陸。該兩棧早於十七晚被我佔領，即以機槍手榴彈奮勇迎擊。鏖戰達三小時，日軍卒

不得逞，敗退回艦。但敵艦野心未死，嗣又數度猛衝，我軍機槍彈落如雨，日軍絕難越雷池一步，直戰至天明五時後，槍聲始稀，我敵實力雄厚，戒備嚴密，決無可虞。

敵艦攻吳淞被擊退 敵軍於滬東虹口閘北方面節節失利，乃力謀在浦東及沿海各地登岸。現停泊於川沙白龍港三夾水之敵艦，約計四十艘之多，二十一日夜中，敵艦集中炮火，對我吳淞攻擊，企圖掩護登陸。我方當即以重炮還擊，敵軍卒無機可圖。至清晨，敵艦又二次來攻，並掩小艇十餘隻滿載敵軍，分向浦灘進犯。同時敵空軍亦出動助戰，較昨夜更為激烈。我軍亦以大炮及機關槍還擊，士氣旺盛。雙方互擊達二三小時之久，結果敵軍仍為我擊退。

二十三日 我軍中路自到達梧州路及東熙華德路之後，現正分向虹橋河及百老匯路方面進展。昆明路方面之我軍，昨晚向前推進，經激戰之後，業於今晨越華德路而進抵匯山公園附近。敵軍以匯山公園為根據地，頑強抵抗。

楊樹浦區巷戰激烈 匯山路方面，昨晚八時後即發生巷戰，時作時息。直至晨二時，猶在不斷激戰中。四時愈趨猛烈，槍聲密如連珠。迨至六時許，東百老匯路招商局北棧附近，及華順碼頭，日本郵船會社，怡和路，麥克利克路，均先後繼起巷戰。

，**北區敵軍反攻**。拂曉起，結集在北四川路之敵軍，以重炮裝甲車為掩護，由吳淞路虬江路乍浦路等處，分別向我軍右翼陣地反攻，企圖擊破我方在該處雄厚陣地，俾可解除敵軍司令部包圍形勢。但我軍防禦工事異常鞏固，雖經敵軍猛衝，卒未能損我毫末。並經伏守在各要隘之我軍，以機關槍掃射，敵軍紛紛倒斃，死亡百餘人之多。激戰移時，敵卒潰退。

炮戰情形。晨拂曉及上午十時許，我门口方面之炮兵陣地，又兩度以巨炮轟擊北四川路底之敵軍司令部。我方炮擊，異常準確，敵軍狼狽不堪。又晚六時二十五分，我浦東方面之炮兵陣地，以巨炮轟擊浦中之敵艦，及楊樹浦方面之敵軍陣地，約歷二十五分鐘始止。八時二十分，再度轟擊浦中之敵艦及楊樹浦方面之敵軍陣地。敵艦亦即開炮還擊，直至八時四十分，炮聲始漸稀少。

蘊藻浜敵覆沒。晨一時，敵艦三十餘艘，集中吳淞口外及張華浜江面，以密集之炮火向我陣地猛轟。我軍全線，沉着戒備，伺機衝殺。至二時左右，張華浜江面之敵，以駁船多艘，滿載步兵，向我兩路局碼頭蘊藻浜間猛撲。我守軍俟敵軍近岸時，以機槍猛烈掃射，戰鬥甚為激烈。敵軍千餘人乘我火力稍薄時，在蘊藻浜附近上岸。我軍

堅守吳家橋，徐家宅，姚家宅，以迄張華浜車站之線，抗拒歷五小時之久，我兩路增援部隊到達，全力猛擊，火力與肉搏並用，至八時許，敵全部覆沒。是役敵軍傷亡甚衆，我軍亦死傷三百餘。

獅子林川沙口敵登陸

上午四時左右，敵以一旅團之衆，在多數兵艦强烈炮火掩護下，又在寶山川沙河口沿岸向我進犯。我守軍奮力守禦，拼死相持。至六時左右，卒有敵軍一部乘隙登陸，向我陣地猛撲。自獅子林炮台至川沙河口沿岸，均發現敵蹤。

敵寇羅店被我包圍

當我與敵在獅子林小川沙沿岸拼死相持時，有敵軍六七百名乘隙由北石洞口登陸，經木杓橋向羅店鎮潛進。時我羅店守軍接前方告急訊，已開抵盛家橋月浦鎮，該處僅有少數留守部隊，抵抗無效。敵軍即佔該鎮，並在附近接築工事。下午二時許，我增援部隊沿嘉羅路及滬太路到達前線，當向羅店之敵包圍痛擊。

吳淞炮台灣敵登陸

敵軍力圖登陸，於廿三日晚間，又特派一旅團之衆，在敵艦密集炮火掩護之下，猛攻我吳淞炮台灣一帶，偷渡登陸。我軍沉着應戰，以機關槍密集掃射，並以重炮還擊。旋我空軍飛至助戰，猛烈轟炸。敵軍經我陸空軍之夾擊，傷亡奇重。血戰至晨三時許，我軍卒將敵軍擊退。

二十四日

戰事完全趨重於吳淞及沿江一帶。

戰事極烈 斃敵千餘

二十三日夜，敵軍在吳淞口蘊藻浜獅子林張華浜等處，集結大隊軍艦，掩護陸軍登岸，戰事甚爲激烈。敵軍約一旅團之衆，分乘小艇民船偷渡。我防軍在敵軍半數登岸之際，即全線起而圍攻，戰事激烈異常。迄晨九時，敵軍被我擊潰。沿江淺灘，敵軍屍體滿地，泥草黃沙，均爲血戰變色，斃敵在一千人以上，實爲開戰以來所未有。我軍於擊潰江邊敵軍後，復繼續搜索殘敵。某機關於午後四時發表消息：午後二時，已將登陸敵軍完全殲滅，就中一部則逃回兵艦。我空軍派機一隊飛赴吳淞助戰，向登岸敵軍掃射，並飛赴敵艦上空轟炸。有敵艦二艘中彈燃燒，損傷甚重。

羅店敵軍潰退

我軍廿三日下午，增援部隊到達羅店鎮，將敵加以包圍痛擊，此時敵重兵器尚未全部展開，經我軍猛烈攻擊，敵掙扎一時許，全線不支，一面縱火焚燒房屋，掩護退却，一面即向原路退走。我軍跟蹤追擊至川沙鎮附近，敵憑河抵抗，雙方隔河激戰。我軍由敵之右翼包圍，四時許將敵軍殲滅，奪獲敵軍所用地圖及武器甚夥。我軍將此線之敵肅清後，即沿江東下，進抵盛家橋前方時，我軍仍在與登陸之敵激戰中，我以極優勢之兵力，向敵側面猛攻，敵紛紛潰退。

虹口方面 敵軍自經我軍重重包圍後，仍負嵎頑抗。本日又圖突圍而出，先後三次向我反攻，均經我軍奮勇擊退。我右翼軍自進抵北四川路後，即增厚兵力分兩面擴展陣線，一沿北四川路南進，一由虬江路東進，與梧州路及裏虹橋方面之我軍呼應。現我軍一面包圍江灣路敵軍營，集中火力威脅；一面解決狄思威路敵海軍武官室與北四川路日本小學兩處殘敵。

二十五日

虹口楊樹浦一帶敵軍仍迭有反攻，惟無甚變動。

敵主力再猛攻羅店 晨四時許，敵軍主力部隊，在飛機二十餘架及敵艦十餘艘之炮火掩護下，又由川沙登陸，向我羅店方面猛力進攻。我守軍當即迎頭痛擊。至晨七時許，敵因傷亡甚衆，稍後退。旋以大隊飛機來轟炸，自晨至午，彈如雨下，泥土飛濺，火燄衝天，羅店全鎮，幾成焦土。我軍仍死守待援，未嘗稍退，犧牲之壯烈，得未曾有。至下午三時許，我大部援軍趕至，當即增強前線，奮力攻擊加以包圍。至晚十時起向我全線攻擊，希圖奪圍而出。槍炮聲密集下，繼以肉搏，我軍士氣百倍，敵亦拼死頑抗。激戰至廿六晨四時，敵仍在我軍包圍中。

蘊藻浜敵在包圍中

敵軍昨又有大部隊在蘊藻浜張華浜偷渡，經我軍予以猛擊，迫之於江邊一隅。敵軍已在我軍包圍中，尚在掙扎頑抗。

吳淞敵聯隊長擊斃

吳淞登陸之敵一聯隊，已於本晨完全解決，敵軍某聯隊長已被我擊斃。又二十四日自晨至夜，各路敵軍傷亡甚衆，不下三千餘人。此次進襲沿江沿浦之敵，係由日本新增援之部隊，計三師團，其主將爲松井石根大將。

南匯海灘敵已潰退

南匯方面，二十四日黎明之前，突有敵軍約一千二百餘人，偷渡登岸。我軍當即加以包圍，始則以槍械密集掃射，繼則以白刃浴血肉搏。迄今晨止，敵全部潰退。

二十六日

瀏河方面亦有敵軍圖登陸未遂。

血戰兩晝夜收復羅店鎮

羅店敵軍，經我軍兩晝夜之猛烈攻擊，已向後退却。我軍已收復羅店鎮並進擊殘敵至羅店以北之木杓鎮沈家橋一帶。此次由小川沙口登陸向我羅店進攻之敵共計三聯隊。羅店鎮一役，敵死傷約三千人，我軍亦傷亡甚我軍增援部隊續到積極部署，於晚間開始總攻。惟敵人對於此綫，既以全力進攻，自當負嵎頑抗。又連日敵機，不分晝夜，在羅店周圍二十餘里內到處擲彈轟炸。重。本日下午，

張華浜敵負嵎頑抗

軍息：敵方由張華浜蘊藻浜等處偷渡登陸者約計五千人。其中一千五百人已戰死及溺斃，所餘三千五百人，則尚在負嵎頑抗。至於集結淞口之部隊，尚圖繼續登陸。敵軍之偷渡登陸，均在清晨當天未黎明時云。

二十七日

晨二時許，又有敵軍企圖在吳淞方面登陸。我軍當即奮勇迎擊，空軍亦出動助戰，轟炸敵軍。敵軍經我空陸軍之上下夾擊，不支而退。羅店方面之敵退集於羅店東北木杓鎮及陳家行一帶，約計二千人左右，迄晚止尚在激戰之中。

敵又增援

本日下午，張華浜蘊藻浜又有增援部隊登陸，向我陣地三度猛烈反攻，均被我軍擊退，現尚在相持中。又今晨敵軍五六百人，在吳淞登陸，已由我軍擊退。獅子林方面有敵七八百人，月浦有敵七八百人，已被我軍包圍。

盛橋方面

敵軍於廿六日下午退出羅店時，有一部份向東而退，至盛橋鎮一帶，與我軍頑强抵抗。

瀏河方面

敵軍因在羅店方面不得逞，似已改變策略，故將吳淞口外停泊之敵艦二十八艘，沿石洞口獅子林等口岸起，每隔一華里許，停泊一艦，排定炮位。並起運去大批帆船，擬在瀏河楊林口偷渡登陸。

二十八日　連日敵方增援陸軍，在楊樹浦區各碼頭紛紛登陸，並起運軍械輜重甚多。蓋敵海軍陸戰隊被我痛擊之後，士氣銷沉，故改由陸軍接防。傍晚虹口方面曾有激烈之前哨戰，以防我軍之進襲。晚十一時半，北四川路方面之敵，向我北站方面反攻，頗爲猛烈，我軍當即奮勇迎擊。激戰至晨零時十五分，敵軍不支而退。

日來戰事重心外移，楊樹浦方面已趨於沉寂。該線我軍中路曾乘勝深入敵軍陣地，兩度進至匯山碼頭，並分東西兩路進攻，以致我軍陣線突出如三角形，左右及前方均有受敵之虞，在軍事上認爲大忌。我爲戰略關係，將突出部份向後撤退。使成弧形之大包圍形勢，嚴密守備。北四川路及八字橋方面之情勢依舊，雙方仍在嚴陣對峙中。

新華涇方面　敵續有援軍登陸，自昨晚以迄今晨，數度向我反攻。現仍盤據於車站附近及兩路機場等處房屋內，在敵艦掩護下，屢圖衝破我軍之圍，以期發展陣地。終以我軍佈置嚴密，未能達到目的。

羅店方面　盛橋木杓鎮陳家行以迄瀏河附近一帶之敵，在重炮及飛機掩護下，迭向我軍陣地反攻。經我軍奮勇進擊，旋進旋退。敵方所受損失極大，我方犧牲亦巨。雙方在羅店西北約四里許之某小河隔岸對峙中。小川沙方面之敵，已在陸上安置

重炮，企圖掩護敵軍前進。

浦東炮戰

晨六時起，停泊楊樹浦江面之敵艦十六艘，以所有火力，向我浦東方面集中炮轟，我炮兵遂加還擊。炮戰許久，敵意我力欠厚，乃於上午九時許，遣大批敵軍向浦東襲擊，企圖登岸。當時我守軍鎮靜伏待，佯作無備，見敵履岸，即四伏齊出，萬槍俱發，立將敵擊退。敵見我有備，即不敢再侵。雙方炮擊，亦逐漸疏落，至下午五時完全停止。

晚十一時許，我浦東方面爲策應我軍進攻之勢，頻發重砲，向敵艦敵軍作猛烈之轟擊。當時聲如巨雷，震動全埠，在二十五分鐘間，發砲計達五十餘發。停泊浦江水面之三敵艦，曾起還擊，但均失效。至十一時四十分，始漸疏稀。

張治中升任總司令

我政府命令張治中升任□□□□□總司令，指揮上海方面作戰部隊。至沿江一帶防守部隊，由中央派大員負責指揮（按：後悉係白崇禧氏）。

敵方損失報告

敵第三艦隊司令長谷川，曾於廿七日向日海陸軍省報告上海戰事之損害情形。估計自本月十三日開戰以來，敵第三艦隊所指揮之第十戰隊，第十一戰隊及第五驅逐艦隊，已受傷之軍士達七千六百餘人，已死之軍士達五十

八百餘人；軍艦方面有巡洋艦兩艘受傷，驅逐艦三艘受傷，砲艦四艘受傷，其中「烏羽」竟成廢物，運輸艦已有二艘受傷沉沒；飛機包括轟炸，驅逐，偵察，共炸毀及失蹤四十二架，受重創者十六架，輕創者廿二架（包括由台灣機場飛來者在內）；唐克車毀壞者四輛，受創者十二輛；共僑民死亡者，亦達六百餘人云。

二十九日

晨零點十五分，沿北四川路以至江灣路一帶敵軍，忽以散兵線向我各陣地偷襲，當時我軍均靜伏以待，俟敵兵密集之際，即以步槍機關槍掃射，結果敵謀不遂，鎩羽而退，我軍追擊之後，仍守原防，嚴陣以待。

張華浜敵被逼江邊

我軍昨晚向張華浜蘊藻浜方面之敵進攻，王師長敬久親臨前綫指揮，士卒莫不用命，在密集彈雨之中，爭先浴血前進。同時我空軍亦出動助戰，在敵軍陣地大肆轟炸。敵軍傷亡奇重，不支而退。我軍當即佔領張華浜車站，及沿淞滬鐵路線一帶地段，並將敵軍壓逼至江邊，迄今晨止尚在激戰之中。

羅店方面

敵屢於飛機大砲掩護之下，向我軍陣地猛烈進攻。廿八日午後敵又一度衝入羅店鎮，當晚即經我軍分三路猛烈反攻，肉搏十餘次，仍將敵人擊退在盛橋木杓鎮及陳家行一帶，雙方激戰甚烈。

閘北江灣一帶陣地均無變動。敵雖於八字橋，青雲橋，及愛國女學等處反攻，均為我擊退。

三十日

羅店方面

連日來，羅店鎮之爭奪戰尤為激烈，雙方進出者數次。廿九日敵又向羅店猛烈進攻。事前敵艦集中砲火，會同敵機數十架，向羅店鎮陣地大施轟炸，我守軍即在敵軍炮火炸彈下，奮勇抵抗，有進無退。血戰數小時，卒將敵軍擊退。但此役我軍犧牲甚鉅。當晚我方增厚兵力，大舉反攻，激戰通宵，敵軍卒向西北面狼狽潰退。我軍乘勝追擊，至三十日上午，我軍追至顏家油車地方，敵死傷甚衆，被我奪獲機槍步槍及背包等甚多。截至晚十一時止，敵軍右翼已被我逼退五斗鎮以北。羅店方面西北一帶，尚有一部敵軍。又上午，敵軍除有一部死守羅店西北一線外，另派一部主力軍向我嘉定方面進攻。我軍得報後，即調動大隊生力軍，向羅店西北前進。當進至施相公廟附近時，遂發生遭遇戰一次。敵軍知我有備，即盤據施相公廟。不敢前進至下午六時後，我軍以集結火力，向該廟附近敵軍進攻，敵不支而退。我軍當即奪回施相公廟，並跟蹤追擊，在曹王廟以北一帶對峙。

張華浜方面　敵軍約二千人，仍在泗塘以東各村落固守，並在該處築成據點式工事，且設有鐵絲網等障礙物。但我軍包圍甚密，敵雖屢圖突圍，但終不得逞。又上午敵軍又有一部在張華浜登陸。蘊藻浜至吳淞鎮沿浦一帶，尚有少數敵軍。

三十一日

北四川路方面之敵，昨夜在大砲及飛機掩護下，向北站我軍反攻。我軍堅守陣地，用機關槍及大砲還擊。激戰多時，敵始不支，為我擊退。今晨黎明之前，敵骨向我閘北方面猛烈進攻，並集中砲火及兵力於北站一帶，經我軍奮勇擊退，敵傷亡頗重。又昨夜八字橋方面之敵，突又蠢動，企圖偷襲。經我哨兵發覺，即發槍還擊。敵見我有備，未敢輕進。我軍即奮勇出壕，肉搏衝鋒，敵紛紛向後潰退。

吳淞敵登陸全日激戰　三十一日上午七時起，敵艦多艘，以密集砲火向我駐軍猛攻。同時敵軍復大舉登陸。我軍奮勇抵抗，對登岸之敵，以機槍掃射。激戰至下午一時許，敵軍由蘊藻浜竄至吳淞鎮附近。其時在砲台灣方面之我軍，遂全部出擊。與敵激戰數小時，敵乃全線潰退。敵軍之另一部，刻仍盤據張華浜蘊藻浜之線，與我軍對峙中。

羅店敵旅團長陣亡　羅店西北之敵，自經我軍圍擊後，死傷甚重，尚圖負嵎頑抗。我軍於清晨零時許，乃分軍三路向敵猛攻，並用重炮轟擊。敵倉皇應戰，火抗多時，

卒以應援不及，向北竄逃。此役斃敵高級軍官多人，及士兵百餘名，其在前線指揮作戰之旅團長倉永亦陣亡，戰事之激烈可知。惟敵頗不甘心，將增援反攻。

羅店敵司令部轟毀

在瀏河石洞獅子林一帶登陸之敵軍，迭向我軍陣地猛攻，均經我軍迎頭擊退。但敵軍仍圖頑抗，在羅店附近設有臨時司令部，被我軍所發現，當由我軍用猛烈炮火，瞄準轟炸。現悉該司令部現已被我軍炮火所轟毀。

敵艦集瀏河圖進襲

敵軍於廿三日在石洞方面登陸時，即猛烈進攻，冀圖進襲至鐵路線之任何一點，以切斷我交通，並威脅京滬。但數日來經我增援痛擊，未有進展。惟敵對此項企圖仍未打銷，連日大量軍艦集泊該處，準備在瀏河一帶突破任何一處口岸，以圖大舉進攻。羅店方面敵方亦必大增援，全力猛攻，日內當有激烈之決戰也。

戰情補述

上述各路戰事皆見諸報告者，惟有其他戰情當補述者如下：

敵軍登陸

二十三日敵軍先以約一師團之兵力，在獅子林砲台蘊藻浜張華浜等處，以艦隊及飛機砲火之掩護，強行登陸，又另一部由石洞口襲羅店，雖爲我擊退，而其後又增援進攻。羅店之爭奪戰，雙方進出者六七次，日軍之主力完全傾注此一路。同時，瀏河一帶沿岸均有敵軍登陸，與我相持。瀏河至獅子林及羅

店至石洞口，其兵力增至三旅團之衆。張華浜蘊藻浜初登陸者，遭我擊退至浦邊，其後又陸續登陸者，亦不在少數。三十一日且以大部由吳淞登陸，一部沿岸而與蘊藻浜之敵會合。

我退出楊樹浦。我軍中路突破敵軍陣地，進抵匯山碼頭後，雖分東西兩面向敵進攻，然敵憑市街房屋頑抗，進攻不易。此後數日間，敵在沿江沿浦大舉登陸，我方遂不能以全力解決楊樹浦之敵軍。一面，敵方又散佈謠言，謂中國將以武力收回租界，經我方發言人駁斥否認。我軍終以中路突出，陣地不利，且為顧全國際關係與同情，故自動放棄，而將軍隊退至租界以外也。

第五章　戰時經濟狀況

甲・金融及財政

八月十四日

戰爭於十三日下午開始後，滬市各銀行錢莊信託公司等，奉財政部令，於今日起停業兩天，惟外商銀行方面，則照常營業。茲誌詳情如下：

奉令停業

銀錢兩業同業公會今晨奉財政部令，以滬戰業已開始，各會員行莊自上午十時一刻起，一律停業二天。該公會會員銀行錢莊以及上海，中國，中一等信託公司與中央儲蓄會等均遵令停業，並在各行莊門首公告云：「奉財政部令，戰爭開始，自本日十時一刻起暫停二天」。又銀錢兩業準備會庫及所屬機關一律同時停業。

召集談話

財政部次長徐堪於晨十時，會同中國銀行董事長宋子文，在祁齊路宋邸召集金融界領袖談話，到中央銀行副總裁陳行，中國銀行滬行經理貝淞蓀，

交通銀行總經理唐壽民，上海銀行總經理陳光甫，中南銀行總經理胡筆江，錢業領袖秦潤卿邵燕山等。首由徐堪報告戰爭開始，本部已令飭停業二天，對滬市金融問題作嚴密之討論，有所決定。

銀錢兩業開會

銀行業同業公會於是十一時卅分，在香港路該會召集會員銀行，舉行臨時緊急大會，到吳蘊齋，徐新六，朱閏生，陳光甫，潘久芬，唐壽民，李馥蓀等，集議金融問題。臨時因時間局促，改開談話會，並定下午三時，再行召集大會。錢業同業公會於下午二時，在寧波路會所召開臨時緊急常務委員會議，由邵燕山主席報告，繼即議決；時局緊急，本月十五日仍繼續停業，十六日是否復業，俟奉部令再行遵辦。至三時許始散，當即通告會員錢莊。

財部緊急處置

自日軍實行全面侵略後，財政部為防止金融發生劇烈變動起見，令准銀錢業一律休假二日，一面邀集銀錢業領袖籌商安定金融辦法。據財政部發言人云：安定金融辦法，業經公佈，共為七條，並已通令全國銀錢業於十六日起一體照辦。其要點為節制資金外流，對於提取存款酌加限制。但對於人民生活必需之費用，仍力予顧全；而一般工商業與機關為發放薪工之款及於軍事有關之款，仍許通融辦理。此

項辦法為非常時期之緊急措置，俟軍事結束時，即行停止。至銀錢業經本部核准，並隨時受部監督檢查，一切表報，遵令呈送查核者，現雖限制提存，而各該行內容本部院已明瞭，則人民儲存於該行之各種款項，政府自應予以保障，不使稍受損失。

公布安定金融辦法

（一）自八月十六日起，銀行錢莊各種活期存款，如須向原存銀行支取者，每戶祗能照其存款餘額每星期提取百分之五，但每存戶每星期至多以提取法幣一百五十元為限。（二）自八月十六日起，凡以法幣交付銀行錢莊續存或開立新戶者，得隨時照數支取法幣，不加限制。（三）定期存款未到期者，不得通融提取；到期後如不欲轉定期者，須轉作活期存款，但以原銀行錢莊為限，並照本辦法第一條規定辦法。（四）定期存款未到期前，如存戶商經銀行錢莊同意承做抵押者，每存戶至多以法幣一千元為限。其在二千元以內之存額，得以對折作押，但以一次為限。（五）工廠公司商店及機關之存款，為發付工資或與軍事有關須用法幣者，得另行商辦。（六）同業或客戶匯款，一律以法幣收付之。（七）本辦法於軍事結束時停止。

戰時金融應付辦法

滬銀行公會經開會議決，為適應非常時期起見，對存戶提款擬定暫時辦法四項，已呈准財部核准，定十六日復業時實行。其辦法如次：（一）各

行莊所有客戶往來透支，除同業外，於即日起，一律暫行停止加欠；自實行後，如有繼續付入者，准予照數支用。（二）各行莊所有各種活期存款，一律以同業匯劃付給；如須取法幣，其存款在一千元至二千五百元者，按月至多取二成；其在二千五百元至五千元者，按月取數，不得過五百元；其在五千元以上者，按月得取一成；如續存或新開戶者，以分別存入的原幣，隨時照數給付；如工廠發給工資須用法幣，得另行商辦。（三）各行莊所有未到期的各種定期存款，自即日起不得通融提取；如須做抵押者，至多以一千元爲度；在二千元以內的定期存款，至多以對折作押。（四）各行莊的同業匯劃軋賬頭寸，照交換所向章辦理。以上四項臨時辦法，一俟時局平靖，當由該會呈請財部取銷之。至營業時間，亦將縮短，改爲每日下午三時收市。又錢業公會方面，亦將同樣辦理。

補誌戰前 時局嚴重後，外匯交易驟增。中中交三銀行竭力穩定英美匯率，始終維持原定標準，即英匯一先令二便士半，美匯三十美元。市商會等團體曾函銀錢兩業公會設法限制外匯，以免資金之逃流。錢業同業公會於十一日下午二時，召開第三屆四十五次執行委員會，特提出討論。當場議決，會同銀行業公會妥擬具體辦法。又銀行業同業

公會，對市商會函請限制外匯案，決提交執行委員會討論。

市聯會電財部

本市各區市民聯合會電財政部云：「南京財政部孔部長鈞鑒：竊自華北戰事爆發，舉國決心抗戰。惟在非常時期，前綫將士固當忠勇抗敵，而後方金融亦應統籌維持。乃本市邇來受時局影響，所有中央中國交通等各銀行，均緊縮放款，不論信用抵押各項放款，均嚴加限制，以致工商業周轉不靈，宣告停業清理者前後相繼。本會等目擊商艱，爰特聯名呈請鈞部懇准轉飭中中交三行，對工商放款酌予通融辦理，藉恤商艱而維市面，至爲翹企。上海市第一特區市民聯合會，第二特區市民聯合會，滬南區市民聯合會，滬北區市民聯合會同叩。眞（十一日）」

中英借款協定

孔財長於本月四日在英與當局成立協定，於倫敦發行中國公債二千萬鎊。此款存在倫敦，以關稅收入爲擔保，用以整理內債。

中法簽訂金融協定

（巴黎九日哈瓦斯電）中國行政院副院長孔祥熙博士，九日午後與法國銀行團簽訂金融協定，由該銀行團以特種放款貸予中國，俾得增加中國外幣存額，而使幣制益形穩固。按此項協定，乃係兩閱月前孔副院長聘訪法國時所擬議，迄至本日始乃簽字成立。孔副院長已於九日晚啓程前往柏林，稍作勾留；並將往捷克京城

一行，然後取道羅馬返國。孔氏於啓程赴柏林前，曾向哈瓦斯社訪員發表談話，略謂：中國改革幣制之一舉，對於中法兩國間之貿易，大有裨益。本日余與法國銀行團所簽訂之合作協定，亦即幣制改革結果完滿之明證也。余最近游歷歐美若干國家，得與各該國簽訂同樣性質之協定，殊以爲幸。抑此亦足以證明中國近年來革故鼎新，期成爲强大統一和平進步之國家，此種努力，頗獲歐美各國之稱譽，此余所深以爲慰者也。最後孔副院長則謂渠蒙法國政府與人民優待，殊爲感謝云。

（巴黎十一日路透電）兩日前與中國孔財長簽定財政合同，以特別信用款給與中國中央銀行之法國諸銀行，其名稱今日已由經濟通信社披露，係巴黎荷蘭銀行，拉薩兄弟銀行，東方匯理銀行，與中法工商銀行。據經濟通信社稱：此次債額可達二萬萬佛郎，其用途在增厚中國外幣之準備。

捷克借款

（維也納十六日國民海通社電）中國行政院副院長孔祥熙今日離開此間，赴薩爾斯保據此間報載：孔氏在捷京時曾訂立一千萬鎊長期借款協定。

金融鉅子談話

十二日大美晚報載：際此全國一致抗戰，極度嚴重緊張局面之下，中國金融狀況，頗爲各界所關注，記者特趨訪金融界某鉅子詳詢一切。據談整個

金融前途，殊爲樂觀，孔財長在國外發表「中國財力穩固堪與日本抗衡」之談話，即其明證。茲分錄各情如次：

外匯穩定 通貨統一 中國前年實行幣制改革，外匯即採取釘住於一先令二辨士半政策，迄今未有變更。自華北事變爆發以來，已將月餘，全面抗戰已在逐步演進之中，而吾外匯之能維持不變，一如往日。其間雖經日方之搖惑人心肆意破壞，中國通貨外匯在此重重打擊之下，未見分毫動搖者，其原因實爲：（一）金融界以及若干富戶之深明大義，不自驚擾；（二）政府之迅速準備，防止匯兌投機；（三）對外貿易雖然年有入超，而吾貿易收支，則爲收多於支，二者相抵，國際收支，大致可以平衡；（四）最重要最有力之因素，則在國內有數萬萬元之銀幣，國外有八萬萬元以上之金融，爲維持外匯之最後準備。

公債站住 金價回跌 我國公債市場，自此次盧溝橋事變發生，平津失陷以來，公債市價僅由最高時期之八成降至七成有餘，所跌之價不到原價十分之一。自財部限定最低價格後，市價已告站住。回憶一二八滬戰，雖爲部局之戰，但於事變爆發現以後，公債市價竟降至額面二成。最近市價穩定，相較實不可同日而語。此固政府努力維持之結

果，要亦爲吾公債本利之可恃，市場現貨之不多，金融業者之能顧全大局，並不乘機拋售，實爲債市賴以維持之重要因素。至金價雖一度爲牟利投機者之收買現金而告升騰，但日來已見回跌，接近中央銀行掛牌之標準金價。

籌碼增加　市面活潑　日來市面籌碼，因中央中國交通中國農民四大銀行聯合辦理同業拆放借款，接受有價證券及貨物抵押，並承辦貼現及重貼現後，市面籌碼大增，週轉運動益形活潑。此舉非但直接扶助同業，間接協助工商，而對於整個金融之穩定，實有莫大裨益。日後範圍較小之銀行或錢莊，倘其本身不經營投機事業，依照正軌發展，則可無倒閉停業不幸事件發生。

【十六日】　財政部擬訂救國公債條例草案，其數額爲五萬萬元。該條件後經政府修訂，於廿八日公布（詳見廿八日）。

銀錢業　仍停業　本市各銀行錢莊，自奉令放假兩天後，本定今日開市，但今日銀錢業均未開市，各行莊門首均貼有公告：「本日銀錢業議決，因滬市戰況激烈，事實上無法營業，特呈請財部核准暫行休業，俟局勢稍定，即行呈請財部定期開業，特此公告。」郵政儲金匯業局今日亦停，並貼有此項通告。惟銀行公會已定今午再開會員

大會，並邀非會員銀行參加，將討論遷移行址，設法開業等問題。又中央，中國，交通，中農，四行，現已覓定福煦路四明邨為臨時辦事處，四行同地辦公，決遵照財部公布之安全金融七項辦法辦理。又證劵，紗布，麵粉，雜糧，金業五交易所，今仍繼續停業。又十四十五兩日，外商銀行均照常營業。惟目前滬戰愈趨激烈，今日起，所有英商匯豐，大英，美商花旗，大通，法商東方，比商華比，荷蘭安達，意商華義，及日商正金，台灣，三井，住友等各銀行，一律停業。復業期則須視時局情形而定。

十七日　滬銀錢業為應付非常時期之金融，奉財政部令休業兩日，經議定辦法，呈報財部後，已於晨九時起一律開業。惟各行有接近戰區者，為備萬一，已分別在安全區域布置辦事。中央中國交通中農四行，為便利存戶，更將營業時間延長，自上午八時至下午五時。今晨各行門首提款以應急需者甚多，惟秩序甚佳。外商銀行亦已開業。各行莊開業後，市面極為安定。各行莊及其存戶對於部頒安定金融辦法，均稱便利云。

補充安定金融辦法　滬銀錢兩業公會於財部公布安定金融辦法後，曾擬定補充辦法，經部核准如下：（一）銀錢同業所出本票，一律加蓋同業匯劃戳記，此項票據，祇准在上海同業匯劃，不付法幣及轉購外匯；（二）存戶所開銀錢同業本年八月十二日以

前，出本票與支票，亦視爲同業匯劃票據；（三）銀行錢莊各種活期存款，除遵照部定辦法支付法幣外，其在商業部往來，因商業上之需要，所有餘額得以同業匯劃付給之；（四）凡有續存或新開存戶者，銀行錢莊應註明法幣或匯劃，支取時仍分別以法幣或匯劃支付之。

十八日　自中央中國交通中農等四銀行恢復開市後，市上籌碼增多，金融調劑活躍，故各商店均定於今日起一律復業。昨日所有茶館南貨雜貨等均先行復業，南京路之永安先施公司及其他日用品商店，已將鐵柵門及排門一部份開啓，照常營業。市面情形，頗爲安定。又全市米店，亦定今日起開市云。

規定兌價　本市錢兌業同業公會所屬會員錢兌莊，今晨起一律開市。其兌換辦法，規定一元鈔票兌換法幣九角九分，或小洋十二角，或銅元三千。五元鈔票另收手續費一分，十元鈔票另收手續費二分，多則類推。

儲匯局亦復業　郵政儲金匯業局，遵令於本日下午復業，經已遷移地址辦公。凡該局所有支票及存簿儲金，簡易人壽保險業務，暫遷至法租界霞飛路九百七十三號理辦。匯兌業務，在法租界馬斯南路郵政局辦理。至保險庫業務，仍在江西路一百七十

號該局原地辦理。

錢業臨時辦法

本市銀錢業，於十七日一律復業後，除遵照財部之安定金融辦法七條辦理外，錢業公會復經臨時大會議定臨時辦法三條如下：（一）同業對於各客戶退票，因戒嚴關係，准於次日照退；（二）同業收受往來戶之票據，因時局關係，往來戶有地址遷移未經報告，遇有退票無從退回者，又付款行號適在危險地帶，無從向收者，均請往來戶隨時向付入錢莊查詢，以便接洽，否則錢莊不負任何責任；（三）本會同業各莊及準備庫，自八月二十二日起，以後每逢星期日，休業一天。

財部通電維持金融

財政部為維持國內各都市市面資金流通起見，通電各省市政府，各商會，各銀錢業公會，原文如下：（銜略）查非常時期安定金融辦法，業經公布施行。關於內地各都市市面資金之流通，應設法維持，而內地銀錢業之組織，既多不健全，其營業方法，又多未能悉合法定。上海銀錢業同業匯劃辦法，既萬不能倣行於內地，而各地情形，又各不盡同。茲為安定整個金融，並維持各地市面流通起見，業經由部函請中中交農四行，先就設有分支行之重要都市，各設聯合辦事處，即日成立，責成體察當地情形，妥擬適當辦法，報請核定施行。除分別函電外，特電查照。

十九日

各銀行前日開業後，金融頓告靈活。現上海市銀行公會聯合準備委員會及票據交換所，亦已恢復照常辦公。全市票據恢復交換，經濟方面頓形活躍。

金融穩定

戰事爆發後，財政當局為鞏固金融制止資金外流起見，特公布非常時期安定金融辦法七條，並核准上海市銀錢兩業公會，擬定補充辦法四條。自實施以來，資金逃避之事件已告絕跡，市面金融益臻安定。所有銀錢業公會組織之聯合準備庫，及票據交換所，復由中央中國交通三行切實管理，各行莊業務更得依照正軌繼續發展，工商各業均受其益。中央中國交通農民四銀行上海總行，茲已奉令在內地重要商埠地方，設立聯合貼放委員會，辦理貼放事宜。已決定依照財部規定之地點，如漢口・重慶・南京・南昌・廣州・濟南・鄭州・長沙・杭州・寧波・無錫・蕪湖・等十二處，即日成立，開始接受貼放，活潑內地市面，增加生產。故我國金融，雖在全面抗戰局勢之下，非惟能做到戰事猶如平時之穩定，而對於扶助工商，增加生產，將間接加強抗戰力量。

中美幣制協定

關於本年七月間已經宣佈成立之中美幣制協定事，今日美代理財長泰樂特致函參議員賓克遜，稱該協定之用意，係協助中國幣制改革之普通程序，

及幣制之鞏固。至其他事項，則固關係外交秘密，未能全部公佈。但其大致用意，則在促進中美兩國間之貿易云。（十九日路透電）

二十一日　財政部電上海市商會云：「上海市商會公鑒：頃准湖北省政府篠電開，本省商民以支票完稅，未便拒絕，擬請變通，凡征收機關收受支票，不論數目多寡，准予持赴銀行照兌，以期兼顧等因。查稅款收支，自應予以變通，凡商民以支票繳納稅款，及收稅機關以支票報解稅款，均得不受安定金融辦法第一條之限制。但為預防流弊起見，此項支取，仍應依照部頒格式填具聲請書，送經當地中中交農四行分支行所組之審核委員會審核證明。其未設有審核委員會地方，得由取款者提出證明文件，方得支取。除電復並分行外，合亟電仰飭屬一體照辦。財政部皓錢印。

二十三日　報載：滬戰以來，金融經財政當局極力穩定後，情形極佳。據各銀行報告，目前存戶非特無擠提現象，且反有現款存進。至市上缺乏一元法幣及輔幣問題，現經中，中，交，農四行及中央造幣廠，將所存一元法幣及硬質輔幣悉數發出，以資流通市面。惟近日有外商銀行，忽將所存鈔票大批發出，冀圖乘機在外流通。故財部已令銀錢及市商會飭轉各業，凡非政府核准發行銀行所發之鈔票（即中央中國交通中農），不

得收受行使，違者卽予重懲。現外商銀行鈔票已不能用，市民中如有此項鈔票者，可卽向各該銀行掉換中，中，交，農四行法幣。

二十七日　財政部以內地農工商礦各業資金，仍應維持流通。經函中中交農四行聯合辦事總處，於設有分支行之重要都市，成立聯合辦事處。並責成察酌當地情形，妥擬適當辦法，報請核定施行。嗣爲活潑市面，增加生產起見，復令四行聯合辦事總處，於前項各地方成立聯合貼放委員會，辦理貼放事宜。並將漢口南京等十二處，先行成立。一面函准四行聯合辦事總處，擬具中中交農四行聯合貼放辦法十一條，經財政部修正施行，並令各地貼放會遵照辦理。此項辦法實行，內地金融流通自臻靈活，對於生產裨益匪細。

公布貼放辦法　財政部公布中央·中國·交通·農民·四行內地聯合貼放委員會貼放辦法如次：（一）中央·中國·交通·農民·四總行，遵照財政部命令，爲謀內地農礦工商各業資金之流通起見，就各該分支行所在地，設立聯合貼放委員會，依照本辦法之規定，辦理當地貼放事宜。（二）各地聯合貼放委員會，設主任一人，委員若干人，由總行會派之。（三）貼放之範圍如左：甲，抵押：各商業機關以第四條所列押

品請求之押款。乙，轉抵押：各金融機關就其原有押款之押品，合於第四條所列者請求之轉抵押。丙，貼現：一，附有第四條甲乙丙三項押品之農工商業票據；二，中央政府發行債券到期之本息票。丁，財部命令對於鐵道交通農貸工貸等項之放款。（四）貼放之押品如左：甲，農產品：米，麥，雜糧，麵粉，棉花，植物油，花生油，蔴，大豆，絲繭，茶，鹽，糖，菸葉，等。乙，工業品：五金，棉紗，布疋，顏料，水泥，綢緞，化學原料等。丙，鑛產品：煤油，汽油，柴油，鎢砂，錳銻，鐵砂，銅，鐵，錫，等。丁，中央政府發行之債券。（五）貼放款項以法幣收付之。（六）抵押折扣：凡當地有市價者，以市價八五折計算；其無市價者，由當地聯合貼放委員會估定。但遇有押品價值跌落時，應照數追補。（七）轉抵押款項不得超過原抵押金額。（八）貼放利率，由當地聯合貼放委員會斟酌市面情形定之。（九）請求貼放之款項，由各地聯合貼放委員會負審核其用途之責任。（十）關於貼放手續，及押品審核保管處分事項，應由當地聯合貼放委員會擬具辦法，陳請四行聯合辦事總處核准行之。（十一）本辦法未規定事項，按銀行貼放章程辦理之。

二十八日 財政部接受愛國民衆捐金，發行救國公債五萬萬元，經訂定條例辦法，

本日公布，自九月一日發行。

救國公債條例

第一條 國民政府爲鼓勵人民集中財力，充救國費用起見，發行公債，定名爲救國公債。

第二條 凡個人或團體，以現金或有價物品繳充救國之用者，按照其所繳數額，以本公債給予之。

第三條 本公債總額五萬萬元，於民國二十六年九月一日照票面十足發行。

第四條 本公債年息四厘，自民國二十七年起，每年八月底一次付給。

第五條 本公債自民國三十年起還本，分三十年還淸，每年抽籤還本一次。

第六條 本公債還本付息基金，由財政部於國庫稅收項下指撥之。

第七條 本公債債票分萬元，千元，百元，五十元，十元，五元，六種。均爲無記名式。

第八條 本公債由財政部委託機關經募，並公告之。

第九條 對於本公債如有僞造及毀損信用之行爲者，由司法機關依法懲處。

第十條 本條例自核准日施行。

募集辦法

一　本公債由財政部委託各級黨部，各級政府機關，各郵政局，各郵政匯業儲金局，各電報局，各國營事業機關，各銀錢業公會，各商會，各同業公會，各銀行錢莊，各報館，各學校，各法團爲經募機關。

二　每一地方，就上列各經募機關，組織一救國公債勸募委員會，辦理宣傳經募事宜。其組織及辦事通則另定之。

三　募集之現金物品，以左列各種爲限。（一）國幣或外幣。（二）生金銀及其製成品。（三）有價證券（包括國內外證券）。（四）存款摺據。（五）不動產之易於變價者。（六）物品材料之可立時變價或可直接應用者。

四　前條第一款之外幣，按中央銀行逐日掛牌價計算；第二款之生金銀及其製成品，按其所含金銀之成份計算；第三款之有價證券，按其市價或估價計算，但國民政府所發行或保證之內外債券，得按票面計算；第四款之存款摺據，按其實存本息金額計算；第五款之不動產及第六款之物品材料，按售得價款或估價計算。關於財物之變賣或估價，均由當地勸募委員會辦理之。

五　各經募機關收到第三條所列各款之財物時，如爲國幣或可立時以國幣計算數額者，

卽應如數塡給正式收據；其須變價或估價者，先給臨時收據，俟變價或估定後再換給正式收據。

六　正式收據由財政部印製，發交各地勸募委員會，經該會負責人簽名蓋章後，分發當地各經募機關應用；經募機關塡發時，應由該機關負責人簽名蓋章。

七　如經募機關所收第三條第一至第四各款之財物，及第五款之契據，應逐日報告當地勸募委員會，並將其財物契據送交當地中央中國交通中國農民等四銀行，郵政匯業局，郵政局，及其他指定之銀行收存。其無上述行局之地方，而有政府機關者，應逐日送交該機關收存。其無上述行局及政府機關之地方，應每三日送交就近之中中交農四銀行，郵政匯業局，郵政局，及其指定銀行或政府機關收存。前項政府機關收存經募機關解到之財物契據，應逐日送交就近中中交農四行，郵政匯業局，郵政局，或其他指定之銀行收存。第三條第六款之物品材料，應逐日送交當地勸募委員會。

八　關於不動產及物品材料之變賣估價及送交應用，另以規則定之。

九　各地勸募委員會，中央中國交通中國農民四銀行，郵政匯業局，郵政局，其他指定

之銀行及收存經募機關解交財物之政府機關，應每週將所收財物之名稱數額，列表報告財政部一次。

十　中央中國交通中國農民等四銀行，郵政匯業局，郵政局，及其他指定之銀行所收款項，另立救國公債專戶存儲，每週由各該總行總局開列清單，報告財政部一次。其款憑財政部函令支撥。

十一　凡持有第六條之正式收據者，得就近向中央中國交通中國農民等四銀行，郵政匯局，郵政局，及其他指定之銀行，按照收據所載金額，換取同額救國公債。其開始換發日期，由財政部公告之。

十二　個人或團體願以財物捐充救國之用，而不願收受救國公債者，其財物亦得由各經募機關經收，但其收據應註明自願捐輸，不換公債字樣。

十三　前條捐輸財物之個人或團體，由財政部呈請國民政府特予獎勵，其獎勵之章程另定之。

十四　本辦法由財政部公布施行，並呈請行政院備案。

乙・糧食及煤炭

戰前滬上糧食本充足無虞，惟因形勢緊張，市民多數購積，以致米價擡漲，頭號粳米自十一元而漲至十五元餘。本市糧食界以糧食問題關係至爲重要，如不急謀有效辦法，則將來戰事發生，其恐慌情形實屬不堪設想。故於十二日下午二時在邑廟萃秀堂召集有關各方討論戰時糧食問題。出席者計張秉輝，陸文治，朱子香，蔡裕琨等十餘人。由張秉輝主席，報告近日糧食進口及存底情形畢。旋卽討論疏通來路及向中中交三行接洽押款，暨非常時期不定價格，便利運輸等各重要問題，歷二時餘始畢。

十三日米價竟漲至十七元餘，且祇限於零星出售。煤價亦漲，煤球每担一元半。肉類蔬菜及各種食物，價均昂起加二至一倍以上；零售糖價每斤起至三角，油價亦漲。麵粉因月前本已昂貴，未見高漲。

限制米價

市社會局爲維持民食起見，已勒令各米商不准停業，並限制每石最高價不得超過十五元。如敢故違，定予嚴辦。一面已函請淞滬警備司令部發給米船通行證，由糧食業各團體具領，並呈請市政府轉商司令部及沿途軍警嚴密保護，以利

糧運，而維民食。

組食糧調劑會

上海市商會十三日下午二時舉行非常時期第二次執監委員臨時緊急聯席會議議決：為調濟本市食糧起見，組織食糧調濟委員會。公推潘公展，杜月笙，王曉籟，顧一馨，陸文韶，何德奎，張翼樞，陳光甫，俞佐庭九人，暨軍警聯合辦事處代表兩人為委員。定十五日下午二時舉行第一次委員會。

成立民食調節委會

上海市商會為調劑食糧起見，經執監聯席會議議決，設立委員會，專責辦理。該委員會於十五日下午二時，舉行第一次會議，當經議決：（一）即日成立上海市民食調節委員會。（二）本市米號業應分區指定數店，即日開市應急，出售數量，為適應普遍需要起見，限制在一擔以內，價格不得超過十五元。（三）來源應儘量疏通，由軍政機關給證保護運輸。（四）公推陸文韶兼委員會總幹事，顧文凱為副總幹事。（五）即日起，暫假上海市商會臨時辦事處辦公。

食糧統制設售米處

上海糧食根據過去統計，每月約消費三四十萬包。以現在上海存底而論，至少在五六十萬包以上。即以此數，亦可供本市兩月之需，況戰事未發生時，各中上人家對糧食早已多有儲備，為數當亦不少。現在廣源墩尚停有米船多艘，閔

行存米亦甚充足。以後稍加調整，源源接濟，則本市民食，當無任何問題。惟爲防奸商將糧食資斂，及便利運輸起見，本市社會局，市商會，銀錢業及米業團體等特成立民食調節委員會，假市商會臨時辦事處成立辦公處，積極處理本市食糧運銷問題。決定外埠糧食統由調節委員會購入，然後分發各米店發售。並決議：上白粳米價最高不得超過十五元，秈米最高不得超過十二元；米糧運銷，必須有兩租界工部局，京滬警備司令部及滬市警察局證明文件，方得放行；民衆購米，每戶一次不得超過五斗。爲免奸徒擾亂，調節委員會已商得租界工部局同意，各售米處派巡捕一名維持秩序。至售米處，已於十八日先設立四十四處，其後陸續增設至百餘處，皆爲原來之米店。又南市閘北及曹家渡亦次第設立分售米處，使全市得以普遍。

戰時糧食管理條例

國民政府十八日明令云：茲制定戰時糧食管理條例公布之，此令。該條例原文如次：第一條，戰時糧食之管理依本條例行之，本條例所未規定者，仍適用其他法令。第二條，戰時應受管理之糧食，其種，類由國民政府以命令定之。第三條，爲管理戰時糧食事宜設戰時糧食管理局，直隸於行政院；必要時得於各省市重要地點設分局，直隸於管理局，其組織規程由行政院定之。戰時糧食管理局關於戰時糧食

管理事宜，得發布必要之辦法或規章。第四條，戰時糧食管理局管理之事項如左：（一）生產，（二）消費，（三）儲藏，（四）價格，（五）運輸及貿易，（六）統制及分配。第五條，本條例之施行及停止日期以命令定之。

調節存粉小麥

本市民食調節會，為維持滬市民食，疏通米糧來源，並在租界區內設立售米處四十五家；限定價格每石白粳最高價為十四元五角，秈米十元〇五角，於廿二日起實行。為防止售米處發生暗抬市價之流弊起見，每日派員調查；並希望買戶遇上項情事，隨時報告舉發，嚴予懲究。該會並通告各麪粉廠及雜糧業團體，將所有滬市存粉及小麥等詳細報告到會，以便支配應用。其後，又申介各麪粉廠商對麪粉加以統制調節，限至二十七日以前登記存貨，此後概歸民食調節會分配出售，下月實行。

設立糧食市場

民食調節會廿二日議決設立糧食市場，並登記存糧數目。茲錄通告如下：（一）本會為統籌民食起見，即日起假座愛多亞路浦東大廈杜廳設立糧食市場。凡全市糧食交易，均須在本會市場公開買賣。營業時間，每日下午一時至五時止。（二）本會為調節全市民食起見，對於本市米麥粉豆存額，及儲藏地點，亟待明確統計，特舉辦存糧登記，俾便通盤籌劃。茲將辦法公告如左：（一）凡本市雜糧行號米號

米廠客商，及粉廠油廠等所存之米麥粉豆，均須於公告五日內到會登記。前項所稱之存糧，凡儲存堆棧倉庫貨棧廠棧及臨時租屋之存糧均屬之。（二）凡已登記之存糧，除麥豆外，由本會糧食市場公開買賣。（三）如逾限未登記食糧，不得在任何處交易。（四）本會登記時期，自上午七時至下午六時止。

工部局輸運米糧

（廿三日字林西報）據工部局報告：上海糧食充足，無虞匱乏。且該局已自向外間定購大宗米糧，第一批下禮拜可到。該局並不以販米為營利之舉，多備米糧專為防備不虞起見，將由該局轉售米行米店，並不取利，以平米價。上海戰區內之貨棧，聞尚存米甚夥，該局業經布置，使巡捕及海陸軍保護，將存米運至黃浦灘。如在浦東棧房，可由該局所備輪船駁船運來，以便分裝租界內各處。一經存在租界之後，米主交付運費以後，即可持單起運。米主可就此事自向工部局內六〇二號六一〇號接洽，以便早日起運。

煤業通告

滬市煤業公會，廿二日發出通告：（一）各會員煤號於見報後三日內，將存本棧各種煤斤用書面報告，並將存儲外棧各煤斤棧單送會，以憑登記。（二）關於本市煤運，已請得軍政及租界當局特准製備水陸通行旗幟臂章，凡會員要向

外棧運煤者，可到會領取聲請書，簽印送會，以憑核發。（三）今後各種煤價須聽憑本會議定價售賣，不得高抬市價。

食鹽及蔬菜　食鹽為民生日用必需品，滬戰發動後，一般人均恐來源斷絕，感覺恐慌。茲經關係方面調查，全市存鹽，尚可維持相當時期。同時各鹽商均已設法向他埠貨運滬，日內即可有大批到達，而鹽業公會亦已通告同業及經售處，一律依原價出售，不得抬高，故絕無問題。

又據菜市廿四日報告：鰣魚，鯿魚，每斤二角；新鮮鯉魚每斤二角半；猪肉供給增加，每磅四角；牛肉來貨亦多，每磅五角；雞鴨缺乏鮮貨，雞每磅五角，鴨每隻一元二角（均係冷藏貨）；雞蛋每元廿只，鴨蛋每元卅六只。

丙•工商業

戰事發生之後，工業方面以工廠多在閘北楊樹浦浦東，均陷入戰區，完全停閉。其少數之在租界內及滬西者，亦受影響而停止。此後之半月中，大多數工廠均未開工，蓋原料運輸及出口皆陷於停頓之境矣。

商業於戰事開始數天之中，食糧及南貨食物等頗形擁擠，蓋居民皆作不時之需的儲備也。其他綢布什貨五金各業，均於戰後即頓形清淡，以人人均受影響，購買力減少，即有少數餘款亦不敢隨意用去，非日前必需之品絕不過問也。益以租界內之中心區，大世界南京路等處相繼發生慘案，日方高射炮流彈到處波及，死傷者時有所聞，人心不安實甚。故路上非復如往時之熱鬧，而人晚遂清冷之甚矣。

公共租界之半，蘇州河以北一帶，工人居民素稱繁庶，故門市商業甚多，排攤及賣物小販亦不少。戰事發生，此多數之商販均逃生之不遑，不復顧及營業。工人均以工廠停而失業，與其妻子逃出者，僅能投入難民收容所而已。

茲將報載工商業狀況略述於下：

實行生產管理

本市國貨工廠聯合會，鑒於本市各工廠，因受戰事影響，或將相繼停工；滬市數十萬工人生計，勢將發生恐慌；特分呈財實兩部，令中央，中國，交通三行及銀錢業同業公會繼續放款，維持市面，以維工人生計。並悉各工廠自十五日起實行生產管制，將所有工人重行編制，適合於戰時工人水準。凡在十六歲以下，四十歲以上，或不足四十歲，而身體孱弱者，分別予以淘汰，另招新工頂替，並將授以軍事

訓練及常識云。

援救戰區職工 廿二日上海市商會秘書處發表：凡本會會員工廠商店之職工，現尚確實居留於戰區內者，可向甯波同鄉會四樓本會臨時辦事處張荷印君登記，本會當在可能範圍內，設法援救云。

工廠移往內地 本市中華國產廠商聯合會，廿三日電呈實業部云：「實業部吳部長鈞鑒：竊暴日侵略，對我工業文化肆意摧殘。際此全面抗戰開始，應請鈞部迅令沿海各口岸及重要都市城鎮之工廠，設法向內地遷移，以策安全，而維民族工業。不勝懇禱之至。中華國產廠商聯合會叩梗。」

滬市民提倡國貨會、國貨工廠聯合會，機製國貨工廠聯合會，中華國產廠商聯合會，國外貿易協會，國貨維持會，中華國貨工業總聯合會，一特區市聯會，國貨運動委員會等國貨團體，鑒於全面抗戰已開始，各都市實業工廠，應向內地遷移，俾得積極生產，充實國力。當經集會討論，議決將沿海各口岸及重要都市城鎮的工廠從速向內地遷移，以策安全。並請上海市國貨運動聯合會一致主張，呈請實部嚴令各大工廠實行遷移內地。

中華國貨維持會，已通知所屬會員廠商，儘可能範圍內，遷移內地，並擬具呈當局，請求對工廠遷移時儘量予以便利，俾免職工失業，而使社會秩序安定。

上海市商會廿七日電呈實業部云：「南京實業部鈞鑒：據本市電器製造業同業公會函稱：案據敝會會員公記電池廠函稱：此次滬戰爆發，恐非短時期內可以結束，關於移動工業材料，敝廠茲提議請貴會迅予設法將電池組所用主要原料鉛皮，鋅皮，鹽腦等料，速即運離戰區或轉至內地，以免損耗實力，而供急切生產之需要等由，到會據此。查該會員所陳頗有見地，滬上工廠商具是種見解者當不乏其人，用特錄函奉達，至希貴會將移動工業材料整個計劃，迅予厘訂辦法，俾便通告同業，以資遵循，至紉公誼等語到會。查遷廠遷料至安全區域，應有整個計劃，近聞鈞部對於此事，已設置委員會，從事研究。茲據前情，理合電呈鈞部鑒核，倘賜將此事併案討論，核示遵行，實為公便。上海市商會叩感。」

本市總工會以中央全面抗戰計劃實施以來，滬市主要工業生產工廠，因受敵機四出轟炸，致勞資雙方不能安心工作。現滬上雖有一部份重要工業已移往安全區域之內地，籌備繼續生產外，惟多數廠商仍猶豫不決，致生產量減少，殊非長期抗戰之至計。故該

會特電實業部，請迅令各廠火速遷避照常工作。該會為籌商具體辦法起見，特定於廿九日下午八時召集常會詳細規劃一切，並定期再邀集市商會。中華工聯會。機製及國貨工廠聯會等團體策議各廠生產安全辦法。

對日貿易合同取消

據從可靠方面探得商界報告：滬戰發生後，我國商界向日方所訂貿易合同，價值四萬七千萬元，現已完全取消。從此項驚人數字觀察，可知我國年來自排貨運動至提倡國貨運動，迄不買賣私貨運動，成效殊鮮。同時亦可見黷武主義國家在經濟上所受損失的嚴重。

長江內地出口貿易

滬戰發生後，內地與上海交通均生障礙，致內地與上海商業安全趨於停頓狀態。幸政府當局對於內地各地方，於非常時期之金融民食等各重要問題，均已有充分準備，故戰事發生後，各地絕無不安現象發現。惟對於內地物產輸出問題，向來均集中於上海，茲因戰事及交通關係，故長江上下游各省，均將以漢口為中心，取道粵漢鐵道路運輸赴廣州，以與各國貿易也。

第六章　救護及救濟事業

救護工作

本市各機關團體，八月十日起，鑒於國難日亟，非常時期已臨，皆一致準備救護工作，茲分錄各情於後：

開戰以前

救護訓練續辦　本市救護委員會主辦之第四期救護訓練班，共計六十一人，自開始以來，業已期滿，於九日下午七時舉行休業儀式。其第五期訓練班，擬繼續開辦，業已開始報名。現已有二百餘人，定下週正式開始授課，時間爲二週。

婦女看護訓練　婦女運動促進會籌備之第四班看護班，一切均告就緒，定於十一日開始訓練，爲期一月半。其上課時間，每晚七時至八時，星期二四六三天。地點爲莫利愛路入和醫院，課目分看護防毒等課。

紅卍字會準備 世界紅卍字會積極籌備非常時期救護及收容難民等事宜，已告就緒。除已在平津開始救濟收容工作外，並與各團體聯合集中力量，共同進行。據該會負責人稱：萬一戰事爆發，本會各地分會，隨時隨地即可出發救護。滬上業已籌備一大隊，隨時可出動。

童子軍戰地服務 上海青年會童子軍戰地服務團，前曾參加一二八之役，今又繼續訓練。十日假老重慶路三三三號啟賢小學召開團員大會，到二百餘人，當決定今日起開始續招願受訓之青年，手續祇須立志願書一紙。報名處亦假該校，訓練程序分防毒救護等數科。

教授救護防空 中國婦女慰勞自衛抗戰將士會上海分會主辦之救護訓練班，已設立十五處，共計十八班，人數每班自四十人至八十人。除聘定人和醫院護士數人外，並有楊素蘭陳志芳倪逢生等醫師，每日義務教授一小時，授予較深之救護技術。受訓學生，大多爲女工學生及商店職員等。該會爲提高救護技術起見，特於十日起增加防空防毒一科。又該會救護組全體委員，每日分往各校視察，予受訓者以精神教育。此外並趕製衛生帆布袋二百只，由中華女子職業學校教職員負責縫製，以備救護隊出發時之

應用。

兒童後援工作 本市各報兒童編輯，全國模範兒童劇團，與小學教師等，因鑒於國難嚴重，已達到最後關頭，兒童對於救亡工作，也應負一部份責任，爰特發起組織「兒童抗敵後援工作團」。十日晚八時，在愛多亞路復民小學校，舉行第一次發起人會議。討論議案：（一）函邀兒童教育家參加；（二）徵求各小學教師加入；（三）組織兒童演講隊，歌詠隊，募捐隊，慰勞隊，救護隊；（四）發動街頭演講募捐，慰勞前敵將士；（五）擴大組織，定期舉行成立大會；（六）呈請黨政機關備案；（七）第二次發起人會議，定於十五日舉行，並分配職務。現擴大徵求，凡有志為國效勞之兒童，年在十五歲以上，二十二歲以下，均得加入。該團兒童救護隊訓練班，決於最短期內成立，並已聘定倪賡華計亘林二醫師，担任教授。

工人戰時服務 本市華興路四十一號印刷工人失業互助會，專辦理介紹印刷工人職務，近因日本侵佔我華北，時局已至最後關頭，為捍衛國家犧牲到底，故在日商印刷廠工友二百餘人全體自動退職，向該會登記，要求至前線幹殺敵工作。該會特成立一印刷工人戰時服務團，下分前方及後方兩大隊，青年力强者赴前方工作，體格衰弱者

在後方服務。並請本市各愛國工友速往報名，以備大戰爆發後，可一致為國服務。

社會教育分社

本市南市文廟路近津坊十八號社會教育分社，以救護事業在戰事極佔重要，故開辦救護訓練班，名額定為五十人，暫以婦女為限，必要時增加男子班。報名地點，南市民教館市立動物園，及該社會所。其救護訓練，現暫設戰地救護及防毒救護二班。

婦女戰時服務

本市婦女界褚坤範等鑒於強鄰猖獗，大戰迫在目前，特發起組織「上海婦女戰時服務團」，準備赴前方工作。該團於十日下午四時，在威海衛路六七四號中社二樓，召集全體團員大會。首由主席報告時局之阽危及該會發起的動機。次即討論議案。議決事項：（一）全體大會召開時，由團長召集之。（二）組長會議，每兩週舉行一次。（三）設團址於本市呂宋路十號。（四）團員應徵之資格，凡屬中華民國女公民，上自智識份子，下至娘姨等，均可自由加入。（五）經費除團費外向社會各方人士徵募之。（六）團員最低限度繳團費一次五角。繳納團費，全用團員經濟能力寬裕者樂助之，若經濟拮据者得免收費用。次即開始選舉團長等人員，並旋通過服務團簡章，大致如下：本團以協助抗戰慰勞將士為宗旨，設正副團長共三人，計分文書，總務，交

際，宣傳，組織，救護，徵募等七組，設組長正副二人，幹事若干人，處理各組事務，並實施工作。又分看護，救護，情報，縫紉，洗滌，烹飪，交通，爲前方服務工作；育嬰，敎育，統計，養老，撫病，宣傳，勸募，爲後方工作。特借小南門黄家路八十三號南洋醫院爲救護訓練班地址。

婦女互助會 中華婦女互助會，十一日在馬浪路新民村四號開第二次籌委會議。出席田淑君等十八人。決議要案爲：（一）招收看護學生五十名，報名地點馬浪路新民村四號會所；（二）購買慰勞品運前方慰勞抗敵將士；（三）籌設救濟所，收容戰時難民。

婦女救護班 上海市婦女協進會及婦女生活改進社，鑒於國難嚴重，特聯合舉辦婦女救護班，地點在辣斐德路呂班路東首偉達坊偉達小學內，即日起開始報名，一概免費。

女青年會協會 中華基督敎女青年會全國協會，十二日着手計劃及救濟工作，並將籌集經費，通告各地女青年會，參照執行。查上海及雲南兩女青年會，已製就傷兵衣服，及各種用品不少；北平女青年正在當地作救濟難民工作。

煤業救護隊

本市煤業同業公會發起主辦之救護隊，於本月十三日開始。訓練科目分防毒常識，及担架術（附救護常識）二班，請上海市救護委員會派員前來訓練。

吳江同鄉會

吳江旅滬同鄉會十一日晚舉行臨時會議，到五十餘人，主席金國賓，（一）推定蔡元堪沈元晉計志中莊岐臣四人，輪流駐救濟會辦公；（二）組織吳江旅滬同鄉救濟委員會；（三）推蔡元堪返縣，督促鄉里準備戰時事宜；（四）籌募救濟捐，由總務組負責。

續購救護車

全國道路協會因事變發生，時局日趨緊張，全面抗戰，爆發在即，特向大夏信通德大等汽車公司，購成救護車二輛，現已送交中國紅十字會，以備救護前線傷兵之用。必要時，將向各汽車公司續購。

設立傷兵醫院

國府委員九八老人馬相伯，因鑒於國難日亟，戰事有不可免避之勢，十三日特由京來電，囑其本人手創之上海虞洽卿路太和醫院，轉呈滬市醫師公會，請在該院設立戰時傷兵醫院。並徵得銀行公會林康侯，通和銀行王濼新，華僑委員會黃建中諸氏之贊同。至將來內部組織，完全仿照紅十字會辦法，預計三四日內可望正

式成立。

救護委員會決定辦法　本市救護委員會，為統一全市救護訓練起見，十三日舉行委員會議，決定下列二項辦法：（一）由俞松筠醫師負責，在二十一日以前，徵集師資人員一百位；（二）商借下列七處為訓練地點：四川路青年會，八仙橋青年會，市商會，湖社，中德醫院（專劃為訓練婦女），甯波同鄉會。

受訓學員編隊　在紅十字會各處救護訓練班受過救護訓練人員，由上海市救護委員會召集，於十三日下午四時起，在福煦路同孚路中德醫院集合編隊。編隊方法，為第一批就各人住址相近，編入某地防護隊。共需六隊，每隊十人，舉隊長一人。第二批編入紅十字會救護隊，約編十隊，每隊十人。第三批預備隊，所有未編入前兩批者，悉數編入。

戰事爆發　本市所有救護團體實行全體出動，共分兩地集中，一在中德醫院，一在湖社，即於十三日下午三時，全體出發至戰地服務。

本市救護委員會，十三日下午五時三刻，接得閘北新民路警察分局電話，謂有傷兵十餘名，請求派車前往救護。該會得訊後，立即派救護員十餘人，帶同急救藥品繃帶

等，乘車前往救護。又該會十三日召開受訓救護人員會議，決定參加本市戰地服務程序。計分甲乙丙三隊：甲隊立須出發，需人員六十名。乙隊一百人，至需要時，用電話或信札通知，收接後立須參加服務。餘者均排入丙隊。

中國紅十字會設立傷兵醫院六處，派員赴前方救護傷兵。又南翔及無錫亦設傷兵醫院數處。

滬童軍戰時服務團十三日總動員，開始工作，救護傷兵。十四日分十一組出發，徵集慰勞品。

上海童子義勇軍戰時服務隊，十三日開緊急會員大會，分配戰事工作，決由宣傳部將會員分編大隊中隊小隊担任宣傳徵募工作，救護部担任救護慰勞工作，交通部担任情報糾察運輸採辦工作。

紅卍字會亦立即出發，至戰地救護傷兵，並設市民受傷難民醫院兩處。

市救護會救護傷兵 本市救護會統籌救護本市傷兵事宜，至十六日已在前後方設立救護醫院共計二十所，急救隊二十隊，救護隊六隊，分佈大場閘北南翔真如崑山等處。大世界炸彈受傷之民衆四百餘人，亦經分別送往各醫院治療，內中死亡者約六七十

人。又該會連日收到各方捐助慰勞品及實用品甚多。

外人捐助救護　美國人愛司保羅，對我軍浴血抗敵，極表同情，特自紐約來電，委託其在滬友人代辦大宗藥品，捐贈後方傷兵醫院，業由地方協會送交浦東後方醫院應用。又某西人不願披露其姓名，昨捐贈精美望遠鏡兩架，亦已轉送前方矣。

香港聖約翰救傷隊一部分不日將開往上海，同時已招募歐人領導者。聞目下擬先招募看護婦與昇送傷者人員，自五十人至百人。（十七日路透電）

十七日後　各方紛起籌備組織及從事救護工作尤多，如：

洋務職業學校籌設救護講習班。

友聲旅行團救護會，主辦第八傷兵醫院。

上海基督教青年會，組織戰時救護委員會。

本市俞鴻助等所籌備之中國戰地救護隊成立。

泉漳同鄉會組救護隊，加緊訓練隊員，俟畢業後即加入紅十字會担任工作。

滬市民蔡福棠、高濟民等發起籌設救護醫院，廿二日開首次籌備會議，並函請紅十字會許可成立。關於被難產婦生產問題，已商定由中德助產學校負責接生。

佛教會亦組織佛教救護隊，由宏明法師任總隊長，親往前方救護傷兵，工作極爲勤奮。

紅十字會工作緊張

紅十字會自戰事發生後，連日救護工作極爲緊張，救護隊每日出發戰地，遠至前方救護傷兵，送後方傷兵醫院療治。乃日軍違背國際公約，竟對我國紅十字會救護人員轟炸槍殺，且在羅店將駐該地之全隊人員四十三人跪地槍斃等情，實屬滅絕人道！已電駐美大使王正廷提交萬國紅十字聯盟會，予以嚴厲處置。一面爲發揚我偉大之文明國家精神起見，對於敵方之赤十字社人員（即日本紅十字會）加以保護，且已計劃創辦一救護俘虜醫院，將此次淞滬戰事中我方所獲之俘虜中之受傷者送入該院治療。

孔夫人籌辦後方醫院

滬戰以來，我軍奮勇抗敵，激戰甚烈，而救護傷兵工作，則猶感不足。行政副院長孔祥熙夫人宋靄齡女士有鑒於此，特親自籌辦後方醫院一處，地點已覓定麥特赫斯脫路，經連日積極籌備，已大致就緒。

無錫同鄉會運傷兵

無錫旅滬同鄉會，現因設立之救傷醫院不敷應用，特派常務理事劉心權君將負傷士兵八十名，於廿六廿七兩日，運赴無錫後方醫院療養。並請無錫

各界抗敵後援會一致協助。

籌設大規模收容所

本市某負責當局談稱：當局正集中精力，積極籌辦大規模收容傷兵之所。並向滬西各大醫院繼續接洽收容重傷官兵，努力減少我負傷將士之痛苦。各大醫院莫不儘量辭退普通病人，以俾騰出大批床位供我負傷官兵之療養。

紅卍字會增設醫院

救護隊連日工作甚爲緊張，廿八日據報告，羅店張華浜附近一帶，連日發生激戰，我忠勇將士奮勇殺敵，惟所有傷兵，乏人救護。該會即派一中隊，於下午由滬出發前往救護。並增設第三傷兵醫院於某處，請翁之龍担任醫師，主持一切。

大世界慘案救護情形

大世界前面，於十四日下午墮落炸彈，着地即轟然爆炸，一時死傷甚多，遍地皆是。炸後紅十字會及兩租界警備救護車紛集救護。但救護車不敷應用，臨時又徵集裝貨卡車十餘輛到場，受傷而尚能行動者均上卡車。運送一小時，傷者尚未完全救出，其已死者暫不移動。路上電線多斷落，中彈之汽車數輛亦冒烟燃燒，救火車在場噴射，烟火旋即熄滅。據調查：受炸彈炸斃者約四百餘人；傷者經送仁濟醫院者約四百人，其中五十餘人已死，五十餘人重傷；紅十字會第二救護院約八十餘人，重

傷者五十四人；寶隆醫院九十餘人，死二十四人；廣慈醫院二百餘名，重傷七八十人。

南京路慘案形護情救

廿三日南京路浙江路口被日機擲彈轟炸，彈中先施公司左角，着地爆炸，死傷甚多。當時，英國駐兵，萬國義勇隊，救火會，及該管捕房，探捕警備車與救護車咸全體出動，趕到出事地點，先將南北各處交通先行阻斷，然後將罹難以及身受重輕傷者，分送各處醫院求治。其無手足者有之，缺去一手一足者有之，腹破腸流者有之，血肉狼藉，鮮血迸流，令人慘不忍睹。尚有於送往醫院途中斃命者亦甚多，故各醫院如仁濟，寶隆，中國紅十字會醫院，宏恩醫院等，門口皆有堆置不及醫治之男女屍體。傷勢較輕者，皆包紮後自行出院；不能行走，傷勢較重者，咸留院診治。死傷總數，共達五百餘人，其間有西籍僑民四人，故直至下午七時許各醫院等尚在為受傷者急救包紮，同時，即有已得凶訊之各死者家屬前往各醫院認屍，因此各醫院門首哭聲震天，極其悽涼。

救濟工作

虹橋事件發生，形勢嚴重，本市慈善團體救災會等，為應付非常事變之救護工作，

開始籌備。茲分誌各情如次

辦收容所醫院　本市慈善團體聯合救災會，會同各救護團體，在各處積極辦理難民收容所及傷兵醫院，並購定運貨車二輛，防毒面具百只，以備戰事爆發時，遣送難民等，及救護之用。

協助救濟準備　本市各山莊，各會館，慈善團體，為救濟非常時期之難民收容給養，及傷民治療起見，特將所有房屋讓出，俾協助其他救濟團體，辦理難民收容所等用。並儘量捐款，以資大量救濟。同時對非常時期掩埋工作人員，亦開始準備。各地旅滬同鄉會亦均準備協助救濟。

兒童收容所　中華慈幼協會，為保護兒童安全起見，在本市籌備大規模戰時兒童收容所。如戰事擴大，將視需要情形，再在各埠設立收容分所。該會定本月十四日正午十二時半，假座西僑青年會舉行執委會，討論進行詳細計劃及辦法。

國際救濟會　上海華洋義振會因鑒於目前時局日趨嚴重，準備救濟極為需要。特邀集上海慈善團體聯合會世界紅卍字會中華公教進行會中國紅十字會中國濟生會等，籌議進行救濟方法。當經決定由到會各團代表公決組織上海國際救濟會，並邀請各

國領事及西商領袖滬上慈善團體參加。

救濟委 會遣送 容籌收

上海市救濟委員會，鑒於救濟難民工作刻不容緩，特於各慈善救濟機關團體協商聯絡收容及遣送各地難民辦法，派員分頭向各寺廟會館學校接洽，於必要時借撥房屋設收容所。同時並就市區內覓空地，搭建蘆蓆棚，作臨時收容所，一方面復進行與汽車輪船業及其他運輸機關接洽供給車船，以備必要時遣送難民回籍。關於難民給養事宜，亦在積極籌劃準備中。

十二日　滬北一帶，因日軍艦大批集滬，形勢突告緊張，江灣閘北天通庵等處居民，紛紛向滬搬移，自晨至晚，絡繹不絕。大都均係攜老扶幼，手提肩挑之貧苦人民及鄉農。本市各救濟機關各團體各同鄉會，均奮起從事救濟工作，詳情如左：

市救濟委員會

上海市救濟會即日在仁濟堂舉辦難民登記收容給養，並覓定大世界廣恩寺佛教淨業社清涼寺江寧公所等處爲收容所。截至下午五時止，難民前往登記者已有五百餘人，均由該會遣送組用汽車運往各收容所。但尚有大部份難民，未知有收容所之設立，將設法通知前往仁濟堂登記，以免流亡。該會於下午五時舉行談話會，討論各種救濟辦法，決定每收容所每天兩餐。一面與汽車輪船業及其他運輸機關，接洽

供給車船，以備必須時遣送難民回籍。該會自晨六時許，即出發救濟難民，至晚十二時止，已運出閘北虬江路江灣難民七百餘人。又劉河育嬰堂嬰孩六十餘口，運至新閘路佛教會寄養。尚有大場難民一百數十人，於晚間運到仁濟堂，正在登記安插收容所。救濟會自秘書長毛雲以次，皆駐會徹夜辦公。

太嘉寶三縣

寶山嘉定太倉三縣，因居民紛紛遷避來滬，該三縣旅滬同鄉會，為討論救濟起見，特於下午三時，舉行聯席會議。當決定成立「太嘉寶三縣難民救濟會」。

慈善團體聯合

本市慈善團體聯合會，於下午五時，在會所召集臨時緊急會議，出席慈善團體代表五十餘人。開會後，首由主席報告本市難民紛紛避入租界情形，繼即討論如何救濟收容辦法。議決如下：(一)由各慈善團體讓出相當房屋，儘量收容；(二)分別撥款籌備收容難民之各項給養；(三)商請各同鄉團體協助，遣送回籍。

世界紅卍字會

世界紅卍字會，自在滬埠成立世界紅十字會中華東南聯合救濟總監理部後，積極籌設臨時醫院及收容所，以備非常時期之需。該部特函上海慈善團體聯合救災會，請予協助，並稱設不幸戰禍暴發，敝處救濟隊即可出發救濟。

國際救濟會　上海華洋義振會，世界紅卍字會，中國紅十字會，中國公教進行會，中國濟生會，慈善團體救災會等，各慈善團聯合組織之國際救濟會，並邀請各國領事及西商領袖參加，於本月十五日下午五時在銀行公會舉行成立大會。

湖社收容所　貴州路湖社臨時救濟同鄉委員會收容組，鑒於滬上形勢緊張，寓居閘北虹口各區同鄉紛紛遷避，有無處容身者，即日起開始收容，地點在該社大廳，隨時遣送回籍。又該會遣送組定明日起，特放專輪，加入申湖班，護送同鄉回籍。

寧波同鄉會　寧波旅滬同鄉會，開常務委員會，討論組特種委員會，準備辦理同鄉救濟事宜。救護組業已設備收容所兩處，開始收容無家可歸同鄉，前往者截至下午五時止，已有二百餘人。

鎮江等五縣　鎮江丹陽金壇溧陽揚中五縣旅滬同鄉會，已聯合成立救濟委員會，籌備進行救濟五縣難民。

本市回教會　本市回教會，為籌備非常時期救濟災區回民起見，特組織上海市回教災民救濟會，於本日舉行會議，開始進行。

十三日　上海市救濟委員會，晨四時起，繼續派卡車出發運載戰區難民，嗣因華租界交通斷絕，無法通過，致未及逃出的大批難民，羣集於南翔，江灣，大場，真如，瀏河，閔行，廟行等處。下午及晚間均紛紛自動循水路逃避來滬，經該會收容組，收容二千餘人，分批遣送各收容隊安插。至中國紅十字會醫院，及清涼禪寺已改為傷兵醫院。

各團體商收容難民　紅十字會並邀集全市各同鄉團體，及各學校舉行談話會。談話結果，即席由到會各同鄉團體及各學校，分別認定收容處所與收容人數分配及難民給養代用，關於統辦收容事宜，由救濟委員會負責，各同鄉團體及學校予以協助。

難民總問訊處　救濟委員會以難民家屬或有臨時失散，特設立難民總問訊處於雲南路仁濟善堂內，即日起開始辦公，凡有家屬失散的難民，可向該處問訊處請求登記，以便隨時招領。各地難民如有家屬失散，亦可逕向該處訊問。倘由該會收容或已登記者，即可認領。又各界人士，如沿路見有失散家屬的難民，亦可隨時指示前來該問訊處詢問，俾家屬得以團聚。

十四日　滬北戰事已激烈展開，難民愈亦增多，各救濟團體均積極從事營救收容。

收容難民六萬餘人

本市救濟委員會，各慈善團體聯合救災會，辦理難民收容，分赴南市及各路之救濟車輛，達四十餘輛之多。連日收容難民，已達五萬餘名，設收容所達三十處以上，尙擬增設若干處。又大世界亦已於昨晚起收容難民約一萬餘名。同時，各同鄉會各學校及慈善團方面，自動認定收容及担任給養者，亦極爲踴躍。

紅卍字會救出難民

紅卍字會救濟隊第一二兩隊，淸晨六時，同時出發恆豐橋地方。第一隊隨赴前方宋公園路粵秀路張三橋大場一帶，救護受傷兵民，及掩埋工作。第二隊因鑒於戰區難民極衆，當與駐軍商妥，幷得工部局予以便利，即在恆豐橋附近僱定駁船十餘艘，聯繫河面形若浮橋，使難民得以穩渡。自晨七時至下午三時，已有六萬人以上，以老弱婦孺爲多，均已出險。該會以第一二兩收容所不敷收容，又於北京路山東路口，增設第三收容所。

甬同鄉會增設收容所

虹口區域因日軍在中虹橋等處裝設鐵絲網，斷絕交通，該區居民以隸寗波籍者佔大多數，幾已淪身戰區。寗波旅滬同鄉會救護隊，特派卡車十輛，出發前往營救，載運出險。該會第一第二收容所，二日之間已收容難民近一萬人，勢將無法容納，故現正計劃添設第三所，以資救濟。

婦女慰勞會

中國婦女慰勞自衛抗敵戰士會上海分會，由黃定慧，胡蘭畦等至仁濟救濟會，護國寺，淨土庵，玉佛寺，太平寺等處，視察難民收容所，發送餅干炒米等食物。下午四時，該組又召開組務會，議決與上海地方協會及各慈善團體救濟委員會接洽，派人至各難民救濟所工作。

各遊藝場收容難民

本市各遊藝場，如大世界，新世界，大新公司先施樂園等，均經先後奉市社會局令知，暫停營業，以備設置收容所，為救濟難民之用。故各該場所，均已遵令停業，先後開始照辦。

十八日

至本日止，各同鄉團體由水陸分道遣送回籍之難民，已達十萬人以上。

積極救濟 市府撥款六萬元

市救濟委員會所設收容所已達九十餘所，難民除陸續遣送外埠者外，現在收容達四萬餘人，每日給養需要食糧甚多。市政府鑒於救濟難民為目前急務，決定撥款六萬元，責成社會局補助救濟會經費；又電請有關當局籌調車輛船隻分批遣送，同時請江浙皖贛等省內地各縣分設收容所，俾滬地難民可以分散，減少滬市食糧之負担。救濟委員會日來工作異常緊張，收容組以難民源源不絕，正在計劃在空曠之地

搭蓋蘆棚備用。公共租界工部局已允許開放所有界內安全區域之影戲院，儘量改設收容所，已開放者有光華大戲院等。遣送組正在將各所難民編隊，以備日內分批分送離滬。醫藥組分別指定中西醫師每日輪流到各所診治難民疾病，並籌設難民醫院。至難民產婦，則已於中德產科醫院接洽，送由該院接生。該會工作人員，大都由市黨部市社會局及各團體調用職員義務擔任，亦有自行投報効力者。

設婦孺收容所

上海婦女運動促進會對於抗敵後援工作，進行異常緊張，連日分派已受救護訓練之會員，赴傷兵醫院及難民收容所服務，並決定再設婦孺收容所一處，額定九百名至一千名。

中華婦女互助會諸負責人，除連日各方奔走接洽難民收容所地址及購買糧食外，並籌設婦孺收容所，地址已確定明治中學，經費除田淑君負責籌備二千元外，再由會員認募。

紅卍字會

紅卍字會救濟隊一二兩隊，於十八日上午八時，由隊長胡中乘史祥性統率出發，分作三路救濟，救出老幼婦孺一萬餘人。內有數人受傷，送入第二醫院。並將無所投靠者數百人，送至第四收容所收容。

紅十字會　紅十字會商准日軍通過虹口日本防軍區域，救濟難民，於十八日下午一時許，開出卡車十輛，至虹口及楊樹浦一帶，將難民陸續載出，至晚尚未竣事。內中受傷者甚多，已分送各醫院治療。

僧人救護　本市各寺廟僧人聯合組織之僧人救護隊隊員共計二百人，由宏明法師率領，分往閘北江灣天通庵一帶戰區救護難民傷兵，五日來救護難民離開戰地不下數千人。

國際救濟會設收容所　國際救濟委員會於十八日下午六時舉行首次會議。國際方面參加者，除華洋義賑會負責人顧君，及天主教姚神父以外，並有英法領事，及法公董局秘書勃郎斯等，中國方面參加者，有黃定慧女士陳志皋律師顧守熙律師潘兆邦會計師及市黨部代表毛雲等。當議決即日設立戰區難民收容所三處：第一收容所已定設立於震旦大學，約可收容一千五百人，第二三所地址尚未覓定，經濟由該委員會負責籌劃。即日派定卡車若干輛，插國際旗幟，開赴戰區，營救在槍林彈雨中備受困厄之人民出險，予以切實之救濟。

二十日

工部局方面表示願與我方各界領袖合作，考慮租界內外難民問題。關於救濟楊樹浦一帶未曾逃出難民，公共租界董事會昨已商得領事團同意，由工部局負責運至蘇州河南設法收容。

各慈善團體聯合救災會，以滬東區楊樹浦一帶尚有難民頗多，特多方交涉，敵方始允通過。該會乃於十九日下午一時許，第一次派卡車十輛，每車由汽車夫一名開駛，另由工部局派日籍巡捕一人隨車前往，經外白渡橋至楊樹浦韜朋路等處，救出難民七百餘人。第二次再渡前往，又裝滿九卡車，約五六百人。

中國亞浦耳電器廠總理胡西園，鑒於戰時失業工人繁多，函中華工業總聯合會，請召集各廠當局設法遣送各該廠工人回籍，或維持其最低限度生活。

遣送難民回籍 國際救濟會所設收容所三處，均已佈置就緒，即將派法國救世軍赴戰區營救難民；並由該會會員英僑鐘思與太古輪船公司接洽，請派輪遣送難民回籍，太古公司買辦已允請示香港總公司辦理。法當局並願派軍負責保護難民上船，英國海軍護送出吳淞口。

浙省主席朱家驊昨電復地方協會市商會謂已分電各市縣暨商會妥籌安置難民。

虞洽卿請求工部局贊助，轉請領事團保護難民出境，已蒙允許；並電蔣委員長，請求通知前方，一體保護。凡籍隸浙省各縣，或可轉道歸鄉近各省難民，由三北甯紹兩公司派船或另租，每日開駛兩艘，遣送內地安全地帶，分別轉道各縣原籍。運送難民船隻均加懸租界工部局旗幟，以資識別，是項辦法，一經手續完備，即可實行。

甯波旅滬同鄉會，派神福輪載運甬籍難民二千餘名赴甬。

決定遣送辦法

抗戰以來，所有各救濟團體收容之難民，爲數已達十餘萬人，所設收容所亦已達一百三十五所。但通衢街道，仍有不少難民居留，無法應付；加以每日食糧負擔爲數尤鉅，故已急在計劃如何設法遣送回籍。各團體連日以地方當局商洽結果，大致決分水陸兩路。水路方面：內河小輪由交通部，上海航政局與內河輪船同業公會會同派輪分送，並由某部派隊護送離滬五十里以外；外海輪船由租界當局商請太古，怡和公司派輪分送，並由英國海軍派艦護送出吳淞口。陸路方面：由救濟會商請某當局撥借卡車五十輛，分批由錫滬，滬太，滬杭等公路出發，每車並派武裝人員隨車保護離滬。至難民方面，則分回籍及移地收容兩種，回籍者各先行登記，然後分批出發；移地收容者則逐批按地裝出，所至地點，不能由難民指定。

廿五日 連日遣送難民工作極為緊張，各救濟會，各慈善團體，各同鄉會，分別遣送難民回籍甚多。共公租界與法租界，亦共同組織遣送委員會，援助遣送工作。紅十字會與路局商定，每日下午開難民專車兩次。據路局消息，戰事發生以後，由滬杭路避難回籍者，已達三十萬人以上。

難民產婦醫院 本市西門婦孺醫院，已商借地豐路之覺民小學，設立難民產婦醫院，以收容難民婦女之臨蓐者。

中華慈幼協會創立難民產婦收容所，地址設於呂班路曉星小學內。

又本市熱心人士及醫師數人，借英租界戈登路一〇八五號生活小學地址，籌設「上海市難民產婦醫院」，業經成立，訂備床位百隻，日下已由各收容所送來多人。第一號產婦，且已於前晚安舉一雄，經過極為良好。該院完全為義務性質，絕不收任何費用。

基督教會救濟工作 上海基督教聯合會所設收容所，收容難民已達三千人，該會已準備分期遣送回籍。又基督教學生聯合會，自成立後，分派會員至傷兵醫院及各收容所從事服務，現又通告舉辦服務登記，凡有志者可報名加入。

美籍教士營救難民　在滬美籍教士，因我國戰區難民受敵軍無辜殘殺，或以非刑加害，實屬慘無人道，故特於晨八時，自僱卡車十餘輛，分批前往楊樹浦虹口一帶，救護難民脫離險境。截至下午四時，被救出戰區者，總計在五百人以上。某報記者適於外白渡橋南堍獲遇某教士，詢以此次滬戰感想。據答：兩國間之戰爭，乃係常有之事，在歐戰之際，戰事激烈尤十倍於目前。但在戰區內殘殺無辜民衆之蠻橫舉動，當爲日本所首創云云。

廿六日　南京電：行政院召集關係各部會議，通過撥百萬救濟戰區難民。並電蘇北各縣盡力救濟。

德僑商會捐款　德國總領事白仁德氏，於二十六日十一時，陪同德國旅滬僑商總會主席普爾輿氏，晉謁我俞市長。由白仁德總領事介紹普爾輿會長與俞市長相見後，普爾輿氏將上海全體德商捐助之法幣一萬七千五百十元，送呈俞市長，作爲拯救我國難民之用。俞市長接受該項捐款後，向白普爾氏表示十分謝意，並將該款立即交送救濟難民機關。

三十一日 至本日止，各救濟會，各同鄉會，各慈善團體，連日皆盡力從事救濟及遣送難民。每日遣送回籍者，平均在萬人以上；而由戰區送出，及自逃出者，每日新收容之難民約四五千人。

繼續救出難民 本應救濟戰區難民委員會，以尚有少數難民被困戰區，進出無門。廿七日特續派大批車輛，駛往虹口楊樹浦一帶救護。截至下午六時，已救出難民千餘名。同時因難民遷入租界，陸續不絕，各收容所均告人滿，如戰事延長，糧食將成問題。除本原來宗旨籌設難民醫院，使戰區難民得暫行安插外，並於廿七日起由各收容所分別辦理遣送回籍登記。由該會與交通機關洽商，尅日分別遣送外，如在滬有同鄉會之各難民，則由各同鄉會予以運送。

注意難民衛生 據公共租界當局調查：界內現有難民收容所九十三處，收容難民十萬人以上。除分別設法遣送外，一面由衛生處派醫生至各收容所施種牛痘，刻經種痘已達三千餘人。同時設隔離醫院一所，以防難民患傳染病症。並派員分赴各收容所，指示一切衛生之必要方法。

兩租界遣送會成立

公共租界工部局與法租界公董局廿八日召集關係各方舉行會議，出席傅勸斯飛利浦鍾恩饒家强等十餘人。討論結果：（一）成立難民遣送委員會；（二）推工部局公董局國際救濟會寧波同鄉會廣東同鄉會國營招商局英商太古怡和輪船公司等八單位爲委員；（三）日艦封鎖中國海口，輪隻進口發生困難，對難民遣送一律由外輪擔任；（四）目下遣送難民，暫以火車小輪擔任；（五）至於難民出境安全問題，下次會議再行討論。

國際會救出難民收容

國際救濟會，據各方報告，戰區難民衆多，疊遭日人殘殺，慘不忍聞，待救迫切。當即商得中日軍事當局同意，於廿八日晨派大批車輛分路出發，在江灣路大連灣路傍開爾路荊州路昆明路匯山路韜朋路一帶，救出難民五百餘人，由該會分別遞送至三收容所給養。據前往救護職員張君稱：沿途所經各處，屍體累累，包裹堆積如山，其中大多數爲年輕少壯者。且曾目睹數十人，均爲日人機關槍掃射。同行救護神父及外人救濟人員，無不見之心酸，對於日人殘暴行爲，均表憤恨。

下午四時，該會舉行全體委員會議，決定要案：（一）擴大收容難民案，議決另覓適當空地，建築收容所，以資容納。（二）中華醫學會函請設立難民輕傷醫院案，議決

由會補助經費。（三）收容難民應不分國籍案，議決通過。公共租界工部局衛生處，已允該會之請，辦理該會第三收容所難民衛生及防疫事項。

慷慨捐款救濟

有「嚴桐蔭堂」者，廿八日捐法幣一萬元，送交慈善團體聯合救災會，指作賑濟難民之用。

自淞滬戰事發生後，本埠外人慨解義囊者絡繹不絕。本埠中法工商銀行經理法人巴爾特，於三十日函由錢新之慨捐法幣一千元。指定以五百元救濟難民，五百元救濟傷兵。該款現已由救護救濟兩委員會予以照辦。

第二特區監所印刷工場工囚李月山沈阿二丁明才張阿毛等五十人具呈該所云：「工囚等憤日侵凌慘殺同胞，前方將士英勇抗戰，行將敵人掃滅殆盡。熱血衛國，實堪敬仰！工囚等願將本年七月份應得賞與金十五元另六分，悉數捐助前線將士以表慰勞。」經該所典獄長孫雄連同捐款，於三十日備文送往抗敵後援會彙解前方矣。

徐家匯天主堂

滬西徐家匯鎮，自淞滬戰爭發起後，即有閘北一帶逃出難民，躑躅街頭，厥狀甚慘。當由該鎮紳士周呈祥等，商請天主堂在徐家匯公學設立收容所。嗣以來者絡繹，逐漸擴充，現計分住新業匯師等各校共七處，收容難民約四五千名。此

輩俱屬無可投奔者，每日供給除食米由仁濟堂接濟外，其餘悉歸該堂擔任，尤以衛生設施，消耗最鉅。

南市難民救出　本市聯合救災會，爲南市一帶連日慘遭敵機恣意轟炸，並以機關槍掃殺我無辜人民，死傷頗多，致難民進退維谷，待救迫切，特於三十日派大批車輛數度前往救濟。計先後救出難民達二千餘人，分別運送各收容所暫行給養；並增設三收容所，俾得盡量容納。

遣送費預計　公共租界工部局因界內之難民收容所已達一百另九所之多，收容難民亦有十萬餘人，故由工部局與法公董局取得連絡，合組一遣送難民回籍委員會，委員皆中外知名之士。現據該局估計：應遣送回粵之難民，約一萬五千名，約需款二十萬元；江浙等省之應送難民，亦達七萬餘人，其所需十萬元左右；兩共需款三十萬元。如此鉅款，不得不仰仗外界人士之捐助。現已開始收受各方之捐款，惟該局並不派人出外募集，由捐款人自行送往，以免流弊。

第七章　漢奸與日軍之暴行

漢奸及間諜

自華北戰事發生，漢奸及間諜，受日方所謂特務機關者之指使，在各地活動，報上記載，殆無虛日；其活動範圍，不僅限於華北數省，蓋并及於長江流域與華南也。滬戰前數天，遠如長沙廣州汕頭福州蚌埠，近如嘉興嘉善杭州南京等處，均有漢奸或其機關被破獲；淞滬寶山嘉定太倉蘇常諸處亦為漢奸活動之地。八月十日在京槍決漢奸張猇一名，汕頭槍決湯松一名，十一日汕頭槍決湯暈一名，十二日在滬槍決計伯華等六名，均經訊實罪狀者；至破獲則以十日杭州某旅社發覺漢奸機關，因而拘獲漢奸四十餘名，為最鉅大之案件，此外各地或一名，或三數名，均在審訊中。

日方間諜之活動，其網絡蓋早已遍佈於我國，軍事要塞，航空根據地，軍隊與軍備

之情況，均爲所探悉，其存心侵略我國，固非始自今日也。茲舉事實二則，以見一斑：

湘破獲大機關謀破壞粵漢路

時事新報十六日載八月十日長沙通訊：粵漢鐵路通車以來，漢奸在該路之組織與活動，密如蛛網。——連日以來，經一度拘捕十數人，加以研訊，惟所捕大都爲無名小卒，而漢奸之密謀蠢動較前尤甚，在該路各站更發生三次割斷電線之事實。迨許國新被捕，由汨羅路警會同護路軍蔣營長派員將許解至岳陽，經駐軍王團長忠杜訊辦，始悉漢奸指揮爲張聲貞。旋於本月六日，在汨羅站將張捕獲，據訊：曾在長沙瀏陽門某茶館開會二次，並係受駐長沙某某兩人之命，派往粵漢路，擔任指揮工作，破壞該路不諱。同時，湘省警備部喻營，於日前在長沙新河鐵橋脚下，搜獲巨量炸彈四枚，認爲顯係漢奸陰謀炸毀橋樑。爰由該路局全線軍警，至指定各站及各鐵橋附近搜查。獲要犯梁桂生等八名，已解路局訊辦。岳陽方面於本月七日，另由第十四師譚連長在城陵磯，拿獲重要漢奸王善臣王徵吾父子二名，當地稽查隊便衣稽查，復在南正街拿獲漢奸李延臣一名。李爲敵之在岳坐探，近大肆活躍，終致落網。王善臣爲兩湖日清公司總理，乃敵人所最親信之漢奸首領，年來憑藉某方之特殊勢力，橫行湘鄂兩省，黨羽衆多，罪惡昭著，凡湘鄂間之漢奸一切搗亂計劃，均係由其所草擬者。迨盧溝橋事件

發生，王即聲明脫離日清公司關係，藉免他人舉發；暗則命其子徵吾，與敵秘密通訊，供給敵人以種種軍事政治情報。迄今乃父子同時在岳被捕，並搜獲各項秘密文件甚夥。

又據十分可靠方面消息：湘鄂兩省漢奸之活動，絕對以粵漢路為重心，而將其勢力伸張於粵；其路線乃由武昌之徐家棚以達韶關，而其總機關則設於漢口之日租界，長沙在水陸洲有支部焉。至漢奸之幹部，係先在漢口日租界，收買漢奸三十餘人，由某方訓練兩個月，然後分派至粵漢路工作。此輩在粵漢路之任務，乃為破壞鐵軌橋樑電線，偵查沿路軍事佈置。其破壞技術，偵查技術，使用武器技術，均由某方心傳口授，面示機宜。在粵漢路中，每兩三人分為一隊，計共有十五隊，以領導一班小漢奸，其武器則隨時由當地日人發給。在長沙之接頭地點，則為火車東站之停車處，以紙夾於無名指間，以大指與無名指合捻之，即其暗記。設無紙烟時，則以左手在帽上抓帽，亦為暗記也。至生活費之供給，起碼每名為八十元一月，依次增加，視工作之成績如何給獎，故有高至數百元者。而某方更不時派人視察，以考查其是否忠實。其視察方式，係假游歷為名，實則別有作用也。……現所破獲者，除王氏父子外，其餘均卑卑不足道，幹部人物，蠢動如故也。聞各方正在嚴密查緝中，將來當不難一網打盡耳。

南昌發現敵探經過

辛報廿四日載八月九日南昌通訊：自華北中日衝突發生後，敵方之間諜活動，幾如水銀瀉地，無孔不入。甚至收買各機關勤務，爲彼作耳目，刺探一切。南昌爲後防重地，自爲敵方所注目，尤屢有破獲。茲記其情節最大之一案如次：此間某航空機關之繪圖室有勤務，平日作事甚爲勤敏，主管長官亦甚器重。惟該勤務平日行動可怪者，厥爲每當繪圖員繪製圖表時，彼恆在旁注視，一若深感興趣也者。該室人員以彼在旁侍候，或係偶爾觀看，未必有何瞭解，故未予以深切注意。迨盧溝橋事件發生後，該勤務之舉止，益有令人可疑之處。某日，該室長官退公外出，行至途中，忽憶起遺落某項物件在抽屜，乃又返身回至辦公處所。不意甫抵門，即瞥見勤務正打開彼之抽屜，翻閱文件。不禁大駭。然當時祇好裝作鎮靜無事，不予聲張。以待詳細偵查此中有無重大情節。翌日，該長官卽故意命此勤務外出送信，而卽乘隙遍搜其所有之衣物，乃於一短褲袋中發現一白卡片：卡片之上，並未書寫文字，疑慮終莫釋，遂以藥水傾於卡片上，冀有所發現。果然，卡片一經茶水浸漬，立起化學作用，現出英文字一行，照平常意義解釋，似爲一種火柴名字，其中究作何解釋，固仍未能明瞭也。然該勤務犯有嫌疑，則更由此可以確定矣。是日，亦未發作，卡片亦仍置還其衣袋中。翌

日，特派幹員二往該勤務家中嚴密搜查，歷時甚久，迄無所獲。最後瞥見其室隅有皮鞋一雙，鞋爲新置，察其皮質，頗爲華貴，以時價估之，當不下十餘元。以一勤務每月血汗所獲，亦不過十餘元，今竟購置如此華貴皮鞋，殊爲可疑。經檢視之下，鞋跟爲樹膠質，竟有螺絲釘可裝卸。檢查人員乃將螺絲釘拔出，忽見鞋底附有一小紙包，展視之下，赫然一張重要軍事地圖也。圖中所繪，頗爲詳細，關於地形以及兵器之配備，莫不應有盡有。此項秘密既經揭露，遂將該勤務扣押，嚴加鞫訊。據供，彼爲人收買作漢奸不諱。與彼接洽者乃爲一親戚，渠住九江，敵人之間諜總機關亦設在該處；彼担任此項工作，每日由敵方給洋四十元云。至於同黨幾何，彼云不知，未供出。審訊屬實後，當即予以槍決云。

然而日人雖能知我軍情，且利用漢奸以破壞騷擾我後方，及發信號以指示其飛機砲隊之攻擊，而所未知者乃爲我全國抗敵之決心，與我軍之英勇果毅而敢於犧牲之壯志也。故開戰以來，日軍屢遭慘敗；漢奸雖爲虎作倀，而究其實效蓋亦微矣。

茲將戰時漢奸活動之情形，及被破獲正法者，略述於左：

立報戰地記者於十三日下午在湖北中興路，親見槍決漢奸王少庭李相德等八名。

十六日在西門陳英士塔畔槍決漢奸李乃庚一名。又洛陽電：十四日槍決漢奸吳興發孟凡泰二名，又捕獲女漢奸左守華，已供認不諱。

十五日夜當敵艦炮轟南市之際，董家渡小菜場隔壁之大華理髮店附近，有漢奸卅餘人均以手電筒向空照射，指明目標，當即由第一區公安局派警馳往一併帶局審究，於十六日槍決十餘人。現市公安局，以該漢奸潛蹤南市轄境以內，治安可虞，刻正搜緝漢奸羽黨，肅清匪蹤。

十六夜九時四十分，貴州路中國飯店門前，有江北籍漢奸一人，希圖乘機散佈毒物，經行人察覺，羣起痛毆，立將之擊斃。金神父路亦獲漢奸一名，自稱從事散放毒藥者，有五十餘人，每天工資三元，當被毆斃。又，同路發現女漢奸一名，希圖下毒於冷飯品內，不幸被逃逸。

十六日下午八時十分，突有漢奸江北人錢鴻喜（十六歲）及徐阿根，陳光明，王小林等多名，在虞洽卿路一帶，以毒藥等投入路旁茶缸，當爲民衆圍住，羣加痛毆。徐，陳，王三人均身受重傷，而錢鴻喜亦經華捕二七一三號及華探目郎成佩拘獲，並在錢手中抄獲毒藥空瓶一只及滿儲毒質之毒瓶二只。該項藥品，名 Salso-Bracanon，係東京

中外新藥商會出品，爲上海日商重松藥房售出，每瓶藥量爲二十西西。遂即帶入捕房，並將徐，陳，王三傷者車送寶隆醫院救治。翌晨，將錢犯解送一特法院刑一庭訊問。

十七日上午十時許，法租界八里橋街共舞台附近，有身着黑色短衣褲之漢奸二人，將毒藥粉末散於施茶缸內，適被行人看見，乃將該兩人扭住。當在其身畔抄出盛放毒粉小瓶一只，銅牌一塊及記號，證據確實，於是大動公憤，拳脚交下，不一時而兩漢奸均即斃命。旋由巡捕趕到，速上汽車而去。又十一時許，愛多亞路華格臬路口，亦有漢奸一名被人發覺，查明證據後，將其痛毆，當亦斃命，人心大快。

南市因警網佈置極佳，對市民組織工作亦多成效，連日獲得漢奸甚多。十七日下午三時二十分，續在民國路陳英士紀念塔槍斃爲敵人作陰謀之漢奸三名。

連日漢奸活動，刺探我方軍事秘密，購運煤塊糧食資敵，及散播謠言，擾亂社會秩序，並播帶毒物放置於茶缸及小食店舖之食物內。十七日已有平民多人中毒，其中一人在虞洽卿路甯波同鄉會附近之茶缸內飲茶中毒，不救而死。

又十七日上午十時起至晚間十時止，發覺漢奸三四十名，多係放毒物，被市民攢毆，受重傷者有三四人。

揚州訊：縣警局十八日晨在西門外，捕獲一化裝乞丐不明國籍之敵探，能操簡單滬語。解縣訊究時，因言語不明，無供可錄，仍在嚴訊中。又六區宜陵鎮，捕獲嫌疑漢奸河北人王雲如一名，抄出圖章九枚，日記一本，京滬線詳圖及鎮江地圖各一張。又在萬壽寺對面巷內，捕得沈姓少年一名，下午西裝革履，敵機襲揚時，有人見其化裝賣菜人割斷話線，現在嚴訊中。同時並捕獲孟某一名。

上海市警察局偵緝員韓萃孫杜文元張森等二十日中午在徐家匯華法交界處巡查，見路旁有一形迹可疑之人，當在其身畔抄得白牙刷一支，黑白相隔牙刷一支，但察其齒似已數年未刷者，爲用牙刷二支，遂將其帶入局中。詰問之下，據供名印阿根，杭州人，向在日商之井洋行所屬崔林記石作爲石匠，由工頭甬人湯興有工人甬人汪秀章，密令充任漢奸，担任向各路旁茶缸投毒，以擾亂華軍後方人心。酬資爲每日一元，牙刷二支即屬暗記。並供出湯汪兩人之住址，且稱該二人統率之漢奸，不下數百人。探等遂帶同印犯馳往新閘捕房，會同華探湯雲澤王士棟，按址將湯汪拘獲，均經印指認無誤。次晨解送高二分院，由郁庭長裁定移送上海市警察局歸案訊辦。

十九日下午五時，在嘉興槍決敵探張子香徐根法兩名。

報載近有擅長華語日人及台灣奸細韓籍間諜等，喬裝華人伴同男女漢奸，攜帶慰勞品，冒充各救國團體，至各傷兵醫院難民收容所，借慰勞爲名，實作刺探工作，聞各醫院收容所已嚴加防範。

安徽人孫士金張廣聰爲敵人利用，派赴我龍華漕涇一帶偵察軍情，並擬擲放炸彈，擾亂治安，被漕涇區保衛團拘獲，解送上海戒嚴司令部。經軍法處詳加偵訊，供證確實，於廿二日押赴西門陳英士紀念塔前執行槍決。

二十一日重慶電：渝軍事當局以中日大戰開始，決嚴緝漢奸，鞏固後防，故近數日內已捕獲二十餘人。聞殷逆汝耕之叔丈向友南亦有漢奸嫌疑，在萬縣被捕。

長沙二十日電：湘保安處十九日處決通敵女漢奸殷梅生一名。

二十二日報載：公共租界捕房，對戰事期中界內治安，異常關切。除由英美軍隊及萬國商團配置相當防務外，更加派武裝西探等晝夜往來梭巡。惟一般喪心病狂之漢奸，仍潛匿境內，造謠生事，淆惑人心。因此探捕方面，對於此輩歹徒，特別注意，連日間已獲三十二名之多，各人身畔均有符號暗記，着押戒都路捕房。我警備司令部得悉，以若輩行動，非但擾亂治安，且有危及外僑生命財產之虞，爰特行文公共租界要求引渡。

經捕房詢意後，於昨日下午四時，由租界警務處派遣特別間探員劉兆奎馮子月等，將一概人犯押送至法租界南陽橋，交由警備司令部迎提人員帶歸軍法處，分別嚴究懲治。

二十二日杭州電：義烏兩女漢奸投毒入井，以皂夾藏毒粉。縣府已將兩女拿獲，一面將全城食井封閉。

二十二日嘉善訊：滬戰發生，嘉善到來難民逾萬。經查有漢奸混入難民羣中，有不軌陰謀，先後捕獲道人二，工人和尚各一，及喬裝女子一，搜有重要物證及剌花等。松江方面，亦破獲漢奸組織，爲首者就逮，餘黨捕獲甚多。

廿三日廈門電：泉州破獲閩南大漢奸組織，名中日防共懇親會。總會設廈門，在泉州惠安南安各縣設分會。總魁首吳維萱及以下重要份子卅餘人就捕，獲文件懇親會及中日防共軍組織特務工作責任等多種。二十日斬決吳及要首林茂祺劉維正崔玉清四名，餘陪斬還押續審。南靖縣司法官汪波因本案被捕。

廿四日，有日商公大紗廠職員日人關猛及川口兩名，於下午一時三刻攜地圖一幅，手溜彈一枚，乘黑牌汽車一輛（市照六九一四租照八九一四），在滬西一帶往來巡視，偵察地形。車經白利南路五角場附近，爲該處市民發覺，上前詢問。詎關猛等竟敢將手

溜彈向我市民投擲，轟然巨響，鐵片四飛，當被炸傷數人。於是激動衆怒，即將該兩日間諜攢毆，一名立時斃命，另一名經捕房派救護車送往醫院，卒因傷重身死。

女漢奸朱秀英，受敵人利誘，至浦東某地我軍駐防之河浜內投毒藥，經駐軍當場拘獲，解送戒嚴司令部。據供承得日人給酬十二元去投毒藥不諱。又有男漢奸唐文福一名，身懷日幣二枚，冥洋九十六枚及白帶等，假裝難民往閘北刺探軍隊消息，經加拘獲。男女漢奸於廿四日下午同時處決，梟首示衆。

廿五日香港電，廣州數日來續捕漢奸三四十名，各縣亦捕獲不少。

廿六日報載：法租界民國路四明公所難民第一收容所，昨日上午八時許，有一江北男子混入，東窺西探。經該所幹事查見，在其身上抄出日幣二枚與小玻璃藥瓶二只。遂縛交民國路崗警，送市警察總局訊辦。 江北婦人王吳氏，將藥紛一包潛至法華鎮陶家宅，擯入井內，被鄉民瞥見，報告保衛團拘獲，押往潘家庫草棚內，抄出證物，連同有關之姘夫浦阿二，婦人浦陳氏等，拘解總局訊辦。又何家角保衛團亦於昨晨在途查獲漢奸二名，當在身上搜出白色藥紛數包及異樣牙刷手帕等物，解總局訊辦。

廿五日上午，敵機轟炸高昌廟江邊碼頭，燒毀民房頗多。事後經海軍當局得悉，實

係漢奸作祟，引導敵機投彈。當即嚴密搜捕得首要八名，經已訊實。廿六日將首要五名送戒嚴司令部梟首，其餘三名，亦已槍決示衆。

廿七日報載：羅店劉行附近一帶，漢奸潛匿。若輩均穿白色短服，手臂上刻有×字暗紋，每人均備有木壳槍電筒各一枝，圓鏡一面。每當敵機飛境或我軍調動之際，在白晝則以圓鏡照耀指示，晚間則以電槍施放信號彈，直射上空，或紅或綠，俾使敵軍洞悉我軍行蹤。茲經我軍嚴密搜索，截至昨晚止，已捕獲一百五十餘人。

又本市戒嚴司令部最近拿獲大批漢奸，經供認不諱，確有證據者，已有男女六名，於今日午後二時綁赴南市陳英士塔旁一律斬決，懸首示衆，以昭炯戒。

嘉定訊：嘉定羅店二地，近日漢奸大活動，向敵方謬報大軍到境。敵軍信以爲眞，因派大批敵機肆意轟炸，致嘉定城內外民房建築，均被炸毀。

青浦訊：青浦黃渡鎮長戴迪人家中，私設無綫電收發電台，向敵報告軍情，致該鎮各處慘被敵機炸毀，二十七日爲地方人士查獲，證據確鑿，已交付軍部槍決。

南京槍決重要漢奸

京警備司令部近在京市逮獲重要漢奸多人，其中有黃濬等十八名，罪證確實，業經供認不諱，經該部判處極刑，特於二十六日晨七時，將各犯提

出，驗明正身，綁赴刑場，執行槍決。漢奸名單如次：黃濬，黃晟，羅致遠，齊公衡，劉文華，洪枬，郭俊卿，蕭永泉，鄧光直，盧壽錢，戴天青，莫淑英，丁龍氏，邱璞，蔡葭岡，游呂菊芬，徐維錫，黃雲森。此中最重要者為首數名，其犯罪事實如下：黃濬，年四十六歲，閩侯人，受敵方收買，將其職務內所管理之秘件，作為情報材料，供給敵人，敵某回國後，旋又與敵指定之專人繼續活動。黃晟，年二十六歲，黃濬之子，受乃父指使，利用身份，探聽機密消息，向敵方出賣。羅致遠，年三十六歲，閩侯人，在京開設美美廣告社作為掩護，藉營業關係，進入我各部隊或軍事教育機關及要塞工事地區，進行刺探測繪，將所得材料，向敵方出賣。齊公衡，年四十六歲，閩侯人，受敵人收買，開設華僑通訊社，以記者身份從事漢奸活動，又私行佩帶內政部遺失作廢證章，闖入某要塞區窺察防禦工事。

廿七日南昌訊：南昌軍憲警先後捕獲漢奸梁介卿，劉祝三，楊修生，楊振只，張水根五名，經審訊通敵證據確實，二十六日下午七時綁赴公共體育場斬首示眾，人心大快。

常熟訊：二十七年此間槍決朱福全程關關兩漢奸，均本地人，曾在王市意圖毀壞電

綫，經壯丁拘捕，供認受奸人之恐不諱。又連日所獲大批漢奸，現在詳審中。

徐州訊：漢奸韓文賓在徐海一帶活動，經海駐軍捕獲，廿六日在海槍決。

廈門廿九日電：雲霄縣破獲敵人特務機關，台人醫生宋某任機關長，專事刺探閩粵軍事，收買漢奸土匪，經搜獲重要文件一大包，宋已就逮，解漳法辦。

廿九日上海戒嚴司令部斬決漢奸三名，為石匠殷阿根汪秀章湯興有。殷阿根供認受湯興有指使，將綠色毒質藥水施放公家所設茶缸內，並偵察地形不諱。湯興有係日商三井洋行石作包工頭。汪興章亦受湯興有之指使投藥。於下午三時，在斜橋斬決。

鎮江訊：廿八日下午四時槍決呂錦元高聚龍秦祖榮蔣世英楊約翰漢奸五名。此五人中，類係大商店主著名醫師及富商之後，正法後人心大快。廿九日又槍決甘心通敵為虎作倀之漢奸葛德祥一名。

南昌訊：贛省保安處，三十日下午三時槍決甘心通敵之漢奸張顯還王烈照胡萍珊劉珍席四名。

汕頭訊：廿五日槍決刺探軍政機要漢奸翁水宜黃痴哥羅標等三名。

廈門訊：三十日捕獲間諜一名，正偷測鴻山寺防禦陣地。

日方間諜活動情形

敵方間諜之在上海，自數年來已甚活躍。如八月三十日辛報譯載之日本間諜網，第六段述上海之白俄間諜，錄之如下：

「上海——日本的白俄間諜，在上海潛伏者最多，白俄法西斯黨主腦柏爾明羅夫便是主持人（前因黨務關係赴哈爾濱，現已常駐上海）。他如哈爾濱派來的恐怖團人員，如應可夫，坦拉乙夫，結基剌夫等，均屬重要人物。此外，還有加明斯基，克利華奴契哥，克列司，巴弗洛夫，耶維丁司基，莫拉夫司基，古輿，蔡運克尼，哥列司尼可夫，波維可夫，加蒂施尼可夫，哥羅密茨，貝克，克往洛利凡斯基，司羅波夫，往奴西甯等，都是日本派駐上海的第一流間諜。今年東京又派來白俄間諜華度茲夫，岳獨諸夫人，担任另一種重要工作。——這些大間諜概歸日本上海特務機關長楠本大佐領導指揮。」

然日本間諜固不僅白俄，而白俄亦僅極少數甘為日人僱用，旅滬之大多數白俄於此次戰爭中，皆表同情於我國也。至日方間諜之活動及其任務，由下舉之事實可見——關東軍特務機關長松實孝良少將在去年關東軍所召集的駐華日本間諜會議中提出的秘密報告上說：『我帝國今後在華工作方法，決宜隨時促進下列數點之實現：（一）以威力脅

迫並鎮壓各實力派，以期收不戰而勝之効；（二）愼勿「以實力粉碎各實力派的力量」，以免遭受不必要的損失；（三）嚴苛監視並排擊中國實力派的精神團結，自力更生，由覺悟而聯合抗日；（四）嚴防中國當局之聯俄，英，美，而進行抗日；（五）務宜防止馮系（指宋韓）與閻錫山，張學良及陝北紅軍的聯合而抗日；（六）吸引恐日病最深的實力份子，予以實力的援助，使他們鎮壓抗日份子」。由此可推而知日方之處心積慮，破壞我國統一，無所不用其極；而日方間諜之工作，尤不限於刺探秘密，戰時通訊，及破壞擾亂後方已也。

日軍暴行撮錄

【十五日】新聞報：楊樹浦路韜朋路公大第二紗廠，自日軍開入駐守後，即將二千餘工人驅逐出廠。前日上午十時許，有一部份工人約千餘名，前往領取解散工資。當即被廠內日駐軍悉數扣留，強令懸掛太陽旗符號，運送軍火及挖掘戰壕等防禦工事。經該工人等嚴加拒絕後，日軍即大舉包圍，以槍柄皮鞭施行毒打。格蘭路捕房西捕，見日軍如此暴行，實屬有違人道，即以電話告知捕房。當即分派卡車數十輛，衝入廠房將全體工

人救護出險云。

日軍縱火焚燒民房

英文中國導報云：日昨日人於虹口縱火，燒去民房數幢，希圖藉此開闢戰地。閘北商務印書館稍北，亦曾被燬巨廈兩幢，故日昨有日軍司令部起火之說。

刦奪汽車逐去車夫

字林西報本埠訊：前日有汽車一輛，由華人開駛，行經四川路橋郵政局附近。因日本陸戰隊叱令停止未允，遂返身追逐，勒令停開；並將該車追令停靠郵局附近，將司機人由車中拖出，驅往橋堍。當時有華捕上前干涉，未有結果。旋由西捕前往交涉釋放，或交其帶往捕房，亦無結果。最後，由日軍連人帶車送往日軍司令部。

吳淞路居民遭慘殺

虹口區內居民，昨以禍起倉卒，有未遑逃避者，皆伏居屋內以避此猛烈炮火。日軍竟絕無人道，將此無辜居民，以刺刀大刀屠殺，而以吳淞路一帶被日兵所殺死者爲數尤多。以致屍體堆積，血流成河，其慘狀更不忍睹云。

日浪人揭武器打人

大美晚報云：日本人中有善於宣傳之人所謂浪人者，禮拜六盡成狂易，手執棍棒刀石等物，甚有握手槍者，在虹口一帶到處皆是。一到夜間，如遇

路上有中國人，隨手便打。最喜敲破路上電燈，雖西捕干涉，亦所不顧云。

十六日 時事新報：昨晚七時許，據由楊樹浦方面逃出者談：於下午二時許，經華盛路，平涼路，韜朋路，過匯山碼頭，順百老匯路過外白渡橋而入安全區域。因沿途探索而進，故歷時達四小時有餘。所過之處，未見日軍，似係潛伏於民房之內。匯山碼頭大門緊閉，門前有兩日軍站立，經過南洋公司時亦未見異狀。沿途所聞，僅頻頻自東北方傳來砲聲耳。惟經過招商局中棧外虹橋時，目覩三屍體：

戮死婦孺老人

一爲髮鬚斑白之老者，一爲十餘齡童子，一爲年輕婦女，均作本地鄉民裝束，似爲一家人，圖由該處逃出危險區域者。老者與童子全身均爲槍刺戳有十餘洞。婦屍則下衣被剝，伏臥於橋之東堍，除上體爲槍刺戮三四洞外，臀部中心亦被槍刺割裂，死狀甚慘。日軍傷害無辜人民之酷毒手段，雖野蠻民族亦無其匹云。

摧毀文化機關

我軍與日軍昨在上海東區及北區，均有劇烈戰事。東區方面，楊樹浦滬江大學業已遭日軍炮火所毀壞。查滬江大學係與一美僑有關之文化團體，有悠長之歷史及良好之建築物，素爲日人所嫉視。而因所處地段，係在楊樹浦一帶，能爲

日軍砲火所及之區域，日方蓄意摧毀我國文化及國際和平，早有得而甘心之念，於是藉口滬江大學在遷徙以前，即藏有我國便衣隊，在前日（星期五）起突猛施砲擊，該校建築物頗受損害云。

敵軍用達姆彈 參加上海軍訓學生模範大隊之震旦學生，現已出發，赴前線担任救護工作，女生亦已於今晨出發，赴傷兵醫院看護。另一部份震旦學生，且組織慰勞隊，出發戰地慰勞。聞傷兵中，有不少均經國際禁用之達姆彈。惟諸傷兵情緒，仍異常興奮云。

十七日 大美晚報：今晨據甫由引翔港方面逃來之難民談：自該地附近日軍節節敗退後，日軍作為根據地之公大紗廠，連遭華軍轟炸毀滅，在軍事上已失去退守之所。受創日軍，不顧一切，在引翔港鎮放火焚燒屠殺無辜民衆。現引翔港鎮各街巷已尸橫遍地，火勢延燒極大，迄未熄滅云。

十九日 大公報：據戰區逃出者言：虹口提籃橋一帶，積屍甚夥，大都係我平民，慘遭敵軍之殺戮者。陳屍街頭已多日，任野狗之吞噬，且因烈日之爆晒異味難聞。

二十一日 申報：昨午百老匯路劇戰，敵軍不支，浪人即隨地放火。百老匯路同慶

里熙華德路普慶里，提籃橋日新里，房屋千數百間，均為浪人縱火。該處未逃出居民，葬身火窟者，不可勝數。

敵機絕無人道轟炸傷兵醫院　新聞報：據前線息，日方自連日迭遭慘敗後，竟不顧國際公法及戰爭道德常派機轟炸我傷兵醫院暨救護機關。日前敵機飛往眞如時，在東南醫院上空盤旋多時，顯然有所企圖。幸紅十字會早洞其奸，卽以迅速而有秩序之手腕，將該院所有傷兵完全移出，僅留少數人員駐院防守。果爾為時未久，敵機炸彈卽集中該院投擲。轟然一聲，聲震遐邇。駐留該院之擔架隊隊長張宗林，卽以身殉職。又日昨南翔方面紅十字會所設傷兵醫院，敵機又前往轟炸，投擲炸彈多枚，有一彈在附近爆炸，又死傷兵三人，擔架隊員一人。

二十三日

新聞報：敵機在我後方雖不時騷擾，但畏我空軍及高射炮隊，不敢戀戰，惟以襲擊我逃難婦孺為能。昨日下午四時許，有卡車一輛，滿載楊林口附近老弱婦孺來滬，駛至大場北面。時——

敵機慘殺難民　有兩敵機同時低飛，用機槍分左右掃射，當時汽車夫停車趨避田間，獨得倖免。車上難民大小約三十人，無一生存，血肉狼藉。屍體因擁擠，互相

撐支，仍植立未倒。乳嬰小孩，猶在父母肩懷慘不忍覩。

外人目睹暴行

申報：日輪上海丸昨日到滬，停泊於某碼頭，一西洋人搭該輪來滬，登岸後，親見一日本兵以刺刀刺死一無辜之中國平民，該西人目覩此事，機爲憤慨，認爲世界罕見之野蠻行爲。

字林西報：昨日禮拜六，有從日本消暑之西客十人，乘日船上海丸返滬，眼見上海戰事中之野蠻舉動。當該船開向匯山碼頭時，經過大阪商船會社之碼頭，見該碼頭上有中國人四名，兩手反接，後面立有日本兵多名，持槍裝刀，一一爲日兵放槍擊斃，又以刺刀戳之，擲入黃浦中。

敵慘酷無人道

立報：昨有由莊源大弄逃出難民語記者：廿一日有退守莊源大弄口日軍兩班，爲企圖避免我軍注意及引誘我軍中計，竟拘捕附近我國難民五人，其中二人爲十二三歲孩童，一人爲龍鍾老婦，餘二人則爲三十左右壯丁。敵軍將五人均反縛其手，足部亦用麻繩繫住，使其不能動轉；即將五人掛於防禦我軍鐵蒺藜上。敵人則在此五難民後放置重機關槍。當我五難民被活綁於鐵蒺藜上時，多已面無人色；其中一年壯男子，曾稍掙扎，即爲敵軍用刺刀猛戳大腿。另一孩童因被嚇而狂叫，一敵軍卽

以破布一方塞入口內，並以鐵蒺藜沿口頰向後頸部緊紮數繞，以致皮肉盡裂，血流滿身。又敵軍因連日失敗，每以我無辜難民洩氣，除刺死槍殺外，并嘗搜查我難民，凡身畔藏有錢幣者，盡爲搜去。

又前日隨長崎丸抵滬之西人甚多，均目睹日軍在滬東一帶陸續將我無辜人民，先用利刀猛戳，不問其已否身死，即投諸浦江中。

二十四日 華美晚報：今晨九時記者前往外白渡橋視察，見一五十餘歲之老嫗及二十餘歲之女子，攜手嚎啕大哭，狀殊悲慘。據言：我等母子女三人，今晨由新記浜路逃出，經過外虹橋時，被日兵攔阻檢查。當時有日兵一人，不問情由，用刺刀向我子（二十五歲）胸前猛戳，肚腸五臟立時冒出，慘叫一聲，立時倒地斃命。另有一日兵對我女加以侮辱。當時母女二人向前狂奔，幸遇崗警營救，護送至外白渡橋脫險云。

日軍又一獸行 今晨虹口方面戰事甚烈。據由百老匯路逃入公共租界之郁姓老婦語記者，今晨伊偕其子（三十六歲）及孫（七歲）逃出時，路遇日軍，不問皂白，竟將子用槍殺死。伊及其孫，雖未遭殺，然亦受日軍用槍柄且擊且逐。言下泫然，不勝悽悲。敵人之暴戾獸行，實並世所無也。

今晨九時許，乍浦路一帶，有老幼難民四十餘人，伏地痛哭，其狀至為淒慘。據云：今晨七時許，共計有難民三百餘人，攜老扶幼，由楊樹浦方面逃來。行經百老匯路時，為二十餘日軍哨兵所阻，迫令壯年者首先排列，依次逐入兩旁沿街空屋內，以機關槍掃射。當時有數人企圖脫逃，悉為日軍所執，剝去全身衣服，剖腹挖心，無一倖免。然後尚留之四十餘人，亦將執行時，適有公共租界捕房西捕之機車經過，與日方長官交涉後，始得免罹斯難。

殘殺難民竟剖腹挖心

二十六日

大公報：楊樹浦平涼路同安里，昨日上午十一時由難民唐兆元唐丙元等率同男女難民二百三四十名，擬往租界逃避，行經元昌路華美肥皂廠附近，忽遇敵軍攔阻，將各難民身畔錢財如數刼去外，并將年青者百餘名留下，堅不放行，立用機關槍掃射；其餘老弱者七十九名，揮令而去。唐等逃出戰區後，沿途哭泣。

二十七日

國際紅十字會電駐美大使王正廷，將日軍日機迭次對於紅十字會肆意槍殺轟炸，提交萬國紅十字會。所有發生事件如下：

（一）中國紅十字會第二救護隊，駐於真如東南醫學院，門首懸有紅十字旗，隊員皆佩臂章，詎於八月十八日晨六時，日機擲彈轟炸該院。除院內房屋炸毀外，並炸死担

架隊長張松齡，傷隊長龔繼長，醫師隊員許振德等四人。（二）八月十九日上午十一時，南翔中國紅十字會第三救護隊，遭日機轟炸，傷副隊長趙汝信一人，隊員三人，死傷兵二人。（三）中國紅十字會第一救護隊，駐寶山羅店於八月二十三日下午四時，全隊人員共四十三人，皆佩有臂章，正在工作緊張之際，忽遇日兵多人，强將臂章攫去，令跪地上開槍轟斃，副隊長某著名醫師一人，隊員三人，已救護之傷兵，亦遭槍殺，逃免者僅邊敏健，翁汝堯，王方庭等三人，而傷重之女護士陳秀英雖經救出，送中德醫院仍不治而死，其他全隊人員皆不知下落。（四）紅十字會救護車輛在前方工作者，據車務人員迭次報告，謂日機見懸有紅十字會旗之車輛，即擲彈或用機關槍掃射，致毀汽車多輛。

。敵機炸南通基督教醫院學校。中央社南京二十六日電：衛生署劉署長近據南通來人報告，日機炸毀美國教會設立之南通基督醫院經過情形云：八月十七日上午九時，日機十架出現於南通上空，在南通基督醫院及其周圍擲彈六枚。一彈直入醫院病房，立時爆炸起火，將該病房完全毀滅。已知死亡者為林女醫師，王練習醫師，護士二人，工人四人，及病人三十餘人。至受傷之病人及醫院人員之數目，尚在調查中。又一彈落於溥爾祺牧

間，死傷工人夫役多名：遺族學校及城中省立醫院房屋亦被炸燬。又各街道亦有數處中彈多枚，統計各處炸燬及延燒平民房屋共四五百間，無辜民衆被炸斃炸斃者數百人。

二十九日

新聞報：昨日午後二時許，敵機十二架在南市大肆轟炸。南車站附近共投炸彈八枚，站屋天橋及水塔車房均被炸毁。同時，在站候車離滬之難民均罹於難，死傷達六七百人。死者倒臥於地，傷者輾側呼號。殘肢斷骨，觸目皆是，血流成渠，泥土爲赤，景象之慘，無以復加。敵機於轟炸之餘，又投擲硫磺彈多枚，南車站之外揚旗及鄭家橋兩處，當即着彈起火，延燒甚烈，直至傍晚始行救熄。查南市一帶，絕無軍事設備，敵機竟橫加轟炸，慘殺平民，焚燒房屋。此種絕無理性有背人道之舉動，實可謂向全人類挑戰云。

轟炸難民死四百餘

某外報記者昨親赴南車站調查，日機於昨下午在南車站月台附近投彈三處死四百餘人。當時約有千人在南站待車。有屍體一百具，內多婦孺，頭脚手各部分裂於路軌上，血肉狼籍，情形慘甚。

轟炸後復擲彈掃射施救人員

下午二時半，又有巨型敵敵轟炸機至南市浦江邊擲彈。二彈落於黃浦江，一彈落海潮寺旁，幸未爆裂。一落海潮寺附近三民坊，燬屋數椽，居

師之住宅，將該住宅完全毀滅，所幸浦氏夫婦適於兩日前離通。第三彈落於美國教會設立之崇美女子中學，將該校新落成之健身房完全炸毀。其他炸彈均落於醫院附近，醫院住所已有兩處傾倒。受損房屋確數，刻尚未明。基督醫院院址係在南通郊外，其鄰近並無工廠飛機場以及其他軍事機關。日機之轟炸，決非由於錯誤，實爲故意的毀炸慈善機關。該醫院中尚有兩美國護士，一爲傅銳女士，一爲麥文科女士，均受輕傷。據最近報告，此兩美國女護士，仍在通從事救護工作云。

二十八日 南京電：滬戰以來，倭寇派多數飛機至我各重要都市肆意轟炸。計南京杭州南昌漢口等處，及京滬杭浙贛各鐵路沿綫，均曾迭次有敵機投彈。而被炸者多爲我後方文化機關團體及平民住宅，我民衆被炸死傷者亦衆。二十六日敵機六架飛至南昌轟炸，投彈於農學院及鄉村師範，炸燬房屋甚多。農學院之圖書儀器，損失頗鉅。又南昌葆靈女校亦被炸燬，幸在暑假，學生多已離校。惟學校附近民房被炸燬甚多，民衆死傷三百餘人。二十六日上午一時至三時許，敵機二十餘架，分兩次來襲南京。因我高射砲控制嚴密，敵機不敢低飛，遂於數千尺之高空，向京市東南各部人烟稠密之區，亂擲炸彈及燒夷彈數十枚之多。事後調查，被燬者有中央大學實驗中學，計炸燬房屋八十餘

民數人遇害。又高昌廟貧苦人民聚居之草屋，落下燒夷彈炸彈數枚，死傷苦力婦孺數十人，自江邊碼頭至半淞園路電車站一帶民房，盡付一炬，火燄至晚未息。救護隊雖高揚紅十字旗幟，敵機亦加掃射，致平民死傷枕藉，一時無法救護。法國神父修道女士，目擊心傷，謂世界任何敵對行爲，無此殘酷云。

三十日　敵機連日出動，飛往浦東閘北南市一帶，大肆轟炸，我無辜難民傷亡極衆。昨日上午十時許，又有敵機數架，騰空飛往轟炸瀏河等處偵察。

轟炸難民傷兵　大公報：昨午有難民及傷兵多人，停留於楊行汽車站時，忽來敵轟炸機一隊，即向我毫無抵抗之難民及傷兵擲下炸彈多枚。立時黑烟瀰漫，轟聲震耳，此二百餘人乃同歸於盡。日軍之殘酷，往往出乎意料之外，於此又得一確證。

第八章 特寫（十九篇）

空中戰爭的一天

次霄

——一位空軍人員參戰轟炸敵艦的自述——

（原文載大公報八月廿五日臨時晚刊，標題爲「英勇的鐵鳥」，作者自題爲「次霄參戰記」。）

花邊白影中的閒情

一束剪秋羅在迎我的面，每當我不甚覺到疲倦的時候，這瓶放在我牀邊的美麗的花，便映到我眼上來。我也暫時感到疲乏了，於是這束花便成爲我安慰的對象。

我像做了一個甜蜜的夢，昨日在深不可測的高空活動，今日卻落在這離地面不過一尺來高的牀上。要是不曾想起創傷的時候，我不覺失笑了。此刻，我的周圍完全是白色的；除藥物以外，從覆在我身體上的被褥，到天花板，給我一眼是純潔的印象。這種環

境會使人發生高雅的感覺，又清靜得使人寂寞——所謂和平，似乎就在這里，我們想要呼吸到和平的空氣，也祗有這里的事實可以形容和平這種理想。

學園時代的風趣濃

可是我是活動慣了的人，對於這種靜止的白色，反而不安起來。雖然天空中也是白色的，但那是流動的，奇異的透明底雲層。顯然地和我目前的情狀，意味是兩樣的。每當我的機身穿過那卷積雲的時候，分有次序的濃淡底雲層，像在剝果皮似的，被我的勇氣退在遼遠的後面——這樣，我便感到一種神秘的愉快。我之所以歡喜駕駛飛機，也就因為由於我這種性情和幻想養成功的。不妨說，正是這麼關係，而決定了我現在的身分。

我的學習航空從開始到如今，年代該是和航空教育同樣長短的。這就是說，中國一有航空學校，便有了我這個學徒。但我自踏出校門後，生活並沒有多大變化，不過駕駛飛機比較讀講義的機會多了，到這期間，我可以把大部份時間放在駕駛上面，除自由地稍涉及理論外，給我却學了不少的花樣——各種特別的飛行技術運動，如基本的：A tail spin loom, Side slip,以及 Nose dive等運動，我可以隨自己的趣味，換調的飛行。雖然，偶有時候，機上附加了各種武器，作爲作戰的姿勢出現，但這只能算爲一種

難得的練習，而絕沒有機會，使我有增多作戰的經驗。不過，我總希望能有這種時機的來到。每當時局緊張的日子，我就非常興奮的，我往往躋下去撫摩我常用的那隻飛機的駛盤，默祝它立刻昇騰起來，表現抑鬱在我胸口那種憤懣後面的能力。可是我的志願像傳染了寒熱病似的，隨着時局在昇退；祗想從實地作戰上得些經驗，以爲學校教育不足的補助，結果仍是失望，還是一個飛行家質地的，騰雲駕霧的遊歷者。也許在地面上看見我們的朋友，羨慕我有一衣仙氣的逍遙，其實這正是我的苦悶！

時機到來之前一夜

終竟給我期待到了。這是兩週前的一個清朗的早晨，我將要作第二回騰空的時候，我的左足正誇到踏板上，出乎意料的接到本隊傳告的準備出戰底密令。在這一忽間，我感動得眼邊滴出淚水來了，有如困龍越出了泥沼，我像是已經昇飛了，而不知道身體離開了機身。這時，該不祗我一個人有這樣興奮，我敢承認，凡是我的伙伴都有這樣情形。

我是屬於最老的一隊，因爲歷史的關係，對於被伙伴們稱爲「阿米巴隊」。但並非全隊是資格老的，却是，在「一分隊」這三個單位中有一個是新的伙伴。但在系統上我們要算第×隊了。應該這些沒有多大關係，至少在作戰能力方面，根本我們從未實際地

「機對機」的搭當過，即是我們長官，也不便定出誰强誰弱的成見來。

於是在這回戰爭發動的時候，首先便被派到我們這阿米巴隊上來了。這好像一種傳統的成規，卽是，不可免的表示當「以老爲先」的厚意。自然，我們對於這種厚意是一致歡受的，那怕是自不量力，不幸的事穩定會落頭上的，這都因了甘心的慫恿，似乎無暇顧及了。

領空上的處女戰爭

在我們起飛的時候，錶針正指着十點三十五分，當我在板發動機之前，仰首看見頂上一片飛快的積層雲走過，轉眼我的同隊的一個結實底伙伴先我昇騰了，不覺起了競賽的心理。我深深地吸了一口氣似很能清醒人，想是機底的那些豐潤的草原的隱味；不過我稍旋動手裏的駛盤，那在遙望中的無邊底綠野便失在我老遠的背後了。

我所用的機，是一架陸上偵察機。此次我出使的任務是偵察敵方兵艦分布的地位。平時，聞說日本軍在這方面的射擊力是很可忌慮的，爲防衛萬一起見，也便帶了一顆輕炸彈。我想，卽是不遇到被射擊的場合，我亦當留給他們一個禮物。無疑的，這種觀念是不正確的，除非敵人疏忽了，事實上决不會。果然給我的好意所蒙蔽了，當我的機身

距水面還不到七百尺的時候，就像忍不過來似的由艦裏對我這邊射出八九發强烈的鋼砲。雖然這是我初回的際遇，但我心理並不慌張，不過比較機警一點，而仍然在黃浦江上飛行。那知道泊在江中敵方的艦，全都響應起來，立刻把靜靜江面弄得烏烟瘴氣。可是我還不就走，在目的未瞭然以前，偏要降低些，近一只艦頂僅有五六公尺。等不到他們開砲，我已經轉了方向，則來一個倒衝，再掠過一隻可以看明敵人鼻目的巡洋艦，然後我才高速的攢昇。可惜那兩隻經我訪問的戰艦所發出兩聲回敬我的砲，却意外的落空了，反而，在匆忙中給我投下一顆輕炸彈。當時不知道投中無有，那我已經昇到一千尺以上的天空了。這是幾百年來被屈辱的中國第一次底吼聲！我脫去那炸彈的一刻，我則覺到這是我自出母胎以來，從未有過的快感，當彈落機身減輕之際，似乎就是我的責任也減輕了許多。

這樣以後，機身便似受了我暢快的心境的感應，於是在萬重的雲間飄逸起來，非常得意。在我穿着濃雲的時候，就像小孩子和家貓戲嬉，常作急轉灣，回避它，或作翻內圈的動作，給它一個逗笑的包圍。當我從高空投向機場的一段歷程中，突然感到一陣寒流經我的身邊，同時機身微感不安。待我進休息室的時候，從窗內看出，天空泛起了數

黑的雨雲來，而且那可親的蔚藍的天色也被掩蝕了。

眞理從砲火中探求

在我還未進完午餐，就接得緊急命令。我即半席離去，我趕忙穿好航行服，登上那架給我們預備好的單發機的轟炸機，早有兩人進去。我們各別的行了一次注目禮，接着一個隱然的微笑，當我們赴戰之前，這樣，確可以團結我們的心。

這回，我們熱絡得多，同行的共有一大隊，內中除和我們同樣性質的七架機，此外一架是雙發機轟炸機，一架是高速度轟炸機。我們夾雜起來，三架一列的有程序的成爲三排，我這一架的位次正在第三列第二排中。當騰空一千五百尺的時候，我們還是結隊而飛。待到將要降落之際，首先那架高速度轟炸機離隊了，接着我背後的一架和左邊的一架又離隊；當在我們橫過距防衛司令部25KM的地帶，我們便受指揮的命令分散開了。方我們這架機折向東去的一刻，則可以隱約的聽到轟炸的聲音，想必這就是先我們到的高速度轟炸機成績。自第一次轟炸響了以後的，卻便連續接下去。這時全隊在動員了，我們在偶然間會到那架雙機轟炸機。這回可響啦，想是投下三百公斤TNT的地雷炸彈，其爆力眞是振天動地！

我們這一架就趁這個機會接連投了兩顆彈下去。該是敵艦對這突來的轟襲疵起惶恐，亂發高射砲，不知技術不高明，還是因過分慌張，總打不中我們。有一彈本來可以擊中我們的踏棒的，那就完了，可是並沒有，却穿翼柱間過去。這不過是我們側滑一下的關係，竟給我們脫了險境。

轟炸和射擊交錯的猛鬥之中，我們又向一隻近泊岸邊的巨型兵艦投彈，這就是今天必須以强頑的鬥力解決了敵方的司令艦——出雲號。我們預備擊中它的要害，便低低地滑飛下去，再向它投落一彈，同時則用機關槍掃射。可是結果，我們的機關負了傷，機翼被破壞了一部份。正在我們抽身脫險的時候，由激浪中瞥見我們另一架機受了重傷，幾乎要跌落江裏；但勇敢的伙伴還掙扎着，畢竟突破了重圍。我們這兩架同患難的單發動機，相偕的飛出市區以外。

這民族解放的肥料

出乎我們意料之外的，正在我避開一支襲來的空氣的大壓力，預備側滾的一剎間，忽傳來一聲沉着的呻吟。當下，我還以為是機翼漏發出來的顫音，那知道原來是我們的伙伴，因受重創過度，臨終的慘語！可惜我沒有留意到，只見他的血染滿了一身，大概是給兇暴的砲全部炸裂了。我覺察他的胸口還在跳動，為了

存心救回這個垂死的伙伴，同時想可能的保持他的體溫，便向低飛行，放足已不能再放回的四百五十四馬力。雖然這時我的左手也被擊傷，感到痛楚和困難，但還勉强支持。每在我用力挨那駛盤的時候，血便沿着腕臂流。要是比起那重傷的伙伴，我這點卻不算什麼了。我囑他一個伙伴留意他，他很傷心的告訴我，說連衣服都掩不住他淌着的血。我回頭看他的血像突泉似的在噴流，再受機身的振動，血已經濕透了他的坐位，且直向大地上滴。這是我們貧弱的民族的肥料啊！他在等候他的血流完，現在面色已是慘白，眼眶也深陷了進去，可是他的眼睛卻很鎮定的，不時還對我們浮出超然的笑——這是偉大的戰士底精神！

『朋友請忍耐，祇有三分鐘，你就可以進醫院了。』

我想不出更好的話，因一時間的感情湧上喉邊，便這樣安慰他。

『不要緊，你們顧自己的事。』

說完，他便把創傷最大的頭部埋向衣袖間。似有意遮避這引人着目的地方，不讓我們分心他。

於是我的眼邊潤濕了。正在艱苦的民族戰展開的時候，如果半途中失去我們這樣有

力的戰鬥員，這損失實在太大了。我感到視覺遲鈍起來，現在前面是一團模糊。

「轟！」

又是敵人發來的高射砲。幸我發生急智，連避了幾響，祇見黑烟環繞着機的邊緣。加以天陰，風又大，我們好像在黑暗中探摸。當我想到背後這可憐的伙伴時，我便勉強忘却自己那破的手，咬緊牙齒，鼓起殘餘的潛力，找我們的歸宿地；閃爍我神彩的目光有如餓鷹在搜索食物的光景，向無限的飄渺的空間，衝衝，衝出我們恐怖的死境。

正是要受傷了以後

傍晚時分，我想調節筋力，向棗色的小屋後方，沿着機場邊緣散步，足踩在柔軟的草上，精神很覺舒適。我那受創的手，已經遇一次藥水的消洗，且紮好了繃帶，固然不免感到痛， 但我沒有報告上峯，借此機會休息。 我更要振作起來，我身上的血不能白流的，卽使是一滴血，也不該背着敵人流。我邊走邊感興奮，雖是血滲到繃布外面。殘陽的餘輝從草雜的雲片後面漏下來，映到遠方的山崗，這樣的美景，對於一個勞倦後的人，確是非常安慰的。大概走了一百五十米突遠，將要轉彎，却遙見西角有個人在招我，立刻我變了快步，向那彼風飄動的白色底信號奔去。

我還未踏進辦公室，知道又要出發了。隊長眼睛似乎在注意我那受傷的手，却躊躇

了一會，說：

『不便？那就不必出去。』

但我已會意到，我便掩飾去這「不必」的理由，故意伸出那隻受傷的手，而且近他的面，張開不自然的手掌，活動給他看，證實我毫未失却作戰的能力。

『這不過彈片擦破一點兒皮層，沒有關係。』我說，表示願去出力。

得隊長命令後，我方知道我們一架機被敵方包圍襲擊，正在萬急中。於是，我便選向停在東南角的那架單座戰鬥機奔去，這時勤務已加上了油，我打開機門，一躍而上，運用非常的高上升力飛行，在狂風中邁進，直達八千尺高度，然後向目的地播落。一刹眼，這幅強頑的鬥爭場面，便呈現在我機前不遠的地方：見二架敵機，在追逐我們這架機，正是迫不得已間。但我並不茫然上去救護，則據我途中決定的戰略，操向它側方飛行，想在他們注意力集中於我們那一架機上的時候，出其不測而痛擊之。於是我以神速的運行，來一次翻外圈。

一段傳奇似的插話

正在這其間，想是子彈已完，抖然的我們那一架機淩空升上。這是出於敵機意料的當然，敵機不肯放鬆它的，卽二架敵機便同時而且同速率的斜升

上去，恰好在我們那機出頭不遠的底下，敵機便作爲畫一個九十度三角尖向記點揣去似的，連同我們那架機耳撞了，立刻遭受很大的損壞，都飄搖的跌下去。誰知道，我們那位智勇的伙伴，早已乘飛行傘安全的降到地面，以一架已不能脫險的機，陪葬兩架敵機和兩個飛行員，究竟是上算的。這是空戰的奇觀，要不是側身於戰圈中，決計看不到的。這種非常的戰術，是我們絕好的經驗中的教育；可惜到此刻我還沒有調查出是我們那個伙伴。

一場好詭秘的格鬥

話得說回來。看了這場惡戰已結束當我起折回的念頭，不料遇到一架自己的機，默測它似很惚忙，待不到我們接近，不知幾時來了一架敵機，盤旋於我們頂上，有似監視我們的行動。我們不約的立刻遠離，我一急轉彎，預備佔它的上風。說時慢，那時快，他已經發動了機關槍。當然我不肯相讓，就用測衝，同時扳了聯動器（Gear），立卽子彈由螺旋槳旋扶圈間發出，也許我的雄心使我佔了攻勢。那知它伴逃，或對我什麼不利，我向四周警惕着。果然它向我投來一顆燒夷彈，幸我未追上去，得免機身燃燒。在我退一着後，我便緊隨着它，眼睛注視照準器(Sight) 發出的子彈和我的行動一致的，結果迫得敵機走頭無路。在我偶一側眼間，望見我那戰友在和

另外一架敵機抵抗，兩相戰力均等。再自西北角，悄然地，飛來了兩架敵機，不一刹，却一在我左側上方，一在我後邊下方，高高低低，一共有五架飛機會合着。既到了這情形，我便暫時放棄那被我追逐的敵機，轉向與新來的兩架週旋。因爲飛行不久的關係，顯然看出它們的強潑的活動。雖然現在已被敵機重重包圍，但我要生存，決定施出我未有的戰鬥術　萬一有什麽意外，我也得予對方一個大的損失。

於是，我便展開僅有的慧力，心地很沉着而且很機敏的，突向阻擊我最力的兩架敵機間側滾出來，乘便就將正和我伙伴在鬥逐的那架給逃跑的敵機　，予以一次追近的掃射。恐怕是它的鬥力不强，已經疲倦，祇經我們一夾攻，就負創傷逃去了　。但還有兩架，怎麽也不輕鬆我，合力對我射擊，一時便陷於混戰狀態中。約經過五分鐘的惡鬥，我的那個唯一的伙伴，因受重創飛走了。現在祇剩下我一個，在應戰兩架頗强悍的敵機。已到這樣，我惟信賴自己堅定的志意，和非常的毅力來對付險境。

生命寄在Bead sight上

我忍着一身創傷的痛楚，目光注射那準星（卽Bead sight），或是那被狂吹着的風標，以爲剩時分減痛楚的對象。或上或下的敵機，彈子像是暴雨似的向我打來，我以自衞起見，用盡我行駛的技能來囘避它們的襲擊。我感覺到全

身已經潮濕，血腥味被寒流沖散開來。我欲暫脫這險境，我便佯作跌落，低了它們一格，向下連續的「旋飛」。但我的體力已不允許我這樣做。不到七八轉的旋飛，便不能再支持了，從高空直跌下來，我的意識也模糊了。至於無線電信，似已隔斷失去它的性能。一切都完了！我忽發生這一轉念，「民族還未解放，責任上却不容我犧牲的。」怎麼腦筋像被毒針刺激一樣，立即渾身的血液沸騰起來，還在不知不覺間，機身却已攢升。其實這時機身跌離黃浦江面只有三米了，稍一差地就可以完結這架飛機和我的生命。

在暴風雨的高空，展開了我們一場辣辣的格鬥——到黃昏時候，我才結束這一天的活動。據說，我駕駛的飛機，幾時降落到機場上，不單我自己無從知道，連留在機場的人都未注意。待到發覺，還以為我是一具屍體。

感謝留在威力圈外

意想不到的，這具屍體此刻又已復活了。藉各方面的助力，要想感謝賜我的美意，惟有希望我的體力能早日的復原，再上戰線去！最低限度，要先把敵人絕跡，自由飛行我們領空的二百餘公里底威力圈以外。

我一刻也不會忘了我的職能和宿仇。這里還有一方窗子，既可以看到高朗的天景，

又可以看到敵機的行動，由此，使我對它們更深的認識，而更加的渺視！

當我擱筆前，該感謝這隻負傷的手，經七八小時爲我記錄這段回憶，使留下我生活中最寶貴的一頁。再是，那縷縷的花香，由它減除我病中境無限的寂寥。

杭州空戰記

迪民

（原文載大公報八月三十日臨時晚刊，爲杭州通信。）

我們回想到「一二八」杭州灣空中大戰，那時我們空軍剛樹立了基礎，在一個熹微的晨光中，我們毛羽未豐的鐵鳥，遭遇了敵人的蹂躪。結果，我們傷了一位空軍將領，並損壞了一架飛機。那時日本新聞紙的刊載，一秉他誇大的習性，對於杭州灣的空中大戰，認爲是他們空軍空前的戰績，多用着大若號字的標題刊載，算是他們空戰史上最珍貴的一頁。這事回憶起來，已是六年多了，不善忘的中國人，似乎還在腦海裏映演着這悲慘恥辱的一幕。

過了六年後的杭州灣，又掀起了狂大的波濤。在八月十四日下午三時許，杭州市的防空警報初次試着可哀可泣的啼聲，市民聽着警報，逃的逃，躲的躲。恐怖和憂慮的心

理，都在每一個市民的臉上顯示出來。

一次汽笛的響聲，這是報告敵機已侵入杭市的領空了。這時我們翹首蒼穹，眼看着一朵朵的白雲，很悠閒的舒卷自如。而敵機和我們的飛機隱約中，在那裏時隱時現的盤旋上下，耳邊廂祇聽着轟……的爆炸巨響。這是敵方派來最精銳最神勇的重轟炸機十一架，來轟炸我們這唯一的航空學府。我們空軍將領都抱着與敵拚命的雄心，沈着應戰的追逐驅趕。這時炸彈和高射砲的聲響，不斷地像聯珠似的相互奏應。我空軍高志航君首開紀錄，將敵機擊落一架，頭尾兩翼，五化四散。後來查明機頭在金門檻，機身一翼在麻基村，機尾在莊基村。機上的機師槍手等等，都已爲焦巴弓，而且粉身碎首，殉了他們的職務。高君在鏖戰時上下掃蕩，左右迎擊，他那活躍迅捷的技術，使敵人見了咋舌。當時他在機上應戰，傷了左臂，他還用着右手開機，在鮮血迸流中安然飛回機場。這種鎮靜不亂的精神，足爲我們空軍的模範，現在他還在醫院療治。可是不過一些輕傷，稍微幾天，就可痊愈。但是他仍希冀做一個像歐戰時以一機擊落敵機百架的德國紅武士。他又說卽不如此，至少也應當做一個空軍烈士，纔符了他求仁得仁的初願。瞧着他奕奕的精神，豪爽的性格，頗使人敬仰不已。

高君首開紀錄之後，於是接二連三的在筧橋又擊落了兩架，還有五架受傷飛去，彷徨徘徊在浙東的上空。次日在餘姚，蘭谿，浦江等處發現幾架殘餘的機體，而安然回去僅僅祇有三架。這種空前的損失，開空軍戰史上未有的紀錄，也是我們空軍初出茅廬的第一功，很值得紀錄。

這隊初次光臨的敵機，是從台北的根據地出發，乃日本空軍中最精銳最神勇的號稱木更津航空隊的一隊。它是預備應付世界大戰的。歷年來日本軍部極度擴軍，對於空軍之發展，更是不遺餘力。但是他們國內自己號稱是最精銳最神勇的，在這一天却被我空軍重重包圍，鏖戰有三小時之久，天空雖是寬廣，但是也殺不出一條生路來，祇好飛來飛去的在白雲堆裏隱藏避匿。同時眼看着同來的餘機，一隻一隻的墮落下去。

這一隊來襲的企圖，原想將我們空軍根據地炸成一片平地。誰知初出祁山，竟遭遇着這般空前的意外損失，初非一般窮兵黷武的軍閥所能夢想得到。

十五日的清晨，他們重整旗鼓，又來襲擊。這時我們駐在×××的空軍將領劉超然，率領七機，迎頭痛擊。敵機一共十三架，瞧見我空軍迎戰，即四散飛開，東西零落，先後被我機射落了六架，其餘的七架狼狽逃去，而且擒獲了一名俘虜。同時還有八

架，是飛到筧橋，投了炸彈七枚，就紛紛向杭州灣逃去。

這一役我們最值得紀錄的要算劉維權君。劉君首先發見敵機，與敵機八架苦戰多時，當將他們擊敗，同時還擊落了一架，自己雖受了傷，仍能沈着的安全落地。不過他的傷勢過重，醫治無效，竟於十九日夜十時三十分壯烈的爲國犧牲。劉君是河北人，南開學生，是航校第六期畢業生。敵機轟炸南開，劉君聽了悲憤塡膺，所以這回有着機會殺敵，當然是分外神勇。他的春秋祇二十有四，這種人材的損失，頗值得我們十二萬分的悲悼。

杭州灣的波濤依然奔放，而我們六年來民族的一幕恥辱，仗着飛將軍們的神威，已將它洗濯得乾乾淨淨。

（原文載辛報八月二十三日）

奇偉的夜襲

景江

我永不能忘掉這壯美的偉觀：在一個月白風清之夜，我空軍作了一次英勇的夜襲。

秋天空氣是那麼高爽，傍晚在少女的眼睛似的清遠的青天上，一輪淡白的月輪估

着，人們都知道，今宵將是一個皎潔的月夜。天還未黑，星就閃動他金色的眼睛，接着這輪明月也舒出了他的光波。在中國，對於顏色的分別中本自有「月白」的一種，月的顏色實在應該獨闢一種的。因爲牠不是白——比白多些微靑和嫩黃，但也不能就說微靑或嫩黃，因爲他還有光亮的銀色。

本來，無論秋月何等明淨，大上海的中心地的人是不會感到的。因爲數不清的電燈，拚成了一道光，使明月完全失色。就是月光不爲所奪，人們也完全給五光十色的霓虹燈引去了。

滬戰開始，霓虹燈光一掃而空，就是電燈，也只在幾個最高樓閣的小窗中亮着。我眞懷疑這明月是來報復幾十年來的仇恨哩！他似乎把所有的光波儘量的舒出，把世界完全浸在水晶瓶裏。忽然我的不可改的劣根性又發了：『趁此砲火暫息的時候，且到屋頂看一回月再說。』於是趿着鞋，走上了屋頂。

全上海都像蒙上了一層玻璃紙，而在燈光下照着，光明瑩徹。黃浦江像一甌牛奶，凝重而光潔。月很圓，星稀得很，除了很遠的天末，更沒有一絲雲彩。

忽然，黃浦江的日本軍艦，在出一種奇怪的呼聲。幾天的經驗，使我知道這是我軍

空襲時日方的警號。警號還沒有斷絕，空中就起了一陣宏大的機聲，我便抬頭看去。起初是什麽也看不到，後來窮盡了我目力，才看見先後五六架飛機，很快的從西南飛來。他們飛得很高，使人想起春天，專愛在白雲上釘着丁字玩的燕子。但到租界的上空，最先一隻，忽然流星一樣的斜下——這完全像失去了駕駛人一樣的斜墮。但是，我立刻就知道這是擲彈的準備，因爲當日本軍的高射砲發出了一團團濃烟時，牠又很快的飛了上去。高射砲又多了幾個，圍着牠打去。他就一直向南飛。

就在這高射砲開得最激烈時，上下盤旋的幾隻，忽然用了最高的速度，從高射砲的濃烟裏掠過去，接連的向虹口日軍陣地投下好幾枚炸彈。立刻，濃烟就像夏天雷雨時黑雲似的翻了上來。

日軍的高射砲，爲這出奇的轟擊所震懾，他一時似乎很不方便對正方向；直到第一個砲彈開出後，濃烟已經成爲天然的烟幕；而我們的飛機却再就原來地位，投擲了幾個炸彈。

黑烟迷漫了半天，最上最濃，中間稍淡，最下簡直是通紅的火燄了。東虹口是日軍的陣地，他們據險而守，取攻勢的我軍在前進上比較費力；現在這樣的轟燬，是非常有

利於我們的進攻的。

烟越來越多，我們的飛機已經安全的飛回了。而日軍的高射砲，也靜止下來。

夜氣還是那麼清，月還是那麼明，這壯烈的一幕，已經在這秋夜中表現過了。英勇的空軍啊！青天是更好也沒有的大紙，你們用你們的武器與熱血，在這偉大的紙張上寫作絕世的偉作罷！這偉作，將永不會泯滅，將永遠的光輝！

我們的空軍是向東北方面去的。吳淞口外敵人的兵艦和援兵，是很多很多的停留在那裏。我想你們趁此明朗的秋之夜，是會去從事更偉大的著作罷！那末，上是青天，下是碧海，你們將更大的揮洒熱血。『蒼鷹劈大海』，我心醉着牠的雄姿，何况是你們呢，何况你們！

眞是大時代啊，你使我看到這壯美的偉觀！

（原文載抗戰三日刊第六號）

空中鬥士訪問記

吳寶基

『無空防卽無國防』，領空權的拱衞，實構成現代國家的必要條件。

日本飛機這次侵我領空，發生了中日空軍大戰。日機在八月十四日首次襲杭時，原擬一鼓將我駐杭空軍擊破，初不料給我英勇無匹的空軍將士，迎頭痛擊，予以致命的重傷，自詡爲最精銳的木更津航空隊，幾乎全軍覆沒。這眞使日本軍閥們做夢也不曾想得到的。

一個狂風暴雨的下午，懷着滿腔的熱忱，到廣濟醫院去訪問奮力挫敵，爲國負創的空中鬥士們。

巧得很，首先遇到的是晝夜辛勞，在杭指揮空軍作戰的航校校長陳慶雲氏。陳校長也是來探視受創的健兒們的。握手後，記者首致慰勞之意，然後談到這次中日空軍在杭作戰的經過情形。下面就是陳氏所告訴記者的：——

日本現在侵襲東南各省的空軍，爲最精銳的台北木更津航空隊，全隊有重轟炸機五十二架，爲九六式單翼雙發動機之全金屬重轟炸機（原名九六式陸上攻擊機，）係仿造德國亨格式，最高速度爲每小時二百二十公里，航行半徑爲二千公里，機內有無線電設備，可容乘員六至七人，正副操縱手，轟炸手，射擊手，無線電員等人。除木更津隊外，尚有在江浙海面之航空母艦三艘，一爲日本最大之航空母艦加賀號，載各式飛機四

十八架；一爲能登呂號，載飛機十六架。查日本僅有航空母艦六艘，今竟以半數開來我國，足見其侵略我國手段之毒辣。但日本飛機作戰的能力，除了台北陸上機戰鬥力稍强外，其他航空母艦的水上機，作戰能力極薄弱，實不堪一擊。

談到這次作戰，我空軍能獲得這樣空前的勝利，除平日訓練比較認眞以外，而精神的奮發英勇，實爲獲得勝利的最大因素。我們這次抗日戰爭，是自衞對抗侵略，爲謀大中華民族的自由和復興，所以士氣蓬勃，將士個個拼命。回過頭來，看敵方的空軍，則極少鬥志，迫於上官命令，勉强來華，加以心理上的恐怖，一臨戰場，便不堪一擊了。

至此，記者請陳氏留一影後，卽道別轉到高志航君的病房裏。

記得領略高君飛行技術的第一次，是在上海市第一號飛機舉行命名典禮的時候，後在五機命名典禮時，高君也曾率機由杭來滬參加表演。他的出神入化的飛行技術，在那時已博得滬上人士一致的稱譽，歎爲我國不可多得的空軍人材，果然，不負衆望，予敵機以下馬威的。就是我們這位高君。現在，他是爲捍衞祖國而受創了。

高君是亡了故鄉的遼甯人，現在年祇三十歲，幼年就讀於瀋陽東北砲兵學校，十八歲那年起，卽改習航空，曾在法國專研究航空二年，現在任第四大隊長。

據高君告訴記者，在十四日奉令由某處開拔來杭，飛到長興時，接到陳校長來電，說有日機多架即將襲杭，我就加緊兼程進發，剛至航校上空時，已見敵重轟炸機十四架在前，正預備轟炸我航校，我立即率機由後面追上，敵機已發覺有我機由後面追去，即掉頭擬向我機正面迎來，我就利用敵機轉灣的一剎那間，由下向上，對準着敵方領隊的第一架敵機，從機的兩尾中間射擊，先將右側的射擊手射死，再將左側的射擊手射死，然後迅速飛到敵機的前面，據高臨下，對敵機的頭部掃射正副操縱手（駕駛員），共發彈百餘發。這時敵機油箱已經中彈，着火爆炸，轟然分裂，墮落在半山金門檻地方。

敵方的隊長被我擊落後，這時敵隊的陣形已經瓦解，我方各隊員，奮其神威，分頭痛擊。這一戰，我方獲得了大勝利，被擊落的敵重轟炸機有六架，每架要值日金五十萬元。

第二次是在十五晨七時，敵機十三架來襲我航校，我即率隊起飛迎戰，在曹娥江上空相遇。我因追擊第三敵機時，距離太近，祇五十公尺，時右臂忽中一彈，祇用左手駕機，安然降落，因為是右手中彈，腕力全失，無法射擊，不然的話，要是左手中彈，則右手仍可駕機繼續殺敵。高君說到這裏，流露出一種勇武豪壯的氣概，不禁令人肅然起

敬。

王廣英君是攻擊隊的飛行員，和高志航君同住在一起。王君不過右額上略受微傷，因為怕流血過多，所以遵醫囑暫時休養幾天。王君的精神很飽滿，記者由他偕同探望各受傷的空中鬥士，劉維權，張光蘊，徐漢霆，曹鼎漢，黃可寬五君。

劉維權君的傷勢較重，已入於昏迷狀態中，不幸的消息傳來，竟於十九夜十時半殉國了，眞令人悲痛萬分。在這强敵沒有殲盡的今天，我們的將星遽隕一個，這是一樁無可取償的重大損失！

和劉君同駕一機殺敵是張光蘊君，略受微傷。據張君說：我機十一架，十四晚奉到命令飛曹娥某處露宿，在十五晨七時許，忽有敵機十三架，由海面向杭州飛去，越過我機上空，敵機發現我機後，即向後飛轉，擬對我機施行轟炸。這時我們已經早有準備，由隊長劉超然君率領七機，一齊升空，向敵機迎頭痛擊，至海甯上空，當有敵機二架，被我機擊中，因我機飛行過速，被迫在海甯上空降落，劉君擦傷頭部，我頭部也稍受微傷。

當記者把民衆對於空中戰士們的熱忱和敬愛告訴他們的時候，受傷而臥在床上的黃

可寬君躲到被內蒙着頭，唏噓的痛哭起來，約摸過了十數分鐘，黃君纔從被內伸出頭來，拿飽含着淚水的眼望着記者，很謙遜的說：『殺敵是軍人應盡的天職，民衆對我們這般的熱忱，眞使我慚愧萬分，我的熱血沸騰，我的淚終於是被衝動得止不住往外流，但望我能早日出院，繼續多殺幾個敵人，以副一般民衆對我們熱切的期望』！

記者請他們各位留下一影後，在珍重聲中和我們的忠勇衛國的空中鬥士們珍重告別。

鐵與血的鬥爭

——第七連機關槍連連長蔡以中——

（大公報八月二十三日臨時晚刊）

我懷了一腔更燃燒，更沸騰的熱情，重來到離別已經五年多的上海。

五年前，在廟行與敵兵白刃戰時所受的創痕，還深留在我們左腿。五年來，我們民族所受的恥辱與欺凌，加添了我們無限的憤怒，同時給了我們無限的鼓勵。

傍午，我們下了車，在出發到上海的附郊一個小鎮去的道上，我們遠遠望見「一二

八」的遺跡，那斷垣，那殘壁，我們還看見了兩路管理局新建的大廈岸然矗立在雲霄。一陣溫煦的海風撲着我們每個弟兄的黝黑的臉，我彷彿在風中聽到一種聲音。那聲音該是帶着歡喜又帶着疑懼的歡迎的呼聲吧？我不禁在心裏響了回音：「別驚懼吧？你們這次雖也許還要經歷過一次磨難，然而請你們放心，因為我們每個人都帶來了一顆比鋼要堅強的決心——把日本帝國主義永遠逐出上海！

✠　✠　✠　✠

弟兄們誰都在埋怨時間走得太慢。因為，在夜神一到來，敵人定會到我們陣地來挑釁的。到那時候，幾十年來鬱積在胸口的憤怒與苦悶，是得到一個盡情發洩的機會了。

可是，夜到來了！我們望着那半勾殘月徐徐升起，九時，十時，……一時，二時過去了，我們又望着那半勾殘月在徐徐西落，弟兄們都顯得異常焦急。雖然敵兵的陣地，我們看得很清楚，可是我們始終服從着「人不犯我，我不犯人」的命令的。弟兄們都在低低地咕嚕着：「東洋兵不敢作聲了吧？」

到三時多，保安隊一排在寶山路附近巡邏着，我們的隊伍那時離保安隊相隔二三百米。一小隊日本兵從他們的沙袋後面跳了出來，攔住了保安隊的去路，一個日本兵的隊

長操着不純熟的中國國語問：

「你們中國軍隊幹麼？是不是想包圍我們日本軍隊，是不是想攻擊我們？」

「中國軍隊從來不想攻擊別國軍隊的，中國軍隊只是爲保衛自己國家的領土而守備着。你們不是沒有理由的要保安隊撤上海退嗎？這已經是辦不到了，因爲保安隊所駐守的是咱們中國的領土！」這是一隊保安隊隊長的回答。

他們露出非常不愉快的臉色走進了他們的沙袋後面去，就在保隊開始走不上幾步路的時候，他們就向保安隊射擊了。

我們弟兄一聽到槍聲，立刻衝上去，向他們回擊。可是，我們的槍聲一響，他們的槍聲卻就停止了。

✠　✠　✠　✠

傍晚，我們在江灣路附近。

我們奉命進攻八字橋，可是青雲橋給敵兵在事先炸斷了，我們只能繞路走。

敵人在每個路口嚴密地佈置着，機關槍，坦克車，這一切向着我們行進的隊伍掃射。

我們開始找到了敵方機關槍的所在地，輕輕地和了三個弟兄，帶了一架機關槍，伏在草地上慢慢爬過去。到離開敵方約六十米的地方，我們就開始向着敵方的機關槍陣地掃射過去。

不一會，他們的機關槍響了兩下，就不作聲了。我那時的快活真是怎麼也形容不出來，我幾乎興奮得跳了起來，後面的弟兄這時也緊緊地衝了上來。雖然後來在敵兵的另一陣地裏依舊發出了密密的鎗彈，雖然在我們身邊爆發了密密的砲彈，可是激了弟兄們一聲怒吼，我們終於衝上了八字橋！

勇士的鬥志

（英文大美晚報，楡譯，二十二日辛報）

「到了緊要關頭便願意為國犧牲」，這就是中國傷兵的普遍的精神——那些傷兵目下分住在本埠各紅十字會的醫院裏，我們的記者曾跟好幾個八十八師的傷兵談過話，而，我就有了這樣一個結論。

較為輕一些的傷兵都住在較大的醫院裏。他們都現出高興的神氣，也都急於想重回

前線去殺敵。他們對於軍政當局有絕對的崇仰；而堅強地相信着在持久戰下，勝利必屬於他們的。

就是有幾位，斷腿的，胸口受傷的，頭部重傷的也都毫無垂頭傷氣的姿態，在記者跟他們談話中，也時露笑容。有幾位都有過好幾次的戰爭經驗，但是他們說：「從來沒有過像此番那樣認眞的幹，決心的衝！」

「我入伍已經有十八年了。我十五歲時就當兵的，却從來未曾重傷過 。就是這一次，我也一些不怕，我情願把我的生命爲國家的存亡而犧牲！」一個老資格的兵說，實在他只卅三歲。他是湖南人，前隸賀耀祖將軍部下。

他是十七夜猛衝日海軍司令部之役而受傷者之一。他是一個傳令兵，傳令是軍中最危險的工作。他繼續着說：

「我經過許多危險的境地，也遭遇過好幾次應死不死的機會！」

後來他記起那十七夜的情景了。

「我們的陣地在愛國女學（天通庵車站之北）的旁邊。那夜裏，突然間，日兵向我陣地開始衝鋒；我們有幾百人都沉着應戰，在密雨般機槍掃射下，他們退却了；我們就

乘機逐步進攻。大概離日司令部三里之遙，我被擊中了。我倒在地下爬，爬到一條小溪裏。

「那小溪裏滿堆着吾軍和敵軍的死屍。到了後來，我的同夥退回原防的時候，我搖着我的兩手，嘴裏也喊了起來，於是我的同夥就扶着我回到自己的防線內。

「我一些也不覺痛，可是我的腿受傷得很利害；在壕溝內，醫生替我第一次洗創口時眞痛得利害！」

他講到敵軍，他說：「那日本鬼子並不像人民所想像的那樣利害。雖然在日軍砲火下，我們的弟兄受到了相當的損失。我們有好幾次把敵軍趕到日司令部附近，那日司令部防守工程及所裝置的軍械的確很兇。在我未傷以前，那四天的兇戰，我們的確在江灣閘北一帶有相當的進展。」

後來我問他：「在炮火槍彈之下可怕麼？」他答說：「我一些不怕！在未開戰之前，我有些怔忡，可是第一槍開過後，我興奮極了，我覺得開心！開心極了！」講到這裏，他就尋看護來問：「我幾時可以出院？我要到隊伍裏去！」

在那位「老軍人」的旁邊，也躺着傷兵。他們都說：「我們老百姓對我們很好，爲

我們的後盾，這樣的熱誠，敢說：最後的勝利必屬於我們的。」

那些傷兵看去似乎都很痛苦，也很疲乏；但是當慰勞的人們隨時隨刻分贈食物，水菓，香烟的時候，他們都高興起來了。而且，幾乎每一個兵都急於要看日報和號外。

那位「老軍人」一生長在湖南，有三兄弟，除了他以外，還有一位兄弟也是當兵的，現在華北方面。記者跟他談了一會，他突然回憶到了「五三濟南之役」，他那時他在賀耀祖統率下的第二獨立師，也跟日兵作戰過，而這次已是第二次了。「這次我們總算出說一些氣，我們爽爽快快跟他們拼一下；為國犧牲，我覺得高興非凡！」他這樣說着。

從北四川路到日司令部

榆 譯

（原文載八月二十三日辛報）

廿二日英文大美晚報記者南人冒險經虹口赴日兵司令部探視一周，對於虹口一帶之情形縷述頗詳。茲摘譯如下：

過外白渡橋，沿北蘇州路，至北四川路，每一路角，必被日兵檢查一次，總算放過，他們又不大會說英國話，最多一句「謝謝」。

北四川路上，出乎意料之外，却還是很安靜，不見有什麼破屋倒牆。和以前兩樣的祇是有太多的日本兵，而不見一個中國人民罷了。路的西邊每所房子都裝上鐵絲網，每一條路角上都有沙袋的防禦物。海甯路角子上的一爿店已被敲壞了，看過去前一夜還曾遭受過火燒的。

在海甯路以北，並無火的蹤跡；但是店面因受彈火的震動，門面都已碎破。一到上海大戲院以南，在路的東面就看得出砲火的效力了——一家名爲「奢華」的咖啡館已毫無奢華可言，那所房子的前面全部被燬了；附近的房子也損壞甚重，但那家「紐約」咖啡館的「全夜營業」的霓虹燈却還依舊掛着。

我們把車子停在上海大戲院門口，走到老大華舞場的那一條小路上去。羅宋人的酒排間門口已沒有女招待來拖你，也沒有爵士音樂來引動你的心。祇是突然他從北四川路的西面來了一聲尖銳的槍聲，我們趕快地逃了出來。

在我們未縮回以前，對於老大華的樣子已經看了一看，北部全毀了，不是炸彈就是砲彈。對面的酒排間也有好幾家喫着砲火「紅玫瑰」舞場已受相當損壞，而上海大戲院却完整如故。

再前行，遜司威大廈，哥侖比亞唱機店，福民醫院，都損失甚重。遜司威路被鐵網所截斷了，因為中國便衣隊已經占據了那段區域。

✠　✠　✠　✠

北四川路底的日兵司令部，靠東面的屋頂上有一個三寸至四寸直徑的洞，洞穿四層樓；但全屋的窗戶幾無完整之處。至二層樓以下，似尚未受何等損壞。我們就在這裏見到一個年青的日本軍官。當我們談話的時候，隨時可聽到巡邏兵的機器脚踏車的聲音。對面的一所西童小學校，却已被砲彈所擊毀了。

「這裏有多少日本兵？」記者問。

「我們現在這裏作戰的兵士僅三千人，其他的兵士多散佈在各馬路上，以防止中國便衣隊的活動。我們所防守的整個虹口，幾乎都有中國便衣隊的蹤跡，他們行動敏捷，叫我們防不勝防，我們實在很情願把虹口交給英國兵把守。雖然這裏現在還很安穩，中國的炮的確是很準，所以我們在這裏嚴守，等候大軍的出奇制勝。」

「此番何不再從瀏河上岸呢？」

「不！我們不再用這老計劃了，我們現在正籌劃新的戰策。中國的飛機師的技巧和

勇敢的確叫我們佩服，他們的飛機也是美國貨。」那軍官說到這裏，舉起他手裏的手槍，原來也是美國創造的。

「中國此次的作戰能力遠非一九三二年時可比。我雖然不曾參加上次的戰爭，上次是野蠻的凶戰，這次卻是根據軍事學的科學戰了。」

我們興辭而出，他替我們祝福：「願幸福降臨在你們身上！」這一話的確叫我們心胆俱寒啊！

我們出來的時候，看見那司令部的內容：軍火亂置，顯然現着慌張的狀態；最下一層有許多罐頭食物堆着；那司令部旁邊的「室內游泳池」的屋蓋則已打穿了。

✠　✠　✠　✠

我們回來的時候，從老靶子路而來，威利大戲院已全部被毀，前面還停着一輛破汽車。但是，乍浦路上卻還能聞到啤酒的氣味。

崑山路上的景林堂及蓬路上的大廈都還完好。

總之，所謂「小東京」，的確已受了重大砲火。但是，在乍浦路，吳淞路，靶子路的一小段中，卻還勉強維持着它的整齊與安靜。

大場脫險歸來

（八月二十四日大晚報戰地記者特寫）

昨日敵機四出轟炸，自上午九時許起，迄下午三時左右爲轟炸最猛烈時期，但我方未受多大損失。本報記者適自大場回來，目覩敵機無的放矢之情形甚詳，爰刋錄如下：

我和紅十字會的視察員張仁浩，坐着一輛汽車，目的是想去看看前方救護隊的救護情形。路線，我們商酌好了，是先到大場，然後再到羅店。

在沒有出發以前，就有許多人告訴我，說敵人的飛機是那樣的慘無人道，看見汽車上懸着紅十字旗幟的，它就追擊，施放機槍，甚至投炸彈。

同時也有人告訴我，說前天有人想到××部去慰勞，他穿着白帆布的西裝，於是在路上他給敵機作爲目標，一路追逐。等他到達目的地以後，敵機就在××部附近，投下了幾顆炸彈。

是的，在敵機那種不顧人道的行爲下，做救護工作是相當危險的。但是爲了民族的存亡戰，誰還顧到身家的危險？一批批的救護，首尾銜接地到前線去，把我們受傷的忠

勇抗戰將士，一個個送到後方來。

在前方做危險的救護工作的，是那樣奮不顧身，我僅是到前方去看看救護情形，那裏能有什麼顧念。我把這一套白的西裝換了黑色的，於是，就帶着興奮的心情，踏上了我們的路程了。

路上，我們是受盡了盤詰。中山路口的英國軍士除了詳細的盤查而外，還看看我們帶着充饑用的麵包，和汽水，故意的問我們這是什麼？但是結果我們還是過去了。出了租界，駛上了空曠的中山路，我舒了一口氣，很愉快的覺得現在是到了自由的土地了！

但是到了滬太路，情形就不同了，冷清清的帶着一片恐怖的情緒。警士也蹲在地上，隨時隨地在留心飛過來的飛機。

在顛簸不平的道途上前進，而敵人的飛機也從後面飛來了。飛得很低，一片擾人的軋軋聲。於是我們只得跳下汽車來，躲身在田野間。敵人的飛機在我們頭上翱翔了片刻，過去了。我們再前進，警士告訴我；汽車太危險了，容易被當作目標，最好還是步行，但是因為車上有東西，汽車又不好隨便拋棄，我還是駛上去。但是轟轟之聲起伏於

四野，敵機又在那裏無的放矢，轟炸無辜了。

難民，擔着他們不忍捨去的最後傢具，在向上海逃來。有的人頭上頂着綠草，仰着頭在向天空觀望。他們雖然家已毀棄了，但是沒有一些抱怨的神色，對日本帝國主義，只是痛恨。一個人對我說：

「家炸毀了算什麼！等着吧！日本帝國主義者，轉瞬間你就要給我們毀滅，我們能復仇，這點小損失算什麼」。是那樣的感憤，民族的怒焰，現在早燃起了。那些殘酷的舉動，只增加了我們殺敵的決心吧了。

爲了避免有意外損害，當敵機在我們頭上盤旋的時候，我們就跳下車來，伏在田野間，這樣有好幾次。一次我看見三架敵機在我們頭上，盤旋數次，結果在不遠處，轟的一聲，炸彈是掉下來了。看那濃烟的方向，是起在田野間。啊，那樣心慌意亂的無的放矢！

或許是我們的幸運，因爲躲避飛機，我們的車子是走得那樣慢，未遭波及。因爲到了前面大場的大場紀念碑前，我們看見那條路上，剛炸成兩個窟洞。路傍的車子，計公共汽車三輛，小汽車四五輛，以及其他都炸毀了。餘燼尚存，正發着一縷縷的清烟。

正當懸吊間，敵機又飛來了。我們於是退後繞到一條小溪旁邊。很奇怪的，溪邊的小徑，也居然給日機炸成一個大洞。這個泥洞作了我們最好的掩護物，我們伏在那裏，看敵機轟炸。震人耳鼓的爆炸聲，四處傳來！

因爲前面敵機轟炸更烈，我們的汽車不能再前去。同時，大場那裏的紅十字會救護隊又不易尋到。爲了脫離險境起見，我們商量了一下，決定還是開回上海。回來的情形，似乎好一點，但是我們伏在田野裏的次數，也有三四次。

轟炸聲，和高射砲聲，互相應和着。

汽車高速率的駛着，我們又回到中山路口了。

駛入了租界，汽車停下來加油，民衆知道我們從前方回來，圍着我們紛紛詢問前方的情形。當他們知道敵機又在轟炸時，他們每個人臉上的青筋都爆起來了。忿怒的情緒，不能言喻。

敵人的飛機，消滅不了我同仇敵愾的民氣——回來時，我這樣欣喜的感覺着。

夜行散記

——大公報戰地特派員——

（八月二十五日大公報臨時晚刊）

八・一三抗戰以來，記者因職務關係，亦與與前綫健兒同未安枕。昨晨治事甫畢，又銜社命赴浦東視察，黃昏始得返館，適獲一極巧之機會，而偕×××軍官至北面前線觀察。車出楓林橋，迂迴前進，柳篩月影，波漾漁燈，道傍衛國戰士，正擎槍立於風露之間，勤於職守之精神，令人深爲感動。

在此大自然之懷抱中，大月當天，萬物可睹。呈現車窗中者，初爲租界西區之黑色輪廓，高聳霄漢之永安新廈，突立市街之間，有如雞羣之鶴，其狀安詳，不因前午日人炸彈之毒手而稍改其態度，頗能代表中華民族堅忍獨立之特性也。繼見租界北區，有數處火光接天，正不知其爲楊樹浦之工業精華，抑爲虹口區之市民汗血，又遭暴日之毒手矣。

漸進而至我軍砲兵陣地。其前信號燈頻燃，一物升空，極强之光數點，隨之而起，擁有射程×萬××公尺之巨砲數十門，遂因目標指示而發揮其威力。其中頗有無家可歸之東北健兒，佩白底藍字之「鄉」字臂章，參加抗戰。九・一八切齒之仇，不圖今日能

以打擊相報，其作戰之勇敢，自不必言。我軍砲火一發，響如迅雷，而敵陣閃電之勢，卽因之迸起，想見摧燬力量之猛，犧牲其下者，正不知有若干生命。日人與我，同種同文，彼輩因受軍閥之愚弄，作此不義之戰爭，捨家捐命，獲此結局，豈不寃哉！

目的地既達，停車於榆林之下。此處爲南北兩戰場之中心，適如三角形之銳角點。機關槍，迫擊砲，在萬籟無聲之原野中，淸晰可聞。其地房舍已爲日機轟炸，損毀殆盡；公共汽車數輛，亦如蜷伏之犬，貼地不起。

今晨一時許，前線救護車三輛絡繹而來，每車僅十人左右，傷勢均不嚴重，可證我軍損失甚小。據一步兵黃耀景言：彼在吳淞方面作戰，十時左右，因衝鋒陷陣，爲敵人機關槍射中，傷及兩臂。本欲繼續戰鬥，因迫於排長之命，始退下治療。彼言登陸日軍，並無多大戰鬥能力，均匿於江畔房屋之內，不敢挺身應戰，可見並無遠大之志。我軍已有×師增援。江岸一線，敵在六處被我包圍。此地並無堅固據點，防禦工事亦難構成。登陸之敵，欲圖生還，殆已不易。此輩鬥士雖已負傷，竟無一人作呻吟之態，對外戰爭之能激發民性者如此！救護隊及童子軍在深夜中盡瘁服務，愛國熱情亦不減於前線鬥士也。

越數里而至一地，在黯淡燭光下，會見×××師長王敬久氏。彼於十二日晨到達市中心區後，即在楊樹浦一帶作戰，屢破敵人堅固戰地，誠虎將也。氏聞記者等往訪，趨出迎迓，態度和藹，以誠懇之言詞，敍述該師戰鬥經過。東北一線我軍確已攻佔岳州路，公平路，塘山路，百老匯路，照華德路一帶。突進之點，亦已獲有聯絡，敵人決無發展可能，該線日下尚在相持中。

王氏旋又述及江岸一綫之戰況：敵在張華浜登陸者約二千，已被解決；吳淞砲台灣前晚登陸之敵祇數百人，因有據點，故尚圖掙扎，但信不久即可擊退；獅子林一帶，登陸之敵約一師團，亦被我軍包圍，即可解決。昨晨並得司令部通報，我砲兵將泊駐吳淞口外之敵艦一艘予以擊沉云云。

記者等於四時遵原路返滬，則數小時前所見之砲兵陣地，已完全挪移，其運動之神速，至堪驚異。中國僅有六年準備，軍隊之進步即已如此。記者深信長期抵抗戰之結果，必能使全世界改觀也。

訪傷兵記

士平

（八月二十一日辛報）

自從我們對暴日的抗戰開始後，我們一直抱着一種熱切的願望，就是能和我們的衛國親兄弟——軍士同胞——見一次面，握一次手，談上一次。我們每天都想到前線上去看看他們的英勇的鬥爭，聽聽他們親切的令人神往的英雄故事，可是我們終沒有辦到。而這裏，差足滿足了我們這點私願的，便是昨天的某傷兵醫院的訪問。

由朋友伴領，到了某傷兵醫院，摸出卡片，說明來意，立刻就被一個熱心的小同胞童子軍帶到他的隊長面前，徵求了許可。那隊長看上去像是一個經驗豐富而又細心的人，他雖然答應了我們的請求，却叮囑他的隊員說：『帶他們去，同時你可等在旁邊，聽聽他們的談話。』後來他似乎覺得這樣還嫌不夠，當我們剛剛檢好一個傷勢較輕的戰士的床邊坐定後，他又親自跟了來。

可是這種猜疑的空氣并沒有縹渺好久，我們幾個立刻就成了親密的知友，無顧忌地談話起來。

那和我們談話的戰士名叫向吉春，是××師×××旅×××團一連一排的兵士，他的傷創是膝部。幸而敵人機關槍彈沒有打斷他的骨頭，不然他一邊的腿非就此殘絕不可

了。

『我們正在換防，敵人的大砲轟了過來。我們一連的許多弟兄「都掛彩」了。』我們的戰士說。

『實在，敵人也只知道濫開大砲』我們輕蔑地說。

『敵人的砲火的確很猛烈的。有一次，我們一連正在防守八字橋的前線，敵人對我們猛烈砲擊。幸而他們的砲彈每一顆都落到我們前面的河中去了，所以我們的弟兄，只有幾個受了頭額等處的微傷，不然早就全部完事了呢！不過這幾天我們的大砲也運到了，敵人像是吃了更多的苦頭呢！』

那看來沉默寡言的武士，像是漸漸興奮起來了。本來半臥着的他，開始掙扎着想坐起來。這時，從他的包紮好的傷口裏，血又重新流出來。

那童子軍隊長和我連忙幫助他坐起，并且用被單把流血處紮好。隊長像是很抱怨他，說：『你自己不可以動，一動傷口就要重新破裂呀！』

可是流幾滴血是決不能阻止那發了熱的武士的話頭的。他回憶地繼續說：

『從我們這次打仗以來，我們除「前進」以外，還沒有接到過其他任何命令。我們

只是反覆做着一件事，那便是衝鋒，有一次我們在××地方，奉命去奪敵人的裝甲汽車我們派一連弟兄去，可是囘來的却依然是一連，原來敵人已棄車而逃了。同日本人打仗，我們直唯恐不死。就是我受傷之後，本來也想留火線上繼續殺敵的，可是因爲他們看我傷在膝部，已經不能衝鋒，硬把我送來了這裏。其實我即使掛了一點彩，依舊可以和鬼子拼一拼的呢！』

一抹惆悵的影子，掠過了他的臉部。我們暫時沉默了一囘，此後那悲哀的勇士又繼續說：

『敵人對我們，什麼惡辣的手段都用得出來。他們這次又用有一種電槍。凡是吃了這電槍的，就要全身焚燒致死。喏，前面一隻床上的排長，就是中了電槍的。此外還有一種電砲，情形也大略相同。』

這時我突然想起了有一些報紙上說是前方缺乏糧食的記載，把這事問他。這時童子軍隊長替他囘答。

「這事我很清楚。那完全是輸送的問題。我在這裏服務以前，就在前方担任過輸送。時常，我們接到某地需要食物的電話，我們便連忙把食物送去。可是等我們送到那

裏，却不見一人，原來早已又衝向前面去了。而我們，又不能跟着送到他們衝鋒的地方去。於是他們就要常常餓肚皮了。」

接着，我又問了那戰士關於我們前方的戰情，可是因爲地理的生疏，他只能說是前進了不少，而不能給我以明白的回答。我摸出袋錶一看，時候早已超過了規定的採訪時間，因過不願擾亂極度需要安息的戰士們的睡眠，我們連忙和我們所訪問戰士和那親切的童子軍隊長陳君道別，辭了回來。

在滬東的奇遇

一 難民

（八月廿七日大公報晚刊）

我們一共四個人，都住在楊樹浦裕豐紗廠的附近，十三日的戰爭發生了，許多人都在向蘇州河的北岸逃去，我們想走，但是，我們沒有錢，也不能離開我們賴以生活的滬東，因爲我們是在工廠裏做小職員的啊！

然而，局勢一天天的緊張起來了，砲聲震動着我們的耳鼓，流彈在我們的頭上飛動，怎麼辦呢？我們只好潛伏在我們的工房裏，關上了門，閉上了窗戶，屏息着聲音，

靜靜地等待着有一個脫險的日子的到來。

就這樣，一天，兩天，三天過去了，到了十六日的早上，我們突然聽見了門外，碰碰敲門聲，把眼睛從門縫裏向門外張望，看見有五六個日本浪人，臂上繞着白布的符號，有的手裏拿着鐵棍，有的提着手槍，在我們門前站着，我們在屋裏一動不動，等他敲了一分多鐘，以爲這屋子裏已經一無所有，便又跑到對門去了

在門縫裏外望，我們看見他們正從對門屋裏揪出一個二十幾歲的青年，我們同廠的工友，在毒打，那鐵棍上飛濺着鮮血，那慘痛的叫聲，震動着我們的心靈，我們同屋的伙伴憤怒起來了，想要衝出去，然而，我却把他們拉着，因爲，出去的結果，必然會遭受同樣的命運。現在顯然是犯不着的。

第二天，我們非出去不可了，我們沒有了米，也沒有柴火，不出去就祗有餓死，在一個黎明的早上，我們走了出來，然而走了不上五十步，碰的一槍從後我們的面響着，一個同伴受了傷，在地下掙扎着，遠遠地聽見幾個日本人不純熟的聲音：『便衣隊！便衣隊！』

他們把我們當作便衣隊攻擊，事實上使我們不能不拔步飛奔，接着後面追起來了，

我們在滬東是很熟習道路的，向着草房子裏轉了幾個灣以後，他們便再也找不到了我們，我們從砲口中逃了出來，心裏不斷地在跳動。

✠　✠　✠　✠

又一夜過去了，我們伏在牆角裏過去的，當天色黎明東方露出一絲陽光的時候，我們被一輛卡車的聲音所驚擾，有三個日本兵出現在我們的面前，我們最初很徨恐，但也很鎮靜，我們本是一無所有的人，還怕甚麽呢？

來的三個日軍，有一個瘦瘦的個子，他雖荷着槍，但面上却還帶笑容，他們在向我講話，然而我不懂，等了一會，他們在身上搜出了鉛筆和紙頭，寫字給我看，他們寫的是莫名其妙的中文，我所能認識的是「貴方尊姓大名？」「貴事情作？」……」我不十分懂他的意思，但大體上可以猜出他是在問我姓名和職業的，我看他態度還好，但也用筆在紙上寫來答覆他，寫來寫去，他似乎很感到興趣，他問我「東洋兵上海進出，勞働者諸君意見是何？」

我覺得他很有點奇怪，以他的態度揣測，這幾個人大概是有點「過激思想」之類的人物，所以，我也就大胆起來了。我向他寫：「日本侵略中國，是日本軍閥資本家的野

心行爲，與全日本勞苦大衆毫無利益，我們中國人都反對」，我一邊寫，他們一邊點頭，並不斷向我表示同情的招呼，他並且向我寫了一大篇，現在我只記得「日本資本家，財閥粉碎，侵略支那停止」……等，他告訴我們的姓名，並且他們是大阪的勞働者，他們說住在大康紗廠，叫我午後二點鐘在原處等他，分別的時候，他們是那樣的歡欣，他拍拍我的肩頭，叫我向西邊走，不要走東邊。

✠　✠　✠　✠

我心裏莫名其妙的感到非常的興奮，疲乏的身體突然生出了新的力量，向西面走，打算在那裏躲上半天，再和他們談一次，好奇的心裏顯然超過了恐怖的威脅。

然而，很不幸的，當我走到甯武路口的時候，一個日本軍官帶着一小隊的日本兵把我抓着了，問我，打我，不准我向西邊走，叫我滾出去，他們搜索我的身上，問我『洋鈿有嗎？』『鈔票有嗎』我每一個荷包都被他們傾倒，連兩元多的鈔票角子都被他們搜去，我的背被他們打傷，手上被刺刀截傷，只好一步一步的向着南方走。沿途看見了許多同胞的屍體，都是被他們打死的。

救護車來了，我才被救護了出來，然而，這個遭遇使我覺得太奇怪了，似乎不能不

把牠記上，這些都是事實，我向你們保證。

一個壯烈的故事

（八月廿七日大公報晚刊）

此次的中日戰爭，就是一部壯烈的史實，這一個壯烈的故事是一部壯烈史實的一個小小的插曲，而到有人寫壯烈史實的時候，恐怕是會將這壯烈的故事遺忘掉的。

在傷兵醫院裏，一個斷手缺臂的重傷兵，向着看護他的看護婦說：

「你給我一點水喝吧！」

「醫生囑付過，你的傷勢很重，是喝不得水的，你靜一會兒心，就會好的。」看護好好的安慰他。

「不，我要水喝，我的心頭充滿了憤怒之火。爲什麼我不多殺死幾個敵人呢？爲什麼敵人不殺死我呢？我的恨還未消，而我已受了重傷，不能打仗了」，傷兵喃喃的說。

「你好好的安息一會兒吧？」看護勸他休息。

「不，我不能休息！在戰場上的兄弟，誰見誰休息來？上了戰場，不是你死，就是我活。我們的兄弟，上了戰場只曉得拼命，只曉得殺死敵人！有許多兄弟被人殺死了，而我還活着，我怎能夠休息呢？」

他又繼續興奮的說：

「我們連上的陳人義，他纔是一條好漢子，一個好兄弟。他不過是十九歲的年紀，可是他生來一付愛國的心腸。在今年兩個月以前，他的家裏方爲他討了一個好媳婦，小夫妻好得像什麼似的。本來，他的家裏有幾畝田，要他在屋裏種田過活的。可是，此次上海打起來以後，他瞞着父母，瞞着妻子，跑到前線上來。我們很奇怪的問他：爲什麼這時候跑來呢？你們猜他怎麼說的？「我當了幾年的兵，只是中國人打中國人。這一次我們打東洋人了，我還躲在家裏幹什麼呢？」這話說得多麼有骨氣！

「難道你不想你的老婆嗎？」我們笑他。

「中國快要亡國了，還要什麼老婆！」他罵我們沒有骨氣。

「在火線上，他眞是勇敢極了。他的眼睛發火，他的心裏冒烟，一到陣線就衝，見了敵人就殺。在攻打八字橋的時候，我們同敵人肉搏，他一個人奮不顧身，一連殺死了

九個敵人。只等他的刺刀殺鈍了，他仍然是不顧一切的衝上前去。可是，結果是被敵人一槍打死了！而在他死的時候，臉上仍然是泛着微笑的！」

傷兵敍說着，沉痛的臉上掩不住他的興奮。

「我算得什麼，我算得什麼，不過是傷了一條臂膀，斷了一條腿吧了，我又算得什麼！」

虎口餘生述

（八月廿四日申報）

記者友人陸君，於昨日自華德路齊齊哈爾路中興里，在敵軍機槍掃射下脫離虎口。下午與記者晤面，詳述我軍勝利進展情形，及其脫險經過，歷歷如繪。特錄誌於下：

當戰事最初開始時，該處僅聞得遙遠之砲聲，故未加注意。迨至十六日敵軍敗退時，雖欲脫離險境，事實上已不可能。蓋敵潰退後，即在前明園跑狗場內架有機槍四架，華盛路口祥生汽車公司門前亦置有重機槍二架，更在榆林路口置大砲一尊。同時

我軍亦在齊齊哈爾路（東方浴室門口），華盛路，韜朋路，遼陽路，荊州路，大連灣路，保定路等各要口（均在華德路北），密佈沙袋鐵絲網，架設機槍，與敵軍僅距百武之近，雙方成對峙狀態。故敵一見我市民自屋中逃出，即用機槍掃射。至目前爲止，自高榔橋至保定路一段之華德路上，慘遭敵人擊斃者，不下一百餘人，屍身且無人掩埋，狀至慘痛。

余（陸君自稱）蟄伏屋內，不敢啓戶者凡六日。詎至前日下午五時許，華德路上之順吉里物華里華德坊均付一炬，而火勢已延燒至中興里之街面市房。至此，余遂喚同弄內未及逃出之鄰人約六十餘人，乘濃烟之掩蔽，由中興里衝出，一直逃入對面齊齊哈爾路我軍防綫內。待尚餘殿後十餘人時，被華盛路南口祥生汽車公司門前之敵方始發覺，急用機槍掃射，已屬不及，故無一人受傷，迨進入我軍陣地時，我前綫官兵，對於余等異常和藹，並加安慰。同時更蒙派人領導指示脫險路徑，余等乃連夜繞道至江灣，然後至大場，再由眞茹到特區，方獲與君晤面云云。這時，不勝欷歔。

從日本人的囚獄裏脫逃出來

——一個英勇的童軍的自述——

（九月一日辛報）

八月十七日上午九時許，服務在大世界傷兵醫院上海市童子軍戰事服務團團員潘君世英，在滬西被日本浪人架去了。終因他臨事機警，幸得脫險。以下是他歸隊後的自述：

『當時，我被三四個浪人拉進了一個紗廠。經浪人報告內部的主持者畢，便將我解到了吳淞路日本商人俱樂部。

『在那裏，就有一個漢奸向我作種種無理的盤問，除問姓名外，再問是否抗日會會員？「曾參加過義勇軍？」「在海甯路一帶，有沒有打死過日海軍兵士？」我除回答了眞實姓名之外，其餘一概不理。這時，另有一個漢奸，就將我編爲「一〇七」後，我就再被送進了附近的懷安堂內。

『在懷安堂，我受到了日本七八個海軍用木棍的痛毆。同時另有三個日本軍官在旁怒目虎視之下，又用皮鞋槍柄助毆。至此我已漸漸的昏迷，終至不省人事。其後，我又被他們用冷水灌醒了，於是就將我丟在一旁。

『當我蘇醒時，已是十時半了。忽然，我見到又有三個童軍，與我同樣的由戈登路解到了此間。並見那三個同志的肩章及符號，早被撕去，衣袖亦撕破，只有平邊軍帽及領巾（係青白二色縫合的）仍留着，兩手也被用繩反綁着。當由漢奸向三人詢問「是否加入青年團（因爲日本童子軍大多數叫做青年團）？」他們當堅決的回答說：「不必多問，要殺就殺！中國一定要打敗你們狗日本的！」該部日軍官見此聲色俱厲的童軍，卽不問情由說聲：「去劈！」就有許多日兵，一擁上前，將三童軍拉至後面操場。我目擊我們的三童軍在槍聲數響中倒斃了！

『這時我也被拉至後面，有日兵二名看守着。至下午二時許，又一度將我訊問，但是我仍閉口未供。當然，這免不了一場痛毆。

『延至第二日（十八日）夜間，適有我軍砲彈一枚，落入該部，有日兵二名炸死。這時，忽來了日兵十多名，槍上的刺刀，瞄對了我胸口，似乎有將我刺死的模樣，有不少時候，一直的這樣用槍對着我。這時，我又看見一個我國商人被毆，不久，他的左太陽穴，被打進了一顆子彈，而由右太陽穴穿出，又射到了另一個被捕的市民的腿部。那個商人慘死了。

『到第四日（二十日）的早晨，因爲我始終不肯說話，又被嚴厲的用篾竹條痛打。同時，又見十餘個被捕的市民，日兵們正在追着他們投降做漢奸的工作，否則立卽用槍刺死。但見內中有一個是穿草履，頭戴笠帽者，手裏握着許多僞幣。據稱：原來他本在楊樹浦一帶做漢奸工作的，且能說流俐的日語，當時也被禁入拘留室內。此時有日軍官數人，將拘留室的「囚犯」依號叫出十五人。因爲鉛筆寫的號布字跡含糊，我就冒答一一四號，而與十四人一同叫出。當卽裝上卡車，駛出至外白渡橋北堍，將我等十五人完全釋放了。

『在這十五人中，那個說日語的漢奸，也在其內，我見他向蘇州河北面逃。我雖力疲神乏，但不忍心多一個漢奸的活動，而破壞我們的後方，我就力竭聲嘶地喊着奔着。民衆們立時就快走趕上，把這個漢奸捕獲了。由四川路橋一直到南京路口惠羅公司門前卽被中央捕房的探目拉住，我也與他同到捕房作證。當經第一區警察局，將這漢奸從捕房解至警局；由局方嚴詰之下，眞據確鑿，卽行槍決。』

吳淞口外觀戰

王　孟譯

（九月一日辛報）

——據英文大美晚報記者廿八日的報告，他在吳淞口外，親眼看到該處附近作戰的情形，這時他剛在停泊林肯號旁大來公司的渡船上，看到前面突然開到的日本魚雷艦，正對着吳淞海岸預備作戰，觀察頗爲清晰，譯錄如下，以獻讀者：

在當晚十二時二十分，戰事就發生了。大約在岸上離開海面五十碼的地方，恰在海港驗疫所的對面，這小型的魚雷艦上也接連地放着機關槍，於是就在這驗疫所的地方和四圍，引起了一場激戰。

當時許多在渡船上逃難的外國人，都蹲伏在甲板上；有許多沒有走上來的，也很恐惶地藏匿在下面。已經在林肯號船上的，則都擠在船艙的下層。這時魚雷艦正連續地放着牠的機關槍，也不時地轟着他們的追擊砲。

爲了一批外國僑民的經過，戰事暫平靜了一些時候。但是，過後，日本軍艦就不斷地放着猛烈的砲彈，向吳淞一帶的村口轟炸，而中國的防守的軍隊也常時飛過一些槍彈來，作爲往還的酬答。

當時，有四隻日本飛機，軋軋地掠過我們的渡船，從浦東方面飛來；有兩隻最先

的，已達到了吳淞鎮一帶，四圍的周旋偵察，丟下了不少的炸彈。

到了早晨九點鐘，戰事異常激烈。日本把幾艘軍艦，都排列在岸口，猛烈地向着岸上猛攻。他們以爲那裏正是中國軍隊在佈防着工事。此外另有一架日本的轟炸機向中國陣地擲了好幾個炸彈；但是，結果：在中國高射砲的轟擊中，被迫降落了。

吳淞口外的洋面上，在濃烟暗霧之中，隱約看得出八隻海船的陣線，其中三隻，很清楚地可以辨別出是日本的兵船。此外，在黃浦江中，還留着十多隻平底的巡洋船和驅逐艦。在外灘日本郵船株式會社碼頭附近，則停着一架修理船隻的機器。而在各個碼頭附近，還有不少小的船隻駐泊着。在崇消日本郵船株式會社碼頭附近的第三十號的驅逐艦外，另有一隻全身白色的醫船，在兩個烟囪上和船側旁畫着幾個顯著的紅的十字，在這醫船上，一點也沒有什麼動靜。

在浦江下游楊樹浦一帶，長留着一片淒凉的景象 。雖然確能看得到幾幢稀疎的房屋，但眼前所呈露的一切已顯出了戰後的衰敗。在碼頭附近，還看得到幾個日本兵在活動着，但是看不出他們在進行着什麼工作。

靠近吳淞一帶，有幾隻日本運輸的船隻，正在駁卸牠的輜重；岸上還有排成雙行的

日本兵在進行。在他們的兵船上全都掩護着稻草，好像是一種故意造作的偽裝。船上留着幾個水手，正打着旗語，在招呼岸上的日兵的佈防。

吳淞江前面電力廠的牆壁上穿着不少的彈孔；附近的房屋，也遭受了重大的轟擊，而留着一個個很大的窟窿，遠望去好像篩子一般，做了江邊的特殊的點綴。

歸來的時候，我們的渡船已變了空空的一艘；在船離吳淞不久之時，隆隆的砲聲便又震起了江中的怒濤；我們可以想到，激烈的鬥爭又繼續在進行中了。

吳淞十日血戰

——保安隊團長岳岑詳述

（九月四日大晚報戰地記者特寫）

「問我受傷的經過嗎？其實，這點兒輕傷算得什麼！保衛國家，是我們軍人的天職呀！」

「你聽了不會感到厭倦嗎？也好，我們不妨簡約地來談一談。不過，那怕是十分乏味的吧。」

「到二十日的晚上，情勢就驟然緊張起來。敵人因爲在虹口一帶軍事失利，陷入了重重的包圍，自然，突圍是他們唯一的辦法。因此在蘊藻浜張華浜一帶，他們就用大砲飛機作掩護，隊伍密結地向岸上衝來了，這樣，我的防地，也就受到了極大的威脅。

✣　✣　✣　✣

二十一到二十二日，我所率領的弟兄，和數倍於我們的敵人曾苦鬥了整整三十多個小時。三十多個小時，是多麼長的一個時間啊！沒有東西吃，也沒有東西喝，眼見弟兄們一個一個的壯烈地犧牲去。但這是爲國家呀！除了不惜一切地和敵人拼命以外，還有什麼更妥善的辦法呢？因此，始終我們還是支持了下來。

「二十三日下午，敵人因爲屢攻不逞，情勢稍見緩和。蘊藻浜的那條橋上，我們的弟兄是死得很多的。幾次我們想衝過橋去，想幫助他們擊退敵人，但幾次都爲敵人密集的機關槍止住了。有一次我們已幾乎快衝過橋了，但無恥的敵人，卻在橋的南端放火燒了起來，眞悲壯啊！那一剎，我們的弟兄，前仆後繼，竟犧牲了不少哩！

✣　✣　✣　✣

「但當我進抵××時，敵人似已發覺，分了一隊兵士向我這邊迎擊過來了。我們便

在××展開了劇烈的搏鬥，而我也就在這當兒掛彩啦！

「我的頭，剛想抬起來，敵人的一顆子彈就洞穿了我的軍帽。那時，幸喜我的神志還十分鎮定，我知道我所蹲着的地方，已成了敵人攻擊的目標，就把身子向右移了過去。那裏是一叢蘆葦，起初我以為蘆葦中一定還有土墩，所以沒有伏下去，可是我立刻看清了，於是就迅速的躲了進去。剛伏倒，颼一顆子彈就飛來洞穿了我這右臂。但這時我是負有重任的，我不能退，所以在忍痛之餘，依舊一聲不響的伏着。

「敵人愈迫愈近了，顯然這是肉搏的時候了，我便硬撐起身子來發了衝鋒命令。這樣，大地便立刻捲起了狂濤，弟兄們個個都奮勇爭先的站起衝了過去。喊殺聲響澈了雲霄，塵烟也瀰漫了四週——敵人究竟都是些被軍閥迫着來作戰的呀！所以喊聲起處，他們就都踉蹌地各自逃命了。不到十分鐘，我軍就完全擊退了他們。

「以後，由勤務的扶助，我纔離開戰場。

「到這裏來，還剛是昨天下午（一日），因為沿路敵機轟炸得很厲害，由勤務扶着走到滬太路。纔由童子軍救囘來。

「眞的，這點傷是算不了什麽的！你瞧好啦，再過一二星期，我就可囘戰場去殺敵

的！」

上面是記者去訪問了剛由吳淞受傷歸來的×××第×團團長岳岑氏後的忠實記錄。

岳氏，據聞係黃埔第一期畢業生，年紀還只三十四五歲左右，姿態是十分英俊的。記者去訪問他時，他一直興奮着。只有當最後記者問起他所率的死傷人數時，他的語音，纔轉爲幽傷的低調。但接着上面，立刻他就又振作了起來：「不過，這數目與敵人死傷的數目相較，却還是很少的。你可想像到的：敵人的密結隊伍登岸時的犧牲，是多麼重大啊！」

此外，我們還談到了下列的三點：

（一）據他觀察，最後的勝利，是一定屬於我們的。他說：這幾天戰事的進展，雖然比較沉寂一點，可是我們該認淸的是：中國能打勝日本的方法，只有採取持久戰的戰法的。因此，這樣的狀態，是不值憂慮的。

（二）敵人的登岸，並沒有多大關係，那方面我們的軍力配置得很雄厚。只要我們不讓他們再擴大戰線，使他們的軍隊密結在一起，陸軍不能發揮砲火的威力，我們是總

有殲滅他們的可能的。並且在用兵上說，敵軍的砲艦在淞口一帶已早排成了一個砲兵陣線，他們成天地向我岸上猛轟，結果自然都是我們的損失。我們的軍隊，既不能在密集的砲火下站住脚跟，還擊也就很困難。所以在某種觀點上看，讓他們登岸後，再設法殲滅他們，也是辦法中的一種。

（三）在這次淞戰中，敵人的隊伍中，據調查還雜有被逼從關外開來的「僞滿」軍隊。敵人驅用這些東北人向我軍喊口號：「老鄉！大家是自己人，不要開槍！」但當我軍抬起頭來時，他們就用機槍橫掃過來了。這點，是值得我們痛心的。他們假定不願做奴隸，乘這時候反正，實在是最好的機會。

（八月二十八日辛報）

脫走於虹口之絕境

胡維九

起初，我已很清楚的看出全滬到處無樂土，也很憤怒的仇視一羣無組織的「搬場」之羣的無謂的自擾，我確曾綳起一副不爲騷動所擾亂而惟求沉着應付的臉譜，我驕矜地。

十二日那天，鄰近的居民，都紛向蘇州河以南的「安全」區逃命，我還是不爲所動。

翌晨九時十五分，果然敵人在閘北先揭開了戰爭的序幕，滬東的局勢頓成了一個大混亂。但是，我，我還是留居於虹口，一是出於不及，二是無力逃避，三是難捨我這臥病的良妻，不得已遂終於做了饅首兒的餡子。

從十四至十八，繁華的虹口，已成了「修羅」之場，街頭除了日兵帶着驚怖的神色，放哨，佈防，和坐着馬達卡沉默而匆忙地開赴前線之外，已成了死寂的境地。可憐我們無辜的同胞，整日夜躲在屋子裏苟延殘喘。我們絕不能自由的啓門張望，否則卽遭殺身之禍。虹口的民衆，在日兵的鐵蹄下，隨便有消失生命的可能！

十九日，情形却突然變了，幾日來死一般的滯重，變成了頂度的緊張。有幾處已經着火，甚至逐漸地由茂海路公平路鄧脫蓮兆豐路，而延燒到新記浜路來了。

傍晚，獸性的日兵曾一度緊急地來敲開了我們的門，我祇會張大了眼睛，護着病妻在床邊怔了一陣。結果，得悉日兵的來意，是通知未逃的居民，晚上一律要滅燈火，以避我空軍的夜襲。

一羣被毒燄焚去了住處的難民，都慌亂地，悲慘地，扶老攜幼的冒險逃命。而我們還未曾延燒着的「幸運兒」，則仍然在屋子裏死守，雖然已失掉了睡眠和飲食。

隔天，密如聯珠的槍砲聲，從遠方漸向耳邊移近，牠帶來了足以告慰的喜訊——我軍大勝。可是，我們在這裏的危險的境遇，也跟着迫切起來，我終於感覺着「死守」也不是好辦法，還是「走爲上着」吧！

我們正打算「走」的剎那，前門突發生了斧頭砍門的巨聲。於是我妻失望地悲泣地不自主地喊出這樣的話：「逃也無益，還是讓我們死在家裏吧！」一團黑光頓時浮在我乏力的眼底，心頭陣陣的酸楚，幾乎失掉了我全部的知覺。「等死嗎？不值得，我們還是快從後門逃逃看；即使死，也得死在青天白日能照臨的大地上！」我彷彿在牢門口打定了死的決心，我們必得往刑場去「驗明」是大中華民國的國民的「正身」似的。說完了一把拖着妻子沉重的脚步從後門出走。

僥倖的，溜出了弄口。但是熊熊的火正冒在距離咫尺間鄰里上空，那催淚的烟霧，蒸薰的毒火，煎熱着我倆的全身，甚至路面也成了火山的表皮，燙得使我們不易插足在濃烟中。隱約看見賴士德學校往昔的雄姿也被敵人摧毀無餘了。

沿着賴士德的後門的圍墻，摸到元芳路西安路的拐角。那一向掛着英商牌子的師善里，也在着火了。火，這敵人的毒火！ 可要把我們葬身火窟？唉！ 這時的情景，比之「死守」時更悽慘了！走吧！「走」依然是我們不變的主意。

至西安路的上段，更緊張了，我們頓時把火看做了第二個問題。那密密的槍砲聲，能震聾了人們的耳鼓！敵人的鐵鳥，不斷地產下一顆顆硫磺蛋。轟！轟！那一聲聲巨響，一簇簇灰烟，好久佔據了裏虹橋兩境的上空。東邊已成了一片冒着餘燼的廢墟，即使倘有矗立其間的，也不過是市廛和廠房的斷垣殘壁了。

再過去，那邊顯然是死路，我們便折回西安路，改向東熙華德路前進。

靠着上海銀行的墻壁向東探望，祗見數十敵軍跟一羣無恥漢奸，在趕築工事，堆砂包。但是賊計未竟，穿便衣的我軍的前哨已經衝來了，他們便像無頭蒼蠅似的，向莊源大弄一帶狼狽竄去。

沿着華德大戲院馬寶山公司向南走去。滿以為將脫離了火山。那知在中虹橋的橋墩上，却遇見了這樣的慘事：

三四個日本浪人，在搜查逃難的行人。當時我們祝一個中年的婦人，在驚恐之下，

俯着身子在手慌脚亂地解開包袱的帶結。不料因爲遲滯難解，竟惱怒了日本浪人，一刀就刺入少婦的腿部，加以狠命的一脚，把他踢入虹橋河。

中虹橋也「行不得也」，沒奈何又回西安路。這是已是半天是月半天火的新秋之夜了——多慘涼的夜呵！

我們在進退維谷之夜，依着一被遺棄於路邊之破卡車下，跟着一隻也在逃難的死老鼠，一塊兒蜷伏了一宵。有一次，這缺少的車胎的鐵輪，還做了我們死的替身（那流彈祗射到牠的軀幹，而不曾抓去我們難民的「難命」）。

東方被火燄照得到處通明了，幾乎不辨這已是黎明的曙光。華德路上的日軍來往頻繁，而路邊則到處是已經失去了生命的同胞。

六點鐘辰光，我們蜷伏在火山中的難民竟得脫離了黑暗與恐怖。我們突然看見了一輛救護車，把我們這一羣奄奄待斃的難民揄數救出了。

過遂路，閔行路，天潼路的當兒，我們眼見到許多同胞正被敵人串演着多少慘絕人寰的悲劇。甚至我們飄着「紅十字旗」的救護車，也中了幾顆槍彈。敵人誠蠻無人道的了。

在這次砲火下，我們雖失去了多年心血所造成的家，但留餘的還有我們寶貴的生命。我相信：有生命就可以回原處去建築我們的家，新的市廛，新的廠房，新的虹口，新的上海。這砲火眞是給我中華民族一個新生的洗禮！——於是，我忘記了我的痛苦。

在西站的逃難者

啓一

（八月二十七日救亡日報）

自從京滬滬杭兩路開車後，據說每天向着這兩條路上逃難的人，達好幾萬人。

記者爲了要明瞭西車站的情形，曾經到那兒去巡禮過一番。坐着雙層公共汽車向滬西出發，在愚園路上，不時地可以看見英軍所築的防禦工程，沙袋堆得伸向了街心，僅可以通過一輛公共汽車。來往的雲飛與祥生的汽車，不斷地穿流着，人行道上攜老扶幼的難民，潮水似的向着西車站那兒湧。

兆豐公園的門口，英軍仍舊在那兒建築防禦工程，黃包車夫拖着沙袋，一輛一輛地從極司非而路的兵營向着那兒拖，有幾個堆置好了的沙袋上還搭了涼棚，就像亭子似的，大太陽灑不着他們的腦袋，英軍坐在裏面乘着涼，樣子很悠閒，口中有的還含着一

根雪茄烟。

在舉愛娜花園的門口，佈置了鐵絲網，荷槍實彈的英軍在那兒把守着。一過了鐵絲網，乘車的人便坐得滿地了，東也堆着行李，西也堆着舖蓋，賣茶的小販，高叫着一個銅板一杯，情形很混亂，汗氣與路邊堆置的垃圾的臭氣，直望噴管裏鑽，可是來往巡行着的英軍，却不管這些，只是鼻子上面，多了一個鼻罩。

這人潮一直從滬西站車站馬路湧到那邊的梅司非而路的交界處，那邊因為是戒嚴的區域，等車的人不能過去。所以比較清靜得多了。估計一下這些避難的人，至少有一萬人左右，那時正是五點半鐘京滬車開車的時刻，這些人不用說是踏上京滬線的了。但不然，待記者走到車站的面前的時候，才知道上午十點半鐘的滬杭車還沒有開出，車站的門口貼出了一張條子上面寫着，『……上午十點半及下午一點半之滬杭車，頭，二，三等票均已售全……』的字樣，一個車站站員在車站的涼台上向外面高嚷着：『報告！請大家注意，今天的滬杭車還沒有開出，五點半的京滬車大概要延長時間了！』

記者在車站邊，找着了一個賣香烟抽的職員，和他談了好些話，才知道從杭州開到上海的車子，在半路出了毛病，因此上海的車子就不能開出了，他告訴記者，每天規定

的是滬杭車開兩次，京滬開兩次，但是，自開車以來，很少時間是照規定的，只是什麼時候車子開到，就什麼時候開出了，譬如今天，不單滬杭車錯了時間，恐怕京滬車也要脫班了。

他說每天搭車的人，滬杭車爲最擁擠，滬杭線多半是到杭州的，然後從杭州轉到內地去，京滬車以到鎮江與南京的多，每天京滬車兩班，乘客大約有一萬人左右，京滬滬杭兩路車合起來大約有三萬人的樣樣。

記者這時便向他交涉能否到車站裏或者月台上去走走，但是却給他阻止住了。從車站的旁邊，鐵柵欄中望進去，鐵路的兩邊與月台上也擁滿了人，那是上午十點半鐘購着了票，而未開出的滬杭車的乘客。這時大太陽最辣，坐在鐵路兩邊的人都覺着腦袋在那兒「抗日」，但是態度却非常鎮靜，因爲人太多的原故，鐵軌上也幾乎站着的是人，記者心中想，這時要是有一輛火車從那頭開過來的時候，說不定要發生什麼慘禍了。雖則車站裏的路警，不時地在維持秩序，但也無能爲力。

記者正在這麼想着時，突然人叢中轟動起來了，原來是兩架日本飛機在天空上軋軋地飛着，看他越飛越近！軋軋的機聲也來得更響亮，這些彷彿像一根針似的刺進了人們

的心中，幸好牠只從東站上飛過就飛去了。否則，擲下一個蛋，那真是不堪設想。

記者偶然地想起了一個問題，便是乘客等不及時，回去了，而該班的車子却又在夜深開出了上海。乘客因此漏了車，試問乘客所持的該班車票，搭下班車時是否有效，記者問及一個車站職員時，他也無法回答我這個問題。

從上海到蘇州

王瑩

（八月二十七日大公報）

怱怱地提着行囊，天還不十分亮，經過了冷僻租界的街路，兩三個荷着槍彈的外國巡捕，睜着好奇的眼望着我們。臨出發時，田方沒有來，在一切都是“軍事化”的規約下，我們不能等他，大家都十分地懊喪。走不多遠，田方奔來了，提了個大被包，大家拉着他就走，那時我們的喜悅真是不可言說地了。

出了租界的鐵網，便看見胸前滿是排着手溜彈的我們的保安隊在檢查着行人。我們把護照拿給他們看，他們親切地點了我們的人數，就讓我們通過了。

船停在塞滿了污物的仄仄地小河內，載了三四十人駛開了岸邊，一兩聲嘆息從船尾

上的一個年老的婦人的唇邊送過來。走不多遠，滿船的人都在談論着這偉大時代最近所發生的事情；

『你們是送到什麼地方去的？』

『我們的家都給東洋鬼子燒光了！』

『中國兵打勝仗，鬼子老吃敗戰！』

接着就是一個人詳細地敘述鬼子的飛機被我們打落了多少架，中國的飛機是怎樣的神勇，怎樣的『行』，這樣地我們好像忘記了『陌生』大家親愛地談論着。在十二點鐘時，忽然地日本飛機在空中響了，母親很急地抱着孩子，客人叫搖船的夥計加快地搖到岸邊，空氣頓時有點緊張。駛近××時，飛機更多了，高射砲的響音清晰震耳。一個船客立在桅杆邊邊喊着說：『看，快看，跌落了一架飛機了。』

『不要瞎說，這是中國的飛機，鬼子打不中的！』一個××的米商很快的申斥着。

『你們爲什麼不幫着中國兵打鬼子，逃到什麼地方才是安全地帶，現在是全國抗戰的時候……』我們和在我們近邊的幾個木匠在說話。

『我有一個年老的娘呀！一個工人憂愁地回答着。』

『如果敵人不打完，你的娘也永不會得着太平日子過的。』

『是的，敵人不打出去，我們中國人是永不會得着太平日子過的：』許多人都在點頭附和着：

船在下午五點的時候到了一個小縣城。我們從出發直到現在，除了早晨每人吃了一團滋米飯外，還沒有吃過東西，大家都很飢餓。有幾位把箱子托付別人代提去打聽明早去蘇州的船，還有便去找住宿的地方。我們每人都晒得紅着一張臉，背着一隻軍用水瓶，提着自己的簡單行李。當地人都關心地望着我們：『是上海逃來的，性命交關！』『不，』我們回答着。『我們沒有地方可逃，我們是到華北去做事的。』我們回頭望他們，他們對我們那麼善意地笑着，我們也笑了。

這小縣城是一個十分簡潔而素樸的地方，人民都穿着很整齊，表面上是相當的平靜的。地方上的民衆組織也很好，所有的壯丁都加入了公民訓練（已經有五期了，每期有一千五百人，現在受訓的公民已達七千五），他們隨時都可開到上海前線為祖國而抗戰的！此地雖然聽不見砲聲，可是敵人的飛機却每天不斷地在脅迫而威逼着牠了。

我們經過警察詳細地盤詰後，一個受訓的公民做了我們的可愛的嚮導，便就擱在一

家小旅舍裏。吃過晚飯，冼星海拿了寫好給他母親的一封信給我看，內容大致報告平安的行蹤。他的母親已經是六十開外的人了，知道他唯一的孩子要有一個不定的頗長時間在遠地去工作的時候，哭得很傷心。他的信上說：『你平時恨東洋人，我們現在是去幫助軍隊打東洋人的工作，你應該歡喜。每個人都不要自己的兒子去打仗，敵人還會殺得完嗎？』我加上一行在後面：『幾個月的時間一瞬眼就過去的，我們回到上海，敵人就打得一個沒有了。那時我們要一塊兒高興地吃一頓飯，喝一盅酒。』

打聽船的同伴回來了，我們明早天一亮便要坐民船去蘇州。我們對上海的希望是：在最近一星期內能夠把敵人趕出上海，上海的同胞們一星期後便可自由地走在自己的土地上！

船足足搖了一天一夜。二十二的清晨到到了蘇州。

上海抗戰全史

第一編

(中華民國二十六年八月份)

民國二十六年十月初版

編者　憾廬

出版者　宇宙風社

上海愚園路愚谷邨

電話二二五七九號

印刷者　中國科學公司

每冊實價四角五分

上海抗战与世界反法西斯战争系列丛书

淞沪

淞沪抗战史料丛书续编 III

第十二辑

八一三上海抗战史 | 王叔达 编

八一三抗战史 | 上海新时代社

抗战的一日 | 上海学生集体创作

上海科学技术文献出版社
Shanghai Scientific and Technological Literature Press

“上海抗战与世界反法西斯战争”系列丛书总序

徐　麟

伟大的中国抗日战争，是近代中国人民反对帝国主义侵略并且取得第一次完全胜利的民族解放战争，是开展时间最早、持续时间最长的世界反法西斯战争东方主战场。在这场历经十四年之久的抗日战争中，中国各族各界人民同仇敌忾、共赴国难，经过艰苦卓绝的浴血奋战，以巨大的民族牺牲，打败了穷凶极恶的日本法西斯侵略者，取得了辉煌的胜利。正如习近平总书记所指出的，中国抗日战争“为拯救民族危亡、实现民族独立和人民解放，为争取世界和平的伟大事业，作出了彪炳史册的贡献”。中国抗日战争是在中国共产党倡导的以国共合作为基础的抗日民族统一战线旗帜下进行和取得胜利的。以爱国主义为核心的伟大民族精神是中国抗日战争胜利的决定因素，中国共产党的中流砥柱作用是中国抗日战争胜利的根本保证，全民族抗战是中国抗日战争胜利的重要法宝。

上海抗战是中国抗日战争的重要组成部分。在中国抗日战争与世界反法西斯战争中，作为中国共产党的诞生地，上海这座具有反帝反封建光荣革命传统的英雄城市，发挥了独特的重要作用，作出了重大的历史性贡献。

20世纪三四十年代，上海这座国际性的大都市，已经成为中国与世界各国通商贸易的主要港口，成为中国经济、文化中心和政治、外交副中心。同时，上海又是当时中国最大的军港和守卫长江的大门，具有重要的军事战略地位，因而始终成为日本法西斯军国主义

觊觎的一个战略要地。1931年“九一八”事变后，日本法西斯军国主义进而在上海挑起了“一·二八”事变，发动了对淞沪地区的武装侵略。驻守上海的十九路军和前来增援的第五军与上海人民奋起抵抗，给予日本侵略者以沉重一击，成为中国局部抗战历史进程中承前启后的关键性一役。“九一八”和“一·二八”时期的抗日武装斗争和民众抗日救亡运动，在世界上率先举起了反法西斯的旗帜，揭开了中国抗日战争和世界反法西斯战争的序幕。1937年七七事变后仅一月余，日本法西斯军国主义又把侵略魔爪伸向上海，遭到中国爱国军民的顽强抵抗，形成了以上海为中心的一场气壮山河、震惊中外的“八一三”淞沪抗战。七七卢沟桥事变和“八一三”淞沪会战，标志着日本法西斯军国主义全面侵华战争的开始。在中国共产党的积极倡导和推动下，抗日民族统一战线正式形成，揭开了中国全民族全面抗战的序幕，也标志着世界反法西斯的第二次世界大战在亚洲的东方战场正式形成。在“八一三”淞沪抗战历时一百多天的日日夜夜，中国军队和上海人民以其鲜血和生命，筑成了一座民族自卫的血肉长城，谱写了一曲民族团结、共御外敌的壮丽史诗。上海沦陷后，上海民众在全国人民和全世界爱好和平的各国人民的声援、支持下，面对极其艰辛险恶的环境，仍然以大无畏的英雄气概，坚定不移地继续投身于全民族抗战的洪流，对日伪的法西斯统治进行不屈不挠的斗争。中国共产党始终高举抗日民族统一战线的伟大旗帜，发动民众，团结上海各界人士，从人力、物力、财力等各方面支持抗日民主根据地和抗战大后方的斗争，冒着腥风血雨，迎接抗日战争的最后胜利。

两次淞沪抗战及上海民众在十四年不间断的抗日救亡运动中，

构成了一幅幅上海抗战英勇悲壮的画卷，也铸就了上海在中国抗日战争和世界反法西斯战争中的重要历史地位：上海不仅是中国对日作战的一个坚强的军事战略重镇，也是中国抗日救亡运动的前期中心和中国抗战文化的发源地；不仅是支援抗战大后方和抗日民主根据地的重要基地，也是世界反战反法西斯人士和中外难民的庇护所；是世界反法西斯舆论战、情报战的东方主要阵地，又是中国联系国际反法西斯阵营的纽带和桥梁。更为重要的是，上海抗日战争凸显了其重要的历史意义：它在外敌入侵、民族危亡的关键时刻，全面地、全方位地弘扬了以爱国主义为核心的民族精神，折射了中华民族有同侵略者血战到底的气概、有在自力更生的基础上光复旧物的决心，有自立于世界民族之林的能力。上海抗日战争在中国抗日战争和世界反法西斯战争历史上树立了一座永不磨灭的丰碑。

2015年是中国抗日战争暨世界反法西斯战争胜利七十周年。在中共上海市委的领导和支持下，上海学术界和理论界经过多年的努力，联合推出了“上海抗战与世界反法西斯战争”系列丛书。这套系列丛书分为三个子系列，**一是“上海抗日战争史”丛书，**内容包括上海抗战史通论、“一·二八”淞沪抗战、“八一三”淞沪抗战、日军在上海的罪行与统治、上海人民抗日救亡运动、上海郊县抗日武装斗争、上海人民支援新四军与抗日根据地、抗战时期的上海经济、抗战时期的上海文化、上海抗战与国际援助等；**二是“淞沪抗战史料”丛书，**选辑和汇集民国时期有关上海抗战的具有代表性的通讯、纪实、回忆录及报告文学等鲜为人知的孤本、藏本影印重版。**三是“上海抗战与世界反法西斯战争研究”丛书，**其中包括

资料性著作：如记忆中的淞沪抗战、淞沪抗战中文报刊资料选编、淞沪抗战档案史料选编、上海抗战历史文献选编等；专题性著作：如中国共产党与上海抗战、当代学者论淞沪抗战、国外学者论淞沪抗战、“一·二八”淞沪抗战画史、“八一三”淞沪抗战画史等；工具性著作：如上海抗战与世界反法西斯战争大事年表、上海抗战与世界反法西斯战争事件人物录等；通论性著作：在上述论著的基础上完成一部通论性著作，即上海抗战与世界反法西斯战争全史。这三个子系列丛书各有千秋、各具特色，在集结出版后，更能起到互相参照、取长补短的作用。可以说，这套系列丛书是上海学术界和理论界研究上海抗日战争和世界反法西斯战争的一项重大的学术成果，是对上海抗日战争史研究的一个重要总结和一次集中展示，也是向中国抗日战争暨世界反法西斯战争胜利七十周年献上的一份厚礼！

“疑今者，察之古；不知来者，视之往”。历史是最好的教科书。“上海抗战与世界反法西斯战争”系列丛书的出版发行，更是为了向社会提供一部能够弘扬时代正能量、培育与践行社会主义核心价值观的好教材。让我们站在新的历史起点上，进一步铭记历史、缅怀先烈、珍视和平、警示未来，为实现中华民族伟大复兴而奋斗，为促进世界的和平和发展作出我们应有的贡献。

出版说明

“淞沪抗战史料”丛书续编Ⅲ主要收集美国史坦福大学东亚图书馆等处所藏资源，将已见或未见的关于淞沪抗战史料以影印的形式出版，内容涵盖两次淞沪抗战，即“一·二八”淞沪抗战和“八一三”淞沪抗战，力求比较全面、翔实和生动地反映淞沪抗战的全貌。

两次淞沪抗战，是中国人民伟大的抗日民族解放战争的重要组成部分，特别是“八一三”淞沪抗战是在中国共产党抗日民族统一战线政策的指引下，以国共两党合作为中心，全国各爱国党派、团体，中央和地方各系抗日军队，各界爱国民众以及海内外侨胞，在抗日御侮、共赴国难的基础上发动和进行的，堪称民族自卫战争史上的伟业。它体现了中国人民血洒战场、拼死抗战的决心和民族团结精神。在抗战胜利70周年之际，阅读这些史料，重温那段中华民族优秀儿女面对强敌、誓死抗争的精神，就是最好的爱国主义教材。两次淞沪抗战展示了中华民族奋起改变自己国家命运的伟大信念，爱国主义激发出全体中国人民的巨大力量，这种信念和力量，在今天仍然弥足珍贵，令人心怀激荡。两次淞沪抗战中那些大气磅礴、气壮山河的史诗故事，均在本套丛书资料中有翔实的记录和质朴的史料作为佐证。

由于各种原因，原书中存在着印刷错误，而且有些细节也与史料不符，对书中的一些观点我们也不完全赞同，为了给读者提供最原始的抗战史料，对上述问题未做任何处理，希望读者能够给予理解。

编者

2018年7月

目 录

八一三上海抗战史

虹橋挑釁，滬戰爆發

▲「事後中日雙方調查情形。

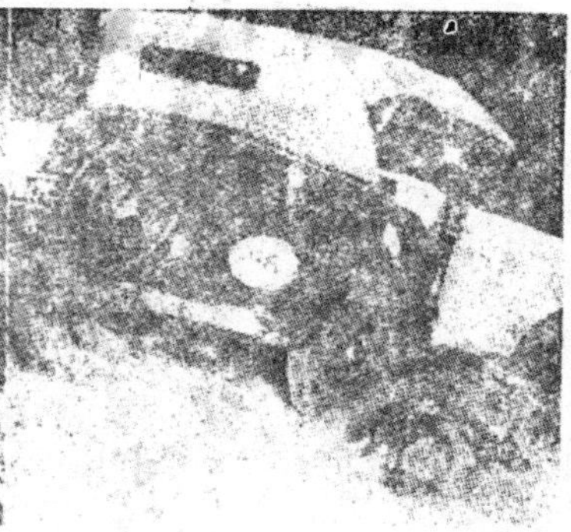

▲「日兵所乘汽車

閘北一帶遷居者日衆，搬場汽車不敷應用，於是木徹車與獨輪小車亦運輸要具矣。↓

▲「日本藉口虹橋事件，調來大批軍艦，情形緊張，虹口一帶居民遷往四鄉內地，運輸的形忙碌非常；圖爲十六舖

抗敵簡易全面圖

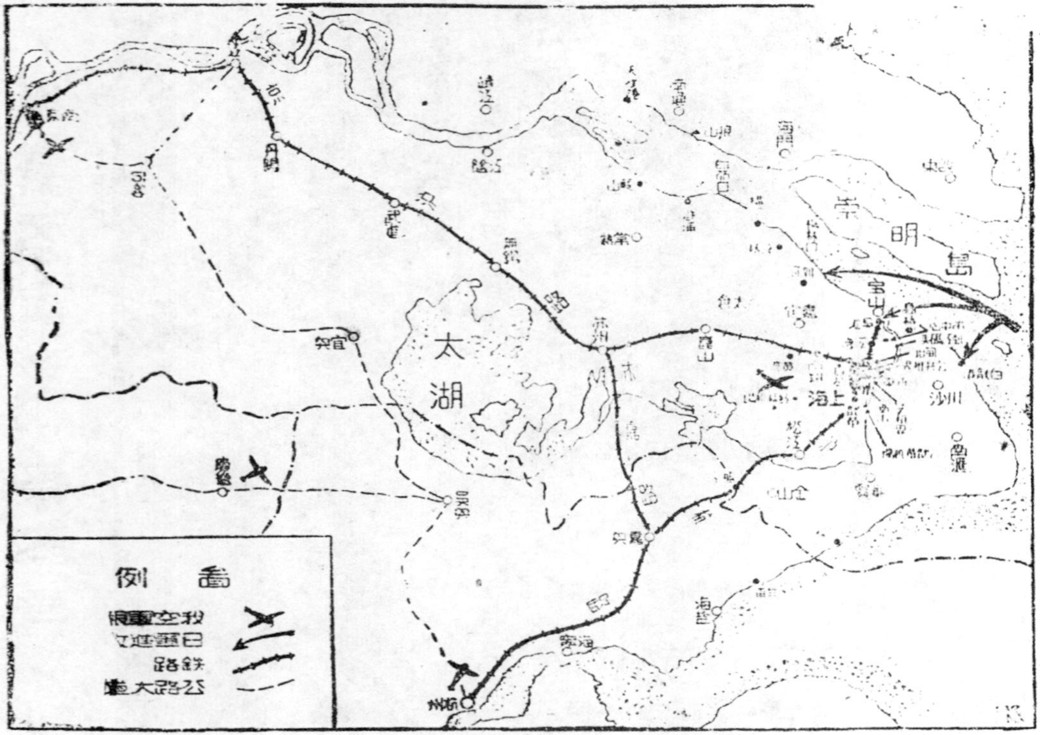

→舶於黃浦江上之敵艦

橫行於北四川路一帶之日軍並攜有警犬示威←

暴日之野心於此可見。

形勢緊張租界嚴加戒備

▶一北河南路底（寶山口）鐵門緊閉由萬國商防守。

萬國商團總部前之鐵甲車隊。一▶

京滬警備司令張治中→

同志們：

大家努力，努力爭取最後的勝利！以我們的血，去洗滌人間一切的罪惡；以我們的白骨，去奠定國家的基礎！帝國主義的喪鐘響了！舊的時代，將從此告終：三民主義的新世界將從此開始！同志們！衝向前去！記着：「最後的勝利，終屬我們最後的努力者」。

張治中

空軍夜間大戰之一瞥

八月十四日，空戰激烈之際，兩彈隕落，當即爆炸大世界門前，數百良民，無辜斷頭折臂，遍臥血泊中之慘狀。

被我軍重砲轟逃之敵艦。

當中日開戰時，另一炸彈誤落南京路口，沙遜大廈門前，亦死中外民衆數百

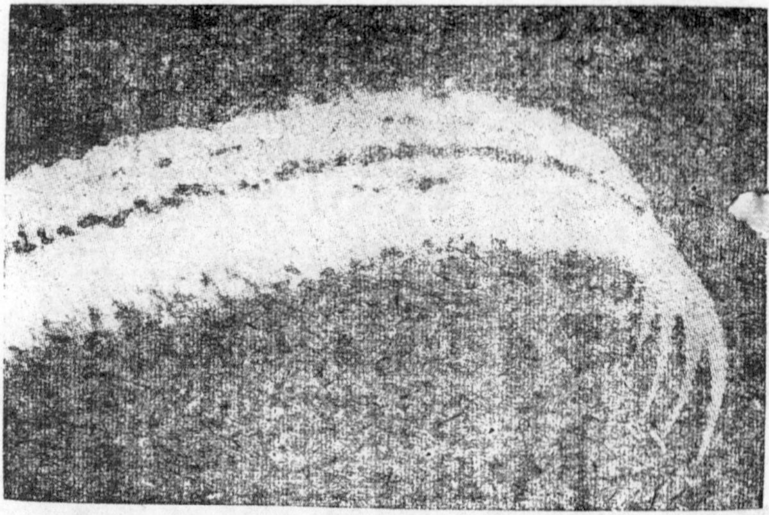

▲—敵機施放毒氣之一剎那。

我國空軍昨（十五）日在日艦之高射炮火中奮勇作戰，飛機一架中彈受傷，機師梁鴻雲傷重斃命，為國捐軀，國人同感悲悼，圖為梁氏之遺體。—▼

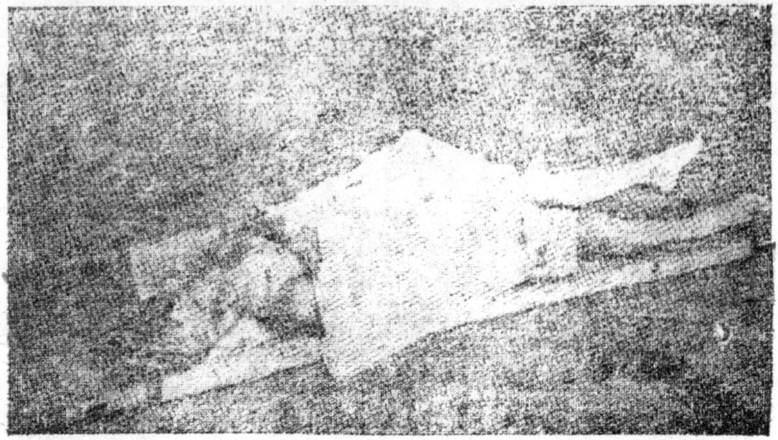

八十八師師長孫元良（中）副師長馮聖法（右）參謀長陳素農（左）—←

我軍機關槍隊向敵方猛烈射擊之情形←

南黃浦中我方俘日武裝商輪四艘·食米一萬石，負有軍事任務，爲阻塞敵艦交通計，昨（十八）日已予擊沈云↓

八十八師長計劃陣線之情形（國際社攝）

我軍奮勇衝鋒敵陣形勢

敵軍之（三九式）輕轟炸機

敵機於今晨八時飛滬南天空投擲重量炸彈，第一次九枚，第二次七枚，圖示被敵機轟炸後之慘狀。八月二十日

昨日（十九）浦東大火之遙望→

（張文傑攝）

張司令與外報記者談話情形

八月念三日午後，先施公司近浙江路一帶被敵炸燬情形及消防隊施行救護工作之情形。

戒嚴後之外灘

目錄

八一三上海抗戰史

戰爭之起因

此次上海自從八月十日下午五時半，日軍陸戰隊第一中隊長大山勇夫，及一等水兵齋藤要藏，乘坐汽車一輛，開赴滬西虹橋我飛機場，擬衝進場內，當由我機場衛兵，加以阻止，該日兵等即發槍射擊，據十日前數日中，常有日人到機場窺探，我軍警當局，曾嚴令機場衛兵，如遇少數日人擾亂，不得發鎗還擊，但該日兵等彼時開槍射擊，我衛兵故不還擊，當被擊斃，附近保安隊爲自衛計，乃予還擊，該二日兵當場斃命，虹橋事件一發生，日方立即增調大兵來滬，意圖威脅我方，不成幸滬戰之導火線。

自此事發生後，我方一再容忍，允許調查，由外交途徑作公正解決，但暴日反而提出種種無理要求，並派遣三十餘艘軍艦來滬威脅，八月十二日我方拒絕暴日無理要求後，當時敵軍陸戰隊即破壞和平，嚴密佈防，我軍也以非常敏捷的行動，奮起抗戰，至是大戰即從此開始了。

日艦日軍雲集情況極度嚴重

閘北情形混亂、外商拒保兵險。

八月十二日午間，閘北形勢，突然混亂，寶山路東西寶興路，虬江路，翔般路，各路居民，因謠言蠭起，乃扶老攜幼紛紛向公共租界方面逃避，北浙江路及北河南路一帶自十一時起，由閘北逃出之居民，蜿蜒如長蛇，路途幾爲杜塞，公共租界警務處，亦派遣大隊探捕，在界路佈防，公共租界北區電話，在午間十二時許，皆發生阻礙、出租汽車，黃包車，亦均被由閘北逃出之居民僱用一空，查今午閘北混亂乃因昨日有大批日艦，由佐世保來滬而起，並有此項艦隊，載來重機關槍大批，高射炮百餘尊，沙袋數千，軍用活動竹筏，活動摺橋等物甚多，此外復載來海軍陸戰隊二千餘名，但據日方聲稱，此項來滬日軍，乃爲保護上海日僑安全，華界方面，則於今日午間，已施行戒備，防止漢奸活動，復因今日午間，在虹橋飛行場被我軍擊斃之中尉大山勇夫及一等兵齋藤要藏，須在天通庵車站附近舉行海軍葬禮，屆時日軍排隊前往送葬，且復須鳴槍致敬，乃益引起閘北居民之恐慌，美領事署之助理總領事史丹桐，今晨曾借該國海軍陸戰隊軍官兩

人，乘車馳往各處視察，各保險公司，對本市拒絕接受戰時兵險，此項拒絕接受命令，乃係英美保險公司總部發出。公共租界警務處，下午已發出命令，今晚倘有突變，决將華界處各鐵門，一律關閉，斷絕交通，以保租界居民安全。

日艦共到二十八艘航空母艦一艘抵吳淞

日本軍艦，來滬集中，除昨晚已到十二艘外，今日上午，又續到四艘驅逐艦『蓮』號，於五時五十分進口，旋有同爲第十六號標誌之驅逐艦一艘，於十時接踵進口，十時十分，又進口標第十六號之驅逐艦一艘，均暫泊於吳淞口內，同時今日上午有三艘出口，計六時二十分驅逐艦『姆』，六時二十分砲艦『八重山』，六時五十分驅逐艦『保津』，頃據向海關調查，截至今午，浦江共泊日艦二十八艘，旗艦一艘，間倘有日艦多艘，已抵吳淞口外洋面，中並有航空母艦一艘，而已經到者，凡巡洋艦，均附有飛機一架云。

日陸戰隊行動忙迫工兵架設軍用電話

今晨六時許，突有日海軍陸戰隊一小隊，共四十八人，全副武裝，攜輕機關槍四架

，自其司令部開出，經同濟路，徒步開入六三花園，後面花園街灘屋造酒廠舊址曠場，旋於七時許，續有卡車三輛，每輛載有武裝陸戰隊七八名，攜輕機關鎗二架，重炮兩尊，經同濟路，同時另有卡車四輛，每輛載十餘名不等，又重炮二尊，經虹口公園邊門火車過道處，均開入灘屋造酒廠，並有工兵一隊，架設自該處接通其司令部之軍用電話，嗣於十一時，復行拆除重裝，蓋爲練習迅速也，十二時許，北四川路施高塔路口，該處有日工兵，架設軍用電話，以接通北四川路日本小學及歐陽路日本女子中學，兩處現有新到大批日陸戰隊駐守。

市長發表重要談話

關於本市時局最近發展情形，俞市長今午發表談話如次，自虹橋機場不幸件事發生後，我方決定以誠摯公正之態度，從事調查，按外交途徑以謀解決，乃日方一方面表示靜候調查，幷贊同以外交方式解決，一方面派遣大批軍艦到滬，復有多數軍隊登岸，跡近威脅，殊深遺憾，本市居民驚魂未定，覩玆情況，自感不安，益以傳說紛紛，謠言四起，人心愈形恐慌，本市長深盼全市市民務必力持鎮靜，盡國民之職責，發一己之天良

，勿張皇，勿驚擾，一心一德，信賴政府，靜候事態之推移，共謀國難之解脫，其有散佈謠言，妨害治安者，定當執法以繩，決不寬貸云。

岡本指證市長駁斥

昨日總領事岡本因虹橋飛機場事件謁見俞市長，談話中，岡本指我保安隊之駐紮及防禦工事之構築，有違淞滬停戰協定，據俞市長駁稱，協定中未見有不許因中國保衛領土及自衛行動之規定，實際上日本陸戰隊之赴八字橋巡邏，實爲違反協定，因依照協定，日兵應自該區域內撤退也云云。

岡本再訪市長望撤退保安隊

今午十二時，日駐滬總領事岡本，往訪俞市長，口頭提出抗議，謂昨晚商談結果。中國保安隊已允稍稍撤退，但現時中國保安隊，不但並未撤退，且反見增加，因此日本方面，頗爲不安，應請定將此項中國保安隊，即時撤退，俞市長當答稱，我保安隊昨夜已依約撤退，乃係昨夜今晨到有日軍甚多，顯有威脅行爲，我方爲自衛起見，故未能撤退，以維持地方治安，應請日本方面，對此加以諒解，本人極端希望和平，不願事態擴

大，是希貴領事轉知貴國軍隊，停止一切行動。

江灣吳淞居民遷移

今日閘北江灣及吳淞一帶之居民，遷居者絡繹不絕，沿淞滬鐵道路線，鄉民之扶老攜幼，背負肩挑者，魚貫相接，狀殊悽慘，尚有大批牛馬，躑躅於途，蓋爲蓄植公司及江灣跑馬廳遷居也，——江灣閘北一帶，居民續有遷出，大部商店雙門緊閉，據正式估計，華界中尤以接近租界暨狄思威路一帶之居民，其遷移者已達百分之七十云。

虬江碼頭日築飛機場海關職員不能執行職務

日軍正在引翔港區虬江碼頭附近，填築飛機場，以便日空軍在滬起落。該處消息，頗覺隔膜，江海關之華籍職員稅警，均不得赴該處執行職務，被日海軍陸戰隊佔用。

滬北數處發生衝突

日軍企圖衝入我警戒綫

橫浜路天通庵寶山路東一帶槍聲迭起

八月十三日自昨日巨量日艦駛滬，及大批陸戰隊登陸後，即積極佈置工事，昨日下

午曾屢次開槍尋釁，我保安隊忍耐沉着，未予還擊，今晨九時十五分，日陸戰隊一小隊，突自天通庵及橫浜路方面越淞滬鐵路而衝入寶山路，向我駐在西寶興路附近之保安隊用機關鎗及步槍射擊，我方忍無可忍、為自衛計、乃予還擊、約二十分鐘，日陸戰隊卽不支而退、我方陣地現極鞏固、敵如再犯、必予痛擊。

午後十二時半起、寶山路及江灣路八字橋一帶、時有斷續之槍聲、下午二時三十五分、寶昌路上日軍又來進攻、發槍數十響、試探我方動靜、當經我方步哨兵還擊退去、又下午二時餘寶山路東淞滬鐵道地方之槍聲、茲經調查、係橫浜橋方面、雙方發生小接觸、該處自今晨九時十五分起、迄三時止雙方小衝突時發時止、槍聲斷續、在北浙江路底卽覺清晰可聽。

又今晨九時一刻，日本海軍突然向閘北鐵道之中國防綫衝鋒，因此日本總領事事前所給與領事團不先挑釁之諾言，卽告破壞，衝突之地點，在橫浜路天通菴路寶山路一帶，中國軍隊正在竭力抵抗之中。

日軍正午衝向臨平路

午十二時，日兵十餘名，由分水廟南進過臨平路橋，入臨平路物華路一帶，該處因地勢不佔重要，故並無我保安隊，警察局臨平路分駐所，據前方崗警趕回報告，該所所長亟率大隊幹警四五十人，上前應戰。

日陸戰隊衝入我警戒線

俞市長提出嚴重抗議

今日（十三日）上午九時十五分日海軍陸戰隊，突向本市區內警戒綫內衝入，並攻擊我守軍，當經我軍沉着抵抗，予以擊退，俞市長據報後，立卽向日本駐滬總領事提出嚴重抗議，並將抗議書錄送挪威駐滬總領事兼領袖領事奧爾轉知各國駐滬總領事知照，茲分錄原文如下。

致岡本抗議書　逕啓者，關於最近貴國海軍麕集上海，威脅敝國之舉動，經本市長向貴總領事提出嚴重抗議在案，後本市長爲維持本市和平治安計，曾與貴總領事約定雙方不得輕啓釁端，此事昨（十二）日在共同委員會開會時，英，美，意各國代表均皆聆悉，並可爲證，乃言猶在耳，貴方陸戰隊於本日九時十五分，在北區地帶向本市區內警

戒綫內衝入攻擊我守軍，當經我守軍沉着抵抗後，因我方不欲事態擴大，除將貴方挑釁部隊驅逐外，並未追擊，糾紛旋即停止，本市長認貴方陸戰隊此舉，足以危害和平，妨害治安，相應提出抗議，請煩查照轉知貴國海軍當局尊重諾言，嚴切制止為荷，此致日本駐滬總領事岡本。

致領袖領事函　逕啓者，今日本市長致日本駐滬總領事抗議書一件，關於日方今晨違背諾言，輕啓釁端事，相應抄同該抗議書函稿，送請查照，並煩轉知各國駐滬總領事知照為荷，此致挪威國駐滬總領事兼領袖領事奥爾。

救濟會設立走失問訊處

地點在雲南路仁濟堂即日開始辦公

無歸宿難民亦可請收容

本市救濟委員會，兩日以來，積極收容難民，已不下數千人，現該會以難民家屬，或有臨時失散，生離甚於死別，痛苦非常，爰特設立走失難民總問訊處於雲南路仁濟堂內，即日起開始辦公，凡有家屬失散之難民，可向該問訊處請求登記，以便隨時招領各

地難民，如有家屬失散，亦可逕向該處關訊，倘若該會收容或已登記者，即可認領，如有無家可歸之難民，可逕投救濟委員會請求設法收容遣送

寧波旅滬同鄉會救護隊成立十隊

寧波旅滬同鄉會，爲組織救護隊，分組辦理救護事宜，辦理同鄉救護人員之登記，截至昨日止，已足二百名，兹以滬局嚴重，特於今日上午九時，召集救護會議，由陳忠皋主席，當經議決分作十隊，每隊二十人，並分爲隨車救護，收容，供應，情報，輪船，醫藥，等各組，各組負責人員，亦經推定如下，正主任毛和源，副主任陳忠皋，陳翊庭，總幹事沈九成，並已在民國路四明公所，成立第一收容所，平濟利路定海會館，成立第二收容所，開始辦理收容同鄉難民，並派員照料返籍同鄉。

江灣等處大批難民救濟會設法去載運

上海市救濟委員會，自昨晨九時起，派大卡車數輛輪流往江灣大場等地，運出大批難民後，原定今晨四時起繼續出發救護難民，詎華租交界交通已完全斷絕，西起舢舨廠新橋，新垃圾橋，烏鎮路橋，東迄楊樹浦橋各交界地點鐵柵門，一律於昨晚九時起關閉

，致該會救護車輛無法通過，紛紛折回，因尚有大批難民麕集於眞如南翔大場廟行江灣一帶，急待救濟，該會正向當局設法交涉中，準備於下午由收容組再派出卡車，前往載運出險云。

本市情勢，自昨日突告緊張後，居住於閘北之人民，紛紛遷避於租界之內，除一般經濟寬裕者在租界早已覓得房屋外，其貧困之家，雖扶老攜幼，逃入租界區域，然一時無法覓屋，更以租界內房屋高抬房金價額，且須預付數月租金，致祇得就租界內各里弄坐臥終宵，情形之慘，不忍卒睹。

新垃圾橋迤西迄新閘橋沿蘇州河之光復路上，難民麕集，情形極爲紊亂，該項難民多係江北苦力，欲向租界逃避，但爲各橋樑均已封鎖，無路可通，雖可由蘇州河擺渡而過，但係臨時性質。

日軍佈隊展至四川路橋

中日雙方部隊，業於今晨九時半許，在八字橋。同濟路。江灣路方面天通庵路。橫浜橋附近發生前哨衝突，日軍在租界佈防，已南展至蘇州河四川路橋，北四川路，老靶

子路口，有日軍散兵線，車輛行人，均不得北向，海寧路底。北四川路底。烏鎮路橋，新開橋等華租交界處，鐵門緊閉，萬國商團，佈崗界內，界外則為我保安隊，滿堆沙袋，我部隊個個精神抖擻，士氣極旺，市區居民，率向租界遷避，人山人海，但因租界鐵門已閉，輒皆乘民船渡蘇州河，北四川路等接近日軍勢力範圍地帶，所有商號，一律店門緊閉，無從營業，全面戰爭殆已開始矣。

日軍開始全面侵略大舉犯我閘北防地

今晨二時半後炮聲又起
西寶興路一帶火光燭天

八月十四日自巨量日艦駛滬，及大批陸戰隊登陸後，日積極佈置工事，十二日下午，曾屢次開鎗尋釁，我保安隊忍耐沈着，未予還擊，十三日晨九時十五分，日陸戰隊一小隊，突自天通庵及橫浜路方面越淞滬鐵路而衝入寶山路，向我駐在西寶興路附近之保安隊用機關槍及步槍射擊，我方忍無可忍，為自衛計，乃予還擊，日本總領事事前所給與領事團不先挑釁之諾言，至是即告破壞，下午三時五十分起，日軍大舉進攻，並以大

炮轟擊，閘北青雲路西寶興路，多處起火，激戰至夜間九時許暫息，東寶興路之火，今晨一時後，延燒至寶山路寶通路，火光燭天，爲勢甚烈，至二時半，尙在延燒中。

今晨二時半，閘北各處火災，時熄時烈，日方不斷向我陣地猛攻，日艦亦開大炮助戰，我軍沈着還擊，八字橋天通庵一帶，機關槍聲甚密，截至今晨三時止，前方陣地無變動。

今晨三時半，閘北炮聲暫息，永興路香山路一帶房屋，亦中敵炮所發燃燒彈，紅燄燭天，延燒甚速。不久，天又微雨，但火勢至四時許尙未熄滅

日航空母艦某號，已抵吳淞口外。

下午多處侵襲均被我軍擊退

自日軍淸晨開釁後，兪市長卽向日方提抗議，乃日軍置之不理，午刻又派出大隊，自江灣路日司令部背後，越天通菴車站火車過道處，經同濟路，向我天通菴路八字橋等處警戒線襲擊，不久卽爲我守兵擊退，同時另有日兵十餘名，由分水廟㳺進，過臨平路橋，入臨平路物華路一帶，臨平路分駐所，據前方崗警趕囘報告，該所所長亟率大隊幹

警四五十人，上前應戰，尚有多處，亦均有小衝突，至下午二時許，日軍發炮四五響，向我軍威脅。

四時大舉來犯炮聲隆隆不絕

日軍積極增調援軍，於下午三時三刻，乃大舉向我陣地進犯，八字橋及江灣路一帶發生劇戰，日軍以鋼炮向我轟擊，我軍亦以炮還擊，同時寶山路天通庵路等處，亦有接觸，戰區蔓延頗廣，一時炮聲隆隆，租界內亦清晰可聞，日軍並以燒夷彈轟炸，致青雲路寶興路一帶，着火燃燒，一時火光熊熊，濃烟四起，我救火隊即時出動施救，有五人不幸受傷。

至五時許，戰況益趨猛烈，八字橋一帶，我軍於敵軍密集炮火下，奮勇衝突，敵不支潰退，五時半遂進至敵人陣地，而佔領八字橋，旋復跟蹤追擊，佔領中興路橋，同時江灣路一帶，我軍以大炮向北四川路底敵陸戰隊司令部轟擊，有兩彈落於敵司令部附近，聞敵方頗有損失，又據未徵實消息，公大紗廠敵司令部亦被擊中一彈云。

各地戰事甚烈入夜炮聲暫息

下午五時許，日軍一百餘名，由寧國路過橋，向黃興路上海印染廠附近衝入，經我軍奮起迎擊，敵卽退至寧國路，復以機關鎗及小鋼炮向我襲擊，我軍沈着應戰，約一時餘，炮聲漸稀，是役敵傷亡二十餘人，我方僅傷亡六七人。

下午五時半，日陸戰隊二百餘人，分向青雲路公興路一帶猛攻二次，開炮數十發，我軍沈着還擊，當將衝至我警戒綫之敵兵二十餘名，盡行擊斃，尙有數人，負傷退却，是役我方亦死傷十餘名，迨至下午六時許，日方又向西寶興路八字橋一帶猛攻，炮火愈烈，我方亦卽還擊，至七時許，雙方炮火更密，我方陣地，鞏固如常，至八時半後，炮聲始漸息，惟迫擊炮聲與鎗聲仍歷落不斷。

浦江日艦開炮魚市場等受損

下午六時，泊駐吳淞高橋之日艦，以巨炮向虬江碼頭至滬江大學一綫轟擊，聞滬江大學略有破壞，測其目的，係在試探我軍防守實力，並企圖掩護敵軍由右翼前進，我軍知其企圖，沈着應付，敵艦約開八九炮，卽行停止晚間八時許，停泊於楊樹浦江面之日艦，竟發炮向引翔港一帶轟擊，我魚市場曾中敵彈，損毁甚重，市中心區引翔港一帶，我方民房中炮彈不少，略有損傷。

各處房屋中彈延燒終夜未熄

下午四時後，敵軍向我陣地炮擊，炮聲隆隆不絕，天通菴路東寶興路西寶興路青雲路等處房屋，先後中夷燒彈起火，延燒範圍甚廣，八時許，北站旱橋堍貨棧亦起火，由北浙江路觀望，火光甚烈，延燒至十二時後始漸熄，今晨二時後，寶山路寶通路火勢又烈，二時許火光燭天，二時半稍殺，但尚未全熄。

午夜戰事又起我軍推進甚速

午夜九時許暫歸沈寂之前綫，至十一時半炮聲又作惟每隔三五分鐘一響，戰事並不甚猛烈，江灣路我軍向前推進，現距敵陸戰隊司令部祇一千公尺，敵軍形勢頗爲危急，駐灘屋酒廠內之日軍二百餘，有被俘之說，引翔港方面，我軍亦佔優勢，前進頗速，現與公大第一紗廠敵司令部之距離，步鎗射程可以達到。

我援軍已開到實力極爲充厚

日空軍今日將出動

日軍侵略戰爆發後，我抵抗部隊，除保安隊外，已有富有作戰經驗之××等師開到

增援，實力極爲充厚，決可予侵略者以嚴重之打擊，聞日空軍今日將出動，我軍對此，已有充分準備，亦將予敵重創云。

日軍要求英軍接防豐田紗廠

極司非爾路豐田紗廠，原駐大批日海軍陸戰隊，日軍現鑒於該處實力單薄，不能堅守，爲避免損失計，將決撤退，並要求工部局派英國駐軍前往駐防，聞英軍已定今晨開往，又該處屯積之軍用品，日方已於昨日下午，用卡車運回虹口司令部云。

公大紗廠等處構築防禦工事

眺連楊樹浦路底軍工路旁之日商公大紗廠，爲日軍東區根據地，該廠駐有日軍兩千名以上，公大東首之路口，昨已用沙包堆成高約五尺縱横丈餘之方形堡壘，中有日軍四五十名駐守，兩旁置有機鎗，軍工路兩旁之田畝中並有日軍三百餘名，趕築防禦工事，該廠所有華籍女工，均紛紛攜帶物件，離廠歸家，昨晚盛傳公大爲我軍佔領說，非事實

昨日午後起，駐紮虹口區之日軍，已開始戰時配置，所有北四川路老靶子路以北各

17

通衢要道，及施高塔路狄思威路一帶，均由大隊武裝日軍及便衣隊嚴密駐守，其間臨近通北火車站等地，更有重機關鎗之架設，永豐大樓附近，有架設八枝機關鎗之鐵甲車一輛，老靶子路北四川路口之五洲藥房及臨街面之各較高建築物屋頂，均建築防禦工程，又狄思威路一一四七號日本陸軍武官室，竇樂安路日本海軍武官室，黃陸路日海軍醫院及東江灣路十號日軍司令部等地，已安置鐵絲網等戰時防禦物，黃浦路日領事館門首，，於午後起堆置沙袋，更由武裝日警駐守。

英美各國駐滬總領奔走和平無結果

英美法義等國駐滬總領事，曾於昨日午後三時，以私人資格對和平作最後之努力，惟日方蓄意侵略，毫無誠意，致各領事之奔走，未有結果，公共租界及法租界當局，鑒於和平絕望，對租界之治安，極爲關切，聞萬國商團，已於前晚出防，法租界之炮車，亦已出動，同時探捕均戴鋼帽，嚴密戒備，據我軍事當局發言人宣稱，此次滬市戰事爆發，責任全在日方，早爲各國人士所共鑒，我方對於租界內各國僑民之生命財產，決當尊重維護，惟深望租界當局，勿以租界供給侵略者以種種便利云。

▲妨礙各國利益▼（中央社敦倫十三日哈瓦斯電）外省各報對於日本威脅上海一事，在國際上所可引起之影響，極為關懷，素稱外相艾登喉舌之『約克夏郵報』，頃加以評論云，『上海乃係國際工商業中心，其命運已在賭賽之中，日本軍事長官或不待東京政府同意與否，而將各外國主要利益，予以妨害，並在亞洲建立一種門羅主義，以便利圖，至少必欲佔據一廣大之地域，以為討價還價之計，』『孟却斯德指導報』則謂，中日戰爭若果爆發，則日本將自海上威脅上海市，俾將中國力量予以削弱，而歐洲各國，亦因之不能安枕』云。

▲英人密切注意▼（中央社倫敦十三日哈瓦斯電）外交界人士頃宣稱，英國政府對於上海現行局勢之演變，現正予以極大之注意，並以為前途形勢，殊未可樂觀，但一般人仍望此項衝突，能以戰事爆發之區域為限，勿再任其擴大，關於此層，英國政府仍與中日兩國政府保持密切接洽，美國政府亦採同樣態度云。

▲西報指責日本▼ 本埠字林西報，今日曾有社論，批評中日局勢，略稱『日本軍事當局，不信任外交力量，在華北採取斷然行動，造成控制平津局勢之後，上海方面，雖表示並無危害之企圖，但日來大量海軍之增援，頗非事實上應有之保證，此種增援，

不能認爲虹橋事件之結果如在其他各國，則顯係戰爭狀態，此時情勢之嚴重，已不容否認，但追究此種情勢之所以造成，則由日本方面對中國情形之錯誤觀念，數月以來日本輿論對中日衝突，均抱悲觀態度，而陸海軍當局操切措置，以至如此，上海自虹橋事件發生後，雙方當局之力持鎮靜，頗屬難能，但大量日艦之來滬頓使情勢異常惡劣，若無力挽狂瀾之外交談判，則衝突將難以避免』云。

日本最高當局會議對上海決定用兵

侵略而美其名曰自衛權

昨晨緊急閣議已予確認

（中央社東京十三日路透電）據今日朝日新聞所載，日最高當局昨夜舉行會議，討論上海事件，結果決定日本應以嚴厲之形式，行使其『自衞』之權，此決議將於今晨提出內閣緊急會議，請其通過，而昨夜參加會議者，有首相外相海相陸相等，再則昨夜九時海相謁見首相，報告上海情形，並向首相提出日艦隊司令官長谷川之『重要建議』後，首相卽召集外陸兩相共同討論，事後首相告新聞記者稱，余恐不得不施行『自衞』策略云，陸海兩相並分別召集部屬，會商一切。

▲臨時緊急閣議▼（同盟社東京十三日電）政府於三日午前九時四十五分，在首相官邸召開緊急閣議，近衛首相以次全體閣員均經出席，對於應付上海緊急事態協議方策，首由米內海相說明上海方面之形勢，復由杉山陸相報告南口方面之戰況，其次由賀屋藏相說明華北事變費之財源，發行公債一億圓之案件，報告後，確認四相會議所決定之方針，鑑於當前情勢，決定講求適宜有效之措置，午前十一時散會。

（同盟社東京十三日電）政府訂於十四日午前八時半，在首相官邸召開臨時緊急閣議。

▲海陸省幹部會▼（同盟社東京十三日電）上海方面之情勢，愈告惡化，故於十三日晨，由伏見軍令部長官殿下等召開幹部會議，米內海相以次均經出席，至午前十時，軍事參議官大角，末次，高橋，藤田等，亦被邀出席，海軍省與軍令部，均極緊張。

（又電）杉山陸相於十二日夜四相會議散會後，在陸相官邸召集梅津次官，後宮軍務局長，柴山軍務，田中軍事，兩課長，及其他要員，商議至深更，米內海相亦於四相會議散會後，急至海相官邸，召集山本次官，豐田軍務，島田軍令部次長等，與海軍省要員會議，對於海軍今後之對策。

▲政府內部分裂▼（中央社南京十三日電）某消息靈通兼熟悉日本政情者談，自九一八以來，日本對華政策，素為軍部所挾持，蘆溝橋事件發生後，少壯軍人益形囂張，東京政府祇能應付既成之事實，不能事前有所主張，此次糜爛華北，增兵滬上，均係此輩軍人所為，藉謀個人升官發財機會，但無辜良民，被徵兵役，怨聲載道，軍費支出數目龐大，勢將破產，實已引起日本空前未有之危機，聞日本政府內部，現已發生重大裂痕，元老重臣，大都主張適可而止，側重經濟發展。

日艦源源而來裝運大批軍火

自本日九日起日本第二艦隊自佐世保源源開來上海，軍艦數目一度曾多至三十一艘，昨日雖有十艘於卸去大批軍火及陸戰隊後，陸續開出，但復有九艘進口，昨日（十三日）上午十一時廿分復有日本炮艦阿他眉（譯音）九，十一時二刻蘇他眉（譯音）九出口，十二時半左右可開出吳淞，另據調查所得消息，昨日上下午間，曾有日艦十艘，開駛離滬，除炮艦保津號隨已領帶該特務艦知牀進口外，餘如夕暮等魚雷艦九艘，頃據航業界消息，尚均集中於長江口內之獅子林及瀏河一帶，同時江陰江面，亦泊有該日艦二艘，蓋冀以限制我國長江輪艦之上下，今晨十時後，日艦阿他亞號（譯音），曾亦自滬

出口約將領導其他大型日艦，再予來滬，至前日所泊吳淞口外三夾水間之日本航空母艦，尚未離去，昨日到滬之日運輸艦知牀號，曾於下午二時三十分在大阪碼頭卸下大批軍用品，計汽油一千桶，炮彈子彈五千箱，十生的大炮十門，以及其他軍用雜件甚夥，以上各項軍火登岸後，即由日方運入大阪碼頭棧房存儲，迨至下午五時，又有日艦一艘，在大阪碼頭運下七生的野炮四尊，機關鎗十架，及大批子彈等物，移時並有日軍六百名登陸，當即轉往江灣路特別陸戰隊司令部，上項軍火等件，則送平涼路日本小學存儲，並聞該艦起卸軍火時，尚卸下水上飛機一架。

海關方面消息，日前抵滬之大批日艦，現除十二日午後一時二十五分至二點十分，先後駛出五艘，赴長江方面外，日前留滬之日艦，尚有二十四艘，現分泊於黃浦路三菱碼頭大阪碼頭黃浦碼頭以及浦東三井碼頭等地，其中停泊於大阪碼頭之飛龍號，（譯音）更在起卸軍火等物，其狀至爲忙碌云。

昨下午一時後，日炮艦及魚雷艦一艘，自浦江開出，據悉前晚間所開出之日魚雷艦九艘，及昨日開出之日炮艦等三艘，蓋因我國長江既經封鎖，深恐再有封鎖黃浦江口之勢，乃亟亟離去，日內聞須有數艦開出淞外至其主力艦如出雲，知床，堅田等等，則以

防守該日領館黃浦公大紗廠等軍用碼頭關係，則一律分泊於郵船及楊樹浦面云。

日艦多艘，載大批陸軍來滬，現正急駛中，即可到達，日陸相杉山元昨發表談話，態度仍强硬而荒謬，意謂日本亦不惜一戰云云。

鎮江下游江面昨已實行封鎖

外部照會各使館查照

今午據航業界確訊，謂通州江面，青天礁附近燈浮，忽因風浪關係，致告移動，所有由滬開赴長江之新銘，明興等輪，俱阻塞該處，一時無法通航云。

（南京）我軍事當局頃對此事發表談話，謂現下時勢急迫，我國爲自衛計，不得不採取各種適當措施，而封閉揚子江鎮江下游江面，實爲我國目前在國防上必要自衛辦法之一種，此種辦法實施於中國領土，目的乃爲自衞，雖一時對於中外航業略有不便，但應爲中外人士所諒解，一俟外來之威脅解除，上述江面之航行，當立即恢復也。

又我政府鑒於目前情勢急迫，已將揚子江鎮江下游江面，予以封閉，所有該段江面航行，一律暫行停止，聞外交部方面已分別照會各關係國駐華使節，轉飭各國僑民一體

知照矣。

銀錢業奉令停業二天

兩公會分別開會

滬中日戰爭開始後，各銀行錢莊等，昨奉財政部令，於上午十時一刻起停業二天，次長徐堪會同中國銀行董事長宋子文，召銀錢業領袖談話，兩業公會分別召集臨時會議，決定應付戰時金融具體辦法，今晨謁徐次請示，定十六日起復業。

市商會電請實施非常時期經濟

上海市商會，於昨日下午二時，舉行執監聯席緊急會議，到王曉籟徐寄廎金潤庠柯幹臣駱清華胡西園張佩珍裴雲卿陳子明等二十餘人，王曉籟主席，首由主席報告自滬局緊張以後，商會依據各業公會請求，電請財部迅定調劑金融維持工商辦法，並邀集銀錢業領袖，洽商經過，不料本日本市各銀行錢莊，忽奉部令，放假兩天，當係在非常時期，準備非常經濟起見，本會對於此事，應否有所建議，應請討論，當經到會各委員討論結果，分別電呈財政部，並分函銀錢兩業公會。

滬戰開始後日人之動態

▲日商紗廠全部停工▼ 楊樹浦韜朋路公大第二紗廠，於前晚十一時許突有日軍陸戰隊五百餘名闖入駐守，當時布機間及各部份所有停留廠內工人，均受包圍搜查後，全數被逐出廠，以致工人大起驚慌，紛紛逃避，該廠工人復於昨日上午全體集合，向廠方要求提早發給工資，以便解散，當由廠方負責人允於十四日發付，並悉楊樹浦路一帶日商紗廠已全部停工，將工人解散，以備供日軍駐紮云。

▲限令虹口日僑遷出▼ 前日下午，日軍曾知照住居狄思威路之日僑，趕緊遷移，無如日僑雖欲遷移，而卡車及黃包車夫，均不願受僱，故至昨日上午，狄思威路施高塔路及北四川路之日僑，多背負肩挑行李，婦女多挈領小孩步行，神色倉皇，極爲狼狽，當時日僑曾環請居留民團長甘濃，要求日軍司令暫緩進攻，故昨日上午前線哨兵衝突，而日軍並不積極進攻，原因殆由於此歟，迄至下午一時許，日軍派兵分頭知照該處一帶日僑，限令火速搬遷，凡華人商店之未搬者，卽入內搜查，並質問不搬之理由，甚至以鎗桿驅逐或竟被拘去云。

◀日僑二千餘名回國▶　日郵船上海丸長崎丸，於昨晨出口，除前日原有登輪歸國之日僑千餘名外，前晚復有日僑八百餘人，因見本市事態惡化，形勢嚴重，驚慌萬狀，紛紛要求領署提早乘輪歸國，故昨晨該兩輪共載歸國日僑二千餘名云。

米商操縱圖利

米價飛漲至十六元

各團體請迅予制止

本市荳米業公會，日前公佈本市存米充足，對於民食絕對不發生影響，不料昨日因滬戰發生，情勢嚴重，各米號紛紛將售價抬高，一日之間，竟飛漲二元有奇，每石須售十六元數角，米商操縱圖利，殊爲痛恨，本市商會各團體已嚴請荳米業公會令各負責團體迅予制止，一面呈請政府當局澈查究辦，以免影響民食，使平民生計，陷於絕境云。

張治中

任京滬警備司令

駐滬代表邢震宿等招待記者

一二八戰役時充任第五軍軍長指揮八十七，八十八兩師抵抗暴敵之張治中氏，現奉派任京滬警備司令官，張氏除已組織司令部外，並派邢震南湯武兩氏爲駐滬代表，邢湯兩氏昨午假大西洋菜社招待本市各記者，到數十人，席間邢氏起立致詞，略謂我國爲維持和平，對暴日之侵略，一再容忍讓步，此種苦心，舉世共悉，惟暴日貪得無厭，得寸進尺，自華北事變發生後，到處挑釁，本市亦發生虹橋事件，在我國竭力謀外交解決之際，竟大事增兵，今日復向我防地進犯，企圖擴大事變，我方爲自衛計，不得已予侵略者以還擊，現在形勢已至最嚴重關頭，値此國家危急存亡之秋，必須全國上下一致通力合作。尤盼新聞界同人與軍隊密切聯絡，共禦外侮云云，邢氏並報告最近由日本歸國者談及日本國內情形，據稱日本軍閥窮兵黷武，恣意侵略，國內人民，無不怨憤萬分，最近政府頒發動員令，招募後備兵，人民多不願應徵，因此被殺及自殺者，即東京一地，已有數百起，自日本國內財政，亦殊感困難，出征士兵，每名每月發安家費五十元，此次龐大之軍費，日本決不能支持一年云●

淞滬警備部

佈告保護外僑

淞滬警備司令部佈告云，爲佈告事，目前時局不安，人心動搖，惟我政府愛護和平，業經蔣委員長宣告世界，爲各友邦所共知共見，本司令守衛地方，保護人民，責無旁貸：凡我各界士民，應各力持鎮靜，服從政府，對於友邦外僑，尤應隨時隨地，盡量保護，倘有不法之徒，意圖擾亂治安，當嚴拿究辦，決不稍予寬假，仰各一體遵照，切實奉行，此佈，中華民國二十六年八月十三日，司令楊虎。

八月十四日晨十時三刻佔領公大紗廠日司令部

今晨九時許，軍工路一帶戰事猛烈，雙方互以炮轟，隆隆之聲：驚天動地，我軍冒彈浴血，向楊樹浦平涼路公大紗廠日軍司令部衝鋒猛攻，敵以機鎗密集掃射，我軍有進無退，至十時三刻，敵不支潰退，我軍確實佔領日軍司令部。

我空軍大活躍　炸日艦與公大廠

我國空軍於今晨起在上海天空開始大活躍，十時許我飛機五架，飛至楊樹浦用機關鎗及炸彈向日軍集中之日商公大紗廠及匯山黃浦等碼頭掃射並轟炸，在黃浦江中停泊之

日艦，亦被我空軍所轟炸，其中有一日艦受重傷，尚有一日艦受輕傷，日艦亦以高射炮機關鎗向我還擊，均未命中，在外灘日領署旁浦面停泊之出雲旗艦，亦由我空軍投彈兩枚，不幸墮浦未中，我飛機在空中盤旋約二十五分鐘，即行安然離滬，至下午一時左右，我空軍再度出現於浦江天空，猛烈轟炸，敵損傷甚重，敵仍用高射炮及重機關鎗向我射擊，均未命中，我機安然他去。

海陸空大戰

東方空前戰史　我軍節節勝利

日軍因前方不利，紛紛向後退却，刻正由汽油艇二只，在楊樹浦方面下船，渡上停泊於日本郵船會社碼頭在其昌棧附近之日艦，據探得確報，日軍大敗後，刻縮短防線，集中於楊樹浦大阪碼頭至楊樹浦路底浦江沿岸，江灣路敵軍司令部，已遷移一空，背後黃陸路日軍官宿舍，為我炮火轟燬，自昨日下午四時大戰開始，日軍傷亡極衆，我亦小有損失，惟尚無確實統計。

今日上午八時許起，駐紮虹口區之日軍又以坦克車等為掩護，向我寶山路一帶防軍轟擊，經我軍沉着應戰，歷時 未及半小時，日軍不支，紛紛向北四川路，匯山路一帶

潰退，情形異常狼狽，我軍乘勝追擊，故日軍現正集中百老匯路楊樹浦一帶，但已幾無作戰能力。

滬南戒備甚嚴鐵門一律緊閉

本市滬南區方面，電車公共汽車，均已停駛，各商店亦均停市，住戶遷往租界者，極爲擁擠，但城內住戶，大半均未遷出，軍警當局在交通路口，堆置障礙物，並加派軍警保衛治安，秩序極佳，法租界方面所有鐵門，均已緊閉，並加派武裝巡捕，在各鐵門口戒嚴。又訊，南市華界因戰事緊張，今午十一時宣佈戒嚴。

京滬滬杭火車今日完全斷絕

京滬滬杭綫交通，昨未斷絕，京滬滬杭，均從南車站爲起點，惟今日自上午約十時開去一班後，即以戰事劇烈，以致全部停頓，各路電車亦告停駛

救濟會設所三十餘處

收容難民達五萬餘人

難民仍充塞於途

本市救濟委員會各慈善團體聯合救災會，連日辦理難民收容，殊形積極，以滬北戰

事，已激烈展開，難民充塞於途，前往請求救濟者，更形激增，據探悉，該會今晨分赴南市及各路之救濟車輛，達四十餘輛之多，連日收容難民，已達五萬餘名，設收容所達三十餘處以上，該會繼續辦理難民收容所，尚擬增設若干處，又大世界亦已於昨晚起收容難民，約一萬餘名，同時各同鄉會各學校及慈善團万面，自動認定收容及担任給養者，亦極爲踴躍，所以如時局繼續惡化，對難民收容，當可無虞，又該會組設之難民問訊處，工作亦殊爲緊張。

又訊，愛文義路。新閘路。北京路。三馬路。愛多亞路。法大馬路。霞飛路等處，沿街難民，觸目皆是，攜老挈幼，爲狀甚慘，今日上午，沿蘇州河之烏鎭路橋，舢板廠新橋一帶河浜，尙有難民渡河南逃，舢板莫不利市三倍，又外灘一帶草地上，有自滬東租界內及閘北逃出之難民，露宿遍地，此項難民大都係無力租屋或開旅館寄宿者，情況悽慘異常。

日艦向閘北開炮

今晨十時半，泊在大阪碼頭之日兵艦，向閘北開炮轟擊，同時大阪碼頭短牆下面埋伏日兵百餘，荷鎗防守，形勢緊張，見難民逃過，開鎗示威。

乍浦路橋北四川路橋以北

全被日軍攔斷

目下乍浦路橋以北及四川路橋以北，完全由日軍用鐵刺攔障礙物封鎖，車輛概不能過，自四川路橋北望，路上行人絕少，天潼路口停日軍用車一輛，間有往來行人，均被其嚴厲搜查。

上午十一時四十分，乍浦路橋忽到一日本搬運車，兵士約十三四人，最前用手提機關槍二挺，向南分伏在橋上左右人行道上，槍口向橋南租界，橋南兩旁即爲光陸大戲院老晉隆洋行及英美烟公司，但外白渡橋及四川路橋仍通行人，其意或爲防護日本俱樂部，日本俱樂部高凡五層，向爲居留民在鄉軍人之重要機關，其屋頂設有防空設備高射炮多尊，十一時五十五分，全部兵士乘原車向乍浦路囘去，橋之北堍，已被鐵絲網橫斷，完全斷絕交通。

四川路乍浦路橋之北堍，日本步哨，今日已撤去，但在我飛機飛行時，鎗聲每自吳淞路乍浦路之日本崇高建築之屋頂發出。

大世界門前慘被轟炸

本日下午四時，我機又飛往外灘轟炸敵出雲艦，旋被敵軍施放高射炮，密如聯珠，敵機加以追逐旋用機鎗掃射，我機一隻，被擊中尾部，以圖逃往機場降落，詎所繫重彈機鈕亦被擊中，該彈陡然下落於大世界前，轟然一聲，屋瓦飛揚，適該處行人極衆，統計罹難者約一千餘人，當場被炸身首異處者約計四百餘人，血肉横飛，慘不忍睹，餘均送各醫院醫治，該處四週各店，均成零落不堪之狀，被炸馬路之穴，長約七尺、深約六尺，亦云慘矣。

是日外灘南京路口，沙遜大廈前，被日機擲下一彈，適該處由江灣虹口及各鄉避來逃避者頗衆，經此轟炸，當場炸傷身死者亦屬不貲云

凄風慘雨中意氣愈軒昂

我空軍再逞威力

虹口日軍陣地遭我重砲轟擊己進到北四川路以東

八月十五日敵我兩軍，昨夜戰鬥殊烈，鎗聲至今尚在綿延不絕中。尤以昨晚十一時

至今晨九時之間，雙方砲轟更烈，此時我軍由西進至北四川路以東，日軍均自楊樹浦路方面潰退，喊殺之聲，整個租界方面，均可聆悉。四川路橋之日軍步哨，亦已撤退殆盡。，，，，，，，，，，，，，，，至虹口公園附近日軍，尙在頑强抵抗中。，，，，，，，，，，，，，，，，，我軍炮兵陣地，始終未變動。晨九時許，砲聲又密同時風雨大作我機今晨未有出動，頃我軍以重砲向敵陣地轟擊，敵亦自浦江艦上發砲。

今晨敵機偵察南市

今晨六時許，停泊於黃浦江內日領館前之出雲艦偵察飛機，又出動向我南市區域偵察，往來盤旋。約二十分鐘旋又飛往蘇州河上空，企圖向我後方陣地偵察，但卽折回降落，共歷時約四十分鐘之久。

日增派援軍兩師團

據軍事方面消息，日本在滬海陸軍隊九千人，戰鬥力薄弱，不堪一擊，昨日經我軍大舉掃蕩，業已潰不成軍，日海軍第三隊艦司令長谷川，已迭電本國請派遣軍隊增援來華，現悉日軍事當局尙擬作頑强抵抗，已急遣兩師團來華增援。並加派航空母艦數艘，

滿載槍炮軍火，同時開拔，其人數約在二萬數千人左右，該增援部隊，約於今晚可開抵吳淞口，預料屆時將有一番劇烈惡戰。但我軍陣地異常鞏固，早有準備，士氣旺盛，咸具決心，軍事上極有把握，必予敵人以重大打擊。

公共租界景象蕭條

昨夜來狂風怒號，同時炮聲隆隆，全上海一般市民，無一不驚心動魄，關心戰事。今晨黎明時，一般市民即興起，鵠立街頭，候聽捷報，一種興奮緊張情緒，並不因飛機流彈危險而有所驚懼。今日租界中秩序如常，惟一般商店均已閉門休息，永安先施新新大新等數大百貨公司，亦均關閉停止營業。間有小吃零食店尚照常開市，但微風細雨，一種蕭條景象，兼之炮聲機聲，更覺得悽慘異常也。

滬戰揭開之第二日，因我軍之進展，公共租界東區已陷於火線之中，該區各國人士紛紛避入租界蘇州河之南，居民陡增，且以午後外灘方面空戰之激烈，人民向西奔馳，致南京路一帶各商店嚴閉鐵門，以防萬一，行駛外灘與靜安寺間之電車公共汽車均告停駛，今晨起，法租界區內各路電車公共汽車亦全停止，恃爲交通之唯一工具，僅有少數之黃包車，故均抬高車價，至三五倍以上。路上行人稀少，僅見自備汽車之往來飛馳，

各菜市因菜來源減少物價高漲，幸小商店尙開一小門營業，而小烟兌店則任意壓低法幣兌價，殊爲可惡。

炮火掩護下我軍佔日海軍俱樂部

敵三百餘完全殲滅

八月十六日前經整日之血戰，我軍左翼陣綫，已進展楊樹浦，將大公紗廠日軍司令部包圍，右翼進展至江灣路北四川路，將日本特別陸戰隊司令部包圍，同時空軍出動轟炸，經上下夾擊，敵軍狼狽不堪，昨晨雙方曾一度炮戰，我軍於昨日上午九時三十分，在炮火掩護之下，向北四川路竇樂安路方面猛攻，當將日海軍俱樂部佔領，旋於午後十二時半許，閘北我軍又向北四川路方面進攻，激戰甚烈，炮聲及機關鎗聲，在特區中清晰有聞，約歷半小時始止。

昨日（十五日）上午九時卅分，我軍佔領日海軍俱樂部，我□□□團□連連長受傷，不肯退，仍奮勇前進，將敵軍擊退，此役我傷亡士兵二十餘名，敵兵傷亡二百人以上，

據談前綫戰況云，我軍於十四日將水電路一帶敵軍消滅後，即乘勝前進，十五日晨，越過愛國女學，進逼北四川路底之日軍海軍俱樂部，我軍於彈雨密集之下，奮勇前進

，口口師連長，身先士卒，中彈受傷，士兵擬扶之後退，該連長忠勇異常，奮不顧身，仍掙扎負創前進，士氣更爲振奮，爭先浴血前進，當於上午九時三十分，佔領日本海軍俱樂部，防守該處之敵軍三百餘人，完全殲滅，敵軍旋於午後二時十分，在日本海軍俱樂部以南地帶，向我猛烈反攻，肉搏數次，均被我軍奮勇擊退，敵軍死傷甚衆云。

下午三時半，戰事在大風雨中徹夜未停，昨晨拂曉，炮聲與機關鎗聲，尤爲猛烈，七時後，成沉寂狀態，偶有轟擊而已，閘江灣方面，我軍奮勇進攻，頗有進展，已自水電路持志大學一帶進至江灣路口，迫近敵司令部，楊樹浦方面，我軍迫近公大紗廠，取包圍形勢，殘敵頑抗死守，仍相持中。

據赴閘北前線視察，前方自昨日起，炮戰甚烈，閘北彭浦區附近，中敵炮彈甚多，我軍確已向八字橋一帶作猛烈推進，引翔區我軍獲勝，直迫敵軍滬東根據地，當有記者在楊樹浦一帶冒險在日軍虎口中巡視時，我軍所發之炮彈，均紛紛擊中該地建築物，當一炮彈在附近落地時，記者並親見在中虹橋站崗之日軍，棄鎗奔逃，狼狽不堪，我軍陣地，顯見有相當進展。

我前方士氣極爲奮發

昨日有記者赴前方視察，目睹我軍士氣，極爲奮發，防禦堅固，頗爲感，奮惟前方給養困難，深望後方民衆，多多捐助食品接濟，慰勞我忠勇之將士也。

張治中楊虎視察前線

京滬警備司令張治中，及淞滬警備司令楊虎二氏，十四日曾赴前綫各陣地視察，士氣爲之大振。

蔣夫人電慰前線將士

蔣夫人宋美齡女士，得悉我軍在滬忠勇抗戰，極爲欣慰，特於昨日致電前綫將士，嘉勉備至，並擬籌集大批慰勞品，運往前方云。

我空軍再轟炸出雲艦

昨日下午三時三十五分，我空軍飛機二架於狂風大雨之際，又呈現於浦江上空，分左右翼向敵出雲旗艦進攻，猛投炸彈，並以機關鎗掃射，敵艦於倉皇間，急以高射炮及高射機關鎗向空中亂開，但因昨日風力强烈，射程不足，故已全失效用，我機盤旋於雲霧之中，敏捷異常，無損毫末，雖風吼雨吹，勢甚兇猛，然我駕駛員技術精嫻，凌空騰

飛，履險如夷，當時我軍進攻敵艦凡三次，結果，彈珠落於敵艦甚多，敵艦發炮百餘響，皆未擊中，激戰約十五分鐘，至四時五十分許，我機始於風雨中安然飛去。

敵艦慌張戒備甚忙碌

敵第三艦隊出雲旗艦，自經我空軍飛機進襲後，全艦日軍倉皇不安，頗呈慌亂，自前晚起，該艦即忙於加裝高射炮，從事種種戒嚴，以防禦我空軍襲擊，至其艦身四週，均加布鐵絲電網，並有小艇巡邏保護，入晚燈火全熄，呈現死寂之象，但有時則以探海燈向空探射，或放空炮不止，其戒備不敢稍懈，至艦上重要軍事長官，聞已避匿他處，附近日領事署人員，亦遷至某處辦公。

各國海軍命日艦離去

駐滬英美法意各國海軍當局因前日發生空戰，并開放高射炮，咸認日出雲旗艦，實為導火線，因其盤據租界區域內之碼頭，作為軍事上之根據，遂使租界區域亦陷入戰爭地帶，欲使避免此項危險，并保全租界內僑民生命財產起見，必須通知該艦，立即駛離租界，故昨日艦縱各國海軍當局，共同通知該艦，命其駛離浦江，維護租界安寧，詎敵

艦接通知後，答以保護日本僑民爲藉口，拒絕接受此項通知，聞各國海軍當局，刻已會商採取第二步有效辦法。

日方傳已獲英美諒解

日第三艦隊司令今晨訪晤英美遠東艦隊司令，據日方傳稱，出雲旗艦停泊於公共租界內，已得英美之諒解，准許其仍駐停於原處。

敵軍築機場被我破壞

漁市場附近高爾夫球場，敵企圖築飛機場，確已被我破壞，敵亟謀在某處另築機場，我已偵悉，設法阻止，昨日上午前線極沉靜，且大雨不止，雲霧瀰漫，空戰亦未發生，三時浦江敵艦及日總領館屋頂高射炮與機關鎗聲又大作，約五分鐘卽止，廿分鐘後，又一度炮聲大作，我機一架，在雲霧中時隱時現，從容飛翔，敵彈完全虛發。

滬西日軍向我機轟擊

昨日下午一時零五分，我空軍繼續出動，旋有兩架駢翼由東向西作低空飛行巡視，經過戈登路上空時，蟄伏檳榔路口內外棉紗廠之日軍，卽在瞭望台上，用高射炮向我空

軍轟擊，計共三發，及機鎗一排，我軍未予還擊，卽向中山路方面緩緩飛去，旋四時十分，我空軍又二次出現於該廠上空，敵又發高射砲及機鎗掃射，因軍心慌亂，目標不準，我飛機均安然向北飛去，當敵炮發射時，民衆均向屋內趨避，極見鎮靜，不若前日之擁在馬路中聚觀，按該處日商紗廠內，駐紮日海軍陸戰隊約二百人，已有數月，自滬戰開始以來，警戒雖較前嚴密，但門首仍祇兩崗位，僅瞭望台上，不時有敵兵偵察，發炮轟射，自戰幕揭開以來，昨尙屬第一次，又四時十五分許，有日救護隊五人，乘一大卡車，由小沙渡路向北疾馳，狀甚匆遽，車前玻璃，幷貼有日文通告一紙云。

敵機昨晨復分飛偵察

今晨五時半許，敵軍偵察機一架，由吳淞口外飛來，向北火車站及閘北我軍陣地偵察，旋復飛往滬西麥根路及南市偵察，乃仍向淞口飛去，該機飛行甚高，幷不敢逗留，故我軍未加以轟擊，又，今晨六時許，停泊於黃浦江內日領館前之出雲艦偵察飛機，又出動向我南市區域偵察，往來盤旋，約二十分鐘旋又飛往蘇州河上空，企圖向我後方陣地偵察，但卽折回降落，共歷時四十分鐘之久。

敵艦發炮向浦東攻擊

昨日停泊於虹口郵船碼頭之出雲敵艦，竟向我浦東其昌碼頭新馬路地方，放炮轟擊，凡十餘發，由當地警隊，沉着應付，并無損傷，現該地我防務甚嚴，决無足慮。

空軍戰士梁鴻雲殉國

前日我空軍應戰，在日艦之高射炮中奮勇作戰，飛機一架、中彈受傷，我空軍少尉任霁閣當時爲國捐軀，駕駛機師梁鴻雲亦受重傷，但仍駕機安然降落某處，梁氏經車送同孚路中德醫院救治，到院時，兩腿已全失知覺，當由醫師多人醫治，經注射鹽水止血針强心針急救，略見轉佳，終以流血過多，至十時不治而死，聞其主要傷處有二，一彈由左後背穿過脊骨，由右前腹而出，流血甚多，肝臟及腰部均受創傷云。

（又訊） 梁氏忠骸，業移至中國殯儀館大殮，由紅十字會祕書胡會林代爲料理，杜月笙及軍界要人均前往弔唁云。

前日南京路口之炸彈

前日下午四點半許，南京路黃浦灘一帶，因飛機墮下炸彈四顆，傷亡中外人士一百

餘人，有二顆落入黃浦江中，激起之潮水湧至浦邊，餘二顆墮於南京路，其一從匯中飯店斜落而下，傷亡之象，不堪言狀，烟燄既息之後，始見真相，匯中及華懋兩飯店門口死傷纍纍，斷頭折足，模糊難辨，有一汽車火焚未熄，兩飯店之間，道路甚寬，自街頭以至兩階，無非殘缺不全之屍體，死傷之人，中外皆有，並有站崗中國巡捕一人，又有小孩，腸出腹外，牆壁坍倒，玻璃滿地，嗣經人分別將傷者遷去，是日南京路之兩彈，死一百五十八，傷者甚多，其中亦大都因傷重不救而死云。

張治中之壯烈談話

本軍將士誓與敵不共戴天

京滬警備司令官張治中，於十四日下午四時應各報記者之請，在軍務悤忙中以鎮靜堅決之態度，發表談話如左，此次日本帝國主義者在上海挑釁藉口所謂虹橋飛機場事件向我提出無理要求，意欲壓迫我保安隊撤退，及撤銷防禦工事，我方為保衛國土爭取民族生存，對此無理要求，斷難承認，查日軍在滬軍人，屢次衝犯我虹橋飛機場，且其陸戰隊越界布崗，尤屬見不鮮，其用意如何，可不言而知，過去我守衛機場之保安隊，始終取容忍態度，受盡侮辱，致本月九日日方海軍軍官率士兵，又乘汽車衝入，且開槍擊

我守兵，保安隊士兵時景哲當被擊斃，我方忍無可忍，祇得開鎗還擊，所謂虹橋事件經過眞相，大略如此，事件發生以後，當在雙方調查中，且日方亦以用外交手段解決，爲蒙蔽世人耳目之宣傳，一方面則從國內開出大量陸戰隊，並動員正式軍隊，以兵艦三十四艘及航空母艦駛抵上海，竟欲肆行威脅，逼我屈辱，據日方宣稱，係爲保護二萬五千名僑民而來，事實上敵方僑民，在上海從無受我方威脅情事，即在中日外交關係極度緊張之際，我地方政府對於日僑之保護，仍無微不至，上海各國外交人員及各國僑民有目共覩，可見所謂護僑藉口，實屬毫無理由，在日方大軍雲集之情形中，其決心向我軍進攻，企圖造成第二次一二八事變，絕無疑義，我住在上海三百萬同胞生命財產，隨時被暴日炮火殲滅之危險我僅以保安隊少數兵力負保護之責豈能置其維持地方治安之重任，貿然撤退，使我同胞任由暴日宰割，因此我之拒絕日方要求，實爲萬分嚴正，且在外交交涉尚在進行之時，前（十三）日下午四時，日方軍艦突以重炮向我閘北轟擊，澈夜炮聲不絕，我方人民損失奇重，同時復以步兵衝出界外，進攻我保安隊陣地，我方仍以鎮靜態度應付，從未還擊一炮，現日方大舉以陸海空軍進攻，我爲保衛國土維護主權，決不能再予忍受，事至今日，和平確已完全絕望，犧牲已到最後關頭，禦侮救亡，義無返

顧，茲應鄭重聲明者上海和平既爲日軍炮聲所震燬，而祖先慘淡創造之國土，又復爲敵軍鐵騎所踐踏，不得不以英勇自衛之決心，展開神聖莊嚴之抗戰，本軍所部全體將士，與暴日誓不共戴天，五年以來，無日不申儆軍中，以洗雪國恥收復失地爲己任，我十萬健兒之血肉，卽爲保衛國土之長城，決當以喋血淞滬長城之精神，掃蕩敵界出境，不達保我完整領土主權之目的，誓不休止，我全國同胞，尤其京滬一帶之愛國同胞，應知此次戰爭實爲全民族存亡絕續生死榮辱之最後關頭，更爲我含垢忍辱數十年來之最後淸算，吾人實爲被壓迫求解放而戰，爲爭取國格而戰，爲我七千年神明華胄生斯食斯歌斯哭斯聚國族於斯億萬斯年長養我子孫於斯而戰，務必忠勇奮發，而又沉着堅毅，百折不撓，準備熱血，不辭犧牲，以粉碎敵人侵略之迷夢，遵承我最高統帥蔣委員長之訓示，以犧牲到底之決心，必得最後之勝利，可以斷言，至於上海爲外僑聚居之地，今日日軍啓釁，備極驕橫，不僅破壞我領土之完整，抑且妨害上海各國僑民之利益與安全，凡有識見之外部人士，定對我寄無限之同情，本軍自當盡力予以保護也。

滬領袖領事

奧爾昨兩訪俞市長

第一次……對租界安全事提壓出點
俞氏駁稱應由日方負責

第二次……答正抗議並請我空軍勿至租界
俞氏謂須出雲艦他去後可考慮

昨晨駐滬各國總領事，推派領袖領事奧爾，代表往訪俞市長，提出下列二點，一，駐滬各國領事，對俞市長前日關於日軍利用租界爲軍事根據地之聲明書，已加考慮，、將警告日方，但各國領事之態度，以爲如任何一方有損及租界外僑生命財產時，有關方面仍應負責，二，各國領事對中國飛機在租界上空飛行，認爲危及租界安全，特提出抗議，俞市長當駁稱，關於第一點，各友邦對於中日戰爭，義當嚴守中立，乃竟任縱日人利用租界爲軍事根據地，根本已破壞嚴守中立之原則，各國既無法制止日方，我國軍隊爲自衞計，當然有權採取必要行動，因之所發生一切結果，自不能負責，關於第二點，各國須知租界爲我國領土，租界上空爲我國領空，領空權乃國主權之一部，我國空軍在本國領空飛翔，根本不容他人干涉，況飛翔目的爲殲滅利用租界爲軍事根據地之敵艦，各國更不應過問，俞市長繼謂，據確實報告，租界內有數處日本銀行及商行之屋頂，均架有高射砲及機關鎗，租界當局不加干涉，殊堪遺憾，本市長特利用此時機，順便提出

抗議，如再不注意制止，則我方空軍恐將轟炸此項本非作戰而竟用爲作空之建築物，屆時如發生不幸結果，其責任應由租界當局與日方共負之，雙方談約一小時，領袖領事乃告辭，俞市長質問其曾否向日方抗議，彼謂現正前往云云。

駐滬領事團領袖領事挪威總領事奧爾，昨晨訪俞市長，對租界安全問題提出兩點意見後，午間召開領團會議，對市府今晨所提抗議，租界各日商銀行及日商店屋頂上設置高射機鎗攻擊中國飛機一點，責令工部局詳查結果，並未發現上項事實，同時經領團質問日總領署，日總領事亦答復謂，日商大廈屋頂，並無此項高射砲及高射機鎗等之設置，下午四時半，奧爾總領事復往訪俞市長，報告經過，爾謂可請華方官員會同調查，但在調查完竣，證明無上項事實時，應請市府予以公開聲明云云，俞市長當卽答稱，關於貴領袖領事所稱，此間今晨並接英總領事署通知，謂已經過捕房搜查，已無其事，故本市長目前信賴英領署之報告，認爲暫時無須派員調查，將來如再發現，當再通知，奧爾繼稱，日駐滬總領事岡本現向領團表示，日軍飛機可以不飛至蘇州河南岸，深盼貴市長能作同樣表示，俞市長當卽答稱，租界領空權爲我國所有，故中國空軍，在租界上空飛行，絕對不受任何限制，但領事團方面，如能使日方之出雲艦駛離租界範圍以外，則爲

維持租界安全計，對於各友邦之請求，願轉達軍事當局加以考慮云。

又據日方昨日又在二馬路台灣銀行樓上裝置高射機關鎗十架云。

中國空軍再施展神威

結隊猛攻日艦空戰結果一日機受傷

今晨七時十分，中國空軍飛機一大隊，共計二十架，奉命出動，攻襲敵出雲旗艦。華機共分四組，由東西北三面進發，取包抄形勢，齊向敵艦猛投炸彈，並以機關鎗掃射，敵艦得訊，亦即亂開高射砲還擊一時炮聲交作，震動全市。華機炸彈，落於敵機附近。華機圍攻敵艦二次，第一次激戰約十分鐘，第二次在七時四十分許激戰至烈，歷一刻鐘即止。當中國空軍飛機，圍攻敵艦敵機時，日方聞訊，即有十四架升空應戰。先在浦江上空，與華機相遇，立即互機開關鎗射擊，敵機恐被華包圍，即四散逃去。嗣華機飛赴滬西方面，偵察日紗廠內駐軍行動。敵機跟蹤而至，空中激戰又起。機敵一架尾部，被中國空軍機關鎗射中先行遁去。其餘敵機，見勢不佳，旋亦倉皇飛逃。同時另有敵機一隊，在吳淞口上空，與中國空軍相値，即互以機關鎗掃射，激戰至爲劇烈。敵機不

支先退，華方絲毫未受損傷，安然告捷而歸，迨至午晚十一時四十分許，中國飛機四架，突出吳淞口外，從後掩至，齊向敵艦投彈，並以機關鎗，連貫掃射，密如雨點，迨敵艦急以高射炮還擊。華機早已翺翔高飛，冉冉升入雲際去矣。

日機轟炸虹橋龍華

今晨敵機多架，在南市天空發現圖襲防地，華方防空機關得訊，卽用汽笛發出警報。同時用高射炮向敵機轟擊，一時炮聲隆隆，震耳欲聾，敵機僅在龍華飛機場投下三彈，幷未爆發。同時敵機幷在南車站向逃難民衆用機鎗掃射，略有受傷，惟旋卽逝去。

又息日機多架，又飛虹橋飛機場轟炸，共擲九彈。其中五彈，落地後卽爆炸，其餘四彈未炸。無甚損失。又日機一隊，今晨四次飛龍華飛機場轟炸。第一次爲上午四時半至五時拋擲二彈，一爆炸，一未爆該機於擲彈後卽逸去。第二次爲上午六時至七時，飛機共有四架，機場方面，於事前卽已接得報告，嚴密防範於日機飛近機場上空時，卽以高射炮猛烈射擊。日機懾於高射炮之威力，不敢逗留，卽倉惶遁去。八時十分，復有日機多架飛來，仍被高射炮所擊退，總計日機前後共飛來四次，終以華方防空隊之得力，均未達其企圖。

南站附近落下炸彈

今晨南火車站附近炸落一彈，彈中民房數間，死二人，并有一處因而起火，焚燬甚烈。

久留米師團抵滬企圖登陸反攻

華軍現嚴陣以待

第三開隊司令長谷川，第十一艦隊司令谷本，前向東京乞援，昨日所開到之久留米師團一部，即係十三日由佐世保出發之兩師團。抵滬日軍一部份在浦東登岸，華方即取包圍形勢，下令進攻。尚有一部係在大阪碼頭登岸，其人數無確實估計。華軍前線現已陸續增厚大軍，嚴陣以待中。與久留米同行開來之另一師團并航空母艦兩艘，行蹤詭密。據聞航空母艦已在浙江象山洋面附近發現，華方亦已準備派機飛行驅逐。查敵軍之所以如此迅速增援，乃係企圖反攻，冀到達克復已失之根據地云。

英美意荷僑民準備撤退

公共租界內西僑，自蘇州河以北僑民，由各國領署通知退至蘇州河以南後，英國婦

孺僑民，首先定於明日乘英艦離滬。其他僑民，亦由英領署通知，集中上海總會，定期退出。美領署對美國僑民，亦將於明日令婦孺由大來公司脫虎鐵及傑佛遜二總統輪載往馬尼拉。惟其餘美僑，因事業關係，將視事勢而定，法領署方面，對法僑退出問題，並未考慮，蓋深信在法租界內僑民安全，決無足慮。惟一說亦有撤退之意。至意國僑民，必要時亦將離滬，荷蘭駐滬領署，已通知本市荷僑，速向領署登記，俾必要時保護離滬」一面並已向渣華郵船公司，包定泰西門號郵船一艘，停泊吳淞口外，以備僑民避登。

日陸戰隊司令部今晚當可攻下

今晨三時天通庵路中日軍有激戰。日海軍陸戰隊尙圖作最後掙扎，向華軍反攻。當被中國軍迎頭痛擊，日方不支敗退。華軍士氣甚旺，乘勝反攻，逼近江灣路日海軍陸戰隊司令部。預料再經最後一擊，卽可將該地完全佔領。虹口一帶日軍，以前綫戰事不利，後防空虛，不經一擊，已於今晨自逢路向烏鎭路橋撤退。據某機關消息：戰事發展程度至今午至，尙未猶明悉報告，僅知各路忠勇士卒，奮勇向指定目的地，浴血衝突，有進無退，形勢甚優，前方便衣隊，亦活躍異常，頗予進攻部隊不少助力。據前方歸來者談，華軍便衣隊，莫不抱慷慨犧牲之決心，攜手溜彈潛進，一遇敵軍，卽伏地前滾，與

敵同歸以盡。故敵軍對便衣隊，甚爲恐懼云。

前方華軍猛勇進攻，前綫迭有進展，右翼戰綫，昨已進展至江灣路北四川路底，將日軍司令部包圍，今晨仍向前推進，在密集炮火下，猛烈衝鋒，日軍雖頑强抵抗，然在日軍猛烈威脅之下，已無作戰能力，陣地動搖，狼狽不堪，雖猶圖竭力掙扎，然勢已不支，有潰退模樣，預料今日下午，華軍可將日軍司令部佔領。

日圖在浦東登陸瀏河日軍被擊退

浦東高行東區吳淞口，昨夜有三四百人日兵登其昌棧碼頭擬上岸。經中國駐軍嚴防擊退，晨又曾再施故技，未逞而退，今晚浦左或將有接觸。據前方回滬之某受傷軍官稱：瀏河方面，華軍屢與敵寇開戰，連續五小時之久。今晨又向敵軍掃蕩，敵終不支而退。

日機連日轟炸

滬江大學被燬無餘
兩路新局亦受巨創

日本此次在滬多方挑釁，戰端開始以來，由海陸空軍同時進攻，經三日之激戰，迄未得逞，乃襲『一二八』時之故技，專以大炮轟擊華軍陣地，並專事毀壞文化機關，東區濱江之滬江大學已被燬無餘，寶山路口之兩路局新局所竣工未二年，造價達七十萬元，經日方連日轟擊，受創甚重云。

滿載援軍開來之一敵艦不敢駛入浦江

開入浦江一艦

上陸人數不多

敵軍連日被我空陸軍大舉進攻之後，節節敗退，已有不能支持之恐慌，乃乞援東京，昨日從日本方面開來之援軍一部份，已分乘戰艦二艘到達，惟因怕我方空軍活躍轟炸之故，僅得一艘開入浦江上，上陸人數不多，日兵登陸後，該艦立卽逃出吳淞口外，餘一艘尙在吳淞口外停泊，不敢開入黃浦江云。

急調戈登路駐軍應援

敵軍前綫今晨告急

英兵五十餘接收內外棉紗廠

全綫戰事於今晨拂曉起，均有猛烈之戰鬥，敵軍於六時許，卽感不支，乃急調駐紮於戈登路內外棉紗廠之海軍陸戰隊五百餘人應援，開入前綫補充，足見敵人陣綫動搖，至內外棉紗廠敵軍，因裝有軍事設備等，特於今晨懇請駐滬英軍前往接收，英軍五十名，當於上午八時許，至該處前往接收云。

華軍推進至虹鎭佔領日本操場

日軍聯絡綫將被切斷

八月十七日陸空大戰又作。中日空軍，在英租界及浦東等各地上空，激戰殊烈。而華方陸軍，又於今晨八時半佔領日本第三軍事要點，尤爲此次滬戰史中光榮之一頁。而日軍在滬之聯絡綫，在該處失陷以後，已有被切斷之虞。據華軍前方正式公佈：今晨八時半華軍佔領之日軍要隘，係在虹鎭以南之日本操場，該處乃爲日軍駐滬軍事三大要點之一，自華軍今晨攻佔該處後，日軍形勢，更陷不利，蓋日單之第一軍事要衝爲滬東公大紗廠，第二軍事要衝爲竇樂安路日海軍俱樂部，上述兩處，早被華軍攻陷，日方賴以維持掙扎者，祇有虹鎭以南之日本操場。在軍事上尙佔優勢，蓋該處爲全軍中樞，可以掩護左右兩翼。今晨華軍大舉進擊，完全以血肉作相當犧牲。據謂前後共戰一小時餘，

該處日軍始行潰退，而華軍炮兵之夾擊，於此役亦有殊效。

中國炮兵逞威轟燬日軍碼頭

昨晚大炮終宵，租界各處，清晰可見。今晨曾有往前方訪晤華軍炮兵某旅長，據談昨晚炮攻，已使僾滬日軍及日艦，大爲恐慌。楊樹浦一帶之日本碼頭，平日爲日軍上下之用者，今已爲華軍炮火所燬。浦江各日艦，昨晚曾頻頻向浦東閘北吳淞等各地，開炮還擊。華軍炮兵，絕未受損。惟民房及無辜良民，慘遭犧牲者爲數甚多。

日軍東路方面退入租界區域

今晨前方據某高級軍官證明昨日華軍前鋒，一度曾衝入狄思威路。該處一帶，確已絕對無一日兵，惟華軍因該處未構新陣地，故當時旋卽退出。虹口公園等處，華軍亦曾數度衝入。日方軍事情形，目下東路方面，已移入租界區域。中路方面，則因日本操場，今晨突又失陷，故正在整頓部署。西路方面，則祇憑險固守。但陸戰隊司令部，自昨晚起又被華軍炮火所轟，勢難久站。

浦東新三井站雙方炮戰甚烈

昨晚中日軍隊除炮戰以外，閘北及浦東等處，曾有陸軍大衝突。尤以浦東方面，形勢爲激。今晨曾有人渡浦前往調查，得悉衝突最烈之處，乃在新三井站一帶，該處有日本碼頭兩處，貯有大量軍用品，故日軍駐防甚多。昨晚七時十分，華軍首先進攻，當時機鎗軋軋之聲，震動全市。駐防日軍，急起應戰。浦江各日艦，亦以機鎗及鋼炮，向岸掃射，且有援軍多兵，由日兵艦上搭小輪登陸，華軍當時一方面將碼頭日軍，予以痛擊，一方對渡浦日兵，亦予激擊。當時日兵抱鎗墮浦者，爲數甚多。前後激戰二小時，華軍方面，重傷四人，輕傷十餘人，當兩軍酣戰時，浦東上空，惟聞炸彈霹靂之聲，驚心駭魄，殊爲猛烈。而日艦漫無目的之攻擊，已使浦東洋涇區方面，瘡痍滿目，慘不忍睹

董家渡之華軍擊落日機一架

浦東楊家渡方面，昨日曾擊落日機一架。該機立即焚燒，機師三人，當場焚死，今晨起，日空軍偵察機一架，已在浦東偵察十一時半，日機三架，並開始在浦東洋涇區沿浦各繁盛市區。大肆轟炸。並在陸家嘴上空，與華方空軍六架，空中大戰，華方空軍一方除將日機擊退外，一方並再度轟炸浦江日艦及日軍紗廠。

今晨中日空戰歷時約十分鐘

今晨，楊樹浦方面中日空戰，又復大作。雙方飛機曾蔓延至四川路上空，日方之高射砲，亦卽突然出擊。一時軋軋之聲，震耳欲聾。前後凡歷十分鐘。華方空軍始向西飛去，但在半小時後，華軍又至楊樹浦上空作戰，日機多架，起而迎擊，浦江日艦亦發高射炮猛射。當時有一華軍飛機，尾部稍受損傷，但仍疾駛下落，拋擲炸彈兩枚，安然飛往某處降落。至下午二時，華方空軍再度在虹口上空出現，當時未投彈，但日軍高射炮，又復作猛烈之射擊。

中國飛機分二次圍襲浦江日艦

今晨中國空軍飛機，又出動艦向攻擊，前後凡二次，第一次於十時三十分，華機數架，向敵進攻，並投炸彈，日亦敵齊開高射炮擊還，約五分鐘卽止，第二次中國飛機一大隊，於十一時四十五分，出現上空分東西北三路向日艦進攻，齊投以炸彈，並以機關槍掃射，日艦亦倉皇鳴砲亂擊，激戰甚烈。結果日方頗受損害，中國飛機安然無恙，飛回防次。

58

日方流彈毁滬南建築物

昨日滬南方面兩度受敵方大炮流彈，一在下午四時二十分，有一炮彈自江面飛來，擊中寧紹碼頭之棧房，該棧房現留有五六尺之對穿大洞，又一在晚間十二時，滬南第十二號碼頭市立第一倉庫，中一開花彈，該倉庫係民生公司所租用，內堆藥材貨物。該倉庫着彈後，即被燃燒，幸倉庫內部防火設備極佳，并經消防隊即往施救，未致擴大，但損失已屬不貲云。

日艦一艘下沉

昨晚華方以某項爆炸軍器轟擊敵艦『出雲』號結果，已使該艦受重傷移地停泊，同時三菱碼頭江畔，則停泊一巨型戰鬥艦，但首尾部則被擊去一大半。而下部之推進機，亦同時落於黃浦江中，故已不能行動，且江水大量傾入，似有沉沒之勢，故今晨三時起，已有淺水艦數艘駛往總艦附近從事援救，但恐已不及云。

旗艦出雲受重創泊公和祥碼頭

另以六艦分泊前後以為掩護

艦身受損甚鉅已失戰鬥能力

日旗艦出雲號，昨日曾備受華方空軍之威脅，並被華軍所佈之水雷射擊命中，致受重傷。當時急駛出口，加以修理，至兩小時後，始又冋泊於日領署外江面浦中，惟另有一日艦夾護於左，據可靠報告，該艦移泊浦中之原因，一爲減免日領署之威脅，一爲該艦前處地位，最屬危險，故必須稍離他駛，但該艦另一目的，乃在便利轟擊浦東西兩岸起見，故該艦移動極堪注意。

另息，敵第三艦隊出雲旗艦，於昨晚九時許，被華軍以重炮及某種爆炸武器擊中受傷。當時敵艦上大爲混亂，日第三艦隊司令長谷川，爲避免華方目標起見，急下令將該艦駛移下游，改泊於虹口公和祥碼頭附近第十三十四號浮筒。一面爲預防華軍襲擊起見，另以驅逐艦一艘，停泊於出雲艦之前順泰碼頭附近，以爲掩護。復有魚雷艦及炮艦二艘則停泊於匯山碼頭，爲出雲旗艦後方掩護。因此該敵艦現已處於各敵艦隊掩護綫下，蓋其艦身現受重創，戰鬥力業已消失，故不能不移轉其停泊處所，而作苟延殘喘之計，據一般觀察：該艦即將駛返日本，至該艦原泊之日郵船碼頭，今晨開到日郵船一艘，聞將載運避居該處之千餘日僑返國云。

各國軍艦駛離火線結集愛多亞路浦心

滬戰發生後，駐泊浦江之英美德意各國海軍兵艦，各泊於火線之內。現因爲避免流彈襲擊及意外事件起見，昨經各該國海軍當局議定，決將駐泊於虹口區域以東及吳淞口以西南之各國兵艦，於今日起，一律駛離火線，集中於愛多亞路浦江中心。故目下虹口一帶，已無外艦蹤跡，火線業已擴大，至麕集在愛多亞路浦心之外艦，已有十餘艘之多云。

華成大廈

守門警巡阻止被擊斃

日軍駐守匯山路大連灣路

據匯山路大連灣路轉角華成烟草公司大廈，昨日（十六）下午三時，有日軍一隊開到，守門警巡阻止被擊斃，日軍已在該廈設部駐守，並在屋頂架高射炮。

瀏河日炮艦猛轟未逞

瀏河方面，日艦幾度用大砲掩護，希圖上岸，經被我軍沉着對付，昨晨即開始衝突

，直至昨夜九時許，泊在該處之日艦，又向岸上發炮攻擊，愈發愈烈，在猛烈炮火之下，戰約一小時之久，日艦見不得逞。即停。

駐滬意領尼龍昨日下午

出雲艦上晤川越

商該艦駛離浦江問題未有結果

自日軍揭開上海戰幕後，因出雲艦停泊黃浦江中藉租界爲作戰之根據地，我空軍爲消除危機計，時施轟炸，以致愛多亞路。大世界及南京路外灘等處，遭受危害，領事團方面已屢次勸告日艦退出黃浦，但遭日方拒絕，故境內各國僑民生命財產之危險性日臻嚴重，意國駐滬領事尼龍，昨日下午一時，特乘小艇至出雲艦，會晤駐華日大使川越茂及領事岡本，談約一小時之久，始由出雲艦另派小汽艦送回，意領館人員，據謂尼龍氏此行，亦爲與日方磋商出雲艦退出問題。以維護租界內之治安，但日方未有確切答覆，致無結果云。

二十六旅長

黃梅興殉國

此次江灣之戰，八十八師二十六旅旅長黃梅興，身先士卒，不幸殉國，玆錄黃氏略歷如下，黃氏廣東平遠人，黃埔第一期畢業，第三次東征，充任營長，迭樹戰功，一二八之役，任該師副旅長兼團長，劇戰月餘，莫不身先士卒，奮勇抗戰，旋獲升二十六旅旅長，嗣後奉命剿匪，歷時三載，轉戰贛，浙，皖，湘，鄂，黔，蜀各省，厥功尤偉，虹橋事件發生後，黃奉命調滬，殉國時年四十一歲，父健在，母於本年二月間在鄉病卒，家中遺妻子各一，子出生甫週月，刻由其夫人由京攜返平遠原籍。

商輪四艘暗藏軍器

日清輪船公司有商輪四艘，在我軍將南黃浦封鎖時，該商輪等不及駛出，詎該四商輪已被日軍暗藏軍火，當昨晚十六鋪雙方開戰時、四商輪頂上，竟架起高射炮及機關鎗，由日便衣隊向浦江攻擊，幸該處我軍亦有埋伏，卽起與抵抗，半小時後，雙方鎗聲始息，聞日便衣隊受創甚重。

浦東遭轟炸 停於浦江中之日艦，向浦東方面炮轟，浦東方面之警察局浦東分局等

處房屋稍有損毀，又敵艦昨晨由浦江中向浦東方面射擊，於五時半有炮彈兩枚擊中英美烟草公司工廠之鍋鑪間，有相當損毀，同時有另外之兩敵艦，亦巳炮口瞄準，集中炮火向該公司轟擊云。

（又訊）應援來滬之日本久留米師團，自抵滬入吳淞口，欲在虬江碼頭登岸，因該處我軍扼守甚固，兼以該碼頭已遭炮火燬滅，未能登岸。

昨午敵機七架，在浦東方面轟炸，於三時許在浦東其昌碼頭投下三彈後，並在楊涇保衞團部門首亦投三彈，有數彈爆發，損失不詳，旋於五時半並在浦東警察分局附近落下三彈，民房一間被燬，並無死傷。

（又訊）昨日下午四時，日飛機六架，於楊樹浦方面飛起，向浦東沿江一帶及爛泥渡等處擲下炸彈十餘枚，同時我軍飛機即於白雲中飛下，與擲炸彈之日機决鬥，開放機關鎗，子彈飛舞天空，市民紛紛走避，十分鐘後，雙方不分勝負。

滬東滬北進展甚速我軍各路均告大捷

中路佔領敵海軍操場

敵軍陣地愈縮愈小

八月十八日　前方猛烈炮戰後，我軍藉炮火掩護下，推進甚速，敵雖一度反攻，但在我軍奮勇迎擊下，終未得逞，綜合消息，一，昨晨我方空軍，再度轟襲敵艦，二，青雲路之敵，已被我軍擊退，三，我軍對滬東陣地，已向前推進，四，泊浦敵艦，迭向我浦東南市猛轟，五，三菱碼頭之敵，業已撤盡，六，小型日艦一艘，被我方炮擊重傷，七，日出雲艦被我轟傷後，已移泊小其昌碼頭，玆將詳情分誌如後。

十六日下午六時起之猛烈炮戰，至十七日晨二時始稍停，五時，重炮及機關鎗聲又轟然大作，至九時許停止，據稱，殘敗敵軍，圖恢復所失陣地，各路向我反攻，我忠勇將士，沉着應戰，堅守陣地，未爲所動，各路敵軍，俱受重創潰退，我軍乘勝追擊，中路尤奮勇挺進，於八時半佔領范家宅左近之海軍操場，敵已全部退入租界，現我中路與左右兩翼，已連成一線，北四川路底司令部與敵後部，已失却聯絡，成孤立形勢，我軍各路正相機推進，一二日內，可望有一重大結果。

滬戰爆發後，我軍即採大包圍陣勢，向左右兩翼猛烈進攻，敵在楊樹浦方面已退至裕豐紗廠，收拾殘兵，構築新防綫，北四川路方面，我攻克虹口公園後，敵陸戰隊司令

部，已被包圍，孤軍困守，憑其軍房，在頑抗中，正面陣綫，則以虹鎮以南范家宅左近之海軍操場爲主要陣地，頻頻向我江灣方面進襲，均被我軍擊退，昨夜敵以軍艦大炮爲掩護，尙圖反攻，以挽囘危局，但迄未得手，昨晨據前綫報告，我軍於拂曉在正面猛力衝鋒，肉搏數次，敵終不支，已於八時半退至岳州路以南，敵全綫已均退入租界區域內

昨晨被我軍佔領之敵海軍操場，爲軍事衝要之區，自敵放棄公大紗廠及北四川路底兩司令部後，海軍操場卽成全軍中樞，且可掩護兩翼，被我佔領後，敵軍已失重心，此次我軍進攻，以血肉相搏，頗有損失，敵軍拚死抵禦，創傷尤巨云。

敵艦出雲受傷甚重移泊於小其昌碼頭

南黃浦江中，昨晨已完全斷絕交通，法租界浦東船隻擁塞，日領署前，則泊有黑色日運輸艦一艘，外灘公園外有大號沙船一隻中彈沉沒，至日旗艦出雲號，自前晚由我軍炮擊負傷後，亟起椗下駛，一面由拋掩十六鋪浦面之日驅逐艦一艘，保護行駛，停泊虹口公和祥碼頭間壁之華商小其昌碼頭（卽三四號浮筒）從事緊急修理，其原有避難於該出雲艦之日本軍官眷屬，則一律移住於楊樹浦面另一大型軍艦，並卽隨時移泊於日郵

碼頭（即日領館碼頭下）下之日三菱碼頭，同時並調派一等驅逐艦一艘，拋泊於匯山碼頭之浦心，藉與該三菱碼頭之日艦相呼應，保護出雲艦，其自匯山碼頭以下之楊樹浦面，據悉仍泊有大小日艦十數艘。

原泊於外白渡橋北面指揮敵軍作戰之敵出雲旗艦，被我轟炸機數度轟擊後，已受有損傷，昨夜又被我某項爆炸軍器將其船尾轟擊數洞，受創甚重，當即駛離日領館，現泊有公和祥碼頭對面二號浮筒修理中，另原停泊於洋涇浜之日炮艦一艘，亦開往公和祥停泊，又有大巡洋艦二艘，則泊於招商局中棧云。

敵艦出雲號，爲第三艦隊司令旗艦，係一等巡洋艦，於一九〇〇年在德國製造，排水量九千一百噸，艦長一一四、四六尺，寬五八尺，裝有二十生的口徑重炮四尊，十五生的口徑大炮十二尊，高射炮一架，機關槍二架，雷電二架，偵察飛機一隻，該艦原有三發動機，前夜已燬其一，雖已在趕修，但因損害程度不小，戰鬥及續航力已大受影響矣。

洞穿甚夥，該艦於炮轟後，即於十七日晨三時，悄然向楊樹浦方面駛去，於是日領署迤南浦面，已無敵艦縱跡。

前夜十時半，有小型日艦一艘，自陸家嘴浦江開至十六浦，向南市大達碼頭董家渡碼頭及浦東老白渡楊家渡一帶，開炮轟擊，並以密集機關鎗掃射，浦東方面我軍當卽還擊，惟該敵艦夾雜在美艦法艦之間，我方應付頗爲困難，迨後該敵知前進不易，卽掉頭退囘，當時該艦尾端被我軍擊中一炮，受傷甚重。

前夜日艦曾放射燃燒彈，向浦東其昌碼頭一帶縱火，九時許，泊浦江敵艦，以大炮向我南市浦東兩處轟擊，我軍亦卽還炮，一時彈如雨下，有敵彈一枚，遺落於外馬路毛家弄口民生棧，頓時着火燃燒，幸該棧早有消防設備，僅焚去棧房一大間。

浦東前夜雙方激戰敵軍全部爲我解決

戰事發生前，南市大達碼頭浦江中，卽日商輪四艘停泊，形狀頗爲可疑，嗣經我方探悉藏有便衣日兵甚多，而浦東三菱公司日清公司等碼頭倉庫中，亦藏有大批敵兵，我方以戰略關係，對敵軍祇取包圍封鎖計劃，昨夜我軍轉取攻勢後，敵軍極感不利，乃於昨晨潛行撤退，昨晨據前往視察者言，見三菱公司倉庫已封閉，我方在該方面陣地極堅

前晚浦東方面，有大衝突，據前往調查，得悉衝突最烈之處，乃在新三井站一帶，該處有日本碼頭二處，貯有大量軍用品，故日軍駐防甚多，前晚七時四十分，我軍首先進攻，當時鎗聲隆隆，震動全市，駐防日軍，急起應戰，浦江各日艦，亦以大炮向岸猛攻，且有援軍由日艦上搭小輪登陸，我軍當時一方面將碼頭日軍予以痛擊，一方面渡浦日兵，亦予激擊，當時日兵抱槍落浦者，爲數甚多，前後激戰兩小時，結果，浦東五百餘日軍，經我軍包圍攻擊後，已悉數解決。

敵機三隊轟炸閘北擊落一架燬於浦東

敵軍爲挽回殘局，得新到部隊援助，正布置新陣地，惟恐我軍進襲，故於昨下午四時，派陸上轟炸機多架，分成三隊，由浦江外高飛而來，先在閘北引翔一帶來回盤旋後，卽分散四飛，施行轟炸，投彈多枚，一時巨聲如雷，黑烟冲天，旋在東北方面，突然起火，燄烟甚熾，時以東風勁厲，故火勢西延，約二十分鐘，始行稍熄。

昨日下午四時許，敵飛機八架，結隊飛往閘北虹口方面我軍陣地偵察，並投彈轟炸，企圖破壞我後方，該敵機等列分兩隊，先在高空環繞數週，向我軍陣地，偵察良久，

我軍方面，早有準備，見敵機來襲，即散伏各處，嚴陣以待，敵機在高空飛約二十分鐘，中有三架，退出飛返吳淞口外，其餘五架，即取包圍形勢，突向我四川路。福生路。寶山路。虬江路。及虹口公園一帶陣地，投彈轟炸，我軍候敵機逼近時，即齊發高射炮及高射機關鎗，向空中掃射，當時激戰甚烈，其中有雙翼轟炸敵機一架，適被我高射機關鎗擊中，機身受損，立即負傷而逃，飛至楊樹浦定海橋對江慶寧寺附近美孚火油棧方面，該機即失去駕駛能力，從空墮至火油池畔，轟然一聲，全機即告毀損，駕駛機員一名，及日軍一名，立時斃命，惟火油池未遭其殃，尚屬幸事，其他敵機四架，嗣亦匆匆遁歸，是役，敵投彈十餘枚，燬我民房數間，並無其他損失。

昨日下午，敵機十餘架，飛往北火車站新建大廈屋頂盤旋，擲下炸彈數枚，該屋六七兩樓，略受損毀，經我方守兵用高射炮射擊，敵機即倉皇遁去。

我空軍昨兩度出動一架不幸受傷降落

昨日我空軍繼續出動，上午十時半，我飛機二架，飛至浦江天空，轟炸敵旗艦出雲號，敵方於驚惶中，高射礮及高射機關鎗向空際亂發，我機高冲雲霄，盤旋數匝西去，

十一時許，我空軍再度出動，飛行極低，在楊樹浦一帶，用機鎗掃射，敵方之高射礮高射機鎗齊發，空際烟霧瀰漫，不幸我機一架，機件受損，尾部着火，被迫降落，其他各機，仍安然飛返。我軍再接再厲，下午二時許，又飛去偵察云。

閘北方面幾度血戰敵司令部被我包圍

敵軍於前日下午四時起，在八字橋方面，有激烈反攻，我軍奮起迎擊，浴血應戰，劇戰至深晚，始將敵擊潰，現我軍仍堅守原有陣地，又據前線傷兵云，昨日敵屢用坦克車，向我八字橋陣地衝鋒，皆被我軍擊退，彼於昨午離開前綫時，我軍已進展至持志大學過去五六里之遙，水電路附近，敵軍遺屍滿地，軍械盡棄田間。

前日深夜，敵一千五百人，有鐵甲車七輛掩護，在青雲路一帶衝入我軍陣地，來勢兇猛，我軍沉着應戰，旋奮勇反攻，敵卽不支後退，我軍且越過原防綫一百五十米突之譜。

敵軍之北四川路底海軍陸戰隊司令部，因愛國女校及淞滬鐵路一帶被我進佔後，該處已陷於孤立，故將主力退至日本小學，惟留少數殘部，爲我包圍，尚在頑强抵抗中，昨午我軍進襲，已十分迫近該處，卽可將其解決。

在前綫受傷回滬之某軍官談，前夜六三花園一帶，曾有猛烈之衝鋒，我軍以二排之數，衝陷敵軍五百餘人，前晚八時許，我軍襲敵軍六三花園陣地，敵亟出應戰，我軍以散兵綫式左右推進，敵卽以大炮轟我陣地，月光依稀，我軍已越過六三花園左側，敵拚命以大炮掉轉方向射我，然以指揮無方，大炮均係無的放矢，繼被我殲滅五百餘人。

我軍已佔領青雲橋大部敵軍均被焚斃

前晚敵軍一千五百人，在鐵甲車七輛掩護下，向我青雲路陣地進攻，當經我軍擊退，並乘勝反攻，至昨日上午九時許，我軍××師×××旅，在重炮掩護下，衝過青雲路之青雲橋，敵向寶山橋方面潰退，當我軍進攻青雲橋時，橋堍有草屋多間，敵軍之一部，以此作爲掩護，伏居屋內，以機關鎗向我密集射擊，我忠勇士兵多人，伏地滚入，焚火燃燒，屋內殘敵，均被燒斃，大部敵軍，因此頓起慌亂，我軍卽行衝鋒前進，當將該處佔領，敵軍死亡奇重云。

三佔敵海軍俱樂部彈中敵海軍武官室

北四川路底之日本海軍俱樂部，爲敵軍重要根據地之一，曾於十五日被我軍佔領，旋又退出，十六日再度佔領，旋又再度退出，昨晨八時許，我××師××團繼續進攻，在敵軍密集彈雨之下，浴血前進，三度佔領該俱樂部，敵軍死傷甚衆，我軍刻正一面乘勝追擊，一面構築陣地中云。

昨晨五時起，我軍以重炮轟擊虹口方面之敵軍，炮火密集，標的準確，至上午八時廿分，敵方之海軍武官室及日本小學，先後被我重炮擊中着火，燃燒甚烈，敵軍紛亂異常，幾不成軍。

滬東我軍建立殊勳敵新根據地受包圍

滬東方面自前晚炮戰終宵後，昨晨黎明五時許，引翔港方面日軍，經我軍幾度衝鋒，日軍不支後退，七時三十分，我再增厚軍力，包抄日軍後路，當將該處日軍完全解決，同時我部隊用小鋼炮向楊樹浦路五四〇號公大第二紗廠之日海軍操場進攻，雙方激戰歷一小時餘，日軍卒不支，遂退出操場，臨行時，放火將廠燒去，我軍於八時三十分正式進佔，建立淞滬戰後之奇勳，因該操場爲敵軍東西兩翼聯絡之處，在戰略極佔重要，我軍佔領後，可截斷敵軍聯絡也，九時半許，滬東區高郎橋方面，中日部隊作劇烈戰，

我軍亦佔優勢。

楊樹浦敵軍由公大紗廠潰退後，以裕豐紗廠與大康紗廠間之發電廠爲新根據地，我左翼軍昨日沿浦江乘勝推進，下午二時許，已將該廠包圍，頑抗殘敵，卽可殲滅。

引翔港方面潛伏有敵軍部隊甚多，昨日下午三時許，經我軍加以攻襲，遂起激戰，敵軍大部伏匿在三井木棧一帶，雙方互以機關槍及小鋼礮射擊，鏖戰約二十分鐘，敵軍不支，紛向高郎橋方面退去，現我軍已收復引翔鄉警察分所。（又訊）滬東一帶，昨日激戰甚烈，據某軍事機關消息，我軍在該方面着着勝利，昨日午後，由大礮掩護之下，我軍已由東百老匯路及茂海路等處，向電車站廠房及日本郵船會社進展，並包圍大康紗廠與公大紗廠等處，匯山碼頭不久卽可佔領，日前有大批日本軍火，由日派艦運滬，原擬由匯山碼頭起卸上岸，但該處在我軍礮火威脅之下，未能如願。

獎勉空軍將士

蔣委員長

參戰人員加給薪餉一月

連日我空軍將士奮勇抗敵，迭奏膚功，蔣委員長，頗為嘉慰，十六日特頒手諭獎勉，原文云，三日來我軍全體將士，大都皆忠勇奮發，我軍以一當十之技術，與犧牲無畏之精神，成效卓著。聲播中外，殊堪嘉尚，除殉難與受傷人員，特別獎恤外，玆特給參加作戰之戰鬥員，特加給薪餉一月，以資獎勵，尚希望我全體將士，益加奮勉，以報黨國，樹立我革命空軍無上之光榮，有厚望也。

華軍進展至東有恒路日軍退提籃橋

裕豐大康紗廠無日軍

華軍佔領大康裕豐兩紗廠，日軍與東路聯絡已隔斷。現華軍進展至東有恆路及東漢璧禮路一帶，裕豐及大康附近無日兵蹤跡。一說日軍退至提籃橋，該處華成烟公司機房，被日軍竄入趕築營房。裕豐紗廠，今晨在燃燒中。

今晨東路鏖戰激烈華軍進抵漢璧禮路

中日軍隊在滬之戰事，現以東路方面鏖戰最烈。日軍既亟圖在楊樹浦一帶，鞏固其退却後之新陣地，同時，華方軍隊亦決計乘勝進攻。將日軍在滬東一帶之軍事力量，完

全盤潰。今晨據前方官報：華軍自於昨日將日軍新根據地大康紗廠裕豐紗廠相繼攻陷佔全後，立刻憑藉該處新陣地，繼續進迫陷於上述兩廠中間之大隊日軍。雙方均出全力互相搏擊。日軍處勢極危。今日清晨起，已在黑暗中祕密後退，隱匿臨時趕築之壕塹以內，憑險固守，至該處發電所以內之日軍，早經華軍予以擊退。日方軍心，目下陷於極度恐慌中，華軍則士氣更形煥發，今日上午在岳州路前鋒之華軍，且一度衝入東有恆路漢璧禮路之間。

日機三度襲擊龍華機場

電報房及飯廳已中彈被炸毀

停泊江面華艦開高射礮射擊

今日上午敵機，三度襲龍華機場，第一次在上午五時，敵機數架，在龍華機場，實行轟炸，計投六彈。第一彈投在歐亞公司機廠之東南角，深約五尺，闊約七尺。第二彈在歐亞公司辦公處樓上，電報房被毀，尚有四彈投在江邊，未有損失。停泊於江面之海軍軍艦用高射礮射擊，敵機倉皇遁去。八時許，敵機再度來襲，投下巨彈一枚，在中國

航空公司機場，深有一丈二尺，闊二丈。在十時左右敵機二度來襲，又投三彈，一彈落於湯家宅歐亞公司機場，深二尺，闊三尺。另有一彈，歐亞公司飯廳門戶被毀，尚有一彈落於江邊，未爆發。

日軍因陸路作戰極行不利，連日來頻以大隊空軍，襲擊閘北吳淞浦東等各地華軍陣地，並分襲南京杭州各地，冀圖擾亂後方，今晨五時半，日空軍又有多隊，分飛虹橋龍眞茹各地上空，大肆塗毒。日機當時分三隊飛翔上述各地，先由偵察機兩架，出動偵察，半小時後，即見日戰鬥機九架。分三隊突然出現，在上空盤旋飛翔。繼即有日方重轟炸機四架，急駛而來。華軍高射礮，當時密集射擊，日轟炸機於匆遽逃避之際，在閘北龍華南市浦東各處仍行猛烈轟炸，但華方事後在上述各地調查之後，證明除有若干處民房稍受損害外，並無多大死傷，炸[redacted]墮落之處，以田間爲多。

浦東日軍掙扎中

意圖偷登龍王廟

被華軍機鎗掃退

今晨閘北浦東未有劇烈接觸，惟日軍飛機則排隊密集轟擊，爲勢甚猛。據前方報告：今晨日機轟炸閘北時，投彈達數十餘枚。浦東方面，爲數更多。浦江各日艦，今日起且變更停泊方位，橫貫浦中。日艦大礮，則向浦東方面，猛烈射擊。據報告：浦東爛泥渡洋涇其昌棧一帶，被日軍礮火炸彈轟毀燃燒之房屋，不計其數。昨晚該處華軍，曾與新三井棧及大阪碼頭之日軍，繼續接觸，並以包圍形式，不令衝出一步。惟浦江各日艦，因上述兩棧，爲日方軍用品貯存之所，竭力爲該處日軍掩護，故該處日軍，猶在掙扎之中。至浦東其他各地，已無日軍蹤跡。鄰近吳淞濱之龍王廟等處，日前曾有日方到滬日軍，從淺灘上突然上衝，但亦經該處駐軍以機鎗密集掃射之後，即紛紛潰往運兵船上。其有不及退出者，且躍入海中，被浪捲去，犧牲極鉅。

軍政部公佈敵機飛京杭各大都市轟炸擾亂

擊落三十架以上

據軍政部公佈，自本月十三日上海中日軍交戰後，我空軍重於十四日晨出動轟炸敵軍艦及楊樹浦敵根據地，予敵軍以重大之打擊，其匯山碼頭，公大紗廠，日陸戰隊司令

78

部，均中彈損傷甚大，而自十四日下午起，敵大隊飛機先後飛杭州南京及浙贛各大都市[illegible]炸擾亂，因之引起最激烈之空戰，我空軍奮勇殺予敵機以意外之大損失。

十四日　下午，敵重轟炸機十一架，由台灣飛杭州廣德等處轟炸，當被我在杭州擊落三架，又五架受傷，在浙省蘭谿等處被迫降落，僅有三架仍循原路綫逃回台灣。

十五日　敵機二十餘架飛炸杭州，十六架飛炸南京，在杭州者被我擊落八架，在南京者被我擊落六架。

十六日　上午敵機復大隊來襲，當在句容被我擊落二架，在上海被我擊落二架，在揚州鎮江被我擊落三架，在嘉興被我擊落二架，又十六日下午，敵機念餘架，轟炸蘇州飛機場，投彈甚多，但均未命中，有一敵機被我高射炮隊擊落於蘇州機場附近，合計三日以來，敵機損失已在三十架以上，我方飛機僅受傷三架，空軍人員死三人。

南京十七日電告，日來空戰情形及擊落敵機結果，（甲）第一次在杭州及廣德方面，十四日下午五時十五分，敵機十四架，（第四分隊入佐俊家大尉領隊）由台北經浙江海面飛向杭州廣德襲擊，有四架敵機在蘭谿上空盤旋，迷失方向，中一架在浦江强迫墜損，敵五人立時殞命，一人被我生獲，餘三架亦在閩浙境觸山墜損，（乙）第二次在杭

州及曹娥方面，十五日上午七時敵機十一架，分向曹娥杭州襲擊，在曹娥擊落敵機三架，在杭州擊落四架，餘四架倉卒逃去，（丙）第三次在南京方面，十五日下午二時卅分，敵機十六架（第一分隊由水谷大尉領隊第三分隊細川大尉領隊），結果被我擊落六架於京句之間機毀人亡、獲得戰利品甚多、（丁）第四次在句容及揚州方面，十六日敵機十一架分兩隊又來圖擊我首都，其繞道揚州之一隊，被我擊落二架，其經句容之一隊，被我擊落四架，生俘四人，其餘飛機狼狽逃回，以上四次之空戰、綜計擊落敵重轟炸機二十五架、其自行迫降失事者四架，總計二十九架，其精神銳勇之木更津航空隊，經茲數役，已損失過半，此外在滬嘉鎮揚各地上空擊落敵水上飛機亦達六架，我軍方面在此數役中，亦犧牲壯烈忠勇之士四員，受傷十員，損壞戰鬥機七架。

日空軍四人

俘獲解京

岡本竹下二人因傷送院

十四日在蕭山附近擊落之日機，其戰鬥員除已斃命者外，有生存者四人，當被俘獲

，十七日已解到首都，其姓名爲『岡本純』，『竹下良』，淞浦久夫』，『恩地』岡本行下因受死，當送中央醫院醫治，餘二人亦予優待，並准其寫寄家書，彼等均表示非常感激云。

日領署迤南浦面已無日艦

寧紹碼頭南面一艘駛楊樹浦

停泊法租界外灘金利源三號碼頭浦面之小型日艦一艘，距離我寧紹碼頭南黃浦面約百碼左右，於十四日下午三時，因懼我空軍轟炸，臨時將淡湖色艦身改塗灰色，并將艦名抹去，藉避目標，是亦足見敵方之慌亂無備，而該艦復於前夜（十六）十時開炮轟擊南市及浦東各處，但未有損毀，祇靠近該艦之寧紹碼頭屋頂炸去一角，同時法租界小東門巡捕房東首圍牆及廣告牌，被流彈洞穿甚夥，該艦於炮轟後，即於昨晨（十七）三時悄然向楊樹浦方面駛去，而我海關福星號巡艦一艘，於昨晨四時半駛抵金利源碼頭駐泊，故自昨日起，日領署迤南浦面，已無敵艦蹤跡。

浦江空戰我一機受傷

昨日自空軍繼續出動，上午十時半，我飛機二架，飛至浦江天空，轟炸敵旗艦出雲號，敵方於驚惶中高射炮及高射機鎗向空際亂發，我機高冲雲霄，盤旋數匝西去，十一時許，我空軍再度出動，飛行極低，在楊樹浦一帶，用機鎗掃射，敵方之高射炮高射機鎗齊發，空際烟霧瀰漫，不幸我機一架機件受損，尾部着火，被迫降落，其他各機，仍安然飛返，我軍再接再厲，下午二時許又飛來偵察。

蔣委員長派大員來滬慰勞將士

（八月十九日） 蔣委員長十八日以在滬抗敵之將士，連日苦戰，迭挫頑敵，忠勇勞苦，眷念良殷，特親電張總司令治中及王孫兩師長獎勉，並特派某某兩大員前往慰勞，又令詳報各官兵姓名，以便撫卹，想全軍將士聞此必益奮感，電文如下。

（銜略）（一）我將士連日苦戰，不惜犧牲一切，予敵重創，精誠壯烈，誠不愧爲我總理革命之信徒，嘉慰之餘，尤深懷念，茲將特派〇〇〇〇〇來滬慰勞，倘期益勉忠貞，殲彼頑敵，膚功早奏，跂予望之，（二）各官兵未出戰時之體力精神，務須特別保養，多予安息，俾增戰鬥實力，（三）陣亡各官兵姓名，希即詳報，以便撫卹，而昭

忠烈爲要，以上三項，希即通令全體官兵一體知照。

敵軍陣線愈縮我軍已越八字橋

昨夜浦東礮戰甚烈

敵軍迭次失利，節節潰退，雖援軍頻增，均被我各路陸軍空軍予以重創，現北四川路底敵司令部爲我軍包圍後，敵軍在北陣綫業被截斷，楊樹浦之敵，已被我軍逼成狹長陣綫，宛如蛇形，隨時可爲我軍截爲數段，我軍中路與左右兩翼已完全取得密切聯絡，浦江雖有大批敵艦，因我軍已臨近江濱，敵艦軍火，失去控制效力，同時我軍前綫各路，由京滬警備司令張治中及××××抗戰健將，親臨指揮，士氣益形振奮，據昨晨前線探訪之結果，敵軍在閘北八字橋之陣地，最爲堅固，連日雙方在固守中，昨晨我軍對該處猛烈進攻，敵不支潰退，我軍已越過八字橋一里許，敵已在我包圍中，滬東方面之敵，雖於昨晨九時激烈反攻，但未能得逞。

敵軍前線布置假兵假鎗

昨晨我軍在八字橋猛烈進攻，已越過八字橋里許，敵軍每以假機關鎗及假兵布置前

綫，敵兵多避在後面，我軍已截獲此項假鎗假兵，可見敵兵怕死之一斑，我軍在前綫奮勇挺進，我軍在大炮猛轟之下，日軍陣地被毀，我軍得以從容前進，寶山路橫浜橋北四川路之我軍亦已前進，昨閘北我軍，已將敵軍包圍，不久卽可解決，敵軍昨晨亦以大炮向我陣地猛轟，閘北趙家花園及彭浦鎮之東，有民房多處被炸。

敵軍左右兩翼將被切斷

滬戰六日來，我軍節節勝利，敵軍連失軍事要隘多處，現已全部退入租界區內，負隅頑抗，雖經源源增援，屢圖反攻，但徒勞無功，截至昨日止，敵方陣地最北者爲北四川路底陸戰隊司令部之根據地，憑其堅固之營房，孤軍困鬥，而我軍自攻克敵中路要隘之海軍操場後，經昨晨猛烈之攻擊，已迫入租界區，將敵之陣地切成曲尺形，卽可將其左右兩翼切斷，現敵之防地，東西狹長，計爲八千公尺，南北最寬處，爲北四川路，約長二千五百公尺，東區方面，寬二千公尺，最狹處則不足一千公尺，故其炮火已失效力，兩日炮聲稀少，似甚沉寂，惟前哨之肉搏，則甚激烈。

我軍佔領申新五六兩廠

我軍兩日來傾全力在東路方面乘勝進攻，敵連戰連敗，軍心渙散，昨我軍又佔在華德路之申新紡織公司第五廠及第六廠，敵軍現集中匯山路電車公司車廠，午後四時，我軍由大連灣路進攻，在華德路口激烈巷戰。我以小鋼炮助戰，聲勢甚盛。

我軍進展匯山路遼陽路

據甫自敵方根據地楊樹浦一帶歸來之某公司職員談，該處連日鎗聲拍拍，炮聲隆隆，戰爭極爲緊張，尤以我軍奮勇作戰，有進無退，敵膽已寒，現敵大部已退至沿江各紗廠內，布置陣綫，在華德路方面，所中炮彈極多，該處破毁甚大，我軍於十七日晚衝至兆豐路底，在華界已無敵蹤，惟該處我居民仍多，因敵人蹂躪過甚，故均避居屋內，當其沿途所經各處，見敵陣已極鬆懈，各處屋頂上則裝有機關鎗，街頭守備敵兵，人數太少，多匿居空屋內，尚有若干處堆置沙包，某君於昨晨離居時，我軍進展至匯山路遼陽路，距敵軍儲藏庫僅一百公尺，敵人紛紛躱入該處房屋內，情形極爲倉皇。

滬東之敵反攻備受重創

我軍於十七日晨佔領楊樹浦方面敵之海軍操場後，敵卽退據裕豐大康兩紗廠，收集

殘部，構築新陣地，再圖頑抗，昨晨該處敵軍二百餘名，向我軍反攻，來勢甚猛，我軍初據陣地應戰，旋卽從戰壕衝去，用手溜彈向前抛擲，同時用機關鎗掃射，敵方損失頗重，經二小時餘劇戰，敵遂不支潰退，遺棄屍體七八十具，我軍傷亡二十餘人，是役因敵軍猝遭我軍出擊，倉皇射擊，致居住四週未及逃出之民衆，死亡甚多云。

昨晨敵艦發炮攻高郎橋

昨晨四時前，滬東高郎橋戰事極爲激烈，敵艦大砲，每隔五分鐘放射一次，我軍自引翔港奮勇衝出，雖未有多大進展，然敵軍損失亦甚大，東華紗廠曾一度陷入重圍，天明後雙方砲火漸趨沉寂。

昨晚我軍炮擊滬東日艦

昨晚七時四十分起，我軍口口方面之砲兵陣地，曾以巨砲向新三井碼頭，老三井碼頭，及楊樹浦一帶之敵艦轟擊，炮火密集，標的準確，敵艦狼狽異常，乃急開炮還擊，曾有一彈落於南市第二號碼頭，一彈落第五號碼頭，另一彈則落於大碼頭街救火會之前，僅民房略被炸毁，無甚損失。

86

我轟炸機昨晚到滬助戰

我轟炸機一隊，十八日晚八時飛滬助戰，轟炸楊樹浦虹口一帶，多處起火，燃燒甚烈，各指定目標，均被轟炸，敵損失奇重，詳情待查，我機隊安全飛囘。

敵軍佔據楊樹浦各廠房

敵軍增援，大部在楊樹浦各碼頭登陸，佔用各廠房駐紮，如華成烟草公司，世界書局印刷所，及電車公司車廠等處，昨午據留居戰區內者，來租界報告，見電車公司車廠內敵軍正在調動，以圖反攻，夜間當有激戰。

敵在楊樹浦路一帶縱火

昨晨天明起，日軍因欲驅逐滬東難民出境，以便軍事行動，將楊樹浦路自廣信路以迄洞庭路之一長段居民房屋，放火燃燒，租界救火會因事前早已撤退，致烈燄飛騰，聽其蔓延。

江灣路法學院全部被燬

江灣及八字橋方面我軍略有進展後，同濟路恆業路之日軍，感受背腹之威脅，公園靶子場一帶之日軍，深恐我軍由水電路粵東中學衝出，連日以炮火轟炸淞滬以西之障礙建築物，如法學院公園坊蜀商公所等房屋，均已破壞，法學院已全部毀圮。

公大一廠確爲我軍佔據

由英捕會同日兵，於昨晚十一時，保送楊樹浦怡和工人過白渡橋，談及滬東情形，均皆辛酸不能成聲。據云，彼等連日困處炮火下，危險萬分，日本司令部，卽在彼等居處之對門，公大第二紗廠在韜朋路，與怡和紗廠僅隔一瑞鎔船塢，而怡和紗廠後面浦江，則泊有日本軍艦五艘，連日敵軍節節敗退，已被驅至江邊，狼狽不堪，韜朋路一帶，趕築防禦工事，深恐我軍進攻，敵陸戰隊司令部公大第二廠，日本小學，及日紗廠工房內，所駐之日軍，皆於晚間遷匿花旗烟草公司及怡和紗廠等屋內，意圖藉外商旗幟掩護，而日軍原駐機關，僅留少數哨兵，該處未逃出之華人，被暴敵慘殺，屍體遍地，彼等沿百老匯路西來，見茂海路公平路華德路口，敵軍架機關鎗，隱匿沙袋後，其旁階沿上，中國平民屍體，男女老幼皆有，血肉狼籍，已腐爛發臭，又謂在軍工路平涼路附近之公大第一紗廠，已確爲我軍佔領，彼等曾親見我軍該處哨兵，至怡和廠後之五敵艦，不

時發炮向浦東江灣開砲，震耳欲聾。

龍田丸運敵方軍火來滬

日輪龍田丸，於昨夜熄燈進口，在匯山碼頭卸下大批軍火，旋卽出口他去，該艦進口時，尙有日艦一艘在前保護云。

昨晚敵軍偷襲浦東

敵軍發大炮掩護　但終被我軍擊退

昨晚十時半，日方停泊在黃浦江中之軍艦，突向浦東開炮猛轟，其陸戰隊亦企圖登岸偸襲，當被我軍悉數擊退，玆將詳情，分誌於後。

▲日機偵察▼　先是，於昨日傍晚五六時左右，日方飛機數架，飛往浦東一帶，翺翔天空，偵察我軍狀況，並在空中攝取照片以爲在晚間炮射浦東我軍守地之標準。

▲軍艦移動▼　入晚八時左右，停泊在黃浦各處之日方軍艦，開始向上游移動，惟出雲旗艦，仍泊於二號浮筒。卽公和祥碼頭對面，其他則在第七號浮筒處，以爲向我軍

炮轟之準備。

▲猛轟擊烈▼　晚十時二十五分左右，日方以布置就緒，各日艦逐一齊以浦東陸家宅及爛泥渡等處爲目標，開放大炮，一時火光閃鑠，聲震天地，上海市民，均爲之不能安枕，同時我軍亦以重炮還擊，互戰至二十分之久，方始停息。

▲企圖登陸▼　當雙方炮戰時，日本陸戰隊企圖以小輪渡登浦東陸地，我軍早已以機關鎗等待，比及駛近，萬鎗齊發，敵人紛紛落水，良久，敵方見無隙可乘，遂狼狽駛回。

▲火光燭天▼　日方砲轟之結果，使浦東陸家宅等地，着砲之處，登時起火，一時火光燭天，火焰飛騰，至今晨十二時半，猶未熄滅，該地與浦東日華紗廠相近，如一時撲救不及，該日廠亦將被焚，浦東沿岸一帶，日商建築物甚多，若日方長以炮火爲得意，則日方在浦東之精英，亦終必爲日礮所燬滅矣。

▲二次偷襲▼　十二時五十分，敵艦又發炮，向浦東陸家宅方面轟擊，企圖掩護其軍隊登陸，我軍當以大礮及機關鎗還擊，雙方激戰至晨間一時十分，敵見偷襲未成，遂亦停止礮擊，浦江中之鎗礮聲，復入停頓狀態，惟浦東方面，遭敵艦連續礮擊後，民房

着火焚燒，烈燄騰空，截至今晨六時，猶未熄滅。

違反國際紅會規章

敵機炸我醫院

投彈十三枚

傷兵醫院隊長受重傷

童軍金鳴腰部中一彈

敵機三架，昨晨飛眞如轟炸，在東南醫學院傷兵醫院投彈十三枚，有數彈爆炸，幸僅輕傷三人，傷兵醫院隊長則受重傷，又我抗敵後援會，昨派童子軍押送慰勞品赴前方，被上空敵機開機鎗掃射，幸童軍伏卡車下躲避，僅金鳴腰部中一彈穿過，已送醫院救治，並無生命之憂，按該院屋頂四週，均高插紅十字會旗幟，乃日機竟不顧國際紅十字會規章，加以轟炸，其慘無人道，當爲全世界人士所不齒。

▲敵機三度襲龍華機場▼ 昨日上午，敵機三度來襲我龍華機場，第一次在上午五時，敵機數架，在龍華機場，實行轟炸，計投六彈，第一彈投在歐亞公司機廠之東南角，深約五尺，闊約七尺，第二彈在歐亞公司辦事處樓上，電報房被燬，尙有四彈投在江

邊，未有損失，我停泊於江面之海軍軍艦高射炮射擊，敵機倉皇遁去，八時許，敵機再度來襲，投下巨彈一枚，在中國航空公司機場，深有一丈二尺，闊二丈，在十時左右，敵機三度來襲，又投三彈，一彈落於湯家宅歐亞公司機場，深二尺，闊三尺，另一彈，歐亞公司飯廳門戶被毀，尚有一彈，落於江邊，未爆發。

▲敵機轟炸我閘北陣地　昨晨七時四十五分，敵轟炸機二十餘架，列分數隊，飛經閘北一帶，向我軍後方陣地，投彈轟炸，我軍待其逼近時，即以高射炮及高射機關鎗向空掃射，當時激戰甚爲激烈，敵機投彈共三十餘枚，均落在閘北新民路。大統路。北火車站。及京滬鐵路沿線一帶，有數處當時起火，燃燒甚熾，但不久即經撲滅，兩路鐵軌及棧房，亦略有受損，至九時許，經我軍激烈射擊，敵機始四散逃去。

▲敵機在南市浦東盤旋　敵機於昨晨大隊飛往閘北，經我軍擊退後，旋又有敵機二架，於午刻十一時許，飛往南市浦東一帶偵察我軍陣地，並企圖投彈轟炸，當經駐在地我軍部隊，以高射炮及迫擊重炮，瞄準敵機掃射，其中敵機一架，險被我擊中，敵機遂不敢深入，僅在高空之中，往來盤旋，迄正午，終未得逞。

▲敵機昨晚大擲燃燒彈　昨晚七時許，敵機一架，下繫紅燈，飛至閘北各處，擲下

燃燒彈若干枚，江灣路及天通菴路等處，同時起火，該處民房，多被延燒，閘北一二段救火會，冒險馳往灌救。幸卽撲滅，時北江西路海寧路口及北浙江路底二處，亦被燃燒彈射中起火，公共租界救火會，因該處駐有日軍，無法往救，故火勢猛烈，房屋之被燬者甚多，至十時餘猶未熄，時我方空軍聞訊趕來，卽在空中以機關鎗掃射，敵機不支，向東逸去。

▲曾有一機被我軍擊毀　敵機三架，於昨晚九時半飛往閘北浦東一帶投擲硫磺彈多枚，閘北北站之間，及寶山路寶興路附近，曾有三處着彈起火，浦東亦有一處着彈起火，延燒甚烈，當時曾有敵機一架，被我擊毀，墮落於滬西方面，刻正在搜查中。

▲滬杭路兩鐵橋未炸毀　昨日下午三時許，敵機轟炸滬杭鐵路之三十一號及三十四號鐵橋，僅毀鐵軌數處，該處之電線電桿，亦略有損毀，現路局方面已派員前往修理，今日卽可修復，照常通車。

▲松江　十八日晨八時，敵機六架由南飛三十一號橋投兩彈，無損傷，下午二時半，敵機又來六架，炸損石湖蕩站三十一號橋東堍路軌。

▲我空軍侵晨活躍滬東　昨晨四時許，空尙天未放現曙光，我空軍一隊，卽飛往楊

樹浦百老匯路虹口公園一帶轟炸，敵軍在各日商行等處屋頂之高射砲、紛紛轟擊，直至天明，我空軍始奏凱飛回。

▲昨晚滬東天空之激戰　昨晚七時許，天已昏黑，我方空軍仍飛往滬東投彈；敵機亦即昇空應戰，向我機射擊，我機騰上高空，穿入雲中，敵機亦跟蹤上昇，在星月光下，只見火星飛射，雙方激戰十餘分鐘，我機未受傷，從容向西北飛去。

▲南匯縣境焚燬一敵機　前日上午九時許，有敵飛機一架，向龍華一帶偵察，當被我軍開高射炮擊傷機尾，該機即飛向浦東南匯縣境逃遁，詎駛至該縣附近，因機身後部起火焚毀，迫不得已，降落該處，有敵軍三人，從該機內跳出，奔向田間亂竄，當被我保衛團員九名瞥見，正待上前詰問，詎該敵軍竟出鎗轟射，我保衛團員遂亦開鎗還擊，結果，該敵兵三名，均被我擊斃、至敵機一架、則已焚燬。

日軍慘無人道

殘殺無辜民衆

引翔港虹口一帶屍體橫陳

昨晨據甫由引翔港方面，逃來之難民談，自該地附近日軍節節敗退後，日軍作爲根

據地之公大東華等紗廠，連遭我軍轟炸毀滅，在軍事上已失去退守之所，受創日軍，不顧一切，在引翔港鎮放火焚燒，屠殺無辜民衆，現引翔鎮各街巷，已屍橫遍地，火勢延燒極大，迄未熄滅云。

昨晨八時許，有原在招商局任事之張君自虹口逃避出險，據談渠行經遼陽路時，見有數敵兵按戶搜索，殺我居民，呼救聲不絕，旋行至中。

昨據海甯路方面逃出之難民語云自日軍節節敗退後，見我逃難之民衆，不問情由，卽用刺刀亂殺，尤以吳淞路閔行路蓬路方面爲最多，故該地一帶馬路上及里弄內所暴露之屍體，遍地橫陳，無法掩埋，故連日屍體大多腐爛，臭氣薰天，實屬慘無人道也。

據戰區逃出者言，虹口提籃橋一帶，積屍甚夥，大都係我平民，慘遭敵軍之殺戮者，陳屍街頭已多日，任野狗之呑噬，且因烈日之爆晒，異味難聞。

日武本力侵華

僅可支持半年

財政經濟不久將破產

倫敦標準晚報之評論

95

（中央社倫敦十七日路透電）倫敦標準晚報今日載一論文，稱日本與中國大規模之戰爭，當可支持半年，半年以上，則日本餉需一項，恐有不斷之慮矣，蓋日本海外貿易地位，至爲脆弱，貿易平衡日見不利，而金準則已幾等於無，借款更屬無望，該報稱日本國內之財政經濟，若以今日較之侵略滿洲以前，則已大見減色，已呈外强中乾之象，蓋『外表雖一片愛國熱心，究其內心，則農村蕩然，以前允許於農民，謂侵佔滿洲後，國外財源，即可源源而來者，今則皆等於畫餅充饑，倘猶長此黷武不已，則民不聊生之後，將使甲冑解體』云。

百餘囚犯被炮擊斃

華德路西牢

日軍自發動滬戰後，因士氣沮喪，節節敗退，集中租界東區蘇州河以北地帶，致該區已陷入火綫，租界當局已將駐在之巡捕撤退，並救護該區各國僑民趨避，惟華德路尙有西牢一所，容囚犯三千餘人，一時不克遷移，故留印捕多人看守，刻已陷於絕境，聞連日激戰，該處曾被炸彈及大炮轟中，當斃囚百餘人。

敵艦砲擊川沙

鄉村民房中彈頗多

據昨日來滬之川沙難民報告，川沙白龍港口外，近到有敵艦十九艘，停泊於海面，前日起常發炮向岸上轟擊，距離川沙縣城八九里之鄉村，中敵艦炮彈頗多，外傳橫沙敵軍趕築飛機場事，絕對不確，惟敵軍迄未放棄在該處登陸企圖，現川沙駐有我軍，實力雄厚．防務鞏固。

出雲艦受傷經過

敵空軍損失千萬元

據日方消息，日本駐滬總領事岡本日前對人談話云，『昨日係爲予之生辰，予乃收到中國方面兩種禮物，一爲空軍之炸彈，一爲口口之口口』，依日方表示，此項口口．適在日領署門首捕遊爆炸，而該處適爲日旗艦出雲泊寄之所，以理推之，則出雲艦之被炸，殆無疑義，又據日方消息，滬戰開始後，日方空軍之損失，已値有日金一千三百萬元以上云。

日軍旗艦出雲號，移泊公平碼頭江心後，四週似已置有水雷，現艦四週插有紅旗，禁止普通船隻靠近，楊樹浦方面有二小型旗艦停橐艦旁，以作掩護，艦首前泊有驅逐艦二艘，防禦頗爲嚴密。

我軍佔領匯山碼頭敵軍全線被我切斷

敵被迫至江邊即可完全解決

八月二十日據昨下午七時，我軍某師之一部，在楊樹浦方面突擊，敵陸續增援，並用飛機不斷轟炸，我軍奮不顧身，肉搏衝鋒，經三小時之血戰，將敵擊退，敵狼狽不堪，向黃浦江邊一帶逃竄，我軍已佔領昆明路，岳州路，塘山路等處，並向百老匯路繼續挺進，另一部亦將匯山碼頭佔領，此役，敵死傷數百人，我軍傷亡僅十餘人，奪獲軍用品甚多，現此部敵人，被迫至黃浦江邊，已成甕中之鼈，即可全部解決、按自滬戰爆發以來，我軍神勇奮發，迭予敵軍重創，並屢佔敵軍衝要，至昨日克復匯山碼頭後，敵軍遂完全被我切斷，失却聯絡，是爲作戰以來最大之勝利，殘敵解決之期，當不遠矣。

又息，我軍十七日佔領敵海軍操場後，前線曾一度分向東有恆路東漢璧禮路等處推進，惟以我軍連日苦戰，不免疲乏，故稍予休息，未再深進，昨日下午，頒發攻擊令，

我軍於七時，乘殘敵不備之際，出奇制勝，在機關鎗掩護下，以手溜彈向敵陣突進，殘敵慌張異常，雖絡續增援，終不敵我軍精銳，望風披靡，我軍一鼓而下，越岳州路塘山路昆明路等處，十時進佔匯山碼頭，敵軍鬥志全失，狼狽不堪。

▲我外部通知各國使領各國在滬艦輪須於十二小時內遠離日艦五海里外▼ 自滬上日軍啓釁，向我保安隊進攻，我方迫不得已，實行抵抗以來，日方軍艦，往往故意停泊歐美軍艦或商輪之旁，使我方顧慮第三者生命財產之安全，不便自由攻擊，而彼反利用其優越地位，時以大炮向我陣地轟擊、此種情勢，我前方之軍隊，深爲憤慨不平，認爲日方託庇外人勢力，至爲怯懦可鄙，而歐美軍艦與商輪，不使日方軍艦遠離，無形中不啻予日艦以保護，陷我方軍事於不利地位，亦非公平之道，聞我軍事當局，十九日已通知英美法義等駐華使節、請其轉飭各該國在滬之軍艦與商輪，至少須開駛距離日方軍艦五海里之外，或令日方軍艦開駛至距各該國軍艦或商輪之同樣距離，如上項請求在十二小時內未能照辦，則中國空軍或其他武裝力量，與日本軍艦發生衝突時，如損及各該國軍艦或商輪，中國概不負任何責任云。

外交部於昨日電令駐滬辦事處、通知各國駐滬領署，外辦處處長余銘氏奉命後，當

於卽晚，除在電話中通知各國駐滬總領事外，並以書面送達各國駐滬總領署云，十八日夜間炮戰時，有日艦於黑夜中移至美國旗艦奧葛斯脫號附近，以美艦爲掩蔽，向我浦東陣地發炮轟擊，我軍爲顧全中立國家之安全計，當時未向該艦還擊，並有以此事叩詢俞市長，據稱，日艦此種鬼祟行爲，完全不顧中立國家艦隊之安全，殊爲可恥，嗣後我軍爲自衞而還擊時，如各中立國艦隊仍被其利用，不加制止，則如蒙損害，我方不負其責。

外部發言人聲明

各國不應爲日軍憑藉

關於中國軍隊在滬自衞行動，外部發言人十九日發表聲明如下，中國在上海及其他各地之軍隊，現正從事自衞抵抗暴力，此項自衞行動，乃係對於侵略中國土地，及破壞各種保持和平條約，如九國公約非戰公約等之國家，予以抵抗，就公道而言，則在此種戰事中，自衞國所應享受之合作作戰之機會，至少亦與侵略國相等，在上海衝突未發生前，中國政府卽會向各國聲明，謂日本軍隊如利用公共租界之任何部份，爲作戰之根據

或退避之處所，則中國自衛軍隊，即將不獲已採取一切必要之辦法，以應付在租界內之日本作戰人員，而由此所生之一切結果，中國政府絕對不能負責，現在日本軍隊仍利用虹口及楊樹浦為攻擊之根據地，多數日本軍艦之在吳淞口及黃浦江中者，仍繼續轟擊中國陣地，中國空軍攻擊此種軍艦時，曾不顧自身危險，特別慎重，以期對於第三國之船隻財產避免無謂之損害與危險，截至現在，中國飛機，並未對任何其他外國之兵艦或財產，故意施以攻擊，即在將來亦仍係如此，但如因外國軍艦與日本軍艦地位過於接近，因而於中國空軍作戰時，發生不可避免之危險，中國政府要屬不能負責，是以最妥辦法，自應由關係各國，設法使日本軍艦，駛出黃浦，否則即由各該關係國，將其所有之軍艦暨其他船舶，自行駛出危險地帶，中國政府以上主張，公允正當，深信必易獲同情與諒解，尤應吾人奮鬥之目的，不僅在於中國領土之安全，且亦為世界維護正義計也。

我軍之三路進展

一週來之戰局，經我軍浴血奮鬥，左翼軍已佔領楊樹浦路底敵軍根據地之公大）大康●裕豐。各紗廠，而進展至臨青路，壓迫三井本棧一帶之殘敵，中路則由齊齊哈爾路

。韜朋路。荆州路。昆明路。越過華德路，分兩路進攻，最前鋒已於昨日下午三時，佔領昆明路南端之下海廟，塘山路茂海路東有恆路北端等處，已見我軍蹤跡，右翼我軍各線亦都進展，江灣路底敵營，雖尙負嵎固守，但我軍已由公園靶子場抄襲施高塔路。狄思威路。其美路，將虹口憑藉高建築頑抗之敵軍，逼成灣曲陣線，總觀我軍中左右三路之推進，均步步爲營，穩健發展，三路大軍，隨時在密切聯絡中，採攻守並進之策略，將敵包圍，故楊樹浦橋東面之敵，已逼處角嵎，虹口之敵，逼成灣曲式，自東百老匯路外虹橋至楊樹浦橋西之敵，尙能保持聯絡，且係主力所在，惟與我軍距離甚近，其浦江敵艦炮火，已無所施技云。

我空軍在吳淞口外

擊中敵方航空母艦

在浙江洋面又擊沉敵艦一艘

今日午後七時半，日轟炸機又來圖襲南京，是時適有雷雨，全城皆聞炸彈爆烈聲，八時一刻，日機退去，據空軍司令部稱，今晨中國轟炸機一架，轟炸吳淞口外之日本飛機母艦，擊中其船首云。

我空軍十九日上午飛浙江洋面花鳥山，轟炸敵艦，擊中一艦，其尾部受傷甚重，有下沉之虞。

我空軍一大隊轟炸

吳淞路一帶敵根據地

前後投十餘彈敵方損失極重

敵子彈車爆發炸斃敵兵甚多

昨日雙方空襲情形，玆簡略彙誌於後，計自晨間六時起，我空軍飛機一大隊，飛至吳淞路，東百老匯路一帶日根據地，從事轟炸，前後投彈十餘枚，有數處中彈起火，燃燒甚烈，敵方損失甚重。

我空軍轟炸機一大隊，於今晨六時許，飛至東百老匯路，吳淞路，南潯路，武昌路一帶日軍根據地，投擲炸彈，從事轟炸，前後投彈十餘枚，有數處中彈起火，燃燒甚烈，敵方受損甚重，聞有日軍用卡車一輛，滿裝火藥子彈，適中炸彈爆發，死日兵甚多，二十分鐘後，我機始奏凱而歸。

敵機四出肆虐被我擊落一架

昨晨八時前後，敵水上機多架，飛浦東閘北南市等地偵察，十時左右，敵機十八架，飛眞如南翔一帶投彈轟炸，在南翔向我紅十字會南翔救護處投彈，炸傷我傷兵二人，醫生一人，又在眞如炸毀暨南大學之初中宿舍，死該校戰地服務團團員馮雪桂一人、傷黃世華（斷臂）一人、車站附近路軌，亦被炸去十餘丈，我駐軍當以高射炮等多方轟擊後，敵機始騰空逸去，十一時許，又有敵機三架，飛浦東，閘北，南市，龍華飛機場等處盤旋偵察，在閘北等處並投炸彈，該處房屋，被炸起火，迄午未滅，下午二時左右，敵機二架，又在南市高昌廟一帶偵察，四時左右，又有敵機十二架，分爲四隊，在浦東投彈，經我襲擊後，即行飛返浦江上空盤旋，我方損失甚微。

昨晨（十九日）全市寧靜之空氣，又爲軋軋之機聲所震破，水上飛機多架，由淞口外洋面起在浦東閘北南市等地偵察我各方陣地，我駐軍以高射炮及高射機關鎗轟擊，敵機遁入雲中逸去，至午止機聲不絕，又浦東閘北等處，被炸起火迄午未熄。

昨晚九時許，敵機二架，在閘北各處，拋擲燃燒彈，民房多處起火，我方空軍聞訊，即趕來迎戰，同時我方高射炮，亦向敵機轟擊，時有敵機一架，突然疾向滬西飛去

，即寂然無聲，衆料該機已被我擊中，今晨聞該敵機已在中山路附近發現，機身全燬，駕駛員二人均已斃命，現經我拍照存查，報告上峯核奪。

英外交當局建議

調停滬辦法

法政府已表示接受

美國尚在觀望形勢

（倫敦十八日路透電，）英政府迄今尚覺中日間日臻嚴重之戰爭，尚非無調解之餘地，而上海緊張之局面，尤應立即加以解除，庶公共租界之安全，得由兩國之同意，將軍隊重新佈置而獲保障，關於中止上海危局一事，英外交當局於最近若干日中，已屢向上海當地各國使領，及海陸軍當局，以及中日兩國政府磋商，結果已由外交途徑，向中日政府提出具體建議，建議之內容未詳，但公共租界之與中日戰區之隔離計劃，應有如下之諸要點，（一）互相同意中日雙方海陸軍共同退出上海四週之地帶，（二）向日本擔保其僑民之安全，并向中國擔保日方不利用公共租界為根據地，而保護日僑之責，則

由租界內各國軍隊共同担任之。

昨日各報載駐滬英代理總領事達維森，創議劃上海爲中立區，已擬就計劃，提交各國駐滬總領事，滬各記者特赴英領署訪問，據發言人稱，關於中立區計劃，不過引伸一九三二年舊時斡旋和平之意旨而已，伊等問目下已否向日方暨美法意各國總領事提出，答云，刻下正在進行商酌，記者又轉往美總領署訪問，據發言人談，美方對於斡旋和平始終努力，如有裨於和平，自樂於贊同也。

▲法政府接受英建議▼ 巴黎十九日哈瓦斯電 法國政府頃已接受英國政府提議，願向中日兩國提出建議，請在上海區域停止戰事，而由英美法三國保護中日兩國利益。（巴黎十九日路透電）法政府已通知駐中日兩國大使，告以法國已接受英國和平方案，俟有關係各國政府允在原則上接受英國提議後，各國大使將聯合分向中日接洽，屆時各大使將有權就地討論實施辦法。

▲美國務卿未加評論▼ 華盛頓十九日路透電 華盛頓方面對英國所提上海四週設中立區之議，頗形冷淡，蓋覺外國此際提出任何建議，均不能有影響及於中國或日本也，惟赫爾本人對此計劃，未發評論。

106

▲英建議通知義政府▼　倫敦十八日哈瓦斯電　關於英國政府所提出之建議，卽要求中日兩國各將本國軍隊自上海撤退，幷將日本在公共租界所保有之利益，委託英法美三國負責保護一項建議，英國政府業向義大利政府提出通知，頃悉義國駐英代辦，曾於本日午後訪晤英國外務當局，詢以上項建議，中日兩國若果予以接受，則義國可否與英法美三國會同保護日本利益，此外該代辦又就英義問題，有所討論。

▲英人觀察難望實現▼　倫敦十八日哈瓦斯電據外交界人士聲稱，英國政府現正在東京南京方面賡續進行交涉，謀使中日兩國各將本國軍隊自上海撤退，而由英法美三國負責保護日本在公共租界所保有之利益，一俟中日兩國接受此項計劃之後，卽當向法美兩國接洽，請其會同英國負責保護日本利益，惟英國消息靈通人士，則以爲依照中日兩國方面最後消息，上項建議，極少實現希望，英國政府現僅作最後的企圖，以盡人事，卽美國願否參加其事，亦尙不可知。

（倫敦十九日電）據泰晤士報載，關於英法美三國，企圖採取聯合行動，保護三國在滬共同利益一節，吾人未可太抱樂觀，現時所能做到者，僅三國駐滬領事，隨時保持密切接觸，使任何所採取之步驟，更爲有效，但將來討論新計劃時，日本必將要求保護

旅滬日僑之生命財產，殆無疑義，因此聯合行動之計劃，前途未許樂觀。

▲英人焦慮在華利益▼　倫敦十九日路透電，泰唔士報外交記者，今日評論英國所提議之和平方案，謂倫敦各界始終皆以爲在滬日僑之主要危機，直接起於日本軍隊之登陸，今之方案所爲者，乃再度使日本就威望與合作兩者擇取其一耳，此之所謂威望者，即戰爭之謂，自倫敦立場察之，滬事本身至爲危迫面複雜，無怪倫敦等處人士，對於英人事業及一般利益，表示非常嚴重之焦慮，蓋英人在華之直接利益，共值二萬五千萬鎊左右，其中二萬萬鎊，爲事業界之投資，其餘五千萬鎊，爲政府之債款，查此投資數字，其在上海者，達一萬八千萬鎊，而此一萬八千萬鎊中，有一大部份，係在蘇州河以北之租界中云。

在滬之敵艦

共四十六艘

浦江內十四艘

淞口外卅二艘

航空母艦二艘

前日停泊浦江中之日艦，共爲念六艘，玆據今日調查所得，昨日已有日艦十二艘駛出口外，現泊浦江內者，共爲十四艘，又據確悉，現泊吳淞口外之敵艦，計驅逐艦二十五艘，大巡洋艦五艘，航空母艦二艘，每艘航空母艦上，各載有飛機八十架左右，其中一艘特別龐大，其隔板爲三層。飛機皆可自由開駛云。

孫師長談

不輕敵不怕敵

盼後方民衆內地去生產

我軍自十二日起抗戰以來，甫祇七天，前綫各路節節勝利，非惟後方民衆雀躍萬分，卽國際人士亦驚訝不已，據昨晨赴前綫訪八十八師師長孫元良氏，氏正戎馬倥偬，策劃指揮軍事，乃抽暇答訪前去問訊，我軍殺敵，以『不輕敵不怕敵』六字爲座右銘，遵守長官指揮命令，驅逐敵人出我國土，以長期抗戰，勇敢沉着精神爲之，勝利當屬於我無疑，請諸君轉告後方父老兄弟姊妹，卽速往內地去生產，俾在大時代中，能復興我國

家民族也。

日機今晨又投彈轟炸

中日飛機空中激戰

華機轟炸虹口一帶日軍陣地

楊樹浦方面火勢甚熾

今晨日機多架，又在閘北浦東南市龍華等地偵察，並在各處投彈多枚，第一次係在七時許，日機六架，分爲兩小隊，由東而西，盤旋數匝，卽行投彈巨聲轟然，華方卽以高射砲迎擊，敵機匆匆逃去，故投彈多未命中，華方受損甚微，約數分鐘後，日機三架，又出現於雲端，適値華機趕來，日機騰雲圖逃，華機以機鎗射擊，一時槍聲軋軋，流彈四飛，特區內西南方面，有流彈飛落曾傷及路上行人，華機旋卽飛往虹口一帶，投彈轟炸日軍陣地及敵艦，虹口及楊樹浦方面當有數處着彈起火，焰頭上冒，火勢奇熾，至午尙在燃燒中云，又，日軍飛機一架，於前日上午六時許，在江灣方面低飛偵察時，被華方守軍，以小鋼炮彈向空射擊，適中機體，該機立時下墮焚燬，機中日空軍，亦均慘

死。

今晨前綫調查華方空軍多隊，分飛楊樹浦虹口一帶，轟炸日軍根據地，前後半小時許，雖經日艦之高射炮猛烈射擊，但華方空軍，仍能發揮其威力，而虹口東區及楊樹浦一帶，近見烈焰上騰，高及半空，迄至中午，火勢仍未熄滅。

北四川路新亞酒店

日軍下午闖入

在屋頂設機鎗

今日下午三時，日本軍隊突然侵佔北四川路新亞酒店，該店已於前數日中，因地近危險區域，暫停營業，並加以鎖閉，但今日下午，突有日警一名，將該處大門打開率領日軍一隊，登至屋頂，架設機鎗，查該飯店在北四川路天潼路轉角，地近蘇州河，足證日軍形勢日蹙，正逐漸向南敗退中也。

暨南大學被燬

敵又摧殘文化機關

大禮堂科學館被燬

並有學生一名罹難

日方對於我國文化及慈善救護機關，時時加以殘酷之轟炸，令人聞之髮指，昨日下午六時許，日機飛眞茹轟炸暨南大學，投彈十餘枚，大禮堂及中學部校舍全毁，科學館一部被燬，校中有學生一名，因憤敵方之暴行，自願與母校共存亡，遂致罹難，另一校工被彈受傷云。

外灘斷絕交通

白渡橋至愛多亞路

今日上午九時起，公共租界防軍，因戰綫已迫近虹口區，旦夕間我軍將推進達到外虹橋等處，兼以外白渡橋附近，已有流彈飛至，爲避免居民於經過該處時危險起見，自白渡橋起沿外灘之北京路，南京路，九江路，漢口路，福州路，廣東路，愛多亞路，所有各種車輛，均駛至各該馬路口，由捕房人員會同商團團員勸阻，行人亦一概禁止通行，據稱如須向南，尙可通行，向北絕對不能通行，白渡橋南堍，現由英軍防守，前昨兩

日本，日在領事館內佈置防禦工事，今日則另加部隊，扼守南岸，並停有商團鐵甲車一輛，嚴密防守。

日華紗廠再大火

老廠已完全燬滅

今晨七時許，當我大隊飛機炸敵艦時，浦東日華紗廠又中彈起火，查該廠於十七深晚，曾因廠內伏兵衝出，與我交鋒，於敗退時，老織布間即行起火燃燒，歷一晝夜，將該間全部化爲灰燼，今晨彈落於老廠細紗間內，因棉花易於着火，霎時冒穿屋頂，烈燄高沖空際，焚燒至中午始漸衰滅，至下午五時，白烟仍向空中沖冒，有人曾隨我保衞團員進廠察看，該廠佔地百餘畝，有新老廠兩部，目下兩次大火後，業已完全燬滅，僅新廠尚屬完好，但日兵早已撤盡。

虹口精華悉化灰燼

敵陣地空前大火焚燒之烈爲『一二八』所未有

昨晨六時起，楊樹浦及虹口一帶敵軍陣地，先後被我空軍轟炸及巨炮擊中，當有三四處着火延燒，火勢甚烈，旋至午刻，虹口方面又有多處起火，烈焰高飛，黑烟蔽天，

113

自元芳路至楊樹浦一帶，形成一絕大之烟幕，上接雲霄，下臨浦江，火勢之烈，較之一二八時閘北之大火尤過之，實爲滬上空前所未有，迨至傍晚，我國空軍再度來滬轟炸，吳淞路及百老匯路之西口又着彈起火，延燒甚烈，同時浦東之日華紗廠廠屋，亦三度着火延燒，入晚翹首東望，但見火光燭天，照耀如同白晝，迄八時許止，尚猶未熄，敵軍在虹口及楊樹浦一帶，均憑民房爲防禦物，藉圖最後之掙扎，經此大火之後，敵軍慌張狼狽，消滅之期，當不遠矣。

停泊浦江中之日艦，昨晚六時半起，開炮向我南市及浦東一帶轟炸，我軍於十時許起，發炮向楊樹浦方面之敵軍陣地及浦中敵艦還擊，予以報復，我軍炮火猛烈，標的準確，約歷二十分鐘始停，敵方損失頗重。

殘敵已呈總動搖

我方論從速投降

前晚衝至匯山碼頭之我軍，爲〇〇師兩團，〇〇師一團，我軍佔領該處後，即自敵海軍操場起，至該處止，沿途派駐重兵，並分向左右兩翼壓迫，我軍活潑萬分，進展神速，戰事至昨日下午更爲激烈，敵軍不乏至死不悟之徒，憑若干險要處頑抗，惟虹口一

帶，到處大火，至晚間十時許火勢益為猛烈，殘敵已呈總動搖模樣，聞殘敵軍心渙散，已臻分崩瓦解之關頭，所以尚敢負一二險要頑抗者，全為高級長官欺騙壓迫之故，彼等向士兵聲稱，如不死戰而被中國俘虜，將悉被殘殺，故殘敵尚圖作最後掙扎，我當局已洞燭其奸，正擬採取有效方法，將我國寬大仁愛之精神，曉諭此輩迫於殘暴軍閥淫威之無辜軍人，從速投降，以免生靈塗炭，想滬戰短期內可告結束。

我空軍激戰敵機趁烈燄猛轟虹口

昨晨敵機多架又在我閘北浦東南市龍期等地偵察，並在各處投彈多枚，第一次係在七時許，敵機六架，分為兩小隊，由東而西，盤旋數匝，即行投彈，巨聲轟然，我方即以高射炮迎擊，敵機匆匆逸去，無數分鐘後，敵機三架，又出現於雲端，適值我機趕到，敵機 雲圖逃，我機以機鎗射擊，一時鎗聲軋軋，流彈四飛，特區內西南方面，有流彈飛落曾傷及路上行人，我機旋即飛往虹口一帶投彈轟炸敵軍陣地及敵艦，虹口及楊樹浦方面常有數處着彈起火，焰頭上冒，火勢奇熾。至午尚在燃燒中。

我乘勝逼裏虹橋潰敵已走頭無路

我軍前夜佔領匯山碼頭切斷敵左右兩翼後，即乘勝分東西兩路進迫，將士精神抖擻，勇氣百倍，殘敵鬥志全失，頹喪萬分，昨晨左翼紛向順泰碼頭潰退我軍一面在已佔領之昆明路與塘山路附近建築堅固陣地，一面向前追擊，下午四時許，沿東有恆路東漢璧禮路挺進，前線已進抵裏虹橋，現日軍左翼完全在我軍包圍中，紛擾不堪，戰鬥能力全失，已潰不成軍，勢將完全解決。

敵依租界釀浩刦焚燬民房數千間

我軍於十九晚深夜一鼓而佔領匯山碼頭後，昨日清晨，我東中北三路取得聯絡遂下總攻擊令，以飛機大炮掩護，乘勝向敵軍殘部掃蕩，敵軍猶圖頑強抵抗，卒以精銳盡喪，不堪作戰，遂齊向外虹橋一帶潰退，並在該處碼頭附近，及貨棧倉庫處所，趕築防禦工事，自上午九時起，迄至夜深，敵陣地方面及日艦等，不斷以大炮向滬東區射擊，以致該處民房，中彈起火者不下數十起之多，迄至下午，燃燒愈烈，蔓延益大，如虹口莊源大元芳路一帶，民房被燬者已有二三百家，其火勢最烈地點，則在百老匯路南洋烟草公司後面一帶，自新記浜路起，至兆豐路，塘山路，東有恆路，鄧脫路，公平路，以迄

116

茂海路，昆明路為止，該處共有民房四千餘間，昨日悉遭敵軍炮火所燬，延燒甚烈，在外灘遙望，則見烟霧瀰漫，半天通紅，查該處為滬東熱鬧市區，精華所在，今不幸為暴日所摧殘，其損失至少在數千萬元以上，日本依賴租界為其軍事根據地，結果則已釀成今日空前之浩劫，其所有責任，實應由日方負之，毫無疑義。

英人建築被佔向日要求賠償

關於上海英人建築物之被佔領，應如何處置應付一節，今日倫敦方面已有所闡明，即英政府應即要求損失之賠償，商業利益及威信補償等，例如怡和啤酒廠之為日軍佔領，英政府已向東京政府提出嚴厲之抗議，要求付給租金及賠償一切損失等，再則，百老匯大廈11樓以上，亦悉為日軍佔領，如何處置，除怡和啤酒廠一家外，尚無繼續消息，其他同樣案件尚多，倘英人房屋為日軍炮火所燬，如何應付亦屬疑問，因損失賠償之要求，在學術點上，不知須向有領土宗主權之中國提出，或向從事破壞之日本提出也。

蘇州河畔敵屍飄浮西去

昨晨九時許，蘇州河發現敵軍屍體數具，時因浦江潮漲，故皆飄入蘇州河向西而去屍體頭上，尚戴有灰色鋼帽，諒係日昨圖襲我浦東時，被我軍所掃擊，落水溺斃。

今晨我空軍轟炸

一彈中茂昌冷汽廠

百老匯路一帶大火

今晨我空軍再度至浦江轟炸日艦，及沿江之建築物，以利軍事動作，在八時許，有轟炸機三架，先在高空盤旋多時，敵艦高射炮齊鳴，我機在炮彈叢中，旋飛而下，連投兩彈，一中茂昌冷氣廠，一中招商局北棧後面某屋，霎時火光燭天，燃燒甚烈，敵軍亦派水上飛機四架，起而與我空軍作戰，四敵機包圍我一機，雙方各開機槍，今晨我空軍飛機六架，仍繼續在楊樹浦路東百老匯路一帶之敵軍最後根據地投彈轟炸，當有順泰碼頭及南洋公司附近房屋起火，沿燒甚烈，迄午尚濃烟蔽空，據華記路逃出者稱，東百老匯路一帶房屋　大部焚燬，至負嵎敵軍，無藏身之處，恐慌萬分。

我軍連日在東西兩路乘勝進迫，敵陣地日蹙，已分爲三段，密集於百老匯路及楊樹浦底等處，我軍仍利用空軍轟炸，以冀一舉而殲滅之，今晨六時卄分，我機兩架，由西而東，出現於虹口敵軍陣地，繞空數匝，在敵艦高射炮中，從容擲下數彈，均能命中，有數處着彈起火，兩機卽向東飛去，至九時許，我機一架又出現於空中，敵艦尚未察覺

該機卽疾駛而下，在招商局中棧後投下數彈，迨敵艦鳴驚發炮，我機已騰空而去，當時在浦濱之中外人士，目睹此活潑之表演，均贊譽不止。

日艦向下游移動

外白渡橋附近僅餘二艘

浦江昨共泊二十五艘

昨日泊滬敵艦，往來調遷，至爲繁忙，原泊外白渡橋迤北之日艦約六艘，現僅餘泊公和祥碼頭對面二號浮筒之日司令艦出雲號及日領事館後之二十一號驅逐艦一艘，餘皆已駛往浦江下游，泊日領館後之二十一號驅逐艦，並時時更換其旗桿頂端之旗幟，斯蓋旗語也，並有人卽於昨日下午三時再親赴浦江調查各敵艦之駐泊地點如下，計一號浮筒至九號浮筒共九艘，新三菱碼頭淺水艦四艘，大阪碼頭兵駁一艘，十五號至十六號浮筒第十六號驅逐艦二艘，黃浦碼頭小炮艦一艘，藍烟㓂碼頭外擋第十六號驅逐艦二艘，同興紗廠浦面淺水艦一艘，魚市場北浦面第二十一號驅逐艦二艘，虬江碼頭第二十一號驅逐艦二艘，閘北水電廠外浦面淺水艦一艘，綜計昨日停泊浦中敵艦共爲二十五艘，又據有人沿途目睹，見閘北水電廠廠房有大炮洞數個，東洋公司浦東碼頭及招商北棧附近火

燒頗烈，招商北棧附近有敵海軍陸戰隊三十餘名，工作甚爲忙碌。

編者按：本書之急切出版，係因自八月十三日戰端開始以來，我方軍事當局，爲殲滅敵軍登陸，鞏固各要隘起見，長江上下游各輪，一律停航，各路火車，車站均在導火線內，忙於運兵，客車又告停歇，以致滬地消息，頓然不通，戰事情形，罔屬沉寂，茲爲各埠明瞭我軍自開始以來，節節勝利，以及種種情形，特就自八月十二日，虹橋機場事變起，至八月二十一日止，逐日詳細披露本書，以嚮各界讀者，自後由八月二十二日起，仍在繼續編述中，不日出版，當希鑒諒

一九三七，八，二十二，編者識

中華民國二十六年九月一日出版

（全書一册定價實洋三角）

▲外埠酌加運費匯費▼

編輯者　紫琅王叔達

校閱者　崇川周　泉

出版者　民强出版社

發行者　民强出版社

總經售處上海愛多亞路大世界西九九八號建國書局

▲全國各大商埠各大書局均有分售▼

八一三抗戰史

上海新時代社刊行

保衛大上海血戰的

孫元良將軍

孫元良將軍是八一三淞滬戰以死守大場，閘北聞名的一員勇將，經過了長時期輾轉的抗戰，乃於八年後的八一三，偕同湯恩伯將軍重臨上海。他目睹闊別了的上海風景不殊，而一般民心不死，對於吾師的歡迎，親切而熱誠，竟使他感動得流淚。

將軍爲安徽合肥人，生長於四川，現年四十二歲。早年讀書於南京東南大學附屬中學，初中畢業後，有感於軍閥的專權，和五三十慘案的刺激，乃憤而投筆從戎，隻身赴粤，投考黃埔軍官學校。未及卒業，即奉令參加東江討陳（炯明）之役，身入重圍，浴血奮戰，卒奏全功。然將軍却幾次身受重創，痊癒後，參加革命軍北伐，任第一路軍連長之職，時將軍年僅二十二歲。

民十六，赴日考入東京士官學校砲兵科，後因率部越經高麗及東三省，被日政府認爲有政治策動嫌疑，因遭該校開除，回國後，被任「模範軍」第一師砲隊司令，旋擢升國民革命軍第二師第七連連長。

一二八淞滬戰起，編入張治中將軍之第五軍，晋陞第七十八師師長，堅守大場江灣一帶，

二

屢克强敵，第十九軍將領莫不推崇之。

迨福建人民政府叛變，將軍復奉令由浙赴閩，敉平內亂。

八一三抗戰軍興，委座以將軍對於淞滬地形最爲熟稔擢升第八十八師師長，率部蒞滬。防守閘北滬西一帶，敵人未敢越雷池一步。淞滬失陷後，奉令防守南京，由下關渡江至浦口時，幾遭沒頂，故外界頗有海外東坡之謠，雖得安全撤退，腰部已受重傷，委座乃派將軍出洋考察軍事，俾獲早復康健。

前年返國後，升任第二十九軍軍長，委員長侍從室高級參謀，第三方面軍成立奉命爲副總司令，襄助總司令湯恩伯將軍，擘劃良多，若孫將軍誠可稱爲模範軍人。

八一三抗戰史

總　述

二十六年八月十三日開始的淞滬血戰，追溯其起源，應該從「九一八」瀋陽之變說起，甚至於應該遠溯到中日甲午第一次戰爭。因爲其間都有脈絡的關聯。不過我們在這裏，求簡捷起見，就從「八一三」之變的本身做開始的敘述了。

事件的導火線，起於「虹橋事件」。八月十日下午五時半，我虹橋飛機場衛兵，見有日本海軍陸戰隊汽車一輛，向機場駛來，想衝進飛機場。衛兵喝令停車，車中所載的日本兵二人，置我警告於不顧，而且拔槍向我兵轟擊。那時候已經時常有日本人向我機場來作窺探，

顯然存心不可測。我衛兵受有上峯命令，過有少數日本人來作滋擾，不可還擊，以免引起糾葛，所以機場衛士不予還擊。可是這兩個日本兵，非但不聽我衛士的阻止，竟然將我附近的保安隊一名，射擊至死。保安隊爲自衛計，不能不開槍還擊，當時把兩個日本兵擊斃。於是造成了所謂「虹橋事件」。那兩個日兵，一個是「上海日軍陸戰隊第一中隊長」大山勇夫，一個是一等水兵齋藤要藏。大戰之機，由是就一觸而發了。

當時擔任警備京滬之職的司令官，是張治中氏，也就是第五軍長。以下參加戰役的重要將領，是八十八師師長孫元良，副師長馮聖法，參謀長陳素農，八十七師師長王敬久，三十六師師長宋希濂，蘇浙邊區司令張發奎等。上海戒嚴司令楊虎。

當時日本主持侵略的人物，首相近衛，陸相杉山，海相米內，外相廣田等。杉山的談話中，曾經說過「中國事件前途之發展如何，不能逆料，但軍部已決意向前進行，克服一切困難，縱令中國作長期之抵抗，日本軍部非使華軍失去戰鬬精神之目的達到以前。亦決不能罷手」。氣燄之盛，可見一斑，到現在看來，無非是一場夢話而已。

日本藉口虹橋事件，由國內調集重兵來滬。八月十三日晨三時，滬戰開始。自此以後，雙方戰鬬劇烈，大過於第一次「一二八」滬戰情形。上海各界人士，無不乘時崛起，幫助戰場勇士一同奮鬬，所以我軍士氣激昂，沈著應戰，

目次

使日軍大受創傷，不敢再作一鼓而下淞滬的夢想了。兩軍相持凡二月有餘，到了十月二十七日，我軍因已達到預期的消耗戰目的，命令開始從閘北區域撤退，轉進新防線，堅守滬西南翔以至瀏河的新陣地，繼續抗戰。

血戰經過詳情

我軍直搗匯山碼頭

八月十三日晨三時，日軍向我閘北橫浜橋以東及青雲橋一帶守軍開槍挑釁。我守軍並未予以還擊：到了九時五十分，日陸戰隊七八十人圖越淞滬鐵路，衝往寶山路；我守軍乃忍無可忍，當予猛烈還擊，日軍不支潰退。下午四時，戰區擴至八字橋，江灣路，天通庵路等處，五時以後，日軍用燒夷彈向我轟擊，閘北若干房屋，均被燃燒，但我軍奮勇衝鋒，於硝煙如霧之下，進駐八字橋。

十四日，我空軍出動，轟炸浦江敵艦。我陸空軍部隊亦猛烈掃蕩，日軍受創奇重。

十五日，戰事歷廿餘小時之久，我各線均有進展。

十六日晨四時，戰事轉於沉靜。至十六日夜，我軍包抄江灣敵軍司令部。

十七日我軍佔領虹鎮以南，范家宅附近之敵海軍操場，敵出雲號旗艦，中我魚雷，受創甚重。

十八日，我軍前線挺進，敵軍大砲全失威力，遂進爲前哨戰，我空軍英勇作戰，五日來共

擊落敵機三十架以上；虹口敵軍因被我切斷共左右聯絡；紛紛敗竄租界，至十九日下午七時，我軍伸展至匯山碼頭；敵勢窮蹙，皇恐萬狀。

二十日，我空軍轟炸敵軍司令部，命中起火。敵機炸南市，被我高射砲擊落二架。敵軍連日在虹口方面，戰事失利，共增援部軍，又爲我所阻，不克登陸。於是想在川沙方面之白龍港登岸，又爲我守軍發現，即予擊退。二十一日晚，敵軍在吳淞方面集中兵力，向我進犯，我軍發砲還擊，砲火猛烈，予敵重創。敵軍登陸企圖，至是完全失敗。

匯山碼頭一帶陣地自我軍佔領後，敵軍已狼狽不堪，有殘敵近四百人，越外白渡橋南竄，爲英軍繳械，送往膠州路管押。下午三時半，又有殘敵三十餘名，潰退至楊樹浦，闖進厚豐紗廠，該廠留有職工六十餘名，殘敵用手溜彈步槍向之射擊，致死傷甚衆。敵軍殘酷，竟至於此。

廿二日夜十一時以後，敵軍被我重重包圍中。我各路均有進展，浦東敵軍，經我襲擊，亦全線潰退。計敵自作戰以來，死傷已達六千人，共自動逃出戰線，爲英軍所俘者，又達千人，損失過半矣

二十三日拂曉，結集在北四川路之殘敵，以重砲裝甲車爲掩護，由吳淞路，虬江路，乍浦路等處，分別向我軍右翼陣地反攻；企圖突破我軍陣地，解除其司令部之包圍。我軍防禦鞏固，敵軍雖經猛衝，未能損我毫末，且爲我伏守要隘各軍，以機關槍掃射，敵軍死亡百餘人之多。激戰後敵卒潰退。我乘勝由中州路，赫司克而路，邢家宅路各方面挺進，包圍敵軍陣

地。是日晨四時三刻，敵機二十餘架，飛往吳淞，閘北，浦東，南市，大場，眞茹，龍華等處，偵察我軍陣地，急圖炸轟未逞。

廿四日天將破曉之際，吳淞蘊藻浜外面，駛來日艦三艘，向我軍陣地用重砲轟炸，我亦奮勇還擊，至六時許，砲聲尙未停止，始終未得登陸。同時吳淞砲台灣三峽水沿長江海面，又駛來日艦十餘艘，相繼向我發砲，我當予還擊，砲火四射，子彈横飛，激戰達兩小時許，敵無法進襲，遂向北駛去。

我軍退出匯山碼頭

自我軍佔領匯山碼頭後，殘敵東西兩路，失却聯絡，浦江中敵出雲旗艦，也被我魚雷擊損，逃出浦江，戰爭的重心。因而由滬東移到濱海一帶。此次敵方侵我淞滬，又想抄襲「一二八」故智，由沿海各港口登陸，我方預料及此，在沿海全線密佈防軍，予以迎頭痛擊，故敵軍在港口企圖登陸不成，在白龍港也然。至二十五日晨四時許，敵軍的主力部隊，在飛機廿餘架，和敵艦十餘艘的砲火掩護下，又在寶山小川沙口企圖登陸，向我羅店方面猛力進攻，卒爲我守軍予以痛擊。戰事延續至廿六日晚十一時半，敵方因傷亡過衆，不支潰退。同時敵艦多艘隨帶小艇開抵匯海灘，以排砲向我岸上轟擊，移時即以小艇滿載步隊駛近灘岸湖湧上陸。當時我守軍佯示力薄，僅以小部隊與敵周旋，俟敵軍乘機深入時，才以機關槍的集中火力，向敵全線掃射，復用砲火脅迫敵軍後路，以致敵軍進退兩難，幾將全軍覆沒。劉河方面，當敵人進擾羅店時，也曾發現敵蹤，經我沿海口守備部隊沉着應付，敵遂不得逞。

困守虹口一帶的敵軍殘部，於二十八日晚，在浦江敵艦的砲火掩護下，向我守軍陣地猛力反攻，企圖突圍。我軍也以巨砲還擊，予虹口敵軍以大創。有數彈落蓬路日軍的中心區城，一彈則擊中三角地小菜場。我方因克復匯山碼頭的中路部隊，突出過甚，恐受意外襲擊，暫時撤退，使東西兩路互相啣接。敵人的宣傳機關，乘機造謠。說日軍已登陸若干萬人。又放出我方虹口一帶的軍隊，已完全撤退，租界區域內已完全沒有華軍的謠言，其實都是言過其實。

日本海空軍之活動

自二十八日以來，最劇烈的戰爭，是在吳淞鎮附近。三十一日清晨，大批敵軍，企圖在江邊登陸，爲我軍攻擊後，越蘊藻浜而竄至吳淞，向北前進。我駐砲台灣方面的大軍，遂全面出擊，一時砲火密集槍如聯珠。九月一日晨，敵增援二千人，再度在吳淞鎮强行登陸，敵機十餘架，在上空向我陣地投彈轟炸；江心的敵艦，同時以大砲密集射擊，我扼守吳淞的部隊，不避犧牲，向登陸的敵軍奮勇迎擊。激戰約數小時。

二日上午八九時，戰況又形猛烈，因進犯砲台灣獅子林的敵軍，經我軍擊退後，紛向吳淞鎮逃竄，故我吳淞守軍遂將敵完全包圍。虹口方面的敵軍殘部，仍幾度企圖突圍。反攻閘北，八字橋，殷行等處，均不得逞。我方砲兵陣地，遂以重砲向虹口一帶之敵軍轟擊。三日上午九時左右，浦江敵艦，爲掩護敵軍在浦東登陸，又開巨砲向我浦東轟擊。敵軍雖屢戰敗北，仍企圖在各港口登陸，向本國乞派援軍來滬，以遂其侵略之目的。

七

這次的全面抗戰中，我們是利於遷延時日，使戰爭變成爲長期的戰爭；敵人却反乎此。志在速戰，從它增調大批援軍來滬一事看來，已經是明顯的企圖了。截至五日止，敵軍在滬作戰的實力，陸軍至少已經達到七萬人，內有最精悍的久留米師團，海軍方面，大小艦也不下七十餘艘，砲位合計幾近七百門；此外尚有新式的飛機二百架以上。敵人有這樣的作戰實力，所以在每次向我進襲的時候，都是運用最密集的火砲，不惜極度的浪費，而希望迅速將我解决。攻吳淞時是用這樣的戰術，侵犯寶山時也是用這樣的戰術：一方面由敵艦開砲轟擊，一方面又派大隊的飛機在我陣地猛烈投彈轟炸，當時在寶山的我方守軍，曾受到相當的損失，不得已退入寶山城內，敵軍復以重砲及飛機，向城內猛烈轟擊，以致無辜的居民也大受塗炭。六日晨十時，我增援之某精銳部隊已經趕到，與敵遭遇肉搏。我軍進至距寶山三里之三官堂，敵軍應援部隊也到達，雙方再度猛戰，到了下午三時半，寶山城廂的敵軍，被我完全擊潰。吳淞方面，七日夜的反攻也遭到我軍的痛擊，羅店的殘敵，更是到了「勢窮力蹙」的時候。在虹口方面，敵人雖也企圖突圍而出，且一再侵犯閘北，終是徒勞而無功。敵人企圖以最小的損失來易最大的收穫的計劃，終難實現。

據日本東京朝日新聞的記載，敵方空軍人員的死亡及失蹤人數，八月二十日，就有三名，二十一日也有三名，在揚州一名，南京十三名，蘇州一名，南昌一名，二十二日上海一名，二十三日上海二名，南京五名，二十四日上海二名，二十六日失蹤一名，二十七日失蹤九名，合共四十二名之多．二十七日以後的損失尚不在內。

日軍改變戰略

七日寶山大戰，敵方應用飛機艦砲，同時向我輪流轟擊，以致城垣被燬，敵之戰車乃由缺隙駛入；當時我死守孤城之姚營，全營官兵壯烈犧牲。但其餘各線我軍均有進展。敵因大包圍的計劃已失敗，改取「中央突破」的策略，虬江中的敵艦，頻以大礮向引翔港跑馬廳一帶我軍陣地轟擊，掩護敵軍前進；我即以機槍迫擊礮還擊。我軍一部，且猛力反攻；迫近虬江碼頭。敵爲牽制我軍起見，終日砲擊我浦東與閘北。

八日上下午，敵又藉砲火的掩護，企圖衝入閘北寶山路，及在浦東登陸；均爲我軍擊退，反攻市中心區的敵軍，也爲我擊退至江邊，狼狽不堪。晚七時許，我英勇空軍，又飛滬夜襲，敵陣地有幾處着彈起火。

九日晨零時及一時許，我機又兩度飛滬襲擊浦江敵艦，敵當有一艘爲我轟中。是日最激烈之戰爭，係在市中心區方面，因虬江碼頭敵軍千餘，在海空兩方砲火的掩護下，向我軍公路陣地猛攻，初爲我擊退，敵聯隊長飯田七郎及中隊長梅田貞夫均被我當場擊斃，但敵仍繼續來犯，以致戰事竟日未息。至楊行一線，我軍扼守楊行汕車，阻敵前進，並俟機反攻寶山之敵。閘北方面，午後以迄晚間，敵軍幾次來犯，均被我軍奮勇擊退。

十日敵圖在浦東登陸，虬江會兩處發生激烈砲戰，敵方二十一號驅逐艦一艘，及停泊於郵船會社碼頭之敵運輸艦一艘，均被我擊中。虹口敵軍陣地多處也相繼着彈起火。虬江碼頭殘敵，晚間企圖突圍，卒爲我擊退。楊樹浦等處敵軍，也已爲我所擊潰。寶山敵軍且爲我重重

十

包圍。晚間我空軍復飛滬夜襲，吳淞路北站等處上空，均有激烈空戰。

十一日前線戰事，以月浦楊行線最爲猛烈，敵於十日夜已將主力分爲兩路，向月浦楊行進犯，企圖打通吳淞羅店之線。晨五時許，在敵艦猛烈砲火掩護下，復以坦克車引導步兵衝鋒，來勢兇猛。我軍沉着應戰，月浦方面始終堅守；楊行方面一度被敵突破，惟敵坦克車四輛被我砲隊擊毀，至夕陽西下時，我軍即以生力軍猛烈反攻，進展殊爲得手，其餘羅店，蘊藻浜，劉河等處，敵或犯未逞，或突圍不遂。戰事也相當激烈，是日上午九時許，復有敵機九架，在非戰區域的龍華廟上一共丟下炸彈近三十枚，將廟宇炸燬，並有寺僧及附近居民被炸死傷多人。

戰事入緊張階段

十二日晨拂曉，楊行方面展開空前的衝鋒肉搏戰，我軍以戰略關係，遂將陣線向東南翟家浜一帶撤移。月浦方面，我仍扼守原來陣線，與敵軍在肉搏混戰，羅店劉河方面，敵仍被我重重圍困。蘊藻浜張華浜一帶，敵以重砲不斷轟擊，我損失甚微。敵兩度進犯我八字橋，均爲我軍擊退。我空軍於夜間飛滬砲炸敵艦，擊中五艘，其中二艘是巡艦。

十三日我軍自月浦楊行一線後撤至翟家浜後，市中心區引翔鄉及楊樹浦一帶陣地，已成突出之形勢，在軍事上是極度不利的形勢，爲避免無謂犧牲計，即日上午以整齊之陣容，自動移至北站江灣一帶的第一道防線，改取守勢。

四十日各線敵車均有進犯企圖。劉行線上更趨猛烈，敵傾一旅團向劉行線西進；我廟行方

面部隊特趕來增援，將敵全部包圍，激戰至上午十時許，敵人不支，一部向楊行方面潰退。下午三時，敵又進犯劉行廟行，我忠勇守軍乃起而應戰，雙方猛烈肉敵，至深夜尙在血戰中。又江灣黃興路共美路一帶，上午十一時起，六三花園，虹口公園之敵又被烟幕掩護，逐步前移，犯我愛國女校及柳營路方面陣地，均爲我擊退，市中心區方面，翔殷路上曾發生遭遇戰，我予敵重大打擊，敵遂憑翔殷路與我相持。自晨六時起以迄午刻，浦江敵艦斷續向我浦東方面砲擊。自我退守第一道防線後，並將羅店方面兩翼部隊向後移動惟仍固守羅店鎭突出之點。十五日傍晚，我後方部隊開到增援，我乃在大雨滂沱中，與敵肉搏於泥濘之中，因我軍英勇前進，敵狼狽潰退：我軍卽克復羅店鎭並乘勝向東追擊，恢復羅店鎭東郊原有陣地。

十六日晨敵有一部由小川沙登岸增援，午刻向羅店反攻。下午五時許，敵以三百人死力反攻我羅店西郊之侯家浜，爲我詹旅奮勇抵抗，敵卽不支潰退，是役敵軍傷亡甚多。自閘北柳營路水電路到江灣體育路一線，是晚八時一刻，敵軍一聯隊又以坦克車十餘輛前導，分向持志大學及體育會路方面我軍陣線進攻，我軍俟敵逼近時，卽躍出戰壕，與敵肉搏，激戰一小時，殺敵數百，敵勢不支卽紛紛潰退，午夜敵又來犯。雙方激戰。劉行方面，我軍採取攻勢，一日已收復村莊數處，將敵擊退一公里餘。至浦東一線，敵仍積極企圖登陸。上午八時，泊浦江中之敵艦數艘，聯合開砲轟擊；應用汽艇多艘，滿載敵軍，疾駛南洋坟山諸碼頭，企圖登陸未逞。

十七日，天氣陰雨，全線沉寂。羅店，楊行浦北一帶，僅有小接觸。

十八日爲「九一八」的六週年紀念日，當夜我空軍飛滬夜襲，展開空前未有的大空戰。我轟炸機一大隊，七時許出現滬空，向黃浦江上游一帶敵艦投擲炸彈四枚，再飛虹口轟炸。折回楊樹浦虹口一帶，投彈多枚。九時許，我機又在楊樹浦公大紗廠附近，向敵軍新築飛機場投下炸彈五枚，敵機出動，與我機作激烈之遭遇戰，雙方互放機關槍，接戰約一刻鐘之久，槍聲始息。十一時一刻，我大隊飛機再度飛滬轟炸，投彈無數，至晨一時廿分左右，始安然離滬返防。是役敵方損失奇重。按：我空軍擊落敵機之第一架，係重轟炸機，在杭州筧橋上空，爲高志航隊長所擊燬，落於筧橋附近之半山，機身全毀，駕駛員六人全被炸死。

十九日閘北方面，互開巨砲。敵軍企圖完成其中央突破戰略，切斷我淞滬全線聯絡，經我痛擊後，此計劃已全部失敗。

二十日，敵猛行側翼攻擊，我右翼距劉行二里許之孟灣一帶，當時砲火之猛，得未曾有，同時猛攻楊行羅店之線，但均未得逞。至市中心區的敵軍砲兵陣地，晨間開砲向我江灣及持志大學附近陣地轟擊，浦東方面的我軍，也遭敵軍的轟擊，我軍並無損失。是日晚十時五十分，我空軍一隊又來浦江襲擊敵艦，當我機已逼近敵艦上空時，敵始發覺，倉皇以紅色信號及高射機關槍高射砲等向空亂放，但我機却以迅雷不及掩耳的手段，投下炸彈，隆然巨響，附近咸聞爆炸之聲。

廿一日劉河附近有接觸，敵艦亦向我陣地猛攻，均被我軍奮勇擊退。廿一日戰事，以劉行

方面為激烈，敵軍於午後二時，以一聯隊之衆，猛力攻襲我劉行附近孟灣的陣地，我從其中部突擊，並掃射其衝鋒大隊，敵倉惶逃去，至五時左右，廟行沿蘊藻浜一帶的敵軍，與我軍也有激烈接觸。

廿三日晨五時許，劉行顧家宅一線，有敵軍五百餘向張家宅楊木橋我陣地進攻，我軍俟其迫近時，即躍出戰壕，以刺刀向敵猛撲，當被我殺傷二三百人，十一時半敵再來犯，也為我擊退，下午一時起，敵即發砲攻擊顧家宅附近，前後共落二千餘枚。吾砲兵陣地當亦發砲還擊，直至晚八時始止，羅店方面右翼吾軍，於拂曉時分，乘敵不備，突派勁旅一隊，越滬太公路向敵猛烈反攻，敵不支而退，我軍乘勝追擊，東追達二千公尺，敵退南塘据口東蘇塘之線。憑工事頑守。

我軍放棄閘北

敵軍於九月十六日，用兵艦聯合向爛泥渡陸家嘴轟擊，同時用汽艇載運日軍，在南洋墳山各碼頭登陸。十七日，日軍又以四千餘人在虯江碼頭登陸。移動主力，向我江灣方面進攻。到二十四日，日軍向羅店，劉行，江灣到八字橋，展開全線攻擊。除向國內調來大軍外，又集中飛機大砲，作不顧一切的拚命轟擊。我軍堅守兩星期之久，為避免無謂犧牲以保全實力計，始行作此線的自動撤退。

日軍取得了江灣方面的據點後，就以其主力向租界北區移動，企圖進攻閘北。十月二日起，日軍偷渡蘊藻洪。到十二日，蘊藻洪南岸的日軍，向壩石橋宅出擊。十四日的夜間，日

軍企圖突破我大場與南翔間的公路線，由黑大黃宅向葛家牌樓方面猛撲，以期達到包圍我大場守軍的目的。從蘊藻浜沿岸到大場一帶，至是展開空前未有的激烈戰爭，造成了淞滬戰役中最悲壯的一頁。

十月二十日起，敵軍以重兵猛撲大南公路線，直趨大場的左翼，我軍與之血戰五日，劉行方面的敵軍，從二十四日起，直撲大場以西的塔河橋宅。至是，敵軍深入公路線巳一公里，廟行大場的我軍陣地，遂形突出，大場情勢，就呈緊張狀態。可是我軍依然把握在手。到二十六日止，我軍陣線，從大場東面，經大場及市中心區向東北而成就一個半圓形，繞於江灣之北，敵軍屢次從正面進犯，都不得逞。最後敵軍集中兵力，以戰車四十輛作前導，向大場以西一公里許的地點突破，胡家宅塔河橋等處；遂因之不復可守。其後日軍渡走馬塘，大場的形勢，又為之一變，我守軍為戰略關係，就向南方作移動。

敵軍繼續向大場以西進攻，我軍閘北的左翼陣地，也因而感受到威脅，十月二十六日之夜，閘北我軍八十八師忠勇將士八百餘人，由團副謝晋元，營長楊瑞符領導之下，掩護主力部隊撤退，我大軍既已安全撤退，八百孤軍賈其餘勇；佈防於閘北新垃圾橋以北附近各要隘，向長驅而來的敵軍作迎擊。最後退集於橋西的四行倉庫的七層大樓中，分據各樓，憑窗固守以示我軍一息尚存，一彈不盡，決不與敵人妥協，決不放下武器的嚴正不屈精神。當時租界內的英軍，曾請孤軍退入租界，孤軍拒絕。血戰四日之後，奉到蔣委員長命令，始於十月三十日，退出四行倉庫。八百孤軍的榮譽，也就傳播於世界了。

我軍退出南市

我軍旣於大場開北撤退；就在從長江口到蘇州河沿岸佈置新防線；從瀏河起，經曹王廟，澄橋，廣福，小南翔，橫跨京滬鐵路到江橋，更越蘇州河，北新涇，到梵王渡，全長三十五公里。

十月二十九日：敵軍開始向蘇州河南岸發動攻勢。三十日及次日，先後在周家橋，陳家渡，陸家球各處作偷渡，都爲我軍或予殲滅或予擊退。

敵軍偷渡不逞，改變方針，向蘇州河西岸作强渡。那時候我浦東砲兵，向浦江敵艦及滬東敵軍作猛烈射擊，使敵方受到牽制而壓低其活動力量。敵軍在蘇州河沿岸不得進展，又想從長江口瀏河一帶作登陸戰，我軍防守嚴密，敵軍無隙可乘，仍歸失敗。

十一月五日，天方黎明，我杭州灣方面駐軍，剛在換防之際，日本海軍突然乘此機會，發動杭州灣登陸戰，於乍浦東北的金山衛，全公亭，潘涇鎮三處取得據點，一面由金山衛趨張堰，松隱，米市渡而直撲松江，一面由潘涇鎮趨亭林，葉榭攻取閔行。我軍以長期抗戰爲重；非保全實力不可，爲避免後路被截而失却聯絡，就決定放棄滬西與浦東的陣地，而向京滬鐵路以西轉進新陣地。

自從十一月九日浦東我軍撤退後，南市就成爲敵軍的最後目標。鏖戰到十一日，敵軍由日暉港登岸，以戰車爲前導，掩護步兵，作猛力進攻。我軍在浦東南市的堅强支持，目的是在掩護大軍撤退，到了此時，我軍撤退已經完成，南市防軍的任務已經達到，就於十一日午夜

以後，放棄這淞滬大戰的最後保衛地，完全撤退。至此，大上海防守，已告一段落，淞滬戰局，於焉結束，留待將來的克復了，當然，我軍現在已克復大上海，足見當時的撤退，無非是戰略關係罷了！

淞滬血戰，自從八月十三日在天通庵，橫浜路開端，到十一月十一日南市撤退，為期延長到三月之久，敵方先後增援，達七次之多，金山衛登陸之時，兵力已增加到十四個師團，死傷之數，當有十萬，人力消耗如此，武器方面的消耗，自然也必可觀。同時我軍鏖戰三月，不僅使敵人破滅了「不堪一擊」的幻想，更其顯示了我軍對於抗戰的決心和力量於世界各國之前，而使世界各國對中國能夠有一個新的認識。

蔣委員長告全國國民書

蔣委員長於二十六年十二月十六日，發表告全國國民書，致訓國民，一當徹底認識抗戰到底之意義，與堅決抱定最後勝利之信心」。恭錄全文如下：

此次抗戰，開始迄今，我前線將士傷亡總數已達卅萬以上，人民生命財產之損失，更不可以數計，犧牲之重，實為中國有史以來抵禦外侮之所罕覯，中正身為統帥，使國家人民蒙此巨大犧牲，責任所在，無可旁貸，中心痛苦，實十萬倍於已死之將士與民衆，一息尚存，唯有摩頂放踵期以貫徹抗戰到底之主旨，求得國家民族最後之勝利，以報黨國，以慰同胞。

敵人侵略中國，本有兩途，一曰鯨吞，一曰蠶食，今者逞其暴力陷我南京，繼此必益張兇

焰，遂行其整個征服中國的野心，對於中國爲鯨吞，而非蠶食，已由事實證明，就中國本身論之，則所畏不在鯨吞，而在蠶食，誠以侵略於不知不覺之間，則因循苟且，馴至被其次第宰割而後已。今則大禍當前，不容反顧，故爲抗戰全局策最後之勝敗，今日形勢，毋寧謂於我爲有利。

且中國持久抗戰，其最後決勝之中心，不但不在南京，抑且不在各大都市，而實寄於全國之鄉村與廣大强固之民心。我全國同胞，誠能曉然於敵人之鯨吞，無可倖免，父告其子，兄勉其弟，人人敵愾，步步設防，則四千萬方里國土以內，到處皆可造成有形無形之堅强堡壘，以制敵之死命，故我全國同胞，在今日形勢之下，不當徒顧慮一時之勝負而當澈底認識抗戰到底之意義與堅決抱定最後勝利之信心。特爲我同胞約擧其要義如下。

（一）此次抗戰爲國民革命過程中必經之途徑，中國欲外求獨立，內求生存，解放全民族之束縛完成新國家之建設，終不能不經此艱難奮鬥之一役，故對日抗戰，乃三民主義與全權暴力帝國主義之戰爭，亦即被侵略者爭取獨立生存之戰爭與通常國際間勢均力敵之國家相互作戰，大異其趣，故抗戰之始非不知我之武器設備一切物質力量，遠不如人，而我之革命精神，則遠勝於人。各國史例，凡革命建國之大業，本非旦夕所可期，所經之阻礙愈多，所獲勝利亦愈大，惟賴我革命精神，無所撓屈，再接再厲愈挫愈奮，則障礙摧毀之日，即最後勝利之時，敵人此次侵略中國，其最大目的固不僅欲佔我土地，屠我人民，滅我文化，而尤在消滅我三民主義與革命精神，但使我革命精神一日不滅，即我國家民族，亦一日不亡，且今

日所遭之挫折，尚未達到艱危之極度，若遂自退屈，則精神一衰，國遂以亡，奴隸牛馬之辱，有十百倍於今日戰爭痛苦而不止者，全國同胞須知任何國家，欲解除壓迫，完成革命，決非少量代價所能希冀，此日多忍痛一分，將來成功亦多增一分。我人為國家民族與世世子孫計，犧牲雖巨，亦無可辭，所謂當徹底認識抗戰到底之決心者，此也。

(二) 既明革命過程的中國，應以抗戰到底為本務，則目前形勢無論如何轉變，惟有向前途邁進，萬無中途屈服之理，抗戰雖不能必勝，而屈服即自促滅亡；與其屈服而亡，毋寧抗戰而敗，戰敗終有轉敗為勝之時，滅亡永無復興之望。國家獨立之人格，一受敵人宰割，萬刧不復。

況戰爭成敗關鍵，當繫於主動被動成分之多寡，此次抗日戰爭，綿延五月，敵方最初企圖，實欲不戰而屈我，我方所以待敵者，始終為戰而不屈，不屈則敵之目的終不能達，敵愈深入，將愈陷於被動之地位，敵如必欲佔我四千萬方里之土地，宰制我四萬萬之人民，所需兵力，當為幾何，誠使我全國同胞，不屈不撓，前仆後繼隨時隨地皆動堅强之抵抗力，敵武力終有窮時，最後勝利，必屬於我，所謂當堅決抱定抗戰必勝信心，此也。

(三) 日本侵略中國者，實為其侵略世界之開始，中國於抗戰之初，即揭櫫二義，一為民族生存獨立而戰，同時即為國際和平正義而戰，數月以來，雖國際之制裁，尚未充分發揮，而公理之是非，固已大白於天下，我人對於此種偉大之使命，當然不問國際形勢前途如何，必當盡其在我，不可稍存依賴，但使世界正義不亡，則我人目的，必有達到之一日，任重道

述，不容少懈，此尤全國同胞所宜深念者也。

中正受命黨國，有進無退，當此存亡呼吸之際，願我同胞共勉之。

美總統羅斯福芝加哥演說

二十六年十月五日，羅斯福在芝加哥大橋落成典禮中，發表演說，從原則上斥責以武力破壞國際條約的國家。蔣委員長曾有答覆美聯社記者的談話，謂「美總統為人權與條約之尊嚴，已發表名論，力主擁護。此不獨我艱苦之中國人民聞之而有所感動，即彼列強中向來主張永久和平應建築於國際道義之上者，亦必為之興奮。」茲錄羅總統演詞全文如下。

余現身來芝加哥，且得有機會，以參加此重要市政建設之落成典禮，實覺非常愉快。

當余橫貫本國之往返途中，余已見及各地市政府與中央政府依據常識，得合作之種種結果，且於千萬之國民歡迎聲中，由其言貌，即可察知在近數年間，彼等已在物質與精神方面，均獲長足進步。但當余見及本國農村之繁榮，工廠之興盛，鐵路之發展，以及本國之快樂安全與和平，即不得不持以與世界中其他之部分相較，則殊覺景象懸殊。須知美國人民。在現代狀況之下，為其自身之將來計，不能不對美國以外之世界，放眼遠矚。余以本國負責的代表資格，爰特在此內地大都會之芝加哥，並特就此落成典禮之良好機會，將一與國家有重要關係之問題，為諸君一言。

最近世界政治形勢，日趨險惡，致使各愛好和平之人民與國家，均為之異常憂慮。十年之

二十

前，六十餘國鄭重擔保，不以武力爲行使國家政策之工具，人類對於永久國際和平之期望，因之達於高峯。但此種表現於非戰公約之高尚精神與和平願望，最近已轉爲大難將臨之觀念所摧毀。現在的恐怖狀態，與國際不遵法律，殆不過起始於數年之前耳。其初係不法干涉他國內政，或違反條約，侵略他國土地；馴至今日，愈演愈甚遂將使文明基礎，感受重大威脅。文明演進以前趨於法律秩序及公理之一切標誌及遺傳，均已掃蕩無餘。未嘗宣戰，又無警告及理由，而多數無辜之平民婦孺，竟橫遭空軍之轟炸殘殺矣。在所謂平時狀態下。亦無原由或通知，而多數之船隻，亦正任意被潛艇擊沉矣。他國雖無傷於我，而偏煽動及助長其內亂；不許別國干涉已國之內政；無辜之人民與國家，現正爲爭奪霸權者所慘烈犧牲，而此爭奪霸權者，則係絕無正義與人道觀念。最近某作家有言，謂：「吾人或可預想，人類如至以殘殺爲快意時，則將橫行全世界，使一切文化藝術及所有千萬年來積存之寶藏，弱者小者無抗抵者，均爲之消滅無遺。」此種情形如果現於他處，諸君切勿以爲美國可保無虞，切勿以爲美國可蒙寬恕，切勿以爲西半球不致遭攻擊，切勿以爲西半球仍能在和平狀態中，繼續演進文明之道德與藝術。蓋此不幸之日，如果降臨，則武力不足恃，權威無所用，科學失其效；馴至一切文化之花，全遭蹂躪，則全世界人類，墮入大混亂狀態中矣！吾人如欲避免此不幸之日之降臨，吾人如欲在世界上安居樂業，自由無慮，則所有愛好和平之國家，應即起而合作，維持爲和平之基礎之法律與原則：所有愛好和平之國家，應即起而合作，反對違反條約與人道之行爲。蓋此種違反條約與人道之行爲，現正造成國際混亂與不安局勢，而欲避

免此種混亂與不安局勢之風波，決非嚴守孤立與中立所能奏功者也。

凡懷抱自由，並認識且尊重其鄰人有自由之平等權利而生存於和平中者，須共同努力，期使法律與道德原則俱獲勝利，和平公正與信賴，得以盛行於世界，質言之，即必須信賴約言，信賴簽字條約之價值，必須承認國家道德與私人道德，係屬同等重要。目前某主教致書於余，謂：『對於現時實施戰爭之恐怖於無辜平民，尤以實施此種恐怖於婦孺，似應代表一般人類提出抗議。在彼所謂現實派或將謂此種抗議爲無補於實際，實則人類心靈爲現在無謂之犧牲所激動，必能集中絕大力量，以減少將來之殘酷。縱使此種對於野蠻主義之集體抗議，需時二十年始能切實有效，然強有力之輿論，足以加速此日之來臨，則毫無疑義也。』今日世界技術上，道德上均有一種休戚相關，互相依賴之關係。任何國家，欲完全孤立於經濟政治風潮日見伸張之時，殆爲不可能之事。苟非條約及道德標準爲各國一致所遵守，無論國際和平或國內和平，要均不能穩固。國際間無政府狀態，實足毀壞一切和平基礎，而使一切國家，無論強弱，其現在或未來之安全，遭受危險。因此，恢復國際條約之尊嚴，與維護國際道德，實爲對於美國人民至有重大利益與至有關係之事。

今日世界最大多數人民與國家，皆希望生存於和平世界，彼等均希望排除壓迫彼等之勢力。彼等寧願爲工業農業，爲商業，去努力生產有利潤之貨品，以增加財富，初不願從事製造軍用飛機炸彈機關槍大砲，以毀滅人類生命與有用之財產。在充實軍備，企圖從事侵略之國家，以及畏懼外人侵略，破壞本國安全之國家，現均以其國家收入之大宗，直接消費於軍

備，其比例式竟達其國家收入百分之三十以至於百分之五十。至吾美國每年所用於軍備者，則遠低於此，蓋僅百分之十一二耳。吾人目前之環境，容許吾人將金錢用於橋樑與公路，用於水閘及改造森林，用於保存土壤，以及其他有用之工程，而不以之用於巨大之常備軍及戰事工具，吾人實非常愉快。但余對於前途，仍不能不抱殷憂；蓋世界人口百分九十之和平自由及安全，現在爲其餘百分之十之破壞國際秩序國際法律者所威脅，然此百分之九十依賴法律及普遍遵行之道德原則，以生存於和平之人民，固可以覓取途徑，且必需覓取途徑以實現其願望也。

夫今日之情勢，係與全世界有關，確係無疑。問題所關，不僅在於某一條約之某一條款，遭受破壞，實乃爲戰爭與和平間之問題，國際法之問題，尤其爲人種原則之問題。其爲違犯條約，尤其國聯會章非戰公約與九國公約，固屬確實，但亦與世界經濟，世界安全，與世界人類諸問題有關也。世界道德意識，對於失平之事，及確有理由之怨望，固須承認其有設法解除之權。但同時對於尊重條約之尊嚴，重視他國之權利與自由，防止國際間之侵略，尤應認爲有無上之必要。不遵法律，猶疫癘也，蔓延全世，有加無已，事殊不幸。當疫癘方興之際，社會人士，固知贊同隔絕病人，以保護公共衞生，不受其傳染。 余決以和平政策爲主旨。並採取適當措施，以免牽入戰爭之漩渦。

夫處現在世界，參以過去經驗，猶有國家違背神聖條約，而侵犯對其未加實際損害，且力猶不足自衞之他國，因以使全世界有捲入戰爭之危險，是固爲不可思議之愚事，然世界之和

平，列國之安全與幸福，今固正在此愚事威脅之下也，一國不能自制，對於他國之權利與自由，不知尊重，決難久强，且亦決不能獲得他國之信用與尊重，一國以妥協精神處理爭議，且能隱忍以考慮他國之權利，亦決不致因此而喪失其尊嚴或地位，戰爭之爲物，無論其已經宣戰與否，均有蔓延可能，即去原來戰區甚遠之國家與人民，亦可牽涉在內。是以吾人雖已決定置身於戰外，吾人要不能擔保不受戰爭之不幸影響，亦不能擔保不被捲入戰爭漩渦，吾人現在採取必要措施以減輕吾人受牽入內之危險，特在此信任與安全兩俱破產之紊亂世界中，吾人亦殊難有充分保障耳。

苟欲使文明繼續存在，則基督之和平原則，必須恢復。列國間既經破裂之信託，亦必須重建，其尤爲重要者，則愛好和平諸國之和平意願，必須明白表現，以期被企圖違反現行條約與他國權利之國家，幡然改變其行爲。

維護和平，實有待於積極之努力，美人痛惡戰爭，希望和平，故對於覓求和平，現正積極從事也。

日軍對於戰事的苦悶

滬戰之初，敵軍誇言最短期間即可占領大上海，結果大謬不然。士兵遠離家鄉，爲軍閥們驅來中國作戰，對於勝利無把握，結束時間不可知，無不感受苦悶。玆將我軍所獲的敵軍書信兩封附錄於此，藉見敵軍士氣一斑。

共一，敵空軍機長斧田卯子助的妻敏子致夫函：

「每天在酷暑中歸來，掛念着，爲什麼呢，東西一點兒都吃不進？但是很强健着。你也强健吧？你的信一封都沒有收到，實在太掛念了 忙嗎？倘若想到你——萬一：：悲慘的情緒立刻襲上我的心頭，我是非常的焦慮懷念不安，有時遂至通宵不能入眠，木更津的戰死者，委實太多了，十六日以後的戰死者，又在發表了！

請你每天給我信吧，我一時一刻一分一秒都在渴望着，期待着你的佳音，黑崎軍曹，逃避戰死的那樣事，希望你具有那樣的勇氣。

昨天去拜訪寺同軍曹的夫人，還沒有回到館山去，在她主人未歸來以前，仍住在木更津。

斧田君，你康健着，母親她們自從你出發後，天天朝晨去拜菩薩，祝禱你平安。

在這樣的冷靜的家中，尤其到了你晚歸的時間，而我等待的樣子，誰看了，都傷心！

祈你早一點回來吧，你永遠的平安！

餘　略

斧田卯之助兄」

共二，敵一等兵中岡忠春致其兄函：

「伸藏兄：九月十四日抵中國，登陸已十六日，現在各線參加作戰，幸倘安在，乞勿懸念。滿洲事變之際，我等奉令出征，抵滿時，事變已終了，我等係屬初年兵，故未出戰；

但此次與前完全不同，終日蜷伏于彈雨之中。但我等距敵僅三百米，伏處於昨夜掘就之戰壕中，稍一起立，即將爲敵射擊，但不常命中耳。最初槍彈飛來時，不自覺間輒俯首以避，現因已習慣，雖聞槍聲，亦不趨避。此間遍植棉花及水稻，藏身田間，槍彈越頂飛馳而來，絕無危險。此間並多小河，前進時，或建橋，但急要時涉河而過，水高及胸，有時在壕內夜宿，一任雨露之浸濡。香烟火柴已絕，供三餐量之乾麵包，須分四次乃至五次食之，每至飢腹轆轆時，以泥水炊麥飯，加醬油食之，甘之如飴。十五六日以上，未能洗盥，沐浴更不必談矣。軍服尚係出發時所穿者，塵汗滿襟，垢穢異常，但生命尚不可卜，對此亦無怨言。三四日前，因十餘日未曾洗沐，故就浴穢水之中，此時精神之愉快，與在國內時相較，當尤過之也。戰爭之苦，非身歷其境，終不能知，中國已非昔比，軍隊配備整齊，所有武器，殆皆自動步槍及機關槍，更有堅固之戰壕，由其槍眼中頻頻射擊，我雖還擊，則不易命中。我軍每次進攻，均匍匐以進，至二百米左右，即一舉突擊。某次進攻××××，敵有堅固之水泥鋼板防禦物，三面並有小河圍繞，而鐵絲網更布置數層，不知是否通有電流。進攻某處，殊爲困難，較難攻之旅順，尤爲堅固。我軍一再苦戰，恐將無休止。我軍飛機每日飛來投彈，中國飛機則並未出動。奉命出征，生命早置度外，但此次進攻，愈入危境，我既爲一等兵，當榮譽戰死以殉之。此時爲九月三十日午後六時二十六分，空際多雲，天時陰沉，在敵方機關槍之格格聲及迫擊砲之爆炸聲中，伏戰壕中寫此，作信不易，以後如無中岡一等兵戰死之電報，則我必仍在華南之一角自由呼吸，乞兄安心

可也。九月三十日中岡忠春。」

抗戰的一日

上海學生集體創作

學生生活社編

1938

前 記

在同學心中懸念了許久的『抗戰的一日』，現在，居然能夠出版了。這在繫念着它的同學們是一件莫大的安慰，在我們負編輯責任的人，則好像有一種咎愧莫勝的情緒；因爲，自從徵稿到現在，時間上差不多是半年過去了，而在這本書的整理上，雖然校閱，編排，設計都費了很大的苦心，終因爲我們都限於時間和精力，容有未能十分滿意的地方，所以行將出書的時候，反而充滿了憂懼的心理。這，在如今，就只有等待同學的批評了。

這裏，所收的文章一共是三十一篇，合計一百三十頁。對於內容我們在此地不願意講說什麼，如果眞的有人要在文章的文筆以及詞藻上有所論列的時候，我們也都聽其自由。不過，我們願意向同學們一提的，是：在這些容或不太『夠格』的文章裏所傳達的蓬勃熱烈的情緒，在那種亂離滄桑的劇變中，雖然家產生命都陷於絕望的環遇裏，而那樣忘我，赤誠，完全不從一已的利害出發，慷慨激昂

像海燕一樣起來迎接這個偉大時代的來臨的精神，是深值得我們玩味的。這是我們每個青年人應該具有的偉大處，是我們今後應該發揚，培養起來的人格。我們當前所處的是一個所有民衆遭受磨鍊與戰鬥的時代，因驕傲與虛榮而成爲偉大的時期已經逝去，當今必須的，是豪俠向上，與公衆同奮鬥的事業。這，也就是我們跨過這個時代而不受淘汰的方法。如果說，本書的貢獻何在，那麼，這就是它在其貢獻中最大的一點。其他，我們不想列舉，因爲每個作者認眞，切實而且生動的記述，比前記中任何方式的說明都是更有其不會磨滅之處的。

最後，我們要向本書的三十一位作者，和幫助這本書付排出版的同學致謝，因爲他們才是這本書的主人，他們把許多我們在澎湃的激流裏很容易失去的情景，又活現地刻在我們的記憶裏。

編輯部一九三八年五月二十一日。

抗戰的一日目次

滬戰爆發的時候

屆

八月十三日是各校放暑假的時候，那時我正住在虹口兆豐路學校裏，事先有許多同學勸我不要去住，因爲那兩天空氣已經很緊張了，但是我想在校中可採取團體行動，同時校中是有很多同學在住的，他們都對我担保校中會和一二八時一樣的平安，這更增加我的信心，直到八月十二日火藥氣才逐漸濃厚起來，有很多在忙亂的搬着家，在我們那一帶的居民還沒有任何動靜，因此我們也就不動。當時大家很想在校內組織一個團體準備支持到戰後，但是只有一二個同學贊成，結果是失敗了。

八月十三日立報上載着下午四時局勢可有重要的决定。我們想一定是「打」，都尖起了耳朵在靜待第一響槍，下午三時左右，聽到了，同學們互相傳告，同時商量如何辦法，有的主張留校，有的主張囘去，恰巧校長跑來，他說：「戰事已開始了，大家最好囘去，但校中一二天內决

沒有危險」。我們聽了這話便決定仍留下。

這一天（十三日）下午只聽着零落的步槍與炮聲。登高一望，閘北一帶火光燭天，只是在遠處看又顯得渺小。夜間下雨，把二三處的火場澆熄，槍炮聲也大為減少，似乎已入休戰狀態之中了，偶而傳來一聲炮吼，打破了這黑夜的寂靜。

黎明時便大不同了，攻擊的時辰到了，激烈的槍炮聲與密集的機關槍聲響個不停，炮聲每半分鐘一次，而且越來越逼近，夜中已熄的火又燃了起來。

今天天氣很好，很早就聽見空中的馬達聲，槍炮聲與炸彈落地的爆炸聲，有的同學偶而跑到房頂上去瞭望，但在飛機飛過時則又馬上跑下來，恐怕機關槍掃射，四圍的高射炮在天空構成一朵朵美麗的烟雲，離我們太近的，幾乎就在我們頭上，因此當一次激烈的高射炮彈爆炸在空中時，我們全體連工友共約卅餘人都逃到隔壁的倫敦會去，希望能藉一面英國旗來保護生命。剛走進倫敦會的籬笆，忽然有三架單翼飛機從我們頭上飛過，四面八方的高射炮齊發，上面迅速地放下五顆炸彈，我們的目光隨着炸彈落

地，又看着它升起一團火，只是毫不感覺到它的爆炸力。我們當時一種成見，以爲凡是來轟炸的必是日本飛機，但後來打聽才知道那三架實在是我們中國的飛機。大家都很高興。然而我們自己怎樣辦呢？我們已決定一齊回租界。於是立刻利用那尙未割斷的電話，向各方請求派車來。結果只是徒勞無功。不過巡捕房却答應派一輛車來，大家跑到門口一看，原來是輛機器脚踏車，笑話，這如何可以帶我們卅幾個人同走？事情是這樣決定的，倫敦會裏的一個外國女人和我們一個女教員趁車走，其餘的人由巡捕帶到匯山捕房去，一路沒有什麼，只在匯山捕房看到一個被炸彈炸死的人，鮮紅的血還在躺着。

到了捕房，巡捕不管了，捕房也不管了，看樣還需要自己走過橋，說不定到了晚上捕房會把我們撵出去的，商定之後，我們便趁外白渡橋開放的當兒，三三兩兩的夾在難民中間，跑過了橋，人非常之多，過了橋又看見大堆人仰着頭看飛機打架，不過總而言之，我們始終覺得戰區比租界好，只是缺乏一個組織。

八月十三日

力 三

中飯後，因爲同學們都逃跑得精光了，那麼寬闊的校園裏，宿舍中，祇剩下我們幾個人，實在苦悶不過，便僱了一輛黃包車，直朝着上海跑。

從眞如到上海，平時是用小火車和公共汽車交通的，現在忽然間從南京新開到許許多多的軍隊，因而停止下來，黃包車也因爲被新開到的部隊僱用裝載軍需品了，所以價錢提得很高，但當時因爲要到上海的心太急，也顧恤不了這麼許多。

我和一位朋友冉君，兩人同共一輛車子，一跨上車，車夫便抓着兩條車手，開步盡管往前面跑。

一路上都是提箱帶篋，肩兒背女的行人，嘶呀！他們因爲戰爭的威脅，大家朝着一個目標——上海——跑。路兩旁的小道上，不時的看到一隊一隊三五成羣的保安隊巡邏警戒。情形是夠緊張的。我和冉君默默地坐在車上，讓

猛烈的太陽光在我們頭上無顧忌的自由施威。在每個十字街的交叉口，都堆積了很高的沙袋和鐵絲網，這時車子已轉入直通北站的一條馬路上跑了，但路上很少行人，不，簡直看不到一個人影，車夫口裏嘰嘰咕咕的嚷着，這裏戒嚴，那裏戒嚴，然而，始終沒有什麼人阻止我們的去路。

車離開北站近了，兩路管理局的高廈就兀立在目前，好，忽然間意外的事體發生了。

在一個巷隅裏一閃，很迅速的跑出兩個保安隊的兄弟，攔阻了我們的去路，不到一秒鐘，愈來愈衆，漸漸地把我們整個兒的包圍着了，裏面一位班長派頭的用了客氣的北平調請我們到駐紮所裏去談話，他們是誤會了，以爲我們是怎樣重要的角色，這時我和馮君面面相覷。他的面色已有些發白了，但我還是鎮定着，堅持着有話盡管在外面說，何必要到駐紮所裏去呢！但終究却不過他們的『請求』，——就說是『請求』吧。

一脚才跨進駐紮的大門，情形頓然間不同了。七手八脚的把我的帽子拿下來。

『你們要檢査？』檢査是我意料中的事，但這時，我

還是故意裝着不知道，向他們問。

『不，我們看看……』。

『請你們停止檢查吧！我們不是間諜』，我這樣說着，便從兩裝褲袋裏拿出學生證給他們看，差幸臨走時記憶帶學生證在身邊，這時我心裏十分的得意，我能夠如此的鎮定。

『對不起，原來是自家人』，學生證經過他們檢查後，知道我們確是學生，便放我們出來，臨走時，還對我們連說了幾個『對不起』，『自家人』。

從保安隊駐紮所裏出來，就朝着租界裏跑，糟糕，這時我們方才發覺通過租界的鐵門已經封閉了，並且堆了沙袋和鐵絲網。

馮君這時更顯得恐慌了，他的面色更加變得蒼白，幾乎成一個完全沒有主張的人，一切只是緊跟着我，我向前走兩步，他也跟着移動兩步，我停止了，他也停止下來，也許是「計窮智生」吧！在沒有辦法中，我想到了一個很好的辦法來了，我一手挽着我朋友馮君的手，示意他跟着我走，很迅速地走進一家交界的麵店裏去，出了後門正好

是租界了，當時麵店老板雖然嚕哩嚕囌的說了什麼租界當局要干涉的話，其實這時候那裏管得這麼許多，一溜烟便跑了，弄得他也沒法怎樣我們。

『哦！天！我們到天堂裏來了』，漪君長長地呼了一口氣，進了租界，滿街都是人山人海，胆子也壯了起來，很安詳地和漪君跳上了到南京路去的一路電車，直往南京路去。

在永安公司門前下了車，意外地逢到幾位早幾天出來的同學，從他們手裏接到中午號外來看，原來號外上巴大字特載着兩軍火併的息了，

下午四點多鐘，在法界隱隱約約地已經聽到大炮的怒吼了，大概每二分鐘一發吧！

哦！八月十三，這是多麼偉大的一天啊！我永遠會記牢着這天，猛烈的炮火，在四萬萬五千萬人的頭腦裏燒了一個大大的，血紅的烙印。

英勇的戰士，用了他們雪亮的刺刀，醮着敵人的鮮血，寫成的這歷史的新頁，今天正是這新頁的開頭！

一九三八，一，卅，於上海。

八·一四

念萍

「立報來哉，閘北我軍大勝，東洋人大吃敗仗！」

「剛剛出版，時報來哉，祇賣到六個銅板！」

在這清靜的街上，人們正舒服地睡着的時候，報販的呼喊，打破了寂寞的氛圍，使牠變成煩擾緊張，熱烈起來！

飛機不斷地在空中盤旋着，牠威脅了上海市民的生存，在恐怖中我讀着前方將士用熱血與頭顱構造成的捷報。報紙上的鉛字活潑地跳躍在我們的眼前，雖然昨夜在談論戰爭情形與猛烈的槍炮聲中，我沒有好好的睡過，可是我並不感到疲倦，我祇覺得愉快，偉大的民族自衛戰畢竟是來了啊！

眞討厭，天空裏陰沉沉的，還下着濛濛的雨絲，路上充滿着汚穢的泥濘，那對於一個要到外面去的人是多不方便呢！可是亦顧不到這點了，我決定要出去看看我們華界的情形；因爲閘北這條路是走不通的，我祇好從南市去。

在廣寬的愛多亞路上，平時車馬就是非常多的，今天更形踴躋了，綠色的祥生汽車，紫紅的雲飛汽車，黃包車……塞滿了街頭，管理紅綠燈的巡捕顯然是很忙碌的。這羣從死裏逃出來的生命，他們在物質上的犧牲，當然是一個很大的數目，可是為了整個民族的解放，從魔鬼的手掌中走上生之大道，這屑微的犧牲，是有極大的代價的。

在菜市路上，無軌電車不敢迅速地前進，因為沿街裝有無線電播音機的門口商店，擁着許多聽衆，他們都是恬靜而嚴肅的，在沉默中帶着興奮，從這裏我們明顯地看出民衆是樣怎在關心着前方的消息；他們在等待着捷報，使久久堆滿在心坎上的憂鬱的情緒，有一個發洩的機會，上海的市民怒吼了，中國覺醒了！

近方斜路上，一隊半武裝的同志雄糾糾的走着，高唱義勇軍進行曲使站崗的警士們亦不禁地唱起來了，這歌聲是多麼偉大！我們想：當這個歌聲傳遍了全國的時候，亦就是敵人向我們「屈膝」求饒，或天皇的帝國主義爬向墳墓裏去的時候吧？

因為這裏是接近華界，所以情景亦有些異樣。在斜橋

與方斜路的接連處，放了兩只鐵絲網的架子，而來往的車輛又是那麼多，偶而還有幾輛軍用汽車經過，滿載着蔴袋或鐵絲網；人們多遠遠地讓開它，我在這裏足足等了五分鐘。

轉入中華路，更感覺得冷靜了，電車和公共汽車已完全停駛，來往載運東西的幾乎完全用人力車。商店完全打烊了，街巷的鐵門緊閉着，平時繁盛和赴南市交通樞鈕的西門，現在已陷於荒島般的寂寞之中了，我眞想不到這環境的變遷，竟是這麼快，兩天前我還和朋友們興奮的在看救亡戲劇『保衛蘆溝橋』哩！

在陳英士紀念塔旁，高高的堆着沙袋，形成了兩個『壁壘』，幾位武裝的戰士在崗位上守衛着，有一個把槍架在沙袋上，朝向東方，緊閉一隻眼睛，按着描準器，裝作準備向敵人開放的樣子，他的強健的臉上露出愉快的微笑，看的民衆亦高聲地笑了。這是一幅多麼神聖的圖畫！眞的，現在是『槍口對外』的時候了。

在西門至北門一段中，不斷的看見武裝警士，他們都帶了長槍，在胸前掛了兩個長柱形黃色外殼的手溜彈，在

崗位左右走着；另外又增加了許多公民訓練的壯丁在維持秩序。

脚有些酸了在朦朧的細雨和機關槍大砲之響聲中，我向回家的路上興奮地走着。　二月一日追記

八月十八日

許崇道

弟弟德滿臉的興奮滲和着滿臉汗水跑進房來，把手中的一疊紙張往桌上一放，揩着額上的汗跳躍地高聲說着：「今天我們夠感動了，那些農民聽了我們的演講都毫不遲疑的把鐵啦、麻袋啦、錢啦拿出來叫我們捐給政府。他們很興趣的發問各種問題，又跟着我們喊口號，我們眞是感動極了。最後，我們向他們發圖畫的宣傳品」，他指了指桌上的紙張：「那便是我畫的宣傳品」，我拿起一張來看，一邊聽他仍講下去：「臨走，他們親熱的要我們以後再去，姊姊：明天你肯一同去嗎？」

「不要去，」病床上的母親突然搶着代我說話，話很吃力，喘着氣：「你不要去，女孩子家成什麼樣子？」

我對弟弟霎了一眼，他會意的笑了笑。

「報紙阿要？報紙……」

生疏了四五天的喊聲異樣的立刻奔跑到街上，弟弟跟

在後邊。

「怎會有報紙了？可有立報？多少錢？」我的話是一連串的，近乎有點滑稽。

賣報的人一邊塞張立報過來，很匆急地回答：「是步行着從上海帶下的，立報十五個銅子一張」，他接了錢，便匆急地回頭走了，我原要問他交通郵局的消息，因爲我認識他是郵務代辦處的，但，都給他的匆忙攔住了我所要問的。

我們正看了幾行報紙，抬頭正見隔壁的洪大少爺，在踱進門來，弟弟開口就向他說：「蔣委員長堅决抗戰了」

「抗戰就讓它抗戰吧，橫豎中國總不會勝的」洪大少爺很快地隨口回答，表示很聰明地笑着。

「什麼理由呢？」我問。

「我說敗就敗，沒有理由」。他的話更爽快了。

「那麼你的意思中國就不要抗戰了？」我又問。

「對了，對了，」他點着頭，得意地：「如果她們打不過我們，她們也不稱爲強國了。我看你們姊弟二個熱血，熱血，熱血，你們的熱血有什麼用呢」~

「『人』原是和『狗』不同的，『人』同『狗』也原講不通，『抗戰』是『人』的了，『熱血』也是『人』才有的，無怪『狗』不能同情了。」我以牙還牙的說。

弟弟却大聲的笑了，大少爺的臉紅了，並且生了氣的走了出去，弟弟笑的更厲害。

我看完報，又去母親床前請求掛在我心頭的要求：「媽：學校將開學了，到上海去的路還有一條通，讓我後天去了吧」！

「去？」母親一翻身要坐起來的姿勢，把我嚇了一跳：「上海去得嗎？人家在逃難，你上去送死嗎？無論如何不准去」。

我失望地走進自己房中，窗外太陽正熄了最後的一線光芒，黑暗在我周圍緊緊地包圍起來，我想哭，但，沒有「淚」，只有「血」在奔流。拿起案頭一支只有半個頭的鉛筆斜斜地寫着：

井底，黑極了，

不暗死也會悶死；

那麼高的懸巖，

那麼深的井底，

那麼不自由的空氣：

把我關着，關着，關着……。

我要跳呀！我要奮勇的跳呀！

跳出這井欄圈呀，奔向我遼闊的天地。

停住筆，懊惱的望着窗外那暗黑的天光，一陣渺茫的，渺茫的感覺。我悲哀了，我想哭，但，沒有「淚」，只有萬叢的「火」在我心頭燒着，燒着。

八月十八日的日記

投模範大隊

朱 濤

五個月以前，不知道是那一天了，我奉到上海市國民軍訓會「整裝出發」的命令，派我們去組織民衆。這可眞高興極了，因爲這是在抗戰中最重要的工作。

經過了好些的阻礙，終於我帶了依照命令規定的東西，向着指定的地點——徐匯中學出發。

電車，公共汽車，都因爲戰爭的關係，而停止工作，坐人力車似乎太貴，所以決定走了去，路上好像比平常淸靜了一些，游藝場，電影院，都裝滿了一大羣一大羣的難民，舞場裏的爵士音樂也停止了。「摩登」少爺，小姐，以及紳士式的闊佬也難得看見。或許在洋房裏避流彈了。只有可憐的難民在徬徨着，找不到一個可以休息的地方。

一路走去，看見許多可以留念的東西：二十二層樓大廈啦，四個百公司啦，這一切近代文明的建築物，使我留

戀地多看幾眼，好像還很有一點惆悵之感！

天氣非常的熱，路也相當的遠，走了去自然有點疲乏，但是被一股憤怒的血氣以及「組織」民衆的希望所衝散，所以也不覺得怎樣。一走到，首先應簽名報到，在報到處有兩位軍人打扮左臂上佩着「衞國」兩個字的大漢，公事氣十足地在「辦公」這種樣子，使我感到深深地可怕，所以連忙對他們敬了一個禮，同時他們替我寫上了名字。

登好記，就沒有事了，可以到外邊自由玩玩，祗要聽笛音集合，中飯是不供給，雖然命令規定十二時以前必須報到。

所看到的面孔，都是很生疏，雖然都是同志。可是沒方法把話匣子打開，幾乎把我悶得要死，一個人在操場上踱來踱去，看看一批又一批地「來投」的同志，好容易算碰到了自己學校裏的幾位同學，顯見得格外的親熱，於是我也談起天來了。後來，又一同去買了幾塊糕來當中飯吃，暫時解決掉肚皮裏「咕嚕咕嚕」的民生問題。

等到一點多鐘，我們集合了。亂七八糟地排了起來，實到人數約二百七八十名，其中有一部份還不曾受過軍訓

，而自願投効的。「一，二，三，」受過軍訓學生的總數，統計起來，不下一萬五千人，爲什麽今天祗到了這點點，我已經覺得非常懷疑，可是事情出乎我的意料之外的，大隊長以爲到的人太多了，祗要一百名就夠，選擇後多餘的，就請囘去，但用什麽方法來選擇呢？講起來，實在要使我佩服得五體投地。

「沒有受過軍訓的，請囘去！我們這裏要軍訓過的」。大隊長說了以後，就有三四十位同學，被逼退去，他們的臉上，都表現出非常的沮喪，自然囉！渴望着好久的抗敵戰爭發動了，知識靑年還是救國無門，對於他們的興奮的希望，自然要受到額外的打擊，我也深恐被淘汰出去，內心的不安，已表現到臉上，總算，託庇老娘子的洪福，我吃過三個月的糧，剛才囘來，所以沒有被這道命令擠出去。

二百七八十名當中，減去了幾十名，還是不合大隊長規定的數目，換句話說，還有百餘名，應該擠出去，否則服務的人數，不是「太多」了嗎？

最後決定要經過考試的手續。很簡單，可是也很麻煩

，就在唱名時答應的「有」的一聲中來決定及格或者請回，這種考試方法，恐怕在全個世界中是很寶貴的，因爲要在這短短的一聲上，明白他的努力，或敷衍，勇敢或懦弱，我終認爲大隊長聽覺的高妙，是很有點可以。

這樣一來，竟減少二分之一的人數，而最後脫離了這隊伍的，也就輪到我，原來我和別的三四同學，在花名册上沒有寫上去，大隊長認爲我們是「冒充」，後來又說我們是遲到，一定請我們滾，我雖堅决要求請報到處的兩位大漢來作證明，可是大隊長泛了幾眼，走向辦公室裏面去了，在軍隊中鐵的紀律掩護之下，我們自然不便尾隨進去，否則他咬我們追逐長官，那比冒充的罪名，還要重得多了。

事情沒有做腦袋幾乎搬了家，——冒充救國，如果認起眞來，捉到戒嚴司令部去，不是可以槍斃，或砍頭嗎？——祗得懷着滿腔憤怒的熱血回來，突然轟隆轟隆的巨響，以及爆竹似的拍拍聲音，一陣陣傳來，在前線又展開了猛烈的血戰，愛多亞路外灘矗立着的和平神還是張着翅膀，怡然自樂，看看「出雲」艦裏放出來開了花的大砲，看

看無數千在日本強盜刀槍下犧牲的中國人民。

民族解放的抗日戰爭的序幕，揭開了，我們已認識這次抗戰是全民的，我們願把抗戰的責任，放在我們每個人民的肩上，我們要求人民有參加抗戰的自由，我們要跑到前線去爲祖國出力！

在口口救護院中

激流

是羅店激戰的第三天，戰場上又堆滿了同志們的屍體，救護車在他们的屍身上輾過，血肉沾滿了車輛，整車的傷兵由前線救護到上海。

是一個細雨迷濛的中午，在××救護院的手術間外，聚集了四十八個剛由前線救來的傷兵，他們多是折了左臂或傷了左手的，汚泥沾滿了他們的全身，衣服也遍染着血跡，因爲受傷已一天多，傷口多變成了黑褐色，而鮮血還是不停的淌着！

一位腹部中了毒彈的戰友，腸已腐爛得發臭，面色又慘白得可怕，他以乞憐的目光呆視着我們，嘴牽動着而終沒開口——他想告訴我們些敵人的慘行——，然而他是給死神纏着了，僅僅數分鐘的間隔他安靜的痛苦的死去了，同情，憤恨，充滿了我們整個的心境。

一個僅十六歲的小志士——他的同來者，這樣告訴我

們——被敵人的炸彈炸去了舌根，炸去了雙唇，炸去了牙齒，血跡遮染了全臉全身，在黑暗中誰也會相信他眞是一個可怕的鬼。來院時他整個的知覺已爲痛苦所麻木，上了手術把他安置在病床上，雖然上了多量的麻藥，止痛藥，他還是痛苦在床上輾轉着，血腥氣隘滿了他的四周，我們再也不能忍受了；我們的眼圈都發紅了，二十分鐘後他就失了生的希望和生的權利——這恐怕還是他所希望的吧！固然每個人都有他的生的希望，然而誰也不願，這樣痛苦的生活着，敵人施於他的慘刑我們是永不會忘懷的……

那天悲壯的事，未免太多了，一位截去了腿的營長，從手術間抬到病室中時，高呼着「打倒日本帝國主義！維護中華民族」！那聲音震動了全院，誰也不會相信這是一身負重傷者的心底的呼聲。

當他確知自己的右腿被截了時——其實在用手術前他已無奈何的答應了——他再也忍不住的嗚咽痛泣了，隨這而起的是全室傷兵的啜泣聲，雖然只是一新來的同志，但是友誼的眞摯的愛使他們產生了莫可抑遏的同情，尤其是一個折了左腿的志士，更是哭得透不過氣來。

過後這位營長告訴我們他在戰場上是如何的勇敢受了傷還是掙扎着領導着弟兄們向前衝……他說他自己還年青，他還希望自己更能爲祖國而效勞，然而現在一切都完了，折了腿變成殘廢了，還有什麽用呢？

我們懇切地告訴他過幾天傷口痊癒了，裝一隻假腿照樣的可以工作。

「裝了假腿難道還能上前線嗎？小姐你別欺我吧，唉！我還有家哪，以後我的母親妻子兒女誰去養他們呢，唉！我的一生完了！我的……」「小姐我在戰場上是怎樣的勇敢呀……」他已嗚咽得不能出聲了，我們的慰勸只是無濟於事。

「打倒日本帝國主義！維護中華民族！哈！我是光榮的，我是爲祖國爲正義而受了傷的，哈！……」他又失態的高呼了。

那天我們好久沒離開他，傍晚時我才帶着悲憤欲爆的心，回到了家中，日間的一切重映在我的目前。

同志們！有一天，你們的兄弟姊妹們爲你們，也是爲了他們自己而報了這一大仇的！你們靜靜地安息吧！

九月十日

擴夷

是一個初秋的早晨，田野裏已經換了一番景色。秋風陣陣地吹來，太陽從薄雲中射出的陽光仍是熱得累人。我們一行十三個青年，正在東官道上興冲冲的朝××鎮出發；今天是第二次大規模的捐募運動，我們全體出發，沒有一個缺席的，青年們做事總是生氣勃勃，何況這是「××青年戰時服務團」爲民族抗戰而發起的捐募運動呢？

八一三滬戰爆發，幸得我們的最忠勇的將士，予日本鬼子以一個打擊。不但鬼子兵不能逼進一步，而且被我們打得落花水流。因此相距上海祗三五十里的＊＊，始終還是非常的安甯，民衆也是照舊地工作着，我們幾個青年，因爲學校尙未開學，便邀集同志，在鄉組織了這個服務團，想稍盡一些中華國民的職責。我們天天出去講演，貼標語，宣傳種種救國的知識，以期喚起民衆，一致抗日。所以此地的鬧市，僻鄉，茶館，酒樓，常常有我的蹤跡，悲

壯熱烈的歌聲，鄭重嚴肅的講說，總是把聽衆感動得利害。最後都異口同聲的說：「我們要一致團結，幫助政府，抗戰到底！」

不過整日的秋雨，前線的英勇戰士，當然添了不少的苦楚，因此本團發起了這個捐募運動，預備收集大宗的草鞋寒衣之類，送至前線，以備我忠勇將士，雖於泥濘中仍能奮勇直前，爲國家民族求生存。

本鎮捐募過了，成績很不差，一般民衆都儘量的捐助。

我們又向鄰近的一個村鎮走去，二十條腿飛快地跑着，在泥路上搬動着，三個是坐着自備的脚踏車在前面開路。白底黑字的團旗，在田野的空氣中飄揚，每個人都興奮着，汗珠鑽出了雪白的襯衫，口裏渴得發燒，不過沒有一個叫一聲苦，呼一聲怨，本來爲了祖國，每一個人都得獻出他全身的力量。

淸第一個發現說「前面很多房子，恐怕就是＊＊鎮到了吧？」經過熟識地方的幾位同志的證明，我們都曉得眞的到了。幾個女團員，興奮得大聲唱着救亡歌曲。正在田

裏工作的農人，也都對我們注視着。我們眞興奮極了，就好像正在同倭奴拼命一樣。

通知了地方當局，而且他們派了一個職員來領導。我們便分組在四面一面講解一面捐募。大多數一聽爲抗戰而捐募，都是自動的慷慨捐助，而且勸別人捐助，有的只須解釋一遍，便很快的捐了。

一個衣衫襤褸的賣草鞋的老叟，擎了一大捆草鞋，挺爽氣的說：「雖然這些都是預備賣錢的，不過我們莊稼人紮幾雙草鞋是挺便當的事，現成有的是稻草，只須用一點工夫便得了。爲了打日本鬼子我願統通捐了吧！不是前線的英勇戰士的拚命，我們還能夠吃飯嗎？」滿佈着皺紋的老臉上，浮起了最天眞的笑容。這給予我們更大的安慰。

民心是一致了呀！一下子三輛脚踏車上都掛滿了草鞋。我們手中也都提了棉衣草鞋之類。等全鎭捐過，我們的身上也將堆滿了。於是僱了一隻船，裝了滿滿的一船。最後我們辭別了他們，唱凱歌離開了＊＊鎭！

三個仍騎着脚踏車，其餘都上了船。暮色蒼茫裏，團長用着挺興奮的口吻說：『今天我們獲得了意外的成功』

赤熱的心，迸出了雄壯的歌聲：「誰願意作奴隸，誰願意作馬牛……我們爲了博愛平等自由，願付任何的代價，甚至我們的頭顱……」顫抖在清涼的晚空裏，河邊的人家，也都探出了頭，笑嘻嘻的對我們看着。在炊烟迷漫下，二岸的蘆　，也隨着秋風搖曳着，好像在預祝我們將來的勝利。

出發演劇——九月十八日

烈 沙

一個陰沉的天氣。

可是『興奮』從每個人的血管中拚命地向外爬着，三角旗，服裝，情報，——什麼都預備好了，總團長沉重地叮囑着：『今天是我們血的紀念日，我們要用行動來紀念它，我們要工作一天，總動員地工作一天……然而爲了種種客觀情勢的限制，各隊是分開地向着決定的地點進行……』。

我們一小隊，活躍迅速地向門外走着，總團長打趣又像稱贊似的說着『你們這一隊挺好的，不鬧戀愛，不吃豆腐，希望你們今天得更努力一點！』

『對了，我們是爲工作而工作，爲救亡而工作，並不是穿上漂亮的外衣而想滿足某項目的——領袖慾，風頭主義……』心中在想着，我默默地在街上走了幾個鐘頭，大隊到了比較冷落的一鎮旁，多少還帶有點小布爾的劣根性

的他們，竟沒有一個人會說「吃力」，顯然，這疲勞的血液是被另一種更有力的血液替代了，全身熱烈的血液沸騰着救亡的火燄，我們在靈魂的深處感覺到「興奮」，每一個熱烘烘的心更加迅速地在跳動着。

因爲今天要演的戲並沒有什麼具備的舞台條件，好容易我們找到了合意的地點——寬闊的弄子中，一個高大得奇怪的石柱旁邊，童子們得到了這個好消息，都跳來跳去地報告着，充當了義務的臨時宣傳員。寫信要我們來的那個人，也指揮着幾個他們在搭台，這時我們倒變成了非常閒的人了，於是肚子告訴我們「是時候了！」心底明白，各人走開了去找尋解決肚子的東西。

萌，玳，和我七八人走進了一間從無論那方面看來都不能說清潔的小飯館，隊長眞見了這不算少數的人羣，他就利用了這機會興奮而且沉痛地對他們演說起來，「敵人的瘋狂，中國人的慘死，民衆的責任……」那善於表情的面孔，使聽衆很感動，憤懣的情緒，可以從發光的眼中看出，我親眼看見一個老者在揩淚，大概他的家庭也是直接受到殘酷的賜與的一個吧！正十二點了，我們都站了起來

，同時我們也要全飯館的人都同樣做。

「擁護政府，抗戰到底」「有力的出力，有錢的出錢」句句沉着清晰地在這小飯館蕩漾着，雖有力但並不響亮，因爲這不是掛在嘴上的口號，而是記在心底的誓言。

「龔，怎麼行，小張吃了牛肉包子，」突然外面擲進了這聲音。

「罰錢，罰錢，老龔！鐵面無私，」玳暴燥地叫着。「不行，太便宜了」素來歡喜吃肉的我，今天素食，不自禁地說了這話，慚愧得很！

結果小張沒奈何，被罰了五毛錢，充當隊費。

* * *

「做了，做了」圍立在台前的人頭，頓時起了個很大的波動。

從遠離戲台四五家的房中，化裝了出來，走路怪不方便的，有些女人看了我們，只是報着嘴笑，頑皮的孩子們儘搶着前頭看我們，蘅和我看到自己這套寬大的黑短衫褲，究竟免不了有點扭捏之態。

我死了，直挺挺地睡在床上，給單薄的被緊個蒙住，

偸偸地從被縫中看到一個個緊張的孩子的臉，我笑了，萊轉過身來哭我時，見了我的笑，本能地她也笑了，可是又不能不哭，簡直弄成了非常滑稽的場面，眞是胡鬧！

全劇演完，「一顆炸彈」完成了它的使命！

*　　　*　　　*

在黑色蒼茫中，我的脚步飛快地加緊着，今天準又得挨外祖母的駡了！

「女孩兒家，盤天在街上跑……」這種話我眞怕聽，鬼鬼祟祟地，我溜入了自己的房間。

砲聲槍聲比平時三倍的響着。

朋友

陳建復

是一個陰沉的下午。

天，哭喪着似的快要下雨了，一陣吃緊的風迎面撲來，要不是手裏拿着重的手提箱時准的身子會給它騰起。

廿一路向外灘去的公共汽車，車箱裏是被擠得滿滿的，車窗上掛滿了水汽點。第三國籍的朋友，得不着坐，特別是或許爲了站的久了，和吸混濁底氣息多了，感到思樣的難受，在他灰褐的面部現露着。

車到三茅閣橋一站停下，我從車箱裏溜了出來，輕鬆的吐出一口氣，從我背後跟着走下一個挾着一卷的報紙的青年，樣子很急匆，似乎沉悶的空氣急需要，他去掀開，他趕上我前面，意思是亟想越過邊闊的愛多亞路。

不知打什麼方向來的怪風，奇突地兇暴地，竟然將路旁一家舖子的招牌括倒來；一下戛長呼聲，劃破平坦的柏油路面上的平靜；但這並不引起一般人的注意。

汽車蜿長的往來着，控制交通的巡警，很盡責的注意地防着出亂子，可是也會給「亂子」吃下的巡警，這有時是另外的。

紅燈等的太吃力了，這時綠燈才出來接替，我面前的朋友，早已不耐煩的鼓着氣向前衝去，我擔心地怕他會跌倒，但眞的，突然西邊一輛素以「友好」「親善」爲前提的日軍運輸車，瘋狂地駛來，雖是那邊紅燈在那里向他瞪着，他一些也不顧慮到衝着過來。事實是夠巧的朋友的進線與日軍運輸車進行的方向互相構成九十度的直角，車就那樣的迅速駛過他面前，也許是一時的衝動朋友祇咒咀了一句，突然運輸車停下，同時跳下五個身材魁梧的武裝日軍，不響一句，拿着刺刀，就照着朋友的背部刺去；朋友，可憐的朋友，祇喊出一個「啊」字的時候，第二刀又突進他的臀部了。

四週站立着大羣的男女同胞，個個祇有憤怒，氣恨！但忌憚着一個都不敢動一步；寂靜籠罩着四周，風將日軍的運輸車送去，剩下的他，再也不能急急向前趕着，而且永久的祇是逗遛着，……。

夜，聽到多樣的消息，無可奈何地掛滿着晶瑩的淚珠，她看到孤島的四周，重重地浸沒在黑的霧里，一部份閃出幾處失去靈魂的星火，在那里跳躍，夜越傷心，傷心到抑不住的時候，竟然號淘地痛哭起來，密密的淚點，滲透島上每個重病未死的人們的心，竟像服了一帖清醒劑的難過！

十月十日

魯　波

在世界史發生了兩個最偉大的「十月革命」：一個是是蘇聯的「十月革命」而建立了歷史上空前的社會主義國家，一個是我國的「十月革命」而建立了東亞第一個民主共和國家。

蘇聯自「十月革命」後，在他們舉國一致的埋頭苦幹繼續奮鬥之下，於短促的二十年中，建立了佔世界六分之一土地的「人間樂園」。

我國自「十月革命」後，因中途與反革命勢力妥協，竟造成了連綿不斷的內戰。一九二五——二七年間雖然發動了一次偉大的大革命高潮，可是最後也因爲中途分裂，而釀成了第二次慘酷的內戰；於環循不止的慘痛的內戰過程中，造成了東方瘋狂侵略者——日本帝國主義宰割的機會，於一九三一年發生了歷史上空前的「九一八」事變，錦繡河山，去了半壁，三千萬無辜的同胞淪陷於敵人鐵蹄

之下過着奴隸的生活。

「九一八」事變後，在敵人得寸進尺的不斷地侵略之下，國難也就隨着而日益加深，在過去的廿五次國慶紀念中，每紀念一次，付出的血債便多了一筆，國土便多喪失了一塊，在這樣悲慘的景況之下，那裏有什麼值得慶祝呢！

念六週年的國慶紀念，正在以鐵血回答敵人的侵略中，爲求民族自由解放的全面抗戰猛烈地開展中來臨，全中華民族的兒女，已下最大的決心，向侵略者索還甲午戰爭以來所付出的血債及一切失地了。

早上起來，天空是黑沉沉的飄着雨，但是雨却不能阻止我滿腔在沸騰着的熱血，我和同學們拿着標語，傳單，漿糊桶，光着頭冒雨出發，在牆壁上，電車上，電線木上，樹上，一張張地貼着，雖然有着西捕在撕，可是我們貼得更起勁，甚至有些同學被西捕抓到巡捕房去，但是，我們並不因而停止工作，我們覺得，我們所做的都是沒有什麼不合法的。

我全身的衣褲都被雨洒得濕透了，但是却澆不熄我心

中正在燃燒着的烈火，中午的時候，再冒雨到南京路去參加巡行示威。

「八一三」後的南京路，却和從前大不相同：過去行人道上擁擠着的大都是紅男綠女，少爺小姐們，四大公司的大門源源不斷地在吐納着一批批的顧客；可是現在，行人道上擁擠着的大都是房室被敵人的炮所轟燬了的無家可歸的難民，四大公司的大門却是緊緊地關閉着。

今天的南京路，除了扶老攜幼的難民外，更有着許多一批批一羣羣的青年，在時鐘的時分針ㄊ重的當兒，永安公司門前突然傳來了雄壯激昂的歌聲及熱烈憤怒的口號聲。行人道上的羣衆，擎起了旗子，像錢塘江潮般的湧向馬路的中心，不到一刻鐘，一條血肉築成的長城般的行列，浩浩蕩蕩的向靜安寺路奔去。

「我們以鐵血來紀念國慶」！

「踏着先烈的血跡去追求光明」！

「打倒東方侵略瘋狗的日本帝國主義」！

「中華民族解放萬歲！」

沙啞的，尖銳的，粗壯的聲音併在一起，吼聲像炮樣

的冲到天上來，華捕，西捕，印捕紛紛的出現啊！東方的睡獅怒吼了！老大的中華民族覺醒了！前線英勇將士的有進無退前仆後繼的浴血鬥爭，後方民衆的踴躍捐輸熱狂援助，處處都在表現着世界上最愛好和平的中華民族被迫到最後關頭而堅毅地起來爲保障世界和平人類文化及自己的自由解放，做歷史上最壯烈最偉大的鬥爭了！激昂而熱烈的口號聲歌聲，驚醒了每一角落的中華民族兒女，同時也震動了世界上愛好和平正義的人們！

「起來！不願做奴隸的人們！」

從每一個人的心坎中發出蘊藏了數十年來的憤恨，成千成萬人不願做奴隸的心，在這偉大的熔爐中熔化爲一了。參加在偉大的行列中的我，簡直忘記了自我的存在，忘記了一切。

突然又有新的呼聲從拋球場那邊傳過來，我轉向那邊看，十八輛祥生汽車像一條銀灰色的蛇向我們這兒滾過來，到身邊時，這些車子全停了，車廂中跳下來許多青年，擎着小國旗，分散傳單，齊聲呼口號，又跳上車子上，唱着「義勇軍進行曲」「打回老家去」。

汽車隊，徒步隊，叫着，歌着，路人，不會唱歌的跟着喊口號，不會喊口號的熱烈地鼓掌，偉大的行列到了成都路口，汽車隊給巡捕攔轉了灣，徒步隊的領導者給西捕叫了去。但是徒步隊依舊是順着靜安寺路前進。

在同一的時間里，八仙橋，愛多亞也有着同樣的示威遊行。

「起來！不願做奴隸的人們！」我們要步着先烈的光榮的血路，繼續奮鬥，爭取民族革命戰爭的最後勝利！

一九三八，二，二，於上海

咆哮的羣衆

萍　燕

念六年來第一個眞正的國慶日，在光榮和興奮中過了。

激動的面容，白熱的行動，狂熾的心，——織成了念六年的雙十節。

我們笑，我們哭，我們叫，我們跳，我們挺起了胸，說出了要說的話，嗅出了累積在心中的屈辱羞恥，——在炮火中，中華的兒女們站起來了！

九點正，×××的××禮堂裏，擁擠着各色不同的人們，短襖，西裝，長衫，緊緊地集在一起，每個人都有着一付興奮的面龐和發光的眸子。

黃豆大的雨點中飄揚着各個大隊的旗幟；啞嘶了的主席團，狂了的羣衆。

兩小時過去了，在眼淚和呼號中，好像十分鐘似的。

凝住了似的大氣氛中圍，爆發了那振撼大地的口號，

主席團分散了，羣衆有紀律地有秩序地移動着，各隊在不同負責任人的領導下，在不同的標誌下，迅速地集合，組織了起來。

顫抖着的傳聲筒，行動部臨時集合，指揮官堅決的命令——正午在日昇樓會齊。

最後那光榮的一刹那，終於到了，各個大隊以堅定的步伐依次地移動着——好像出征的蟻羣一般。

我們這一隊——一個包含着五十個性別，年齡，籍貫不同的臨時大隊，——帶着鐵般的意志和一顆火熱的心，也受到了出動的命令，和各種不同的宣傳品。

「第一小隊出發。」堅毅的語氣中含着希望和熱情，時鐘指着十一點零十分。

隊伍在馬浪路整齊地移動着，夾着那疾勁的風和雨，「起來，不願做奴隸的人們，把我們的血肉，築成我們新的長城」雄壯的呼聲伴着那劇跳的心。

興奮的臉，興奮的目光，興奮的步伐，振顫的歌聲，急促的交通隊情報的鈴聲，龐大的行列同秒鐘一起靜靜地移動着。

「起來，不願做奴隸的人們！」歌聲不斷地響亮着。馬浪路，霞飛路，聖母院路，…無窮盡的跳着雨珠的柏油道福煦路，愛多亞路，「起來，我們萬衆一心；冒着敵人的炮火前進！」到處散着勝利的種子，當那大世界的白色尖頂顯露在我們面前時，時鐘正指着十一點卅五。

隨後一百多雙脚步踏上了那曾被鮮血洒遍了的南京路，整個的隊伍迅速地重新組織了一下以後，就直向那最後目的地走去。

自然加緊了的步伐，充血了的眼球低聲傳着的命令和情報——在那極度的緊張中，呼吸也幾乎停止了。

當隊中第一個同志的脚踏上了日昇樓電車的站基時，時鐘的長短針正交疊地停在阿剌伯字，(12)上。

一個熱情而熟悉的面龐現出在永安大廈的台基上。

「打倒日本帝國主義！」瘋狂了的呼號如同八月江潮般地打在每個人的心上，「打倒日本帝國主義！」同一的吼聲從不同的方向不同的份子中傳過來，終於融成一片，形成了一股不可抗拒的力！

傳單，旗幟，口號，——網織的行列，疾勁的暴風雨

，白熱化了的情緒——羣衆咆哮了！

這永不能忘的印象，在這永不能忘的一日——中華民族挺胸站起來了的時候——將始終被人們所保持着，在現在，在將來。

「中華民國萬歲！」爆雷似的聲音，東亞的雄獅怒吼了！

光榮和勝利在前面等着我們！

送別好友

夏星

聽到一些零星的機關槍聲和飛機聲，懷着一顆不寧靜的心吃飯，好像即刻就有一件重大的事情會臨到我身上來似的。

晶的聲音在樓梯脚下響起來，急促地叫着我的名字，這聲音使我的心顫抖了一下，因爲幾點鐘後，我將聽不見這熟悉的帶着友愛的親切的聲音了。我失了味覺似地嚥下了最後一口飯，用面布抹了一下嘴，立刻跑到樓下去。

晶穿着一件淡青的單旗袍，外面加一件黑呢的短外套提着一隻小箱子（書包）。

「就這樣走嗎？」我問她。

一面打開她的書包來看看，裏面是空空的，除了兩三件薄薄的襯衫褲，還有一封，沒封口的已經寫好了的家信，連一本她最心愛的書也沒有帶，我知道，這是怕路上多

「最親愛的父母親：對於國家的愛勝過了對於家庭的愛，對於全人類的關心勝過了對於家庭的關心…………因此，我走了……最後，請原諒我，不得已，我做了這家庭裏的第一個叛徒……」

隨手關上了箱子，偷偷地看了她一下，今天，她的臉上顯露着一種少有的堅定的安靜。

「謝謝你，夏，幫我一件事，我晚上要回家拿一點錢當旅費，說是繳第二期的學費，你替我證明一下，因爲平日我母親還信任你。」

她的母親居然被我們騙過了，從品家出來，我們隨即向西站去的路上走，因爲她們約定了的，她和她的三個同伴，項，莎，白四點鐘在西站集合。

在路上，古怪的沉默佔領了我倆，誰都不說一句話，祇是機械地移着步伐。我簡直找不出一句適當的話來表示我那時的心情，在我旁邊的是品，一個聰明勇敢的女孩子，三年來給了我友情的溫暖的人，而今天，舉起了全民抗戰的旗子的今天，她要走了，爲了祖國，爲了正義，她要離開我！離開別的許多友人！離開家——那個她生活了十

七年的溫暖的母巢！離開最親愛的爸爸媽媽哥哥姊姊妹妹弟弟！突然的，在我旁邊的晶高大起來了，變成了一個巨人，這個巨人的身上煥發着金色的耀目的光，這種光漸漸變成了亮的球，最後，這個亮的球開始往上升了，一直升到天上，成了一顆最明光的嵌在藍色的天空裏的高不可攀的星星。

「晶！」我驚叫了起來。

這怪聲驚動了她，她用了一種母親的慈愛的聲調，安慰着鼓勵着我：

『捨不得離開我麼？夏，你眞還是一個小孩子呀。其實，我也不知道現在什麼東西給了我這樣大的力量，以前我最愛動感情，人家不都叫我詩人嗎？可是今天，我什麼也不想，我讓理智壓住了情感，記得嗎？某作家說過這種的話！『當整個民族的命運陷在泥潭裏的時候，個人的悲歡還値得絮絮地訴說嗎？』我希望你，希望你生活得更堅強一點。』

說着我們跑到了西站，上一班的火車剛剛在開走，汽笛有力地吼着、送行者的手在空中緩緩地運動着，直到車

身完全從站頭上消失時。

三個同伴都已經來了，我們全是熟識的，項照當。快樂地笑着，一個舖蓋背在他的高大的身子上，不時的聳着肩，這是她平日常有的一個快樂的動作。白，雖然是個不上二十歲的年青人，但是他們的流浪的不安全的生活，和所見到的人間的不平，使他的臉上帶着一種刻薄的微微諷刺的表情，從這張帶着微微諷刺的表情臉上，你不難可以看到無數生之苦難的烙痕。他的緊閉着的嘴和一雙深凹而發亮的眼睛表顯着無限的精明，能幹和堅定。莎是一個可愛的女孩子，她下了生平第一個最大的决心：放棄一切物質的享受，她一面嚼着麵包，一面嚷着說：

「家裏還等我回去吃晚飯呢，可是我要忘記它！忘記它！」

站上的人羣忙亂起來了，開始緊張的動騷，車子快要開動了，我握着一隻隻熱辣辣的手，像一道電通過我的全身，我是變得那樣的笨拙，甚至像有一塊紅煤塞住了喉頭，說不出一句鼓勵或是祝福的話。

「什麼時候再見呢？」我茫然地問。

『抗戰勝利後再見！』她們同聲回答我。

火車上的汽笛又發出寬宏的堅強的吼叫了，我雜在送行者羣中的揮動着我的小手帕，火車過去了？青年人失得不賸一點影子。車站漸漸恢復了安靜。我的眼睛禁不住讓一種液體潤濕了。

在回家的公共汽車上，聽見報販大聲地喊着，「阿要看剛剛出版夜報戰事新聞！」車廂裏的乘客熱烈地談論着戰事。

「……我們這次損失自然不小，但最後的勝利一定屬於我們的……」我聽見一個人這樣說。

「是的，這是實在的？」我心裏這樣說了一句，中國的青年已經踏上了艱苦的征途，開始去創造新中國的黎明！』

二，二四，二七，上海。

寧海艦的沉沒

何　敬

郵差的綠衣裳由堂屋的玻門透出來，大家爭着看是誰的信，『號外』『午刊』……的叫買喊聲被壓下了。

『是五叔的信，玫姐讓我拿給他去！』小寶喊着。

『別！信怪厚的，一定裏邊有好些消息，你就在天井裏叫兩聲吧，你看姑姑們都出來了』玫姐說着自己就跑到天井裏去。

樓梯的響聲才開始，幾個急性的孩子就追了過去，『五叔叔，大姑說是你的信，快點來，好像是從南京來的，你看裏邊有沒有說到爸爸！』玫姐先叫着報告。

『我提議宣讀，你看這明明是三叔來的信，一定報告海軍打仗的事，五叔，好不好，快點打開吧，信這麼厚，對了，你如果不愛讀就讓六姑念吧！你也聽着』二姐最會出主意，先來發表他的意見。

『好，我來念，大家別吵，』五叔說着，同時年老的

嬸婆們也都來到堂尾了。

……甯海艦是十一晚奉命由南京開往江陰，起初在江陰的任務是監視塡塞港口，到十二日（八月）抵江陰時，最初幾天還好，敵機雖常來偵察，但寧海高射炮有六架還可以對付，到念三日就有敵機十二架來襲，那天投彈十餘枚；都沒有落準，所以也沒有一點損失，嘻！還被我們打落一架呢。

在九月的上半月中，敵機是常來的，每天幾乎都有敵機來襲或過境，這時同事們對於敵機來襲已經是「司空見慣」處之泰然了，並且高射炮彈還充足，所以每個員兵都是時時準備着，就連夜半都興奮得睡不着。

九月十八那一天，我空軍在滬大奏奇功時，敵人就想來報復，九月念日曾有兩次各用念架飛機來襲，專攻平海（陳季良司令旗艦），及寧海，結果乚都被打退。

九月念二日自上午十時半至晚七時半敵機三次來襲，每次念餘架，空襲警報整天不能解除，這天敵人改變戰略，每次都是用重轟炸機以前投彈都是一彈，這次，敵機每次下彈都是四顆或六顆，有時全隊（三架或四架，）炸齊

落那就是十多個炸彈一齊投下，這次我們受到相當損失了，平海艦長受傷，官員死二人，寧海因子彈較平海充足，敵機不敢迫近，這次，平海，寧海，應瑞，三艦，鋼板都多受損失。念二這天夜裏，大家差不多都沒睡，只在沙發上和衣打盹，果然半夜十一時半，敵機五次來襲，投彈很多，但在夜間，我們毫無損失。

念三日大家都有嚴密戒備，預料今天必有大隊人馬來攻，果然是十一時就有敵偵察機兩架，在高空盤旋十五分鐘才去，這時我們因爲預備大戰就提早午飯，下午二時半炮台發出空襲警報，這次是緊急警報，後兩分鐘果然發現敵機五十六架，分十多隊由東西南北四方來攻，輪流投彈，戰一刻鐘，到二時四十五分，平海高射炮彈告罄遂起錨上駛，其他海籌，海齊，應瑞，逸仙四艦也起錨，只剩我寧海仍沉着應戰，敵機看他艦上駛，也不追蹤，遂以五十六架全力專攻寧海，寧海以身長三百六十尺寬四十尺的艦身，且沒裝甲，鋼板最厚處也一英寸，當每羣炸彈落下時艦身非常振動，危險萬狀，且今天敵機完全用 D ive 投彈式，每次投彈時，機身只離桅桿百餘尺，戰鬥員面目都可

看得清楚，可是我們高射炮關鎗手也非常勇敢，每當敵機下落投彈時，機鎗頻發，敵機因此受傷落水者據炮台報告有六架，其他受傷而勉強飛回者當不在少數，因敵戰鬥員技術極劣，故投二百餘彈，幾全落水，只有十多彈中駕駛員，十五生大炮炮身，艦首和烟筒等處，但皆一觸即發，故無機會傷更多人，否則全艦至少當有二三百人遭難！至三時五十分，艦首進水甚多，惟水兵勇敢將其堵閉，仍不願告艙面戰鬥人員以免其灰心，可是四時十五分時艦首傾斜過大，艦長陳宏泰已受重傷，遂急斷錨鍊棄錨上駛，因艦首進水太多，機器效力幾全失，為避免死傷重大計，遂向岸邊淺灘駛去，擱淺於八圩港，四時念五分敵機炸彈已將罄，只有三架仍在上空投彈，我艦高射炮彈只剩數枚，最後一枚係由一受傷砲兵勉力支持放出，此役共放炮七百餘發，機槍二萬餘發！戰爭於此日四時卅分終了。

此時所有民船皆遠避，員兵泅水上岸者百餘人，我因防避小部份工作原擬留艦，俟他艦來救，但此時飛機間失火，我又恐其延燒他處，遂亦泅水過岸，途遇威寧砲艇，遂登威寧艇，念四日抵京，暫住魚雷營，念五日蔣委員長

及陳部長來問，十時登克安艦經大通。

此後敵以五十架飛機轟炸二千五百噸的寧海艦，艦雖被炸，但雙方相較亦敵之一損失，且我亦戰至最後一彈。

當衆員兵囚水上岸時備受當地人民慰問，且爭以乾衣相送，可見民衆對抗日同志愛護之熱心。

據炮台參謀談，渠見每羣炸彈落水後甚爲担心，以爲寧海已粉碎，概彈落水後，所激起浪花，已高於桅頂，艦身完全不見…………。

『啊！多怕人，如果三嬸聽見也不知道怎麼樣呢』玫姐說，外面飛機又在響了，寧海高射炮聲在那裏？

嬸婆們揩着激動和感傷的淚！踱進後廳。

十月二十六日

歐陽左軍

吃完了午飯後，就趕緊到學校裏，去會同學李益元，倪庸亢，張琊和另一位學校裏的教師，我們出發到金神父路第×傷兵醫院了。因爲張琊是在這院中服務的，我們就無阻擋地直入那院門。院的設備是很好，有愛克司光室，地方很是寬暢，空氣也很流通；因爲院址是上海法政學院的很好的樓房。

二樓的傷兵病房，差不多我們都跑遍了。這些掛彩的弟兄們看見我們拿了照相機，總是請求替他攝影。我們也很高興給他們拍，我們喊着：「同志啊！我們來替你照個像吧！好不好」？他們一定端端正正地坐好了，準備着你替他照。傷兵的意思是替他照了像刊登在畫報上，自己看了很歡喜的罷。當我們每走出一個病房時，他們總說；「不要忘記，明天把照相拿來給我啊！…」一種熱情是眞摯地流露，使我們感到非常地愉快。

有的傷兵們在看什麼「福音」，什麼「上帝」之類的書；我以爲叫傷兵們看這種無意味的宗教色彩的書籍，眞大可不必，爲什麼不給他們讀些增進智識的書籍和市上出版的抗戰刊物呢？傷兵們看「福音」，眞也不會有什麼「福」得到的吧？

有一位傷兵是被用手術開過肚子的，但已經回復了健康，人是很胖，血色也非常好。他在牀上同別的傷兵在開玩笑！

但我們在另一小室中看到一位瘦得祇剩皮骨，面色慘白的受傷的士兵，他低聲地在呻吟，聽了簡直使我們難過！醫生和女看護們正忙着替他打鹽水針。他是在我們走了一小時後，就死掉了。這幅悲慘的印象永遠深刻在我腦中，在我眼前幌漾着皮黃肉瘦的一具骷髏！

看了這些，只有更增加了我對於敵人的報復之心！英勇的同志們啊！全國的同胞決踏着你們的血跡，這殷紅的爲了參加民族解放戰爭而流的血跡前進！抗戰！全國的千千萬萬民衆搗毀敵人的堡壘去啊!?

最後，我們離開了這藥氣味的氛圍。外邊的太陽仍高

懸在半空中，眞是個很爛爛的紅球！

一九三八，二，十。

武漢的一日

燕寧

七點三十分——在漢口市，天色還不很亮，陰沉沉地。

「嗚……」空襲警報響了。

人們從各個門口跑出來，攙着老年的，抱着小孩的，走着，跑着，帶着忍怖，往防空壕裏去。

八點念分——街市上由熱鬧而趨冷靜，空氣是更緊張了。相隔着幾步，有一兩個臂上縛着符號的警察，義勇警察，防衞團……執行交通管制。

「嗚……」緊急警報來了。

二十四架敵機，從長江下游三架一隊，三架一隊地，侵入了市空。鼓動着「嗡嗡」殘忍的馬達聲，向大武漢市示威。

「嘭！嘭！」祖國的高射砲向上開，一團一團的黑烟佈滿了天空，有幾架敵機像球般地落下來。

「轟！」 彈爆 ，冲起一片火光。

大武漢市慘厲地抖動，而後沉寂。

九點——一

「嗚…」解除號敵機被祖國的高射砲打跑了，人們從防空壕裏出來。大武漢市復活了。午後——活躍的大武漢市。

戲院，電影院，茶館，旅館都客滿。

麻雀聲，無線電的音樂留聲機的戲曲，從開着的窗戶中傳出來

街市上——汽車，人力車，步行者，包括着要人，軍人，平民，失業者，災民……汽車的捐照，「上海市」「京」「皖」「湘」「贛」「浙」一輛大卡車□□宣傳隊，載着十幾個青年，他們喊着口號，唱着：「起來，不願做奴隷的人們……」——穿過了一條大街又一條大街

夜——在電力下的城市是沒有夜的。

沒有夜，大武漢市是在戰區外活躍着。

錫滬途上

雁　孤

天還未亮，明朗而美麗的月兒，仍挂在高空，我們就告別了盛名的梅園。

我們由錫到滬的人數共有五十餘位，分乘兩輛大汽車，我們車上的駕駛員，因爲來遲了，所以二輛不能同時開出，祇好望着那輛去得冠軍了。

當車循着惠山走的時候，山嵐和晨霧混成一團，五步之內，人面不能辨。所以汽車的速度，行得非常的慢。大多數的旅客，都拍手稱慶，異口同聲的說道：「今天敵機不會來了！我們可以平安到達目的地」。當時有一位軍官說：「你們不要過分樂觀啊！今晨的霧，如此的濃；那末今天一定晴朗」。於是方纔稱慶的人，又轉喜爲憂了。

行了一個多時辰，忽然靈岩山已跑進了我們的視線裏。繼則穿過木瀆；而抵我的第二故鄉——蘇州。在盤門汽車站上，候車的旅客，有數十人之衆。我們車上，祇添

了兩個婦人，其中有一個患病的。

一忽兒車開了，我正看着蘇州明報，見第二版載有火車站、山塘街、外跨塘、……被炸而城內却無恙，心稍安。當我看完了敵機轟炸蘇州的消息後，汽車快將到寶帶橋了，有一位路警，突然大喊：「日本飛機！日本飛機！」同時他的右手朝天空的南面指着。於是駕駛員立刻停了車。每個旅客的臉上，頓時現出生死莫卜的憂容。都爭前恐後的向車門口擁擠着，希望自己先逃出去。我因爲坐在第二排；而第一排走路的空檔裏正坐着那位有病的婦人，所以我要想很快的跑出去，爲了她在前面擋住了出路，祇好跟她一樣地慢慢兒走着。但是心中却非常的焦慮着說：「你一人擋住在前面，說不定在你後面許多人的生命，將要斷送在你的手裏啦！」好容易等她走出了車廂。我就一溜煙向公路西面的稻田裏跑去。因時已屆深秋，稻已割去了，僅存下了二三寸長的稻根在地上，又那刻正是清晨，表面的土壤盡爲露水所沾溼了，因此脚下感覺很滑。軋軋的機聲已愈變愈響，我心中更慌了，突然看見一堆長的草，生在我的左前方，我就用了我平生最快的速度，向着草叢

奔去，並且立刻臥倒。身子方着地，敵機上的機槍聲乃大作起來，當時我想：今日性命休矣！所以屏息等待槍彈的光臨我身。再一轉念：倘使眞遭得凶事，那時太不値得哩！這樣一動也不動地臥在濕草中，約有十分鐘左右，才起來。耳中聽到悲慘的警報聲，從蘇垣傳出來，纔知道敵機光顧蘇城了！同時我們汽車上的汽笛，也鳴起來了。

等我坐上，車也開了，車廂裏的旅客們正談着方才遭遇敵機的事。在座有一位某師裏供職的廣東人，年餘二十餘歲，衣西裝。他說：「剛才有許多旅客，一同躲在幾棵樹下，倘使敵機上擲下一個炸彈；那末，在那裏的一羣人，豈不是都遭到不幸了嗎?!所以躲避敵機不一定要將身子藏起來，使敵機看不見，祗要每人間隔十公尺，敵機的機槍和炸彈，就收效很小。」大家恐怕敵機的第二次光臨，所以由坐在靠兩邊窗口的旅客，司『防空監視哨』之職。

前進，前進，經過吳江、嘉興、楓涇、……。在中午的時分已到金山的擺渡口了。敵機的影子，被一位我們的防空哨兵發現了。於是大家又演了一次防空演習。溫習了一遍炸彈的爆炸聲。幸而未久卽告平靖。

我們一行七八人，到了渡口，雇小船一艘，渡那黃浦江的末梢，船搖至江心，大家說：「敵機來不得；倘使來了，我們只好投江了。」說着船已靠了北岸。比離了渡船，脚下正踏在被敵機炸成的兩個窩窿上。兩旁的短牆亦波震塌了些，路邊的小草棚，陳列着污穢不潔的茶葉蛋、荳腐乾和其他的糕餅。我們站在棚外等汽車，聽那些小販說：「前幾天敵機曾在這裏落了幾枚鎗彈，將這裏的碼頭燬了幾處，那時有一艘小汽船亦被燬。本月二十二日敵機曾向正由上海開來的一輛汽車，用機槍掃射。結果有一位旅客的腿部，遭到槍彈的命中，幸無大礙。」

我們的汽車也渡過江了，我們一擁而上，　立刻就開了，貫穿了松江城垣，向閔行進發。大家都以爲上海就要到了，防空監視哨也不像先前那樣的守職了，正在這兒，敵機又不客氣的光顧一次。再請我們在田間睡一會兒。

當夕陽西墜，我們終於到達了最後的目的地——上海，轟！轟！像連珠不斷的砲聲。立刻傳進了我的耳裏，不得不想起：同在一個上海的華、租兩界，一面依然燈紅酒綠；一面則出生入死地戰鬥着，這是何等不同的對照啊！

逃　難

無　名

從今天起（十一月十日）是孤軍守南市了！

我們因爲父親還在南市家裏，大家不放心，所以一早我就到老北門鐵門外邊，想走過去，但是鐵門不開，鐵門的那邊民國路上黑壓壓的一大堆頭顱對着鐵門裏望；我沒有法子走過去，就去看泰安棧裏的周先生，因爲泰安棧是沿着民國路的，想請周先生替我設法從棧裏通到南市去，但是周先生說沒有法去幫忙，更用許多例子證明那棧門是不能開的。後來我們再到老北門去看看，那鐵門已經開了半扇邊門了，於是周和我都走了過去。我到家裏，勸父親出來，住到租界上去，因爲南市的情形是太危險太急迫了，但是他老人家是固執成見，不肯出去，更捨不得家裏一些未動的家具衣飾等物，走後爲別人偸去。我沒有法子想，吃了飯便拿了一包東西走了。走到老北門，民國路上的人比剛才更多了，男女老少都有，個個都伸長着頭頸向鐵

門望着，希望牠能再慈悲地張開牠這只大口，一口氣把這羣鵠候着的人們吞了下去吧！有的人自早上一直到現在都沒有出去，每個人的焦急，可以從他們和她們的臉上看出來。四點多些，有幾隻日本飛機來了，在我們的頭上翱翔，在我們上空的四圍盤旋。在敵機的威脅之下，我們的同胞有的恐懼着炸彈的光臨，有的恐怕牠要拋手溜彈，掃機關鎗，更有的怕牠要放毒瓦斯，當時一種恐怖緊張的空氣，籠罩着這一羣難民——我也是其中的一個。但是我們的憂慮恐怖，一件都沒有成爲事實。

我看看鐵門是不會開的了，但是鐵門外邊成千成萬的人們却一些都不見減少，大家都抱着極大的耐心等候着，等候着牠的大發慈悲地張一下口（開門）。這時天漸漸夜了！

在我旁邊的一個人，他對我說，到夜裏到西首那邊沿租界的一條弄堂裏可以走過去，日裏那邊鐵門關着，夜間可以叫弄裏人開的，我們裏面有人認得，可以悄悄地通過去。我就請求他可以不可以帶我通過去，他允應我的請求，條件是我相幫他看守他的幾件東西——家具。

夜裏七八點鐘光景，我和他都已在那弄堂鐵門外邊候着，想候到更深夜靜沒有人的時候，再喊門開進去。但是知道這裏可走的人很多，裏邊有人認得要想喊門進去的人也不少。於是人愈聚多了，黑壓壓的聚了一大堆，緊緊地擠在門口，外邊急於叫開，裏邊的鑰匙却給巡捕拿去了；於是就講價錢了，另一個人有幾輛搨車滿裝着紅木傢俱的答應出二元錢一輛車，其他要通過的人講好每人二角。（這是關稅，這也是人頭捐。）這時鐵門的小門開了，一個法租界的中國巡捕出現了。他先向四周打量一番，就說『本來這門是不能開的，但是我們究竟是中國同胞，可以幫忙的地方自然幫忙。你們不要鬧，大家挨着次序來。』說完就進去了。小門閉了一會又開，於是大家不守秩序的習慣又發現了，爭先恐後的結果，兩個婦人相駡起來，原因是一個婦人脚踏痛了另一個婦人的脚。那位幫忙的同胞怕鬧聲給外國巡捕聽見，連忙關門。於是鐵門外的這羣人，又一聲一聲的互相埋怨了。大家在外面又等候了一小時餘，屢次的商討，屢次的懇求結果，巡捕又肯幫忙了，但是他怕大家鬧起來大家亂衝起來，這時外面懇情的人就叫大

家排列起來，兩個一排，照着次序走，但是却只聽見答應的聲音，叫喊『排起來，排起來！』『退後點！』，而沒有一個眞正的實行者。你希望我退後，我希望你退後，於是結果又沒有成功。

大家看看沒有希望了，但是好像都打算候一夜了，一個也沒有退。弄裏人也知道沒有希望了，就有幾位大慈大悲的慈善家，他顧慮着外面的人是肚子餓了，一籃一籃的光餅饅頭儘管向外面拋，搶的搶，拾的拾。

時候愈弄愈遲了！十二點鐘半夜光景，南市——好像在陸家浜斜橋那邊——機鎗聲不絕。民國路上亦時有旁邊站有兵士的汽車通過。

夜涼了！我們許多人坐在階沿石上靜靜地，倦眼倦眉地，等待着陽光來臨！等待着光明的明天！

十一月十一日

波　萍

這篇文字是從我自己日記簿中摘下來的，也可以算得抗戰的一日吧？

*　　*　　*　　*

滬西的我軍已經撤退了，他們「奉命死守」南市；在今天的報紙上蔡劲軍和楊虎也在講着，一定要死守南市的。

天才一亮，空中就是軋軋的聲音；因爲我的家靠近斜橋，所以抬得一看是望得淸淸楚楚的：起先有兩架日本飛機，上下左右偵察；接着飛來兩架日本巨型轟炸機，「轟，轟！轟」！的炸彈聲，也就隨着殘酷地響起來了！

街道上的行人，並不爲了槍聲，砲聲，榴聲而逃開，反到有很多人是站住向天空有趣地望着。

米店的生意仍很興隆，倒底民生問題是急需解決的呵，但有的「米老闆」乘機抬高價錢，可謂是「狼心狗肺」

，無異漢奸！這只是使貧苦者叫苦。

鐵門邊的難民聚集了許許多多，想進租界來；但被黃毛碧眼的法國兵所阻擋，走不進來，有很多在號哭起來。唉！一面是租界，隔了鐵門，就又是個世界呢！

天色漸漸地暗了，鎗聲也隨着低微下來。

但是被砲火所燃燒起來的房屋並沒有息滅，他是更狂烈地燃燒着，在濃黑的烟霧中隱隱顯露出血紅底光！人們都喊着「燒了，燒了！」

天色更黑了一些，燄更紅了一些！

門外的報販高喊着：「要看到夜報來哉！……我軍退出南市啊！……」

十一月十三日

燈紅

蕭瀟的風雨，括得那乖敗的樹葉，不住的簌簌顫抖；那可愛的翠綠顏色，已淡淡的穩成棕色了！而在地面上滾着，和樹枝永遠地分離！

呵！是冬天了；難怪，天亮是這樣的嚴寒。

宇宙似乎已經睡去，一切都淡漠淒清，不知是什麽偉大之力的引誘，竟無端地思索着已往的一切，一幅一幅的彩色圖畫，緊張地在我眼前展開着，感覺到無限的興奮，和可怖；烟霧迷漫，砲火連天，遍地屍體，滿目淒涼，鮮血流遍了言古老的家鄉，美麗的田園啊！你怎地竟變成這副模樣？

自從「七七」蘆溝橋事變，至今已整整的七個月了！時間的巨輪啊，你爲什麽要轉動得這樣快呢！以及「八一三」滬戰的爆發，十一月十三日的上海失陷，還有山西省的太源，也同時的淪亡，我們在這幾個月中，死傷了無數

的軍民，我們的國家損失了無數的財產，我們的土地，喪失了幾許？我們一切的莊嚴的建築，給敵人炸燬，我們文化的城市，也給它摧殘，我們的交通，也被它破壞，我們數千萬的同胞，被它弄得無家可歸，我們許多的未來的主人翁，被它鞭撻得體無完膚，妻離子散，家破人亡，這種種全呈現在我們眼前，這種種是誰給於我們的：無非是那日本鬼子，我們謝謝它大砲和飛機，因為它把睡獅驚醒了，從此變成醒獅怒吼起來，使得那鬼子驚心動魄。雖然我們的民衆，吃盡了一切的苦痛，可是都忍耐着，全相信最後的勝利總是屬於我們的，這實在是明顯的事實，因為最優美的果子，是在不斷的風雨侵襲中結成的，我們得慶賀我們自己，是生存在這個環境裏面，在這大時代裏面的我們，整天的歌唱，歌跳，因為這神聖的民族戰爭開始了！它將我們的煩惱消除了。

現在我們應該幹些什麼工作呢！雖然我們的環境，比從前黑暗得多了，但我們不能終年的生路在這昏天黑地裏，我們得仔細地來應付這險惡的環境。

看啊！那邊的國旗，在飄揚着，多麼美麗，光彩啊!?

「青天白日滿地紅」呵！原來這就是八百勇士高踞堅守的所在地，一切的慰勞品，全獻在這八百勇士眼前！中國抗戰史上，將記載着這悲壯的一頁，他們爲國家，增加了許多的光彩，在國際方面的地位，因而也提高了！我們是後死者，我們該怎樣地去模仿他們？我將永遠地忘不了這一天。——八百勇士堅守「四行堆棧」的這天！

再見了，故鄉！

雷英

我獨自站在窗口瞭望，天上堆滿了灰色的雲，幾乎壓在對面矗立着的土山頂，地上盡是些黃葉，祗有幾顆烏桕樹，雖然飽經風霜，却格外地紅豔了。半空中不時飄着細雨。農夫們都在忙着割稻，從他們露着微笑的臉上，便可確定年成的豐收。這是一個晚秋的早晨。

楊突然用急促的步伐奔了進來，喘着說：

「糟糕！日本人在金山衞登陸了！」

「鬼謠言，那兒不早就築有堅強的防禦工事，還有重兵駐守着。那有這樣容易。」我一面懷疑着，一面安慰他似的說：

「別信那鬼謠言，就是登了陸，也沒有什麼了不得。」

「的確，街上還是很熱鬧的。」他遲疑了一會，像回答又像自語的說。

屋子裏恢復了靜寂，祇有沉重的砲聲不時的傳來，也並不引起人們格外的注意，自八一三以來，砲聲是這裏所熟悉的，如果沒有，反要感到異樣了。

午後三點鐘，雨下得很大，街旁的屋簷下擠着從沿海一帶逃來的難民，立刻，敵人的屠殺，焚燒，強姦等暴行的恐怖新聞，像狂風一般的佈遍全鎮；於是滿街奔跑着撐了傘，探問消息，找尋船隻的人；商店大都停止營業，整理銀錢和包裝貨物；過一刻，一隊武裝的保安隊急遽地趕上前線，這樣，人心顯得更慌亂了。

囘到家裏，只看到縱橫滿地的箱籠雜物。

「怎麼？我們也要走」？我問母親。

「你不知道隔壁周家已全部搬走了。據說敵軍已經在離這兒不到二十里的鎮上。」

「怪不得剛才有保安隊經過！」

後來知道，敵人是乘我軍調防的當兒，佈陣未穩，衝上來了。所以進行得那麼快。

傍晚有人來說：「援軍已大批開到，敵軍後路被截，登陸的數百名，猶如甕中捉鱉，不難全部肅清，你們不必

過分着急。」幾點鐘來的緊張情緒，不由的鬆弛了下來。

時光將近十一點半，雨下得更大了，簡直和高山上冲下的瀑布一樣洶湧澎湃，街上同往常一樣安靜，白天一切恐怖的高潮似乎全部消逝在夜的黑暗和雨的傾寫中；屋子裏的人，大都已入睡鄉，我正在翻着一本地圖，驀地，一陣清脆砰砰聲破空而起，我被呆住了，一分鐘後，吹熄了燈，帶着手電筒，直奔進臥室去。

「你們醒了嗎？那…那不是鎗聲！」

接着，又是一排鎗，近得好比在屋子左右發出的，他們在黑暗中給孩子們穿衣服，我便去找房主人——住在前一進的屋子裏，剛走到天井中，一個人影在摸索過來，我嚇得向後直退，定睛一看，原來是楊，

「事情怎樣了？」

「日本兵已在面前的街上，我在門縫裏窺見的，刺刀雪亮，約摸有數百人左右，一邊走一邊放鎗…。爲避免流彈起見，我們還是躱到房屋主人的臥室中去，那兒是這一宅屋子的中心。」

全宅的人齊集在兩間黑暗的屋子裏，在過度的驚恐下

，各人都屏住着氣息，連小孩子也駭得不敢哭，時間是慢得和蝸牛的爬行一般。

一小時後，情勢稍見緩和，密集的鎗聲漸漸地沉靜下來。

誰在開始說話；「大概不在近處了罷。」

「我也這樣想」一個人應着。

我們得設法出去才好的，如果日兵衝進屋子，那不是完了嗎！

「援軍一到後，這裏說不定又便是戰場。」

「前面是街，後面是土山，從那兒出去呢？」

最後的決定——等天明時看情形再說。

一切又墮入了沉默的深淵中，偶或有簷溜水滴在洋鉛上，發出怪難聽的塔……塔…聲。街上不時有皮鞋的踏步響。

大家默不作聲，無可奈何地等候恐怖的來臨，每一響聲就起一度緊張。

長夜總算平安地在緊張中過去了，窗格的罅縫裏透露進一絲絲的灰白色，我們躡着脚步，偷偷地到窗口向外瞧

，探海燈強力的電光，形成一道白色的長虹，迴旋着像一條白蛇在雲中遊動；土山上兀立着三個武裝日兵。

天色漸漸地大亮，震耳的機聲出現了，接着炸彈的爆烈聲，房屋的坍到聲，夾着斷續的鎗聲。

立在窗前的楊說：「土山旁的田岸上已有難民走過，日本兵也不放鎗。」

一行十六人，低了頭，提着衣服，脚步和泥濘淋漓的狹路奮鬥着，爲了不屑作無謂的犧牲，我們耐着任何痛苦。

在路旁的田裏，我們發現一個保安隊的屍體——安眠吧，光榮的戰士！——不一會，兩旁鎗聲大作，子彈在頭上飛來飛去，不得已，進行中止，散開後，伏在地上與故鄉的泥土作最後一次的擁抱。

太陽已偏西了，我們幸運地又在安全的鄉間繼續前進，一片金黃色豐壤的原野，展開在我們面前，許多地方有馬的足跡踐踏過，尙未割下的稻桿，深深地垂下了頭，似乎在嘆息着主人家的厄運！

靑的是天，白的是陽光，還有一片茫茫的鮮血……

在傷兵醫院裏

戴滄洛

當我們踏進震旦大學傷兵醫院的大禮堂時，安靜地躺在床上的戰士們，都用奇怪的詫異的眼光向着這陌生的一羣發楞，我們的女領隊A小姐便輕輕的跳上了一張櫈子，兩手圈着嘴，柔曼地說，「諸位英勇的弟兄們，你們爲了捍衛我們的國家，保護我們的領士，而受了光榮的創傷，眞令我們十二萬分的難過，大家都是同胞，每個人都是黃帝的子孫，誰都有守土衛國的責任，爲什麽讓你們受到這光榮的創傷呢？「想到這裏，我們眞是慚愧極了，同時也深深地感到你們的偉大。今天，我們代表上海一部文藝界，戲劇界，歌詠界的救亡工作者，到這兒來看看我們諸位英勇的戰士，英勇的弟兄，我們帶來了四萬萬五千萬顆赤誠的心，希望你們含笑地接受。現在，我們先唱幾隻救亡歌曲給諸位聽，然後再個別地和諸位談話，希望諸位我能將你們受傷的經過告訴我們，好使我們將你們的偉大的抗

戰精神廣播給全國的父老同胞，讓他們一致效法你們的精神，踏着你們的血跡，去和敵人鬥爭，和鬼子們拼命。」

弟兄們都靜靜地入神聽着，有一位睡在東面角落上的戰士，吃力地抬起頭來，向我們說：「守土衛國是軍人的天職，我們在前方作戰和你們在後方工作同樣地都是救亡，而諸位如此熱烈地愛護我們，眞使我們慚愧極了。倘若身體健康以後，一定要再回到戰場去，更勇猛的和鬼子拼命，這樣才對得住全國四萬萬五千萬同胞對我們的期望。」

這簡短的幾句話，有力地着重地打在我們的心上，我感動得淚都下來了。啊，偉大的戰士，你們爲了祖國的自由解放，受了這光榮的創傷，你們還如此地謙虛，這種精神，是中國軍人的軍人魂，也是中華民族的國魂的表徵，我們有這樣神聖的亙古常存的浩然正氣，還怕我們民族不能解放，國家不能獨立嗎？

——「你們爲了我們婦女兒童，躺在這病院的床上」…歌聲低微地輕輕地飄起，突然像山洪暴發，「他佔據了我們的北方，又侵略到我們的長江，現在，又來挖我們的

心臟——上海，歌聲越唱越高，到——

——「我們要收復失地，打倒日本帝國主義，把舊世界的強盜殺光，」簡直分不清是唱，還是咆哮？不，這是怒吼，是中華民族的國魂的怒吼，千萬人的怒吼，會湮沒侵略者無恥的猙獰的惡笑；千萬人的怒吼，會粉碎壓迫者一切慘酷，惡毒的陰謀。

歌聲很快地截住，像暴風雨冲洗後的晴空，靜悄悄的一點聲音也沒有，每個人在嗚咽着，每個人在哭泣着。每個人都流淚了，被這偉大的怒吼激動得流淚了。突然，「打倒日本帝國主義！」——「中華民族萬歲」像一顆手溜彈從人叢中喊出，立刻，四面八方，每個角落都響應了——「打倒日本帝國主義！」 中華民族萬歲！」羣衆的怒號，淹沒了愴然的嗚咽，整個的房間快要崩炸了，每個人都燃燒着熊熊的怒火，像一座卽將爆裂的火山。

個別談話開始了，我走到那位剛才發言的戰士的床前，微笑着對他說：「老鄉，忘能允許我和你談話嗎？」

——「可以，可以」他拍着床邊叫我坐下，吃力地將上身抬起來，忽然，腿一抖，臉上起了一陣痛苦的痙攣，

「怎麼樣？怎麼樣？」我連忙扶住他，吃驚地問。他略爲喘息了一下，搖搖頭，微笑說；「沒有什麼，大腿上吃了一顆機關鎗子彈，還沒有完全收口」。我順着他手指的地方看去，大腿上密密地裹着紗布，鮮紅的血液，還不斷地向外滲，潔白的布上，暈成黃殷殷地一大片，這是民族的肥料啊！」我暗暗地默想着。

——「老鄉！你的受傷的經過，能告訴我嗎？」

——「可以，我就慢慢的講給你聽吧，是十×日的拂曉，當時我們剛從北站開到前線，就接到命令，去攻開元罐頭廠，我們這一團打得很猛，一會兒就衝出防線，這時，日本兵躲在沙包後面，用機鎗向我們密集掃射，弟兄傷得不少，但是還喊着殺啊！殺啊！向前衝，看看快到敵方的機關槍陣地，我們連忙匐匐前進，距離三十米光景，一聲上啊！手溜彈像雨點似的拋上去，幾架重機關槍都給我們炸毀了，他媽的，鬼子太膿包了，看見我們衝進防線，拋掉槍便拔腿飛跑，我們用自動步槍，輕機關槍在後面掃射，全給打死了，後來我們便搜索前進，」說到這裏他頓了一頓，紫檀色的臉，激得通紅，抹了抹嘴，繼續說下去

：

「走到罐頭廠，我們都從破牆上跳過去，在間機器間裏有一個鬼子躺在那裏，兩條腿畢挺地直着，我們都以爲他斷氣了，但是，血又沒有，傷口又看不見，我們便用刺刀，對準他的肛門戳進去，那知道他是裝死，突然嘰哇一叫，從地上像一條黑鯉魚似的跳起來，嘴裏嘰嘰咕咕不知說的什麼，我們便將他結果了，樓上放着很多的食物，牛乳，麵包，罐頭食品，啤酒，我們便坐下大啖起來，突然，「刺——」的一聲，一顆流彈從窗外面飛進來，我連忙伏下來，那知道子彈已經到了，就鑽進了我的大腿，我痛得昏過去了。」

「後來呢？」我急忙拉着他的手，催他講下去。「後來經過一天一夜，我便被抬到這兒來了。」他黯然地嘆了口氣，兩眼緊緊地對着我注視，像啄木鳥的嘴深深地嵌進白楊樹皮層一樣，「我眞苦痛極了，爲什麼這顆流彈不鑽到別人的腦袋裏去，却射進我的大腿來。本來我還可以多殺幾十個鬼子，也許我已經衝到匯山碼頭了，但是，現在，什麼都完了，祇好躺在這床上，聽你們唱救國歌，每當

我聽到——打回老家去，打回老家去，我便想起了我那美麗的家鄉，綿綿無際，像一條在平地上欠伸着的老龍的長白山，浩浩蕩蕩，茫無際涯，像一片從天上落下來的白綢子似的松花江：我便熱血沸騰着，恨不得立刻——打回老家去，打回那鬼子侵佔了的家鄉去，但是，我的創口又痛得要命…唉」他的臉像紅燈籠一樣，顯然地是激情衝動了。我緊緊地握着他的手，戰抖的調子，誠懇地說：

——「朋友，我們從前是陌生的，像在路上覿面相逢的行人一樣，但是，偉大的抗戰將我們從遠遠的天涯，從兩個不同的角落使我們在今天——一個值得紀念的不朽的日子，在這病院中和你認識了，我開始認識你是一位偉大的，有正義感的熱情的民族戰士，雖然你是不幸受了創傷，可是，你已經為了我們祖國的解放，盡了你的任務，實踐了你的使命，朋友，你別悽愴，你別惆悵，我——一個眞正了解你的同志，將和着我們四萬七千萬父老同胞，踏着你的血跡，把握着我們僅有的強有力的武器，前進，前進，把鬼子趕出去，趕出我們的上海，趕出我們的東北，趕出我們的領土，為民族自由而戰——為人類福祉而戰。

」

兩顆淚珠從他的眼内屏出，滴在我的手上，無言的沉默，同志的愛，在我們兩顆心裏交流着，我們在精神上是密切地結合着了。

「打囘老家去」

「打囘老家去

「打倒日本帝國主義」

告別的歌聲響了，「再會吧！戰士。」再會吧！好友。」我向他默默地告別，出了院門，兩顆滴在手上的眼淚，被太陽閃爍得發光，我將他用舌頭舐進嘴，味是鹹的，浸潤着我的舌頭，啊！『這是民族的肥料！』我暗暗地默念着。

三月一日改舊作

轟炸的一日

鋒

天是那麼熱，正午的陽光是格外的厲害，河中的潮水在澎湃着，我坐在沿河的樹林下張着網，——在這暑期中，這便是我唯一的消遣，——靜候着魚兒的來臨，魚兒們眞乖，不肯入我網中，已經是一個鐘頭了，依然捕不到數尾，遠遠地從鐘頭上傳來的一片防空警報的鐘聲「鐺鐺：…」我放下了網，很迅速地跑進屋中去，嗡嗡的飛機的聲音是漸漸地清楚了，可是依然很輕，所以我們間的空氣，並不如何緊張，數淸了他們（敵機）遠遠的投擲炸彈的數目，我們又繼續談到敵機的慘無人道，他們時常檢居民最多的地方丟炸彈或掃射機關槍，不知道會不會輪到我們，話還未完，而恐怖降臨了，震天動地的一聲，屋子雖沒有倒下來，可是已整個的搖了一搖，屋中的什物都因被震動而改變了他們的位置，當時大家的臉色是異常的慘白，我扶着我的老祖母，他顫慄地緊握住我，飛機大概是已去了

，空氣因此轉緩和一點

×在河邊驚惶地着嚷。

「喔…來…快來看…好厲害呀！……」

我們都不約而同地奔向那邊，原來是隔河很近的地方中了敵機的硫磺彈而起火了，紅紅的火舌向上捲着，黃色的烟在四周迷漫着。

「這大概是鬼子的炸彈吧！」母親。

「不，這是鬼子的硫磺彈，」我分辯着。

屋子着火後的倒坍聲，受難者的呼救聲，水龍的灌水聲，旁觀者的嘆息聲和其他等等的聲音所合併成的嘈雜的交響曲。

單架上抬着血肉模糊的炸傷者，船中躺着的也是從磚礫堆中，或火燄中搶救出來的奄奄一息的遇難者，天氣是如此的乾燥，火勢是更厲害了，我的同學K君急忙地在奔跑着，看見了我微微點一點頭，原來他正在盡他的義務——救火，還有正在受訓的別動隊也都到街上來維持秩序。

一個鐘頭之後，街上是漸漸的平靜了，聽不到一點嘈雜的聲音，只有少數的救火員依舊在很努力地工作着。

天色是漸漸地黑了，炸後的景象是異常的慘澹，河中大塊地浮着燒焦的木頭及其他的東西，街上找不到一個行人的影子，重重的暮色中升起了稀稀朗朗的炊烟，靜得如死的墳墓一般。

雖然這可紀念的一天是過去了，但是所給的印象是如此的深刻，我可以拿什麼來紀念他呢？「國家興亡，匹夫有責」，在這國難重當前的我們青年，所負的責任是什麼？儘管是多少人的頭被砍了，而我們難道屈膝了嗎？當然是不會的，只會激起我們更激烈的抗日情緒，只會更努力地埋頭苦幹了。

祖國的青年們，起來！

元　卿

像是要下大雨的樣子，天氣顯得非常的陰沉。炮聲早已在上海的四週消失，可是濃厚的火藥味，還不絕地從北方吹來的風中，送進我們的鼻孔裏來。

雖然在這個時候，整個的上海都想粉飾太平，處處都張揚着歌舞昇平的氣像，但是這一切却不能掩蓋着市民們三個月來所受到的深刻的刺激，在他們的腦海裏，盡是癲滿了敵人兇橫殘暴的獸行。南火車站，和先施公司，那一大堆血肉糊糢的屍體，閘北，南市繼續燒了幾天幾夜的大火，染紅了半邊的天空，以及街頭一大羣啼哭的無家可歸的被難同胞，這種種悽慘的，不忍目睹的情況，在他們的一生中是永不會忘記的。

正因為被一件件赤裸裸的血的事實，不斷地刺激着他們的意識，挑撥着蘊藏在他的胸中憤怒的烈焰，往往會使平素善良柔弱的人，變成暴燥，堅強，勇敢的。

我的同學，小張他就是一個，他不再是懦弱怕事，終日埋頭書本，不管窗外事的書獃子了。跟着抗戰的深入，民衆的武裝，他的腦袋也隨着在這個偉大的時代中，被武裝起來了。

就在這一天，出我意外的，當我悶在這狹小的房子裏，正看着雷馬克的西線無戰事，回憶着那新投伍的大學生，在大雨中踏着泥濘的道路開赴前線的情況的時候，他竟冒着大雨，踏着沉重的脚步衝進我的房間裏來，一把將我的雙手緊緊握住，帶着興奮的，然而緊張的，將銳利的兩眼瞪着我的臉孔，當我被他這舉動所驚嚇，正待發問的時候，他急忙阻止我開口，同時很緩慢，很堅決的，一個字一個字告訴我：他的家已被日本鬼子毀了，父母兄弟與其他不幸的同胞一樣全遭殺死，他現在是喪家之犬，一切都沒有了的人，但是他並不爲了這件事而傷感，悲觀。他知道他的家在敵人四面包圍之中，遲早是要遭受到這個命運的，他深知他此刻應該怎樣做，他今晚就得馬上和老李到北方去，用他們的血和肉去爭取幸福的未來，把中國從苦難中救出，這樣他們的家才能從新創造起來。並且他對我

說他還有其他種種原因，不得不馬上離開上海。他希望我們加倍努力，將此地的一切工作担負起來，「勝利的明天是掌握在我們的手裏」。這是他留在我耳邊的最後一句話。

我不知道怎樣把他送出去的，更不曉得甚麼時候回覆到我的坐位上來，雨還在不住的下，雷馬克的書仍舊安放在桌子上，而我竟像失去主宰似的儘在那裏呆想幻想着小張在游擊隊裏，英勇的在冰天雪地中，冒着絕大的危險，向前衝鋒，與敵人肉搏。

一月十二日

水音

昨夜，寄了一封信到家裏，說是我想到漢口去，其實呢，由漢口到延安比上海便當些罷了。

觀報載，濟甯已失，據說這個地方很重要，日軍得了它，就可直擣歸德的。

討厭的×先生，在上英文課時又大談其「時事」來了，我希望他從此以後還是少談爲妙，本來每個急欲明瞭戰事眞相的一般熱血的同學，聽了他的「時事」，就像一盆冷水似的澆在頭上，而且每次談的老是攻擊國民政府的濫調，只拿孔祥熙舞弊的一件事，便抹煞了政府中其他人員的抗日情緒，誇大了一切官員的「不守法的劣根性」。我氣極了，恨不得同他吵一架才爽快。但也有不少同學非常相信他的屁話。

中飯後，和＊＊＊一塊兒在校園中散步，他說：「下星期就要大考了。我們的幾何怎麼辦呢」？我因此：想到

這兩天每天夜裏，總有不少人在「開夜車」，而我自己一點沒有預備，但反而覺得心中十分爽快，從前我何嘗這樣的「撒爛汚」呢！

上國文時，我在偷看「戰爭與和平」，却被＊先生曉得了，叫我不許看，要好好地聽講。於是只得聽那乾燥無味的沙張白的「市聲說」。但每個同學都似乎很用心的在聽，在記，先生冬烘，學生們跟着冬烘。

傍晚頗覺煩悶，乃在校園中立着呆想，不知道這個是不是「逃避現實」呢！

到收容所去表演

郭敏之

很興奮的一天，今天我們在這孤島上，能有一個機會來做我們所要做的事，說我們所要說的話。

上完了第四課就排演「放上你的鞭子」由陳演漢子所黃演青年工人，香姐這角色是外面請來的，因爲生疏，所以排了一個多鐘頭，

本來預定三時半出發的，但等到四時一刻，周才來，於是步行，到□□□路的□□收容所去，途中經過了新垃圾橋有巡捕守着，不許行人通過，只得走老垃圾橋到了目的地，已經天昏地黑了。

這裏的空氣很侷促我們——一共約二十人——站在稻草上，下面是水門汀，圍繞着我們掛了四五盞火油燈，人面還勉強可以辯認，在這暗淡的燈光之下，我們這一羣幹這宣傳工作。

曹說明了來意之後，我們就唱起來了。

「戰！戰！戰！一齊上前線………

報仇雪恨，奮勇爭先！……」

「來，來，作前鋒！拚命向前衝！

爲民族謀幸福，促世界進大同。

「快樂的心隨着歌聲跳蕩，快樂的人們神采飛揚，我們的歌聲喚起了羣衆」，坐在前面的孩子們仰高着頭，靜聽着，不時發出會意的微笑。

「大家看」，陳舉起了一張大幅的漫畫：

「這是什麽人？」

「中國人」，孩子們齊聲答着。

「那個呢？」

「東洋銀(人)」孩子們看見了靑面獠牙一手執刀的人自然很容易聯相到，

「東洋人給錢中國人，叫他去做漢奸，等到事體做好了，就把中國人用那把刀殺了，小朋友，你看東洋人壞不壞？」

「交關壞」！

「做漢奸的笨不笨？你們要不要拿東洋人的錢去做漢

奸」？

「勿做漢奸！」

接着，一個老頭兒上來了，敲着鉛桶，和小夥子一搭一擋地說着，旁邊站着一位大姑娘。

「喏，狄個老頭子爲仔伊個房子在東三省，被東洋鬼打脫哉，所以到別地方去做把戲，又賺勿着銅鈿就打他自己格女兒了，伊拉吾勿飯吃，才(都)是東洋人害他的呀！」站在遠遠的中年男子對一個老太婆解釋。

我有點喜出望外了，演技的生疏，道具的簡陋，一切都是沒有充分的準備，竟能收到這樣的效果，的確是可貴的了，「放下你的鞭子」給予觀衆的印象是籠統的，而宣傳劇正需要這清爽明快的印象。

看了戲，觀衆們都微笑着，有的還閃着新奇的目光，所長來了，叫他們站起來，唱個「大刀進行曲」他們站了起來拍拍屁股，唱着有的還搖頭搖腦地表示着，我也會唱歌哩。

最後，歌聲從每個人的嘴里吐出來，合成了一條洪流，在這斗室裏奔騰着，衝擊着：

「打回老家去，打回老家去！

打走日本帝國主義，打走日本帝國主義！………

全國同胞快起來，我們不做亡國奴隸！」

傷兵殘廢醫院慰問記

剛 中

三月十六日(星期三)下午，散學後，約了十餘位同學；並挾了四十五份國際知識一同到＊＊＊路傷兵殘廢醫院去，那裏的屋子，本來是明星公司的攝影場，裏面有些花草樹木還算適合。

我們十餘位同學組成的小小隊伍，由一位辦事員引導，由這個房間穿到那個房間，大大小小的房間，約莫貫穿了十三個，每進一個房間，總是由那位辦事員爲我們介紹，有些將士們要我們唱歌。給他們聽，有些要我們講時事給他們聽，終於我們都答應了。

當我巡視院內各部的時候，聽辦事員說：「這院本是傷兵醫院，現在則將全上海殘廢的傷兵都歸到這裏來了。所以人數約有三百人，而經費的來源，全由國際救濟會補助，因爲軍事委員會在上海沒有辦事人員，因此他們的餉和撫卹金，還無從領到；但是國際救濟會所補助的款子，

其中大半用在醫藥上，所能供給他們的不過一日三餐，其他是更談不到了，有時爲了必要的用處，只有將身上的衣裳剝下來去質當了，……」，我們孰料那班爲國流血，效命疆場的戰士們，今日已流落到這步田地，眞使人驚嘆不已！而爲他們流同情之淚。

我們走進了一個小小工場看見他們正忙着在那裏實驗做肥皂，以謀將來出院後的生路，我們鼓勵他們說「待你們實驗成功，你們的出品，我們可以替你們義務推銷，好不好」？他們表示感激笑着說：「那就再好沒有了」！

全院旣走遍了，我們便分幾個小組，分頭到各房門去談話，直到五時後，才留戀而不忍的和他們告別了，

我們這些慰問的結果，歸納起來，得到的相同點，就是他們知道國家的艱難，社會的不景氣，他們都表示諒解，對於院方也毫無怨言，問他們要些什麼？他們先都不肯講，再三的問，他們才提了物質和精神兩方面的需要：

一、物質方面　他們多數是殘廢的，不是手折定是腿斷，院中沒有有價值的書籍，又沒有雜誌、畫報供他們閱讀，談天也談厭了，每天老是呆坐在床上，無聊得很，至

於娛樂呢，現在院方雖辦了些胡琴和棋子等，然而數目太少了，是不夠分配的，有些將士們因爲不識字，現在正在讀書，習字，但是因爲他們經濟的困難，紙張文具都是感到缺乏的。

二、精神方面　除了少數傷口已癒的將士們，可以撑着拐杖，到室外去換口新鮮空氣外，大都是終日躺在沉悶的室內，他們昔日是多麼活躍，多麼高興，今日則悶在黯淡而窒塞的蘆蓆棚內，終日所看到的都是折臂斷股的同志；所聽到的是痛苦的呻吟聲，因此他們精神上是感到萬分的苦惱了，院內沒有俱樂部的設立，無線電收音機又沒有，各界的歌詠團，口琴隊，話劇團從來沒有去過，所以目前他們精神的安慰是萬分需要的。

總之，這些將士們，爲民族國家的生存，犧牲了他們血肉之軀和敵人去拚命，如今不幸而成了殘廢，我們既不能和他們共甘苦，難道不能去救濟他們嗎？苟安在孤島的同胞！你們如今就忘掉他們嗎？我想決不，他們是爲了祖國而犧牲了！我們應該敬重他們，幫助他們解除一切痛苦，物質的，精神的。我們才對得起他們，對得起祖國啊！

三月廿八日

堅　眞

很早的，我拿着書跑到學校，×同學伏在辦公室的書桌上寫東西，見了我，跳起來似的對我說：「喂！怎麼辦呢？「華中政府」今天宣佈成立了！」我怔了一怔，昨天晚報上還不是說：「華中政府也許要四月初才成立」怎麼，怎麼這樣快就成立了呢？

我連忙打開報來，白紙上印黑字，清清楚楚登着「華中政府」成立的消息，我想，漢奸們辦事倒也厲害，來這麼一下出人意外的事，連我們本來想做的幾件事都來不及佈置。

×同學還繼續寫他的佈告，他是用很大的墨筆字把「華中政府」成立的消息照報上抄下來，貼在門口走廊上，使每個同學都知道，同時我們還分頭辦理上次我們同學們所決定的幾件工作，眞的虧得我們在前幾天還開了一次會，討論了這件對付「華中政府」的辦法，我們總算沒有弄

得「毫無頭緒」。

二位同學很快的把黑紗買了來，並且剪成一條一條，好久沒有露面的國旗也被我們從櫥子裏找出來了，一方面幾個同學又在籌劃着開紀念會的程序；這時，同學們來得很多了，這個消息馬上傳遍了全校，同學們都聚到辦公室來，拿着黑紗往臂上掛，一時，辦公室成了同學的聚集室，先生倒沒有一個。

因爲這件事的發生，同學們的精神比較振足得多了，情緒都非常之高，於是一個問題就產生了，這就是在前天，我們曾提出過，「華中政府」成立的一天，我們要罷課，表示我們的反抗，現在呢？「華中政府」成立了，同學都到學校裏來了，而且大家都很熱烈的要想罷課，怎麽辦呢？同學是這樣的要求着，而學校裏的負責先生偏偏還沒有來，上課時間快到了，還要同學去上課呢？還是罷課後再作我們本來預定的工作？

經過我們討論的結果，我們决定上課去，當上課時間到了的時候；這不是違反同學們的决議，而是在學校當局沒有答應以前，也就說學校當局還沒有出佈告讓我們不上

課之前我們還是按照課程表上課，不然的，也許會引起學校當局對我們自作主張的不滿，在現在這種時候，學生和學校當局應該在一條線上，共同反抗我們的敵人，不應該自相摩擦，減少我們的力量。

一切都很順別的進行了，學校當局對我們這樣做表示很贊同，那一天，三月廿八日「華中政府」成立的那一天，全校師生手臂上都掛着黑紗，心裏都深刻的影着「華中政府」的字樣，國旗低垂着頭在園中飄蕩，下午爲了明天是黃花崗紀念日，每位先生身上都佩了黃花。

這一天就這樣的在沉痛，緊張的空氣中過去了，「華中政府」的成立，使每個不願做亡國奴的心堅決起來了，大家都從這天起，更堅決的負起反日反漢奸的任務來了。

憤

沙　菲

這條路是靜靜的，附近全是些花園住宅，路的兩旁種了許多大樹，除了極少的車輛的行駛聲外，很少有別的聲响。路的端，一扇紅色的鐵門已顯得有些舊了，連着一帶很長的牆，這門不常開，它有別的門可通，人們全知道這大房子是某機關的宿舍。

差不多一個星期的光景，那扇紅的鐵門忽然開了，從那兒飄起了兩面旗：左邊是膏藥旗，另一邊是黃底上紅綠兩色合成的太極旗，牆上還貼了印有太極圖的標語，門口站着幾個穿黑色制服的帶黃邊的黑色制帽的人，有時那些草綠的矮傢伙也會在門口出現。門口却很冷清，有時也停着一兩部大客車，車上的中文字已被用別的名字貼着了，還留有英文字，一看也就知道了。過路的人雖覺得驚奇，但也只斜着眼看看就過去了，那門裏常常有一二個穿長衣戴着禮帽的人出入，昂起了頭，眼向四面一播，身子搖擺

着從裏面走出來，他好像並沒覺得人們對他的卑視似的。

一天下午，我正跳上了電車　車子向前進着，到了那門口照例地停了，（那兒有一個車站），那門口的一個穿黑制服的人正拿着一張報紙　在指給一個形如車夫的人看，那人披了一塊車毯、裂着嘴聽他說。這時車裏上來了一個乘客，一個穿着大衣的中年男子，手裏也拿着一張報，我沒有看淸它的名字。

『全是謠言，說＊＊＊在英國要求英國出來調解，鬼語』那中年男子說着把他手裏的報紙揮動着，帶着輕渺的態度。這時報紙從他手裏跳入了賣票的手裏——那個穿着工作衣掛着錢袋的年青人，翻着報紙看了看，立刻報紙被「嘶嘶」地撕碎了飛出車窗去。

『狗屁，誰相信，全是不要臉的漢奸報』靑筋從他的額上賁起了，他的臉變得紅紅地。

『媽的，誰跟他講和，這兩天咱中國人打得挺好的』一個開車的老鄉附和着。

又到了站，我跳下了車，熱血在我體內沸騰，那些熱忱的紅紅臉還呈在我眼前。

逃難

毓茂

一條狹長的街道，靜靜地躺在早晨的陽光下，現出了淒涼的情調，兩旁一些低矮的瓦屋，家家的大門都緊閉着，像在過清冷的元旦節、大工廠關上黑鉄板的窗，烟囪矗立在日光中，沒有一絲烟吐出來，像斷了氣的殭屍，街上沒有一輛車子，偶而一二個人走過 但都是緊鎖着眉頭匆匆地趕路，警察老張來回地踱着、現出憂急的樣子，覺得很無聊，但是心却跳得很利害，他知道這是不祥的預兆，不自然地咳嗽一聲在一家敞着的破門口他停住了，裏而正站着一個女小孩，她呆呆地向着戶外凝視。

「小紅！你家怎麼還不搬，說不定今天就要開火哪！你爸爸不在家嗎？」警察找到了這條街上唯一的「人」，這樣地問着。

「爸爸上工廠拿工錢去了，你瞧，人家全都搬到租界去了，爸還說不要緊，一清早就上工廠去，我一個人在家

裏，眞有點害怕，張老爹，現在是什麼時候了！」

警察看看天空，炎日當頭，太陽已爬上屋脊「快九點鐘了吧！」警察說着，提着小棍兒走了「唉！九點鐘了，爸爸還不回來！」小紅覺得肚裏一陣陣怪叫，喉嚨熱熱地要噴出火來，嘴唇燒得乾裂了，已經一天不曾吃東西了，空的米筐，空的水缸，斜靠着牆根，好像對着自己饑餓的肚子傻笑，小紅瞪瞪地斜着空筐空缸，想起爸爸昨晚的話：「好孩子！別鬧！爸明兒領了工錢買大饅頭大西瓜你吃」，想到「熱熱的饅頭，甜甜的西瓜，」不禁又興奮起來！

但門外的景色却使小紅難過了，往日這條街是多熱鬧啊！水菓攤，花生米！賣糖的……攤子旁邊，圍着一些拖着鼻涕的少同伴，眼釘着那攤上的花生米，頑皮的孩子們在街心上打着滾，推小車的，賣青菜的……還有那高而大的運貨車，男孩們便叫喊着跟着後面跑……」小紅不再想下去了，眼前這副景色，幾乎使她懷疑是在做夢，街上寂靜得如死去一般，烟囱也不冒烟了，工廠也不叫喚了，祗有那隻黄毛狗，癟着肚子，無力地倦伏着，用神奇的目光

投視着這蕭索的街市。

「爸爸！」小紅愉快地叫起來，燃起胸中一切希望。

爸爸囘來了，但却是空着手，沒有饅頭更沒有西瓜，小紅失望極了，爸爸也許忘記買吧！

「爸！我肚子餓！」

「拍」一聲手掌落在小紅臉上。

失望加上意外的打擊，小紅委屈極了，縱情大哭起來。呢

福根——小紅的爸，緊握着拳頭，像和人打架似的。

「他媽的！東洋鬼子，不發工錢，哼！老子力氣白賣了，前兩天人家工廠停了工，發了工錢，東洋廠偏偏要趕夜工，混蛋！騙我們，成天『不要緊，不要緊，上海不會開火』，好！還沒到開火，自己倒先逃了，更可惡那般走狗，平日耀武揚威，仗勢欺人，一聽到風聲不好，他媽的，一個個滾到租界，我們窮人的命，難道天生不值錢嗎？不發工錢！幾年來將我們的血也抽盡了，現在買飛機大炮來……」福根被小紅的哭聲刺激，心裏深深後悔，孩子眞可憐，昨日一天沒撈到東西吃，眼巴巴望我帶食物囘家，

唉唉東洋人害了我，爲什麼拿她出氣！啊！我眞該死！

「小紅！乖乖來來！爸爸打了你那兒？」

小紅的心被柔和的聲音暖和了，又投到父親懷中。

「爸！張老爹說今天怕要開火了，今早東邊李伯伯，對過小青家都搬到租界去了，我家什麼時候走呢？東洋鬼子眞會來嗎？」

「唉！孩子！沒有錢往那兒跑！租界是有錢人的世界，東洋人來了也祇有死在家哪！」

「達達達！達達達」

「呀眞的打起來了」

「轟轟轟」

父女倆面色驟變，殭立在地上。

「轟！拍拍拍！轟」一陣機關槍聲，桌上的瓶和碗都自動地跳起舞來。

福根小紅站不穩，不自主地蹲下地去，鎗聲暫時沉寂了，小紅這才哇地哭出聲來。福根管不住自己的牙齒，上下不住地交戰。

「軋軋軋」飛機也加入作戰了，機聲愈來愈近。好像

就在他們頭上。

「轟」，一聲霹靂，門窗自動地振開了，屋裏充滿了火藥味，福根心像壓着一塊鐵板，屋頂好像壓在頭頂上，心想，我沒有做壞事，老天爺不該讓我死在砲灰下，這時一片達達的機關鎗聲，夾雜着軋軋的飛機聲，耳朵像要震聾了，小紅蹲在地上失去了人色，紅蘋果似的雙頰，被淚珠洗得通濕，福根周身冷汗交流，蹲在地上不敢動，但覺得不動也祇有等死，「達達達咯咯咯」連珠似的小鋼砲聲不斷地響起來，福根想把門窗關起來，抱着頭走過去，「拍」一粒炸彈從空中飛進來，落在房子中央，立即爆發了，火花頓時飛起來，福根像一根木柱倒在地上，小紅嚇軟了連滾帶爬，爬到福根身邊。

「爸爸！爸爸！嗚哇！嗚哇！」受了這哭聲的刺激，福福根漸漸清醒了，這時鎗聲稍低，福根摸了摸腦袋，幸好還存在，熊熊的火焰在屋中蔓延，床，桌，椅子都傳染了火星，現在福根已較前鎮靜了一點，抱着小紅，沒命地朝門外飛跑，穿過了長街，轉灣抹角又跑過幾條小巷，看見前面一大羣逃難的人，扶老攜幼，拖男帶女，有的拿了

破被絮，有的提了小飯籃，哭聲，叫喊聲，怒罵聲混成一片，福根父女倆好像已由死入生，逃出了死之圈，心神稍稍安靜了，脚步兒也漸漸放緩了，立定了喘過一口氣來，擦去臉上瀑布似的汗水，小紅偸閒抬頭看看，在遠處的雲端裏出現了三架飛機排成了一字形，小紅驚異地，伸長了頸子，睜大了眼睛好奇地望着牠。

飛機越來越近，聲音越近越大了，人衆發現了飛機，立刻慌成一團，破絮，鍋碗散了一地，人聲攪成一片，分不淸說些什麼，大伙兒爭先恐後跳入道旁一個沙包圈中，當福根小紅趕到時，沙包內已塡滿了，再也塞不進去，他倆嚇得驚慌失措，急忙藏在一家屋簷下，希望飛機不要發現他們。

「轟！轟！轟！」天地幾乎毀滅了，接着掃下兩排機關鎗，不偏不歪全落在沙包圈內，一陣慘叫，黃沙亂飛，他倆血都冰住了，耳膜也振聾了，以後大概又是轟轟幾聲，但他們聽來却似乎很遠，全身都像浸在冷水中，三十二個牙兒上下相打，恍恍惚惚全身汗如雨下，腿稀軟稀軟，幾乎立不起來，父女倆嚇得噤住口，你看着我，我看着你

，疑心自己是不是還在人間，過了半小時——這時飛機早已無影無蹤了，他們才漸漸蘇醒，如同做了一場惡夢。

沙包凶擠了不下卅人，當福根的頭伸進去一看時，神經完全混亂了。「啊呀！」他尖銳地叫起來，三十多人的生命全葬在炸彈下了，沙包圍成一個血湖，人頭，手指，臂胳，大腿，碎肉衣片……‥零亂地浮在血泊裏，死白的腦漿，膠黏着殷紅的血汁，斷了的肚腸，拌着灰沙，福根神經錯亂了，「啊！血！肉！」

小紅的身子還不到沙包的長度，沙包內的一幕慘劇，她是無法皿視的，她緊握着爸爸的手，眼珠注視着他那緊張而恐怖的臉色，一會兒紅，一會兒變白，過一會又轉青，眼睛睜得挺大，眼珠快要跳出來！口腔睜開，似乎要叫喊，但又喊不出，完全不與平常一樣可愛了，小紅漸漸地豎起寒毛，從這副表情中，她探知了慘劇的大概。

「軋軋軋」三架一字形的飛機又來了。

「爸爸！飛機又來了，快跑！」

福根眼前恍來恍去的祗是血淋淋的肉片，脚像釘在地上，身子抖顫着，彷彿自己的腦髓心臟也都浮在這一片血

泊中，猛聽得「飛機來了」一股忿怒之氣，從脚底一直衝到頂門，心頭怒火，焰騰騰地按捺不住。

飛機像蜻蜓下水，直往下飛，又像一隻餓鷹發現了兩隻雛鷄，不惜展出牠的殘暴面目來。霎那間，小紅全身的力量都被喚醒了，她迅速地抓住福根那失去知覺的手，向一條小巷中飛奔，她不知自己是否存在，有沒有身子，有沒有靈魂，祗如一陣風，或光光的兩腿在地上就是了，聽得腦後「轟轟」兩聲，地層似乎被炸開了，她無心去想，緊拉着爸爸的手，像一支向低處流的水，順勢向前衝，有路便走，碰到障礙便轉灣，足足跑了十五分鐘，兩條小腿快折斷了，小小的心也將跳到口的外面，她才停住，倒抽了一口冷氣。

「爸爸！我們…沒…沒有死…死吧」急促的呼吸使她的話音斷斷續續。

沒有聲音回答。

小紅扭過頭，向後一看。爸爸不見了，她不敢相信自己的眼睛，接着叫道：「我們沒有死呀！」爸爸的手不是明明和我拉着嗎？」她很自信地舉起那隻手，啊！她忽然

像觸了電，全身如同墜入深淵中，四肢格格亂抖……呼吸停息了像被暴力捉住的小鳥一般，她不禁慘呼起來，不可名狀的恐怖，臉色全變了，眼前一陣昏黑她倒在塵埃中，手中緊緊地抱着一隻血淋淋的手臂——她唯一的爸爸的手臂。

期待着這樣的一天

孫　萍

睡夢中被隆隆的機聲驚醒，細聽却是大隊的飛機在屋上盤旋；陽光透進了半面窗，正好射到牀上，小雀子在簷下亂叫亂跳，接着是人的歡呼，狗的狂叫；好奇催促着我急急地披衣起來，只見幾十架飛機結隊而飛，機翼上都是「青天白日」的國徽，漸漸的那大隊飛機飛近頭頂，却是很清楚的排列着「戰爭勝利」四個大字，接着在大中華民國萬歲」之高呼中，飄下了無數美麗可愛的小國旗，在陽光中閃着異色的光。

可不是嗎？今天正是×月×日，是我們大中華民國爲謀民族獨立解放而抗戰的成功紀念日；每個人懷着一顆歡樂光耀的心，國旗在每家屋子上自由地飄揚着，眞如對那被踐踏而埋沒了的太陽旗發着勝利的微笑。眞的，你瞧我們已得到了我們所應有的一切，在我們的國土內，不再有任何特殊區域和界限，我們有着統一的主權，和站在統一

陣線上的民衆，我們的國旗不但遮滿了我們這大桑葉似的整個國土，並且還蔭蔽了隔海不遠的日本四小島。

我們該是多麼興奮呵！回憶着過去的苦痛，更覺得現今的甜美，我們在勝利的紀念中更紀念着偉大的空軍和忠勇的將士，他們是建立新中國的最大助手；這是歷史上難得的紀念日，民衆該是瘋狂般的慶祝和紀念它！

自八一三以來將近半年，我們的軍隊雖漸漸地向內地移動，可是「最後的勝利是屬於我們的」始終給我以堅強的信心，因此在我的幻想中，時常浮現着這樣一個美麗而興奮的日子，它是我們的希望，它是我們神聖的抗戰過程中最偉大最快樂的一日，願它漸漸地離我們更近。

南行輪上

S. 白

海水無節調的擊打着船板，飛起了白沫似的浪花。船身顯得顛簸起來。

我依靠在那個小廚子的牀上，覺得頭腦一陣陣的昏旋，心口也像有幾條小虫子在爬動着………

這間艙房住着：四個大餐間的茶房，一個在廚房里作幫手的天津人，小廚子，此外就是我這個不三不四的旅客了。房里縱橫的擺有七架鐵牀，原是爲水手們用的，現在我們每人各佔其一。但是我却常常喜歡躺到那個小廚子的舖上，因爲他的牀特別靠近在窗口。

…………………………

早飯後，茶房同小廚子全跑到艙上的甲板去了，只留下天津人在磨咖啡。軋！……軋！軋！攪咖啡器發出單調而又沉悶的聲音，使人感到十分厭煩。天津人對這工作好

像永無疲倦，他那沒有表情的臉上，明顯的深深刻畫着幾條皺紋，從不露出絲毫的笑容來，像是終身害着失眠症似的。

「明天中午能攏岸嗎？」我響着嗓子問天津人。

「不，聽說是在下午三四點鐘。」天津人臉呆滯的照舊沒有表情，他並不把臉扭向我。

船急速的搖擺行走着。藍天上的幾片白雲已濛濁得分不淸輪廓來，陰沉得很；風裏帶着有腥味的海水氣息，從圓型窗口吹了進來，我想明天要是下雨，船也許更要顚簸一些吧！………

房里的空氣死寂，冷寞。好像靜止住呼吸。這使得一顆沉重的旅人心上，增加了空洞……天津人還是機械的搖動着咖啡。

「喂！老鄉，」——我一到這後就同天津人認了老鄉，實際上我連作北方人的資格却沒有。「你可以休息會兒，幹嗎一個勁的磨呀！」

天津人沒作聲，他把手停下來提起衣襟揩抹額上的汗珠。

「你在這掙多少錢一月？」我看他這樣忠實自己的工作。

「我不是船上的人，」他坐到我旁邊的牀上，靜靜回答。「我是打算到南邊去找事的。」

「咦！找事作，怎麼在船上當起廚房幫手啦？」我笑了。天津人却非常正經的。

「我有個親戚同船上「大車」是朋友，他們叫我在廚房做點事可以不買票……唉！——我這是頭一次出門。」

「你一直都在天津嗎？」

「是的。」他臉上抽緊着，起了痙攣的跳動。「我在天津已有四十多年啦！一直都沒離開過。……最近，我在哪兒還弄了一點地，這下子全完啦！」他把眼睛凝視遠方，像是對自己說。「……南方恐怕也不好混事作吧。……他們說話我也不懂，心眼也多，咱們不能跟人家比。唉！先生，你到南邊去過嗎？」他瘖聲凄鬱的問我。

「沒去過。」我只搖了一下頭。對這可憐的天津人我再想不出話來回答了。我替他毫無把握的前途感到十分渺茫。

一個睡在我舖邊的茶房走進來，他把制服套上，又梳了梳頭就急速的像一個貓似的跳了出去。但這使得老實的天津人非常驚慌，他馬上又守在桌邊搖咖啡，同時再也不和我談什麽話了。

二

在我們的房門口是一個通到統艙去的長甬道，我時常獨自在這徘徊，這樣大概能夠減少我許多愁悶。

平度守在艙門口的是一個北方式的寧波人，到晚上他就舖「地舖」睡在這甲。所以別人都叫他作「守門將」。

現在甬道上，擠滿了人騰浮起嘈雜的聲音，一股潮濕的發酵氣味在各處迴蕩着。「守門將」用了破鑼似的寧波官話招呼我：

「先生！到此地來坐一坐，……談一談……」他的話我常是聽不完全的，然而我依着他的意思坐下了。

「明天就到××哉，大概四點鐘就可以的。儂…曉得。」

「我知道。——你看明有沒有風浪？」我望向門外的天空間。「守門將」也隨着看天，但十分明顯的他沒有聽

懂我的問題。

「啊！我意思是問，天要是下雨（——用手指着天，作出下雨的姿式。）風浪會不會大起來，船會不會更顛簸得厲害。（——我又把手捧成一個渦形來囘的搖擺）」他聳聳笑了，把一口黃牙露在外面。同時用他那大手掌笨蠢的搖了一下說：

「弗會咯……儂弗要以爲天…弗會咯！」他的話被一陣嘈叫弄斷了。

統艙的兩三個乘客籛擁在門外，敲打門上的厚玻璃窗，要求出去。

「啥事體？又來吵……他娘×！」「守門將」發威的罵道。但門外的人仍舊點着頭對他懇求著，有的把暖水瓶向上舉一舉說要倒水，說話的聲音傳過來時，已變成含糊的一團。

「守門將」扮下鬼臉也把頭學著點動。

「滾囘去！……弗是開門咯晨光…」

「你讓他們出來一囘吧！瞧瞧我的面子。」我替他們請求說。

儂弗曉得，箇幫人…唉！——是弗懂好歹嘞！…伊啦只曉得兇！打！哼！中國就是亡在抵幫人嘞手里相哉！」但是他並沒有拒絕我的話，把門開了。

統艙人們非常匆促的搶了出來，有的跑到廚房去弄水，有的跑到運貨的那個門去趁風。

「守門將」還不等出到七八個人就把門關上。這囘他不再聽門外的懇述和哀求。

儂看，叫伊啦出來就……去！眞他娘　！」他一邊指着那幾個趁風的人，一邊對我說。

…………………………

中飯的鑼打起來，船上當時安靜了許多，統艙乘客再沒有人要求出來。「守門將」把門反鎖上，對我笑點一點頭，踏着大步也跑進廚房里去。

由於「經驗」的「教訓」，這次我不敢再吃一點東西，我知道即使吃下去馬上就會完全嘔出的。

統艙里又囂亂起來，人們爭執着飯，碗和其他的東西…我離開統艙的門，在甬道上來囘走着。

船現在似乎平穩了些。我順着甬道的左手轉彎，想站

到那個運貨門邊去。

「哦！先生！請你讓我們在這歇一下。」剛才那個到這趁風的統艙乘客——一個像學生似的女人——對我說。「他（——女學生又指她身旁的青年男子）是在生病啊!?你幫幫忙吧！」現在我才明白她誤會我是船上的職員了。

「可以的！你們可以在這……不…不過我不是這兒的職員。」我解說着。馬上他們又縮作一團坐在角落里，那個青年時時發出呻吟來。

我俯在運貨門邊，看海。天色不知從什麼時候起已經明朗起來，幾片潔白的小雲朵緊貼在深沉的蔚藍天空上面，隨著船行緩緩的遊走。海面平靜的皺起微小的波浪跳躍着……光陰不斷的從水面上飄逝了，太陽已經落到船尾的後面。……水手們正在忙着刷洗甲版，長柄的棕毛刷在他們手中來回舞動。

「先生，你在作什麼，看海嗎？」我房屋里的天津人從廚房里出來，走向我問道。他手里拿了一個統艙的羅筐，里面留有半筐的殘飯。

「是的，我常喜歡獨自個看海。……這又是統艙的飯

吧！」

「對啦！唉，——他們也眞是，情願把飯投在海里也不給人家吃飽。」

砰！砰！天津人向門外拍打籮筐的底，幾片破碎的碗叉隨着飯一直沉落在海里去了。天津人是不會拒絕別人給他的任何命令的。

夜色安嫻，幽靜的籠罩下來……只有機器房的馬達聲爆出掙扎的吼叫……

那兩個青年的身軀，暗淡模糊，變成不淸楚的一團。他倆的影子有時還在黑夜里抖動一下。男的還是拉着淒涼的瘖啞的長調子呻吟着。

「哦！「大副」査夜來了。快走！快走！」幾個茶房慌忙的叱咤。他們顯出非常緊張的面色。突然，一條白色的強烈光線，把我們全照亮了。我把眼睛用力一張，原來是一個外國人。

「走，走——快點！」外國人推我走，用幾個不熟練的中國字說。

「爲什麽？我偏不走——」我惱怒了。

「哦！「大副」他不是坐統艙的，他住在上面。」茶房替我向他解釋。同時茶房又故意把話叉開，對那兩個青年喊道：

「還不快回統艙去！快——快去！」外國人果然又走到他們那裏。

「先生，求求你，他是一個病人。里面的空氣太不好了，請原諒一下吧？…」方才和我說話的那個女人求述着。

「不行，快走，快！——這是規則。」外國人簡直命令了。

「那爲什麼他不走呢?!」女的指我說，她有些氣憤。

「他，那不用你管！別人不是坐統艙的呀！快走吧！」終於茶房們推著他兩走了。那個男的臨走時還是帶着呻吟，有時投過幾句怨恨的詈罵來。

…………… ……………

夜色更濃的塗在大自然界。這時房里已燃起電燈，照出淡黃的一片。外邊的天，海已失却了喜悅人們心靈的那種藍色。船仍是急速的行走，時而簸動的搖擺一下。艙房

的旅客們已發出水牛似的鼾聲。

………一切生命和動作都是平靜的，夜帶來了死寂的沉默。

我靜穩的聽着海水蕩漾起的微伢聲音；莊嚴而深沉………

三

回房時，茶房們已經熟睡，小廚子打著哈欠，正坐在他牀上脫衣服。天津人還在忙著收拾他的東西：一個舖蓋一個柳條包。

「先生，你明天就到了。」小廚子說。他無論什麼時候總是顯出高興的樣子，彷彿一生從沒遇見倒霉的事。

「對啦。你不想回家去看看嗎？咱們一塊上岸吧！………順手你還能幫我一點忙……上海這地方我也不熟悉。

「好。」他頑笑的說。一邊抽下脚上的襪子。「先生。」小廚子臉色又忽然正經起來。「你不知道，吃船上飯的人，就別想離開海。……前幾天，在一打仗的時候，許多同事的全惦記他們家里的老小，回去了半個月，要是再轉來，船上那還會用他們。……你看，現在船上，一大半

都用的是新人！我們房里的茶房沒一個是舊人啦！」

「你也是新來的嗎？」

「我——。我已經吃了八年的鹽水了。……這八年里頭，我只上過一次岸，回家就住了兩天。……船上也不好作事，全有「幫」。比方，這個天津人他一來，大家就都欺侮他，什嗎苦事情全叫他作。」他躺下來，我也仰臥到牀上。「哼！這回聽說船回天津時，我們還要打針。媽的×！打針就全不幹！我們已經商量好了。爲什麽叫他娘的小鬼子打針哪，……這會船上正是好買賣的時候，買辦一次就能撈個萬把塊。他看我們要全不幹，他也慌了……好容易，他找外國人商量了半天，現在，針算是不打了。」

「哦！到上海的乘客也打針嗎？」天津人問。他的東西早已清理完了，一直沉默的聽着我倆談話。但是現在他又担心起來。「聽說人家的針一打上，活不到十天就得死。」

「到上海不打，出天津也不打，就只是進天津才打針啦！小鬼子很機靈，他怕去的人給病傳上他們的兵。」小廚子向天津人解說道。

「進黄浦江的時候危險吧！」天津人掛記明天上岸的情形。

「危險得很，子彈就往船上打，一個說不對碰上就糟糕。」小廚子譏諷的說。天津人被他弄得十分狼狽，連忙倒下身子背向我們獨自睡去。

這傢伙這麽怕死。不想想咱們在前線的兵士該死了多少?!」小廚子很生氣的對我說。「不過危險也有點。船一進黄浦江就能看到打仗了……八月十四號那天我們的船正進口，媽的空戰都看見了，咱們飛機眞捧，我看見揍下幾架小鬼子的飛機。」他十分興奮的爬起來坐著說。「這次中國不比從前了，一定耍大打一下子的。先生！你看對不對？」我還沒有回答。他又搶著說：咱們中國這次一定能贏，他媽×，光光一個羅店就死了他們過萬人。……你從北方來，北方的情形怎樣呢？」

「北方。唉！——沒怎麽打就完了……」我心上罩了一片鬱暗。我怕人再提起這個曾渡我十餘載光陰的北方了。現在，我記憶起：那沙漠似的大地，那嘫着哨子的風，那掩蓋無際的白雪……

船笛孤寂的鳴叫着幽長的聲音，似乎要轉灣。我把臉扭洵裏面，小廚子也感到了疲乏……幾個哈欠冒出他的口來。

「睡吧！他說。

「…………」

我們彼此笑了一笑。小廚子把燈扒滅了。外邊的月色森涼的射進圓型的窗口，像是要浴洗每一個人的心靈。……天上，有幾顆星星在閃爍……

十二日午前十一時。

上面是我去年十月間，由天津到上海的一段旅程。在我的生活史上，這段旅程將留下一個難以磨滅的印象。現在，我以回憶的筆調來追述這些過去的事實，是很不容易保全完整的。但我却要努力的使它成爲「不加一滴水」的眞實記載。小廚子，天津人，「守門將」…都是實實在在的人物，我並沒有把「誇張」和「抹殺」加在他們的身上。這些人在動亂的大時代里面，也許是被遺忘了的，也許本身就是微弱，渺小的。然而，我愿他們現在都有意義的生活下去。尤其是那個小廚子。

上海抗战与世界反法西斯战争系列丛书

淞沪

淞沪抗战史料丛书续编 III

第十三辑

淞沪血战记 | 教育部民众读物编审委员会 编
震动世界的八百壮士 | 时事研究社 编
世界红卍字会中华总分各会救济工作报告书 | 世界红卍字会中华东南各会联合总办事处 编
上海不宣之战 | [美] 勃鲁司 著

上海科学技术文献出版社
Shanghai Scientific and Technological Literature Press

“上海抗战与世界反法西斯战争”系列丛书总序

徐　麟

伟大的中国抗日战争，是近代中国人民反对帝国主义侵略并且取得第一次完全胜利的民族解放战争，是开展时间最早、持续时间最长的世界反法西斯战争东方主战场。在这场历经十四年之久的抗日战争中，中国各族各界人民同仇敌忾、共赴国难，经过艰苦卓绝的浴血奋战，以巨大的民族牺牲，打败了穷凶极恶的日本法西斯侵略者，取得了辉煌的胜利。正如习近平总书记所指出的，中国抗日战争“为拯救民族危亡、实现民族独立和人民解放，为争取世界和平的伟大事业，作出了彪炳史册的贡献”。中国抗日战争是在中国共产党倡导的以国共合作为基础的抗日民族统一战线旗帜下进行和取得胜利的。以爱国主义为核心的伟大民族精神是中国抗日战争胜利的决定因素，中国共产党的中流砥柱作用是中国抗日战争胜利的根本保证，全民族抗战是中国抗日战争胜利的重要法宝。

上海抗战是中国抗日战争的重要组成部分。在中国抗日战争与世界反法西斯战争中，作为中国共产党的诞生地，上海这座具有反帝反封建光荣革命传统的英雄城市，发挥了独特的重要作用，作出了重大的历史性贡献。

20世纪三四十年代，上海这座国际性的大都市，已经成为中国与世界各国通商贸易的主要港口，成为中国经济、文化中心和政治、外交副中心。同时，上海又是当时中国最大的军港和守卫长江的大门，具有重要的军事战略地位，因而始终成为日本法西斯军国主义

觊觎的一个战略要地。1931年“九一八”事变后，日本法西斯军国主义进而在上海挑起了“一·二八”事变，发动了对淞沪地区的武装侵略。驻守上海的十九路军和前来增援的第五军与上海人民奋起抵抗，给予日本侵略者以沉重一击，成为中国局部抗战历史进程中承前启后的关键性一役。“九一八”和“一·二八”时期的抗日武装斗争和民众抗日救亡运动，在世界上率先举起了反法西斯的旗帜，揭开了中国抗日战争和世界反法西斯战争的序幕。1937年七七事变后仅一月余，日本法西斯军国主义又把侵略魔爪伸向上海，遭到中国爱国军民的顽强抵抗，形成了以上海为中心的一场气壮山河、震惊中外的“八一三”淞沪抗战。七七卢沟桥事变和“八一三”淞沪会战，标志着日本法西斯军国主义全面侵华战争的开始。在中国共产党的积极倡导和推动下，抗日民族统一战线正式形成，揭开了中国全民族全面抗战的序幕，也标志着世界反法西斯的第二次世界大战在亚洲的东方战场正式形成。在“八一三”淞沪抗战历时一百多天的日日夜夜，中国军队和上海人民以其鲜血和生命，筑成了一座民族自卫的血肉长城，谱写了一曲民族团结、共御外敌的壮丽史诗。上海沦陷后，上海民众在全国人民和全世界爱好和平的各国人民的声援、支持下，面对极其艰辛险恶的环境，仍然以大无畏的英雄气概，坚定不移地继续投身于全民族抗战的洪流，对日伪的法西斯统治进行不屈不挠的斗争。中国共产党始终高举抗日民族统一战线的伟大旗帜，发动民众，团结上海各界人士，从人力、物力、财力等各方面支持抗日民主根据地和抗战大后方的斗争，冒着腥风血雨，迎接抗日战争的最后胜利。

两次淞沪抗战及上海民众在十四年不间断的抗日救亡运动中，

构成了一幅幅上海抗战英勇悲壮的画卷，也铸就了上海在中国抗日战争和世界反法西斯战争中的重要历史地位：上海不仅是中国对日作战的一个坚强的军事战略重镇，也是中国抗日救亡运动的前期中心和中国抗战文化的发源地；不仅是支援抗战大后方和抗日民主根据地的重要基地，也是世界反战反法西斯人士和中外难民的庇护所；是世界反法西斯舆论战、情报战的东方主要阵地，又是中国联系国际反法西斯阵营的纽带和桥梁。更为重要的是，上海抗日战争凸显了其重要的历史意义：它在外敌入侵、民族危亡的关键时刻，全面地、全方位地弘扬了以爱国主义为核心的民族精神，折射了中华民族有同侵略者血战到底的气概、有在自力更生的基础上光复旧物的决心，有自立于世界民族之林的能力。上海抗日战争在中国抗日战争和世界反法西斯战争历史上树立了一座永不磨灭的丰碑。

2015年是中国抗日战争暨世界反法西斯战争胜利七十周年。在中共上海市委的领导和支持下，上海学术界和理论界经过多年的努力，联合推出了“上海抗战与世界反法西斯战争”系列丛书。这套系列丛书分为三个子系列，**一是“上海抗日战争史”丛书，**内容包括上海抗战史通论、“一·二八”淞沪抗战、“八一三”淞沪抗战、日军在上海的罪行与统治、上海人民抗日救亡运动、上海郊县抗日武装斗争、上海人民支援新四军与抗日根据地、抗战时期的上海经济、抗战时期的上海文化、上海抗战与国际援助等；**二是“淞沪抗战史料”丛书，**选辑和汇集民国时期有关上海抗战的具有代表性的通讯、纪实、回忆录及报告文学等鲜为人知的孤本、藏本影印重版。**三是“上海抗战与世界反法西斯战争研究”丛书，**其中包括

资料性著作：如记忆中的淞沪抗战、淞沪抗战中文报刊资料选编、淞沪抗战档案史料选编、上海抗战历史文献选编等；专题性著作：如中国共产党与上海抗战、当代学者论淞沪抗战、国外学者论淞沪抗战、“一·二八”淞沪抗战画史、“八一三”淞沪抗战画史等；工具性著作：如上海抗战与世界反法西斯战争大事年表、上海抗战与世界反法西斯战争事件人物录等；通论性著作：在上述论著的基础上完成一部通论性著作，即上海抗战与世界反法西斯战争全史。这三个子系列丛书各有千秋、各具特色，在集结出版后，更能起到互相参照、取长补短的作用。可以说，这套系列丛书是上海学术界和理论界研究上海抗日战争和世界反法西斯战争的一项重大的学术成果，是对上海抗日战争史研究的一个重要总结和一次集中展示，也是向中国抗日战争暨世界反法西斯战争胜利七十周年献上的一份厚礼！

“疑今者，察之古；不知来者，视之往”。历史是最好的教科书。“上海抗战与世界反法西斯战争”系列丛书的出版发行，更是为了向社会提供一部能够弘扬时代正能量、培育与践行社会主义核心价值观的好教材。让我们站在新的历史起点上，进一步铭记历史、缅怀先烈、珍视和平、警示未来，为实现中华民族伟大复兴而奋斗，为促进世界的和平和发展作出我们应有的贡献。

出版说明

“淞沪抗战史料”丛书续编Ⅲ主要收集美国史坦福大学东亚图书馆等处所藏资源，将已见或未见的关于淞沪抗战史料以影印的形式出版，内容涵盖两次淞沪抗战，即“一·二八”淞沪抗战和“八一三”淞沪抗战，力求比较全面、翔实和生动地反映淞沪抗战的全貌。

两次淞沪抗战，是中国人民伟大的抗日民族解放战争的重要组成部分，特别是“八一三”淞沪抗战是在中国共产党抗日民族统一战线政策的指引下，以国共两党合作为中心，全国各爱国党派、团体，中央和地方各系抗日军队，各界爱国民众以及海内外侨胞，在抗日御侮、共赴国难的基础上发动和进行的，堪称民族自卫战争史上的伟业。它体现了中国人民血洒战场、拼死抗战的决心和民族团结精神。在抗战胜利70周年之际，阅读这些史料，重温那段中华民族优秀儿女面对强敌、誓死抗争的精神，就是最好的爱国主义教材。两次淞沪抗战展示了中华民族奋起改变自己国家命运的伟大信念，爱国主义激发出全体中国人民的巨大力量，这种信念和力量，在今天仍然弥足珍贵，令人心怀激荡。两次淞沪抗战中那些大气磅礴、气壮山河的史诗故事，均在本套丛书资料中有翔实的记录和质朴的史料作为佐证。

由于各种原因，原书中存在着印刷错误，而且有些细节也与史料不符，对书中的一些观点我们也不完全赞同，为了给读者提供最原始的抗战史料，对上述问题未做任何处理，希望读者能够给予理解。

编者

2018年7月

目　录

淞滬血戰記

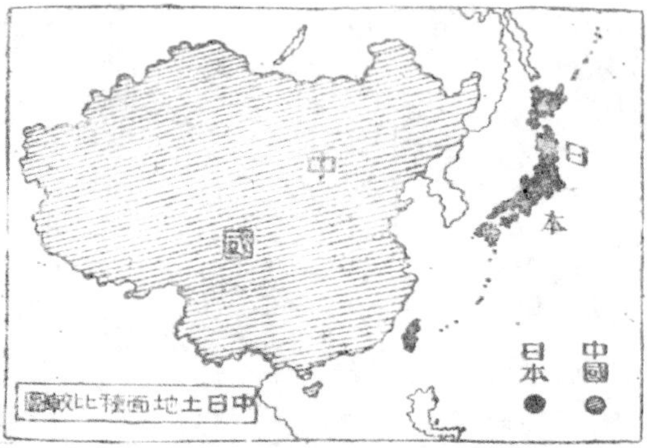

中日土地面積比較圖

一　日本人的野心

日本原不過是東海上的一個區區島國，論它土地的面積（三八二、〇〇〇方里），和我國福建省差不了多少（福建省面積三六五、〇〇〇方里），只因它在公元一八六七年（清同治六年），以後，王政復

古，一八六八年（同治七年），明治天皇登位，銳志維新，國勢便蒸蒸日上。

那時候我們中國，還沒有能發憤圖强，一切政事，都由清廷一班昏庸老朽的朝臣，胡亂應付，所以從一八七四年（同治十三年）起，日本人便一步緊一步的向我國侵略了。

它乘中國人衰弱不振的時候，前來尋釁，一戰而佔據台灣、澎湖，再戰而呑併庫頁島南部和朝鮮屬地，聲勢大盛，它因不甚費力，獲得好處，從此便心生妄念，想呑併中國了。

公元一九〇四年（清光緒三十年）日、俄開戰，那時俄國原是十分腐敗，又被它僥倖戰勝，從此它目空一切，便發生獨霸東亞的雄心，鎮日裏整軍經武，打算滅亡中國，以遂它「大陸政策」的迷夢。

那「大陸政策」，是什麼東西呢？「陸」是「陸地」，「大陸」是對「小島」講的，換句話說，便是要把「小島」上的朝廷，搬到「大陸」上來！

那政策是既毒辣而又可笑的計劃，約分六項：

（一）佔領中國的遼東半島，作侵略的根據地，同時舖設鐵路，設立會社，吸收金融，開發財富，

作吞併東三省內蒙古的伏線。

（二）分化中國，立出種種名稱（如南滿、北滿、華北、華中等等），挑撥是非，使中國人自相攻打，消耗國力，以便它各個擊破。

（三）囊括東三省、內蒙古，用它的力量，南據北平、天津，西探山西、陝西，借親善的美名，掠奪煤鐵和出產，並鋪設鐵路，以便運兵。

（四）拿黃河以北各省作根據，開始南進，一面以青島為中心，進窺江蘇、浙江、河南、陝西和長江一帶，一面以福州為中心，進取廣東、廣西

和珠江流域各省。

（五）擴大上述的計劃，滅亡中國以後，北攻蘇俄，佔領西伯利亞一帶，南進南洋羣島，掠奪英，法、美、荷的屬地，統一亞洲。

（六）把日本天皇搬到大陸上來，建立一個大亞細亞的日本帝國。

二　計劃的實施

它本着它的計劃，在日俄戰爭以後，便佔據遼東，闢旅順、大連軍港，鋪設南滿洲鐵路，創立南滿洲鐵道會社

，掠奪富源，調查險隘，作併吞東三省和內蒙古的準備。
民國成立以後，它生怕中國革命成功，和它的政策有礙，它唆使袁世凱屠殺黨人，同時它供給軍火，叫反對黨討伐袁氏，事後它見袁氏勢盛，又借錢給袁氏擴張軍隊，養成他稱帝的野心，一方面提出二十一條條件，叫他接受承認，說：「你如承認了，我們便幫助你做皇帝。」
袁氏死後，各派紛立，它利用這個機會，挑撥離間，使各人互相仇恨，造成內亂，它却暗地裏兩面供給軍火，要求訂立秘密條約，討些利益。
民國十四年以後，國民政府正式成立。十五年（公元

一九二六年）開始北伐，各地軍閥，紛紛崩潰，日本人爲維護自己不正當的密約計，當十七年，我們國民革命軍北伐到濟南時，就和我軍衝突，造成濟南慘案。

幸而北方軍閥，相繼崩潰，日本人師出無名，也只得快快退去。不久，張作霖在皇姑屯，又被炸死。他的兒子張學良，響應革命，國民政府任他爲東三省最高長官。他鋪設鐵道，開闢海港，對付日本人的侵略。日本人看見風色不對，便在二十年九月十八日晚上，突然在遼寧發動，一個月之中，連佔遼寧、吉林、黑龍江三省，又派兵到上海，釀成「一二八」的戰事。戰事結束，又進佔熱河。到

此，它不但第一二項的計劃，完全成功，便是第三項的計劃，它又完成了一半。

民國二十六年，七月七日，平津一帶的日軍，以演習爲名，突於深夜，砲轟宛平縣城，同時向我國盧溝橋駐軍攻擊，它想照「九一八」的老辦法，一舉而佔領北平、天津，使第二項計劃，急速的完全成功。

這時我國政府，早已看破它的詭計，爲着全民族的前途，忍無可忍，就發出命令，誓死守土！一面並調兵北上，加以援助。

日本人見我出兵，深恐於自己不利，便暗地裏令上海

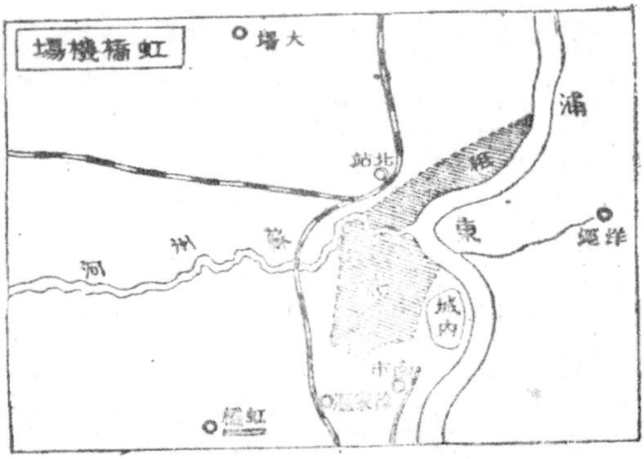

日軍，急速發動，牽制我的兵力，誰知我國政府，早有準備，淞滬戰爭，便由此開始。

三　神聖的抗戰

中華民國二十六年八月初旬，天還未亮，突有日本軍官多人，衝進上海虹橋機場，那機場原是飛機升降的場所，含有軍事上的秘密，不准旁人窺探的，何況是日本軍官

呢？當有衛兵，加以勸阻，誰知日本軍官，蠻不講理，掏出身邊手槍，迎頭一槍，把衛兵打死。其餘的衛兵，聽見槍聲，爲着正當防衛，也開槍還擊，結果打死他們下級軍官兩人，其餘日人，一概逃走。

事變之後，機場負責人員，用電話將事變經過，報告上海市政府保安處，更由市政府辦好公文，向　海日本領事館提出抗議，說他們不該闖入機場，打死衛兵，日本領事立即答覆說：「日本軍官，決不會到你們機場裏來的，如果來的話，便是他們的不是，抱歉得很！」

誰知隔不多時，日本領事館突然提出要求，說：「據

本國第三艦隊報告，有日本軍官二人，被中國兵無故殺害，除要求懲兇、道歉、撫恤外，還要撤退保安隊，並嚴禁反日團體。」

上海市市長俞鴻鈞，明知他們的詭計，又想惹事生風了。便一面暗暗準備，一面繼續交涉，且看他們怎樣？果然不出所料，八月十三日深晚，一隊日軍，突向閘北寶通路一帶衝來，對着中國保安隊，槍砲齊下。

中國保安隊，早已奉有密令，誓死守土，現在日軍衝來，忙即抵擋上去，不到一會兒工夫，衝來的日兵，全數消滅。

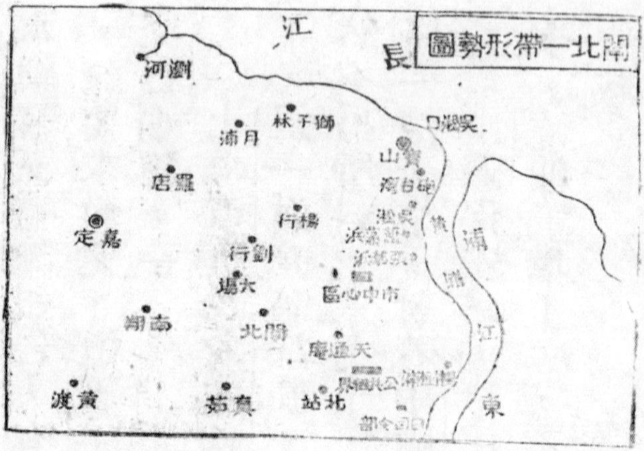

日兵見中國軍隊，很是勇猛，便不敢再向前衝，只有用飛機大砲，向閘北一帶，猛烈轟擊，直炸得寶山路、寶通路、天通庵一帶，煙霧迷天，屍骸狼藉！

日兵瘋狂轟炸以後，不見我國軍隊動靜，滿以爲保安隊全被炸死，便大隊衝向前來。

誰知我軍沉着應戰，當他們攻擊的時候，隱伏不動，待他們

衝過來的時候，機關槍和手溜彈，同時並發，直把日本兵打得退走不及，死傷很多。

日本兵退了，我們保安隊追擊上去，不一會，直衝進日本兵營，一直追到老靶子路。

日本兵慌了，急忙躲進北四川路預先造好的日兵司令部裏，堅守不出。

中國軍隊便把附近的日兵，加以掃除，想把租界邊的殘寇，澈底剿滅。

誰知正在這個時候，日本政府已派大批兵艦，裝載援軍進口，想要在楊樹浦三井碼頭登陸。

我軍便奮勇上前，將碼頭炸毀，一面分配兵力，把守吳淞一帶。

四　大戰開始

日本兵因碼頭被毀，不能上陸，便躲在船上，用飛機大砲，向岸上轟擊，一面把在海上沒有進口的船，由砲火掩護，偷偷地在張華浜上岸。上岸以後，分兵兩路，一路由砲台灣、獅子林進攻寶山，一路

敵機到處狂炸我城市鄉鎮

一只惡貫盈滿的敵機在我高射炮
手準確的瞄射下中彈起火下墜了

向月浦進犯，想達到羅店，向我包圍。

我軍早已知道他們的計劃，奮勇向前，將他們隔成三段，分別擊破，日本兵惱羞成怒，連派第六、第十一兩師團精銳的聯隊，向我猛攻，我軍沉着應付，在湯宅、孟宅、石橋、施相公廟一帶，殺得他一個落花流水。

那時指揮日本軍隊在上海作

戰的是松井石根，他見形勢不對，一面飛電向本國乞援，一面派大批飛機，向我各城市轟炸。但是我國早有準備，日本飛機，飛到各地，都紛紛被我國空軍擊下。

日本人還要逞蠻，不住的用密集排砲，向我轟炸，只轟得吳淞大小村莊，都成焦土。常言道：「以掌還掌，以拳還拳。」日本人既如此逞強，我們也不必太客氣了，於是也派遣空軍，向他們轟炸，他們雖用高射砲抵擋，無奈我空軍勇武，連將他們的司令部、彈藥庫、出雲艦，炸燬多處。

日本政府接到松井的報告，大爲驚慌，急忙另派永野修身做總指揮，調齊運輸艦四十九隻，載着兩個師團，到上海來援助。

援兵到達以後，用極猛烈的火器，掩護日兵登岸。登岸的部隊，且不停留，疾向寶山縣進攻。那時寶山縣駐軍姚子香營，堅決抗戰，直待全營覆沒，日兵才能進城。

日本兵進城以後，對於民衆，屠殺極慘。我軍奮勇進攻，屢得屢失，日兵死傷無數。

日本兵前後受攻，到此又改變策略，想直撲羅店，才可以取得聯絡，向我包圍，於是拚命的向月浦進攻。我軍

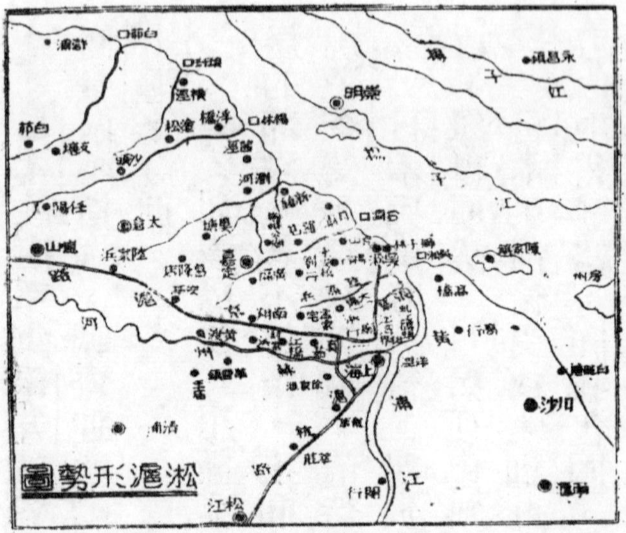

淞滬形勢圖

沉着應戰，始終沒有給他佔去一些便宜。

他們在九月十二日到九月十七日，六天裏面，總攻三次：第一次用他們第三、第六、第十一、第十二、第十六和新派的第九師團全部陸軍，由楊行、月浦、寶山、羅店一帶，向我總攻。我軍奮勇向前，把他們接連的

趕向顧家閣、徐家閣、永安橋一帶追殺，只殺得他們屍橫遍地，紛紛敗退。

第二次黃昏以後，敵軍正在休息，我軍突然向前，連克長橋、六維橋、潘家橋站等處。只殺得敵軍，血流成河！敵軍心下不甘，收拾餘衆，急忙反攻。誰知我軍勇猛無比，追殺前去，又消滅他一團的兵力。

敵人萬分無奈，恰好九月十七日，有一師新兵開到，加入前線，猛烈反攻。我軍也抽調新軍，迎頭對付，又殺得他們全軍覆沒。

五　戰事的演進

從此以後，日本兵鬥志全消，除掉虛張聲勢以外，不敢再有正式接觸。每日裏只是派飛機到我內地各省，肆意轟炸；一面由松井石根打電報到東京，作第四次的乞援。日本政府，到此成了「騎虎難下」的局面，只得另調陸軍四萬人　騎兵和機械化的軍隊一萬人，裝上兵艦，開向中國，前來救應。

那日本國原是土地狹小，人口稀少的國家。這麼一來，全國小工小農，和一般健壯的商人，被徵發的很多。

他們在九月二十八日以前分批到達上海，從二十九日起，開始作第四次總攻；一面自吹自擂的向外人報告，說他們決計在十月十五日以前，將我軍攻破！

他們這次總攻，表面上是全綫發動，閘北江灣一帶，也砲火連天。誰知我軍實力雄厚，他們不敢輕犯，只偷偷地向我軍防備稍稀的地方進襲。

他們作戰的手段，最拙劣不過。先是用飛機大砲，猛烈狂轟，然後用戰車掩護着步兵，向前衝進。我軍知道他們老是這一套把戲，因此在他們轟炸的時候，給他一個不睬，頂多回上幾砲便罷。直待他們衝進了，一聲喊殺，跳

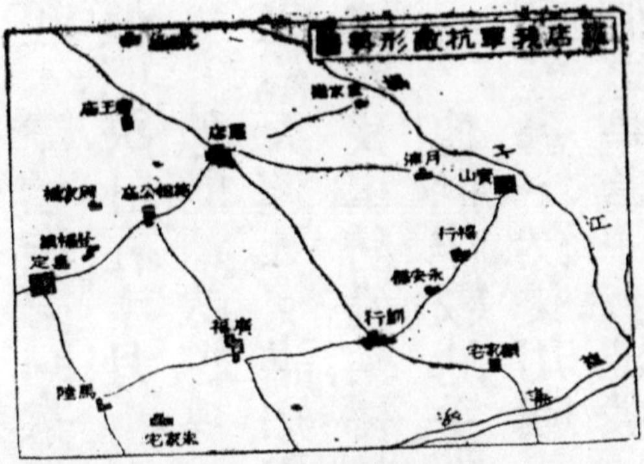

出戰壕，便將他們像斬瓜切菜似的，殺得他們一乾二淨。

像這樣支持了一天，敵人毫無進展。他們便改變方向，分向羅店西北施相公廟、曹王廟、蔡家宅、山塘灣、沈家灣、劉行鎮、顧家宅、周家浜、王宅、唐家浜、陳巷、太平橋、寶家弄一帶進攫，又被我軍給他們一個嚴重的打擊。計羅店一地，日本兵死傷三千多人，劉行鎮方面，又死傷二

千多人，聯隊長鈴木八郎，也被活活殺死。

他們經此打擊，大爲寒心，這路的戰事，便暫告一個段落。直待他們把市中心區的兵力外撤，兵力增厚，才敢出頭。從十月一日起，又開始用飛機大砲，集中轟炸，將我們的防禦工事，損壞一部份。我們在太平橋、竇家弄一帶的防地，沒法再守，爲避免無謂犧牲起見，就把劉行到羅店公路上的軍隊，向西移動一千公尺。他們到十月三日才敢進來，向廣福前進。

誰知他們太冒昧了，我軍西移，並不是敗退，乃是有計劃的移動。他們輕進一步，便被我們大殺一陣，殺得他

們抱頭而退。

十月四日起，他們又來進犯，同時在新木橋、張家宅等處，構築工事。不料我軍突然反攻，大部份的敵軍，都被我們殲滅，其餘敗軍，紛紛退到公路兩旁，沿荻涇河邊，憑河而守。

日本人到了這個時候，放棄正面進犯的策略，紛向孟家宅、老陸宅附近攻擊，直到十月九日，還是毫無進展。

十月十日，本是我國國慶的日子。我國將士，全體奮發，把日本人趕到荻涇以東。到此，日本人進佔廣福的夢想，被打得粉碎。

六　最近的戰局

當戰事激烈的時候，日本人用無賴手段，施放毒氣。幸我忠勇將士，早有防備，死傷不多；而敵人被我斬殺和炸死的，却不下五千多人。

當敵人從顧家宅沿公路南下的時候，他們想偸渡蘊藻浜，疊次被我軍痛擊，偸渡不成，可是因此而他們偸渡的心愈切。照着他們的計劃，他們原想渡過這浜，直達大場，然後分兵眞茹、南翔，切斷我軍聯絡。所以從四日起，戰事重心，就移到蘊藻浜的兩岸。敵軍戰略，一面向大場

狂轟，一面不斷的偷渡。我軍嚴密防守。不幸於六日早晨，在大風雨之下，竟被他們渡過。在公路以西，東楊宅和江家宅方面偷渡的，全被我軍消滅。在公路以東，到黑大黃宅和楊宅的，因爲他們人數太多，加以施放「催淚」毒氣，雖被我們血戰三日，消滅大半，而後路沒有截斷，援兵達一師團之衆，竟推進到壩石橋，向大場進攻。

我軍在十一日早晨，向他們猛烈攻擊，到下午五時，將他們擊破。敵軍遺屍遍地，死亡達三千人以上，其餘的紛紛敗退，死守浜邊。

至於閘北和江灣方面，日軍也拚命攻擊。他們雖天天

用飛機大砲，狂轟濫炸，可是我軍的防禦工事，仍絲毫未動。

總計這次戰爭，從九月二十九日到十月十五日，敵軍死傷，在二萬以上；加以八月十三日到十月十五日計算，他們至少死傷在四萬人左右了。

松井石根眼見着進攻不易，再發電報，向東京求救。日本政府，進退兩難。一面嚴厲的譴責松井，說他指揮無方，調回國內；一面改派眞崎，調新兵二萬五千人，作第五次總攻。

幸賴我軍一致聯絡，陸軍空軍，同時發動。他們不但

不能進展，反被我軍用機械化部隊，攻進他們作戰的根據地北四川路一帶。

眞崎到此，也忙了手脚，再向東京求救。東京政府，鑒於傷亡太大，民怨沸騰，一時沒有辦法，只好把新徵入伍的兵，高麗兵，僞國的滿洲兵，凑成三個師團，開到中國來助戰。

等援兵到達以後，眞崎爲了自己的前途打算，不能不狠命的一拚了！便吩咐日軍，且莫前進，非待飛機大砲，把中國的軍事工程，全部打燬，决不要輕舉妄動！

於是他們從十月二十四日起，整天的用大小排砲，和

百多架飛機，向我戰壕轟炸。

人是血肉做的，戰壕也無非磚石泥土之類，經他日夜轟炸，自然是日漸破壞了！

我們此次作戰，無非是要消耗他的國力。現在經過七十多天的抵抗，在這很狹小的戰場之上，他已六次增援，五次反攻，用二十萬軍隊，一百三十多隻戰船，三百五十多架飛機，死傷七八萬人，據專家估計，他每天至少消耗彈藥三百萬元，這區區三島，經此敎訓，不也很夠了嗎？

於是我們爲保存實力，避免犧牲，下一道緊急命令，從大場方面，作戰略上應有的撤退。

廟行的軍隊也是這樣。我們把南市、梵王渡、浦東、瀏河，廣福、南翔，緊緊的把握住，以靜待局面的演變。我們並不是敗，我們儘有進攻退守的餘地。我們並不是不守，我們是避免瘋狂的轟炸，不作無謂的犧牲！經過這一次的試驗，我們可以知道我們中華民族，有怎樣偉大過人之處！

第一、上下一心，精誠團結。使敵人出乎意料之外而吃了大虧。

第二、將士的忠勇，前仆後繼，視死如歸。以最經濟的手段，給敵人嚴重的消耗。

第三、日本人誇口說：「三天以內，便可佔領淞滬」的，到此「皇軍」的顏面，掃地以盡。

第四、我中華民族，處處以忠厚待人。敵人燒殺姦淫，施放毒氣，我軍却優待俘虜，從不向非戰鬥員，加以輕薄的舉動。

所以全世界的民族，對於日本無不痛恨，而對於我國的抗戰，却無不敬仰。即如十月二十八日英國泰晤士報的社論，便可以見到一斑了：

「日本軍隊，想要華軍潰散，是做不到的。日軍不能摧毀中國陸軍的戰鬥力，就是得些焦土，也沒有用的。日

軍雖已從這次戰鬥中，殺死許多華軍，可是自己也死了不少。但淞滬戰事，決不是因此而不再延長的。

從這一次戰爭裏，可以證明中國的軍隊，已重新覺悟起來。雖則中國財力不很充分，武裝不很齊備，然已扼守人所認爲不能支持一個星期的陣地，超過了十多個星期。且在軍略上作必要的退却時，在任何新式陸軍不能抵抗的猛烈砲火之下，而秩序還是十分整齊。

我們在這個場面之下，並可以看見中國各地發生精神上永久的影響，都和上海的華軍一樣了！」

中華民國二十七年五月初版

非常時期民衆叢書 第二集 近事 第八冊

(1066)

淞滬血戰記

實價國幣五分

編著者 教育部民衆讀物編審委員會

發行人 吳秉常

印刷所 正中書局

發行所 正中書局

震動世界的八百壯士

時事研究社印

1937

目次

五 電信一束……………………………………………一三二

2

讚堅守閘北勇士

我們的閘北大軍奉命退却之後，負掩護任務的一團兵，現在還有八百人孤守着四行儲蓄會的倉庫，與敵軍堅抗！在一角焦土上，時時為民族，為國家流着最後一滴之熱血！他們不是沒有歸路，他們可以繳了槍，退入租界。但是，他們不，堅决的不；他們每個人都堅持着國家交給他們的最後武器，猛拚着父母留給他們的最後熱血，向敵人索血債，要代價！

我說過：現在我們已隨國家的運命進入大時代，一切一切，皆必是前史所未有，已身所未經。在這次抗日戰爭中，中國男兒便創造了許多悲壯偉大的空前史蹟。南口的羅團，寶山的姚營，一個是在雄關上拚了每個男兒的熱血，停了每個戰士的呼吸，等着援軍，守住戰場；一個是在孤城內，斷了一切後援，絕了一切希望，不投降，不逃跑，每塊骨肉都塡葬了崩城，每滴熱血都染紅了焦土！這是我們中華民族的誇耀！這是我們中

—1—

華民族的光輝，晉北的崩潰，動搖了山西的根本，灰暗了全國的人心，郝夢齡一軍人迎上去，在忻口與強敵猛拚，由軍長到士兵，灑巨量之血，作極大犧牲，阻住了强敵的鋒銳，挽回了山西的頹勢，並保全了北方的大局。現在晉北戰局的好轉，北方大局的一線光明，都是受郝軍的犧牲之賜，日前郝夢齡軍長及劉家騏忠骸到了漢口，執紼的行列不期而集者數萬人，崇功報德，人同此心。郝軍長以一死救轉巳頹的北方大局，挽回巳失的軍民信心，豐功偉烈，實是我們中華民族的軍神，我們應該家家繡像，戶戶絃歌，就是失掉大場陣地因而引咎自殺的朱耀華師長也值得我們崇敬。在他持槍自裁的時候，他一定無怨無尤，只慚愧自己未曾善盡軍人職責，告訴全國軍人要知道羞恥！這一個失敗的軍人，民國史上也是少見的。

閘北的八百勇士，他們已盡了掩護大軍安全退却的任務，現在還踞住一角焦土，孤軍奮鬪。他們知道最後必敗，更知道最後必死，他們却握住必敗的前途，拚着必死的決心，向敵人索血債，要代價！為國家爭人格，為戰士作榜樣！請全國同胞屏息一思：在

大上海的一角，漫天火焰，敵軍重圍中的一所孤廈裏，雄踞着八百個忠憤塡膺熱血洶湧的勇士，孤廈的頂上高懸着中華民國的一幅國旗，孤廈的道旁偃臥着多具敵屍！這是何等的景象！何等的莊嚴！全世界人皆知道閘北業已失守，全國人皆知道閘北已成焦土；但是，還要知道，在那裏還飄揚着中華民國的光輝的國旗，還跳躍着中華民族的英勇男兒，他們囊中的每粒鐵丸都要飲到敵人的鮮血，他們身上的每滴熱血都要灑上祖國的領士！全世界人知道：我們的閘北未失掉！全國同胞切記：我們的勇士永生着！這犧牲，是我們中華民族最聖潔的血祭！這悲壯，是我們中國男兒最崇高的禮讚！

孤撑閘北的八百勇士！全世界的眼睛都向你們看着，全國人的心靈都爲你們跳着。你們死吧！因爲你們不貪生！你們殺吧！我們的敵人不可恕！你們的精神是偉大的，敵人的卑怯怎能比過你們的英勇？他們懷裏揣着千人針，胸前懸着觀音像，那貪生怕死的戰場老鼠，他們只知道在飛機大砲的後面摸索，那個敢面向我們捨死忘生的中國男兒；你們的悲壯是空前的：田橫的五百壯士不及你們，因爲他們是殉私義，你們死公忠！項

羽的八千子弟更不及你們，因爲他們是保一姓，你們是衞全族，我們的犧牲可比美三百殉國的斯巴達勇士，你們的精神能喚起七度衞道的十字軍戰爭！你們决不孤寂，全國同胞都是你們前仆後繼的夥伴，我們一定報仇，軍閥日本就是我們繼續奮鬬的目標！

人生百年耳，到頭終歸一死。你們這樣去死，是得到最神聖的死所！你們的血，染紅了我們民族的歷史！你們的死，必然換得了國家的永生！四萬萬同胞都將循着你們的血跡而前進；一個大國家必然繼着你們的呼吸而永生！這犧牲，是我們中華民族最聖潔的血祭！這悲壯，是我們中國男兒最崇高的禮讚！你們放心！染了血的領土，必定不失；有生命的民族，必定不亡！

二 鉄血將士臥榻談經過

我軍自陣地移動後，獨留孤軍八百餘人，由團附謝晉元，營長楊瑞符指揮，堅守閘北光復路口四行倉庫，與大陸銀行倉庫苦撐四晝夜，始於昨晨二時許，因奉最高當局命

令總全部退入安全地帶。這一幕英勇抗戰，引起中外注意，記者雖經數日調查，終以有關軍事祕密，未便輕於發表。現在我英勇將士已經退出，將在長期抗戰中與敵作更壯烈，更偉大，更有效的奮鬥！閘北孤軍的堅守雖事已過去，但他們在這一「天然堡壘」中的種種活動，却值得我全軍將士，全國民衆的注意，在今後英勇抗戰中實地應用起來，定於抗戰前途上有不少的效力。

因爲大場一點的突破，十餘萬大軍的陣地，作了戰略的後移。實行之初，大家還不免有些懷疑，可是事過幾天，大家都沒有什麽話說了；主要的，因爲我們的後撤不單避免了敵人包圍的犧牲，而陣地更形鞏固了。在長期抗戰總結算上沒有什麽不合算。

同樣，閘北孤軍因爲意志的齊一堅強，行動的敏捷果敢，實際已盡了殿軍的責任。使閘北數萬主力軍獲得了掩護，很安全整肅地退出了閘北。我們在一個佯攻之後，行動了一個整夜，敵人都沒有察覺，直到天亮才前進。又因爲楊營長的堅守，更根本避免了敵人的追擊；這是楊營已費盡了掩護退却的責任。

敵人劈拍劈拍地一連攻擊了四晝夜，傷亡了百餘人，消耗了無量數的彈藥，而我們困守的孤軍，因爲工事的堅固，技術的高明，只有五個人殉國，帶傷的也只有三十多人。因爲孤軍的奮鬪，引起了敵人的重視，世界人士的同情，民衆熱烈的抗敵愛國情緒，這是孤軍又一任務的完成。

現在，他們全營歸來了！我相信他們個個人的信念更加强了！殲敵經驗更多了！在敵人重重包圍中度過了幾天，敵人的紙老虎也穿破了！拿這樣的奮鬪精神，再配以優良的陣地，雄厚的兵力，適當的時機，去對付敵人，那效果比長久死守在這孤懸的有限陣地上好得多。

再，這批勇士回到整個部隊以後，極自然的會將他們的實戰經驗，堅苦精神，傳到大批隊伍中去，這效果之大，決非公式的政治敎育與死板的軍事訓練所可比擬。

所以，最高領袖命令孤軍撤退，是十分正確的；楊營將士達成了重重的任務，然後奉命而安全撤退，更沒有什麽不圓滿的地方。我們民衆的熱烈鼓勵，除希望他們多殲滅

幾個敵人，達成了他們任務以外，未必有人誠心地要看他們演一幕「壯烈犧牲」！而且他們這種始終「服從命令」，「達成任務」的精神，只要能普遍到全軍全民，我們的抗戰部隊像一部靈活的機器地由最高領袖去適當的運用，我們的抗戰前途，决沒有失敗的道理。

記者昨天在細雨濛濛的午後，抱着滿腔的熱誠，到一個醫院慰問負實際指揮孤軍作戰受傷的楊瑞符營長。楊氏面容很消瘦，而精神則出我意料之外的奮興。

他的傷在小腿部，他讓我看時，一肢壯健的小腿部，在無數層的紗布纏繞中，依他精神的良好，想在最短期間可以痊愈的。

我剛剛坐下，就有極濃馥的香氣撲來，仔細看看，原來他的床邊，桌上，都擺了好幾盆鮮花，有一盆是無名女郎送來的，我正預備談話時，該院護士長湯競羣女士又送一大盆菊花來，整個病室在芬芳的籠罩中。

「我這次很遺憾，殲滅的敵人不多，既未成功，又未成仁。……」楊營長首先謙抑地說。

「你這次旣掩護了大軍退却，又殲滅了許多敵人，現在全部安全脫險，今後在長期抗戰中，更將大建功績，還有什麽遺憾。」我很直爽地作了幾句解釋，並希望他談談他們全營苦鬥的經過。

「好，我爲你從頭說起：十月二十六日晚十一時，我奉了留守閘北的命令，即率部向四行倉庫集中，當時砲火猛烈，軍隊分散各處，不易很迅速的集中起來。我命傳令兵分途出去，先由北站防地集合了一連，開到四行倉庫；我帶第二連續去，三連與機關槍連隨後也到。

「因爲事前毫無準備，所以一直到午夜二時許才完全到達目的地。第一步先收拾炊具，找尋些必需的柴木，然後偵察地形，佈置陣地，開始構築工事；並破壞了全部電燈，以便軍隊隱蔽，並免敵人利用電線放火。到一切部署差不多時，天快亮了。

「晨六時，在蒙古路附近旱橋警戒的一排兵前來報告說：「敵人前進了！」接着警戒兵一面迎頭痛擊敵人，一面逐步後退，退到本陣地時，已七時半了。那時北站大樓

上，已插上太陽旗了，但是敵兵還未敢輕進，先用砲亂轟了一陣，見我軍還擊聲稀，才到處放火，實行所謂「威力搜索」。

他談到這裏，病房內外已雜亂地站立了七八個人，都在靜靜地傾聽他的敍述。

「到下午二時許，敵人進到蘇州河邊，開始向我們進攻；警戒部隊立即應戰，庫內部隊仍趕做工事，敵來勢很兇，一面猛襲，一面放火，與我軍激戰二小時，敵傷亡達四五十名，待我警戒部隊退到四行倉庫時，敵又跟進，堵住倉庫門來襲。」

當時大家的面容，顯然受到他的感動，緊張起來等候他說下去。

「那時我們的工事還未作好，所以我一面派兵堵門迎擊，一面派兵到房頂去投彈；投了二個迫擊砲彈，幾個手溜彈，倉庫西南牆下，就擊斃敵兵七八名，傷二三十名，其餘都跑走了。遺棄槍枝四五支，直到我們撤退時，還在那裏放着，因為我們派兵監視，敵始終未敢拿去，遺屍都是由警犬拖回的。」

他剛說得興奮了，一個女護士送來一碗藕粉，他在大家催促之下

匆匆下去。

「二十七日與敵激戰前後三小時後，敵人已知我軍不可輕犯、靜寂了兩天，少數敵雖屢圖偷襲，均經我軍擊退。我們大部隊專門拚命做工事。這所倉庫，眞是一個「天然堡壘」，儲存了幾千萬包糧食，第一二三層樓都是小麥雜糧之類，四層與五層，是牛皮與絲繭，都是很有用處。一層至三層，我們作了三天就完全告成。將每個窗戶門口均封閉了，南牆邊的麻包，堆積了五公尺厚，北邊各門口，築有十公尺厚，都是從地板到屋頂。第四層因爲材料不夠，並爲引誘敵人多多消耗彈藥，實際我們無人住在四層，第五層工事昨天已完成，這層工事非常好，比敵人侵佔的交通銀行倉庫高得多，我們完全可以控制敵人，敵人對我們沒辦法。」

大家正聽得痛快的時候，忽然走進來一位十六七歲的童子軍，向楊營長深深地鞠了躬，表示敬意以後，默默地站着聽話。

「昨天我們只顧在五層樓做工事，只派少數兵應付敵人，敵雖來不斷攻，我們在裏

邊根本聽不大清楚，讓他去瞎攻，消耗子彈，我們子彈寶貴得很，沒有優良目標，決不放一槍。

「到卅日晚十一時，我們作好了第五層工事，還剩了許多麻袋，正打算放在屋頂，防敵空襲，忽然奉到撤退命令；同時敵人攻得漸漸緊了，所以我們預定五日完成的工事再未進行，否則屋頂與第四層工事今天均可作成了。

這時，有女護士來試溫度，按脈搏，所以沉默了幾分鐘，有人還送來鮮花籃，楊營長說：「我眞是受之有愧！」

「我們除忙着做工事外，還注意到防火，照明，衞生等設備。其次，簡直沒有水喝，倉庫里的水管都沒有水，後來在蘇州河邊一所破房子中才弄了自來水，但是恐怕敵人破壞了，所以在每層樓放一個水桶，把大家的小便都藏起來，以備防火之需，我們用棉花打成捻子，濺些煤油點起來，作照明用，凌空擲下，同時還用一個棍子，綁上繩子，繫上民衆給我們贈送的大號手電筒，一人持着，將身子隱在一邊，一人向下投彈。

11

另外還可以打信號槍。

「我們在北站與敵人戰了兩月多，敵人的一切，我們都曉得了，他們有的就是大砲飛機與戰車，可是我們已經有對付的經驗，老兵一點不害怕，就是補充的新兵有時吃虧，他們的步兵太胆小了。

「在這里，工事這樣堅固，戰車原本衝不進來，重砲用不着，飛機因爲這個倉庫到底目標很小，不易投中，稍稍不準，就要抛到他們自已陣地。」

他說着並用水筆爲我畫了一張陣形，證明敵機的無用，絕對不敢直下轟炸，就是直下，我們也有防空設備，屋頂上早有兩架高射機關槍等着。

「最怕的，是敵人在倉庫附近隱蔽的地方，挖掘地洞，用炸藥炸破了牆，同時用戰車來衝洞口，那就不好應付；所以我們在晚間不斷用電筒向外來照射，如發現有敵人活動，馬上就投擲。至於敵人用平射炮亂轟，實際毫無效果，這倉庫比北站大樓堅固得多，全是紅磚紅士敏士建成的，我們打一個槍眼，也得費五個鐘頭。加上我們四晝夜的

12

工事，外方打步鎗裏邊有些地方聽不見，眞可說「有恃無恐」。我認爲長期抗守很有把握，毫無問題。民衆在外邊爲我們着急，我們在裏邊倒「視若平常」，因爲一方面我們都有犧牲決心，一方面成功頗有希望，成仁符合我意。

我們沒有不達觀的地方。大家關心的只是我們的工事沒有完全作好，有這樣多的麻袋供我們使用有這樣多的糧食，作我們軍食，有這麼多英勇的兄弟……實在捨不得。我同謝團附離開這陣地時，忍不住都落淚了。」他說着，眼圈似乎有點紅暈，又要落淚的樣子，我也全身發了熱，趕快脫了大衣，又向他解釋說：「你們的撤退，並沒有什麼遺憾，我們不是要長期抗戰嗎？」

「是的，軍人以服從爲天職，我們守是奉命，退也是奉命，而且是冒死退出的。我們退出的路口，敵人佈有四部機關槍，並有照明燈，我們打壞了一架，敵又裝了一隻，我們是用兩架輕機槍，一架重機槍保護退出的。我們官兵苦守四晝夜，大家只趕着作工事，誰也沒睡覺。」

「這次堅守中，出力的都有那幾位?」

「那天投擲炸死許多敵人的，是排長殷求成幹的，他因未用棍子打電筒，被敵擊傷了右手。我們對官兵，只求能達到任務，這次堅守的，都很有決心，誰派到任務，誰都可以達到，殷排長機會好，所以表現好。我們這次的決心，是中華人民個個都有的，中華民族能延續到今天，不是偶然的。日本人不認識我們民族的歷史，一定要我們永遠忍耐，到底屈服，必招慘敗。」

他說着又想了想說：「還有一位上官連長，湯醫官，因爲移防時都在他處，直到二十八日才經過許多堅苦視死如歸地趕來，鑽進了四行倉庫，與大家決心共存亡，都很可佩服的。另外有第三連陳排幾個弟兄，在敵人堵門來攻時，他們在敵機槍猛射中英勇奮戰，爬在地上弄了一臉灰，起來擦擦眼，又向敵還擊，待敵機槍又射，又隱蔽到地上，這樣更番苦戰的精神，都很不可多得。」

「現在事過了，你們當時的兵力分配，可否對我講講?」記者問。

14

「兵力佈置按戰術上分重點與輕點，最要是兩翼，所以我們左翼（卽交通銀行倉庫那邊）右翼（西藏路方面）都配備重兵，中間兵力薄弱，我同謝團附住大陸銀行倉庫里邊，我們的重武器，計輕機槍二十七架，重機槍六架，高射機槍兩架，只要我們堅守下去，定可殲敵不少。」

楊營長是河北省人，中央軍校第六期畢業生，與閩戰陣亡的王作霖團長同期；一二八時在河南担任剿匪工作，初在第二師，曾參加過許多戰役，八一三戰起，冒了好幾次險。昨晨初次受傷，因見手上有血，始行發覺。

三　忠勇壯士再談堅守經過

當記者走進了××醫院道述了訪問楊營長（那夜受傷）時，承×先生立卽允許領導，記者到了××號病室裏，那裏正是一個幽暢的病室，小鐵牀上躺着我們這位勞苦功高，發揚中華民族國魂的楊瑞符將軍，記者道了來意後，首先問他的精神怎樣，他說精神倒

還好，不過這幾天在四行倉庫裏和倭寇週旋了幾天，晚上簡直沒睡過，所以覺得有些朦朧疲乏，當時記者又要求着楊營長把這據守經過及退出的故事告訴我們時，在外面的幾位探望的青年，以及有幾位女士，也跑了過來，靜聆着楊營長的談話，室內充滿了緊張空氣。

記者先請他攝了一個病榻的全影，於是他抽了口香烟，就開始了下列的談話：

「四天來倭寇雖然整日整夜的向着我們這支孤軍進攻，可是他們祇有犧牲的份兒，絕沒有能力破壞我們這堅固的堡壘，我在困守之先，把所有存在那裏面的大批沙袋，佈置在二樓三樓以及五樓屋頂上，對於敵機我們有高射機槍可以對付，在平面的我們裏面，有的是機槍手溜彈等武器。

記得有一次敵軍猛力來攻的時候，我們想着裏面有幾百個迫擊炮彈，於是我們就把迫擊砲彈擲下來，當作手溜彈，果然這砲彈的爆炸力很強，給我們打死了很多的敵人，以後敵人來攻，都是虛張聲勢，簡直令人失笑，所以我們弟兄不加理睬，聽他們轟擊。

我們在裏面所憂慮的倒不是糧食，却是飲水，好得預先已經預備了很多。

在那天白天，我們將所有洗臉的水，甚至於所解的小便，都藏儲好了，防備他們火攻，因爲裏面沒有滅火彈，也沒有其他消防的設備，在昨天，外面敵人依然屢次攻擊，可是我們全部員兵，都異常鎭靜地在樓上作工事，撤退的命令還是在夜裏十一點鐘時接到，當我們接到命令時，我們很考慮了一下。

終以軍人以服從爲天職，所以在無可如何中，揮淚與倉庫相別，退出的時候，不料敵人不知如何好像已得到了上項的消息，他們在西面打着強力的電光，架着四枝機關鎗，控制着東南面，我們派了少數的哨兵掩護着後退，敵人竟發鎗掃射，我們本想衝過去與敵肉搏，可是終於顧到只命令爲重而忍耐着後退了。

當時在敵機槍掃射中，傷了我們幾個弟兄，同時我也在這時左腿給機槍洞穿了。我望傷部從速醫好，回歸到前方去殺敵了。我這未竟之願，不過回想到四行倉庫時期，要是沒有撤退命令，我們準還可堅守一兩個月，同時可以再多殺幾個敵人。』他愈講愈與

奮，一屋子的人都出神地呆着，每個好像都在囘味着這四行倉庫偉大的場面。

我辭别了楊營長，道了珍重，又到了××號六位撤退而受傷的勇士房間裏，那位機關槍兵張秋明，雖然左臂是被醫生截去了。半節手臂縛着綳布放在被外，臉上都佈滿了彈片傷痕，可是他精神很好，他告訴我，他在閘北作戰到現在，祇憑着一架輕機關槍，叫很多的敵兵領略過了他的滋味，他在昨夜退出時，擔負着掩護的重責，他用麻袋罩在頭上，伏處在警戒線裏，用着手溜彈投擲敵人。

最後部隊已差不多撤盡了，他還有一個手溜彈正欲高舉擲向敵人時，不料給敵人擲彈筒投射過來，恰巧正中在他所持的手溜彈上而終於爆發，將他左臂炸斷了，他眞勇敢，他雖是受了重傷，他在記者臨別時，還再三勸告記者不要怕敵人的砲火，我們要予打擊者以打擊。

在細雨濛濛中，車子滑在柏油路上，我的心好像還是牢記着四行倉庫裏的孤軍，其實孤軍已撤退了。

四　孤軍困守雜記

——千古不朽的一頁——

在閘北我們的一塊國土上，還可以看得到我們的青白旗，巍然地飄揚着，這在我們整個抗戰史上，是顯着極重大意義的，因爲自閘北江灣我軍的戰略關係，退守蘇州河南岸後，掩護閘北我軍移動的八十八師謝團八百壯士，不願放棄苦守七十五日的閘北領土，故迄今仍留守在新垃圾橋西堍四行堆棧內，寧作壯烈的犧牲，爲我中華民族，流最後的一滴血。

全市的民衆，對於謝團將士的忠勇英烈，多感覺到這樣偉大的犧牲，表演我中華民族不屈不撓的民族精神，在抗戰史上，將永垂不朽，於國際上亦留着無上的光榮，敵人雖有猛烈的砲火，但我將士俱有這樣的偉大精神，可使敵人膽寒而不敢前進。

英國防軍曾勸我將士棄械退入租界，我英雄的將士們答以我們是中國的軍人，寧願

戰死在閘北領士之內，決不放棄殺敵的責任，英軍聽了這一番可歌可泣的話，表示萬分的佩欽與同情，所以我們這種忠勇的犧牲，確是有重大的意義的。

淪陷敵手的閘北，沿蘇州河邊，多豎立了敵人的旗幟，獨四行棧房的屋頂，高懸着我們青天白日的國旗，飄揚於緊張的空氣裏，愈顯得光明燦爛而可愛，與西首某建築物上的敵人太陽旗屹然對立，似乎在隨風互吼。

敵軍在交通銀行堆棧西首蘇州河邊，挖壕架砲，擬向四行堆棧射擊，但敵軍皆畏縮不敢前進，我抱必死決心的將士，仍很安閒地守在堅如鐵壁的棧房內，不動聲色，等待着敵人前往，準備與敵拚命，拿白的刃，紅的血，結成一個天然的戰線，是抵抗敵人炮火的唯一良策，這樣雖犧牲了，但最後的光榮，是千古不朽的。

——招之不來何理——

按大陸銀行四行倉庫，與蘇州河祇一水之隔，在新閘路長沙路口，眺望可見。自黎明時起，租界內我居民，因崇仰八百壯士，故麕集該處翹首跂足而觀者不下數百人，據

一肆主言，伊店適在蘇州河南畔，自樓上窗隙眺望北岸，清晰可辨。據談，敵軍三次圖衝入四行倉庫，皆不得逞，敵每次衝入，均十餘人，未歷階沿，卽中我軍機關槍彈，死者四五人，其餘之敵，卽慌張將敵屍敵走；最後一次，因被我軍自屋頂擲下手溜彈，死傷較多，總數不下十餘人，當最後一次敵遁走時，我軍曾由窗隙中出手作招呼狀，敵軍睹狀，逃竄愈速，南岸駐防英軍，亦爲之忍俊不禁云。

——日軍？日犬？——

我謝團孤軍壯烈堅守蘇州河北岸四行倉庫，誓不退却，國民社記者特趨新閘路沿河浜視察，至長沙路口隔河眺望，見橋南駐防之英軍將麵包送給我軍，熱誠可感，並悉該處新垃圾橋堍鐵絲網整日開放，擬援救我軍出險，但我忠勇將士，均自願壯烈犧牲，誓與敵軍拚命。又悉昨晨敵軍曾數次轟擊，我軍毫無損失，後敵軍竟用警犬衝鋒，大批敵軍隨後衝去，被我英勇將士猛擲手溜彈，擊斃敵軍六十餘人。

——始信人間有鐵軍——

廿八日拂曉時有敵二十餘人，在新垃圾橋蘇州河畔打旗語，招其部隊來攻堅守於四行儲蓄會內之我八十八師軍隊，被我軍瞥見，卽有一軍士身上滿縛手溜彈，突由六層樓窗口躍下，適墮在該處之敵叢中，，該二十餘敵軍，盡與煙彈同化烏有，其壯烈犧牲之精神，誠驚動天地而泣鬼神，此後敵遂未敢往攻，現四行儲蓄會四周，敵未敢輕進。

前日午夜，有敵四十餘向四行儲蓄會倉庫窗口爬入均被我軍殲滅。

——不成功當成仁——

廿八日上午，敵機多架，曾飛至上空盤旋，我忠勇壯士，卽發機槍掃射，將其逐去，下午三時許，一部敵軍，又前往攻擊，惟祇從遠處放槍，不敢迫近，各樓玻窗，被擊碎者甚多，我忠勇壯士重視械彈，遠過生命，不見敵軍蹤跡，未予還擊，四行倉庫與大

陸倉庫，可以互通，爲鋼骨水泥以構築，堅固不啻堡壘，可資固守；大門俱已堆積沙袋，兩端並築有工事，故敵軍欲圖衝進，尙非易事，聞敵軍已在附近架設三吋口徑之砲位，意欲轟擊，但我亦有恃無恐，敵軍並曾施用火攻，致四週房屋，已悉化灰燼，惟四行倉庫，仍矗立未動，我忠勇將士欲向敵軍索代價，以遂其殺身成仁之壯志，當可酬願。

——唯死無愧死而後已——

美聯社記者跟隨公共租界消防隊長戈登迪孫，前往北虞洽卿路視察，行至海昌路與大通路之交叉處，曾見有燃燒甚烈之房屋一所，其中有大批手溜彈爆炸，附近又有華軍伏兵之機關槍據點，與進攻之日軍作戰甚劇，據美聯社記者云：「余於到處烈燄及鐵絲網障礙之中，趨避極感困難，後遇一日本軍官，勸余從早退出該地，謂日軍現在縱火逼使狙伏該處之華軍出現，記者回至四行儲蓄會棧房時，見該棧已成若干華軍之堡壘，此輩皆於胸前佩戴「決死隊」之標誌，某軍官並向予言，「余等決爲中國流最後一滴血」，余

23

並見棧中手溜彈與機關槍甚多，據該軍官言，棧中所存之食物與水，尙足敷數日之用，同時余又目擊蘇州河畔有中國士兵九名，手皆反綁於背後，均被日兵射殺。

——緊張中的悠閑——

廿九日清晨，駐防該處英軍，曾再度努力，勸告我忠勇壯士卸去武裝，退入租界我忠勇壯士對英軍友愛之好意，雖極爲感激，但彼等已決定死守可寶貴之最後陣線，拚最後一滴熱血，作最光榮之犧牲，故又堅決謝絕。彼等昨日曾設法遞出信件甚多，請爲寄發，蓋悉爲遺囑也。記者在蘇州河南岸邊界，登某高樓之頂，觀察對岸動靜，此時在附近各大廈之屋頂與窗口作同樣觀察之中外人士，多至不可勝數，對岸之四行倉庫與毗連之大陸銀行倉庫，均歷歷在目，長約五十碼之六樓屋頂上，有機關槍一座，蓋爲對付襲擊之敵軍飛機者，屋頂上有我壯士約十人，時而分散巡視，窺探敵軍動靜，時而聚首談笑，有所協議，態度沉着悠閑，毫無匆遽倉皇之色，當夕陽行將西下之際，我忠勇

壯士忽在屋頂上高揭國旗，隨風飄展，使四週之太陽旗黯然無色，此情此景，令人感奮涕零。

——惶態似賊細胆如鼠——

我八十八師謝團楊營孤軍八百，安然駐於蘇州河北岸光復路之四行倉庫內，以儲藏極少之彈藥，與敵作最後之一拚，雖敵軍自朝迄暮，不斷進攻，但仍屹然未動，無一壯士傷亡，計廿八日上午三時及七時十分，下午三時四十五分及五時十分，敵軍曾四次向該倉庫我軍猛攻，均遭我軍擊退，以下午兩次最爲猛烈，斃敵四十餘人，均横屍蘇州河邊，用警犬拖去，茲分述四次情形如下：（一）上午三時及七時十分兩次，每次敵軍祇十餘人，持槍荷彈，由隔壁沿牆邊偷犯，我軍早巳發覺，仍佯作不知，迨敵逼近倉庫門首時，卽居高臨下，紛以手溜彈向敵猛擲，敵見勢不佳，咸急遽向西，忘命奔逃，然巳有多人，飮彈斃命矣。（二）下午三時半許，敵以汽艇兩艘，每艘載敵百餘人，上架輕機關

槍一挺，人各持步槍或手溜彈，自黃浦江駛入蘇州河，向四行倉庫進發，當駛過外白渡橋至老垃圾橋堍時，被駐防沿蘇州河浜之英軍發覺，即堵截前進，以極和藹之言語，勸敵軍勿進，以免危及租界，經兩小時之交涉，始行離開。三時四十五分，新垃圾橋堍一帶，步鎗機槍聲大作，手溜彈鋼炮聲間夾，蓋敵軍六十餘人，自上海銀行堆棧，第三次來犯矣，我軍於敵逼近時，探首窗外，沉着精神，分頭以機槍射掃，並以手溜彈如雨擲下，來犯敵軍，大半中彈倒地，餘逃逸，倉庫門前，蘇州河邊，遺敵屍甚多，敵軍未敢親來移屍，移時，仍由警犬數頭，擒前口銜而去，我軍以步槍射擊，一犬亦中彈而死，五時十分，敵軍十餘人，四次又來猛衝，經我搖射機槍，約二分鐘，來犯之敵，卒被擊退，是役亦曾斃敵四五人，而我軍則一無傷亡。

——永不磨滅的英勇戰績——

我堅守閘北八十八師八百壯士，自死守三日以來，深得中外人士之深切讚譽，敵人

對此毫無辦法。廿九日午後四時許，敵軍用坦克車二輛，掩護步兵二百餘，沿蘇州河岸向西推進，計在將四行堆棧南邊之防禦工事折除，以便進攻，我壯士伏處於堆棧樓下。由窗中向外探視，佯爲不知，敵小心翼翼，徐徐推進，我壯士待敵車推進至相當地點，即用手溜彈與炸彈拋擲，敵車被燬，傷亡兵士廿餘人，鄰近敵軍紛紛逃避。又至五時許，敵軍因四行堆棧東北邊有鐵門封鎖，誠恐我壯士由此處衝出，因派工人持斧頭將鐵門斫毀，不意工人方持斧行近鐵門，我壯士從屋頂上擲下炸彈，將敵工人炸死，其餘工人紛紛逃避，未敢再犯，僅在隔壁上海銀行堆棧屋頂及後面舊更新舞台屋頂，架設機關槍不斷向四行倉庫亂射，並時發小鋼砲轟擊，通宵未停，惟該倉庫堅如堡壘，未受影響、四行倉庫四字中之『四』及『倉』兩字下，雖被敵以小鋼砲轟成兩孔，但反予我軍以便利，蓋我軍之輕機關鎗，可由此孔而向外掃射也。

三十日晨七時三十分，敵人又竭其全力圍攻，槍聲一如繁弦急管，四行倉庫後面之國慶路，敵似安置有小鋼砲位，砲聲時起時輟，不斷向四行倉庫後牆攻擊，同時福康福

源錢莊堆棧屋頂，敵方所發之機關槍聲，尤密如聯珠，其射擊目標，似在四行倉庫屋頂之牆，因其地勢較敵所憑藉者爲高，故圖盡力摧毀，第其射擊之結果，除牆之外表水泥，略受剝落，牆幹仍屹然，不能動其分毫，未幾敵方復來飛機兩架，向上空盤旋，記者在南岸一高地上佇觀，達二小時以上，我軍對敵之圍攻，毫不置意，故始終未加理睬，惟對伏地蛇行，圖近前澆洒火油，意在四週燃火進逼之敵人，則未肯輕易放過，不時餉以手溜彈，敵軍雖善於亡命竄避，亦間有死傷，有一次我軍擲下手溜彈時，去伏進之敵人甚近，惜彈落於河岸沙袋上，未卽爆裂，敵得逃竄巳而敵漸呈不支，遂變更戰略，一面據交通銀行堆棧門口防禦物及屋頂射擊，一面由烏鎭路側面進襲我軍背面，詎尚未近我軍駐所，卽又中機關鎗彈倒地，敵軍見勢不逞，乃停止進攻。八時許，有敵機二架，突飛至烏鎭路一帶上空盤旋，但畏我軍高射機關槍射擊，不敢低飛，十一時許，槍聲再作，我孤軍仍沉着應戰，敵軍中彈斃命者達十餘人，午後一時起，敵除派少數部隊，在交通銀行倉庫屋頂及江蘇銀行堆棧沿河岸防禦物內，發出零星來福槍及自動步槍等射擊

外，更有敵機二架，在四行倉庫上空盤旋偵察，時低時高，作投彈狀，以期威脅，三時至四時半間，敵又使用小型坦克車二輛，由烏鎮路取道交通銀行堆棧後面，圖襲擊我軍後背，但早經我軍發覺，待其迫近，報以手溜彈四枚，轟然一聲，敵車當被炸毀一輛，其餘一輛亦負創而逃，總計昨一日間，被我擊斃敵數十名，而我祇一年僅十四歲之壯士受傷。

——退時猶吼萬歲聲——

願洒最後一滴血與敵死拚，以爭國家無上人格，發揚民族浩然正氣之八十八師謝團八百壯士，由謝晉元團附楊瑞符營長率領，死守閘北四行倉庫，已歷四日，此種彪炳寰宇之偉大壯舉，可歌可泣，已引起舉世之崇敬同情，我最高領袖蔣委員長，對此八百壯士視死如歸，忠勇愛國，不負平素訓練敎導之旨，亦深爲嘉許感動，惟以現値長期抗戰之際，國家所待於此八百壯士者，至深且遠，如任其孤軍死守，壯烈犧牲，要亦爲國家

莫大之損失，不如忍痛放棄此閘北最後陣地，使此輩壯士，另圖報國之道，遂諭令淞滬警備司令楊虎，指導該團，自動撤退，聞楊司令奉令後，即會同八十八師孫師長，於極艱困之環境中，傳到密令，我八百忠勇壯士，對最高領袖愛護袍澤之赤忱，莫不感泣，遂不得不服從嚴格之軍令，作忍痛放棄可寶貴的最後陣地之準備，昨晚敵軍曾一再向四行倉庫總攻，鎗砲之聲，甚為猛烈，我忠勇壯士，處以沉着，置之未理，至二時後，我壯士於敵軍重重包圍嚴密戒備之中，以神祕莫測之行動，抖擻精神，整飭隊伍，安全退出此閘北最後之堡壘約二小時，全隊均到達安全地帶。綜計我壯士苦鬬四日，殲敵百餘，我壯士亦有十餘人殉難，此轟轟烈烈之壯舉，已使舉世留一不可磨滅之深刻印象，而我壯士今後抗敵衞國，亦將益顯其英勇身手。

八百忠勇壯士，卅日晚突遭遇敵軍猛烈總攻，我壯士在鎗林彈雨中，苦守最後陣地，與敵浴血艱苦奪鬬，不屈不撓，令人感奮，無可言喻，敵軍於昨晚九時許，即開始進攻，一時機槍與步槍聲大作，使附近租界居民大為驚恐，但不久即行停止，至十時半，

敵軍乃大舉猛犯，我壯士處以沉着，不亂發寶貴之彈藥，俟敵迎近時，始以手溜彈向敵猛烈投擲，敵軍被擊斃者，達五十餘人之多，於是敵軍兇焰狂發，環攻不休，到卅一日一時，乃以三吋口徑之平射砲，向四行倉庫猛擊，最激烈時，竟每秒鐘發砲一發，隆隆之聲，震破長夜沉寂之空氣。

困守閘北四行倉庫之我八百勇士，本欲抗戰到底，抱必死之决心，與陣地偕亡，後因我最高領袖諭令該團，自動撤退，遂不得不忍痛放棄閘北最後之陣地，至今晨一時四十五分，戰事又漸趨沉寂，至二時十分，我軍遂以神速嚴密之行動，安全退出，臨行時並全體高呼中華民國萬歲，其聲調之悲壯，令人感奮落淚，此後遂分乘卡車十三輛至中區安全地帶休息，記者亦趕往慰問，並叩詢四日來困守之經過，據稱我軍在四行倉庫中，築有堅固之工事，準備與敵作殊死戰，故敵雖屢次猛攻，我殊無損失，而敵被我殲滅者，則達百餘人之多，我軍苦鬥四日，亦有五人殉難，受傷者約三十餘人，楊營長親自指揮作戰，致足踝受傷，當我軍退出後約十分鐘，敵遂趨入縱火 未及五分鐘，但見

火焰已透出窗戶，燃燒甚猛，一時火光燭天，至今晨四時半，猶在焚燒中。

五　電信一束

——謝團附晉元致孫師長決心死守書——

師座鈞座，竊職以犧牲的決心，謹遵鈞座意旨，奮鬥到底，在未完全達到任務前，決不輕易犧牲，成功成仁，熟計之矣，決不有負鈞座意旨，偷安一時，誤國誤民，負鈞座付託之重，外間一切宣傳消息，概自外界傳去，職到此時從未向外界發表任何要求，任何談話，既抱必死決心，現除達任務外，一切思念皆無，整個工事經三日夜構築，業經到達預定程度，敵如來攻，決不得逞，廿七日敵攻擊結果，據瞭望哨兵報告，擊斃在八十名以上，昨(廿八日)晨六時許，職親手狙擊斃敵二名，租界民衆觀看者咸拍掌歡呼，現職宗旨待任務完成後，決作壯烈犧性，一切乞鈞座釋念，職謝晉元上，廿九日上午十時。

——孫師長元良致謝團附書

謝團附，楊營長暨我諸忠勇將士兵，余頃在××前線，余雖在前線，余之心魂與諸將士同在閘北，余奉命經營閘北國防軸心，保我疆土，諸同志奮勇却敵，固守二月有半，倭敵終未能越雷池一步，所以報國，幸不後人，近以一髮之動，全線西移，本軍亦奉命轉移陣地，而以最後守衞閘北之責，付託我忠勇之諸將士，諸同志能服從命令，死守據點，誓與閘北共存亡，此種堅毅不拔臨危授命之精神，余與全軍將士同致無上之敬意，我中華民族自古多果敢赴難之士，岳家軍屹然不動，咸公兵懔悍却敵，以身許國，浩氣長留天地，我國民革命軍賦此美德，重以最高領袖蔣委員長之敎訓，不吝犧牲，早抱成仁之決心，此役殺敵致果，實開震天動地之歷史偉蹟，我黃帝兆億子孫，全世界千百萬後世人，必以血誠讀此史頁，諸同志孤守閘北已三日矣，敵之畏葸與我之勇敢，已爲舉世所共見，滬上中外人士交口欽佩，民衆奔走援助，咸負「如可贖也人百其身」之願，

此誠我中華民族之光榮，我中華民國之光榮，亦我國民革命軍軍人之光榮，望繼續奮鬭，完成抗敵使命，流最後之一滴血，我最高領袖蔣委員長於諸同志之壯烈犧牲，殊覺嘉慰，余敬以轉告。

孫元良，十月二十九日

34

——韓團長憲元致謝團附書——

謝團附晉元兄楊營長瑞符兄，並轉各官兵同志均鑒，兄等率部堅守閘北，掩護大軍轉移新陣地，任務早已完成，現在敵軍三面包圍中，艱險奮掩，予敵重創，名揚中外，至爲敬佩，仍希繼續奮門，服從最高長官命令，克盡軍人天職，本團現佔領×××，比較閘北竟爲易守，甚望敵人盡其所有，向我攻擊，本團官兵，當繼續閘北抗敵精神，雖剩一兵一彈，決然奮門到底，卽與×××同歸於盡，亦素得二千萬以上之代價，甚所樂願，知注特聞，並祝努力，

韓憲元手啓，十，卅

——朝鮮革命黨慰問電——

八十八師謝團長，楊營長，暨全體忠勇將士均鑒，倭敵肆虐，入寇中華，暴行侵略，神人共憤，自八一三事變以來，貴國軍隊勇猛抗戰，迭摧頑敵，神威所播，舉世驚服今次大場一役偶告失利，戰略所關，暫移陣線，乃貴團將士以八百孤軍，死守一隅，焦土抗鬬，歷四晝夜，確保最後據點，願作壯烈犧牲，以盡軍人天職，而保祖國光榮，現雖遵奉最高領袖之命，忍痛撤退，得出重圍，同獲安全，續圖報國，而諸將士義烈偉大之精神，實古今所無，舉世罕見，敝黨同志耳聞目見，感奮涕零，謹電致電，以表敬意，

朝鮮民衆革命黨上海特區叩。十月三十一日

——青年服務團慰問信——

謝團長，楊營長，暨全體忠勇的將士們，你們爲着中華民族的生存，竟願洒下最後

一滴血，在淞滬的國土上留下光榮的痕跡，千千萬萬的同胞，將永遠懷念你永垂不朽的精神與人格，因爲這正是表了中華民族不折撓的靈魂是一定堅實的挺立於全世界，今日的抗戰，不但是爭取民族的解放同時亦是爭取民族的人格，我們相信你們現在正在爲爭取民族人格而戰，你們的流血，你們的頭顱，都將寫成新中國的歷史，民族解放的大道，你們也是最偉大最艱苦的奠礎者，千千萬萬的同胞，都含住了悲痛的眼淚，正挺起胸膛，邁向你們所鬬爭的大道，中國的抗戰場上，有了你們如此成仁取義的偉人，中國決不會滅亡，中國的前途，只有光明，我們敢保證在鐵血裏失却的土地，一定也可以在鐵血裏收回，謹代表上海廣大的青年與同胞，向諸位致最熱烈最嚴肅的敬禮。

——上海市總工會致敬信——

八十八師謝晉元團附楊瑞符營長轉全體八百英勇壯士均鑒，溯自八一三抗戰發動以來，我忠勇健兒，在強寇猛烈砲火之下，以熱血頭顱，誓死奮鬬，義旗所指，屢挫敵

鋒，光榮偉大之戰績，已引起國際間無限之同情，與後方民衆熱烈之欽敬，迺者苦戰二月半，卒因大場陣地，被敵突破，不得不忍痛退出閘北，乃貴團全體官佐，雖處於鋒火四起，敵騎包圍之中，猶願洒最後一滴血，孤軍堅守四行倉庫，向敵寇索取最後之代價，爲我中華民族爭取偉大之人格，正氣磅礴，實足驚天地而泣鬼神，忠貞偉烈，尤堪黯日月而爭光輝，敝會敬掬血誠，代表全滬八十萬工友，向貴軍八百壯士致無上之敬意，與深切之慰勉，臨書感涕，惟祈鑒納。

上海市總工會敬啓

——何香凝氏致敬信——

謝團長並轉親愛的八百勇士們，我在報上看見你們英勇豪壯的氣概，使我感動得流淚，但是等我跑到橋邊，却又不能通過，只有靜穆地向對岸注視，遙寄我滿腔虔敬親愛之忱，你們每一個人都已充滿了孫總理和廖黨代表的革命精神，犧牲精神，不論是成功或成仁，都可以俯仰無愧了，殉國的將士，將因爲你們而愈偉大，前線的將士，將因

爲你們而愈英勇，全國同胞，將因爲你們而愈加團結，國際人士，也將因爲你們而愈能主張正義了，我已設法送給你們些救傷品和食品，聊表心意，盼望你們奮戰苦鬪，犧牲到底專此敬致抗敵敬禮，香凝。

十月廿九日

——吳鐵城氏致敬電——

（銜略）讀二十九日告死守閘北諸將士書，感動殊深，諸將士不惜犧牲，誓死報國，此種忠勇浩然之氣，足以動天地而泣鬼神，士氣爲之振奮，敵魄爲之褫奪，中外人士，無不敬仰，此實我總理大無畏精神所感召，最高領袖精誠之領導，及吾兄平昔之訓迪，有以致之，謹代表百粵三千五百萬民衆，致至高無上之敬意，尙祈鑒察；轉致爲禱

——公民特訓學員致敬信——

壯士同志們，看到矗立於四行絕頂而飄揚於天空昂然於倭寇飛機與砲火包圍之內的

中華民國的國徽，我們，跂立在蘇州河南岸的我們，是誰也不能遏止的，對你們高呼，乃至感極而流淚了，你們決死守土，正是中華民族五千年歷史文化之所鍾，正流露了中華男兒燦爛的光芒，願你們一往無前百折不囘的，抱定你們的決心，必然的，你們的忠貞，和你們的熱血，將寫成中華民族復興史上與中華民族抗戰史上最光榮之一頁，我們以敬意與同情，給你們以精神上的安慰，我們更準備着以熱血與衝鋒，作你們行動上的後盾，謹具軍中最良食品玫瑰香蕓菜三千包，聊表敬意。

上海市公民訓練處訓練總隊特別訓練隊　十月三十日

——一外人致敬英勇將士信

中國軍隊守衛上海七十六日之後，尙有死守孤壘，困於強敵，力持不去者，其英勇之氣，使人懷想不釋，其需求之物，僅糖、鹽，光餅二物，俾可充饑持久，死而後已，其到死方休，一人不遺之烈，爲中國士卒爭榮光，爲中國主權求保全，爲國家生存起奮

疆，是爲人道而戰，爲文明而戰，爲和平而戰，世間各國年少之士，識此輩壯士爲英雄，騷人墨客，樂工琴師，識爲吟咏弦歌興感所由生，而執干戈以衞社稷之將士，則識爲軍人之模範，四行儲蓄會倉庫之屋頂，有人在焉，自信可以制勝其敵，其勝也不在戰場之上，而在增高人類的品格，使公理公道，終至伸而不屈，雖死猶爲不虛，其英勇之事狀，永垂青史而不朽，使後世歌詠於無窮，苟其人而死，其名長存，一旦乘化歸去，雖其敵人亦將垂念此輩壯士，若有文字深銘於心版曰，是間爲視死如歸之壯士埋骨之地，是爲吾友，是爲英雄，是爲捍衞人類之人。

崇拜者白。

中華民國廿六年十一月印行

震動世界的八百壯士

每冊實價壹角

發行者　時事研究社

總經售　五洲書報社

第一編

民國廿六年七月七日至廿七年二月底止蘇浙區域救濟簡狀

世界紅卍字會中華總分各會救濟工作報告書

世界紅卍字會中華東南各會聯合總辦事處編印

憶自七七國難以還、我蘆溝橋南苑廊房天津、華北之平漢平綏正太津浦各線、以逮華中淞滬長江流域等各地同胞、或葬身於炮火之中、或絕命於斧鉞之下、至傾家於呼吸、流離於俄傾者、其數更不可以勝計、於是敝會本慈悲救苦固有之良知、負披髮攖冠天賦之良能、出生入死、救死扶傷、前仆後繼、百折不囘、惟是通都大邑、善團薈萃、救護工作、力量廣大、死亡不致暴骨、流離得以收容、負傷者能全性命、家破者得沾急振、衆擎易舉、收效自宏、但此次戰事、孤縣僻鄉占有泰半、既無慈善團體、復乏救濟人才、故救濟事業、惟敝卍會獨承其責、乃最苦者、欵糧兩缺、巧婦難爲、交通斷絕、將伯奚呼、敝會爲良心所驅、職責所在、决不因環境而放棄、於是敝會同人能盡其心者盡其心、能盡其力者盡其力、承起鐵肩、努力邁進、至於淪陷之區、敝會祇要能保存我同胞一人一家之安全、决不以一人一會之生存爲重視、故在南北戰區、我救濟人員、或殉職於烽火、或成仁於斧鉞、其間經歷、有不忍言者矣、蓋敝會唯一宗旨、在視人如已、視國如家、至大至公、不因環境而變遷、不

因威武而屈服、更不因箇人之生命、而放棄會址及收容所、不但爲社會所公認、亦爲世界所周知、玆以交通阻障、特恐各界不明眞象、爰將各地救濟工作實在情形、畧陳梗概、俾知救濟事業、係本各個良知良能而來、决非敝會與各慈善團體獨具之職責、况丁玆浩刼橫來之際、人人應抱有救人即係自救之志願、庶可盡天職而成人道、以下所述各項、盡係當時情形之寫眞、非所以誇耀於世、幸垂察焉

(一)淞滬方面之救濟畧分以下三個階段

(甲)八一三淞滬戰區難民之救濟

查八一三淸晨十時、滬東八字橋戰事爆發、其時租界內秩序、已呈紊亂之象、各路電車及公共汽車、頓時停止、而崗捕卽時亦告撤退、街市紛紛閉門、敝會救濟隊三大隊、於下午一時、分乘救護車出發三板廠新橋(卽麥根路)大西路等處、以冀直驅市政府虬江路太陽廟路寶山路寶興路等目的地、實施救濟、不料是時可通華界之要衢、悉由英美駐軍及萬國商團所把守、並將各路鐵門關閉、沿蘇州河南一帶、或堆沙袋、以作砲壘、或拉電網、以阻通行、形勢非常緊張、敝會救護車到各該地時、租界行人、大聲歡呼、額手稱慶、而隔河之男女老幼難民、因不能通過租界、群麕集於蘇州河以北、一見敝會旗幟、均情急伏地、疾呼救命、其聲之慘、其情之痛、任何人見之聞之、必淚涔涔下也、乃敝會到後、英美駐軍因未奉令、不允通行、交涉至再、堅稱鎖鑰不在伊等之手、炮聲

愈緊、難民呼救之聲愈慘、往返七八次、費時六小時、竟不得要領、時已昏夜、炮聲更猛、於是分向捕房及英美駐軍司令官交涉、至午夜方得通行之許可、天未破曉、即率隊分往各該地、始由英美駐軍放行、其時大雨傾盆、各難民均麕集於蘇州河北者、足有三四十萬人、當由敝會將隊員分作二隊、以一隊分僱船隻載渡難民、以一隊維持秩序、是時河內船隻極少、輾轉運輸、不但費時、且人人爭先恐後、落水而死者、不知凡幾、敝會爲救人救澈計、不顧英美駐軍之干涉、及一切困難、將十餘隻船橫排河內、作爲浮橋、大量疏通、正在中途之際、忽飛機自東飛來、於是船戶驚恐、難民奔逃落水者、又不知若干、敝會隊員、力持鎮定、制止船戶、重將各船排攏、一面派隊於蘇州河南岸、帮同英美駐軍維持秩序、其時各國駐軍、見砲火之密集、難民之慘痛、同具慈心、不加阻止、足見惻隱之心、人所同具、並不分於中外也、一日之間、難民之得渡過租界、達三十餘萬人、所有租界內之各小菜場、遊藝場、以及街頭巷尾、無處

不形擠擁、敝會後方人員、全體出動、分頭向各界慈善團體接洽、爲疏散收容等等工作、並在英法租界成立收容所八所、臨時醫院四院、難民醫院一院、並於收容所內附設治療所隔離室、以備難民於深夜內得病治療之需、難童患疹痘之隔離、以及產婦生產室、並設勞作・訓育・販賣・三組、難童施以敎育、難民之有技能者、無論男女、令其操作、其無技能者、假以資本販賣、聊補其衣食之需、其時正在夏秋之交、天氣酷熱、難民之逃出者、多着單衣、一身以外、並無他物、蓋事起倉猝、且砲火猛烈、除逃命外不遑他顧、敝會爲購蓆扇、迨至秋末、天氣漸寒、於是又爲之治臥具、裁棉衣、執料難童因外受驚恐、內受風寒、乃發現極易傳染之眞性痢疾・白疹・腥紅熱・驚風等惡症、醫生束手、一月之間、死亡數字、亦頗驚人、在流離失所之際、驚心動魄之時、復遭失明之痛、易境而處、爲父母之慘傷、又當何如耶、况復有年逾耄耋之老人、或遭彈片傷、或受風寒襲、一日間各所之死亡者、必在五人以上、如斯浩刼、亘古

罕聞也、

(乙)虹口大世界南京路南車站區域難民死傷之救濟

查虹口一隅、本爲戰事地帶、只以戰事暴發、白渡橋早被英美駐軍封鎖、該地工廠林立、人民之留居該地者、不下二十萬人、前方戰事激烈、後方又被封鎖、無法逃避、其情之廹、其狀之慘、無庸費辭、惟各廠廠東及住居租界之各親屬、紛紛向敝會請求救濟、甚至伏地不起、敝會爲良心所驅、義憤所激、於是不問前途艱險如何、即派隊備車馳赴黃浦灘外白渡橋、先向該處英美駐軍交涉開放、其費力有較八一三之交涉爲尤難、逾二三時、始准隊員通過、救護車則停於該駐軍之警戒線內、既出鐵門後、又被日軍之嚴阻、因當時戰事正酣、而我隊員身着制服、既無証明文件、復未得該軍許可、其險狀更不堪言、隊員等因職責所在、乃向之細述來意、經一度嚴密之搜查、始得入內、先赴申新等紗廠、將男女職工救出四千餘人、內有印度及其他國籍難民五十九人、復至保定路將被

困火窟內之男女難民五千餘援救出險、送至白渡橋、轉運至各收容所收容、此路既得打通、於是每日前赴該地、陸續救出者、不下十餘萬人、在此旬日中、幾無時不在密集炮彈與夫火窟中度生活、嗣後大世界先施公司南車站之炸彈發生、而敝會之各隊員、無一次不出發肇事地點、實施救護及掩埋工作、其最慘烈者、首以大世界南車站二處為甚、是時大世界之炸斃者有千餘人、而求尸身之完整者、約百分之十、餘皆肝腦塗地、肢體殘碎、而先施公司較輕、南車站正難民待車之際、故其慘亦與大世界相埒、敝會除受傷者施以急治外、餘均帮同濟除尸體等工作、

(丙)疏散難民至後方之工作

自八一三以還、戰事日見緊張、滬西滬東各地、難民群趨英法租界、於是各學校各電影館、跳舞塲、戲園等、無地不為難民寄身之所、既有者已感無所容身、繼來者仍絡驛於途、敝會為疏散計、僱民船數十艘、停泊於徐家滙、着手資遣、

分送寧波・蘇州・無錫・鎭江・南京・江北・蕪湖・安慶・合肥・各地、並派隊員隨船護送、三月之間、共計資遣者約三十餘萬人、至遣送時、除供應膳食外、並每人發給棉衣褲一身、難民到達地点、悉由敝會各該地分會分別收容資遣、

(二)戰區傷兵之救護楓林橋傷兵之搶救

(甲)戰區傷兵之救護

八一四拂曉、敝會隊員、除一部分在蘇州河北三板廠新橋救護難民外、另派隊一中隊、携担架二十四架、伕子七十二名、醫生護士十九人、直赴虬江路湖州會館一帶、實施救護、是時炮火密集、我隊艱於前進、乃分撥担架兩付、隊員二員、醫士一員、冒險匍匐前進、在湖州會館前後發見傷兵十餘人、據稱於昨日受傷、因炮火猛烈、團中担架、不能到達、故由火線上爬出、當由我隊施以急治綳紮、惟内中有兵士受傷過久、流血過多、神志昏迷、當用担架搶救、匍

伏運至二道防線、由車運回戈登路第二臨時醫院、抵院不逾時而畢命、其臥之担架內、尙遺熱血盈盈、令人感慟、其餘之輕傷、分別治療、以後每日繼續赴北車站·中山路·市政府五權路·留蔭橋等處救濟、並於夜間赴大場羅店一帶救濟、日以數百人計、其間救濟隊員伕、或遭飛機追襲、或被炮彈圍轟、歷經險境、筆難盡述、總計三月之內、共救出受傷將士八千三百餘人、但此次將士所受之傷、盡在前胸或下部、間係鋼炮彈片所傷、

(乙)楓林橋中山醫院傷兵之搶救

自戰事由滬東西移之時、在華法毗連之楓林橋舊市政府前之中山醫院內、留治受傷將士、約一千二百餘人、下午三時、國軍已向南市方面撤退、形勢極爲險惡、炮彈橫飛、甲車逼進、該院療養之將士、一時頗陷於萬分危險之境、是時法國駐軍及法界崗捕、均激於義憤、紛紛越界赴該院搶救、而敝會全體人員、亦無分階級、奔赴該院搶負、移入法界、逾時始將該院全體受傷將士救出、均

橫臥於街頭、然後由救護車分運各醫院續治、內中重傷者頗不乏人、其時傷者呼痛聲與夫觀者悲痛淚、打成一片、的是慘目、至午夜方始分送完竣、其時各國仕女、咸往參觀、多贊美法軍之義舉、敝會之精神不置云、

(三)南市難民之救護

(甲)當十一月十一日、國軍續往後撤、法華交通之處、不但鉄門緊閉、沙袋高壘、且有多量法軍、荷搶實彈把守、更將裝甲車排列各處、如臨大敵、任何人不准通過其警戒線、所幸敝會得其諒解、准我自由通行、是時南市居民、及四鄉避往該地之難民、多至四十餘萬人、是時天空飛機之炸彈、形如流星、而地下之機槍、密如雨点、當此驚心動魄、性命俄傾之際、而難民扶老携幼、群密集於老北門之鉄門、均欲往法界逃生、其情之緊張、有甚於八一三閘北之形狀、後方之機槍愈密、則難民之擁擠力愈强、於是在前者之老幼男女、因而畢命者、不知凡幾、敝會全體隊員出動、向法軍交涉、始終不允開放、往捕房及法大使

處、往返磋商至再、亦堅絕不允、時至深夜、亦無解決辦法、僅許可放行敝會隊員出外安置、敝會乃分撥一隊爬出鉄絲網外、將老者弱者懷孕者設法抬至鉄網內、將派隊導入鉄門、送至租界、惟把守法軍、多存慈愛之心、敝會見有機可乘、乃一面派員與之通融、一面派隊排立鉄網東首、以作屏障、將鉄網稍稍推移、私放婦孺入內、時已深夜三時、火光燭天、鎗聲愈緊而愈近、鎗彈多從頂上掠過、颼颼之聲、不絕於耳、而難民逃生之心更急、約計當時放出難民千餘人、又另派隊往華法交界之舖戶、與之情商、請其將前門稍闢、令難民由後門逃入租界、又約計逃出六千餘人、乃事為捕房探員所知、從重科罰、各舖東每家罰鍰五百元、惟是惻隱之心、人所同具、有情願儲欵備罰、施救難民者、不下四十餘家、一夜之間、約放出難民一萬五千餘人、次日鎗炮聲稍稀、大雨如注、而擠擁該處難民、仍未見疏通、然已一日夜不得飲食入口、是役各界好善之士、以及販夫走卒、無不醵資爭送大餅油條饅首之類、不下四十萬斤、交

敝會分給、而把門守軍、亦激發天良、帮同分散、祇以難民人數太多、苦無接口分給良策、乃由鉄門往外亂抛、多數婦女、手抱細弱、前進無路、後退不可、既鵠立一晝夜、不但精神疲乏、且無力支持、因之嬰孩由懷中漏下、被踐踏斃命者、不知凡幾、誰無子女、能不痛心、敝會爲職責所在、不容稍懈、乃抱大無畏之精神、進至區內、見華界各舖之無人住守者、將門啓開、分導各難民入內稍息、以爲疏散之計、努力竟日、始安插完竣、而馬路中除尸身縱橫外、滿地屎尿、不可嚮邇、但華界電水斷絕、難以掃除、乃商之捕房、借給法界水管、派伕掃除、民國路至城隍廟一帶、至夜二時、始洗刷竣事、次晨派伕持石炭酸赴沿途噴灑、一面棺殮尸身、一面佈置收容、留派隊員一中隊、醫士十人、駐區內服務、並於各街市路口、懸掛洋燈、惟難民之報死亡者、日必二百三四十人、蓋以區內無水、而法界所供之水、不敷應用、且連日進食大餅、渴不得水、乃於城隍廟前、取池內臭水解渴、兼以驚嚇之餘、營養不足、得病即感不治、

於是籌備棺木收殮、由敝會担任運輸、普善山莊担任掩埋、孰料死亡日衆、棺木供不應求、每日區內太平間積存棺櫬、多至五百具、今日掩埋二百、明日即行補足而增加、不特哭父母哀妻子之聲、夜以繼日、而一種呻吟愁慘之象、充滿全區、敝會努力工作、始發見區內食鹽斷絕、薪炭毫無、乃設法運食鹽、搬薪炭、並在各收容所各街頭巷尾、設置公用之茶桶、立醫院、設產所、以圖挽救、如是月餘、始漸完備、敝會不過聊盡做人之道、不料竟承各友邦人士之贊許勇果、反躬自問、虧負良多、嗣後更當小心翼翼、努力邁進、庶內不負敝會之肩承、外不負各界之期許、

以上三大階段、係八一三以至本年春初救濟工作之大概、其後則繼續努力、閘北大場・羅店・南翔・北新涇・太倉・嘉定等地、及京滬線一帶戰場上之掩埋、并在蘇之江北、浙之甯紹、爲難民擴大之救濟、

（甲）江北難民之救濟

査自國軍西撤、所有蘇州・無錫・常熟・常州・江陰・丹陽・鎭江・南京・一帶之避難者、均隨之而後移、至江北之靖江・南通・如皐・泰興・泰縣・寶應・興化等各縣、惟該縣等素稱貧瘠、忽來此無量數之難民、大有難於支持之勢、於是敝會集議、一面先派隊前往佈置收容、一面籌欵接濟、各該縣所在地之分會、其佈置收容之辦法如次、

(子)靖江對江南通之天生港、新生港十二墟等處船戶、每有見難民來往渡江者、以爲有機可乘、每人甚至需索十餘元船資、敝會有鑒於此、卽僱用大號駁船六隻分停各渡口、並於各處分派隊員照料、以及廣貼通告、渡江免費、於是難民稱便、

(丑)將收容地帶、分爲三個、以南通・李家市・如皐東陳等處、爲第一收容地帶、以黃橋泰興曲塘、爲第二收容地帶、再則以興化・拼茶・等處爲後移地帶、并於各公路口以及水陸交通之處、竪立路牌、繪圖指導各收容所之所在地、便於難民之尋投、一面將隊員編騎車隊一組、爲護送通訊等工作、査各該處所收容

難民之統計、江南難民有三十六萬四千餘人、而江北各處、尚不在內、每日遣送者、動以千計、

(乙)浙江寧波難民之救濟

自杭州陷落後、該地及桐廬富陽各地難民扶老攜幼、紛紛渡過錢塘江、向蕭山紹興一帶奔逃、其時蕭山城內、難民擁擠、敝會蕭山分會、見此情況、一面設法收容、一面派員分送紹興寧波一帶、交各該地敝分會留養、是時蕭山分會、計收容六萬餘人、上虞分會五千餘人、鎮海分會計收容三萬七千餘人、并於各該地組設醫院治療所多處、迨至本年蕭山被炸、全城幾燬三分之二、而難民又紛紛向後移動於寧波、於是四明分會負担陡增、本城富紳、均紛紛遷徙他處、粮欵及醫藥等費、非常拮据、當由敝會滬總辦事處陸續接濟、至今猶留養難民七萬餘人、兼以滬上治愈之傷兵遣送至甬、悉由該會每名給洋二元、故爲數亦屬不貲、

再此次兵燹之餘、我寶山分會暨南市分會兩處偉大會址、盡燬於炮火而無餘、然無限榮譽、已博得各國人士之同情、最可注意者、南市難民區內、敝會所轄、東自城隍廟起、西迄萬竹小學校、北自民國路南迄電話局、每至夕陽西下、啾啾之聲、不絕於耳、而各所難民、多不得安、於是召集被難僧侶百人、爲死難者與陣亡將士建醮誦經廿一日、至此之後、聲息毫無、且動作亦寂、鬼神之說、人多闢之爲妄、由是觀之、洵不誣也、

再次、則爲京滬沿線之救濟、當戰事爆發、京滬線後方、尚可收容救護資遣種種工作、迨至戰事西移、各縣交通斷絕、於是所轄各縣如蘇州・無錫・常州・丹陽・鎭江・下關・等分會、各個獨立工作、勉强支持、其經過困苦、無庸多贅、惟常州分會、本設有紅卍字會醫院一處、規模既稱宏大、組織亦頗健全、平時京滬路局、以該院爲委託醫院、此次完全被燬無遺、實爲憾事、

(丙)滬杭線難民救濟之概畧

查敝會嘉興分會吳興分會、原收容有嘉定・太倉・大塲・羅店・南潯等處難民七千餘人、後因戰事西移、不得已將是項全數改移杭州分會收容、孰料杭州相繼失陷、而該會當時已處於非常困難之境、不但賑欵無着、而所儲備之米、不過僅足一萬三千人一月之需、迨至該地陷落、本城難民、無處可投、紛紛往該地收容所逃避、當時激增至二萬餘人、該會事先除積極籌備收容所外、並於岳墳籌設臨時醫院一院、杭州陷落、與滬雖相距不遠、乃交通斷絶、音訊難通、後因食粮告罄、萬分危急、不得已派隊員間道到滬求救、并告該會全體同人安全、最可幸者、所有該會收容之婦孺六千數百口、完全由該會竭力保全其貞操與安全、然其間經過之艱難、已非初料所及、滬辦事處得報後、同人即籌撥欵、仍令該隊員設法星夜間道馳回、此本年二月底前之情形、至今該處仍繼續收容、並由滬辦事處籌謀擴大救濟、

再此次京滬路線各會辦理救濟事宜、隊長員因而殉職者、共計江陰分會十二人、

無錫分會二人、太倉分會男女十五人、

(一)關於南京方面之救濟

查去年十二月初、在滬戰西移以後、蘇錫相繼不守、即有駐京之英美德丹各國僑商、以及各教會牧師等、即秉悲天憫人之良知、出而提議、籌設國際委員會、并擇適當地點、劃爲難民安全區、專辦收容事宜、迨至常鎭失陷、各縣難民、均扶老携幼、向沿江以上奔逃、及抵南京、候船候車、轉往上游者、紛至沓來、不可數計、均在下關一帶、野食露宿、老弱婦孺、啼飢號寒之狀、慘不忍覩、甚至窮苦之人、空手逃出、分文俱無、恒數日而不得一食者、比比皆是、迨南京陷落、船車絕跡、道路梗阻、欲進不得、欲退無路、其一種呼天搶地之聲、與槍彈爆烈之聲、實有令人心胆俱碎者、當時羣衆集於一處、致被機槍掃射、炮火轟擊、因而畢命者、不知凡幾、其時江面浮屍、壘若列星、血水寸餘、歷三晝夜、尙不能流淨、其未死者、則皆奔入城中難民區內、兩日之間、聚集難

民、約達三十餘萬人、國際委員會乃分別搜羅難民區內、外僑所有之房產、如金陵大學中學金陵女子大學以及區內之民房、全數開放、作爲難民收容之處、並以人數太多、食粮有限、難持永久、乃商之敝南京分會、出而共同辦理、敝會以職責所在、義不容辭、於是加入工作、此京地救濟開始之起點、當敝會與國際委員會合作之初、卽顧慮以下兩點之困難、爲鄭重之聲明、

(一)因當時京地除敝會與國際會外、並無其他善團協助救濟、力量恐難宏大、

(二)敝會辦理各項慈業、向無基金、倘有災患發生、向由各會補助辦理、此次事變、各會均陷於自顧不遑之地、即有亦無法滙來、本身力量有限、後顧維艱、與之劃定工作界限、敝會就目前力量所及、僅担任粥廠與掩埋工作、而該委員咸以此二種工作、有相當之重要、並尤於經濟方面、相互維持、敝會卽於五台山永慶寺、設立粥廠一所、金陵大學運動塲內設粥廠一所、協同供給區內難民、艱苦支持、數月之久、現在仍由上海總辦事處撥欵接濟、

當難民麕集區內之際、人多屋少、以致擁擠不堪、兼以時屆嚴冬、缺衣少食、驚恐之餘、病者日衆、亡者有加、敝會並設臨時診療所三處、對於難民治療、及難婦生產事宜、每日治療人數、約一千以上、

當南京陷落之際、於是由下游退回之傷兵、及逃來之難民、皆聚集江岸、沿鐵路線各地飛機、跟蹤掃射、炮艦頻頻轟擊、勢極危險、敝會八卦洲分會及下關分會各隊長員、不顧一切危險、干冒烽火、竭力設法疎散、並招致漁船小舟、搶渡過江、盡一日一夜之力、救護過江者、達四萬餘衆之多、

當陷落之後、京城四郊、遺尸遍野、斷肢殘骸、野犬爭食、城內南城一帶、及城外下關、以迄三台洞各地、死亡枕藉、敝會組織掩埋隊夫三百名、由隊長員率領從事掩埋工作、只以尸身過多、棺殮不得、即用蘆蓆裹尸、運往郊外掩埋、計每坑約葬尸身二百具、其間所歷艱險、又不堪言矣、幸隊長員等、長於應付、始得達到救生恤死之志願、計自本年一月一日起、至三月底止、共掩埋屍體、先後約八萬具、

上海不宣之戰

勃壽司著

而令人注意
，自經昨日

年中日戰事之文字照片總報道

上海不宣之戰

美國勃魯司著

發行者上海英文大美晚報

印刷發行

大美印刷所

上海愛多亞路二十一號

自序

本書爲作者以年代紀事法，實寫一九三七年之上海戰事，用日記式紀載中日在華北事態之發展及與全部戰事有關之事實，以供獻於讀者。

本書內所載之事實，及發展之程序，其大部份皆爲作者所目睹，其餘部份乃從中立之新聞記者，通訊社及新聞發言人摘得，本書所根據消息之來源，亦明白註於冊中。作者在編輯此書時，曾盡力避免任何個人之私見記述於內，抱絕對中立之態度，以記載正確之事實。

本冊內之攝影描寫，作者之用意，並非以照相敍述近世戰爭，以臻本書精美之資質，所刊之圖，皆係在三千餘照片中，鄭重揀選，凡對於記載之事實有切實關係者，乃刊於冊中，俾讀者於瀏覽本書時，如身歷其境，目擊當時之事變，對中日戰爭，得到真實之印象。

本書編著時間極短，作者一人之力有限，此書之告成，作者對於左列諸君在編輯時之襄助，至爲銘感：

休士君 C. W. SCHOOS 前英文大美晚報編輯

約翰孫君 G. A. JOHANSSON 英文大美晚報

亨最生君 G. J. H. HENDRIKSEN 英文大美晚報

沈鴻光君 H. K. SUNG 大美印刷所

勃魯司作於上海

一九三七年十二月十五日

中日爆發之回憶

一九三七年七月八日蘆溝橋事件，為日本在華大戰之前奏曲，日軍即利用此「事件」藉詞侵犯華北。當時河北察哈爾政治分會主席兼二十九軍軍長宋哲元將軍對北平當局之軍政機關，極表信任，雖蘆溝橋事件之前，北平及北平附近已數度發生事件，然宋哲元隨時皆有廿九軍駐防區內局勢之情報，認為凡與九一八滿州事件類似之行動，皆屬不可能之事。

宋氏之鎮靜如此，然事變之來，竟有出人意料者：七月八日，中日兩軍在北平之西南，平漢鐵路綫上之蘆溝橋附近，接觸開火，是為中日大戰之導火線。

當時一班之觀察家，皆深信此事不致嚴重，而在事實上，七月九日之情形，亦大有證實此說之傾向，因雙方軍事長官皆同意將此事就地解決，並將軍隊撤回原防也。

際此之時，局勢又忽急轉直下，變本加勵，七月十一日之夜，在北平西六哩外之八寶山戰事又起。於是日本積極行動，為先發制人計、大批日軍，開入戰區，同時南京政府亦宣言贊助宋氏之行動及其措施，

華北之日軍當局，方堅固其戰略上之地位，東京政府官場方面，正希望此事就地和平解決時，日軍向河北察哈爾政治分會提出左列五項條件：

一、二十九軍立即退出北平天津區域。

二、日本軍隊得在蘆溝橋駐札（按蘆溝橋為平漢線上之軍事重要車站，亦即中日戰爭於七月八日開火之處）。

三、重行改組河北察哈爾政治分會，其行政獨立，不受南京政府之統治。

四、允許日本投資並用日本技術人員以建築滄州至石家莊之鐵路，連接晉省冀省之交通。

五、重認庚子拳匪條約，日本得有在北平天津駐兵之權。

南京政府對上述五項條件，拒絕接受，於七月十九日，答覆日本，稱該條件有妨礙中國政府之完整行政權，不能接受。同時，華政府拒絕此項條件時，蔣介石將軍亦於同日發表華政府對於時局之意見如左：

一、所有之中日事件，無論其如何解決，應以不損害中國土地之完，政權為原則、

二、河北察哈爾政治分會之地位為中央政府所法定，不得受任何非法之改組。

三、當地之官吏，如北平察哈爾政治分會主席等，為中央政府所委任，不得受外界之壓迫而撤其職權。

四、中央政府對於廿九軍現有之地位，決不容任何限制束縛之。

華軍第三十七師於七月二十一日開始撤退蘆溝橋一帶及永定河，空氣又呈和緩，此事似將就地解決，但至七月二十六日中日軍隊又在廊房開火。廊房為北[illegible]鐵路上之重要車站。廊房之接觸，波及天津，大戰之恐怖，結果實現，華軍首先將天津西北三十哩楊村之鐵路橋炸斷，於是北平至天津之交通遂絕。

七月二十八日，華軍向廊房及豐台日軍陣綫反攻，華北之大戰乃於是開始，廊房與豐台為北甯鐵路平津段上之二重要車站，雙方在此經劇烈之戰鬬後，華軍退回原地。

七月二十九日，天津戰事開始，日本之空軍陸軍向華軍猛攻以促其退走，午后大火四起，天津乃遭浩刼。同日宋哲元將其司令部移往保定，又據同盟社消息，蔣介石總司令於七月三十日在保定集中中央軍五萬，於是南京政府之堅決抵抗日本之一再侵略，乃顯然明白。

根據上海得到消息，全部華軍已於七月三十一日退出天津區域，於是北平及北平西北之西園皆落日軍之手。同日通州傳來消息，稱通州城內大部日本僑民及日軍被華軍屠殺。

戰事之趨勢，將延至華南，其最初情勢現於在八月二日，傳日本軍艦已在華中沿岸活動。同時又傳天津蘇俄領事館被日便衣兵及白俄搶刼。

八月三日蘇俄官方莫司科政府向東京提出抗議。

南京政府官員於八月三日佈告民衆，於二三日內恐有重要事件發生。接華北之報告稱日軍大隊集中，於是大戰之爆發，為時已不遠矣。

八月五日，上海閘北居民，成千纍萬，開始預備退出閘北，避入公共租界及法租界。是為戰事將延及上海之惟一警告。

八月六日，日本陸戰隊在漢口登陸，開入日七日，日人又將全部日租界移交中國官廳管理，完全撤退，是為中日大戰之預兆。

一九三七年上海不宣之戰

八月八日

日軍進佔故都北平，於是此歷代帝王之都城，遂爲日人控制。日軍當局發表長篇佈告，警告北平民衆，勿妨礙日本之戰事行動，又稱日軍之對敵：乃不法之華軍，爲奠定東亞之永遠和平，日本須將華軍毀滅云。

日本撤退僑民於今日分乘日輪四艘，由漢抵滬，於是漢口日人完全離去上游揚子江口岸。

是日中國航空公司飛機一架，在香港之南八十七哩處，遇天氣不佳，被迫下降，完全損失。

八月九日

昨晚日本海軍陸戰隊進入華界之閘北區，於是局勢乃益形緊張，而華界居民之退出閘北者，更益形踴躍。

今晨有日本驅逐艦二艘開入浦江，連前之三艘，共計日本軍艦五艘，泊於浦江中。即主力艦日本第十一水雷隊旗艦一艘出雲號 Idzumo，驅逐艦二艘 Kugs，號 Kuri，號及軍艦二艘 Ateka 號 Kataka 號。

今日下午五時二十五分，虹橋飛機場發生衝突，一時情勢極爲混亂，日本陸戰隊二名及中國保安隊一名於衝突中皆被槍殺。

今日上海代理市長俞鴻鈞正式委爲上海市市長。前十九路軍軍長蔡廷楷將軍，即一二八抗戰之領袖，當日離滬赴南京。

美國華盛頓海軍部今日宣言：美國軍艦四艘擬往日本之善意巡禮，無形延期。

八月十日

虹橋飛機場事件發生後，今日上海局勢更形緊張，但中日雙方當局皆同意由外交途徑解決此案。同日上海華界之保安隊，在虹橋路上由羅比根路西起至飛機場，每隔數武設置沙袋防禦物，於是當日虹橋上普通車輛不准通行。

八月十一日

此時閘北居民之遷避，更形踴躍，因閘北爲一二八不宣而戰之戰場，今日之紛紛逃出者更不可遏止。即日東京發表宣言，日本政府對於八月九日虹橋飛機場之槍擊案，態度急趨強硬。海軍省發言人稱，如華政府仍抱其目前之態度，而再施其故技將此案擱置不顧，則海軍省將取行動以使其覺悟。

日本外務省發言人今日評論虹橋飛機場事件稱，目下之局勢完全以中國之態度立場爲轉移，如中國有意擴大此事而使趨嚴重，則日本亦不惜與之週旋。

日本如必須堅持其態度，則將以有效方法堅持之，於今日日本軍艦，又有九艘拋錨，停於浦江內，而浦江中之日艦，至是遂有二十七艘，其勢赫然，令人側目，而新到之軍艦更將艦上大炮整理清除，預備作戰，且派陸戰隊登岸。

似此當日之離滬避難者，絡繹不絕，水陸交通上舟車擁擠，行人如麻。日軍於今日在虹口靶子路一帶巡邏，因虹口居民已司空見慣，亦殊不覺驚異。

華北方面消息，稱沿津浦鐵路线及平綏鐵路线上中日兩軍有激戰。又稱日軍軍事行動已擴大進入察哈爾省。

八月十二日

日方對於保安隊在上海附近過去二十四小時内行動之第二抗議書，於今晨由上海日本副領事向俞鴻鈞市長提出抗議書中控訴保安隊干涉並妨礙日商營業之案三件如左：

(一)保安隊在吳淞鎮吳淞浜沿浜設置沙袋防禦物，致將日商之華豐紗廠團團包圍與外界隔絕，交通不便。

(二)保安隊干涉日商木料廠在白利南路對面蘇州河上搬運木料出廠。

（三）保安隊本日在蘇州河處干涉木船駛往白利南路之日商鍊鋼廠，

同日晨間，木船五隻在中山路橋下被保安隊禁止前進，結果僅准木船一隻，船户二人，前往廠中報告，當日船户無力代爲裝運貨物運往蘇州河下。

今日浦江中日本軍艦再增派陸戰隊登岸，同時日本陸戰隊司令部營中各種軍事行動，非常活躍。

上海中國方面當局因日軍在上海增兵登岸，在閘北及閘北四週特別戒備，並將市中心之新建壯麗市政府行政辦公廳遷往法租界。

本書作者於今晨往閘北視察一週，其緊張空氣及靜待事變之景象，除盲目者外，無人不能見之。華軍八十八師開始由汽車火車源源開到，即據守昨晚所設備之沙袋防禦工事。作者見華軍之武裝及其舉止，竟與歷年來一班印象相反，此八十八師隊伍，儼如曾受高等訓練之外籍軍隊，御新式合用之制服，頭戴德國式鋼帽，往來廵邏，極爲盡職。

今日，長江口岸撤退之日僑二千人，乘長崎丸返國。

華北方面，平綏及津浦鐵路綫上有小接觸。日軍似在預備平綏綫，津浦綫，平漢綫三面之總攻。又據華方報告，三綫上之防禦工事，已經完成。

昨夜華軍在上海浦江上完成一奇觀之防禦工事，即以木船多隻及日商之小型輪船，沉於南市外灘外浦江中，於是此處之浦江，遂完全封鎖，船隻不能通行。

八月十三日

上週內所預料之戰事，畢竟於今晨爆發，日本陸戰隊跨過淞滬鐵路軌道，擬進入閘北，殊知華軍即開始抵抗，不容日軍進佔 北寸土。本書作者再入閘北視察時，見日軍之輕機關槍架於橫浜橋竇山路之角上，日本陸戰隊在同濟路之房屋頂上設瞭望台，在寶 路上，可聞悉續斷不絕之步槍聲及機關槍聲由淞滬鐵路綫上及商務印書館方面傳來。作者由閘北返回北四川路時，乃由各小路紆迴繞道而行，此區域內亦即日軍企圖進佔閘北之起點，此處雙方步槍聲時續時斷。今日午后雙方開始用炮。

當日華商各銀行，奉財政部命令停業二日，於是金融界及商界人士頓覺局勢不定，引起不安之印象。

八月十四日

今日，八月十四日，爲上海居民永不能忘懷之日。本日中，上海商民及星期六晨購物之人一如往昔，晨起後即熙熙攘攘各營其業，心目中固堅信公共租界及法租界之特殊性質，並盼戰事及戰事之危險祇限於華界。殊至上午十時十五分，危險之徵兆，即開始發現，中國飛機三架，出現於天空並在浦江上作壯觀之空襲二次，然目標不準，浦江上停泊之日艦，未被擲中，即彈落處亦距目的物不遠，岌岌可危；炸彈落地，聲震耳聾；上海商業中心全部撼動。

今日晨間華機空襲之後，日機亦隨之而實行空炸，午后日機即往虹橋飛機場炸轟，但効力甚微，炸彈雖投於飛機場內，損失極輕。

今晨華機空襲後，日海軍司令長谷川警告中外人士即行離去閘北，江灣及楊樹浦區之華軍陣地附近，以避危險。

上海市市長俞鴻鈞亦向領事團首席領事提出警告，其致送領事團之牒文，大意如左：

『茲因日軍向我國防禦軍隊進攻，我軍爲堅決抵抗侵略起見，被迫而取自衛之行動，余謹向 貴首席領事及其他友邦之領事官長聲明，我軍爲實行政府所固定之方針，對於在我軍管制下之防地內外人士生命財產，決盡力加以適當之保護但同時有緊急之事件余須請求 貴領事注意者：即我軍軍事當局盼望並請求租界之關係當局立即限制日軍利用租界作爲軍事行動之根據地是也。否則我軍爲被迫而取自衛之必要行動及爲避免並減少日軍用租界區所致引起之危害起見，我國政府對於此項情形下所發生之事變，不能負責。』

經此之後，本日之慘劇，於是啓幕。午后四時半，即遇浦江架，由龍華上空之西出現，飛來黃浦江上，即遇浦江烈射擊。該飛機飛至外灘時，落下四彈，二彈落於、

過惠中飯店之屋頂及頂樓、另一彈落於華懋飯店及沙遜房子之門前而爆炸於路上。

另一華機在北火車站方面盤旋後，飛過法租界而至南市上空，飛至法租界之敏體尼蔭路時，落下二彈於愛多亞路及敏體尼蔭路角上。該處爲法界兩要衢之交點，炸彈在兩路交點之中心爆裂，該處之地皮炸開、地下水管亦受損，地上成一巨穴，其對徑約三十呎，深十二呎，而該處熱鬧市區，盡被炸爲粉碎。

此事之外，又有兩彈向美國旗艦「阿古斯達」號擲下，該艦由青島急駛來滬，駛入浦江時，大概華空軍誤認爲日本軍艦而向之投彈，幸未擊中，彈落於浦江內，該艦並未受傷。

愛多亞路上死屍纍纍，炸後之各種殘骸，堆積如山，陳於大世界遊戲場之側，污泥碎屑及織物垢土滿佈屍體之上，爲狀惡劣，慘不忍睹。受傷之人其衣服多被炸去，赤身裸體血跡滿身臥於路上哭喊求救。街房之溝渠，血流如注。路上汽車被炸者，已經焚毁，車中之人已斃，車身之於路上，狀若木雞。附近數十步內房屋窗户玻璃皆被震動而碎裂。

此案繼南京路炸案之後，居民死傷甚重，計此處被炸，死者一千餘人，受傷者亦千人，多數皆無救者，本日八月十四日遂命名爲星期六血案之日可稱名符其實矣。

今日之英美兩國軍艦皆急駛來滬，英國陸軍第二團「威爾斯」隊八百人亦稱由香港趁藍烟窗輪船「麥隆」號起程首途來上海。美國軍艦「沙克來門脫」號又派陸戰隊登岸往楊樹浦江邊之電力機廠，以保護該處之美國財產，並防公共租界之電流供給，不致絶斷。本日起，英，美，法各國軍隊與公共租界萬國商團聯合分担前往派定各防區內駐防以保護兩租界。

成千纍萬之華人，及西人數百人，由東區北區逃入蘇州河之南，公共租界內，然此時之公共租界，經炸案兩起後，租界內之安全，已令人疑竇叢生。本日中，路上行人如蟻，逃難者好奇而停足聚觀者，充滿街衢，於是當日上海之商業，完全停頓。今日上海方面之戰事，除閘北區間有續斷之步槍機關槍聲外，殊爲沈寂，午后傍晚，則間有大炮轟擊。

華北日軍於今日報稱，承認遭遇集中南口要隘之華軍猛烈抵抗，殊出日軍預料。今日華北戰事，無重大接觸。

八月十五日

上海戰事中之各種意外事件，雖層出不窮，然最爲明瞭而令人注意者，莫過於八月十五日之晨，公共租界及法租界內一班外僑，自經昨日星期六血案慘炸後，其態度表情完全改變，日間仍各事其事如常，但殊形倉皇，而談話之中，最重要者即爲「是何故耶？」「此案之後，又將有何慘劇再發生乎？」相顧驚訝，無人可作斷定之答覆。上海市長俞鴻鈞氏，於接見英文大美晚報記者時，對昨日大世界及華懋惠中飯店之轟炸，極表遺憾，稱該轟炸案爲意外不防之事件，（此處已隱示官方對此事將作何解釋之大意）並對傷亡之人，深表哀悼同情。

昨日之慘炸後，上海領事團及其他負責長官即於今日提出抗議，反對轟炸租界及在公共租界法租界上空飛行。俞鴻鈞市長，在答覆口頭抗議中，稱如外灘一帶日商屋頂上之高射炮不即移去，則華軍爲自衛計，或將取相當之行動。美國當局亦繼英國之後，向中日兩方抗議，並勸告勿以租界作爲戰場。

同時戰事亦繼續進行，昨晚浦江中之日艦已開始向閘北及市中心轟擊，自昨晚起，迄至今晨未停。日本之海軍飛機、又於今晨炸虹橋飛機場，但受損甚微，飛機之吊架，已未受損。今日下午中國飛機一架，來浦江上飛行數週，形似偵察；但浦江中之日艦，一時高射炮齊鳴，猛烈射轟，但未命中

公共租界及法租界當局於今日宣佈，稱自今日起，爲維持秩序安全計，在目下嚴重時間內自夜間十時起至清晨五時止實行戒嚴 禁止行人通過。

今日有日機十九架飛往南京轟炸，是爲南京被日機轟炸之第一次。日機在城內擲下炸彈多枚，但損失數目，未經宣佈。華方稱高射炮及華軍之驅逐機擊落日本重轟炸機三架，又日機五架被迫降落於浙江之蘭谿。

八月十六日

今日清晨即聞天空中之飛機聲音隆隆，戰事至於今日，已使上海之居民，見慣不驚，飛機轟炸，已成日常之事。今日日海軍飛機六架在法

租界上空旋繞，於早晨六時後即在龍華飛機場及江南兵工廠擲彈轟炸，上午八時後，中國轟炸機兩架出現於浦江上空，一時浦江中軍艦之高射炮，一如前次，向華機猛烈射擊。華機擲下一彈，落於虹口某處，華機出現後，即有日機十三架飛起，環繞於上，向西北飛去，並未擲彈。

八月十六日之晨，雙方空軍之活動已至極點。華機於上午前又來上海轟炸，在虹口之南部投彈數枚，死華人六名，西人二名，同時受傷者有日本軍官數人　日領事署警務人員數人，日居民數人，日水兵二人及百老匯路上之逃難難民華人數名。華機轟炸後日方稱在閘北擊落華機一架。中國方面之宣佈，則稱日機轟炸南京及浙江省屬，結果共擊落日機十五架，六架係在南京擊落，九架乃在浙江境內落下。

據此以觀，如中日雙方宣佈之數，完全確實，則中日戰事，由此以後，飛機之損失及駕駛員之傷亡，爲數必可驚人也！

今日陸上之戰事則在閘北江灣二處最爲激烈，華軍稱正在進展中。日軍之大炮亦集中其火力，轟擊閘北之西部，發炮甚密。

消息傳至上海，稱英國預備撤退上海之英國僑民，此項消息係英外交部經外交秘書萬斯達與專門顧問官數人商議後所發表。

繼英國之後，美國亞洲艦隊司令雅納爾，美國總領事解斯，美國第四陸戰隊司令白南司及其他美國海陸軍官，領事官員會議商討凡二小時之結果，決定自明日，八月十七日起，撤退上海之美國婦孺及年老美僑。法國當局於本日午后宣稱，如時局不更趨嚴重，目下暫不撤退法僑。

華北方面，青島避暑勝地，因日海軍登陸，空氣頓呈緊張，據稱青島行政機關與日本領事交涉之青島「槍擊案」已成僵局。

八月十七日

上海撤退之英美僑民共一千三百人，今日離滬，美僑搭大來公司傑福森號輪船往馬尼剌，英僑則乘大英公司之雷布丹納號輪船往香港避難。

在過去之二十四小時內，上海戰事中之最壯觀者，出現於昨晚之水雷轟炸案　華軍以水雷艇一艘，速力極大，放出水雷一只，意圖炸毀日本出雲旗艦但出雲艦之四週，皆有鋼絲網保護，水雷觸之即炸，炸力之猛擊震全滬，地皮爲之撼動，窗戶爲之震開。出雲艦受損之程度如何，今日無從探悉，但因鋼絲網所置之處，與出雲艦相距甚遠，即使受損，亦必甚微。

今晨十一時三十分，空戰又復開始，日軍高射炮開火猛擊，擊落華機一架，落於日本陸戰隊司令部附近，午后日機轟炸北火車站四週。

蔣總司令爲鼓勵空軍起見，令對於過去三日中，中國空軍將士曾在杭州空戰擊落日機者，每人獎洋二萬元，蔣總司令又盛讚中國空軍在杭州作戰，數次擊退空襲之日機。

今日中國空軍及浦東之華軍炮隊向虹口及匯山區轟炸猛擊，死日本居民數人，虹口救火會及匯山路巡捕房皆被炮彈擊中。於是虹口及匯山兩處之救火隊，皆於本日奉令退出。同時日軍繼續炮轟麥根路火車站及閘北全部。

八月十八日

在此「非戰之戰」或不宣之戰中，今日之重要發爲展華盛頓之宣佈，稱美國陸戰隊一千二百名，由旅長白蒙指揮，奉令由桑狄哥開來上海，並將於數日內起程來滬。此項命令，殊含重大之意義，並表示華盛頓官方認爲上海之情勢嚴重，且一刻不至解除。同時英國當局亦具同樣之印象，倫敦宣言稱所有在華之英人財產權利皆當以全力保護之，並於數日內即將決定固定之辦法云。

英美兩國，由就近海軍防區派來之增援軍艦，亦於今日開抵上海。美國驅逐艦「伊德沙」號及「巴洛」號於今晨由烟台開來上海，美國艦隊司令雅納爾之遊艇「伊索白」號亦同時來滬，美國旗艦「阿古斯達」號於今日移錨而泊於新關碼頭之對面。英國由香港調來之「烏爾斯托」來福鎗隊一千人趁昌興公司亞細亞皇后輪來滬。法國當局由旗艦「那莫特比寇」號派水兵二百登岸往徐家匯天文台附近防衛，並另派水兵三百人往南市華界保衛法界之自來水。上海各關係國方積極從事防備之時，今日美國婦孺於上午十一時趁大來公司麥根利總統號往馬尼剌避難，該輪泊於吳淞，旅客皆趁小火輪往吳淞起行。

今日上海方悉日軍之空炸炮轟，皆較華軍爲重，有重炸機及重炮多門，上海之戰，日軍利用重炮重炸機，致守衛之華軍在近四日中死傷甚重。因雙方皆未發表完全之死傷人數，故確息無從探得，但據可靠方面

善之報告，華軍之精銳八十八師在防守閘北北火車站中，受傷者大部皆傷於日軍之重炮火力。江灣區之八十七師亦受吳淞方面之炮火，損失重。

昨夜虹口區有激戰，華軍稱有小進展。華方所稱曾進至百老匯路之北招商北棧，日軍否認之，並稱戰事現仍在狄思威路。今日雙方在楊樹浦區作肉搏戰，華軍稱已佔領日本海軍操場，而日方則承認華軍之進攻，但謂已將華軍完全擊退云。

浦江中及吳淞口外之日艦，今晨竟日炮轟滬江大學，閘北自來水廠，閘北電力廠及市中心。昨夜江灣附近被炮彈擊中引起之火，今日仍在延燒，租界內亦可望見。

今日日機竟日在英法租界上空飛行。今晨起日機反復輪流轟炸江南兵工廠及龍華飛機場，但目標不準。江南兵工廠自一二八後華軍即已放棄，而龍華飛機場則於昨日，中國航空公司已將停於龍華之最後二機，飛往內地，日軍轟炸此處，係用海軍飛機，飛行之法及低飛投擲，極盡表演。本日在租界上空飛行之飛機，經各國抗議後，仍載炸彈在英法租界上飛行。

今日華方聲稱日機轟炸閘北時，曾擊落日機二架。日方亦承認昨日損失一架，但謂日飛行員因機械受損，由戰區內衝出而達浦江岸上，為日軍救起，而上軍艦，故並未傷生。

八月十九日

今晨有一西人，在吳淞口外目睹日軍運輸艦十艘，計有日軍二師團之衆，至少四萬人，希圖在瀏河附近登岸，並欲再用一二八之戰略，取包圍形勢，逼華軍退後，以避為日軍殲滅。但日軍圖在瀏河登岸之舉，未能成功，華軍在該處堅壕守衛。又據確息，日軍之增援部隊，派來Komori團，為作戰最力而著名之日軍，已到上海並已在某處登岸。

今日日本海軍稱今晨在公共租界外之極東大獲勝利，以增援部隊，參加作戰，在極長之陣線上將華軍擊退。現日軍之新陣綫進至滬江大學之北數公里云。

今日日本陸戰隊，又擄取招商北棧，以報復華軍將日清公司輪船七艘擊沉。招商北棧內之貨物，衆信亦必為日軍取去矣。

招商輪船公司總理周君向英文大美晚報言招商北棧內之貨物全係外商之財產，如法國郵船公司及義國郵船公司皆有貨物堆存於內。

今日日本空軍大肆活動，在華軍北綫西綫陣地，猛烈投彈轟炸。閘北之浸禮會教會學校，閘北電力廠，前已被炮彈擊中受損甚重，今日又為日軍特別注意之目標，兩處皆被炸彈迎頭擲中。龍華飛機場今日又被炸，吊架於午后中彈起火。

又聞真茹無綫電台於昨日被炸，日機來炸在該處附近集中之華軍，致將電台炸毀，現已不能通報。被炸後，並未傷失人命，但電台已完全失效。瀏行之無綫電台亦於昨日下午被炸，電機已毀，電桿亦斷。於是無綫電交通遂斷。由美國無綫電公司在此嚴重時期臨時用一緊急之傳電機以維持上海與外界之交通。同時各方又設法使上海，真茹及瀏行之無綫電台成為中立區，並要求雙方保障不再轟炸。但今晨真茹電台又被轟炸，損失不明。

據日本海軍當局估計，日商日清公司，因華方將該公司之長江輪船毀沉，以封鎖浦江上游，所受損失為一〇、〇〇〇、〇〇〇圓。日商之損失，除虹口，楊樹浦，匯山區內之日人財產均受損失及浦東三井洋行之煤被焚外，再加以日清公司之江輪被沉，故日人之財產損失，在此中日戰事中，勢必甚重也。

今日英僑一千四百人，為撤退英僑之最大一批，於今日用英國驅逐艦載往吳淞，再趁昌興公司之亞細亞皇后輪往香港避難。此批英僑，大部為婦孺，及少數之年老英人，其生長既在中國境內，為中國之耆老，今乃際此不妄之災，驟然降臨，忍痛離去。英僑撤退手續組織極為敏速，在最短之時間中，安然離去，秩序井然，殊足稱道。

戰事在上海方積極進行，而英國政府仍堅持原見，因南京東京兩政府皆一再表示親善，認為尚有和平解決之可能。而最重要者，英國政府希望將戰事離去上海公共租界及法租界，並已向中國政府提議此事，此項提議之詳情今日未經宣佈，但內容據路透社報告，不外左列之兩大原則。

（一）由中日雙方同意，將中日之海陸軍退出上海及上海附近之區域。

(二)爲一方面與日方以保護日僑之安全保障及另一方面與華方以不在公共租界作軍事行動根據地之信仰起見，約定上海日僑完全由租界內之第三國際軍隊負保護之責。

今日消息，報告目下上海無食物缺乏之虞。上海堆棧中尚蓄有大宗米糧，及食品，並可隨時取用，殊無障礙，而汽油及其他日用必需品亦源源來滬，每日外灘皆有食物貨品汽油等在碼頭上起卸。

今日，八月十九日。本書作者偕英文大美晚報職員一人往閘北華軍陣綫參觀。此行中作者曾親歷前綫 並將目睹之情形作詳細報告刊於一九三七年八月二十日之英文大美晚報，茲再摘錄於左：

閘北華軍陣線之後

余等駕車往華軍前綫參觀之日，爲八月十九日，亦即上海戰爭之第七日，行抵前綫時 爲首一物，呈於余等之眼前者，即爲日軍之雙馬達重轟炸機一架，翔於空中，赫然在望，來往矯捷，有時並作低飛，以機關槍掃射，但余等並未擊中，且彈落之處，距余等甚遠，余等遂蹲伏於附近之藏避地壕中，與華軍軍士等摩肩胼坐。

余等往前綫之路徑，係從滬西憑園路上，經多處之鐵絲網及沙袋防禦工事而至白利南路，車行紆迴，如入迷陣，最後達一處，殊不類戰事方烈之火綫，情勢毫不緊張，且較租界沿界之處，安靜平息，此處人力車仍照常來往，居民安謐，對來往之人，並不驚訝。

平靜氣象

此處天氣清朗，浮雲如畫，田間五穀甚黃，農民方工作其間，從事收穫，平靜之氣，殊令人驚訝不置，此時正值仲夏之末刻，距此之數里路程外，大規模之屠殺正酣，雙方之戰鬥，正以血肉相搏，大肆殘殺，余等乃駕車駛出而達中山路上，至豐田紗廠處，猶未見戰事之影象，心中益奇，但仍緘默未言，更有奇者，此處所見之各國旗幟甚多，英，美，國旗到處皆是，然獨不見作戰國國旗，英美國旗飄揚之處，似有呼聲，代表外籍國旗之用意，似言「此係外籍產業，請勿轟炸」者。

初次停留

余等之進行 彷彿作郊外野餐之旅行，殊出人意料，毫未覺其驚險，然車行至蘇州河處，則赫然發現戰事之徵象，此處有堅固之沙袋工事，由保安隊防守之。沙袋後之站崗哨兵，甚形精幹而禮貌謙和。余等車行至此時，保安隊隊員即以槍舉起，並擺動示意，命車停止。再持槍上前，槍口向上，走向余等之汽車而來。余誤其意，立出通過證書示之。保安隊隊員固皆識字也。目前之中國，事實上，軍隊中不識字之人，較之一班普通民衆，已爲數甚少矣！保安隊讀悉通過證書之後，表示滿意，即肅立伸臂，准許車往前行。

又形平靜

余等行經過橋後，戰雲又形消彌，此處之小村落，村民操作如常。人力車，脚踏車，行人等皆往來如常。路旁行人道上，兒童嬉戲如故，壯年之人亦各事其事，殊無異狀。且覩其容色，似因戰事關係，前往該處遊覽之車輛較少，路上灰塵亦輕，彼等反覺喜形於色者。

車行至麗園農場處，則見有深掘之戰壕，汽車在此經過者，即有兵士告以注意戰壕，戰壕上架一木橋，形極簡單，全係暫時性質，此處之戰壕形似交通壕，以通最前綫之戰壕者。由此處前行之五十碼內，路上皆以繩繞圍之，僅留左邊通行，此處順係埋有地雷。此防禦工事係豐田紗廠尚在日人手中時，爲華軍所設置。

聞野砲聲

余等車行至通達真茹之公路上，乃知戰事之確實正在進行。此處聞悉野炮聲 極爲清晰。路上停有汽車多輛，皆以草叢遮蔽之，蓋防空炸者，此項車輛，候於路旁，係用以救護傷兵，此處有八十八師由前綫換防之官長士兵，方飲茶閒話，其中軍官一人，問明余等之來歷後，勸告余等云「君等可在此處停留，或轉向瀏河方面，君等所到之地，已離火綫不過二里（即三分之二英里）」，余等請其領導往前綫一覩，乃慨然允諾。

下車步行

余等從領導之言，將汽車停於一荼館店附近之暗處，下車步行，此時天空上有日本轟炸機三架，在余等之頭上盤旋，似由日本陸戰隊司令部方面飛來。領導余等之兵士，對上空之日機，淡然置之，殊不覺驚異，於是余等亦被其冷淡之態度所激動，不懼，亦不爲日機所擾，岸然前行，如在租界内之南京路上安然步行。

領導余等之兵士開始暢談云『我軍作戰進行極爲順利，我輩軍人得後方之愛國人士優厚之給養，及熱忱之勉勵，當感謝不置。我軍極願與日軍一戰，因惟有抗戰乃能獲救……』。

日機追蹤不捨

余等之談話未已，上空之日機三架已瞥見余等，日機駕駛員目睹公路上二人着西裝，一華兵士隨之而行，當認爲有攻擊之必要，於是日機一架，驟然降下低飛，以機關槍掃射，槍聲拍拍，彈如連珠，余等之談話，亦爲之中斷，至是不得不伏地躲避。而日機則仍盤旋不已，一再以機關槍掃射，但並未射中，余等亦未奔逃，其目標不準，錯誤太多，而余等仍安然無恙也。

此事至今思之，日機之行動，幾令人受其愚弄，蓋日機早已望見余等三人。最初似頗不顧，余等乃坦然前行，且行且談，殊至此時，日機乃驟然而來，施以槍擊，出人意外，余等若早知日機之介然不捨，必不致如是之忘形而暢談不已也。此時日機三架已去，余等乃又安然前進。但日機一架忽於此時離其行列升入雲際，繼又驟然下降，向村中撲來，此時余等方停足村中，預備由此逕赴前綫也。

狀如鷄羣

余等至是，乃狀如鷄羣，余等雖恨自名爲鷄羣，然此乃事實，無可隱諱者。日機來村中時　儼若餓鷹之撲食，其鋭目注視於鷄羣，而余等亦正如鷄羣方力避其鋒也。余等奔入鄉間田舍屋中，雖蠅虫密集，污穢不堪，亦所不顧，以求暫時安全。此時日機仍在村落上空盤旋不已，偵察敵蹤。余等乃與村民閒談，同時注意上空之日機，恐其瞥見余等。此處村民皆受護軍士並極願與以幫助。村民並言毋護軍士之心，乃油然而起，因一二八之戰，此處之村落，曾爲日軍所佔領，計二月之久，心目中固有相當之印象也。

領導余等之兵士至是乃言曰『警戒可解除矣』。但以余觀之，此警戒之解除，實際上只能僅對余等一行人而言，蓋日機此時正在轟炸附近各處，彈落處、爆炸之聲，清晰可聞。轟炸聲中又間以野炮隆隆，余等再向前進數武，即已聞悉機關槍聲，雖風勢逆行，而槍聲更明朗可辨。余等乃知前綫即已不遠矣。

請君小心

此時領導余等之兵士乃警告余等云：『已臨近火綫，請君小心。』但此兵士自身則態度殊閒暇如故，並未介意，余等驚訝其言，彼乃笑曰：『此種情況，對我輩軍人殊不足爲奇，蓋已見慣矣』。

余等行經大量之沙袋及防禦工事後，乃達到最前綫上。余等所到之地點爲華軍陣綫後對於新聞記者所能容許之最接近火綫處。此次實爲破例之舉。此時余等之環境，無詞可以形容之。惟以下數語，足以洞見一班。余等所到之地，如尋常之居民處之，彷彿有如臥於斗室中，門外鞭炮爆竹連天，有如中國廢歷之新年元旦，正如『爆竹聲中除舊歲』之狀。余等乃向作戰軍士，詢以戰事之近況。彼等答曰；『此處殊沈寂也。』余等又問：『日機之空炸如何？』答曰：『日機目標不準，相差甚遠，日機飛行太高，君可見之，似畏我高射炮，飛行太高，當然失其目標準確。』

至司令部

余等在前綫逗留後，乃緩步而返，沿鄉間小路行走，而至華軍某師之司令部前。余等乃晉謁師長，以聆其作戰之經過，殊軍士等告余等以師長現在前綫親自指揮監視作戰，於是乃由其副官長接待，並發言云：『我軍與日軍作戰，甚受租界之牽制，且中央政府及我軍指揮官皆有明令，須極力避免妨害外人之生命財產，並須加以充分之保衛，若無租界之牽制，我軍或已擊退敵人矣。』

感謝各界之擁護接濟

副官長又言：『我軍係爲國家，爲民族之生存而戰。惟有抗戰，乃能阻止日本之侵略。我軍對於各界人士及中央政府在目下戰事中之接濟，甚表感謝。保衛國家雖爲我軍人之天職，然我國人士對我軍物質上精神上之鼓勵，實可令人感激不已。』

語至此，乃略敍華軍防綫之概要，稱八十八師防守閘北及楊樹浦一帶，八十七師則係防守楊樹浦至瀏河一帶。

華軍備有高射炮

副官長又云：『我軍當然有高射炮，但殊不多用之，蓋我軍防守之地，範圍甚大，若多用高射炮，無異明白告日人以何處爲我軍事上重要之地，及何處則否也。日軍所處之地位則與我相反，其地區甚小，僅在虹口一隅。日軍並在其軍事重要之處設置多數之高射炮位，並我國之空軍。爲避免損害第三國際之財產起見，不可不異常小心，以防損及外人之產業。』

又云：『我軍並未被日軍空炸所擾，日軍空炸之目標，在搗毀我軍之炮位，因日軍頗爲我軍炮火所威脅，此事亦爲君所明悉。自戰事開始以來，日機曾不斷轟炸我炮位，但並未損及我軍之真炮，所毀者，盡係我軍所假設之傀儡炮形，以誘惑敵機。此種方法，乃從歐洲之大戰仿效而來，德軍之方法也。』

君等安全，請勿過慮

余等談話之際，日本轟炸機又在上空怒鳴，然環立之軍士，皆淡然置之，毫未露驚慌之狀。余已身及大美晚報職員，因素未身臨此景，在細聆副官長談話之際，不免稍露窘狀，此時余在不知不覺中，竟全力以聽注意日本之雙馬達轟炸機，而對副官長之談話，竟若罔聞，副官長見余等窘急之狀，乃言曰，『君等在此處安全，請勿慮。』於是余等幾面紅耳赤，不知所對。

副官長乃繼續言曰：『外間所傳我軍損失甚重之說，完全不確。我軍決不致受重大之損失，我軍全體將士，皆非常勇敢，即我軍指揮長官，見軍士等自願充敢死隊之踴躍，亦驚奇不已。作戰事遇小部隊足以勝任之任務，軍士亦皆願以敢死隊前往，且我軍將士，大部皆富有作戰經驗之宿將軍官，經驗充足，自然能避免一切無謂之危險也。』

作戰避免租界受損

副官長又解釋中國空軍與陸軍嚴密合作，現在活動甚力，外間一班所信空軍曾一度弛懈，並非確實。其言曰：『我國空軍曾極力避免在租界上空飛行，而日機雖屢次擔保不再作此舉，但仍在租界上空往來不已。我空軍之來，乃突然出現，如昨晚情形，我空軍驟然飛來，轟炸日軍陣地後，即行離去。』

副官長之談話已盡於此，於是余等在此行所得到之印象，乃見華軍作戰之精神甚佳，前綫上及後方後備軍士，人人皆異常興奮，且以能參加防守上海之戰爲榮，查八十七、八十八兩師中有多數軍士，皆係參加第二次之中日上海大戰，五年前一二八之之後軍士，今又來此抗戰者爲數不少。

過地炮壘

余等由此司令部出發經龍華，經過中山路，見中山路上所設堅固之沙袋炮壘，到處皆是，蓋係日軍尚在豐田紗廠威脅時所設。但日軍退出豐田紗廠後，華軍仍戒備未懈，尤在虹橋路上，戒備更嚴，此路朝東直達同文書院，朝西直達飛機場，此處即虹橋事件日水兵及保安隊隊員被害之地，亦即上海戰事之起因點。余等行經中山路時，見一年約五十之江北人，其兩手反縛於背，有人押之而行。經詢問之下，及一華軍官之解釋，始悉此人爲日人探聽軍情，被軍警查獲，證據確鑿，且在其身上搜出標記符號。此人即將於今日處死刑，又聞此人爲人作奸細，以賣其國，所得之報酬，僅每月十六元之代價，亦殊不值一死，令人嗟嘆不置。

余等行至龍華見淞滬警備司令部並未受損，又至楓林橋，見前市政府之辦公廳亦安然無恙，但據日方報告，以上兩處皆被日機於星期三轟炸，然證諸今日余等之目睹情形，殊有矛盾。

八月二十日

今日中國軍事當局聲請上海各國當局外籍軍艦移動，須至少離開日艦五英里外，如此事不能辦到，則由各國請日艦移動至同樣距離之外。在此項聲請之下，於是外人財產，又不免受戰事危險之波及。上述之兩項辦法，如在十二小時內，皆不能辦到，而外艦日艦亦決不至從事移動，中國政府遂宣言稱凡日艦之一切軍事行動，如遇不測，有損害第三國籍之生命財產時，不能負責。今日之空氣乃益形緊張，而第三國際之不免受損，更益形顯明，外籍軍艦與日本旗艦出雲號停泊之處相距不遠也。

今日正午十二時，即有中國飛機兩架出現，飛行甚高，擲下一彈，落於出雲艦極近之處，一彈落於楊樹浦區內，另一彈，則顯係失其目標，落於浦東自來水廠。此時日本水上飛機即升空與華機作戰，但華機飛行甚高，且速力甚大，日機望塵莫及，索然降下。

今日午后又來華機五架圖炸出雲艦，仍未奏功。但於飛回原地時，在閘北西方上空，擊落日水上飛機一架。本書作者，目擊此一幕空中惡鬬，雙方飛機在天空上，動作非常迅速，令人瞠舌，當時之華軍飛機數架，仍飛行甚高，同時又有日水上飛機兩架，在空中飛行，但華機在上，而日機因機聲嘈嘈，未能仰視上空有華機臨于頭上。於是華機一架，驟然離其行列，向日機垂下直飛猛撲，以機關槍向之掃射，立即再升入上空，重入行列，安然而去，爲時僅數秒鐘。華機離其行列時，一日機似已瞥見，立即飛入雲際飛回原地，但另一日機則不幸爲機關槍射中，頓起濃烟落下，因時間倉猝，此日機不及接戰，亦不及圖逃，且其同伴亦未予援助，乃遭華機之毒手，

今日日機又形活動，在閘北北火車站處猛烈轟炸又在麥根路火車站及滬杭甬鐵路附近開灤煤鑛廠之碼頭一帶擲彈。今日天空發現日機五架初向真茹飛去，繼又見其飛回，於是衆信真茹無綫電台又被炸矣。有人目擊者，稱大場附近美商之農場被炸，其中乳牛大部皆被炸死，蓋日機誤認乳牛爲華軍之馬隊所致。又有消息稱日軍在揚子江口崇明島上建築飛機場，日機今日在南市投擲燃燒彈，引起大火。

陸上戰事，在過去之廿四小時內，重大發展者：華軍稱昨晚十時經三小時之劇戰後，華軍稱曾衝進日軍陣地並佔據滙山碼頭。同時今日虹口區，滙山區，及楊樹浦區雙方軍隊肉搏劇戰，步槍，機關槍，及手溜彈爆炸聲終日未停。今日雙方所稱，雖各執一詞，然仔細分析之，今日之情勢，華軍似在向日軍陣綫猛衝，以割斷北四川路日軍與日本陸戰隊司令部聯絡。日軍人數較少亦反攻甚烈，在華軍陣綫上突出，故目下之雙方陣綫皆成鋸齒形　日軍所報消息大都謂華軍仍在租界界限外堅守，未能進展咫尺，但華軍則稱在嘉興路一帶據重要之陣地，對於日本正式陸軍及陸戰隊儘可應付有餘。故今日上海戰事，雙方皆無重大之進展。

今日華德路監獄內之囚犯，因處於火綫之內且拘留之人數最多，對於囚犯之處置，發生嚴重問題。浦東及閘北之炮彈已屢次擊中監獄房屋，但尚未傷人。獄中之瘋病犯人，已遷過蘇州河之南，現正設法將其餘全部犯人移往別處。目下監獄中中西獄官仍供職如常。

今日由租界內望見楊樹浦黑烟濃起，因浦江沿岸四處大火，一火似在美最時洋行堆棧後延燒，一火則在華順碼頭之西面，另二處大火，則在東面燃燒甚熾。浦東之日華紗廠亦在大火焚燒中，浦江中軍艦炮轟南市，已中火延燒。日方堅稱華軍在楊樹浦退却時，將小屋數幢縱火焚燒。於是今日之東面天空，完全爲烟幕所蔽。

今日上海外僑續有二千人離滬他往，其中八百二十人爲美僑，搭大來公司「胡佛」輪離滬，該輪泊于吳淞口外，由美國驅逐艦護送小火輪載客駛出浦江。又有英國婦孺四百人搭大英公司「巴脫克羅司」輪船往香港，又英籍男子三百五十人亦搭「麥龍」輪船往香港。撤退之英僑亦由英國驅逐艦護送出吳淞口外。今晨撤退之外僑，秩序井然，較前數次之倉卒就道，辦法組織皆臻完善。

八月廿一日

昨晚美國軍艦「古阿司達」號船上後甲板上，船員正在聚觀影戲時，一砲彈飛來擊中甲板上爆烈，一水手當場殞命，又十八人爲彈片炸傷。此彈由何處飛來，殊無法斷定，但衆皆認爲此事係意外不測事件，流彈不幸橫來。此事美國報紙皆以大字登載之，有數家報紙在評論上並有激烈之言論，一班人料美國政府對此事不致有任何重大之行動。美國政府

對此事之態度，由今日美國國務卿之聲明中可窺見一班，赫爾謂此事爲「不幸之意外不測事件」。衆料美國亞洲艦隊司令將向中日雙方軍事當局提出嚴重抗議，此後即將此事擱置而以不了了之矣。

撤退之第一批美僑，前趁「傑弗生」總統號離滬，已於今日安抵馬尼剌，但雖離脫炮火下之上海，然抵馬尼剌時，即遇兇烈之地震。馬尼剌全城電力，電燈，電話皆斷，窗戶震毀，盡成碎片，地上震動，使上海避難之人神經爲之震撼不安。

今日楊樹浦方面之大火仍延燒正熾，但延燒範圍，西至兆豐路南至百老匯路之北爲止，該區南面之堆棧碼頭幸未波及。百老匯路上房屋皆被焚毀，如南洋兄弟煙草公司堆棧，瑞豐公司堆棧，一外國咖啡店，及數處小屋等已毀。百老匯路與熙華德路間之房屋皆在延燒中，滬東區被火殃及之區，據調查所悉，包括兆豐路，百老匯路，茂海路及熙華德路，並有數處小火亦在熙華德路之北延燒。

記者往滬東視察時，見華德路工部局西牢之北亦有火起，行至浦江沿岸，以調查堆棧所受之損失，則見日本小兵方佔據招商北棧，此景殊與華方所稱昨晚進攻街至江邊之說，大相矛盾。百老滙路一帶，遍地玻璃及各種殘毀之物，呈於地上，又見有華人死屍數具，在馬上上橫臥。

日本官方稱今日晨間八時三十分中國飛機來空襲，一彈擲中楊樹浦東租界之終點處亞細亞火油公司之油棧起火。又日機在狄司威路司高搭路角上空炸，致將該處之外國公寓房屋中彈起火。

今日雙方空軍又益活動，中國轟炸機六架及驅逐機數架開始在虹口西區轟炸，在虹口文監師路附近投彈。日方宣稱擊落二架，一係日軍高射炮擊落，一係中日飛機空戰時，被日機擊落。今日清晨日機在虹橋火車站轟炸時，另一華機在空中與日機二架相遇戰經十分鐘惡鬪，爲日機擊下。

今日清晨中國飛機十架又來轟炸日本出雲艦，但未命中。於是上海之人乃漸趨迷信，謂出雲艦經若干次之轟炸，仍安然無恙，疑其有如神符護身，命運之長令人驚異，中國空軍來襲出雲艦時，極爲壯觀。華機四架高飛於空中，其餘六架輪流低飛猛撲出雲艦，但因日艦上高射炮火甚密，未能十分迫低，故投彈未能命中。

今日午后日機一大隊，共十二架，在閘北之西，猛烈轟炸，共計投彈三十五枚，希圖炸毀閘北華軍之炮位，因華軍曾不斷炮轟虹口楊樹浦區，予日軍以極大之威脅，但日機轟炸之結果，華軍炮位，似並未受損，及至本日晚間，華軍大炮又在隆隆聲中，轟擊楊樹浦及虹口之日軍矣。

今日英文大美晚報記者在寶隆醫院晤見中國空軍一青年駕駛員，受傷不重，自稱即係星期六血案日在大世界及惠中華懋兩飯店前落彈之駕駛員。據其解釋稱，當日正從轟炸日本陸戰隊司令部，飛回原防時，在空中被日機槍擊，因當時飛行甚高，故地下無人目睹此項空戰。日機首次開機關槍，即將機上之瞭望員擊斃，本人亦受傷，自此以後，即昏迷不省，後因所發生之事，完全不明，但深信日機之機關槍彈擊中機上之彈架，致彈架鬆弛而炸彈竟落下致死傷數千人，言之不勝遺憾，本人受傷後仍奮力飛往華軍陣綫後落下而急來醫院治傷云云。

此青年駕駛員所稱彼即大世界與南京路外灘兩處慘案負責之人，當時一班目擊者皆未能置信。據觀察者言，當時兩處落彈，完全爲兩架飛機所爲，一係向浦江下游飛去而落彈於南京路外灘處，一則在南京路炸後許久，方由日本陸戰隊司令部上空盤旋後而折回者。故此事之真象，目擊者之言與飛機駕駛員所述大相徑庭。英文大美晚報與駕駛員接談之結果，認爲所述各節中錯誤之處或係傷處疼痛心神不甯所致。

華北方面，日軍雖急行開來大批軍隊，但仍似未能銜過軍事重要之南口關隘。據外國觀察者估計，華北之日軍，約在八萬至十萬之間，最近由塘沽運兵至前綫，兵車連繹不絕，致天津感覺缺乏食料。北平與外界之交通，仍完全斷絕。

八月廿二日

上海英文大美晚報記者今日往虹口視察，歸來時對於虹口區内目擊之戰事情形，曾作詳細報告，據稱北四川路受損並不重，其景況與昔日平靜時所不同者，僅路上無人行走，商店皆釘以木板，店門緊閉，沙袋防禦物設於各處街頭，狀如死市，街上除日軍外，闃無一人。北四川路海甯路角上尚有店面數家正在燃燒。記者於歸途中，又見狄司威公寓，狄司威路之北，及靶子路附近週圍皆受損甚重。在海甯路上見融光大戲院受損最重，門前有汽車一輛，完全被毀。虹口區内有華軍便衣隊，故

記者在虹口視察，未能多時留戀，計在此行中，曾屢次被華軍便衣隊恫赫而急走。據視察所得之印象，覺虹口區內所遺之損失，未如一班傳說者之狹。

記者又往日海軍陸戰隊司令部參觀，對於華軍炮火攻擊日司令部之目標準確，曾目睹其狀 外傳日司令部受華軍炮轟空炸已岌岌甚危，此說不確。 記者見日司令部被彈擊中者，僅一彈穴， 在司令部四層樓牆上，彈穴之對徑爲三呎至四呎。但日司令部週圍之房屋亦被彈擊中。

記者在日本陸戰隊司令部晤見日軍一青年軍官，否認上海區內有日本之正式陸軍，現前綫之日軍僅三千人，並否認日軍之炮手，蓄意毀壞新建之市中心區，稱日本軍艦上之炮手皆奉令避免，市中心房屋被毀，並對美麗之建築物，免去無謂之損壞

記者與日軍官接見中，詢以日軍是否圖在瀏河登岸，據答，對於此事，彼尚無確息，但知華軍在瀏河有堅固工事防守。又稱日軍不欲再效一二八戰事之包圍戰略，目下之戰，日軍擬另用作戰新計劃。

今日傳中國便衣隊衝破日軍陣綫而在黎明時進至公和祥碼頭，即在該處向出雲艦上水兵開槍射擊 致日本水兵死傷甚多，日出雲艦隨即派水兵上岸，晨間七時並用炮火向岸上逼近猛射，便衣隊乃向北退去。今日清晨怡和洋行堆棧內起火，日方謂爲堆棧內華軍便衣隊所縱火，但華方則否認之，並指日艦大砲向岸北逼近轟擊，爲起火之原因。

今晨日方承認日軍人數太少不足應付華軍多數便衣隊隨時衝入日軍陣綫，但日援軍馳至即將便衣隊擊退。因日方承認應付便衣隊之困難，及傳聞便衣隊來攻，每有不肖之徒乘機搶掠外人財產，今日租界方面有人提議日方將碼頭一帶區域交英國當局守衛，因英人在碼頭上之財產影響最重也。昨夜北火車站，虹口，匯山區及浦東方面通宵劇戰，閘北及浦東之華軍炮火，向日軍密集轟射 ， 同時浦江上日艦炮火已向浦東回擊。昨夜匯山區中日兩方肉搏以步槍機關槍，手溜彈巷戰達旦。

昨夜戰事劇烈時，蘇州河之南，時有流彈及炮彈碎片落於租界內，計無辜受傷者共十九人。今日上海東區內起火十餘處，致狄司威路迦捕房之東完全成一火牆，火勢漫延 。 租界內之救火隊極力撲救，火起之處，雖在日軍佔領區內，但仍在租界範圍。救火隊工作，因炮彈橫飛，空炸之危險，及華軍便衣隊之槍彈，鬼詐莫測，實無人知悉之艱難工作。

匯山區戰事之激烈，可在今日上海英文大美晚報所載消息中，洞見一班。近兆豐路周家嘴路六百二十三號之某菲律濱人家中，現正處於戰事之中心，無法逃出，在過去之四十八小時內，萬國商團曾三次用鋼甲車前往營救出險，但每次車行至該處時，炮火密如貫珠，不得已退回。該菲律濱人閤家共七人，其家長巴格門先生年事已老，現患病甚劇，急待醫治，故最近萬國商團將再行營救。查戰區內未逃出之美國籍人，僅此一家。

華德路監獄內之囚犯三千五百人，於今日開始退出。午后一時，第一批犯人五百人即由英國防兵綫內釋放入中國地界。又有童年犯人一百八十人於午后亦用汽車裝往釋放，但車行至外白渡橋時，爲日人所阻，不得已而折回。同時華德路監內撤退犯人之計劃，因尚須與日方商議，故無形停頓。

據工部局巡捕房之計劃，係決定將監內之重犯及童犯放入華界。重犯由中國官廳接收拘押於較大之監獄中，至童犯則交租界內各慈善機關收容，蓋以童犯釋放入華界，使自活其生命，殊乏人類道德。日方則反對童犯之處理辦法，於是此事遂成僵局。今日上海居民撤退者有日僑婦孺二千二百人及日本傷兵乘長崎丸往長崎。今日午后又有第二批日本避難人乘上海丸仍往長崎。今日消息，上海美僑最後一批將於本月二十四日乘大來公司之「畢爾斯」總統號輪船往香港、馬尼剌及美國等處避難。

日軍在天津積極預備防空及陸地防禦，並沿運河一帶活動甚力。大批華軍正式軍隊亦在津浦路上之馬廠附近集中，馬廠離天津約五十哩，同時華軍大批便衣隊亦在天津四週密佈，華北來之消息，稱華軍之反攻已迫在眉睫，因過去數日之大雨，暫伏未動。

八月廿三日

今日上海又發生慘案，繼八月十四日星期六血案之後，又致無辜之人民及非戰鬥員死傷八百餘人之多。此案發生於上海閙熱區市之中心，即先施公司百貨商店之門前，一大型之炸彈，一說或係炮彈，自天空落下，擦着先施房子而落於路上，爆裂力甚巨，並損及對面之永安公司，

此處附近一帶立刻血濺街衢，慘不忍睹，於是上海受星期六血案之驚息未定，又遭二次之打擊，全市頓成麻木之狀，營業完全停止。

作者於出事後一二分鐘即趨至先施公司門首調查，作者蒞場之時，救護車尚未馳到，萬國商團亦未到場，離炸彈爆裂，爲時不過數分鐘。此時之情況，即上海著名之日昇樓角上最熱鬧之區，頓變成肅然無聲，人跡杳然之地獄，此時萬物皆呈靜狀，惟一聽見之聲音僅先施公司二樓之自來水管被炸毀，水流如注之聲音而已。先施門外之死傷者，因炸彈之炸力猛烈，其屍身皆飛過南京路而堆積於南面之永安公司門首，彈紴之處除小堆之殘肢斷足外，又淨無一物。炸傷之人，有氣息奄奄，尚未死者，觀其滿身血跡，疼痛必劇，然其動作紆緩，似並未受傷者；細思其故，乃恍然悟爆炸之巨聲已使其耳聾神亂，失其受傷之常態，此時已漠然不能動。故死傷人數之中，竟不易辨認誰死誰生，真罕見之景況也。

死傷者堆積如矮牆，其上則爲兩百貨公司之櫥窗，窗上之玻璃已盡成粉碎，窗內所陳之玩具，散佈於屍身之上，亦炸破如人體。兩公司門內亦死傷滿屋，其中盡係店員及購物之人，皆慘遭炸斃，有死於樓梯上者，有方在電梯中而斃命者，形狀各一，慘不忍睹。浙江路南京路十字路中之交通指揮塔，司紅綠燈之印度巡捕，已炸成殘體，其屍身倒掛於塔上之欄杆上，爲狀獰惡，不堪入目。至交通指揮塔，雖係鋼造，經炸彈之碎片擊中，已有多數之洞穴，狀如蜂巢。兩公司內所有一切玻璃，已盡成粉碎，與屋中各種炸碎之物屑，皆橫飛各處，滿積於馬路之中，南京路上靠先施公司一面，二樓上之自來水管破裂，水源源不絕而流，經屍身而流入街中，水中和以血液，於是路旁盡成血水，同時有櫥窗一面，內陳列香水，經炸破後，香水四溢，於是血腥氣與香氣混合而成怪異之氣味，觸鼻後令人發嘔。

出事後據當局之調查，稱死者約三百人，內有一西人，名克勞司愛凱特，爲德籍之幼童，已定翌日返德國，殊今日竟罹此難，亦云不幸矣。受傷者約五百人，內亦有西人數名，一瑞士人名白朗尼，受傷最重，又一西人名畢林漢，爲紐約泰晤士報之上海通信員，受傷頗重，但無性命危險。受傷者之大部份皆已成殘形，受傷慘重，醫治復原之希望，皆甚微小。

兩百貨公司之房屋皆受損甚重大批價值甚貴之存貨亦被毀壞。所幸者炸彈並未引起火災，否則災情當更令人可怕也。英商中國公共汽車公司之雙層汽車一輛，於炸彈爆裂時，方停於數十步外出客，亦被飛來之彈片擊成洞穴多數，乘客數人受傷，汽車夫幸有急智，立開往別處，離危險區域，而求救助。路上之電車電線已被炸下落，中區及西區之電車全停。查先施永安兩百貨公司自八一三後，曾因時局緊張，停業一星期，今復業未久，即遭此浩劫，直不幸矣。兩公司皆奧洲華僑所營，在香港註冊，懸英國旗。

租界內之救火隊，正式救火員，志願救火員及救護車隊，工作極爲敏捷，將街上及屋中之死傷者完全移去。在一小時內即將馬路上除清。出事後租界之巡捕在此項情形下盡力維持秩序。今日上海各醫院皆有受傷之人來院求治，入院者幾有人滿之患，各醫院皆通宵工作，以減輕受傷者之痛苦。經此案發生後，於是上海對於兵災之一切急救需要，已司空見慣而隨時備妥矣。

南京路先施公司被炸時，同時另有一彈亦自天空落下，墜入四馬路江西路漢米登房子後面之美國海軍採買部之堆棧內。此彈自屋頂穿入，經三層樓板而至一蓄米之室內，落於米袋中，幸未爆發。此彈之殘片，經人拾起後，合成一飛機炸彈，其直徑爲十五英寸。軍事專家認爲此彈擊及先施公司之彈皆係同一尺寸大小皆係同一飛機所擲下。又言如此彈擊中堆棧而在落地處而爆發，則財產之損失必重，生命之損失亦恐不免。漢米登房子爲水泥鋼骨之堅固建築物，其中有上海著名洋行多家及西人公寓，寓客多係上海聞名之洋行大辦，此次如該炸彈爆裂，則漢米登房子不免被毀，其後面之堆棧，內存貴重貨物甚多，亦必遭殃及。

先施公司門首及漢米登房子兩處之彈，細察其來源，據調查所悉，該二彈係一銀色之低翼單葉飛機所擲，且擲彈時飛行甚高。上海戰事消息，因連日租界內炸案多起，殊未令人注意，其實正在此時，即本日之下午，浦東沿岸由吳淞起至乍浦，戰事最爲激烈。傳聞日軍企圖在該段登岸，而華軍亦在該處集中兵力掘壕堅守沿岸一帶，但此說尚未證實。今日日本軍艦及浦東華軍雙方竟日劇烈炮戰，亦爲今日雙方軍事大形活動之先聲。日軍稱在黃浦江口之北登岸者達五萬人，僅死二十九人，而同時華軍在此役中則死傷甚重，日人稱華軍一營全部覆沒。華軍對此登

岸之說，承認日軍曾在該處登岸，但稱日軍登岸後立足不定，仍被華軍猛烈抵抗，傷亡甚重而退。

今日上海之北區及東區有多處起火，但火勢不若前次百老匯路大火之烈。租界內之救火隊、曾接警報三次，往救虹口大旅社之火。租界救火隊每次往此處救火時，雖在便衣隊炮火之下，但工作仍極盡其職，虹口大旅社之火經撲熄後，不知何故，片刻之間，火災又起。

今日飛機又形活動，日轟炸機十七架由崇明島根據地飛來，今日清晨即在上海天空盤旋不已，形似偵察，並曾擲彈數枚，日機今晨曾轟炸浦東，今日日間無華機來空襲，而正午十二時後有人見華機一架飛過租界，但飛行極高。

華德路監獄撤退囚犯，自經昨日被日方阻止後，今日仍未得進行。同時匯山區仍不斷被炮彈擊中，於是上海人士、因對囚犯之安全，感覺匯山區之租界巡捕，現在炮火中照常供職，靜候命令，性命亦處危險之境。

今日除先施公司之炸彈案外，租界交界之處殊無激戰，雙方皆無重大進展，亦無重大損失，故全局頗為寂寞。

八月廿四日

今日各新聞報紙皆以大字載日機於八月十七日轟炸吳淞對岸南通州之教會醫院，此項消息於今日方由上海美國領事收到電報得悉。該醫院被炸時有病人六十人，職員四十五人，內有美國看護二人，死傷人數，該電報不詳，但稱美國人幸無恙。

今日據華方報告，日陸軍仍企圖在吳淞附近登岸，並稱日軍曾有小隊登岸後，被華軍完全殲滅。但今日日軍發言人聲稱，日軍五萬餘人，確已登岸，並將華軍全綫迫擊退後。

今日雙方炮戰又形活動，日出雲艦在楊樹浦拋錨處，向浦東及江灣竟日炮轟。在外灘可望見浦東大火，火焰延長至少有一英哩，日清公司之浦東堆棧被焚，想係為炮彈擊中所致。

今日虹口，滙山及楊樹浦區內之大火，形似接得大批新燃料，已燒成一團。昨夜之火勢，自嘉興路起，南洋兄弟煙草公司附近之中國式房舍及楊樹浦英商平和洋行附近區內皆在火焰中。同時虹口巡捕房附近，華德路監獄及南市外灘等處亦有數處起火。

日機今日正午后轟炸高昌廟兵工廠，對於華軍微弱之高射炮火，殊未介意，日機在閘北西部之轟炸，仍照常每日按時舉行，日機轟炸北火車站附近一帶、致房屋受損甚重，沿界路上自北山西路至克能海路之房屋受損尤重

今日之陸上戰事，除吳淞前綫之消息矛盾莫明真象外，經上星期一週之惡戰後，已較為沈寂，雙方皆無進展或損失可言，於是上海經昨日之慘案後，今日乃稍覺和緩，

美僑二百十二人撤退離滬，今日由吳淞趁大來公司畢爾斯總統號輪船往馬尼剌及香港二地，於是上海外僑之撤退，又去一批。美僑登輪時，秩序甚佳，但送行者僅寥寥數人。當日又有德僑四百人，於午時趁北德公司格林生納號輪船往華南各地避難，內有數人還返德國。翌晨尚有加拿大皇后輪離滬，將再載各國撤退僑民一批，此外在八月三十一日前尚有大來公司輪船三艘來滬。

今日華德路監獄內之囚犯，因工部局與日方交涉遷移囚犯問題尚無結果，仍拘押於內，並即日續有炮彈擊中監獄房舍，現有囚犯多人傷亡。獄內之空地，四面起火，而同時戰事仍正激烈，監獄竟處於炮火中心之中，無法營救。據報告傳來日方願繼續討論遷出犯人之辦法，但此時獄中之囚犯及獄官仍未退出。

外埠傳至上海之消息，稱日機昨夜轟炸南京，其目的地為轟炸中國之軍用飛機場。據日方宣稱，日機曾被猛烈之高射炮射擊，但日機達到任務後，安然而返，並未受傷。

天津自上星期日起即聞炮聲隆隆，但未悉戰事真象如何及究在何地，衆信戰事或在運河與津浦鐵路交點處之土林(譯音)，此處離天津僅十五哩。

同時對於維持上海原狀之提議，英國尚未接到答覆。倫敦官場方面，深信南京對於英國之提議，表示贊成，但東京方面，則認為不利於日本，故此事遂毫無結果。

八月廿五日

作者於今日下午目擊日軍在華德路陣綫向北挺進，據日方稱進展至

租界邊界上，但據視察後，日軍之前哨確係仍僅在華德路原有陣綫之北。今日駕車往空無人跡之楊樹浦視察，滬江大學在日軍陣線之內。

昨夜日軍在軍艦炮火掩護之下，曾在浦東南匯企圖登陸，日軍一千人曾在該處海濱登岸但前進不遠，即被華軍之密集機關槍掃射及華軍之炮火猛轟日軍之殿後部隊，致日軍不能立足。

華方又稱日軍圖在吳淞登岸，亦未成功．並稱有大隊日軍全部殲滅，計日軍屢次企圖登陸以來，死亡人數已達五千之多。日本方面則宣稱登陸之日軍已逾五萬餘人，且登陸時傷亡人數亦極少，吳淞全線日軍俱有進展。綜觀兩方所稱，事實上完全背道而馳，大相矛盾．於是上海之新聞記者乃於此時明悉．欲從中日雙方軍事發言人得到確實之消息，實爲不可能，自此以後，在報紙上將雙方所稱，同時登載，而使民衆自作其揣測。

日軍轟炸機今日又在放棄已久之高昌廟兵工廠擲彈，曾在該區內擊中數彈，並有房屋中彈起火，致南市及浦江上烟霧騰起，暗蔽天日。日機另一隊今日在上空與華機作戰，華軍轟炸機昨晚午夜曾在華德路及虹口區內擲彈．致有數處起火。

昨夜起至今日日中，華軍之炮隊極形活動，北火車站附近之華軍炮位，不斷轟擊匯山區及虹口一帶，同時浦江中日艦亦發炮還擊．猛轟浦東，閘北．北火車站及江灣等處．東區楊樹浦區雙方迫近肉搏通宵達旦、日海軍發言人今日警告上海各國領事稱華軍利用外國旗號藉此以保護房屋內暗藏之中國便衣隊、此項濫用外旗之詭計，必須設法制止．該發言人又稱華軍用德國國社黨旗及紅十字旗以保護運輸軍火之火車

日軍事發言人又警告浦東之華軍炮位，因華軍在浦東開炮、人民死者已有多人，此項炮轟必須停止．否則日軍將採取方法以逐出浦東之華軍．若華軍退入南市．則日軍決用飛機轟炸南市．同時注意不危及法租界內之生命財產云云．

日軍今日稱在山西開始空炸．從事轟炸軍隊營房及平綏線上之大同（譯音）火車站。日機又在山西轟炸張家口西三公里外之華軍陣線，並稱該處之華軍現正在急退中。

華北大雨方住：今日天津之南，有劇烈之戰事發生於靜海（譯音），華北大雨時，軍隊無法行動，自今日雨停，於是戰事乃趨緊張。日軍似圖佔據軍事重要之津浦路全線，而華軍則大增援軍以謀抵抗。華軍又在平漢路之東，永定河岸上集中軍隊，其目的係阻止日軍在該處渡河。華北之戰事，因大雨後．地上泥濘，軍隊往來及軍火運輸皆在濶泥中進行。

八月廿六日

今日英國駐華大使許閣森氏由南京乘汽車來滬，在途中日機用機關槍掃射，致身受重傷．是爲中日不宣戰中之要人遇害之重要案件。許氏現在宏恩醫院中：一彈穿入右腹、傷勢甚重。與許氏同行來滬之理財專家哈爾巴琦．英軍官羅蔼特佛雷司及中國汽車夫一名皆幸未受傷

英大使一行人等由南京乘汽車來滬，行至離上海五十哩處，即有日機二架出現於空中，隨向汽車低飛猛撲，並開機關槍掃射，許大使即於此時中彈受傷，乃將汽車停駛．一行人等逃入附近田間躲避。日機於是擲下炸彈二枚．落於躲避之處不遠，一彈落入田間未爆．一彈在爆裂於附近之處，灰塵四起，沙泥四濺．滿塗哈、羅二人身上，一時危險之狀，難以筆述、日機去後．乃繼續開行，英大使於下午五時左右送入醫院。

英使所乘汽車．其頭上有大型之英國國旗，由上空視之極易辨認、今晚英日雙方領事官員在未嚴密調查前，皆不願對此事發言。

華方報告稱羅店血戰正烈、自昨日下午三時起華軍曾在重炮掩護下，登岸之日軍猛烈進攻，迄至今日，華軍奮勇抵抗，竟將日軍逐出羅店．戰事現仍在羅店之北，華軍人數較多但日軍希圖在該處堅守其陣地．羅店全村，經日軍之炮轟已受重損．日方對於羅店方面之情勢仍堅持前說，謂日軍在該處之地位，仍非常滿意．華方發言人在談及戰事中，似已認日軍在該處登陸，此事華方曾一度堅決否認

日軍一部稱於昨日在浦東登岸．但被華軍包圍並在川沙處將其殲滅。日軍在他處登陸者，今日華方又承認有一部日軍在羅店企圖此舉、但

遇該處之增援華軍，即起激戰。

自中日戰事爆發以來，今日首次新聞記者集團往東區日軍陣線內視察。東區曾經多日之劇戰，今乃平靜；一日軍軍官在平涼路東區小學內接見記者一行人等（此處離華軍前線二千碼），稱東區內之華軍便衣隊已完全肅清，據指揮東區戰事之日軍軍官稱：目下日本陸戰隊之目的，係圖在最近之將來與吳淞方面進攻之日軍取得聯絡，新聞記者團，此行所視察之日軍陣線係在浦江與吳淞公路間完全突出，離滬江大學之場地約一百碼之遙。滬江大學內之窗戶皆已破碎，但教職員之房舍，似未受損。美籍教員及華職員約一百人願退出者，皆由日軍以汽車護送往法租界內。

今日飛機活動甚少，昨夜清晨二時華機曾飛往吳淞轟炸日本軍艦，一時高射炮火及空襲動作，極其壯觀。日艦受損情形不詳，但即使受損，亦必甚微，因華方並未宣稱也。來襲之華機無一被高射炮擊中，全數安然飛回。日軍稱在羅店擊落華機三架，並在上海附近週圍，亦擊落華軍之「馬丁」轟炸機三架，一架係在虹橋落下，另二架則在上海郊外擊落。

今日上海英文大美晚報往華德路監獄視察，見獄內職員在炮火中供職如常，已近兩週週末，獄中囚犯經炮彈橫飛彈片四散於空場之後，死者已十人，受傷者七十餘人，監獄之房屋，計被大小炮彈擊中十二處，至步槍彈，機關槍彈，手溜彈擊中之處，或落於空地上者更屬不可勝數。牆上槍彈班點，殷然尚在。

獄中之職員及囚犯，由記者觀之，皆在炮火中曾經極度之驚惶吃緊，獄內不許囚犯成羣聚集，以防暴亂。獄中上層獄室內之囚犯，皆移至下層，因上層常被炮彈炸彈擊中，多數之性命皆以此獲救。監獄全部房屋皆以沙袋防禦，職員等因監獄已與外界之住宅隔絕，皆宿於獄中，獄內有醫生一人，看護一人，志願留於獄中醫治獄中病人。在此項情形之下，租界當局與日人關於再將獄內犯人繼續撤退之交涉仍無進展，致獄內之職員犯人皆勉爲支持，聽天安命。

戰事中在戰區內陷困之美籍家族巴格門全家大小，經萬國商團隊員用鋼甲車屢次營救後，今日安然出險而達蘇州河之南，行程中所經之危險艱難，難以筆述。全家大小除巴格門老先生重病在宏恩醫院外，其餘諸人皆健安如常。

巴格門住宅區內之華軍先將巴格門全家遷出至火線外之麥倫書院，該處比較安全，並給以飲食，在麥倫書院住三日後，經華軍之勸告，由日軍陣線內，緩行往租界界內，全家步行並攜其病父，經四小時之久，始達租界。

日方由華北傳來之官報，稱自八月二十四日晨至二十五日下午，經一日之劇戰，在察哈爾獲重大之勝利。該官報中細述作戰之經過及日蒙古混合軍一隊，由大炮飛機在水牛口加以協助擊敗華軍六十八師之詳情，水牛口在張家口附近。並稱是役華軍傷亡近數百人，而日軍傷亡僅四十人而已。該官報又稱北平天津區戰事，華軍在軍事重要之南口要隘被日軍閫困中。

今日下午南通州來報告，關於日機於八月十七日轟炸南通州教會醫院之死亡人數，除已有前次美國護士電報來滬外，今已備有詳細名單，計醫師看護及病人共四十人已死，惟美籍職員仍安然無恙。

八月廿七日

英駐華大使許閣森昨日中經日機機關槍射傷後，昨夜在醫院通宵不安，至今晨始稍覺安靜，醫院醫師發出公告，稱大使傷勢情形尚稱滿意。同時日本官方飭令川越大使往醫院慰藉許氏，並代表日政府抱歉，但對槍擊許氏之飛行員及飛機是否日籍忽又表疑惑。日本大使館官員亦稱英大使一行人所乘之車，確有小型之英國旗插於頭上，但又言英大使由京來滬事前並未通知日方，繼謂如經調查結果此事果屬日本飛行員所爲，則日本大使館承認將此事以相當辦法以和平解決此案云云。

今日華盛頓政事部及英國外交部，正從事探悉日本封鎖中國海岸之詳細情形。查日本此舉，並未正式通知英美兩國，但一班之明見觀察家相信，如果中國海岸果被封鎖，則將立即引起美國中立條約之施行。英國對此事態度，如日本不宣言將強迫英籍船舶停航而加以搜索，即似暫不採取任何行動。迄至今日，日方尚未有此項行動之暗示。中國駐英大使郭泰祺氏在倫敦發言謂日本封鎖中國海岸爲對華大舉侵略及征服中國之又一明證。

華德路監獄內，於今晨四時有六磅重之炮彈一枚穿入獄中醫院一角而爆炸時，致有印籍職員八人受傷。監獄附近之華軍雖已向後撤退，但

不時仍有流彈擊中，故形勢仍非常危險。今晨上海英文大美晚報職員一人前往監獄視察，見附近四週受損較二日前視察時更重、舟山路及華德路大部皆已被炮彈着火焚燒殆盡，焚燬之瓦礫場中，灼焦之死屍，四處横陳。

寶山及羅店週圍之日軍，雖曾經華方否認登岸，於今日傳稱，經三十小時之惡戰後，被華軍擊退。華軍跟追日軍，稱已迫近獅子林炮台，又稱日軍大部皆已戰死，受傷或溺斃殆盡。所餘之残部，已退上日本運輸艦，此役中受損最重者，當以嘉定及羅店二處經日軍之炮轟空炸，已成墟丘一片。

吳淞之永安紗廠，因係向上海美商慎昌洋行抵押，現懸美國國旗，前經日方堅決抗議稱廠内藏有中國機關槍手及野炮隊，今日日軍又恐嚇聲言將用嚴勵方法，將廠内之華軍逐出。但華方對此時則否認廠内有華軍駐扎。日本軍事當局今日堅決否認華軍在羅店嘉定前線之勝利，並堅稱日軍自登岸成功後，決未退去。至佔軍事上重要之羅店嘉定二鎮現仍在日軍手中，今日華軍對新聞界宣佈，除對於日軍由長江沿岸包圍之企圖否認成功外，僅承認華軍曾由虹口區退後，以堅其陣地。

昨夜午夜前後　華方飛機曾四次來虹口匯山及楊樹浦區轟炸　今晨黎明又有華機飛往吳淞轟炸日本軍艦及吳淞一帶之日軍陣地

日海軍飛機於今晨八時至九時間在浦東空炸華軍之機關槍位，此後空中活動，暫行沉寂，但至下午四時，在楊樹浦上空發生中日飛機之劇烈空戰，日機四架參加作戰，華機爲數亦至少兩架，空戰時由外灘可明顯望見，結果日機一架被擊中於烟霧中墜下，一場空戰，遂於此劇然中斷，餘機作鳥散飛去。

今日有外籍記者在華北發見日軍在北平西南之陣線由長辛店延長至天津　成一保衛天津北平區之軍事扼要防禦線，以防華軍由北，西，南三面之反攻

奉天來消息，稱内蒙軍二萬人，對日軍在南口關隘之勝利，頗有相當之幫助，日方亦承認此事，並言内蒙軍與日軍之合作聯合對華，爲日軍贊助内蒙自衛運動及建設蒙古國之先聲。

八月廿八日

今日下午二時南火車站被日機轟炸，擲下炸彈數枚致無辜中國市民數百人炸死，及肢體炸殘者，更令人目不忍睹。當日上海英文大美晚報第三版晚刊所載南站被炸之消息，上海市民所共讀者，其標題爲「大規模之屠殺」，事後據確實調查，死者計一百二十人，傷者四百人。

來炸南站之日機，共計八架，共投彈五枚，爲首二彈即落於月台上，於是月台上候車之難民，慘遭屠殺，屍體横飛，遍地皆是。另一彈落於貧民居住之三關區，該處人烟極爲稠密，死傷極重。第四第五兩彈則落於陸家浜路及兵工廠路，彈落時路上民衆正多，致死傷慘重。

日機在此處之投彈毁壊，極屬可悲可泣，因死者大半皆係平民，受傷者皆在月台上候車逃難之難民，方候下午遲到之一點三十分火車，逃出戰區，往鄉間平靜之處，殊未料大難臨頭也。炸後，難民之行李，由戰區内搬出者，四處散陳，與屍體混合，幾至不能辨識。

炸後，南市之救護車遲遲開來，出事後警士亦寥寥數人，在場維持秩序。死傷之中，並未見有華軍軍士。在場救護傷者之男女童子軍極爲熱心，幫助除清残骸，爲功殊偉，同時救火隊亦馳至將引起之火救熄並將汽車着火及該處貨物被燃者施以救息。

南站被炸時，華法交界處之鐵門，有無數之南市難民集於門前，欲入法界以求安全，一時秩序大亂，經巡捕用警棍驅退，在新北門處，僅許少數之汽車貨車車夫及苦力，通過法界　新北門處，僅有一門未閉。

今日下午日軍事發言人，稱日機轟炸南站因該處不時有華援軍開到，且稱南市内華軍增加，日軍不得不轟炸南市全部云。

今日華軍似擬由吳淞瀏河羅店一帶有秩序的退至預定之第二道防線，由長江瀏河之西，延長由南翔之東南而至上海西區之華界。衆信華軍已開始退却中，而上海報紙俱以大字載之，華軍退却之意義，係避免在吳淞半島形勢被日軍包圍，且稱目下之第二道防線，堅不可破。

今日離滬之外僑，於趁渡輪往大美公司林肯總統號輪船於十二時二十分時目睹海港防疫處附近日軍汽艇與岸上華軍惡戰，一時槍彈横飛，乘客不得不就安全艙内躲避。

今晨經連續之炮轟後，日本軍艦於上午九時左右開始炮轟浦東岸上

・似報復今晨華軍高射炮擊落日機一架之行動。日軍又於今晨八時至九時間炮轟閘北之西部。昨日蔣介石夫人接見新聞記者時，對戰事之破壞，深表悲痛。其發言曾由上海英文大美晚報登出，原文如左：

『中國人民因致力和平及改造國內革命後之混亂局勢以求全國之統一治安及全國之建設發展，遂遭如瘋如狂之日人之忌，於是凡日人所到之處，大肆屠殺華人。日本海陸軍爲稱霸起見，在中國各處大舉侵犯，致生命財產之無辜損害，如上海戰事中所見，亦足以爲明證，而使全世界爲之驚恐矣。昨日晚間及數次夜間，余在南京，曾目睹殺人之炸彈於月色中投下。在南京余曾視察被炸各處之情形，所投之彈，不下三十四枚。此後余即往上海前線視察則見戰事之猛烈、烽烟四起，血流成渠，人民之棲所爲之全毀。日本不但不容華人自度其艱苦生活，且變本加勵對中國之完成爲政治統一，經濟改善及財政裕如之國家，極表憤怒，中國之進步，爲日人所呪咀，日人一念及此，即勃然變色，啞然不歡，已明顯甚矣。此果何意耶？日本對全世界之宣傳，謂欲與中國在經濟上合作，然其意所謂「合作」者乃在華之經濟獨佔。日本之企圖在華經濟獨佔，藉「侮辱日本帝國」或稱中國破壞不存在之條約，或強迫中國當地官廳承認之條約，皆用之爲開釁之端，以求達到使中國人民爲其奴隸。凡能藉口以武力爭執者，日本即攫之以大舉其侵略。世界各國方注意遠東局勢，日人即在上海港內浦江中集中大批之艦隊，並將浦江清除，作爲戰場，並狡黠誣賴，藉詞利用浦江中之外籍戰艦，用作護符，向無辜之數十萬華民開炮轟擊，使難民無家可歸，且使租界外之外僑數千人，棄其和平之營業生計而逃出戰區，尤有進者，日人自一二八戰事後，即開始在上海虹口積極建築軍事工事及鋼骨水泥之炮壘，今日乃用之以機關槍掃射華軍，此項之軍事建設，上海租界當局必早已洞見，即不悉其內容，亦必承認其疏忽未覺日人之正在預備未來之戰爭也，華軍至侵略者大舉進攻，乃應聲而起，以捍衛其國土。日人對目下之戰事，已預備有年。日本之利用租界以作對華作戰之根據地，其蓄意所在，至今日已明白揭穿坦然無餘矣。中國今日係在其本國土地上對侵略國作抵抗之戰以保衛其家產，爲光榮而戰，凡自重自敬之國家，在此種局勢之下，皆得盡其職責以赴國難，中國不懼也。日本或已組織成一機械式之戰鬥國，然中國之精神不死，將以全力保護其人民及應有之權利。日本曾毀壞條約，並對國際間之義務亦蔑然視之不顧。日本之行動，足以使一班人預料中國爲避免艱難起見，將對日讓其權利，無形中消滅中國之整個組織，成立自治區域，由傀儡主持，而帖耳俯首，聽從日本軍閥之獨裁，同時並將國家之天然財源及經濟來源全部交給日人，以達其自私之目的爲止。此項條件，凡屬自承有國家之人民，皆決不能接受之。在過去之歷史中，中國之讓步已多，且曾因之受辱受苦。中國之國恥亦令人傷心病狂，即滿洲事件之打擊，中國在全世界驚訝中已勉爲容忍，蓋欲先事整理內部，及謀全國之統一，國內之和平及繁盛，全世界皆得參加中國之建設也。近年來中國進步之迅速，亦足以引起日本軍閥之不安，勢將見中國之組織完善，而致其夢想之大亞洲帝國，成爲畫餅，此種企圖，在使中國損失殆盡，而藉大亞洲帝國欺騙全世界各國也。日人現在之進攻，蓋認爲時機已熟，遲則不及。日本聲稱中國破壞條約，故必以武力懲戒之。其虛偽有如其本身之破壞國際公約，且藉口對共產作戰，尤屬荒謬無稽。但事至今日，日人亦知中國人民之勇敢果毅，將奮鬥到底矣。日人未嘗不盼其理想中之數國，與以臂助，以擊破中國，達其自私自利之目的，余再聲言，中國或不免受苦，但亦不懼，余心中感覺，日人現在所爲者，乃違背倫理法律之犯罪行爲，縱使目下之政治史中，公理已滅，國際條約之簽字國可任意向無辜之弱小民族作戰而無人爲之抗議並加以遏制，然天理循環昭彰，犯罪者自當得其惡報，屆時作惡者在今日中國內大肆屠殺毀壞，亦當不免受懲也。余不欲言今日世界公守之神聖條約已被人摧殘無遺，但欲言者，此種事件果現於吾人之眼前，則以後任何國家，對條約之簽字並盼共同簽字之國家，遵守履行公約，但如有侵略國認作爲自利之機會而破壞之，其勢或將不免將簽字作爲愚弄之玩意乎？余疑慮叢生矣！余謹對美國友邦之人民宣言，中國決奮勉自救以保持中國之榮譽，無論戰事延長至任何時期，中國決堅持到底，須至中國得到自救及在侵略者手中救獲其祖先之故土爲止。中國深知戰事中不免重大之犧牲，但爲中國無辜人民已死者之靈魂及以後不免慘遭屠殺之平民，並解除奴隸我人民起見，決奮鬥到底。中國深知目下戰爭中之恐怖及未來之犧牲慘重，但中國決不畏懼也。』

八月廿九日

上海方面戰事，昨夜日軍由寶山路進攻閘北，一時內搏異常兇猛，但爲時甚暫。日軍進攻時，華軍即在閘北以大炮迎頭轟擊，沙袋及防禦工事後潛伏之華軍更以步槍機關槍掃射，致日軍未能進展寸土。

今日雖經華方否認，日方堅稱羅店已落日軍之手。上海一班外籍觀察家意料華軍已退至第二道防綫，但華方則否認退却，稱中日兩軍，現皆在羅店之北，據壕對峙。今日日方所稱日陸軍已與滬江大學北面之陸戰隊取得聯絡一節，似稍乏確實。蓋該處聞尚有大隊華軍防守也。

昨夜華軍炮隊又轟擊虹口，匯山，及楊樹浦區，午夜，華機仍照常來滬空襲、昨夜日軍炮彈仍時落於閘北及浦東區內，而浦東區日軍炮火尤密。昨夜炮戰之結果，北火車站與麥根路間經炮彈擊中，引起大火。

今日午后十二點三十分，日機三架轟炸北火車站，計共擲下六彈，事後該處起火燃燒，下午又有日機四架在龍華附近轟炸，並用重彈猛炸。

吳淞寶山區內戰事激烈，昨日上海與歐美之水電線中斷，電報因之不通，修理水線，又須候戰事稍爲沉靜，在此時期中，交通部無綫電報局暫以無綫電報維持上海與歐美之電信交通，至水線修復爲止。

今日英國駐華大使許閣森傷勢轉好，已能安靜度去，大約五六週內可望痊愈，同時關於英大使被日機機關槍擊傷案，英國政府已致牒文於日政府。日方對此事曾靦然謂英大使於未離南京赴滬前，在中國境內，英日感情素稱友好，不妨先向日方請求准許在出事路上旅行等語，倫敦官方聞之，傳皆表示驚異不置。

今日此間得天津來之華方消息，稱華軍對日軍已佔領之天津，現正加以威脅。日軍之機械化部隊，因陷於瀾泥內，經劇戰後損失甚重，華方並稱現仍堅守南口關隘。北平方面，因日軍之嚴厲稽查，頗使北平市民感覺艱難困苦，及不安之狀。迄至今日，被日軍捕去者，已有一千餘人，大部爲學生。北平所有華文報紙皆被日軍封閉，尚有數家照常發行者皆在日軍的嚴密監視之下，且所登之消息，皆須利於日軍者。

八月三十日

本日之重要消息，即日官方發言人承認傳稱已歸附中央政府之共產軍，現在北平之北與日軍作戰，該部共產軍現所佩之符號爲「華北人民抗日敢死隊」。該發言人又承認華軍仍保持吳淞鎮及吳淞炮台。

該發言人又宣稱昨日日機曾在杭州，江灣，廟行鎮及閘北之北轟炸，致杭州飛機場及飛機吊架受損甚重。又言目下日軍將不再對平民施以攻擊，但又言如有平民住於軍事目的地之附近，則又不免與以轟炸，如最近南火車站被炸，即其例也。並言日軍曾得到確實報告，南站被炸時，有華軍多數炸死云云。關於此點，本書作者曾親往南火車站視察，蒞場時，炸彈爆發之烟霧尚未散去，並在南站全區內細視一遍，無論炸死與否殊未見有華軍之蹤影，事實上與日軍發言人所述，略有出入。

今日前綫戰事較爲沉寂，下午四時北火車站附近被炮火轟擊，華軍亦炮轟虹口靶子場一帶、岳州路，黎平路，海納路及通州路一帶，皆有火起，吳淞獅子林炮台及附近大場劉行等處亦傳有火延燒。午后薄暮，北四川路及海寧路角上望見有大火延燒正熾，係即屢遭火焚之虹口大旅社。

今日日本決定立即將留居青島之全部日人撤退，此舉對戰事爆發後青島之緊張空氣，得以和緩，日人撤退之手續，仍照漢口辦法，將全部日人產業交華方保管，至撤退日僑返青島時爲止。日方此舉，似頗含軍事機要之性質，因以此法，得避免分兵三處，而致兵力稀薄，現僅華北與上海兩處主要戰綫，應付較爲簡單也。

關於英國大使許閣森受傷一案，英政府致東京之牒文內容，於今日公佈，計包括三項要求：

一、日本須正式向英國道歉。

二、日本對於攻擊英大使負責人應施以適當之懲辦。

三、須由日本當局擔保以後採取必要方法俾不得再發生同類事件。

牒文中有重要之措詞，茲錄於左：

『居住於關係國內之外僑，固屬戰事中之非戰鬥員，在通常戰事進行中，雖難免直接受傷之危險，然對此項非戰鬥員，無論在戰區內外，若直接或故意加以攻擊，則爲制定最久之國際公法所不容許也。

飛機攻擊，亦與其他攻擊方式相同，皆適用此項國際公法。此事亦不能藉口稱爲意外事件，因事實俱在，攻擊者之疏忽，及對於神聖人命，完全置諸不顧，無可諱言者也。

此案之事實，已經記錄，明白表現此案並非戰事通常進行中，所發生之意外事件，該飛機上之飛行人員明知所擊者，爲非戰鬥員也。

更有進者，此案發生時，並無戰時情形之宣佈，雙方亦未明白承認戰事已在進行之中。故此案發生，無詞可假，以卸其責任。

本案之更爲明瞭者，即英大使旅行之區，並無華軍，亦無戰事進行、大使一行人等由出事後車行一小時，始遇華軍，該處之無戰事，更明瞭矣。

英國政府，對於此案，認爲不得不在此時聲明此案之關係重大，此案即飛機濫炸所得惡果之前車殷鑒。

凡類此之事件，即表示濫肆空炸之惡習，無論戰鬥員或非戰鬥員，其區別雖極其明晰，竟皂白不分，予以攻擊，非但缺乏人類道德，亦爲法律所不許，此種暴行，從人類良心上，及國際公法上，在戰事中皆所不容云云。」

倫敦方面，對於牒文之評論，皆謂措詞極爲和順，東京方面可以照牒文內要求條件辦理，決無疑也。

八月卅一日

今日清晨二點四十五分至三點零五分華機來滬空襲，華機在楊樹浦共擲下炸彈四枚，二枚未爆炸。日機今日日間亦活動，晨間在北火車站投彈四枚，其後日機又在江灣區轟炸，與步兵炮兵合作進攻，華軍則稱已將日軍擊退。午后大場之東亦有飛機轟炸。

今日除北站以北，西至中央造幣廠遭炮轟外，閘北之西，似覺沉靜，戰事中心，已移至江灣附近之北。午后二時韜朋路，楊樹浦路及租界交界處近岳州路，皆有大火延燒。

華方稱今日羅店戰事最爲激烈，但已將羅店四週之日軍擊退。又稱大隊日軍曾在吳淞及瀏河附近登岸，企圖攻入內地。日方則稱日步兵由海軍空軍協助於今晨八時經短時間之進攻，已佔領吳淞鎮及吳淞火車站。

昨日楊行汽車站被炸之結果，炸死難民二百餘人，該處之華軍亦有受傷者 復旦大學亦受損甚重。

廣州於今晨六時初次遭日機轟炸，日轟炸機一隊，衛過密集之高射炮火，在近沙河華軍之炮位擲下二彈，彈落處，離廣州軍用飛機場不遠。華方稱在波格底格里斯炮台上空以驅逐機升空迎擊，擊落日轟炸機二架，廣州之華人市民，傳極形恐慌，致通入沙面之門不得不因之而實行關閉

今日外交方面，蔣介石總司令發出宣言，請求各國調停目下之戰爭並其宣言中，有「調停不但僅爲中國計，亦爲國際安全計」。蔣總司令於接見記者時，又言 目下戰事之結果，中國民族已能聯合一致，起而自衛及 日本之有規模的蓄意毀壞中國之重要沿海商埠，使商業慘遭破壞，並將外人之營業，逐出亞洲，已坦然明白表現矣」。記者詢以中國對於停戰之能接受條件，蔣氏答曰： 此問題非至日本決意在其目下不可能之局勢中，誠意退出，則無人能答覆之。

今日下午六時大來公司之「胡佛」總統號輪船，載重二萬二千噸，在吳淞被中國飛機一隊擲彈轟炸。船身曾被彈擊中，但落彈多爆炸於船身外之水上，有數人受傷，內有傷者三人，須立即開刀醫治，經英國軍艦「康百蘭」號由吳淞馳往救護時，該艦上之軍醫，爲之開刀裹傷矣。

據今晚俞鴻鈞市長之發言，轟炸「胡佛」輪船之中國飛機共四架，係誤認該商輪爲日軍之運輸艦。轟炸時，該輪離吳淞五十哩，海外二十哩，正由香港開來上海，出事後，大來公司即命其不來上海而直接開往神户，大來公司之「麥金利」總統號，本定於明日抵滬，經此事發生後，亦奉令不來上海，而直接往神户矣。於是有美僑外僑多人原擬搭此二輪離滬他去者，除一部改於明日乘日輪往神户， 再由神户候搭「胡佛」或「麥金利」船外，其餘皆留滯於上海。

今晚中國政府發言人，對於此事發出左列之聲明：

「中國當局聞悉「胡佛」總統號於今日被華機誤認， 加以轟炸，船上有數人因之受傷，深表惋惜。中國政府聞訊之下，立即飭令由軍事當局調查，同時並向美國當局表示負責及立即賠償損失。據最初接到之報告，出事時，該輪似正在兩日艦之中間，遂被中國飛行員誤認爲日本之軍用運輸艦，又本日晨間，中國空軍曾接到報告，稱日軍運輸艦正源源開

抵上海。致釀成此錯，

查中國陸軍空軍之唯一目的，爲抵抗日本之侵略，其決非有意攻擊第三國際之船隻，固不待言也。此堪悅惜之意外事件，目下已在南京開始交涉，以期從速解決。同時並已令華盛頓駐美中國大使向美國國務部代表中國政府表示抱歉並願立即負賠償損失之責。」

九月一日

吳淞鎮及吳淞炮台，在上海戰事中，仍繼續爲劇烈戰爭之中心，因華軍在該處堅守抵抗，以阻日軍登陸後再向內地之進展。華方之報告稱在羅店之日軍現處於困難之境，華軍已將日軍驅至吳淞鎮之西北，致日軍受重大之損失。日軍在楊樹浦登陸，今日華方承認，計有日運輸艦三艘，滿載援兵，皆已登岸。同濟大學，經日軍昨日向寶山縣進攻後，衆信已入日軍之手。

外籍觀察家昨日由吳淞口外進浦江時，目睹吳淞口外停泊之日艦，不下八十餘艘之多，中有運輸艦十艘。據稱，表面上吳淞已入日軍掌握，形似安靜，吳淞全部皆表現重炮火之傷痕，瘡痍滿目。

羅店區內數日前一場惡戰之結果，傳日軍用步槍刺刀肉搏之結果，華軍犧牲甚多。昨日晨間，羅店區內一華軍機關槍位傳被日軍工程兵預埋之地雷爆發炸去，日軍工程兵在爆發時亦同時斃命。

日方消息又稱今日下午日海軍飛機在上海北面轟炸華軍軍需交通綫。昨日日本空軍之目標地爲近杭州之廣德飛機場，並稱在地下毀華機四架，內一架爲雙馬達轟炸機。

今日日機在上海區內又大肆轟炸，尤集中於閘北及真茹兩處。本日下午二時至三時之間，真茹無綫電台附近皆有炸彈落下，無綫電台之鄰近，並發現五處火起。

今日之炮轟，亦竟日激烈，北站，麥根路，江灣，虹口，匯山及楊樹浦區，皆有炮戰。閘北之中興路及大通路，有數處被炮彈擊中起火。南市小東門於下午亦有大火延燒。今晨極早，傳華機來襲二次，但並未擲彈。是日日間上海區內無華機活動蹤影。

戰事全局，在上海區內，似將不免延長。今日戰事，雙方皆無顯著之進展。華軍仍佔據北火車站，閘北之東華軍之陣綫亦未被日軍壓迫退後。

九月二日

日本政府發出宣言，於今日在上海發表，關於日本在中國沿海或將扣留船隻，此事將來難免有嚴重之後果。該宣言內之大概，謂日本或將被迫而採取「適當之有效方法以阻止軍火運入中國」。至將採取何種方法，尚未宣佈。但發出此項宣言之日政府發言人曾言第三國際之輪船或將由日本海軍檢查，俾認明該輪之使用外國國旗是否合法，抑係華人冒用，藉以保護云云。

今日駐美中國大使王正廷博士，晤美國國務卿赫爾，並致送中國政府向美政府對「胡佛」總統號輪船被炸案願負完全責任，及立即賠償損失之聲明書。

同時今日美國國務卿赫爾稱上將美國海軍上海雅納爾之飭令美籍輪船不再上海停靠之舉，爲暫時警戒之辦法。此項聲明，蓋係隱示，美國並無放棄美商在上海所營事業之意。

今日早晨二時，香港有巨風來襲，人民死亡及財產損失皆甚奇重。港內有輪船數艘擱綫，日郵船「淺間丸」，及太古公司之「廣州」「順天」兩輪亦遭此厄。香港之商業區，尤遭重損，街上有汽車毀壞，商店之門戶，皆被風吹倒。華人之死亡者更多。

上海區之戰事，現仍在吳淞羅店吃緊，中日雙方各道勝利。華方稱日軍在羅店西北苦戰，形似背牆而戰，極力避免包圍而遭殲滅。又傳華軍仍堅守吳淞。日方則稱已於今日佔據獅子林炮台，並稱日軍已攻至寶山城下，旦夕可下。昨夜及今晨閘北東界，寶山路，北火車站一帶戰事皆異常激烈，但雙方均無進展。閘北之華軍，今夜又照常在日本軍艦炮火之下，同時真茹附近之華軍炮隊亦猛烈還擊。今晨十時至十時卅分，閘北被日軍重炮轟擊。今晨六時卅分，公共租界之宜昌路戈登路角上，一彈飛來彈片炸傷華人男子二名，該彈顯係日軍炮轟麥根路車站之流彈。

關於日軍之不斷轟炸真茹無綫電台，及昨夜日機空襲，日本第三艦隊司令加以解釋，謂該處乃華軍軍事活動之根據地。同時嘉定，太倉及崐山亦須空炸，係與真茹電台同一緣因云云。

今日下午有西人三名，德籍，在江灣前綫上被華軍機關槍掃射，二

人受傷，一人幸得無恙，三人向日軍領得通行證，往楊樹浦視其堆棧，歸途中忽欲由虹口小路繞回，一覩戰景，遂遭不測之射擊。德國領事館對於此事。因該項通行證，未指定虹口區域，遂亦不採任何行動。

華北方面，由華方報告中推測之，華方似已承認日軍佔領張家口及軍事重要之南口關隘，蓋該報告中稱華軍正預備反攻也。又傳華軍經劇烈之惡戰後，向天津方面，在津浦路上，獲得相當之進展。

作者偕英文大美晚報職員一人，昨夜往謁八十七師師長王敬久於大場之某處，相見於一燭光照耀之室中，王師長年事纔三十有四，發言承認日軍確在吳淞，瀏河，羅店，登陸，稱日軍炮火雖優於華軍，但亦不能向內地衝進咫尺。王師長又言，日軍現在目的地為離羅店七哩之嘉定、據王師長言：前綫戰事，多以短兵相見，肉搏衝鋒，日軍不及華軍之勇，損失較重，但日海軍炮火猛烈，華軍損失頗重；故兩軍之損失，不相伯仲。羅店一處，因有中日兩軍接近作戰，故日海軍不能加以炮轟，恐傷及日軍。

作者此行，係在黑夜中用汽車由華軍一副官偕往師長司令部。沿途所遇之華軍，武裝齊備，精神極佳。

九月三日

香港來消息，細述香港遭巨風來襲之受災情形，稱風行速度達每小時六十五哩，氣壓表為二九、二九八度。

本書作者，於今日下午二時三十分因事驅車往外灘時，適逢浦東飛來一彈，越過作者所駕之汽車頂而爆炸於三十呎外之街中，路上行人受傷者八人，作者至今思之，不寒而慄，當時真險遭不測也。受傷之八人中有俄籍商團一人，受傷最重，血流如注，由作者扶之並以車送往醫院醫治。此外尚有印度看門巡捕一人及華人八名亦被此彈炸傷，但幸無立即被炸而死者。其後有受傷之華人二名，於進醫院後不治而死。此彈係炮戰時由浦東飛來，當時浦東華軍之炮火，正轟擊浦江上之日本軍艦，日艦亦還擊浦東。

今日下午六時，公共租界靜安寺路及同孚路角上，一流彈飛來，傷華人十四名。十分鐘後，靜安寺路八百三十號門前又一流彈落下，傷苦力一人。午后又有一炮彈自匯山區飛來，落於民國路上，傷華人五名。

今日之炮戰，自晨至暮未嘗停息，日軍之炮彈全落於浦東內部，其結果不明。日本領事館外停泊之日本運輸艦一艘，作者目睹被炮彈擊中，並見受傷之船員，移至岸上。日本出雲旗艦及日本驅逐艦數艘向浦東逼近猛轟，致正午時浦東沿岸之福興造船廠及招商局之修船碼頭中火延燒。華軍炮火曾屢次擊中日本領事館，並有日人四名在該處受傷。

今日雙方炮戰之起因，係當時有一華婦搖一舢板，經過日出雲旗艦而往南市上游。舢板之旁有四人游泳而過。該舢板及游泳之四人行至蘇州河之南時，即有拋錨於該處之小汽船一艘，以機關槍掃射之，但皆未射中，四人游泳達浦東，上岸而去，婦人則仍向上游搖去。日軍即派人在該處將四人捕去，但不久又傳已將四人釋放。此時即有華軍部隊進至浦東沿岸，即南京路外灘之對面，以步槍機關槍向日軍射擊。於是日軍艦之大炮即逼近還擊。華軍之炮隊遂開始由浦東內部發炮猛轟，而一幕浦東炮戰即由此起矣。

晚間，北火車站，時有小接觸，槍聲時續時斷；在租界內可清晰聞之，同時並有大炮聲，來處不明。今晚復有三處起火，一在虹口靶子場之東，一在租界交界處之匯山區，一在租界外之麥倫書院附近。

今日華方宣稱在羅店之北，華軍之包圍戰略，有相當之效果，並稱日軍約二三千人已全被圍困。劉行之惡戰，亦由華軍宣稱已將日軍擊退。

今日廈門來報告，稱發現日轟炸機一架，顯係來廈門空襲者。

平漢綫上戰事仍甚沉寂，但傳中國便衣隊與日軍在天津之東南仍時有接觸，在天津可聞槍聲甚晰。據華方報告，稱日軍雖積極增援預備總攻，但華北各前綫上華軍皆獲進展。華北近來大雨如注，日本之機械部隊全陷於停滯中。

九月四日

今日公共租界及法租界仍時有高射炮彈及機關槍彈飛來，計中彈而死者二人，受傷者五十一人，全係華人。

飛來之高射炮彈及機關槍彈，衆信為來自華軍方面，因日本轟炸機自晨間七時起即在北火車站及閘北東區大肆轟炸，引起地上華軍之密集

猛烈高射炮火也。日機轟炸時，上午九點四十五分有一彈落於麥根路車站內，致車站內起火。

日轟炸機一彈飛過麥根路車站時，忽自行爆炸，在空中轟然一聲，立即於白烟火焰中墜下，着地後，又轟然巨聲震耳。衆料此機必係被華軍高射炮擊中。該機下墜時，爲非常之奇觀，租界內多處皆目睹此事。

華方仍堅稱在吳淞及羅店方面戰事極爲得手，謂已將日軍逐至吳淞浜以外至浦江邊，但日軍則稱在最近戰事中已進至吳淞以西之八基羅米突外。華方又稱現正在完成羅店以北之包圍行動，該處之日軍即將完全肅清。今日日本軍事發言人對於羅店戰事，聲稱今日晚間，日軍決可攻下羅店及寶山縣城。

今日由廈門來消息，稱日本軍艦一艘在港口外佔據，向廈門炮台開炮轟擊。又傳該艦企圖派兵登岸，因炮台內華軍還擊甚烈，未能成功。

上海外僑之撤退，仍在繼續進行中，今日又有五百人乘「史芬克司」輪船離滬，該輪泊於吳淞口外，由法國火輪公司小輪載客往吳淞搭輪往香港直至歐洲爲止，沿途皆有上海外僑起岸駐留。

同時，中日戰事演至今日，全世界各報紙在評論上及半官發言中皆認定日本爲侵略國，於是日本外相廣田乃向新聞界發出宣言，該宣言中，將目下戰事之起因從略並謂人人皆知無庸再述外，稱傳戰之第一必要條件，爲華軍須完全退出租界之附近。該宣言全部原文如左：

「日本與中國之局勢，已發展至於目下之情形，實足引爲遺憾。在此宣言中，對於現在中日事件之起因及其發展，固已爲人人皆知無庸再述外，余僅欲將日本政府對於中日事件之忍耐寬恕，以告世人。自蘆溝橋事件發生以來，日政府無時不在盡力設法以和平解決之努力中。日本政府爲希望由就地和平解決，雖屢次見華方之缺乏誠意，仍盡力使事態不致擴大而趨嚴重。南京政府更屬無誠意解決此案，不但否認並拒絕當地所訂之條約，且調動大軍往駐華北，直接向日本挑釁。南京政府又煽惑民衆，鼓勵反日情緒，至於目下之程度，以致在華之日本僑民生命財產際此反日紛亂中頓受驚險而感不安。日政府急令長江各處，漢口及上海華南各處之日僑撤退，此舉之用意，蓋以防範意外，即此一事，已足以表日本之誠實遵守不侵略政策。撤退日僑，對於我國之損失，實爲最大之犧牲，因我國僑民在華經多年之辛苦經營者，今乃一旦完全放棄也。但爲使事態不致惡化而趨嚴重起見，我國只得忍痛犧牲。七月十一日　日本內閣因華北局勢日漸惡劣，始決定派兵來華，同時仍在希望和平解決，並盼南京政府重行考慮其態度也。由上以觀，我國曾努力以求和平解決，至最後一分鐘，並決心避免武力之衝突，我國亦對此案取同樣之忍耐態度。關於上海事件，國外有數方面誤以爲日本在上海之行動，爲報復日本陸戰隊官員被華軍保安隊槍殺之舉。此事之事實俱在，日本水兵被殺，固當由中國完全負責，然我政府深自遏抑，竟由外交途境將此案和平解決。上海戰事之起，因中國急調其正規軍來上海，違背一九三二年上海戰事結束後所訂之條約，並增加保安隊之實力，人數軍備，皆予以增厚，於是向日軍挑釁。日本政府深信第一必要之步驟，當先使華軍退出戰區，並將公共租界附近之中國軍事工作移去，如此方能使上海不受戰事之毀壞影響。換言之，上海外人之生命財產，並非受少數保護租界之日軍威脅，實際上乃被人數衆多及攻擊日軍之華軍所恐嚇者也。事實上，我國實願維持上海及上海四週之治安安全，各國所提議保持上海不受戰事之危險，如華軍對於租界，我國領事館，浦江中之我國軍艦，驟然來攻及投彈濫炸時之各種危險，我國對於此項提議，現正與以贊助之考慮也。」

九月五日

今日前綫戰事消息甚微，雙方軍隊，似在休息中。但日本飛機今日仍轟炸滬西之兩小村落，死傷者達二百五十九人，炸後死傷者大部由租界之商團料理。該兩村落位於越界築路租界防區以外之附近白利南路華倫路一帶。衆料該村附近或有華軍集中，因當時日本轟炸機十架在附近各處猛擲炸彈甚多。

今日日機幾竟日轟炸未停，內有日機一架，獨行飛往浦東美孚油棧之後轟炸，閘北則仍在不斷之轟炸中。今日晨間四時三十分至五時之間，日本軍艦之炮火向江灣轟擊。日間聞吳淞方面之戰事甚烈，但晚間亦未得勝負結果之報告。靜候已久之封鎖中國全部海岸宣言，今日正式由日本海軍上將長谷川發表。封鎖之初步，係於八月二十五日執行，現延長封鎖綫，由秦皇島起直至華南之北海，全部海岸，除青島及第三國際

之租借地外，盡爲封鎖區域，自今夜六時起，所有中國船隻，無論屬於政府或係商營，皆不得行駛。

今日公共租界及法租界當局聯合將上海戒嚴時間縮短，每晚由十一時半起，禁止行人，並稱此爲試行性質。

九月六日

今晨拂曉四時二十分槍聲甚密，是爲日本陸戰隊在楊樹浦前綫之極東區域開始大舉進攻之先聲。關於今日日軍之進攻，日軍事發言人仍謂非靜候已久之日軍「總攻」，但稱迄至今晚，日軍在全綫上已平均進展二哩。寶山仍在日軍手中，華軍預備之反攻，尚未實現。浦江沿岸，傳虬江碼頭已落日軍之手

日軍在楊樹浦前綫之進攻，以大炮掩護，兼以野炮，手溜彈，機關槍，步槍作戰。至江灣劉行區則由日本軍艦以重炮轟擊。自晨十時起至正午十二時，該區內有人見重炮彈多枚飛來。華軍炮火還擊，似以日本陸戰隊兵營爲目標。午后日機分三處轟炸，一在租界界限以外約二三百碼北火車站之北；一在聖約翰大學之北，京滬鐵路綫上；一在引翔鄉賽馬場。下午三點二十分，虹口救火會附近驗屍所鄰近有大火延燒。

今日有外籍觀察家報告消息兩件：一稱乍浦有日艦四十艘集中，目下尚未作登陸之企圖，但隨時有登陸之可能。又一報告稱浦東岸上有華軍便衣隊一萬人，日間藏於各堆棧中，入夜則開槍襲擊日艦及匯山虹口等處。

今日英國新聞通信社報告稱中國海關緝私船二艘，昨夜在香港附近被日驅逐艦一艘強行攫去。緝私船之一艘，傳已被沉毁。船上之英籍官員已乘舢板安抵岸上。同時香港日本僑民二百八十七人今日撤退，日驅逐艦一艘在香港之西界海岸處，炮轟澤關。傳最近曾有大批軍火由華軍在該處起岸。又據未證實之謠傳，稱香港港外之中國輪船已曾被迫令停駛並施以搜查。

華北全部日軍之指揮官已易人，由日本前陸相土肥原大將繼任。其部隊共九師團，傳正預備在各前綫立即舉行總攻擊。由華北來之華方公報稱日軍向天津十七哩外之馬廠側擊華軍，經華軍擊退，日軍受重損。傳日軍之活動，因華北大雨，其機械化部隊，皆陷於瀾泥中，不能行動

美國羅斯福總統向新聞記者發表宣言，今晚上海之美僑對於該宣言羣聚密談極爲重視，該宣言之原文如左：

「凡現時仍住在中國之美籍人民，如遇危險，須自行負責。美國政府已屢次命其離華，一部份竟拒絕抗命，其餘尚有在中國內地者，或因時間倉卒，不及起程。」

九月七日

日政府對英國大使許閣森被機關槍擊傷一案及英國抗議之覆文已於今日交與英國駐日大使格萊基。該覆文除表示抱歉外，並稱槍擊大使之地點及時間，「正值當日太倉境內戰事適在進行中。」該覆文又稱日政府已令在華之日軍當局對於此事「特別注意」，繼又聲明攻擊大使之飛機，確係日機與否，目下尚未能斷定。並否認英國之宣稱謂日機濫炸非戰鬥員云云。

日本保守黨某領袖在評論此案時，曾質問此案似或可視爲華人之故意造成歟？英大使或亦在鼓中，不明全案皆華人所計劃而安排也。

昨日被攫之中國海關緝私船二艘，因此事直接影響外債保障之海關稅收，致引起國際之糾紛。今日日軍新聞發言人，對於此案，曾發言曰：「海關爲中國之海關，我國之攫去此項緝私船或不免間接影響第三國際，然亦當中國政府負責。」該發言人又言日本政府對第三國際所提議之浦東設立中立區已正式答覆，但該答覆之內容，不能露佈云云。

盛傳已久之日軍總攻，若目下日軍在東區之活動仍非總攻，則今日據日方承認，前綫殊覺沉寂，同時華方稱現仍在靜候日軍之總攻。華方並稱寶山經連續之猛烈反攻後，已由華軍佔領，此說與日方所稱，完全矛盾；日方對此說認爲絕對荒謬，並言寶山之華軍已不知去向，目下寶山情形極爲安靜；日軍態度在寶山城中安閒如在家中。作者今日曾目睹日軍確佔據虬江碼頭及空地至軍工路上，華軍似在軍工路之另一面戰壕中伏守。作者又見日本轟炸機四架由驅逐機四架保護，轟炸華軍陣地，各投十五彈，其中十二彈爆炸。該區內今日全日在重炮轟擊中。閘北之西部，鐵路軌道沿綫，被日機轟炸，竟日時續時斷，下午浦東亦遭轟炸。

今日全日日軍炮轟閘北，炮火集中於北站及麥根路一段。下午六時楊樹浦日軍大炮轟閘北北面之八字橋時，聲震租界。北火車站之陣綫今日無變化。

據報華機昨夜向停泊吳淞之日艦投彈轟炸，命中驅逐艦二艘，巡洋艦一艘。此消息日方否認之，謂雙方均無損失。又蘇州方面雙方飛機空戰之消息，亦各不相同。日方稱：日機遭遇華方「苛迪士鷹」式飛機十架，及驅逐機三架，擊落華機三架，另一架被逼在太湖中降落。但照華方之報告，日轟炸機四架，護以驅逐機四架，於轟炸杭州至廣德之華方飛機場後，即在太湖上空遭遇華方之驅逐機；日方驅逐機及轟炸機各一架被擊落。擊落日機之華飛機師，據云被其擊落之日機，現有五架之多。

美總統羅斯福昨日發表言論，謂在華之美僑民，其生命之安全由各自負之，今日美國僑滬商人甚爲憤怒。伊等大半均謂，曾經又未接到離華之命令，並謂伊等之事業已有甚深之歷史，亦不能忽忽放棄之。上海美國商會致電美國務院長赫爾，對於美國退出或放棄美國在華之利益之任何言論，均表示反對。

上海四大電影院之一之大光明影戲院，將於星期五重新營業。夜間戒嚴時間既縮短，故該戲院之重新開門營業，被視爲情形復原之表示。

九月八日

今日記者同上海英文大美晚報另一記者，至楊樹浦一帶觀察日陣地。我等至日本哥爾夫球場時，日軍警告我等謂前面不遠之地正有戰事，再前進即有危險；但如吾等兩日後再來，則該地及滬江大學過去之地帶均可告平靜。毘明路兩旁，即「齊物浦」路與「達內」路間之一段，幾全爲火所毀。楊樹浦路上之華興煙公司之大廠正在燃燒中。華德路西半附近一帶幾無遺留之物，可再供火燒。一般看來，此處尚平靜，除北部時有斷續之來福槍與機關槍聲。

今晨日新聞發言人稱，上海無錫區內共有華軍三十五萬人。炮隊之配備甚劣，重炮在浦東。該發言人並謂，華軍迭在江灣閘北攻擊；昨晚已被擊退，華軍損失甚重。

華軍晚間發炮轟擊虹口及楊樹浦之日軍，晚九時五十五分，一彈又擊中華德路西半之二樓，傷及華籍看守人四名，該彈係由浦東發來者。

昨晚日軍進攻江灣市中心區，甚爲激烈，每步均受抵抗，終被華軍完全擊退，據稱日軍第一次利用陸軍唐克車衝突華軍堅固之防禦物，該防禦物有如小炮壘然，可容六十人。日軍於肉搏後，退回軍工路原陣地內，該肉搏戰在今晨八時甚爲猛烈。雖如此，今晨日方稱自戰事在楊樹浦東部發生以來，日軍死傷人數祇五六十人而已。

昨夜及今日，該地華軍各陣地均被日方炮火猛轟，有彈片甚多落入公共租界內，惟未傷人。午前及午後，日軍廣肆轟炸遠東跑馬場四週各地及劉行鎮。昨夜可看見大火，今日又見麥倫書院西南一百碼左右處有大火。

中國共產黨軍隊現已改編爲第八路軍，受軍事委員會直接管轄。紅軍二首領，朱德將軍及彭德懷將軍，蔣委員長已於八月二十二日任其爲改編後八路軍之正副總司令，該委任狀已於今日發表。據本埠所傳，該政府新軍隊將調至東部抵抗敵人。

天津東南近郊各村莊，昨夜又有槍聲，指明華軍仍有在該處抵抗者，雖日方稱其軍隊已向馬場推進。

美國務院長赫爾今日對於美總統之宣言已有說明，謂該宣言係向美傳教師所發之警告，並非表明美國將撤回其在中國僑民之保護。該說明並謂：上海美海軍及艦隊仍留滬不動，其在滬者亦不調往別處。

九月九日

公共租界商業區一帶，今日能享受一個極需要之休息日，因雙方軍隊在此所謂「未宣戰之戰」中於昨夜及今晨停止攻擊，空氣沉靜。但轟炸機仍在戰區之西北南三方面投彈轟炸。午前日機轟炸江南兵工廠地帶，但無何軍事上之結果。下午二時，日機又出現，惟轟炸之地在較西之處，目標顯爲中國海軍飛機場。損失據報不大。兩次轟炸，共死傷二十三人，其中五人炸死。今日據報有日水上飛機一架，裝有空中魚雷一隻，飛過公共租界，惟日新聞發言人否認之，謂此或係視誤之故。

今日記者會中，日發言人又謂日軍在東部各綫上日夜有進展，惟詳細情形未予宣佈。華方新聞發言人稱，陣地各無變化。

寶山路北站綫，今日被日機轟炸，來福槍與機關槍聲時斷時續，各綫顯無變動，市中心在中午時又被炸；有大火從此地向上燃燒。

日軍發射之高射炮彈，今日又在公共租界邊界傷及行人。下午三時，高射炮彈多枚落入麥根路及武定路公共租界內，傷及一人。下午五時一刻，在租界飛行之日機，被浦東方面之炮射擊，高射炮彈三枚落於近四川路之漢口路，一華捕受傷。

日機轟炸滬杭路淞江車站，據較正確之報告，炸死者三百人，受傷者四百人。所有死傷之人均為難民，係昨晨十時一刻由梵王渡車站開出之難民車上之難民。

外人擬在上海設立難民區之建議，似將告失敗，據有關係方面稱，日方答覆之主旨係華軍由建議中所規定之距離應再往後退，此點華方不能同意

中日兩軍在所謂「模範省」之山西激烈戰鬬，結果日「〇〇」師團沿平綏鐵路向大同推進，日軍佐以裝鉄甲車及唐克車，華方則以步槍迎戰。但華方認戰事激烈，稱其已將敵軍驅退。

九月十日

黃浦之炮戰，聲震全滬，此為今日之大事件。浦東華方炮隊開始轟擊，有炮彈二枚在日本總領事使館之屋頂上空左近炸裂。於是炮彈開始向「出雲艦」及其左近停泊之日艦降落，甚有達到南翔路及碼頭上爆炸。有日醫艦一艘，名「美國丸」者，正處在火線之中。「出雲」艦及其附近停泊之驅逐艦發炮還擊，直達南市江邊二哩之內各處。「出雲艦」並以平射炮轟擊浦東岸邊之各貨棧，顯係射擊暗襲之敵人。

日機六架，於是飛出，至浦東南市視察，未投彈。午後雙方各開數炮後，即為沉寂。至下午四時半，炮戰又起，較前猛烈，日艦六艘由江中發炮，華軍則固守浦東，發炮對轟。日清公司碼頭被擊中，華方炮彈有飛至海甯路及老靶子路爆炸者，致使該處日司令支部起火。另一處火在「蘇弗爾」旅館附近。日海軍以機槍掃射岸上華軍，各貨棧內之華軍亦還以來福槍及機鎗。戰鬬甚猛但時間亦甚短，日軍死傷甚多，抬入「美國丸」醫艦內，於是向下游駛去。公共租界內亦有受傷者二人，惟落於中央捕房操場，中央之一彈，却未傷人。

昨夜閘北整夜被炮擊，有十二吋炮彈一枚，其彈底落於福豐麵粉廠之屋頂上、美海軍在該處有看守台一座。炮彈六枚，落於新閘區內，傷華人多名。昨夜北站地方有重機關槍聲，自來水塔附近有大火。

遠東跑馬場附近有激烈之戰事及空襲，據日方謂，日軍在此方面有進展，向市中心推進，而華方則謂，以前所失之地今復收回。

今日日發言人根據日軍有二十餘人因霍亂症而死之事實，謂華方散放病菌云。該發言人並謂，日方雖未決定將採用報復手段，但此事正在研究之中。

在華北各口岸避暑因戰事不得回滬之俄僑一千三百人，今日乘「羅斯利摩那」號輪抵此。該輪因無適當靠岸之處，自午時至整個午後不得不停泊在中流，適處於火綫之中。

華北華方所發之報告，雖稱其軍隊仍堅守其陣地但似乎日軍徐有進展。今日據報，日軍佔據馬場北一百咪之「正關東」，現正向戰略上有重要價值之馬場總攻。在山西省北部，日軍於昨日佔據數村莊後，似徐向大同包圍。

今日日首相致其國人書中稱，日本基本政策仍係與中國合作。藉此政策，日本「希望與其他國家共享幸福與快樂」。

日首相稱，日本亦希望遠東之和平。該書繼謂：

「無何，中國常忘記其與日本為鄰邦之關係，而違犯忠信。」

「並且中國多年沉迷於反日政策之中，而干犯日本之利益。目前事件之發生，此種態度應負其責。」

「派遣至中國之日軍，係為正義而戰鬬，日本全國人民正忠實地執行其職責。」

「目前紛爭，其源甚遠，將如何發展，刻下不能預測。」

「鑒於情形之嚴重，全國人民應堅決戰勝預期之目的，以不可搖動之意志，忍受任何艱難。」

「我國在過去數世紀中，每遇嚴重之國難，均能戰勝，因而獲得國家之尊嚴與興盛」

「鑒於目下情形嚴重，吾請全國人民拿出古人之精神，遵守忠心與愛國之主義，遵照天皇之意旨而與之合作，以維護大日本之精神。」

「吾知全國必將聯合一致，同時以維護皇座之盛隆為至終之目標，努力伸張國權。

同時日機昨日又轟炸華南各城，如汕頭，潮安，珠江要塞，黃山各

地，被炸損失甚巨。當空襲時，日艦亦有秩序地炮轟各口岸，以致停泊珠江口之小船多艘及房屋着火燃燒。

九月十一日

除炮戰外，過去兩日內戰事暫在停頓之中，但昨夜自楊樹浦至羅店一帶又起激烈之戰事。華方稱，華軍在日機械化部隊猛攻之下，仍固守其陣地，日方則稱各綫均有進展。上午三時三十分，華機一架出現助戰，突過密聚高射炮火，向楊樹浦日陣地投下數彈。日方稱其軍隊現控制羅店及楊行鎮，離江岸十公里，惟華方稱日軍之進展已被逼退。現確實知悉者，爲華方防禦市中心所建之防禦物，仍爲華軍所據有，遠東跑馬場亦仍在華軍手中。日軍如果在此方面有所勝利，其勝利亦甚小，所謂「大攻擊」者，未如日方所預期者而進行。寶山路之戰鬪，對於陣地無何變化。

前爲淞滬警備司令部之龍華廟，日機上午仍以炸彈二十枚，下午又投二十枚，並以機槍掃射之。被炸死者計十人，受傷者三十人，其中有兵士二名受傷。龍華廟之本身及龍華塔均完好如故。

停泊吳淞及長江中之日艦，於炮轟月浦楊行華軍陣綫之後，日機即於下午飛出轟炸市中心區。華炮隊今日白日轟擊日海軍陸戰隊軍營，華方並稱在戰綫上擊中日唐克車四輛，被毀不能使用。

日方稱，日軍又攻下馬場西二小村莊。此戰爲時雖只一小時之久，但據稱爲最激烈之戰。大炮飛機，均參加作戰。同時，突入山西省北部向大同推進之日軍，已到達距該重要城市五十哩地之一地點。

日本陸相「×」謂滬戰已照如預測之計劃順利進行，並請國人努力，以期戰事早日結束。同時，首相發表宣言，謂戰事將延至一九三八年。

中日雙方新聞界所發表關於戰事新聞之正確與否，可能以下之一事證明之，東京各報登載日本在上海之某一大通訊社之稿，謂上海英文大美晚報之華記者二人被華軍視爲漢奸，己遭槍决，因其所發之新聞對於華軍有礙。該報華記者二人，現均身體康健，謂該項新聞實「誇張其詞」云。

九月十二日

今晨長江及楊樹浦各處有激烈之戰事，因日軍向吳淞至羅店各綫猛攻，以期其軍隊能沿長江之岸聯合。日軍亦沿楊樹浦綫攻擊，企圖向市中心區推進。華軍在此一方面顯然固守其陣地，並向長江之江岸攻擊，以收復其所失去之地。在該兩處攻擊中，守軍均利用重炮飛機助戰。

今日虹口閘北各處步兵均尚平靜，北站附近及日陸戰隊軍營西首之華人隔離醫院，被日軍炮擊，該處於上午十一時亦被日機轟炸，市中心區及虹口靶子場鄰近一帶，均被轟炸。昨晚在午夜前，華機又來空襲，在楊樹浦投數彈，據稱日軍供給品被炸，損失甚大。

華北似將有大戰爆發，因日方集中十四萬人，在二百哩長之戰綫上，對抗四十萬華軍。一般情形看來，日軍正由自天津北平兩處伸出之二大鐵路綫向南向西推進，而華軍則抵抗之，尤其在大同方面抵抗甚強。據報日軍於昨晨攻陷天津南之馬場。全綫在極近時期內將有大戰。

九月十三日

滬戰已有二月矣，上海各綫之華軍均向後撤退。公共租界北界各處均有大火，藉以掩其退却，並助其建立新陣綫，據悉華軍已建有極堅強之第二道防綫，該綫由江陰之羅店而達江灣及閘北。據稱華軍撤退時，甚爲齊整。日軍已佔據市中心區及遠東跑馬場，謂華軍之撤退，甚爲潰亂，但此說似不正確。華軍於加強其陣綫時，據外國觀察者稱，並予前進之日軍以重大之損失，今日一般人之意見，均謂日軍在此地之人數單薄，不足與華軍主力作一決戰。

除租界北界接壤處之大火，該火延燒二哩半之長外，其他數處大火人可於今日見之。麥根路車站之火，似延燒甚熾，其他大火，在檳榔路對過靠近蘇州河之中國地內，遠東跑馬場附近亦有大火。又劉行至楊行沿長江亦有大火，虹口靶子場附近亦有大火。市中心區附近亦有大火一處。

今日日機亦活動，上午十一時開始在浦東投彈轟炸，午後，日機六架轟炸南市自來水廠附近一帶。下列各處，今日亦被轟炸，上海浸禮會西之「浜浦」，真茹無綫電台東南方，「夏家閘」鄰近之「汪泰路」，真茹

站東半哩地，瀏河，江灣跑馬場西半哩地、浦東方面，日軍受下面頑強機槍之掃射　午後，閘北西部全綫均受日艦之炮轟。

昨晚華機又來轟炸，七時二十五分，七時五十分　及十一時二十五分各來一次，照例有可觀之高射炮火迎擊之。空襲時，又有流彈片落於公共租界内，在北西藏路之華人一名略受輕傷，戈登路新閘路口死一人，愛文義路卡德路口傷五人

在華北，華軍全綫被日機猛轟二小時之久，北平西方山中之華軍陣地受損甚重。除朱德及其軍隊往援大同外，別無重要之行動可供報告。

九月十四日

昨日午後，日軍企圖突破自北之淞滬鐵路「高青廟」站至南之國際跑馬場之華軍新戰綫。據今日所接華方報告，謂日軍被擊退，死傷甚重。華軍戰綫，現由瀏河六十公里之處，經過羅店，劉行，廟行，江灣，八字橋而至北車站。包圍日海軍陸戰隊軍營之華軍陣地，無何變動。

今晨日機及炮隊向滬戰場華軍各陣地猛烈轟炸，炸力甚大。商務印書館一帶，閘北電力西站，日海軍陸戰隊軍營之南，及鄰近虹口靶子場各處，今晨均被大炮飛機所轟炸。午後一點三十分至二點，商務印書館一帶又被轟炸。劉行四週一帶亦被轟炸，午後日機至太倉轟炸。

今晨自六時起，日艦向浦東發炮轟擊一小時之久。午後日軍小艇一艘徐徐向浦江上游駛來，但為浦東岸上之機關槍所掃退。須臾，有巡洋艦一艘駛至日本總領事館前停靠，外灘行人均住足而觀，以為日軍將登陸，但終未實現。

東戰綫上各處之火，今晨經大雨灌注，停止蔓延，衆信其將自行熄滅

今日據報，昨日蘇州河上流有難民船一隊，被日軍轟炸，死傷之難民計三百名左右，其他七百人在投彈時，生命亦甚危險。該一千難民係由上海難民救濟委員會自戰區中救出者。公共租界當局及中國慈善團體於出事後，即合力將死傷者由出事地點移走。

記者今日目睹日機轟炸中國酒精廠。日機先排隊飛行，然後分開，由高空突然向目的物降下。機聲嗚嗚然，共投彈十二枚，其中十一枚擊中廠屋，此為開戰以來投彈準確之最好表演。

今日天黑之後，軍事及平民觀察者幾一致以為華軍撤退至其新戰綫，係一種戰略之撤退，蓋此撤退之主要意旨係使其突出之陣地避免重大之犧牲，並使其軍隊由日艦大炮射程之內移開，以免死傷太大。

九月十五日

過去二十四小時内最激烈之戰爭，在羅店附近展開，華軍已完成其略向後退之任務，以加強其防綫。企圖追擊之日軍，在北潭被逼退回浜北陣地。江灣鎮及跑馬場仍在華軍手内。雖此處華軍陣地又形突出，不久或將後撤。八字橋一帶戰事激烈，惟雙方陣地無顯著之變動。北站及閘北全日安靜。

午前日艦向浦東，發炮轟擊，隨即有小汽艇多艘，滿載日海軍在浦東一帶江面巡邏，於是日軍企圖在浦東登陸之謠訴又起，但此種企圖並未實現。過去數日内，浦東被轟炸甚烈，華方守軍對於日軍將在此方面發動攻勢，正枕戈以待。

狄思威路及鄰近自來水塔一帶地段，在上午八時至十時内，連續被大炮轟擊。日軍竟日向江灣區及閘北全部發槍轟擊，惟槍聲時斷時續；商務印書館一帶及參根路車站受炸甚巨。華軍炮隊聚中炮火，向日海軍陸戰隊軍營轟擊　本日在閘北天空飛行之日機，受極準確迅速之高射炮火之迎擊。

就一般情形而論，本日滬戰場全綫沉靜，雙方均似在暫息須臾，俾得在新陣地内加強防綫。

北戰場内，日軍小有勝利，較重要之發展為華軍承認收復張家口之華軍又為日軍擊退。在華南，昨日日艦炮轟虎門要塞時，華方巡洋艦及炮艦各一艘，發槍還擊，據云此為海軍交戰之第一次，華機雖出動助戰，但據云要塞頗鎮靜，華艦亦被擊傷。

上海過去數日内之大雨，顯亦使日軍行動停滯不進，因滬戰場全綫在昨夜及今日比較沉寂。夜間華軍攻擊北站　但無何進展。

黎明時發動攻擊，幾如例行公事，日水上飛機四架於清晨在浦東天空飛行，投下小型炸彈十枚，未受地面上炮火之迎擊，於是低飛，在浦東江岸一帶環飛，顯係尋覓敵人。在低飛時，即為甚烈之高射炮火所迎擊，日機終於引去。當該機在天空飛行時，浦江中之日炮艦同時亦有秩

序地向浦東深處之目的物炮轟，繼續發炮約兩小時之久。炮轟停止後，即有快汽艇數艘，裝載海軍陸戰隊離開日炮艦，向浦東方面駛去。岸上華軍即開來福槍及機關槍，聚中向該艇等射擊，逼其退回。

日炮隊及炮艦竟日發炮向北站，閘北之北段及江灣等處轟擊，時斷時續，吳淞近郊亦有甚烈之炮戰，在公共租界內可以聽得炮聲。日軍承認江灣跑馬場仍爲華軍所據有，並云該處無戰略上之價值。

昨晚華機在甚高之天空中飛行，轟炸沿揚子江一帶之日軍陣地，但日方謂所投之炸彈，俱未擊中其目的物。據云該機遭遇地面日軍極強烈高射炮之攻擊。日軍發言人並將自八月十三日至九月十三日間之日軍之死傷人數予以宣佈。其數計死亡者九〇五人；受傷者二五七四人。此數目係專指陸軍而言，海軍陸戰隊之死傷人數未包括在內。

此戰綫在過去二十四小時內最重要之發展……即昨日傍晚時華軍收復羅店——係一問題。日方否認華軍之收復，謂昨夜華機轟炸該城，倘其軍隊已佔據之，則轟炸爲不可能之事。

日機昨日沿揚子江流域一帶肆虐，在九江出現時，人民甚形恐惶；該地段內之人民，因最近水患之故，業已撤退，炸毀之情形，現尚未悉。南京方面，華方稱昨日日機飛來轟炸時，曾被擊落三架。

九月十六日

本埠戰事仍停滯不進，日方承認現聚中力量對付北部，並稱在羅店方面沿綫有進展，已得東橋，在劉行方面，徐嘉及清家灣據稱亦被前進之日軍所得。華方謂日軍雖在北部全綫攻擊，但華軍陣地仍保持原狀。

上午十時至十一時，日方水上飛機轟炸浦東，並以機關槍掃射，其目的物爲開灤煤礦公司浦東碼頭，安利洋行之堆棧及鴻興碼頭等處。該機爲機關槍所迎擊，但未擊中。

今日重要之發展，爲日軍在七十哩長之戰綫上向平漢鐵路及津浦鐵路一帶之華軍攻擊，華軍予以堅強之抵抗。該綫由平漢鐵路西邊之山中起至天津西三十哩之地點爲止，在該綫上，日方稱最大之進展爲九哩，最小者爲五哩。據云因日軍迅速越過韓河之故，華軍有被包圍之危險。日軍之重炮，飛機及唐克車在該戰勝利上予以重要之輔助，華方亦承認日軍已得一部份之勝利。

在戰事進行中，中國駐法大使顧維鈞博士昨日在國際聯盟會大會中、發表動人之演說，謂目下遠東之局勢需要極迫切之行動。顧博士略述聯盟會能採取之三種行動如下：

（一）行政院對於中日事件之自行考慮及行動。

（二）將問題正式提交大會。

（三）將問題提交一九三三年爲中日爭端而成立之顧問委員會。

衆信最後一條將被採用，並信行政會將請日本在不受聯盟會任何拘束之條件下，述說其理由。

九月十七日

今日上午九點三十分鐘時，日炮艦一艘向浦東後面之陣地轟擊。晨間，炮彈亦落在日海軍陸戰隊營壘之西北方。夜間，日海軍之重炮彈在江灣地段內落下，爆炸甚烈，華軍在此方面仍突入日軍戰綫內。

昨夜北站方面之疏散攻擊聲，在公共租界內可以聽得，江灣方面之攻擊，亦可聞悉，但戰事幾陷停頓，尤其日軍方面，因土地泥濘不堪，阻礙其機械化部隊之進行。華軍因保以步兵及輕量軍器進攻之故，此種天氣對其有利。

最激烈之戰事仍在華北，在該方面，華軍予日軍以極強烈之抵抗。日軍雖在全綫攻擊有效，但所得者甚小。日軍左翼雖已進至天津三十哩地帶之內，但距其所宣稱之包圍華軍之目標尚遠。日軍「山×」騎隊，三星期前攻克南口後，前進四百公里，據稱於昨日午前佔據來源縣，該縣位於河北省之西北角，接近山西省及察哈爾邊界。今晨九時，日軍佔據距北平四十哩平漢路上之涿州。據稱華軍抵抗日機械化部隊，頗有死傷。

日機昨日在華北甚形活動，除照例轟炸華軍陣地之外，並轟炸河北省省會保定。華機三架昨日飛往大同，轟炸該處之日方陣地，據稱被日機逐走。日機除轟炸外，並向下面之軍民散發傳單，傳單上登載帶有宣傳性質之各種新聞。

今日本埠接得日機於上星期中轟炸廣州之報告。該報告稱，其時雖有十二架華機升空迎戰，但軍事設施被炸毀甚多云。

「微齊達」輪船，據稱載有飛機及其他軍用品，駛往中國，爲遵守羅

斯福總統不得以政府船隻運輸軍火至中國或日本之命令，已將其貨物在「桑伯多」埠卸下矣。

九月十八日

滬戰場因過去數日大雨，比較安靜；但今晨爲北站後面華軍炮隊向日海軍陸戰隊軍營左近之日陣地發砲轟擊之聲所衝破矣。日方在虹口之炮隊即發炮還擊，向北站及閘北一帶轟擊。清晨江灣跑馬場一帶被炮彈擊中起火，灼然可見。

羅店劉行各綫，昨夜亦爆發激烈之戰事，迄至今晨仍繼續未停，據日方稱，華軍頑強之攻擊，已被日軍擊退，華軍傷亡甚重。本埠戰綫，在過去二十四小時內，無何變動。

華方稱昨日羅店方面，日機又被高射炮擊落一架，此爲兩日內擊落之第二架。近日日機所受之損失，據楊樹浦某工廠印度看門人稱，最近華機轟炸楊樹浦時，彼曾看見機場上所停之日機被擊毀八架，其他十架重傷。被擊毀之飛機已裝上運輸艦，俾運回日本。

夜間，北站附近有疏散之來福槍及機關槍聲。上午九點三十分鐘時，據云近「梅州路」之合健路，市中心附近，及接近公共租界北界之通州路各處，均有火發生。傍午，北四川路老靶子路及八字橋附近，又發生火災。

今日本埠其他之事件，爲居民紛往楊樹浦區內運回其遺留在戰區内之物件，前往者均執有領事所簽發之通行證。各汽車搬場公司均有應接不暇之勢。「馬可馬迪」氏之游艇，停泊在浦東方面，處境甚危，今日第二次企圖將其駛回，但歸失敗。美國旗艦「奥古斯達」號上之美陸戰隊，因該處機槍及炮火之故，被逼駛回。竭力使公共租界恢復原狀，其努力今日又得一明證，即「國泰」與「皇宮」兩飯店，今日開門營業，該兩飯店於「血腥的星期六」被炸甚重，即閉門停止營業。

北戰場上，日軍所稱將華軍在涿州附近被包圍，據云今日將近完成，蓋華軍約四萬人幾完全被日騎隊所包圍，祇西方一小山。可以逃走。據云該處軍隊因有六萬人突向保定撤退，以致處境甚危。華方電報稱，華軍正固守其沿平漢鐵路之右翼，而日軍則一再攻擊之。華軍第六十八師司令李富英將軍，據稱今日被撤職，受軍法審判，謂其貽誤戎機，致華軍失去山西省内之重要陣地。

中國大使王正廷，對於美國國務院院長昨日所公佈之禁止軍火運往中日兩國之禁令，今日正式向其提出抗議。該抗議稱，此種舉動顯係對華不利，因中國需要外來之供給，以便其繼續抵抗，而日本則否。

九月十九日

記者於昨晚七點五十分鐘時，聞悉飛機墜落之巨聲。該機係華機隊中之一，被日軍陣地中所發之炮火所擊中，落於楊樹浦新新紗廠之廠地上，觸地粉碎（此事似甚奇怪，因每晚日軍所發之高射炮均無效力）。機師於該機觸地後即死。該機係「一二號苛迪斯鷹」式者，兩翼有浙江省之標記。日方稱，另一華機亦被擊落，但無證明。午夜，華機又飛來投彈，外灘及虹口照例有探照燈之表演，但此次無效。

今晨日機三十五架飛往南京轟炸，其中二十一架轟炸首都，其餘之飛機則轟炸附近各地。其轟炸機被華方防守之飛機擊落四架，其中一架之被擊落，爲一外國通訊社記者所目覩。

滬戰場之戰事，在過去二十四小時内，時作時斷，戰綫各無變動。日軍昨夜於華軍投彈後，即發炮向閘北江灣一帶發炮猛炸，以致又發生火災數處，加上華機在楊樹浦投彈後所發生之火災，致使滬上火光冲天，紅色染成一遍。

華北在涿州附近被圍之四萬華軍，今日由西首之一山口迅速撤退，未被消滅。日軍之進展，雖未如其司令官所預言之迅速，但已前進甚多，以致引起華軍是否能立足，或將放棄河北全省之問題。外國軍事方面消息稱，華軍在平漢鐵路保定西南六十哩之正定及津浦鐵路滄州南之一地點上，築有堅強之防綫。

美僑民所注意之事，即運輸艦「夏門」號於今日抵滬，載有一千四百三十五名海軍人員，以加強公共租界之防軍力量。同樣爲美僑民所注意者，爲自戰事爆發時起至八月三十一日止，美僑民所受戰事影響之損失發表。根據向戰區謹慎調查所得，其損失計美金二千五百萬元，幾等於其他各國僑民之損失總數之半。

九月二十日

羅店劉行綫，激烈戰事仍在進行，雙方互稱各有進展。據云日軍昨夜以劉行河內運輸艦運到之新軍攻擊，暫向前進，但又被華軍激烈反攻逼退，華軍於反攻中，並收復前數日內所失去之陣地。日方稱，華軍自開戰以來在羅店西所據守之陣地，今日由該陣地總退却。據稱雙方均在楊行至江灣一綫，掘壕對壘。江灣華軍由其突出之陣地，於夜間出襲數次，但陣地無何變動。

緊接公共租界邊區之各綫，昨夜及今日仍沉寂，無何動作，惟虹口北段稍有槍聲。八字橋附近，昨夜有機關槍聲，今日下午八時至九時內，北站方面有猛烈之炮戰。西區甚平靜。

上午七時，江灣方面被炮火轟擊，至九時炮火移向寶山路一帶。據稱日機一架，於上午七時飛至南市，散發傳單。夜間發生之大火兩處，今晨仍未熄滅，上海救火會被召至出事地點灌救。一處在愛而近路北山西路。一處在百老匯路其昌路。

今日接到報告稱，華北日軍雖遭遇頑強之抵抗，但仍照「預定計畫向全綫推進　華軍撤退，秩序整齊，並於一次突然反攻中，收復「新濟」。平漢鐵路沿綫之華軍，準備似保定爲在河北省內最後之立足地。日軍因新近向前推進之故，今日已到達保定三十哩內之地帶，惟其推進時所付之代價甚大，因某外國通訊社之記者目覩日軍陣綫後載裝日兵死傷者之車輛，擁塞於途。華軍損失亦重。

關於華方孤軍一團，於固安城牆被日軍炮火轟毁完全被圍之後，仍固守城池三日之壯烈故事，今日傳聞於各處。日軍宣佈該城被佔後三日，該團生存者二千人逃出。

昨日日機飛往南京及滬甯沿綫轟炸之消息，今日續有報告。嘉興，淞江　甯波，嘉善及蘇州等處，均被轟炸。南京方面擊落日機七架，另一架受傷甚重，至蘇州時落地被毁。華機三架被擊落地。

日海軍司令警告南京居民，須由有軍事性質之各建築處移開，並謂日方將於明日午時起作大規模之轟炸。

公共租界及法租界內，霍亂症已蔓延，死者四十一人，得病者四百三十三人。

九月廿一日

日海軍司令長谷川昨日警告南京居民，並警告外籍僑民退出南京，因不日即有大規模之天空轟炸，美國大使及義國大使於是將公使館移於各該國停泊在長江中之炮艦上，此舉引起極大之批評。華盛頓輿論指出，美國炮艦並無意欲於其現在長江中停泊之處移往他處，並謂美公使「納爾遜爵士」之措置，係由於欲避免如英日間因英公使被擊傷而引起之惡劣情勢之同樣事件發生而有此措置。

今晨日轟炸機二十餘架光顧廣州，轟炸兩小時之久。高射炮齊發，華機於日機轟炸之後飛出迎戰。華方稱，日機被擊落三架。

昨日空襲，日機被擊落九架，其中一架係被浦東地面上之機關槍所擊落。此機之被擊落，本埠各報均未記載，外籍人士亦未予以報告，恐係該機落於浦東之內地，租界不能看見之故。

國際間對於此次中日戰爭之反響，今日於數方面可以視之。關於南京空襲之威嚇，衆信英國準備提出正式抗議，說明轟炸平民係一種野蠻之戰鬥方法。另一外國之舉動，亦於今日實現，即美國同意於考慮遠東問題所成立之聯盟會顧問團今日開會時派遣代表出席會議。美國所派之代表爲美國駐瑞士之公使，該代表接有訓令，在美國未知悉其應於何方面予以合作時，不得有何舉動。

今日激烈之戰事，在「青橋」，「蔣橋」，「朱橋」至「楊橋」五公里之綫上展開，日軍於上午八時開始攻擊，至十一時，前進三公里。兩軍在大雨之下截殺，日軍猛烈之炮火，將陣地轟成泥海。羅店方面之日軍，在華軍頑強之抵抗下，今夜正徐徐向前推進。

江灣綫今日仍沉寂，據稱日軍已調聚大隊裝甲車及唐克車，擬向華軍突出點攻擊。夜間及清晨，寶山路及八字橋左近地帶有疏散之小衝突，陣綫無變動。日機竟日未出動，祇有一架飛往浦東偵察。日軍之炮擊浦東及閘北，今日照例舉行，日驅逐艦一艘於上午八時開始發炮猛轟。

夜間華機飛來，先至日本領事署上空環飛偵察後，即沿黃浦江飛至楊樹浦投彈。江中日艦及岸上炮位，照例迎之以燦爛之高射炮火。每晚由中國飛機來滬時，居民即至其屋頂上觀戰，每守至深夜，以待此表演，因此種表演爲戰事以來最易觀得之好場面。星期六晚華機所予日軍供

給品之損失，照東京新聞廣播之數目字：計日金七百萬元。

華北日軍今日繼續推進，已到達平漢鐵路上保定北二十公里之「徐水」，即由其昨日所稱之陣地前進十公里。津浦鐵路上之日軍，已進達滄州向北之一地點。日機在該綫補助陸軍，出動轟炸，聞中國軍車多輛被炸燬。

南京空襲，今日實現矣，日機三次光顧中國之首都，投彈轟炸。第一隊二十四架，上午十時二十分鐘出現南京上空，轟炸城南。第二隊約計同等數目之日機，於第一批日機飛去時出現，遍城投彈轟炸。據外國觀察者稱：參加第一次空襲之飛機總數約計五十餘架。此次空襲詳細之損失，無詳細之報告。華方稱，敵機四架在城外被擊落。

九月廿二日

下午一點四十五分鐘，日機十架衝破南京城四週華方之防衛綫，侵入南京天空，又轟炸一小時之久。日機於下午三點三十分鐘作第三次之空襲，機數不詳，南京交通被阻，詳細情形今晚仍未接得報告。

美國兵艦「呂松」號及「哥門」號，仍停在江中未動，雖謠傳稱其已駛往他處，美大使仍繼續以「呂松」號爲其駐節處，

廣州今晨又被轟炸，日機二隊在城之東南部及近郊投彈高炸力之炸彈。第一次空襲時間，自上午二時至六時，計四小時之久。第二次時間甚短，由上午七時至七時二十分鐘爲止，計二十分鐘。據云損失甚巨，平民炸斃者甚多。居民因過去數晚未睡之故，精神亦不安。

在上海得悉南京空襲之前，已接得報告稱美國政府由國務院長赫爾向東京提出抗議，反對日本所宣稱將轟炸中國首都之意旨。該抗議係根據下面理由而發：

(一)轟炸非戰鬥員之平民係違犯國際公法及人道之舉。

(二)該轟炸或危及美國駐節南京之外交人員之生命，因此或將影響中美兩國間正常之外交關係。

赫爾於評論該抗議時謂，該抗議提出時，渠並不知英國亦將有同樣之舉動。渠並謂日政府尚未予以切實之答覆。

國際方面另有一事，即昨日中國代表在國聯會顧問委員會中提出伸訴。對於此伸訴，昨日並無何舉動，因該會議專討論程序問題。比此伸訴更具體之行動，爲中國近向美國訂購價值美金一千萬元之軍火，此項新聞今日已收到。該項軍火將以外輪裝運，以免抵觸美政府所頒佈之以美國船隻裝運該類貨物之禁令。

平漢及津浦兩綫之日軍，正準備抵禦華軍之攻擊，此攻擊將展開華北以前未有之大戰。日軍迄今所遭遇之華軍，祇有機關槍來福槍及少數大炮之配備，惟南京現將以重炮飛機輸送至北方助戰，故有此不日展開大戰之預測。雙方陣地在過去二十四小時內，無何顯著之變動。

日軍在羅店劉行綫之勝利，仍不能將華軍由該處逼退，今日業已證明此點，因日軍主力已移至江灣及閘北北部矣。日軍在該各處雖日夜攻打，但仍無顯著之推進。日炮隊竟日向浦東華軍及閘北轟擊，華方在麥根路車站及浦東之炮位亦發炮還擊。記者覩見麥根路車站北二百碼遠之華方一炮位，今晨向虹口及楊樹浦方面開火轟擊。每次發炮之後，即有日本偵察機飛來偵察炮位，並指示日軍發炮之目標。華方炮隊俟日機去後，並在日炮隊未發炮之前，即將其炮位移至一百碼左右之新地位，發炮轟擊。當其發炮時，日軍以極準確之瞄準向華方剛移去之炮位發炮還擊。如此往還炮戰，全晨如此。

九月廿三日

昨晚及今日滬戰場比較安靜，祇劉行及太倉有重要之戰事，因日軍企圖衝破華軍戰綫，使其再向後退。接到末次報告時，華軍仍固守其原戰綫，上海各綫亦無變動，雖日軍時以大炮猛轟。

傍午時，停泊日清公司碼頭旁之日驅逐艦，發炮向上海虹口浦東碼頭後方轟擊。下午一時，停泊黃浦江下流之日軍艦開炮向浦東轟擊，目標爲招商局東碼頭附近一帶地方。今日竟日閘北仍被大炮轟擊，炮聲時斷時續。

今日日機在滬戰場上比以前數日更形活動，清早即轟炸太倉，投彈約三十枚。下午二時三十分鐘，日陸軍飛機十架向西北天空飛去：衆信係轟炸瀏河鄰近之華軍防綫。同時日水上飛機一架，向浦東公墓鄰近投下炸彈二枚。以一般情形而論，雙方行動似均受雨水之影響，本戰場當在停滯狀態中。

華北「鳳城」之失陷，今日華方已予以承認，該城位於平綏鐵路察哈

備與綏遠交界之處。對於防守該城之華軍，抵抗軍器優良及有重炮配備之敵軍而仍能固守該城多日之英勇，均予以讚揚。保定附近華軍之防綫，據報仍無變動，雖日軍盡其所有以冀摧毀此河北省會之防軍。據稱進攻之日軍，在河北省東北角沿長城地方稍有進展，以期切斷保定華軍之後路。據云天津南之一綫亦有進展。

九月廿四日

日艦於昨晚深夜開始轟擊浦東，以天成造紙廠爲其目標，今晨仍繼續發炮攻擊。該廠被擊毀，但生命之損失不大，上午八時至九時間，寶山路一帶被炮火轟擊，至十時左右，大炮目標轉向商務印書館一帶。在此地段内，夜間與清晨均有稀疏之機關槍聲，因日軍攻擊之故，但戰綫無變動。浦江中之軍艦，今晨亦以機關槍向浦東岸邊射擊，或係射擊暗襲之敵軍。結果如何，未予宣佈。遠東跑馬場一帶今日白天亦起火。

昨晚午夜時，中國飛機飛至浦江上空，偵察十五分鐘之久，未投彈。日軍又以密聚高射炮火向華機射擊，但無效果。昨日飛往南京轟炸之日機一隊，至江陰時，投彈轟炸一小時之久，轟炸江陰要塞及附近停泊之中國兵艦江陰爲華軍在揚子江中之堅強要塞。

瀏河方面戰事，顯已成爲膠結之狀態，日軍迭攻華軍防綫，而華軍則固守之。過去二十四小時内，雙方損失均甚重大。江灣方面之攻擊，現尚未實現，但據觀察者稱，日方在過去兩日中已在該處增加生力軍及機械部隊，戰事隨時可以爆發。在華北，據稱保定幾完全被包圍，守軍四萬人已被八千日軍從南北西三方面包圍之。津浦綫上，日軍已向滄州總攻。

今夜接到報告稱，今晨六時，一小隊日海軍飛機轟炸廣州。該報告並稱昨午後六時，南昌飛機場亦被炸，房屋數間被毀。

今日得知九國公約之簽字國，對於中日局勢已互相交換意見，但未計畫有何舉動，理由甚多，其中主要者爲該公約無實施；據約中所載各款之具體根據，列強不能有何具體行動之另外緣因，爲列強間意見紛歧，致使合作幾爲不可能之事，再者日本堅決拒絕參加任何會議，將使情形更複雜。

昨晚午夜，倫敦有二百餘人在日大使寓前示威，羣呼「將日本兇首由中國境内趕出」，及「撤回你們的轟炸機」，以致警察後備隊出動，驅散羣衆。昨日法國各大報紙，登載不滿於日本在中國所採行之政策之言論。

九月廿五日

日本轟炸機昨日廣事轟炸，人民之死傷及建築物被毀甚多。漢口於下午及傍晚被炸後所遺留之慘境，可成爲國際事件之根源，蓋英國對於南京廣州之轟炸已要求日方說明理由，該二處平民死傷數比較尚少。日機在漢口轟炸，所投之彈均落於貧民區，該區有一萬貧民，該地已變成屠場矣。死亡人數必大，但有被炸成粉碎者，有被壓在磚瓦之下者，故確實數目字尚未得悉。

日軍除在漢口轟炸外，又另派二十九架於今晨飛往南京肆虐，對於英美兩國之抗議，置之不理。其中十四架於九點五十分鐘出現，遭受非常準確之高射炮火之迎擊，其中一架被擊中起火，墜落地上。所投之彈均落於城南，投彈後，隨即飛去。中國驅逐機十架升空迎戰。第一批日機引去後不久，第二批日機十五架隨即出現，轟炸相同之區域。如第一次一樣，日機到達城之上空時，其中一架即受高射炮擊中落地。

上海方面，因天氣清朗，日機出動，竟日轟炸，北車站及寶山路自來水塔一帶爲飛機轟炸之主要地帶，下午三時水上飛機一架在浦東投彈四枚。閘北華方高射炮向日機轟擊，但無何顯著效果。高射炮彈一枚在戈登路靜安寺路口落下爆炸，傷四華人。同時，即上午八點三十分鐘，另一枚在北京路福建路口落下，擊傷五人。本日公共租界内爲高射炮彈擊傷之人數，共計十四名。

夜間華炮隊炮轟狄斯威路，日軍亦向寶山路還擊。上午九時至十時，日軍所發之炮彈，落於閘北各處，日軍目標似有五處。日驅逐艦一艘，於午後向「日本郵船公司」浦東碼頭房屋開放七炮，但浦東華軍炮隊未予還擊，日方炮隊全夜及晨間向劉行華軍陣地發炮猛轟。

記者今晨由公共租界邊界之高屋上，目覩沿楊行劉行公路上地雷爆炸。煙塵及被炸毀之物，直冲天空；每一爆炸之力量，均比所見最厲害之飛機炸彈力強烈數倍。午後接得消息，稱日軍一隊及裝甲車八輛觸及地雷，炸爲粉碎，五百人中有三百人被炸死。其餘未死者，華軍又以機

關槍及來福槍掃擊之，又死傷甚多。

日軍在此線上之死傷數，據稱截至九月二十一日止，計五五八一人，其中四一六九名爲受傷者。日方又宣佈華機在此線上被擊落者及在機場被毁者，共計二百八十四架，廣州在九月十九日至二十二日三天之間所損失之飛機，計三十六架。日機損失者衹三十一架。

劉行及江灣今日雖有疏散之衝突及前哨戰，但戰線無變動。今晨十一點四十五分鐘時，華軍將宜昌路橋炸毁，事先已通知工部局及新聞攝影記者。該橋本爲木質，横跨蘇州河上，鄰近中央造幣廠，貫通租界及中國地之交通。該橋爲何炸毁，緣因未説明。

據報保定昨日經日軍包圍後，業已失陷，但華方稱經數度反攻後，華軍又將此重要之河北省城奪回。在平綏線及津浦線上，華方稱在過去二十四小時内獲得重要之勝利，俘獲日軍二千人及勝利品甚多，日軍死傷者亦衆，華軍損失亦重云。

美國海軍部今日發出宣言，謂駐華各美艦隊在戰事未停止前，均駐滬不動。此宣言使前流傳之謠言謂僑華美國人民將被遺而無保護，歸於沉寂。該宣言最重要之一部，玆照錄如左：

「現在華之美國人民，多數從事商業或其他職業，賴以爲生。在其事業未被毁之前，或在確實危及其身體而不得不離開之危險尚未發生時，伊等均不願離開。」

「在此種時期未到時，我國海軍不能撤退，否則即有誤其責任，並爲美國海軍之大耻。」

九月廿六日

今日發生一事，使上海商業界人士及中國各處政府人員驚愕者，即日方公佈日方已於九月十二日起担任楊樹浦海關之行政權。惟此問題屬於技術方面，因所組織之委員會尚未開始工作，且上海海關仍在外灘照舊工作，此處日本權力尚未達到。據云祇有日本船隻使用楊樹浦碼頭，而該船隻等尚無貨物裝到。雖然如此：倘海關收人被干涉，中國所借之外債多以海關收入爲担保品，必將引起國際事件。

閘北比較沉寂，但羅店劉行方面今晨又有激烈戰事，日軍新由江中運輸艦上調到生力軍，在重炮烟火之下，進攻沿狄青港之華軍陣地，並已越過該港。據報華軍予以堅強之抵抗，並向該處反攻，已將日軍逐退港邊，該處戰事今夜仍在進行中。

劉行江灣方面戰事亦激烈，日軍小有前進，但華軍隨即反攻，又將日軍逐回原陣地。昨夜及今日全日，江灣及閘北均被炮擊，華方炮隊時予還擊，日艦昨晚炮轟浦東，浦東方面亦發炮還擊。

日軍今晨時飛至閘北及浦東轟炸，投彈甚多。下午十點三十五分時，華機三架來滬，衝過照例密聚高射炮火，飛至楊樹浦投彈，引起大火數處。一點三十五分時，又有華機一架，循原路飛來，該機亦安全引去。

北站及麥根路附近一帶，昨晚及今晨均起火，係被大炮轟擊及飛機之轟炸所引起者。

日機昨晚轟炸廣州三次，死傷及損失尚無報告。

華北日軍仍在各線上繼續推進：衆信不日即將遭遇華軍在刻下陣地南所築之主要防線。衆信日軍達到此線後，即將整頓其所得之地：等待援軍及軍火，再行前進。日軍將跨過黄河進入山東省境内，山東省主席韓復榘之態度如何，將爲華北今後軍隊行動之重要决定點。

今日日本致送覆牒於國聯會，拒絕接收參加研討中日現在爭端之顧問會之邀請。該覆牒稱，日本係照其見於實際情形而定之政策，竭力以之解决現在之問題，並稱其並無理由須改變其對於國聯會仲裁所採取之立場。

九月廿七日

廣州今日有大火，因昨晚及今晨日機曾三次降臨。日機十三架投彈轟炸粤漢鐵路沿線，以冀阻礙交通，並在城中投數彈。南京今晨有二次空襲警報，但未見日機，因日機在第一次警報時係轟炸停泊十五哩以下江中之華方軍艦，第二次係轟炸浦口鉄路。華機升空迎戰，日機有否被擊落者，尚未悉。

今日又得知另一數百平民喪失生命之慘劇，「威哈斯」號輪今日到香港，帶來從海中救起之華人十名，據伊等稱有華人漁船十二艘，九月二十二日在「其蘭港」地方被日方潛水艇發炮轟擊，只有伊等得慶生還。該潛艇炮轟每隻漁船，以致婦孺喪生者一百人，男子二百人。

本埠平民死亡數目表，今日亦公佈，自八月十二日至九月十二日止，共死一千七百人，其出事地點及日期均載明表中。對於公共租界內因傷而死者之數目，發表數有說明。

本埠戰事，今晨黎明時即開始，日軍仍在進行中，日機在戰地各處投彈，被轟炸之地區甚廣。華方高射炮予以射擊，但無擊中者。昨夜日軍炮轟該處甚猛烈，隨即進攻。

廣東路及淞滬鉄路自上午十時起至午後止，被飛機大炮所轟炸。今日照例炮轟閘北時，有高炸力之炮彈一枚，穿過蘇州路西首靠近宜昌路中興紗廠第九號堆棧之屋頂，但未傷人。公共租界内落有高射炮彈片，擊傷華人多起。下午三時至四時，向商務印書館方面所發之炮火，漸趨激烈，下午浦東亦被炮轟。

日軍進攻江灣劉行線，衆信係於昨晚開始，日軍猛犯江灣鎮附近之華軍。日軍稱，並無進展，又否認此係總攻擊之一部份戰事。因日軍正待天晴地乾後，利用其機械化部隊進攻。華軍在劉行有小進展，攻下永安橋及二村鎮，共計一公里地。瀏河方面戰線如昨日相同。

華北日軍似仍續向前推進，今日於華軍頑強抵抗後，攻下滄州。

九月二十五日，中國送一牒文至莫斯科外交人民委員會，對於「和平之平民，難民，紅十字會救護隊，及文化機關之被日本侵略者」之飛機轟炸，提出抗言。該牒並請蘇聯採取行動，「以助迅速消滅此種非文化及非人道之舉動」。該牒文今日公佈。蘇聯外交部昨日致一牒文於東京，內稱蘇聯在南京之大使館不予遷移，「此種不合法行動之任何後果」，日本須負其責云。

九月廿八日

「爲人道及敵國所冀求之正義與世界之和平計，鄙人希望本委員會對於所討論之問題，不因情形複雜曲折而失之，希其能迅速地有效地有所行動。」

「倘本會不能阻止無辜平民婦孺之生命及財產被不合法的、無人道的天空轟炸所慘殺損毀，至少本會應說明其自身之感想，庶能增強此文明世界一致之要求，即速即停用此種轟炸之方法。」

此爲顧維鈞博士在國聯會顧問委員會所發表動人演說中之主要意旨，該演說係在委員會通過懲責日本轟炸中國不設防之城市而危及平民生命之議案之前所發表者。其他代表，於顧博士演說後，相繼發表簡短言論，各將其本國反對轟炸之意見予以發表。顧問委員會準備將通過案提交大會表決。

中國紅軍，現改編爲第八路軍，其中一部軍隊據報於臨曲廣靈公路綫上獲得大勝利後，現正向山西北部推進。伊等目的地爲平綏鐵路上之陽高，由此伊等即可切斷大同日軍與其後方之聯絡。日軍藉飛機之助，沿「朱亞」河推進，津浦綫上之日軍，正向滄州西南努力推進。

今晨十點二十八分鐘時，日機兩架以鄰近淞滬鐵路之虬江路爲目標，投下四彈。同時該地亦被大炮猛轟。在傍午至下午一時，該地又被轟炸，此次投彈六枚，同時該地又爲日炮兵之目標，日軍亦發炮轟擊閘北北部及東部各地。下午二時四十分，日機在北四川路及寶山路投十二彈，於是轉向北飛，在「印度人公會」投彈二枚。華方以高射炮迎戰，但未擊中。

閘北在下午及傍晚時，被日軍發高炸力之炮火亂轟，閘北全區均被炮轟，日軍希望如此或能擊中敵人。閘北陣綫未有變動，亦無此項消息報告。

上海區最激烈之轟炸，爲日機一隊轟炸麥根路站，記者目覩共投下四十餘彈，直至天黑後，方停止轟炸。數處被炸起火。上午六時，日機一隊轟炸龍華飛機場及浦東，投彈甚多。

日機今日轟炸江灣及劉行，該地整日整夜被炮火猛烈轟擊。今日日發言人謂，華軍現有五十萬人散佈各綫，軍糧供給將成問題，日飛機以大半時間從事於運輸綫上。北戰場及東戰場，雙方無何變動。

記者與上海英文大美晚報一人，今晨八點二十分動身至江浙贛皖各省旅行。

九月廿九日

上海居民於今晨天尚未明時，由睡夢中被巨大響聲所驚醒，因華方又企圖炸沉「出雲」艦。該爆炸物係浦東華方所放入江中之水雷，順流而

下，以電引燃之，不幸該水雷觸及日旗艦四週所按置之保護網，在該艦二百碼之外爆炸，誠華軍之不幸，同時亦即係「出雲」艦之大幸。該水雷爆炸後，浦江中全體日艦隨即向浦東發炮轟擊，彈如雨下，浦東及閘北華軍炮隊亦發炮還擊，岸邊華軍亦以機關鎗及來福鎗射擊。炮戰約一小時，聲震全滬，居民不得再安睡矣。

炮戰之後，隨即有日轟炸機六架在閘北上空出現，於寶山路北站商務印書館等處共投彈三十六枚，該處華軍以極密之高射炮迎擊之。該機飛去後，即另有一隊飛來代替，不斷轟炸，至午後方止。該轟炸似為地面攻擊之前奏曲，據日方稱，日軍已推進至北站一哩半距離之內。

下午日轟炸機二十七架，在閘北西部全地域內投彈，由麥根路車站附近所發出之高射炮亦甚猛烈。整個下午及傍晚該地均在轟炸之中，數處開始起火燃燒，連昨天所見之火，燃燒甚烈。

劉行前綫之重炮聲，今日在公共租界整日可以清晰聞之，在下午三時至四時內，炮聲極其猛烈。日機在此方面甚形活動，華方稱，今日整日之行動係久已宣傳之「總攻擊」之前奏曲。據稱華方前鋒及騎隊已發見日軍陣地鄰近已集中軍隊及供給品。惟華軍仍固守其昨日所新收復之陣地，雙方均未開始進攻。

今日蘇州河租界邊界駐守之義兵一名，向麵粉廠工畢回家之工人所乘之船開鎗，據稱開鎗之前已警告該船停止行駛。工人之一受重傷，另一工人受輕傷。現正調查此事。

昨日有內蒙古兵一隊，將綏遠綫重要城池「道林」之華兵驅走，並佔據華軍之陣地。據報伊等正追逐華軍。昨日日機五架轟炸江蘇省內之徐州，其目的物為軍用火及軍火庫。

據報華軍在津浦，平漢，及北山西各綫獲勝。保定與該鐵路南段各處之電報據稱已恢復通電，指明該城又在華軍之手內，雖該處情形不明朗。

九月三十日

今日廣州接到遲到之消息稱，九月二十六日，日機曾轟炸廣州北粵漢鐵路上之「清源」城。炸死居民約二百人。

昨日黃浦四週亦被日機二架轟炸。損失情形不明。浙江省內，昨日日機二架被高射炮擊落，另一架在蘇州附近落下。海南島上之海口，昨日又被日機一架轟炸，法國雖抗議，謂該島離法屬地甚近，但終無效。

山東省主席韓復榘將軍，為消釋一般人對於伊在此次中日事件中所採取之立場之疑慮起見，今日發表長篇宣言，述其擁護中央政府，決心抗日。日方曾謂土肥原將軍曾與韓將軍相會，因此衆以為韓或將採納日方之計畫，組織察哈爾，河北，山西，綏遠，及山東五省自治聯邦政府，以免山東省被日軍侵入。該宣言發表後，此種謠傳即歸消滅，在該宣言中，韓稱在中國人民生存奮鬥之中，必效忠政府云。

滬戰場上極猛烈炮戰之一，今晨開始而迄天黑，中日雙方炮隊在江灣閘北綫互轟，浦江中日艦二十艘向寶山路及北站一帶發炮轟擊，華方炮隊亦向虹口及靶子場還擊。今晨華軍聚中隊伍，以來福槍機關槍向日軍在江灣綫上極堅強之陣地愛國女子學校攻擊而獲得之。日機竟日轟炸閘北及江灣，主要轟炸地點為北站寶山路一段，傍晚時投彈甚多，已不能計其數目。惟華軍在此地段內之陣地，迄至傍晚時仍完整無變動。

華軍在羅店方面之陣綫，自劉行附近之「門灣」至羅店西北之綫，雖日軍迭以飛機大炮轟炸，企圖突破，但迄至天黑，仍完好如舊，毫無變動。

上午八時，日機轟炸浦東之唐橋，一小時後，又有轟炸機三架，於轟炸兆豐花園附近後，飛至南市江岸以機槍掃射董家渡一帶，然後在南市上空環飛巡視。上午十時，浦東電氣廠附近，又被投彈轟炸。江灣區今晨有火燃燒。

日軍攻陷「宿縣」及鳳子縣後，已深入山西省境內，現仍向前推進。據稱華軍抵抗甚頑強，雙方損失均大。津浦綫上，華軍撤退後現已成立新戰壕，拒抵日軍之前進。過去數日中日軍在華北迅速之推進，現似已被阻止。

十月一日

昨晚激烈戰鬥終夜在進行中，日軍雖以重炮轟擊，但華軍仍固守其新攻陷之愛國女子學校附近之陣地。據稱今晨華軍已向市中心日軍陣地

推進一千碼，未遭遇甚大之抵抗。羅店劉行方面，昨晚戰事亦激烈，大炮亦參加作戰，惟陣地無變化，直至今晨據稱日軍已完全佔領劉行，並在其北面，突過堅固之防禦物而向嘉定推進一百碼。

今日據日發言人向新聞界發表之死亡人數表，截至九月二十七日止，華軍死二萬人，傷三萬五千人，而日陸軍死一八九三人，傷五六三七人。海軍陸戰隊之死傷數未有統計。

雙方今日全日在公共租界附近地帶互以大炮轟擊。市中心區之日方大炮，於晚間及清晨甚形活動，但在其餘時間內則簡默。其他方面之日炮隊，轟擊實山路北站區之華軍陣地，麥根路區內華軍之炮隊發炮轟擊市中心區之日軍陣地及海軍陸戰隊軍營，日方亦以高炸力之炮彈還擊之。華方亦向老靶子路開放數彈。

今晨空戰亦於天明時開始活躍，晨五點三十分時，日水上飛機三架轟炸浦東董家渡，飛至南市上空環繞巡視，然後飛回根據地。閘北寶山路附近今日頻被轟炸，此證實，昨夜華軍在此方面有進展之消息。因今晨所投之彈而引起之火，迨晚仍在燃燒。大隊日機今日整日轟炸太倉南翔區，江灣區亦被投彈。太倉方面之轟炸，特別猛烈，或係對華軍之供給綫與後防陣地而施之。

日機昨日空襲黃浦，並在「中國西角」投下數彈。港內之小船多數據稱受有損失。

華北日軍在各綫上繼有進展　津浦綫上之華軍在日軍強烈之機械部隊攻擊之下，已向後退，現已將其第一道防綫由「東首」撤至山東河北兩省交界之「宋源」。華方援軍、源源開入該地，日軍亦暫時放棄其攻勢，以待援軍。在「平行關」口之華軍，據稱仍固守其陣地。日軍在此陝冀交界之地點之軍隊，昨日被華機三十架轟炸，日軍死傷甚多，重炮及唐克車亦損失甚重。華軍在此戰綫上其他各處，亦形活躍，指明南京已調派有力空軍助其華北軍隊抗戰。

東京外交部今日發表宣言，謂現在之戰事，日不欲其他國家之調停，亦不欲召集會議以解決此問題，日本決「戰鬥到底，直至中國重新考慮其態度，並須改變其反日政策」而後止。今日國際方面之表現，即抵制日貨之運動逐漸興起。錫蘭島碼頭工人已拒絕搬運日貨，澳州工商界正發動抵制日貨；倫敦官方雖不願有正式抵貨之事，但私人團體方面業已實行抵貨矣；此種抵貨運動，在世界各處正逐漸興起。

日本政府對於英國報紙關於中國漁船在香港附近被日方轟擊一事誇張其詞，已向英政府提出抗議，內稱所登載之照片係杜造者，同時日本某報紙詳述日本小汽艇一艘在香港附近被華方漁船炮擊而扣留之事件。關於九月二十二日日潛艦炮擊漁船之事，現正進行調查，上海方面謂日方今日所發表之新聞，係對其以前之舉動予以辯白而已。

十月二日

華方於新近改編在朱德將軍指揮下之共軍獲得勝利後，希望在山西北部續有勝利，但此種希望已歸泡影，因日軍已於昨日突破長城而攻陷太原北八十哩之太州矣。該省省會太原城之失陷，爲指顧間事。

日方雖繼續宣稱山東省主席韓復榘將軍抱騎牆態度，但該省軍隊在河北境內津浦綫上獲有勝利之報告，對於愛國之華人稍予安慰。據報華軍昨日攻下滄州正南之「方家口」與「波沱鎮」，正繼續向前推進。

華南方面，中國漁船被日海軍炮擊之事件，今日續有發生，漁船九隻被擊沉，漁夫死一百五十人。另有二隊漁船亦被擊沉，惟死傷人數未明。

滬戰至今，已有八星期，日本仍向華方戰綫攻擊，無何重要之進展。昨夜日軍以唐克車爲先驅，自北四川路之北端進攻，但華軍經苦戰後，已阻其西進。華方報告堅稱日軍正由江灣市中心綫向浦江撤退，並稱華軍隨後追趕而佔據日軍所放棄之各村。

揚子江方面，日軍仍向羅店西之嘉定推進，華軍雖在大炮飛機轟炸之下，仍固守其防綫。據日發言人稱，日軍在劉行綫已前進七百碼，此爲總攻擊之第一步行動，此方面之炮戰，日夜均甚烈。

閘北各處，今日時被炮擊，江灣亦爲日炮隊之注意點。浦東及北站左近之華方炮隊，於夜間及清晨炮轟虹口及市中心區之日方陣地，日艦及岸上炮隊亦發炮還擊，尤其浦東方面，被轟甚烈。「餘陽路」上日本學堂附近被炮擊中起火，南市兵工廠附近亦起火。

自清晨至午時，有龐大之單葉日機三架，附以小轟炸機，在大場附近投彈一百餘枚。其他日機全日不斷地轟炸北站實山路及百星大戲院一帶華軍陣地。

十月三日

滬戰場今日有兩處大戰鬥、即羅店綫及北站寶山路綫。此處昨夜及今日頻有機槍及來福槍聲、雙方並佐以炮戰。據末次可收到之報告、華軍仍固守其重要之陣綫，雖雙方在北部各綫上互有進退。北站方面及江灣區，無何變化、江灣區內之華軍現正在休息中，因日軍已撤退之故。

閘北被炮擊、已成爲每日例行公事，今日日方所發之炮，在晨五點三十分時，有十八枚落在公共租界之「浦陀」路區內，日軍方更正其炮位射程之方向。該區係在美海軍管轄內，該兵等無受傷者。惟有華人數名被流彈片所擊傷。

昨晨華機來滬空襲五次、上海天空竟爲高射炮火演出之場，自下午七時至晨二時，高射炮火幾繼續不斷地射擊，此爲此次戰事中最可觀之場面。華機在楊樹浦區內投下數彈，所引起之火，其一今晨仍在燃燒中，但不久即熄。

十月四日

今日滬戰場各綫，仍繼續激烈戰鬥，昨日日軍開始之攻擊，至夜以迄今晚仍在繼續中，未尚鬆弛。羅店劉行綫，華軍退後約一千碼，暫時在其上海大場公路西之新陣綫上防守。據稱日軍在此方面將其優良軍器，如唐克車、重炮及飛機等，盡量利用，而華軍雖亦用大炮，但軍隊均祇有輕軍器之配備，苦戰以守其陣地。

江灣區於昨日午後發生戰事，今日仍日夜繼續進行、華方稱日軍撤退至吳淞新陣地之說，由此證明爲不確實。在此綫之華軍稱，華軍小有勝利，已進達跑馬場左近，日軍向市中心後退。閘北東部及北部各綫所進行之激烈戰事，對陣地無變化。

今日日發言人於評論過去二十四小時之戰事時，稱華軍於十月十日將撤至其第二道防綫，即羅店大場綫，雖華方宣稱日方之總攻擊不致於在十月十五日前實現。

過去二十四小時內，日軍繼續炮轟閘北，其主要目標，似爲北站寶山路區及北站西之廣東墳地，劉行及太倉附近亦有激烈炮戰。日方炮隊今晨亦向浦東轟擊。華方炮隊猛烈炮轟虹口及北四川路、浦東岸上之機關槍於今晨炮戰時，亦向日艦及楊樹浦方面掃射。

日機每隊三架，今日整日轟炸閘北，引起火災數處，閘北轟炸，成爲每天例行之事，投彈無算，以致記者擬將空襲次數及投彈數目作成統計之初衷，不得不放棄，因其數目實計不勝計。日機自晨迄暮轟炸太倉，煙塵彌天，但無火災。日方稱其軍隊現進達太倉三公里之內，該處爲華軍由嘉定至羅店第二道防綫上之重要戰略據點。

據稱華機一架於晨一時三十分飛至黃浦天空，日高射炮即以炮火迎擊。華機未投彈。

日軍昨日攻下德州，作爲新根據地後，現正徐向前推進，進入山東省境內。山西省北部之華軍，前於九月二十八日被逼由雁門關撤退者，據稱已反攻，收復「宿縣」，日軍被俘二百名。河北省內華軍獲勝之消息，仍有報告送到，華軍現已到達保定鄰近地點，續有援軍調往助戰，該省西部，據報日軍一隊計一千人在津浦線上被切斷擊敗，華軍現正由「宋源」向北推進。

據報美國人民二十人，在神户自「神羅士」號輪船上被命離船，不准其前往上海，上海美僑民接到此消息後，甚爲懸念。此項消息係該船抵此後帶來者，該船載來其他國籍客人及美婦一名，該美婦係藏在床底下面，以免扣留。日憲兵將美國乘客由船上帶走，曾用武力，此點尤爲本埠美僑民所忿恨。

東京四萬五千名教徒，對於「康特伯」教主將於倫敦開會之反對日機轟炸中國不設防城市之會議，出席爲會議之主席，已共發一函致送該教主，提出抗議。該函稱該舉動係祇根據中國方面之報告而成立，故不免有不公正之嫌。

十月五日

上海戰場最激烈戰鬥之一，於今日在閘北東部前綫上發生。猛烈炮聲繼續不斷，來福槍及機槍聲亦連綿不斷。戰事自昨夜起始，日方稱已進展至淞滬鐵路東邊之三益里。除此處外，日軍均被堅固之華方防綫所逼退。

日轟炸機整日巡視閘北，投下重炸彈甚多。日炮隊向此處所發之炮，爲戰事以來之最猛烈者。因日方炮彈及炸彈落於華軍後防甚多，衆信

日方係擬破壞華軍之交通綫及後備隊休息之所。有多數炮彈及炸彈落於麥根路站美軍駐防之地甚近，有炮彈一枚穿過蘇州路西首之一家麵粉廠，該廠在美軍防綫之內。

日艦亦補助岸上炮隊轟擊閘北，浦東中國炮隊及閘北西首之炮隊亦向江中及北四川路一帶開炮還擊。公共租界今日實處於大戰區域之內，租界邊區防軍幾時在炮火之下，因流彈飛片時越過其防守地，或竟飛入其防守地內，惟全日祇有英兵一人受輕傷，因防軍均有甚好之防禦物。

羅店劉行綫在過去二十四小時內，亦時在重炮戰之下，江灣方面時有輕炮火之轟擊，其聲在公共租界內時可以聽得。日軍雖以大炮飛機坦克車步隊猛攻該各前綫，但華軍仍能固守其陣地。今日必爲日方對此綫開始久已宣傳之「總攻擊」矣。

華方確切否認日軍已攻陷山東省北部之德州，謂激烈戰事仍在該城之北進行中。山西省戰事，日軍於數次空襲炸毁陸軍司令部後，正徐徐向前推進，將正規軍與共軍合編之軍隊向南逐退。日機械部隊，得乾地之助，得以發揮威力。

今日有僞滿軍隊數千人，在北平城外之北苑集合，對於日本在平津區內組織一自治政府，表示同情。此爲日本第一次利用滿洲兵於較重要之事件上，以前滿洲兵只爲該路守護兵而已。

九國公約召集之十三人委員會，今日散會。因該會以爲最好請起草委員會集會，以起草宣言稿。對於該會將採取行動之謠言甚多，但實在之稿文必將於明日宣佈。

十月六日

此次戰事，日軍對中國所採取之政策，世界輿論表示不滿，昨日已有三種表現。國聯十三人委員會關於遠東問題，已通過一議案，規定如左：

(一)予中國以精神上之補助。

(二)凡阻礙中國自衛權利之一切行動均須避免之荐議。

(三)國聯會各會員國給予中國之補助，其方法由各該會員國自行計畫之。

除波蘭，瑞士及加拿大三國因無充分時間向各該本國政府請訓，未投票外，該委員會一致通過該議案，並提交大會表決。昨日會議中，英法代表均有動人之演說，請該會即時投票，謂目前之事件，必須有所舉動以應付之。大會投票，定於今日五時半舉行，該會有何舉動，現尚未接到報告。

美國總統羅斯福昨在支加哥城所發表之演說，雖未明言是何國家，但亦具有相同之效力，該演詞主要部份照錄如左：

「吾已決意追求和平，並採用所有實用之方法以免陷入戰爭中。倘文明必須存在，則和平主義必須予以恢復」。

「九國公約所含蓄之高尚精神，爲擢怕災患之心理所壓伏。恐怖及非法之盛行，已達到威脅文明基礎之階段。婦孺平民，在未宣戰，未預先收到警告之情形下，慘遭轟炸」。

「在所謂和平時期中，輪船毫無理由被潛艇襲擊而沉滅，事先亦無通知。自稱需要和平之國家，對於別國之和平，則置之不顧。無辜人民，爲貪婪者，權力者所慘酷犧牲，此種犧牲，毫無意義，公義及人道可言」。

「倘此種事件，在世界其他部份發生，世人勿以爲美國將逃避之，或予以寬恕。」

「倘此稱事件，須予以阻止，則愛好和平之國家須共同努力，維護法律與主義，蓋如此，和平方能安定。國家須恢復其遵守諾言及所簽訂條約之價值之信仰。」

世界反對日本行動之第三種表現，亦爲一最有力之表現者，爲「卡奶摩蘭博士康特伯」主教爲主席在倫敦開會之羣衆大會中所通過之議案，該會前爲日本教徒所反對，但仍如期開會。會場中並開映中國被轟炸之影片，有激烈之演說，於是通過議案，內稱：「日軍對於非戰門員之平民，不分皂白亂肆轟炸，實令人驚駭萬不能予以贊同，並請英政府首領，獲求經濟行動之一致步驟，否則亦因阻止此種事件多繼續進行。」

今日上海四週之戰事，不若昨日之激烈　據華方稱，華軍在江灣及寶山路稍有進展，寶山路日軍據稱已退至北四川路地段內。

今日日機及大炮，猛烈轟炸西區，因而東區及北區以比較安靜。北站西邊之中山路及鐵路綫被轟擊甚烈，日炮向該處某一小地段，在五十秒短促時間內，竟發炮二十五發。午前日機二十二架轟炸徐家匯西首之

地及北新涇與「揚行」，受損害均爲平民之財產。

閘北雖比較安靜　但仍未逃避日方之注意，因每日照例之轟炸，仍照舊舉行。日軍巨型單葉機五架，參加今晨之轟炸，所投炸彈之大，爲以前所未見　華方炮隊今日亦向北四川路及「大亞」路發炮轟擊。據報日軍今晨，藉炮火之掩護，已渡過劉行南之温藻浜。東北綫之華軍，現正頻施反攻，以冀逐退日軍，但陣地與昨日之陣地無何變化。太倉及南翔，今日亦爲日機所轟炸。日方今日承認昨日日機一架在太倉損失。

另有日機一架，今日在南京爲華軍之高射炮所擊落。出現首都近郊天空計有轟炸機七架，但因地面上炮火甚烈，因而飛返。蘇州今晨五時後被日機八架猛烈轟炸，生命財產損失若何，尚未知悉。

據今日所接之報告，山西省北部華軍現向另一方向發展，謂已收復重要村莊三處，刻繼續向西北方推進。津浦綫上戰事，據所接最近華方報告稱，視聚中於德州與「宋源」間之一段地方。

烟台華軍擬將該處之駁岸炸毁，已引起該處美海軍與司領之抗議。該抗議謂炸毁駁岸，爲無智之舉動，因日方向山東攻擊，必走青島而非烟台云。

上海有不少外人，以爲夜間之戒嚴係對無正當關係之人而實施者，昨夜在戒嚴時間内仍在外，致被帶入捕房，關閉一夜，今晨釋出。

記者與上海英文大美晚報之另一記者，今日由伊等江浙贛皖等省之旅行歸抵上海。此行日記，以「與上海英文大美晚報通訊員四省旅行」之標題登報發表，其全文玆照錄如左：

第　一　日

吾等今晨八時二十分由滬起程至杭，帶有充分糧食及汽油，吾等希望包括繞道及沿途躭擱之時間在内，能於六七小時内到達杭州。駛出法租界不久，即有日機一架，追隨吾等之左右巡察。該機追隨吾等約一小時之久，當其低飛掠吾等頭頂而過，實令人不安。吾等前在閘北時，亦遭日轟炸機三架光顧，其時所經歷之不安，現又被引起。

一小時之駛行，只走二十一哩，記者以前由滬乘汽車至杭，爲時只須三小時至三小時半之間，吾人起始疑慮，此行不知何時可以到達該香火之勝地，次一小時内，吾人經過之公路尚佳，照吾人可靠之「希弗來」牌上之里程衣，自離滬後之兩小時内，吾人已走四十二哩。

無何，不幸吾等之車陷入泥中。當我等在平原上靠近海岸行駛四週均係田地，我等開始向天空尋覓是否有日機飛翔。如有日機，讀者諸君，我等必將向兩旁之水田内逃避，舉行泥水澡矣。

後遇一村人，向其說明我等之困難，並問如將車抱出泥地，需價若干，後講妥二元，約有農夫二十人，將車向前推動，我等在此一段路上於泥海之中躭擱二十分鐘方脫出泥海。

農夫告知我等，謂再過二哩路途即平坦。有幾段路確實可走，我等所乘之車，已替我等盡其力矣，其所走之路，即在平時亦似爲不可走者，故我等賜以渾號，稱之爲「老忠臣」。

半小時後，我等被華軍阻止，伊等警告謂前途不遠有日機投彈轟炸。須臾，果有軋軋之機聲，約距我等十哩之遙送來。該華兵即趨至一草屯下躲避，此地之平民亦如此躲避轟炸。我等亦去即將車開至二十五碼前之大樹下，藉樹枝之掩獲，將車停下，我等即下車趨至分路旁約十碼處之深草叢中伏下。怱促之間，我等將望遠鏡及照像機遺留在車中。水上飛機四架，排列成叉字形，探過吾等上空，於是分散成單行。該機在此處環飛約十五分鐘之久，即見其中三架向北飛去，另一架則不知其去向。

我等吃過沙丁魚麵飽後，續向前進，快度亦尚高，但無何又被阻止，謂杭州將有空襲，我等最好停留在原處不動。我等即向該有禮貌之華軍說明吾人已熟悉空襲情形，且上海之「血腥之星期六」事件發生時，亦爲在場之人；方准我等前進；惟速度須慢。

我等駛至杭州城牆邊，即在鉄路過道之前，我等爲該處一靜寂而驚奇，我等開入城内，街上闃無行人，只有警察立於其平時之岡位上而已。我等平安到達旅館之前，日機空襲時。全城恐亦有我等二人在街上行走。旅館之人告知我等有四機空襲，該四機即我等在中途所遇見者。據稱其中一架被逼降落，機師一人被俘，其餘二人逃入鄉間，浙省特務巡警現正搜索。後證實該二人兩天後均被尋獲，下午四點十分，鳴解除警報。

四點廿分，全城警號又鳴。旅館之人謂，我等須留在旅館内，如我等願意，可躲入旅館爲客人所預備之防空窖内。但我等終走出旅館，沿大街行走，但爲警察所阻止，謂須至某集中地點躲避。我等遵從命令，

惟我等因已接洽須至某處會一人，不久又走入街中，沿街旁屋簷下行走，終到達目的地。會見某人後，我等即行至商業區，於返旅館途中，覺全城浸在黑暗中，因路燈爲黑色物所遮掩，各舖店於下午七時即閉門。

第二天

養成早起之習慣，居在內地爲最好之方法。今晨我等爲空襲警報所驚醒。侍歐叩我等之臥室，謂「日本飛機來了」。警報聲中，旅館之人，多半趨至靠山邊所精築之防空壕內躲避。

防空壕內，備有桌椅。其中有「難民」二人，正在對棋。伊等謂：「我等在此地須守候如此之久，正好下棋，以待解除警報」。防空壕內，又有餅干一聽，其解釋亦如上。該聽上之商標，恰爲「和平神」之像，顯係假冒以自由神像爲商標之進品貨。

街中寂靜無聲，美麗之西子湖，亦波平如鏡。平時此時正如每年中至杭消磨假日之最佳時期。今則西子及其四週之風景勝地均闃無人跡，此對於杭州專作遊人營業者爲一大打擊。

空襲警報約計一小時之久，但未見日機來襲。我等因執有上海華軍總司令所發之通行證，於是步行至省政府公署，因旅館左近無人力車可雇之故。

今日全晨均在與政府人員談話中消磨，並在一廣東酒家進午膳。下午我等至省政府，但却不逢時，正當我等走入省政府公署時，今日第二次之空襲警報又作，辦事人員均照預先所安排之方法避入防空壕內，即警號一鳴，所有人員即應避入防空壕內。

我等離開公署，走入一闃無行人之街道。我等所雇之忠心人力車，仍停在街上等候，警察准許行走之路，即拖我等前進。警察以爲我等最好自行行走，因坐在人力車上，似不能不予以干涉。因此我等不得不藉重兩足以走回旅館，其路甚長，經過之街道上，均無行人。沿街我等購買物件，因明日我等擬去皖省之徽州。

第三天

今晨之空襲警報，未提醒我等之清夢。惟侍歐喚醒我等，準備行裝，以便向我等途程之第二段出發。

「老忠臣」，即我等所乘之汽車，需要上油，於是開至一大汽車行。中途被已遲之警報所阻止，因日機已迅向城市侵入。照該處規則，在空襲警報未解除時，汽車則須停止工作。惟我等對於空襲之冷淡態度，使汽車行工人亦壯其胆，終於同意照舊工作。

正當我等之汽車開出車行時，緊急警報復作。街中行人頓時絕跡，我等即向公路駛出，離杭州境地時，只被檢查二次。途中看見有駛來之公共汽車二輛，因空襲之故，被停留在該處。

自該處起，一路向前，未停車一次，直止午時，進中膳時方停車。在該處我等與數農民談話，所得之影響，爲南京所推行之識字運動，已提高農民之智識程度不淺。伊等對於戰事情形，均甚熟悉。據稱伊等只見日機飛經該處一次。

我等繼續行程，至浙皖交界之山口「三楊岡」時，我等因須等候一輛來車之經過該處，故停車等候。在未向祇容一人行走之山路時，我等乘機與該地居民談話。伊等均向我等詢問上海及華北最近之消息。

我等於下午三時半平安抵達徽州。我等兩人中之一，一年前曾在徽州最好之旅館中居過一宿。惟不安適。鼠甚多而貓則無。我等甯願宿於「無人之地」中，而不願寄身於「無貓之地」內，於是擬尋一英國教會房屋安身，惟所尋得者係一天主教堂。「西班牙籍之神父，爲留在該古城中之唯一外人」。

我等於汽車上油之後，決定繼續前進，於下午四時半在大雨中到屯溪。靠公兵汽車站左近新建立一旅館，我等決定投宿其中。旅店經理，特准我等將車停在旅店天井中。「老忠臣」一輛式車，大爲人所注意，因此種汽車在公路上駛行者尚少。

一童子巡視汽車後，謂「洋鬼子乘烏龜」。

我等被招待至一二十尺寬大之房內，因我等在此小空間內感覺不安適，甯願立在向天井之走廊上。

該晚我等採爲旅館中人談話之材料。我等在走廊上燒飯，亦引起旅館中人之注意，因咖啡及湯之香味充滿旅館之四角。

在屯溪我等有一精美之晚餐，將「克內克士」放在不甚清潔之桌上。煤油燈二只（該旅館平時照章只供給一只），放在餅干聽上，我等新購備之飲食器皿，在燈光下放出燦爛之光。菜單如左：

末哩加湯，

青豆猪排，

巴特拉梨，
麵包牛油，
咖啡。

飯後，我等至街中巡視一週。在夜間寂靜中，我等聞悉爲我等所聽慣之印刷機聲，我等得手電筒之助，尋至一小屋前，屋內有二人，正印刷皖省南部流行之大新聞紙。手印機工作甚佳，爲內地人民印刷戰事之新聞。我等入內，會見編輯張先生，伊爲一活潑之青年，殷勤招待。由伊及該報其他之人，我等得悉皖省該地內之情形。

張先生遵守古訓，亦來回拜。在我等之小房間，吾人談論上海及其四週之一般情形；我等係會人者，今亦竟有人來會矣。

第　四　天

我等今晨起身甚早，因仍有四四五公里之路程，且其路不甚佳（此係我等由公共汽車站站員得來之消息），昨夜大半時間消磨與驅逐「司汀生飛機」之工作上，此係我等替該處之大蚊蟲所提之渾號。但我等尚稱知足，因房內尚無「坦克車」（即臭虫之謂）。

由徽州至我等目的地之南昌，其間一段公路上充滿活躍之空氣。路上來往車輛甚多，我等之車在過渡處被停達三次之多。在一處停車時，我等與該地居民談話；同時乘機替「老忠臣」及我等自己加油。我等所開汽油聽而委棄於地者不多，此或使該地之兒童失望。

午後約在五點四十五分鐘時，我等之車漸向南昌駛近。忽樹後轉出兵士一名，大聲喊「停止，空襲正在進行，須在此等候」。我等望見在青天上空美麗夕陽光中，有飛機四架在極高之天空中飛行。

軋軋之機聲，可以聞息，其先我等望見九架排隊飛行，後又來三架。先前之四架爲華方驅逐機，即飛前迎戰，機鎗聲格格。日機於是投下炸彈，轟炸聲離我等甚近，爲之不安，於工作完畢即飛去，未與敵機接戰。空襲時間甚久，至七點一刻，鄰近村鎮發出鑼聲，此爲解除之警號。車首之照路燈均不許開放，我等聞悉有鎗聲一響，向某干犯此禁令之車輛開放。

該傍晚日機所投之彈，衆均不悉其地點。第二日由官方接得報告，得悉約有九彈落在南昌十哩外之蓮塘，即飛機場所在之地，距我等停車之處約有半哩路。

第　五　日

今日消磨於拜會南昌高級官員，及察視被日機轟炸之區。

汽車加油後，我等即拜會江西省空防司令兼保安隊司令「廖石橋」將軍；伊爲一日本留學生，關於贛省情形，有廣訊之說明。爲變換口味起見，我等至街上擬尋覓一飯館進餐，但無效，因南昌居民，與其他各處之華人不同，非食客也。即在平時，飯館亦不多。其一自戰事發生後，即停業，另一客所給我等之印像，即其尚未被新生活運動所「改良」，南昌爲新生活誕生之地。

下午我等出外拍照。有數被炸之地均拍入片中。南昌人民甚安靜，因未被炸死者，正安靜地重建其被毀之房屋。

返抵旅舍，接到廖將軍之請貼，請我等至其私寓讌會。

第　六　天

昨夜決定今日天明起程，故六時「老忠臣」即向屯溪途中出發。我等漸到前天被日機轟炸之地。所有之物，連飛機庫在內，均完好如故。被炸之洞，均已填好。停車吃飯時，一農夫謂伊自晚進城，聽無綫電播送之新聞，該地距城約五里（即一哩半路）。

重走四四五公里不平坦之一段路，實令人不舒適，故我等知悉已近屯溪時，不覺喜形於色。當車駛入旅館天井中時，經理正恭候以待，人亦愈來愈多。我等未填寫旅客簿，因旅館已代勞矣。總之，一夜之間，我等已成爲「著名」之人物。

使我等驚訝者，爲我等已成爲該市談話之中心，即當我等以前離開該處之一日，新聞紙有關於我等甚長之記載，描寫甚多，尤其關於上海之情形，敍述甚詳，謂我等係由戰場而經過該地。

「老忠臣」亦爲人所注意，伊亦與我等享受衆人之注意。尤其旅館經理，巡視我等之汽車，觀而又觀，嘖嘖稱讚，尤其稱讚車中之無綫電收音機，但不幸該收音機已不靈矣。

明日我等擬由蕪湖至南京，前者近被日機轟炸。

第　七　天

我等實應向日內瓦國際勞工會提出，請其每日工作時間定爲超過八小時。我等與「司汀生飛機」又作一夜之長期戰鬥後，今晨五時起身，預備向我等行程之又一段出發。

途中我等得知日機二架在甯國被擊落，該處爲我等須經過之地，駛經不平之道路後，即抵達該城，但無人知道飛機擊落之事。使我等驚訝者，即我等不僅在屯溪出名，幾在該處幾哩地之內均聞名，此乃新聞紙之功也。我等無須介紹自己，亦不必出示證明書。所遇見之人，均謂「君等乃某某也」。

天忽降雨，氣候突變，我等感覺不適。昨日水銀在九十度之上，今日竟降至七十度之下。

午後不久，抵達蕪湖。照例我等先環城一週，然後至縣公署，據稱知縣正在進餐。須臾，知縣即出接見我等，殷勤招待，謂蕪湖本地尚未被日機光顧。惟近城之飛機緊急降落場被炸，談話後，我等即告辭，由不認識之街道中尋路向南京進發。

忽然我等聞息飛機軋軋之聲，即四處查尋，見我等右手旁離地面六十呎處有飛機一架，振翼而飛。吾人心跳頻仍，直至看見「青天白日」之標記後，方稱安心。該機係一華機。該機徐徐掠我等頭頂而過，又飛返查視一次後，方振別處飛去。我等駛過華機二架之殘骸，顯係被日機炸毀者。

近南京時，見路上交通甚擁擠。我等略被訊查後，即駛入城中，城內似均如平時一樣。營業如舊，公共汽車塗爲黑色，亦照常行駛。除房屋塗爲黑色及路旁之防空壕外，城內情形與戰前者無何大分別。

我等駛至下關之旅館，我等稍爲失望，因未目睹飛機來襲擊南京城也。

第 八 日

我等用兩日兩夜時間與蚊子搏鬥後，我等在旅館內之房間似如「天堂」。今晨第一件事，即再給「補藥」於我等之「老忠臣」，伊駛過如許長途而未出何意外，自亦應得此償報。

我等於是出外拜會政府機關，覺「照常營業」之空氣充滿各處，因高級官員及職員等均照常供職。

午飯已畢，仍無空襲，我等即決定再至城中各處巡視一次。街道無被炸傷之痕跡，因一有傷，即立刻填補之。下關電力廠仍存在，只廠屋有一部被毀壞。

夕陽西下前，空襲警報終於鳴發，知日機將至。十分鐘內，街上行人絕跡。防空壕內擠滿人衆。汽車在平滑及無行人之大道上急馳，以帶乘坐者歸家。十五分鐘後，警號又鳴放一次，此即警告人民，日機離城不遠矣。

須臾，日水上飛機三架自西方出現，背日而行，此乃利用日光之故，直向華方防綫衝至。將至城牆邊時，華方高射炮即開火射擊。我等希望能觀華方所稱日軍放出之「弧光」，但歸失望。華方高射炮似更正確，因炮彈在日機甚近之距離內炸烈，至少由我等所立之旅館走廊上觀看情形係如此。

來襲之飛機內，有一架向下急落，似被擊中，但隨即穩定，又向上飛去。日機停留數分鐘，投下小型炸彈數枚後，即飛去。解除警報離第一次警報一小時四十分鐘後方鳴放。

進晚膳時，我等均謂夜間或有空襲。我等之預測竟實現矣。蓋十二時三十分鐘時，警報又作。因太疲倦之故，我等未起床觀戰，此次空襲至二時一刻止。據稱日機未飛近。

第 九 日

夜間雖被擾，但我等起身甚早，向我等四省旅行之末段旅程出發。未出發前，我等不欲爲空襲所阻止，因此我等計算應即早駛過某處飛機場，以免被阻。

街上交通尚不擁擠，我等向前急馳，於晨七時越過該飛機場，即沿京杭公路向常興駛去。我等終抵嘉興，即再沿新築之路向滬駛去，沿途未遇日機。我等駛入法租界時，時間尚未到午後一時三十分鐘。

抵滬後我等得悉日機剛炸無錫及蘇州，並於晨間轟炸南京，此消息使我等又失望又歡喜。又悉日機一架在南京被擊落。我等未目睹此事，交臂失之，不能爲此文多增材料，殊爲失望。

十月七日

由今日所接之電報，得悉美國關於遠東事件，已漸引起注意，與日俱增。國務院發表公報，於敍述美國盡力以和平方法解決此問題後，繼謂日本在中國之行動係違反九國公約及克洛克和平公約」。同時據本日敦倫消息靈通方面稱，關於解決此事擬召開一和平會議，關於此點之任何薦議，美國必將接收之，但同時指出日本必將拒絕參加此種會議。惟

華盛頓尚未收到如此之請束。

本戰場上之飛機，因雨未出動，晨八時只有一架飛翔天空，至太倉投彈後，即在麥根路鉄路上空盤旋，即將其餘之炸彈投下。向閘北轟擊之炮火，竟日未息，其猛烈情形，可以代替空襲。日方今晨所發之炮，係向無錫同鄉會以西之地轟擊　華炮亦攻擊北四川路上之日本學堂。晨間日艦七艘向浦東及江灣轟擊一小時之久。

據報華軍自北站至國際跑馬場之綫掘築戰壕，以防日軍前進。此綫爲今晨日炮轟擊之大目標。昨晚此綫有戰事，日軍攻擊，但被該處伏在戰壕之華軍所擊退。雙方均稱今日在羅店劉行綫獲勝，主要戰事因雨而未有，昨夜今晨此處炮戰甚烈。

華方仍謂德州城仍在華軍手内，日方則稱已得之，並稱華方或因該城被攻下時，城内仍藏有華軍一小隊，直至今日方被消滅，故有此說。日方新有援軍開到，該處近郊仍有戰事。山西省北部，華方第八軍，内有以前之共軍在内，據報續有勝利。該軍威脅日軍後防，企圖包圍敵軍。據稱日軍二千名，在雁門關北十公里之原平被華軍包圍，現正擬突圍，雙方飛機亦在上空惡鬥。

十月八日

天津附近之河道水漲，已將運河之防堤冲毀，天津有被洪水威脅之勢，華北各綫之華軍，利用日軍行軍停滯之機會，開始總攻。日軍之停滯，據其解釋，係因其須將軍隊重新配置，並須予以休息，及交通亦須固防之故也。但華軍顯不擬予以休息　昨日爲華方否認之德州失陷，今日亦以巧妙方法承認，謂韓復榘將軍正親自督軍，向該城反攻。海州聚有日艦甚多，日機每日由航空母艦上飛出轟炸山東省内各處。山西省北部戰事，今日炮戰停息，繼之以肉搏，死傷人數甚多。此綫上無何大勝利。

昨晚北站有激烈之戰鬥，至今晨四時日軍被華軍擊退後方停。今晨視查此綫華軍陣地無變動，只多增沙袋防壘數處，係向公共租界方面堆置。照例之炮戰空戰，今日仍在各綫上舉行，惟無何特別激烈之轟擊。午夜日艦向浦東炮轟一小時。

羅店劉行綫，因土地泥濘，使日軍行動受阻，無大戰。據稱日軍仍扼守温藻浜岸，雖華軍自兩日前失去該地後即向之猛烈反攻。

日軍空襲無錫之報告，今日方收到，空襲係在星期三下午發生，死平民二百人，炸毀車站附近之房屋，並將其時正到站之滬甯快車炸毀。該出軌之快車，死五十人，日機共投彈二十枚，數處起火，但均被救息。

昨晨八時蘇州又被日機一隊所炸，並以機鎗掃射車站，死二十六人傷六十八人。

廣州昨日之空襲，爲最激烈，日機共光顧三次，滿城轟炸。有一彈由一貨棧屋頂落下，將屋完全炸毀，附近十七間房屋亦被炸毀，死六十人。日機一架據報在「大劉家莊」被擊落。

今日傍晚日陸軍司令「××」發表一文如左：

「余奉天皇之命，帶領上海出征軍，於中國土地内之長江南岸上陸。日本陸軍現準備盡其力量以克服其敵對者」。

日本出征軍之目的，如日本政府所發表之宣言内明白載明，爲不特保護出事地域内日本之投資及日本人民之生命財產，並懲罰與共產勢力合作以仇外及反日爲政策之中國政府及軍隊。總之，日本陸軍之使命，爲建立東亞細亞洲永久和平之基礎。

吾等對於戰區内不幸之無辜人民，深爲遺恨，日本陸軍對於一般中國人民，並無仇視之意。雖以軍器反抗日本者，則日本陸軍對之，決不寬恕。

吾等對於受戰事影響之外國官民及在生命財產上感受戰事威脅之人，深表同情。

日本陸軍必以各種方法尊重及保護第三國人民之生命與財產。日本出征軍，得海軍之密切合作，決掃請霾霧，余深信和平重見光明之日，爲時不遠矣。

十月九日

今日本埠各綫，因雨停頓。晚間日軍數度進攻北站八字橋綫之華方陣地，但衆信此不過前哨衝突，因每次交戰時間均甚短促。日間無飛機出動，但午前有散漫之炮戰，有大炮彈數枚於中飯前落於商務印書館地帶内。下午每隔些時，有一二炮彈落於閘北各處。昨晚向浦東轟擊之日艦，今日靜寂無聲。

瀏河劉行綫，雙方均因雨未有動作。據稱温藻浜有短促之接觸，該處日軍得江灣之援軍，即進攻華軍，進展數碼後，即爲華方守軍及泥濶之地所阻止。日本軍事發言人今日公佈，自開戰以來華方委棄本埠戰場上之屍首共計五七七六七具。

過去數日内，華機時空襲沿平漢鉄路一帶之日方陣地，以圖炸毁日軍之機械部隊。日方損失甚重，空襲現繼續舉行。同時由各綫後退之華軍，建築新防綫，正予前進日軍以頑強之抵抗，雙方死傷均甚重。山東省内，韓復榘已將其軍隊之大部調往前綫。山西省北部，第八路軍仍繼續其游擊戰，以擾日本之交通綫。昨夜有日艦在青島之「大同」島附近出現云。

英首相張伯倫，在「斯卡巴夫」城向極大之聚會演說，稱美羅斯福總統在支加哥城所發表之演說，不特代表美國之意見，亦爲英國人民之意見也。

昨日日本下議院會員協會發表一文，擁護日本在中國之行動。該文敍述日本以前擬以之證明中國爲侵略者之各案件後，繼謂日本派遣出征軍至中國，係爲自衛之行動，因此並不抵觸九國公約及和平條約。

十月十日

華北日軍全部左翼，現處於危境中，因洪水已切斷其交通綫，不能派軍增援，亦不能運送供給品。衆信洪水之起，係因河内水漲，及運河決口之故，且河工監視，自開戰後，即歸停頓，此亦爲水災之一因。平漢線之日軍，於昨日向九十哩長之陣線上華軍進攻，華軍在「呼陀」河南岸，山西省北部，日方亦稱有進展。

滬戰場上，在此雙十節慶祝之日，華軍仍扼守其陣地，與一星期前之陣地無何大變化，雖日軍司令謂華軍將于此日退至其第二道防線。閘北晚間有短促之激烈戰鬥，因日軍一隊掘築地道，以通寳山路上之華方陣地，擬炸毁之，爲華軍所包圍。此地内之戰線，今日無變化，空氣沉静，只時有機槍聲而已。瀏河劉行線之軍隊與炮火，亦因大雨而停止行動，該線全線昨夜及今日均平静，只前稍時有小衝突。據報昨晨長江日艦擬於「福州」要塞登陸。但爲岸上伏在戰壕之華軍所擊退，日艦於是即發炮轟擊，但無何效力。

三天以前「克浦唐」號上之英兵及官員共計二百五十人，乘車至香港，已於昨晚午夜達到，中途鉄路被炸多次，距該車甚近。「克浦唐」號現停泊珠江封鎖線旁，不克駛出。

昨日粤漢鉄路被炸兩次，參加之日機共計三十架。其中二架據報爲華方驅逐機擊落，另有多架爲高射炮擊傷。

今日有外人一，剛由滿州抵滬，帶來極重大之消息。伊稱北方九月十一日有兵變多次，此消息未洩露，因受嚴厲檢查之故。日軍克服變兵，並稱此項兵變係受一俄國之組織所煽動云。

十月十一日

本埠戰場過去之休戰，已于今午完畢，因天氣放晴，戰事又爆發，因不甚激烈，但顯於過去四天中之戰略不同。今日雙方在各線之陣地，無何重大之變化。瀏河劉行線，泥濶之地，仍停滯日軍之行動，並阻止機械部隊之推進。據稱此陣地之軍隊，立在泥水中，境内之水深及膝蓋骨。閘北華軍改取攻勢，向北四川路數點進攻，但以後又退回原地。日發言人今日發表，因天氣放晴之故，日軍將於數日内大規模進攻，華方則稱，日軍之第四次「總攻擊」，業已實行，但歸失敗，日方發表自開戰以來，日軍在上海各綫之死亡者計二千八百人。

日方竟日發炮轟擊閘北及江灣，炮聲時斷時續，華方亦發數炮還擊。昨晚浦東華方炮隊轟擊虹口及楊樹浦，有二彈擊中怡和紗廠，但無人受傷。

午後不久，日轟炸機在晴空中飛翔，在數分鐘内向「寳興」路，商務印書館及中山路一帶投下炸彈二十枚，午後日機二十架轟炸浦東内地，浦江中日艦亦與岸上機槍接戰，地點在「阿利發」機器廠附近。前數天第一次出現之日軍偵察汽球，今日又於劉行無綫電台以東十哩内出現。太倉在午後亦被大炮飛機猛烈轟炸。

昨日貨船已能通過南通州之江中封鎖綫，此事係怡和輪船公司之一職員今日告知記者，稱此舉甚重要，因長江一帶大批米穀，只有此一條出路也。

日軍在河北省沿九十哩長之戰綫所實施之總攻擊，今日已收效果，蓋該地之重要點石家莊已于昨午後爲日軍右翼所攻克。該城殊佔戰略上

之重要，因該城失落後，太原即有自東方被攻擊之虞，華軍二十萬現正向後撤退，日軍隨後追擊，以平漢鐵路上重要車站之一之順德爲目的地。山西北部之華軍，據稱自與日軍血戰退出固縣後，現扼守堅強之陣地。津浦綫華軍亦據守堅強之陣地，企圖渡過黄河舊水道之日軍，亦被華軍擊退。

今日華方稱日軍在羅店施放毒氣彈，並警告日方，如繼續施放，華方必採用報復之手段云。

十月十二日

日機今日整天在閘北上空飛翔，繼續投彈，同時發炮猛轟。此爲一星期來本綫最大之活動，傍晚時，蘇州河以北一帶均籠罩在煙塵之中，閘北華方之大炮，亦向虹口轟擊，仍用其以前之方法，即時時更動其炮位，日機來時，即停止發炮。日機來時，高射炮即向之猛射，但照例無何效力。下午浦東亦被炸，地點在「華泰通碼頭」附近，該處已起火。江中日艦一艘炮轟上海虹口碼頭附近之貨棧，以期逐出藏躲之機關槍手。

太倉與瀏河全部今日亦被大炮猛轟，但據稱陣地無變化。清晨北站附近有步兵戰，戰鬥散漫，華軍仍固守陣地。

今日有一外人觀戰者，自北戰場抵滬，評論華北之戰事。據稱由其觀察所得，倘南京政府不調送援軍至華北，該處華軍需要大炮飛機及機械部隊之補助，則日軍可於一星期内攻下山東省城之濟南。伊謂五百哩長之戰綫上，華軍只有炮隊三旅人分散其間，如南京政府不改其以各種代價防守首都之政策，華軍必迭爲日機械部隊所擊敗。繼謂韓復榘對中央之忠守，實因中央軍隊在其省内者甚多，不容其異動。且其軍隊之力量，亦不可估計太高，因其軍隊大半只有來福槍及機槍。

日軍繼續在華北各綫推進，未尚被阻。綏遠省省城歸綏，三方被圍隨時有被圍之可能。日軍向河北省南部推進，未遇何抵抗，據報華軍已將黄河之二橋樑炸毀，以阻日軍續向南進。

今午二時四十分，日機九架空襲南京，於城南及飛機場投彈，其中一架被華方驅逐機擊落，至四時十分，又來空襲，爲時計五十分鐘之久。

十月十三日

昨日有英籍人士，所乘之汽車三輛，塗有英旗之標視，駛近滬寧公路之「馬橋」時，被日轟炸機三架開槍射擊，據同車者英國空軍中尉「穆萊」稱，乘客中無受傷者。該車等均在車頂，塗有英國國旗，車首亦有旗，並於事先通知日方。此事正在調查中，英當局或將對此事提出抗議。

瀏河劉行綫戰事，仍爲滬戰場各綫中之最激烈者，雖雙方昨夜均無進展，瀏河方面，日軍於日艦二十艘竟夜轟擊後，擬於瀏河附近登陸。惟華方防綫甚強固，日軍登陸之企圖頓歸失敗，日艦即向下流駛去。

閘北東部及北部，昨夜及今晨照例被飛機大炮轟炸，主要地點爲商務印書館及寶山路等處。轟炸麥根路之飛機，投下極猛烈之炸彈。地面上華軍亦以炮火射擊。轟炸猛烈之地，爲南[illegible]綫，自清晨至午後未嘗稍息。該處彈片横飛，轟炸機輪流轟炸不已。

江中日艦在上午十時向江灣鎮發炮，每隔三分鐘一次，約轟擊一小時之久。下午驅逐艦一艘，向上海虹口碼頭後面之房屋開發數炮。

華北日軍仍繼續向華軍陣地推進。昨日攻陷河北省南部石家莊之日軍，據報今日進展十哩，未遇何抵抗。據稱華機昨日曾兩次往炸日軍陣地。「納福浦」式轟炸機五架下午曾轟炸塘沽，日間華機九架轟炸老黄河岸邊之日軍陣地，並以機槍掃射。

昨日日機曾飛往南京三次，但未投彈，旋飛往揚州附近之「石甯灣」投彈。粵漢鐵路昨日又被轟炸，除路軌炸壞外，並將「白公橋」之橋樑炸毀。虎門要塞停泊之華方炮艦亦被投數彈，一艘受傷。

十月十四日

自「血腥之星期六」迄今，已二月欠一日，今日又有炸彈一枚落在公共租界内，炸死十人，炸傷十三人。該炸彈係自一日機投下，該機轟炸麥根路車站，炸彈落在麥根路與蘇州河之間，將滿載乘客之無軌電車一輛完全炸毀。

此事係在下午二時三十五分時發生，日機下午又飛來，毫未被此事所驚訝，又向蘇州河岸投彈，此次所投之彈，落在中國地界内。

麥根路事件發生後二十分鐘，日機一隊往炸虹橋區，炸死三人，炸毀房屋甚多，內有一幢爲一名「惠門美勒」之德僑所有，屋上在顯着處掛有德國國旗。

下午，一五時徑口之炮彈落於虞洽卿路白克路口；死八人，傷十二人。北河南路另有六人，亦爲一落下之炮彈炸死。下午六時正，華方炮隊所發之炮，有六彈落於四川路上，該處爲公共租界之中心區，華人六名受重傷。河南路北京路亦落一彈，華人九名受傷。租界別處亦落彈甚多，惟無死傷者。衆信該彈均係自華方發出者，因炮位係新設置者，擬向日方在虹口之陣地轟擊。

華機於午夜及今晨來滬空襲數次，高射炮發炮轟擊，彈片又擊傷數人。送至醫院之受傷者計百餘人，炸死者四十人，此爲租界內自先施公司炸案以來在二十四小時內最高之死傷記錄。

日機曾飛往南京近郊各小村鎮投彈。江蘇省省城鎮江及該省內二避暑之地，今日亦被轟炸，又滬杭鐵路之二小站亦被炸。今晨虎門要塞及粵漢鐵路被炸二次，第一次計日機三十五架；第二次計日機三十架。華機亦升空迎戰。

閘北之轟炸，成爲日空軍每日例行公事，今日竟日亦照常舉行，其中麥根路站被炸最烈。該地之房屋今日傍晚燃燒甚烈。虬江路及商務印書館亦被炸。閘北今日整日亦被日炮轟擊　商務印書館及北站爲被轟擊最烈之地。今晨有激烈戰事，日軍在虬江路附近出攻，但戰綫無變動。

今晨浦東華方炮隊與浦江中之日艦有炮戰，在炮戰激烈時，美海軍旗艦「奥古士都」號之無綫電員「麥克麥扣」爲流彈彈片所擊傷。午後，日驅逐艦一艘，於以機槍掃射浦東岸邊之堆棧後，即以平射炮轟擊。

劉行太倉綫　日軍企圖攻陷太倉，但爲華軍擊退，此地情形與昨日無異。

前預料綏遠省城歸綏將於本星期內陷落，日軍今晨已開進歸綏城矣。另有日軍一隊向城之西南推進，並克服歸化。日軍在河北山西兩省內壓迫華軍後退，其進展之速率，仍未減退。

十月十五日

昨日有日艦隊及航空母艦一艘，在乍浦口外出現，華方觀察所得，以爲日軍不久將擬於此處登陸。

昨夜華軍進攻虹口西部日軍之陣地，戰事甚激烈，至天明時　槍聲漸稀。華軍未有進展。

今晨日機出動，企圖炸毀昨日使租界內喪失不少生命之華方新炮位，該炮位亦擊毀日軍之陣地。閘北區內投下之彈甚多，其轟炸之中心地點爲北站西北之地。炮彈比較稀少。經過昨日之激烈戰鬥及昨夜北四川路上之戰事後，今日似甚平靜。

日方今日提出不滿意之事件數起，其中之一爲美軍作爲瞭望台之國際飯店，亦被華軍所利用。但華方已予以否認。

昨日日機轟炸太原三次，損失情形未詳。山西省北部，據華方稱華軍有重要之勝利，綏遠省內，日軍昨日攻克歸州後，今日仍繼續向南推進。

十月十六日

今晨及午後，日機猛炸閘北。投下之彈以百數計，多處被炸起火。一次記者見日機六架，同時投彈轟炸北站西蘇州河以北約一千碼路軌上之一段。炸烈之猛，全滬爲之震動，上海鄰近各地之炮戰，今日甚輕，惟太倉有日機轟炸之事發生，該處漸成爲日軍飛機與大炮注意之地點。閘北東綫時有稀疏之來福槍與機關槍聲，惟一般之戰事在今日與夜間，似甚沉靜。據稱日軍曾向瀏河劉行太倉綫上之華方陣地進攻數次，但無甚重要之勝利。又據報日軍昨日擬於瀏河之北登陸，當日軍向岸邊進發，有日艦一艘擱淺，華方即開炮轟擊，成爲炮彈之的矣。據稱登岸企圖失敗。此地段之軍隊，據稱仍擬戰奪溫藻浜之兩岸。

綏遠方面，華軍以輕軍器，頑強抵抗敵軍前進，日軍在此方面正擴大戰事，向西推進。東京發表之消息，承認華軍防綫堅強，尤其在山西省，華軍已得新援，而日軍則交通綫日長，難予保護。據日方稱，昨日轟炸山西省內日軍陣地之華機，被高射炮擊毀二架。華軍向南總退却，放棄河北，山西，山東省北部，及綏遠省之一大部份，衆觀均以爲此爲不可免之事。

當華北戰事仍繼續進行中，長崎之工業家已公佈一種開發華北經濟來源之計劃。

十月十七日

閘北照例之轟炸，今日仍照常舉行；惟太倉及上海近郊不斷之轟炸聲，成爲注意之中心點，亦爲重要之事。據觀察者稱，如該重要之城被日軍攻陷，華軍必將由閘北退出，以避免包圍消滅。該處之戰事，其激烈程度與日俱增。但華軍仍固守陣地。今日午時，劉行汽車公路被炸甚烈，據由該地發來之消息稱，雙方現仍憑溫藻浜兩岸攻擊。

今日華方承認日軍在華北繼續進展，華方之失敗，因缺少大炮之故。興縣，以前曾傳被日軍攻下，現仍在華軍手內，華方在山西省北部之情形比華北其他各綫較佳。太原仍受東方開來之日軍之威脅，津浦綫戰區，日軍於攻下平原後，繼續推進，現兩軍在該城以南一哩地内對敵。

昨日美政府正式接收比政府于十月三十日在比京召開九國公約之請柬。美政府不觀察其他國家是否參加會議而毫不遲疑接收該請柬 衆解釋此舉證明美政府關於以和平方法解决中日事件之任何國家，必願與之合作。

十月十八日

昨夜華機轟炸虹口及江中日艦達八次之多，此爲開戰以來華方第二次之大轟炸日陣地。安息會在楊樹浦所置之房屋計十幢，在第一次空襲時被擊中，第二次空襲時，日本茶肥皂廠被擊中，此兩次空襲均在午夜之前發生。其餘空襲所發生之損失不詳。

今日飛機大炮又聚中溫藻浜太倉劉行綫猛烈轟炸。據稱日軍奮力以期突破此處華軍戰綫；激烈戰事正在進行，但日軍向太倉並無若何進展。日間閘北之爲大炮飛機轟炸；仍如例行公事，惟閘北東部時有來福槍及機關槍聲，表明該處在活動之中。

昨日日機在真茹投彈三十餘枚，全鎮幾爲之盡毁。參加轟炸之日機，計十四架，被炸之人計有一百名，其中四十名被炸死。昨日下午三時五十分，嘉定亦被轟炸，生命財產損失甚重。蘇州及嘉興亦被炸，惟損失尚輕，但蘇州嘉興鐵路有數處被炸甚重。廣東北部内之粵漢鐵路綫昨日被轟炸，附近居宅損失甚大。外人無受傷者。鐵路之下一段已有二日未被轟炸，衆信係因日航空母機在澳門以西之「河北」地方擱淺之故。

日方稱日軍在華北各綫繼續推進 但華方則稱，日軍在各綫上均被阻，並稱華軍在山西省北部獲有勝利。華方稱在該省内，華軍進佔邊界之廣靈後， 日軍即後退。被俘之日軍甚多， 並獲有軍器及機械部隊云。

今日「弗利士羅素」號及「維多利亞」號裝回前逃難之僑民一千人，由小火船運至上海，伊等多半係婦孺 伊等之丈夫及友人均至碼頭迎接。據領事館之聲明，返滬之僑民，均係自願，領館不負何責任。

昨日倫敦有勞工一萬人，舉行羣衆會議，反對日本對中國所採取之「野蠻主義及侵略」。

十月十九日

日機今日下午以迅速及猛烈之行動轟炸鐵路管理局美麗之房屋，該屋現已有一半被毁，因前曾謂日機投彈不準確，不能擊中，故有今日之舉，以洩其憤。日機於轟炸管理局後，又轟炸其附近之房屋，北車站亦在内，有多數外人均以爲北車站即係鐵路管理局，日機於午時飛去。下午二時一刻，日機又來，盤旋廵視一週後，即開始以有次序之行動向該房屋投彈轟炸。首三彈擊中房屋之西翼，第二次投下三彈，擊中東翼，隨即起火。日機於六次所投之彈均擊中後，即飛去，華軍即由防空壕内躍出救火，其時火頭已由第三層樓窗口射出，但因被避火牆所阻，未波及房屋中央及西部。下午該屋又被炮彈擊中數次，故該屋現已被炮火黑色所佈滿， 屋牆及屋頂均有炮彈擊穿之洞，但無綫電台二處仍完好如故。

日機又在太倉南翔綫投下甚多炸彈，該處午時有數處小火發生。真茹及閘北東西部盡頭處均照例被轟炸，商務印書館及麥根路站被炸甚重。又該區全部份被稀散之炮火轟擊。閘北華方炮隊尚活躍，亦向北四川路及「大亞」路一帶發炮。華方高射炮今日特別激烈，尤其在北站四週各處，但日機未有被擊中者。日機今晨轟炸浦東北蔡村以北之地。

昨夜南翔綫有激烈之戰鬥，日軍今日藉飛機大炮之掩護，暫有進展。華方報告稱，華軍一團完全殉職，並稱該處華軍已得援軍之助；反攻日軍，將其擊退 居戰略上重要價值之陳家行，顯仍在華軍手内，該處爲日軍向太倉推進之障礙物。昨夜老靶子路北四川路發生戰鬥，但旋歸

平息。今日雙方陣綫均無變化。

日方稱，溫藻浜華軍曾施發窒息毒彈，日軍現執有該種毒彈數枚。日方警告，如華方不停止施發，日軍將採用報復之手段云。

華方今日稱，自華北戰場上日軍官屍首中搜出之文件中，得悉日軍現在華北戰綫上共有六個半師團，計二十餘萬人，並將其番號及實力發表。華方稱在山西省北部之日軍，已與其主力斷絕聯絡，缺乏供給品，現正被華軍包圍，處境甚危。今日日鐵甲車一輛侵入河南省，此爲河北省内日主力之先鋒。所接華北之報告，各異其辭，以致過去數日内之戰事結果如何，不甚明瞭。

十月二十日

上海英文大美晚報記者及其他報紙之代表，應上海市市長余鴻鈞之邀請，今晨至閘北巡視戰場。各處均係兵士，軍用電話綫沿街均有，街旁房屋幾均被毀，有幾處整街房屋被火燒盡。沿蘇州河之房屋，仍有平民居於其内，但閘北一帶則無。全區均有堅固之防守，如三合土及沙袋防禦物，均甚堅強，守以精神健全之兵士。有炮兵一隊，計六十人，自開戰以來即駐守兩路管理局内 據該隊稱該地雖不斷被轟炸，但隊中死傷者只數人而已。管理局房屋東北兩面，彈痕累累，東翼延燒至二樓。當吾人在閘北街中巡視時，日機有兩次投彈，落於吾人躲藏之處只二百碼之遥。只有兵士一人頸部受傷，其餘無受傷者，兵士均分散各處，因時有飛機大炮轟炸之故，故其死傷人數，不若外人估計之多。日軍稱今日戰事有小進展。南翔溫藻浜綫之華軍，據稱沿浜岸築有防禦物，日方機械化部隊被無數小汊港及水田所阻止，不能進攻。日軍雖聚中攻擊太倉及南翔，但此兩處仍在華軍手内。日軍日夜以飛機大炮轟炸此地。

閘北今日又被飛機大炮蹂躪，無錫同鄉會附近有小大三處。華方亦向北四川路日本學堂一帶炮擊。

昨日華軍空襲勝利，在南翔附近擊落日機一架，午夜又來滬空襲二次，向榆林路附近及楊樹浦區内日軍之供給品投彈轟炸。其他華機昨夜向溫藻浜綫日本陣地投下甚多之炸彈，結果未明。晚間寶山路有短促戰門，來福槍及機關槍聲可以聞悉。

日本報告評論華北日軍進展之速時，前綫發來報告稱，華軍進展至山東省北部平原以北二十哩之處。平漢綫據稱有激烈之戰事，華軍援軍開到，固守新陣地。

日本最近駐波蘭之公使「××」，今日接見上海英文大美晚報記者時稱，關於中日事件解決問題，「日本人民一致之意見，以爲在日本海陸軍於上海戰綫上未將華軍摧毀之前，決無何重要之行動可言」。

今日孫逸仙夫人自上海向美國全國播音，反抗日本之侵略，其演詞全文如左：

「余今日有此機會，得向美國人士談話，以燃燒每個中國人心之事爲談話題材，甚感愉快」。

余幼年時期係在美國，其偉大之共和精神，已侵入余心内，成爲余生命中最大之力量。其文化成爲余之文化之一部，余之祖國，需要共和之力量，余將其文化帶回祖國，實爲最寶貴之物件。因此，余向余幼時之國家伸訴時，余並不感覺余爲一外人。余知余之伸訴必將爲美人士所明瞭及反應，正如美國歷來向余祖國所表示之寬大態度相同」。

中國正在戰門——與一不可以言語形容之非人類之侵略者抗戰。日本軍人，在其法西斯勝利之迷夢中，又使我國内發生死亡及毀壞。凡閱讀中國人民每日所遭遇之事之記載者，誰不爲之驚慌乎。凡目睹無辜婦孺慘遭轟炸者，誰不以爲此種野蠻行動者必須由此地球上掃去乎？我國各城内之非戰門員慘遭殺戮，被視爲係一種必須之軍事行動，凡熟知此事者，對於此不特威脅中國但亦威脅世界文明之事，能不發一言乎？當所謂寬大之日首相公佈「日本之唯一目的爲擊至中國屈膝，使其不再有戰門之精神，伊此種慘酷之言語，予喋血之一羣軍人以自由行止之鼓勵。

日本其他外交人員——比較狡猾而虛偽——以虛假之方式解釋其行動，謂日本所要求者，爲中國應完全明瞭其合作之態度，爲回報此寬慈計，應照其意志，重寫我國之歷史，反日主義，應由吾人之生活及課本内掃除，吾人對於其野蠻主義應解釋爲神聖之行徑。余將此是非顛倒之說，讓世界人士加以考慮，即在此防衛宣傳中，亦含有對美國及其他國家之威脅在内，該各國家對於日本加於中國人民之舉動，胥感受一種不可控制之苦痛。英美及其他國家之人民，幾一致被擾不安之情狀，正係表示全球人士均不滿於此種種之野蠻行動 美國自然發生之反日情緒，

或亦引起日本軍閥之嚴重注意，伊等或將遺憾君等缺乏合作精神，此種威脅目前只用於對付中國一國，但孰能預言此種不經之態度將不對別國以行動表現之乎？

過去一世紀中，日本帝國主義曾侵犯我國，佔奪我國土地。現無須重數，日本對我國侵略之史實，六年以來日本之侵略，在現在上海及華北之炮聲中達到其頂點矣。世人諒能記憶滿洲之被侵入，一九三二年之滬戰，日帝國主義以殺戮陰謀等手段逐漸侵入熱河，察哈爾及河北省北部等事件。美國爲召開華盛頓和平會議之發起人，世界列強均參與會議，使日本不得不接收尊重中國主權及土地完整並門戶開放政策之條約。但該和平條約及九國公約之簽字國坐視該條約被人侵犯，而對於日本軍人降服中國之瘋狂舉動，竟不企圖阻止之。日本亦爲該約之簽字國。田中奏摺爲每個日本軍人之聖經，亦爲克服亞細亞洲之計劃書，此種事實，尚有再向世人提醒之必要乎」？

中國之弱，日軍人能在我國土地上馳騁，其緣因非數言可以說明。概言之，我國在過去十年中，主要事件爲內戰，彼此互鬥。一九二三年至一九二七年推行全中國之偉大國民運動，在孫逸仙博士領導之下，中國開始統一成爲一大國家。中國軍閥，相繼克服，在孫逸仙博士指導下，中國向一強健共和國家之途徑邁進。但中國不幸，孫博士先逝矣。博士之教言及主義，即民族，民權及民生主義，在內戰中消失矣，中國人民自相慘殺，以致國家摧毀，一般人民困乏貧弱。此乃日本能佔奪滿洲及東北四省，並繼續在我土地上侵略之緣因也。我國內戰，只日本獲其利。

當七月日本派兵至華北時，伊企圖又佔奪我國一大塊土地。長江流域爲其第二目的，於上海聚中大隊軍隊，以期佔奪上海及其四週各地，使日軍又進入一步。但伊等告失敗矣。我人民以血肉之軀，赤胆忠心，以抵抗敵人之兵艦大炮及其飛機機械化部隊，以阻止此瘋狂之侵略者。日本炸彈，炸毀我國城市，文化機關及大學；我國婦孺，慘遭殺戮。雖其怒焰及力量如此之大，但余可替我國人民確定言明，日軍人將在我國土地上遭遇其末路。我國軍器之缺乏，但爲人民之憤怒所填補，伊等均準備爲防守祖國而犧牲。

過去三年內，反日運動，已獲得甚大之力量。在此時期內，中國之工人，農民，智識份子，已聯合組織人民，以抗敵人。與此運動相同者，爲我國人民心理上之大改變。吾人覺悟我大中國爲一不可分離之國家。日本陰謀對之將失其力量。當日軍侵佔我國土地，日機轟炸人民時，各黨各派均忘其以往之參商，已聯合成一堅強戰綫，一致抗戰。內戰已停。一切內部互異之意見，業已消釋，國內最敵對之二人，蔣介石將軍與朱德將軍，已在南京握手。最近日本之侵略，實爲我國各種力量聯合一致拒敵之原動力。以前之紅軍，現改編爲第八路軍，現成爲国家軍隊之一單位，與敵戰鬥。其第一次與日侵略者接戰，即獲絕大之勝利。我國之統一，已成爲我國極大之力量；日侵略者之武力將歸失敗。

如需要所准，吾人將單獨阻止日本法西斯侵略者。但吾人已得悉世界所賜予之同情，吾人非單獨處此黑暗之中，甚爲欣慰。世人關於日本殺人者之駭人聽聞之行動，予以反抗，此點使吾人受痛苦之心靈得以安慰。余無疑於美國人心對於我國爲自由獨立而奮鬥表示同情。吾人知悉，吾人非單獨奮鬥。吾人知悉，我國與此法西斯兇首戰鬥，非只我國之戰鬥而已，亦爲仍尊重自由共和之價值者之戰鬥。

諸君對於此法西斯怪物之憤恨，藉抵制日貨一事作爲實際之證明，必爲我國在此時之絕大之幫助。但吾人有極急迫之需要。凡裝貨至日本之船隻，不准其離開美國海岸，因貴國所出之碎鐵，均將變爲攻打我國之軍火。貴國所賜予我國之金錢，固爲我國鬥爭中所必需者，但更重要者，爲不斷之軍火之給繼。吾人需要軍火，有力之軍火，以拒此有力之敵人。讓美國輿論之力量及正義風掃世界。美國無須親自參加此毀滅遠東法西斯之威脅。羅新福總統動人之宣言，爲世界對此國際間之無賴所予之道德抗議之摘要。請諸君在伊領導下，將其言辭變爲實際行動，必能將此血火於未蔓延全世界之前，予以毀滅。余請美國人民負起此神聖十字軍之領導地位，余深信諸君必不令吾人失望。

十月廿一日

日機三十四架，於午後十二時三十分空襲南京，又於一時三十分空襲一次，在「大公橋」及津浦鐵路碼頭投彈轟炸。碼頭無損失，但「大公橋」附近房屋數幢被炸毀。死傷人數，迄至今晚仍無報告。

蘇州今晨八時被炸，客車一列被炸，死二十人。今晨滬杭鐵路開杭

之列車，在「謝州」車站被炸，客車一輛被毀，死二人。滬甯鐵路丹陽車站，今晨又被日機八架轟炸，該站連續被炸三天，該日機顯係在南京被華方驅逐機所逐走者。同時常州西北之「西夏處」被日機三架轟炸。

昨晚華方空軍轟炸虹口及楊樹浦九次，一彈擊中怡和紗廠，引起大火，今晨仍未熄滅。其他損失，今日尚未詳。

今晨十時，日雙引擎轟炸機一架，在滬西「華漕鎮」被華方高射炮擊落。該機落於浜內，機師屍首已由華軍撈起。該機據云係華軍在三天內所擊落之第三架。麥根路中央造幣廠一段、今日又成爲日機轟炸之主要地點，整日轟炸未息。聯合造酒廠對河之處，下午三時有大火燃燒，衆信係「利泰」油棧，黑烟直冲雲霄，火勢甚烈。太倉整日亦有轟炸之聲。

閘北今日竟日仍被炮轟，尤其寶山路一帶，被日方大炮轟擊。清晨仍有來福槍及機關槍戰聲。

據華方稱，華軍向江灣日陣地攻擊，入晚有小勝利。據稱日軍向其美路後退。日方稱華軍在「楊青」浜岸之陣綫，被大炮轟擊，於血戰後，有三處被突破。

華軍已到達雁門關，將山西省北部與河北綏遠省內之日軍聯絡切斷。此戰係由前共軍即今之第八路軍所戰勝。據稱滿州邊境及滿州境內之緊張情形，爲日軍不能增援華北之緣因。在河南省北部之日軍。已達漳河南岸，據外人消息，山東省內之日軍，爲某種政治之關係，正向北撤退。

十月廿二日

今日午後，日機轟炸閘北西區時，記者目睹日機所投之彈，有一枚落入公共租界，死二人，傷二十人。日機三架在蘇州河北轟擊，於盤旋時，其中一架突離隊飛入公共租界上空投彈，落於新閘路梅白克路角，轟然一聲，火光爆烈。此彈之投下，顯無何緣因，因該處附近以前均未被轟炸，由其爆炸情形及拾得之碎片觀之，知其爲燃燒彈。

在浦東轟炸之日機一架，在高射炮火中飛翔數分鐘，突搖擺甚劇烈，失却控制力。該機向下急墜，落於電力廠之後。此爲轟炸浦東電燈廠以東約一哩內之三架日機中之一架。中央造幣廠，今晨及午後又成爲轟炸之主要點；太倉竟日亦被猛烈轟炸、日機似聚中轟炸該鎮以西約一哩地之陣綫。閘北全部今日照例竟日被轟炸，下午四時四十五分，日機三架向浦東距離岸邊稍遠之地方急降投彈。下午劉行附近及北站以北之鐵路被日炮猛烈轟擊，閘北亦時有炮彈落下。

昨日華軍向溫藻浜南岸日軍陣地數次進行，情形猛烈，將日軍擊退。雙方損失均重。今日日軍推進至太倉二千八百碼距離內之一點，但其後路，因華軍有此新進展之故，恐有被切斷之虞。

日機昨日轟炸蘇州、炸毀客車一列及難民船一隊，死十一人，傷三十人。昨日日機在「謝州」車站炸毀火車機車一及客車二輛。昨日南京空襲結果，重新調查之下，發現以前傳說未被炸之津浦渡船碼頭，實受炸甚劇，修理須時。

華北雙方所發之消息互異、在同一地點內、雙方均稱獲有勝利。據稱雁門關重爲第八軍所得、該軍已與北方之軍華聯絡貫通。

十月廿三日

今日日方對於昨日新閘路轟炸事件、發表一不可置信之解釋。該文稱、日轟炸機中、其一之緊急汽箱脫節，被風吹至蘇州河南岸云。

太倉及公共租界以北靠近中央造幣廠之一段、今日仍爲轟炸及炮轟最烈之地點、轟炸未見稍停息。閘北亦照常被轟炸，浦東之轟炸　亦較平時爲烈，被炸之地點有二：一爲日清公司碼頭以東一哩之地；一爲浦東轉灣處西南二哩之地。後者於晨九時三十分被轟炸，約十餘幢房屋被炸毀。

閘北西部近中山路之杜家宅被炸毀、死傷鄉民多人。此處竟日被大炮猛轟，靠近西南漫禮會學堂之一帶，亦被猛烈轟擊。太倉以西一哩地及劉行附近之綫、亦被大炮發出之高炸力之炮彈所轟擊。過去數日內，此兩處時爲高炸力之炮彈所光顧。

華方堅稱，嘉定東之「廣福」仍在華軍手內，並稱昨日已向劉行推進一千碼，將日軍驅回木橋。日方稱，日軍向南翔有進展，將該綫上之華方大部防軍擊退。此綫在過去二十四小時內有惡戰，日坦克車裝甲車於大炮轟毀華軍防綫後，即隨之向前推進。

據稱華軍擬於凱自爾路及「東興」路進入租界，英軍向空開槍以阻止之。寶山路之戰事、現只時有一二槍聲而已，因雙方似均全力對付南

翔劉行綫。

據稱河北山東交界處之華軍沿正太鐵路撤退，日機隨後追擊撤退之華軍。日機昨日空襲太原五次，死傷人數甚重。今日華方承認，除山西省外，華北各綫之日軍已有進展。

南京今晨有空襲警報三次，其中兩次未有日機出現，日機共八架向城南郊之飛機場投下炸彈，惟損失甚輕。

昨日浙江省被空襲六次，錢塘江中有民船多艘被炸，死二十人，昨日蘇嘉鐵路又被轟炸，但損失甚輕。照華方之調查，此綫上被日機炸死之人數，截至今日止，共計六百名。

粵漢鐵路又被炸，日機四架在「順平」站及「黃立」站，投下炸彈十一枚。

今日東京外部發言人，關於香港附近漁船被轟擊之事，發表談話，謂華方已自承認該漁船裝有小炮，故爲海盜之船無疑云。

十月廿四日

今日最大之新聞，爲日軍進至大場一千碼之地，衆信該處失陷，必將使閘北華軍之撤退不便。據日方稱，華軍已開始由閘北江灣撤退，但此點爲華方所否認。日機及大炮轟擊大場華軍之陣地，租界可以觀察之，其火力似逐漸增強，射程亦廣。雖如此，華軍仍固守壕內，使日步兵不得前進。華軍已有援軍馳往該處，華方當局深信，日軍之推進，必被阻止。

日軍在南翔東北六哩之陳家行處　亦推進七百碼。該處以北　日軍在「廣福」附近亦有進展，並稱該處已被攻下，雖華方稱該處仍在華軍手內。

日空軍今晨九時前出動，轟炸北站。上午十時，日機十五架轟炸大場，自其時起，該處即竟日被轟炸。公共租界附近一帶，今日轟炸亦特別猛烈，寶山路商務印書館及造幣廠一帶被轟炸甚烈。日艦及陸地炮隊竟日發炮轟擊蘇州河以北各地，虬江路有小火兩起。浦東日清公司碼頭後一帶，今晨亦被炮轟，傍午時有日方水上飛機三架轟炸此處。

昨日午後，日機轟炸江西省贛河上之中正橋，該橋受害甚輕，死九人，傷七人。蘇州昨日被炸十二次無錫亦爲日空軍光顧。兩處損失情形未詳。據稱昨日南京方面，日機六架被華驅逐機及高射炮火驅走。粵漢鐵路昨日又爲日機炸彈之目標，共襲四次，太原，徐州，杭州及安慶今日均被轟炸。

今日又報華北各綫日軍均有進展，向太原總攻中。日方承認日軍在山西遭遇「困難」在此省內未有進展。

十月廿五日

日方海陸空軍，今日聯合向本戰場各綫之華軍陣地總攻，自羅店至大場沿綫均有大戰。江灣日陸戰隊，藉日艦炮火之掩護，正徐向前進，惟自戰略上而論，最關重要之戰爲正在進行中之大場巷戰，因日軍已由北方進城矣。日方補助大場日軍推進之炮火，現未向大場射擊，以免擊中日軍，現中日雙方以同等之軍器　作激烈之巷戰。日重炮向大場南翔公路轟擊，阻止華援軍之前進，飛機大炮轟炸之聲，今晚在公共租界內可以聞悉。日軍除閘北外，在各綫似均有進展，華陣地及後方之被轟炸，其次數之多，不可勝計。日方在此地內之炮隊，似均發炮轟擊。此即所謂「總攻」也。今日由未證明之方面，向租界飛來一彈，擊死一人，傷十人。昨晚午夜前後，華機又至楊樹浦空襲多次，照例有可觀之高射炮火表演。

日軍在山西省北部反攻中，死去兵士一萬人後，據稱日軍已將其最後之預備隊加入戰事，以期擊退「南淮華」「公村」及另外二地點之華軍。據報山西省東部之戰事，現在停滯之中。河北山西交界之娘子關重要關口，昨日有日機光臨其地，向華方陣地投彈，計數次之多，以期擊破華軍陣綫，以便日軍過關。華北各綫之日軍，於其獲有進展之後，其勢似稍挫。

昨日午後三時三十分時，日機以機槍掃射凱自爾路上一隊騎馬遊戲之人，英國軍中之槍手「麥克哥文」被擊死，另有外籍平民數人不得不下馬趨避。襲擊該處騎馬之日機，先分散隊形，後即向騎馬者急降，至距離地面一百碼之高處，向伊等開機槍射擊。該騎馬者均即趨避，於是日機轉向英軍防綫Q字開槍掃射。於二次或三次掃射時，該英兵即被射中而死，該防地之隊長立即發令，命開槍還擊。日機於是飛去，但在掃射Q字防地之後方飛去。

此事件已調查完畢，日政府已致歉意，惟本埠英當局拒絕批評此事、稱此事已向其本國政府報告矣。關於日機時常飛越美海軍防地上空，今日美海軍司令「亞納爾」已向日方提出抗議。該抗議請日方注意美防地內時常有受傷之事發生，應請速即設法，改善此情形。

今日最後接到之消息稱，日機轟炸松江，死華人二百名，傷四百名。

十月廿六日

華軍在大場最後之防軍，今日傍午時爲日軍擊退，日軍衝破南翔大場公路之綫，予華軍左翼以包圍之威脅。廟行華軍已向江灣北部撤退，此有激烈戰事發生。今午後中山路只少有一萬五千華方援軍，開往此綫增援。數千傷兵，亦有此路返回後防。日機竟日轟炸大場南翔綫之華軍各陣地，此地及其後方亦爲重炮所轟擊，炮彈爆烈，灼然可見。閘北及江灣華軍仍固守陣地，此處情形尚平靜，只有若斷若續之炮戰與轟炸而已。華方堅稱華軍並無意由此處撤退，惟外籍觀察者均信大場失陷後，華軍由閘北退出，現爲不可免之事。

英防軍自昨日日機射死英軍一名後，今日均裝有高射炮。惟日機仍繼續飛越公共租界上空，一次竟直飛越租界中區之上空，其時英軍「麥克哥文」之喪禮，正在舉行中。日機直飛至外灘，於是至浦東投下六彈。

昨日蘇州，杭州，甯波，及廣東均被日機轟炸。日重轟炸機九架出現南京上空，在郊外投數彈。今日濟南，嘉興及常州均被轟炸，漢口亦被夜襲一次。

日軍繼續向太原推進，據稱已在娘子關獲一據點。游擊戰時，發生。北方在日軍佔據之地帶內，亦有游擊戰，據云日軍交通綫時被華方此種戰術所困擾。據稱華方空軍現在山西省北部補助第八路軍進攻，迭予敵人以打擊。

十月廿七日

閘北今晚在火海之中，自虹口至兆豐花園一段，全部大火燃燒，係華軍撤退時所引起者。今晨八時，日旗出現於兩路管理局，商務印書館，江灣及其他華方之防禦物上。因前進之日軍逐街搜牽前進，只有被圍之孤軍時放槍抵抗。中山路及沿公共租界邊界之各路上，今晨全晨均爲撤退之華軍及難民充滿。

該擁擠之路上，時有炮彈越過頭頂爆烈，日空軍似全體出動，轟炸並以機關槍掃射下面之軍隊。上午八時三十分，造幣廠西北約半哩之地，有日機一架被華方高射炮擊中，記者目睹該機起火向下墜落，機尾遺留之黑煙，在空中停留甚久方散。

下午日機與大炮，移其炮火目標於兆豐以西及虹橋一帶地方作有秩序之轟擊，華軍現向此方面撤退。

下午二時五十七分，日機在兆豐上空，彼此互碰。一架及其機師向下急墜，其地一架之機師即乘降落傘降落，該機師落於一小村內，被該村農夫，擊死，因該村被大炮飛機轟炸慘酷，令人不可忍受。

有未退出之華軍，仍在閘北，被西部之火牆所阻。

今日清晨，租界救火會即派員至白利南路兆豐花園靠近車站之地，補助逃至該處受傷之華人，迄晚已有二百人送至醫院醫治，其餘輕傷者當時即予以醫治，該區內被炸死者必甚多。

租界救火會亦向北西藏路西邊各房屋灌水，以免該處之火蔓延至租界，該處之火爲閘北之最大者。與主力失却聯絡之華軍，進入四行儲蓄會及大陸銀行之二堆棧，擬由該棧南門以達蘇州河，不必經過北西藏路。惟其時日軍已控制沿河之道路，該華軍已困在如炮壘似之貨棧內，今晚仍扼守其內。

該軍係八十八師之一部，係掩護華軍之退却而被陷入者，其據守之處今晚處在火海之中，三面均有火，只南邊係以蘇州河爲界。日軍由高處以機槍掃射貨棧之北方及西方之屋牆，日方係由西部六十碼處之上海商業銀行之貨棧開火射擊，華軍亦時以來福槍及機槍還擊。

蘇州，徐州「松林」，嘉興及南京，昨日均有日轟炸機光顧。南京城南之飛機場被炸兩次。

據報山西省北部之日軍爲華軍所切斷，因華軍據有雁門及平型兩重要關口，日軍現正總攻平型關，以期由此殺出。

十月廿八日

蘇州河旁四行貨棧內之華軍，今日本埠各報均以大字記載其事，伊等之忠誠，被稱爲「上海之阿克薩爾」，伊等被稱爲「孤軍」。棧內被圍之華軍與外邊之日軍竟日時有槍戰，日軍顯不欲以力奪佔該棧，因該棧堅如要塞，所付代價必將甚大，惟日方稱，如該棧華軍不退出，日軍將不得不以強硬之方法對付之，衆信此方法或係指以飛機或大炮轟炸之。被圍之華軍，只須卸下武裝，走入租界，即可逃出。

今日記者目睹有日軍三人，自貨棧西南再之沙袋爬出，向貨棧南方爬行，當其中之一日兵，正擬舉槍向一窗口開槍，即見貨棧三樓窗口伸出一手，擲下手溜彈一枚，在該日兵之後面爆炸。

該兩貨棧仍爲火所包圍，閘北仍在燃燒。日間又見有二處起火，但爲昨日及夜間大火之餘波而已。

華軍現在滬西沿蘇州河南岸佈防，日軍尚未決定渡河。據稱此地內華軍與河北岸之日坦克車隊有戰鬥。交戰時，難民又處火網中，死傷多人。華軍主要防綫，現由租界邊界兆豐路起沿蘇州河南岸伸展至江橋，由此過河至南翔東北之小南翔爲止。自小南翔，戰綫又經過「廣福」及嘉定東之東橋以達瀏河。昨日撤退時，有華兵一隊留在真茹，此處旋被日軍縱火燃燒。華軍新防綫，整日被炮轟，上午八時至九時轟擊最烈。日轟炸機一架，於九時三十分，向白利南路及沿中山路投下炸彈三枚，爲今日天空活動之開始。但問新防綫下投之彈，只數枚而已。

日陸軍部公佈，自開戰以來，日軍在華北及上海各綫死亡數計九六四人。而華軍之死亡人數共計一〇五，九七〇人。

無錫，蘇州，嘉興，南京昨日均被轟炸，新聞發言人稱其爲「照例」之行動。

今日電報稱，日軍在山西省獲有勝利，現正迅速向太原推進中。華方稱華軍在漳河有進展，軍隊由河南邊境進入河北省內。

凱自爾路英兵一名被日機擊死一案，英政府已接收東京之道歉矣。

十月廿九日

昨夜有人將中國國旗運進貨棧內之「孤軍」，故上海居民清早醒來，即見貨棧屋頂上有國旗臨風飄展，該國旗比附近一帶之日旗均大，且貨棧甚高，故左近之一切日旗均在其肘下，棧內華軍與日軍整日及傍晚時有疎散之射擊，鄰近該處之公共租界內各高屋，日夜均有觀者。

今午幾又發生國際事件，即日汽艇二艘，上有日水兵，擬經過蘇州河英防地，顯係企圖攻擊貨棧內之華軍。英旅長「達夫斯摩勒」及其他國家之高級官員均參加解決此事，此事旋即解決，即日汽艇不准通過。

南翔西南之江橋有大戰，該處爲防守南翔華軍之右翼，其左翼小南翔亦有戰事。華軍均能據壕以拒日軍前進，此兩戰爲華軍新防綫上之主要行動。

日間有日機向華軍新防綫投下數彈，但日機主要行動，限於視察之工作而已。地面上之高射炮及機槍，使日機不敢低飛。滬西蘇州河上日人所有之田豐紗廠，爲華軍所據，困擾日軍，午後日軍似向此處開炮射擊。華炮隊整日轟擊日軍各綫。

今晨八時，日機轟炸松江二次，參加之日機計有二十架，投彈一百餘枚，死傷平民甚多，此係目睹轟炸之外人今日所報告者。

北方華軍現扼守「楊廠」以阻止日軍前進。有華騎兵一隊，向太縣以北約十公哩之「廣吳鎮」突擊，擊斃日防軍八百名，華軍自娘子關後撤，兵車擁擠不堪，日機追擊撤退之軍隊。有所謂蒙古國民大會在日人監視之下，在綏遠聚會，成立一新政府，名曰「內蒙古自治政府」。

今日得悉，數日前蔣介石夫人在滬甯公路上乘車受傷，現正在法租界私寓內修養。汽車胎爆烈，以致汽車被震翻，蔣夫人被震動力擲入路旁浜內，受有輕傷。

十月三十日

今日華機爲重復過去轟炸上海日陣地之活動，又銀色單葉機二架，在甚高之天空中，向日海軍陸戰隊軍營投彈。華機由二方面飛來，即真茹及租界上空。

今晨日軍五千攻擊蘇州河北華軍陣地。華軍沿「齊家口」，彭宅，及泰家宅之陣綫均有猛烈之炮火，但日軍爲華軍擊退。日軍所藉以爲掩護之大炮，亦無效力。昨日日軍稍有進展後，日機即轟炸南翔及蘇州河南岸之華方陣地。華軍陣綫現北由江橋至南翔，南至「陳家口」爲止。今晨有散漫之步槍戰，因華軍放棄不能守之前岡而退至主要防綫上。日機在

公共租界外之林肯路，在華龍路與「羅別根」路之間，投下甚多之炸彈。兆豐以西之一地，亦被投彈。

今日蘇州河上有激烈之戰事發生，因被圍之「孤軍」，據云已完成其防守之準備，向附近之各日軍開火。華方將貨棧西牆，在有黑字之處，掘有炮洞，此處可以控制西邊日軍所據之商業銀行之貨棧。記者目睹有日兵數人被擊中。於是日軍以槍猛掃貨棧之牆，但不能尋出華軍之炮洞，因其背影爲黑色之故。在槍彈手溜彈爆炸之下，華軍又升國旗一面，整日飄展。

今日最重要之新聞，爲昨日滬西有英兵三名被擊斃，其彈由不知方向射來落入兆豐區內。另有英兵二名，其時處境亦甚險。英國及中日當局關於此事尚未作何表示，雖日發言人謂伊相信此彈係由華方發出，以期使該區內之英日軍隊間，引起不安云。

今日據報，華北各綫日軍均有進展。

昨日松江轟炸死傷人數，今日接得消息，謂超過一百餘人，財產損失亦甚重。

十月三十一日

今晨二時十五分，被圍之「孤軍」，在機槍火網下，衝出貨棧，將武器繳交租界巡捕。深夜伊等不堪受日方各方面之聯合攻擊。日軍用大炮三隊及機槍來福槍攻擊，使貨棧不堪受炮火之轟擊。燃燒彈，探照彈，及炮彈爆炸之火光，幾使該地成爲火海，而炮彈爆炸之聲，使兩租界居民均爬至屋頂上及窗口觀戰。槍彈之火光，即炮彈擊中棧牆時所發之火光，幾等於焰火之表演，而至終又有火燃燒。附近各處屋頂上時有流彈飛過。

炮戰若二小時之久，其間炮聲未稍息。棧內之華軍，雖在敵方炮火之下，仍時以快機槍還擊，並以手溜彈自窗口向下面之日軍投擲。

此戰鄰租界咫尺之間，四十呎外即係英防軍駐防之地。有大煤氣庫兩座，內儲兩租界煤氣之供給，即在二百碼之外，並在火綫之內。有炮彈一枚，落於其中最大煤氣庫前二十呎遠，惟機槍及來福槍彈時由該處飛過。

蘇州河上首美防軍之地，亦有流彈，其屋後之牆均有彈痕。

至晨二時，戰事達到頂點，及震動之聲，使附近居民幾不可忍受。在照明彈微光之中，見貨棧被炮轟有大洞數處。由洞口穿進之機槍彈，竟可直飛入租界內。日炮離該棧甚近，決不能轟擊不中，現已移其射程，炮彈落入租界內，一彈擊中亞細亞保險公司，一擊中麥加利銀行，另有數炮在浦江中爆烈。該兩貨棧損失不重，如以日炮竟落於江中而觀，「出雲艦」亦有被擊中之危險。

在戰事將停止時，日軍向北西藏路橋增強其炮火。以前在該橋及路上飛過之炮彈，或可視爲流彈；但此次日軍則不斷掃射北西藏路，顯係使華軍不能逃出，並予正擬逃出者以攻擊。但守軍於晨二時後數分鐘，由屋後一小煙紙店之後門逃出。每人均帶有物件出來，有負出傷兵者，有攜出軍器子彈者。

逃出未傷之兵，共計三二七名，另有二十八名傷兵，伊等謂棧內被擊斃者一百人云。伊等盡將大量軍火攜出，繳交英軍後，即運送至聚中之處。華軍在離棧之前，縱火燃燒，由今晚自該棧窗口冲出之煙推之，該處正在燃燒，日軍阻止救火會前往。今日察看該棧，已成炮洞累累之屋，其損失程度之大，使吾人不信守軍能於如此炮火之下，防守其内。日軍稱，棧內遺有甚多之新鮮吃食，而對其來源發生疑問，謂該吃食必由租界方面運進，故該食品必須經過英軍之手。英軍對此未加以評論。

午後日軍在蘇州河南岸得一據點，係經過數次血戰後而獲得者。日軍之前進，係先由大炮轟擊，步兵隨即藉此煙幕之掩護，越過蘇州河，其地在梵皇渡鐵路橋以西一千五百碼處，羅別根村附近戰事亦激烈，日軍亦擬於此處渡河。日軍今晚固守其新得之陣地，其大炮則猛轟華軍陣地。雙方在白日所發之炮，均極猛烈。今晨日機異常沉靜，但至下午則出動轟炸，幾無停息之時。被轟炸之地，計有淮亭，黃渡，真儀，蘇州，青浦，浦東等處。南翔方面之日軍，則遭遇華軍頑强之抵抗，該處迄晚無變動。

今晨梵皇渡炮戰時，有英軍槍手「特蘭納」受重傷，並死英軍三人。另有英軍三人，在梵皇渡防綫軍營內，今晨於睡夢中被炮彈擊傷，其中一人傷勢甚重．下午又有炮彈三枚落於滬西公共租界內，今日爲落入租界邊界內之流彈所傷之平民，計有十二名。

山西省東部華軍時以游擊戰攻擊，日軍甚感困難，不堪其擾。該處多山，故易使日軍交通綫被攻擊擾亂。該處華軍稍有進展，山西省北部之華軍，迭經日軍攻擊，但現仍固守其陣地。平漢及津浦兩綫，今日比較平靜。

十一月一日

今日天色未明，上海西區居民，即被日軍炮火，由夢中驚醒，日軍猛轟蘇州河以南之華軍陣地。由晨間二時起即開始轟擊，直至四時、方稍覺沉寂。天明後，大炮又開始怒鳴，林肯路之南空地上，有人見炮彈落下，同時大夏大學之北及蘇州河與鐵路間之北新涇之西北，亦有彈落下。

今晨日軍用重炮轟擊後，曾在蘇州河之羅比根村至豐田紗廠一帶沿岸屢次企圖渡河。日方稱雖在華軍密集之炮火下，卒將浮橋造成而渡過對岸，但華軍則稱日軍確曾渡河數次，均皆被擊退回至北岸。今晨戰事激烈時，則租界内近大西路之凱旋路上流彈飛落如雨。

上海東戰綫上，榆林路日軍與浦東華軍亦互用炮轟，雙方損失不明。今日日機常在浦東飛翔，僅投數彈。除浦東外其餘日機竟日在上海西區飛繞，因天空雲際甚低，只得低飛。日機在西區内並未多投彈，似在偵察並圖炸毀華軍之炮位。

上海日軍司令松井大將於接見記者時，其發言曾在柏林登載，言比京之會議，將毫無作用，因上海之華軍，不出十日必完全退走。松井大將又稱希望南京與浦東之華軍得平安退去，因日軍對此兩區，尤對於南市，不能容許華軍駐扎也。

日本水兵於今日正午時，又釀起國際間之抗議，日水兵在美國陸戰隊防區内，過蘇州河並將當時正在南岸卸米之米船一隻擄去。擄去後即將該米船停於蘇州河之閘北一面。出事後，美海軍當局立即向日提起抗議，日方隨即向美國誠意道歉，日方並向美國堅決聲明，擄奪米船時所放槍一響，實係空槍。

日方今日稱華機空襲太原時，被日軍毀去十一架，其中二架係空戰時被日機擊落。晉省之東，華軍之遊擊戰仍在進行，華軍大部則在南昌寺，南川，及附近各處據壕靜候日軍之進攻。津浦綫前綫，目下韓家集地方，戰事甚爲激烈。

十一月二日

昨夜滬西白利南村附近，聞悉機關槍聲，及炮彈爆裂聲，極爲清晰。今晨雖天雨，仍有日機數架在蘇州河之南轟炸華軍陣地。日軍稱自昨日渡河成功後，已在南岸，獲有進展，華軍則稱渡河之日軍，除尚有三百在吳家宅堅持外，其餘已全部被擊退至北岸。今日正午日機一架於大雨中飛往龍華，在新龍華車站，向附近之火車頭一輛，投彈六枚。日機又在南市對岸之楊家渡轟炸，致南市人心驟形倉惶，紛紛入法租界。

今日法國軍隊在海格路上開入華界，進佔交通大學。日軍疑華軍駐於該校内，但法軍開入時，華軍毫未抵抗。進佔交通大學之法軍四十名，入校後即升懸法國國旗，並在校内空場上築臨時小堡。目下該校房舍及空場皆作難民收容所之用。華軍向晉省增援，三日内衆料華軍在晉省必大舉反攻。傳日軍已佔領包頭，於石家莊至太原府之鐵道全綫，三分之二入日軍掌握。又傳日機在魯省大肆轟炸。

十一月三日

昨夜滬西區内炮轟甚烈，今晨日軍重砲所發之炮彈，又落於林肯路，傑立安路，虹橋路及附近之華軍陣地内。今日有一外籍新聞記者（幼時曾參加歐洲大戰），目睹日軍在羅比根村附近企圖渡河之情形，並稱贊中日雙方軍士之勇敢。該記者言，日軍先將坦克車運至蘇州河之北岸，日軍在坦克車炮火掩護之下，曾奮勇渡河，先後凡六次之多，但每次皆被南岸華軍陣地内之機關槍掃射退回。雙方傷亡皆重。

日軍進攻之主要路綫，似在虹橋飛機場方面，而以紀念碑路爲進攻之路由。日軍之進攻，似已達相當之地點，此事雖經華軍堅稱渡河日軍爲數甚少，但華軍開始退出南市，已證明日軍前進無疑。華軍及保安隊退出南市，已於昨晚發現，繼續至今日未止，仍在撤退中。衆信華軍退出南市，係避免與滬西之華軍被日軍割斷而成孤立之勢。於是滬西之華軍陣地，今日更被日軍用猛烈之炸藥轟炸　今晨日軍即在西區猛炸．直至雨降後方飛去，但飛機去後日軍又繼之以大炮轟擊。

今日華軍之行動，沿蘇州河一帶，似已大形單弱，頗爲一班觀察者所不解，因華方曾屢次聲明決不退却也。浦東方面，軍隊亦在動態中，謠傳華軍正向毘山青浦綫上退却，華方否認之。今晨日機又猛炸浦東。

同時又聞由第三國際調停，將靠法租界之南市一半，作爲中立區，此事交涉即將完成。目下交涉中之惟一阻滯，即華方欲在中立區外，近法租界處留一小窖。而日方對此事之態度，對全局皆表贊同，但對於華方之要求，則恐又如四行倉庫之孤軍，使華人又作成其今日之英雄，而其日軍受其影響，故對華方之要求，堅決反對。

華方稱豫省方面，除少數小隊孤立日軍外，漳何一帶，已完全肅清。晉省方面，傳日軍又進佔喜峯口山間之華軍堅壘二處，又傳晉省東，華軍反攻，頗爲得手。

今日有觀察家一人，由上海乘汽車至南京首都一視。歸來時報告南京情形，稱南京城內變化之最顯著者，則中日戰事以前，南京人談話範圍，多關於營業及食物，然今日則只談飛機空襲矣。南京一時曾稱爲世界防空最密之城市，然今日據觀察者視察各處防空窟一週，殊疑此語言過其實，防空窟到處皆是，但不過微弱之木板造窖，其上鋪以散沙而已，處於其中，絕不能擔保安全。該日適逢日機又來炸南京，日機中之一架，欲炸財政部房屋，但所投之彈則落於附近之華式小屋上，彈落處之十碼外有防空窟一所，當時在內避者甚多，然炸後，其中十五人立被炸死，南京防空窟之無用，於此可見一班。

南京城內所有外國大使館皆防空鞏固，而尤以蘇俄領事館最爲堅強。其防空之地窖，完全以鋼骨水泥造成，其上並加以沙袋掩護。屋頂之厚爲八碼餘，地窖內所有一切電話、廚房、寢室、自來水、電燈，皆臻完備。

南京公園內，有日機五十架陳列於內，任人參觀。其中有被高射炮擊落者，亦有被華軍驅逐機擊落者。當日下午，城中發出空襲警告，報告日機來襲，於是街市之人，皆各覓躲避之所，攝影者則預備其鏡箱。防空警告於第二次發生後，天空即發現日機十五架由東飛來，飛近南京城廂時，爲首一機，即由二千五百呎上空驟然低飛而下，至離地五百呎時，擲放炸彈，該彈斜飛而下成半直角度，落於滿集難民之空地上，死亡慘重。另一日機又低飛擲彈，擊中南京電力公司房屋。日機十五架輪流低飛往返擲彈。此時即見一機在空中被高射炮擊中，連其攜來之炸彈在空中爆炸而滅。最後日機飛去，救護隊及救火隊乃出現於街市中，施行救護肅清工作。南京之電力公司，在此空襲中，被彈擲中七次，遂被損，但機械尚有受重損，仍可小量供給電流，其他受損之房屋甚多，英商木料公司亦在內，但空襲後，南京城內又復營業如常，殊未表現緊張之狀。

九國公約各簽字國之比京會議，於今日上午十一時正式在比國開幕。開會第一日之詳細報告，今日上海未能收到

十一月四日

南市設立中立區之合同，似將於今日成立。華方已提出條件四項如左：

一、華方不欲與日方直接交涉設立中立區事件。

二、中立區之設立，完全爲難民起見，並非變相之租界性質，中立區之設立，並須防礙中國主權。

三、中立區內，決不駐中國軍隊，亦不得被日軍攻擊或轟炸。

四、中立區內之治安秩序，由中國警察及商團維持。外國軍隊、不得駐於中立區內。衆信以上四條，無一爲日方所反對。

今日日機在西區內大形活動，尤集中於白利南路之南及中山路附近一帶，該處除空炸外，亦爲日軍重炮猛轟之區。其他如羅比根路、林肯路及中山路亦在日軍炮轟之下。華軍之高射炮，今日竟日對日機大形活動，同時華軍之炮火亦全日轟擊日軍陣地。今日天氣清朗，日本陸軍空軍皆出動，日機又在浦東之內部轟炸，企圖將華軍之炮位炸毁，因浦東之華軍炮隊，曾予浦江中之日艦及楊樹浦日軍以極大之威脅。

今日上海戰事無重大之發展。華方所稱渡河日軍僅三百八十人之說，日發言人謫爲荒謬，但亦不宣布渡河日軍究有若干人。

本書作者今日沿浦江而下至吳淞口外視察，在浦江中見有大小日艦四十一艘，泊於吳淞外者四十二艘。作者在吳淞口外經四小時之視察，見日本海軍飛機，在母艦及轟炸目標地之間，往返不停，時往時來，或返母艦以加汽油，或返母艦以增添炸彈，事後再往轟炸，終日往還不絕。作者見當時吳淞口外有日本飛機母艦四艘，每艘可載水上飛機五架至

六架。作者又見吳淞鎮及吳淞口之房屋已毀成瓦礫場一片。吳淞原有之海濱旅館，已不知去向，惟見其原址有日軍所建之木棚，其旁有軍需用品堆積如山。其他軍用品堆積之處，如黃浦濬浦局及虬江碼頭亦見日軍軍需陳列如山。虬江碼頭已被炮火擊成洞穴甚多。吳淞公路上，汽車往來於上海與吳淞間者，源源不絕，惟車行甚緩。間有一二日軍官汽車急駛而去。吳淞有日本軍醫院一所，沿浦江邊一帶，可見休養之傷兵猶在紗布包紮中，總息其間。

在晉省山區作戰之日軍現已佔領太原府東三十三哩之壽陽而達平原地。華軍之堅守太原府北面山區者，今已向南總退却，致太原府情勢，非常危險。日軍對華軍在晉省之抵抗，今日深為稱贊，並言華軍勇敢善戰。

比京會議席上，美國代表堅持主張對日本再發請柬，邀日本參加現已開幕之九國公約會議。中國總代表顧維鈞博士，席間發言，已見於新聞報上，茲再將其主要之點，錄之於左：

「中國需要和平，但若日本之侵略一日不止，中國之抗戰決不暫停。中國近年來從事軍備，未能迅速或未能擴大範圍，俾得作有效之抗戰及減少人民之遭遇屠殺而死亡，事至今日，思之為最痛心之事。日本嘗言，遠東局勢，甚難為西方人所能了解。然目下之事實上，所難了解者，乃日本之侵略行為，不但違背其己身之誓約，且與己身之利益亦相矛盾。日本嘗言，中國無穩定而有行政效力之政府，但日政府本身所為者，乃一方面文官部於一日中擔保有和平之誠意，而日政府中之軍事當權則立即破毀之，其背道而馳，對於日本政府，殊不名譽。凡委曲而求和，不但對中國無公正之裁判，即於人道上亦無可以自解。和平條件，必須根據九國公約之第一條原則。中國深知簽字各國對公約之神聖及公約之原則，皆負保持之心，中國謹向各簽字國表示中國決在同一原則上，決心與各國合作，以維持公約之原則。」

十一月五日

華方今日承認日軍一百於今晨黎明時在乍浦北面二十五基羅米突之金山衛登陸。日軍用飛機轟炸掩護，其水兵即以數小艇上岸。華方稱上岸之日兵，五十人已被擊斃，其餘亦將殲滅。日軍在此處登陸之用意，似在擾亂浦東華軍之後方。

今日有觀察家一人偕新聞記者及攝影記者一行，由日方邀請前往參觀閘北戰區。由寶山路起始，先在界路與寶山路角上參觀鋼骨水泥小堡。此處之小堡，與五年前一二八之役，如出一轍，在此靜候日軍者，五年之間凡兩次。繼參觀商務印書館，見破屋斷牆之中，華軍築有極堅固之工事。地下一層，書籍滿地，足證該館內職員退出時，臨行匆促。地上並發現手溜彈數枚。一行人等又往京滬杭甬管理局大廈及北火車站視察，見此處之情形，與華軍未退出閘北，一星期前之狀，毫未改變。日軍之領導員又在廣東街上指出日本陸戰隊八十人抵抗華軍六百人之地點。並言此事發生於八月十六日，日軍人數太少，不得不拚命反攻，致日軍全隊三分之一陣亡。地上並有標記，上書陣亡日軍之八名，其屍體經火葬後，已將灰骨送回日本云云。

今日日軍炮隊炮轟上海西站至白利南路之南一帶之華軍陣綫。炮彈似由大夏大學方面發來。聖約翰大學之北，有六寸炮彈向北新經之西華軍陣地飛來。同時虹橋區內之華軍，亦炮轟日軍陣綫內之某木料公司及火柴廠。今日滬西全線戰事激烈，日軍承認進展遲緩，華軍亦稱全線內，日軍皆被截住。今日戰事之最為兇猛者，則在紀念碑路一帶，華軍將同文書院縱火，至今尚在燃燒中。

十一月六日

今晨六時三十分有日海軍飛機一架在浦東轟炸時，忽墜落於美孚油池之後，機中二飛行員皆殞命。查該處並無華軍高射炮火，衆信必係該機之機件發生困難，被迫下降。又傳星期三日另一日機在嘉定附近轟炸華軍陣地時，被高射炮擊中落下。機師三人皆死。

南市中立區之交涉，尚未得到雙方同意。日方要求第三國際擔保該區除合同上所訂明外，不得用以作別用。

晉省北之日軍已逼近太原府，華軍經劇烈之抵抗外，已逐漸後退。

今日日本國內各報，宣稱對華宣戰之舉，在日本國內，已得相當之進展。此舉係先由海軍主張，但陸軍恐引起國際上之紛亂，頗不表贊同。

比京九國公約簽字國會議之結果，已組織一小組委員會，其職務爲：

一、起草對日之覆文，以答覆日本對比政府邀請日本參加會議之牒文。

二、研究日本合作之可能性。

三、將來時機成熟時，出面調查中日戰事。

在比京會議席上，義國總代表馬利斯戈狄爵士曾主張中日直接交涉，但當時即由美國總代表台維斯堅持反對。

昨日在杭州灣登陸之日軍，已到達黃浦江岸上之金山，計已進展三十三基羅米突，以擾亂華軍後方。

今日上海天氣雖清朗，然戰事則較前沉寂，衆信前數日內之雨，仍使日軍之機械化部隊陷不能動。飛機亦不甚活動，只往來浦東及兩前線偵察而已。惟今日日軍之炮火似較華軍爲重，但雙方皆未多事轟擊。今日真茹發現空中又有簇新之小汽球一只。該處原有之一只，傳已被華軍中之善射者擊落。查華軍中一目標準確之軍士，曾擊落滬西上空之小汽球一只，該汽球之下端，墜有中文字一行，稱「日軍百萬，在杭州灣之北登陸」，今晚虹口之上空仍有同樣之汽球飛懸於空中。

華軍在西區之主要防線，現在與蘇州河並行之朱家浜一帶，今日該處尚無重要之變化，但傳日軍正在增援，俟援軍到後，天氣清明，即將進攻云。

今日始悉昨日在杭州灣登陸之日軍百餘人，確正節節前進，並將上海與內地之公路交通毀壞，以擾亂浦東及滬西華軍，逼使其退至杭州灣起經由松江，崑山，常熟而至揚子江之預定華軍「新登堡」陣線。

晉省內日軍已達太原府城郊，現與華軍正血戰以爭此城。同時又有日軍兩隊由東北兩方逼近，華軍大隊援軍亦開到，以避免太原陷落。太原府每日被日機轟炸，全城已成荒場一片，華軍已棄之，而在城外抗戰。華軍現將太原包圍，同時傳日軍已過辛縣。太原府中有西人十八名，美聯社之新聞通訊員皮爾登君，亦在太原府，其餘皆係教會之教士；內婦女六人，小孩六人。

南市安全區之計劃，已由雙方同意，大約數日內即可望實行。

美國新聞通信社傳來謠言，稱德國希特勒曾由中日雙方請其出面調查，今日此說在比京方面，頗引起興趣，但不能證實。

十一月七日

在杭州灣登陸後向北進展之日軍，今日始悉爲數共三萬人，非百餘人，亦非汽球上所言百萬人也。現正與馳抵乍浦松江之華軍增援隊作殊死戰。日軍飛機竟此在此線上活動，轟炸淞江，及其他集中之華軍。鐵路線，火車站及公路皆遭慘重之空炸。今日由上海至杭州之三公路皆不通行。今日日軍發言人稱蘇州河區及浦東區之華軍，形似「中計之鼠」，外籍觀察家對日軍事發言人所述，謂如日軍在南線之勝利，果係屬實，則日軍之言，似未過於誇張。

今晨日機轟炸林肯路，今日天雨雖竟日未停，天空仍不斷有飛機來往偵察。雙方仍不時有續斷之炮戰，步槍聲及機關槍聲亦時時聞悉，但戰事殊不激烈。傳日軍現正等候南面之包抄戰略成功後，則日軍在上海方面，可不費一兵一卒而使華軍退出蘇州河區。

華北方面，日軍稱已進佔太原府，但華軍則稱，太原府城外現正在惡戰中，大原府仍未完全放棄。外國某新聞通信社報告，稱日軍佔太原府，係以馬隊攻入北門；步兵包圍城垣，更以飛機在上轟炸守城之華軍而奏功。該新聞通信社又稱，太原府之戰，爲戰爭開始以來，華北最兇惡之血戰。

華方報告稱，沿津浦綫上平陽日軍之陣地，被中國空軍一隊轟炸，將日軍先頭部隊完全殲滅，並引起軍火倉庫大火，華機安全返防。傳黃河之北，戰事非常劇烈，華軍反攻後，已將日軍截住。並稱日機三架於星期四日在黃河前綫被華軍擊落。

比京九國會議，已將致日本之牒文草稿擬就。該牒文係答覆日本對拒絕參加會議之理由書。該牒文並包括召集會議之理由及應處理之事件。

自上星期四日，日軍轟炸浦東後，美籍工程技師羅伯森君即告失蹤，衆料恐已身死。現正在浦東設法覓其屍體。

十一月八日

今晨九點三十分，日軍繼續向西區進攻，越過林肯路而佔據曹家宅

、奪獲手溜彈一千枚。今日日軍竟日猛烈炮轟並空炸西區，而炮火尤集中於虹橋路上之滬杭甬鐵路綫，哥倫比亞路及龍華區。炮火稍覺稀鬆時，即聞步槍機關槍聲。始知日軍近逼華軍陣地，而大戰開始矣。華軍在虹橋路上仍堅持未懈，然蘇州河之華軍則衆料必漸不支。有人見此處大隊華軍在退却中。

今日有外人報告，稱日軍一小隊於上午十一時，在滬杭公路上向北推進後，已達閔行渡口。由上海馳往之華軍，在松江附近，與日軍遭遇，雖經日機四十架之猛轟，華軍已將日軍截住。日軍稱其有力之增援部隊，現已到達杭州灣登陸之日軍部隊，但日軍在此區之確數仍不能斷定。華軍對西人所傳之三萬人，指爲荒謬。據上海英文大美晚報由私人方面獲得消息，該區內之日軍爲六千人，並悉各隊之名稱。

浦東之華軍傳已於今日奉令退至第二道防綫。雙方似曾經惡鬬，浦東居民紛紛渡過浦江而入公共租界。南市居民亦頓覺處境危險，昨日亦紛紛遷入法租界。

今日日軍已佔據太原府之南，東，西三門而完成昨日開始之包圍行動，另一隊日軍則佔領北門。於是太原乃完全落於日軍之手。華軍現正向南面退却中。

十一月九日

今日華軍總退却，凡接近租界之處，除南市尚有一小部華軍重演「八百孤軍」外，其餘如浦東，滬西等區之華軍皆退去，於是上海今日遂完全在日軍之包圍中。日軍對此小部留在南市之華軍，即將開始攻擊。現留在南市及在浦東江邊之華軍，共約一萬人。其駐紮此處之用意，衆信或爲保護浦江中之水柵起見。

華軍之退却，自昨晚午夜起而至今日正午完全退出，爲有秩序之退却。日軍炮火曾炮轟華軍之後面交通綫，以擾其退却。華軍之新防綫，此後乃係由南翔起經七浦而至瀏河。衆信此道防綫，亦係暫時性質，如日軍在杭州灣之前進，不能截住，則勢不免退至青浦某要綫上。華軍退却時，有華軍約三百人，大半係已受傷者，於豐林橋處入法租界而以卡車裝往紅十字醫院及其他後方醫院。

南市之安全區，於今日下午五時宣佈成立。

本書作者，由英兵防區內往虹橋路上視察，見有華軍退走時放棄之戰壕工事，及沙袋小堡，皆非常堅固。路上到處可見死屍多具，其中一部爲普通平民。又見日軍正在大事搜查，在全區內視察各陣地，並入房屋內檢查。實際上此區內之房屋皆早已搜刮一空。又見日軍正搬運七十五生的之大炮一門，似圖炸轟南市華軍之用。

今日下午日機七架轟炸南市華軍，致有一火油池起火。黑烟起處，法租界之上空，完全爲烟幕所蔽。仍如前次之情形，華軍退却時，西區及南市內各處皆大火延燒，但至今日下午，火勢已斂。

日軍稱，經步兵及空軍攻擊後，日軍已佔領松江。但華軍則稱松江仍在華軍手中。傳松江與嘉善間之豐鎮，戰事現正激烈。華軍主要防綫上之青浦，今日被日機十架轟炸，致受損甚重。昨日浙江省內有數城市已被日機轟炸。

華北日軍自昨日佔領太原府後，現已進至豐州，爲日軍別動隊之進展，計三十五基羅米突。平漢綫上之日軍，據華方之公告，稱已退走而渡漳河。華方又傳河南省內之北，彰德已被華軍收復。

關於比京九國會議之結果，今日無消息來滬，同時日本參加會議之可能性，傳在討論中。

十一月十日

日軍攻擊南市，於今日下午二時三十分時實現。當時有日機一隊，發現於人口稠密南市之上空，向華軍陣地，猛擲炸彈多枚。同時日軍在滬西之大炮亦向南市猛轟，炮彈在南市內到處落下。日機在兩租界上空往來飛繞，在南市縱火，竟日未停，同時日軍之大炮又從淞西，虹橋，及閘北方面開炮轟擊南市，炮彈在租界上空飛過，且炮轟聲因係向租界上空而發，非常驚人。迄至今夜，南市損失尚未能探明，死傷人數亦未得報告，日機炸南市約半小時之久，炮轟則有一小時有餘。

日機轟炸南市時，除投擲炸彈外，又擲下傳單數萬，落於公共租界、法租界及南市內，此傳單之大意如左：

「日軍之目的，係在攻破中國軍隊，並使南京政府放棄其反日政策，以奠定遠東和平之基礎。日軍不欲傷害非戰鬬人員。

如中國軍隊開始以南市及南市之附近，作爲軍事根據地，則日軍不

得不攻擊南市內之華軍。若日軍果進攻南市，則因不欲傷及居住南市之非戰鬪人員起見，特勸告凡居住南市之人，迅速離去。」

今日午后二時三十分，日軍開始空炸炮轟之前，南市之華軍，於今日晨間，早與日軍開火，日軍進攻南市之先頭部隊，首先在石灰浜之東華軍堅固陣地外約一哩半之遙發現。上午九時，本書作者目睹日軍坦克車一輛進至徐家匯浜與石灰浜處向華軍陣地開火，華軍當即還擊，致坦克車掩護下之日本步兵，在坦克車後，被逼稍退。石灰浜上之最後一橋，今晨尚在焚燒，已逐漸崩塌。今夜六時，日軍又復開始炮轟。以炮聲推測之，似有兩處同時開炮，每隔一分鐘，兩處同時發炮，每次似有炮四門同時開火，故聲震全滬。每隔五分鐘，則有重炮開火一次，聲音較遠，但其炮彈飛過法租界時，聲音嗶然。炮彈落於南市後爆炸之聲亦略能聽悉，但甚微弱，其目標似在近法界外灘之某處，距發炮之處約五哩。

南市平靜時之人口爲六十萬，其大部已於今晨之前離去。其未能離去而陷於今日之危險中者，對於新成立之安全區，亦未能信任，故皆集於法界鐵門前要求入法界避難，其中大部皆遭拒絕，作者在此時曾目睹難民各種求救之狀，有可憐者。難民中僅有一部份，能出示證明租界內有親屬及租界內有職業者，准許通過。

十一月十一日

今日，十一月十一日，本爲歐戰和平紀念日，但今日日軍大炮正在轟擊最後退出之華軍，故表面上似已無人憶及今日之紀念日矣。本書作者書至此頁時，大炮之隆隆聲，炸彈爆裂聲，震動全滬，同時步槍及機關槍聲更未停息。日軍艦更開至南市外灘之浦江中，向岸上之房屋猛轟而沙袋及堡壘後之華軍則以機關槍掃射日艦。同時上空之飛機多架不時盤旋並擲彈轟炸南市之全市似在大火中。昨夜日軍在浦東登陸，華軍並未抵抗。於是日軍遂得由浦東下駛與滬西方面之日軍，兩面夾攻南市之華軍。

南市之戰正劇烈時，與十六舖華界毗連之法界外灘，車輛仍照常往來，各種商業上之活動，仍毫未減色，亦奇事也。本書作者在外灘遙望鐵門處之華界 是時日軍艦之炮火及機關槍彈與岸上華軍之槍彈正來往甚密 然咫尺外之法界外灘，仍擁擠如常。法界之電車仍照常開至華界之交界處，在該處以南，則闃無一人。

今日下午 石灰浜之華軍經日軍之炮火猛轟，其陣地亦不能再守，遂緩緩退去。目下華軍駐於高昌廟一帶，即江南造船廠，兵工廠及海軍部上海辦事處之一段地方，近法租界之自來水廠。日軍用大炮猛轟石灰浜華軍陣地時，本書作者曾目睹當時情形，日軍於晨間十一時開始轟擊，當日軍之大小炮彈落於華軍陣地內時，無異活地獄；目見情勢不可再守，日軍坦克車上所裝之小炮，對於華軍之小壘，損害甚重，坦克車之密集，機關槍之掃射，使華軍不能堅守，逼而逃出小堡。正午時，有華軍約五百人，其大部皆已受傷，通過法租界，經解除武裝後，送往集中營。作者在此處觀戰 至下午一時三十分華軍方完全退出徐家匯浜之南及石灰浜之西，於是該處華軍乃完全絕跡。華軍在此處之堅守，經日軍之猛烈砲火及所用之烟幕，華軍之作戰困難及犧牲之烈，由作者觀之，實可稱爲勇敢不屈也。

呂班路對面麗園路上之華軍，於下午二時尚在抵抗前進之日軍，但至二時三十分，發現一巨型單葉日機飛過法界沿徐家滙路上而來時，華軍始行退去。倫敦每日電聞晨報之戰事通信員史蒂芬君於今日下午二時三十分在法界自來水塔上觀戰時被日軍機關槍手射殺。同時並有二西人受傷。此事由作者及英文大美晚報職員一人所目擊。是時作者亦在火線以內，日軍當時曾向史君掃射二十分鐘之久，槍彈未曾稍斷。日軍之射殺史君，似誤會史君搖手之意，以爲史君對華軍示暗號，故即以機關槍掃射，史君應聲而倒，頭顱中彈一粒。日軍停止掃射時，自來水塔之牆上，屋頂各處，中彈不下數百粒。

日軍槍聲停止後，塔上諸人，猶伏臥不敢稍動，逾時有美國陸戰隊排長一人，在塔下發現有血滴下，驚怪之餘，上塔視察，始發現史君血跡滿身之屍體。於是將史君屍身抬下；猶見其衣襟間尚插有歐戰和平紀念日之鮮花一朶，然史君竟死於中日戰中，此花殊與事實徑庭也。

日軍稱今日在揚子江海口處擊中華軍之鷹式飛機二架。日機今日並在無錫南京轟炸，其詳情未明。

華軍仍聲稱松江在華軍手中，但言日軍現在進攻，華軍陣線之東、頗受威脅。現松江前線戰事正異常兇猛云。

十一月十二日

中日戰事，以上海方面言之，確於今日結束矣。日軍今日佔領南市華軍最後之堅堡，而將太陽旗升懸於上，時正下午三點三十四分，是爲上海戰事終了之時。華軍向日軍之最後槍聲，於下午三時十五分尚能聞悉，但日軍小心向潛伏華軍之堆棧前進，直至下午三點三十四分始完全佔領南市。夜間，日軍進行肅清殘餘華軍，猶時聞斷續之槍聲。

南市之華軍係昨夜奉令退出，一部三千餘人退入法租界。皆在有秩序中解除武裝，由法界邊界上用汽車運去。

今日南市及浦東內之殘餘孤獨華軍未及退去者，尚不時與日軍遭遇而肉搏，惟南市外灘尚有華軍三百人與日軍軍艦及汽艇，及水柵上之機關槍相持至下午。南市及浦東內之火，尚在延燒，但數處大火已漸熄。南市戰中，新成立之安全區毫未波及。上海戰事自八月十三日起，共計九十二日，在此九十二日中，非戰鬪員之無辜平民傷生者合租界內外當以數萬計，而損失之財產當不下數十萬萬，亦浩刼也。

十一月十三日

自昨日日軍佔領南市外灘之海關堆棧並升掛太陽旗後，今晨九點三十分日海軍開始撤去浦江中之水柵。日驅逐艦一艘，即於此時駛過水柵，於是封閉三月之浦江，交通又恢復矣。

今日日軍宣稱已佔領滬錫公路上之嘉定重鎮。又稱日軍現在瀏河至羅店之全線上猛烈進攻以衝破華軍之陣線。滬杭鐵路上之戰事，亦頗激烈。傳乍浦之西北，鐵路線上之楓鎮，爲日軍之目的地。

華北來消息，稱日軍在平漢鐵路上向大明進展。該處爲宋哲元之部隊所佔據。

比京會議，義國代表反對起草宣言對日本拒絕與九國會議合作表示遺憾。但各代表仍決定將草稿遞其本國政府請示。該草稿在十一月十五日以前付大會表決時，尚可容納修改。

十一月十四日

據華方報告，淞江以西，沿滬杭路上之華軍，已得到增援部隊，在平湖楓鎮一帶堅固其陣地。同時該處之日軍亦有援兵開到，故該處大戰，即將開始。

今日日機甚形活動，曾在京滬鐵路及滬杭甬鐵路沿線各城市大肆轟炸。蘇州亦遭空襲，日機曾在蘇投彈數枚。嘉興車站被日機六架轟炸，損失亦重。

據日大使館某員之聲明，言南市之饒神父安全區，因南市全部已被日軍佔領，應由日軍管轄。又稱日軍現尚無法接收管理該區，及料理區內之數千難民，目下暫時仍由萬國紅十字會繼續工作云云。

華北方面，有電報來稱，冀省之南，又發生戰事，華軍從事反攻，企圖衝破平漢線上之日軍交通線。同時日軍又在魯省由津浦線之兩面進攻。

十一月十五日

華方來消息，稱華軍退出上海後，現大隊至第二道國防線，由揚子江岸上之斧山起， 經過常熟蘇州而至乍浦，及沿蘇嘉鐵路而至平湖之東。

乍浦與嘉興間之戰事方烈，上海滬西之中山路上即見日軍及軍用品源源開赴前線。日方消息稱因日軍猛攻，華軍將不能阻日軍之進展，蘇州之門戶，即將完全開放矣。

今日南市內各處之大火延燒至前華軍所佔之地，因該處當有地雷及炸藥甚多，致爆炸之聲，竟日全城皆能聞悉。饒神父之安全難民區，今日有人紛紛送食物前往救濟。

今晨日海軍在法界外灘奪去海關巡緝艦十二艘，並將所有艦上中西船員水手迫令上岸。

數日前退出嘉定太倉之華軍，今日在青陽港沿岸與日軍衝突。同昨日機又猛炸蘇州崑山及蘇嘉鐵路沿綫各段。

今日起，虹口靶子路以南，由印捕指揮交通，靶子路以北，由日籍巡捕巡邏。至滙山區與楊樹浦區尚未准許租界巡捕行使警權，因該區內尚繼續有軍事行動，恐暫時不能恢復原狀也。

關於華北方面，日方報告稱冀南之大名，經宋哲元部二十九軍堅決抵抗後，已於今日失陷。同時，魯省之首都，濟南府被日機竟日狂炸。事後，韓復榘不得已，將省政府遷往濟南三十五哩外之寧陽。

今日比京之九國會議，正式宣佈日本爲侵略國並在中國侵略，並照上星期六之宣言，譴責日本破壞九國公約。

十一月十六日

今日進攻之日軍，在華軍之斧山乍浦第二道防線上，已與斡部華軍相遇，於是大戰又復開始。傳華軍正向嘉興，嘉善間之日軍猛烈反攻。同時日軍。亦向平湖集中兵力猛攻。蘇州之二十哩以內已發生戰事，並傳華軍正退至蘇州陣線。今日日本軍艦在揚子江炮轟北岸及南岸之斧山狼山炮台，而華軍亦開炮還擊，斷續不絕。

南京來報告，稱華軍將不欲堅守斧山至蘇州之防線，而退守江陰至無錫之防線。

經各關係方面商議交涉後，今日正式宣佈，南市安全區內之數萬難民，由日下之監察委員會負責收容給養。

華軍退出上海後，虹口區如狄司威路、實樂安路、北四川路，斯高塔路及祥德路，已極安靜，日本居民已得允許，可返其家中矣。返家之日人，見房屋被損，皆表驚異。虹橋區內，須得日本軍部通行證，方許通過。

南京來報告，稱所有各機關文官官員，限於三日內退出南京。同時上海方面，謠傳日人將組織臨時政府，以統治揚子江流域及日軍佔領之土地。

華北方面，傳日軍在各前線上皆獲進展，現離津浦鐵路上之黃河橋只四哩。已渡過黃河之華軍，在黃河南岸堅固其陣地，預備日軍之企圖渡河。

今日倫敦來電報，稱最近日本向法國致哀的美敦書，警告法國須停止由法屬安南裝運軍火來華。並加以恫嚇，謂法國若不立即停止由此道裝運軍火，則日本將立攫取海南島云云。

十一月十七日

中日兩軍之劇戰，已於今晨在蘇嘉鐵道之南，近岸望處，又復開始接觸。該處之華軍爲張發奎所指揮，現對日軍正猛烈抵抗，以阻止日軍進達嘉興。但日軍已佔領嘉善，故現由該處向嘉興推進。

南京來消息，華軍已得到生力軍增援，在京滬線上堅固其陣線。現有之防線，爲自揚子江起經過常熟，青浦，嘉興，平湖而至乍浦。

日方聲稱華軍退却時，上海四郊，有九萬一千華軍未能隨大隊退去，而華軍之傷亡人數，自八月十三日起至十一月十六日止，爲三十萬人。日軍所獲之戰利品包括步槍一萬四千二百枝，機關槍二千三百架及子彈二百二十七萬三千發云。

日軍向蘇州南十五哩外之沿蘇嘉鐵路一帶，屢次猛攻，今晨吳江附近，戰事非常激烈。今日中日軍佔領平望，遂得在太湖南岸上獲一立足地。

華北方面，日軍尚未企圖渡過津浦線上之黃河。晉省之日軍，則由太原府之南，向臨汾推進。青島來消息，因戰事已延入魯北，青島空氣頓形緊張云。

十一月十八日

今日日本海軍陸軍徵求各種小火輪汽船，預備在太湖上運輸軍隊，企圖在太湖之西岸沿京杭公路上登陸。華軍指揮官亦早料及此舉，稱已派充分軍隊駐太湖沿岸，使日軍登陸困難。今日日軍照常炮轟斧山，登陸之舉，尚有待未發。

據日方消息，嘉興經劇戰後已被日軍佔領，此說華方則否認之。乍浦平望區，惡戰仍在進行中，日軍前進頗爲遲緩。

華北來消息，今日在上海報紙上頗佔重要之地位。稱華軍在太原府之南集中大軍，預備與南進之日軍決戰。但日軍現尚未作渡黃河之企圖，並謠傳日軍向魯南進攻已中止，意在與山東省政府主席韓復榘以機會，得將魯省自行讓與日軍。

今日巴黎方面，法國外交部否認日本曾致哀的美敦書要求停止由法屬安南運輸軍火入華云。

蘇俄陸軍司令，布魯琪將軍、今日在莫司科發表宣言，稱『蘇俄之遠東軍及太平洋艦隊，决不容任何法希斯國侵犯蘇俄邊界上之寸土云。』

十一月十九日

日方報告稱常熟至斧山之華軍「辛登堡」陣線，已被擊破，並稱自蘇州常熟間之馬鎮淪陷後，常熟已於今日黎明被日軍佔領云。

日軍攻蘇州，最近已極得手，現據報告，稱日軍離蘇州現僅三哩。

日軍完全佔領嘉興，亦於今晨證實。

濟南自兩日前有人暴動，被警備隊開槍擊斃多人後，居民漸感不安，於今日起，開始退出。沿黃河兩岸對峙之中日兩軍，現皆在堅固其陣地未變。

今日上海公共租界捕房在南京路六百九十號東亞旅館內擊斃匪徒三名。事後並發現手槍五枝及手溜彈三枚，其式樣與華軍在上海作戰所用者相同。

今日續有美僑退出南京。但在此撤退南京聲中，有人目睹大批省防軍由廣西，廣東，四川，源源開抵南京，皆武裝齊備，以鞏固江陰無錫之防線。

十一月二十日

今日日方宣佈，稱日軍已於今日完全佔領亞洲之「威尼司」蘇州城，蘇州城內之華軍正在逃亡中。據素稱可靠之華方消息，華方今日承認其「辛登堡」防線經日軍之兇猛進攻，已被衝破，斧山外，全線上所有之重要陣地皆已失守，惟斧山仍在華軍手中。

今晨國府正式宣佈，四川重慶爲今後之國都。又政府之各官員聲明，國都雖暫遷重慶，但並未放棄南京，亦未放棄對日之抗戰。

華北戰事，傳華軍渡過黃河後，現正向北推進，對日軍之陣線，頗予以擾亂。在青島，中國之避暑勝地，各國領事自膠濟鐵路之商務客車停止通行後，勸告各國僑民預備退出青島。

十一月廿一日

華軍退出蘇州後，向北退至無錫，而據預設之無錫至揚子江岸之江陰陣線堅守。據推測華軍約有七萬人在該處集中。又據確報、斧山炮台已落日人之手。

蘇州淪陷後，華軍事領袖，現正計劃防守南京。傳鎮江與江陰間，又已置封鎖線。華軍正計劃一新防線於南京之東，以鎮江爲北面之根據地。

今日南京市民紛紛由各城門出走逃難，往內地安全者避難。

傳日艦兩艘今日佔據韋州島（譯音），以緊縮中國海岸封鎖線。據報告稱日海軍二百名以小汽船登岸後，即高掛太陽日本國旗。

華軍之右側面，現正分三處惡戰。一在海宴（譯音），日軍向杭州公路向西推進後，即在該處衝入華軍防線。滬杭鐵路上，嘉興之西一段，亦在惡戰中，又一處則在固村，該處戰事亦非常激烈。

十一月廿二日

據華方消息，日海軍大炮今日猛轟江陰要塞，預備在該處登岸。日陸軍飛機亦在江陰要塞區內擲彈轟炸不絕。在江陰已登岸之日本步兵，亦於今日向要塞進攻。

今日有日本運輸艦五艘，在楊樹浦區出卸軍用品及軍隊數百名，另有二艘則載去日傷兵約一千五百名。

今日之天氣雖不適於飛行，然日轟炸機又往空襲無錫。今日南京曾兩次發出空襲警告，但結果日機並未出現。

華北來報告，今日乃表現日軍擬作渡過黃河之企圖。日軍此舉，顯示靜候韓復榘之結果，至今乃知韓氏仍欲與日軍一戰也。

十一月廿三日

倫敦傳出消息，稱若日本必欲接收上海兩租界之行政權，則英國將立即負責促成與美國及其他關係上海公共租界各國，作外交途徑上之討論。華盛頓方面，亦聞悉美國對於任何方面欲攫取租界上之權利，而侵犯租界內之條約權利者，必堅决提出有力之抗議云云。

昨日之報紙上雖曾稱日軍已佔領無錫，然今日在新聞會議席上日軍發言人則否認此說，稱日軍離無錫尚有八哩云。

京杭公路之東，吳興長興間，今日雙方血戰，此足以證明日軍或已

在太湖之西南登岸。江陰無錫綫上，傳日軍向前猛攻，企圖衝破華軍陣綫。

華北方面，華軍增援部隊馳抵晉北，同日日軍數萬亦集中於臨沂。此說如果屬實，則雙方相遇，東浦鐵路上，勢不免於最近期中發生大戰。

據日本海軍飛行員稱，昨日飛南京轟炸時，發現有蘇俄所造之驅逐機二架，爲中國空軍用以空戰，一架已被擊落。華方對此則否認用蘇俄飛機作戰。

十一月廿四日

自九月以後，今日日軍轟炸機八架，再往南京空襲。日機飛行甚高，在城中心投下炸彈八枚。今日日機又在長沙，洛陽，廣州轟炸。

湖州經華軍猛烈抵抗後，於今日淪陷日軍之手，

江陰無錫前綫上，華軍正馳派生力援軍，以阻日軍，日軍離無錫已三哩。

華北方面，據日方報告，前綫皆沉寂，但華方報告則稱日軍曾由黄河之北岸炮轟濟南府。華方消息又稱日軍艦數艘出現於青島，隨時可使日軍在青島登陸。

英國作家，沙蒙君，據新聞報告，自經滿州國驅逐出境後，於今日抵天津。沙蒙君之被逐，乃因哈爾濱每日新聞登載動人之故事，指沙蒙爲英國間牒，於是滿州國警察乃採取行動逐沙蒙君出境。

十一月廿五日

日機今日活動範圍甚廣。廣九鐵路及粵漢鐵路受炸彈損壞皆重，致今日兩路皆停止開行。廣九鐵路上之一橋樑被炸毁。粵漢路上，中店(譯音)車站被投十二彈，鐵道軌道亦被擲中。大約數日內可望修復，仍照常通車．河南之新鄉亦被空炸。日機又飛往轟炸吳興長興前綫上華軍陣地。宜興亦遭空炸。

據日軍報告，太湖岸上之繁盛城市無錫於今晨陷落。傳日軍進城後，現正追蹤尾擊退却之華軍云。

揚子江岸上之江陰炮台，仍在華軍堅守中。杭州灣前綫上，日本步兵現正向海鹽(譯音)推進中。

今日下午十二時三十分日機數架又轟炸廣九鐵路，在細龍(譯音)車站，投彈多枚。

據上海各方面盛傳之消息，中國銀行董事長及全國經濟委員會常務委員宋子文氏已離上海他去，目的地點不明。

今日下午南京又遭空襲。日機三架出現於空中，投下炸彈六枚，華軍高射炮猛烈射擊，日機乃去。是役中，南京城外之飛機場亦被投數彈。

十一月廿六日

據上海聯合新聞社報告，上海日軍司令松井大將曾言：「若南京政府不重行考慮其態度，並停止抵抗，則日軍不惜進攻至南京，或漢口，或甚至於新都重慶。余雖不欲多傷無辜之中國平民及多殺作戰之兵士，則戰事勢在必行，在必要時，不得不進攻而使蔣介石總司令覺悟也。」

日軍今日向西進攻，以南京爲最後目的地。據日軍報告，日軍佔領長興後，日步兵繼續向北追蹤尾擊退却之華軍。但華方報告，則否認無錫失陷，並稱江陰無錫全綫仍在華軍堅守中。

今日日本當局聲稱將接收上海之中國政府機關，但未指定接收日期。

華北方面，華軍稱收復黄河以北，魯省內之黎城，(譯音)及當義(譯音)二地，同時在津浦路上，華軍右翼渡河阻止日軍之正面進攻。又傳日機轟炸濟南以北之城鎮多處，臨城亦遭炸。

華方報告稱華軍之遊擊隊在蘇州與崑山間活動，向該處日軍時時加以襲擊云。

十一月廿七日

今日廣州又被日機轟炸，惟此次來襲之日機，乃由泊於廣東附近海岸之日本母艦飛來。粵漢鐵路及廣九路又被轟炸殊未聞有重大損失。除廣東外，日機又往洛陽及鎮江轟炸。

日本來報告，稱日政府首相近衛接見新聞記者時，曾言：「關於上海公共租界問題，在必要時，日本或將以武力從事。」

日方雖稱已佔領無錫及長興，但杭州來之華方報告則稱戰事仍在此二處進行，日軍現仍被華軍截住，未能進展。華方又稱日軍在太湖區內之損失奇重。日方來報告稱日軍自佔領長興後，現在向安徽界上及廣德方面急進。在退却華軍之後，緊隨追擊中。

華北方面來消息，稱局勢已稍變，在各前線上都不甚活動。日方稱，在南京未攻下以前，將不在華北前綫積極活動，一俟南京陷落後，日軍在華北將再作大規模之軍事活動也。

今日東京盛傳蘇俄駐華大使與利爾斯基，已起程來華，隨帶蘇俄飛機五十架，蘇俄飛行員十人，及大批軍火，同時華盛頓來報告稱上海美國總領事格斯可隨時獨行處理一切因日本接收上海公共租界及法租界內中國交通機關而造成之局勢。

十一月廿八日

江陰要塞，雖經日軍之海陸大炮猛轟，及陸軍空軍之攻擊，今日仍在華軍手中，傳防守要塞之華軍曾作堅強之抵抗。揚子江中之水柵仍未被衝破，日軍乃集中炮火轟擊水柵以上之兩岸華軍陣地。吳興之四週，戰事仍極劇烈。日軍稱已過安徽界而向廣德推進。太湖區內日軍之進展已大爲紓緩，惟在太湖之西岸已得一立足地。

據華方報告，華北之遊擊隊，忽向黃河以北之日軍陣地猛攻並將普台村收復。津浦鐵路綫上戰事，雙方隔河炮戰，日軍炮彈落於辛莊，損失甚微，日機飛晉省之臨汾轟炸。

十一月廿九日

江陰之華軍經日軍炮轟受損後，於今日退出江陰要塞區，同時無錫方面華方稱，華軍退出無錫後，現在無錫之西，京滬鐵路綫上之石塘灣村(譯音)鞏固其陣地。

華方報告稱太湖西面一帶，廣德形勢甚爲吃緊，但已築就堅固之防禦工事，預備堅守。沿太湖西面，日軍仍續向宜興進展，經華軍數度反攻無效後，日軍已達宜興之城郊。今日日機大形活動，竟日轟炸華軍陣綫及華軍後方交通綫。

華北自經一度之沉寂後，日軍忽又在魯省前綫活動，光頭縣(譯音)已被日軍先頭部隊佔領。臨汾被日機轟炸。

今日東京日日新聞登載巴黎通信員來報告，稱中國駐法大使及九國會議中國總代表顧維鈞博士正在與外國接洽巨額軍火借款一萬萬鎊，並傳顧維鈞曾言：「如借款不能成功，則外國在華之權利事業皆不免搗毀一空」。

上海方面，今日日本軍事當局往南京路大陸商場內之中國新聞檢查處視察，去後即在門前掛出一牌，上書「上海新聞檢查處」。查中國政府之新聞檢查處已於十一月二十三日停止辦公矣。

蕪湖爲南京之障幕，亦爲日軍向西進攻之目標，故華軍在廣德四週積極佈防並堅固其防禦工事，查廣德亦即日軍進攻蕪湖之門戶。

十一月三十日

日軍發言人今日在新聞會議席上宣稱，虹口將於十二月十五日開放，但只准西人及其華人僕役入內，並須先由日軍請求許可證，出入時間，規定爲上午五時及下午十時，靶子路以北及越界築路，現仍不准通行。

今日下午一時零五分，日本軍用小火輪一艘，原停於租界外灘，其上之日兵，忽登義商某輪船公司之拖輪二艘，將義國國旗扯下，拖向浦江下流而去。

南京方面，居民成千纍萬紛紛退出南京，自晨至晚，人力車，小車步行出城者，絡繹不絕。

香港來報告，稱宋子文現在香港，宋氏並擬在香港略事休息。

華北方面，日方宣稱華北已漸平靜，對於日本獨佔之區域內，現正計劃從事發展。並稱華北之金融界巨子正設法組織一有力之銀行，以資助華北實業之發展及穩定華北之幣制。

據前綫來消息，山西省前綫及沿津浦鐵路綫上，仍不時有續斷之接觸。

日軍一縱隊，由吳興向京杭公路上前進，傳已到達杭州以北之二十哩內。華方今日承認宜興陷落，京滬鐵路綫上所駐之軍隊現正向西退却中。

由漢口傳來之報告，中國政府某發言人曾稱：「南京將堅守至最後一息，至最後一彈。」該發言人又稱南京近郊之華軍陣綫上，已派勁旅集中，堅強守衛，政府各機關，雖已離京，但仍不放棄南京。

日機今日又竟日活動，轟炸各處華軍集中之地，及華軍後方交通綫。丹陽，金壇及宜陽皆被轟炸。

日軍攻南京，係分三路進行，一由京滬鐵路綫上西進，一由京杭公路上進攻，一由長興廣德公路向蕪湖推進。再由蕪湖進攻南京。

十二月一日

今日華北戰場尚平靜，只華軍時向孤獨之日防軍突擊而已。據稱閻錫山將軍統率下之山西及綏遠兩省之軍隊，業已全部改編，現已完畢，準備向山西省內之日軍總反攻。

南市封鎖綫，今日仍爲日軍注意之點。浦江中近浦東方面，有水雷一枚爆炸，有民船十隻至十五隻之間，被炸起火。南市之火，今日仍燃燒中。

昨日被日軍扣留之義國輪船兩艘，於日義兩國領事談判之後，已於今日放還。

今日接東京消息稱，「滿州國」可以購買義大利飛機，以便兩國間之貿易得以平衡。據報，義國於星期一承認「滿州國」後，兩國政府即可互派公使。

自上海四郊逃來之難民稱，分散之華軍流動隊，在滬西至崑山一帶，予日軍後方以攪擾。

接華方消息稱，自無錫失陷後，華軍之新戰綫，現從長江之鎮江起至丹陽而達金壇，以防守南京。

乍浦，廣德及江陰等處，今日有激烈戰事，日方稱日軍有進展。

十二月二日

日當局今日宣稱，明日日正規陸軍計六千人擬在公共租界內遊行，此宣言使全滬人民爲之不安。該遊行擬於滬西豐田紗廠出發。

倫敦消息稱，英政府不准日方接收上海公共租界，照英外交大臣艾登稱，英國不承認公共租界內任何一國家有單獨解決關於該租界行政問題之權利。

東京消息稱，日本政府以爲上海中國海關係一中國政府機關，因此海關接收問題，應由中日二國直接交涉，並稱日本堅持拒絕第三者干涉之主張。

據日方稱，華機於一星期未出動後，今晨曾來滬空襲，在日領館面前「出雲」艦停泊之地投下小型炸彈一枚，並至吳淞投彈。日方又稱，日軍現由其新攻下之江陰，常州，及宜興，向前中國政府首都南京逐漸推進。江陰方面，華軍仍扼守要塞之一部份。

南京消息稱，以前所謂防守南京至最後之一人，此言茲已證實。新援軍每日均調往南京，城內外建築新炮壘。

華北今日有又戰事，雙方在太原以南五十五哩之「濟縣」發生惡鬥，炮彈將山西省前省會摧毀。

十二月三日

日軍照昨日所宣稱之時間，於午前十一時後進入公共租界，經過租界中心區，開始其「勝利之遊行」。公共租界及法租界之警務人員均出動，保護秩序。

遊行未舉行之前，上海領事團曾表示不贊同之意見。但日方仍遊行如故，使兩租界居民爲之大驚。

日軍進入西區後，即進入南京路。午後十二時四十六分時，每人所預料必將發生之意外事，果然發生矣，即當日日軍經過新新公司時，有炸彈一枚擲入日軍行伍間，該彈係自南京路西之廣西路一華人所擲者，該華人當即被一華捕所擊斃。

日軍未從虞洽卿路轉入南京路之前，南京路上即無華人行走。

出事後，日軍隨即四散分開，又向邊路去者，有立於南京路之兩旁者。

事後檢查，日軍傷三人，租界巡捕傷一人。

二十分鐘之後，日軍繼續其遊行，並留置日軍多人警戒出事地點，日軍包圍該地七小時之久，直至調查後捕房與之直接交涉認爲滿意後，日軍方撤除。

傍晚記者會議時，日發言人稱，日當局不擬利用今日南京路之事件

，但稱工部局對於此事件之發生、不能卸其責任，雖該局不能在調查事實之前負其責」。

廣東省之廣九鐵路及南京，今日又被轟炸。南京空襲二次，雖投下之彈落於城外，惟有無損失，現尚不知。廣九鐵路之「石龍」站被六彈擊中，華方稱其中一架被擊落。

上海北部，日軍向南京逐漸推進，華軍自北部各綫向南京撤退，擬在南京固守，因江浙皖各省內均有大隊軍隊聚中。

十二月四日

今晨十時後，有日軍用車六輛，沿外灘向南行駛，至法租界交界處，即爲法租界武裝廵捕及裝甲車所阻。法日官員交涉之後，日軍用車在法租界武裝護衛之下，方准通過，該日軍用車係裝載供給品至南市者，被停留三十分鐘之久。

日軍現離南京只三十五哩，逼近「固應」，南京城內華軍趕築此空城內之防綫。據中法觀察者稱，華軍在南京城內外共有三十萬人，此即謂在此情形下，日軍於攻擊南京時，必須付重大之代價，南京之攻擊戰事現已達到頂點矣。

今日日機活動之地點甚廣，除轟炸向南京撤退之華軍外，並轟炸南京飛機場，固應，寗國，蕪湖及宣城等城，該處有華軍聚中。

十二月五日

據日報今日所發表之消息，日軍總司令松井將軍，於十二月三日南京路事件發生後，曾致四項要求於上海工部局，該四項要求如左：

(一)日軍如有必要可於任何時內通過公共租界，無須事先通知工部局；

(二)工部局玆後應盡力阻止類此不幸事件之再發生；

(三)如有類此之事件再發生時，日本陸軍即採取獨立及有效之行動；

(四)爲補助工部局維持公共租界內之和平及秩序起見，日本陸軍如認爲必要時，可採行獨立行動以檢查及調查界內之嫌疑犯及其他之事件，

據觀察者之意見，如日本之條件被接收，不啻將公共租界及無治外法權之居民統置於日方完全管轄之下。

美國消息稱，美政府已實行使檀香山島成爲太平洋中要塞區，使其在海陸空三方面均成爲不可攻擊之要塞。

南京今日成爲時局之中心點，據報日先鋒隊已進至離南京二十哩地之內。市政當局已無人，但城內秩序由該戰區內之軍事司令官維持。城內幾無人煙，因全城居民已向長江上遊逃避矣。兩星期前車馬甚盛之街道，現已闃無行人，難民區外只有少許行人而已。

據外籍觀察者，華軍既已準備防守首都，日軍又已進至二十哩內之地點，故惡戰不日即將開始。

日軍今日沿綫向南京徐徐推進，京杭公路上之日軍推進甚速，爲距南京最近之軍隊。長江方面，江北華方炮隊阻止日軍向鎮江推進。廣德華軍頑強抵抗日軍向此方面之推進，以免蕪湖之失陷，衆信蕪湖必將與南京同時受攻擊。

華北戰事尚平靜，只河北省南部日正規軍與華方「遊擊隊」有數次之小衝突而已。

今日又發生一事件，即日機在蕪湖轟炸時有英船兩艘被轟炸。英當局現正調查此事。

十二月六日

今晨六時，日軍及日領館廵捕至南京路大東旅館搜查，捕去四人，帶至虹口詢問。一小時後即被釋放。此事發生後，上海工部局人員於下午聚會，關於對付此類「意外」將採用何種行動，作一非正式之討論。

昨日蕪湖日機轟炸，死亡人數，據今日所接消息稱，共計四十二人，另有受傷者一百五十人已送至蕪湖醫院醫治，其中有三十三人經過開刀。英當局在出事地點之調查，現仍在繼續進行中，雖正式抗議現尚未提出，但必將有強硬之行動。

由東京發出之消息，日海軍飛機，於過去二星期中轟炸「周家州」，「洛陽」，西安及蘭州時，共炸毀及擊落五十架華機、飛機庫十四座及其他軍事營壘云。

日軍全部現分兩隊向南京推進，據稱其機械化部隊及步兵隊已可望

見南京城矣。其他之一隊，急向蕪湖推進中，已與華軍在宣城衝突矣。日機今日轟炸華方在蕪湖，南京及甯國聚中之軍隊，華南粵漢鐵路今晨被轟炸。東京日軍事觀察者今日宣稱，南京將於數日內失陷，至遲不過十二月十五日。日驅逐艦於突破江陰封鎖綫後，已駛過該處，現正從事掃除上游之水雷。

十二月七日

據今晨上海所接華方消息，蔣介石將軍答覆德使陶德曼博士最近所提出之和平條件之文牘簡短而堅決。據稱蔣將軍語德使，謂其職責爲對付戰事。據原消息稱，向蔣將軍提出之條件如左：

(一)中國參加反第三國際協約。

(二)中國承認「滿洲國」。

(三)中國重訂海關稅則。

(四)上海成立日本租界

(五)國民黨改組。

傍晚記者會中，日發言人稱，各綫日軍正徐徐推進，日軍戰綫現由湯山至甯國，經過溧水西之一地點，由南至北成一向西之弧形綫。

日機今日轟炸蕪湖及南京，該處聚中之華軍被轟炸，日機並在南京區內巡視偵察。

日軍今日已抵達南京城門之外，衆信大規模之戰事在日軍調到生力軍及給養品後，於一二日內必將爆發。

南京城內情形甚緊張，城內人民鎮静等候，以待大戰之至。城牆附近處有火數起。

南京長江中停泊甚多之小輪及民船，衆信如現在扼守南京之華軍撤退，必將渡江向浦口退云。

由天津日方傳來消息，證明華軍已收復山西省之「平尧」。又稱華軍在黃河又築有一道防綫，即自津浦鐵路之潼關至山東省内六十哩之某處。

蘇俄今日亦爲新聞材料，據倫敦消息，俄已通知英法，謂如其他國家不予俄以完全之支持，俄不擬攻擊日本。

十二月八日

據今日同盟社消息，日軍已命南京防守司令唐生智將軍率其部隊歸降。並稱日當局將與仍在南京城内之各國領事通函，請其命各該國之僑民速即退出。

今晨日軍藉飛機大炮之掩護，在江陰北之青江登岸，此處在長江之北岸。

南京方面，今日全晨華軍及給養品源源由東門輸進城内，同時據報日軍已在紫金山上設立炮位，觀該山附近全城，地勢甚佳。

據今日一外籍目睹者稱，吳淞有四十餘艘運輸艦停泊該處，雖長江口之日軍艦只有三艘。

今晨美海軍陸戰隊第二旅，在跑馬廳舉行檢閱禮，由該旅司令官「貝門」旅長檢閱，該旅爲第四及第六所組成者。

今日南京郊外有戰事發生，華軍退回城内。

華北方面，晉省華方流動部隊甚形活躍，據華方消息稱，有小村鎮多處已被收復。

十二月九日

數星期内未發動之高射炮，今日第一次又發動矣，「出雲」艦於傍晚六時前發射高射炮，雖並無飛機軋軋之聲可聞。惟今日下午三時，在上海高空，有不知國籍之飛機二架，飛翔其中。

南京現被日軍所圍，據日方消息稱，該城旦夕可下。城外仍有小接觸，因華軍利用游擊戰術在日後方活動。

日軍於甯國攻下後，復攻克「楊村」，今日已到達蕪湖十哩之内。

上海傳言中央政府四銀行將關門，今日中央銀行發言人謂此種謠傳毫無根據，並稱伊已奉到財政部長孔祥熙之訓令，命各該銀行繼續營業，以維持本埠銀錢市面及公衆之便利。

今晨日軍經其領事及外交方面發表一文，警告各外籍僑民，謂長江戰區内第三國人民之船隻，如有何意外發生，日軍不負其責，並謂該區内外人之財產，現處於危險境界中。

今日上海接到消息稱，日軍今日第一次向南京城門攻擊，將其城門

之一轟毀。坦克車正準備衝進城內，但據華方消息，該第一次之大規模攻擊，於戰鬥三小時後，已被逼退。在戰鬥激烈時，日機數十餘架參加作戰，轟炸華方防禦物。華軍於日軍撤退後，已修理被炮火所毀之城門，該城門被日炮火擊穿數洞。

華北各綫均平靜，只黃河兩岸敵對之軍隊，在津浦鐵路一段內互以大炮轟擊而已。

十二月十日

南京今日有激烈之戰事，日炮猛烈轟擊城內華軍之防禦物。日機多架又參加作戰，向城之中心投下數千噸高炸力之炸彈。

今日戰事中，日軍在光華門左近得一據點，但下午及傍晚遭遇數次猛烈之反攻，但日軍仍固守其陣地。華軍防守南京，亦予日軍以頑強之抵抗。

蘇俄人民委員會主席「莫洛脫夫」，今日在莫斯科在選舉演說中謂：「俄國未有戰事，迄今已十六年，但俄現已準備與任何侵略者抵抗」，繼謂：「蘇俄將完全擊毀其敵人。俄國邊界外之大敵人，爲帝國主義之一羣，尤其法西斯國家也」。

華北於平靜數日後，今日在平漢鐵路上又發生戰事。晉省北部亦發生激烈戰事，日軍正清除華方之流動部隊，該流動部隊甚形活動，時予日方交通綫以攪擾。

十二月十一日

日軍今日進入公共租界之西區，在膠州路上遊行，分散華文傳單。傳單所載之文字，係請華人無須驚懼，應照常營業。

今日有日軍自無錫常熟乘坐民船由蘇州河返滬，人數甚多，在北蘇州路近郵政局處上岸。

今日由華盛頓發來消息稱，美國海軍陸戰隊第六聯隊，可以美國亞洲艦隊司令「亞納爾」將軍之意志，隨時可由滬撤回。該隊擬撤回至其根據地「桑地哥」。

今晨「大來」公司之「胡佛」號輪在台灣南一小島上擱淺。因波浪兇猛之故，救濟工作甚感困難，但據該輪發來之無綫電消息稱，全船乘客均平安上岸。

日軍今日午后三時進入南市之「難民區」，在該區四週警戒，隨即按屋搜查。

南京方面，日軍昨日傍晚在光華門左近遭遇數次反攻後，今晨又聯合軍力向南京猛攻。今晨戰鬥時，華軍用鋼炮機關槍及來福槍以阻止日軍之前進。

日軍利用山炮，坦克車及機關槍進攻，但遭遇華軍頑強之抵抗。自上午十時開始，日軍由三方面向城猛犯，以機關鎗及坦克車掩護其步隊之推進，而日炮全晨亦向華陣地猛烈轟擊。日飛機亦自天空助戰，向城內投下之炸彈，其數以噸數計。華軍防綫雖有一部被毀不可守，日軍且已進城，但華軍仍頑強抵抗，死傷甚多。

日方宣稱，南京西南六十哩之蕪湖，已於今日陷落。

上海所接關於華北戰事之消息稱，該處情形平靜，只有華方流動部隊攪擾日軍後方而已。日機仍繼續轟炸中國軍事根據地。津浦區內，日軍主力正向山東省西部移動中。

十二月十二日

今日上海接到消息稱，義大利已退出國聯會。

昨日下午佔據南市「難民區」之日軍，今晨已撤退。

「南京之戰」今日仍在繼續進行中，照觀察者謂，中日戰事中最激烈之戰鬥現正在進行。日軍在過去二十四小時內在紫金山所按置之炮位，已發炮向華軍陣地攻擊，摧毀華方防禦物甚重。目前日軍正加強城南之陣地，因其前進已爲華軍頑固之抵抗及其佔據地內數處大火所阻止也。

日軍在蕪湖聚中甚多之軍隊，該處已於日昨被日軍佔領。華方流動隊今日在吳興甚活躍，杭州方面據稱沉靜。

日機今日雖在南京作大規模之活動，同時在陝省西安亦有空襲，日機十二架在該城西部外投彈三十餘枚；南昌亦有日機十架在城外投彈二十餘枚，廣九鐵路及粵漢鐵路今晨亦有日轟炸機二十六架光臨。

十二月十三日

「南京之戰」今日甚激烈，日軍完全控制城南方面。華軍今日向城北

撤退，每退吋地，均予以抵抗。日軍沿中山路前進，即軍事委員會，中央軍校，國民政府及行政院，按次迅速佔領。今日華機亦助戰，轟炸日方陣地。

日艦今日下午向南京上駛，駛過南京封鎖綫，並與「烏林山」華方炮隊互轟。

華方消息稱，在日陣綫後活動之流動部隊，已由長興進至宜興及吳興，以期切斷日軍之交通綫，滬杭甬路上，激烈戰事仍在進行中。

昨日擱淺之胡佛號輪，其乘客已上岸，救護船隻均已向其出發，據稱該輪無下沉之虞。

過去數日中在浦東南匯一帶活動之華方流動隊，據今日上海自華方接到消息稱，已退出該地矣。

天津同盟社電報稱，有中國政治機關十一處公佈解散，以便華北獨立政府成立之運動，得以加速進行。

華北各綫均平靜，只晉省內華方流動隊仍時出困擾日軍，日軍在該省繼續加強其陣地。日軍在河北省西部稍有進展，已佔領淶源。

今日本埠接到消息稱，美國亞洲艦隊揚子江巡艦「潘來」炮艦，昨日下午在南京上游約二十五哩之合縣（在皖省內）被日本飛機轟炸。除「潘來」號外，另有美孚行油船數艘被炸沉。轟炸時「潘來」號上除水手外，尚有由南京退出之美僑民數人。

美國亞洲艦隊旗艦「奧古士都」號本定於八月十四日同往小呂宋，於接到轟炸消息後，即取消其行程，並據稱將無定期駐留上海。最近到滬之美艦「馬爾璞赫」號，亦停泊黄浦江中。

據今日所接非官方消息稱，被炸死者計十八人，生還者五十四人，其中有數人受傷。未被炸斃者，據報現均在合縣附近。

上海日領事今日拜會美國駐滬總領事「卡斯」，關於「潘來」號事件，表示日官方之歉意、同時日大使亦致牘於現駐節漢口之美大使，表示日本政府之歉忱。日本第三艦隊之海軍參謀長，亦拜謁美亞洲艦隊總司令「亞爾內」將軍，表示歉忱。

由華盛頓發來電報稱，「潘來」號水手中，仍有六人失蹤。

北平消息稱，該處美軍自「潘來」號事件發生後，即未出使館區，以免發生意外。

十二月十四日

美國兵船「潘來」被炸沉案，爲今日重要之新聞消息。據美國亞洲艦隊司令雅納爾上將之報告，稱已悉身死者爲義國人山德里君及「潘來」船上之材料管理員恩斯民格二人。關於「潘來」案獲救之人及失蹤者之完全名單，尚未造就，但左列之名單爲根據今日收到之最後消息而造成：

安全未受傷者：

哥爾第君 D. S. Goldie, 皮克林君 J. V. Pickering, 謝華君 J. B. Sherwood, 白那辛納君 M. Blasina, 蒙德君 Peter Mender, 爵金生君 Jorgenson 以上係美孚洋行職員。

龐斯琪君 John A. Bonski, 白朗林君 Raymond L. Browning, 柯爾門君 Thomas A. Coleman, 狄爾賀福君 John A. Dirnhofer, 格來福斯君 Joseph A. Graves, 賀爾君 William T. Hoyle, 巴克德君 Vernon F. Puckett, 以上係美國兵船「潘來」號職員。

羅伯慈海軍上校 Captain Frank Roberts, 愛奇生君 George Atcheson Jr., 巴克司東君 J. Hall Paxton, 以上係美國大使館職員。

梵恩士君 Mr. Vines, 英美烟公司職員

已得下落而受傷者：

柯利爾士君 Collins, 麥雪而君 Jim Marshall, 胡傑士船長 Captain J. J. Hughes, 安德爾司上尉 Lieutenant A. F. Anders, 以上係「潘來」兵艦船員。

高斯君 E. P. Gossie, 美國大使館職員。

失蹤不知下落者：

（目下失蹤者，或尚在岸上，但未能互通音訊，故列於此）

傑姆士君 Weldon James, 美聯社通信員，包德利君 P. J. Brodirck, 中國海關職員，巴德生君 A. L. Patterson, 中國航空運輸公司職員，羅斯君 Albert Ros, 義國大使館職員，白那貞利及山德里兩君 Lingi Barazini and Sandro Sandri, 義國新聞記者，史規爾君 Roy Squires, 上海西商，愛萊君 Norman Alley, 新聞片攝影員，宋君 Norman Soong, 紐約泰晤士報職員，卡爾蓀君 C. H. Carlson, 美孚洋行職員，梅耶爾君 Eric Mayell, 美國福克斯有聲新聞片公司職員。

衆料大部受傷之西人及被炸後之獲救者將由現在合縣等候之軍艦載來上海。日軍之醫務飛機今晨曾飛蕪湖，但今日下午返滬時，並未載來獲救之人。

美國官場方面傳來宣言，稱美國對「潘來」被炸案之方針將不以政治方面關係決定之，而根據國民愛國心爲重心云云。據新聞報告，美國報紙對此案之態度，已顯明白，一班輿論皆認此案爲非常嚴重，全國沸然，討論此事。

倫敦來報告，亦稱關於英國輪船及英艦在蕪湖附近被日軍炮轟案日本已向英國道歉，由日本外相廣田向英國駐日大使格來基爵士，表示歉意。

據今日同盟社報告，稱新組織之中國臨時政府已於今日上午十一時正式在北京成立。成立典禮畢後，立即發出宣言，稱一九三五年，產生之冀東自治反共政府，即行解體而與臨時之新政府合併爲一云。

東京官場方面消息，稱南京失陷並非即謂上海戰事已終了，日本仍須繼續作戰，務使中國內之反日份子完全鎮壓服貼爲止。

今日之虹口，即上海戰事初期之戰場區域，今日日人遊行於虹口各處，慶祝南京陷落，虹口至今日已儼然一小「東京」矣。

因上海目前局勢關係，美國二十世紀孤狸影片公司上海分行今日接到通知，稱美國羅斯佛總統在芝加哥之演說新聞片一段，已經檢查，認爲不宜演映，故該公司已照通知所囑，將該段剪去。

十二月十五日

上海公共租界工部局，今日宣佈，稱據警務處意見，決定於十二月二十四日耶穌聖誕之前夕及十二月三十一日，新年除夕日，解除戒嚴。

據華人消息，前上海市長俞鴻鈞，現任中央信託局局長，該局現設在漢口。

日本軍事發言人今晨承認南京西北區內之華軍仍不時予日軍煩擾，但稱現在日軍在南京肅清工作進行順行，該區在一二日內即可平靜云。

南京城內滿貼日軍司令松井大將之佈告，勸原有之居民，仍返南京居住，日軍將盡力保護其生命財產及營業之安全。今日南京城內，各政府機關之屋頂，滿插日本國旗。

今日下午日水上飛機一架載「潘來」案之受傷者三人來滬。

今日聞悉日軍驟攻揚州，即將揚州佔領，揚州離鎮江十二哩。

「潘來」兵艦被炸，其救護工作亦已完畢，今日美國旗艦「阿古斯達」號乃發表完全受傷名單如下：死者三人，重傷者四人，輕傷者十一人，微傷者六十一人。據最後接到之消息，左列者即爲死傷及獲救者之完全名單：

已死者：

山德里君 Sandro Sandri, 義國新聞記者

恩斯民格 Charles L. Ensminger, 頭等材料管理員

卡爾遜船主 Captain C. H. Carlson, 美孚洋行美安油船船主

受重傷者

畢爾克 Carl H. Birk, 頭等電機助手

胡爾斯布士 Edgar W. G. Hulesbus, 舵手

萊士 Kenneth J. Rice, 三等電機助手

徐格勒 Peres D. Ziegler, 船上三等廚司

受輕傷者

高斯君 E. Gassie, 美國大使館職員，

胡傑士船長 Lieutenant Commander J. J. Hughes.「潘來」兵船船長

安德爾斯上尉 Lieutenant A. F. Anders,「潘來」兵船大副

傑斯德上尉 Lieutenant (jg.) K. W. Geist, 「潘來」兵船軍官

白朗林 Raymond L. Browning, 三等電機助手

台維司 Newton L. Davis, 頭等升火員

格　林 Cecil B. Green, 頭等水手

柯沙克 Alex Kozak, 二等機械助手

蘭約翰 John H. Lang, 舵工頭目

施勞耶 Charles S. Schroyer, 頭等水手

未受傷者

愛奇生君 G. Atcheson Jr., 美國大使館職員

巴克司東君 J. H. Paxton. 美國大使館職員

愛萊君 Norman Alley, 新聞片攝影員

傑姆士君 Weldon James, 美聯社職員

宋　君 Norman Soong, 紐約泰晤士報職員

白貞利君 L. Barzini, 義國新聞記者

羅斯君 H. Ros 義國大使館職員

梅耶備君 Eric Mayell, 美國福克斯有聲新聞片公司職員

麥唐納君 M. McDonald, 倫敦泰晤士報記者

史規備君 Roy Squires, 上海西商

左列之美孚洋行職員亦未受傷

皮克林君 J. V. Pickering, 謝華君 Sherwood, 爵金生君 Jorgensen, 蒙德君 Mender, 白那辛納君 Blasini, 及哥備登君 Golding, 羅伯慈海軍上校 Captain F. N. Roberts, 美國大使館海軍副參贊，亦未受傷。

其他尚有柯利備洋行之麥雪備君，情形不明，英美烟公司之梵恩士君受輕傷，及「潘來」兵船之何奇君 J. L. Hodge, 現尚在蕪湖。所有全部「潘來」人員除已死亡及尚在蕪湖外，現皆在美國兵船「亞奥胡」號或英國兵艦上。

美國旗艦「阿古斯達」號向新聞記者宣佈，據倫敦泰晤士報記者麥唐納君之報告，（麥唐納君爲獲救來滬之第一批被難者）稱「潘來」被空中甚高擲下之炸彈擊中，而於下午二時零五分放棄，三點五十四分沉沒，又被日軍馬克登陸汽艇二艘用機槍掃射，並登船視察，及見已開始下沉，日軍乃棄之而去。在此全部出事時間中「潘來」之美國國旗仍完全明白飄揚於空中，人人皆得眼見之。

美國對「潘來」被炸案致日本之牒文如左：

本案之重要事實乃如下述：美國軍艦之在中國揚子江中駐泊，乃從未爭執及無可爭辯之權利，美國軍艦當時曾飛揚美國國旗，美國軍艦當時係擔任合法之正當事務，美國軍艦當時正載美國官員及美國僑民離去危險之地，美國軍艦因形勢危險曾數次移動並向上游駛去以避危險，美國軍艦即此時被日本飛機轟炸。

自不幸之中日戰事開始以來，日本政府及各處日本當局曾屢次向美國政府擔保日本政府及日軍素來重視他國之利益權利。

但日本軍隊曾有數次其行動有害及美國之權利且嚴重危及美國之生命及損毀美國人之財產。

在此種情形之下，美國政府希望日本政府正式道歉，負責完全指揮。衆信彼將被撤職。

「潘來」在長江被炸獲救者之最後一部，將分由四艘軍艦由合縣載來上海，該四艘軍艦將於明日下午抵滬。

「潘來」雖經目擊者證明被日軍用機關槍掃射，但今日日方官員仍堅稱此說不確。

日海軍發言人稱關於機關槍掃射一層，因當時出事之長江一帶，並無日本海軍汽船，故無論如何，此事與日本海軍無關。

「潘來」被炸之獲救者三人已由日本飛機於昨日載來，安抵上海。

日軍已在浦口渡河，已與華軍在新陣綫上接觸，華軍現在揚子江之北岸，堅壕以守。

今日杭州灣内及滬杭鐵路綫上之前綫，除少數之前哨衝突外皆極沉寂。日陸軍司令松井大將今日率日軍數千人在南京遊行，同時天空上日本海陸軍飛機數十架環繞怒鳴。

十二月十七日

今日日機又形活動，轟炸華軍集中地及廣州城市，又轟炸廣九鐵路，投下十彈致鐵道損失甚小。同時又傳日機六架轟炸粤漢路，損失不明。

據同盟社消息，自昨日日軍正式進駐南京，日本步共，陸戰隊及機械化部隊開入南京後，華中之中日戰爭至此可告一段落矣。上海方面，在稱爲「小東京」之虹口區内，日人慶祝南京淪陷，大舉遊行宴會。

南市安全區内，日軍之巡邏兵士即代警察之職，日夜輪流，至今未發生事變。

南京失陷後，於是一班人皆信徐州或將爲日軍之第二目的地，漢口則又次之。據華方消息，若日軍向徐州或漢口進攻，則必遭華軍之堅決抵抗。又傳揚子江中又一水柵已建造成功於九江之南。

在此過去之數次事件中，日本政府曾承認事實，表示歉意，並更保證以後注意不使同類事件再行發生。在目下之「潘來」案中，日軍之行動，完全漠視美國權利，而置之不顧。日軍致美國人生命不保，並毀壞美國公私財產。

賠償損失並擔保已具體設法保證以後在華之美國人民及美國財產不得被日軍攻擊或被任何日軍之非法干涉。

日本外相廣田致駐日美國大使格露之牒文如左：

「在上述之情形下，此事已明白爲誤會所致，日本政府對於美國軍艦及美國船舶之受損及船上之死傷，僅表抱歉及表示誠懇之道歉。

日本政府將賠償所有一切損失並對於此事之負責人員將予以適當之處理。再者，日本政府已有命令發出，嚴飭當地之日本官員，注意不得再有同樣事件發生。

日本政府，因希望美日兩國間之友誼不因此不幸事件而受影響，爲如上之坦然明白表示態度，余敬請

駐日美國大使將此點向貴國政府報知爲感。」

十二月十六日

今日來日方報告，稱南京一戰，日軍曾特別注意對於明墓，中山墓及歷史上有興趣之建築，不使受戰事之損害云。

南市有華人一名，向日軍哨兵攻擊，事後逃入南市安全區內。今日日軍憲兵曾將嫌疑數人加以審訊。今日下午，日軍仍在挨戶搜索此人。

天津來報告，稱成立甫三日之臨時新政府已將天津及秦皇島二處海關接收。

今日宣稱日本海軍省召回海軍司令 Teizo Mitsunami 即潘來被炸後之日本空軍傳揚州戰事正烈，日軍大炮猛轟揚州城廟。南京對岸，日軍已佔領浦口及浦鎭，日軍並繼續向西北前進，杭州灣區內仍沉寂，據傳來報告，華軍不久即將反攻，以分離日軍在南京浦口鎭江區內集中之兵力。滬杭鐵路沿綫雖無重大戰事，然華軍預料日軍不久即將進攻，以江西省會南昌爲其主要之目的地。

今晨日本海軍司令長谷川發出宣言，稱目下之戰事，尚未終了，並重申日本之目的，其宣言如左：

「目下上海之戰事，乃起於華軍之挑釁，及反對日本主張事態不擴大之結果。戰事至今，未及百日，日軍已擊散華軍，且將作空前歷史之偉蹟，進駐南京。此偉大之成功皆由於日皇之厚德，及日本海陸軍將士深信中國之必遭天譴，以昭公允。戰事擴大，至於陸、海、空軍皆作劇戰。可悲惜者，吾人今日慶祝之中，日本之陣亡將士，不能與吾人同聲一呼，已盡職先吾人而亡。日本政府認爲局勢尚未奠定。

日本帝國之武裝軍隊決繼續努力，以結束目下之遠征，從全國人民之願望，以奠定東亞之永遠和平。

自目下之戰爭開始以來，日本政府曾努力保護第三國際之利益。此目的正在達到時中，忽不幸有最近之意外事件，影響英美軍艦及其他國籍之人民。

余對此類事件，中心極感不安，余現正採取各種必要之方法，並將以誠意信約保護第三國際利益。」

今日下午四點四十五分，「潘來」被炸之獲救者由英美軍艦載抵上海。獲救者皆證明日機轟炸後，又被機關槍掃射。

今日在日本新聞會議席上，日軍發言人仍否認「潘來」曾被機關槍掃射，然華盛頓官方已正式宣佈據美艦「亞奧胡」號之報告，「潘來」確被機關槍射擊云。

十二月十八日

浦口失陷後，華軍傳現在沿津浦綫上安徽北之涿州（譯音）堅固其陣地，以阻止日軍之北向徐州府進攻，查徐州爲津浦綫與隴海綫會合之重要地點。據可靠方面消息，華軍已急派大隊援軍，涿州不久即將大戰。

揚州經最近日軍之炮轟後，華軍已退出，又據華方報告，華軍現在揚州之西北另據新陣地以守。

滬杭綫上傳有戰事，華軍稱已將日軍向杭州之進展截住。

今日宣稱中國政府之軍事，政治，及外交行政機關，將完全改組，且已在進行改組中，以預備延長對日之抗戰。據稱華軍總司令蔣介石將仍主持軍事兼行政院院長，但以普通公文事件交副院長及財政部部長孔祥熙代理。

宋子文將全權代表政府接洽向國外購買軍火戰品事宜。政府改組中之另一變動即此後國民黨與共產黨領袖及蘇俄軍官將密切合作以訓練中國之戰鬭員云。

日軍發言人宣稱，自「潘來」獲救者堅言「潘來」被日機及水上汽船機

槍掃射後，日海陸軍當局已令重行將「潘來」案再事調查。

東京來同盟社報告，日本帝國大本營之海軍部宣佈日本海軍飛機在華中各處轟炸，已用去炸藥九百鎊。又傳法國駐日大使亨利往晤日外務省，請求日本當局設法保障停泊於漢口之法國軍艦及法商輪船之安全。

倫敦來電報，稱國際空軍現啓程飛來中國，且已與日機遭遇作戰。並稱蘇俄飛機連同俄籍飛行員亦曾與日機空戰，某役中，日機一隊十五架，其中十一架被擊落云云。

上海方面盛傳有某某社會名人，擬設法組織市政府，並得中國政府之允許，庶不致被人指爲漢奸，且以應上海人民之社會需要云云。

十二月十九日

據華方報告，自蕪湖南京失陷後，經數日之沉寂，日軍現又開始向西推進。揚州至浦口間，沿揚子江北岸，戰事正在積極進行中。蕪湖四週，仍有戰事，華軍之陣綫未動。嘉興至杭州之公路上日軍之機械化部隊甚形活動且已獲有進展。沿滬杭鐵路綫上之日軍正向前推進，企圖與嘉興杭州公路上之日軍取得聯絡。

青島，中國之避暑聖地，今日來消息，稱華軍於昨晚八時開始炸毀日商紗廠。昨夜計轟炸十四次，今晨又有六次。據計算之損失，爲三萬萬元。

因青島空氣緊張，美國旗艦「阿古斯達」號本擬今日駛往馬尼剌，因此無形延期。今晨黎明，美艦「波瑛」離滬駛往青島，美艦「馬爾瑛赫」繼之於十一時離滬。

「潘來」被炸案身死者，今又加一人，連前共四人，今日因傷重而死者爲「潘來」之舵手胡爾斯布士，在上海宏恩醫院傷重不治而亡。

上海今日得到消息，美國駐英大使濱漢在巴爾提莫逝世，享年六十有六。

十二月二十日

青島來報告，稱昨日日商紗廠被華軍炸燒後，今日已呈安靜之狀。又傳青島之碼頭，因欲使日軍難於登陸，已被毀壞。華軍大隊仍守城中，而青島之市民則已向內地逃去一空矣。

在杭州灣之日軍，今日由三面向杭州進攻 戰事益趨激烈。日軍攻杭州之三路即一由滬杭鐵路，一由滬杭公路，一由嘉杭公路是也。華軍之遊擊隊在此區域極形活動，擾亂日軍後方。華軍之遊擊戰術使日軍不得不多用隊伍以保護其後方，殊出日軍之意外也。

揚子江之北，日軍仍繼續向徐州府推進，企圖割斷魯省內之華軍聯絡。香港來同盟社報告，稱日本駐港官員於昨日下午在沙頭口被華人暴衆攻擊，沙頭口係英國之租借地。

日軍在南京舉行哀悼陣亡日軍紀念後，日軍華中司令松井接見新聞記者時曾言：「日軍以後之行動，完全以蔣介石總司令及中國政府之態度爲轉移。」

上圖係八月九日在虹橋飛機場所攝，蓋因日本陸戰隊隊員二人被殺身死之處。（上左）遇身中彈之汽車，日軍官死於車內，落出車外之屍身-（中左）中日雙方調查人員及新聞記者在出事地點調查之情形。（下左）日軍官屍體裝入救護車內，（上右）日汽車夫 YOZO SAITO 亦被槍擊斃。（上中）已死日軍官之小照（中右）汽車上血跡般然，踏腳扳上並有日軍官之腳繫（下右）西區越界慕路之極西南角上地圖形勢，緣去年八月九日，有日軍用汽車一輛在虹橋路上行駛，並駛至虹橋飛機場處，被華軍保安隊喝令停止，日軍不聽，遂開鎗轟擊，上列地圖內之黑方形處即華保安隊被槍殺之處。日軍汽車槍殺保安隊後，繼續前進，至"X"處日軍官即被槍擊倒。至日軍汽車夫之屍身則在離汽車約四百碼外之荒野內，仍以X標記之。

(第一列左)華軍八十八師軍士在淞滬鐵路寶山路交界處將竹籬撤去俾其防禦工事之視線不為所蔽。(第一列右)八十八師軍士在香山路寶昌路轉角處扼據防禦工事。(第二列左)及(第二列右)虬江路上所預設之沙袋,專候八十八師軍士接收佈防、(第三列左)八月十二日下午寶山路上情形,難民逃入租界者絡繹不絕。(第三列右)八月十二日下午,八十八師軍開始在閘北虬江路上佈防。(第四列左)八月十二日在虬江路寶山路角上仍可見難民紛向租界安全區內遷移。(第四列右)虬江路寶山路角上之又一景象。

(第一列左)八月十二日，即滬戰爆發之前一日，華軍八十八師士兵巡邏之一班。(第一列右)八月十一日晚間在閘北所設置之沙袋。(第二列左)八月十二日虬江路上負載野炮之騾馬牲口。(第二列右)滬戰爆發之前一日，閘北華商公共汽車公司門前，亦有沙袋設置於旁，同時閘北居民紛紛退出避難。(第三列左)及(第三列右)八月十三日極司非而路交界處之中山路橋上，由保安隊設置沙袋防禦工事。(第四列左)八月十三日下午，閘北警察在中山路上設置沙袋防禦。(第四列右)八月十二日吳淞軍工路旁之樹木，被華軍砍斷用作障礙物，並置鐵絲網及沙袋作防禦工事」

本頁各圖示八月十二日深夜，華軍在南市外灘浦江中投擲之水柵以鎖封浦江。是日華軍通宵徹夜將小型輪船及木船沉於江中，此項水柵自八月十二日起直至十一月十二日日軍完全佔領南市時方行撤去。日軍佔南市後，其第三艦隊即派人先將水柵處之較大輪船拖去、於是浦江上游遂通行無阻，日軍即利用浦江交通運輸軍需品至松江作戰之日軍。

多安

（第一列左）八月十四日華軍八十八師軍士在閘北寶山路上佈防、（第一列右）戰事爆發二週後之左圖內同一地點，戰後之毀壞情形，已今非昔比。（第二列左）八月十四日之北火車站。（第二列右）戰事爆發二週後之北火車站，屋頂上中炮彈之痕跡，顯然可見。（第三列左）八月十四日界路與寶山路角上之景象。（第三列右）左圖內之同一地點，在八月十五日已景象全非，路上滿置鐵絲網，益形緊張。（第四列左）八月十三日閘北寶山路商務印書館前之八十八師哨兵。（第四列右）北火車站區內之八十八師部隊。

（上圖）戰事初起之時上海外灘景象；外灘南京路角上之沙遜大廈，歷然可見，其右為方在建築中之中國銀行新屋，其左即惠中飯店，於八月十四日與華懋飯店同時被飛機炸彈擲中者。（下圖）八月十四日上海外灘由外白渡橋上空望見之景象，攝取此圖時，正值中國空軍在浦江上空，東區內之居民逃過蘇州河之南者不絕如麻。

美國軍艦『阿古斯達』號為美國亞洲艦隊之旗艦，於八月十四日由青島急駛來滬，駛入浦江內預備停泊於三十六及三十七兩浮筒時，正值中國空軍來襲，誤認為日本運輸艦，向之擲投二彈，幸未命中，彈落浦江內，水花濺處高數十丈

(第一列左)美國步兵第十五隊在天津局街設署沙袋防禦情形。(第一列中)法軍在天津法界佈防。(第一列右)美國步兵第十五隊在天津戒備甚嚴。(第二列左)天津法界之內法國殖民地軍所掘之堡壘。(第二列中)天津東站之日軍鐵甲車。(第二列右)日軍之機械運輸隊在天津北，在陸上及鐵道上皆可應用。(第三列左)去年七月日軍進佔北平之情形。(第三列右)日軍步兵在北平哈德門前遊行之狀。(第四列左)日軍傷兵候車送往天津醫院。(第四列右)難民由天津舊俄租界渡過海河至英界外灘。

(上左)八月十四日，中國飛機空炸日本出雲艦時落彈誤中惠中及華懋飯店後，英國商團將路上死屍上裝入車內，(上右)惠中華懋兩飯店被彈擊中後，南京路上一時之慘狀。(中左)惠中飯店之屋頂及頂層被毀之狀。(中右)華懋飯店門前之焚毀汽車。(下左)南京路上被毀汽車之又一輛，彈落時，路上行人正多，死者數百人。(下右)各種機擱場車輛用以移去路上之死屍及炸碎之房屋片屑。

（上圖）八月十四日，華機在上海愛多亞路敏體尼蔭路角上即大世界處因彈架受損鬆弛，落下炸彈，致死亡損壞，為上海歷史上空前之慘案。（下圖）貨車多輛由被炸區內運去死屍，其大半皆埋於義塚內。

(上圖)八月十四日受多亞路落彈後,大世界前死亡枕藉。攝影者見之,亦慘不忍睹。(下圖)法租界救火隊正用水打熄燃燒之汽車,其旁有死屍一具,足向上搭於汽車後面之架上。

(上圖)八月十四日，經空炸後，大世界遊戲場前之又一毀壞景象。(下圖)法租界救火隊以水管撲救炸彈引起數處之大火，致路上水與血混合而紅色，流於溝中。汽車內之被燒斃者：其面目已不能辨識，街上行人被灼身死者亦有數人。

本頁各圖，皆八月十四日上海大世界前被炸後慘狀之種種，是日適爲星期六日，於是遂稱此事爲星期六血案，是日之死亡毀壞，残酷悽慘，難以筆述。

八月十四日即星期六血案之日，上海愛多亞路敏體尼蔭路角上被炸後，救護工作由法租界及公共租界之救火隊同巡捕擔任，並將街道清除。

(上圖)八月十四日，上海法界敏體尼陰路上被炸後、華人死者一千餘人、其大部爲難民， 屍身多葬於上海之義塚內，如上圖所示。(下圖法租界公墓內陳列死屍數百，候人認領安埋。)

(第一列)上海外僑婦孺撤退時,在新關碼頭上,於高射炮聲中,與送行者離別之情形。(第二列左)上海俄僑於『羅斯里馬勒』號輪船由青島載來避暑旅客時,羣集碼頭上、迎接其親屬友輩。(第二列右)戰事爆發後日外僑婦孺撤退時,臨行在外灘之又一景。(第三列)八月十二日,華軍八十八師領據閘北後,居民紛紛由虹口逃出避難。(第四列左)八月十二日,沿北四川路一帶居民逃難景象之一班、(第四列右)戰事之最初數日內,蘇州河內之民船,滿載難民,為數不下萬餘人。

（上左）上海南火車站上之天橋，被日機炸毀之狀。（上右）日機轟炸後，車站上遍地死屍，（中左）炸後立即攝取之死亡慘狀。（中右）日機炸南站時，爆炸甚烈，聲震全滬，事後毀壞情形，觸目可怕。（下左）日機六架列隊飛行、高飛於雲中越過南市。（下右）南站被炸後，親屬前往救護者，目睹死亡枕籍及毀破情形，難以筆述。

（上圖）楊樹浦周家嘴處之亞細亞公司油池起火、傳係華機空襲時擲下之燃燒彈所致，於是大誤觸。威烟炸起、圖中可見日本出雲艦泊於日領事署前、該處曾經多次之中國空軍轟擊及浦東中華之炮火。下圖、楊樹浦區大火時，由上海西區望見之景、圖中右面之高屋即法界維爾蒙西路上之大廈、左面即華懋公寓。在距離遠處可遙望外灘之沙遜大廈。

(上左)日本海軍上將 iheukO 與參謀部官佐在虹口。海軍陸戰隊兵營所攝之影。(上中)日本海軍陸戰隊兵營．被華軍炮火擊中之狀。(上右)日本海軍陸戰隊方升太陽旗。(中左)日本水兵成二列縱隊進入其兵營。(中右)日本海軍陸戰隊司令部門前之沙袋障礙物。(下左)華軍前方遺留之坦克車 (下右)日軍陸戰隊由海軍陸戰隊兵營出發．開赴前線。

（第一列左、吳淞軍工路上最前綫之日本陸戰隊、（第一列右 吳淞軍工路上沙袋後之日陸戰隊。（第二列左）北四川路上之日軍輕炮隊活動情形、（第二列右）日軍在百老匯路觀望鄧脫路上之大火，並防華軍在此段之進攻。（第三列左）日軍以坦克車掩護、在靶子路上設置沙袋。（第三列右）日陸戰隊向閘北街進之狀。（第四列左、虹口區內之日炮兵活動、（第四列右）滬戰初起時、北四川路之北靶子路上之日本陸戰隊。

（第一列左）楊樹浦昆明路上之華軍沙袋被日軍炮彈擊中後之狀。圖內街中陳屍，歷歷可見。（第一列右）昆明路上之又一段，屍身縱橫，陣亡路上。（第二列左）楊樹浦區內之沙袋，為中日雙方用以血戰肉搏。（第二列右）舟山路小菜場旁犧牲炮火下之屍身二具。（第三列左）保定路上之公共租界華捕住宅，該處在去年八月末日為戰事最劇烈之處。（第三列右）楊樹浦區華德路上之日軍方面工事。

（第一列左）閘北界路與寶山路角上之華軍機關槍位爲八十八師設備。（第一列右）寶山路上之華軍步兵伏地射擊。（第二列左）北站之華軍五十三師留影。（第二列右）寶山路上八十八師之又一部。（第三列左）華軍五十三師在北站預備高射炮位。（第三列右）閘北瓦礫中之八十八師軍士。（第四列左）閘北新民路上之華軍五十三師軍士。蟄伏於防禦物之後。（第四列右）北站之五十三師高射炮。

(上左) 閘北光復路與同濟路角上之華軍機關槍位，由八十八師守之。(上右) 閘北光復路上華軍機關槍位之又一處。(中左) 北蘇州路四行倉庫門前之八十八師官兵。(中右) 閘北長安路上大火，烟幕蔽日，一美國國旗，方肅然飄蕩於空中。(下左) 長安路上之火，正在該處延燒。(下右) 閘北救火隊在漢中路上以水管浸入蘇州河內，吸水以救熄長安路上之火。

（上圖）炸彈落於浦東爆發，由租界內高屋頂見之狀（下圖）日機九架在閘北同濟路下巨型炸彈十七枚後的烟
起處、頓成烟霧 圖左之高屋為參德赫斯脫公寓、再左為福音麵粉廠 位於閘北麥根路車站之對面。

日機六架轟炸麥根路車站、同時擲下十六彈。上圖示彈落地後立即爆炸之狀，下圖示塵烟起處升向天空。此處
閘北區內之華軍炮火，極形活動，日間雖經日機不斷轟炸，夜間華軍仍向虹口及楊樹浦區內轟擊不已。

（第一列左）寶山縣城外之日步兵陣地。（第一列右）日軍在楊樹浦沿百老匯路一帶日布置之沙袋炮壘。（第二列左）百老匯路上南洋兄弟煙草公司門前之日軍。（第二列右）中國『宛爾地』式飛機一架，棄於引翔鄉跑馬廳內，華軍退出後為日軍陸戰隊所獲。（第三列左）淞滬鐵路線上之日軍炮隊。（第三列右）虹江路北四川路角上之日本陸戰隊所留之影。（第四列左）虹口屋頂上之日軍機關槍位，（第四列右）戰事初起之數日內，虹口按戶搜索之日軍檢查隊。

（第一列左）北四川路上之德祿咖啡店，爲炮彈擊中，在寬虹燈之左成一巨穴。（第一列右）北四川路之某弄堂門首爲華軍炮彈擊中。（第二列左）北四川路橫浜橋之南日陸戰隊防守之陣地。（第二列右）北四川路與康殷家橋路角上之日軍陣地，（第三列左）虹口文監師路上之汽車爲華軍炮彈擊中而毀。（第三列右）文監師路上被華軍炮彈擊中之又一處。（第四列左）北四川路之狄司威公寓，亦爲浦東華軍炮彈擊中。（第四列右）北四川路上之住宅房屋多被炮火損壞。

(上左)華軍遺留之坦克車，運往虹口日本陸戰隊司令部。(上右)華軍機關槍被日軍奪獲，留於日本陸戰隊司令部內。(中左)八月內華軍向日軍衝鋒希圖將日軍逐至浦江時，在湯樹浦區兆豐路上被獲之坦克車。(中右)被獲武器之一批。(下左)華軍坦克車之正面形。(下右)日本軍業轟炸機，在上海根據地正預備出發起飛。

（上圖）去年八月之末楊樹浦大火，即法租界攝取之影；該區內火焚財產之損失，不下數百萬元，以後戰事結束恢復原狀，亦當需時甚久。（下圖）楊樹浦大火由上海外灘所攝之又一影；華軍在東區進攻時，各處大火延燒甚熾。

(第一列左)日本海軍出雲旗艦,在上海戰事初起時泊於日本領事館外之浦江中。瀾中之左,可見領事館屋頂上裝有高射炮二架。(第一列右)泊於出雲旗艦之旁日本驅逐艦。(第二列左)日本之醫院兵艦『米國丸』泊於日清公司碼頭。該醫院兵艦,曾兩次在浦東華軍炮火直接轟擊之下。(第二列右)日本驅逐艦數艘,泊於浦江之中流,匯山碼頭之對面。(第三列左)浦江中之『軍艦』雲集,爲首一艦即美國亞洲艦隊旗艦『阿古斯達』號。(第三列右)浦江上軍艦雲集之又一景,南市外江面之水柵,歷歷在望。(第四列左)美國運輸艦『傑蒙』號,在法界外灘拋錨,艦上滿載美國陸戰隊第六隊水兵-(第四列右)日出雲旗艦,拋錨於浦東方面之浦江中,其前後有日本小型驅逐艦停泊。

（上圖）胡佛總統號輪船照例循其班期開來上海時，被華機誤認轟炸之情形。該輪被炸後，立即改變其行程，開往日本。被炸時，彈片橫飛，船上有數人受傷，由船上醫師與以急救。（下圖）華機在虹口擲下一彈，事後日本海軍軍官及官員在彈落處記錄損失，計有數人被炸死。

（上圖）日機在京滬杭甬鐵路管理局東屋下擲大型炸彈一枚，落地爆炸之狀。（下圖）彈落後之數秒鐘內，濃烟大焰升入天空、本頁二圖內之炸彈二枚，即引起管理局內之大衣、東屋之上層，即於此時被焚一空。

(上圖)十一月十二日,日軍佔領南市後,南市一部在大火延燒中。南市之火,自十一月十二日起,直至十一月三十日尚在延燒未熄,曾有一時,火勢延近南市之中立區。(下圖)引翔鄉賽馬廳對面之華軍機關槍位,由華軍八十七師在該處戰爭中之作戰。該處之左右,皆有深掘之戰壕。

（上圖）上海市中心市政府房屋，即俞鴻鈞市長之辦公廳，雖多處經炮彈擊中及火焚，但尚可修復舊觀。（下圖）市政府屋頂被輕炮小型彈擊中成洞穴之狀。

(上圖)市中心之航空學校，其房屋式樣狀如飛機，戰事中並未被炮彈或炸彈擊中，完全爲火焚毀。(下圖)航空學校之一景，日本步兵高據屋頂上。時本月之二圖皆係華軍由東區退出之翌日所攝。

上海之戰，日軍多用坦克車作戰，本頁內各圖示日軍之大小坦克車集中於市中心之狀。係滬東區內戰事，去年
九月至十月間，此項坦克車曾使華軍防守之陣地受極重之損失。

（上圖）市中心市政府前之日軍軍火車。（中圖）日軍之大炮，以帆布蓋之，並將炮口清除，以備應用，攝取此圖時，日軍之炮手正酣睡於旁。（下圖）日軍之軍火車正預備向江灣出發。

（上圖）日軍攻江灣時，市中心博物館屋頂被毀之狀，館內陳設之物亦被毀一空。（下圖）博物館被炮轟之又一圖。

（上圖）去年八、九、十三月，上海戰事中，市中心在日軍重炮轟擊之下，博物館被毀，亦不能修復。（下圖）博物館之又一景，窗戶完全破碎，屋頂並有炮彈擊中之傷痕

戰事延至浦東時，上海外灘，時有機關槍彈飛來，於是外灘一帶之銀行寫字間，皆用沙袋以保設窗門。上左 外灘十八號之麥加利銀行。(上右)外灘之怡和房子。(中左)惠中飯店(中右)怡和洋行門前之又一景。(下左)、外灘十七號之美國人壽保險公司。(下右)楊子保險公司房子。

(上圖)日步兵由前後返市中心。(中圖)日軍之炮隊及其馬匹軍火車，宿於市中心之博物館，對面之房屋內。
(下圖)市中心之日軍預備用汽車裝往江灣前綫一帶。

(上左)上海先施公司被炸後，南京路浙江路上死屍橫陳。(上右)八月二十三日上海先施公司被炸後，門前之死屍與炸碎之物屑堆積於路上。(中左)救火隊在破碎物屑中檢查。(中右)先施公司南部於當日正午，被怪機轟炸時，彈落處成一巨穴之狀。(下左)被炸後，先施公司外表之一班。(下右)出事後，由工部局工務處之苦力將南京路上兩旁碎屑掃除。該彈除重損先施公司外，其對面之永安公司，因炸力甚猛，亦受相當之損失。

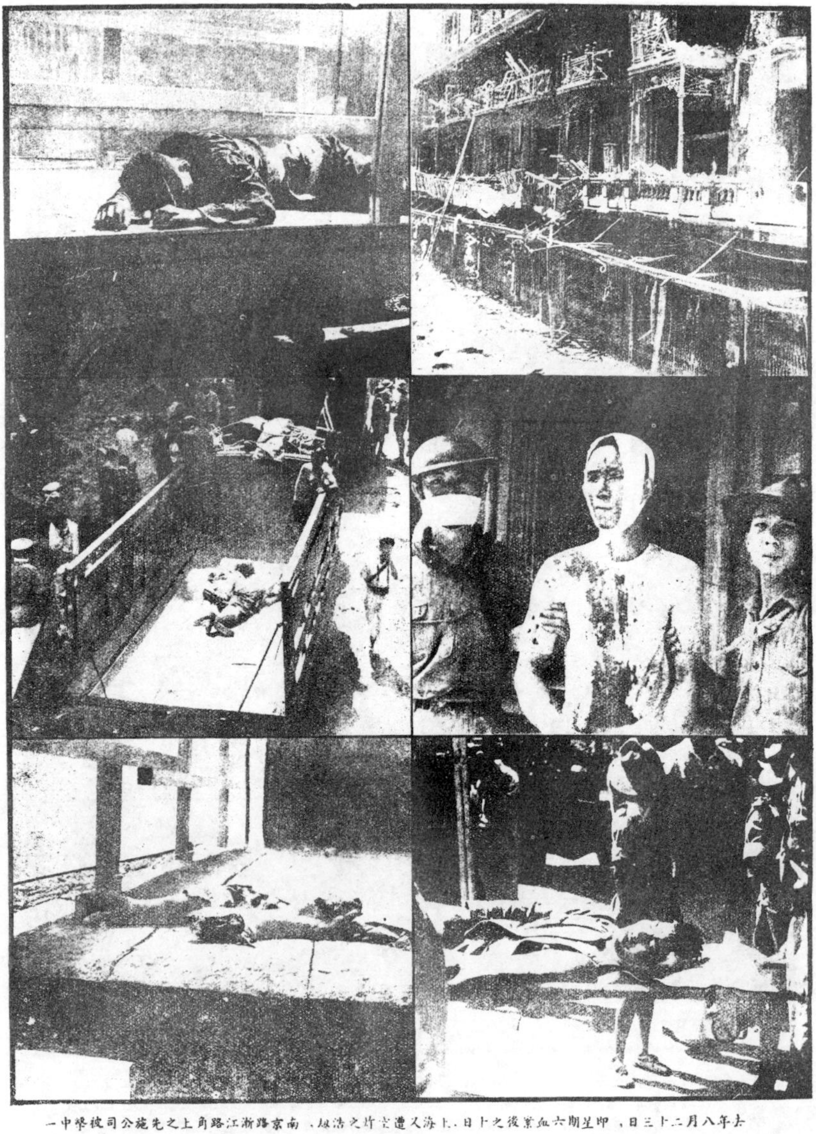

去年八月二十三日，即星期六血案後之十日，上海又遭空炸之浩劫，南京路浙江路角上之先施公司被擊中一彈，一時毀壞屠殺之慘狀，上海居民乃初見近世戰爭之恐怖。上右圖即示先施公司門面被毀之狀

(第一列左)虹口北山西路與愛而近路角上之沙袋防禦工事，由英國兵防守之。(第一列右)上海愛多亞路英文大美晚報對面之法國兵士、在沙袋後防守。(第二列左)凱旋路上之英國防兵。(第二列右)滬杭甬鐵路上之西，白利南路上之鐵絲網。(第三列左)英國兵在西區裝沙袋。(第三列右)極司非而路角凱旋路上之英國防禦工事。(第四列左)凱旋路上之英兵機關槍位。(第四列右)凱旋路上之機關槍巢，由英兵防守之。

（上左）光陸大戲院門前之沙袋、正對乍浦路橋及虹口。（上右）愛多亞路上之華捕在沙袋後指揮交通。（中左）四川路橋上之鐵絲網、其前面即郵政總局。（中右）虹口西區內之機關槍巢及砲壘。（下左）外灘四馬路角上、由萬國商團俄籍隊員守衛。（下右）北火車站對面界路之上英國防兵沙壘。

(上左)美國陸戰隊第六隊司令比營將軍於運輸艦上登海關碼頭時與駐滬之美國參司令第四團團長白來司握手。(上右)美國第四第六陸戰隊兩官長與英軍官長一人聚談之情形。(中左)美國陸戰隊第六隊隊員登岸抵海關碼頭之情形。(中右)載來美國陸戰隊之「往蒙」號運輸艦，抵滬時，隊員正預備登岸情形。(下左)登岸後在外灘海關碼頭前列隊待發，開往兵營。(下右)軍用卡車，運新到之兵往兵營休息。

（上左）法國兵隊在法界外灘登岸，以增援法租界之防衛。（上右）新到之法兵，由新聞記者爲之攝影。（中左）法兵開往其兵營駐扎。（中右）法界沿所築之『保衛』牆。（下左）徐家匯路上沙袋之法屬安南兵。（下右）天主堂街沙袋後之法國步兵。

上海戰事中之名人一覽：

英國駐華大使許閣森　美國亞洲艦隊司令雅納爾　法國亞洲艦隊司令里畢米　日本第三艦隊司令長谷川

（一）一九三七年駐滬英軍司令部之全體長官

(二) 一九三七年駐滬英軍司令部之全體長官

(三) 一九三七年駐滬英軍司令部之全體長官

(四)一九三七年駐滬英軍司令部之全體長官

上海萬國商團之官員一覽

英軍『威爾希』隊第二團全體官長

荷蘭國兵艦『凡加倫』號之海軍官員全體

駐滬義國軍隊之長官一部

義軍一部與法西斯黨徽所攝之影

美國陸戰隊之全體長官

駐滬英國軍隊之全體長官

英軍烏爾斯脫來福槍團之全體長官

駐滬之法國防兵

中坐者即法軍司令貝里蒂爾將軍

法租界之特別廵捕

中坐者爲法國駐滬領事巴德氏，其右爲法租界警務處處長法倍氏、其次爲法界探長柯葵里氏。前任探長韓里登坐於法領事之左，其次爲法捕房幫辦賈比司氏。

美國旗艦『阿古斯達』上之全體官長

英國旗艦『康百蘭』號之全體官長

（上左）堅守四行倉庫之華軍八十八師團附謝晉元。（上中）閘北某處沙袋後之華軍。（上右）在大場拾得之未爆裂日軍炸彈。（中左）閘北華軍八十八師之又一班。（中右）閘北某處之華軍步兵。（下左）華軍在閘北戒備森嚴之狀。（下中）四行倉庫之華軍孤軍八百，堅守該倉庫時，潛入獻旗之四十一號女童子軍楊惠敏。（下右）在滬西受軍訓之學生軍。

上海戰事初起之數日中，日本陸軍飛機及海軍飛機每日在閘北擲彈轟炸，幾成爲每日循例之軍事行動。本頁
內所示之圖，即華軍八十八師防守之閘北，經數次之轟炸後，有數處起火之狀。本頁中排右圖示揚樹浦之大火，
接近上海自來火公司之廠地。該廠於戰事方起之數日內，即行停工關閉，其後華軍退出東區，乃開工繼續供給煤氣
（即自來火）。

華軍八十八師由閘北退至滬西後，滬西乃成日機轟炸之目標。(上圖)白利南路上華軍佔據之豐田紗廠起火，黑烟濃密，向天空升起，日為之黯然無光。(下圖)十一月九日，華軍退出滬西時，日機到處轟炸，極形活動。圖示日軍大型單葉飛機六架同時在中山路近龍華處擲下炸彈十二枚之時狀。

(上左)移入乍浦陣地之華軍。(上右)滬西中山路上之華軍炮壘。(中左)及(中右)羅店區內之華軍陣地，上海戰事之初步中期，羅店爲戰事最激烈之地。(下左)滬杭公路上之乍浦村中華軍之機關槍手。(下左)去年九月，戰事最激烈時，閘北街市上之景象。

(上左)被俘獲之日本飛機師、在南京中國空軍司令部受審訊之情形。(上右)日機在南京被下毀後、日機師之屍體、(中列及下列四圖)去年九月日機轟炸南京時被炸死平民之慘狀。

(上左)中國空軍將士毛瀛初及黃光漢兩君、在杭州空戰中，各擊落日機一架。(上中)中國空軍樂以琴君曾擊落日機七架。(上右)在南京擊落日機一架之殘骸。(中左)日機轟炸下關電力廠時，被華軍高射炮擊落之日本轟炸機一架。(中右)九月二十五日在南京擊落日機一架之殘骸。(下左)在杭州擊落日機一架之殘骸。(下右)南京擊落日機一架，在機內獲得之飛行救護用具。

（上左）華德路監獄之內囚犯，因處於戰區，由公共租界捕房釋放，圖示以公共汽車裝第一批囚犯、由捕房汽車
前導，至華界釋放，捕房正擬釋放第二批時，日方聞係釋入華界，立起反對，此事遂中止。（上右）公共汽車之第一批
車運囚犯。（中列）及（下列）示華德路監獄被砲彈擊中損害之狀，雖曾極力設法保護獄中犯人，但中彈而死者·已有
數人。

摩登之上海。(上左)沙遜大廈,華懋飯店亦在其中,去年八月十四日被中國飛機落彈擊中,其隣爲新建之中國銀行新屋,以竹籬蔽之。(上右)新新公司在上海南京路上,高聳雲際,(下左)法界邁而西愛路上之格那斯文公寓大廈。(下右)上海大通銀行之新屋。

(上左)被華軍炮彈擊中之日本領事館及日本郵船碼頭。(上右)華軍之炮彈擊中日本汽船會社碼頭之狀。(中左)華軍炮在日本領事館隣近之日本汽船會社堆棧上空爆烈之狀。(中右)日本旗艦出雲號，停泊於南京路外灘之浦江中，向浦東華軍炮隊猛轟還擊。(下左)華軍炮彈落入浦江之狀，注意彈落處離日本驅逐艦停泊之處日本郵船碼頭不遠。(下右)即下左圖中險被華軍炮彈擊中之日本驅逐艦一艘，移錨而泊於出雲艦前之浦江中流.

（上左）上海南京路外灘之浦東對岸，亦即上海戰中中日屢次接觸炮戰之處。（上右）暗藏於浦東某處之華軍機關槍密集開火後，日海軍大炮向此處還擊後所引起浦東岸上招商局修船大廠之大火之狀。（中左）浦東大火正在延燒之狀。（中右）浦東大火延燒之結果，竟將江邊房屋燒去一空。（下左）日本海軍炮彈落於浦東內部着地之狀。（下右）炸彈落於浦東炮炸之狀，是時適有法國巡洋艦一艘，泊於浦江之浦東之江邊。

（上左）浦東之華軍炮位。（上右）在浦東同一地點華軍大炮之又一幕。即此處之大炮二尊及其他數尊，曾予虹口及楊樹浦之日軍陣地及浦江中之日艦以極大之威脅。（中左）江灣跑馬廳之西，廟行鎮外之華軍戰壕。（中右）浦東華軍炮隊發炮轟擊情形。（下左）江灣前綫上某處華軍八十七師軍官所留之影。（下右）南市對岸浦東之平民地窖。

（左上）華軍八十八師在京滬杭甬鐵路管理局之右建築沙袋炮壘。（右上）華軍由北站搬運木料至沿淞滬鐵路之前綫上。（左中）北站之華軍輕炮。（右中）閘北北火車站及京滬杭甬管理局，經二個月戰事後之狀。（左下）閘北寶山路三民路角上之炮壘，廣告木架之後即赫然有鋼骨水泥之炮壘一所。（右下）華軍用黄包車運軍需給養至閘北前綫。

(上左)及(上右)華軍傷兵在『麗都』臨時醫院調治，『麗都』爲上海著名之夜總會，上海戰事期中，臨時作爲傷兵醫院。(中左)華軍傷兵二名，在天主堂街某醫院之窗口中閒眺街上往來行人。(中右)麗都之舞池，作爲傷兵臥室。(下左)中國交際婦女，爲『麗都』醫院作裹傷之紗布。(下右)中國婦女爲傷兵製白色襯衣。

華軍退出閘北之數日前，日本海陸軍轟炸機狂炸蘇州河以北之華軍陣地，有日本陸軍轟炸機一架，擲下一彈，落於公共租界內之新閘路上。上圖所示即此空炸所致損失之情形。路上滿陳被炸死華人平民，及炸燬之無軌電車一輛，為狀甚慘。

（上左）在滬西受軍訓之民團。（上右）閘北前線之八十八師軍士。（中左）華軍退出後在租界望見蘇州河對岸之日軍。（中右）江灣前線之華軍機關槍位。（下左）閘北蕭條景象之一角。（下中）去年八月十二日寶山路與嚴家閣路角上之保安隊員。（下右）京滬杭甬管理局之西新民路上之華軍哨兵。

(上左)去年九月間，華機在虹口鄉下之彈、圖示日本陸戰隊檢視之情形。(上右)日本陸戰隊、進攻華軍陣地。(中左)及(中右)在羅店作戰之日本步兵。(下左)日軍在吳淞附近之行動。(下右)日軍軍需給養隊由丸江碼頭開往前綫。

（上左）南市街中之沙袋鐵絲網。（上右）沿南市外灘之華軍機關槍位。此處即去年十一月十二日華軍最後堅守之地。（中左）去年十一月十二日，日軍進攻南市時南市難民麕集法租界鐵門，欲入法租界安全區。（中右）離法界不遠南市，有坦克車陷溝，以阻坦克車之前進。（下左）沿南市外灘之華軍砲壘。（下右）去年十一月十二日，南市之警察結果終奉令退出。

(上左)日軍步兵在市中心市政府前。(上右)寶山爲日軍佔領後，日軍及其獲得之華軍旗幟之攝影。(中左)去年九月，戰事最激烈時，日軍陸戰隊向閘北深入。(中右)寶山之日軍步兵。(下圖)日軍步兵由吳淞根據地開往前線

（上左）大場紀念牌前被炸之慘狀。（上右）大場進口處之搗毀一班，滬戰中大場受戰事之震撼最甚。（中左）真茹無線電台辦公室被擲中一彈之狀。（中右）虹口之西、克能海路住宅房屋被炮彈擊成大穴之狀。（下左）真茹附近被炸死牛奶場之牛畜。（下右）日軍由運輸船在虬江碼頭及黃浦之某關底登岸。

(上列二圖)英兵二人於當值防守時,被炮彈飛來擊斃,圖示二人安葬時,靜安寺路上之哀儀形式、(中左)江灣區內之日軍哨兵。(中中)日海軍出雲艦上之日海軍司令長谷川,正瞭望浦東。(中右)華軍傷兵由滬西區移入租界,(下左)南市之沙袋炮壘,即法界天主堂街之對面。(下右)被擊落之日機,落於浦東德士古火油公司油棧外停泊之美國驅逐艦二一八號之旁。

(上左)寶山附近某處之日軍在戰壕外休息。(上右)日軍在虬江碼頭附近登陸之情形。(中左)日軍在吳淞建築炮壘。(中右)東區之日軍野炮隊。(下左)日軍步兵在浦江中企圖登岸。在潤泥中掙扎。(下右)日軍之重炮。

（上圖）日本内閣全體閣員開會攝影　上海戰事爆發後即開全體閣員會議。（中左）日機被擊落後，在機中檢得之無綫電器具。（中右）中華軍退出上海後，上海外灘之沙袋防禦工事即漸次撤去。（下左）市民訓練隊之女子隊員練習步槍射擊，其後多在華軍後方服務，充特別警察之職。

(上左)日軍步兵在寶山城外活動之狀。(上右)日軍馬隊由吳淞開赴前綫之狀。(中左)日軍在吳淞登岸後開赴前綫之狀。(中右)日軍步兵由前綫運回傷兵之狀。(下左)日軍由蘊藻浜開赴前綫,以單行列隊前進。(下右)日軍馬隊前進之狀。

（上左）閘北之四行倉庫，即『孤軍』八百人在閘北作最後抵抗之所。（上右）閘北大火，與沿蘇州河岸上之美國防兵崗位對峙。（中左）華軍八十八師退出閘北後，火勢益見猛烈。（中右）華軍沿蘇州河退出閘北後，出現於閘北之日軍。（下左）日空軍飛行員受訓出發轟炸。（下右）日軍飛行員於出發前細讀地圖及轟炸目標物。

(上左)杭城内發出空襲後，街上之狀。(上右)杭州街市上之繪圖傳單，示空襲時若非高射炮防空設備之慘狀。(中左)南昌城内之抗戰傳單，示華人一家大小被日軍屠殺之慘狀。(中右)南昌城内所貼之上海戰事地圖，以上海戰事之大勢告知民衆。(下左)南昌被炸之房屋。(下右)南市城内大街中之防空地窖。

設燒被樑橋之上路公間昌南與濱屯（右列一第）。竹宗潛鬥，蓋芦墓上，樑橋之上路公間州徽與州杭（左列一第）
貨運（右列三第）。處給供源水及道水之上路公昌南濱屯（左列二第）。間二天之樑橋上路公州徽州杭（列二第）：狀之
路公昌南濱屯（右列四第）。作工路築土掘之上段某路公昌南濱屯（左列四第）。進上不過渡湖陽鄱由船渡以車汽之
：樑橋時臨之上

(上左)歐戰和平紀念日，即十一月十一日，上海義國軍隊向和平紀念碑行禮。(上右)十一月四日義國軍隊在上海跑馬廳內操演之狀。(中左)義國大使在跑馬廳檢閱。(中右)八一三日，上海戰事開始之日，上海北四川路上之情形。(下左)八一三日中日開火後，中國難民在白利南路上欲進入租界。(下右)虹橋路上之同文書院經火焚後，只剩一大門。

（上左）閘北京滬杭甬管理局前之八十八師軍官二人。（上右）閘北北火車站之華軍地窖。（中左）新聞記者與八十八師長官參觀閘北之情形（中右）京滬杭甬管理局中彈成區穴之狀。（下左）閘北北火車站埋伏之華軍。（下右）閘北前綫某處之華軍機關槍位。

(上左)閘北八十八師兵士在未休息前由中國婦女贈給冬季背心取煖。(上右)閘北某處之華軍地窖，華軍八十八師兵在窖外戒備甚嚴。(中左)去年十月二十六日，華軍退出閘北時，給以口香糖。(中右)八十八師軍官在閘北視察後，向上級長官作書報告。(下左)閘北無一人之寶山路上。(下右)閘北焚毀之房屋、華軍用之作防禦工事。

上圖：戰事前期內、日方未企圖大事轟炸兩路管理局。該局在閘北近公共租界之界路，此圖爲該局東翼被燃燒彈擊中，上層有大火延燒之。(下圖)此爲該局於華軍撤退後即爲日軍所接收：十二月十七日清晨、日軍在該局屋頂無線電塔升掛日太陽旗、無線電塔雖在槍林彈雨中，仍完好如故。

上二圖爲華軍第八十八師撤退至其滬西沿蘇州河之新陣地後閘北大火之情形。此爲上海以前未有之大火、黑煙沖天、延燒二十四小時之久。

此二圖仍爲閘北大火之情形、上圖爲麥根路車站一帶延燒之情狀。下圖爲蘇州河四行儲蓄會貨棧附近敵處大火之情狀，八十八師之「孤軍」曾在該棧抵抗四日之久。

（上圖）閘北延燒之情形（中左）閘北延燒之又一景，此係自麥根路車站對過之西蘇州路所攝（中右）自虞洽卿路所望見之閘北大火情形（下左）蘇州河居屋一幢起火（下右）大火沖天之狀，此為上海居民以前未見之大火。

此二圖為十月二十七日傍晚閘北大火之情形，該火於華軍退出閘北時所發生、華軍係於十月二十六日退出，上
圖為新開路水塔、及麥的赫斯特與鄭泥斯公寓在火光中之情形。 火自四行儲蓄會貨棧沿蘇州河向公共租界上海啤
酒廠對河之中央造幣廠延燒、華軍第八十八師之『孤軍』曾在該貨棧扼守抵抗。

(上列左)華軍退出滬西、華傷兵在楓林橋等候運往內地、(上列右)華軍自虹橋退出向東撤退。第二列左及右楓林橋醫院前之華傷兵、候車運往內地。第三列左及右 華軍退出西區後、數十難民聚在法租界邊界海格路上、續擠進入租界。(下列左)華難民攜其物件在法租界邊徐家匯之臨時居所。(下列右)海格路、貝當路及徐家匯路角之法國防守台、

（上列左）華軍十一月九日撤出梵皇渡車站，日軍進據之。（上列右）日軍在滬杭甬鐵路線之向南路上之哨兵。（第二列左）梵皇渡白凱自爾路角之鐵軌上 日軍休息之狀。（第二列右）梵皇渡車站哨兵受命令之狀。（第三列左）大西路凱自爾路華軍機關槍位。（第三列右）華軍在鐵路淺東極司非爾路上所築之戰壕。（下列左）華軍在凱自爾路平5之滬杭甬鐵路綫上之炮位。（下列右）華軍在梵皇渡車站之戰壕。

（上列左）南市斜徐路上日軍之坦克車，正準備攻擊日暉港華軍陣地。（上列右、日小型坦克車往斜徐路上心視（第二列左及右）日炮彈落於日暉港華軍陣地後面之房屋上。（第三列左）日暉港上燒毀之橋，該橋貫通斜徐路及法租界邊區三十碼處之地點。（第三列右 沿浜華方戰線後炸彈爆炸之狀。（下列左）日軍沿浜以坦克車機關槍攻擊華軍四十分鐘，華軍向法租界內撤退。（下列右）日坦克車返回陣地之狀。

(上列左)十一月十日之晨日軍佔港橋、(上列右)十一月十日下午大息後之日軍佔港橋、(第二列左)十一月十日晨
在其防綫內巡視之華兵(第二列右)回至斜徐路之日軍坦克車、(第三列左)十一月十一日晨十一時,出現於斜徐路
上日軍大型坦克車二輛。(第三列右)浜之對岸離法租界只二十碼遠之防禦物,建築甚固、(下列左)日坦克車向對浜

(上列左)十一月十日之晨日軍佔港橋、(上列右)十一月十日下午大息後之日軍佔港橋、(第二列左)十一月十日晨
在其防綫內巡視之華兵(第二列右)回至斜徐路之日軍坦克車、(第三列左)十一月十一日晨十一時,出現於斜徐路
上日軍大型坦克車二輛。(第三列右)浜之對岸離法租界只二十碼遠之防禦物,建築甚固、(下列左)日坦克車向對浜
華軍陣地轟擊。(下列右)日方所放之煙幕籠罩華軍所守之地。

（上左）南市華軍於十一月二十日由不羅路橋退入法租界。（上右）此爲不羅路橋，該橋貫通南市與法租界華軍陣地日暉港只三百米達。

（下左）華軍自南市斜徐路陸浜路撤退後，遺留在徐家匯路上之軍用品。（下右）華軍撤入法租界，上車之情形。

（中左）徐家匯路上之法國坦克車。（中右）斜徐路上之日兵，該處離華軍陣地日暉港只三百米達。自日暉港失陷後，即沿此橋退入法租界。

（上左）華軍於十一月二十日午后仍扼守斜徐路陸浜路角，但已準備隨時撤退。（上右）二十分鐘後左圖所示之處，已闃無一人，只有沙袋疊而已。華軍撤退時，日軍尚距離三百米之遙。（中左）法租界水塔對過斜徐路上之華軍。（中右）斜徐路上之華難民，未日軍未進佔之前撤退之狀。（下左）法租界自來水塔，十一月二十日午后斯蒂芬氏於該塔上攝。（下右）華軍自斜徐路撤退後，遺留在徐家匯路上之軍用品。

(第一列左)南市外灘之海關堆棧，即去年十一月十二日華軍在南市作最後堅守之所，日軍於當日佔領該堆棧，
亦下午三時四十五分懸日本國旗。(第一列右)該堆棧被日軍大炮自及至午猛轟屋頂上中彈之狀。(第二列左)南市
海關碼頭之一隅，華軍曾在該處建最堅固之工事；並有交通地壕通裏馬路後之房屋，(第二列右)被彈擊中之房屋一
艘。(第三列左)華軍防禦工事被中一彈，江中可望見水柵猶在。(第三列右)日本驅逐艦開至南市外灘猛轟堆棧。

華軍守據新陣線，由蘇州至江陰。圖中之大部華軍皆曾一時在上海區內作戰，當時之陣線係由羅店、劉行、大場，廟行，江灣而至閘北。

(上左)華軍開至蘇州前线。(上右)無錫江陰綫上之華軍地窖及炮位。(中左)蘇州火車站上之華軍野炮、正搬往前线。(中右)佔據無錫江陰前綫華軍一般。(下左)及(下右)華軍在閘北奪獲之日軍武器。

去年十二月三日公共租界內之『勝利遊行』。(上左)福煦路上經過之日軍重機關槍,裝於車上。(上右)日軍炮隊福煦路海格路角上轉灣。(中左)福煦路上之日軍野炮隊。(中右)日軍之機關槍隊,由凱旋路上轉入租界時,在勻路上之狀。(下左)日軍行經凱旋路上之英兵崗位。(下右)轉入福煦路情形。

（第一列左）日軍在上海勝利遊行時，華人皆避入小街背巷。（第一列右）南京路上，凡華人皆須離開日軍經過處至少一箭之地。（第二列左）日軍經過時法界敏體尼蔭路上交通斷絕，華人皆在霞飛路與愛多亞路間靜候。（第二列右）日軍遊行時，法大馬路上之車輛擁擠，（第三列）及（第四列）華人在米店門前靜候買米，上海戰事期中公共租界及法租界皆限制米糧售額。

去年十二月三日，日軍在公共租界舉行『勝利進行』時，行經南京路上時忽有一彈擲於日軍行列中，傷兵士三人及巡捕二人。擲彈者爲一華人，在廣西路上被一華捕擊斃。(上左)出事後日軍即行警戒。(上右)經二分鐘之阻援，軍又繼向前進。(中左)行經南京路浙江路角時之情形。(中右)向南京路東，外灘而去。(下左)行經新新公司門前(下右)南京路上之日軍炮隊。

（上左）擲彈華人之屍體，其上蓋以白布，臥於廣西路上。（上右）此人倒於廣西路上，氣絕時，由日軍檢視。中排及下排四圖）手溜彈爆炸後，南京路上之情形。日軍行列解散，在該處分佈，直至浙江路之西，二百碼以外。

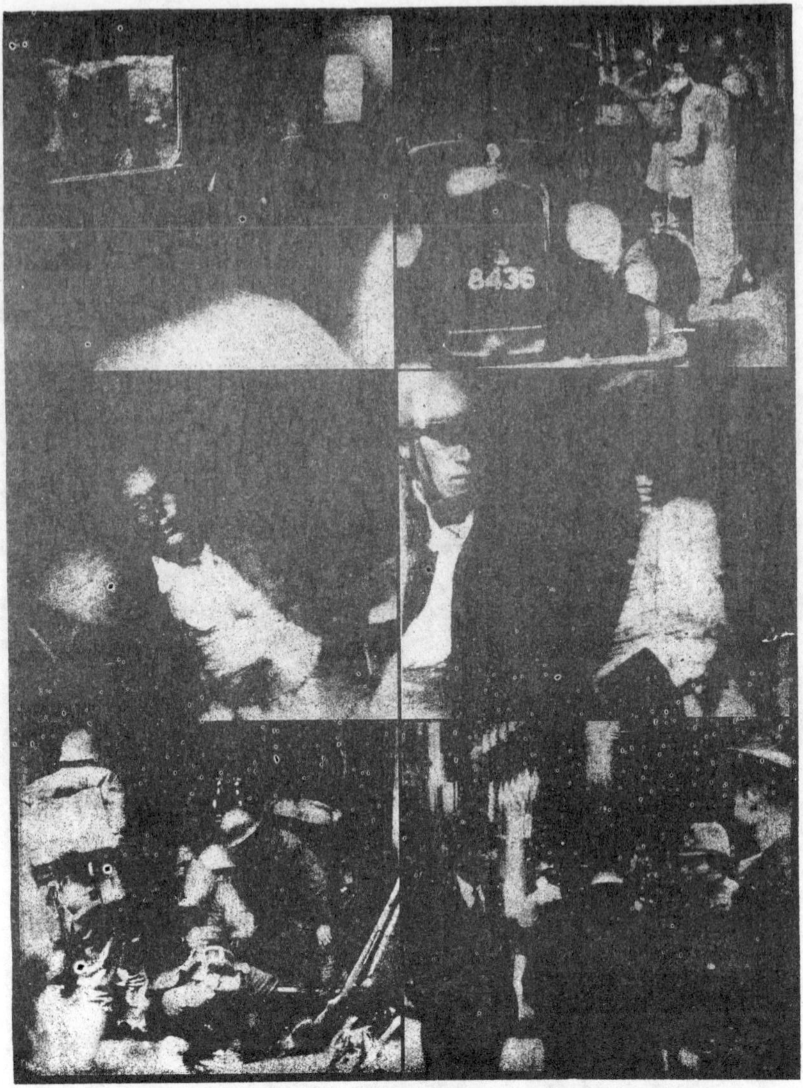

(上左)十二月三日南京路日軍遊行時，炸傷之日本步兵，扶之入私人自備汽車、(上右)日傷兵由人扶之入汽車。(中左)受傷之另一日兵，似甚感痛苦。(中右)日兵受傷之又二名，臥於先施公司門前，候車往醫院。(下左)日軍在先施公司門前照料其受傷之同伴。(下右)出事後各方忙於交涉。

南京路出事之翌日，日軍用汽車擬由法界外灘通過而至南市，即被法租界巡捕及鋼甲車阻止，不許通過。（上左）日軍用汽車在外洋涇橋被法捕阻止（上右）法日雙方當局交涉之狀（中左）日軍用汽車隨行軍官在和平紀念碑下（中右）日軍及其軍用汽車在外灘情形。（下左）日法領事官員正在交涉。（下右）最後日軍用汽車仍許通行，由法界巡捕護送。

(上圖)十一月八日，美國陸戰隊第四隊隊長白萊司將軍及第二隊隊長倍蒙將軍，在上海跑馬廳檢閱第四第六隊之攝影。(中圖)經過檢閱台前之時。(下圖)第四隊之橫閱檢隊。

(第一列及第二列)十二月九日上海公共租界萬國商團司令格萊漢返國，團員在外灘碼頭送行時之各景。(第三列及第四列)十二月十一日，曾在上海作戰之日軍，由無錫常熟趁木船返上海休息，該隊日軍在蘇州河內登岸，即北蘇州路郵政局前。

十二月十三日美國陸戰隊在上海跑馬廳爲美國亞洲海軍司令惟納爾檢閱之情形、（上圖）由左至右、第四隊長白萊司、惟納爾海軍司令、及第二團司令傅蒙將軍。

..E 109

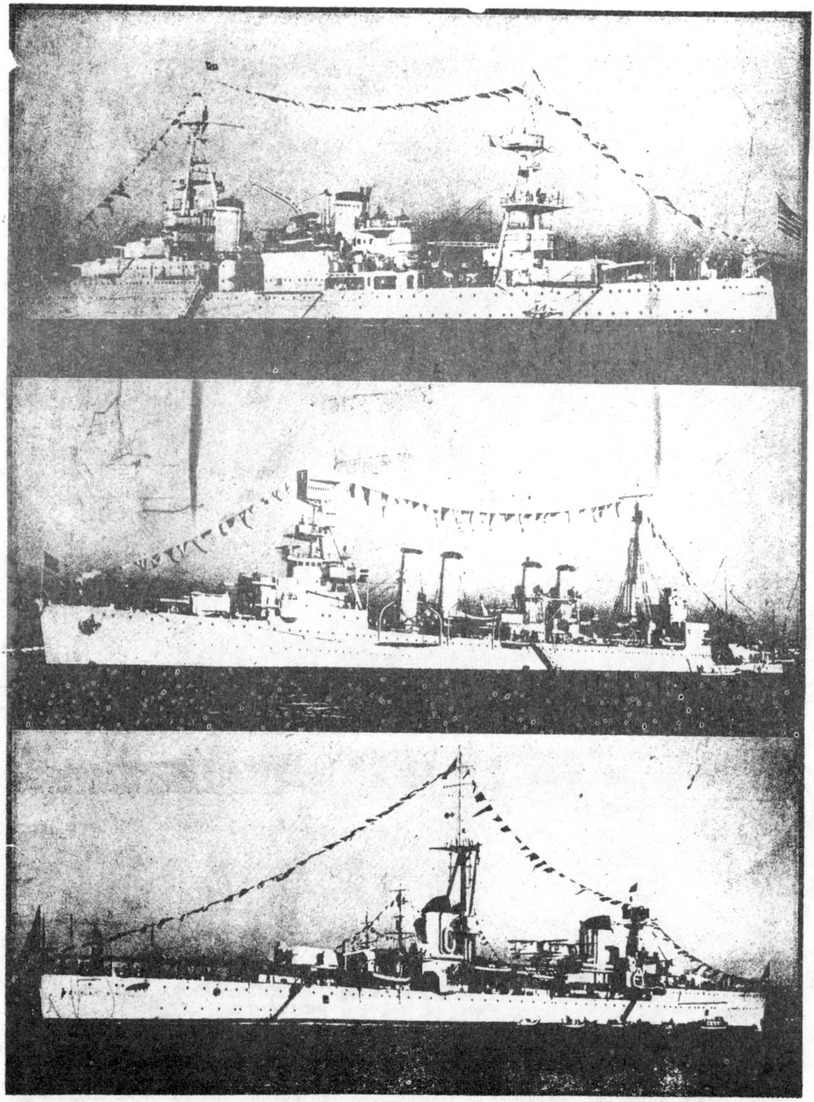

（上圖）美國旗艦『阿古斯達』號（中圖）美國兵艦『麥爾璞赫』號。（下圖）義國驅逐艦『蒙特固戈里』號。上海戰事中，皆泊於外灘浦江中。

(上圖)英國軍艦『福克司東』(下圖)法國驅逐艦『納蒙學克』(中圖)法國兵艦『泰和爾』

（上列左）日機投彈後之浦江邊情形。（上列右）南京城外華軍之炮隊。（第二列左）南京居逵，印沿中山路撤退之情形。（第二列右）南京大街中之防禦物。（第三列左）浦口鐵路上之華江陰無錫線上日軍被華軍所獲得之勝利品。（下列左）南京城外華軍之重機關槍，正準備開放漢奸，遺屍道旁，跑者爲刀手。

(上)下關華軍之炮隊。(中)南京城外華軍步兵正待日軍之進攻(下)日軍於華軍撤出上海，即迅速向
行南京之新兵。

(上左)南京城外華軍之大炮。(上右上)南京大街上之沙袋。(上下右)揚子江岸上之華軍炮隊、(中)南京城外之華方步兵。(下)日軍向南京城推進時，數千華方生力軍調入南京增援。

炮之上路山中在，城京南領佔日三十月二十於軍日(右上)。內城查視處高由前攻總於，軍日之 京南(左上)
存生上號『來潘』運日七十月二十號『湖歐』艦炮美(右中)。炸爆內伍隊之軍華中退撤京南 方日(左中)。隊
(右下)。形情之號『達士古奧』艦旗美至時滬抵者還生號『來潘』於人言發軍海日(左下)，中 泊停，滬
。形情之

上海抗战与世界反法西斯战争系列丛书

淞沪

淞沪抗战史料丛书续编 III

第四辑

财政部税警总团步兵第二团参加淞沪抗日回顾录 | 本团编辑委员会 编

淞沪血战回忆录 | 翁照垣 述 罗吟圃 记

沪战中的日狱 | 李浴日 著

上海科学技术文献出版社
Shanghai Scientific and Technological Literature Press

“上海抗战与世界反法西斯战争”系列丛书总序

徐　麟

伟大的中国抗日战争，是近代中国人民反对帝国主义侵略并且取得第一次完全胜利的民族解放战争，是开展时间最早、持续时间最长的世界反法西斯战争东方主战场。在这场历经十四年之久的抗日战争中，中国各族各界人民同仇敌忾、共赴国难，经过艰苦卓绝的浴血奋战，以巨大的民族牺牲，打败了穷凶极恶的日本法西斯侵略者，取得了辉煌的胜利。正如习近平总书记所指出的，中国抗日战争“为拯救民族危亡、实现民族独立和人民解放，为争取世界和平的伟大事业，作出了彪炳史册的贡献”。中国抗日战争是在中国共产党倡导的以国共合作为基础的抗日民族统一战线旗帜下进行和取得胜利的。以爱国主义为核心的伟大民族精神是中国抗日战争胜利的决定因素，中国共产党的中流砥柱作用是中国抗日战争胜利的根本保证，全民族抗战是中国抗日战争胜利的重要法宝。

上海抗战是中国抗日战争的重要组成部分。在中国抗日战争与世界反法西斯战争中，作为中国共产党的诞生地，上海这座具有反帝反封建光荣革命传统的英雄城市，发挥了独特的重要作用，作出了重大的历史性贡献。

20世纪三四十年代，上海这座国际性的大都市，已经成为中国与世界各国通商贸易的主要港口，成为中国经济、文化中心和政治、外交副中心。同时，上海又是当时中国最大的军港和守卫长江的大门，具有重要的军事战略地位，因而始终成为日本法西斯军国主义

觊觎的一个战略要地。1931年“九一八”事变后，日本法西斯军国主义进而在上海挑起了“一·二八”事变，发动了对淞沪地区的武装侵略。驻守上海的十九路军和前来增援的第五军与上海人民奋起抵抗，给予日本侵略者以沉重一击，成为中国局部抗战历史进程中承前启后的关键性一役。“九一八”和“一·二八”时期的抗日武装斗争和民众抗日救亡运动，在世界上率先举起了反法西斯的旗帜，揭开了中国抗日战争和世界反法西斯战争的序幕。1937年七七事变后仅一月余，日本法西斯军国主义又把侵略魔爪伸向上海，遭到中国爱国军民的顽强抵抗，形成了以上海为中心的一场气壮山河、震惊中外的“八一三”淞沪抗战。七七卢沟桥事变和“八一三”淞沪会战，标志着日本法西斯军国主义全面侵华战争的开始。在中国共产党的积极倡导和推动下，抗日民族统一战线正式形成，揭开了中国全民族全面抗战的序幕，也标志着世界反法西斯的第二次世界大战在亚洲的东方战场正式形成。在“八一三”淞沪抗战历时一百多天的日日夜夜，中国军队和上海人民以其鲜血和生命，筑成了一座民族自卫的血肉长城，谱写了一曲民族团结、共御外敌的壮丽史诗。上海沦陷后，上海民众在全国人民和全世界爱好和平的各国人民的声援、支持下，面对极其艰辛险恶的环境，仍然以大无畏的英雄气概，坚定不移地继续投身于全民族抗战的洪流，对日伪的法西斯统治进行不屈不挠的斗争。中国共产党始终高举抗日民族统一战线的伟大旗帜，发动民众，团结上海各界人士，从人力、物力、财力等各方面支持抗日民主根据地和抗战大后方的斗争，冒着腥风血雨，迎接抗日战争的最后胜利。

两次淞沪抗战及上海民众在十四年不间断的抗日救亡运动中，

构成了一幅幅上海抗战英勇悲壮的画卷，也铸就了上海在中国抗日战争和世界反法西斯战争中的重要历史地位：上海不仅是中国对日作战的一个坚强的军事战略重镇，也是中国抗日救亡运动的前期中心和中国抗战文化的发源地；不仅是支援抗战大后方和抗日民主根据地的重要基地，也是世界反战反法西斯人士和中外难民的庇护所；是世界反法西斯舆论战、情报战的东方主要阵地，又是中国联系国际反法西斯阵营的纽带和桥梁。更为重要的是，上海抗日战争凸显了其重要的历史意义：它在外敌入侵、民族危亡的关键时刻，全面地、全方位地弘扬了以爱国主义为核心的民族精神，折射了中华民族有同侵略者血战到底的气概、有在自力更生的基础上光复旧物的决心，有自立于世界民族之林的能力。上海抗日战争在中国抗日战争和世界反法西斯战争历史上树立了一座永不磨灭的丰碑。

2015年是中国抗日战争暨世界反法西斯战争胜利七十周年。在中共上海市委的领导和支持下，上海学术界和理论界经过多年的努力，联合推出了“上海抗战与世界反法西斯战争”系列丛书。这套系列丛书分为三个子系列，**一是“上海抗日战争史”丛书，**内容包括上海抗战史通论、“一·二八”淞沪抗战、“八一三”淞沪抗战、日军在上海的罪行与统治、上海人民抗日救亡运动、上海郊县抗日武装斗争、上海人民支援新四军与抗日根据地、抗战时期的上海经济、抗战时期的上海文化、上海抗战与国际援助等；**二是“淞沪抗战史料”丛书，**选辑和汇集民国时期有关上海抗战的具有代表性的通讯、纪实、回忆录及报告文学等鲜为人知的孤本、藏本影印重版。**三是“上海抗战与世界反法西斯战争研究”丛书，**其中包括

资料性著作：如记忆中的淞沪抗战、淞沪抗战中文报刊资料选编、淞沪抗战档案史料选编、上海抗战历史文献选编等；专题性著作：如中国共产党与上海抗战、当代学者论淞沪抗战、国外学者论淞沪抗战、“一·二八”淞沪抗战画史、“八一三”淞沪抗战画史等；工具性著作：如上海抗战与世界反法西斯战争大事年表、上海抗战与世界反法西斯战争事件人物录等；通论性著作：在上述论著的基础上完成一部通论性著作，即上海抗战与世界反法西斯战争全史。这三个子系列丛书各有千秋、各具特色，在集结出版后，更能起到互相参照、取长补短的作用。可以说，这套系列丛书是上海学术界和理论界研究上海抗日战争和世界反法西斯战争的一项重大的学术成果，是对上海抗日战争史研究的一个重要总结和一次集中展示，也是向中国抗日战争暨世界反法西斯战争胜利七十周年献上的一份厚礼!

“疑今者，察之古；不知来者，视之往”。历史是最好的教科书。“上海抗战与世界反法西斯战争”系列丛书的出版发行，更是为了向社会提供一部能够弘扬时代正能量、培育与践行社会主义核心价值观的好教材。让我们站在新的历史起点上，进一步铭记历史、缅怀先烈、珍视和平、警示未来，为实现中华民族伟大复兴而奋斗，为促进世界的和平和发展作出我们应有的贡献。

出版说明

“淞沪抗战史料”丛书续编Ⅲ主要收集美国史坦福大学东亚图书馆等处所藏资源，将已见或未见的关于淞沪抗战史料以影印的形式出版，内容涵盖两次淞沪抗战，即“一·二八”淞沪抗战和“八一三”淞沪抗战，力求比较全面、翔实和生动地反映淞沪抗战的全貌。

两次淞沪抗战，是中国人民伟大的抗日民族解放战争的重要组成部分，特别是“八一三”淞沪抗战是在中国共产党抗日民族统一战线政策的指引下，以国共两党合作为中心，全国各爱国党派、团体，中央和地方各系抗日军队，各界爱国民众以及海内外侨胞，在抗日御侮、共赴国难的基础上发动和进行的，堪称民族自卫战争史上的伟业。它体现了中国人民血洒战场、拼死抗战的决心和民族团结精神。在抗战胜利70周年之际，阅读这些史料，重温那段中华民族优秀儿女面对强敌、誓死抗争的精神，就是最好的爱国主义教材。两次淞沪抗战展示了中华民族奋起改变自己国家命运的伟大信念，爱国主义激发出全体中国人民的巨大力量，这种信念和力量，在今天仍然弥足珍贵，令人心怀激荡。两次淞沪抗战中那些大气磅礴、气壮山河的史诗故事，均在本套丛书资料中有翔实的记录和质朴的史料作为佐证。

由于各种原因，原书中存在着印刷错误，而且有些细节也与史料不符，对书中的一些观点我们也不完全赞同，为了给读者提供最原始的抗战史料，对上述问题未做任何处理，希望读者能够给予理解。

编者

2018年7月

目　录

財政部稅警總團步兵第二團參加淞滬抗日回顧錄

古團長鼎華玉照

第一營吳營長冠周

楊團附君寶

第三營宋營長卓愈

第二營劉營長天紹

滕參謀鐵珊

奉令参加抗日整装出發時之一部

全團官兵到達廟行接防時休息之情況

廟行作戰交通壕之一部

古團長楊團附在陣地閱圖計劃軍事

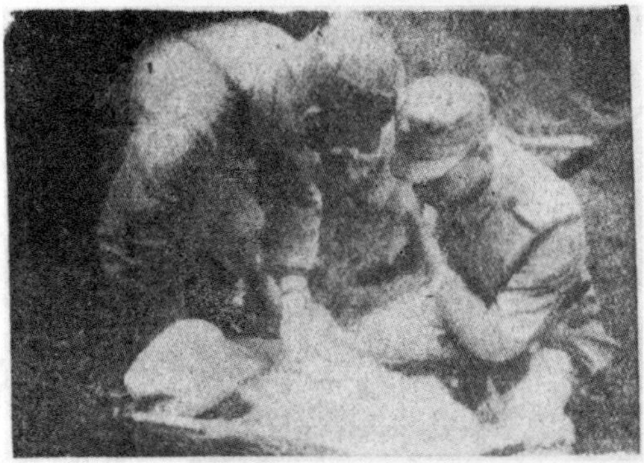

古團長及劉營長在前線撫慰傷兵

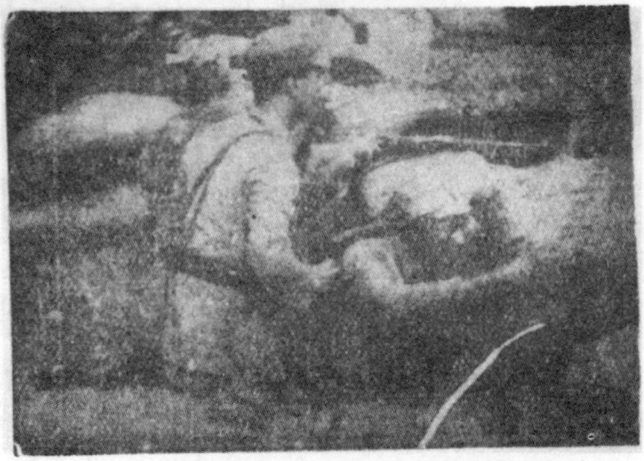

劉營長在戰壕指揮射擊

劉營長在戰壕閱圖指揮作戰

本團吹爨兵在陣地工作

作戰官兵在陣地用膳之情形

廟行作戰散兵壕之一般

塘東宅陣地之一部

作戰時匍匐前進之情況

金家木橋戰壕之一部

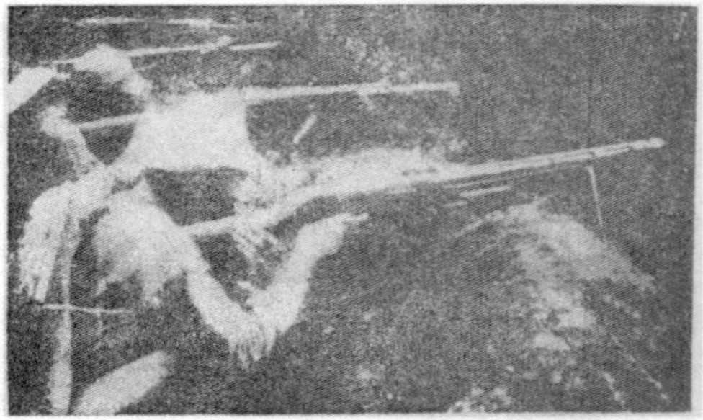

自動步槍之射擊

本團之機關槍作戰

預備隊前進增加作戰

本團迫擊砲隊之作戰

擄獲倭奴之戰刀及鐵帽

古團長在廟行陣地留影

財政部稅警總團步兵第二團參加淞滬抗日回顧錄

目錄

序言

吾國緝私營之設。歷有年所。軍械窳劣。素無訓練。薪餉本已低薄。官弁復肆侵漁。遂致軍紀廢弛。雖有若無。而走私者又多軍人。或挾有絕大勢力之人物。緝私人員。畏之如虎。莫敢過問。其下焉者。更相與狼狽爲奸。枉法分肥。腐敗情形。非楮墨所得罄述。國家年耗帑藏。以養此病國病商之無業遊民。果何爲哉。思欲湔此積弊。以挽頹靡。計惟有根本改組。代以有訓練有紀律之軍隊。緣於十九年六月間。將緝私營用新式軍制改編。注重訓練。整飭軍紀。按期發餉。嚴杜尅扣。使其操守精神日趨正軌。以期爲國家造成保商裕課之勁旅。即今日之稅警團也。是年內亂迭起。首都拱衛。竟乏軍隊。幸賴稅警警備蘇省。各地秩序。得以維持。同時以一團分駐九江。保護鹽稅。兼任警備之責。値贛省赤禍滔天之際。九江未淪爲長江流域之重要匪區。人民免於塗炭者。實恃稅警之力。此雖爲改組以後。彰著之成效。然不料其竟能用以抗強敵禦外侮也。當一二八滬變猝起。政府軍隊。散駐各省。不及調集。滬埠安危。全局所關。子文以事機危迫。立命稅警三團加入。以第一第三兩團警戒滬南一帶。自滬寧路至浦濱及滬杭全綫。皆責成其負防守重任。第二團則加入十九軍與

第五軍。在吳淞閘北間之前線作戰。廟行鎮一役。戰鬪之勇。犧牲之巨。中外人士。同深讚歎。蔡廷楷將軍尤爲嘉許焉。夫以成軍未久之士兵。禦敵人陸海空軍數倍之衆。千五百人。死傷者達六百。而前仆後繼。視死如歸。其見危授命。矢志成仁之精神。雖善教之兵。何以逾此。嗣以死傷過重。奉命調防。退至後方休養一日。並自第三團中抽調一營補充後。立卽調守閘北。迨全綫奉令撤退。作第十九軍第五軍之後殿。最後退出閘北者。卽爲稅警團第二團之團長古鼎華。及其忠勇之官兵也。茲第二團同人有回顧錄之編。爰述其梗概如此。我稅警全體官兵。其以諸先烈之志爲志。互相勗勉。永保令名於無窮乎。企予望之矣。宋子文序

序

吾國自甲午敗衄以來。國際間之地位。一落千丈。曩爾東鄰。遂隱然以東亞盟主自命。肆其强梁脅以謀我。而我民族精神。亦日就萎靡銷沉。而莫由自振。迄今垂四十年矣。此四十年間。由革命而內亂。爭奪搶攘。靡有寧日。養兵愈多而亂愈亟。籌餉日艱。而民日困。禦侮攘夷之古訓。幾疑永無實現之時。乃者日方于攫奪東北之餘。復悍然挑釁於淞滬。十九路軍。搴旗抗敵。奮不顧身。稅警第二團適駐滬上，亦毅然與之合作。從容作戰。殺敵鋤强。爭民族之光榮。雪國家之仇憤。以視彼青年學子。義憤塡膺。而從戎無分者。何其幸歟。迨夫力竭聲嘶。仍圖孟晉。以血肉之軀。抗鋒利之器。肉搏之烈。今古罕聞。卒以敵軍雲集。我方調遣困難。不得不暫退後方。以待後援。遺屍遍野。熱血橫流。固已極人世之淒慘。又何其不幸歟。雖然。幸與不幸。吾又何說焉。古人云。知恥近乎勇，又曰。殺身以成仁。恥也。勇也。仁也。皆淬厲民族精神之利器也。稅警第二團。本非正式作戰之師。而見義勇爲。當仁不讓。吾人庸可善忘。欲不遽忘。宜有紀念之册。筆之於書。垂之久遠。俾吾人朝夕觀覽。視爲座右之銘。而後知恥知勇知仁。可以爲他日民族復興之張本。所謂前

事不忘。後事之師。夫差之呼名。棐高之免胄。同此志也。然則此回顧錄一册。不妨權作警鐘。資爲弦佩。固未可以尋常紀念册視之也。

中華民國二十一年八月朱庭祺序

序

溯自民國十九年春。應星奉　財政部長宋公命。以緝務廢弛。亟宜整理。根本之圖。端在緝私隊之質量。遂於五月間編練緝私總隊。旋改緝私特務團。迨緝私處裁撤。改隸稽核所。稱稅警團。計自成立以來。業經兩載。中以時勢推移。人事興替。與乎國家之危亂。牽於他務。對於維護稅收之本職。未能切實執行。然其衛國護民之主旨。徵諸往事。可得而言。稅警乎。國軍乎。

第二團團長古鼎華同志。近將第二團經過之本末。筆之於書。眉曰囘顧錄。行將付梓。以應星有一日之長。來相關序。予維軍警之職務。各有專司。劃若鴻溝。不能有所差池。然此乃政治修明之結果。非政治修明之原因。故當國家危亂之際。興亡之責。匹夫有之。豈受養於國受託於民之軍警。其可以膠于所司。而思不出位乎。此我稅警團之所以于國家危急之秋。思有以盡其責焉。

當十九年六月。稅警二團成立未幾。北方軍事緊急。部長宋公以緝私後圖。救亡為先。命拱衛首都。旋因勦共。命赴九江。共匪傾其全力來犯。湖口一役。關係綦重。以新編之隊伍。猝遇兇悍之匪共。彼衆我寡。勝負之數。人為我危。幸我官長深明大義。士卒用命。視死如歸。自營長以次。傷[illegible]者百餘

人。然後九江得以保全。而不至牽動前方。搖撼大局者也。今春日寇淞滬。國危矣。部長宋公。又以我稅警團當急國難。命二團隨國軍抗敵。二團同志亦爲效死報國之時。義不反顧。計不旋踵。廟行一役。死義者數百人。敵卒不得逞。相率敗退。迨國軍退却之翌日。我二團猶與敵人相持於閘北。使國軍得以從容撤退。計自作戰以來。始則效死不去。終則惟命是從。雖奔而殿。亦可以無大過矣。夫執干戈以衞社稷。舍生取義。而紓國難。國民之天職也。我稅警二團之于勦共抗日諸役。縱有微勞。未足言功。思盡其責。而責有未盡。惟有本此負責之心。勇邁前往。檢舉已往之事。策勵來茲。古人有言。欲知將來。必徵已往。故溫故可以知新。省察庶有進取。追求陳迹。紀錄尙矣。茲錄之刻。意在斯乎。吾因之有說焉。

凡一集團之有生命。與其生命之久。大端賴其分子之健全。組織之嚴密。使命之公正。與其成就之偉大。不繫乎紀事本末之有無也。我稅警團之生命。基此原則。故個人則鞠躬盡瘁。團體與國家同庥。爲整個之動作。抱一貫之精神。樹國家之鴻業。求歷史之光榮。維繫悠久無疆之生命。實錄之作。當有人焉。古同志其勉旃。稅警團同志其勉旃。然則茲編之刻。殆莊生所謂卽墨之子。吾意其將有洛誦之孫歟。是爲序。

民國二十一年八月溫應星于上海市公安局

序

民國二十一年孟夏。淞滬日寇旣引兵去。稅警總團各部移防蘇屬松江一帶。所屬第二團。亦由前敵開到整理休息。余旣至自陳家閣總團司令部。安營甫竣。第二團團長古君鼎華逆余視其部伍。余向衆宣慰畢。復巡閱一周。見行伍整齊。精神嚴肅。而官兵一種惕勵憂勤誠樸篤實之氣。見於面而盎於背。雖經大敵。辛苦勞悴。出生入死。血戰之後。毫無矜伐飛揚自喜之色。似更將負荷鉅艱。大有造于黨國者。余自幼習武學。閱歷兵間。治軍旅以迄統稅警。凡二十餘年。惟服膺師直爲壯。曲爲老。兵貴精而不貴多之訓。今於此。益信古人之不我誣。而嘆寇退之有由也。旣而入營與諸營連官長長談。詢其各個當時之閱歷感想。古君爲述其參戰囘顧對於戰鬥概况敵我情勢雙方强弱優劣之點。與乎將來戰備改良進步之要。以及此次陣亡將士遺聞軼事。撫恤善後諸大端。詳述而靡遺。謂將就口所述者。更筆之於書。壽諸梨棗。或廣其流傳。藉使我軍士卒之辛勞勇武。得以公諸當世。垂永久而不磨。意至善也。夫淞滬一役。日本傾其舉國之精銳。挾雷霆萬鈞之力。操必勝無遺之勢而來。其戰略之周密。戰術之精巧。兵器之犀利。行伍之整齊。給養之豐富。接應之神速。益以士飽

馬騰。形勢優越。我軍百千萬不啻也。而肉搏抗戰。視若無睹。歷三十五晝夜。敵三易統帥。數增援兵。竟不得一逞。終且逡巡罷兵以去。抑又何哉。蓋我軍師直兵精。咸具忠勇精誠之氣。忘其利害生死。一以當十而已。噫。烈矣盛矣。越三月。余率總團來駐東海。古團長隨出其所成回顧錄就正於余。乞爲一言。余讀既竟。乃就當時共話情景。爲記數語於簡端。以爲序云。

中華民國二十一年八月英德莫雄志昂序于東海軍次

序

一國軍隊之設將以衛國保民也故必能衛國保民者始得爲直正之軍隊我稅警步兵第二團於民國十九年春成立經數月之訓練而拱衛首都也勦匪湖口也抗日滬濱也無不振奮其忠勇果敢之精神發揚衛國保民之榮譽與成績此我袍澤所堪自慰並昭示國人者然又恐其榮譽與成績之日久或墜也同人乃爲回顧錄以紀之蓋所期望我袍澤于將來者至深且切也樹仁忝爲我稅警步兵第二團之創造者謹綴數語于兹錄之端將以自勵並以勵我袍澤

中華民國二十一年八月鄧樹仁于首都

序　10

序

民國十九年春。財政部長宋公。見爾時緝私隊伍之窳敗而積重難返。爰卽從新締治。冀裕國課。本團遂應此而誕生于上海。曩之緝私第二總隊。卽今本團之先河也。成立未幾。卽調松江。旋移京邑。訓練約四閱月。調往潯陽。担任防務。仍加緊訓練。規模具備。冬。十月。團長鄧公樹仁。因調長四團。部令鼎華承乏。華不敏。式循蕭規。幸無大過。惟爲國服務之力量。因官兵克自努力。尚能隨時日而俱增。憶接防潯蚌。俱値匪氛正熾。而卒幸告安堵者。上感

長官威德。下得屬從用命也。追念年九一八東省變起。旅滬日浪人時越界至閘北尋釁。本團適駐是間。目擊倭寇之强横。每欲得而甘心。枕戈待命者爲時兩月。無何。奉命調駐浙杭。忍痛離滬。然與倭寇拚命之決心。已深入于官兵之腦海而牢不可拔矣。本年一二八倭寇大舉侵滬。本團官兵激于義憤。請纓得遂。開滬任廟行江灣間之守備。敵以優勢之武器。猛以臨我。幸我官兵咸懷必死。浴血奮進。敵挫敗者屢。傷亡亦倍我。及後功雖未就。已足喚醒國人之迷夢矣。惟目下東北逆寇。既已更進一步。而淞滬慘遇。猶有餘痕。苟尚偷生

。必無死地。吾人試攷全役所經。敵我之短長互見。己方之錯誤。固應及早改進。敵人之一得。亦無妨善善以從長。過勿憚改。往哲是與。見善不及。先典攸高。此鼎華之所用以自勉。幷夙夜以勵同袍而冀補牢之有及者也。乃者團之官兵同志。念前事之莫可有忘也。而有滬戰回顧錄之刊發。余見其之能當有合也。特爲一言弁其耑。是爲序。

民國廿一年八月古鼎華于松江

戰紀

本團之沿革

李衍純敬述

一 緒言

管子曰。「海王之國。謹正其鹽筴。」鹽之有徵。此其榷輸。歷代相承。鹽榷益重。國以公而徵。民以私而漏。日月相沿。稅源日虧。爰設卡以伺之。此後世緝私利國之始也。民國以還。緝私之政。仍繼有清。比者

財政部長宋公。以值此國難頻仍。課收緊脈。亟須得一內護稅收外禦強敵之隊伍。以應目前需要。特令溫公應星統掌全國緝務。並飭從新編練緝私隊伍。以期克負艱鉅。溫公竭力籌治。禮羅人材。廣募士卒。慘淡經營。頗經時日。始成立總隊二。以胡公銘藻鄧公樹仁分任總隊長。每總隊內有大隊四。中隊一十有六。小隊四十有八。民國十九年三月各總隊先後成立。第二總隊即今之第二團也。改稱後。三四兩團始相繼成立。

二 緝私名號時期

第二總隊長鄧公樹仁。秉承

宋公溫公之命。經始第二總隊。三月成立後設總隊部於上海學西街。四月杪始移松江。從事訓練。鄧公允文允武。治事整暇。知人善任。所屬第一大隊爲佟公明義。第二大隊爲許公國柱。第三大隊即

令之第二團團長古公鼎華也。爾時荆湘贛閩赤匪蹂躪殆遍。江西全省僅存省會南昌與為長江鎖鑰之九江。

部長宋公念國家危難至此。隊伍已具有相當之訓練。自應急所先務。乃於六月十五日為適於勦匪起見。令改總隊為團。第二總隊改為財政部緝私處特務第二團。翌(十六)日即移南京小營。加緊訓練。七月杪。江西告急。隨檄第一二三團開往九江。防勦匪共。八月一日先後到達。另以第二團之第二營撥兩連赴漢口担任緝務。并成立指揮部於九江。統轄三團軍務。處長溫公兼任指揮。九江之民。得茲干成　咸為額慶。未幾。匪以一股襲九江之沙河。指揮部遣第二團之第一營擊之。匪敗竄。斃匪數十。並起囘肉票數名。　部長宋公電令嘉獎。此我團勦匪勝利之先聲也。是月下旬賊燄猖獗益甚。聲勢浩大。欲出長江。進窺中原。匪魁方志敏率衆數千進犯湖口。指揮部復檄該營前往專勦。遇於離湖口城十餘里之江橋。鏖戰一晝夜。賊不得逞。乃復益醜類千餘。洶湧猛犯。第一營見賊勢加盛。官兵創痛皆起。徒以疲兵再戰。衆寡懸殊。營長佟公明義遂及於難。官兵據城堅守。飛報來潯。鄧公見事機已急。即檄第三營星夜往援。比至湖口。賊聞援至即退沮數十里。其時指揮部黎參議度公亦甚努力協助。賊終未敢進犯。湖口賴以安。第一營營長委李團附維屏接充。九月。
宋公欲將前次編餘之獨立營擴為一團。藉以集結力量。因鄧公之籌於規建也。乃調鄧公任第四團團長。所遺第二團團長一職。由第三營營長古公鼎華升任。十月九日就職於九江。除隨蕭規外。復銳意恢宏。士氣益盛。而於地方治安尤極重視。駐潯一載。共亂逼中州。獨九江無恙。潯之民愛之如母。畏之如父。因古公之嚴而有恩也。十月十六日因指揮部係臨時性質。奉令撤銷。成立特務旅旅部。仍以處長溫公兼任旅長。十二月
總司令蔣公因指揮勦赤軍事於七日上午十時抵潯。我團全體官兵由江岸至廬山沿途迎護。駐蹕匡廬。十有餘日。始至南昌。我團復護蹕遠送。　極峯見我團軍容頗肅。潯地安謐異常。特犒賜大洋二千元

藉示嘉許。官兵以公務受犒。蹈勵益奮。一年容易。忽已冬去春來。各項訓育已隨時令而漸告完成。官兵英勇之精神。亦已由成熟而趨於開展之途矣。

二　稅警名號時期

二十年春。政府以鹽務有外債關係。緝私各項概由鹽務稽核所經辦。且以新鹽法已於此時頒佈。可以無庸專設緝私總處。隨頒令裁併。我團於三月十九日奉　部長電知。特務旅已隨緝私處裁撤。特務各團改爲稅警團。歸財部直轄。另設稅警總團指揮之。即以鹽務稽核總所稅警科科長王賡兼任總團長。本團遂於四月十四日正式更改番號。即今之稅警第二團名稱也。十六日第二營許營長國柱奉調中央砲兵第二團團長。遺缺奉委劉團附天紹接充。是年六月。因津浦路一帶匪警蜂起。宋公復檄各團往剿。即於是月八日離九江。居民去思極切。江干送別。社團極衆。舟抵京。即轉車赴蚌埠。第三團警戒徐蚌北段。我團警戒蚌浦南段。一團集結蚌埠準備策應。我團部隨於是月二十四日由蚌埠開駐明光。部隊則分駐沿站。時張八嶺三界等地赤匪糾合土匪侵犯甚急。古公飭第六七兩連分別進剿。先後斃匪不少。匪遂遠竄。終其防不敢犯。八月二十五日復由明光開回蚌埠。我團自成立迄茲。俱屬奔赴國務之急。

部長宋公以彼時賊氛略靖。擬調滬緝私。暫回本務。乃於九月十二日由蚌埠南發。十八日循京滬路開抵蘇州。到蘇之日。吾人正因江淮洪水路滅。將慶安瀾。不意晴天霹靂。倭寇藉口中村事件舉兵侵我遼寧。寖假而併我吉黑。官兵得訊之後。義憤塡膺。不可遏抑。九月二十一日復由蘇開滬。駐閘北一帶。團部駐太陽廟路之錢江山莊。時倭冠已肆其北侵。復欲在我國之中部得一臠以飽慾壑。派遣巨量軍艦飛機等至上海。并令無賴浪人到處滋擾。以便起事。我官兵憤恨已極。久欲食其肉而寢其皮。因奉令靜候處置。全體官兵爲仰體政府意旨。嚴密戒備。無間日夜。莫敢少懈。後因政府調十九路軍接

替滬防。準備抗日。特飭稅警各團維護滬杭鐵路。以固後防。本團於十一月二十五日由上海開赴杭州。團部暫駐城西海潮寺內。十二月二十七日奉令開駐嘉興。護路月餘。沿綫雖平安無事。而淞滬風雲陟變。倭奴於一月二十八日悍然復逞其無人道棄公理之暴舉於上海矣。駐滬十九路軍見彼無理啓釁。卽於閘北江灣等地效戚繼光之遺事。暴日憑其利砲飛機。盡量轟炸。十九路軍死力進戰。敵屢挫敗。惟市民密集。多罹於難。本團官兵見國家已如此危亟。暴日復鯨吞無已。此時不爲國家盡捍衛之責。無異以奴隸自居。爰向
宋公請纓參戰。
宋公憂國憂民。已先天下。爰於二月五日電允所請。我團於六日由嘉興向上海進發。防守眞茹十有餘日。同時一三四各團俱集中上海南市。二十三日我團奉 蔡軍長命接替廟行至金家木橋陣地之守備。二十四日敵以唐克車及重砲掩護步兵向我猛犯。同時以飛機數十架擲彈轟炸・我官兵沉着應戰。敵近卽奮進肉搏。敵不得逞。二十五日砲火益烈。我之工事大半被燬。第一營官兵入槍多被敵砲轟埋土中。惟官兵咸懷必死之心。血濺成渠。猶復猛進。敵終不能越雷池一步。二十六七兩日戰況較昨略減。二十八日奉令開閘北接六十師在蒙古路一帶之防務。敵以燃燒彈向我團陣地發射。綫上房屋。多被燃燒。敵並以唐克車重砲步兵協同猛烈衝進。奈我官兵視死如歸。且戰且撲。從容應戰。幾忘却敵之重砲飛機爲何物。敵屢敗於肉搏。傷亡約倍於我，三月一日奉命轉移陣地。向江橋背進。四日駐於崑山。月杪始由 山經蘇州回嘉興。四月一日復開松江。計是役我團傷亡官兵共計五百七十員名。我團本爲國護稅。此次竟獲與暴日作殊死戰。誠爲快事。抵松江後。補充訓練。官兵精神益爲奮發。蓋國仇未報。國恥紛來。非臥薪嘗膽不足以言恢復也。駐松江二月有餘。
部長宋公以剿匪護稅。亦屬目前急務。卽於六月二十六日檄調海州。担任緝務。及剿辦徐海匪盜。此我團已往之梗概也。

四　結論

我團自搬建迄今。已歷兩載又四閱月。中間參預國際戰爭一。專剿匪共三。遷地十有一。長官之訓育。培其實質。宋公之威德。植其精神。實質之量。即作戰之能力。精神之結。即忠貞不拔之志向也。值此國步多艱。生民困阨。我團基礎之樹。何以培之。恢宏之任。何以成之。本職之務。何以盡之。國事之急。何以赴之。開來繼往。除舊佈新。根之固者其葉茂。膏之渥者其光華。異日之枝葉扶疏。光明燦爛。其於此次之檢點籌維卜之矣。

參加淞滬抗日戰役經過概要

日本帝國主義者數十年來抱定其武力侵略中國一貫之政策突於去年九一八晚襲取我瀋陽強佔我東省凡我同胞均應認爲庚子聯軍入京以來最重大之事變也乃我民族有史以來所受最大之恥辱也而日本帝國主義者之鐵蹄踐踏我東省二百餘萬方里之領土屠殺我無數民衆仍不能稍滿其侵略之野心復於今年一二八晚乘我不備攻我淞滬在此萬分緊急之時期在此民族生死存亡之關頭稍具熱血者無不義憤塡膺怒髮冲冠實施勇敢救國之行動以反抗日本帝國主義者之橫暴侵略故我駐滬防軍十九路之武裝同志不忍坐視領土之任人強佔民族之被人滅亡毅然起而與之抗戰不顧一切之損失願爲全民族求解放而犧牲義旗一舉舉國同欽本團官兵爲抵抗外來侵略保衛民族之責任不忍十九路軍孤軍應戰不忍數千萬同胞長陷於飛機砲彈轟炸之下激昂憤慨迭電請纓以救危亡以保國土於二月五日奉
部長宋電令由嘉興出發赴滬直接歸十九路軍蔡軍長指揮防守滬西之北新涇虹橋一帶十三日移防吳茹歸

七十八師指揮是時敵以屢次猛攻終不得逞遂大調援軍絡繹來滬統計其陸軍爲第九師團十一師團十四師團廾四混成旅團及海軍陸戰隊等部合計不下十萬餘人軍艦六十餘艘飛機二百餘架由敵將植田謙吉指揮復於二月廾一日向我十九路軍提出無理通牒我軍以守土有責決不願繼東省之不抵抗主義陷我民族於萬刼不復之地位遂以嚴辭拒絕枕戈以待是時我軍守閘北至廟行之線者爲右翼軍由十九路之六十六，十一，及七十八，三師負責守廟行至瀏河之線者爲左翼軍由第五軍之八十七八十八兩師負責守吳淞者爲七十八師之翁旅此敵我情形之概要二月廾三日本團奉令接替廟行至金家木橋陣地之守備歸六十一師張副師長指揮本團所希望殺敵致果者從此開始計前後抵戰一月有餘其中曾經猛烈之血戰肉搏全團官兵傷亡五百餘員名當此滬戰協定回顧我忠勇殺敵之陣亡將士及戰區受害哀鴻遍野之民衆不禁爲之潸然墮淚茲謹將本軍請纓抗戰及本團在閘北交綏廟行喋血之戰鬥經過情形詳述於後藉留永久之紀念焉

A　我旅請纓抗日致各方要電如左

一，電財政部部長宋

滬北暴日啓釁職部官兵莫不義憤塡胸團營長等環請參加抗日可否允如所請謹電候訓

二，電十九路軍蔣總指揮蔡軍長戴司令區師長

暴日啓釁貴軍力戰却敵至深欽佩㞦等所部均已整裝集結待命增援願作後盾共靖國難

三，電十九路軍蔣總指揮蔡軍長戴司令

敝旅集結嘉興之主力部隊枕戈待命隨時可向上海開進以增援實力倘希賜示機宜爲禱

我軍請纓函電雖迭次發出奈因當時八十八師已調赴前方浙省防務空虛無兵接替故得上峯覆電尙須待時出動而全旅官兵以日寇如是凶横無不怒目切齒以殺敵爲快也日軍於開釁之後逐漸增加兵力因此戰事愈益擴大至二月五日我旅得奉命令以二團集結松江駐紹興五夫之第三團移駐嘉興二月七日我旅奉命以達到松江之本團開赴老龍華幷接十九路總指揮蔣廣電如下

貴部古團長來滬共抗日寇甚感佩已飭暫在龍華待命茲擬請貴部再派一團來滬接替滬西防務何日開動請電復

B　本團參加抗日戰鬥經過詳情

二月廿三日本團奉到張副師長命令要旨如左

一，本旅(一二二旅)(附獨立旅古團)奉　令接替嚴家宅至廟行鎮之綫陣地守備茲將守備地區守備部隊區分如左

廟行鎮(屬八十七師)至金家木橋(屬之)爲左地區由八十八師獨立旅第二團守備之

金家木橋以南至谷家宅(屬第五團)爲中央地區由第四團守備之

谷家宅(屬之)至嚴家宅爲右地區由第五團守備之

第六團在顏家宅及其西南村莊爲旅預備隊

二，各部隊於薄暮後開始移動限本(二十二)日午後十二時以前接替完畢繪圖具報

三，各地區陣地工事應速增築強固如有被敵炮火破壞之處應隨時修築並應利用夜間構築預備陣地及交通壕

本團奉　令後其兵力配備如左

一，第一營(附平射砲迫擊炮各一排)爲地區守備隊担任金家木橋(屬之)至塘東宅(屬之)一帶陣地之守備於本(廿三)晚六時由現駐地出發經大塲至顏宅附近停止待命

二，第三營(及附迫擊砲平射砲各一排)爲地區守備隊担任塘東宅(不屬)經嚴家閣至廟行鎮以左一帶陣地之守備於本(廿三)晚六時廿分由現駐地出發經大塲至顏宅北端停止待命

三，第二營及迫擊砲連(欠二排)爲預備隊於本(廿三)晚七時由現駐地出發經大塲至顏宅附近集結待命

四，衛生隊及各部隊炊事塲在大塲北端附近（規定早飯午前三時晚飯午後七時在晝間絕對禁止送飯入

員來往以避敵之飛機）

五，通信連迅速完成六十一師師部及一二三旅旅部暨各營連之通信網

六，運輸連卽晚將彈藥之一部運至大塲東端附近待命各部隊依命由宿營地出發至本（廿三）晚九時先後到達顏宅附近停止隨卽率担任守備之部隊長官（營長）到旅部接洽交接陣地各事宜後遂令第一營營長率隊進入金家木橋至塘東宅之陣地該陣地之守備限於本（廿三）晚十二時以前接替完畢繪圖具報又令第三營營長卽率隊進入塘東宅至廟行（不含）以左之陣地該陣地之守備限於本（廿三）晚十二時以前接替完畢繪圖具報

二十四日午前零時卅分接各營報告已於十二時以前將各地區守備接替完畢預備隊於十一時到達指定地點至午前二時各部之通信網亦已完成三時許卽接第三營營長及第一營營長電話報稱敵之步兵屢以唐克車及大砲之掩護向我陣地猛攻等語當時卽令官兵嚴密戒備沉着應付俟敵近至最近距離再以槍砲及手榴彈一齊猛擊以期殲敵於陣地之前故敵屢次向我猛攻均被擊退終未得逞同時將以上情形報告張副師長至午前十一時敵又集中炮火向我陣地轟擊天空飛機十餘架隨處擲彈並放機槍掃射敵之步兵利用烟幕彈掩護節節築壘前進本團官兵沉着應戰後將敵擊退至午後五時敵再用唐克車多輛掩護步兵向我第一營陣地進逼被我團位置於金家木橋之平射炮及前綫步兵協同猛烈射擊將敵唐克車及尾隨之步兵擊退午後九時敵又發多數炮火幷雜以燃燒彈向我塘東宅嚴家閣一帶陣地亂轟附近民房數處起火當時我官兵一面嚴陣以待一面分兵救火在敵砲火猛烈之下往來奔馳將火撲滅敵終未得逞是役斃敵二百餘名我方亦傷亡官長數員士兵四十餘名

二月廿五午前九時敵集中炮火飛機及唐克車向我金家木橋一帶陣地猛烈攻擊我官兵沉着應戰至十一時許陣地工事大半被敵炮火毀壞第一營官兵傷亡殆盡武器多被掩埋土中電綫全被炸斷陣綫幾難支持當時卽令第二營及追擊炮連加入第一營正面惟該地全是開闊地增加時敵以二十餘架飛機在空

中盤旋轟炸同時敵之大炮轉移我一三營目標而集中向我援隊猛攻每分鐘發彈數十週圍二三百米達內滿天烟火莫辨東西敵機利用此種烟幕降落離地約二三百米達以機槍掃射惟我官兵仍勇往直前前仆後繼衝抵金家木橋遂與敵反覆肉搏同時第三營亦以猛烈火力援助直至午後一時卒將頑敵擊退斯時我二營官兵亦傷亡不少被毀陣地又未修復遂令改守預備陣地計是役斃敵約五百餘名我團陣亡連長三員負傷二員連附排長傷亡二十餘員士兵約五百餘名平射炮被毀二門機關槍毀壞五六挺當時即將上列情形報告張副師長一面飭部修理電綫處理傷亡至午後四時八十八師之廖營亦開到顏宅擔爲本團預備隊至入夜十一時又令二三營各選精幹官兵一排於黑夜襲擊敵人匍匐前進至敵陣地時敵猶未覺我之官兵即以手榴彈及刺刀猛烈衝殺將敵擊退奪獲機槍一挺步槍七枝我二三營遂乘時將金家木橋之被毀陣地修復惟派出夜襲之部隊奮勇異常故官兵傷亡將近過半

二月二十六日午前七時敵以炮火向我二三營陣地猛擊工事又多被毀壞惟我官兵隨毀隨修沉着應戰不爲稍動敵遂未敢出擊至午後三時敵以唐克車掩護向第三營陣地進攻被我方用手榴彈平射炮擊退及至午後六時又復向我二營陣地衝來被我預埋地雷及手榴彈轟炸終不得逞而退

午後八時接張副師長轉奉毛師長命令謂我團連日作戰傷亡極大亟待整理該團所担任守備金家木橋至嚴家閣之地區着於本(廿六)晚十一時以前交由八十八師接替開回大塲整理并歸本部直接指揮

我團奉命後其處置如左

一，着第一營於本晚十時卅分由現駐地出發經大塲至張家宅集結整理

二，第二營(附平射炮迫擊炮各一排)於本(廿六)日午後十一時以前將防務交由八十八師接替後即經大塲到夏家宅集結整理

三，第三營(附平射砲迫擊炮各一排)於本(廿六)日午後十一時以前將防務交由八十八師接替後即經大塲到張家宅集結整理

四，團部及迫擊炮連（缺兩排）於十一時由現駐地出發經大場到張家宅集結整理
五，通信連於本（廿六）日午後十一時卽開始撤收通信網經大場移駐孟港到達後卽行架設通六十一師之電話

二十七日午前三時各部先後到達指定地點並令清查傷亡失踪之官兵損壞之武器及彈藥消耗等至午後六時卅分奉到六十一師毛師長電話飭派員隨張副師長赴閘北偵察地形以備接替六十師第一二〇旅第四團之防務當時卽派吳團附趕赴大場隨同張副師長到閘北偵察地形一面率隊至中興路停止至十一時卽令各營接替陣地茲將接替情形及兵力分配如左

一，我團（附第三團第一營）奉令接替六十師在北站蒙古路一帶防務
二，第二營配置於新閘橋沿蘇州河經北西藏路浙江路北車站亘虬江路口之綫對於新閘橋垃圾橋開封路海寧路北車站等處務要嚴密警戒右翼與民團左翼與第三營須妥取連絡
三，第三營配置於寶山路虬江路口（綫上屬之）迄寶山路東方圖書館以右之綫對於虬江路寶昌路寶通路等處務要嚴密警戒右翼與第二營左翼與六十一師第六團須妥取連絡
四，第三團第一營爲預備隊位置於中興路永興路宋公園路虬江路小永興路一帶地區并担任本團駐地之外衞及巡查
五，第一營位置於虬江路民德路附近整理待命
六，團部及直屬部隊將防務接替完畢後卽報告六十一師毛師長同時又令各部隊注意事項如左
1.各該部隊對於守備區域內之住民務要嚴密檢查對於行人尤須禁絕
2.各部隊對於工事務須竭力增加強度並擇要構築多綫之工事以防意外
3.各部須指定防空部隊位置
4.各處如發生火災附近之部隊務要迅速設法撲滅並就近通知附近崗警請其協助

5.各部炊事場不准在駐地以內須擇稍遠能避敵飛機下視之處

午後三時許敵以多量燃燒彈向我第三營陣綫中興路附近數處起火是時閘北既無消防隊我團又無救火器具火勢蔓延不可嚮邇同時敵機又來擲彈放槍我三營官兵取近傍陰溝汚水往來灌救至四時將火撲滅同時敵以唐克車掩護步兵向我北站第二營六連陣地沿三營之綫進攻我官兵沉着應戰敵終未得逞是日斃敵百餘名我二三營亦傷亡官長三員士兵廿餘名

二十九日午前九時敵以炮火向二三營陣地射擊十時許敵之步兵又向我六連陣地北站一帶進攻經我官兵猛烈射擊敵不得逞而退計斃敵數十名我方亦傷亡排長一員士兵數名至十一時敵又以步炮兵攻擊我東方圖書館一帶之陣地我軍仍沉着應付俟敵接近以手榴彈機關槍等猛擊相持二小時之久敵不支而退

三月一日午前二時至十時敵仍不斷向我陣地進擾終以無隙可乘退去計是日無甚劇烈戰事至午後九時十分奉

六十一師毛師長電話着我團暫歸六十師指揮隨奉

沈師長命令如左

一，敵情如貴官所知

六，本師(附六十一師第六團及八十八師古團)擬本(一)日轉移陣地於北新涇亘真茹大場唐橋之綫其處置如左

1.一二〇旅(欠第六團)附第一團於下午八時佔領北新涇亘錢家宅至真茹車站以北之綫陣地迎擊敵入

2.六十一師第六團及獨立旅古團應於下午十一時開始移至江橋以南徐家宅袁家宅錢家弄朱家宅一帶地區集結待命

3.一一九旅(欠第一團)附第六團應於下午十一時開始移至江橋鎮亘鐵路以北之綫佈防

4.師部及直屬隊位置於石橋附近(在江橋鎮附近)

三，各部行進路如左

1.一一九旅(欠第一團)一二〇旅及師部直屬隊沿鐵道以南之綫

2.第一團及六十一師第六團獨立旅右團經軍家灣徐家橋楊家橋道路

四，一二〇旅應以第四第五兩團(各缺一營)應先行移至真茹鐵路南北之綫佈防

五，工兵營應派一連歸鄧旅長指揮俟部隊完全通過後即將所有通敵道路橋樑全行破壞

六，余在師部

附記

1.最前綫部隊移動時須派出小部隊節節抵抗

2.夜間不許燃燈務須靜肅

3.第四第五二團(各欠一營)即於本(一)日下午七時開始移動

4.各部預備隊於本日下午十一時開始移動

5.最前綫部隊於明(二)日上午四時開始移動惟閘北最前綫部隊須於明(二)日上午五時開始移動

基於上述命令下達如左命令

一，我團奉命撤至江橋附近整理待命

二，第三團第一營即時出發經朱家橋到達真茹後着即向北涇歸還建制

三，第一營及迫擊炮連狙擊炮排衛生隊即時出發經朱家橋真茹鎮至江橋南之莊家巷(沿蘇州河)附近停止待命運輸連即時押運大小行李經朱家橋真茹鎮至江橋南之莊家巷(沿蘇州河)停止待命通信連即將通大場師部之電話綫全行撤收其餘電話綫俟前綫部隊開始移動後迅速分途撤收再復至江橋南之

莊家巷附近停止

四，第二營於明(二)日午前四時卅分開始撤退經朱家橋眞茹鎮至江橋以南之李家行附近停止待命但撤退時須酌留部隊以掩護本隊之撤退至明(二)日午前五時再行撤退并與第三營派出之掩護部隊妥取連絡如敵尾追須節節抵抗

第三營於明(二)日午前四時開始撤退經朱家橋眞茹鎮至江橋南之丁家濱附近停止待命但撤退時須酌留部隊以掩護本隊之撤退至明(二)日午前五時再行撤退并與第二營掩護部隊妥取連絡如敵尾追須節節抵抗

五，余現在東昇里團本部明(二)日午前四時后由現地出發移駐江橋南之莊家巷

注　意

1. 各部隊移動之際務須靜肅且不得燃燈
2. 各部隊行進時須設法妥取連絡嚴禁落伍
3. 各部撤退時務須確守時間

二日午前十時我團各部先後到達指定地點以敵未尾追各部均無損失惟第三營撤退時稍受敵之炮擊傷亡士兵五六名至午後三時卅分接六十師沈師長命令其要旨如左

一，敵援軍十一十四兩師團已到達上海由敵將白川統率企圖與我軍決戰其一部既在瀏河附近登陸威脅我軍左側背

二　我軍爲避免與敵決戰擬於二日午後將主力向黃渡方泰鎮嘉定太倉之綫撤退待機轉移攻勢

三　我右翼軍主力於二日午後開始向黃渡方太鎮之綫撤退以一部先佔領眞茹大塲逐次向江橋鎮南翔廣福南端進入陣地作主陣地之警戒并施行節節之頑強抵抗

其兵力配備及各師之戰鬥地境如左

甲，我八十八師獨立旅及憲兵團向顓橋鎮莘莊七寶鎮之綫撤退左與十九路軍江橋鎮附近連絡

乙，我七十八師主力於一日午後由大場附近經南翔向陸家巷方向撤退

丙，我六十一師主力於一日午後由大塲鎮北方經陳家行向方泰鎮方向撤退

丁，新作戰地境(退却路線同)

1.吳淞江以南屬八十八師獨立旅

2.六十師、七十八師：以京滬鐵路相連之綫爲作戰地境(綫上屬六十師

七十八師、六十一師：以大塲北端小南翔陸家巷方泰鎮之綫爲作戰地境)綫上屬七十八師)

戊，各師撤退時正面留一團作收容隊極力佯攻掩護主力脫離戰場至主力進入新陣地後逐次撤退之

我左翼軍一部在胡家莊楊家行佔領收容陣地主力於一日午後向嘉定太倉之綫撤退利用嘉定太倉城爲據點派出一部於羅店及瀏河附近對瀏河方面警戒

四，作戰地境

以胡家莊唐橋廣福馬陸鎮外岡鎮之綫爲兩軍作戰地境(綫上屬左翼軍)

五，師奉令於本(二)日由鐵路以南道路向黃渡撤退幷佔領黃渡至京滬鐵路之綫其部署如左

1.一二〇旅(欠第六團)附第二團於下午九時由夏家庫真茹之綫開始撤退經江橋鎮至黃渡鎮吳塘灣何家灣之綫進入黃渡鎮至京滬鐵路之陣地(鐵道屬之)左翼與七八師確實連接右翼與一一九旅連絡但撤退時須派有力之一部節節抵抗幷將通敵道路鐵道橋樑施行破壞

2.一一九旅(欠第一團)附第六團於明(三)日上午二時由江橋鎮至鐵道以北之綫開始撤退經黃渡至陸家村朱前村顧巡爲預備隊幷派一部於宋家村魯家濱之線對北警戒左翼須與一二〇旅連絡但撤退時須派有力之一部節節抵抗幷將通敵鐵路橋樑道路施行破壞

3.六十一師第六團獨立旅古團於下午七時卅分開始撤退經黃渡鎮至方泰鎮西南地區歸還建制（古團仍歸六十一師指揮）

4.工兵營歸鄧旅長指揮架築黃渡至鐵路本陣地之工事

5.高射炮第十五兩連到達黃渡改歸鄧旅長指揮

6.師部及直屬隊於下午七時開始移至安亭鎮附近

六，各部隊撤退時須派出右側衛沿鐵路前進

基於上述命令卽着二三營於本（二）日下午七時卅分由現駐地出發經南翔至方泰鎮西南之張家宅郝家弄方家弄附近停止待命

團部通信連無線電分隊第一營步兵炮連狙擊炮連醫務所於本（二）日午後八時由現駐地出發經南翔至方泰鎮南徐家宅附近停止待命運輸連迅速設法將眞茹彈藥等搬運至莊家井轉黃渡各部隊小行李於本（二）日午後八時廿分出發經南翔至方泰鎮停止待命

午後五時卅分又接到六十師沈師長命令要旨如左

一，據報敵騎兵數十名及步兵二三百名現向眞茹無線電台前進中

二，着六十一師之第六團歸古團長指揮幷率所部於黃昏時沿鐵路開至南翔附近堵截該敵幷相機撤至方泰鎮至鐵路之線佈防

基於此命令卽以第三營營長率兵兩連位置於南翔車站對東北方面嚴密警戒掩護六十一師之第六團及本團完全通過南翔車站後卽向方泰跟進至三日午前四時各部隊先後到達方泰南之小灣張家宅等處停止待命

午後四時奉命由方泰移駐南塘莊至十時全部到達繼復奉命移駐崑山於四日午後六時各步隊先後到達分駐崑山南門外及東門大街停止待命

五日午後五時奉命開赴崑山城之西北端沿常熟河一帶佈防在此旬有餘日我團官兵不分晝夜不避辛勞努力構築防禦工事至三月廿日奉十九路軍蔡軍長命令着我團歸還建制遂由崑山經蘇州嘉興開抵松江隨奉

旅長命令着全團位置於松江沿城垣建築強固工事至五月五日停戰協定簽字淞滬抗日遂告一段落矣

此次兇橫殘暴之日本帝國主義者挾其海陸空軍之暴力恃其堅強之武器不惜破壞國際和平妄啓戰端奪我東省犯我淞滬我軍將士爲保全民族之自由無不欲殺敵流血於疆場故肉搏抗戰一月有餘暴日雖三調援軍四易主帥終亦不能越我寸土此種激昂憤慨勇敢犧牲之精神誠非帝國主義者之夢想所及我團官兵雖職在緝私護稅然睹國勢之阽危懷軍人之天職攖冠披髮未敢後人爰於二月六日請纓抗戰開赴前敵得隨十九路軍之後廟行閘北之役屢挫倭奴殺敵致果雖未遂殲滅之志亦足雪國仇於萬一而我忠勇犧牲諸烈士猶足以表揚民族之奮鬥精神現在滬戰已告一段落而東省數千萬民衆依然還在帝國主義者猛烈炮火之下死命掙扎凡我袍澤務須繼續先烈犧牲精神作不斷的邁進國家興亡匹夫有責檢點過去共勵將來以上所述乃我團當日參加戰役之實在情形也

附廟行閘北防禦陣地配備要圖

傳記

本團抗日陣亡將士傳略

第一營第二連上尉連長鄒冠雄事略

鄒烈士冠雄字泰安號治平廣東龍川縣人也生而聰敏有大志而尤以孝悌著閭里稚年失怙依祖母與母及其兄盤安先生以成立稍長序進該縣小中學肄業每試輒冠其曹神童之譽遍于里巷後考進福建廈門大學業未畢爲家境所限輟學返侍養慈親無少懈每見其太夫人劬勞輒擇其可代者先代操作太夫人偶或沾恙必侍奉湯藥致廢寢食其孝行純篤有如此而太夫人轉不以躬自操勞爲苦每勗以男兒爲國之義烈士亦以養志事親亦足以承歡隨決計從戎以冀直接爲國效力爰于民國十四年考進黃埔軍校第四期政治科肄業于軍事政治之學俱有深切研究畢業時考列前茅極爲學校當局所讚許後派赴前方服務歷充國民革命軍新編第四

師少校指導員第四軍政治部編輯主任調查科主任該軍二十六師七十六團三營少校營附及連長等職十七年復在第九軍三師充少校參謀平日任事勤奮極得長官信任後因北伐功成烈士以欲期遠大必于學問有所深造乃辭職考進軍官研究班憲兵科肄業斯時鋒亦與同班課餘操暇互相切磋他山攻錯相見恨晚及畢業烈士派在教導三師充連長旋請假改投財政部稅警總團第二團第一營充營附不數月調充該營第二連連長此次暴日陷我東北國土淪濡烈士悲憤塡胸常語人曰强鄰壓境安可不事抵抗而自趨滅亡吾輩身爲革命軍人今日不爲國死尙復何待及暴日進寇淞滬烈士復拊髀而言曰吾輩盡忠報國此其時矣成功成仁在此一舉其捐軀報國已早具決心及在廟行江灣之綫敵以重兵集結進攻益以飛機唐克車之轟炸狂風疾雨勢不可遏烈士防區首當其衝乃秉其歷來經驗沉着應戰指揮若定槍無虛發血戰兩晝夜敵受巨創胆破心寒不敢逼視乃益集醜類利用飛機偵察陣地並爲重砲目標由遠地瞄準發射致使戰壕盡毀烈士因而身殉噫蒼宏碧血已蔚黃花國人哀其忠貞將于姑蘇集其同殉者悼其遺蹟爰誌其梗概如此

陳林鋒撰

第一營第三連上尉連長龐子廉事略

龐連長子廉字潔亭河北滄縣人父升元早歿年十八畢業于邑之中學是年母王氏又歿無兄弟姊妹煢煢孤獨常依伯父爲生性沉穎寡言笑伯亦善撫之亟欲一謀職業以減輕伯父之負担越一載伯父爲其畢婚焉會東省警官學校招生遂負笈前往投考榜發名列前茅卒業後充東省鐵路管理局警務處巡察員十八年參加中俄戰爭屢挫强敵十九年三月充本團二營七連少尉排長至二十年十月調升一營三連連長淞滬戰啓奮然曰殺敵之機又至矣迨奉令赴滬參加抗日出發之日語儕輩曰余恨不能身生兩翅卽時手刃敵首以洩吾忿也二月二十五日金家木橋之戰强敵不能越雷池一步步槍砲彈視若無

物卒為飛機炸彈轟斃有見其瀕死時尚呼殺敵者其忠勇為不可及也時年方二十有八嗚呼死得其所哉

第二營第五連上尉連長古錚史略

古連長錚字作新廣東五華縣人世居縣之梅林約河石鄉父駿我清邑庠生家頗殷實兄弟六錚居長賦性耿直豪放不羈幼讀書輒慕班定遠之為人稍長入梅縣樂育中學肄業卒業後考讀廣東法政學校于民國十二

年東畢業旋奉廣東高等法院委充廣東曲江地方法院書記官服務經年以非其志也隨于民國十四年秋考入黃埔軍官學校肄業期滿派充國民革命軍第四十軍特務營中尉排長十七年春任安徽泗縣政府承審員同年十月充第四軍教導團連長營附等職十八年充淮北鹽務緝私大隊長十九年二月復入中央軍校高級班肄業是年四月西北變起奉調國民政府警衛旅上尉參謀戰事結束仍回班肄業至二十年秋初畢業八月奉財政部稅警第二團委充上尉營附二十一年二月調充第五連上尉連長時日寇正據我東北及侵擾淞滬財部各團俱奉令調滬參加抗日第二團獨赴前線師抵松江時途值其宗親同事于團部語之曰日寇亟矣吾輩革命軍人不為國家捍衛民族爭光何以生為我死勿以軀殼為念家君老矣妻兒尚幼幸為存卹等語其艱貞壯烈有如此者迨于月之二十五日廟行金家木橋之役敵發砲數千而仍率士卒猛衝敵退以機槍抗而衝益烈卒中敵彈遂殉焉時年三十一歲先民有言求仁得仁有何怨吾于古錚謂然

第一營第一連中尉連附曾冲漢事略

曾君冲漢，粤之揭陽五經富鄉人也，父名思明，母陳氏，俱健存，兄弟三人，冲漢行三，長兄初基，次兄建之，經商汕頭，幼時肄業于鄉之肇基高小學校，卒業後轉學于汕頭華美耑科學校，旋考進普益社英文商業耑門學校，時民國十三年事也，適是時革命軍東征，軍次潮汕，君以久處軍閥鐵蹄之下，憤民衆之受洪逆兆麟壓迫之痛苦，每以解放民衆爲已任，早有從事革命之志，然爲環境不許可，卒無所措施，迨革命勢力伸張潮汕後，于民十四年卽捨學校生活由友人紹介投考黃埔中央軍事政治學校，畢業後允國民革命軍第十八師營政治訓練員，未幾該師在惠屬被解散，君感時局糾紛，未遂初衷，乃負笈至南洋，任教職于暹羅某校，至十七年夏間返國，得同學推薦充國民革命軍第十一軍廿六師七十六團第九連連附，後調特務連中尉連附，及團部中尉副官，是年冬，隨軍東征，參加北伐，越贛皖魯諸省，轉戰數千里，十八年粤北江白坭之役，因積勞致病，卽辭職還里休養，本年秋，鄉人以君久歷戎行，推舉担任本邑自治警衞隊中隊附，任事數月，成績斐然，十九年春，因事辭職，卽由粤赴滬。投稅警第二團充第一連少尉排長，平日熱心職守，對所部士兵尤和藹可親，去年冬擢升中尉連附，常以倭奴未滅軍人之恥二語以勗部曲，目前日寇犯淞滬，君參加抗日，由嘉興移師之際，君輒曰馬革裹屍余素願也，廟行之戰，奮勇絕倫，強敵頗受其挫，可謂氣冲霄漢，君名

副其實矣，後因邁進衝鋒，身被砲殂，時年二十有六，家有妻子女各一，惜哉。

第一營第三連中尉連附江爾雄事略

江連附爾雄湖北安陸縣人家貧無兄弟姊妹父母以其單傳也甚鍾愛之稍長聞人述三國演義至張翼德大鬧長板橋事心羨慕之民十二投入粵軍入伍生隊後入粵軍第三軍校畢業在軍見習十五年北伐軍興充任排連長副官二十年充本團二連中尉連附廟行之役身負數傷尙沉着應戰并勗部下云此次我輩戰死實爲無上光榮幸勿見傷而餒後卒以傷重陣亡年二十九歲家有妻子各一

第三連中尉連附諶冠英事略

諶連附冠英籍安徽幼失怙時有弟叔琳友愛甚篤民十五年因念家居終非長策悉以家務託叔琳而己則負笈入粵進第十一軍軍士敎導隊畢業後卽充第十師三十團第二連少尉特務長同年十一月調軍部特務連充少尉排長民十六改充二十六師七十八團第七連中尉連附民十七升二營八連連長民十八充第七旅旅部上尉副官民十九調充六十一師新兵訓練處上尉大隊長民二十一任財政部稅警第二團中尉連附此次淞滬變起第二團繼十九路軍師出前綫抗戰浴血相搏兩晝夜彈密如雨無虛隙而沉着應戰指揮若定敵被挫退者再旋飛機來助竟遭難殉國於乎馬革裹屍男兒素志求仁得仁吾知其必含笑于九京也

第一營第三連中尉連附劉多羣事略

劉烈士多羣別號聚齋皖之太和人也父華慶經商爲業民十三投入東北陸軍衛隊旅後卽考入軍士敎導營畢業後充任司務長排長十六年轉入第六路軍充中尉連附二十年任本團三連連附東北被佔歎曰予昔日學習之地非爲我有矣如有起而驅逐倭奴出境者誓當執鞭以從日寇之犯淞滬也以不得參與十九路軍作戰爲憾旋本團奉命開滬參加抗日欣喜欲狂金家木橋之戰强敵爲摧卒以敵砲過于密集竟以身殉時年二十八歲

第二營第七連中尉連附孟繁琦事略

中尉連附孟繁琦烱輝其字也年二十八歲世居河北省固安縣家稱小康世務耕讀其祖父安公淸遺廩生年逾古稀健鑠異常父慶元業農其母邑士人女也叔父畢業師範學校祖父德望冠于全邑家庭善睦甲于鄉里居村名吉城羣山繞其北白河帶于南蒼松白雲自是靈秀所鍾淸流急湍千里精英所匯連附初生之日卽異常兒身體魁偉目有異光其祖父見而異之曰斯吾家之寶樹也故名之繁琦字之曰烱輝幼侍庭訓聰穎異常長入學校智慧倍進當其年五歲侍母讀書之時其母取玩具及木槍書籍之類於一處囑其所好以占將來連附獨右手執槍左手握書躍躍欲試其母稟其祖父其祖父賞之曰斯兒可謂文武兼之矣異日或能執戟衛國折衝樽俎以雪祖國之奇恥乎年十六入河北省師範學校時値國家多難外患日亟每欲棄讀從軍出而捍國以盡國民之責繼各方之敦勸欲救國必先充實個人智識以期造成後日大智大勇勿作血氣之剛也遂益努力並注意運動于二十歲畢業遂辭親離鄉投考于東北陸軍講武堂緣宿日之志願對于軍事學異常努力復以國事日非益勵其奮勉之志故于畢業成績獨冠羣儕後服務東北軍各部大展其才成績宛在經戰多次奮勇尤甚于十九年投入財政部稅警總團步兵第二團充中尉連附對于職務維勤維謹教育士兵寬猛相濟待遇同人尤稱和睦故人

均稱贊之自九一八事變後東北河山盡行變色同胞被其蹂躪何能盡言全國同胞正恨與其坐而待亡孰與起而抗之義奮填膺均誓雪恥而暴日狠心未已復于一二八強佔我上海我軍固已夙有準備遂起而抵抗屢戰皆捷敵人胆寒而列強亦不敢謂東亞病夫之無能爲矣二月二十五日金家木橋之戰役我團與敵肉搏者兩晝夜殺敵無算而連附奮勇指揮尤稱獨有二十六日我軍攻擊之時奮勇先登遂遭重傷數處猶顧同人而言曰我之夙願遂矣望同志努力殺敵翌日遂逝世于醫院嗚呼人莫不有死而死有泰山鴻毛之判若孟連附之爲國家民族爭生存而死則誠可謂重于泰山矣雖然上遺白髮父母下棄孤寡妻女吾知其死亦難瞑目矣

第七連連長張貫清撰

第二營第八連中尉連附楊景衍史略

楊連附景衍號敬言山東掖縣人父永和母王氏早逝兄弟二人君居長年二十五娶妻林氏無所出稟性文雅年長入東北陸軍教導隊工兵科習武業民十四年畢業充交通聯隊司務長十六年充東北陸軍鐵甲車隊第六分隊少尉排長十七年升充中尉隊附十九年轉任財政部稅警第二團二營七連少尉排長二十年升充二營機關槍連中尉連附東北事發楊君憤于國事蜩螗常擊案痛哭誓掃倭奴二十一年春暴日犯滬二團奉命調滬應戰君色然喜曰稱所願矣其爲國爭存亡之心壯烈有如此者抵滬任廟行正面二月二十五日金家木橋之役敵猛撲我陣地大舉來攻君指揮士卒沉着應戰挾機槍掃射彈無虛發斃敵無算敵知不得逞狼狽退去君身先士卒乘勝追擊斬獲甚多而在猛烈衝出時身中數彈卒因傷重敵雖摧毀身亦殉焉碧血丹心捐軀爲國楊君可謂無愧于邦國矣

第一營第一連少尉連附李紀常事略

李國楝烈士字紀常，年二十七，廣東茂名縣西路南塘亭塘村人，父瓦全，母潘氏．弟鴛蓮，妻范

氏，烈士秉性孤介，不與人苟合，見不善輒嫉之，當鄧本殷盤據高雷八屬時，革命軍南下克復，邑中有志之士紛紛組織革命宣傳隊分赴鄉間宣揚三民主義，烈士以初小畢業生資格公推爲宣傳員，議論風生，闡發主義 鄉人咸折服，以其年尙幼而言論暢達也，年十六時入茂名縣立模範高小學校，越二年

畢業，考升縣立中學，未幾，自引退，有詰之者則答以家計困難進取無力之故耳，嘗自明其意曰，吾父以讀書成名，而一貧至此，現年垂暮，不教學不足以自給，吾何能爲，即有成亦無裨家計，且吾若不退學，一切費用均仰給于父，是重吾父之負担，吾不爲也，是年惟從學于其父所設之文史專修館，學業頗有進焉，居常以吾輩少年人當以拯救國家之危難爲急務，每讀馬援立功異域馬革裹屍數語，輒慷慨激昂，而想見其爲人，論者謂其年輕，其身小，其志抑何大也，適是時黃埔軍官學校招考第六期學生，乃請命于其父母，阻之，不聽，即欣然束裝就道，赴省後考入該校入伍生部，刻苦自勵，孜孜向學，每考列前茅，師生多器重之，入伍期滿，升輜重正科，越兩年畢業，後供職首都，旋充稅警第二團第一連連附，奔走于南潯江浙閩，六年于茲 未嘗返家，每以親老爲念，生平厚于天性，少依父母，有教必從，及長則以體親心爲要着，愛弟姪尤篤，每寄家信，慰問雙親外，必分示弟姪，殷殷以力學修行爲勗，其友愛之情溢于言表，淞滬倭變，烈士刃寇數十，金家木橋之役竟中彈身殉，可不痛乎。

第一營第一連准尉副排長楊定華事略

楊烈士定華貴州銅仁人，年少有大志，孩提即思從軍，會貴州當局擬辦崇武學校，造就幹部人材，時烈士年方十五，念己志從軍，遂考入該校，殷殷向學，雖在課餘之暇，仍探討不輟，故對于學術

兩科，甚有心得也，民十五年畢業後，卽任國民革命軍第十師二十九旅五十八團中尉旗官，服務年餘，盡忠厥職，爲上峯所器重，年以勞績升充上尉副官，未幾，因事辭職，閒居鄉間者年餘，每思所學不足，乃于十九年春考進財政部緝私處教練所軍官大隊，再事研究，二十年畢業，卽奉派爲漕涇緝私大隊中隊長，任事及年，所負緝私責任，不遺餘力，故成績卓著，此皆平日管教有方之所致也，第念東省淪亡　國勢阽危，彼倭奴野心未已，眈眈滬瀆，烈士常語人必手刃此傖而後快，去年冬，適稅警第二團由津浦路移防滬北，担任閘北天通庵附近一帶勤務，實行防敵暴動，烈士以殺倭時機已至，遂藉病請長假來滬就醫，乘其中隊長優缺而轉託故人介紹投充該團第一營第一連准尉副排長，不以職微而稍挫其殺敵初衷，至年底稅警三團調駐杭州，所遺防區交十九路軍接管　烈士聞之爲歎氣者再，因延岩其手刃倭奴之心也，自一二八滬變後，烈士卽會合全營官佐具呈上峯，請纓討日，奔走呼號　不達目的不已，迨二月六日稅警二團奉令趨滬助戰，由嘉興防次出發之日，烈士歡躍如狂，乃洩其殺敵積憤之表現耳，廟行之役，烈士身先士卒，敵彈雖如雨下，猶奮勇向前，再接再厲，故烈士所率之一排未及二小時已十去其九，而烈士大有誓不生還之慨，直撲敵陣，顯其神勇，與敵肉搏，卒被密彈集擊而殉于國　時民國二十一年二月二十五日，烈士年僅二十歲，人每稱爲少年英雄尙矣。

第一營第二連准尉副排長王熹事略

王烈士熹號直新雲南廣南縣南大街人家貧好學少有大志父名起貴以邑庠善書稱課子尤嚴母趙氏鄉旺族也助夫訓子持家勤儉素以直新宜入軍中爲國勤勞其父亦以爲然故民三卽投入滇軍民五袁氏稱帝隨隊轉戰桂粵隸于滇黔聯軍挺進軍第一師充任排長之職討伐龍氏揚江之役負傷綦重命瀕于危傷愈回隊復隨師入桂粵龍袁倒敗乃至北江訓育教練手不釋筆蓋所謂戎馬書生也民十二考入駐粵滇軍幹部學校卒業後隨師北伐江西之役克奏膚功以中尉獲委江西玉山縣浙鹽口捐局局長斯所以酬有功也十九年入本團充

副排長九一八事變直新卽屢欲請纓往殺倭奴迨一二八淞滬被擾本團奉命參加前綫直新面有喜色常對友人云大丈夫報國之時至矣二十五日廟行之役出入履險如入無人之境倭冦爲之胆落古人有謂勇將如探囊取物云者吾于王君見之矣十二時許正倭奴猛烈攻擊之際陣綫已被飛機大砲毀成平地而倭寇乃蜂湧而來王君奮然謂兵士曰誰能爲國忘身者當與余進而殺敵遂同連附張紹淵班長陳漢忠劉運廷等持自動步槍猛勇前進而彼等均已受傷但仍繼續猛衝激進相持至一小時之久敵始退而王君與諸士兵遂殉難矣時王君僅三十一歲也於呼人心未死吾何畏焉特書此以表義烈以張功績是爲誌

葉思如史略

葉副排長思如字信義廣東豐順人父敬賢早逝母郁氏撫養成人君生性剛直侍母至孝少懷大志早歲從軍民十三惠州討陳之役民十七廣東東江之役累建奇功爲長官賞識民十五充第五軍獨立二團九連上士十九年充陸軍第四師十旅二十團六連上士同年轉充財政部稅警二團二營八連中士二十年升上士十一月升充准尉副排長其刻苦耐勞精神殊足令人起敬也滬變事發君嘗曰挾我機槍一可敵百爲國犧牲此其時矣其壯烈有如此者二月二十五日江灣廟行金家木橋之役敵傾全力來攻彈如雨下葉君手持機槍沉着應戰斃敵無算中敵數彈不幸殉焉時年三十有二殺身成仁功在邦國葉君可以無憾矣。

本團陣亡士兵生前事略

上士班長馬澤英年二十五歲河北滄縣人性惇厚不苟言笑于民國十五年投入直魯軍軍官教導團充當學兵十六年畢業後即充四十五師二六九團二營八連准尉司務長作事穩重待兵得體廟行之役既極勇敢又復沉着誠爲一良好初級幹部不幸中彈身亡殊堪追悼

下士王啓山年二十九歲山東平原縣人爲人義氣性極剛毅富有愛國心于民國十四年曾充前直軍陸軍第二十三師正目及革命陸軍第三師中士班長此次抗日廟行之役憤不顧身勇猛殺敵曾言不殺盡倭奴誓不生還之豪語可見其愛國心之一斑矣

上等兵李得蘭年二十三歲江蘇睢寧人富有服從性及愛國精神曾充革命第三師下士班長廟行戰役當攻擊時曾跳出壕外以手溜彈斃敵十餘名勇氣勃勃殊令人可欽

財政部稅警總團步兵第二團淞滬抗日傷亡官兵人數統計表

人數	部別 \ 階級	上尉
負傷人數	團本部	
	第一營	一
	第二營	
	第三營	
	步兵砲連	
	通信連	
	狙擊砲連	
	合計	一
陣亡人數	第一營	二
	第二營	一
	第三營	
	步兵砲連	
	通信連	
	狙擊砲連	
	合計	三
備考		

中尉		二	三	一	一		二	九	四	二			六
少尉		二	一	二	一			六	二	一			三
准尉	一	五	四	七	一			一八	三	一			四
上士		七	二	一			一	二一	六	二	一	一	一〇
中士		四	九	三		二		一七	六	一	一	一	九
下士		四	八	四	一			一七	八	二	一	二	一三
上等兵	三	三七	二八	二三	七	二	五	一一五	九八	二六	一	一	八七
一等兵		二五	一九	一八	一		四	六七	三三	一五	二	三	五二
二等兵		二六	一六	一一			二	五五	二六	七	一	六	四〇
總計	官 兵							官三四 兵二八二					官一六 兵二一〇

附記

本表統計係合廟行閘北兩役傷亡人數計算

本團計負傷官兵三百一十六員名陣亡官兵二百二十六員名

中華民國二十一年四月十日醫務所調製

論著

淞滬抗日作戰之回顧與今後軍事上應有之努力

古鼎華

一 導言

吾國二十年來，因國內擾攘不已，政治未趨正軌，致禍亂相承，迄無甯歲。因是國防廢弛，外侮頻臨；一旦禍發，莫從抵禦。東鄰暴日，更挾其帝國主義侵略之手段，時加窺伺；霹靂一聲，「九一

八」事變發生；不旋踵間，遼吉黑三省爲所揭持而侵佔矣。關外三千萬之吾華同胞，遂淪陷於倭寇鐵蹄之下，而受其慘毒之壓迫。暴日如是之使害吾民族者，意猶未足；以吾國各省儘屬可侮，益本其侵略東省之餘威，進而蹂躪吾國精華之東南；遂有今年「一二八」淞滬突變之事件。淞滬駐軍，憤暴日之頑強蠻橫，爲民族求生存，不恤犧牲以抗，與暴日作殊死戰，相持至月餘之久。卒以種種關係，而暫告結束。由各國出任調停，經我政府承認，於五月五日簽訂停戰協定；敵軍始逐漸以撤退焉。是役也，本團諸將士曾參與作戰，協同抗日諸軍，以禦頑敵；而圖自衛。唯茲稍一回顧當時之戰況，幷觀察目前之危機，卽能感覺今後吾人關於軍事上，應有之努力如何？爰就管見所及，與研究所得，縷述如左，以供本團諸同志之參考；幷以貢獻國人，求商榷焉。

二 遠東問題與淞滬中日之戰

今日之世界，一弱肉強食之世界也。各帝國主義者日所勾心鬥角者，均在策劃政治之如何侵略；與乎經濟之如何侵略耳。遭其侵略與壓迫者，弱小民族也。所謂遠東問題者，卽各帝國主義者之分贓問題耳。蓋歐戰後，列強均移其在西歐方面之紛爭，而趨向太平洋霸權之鬥取；其鬥取之目標，當然在於太平洋西岸之亞洲各弱小國；而適當其衝者，爲吾老大之中華也。在遠東有關係各國之政治當局，原亦懍乎歐戰恐怖，殷鑒之不遠，深懼遠東問題有爆發之可能性；於是有華盛頓會議之召集。軍備限制條約，九國條約等俱由此成立。表面上不無滿紙愛護和平，提倡正義，維持利益之文字以相點綴，而略予遠東問題解輕多少之糾紛。嗣復繼以倫敦會議，英美日三國海軍協約之成立，則完成華盛頓會議未竟之事業也。第其結果，不但不能弭禍患而消滅，且益隱伏戰機於俄傾。每有一度和平條約之締結，而猜忌，妬嫉之惡感，則較前益深。每經一度軍備之裁減，而軍械則愈爲精進，旗鼓則愈爲鮮明，門巧與報復之機，且更埋藏於幽密。所謂日美太平洋作戰計劃，英新加坡軍港作用，巳早活動於

和平空氣之上。更有蘇俄於近東中東既無所獲，對遠東亦採突進之手段。一方又欲擾亂列強現成之局面，促其互相衝突而收利益，因是種種，遠東問題之爆發，已早有深刻化矣。

茲當進言吾國之環境。吾國與日本俱為遠東之主人 所佔地位之重要，自然高於他國；所負担遠東問題之責任，又自然而重於他國。如吾遠東主人自知所處環境之險惡，吾人本身糾紛，可以和平原則，依眞正之公道以處決之。並進而以共同協助之精神，以自鎮定遠東之局面；此誠為遠東國家當為之最高任務也。遠東人民所渴望者，即為此新環境之創造，以打破無窮之憂慮與悲慘耳。歐美列強所攜來遠東之政治經濟問題，可使之屈就於和平之軌，再進而與吾人協同之精神相適應。則遠東之繁榮，立可實現。人類生存之源泉，正涓涓而長流，前途殊樂觀也。

然事有出乎常理之外者，東方主人，尤其是日本之政治當局，其政略竟一本從來帝國主義之主張，以和平原則為迂遠，以侵略方式為近功，反先自將遠東局面攪動，必使遠東人民，陷於水深火熱之中，而以高壓之手腕，攫其利益。是不知自加重己身之責任而趨巇嶮迷朦之前途，所得惡果，又能牽及他人之艱辛也。歐洲大戰明明為一寶貴之玉鑑，戰敗者固喪亡甚大，戰勝者亦如之。所企圖之利益，歸於泡影。大戰損失之責任，祇雙方後死之人民，以血汗為賠償為填補耳。

第前車之覆，似不足動暴日之心，仍舊繼持其武力侵略之策劃；於去歲九一八，竟不動聲色佔我東三省，將遠東問題首先以炸發焉。繼之，更欲伸足於我本部之東南，遂召今歲一二八事變之發生，淞滬之戰聲，響徹全球，至於三十餘日；是為撞起世界第二次大戰之響鐘。今後倘因遠東問題，再召不幸之慘劇；當由暴日負其重大之責任也無疑。但吾四萬萬五千萬同胞亦知今日緊張之環境，將呈如何劇烈之變化，更以此次淞滬抗日作戰所受之教訓，益覺前途危機之迫逼，而思有以適應此嚴重之局面乎？幸深加以注意焉。

（1）今日國際之形勢

自一九一四年空前慘劇之世界大戰後　執國際間政治經濟之牛耳者，爲英美意法日各強國，此爲今日舉世所知之現象也。列強雖因歐戰時深受戰爭之恐怖，與種種損失之苦痛，而有戒心；第以各國自身一切利害之關係，與資本主義繼續鬥爭之結果，遂使國際間形勢仍趨於嚴重與深刻之狀態。茲當就經濟與政治之關係上以觀察其究竟焉。

一九二九年全世界經濟恐慌之潮流，因歐戰之影響，已有普遍之激盪；繼漲增高，直至今日，已達極端之程度矣。國際貿易以今日較之一九二九年，恐將不足半數。失業之人數，在二千萬五百萬之間；此種恐慌之洶湧狂濤，誠將如何令人之恐怖！其間最痛苦者，當推宛轉呻吟于賠款與戰債下之德國。據最近七月十八日世界新聞社所得柏林之消息謂：「德國大多數城市（柏林亦在內）之經濟危機，已達一新程度，至有不能編製本會計年度之預算者。……目下全德失業人數達六百萬人，中央所頒失業保險制度，不足救濟。……據當局報告，本年度各城市所需自担失業救助金將達三九〇，〇〇〇，〇〇〇元，較去年支出增加一一二，五〇〇　〇〇〇元，又各城市之稅收，因經濟危機，日趨減少，預計本年之城市稅收，將較去年減少五十萬萬馬克。又預算至本年止，各城市財政收支相抵，將短少一八七，五〇〇，〇〇〇元，去年則短少一〇〇，〇〇〇，〇〇〇元。」在此種情形之下，德國自救不遑，已將岌岌大崩潰之勢；而同時依照一九二九年六月七日之楊格計劃，每年竟又須担負歐戰時各戰勝國之賠款十九萬八百九十萬金馬克，此種難堪之壓迫，又豈爲殘破之德國所能忍受？其不支付賠款與不願支付賠款，自係必然之趨勢。故德國遂不能不宣告無力担負賠款，從事於完全勾銷賠款之運動。其運動之結果，幸得各國之同情，而有今夏洛桑會議之召集，藉以解決德國困難之問題。洛桑會議自開幕之日至協定簽訂之日，歷時二十餘日，召集會議大小共四十次之多。參加會議之國家爲英，法，德，意，比諸國，更會聚各國財政經濟專家於一堂，經過若干之曲折與波瀾，結果雖不能與各方希望相吻合，但亦可謂爲具有相當之圓滿。蓋各國鑒於世界經濟恐慌繼漲增高之激盪，不僅德國獨蒙

其害，而乃全世界各國普遍之痛苦；德國之繁榮，不僅關係於德國本國，而能影響於歐洲甚至全世界之繁榮。在此種經濟恐慌已達於尖銳緊張局勢之中，如果各國仍將賠款支付之義務拚命以壓迫德國，則德國之崩潰，必使全世界陷於更恐慌之狀態中，走入破滅之途徑，將無一國能避免此總體之殃害。而德國且因經濟之日趨崩潰故，共產黨乘機活動，作普遍之發展，都市與農村，廣大之勞動羣衆乃不斷的從事於暴動之行爲，以爲政治經濟之階級鬥爭。倘再不加挽救，則德國將繼蘇俄而起社會革命，益予列強資本主義更深之打擊。因是各國對於德國均有同情之表示。更以德國確有不能担負賠款之事實與不肯担負賠款之堅决宣示；而各國亦有挽救經濟恐慌之企圖及對社會主義恐懼之心理；有此種種原因，於是促成歐洲各國對德國賠款讓步之决心，轟動一時之洛桑會議遂告完成；俾德國由楊格計劃中所規定以三十七年爲期，每年支付賠款十九萬八百九十萬馬克，一變而祇付三十萬萬馬克之債券（九折計算，僅二十七萬萬）即可將全部賠款一筆勾銷；此固德國復興前途之大幸也。然此次會議結果，確能眞實同情於决議案者，祇有英意兩國。而深覺不安者，厥爲法國。蓋法國於歐戰後夙有獨霸歐陸之雄心。與德又有十四年之宿怨，眼看德國之復興，意英在歐陸勢力之進展，於彼實有非常之不利；賠款壓榨之政策，必另謀有所對付德國之方法。而英意兩國則利用德國之復興，以制法國之拓展；故其能同情於德國賠款之勾銷也。唯此所謂同情與不安者，均以各自之利害爲基點；其間何嘗有眞實之公道耶。是故洛桑公約之効力，僅能解决此一賠款問題，又豈能免除將來永遠之糾紛？誠恐各個勾心鬥角之結果，反將促使德法甚至全歐諸國間之惡化。且法國因洛桑會議減輕德國賠款之結果，以爲償付歐戰時所負美國鉅額之債款無所從出，遂倡緩付戰債之議，聰明之美國，乃於洛桑會議進行當中，突然提出軍縮提案於日內瓦軍縮會議以難歐洲諸國 引起列強之驚異。胡佛之提案爲：（一）廢除坦克車，轟炸機，活動大砲，禁止化學細菌戰爭及天空戰爭。（二）軍隊實力普減三分之一。（三）前經條約規定之一切主力艦噸數及隻數，再減三分之一，巡洋艦及輔助艦再減四分之一，潛艇噸數最多

不得過三萬五千噸。此案提出後，各國均有不同之表示。英國則嫌美之提案不透澈，彼主張絕對廢除潛水艇；意大利宣稱無條件接受；法國則流露其反對之態度；俄國之外長李維洛夫則語含譏諷；德國則切望軍備均等；日本則反對大減主力艦及巡洋艦，幷對廢除轟炸機一事，表示懷疑。此次會議之終局，遂無所獲，祇一訌而散。總之，各個依據其本身利害關係，而有此不能齊一之主張。其實美國之提此主張，亦何嘗爲消弭戰爭，與促進和平爲基點。觀乎美國軍縮代表吉伯生所說之言，卽可知其用意之所在。彼說：「各國希望緩付戰債，美國固可通融；但若緩付戰債，而將金錢向擴充軍備投資，美國人民絕不能承認。」此誠如何嚴重之警告！足見其全爲抵制緩付戰債之事而發。吾人從各國對此軍縮提案之態度，可見所謂世界和平之前途，實已滿佈暗礁。爾來各國對美經濟上之監視，遂亦表露其深刻之態度，觀乎英國最近所召集之渥太華會議，謀其各個殖民地關於經濟上之協助；事雖屬於英內部之問題，而實際亦所以謀經濟之抗美也。而美國自身更因資本主義產業發達之過度，供超於求；生產與消費，無從調節；致金融紛亂，失業之呼聲遂亦遍於美洲，其唯一之挽救計劃，祇有伸足於太平洋西岸，擴謀其拓展；藉以維持其資本主義之運命，以爲其最後發洩之尾閭。而太平洋之強日洞察國際之形勢，益猙獰其面目，欲執太平洋之牛耳；與各國抗衡；不惜冒天下之大不韙，於去年九一八佔我東三省，今年一二八攻我東南之淞滬，以示強於世界。偌大之遠東問題，遂爲暴日一轉瞬間所揭破矣！第社會主義之蘇俄，第一「五年計劃」已告成功，而第二「五年計劃」，且已開始矣。其努力之結果，不但將以經濟上之成就，以與世界列強較；且將以軍事上計劃之鞏固，以與暴日一決雌雄於遠東。是以日俄，日美之戰，現已響徹於國際間矣。吾東亞主人之中華民族！於備受暴日蹂躪之餘，更將何以應付國際間如是嚴重之形勢乎？

（2）遠東問題之嚴重

今日國際間之形勢，已如上述之緊張矣。茲更就遠東問題之嚴重性，於事實上探討其究竟焉。自

九一八事變發生後，美俄因憤暴日之行爲，在在侵及彼兩國間之利益，遂各積極於軍事上之準備，以資最後解決之對付。觀乎美國務卿史汀生最近之主張，卽可諗悉美國之態度。史氏於八月八日在紐約外交討論會發表一篇重要之演說，其演詞之大意，係對一九二八年巴黎非戰公約之一種新解釋，包括以下三個要點：第一，依史汀生之解釋，非戰公約成立以後，國際法上關於中立法之規定，已失其效力；遇任何戰爭發生時，交戰國以外之各國至少在道德方面，不能再維持中立之態度。第二，遇任何戰爭發生時，交戰國以外之各國負有相互協商，以判定是非曲直之義務。第三，因武力侵略所造成之形勢，美國不能加以承認。就上列之三點而觀，可知史氏之言，係針對中日事件而發。蓋史汀生之意卽係：「日本獨佔滿洲之市場，以及在中國之大部分利益，美國決不甘心。且決不能袖手旁觀。不但美國不能守中立，卽其他各國亦必須與美國共同磋商，對付日本。如日本佔領滿洲之領土，或製造獨立國，美國亦決不答應。(決不承認)」斯言雖屬空談，然實際上實可表示美國在法律與道德上已向日本作正式之宣戰。在九一八事件發生以後，美國雖曾迭向日本發表抗議，但此言之屬意，誠爲第一次最強硬最堅決之表示。雖係私人集會中非正式之演說，然更嚴重於尋常外交之通牒。美國內部之積極備戰，可想見矣。

茲進而觀蘇俄內部之軍備，與對日備戰之概況。在一九二七年五年計劃着手之前，蘇俄之軍備與今日相較，已不可同日而語，軍事預算今已增加二培以上(卽八億五千餘萬盧布)，實質上已增設步兵兩個師團，騎兵一師團，飛機科學部隊四師團，化學部隊一團。今將一九三一年調查所得蘇俄軍備之情形紀之如下：步兵師七一個，騎兵師一二個，坦克車五百輛，每師中有：輕機關槍一八六——二四〇挺，重機關鎗一二〇——一八六挺，野砲四二尊，十二榴一八尊。航空軍共一九四連。分爲偵察連七四，戰鬥連五〇，爆擊連四九，攻擊二一。海陸軍航空連共二一〇，海陸軍飛機總數一六〇〇。以上調查，僅爲蘇俄軍備之輪廓畫，實際尚不止此數。蘇俄有飛機製造廠四十五處，製造汽車工廠，

同時可造坦克車與鐵甲車，關於毒瓦斯戰爭，蘇俄準備甚爲積極，現時赤軍中之毒瓦斯隊製造毒瓦斯工廠，正在拚力擴充中。蘇俄現有士官學校三十五處，多因各兵科而獨設者，入學年齡自十八歲至二十二歲，修學年限分爲步騎三年，砲兵四年。蘇俄之人民，幾無一不受軍事之訓練，一旦有事，立時可召集數百萬之隊伍，亦毫不費力。蘇俄具此充實之軍力，自日本挑動北滿戰雲以來，益積極於準備對日之作戰。關於蘇俄亟亟整軍修武之事實，吾人更可參閱下述之情報：

（一）五月十八日莫斯科電訊：今日此間發表謂蘇俄行將舉行赤衞軍與地方保安隊大會操，政府已用無線電通令全國通俗航空會會員，準備於指定日期向各航空場報到，以便全體飛行家參加會操。按通俗航空會以謀航空及天空防務之民衆化爲宗旨，有會員八百萬人，其最重要職務則在訓練甫經航空試驗及格後之初級飛行家俾可深造。

（二）五月十九日柏林電訊：今日德國社會黨之「前進報」，稱遠東局勢有益見緊張之象，莫斯科最高軍事委員會已決定召集一九〇九年一九一〇年一九一一年及一九一二年級後備兵役者，參加本年大會操，或加入地方保安隊或加入赤衞軍，不准託故請免，後備軍人動員之決定，將使有四五百萬人武裝操演，可謂一可怖之軍事示威。猶憶五月一日莫斯科勞働節遊行，有十萬防軍擕最新式戰具，列隊經過「赤色廣場」，加以三百架飛機迴旋天空，若與此比類而觀，亦可見俄人整軍修武之亟亟矣。

（三）五月二十二日日內瓦電訊：蘇俄各處緊速準備迫於眉睫之戰事，並將大部份工廠加以改造，以便製造軍火，而高加索地方則業已處於作戰情況之下，以現在採取之各種手段，足以證之，緣蘇俄已任命斯摩林將軍爲高加索地方所有軍隊之總司令，而畀以甚廣泛之權力。

（四）五月二十六日上海俄文晚報云：如果戰火彌漫滿洲，蔓延俄界，布爾什維克是否將戰？五月初由俄鐵沿海省跑出之德國二專家，對此問題答稱：「布爾什維克不欲戰爭，但準備戰爭，不僅防禦，且備進攻』。據此二專家來言，倘與日本衝突時，赤軍參謀部之計劃，主要的似在航空隊，潛水艇

，游擊隊三方面，戰爭行動中將不用大軍，現時沿海省，科穆爾，貝加爾湖一帶赤軍甚少。赤軍認爲自己航空隊比日本強，日俄衝突時，炸毀日本城市與軍區，將爲赤軍航空隊之首要任務。據云沿海省責任當局言：『日本工業城市大阪，俄人可於數小時內使之化爲灰燼』。至於赤軍潛水艇，可觸毀日本軍艦及商船，游擊隊則行動於日人所佔領之邊區，而繞日軍後防及側面以攻擊之。布爾什維克認定『日人不僅四面受敵，地上及地下均受打擊』；又稱『吾人不爲戎首，但切不可放過對於啓釁之人』！

從上述之情報證之，蘇俄着實有對日宣戰之絕大決心，赤軍遠東司令加倫將軍於今年勞動節在伯力演說：謂赤軍已有準備，力能却敵任何攻擊；並謂：『吾輩知資本主義世界方準備砍去可恨之蘇俄，但吾人不欲戰爭，僅欲建造社會主義之經濟組織，而不許任何人干涉吾輩偉大之進步。』此可以認爲蘇俄對於資本主義向社會主義挑戰時反攻之決心，亦可說爲蘇俄對資本主義國家環攻，表示必與一戰之檄文。

美俄之注意遠東問題，與對日備戰之情形，既如上述，更當一察日本之態度如何？可閱下列三則之情報：

（一）七月二十八日，上海各報，載有日本總動員，準備遠東大戰之一段新聞。其原文如下：『華聯社二十七日大阪電，日本爲欲準備遠東大戰，以內閣資源局爲中心，與陸軍，海軍，鐵道，內部，商工，及交通六省當局，共同研究中之國家總動員計劃，今日已擬定，分北九州區，京阪神區，及東京區之三大工業地帶。按所定程序，舉行實地試驗。定二十四日起，至二十七日之四日間，在九州福岡開動員會議。軍部等到會者，一百六十餘人。九州之防備 ，以八幡製鐵所爲主，研究左列六項：（一）以門司下關等港口爲主，研究物質之需要及其供給情形；（二）研究煤及電力等之動力供給情形；（三）調査鐵及其他工廠所需之原料；（四）船車之搬運情況及其能力；（五）港口工廠及船車之警備方法；（六）社會治安之維持方法。其中所要實演者，爲（1）如何保全熔礦爐；（2）市民之避亂方法；（3）

三池及其他之礦山須派人實地調査等三項。擔任此種工作者。爲(一)軍人，(二)青年團，(三)處女會，(四)婦人會，(五)少年團，(六)各級學校之學生等。北九州實行後，漸推京阪及東京地方。」

(二)八月十二日上海大晚報載日本準備大戰提出非常時預算之一段新聞。其原文如下：「據確訊：日大藏省，積極編成所謂非常時預算，此項預算係預想對外戰爭者，故頗爲各方所極端注目。據其預算案內容：

一，由公債財源辦出之額一萬萬五千萬日元；

一，由預金部資金辦出之額；

甲，地方公共團體應急對策事業費，一萬萬日元，

乙，不動產資金化，一萬萬五千萬元，

丙，產業組合貸款資金化，五千萬元，

共計四萬萬五千萬元。

本案於本日閣議中正式提出，通過閣議，當不成問題。日人積極準備大戰，由此完全證實。」

(三)八月二十九日上海大晚報載「日海軍對美態度硬化」之消息一則，其原文如下：「本埠特訊據日，海軍當局發表，日第三艦隊(二十四艘)定九月五日，在上海實行總集中。該項命令，業於昨晨由左近司發出。左近司定九月二日回滬，舉行艦隊檢閱典禮。又據日人方面消息，日本各艦隊，亦於九月一日由海軍省發出「待機令」，此舉與太平洋方面美國艦隊之調動有關係。在美國大西洋艦隊不歸原地之前，日艦隊決繼續採取『待機』態度。第三艦隊之集中上海，固係對反日運動之示威，而實亦與日本各艦隊之「待機令」有關係云。」

由於上述日俄美三國備戰之概況觀之，吾人益知遠東問題之日趨於嚴重矣。設謂如是緊張之危機，尙不至一觸卽發者，其誰肯信？

(3)第二次世界大戰之響鐘

列強帝國主義者經歐洲第一次世界大戰之創痛，所受深刻之教訓，對於戰爭之恐怖，固已懷懼不置；而力求所以避免之方。第因各個相互間之利害衝突，遂復不免各自爲謀，暗圖軍備擴充，以爲鬥爭之應用。有識者均知第二次世界大戰之爆發，決不可以倖免矣。不過歐戰後之列強，不願再見兵戎於歐洲；鬥爭之視線，乃着重於太平洋。所可慮者，遠東問題爲爆發點耳。此爲世界學者所早已計及也。唯是列強懍乎禍首之誡，各均隱忍求全，不願作召禍之元凶。乃日帝國主義者頑強成性，藉其前此中日日俄，兩度戰勝之餘焰，倘思再行一試其身手；藉以求榮於世界；不惜蹈德人之覆轍，以冒第二次世界大戰之戎首；竟於今歲「一二八」在列強人士會萃之淞滬，親手撞起第二次世界大戰之響鐘。蓋彼暴日弄禍於東三省者，猶可曰：因滿州種種懸案之未解決所致。而淞滬之突然進攻者，其意將何居？豈非蓄心侵略吾國之東南乎？豈非蓄心破壞遠東之和平，以挑動世界第二次大戰之危機乎？彼時也，幸我將士拚死抗敵，以寒敵胆，不至以我國人爲儒弱可欺，始免擴大蹂躪我東南國土。否則彼時之禍害，將不知伊於胡底？倘即此而召列強之干涉，以起遠東之大戰，暴日其能逃於危殆之厄運乎？噫！吾故曰：撞起第二次世界大戰之響鐘者，日帝國主義者也。

(4)日本軍閥之自掘墳墓

力向吾國時加侵略之行爲者，吾人深知絕非稍具遠識之日人所願爲。必也，利令智昏利祿燻心之日本軍閥昧乎世界大勢與東亞民族應有共存共榮之眞理，竟欲擴其野心，樹武功於域外，藉以市惠於其愚惜之國民。詎知因此結果，將予大和民族深種無窮之禍憂；良可慨也。諺云：困獸猶鬥，而況具有四千六百餘年之歷史，掩有三千四百餘萬方里之土地之四萬萬五千萬之中華民族，豈能爲數千萬之大和民族所蹂躪而至於消滅乎？小數民族而能滅消多數民族者，絕無是理也。民族既不能消滅，凡受深仇篤恨之所激刺者，必生反感而有報復之一日。且以被壓迫深刻之故，報復之力量，必遠勝於壓迫

之力量；此根據於物理學壓力愈強，反動力亦愈強之原理也。且也，倘因中日問題之擴大，而召日美，日俄，之戰：彼時美以太平洋之海軍制日軍於海面。俄以良機難再，必以空軍轟毀日本之都市；以陸軍臨滿洲，而進攻朝鮮；此又豈日本之力，所能一抗二大強敵？其無幸存也必矣！我國雖弱，至是，以無可避免之大禍臨頭，亦必竭其死力，以擾日之隙地，以暴日之慘敗，而至於覆滅者，可斷言也。且戰事稍一不利，則日本國內社會黨必起而從事革命之運動，剷除軍閥以求諒於世界；此又為必然之趨勢。吾所以敢斷定日本今日侵略之行為，乃日本軍閥自掘墳墓，以速召滅亡之慘禍也。

(5)淞滬抗日作戰之回顧

日本帝國主義者，旣恃其暴力發難瀋陽，唾手而陷我東北三省。更得寸進尺，再肆毒於東南，於今歲一二八之午夜進攻我淞滬。彼時駐軍十九路武裝同志，全體憤慨，捨身為國，不惜犧牲，而與之抗戰。本團將士義憤塡膺，環請赴援，始於二月六日奉令出發，參加殺敵。是役也，敵以十萬之衆，六十餘艘之軍艦。二百餘架之飛機，輕重炮二百餘門，及其他種種不少之武器，并四易主將以臨我；無日不戰，相持至三十四日之久。我方士卒各抱死志，奮不顧身，以較敵為寡之數萬衆 抗彼頑強。而每戰敵皆敗北，死傷無算，久不得逞，賊胆為寒。最終乃不惜以全力斷我後路；我方以攻守之勢為移，遂改變戰略而背進，退守於第二道防線，冀以俟敵以摧之。旋經各國出任調停，戰事始告結束。然我方之損失，已可慨矣。閘北江灣吳淞等處，繁盛之區，化為焦土；數十萬戶，毀滅無餘，無老無幼，慘遭非命，其幸而存者，漂泊無依，鰥寡孤獨 比比皆是，統計損失，當在十五萬萬以上。而官兵之傷亡者在一萬四千餘人（十九軍與第五軍合計：陣傷官六七七，兵九一五三，陣亡官二一四，兵四〇六〇；其他義勇軍，憲兵隊，稅警團等不計在內）。本團官兵傷亡亦五百餘人，於今思之，猶深憤痛。第念此次戰爭之結果，可證明我國民族有抵抗性與確具自衛之精神，一反平日國際間輕視吾國之態度；則覺尚有價值之所在，聊足以自慰耳。惟是吾人經斯深刻之教訓，今後亟當卽圖有以自強之

道，藉雪無數之恥辱於一旦；願與本團諸同志暨國人共努力焉。

(6)日本軍備之檢討

日本自有歷史以來，即爲一尙武之國家；人民習於爭鬥，部落之風，積久未除，從大化重武輕文以來，好勇鬥狠，益成爲民間之風尙；政府更揚波助瀾，行徵兵之制，令人民歲出弓矢車馬，規定有馬者騎，無馬者卒，以時檢閱，闕者有罪，男子二十一歲至六十歲爲正丁，服役於軍中三年，能武之士，國家授以政柄；於是遂養成武人跋扈之風氣，人民殘暴好殺之積習。邇年以來，更因國內資本主義追蹤歐美日形發達，抵於帝國主義之境，急需解決原料，糧食，市場，過剩資本等等諸問題。但因日本爲後進之資本主義國家，所有之殖民地多爲先進列強分割佔據，已無對外發展之可能，而資本主義之矛盾又急待解除，於是不能不用武力經濟侵略之後盾，強制挾持以脅迫吾國。占琉球，吞台灣，併朝鮮，侵滿洲，攻淞滬。得寸進尺，步步拓展；今日最迫切之政策，即在獨佔滿蒙，以行其一貫南進政策，而在大陸獲得鞏固之根據，但欲實施此種政策，勢必有損中國之主權而引起反抗；同時對列強利益均沾之局勢有所衝突，勢必引起干涉；故武裝軍備之挾持，爲日本帝國主義不可缺少之要素。

茲吾人欲研究日本之軍備，固不無種種之困難，且所謂軍備，包涵至廣，如將校之養成，兵士之徵召，兵器彈藥之製造補充，軍事教育之計劃實施，兵役法徵兵法動員法之編訂以及其他種種，或屬於機密，不易得知，或過於專門不及詳述，茲僅就日本陸海空等軍備之現勢，敍述於左：

A，日本陸軍之現勢：

一九一〇年日本常備軍爲二十三萬，一九一四年後，常備軍擴充爲二十五萬，依去年之調查，其與列強各國之比，列表如下：

各國現有陸軍之人數比較表

國別	現有陸軍人數
法	七○○，○○○人
蘇俄	五六○，○○○
意	五五○，○○○
英	五一二，○○○
美	二八七，○○○
日	二五○，○○○

但在非常時期，除常備軍二十個師團（連駐在朝鮮台灣滿洲者併計）共二十五萬人可於二十四小時內動員外尚有預備兵四十二個師團，可於一星期內開到戰場，茲再將各國預備軍之數目比較如下：

國別	預備軍數目
法	五，○一○，○○○
蘇俄	五，四二五，○○○
意	二，九九五，○○○
美	○，二九二，○○○
日	二，○三八，○○○

此外，日本尚有後備兵八十四個師團，約有一百萬，軍裝軍器俱全，一月之內，亦可招集作戰。

B，日本海軍之現勢：

日本軍力，本偏於海軍方面，稱世界三大海軍國之一，而況太平洋上之波瀾終難有平息之一日，日本尤感有大量擴充海軍之必要，現有海軍軍備，在平時有軍官八千人，水兵六萬八千人，其與各國海軍之實數相比如下：

國別	現有海軍人數
法	五五，〇〇〇八
蘇俄	四〇，〇〇〇
意	四五，〇〇〇
英	一〇二，〇〇〇
美	一一二，〇〇〇
日	六八，〇〇〇

除此之外，如在戰時尚可徵召海軍軍官九千人，水兵一萬五千四百人。

再以艦艇觀察分析其勢力如下：（依一九三〇年一月一日之狀況）

		艘數	噸數
主力艦		一〇	二九二，四〇〇
航空母艦		二	五三，八〇〇
補助空母艦	既成者	一	七，四七〇
	計劃者	一	七，六〇〇
	合計	二	一五，〇七〇
八吋砲巡洋艦	艦齡二〇年以內者	八	六八，四〇〇
	建造中者	四	四〇，〇〇〇
	合計	一二	一〇八，四〇〇
八吋砲外的巡洋艦		二一	九八，四一五
其他的巡洋艦（含二〇年以上的海防艦）		一一	八二，四六〇

類別		隻數	噸數
驅逐艦	艦齡一六年以內者	一〇三	一〇八，九七五
	建造中者	六	一〇，二〇〇
	計劃者	六	一〇，二〇〇
	艦齡一六年以上者	四	三，一二〇
	合計	一一九	一三二，四九五
潛水艦	艦齡一三年以內者	六四	六六，六二七
	建造中者	七	一一，八七〇
	合計	七一	七八，四九七

日本現有海軍實力已在八十萬噸以上，十年以後，日海軍將擴大至一百二十萬噸之鉅。除此以外，凡優迅之有效商船，於戰時可充當假巡洋艦或特務艦，甚富於戰術之價值，如列強所重視，據郵船會社調查，一九二八年以降，於英美法意德等海運國，綜計完成進水建造及計劃中單船噸數在二萬噸之上，速力十七節以上之巨大優速船隻，有如次表：

國別	隻數
英	十二艘
美	九
法	六
意	四
德	二

但日本能適應此標準者尚無一艘，僅郵船會社之淺間秩父龍田每艘排水量一萬七千噸，最高速力二十一節之最優船三艘而已。但是項優秀船，各船之速力競爭之必要條件，僅適用於大西洋航路之營業，

於太平洋上，若多數使用，則所費過鉅而航行反不可能，故今後預期造船競爭之場合，日本需備船價低廉而輕速之貨物船俾於戰時利用其速力及多數之轉動機，充當小型航空母艦或給油船及其他兵隊船，殊爲便利，現如以速力十二海里以上，排水量五千噸以上 船齡二十五年未滿爲標準，則日本保有此項商船共七一二，五九九噸，居全球第六位，倫敦海軍條約以後，日本之造船社會，頗懷莫能發揮其能力於十一之悲感，以其雄厚之資本及造船之能力，必將改頭換面，另造優秀迅速之商船，以備國防之需要，固無疑義。

C，日本空軍之現勢：

日本歷年海陸飛機建造之增加，如次表所示：

一九二三年	一九二八年	一九三〇——一九三二預定
二五〇	四七五	六〇〇——八〇〇

茲再將一九三〇年所調查日本擁有之各種飛機數量與各國相比較列表如次：

國別		戰鬥機	日間彈機	夜間彈機	偵探機	總計	(一)常備機 (二)預備機
法國	陸	384	200	120	420	1434	(1)60%
	海	—	—	—	310		
	殖	—	—	—	230	230	(2)2400
英國	陸	225	216	135	157	733	(1)50%
	海	72	54	—	117	243	
	殖	—	285	255	154	471	(2)2250

意國	陸	240	100	100	200	640	(1)50%
	海	60	30	—	130	220	(2)780
	殖	—	30	—	40	70	
俄國		290	160	—	550	1000	(1)40% (2)1400
美國	陸			在軍艦與		1400 包預備隊	
	海			泊機船上		440 200	(2)2040
日本	陸	130	36	—	99	267	(1)50%
	海	—	—	—	250	250	(2){400 375

自歷次軍縮會議將海陸軍備俱加限制，而於空軍獨未議及，日本政府遂益轉其注意力於空軍之擴張，謀以軍縮條約所節剩之餘金，大部分用於航空隊之建設，幷以美國爲假想敵，力圖企及，據日本最近航空機之擴充計劃，陸上飛機增加十五隊，則日本全國可有二百五十六架飛機，更有海軍用飛機擴充至三百架，該計劃以可補足其潛水艦之劣勢，並可防禦美國之航軍勢力，然日本航空之技術及實力，均遠遜於美，以日本現在之航空人材，及財力，在一九三〇前後，不過可得飛機六百架，在太平洋可活動作戰者，亦不過四百架，其實力相去美國三分之一，故日當局不能不拚死發狂般謀空軍之鉅量擴大。

以上僅將日本軍備之現勢，從陸軍，海軍，空軍作浮西之考察，至於眞實之方量，此乃關於軍事

祕密：殊難得其眞相，譬如軍械之數量與質量之進步，毒瓦斯之研究，電氣主使飛機等，日本政府均竭力獎勵研究發明，日有精進，但其內蘊，吾人無得而知之也。

三　今後軍事上應有之努力

『欲征服支那，必先征服滿蒙；欲征服世界，必先征服支那。倘支那完全可被我征服，其他如小亞細亞及印度南洋之異服民族，必畏我敬我而降於我；使世界知東亞爲我國之東亞，永不敢向我侵犯。』此在田中義一之陰謀中，已予吾人如是明顯之警告，日本之對華政策固係一貫必然之永遠積極也。「九一八」東省被佔，「一二八」進攻淞滬，及其他一切之慘案，豈偶然之禍歟？究乃完成彼積極政策當然具有之一幕。

中國與日本，因地理上及歷史上之原因，彼此早有深切之關係，乃自民治維新以後，日本躋於富強之域，於是將中國作爲其侵略之對象，步步進逼，窮兇極惡，肆無忌憚。中國受國際帝國主義之侵略，固不止日本一國，但其中最深刻兇惡與陰險者，當首推日本。邇年來，日本爲解決其國內之各種困難問題，必然要根據彼之一貫政策侵略中國，由朝鮮而滿蒙，而北部各省，而長江流域，終以滅亡中國而後已；在吾國爲要維持並發展自己之民族，對深懷侵略野心之日本帝國主義，實勢難幷存，在此情勢之下，必有最後生死存亡之決戰，「一二八」淞滬之役，僅其初步之響鐘耳。第大戰之前，明瞭敵之虛實，固屬當然；而準備自己之力量，尤爲必要；所謂知己知彼，百戰百勝。而況由前所述，第二次大戰爆發之期，已不在遠，影響所及，太平洋必將爲羣雄爭鬥之場，而中國適當其衝。因中國乃次殖民地之國家，各帝國主義國家間利害最易衝突之焦點也。吾人既已諗知此中之內蘊，則對將來遠東大戰之參加，自應嚴加考慮，鄭重準備，而所有準備，又不管在事實或理論方面，俱應以日本爲唯一之對象。故吾人於觀察上述今日國際之形勢與當前大敵之日本軍備之研究外，當檢閱自己陣線，以

為今後準備之方針。中國之陸軍，就民國十八年國民政府關於縮減軍備案報告，全國現有革命軍八十四軍計二百師，兵額二百二十餘萬人（其他雜色軍隊省防軍民團等尚不在內）每月軍費六千萬元全年軍費達七億二千萬元，數量不為不多，但實質方面，未經充分訓練多不堪大戰，尤不適於國際戰爭之用。海軍方面：海軍部所轄二十餘艦，其噸位無逾二千五百以上者，其他南北所處之艦隊，亦不足以供劇烈之一戰。空軍方面：由各國購入，以及海軍部自造之飛機至多不過二百架（東北原有百餘架探訪機，現為暴日所佔），且多探訪機，殊少能戰鬥者。但此尚係表面之觀察，至於底蘊則國防失修，軍械缺乏，組織散漫，交通阻滯，國民常日之未經訓練，一旦有事，不能為全國總動員，凡此均覺不少之缺憾。

但欲挽救中國之危亡，必先提高中國之地位。最後對日之決戰，絕無避免之可能；軍事方面之準備，自屬當務之急。陸軍方面，須厲行徵兵制，兵士必須學校出身，將校尤應受專門教育，於大中小學校學生亦當注意於體魄之訓練，使成強健之國民，隨時能為國家效命抗敵。海軍方面，只少須增加到與日本同等之力量。如每年預算造艦三億三千四百萬元，造四萬噸之主力艦二艘，五千噸之巡洋艦七艘，一千噸之驅逐艦四十二艘，四百噸之潛水艇八十艘，到九年後，可以追及。空軍方面，至少須預備軍用飛機五千架，每架以三萬餘元計，總約一億五千萬元，一旦有事，疾馳襲擊 可使敵人難於應付，實戰略上最必要之軍器。其他軍備方面，最主要者如海防之修建，道路之築造，兵工廠之設置，及種種化學之研究與技術之訓練，均有關係於軍事之實力，所應特別從事也。至於經濟之開發，政治之修明，亦與軍事行動上有深切之關係，尤應於平時加意培養，以資緊急時之運用也。茲更因此次淞滬抗日所受之教訓，就研究所得，關於今後軍事上應有之努力，錄其最重要者數點如左：

（1）軍事編制之改善

軍事編制問題，範圍至廣，為軍制學之大部。茲僅就陸軍方面 ，舉其大要而言，非為全般之討

論。

軍隊素質有二：一爲有生要素，如人員馬匹等是。一爲無生要素，如兵器，裝具等是。軍隊卽由此二種素質組織而成。又兵員因戰器不同，分爲步，騎，礮，工，輜等兵種。各國軍隊之編成，雖同此素質，同此兵種，因採用若干素質，若干兵種而成，其戰鬥力遂亦互異。今日軍事編制，不可忽略者，有二要點：一爲兵種之進化，吾人須迅速採用之也。如陸軍之交通兵，爲近代交通發達下之產物。現時之鐵路，電訊，電話，電燈，汽車等，各爲專門之技術，非工兵所能勝任。一爲兵種之配合，吾人須酌量戰時之運用與地理之狀況而定之也。如師之礮兵，以前各國均採一團制，至現時則擴充爲礮兵旅。如吾國南北地理不同，師之步，騎，礮，兵等，南北採用各異，此爲因地制宜之道也。

今當研究戰略之單位。戰略單位有軍團，師團二種，吾國現行者爲師團制。在吾國環境觀察，師團較軍團爲可用；故吾人所採者爲師團制。師之步兵，有採三單位制（三團），或四單位制（二旅四團），此誠渾用上一大爭論。論者謂三單位制其優點（一）能增加戰略單位之個數，與（二）收指揮便捷之效果。其缺點則以兵力較四單位爲薄弱，不能作持久之戰鬥。在吾人所知，三單位之繼四單位而與。始於歐戰時之德國。因當時前線之兵。陷於戰壕無形而凋死。後方部隊，不能應新戰略之要求；德人爲達其企圖，遂將前線凋死兵員，每師抽出一團，合三團而成一師，以爲別方之應用；於是各師成爲三單位制。此純爲兵力源泉不能供新戰略之要求而使然，非基於本軍制度之潰敗。昔吾革命軍在粵時，每師爲四單位，遂舉行北伐，將各師改爲三單位制。實因當時敵人兵力較吾爲優，吾之制不變，戰略單位不適於戰時之運用（設當時革命軍兵力優厚，必不變爲三單位制）。此與德之情形雖不同，而關於兵量問題則一。北伐之後，國軍兵力大增，又變三單位制爲四單位制（今日甲種師之編制，爲三旅六團，可知制之關於兵之總量也。）以求戰略單位之減少，觀此可知。然則，吾國陸軍師組成之制，以三單位爲良乎？抑以四單爲立良乎？現行之制爲四單位，國中諸賢之主張，亦爲四單位。蓋핚

今日之情形而觀，四單位制似比三單位制較切於事實。易言之？一，吾國人口繁多，兵之源泉，無憂竭涸。二，我國平時定員多於他國，四單位制，大可縮小戰略單位，於總轄經理，較爲容易。三，三單位制平時規模過小，戰時難於擴大，不適於定員之要求。四，今日戰爭所需之兵員，其數動有數百萬。三單位制定員過少，必致戰略單位之增多，於戰時指揮難期便利。故在吾國平戰二時之需要加以考慮，則上述四端，當能發明：『四單位制爲可用也』。

其次，爲師之兵種配合。其最重要者爲步兵與礮兵之比例。歐戰前，各國步礮兵配合，通常爲三與一或四與一之比；戰時礮兵增加甚速，成二與一之記錄。此種礮兵之突飛猛進，影響於戰爭甚大，吾人固不必鋪揚礮兵如何之功效，如何爲戰時兵種之骨幹。脫此而不置信，是誠不可與言陸軍編制。吾人試取日俄之戰與歐洲大戰槍創與礮創之統計表一讀之，卽可了然。日俄戰時，礮創者占百分之十一又三，槍創者占百分之八十五又五。歐戰時，礮創者占百分之六十至七十以上，槍創者占百分之十一。其礮創者之增加，較礮兵加增之比且超過之。吾誠不能作礮兵之辯護人，吾誠不能不說礮兵之戰鬥力，因科學與技術之進步超出步兵之上，吾誠不能視　兵之增加爲無關戰役之勝敗。吾人應注意焉。今日歐戰諸國，步兵與礮兵之比，與戰時無異。其在美國，師之組織，每師步兵二旅，礮兵一旅，爲二與一之比。其在日本，師之組成，每師步兵四聯隊，礮兵一聯隊，爲四與一之比；與歐戰前列強之比數相同。吾國今日陸軍師之編制，其步兵與礮兵之比如何？每師步兵爲二旅，每旅二團，每團三營，共十二營，礮兵則有一營，爲十二與一之比。其比數與上述歐美與日本之比數較之，相去遠甚。雖吾國之交通經濟等與歐美不同，然師之步礮兵種之配合，亦不致懸殊如此之甚。陸軍部何部長所擬陸軍師之編制，步兵二旅，礮兵爲一團其言曰：『歐戰以後，各國礮兵與步兵之比例，有增無已。故師內礮兵，至少配以一團爲基幹，附以其他必要部隊而編成之』。其所謂至少云云，可見礮兵尙須增加爲適當也。

再次，爲騎兵工兵之配合也。騎兵爲師之耳目！任搜索，情報，警戒，掩護諸務。其流動力之優，能補戰時種種之缺點，實爲不可缺少之兵種。說者謂自空軍發達後，騎兵失其效力，爲寄生於師之部隊，此洵過甚之詞。騎兵組合於師，其任務固非空軍所能奪。吾國北方諸境，師內附以騎兵爲適合。南方諸省，騎兵之必要較輕。若以爲集團之作戰，與空軍相聯絡，於有利狀況之下，施行逆襲與追擊，其功效比步兵爲優。工兵曩惜担任戰地作業，如鑿壕，築壘，架橋，爆破等是也。此種作業，關於戰役甚大；故工兵配合，比騎兵爲多。唯以邇來之普通土木作業，多以預備及步兵爲之（步兵戰具，與步槍有同等價値者，卽爲圓匙與十字鍪）。工兵則專注重於專門之技術；如電線，鐵路，橋樑，電話之敷設與修理；自動車之駕駛，電訊之收發皆是。對於築城，設壘，鑿壕等，僅負設計指揮之責而已。考歐戰時列強之陸軍師（三單位制），騎兵多爲一連，工兵多爲一營。日本之陸軍師（四單位制），騎兵一聯隊，工兵一大隊。美國之陸軍師（四單位制），工兵爲一團（二營）。吾國現行之陸軍師制，騎兵爲一連，工兵爲一營。何部長所擬之陸軍師制，亦爲騎兵一連，工兵一營。王光氏討論國軍步兵師之編制（四單位制），工兵爲一團。綜觀以上所舉步兵師之兵種，騎兵俱爲一連，工兵則有一營與一團之別。吾人則以爲在吾國科學落後及交通落後之環境，工兵配合，採用一團（二營），較一營者可期於戰時運用之便利。至於騎兵一連制，宜酌量地理之狀況而定之。

此外，每師應配備若干之坦克車隊，汽車隊，航空隊，化學部隊等，均應詳爲酌定也。

（2）攻守形勢之注意

今日戰事之勝負，有關於軍事上攻守形勢者至鉅；非祇擁多量之兵員與不少之利器，所能操勝算也。必也，平時關於河山攻守之形勢，詳爲注意而改造與設備，然後戰時始不至猝爲敵人所襲擊。至攻守形勢之謂何？曰：其國土組織，宜於防禦之戰略與宜於攻擊之戰略是也。國土爲整個的，或爲個別的，國土爲渾成的，或爲畸形的；又，國土一角，突入鄰國之內，或國土兩角，交抱鄰國國土一部

、如此交錯，是爲國土之組織。國境之高山，峻嶺，長江，大河，沼澤，砂磧，其位置與其構成狀態、可爲其國內四裔之屏藩，此爲河山之形勢。吾據之可以攻敵可以禦敵，是爲攻守之形勢。唯攻守之形勢，因河山之形勢而異。故河山形勢之佳者，當注意而設備之；利用以爲制敵。河山形勢之劣者，當注意而改造之；利用以爲禦敵。詳言之，即充實吾之軍事根據地，鞏固吾之國境線，造成戰時之支撐點，規畫動員之交通線，籌畫形勢之險易，使戰時牽制咸得其宜　，是爲攻守形勢不可稍忽之問題也。

吾國國土組織與形狀，其優點與弱點，不可不加以辨別。吾國地形，東西廣袤，南北稍狹，占亞洲大陸四分之一之面積，具有三千四百九十餘萬方里，而能聯成爲一整個。比之英法等國國土狹小，其屬地散布各洲，不相連屬，與漫無國土組織之意味者不同。英法此種國土之基礎，至爲鞏固。祇賴武力以相維繫，瓦解之勢已成，惟時未至耳(歐戰之德，即在此病)。吾國無此之可虞，其優點一也。國土東南濱海，西北連陸。濱海之方有黃海，渤海，東海，南海劃成天然之界限。吾國積弱至此，東南各省無國界糾紛之危殆，賴有此海洋以爲掩護。連陸之方，有喜馬拉雅山，喀喇崑崙山，葱嶺，阿爾泰山，薩彥嶺，額爾古納河，黑龍江，烏蘇里江，圖們江，鴨綠江諸大山大水圍繞邊圉，爲之分野。其形勢險要，可限敵人之馬足，此優點二也。(現滿洲因不抵抗故，爲暴日所佔，東北門戶洞開，形勢爲之一變，此時實亟有待我收復。)吾國位於溫暖之區，土積膏沃之壤，殖民屯兵，隨處可得物資以爲用。比之蘇俄冰天雪地，磽瘠荒蕪之西伯利亞，迥然不同，其優點三也。吾國土具此優點，是吾國軍事上之形勢擅矣。雖然，國土亦有至大之弱點，此弱點雖爲天然所造成，實亦人事之未盡。(一)吾國國土廣大，而交通不足以司控制，反爲軍事之大妨。(二)新疆，西藏，蒙古各部，多山嶺而亘沙漠，無水道與內部溝通，不適軍事運輸之用。(三)，吾國地理組織，造成東南與西北進化之殊異。各種重心傾注於東南各省，致軍事不能適應全國之需要。吾人爲注意攻守形勢之計劃，故關於上列

要點，當求迅速之改造。今後更當努力於內線交通之建設與外線要塞之布置，并置軍事之中心點以控制全局，俾敵人不能擊破吾內線軍事之設施，必不能長久活動於外線之內；敵人不能突破吾內線之中心，必不能遂其最後之企圖，吾軍事未為失敗也，最後之勝利，或可屬之於吾。故今日研究軍事之準備，不可不重攻守形勢之注意也。

（3）軍事資源之準備

吾人在二十世紀當中，得知一極可注意之一事，其事維何？全國總動員是也。全國總動員，在軍事學上，可分為軍部動員與民間動員二者。前者乃由職業軍人與非職業軍人所組成，後者包括人民之全體。軍部動員，即戰時軍隊一種動作，茲不置論。民間動員，再分產業動員與智力動員二種。後者指戰時科學之作用，教育之施行，勞力之供給等是。茲論前者。所謂產業動員之解釋，即戰時將全國之物產，工業，原料等統歸政府受轄之下以支配生產與消費之組合是也。蓋如是始克以供軍事資源持久之應用而不恐慌。唯是以吾國今日產業之狀況觀之，非有相當之準備，則產業動員之計劃，如何實現？產業如不能動員，則軍事資源何由維繫？故吾人為研究軍事資源之準備，當注意於產業動員之準備。茲論產業動員而及準備之義，此問題殊為廣泛，難以一一列論，祇能舉軍用工業，糧食，金融之三大端言其要點；而尤注意於說明現在產業之狀況，在動員時茫無頭緒，非有相當準備之工作不為功也。

A，軍用工業之準備　軍用工業之範圍所包甚廣。如兵器，被服，車輛，及一切軍用物品與軍用原料皆屬之，最近有化學軍用品之加入。吾國現在兵之工作業，祇有兵工廠製造兵器之一種，甚至造械之原料廠亦無之，需用時須向外國購入。今日吾國兵工製造廠，其規模稍具者，在湖北有漢陽兵工廠，在江蘇省有上海兵工廠（一二八戰後已停辦），在廣東有石井兵工廠，在四川有成都兵工廠，在河南有鞏縣兵工廠，在山東有德縣兵工廠，在山西有太原兵工廠，在遼寧有瀋陽兵工廠（現為暴日所

佔）。其他各省亦多有軍械廠，規模更小，祗能製少數槍械與子彈之用。至其他如被服，車輛，一切軍用物品，俱在民間採買（其實此種軍用物品，民間亦由外國購入）。所謂化學軍用品，如毒瓦斯，毒氣，黴菌等，在吾國祗知有此名詞而已，英美俄日等國，已每年支出大宗款項以爲研究製造之用。以此觀之，吾國所謂軍用工業，不特幼稚，且不完備，明矣。又，軍用工業之經營，在各國小半由政府設廠辦理，大半由民間工廠製造，而半兵工之事業尤爲發達。至於軍用原料之事業，政府復設法獎勵，有時且許以相當之權利以爲報酬。其他工業之機械動力，可用爲製造軍用物品者，如機械工場，染料工場，鐘錶玩具工場等，政府定有種種規則，使之設備。是外國軍用工業一問題，平時已樹立優厚之基礎，一至戰時，即可將民間兵工事業與政府兵工事業融洽爲一。又將民間之半兵工事業與各工場之機械動力改變以爲製造兵器之用，益使軍用工業範圍擴大。吾國軍用工業之經營，其屬兵器者，俱由政府設立兵工廠以自製，或向外國購入。不獨民間兵器製造廠無之，即半兵工事業亦無之。至於軍用原料，懸爲禁例，不得自由販賣。政府之軍用工業既無足觀，民間之軍用工業又毫無基礎。若對外戰爭，吾不知用何物以爲戰也。一二八淞滬一役與現時東北義勇軍之抗日，故祗有秉勇氣與熱力用血肉之身以抗敵之炮火耳。言之殊覺痛心。

然則吾國今日軍用工業如何方可適應於戰時之所需？曰，非有嚴密之準備不可。以吾國現在社會上之各種組織如此散漫。尤其是軍用工業幼稚而無基礎。著手準備。非經一番之大調查，無以得其實況。吾以調查中之準備手續有三，玆分論於左：

一，原料調查及準備　先將各種之軍用原料，如鐵，煤，石油，銅，鉛，錫，鎳，鋁，白金，硫黃，硝酸。棉花，羊毛，麻，木材，橡皮等類，查明各類每年之生產額，消費額，輸出額，輸入額各若干？其輸入之類。何者爲吾所無？何類之輸入超出輸出？從而考慮吾所無之類，能以生產補其不足者，即設法獎勵之。其不能生產，尋求代用之物。再不能，則設法使民間預蓄（如白金等）。又將輸入

超出輸出之類，獎勵生產以補不足，同時並將輸出者嚴禁出口，務求生產與消費之量相符。如此逐類施行，即可知吾原料之眞實狀況及其準備之數量。

二，工業調查及準備　先將社會之軍用工業區分若干之種類，如金屬，木材等。再將每類區分若干個之單位，如金屬中之金，銀，銅，鐵等在每單位區分若干個小單位，如五金類之精製品及粗製品等。然後分別調查其資本額，機器種類及數目，職工數目，工業狀況等項。由此根據統計某種工業爲若干，某種機械爲若干，某種職工爲若干？將每年各種工業之情況相較，衰落者設法救濟，發達者明令嘉獎。務求民間工業基礎——軍用工業與半工兵事業——日趨鞏固。如此行之，即爲業務上之準備。

三，技術調查及準備　各種工業必需各種職工經理，此爲今日工業中最精彩之分工制。顧職工有時以某種代替某種工作可無妨礙。如技術人員之一種，爲專門之技能，非經熟練與有相當之智識者不能勝任。軍用工業中之技術人員尤爲重要。考歐戰時，英法等國施行工業動員，最感痛苦者，即爲此項技術人員與熟練工人之不足。「前車雖折，來軫方遒」，是可爲殷鑑，施行此種調查之方法有二：一爲舉行國民登記，將全國人民依一定之年齡，按照政府所定登記表，逐項開列之年齡，地址，職業，專門技能等項，均一一塡寫詳明（此種登記之施行徵兵時已具備）。一爲自由登記，由各市縣政府頒發登記表於人民，使之自由塡報，不加拘束，如今日舉行之技術人員登記是也。此種登記工作完竣後，卽加以統計，作成類別比率。其中某種技術人員比率最少，而動員時需用最巨，卽開辦某技術學校，或講習所等爲之養育，以補不足。如此，是爲技術上之準備。

吾人對於原料，工業，技術三方面調查準備已完滿，則平時軍用工業之基礎已具。雖然，此爲準備中必有之程序，吾國尙須努力者，是爲軍事工業化之一法。吾人知歐洲列強軍用工業之發達，不在政府設立之軍工作業爲已足，而尤獎掖民間軍用工業之繁榮。如民間工廠能發明新式兵器及改良完美

者，政府收買其構造權，委之製造（如德之克魯伯工廠是也）。吾國欲求軍用工業之發達，須將各種民間工廠指導成立。並將軍用工業在適當範圍內，委讓一部於民間工廠經營。

吾之工業軍事化矣，猶不能準備於完滿。曷言之？民間軍用工業之發達，在平時至一定之程度而止。再不能超出此程度之上，且軍用物品與時俱新，不能預造多數以貯蓄，戰時消耗之大，即不敷用。吾國須當努力，是爲工業機器化之一法。蓋歐洲列強之軍用工業，在平時之製造力定爲一，戰時增加爲三十（德國一九一八年平均增爲四十四）。此種製造力之增大，實爲機械發達之結果。是故平時有多數之機械，戰時卽有多數之物品。換言之，所謂軍用工業，卽平時之普通工業，不過至戰時而蛻變耳。吾國欲求軍用工業之擴大，必先將普通工業而機器化之，庶夫軍用工業準備之一問題至此而告完滿。

B，糧食之準備　糧食之有關係軍事資源，任誰均能洞悉。但吾人今日一論及糧食問題，不禁爲之驚惶不已。蓋吾國西北連年之災荒與東南之歉收，釀成農村崩潰：經濟破產；因是，糧食恐慌之現狀，於全國已有普遍化之勢，其慘象不堪寓目。今論軍事資源而及糧食，推想戰時種種變化，其可驚惶失措者，更不能已也。茲爲力求補救計，故當卽求糧食準備之方法。

吾國農業第一步革新者，是爲生產之合理化。吾國農業生產方法，素不講求，其幼稚與陳朽之狀況，殊堪發噱。所用器具，如耰，犂，耒，耜，皆無變更、可稍代勞力之採水器具曰桔槔者，自漢沿用至今。又如種子之揀選，肥料之採擇，其法俱已陳舊，殊無進步可言。雖手胼足胝，勞勞終日，其勤求之殷，所產物品，亦不得相當報酬也。大多數之農人，能維持廉儉生活爲滿足。無怪務農日見稀少，農村日見蕭條。今日外國之新式農業，勞苦工作，皆利用機械爲之，如種植一事，應用最合學理之循環種植法，可以調和土地單調枯燥之產力，而常具有生意　其種子又經過科學方法之試驗，擇其最富生機者用之。肥料經化學之研究，能使元素適宜於土地之性質，發揚生產之效能。又除蟲，去莠

，灌溉，收穫諸法，無一不精密適宜。是以同爲一畝之田、在吾國產六七石穀者，在外國能收十六七石之多，此其合於生產之原理以致之也。是以吾人爲革新農業，首宜持此種良法美意深入農村，勸其採用。如農人不能達到，則施以適宜方法以協助之。

生產之法既合，糧食收穫必將倍蓰，此爲積極之方法。然生產對方卽爲消費，如消費不緊爲收縮，亦難收優異效果，故同時施以消費合理化之法。今夫饑食渴飮爲人類之當然，須知糧食之於人，是供合理之消費，而非供不合理之消費。何謂不合理之消費？如飲酒一事是已。據某工人團體所調查，工友中嗜酒者占百分之四十以上，可見吾國酒徒不少。彼輩多非富有，得錢卽沽酒，眞不知將來餓死之塡溝壑也。今吾國造酒之米與製麵之麥、其數量據學者所推測，每年總消費量中，當有百分之五或六以爲釀酒造麯之用。如是則糧食所消費於酒麯者，約爲三千七百萬石之米麥。如此數量，已足抵每年入超之總數有餘（吾國近年來糧食入超約在二千餘萬石之譜）。又吾國人多好畜犬，而農村所畜尤多。犬之用途，雖不可沒，時至今日，不畜亦可，況畜爲玩弄乎？統而計之，亦一宗損耗也。又如人之進食，是爲正式消費　顧吾國農人生活，每年無一定之標準，食之一端、則以收穫時之穀米數量爲高下。在收穫豐富農區，其農民所耗糧食，比正式消費者約近三分之一。雖在稔歲爲然，此種揮霍，不合衛生之道，祇增其食慾之誇大而已。噫！消費之法，不可不講也。故吾國首應厲行禁酒（用爲醫藥者例外，（幷嚴禁人民鬥鷄畜狗，不以無益耗有益；再致力於人民日常生活之衛生，以增進其康健。有益於人民甚大，不特減少糧食之損失已也。生產與消費皆得合理，糧食問題可根本解決，其時尙當注意者是爲支配合理化之一法。曷言之？吾之糧食每年生產與消費相較，如超出消費時，是爲生產之剩餘；此種剩餘，當然運之外國市場以換得金錢用於其他事業。故不足則購諸外，有餘則輸諸外，此爲經濟之原則。唯須顧慮者，爲凶年饑饉之一事。昔魏文侯所謂：『河內凶，則移其民於河東，而移其粟於河內，河東凶亦然』，此種方法，甚爲可用。顧吾國公廪之制，今已不存，是其粟之前提

巳失，而移之之法無從措手。吾謂今日中國之饑饉，人民死亡莫救，是公廪制壞，置糧食支配之理而不講所致。一遇某地饑饉，至多在某地購米以派賑。夫採之於遠，何如求之於近，購之於臨時，何如蓄之於平日。故糧食支配法，宜倣則於公廪之遺義，應用科學之貯藏法擴大之，如過稔歲多爲收藏，既可調劑糧食之價格，不爲穀賤而傷農，又可吻合於軍事資源準備之計劃也。又如發展交通，以舒暢糧食之積滯，限制奸商糧食投機事業，不致售者苦於平，購者苦於貴，此皆爲支配糧食合理之楷則。再次，其須注意之大端，如治河以救水災而增灌溉之利益，植林以調劑雨量之平衡，移民以改善勞力之效率，墾荒以擴大生產之範圍，是皆增加糧食之產量，在爲政者引伸而長之爾。至於確謀農村之發展，竊以爲尤係現時應有之努力。

C，金融之準備　今日戰爭，需多量之兵員，因是需多量之戰具，又因是需用多數之糧食，如此，方可以戰。顧兵員，戰具，糧食三者，皆需財而得，故須具充分之財力方可以戰。欲求財力充裕，而金融動員問題，於是以生。當戰事既啓，金融準備，尤爲重要。是以衡論戰鬥力量如何？先察兵員之優劣，戰具之良窳，其後察其國財力之多寡方能加其戰鬥之力量。蓋今日戰爭，猶之賭博，最後，則以財力大小爲勝負也。第吾國財政自民元以來，日趨紊亂；由是金融陷於萎靡不振之慘況，倘一旦禍發，其能對外戰爭乎？不待智者，而後知其必不可能也。然則今爲計劃軍事資源之準備，當亦亟求金融之準備。而金融之準備，竊以爲第一步應從財政上稅收之整理之改善，以求剩餘之現金，貯蓄一部以備戰時之用。其他一步，卽促進人民之財力增加國富，平時謀稅收之漸增，戰時可加徵租稅以爲用。此關於準備金融動員之事甚大，茲再要言之：夫一國之稅收，所從出入源泉，卽爲國民之全體，稅收多寡，以國民經濟之大小爲轉移。如人民負担賦稅超出其經濟力之範圍，則直接影響於人民之生活，國家基礎，因是動搖。今日歐美各國人民負稅如此其重，其人民生活比吾國人民爲優厚；吾國人民負稅不多，而人民之生活困苦無告。無他，一國人民之富力有所不逮也。欲增加稅收，則必以增加

富力爲前提方可。蓋增加人民富力，爲一國整個之政治力所造成，非一部分之工作。吾人特別舉出增加人民富力，以明國家賦稅之源泉，全繫於人民之經濟。稅收之伸縮，須從整個人民經濟力量內以求之，公債之募集，亦以此爲準；紙幣之發行，亦以此爲準；戰時金融動員，亦以此爲準而已。至於戰時向中立國家稱貸巨款，此屬外交手腕與如何條件以爲斷，非金融動員準備問題中所應有之義。

（4）軍事新器之應用

今日戰爭不但以人數之多寡，爲標準，而戰具之良窳，亦至爲關係。茲就軍事上應用之戰具而論，尤以採用新器爲不可緩之要圖。蓋戰具每隨時代爲轉移，石器時代，則應用石器以爲戰。銅器時代，則應用銅器以爲戰。降至鐵器時代，戰具以鐵製爲優良。時至今日而有巨大之進步，戰具非鐵不爲功。顧鐵器亦不能獨占地位，今日爲科學時代，此後戰具之應用，必爲科學所獨占而無疑。夫槍砲，戰艦，飛機，坦克車之所以能在軍事中具有威力，以其破壞力大而殺人速耳。今日破壞與殺人之具，其功效有超過於槍砲，戰艦，飛機，坦克之上者，科學之戰具是已。即原有之鐵製戰具，亦一律而爲科學化，得科學之原理改進之，方能盡其用。吾人對於今日新式之戰具不能作詳細之報告，約言之，一爲化學戰具，各種藥料，毒氣，黴菌等屬之。一爲理學戰具，如電激操縱，空氣操縱，殺人光線，殺人音波等屬之。其以科學原理應用於鐵製戰器者，如無聲無光之槍砲，無聲發動機之飛行機，無聲推進機之潛水艇等皆是。其中有經發明者，有正在研究中者，有秘密而未發表者，經有多數發明家，工藝家在試驗室盡其聰明才智矣。作者對於軍事上今後應有努力之意見：深望國人須注重於科學之研究，以爲戰具革新之繼續方可，購械非根本之要圖也。

（5）戰術作業之研究

一九一四年歐戰發生後，各國因大戰之經驗，對於戰術作業，均大加改良。吾國年來凡屬於垂直而戰術之航空機及高射砲等、屬於他平面及陣地戰術之野山重砲，迫擊砲，手溜彈、輕重機關槍，毒

瓦斯，鐵甲車，自動車，無線電信電話等，因亦無一不漸用於軍中，因此兵器，築城，交通，通信，之革新，影響於戰術之變遷極巨，吾國武裝同志頻年征戰，實地之經驗雖亦頗富，第此變遷較新之戰術作業，尙應不時勤求探討，俾於戰時免或茫無所措也是幸。

(6)軍事精神之訓練

作戰勝敗之標準，非盡以有形力方面之種種爲轉移，而無形力之培養，尤關重要。蓋戰時兵員精神之動作，有賴於平時軍事精神之訓練。以我國今日國力之有限，更以是爲必要，俾以精神之強健，爲衝破敵人之戰線。精神之訓練，大別之，分爲情，智，意三者。情之要素，爲親愛，服從，和平等。智之要素，爲明察，智慮，謀略等。意之要素，爲勇敢，正義，忍耐等。設此三者優良，則軍人之團結力强，理解力足 自信心固，可盡戰時最高之任務。此有待於軍事教育之培成，在兵士爲然，在長官尤爲重要。試一披閱戰史，凡國家危急之際，其能負戰爭重任，盡瘁於國事者，必其人平日嚴於處已，虛以待人，其精神智識之所涵，眞誠而廣大。表面觀之，愊愊無華，似無有超人之材具者。至於氣焰高張，好於動作，急於功利之徒，平時非不能點綴國家，而揚我武。但一遇存亡之時，不足勝此重任耳。故軍事精神之訓練，誠爲今日不可稍忽之問題。

(7)軍事行動之嚴密

吾國因教育之未普及，人民智識有限，國家民族之觀念，殊覺薄弱，所以九一八與一二八事變之後，每有許多漢奸資敵之用，固可慨也。但我軍關於軍事上行動之嚴密，間亦有疎忽之處，致重要消息，有時或爲漢奸所探悉以報告於敵方，如淞滬戰時我方航空隊方集中於杭州，尙未出動，敵即探悉，預發飛機來攻，等等。卽此可見我方軍事上行動之不嚴密也，今後關於此，亦應特加注意，爲軍事上應有之努力爲。

四　結論

坐而言者，起而行之，持久以守，方克反弱以爲強，反敗以爲勝也。吾國人非無觀察力也，非不能言也，第惜其惰性太深，能說而不能行耳；斯眞爲吾民族之弱點矣。要知今日世界之趨勢，侵略之戰，終歸失敗；自衛之戰，必操勝算。彼暴日者，日事侵略，自有覆亡之一日。而吾國國人，倘能「精誠團結」，一致對外，刻苦自勵以求之，臥薪嘗胆而行之；最後出於自衞之一戰，必獲強盛雪恥之實現也無疑。倘再優游終日，仍循自誤，則亡國滅種之慘禍，爲期不遠，勢乃迫在眉睫也。不佞於上述遠東問題與淞滬抗日及今後軍事上應有之努力外，爰作一結論，掬誠以告曰：今日之事，非等閑之事也。今日之變，乃非常之變也。唯忍苦堅毅以赴之；實事求是以圖之；始克挽國家於危亡，救民族於覆滅。幷誦美人愛迪生『人能努力前進，而又能忍耐以俟之，則最後之勝利，當歸於彼』之言，以與本團諸同志暨全國同胞共勉焉。

參加淞滬抗日戰後之所見

古鼎華

此次倭寇驅其醜類侵我疆土於國際信義人類公理毀滅殆盡吾等爲扶持正義護衞國家崛興抗戰月有餘日浴血相搏歇浦爲殷在民族鬥爭史中業已闢展光榮之一頁徒以計劃變更背進二道防綫在軍人立場而言實屬萬分忍負之事然在另一方面而言未始非喚醒國魂之一聲吶喊今者情勢之惡有加無已國聯公斷徒託空言東北版圖易色將定事機危殆無過於玆噫吾東北編列之戶非吾華夏之同胞乎吾東北率土之濱非吾炎黃之故甸乎今也山城無色草木春深凡有血氣能無感憤吾人殺敵救國鋤奸保民責任攸歸未容輕卸應如何厚其大無畏之精神益其忠勇無前之抱負參考過去作戰之教訓測擬今後收復之良謀明彼我之情洞敵竭

之理同漢借箸力事改良未嘗無裨益於戰鬥重開后之進止茲就此次滬戰經過所得經驗事實條陳於下管見所及未必中肯聊盡芻蕘之貢耳

一，敵之戰術一般

敵恃其精良之火器與部署之週密通信之敏捷連絡之確實尤以陸海空軍之協同動作爲其作戰可恃之所在其間以飛機之功用爲最鉅或轟以巨量炸彈或指示砲兵射擊或以無綫電報告偵得情况以作指揮之材料應用極爲敏捷更以砲兵之準據飛機而行集中轟擊復以唐克車（野戰）裝甲車（巷戰）之掩護步兵躍進同時飛機復擲彈以阻止我後續部隊之增加凡此動作皆其作戰之普遍程序但其步兵攻擊精神薄弱近戰肉搏缺乏一種慘烈犧牲精神故時遭吾人之痛擊敗退

二，我之戰術一般

我軍本着勇敢善戰邁往直前之精神配以活躍之機關搶手溜彈刺刀等利器避避開敵砲之轟擊利用夜襲以奪取最後之勝利且亟遇敵人前進時以沉着之態度一躍接戰白刃相加實行肉搏彼乃從未經過此等猛烈突擊驚惶失措且其時敵砲已失其轟擊之效力故吾人常得極大之勝利按吾人武器威力遠遜倭寇設能平時特別注意此點養成此種英勇精神並能利用夜間襲擊實爲有利

三，關於吾方者

A關於行軍方面

一、軍之企圖及行動等最貴秘密迅速在空軍發達之今日時時皆須注意對空遮蔽我方爲秘密行動計故行動多在夜間然往往不能利用黃昏時出發至拂曉後完全遮蔽方法又行李輜重等項間有未能

利用夜間運輸復之遮蔽方法殊失完全秘密之道至在晝間列車之乘降尤貴神速隱匿如不能如此苟被敵機察覺必受轟擊之害矣

二、夜間行軍易失連絡誤方向尤於無地圖或地圖不完全或地形錯雜之地爲甚故行軍路之偵察嚮導之妥覓設標識於道路分歧點及保持部隊之集結縮短部隊之距離各營連間配置連絡兵幷勿令行李或乘馬在隊伍之先頭或中間行進等皆爲必要之處置又宜切保靜肅免去火光而在近敵時爲尤然

三、集合在途中休息時行李及伙食担往往縱橫散置廣佔地域阻塞道路礙部隊之行進及傳令之通過又淩雜不易指揮故在平時須有相當教育並養成眞系統便利指揮爲宜

B 關于駐軍方面

一、軍隊駐止之際宜零星散佈力求遮蔽並作防空工事除派必要之警戒兵外不可使士兵遊行各處以免敵機之偵察致蒙重大之損害

二、駐止之軍隊除奉有命令外遇有敵機經過其附近或偵察時切戒射擊蓋步兵對飛機行射擊命中極難不但徒耗彈藥反使敵機發覺我部隊之位置且易遭無益之損害也

C 關于工事方面

一、火綫之經始須能適合地形而行縱深配備并能避敵注意節省兵力而構成精密之火網爲宜此次我方成爲一綫式之散兵孔有易被敵發見之害然較往時之散兵溝則進步多矣

二、構築工事之際我方無暇裝網及地物可爲遮蔽而幹部又多未顧及休息之士兵使入遮蔽復不能利用夜間以從事工作故我方陣線均暴露無遺

三、火線成接連不斷之一綫而其掩蔽之効力多不足以抗槍砲彈之浸澈又無暇裝偽工事故遭重大之損害

四、我方以交通壕缺乏常致給養補充及後方之連絡增援等均感困難故在戰時凡爲情況所許及有餘裕時間卽應多掘交通壕

D關于作戰方面

一、戰鬥必須各兵種協同一致各顯其固有之能力然後足以致勝敵以多量之炮兵以飛機爲目標確能命中其飛機偵察與炸擊效力尤偉然其步兵不能利用其炮兵收効之際密切協同以行猛進而于炮兵收效之後我方遂得以隨時恢復陣勢故敵步兵進攻之時均值陣勢之復致屢遭挫折相持月餘多未得逞

二、裝械之精利訓練之精良士氣旺盛兵力衆多等皆爲戰勝之要素然士氣之旺盛尤足凌駕物質之威力而上之此次戰役以敵裝械之精利與我所用槍械較誠不堪其一擊而卒能抗衡者士氣旺盛之效也

三、此戰役彈藥之消耗過鉅實以士兵乏良好射擊技能及射擊軍紀幹部射擊之指揮亦未能盡臻適當也

四、作戰時欲免浪費子彈須使各士兵不脫離掌握時時能監視各士兵之射擊狀況而矯正之並使各士兵交互射擊勿一時裝彈同時射擊既可節省子彈又可使敵無還射之隙此事雖微關係實大如平時訓練有素各士兵深悉熟練戰時定能收良好效果也

五、木柄手溜彈効力極大使用極便然必須訓練熟悉戰時方可收効此次戰役以使用欠熟練收効較小且多靡費故在平時應作若干假手溜彈使士兵時時練習之一至戰時方可免擲出不炸或危及本身之弊

六、刺槍爲步兵決戰之惟一技術平時宜常訓練之以增進其體力及腕力並增大其胆力至戰時方能應用此次戰役以吾方訓練稍遜肉搏時多有不能持久此后應注重此事

七、戰時應不顧一切凡有利于敵方或有礙于我方者應即掃清之此次以稍有顧惜未能做到

八、陣地之分配最要確實絲毫不能含混如分配不清即發生彼此推諉之弊此次戰役以倉卒接收陣地各營連以時間短促未能詳細分配致發生空隙如爲敵所乘危險殊甚以後極應注意此事

九、預備隊之位置須顧慮爾後之使用及是否安全而定並須力求隱蔽預備隊之指揮官無論在何時機及如何危險須不顧一切率領各主官赴前線偵察將本部所佔之陣地及進入路等察視明瞭增加時方不至誤事此次戰役在金家木橋以倉卒換防時間短促致預備隊指揮官未能詳細偵察陣地至二十五日增加時多費若干時間方到達陣地部隊運用雖尙迅速然道路迂迴殊爲危險此後須注意之

十、戰鬥開始後對于彈藥之補充運送既要迅速數量亦須充足但亦不可使第一綫彈藥過多如過多易使士兵浪費子彈前進後退攜帶亦極困難且須有適當位置安放免生危險此次廟行一役第一線子彈過多致將防線交與八十八師時向後運送發生極大困難可爲前鑑總之在第一線之各部隊指揮官須隨時報告彈藥狀況視其所需而予以適宜之供給便可免去此弊

E 關于通信方面

一、前方作戰部隊所恃以傳達報告者除傳令外則爲電話當緊急之際電線時常中斷考其原因非被人馬踐踏則爲砲彈所擊斷在持久防禦或爲情況時間所許可者將架設之電線擇要埋置土中可免此弊

二、通信網之完成首貴迅速方不至誤事此次我軍時感遲滯應在平時研究種種手段以期迅速

三、凡以電話傳達消息關于緊急要事件應互相筆記免有遺誤

F 關于編制方面

一、此次戰役本團傷亡官長達五十餘人之多依然能維持戰鬥陣中各種勤務之派遣未嘗有感困難實以編制擴大能得充分官長使用之効然連排長傷亡後指揮各項多遜于前故在平時教育應養成超

過本級之能力俾戰時遇有傷亡其次級卽能服行高級者之職務

二、本團平時未設担架隊關于受傷官兵之救護僅以臨時僱用之民夫或義勇軍任之此輩平時未受軍事訓練到火線救護實多困難有時不得不有賴于鄰兵如此則火線上一人受傷卽減少二人如平時編組訓練之自無此弊

W關于其他

一、各種武器之使用必須熟練戰時方不至誤事重輕機關槍自動步槍等尤須多訓練槍手遇有傷亡卽可補充此次本團以輕機關槍等領到未久訓練日期甚短戰時槍手傷亡臨時補充極感困難

二、在戰時無論何種時期必須使士兵明瞭現在情況庶可使其沉着應付此次本團由閘北撤退情況並不緊急以士兵不明瞭之故致沿途遺失物品殊爲可惜

三、値此飛機發達時期部隊力求遮蔽以免招無益之損害炊爨塲須置于距前線稍遠之處並須在夜間炊飯夜間送飯以免日間烟幕滿天或送飯人員絡繹于途致使部隊受飛機轟炸之害

淞滬抗日一瞥

宋卓愈

淞滬抗日之役，敵方兵種的俱備，訓練的嫻熟，戰鬥手段的新頴，武器工事的精良，通訊運輸連絡的方便，遠勝我們千百倍，未接戰以前，在客觀方面批評，誰也知道，暴日獸軍，已佔優勝，斷非我武器落後的國軍所能抗戰，然而一二八以後，確然與敵週旋，轉戰卅餘天，屢予敵以傷亡潰退重大打擊，變易世界眼光，無非我抗日官兵，激于愛國熱誠，義憤塡胸，人存必死之心，用血肉頭顱博來的結果，簡直說，以犧牲奮鬥的精神，戰勝了一切，突破世界各國苦心經營的戰備，以科學器械爲操勝算的定例，可是終于爲了缺乏物質方面的接濟，及空軍騎兵的協助，砲工兵的不講求，更增援不

繼，衆寡懸殊，以致退守崑山，感覺到我軍戰鬥弱點，亦未始非戰敗的近因，然前事可爲後事師，失敗即成功之母，這是我抗日官兵，不必諱言的，當此國難未已，勁敵當前，整軍經武，勵精圖治，固爲今後的急務，誠刻不容緩，經此次滬戰後，在我個人管見，認爲我軍的戰鬥弱點的，分述如次：

射擊——我軍士兵大都一聞槍聲，未見目標，卽行返擊，究竟敵人來去蹤跡及現在地，還未確切明瞭，祇爲無益的射擊，不特徒耗彈藥，且給敵以探悉我軍位置的良好機會，致引起敵砲兵向我陣地作猛烈操縱散布掃射，害及行動幷增援的不少困難控御敵砲火瞰視之下，卽無大損傷，然不免于坐失良機，舉足均驅被動地位。有時我軍發現良好射擊目標，發射槍砲彈着，概不精確命中，以致收效極微，此皆我軍不能沉着射擊，亦在平時訓練中，對於射擊方法，未能演習精熟，祇知發揚火力，不求技藝精良，覺着得之毫厘，失之千里，未經酷戰，而彈藥告竭，此爲我軍一般之統病，吾輩戎行，可不愼及嗎？

防空——我軍不特無空軍的協助，且對於防空設備，亦付缺如，卽人工能爲的假工事，僞裝等，多漠然置之，有時敵機高飛，經過我陣地，或前來偵察時，我軍官兵，不能確切禁止活動暴露，以致被敵機容易發現我軍位置，甚至敵機在遠距離的天空，我官兵竟有以步槍或自動武器，施行射擊，不特不能收效，徒耗彈藥，根本是自行暴露目標，是何異報我軍卽在此間，誠受害不淺，

配備——我軍兵力，通常集中于第一綫，未能作縱深配備，故被敵突破一點後，不特恢復困難，且有牽動全線的危機，所有預備隊，多不用于出擊或奇襲，而用于塡塞火綫，且因一線相連配備，以致兵力往往有不敷之嘆，牽掣預備隊不能多量留用，有時受敵壓迫時，或被敵砲傷亡前線官兵後，未到必要時機，已經將預備隊使用增加完畢，甚至增加進入陣地時，多不用疎散的隊形，故有預備隊未到陣地線以前，已被敵砲敵機予以壓倒，或已損傷不堪，

工事——當此兵器日新月異大陸形成陣地戰，而我軍所構築者，仍依舊模，多爲一綫式的兵壕，又不注重側防與據點，各陣地的工事，均極形單薄，如閘北的麻包，用花生肉或米糖木屑等以代土者、皆屬有之，非但不强固，又乏各個散兵掩體，如受敵砲射擊命中，及彈着附近時，即破壞或燃燒無餘，幷槍彈亦能洞穿，以故我據守陣地的官兵于每次劇戰時難免傷亡，且交通濠太少，不能確實連絡各陣地，增加進退均形不便，自閘北沿廟行之綫，皆係綿亘一綫式的散兵壕，如被敵突破一部，皆有影響全線的可能，掩蔽部太少，且不堅固，各陣地又缺乏僞裝，容易被敵辨識，線上所屬之機關槍陣地，往往不悉太過暴露，且乏預備陣地，以故被敵破壞，屢見不鮮，

通訊——我軍通訊器材除電話連絡外，便無其他方法，在戰鬥緊急時，電話線多係單綫，時常發生故障，通訊兵又難于查察，動作又極滯緩，電話綫若給敵砲轟斷時，常至數小時內，不能通訊，各方情況，亦頓形滯碍，至于通訊敏捷確實的軍用無綫電除高級指揮官設備外，各團營連，皆未備用，此誠憾事，

以上所臚列各點，雖不敢說是我軍致敗的主要原因，但是爲我軍的弱點，似無疑義，以錯誤爲借鑑，今後應注意的事項，又不揣冒昧，以工事防禦攻擊三事概括述之于後爲有興者研思。

工事　各陣地陣的工事，應按照縱深配備的企圖，構成多線而不規則的散兵巢，幷分別構築據點，不必確切相連繫，務使各散兵巢，皆可有獨立作戰的可能性，但須以能行一人較深的交通壕連絡之。陣地側方或前面可多構做假工事或僞裝，以混敵眼。各散兵孔弧形寬一米達至一米達五，投土須遠，使火線在自然地上。幷能加以同土色的掩蓋，使敵不易發現，更爲有利。各掩蔽部，務宜多設，但不宜太寬，以能容四五人爲主。幷且力求強固，以能抵抗砲火之侵徹力爲最低限度。外壕務宜深闊，務使敵之唐克車不能通過，最好是利用河流爲外[illegible]，或在陣地前多設陷阱及掘較簡單的死角外濠，制敵唐克車於死地，幷于預料敵戰車之出破點，裝置地雷或結合數顆手溜彈及布置電網，待敵車或步

兵接近時，拉導火綫及通電流，予以爆炸電觸，或在陣地前面，多設障礙物，使敵接近困難。總之以最能獲利手段運用靈活的腦筋，盡各種方法爲能事。

防禦　縱深配備爲歐戰後的新式戰術，亦爲防禦的絕好方法。不特可以減少損害，雖被敵突破一部後，尤能節節扺抗，突入之敵，難免我軍三面射擊，其必受損害，可想而知。我軍的重武器如重機關槍及各種砲火，宜挖置于二三綫之後，利用天然的地形或人工構成的地物，力求隱蔽，并須注意射界廣闊，行超越及間接的射擊，能與第一二綫的兵力協同作戰爲主，當敵砲向我陣地攻擊時，第一綫守兵，必須指派極少數的監視下，確實監視敵方動靜，并須配備相當的自動火器，其餘官兵務力求遮蔽，靜待時機，并俟敵步兵進至距我二三百米達時，不可射擊，同時可準備小部隊，待敵接近時，予以包抄或襲擊，如敵砲射擊沉寂的一瞬間，或延伸射距離時，我各綫的守兵，應即相機分別進入陣地，協同包抄或襲擊的部隊，以猛烈的火力，集中射擊其前進的步兵，如敵步兵進至我陣地前五十米達以內，除沉着應戰外，第一綫的守兵，應將手溜彈的安全栓扭開，預備投擲，或趁敵砲兵開始效力射擊，其步兵藉着砲火前進時，我軍即行迅速出擊，將其前進步兵，予以猛烈攻擊，使其敗退，如時機許可時，則宜跟踪追擊，反守爲攻沿其潰退路綫追擊前進，可免生電或地雷的危險，總之、以避免敵砲，力圖與敵步兵施行肉搏，則其砲兵自失效力。如果陣地被敵突破一點，我守兵或預備隊，應在敵立脚未定時，即行作猛烈反攻，予以奪回。

攻擊　攻擊部隊，務須多附熟悉地形的嚮導，嚴密偵察，務求從防者的陣地空隙尚侵入，或迂迴敵之後方，皆能收最大效果。除非必要時，以能避免正面攻擊最爲上策，因敵方各種輕重機關槍，多不可以數計，若從正面猛攻，縱能突破，但我軍亦損失將不堪問，如必要從正面攻擊時，則須縱深配備，以防反攻，對於兩側及後方，均宜注意敵之奇襲或包抄：如已將敵陣地突破，應從速尾敵追擊，不使敵有據守後方陣地再作頑抗之餘暇，如攻擊不能得手，則應據守扼要地點，制敵出擊，前進時

應帶備各種填壕造橋之材料，及破壞鐵絲網的各種工具，前後方之攻擊部隊，務宜確取連絡，如能利用夜間或迷霧天氣以行攻擊，最爲有利。

以上不過是管見所及所提出應注意的事項，掛一漏萬，在所不計，其他尙有許多應該特別加以注意和研究的戰鬥方法及手段，更難數計，只待將來研究罷了。

結論　淞滬抗日，我所感覺到的弱點，卽爲敵方長于我者，而其海陸空軍之聯絡應戰，誠有吾人所不可思億者在。我軍以熱血頭顱換來的結果，能與世界以不可認識，我們今後的方針，惟有檢閱自己過去的弱點，努力避免和研求。在東北失地沒有收囘以前，換句話說，也就是日本帝國主義者沒有打倒以前，我們中華民族，永久的任務卽未完了。我們不要因爲這一次淞滬抗日的援絕退却屈辱簽字而把我們森嚴整個的抗日陣壘鬆懈下去。要知道局部抗日的失敗，并不是代表整個抗日的失敗。而且抗日是不計成敗的。我們更須記着，繼續不斷的努力奮鬥，才是我們中華民族唯一的出路。尤其我們身爲軍人的，更要爲中華民族及中華民國生存而戰，打到最後一人一彈，亦須憑着我們的熱血頭顱，向敵人的壁壘飛濺拚擲，擭取我們最後的勝利！同志們！努力吧！在這個物競天演、生存競爭的人類宇宙中，正劇烈地排演着弱肉強食自然淘汰的把戲；國家要素的人民，土地、主權，非戰無以存。自己不奮發有爲，徒希望別人帮我的忙，乞憐第三者替自己伸寃，終不是一個良好的辦法！人方爲刀俎，我且爲魚肉。一綫光明的出路，就在我們努力抗爭！淞滬忍辱簽約，東北尙未收囘。一息尙存，此志不懈！我們今後應該痛定思痛，糾正以前的弱點，刷新一切的利器　準備着最近的將來的抗日的鬥爭！

空軍之威力

劉天紹

輓近航空武器之發達，日進千里，而空軍主力問題，益爲世界軍事家爭論之焦點，蓋自空軍發現以還，人類之鬥爭，由陸海而進于空間，由平面而變爲立體，陸海軍之戰術戰略幾全失其效用，舉凡山川之阻、海洋之隔，道路之崎嶇，波濤之險巇，陸海軍之視爲險阻，不能超越者，空軍皆可于御風乘雲，洽然扶搖中，減除而避免之，疇昔海陸之戰，戰區有一定之範圍，戰鬥員有一定之人數，今則空軍無遠弗屆，凡空氣存在之處，飛機皆可到達，而地球上決無無空氣之境，是卽空軍無不可到達之區域，因而戰區之擴大，茫無限制，無辜之婦孺，亦同罹鋒鏑，此次倭寇浸滬不宣而戰，虛國際之責難，僅派少數空軍，略施爆擊（此次敵用之轟炸機，全然輕爆擊機，所用炸彈，最大不過五百磅，其重爆擊機飛艇，及二千磅四千磅之炸彈，尙未見使用。）已令我陸軍窮于應付，海軍銷聲匿跡，錦繡淞滬盡成瓦礫，工廠雲連並爲灰燼假令正式宣戰敵以優勢空軍臨我，則勝負之數無待蓍龜，蓋戰爭開始，陸海軍均須集中，而空軍事前將一切交通破壞，爆擊敵人海陸軍之集團　以消滅其戰鬥力，轟炸重要都市使敵國人之政治中樞動搖，經濟資源困乏，前線後防，失其聯絡，交通旣阻，物質缺乏，則陸海軍集中未完，兵不血刃而雌雄已定矣此次滬戰開始敵若將京滬滬杭兩路先事破壞、京杭重要都市，施行爆擊則十九路軍之六十六十一師必無法集中斷難支持匝月之久卽退一步言敵若將南市滬西暨眞茹以北一帶地區，盡行破壞，則我不能在眞茹發號施令，軍實給養無地貯存士兵亦無藏身之所，補充給養，諸感困難，而戰鬥結果亦可想像得之，今日海陸軍戰術戰略雖已改變，對空防禦亦日臻完備，但考歐戰末期列强高射砲之命中率，一萬發乃中一發，據一九二九年（卽民國十八年）度，日本航空年鑑所載，列強高射炮之命中率以美國爲最優，但仍須二千發乃能命中一發，觀此可知陸海軍之對空效力極微，無傷空軍毫末也，要而言之，空軍非以空軍對付不爲功，今後戰爭定以空軍爲主力，據有優勢空軍者，必操戰勝之左券，我國科學落後，物質缺乏，陸海軍均屬幼稚，倘不急起直追，積極擴充空軍，若遇國際戰爭，仍以舊式之海陸軍與新興之空軍周旋，必陷于落伍失敗，終于亡國滅種而後

已可不懼哉，嗚呼疇昔有爲之士，悉具乘風破浪之想，今日英髦少年，能無騰雲冲霄之志歟，願與吾輩同志共勉之

附記

空軍之威力旣如上述以陸軍對空作戰，譬之以卵擊石，徒招損害，此次滬戰所得經驗，彰彰甚明，無庸贅述，今後對付空軍，惟有力求減少損害之一法，爰將管見所及，臚列于後，以供同志之參考焉，

一、住所之選擇，不可在建築物，或明顯目標之旁，務以低小房屋或森林之地點爲佳，

二、部隊務須分散駐紮，不可集團，遇敵機來時，務求隱藏，凡衛兵旗幟及其他一切易被察覺之物品，亦不可暴露

三、敵機來時，切戒士兵射擊否則無異告敵以所在，徒招損害，

四、工事務須多設僞裝，以眩敵眼，機槍及炮兵陣地，如無蔭蔽地利用，可用繩結網，四週支以竹桿，網上敷以青草，架于地陣之上，則敵機不易察覺

五、部隊運動，利用黑夜爲宜，必要時日間行動務取疏散隊形，士兵帽上可復以青草（現在我部所用粤製鋼鼓帽尤爲適宜）槍上可插小樹枝或青草之類敵機來時，俯伏不動，則敵機疑爲草坪或疏林，蓋飛機在三百米突高度俯視地物不甚明瞭，其視房屋已如小洋火盒，視河流如綫線，視山林如青苔彷彿吾人之披覽地圖無異也

六、遇敵機爆擊時務須藏掩蔽部內，倘走避不及，可仰視敵機，機從東來，卽向南北走，機從北來，卽向東西避，蓋機行迅速，投彈卽有偏差，亦以機速爲轉移，倘能敏捷如上述之法走避，亦可減除危險

七、炸彈已下，走避不及，務取低小姿勢，俯伏地上，蓋彈丸着地爆炸時，破片均向上飛揚，取低小姿勢可以避免重傷也

抵抗救國

滕鐵珊

各個資本主義的國家，都已經是達到了金融資本的頂點，快要到崩潰的時候了，現在是拚命的掙扎，來暫時延長牠最後的生命；因為集中企業和生產合理化，以至於商品的過剩，所以各資本主義國家目前最大的企圖，就是市場的獲得，但是在歐洲是絕望的，因為在歐戰以後，海外市場却比前減縮，想在歐洲拓植是萬分不可能的事，卽是其他各洲也和歐洲是同樣的情形，從前以農立國，輸出原料和半製造品的國家，到戰後都已逐漸的走進了工業資本階級；因為這樣所以資本主義的國家是異常的恐慌；從一九二〇年以來，沒有一天不是在渡過經濟的難關，于是各資本主義的國家中，失業者一天比一天多，不景氣年甚一年，各資本主義的國家，為了要維持其生命，都睜開了巨大的眼睛環視着全世界，來尋找他們的市場，必然的臨到了我們中國的頭上，因為中國是經濟落後的國家，既沒有一切武力的準備，又有條約的束縛，而且有廣大肥沃的土地及有無限量的寶藏，所以各資本主義的國家，目的都集中于中國，認中國為全世界最有開拓餘地的商場，各列强都在虎眈着侈望着中國，更明顯的就是日本，所以中國問題是有世界性的，我們不能否認；我們既明瞭了世界的現勢和中國的危機，應該知道不是自己謀解決的方針，是毫沒有辦法的，倘或不信，我們是忽略了痛心的事實，和日本給我們以絕大的教訓。

在一九三一年九月十八日，日本用非常手段强佔了我國滿蒙，這是我們民族有史以來的最大屈辱，日本在二十四小時內，得地二百萬方里，統治了二千萬我國的人民，這種輕易的事件，在歷史上確

是很少看見！在這萬分緊急的時分，在這民族存亡的關頭。單只是向世界各國呼籲，請求國際聯盟主張公道，那是永遠沒有好結果的；我們要知道日內瓦的機關，完全被各個帝國主義所把持，小國是向來沒有發言餘地的，他們所集中的目的，是用何種方法來宰割弱小國家，都是以自身利害爲前提，而談不到什麼公道正義；中國請國際聯盟援助，國聯理事會出面調停，也就把這種事件延宕下去了，現在雖有調查團，報告中也不見得與中國有利，滿洲僞國是建立起來了，東三省是脫離了中國的版圖；這就是由不抵抗而得來的好處；我們要曉得，一個國家受別一個國家侵犯的時候，只有兩種對付的方法，一種是外交，一種就是武力，非到萬不得巳，武力是不輕易使用的，這個是我們也知道的，因爲戰爭決不會有絕對的把握，成敗是不能在事前料定的，在毫沒有把握的時候，要專靠武力來取得勝利，確是很危險的事，所以外交的重要，決不在武力以下，况且外交運用得當，同樣的可以解决國家的危局，並且可以免除戰爭的損害；反轉頭來看看我們中國，在這種嚴重情形之下，外交固然是應付困難，軍事又毫無準備，兩者既沒有辦法，如何對付得了日本帝國主義的橫暴行爲！所以經過了半年以上，東三省仍舊是在日本人掌握之中；從此我們可以知道，完全倚賴別人是完全沒有用的，一切橫溢的感情，一切有氣無力的嘆聲，都是自巳懦弱的表現；從此更深切的明白了，我們若不振奮努力抵抗強暴，無以救國家的危亡，我們中國是有常備兵兩百萬的完全獨立的國家，現在是全國人民自動起來抵抗的時候了！全國人民一致的團結起來向我們的敵人進攻的時候了！我們誓必要以熱血來挽救我們的民族，挽救我們的國家，我們永久不要忘記了偉大的光榮的十九路軍開始向日帝國主義抵抗的淞滬戰爭。

自東三省亡了以後，日本人知道了中國的底蘊，於是作進一步的侵略，實行請求我們政府，取締一切抗日的政策，青島黨部的焚燒，報館停刊，上海民國日報的查封，都是日本干涉政策勝利的實現，于是更又有上海事件的要求，除取締一切抗日運動以外，還要撤退上海的駐軍，我國政府之忍耐是

早已超過應有的態度了，日本反在一九三二年一月廿八日我國已經給了日本滿意答覆的那日，居然進佔閘北，我忠勇衞國的十九路軍就不顧一切的抵抗和我們稅警第二團的毅然參加，于是我們的戰士，開始在砲聲，槍聲，飛機聲，炸彈聲中，奏着勝利之歌；我們全國的民衆，也由無可發洩的憂憤中，昂首微笑了，這是多麽偉大的犧牲，多麽崇高的光榮，是值得我們每個中國人頌贊的悲慘壯烈的戰爭；因爲這樣，給了日本一個大的驚愕與不安，把日帝國主義的紙虎戳穿了；我們應該紀念這無上光榮偉大歷史的一頁，在戰時國內的同仇敵愾，團結一致，尤足以表現我們民心還沒有死盡，民氣還沒有完全消沈，一掃以前任人宰割的怯懦，給了帝國主義者一個最大的打擊。這樣，日本掙扎了五十餘天，志不得逞，終於是在停戰協定之下，日軍撤退了，這種由抵抗得來的不屈辱，雖沒有怎樣的勝利，實在是從來未有的光榮；同時在這個教訓中，我們知道現在是敵人的槍尖對準我們胸膛的時候，由生到死，由死到生，都是全憑自己最後的決定，我們敞開着胸膛，任敵人把槍彈開放，我們是不願的；給敵人下跪求憐及哀號着叫人援助，又是萬不可能的事，所以我們現在只有奮勇的劈開敵人的槍尖，戰取生命的安全，我民族際此大難當頭，外侮頻侵的時候，只有竭力抵抗，奮起自救，以爭取國家民族自由獨立的生存與繁榮；我們要以熱血來洗滌歷史上的汚點，充實我們的力量，蘊藏于全中國每個人民身中，以作抵抗到底的準備；本身既有定識有定力，站在整個國家全體民衆的立場，協同直正代表國家民衆利益的政府，領導着全國民衆共同奮鬥，永久的反抗各帝國主義。

事實已經告訴了我們，抵抗是可以挽救危亡于萬一，現在日軍雖然是撤退了，但是，殺機還潛伏在四野，包藏着無限的隱憂，中國在各帝國主義環攻當中，將來的困苦，更甚于今日，我們只要自己策勵，用不着畏懼和胆怯；我們是已經知道了，抵抗是我們民族求生存的惟一道路，鐵與血的犧牲才能邀得公理與正義，一個國家的存在和挽救，全在有正當的防衛和抵抗，上海這次戰爭，就是我們初次和帝國主義拚命的先聲，我們絕不灰心的是因爲了悲壯偉大的無上光榮的淞滬血戰史。

抗日前後與中國軍人

郭錦華

自從鴉片戰爭以後，開始了帝國主義者對中國之分頭宰割，同時中國也暴露了清廷全部的弱點，因爲中國拒絕不德義的汚辱大不列顛國旗之鴉片貿易，反而受賠款及締結不平等條約之損害，實在是助長其逐漸擴展勢力于中國實行政治侵略之無限野心；于是喚起了各國小覷中國的心理，在南京條約和虎門條約以後，就有了望廈條約和黃埔條約以至于和比利時，瑞典，那威都有了同樣性質的條約；等到洪揚之亂的時候，我國的鎖國主義完全打破，因爲已經和十個國家締結了與中國有害無利的不平等條約。到日本明治政府成立的時候，卽採行帝國主義的政策，決定了統治琉球的方針，清廷除了斷送土地以外，所準備的只是賠款，所以中國的琉球島，一變而爲日本的冲繩縣了，以後又輕易的送安南給法國，送緬甸給英國　割遼東半島和台灣與日本；所以中國的外交史，卽就是喪權辱國史，從此自己逐漸的淪落了國際地位；從中日戰爭到八國聯軍，不過是帝國主義者在中國競爭權利的時代，結果都是中國給各國以平均的權利，所謂的租借地，勢力範圍等變相的割據方法，都在這時期實現，所以在這個時期內，可以算是瓜分中國論最盛的時期；從八國聯軍到歐戰開始，是帝國主義者在中國恣意經濟侵略時代，因爲各帝國主義者在中國的政治侵略，已經是樹立了永久的基礎，並且以前所採用的急進侵略政策的結果，是免不了他們自身在中國利害的衝突，所以不能不轉變方法來用緩進的經濟侵略政策；于是有辛丑條約，俄蒙協約，印藏條約，剝奪了中國一切的自衞權，以至于教育不能擴張，實業不能發達，而且增加了中國人民空前無理的負担；從歐戰開始到華府會議，是日本帝國主義者在中國施行單獨侵略的時期，因爲那時候歐洲正在大戰當中，沒有閑暇顧及其他的國家，所以日本利用了這個最好機會，對中國實施單獨侵略的政策、兵攻青島，侵害中國獨立，違犯國際公法，並且

提出使我們永久不能忘記的喪權辱國二十一條件，但是這條件，因爲沒有經過中國國會的通過，在我國人民是始終不能承認的，在這二十一條件未廢除以前，我國人民是應當永久反對而不能承認牠有効的；在這種失敗的中國外交之下，我國國民漸漸地覺悟到國民外交之重要，應當以全國民衆所有的力量，對付各帝國主義，尤其是日本帝國主義。

日本在七八十年的以前，不過是東方的一個小島，一個無聲無臭的國家，自然是談不上國際地位，因爲在他們國家裏，政治上由諸侯專權，一點也沒有力量，况且完全是農村社會經濟，更無經濟力量之可言；但是從明治維新以來，因爲完全仿效英德的結果，經數十年之經營和努力，居然是世界上的一等強國，是世界上資本主義和軍國主義形成的帝國主義；日本帝國主義，既然站立在資本主義的立場，所以必需要廣大的殖民地或勢力範圍，以便消售他們的商品和採取製造上的原料，但是世界的原料供給地和商品消售場，都已經被先進的帝國主義佔據了，故不得不移轉目標，完全的對准了我們中國；況且日本土地既然狹小，而且有地震，加之人口過贍，也是他們侵略亞洲大陸的動機；所以從中日戰爭，日俄之戰，二十一條件，濟南慘案，萬鮮慘案，以至于去年的佔領東北，和今年的侵我淞滬，都是日本帝國主義者厲行他們一貫的侵略政策。

我們從上面所論，可以知道日本侵略東北，是有他的必然性的，所以蘊藏了好久的破壞東亞和平的大炸彈，終于去年九月十八日下午十一時爆發了，事實是這樣的：日本的軍隊自己炸毀了南滿鐵路的一段，藉口中國軍隊希圖破壞南滿鐵路，最初以駐南滿路綫的日軍，開始了他們的軍事行動，在二十四小時以內，就完全佔領遼吉兩省的各重要城市，大好河山的東北，從此陷于萬刼不復之地，正面顯出了中國之不抵抗，反面是暴露了日本帝國主義的凶惡；近且以宣統廢帝溥儀爲傀儡，成立了所謂的滿洲國，表面雖是溥儀爲執政的元首，實則日本掌握了政治，財政，軍事及其他一切的實權；這種方法，是三十年前日本滅亡朝鮮的方法，以國際史上所演的一幕惡毒劇，重演于今日的滿蒙。

自東三省亡後，全國人民異常的憤慨，深知道全民族的生命，須由全民族自己的力量和赤血，方可以得到保障，所以就紛紛組織義勇軍，來謀長期抵抗，在這時候日本野心未已，反而從南華沿海一直到津滬，一致的行動來干涉抗日，想取消代表中國民意的抗日言論，和無形取銷抵制日貨，我政府秉息事甯人之旨，是已經給了日本滿意的答復，但是日本竟于今年一月二十八日夜，在我忠勇衛國的十九路軍駐地的上海閘北加以攻擊，我軍爲自衛計，就同敵軍以炮火相見，出于日軍意料以外的十九路的抵抗，使日軍一敗塗地，幾乎全部湮沒；這是我們中國近年來對外第一次抵抗，值得紀念的光榮的戰爭！日本于大敗之後，老羞成怒，利用飛機炸彈，作劇烈的焚燬，于是華界的精華，幾乎全部毀滅，人民生命財產的損失，有不可計算的數量；我人民雖然遭了這重大的犧牲，還是以無限的熱忱對十九路作竭誠的擁護，這可以算是十九軍得了中國軍人空前的榮譽；這樣，十九路軍及參加各軍和我們稅警第二團的將佐士兵，更下最後的決心，蔡將軍也親自在陣地負責指揮，所以日軍屢次的反攻，依舊是不能得到絲毫的勝利；這次戰爭，掃除了帝國主義數十年來無上的威嚴，增加了我國永久對外抵抗的勇氣與決心；現在上海的停戰協定已經成功，可以勉強說是暫時的無事，不過我們想起了淞滬的殘痕，應同時想起日本帝國主義凶惡的面孔，應同時想起我抗日將士的奮勇作戰而致無上的敬意。

此次上海的炮聲，驚醒了國人的沈夢，喚起了四千年祖國之魂，雖然日本絕對不能以武力佔領長江流域，然而是給了日本一個大的教訓，給了我國國民一個大的啓示，當我們抗日的軍隊正在與倭奴作戰的時候，民衆熱烈的慰勞和自動參加作戰，可知中國民氣實在是沒有完全消沈，我們應當利用這種激昂的民氣，作永久的抵抗準備，恢復我們中國存在于世界地位的繁榮。

從滬戰以後，我們對中國軍人有了新的認識，因爲軍人天職在衛國守土和保境安民，凡爲軍人者，都應當犧牲其個人之生命幸福，而造成民族國家之幸福，所以軍人在全國的職業中要算最高尙神聖的就是在歐洲各國，服役于軍隊中的人，實有無上的光榮；但是在中國這政治秩序不能安定的國家，

國家大權是早已經被暴力所奪取，政治實在是以軍權爲重心，在從前北洋軍閥時代，都是以軍權爲私人縱慾刼掠的工具，鞏固自已地盤的利器，對于國家民族觀念非常的淡薄，甚至於簡直沒有國家思想，對于人民更是漠不相關，不貽害于人民的實在很少；所以引起了歷來人民仇視軍人的心理，鄙薄軍人的思想，畏懼軍人的觀念，這都是事實引起的反響，軍人忘記了自己的責任；經這次滬戰以後，全國人民一致對十九路軍及參加作戰的軍隊有無限的景仰和崇敬，因十九路軍此次作戰，實在是掃盡了一往軍人的專事利祿的掠奪，而發揚了軍人保國衞土的天職，以邁世不阿的勇氣，表現國家民族自強的精神，民衆的擁護和愛戴，自然是應有的表示，從此我們的軍人，代表了中國整個的民衆，代表了中國整個的國家。

從歷史的證明，我們可以知道一個國家在國勢危亡的時候，軍人的責任尤其重大，因爲一個獨立國家，抵禦外侮的利器，是武力和外交，雖說外交也是國際間一種的互相應用的工具，但是在這有強權無公理的時代，弱國實在沒有外交，因爲外交必須以武力爲後盾的；所以凡是我國的軍人，都應當澈底的覺悟，以個人自私自利的觀念，變爲忠于整個民族與國家，務必使軍人一舉一動都在實行軍人的天職，化私人的武力爲國家的武力，爲中國全民衆的武力。

從上面所說看起來，中國軍人到現在是應該深深的明白，因爲現在的世界，不是從前的世界，中國的地位也不是從前的地位了，這些固然是應當了解，但更不可忽略的就是中國軍人的重大的責任；在中國這樣弱的國家，在國際上簡直是沒有地位，雖說是由于中國之外交軟弱，也可以說是由于中國軍人的目標錯誤和中國軍人對外毫沒有準備的決心；現在全中國的民衆都覺悟過來了，中國軍人同時也樹起了保國衞民的信威，把全部責任，分担在中國每個人的肩上，中國軍人是負起了更重大的責任；我們毫不遲疑地一致對外，換句話說，就是中國軍人的鎗尖也一致應當對外了，我們要保持這種態度于永久，我們要使中國永久適存于世界，這是我們全中國每個人的永久責任，更是我們每個中國軍

人永久的天職！

贈給第二團抗日後之蒭獻

章永年

夫國家養兵之要素不外乎安內攘外安內者剿匪安民攘外者禦侮保國度支部長宋公鑒于鹽警窳廢力求改良乃于民國十九年組緝私處命温公應星任其事温公沉默寡言廉潔自尙卒業于美國軍校爲國內有數之士昔年隨朱子蕎將軍辦理東省特別區及兼鐵路警務卓著政聲緝私處成立後編練第一第二兩總隊訓練部曲爲改良原有緝私隊之備旋以國內反動時起匪共披猖爲應付環境計遂將第一二兩總隊改爲特務第一第二兩團繼擴充爲第三第四各團二十年緝私處改組特務二字改爲稅警此稅警第二團所由來也十九年秋贛省共匪猖獗調駐潯陽堵防進勦地方得以安甯當時團長爲鄧君樹仁旋鄧升遷古君鼎華乃由第三營營長擢升第二團團長營長有三爲李君維屏劉君天紹宋君卓愈二十年春調駐江淮緝私勦匪兼顧並行古君久歷戎行深閑韜略雖節次調防而滬而抗担任地方防務其整軍經武訓練部伍則不少懈若早知淞滬血戰也去秋東省被暴日強佔政府忍辱求全運用外交手段解決冀免戰爭詎料反張狂寇侵略之心本年一月二十八日竟藉故攻我淞滬我駐滬十九路軍爲民族求生存爲國家爭光榮孤軍奮鬥屢挫敵鋒敵乃傾全國海陸空軍全數來犯齊集進攻戰事日趨緊張時永年隨　温公應星服務于上海市公安局銜命乞師星夜檄調得第二團駐滬增援抗戰匝月浴血經旬三軍之氣如貫長虹雖被以多數飛機大砲猛力進攻毫不畏却使敵不能越雷池一步設非將士一心平時訓練有素者曷克臻此厥後奉命退集第二道防線停戰協定成立暫告段落是安內攘外二要素第二團已兼而有之且力行之矣惜永年離開二團已久未獲躬親是役爲恨然倭寇恃其海陸空威力機詐無常安知淞滬不再有第二次或更劇烈之血戰況東北數千里迄未收復來日大難正未可樂觀雖政府託付國聯解決而最後之努力仍應賴于鐵血故軍人之責任此後更重且大願二團同志一德一心將此次作戰經過所

得詳細比較極力切磋敵之強宜如何預防我之弱應如何補救悉心研究成一完全無缺之集團備來日之惡戰殲彼强寇還我河山獲最後之勝利爲民族爭光榮爲國家爭生存則永年雖不與戰役亦有榮焉

抵抗與生存

吳述軒

至少是腐化的人，眼界僅限于秋海棠葉的人，是會想到這樣的偉大——……夫我中華，一大國也……地廣人多，物產豐富……誠甲于天下矣！……

在世界民族未別，還正從原始人類的時代，至演進于部落時期的過程當中，世界上沒有所謂「禮讓」，更談不到「文化」，先哲的一些洋洋的大理論，什麼仁，義，禮，……用在現在的世界——，強盜的世界——是不合宜的；現在的世界上，只合乎「打」，只合乎「戰爭」，才可以生存，

至于說「禮讓」，講「仁愛」，搬出和平的大教訓來，那，這個時代是不合宜的，至少是近數十年所不合宜的。本來，人生是爲了爭生存，要活命才要拚命，要拚命才可以站在這高出喜馬拉鴉山一萬倍的山的尖頂端來呼吸一點生命的空氣，作爲你生命引擎的原動力；不然的話，山尖的小面積上或者是不容許你這「弱者」來參雜其間，多吸了有用的空氣作無用的工作的。

列強壓迫弱小民族，而他們還在說是「維護利益」，「機會均等」，「門戶開放」……呸這明明是宰割的方法，滅亡的初步：「親善」，「友好」，這是老虎和羊的交情，終有一日你是他吃了而臍下的骨頭，啊！弱小民族，只有你自己振作與努力啊！

一個小小的羔羊，惡獸都在垂涎着；一個肥白的孩子，魔鬼都在跳躍着，只等機會的來臨，這可憐的羔羊，可憐的孩子，終久是他們的食物；若是你不具有反抗的本能——事實上任何人誰都不能相信一個人會不具有反抗的本能的，除了滿身打着嗎啡針行動不便的廢物——死神走在望着你獰笑

的。

固然，戰神說：「好孩子，投到我的懷抱裏來！」神是猙獰而可怕；但，朋友啊！爲生存而求生存，我們得認爲他——戰神——爲可愛的慈母，世界上沒有一個慈悲心的人，除非是一些相信「不修今生修來生」的傻瓜！

任何有眼光的人，差不多，弱小民族個個都是這樣；誰不知道那大盾牌的後面那個戴着親愛和善假面具的惡魔是在笑？他有雪亮而光閃閃的刀藏在他的套裏。眞的，若是你眞個是一個弱者的話，你自己已經是確切認爲的話，那末也好，可憐的孩子，這兒是些橫不畏法的屠夫　懦怯的孩子是不容你插足的。我們不干橫暴的帝國主義者來硬生生地吃我們的肉，吸我們的血，我們要鼓起我們的骨頭包着皮的身軀，去和他——帝國主義者——拚命去！反正這是我們的末日了！

「中國是弱小民族！」這句話有一半對：上半部的「中國是弱」是不能否認的了；下半部「小民族」，這句，我說，甚至全中國的人都說：「我們至死是不承認的」！

以往，帝國主義者利用種種陰謀來破壞，用種種手段來高壓，可憐，這弱者——已經像第三期肺病的弱者——是一一忍受了！忍受了！

帝國主義者的貪心，至少要比蚊虫，跳蚤還來得更貪，已經這弱小的孩子忍受不住了，不！已經這快睡死了的大獅子忍受不住了！德國，不是曾有一個大將說嗎？「……東亞有個甜睡的獅子，它老是不醒能了，若是它醒來了，定能予世界上一種新展的局面！……」

可憐的獅子，怎麼你竟這樣安閒的睡着？你猛烈的雄威呢？你青色而發亮的毛，你鬃色閃閃的鬃，都給那些不怕死的小畜牲拔去當鬥蟋蟀的信子了：現在，甚至老鼠也似的東西也來欺負你了！他血紅的嘴，要來咬你這空撐場面不中用的東西去果腹了：啊！那一天才是你醒來的日子!?

不過現在，他因爲震于東北半壁河山被扯的巨聲，他因爲震于上海劇烈的砲彈聲，他因爲震于倭

寇多貪的呼聲，他也快要醒來了！

無厭貪求的倭寇，至少他說野心已經完全暴露在這「強盜」的世界裏了！他的爲害中國，不是近年來，也不是近數十年來，他的野心的根苗老早種在幾百年以前的時候；這時，因爲中國快要醒來了；爲其中國快要醒來，所以他不出得戴上那和善的假面具來，派上他那殺人不泛眼的獸兵來，實行他那硬行攫奪的手段！列強還不是他一家人，有什麽制止？有什麽公道？他們都是聯合在一條線來欺騙這所謂「弱大民族」的！

我們爲着生活，爲着要貫澈我們總理苦心所創造的主義，爲着要表揚我們民族的精神，爲着要奪回一夜功夫被倭寇攫去的山河，爲着要報復我們上海所損失的生命財產，我們不得不以我們民族的精神，去做大無畏的抵抗，只憑空口的宣言通電反對，是一點也不會生效的，

東北是失去了，在我們還沒有把它用武力收回的當兒，民族首先要有自決的力量，要有整個團結的力量，總理曾說過這樣一段話：「……我們中國的民族，處現在是什麽地位呢？用世界各民族的人數比較起來，我們人數最多，民族最大，民族教化有四千多年，也應該和歐美並駕齊驅；但是中國的人，只有宗族和家族的團體，沒有民族的精神，所以雖然四萬萬人結成了中國，實在是一片散沙；弄到今日，是世界上最貧的國家，處國際間最低下的地位，人爲刀俎，我爲魚肉！我們的地位在此時是最爲危險了；如果再不留心提倡民族主義，結合四萬萬人成爲一個最堅固的民族，中國便有亡國滅種之憂，我們要挽救這種危亡，便要提倡民族主義，用民族精神來救國……」總理是死去了，可是他所說的話止是中國的大病。拿現在來做了實例：我們的民族不大嗎？人數不多嗎？可是這民族，這人數，他們在自己的分爭着。團結？談不到！非但有槍階級，和一般的人民是這樣，就是其他的，何嘗又不是如此？

現在是國難了，有血性的人民們，有勇氣的軍人們，有誰不在希望「精誠團結，共赴國難！」不

過，在這不幸的中國裏面，確實可憐的很；處在這危急存亡的時候，居然還有少數醉生夢死的人們，今天什麼意見不投，明天什麼主張不一。唉！你們何不想想；「皮之不存，毛將焉附?!」假使國家不可救藥了，那末，即使你們有天大的本領與勢力，還不是化為烏有了嗎！

「抵抗」，可以挽救一個民族的危亡，這眞是一個千篇一律，不可更變的定理，誰也不能否認的，不信，可看這次上海的事件罷！忠勇而愛國的將士們，捨了他們的生命去和世界的魔鬼周旋過了！猙獰的魔鬼是可怕，但是我們有正義之血去澆洒；討厭之戰神是可怕，但是我們為了求生命的生存，也只好投到他的懷裏去了。

果然，使我認識抵抗底眞正價值，却使日帝國主義者胆戰心驚了；雖以外交上的關係，雙方宣告停戰了，但使日帝國主義者的軍閥驚惶失措的，使全世界的列強所引為怪異的！其實，何必驚惶？何必怪異？中國不是弱小的民族！中國有它固有的民族性！中國有不可思議的勢力，整個潛伏在民族的意志裏！中國能以民族的精神揭開這强盜世界的黑幕，顯出它眞正的光榮，眞正的價值！

朋友們！認清楚為民族爭光榮的戰爭價值！認清楚以民族精神來抵抗橫暴的光榮！我們是不和任何一個國家實行宣戰，我們只對危害我們的惡魔去實行抵抗，充實我們的力量，然後幹去。「和平」不是這黑暗世界裏的明燈，它直是引人入陷阱的誘餌；要「和平」，除非自己不要生存，否則的話，在這野蠻的世界里，誰不在積極的準備！只有「幹」，才能渡過一切的難關，能開闢新的生路，世界文明愈進化，人類的罪惡愈深；智識愈塡的多，心境愈險惡！勞什子的什麼文化，科學，有什麼用？無非是增加殺人的方法，改進殺人的工具而已！

我們不希望我們强行妨害其他國家的領土和安全，我們只為了正義而戰爭，為了整個的民族，而為最犧牲的努力。

本來，世界上是弱肉强食的，口頭上說把世界造成和平，其實還不是騙局？當外來一個民族，來

强行非理，攫取我們的一切的時候，我們能不加以防衛嗎？能不加以制止麽？直接了當的說一句，能不和他打嗎？在現在沒有一刻工夫一個弱國是不在一個強國計劃中的，尤其是這次殖民地的中國，無一時或止的正在列強的侵略計劃中的。狗子多了，一塊肉不知怎樣分法；所以有些神經過敏的人，以爲這就是第二次大戰的遠因了。

現在上海已經「抵抗」過了，但爲了外交的關係，雙方才宣告了停戰，不過，東北的區域，不也是中國的吧？假使一個人的神經不是麻木者的話，他必定能感到若要恢復我們光明燦爛的東北，除武力而外，別的方法是不生効力的；如果東北不能恢復了，那末，全整個的中國，亦要同歸于盡了。這彷彿一個人身上起了一個瘡，如不速加治療，則日子久了，也要愈延愈寬了，推而廣之，一家何嘗不如是？一國又何嘗不如是？所以，朋友們！醒來罷！振起你們的民族精神來抵抗罷！設使中國到了不可救藥的一天的時候，你們的生命財產，當然是同歸于盡，幷且對得起此次染遍浦江中的諸烈士的鮮血嗎？

朋友們！你們要知道，在現在的世界上，是找不到公道的，找不到可以信託的事情的，除非你自己在一日不已的圖強，一日不巳的圖長進。時代的機輪，愈在轉動得快，世界上的罪惡愈是有加無已，朋友們！我們要努力！我們有偉大的民族精神，強有力的勢力！「抵抗」！我們才能生存！努力抵抗罷！朋友們！記着這幾句：

在現在的世界上——

惟「戰爭」可以圖存！

祗「抵抗」庶幾得生！

抗日將士犧牲的價值及其他

忍之

不論是什麼東西，假是他尚有生命，血氣的話，對方如果給予壓迫太甚，就算從前是涼血的也好喪心病狂的也好，到了這個時期——所謂趕狗入窮巷的時期，他一定會改變了從前的態度——反噬的。於是頑者廉，懦者立，弱者強，頹者壯，鼠子變獅虎，病夫爲英雄。就說我們中國的民族吧，從前，九一八，不，一二八以前，中華民國堂皇華胄的民族，在世界人類的心目中，不是一個頹靡的沒出息的民族嗎？不是給世界公認同時自己也樂意地承受是東方病夫國嗎？可是，而今不同了，經過了一二八的抗爭以後，世界列強的眼光改變了，自己也一變從前衰頹之態度而振起奮鬥了。這是什麼原故呢？就是上面所說的一個反噬的道理。

中國的民族，數千年來，自由慣了，因爲整日浸在自由的園池裏，把自由忘記了，不覺得自由可愛。可道一旦失却自由，給人加以極端的限制和壓迫，於是才像從睡夢中醒了過來，覺得自由的可貴和失掉了自由的痛苦，爲要找回自由，便不能不向對方——剝奪自由者——抗爭。決鬥，既然下了決鬥之心，就不能不準備着如何抗爭。到了這時，一切都忘了，內亂的心理也喪失了，爭權奪利，擴地殺人的惡念也消散了，一心一德地祇顧向前面——敵人的壁壘——努力進攻。於是九一八發生，有東北馬占山和義勇軍的死力抗拒；一二八發生，淞滬又有十九路軍第五軍和我們稅警團的浴血抵禦。我們曉得，淞滬之不卽淪亡，三百萬上海市民不卽爲東北三千萬同胞之續，就是賴有這英雄憤發殉國將士的力量，外人從前藐視於我，而輕易承諾日本四小時可以佔領我閘北假道進兵的，因有這殉國將士的孤軍苦戰，而不復再敢鄙夷，歷年中國軍人，徒知爭權奪利，自相殘殺，經過這一回殉國將士對日的一戰，便使全國軍人憬然覺悟着鬩牆之爭的非計，於是有對內非戰之運動。殉國忠烈的將士，不獨

死生，浴血踏尸，拼死殺敵，其一種忠勇奮發，死生不顧的氣概，造成這種豐功偉績，誠令我們致摯意的崇敬和哀思，中國軍人，民國至今，沒有一年不是自相殘殺，爭權奪利，爲軍閥做走狗的。我們試思，二十年來，因內戰而犧牲了的同胞，何止千萬？然而，那時鐵血頭顱換來的代價是什麼呢？是否能夠解決了我們的衣食住行四大問題呢？是否把民權主義實現了呢？是否爲民族史上爭得半點光榮呢？不，以前的爭戰，是爲軍閥個人的權利而犧牲，是爲獨夫效死，是中國革命史上的汚點，是革命軍人人格破產的象徵！總括一句說來；抗日以外的一切內戰，是無價值的，那時代軍人的戰死沙塲是白費的枉送的！是無意識的自殺，至於這一囘抗日將士的犧牲，是爲民族爭自由而犧牲，爲保存中國軍人的人格而抵抗，爲捍衞國土而殺敵，這一種戰爭是偉大的，有價值的，光榮的。我們相信，爲抗日而犧牲了的戰士，其印入國民的內心裏是永久不磨，淵深不滅的。這種犧牲的價值，是不能以數量計，更不單是僅存於紀念碑或一篇祭文一付輓聯上的。烈士的白骨雖化了灰燼或者深蘊黃泉裏，可是烈士的精神是不死的，靈魂是永恆存留於天上人間的。

但是我們後死者從火綫歸來，囘憶戰況，目覩現狀，眞不禁感慨繫之，臨了，敵騎新平隴麥枯，幾家重見牧豬奴，歸耕無耒還無犢，遙羡吹烟一縷孤，戰後創痕，不堪憑弔，觸目驚心，當思奮發，爲民族的自由，爲國土的保障，爲人格的保存，爲光榮的爭競，今而後，我希望我們未死的同志們，刻刻不忘，時時奮發，準備着反噬的抗爭，劇烈的决鬥，偉大的犧牲，踏着先烈的血路前進吧！最後的勝利，在最後的五分鐘！

滬戰應有之認識

子恆

滬戰開始。舉世震驚。直接關係中國之存亡。間接關係世界之和平。其重要有如是者。日以保僑

藉口。逞其侵略野心。始之以苛求條件之強迫承認。繼之以不宣而戰之無端襲擊。我軍本守土有責之大義。起與強權作殊死之抵抗。是非曲直。可無待言。成敗利鈍。原非所計。卒以健兒鐵血。保全疆土。使倭冠膽寒魄奪。知所歛止。我軍人撫躬自問。固亦可以告無愧于天職矣。然而此役也。有關于國運之隆柺者甚大。有關于吾人之本身者甚切。戰後反顧。應不能無相當之認識以策未來也

（1）滬戰搆成之政治背景：括言之。固爲中日間及國際間政治上之矛盾，爲其主因。分言之。國際經濟恐慌。近年來益臻險象。日本爲世界資本主義之一。自難免于同例之影響。現其國內生產界一落千丈。失業工人日益劇增。經濟枯敗。社會不安。已顯呈危狀。撼于國本搖動之危機日蹙。乃謀向外開拓。奪取市場。以爲攝魂換骨之挽救。舉目四顧。南英西美。近俄遠法。皆無可乘。惟中國尙有可圖。故田中內閣之對華侵略。遂具體決定。毅然以武力進攻。此其一。天不祚漢。內擾頻仍。洪水旱荒。災害並至。國家元氣凋傷殆盡。日人樂災乘禍。長驅直入。此其二。由此可知滬變之由來有漸。絕非一朝一夕之偶然事也。推而環觀世界列強。如出一轍之經濟混亂情形。更可知謀我者之猶多而將發。警此惕彼。遠慮近憂。此吾人應有認識之一點也。

（2）滬戰決鬥之軍事要素與抵抗效果：日人自明治維新之後。再戰勝俄。堅甲利兵。威霸東亞。大陸政策。世襲相傳。君臣固守。以窺國際。有包舉宇宙之心囊括五洲之意。歷年來。軍費之預算。軍械之講求。軍略之硏究。種種軍事之籌畫。兼程突進。惟日不足。足證其志在天下也。至今兵力之準備。自信海軍之強。足以制美。陸軍之精。足以摧俄。氣倂寰球。不可一世。以視積弱之中國。固猶探囊取物。易如反掌。更何足道。故滬變之初。卽有四小時佔領閘北之侈言。而其聲勢外表。亦誠有以此攻城，何城不克，以此制敵，何敵不摧之概。宜非我軍之所能當其一擊者。迨乎交綏。竟成反例。一二八之閘北巷戰。卽遭空前之慘敗。二四日江灣八字橋綫之總攻亦成狼狽奔逃之大挫。二一三曹家橋之役。蘊藻浜河畔。倭尸山積河水爲殷。二念二廟行鎭之重兵鏖戰亘一晝夜，被我包圍解決者

達數千。綜計其間三十四日血戰。大小數十陣毀其甲車。沉其兵艦。擊落其飛機。擄獲其武器者。不可勝計。使其軍四易主帥鹽澤不濟。繼以野村。野村不濟。繼以植田。植田不濟。繼以白川。而終于迭遭挫敗不得一逞。以地形言。彼有租界。爲其護符。進可以戰。退更不勞其守。幷使我方發炮追擊有所顧忌。不能充量發揚火力。以兵力言陸軍人數。三倍于我。援軍續至。不憂疲敝。兼以海軍之掩護。空軍之協助。益以新式武器。供其運用。以當我槍械不整之孤軍。強弱之勢已如天壤。勝負更不待言。而結果竟以投鞭斷流之勁敵。受風聲鶴唳之巨創者。其故何也。蓋我軍忠勇將士無形精神之發揮。有以凌駕有形物質之威力而致之也。日師優居成習。其兵本無死志。且操作雖純。而念餘年未臨大敵。缺乏實地經驗。恃其犀利器械。長在遠攻。一經短兵相接。無不驚惶萬狀。我軍激于救國義憤。將校均抱戰死之心士卒無生還之願。每戰必奮與作白刃之肉搏。用我之長。攻彼之短。故得膚功克奏。可知戰鬥之要素。重在精神。外侮之排除。貴能抵抗。戰而勝。固可以提高國際地位。戰而敗亦可以表彰民族特性。志不可奪。土耳其乃先例也。淞滬之戰。霹靂一聲。喚醒國人之畏外心理。叱吒風雲。威驚世界人士之耳目。可謂步武土人之一幕。誰謂抵抗之非計耶。向使東省事變之初。奮然以關外之師。迎敵邊圉。不論勝敗誰歸。吾敢斷言今日之瀋陽。必無傀儡假王坐鎮其間。以供日人利用。世界輿論。早已隨炮聲而鳴不平。國際空氣。亦早因戰雲而入緊張。何待調查團之長途僕僕。虛延歲月爲。奈何。拱手讓人。授人以柄。恣其所欲爲。今也經營操縱之下。眞相已非。縱得調查團之公正不阿。其如日人之野心勃勃狡猾技倆何。其如日人之專橫跋扈不服公理何。吾恐含冤齊婦永無不雨之天欲謀恢復。終須武力之功。然漢奸組織漸固。日人以華亂華之計已成。雖欲爲之已較難矣。反之淞滬之抗日易爲東北之讓日。則停戰協定之約。已成南京城下之盟矣。彼此反映。足證精神可尅物質。低抗乃可圖生存。此又吾人應有認識之一點也。

（3）停戰後之責任：滬戰雖告結束。然以日人之貪得無厭。多奸善詐此次有欲而來。無得而去。

非無遠謀。豈甘爾爾。故停戰協約之墨瀋未乾。而提倡自由市之狂論又起。居心不測。如見肝肺。未來禍變之產生。難免無第二第三之續至。理至明也。世界之軍縮和平。雖往來商榷。甚囂塵上。而列強間。爾虞我詐。勾心鬥角。皆無誠意。破裂可俟。彼華府牙洛克諾幾條具文。又安足以資維繫哉。觀之太平洋上之不景氣象。與歐洲蘇聯戰線之締結。沉寂醞釀之下。終能形成森嚴之壁壘。而我地大物博之中原。適爲列強逐鹿之場所。且將因我門戶開放。而交爭互鬥其機會均等不均分配也。蛛絲馬跡。歐亞密連。我中華萬難逃其旋渦。勢至顯也。吾人苟如遼豕井蛙。不作未雨綢繆之準備。一若滬戰之發。已啟大難之過渡。遂忽于爲國爭生存之勇氣。則無異魚遊釜底。認爲逍遙河漢。燕處燎堂。安爲煊染朝暉則去死期未遠矣。況滬戰甫息。炮聲宛在。成仁將士之碧血未乾。白骨猶寒。而我東北二百萬方里之錦繡山河。三千餘萬之黃炎民衆。仍在敵騎鐵蹄蹂躪之下漢奸零盤宰割之中。水深火熱。暗無天日。此皆切膚之恥。當務之急。爲吾人滬戰後。應盡而未盡之重責。尤須繼續努力。本淞滬抗日之大無畏精神。作長期抵抗之奮鬥犧牲。轉以歇浦申江之雄。馳驅黑山白水之間。殲彼醜類。不共戴天。復我領土。以完主權。鞠躬盡瘁。死而後已。臥薪嘗胆。必有沼吳之日。濟河焚舟。自有敗晉之時。收復失地應付環境。須能自勉。此又吾人應認識之一點也。

基于上述數端。作救亡覺悟。權衡其輕重。度量其長短。擴而充之。則衽席之登。盤石之安。可期也。進而世界和平。我中華民族之復興。發揚三民主義而鞏固其基礎焉。先哲有言。明恥教戰。多難興邦。其今日之謂也乎

淞滬戰後感言

姚漁

淞滬戰役已告協定而余對於過去與未來之中國不禁有無名之悲憤和沉痛的觀感在焉溯自唐元之世

勵精圖治勤求生聚內修明政外攘四夷國土幅員日益廣大蕞爾小國進貢來朝一頁光榮歷史至今長留不朽斯時也可謂雄視一世矣迨至清季中葉歐風美雨捲掃東來鴉片戰役簽訂不平等條約而清庭獨尊之皇帝醉然夢然不思補救專事私慾置國事於膜外拋政體於九霄國勢逐步阽危民生漸趨凋敝而列強乘機侵略日夜經營我屬土之濱外人旗佈義和拳不識時務糾衆排外引起八國聯軍入京示亡國之局卒至我方割地請和其事乃凝於是不平等條約層層束縛門戶洞開兵艦商船公然直入腹地致我堂堂華國不齒於列強濟濟衣冠見輕於異族甲午中日之役清軍無抗鬥之精神台灣遂失將偉大國土變爲殘缺不完然權操君主四萬萬生靈莫敢誰何亦唯任其強鄰之宰割而已國運日衰紀綱益壞吾國積弱由來久矣洎乎帝制推翻民國創造內戰相乘連年不已而一般帝國主義者咸乘我元氣墮落之際競相爲謀尤其是日本帝國主義變本加厲窺我滿蒙恃其飛機重砲暨各種軍械之犀利毀棄人道不顧公理肆其侵略之陰謀破壞我整個之領土先以九一八佔我瀋陽繼以一二八加兵上海鐵蹄所至天日爲昏幸賴我十九路軍與本團將士本其軍人之天職愛國之熱忱抱守土衞民之主義與倭寇抗戰拚命於前綫民衆同仇敵愾協助於後方肉搏數旬劇戰彌月保持淞滬分寸未淪且使其最殘酷不仁之倭獸胆落心寒亦知我沉沉醉夢中之民族尚有不畏強寇之熱血男兒相與週旋也鳴呼我國之所以不爲波蘭埃圾板蕩陸沉者賴有此一戰耳惟回思閘北江灣吳淞等處數十年經營之繁華損壞破碎數千萬之民衆顛沛流離實令吾人髮指眥裂永久悲憤而不能忘者也今者滬戰已告閉幕凡我民衆勿以爲高枕無憂矣要知東北之烈焰未熄失地未收國內之赤禍方殷匪氛未靖國家前途正多難之秋也閩贛湘鄂之共黨鑽營活動聲勢浩大任情縱慾隨地焚刼殺人盈野骨肉狼籍市肆民房變爲坵墟而皖魯直豫遍地匪徒東剿西竄無時或已更兼昊天不惠饑饉連年哀鴻遍野餓殍塞途噫値此內憂外患交相煎迫之際乃欲使冀其耽耽逐逐垂涎已久之暴鄰斂其野心藏其爪牙不圖侵略其可得乎所以滬事協定後日方倡言圓桌會議假造空氣闢淞滬爲自由市各國共管滿蒙等浮言雖屬日寇單方之夢想要亦我國人有所防範勿爲墮入個中詭譎也尤望我黨國當局自此以後速自覺悟消弭內爭團結一致實行三民主義整理國防添造軍艦增設空軍捍衞國土不

爲武力所屈服不爲利慾所引誘以外交手腕爲國際謀發展爲民族爭生存踏着陣亡諸烈士之血痕作邁進之先鋒肩任死者未完之重責堅持到底與敵國奮鬥收復失地還我河山若此我黃炎民族之地位必能一躍而與列強並列非然者外患未息烽烟又起於蕭墻奪地爭城兵戈相操於同室瘡痍滿目漫無惻隱之心火熱水深誰爲登諸袵席徒苦吾民民爲邦本本固邦寧先哲有言國必自伐而後人伐之國亡促矣吾同胞速起猛醒共計圖之

雜俎

征人日記

一九三二

何希廉記

日記內幾句附語

我在寫這本記事的起初，祇想作爲個人的紀念品，沒有絲毫把它響世的奢望，因爲我這枝筆比毛瑟槍還要笨重，醜陋的文字，的確不願見人，所以緊抱不公開的算盤，隨後被張克俊——我的同學——在未峻工前發現了，他隨時在慫恿我完成它，歸來後他又報告營長知道，當上面徵求意見書時，營長以爲這上面總有可取的見聞，叫我拿去看看，他閱了少許，認識它是個人的日記，當時對我說要得，叫我趕快整理好，或許有發表的可能，我很奮，而且萬分地自慚；我既缺乏寫作的能力和經驗，對於結構和修辭　當然不懂得，這日記我也覺得讀着總不連貫，一切都鬆散得很，不過藉當時的所經過的事實、匆匆地記在上面，現在讀着，眞要使人作嘔呢！談到整理，又是苦人其難的一回事，我當時雖應的很響，可是下來又害一場大病，同時公私事又非常之繁擾，弄得情緒十分錯亂，終想不出一句美妙些的辭句補輟它，我再沒有勇氣攜着這日記去見營長了。當我在院稍松一些，略微可以握管的時候，團部要編回顧錄了，我趕快附上三首歪扭的散文，和幾句附語，一道兒理束起來送給營長，因爲有這機會他一定要我投稿的，送去以後，我又感到戰慄．恐怕那相形見拙的東西，難免要送到編輯處，難免要被擯棄於字紙簍中吧？是的，難免：．不過我又聯想到坐在寫字抬上的純文人，持筆相隨

於戰地者固不少，對於戰事的抒寫固然許多，但他們沒有嘗試過軍隊生活，偶然寫出來的不過一時一刻的事，而荷槍在肩的戰友，其中雖不乏文通眼靈，高我千倍的人，但也是勞苦之餘，不願自找麻煩，把他的一行一動熱心地記下，所以我敢大胆地現醜了。

從日記中觀察，誰也感到狹限的可憐，不過認為個人的紀念品，大都祇能寫到個人的眼邊，或卽人所能目擊的片段，因我不是隨軍記者，隨時要立在幾十個健兒的面前，彷彿一支老母雞，一步也離不開，但我相信，自己既逃不出全綫的一頁，一切的經過，卽所以能代表全般。

在行軍和作戰的當中，一個下級軍官的瑣碎非常之多，暇餘很難找到，而且我是極其幼稚的人，不能加以思索地記述中，對於重繁和矛盾在所不免，希望讀者深加原諒！這日記裏面，還抄錄着敵國的通牒和私信，所謂個人的紀念品，却脫不了個人的拉雜。

我最不善小寫，又覓不到一個快筆的助手，現在依然沒有清楚地謄出，僅是一個模糊的草本，要請校對先生注意。

日記首先已題征人日記，現在想不出別的可以更替，仍舊冠以原名。

二月五日——廢曆的除夕——

濃霧瀰漫，灰白的光祇從黑雲裏微透，景象十分暗淡，大地全冷沉了，人們却憂默於浩難的將臨呢！長途漂泊的我，常在往時的今天，就會追羨着兒時的快樂，思念久別的故鄉，記掛慈愛的父母，而今，一切幻影都除去了，換到一個使人慮患的心境—國家的危亡—我不能再像癡人依樣的醉酒，狂歌，我將於夢中痛泣！

春假因着國難沒有放，學術科也沒有停，每個人的意志全趨向到上海戰事頭上去了，今早依然在那露濕的草坪上出操，精神格外充溢，吃完飯就集合講射擊學，接着演習三角瞄準，因為這種技能是佔戰鬥中的重要，隨着是講各個的戰鬥法，和戰鬥必勝的要件，正解說得興憤時，附近的民家不幸失

了火，天哪！北風是多麼的猛烈，它正在延送着無情的火焰在燃燒，叮噹！叮噹！水車不斷的響，和人的叫喊聲嘈雜在那大紅爐的週圍，施救的勇士是如衝鋒蹈陣般奔忙，觀衆也同潮般擁擠在救火員的叢堆裏，恐怕警士維持不了那混亂的秩序，防範無賴們乘火打刼，連長特派我帶隊去彈壓，出到那狹小的街道上，把閑人趕走了，好讓人們灌射水管，經過半小時，才撲滅這惡燄！不幸的難人，他們今夜不知要到那兒去覓宿處，當事的人散以後，我的隊伍撤收了，受災的老頭兒扶着　長嘆！我本想向前安慰他兩句，但我覺着這不算什麼，總之國家的否運也是同這所房屋相近了，將來還不曉得許多人要被安慰？我能不能安慰自己？一面想着，一面走了，歸到營裏，棹上已經擺好一桶白菜，拿出碗筷和兵士們同飧，吃過了飯，接到一個朋友的電話，據說他看見命令，明天要出發上海去參戰了，他問我家眷怎樣安置，我放下電話器，顧不了幾多，先事準備一切，因爲命令快接到了。

從天黑到深夜，料理的事物已妥當了，爆竹一聲不響，愚笨的同胞們，也不像往時那樣循舊，歡樂喧天的過年，也許是由一月二十八晚起，日兵進攻上海的巨響，驚醒了他們的迷夢？因爲無線電敏捷，每天日夜都有壁報貼在那墻上，晚間是用燈火指示人注意的。中國人的常性是不見人死不痛哭，這樣冷靜的現象，已顯示出民間的恐怖了，幾千年沿慣下　的惡習，大概也被這亡國的恐怖打斷了？

出發命令來了，明天決和這雄壯的營舍作別，去參加十九路軍　當理的防衞，這戰爭是光榮的抗日，這時候使我痛快死了！從九一八瀋陽慘變以至現在的期待，此刻算償願了，我並不希求個人的榮幸，但願能夠把守着國家的主權自由！領土完整！

我且不使玉妹知道她的丈夫快向槍林彈雨中去了，讓她在夢裏歡送他前進罷！我相信她的愛國熱忱雖不能比我強旺，但是她也受過教育，想必對於我此行是滿意的，因爲她近來勤讀報紙，大發牢騷，她說她要是不懷孩子，牠很願意上海去當救護婦，由此看來，她對於她的伴侶去殺賊，她當然會勇壯的鼓舞他啊！

二月六日——慶歷的元旦——

東方還沒有發現白光，月色依然反映在大陸，起床的號令還未鳴響，可是各個人都起身了，我一夜睡不熟，祇是躺在床頭沉默幾小時，不獨我吧？不喚而起的同志們也許是同樣的心呢，唉！寒心啊！國家是給日本欺侮了，人民也被凶暴的日兵當猪狗般殘殺，人類的慘酷不過是這樣呀！天大亮了，命令的規定是要八時以前起行的，趕緊早餐，集隊，號兵在先頭奏着號，隊伍是整齊步伐，沿着河邊的馬路到車站的，一路觸見許多癡婦女，他們穿起各色的麗服去遊行，老媪們也有捧香燭去參神，男人也不少着起新衫去賀年的，只缺少愛國的知識，不能像日本民族那般人手一張報紙，狂來狂去，與慶國家侵略勝利，難怪支那會被日本蹂躪哪！醒罷！親愛的同胞們喲！國家的生命正懸殊在日軍大行動的猛攻中呢！

剛上完車，汽笛放了兩通，前進號一響，車輪軋軋地動了，陽光被車廂遮住，寒氣非常逼人，雖然冷透了，但每個人的熱血正在鼎沸，也就抵抗過去了，中途遇兩列客車，上面堆滿的難民，連機頭上都坐滿了，今天凡是對開的車，多停在叉軌上讓軍車，奇呀！往昔行軍是停軍車以讓通行車，現在却反了常例，顯示出時機的緊迫了！車既沒有停，速率又很快，到松江站又接到停止待命的上令，於是整隊下車，布置宿營，今天的行軍，秩序精神各方面看都很可觀，松江的市面全停了，舖門是關完了的，他們今天是開始休息的日子，隊伍經過大街，兩旁站滿了人，他們在笑嘻嘻的對着我們，他們這時候才認識我們是可親的衛士，因為過去的軍人，總是打內戰的，祇是擾亂地方，驚駭人民，那裏不是他們的希望。

二月七日

陰氣布滿了宇宙，寒風颯颯地吹着，向上海推進的命令是在十小時以前接奉的，拂曉起床，束裝，早餐是五點鐘光景，出發在六點左右 大街上的情形，還是和昨天一樣，人們在這幾天格外起早，

觀衆雖是稀少了一點，但他們與高彩烈的態度依舊在着，大概是歡送我們吧？將近西門時，雪花從空際起舞了，棉花團子裏面還夾着大滴的雨珠，進到車站的月台上，我們的下半身，雨帽所遮不週的部分，除濕透之外，還積厚厚雪片，忙着入車廂，關上鐵車門，個個都在打抖，幸好離老龍華沒有幾遠，恍惚間就到了，在那大寺廟裏休息，午餐以後，就在附近覓房屋宿營，雪是沒有了，雨還在下着，我才把隊伍領到一個小茶店，倒霉！營部的傳令兵又碰到了，我跟他轉了兩個灣，到了一間民房，營長坐在一張棹上在寫字，好像很忙的模樣，他叫我駐在機關槍連的附近，去偵察而後歸來報告他，於是又跪了一跪，身上的衣服濕盡了，苦雖然太夠了，但精神上的安慰却使我忘掉痛苦，

戰事消息傳得很明確，×處擊落敵機兩架，×處又獲坦克三輛，日軍進攻×地又大敗，通街都在粉粉議論，我因愛聽這些趣聞，好觀察民氣，走近人堆裏一站，他們見我週身淋濕，提出一個几子要我坐，送過兩隻香煙，一只火爐，很客氣的和我談話，於是我又對他們講些關於中日戰爭的話，及我們每個國人應該取的態度。

二月八日

星月藏影，黑暗毀滅了一切，細雨繼續地飄散着，時間是午前的一點鐘了，從馬路口集隊，繞着田野小徑向滬西進發，到處泥濘，一脚踏下，不是蹈緊在泥坑裏，便是站立不穩，大衆跌的鬼喊，電筒，燈火，是軍令不許可的，伸起手來看不見掌，苦楚極了，我為找棍子給部下挑子彈，也跌過一次，幸好沒有滾到溝裏，最苦是肥李，這胖子的身體很笨重，聽他說一跌兩交　都不曉得摔倒幾次，我問他怎樣說？他告述我跌下翻起來，站不穩又睡倒　這大塊頭的性氣很暴燥：但他的心腸是很可敬的，不過要在他心平氣靜那時才能顯露出來，有時他與憤起來，還帶着許多滑稽的意味，他一次摔倒，就會引人格格地笑。

黑夜深更的行軍，連絡是困難的，誤會也不免，在虹橋鎮遇友軍的哨兵，向着我們的隊伍開槍，

走在我們先頭的第九連，還打中了一個，創勢很重，生命難保，我們的戰友又不幸減少一個，但願他的靈魂能跟着我們前進！

到北新涇天快明了，只發現跌痛脚手的人，沒有落伍在後面的人，到街上用電燈一照，大衆的服色却變了黃泥，灰布差不多看不到了，停止下來，還沒有人吁氣，叫喊，士氣是多麼的勇壯而嚴肅啊！買了些炭，圍着烤乾一點 時鐘在七點一刻，出到外面看看，因爲肚餓想覓食物，經過那女友的門首，她們親熱地招呼了，她們是在四個月以前認識，因我住脊在她家裏，她們見我滿臉花了，即刻打水我洗漱，燒飯我吃，當他們慰問我時，還不絕口在咀咒東洋人 ，彷彿我這苦楚是日帝國天皇的厚惠！

囘到休息地 剛好接到命令，我連的任務是駐紮薛家厙，專守白利南路，林肯路，接完了防務，已經十一點了，伙伕到了才燒飯，兵士們太餓了，兩餐飯吃做一餐，下午領一排人去守林肯路，搬進茅棚裏，分配好任務，把任務區域巡視一遍，交代了蔣排長應該注意幾件事，囘來繪了圖報告連長，風仍是颯颯地吹着，茅棚快要捲到空中去了，雨也還在下着，透得人無處藏身，還是拿了兩件雨衣才補輟起來，連部又送到兩桶糖姜粥，民衆的慰勞品也分發到了，每個人分得五個粽子，大家吃了之後，看錶已經八點 叫他們不許卸裝睡眠了，吩咐警戒兵留心，自己也背着手槍，子彈，圖囊，望遠鏡，倒在那冰冷的草床上，所謂的枕戈呀！待旦呀！

天哪！要是無意識的內戰嗎，我就在這時候逃縮了，我絕不拿我這寶貴的身軀來受這樣罪，好在是抗日，是爲着國家的生死關頭，否則我寧願負個貪生怕死的罵名，永遠淪落在僥倖者的後面，做個無名小卒，那實在不是好男兒顯身手的時機，犧牲了不過供少數人造幸運，多是殘踏自己，徒損國家的元氣，宋時的岳飛，平掃金兵而後，甘心死於昏君奸臣之手，不願造反的原因，大概他就是決心保國，不肯使已安的百姓受累，我深深地崇拜他喲！萬世不滅的英雄！

二月九日

淡雲飛奔，風雨驟息，太陽慢慢地升騰了，緊結於地面的白雪已經融化，勤務兵送到一盆冰冷的水，一面洗臉，一面注聽那從昨天中午起到現在沒有停的槍砲聲，吃過飯後，砲聲忽然斷了，到連部看見時事新報的號外，日兵五路進攻又遭慘敗，新近增來的兵又葬送了不少，可憐他們重洋跋涉，很輕生地替他天皇犧牲了，帝國的國民，所盡的義務原是天皇的侵略戰爭，比較我們抵抗暴力是差天淵之別，因爲我們是站在人道的公路上，所以偉大！他們助暴爲虐，價值太渺小了。

回到防綫命部下修理防禦綫的工事，原有的工事是積土築起的，現在崩壞了許多，難爲他們在這化雪的土地上，被我一聲叫喊而動作了，兩手凍的通紅，他們仍是使勁的做，今天想把這條綫修好。

飛機來了兩架偵察，拿出模型對照一下，認識是敵機，繞了不久，遇到中國機追趕它歸去了，上面的機槍還打得很好聽呢。

二月十日

霧冷天暗，枯枝上還披着露珠，林肯路是被沙包堵塞了，車馬早已絕跡，遠遠地馳來兩架手車，行近來時，團長，營長，高坐在上面，他們是專來視察防綫的，當以全綫太廣大，請他們酌增一點兵力，免得臨事時措手不及，他們答應了，但一直到晚間，沒有調到一部隊伍來，我的部下仍是要吃苦，每個兵士在夜間還是要負担五小時的警戒勤務，本來是不應愛惜他們，不過夜眠太少，兵力一疲，就影響到戰鬥力，他們雖然被愛國的熱忱所驅使，毫無一些困態，給我的安慰固然不少，可是帶兵的人，最忌是徒勞兵力以致人困馬乏。

二月十一日

鴉鵲羣噪，小狗狂吠，連部捕獲一個漢奸，反手吊在那大樹根上，他是江北人，四十塊錢被日軍買去，放他來刺探軍情，難怪人們罵江北佬下賤，像他這樣失了人性，効命於仇敵，真比狗還不如，

當他推出槍决時，兩粒彈丸送到他麻木的身體上，那潮湧一般的觀衆，個個拍掌稱快！這就是做歹人沒有好結果，烏黑了良心的江北佬，不知被日本買去了幾何？

天將薄暮，機槍班增調來一排，我把哨棚全讓給他們，我自己鑽進那濕冷的地洞中，腰也不能伸，身體從此不舒適，演過了一次佔領陣地，巡視了全綫的射綫，指示了各班的射出區域，測定了水平瞄準的巨離，隨着收隊。

二月十二日

蔚藍色的晴空，朦朧着天際，萬物更顯得新鮮。今天上面命令加造掩蔽部，許多工人也來盡義務搬運材料，他們不避勞苦，不得報酬，既不是僱傭而來，更不是勉強拉來，大概是國家興亡，匹夫有責，他們也許受夠了東洋先生，日本小鬼的壓迫，知道亡國的印度阿三，朝鮮朋友所享的奴子人生，是不好嘗試的。

下午，連長買了兩只肥鷄，叫去會餐，吃完了到外面看工作，金先生兩個女來白相，——這地洞能當飛機的炸彈嗎？——她們突然地問，

——不！不過是預備敵兵向這方面攻擊時，躲避小砲的殺傷，因爲房屋在那時候已成爲砲標，裏廂不能容人，必定要藏進這洞裏，至於飛機拉屎呢，就挖一丈深，用紅毛坭築蓋在上面，也不濟於事啊！——我隨口答伊們。

——哦唷呀！像這樣說，我們家裏的人又往那兒蹲去？砲不是要創平這屋子嗎？——她們驚問着，

——弗緊要！你們也可以同樣去掘，——我指示她們挖地洞。

——我們沒有材料哪！先生！——她們彷彿感覺困難了，

——我派人和你們去搬，可是不許多取，——我說人情話，

——那板子終歸是東洋人的，你這般慎重做舍介？——她們好像在譏我不應該愛惜。

——不是這樣簡單，那東西雖是從東洋廠裏搬出來，但是支那人的血汗也不能忘掉，只要我們這次抵抗到底，結果勝利，一切還不是國人的權利，何苦躋踏在一時哪!?小姐——三個人的笑聲接着這話尾了，這兩位姑娘很伶俐，當我到的那天，她們就客氣的和我談話了，一個文弱而瘦削，一個活潑的肥壯，好象一位女體育家。

夜間砲聲更猛熾了，營長來巡哨，——連附！你聽到沒有？當心一點！——他囑告了我，我一面應着，他和參謀行遠去了，營長很老練，少年軍官中他算是很出特的，材具，智勇，和他那英俊的儀表，寬大的氣度，很能悅服人的。

二月十三日

細雨長流，微風蕩漾，馬路上除了雄立在兩旁的電桿，沒有一個行人，今天又接到新的命令，午後要向眞茹推進，由此地往眞茹，路祗有八里，然而滿路的泥濘，也是一道畏途，隨時盤繞在上空的敵機，現在也為着氣象而滅跡了，吃過午飯，叫兵士們忙着將行李扛上運輸車，隊伍直向營部歸隊，營長叫我先行，把那嚮導的警兵交給我，我將隊伍調成單行行軍縱隊，面向着前進方向，喊聲便步走，全排人推動了，只見脚一下去，泥漿就從兩邊崩，還算是行在先頭，路還沒有踏爛，我總倒霉！一雙運動鞋的底太過光滑，稍不當心就要失足，坐得半身的汚泥，眞晦氣！天剛黑時到達目的地，凍的人人打抖，因為行動着發熱，停了脚就會冷，隊伍站在那學校的廊下，立着在休息，連吸兩支美麗，一切寒冷和辛苦，盡消沉於這煙霧裏去了，宿營命令下來，聽說曹家橋的日軍已全部解決，不用隊伍增加了，這時候我們雖得到安息，但車輛沒有來，房屋覓不到，這茫茫長夜，祗好做水鴨子。

二月十四日

謝上蒼！太陽已經在那透明的晴空旋升着，我們又要移到附近的南陽宅地方去駐紮，大概半里路

，人體上的濕氣，在熱力的薰蒸下化成白煙，南陽宅緊靠交通路，京滬鐵道，沒有脫離眞茹的部位，可是這地方却被林叢，田園圍繞着，和鄉村一樣的荒野，幽靜，右邊有道小溪，扁舟不斷往還，間壁有兩幢洋樓，一是粵翁遺給他妻子享用的，那寡婦還住在上面，一是美國教堂，屋頂高懸花旗，還有洋牧師主持，遠遠刺入耳鼓的是鋼琴聲和讚美詩朗奏着。

宿好了營，敵機就來偵察，爲避免它的知覺，蔭蔽起來早餐，在這刻兒使我最不快的是許多難民的繁擾，提着飯籃的老嫗，抱着嬰孫的少婦，還有捧着碗的小兒弟們，進門就鬧着肚餓，從此乞食的難民每天要嚷上幾起，他們不問駐軍，民家，見到吃就伸過手來惡要，我們官兵都能憐愛他們，雖然沒有領到公米，但誰都願意少食一碗，多打發他們一些，因爲他們也受戰爭之累！

飯後連長叫我繪略圖，報告宿營情形。

二月十五日

晨光燦閃，萬籟無聲，時鐘正指在三點，我們按照規定起來早餐了，反夜作晝，因爲隨時都在整備戰鬥，這時候正好睡哪，眼睛總是朦朧的，吃飯實在難咽，又倒在床上去復睡，七點鐘起身去做第三道的防禦工事，五點鐘歸營，這十小時的工作，覺到刹那間就混過了，行到教堂的門前散步時，偶遇劉君，他是我北閥以後的老同事，他這次是做從軍記者，他說他別後就到嶺南教書，現在特來參加抗日，他的風度依然如故，他那掛有滑稽的麻臉孔，一些也沒有現老，這老友在風塵生活中，他還能夠涵養，他來訪營長，因爲他們在北閥時同在鐵軍裏，我領他到營長房裏，分別的互談幾年來的個人環境，隨後是從抗日戰鬥扯到政治問題，劉君說：——北閥以後的戰爭太無價值——這話很對！他不提及我也許會說的，北伐以後我要是常跑到前綫，這時恐怕做了獵士 否則就陞了大員，決不致這樣淪落，唉！往事的確不幸！因爲當時的環境不是我的出路，祇要現時和今後的我，能在抗日戰爭裏努力，造成一個光榮的軍人，這就是我最大的自勉和熱望！

送劉君出外時，他說我眼睛壞了，趕快找醫生診視，的確！社會上的事太不滿人意，慢說眼睛失掉灼灼的視方，人且激老許多，小我五歲的人站攏來，剛剛成個反比。

下午支到六塊洋，除留一元買香烟，餘寄五元給家用，雖然爲國忘身家，而事實又不能置之不顧，讓她餓死。

二月十六日

雄鷄鳴曉，林前小鳥喳喳叫啼，早飯咽不進口，睡在床頭專等號令前進，但始終不能增加到前綫，疲極！困極！

太陽升上三丈，照舊要去構築工事 因爲那壁壘不是簡便的工程，痛快！經過兩天的晤談，認識一位青年戰友——鍾君，他服務在七八師，這人英勇可愛，性氣又很慷慨，他們早和日軍週旋過，他告訴我作戰的經過，應付敵軍各種戰鬥的方法，他們是十九路軍首當其衝的先頭部隊，他的經驗當然宏富，歸來對兵士們訓話，要他們保持士氣，紀律，牢記着應戰的方法，同時授給他們三種手榴彈的使用法。

二月十七日

禮拜堂的鐘聲，驚動了床上的我，翻過身時，正想到未完的工程，我們這幾天比較修築馬路的工人還吃力，今天還得要領着隊伍到工作場去，但我起身時蔣排長已把隊伍拉到那兒了，跑到交通路時，一輛小汽車正要開駛過去，那司機很客氣的叫我去坐，我告訴他路不太遠，勿須，但他又聲明地向我說，不取我的車資，因爲我們很勞苦，他不忍看着我猛跑去追隊伍，終歸這車子是空行的，自已人勿須客氣，我覺得他這美意難卻了，要是不乘反使他掃興，上車即馳而到了工作場，下來後向那司機致謝而別。

鍾君今天更覺親近我，他還備辦了鷄，肉，白玫瑰，約定我聚餐，他們是專守在這交通路中間檢

查往來人的，我們構築的工事，恰在這附近，我很對不起鍾君，因爲他午餐時我行遠了去張鐵絲網，使他尋不到我，回到工作場，又要做多一個掩蔽部，剛好在那路旁找到一個飛機炸丸的彈痕，深而徑寬，，彷彿一個碗形，正好改造一個掩蔽部，免費人力去掘，這樣決定了，兵士們很好笑，他們說希望那不仁道的飛機不要投中我們的生命，物質，請他在我們的預定工事綫上多放兩粒，協助我們一下，大家覺到這幾句話很滑稽，高聲地在嚷笑，鍾君正偕他新認識的一位少女走過來找我，並且送了一筒煙捲給我，那女孩蓄着一頂長平裝，油黑的頭髮，和男子一樣，我請她們吃兩個生果，她總是天眞浪漫格格地笑，眞像一個天使，她雖然活潑，但不脫小孩氣，我本來要和她講話，不過她已經十七歲光景了，中國人的風俗習慣是很限人的，她也因着有些含羞無意識地點頭作別，姍姍地去了，鍾君又和我談了一會，直到我完工而別。

二月十八日

晴天溫暖，清風柔和地拂着，這荒野的地方，祇見難民往來乞食，敵機幾次軋軋地響動而外，看不到一些新的情景，今天我的新任務是派去護路，因爲敵機時常來破壞路軌和橋樑，所以需要隊伍去掩護，帶了兩個副排長，三個自動槍班，沿眞茹站過去，直到南翔附近，每五里路放置一班，剛佈置完，恰巧六架飛機低飛過來，順次的向它射擊，於是飛升起到高度而逃奔向蘇州方面去了，各班停射以後就指定的地位休息，因爲敵機要到黃昏時才絕跡，我們護路規定的時間也和它相符，這老長時間坐守着很覺沉悶，從圖包裏掏出一本愛爾蘭文學來讀，翻不到三頁，而我看書的情緒又轉移到那觸目驚詫的逃難羣衆身上，一出宿營地，進到鐵路上，就見絡繹不斷的難民在鐵軌的兩旁牽延着向南翔方面去，這道路雖然緊靠軌道，可是兩乘平車能夠對過的，到了這時也覺狹小，有的人還在軌道中間行，起初我認爲是今天的特遇，隨後知道天天如是的，天哪！彷彿山崩一般，老的，少的，男的，女的，還有七八歲的小肉團子，也像星球般順着軌道滾，這可憐的孩子，不幸跟着父母流難，也算是生不

逢時啊！

從晨間起以至夕陽西斜，逃難的人才稀疏了，個個行色匆匆地在奔跑，有坐平車的，有乘土車的，有挑行李的，有背包袱的和嬰兒的，最吃力的是那些小脚老太婆，但這般不幸者還爭氣，他們只現出疲乏的狀況，沒有一點愁苦的形態，大概他們也具了最大的决心，寧願犧牲一切，讓國家去掙扎，這樣的民氣也値得我崇敬呀！不過這稠密的人口離開了他們生活的源地，政府沒有善後的辦法，很是一件難堪的事呢！

正在感想中，那六架敵機返了，經過一度射擊，就收隊跟着機尾歸營，兩旁不少的彈痕，有個深的旁邊，立着三個少女，其中一人正摟着祺袍想跳下去方便，她見隊伍來了就趕快返身，待我們行過她又去了，我們因爲肚餓了，緩步而行，却急煞了那位少女，這也算是可笑的趣事。

吃過晚飯，集合部下訓話，告述他們日帝國主義想謀支那的野心已經幾十年的存蓄了，在這幾十年當中，隨時都受牠的欺壓，如二十一條件也能夠亡我們的國，又如四年前的濟案，也是無理的動兵，幸好沒有釀大，現在滿蒙佔去了，上海又在計劃的掌握中，敵軍時常在增兵調將，我們是僅有十九路，第五軍，和我零碎的兩三團人在這裏支持着，萬一把上海失掉，國家的咽喉就斷了的，我們在這樣危急戰爭中，祇有拚命抵抗，一個人到倒地後就算盡完義務，一口氣在着，那怕脚手斷了，還得要橫在戰溝裏吶喊呀！我們要知道日本帝國主義者這次師出無名，旣違反一切公理約法，復被世界輿論所唾棄，牠拚命的增兵，盡量毀壞我們水陸交通，目的就在困死上海，牠佔據了上海，然後逐漸的進攻，像東北一樣橫衝直撞，以武力壓倒公理，這樣盜賊手段我們已經看透，所以寸步不能放鬆給牠，我們到戰場要牢牢地守着戰綫，寧死而不能退，生命可以犧牲，尺寸之土不能喪失！我不怕人，人必懼我，我不退，敵人定向後轉，能夠站穩脚跟，確實瞄準，敵人一定死在我們槍口上，要是我們不殺傷敵人，那嗎敵人就會殺死我們，所以應戰要沉着，要抱定决死的關念，因爲這戰爭關係國家的存亡

，不比內亂隨便可以應付，其次呢，敵方的砲火很猛烈，牠的飛機也是萬能的，但我們終不能屈服於牠的砲火下，當牠飛機到來和砲火集中的時候，我們要泰然自若，這不過是協助步兵的一種威力，如果我們被它壓倒，牠的步兵就借這機會進攻了，我們知道，主要的敵人就是步兵，因爲佔據領土，蹂躪人民的就是這東西，至於飛機是不能進入我們的房屋，兵艦是不能開上我們的市塲，我們能多殺一個步兵，就能夠把守多少的土地，所以我們的槍不許亂放，必定要敵兵到了有効射界以內，要是槍放空了，徒耗子戰還不算事，使敵人輕視我們不沉着，更張敵人的胆量確是影響很大，大家對於近幾天所說的話要緊記呢！

話剛講完，傳令兵傳下連長的通知，營長要訓話，叫軍官和軍士快到營部集合，到營部的外面園地上站着，皎明的月光，正從東方騰起，幾十個人在這陰影之下肅立着，靜候上官的來臨，雖然很寂寞，但我認爲充滿了的詩意，許多青年男女，慣在月下言情，這是在公園，或幽勝的堤畔隨時可以碰到的，我們今夜靜悄悄地排列在這幾樹花木之前論兵，也含有一種雅興，默想到這兒，參謀叫出響亮的一聲——立正——打斷了我的沉思，換過一副頭腦去注聽營長的說話。

營長是智勇兼優的一個少年軍官，他富有宏大的經驗，對於兵機戰略，滔滔不絕地講得很週到，其次是宣佈連坐法，最後是告述我們蔡軍長已接到日司令的通牒，——哀的美敦——我們對於他的無理要求撤退，致死不能承認，現在的決心是非抵抗到底不可，這次定有惡戰，因爲敵軍的通牒已經拒絕了，隨着他又說了備戰的幾件要事。

營長歸去以後，我們解散出外，閘北，江灣的砲聲不斷地作響，大概日軍二十小時佔領全滬的計劃快開始實行了，但在我們的心理，二十小時是恍惚間就度過去，我相信任憑日兵衆多，而在這短小時間以內，太過忘想了。

二月十九日

隆隆的砲聲，蕩沸了戰士的血液，昨晚深夜裏停息了砲響以後，我的精神大受震撼，幻想着把一排人卽刻拉到前綫去，一個衝鋒把那沙包後背的日本兵，從馬路上直趕下黃浦江，可是事實不容易這樣呀！我在做夢吧？

今天一早起身，輪到我守營，讀了半本文學，報紙買到了，原來日軍幾天的緩攻，爲的是調度沒有妥當，而今哀的美敦刊在這新聞上面，彰明較著的來挑戰了，我愼重地把它抄錄在這寶貴的日記上，這樣勝氣淩人的無理要求，値得我永遠紀念的！這樣竦的幾行字，我應該時刻不忘啊！

本職基於欲以和平友好之手段，達到任務之熱烈希望，玆對於貴軍通告左開各項：

1.貴軍應卽速中止戰鬥行爲，於二月二十日七時以前，將現據之第一綫撤退完了，於二月二十日午後五時以前，從黃浦江西岸，由租界西北端，連結曹家渡鎭，周家橋鎭，及蒲松鎭之綫起算，黃浦江東岸連結爛泥渡，張家橋之綫起算，各從租界綫向北二十基羅米突之地域——包含獅子林砲台——內撤退完了，且在該區域內撤去砲台，及其他之軍事設施，並不新設之。

2.日本軍於貴軍撤退後，不行射擊轟炸，但用飛機偵察不在此限，又在貴軍撤退後，日本軍只僅保持虹口附近之工部局道路地域——包含虹口公園之周圍——

3.貴軍第一綫撤退完了後，日本軍爲確認實行起見，派遣有護照兵之調查員於撤退地域，該項調查員，攜帶日本國旗以資識別。

4.貴軍在撤退地域外，上海附近之日本人生命財產應完全保護之，此項保證如不完全，日方當採適當之手段。

5.關於上海附近——包含撤退地域——外國人之保護，容另商議。

6.關於排日運動之禁止，一月廿八日，與市長對於村井總領事之約諾，應嚴重實行，關於此項應

由帝國之外務官憲，對貴國上海之政務長官有所交涉。

如以上各項不能實行，日本軍對貴軍當不得已將採自由行動，其結果所生一切責任，應由貴軍負之。

昭和七年二月十八日午后九時大日本司令官植田謙吉

第十九路軍蔡廷楷閣下

這通牒的性質完全超越了國際規律，和中國人理智之外，誰能接受？要是送達於他部的巨首——或許會生出些許効力，可是對着蔡廷楷閣下，或在他閣下的一個兵卒，都是深知中國軍隊駐守中國領域，既不無理出攻，又非血戰慘敗，究竟憑藉什麽要撤退？世事沒有如此的輕便呀！植田！蔡廷楷將軍早具禦侮的最大决心，縱使政府甘穎撤兵，在這時候的軍隊也是不願棄土背行的，輕巧的一張紙，想赫退重兵的確是萬難的事，要撤兵請你首先舉行而後中國軍隊調動，這樣商量或成事實，至於採取自由行動嗎？早經讓你行動了，難道上海的領域還沒有踏光，水陸交通還不會封鎖，毀壞，任何行動和手段自你使用罷，總之我邢兵士的刺刀從九一八事後，我就不聽命令而使他們開口了，磨的很利，至今沒有用着，五內的火已經幾個月的燃燒，久候了，植田！

日記常在忙中誌的，有時缺少墨水，有時是坐近火旁，借着那明火而寫，一晚火花跳到身上，還燒破了棉大衣的一角，時常因爲手酸腰痛，加上光芒不足，不能盡詳地描寫，並且寫得太含混，這是我覺到最不痛快的事，今天算是找到棹橙和洋燭，比較舒服一些，然而時間晚了，對於那通牒不能加與較好的評語，祇好讓能讀我這日記的人去從事後詛咒。

二月二十日

今夜乘騎大嘶，這軍中的畜獸，平時是不亂叫的，牠若一吼，便有惡戰，這大概是日軍通諜的徵兆了。

浮雲依稀地籠罩着，太陽忽隱忽現悠悠地行，敵機仍然翱翔，空中碎紙散亂地飛舞，原是日司令的愚民佈告，他想用那不成說話的紙片軟化中國人民，可是時常投擲炸彈的飛機，撒落這東西下來，人們還會遠遠避開呢，同胞雖蠢，但對於日兵的慘酷行爲，早已領教了，植田，照妖鏡已經掛在你的魔術台前，請看看你那身上吊了無數的骨骸，中國文明的小兵們，從戰爭以始，還沒有殘害過日人一個鷄犬的生命呢！

我們一早就到工作場去趕造那茫茫亘長的戰壕，下午才歸來，去後方的人囘了，她寄給一封信，首先是讚頌我有價值的出征，和鼓舞我到前敵要多殺幾個世界的凶種，希望我死力爲國家光榮和民族生存而苦戰，最後是慰問我的勞苦，報告家庭的狀況，使我感謝她的賢淑，欽佩她那高度的愛國熱忱，每個尊夫人，貴格的太太，能夠像這樣慫恿她的丈夫，我想信那般口頭請纓，實則按兵不動的大人們，必定會良心發現，誠意的以國家爲念了。……

溶溶的月色照到大地，冷風颯颯地吹着，我們疲憊還未恢復，——不！國家事不是傭工——又要到十里路外去構備一綫陣地，今晚恐會通宵的勞動，世界的暴徒——國家的大敵，一天在着，我們一天便沒有安息的。

二月二十一日

陰雲密佈，悽風颼颼地搖動那竹枝，我們又到黃家宅繼續那未完的戰溝，昨夜是全團動工的，經劃定了區域，我們三營的火綫是緊依托在一條小溪的後岸，營連長又區分了一次區域以後，經始好橫線，决定了掩蔽部和交通溝的位置，分班開始了，眞難受呵！想動手又缺少了器具，站着督促又非常之冷，義勇軍也來努力協助，做到兩點鐘算完成了十之六七，營長傳令收工，歸囘行了十里路，又凍又餓，張參謀我們以買的食物還是生的，架上煤爐上燒好，各人飲了半醉，談天到三四點鐘，早餐擺上來了，才與散去睡，七點多鐘傳令兵把我從床上拉起，束好裝就到此地，沿路就見飛機由敵方出動

十二架，有三架到偵察我們做工，機槍向它掃射了而去，今天比較吃力，因爲目的在完竣這道防綫，我也加入作業了；兵士們一個賽一個的，午后五點鐘光景，我們剛要完成工作的時候，敵機放下兩彈，東邊兩里多路的村莊落下一個，沒有知道損失，眞茹的橋樑附近落下一枚，據說是一個茶店的遭殃，那痕跡是很大，可憐那茶店的主人生命，財產，剎那間傾了！過路的人還不幸受傷幾人，昨天那有太陽符號的飛船，才散放下大司令的佈告，不是說中日邦交素稱親善，他出兵是爲保中外人民，十九路是過激的軍隊，怎樣今天就幹出這樣矛盾的事實，中外人有眼共見呀！剛才飛回一敵機，一翼中了傷，若醉漢般歪倒過來，一個倒踫降落下離地百米左右，機槍正射時，它拚命地向江灣奔去了，那機師還算有逃命的本領。

許久沒有把報紙逐日的讀過，因爲不是買不到，便沒有工夫，所以要靠機會，今天在馬路買到兩張報，剛才燃燈讀到興奮時，湯家蘭在衙門上歌唱起來，這孩子是小學出身的，人很文雅，最使人注意的是他那優美的喉嚨，同少女一樣的淸晰，隨着是閘北各地的砲聲大作，和他那歌聲拍奏在一起，人們到這時候一定扯緊被窩在恐怖了，獨是認槍砲爲家常便飯的軍人，總是到此時才算跨進俱樂部——娛園，那孩子仍在繼續地歌着，他彷彿若無聽聞。

昨晚的食物，魚，鷄，大蒜，膏粱，全是刺戟品，我常患濕氣的脚，發腫而特痛，不免要洗一下，擦點茶粉，不然到戰綫上又要苦人其難了。

二月二十二日

氣候和昨天相似，我們已接到推進的命令，當向大場附近進發的時候，雲頭裏藏着軋軋之聲，取大互離行進，到了張大家宅停止午餐，這鄉村離大場祇二里，離廟行僅八里，槍砲聲愈響愈濃密，前綫此時正在決戰，聽說陣地失掉一缺，而守第二綫的預備陣地，現在的火綫向內凹了凹形。

午餐後到六架敵機，它特別地擾亂，手提向下嗽射，炸彈零亂地拋下，幸好沒有傷一條生命，或許一根草，謝上帝！天快晚了，行李沒有到，特務長送到三十幾條軍氈，三人一床也不夠分配，蔣排長和我買到一支鷄，準備燉洋參吃，我這不景象的耳朵總是燒，不知生什麽？

二月二十三日

連接兩通家信，父親迫我歸去，他嚴酷地引了許多古今賢者的故事責我，他不知道，或許夢也想不到他兒子會變了兵凶戰危的征夫，他一片慈愛的心，的確是無所不盡其極，他替我養好一匹雄壯的坐騎，他把大哥五歲很活潑的愛女割給我，他期限我古歷的二月八日要到家，否則就得扶杖出尋，如果找我不到，他就踵屈子之後，尾後是敘述些家庭況態，——田園的荒蕪，族人的霸產，——並且告述我民哥和娟姊已經到家，今年的教育事業已經接管，待我歸去主持，天哪！要是循環的內戰嗎，我接到這兩封信以後，就該從戰地逃縮，直奔父親的懷抱裏，去安慰這白髮龍鐘的老人，去安享天倫之樂，可是在這樣危急的外戰中，國家的存亡懸於傾刻，我至神聖的義務和天職，絕對不能拋棄呀！囘顧離家十一年，戎馬生活佔去六七年，意志上雖然毫無進展，可是與外兵搏鬥千載一時的機會，算是於不易中得到，這就是我的大安慰呢！因爲平時吮吸了國家的氣，民衆的血；不這樣吧：良心會呵責的！我要做父親的逆子了，要我返里除非日兵退盡，國勢安穩！我當時就囘覆說，忠孝不能兩全，是自古的明訓，教子須有義方，在這時候只有鼓勇子弟上陣，不宜催逼兒子解甲，隨着述了日兵的凶惡，戰爭的情形，並且阻他的駕，並且解釋去秋計歸失敗的原因。

信剛結束，連長從營部來傳，今晚要加上前綫去調換×師，接着集合兵士訓話，進入陣地後應遵守的事件，連長又派我到營部去看地圖，察視地形和前進的路綫，入夜就要行動的，飛機像昨天一樣地擾着，氣象更加陰黯，雨快要落下來了，買好幾盒煙捲，續了幾行日記，隊伍快要集合了。

二月二十四日

部隊是昨夜初更拉上來的，到大塲時，月光隱隱地匿在雲裏，大塲被砲和炸彈的摧毀，可以表露戰績，行進很快，前後幾乎失去連絡，彈藥兵胡興臣跌下水去，派李彪轉去看，不久趕上來了，他除衣服濕完之外，沒有什麼，到了嚴家宅隊伍停下，營長帶着各個連長去視察陣地，分配戰鬥區域，約兩小時而後來，十一連分在嚴家閣，本連位於塘東宅，前進到離陣地一里多路，因爲換防的手續又生出問題，因爲×師的團長要我們一營接替他兩營，於是又把隊伍停下，以待團長到，此時雨已滴達：……地淋了，三四點鐘才披着雨衣，頂着銅鼓帽，有的是披氈子，向陣地推上去，這刻子的槍聲格外的密，到了陣地，就把隊伍從戰溝裏散，一二排和附屬的機關槍全佔領陣地了，連長叫我做援隊，我派了警戒在右翼，跑到外面一看，右邊全無隊伍，前面是漆黑，祇看見一個大水塘子，敵人的槍不大遠，隨着又聽到右前方的槍聲是與我們相同的，囘頭問交防的隊伍，他們只顧清查人數，慌忙的跑了，要他們交代一句話都不能，官兵都戰慄萬分，我破口駡他們了，隨後去問連長，他說我們的陣地是凹的，本營之右是第一營，左翼是八七師，但敵情還是不明，只是聽出槍聲很近，有的只八九十米，最遠也不過二百米，我們的警戒兵也還槍了，伙伕送到冷而囘生的飯，硬咽了半碗，剛好天亮，到全連的火綫看一次，遍處都是死屍，前面的草地上，田埂的一旁，坟堆的後面，横一個，直一條，令人心寒啊！

跑囘右翼一看，相隔七十米的小竹林裏，就是敵人的前進陣地，一條交通壕直沿到敵人的陣地，裏面的機槍還時刻掃射出來，右邊是茫茫二百餘里的田地，和第一營相隔的大空隙，這是本陣地的弱點哪！交防的人那樣糊塗不清楚的交代，要是朦朧深夜敵人由此偷攻過來又怎樣辦？我趕快派人去和第一營連絡，派一個自動槍班監視那小竹林，派出步槍班兩個警戒兵監視右翼，其餘的人員命到掩蔽部裏休息，去報告連長，他說那空隙不在本營的範圍，我們的區域只到房屋爲止，他同時打電話去報告團營長，要第一營派兵連結過來，不過在他未來以前，我們要負責任，我和他商議，要是在今天敵

人向這地方來攻，請他督兩班自動槍擺在右翼，使敵人不能接近我們陣地的側射着，我帶幾班步槍從坟堆後面衝他出去，這樣決定連長很同意，他又同我出來觀察一週，我們判定右翼太暴露，在白日裏，敵人要是不用特種威力掩護，絕對不敢前進，不過到夜間就要想法，又打電話去催，第一營已答應以第一連運結過來，營長也到視察，他詢問了一下，卽順着火綫過十一連去了，這時候敵機已到偵察，十一連和第一營方面還受了幾砲，我們當天光時就傳不准現出目標的命令，飛機大概沒有偵察確實，所以未蒙光顧。

我因着顧慮太大，不敢去睡眠，隨時聽着敵方的動靜，剛才飛機去了，雙方的槍聲停息，用望遠鏡對敵方一照，他們正在構築工事，只見土投出來，不見人的形影，那工作也許是昨晚開始的，天忽地晴了，太陽升得很高，我到掩蔽部裏休息一下，想起致娟姊一封信，因爲她夫婦待我很厚，同時要她們替我安慰父母於是從圖包取出信封紙，和速記家一樣在寫着：

時刻想念的娟姊：我離了上海，就和你斷了信索，到杭州給你幾封信，沒有囘響，使人捉摸不到一點頭緒，昨天家父來信，才知道你們已經平安地歸去了，可羡！可賀！囘憶我在幾個月前所接你的信，隨時邀歸，至今我的頭腦裏還深深映象着你說的話，——雖粗衣布服，比較做官爲榮，若願退一步想？瓜棚荳架下，又多兩個盡牙伴侶，——我從北地剛返江南，外侮正在厲害，舉國天翻地覆，五分鐘的熱度高降了，我也感到許多青年學子，還要武裝救國，我握有幾十枝槍的人尤其……所以把歸家的觀念完全消沉，我的老父逼我歸來，兩封快信是昨天同時捧讀的，可是我親愛的娟姊！這封信定要使你驚愕，或許會淌幾滴熱淚，請你千萬不要使我那母親知道！

時過境遷，我現在已經變了生死懸殊，不顧父母，拋棄妻子的征人了，剛才是從散兵吼裏扒出來的，一有動靜就會跳囘去指揮，死運到了時，敵人的機槍，輕重砲，飛機炸彈，卽刻就會在身上穿孔，甚至全軀的毀滅，敵人在我們前面不夠二百米，現在對峙着，陣地前面擺備了的是死屍，還有個傷

員在那蓋溝裏招手，這可憐的戰友啊！要去救他很難，祇好待他扒進一點然後可，戰鬥經過一夜了，沒有激烈的鬥，不過雙方在構築工事，相互虎視着就是，我預料明後天就有惡戰，因爲敵方大規模的工事快完成了，我們缺少砲火去破壞他，祇有小口徑的砲很不濟事，眼巴巴地看起他動作罷了，惡戰起來，我的氣節是不能屈服於任何威力，生死聽命，今後有沒有再見的可能，在這時候毫無把握呢！我所以要躁進掩蔽部寫這封信給你，是恐怕今後我的字跡不能看到了。

你認爲我的說話頹喪吧？我強勁的告述你，我很願意死在那光榮的血泊中，因爲屍身橫臥在沙地上非常雄壯！不獨我個人如此，整條戰綫的朋友，都是下了決死之心！所以中外人都在讚美華軍的神勇，十九路軍連打十二次衝鋒奪回閘北，民衆們天天慰勞，物品高堆起來，軍人的羞恥，現在算是洗滌了多分，東北失陷以後，滬戰未開始以前，我最憫憤，終覺體不完膚，國無鬆士，同胞們給倭奴像猪鷄般殘殺，夢裏都想和日本兵搏鬥，當馬占山抵抗時代，我就想結伴馳黑，嗣後他又因敗而變節，我只怨生不逢時沒有重兵在掌，英雄絕少用武之地，每天憂悶！咆哮！幾乎急瘋了，隊伍開到杭州，舊地重履，遊了三次西湖，我祇感到溢滿的湖水，都是國人的淚淚，有時跑到十字街頭，大馬路上，見到一般涼血動物，我更頭都不願抬起，隨後移防嘉興，內事略見容合，人心比較團結，才覺到國家生氣不滅，時常留心於德顧問的新戰術，一月二十八滬戰爆發，所聞十九路忠勇抗敵，日未得逞其淫威，我們十分的快慰．接着請纓批准了，開到上海來參加抗日．沿途以至現在看來，我們的士氣也不減於十九路軍。

戰爭的損失很浩大，目前的上海，祇保持着一個瀟灑的租界，水陸交通已被兵艦封鎖和飛機毀壞，燦爛而繁華的市塲，全荒涼了，美麗的建築，盡化成烏鵲的土，全國文化的總樞扭——商務印書館，也因燒毀而倒閉，蔡元培先生還痛哭一塲，唉！難民遍地都是，戰區臭無一人。

娟姊這長談中的話，許多是値得你恐怖的，我們的生命却藏在這裏面，祇好硬着頭皮向前鑽啊！

閑話說的太多了，總之我那家庭和父母，希望你們夫婦代爲關照，至死感謝！完了。

信剛寫起，李正因爲外去小便而受傷，他躺在那裏流淚，叫人抬他進來，替他綁三角布，安慰他，担架也到了，扛他下去後，頭很暈眩，要睡又放心不下，到外面詳察一切，因爲各項應該隨時熟悉，臨事才能週到，電話催促幾次，第一營還沒有來，黃昏了才見派三個兵來連絡，帶他們去見連長，據說無兵可派，在他們責任區域內的地區，竟這樣放棄，我們也是沒有辦法，連長我們決定，只好以一排和二排的半排守原陣地，把三排移去構築新陣地，把守右翼的空隙，我到右側視過一次，決定火綫的位置，歸來鄭全才送到飯，又是冷的，我吃了半碗，趕着收束日記，待伍士們完畢，把信交鄭全才到後方去寄，集合隊兵去乘夜趕工，這時星月未現，正好動作。

二月二十五日

昨晚的陣地構築很快，星月流露那時已經成了半功，因爲分工合作，加上嚴令的限定，所以……

……，連長召我去，他問做到什麽程度？我答應他可以跪射了，他覺得也很快，幷且對我說等會全綫試射一次，在這時鄰接的陣地很沉寂，當我轉到外面沒有幾久，敵人向着本連的陣地攻擊了，全綫用排槍射擊，迫擊砲也在後方射過幾彈，機槍砰……砰……地放着，敵方也同樣地打過來，最使他詫異的是發現了我們所延伸的新陣地，差不多填滿了那大間隔的空隙。戰鬥一小時之久，敵人沒有什麽可能，靜悄悄地停止了，我們也就繼續工作，晨曦剛從夜幕的籠罩中顯露，春曉是多麽的清鮮而美麗呵！各班的工事完竣了，留了足以警戒的兵力外，其餘撤近掩蔽部去休息，我用望遠鏡在前方瞭望一週，敵人也斜對着我們全連的陣地築起一綫蓋溝，插出六枝太陽旗，連長也在外面偵察了，他打電話報告營長——敵情和昨夜的詳況，這時太陽也在天空旋升着，敵人用各樣輕重的砲火，猛烈的攻擊我營的陣地，我們官兵趕快佔領陣地——即散開——沒有理會他，爲着遵守避免遠戰，力圖肉搏的訓示，除監視兵之外，官兵都隱蔽在各個散兵孔的單人掩體內，嚴陣以待敵步兵接近而後決戰，敵砲兵連續砲擊約

在四十分鐘，因爲我們陣地如同鐵壁一樣不生變化，敵砲又向右移過目標，猛攻我們第一營陣地，他們的陣地被那砲火幾乎削平，所以稍有移動，此時比較的緊張，營長已早到前綫，本營的預備隊他也命令增加上來，敵人的步兵向一營的陣地前進，砲火又移囘我們的陣地，飛機也沿着陣地全綫飛去旋來，此時我們爲援助一營，不斷地側射着前進的敵兵，顧不得砲火的損傷了，他除二三十個人之外，完全被我們射斷了後續，二營的全部預備隊趕到了，他幾十個進退不能的步兵恐慌了，拚命的從困境後退，我一發現就喊：目標——右側方墓地退却的敵人——快放……差不多消滅了他半數，二營的先頭部隊已接到我右邊一排，他們聽到我們坐地衝鋒——敵人退却，前進！殺……………他們一衝就佔領了敵人前進的支點，危局轉移了，我們覺到不被砲火壓倒，也許出於敵人意外，

砲火停了，雖經過一度猛轟，破片亂撒在前後，幸好沒有損傷什麽，也算好運，我在砲擊時，也被砲彈把那蓋覆的胸墻打倒，壓在身上，幸好沒有開花，現在火綫的前後，還放着幾枚重砲彈和飛機的炸彈，黑的，白的，整個的擺着，胸墻之前，交通壕的後崖，散布了許多破片，僥倖沒有傷人，子彈却耗去不少，我報告連長，戰鬥的經過，請他通知砲兵集中火力，撲滅前進的敵人，並且報告上面要右翼的部隊築強固工事，使敵砲不易毀平，傳令兵歸來說，一排副排長受了側射，因爲連長派他去對付包於右翼的敵人，聽說傷勢很重，此外在昨夜一二排也傷了幾個，眞晦氣，子彈又從後方補充到了，趕快分配各班裝入匣內。

下午的四點鐘敵人的後續部隊又動了，各個躍進又向那前進陣地跑，我們又起而側射，不提防中受了他砲火的放列，全條陣地都打通了，李彪——上士班長——戴漢庭——他班上的列兵——同時陣亡，因爲砲彈落在溝裏，兩個人毀成三節，燒的焦黑，隨着蔣排長和兩個士兵也爲破片所傷，但火綫並不因這樣而發生任何現象，依然向着敵兵猛射，敵人也倒斃了廿幾個，經過兩小時光景停了，周連附，機槍連的蔡連附，和他的副排長也傷了，我親身去報告連長，沒有幾久敵騎兵又出現，不過沒有

前進，黃昏以後，連長召我去商量久持的方法，工事的修理，官長的補充，黑了就接到電話，左翼的八七師，右翼的六一師快要攻擊，本團的第七連之一排，和十一連的一部，也隨着前進，所有的部隊統統不准打槍，我就回到自己的陣地，親自傳令給他們，並且把傷亡的人員調補，命各班派警戒兵，叫各人上好刺刀，準備手榴彈，隨着就聽到那陰慘的衝鋒號，陽氣十足的吶喊聲，殺!!日兵一些不沉着，當號和殺聲一起，他的機槍不斷地射着，兩小時以後，連長傳令說進攻部隊已佔了前段的陣地，這時可以打槍了，聽說十一連還奪獲機槍一挺步槍十一枝，我又傳令把各個掩蔽部掘深些，十點鐘後，微現星月之光，平視可以達到百米，敵兵又向我們陣地和左右翼猛射，隨着他的幾十步兵又從稚松林扒出，向坟堆摸進，警戒兵發現了就報告，我趕快傳全綫水平瞄準，沒有口令不准發射，他剛超過坟前，到了平地，我大聲叫了——目標坟堆前方，低進的敵人，瞄準——放——他們不要命地奔回了，接着又追放兩排槍，沒有幾久，又來了五六個，大概來搬屍和救傷，叫警戒兵打了幾槍又滅影了，以後就不聞槍聲；二排的唐排長又負傷，我到連長那裏討了一支洋參，因爲肚餓口乾，順着把剛才的詳情報告連長，我們覺得守這陣地是很有把握的，再支五六天也沒有困難，談了幾十分鐘，回到陣地休息，連長又給我兩盒烟捲。

二月二十六日

整夜沒有閉眼，環顧着全綫的戰爭，因爲這兩天的戰事消息太寂寥，祗知道一角的情況，悼念着死者！在這時候呵！無數的生命，已經結成一個生命，壯猷之死，固是很痛快而多麼光榮！不過人生是賦有情感的，當一個活跳跳患難者失去了，內心不免要受多少的顛波，……

三點多鐘伙伕送到早飯，勤務兵裝了碗給我，還有兩塊猪肉，昨天砲火猛烈那時，屋子裏的一頭猪也遭不幸，所以扛到後方去烹，剛吃了兩口，偶然想起李彪，他在未死之前還吃了一碗冷飯，我噎了，大嘔一次，服了幾粒仁丹，才算好些，傳給各班長留心拂曉招呼警戒兵特別注意，天亮後用望遠

鏡照了一次，只見敵陣的白布太陽旗飄蕩，沒有一點徵候，縮進掩蔽部一躺，大不舒服，這是單人用的，脚也伸不直，可是在這敵情和緩的時候，也應當休息一下，把精神恢復起來，一覺睡了點多鐘，軋軋的敵機又到了六架，趕快傳令掩蔽，不准在交通濠內行動，除左右翼兩班派監視兵外，完全掩蔽，敵方見飛機到了，就利用飛機偵察的當中，以各種槍引誘，我們知道他的砲兵陣地已經接近，統不還槍，完全持靜態不理，飛機盤繞許久，向我們後方飛去了，十點半鐘，營長新任副排長的委令送到，轉給受領人，並且使傳令兵通告各士兵，同時那飛機也回頭了，敵方又引誘我們的目標，他的連絡器也在作嚮，迫擊砲落下九十餘彈，比較昨天的冷落，是六門放列的，統統中在前方，沒有傷人，飛機成天去而又來，來了又去，擾個不休，分到許多慰勞品——食物，叫凌排長挨次的平均分配過去，金山橙只有四個，不夠分散給凌排長一個，自吃一個，還剩兩個分給鄰近的兵士，這時將近三點了，肚裏有些餓，敵砲又放列二百多砲，全綫都受光顧，我以爲他會進攻，揆在胸墻上觀看兩小時，步兵的動靜沒有，可是發現了他們幾輛唐克擺在後面，我就指定了幾人專拉地雷，同時檢查膠綫，有個地雷的綫却被砲毀，失了作用，幸好不在重要的部位，今天雖經過兩次的砲，但沒有傷人算是好彩，天黑了，到連長那裏去，談論了些新經驗，我們以爲萬不得已時只有向左右移，不能向後退，敵方要是向後，豈不要下江去？我們以爲短兵相接定操左券，因爲士氣的比較，而且我們刺刀多於敵人，我們並且主張攻守兼併，因爲死守徒受砲火的壓制，而且不能消滅他的兵力，日間不能前進就守，夜黑可以前進就攻，因爲夜間他的砲火和飛機失了効能。

營長的電話來了，說今夜要努力，明晚可以換防，現在還沒有奉到命令，我因爲担心太大，快跑回原地，敵人的夜行機也到了，還放下照明彈，落在火綫後面，不過火綫可以隱照得出，遙望前方，唐克車也彷彿升了火，不過我們的手榴彈和地雷也準備好了，我召集班長來，告訴他們，縱使唐克車來，可以用很多的手榴彈和地雷阻止它，不過要十分沉着，不要老遠亂擲，守地雷的人要記牢地雷的

位置和距離，就是阻不住也可以放它超過火綫，因爲它過了火綫就失作用，最要注意的是跟隨前進的步兵，同時告知他們快換防，在換防以前要格外努力，叫他們各人傳知班內的兵卒，話說完散後，連長的傳令到了，今晚準定換防，接防部隊到就準備交代，情況隨時報告他，傳令兵去後，敵人又攻擊了，最先還是置之不理，直到他炸彈差不多擲落火綫，才發排槍的口令向各方面掃射幾下，因爲左右前都是敵人，一二排已經快放，約三十分擊退敵人，昨晚所掉換的新槍太過火大，威力也和小加農一樣的聲大，引了敵砲射來，凌排長又被破片傷了，劉斌也受槍傷，當敵方停了槍砲後兩小時，接防部隊果到了，連長召我去，叫我們各排交代，士兵用各班的順序撤下，到營部集合，這時月色也很明了，本來在軍隊交替這時，正是擊者的好機會，但日兵作戰好像有定時的，他偏在這時候連鎗也稀疎，以至絕了，我首先領導那排長去看火綫，他返身去帶隊，我就召各班長要他們詳細交代，和分班撤到營部集合，如果×班還未撤出，敵人進攻，就中止出火綫，協助友軍射擊，公物不准遺棄，剛好那隊伍進入了，沿左邊按次序交接過去，到兵士們去完了，我又請那排長交代他敵兵的部位，和火綫的形狀，敵人進攻的行動，應付的方法、守備的事項，隨着又不客氣痛斥那亂放槍的兵士，才單個向營部走下，連長在那裏代我集合好隊伍，他還要待一二排，叫我先行，走了四里多路，敵機到了，恐怕它知道我們隊伍的運動，在竹林蔭了一下，營長也到了，他問我全連來了嗎？我答應只一排先下，隨着他走着，一面談本營的戰狀，他說就是我們連和附屬的機槍，傷八個官，二十幾個兵，十一連很少，陣亡只兩人，眞是死裏求生，一營死傷較多，二營也略比我們多，不過我們最先就下不惜犧牲的決心了！慢慢地行，連長也帶一二排趕上，進入張家大宅，天已亮了，抄完日記，寫了一封信，洗了幾天沒有用水磨擦的臉，倒在門板上如死般的睡了。

二月二十七日

一覺睡到初更，醒時肚中有些餓，到連長處坐，他說今天加了菜，可是幾次叫你不起，跑到廚下

，洽遇六連特務長在督伙伕燒夜食，他分了些鷄，猪頭肉，酒給我，吃了剛到後面去要睡，連長又傳向閘北移動，進到太陽廟路，敵方的燃燒彈發出多次，房屋幾處起火，當我們到了中興路那火的餘焰還在火着，停止休息時，人們就圍向那裏去烘火，隨後到了虬江路，駐到民房裏接十九路軍的防，裏面塞滿了食品，據說是民衆和商界犒賞的，我們進去，他們就招呼隨意吃，他們去後也沒有攜走，我們除九，十一，和我們連的一排，機槍兩排之外，留在這裏做預備隊的，我們分好駐地而復眠了，因爲人人是從夢中叫起的。

今晚才親眼看見閘北，天哪！酒店，公司，工廠，住戶，所有的房屋只剩磚瓦餘燼，人是沒見得一個，鷄犬大都餓死，眞是慘不忍……啊！

二月二十八日

醒時後面×里又被燃燒彈發着了，狂風是在晴天猛括着，愈燒愈廣，我們全體官兵都齊去施救，但沒有水，僅能拆去連結房屋的木類，使不易傳過，早飯後營連長都到前綫去，火將要燒到了，只好移到附近讓它去焚，我始終顧慮營部的彈藥，又派人去協運，到十點鐘後，連長到了，他說前面也在燒，幸好近水，他們才救熄了，叫我就在這裏休息待命，他去沒有多時，來命令調我去塡防，到寶山路口和二排任一處，到那裏連長駐在一商店，我駐在隣近的洗澡間，到處裝了水缸，隨時倒水在物體上，派半數的人專司防火的任務，因爲燒起來又不退，最担心的是火，還不是敵人，不過在這裏的食資較野戰便宜，成天有吃。

二月二十九日

派了嚴密的警戒兵，監視敵方，防範火燭，敵人任怎樣的打槍，我們總不還擊，派班長輪流巡視，自己偸懶睡到晚飯時因爲白天顧慮很少，所以俾晝作夜。

三月一日

整天相安無事，晚間，大概是十點鐘，連長召我去，他說奉到了命令，因爲戰略上的關係，現在要撤退，今晚向江橋鎭背進，叫我準備，逐次撤走，我趕快召各班兵授以撤退時要愼要的事，待命行動。

三月二日

昨夜撤時月光大白，由虬江路直達中山路而到眞茹，敵方還沒有察曉，不過琉璜彈時刻多在發放，到眞茹時天已大明，休息了許久卽往江橋進，眞茹的掩護隊是十九路的，撤退很安全，到江橋不久早餐，飛機是一早就追在我們後面偵察的，午飯後又有向方泰鎭進的命令，本營是在最後，天黑了沿鐵路經南翔到方泰鎭附近宿營，派好警戒就睡，可是士氣一些沒有墮落，人人都鬧爲什麽要退，退到那兒去，告知他們是爲着戰略，上海要奪回不是難事目前雖是失了少許地面，然而抵抗的精神是永遠不朽！大家準備反攻罷！

三月三日

上午在原地休息，下午向崑山推進，路很小，大隊伍總是牽不開，走了十里多路已經宿營，深夜又繼續前進，到安亭附近，營長命令暫且宿營，如果再走也走不出幾遠，各連自覓房屋駐下，人民是走完了，本來沿路都有逃的，尤其是江橋附近，他們先軍隊就走了，還有夾到隊伍前後行的，昨早北新涇的人，哭聲在五六里可以聽到呢！

三月四日

沿途觀察士氣，視審地勢，覺到這次撤退雖不是戰敗，然而背進太散亂了，聽說×師，還在安全界遺棄一門砲，要是敵人追踪而進，怎樣抵抗，怎樣反攻，要是這樣毫無次序力量都會失散，我們營長還不錯，他能把全營整齊而嚴肅地帶着，本來當指揮官的人，進退都要統率得好，才能使用自如，彷彿線般，牽開一根，結攏一團，沿途多水，尤其是靑陽港很闊，日軍進攻很難，而我反襲亦不容易

。入黑到崑山，宿營於東門外，兵士們還很守紀律。

三月五日

崑山休息，十九路軍部槍决大批犯兵，聽說×師也有，我們團裏幸好沒有半個，否則十九路給我很好的招牌，又……

三月六日

上午依然休息，下午到西門外沿常熟河佈防，方向弄錯，倒繞了不少的路，我們歸六一師指揮，踪連結他們的百二一旅，本連駐在斜口橋附近，不見民間有人，只剩連部所駐的一朦館先生，據說新增來的×師不好，全村的鷄鴨都打吃完，婦女是怕死了，有一年老的婦人尙還被姦 我的天呀！這樣軍隊怎樣去打外戰?!國家養這樣的兵原是：我又見那門上貼着一張不通的字：崐山人注意，不回家，豬狗牛羊快餓死了，後面兩行是：國家事亂，校規遵守，三歪五紐，還用珠算打圈，阿彌陀佛！這樣糊塗的人來教村童，難怪同胞愚蠢崐山城外不上十里，有此現象，教育局長太喫寃枉了！也許全中國都是這樣吧(?)

我們到後，人民知道了一切，漸地歸家，此時已經遍地發草，綠葉滿枝，每和村童吊魚溪畔，又想到十幾年前的生活，和鄉間自然之美，歸時有一老頭送些菜蔬給我，不受他又不肯，他見我鬚髮太長。他問我有五十沒有？乖乖！把我駭了幾乎跳起來，人之憔悴，難免……我隨答他一句滑稽話！現在五十二，老先生貴庚幾何？他說五十差一歲，精神太不好，於是我和這老人成爲老友。

日兵已佔據南翔，嘉定，瀏河，傳說前夜上海謠言大作，租界華人都嚷着有兩師入南市包抄日軍，日軍×大將死了，放砲慶祝，日兵大敗了，日人聽到這話，上艦不及的就去投江，眞是做賊心虛，我話他們終有最後的這天！ 。

許多好友揹軀了，很是不快，戰爭和國事更是憂人！日記從此總結束了。

郊外的哀聲

毛保康

一亢猩紅如血的斜陽，照在一灣流水上，流水也成血水；照在一堆堆的荒坵上，荒坵也成血塊；照在許多瓦礫堆上，瓦礫也成血滴；四週只有叢叢的荒草，除掉堤邊那株綠楊以外，渺無人煙。那株綠楊，雖然在隨風飄拂，但，不是在欣賞這荒村晚景，也不是爲了四週各物沒有比他更高而驕視；他正在爲許多瓦礫堆低頭歎息，他正在爲一堆堆的荒坵飄拂招魂。

鳥兒和春初時一樣高興地歌唱着，但他們也在驚奇，驚奇着四週高物已沒有留存；他們曾經每天歇足過的高牆，屋瓦，怎的不知去向？又怎的會多起這低矮的一堆堆的荒坵？同時他們替這綠楊幸運，他能巍然獨存；更幸運自己倘還有棲身之所——僅僅的一顆綠楊給他們爲棲身之所。

一陣脚步聲，打斷他們的歌聲。這脚步聲打從綠楊底下走過，兩個小孩子是跳着走，兩個婦人是彳亍着慢慢地走，走到一堆堆的荒坵中的一個荒坵前便止了。接着便是一陣哭聲，哀哀的哭聲，

那年老的婦人，祇倒在荒址前不住的流淚，一陣抽噎而喘氣着哭。

兩個小孩兒子也跟着哭。

要在這一陣哭聲中，辨別出哭之原因，是不大容易的，因爲她年輕的婦人哭的是啞音。祇知道她們哭得很哀痛．有時她又似憤怒而在謾罵；其他，確實是不容易明瞭的。

可是這件事，瞞不了隄邊臨風招拂的綠楊，瞞不了綠楊枝上歌唱着的鳥兒，他們知道，她們是姑，媳，孫兒，孩女，是路旁一堆瓦礫堆的主人；荒坵中埋着白骨，是年老婦人的兒子、年輕婦人的丈夫。製造瓦礫與白骨是世界殘狠的人類大和民族。她，年輕的她，在哭着，

——殘暴的狗，你狠毒得有如豺狼，噬人的豺狼，炸燬了我們的廈屋樓房，我們的全部財產，祇

受着轟然一擊，已全都淪喪！

——殘暴的日狗，你們太喪心病狂！他——我的丈夫——因你侮辱我們而抵抗，榮幸的他也成了國殤。

——殘暴的日狗，你這破壞和平的日狗！我和你有不共戴天之仇；總有一天罷，會把東京踏成粉碎，會踏平了富士山頭，屠屍塞滿了四國九州，這才是沼吳願酬！

——殘暴的日狗，我們雖然是孤寡老幼，以後的生活雖然可憂；但，决不會輕死溝瀆。我們祇要有刀有矛，定會手刃兒讐！

——殘暴的日狗，不要輕視我們，我們是黃華貴胄！她突然起立，噙着淚珠，摟着她的兒子，女兒，哀哀地告訴她們說：

『中兒！華兒！你們記清了，日狗是我們的仇人；不，日狗是我們國家我們整個中華民族的仇人。不要忘記了將來須用多量的狗心狗肺來貢獻給你的爲國而殤的父親墓前，記淸了！中兒，華兒。

綠楊聽了，點頭飄拂。

鳥兒們聽了，加緊着歌唱，似贊成她們意志之悲壯。一片猩紅如血的斜陽，照在她們淚珠上，淚珠也成血淚！

春閨夢裏人

述軒

夜是深了。

類乎是鬼哭的狗吠聲、漸漸地沉寂了下來；如泣如訴的虫聲，也好像不願再對着不理會不關心他們的人們訴說一腔心事而停止了唧唧的哀鳴。——這是怎樣一個死寂而令人都幾乎要窒息了的深夜

啊！

朦朧的霧ㄨ，籠在半空。依稀地祇看見疏星幾點，吐着一息奄奄的微光。昏昏欲絕的月亮，也是有氣無力地掛在好像是厚紗的後面，把大地上的一切，都染上了一層死灰色。

素珍這時還痴痴地坐在窗前，她的遲緩的目光，老是無一定目的地左右上下在這狹小天井的境界裏亂轉，然而庭中給予她的印象太不好了：死寂，陰森，可怖，……這一切一切，差不多緊張得她的心絃都要斷了，

她握着拳自己說：

——春歸去了，春花殘了，新葉老了；天井裏滿樹桃花，早不見了芳蹤。記得去年秋盡時，敏歸去的當兒，不是曾指着枯葉離枝的桃樹說：「明年桃花開的時候，我倆會再見的……」嗎？哼！是騙人的話吧！是敷衍的話吧！但是，不，我敢相信他不會的，他的人格是不會給人懷疑的啊！

他用手把臉緊緊地掩起，然而這些可怕的幻象，却仍是一幕一幕地纏繞着他。

——也許他是變了，毀了約了，拋却我了！眞的，也許我所說的是很對啊！不然，他爲什麼在夏季都快完了的現在還不來呢？而且太叫我恐怖了，爲什麼簡直連一封信也沒有？不，有到有過，然而那是剛到家寫的。眞的，僅僅就是這一封，就是一封…………

遠寺的疏鐘，突然在空中激盪起來，似乎這時大地上的一切，都跟着他抖顫的聲音在抖顫了。素珍這時也恐怖好抖擻起來了。那穩而重的坐椅，都似乎支撐不住她的身軀，她開始漸漸地把整個身子從椅上溜下了地。她自己也意識不到是怎麼一回事，率性就躺在地上，掩着臉悲哀起來，

——素珍……夢魘了嗎？醒醒，素珍！素珍！

這突然從母親房裏傳來的呼聲，使她急急地止了悲哀，忙裝出夢裏醒轉的聲音，答道：

——媽媽，什麼？……我魘了麼？

（二）

入比別的動物靈，聰明，有思想，會記憶，這是幸福嗎？惟其比別的動物靈，聰明，有思想，會記憶，所以無從記述的悲劇，就老是在人羣中發現了。

素珍是所謂「人」之中的一個很聰明，富于想像，健于記憶的人，然而正因此方是一個不幸的人。因為此類的人，大多是神經過敏，他們會多疑，會誤會，會自己的頭上造出使自己惶恐的幻想，疑慮出空中樓閣來。

就是這個理由，素珍病了，而且病勢一開始就很沉重；假使她要是沒有燙手的熱度，你看她睒着眼無聲息地睡在床上，你定疑惑她是失却呼吸的人；要是她沒有清醒的時候，那末，你也將以為她是瘋顛了的狂人，當你聽她有時高聲糊說亂道的時候。

她糊說些什麼？——她常說：「完了，你拋棄了我，可殺，因為你是不用刀殺我的人；」「來了，敏來了，看呵，他更長得活潑了；而且更這樣的漂亮哩！」「…………」

兒女的痛苦可以說也是父母的痛苦，何況素珍是她雙親僅有的女兒呢？她的父母終日在床前看護她一步也不離；女兒的呻吟，會像鋒銳的利刃穿過她倆老的心，他們為女兒焦急，為女兒流淚。當他們的女兒清醒時，總忍住眼淚安慰她：

——女兒，素珍，寶貝，放心吧！你姑父曾有信來告訴我，敏因了一點事就擱了他所說的來的日子，但不久就會來的。你多獃啊，寶貝，瞎焦慮瞎担心些什麼？假使你有個怎的，敏來了豈不要更失望，更傷心嗎？寶貝，你是聰明的孩子，應當不要這樣愁啊！

素珍聽了這些話，總是有氣無力的苦笑着說：

——不來了，我知道，他不再來了，他不理我了，不然到現在都不見信來嗎？別騙我了，你們在說謊，我知道，

接着她就不再多說話，幾乎是成習慣的她用她枯瘦的手，拿起枕邊的白蘭花，一會嗅嗅，一會望望，一會摩摩，——白蘭是敏所愛的一種花，她自和敏親近後，也不知其所以的愛起這花來。

是一個風雨之夜，狂風像野獸般在空中怒吼，急雨像亂箭般向到處射擊，打得玻璃窗叮叮噹噹作着可怕的聲音。病床前的看護者，被這風雨影響得週身血湧，心臟爲碎！

這時的素珍，又從昏沉裏清醒轉來了，聽了這種聲音，把面上更加了一層痛苦的難堪；偶然的她的眼睛，看見了枕邊的白蘭，焦枯了，殘了！她因此把最後一滴眼淚，都從眼眶裏迸了出來，她竭力掙扎地說了很費力的一句：

——白蘭……殘了！

隨着，顯然地呼吸已入困難的情形中了。她的雙親見了感覺到不幸的一幕就要在眼前開展了，他倆開始驚惶，甚至于抖索了。很明白是沒有希望再把生命延長下去，于是父親不忍再把已發生了多久的不幸，再瞞着將要死去的女兒，他要使女兒死了不致于還誤會，還懷疑敏的人格，接着他說了：

——女兒，現在你可以知敏的確是如你所說的不會來了，然而其原故，却不如你猜想的；要知道他之不能來，永不能來，是因爲此次一二八的滬案之發生，他們的隊伍便開到上海去抵抗強暴的日帝國主義者；不幸，在廟行一役的時候，他便把他那一腔的熱血，去爲國爲民的染遍了倭寇的頭顱了啊！眞的，敏是死了啊！先不告訴你，使恐怕你因之發生其他的意外，現在當然可以給你知道了，因爲橫豎你的生命都是無法挽救了！他的死期大概還是二月二十五吧，………

不等他再多說，女兒已含着久未有的笑容瞑了眼睛，往那潺潺流水的黃浦江中，和那叠叠荒塚的沙場裏去尋她的敏去了。——那最後的笑容，似乎還表示着：

——果然的，我懷疑了他的人格了！——他到底永久是屬于我的，我曾說過。現在他是爲國爲

而犧牲了，我還是不會失敗的。

風息了，雨止了，祗是多出了一聲聲哀慘的哭聲，在空中盪漾。

落伍的丘八

羅鳳俠

誰也知道我是一個落伍的丘八，我自家也老早懷着了一肚子的鬼胎，決計三十六著，走爲上乘，找着川資以後，一溜烟跑回我久別的故鄉去，做更夫或地保，最低限度，也可以博得兩餐大米飯。呵！優遊林下，嘯嗷烟霞，偸度餘剩的殘年罷！是的，毅然決然地，走向那落伍的道途去罷！沒出息，缺勇氣，無意識，涼血動物，一切冷嘲熱諷，是甘心，是願意，到了難爲情的時候，我唯一的妙法，是裝聾作啞，那萬般的侮也可忍受下去。我這種落伍的思潮，老早滿布了我的胸臆，同時也下了決心。可是負着槍桿子混了兩年多；用汗血博來的幾塊阿堵物，除掉抽香烟，理髮和一切零用以外，却是告罄了，而且還不夠分配。急煞的川資，仍然是無着，根本上不能不把我決心，發生變化，動搖。找不着其他的解決方法，還是依樣畫葫蘆繼續混着我操槍走正步叫一二三四的生活。可是腦筋是冰透了，到底也提不起勇氣，所感覺到的，是索然無味，依然不斷地，拚命着準備我的川資。

然而，九一八，一二八的痛變，我腦筋裏好像注射了多量的嗎啡針。呵！我的血沸騰了！眥裂了！最怕的是：亡國——滅種——或者是：做奴隸，作牛馬！蹈韓越的覆轍，步帝亞的後塵！連我決計做更夫或地保的落伍生活，恐怕也權不自主，終成幻想。唉！痛心！泣血！抬頭望，東北的同胞，在那暴日重重鐵蹄下，怎地過生活？

吳淞的戰雲彌蔓了天空；十九路的將士，是何等的光榮？去罷，趕快去罷！我們有的是槍彈刺刀

！決計加上前綫幹去，用完了軍用品以後，還有的是頭顱熱血！衝呀！爲國家爭生存，爲民族救亡，爲世界爭公理，爲人道救出路！衝呀！那怕他船堅砲利。寧爲戰死鬼，莫做亡國奴！作長期的抵抗！求最後的勝利！軋軋的飛機。隆隆的砲，砰！砰！砰！不斷的各種機槍！我團開進了金家木橋，塘東宅，嚴家閣一帶前綫，準備着和那殘暴的倭軍，作殊死戰，分個勝負。我是老記着我們團營長所訓示幾項要點，是：沉着勇敢，對飛機大砲迅速確實蔭蔽，減少損害，必待敵的步兵接近時，始准射擊。要不外「避免遠戰，力圖肉搏」的決心。其次構築各個散兵掩體，和互信，協同一致。並遵守連坐法，及其他一切應注意的事項和戰鬥的方法。所以我們到達陣地以後，都能按照上官的企圖。同時我們的連長及連附和副排長也很不像平時的寬容態度，反致很嚴厲的監視指揮，我們的營長又不時跑來視察，有時還要拍拍我們肩膊，和給我們幾句安慰語，使我們惟有敬誠地努力奉行，連續地決鬥了五天六晚。那暴日的獸軍，雖是向我營的陣地，作七八次的猛衝，可是都給牠幾次的傷亡潰退。最厲害的二十五日那天上午，敵方以空軍砲兵步兵唐克車，協同一致，猛攻我營的陣地，雖然被那獸軍殺傷了我數十名戰友，却是戰情急緊的時候，我們的營長又率着預備隊第九連增加到來，全線以猛烈的火力及手溜彈與敵拚命，敵終不得逞，自行奔潰。第二營也增加上來了，一場惡戰，如是告終。連我這個準備犧牲的落伍者也，仍然照常地活着。我們所有的武器依然是照樣存在，大概暴日的獸軍快會倒霉了。

調防閘北，所見的繁華街市，精緻的房屋，十室九空。戰痕的悽慘是不忍言。敵方硫磺彈的燃燒，江北漢奸的放火，閘北的建築物，刹那間是瓦礫，斷墻。火起風急，我們營部及預備隊的駐所，也被祝融光顧。不一會，虬江路，寶山路一帶的戰壕，火星密佈，烟雲四起；子彈的破片，燃燒彈的硫磺味和炸彈爆炸的火光似驟雨狂風般飛來，適營長和參謀趕到，即令全體官兵除警戒外，全數分頭施救。而苦無水，救此彼燃，危急萬狀之際，營長跑到一條深溝裏發現了一根鐵管，好像自來水喉，他

自家使着十字鍬 用力猛鑿，穿一小孔，水卽衝出，營長卽令我們官兵用飯鍋洗面盤及一切器具，載水灌救，營長做載水夫，連長參謀做送水友，全體官兵分工合作，不一會火勢稍弱；萬死獸軍乘人之危槍砲交加；嗡嗡的飛機，又在火焰上的天空中盤旋着，但我們的警戒部隊，及第六連的同志，沉着應付，敵卒不逞。但是我救火的士兵同志，却被傷了十一名。全體官兵仍繼續不斷地努力灌救，大概二小時後始告安全。

衝呀！殺呀！我們是不時的渴望着，巴不得出擊的命令趕快頒發。假使准我們進退自由的話，我老早糾合一班拚死鬼，穿上草鞋，纏起綁腿。帶備武器，不要叫一二三，飛跑底殺過敵方去，左衝右擋，把那殘暴的倭奴，殺個落花流水，還我東北的山河，慰我慘死的戰友和同胞。然而我志未酬，退却崑山的命令已經接到。唉！心痛！悲憤！把我受了注射嗎啡針的腦筋，無形中感覺到冷退，落伍的思潮，又似在那腦筋裏活動，做更夫或地保的願望，又在想像中。

退到第二道防線崑山以後，清算我們的武器，却是仍舊存在。第十一連尙且增加了幾枝步槍。本營的戰友，除陣亡及負傷入院以外，還是同樣地健康。反攻呵！收復失地呵！我們仍然地希望着。却是淞滬的戰血未乾，當前的倭奴猶在，而停戰的協約，却已簽字告成。唉！犧牲於沙塲的戰友，血肉所得的結果，是不外乎停戰！簽約！唉！寒心！到頭還是急煞了我的川資，跑囘故鄉去，做……

然而，繼續地用着冷靜的腦筋想下去，東北山河尙淪異域，三省同胞猶在那暴日鐵蹄下叫苦。悽慘呵！悲憤呵！要爲他們援手的，唯一的是我們武裝戰友。同志呵！戰友呵！擦槍罷！磨刺刀吧！鍛鍊我們的身體，固結我們的意志，靜候着戰令！向前衝！以我們的頭顱，熱血，換囘我們地大物博的東省，援救我們悽慘悲哀的同胞。努力奮鬥，落伍是不可能的。時機急迫了！做更夫或地保更談不到了！毅然決然地準備着作長期抵抗！奮鬥到底！最後，我們高呼抵抗成功！

悼抗日陣亡將士

華

千載江濤憤帝秦。夜潮嗚咽泣春申。野心已逞強鄰暴。怒髮頻衝壯士瞋。彌望烽烟連朔漠。空悲樽俎傍西鄰。干戈倒擁河山在。惟惜當時失掃塵。

迭挫夷酋膽已寒。連天烽火動江干。屍橫巨港歸帆疾。血濺長河戰馬餐。如許軀膺無愛惜。只緣家國肯摧殘。神州畢竟多遺恨。東望仇讎淚詎乾。

曩昔平津幾刼灰。今朝黃歇浦濱來。興兵狂縱成災燹。鑄錯愚頑啟禍胎。不是出師全未捷。從知報國正多才。同袍賦罷甘先死。長使三軍動地哀。

爲國捐軀志足悲。頭顱輕擲好男兒。裹屍未遂將軍願。振臂曾呼創病知。甲帳再營新壁壘。戍樓重整舊旌旗。身經百戰心尤壯。痛飲黃龍會有期。

悼陣亡將士

李蔭民

躍馬春申力戰時。江頭衰草血絲絲。倭氛未靖英雄死。長使同袍淚滿衣。

悼死者

何希廉

花含笑，
草結色，
戰士的血液沸了！。

爲守領域與主權；
要殺盡凶橫的暴兵！
勇敢地抵抗，

蔓草，
荒塚；
那兒是光的紀念塔
那兒是雄壯歸宿地；
最後——
人們的幸福——掛在征夫的後面！
中華的凱歌——奏在烈士的墓前！
× × × ×
骨埋河
血染塵；
戰士的天職盡了！
爲護國際約法和信義，
爲保世界和平與公理；
要撲滅人類的魅障，
快樂地前進；
拚命地搏鬥；
斷頭，
毀身；
這樣的死纔是無上的光榮，
這樣的死纔是不朽——永生；

看哪——
堅毅的意志——打斷了盜賊的野心！
偉大的精神——衝破了倭奴的魂魄！
× × × ×
戰痕在，
國仇深；
生者的熱淚滴了！
爲後死而遺羞，
爲未亡而含憤，
要繼續留下的責任！
緊切地牢記，
永遠地勿忘；
奮鬥，
犧牲；
誓踏血跡向敵行，
誓復國仇而後已；
想呵——
莫要恐怖——強權絕不長存在！
不用悲觀——弱者終有戰勝時！

那兒去招你們底幽魂

鐵珊

大地沉沉，
蒼天冥冥；
啊，烈士們！
那兒去招你們底幽魂？
○ ○ ○ ○
你們為了河山的破碎，
你們為了祖國的生存；
犧牲了你們底鮮血，
汚染遍日帝國主義者面孔的猙獰！
○ ○ ○ ○
日帝國主義者的面孔是猙獰——
他們不顧正義，只滿自己的野心；
國聯還不是他一家人，
有什麼制止？有什麼公平？
○ ○ ○ ○
我東北是如何地燦爛而光明，
霎時間一變而為滿目地荒荊
同胞們的血跡猶未乾
可是一二八的滬案又接踵而來臨！
○ ○ ○ ○
賴我忠勇的戰士們，
振作了大無畏的精神；
日帝國主義者是手足無措了，
全世界那得不胆戰而心驚!?
○ ○ ○ ○
蒼茫的江水如鏡，
翠黛的峯巒為屏；
和約固是簽定了，
祗是——
我可憐的烈士們喲！
那兒去招你們底幽魂！

抵抗

宋卓愈

烽火瀰蔓了淞滬，
戰雲密佈了天空，
衝呀！殺呀！是前綫殲敵的英雄，
爲國家奮鬥，爲民族爭存，
那管靑山黃塚！
黃浦灘頭水流紅！
×　×　×　×
烽火瀰蔓了淞滬，
戰雲密佈了天空，
衝呀！殺呀！是前綫殲敵的英雄，
爲世界爭公理，爲人道求出路，
那管黃沙白骨！
血淚洒，杜鵑紅，

烽火瀰蔓了淞滬，
戰雲密佈了天空，
衝呀！殺呀！是前綫殲敵的英雄，
痛雄師正捷，未飲黃龍，
徒教昂藏七尺，
無限恨，氣貫長虹，
×　×　×　×
烽火瀰蔓了淞滬，
戰雲密佈了天空，
衝呀！殺呀！是前綫殲敵的英雄，
痛瘡痍滿目，協約訂同，
徒教仰天欲問，
那時節破浪乘風？

紀念碑

蘊

荒烟蔓草的黃土隴中，
矗立着悲壯而雄偉的大理石。
嶄新的隸書是——
淞滬抗日陣亡將士紀念碑。

濛濛的細雨籠罩着這立體，
似向我微笑，似對我流淚。
微笑呵！炸彈大砲向着你；
流淚呵！熱血染紅了黃浦江中的水。
○　○　○　○
誰說烈士的精神不死？
停戰簽字我不敢訴給你知！
你們的頭顱和熱血呵，
換回來空文一紙！
○　○　○　○
烈士們的精神不死，
永恆的紀念存在
我們的心坎裏；
光榮呵烈士你！
○　○　○　○
燐燐的白骨堆成壁壘；
淙淙的鮮血積爲流水
我們的烈士呵！
誰能忘了你？
○　○　○　○
荒烟蔓草的黃土隴中，
矗立着悲壯而雄偉的大理石。
嶄新的隸書是——
淞滬抗日陣亡將士紀念碑。

抗日之歌

我站在黃浦灘頭，
茫茫的江水，慘淡戰雲浮。
我站在吳淞鎮上，
隆隆的砲聲，霹靂如雷響。
我喋血江灣，
填屍閘北，
拚命廟行，
還有——
我負傷在蘊藻濱上。
我并不屈服，并不投降，

我尤其憎惡那不抵抗！
敵人有的堅船與利砲，
我們有的是頭顱熱血與主張。
屍骸的堆積高於敵人的唐克車，
這是我們的戰壘我們的住家。
鮮血的奔流急於人的砲彈，
熱的時候洗澡渴了可以喝茶。
衝鋒吧，上了你的刺刀，
把手榴彈擲過去呀！
敵人還未殺得乾淨，
後退的命令傳來，
我是如何的悲憤呵，
失去了這大好的時機。
停戰協定簽字了，
我們要背進二十里，
敵人從容逃脫了，
此恨綿綿無了期！
青山長埋了白骨，
黃沙永發着光芒，
版圖染上鮮血，
何堪世事變滄桑。
遠望着白山與黑水，
遙對着黃浦吳淞江，
東南半壁雖猶在，
可憐東北已淪亡！
我抗日的戰士呵！
起來！
殺向黑龍江
踏沉東隣三島扶桑！

× × × ×

輓抗日陣亡將士聯

痛邊陲三省淪亡如今敵焰方張問誰肯執戈矛同赴湯火

唯淞滬孤軍抵抗此日忠魂遐吊愧我曾分甘苦未共死生

財政部稅警總團步兵第二團團長古鼎華鞠躬

苦戰壯山河碧血丹心熱淚永潸黃浦水
忠魂干霄漢黯雲慘日英靈常繞長白山

宋卓愈鞠躬

雄心滅仇夷半面浦江沈落日
義胆昭皓月萬家燈火耀幽光

滕鐵珊鞠躬

附錄

財政部稅警總團步兵第二團同官錄

部別	階級	職別	姓名	備考
團部	上校	團長	古鼎華	
	中校	團附	楊君實	
	少校	參謀	魏植民	
	少校	機關槍參謀	滕鐵珊	
	上尉	副官	鍾啓輝	
	上尉	傳令官	韓文棟	
	准尉	傳令副排長	王振武	
	少校	軍需	古光	
	上尉	軍需	陳恍性	
	少尉	被服員	何彥予	
	上尉	軍械技士	吳競新	
	少尉	軍械技士	張彥銘	

少校軍醫
上尉獸醫
少尉書記
准尉司書

第一營營部

准尉縫工員
准尉鞍工員
准尉給養員
准尉飼養員
中校營長
少校營附
上尉參謀
中尉副官
中尉傳令官

陳鰲雲
王克明
熊錫鑾
朱康榕
許冠華
姚漁
吳述軒
鄭修文
劉治華
倪泰昌
楊光昌
陳其昌
周定雲
楊連山
吳光明
吳冠周
毛保康
劉新德
古鵬
蔡思英

第一連

上尉	軍需	吳寶珊
中尉	軍需	甘鑄廷
上尉	軍醫	李延齡
中尉	獸醫	盧錫齡
少尉	看護長	石親光
少尉	書記	萬拔武
准尉	司書	蔣錫衡
		余嘉俠
		蕭紀雲
		秦廣唐
准尉	飼養員	戴龍章
准尉	粮服員	吳觀奇
上尉	連長	潘憲德
中尉	連附	謝覺
		張西銘
少尉	連附	張東秋
		郭松濤
少尉	特務長	林明琛
准尉	副排長	涂月明
		王起賢

第二連

准尉軍需 上尉連長 中尉連附 少尉連附 少尉特務長 准尉副排長

邛天生 吳明禮 何希廉 張紹淵 廖仲文 陳求平 賀廷禮 葉炳鑫 李昆 周志

第三連

准尉軍需 上尉連長 中尉連附 少尉連附 少尉特務長 准尉副排長

孔慶煊 李夢鎣 馬桐坡 李祿 劉菊甫 文生權 黃柏龍 王有富 闞中豢 楊國斌

第四連

准尉 軍需 呂德芳
上尉 連長 薄振勛
中尉 連附 鄭宗周
柴廷棟
張玉田
少尉 連附 雷培堃
准尉 副排長 孟繼佩
徐秉城

第二營營部

准尉 軍需 陳潤生
中校 營長 劉天紹
少校 營附 麥學周
上尉 參謀 王超民
中尉 副官 吳宗漢
中尉 傳令官 方廷揚
上尉 軍需 李衍純
中尉 軍需 古雄凱
上尉 軍醫 陳崇九
中尉 獸醫 胡崇愷
少尉 看護長 歐陽旭春
少尉 書記 李雨亭

准尉司書 唐超凡
吳壽泉
方武
李瑞堂
少尉軍械技士 王桐蔭
少尉掌工技士 吳作霖
准尉糧服員 單珠

第五連

上尉連長 白曉東
中尉連附 彭惠民
張重
少尉連附 胡百衡
梁效鴻
少尉特務長 曹春申
准尉副排長 張幼成
准尉軍需 張俊儒

第六連

上尉連長 黃振鐸
中尉連附 周瑞麟
王慶治
少尉連附 黃元勛
程鶴齡

第七連

階級	職務	姓名
准尉	副排長	毛步武
		李繁勛
		佘青山
准尉	軍需	周沛然
上尉	連長	張貫清
中尉	連附	石夢占
		姜振軒
		劉鏞
少尉	特務長	孟仲光
准尉	副排長	李東生
		高延平
		李建輝

第八連

階級	職務	姓名
准尉	軍需	張梓椿
上尉	連長	陸鴻光
中尉	連附	蒙英
		許英揚
		張宗才
少尉	連附	馬萬驥
少尉	特務長	張連
准尉	副排長	王金生

第三營營部

		陳國林
准尉	軍需	趙振東
中校	營長	宋卓愈
少校	營附	李鐵錚
上尉	參謀	張克俊
中尉	副官	古屏周
中尉	傳令官	扶振雲
上尉	軍需	韓治濤
中尉	軍需	古灼明
上尉	軍醫	張東興
中尉	獸醫	鍾其般
少尉	看護長	耿丹頂
少尉	書記	古夢良
准尉	司書	劉明寰
		吳國光
		張礁
少尉	軍械技士	白瑞生
少尉	掌工技士	李馥華
准尉	飼養員	吳桂平
准尉	粮服員	宋自達

第九連

上尉連長 張賢漢
中尉連附 周賢琦
　　　　 李肇英
少尉連附 唐　興
　　　　 宋鴻年
少尉特務長 古文彬
准尉副排長 高振生
　　　　 李　祥
　　　　 楊映三
准尉軍需 蔡家剛

第十連

上尉連長 郭錦莘
中尉連附 李羨祖
少尉連附 周子烈
　　　　 李少武
少尉特務長 李劍光
准尉副排長 黃思源
　　　　 曾國。
　　　　 凌步雲
准尉軍需 王惠雲

第十一連

上尉連長 邝纘禹

中尉 連附
少尉 連附
少尉 特務長
准尉 副排長

第十二連

准尉 軍需
上尉 連長
中尉 連附

步兵炮連

少尉 連附
少尉 特務長
准尉 副排長
准尉 軍需
上尉 連長
中尉 連附

張墨初
朱。城
周璞
梁仕洪
藍純
謝俊才
周啓文
陳寅亮
金溫
薛讓塑
徐漢元
侯振亞
蔡鼎銘
賈廷賢
蔣玉清
向長中
梅贊臣
李連元
孫廣田
于世霖

單位	職級	職務	姓名
			金鎮雄
	少尉	連附	王開順
	少尉	特務長	張鐵城
	准尉	副排長	孫鵬
			左保緒
	准尉	軍需	劉璽
運輸連	上尉	連長	劉倲運
	中尉	連附	唐錫嘏
			何國富
	少尉	連附	劉魁增
	中尉	軍醫	吳寶南
	中尉	獸醫	常桂生
	少尉	特務長	王貽章
	准尉	副排長	王新橋
			鈕劍生
			劉義還
	准尉	軍需	蕭岷源
	准尉	查馬長	華景炎
通信連	上尉	連長	陳林鋒
	中尉	連附	劉文[illegible]

少尉連附
少尉特務長
少尉副排長
准尉副排長
准尉軍需
准尉班長

樓國光
戴雲龍
周志英
高心懷
甘翹新
張永志
駱振靑
陳濟寰
丁繼堂
孫金山
黃家臣

編輯餘言

淞滬抗日。我團參加戰役。旋以協約告成。調松補充訓練。然戰後創痕。決鬪經過。及陣亡官兵事績略歷。有不能不傳諸筆。藉留紀念。爰有回顧錄之編輯。　勛公團長命余主其事。組織編輯委員會。從事編纂。余不文。又適移防淮北。軍務倥傯。未暇整理。致維時三越月。尚未編竣付梓。殊爲慚憾。囘憶我團於金家木橋。塘東宅。嚴家閣。及閘北諸役。雖未能痛飮黃龍。殲夷倭寇。而調動轉戰。歷三十餘晝夜。傷亡官兵幾數百有奇。鋒鏑餘生之同袍。猶能繼續抗敵。始終不懈。此可私慰。且以慰我忠烈陣亡將士之靈。於完成囘顧錄之餘。爰綴數言於後。閱者諸君。或將有感於斯文。

編餘啓事

同人等學棻譾陋。奉命指派爲本團淞滬抗日囘顧錄編纂委員。受命之餘。悚惶萬狀。汲長綆短。恐所勿勝。溯自五月着手編輯。歷三閱月始告就緒。因付印倉卒。顚倒錯亂。在所難免。披閱諸君。尙祈諒之。是幸。

編輯委員會主任滕鐵珊
委員魏植民
吳寶珊
李衍純
劉新法
張克俊

翁照垣述　羅吟圃記

淞滬血戰回憶錄

紀念爲國難犧牲之同胞

勝利

「戰利品非常的多」——八三頁

「飛機一共為我們擊傷四架」（一二一頁）

我方

「打罷！不許退走，守住原有陣線！」——（二一頁）

「到相當的距離，我們的機關槍和步槍便一齊活動起來。」——（四六頁）

「充分發揮我們機關槍的威力。」——（二〇一頁）

「加強工事，各自爲戰。」——（七四頁）

慰勞

「許多民衆代表和個人來向我們表示極端的同情和擁護，並饋贈許多有意義的東西。」——（四一頁）

「有的竟至連話都說不出來，只是用神情來表示他的極端的擁戴。」——（四二頁）

民衆

出險

避難

回鄉

敵方

敵兵

「對於日軍裏面的兵驕將悍缺乏實際的戰鬥力諸點我是看穿了的。」——（二一頁）

敵艦

「敵艦向我們轟擊時。我們自然亦相當還砲。」——（二〇六頁）

敵車

「敵人憑藉鐵甲車的活動，常幾次衝過我們的陣地。」——（二八頁）

敵機

「飛機對於一個沒有抵抗的敵人所發生的威力，眞是不可思議的大。」——（三〇頁）

砲台

「有許多敵彈準確地擊中我們的砲台，但我們的砲台仍然還砲。」——(六三頁)

「戰端既開，我們是無所用其客氣的，便令砲台向敵船瞄準射擊。」——(六二頁)

救護

上海市民自動加入紅十字會救護隊

前線傷兵救護隊

損失

「東方圖書館火焰漫天，已成無可救滅之勢，我國文化的寶藏無端遭受了這樣的浩劫。」——（三二頁）

「敵機找不到人，在找到目標明顯的房屋時，亦必炸毀之而後已。」——（七五頁）

戰後的北火車站

「許多房子都給炸剩一些碎瓦頹垣了。」——（三九頁）

第一五六旅最初之警備要圖

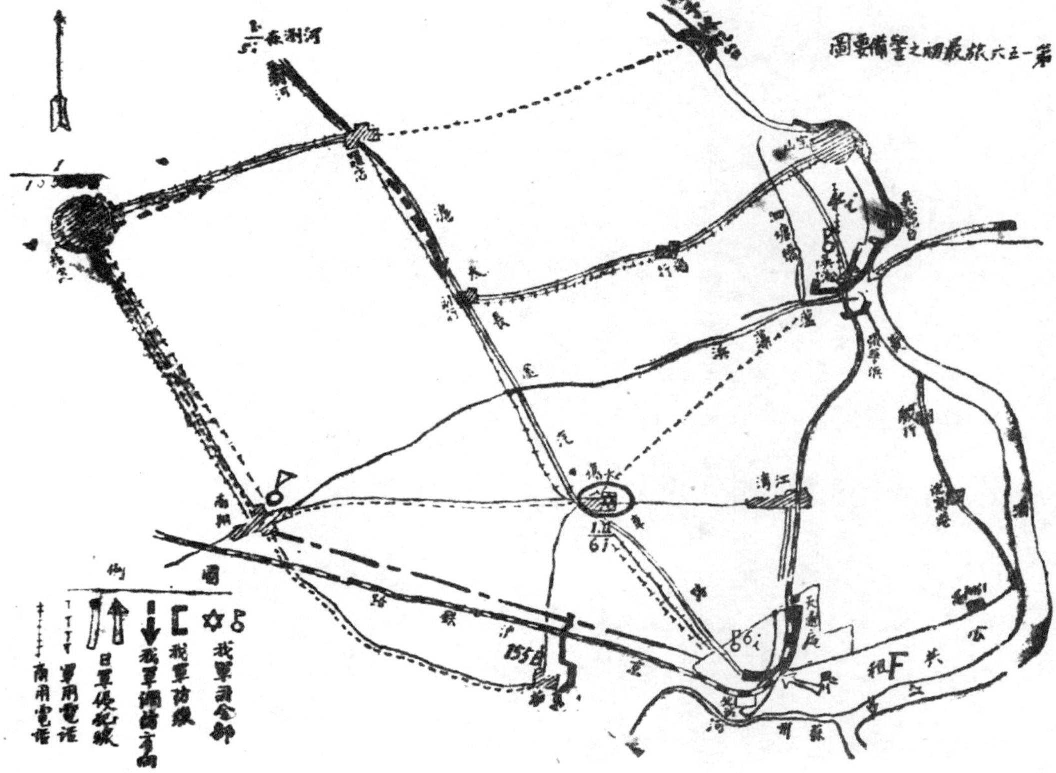

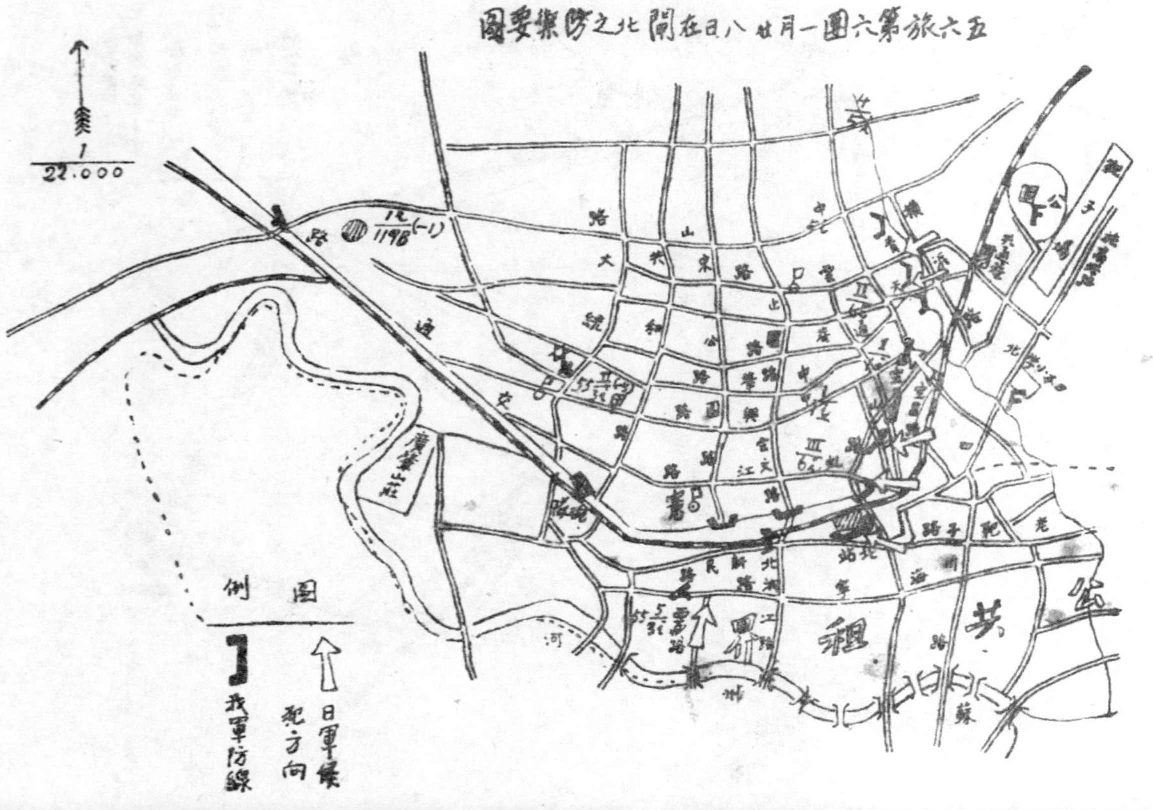
五六旅第六團一月廿八日在閘北之防禦要圖
1/22.000
圖例
日軍侵犯方向
我軍防線
英租界
北站
廣肇山莊
交通路

第七十八第一五六旅閘北戰鬥要圖

一月卅日

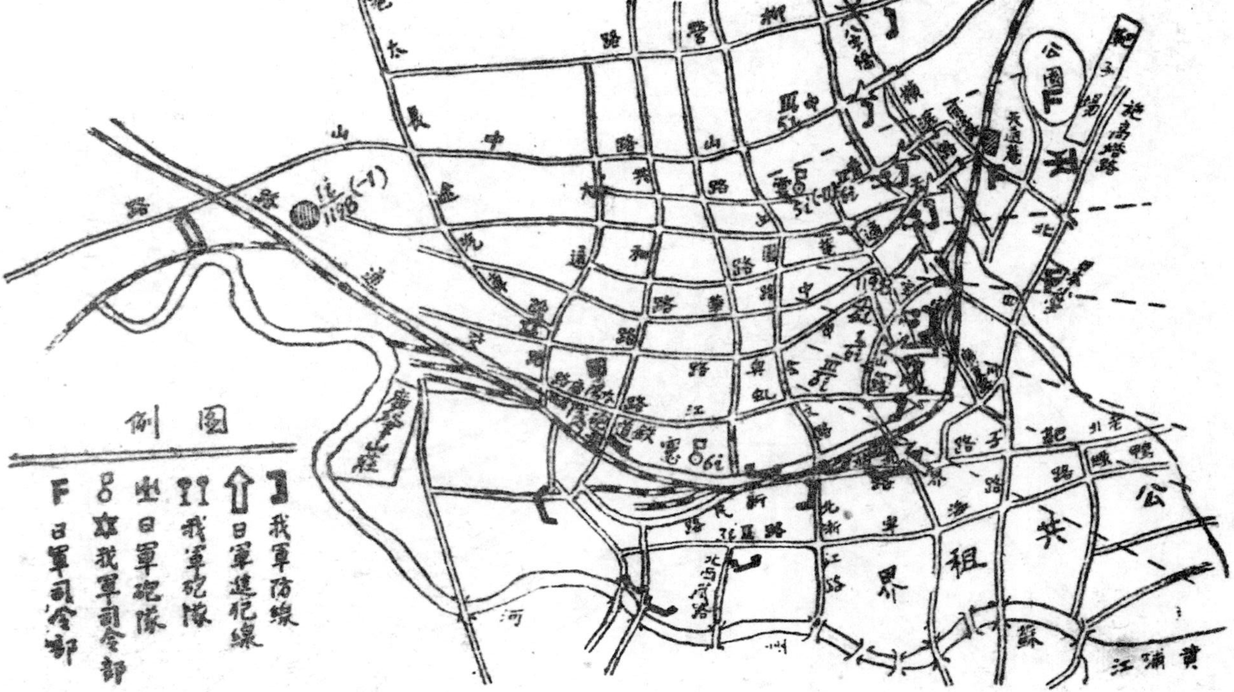

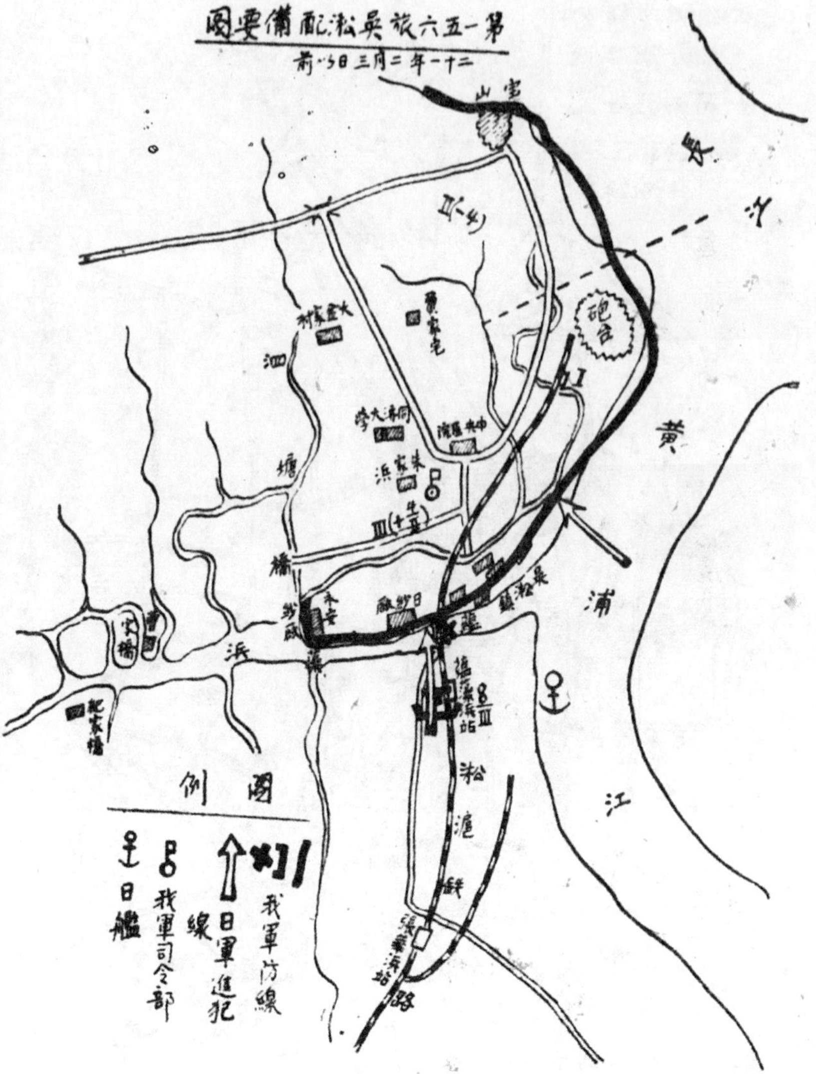
第一五六旅吳淞配備要圖
二十一年二月三日以前
寶山
炮台
黃
浦
江
吳淞鎮
日紗廠
永安紗廠
同濟大學
中央醫院
朱家浜
淞
滬
鐵
路
圖例
我軍防線
日軍進犯線
我軍司令部
日艦

第一五六旅吳淞配備圖二月四日

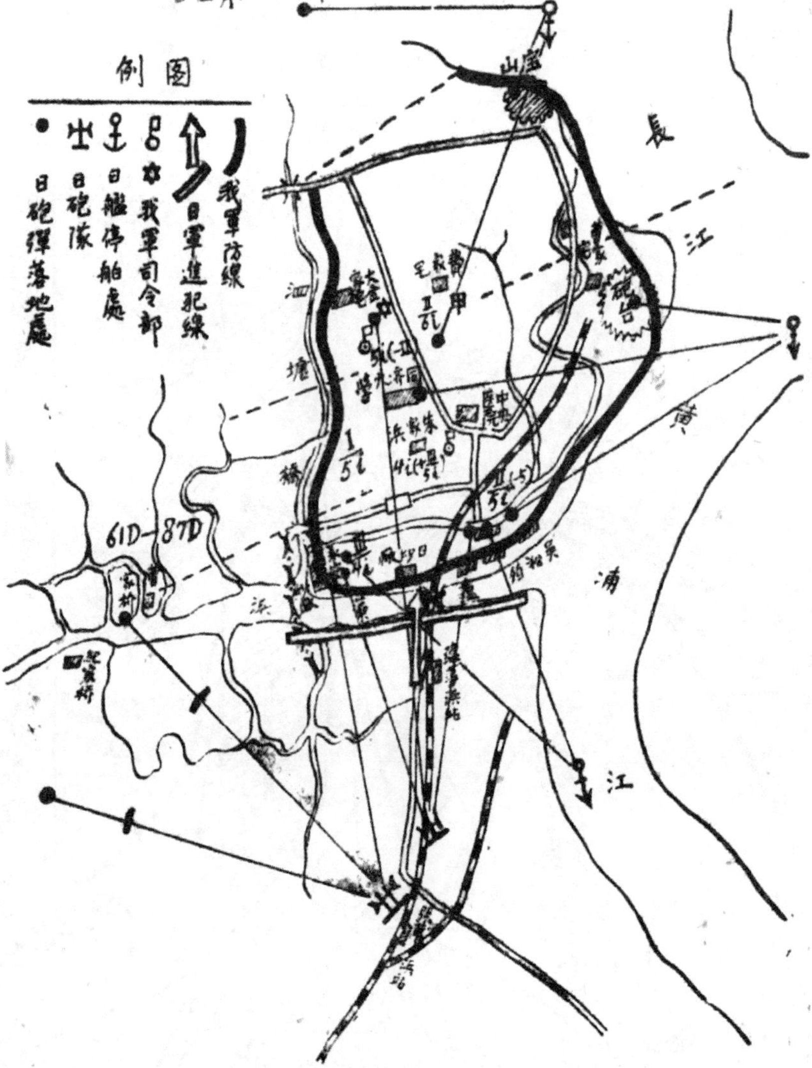

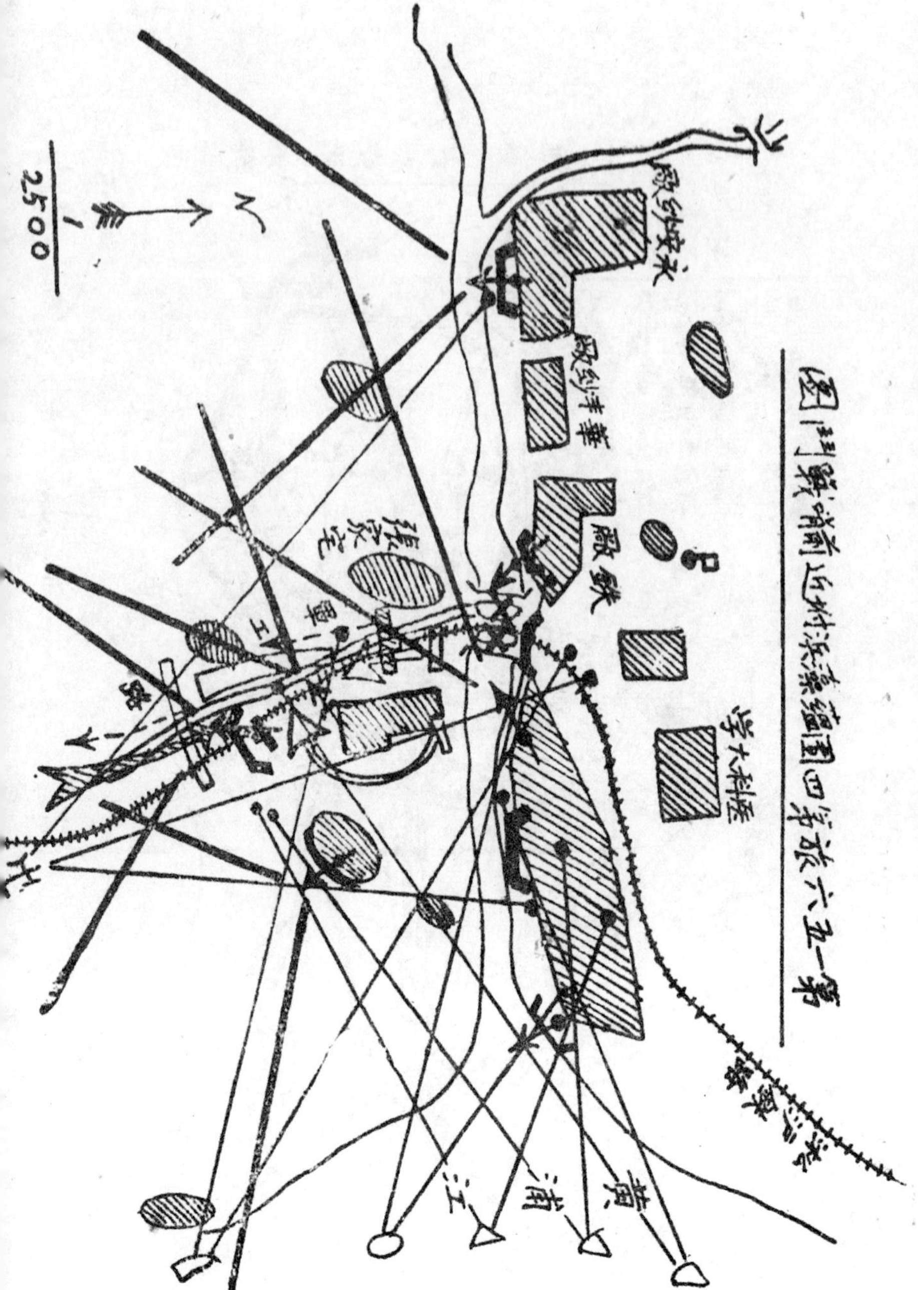
第一五六旅第四團蘊藻浜附近前哨戰鬥圖
永安纱厰
華丰纱厰
鉄厰
医科大学
淞沪鉄路
張家宅
軍工路
黄浦江
N
1/2500

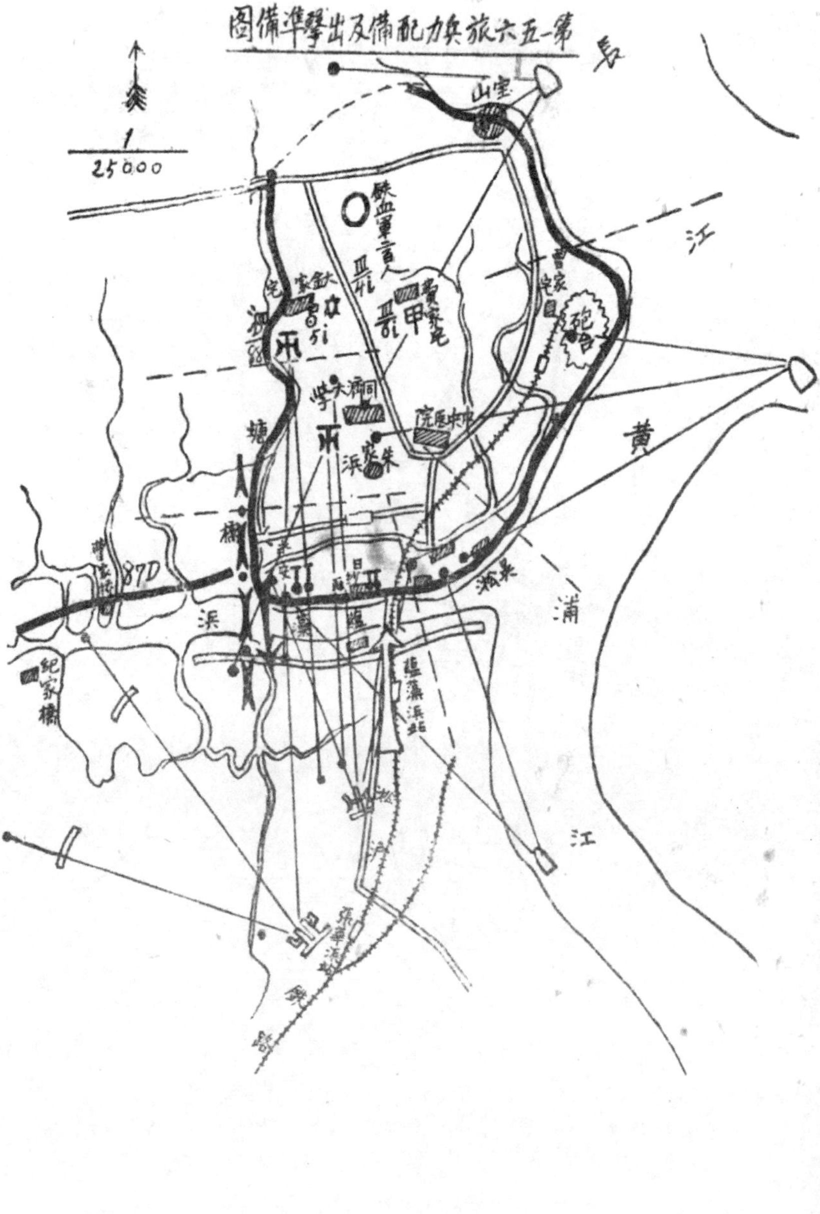
第一五六旅兵力配備及出擊準備圖
1
25000
長
江
黄
浦
江
87D
炮台
紀家橋
鉄路

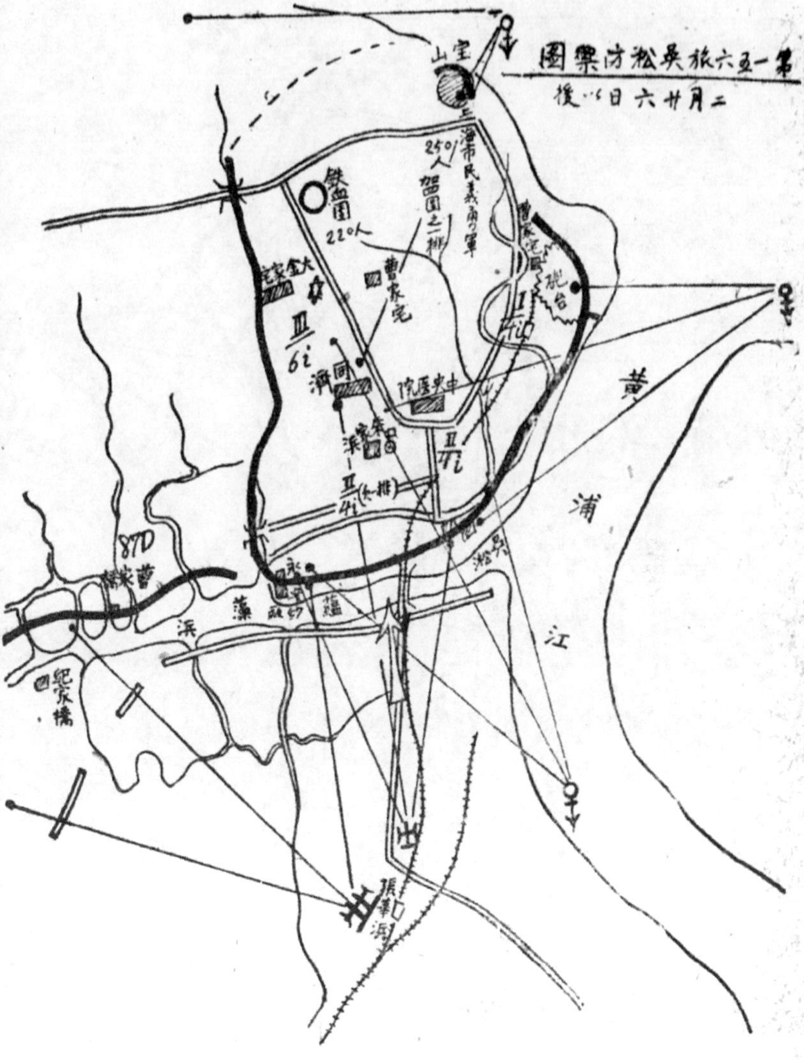
第一五六旅吳淞防禦圖
二月廿六日以後
寶山
上海市民義勇軍
250人
鉄血團
220人
曹家宅
中央醫院
炮台
黄
浦
江
87D
張華濱

第五六兩圖 二十一年三月一日江灣附近戰鬥圖(甲)

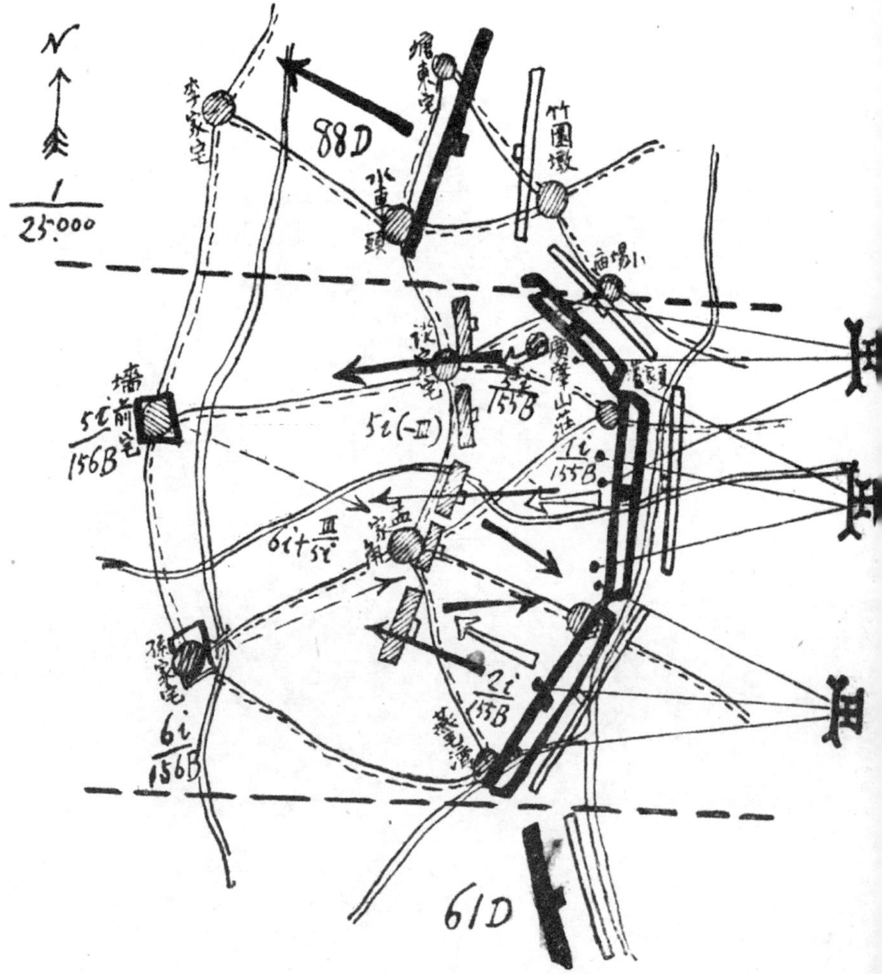

第五六一團三月一日午后四時三十分後江灣附近戰鬥圖 (2)

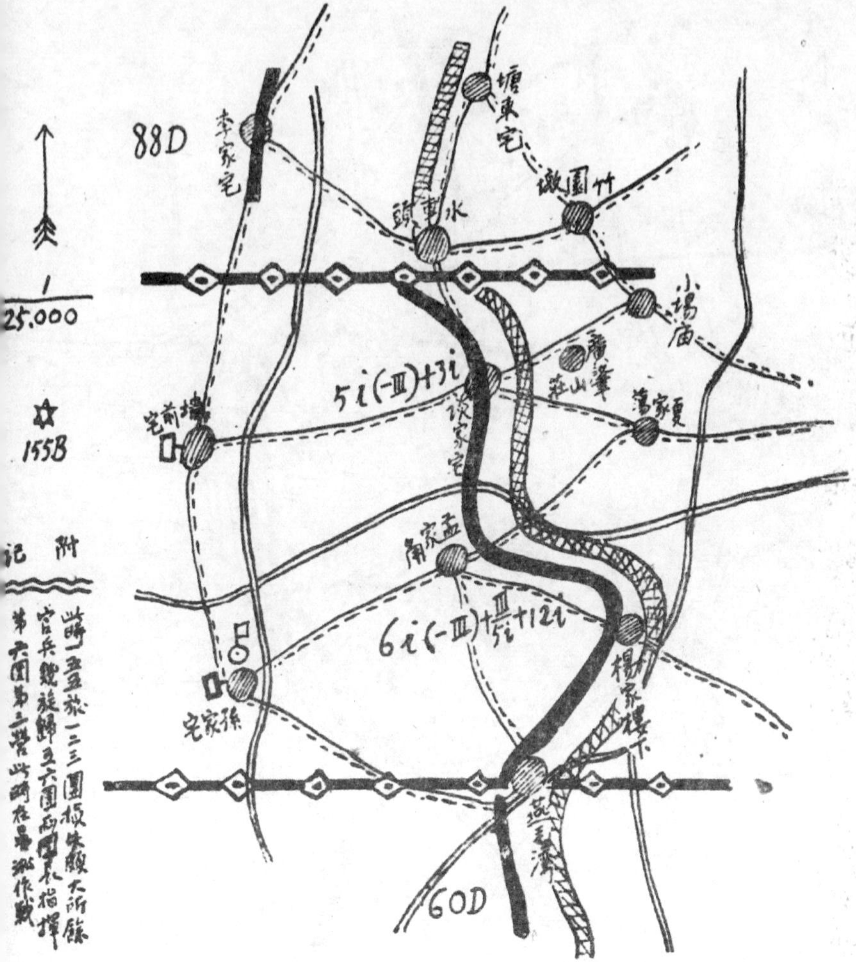

淞滬血戰回憶錄

目次

插圖目次

淞滬血戰回憶錄

> 滬戰月餘中，翁旅長逐日有簡單筆記。戰事既終，各方來函詢問戰鬥詳情者，日必數十起，殊難一一細覆，翁旅長因囑鄙人根據其筆記，並參照當日陣中日記，草爲斯篇。間有文字失檢，或敘述未妥之處，概由鄙人負責。——羅吟圃

一　前言

戰爭是人類的恥辱，是和平和建設的破壞者，是殘暴的大規模的屠殺；玷污了人類的情感，惡化了人類的思想，使整個的世界陷入於恐慌殘酷的境地中，這都是我們從非戰論者的口中所常聽到的話。

這種話，在某種意義上是極有理由的。求生是人類共通的欲望，誰都不願意死亡，更不願意爲他人所殺戮。我們亦希望世界有永遠不再見到像戰爭一類的事情；大家在美好和平的地球

上創造新的快樂：使地球成爲更可眷戀的所在，使生命成爲更有價值的東西，不分種別，不較强弱，熙熙攘攘，天下一家。我們亦不以爲這祗是一種理想的話，人類是會有一天進化到這種高尙優美的程度的。

不過這還是很遠的將來的事。

在我們生活着的現世界裏，戰爭還常是一個不速之客。我們不得不時時準備着戰爭的突然的襲來，不得不時時準備去應付這種無可避免的慘酷的事實。我們是積弱的民族，是被壓迫者，是一個弱國的國民，是在列强積極侵略政策之下，反抗着，掙扎着，以求解脫的民衆。

我說我們不得不時時準備去應付這種無可避免的慘酷的戰爭，就是因爲我們是積弱的民族；强者用戰爭爲最有力最末後的掠奪手段，我們若是不甘屈服，便不得不被迫而採取正當的自衞，因之我們便無可避免地捲入了戰爭的漩渦。我們卽使是最安本分最愛和平的民族，卽使絕對不願意戰爭的來臨，但戰爭終於要慘酷地來踐踏我們；因爲我們是魚肉，野心者時時都想來宰割。

戰爭雖則是恥辱，但屈辱於槍尖砲口之下而不敢反抗的更是恥辱！和平雖則是可貴，但為正義而戰爭，比和平還要可貴萬倍！我們也反對戰爭，但對於自衛的行動，卻以為是最大的光榮！

親愛的中國同胞喲！愛和平是我們的天性，但一百年來，我們亦已經過了好幾次的國際戰爭了；我們總是任人凌辱，任人屠殺，任人刦奪！我們[illegible]戰爭的慘毒是如何的重大喲！但我們將怎樣去取償呢？我們從戰爭所失去的，只有戰爭才能夠給我們帶回來！戰爭把我們累得貧弱交加，但亦只有戰爭才能恢復我們的健康和富裕（我所指的是對外作戰）我們中國人是不應該專憑空口講和平的，和平根本就不是我們眼前的需要，在一個被任意壓迫任意屠殺的國度中講和平，那只是懦怯無恥的表現罷了！我們要自由，我們要平等，我們要正義，我們要做成堂堂皇皇的中國人，在公共的地球上俯仰無愧；倘如非戰爭不足以達到這個目的時，我們亦只有被迫而採取這種暴烈的手段！

戰爭，戰爭，自衛的戰爭，光榮的戰爭，正義的戰爭；自由的新中國，將賴你以創造！

淞滬戰事至今，轉瞬已是數月了，從戰鬥的開始至協定的簽字——以至於現在，我們的熱

血，無時不在沸騰着而以未曾戰死沙場爲大憾。我們嘗爲民族的生存與領土的完整，犧牲血肉之身，與無理的敵人周旋逾月，在我們是一種出乎天性的愛國愛族的衝動，一種維護公理和正義的熱誠；這種衝動和熱誠使我們能奮不顧身，以死爲榮，而造成此可泣可歌之戰役。我們雖則亦了然於成敗利鈍之數，但我們仍然不得不戰；以祈戰死的精神去衝鋒陷陣，省得活張着眼睛，看國土主權讓人家分裂蹂躪。我們完全忘卻了自身的生存；自己的靈魂，已潛合在整個民族的大靈魂裏；我們的生命永不會消失，如其民族的靈魂長放着自由的光輝。我們爲民族的靈魂銳厲的呼聲所喚起，接受了最嚴重的吩咐，所以會去灑熱血，拋頭顱，企求在敵人的鐵蹄下，爭奪牠垂亡的命運。韓光第將軍嘗知道這樣去戰，馬占山將軍亦嘗知道這樣去戰！

在戰爭已成往事的今日，我們追懷起那月餘的奮鬬，更使我們堅抱了一個偉大的決絕的犧牲的志願！國運復興的要求，民衆熱烈的擁護，士卒犧牲的決心；這些教訓與啓示，在我們心中交織成堅靭的意志，使我將準備以更大的力量和更大的犧牲去正視敵方猙獰的面孔！繼續準備，繼續犧牲，這是我們眼前應該高呼的口號；一百年來積弱不振的中國，決非一次小小的戰爭

所能使之興起，我們應該準備去對付更多的決戰，更大的決戰！眼前的犧牲算得了什麼？死得幾多人？焚燬得幾多房子？我們一起蒙了幾多損失？在國際的戰爭中這算得一回事麼？這樣的戰爭，不能把我們震撼！更多更大的戰爭還在後頭呢？為求中華民族的自由與平等，我們還得準備去付更多更大的代價！這個小小的戰爭決不是最後的一次，而只是長期爭執的開端。我願意向我一切親愛的同胞們一再陳明，我們以前從戰爭失去的，以後亦只有從戰爭才能夠取回來！我們應該明白，我們所希求的是中國的自由和平等，這是一件價值極高的東西，不能略付些微的代價就可以拿到手來的。我們犧牲了多少，獲得到的亦是多少；所以我們應當準備更大的犧牲，去獲取更高的代價。我們要從這個小小的局部的爭鬬，學習得來應付眞正的大規模的國際戰爭的能力。我前面說過的，我們是弱小民族，是被宰割者，戰爭是我們前途所將常迎面的東西。

戰爭的結果，在事實上，我們是失敗了；但這是我們早就料到了的！明知祇有失敗而仍不得不與強敵相周旋；因為這是我們對於人類對於國家的義務上所必須盡力的。失敗使我們慚愧，但決不使我們懊悔！在這失敗裏面，是光榮的犧牲，是純潔的忠貞，是中國靈魂幼弱的試啼。失敗

使我們慚愧，但我們卻因而獲得民衆的同情與擁護！這個失敗是我們將來成功的開端，我們因而增加了直前無慮的勇氣和再接再厲的決心！失敗，這亦決不是最後的一個，我們還得再經過三次五次的挫折；但這是階梯，是走向成功的高台的步級！失敗，失敗，失敗，失敗之後跟着的是成功，是中華民族的解放，是光明的生活和自由的存在！我們雖然因爲這回的失敗而覺得愧對親愛的同胞，但我們繼續不斷的努力，將以更大的犧牲，贖回以前的罪過！在這回的戰爭裏，我們從戰事所損失的，和從戰事所獲得的，我不知道那一方面比較的多。但我相信在精神上，我們是勝利了！至少至少，我們覺得我們嘗爲民族的生存而戰，嘗爲人類的正義而戰，嘗以最高潔最純正的動機去犧牲！在物質上，我們的確是蒙了損害，但在精神上我們是踏進一步了！

民衆熱烈的同情和實力的擁護，是我們最大的鼓勵和教訓。民衆使我們明瞭自己對於國家的責任，催促我們走上光榮的道路。民衆不單擁護我們，使我們有力量去作戰，並且啓示我們以戰爭的意義和價值。這次的抗戰，所表現的完全是民衆的力量；是民衆的力量，借着軍隊的武器去表現，這是我們認識得非常清楚的。民衆方面的慰勞，接濟種種物質上的援助，固然與我們

以極大的鼓勵，而尤其是他們在悲憤充塞，呼籲無門時，所發出來的慘厲的呼聲，更使我們覺得只有戰死沙場才能慰解他們的慘痛於萬一。如其這回的血戰有些微的功績可言，則這光榮的冠冕，還應該載在民衆的頭上。那些在戰場上喋血化泥殘身斷臂的戰士，都是受命於民衆的忠僕，他們的戰是爲民衆，也只有民衆才能使他們戰！

生爲現代的中國人，別的都不如人家，只有「光榮的死」的機會是比別人多些！不平等的國際地位要求我們去死；不自由的民族生命亦要求我們去死；我們只有用死去爭取自由和平等，這死亦便是光榮的死，是我們所追求的。數千殉國的戰士，已經完成了他們的使命了！我們不覺得悲傷，只覺得羨慕。他們死得眞光榮，他們的生命已寄託在整個的民族生命裏面而長存了！他們碰到了「光榮的死」的好機會，這是他們的幸運。我們活着的，只有追踪他們的血跡前進。中國的命運，決不是死了幾千幾萬人的性命便可以完全挽回來的，我們死的機會還非常多，只要我們都有決心去成爲「光榮的死」的隊伍裏的一個。

下面所記的，是我們在淞滬作戰月餘所經過的概略。當時只嘗將每日的事件，用簡略的字

句記下來，現在偶一翻閱，便覺當日的情景，歷歷如在眼前。我也願意把牠較爲詳細地敘述出來。有許多人寫信來垂詢當日作戰的經過，現在看了我們的敘述，亦許可以明瞭多少。在敘述時，軍長的決心，各位師旅長的膽識和諸戰士的勇敢堅強，都是我們所不能忘記的。

廿一年六月五日無錫。

二　戰事的醞釀

這一次戰事的發生，決不是偶然的衝突所引起。我們爲明瞭戰事的責任起見，不能不將戰前醞釀的經過說一說。

日本的軍閥，爲積極完成其所謂大陸政策的好夢，不恤破壞國際盟約，拂逆世界輿論，在去年九月十八日，對瀋陽開始作武力的佔據，並繼續展佔至東北三省。在事實上東北全部的土地，老早就在日人的掌握之內，日軍什麼時候發動，便可在什麼時候佔領；不過在他們未實行軍事佔領以前，中國的許多人民都還不十分驚覺罷了。若說東三省的「失」是失自九一八以後，這

倒是表面的觀察。去年照垣從歐洲回來，經過瀋陽長春許多地方。在悲憤感慨中逗留了兩三星期，當時就覺得東北除還用着中國的郵票印花而外，在實際上，已經是別人的了！所以東北的不抵抗，也許是抵抗的不可能！但這卻增加日本軍閥的驕傲和輕率，把中國的軍隊完全不放在算盤上。上海的突然的事變，一半亦是這個原因。假使當初日本的軍閥，知道中國的軍隊居然亦能夠和他們對抗逾月，居然亦能夠給他們以嚴重的損失，他們是絕對不會來嘗試的。在他們的初意中，中國的軍隊一定聞槍色變，見敵即逃；只要略爲恐嚇，便可以使中國的隊伍棄地而遁的；所以當時日海軍陸戰隊的司令鹽澤少將，便有四小時內佔領閘北的豪語；雖則後來一直戰到四百小時後，也不曾進佔我們一寸一尺的陣地。

上海的事件，顯然是因東北而起的。他們想在我們全國的經濟中心，給我們一個嚴重的打擊，使我們更沒有力量去顧到東北。這種舉動，在性質上，和他們在天津，福州，汕頭等地的恣意挑釁，有着同樣的意義。對着我們示威，給我們以牽制。其次呢，閘北似乎是一個天然的日本租界，所以他們不恤進一步爲武力的佔領，步武於他們在東北之所爲。這完全是日本軍隊慘淡經營的

一貫的侵略政策，只看他們在市政府苦心孤詣委曲求全地接受了他們的極端無理的要求之後，還繼續做出一月二十八夜的暴行，就可知道了！所以在國際的觀聽上，誰是肇禍者，誰發出第一顆子彈，誰應該擔負戰事的責任，已經是一件很明顯的事。

九一八事變發生時，十九路軍還在江西進行剿匪的工作。這個消息到達之後，從第二天起，我們便提出「團結一致，打倒日本」的口號。這個口號，一直到現在，我們還是天天的喊着，在出操時，在集會時，在一切訓話的場合時。我們一天到晚，耳邊都充滿着這個激昂憤怒的呼聲。這個口號漸漸地成爲我們一切願望的中心，漸漸地成爲我們唯一的使命；一直到十九路軍被調來京滬綫上，我們抗日的情緒更加高漲，決心亦更加堅定，因爲種種迫近的可悲可痛的事實，不斷地給我們以不可言喻的激刺。若不是敵對的行爲忽然在上海發生，我們中間是會有許多人因良心的催促和熱血的鼓盪而向東北走去的。我不相信有一個中國的國民意識到日本人對我們這樣的侮辱，而能夠不憤慨萬端！而且我們又是軍人，背負着特殊的責任的。

十九路軍調到京滬綫以後，七十八師被指定擔任淞滬的衞戍。淞滬的衞戍本來由稅警團

擔任，七十八師到後，才將南市和吳淞的防務移交一五五旅的一二兩團。閘北的防地暫時仍由稅警第一團擔任。一直到一月四日我們才奉到軍長的命令，轉令駐太倉的第六團前往接替。第六團於八日全部到達閘北大場一帶，並將防務接替畢。我們的旅部，——一五六旅——本來是在嘉定的，亦於十日移駐大場。十一日奉師長命令，將淞滬一帶警戒駐地從新區分：鐵道以南歸一五五旅擔任警戒（鐵道屬之）鐵道以北，（由暨南大學北端起）及瀏河吳淞，歸我們這一旅。當時卽派第四團擔任吳淞寶山的警戒，第五團仍擔任嘉定和瀏河，第六團仍留駐閘北大場原地。第四團於十四日上午完全到達並接替配備完畢。

在這時期，日本藉口於中國民衆的抗日抵貨運動，以逐步加緊的高壓政策，極力向中國政府和民衆挑釁，以爲軍事發動的引線。中國的民衆，這時正因爲東北事件的日趨嚴重化，悲憤塡胸，對日人激起空前未有的惡感。中日的衝突，在日本人也許以爲中國的軍隊決不會抵抗而假定其不會發生，但在我們則早已感到這衝突的必然性；至少是從一月十八，十九兩日以後，我們便料到衝突的不可避免了。但我們這時卻還都抱着冷靜鎭定的態度，聽候政府的交涉處置。

。

日本的第一個步驟是浪人政策，利用浪人不法的行動以挑起釁端，以後便用政治力量來恫嚇，恫嚇不遂時，便採用砲艦政策，務達其所欲而後已。他們一方面既由日領向市府提出五項無理的要求，一方面由他們的海軍司令官在報上公佈「如上海市長對於日領的要求，不予以滿意的答復，並不將五項要求立即實行時，則海軍司令官將採取相當手段以保護日本帝國之權利利益。」的文告，同時他們向國內增加援兵以為積極作戰的準備。在這個恐怖周流戰雲密佈的當兒，我們對於敵方積極的壓迫行動自然非常注意，同時亦惟有積極的準備對付以防萬一而已。軍長在這個時候便已下了犧牲抵抗的決心。

二十三日的午夜，我們接到師長轉下軍長的極密令如下：

一，據報日方現派大批艦隊來滬，有向我政府威迫取締愛國運動，并有自由行動之企圖，

二，我軍以守衛國土，克盡軍人天職之目的，應嚴密戒備，如日本軍隊確實向我駐地部隊攻擊時，應以全力撲滅之。

三，七十八師第一五六旅擔任京滬鐵路以北至吳淞寶山之線，扼要佔領陣地。

四，七十八師第一五五旅擔任京滬鐵道線（包含鐵道）以南至虹橋曹河涇之線（南市龍華之團在原地）扼要佔領陣地。

五，吳淞要塞司令率原有部隊固守。
六，鐵道炮隊及北站之憲兵營歸七十八師第六團團長張君嵩指揮。
七，丹陽六十師之黃團，限明（二十四）日開至南翔附近待命外，其餘沈毛各師爲總預備隊，在原地候命。
八，各區警察及保衛團受各該地高級指揮官之指揮。

同時師長的命令如下：

一，第一五五旅旅部必要時移至北新涇；雲團照原位置，謝團即行調駐北新涇，虹橋楊團集結於真茹。
二，第一五六旅旅部仍位置於大場；鍾團應死守吳淞；丁團集結於大場，對江灣特別注意，并派隊擔任劉河之警戒；閘北張團，應以機警靈敏之處置，應付當面之敵。如戰鬥開始，各就駐地，擇要佔領陣地，努力撲滅敵人。

我（照垣）接到軍長師長的命令後，即下命令如下：

一，第四團在吳淞寶山一帶地區，構築強固工事而死守之。
二，第五團除留一連在劉河擔任警戒外，其餘即集結於大場，並派出一營進駐江灣附近，對該方面嚴密警戒。
三，第六團在大場之團營務推進至閘北，擇要佔領陣地，嚴密戒備；其餘還照命令辦理。

除第四第五兩團遵照上令配備警戒外，第六團團長張君嵩的報告如下：

一，……………

二、各部到達後，即在閘北京滬綫北站起，沿淞滬路之寶山路，虬江路，中興路，天通菴路，青雲路等各路口至八字橋止，構築防禦工事，並預定該地帶爲第一抵抗綫，由會文路至宋公園路之綫爲第二抵抗綫。

三、閘北之警察及保衞團已聯絡妥當，并飭在陣地前擔任警戒。

四、憲兵仍令固守北站，鐵路砲隊則飭其在原地準備候命。

從上面的命令中可以知道我們當日早已對於我們的壓迫者下了抗戰的決心，並且迅速地在作應戰的實際準備。我們雖則絕沒有先開戰端的企圖，但我們卻淸楚地預料到有一天會被迫而採取自衞的行動。在幾次的軍事會議中，我們都表現了一致的精神和決心，不屈不辱，抗戰犧牲。我們對於日人的橫暴無理，憤怒和憎惡已到了極端；在激烈的會談間，我們都雄心勃勃地，想給日軍以一種嚴重的教訓。下級的官長和士兵們，更因爲種種積極備戰的工作而與高采烈；在他們的心裏，簡直是在盼望戰事的來臨，好一洩他們的悲憤。「我們有什麼面目去對民衆呢！」他們長是這樣說。在這班經過長期的苦戰生涯的戰士們看來，不立刻和日軍痛打一陣，簡直是不可思議的事。他們甚至於暗地裏在鄙夷高級長官的懦怯！戰鬭在他們是家常便飯，這回的對方又是他們所最痛恨的日人，更足以鼓動他們新鮮的活力而覺得躍躍欲試。在我個人方

面，日人的橫暴和國人的寃抑，都給我以同程度的激勵。我記得有一次，我停留在一家旅館裏，我穿的是軍服，但沒有人知道我是誰；有一個侍者用責問的語氣向我說：「你們爲什麼不去和日本人打仗？」我當時沒有法子回答他。在火車上我亦碰過同樣的事。車上的侍者來和我攀談，他說中國的軍隊不好，自己打自己倒是兇得很，一看見日本人就像老鼠見了貓，完全不中用。後來他亦一樣的問我，爲什麼不敢去和日本人拚一拚？在碰到外界的朋友時，亦時常聽到同樣的話，一直到後來，我竟不大敢穿軍服在外面行走。我們的許多同僚都有同樣的經驗，心裏都是說不出的氣悶。士兵們在外購物時，亦時時給民衆冷落，使他們想和日軍拚命的決心一天切似一天。所以後來開火之後，他們能以前此未有的勇敢去作戰。

閘北的佔領，在日人方面似乎是既經決定的計劃，非達到目的不可的。日本人以爲在上海民氣激昂之下，上海市長大概不會接受他的要求，他們的軍事發動便將有所藉口。後來條件受了，他們卻又節外生枝，說是日軍對於閘北情形極覺憂慮，因該處日僑衆多，決定派兵到該項地區維持法律與秩序。倘如日軍當局真的擔心於居住閘北的日僑，則這時通告日僑移住租界，

正是極應該極便當的事，斷沒有不顧別國領土主權，擅自派兵至其僑民所在地以爲保護之理！況且實際上在日軍當局發出該項通知與佈告時，閘北的日僑早已撤退空了！日本軍事當局發出將派兵佔領閘北及希望中國軍隊自動退至鐵路以西，撤除該地佈防的佈告時，是晚上的十一點鐘。（吳市長在十一時廿五分始接到該項佈告副本）這裏面的用意是極明瞭的：就是恐怕中國的當局，一例的接受他們的要求，使他們沒有進兵佔領的機會，所以該項佈告發出後，約莫一點鐘的光景，他們事先佈置好的隊伍已一齊發動起來！他們顯然是斷定中國的當局會接受他們的要求，而不願我們有考慮的時間和撤退的機會。所以以後的有力的抵拒，完全出乎他們的意料之外，而使他們驚惶失措，進退狼狽。

對於日軍當局的驕悍輕率，橫暴無理，原無加以駁斥揭穿之必要，因爲我們倘能抵抗時，便無妨以牙還牙，以眼還眼，卽以其人之道，還治其人之身；不能抵抗時，只有退處於敗亡之境，不顧抵抗時，則只有屈辱於淫威之下。簡言之，是非在乎實力，槍炮響於言語而已！我們的自衞能力如其不可輕視時，人家亦決不敢派兵來我們的領土內保護他的僑民！

我們與其徒然痛恨敵人不如反而求諸自己！

三 一月二十八夜

因爲知道日本軍事當局積極圖謀進犯，所以我們亦在各個扼要的路口，佈置防禦工事，直至一月二十八日的下午，兩方對峙的形勢已到了劍拔弩張的時候了！這似乎給大日本帝國海軍陸戰隊的莊嚴以一種侮辱，中國的軍隊竟敢作抵抗行動的準備！在上午九點鐘時，橫浜路左近的日本小學校，調來了二百幾個海軍陸戰隊，和我們對峙着，江灣路的日軍司令部附近，亦有日兵四五十名，機關槍三挺，向我江灣方面警戒。同時我們亦加緊注意事態的變化，因爲在這一兩日間，日本當局曾一再聲明將採取所謂「必要的手段」以實現他們的五項要求。

但是，在這個時候卻來了一個大轉機，把我們腦裏所預備去接受的一場血戰的幻影都一掃而光了！在下午三點鐘時，我們接戴司令的密電：

一，奉參謀部長朱，軍政部長何感午參電開，統密，查上海閘北一帶防務，已令派憲兵一團，即日開往擔任，所有該地之原

七十八師部隊，着即移駐眞茹南翔，希將辦理情形具報爲要。又准憲兵谷司令感午電開已派憲兵第六團，准於明（二十七）日晨到滬接防各等因。

二、第七十八師第六團應即遵命將閘北一帶防務，移交憲兵第六團接收，俟防務交替完畢，即移駐眞茹或南翔附近。

我當時接到上項命令後，即轉飭第六團團長張君嵩遵照辦理，張團長當時打電話給我：

「旅長，我們給調開到眞茹去麼？」

「是的！」

「哦！」

「哦」

雄心勃勃的張團長顯然有些憤慨，如其這是一封進攻的命令，我相信他一定磔磔地大笑的。但這時日軍進犯的企圖卻更加明顯了！日軍司令部附近的警戒更加嚴重，配備了五輛鐵甲車和三十幾輛馬達自由車，具備進攻的姿態，竇樂安路口亦置有機關槍四挺，武裝馬達自由車十餘輛，士兵三四十人。同時日本小學的海軍陸戰隊亦增加至三四百人，日僑紛紛從閘北區域撤出；租界當局亦因覺察事態的嚴重而於下午四時宣佈戒嚴。日本的便衣隊等更東奔西逐，到

處出現。這時只消任何方面先發一槍，便可以造成全部的激戰了。

有人以爲倘若憲兵第六團能於當晚趕到接防，則戰事可不致發生，這是錯誤的。午夜進攻，佔領閘北，這是日本軍事當局的既定計劃，必須執行的。無論當之者爲十九路軍或憲兵團，戰事都是免不了的，除非我們屈服不戰。當日午後八點鐘時，我接到張團長的報告，說是憲兵第六團已有一營到達眞茹，一方面因爲接防時間太晚，一方面又因爲憲兵兵力不敷分配，已經用電話商定明（廿九）日拂曉開來接替等等。我便令張團長要繼續嚴密警戒，不要因爲快要換防便疎忽起來；實際上，這時兩軍間的空氣已是非常緊張。張團長這時一方面在準備移交，一方面仍在施行嚴密的警戒。午夜事發以後，士兵能夠沉着應戰，愉快勝任，實有賴於張團長之佈置得法；自然亦有賴於他的勇敢。

日本圖佔閘北的野心，果然已到了圖窮匕見的時候：晚上十一點時，我接到戴司令的電話，說是據報日軍有佔據閘北的企圖，將於晚上向我軍施行攻擊，囑我轉飭部屬嚴密戒備。我這時雖尙未見到日軍司令「派兵護僑」的文告，便早已判斷日軍今晚必有所動作了。我接戴司令

的電話後，便由參謀主任下通知如下：

一，據報今晚敵有佔領我閘北之企圖。

二，本旅決在原地固守，如敵來犯，即以全力撲滅之。

三，第六團應即進入陣地，嚴密戒備，其他各團，應在原地準備。

十一點二十分時，張團長用電話報告已遵令依原來配備，飭各營進入陣地；另飭第三營營長吳履遜，派兵一連，防守寶山路，協同駐北站的憲兵第一團之一連，及鐵道砲隊，固守北站，為我軍左翼的據點。並說日軍已經在北四川路天通庵車站一帶集合。我當時告訴他說：

「好好的準備，機會快來了！」

「哈哈，機會快來了！」

我知道這時他是滿心高興的，只恐日軍不肯先啓戰端。

十一點三十分時，忽然在靜默而又緊張的空氣間，聽到一陣極清亮的步鎗聲，接着便聽到密如聯珠的機關槍聲……立刻又接到張團長的電話。

「日軍已開始向我們攻擊了他們由虬江路，廣東路，寶山路，橫浜路，天通庵路，青雲路等處，用鐵甲車掩護向我們這邊衝過來！……」

「打！不許退走，守住原有陣線……」

這便是戰鬬的開始！

我一方面令第六團奮勇作戰，絲毫不可示弱；一方面令第五團準備增援。

在戰事未發動以前，我亦嘗考慮過，我們的戰鬬力是否能夠和日軍對抗？我的結論是「能，如其我們能排除了自餒的心理！」我歷次對我的部屬訓話，都和他們說明日軍的如何不足怕，如何虛有其表，意思就是在排除他們懼外的成見。我們每天早晚都憤怒地高呼打倒日本的口號，亦是在養成自己的氣燄。我在日本住過好幾年，並且在他們的士官學校畢了業，對於日軍裏面的兵驕將悍缺乏實際的戰鬬經驗諸點，我是看穿了的。日本士兵以能喫苦耐勞名於世，但在這一點上，若和中國的士兵比較，就差得遠了！日本士兵是知道某種事項爲勞苦而努力去忍耐，我們的士兵則是長處於勞苦之境，把勞苦二個字的意義都忘記了。我雖然亦嘗想到戰事的終

局，我們總非失敗不可，但我又想到在中日一切的爭端的總結賬中，我們將無疑地得到最後最大的勝利，眼前雖則戰敗，卻是向最後的勝利前進了一步！（我是一個積極的樂觀者）何況我們是處在一種成敗利鈍生死榮辱都不暇計及的境地！

戰爭約莫開始了半個鐘頭，突然的激亂漸歸於鎮定，槍聲一陣一陣的加密。這時大部的日軍，用鐵甲車數架掩護，由虬江路，寶興路，廣東路等，向我們正面的陣地進攻；橫浜路，天通路，青雲路等處的敵軍，約莫六七百人，亦用幾架鐵甲車掩護，向我們陣地衝鋒；來勢俱非常之猛。在這時候，日軍的確是勇敢非凡，他們跟在鐵甲車後面，不慌不忙的前進。但這是因為他們還不嘗喫過中國軍隊的虧，以後他們在前進時，便不敢和這次一樣的毫無戒心了。

我們的士兵是初次看見這種威風凜凜式樣整齊的敵人，他們眼裏放着光彩，如像獵人發見美麗的鳥。碰！碰！碰！撲撲撲撲撲撲撲……這是他們日夜所高呼要打倒的敵人，這是侮辱我們的國家，欺凌我們四萬萬同胞的敵人，這敵人就在自前，還預備來屠殺我們自己，預備來佔領我們的土地！殺喲！殺喲！殺喲！一陣喊聲，一陣槍聲，撲撲撲撲……一陣機關槍聲！眼看着舉措張皇的

敵人，一個一個的倒下去倒下去……

鐵甲車在突停了一下之後，又衝進來了！五十碼了，三十碼了！手榴彈像雨一般的飛出去，在一陣巨響震耳和灰塵飛騰之後，鐵甲車回轉了頭了！驚慌無措的敵人用各式各樣的方法逃走，撲撲撲……機關槍又活躍起來，從左邊掃到右，又從右邊掃到左，一剎那，除了錯錯落落地橫着許多敵人的屍骸外，什麼都沒有了！

在這一次，我們在報告上寫着道：

「斃敵三百餘人，傷數百人……」但我們還未嘗捉住他們的鐵甲車，只把他們炸傷了兩三架。

這是我們和日軍初次的「嘗試戰！」我們最大的發見是：自己的士兵的不可思議的勇敢，和敵人的出乎意料之外的懦怯！在這初次的戰役中，我們便產生了好些勇猛驚人的戰士。第五團第一營第二連的下士班長潘德章，當敵人在廣東街口用鐵甲車來衝鋒時，他沉着地用機關槍掃射，擊斃了好幾十個日軍，後來一顆敵彈打中了他的左臂，他仍舊不走，咬住牙根，繼續射擊，

終使敵人狼狽而退。同連的上等兵伍培伍全兄弟二人，在閘北寶山路和敵人肉搏。他們奮不顧身，左衝右突，見一個刺一個，刺斃了約莫十幾個之後，終於爲敵人所害，因爲敵人比他們多十倍。第三連的中尉連附譚紹平和上士班長張桂標，在閘北寶山路寶源路口，當敵人衝過來，待他們酣戰如狂，在擊斃十幾個敵人之後，他們亦着了傷。同伴請他們退去，他們卻反而走上前，終於在一陣敵方的砲火之下，以身殉國。其他像第二營第五連的連長鍾國華，第三營第八連少尉連附，都在截擊敵人的鐵甲車上，顯出特殊的勇敢和造成可讚的紀錄。此外奮勇殺敵，慷慨犧牲的不能指數。他們臨陣的勇敢，是他們自己所沒有預想到的。

日軍經過一次的挫折後，必定用更大的力量，更凶的形勢，來作第二次的衝鋒，這是我們所立刻預料到的。這時除正面的力量足資支撐外，我又另調駐在江灣附近的第五團第二營，推進至江灣前面勞動大學附近，并由該營派出一連至八字橋，對敵人作佯攻之勢，以牽制敵方的兵力，同時並掩護在天通路青雲路一帶的第六團第二營的左翼。

我們的判斷沒有錯：敵人果然在午前一點四十分時，由虬江路口，廣東路，寶興路口等處，向

我正面第一營的陣地衝鋒，人數約在一千五百人左右，仍舊用鐵甲車掩護。同時並佔領附近扼要的洋房，架住機關槍，向我們的陣地射擊，復在洋房上面拋擲手榴彈，炸燬我們的防禦工事。在這樣猛烈的衝鋒之下，我們的士兵仍然一步不退，用手榴彈和他們對擲，用刺刀和他們相格，有時則轟然一聲，使敵人和自己都碎身於手榴彈的爆炸之下。

他們的鐵甲車直衝過來，突破了我們的陣地，把我們的士兵分成兩截！但誓死不退的士兵，反而跑上前去，用手榴彈向車上拋擲！他們爲想炸燬敵人的鐵甲車，每肯讓自己炸得粉碎！這種犧牲的精神，眞足以驚天地而泣鬼神。有時鐵甲車衝過來了，他們一點不慌張，只是一顆顆的手榴彈，向跟着車後前進的敵人拋去。等待他們走得近了時，便橫着刺刀衝上前去肉搏。所以到後來就是有鐵甲車掩護着的敵人亦張皇畏縮不敢前進了！他們的鐵甲車一連衝了五六次的鋒，都沒有把我們的陣線衝退，因爲我們的陣線給衝破了之後，接着是一場白兵戰，白兵戰之後，陣地又給我們奪回來。一次，二次，三次……我們死亡的人數雖然多，但他們陪着死的更多，到後來，我們一共炸燬了他們五架鐵甲車，他們的衝鋒這才停止。

但我們的損失亦是很大的在危急時，該營的預備隊亦調上來增援後來我們佔領了各路口的商店樓上，用機關槍對準他們射擊，並在上面拋下手榴彈，給敵人以極大的損失。可是在敵人狼狽地退去時，我們亦不曾追趕，一則因為是深夜，二則自己的損失着實不少，兵士傷亡甚多。最可痛的是機關槍連的連長張金山和該營的營附陸彬，均在這一役裏陣亡。張連長和陸營附都是我們隊伍最勇敢的份子。陸營附在中了彈時，還是繼續前進，口裏大呼「打倒日本帝國主義！」走了幾十步才倒地身死。張連長給敵彈射中臂部後，仍負痛指揮，大呼殺敵，至不能支持時，始仆倒地上。

同時天通路，寶興路，橫浜路等路口我們左翼的陣線，亦遭受敵人猛烈的攻擊；他們的人數約在五六百左右，同樣地用鐵甲車掩護衝鋒。經過了幾次的肉搏之後，寶興路和橫浜路兩處路口的防禦工事都給他們的鐵甲車衝毀了。這是敵人付了很大的代價才做到的。但我們的士兵並沒有卻走，他們靈捷地攀登了兩旁的屋頂，繼續用手溜彈和猛烈的射擊阻止敵人的前進。橫浜路的醫院和光明玻璃廠都是最扼要的據地。敵人在遭受了相當的死傷以後，便紛紛地向來

路退卻。在他們的意思，一定是以爲中了我們的伏兵，所以才不敢戀戰。我們把陣地恢復後，把防禦工事又重做起來，依舊據險而守。許多士兵奪獲了日軍的盔帽，高興地把來戴在頭上。

各處的槍聲，疏一陣，密一陣，繼續地響着。敵人雖則不再頻仍地作猛烈的衝鋒，但仍想以猛烈的炮火將我們壓退。我們則趁這個時候從事於更堅強的新的佈置：在虬江路附近，位置了兩門迫擊砲，歸第六團第一營的營長利長江指揮；在青雲路亦安放了兩門，歸同團第二營的營長吳康鑑指揮。另外還飭第五團團長丁榮光派第一營（缺一連）開赴閘北，歸張團長指揮。該營於二時許到達嘉興路。當時張團長因爲他的第二營死傷甚多，能力減薄，便令丁團的第一營在寶興路和橫浜路一帶接防；他的第二營向左面縮短防線，警戒天通庵路和青雲路兩處。令新開來的五團第一營營長熊彪，將一連的兵力附機關槍一挺，接防寶興路，右面與第六團第一營連絡；並用同樣的兵力接防橫浜路，左面和第六團第二營連絡；其餘的兵力留爲預備隊，控制於中興路附近。我想日人決不肯就此罷休的，他們收集了新的勇氣之後，一定再來比較一下。因此，約莫三點鐘時，我便下命令着第五團的團長丁榮光，把該團的第三營全部牽來閘北增厚兵力。丁團

長於三時五十分時率兵到達青雲路，便命第三營的營長陳德才，將該營增加在青雲路至八字橋，之間右翼連絡第六團第二營，左翼連絡以前在八字橋之一連，同時張團長並將所屬第二營撥歸丁團長指揮；此時丁團長的陣地是從寶興路口，沿天通庵路，青雲路直至八字橋。丁團長這種佈置是極為適當的。這樣的佈置清楚之後，我們便沈着地等待着敵人的主力部隊，來作第三次的周旋了。

這時除了正面的陣線，仍有多少敵人在作無效可期的攻擊外，其他方面都轉歸沉靜。我們在正面的力量是可保無虞的。

經過這數小時的激戰之後，我們得了兩種經驗：第一是應戰要沉着。敵人的衝鋒是一鼓作氣的，只要經過幾十分鐘的激戰便崩潰起來。他們情形非常慌張，動作又極遲緩，這完全是缺乏實際的戰鬥經驗所致。第二是應付鐵甲車的辦法：鐵甲車是掩護衝鋒的利器，敵人憑藉鐵甲車的活動，常幾次衝過我們的陣地，而使我們遭受了相當的損失；但我們的官兵隨即聰明地發見抵抗的辦法：第一種是俟鐵甲車迫近時，用手榴彈將牠炸燬；手榴彈拋在車底下的炸燬力最大。

另一種是讓鐵甲車衝進，先以全力對付車後的步兵，然後以一部分迫近車旁，將車炸燬；或則是預伏脊機關槍，讓他們一直衝過之後，從後面痛快地射擊，這時前後夾攻，敵人一定失卻了抵抗的力量。

敵人飛機的出動是在二十九日早四時四十分左右。牠們對住我們的陣線，拋下炸彈和燃燒彈，但並不很準確。這初次的飛機的襲擊，的確曾給我們以甚大的威嚇，這是一種我們不能肉搏的東西；一種使我們的步槍和機關鎗的力量減少到差不多等於零的程度的東西！軋軋的聲音，使我們的心慌動，使我們不得不擡起頭去看。但我們的官兵仍保持着常度，我們的陣線沒有絲毫的鬆亂。機彈大半拋在民房上，一條時間，廣東路，橫浜路和寶山路一帶的商店民房，紛紛着火，並且迅速地蔓延開來。這時我們一面積極應戰，一面從事於救火的工作。但後來收效甚少，東邊撲滅了，西邊又燃燒起來。

敵機一出動時，我立刻令駐在大場的高射砲連李連長率領所部高射砲兩門，開來閘北前線，擔任防空，同時並通知各團，就所在陣地附近，指定輕機關槍，專門擔任射擊飛機，以補高射砲

之所不及。在空戰一方面，我們祗能採取消極的微弱的抵抗。我常常想到這回松滬之戰，倘如我們有了和敵人力量相等的空軍，我相信我們的戰績一定超出一般人的意料！不必講到炸燬他們的戰鬬艦和航空母艦，就是阻住他們的飛機，使他們不敢在空中自由偵察，自由擲彈，亦就夠使我們佔優勢了！飛機對於一個沒有抵抗的敵人，所發出的威力，眞是不可思議的大！

敵人的飛機在我們頭上盤旋，約莫半個多鐘頭，擲下了好幾顆炸彈之後，我們知道他們的步兵一定又來衝鋒了。果然，在五點三十分左右時，他們又用鐵甲車掩護步兵，向我們正面的陣地攻擊；我們在應戰了十幾分鐘之後，決定轉取攻勢。在猛烈的砲火中，我們的隊伍直衝至松滬鐵路東邊，企圖截擊敵人的後方而將他們全部撲滅。這樣一來，敵人完全慌亂失措，一部分流水一般的向北四川路潰走，還有一部走不及的，便給我們圍住。他們伏在廣東路的洋房內，負隅頑抗，同時並在廣東路口鐵道附近一帶縱火焚燬民房。火勢之烈，使我們後來沒法撲滅，我們亦因爲恐怕太深進了，讓他們截住後路；所以在追擊了一陣之後，仍舊退駐原防。

在這幾次戰役中，我們的陣地有失而復得者，特別是天通庵車站爲爭奪之要點；在戰爭初

起時，該站曾一度給日軍佔領，但當我們第五團的兵士趕到時便奪回來了。此外，廣東路口等處的陣地，亦曾為敵人的鐵甲車所突破，但我們終用苦戰而使敵人退卻，並且使他們遭受嚴重的損失。此時我們為準備應付日軍所最優為的拂曉總攻擊起見，不得不有相當的後備隊以資調遣，可是我們兩團的兵力都已完全用在前線陣地上了。後來我用電話請師長加派隊伍以為後備，師長隨令第一五五旅的第三團第二營歸我指揮，該營於七點左右時到達大場聽候命令。這時我為振作士氣和便利指揮起見，留鎮閘北第六團部，並隨時出外巡視各處工事勉勵士兵，令參謀主任丘國珍暫在大場指揮新到的三團二營，策應後方。

這時天已徹明，敵機又在天空出現，他們到處偵察，毫無忌憚；並隨意擲下燃燒彈和炸彈，使各處起火。除了一彈中在湖州會館內的軍警聯合辦事處，一彈中在第六團第一營營部外，其餘都中在民房上，引起極猛烈的火禍。這時我們的高射砲亦極活躍，各處的步槍和輕機關槍，陸續地向天中射擊。據報告說，敵機有兩架受傷，一中機翼，一中機身，但仍能安全地飛回去。

在上午十點左右時，又開始一場劇戰。敵人知道急切地不能衝破我們的陣地，所以先用極

強烈的砲火向我們壓迫；同時敵機亦在空中到處擲彈，許多民房和商店都陸續起火，烟霧漫天，商務印書館總廠和東方圖書館就是在這個時候着火的。我們仍舊用高射砲，步槍和機關槍向空中射擊，但這種射擊反而向敵人表示我們對於防空方面力量幾等於零！敵機繼續擲彈，我們的陣地亦有幾處炸壞；一會兒，北火車站的鐘樓和大廳亦起了火，停留在站內的中央鐵道砲車，亦給炸壞兩節，同時防守北站的憲兵一連，因爲受不住砲火機彈的壓迫，便紛紛崩潰下去。商務印書館總廠和東方圖書館的火焰漫天，已成無可救滅之勢。我國文化的寶藏無端遭受了這樣的浩劫；我們對於日本軍閥的殘暴無理，是永難有忘記的一天的！

在這樣強烈的砲火和兇猛的轟炸之後，敵人又仍然藉着鐵甲車的掩護，用千餘人的兵力、向我們寶山路，虬江路各路口猛烈地衝鋒，目的是在佔領北站。在憲兵退去之後，北站已是空虛得很，所以當時張團長急調該團第三營營長吳履遜率所部（缺一連）預備隊，增加在虬江路口和寶山路口等處，同時兼顧北站方面。我們正面的陣地本來是極爲堅固的，外加士兵對於屢次抵抗的勝利，產生了極大的自信心，由這種自信心產生了勇敢和鎮定，所以雖則在這樣強烈

的砲火和衝鋒之下，仍能沉着應戰，毫不示弱，一直維持到敵人的氣盡力竭時，才又轉守爲攻用槍口瞄準敵人的背後。並且，自戰事發作以來，他們對敵人的憎惡更加深切起來，因爲他們之間，有許多在陣地上犧牲了，有許負了傷給擡了回去；他們因爲日常相處非常親密的伴侶，受了敵人的殘害，激起了極端強烈的復仇的願望，所以他們在陣地上，沒有一個肯先行退走，有許多當長官下命令教他們退卻時，他們寧願違背命令，繼續在原地作戰，一直到他們擊退了敵人，或則是爲敵人所殘害。在衝鋒時，他們更爭先恐後，發狂一般的大喊。每至肉搏的時候，便是他們所最快意的報復的機會；

戰鬬正到激烈的當兒，憲兵的第六團第一營恰好從眞茹趕到。我便令他們歸張團長指揮，並令該營營長李上珍率領所部前往北站，確實將該站佔領，另以一部分佔據該站附近的洋房，據險死守。這樣我們幾瀕危急的右翼據點便恢復了。

這時正面陣線上的砲火仍舊猛烈，日軍一次衝鋒失敗之後，又重新的來過一遍；照例是先來一陣強烈的砲火和轟炸，接着是用鐵甲車掩護着的步兵。這樣的反復演了六七次，一直戰到

下午一時左右才靜了下去。這次敵人死傷二百餘，我們一百餘，無辜的平民給炸死的沒有確數。

我們還犧牲了一個勇敢的上尉第六團第三營第九連的連長林玉。他讓敵人射中了頭部，即時身死。他中彈後，他的所部即刻反守為攻，使當面的敵人終於不支而退。

第六團第一營第二連有一個二等兵宋德洪，在虬江路和強敵頑抗，他的描準非常正確，一連擊斃了十幾個敵人，敵軍紛紛散走後，他趕出來拿敵軍的槍械，為一個受傷未死的敵人所襲擊，他於負傷之餘，仍將該敵人擊斃，拿回了好幾根槍，這件事許多士兵都在談着。

另有一個連長，他在戰得酣與淋漓時，他除去了衣服，只管向前衝去，但他並沒有碰到敵彈。

敵人在經過這幾次痛苦的經驗之後，雖則決不肯就此罷休，但亦非重新鼓起新的勇氣和收集新的力量，不再輕易地來嘗試了。但敵機因為活動無礙的緣故，仍舊在空中偵察和擲彈，這時只有清亮的高射砲聲和散兵線上的步槍聲陸續對答；偶然亦聽到連續的機關槍，但在一番激戰之後，這些機關槍聲並不能使空氣緊張起來。各處的民房仍舊焚燒着，商務印書館總廠和東方圖書館的上空，籠罩着濃黑的火烟，紙灰隨風飛揚，四處皆是。我們的教育界，特別是我們全

國奮發有爲的青年學生，將永遠不能忘記日人這種暴舉。

敵機繼續活動，據報在下午三時左右，我們的高射砲又擊中敵機，但並沒有將牠擊下。各處仍然有小接觸，槍聲疎一陣緊一陣的響着。

下午六點鐘時，奉師長轉下軍長命令，將六十師第二團第一營歸我指揮。該營在六點三十分時到達閘北，由我撥歸張團長指揮，在寶興路附近各陣地增防；同時中央鐵道砲隊亦從後方開回北站左近，當卽令其控制於共和新路口附近，警戒北站西南一帶，掩護右翼的陣地。

七點三十分時，有一百左右的敵人，向八字橋附近的日本玻璃廠進攻。那裏我們有兵一排，使用機關槍向敵人掃射。戰爭只延長到十幾分鐘，敵人便從天通庵路方面退去。此外在別的陣地上亦有小衝突，敵人的隊伍中間有幾個中彈倒死，其餘的便潰散了。

八點左右時，我接到軍長的電話說：敵人托英美各國領事出任調停，要求停戰。我們尊重各國的領事的請求，已經答應了；前線的兵士，着卽停止放槍：……我卽轉令各團如下：

一，奉軍長蔡電話，着卽停止戰爭。

二、如敵不向我攻擊時，除嚴密監視外，應即遵令停止放槍；倘敵來攻，務就地撲滅之爲要。

這時我們全線便奉命停止放槍，聽候上方的消息。

對於停戰，我們完全不抱樂觀，但亦不因之而抱悲觀。停戰只是敵人在屢次失利之後，深怕我們乘勢反攻，聊爲緩兵之計，以候待大批援軍來滬的計劃。敵人決沒有停戰以待和平解決的誠意。若是有這樣的誠意時，這次的戰事根本上就不會發生了！何況他們在屢次挫折之後，所謂世界一等強國的聲威已無形中受了損辱，他們豪誇的大言，變成了對於他們自己的嘲笑，所以非大大地打了一場勝仗，是無以解嘲的。並且在這時候，他們軍事發動的目標，一點亦沒達到，反而遭受了損失。這在心胸狹隘的日本人，是萬不甘心的。他們只是希望在停戰的時間內，佈置一場更大的戰爭罷了。所以敵人的詭計，在我們是完全看穿了的；不過因爲種種的關係，我們仍然接受這種請求。

雖然是停戰，只是停止規模較大的戰而已；實際上，敵人的小部隊，仍舊不斷地向我們各處的陣地進襲；自然我們這邊亦不會示弱，凡進攻的敵人，都使他們受多少損失。敵人這種舉動，完

全是怯弱的表現；因爲怯弱，所以反而向我們示威，使我們不敢乘虛進攻；我們因爲上方的命令，只要他們不來挑撥，便亦不去攻打他們。但在十點鐘時，戰事又忽然急劇起來。

自早上敵機到處轟炸，以致引起極大的火災外，敵軍還在廣東路，橫浜路和寶山路一帶縱火焚燬民房，火勢浩大，終日未息。我們原有的陣地前後，差不多都被焚燬。火燄所及，士兵不能立足，所以只好將陣線向後略爲移動。亦許是爲了這個原因，日軍以爲有機可乘，所以不願信守，在晚上十點時又大舉來攻。日人的狡猾萬端，是我們所知道的，雖然在停戰時間，我們的戒備一點未嘗疎懈。這時除一面奮起迎戰外，一面即令大塲參謀主任丘國珍率領第三團第二營開來閘北候命；同時因爲瀏河全無敵蹤，所以把在瀏河警戒的一連亦調回。丘參謀主任十一時先自趕到；三團二營則在午前（三十日）一時，由李營長炎榮率抵閘北太陽廟，即駐嘉興殯館爲總預備隊。瀏河之一連則在午前二時歸回原營。

劇戰繼續着直至拂曉，北站和虬江路一帶的砲火最爲猛烈，但雙方陣地並無變化，同時敵艦向我們繼續開砲，隆隆達旦，但不曾與我們以若干損失。天通庵路和青雲路一帶稍爲安靜

點。

我因爲判斷敵人停戰之計，在於獲得時間以從事佈置及等候援兵到滬，決非有誠意可言；兼之破壞約言首先開槍者爲日軍，所以向軍長報告日軍背約作戰後，並陳述轉取攻勢的計劃。我的意思是就在廿九日的晚上，對日軍施行猛烈的襲擊，佔領敵人的江灣路司令部和北四川路日本小學一帶的根據地，使敵人因失其根據地而運動失效，並進一步將他們全部趕回艦上。事實上我已經作這樣的佈置，但因爲係在停戰期內，未蒙軍長允許。後來敵人的援軍大增，種種的防禦工事亦增加了強度，這種計劃便不易實現了。

四　停戰和停戰以後

我上面說過，停戰只是大戰的醞釀；日人決不能毫無所得而結束這一場不體面的爭鬬，我們亦決不能接受日方無理的要求。各國領事的好意，是沒有力量來銷滅這回戰爭裏面的貪狠的動機的。不過上海是一個國際市場，隆隆的砲聲免不了驚擾外人的好夢，所以才有停戰這一

幕，而實際亦只是停一停而已，戰則仍是要戰的。

在三十日這一天，雖則是在停戰的期間內，敵人仍然向我們這邊射擊，步槍聲和機關槍聲，時起時息。自然這些槍聲裏面，亦有我們的在內。這頗使我們詫異，爲什麼正式作戰時，攻擊精神並不見得如何旺盛，卻在停戰的時候，大顯其威風？大概是因爲遙遠的射擊，比肉搏來得安全一點罷！我命令我們的士兵，對於敵人零星的射擊，不必打理，但如他們試着想衝過來時，便應當不讓他們回去。自早至晚，他們的飛機繼續地偵察着。對於這種往還低翔自由出沒的敵機，我祇覺得痛心而已。

這時寶山路一帶的火，還繼續地燃燒着，我們的士兵除一面加緊構築強固的工事外，另一部分從事於撲滅火患。許多房子都給燒剩一些碎瓦頹垣了！

下午六點鐘時，據報敵人的陸戰隊，用十幾架卡車裝載着，由租界經過，運往滬西，並向潭子灣方面前進，好像將從中山路進攻我們閘北右側的樣子。同時並聽說敵人有便衣隊一千多人，將由垃圾橋通過北西藏路，襲取北站；這實在給我們以一個大威嚇，但這個消息後來證明不確。

當時我便派第三團第二營的一連，前往恆豐路對麥根路一帶警戒，另外派一連，附機關槍一排，前往北西藏路一帶警戒，同時並呈請師長加派隊伍警戒中山路，掩護閘北的右側背。後來軍長加派了六十師第一團，（缺一營）由眞茹開到中山路附近一帶嚴密警戒。

敵人這次破壞了租界莊嚴的中立性，利用租界掩護，向我們進攻退守，是一件極不公道的事。租界當局之放任日軍依據租界作戰，是一件極大的失職。但我們知道租界當局實際上是沒有力量去干涉日軍的行動的。我們嚴守租界中立的行動，雖然可以博得國際人士的同情，但實際上我們是受了損失的，不單使我們在戰鬬上處於被動的地位，並且使以後的外人過分信任租界的力量；因爲同一在上海的範圍，閘北是夷爲一片平地了，但租界上仍然洋樓高聳，歌舞昇平。使人們想到租界是中國的天堂，而租界以外是地獄。這種心理的影響，至使有些中國的人民，隱然贊成自由市的計劃。事實上，中國無論在經濟上，政治上，軍事上都受到租界的危害，這回的事件，正是租界存在的必然性罷了！

當時我確嘗主張：不管他租界不租界，凡是日軍所在的地方，無論以之向我們攻擊，無論以

之策劃或運送，我們便有衝進去而把他消滅的必要，如其日軍的槍聲係發自蘇州河以南，則我們亦無須乎因爲他們是英美或是任何國的隊伍的防區而停止在不抵抗的地位以自誤。日軍的砲從什麽地方打來，我們的砲亦向什麽地方打去，這是最公道的，這亦是事實上所必要的。如其租界當局以力量不足制止日軍的行動爲言，則我們正好盡一點義務去幫助租界當局完成他的責任。所以在晚上我又向師長具陳計劃，以爲日軍的要求停戰，決沒有誠意可言，只在候待援兵以圖大舉而已，我們犯不着上他們的大當；况且自停戰以來，日軍還是繼續地向我們放槍，以掩飾其虛弱，諾言已隨彼之行動而破，我們更沒有遵受的義務；所以正應該乘敵人的援兵未到以前，將蘇州河以北至楊樹浦一帶的日軍全部廓清，使敵人援軍到時，失去了作戰的根據地，同時並請師長轉請軍長增派隊伍，以便即晚實行這個計劃，但軍長因爲一則係在停戰期間，二則因爲係進攻租界，所以這個計劃並沒有實現。

就是從今天開始，我們接受民衆的鼓勵和慰勞。有許多民衆的代表和個人，來向我們表示極端的同情和擁護，並餽贈許多極有意義的東西接受這種眞誠的懇摯的慰言，這是我們生平

的第一次。許多民衆的代表中，有的陳說了許多讚美和勉勵的言詞；有的竟至連話都說不出，只是用神情來表示他的極端的擁戴。他們的意思是這樣：我們所做的，是他們所想做而做不到的，我們代他們做了，所以他們要表示感激。這種意義是極爲偉大的：他們給我們以極大的教訓，極大的啓示。我們爲什麼作戰？爲什麼犧牲？自然是爲國家，亦卽是爲民衆。使我們成爲衞國的工具，成爲民衆的僕人，這是我們的天經地義；我們能爲國家爭體面，能爲民衆伸寃抑，這是我們的光榮，値得我們用生命去爭取的。我不能形容民衆在這回所給我們的教訓的深切，亦不懷疑民衆用在我們身上的熱情，將永遠生出良好的效果。由這種有意義的戰爭所引起的軍隊的奮起和民衆的醒悟，是金石一般堅的團結着的。自滬戰開始至終結，民衆所表現的力量是比軍隊的大；我敢說，是比軍隊的大的！這種力量周流全國，積極波動，使整個民族的靈魂漸漸醒覺，漸漸奮起，以至於中華民族完全的復興。這種力量是民衆給與軍隊，暗示軍隊，驅使軍隊，而使之將這種力量表現的。要是不然的話，何以這回的戰爭，我們的士氣特別旺盛？何以許多戰士都以陣亡爲光榮？何以他們能瞭然於這次戰爭的意義與他次根本差異？他們這種內心的驅使，就是民衆的力

量由這種內心的驅使所表現的就是民衆力量的表現。而民衆的偉大的同情和實際的援助，更使這種力量表現得有力和恆久。我永不能忘記軍長有一天對我們的訓話：「這回戰爭上所表現的力量是民衆的；所以，如有光榮可言，亦是民衆的光榮。惟民衆的力量才是偉大的，眞實的力量，離開了民衆，我們便失去了內在的生命和存在的價值了！……」

一直到現在，民衆都對我們維持着最深最親切的好感，給我們以最寬大的原諒和對我們作最深切的期望，我常想：在這個小小的國際戰爭裏，我們所表現的力量直是微薄得無可形容，但已經能獲得民衆這樣偉大的擁護，我們的民衆眞是容易滿足得很喲！這眞是一件可傷的事；如其我們不是一個積弱的國家，不是受慣了人家的欺壓的，則像這回這樣的戰績，正是應該受民衆所唾罵的。但是從此亦可見中國軍人報國的容易和機會的多了。我們還不知要有多少次對外的戰事，我們身爲軍人的，當着這許多可以成功立業報國救民的機運，我們自己應當如何的慶幸，如何的奮勉喲！

晚上日軍仍間斷地向我們的陣地放槍，但沒有猛烈的襲擊。

三十一日的拂曉，仍可聽到極疏落的步槍聲，但此後便歸沉寂。一直至上午九點左右，天空裏又佈滿了日機了。這次日機的出動，一共是十七架，目的在於示威；在我們的陣地上盤旋將近一個鐘頭，並在租界的上空往來好幾次。下午三時左右，牠們又在空中出現。這時各國的領事和雙方的軍事代表，正在英領署談判如何休戰，這些飛機便是在空中隱示日方的條件的。我不知道調停者有什麼法子融合雙方的意見？使日軍廢然而返麼？這未免汚了一等強國的威風！使他們攫奪閘北以去麼？我們還有一絲抵抗的力量，用強力取回則可，拱手讓人則不可！這中間如其有所謂公允的和平辦法可尋，則戰事根本就可以不發生了！我相信中國和日本的糾紛，只有從事戰爭以求最後的解決，以前這樣，以後亦是這樣！對付日本無所謂大量或慷慨，無所謂容忍，無所謂和平只可在將其整個擊破之後，然後再來和他們講求觀善，那時候日本便會成爲一個愛和平講信義的國家。我們已受了多少的教訓，歐美人亦有同樣的經驗，對日本只在武力的解決！

所以對於停戰，他們絕對不能望有什麼結果；但我們亦終於提出唯一合理的辦法，就是日軍先行撤退。我們除此之外，絕對沒有別的話可說，因爲這時日軍的脚，是站在我們的領土上面

的。日方對我們的要求自然不用說了。他們那裏有誠意，只是一心在等待援兵罷了。

停戰三天期滿後，我們將碰到更大的侵迫，這是一定的。好在我們都準備着。師長在午後三時來了一個命令：各部應該將預備着的子彈，安放在陣地附近，並預先分散固藏，以避敵機的轟炸。一方面盡量的增加防禦工事的強度，並多築掩蔽部。大概在停戰期滿之後，敵人將有一度海軍猛烈的砲擊和飛機兇狠的轟炸。

民衆方面的慰勞更加熱烈起來，各種食物紛紛彙至，有些並直接在前線分散給士兵，還在兵士們亦是初次的經驗，他們的感奮之狀，自然是不必說了。許多吃不完的東西都拿來分濟難民，難民們亦爭先恐後幫忙士兵們工作。這是一種極爲動人的現象，在這種危險的國難中，無論那一階級的人，都會自然而然結合起來的。同時這些難民的處置，卻成爲一個極重要的問題。他們時常麕集一處，特別是飛機在頭上飛來時，他們不特不知道趨避，反而好像聚攏起來可以互相倚仗一樣；有時都整批地犧牲在重量的敵彈轟炸之下。因爲敵機只以表示威力爲目的，不分武裝的士兵和赤手的平民的。其次，他們的食料亦成爲問題，所以當時我嘗函請朱子橋、許世英

二位先生，請他們設法把這些難民送往後方，這工作，以後是做得極爲完滿的。

二月一日的狀況同昨天一樣，我們繼續增加防禦工作，特別是對於防避飛機方面。敵人的步哨仍然零落地向我們這邊射擊，第五團第一營給敵方擊斃一名勤務兵，擊傷一名士兵。

在這時候，我時常和我們的連排長談話。他們都異口同聲地說：「想不到東洋兵這樣容易打！」我問他們爲什麼呢？他們說大戰時，日軍的瞄準異常不準確，甚至把頸埋在鐵帽裏，儘管向前面亂放。他們所依賴的完全是砲火，沒有砲火和鐵甲車的掩護不敢前進。在砲擊方面，我們自然比較喫虧，所以我們的策略全在引誘日軍前進，來和我們用機關槍手榴彈以至於刺刀決個勝負。果然在一陣猛烈的砲火過後，我們這邊一點動靜亦沒有，於是敵人認爲我們是受了重創，或則是完全嚇住了，他們便躡手躡脚的跟在鐵甲車後面過來衝鋒。到相當的距離，我們的機關槍和步槍便一齊活動，再近時便用手榴彈，在這個時候，敵人鮮有不張皇失措的；他們沒有向前衝擊的精神，只管尋覓掩蔽的地方。而且他們的運動又非常遲緩。凡此種種，除了因爲沒有實際作戰的經驗以外，還有一種原因，就是他們沒有一種內心的鼓動，他們不明白爲什麼好好地要

向中國人進攻，要把中國人殺戮。他們是普通的士兵，不能完全理解日本軍閥的心理。如其他們明瞭戰爭的理由時，則這戰爭完全是侵略和壓迫的行爲，不能鼓動他們的勇氣。日本軍閥利用他們來作戰，所鼓動的，祇是他們平常厭惡輕蔑中國人的心理，以殘殺下等動物的態度來殘殺中國人；中國人用這樣的心理時，若不是碰到強烈的抵抗，亦許可以一直殺下去。但不幸而碰到意外的敵手——這在他們眞是完完全全的意外，做夢亦沒有想到的——所以便沒有方法掩飾他們內心的怯弱了！從前日俄戰爭時，每個日人都以新戰死的精神去衝鋒陷陣，他們在出發時，他們的家人亦勉勵他們去戰死。不要活着回來和他們見面，那種悲壯果決的情形，眞是使敵人聞而膽戰；但前年他們出兵濟南以及這回出兵淞滬，這種精神一點亦見不到。他們自己既不願意去戰，他們的家人更傷心流泪，囑他們珍重保身。後來聽說竟至有索夫團的組織。從這一點看起來，就可明瞭日軍這回的不能戰和不敢戰的最大原因了。我們的被壓迫，比日俄戰爭時代的日本痛苦得千萬倍，而日本的高壓和侵略亦比當時的俄國橫暴得千萬倍，因爲地位的轉移而影響精神的衰旺；不然的話，像日本這樣訓練嚴緊配備周全的陸軍，若是有着我們這樣被壓迫者的

高漲的救國情緒，在內心流蕩着；則他們的力量，簡直是不可抵抗的。不要說是閘北，就是歐戰時的凡爾登；罷不要說是我們武器單薄的隊伍，就是守凡爾登的法軍，罷恐怕亦是抵抗不住的。日本軍閥沒有把這一點打在算盤內，所以他才敢說出幾小時內佔領閘北的話，我們自己亦沒有把這一點打在算盤內，所以一向總是餒自己的氣。我記得去年在警衛軍第四旅當旅長時，有一個德國顧問和我說過：中國的軍隊要訓練到可以和歐洲的軍隊打仗時，起碼要六十年的工夫。我當時嚴正地對他說只要六年就夠了！這回的戰爭，並不是要十九路軍才能夠這樣戰，中國的軍隊，無論那一軍那一師，只要能夠排除自餒的心理，只要能夠決心去犧牲，都能夠同樣的戰，這是我敢於斷言的。

實在說起來，這次日軍作戰的精神，還不及江西的共匪，雖然他們憑藉銳利的戰具，能力比共匪的大。我們最初預備用兩三人去拚他一個，後來便想用一人去拚他們兩三個了。其實如其用兩三人去拚他們一個，在他們已經是一定要失敗了！所以我說只要我們能從被壓迫凌辱的地位奮醒過來，不要自餒，決心去犧牲，莫說不要六十年，就是六年亦不要，我們眼前就可以同心

一志去和壓迫我們的敵人淸算一百年來的舊賬了！

停戰果然沒有雙方可以接受的條件，只約定休戰三天，雙方請示政府而已。我們的士氣，並不因戰爭一停而冷淡了下去；他們興高采烈，磨拳擦掌，態度又緊張又安閒。他們一見高級的長官都來在前線督戰，軍長師長向他們訓勵，他們眞是又堅決又鎭定。

二日午前一點時，接到師長的命令如下：

一，奉　總指揮蔣二月一日午後五時三十分命令開：

1在上海租界分向閘北虬江路等來侵之敵經我軍痛擊後，退回租界及江灣以東一帶；據各方報告，敵方已動員二師，有由吳淞上海登陸，大舉來侵之企圖。

2本軍以待機殲滅敵人之目的，擬佔領虹橋，北新涇，大場，胡家莊，吳淞之綫，保持主力於鐵道以北之地區，待機將敵一舉而殲滅之。

3七十八師附小砲一連（欠第一四兩團）佔領虹橋——北新涇——眞茹鎭——眞茹車站之綫，保持主力於鐵道綫附近以南一帶地區。

第一五六旅第四團佔領吳淞，爲我軍右翼據點，而死守之。

第一五五旅第一團佔領南市龍華各要點而死守之，掩護我軍右翼。

第一五六旅附小砲連（欠第四團）憲兵團（欠一營）佔領閘北爲前進陣地，撤回與否，靜候命令。

4 六十師佔領眞茹車站北端——大場——胡家莊及其北方之綫，保持主力於中央（派出一部至劉河，担任警戒，注意敵艦之行動）

該師應派一團至中山路口，對曹家渡日本紗廠方面警戒，幷與翁旅長切實聯絡。

5 作戰境界之區分及警戒：

七十八師六十師間以閘北沿鐵路之綫，綫上屬七十八師。

各部隊應於其陣地前方，擇要派出警戒部隊，構築據點式之堅固工事。

6 各部對本陣地須構築堅固之掩體障礙物，及廣闊之外濠，尤須注意偽裝假工事，以欺敵機。

7 六十一師之一二二旅爲總預備隊，集中南翔候命，（該師一二一旅防務移交完畢，概開南翔集中。）

二、師基於上命令之要旨，決定處置如左：

1 一五五旅（欠第一團及第三團第二營）應佔領虹橋——眞茹車站之綫，左翼與六十師確取聯絡。第一團佔領

龍華南市各要點而死守之，掩護我軍右翼。

2 一五六旅（欠第四團）憲兵第六團（欠一營）及一五五旅第三團二營又小砲一連，應佔領閘北為前進陣地，撤回與否，靜候命令。

3 第四團附小砲一連，工兵一排，應確實佔領吳淞，為我左翼據點而死守之。

這樣地全線佈置完畢之後，就只待敵人的生力軍來試驗了，在我這一旅，陣線沒有移動。

這一天是停戰最後的一日敵人仍然用示威式向我們的陣地射擊，在疎落的步槍聲中，偶然雜着小鋼砲聲和機關槍聲，雖然沒有激烈的戰爭，但空氣是一步步的緊張了！

陳副院長，軍長，戴司令，師長，八時左右來前線視察，對官長加以切實的訓勵。陳副院長是十九路軍的創造者，他現在雖然不在十九路，但他的威德仍然統被全軍。軍長的蒞臨，使全軍更加振奮，凡是軍長行到的地方，便造成一種嚴肅親切的空氣。過去十九路在劇戰中以軍長的親臨指揮而挽囘危局的極多。他是我們全軍信仰的中心，是一個有認識有魄力的革命軍人；他的決心造成這一次的光榮的犧牲。戴司令和師長指示我們作戰的機宜，師長的和藹的慰勉，使戰士

們增加了犧牲苦鬬的勇氣。同時有許多民衆的代表更使我們感奮，他們一種超乎敬愛以上的態度，使我們益加警惕；辜負了民衆的真摯的熱情，應該是人類中最無恥的東西！

下午一時左右，敵人似乎決定向我們作總攻擊了，最初是空中忽來敵機四架，在閘北上空往返偵察，約莫經過兩小時之久。以後敵人在天通庵附近的砲兵，便開始向我們靑雲路，天通菴路，寶興路，寶山路一帶的陣地射擊，同時敵機亦在上面拋擲炸彈；槍聲一陣密似一陣。我們許多士兵都在掩蔽部下面嚴待着敵人的衝鋒。敵人趁着砲火猛烈的當兒，仍然用兩架鐵甲車掩護，向我們第五團第三營第八九兩連的陣地衝進，目的在包圍我們的左翼。在一陣劇戰之後，他們終於不能支持，便潰退了下去。同時在天通菴附近的我們第五團的迫擊砲連的陣地，因為適當敵人砲火的要衝，連中三砲，陣地幾乎完全炸燬。在這場戰役中，我們損失了第五團第三營第九連的連長張福甫。張連長當時在陣地上受了重傷，一直到四日後才逝世。他是一個最得部屬愛戴的官長。同團機關槍第三連的特務長亦受了傷。士兵陣亡的六名，傷的亦六名。

七時左右，師長派砲兵連長吳丹率砲二門趕來閘北增援。我令他在中興路附近佔領陣地，

向敵司令部，日本小學及虹口公園一帶轟擊。在這晚上一共發了五十餘砲；江灣路的敵司令部和北四川路的日本小學都曾讓我們的砲兵擊中多處。兩方的砲聲終夜不絕，但在黑暗中，敵人沒有來襲擊的企圖。

敵人的砲聲一直繼續到天明，拂曉時尤為猛烈。我們第五團的迫擊砲連，亦在天通菴陣地附近洋房上，對正面敵軍司令部射擊，後來據報告說，該連一共發五十餘砲，命中甚多。

下午二時左右，敵人的砲聲更加猛烈，我們全線的陣地都發見敵彈，特別是天通菴路一帶，那裏我們所佔據的洋房，大半為敵砲摧燬。同時敵人的飛機亦四處擲彈，一時轟炸之聲震耳。殘落不堪的閘北商店和民房，又重新燒過一遍。敵人炸燬民房和商店的目的，是在使我們失去作戰的依據地，起初我們亦曾因陣地附近烈火所及的地方不能駐足而移退；但現在我們改變了策略：不特不將陣地縮退，反而向前推進，仍舊依據頹垣殘壁，猛力抵抗。因此我們的陣地，並不因敵人的焚燬而動搖。反之在火燄瓦礫之中，和敵人衝鋒肉搏。敵人更加喫虧。到後來，敵人的焚燒政策，除了炸燬多量的民房外，對我們的士兵簡直不生影響。就在這轟烈的砲聲之中，我們祇僞

了，一位排長六名士兵和陣亡一名士兵而已。

這天我發出告全線官兵書：

忠誠義勇的官兵們，中國民族之生死存亡，已在我們的肩膊上了！大家要確實的負起我們的責任，發揚我們鐵軍的精神，保持我們過去光榮的歷史。日本的陸軍，在世界上算是第一強硬的，我們務要把這世界最強硬的陸軍來銷滅，奪取世界第一的地位，創造新的鐵軍榮譽。忠誠義勇的官兵們，機會是難得的：為國家民族而犧牲，雖死亦光榮，大家不要錯過了這個報國的機會。大家盡量發揮素日沉着的精神，不慌不忙，把槍瞄準，務要一彈一敵；最低限度，亦要使子彈從敵人耳邊飛過，嚇得他不敢擡頭。子彈用完了，上起刺刀來殺敵；刺刀殺斷了，用槍桿來擊敵；槍桿擊壞了，揮拳去打敵；兩拳打殘了，還有你們的牙齒可以咬敵！忠誠義勇的官兵們，寧為槍下鬼，不作亡國奴；努力奮鬬，堅持到底，民族之再造，就在這一囘了！大家殺上去，殺個痛快淋漓！我們的口號：

軍民團結一致！

反抗日本侵略！

誓死爲國家求獨立！

誓死爲民族求生存！

中華民國萬歲！

但是今天的戰爭，是我們這一旅在閘北和日軍周旋的最後的一次了！從上月二十八晚起，一直對抗到現在。我們的士兵實在亦有相當的勞瘁了！我們的兵力剛夠分配，沒有機會抽調輪流休息，他們間有許多是幾日夜都沒有合過眼的。在精神上，他們雖然仍舊極度奮興，但在身體上是有休息的必要的。不過這是長官們替他們設想，他們自己是酣戰淋漓，不曾想到休息這一問事。

下午一時五十分的時候，我們接到師長的命令：

一，茲奉軍長令，派六十師一百二十旅鄧旅長志才，率所部前往閘北接防。

二，仰該旅長將閘北防務移交鄧旅接收後，即開到金家角附近，整理休息。

三，該旅務於本晚十一時以前移交完畢。

我接到命令後，即飭第五第六兩團遵照辦理，同時鄧旅長亦已率一百二十旅官兵趕到。我們正在趕辦移交之際，又接到師長的命令，這是晚上六時左右的事：

一，據報敵軍擬在吳淞登陸，有攻擊我要塞企圖。

二，仰該旅長候鄧旅長接收閘北防務後，即率第五團開赴吳淞增防，并死守之，但與大場劉旅應切取聯絡，並對江灣方面特別注意。

三，其餘各部，仍照本（三）日午后一時命令辦理。

我即令第五團丁團長榮光在防務移交完畢之後，用汽車運兵星夜至吳淞增防，第六團開往金家角整理休息，我自己亦帶了旅部職員連夜趕到吳淞。

閘北方面以後便由鄧旅長志才率領一百二十旅的官兵，繼續作光榮的抵抗。鄧旅戰鬬力的堅強，終於使敵人因無法襲取而轉採攻擊的重心。

以上是我們這一旅在閘北作戰的經過，從第一顆子彈起，到全線移防止，我們亦遭受了戰

重的損失，但比起敵人的損失來，則我們的損失是輕。我們可以自慰的是：我們是抱了犧牲的決心而作戰的。我們每個人都預備陣亡，每個人都發誓要殺一個敵人。所以無論戰勝或是戰敗，我們這種決心是可以使我們告無罪於同胞之前的。使閘北成爲火灰瓦礫之場，這是我們所極爲痛心的，但是這是日人應該負擔的責任，因爲戰端是日人開的，我們不過被迫而採取了自衞的手段罷了。我敢說，我們寧願使閘北在我們掌握之內成爲荒墟，而不願牠完好地歸到日人的手裏；就是對一般閘北受災禍的難民，我亦還是這樣說。犧牲了閘北，無形中一定救回許多其他的地方。我們的親愛的難民和一切因這次戰爭而受禍的同胞，你們一定明瞭這次戰爭的意義。炸壞你們的商店的，是日人的飛機；焚燬你們的房屋，是日人的砲火；殘殺你們的家人的，是日人的刀彈！你們應該永遠不會忘記。這是國仇，比我們任何私人的仇來得重，你們是一定蓄着報復的心理了！這是對的，爲國家復仇。反之，若沒有這種心理，便不是我們的國民了！爲公，爲私，爲中國爲世界，我們都必須向日人算清我們的血債。時期快要到了！我們快要脫離在敵人砲口刀尖威嚇壓迫之下的生活了！中華民族快要取得自由平等的地位了！我們是有力量的，有使我們民族復

實的力量！不要自餒！不要懷疑！準備繼續來決戰！

五　吳淞一月

(一)如何守

有幾位外國朋友嘗問我說：

「你們守吳淞是怎麼守的呢？」

在他這樣的問話中，是帶着驚異的成分的。他的意思是說：吳淞爲什麼能夠守，並且能夠守這樣長久的時間？我的答語是：

「因爲我們要守，所以守下去了！」

除了這樣答覆以外，我找不出其他的話。這正如說十九路軍爲什麼能夠和日軍對抗，就是因爲牠要對抗一樣，("When there is Will, there is Way!")就是這樣的意思。

總指揮的命令是：「死守吳淞。」這幾個字已經深入在當時各個戰士的腦經裏。吳淞亦許

失守，但這是在我們人盡彈竭之後；敵人亦許佔領吳淞，但他一定要付一倍以上的代價，——這是我們當時的態度。守吳淞不是戰略上的成功，亦不是工事上的堅固，自然更不是戰具上的精利。簡言之，守吳淞只是一個決心，一個犧牲的決心而已！

在當時，我們上下一致的態度是：（一）但祈戰死，不求生還。（二）見一個敵人，殺一個敵人！（三）必殺死一個敵人而後自己可以死！這種堅決的態度使敵人放棄了在吳淞登陸的企圖。在事實上，敵人若希圖直接確實地佔領吳淞，是非犧牲比我們多一倍至兩倍的生命不可的。

但我們終於從吳淞撤退了，這是使我非常抱憾的一件事。我們死守吳淞的精神沒有盡量地表演，死守吳淞的計劃亦沒有完全地實現。當時我們全線和敵人激戰至最後數日時，因為兵力不夠分配，江灣廟行一帶非常喫緊，所以把守吳淞的第五團抽調向江灣方面增援，以至後來實際上在吳淞防守的部隊連義軍在內還不夠一千人。如其我們當時還有兩團以上的兵力，則雖然敵人由瀏河登陸之後，我們仍然至少可以多守半個月，而於敵人實行佔領之際，抱同歸於盡的態度，使他們遭受最嚴重的損失，使世界上再無人敢輕視中國的軍隊，使全人類都從新認

識中華民族的精神！但我們這種計劃竟沒有實現的機會，我們的兵力單薄到無可爲戰的地步，使我們不得不退卻而爲捲土重來之計。以後我時常嘆息這種壯烈爲國犧牲的機會，竟讓牠錯過了，痛心得很。

在這一月的支撐中，譚副師長啓秀的謀略和指揮，丘參謀主任國珍的策劃與佈置，鍾團長經瑞丁團長榮光以及其餘的官兵的勇敢和堅決，都是極可敬佩的。

吳淞方面的戰事，是在二月三日上午九時以後開始的。當時閘北方面正在激戰，敵人用極猛烈的炮火向我們的陣地壓迫，我們不甘坐受損失，亦令砲兵連迫擊砲連，和鐵道砲隊一齊向敵方還炮；同時爲使我們的砲擊發生充分的威力起見，我並命吳淞炮臺向楊樹浦的日本匯山碼頭一帶轟擊。到十時左右，我們已經發了十餘砲了。旋據鍾團長經瑞報告，停泊在吳淞外的敵艦六艘，已一致開始活動，排成一字形，紛紛向我們的吳淞砲臺射擊。我們的砲臺亦奮力還擊，同時守砲臺灣的第四團第一營亦開機關槍助戰。劇烈的砲戰，約莫經過兩小時之久。敵方的驅逐艦一艘受了重創，不久卽沉沒，另外還有砲艦三艘受傷。我們的砲臺燬砲三門，第四團全無死傷。

鍾團長為防避以後敵艦的砲擊和敵機的轟炸，而以鎮靜的態度誘待敵人登陸作戰起見；命兵士們（一）非俟敵兵登陸時不要放槍；（二）增加工事的強度，並須多掘地窖；（三）上午六時前早餐，下午六時後晚餐。這樣敵機和敵艦便不易得到射擊轟炸的目標了。

這時第四團的陣綫是這樣：

第三營及第四連，固守右自泗塘河，太與橋沿蘊藻浜至吳淞鎮東北端碼頭附近止之綫，另由該營派出第八連附機槍兩挺，在蘊藻浜車站，佔領前進陣地。

第一營在第四連右翼起，沿黃浦江左岸至砲台右側止之綫。

第二營（欠第四連）佔領寶山城，右與第一營，左與獅子林砲台守備營切取聯絡。

團直屬隊為預備隊，位於朱家宅附近。

我在三日下午六時接師長的命令後，除令第五團即用汽車運載向吳淞增防外，自己便連夜先率同旅部職員，在四日上午一時到達吳淞的朱家宅第四團團部。至早上六時，我下了如下的命令：

一、據報敵擬在吳淞登陸，有攻我要塞企圖，我六十師鄧旅在閘北正與敵相持中，劉旅在大場江灣一帶警戒。

二、本旅（欠第六團）以掩護我軍左翼之目的，決在吳淞死守，敵如來攻即以全力撲滅之。

三、第四團在原陣地固守不動，第五團（欠第二營）應沿泗塘河左岸搆築工事，爲預備陣地；對江灣方面，由該團派出警戒，并與劉旅切取聯絡。

四、第五團二營在朱家宅附近集結，爲旅預備隊。各團務將工事搆築堅固，完畢後，應在駐紮村落，加築據點及掩蔽部。

五、米糧應盡量搜集準備。

旅部並在這個時候移駐張家宅，在我們的意想中，敵艦不久一定來作大規模的攻擊的。

（二）四日之戰

上午十一時左右，敵艦十三艘和商船一艘，在黃浦江口內外往來移動，好像有向我方進攻和乘隙登陸的樣子。戰端既開，我們是無所用其客氣的，便命砲臺向敵艦瞄準射擊。我方發了幾砲後，敵艦即分一部分退出口外，一部分駛進口內，在佔領了適當的海面之後，即一齊向我們的砲臺還砲。一時砲聲大震，愈戰愈密。第四團的迫擊砲連亦發砲助戰，同時我們沿江一帶的守兵，

亦用機關槍向敵艦射擊，敵艦也用機關槍還擊。這次砲戰的劇烈，是我們以前所未見過的。重量的砲彈，在陣地的前後左右，紛紛雨下，有許多敵彈準確地擊中我們的砲臺，但我們的砲臺仍然發砲，一直到敵機出現後，這才幾乎全部被燬。當時的敵機一共有二十四架，在砲臺的上空往還轟炸，抛下重量炸彈無數。激戰約莫二小時後，我們的砲臺已陷於不能動作的地位了！砲臺上的大砲一共給炸燬了六門。要塞司令的參謀長藤××，就是在這一役陣亡的。此外還有副官二人，亦一同殉難。砲臺守備營的官兵傷亡的亦極多，其餘的在砲火猛烈時，因爲實在沒法支持，便都潰散了！

敵人因爲戰具上佔極大的優勢，便輕易不肯把機會放過，在我們的砲臺失去了抵抗的力量時，敵艦還是繼續發砲，敵機亦繼續轟炸，希圖乘機登陸佔領陣地。這時我便命第四團守砲臺灣之一營，派兵一排，扼守砲臺；協同在砲臺左右防守的部隊，死力制止敵人登陸。可是當這一排人跑上砲臺時，即爲敵機所炸轟，死傷過半。但留着的仍舊据守砲臺，奮勇應戰。同時各處陣地，雖然在這種猛烈非凡的砲擊和轟炸之下，仍然堅守原有陣地，不稍搖動，敵人終於沒有法子上岸。

一直到下午一時左右，敵人才死心塌地放棄上陸的企圖；砲聲亦漸歸疎落；但仍繼續地發射，直至五時許才完全停止。這場劇戰中我們第四團第一營陣亡戰士十名，傷六名，就是扼守砲臺上的那一排的。

從這次劇戰後，我們的砲臺便失其效用。我一面派兵把守，拒絕任何人參觀，一面對外間表示砲臺仍繼續在活動中，並且在裝置新式的大砲；這與其說是用來欺敵人，無寧說是用來安慰自己的軍心和民心。後來有人奇怪我們的砲臺爲什麼老是不發砲？對於緊靠在江邊的敵艦不與以射擊，不知道其實那時的砲臺已經連稻草人的威力都沒有了！由此我們亦可見後來譚副師長堅持奮鬪的艱難！

這時第五團兵力的配備如下：

第一營佔領在自太興橋右至陳家塢橋止之地區。右與第三營，左與第四團聯絡。

第三營佔領第一營左側至趙家木橋、火藥庫止之地區。團直屬隊爲預備隊。

因爲第四團第一營在砲臺灣，第二營（欠一連）在寶山城，防線都是很長，而兵力又過於

單薄，恐怕敵人乘夜登陸襲擊，兵力不夠應付，所以我命第五團第二營營長黃康，撥出步兵二連，歸鍾團長指揮。黃營長撥出五六兩連，在六時左右趕到。鍾團長即命第五連爲第一營的預備隊，第六連接替第四連的陣地，調第四連回寶山城歸第一營建制。

晚上是絕對的寂靜，使人不相信日裏曾經過激烈的戰鬬。

五日上午十時左右，有敵機四架，在我們吳淞鎮陣地上擲了十幾顆炸彈，但一會兒即停止拋擲，大概是因爲不見動靜的緣故。同時敵艦五艘，在黃浦江口移動時，亦曾向我們開砲四五十發。我們亦相當還砲，但戰事並不趨於劇烈，除了敵人有上岸的企圖外，我們都毫不在意，而其實我們對於敵艦和敵機的抵抗力量亦是極有限的。在這一天，我們祇傷了第四團第一營的士兵三名。

這時吳淞鎮上簡直可以說還沒有什麼損失。敵人的砲火都集中在砲臺一帶，鎮上還未嘗成爲砲擊和轟炸的目標，我們的士兵都在各村落構築堅固的据點，並挖掘地窖，以避敵艦遙遠的砲火和從空中擲下的炸彈，對於這些，我們都不能作積極的有效的抵抗，只能採取消極的防

衞，但我們都以殲殺的雄心和鎮定的態度，靜待敵人登陸來和我們肉搏。

六日的拂曉，據前哨的報告：敵人的陸軍約莫四千多人，夜裏在張華浜登陸，有向我方陣地進攻模樣；但後來亦沒有什麼動靜。只是在遼闊的太空中有敵人的飛機四架盤旋偵察；自由的江面，有敵人的軍艦四艘進出巡視而已。我們沒奈他們何，但他們亦沒有法子佔領我們的土地。我們的士兵嘻笑地用迫擊砲，機關槍步槍向敵艦射擊，但這完全不能給敵艦以損害。

下午六點時，師長令撥八十七師高射砲二連趕來吳淞歸我指揮，我便轉飭歸鍾團長指揮，在吳淞鎮附近佔領陣地，掩護鐵橋頭一帶。

我們已經覺察到戰事的重心漸移來吳淞方面，這是敵人屢次傾其全力以攻襲閘北而屢遭失敗，遂不得不變更戰略的結果。在這天兩內，我們只管努力增加工事的強度，以減少敵機和敵艦的效用。所謂守吳淞，眞是完完全全的守，一點也不能採取攻勢；我們的唯一的戰略只在等待敵人登陸，即起而殲滅他們，他們不登陸，我們就像沒有事一樣。

（三）七日之戰

一夜的寧靜，只是一場大戰的準備。敵人正在計劃着向我們作大規模的進攻。早上據前哨報告：說是在張華浜附近，發現敵人鐵甲車六架，步兵甚噪雜，有向我方陣地進攻的樣子。我除令前線守兵嚴密監視外，即飭第五團第一營進入泗塘河陣地，因爲恐怕敵人在蘊藻浜上游偸渡後，向我方右背側包抄。八時許，天空突現敵機二十四架，在我們吳淞鎭陣地上空盤旋數週後，即擲下重量炸彈數十顆。這天雖然下着帶雪的微雨，但敵機仍能活動，只要稍爲可以作爲標的的地方，都不能免牠們的轟炸。我們雖然構築了極多的掩蔽部和假陣地，但因爲敵機擲彈甚多，仍然有相當的損害。同時，泊在張華浜碼頭附近和吳淞對面三夾水等處的敵艦二十四艘，亦一齊向我們全線作猛烈的轟擊，砲彈紛如雨下，隆隆之聲，更震耳欲聾。吳淞鎭便在這樣猛烈異常的轟炸之下，燃燒，崩倒，震撼，急遽地變成一片瓦礫縱橫的廢墟。張華浜車站附近，旋亦發現敵人的重砲八門（據報另有野山砲二十四門），集中火力向吳淞鎭和鐵橋頭一帶的陣地射擊。這時

吳淞鎮上山搖海沸，上空籠罩着濃濁的黑烟彷彿就將沉毀一樣。據我們的經驗在一陣猛烈的砲火之後接着的是一次兇狠的衝鋒；我們的士兵都照常地鎮定陣地一點亦未嘗搖動。

果然砲聲正烈的時候在張華浜的敵人的鐵甲車便掩護了敵軍二千餘人用移山倒海之勢，向我們蘊藻浜第八連的前哨陣地猛撲，好像預備一口氣吞下吳淞一樣。第八連的連長趙金聲督率所部依據工事，沉着地向敵人射擊，希圖阻止敵人的前衛。在苦戰將近一小時之後，到底因爲衆寡懸殊，漸近不支，而該連這時亦早已死傷過半了！敵人的來勢更加兇猛，已到了不能抵抗的時候了，趙連長設法，遂將殘餘的隊伍散退至鐵橋前端，預備渡河歸回本陣地，繼續抵抗。趙連長這種決斷是極對的，在敵勢過猛，而欲設法支持的時候，應該放棄前哨陣地，這於全線上並無多大影響。但當時第三營營長梁文用電話將前線情況向我報告時，因爲砲聲震天，電話聲不清楚，我誤聽爲全線撤退，（把前線聽成全線）。我當時厲聲說道：

「無論如何，不能撤退，死在那邊就算了！」

實際上在當時撤退和不撤退都是一樣的，到處都是砲彈和炸彈，前線和後方沒有多大的

分別。不過前哨是應該讓他撤退的。我當時覆令梁營長轉飭趙連長仍率餘部反攻，無論如何，務須固守原有陣地，不准撤退，否則便須以軍法從事。但是這時敵已經乘機推進至蘊藻浜附近，想以單薄的兵力從正面將敵人擊退，已屬不可能的事實。趙連長遂率領餘部，從蘊藻浜車站背後，繞過車站前端一帶商店，在商店前面用機關槍向敵人猛烈掃射，這樣一來，便將敵人分爲前後兩截。敵人以爲中了我們的伏兵，一時異常慌亂，只知潰逃，完全失卻了戰鬬的能力。我們這邊乘勢推進，敵人只管潰走，狼狽之狀，不可形容。大概他們總免不了有六七百人左右的死傷。這時正面的敵人，便這樣奇妙地讓我們擊退了！

這時正面的敵人雖然擊退，但敵機和敵艦仍舊繼續轟炸，我們的工事，有許多地方，都給炸得完全毀壞，並且沒有一處不受炸。我們堅苦不拔的士兵只是鎭靜地守住原有的陣脚，他們看着同伴在轟炸之下身裂顱碎，只增加了他們復仇的決心。在吳淞鎭東北端的第五團第六連的壕溝中，當敵艦的巨彈飛來時，整排的士兵都被活埋在壕溝裏面，屍身和槍械，都無從收獲。其他各處炸死炸傷的官兵亦甚多。第四團第三營的營長梁文在鐵橋頭附近指揮作戰時，敵機的炸

彈炸倒了在他身旁的牆，他給壓在碎塊底下，後來經他的部屬挖掘出來，竟沒有壓斃。梁營長現在還是像以前一樣的精幹。其他如同營第八連的中尉連附馮玉山和他部下的班長士卒，第九連的班長左桂生和士兵張齊發，梁海等，機關槍連的班長李錫先，王玉林，鍾善華，邱燄賓，王學成，馮富強和士兵楊全勝，孔祥勝，鄧明大，宋長發等等，都是奮勇作戰，爭先殺敵而從死裏逃生的戰士。第五團第二營營長黃康作戰的勇敢，竟至使敵人見而生怕。

戰事一直延長到下午六時，砲聲才漸歸於稀疎。我們前哨的士兵死傷過鉅，力量單薄；敵人的主力部隊，又仍麕集在張華浜一帶，難保他們在晚上不捲土重來，所以我令他們在黑暗裏用小船渡過蘊藻浜，回歸本陣地休息。

此次戰役給我一個極大的感觸。當日人的飛機向我們恣意擲彈時，牠們滿天亂飛，得心應手，絲毫無所顧忌。雖則不能彈彈命中，但在精神上給我們以威嚇，在實際上與我們以損害，確是極大的。我們雖然一共有七架高射砲，並且陸續發射，但不嘗打墜他們一架，亦不嘗打傷他們一架！不但是這樣，我們的高射砲因為發炮太多，自身反而炸裂了兩門。高射砲之不能擊中飛機，這

是無可如何的。因爲高射砲之於飛機，只是一種聊勝於無的設備。要對付飛機，在我們還沒有別的發明之前，只有飛機自己——我們若有一半的飛機，敵機便不能從容擲彈；我們若有同量的飛機，敵機便不敢輕易出動；我們若有優勢的飛機，便可以操這次戰爭的勝算了！日本人在滬戰之後，他們自已驚奇地發覺飛機的威力有如此偉大，——他們以前亦知道飛機的效用，但經這次的自由應用後，才更親切地感到飛機的力量——所以他們無論政府民衆都竭力提倡充實空軍的力量；他們的民衆現在正在努力凑捐，以協助政府之所不及。我不知道中國的民衆，在看了閘北和吳淞的戰後的情形以後，發生了什麼感想？還是徒然的喊航空救國呢？還是將以全國力量，上下一致，互相信任，以竭力擴充空防呢？滬戰不是最後的對外戰爭，飛機的效用將來愈大；難道我們將於第一次領受了這樣嚴重痛苦的教訓之後，再以同樣的眼睛看我們許多無抵抗的大都市和民衆，受到第二次的損害麼？

晚上的情況，仍然非常緊張，敵人在蘊藻浜對岸時作時止地向我們射擊；可是並沒有偸渡的企圖，倒彷彿地是在向我們表示他們是有準備的，教我們不要去夜襲。第四團第三營知他們

隔河對峙，亦不讓他們安寧。

一直至八日早上六時左右，敵人賈昨日的餘勇，用砲艦六艘，飛機二十幾架，向我們第三營的陣地射擊轟炸，以爲步兵前衛的序幕。不多一會，便用鐵甲車數架，掩護步兵千餘人，向第三營的陣地猛烈地進攻。炮火一時異常緊密，激戰至三個鐘頭左右，我們的陣地一點沒有動搖，終於鎮定地將敵人擊退。但敵機仍然在空中擲彈，竟日不止，敵艦亦不時發砲，第五團第二營駐地中彈數枚，略有死傷，總計兩團陣亡士兵五十三名，傷二十三名，有官長在內。

九點鐘時，接到師長發自眞茹的命令：

一、頃奉總指揮蔣二月七日午后十時二十分命令如次：

1據各方確報，敵陸軍約一師團，將沿江灣瀏河之綫，壓迫我軍左翼，策應租界內之陸戰隊殘部，有佔領吳淞及閘北之企圖。

2本軍以保護國土，實行自衛之目的，應開於上海附近京滬鐵路南北之綫，保持主力於鐵道以北地區，對來援之敵迎頭痛擊，壓迫於黃浦江畔而殲滅之。

3六十師担任北站，閘北，江灣之綫，以一部固守北站閘北，主力集結於大場東北一帶地區，相機迎擊由浦江進犯之敵，

左翼與翁旅切取聯絡。

4 七十八師除翁旅（欠第六團）死守吳淞外，其餘在北新涇至真茹之綫，對中山曹家渡警戒。

5 六十一師以一團控置於羅店，派出一部至瀏河，小川沙沿岸一帶警戒江面，主力則應於八日拂曉前集結於劉行至大場一帶地區。如瀏河方面無敵情時，則相機策應六十師。

6 八十八師（計三團）及八十七師宋旅（計二團）為總預備隊，位置於南翔虹橋間。

7 憲兵第六團担任高昌廟，龍華一帶警戒，仍歸該司令指揮。

8 八十八師王賡旅古團担任虹橋北新涇之綫警戒，歸該師長指揮。

9 補給：a，糧食準備半月量，b 彈藥儲藏所設南翔。

10 通訊計劃如另圖（略）

二，本師遵照右令要旨，決定處置如左：

1 一五五旅將虹橋北新涇之防務移交古團後，集結於真茹暨南大學附近待命，但須派一團担任北新涇至真茹之間，對中山路曹家渡警戒，左應與張團，右與古團切取聯絡。

2 一五六旅（欠張團）死守吳淞，應與六十師聯絡。

3 一五六旅張團担任真茹車站以北至大場間之警戒。

4其餘直屬隊在原地候命。

根據上方的命令，我轉飭各團遵照下面的佈置：

1敵情及友軍情況如師長命令所表示

2本旅（欠張團）遵命在吳淞死守。

3各團應注意之事項如下：

（1）加強工事，多開掩蔽部及交通溝，並在各駐地利用房屋，多做據點，以備各自爲戰。

（2）儘量準備糧食。

（3）每兵補足彈藥五百發手榴彈四枚。

我們當時所採的戰略，就是在這次命令裏面所說的「利用房屋，多做據點，以備各自爲戰」。我命士兵各在原駐地的小村落裏面構築堅固的工事，以備敵人登陸時各自爲戰，戰至完而後已。因爲我們兵力單薄，敵人以海陸空三面的全力向我們壓迫，若和他們作大規模的會戰，恐怕不易支持；所以我決定化整爲零，使敵人於實行占領時，不得不付加倍的代價。丘參謀主任國珍盡日親出各處指導士兵構築掩蔽部和交通溝等，這些工事，當時是頗爲完備的。

從九日起，接着好幾天沒有強烈的戰事，只是一些零落的砲戰而已。九日的上午自九時起，不斷地有敵機向我們的陣地偵察。因爲我們的士兵都在掩蔽部裏面，沒有成羣的隊伍給他們做擲彈的目標，所以他們亦省卻了多少炸彈。但偶然發見多少人影時，他們便在上面開機關槍。敵艦在出入口時，亦隨意向我們發炮，總計這天共發二十餘砲。我們第四第五兩團一共死士兵七名，傷十名。敵機每每於往還偵察之後，在空中作信號，以爲敵艦發砲的標的。在最初幾天，我們的士兵有在日裏造飯的，敵機發見了炊煙後不一兩分鐘，敵艦便隆隆地向出煙處轟擊；所以我們以後不許在日裏造飯。敵機在上面偵察時，大概吳淞是如無人之境的。但敵機旣然找不到人，在找到目標明顯的房屋時，亦必炸燬之而後已。所以日裏我們把士兵分駐在掩蔽部裏面，夜裏才讓他們住在房屋裏面。在夜裏，當敵機失去了偵察和轟炸的能力時，是我們最活動的時候。

下午六時，師長撥地雷隊一排歸我指揮，我轉飭歸鍾團長着他們把蘊藻浜各段的橋梁繼續破壞，并在沿河各要點安設地雷。

十日上午九時，敵機仍舊在吳淞的晴空上向我們的陣地偵察，時時以零碎的機關槍向下

射擊。敵艦三艘，在進出黃浦江口時，一共向我們發了二十餘砲，同時並用機槍向我們沿江的陣地掃射。對着這樣靠近河岸的敵艦，令人想到重砲的可愛。這一天我們陣亡的士兵一共四名，傷六名。

這時六十一師已有一團進駐楊行，他們派出一營在曹家橋，紀家橋沿蘊藻浜北岸一帶施行警戒，使我們吳淞陣地的右翼更爲堅固。

十一日早上，據第四團第三營營長梁文報告：說在蘊藻浜附近，發現敵人二千餘人，并且有一部分向右方移動。遂令梁營長嚴密注意，但後來並無變化。這天的情況，和昨天差不多：敵機三架，去來頻仍，在我們陣地上視察頗密。敵艦在出入口時，照例向我們開砲，一共開了十幾發。我們仍然有少數的戰士在敵砲下犧牲。第四團死士兵六名，還有一位排長受傷。在砲戰方面，亦正如空戰一樣，我們只有設法減少敵方的威力而已。每每在接觸時，我們便極力企圖和他們步步接近，短兵肉搏，混成一線，使他們的砲火失其效用。至於敵艦上的砲單獨遙擊時，我們只有習慣之而已，一月前後，都是這樣。本來在國際戰爭上對方還是一個數一數二的強國，但我們卻只有步

槍，機關槍，手榴彈以至於迫擊砲來守住我們最重要的要塞，這一回事，想起來只有苦笑而已。

這時我們旅部的駐在地，是在同濟大學以北，費家宅以西，東向對砲臺成爲直線的一個小村落上，名字叫大金家村，在這個小村落裏只有四五個人家，掩護在竹林裏面；但我們旅部所佔的地方卻不過是兩間極小的房子。在小房子的一角，我們挖了地窖，敵砲和敵彈來時，我們就暫時攢進地窖裏面。可是這樣的地窖，若敵彈炸在附近的地方，自然可免波及，若是不偏不正的打在上面，就只好當是活埋了！地窖只夠容兩個人睡覺，是我和丘參謀主任用的；不過有幾次滬上的民衆代表和朋友來看我們時，我們亦嘗請他們暫到地窖裏來屈膝，這是當敵砲隆隆不絕的時候。地窖裏面裝有軍用電話，我時常在那裏聽取各方面的情報，同時參閱圖樣，那是憑藉一根小白蠟燭的微光的映照才看得見的。我記得我貧苦的兒時生活，嘗有一次在山洞裏過了好些時，食野薯，飲溪水。地窖的生活使我起了極趣味的回憶。我們的護兵亦有他們自己的地窖，他們並不是想挖來避危險，簡直是挖來好玩的。

另一間小房子是我們辦公的地方，亦就是會客室（雖則是危險萬分的戰地，但時常有熱

心的同胞來看我們）那裏面只有一隻方桌和兩三條長凳而已。方桌上面除了一點文件外，是兩三罐已經開了封的冷食品。壁上貼了幾張圖表，我記得還掛了兩頂日軍的鋼帽。就在這樣的土房子內，我們高興地生活着。

那裏還有一個小廚房，但除晚上以外，是不舉火的。我們長是喫着米膏，炒米，罐頭，餅乾，牛乳，——一類的東西。這些都是愛國的民衆惠賜給我們的。他們代我們設想一些最便當最好喫的東西，使我們喫了又有氣力又高興。

但是我們並不是如何的緊張和忙碌的；自然緊張和忙碌的時候亦有，那是在我們有了殲殺敵人的機會的當兒。其餘的時候，我們倒是閒暇不過的，白天比黑夜更為閒暇。我們時常說些好笑的話來混雜敵人的砲聲；在戰壕裏的士兵更悠閒地唱曲，這是去參觀過的人都知道的。後來丘參謀主任閒空不過了，竟在地窖裏著起書來。他著的是一本游擊戰術，我亦隨時供給一點意見。砲聲起來時，他一手掩了耳朵，一手不停地寫下去。這本書在兩三天裏就完成了。丘參謀主任這本書是特為東北的義勇軍而寫的，他對於眼前在戰鬬中的吳淞倒若無其事，卻是在為東

北的義勇軍操心。

我們的政治工作人員，這時亦緊張地工作着他們在各處宣傳鼓勵，寫標語和做文章，我們旅部出版的血潮日報，在戰爭期間內，不嘗停過一天。裏面除了刊載長官的訓話和鼓勵的文字外，還撮錄每日的政治新聞和軍事狀況。許多官長和識得字的士兵們，都拿來在戰壕裏當讀物。這種工作是有相當的力量的。

砲彈亦嘗光顧到那座小村落裏。有一顆砲彈擊折了一株樹。另外在竹林裏，有一隻白山羊亦給砲擊死了。飛機嘗在上面拋下炸彈，在屋東的小塘旁炸了一個大窟，把那小塘擴充了。此外不嘗受到別的災害。屋外在向北面郊野的路口，我們築了一道堅固的防禦工事，那是預備敵人就是打到我們的面前來，亦還是有一場惡戰的。

這時在曹家渡警戒的六十一師的部隊的前哨，已經開始在和敵人接戰了。同時紀家橋一帶亦步步喫緊。一直至十二日早上，敵人愈戰愈兇，企圖在那裏強渡。紀家橋亦是我們的六十一師防地，兵力充足，可無顧慮。我們的第四團爲牽制在紀家橋進攻的敵人，分散他們的力量起見，

命迫擊砲連和第三營用猛烈的砲火向蘊藻浜對岸的敵人射擊，敵人亦相當還槍，同時敵機卽來偵察並拋擲炸彈數枚；敵艦七艘，亦在黃浦江往來移動，向我們發砲三十餘響。我們祇陣亡士兵二名，傷一名。

這一天，爲救濟閘北戰區難民起見，雙方同意停戰四小時，從上午八點鐘起至十二點止。但吳淞方面的砲聲，並沒有因爲停戰而靜止。敵機竟日飛翔，並用機槍向下面射擊。

九點多鐘時，總理夫人親來前線慰勞我們。她們在我們的土房子裏面坐着時，敵機在上面軋軋地響着。我奉陪她們在外面巡視了一週。到十一點多時，她們才回去。在田野上行着時，在她們頭上重複地飛過的敵機，曾向她們放槍。師長和丘瑞琛旅長亦來視察指點。

下午八點鐘時，吳淞鎮上忽起大火，四處延燒，我們疑心這是漢奸的賤行。在滬戰中，我們最大的恥辱，是有着許多漢奸供給敵人使用。這眞是在我們潔白的民族的靈魂上，撒了一個汙點。但這些都是一班沒有受教育的可憐的愚民，他們腦裏從來沒有國家觀念，臨時又爲飢寒所逼，所以幹出來這樣忍心害理的事。這次的事是過去了，倘如將來對外作戰時，仍然有一班所謂漢

奸，則不但那班漢奸們該殺，就是我們都得負相當的責任的。

我們派一部分的士兵，從事於救火的工作，好容易才把牠撲滅了！但是吳淞鎮上經了這些的砲火，大半都只留着幾垜土牆了！

（四）紀家橋之戰

從十一日起，紀家橋和曹家橋一帶驟形緊張，直至十三日遂激成一場酷烈的大戰。

拂曉時，敵人利用煙幕的掩護，在曹家渡一帶偸渡，因爲煙幕蔽天的關係，我們的前哨發覺時，敵人差不多已偸渡完畢了！這次敵人來攻，人數約在二千以上，是不待手即不罷手的。曹家橋紀家橋一帶爲我們六十一師的陣地，當卽奮起應戰，當時雖然發覺稍遲，但幸而未遲至使敵人有構築堅固陣地的機會。接觸一會後，我們的部隊卽向前衝鋒，企圖將敵人一氣衝退，但敵人人數既多，砲火強烈，機關槍彈如密雨亂射，阻止我們的前進。我們陸續的作了幾次嘗試，都歸失敗，犧牲了相當的力量。同時，敵人亦猛力來衝，再接再厲，我方奮死抵抗，屢次陷於苦戰。在這時候，我

們陸續增加隊伍，再次衝鋒，無如敵人據地已穩，終不得手。從上午八點鐘激戰至下午一時，槍聲未嘗稍疏，衝鋒至數十次，我們的兵士傷亡過多，形勢頗爲危殆。但我們始終採取攻勢，企圖將敵人趕回，六十一師的一二三旅，用兩團的兵力攻擊敵人的正面；一二一旅派出兩營由廟行一帶，攻敵人的背後，尚未能將敵人搖動，而敵人愈戰愈衆；我們各處的部隊，則因爲反攻的緣故，損大都很不少。激戰至二時左右，敵人聲勢愈猛，砲火加烈，更使我方難於接近。曹家橋和紀家橋都在敵人佔領之中，沒法奪回。

下午一時左右，我當令丁團派一連，前往曹家橋和六十一師的部隊聯絡，該連到達時，恰好該處的部隊正在和敵苦戰中，該連卽加入援助作戰。至二時左右，我再調第五團丁團長率所部(欠一營及一連)由吳淞向曹家橋方面，側擊敵人的右背側，企圖援助六十一師克復紀家橋；恰好這時張副師長因爲看出形勢艱難，一時無克復希望，着丁團無須開來增援；當時丁團已到達蔡家宅，遂重調回原防。

張副師長的意思是：白日反攻，以敵人之衆，頑強相持，恐怕不易得手，反損失自己的實力，所

以他計劃着一個巧妙的夜襲。晚上九點鐘時，他自已親帶了兩營人，用手榴彈和手槍，靜悄悄地往襲日軍的宿營地。整天疲勞的敵人，這時正在沉熱的酣夢中，一直到手榴彈的炸裂聲在耳邊震撼時，他們這才驚起亂竄。在白天萬分兇狠的敵人，這時才一點抵抗力都沒有。他們驚慌之狀，達於極度，只顧奔突逃命，所以不到一點鐘的光陰便完全解決了。

本來此次是可以把敵人全部殲滅的，但冥冥之中，還給他們留了一條生路：因爲這時蘊藻浜恰値潮退的時候，浜水涸淺，使他們有機會涉浜而過；在事實上他們是有一大部分逃脫的，但亦夠死傷了。特別是在黑夜裏，出其不意地攻其無備，所以戰利品非常的多。機關槍，步槍和鋼帽以及敵旗之類。

當六十一師在舉行夜襲時，我令第四團第三營和迫擊砲連，開始緊密的射擊，佯作進攻聲勢，以遙助紀家橋方面的進襲。到十時許，已經接到張副師長的電話，說是在九點四十分時，便已經把敵人全部解決了。這眞是神速之至！而張副師長的勇敢多謀，亦是不可及的。

夜襲是在我們這方面最有利的戰略，因爲一則使敵人的飛機大砲和多量的機關槍，失去

或減少其效用。二則我們利用熟識錯雜的地形運動和白天無殊，使敵人張皇迷失，進退狼狽。所以夜襲是我們制敵最妙的法子。

在這天下午的戰役中，我們委實遭受很大的損失。六十一師營長李榮熙，就在二時許的激戰中陣亡。李營長是日本陸軍士官學校的畢業生，和我同一年級的。他是一個沉着寡言實事求是的革命軍人。他平素最憎恨日本，所以這次作戰他特別奮勇，以至在前線殉難。他的死亡，委實是我們的損失。他的朋友吳營長履遜當在火線上為他作了一篇弔文，順錄在這裏：

「李營長榮熙，廣東台山縣人。民十四年，東渡學軍事，入陸軍士官學校騎兵科，十七年秋學成歸國，服務於第三師司令部（即今之六十一師）為上尉參謀。士官學生回國服務者，至少為少校；李營長受上尉職，同學多非笑之。而李營長以做事非做官，處之泰然。後以在花縣戰張發奎之役，受知於蔣總指揮，不三月，調升為少校參謀。半載後，任第六十師第九旅第十八團第三營營長。李營長沈實而能幹，其事上撫下之得體，尤為他人所不及。在校時除研究軍事外，尤注意於國際及國內政治；其論事多切時病，而結論必以中國青年宜實事求是不

可徒倘空言相勉同學同學以是多敬愛之，而許其將來必能爲中國創造一番眞正事業；今不幸竟以抵抗倭寇之侵迫而成仁，享年三十有三。嗚呼痛哉，因爲詞以哀之曰：

嗚呼，榮熙哥，你成仁消息傳來，遜不自知悲哀之何從也！國家阽危之秋，從此乃少一眞正愛國之士矣；末世道義不張，從此乃少一誠敬對友之人矣；軍隊腐敗，從此乃少一堪作模範之軍人矣；空談遍天下，從此乃少一實事求是之國民矣；自私自利滿社會，從此乃少一爲公犧牲之仁人矣！嗚呼，榮熙哥！你成仁之消息傳來，遜不自知痛恨之何從也！倭寇之兇燄未摧，從此乃少一殺敵之健將矣；國家之地位尙未臻平等，從此乃少一廢除不平等條約之鬬士矣；人民之痛苦未除，從此乃少一爲民衆謀福利之使者矣！嗚呼，榮熙哥，你成仁消息傳來，遜且悲且恨，且思而且喜也！人莫不有死，死或重於泰山，今哥之死，死得其所矣！哥之死，乃爲軍人爭人格者也！哥之死，乃爲民族求生存者也！哥之死，乃爲國家樹威嚴者也！哥之死，乃爲公理作保障者也！哥之死，乃爲正義求伸雪者也！哥之死，乃所以振國魂而醒人心者也！嗚呼，榮熙哥！中華民國之人，將因哥之死而勇敢向前流血，將使所流之血如洪水巨濤，以沖滌國家之

恥辱於無有之鄉，而使哥含笑於九泉！哥之同胞弟兄骨肉朋友，將因哥之死而更視死如歸，以覓哥未竟之志，誓將倭奴之血，以奠祭於哥之靈前！嗚呼！榮熙哥！哥其瞑目可也，哥其瞑目可也！

鄭團長爲揖亦在陣地上受傷，他受傷之後，仍舊奮勇指揮，不肯退回，後來是人家強制他睡到救傷床上去的。

敵人受了這次的創傷後，對偷渡蘊藻浜的企圖，雖然覺得是佔領吳淞最好的法子，但亦像無味的雞肋了！

十四這一天，他們採用了最安全的攻擊法：用十幾架飛機在上面擲彈，十二艘敵艦，向我們紛紛地砲擊。對於這些，我們是如常的鎮定的。只有第五團第二營第五連的連長羅彬，因爲太鎮定了，所以讓敵機炸死。羅連長當時在砲台灣附近陣地督率士兵工作；他穿的是官長的長外套，成了一個極明顯的目標，飛機在上面飛過時，他悠閒地觀玩着，不求掩蔽，所以終於遭了無妄之災。本來我們在那裏，爲求減少目標起見，官長是和士兵穿一律的服裝的；飛機來時，我們都得停

止工作，靜伏不動，或則是跑進掩蔽部裏面去的。這一天，我們一共陣亡官兵四名，傷四名。

鐵血軍亦在這天上午趕到吳淞，是師長調來幫我們工作的。後來證明這鐵血軍有很大的用處。

十五日早上六時左右，敵人便又來向我們攻擊了。敵人的用意好像是在使我方應付勞瘁，然後企圖佔領。這時有敵機十三架，不斷地在吳淞寶山一帶轟炸，同時敵艦八艘，亦一齊向同樣地區射擊。經過一陣緊密炸擊後，敵人用舢板數十隻，滿載陸戰隊，企圖在我們的炮台正面登陸。經我們擊退了，第二次又來；第二次擊退了，第三次又來。一直嘗試了十幾次，結果都被我們擊退。其實當時就是放任他們登陸，亦是在我們掌握中的。蘊藻浜車站附近的敵砲，更不斷地向我們第四團第三營的陣地轟擊，目的是在將我們前線的陣地炸壞。但除了砲擊之外，他們並不前來衝鋒。敵人的砲擊，固然能給我們以相當威嚇，致我們以相當死傷，但死傷之數，若和敵彈的數目比例起來，那就覺得微乎其微了！他們前後一總所發砲不下數萬發，但我們的死傷總算頂多亦不過二三百人而已！

敵砲一直至下午六時左右才停止射擊。我們統共陣亡士兵七名，傷官兵十一名。第四第一營的營長鄧啓炘亦受傷，當他勇敢地在指揮士兵擊退敵人的鐵板的時候。

這時廟行方面的形勢亦緊張起來了！我因爲我們守吳淞的部隊，應戰至今傷亡甚衆；但敵却正積極增厚兵力以圖襲取，爲死守計，兵力不能不加厚一點，所以請師長將第六團調回建制。旋奉師長的命令，准予調回該團第三營來吳淞增防。營長吳履遜即率所部，在十六日上午三時到達。該營卽住在離旅部不遠的費家宅，作爲該旅的總預備隊。

這天上午，方振武張子廉吳邁三先生代表民衆團體來慰勞我們，爲我們陳說滬上民衆團體的救國工作的狀况；給我們以極大的欣慰。我亦向他們陳述我們的犧牲的決心，吳代表竟至於離座向我下跪，這亦是一件使我極爲感動的事。同時我也感想到中國民衆的可憐，到底我們已建樹了什麽功績，而值得他們這樣的寵愛推崇？

十六日的情况較爲寧靜，但敵機仍然四處偵察；敵艦亦有意無意的向我們發了幾砲，那是跟着飛機的信號而發的；同時並在張華浜一帶巡視。我們照例有幾個犧牲者：死一名，傷四名。

十七日的情況一如十六日。我們陣亡士兵三名，傷一名。

大概日人亦感覺到固有的兵力不夠使用，不願意作徒然的犧牲，所以暫時靜止不動，以待他們新到的生力軍配備佈置完畢之後，再圖大舉來犯。所以雖然在靜止時，我們已先預感到更劇烈更長久的戰鬬了！

下午時十接到師長從真茹發來的命令如下：

奉總指揮十六日下午十二時命令開：

一，據確報敵金澤第九師團及久留米第十二師團之一混成旅團，由敵第九師團長植田謙吉指揮，於本(二)月十四日全部到滬，總數約三萬人，連合敵海軍陸戰隊之殘部，企圖進佔我吳淞及上海南北市。

二，我軍以保土自衞之目的，擬佔領南市——龍華——北新涇——真茹——閘北——江灣——吳淞——寶山——月浦之線，保持主力於鐵道以北之地區，迎　中閘北——江灣——吳淞方面來犯之敵，待機出擊，壓迫之於黃浦江畔而殲滅之。其兵力部署區分如左：

甲，右翼軍。

應佔領由南市——龍華——北新涇——真茹——閘北——江灣之線，保持主力於大場真茹之間，迎擊當面之敵，待機

出擊，壓迫之於引翔港方面而殲滅之；但須以一部有力部隊，死守南市——龍華，作全軍右翼之據點，其詳細之兵力部署如次：

1 八十八師獨立旅（欠古團）暨憲兵第六團，担任警戒南市，龍華，虹橋亘北新涇河以南（河屬之）之綫。但須以有力部隊，死守南市龍華爲右翼之據點。

2 七十八師（欠翁旅）暨古團担任警戒北新涇河以北亘曹家渡中山路眞茹車站北端之綫。主力控置於眞茹鎭西方附近。相機迎擊當面之敵及策應六十師（警備配備同前令）

3 六十師佔領北站——廟北亘八字橋——江灣北端之綫，主力控置於中央，迎擊江灣當面之敵，乘機向虹橋引翔港方面出擊。

4 六十一師爲右翼軍預備隊，集結於大場鎭西南一帶，以一部死守江灣鎭。

5 作戰地境，暫不規定，惟各師之左右翼須與鄰接師切實聯絡爲要。

乙，左翼軍。

應佔領江灣北端亘廟行鎭東端——蔡家宅——胡家宅——曹家橋之綫，主力控置於大場鎭北楊行鎭南及劉家行之間，迎擊由江灣北方地區來犯之敵，乘機出擊，向殷家行鎭附近壓迫敵人於黃浦江畔而殲滅之。但須以一部在羅店——瀏河——小川沙方面，担任江面之警戒，相機策應吳淞。要塞地區守備隊歸左翼軍張軍長指揮，須以有力部隊，乘機進佔張華浜車站，萬不獲已，則死守吳淞寶山之要塞，以爲全軍左翼之據點。

丙，作戰地境

右翼軍左翼軍以沈家行——江灣鎮——大場之線爲作戰地境，線上屬右翼軍。

丁，航空隊須努力妨害敵機之活動而掩護我軍之作戰，如能做到，則努力爆擊引翔港附近之飛機場及其砲兵陣地。

戊上述各部，須於明（十八）日午前三時以前，完備一切戰鬥準備。

三，本師暫古團以死守吳淞及佔領北新涇亘眞茹車站北端之線，相機迎擊當面之敵，及策應六十師之目的，其兵力部署如次：

1第一五五旅率一二兩團限本（十七）日下午十一時以前，移駐國際無線電台西端王千里宅附近爲師預備隊。

2第三團担任北新涇河（河不在內）以北亘曹家渡沿中山路至眞茹車站在內之線之警戒，並須努力加強及改良已構成之工事，右翼與八十八師獨立旅左翼，與第六團切實聯絡。

3第六團（欠第三營）擔任眞茹車站（車站不在內）以北亘大場鎮（大場鎮不在內）之線之警戒，並努力加強及改良已構成之工事，右翼與第三團左翼與六十一師切取聯絡。

4第一五六旅旅部率第四五兩團及第六團之第三營死守吳淞，並須以有力部隊，乘機進佔張華浜車站，協助友軍追敵於黃浦江畔而殲滅之。

5各直屬隊暫古團，仍照現在位置，擔任原定警戒任務。

四，通訊及聯絡：

以電話爲主，各部遵照前令及作戰計劃辦理。

五，補給：

1 糧秣，各部隊無論何時，須存貯半個月以上之糧秣，由各部隊就近採辦，若萬不獲已，由師軍需處採辦發給。

2 彈藥總庫在眞茹。

六，衛生事項：

1 各團應在前線設繃帶所。

2 師在眞茹設立野戰病院，在南翔設後方醫院。

軍隊區分表：

右翼軍指揮官第十九路軍長蔡廷鍇。

六十師

六十一師

七十八師（欠翁旅之四五兩團）附八十八師獨立旅古團

八十八師獨立旅（欠古翁）附憲兵第六團及南市一帶警團

左翼軍指揮官第五軍軍長張治中

八十七師

八十八師（獨立旅一旅）

淞滬義勇軍（現在劉河集結）

要塞地區指揮官正指揮官譚啓秀副指揮官翁照垣

一五六旅（欠第六團（缺一營））

午夜的時候，又接到左翼軍指揮官張軍長本日下午四時發於南翔的命令：

一，奉總指揮蔣二月十六日下午十二時命令（附軍隊區分）……（命令內容如上）

二，本右翼軍應佔領江灣北端亘廟行鎭東端蔡家宅，胡家宅曹家橋之線。主力控置於大場鎭北楊行鎭南，及劉家行之間，迎擊由江灣北方地區來犯之敵，乘機出擊，向殷行鎭附近，迫敵人於黃浦江畔而殲滅之。以一部在羅店劉河小川沙方面，担任江面之警戒，相機策應吳淞。

三，本左翼軍兵力部署如左：

1第八十八師（欠一旅）應佔領江灣鎭北端至周巷無名河南岸之線。右與十九軍，左與八十七師確取聯絡，惟主力須控置於大場鎭以北地區。

2八十七師二六一旅，應佔領由無名河北岸沿胡家莊至唐家橋之線，右與八十八師，左與吳淞要塞地區隊確取聯絡。第二五九旅應派兵一營歸二六一旅宋旅長指揮，其主力爲師預備隊，應控置於楊行至劉行大道上之火燒場葉陸

宅附近。

3要塞地區隊之任務，如總指揮蔣命令所規定。

4中央軍校教導總隊為軍預備隊，集結於劉行北之太平橋張家橋附近。

四，各師須於明日（十八）午前三時以前，分別與我十九路接替防務，並完成一切之戰鬥準備。（餘略）

注意：日前我軍與敵作戰，純係巷戰性質，現敵軍主力漸向北移，此後應特別注意野戰。野戰尤須顧慮敵利用重兵器，對我施一點衝破及側翼包圍。故我軍對此，須應預防，其方法如左：

1兵力配備，前線不宜過厚，須置重兵於後方，力求縱深配備，以期減輕損害而策應便利。

2散兵壕切忌聯成一線，致敵飛機易於偵察，應按地形地物分散配備，重疊構築，尤應設置掩蓋，如得時間餘裕，則增設二線三線，俾能強硬抵抗。

3距本陣地較遠之處，配設假裝物偽工事，以亂敵目而分散其火力。

4機關槍陣地，為戰線之骨幹，務必求其堅固。

5指揮之重要者，為各級官之通訊，故其設備須力求鞏固，尤其部隊與高級指揮官之聯絡，須十分確切。

這時英法美各公使的調停，顯已到了絕望的段落，政府和民眾都不能接受敵人無理的要求，倘如我們可以自動撤退，無論若干遠，倘如租界周圍可以設立中立地區，則根本就不用和敵

人衝突。我們還沒戰敗，自然不能接受這種要求；我們即使戰敗了，中立地帶的條件仍然不能接受！所以這幾天的調停，仍然是製造一場更大更烈的決戰而已。況且敵人以新增援兵之故，方想得機一逞，以洗雪以前屢戰屢敗，頻換主將的恥辱，所以這時已經有日政府當局訓令植田向我們致哀的美敦書的消息。我們這方，亦早已看出調停的決無結果，所以只是準備着來接受一場新的血戰而已。

不過，因為在調停的進行中，所以這數天來都無劇烈的戰況可言。

在師長的命令中，我們是要以有力部隊，乘機進佔張華浜車站，協助友軍以殲滅敵人的，所以在十八日的上午十時，我令第四第五兩團，各派官長偵查出擊的道路，和蘊藻浜可以渡過的地點。我們預備在必要的時候，決以第四團固守原有陣地，而以第五團（欠一營）及第六團的第三營擔任出擊。後來據鍾團長報告，說是蘊藻浜河水深約丈餘，闊約五十米突，並且對面有敵人強固的防禦工事向我們瞰制，正面極難渡過。將來出擊時，必須由永安紗廠右側及胡家宅的紅屋附近，實行強渡，比較的容易。丁團長亦有同樣的報告。我便令丁團長準備一切，機會到時，我

們便要在吳淞以外的地區活躍了！

下午四點鐘時，師長撥山砲二門，趕來吳淞歸我指揮。該項山砲在晚上九時左右到達，我當即轉飭歸鍾團長着在同濟大學西方約三百米達的一座小村落佔領陣地，準備掩護我們渡河出擊。

在十八這天晚上，軍長便接到敵方的所謂哀的美敦書了！這哀的美敦書是我們所應該記得的，所以把來錄在這裏：

「本職基於欲以和平友好之手段，達到任務之熱烈希望，茲對於貴軍通告左開各件：

（一）貴軍應即從速中止戰鬭行爲，於二月二十日午前七時以前將現擬之第一線撤退完了；於二月二十日午後五時以前，從黃浦江西岸，由租界西北端，連結曹家渡鎮，周家橋鎮及蒲淞鎮之線起算，黃浦江東岸由連結爛泥渡及張家樓鎮之線起算，各從租界境界線，向北二十啓羅米突之地域（包含獅子林砲台）內撤退完了。且在該地域內撤去砲台及其他之軍事設施，並不新設之。

(二)日本軍於貴軍開始撤退後，不行射擊轟炸及追擊動作。但用飛機之偵察不在此限。又貴軍撤退後，日本軍僅祇保持虹口附近之工部局道路地域。（包含虹口公園之周圍）

(三)貴軍第一線撤退完了後，日本軍爲確認其實行起見，派遣有護衛兵之調查員於撤退地域，該項調查員攜帶日本國旗，以資識別。

(四)貴國對於該撤退地域外，上海附近之日本人生命財產，應完全保護之。此項保證如不完全，日方當採適當之手段。

(五)關於在上海附近（包含撤退區域）外國人之保護，容另商議。

(六)關於禁止排日運動。一月二十八日吳市長對於村井總領事之約諾，應嚴重實行。關於此項，當另由帝國之外務官憲，對貴國上海行政長官，有所交涉。

如以上各項不能實行時，日本軍對貴軍，不得已採自由行動，其結果所生一切責任，應由貴軍負之。昭和七年二月十八日午後九時大日本帝國司令官植田謙吉。

第十九路軍司令蔡廷楷閣下。」

在不宣而戰已經過二十多天，戰事損失已非常嚴重之後，日人才來向我們下哀的美敦書，這是一件又可惱又可笑的事。他們的目標，不過是想向世界人士掩飾以前的敗績爲不足數罷了。其次則是想給他們以後更殘暴的行爲，作一種完全沒有理由的藉口。再次則是想對於我們一致的戰線起挑撥離間的作用。在這封哀的美敦書中，我們亦可見日人的驕誇，狹隘，潑辣和陰狠了，軍長給他們一個最得體的答覆，市政府亦給他們一個嚴厲的駁斥。這哀的美敦書的提出，只是敵人最拙劣的表現而已。但在這樣情勢之下，一場惡鬬是免不了的了。

十九日雖然還是敵人在佇待我方對於哀的美敦書的答覆的期間，但他們仍然繼續軍事的活動。早上敵機凌空偵察，在晴和的天空中向我們示威。同時黃浦江裏的日艦七艘，一齊向我們吳淞沿岸的陣地轟擊。因爲發見我們的守兵還擊的緣故，又用機關槍向岸上掃射。張華浜車站的敵砲，亦繼續地用重量的砲彈擊毀我們蘊藻浜沿岸的陣地。後來我們發見敵人有在蘊藻浜車站附近埋伏地雷的樣子，第三營便用機關槍向該處掃射，敵人有二三十人左右的死傷。我們這邊一總是陣亡士兵一名，傷三名。第四團的中校團附高強斌亦受了傷。高團附是一個極能

耐勞忍苦的軍人，這次守吳淞，鍾團長得他的協助極大。

晚上師長撥來八十八師榴彈砲二門，即轉撥歸丁團長指揮，在金家宅西端的小村落佔領陣地。

（五）二十日之戰

對於哀的美敦書，敵人大概亦知道我們不會屈服的，這不過是一種希圖捨棄責任的舉動罷了！軍長的答覆是在十九日午后七時，大概在十九日的晚上，日人便決定二十日的決戰了！

二十日的早上七時，是敵人哀的美敦書滿限的時候；就在這時，敵人傾海陸空軍的全力，向我們閘北，江灣，吳淞全線開始作總攻擊。在閘北方面，以八字橋激戰爲最烈，敵人用坦克車十餘，掩護步兵千餘人衝鋒，我們用機關槍痛快地射擊，同時並奮勇用手榴彈轟炸。並施放地雷，炸毀他們的坦克車兩輛。劇戰終日，我們的陣地全未搖動，而敵人卻受了極大的損失。在江灣方面，敵人用最大的兵力向我們八十八師廟行鎮的陣地壓迫，他們同時用坦克車，砲隊，騎兵和飛機，以

崩山倒海之勢，向我們的陣地進攻，我們方面因為兵力比較的單薄，所在陣地竟被敵軍破壞，但仍奮勇支持，至下午二時左右，我方略為向後撤退，在這時候，敵人嘗進佔江灣跑馬廳。但後來我們六十一師增援的部隊開到後，便會同反攻，於把敵人擊退殲滅之外，還奪獲得極多的戰利品。

在吳淞方面，在早上七點左右時，便有敵艦十二艘，向我們的陣地猛烈砲擊，同時敵機二十八架，亦在上空擲彈助威；張華浜的重砲八門，野山砲二十四門，又復出現，緊密地向我們的陣地射擊。這幾乎是敵人所能向我們進攻的火戰的總力量了，我們亦盡所有的砲類，向他們密密地還擊。寶山城獅子林一帶，尤為敵人砲彈最烈的地方。在這樣強烈的炮火之下，我們的士兵還能夠沈着地等待最後的結果。有一些士兵，竟因為炮火的巨聲所震至於耳聾，但由砲火所激起的殺敵緒情亦極度高張，有幾個士兵竟因按納不住，不待命令，在猛烈的彈雨中，狂呼前進。

強密的砲戰一直繼續至下午三點多鐘，這時敵人用裝甲電船三隻，掩蔽民船三十餘隻，每隻滿載陸戰隊三十餘人，在飛機砲艦掩護之下，希圖在我們炮台灣附近的江岸，強行登陸。這是我們最活動的時候，我們用強烈的機關槍向他們密密地射擊，不讓他們有接近的機會。他們的

飛機在上面所擲下的炸彈不能命中，敵艦的砲彈多半落在無效的地方，所以我們能夠鎮定地將敵人擊退，充分發揮我們的機關槍的威力。

這樣的將敵人擊退後，戰事才好像到了一個段落，但敵砲仍然無聊地射擊着，一直到晚上八點鐘時才漸漸靜止。敵人在下哀的美敦書後的全力總攻，總算是失敗了！

這次我們在吳淞方面並沒有若干的損失，只是鐵血軍在他們的駐地潘家宅，被敵人的砲彈擊中，死了四人和傷了十五人。

二十一日仍續有戰鬪；從早上六時起，敵人在張華浜車站附近的重砲，仍向我們第四團第三營的陣地間斷地轟擊。前後共發數百砲，但我們損傷微乎其微，照常靜守不動。敵艦十三艘和敵機十八架，同時亦向我們吳淞全地轟炸。戰爭至於此時，吳淞鎮以及炮台灣一帶已經是千瘡百孔，已經是炸無可炸，擊無可擊，所以敵機和敵艦的轟炸，已經是多餘的了！雖然對於民房損失難計，但對我們的戰士都極其微細。並且後來因為聽慣見慣之故，覺至連示威作用都低少下去。這種不斷的砲擊，只是表示他們沒有法子實行佔領而已。

這時蘊藻浜方面發現敵軍四百八左右，有乘隙渡河進攻的樣子。但爲我們的機關槍和步槍，不費力地擊退了他們的攻擊精神根本就不旺盛，經不起強烈的反擊，若像張副師長那樣夜襲的精神，他們是沒有的。這回的戰事，亦許給了他們以改良陸軍的很大的教訓罷！

但在下午的戰事中，我們以前血戰敗敵的第四團第三營第八連的連長趙金聲，卻終於以身殉國了，趙連長自七日戰後，晚上卽由蘊藻浜撤回，位置於永安紗廠內，沿紗廠的四週構築壕溝，並在牆上鑿槍眼，據險固守。不幸在下午三時左右，砲戰正烈時，有一顆從張華浜方面飛來的敵彈，穿過鐵窗，在廠內轟然炸裂，趙連長和他的排長劉德標及士兵六名，都肢裂身碎，血肉橫飛，至於不能辨識。尤其是趙連長自身，頭顱和四肢，均爲不知去向，無從尋獲，祇餘一段殘腔而已。

此外在這一天中，士兵傷亡的總共十二名，第三營的機槍連連長陳錫榮亦受傷，陳連長苦戰多天，功勞亦是極大的。

第三營，在守吳淞的戰役中，是居在極勞苦的地位的。他們位置在吳淞鎮鐵橋附近，沿着蘊藻浜北岸和對面張華浜一帶的敵軍相持，已經經過了二十幾天。每次敵機和敵砲——尤其

是敵砲——向我們轟擊時，多半以該營的陣地爲焦點；死傷之大，是不必說了，就是留存着的官兵，亦已疲憊不堪。十七日那天，我因爲他們的死傷過大，力量減少，而該營防線，又屬敵人進攻的要衝，所以抽調駐守寶山的同團第二營的第五連，前往增防，還沒有將全部調換。這天下午接鍾團長的電話報告，說是該營死傷已多，不死的官兵亦因爲砲火不斷地激震，精神體力，均非常勞瘁，其中有因爲砲聲的刺激而成耳聾的，有因爲奮興過度而致發狂的，許多士兵的動作都失了常態，若不調防，恐怕防務有礙等等，我當卽調第五團第三營和他們對調，並就在晚上黑暗裏祕密接換，十一時完畢。

敵人的砲火直至下午六時左右才稍爲停息，但機關槍和步槍還是繼續活動，終夜不絕。從這兩天後，一直至三月一日，吳淞方面已無激烈的戰爭；戰事的重心，和以前從閘北移到吳淞一樣的，此後已移向江灣廟行一帶我們中央的陣地了！

二十二這天，仍然有敵機十二架，敵艦七艘，間斷地向我們的陣地擲彈砲擊，但只是劇戰後的餘氣而已，但第五團第一連的駐所，卻不幸爲無目標的敵彈所中，死士兵壹名，傷一名，並炸壞

了一些武器，駐所的房屋都倒坍了。

這幾天內，即使在劇戰當中，上海的民衆代表，仍肯冒砲火的危險，前來慰勞我們，送給我們極多的過於美好的食物，並告訴我們民衆方面對內對外的種種活動，給我們以極大的安慰和鼓勵。我亦轉以樂觀的論調去安慰他們，我說中國的前途是光明的，是無限的，是鮮活的，永遠是中國人的自由的中國。我說上海的戰事，亦許我們終歸於失敗，但我們是以這一次的失敗爲將來成功的出發點的。我是一個天生的積極的樂觀者，特別是對於中國的問題。愈壞的情勢，愈使我相信中國已經接近復興的階段。

我和許多熱心的民衆對談時，激昂的時候亦有，但總是歡笑的時候多。我們在土房裏促膝面談，常有說不出來的歡快，忘記了外面隆隆的砲聲。民衆的代表初進來時，他們或則是讚美我們勇敢，或則是勸請我們珍重，但後來他們什麼話都不說了，我們只是歡快地談些關於中國人如何偉大的話。我們談起胡阿毛（大概是廿九那天），他才是一個眞正的勇士。我們談起在前線的官兵如何在壕裏唱歌，如何酣戰，如何受傷不肯退卻……甚而至於談到漢奸，我們亦還是

心滿意足的民衆對於漢奸如此其痛恨，足見他們的愛國心是如何的高漲了，我記得有一次，我和幾位先生暢談之後，我們覺想到大家喝一點酒這回事中外的新聞記者向我們探聽最詳細的戰況，他們回去後把新聞放大起來，對於我們過分的褒獎；影片公司要我們去上鏡頭。我們覺是鬧熱得不得了。我很想說出守吳淞是我生平最快樂的時候。拿一件事來證明，在那時我們雖然沒在工夫來講究喫的事情，並且時常是冷食的多，但我覺是喫得非常壯健，有點近於肥胖。現在我們從戰爭的緊張中弛緩下來了，應當可以休養一下；但我的體格和精神，都覺得大不如前，我彷彿嘗做錯了什麼事，嘗失落了什麼東西，我實在比在吳淞的時候瘦了許多。鍾團長和丁團長都有同樣的感覺，他們亦都說還是在吳淞的時候愉快，我們的軍心從未嘗有那樣地親切緊密地團結着的。一種同生同死的決心和願望，把我們維繫着，不論是官長，不論是士兵，大家把生命交換看守在這種精神狀態之下，無所謂痛苦，無所謂艱難，無所謂懦怯，這是一種精神的勝利，眞正的喜悅，爲我們在平常的生活中所不能發覺的。

二十三日的情況無多大變化，仍舊是敵機擲彈和敵艦發砲而已。敵機一共是六架，在晴明

的天空裏往來瞰視，牠們顯然是找不到正確的目標，所以總共只拋下了二十多顆炸彈。在下午時，敵人一共向我們的陣地發了三十多砲，我們傷亡官兵六名。對於敵機的炸彈和敵艦的砲火，似乎成爲我們的便飯和茶水一樣了，每天都得領受多少的。

在敵人的砲兵和敵艦向我們轟擊時，我們自然亦相當還砲。但後來我們發見還砲的結果，還不如不還砲的好；因爲一還了砲，敵人便有了假定的發砲的目標，而將砲火集中向我們轟擊：每每在發了一兩砲之後，在我們砲兵陣地左右，便來了一陣密如雨點的敵砲。再者，我們的砲火的威力是很單薄的，到底未能給敵人以巨大的創傷，所以還是不如不發砲的好。以前師長嘗撥來山砲二門，就是因爲發砲的緣故，被敵機敵艦作爲標的，損失頗大，計陣亡四名，傷十一名，所以這天我命令他們歸回建制。

但這時在江灣廟行方面，卻是激戰最烈的時候，日人集中武器和兵力，企圖佔領江灣廟行，以達到他們在閘北和吳淞所未達到的目的。昨天從午前三時戰起，今天從拂曉起，均血戰竟日，戰事的暴烈，遠過於吳淞閘北者之上，特別是在廟行鎮附近的決戰。

二十四日仍然是一套舊戲，從上午八時起至下午五時止，敵機間斷地在我們陣地上空偵察，先後共擲下炸彈二十餘顆。敵艦二十餘艘，向砲台灣附近發了三十幾砲；並忽然用機關槍向該處沿岸掃射，歷二小時之久。這天我們陣亡士兵二名，傷的亦二名。

在廟行鎮方面，今天上午較爲安靜一點，大概敵人因爲廿二廿三兩天的損失，不能不從事於補充和佈置了。但在下午情勢又復緊張起來，連接着二十五這一天整天的大戰。

二十五日，吳淞仍然無激烈的戰事：敵機和敵艦卻是照常活動，從上午六時起，敵機十四架，向我們的陣地上偵察，擲彈和開機關槍。敵艦八艘，向我們間斷地射擊。敵人的意思，只是在向我們瞰制罷了。這天第五團的士兵死傷各四名。

因爲敵兵驟增的緣故，廟行鎮的戰況，在二十五這天非常緊張。事實上，我們的兵力是不夠分配的，但敵人的援軍卻源源而來。下午五點鐘時，接到師長的命令，把第五團抽調開赴大場鎮東南二千米突的夏家宅，爲師的預備隊。我卽飭第五團將防務分別移交第四團和第六團的第三營接替，趕緊開赴夏家宅。這時我們吳淞的陣地區分如次：

一，以第四團之第三營接防第五團第二營之陣地。

二，以寶山之第四團第二營，（欠一連及機關槍一排）接防第五團第三營之陣地。

三，以第六團第三營接防第五團第一營及第四團第三營在泗塘河左岸之全線。

四，以第四團第二營之一連及機關槍一排，固守寶山城。

五，前撥第四團第一營為預備隊之第五團第三連，歸還建制。

六，鐵血軍担任寶行路趙家木橋至火藥庫一帶之陣地。

從這樣的佈置就可知道我們當時兵力的單薄了！但敵人已把全部的力量向江灣廟行方面攻擊，吳淞方面已居在次要的地位，所以我們終能繼續守衛，一直到撤兵的時候。

第五團調開後，我命各部特別注意戒備，嚴密地監視敵方的活動，因為敵人仍然有隨時窺襲吳淞的可能，而我們的兵力又異樣單薄。

第二天，就是二十六，我調上海市民義勇軍——（二百餘人，雜槍五十餘枝）——前往守衛寶山；城而把原來在該城守衛的步兵一連和機關槍一排，除留步兵一排協同市民義勇軍固守該城外，其餘的都調歸建制。同時又調大刀隊四十餘人歸第四團第三營營長梁文指揮，準備

和敵人肉搏。又由八十七師撥借自動步槍十枝，每營配備二枝，留二枝爲旅部預備隊：這總算在可能的範圍內增加吳淞的兵力了。在這樣單薄的兵力配備之下，是全憑一個犧牲的決心來鎮攝的。

以後的幾天——廿七——廿八——廿九——都沒有什麽變化，每天只是敵機的偵察和擲彈，敵艦的發砲和機關槍而已。廿七日我們祇傷士兵一名，廿八日傷亡各一名，廿九日傷四名，都是第四團的。敵人卻在這個時候大增援軍，他們的十一師團和十四師團均陸續趕到，白川大將亦在這時到滬，這是他們第三次的易帥了。

但在廟行方面每天都在劇烈的激戰中，敵人除把全力來攻擊我們中央的陣線外，復一再增援，使我方陷於苦戰。自從二十五日起，我們每天都有嚴重的死傷，雖然在陣線上還無若何嚴重的變化。關於江灣廟行一帶血戰的詳情，我們可以在軍部編修的戰史中看見，我這裏只想略說一說我們這一旅一部分參加該處作戰的經過：

我們的第五團在二十五日奉命開赴大場鎮東南約二千米突的夏家宅。第六團（欠第三

營）亦在二十七日下午十二時由眞茹開抵大場東面約一千五百米突的孫家宅附近。這時我們的一五五旅已經在燕毛灣，楊家橋，夏家蕩，廣肇山莊一帶加入作戰了。

三月一日上午九時左右，敵人又沿小場廟金穩宅一帶，開始向我們中央陣地總攻，起初仍用飛機和重砲向我們陣他轟炸，隨後便用坦克車掩護步兵衝鋒，激戰至十二時左右，我們一五五旅的陣地差不多全爲敵人所摧燬，而敵方的炮火又一陣一陣的加烈，敵兵向前線衝進的愈衆，這時幾有全線動搖之勢。就在這時候，五六兩團便奉命歸一五五旅黃旅長指揮，以第六團推進至孟家角方面，第五團則由大場鎭前宅推進至談家宅。

第六團進至孟家角時，正值該處敵人砲火最烈的時候，奮戰近一小時，頗有損傷，同時我們第二團在楊家樓的陣地，亦被敵人突破。第一三兩團在夏家蕩和廣肇山莊等處的陣地，因爲受右翼的牽動，亦紛紛潰退，敵人便乘勢渡過小河西岸，進佔談家宅，孟家角的一部。這時張團長君嵩令他的第一營由孟家角北端前方，第二營由孟家角南端前方，一齊向楊家樓下方面增援反攻；同時第五團第三營奉命歸張團長指揮，已開到孟家角附近；張團長卽命該營由孟家角正面，

協同第六團第一第二兩營，向前猛衝。旋又加上迫擊砲連在孟家角附近佔領陣地，向敵方猛烈地射擊，掩護我們的步兵前進。這樣一直激戰至下午二時，才將敵人擊退至小河東岸。第二營克復了楊家樓下，但因爲屢次衝鋒均冒越過敵人猛烈的炮火，傷亡極多；第一營亦克復了孟家角被佔的一部。二時十分以後，爲指揮的便利起見，第一團全部便撥歸張團長指揮。

當第六團在進行克復孟家角和楊家樓下時，第五團團長丁榮光在牆前宅令他的第二營向談家宅正面，第一營連接第二營左翼，向前衝鋒，激戰至二時二十分左右，第三團全部又撥歸丁團長指揮，和敵人肉搏數次，終於在四時半左右由第二營將談家宅陣地克復。

這時我們的陣線又恢復了嚴密的連絡了：一五五旅各團及五六兩團的陣地，從談家宅，孟家角，楊家樓下至燕毛灣，連成一線。但和敵人的陣地非常接近。張團長和丁團長這時正想在五時左右，全線舉行反攻，企圖克復今早夏家蕩，廣肇山莊原有的陣地，但因爲黃旅長命令在原地固守，遂將計劃打銷。

就在這晚上十二時左右，因爲中央左翼的陣地，在敵人額數多出我們一倍以上的主力加

緊壓迫之下，開始潰退，全線遂呈動搖之象，遂致向第二道防線總退卻。

六　三月一日

三月一日的上午九時，敵人向我們全線開始總攻後，吳淞方面仍然遭受敵機敵艦的轟炸；不過敵人進攻的焦點是在廟行一帶，吳淞方面不過佯作進擊，以為牽制之計而已。

十一時左右接到第五軍部參謀處通報轉到左翼軍指揮官張軍長治中從劉行發來的命令如下：

一，敵有一部由七丫口登陸，似有擾我側背之企圖。

我四十七師之一部，由黃渡向太倉方面前進中。

2 本軍目的，在使敵立足未穩之前，在瀏河口北地區將其撲滅。

3 着宋旅長希濂率所部兩團，由現駐地經劉行羅店向瀏河前進。

4 軍校教導總隊應固守瀏河，并以一部在茜墩營嚴密警戒，俟宋旅到達後，即歸該旅長指揮。

5 獨立旅傅團應以一部在楊行北端，並派一小部進駐月浦鎮，向獅子林砲台方向警戒，與我駐在盛家橋教導總隊部

二營切取聯絡。

敵人從瀏河登岸以襲取我們的背側，這是我們所極關心防備的，但因為兵力不敷分配的緣故，瀏河方面這時竟是非常空虛若敵人大部從瀏河登陸的企圖達到時，我們便沒有法停留在第一道防線上了。

在吳淞方面，敵人的砲火，多半集中在寶山和獅子林之間。至下午四時左右，敵人突用鐵甲小汽船三隻，掩護民船三十餘隻，向寶山城東門進襲，企圖登陸，來勢極為兇猛。這時我們那裏只有上海市民義勇軍二百餘人（槍五十餘）和步兵一排，極力和他們對抗。激戰一小時以後，義勇軍雖然奮勇異常，但火力終較敵人薄弱，形勢漸趨危急。我聞報後，急令第四團第二營調兵一連（欠一排）附機關槍二挺，自動步槍二枝，用汽車趕運至寶山增援，義勇軍亦拚命助戰，終於將敵人擊敗，狼狽退去。

下午八時，奉到左翼軍張軍長電話，着我們準備撤退，並說敵人確已從瀏河登陸。我即轉飭各部隊將所有預備彈藥，米糧，行李，材料等，先用汽車運回嘉定。

在這時候我們的痛楚是不問可知了。吳淞方面的兵力已單薄到無可爲戰的地步，——我前面已經說過——守和不守都是一樣的了！

旋接到張軍長九時半發於劉行的命令：

一，奉 總指揮電令本軍於今晚變換陣地，以備與敵作長期抵抗。

二，本左翼軍應撤至馬陸鎮——嘉定——太倉之線，佔領陣地。

三，八十八師經由馬橋宅——陳家行——廣福南部——馬陸鎮——嘉定之道路，集結於嘉定到達後，應警戒馬陸鎮——嘉定城——朱涇村之線，在翼軍須與右翼軍聯繫。

四，八十七師孫旅附山砲營（欠一連）經由唐橋——劉行鎮——廣福北部——大橋鎮——沈家木橋——嘉定城——婁塘鎮之道路，到達後應警戒朱涇村——婁塘鎮——西竹橋之線，右翼須與八十八師聯繫。

五，八十七師宋旅及教導總隊，經由劉河——陸渡橋向太倉集結，應警戒西竹橋——橫瀝橋——太倉城——西湖川塘之線，右翼須與孫旅聯繫。

六，獨立旅第一團附山砲連及教導隊總隊第三營，經由楊行鎮——羅店——嘉定——外岡鎮——蓬閬鎮（太倉西南約六千米突）在蓬閬鎮集結待命。

七，獨立旅第二團應逐次在劉行鎮，羅店佈置警戒，負有掩護收容本師前線各部隊之任務，俟全部通過羅店後，即經由

嘉定外岡鎮至錢門塘鎮集結待命。

八，七十八師蔣旅經由楊行，羅店，嘉定在嘉定集結，暫歸俞師長指揮。

九，各師撤退時務須派出有力後衛作逐次抵抗，其抵抗線如左：

第一抵抗線：馬橋宅——廣橋——劉行。

第二抵抗線：廣福——羅店。

十，各部隊應於本日午后十一時開始撤退，不得私自提早。

上面的命令到後，我即飭各部隊遵命撤退，部署如下：

一，敵以優勢之兵力向我正面猛攻，另以一部約四五千人在瀏河登陸攻我側背。

我軍爲避免我敵決戰，決於本日下午十一時開始撤退至黃渡，方泰，嘉定，太倉之線，待機轉移攻勢。

我右翼軍沿鐵路撤至黃渡，方泰之線。我左翼軍沿瀏太路撤至嘉定，太倉之線。

二，本旅遵命於本晚十一時開始撤退，經楊行，劉行，羅店至嘉定城暫歸八十八師俞師長指揮。

三，撤退之部署如下：

1 第六團第三營及鐵血軍，應於十時半開始撤退。

2 第四團除應派排長一員，率自動步槍四枝，在鐵橋既陣地，掩護主力撤退外（該排須至十二時後，始可撤退，如敵

來攻，應以猛烈火力阻其渡河。所有主力，於十一時開始撤退。

3 寶山上海市民義勇軍及第四團之第四連，除留排長一員，率兵一班，附自動步槍二枝，在寶山掩護主力撤退外，（該排長至十二時後始可撤退）其餘均於十一時撤退。

4 高射砲連統於九時五十分先行撤退。

5 工兵排，應將沿途橋樑，於我主力撤退後，即破壞之。

四，各種彈藥米糧材料，先用汽車輸送。

五，余在吳淞旅部，十一時乘汽車赴嘉定。

就照着上面的部署，我們的隊伍開始漸次地離開我們一月來奮鬬犧牲拚命守衛的吳淞在這裏我必須說明的，就是我們在撤退時的意識，一點亦沒有攙雜着戰敗的心理，我們只是認爲戰略上所必要的陣線的變更，如其我們認識這次的撤退爲最後的戰敗，則我可以說我們決不是這樣做的。慷慨赴死，這是我們從戰爭開始時便抱有的態度，我們決不肯於苦戰逾月之後，在一息尙存之前而對於敵人作退讓之舉。所以這次的撤兵，在事實上，只是一種持久抵抗的表現。

使我們最爲感動的，是有幾位民衆代表，覺至用最誠懇最動人的態度，請求我們保全實力，徐圖後舉。我知道他們在說着這些話時，是血淚交并，悲憤無限的。親愛的同胞，你們對我們的用心是無所不至了！你們的悲憤寃抑無窮的慘痛，我們也是了解的了！你們請我們珍重，我們接受了這種美意；我們亦想轉來請你們珍重喲！國家的艱難，民族的困厄，是要你們來解脫的，你們的責任比我們的更大，力量比我們的更多。戰敗是我們起初就預料到的，但我們終於合力認眞地戰了一次，這就是我們的成功，這就是我們的勝利喲！在我們和敵人關係的總賬上，這次的戰爭，應該歸在勝一方面呢，還是應該歸在敗一方面呢，我們現在還不嘗知道。但我們所知道的是我們已經向勝利途程上走近一步了！這次的撤退，在你們眼裏看來是失望，是可痛，是恥辱，你們的熱情是極眞潔的；但是你們的願望卻是太高了！你們希望在中國眼前的情勢，一舉而擊敗強敵，實際上沒有這麼便宜的事！至少至少，恐怕我們亦還要有兩次三次的失敗，來把我們磨勵訓練的！我們的積弱的債是要若干數目的犧牲去抵銷的，而現在我們已經先付了若干了，我們還要繼續努力去把牠付淸就是。所以對以前的事件，我們無須乎悲痛和嘆息，只要我們樹立了堅忍

的意志，勝利決不是別人的喇！

這天晚上十時，我們的各部隊便開始先後撤退，至第二天早上六時左右，先頭的部隊已到達嘉定城了。俞師長便命令我們在嘉定東門沿北門至城外朱涇村一帶，佔領陣地，構築工事，繼續抗戰。

我這時下各部命令如下：

一，敵有向我追擊模樣。

八十七師在婁塘鎮朱家橋至太倉一帶，佔領陣地。

八十八師在東門右側沿南門至馬陸鎮一帶，佔領陣地。

二，本旅以協同各師拒止敵人，固守嘉定之目的，決於東門沿北門城基至朱涇村一帶，佔領陣地。

三，各部之配備如次：

1 第四團應派兵一連，附機關槍二挺，在登橋鎮佔領前進陣地，掩護主力佈防；其餘由東門沿北門之城基至朱涇村佔領陣地，構築強固工事，惟北門城外至朱涇村，至少須一營兵力配備之，左翼并須與婁塘之八十七師部隊聯絡。

2 第六團第三營及各義勇軍，集結於東門城內為預備隊，并須協同第四團構築工事。

3八十七師之高射砲二連,歸同建制;八十八師之一連,在城內佔領陣地,担任防空。
4米糧應準備十天。
5交通網如另紙,限卽日完成之。
6余在嘉定城內旅部。

關於我們撤退時,還有一個很奇妙的誤傳,報紙都加以記載,而外間亦相信是那樣的:當時第四團有一部分及掩護部隊,因爲失了連絡的緣故,走錯道路,誤向瀏河方面前進,隨在那裏和敵人相遇,引起一場意外的激戰,在敵人方面以爲受了我們的暗算,非常慌亂;在我們原不預期作戰,所以亦未作何巨大的企圖;但兩方一直激戰了四個鐘頭。敵人因爲出其不意,始終有些怕害,不敢進迫,我們亦因爲人數過少,所以終於脫離了敵人而囘頭向嘉定退卻,一直至二日下午一時才達到嘉定。後來人們以爲我們是故意去和敵人痛打一陣之後,才從容撤走,但實際不是這樣。

三日下午奉師長的命令:開至方泰鎭歸囘建制。我們於四日上午六時到達,卽在該處佈防。

四日下午又奉命開至崑山集中,我們在五日下午六時到達。

七日又奉命開至六涇村，為軍預備隊。

這幾天內前方仍然有小接觸，敵機亦仍然向我們這邊擲彈，但戰事是可以講到了一段落了。敵人宣稱他們的目的已達，（？）無再向前推進的必要，我們除一面積極準備和迅速補充外，暫時亦沒有大規模反攻的計劃。

以上是我們這一旅作戰情形的報告，雖然想詳細敘述，但仍不免有許多遺漏的：譬如那些有特別戰績的戰士們，便一時來不及倩人敍寫，祇好俟詳細調查之後，再列冊留念。許多民衆代表對我們的贈言訓語，亦不及錄在這裏。有一件事我要特別聲明的是：這篇血戰回憶錄是一篇報告，寫給許多寫信向我們垂詢的朋友和各界同胞的。這裏頭決沒有宣傳的作用，更不想提出什麼主張，只是在有些地方略抒個人的感想，以與同胞們互相勉勵而已。

總計這次戰役中，敵人由我們這一旅所受的損失：在閘北方面死的約五六百名，傷的約千餘名；在吳淞和蘊藻浜方面，死傷約七八百名；在江灣附近，死傷約三百餘名；合計約二千餘名。此外在閘北為我們炸燬鐵甲車六架，可惜因為車身笨重的緣故，不易移動，後來仍給敵人運回去。

飛機一總爲我們擊傷四架，另外還奪獲了好些軍械。我們這邊，在閘北作戰的第五第六兩團，共陣亡官兵一百一十八名，傷一百九十五名；在吳淞方面第四第五兩團及義勇軍等，共陣亡一百九十五名，傷一百六十八名；在江灣附近方面，第五第六兩團官兵，共陣亡一百五十九名，傷二百零五名，合計共陣亡四百七十二名，傷五百六十八名。

我們所遭逢的敵人，在閘北的是海軍司令鹽澤所轄的海軍陸戰隊，共三千五百人；此外還有巡洋艦四艘，驅逐艦八艘，砲艦三艘，航空母艦一艘，飛機約一百架，鐵甲車十餘架。在吳淞方面的，陸軍是久留米混成旅團長下元熊彌所轄二十四旅，人數約一萬，附海軍陸戰隊的一部分；海軍是鹽澤所率的第一遣外艦隊和野村所率的混合第三艦隊，共約四十餘艘。飛機無定，大概後來敵人在滬作戰的飛機，當在二百架以上。在江灣附近和我們第五第六兩團作戰的，爲植田謙吉所轄第九師團的一部分。

還有一件事我們要注意的，就是：十九路軍撤退之後，牠的心理狀態怎樣呢？因爲退出了戰爭的漩渦而慶幸麼？因爲經過長時間的苦鬬而沮喪麼？因爲損失過重而嘆惜麼？因爲爭鬬失敗

而怨憤麼?!不十九路軍撤退以後，時時刻刻在準備着更大的戰爭，他們不是怕戰而是怕不戰，不是怕犧牲而是怕沒有犧牲的機會。他們戰後的實力，比戰前更堅厚，精神比戰前更高旺。他們沒有什麼損失，作成了幾千個以身殉國的軍人，這斷斷不能算是損失，這應該說是獲得。他們亦決不會怨憤，因爲他們用遠大的眼光，看到將來最終的勝利。

其次他們亦不嘗因爲獲得了民衆的同情和擁護而覺得驕傲和自滿。民衆的同情擁護祇使他們覺得慚愧，使他們更加警惕，鞭策他們自己向前努力。但這一點的確是他們最大的慰安，最大的快樂，最大的光榮。

順把撤退的通電錄在這裏，作爲結束：

中央黨部國民政府鈞鑒各報館全國民衆鈞鑒：我軍抵抗暴日，苦戰月餘，以敵軍械之犀利，運輸之敏疾，賴我民衆援助士兵忠勇，肉薄奮鬬，傷亡枕籍，猶能屢挫敵鋒。日人猝增援兵兩師，而我以運輸艱難，後援不繼。自廿一日起，我軍日有重大死傷，以致傾全力於正面戰線，而日人以一師之衆，自瀏河方面登陸，我無兵抽調，側面後方均受危險，不得已於三月一日夜，將全軍撤退至

第二防線，從事抵禦。本軍決本彈盡卒盡之旨，不與暴日共戴一天，浴血陳詞，尚祈亮察。蔣光鼐蔡廷楷戴戟暨全體將士叩冬。

七 以後

滬戰裏面的是非曲直，中國的民衆是了然於心的；不單是中國民衆，國際的人士亦是了然於心的；歐美不必說，就是一部分腦經較爲清楚的日本國民亦還是了然在心的。中國的民衆因爲自身存亡的關係而採取了自衞的立場，國際的人士亦因爲他們本身的利害關係而採取了種種的立場。是非曲直儘管了然於人心，但利害得失才是決定他們行動的標準。所以中國的民衆若想依賴國際的援助而取得自身的解放，這是錯誤的。事實上已經一再證明，國際的盟約等於具文，國聯的決議案等於廢紙，但錯處不在盟約和決議案自身，錯處是在於強蠻的破壞者，尤其錯的是中國對於這些盟約和決議案沒有恰如其分的認識。藐視固然錯，過分珍視以至於完全靠恃亦是同樣的錯。中國的問題，只有中國人能解答；中國的艱危，只有中國自身才能挽救；中

國民衆的冤抑，只有中國民衆自已才能洗雪；中國的命運，握在中國人自已的手中。中國的民衆，只有從自己的覺悟和奮鬭中，才能獲得自己的自由和幸福。中國人應該向世界顯示他們獨立的精神，顯示他們的自尊心和自信心，顯示他們創造一個新國家的能力。這是我們應當覺悟的第一點。

本來，一個國家而頹敗至於別國敢來肆意壓迫，一再凌辱，這與其說是壓迫者的強蠻，無寧說是被壓迫者的卑怯。我們與其激烈地去咒詛日本人，倒不如深刻地來責備自已。我們有着優越的人數，雄厚的資源，爲什麽不能造成一個強健的國家，乃至於無時無刻不在強暴者的襲擊凌辱之中。既被凌辱襲擊矣，爲什麽不能抗戰，爲什麽不能抗戰而勝？既然不能抗戰和抗戰而勝，則我們的國土便只有讓人割奪，我們的同胞便只有任人屠殺！但我們爲什麽又不願意？不願意便只有戰，只有戰而勝！難道我們眞的要坐在砲火硝烟之中，靜待和平和公理來救援？若說我們眼前力量還不夠，還不能用武力來和強敵相週旋，這倒是眞的；但要有這樣的覺悟就可以，不要等到第二次以至第十次的壓迫來臨時仍然沒有抵抗的力量！準備戰，準備武力的自衞，這才是

有爲的國民所應當做的唯一的救國工作。我們動不動以愛好和平誇示於世界，但我們實在並不愛和平，我們以兇猛的內戰驚震全人類。我們眼前誇說愛和平並不是光榮，而只是表示我們卑怯和長於說謊。愛和平將成爲一種光榮，但那是在我們有了充分的武力可以自衛之後。我們讓外交家在國際的坫壇上去講，但我們民衆卻應當講如何充實我們的國防，如何建設盛大的軍備。至於一班高談世界的公理和人類的正義的，希望用這種正義和公理來拯救中國的危亡，那亦自有他們旣高且遠的見地；不過因爲太高太遠了，我們站在地上的人的耳朵是聽不到的。我們願意正視眼前的事實而不願徒作遼遠的幻想。正義和公理亦存在的，但牠們正如一束美麗的香花，在病室裏點綴是很好的，但治不了病。這是我們應當覺悟的第二點。

我願意相信，中國是在一步一步的向上的，惟其如此，所以帝國主義者的壓迫亦是一步一步的加緊，非把我們抑沈下去不可。我們將奮起自強，使帝國主義者相顧失色呢；還是萎靡不振，讓他們生呑活剝呢？我們決不能仍舊昏憒無知，麻木不仁，企圖糊糊塗塗地再渡過一個世紀，我們確已臨到生死存亡無可假借的時候，但是我敢說，我們始終並未下過救亡圖強的決心！不，我

們老是雍容自在，好整以暇，任何嚴重的禍難，任何深刻的恥辱，不嘗使我們眞正覺悟，不嘗使我們痛下奮鬪的決心。事變發生時，我們便張皇無措，徒然發出哀音乞憐求救，不一而足，幾幾乎以受凌辱爲光榮，事變一過去，我們又依舊擺出大國民的態度，依舊過着駝鳥式的生活。我們不嘗下決心，亦不曉得怎樣去下決心。我們的古人曉得十年生聚，十年教訓，我們卻連這個亦不曉得。

九一八事變以後，我們的政府已經一再宣示長期抵抗的決心了。長期抵抗的實現，實在是救國的無二法門。救國的事業決不是一朝一夕所能完成，我們決不能妄冀以一年半載的努力來振起深沉久積的頹唐，所以我們的抵抗是長期的奮鬪，不斷的奮鬪，上下一致的奮鬪。我們固然希望政府的宣示不至成爲空言，但實行起來，還是在我們民衆。如其我們能因滬戰的激刺而痛下抵抗的決心，滬戰便是我們一劑起死囘生的良藥，這是我們應當覺悟的第三點。

滬戰的經驗，是一個積弱的國家所能碰到的最深刻的教訓；這裏面所包含着的意義和所表現出來的事實，是強者對我們亡國滅種的預告，是強者對我們非人類的待遇，是極端的輕蔑和極大的侮辱，至於殘暴和野蠻都在其次。我們是應當有所覺悟了！我們若再沒有徹底的覺悟，

不痛下眞正的決心；若再不由這種澈底的覺悟和眞正的決心，進而爲實際的準備；則事變之來，只有一次比一次地嚴重，終於使敵人的輕蔑和侮辱成爲有理由的舉措。我們只有以事實來對抗事實，不要讓人家把事實來擊破我們的空論。

我在前頭說過，我是一個積極的樂觀者，我相信在中日一切爭端的總結賬中，我們將無疑地得到最大最後的勝利。我亦說過，滬戰的失敗，是我們將來成功的開端。我深切地這樣相信着，並且憑着這個信心去奮鬬犧牲。我願和我們愛國的同胞互相盟誓，我們以犧牲奮鬬的精神，共同來創造獨立自由的新中國。

附表一

中華民國二十一年一月二十八日至三月七日 第七十八師第一百五十六旅死傷表

區分		旅部	第四團	第五團	第六團	總計
戰鬪參加人馬	軍官	20	89	94	117	320
	准尉士兵	63	1536	1444	952	3995
	馬匹	5	5	6	10	26
死	軍官		3	4	8	15
	准尉士兵		135	69	175	379
	馬匹		3	1	5	9
傷	軍官	1	7	6	16	30
	准尉士兵		114	148	274	536
	馬匹				1	1
生死不明	軍官		1			1
	准尉士兵		34	40	78	148
	馬匹					

備考：A戰鬪參加人員共計官兵四千三百一十五人 B死官兵三百九十四人 C生死不明官兵一百四十九人 D負傷官兵五百三十六人 E表外尚有上海市民義勇軍三百一十八人鐵血團二百七十三人 F又鐵血團死團員一人傷十五人不列表內

附表二

中華民國二十一年一月二十八日至三月一日第七十八師第一百五十六旅武器彈藥損耗表

種類	區分	隊號	旅部	第四團	第五團
消耗	彈藥	步槍	500	76192	82753
		自動步槍		16988	12395
		駁壳槍		4875	7042
		輕機關槍		2350	1370
		機關槍		37680	48950
		步兵砲	6	841	204
		手榴彈		1395	1186
		曲尺手槍		140	
		碳架手槍			
		刺刀			
		烟霧彈		15	86
		手機關槍	300		2132
損失	武器	步槍	1	39	68
		自動步槍			
		駁壳槍			4
		輕機關槍			
		機關槍			1
		步兵砲			
		手榴彈			
		曲尺手槍			
		碳架手槍			
		刺刀		92	102
		工作器具			72
	彈藥	步槍		63800	
		自動步槍		5520	
		駁壳槍			
		輕機關槍			
		機關槍			
		步兵砲			
		手榴彈			
		曲尺手槍			
		碳架手槍			
		刺刀			
		烟霧彈		30	

第六團	計	備考
227230	386675	第五團尚有消耗左輪手槍彈七十一顆未列入本表內
21604	50987	
3282	15599	
	3720	
97550	184180	
178	1223	
1758	4345	
303	433	
55	55	
	101	
	2432	
129	227	
1	1	
	4	
3	4	
1	1	
	194	
	72	
33000	96800	
	5520	
10000	10000	
540	540	
300	300	
75	75	
	309	

附表三

中華民國二十一年一月二十八日至三月七日止 第七十八師第一百五十六旅擄獲表 二十一年五月十一日 旅長翁照垣

種類	區分	員數	備考
俘虜	軍官准尉		槍彈軍帽第六團第二營所獲現槍彈留該部軍帽留旅部備用車係第六團通訊排所獲即留該排備用
	士兵		
戰利品	馬匹		
	槍	六五步槍一枝	
	砲		
	槍彈	九十顆	
	砲彈		
	器具		
	糧秣		
	其他	單車二輛 銅軍帽一頂	

跋

夫國家之強弱，所肇端者甚繁，所影響者至鉅，而要不能不求之於武備。蓋武備之跡，垂竹帛者，固在戰役；而武備精詣之所寄，則正求諸內心。蓋惟國人富有民族之精神，愛國之思想，而又深之以學養者，言治軍始有法度，言戰役始克制勝。非常之事，以屬諸非常之人。吾儕研治史乘，景仰前徽，凡可歌可泣為國家之砥柱，振民族於垂危者，攬其遺事，莫不振奮於千載之下。乃自世會今昔，曩習不作，苦於銷沈者，亦復歷有年所矣！

溯自客年九一八之役，中宵變起，不崇朝而屏藩盡失，疆土易幟。運籌帷幄者，徒事從容；職領師干者，未及固拒；國人痛心疾首，冀有以一擊而未獲其機緣，坐使世界人士，羣相驚異，敵焰益張，事機益迫。蓋信由乎此，雖亡國可立而待，即亡種亦正計日以俟也！國家為民族之所托命，國家危急，即民族表示其精神之時。乃徒有呼號，不聞勵秣，負其使命者，固無所逭於責任之間，即民族爭

存，亦豈容膜視於一息之際？卒也，戰雲益惡，浸浸自東北而及於東南。一二八之夕，以上海為中外具瞻之地，亦不恤於一逞。當是時也，苟再無民族之英雄，充愛國之思，竭盡責任之所及，則傳檄而定，不堪設想之結局，亦是在意計之中。乃十九路軍振臂一呼，雲合響應，浴血應戰，固其金甌。於是全國人士，亦復簞食以從，率心效死。戰至經月，寰宇為之震撼，敵勢於以少挫，及於斡旋，始復行成而十九路軍之以戰於淞滬者，戰強敵，以存上海者，存國家，其豐功偉蹟，視諸前烈，何以遜讓？蓋中國之苦無抵抗於外族者已久，迨至今而轉移風會，亦庶幾不謂秦之無人矣。

淞滬戰史，詳於報章，垂諸汗簡，無俟贅辭。乃翁旅長於事平之後，復以當日所涉歷者，一一筆之於書，凡數萬言，題曰淞滬血戰回憶錄，以申報月刊甫經刊行，流播綦廣，於是屬為刊布，報紙屬史家隸乙部，方其血戰之際，國人罔盡其智能，以欣佇厥功矣。茲者復以別梓見屬，此適私心所竊願，爰付手民，單行問世。讀者亦固且由此以進窺當日戰爭之跡象，謀劃之周詳，而民族精神之勃然湧現於行間字裏，國家不亡之維於苞桑，所謂頑夫廉，懦夫立者，將於是乎覩。國人更且循是以作愛國之思，以圖抵抗之計，則此書之出，固不僅為淞滬血戰之信史，而且張我方興之勢，以圖

與邦於憂患之間。開其先河，作其民氣，胥且由是覘之矣。

申報不敏，從事者六十年，日日思進步，以求饜於國人。近茲月刊之發行，年鑑之編纂，卽欲盡日報之所不能盡而自冀於有統系之信史，其尤有不能盡者，分別輯爲叢書，竭同人之心力，以應世界之環境。維日方新，讀者固已鑒其微恉矣。今者幸得回憶錄別梓以行，卽列之爲叢書第一種。竊冀此後國運之日隆，武備之整飭，將以此役爲轉移，而申報之以月刊及叢書與世人相見者，亦惟以民族之精神，愛國之思想相淬勵，則同人所孜孜以求者，亦或終有圖成之日，欲以此爲嚆矢焉。

中華民國廿一年十月松江史量才謹跋

中華民國二十二年一月一日初版
申報月刊社叢書第一種

淞滬血戰回憶錄

每冊實價大洋四角

著者 翁照垣
羅吟圃

發行者 申報月刊社
上海漢口路二十四號申報館

發行所 申報特種發行部

印刷者 美成印刷所
上海東熙華德路餘慶里

分售處 各地申報分館及各大書局

滬戰中的日獄

滬戰中的日獄

李浴日著

上海神州國光社刊

序一

他能囚你的身，
不能囚你的心。
他能縛你的手，
不能縛你的口。
他能折你的膝，
不能折你的筆。

你歸來了，
你帶了血和淚歸來，
你帶了北四川路的祕密歸來，

他們捉了你這個囚徒，
反是他們極大的損失。

胡懷琛作

一九三二，五，卅。

序二

這次，各朋友都以為我死了。——日兵是那樣的兇殘，炮火是那樣的猛烈。不然，為什麼事變後的三十多天中，絲毫得不到我的消息？（且登報徵求、）倘是逃往了別處，也應接到我的信。

焦急，嘆息，悲哀充滿了他們的心房，有的竟至洒了許多苦淚，尤其遠在南天的家人朋友，以致屢次在沉痛中斷了炊煙。

其實第一二次如為日兵搜查（清華）所得，或轟進拘留所裏的炮彈是開花的，燃燒的，那也早已逃不出他們的所料了。然而事出奇特，在他們焦急到最高度時，在死神的千萬層包圍中，我是生還了，焦頭爛額地生還了。使他們「狂喜，」使他們「狂叫。」

為了酬答朋友與家人，為了激勵全國同胞及引起世界人類的注意，我纔寫這一小書。

它——這一小書如今是寫成了。因爲腦力的衰敗，時間的有限只得粗造地簡略寫成。關于獄中的慘相，我所說及的只限于二月十二以後的，二月十二以前的更慘，可惜我沒有見到。但我也不因受了虐待，而說也一句不合事實的話。

胡懷琛先生爲本書作序，特此誌謝。

一九二三，六月二日

浴日識于上海。

目次

滬戰中的日獄

一二八之夜

天是這般的陰沈，風是如此的凄厲，病態的太陽西斜在四十度的時候，跨出上海日本語專修學校的大門，北四川路已是人滿了。人如怒潮般的洶湧，成千成萬的頭顱在攢動，嗡嗡的音浪，突然變成雷鳴般的。塵埃滾滾地從脚下沸起，街上好像罩着一層濃密的霧瘴，空氣的窒塞，幾同那熱霧瀰漫的織布工場，一種擁擠的情形，打破了北四川路史的紀錄。

他們有的扶老攜幼，有的肩挑手提，有的擠在包車上，有的塞在汽車裏，形象不一而足，個個的神情是驚惶的，狼狽的，宛如「喪家之狗，漏網之魚」，擾擾然向着租界湧進，爭先恐後的把華界丢在後頭，從這點，更見「租界的天堂，華界的地獄」。

兩邊的舖門，有的照常，有的關起，有的半開半閉僅留一小縫在看熱鬧不知他們會起了什麼異樣的感覺。一面跑，一面看，在愼安坊口不期而遇着一位久別的P君，他指證這次南京政府如何如何的不敢抵抗，他推論這次戰爭如何如何的不會爆發。揮手指着那向租界奔避的人們嘲道：

「這是庸人自擾！」

好一個針鋒相對的評語，我也嘖嘖地共鳴。

同時，轔轔的兵車，一來一往的擠過人潮，不斷地放出悠長的警聲，像是奏着遠征的號角。車上的日兵，個個的槍上上了明晃晃的刺刀，有些擎起手槍槍口對着行人的頭顱，胸膛，背脊。威風凜凜，殺氣騰騰，想立即征服了吞噬了這半殖民地的人民。

日本小學校站在我的面前了。校門壘起沙袋，守着頭戴青黃色鋼盔的衛兵，兇光四射，猶氣逼人。校內架着一堆堆的步槍，累着一堆堆的子彈。街的一邊集着人羣在昂頭偷覷，無異雞之伺蛇。行行重行行，將近大日本海軍陸戰隊本部時，天已昏黑，四圍朦朧，隱約

祇聽見那邊陳滿了鐵甲車，坦克車；呼喊聲，吆喝聲一陣陣的刺耳而來，這個宇宙幾爲肅殺之氣所充滿，我便掉囘後轉的大舵。

這種種都是暗示着只一過了「卄四小時」大禍大患就要降臨了。兇虎毒龍就要張牙舞爪了，強者對弱者就要揭開盜匪的面具了。

雖然，但我以爲我們的政府是「禮讓爲國」的，絕不會抵抗，過去在東省，天津，青島，福州，廈門，汕頭等處所表演的事實，卽其鐵證。而且上海的金融資本又是他經濟的基礎，源泉，那更沒有抵抗的企圖，準備，可能。

因之，中日兩方這次「戰爭之酒」也絕不會熬煮出來。

所以我當時是很鎭定的，認爲沒有他避的必要。

吃了晚飯，囘到原所——淸華寄宿舍，（在東寶興路口）聽見賬房處人堆裏發出一種「不怕不怕」的歎聲，走近一看，他們是圍着看時報號外，原來是晚該報關于此次事件的大意是說：——市府接受日方四項要求，空氣已轉緩和，圓滿解決。雖然我是在憤

慨但是我的心田却更鎮定了避的意識也更逃跑得精光了。全宿舍的人們個個的理智都爲牠所支配空氣亦由緊張而趨于沉寂。

在房裏放靜心頭，把大石龍基的張學良行狀記試譯完了今日的學良一節，掉頭望鐘，牠好像主席樣站在臺上報告我已是十點五十分了。

「睏吧！」睡神這樣命令着。

我睏了。但翻來覆去，總是睏不着。想起今天街上的情景，想起民族的生死關頭，想起一霎時，什麼思想的江流都奔到腦海來，正想奮力驅除之際，忽然拍拍拍拍拍拍拍拍蓬蓬蓬蓬蓬蓬蓬蓬蓬的槍聲破空而起，集成驚人的巨大的聲浪，擊破了上海和平的幕蓬，掀動了太平洋的驚濤駭浪，撕碎了九國公約，非戰公約，國際盟章。

全宿舍頓然陷入慌張的狀態，我好像觸着電流一樣，跳出牀來，走下二樓，在近太平門之樓梯處，職員室裏，已是黑洞洞了、但還在附近着，賬房老板驚慌地吩咐茶房去把寄宿的人一一從夢中打醒叫出，統共四十餘人，

電燈以報紙籠罩着，灑下淡黃的光波，映照到人們的面孔，個個的面孔更顯得慘淡，悽青有的還說，有的那說，聲浪很低，令人辨不清音符。過了兩個鐘頭，我站起伸一伸懶腰，接着脚輕輕地爬回四樓，試從窗外向南一望；不料；那邊已是火神在跳躍了。火光燭天，在火光下，特別顯出那座教堂的巍峨壯麗。

隆隆的砲聲也在空中怒吼了。戰神的巨爪，抓遍了整個週遭，火的燃燒，鐵的表演，交相織成恐怖的魔網。浸在「平靜無事」的海上已久的我們，如今一陷此境，儼若迅雷不及掩耳，不由你不眉鎖神驚，不由你不心寒胆散。弄得大家當夜非獨不敢逃，而且不敢睡，而對面的坐着，坐在樓梯上，坐在樓板上，駡時報的駡時報，駡政府的駡政府，駡武人的駡武人，各在自己的生活史上著作這「一二八之夜」的一頁。

初次搜查

天是破曉了。日光藏匿，風雨交作，颯颯然，滴滴然，其聲憤怒，憂愁，悲悽，像是哀憐我們

的無辜被困，像是唾罵日寇的無理野蠻。

街上的日兵，給風雨的侵襲，好像落水雞一樣。晴後，凡屬「島人」的住家商店，全掛起紅點白底的太陽旗，劃清彼此的界線，對面「料理」店（即菜館意）的東洋女郎——粉糚玉琢，花枝招展，憑欄在眺望，在哈哈笑；笑，你笑吧！這是你笑的黃金時代。

誰都知道，商務印書館，東方圖書館是中國唯一的文化機關，在中國現代學術史上教育史上盡了浩大的使命，貢獻靡鮮的。不幸，這時就在日寇的飛機恐怖下犧牲了。圖書化作蝴蝶，到處飛舞，散佈天空，這是深深地給與人們一個最難忘而最悲痛的印象的！然而于此吾人不能不拜服日人的智慧。他不先覓別的炸燬，開始就炸燬此文化機關。他深明智識的重要，他很怕中國人的智識提高，他將使中國人的「智識亡國」。

事態愈趨險惡，不由你束手無方，問題火急似的催着人們求解決，于是便發生了一種「出去」的主張，隨着發生的就是一種「不能出去」的主張。

（1）出去的主張是以賬房老板為代表的。

（2）不能出去的主張是以我們數人爲代表的。

主張出去的理由：以爲此地危險，也沒有東西吃，（但有米）必須到租界去。日兵總有點人道主義，不會枪殺行人。主張不能出去的理由：以爲（一）東西南北作戰——日兵，——老靶子路的鐵門也必已關，不能通行。（二）槍聲厚密有流彈光顧之虞。（三）——日兵不會來搜查——，的縱來搜查，他雖野蠻，但我們無抵抗的坐着，總不會加以非刑，故現在不能出去，唯有靜待機會。

兩方會起了激烈的論戰，各不相下，下午二時，在賬房老板的領導之下，是出去十餘人了。這十餘人臨去的時候，個個皆如驚弓之鳥，面容變成青白色，恐怕這就是他們的死神降臨前的徵兆吧！

二時過去，三時來，三時過去，四時來，突然擂鼓的搗門聲，便像風暴似的捲上樓來，分明的——日兵是要來搜查了。嚇得大家脚忙手亂，烏奔鼠竄，有的躲到房裏去，有的躲到後門去，有的躲到屋頂去，我呢？獨自躲到廁所裏去。

因我以爲他來搜是暫時的，必不會在這裏大便。而且他又是生疏的異國人，也不會注意到廁所。

淸華寄宿舍的總廁所是在三樓的，內設三個新式小便池，三個新式大便間。每個大便間沒有全門，中間只掩以一扇二尺高的百葉門。我是躲在從廁所的大門進去的最末一個大便間，身朝右，坐在抽水馬桶上，傾耳而聽。

獸兵像奔牛般的一羣羣跑上樓來，大加搜索，把躲得不密而無抵抗的同胞捉着十多個。一個同胞大罵道：「東洋鬼！你爲什麼捉我？你爲什麼……」聲音尖銳而憤激。

「去！

去！

去！」獸兵強推下去，拳打脚踢，至今事實告訴我，他們此去就與世界永別而含恨九原了。

房門一個個的搗破，玻璃窗一個個的擊爛，他——獸兵又從房內搜出衣服一條條

的扯碎好像這些東西也有罪的。全宿舍為這種破壞的暴音所充滿，我幾疑地球是給他毀滅去了。

出我的預料，獸兵們絡繹地到廁所小其便來。兩方距離不及半丈，硬皮鞋聲密如雨般在交響，四圍被其震撼，搖搖欲倒。緊張，恐怖，生與死間不容髮。

但他却不向大便間搜。但常人在小便之後，往往洗手的，若獸兵在小便之後，又到水喉處洗手，那也只可如魚之上釣。

因為這個大便間是靠近水喉處的。

灰色的夜幕漸漸展開了，獸兵也與盡而去了，我也算越了一個難關。站起身來，偷偷地向窗外一望，什麼都沒有，只有啞口無言的天空高伺着我，只有巨魔般的建築物對我站着，只有兇器的冷氣直侵入我的骨髓。

逃入C商店

週身盡爲黑暗所包圍，伸手不見指，窗外鳴着嗚嗚的北風，好似戰鼓的告急，不由你不焦灼的。

「何處躲避是好？」自問。

「Ｃ商店呢！」從新加以考量後，便從那裏爬出，爬到前樓，在街外射入一綫慘淡的火光下，只模糊地見衣物狼藉，房門倒臥，路中擁塞着大批破碎的東西，空氣冷到攝氏寒暑表的冰點以下，一點兒聲響都沒有，全宿舍的沉寂，雖那堆在荒野裏的古塚也不過如是，一種淒涼慘切的情景，眞令人欲哭無淚

爬到二樓的近太平門處，將窗打開，便實行Ｃ商店的逃入。

逃入Ｃ商店的策略，乃我昨夜躲在樓梯處，心中以爲戰爭苟這樣延長下去，寄宿舍是含着充分搜查性的，第一道防線——清華如陷了，必須有第二道防線的退避，這樣決定下的。這窗處與Ｃ商店的距離，纔以天井，闊度在六尺以上，中間若沒那層牆壁的作橋樑，那也只可徒呼奈何！

因為黑暗把兩眼變做得如「捉迷藏」只得機械地就脚一路到處坐下。這處是C商店置在樓梯上的一大木箱，箱上疊着多紥的硬紙，崎嶇不平，儼若山路。伸手摸得一枝長七八尺的木杖往下一探，莫得其底，深不知幾許，彷彿置身高啞峭壁，下去不能，動了不得。同時，又因幾天沒有一點食物入口，「餓火中燒，饑腸轆轆」已達于最尖端，店內無人，莫可誰訴。「長夜呵！你何時是旦呢？」只是這樣的苦悶着。

肉搏了，手槍聲，步槍聲，機關槍聲，手溜彈聲在交響，響得很密而很近，似山崩又似海倒，分明是—日軍進攻，我軍抵抗了。原來帝國主義踏入第三期崩壞的絕途，為苟延殘喘計，便變橫地向弱小民族進攻，弱小民族也不得不拼命抵抗，冀獲一線生機，于是戰雲瀰漫了。在戰雲瀰漫之下，弱小民族總是遭殃的：無數的生命被屠殺，無數的財產被焚燬，聞所未聞的殘酷，見所未見的悲慘。

響，響，響，地下的老鼠也給這音響弄得驚惶不定，唧唧的奔來走去。

天空纔現魚肚白色，響聲就漸漸地岑寂下去。我為饑餓所迫，從箱上到地下，在廚裏

發現了十多個雞蛋，一筒紅棗，這時，所謂「失節事大，餓死事小，」于我完全失其制裁的力量，立刻把雞蛋煎了五個，紅棗也吃得只剩一墩核。

太陽快要西斜的光景，忽然，從街上送來數陣國語報數的聲音：「一二三四……一二三四……一二三四……」隨着是歡笑聲，鼓掌聲。我滿以爲這必是我軍殺進來了，民族殷紅的血浪淹沒了黑暗的暴力了，被困在核心的我也可以解圍了。很欣喜地爬到窗隙處向外一窺，不料，竟得其反，靑黄色的鋼盔還映着日光在街上驕耀着，嚇得一跳。

坐臥不甯的又過了一夜，早上燒了幾個雞蛋吃後，（我也放下六角錢）便從那邊取來一塊松板放在冰冷而汚穢的地上以當席坐。人當無聊時總會追憶他的過去的，我在追憶的結果，更證實人生是走曲線，不是走直線；一九二三年受危于故鄉的土匪，一九二五年被押于C城的S.P.，這算是我過去的生活走進曲線的兩高峯。如今呢？怕走進最高峯吧？不，生命已危在旦夕。

生命危在旦夕——死，本沒有什麼可怕的，因爲人總不免一死。不過我以爲死，應在

抗日的最前線而死，應化身到東京去刺殺策謀併吞中國的軍閥而死，應……

——「還有人在裏面嗎？還有人在裏面嗎？」日兵（或浪人）敲着商店的大門急問。我的思緒頓爲打斷，我的血脈突呈緊張。同時，覺得這一定又是「不祥之劇」的序曲，便飛一般地奔回原所——清華清華寄宿舍。

奔回寄宿舍

剛跨進寄宿舍的樓梯處，意外的迎面的遇着四位同舍的朋友：一是L君，一是T君，一是W君，一是K君，相見之下，說不出的歡喜，好像脫了虎口相慶甦生似的當時，我身上還穿着中褸與西裝，他們說這是智識份子的裝束，東洋鬼最恨智識份子的，智識份子有殺頭之虞，不待回聲，T君便閃電般到房裏摸來一件黑色而樸實的長衫遞我換上，于是我便像另一個人——商人了。我平素是不主張穿長衫的，到這時也竟穿而且很快的穿起來，足見環境力量的偉大。長衫要在這時發揮牠的威力，長衫將在這時表現他的戰功。

「那天東洋兵來搜，你們是躲在那裏？」我細聲地問。

「就是躲在這裏。當時，太平門倘被他揭開，那我們也老早化成『骨灰』了。現在躲在屋頂的那塊地方還有六七個『三魂蕩蕩，七魄游游』的茶房。」W君答。

「你躲在那裏？」

「廁所裏。」他們關不住笑門，哄然一陣。

「唉！」W君又對我慨嘆說，「現在中國人的地位都比不上紅頭阿三了，紅頭阿三現還可以在街上來往搬東西，我們呢？一見卽殺，昨天從這裏逃出去兩位朋友，都給獸兵砰砰的槍殺了。」

獸兵槍殺那兩位朋友，當我躲在C商店時，也曾聽到的，那幾門槍聲響得特別低特別近，隨着槍聲，就是一陣哭聲。

一天，二天，三天沒得米飯見過，大家宛如飢鷹餓狼。W君以我來而增了勇氣，又硬着頭皮到各房裏搜，雖搜得一些肉乾，花生米，太古方糖等物，但「杯水車薪」怎能越過飢

餓的壕塹?!正在力圖問題解決之際，忽然聽到隔壁地下自來水的灌注聲，爬到窗邊一看，乃是一個老媼（及數個小孩子）在取水燒飯。大家不禁狂喜，徵得同意後，便交她些米，託代煮熟。

飯入吃了數盌，其味津津，遠勝新婚初夜的甜蜜。太陽勞碌了一天，疲倦地隱息在山的背後，周圍又回復黑暗的狀態了。我伸頭到天井裏向上望，一顆星斗的閃爍也不見。雪花好像機關槍似的掃下來，似示我們前途的不堪設想。

我們在黑暗的掩護下，可以就寢了。大家回到職員室裏各就床沿坐下。

「我看中國眞要亡國呵！你以爲怎樣？」W君悲哀地說。

「說起亡國，在我們這個不長進的中國已不是奇特的事，差不多變成家常便飯了。中國自有史以來，不是亡過兩次嗎？——一亡于蒙古，一亡于滿淸。而且歷代都有外族的侵逼，如黃帝之于蚩尤，唐虞三代之于獫狁獯鬻，秦漢之于匈奴，晉之于五胡，隋唐之于突厥，回紇，宋之于契丹女眞，一直到現代之各帝國主義。」我解釋說：「中國過去爲什麼陷

于這種悲慘的命運呢？因爲中國是一個農業的民族。農業區與游牧區相鄰，則游牧民族對農業民族的征服是常見的而且是必然的。只就能力說：游牧的生活是轉徙的生活，所以行動止宿皆有嚴厲的紀律，善于作戰。而農民則分散，遲鈍，不善于作戰，兩相比較，誰勝誰敗，不待智者而知，何況支配着社會的士大夫階級又只是「尙淸談」「講禮讓？」：：。到了現代，工業國家征服農業國家又成爲定律。像今日的中國，尙未從農業國家的胎殼裏蛻化爲工業國家，致受帝國主義的侵略，弄成經濟的破產。經濟既破產，于是建築在上層的政治文化亦受其影響而趨于破產，總之，現在擺在我們的眼前的，那一件不是破產，所以中國眞有亡國的危險呵！」

W君唯唯無言，我跟着又解釋說：「但今日的中國爲什麼尙未能完成一個新式獨立的自由平等的國家呢？一言以蔽之曰內亂造下的惡因。我們試看日本之所以有今日的強盛，莫非由于明治維新後，沒有內亂。俄羅斯之所以有今日的進展，聲威震懾了全世界資本主義的營寨，亦莫非由于一九一七年大革命成功後，沒有內亂。中國呢？自民國成

立以來，無一天不在打仗卽無一天不在鬧內亂。內亂是斷送國家的暗礁，內亂是挖掘自己的坟墓，所以今後的中國第一步不能做到消滅內亂，則什麼興革也必無從談起，唯有踏入朝鮮，印度，埃及的覆轍。

疲倦之火在燃燒，精神不能支撑下去了，就權在這裏鎖起話匣。倒身床裏去，外面雖響着一些疎落的砲聲，但舍裏却依然靜蕩蕩地祇有隔壁大自鳴鐘很神氣地在奔赴牠的循環的前程。

再次搜查

太陽從地平線下爬起，東半球又囘復光明的狀態了。我們為光明所壓迫，只得重行腐集那狼藉已像猪欄般的樓梯處，吃了老媼代燒的飯後，大家就談天話地以消磨這悶死人的無聊時間。到了下午約在初次搜查時分，日兵的獸性又大發了。硬皮鞋聲像羣馬亂跑般拍來，給與我們的戰慄，無異晴天霹靂平地風波。

K，T，W三君慌忙地他避，我獨和L君就近攢進一小暗窩，這小暗窩小如鳥籠。且堆着許多破舊的東西如電線白鐵桶小糞箕之類，兩人擠在其中，偪促着全身感着異樣的不安。響是絕對禁忌的，L君本患咳，到了這時，好似樂器斷了絃無形地宣告絕奏了。

大旋風般的情勢，比初次更嚴重更緊張。除獸兵外，還有浪人。浪人各持一根粗大的木棍，個個變成了發狂的瘋狗，到處搗毀，聲震如雷。忽然，我們所恃以防衛的太平門「砰」的一聲也被搗破了。兩方距離不及一丈，好像我們只有「坐而待縛」的一途。

他們往來門前，這樣歡呼，那樣狂嘯；強盜本性，畢露無遺。

但却不進來搜，也不從樓上下來搜，留下我倆千鈞一髮的生命，或許他們的眼睛因給陽光弄花了，及窩口處雜物狠藉，沒有注意到罷。

同時，雲連清華的一行商店通遭洗刧，代我們燒飯的老嫗及數個小孩子也通被擄去，老嫗臨去的時候，哭聲震地，慘不忍聞。隨後就有數門槍聲傳到我們的耳鼓，這也許又

是製造了天地間幾條冤魂！

老嫗畜有一雞，也被浪人捉去，雞聲咯咯不止，似爲主人鳴不平，又似爲自身死期將至的哭訴，一種悲憤的音調，也要使我灑下數行熱淚。

獸兵和浪人陸續退後，暮色也來了。我們又算越了一個難關。L君爬出後，我稍作一停，思來想去，認爲此地已是十二萬分不可居，突然中印同盟會就從我的下意識躍起，但達到該會的路線，前後已是不成，僅有屋頂一條。在黑暗裏摸到四樓，打算爬將過去，剛撥開晒臺門的一半，針尖似的冷風就迎面刺來，流彈似的雪花也跟着枉顧，全身頓起抖顫，雙手快快地插入褲袋，只穿襪不敢穿鞋（怕響）的雙足也畏縮不前，眞令人要叫「上天無門，入地無路」了。頂不住這樣的威脅，只得退回，在職員室裏模糊地見K，T，W三君尚存，內心一喜，據說他們當時就是躲在這裏的牀下。

自經這次暴風雨後，大家更恐懼更不安了。

每天像老鼠般的躲在職員室裏的牀下，這牀下是黑黯的，陰鬱的，穢汚的，頭尾暨有箱籠，偶一不慎就會撞響，只得如死屍般的躺着。而且，天空裏從太陽一起就有軋軋的飛機在頭上徘徊，像是擲彈；太陽一落就有轟轟的砲彈在跳舞，屋宇幾被震塌。地下每有嘩嘩的鐵甲車在街上爬行，像是指揮地震；屢有浪人到裁縫店裏磅磅的挖掘，着身的樓板幾被鑿穿。緊張，暴厲，恐怖，形容不出的阽危，我們的靈魂險些給牠嚇脫軀殼。

數天中是不敢離開房門一步的，——除萬不得已的大小便外。每天只得咀嚼賬房剩下而帶油臭的炒米及齩緊牙關吞些冷水，所以時時都陷在餓鬼的環攻中，想吃不得的下意識與時俱增，于是無夢不夢着吃飯。

數天後，炒米是告罄了，時時受着饑餓的鞭笞，同時，自經「再次搜查」後，也不聞有日兵的重來，恐懼的情緒也減退了不少，于是我就和T，W二君分途偷偷地到各房裏尋覓生活資料，當時的情景，眞令我疑是回復了原人時代的狀態。

找了許久，毫無所得，「唉！這是魯孫濱的荒島麼？」我心中嘆了一嘆。

然而「天不絕人，」最後竟發現了兩枝油燈：一枝是火油的，一枝是火酒的；前者尚盛滿火油，後者也盛滿火酒，且附有兩罇滿谷盈的火酒。狂喜地拿了回來，大家莫不眉飛色舞，像農夫之于大旱後的甘霖。

每天燒兩頓，這樣的吃了兩天，第二天早上又擬繼續進行，潛到水喉處取水，唉！水是流不出來了，水喉是「斷絕交通」了，不禁爲之惘然。獸兵！獸兵！這自然又是獸兵的恩賜。

水是多麼重要的東西呵！現在我們既然斷絕了水，那麼再隔幾天，即不死於槍彈也將死于乾涸。

爲對于水打開一條出路，乃從房裏拉出一條大纜把T君吊下隔壁尋取，不料彼此同遭了一樣的摧殘，落得冒險地空幹一場。

張皇，失色，絕望充滿了各人的心房。想起各房的暖水壺，將牠搬來，所得亦極乎其微。

祈天下雨嗎？而雨乃是自然現象的因果關係的產物，縱有古代雨師之術，也不中用。

畢竟人對于自己生活的變化是無從測度的；像「一二八」事件未爆發前，我們總想不到會有今日的被困，被困後，我們總也想不到會有此時的水慌。又像面盆裏剩下的洗面水是舉世無人吃的，也是我們平時夢想不到會吃及牠的，但是現在竟吃起來了，到各房裏捧來吃起來了。這水儲積已久，面上浮着一層微塵，底下沉着一層穢垢，汚濁不堪，幾同陰溝裏的一樣。但事也奇怪，用這水煮熟的飯，大家竟覺不到任何「異味」，反而狠呑虎嚥起來，大概是餓的緣故吧。餓，餓，餓的砲力是無邊的，會使你吃樹皮，草根，泥土，像西北的難民；也會使你做賊，如我們之潛到鄰家偷年糕，偷臘鴨，偷鰻魚乾。

水，這種水也只有數頓的用量了。

終于被擄了

時日的須知，是現代人一樁最切要的常事。所以鐘錶，日曆就像水銀注地般流行了全世界。

可是，我們自陷入這困境後，對于這常事的工具就無形地宣佈了絕交。時的方面，已回復了太古人只看日出日入的狀態。記日的方面雖不願獸頭獸腦地摸仿太古人的結繩，但已只憑每天腦筋積累的記憶。日，「一日如年」到了今天，算來是二月十二了。天天都像跪在聖像前般期待天日的重見，結果却是一天失望一天，痛苦的表度也一天增升一天，身若火焚，直要撞死壁上。頭癢得利害了，晨光熹微中，我到了四樓拿篦一梳，連梳十多次，那糞土般的頭殼垢物，好像雪花似的紛紛降下，每次篦齒裏都滿夾着成斤成兩積成一座小邱山。拿鏡一照，驀地撲來個怪相，惘然半晌，靜神一看，他的頭髮蓬蓬地的面容悽瘦，似囚犯，又似乞丐，「唉唉！我怎麼變成了這樣了呢?!」

自火的問題解決後，我們每天的燒飯：

一在曚朧的淸晨，

一在黯淡的黃昏，

從未敢破例。但以「日久胆壯，」及附近戰線的消沉，今天的晚飯却是不然，我和TW兩

看看太陽西斜未遠時已到四樓燒起飯來當時黃金色的陽光照澈大地的一切，無暗不逃，無微不見。兼之，汽爐又在發揮牠的像風叫般的烏烏聲，似乎向日兵打無線電做報告。我們早已吃驚，早已覺得危險了。

吃了飯，我們又演個破例，三人很寫意地坐成鼎立形閒談。T君是貴州人，我和W君是廣東人，我們對于這一個西部「謎省」的貴州這一個仍然停滯在中世歐洲社會狀態中的貴州，原已感到無量的興趣，故這次所談的多關于此，其要者記之于下：「從貴州到上海，費時一月，路費將近百元。貴州的青年多抽鴉片，（出產鴉片極多，廣東常有人結隊成羣往購。）暮氣沉沉，醉生夢死，來上海讀書者鳳毛麟角。貴州沒有什麼工業，交通也阻塞到十二萬分，所以從前有個西洋人從香港到貴陽開設代售汽車公司，購者寥寥，落得關門大吉。也有個東洋人來擬做生意，給大家抵御得垂頭喪氣而跑。全省的人口，苗人有三分之一，他是中國的主人翁，勤勞而忠順，耕種漢人的田，訂過繳多少租穀，就繳多少。不似一些漢人的橫生枝節，時打折扣。他也有種着我的田，（T君的田。）常送我豬子，肥

雞及雞蛋之類的東西。我有時下鄉，（卽到苗人的家裏。）在城裏購了幾角鹽及幾角錢磚糖送他他就不勝歡喜。漢人很看不起他，鄙笑備至，如某縣的苗人，因脚上有些紅赤色，遂賜以『紅雞』的徽號。他們的藝術，如跳舞，音樂都很好，有一種樂器發出四種佳音。「苗文極難懂，有個牧師將牠讀通，把全部聖經譯成該文，用以宣傳」

談聲夾着笑聲，約有半小時，倦意爬遍了每一人的週身，便卽閉幕。我起身到前樓窗邊伸頭向街外想探個動靜，眼光剛一落在站得像殭直的死屍般的一日兵身上，那休息了多天的樓梯就像前兩次一樣「磅磅」的響將起來。嚇得大家倉皇失措，全身每一細胞都在抖顫。「唉唉！這次怕免不掉了，免不掉了！」

我會着T君急忙地躲到四樓一架牀下，連呼吸都不敢出聲。俄頃，一兵靜悄悄地進來把牀布輕拂了一角，毫不聲張的拆回去。這時，T君滿以爲他是看不見的，不勝心喜，乃用脚尖擦我的衣身，表示勝利的獲得。忽然，一陣亂雜的皮鞋聲破空而起，擁進一羣獸兵，如臨大敵似的，六七把雪亮的刺刀斜對着牀下，喝聲震天動地。

「先生呀我出去我出去」事是壞了，T君一面說，一面向外爬。我呢？不用說，當要附其「驥尾。」

努力生命的掙扎者五人，這次被擄了四名。（L君獨免，後我們十多天才被擄。）出到樓梯處，受了一番搜查，只是摸有否手鎗的搜查。我本帶着四元上海紙及六十元香港紙的，料他貪心難免，祇從褲袋裏掏出小小的部份——四元，獻他的面前說：「我別沒什麼，只剩下這幾塊錢。」這幾塊錢，一被他看見，登時就不翼而飛。

離了清華，我們突被勒令抬起雙手作平直綫，于是寂寞荒涼的街上平添了四副「十字架。」一兵跟一個，惡狠狠地注視着，並擎起殺人的利器若就若離地對準着後腰，在在緊張，處處恐怖，到「屠場去吧！」這時我的意識差不多完全集中於此了，腦筋變得混混沌沌，差不多什麼都忘記了。只有只有這一詩，平日所傾嗜的詩：

「千鎚萬鑿出深山，　烈火焚燒若等閒；
粉骨碎身皆不顧，　祇留清白在人間。」

曾模糊地掠過我的腦膜。心中想：「死就死。」

K，W兩君垂頭不言，唯有T君哭喪着臉不斷地乞求道：「先生救我！我是貴州人。先生救我！我是……」獸兵呢？個個一聲不響，只見板起獰惡的獸面，只見露着兇殘劊子的氣燄。

由寶興路轉入克明路不遠，被押進一不知名的日軍辦事處，廳裏出來幾個穿西裝的倭鬼，他們是負着搜查及訊問的使命的，所以有個先問我說：「你認識東洋人？」我答：「認識一個，他的大名叫做×××先生，住在日本滬上青年會。」大概他也認識的，獨對我不大搜查，六十元港紙仍得依然如故。停有數十分鐘，見交了一小張呈報單於押兵後，大家就動身了。

克明路住着不少的日軍，民房作兵房，每個弄堂口皆守着頭戴鋼盔猩猩臉醜惡兇頑的獸兵，我們經過其旁，個個目眦盡裂，對之作猙獰的嗔視。

踏入血腥的北四川路了，日寇的鐵蹄踩躪下的北四川路啊，你是死去了。鋪門緊緊

地關着有些被搗得一塌糊塗，煙囪噴不出煙了，像是斷了呼吸的僵骸；失播的路上拉圾縱橫，無異一條淤塞的河面，殘破的廣告旗隨風飄盪，似乎揮着招魂的幡子；什麼都顯得淒冷死沉，充滿着荒涼的空虛，巴黎的繁都呢，羅馬的廢墟呢？

改作「大日本上海憲兵本部」的日木小學又映入我們的眼簾了，內有兩座洋樓：一是四層的，位置在前；一是二層的，位置在後，獸兵的手段是神出鬼沒的，初時他把我們剛押進前者橫門之口，即令止足，只聽得裏面乍斷乍續地響着一種怪聲，究是什麼，莫從想像。停一停，突然又押到該樓之後；停一停突然令我們站成一排，緊面着牆壁，情形極其怪異，在沒有軍事知識的我們，（而今知那是屬于「小動作。」）怎不叫人疑是打靶的凶兆呢？說也奇怪，這時我們所聽見的，如那巍巍的牆，嗚嗚的風，瑟瑟作響的枯枝，暗雲低迷的天空，似乎要倒塌下來，似乎在唱着晚歌。死滅！死滅的網，籠罩着大地的一切。

隔有半小時，來了一軍官及一穿西裝的倭鬼，又是問訊，又是搜查，這時我的六十元港紙被搜出了。（特別加以嚴問，及到「無用者」房才交回。）他緊緊地握在手裏，看他

的神情，看他的氣勢，都好像垂涎三尺。

夕陽將要把到渺茫的西山，數個獸兵在那一軍官的命令下，我們又被押進後者——二層的洋房去。剛一啓門，就見裏面擺着一張桌子，繞坐着十多個荷鎗佩劍的憲兵，他們一見我們到來，個個就凸出了眼睛像要跳起來吃人的怪獸

照例到這裏是要登記的，我經了一度思考，乃登了這樣的一個記，即塡了這樣一個完全與事實相反的表：

姓名	李世德
年齡	二十五
籍貫	廣州灣
職業	做生意
住址	法界巨賴達路達豐里十三號

塡就後一個「通譯員」接着問，
「廣州灣是不是在廣州？」
「不，不是的，牠是法國的租地。」
抬頭四顧，見那扇房門貼着一條「無用の者な出入を禁止す」的紙揭，正在忖度裏面是什麽一塊地方，忽然我們就被推進去，擁進去。

（按「無用の者な出入を禁止す」一語，即中文禁止閒人出入。又前後所用「無用者」房一語，乃因該房無名，不得不用原名。）

入獄之初

無疑的，由那堆積着的器具判斷，道「無用者」房，便是從前的手工課堂。自滬江翻起軒然大波後，牠就變做了大中華無辜者的獄地。地板已像那舊船的艙底，衙門緊緊地蒙上黃色厚帆布，絲縷的光綫，空氣是不會流進來。天花板上點着兩盞飯團形的電燈，燈

光黯淡，像是那沉鬱不明的荒山鬼火。

靠近門口的一邊，守有一簇憲兵個個都圍着火鉢在取暖。但對于我們這初來者，自然要格外耀武揚威顯示「帝國武士」的威風。所以立刻站起二三個虎視耽耽地巡來巡去。已有十餘名先在的囚徒了。他們或坐，或蹲，或臥，好像幽谷裏的古石一樣，不言不動，只是驚異的注視着我們，似想問：「你們是爲什麼捉來的？」初到這裏的我們，對于「規矩」自然不懂得，W君偶一伸頭向那個舊囚徒說話，不留神地挨了一拳，險些跌倒。

沒有蓆也沒有牀，是以地板當蓆當牀。坐不片時，T君突被一憲兵急急地帶了出去。（他因日記裏夾着一張航空郵票及記着一友人的軍隊通訊處，被指爲通軍隊，比我們三人較重視。）隨着就是波浪起伏似的哭聲一陣陣的攢來，哦！這不是毆打麽？我不獨以爲只是毆打，而且神經過敏地疑爲必無生還。T君哭得很悽慘的，衆囚徒聽了心在突突地跳。一女囚徒聽了像喪考妣似的，眼淚突如撒種，決堤般的汪汪哭起來了。一時內外合奏着，全房頓爲「末日到臨」的氣氛充滿。

當着滿腔悲憤的時候，突來個憲兵象牽馬般的拖我到樓上的「取調所」（卽檢驗所）了。這所不過斗大中間擺着一張小桌桌前坐着一個肥大穿黃軍服的憲兵軍官，由他的鼻目口構成那一副兇惡的面容，幾使我疑爲這是陰間的閻羅王。桌角陪着一個「通譯員」——相似猿猴，身穿西裝。操着不三不四的上海語，運着一種慣常對付亡國奴的無人道的故技，不准我坐也不准我立，威迫雙膝亭亭地跪放樓板上。問了姓名，年齡，籍貫，職業，住址及何時來上海（我答去年七月）後，就叫我交出港紙。

「儂的錢是那裏來的？」

「是前月廣州灣一個朋友寄來給我代他買布的。」

「嚇嚇！儂一定是便衣隊。」他又說，「據說近來廣東政府匯許多錢到上海組織便衣隊……。」突然從衣袋裏拔出手鎗作射擊狀的對準着我的頭部，大發虎威：

「儂曉得麼？儂曉得麼？」

「銃殺儂！銃殺儂！……」

插回手鎗後，不大清楚的又像這說：「以後儂不好反對東洋人啊！東洋人銃殺儂！儂告訴別個人家不好進學堂。……」

輪到憲兵軍官了，他揮起小木板在我的頭上狂舞了一下，突然又拿一條指頭粗的蔴繩走出來，嘰哩咕嚕的說了幾句就把我的脖子縛起拉着忽上忽下，好像擊鈸一樣。唉！我願地心的烈火立刻射出來把這世界熔化了，實不忍受此侮辱，實不願看你這般醜態！

情勢極其嚴重，我的神經給他弄亂，疑為不是鎗斃，也是吊死。

他們的故技演畢，立即叫我站起來，大施檢驗，連衣裾，襪底，褲帶都很精細地驗過，我想，幸得換了長衫，不然當必更加麻煩了，說是做生意怕也說不來了。可是，他雖搜不到什麼「抗日救國」證據，莫可奈何。但對于這六十港紙却是很注意的，兩個嘰哩咕嚕了半小時。

好像這就是我罪的所在。「匹夫無罪，懷璧其罪。」

好久了，交回港紙，在供詞上蓋了手印就叫來個憲兵帶返「無用者」房。剛坐下，另

一個憲兵又把我拖出去，唉！我已是失了自主權，我已是像一隻被征服了的野獸，你縱拖到任何地方，拖得千回萬次，我都無話可說的。

不料這次拖出，竟是毆打！他的蹄亂踢我的脛節，他的掌狂批我的額頰。同時，又來個戴呢帽披中褸的倭鬼這樣的說了一句：「你的錢是那裏來的？」就揮起牛蹄似的拳頭向我的鼻梁猛擊而來，我若不機警地退了一退，也許給他打得鮮血橫流，不省人事。打吧！自由打吧！在這個弱肉強食的世界裏，在這個沒有公理沒有「法律」的世界裏，縱然你打死了我，你絕對不會受什麼制裁的。縱然我被你打死了，雖說有許多事欲做未做，但我也絕對不恨的：因爲整千盈萬的弱者都在你的木屐殘踏下；因爲不知多少的無辜者被你困死，絞死，砍死，刺死，炸死。

我忍受着給他打，他打飽了，又帶回「無用者」房，隨卽用一條筆桿粗的蔴繩將我雙手綁囘後腰，于是一九二七年在C城第二區的事突像活動影片般重現我的眼前。

同時，也有W君的互相耀映，亦見不孤。

足足弄到我們不能支持後，纔將繩解除。

無微不至的重審

第二天，天氣徒然變了。窗外索索地飄着雪花，更顯得「白色恐怖」的威嚴。烏烏地刮着冷風，像夜狼的哀嗥，又像胡笳的悲鳴。愁景愁人，怎不愁思?!

我的愁思奔騰，我的愁思磅礴，我在愁思中，想到我們爲什麼這樣?——中國以至全世界爲什麼這樣?然而然而，這並非無根可尋，這都是因於私有制度的存在。私有制度確是一切罪惡的根源，而現代社會乃私有制度發達的最高期，于是掠奪更加厲害，跟着就是大量罪惡的奔流，造成人間的活地獄。不禁微微地「唉唉」了數聲!

人對于黑麵包總是存着戒心的。但在這裏却是吃黑飯團。黑飯團比黑麵包更難入口，牠是由鍋底焦了的飯搓成。喝的冷水或半開水，使你腹瀉，睡沒有被蓋，使你全身發抖。大小便皆有兵士的護衛。可笑的，有時我竟覺得很榮耀，做了官。自由，什麼自由，都在他的

棍棒下搗爛了，都在他的刺刀上刺碎了。

中國人何其不幸！每天都源源的被擄而來；一次見個早已打得遍體鱗傷，滿面流着新鮮的血痕。

算來是第四天了。現時是第四天的下午，我忽又被傳去重審。這次的重審，不在「取調所」乃另一小房，房角棍杖林立，初見嚇得一跳。審判官不是前次的審判官，通譯員也不是前次的通譯員，我得了優待——立着。港紙也交出。

閒話休題，讓我揭開把戲的帳幕：

「……………」

「……………」

「你是做那種生意？」（全屬通譯員問。）

「代廣州灣幾個商店在上海辦貨，買布料雜貨等東西。」

「你那天來在清華寄宿舍？」

「前月廿八晚上。」

「晚上幾點鐘？」

「五點多鐘。」

「未到清華時，你吃了晚飯沒有？」

「吃了，在北四川路飯店吃了。」

「你爲什麽到那裏？你是個商人，那裏有時間到旁的地方？」

「朋友給信叫。因他的母親剛死了，急要返里，要我去代他做件事，幫忙整理行裝。所以不得不順着人情，抽空而往。」

「那天的空氣已非常緊張，華界個個都搬到租界去，你爲什麽還敢到這邊來？你，你一定是便衣隊！」最後一句，聲若巨雷。

「我是個商人，不懂政治，且當天又聽到許多人說，這次斷不會發生戰事，所以才敢去。戰事發生後，不敢逃出，至留在清華。老實說：便衣隊，我不獨不是，而且連見都未見過。」

不知他是抱着何種目的，突然驗起我的手掌來，像星相家看相般的驗得極精到。同時，門響一聲，進來個軍官，事本和他無關的，竟黑起臉手揮竹杖翟翟地連毆我的頭。

問答仍繼續着：

「你那個朋友叫做什麼？」

「王××。」

「他現在那裏？他是住在清華第幾樓，第幾號房？」

「我到清華時，他已出去了，只留言叫我等他，一直等到戰事發生都不見回，不知現在那塊地方。清華的房間非常多，我是第一次到的，因不大注意，他的房間號數完全不明；至於樓，像是三樓。」既說了王君，但想起王君的書籍盈箱滿架，怕他往查，故不說明房間，使其茫然。

「……………」

「……………」

「你今年多少歲？」突然。
「廿五歲。」這是依據前表說的，我本廿四歲。
「你讀過幾年書？」
「五年。」
「在那裏讀的？」
「廣州灣東岸村私塾。」
「畢業沒有？」
「私塾沒有畢業，完全讀四書五經。」
「你從幾歲讀書起？」
「十四歲。」
「從十四歲讀起，讀了五年，不是十八歲了嗎？十八歲以後是做什麼？」
「兩年在廣州灣赤坎埠××號打工。這三年來，都在太平市代××莊奔奔走走，且

因脚病時發，有時做有時停。」年數我用手指點之。

「你讀五年書，爲什麼字寫得這樣好？」

「我在做生意時，常常練習。」

剛說到這裏他就叫我先回去。（此房與「無用者」房相連，故不用兵帶。）剛我回到「無用者」房，有些囚徒暗示眼光，想探個底細，但在棍棒的淫威下，我是不能給他任何滿足的。我只乘憲兵轉移了視線，細聲地對TKM三君再囑「審判官如問及你們關于我，只說不知，免相矛盾。」坐不一刻，突然又傳重往。

「你是什麼時候到上海來？」

「舊曆去年七月到現在只不過半年，所以上海話仍不大懂。」

「你在此做生意，只是自己或幾個人？」

「兩個人。」

「那個叫做什麼？」

「王學文。」

「他是和你同住？」

「是。」

「可是你做生意是同那個商店來往？」他怕我聽不清楚，特別寫在紙上。

啊呀！爲什麼問到這裏來呢？「作賊心虛，」眞使我有無從應付之感。耳有些紅，面有些赤了，沈思了半響才答：

「亘昌和先施公司，新新公司。」也寫在紙上。

「亘昌和是在那條街？」

「想不出了，只記得是在四川路基督教青年會對面的那個弄堂裏。」

當時，我因過于急促，把亘昌和誤寫爲「亘福祥。」想起後，怕他調查，將他更正。同時又因說不出原街。他以爲有機可乘了，就捉此弱點拍案大吼：「嚇嚇！你通是冒說的，一點都不可靠，一點都不可靠。」尤其是那審判官接到此翻譯後更「——嚇——嚇——嚇，」

的吼得利害。我的意志如是薄弱，頂不住這般威嚇，反將實說，那就糟糕了。但我却很鎮靜地辯護道：「我因精神不好，記憶力不好，並過于匆促，一時記不清楚，請原諒！」他才默然。

問答又繼續着：

「你是同巨昌和買什麽東西？」又使我吃一驚。

「皮蛋等東西。」

「買了多少籮皮蛋？」

「共有兩次：第一次二十籮，第二次三十籮。廣州灣沒有皮蛋出產的，第一次商家覺得好銷，第二次就來信多買十籮。第二次買三十籮的原因就是在此。」

「每籮多少隻？」

「五百隻。」

「多少錢一隻？」

「不是以每隻計算，乃以成百計算。第一次每百四元一角，第二次每百三元七角。」

故意糾正他。

巨昌和我是到過的，他做什麼生意雖不大清楚，但總不是賣皮蛋，又怕他往查，所以我最後特地補充了一句：「這皮蛋都是他代買的，我的伙計王君本和他感情很好。」

問到先施新新了，

「你在先施公司買過什麼東西？」

「竹紗，布嗶嘰絨布……」

「各買了多少疋？又，每疋多少碼？每碼多少錢？」又使我吃一驚。

「竹紗布買了二十五疋，每疋二十多碼，每碼一元。嗶嘰絨布買了三十五疋，每疋三十多碼，每碼兩元上下。」

「你在新新公司買過什麼東西？」

「香皂，線襪……」

「各買了多少盒？每盒多少錢？」

「香皂買了一百五十盒，每盒三塊，價錢六角。線襪買了一百四十盒，每盒一打，價錢兩元半。」

說完此大批，我繼續聲明道：「這都是最近買的，遠的已記不清楚了。」

停了一會，又問：

「你同他們買貨，是記賬？是交現款？」

「交現款。」

「你買的貨，是你親帶返？是該店包運？」

「該店包運到香港，再由香港××莊代轉廣州灣。」

「買貨的錢，是怎樣寄來？」

「少則寄保險信，如我這六十港紙就是。多則從銀行匯來。」

「那個銀行？」

「中國銀行。」

「你每月多少工資?」

「固定的四十元，但買貨也有拆扣，每月約有八十元。」

「你半年來做了多少生意?」

「兩萬多。」說完，就覺到說得太少。

「……………………」

「……………………」

此外，他又問「你認識東洋人?」及「你在淸華十多天是吃什麼東西?」我都答個明白。最後又問：

「現在你有什麼感覺?」

「沒有什麼感覺。」悄想了半響才說：「我覺得很苦的，家裏妻子都靠我一人維持生活……」其實我那裏有妻，更談不上有子，不過以他旣問，我也不得不說些瞎話。

實際還不止此，時間延長兩個多鐘頭。他——審判官——憲兵軍官足足記滿三大

張紙，字數在兩千以上。勒我蓋了手印，突然厲聲說：「我明天一定派人去調查呵！」我恐露出馬脚，隨聲應道：「你隨便可以派人去調查！」

把戲演完，回到「無用者」房，由懷疑而焦急；由想像而驚怖；腦流在奔漩，萬念在起伏；全身像千百條水蛭的咬嚙，心是跳盪了。原因我所供的全屬虛構揑造，最忌調查的。

可是其中雖有大部，使他無從調查，但關于住在法界的（此處尙有朋友）賺貨先施，新新，巨昌和的，却是可以調查。日本人辦事是很認眞的，若他切實地去調查起來，那麽我的尾巴就會被發覺了，我的生命也就從此「哀哉」了。于是我深深地痛駡我神經的混亂，責備我事前的缺乏充分準備。如說是剛到上海，暫住朋友處或南市那帶旅館裏，那麽，就不會弄出這般烏事，也就不會種下此種惡果的，眞是悔之已晚！但他也太沒經濟眼光吧！香港是個自由貿易港，貨物出入沒有征稅，洋貨比上海便宜，乘以水程又近，誰從廣州灣遠來上海賺嗶嘰絨，竹紗布？這點巨大的錯悞，他不會加以指摘翻案，他的阿木林，却是我的勝利。

然而，這點勝利，是無關重要的，調查才關重要，生死存亡的關鍵的重要。唉唉！「咎由自取，」現尚有何話可說，唯是「聽天由命」罷了。

換監——拘留所

「九十八號。」

「一一六號。」

「……………………」

又是唱名了，剛從外面小便歸來，就見一個突肚的憲兵軍官捧着一本名薄這樣的高唱下去，聲音銳厲，像是那深夜密林裏的梟叫。

事前沒有何樣宣佈，被唱者只叫從左邊站到右邊，我編入的「一一三四番目」，（番目者號也。）也被光顧，到囚徒總數二十多名，被唱者十八名，依着號碼的次序列成一條長蛇形，停了一停。槍決呢；釋放呢？——眞是一個悶葫蘆，莫從打破。

懷疑，恐怖佔領了各人的心田，有些竟認爲死期將至，不自主地眼眶驟然緋紅，淚珠向下淌，淌到兩頰，淌到衣襟上，淌到地板上，幾乎流成一條淚河。但有一位婦人却很激昂地說：「我平素什麼都不怕，怕他何爲，充其量也不過是槍斃。」呵！婦人！婦人有此義憤，婦人有此浩氣，眞不愧巾幗英雄！一個國家到了危急的時候，最忌的是大家怕死——怕死的結果，就是退讓投降。然而曙光在前，鞭子在後，你坐不垂堂的人們猛醒吧！你暮氣沉沉的同胞聞之興起吧！

最後臨行的時候，通譯員下了個警告「出去的時候，各人不得離開隊伍，違者槍斃。」也是莫明其妙，懷疑，恐怖依然佔領着各人的心田。

這是夕陽掙扎着最後的殘光的時候，這也是自然界中的一切表示了十分動亂和矛盾的時候，我們十八個囚徒好像俄國沙皇流放革命黨人到西北利亞一樣，在街上蹌踉地南行，凜冽的寒風，像一隻冰冷的鬼手在全身刺刮，脚有些不前了。個個的形影是憔悴的，居喪似的，襯着四圍凄涼的景象，令人惘然！

到了近橫濱橋新東方劇場的門口，突令止步，放眼四顧，在壁上發現了三個盌大字——「拘留所」。我被驚醒了，方明白了這是換監，這是從那個活地獄轉禁到這個活地獄——如今的囚牢是從前的劇場，這個劇場（數年前不是叫做「新東方」）當我數年前，初從南國遠到此間的時候，曾經數度莅臨看電影，想不到當年的樂地，今日的苦海。

跨入頭門，呈現于我們的眼前的，又是一簇憲兵在拷火，火焰熊熊照得「山賊海盜」的面顏通紅，更覺兇惡猙獰。跨入二門，便是劇場廳堂的所在。這廳堂是很高大的，滿排了三四百隻椅子。坐就崗位後，臺上的憲兵也下來了，外面的憲兵也進來了，個個都橫着上了刺刀的步槍，如入無人之境似的很威風地逡巡，昭耀的燈光反映到刺刀上，六七把發亮的刺刀在交耀，愈顯得森嚴，變色，可怕，眞令人疑是陷入孔明的八陣圖。

這裏已拘留着好幾十個囚徒，加上我們的這批新來者，就突破成百的數量。他們，他們除有幾個穿洋服外，其他都是窮苦的勞働者——衣服襤褸，穢痕斑斑，就年齡說，有六十以上的老者，有十二三歲的幼者。就軀體說，有的跰脚，有的爛脚，有的爛手……。據說

這都是冠以便衣隊的罪名的。

便衣隊，便衣隊，眞所謂「無衣不便」了。

毆辱備至

這是一個打的世界，打是憲兵的日常要務。

打，打，打聲震盪，空氣變成了打的空氣。

這個獄地，前有一臺——從前演戲的臺——面積頗廣，形如半月。憲兵們將這作爲監視臺，分班輪流監視，居高臨下，像老鷹般的在注視，視線不肯給與絲毫的放鬆。臺的兩邊板壁，每邊憲兵都寫上兩行白字：

「不要動！」

「不要說話！」

這，在常人看來是沒有什麼了不得的，但他的辭典裏卻含着很嚴重——禁止——

不可犯的意思，換言之，我們的口要禁若寒蟬，我們的屁股要坐如寺裏的菩薩。

犯了嚴峻的鐵則，一被發覺，必像那古代暴君對蟻民一般，罪無可赦，非打不成。打的形式很多，除棍打，拳打，脚踢外，還有極慘的：

（一）倒打——卽把犯法者帶到臺上，將他撞倒，撞倒揪起，揪起又撞倒，如此環循着。

（二）滾打——卽把犯法者帶到臺上，將他推滾，是滾到臺下的，臺高三尺餘。推滾拖起，拖起又推滾，如此循環着。

但是，我們的聲帶還未破滅，我們的手足還未斷折，我們的肺葉還在呼吸，一天中，猶其是在這沙漠般的拘留所的一天中，怎能禁得住不動（如踱來踱去等。）及不說話呢？好，你動嗎？你說話嗎？打，卽隨之，多用木棍，木棍的大者，圓周竟在四英吋以上。

冷水或半開水每天供給二三次，每次一入限喝一杯，杯小如鷄蛋，多喝一杯也打，（我有一次給他誤會頭頂竟吃他一鞋尖。）站着也打，（有一次我的臂膀吃了他一棍，痛得入骨，只得摸摸而已。）坐不正也打，白天靠着椅沿打盹或大便紙拿多一張也要挨

打，或用鞋尖，或用木棍，或用拳頭不定。

倒打或滚打，又加以棍打，拳打，脚踢者，有的因多取一點飯，有的因到樓上取一塊火炭，（乘他外出，）有的因吃香烟，有的因帶火柴，有的因初來不懂「規矩。」……尤其殘酷的，一次有兩個囚徒，不知在喝茶處弄了什麽，被他看見立卽帶到臺上勒令兩人對面站着，你伸手打我的嘴巴，我伸手打你的嘴巴，互相打了好久，又將他們分開施以脚踢，棍打及倒打。

打，這樣的毆打，眞是舉不勝舉。被毆打者有的外傷，有的內傷，頭破血流，哭聲震地，縱你鐵石心腸，也會傷心，也會流淚。

侮辱也是倭奴的慣技。有個女學生，她，她有澄瀅的眼睛，雪白的肌膚，苗條的身材，當一被擄到「無用者」房，立卽押往樓上審訊，呵！時間眞久了，六七個鐘頭後，纔押回，她是垂頭喪氣的囘來頹然坐下；此中眞相，不問可知。她坐着，憲兵時來摸她的笑窩，到和我一齊押到拘留所後，憲兵也是同樣的蠢動着。個個無非欲攫而食之。一天早上有個獸兵從

外來烏瞰了一回，視線一投到她的身上，好像磁吸鐵般的走到面前，一手擎起手鎗對準着她的頸顎，一手伸去摸她的乳峯。

有一留日學生身穿西裝，憲兵常來雙手摸他的面孔，宛如玩弄小孩一樣。又有一囚徒，頭戴瓜皮帽，憲兵常來取下捲成種種難看樣式，重又戴在他的頭上，忽而灣腰覷之，忽而斜頭睨之，當猢猻般的戲弄。

憲兵無聊時，常威迫利誘，（如棍打，如給香烟吃。）令囚徒們到臺上比力，打架式的比力，或親自指揮或擇一老成囚徒代指揮，當着「一二三」的口令叫後，兩方卽行角鬥，至于摔倒爲止。呵！他是多麼開心！幾乎笑脫了牙，更難堪的，一次有個囚徒比力之後，憲兵令他跪下，兩手作成四脚的八獸，又尾其後，形同猪公之于猪母。

還有的，但這是出自口舌：

一天來了一個通譯員，彼此的眺了一會，就大駡道：

「儂動舍，儂要打嗎？

個個穿着長衫，像隻豬玀，骯骯髒髒……

洗馬桶給阿拉都不敢要。

……」

一天來了一簇倭鬼參觀，有個和憲兵嘰哩咕嚕後，就把視線移向我們，隨着大罵道：

「哼！你們要做便衣隊，你們要打東洋人？

你支那沒有個好的，懷得很，

我把你們銃殺後，又把你們的妻子，妹姊移給我做小老婆。

……」

又，憲兵常呼我們做「苦力」苦力，這苦力是含着古代奴隸的濃厚意味的。

飢寒交迫

小姐，公子哥兒們以及一切沒有遭過「變故」的人們是不懂得餓字的。——決不

曉得餓的難過，尤其是不曉得繼續餓的難過，尤其是不曉得在獄中繼續餓的難過，從前我也脫不了這種圈套，到這次的過難才嘗着這種味道，的確餓是人最難過的事情。

因爲如是，所以許多奇奇怪怪的現象都隨着加多起來。

這裏也是同「無用者」房一樣，每天吃兩餐——早餐上午八時，晚餐下午四時。每餐不是派一飯團，而是派一「辨當」（係用松片包着煮熟的飯，總之，各種飯都有些意來）那形狀，有長方的，有四方的，極其量也不過同廣東茶樓兩個蓮蓉粽那麼多，這不能飽肚，是誰也想得到的。而且有時是隔夜的，冷冰冰嚼在嘴裏像是含着冰塊一樣，吞下肚裏像是一塊蠟片。

餓，猶其是每天下午十二時至四時的時候，那眞餓了，猶其是數天後在這個時候，又因動不得動，說不得說，看沒有什麼東西看，那更難過了。餓的情形，全身像是失了元氣，手也乏力起來，足也乏力起來，……眞的個個「七分像鬼，三分像人」了。人們有的些像彌留時似的透出「呵呵」的哀音；有的却很悲憤地自言自語：「你槍斃我吧！我不能這樣

餓下去！」有的竟以一塊大洋向掃地者（每天掃地二三次，均由囚徒行之。）賭那每天多得的兩個小飯糰，也不能到手，（憲兵自然不背代買東西。）有錢無處用，在這時，全可看出。錢的萬能說在這時，也被宣佈了連根帶蒂的總破產。

派飯是非常嚴重的，每次總是六七個憲兵臺上臺下目光烱烱地監視看，嘴裏連喊着「一八一個」的號令，木棍敲在板上也響得屋倒牆崩，假如有人多取了一份，便要受一番痛笞；然而因饑餓的的威逼，雖在這種酷刑之下，人們仍是作冒險的嘗試。

舊囚徒比新囚徒當然大胆些，老練些，而且也比較能忍受飢餓的壓迫。一天下午押來兩個老太婆及一個十四歲的傭女，女人的心腸是很脆弱的，如今驀地到了這裏，在她們心目中認爲最不祥的這裏，一面想到生命的岌岌可危，一面看不下獄中的悽惰慘景，不覺心酸腸斷，竟至哭起來了。所以當晚憲兵派給她們的飯皆沒有吃。然而她的不吃，正是舊囚徒的歡天喜地。適值憲兵外出，一個舊囚徒遂乘此機會，脚輕手快地搶了一份過來，不料爲憲兵所發覺，心中想：爲什麼三個只剩兩個。突然虎一般的咆哮起來，他問我們，

我們大家裝聾裝啞，他問老太婆，老太婆見其來勢甚兇，怕有意外，遂照實指那個舊囚徒說：「是他——是他——是他！」那個舊囚徒自知承認必受苛刑，乃極力否認道：「不是我，我不知道，你不能亂說，你要認清楚！」憲兵向之搜查，因他早將藏到別處去了，無所得，莫可奈何。有個却氣憤憤地跑了出去，「砰」的一聲向內開了一槍，同時又提着槍急急地跑進來，對準着那個舊囚徒的胸膛，全場的空氣緊張，大家皆爲之失色。說道：

「以後，如有那個再敢搶人家的飯，或多取一飯，統殺！」

唉！以一飯的小事，竟演出此劇，我相信世界人除日本人外是沒有第二個做得到的！

飢餓是飢餓了，寒冷也是一樣的要命。

這個時候是今年最寒冷的季節。外面曾否下雪，雖無從知。但所感到的寒冷已在下雪以上。寒冷尤因獄室的高大，整日的飢餓更覺寒冷。坐着已有些不支，睡着呢？睡，也是污濕的地板，沒得被褥。有棉袍的則解下面鋪面蓋。沒有的只好靠在旁邊，每夜此一堆彼一堆，簡直像那欄裏縱橫着的猪羣。比街上的乞丐還賤得千倍萬倍。

這樣，自然不足以抵抗寒威的。所以大家睡着的時候，每夜都是醒了數次，有些醒了又坐，坐罷又睡，全身像是跌入冰窖裏，使你眞有忍耐不得之苦。當我醒時，曾聽到狺狺的狗吠，吠聲像哭聲，在這個悽涼寂寞的夜裏，不知牠是爲的什麼。有時吠聲和槍聲相和，更覺可悲可泣。獄內陰森森，死靜靜，只見啞口的椅和牆的對站着，只見大蟲般的兩個站崗兵看守着，繪出一幅慘酷的畫圖。

萬幸十多天後，來了個工部局代表調查。在他未來的前晚，日寇爲謀掩護自己的醜惡起見，乃搬來數十張草薦及數十床軍氈，大擺門面，這以說，我們每夜纔得四人睏一張草薦，兩人蓋一床紙薄的軍氈。

大開殺界

「血流成河，屍積如山，」這是事變後北四川路一帶的寫眞。在歷史上爲人們所承認最慘酷的「嘉定屠城，揚州十日，」也不過如此。

外面的消息于我們已是絕緣，有時只從新來囚徒口中得到一點。一天有個新囚徒告訴我，他有個朋友（是一個學生）住在北四川路爲東洋兵所擄，當晚一共三人解到天通庵車站檢驗；東洋兵「拍」的一個，「拍」的一個即推往牆後去。然而他的朋友却是萬幸，子彈只擦過臂膀，東洋兵也以爲死了，不理而去。這時夜色已濃，伴死臥着，不久聽到東洋兵一車一車的把我們同胞逆來，連「拍」了百數十響，遍身盡爲赤血染紅，動不敢動，冷汗像雨般地噴流。直到更深，爬到十九路軍防線，纔從死神座下奪回殘命。

當時，我聽了這段消息，毛骨不禁聳然。但是獄中的情形怎樣呢？

有個留日學生去年罷課歸國，住在近橫濱橋某里，事前不他避，事後日人派兵前往搜查，因他會說日語，搜不到什麽，乃笑容可掬地說：「對不住！」並給他通行證到租界去。不料，一走到街外却又說：「現在什麽地方都可以通行，用不着此證，請還我。」這是不能不聽命的。分途後，行不出五十步，守路的獸兵遂把他擄到憲兵本部去，在他身上搜得一本日記，裏面記着一些關于抗日救國的話，拘留了十多天，終于慘殺了。

一天黃昏的時候，有個憲兵飛快地進來高聲把那個囚徒的號碼唱後，立即拖了出去，情形極爲特別，沒有那個不爲他的生命抱憂，據說是因帶着一只「抗日救國」戒指。

一天日寇大發慈悲，放了數十個囚徒，多爲他視爲無用處的囚徒，晚間有個憲兵用粉筆寫在板上告訴我們說：「今天所放的人，槍斃了十一個」話出賊口，足當然可靠。

總而言之，統而言之，凡是廣東人，學生，義勇軍，抗日會職員，及帶着抗日救國物件者，一經擄獲，尤其是在事初的十天中擄獲的，（後來好點）都是有死無生的。

殺，殺，殺，雞殺鴨般的殺，赤血流染了黃浦江，哭聲震撼了整個天地。

野蠻大王

二千年前的秦始皇，周厲王，誰都承認他們倆是很壞的：一則衛巫監謗，一則偶語棄市。換言之，禁止言論自由。

其實他們倆這些壞處，何能追得上今日半受主人的命令半出自己的惡性的日本

憲兵呢？——日本憲兵之壞，非獨禁止言論自由，而且禁止任何人說話。這，一二天于我們是可以忍耐得住的，若長久下去，則由于每時每刻身受的痛苦，由于每時每刻耳聞目觸的醜行慘象，所造下的心頭的怨火，也必每時每刻的鬱積增加，到了這時——最高時，雖是銅牆鐵壁也擋不住，必然地瀑布般瀉地了。

「唉！東洋鬼眞野蠻！如果開世界野蠻比賽大會，他一定獲第一的。」我開始發言，臉轉向W君。

「是說得好！」W君響應着說：「開個一九三二年的吧，我相信第一名也一定是他，第二名是非洲土人，第三名是貴州苗人。」

「照我看，開這個比賽大會，如果是以洲爲單位派出席代表的話，那麼，亞洲的代表，無疑的也當屬于彼——東洋鬼。」我又說，光景像要籌備召集的樣子。

忽然，聽得「磅」的一聲，是棍敲板的警告聲，我們的談線，頓爲打斷，但不到片時，又開始了。

「大王這個名詞現代不是很流行的嗎？美洲有煤油大王，鋼鐵大王，汽車大王。歐洲有火柴大王，葡萄大王，……我們亞洲呢？沒有，一個沒有。可是照現在看，東洋鬼眞可以稱做野蠻大王了。」我說。

「不過我以爲像這樣的在中國無人道，心理與行動已超出禽獸之上，不獨是亞洲的野蠻大王，簡直是世界的野蠻大王。」W君說。

「……………」

「……………」

說，低着頭說。喃喃地說，微微地笑。末了，彷彿熱天沐了個浴，爽快了許多。野蠻大王呵！你能禁止我們于一時，不能禁止我們于永久。你能囚籠我們的身軀，不能囚籠我們的怒火。

火一樣的口號——「野蠻大王」提出後，由我到你，由你到彼，不數天就傳遍了整個牢獄的囚徒，將使囚徒們的腦海裏鐫下個最深刻的印痕，將使中華民族鬥爭史上驟

然增添一個新的代名詞。

獄中也體操

體操，學校裏是有的，軍營裏更不用說。獄中呢？我們翻破各國監獄史都找不到有此記載。

然而，倭奴們什麼都會做得到，一面把我們驅入飢寒苦痛之淵，弄得不生不死，可笑的現在却教我們體起操來。這是我們入獄十多天後的一個早晨，有個憲兵帶着輕蔑的神情，站在臺上這樣「你們支那人眞沒元氣！」的說了後，隨着就指手畫脚的教我們體起操來。

于是我們便領略了破天荒的獄中體操的新滋味。

但是這裏的體操，不是作戰式的——固然他也不會這樣傻。而是一種柔軟的——跑步與手足的屈伸。每天二次至三次，每次十多分鐘，均在飯前。

體操對于手足的屈伸，在「不得動」的鐵則下，老實說，我們確是感到一點愉快。至于跑步則不然了，大大不然了。

跑步，縱是女人，縱是龍鍾老翁，縱是黃口小兒都要一律參加，加以服裝的不齊，姿勢的多樣，眞是五光十色，極盡天下之奇觀。因爲人數的衆多，每次的跑都是分班，每班數十人在繞着兩百多隻椅子的周圍跑，跑聲「磅磅」，像是十九路軍的英雄們對準着倭奴們開野炮，擲手溜彈。獄屋給這種威燄的襲擊，弄得搖搖欲倒。但我們形容的枯槁，喘息的急劇，彷彿那敗北的逃兵，那抱頭鼠竄的逃兵。

跑步本與康健有很大關係的，但在這裏的跑步，他何嘗是爲我們的康健？當着跑的時候，尤其是早間跑的時候，飢渴交攻，慵倦異常，他——憲兵偏要我們開着最速度的跑，臺上臺下喝聲如雷的督促着，稍慢些者，則木棍頻加，或尾其後，以木棍推之鞭之，要使驅駘猶揮騏驥的奔馳，弄至吐血生痛者時有所聞，大家莫不視爲洪水猛獸。

然而他管你嗎？你跑了後，就算體了操，他在國際上便可以大吹大擂說：我對獄中支

——那的便衣隊也注意運動。

大砲的威脅

嘶聲繞梁，人在昏迷，夜色不久就要消滅的時候，突然砲彈就像幾百隻雷公般在屋頂上咆哮起來了。恰似起地震，玻窗開始震動得像馬鈴聲般的發響。

大家從夢中驚醒，好像野兔在被獵犬追逐着的情景，倉皇失措地競相擁到牆邊，想藉牆邊以爲掩護。你壓我，我壓你的壘着，陡然像雷公捉精般——「砰」的一聲，轟進一個砲彈了。灰塵瀰漫，藥味撲鼻，個個都在恐怖的氣氛中呼吸着每分秒的生命，一種悽慘的音調從人堆裏噓噓地透了出來是：

「死盡！……死盡！……死盡……」

「死在黑暗裏！……死在黑暗裏……」

同時，憲兵熄了電燈，點起半明半滅的洋燭，荷着上了刺刀的步槍，在巡視，在不斷地

吆喝！

「不要動！

不要動！

不要動！」

把形勢弄得更嚴重更恐怖，混亂的神經，糊塗的意志，都不讓我們從容地思考。認爲這砲不是我軍的開發，而是日寇的暴行。他是脫不了這兩點作用的——不是恐嚇，就是要將我們一齊炸死。

砲聲到了天明時纔停止了牠的奏演。我們像從大海裏撈起一樣，欲哭不能，欲笑無聲。放眼四顧，碎物滿地，那邊的屋頂已被炸得裂開了一大孔。寒天裏微弱的陽光從孔中射灌進來，像是負着什麽使命似的向我們這一羣遇難者致柔和的慰問。那孔底下的一椅也已被炸得雞零狗碎，只剩下一副像骨骸一樣的鐵東西。雖說這一地點距離我們一丈多遠，得免其禍。然而，假設那彈是開花的，燃燒的，那麽，我們也只可從此結束人生的旅

程，也只可從此告別了父母兄弟妻子以及一切親朋摯友。

不知何時，憲兵早將彈片拾去報告，所以不久，飛機師，通譯員，拖劍的軍官就絡繹而來，眼光忽上忽下，在視察，在憑弔。從他的種種舉動中，大家纔了解這砲確是我軍轟進來，認爲是獸兵的巢穴而轟進來的。

然而那裏是獸兵的巢穴？我們除神通十九路軍的將士們外，還有什麼辦法呢？

于是，自此後我們每夜又怕起我軍的大砲了，每晚當着睡覺的命令一下，大家莫不爭先恐後作比較安全地帶（牆邊）的搶奪，過得晝來，又過不得夜；前後有陷阱，左右又有虎狼，雙重的恐怖在壓迫我們，我們拼命的掙扎着，真是寫不盡的危險，吟不出的悲哀。

數天後的一個黃昏，突然大砲又如前咆哮起來了。憲兵即刻發出「退却」的命令，即叫我們退到後邊，因爲後邊的頭頂隔着一層很厚的水泥天花板，比較安全。大家坐定良久，陡然又像雷公促精般——「砰」的一聲，一個砲彈轟穿側面的壞牆，重演前日的齋戲，這時，我們這班囚徒，信仰耶穌的，默默地祈禱上帝救我了。信仰菩薩的，默默地祈禱

菩薩救我了。信仰關公的，也默默地祈望關公救我了，以至信仰家中的神主牌的，祈望神主牌救我了。一種「哎喲」和「啊唷」的悽音，像是垂斃的羔羊的伸吟，又像受傷的孤雁的哀鳴，幾令人不忍卒聽。

同時，憲兵也被嚇得面無人色，捲入慌張的旋渦。住在隔壁的東洋女人，小孩子突像波浪一樣的滾過來，個個都像失魂似的屎屎俱流，我想禍也不單行了，如果死，無情的砲彈是不會分彼此，天地也許開頑笑地造出仇敵同一穴吧！

「家變更」

「此處危險，家變更。」

這是大砲轟在側面壞牆的第二晚上一個憲兵秉燭攢入我們的睡處用粉筆麥克麥克地寫在壁上的通知語。當時不懂日文的囚徒們見句中夾有「家」的一字，忽而神經過敏，以為是將我們送囘家去。然而那裏有這樣「寫意」，他們怕大砲的殃及，另遷房

子而已。

隨着嘰哩咕嚕了幾句，我們四十多個囚徒，在他們的指揮下，有的拓蓆，有的托氈，虹一般離開了拘留所，像一條黑鍊似的迤邐而蹌踉地向北行。吾鄉的土匪擄着財主，探得官兵今夜到這處圍剿，他即把人送到那處，明夜到那處圍剿，他又把人送到另處，人如機械，整日頻迍遷徙，當時我不禁起了這樣的聯想。

另遷，是遷到那裏呢？——日本小學校，即日本小學校前座洋房的四樓。四樓的這一房，係從前播撒麻醉劑的軍國教育的講堂，檯椅不知何時已移淨盡，但壁上還依舊掛着一塊長大黑板，懸着幾幅墨寶，及兩幅農村景的立體畫，這畫多麼光彩奪目，誠我從來所未見的珍品。房的左邊，已有先在囚徒數十人，有五個人像不狗般跪着，臂上貼上一小塊「便衣隊」的白徽。似乎他們的罪狀較為重大些。我們四十多人坐在右邊，像刺蝟般的坐在右邊的兩張長形草蓆，逼得要死，臥是無從。中間劃一鴻溝，新舊不准相混，偶不經意地舉脚過來，木棍就在他的背脊跳舞了。

窗高而大，仰頭探望，那邊的高樓大廈已在延燒，項羽的焚阿房啦，太平天國的燒金陵，啦，突掠過了我的腦膜。烏煙洶湧，灰片像蝴蝶般飛來和窗門深深地接了個吻，忽然又他往。血般的火焰在蒸騰，直達雲漢大地變成火坑，天空染得一片桃紅。遠近的景物從清楚到糊糢，從莊嚴到玲瓏，從靜止到活動，從巨大到細小，都參差不齊地在火光下排列在我的眼前。

坐下不多時，砲聲越響越近，越響越密，如狂濤倒海，似暴風拔山，弄得憲兵臉呈死色，急忙地熄滅了電燈，想糊糢了敵軍的砲標，忽然天崩地裂般——「砰砰」的兩響聲中樓腰，彈與牆碰出十餘道刺目的火花，火藥味像水銀注地般猛湧進來，全樓起了一陣大動搖，我們的纖維幾被炸裂，生命的泉源幾乎停止奔流唉！「此處危險，」而此處更危險，不幸入偏偏到處都遇礁，眞是一個難解的啞謎。

大小便是不可抑制的自然的排泄物，這是誰也知道的，但在這裏却是不然，比在那個監裏更受拘束，更不近情，竟限制每個囚徒每天只得大便一次，小便二次，每次均分爲

五五個一隊由荷搶實彈的憲兵押去，憲兵在大小便處又持起竹竿，見工作稍遲些者，即行催促，不稍寬貸，所以我在這一夜的昧旦，就發現了此怪象：有許多囚徒亟想出去大小便，方動數步，都給那守在門口的憲兵大脚踢回，大棍擊退，逼得鬧出笑話。

一夜沒睡，如坐針氈。早上平靜無事，我們又被押回拘留所來。

一個英勇的囚徒

灰色的雲層，好像戰地的沙包，東一堆，西也一堆地凝結在天空。寒天裏的旭日從空隙處射出一道淡黃的光芒，忽而又迅速地縮進雲裏去，像是不忍看我們這一羣悲慘的羔羊。有些屋脊給砲彈開了天窗，隱露着戰神的面目。載着強者的汽車絡繹地南奔北馳。發着機槍的機器脚踏車不斷地掠過我們的身邊，！唉，昔日號稱神祕之街，今日變成豺狼虎豹跳躍之場。

踏進拘留所後，大家坐就原位，憲兵開了電燈，將名一點，事出意外，那邊的一行竟空

了一位，卽少了一個，千呼萬喚不見囘，哈哈！難道是逃了嗎？但他怎樣逃去了呢？連我們也莫明其妙。因爲囘來是踰跟着囘來，所行的路又是羊腸小道，到門口時也不過停了一停。憲兵問我們，毫無頭緒，不禁慌張起來，屋前屋後，樓上樓下，大洞小洞，尋了許久，連足印都辨不出一個，嚇得耳紅面赤，目瞪口呆，囚徒逃是逃了，他們對于皇室，對于軍閥總算失職了。

逃了的這個囚徒，究竟他是怎樣的人呢？——在四馬路做小工。然而我不是他的朋友，從何曉得？事情是這樣的：當着那天釋放囚徒的時候，我曾聽見涕泣交零地對通譯員哀求：

「先生！我是在四馬路做小工的，放我出去！」

「你做小工同我有什麼關係呢！」

多麼難堪的一個囘答。也許這就是他日後逃跑的張本罷！

在四馬路做小工的人，其苦可知。所以他衣服的褸襤與骯髒也是囚徒中找不到第

二個。做小工的人，頓頓都是吃十盌八盌的，在這裏所得的不過一盌；做小工的人，時時在動的，在這裏却不得一動，然而又禁不住不動，因之他挨打的次數也覺位列前茅。他想，我是做工換飯吃的人，與世無關，巡捕捉人都要理由，如今你東洋兵見人便殺，見人便捉，捉到的人，像我這樣的人備受虐待，偕久也不放，定是免不掉槍斃，然如其坐而待斃，孰若逃而求生於萬一，終於決定逃了，在惡魔的槍刀交織成的鐵絲網下逃了。

高揭反抗的旗幟，掙斷牢獄的鐵鏈，這樣的英勇，這樣的偉大，千秋萬載後都令人驚嘆不已。

日本的國恥

每天由六時至七時的日間即爲專坐，由七時至六時的夜間即爲專臥。造成定型的生活，像是在那沙漠茫茫的大戈壁之邊作夢，自然愈過愈覺得痛苦了。爲對於此痛苦投下些調解之劑，說旣不能動又不得，在千思萬想中，說來也可笑，打開了一條偷取大便紙

的出路

一個很長期間的大便紙都是同樣的日文戲劇說明單，於我感不到任何趣味。只見滿紙排斥中國人，挑撥觀者對中國人的仇視。後來却很好了：有日文雜誌，有中文小說月報，中國社會與中國革命，於我如獲至寶，每天藉爲大便用或乘憲兵外出都往偸取十多頁，每頁反復細看戀戀不捨。我想：我平時閱書總是騎馬看花似的，如今倘得一書在此閱，那必很精細很週到了。老實說，我們中國人對於日本的情形很隔膜，自然對於日本的國恥也更少知道，當時我在日文雜誌的海傑獅子吼一文曾有這樣的發現：

文化三年九月，俄羅斯的商船友我拿號來襲樺太南部的日本領土，破壞領主松前氏所經營的漁業場，擄捕了四個番人，燒燬了建築物，掠奪了財物，就向俄領卡毋其雅卡地方揚長而去。

這是日本的一次國恥。

次年四月，除友我拿號外，還加一隻阿火斯號來襲日領之擇捉島，焚燒幕府所

經營的漁場，追趕守備兵，擄捕了武士番人及其他六人。繼續侵入宗谷海峽，燒打官船，海上陸上皆被掠奪，又向卞世其雅卡地方揚長而去」

這是日本的二次國恥。

自然俄國不止給她這些國恥，尤其是沙皇造成橫斷歐亞大陸的西北利亞鐵路後，對她所恃以自雄的北進政策大受打擊，朝野騷然，於是日俄戰爭爆發了。與安嶺下，鴨綠江中，日本毅然以十萬男兒斷送其間，打敗了俄國，成功了轟動全世界黃人第一次打敗白人的偉績，她的國恥是雪去了。但是我們的呢？尤其是她給我們的呢？尤其是她「欲征服中國，必先征服滿蒙；欲征服世界，必先征服中國」的政策如火如荼般的在節節進行着呢？一想及此，真令人起了無限的悲憤。

病魔與虱子

由於憲兵之萬般的虐待，監獄是變成病院了。

我們初到這裏時，已看這一生病囚徒躺在地板上。大雪紛飛，沒有被蓋，只是枕着手，彎着腰，曲着脚，捲成一團在呻吟，憲兵非獨不理，而且時而以手槍恐嚇。這樣他的病唯有越弄越重了。吃也不得，手足腫脹，大小便都要人扶，那情狀極爲悽慘，最後一天的黃昏，突然「啊唷」了一聲，轉身仰臥，沉重地舉起枯枝般的冰手指着臺上的憲兵，力竭聲嘶，彷彿戰馬般的狂叫：「我死囉，你這禽獸呵你……」

有一個六十多歲的老翁，他是和我們一齊押到這裏來的。他血氣的虛弱，身軀的枯瘦，行起路來，東顛西倒，已弱不勝風，所以到了這裏不數天，就害病了。據說，他的病是神經病，不時胡說亂道，忽而上海話，忽而廣東話，忽而英吉利話，引起我們的哈笑，打破了牢獄的沉寂。

然而這又不免犯法受刑了，單就那夜說，竟給憲兵打過三次，每次撲撲的聲音，如大雨驟至，似萬馬奔騰，把我從夢中驚醒，彷彿已到死城。

約二十天後，病者頻頻，此一條，彼一條，交錯縱橫于地板上，呻吟之聲，繚繞了整個牢

獄。

還能坐着的，脚也麻木了咳嗽不止，吐着濃黑的粘痰，臉上不見一點血色，我想：不出半月，包定個個帶上肺痨。

隨着病魔的恐怖，就是虱子的倡狂。

沒衣換，沒水浴，加以睡的污濕地板，在種種不衞生的條件下，於是蚤子便在各人的衣縫裏依着幾何級數的增加起來。一天氣候稍暖，獄中的寒氣給太陽趕散了許多，有些囚徒就解下內衣找虱，「畢畢」的殺死。我也倣様試解下一看，啊呀！全衣變成虱的世界了。連獲了百數十隻，這總明白晝夜身上的發癢，疑爲生了什麼怪病，其實都是這班朋友作祟。

內衣是不敢要了。

前狼後虎

時間之輪轉得眞快，今天已是二月三十了。自大戰爆發以來，不是三十多天了嗎？我想，我軍的武器比不上日軍的武器，我軍的訓練比不上日軍的訓練，爲什麼還能抵抗這樣久？十天前認識了一個新囚徒，他告訴我我軍的進展，大刀隊的神勇，在江灣吳淞一帶曾殺敵萬餘。哈哈！難道這又是一幕馮子材在諒山打法軍的壯劇嗎？又，昨天T君播地偸來一張上海每日新聞裏面有一段說：拘留所的便衣隊俟和平解決後，方釋放。然而何時才能和平解決呢？當晚問憲兵班長，（他屢和我們交換談話。）他不是很滑稽的答：「視中國人民有否誠意」嗎？這些問題都如潮湧一樣的湧上心來，眞不知何時纔能恢復自由，重見「靑天白日。」

三十多天的後一段六七天中，憲兵在蹂躪之餘，常用粉筆和我們說話，一次會提出——「中國人應與日本人聯合打美國。」在仇人的面前，倘作此說，足見對美國的仇恨了。本來日美的互相仇恨，不亞於德法的互相仇恨，個個都想做太平洋的霸主，對中國：一則要利益獨占，一則主張「門戶開放」「機會均等」，數十年來，無日不在明爭暗鬥中，

遲早是不免於一戰的，到那時，我相信中國人總不這樣傻——同你倭鬼聯合。

太陽懸在天空的中央，忽然來了一羣新的憲兵，高的告訴我們說他們今天即調回兵艦去！叫魔王從此離開我們了，多麼欣幸！同時却生了一種希望，希望新來的給我們減一些痛苦。舊憲兵的八人中，有一個特別留着兩匹「國鬚」，臉色青黑，盡是橫肉凝集着天地間的惡氣，粗大的雙手，眞有點令人可怕，至今還在我腦中顯躍着。他們臨去的時候，（留下一個。）有些裝起假面具，跑進來和一些囚徒握手或向大家點頭說「骨拜」（Goodby），極天下的大滑稽，我心中想：「倘若再背一次拜，我們也沒命了。」

因爲對於新來的憲兵抱着一種希望，於是新的一舉一動都爲我們所注意。大概這都是從田間徵來的吧，打起人來總是帶着怯怯怩怩的樣子，或慢慢地輕輕地如慈母於孩子，令人幾乎笑脫門牙。本來他們也不懂得「倒打」與「滾打」的，適值當晚一個囚徒多取了一份飯，爲留下的那一舊憲兵所發覺，立即施行倒打，教給新來的憲兵一個打法。

新兵在舊兵瞻示教訓下，不兩天個個都學惡了。打的方面雖非舊兵那樣瘋狂，然監視的森嚴却是舊兵望塵莫及。於是我們更覺束縛，痛苦非獨不能減少，而且按時增多。

唉！「前狠後虎，」東洋兵是沒有一個好的，我們只祈願大疫把他們閃一下通統掃滅。

倭奴的詭譎

這是日帝國主義一幕詭譎奸詐的醜劇，用以遮掩自己的罪惡於第三者面前的醜劇。

三月三日的日漸高時，有幾隻像黃牛般的憲兵軍官跳了進來，開始即吩咐憲兵逐一把樓上樓下的窗門打開，於是獄內的光線空氣頓覺清鮮，由黑暗變爲明亮，由污濁變爲清新。垃圾簍也搬往別處，地板也重掃了一回，我們偶有一些紙屑丟在地上，憲兵也卑躬屈膝地親自拾個乾淨。一切佈置成功了，又先派我們每個囚徒一大塊餅下當作早晨

的點心。

俄頃，又來幾個通譯員及兩個手提醫藥的白衣軍醫。軍醫在臺上設起診病處把前天擄來我方兵士二十餘人的一部帶傷者，（很奇怪的，有一兵懂日語且很流利，憲兵常和他敍談，並替我們翻譯。）通予醫治，并給他們換上新的黑色棉袍教他們坐臺在上的一角。

偶然一隻像野貓般的通譯員站在臺上高聲宣佈：

「……你們不論那個有病都可以上來醫。

不論重輕病都可以上來醫……。」

他好像怕我們躊躇或聽不清楚，重復說了數次。——面現笑容，語氣柔和。有些拒絕，有些隨聲而往，一時像蝗蟲般站滿了一臺。

還，還一切都是打破拘留所的新記錄，撥動大家驚訝的心弦。我想：為什麼失了良心的強盜，如今竟然這樣慈善起來，難道是覺悟了麼？難道為正義所征服了麼？正在找求答

案的時候，陡然六個碧眼鉤鼻的白人像天使般地翩然降臨，我纔明白，這是日寇的詭計這是日寇「假慈悲」的做作。

憲兵向他們致敬禮，極顯武士的莊嚴。

這些白人，除兩女外，據說有的是英國領事，有的是法國領事，有的是美國領事，特別一個是天主堂的教士——很明顯的標白他的服裝。不知爲的參觀呢？爲的調查？或……。兩方通站臺上實行嘰哩咕嚕起來，用的英語，從而更看穿日人的英語是世界上再蹩脚沒有的了。好比國聯會場上各國代表均直接說英語，而芳澤特別要人翻譯。

白人有的手持筆記部，張目四顧，注意我們，注意周圍，對于這號爲「文明」人惠賜我們的痛苦，在我們的肉體上精神上或許看出一些，但整個的——縱的方面，橫的方面的詳細情形及剛才的騙術，那裏會知道。我們雖想向他們作些暴露，但倭奴們眼刺刺地監視着，又那裏容你安然這樣的進行。沉默着罷，還是沉默着罷。

白人對于這黃人，被踐踏着的黃人，目擊心傷，大施烈義，臨去的時候，曾送好幾大包

美麗香煙，當場卽命吸食，憲兵不敢阻止。又送各一張兩份郵票的明信片，以爲寫信回家報告平安。我的家鄉遼遠，却將牠寫給住在本埠一位S先生。在不自由的地獄，自然不能作自由的說話，內容只得：

「我來在近橫濱橋新東方劇場已廿天了。待遇××，身似火焚，務希速速營救。」

幾個鐘頭中，獄內的情形好像黃河劃了界線一樣，白人剛跨出門外，突然就恢復了從前的狀態：窗門關起了，吃煙的人也被打了，拉圾簍也搬回了，據後我出獄的朋友說：從此也永遠永遠地不見軍醫的光臨了。

脫了牢籠

那是三月三日，當着夜之神剛伸張他灰黑色的羽衣遮蓋了萬物的時候，陡然進來拏着名簿的憲兵軍官和一個通譯員登了臺，便叫坐在右邊的囚徒集中左邊，以資鑒別，

那樣子形似乎開演縱囚的序幕，于是我的心旌忐忑，激動緊張，渴望着福音的來臨。

開始唱名了，當然從頭唱起，卽從號數最低的唱起，被唱者走到臺邊，問了姓名，年歲及職業，便指教他坐到右邊去。按着次序，這時本是該到我們。然而却唱到二百號去了。唉！這是什麼事情！使我失望，使我不安，心跳得像驚弓之鳥，全身突然沈重起來，像是千萬斤的巨石壓着。然而且慢，詭譎多端的他們，常是故意搗鬼的，也許唱囘頭，唱囘頭，唱囘頭，我們又是怎樣的在祈禱着呢！揣測不錯，畢竟唱囘頭了，T君「一三二番目，」W君「一三三番目」自然先唱，方到我的「一三四番目，」結果T君得坐右邊，W君則否，拆囘崗位，心中何等難堪！（因他直說籍屬廣東，——獄中廣東八十餘，當晚沒有一個得坐右邊。）我呢？却同T君一樣，好像注射了一下定心針，嗎啡針。

二百零四徒，（號數已在五百以上，中間曾釋放了許多及慘殺了一些。）結果被唱而得坐右邊者九十六人，（L君也在內，K君年幼前已釋放。）憲兵軍官及通譯員去後，憲兵又對我們這右邊囚徒說：「你們明天釋放。」我心更安，專在憧憬自由之神的到臨。

睡時，我想什麽痛苦都受盡了，不幸的命運也算過去了。未來，未來，新的生命，新的幸福，新的甜密和愉快應在未來。至于倭奴們這樣的野蠻，這樣的殘暴，世界如爲他所征服，人類簡直要絕滅，宇宙簡直要沉淪。我出去時，雖以一介書生，不諳軍旅，未能即時披着征衣上戰場，拼個死活，但也得振起筆桿子把他的罪惡宣佈出來。

三月四日來了，早間拍照，一張在獄中拍的，一切囚徒均在內。一張在獄外拍的，單獨是擄來我軍的敗兵。但每張都有憲兵，軍官，通譯員很威嚴地站在前後左右。這，大概爲將來陳列于「戰利品展覽會」中，顯示威武用的。

正午的時候，還沒有放，我們忽然又陷入焦急的火坑，直到吃了晚飯，纔來一位同胞及兩個倭鬼。這位同胞，看他的圓形證章知道是上海戰區臨時救濟會總隊長吳君，帶着慈悲的神情站在我們的面前，洪鐘般的說道：

「我們經過了許久的交涉，纔辦妥你們這件事……

凡坐在這邊的人（右邊），經了這位日本領事，這位日本陸軍當局調查過，認爲沒

有罪，現在可以放出去。

凡坐在那邊的人，據說還要調查，認爲沒罪纔能釋放……

凡今天放出去的，通要跟我回到大世界附近的仁濟堂，路中不可亂跑。……」

我們像獲了王位一樣，多麼幸喜！大家不禁手舞足蹈起來，歡呼拍掌起來。有些當吳君當做如來釋迦，像拜神般的拜將起來。說不出的感激，表不出的愛戴，吳君便在我們的腦海中留下一個永遠不磨滅的印象。

隨着吳君點了名，我們報了數，九十六人像軍隊出發般的別了拘留所，拘留所！可愛的拘留所再會吧再會吧！

灰淡的暮色籠罩着大地，我們重踏上北四川路的路上。由四個憲兵保護着向南行。沿路所見的：三五成羣的木屐兒，巡禮憑弔的西洋人每個都用着驚訝的眼光注視我們。那家橋路一帶，頹垣殘壁，已成瓦礫之場。昔日銀色之夢的奧迪安戲院，只剩焦黑的外殼，顯着火葬的餘痕。到處的屋身玻璃碎，彈痕班班，變成蜂窠。公益坊口成羣結隊的雀鳥在

歌唱，在跳舞，佔替了人的位置，一顆被蹂躪了的心，眞有些不勝這般沉痛的刺激了。

風在悲鳴，水在嗚咽，四川路橋的兩邊站滿了人羣，像是歡迎我似的。憲兵到此便走開了。于是我們正式恢復了自由，從死的世界囘到生的世界，從黑暗的地獄囘到光明的天堂。

「天長地久有時盡，此恨綿綿無絕期。」

一九三二，五，廿八完稿。

民國二十一年八月初版發行

實價二角五分（外埠酌加郵費）（實價不折不扣）

滬戰中的日獄

有著作權不許翻印

著者　李浴日

發行者　曾獻聲　上海河南路六十號

印刷者　神州國光社印刷所　上海新閘路福康路

總發行所　神州國光社發行所　上海河南路六十號　電話報掛號七二七三　無線電報掛號一七二七三

分發行所　神州國光社分發行所　北平宣內大街　廣州財廳前　南京花牌樓

神州國光社刊行創作書目

書名	著者	實價
厄運	彭芳艸著	實價四角五分
寒夜集	彭芳艸著	實價四角
落花曲	彭芳艸著	實價六角
歸雁	黃廬隱女士著	實價六角
雲鷗情書集	黃廬隱女士著	實價五角
沈從文甲集	沈從文著	實價一元二角
素箋	陸晶清女士著	實價五角
病院中	程碧冰著	實價八角
一個婦人的供狀	周樂山著	實價六角
所思	張申府著	實價六角
戰時日記	王禮錫著	實價九角
滬戰中的日獄	李浴日著	實價二角五分
低訴	陸晶清女士著	實價三角

上海抗战与世界反法西斯战争系列丛书

淞沪

淞沪抗战史料丛书续编 III

第八辑

本师淞沪抗日阵亡烈士传记 | 中国国民党陆军第八十八师特别党部 编

上海科学技术文献出版社
Shanghai Scientific and Technological Literature Press

“上海抗战与世界反法西斯战争”系列丛书总序

徐　麟

伟大的中国抗日战争，是近代中国人民反对帝国主义侵略并且取得第一次完全胜利的民族解放战争，是开展时间最早、持续时间最长的世界反法西斯战争东方主战场。在这场历经十四年之久的抗日战争中，中国各族各界人民同仇敌忾、共赴国难，经过艰苦卓绝的浴血奋战，以巨大的民族牺牲，打败了穷凶极恶的日本法西斯侵略者，取得了辉煌的胜利。正如习近平总书记所指出的，中国抗日战争“为拯救民族危亡、实现民族独立和人民解放，为争取世界和平的伟大事业，作出了彪炳史册的贡献”。中国抗日战争是在中国共产党倡导的以国共合作为基础的抗日民族统一战线旗帜下进行和取得胜利的。以爱国主义为核心的伟大民族精神是中国抗日战争胜利的决定因素，中国共产党的中流砥柱作用是中国抗日战争胜利的根本保证，全民族抗战是中国抗日战争胜利的重要法宝。

上海抗战是中国抗日战争的重要组成部分。在中国抗日战争与世界反法西斯战争中，作为中国共产党的诞生地，上海这座具有反帝反封建光荣革命传统的英雄城市，发挥了独特的重要作用，作出了重大的历史性贡献。

20世纪三四十年代，上海这座国际性的大都市，已经成为中国与世界各国通商贸易的主要港口，成为中国经济、文化中心和政治、外交副中心。同时，上海又是当时中国最大的军港和守卫长江的大门，具有重要的军事战略地位，因而始终成为日本法西斯军国主义

觊觎的一个战略要地。1931年“九一八”事变后，日本法西斯军国主义进而在上海挑起了“一·二八”事变，发动了对淞沪地区的武装侵略。驻守上海的十九路军和前来增援的第五军与上海人民奋起抵抗，给予日本侵略者以沉重一击，成为中国局部抗战历史进程中承前启后的关键性一役。“九一八”和“一·二八”时期的抗日武装斗争和民众抗日救亡运动，在世界上率先举起了反法西斯的旗帜，揭开了中国抗日战争和世界反法西斯战争的序幕。1937年七七事变后仅一月余，日本法西斯军国主义又把侵略魔爪伸向上海，遭到中国爱国军民的顽强抵抗，形成了以上海为中心的一场气壮山河、震惊中外的“八一三”淞沪抗战。七七卢沟桥事变和“八一三”淞沪会战，标志着日本法西斯军国主义全面侵华战争的开始。在中国共产党的积极倡导和推动下，抗日民族统一战线正式形成，揭开了中国全民族全面抗战的序幕，也标志着世界反法西斯的第二次世界大战在亚洲的东方战场正式形成。在“八一三”淞沪抗战历时一百多天的日日夜夜，中国军队和上海人民以其鲜血和生命，筑成了一座民族自卫的血肉长城，谱写了一曲民族团结、共御外敌的壮丽史诗。上海沦陷后，上海民众在全国人民和全世界爱好和平的各国人民的声援、支持下，面对极其艰辛险恶的环境，仍然以大无畏的英雄气概，坚定不移地继续投身于全民族抗战的洪流，对日伪的法西斯统治进行不屈不挠的斗争。中国共产党始终高举抗日民族统一战线的伟大旗帜，发动民众，团结上海各界人士，从人力、物力、财力等各方面支持抗日民主根据地和抗战大后方的斗争，冒着腥风血雨，迎接抗日战争的最后胜利。

两次淞沪抗战及上海民众在十四年不间断的抗日救亡运动中，

构成了一幅幅上海抗战英勇悲壮的画卷，也铸就了上海在中国抗日战争和世界反法西斯战争中的重要历史地位：上海不仅是中国对日作战的一个坚强的军事战略重镇，也是中国抗日救亡运动的前期中心和中国抗战文化的发源地；不仅是支援抗战大后方和抗日民主根据地的重要基地，也是世界反战反法西斯人士和中外难民的庇护所；是世界反法西斯舆论战、情报战的东方主要阵地，又是中国联系国际反法西斯阵营的纽带和桥梁。更为重要的是，上海抗日战争凸显了其重要的历史意义：它在外敌入侵、民族危亡的关键时刻，全面地、全方位地弘扬了以爱国主义为核心的民族精神，折射了中华民族有同侵略者血战到底的气概、有在自力更生的基础上光复旧物的决心，有自立于世界民族之林的能力。上海抗日战争在中国抗日战争和世界反法西斯战争历史上树立了一座永不磨灭的丰碑。

2015年是中国抗日战争暨世界反法西斯战争胜利七十周年。在中共上海市委的领导和支持下，上海学术界和理论界经过多年的努力，联合推出了“上海抗战与世界反法西斯战争”系列丛书。这套系列丛书分为三个子系列，**一是“上海抗日战争史”丛书，**内容包括上海抗战史通论、“一·二八”淞沪抗战、“八一三”淞沪抗战、日军在上海的罪行与统治、上海人民抗日救亡运动、上海郊县抗日武装斗争、上海人民支援新四军与抗日根据地、抗战时期的上海经济、抗战时期的上海文化、上海抗战与国际援助等；**二是“淞沪抗战史料”丛书，**选辑和汇集民国时期有关上海抗战的具有代表性的通讯、纪实、回忆录及报告文学等鲜为人知的孤本、藏本影印重版。**三是“上海抗战与世界反法西斯战争研究”丛书，**其中包括

资料性著作：如记忆中的淞沪抗战、淞沪抗战中文报刊资料选编、淞沪抗战档案史料选编、上海抗战历史文献选编等；专题性著作：如中国共产党与上海抗战、当代学者论淞沪抗战、国外学者论淞沪抗战、“一·二八”淞沪抗战画史、“八一三”淞沪抗战画史等；工具性著作：如上海抗战与世界反法西斯战争大事年表、上海抗战与世界反法西斯战争事件人物录等；通论性著作：在上述论著的基础上完成一部通论性著作，即上海抗战与世界反法西斯战争全史。这三个子系列丛书各有千秋、各具特色，在集结出版后，更能起到互相参照、取长补短的作用。可以说，这套系列丛书是上海学术界和理论界研究上海抗日战争和世界反法西斯战争的一项重大的学术成果，是对上海抗日战争史研究的一个重要总结和一次集中展示，也是向中国抗日战争暨世界反法西斯战争胜利七十周年献上的一份厚礼！

“疑今者，察之古；不知来者，视之往”。历史是最好的教科书。“上海抗战与世界反法西斯战争”系列丛书的出版发行，更是为了向社会提供一部能够弘扬时代正能量、培育与践行社会主义核心价值观的好教材。让我们站在新的历史起点上，进一步铭记历史、缅怀先烈、珍视和平、警示未来，为实现中华民族伟大复兴而奋斗，为促进世界的和平和发展作出我们应有的贡献。

出版说明

“淞沪抗战史料”丛书续编Ⅲ主要收集美国史坦福大学东亚图书馆等处所藏资源，将已见或未见的关于淞沪抗战史料以影印的形式出版，内容涵盖两次淞沪抗战，即“一·二八”淞沪抗战和“八一三”淞沪抗战，力求比较全面、翔实和生动地反映淞沪抗战的全貌。

两次淞沪抗战，是中国人民伟大的抗日民族解放战争的重要组成部分，特别是“八一三”淞沪抗战是在中国共产党抗日民族统一战线政策的指引下，以国共两党合作为中心，全国各爱国党派、团体，中央和地方各系抗日军队，各界爱国民众以及海内外侨胞，在抗日御侮、共赴国难的基础上发动和进行的，堪称民族自卫战争史上的伟业。它体现了中国人民血洒战场、拼死抗战的决心和民族团结精神。在抗战胜利70周年之际，阅读这些史料，重温那段中华民族优秀儿女面对强敌、誓死抗争的精神，就是最好的爱国主义教材。两次淞沪抗战展示了中华民族奋起改变自己国家命运的伟大信念，爱国主义激发出全体中国人民的巨大力量，这种信念和力量，在今天仍然弥足珍贵，令人心怀激荡。两次淞沪抗战中那些大气磅礴、气壮山河的史诗故事，均在本套丛书资料中有翔实的记录和质朴的史料作为佐证。

由于各种原因，原书中存在着印刷错误，而且有些细节也与史料不符，对书中的一些观点我们也不完全赞同，为了给读者提供最原始的抗战史料，对上述问题未做任何处理，希望读者能够给予理解。

编者

2018年7月

目　录

本師淞滬抗日陣亡烈士傳記

俞濟時題

中國國民黨陸軍第八十八師特別黨部編印

二十一年九月十五日

陸軍第八十八師淞滬抗日陣亡烈士傳記目次

序一

歇浦荒郊之夕，爍爍青燐；春申江上之波，滔滔碧血。回憶淞滬守士，決立淮陰背水之勳，無如奸憝牽持，未遂謝石渡淝之願。傷懷往事，難禁涕泗滂沱；蒿目時艱，倍增塡膺悲憤！嗟我將士，爭殉國以犧牲，留取英名，定傳芳于弈禩。惟是翹首東瀛，眈眈依故：白山黑水，久遭蹂躪之區；北塞風雲，復告烽烟之警！益以赤寇披猖，中原板蕩，內憂外患，交逼而來。際此否泰一時，存亡俄頃之會，祗有淬精勵神，矢誠矢勇，撫輯社會，復我邊圉。俾錦繡河山，由破碎而重歸完整，斯固我諸將士所共期，亦爲全國民衆所企禱者也！大風泱泱，思猛士兮無窮，鼙鼓逢逢，盼羣豪兮繼起！凡屬後死，應樹先聲，礪汝寶刀，慰兹忠魂！

中華民國二十一年七月　日　　　俞濟時撰于漢皋偉雄路師司令部

序二

「殲倭建國」，是抗日殉國先烈的遺志，爲我等後死革命軍人必須繼續達成的任務。敵我不兩存，非殲滅倭寇，不克成就建國大業。我等追悼先烈，我等應十分勉勵。

回憶淞滬禦倭一役，我第八十八師陣地適當最衝要的江灣廟行一帶，爲倭軍攻擊重點。從二月二十日至二十二日聯續三天，敵軍配置一萬五千以上的兵力，儘量使用其重礮飛機唐克兵艦等現代新式殺人利器，猛攻廟行一隅—企圖中央突破，下大場，佔真茹，截斷京滬鐵路，達到殲滅我軍的目的。不意受着我師的頑强抵抗，將士人人存殉黨國，殉主義的信念，下與陣地同存亡的決心。前仆後繼，奮戰不衰，使倭敵卒不能越雷池一步！『犧牲日軍人生命，僅廟行鎭血戰三天，已及七千餘人。』（申報月刊張梓生半年來的中國）『自經二十二日廟行鎭一役，我國我軍聲譽在國際上頓增十倍，連日各國輿論莫不稱頌我軍精勇無敵，而倭寇軍譽則一落千丈。』（蔣委員長宥酉電）我師的『廟行鎭大捷』，將永佔中華歷史最光榮的一頁，這完全是全師將士的勇敢奮戰和傷亡官兵二千九百六十四員名的碧血凝結成功的！

當二月二十二日之役，元良倘服務第八十七師。奉命率第二五九旅增援前線，與濟時師長遇於廟行陣地。此時師旅團營長莫不英勇奮發，同士兵一起站在最前線上，誓以赤血滌國恥，以手刃倭寇爲樂！僅廟行前紅廟五十米達正面內，被我擊斃的倭軍，縱橫陳屍於鐵絲網下者達三百餘具！當夜敵寇倉皇鼠竄，傷亡過半，狼狽不堪！四易主將，以十萬餘所謂精銳，攻我不到五萬的國軍，所得結果如是！『可說是丟盡了自命爲世界五强之一者的醜臉！』而肆行殺人放火，濫投炸彈，殺害非武裝的中國人民等殘虐行爲，就是他們皇家軍的戰績！

現在遼寧吉林黑龍江三省久淪於暴倭鐵蹄之下，而熱河又告緊急！淞滬血跡未消，瘡痍未復，而平津勢又將受蹂躪！內則赤匪殺人放火，貪污土劣未除，人民困苦，達於極點，主義未行，革命頓挫！外則不平等條約尙未廢除，帝國主義者謀我日亟！世界則經濟彫敝，列强衝突鬥爭，醞釀大戰；弱小民族與窮苦階級仍度其被壓迫的非人生活！——凡此種種，都是我等革命軍人的奇辱大恥！我等必須負起責任，以大無畏精神，不避艱險，自强不息；站在我等唯一革命領袖蔣委員長領導之下，殲除倭寇，消滅赤匪，建設三民主義的國家；解救世界人類的困苦，爲正義人道的保障。

紀念殉國成仁的先烈，我等後死者要時時刻刻不忘我們的責任。

孫元良序於武漢軍次

中華民國二十一年八月十一日

序三

慨自去年九一八倭寇逞兵於東北，數日之內，連陷我遼吉兩省，彼寇固以爲中國之無人，而不復有所忌憚矣。是以延至本年一月二十八日，又復洄東海之鯨波，翻申江之濁浪。竟振其氣吞八表之勢，傾國而來！惟時國軍率皆結營內地，兜勦赤匪。故當暴日入寇我淞滬之夕，一柱擎天，所恃與抗禦者，惟我十九路一軍。爾時首都屏障，岌岌堪虞。中樞爲避免暴力威脅計，遷都河洛。方是時也，舉國震撼，血脈僨張，輿論沸騰，羣謀對外。我五軍將士，目擊時艱，見危授命。迫切請纓，加入前線。江灣大場廟行瀏河諸役，以血肉之軀，當暴寇飛機重砲唐克兵艦之壓迫。前仆後繼，勇往爭先。使非應援不繼，彼寇雖兇，亦無能爲也。綜計是役，我八十八師傷亡過半；卽暴骨沙塲，以身殉難者：官佐六十有六員，士兵一千零五十四名，亦可見戰局之劇烈矣！然諸烈士之冒死不顧者，所以伸人道正義於世界，爭中華民族之生存耳。自經是役，而世界之視聽以新，我國之精神以振；敵人亦知我民族之不可輕侮，而後有停戰之議。然此固非我抗日先烈之志願。蓋寇燄方張，而河山之破碎依舊；醜虜未滅，顧烈士之成仁幾希!?今我師駐防武漢，進勦殘匪；日寇又窺伺熱邊，再圖逞暴。當大風而思猛士，蓋令人緬懷既往而低徊不置！茲當彙編烈士傳記，爰書所感，弁諸卷端，聊以自勵，並勵我後死同志之奮起救國焉！

中華民國二十一年七月二十九日　宣鐵吾序于漢口偉雄路師司令部

序四

太史公曰：『死有重於泰山，有輕於鴻毛。』我抗日陣亡諸烈士，豈非重於泰山者乎！？孔子曰：『殺身成仁，舍生取義。』我抗日陣亡諸烈士，豈非成仁取義者乎！？總理遺教中唯一詔示吾人者，『對外打倒帝國主義，』我抗日陣亡諸烈士，豈非吾黨最忠實最勇敢之同志乎！？然世有公論，史有定評，無待吾言喋喋矣。惟梅與親與抗日戰役，出入彈雨槍林，時閱月餘，共嘗艱苦，吾目所覩，吾耳所聞，自有不能已於言者：當夫我軍與倭軍陳兵相薄也，諸烈士志保河山，氣凌日月，爭先拔幟，誓不生還；蹈白刃，流赤血，冒礮彈，衝敵陣，如風之馳，如電之掣，何其壯耶！？更想夫敵燄高張，慘施辣手也，毒氣硝烟，驚沙撲面；飛機軋軋，炸彈紛投，風雲爲之失色，天地倏忽含愁！我諸烈士熱血沸騰，化作無邊紅雨；荒郊暴骨，閃流遍地青燐，何其悲耶！？凡此種種，印象殊深，每一追維，輒深佩仰！茲者，特黨部彙編抗日陣亡烈士傳記，用表忠烈，藉勉來茲，立意至深且遠。率撰數言，弁諸帙首，敬盼讀是書者，努力奮鬥，繼續諸烈士未竟之志而固吾邊圉，光吾黨國，則幸甚幸甚。

黃梅興謹序于武昌右旗營房二六四旅旅部

中華民國二十一年七月二十日

敍言

一、

毛聖棟

「生也死之徒，死也生之始，孰知其紀？人之生，氣之聚也；聚則爲生，散則爲死。若生死爲徒，吾又何患？」

莊子知北游篇有這樣一段話，以說明萬物的轉變卽「方生方死，方死方生」的道理；（見齊物論）而且，又以實際現象證明其奧義，如至樂篇說：

「列子行食於道，從見百歲髑髏，攓蓬而指之曰：唯予與女知而未嘗死，未嘗生也。若果養乎？予果歡乎？——種有幾：得水則爲㡭。得水土之際，則爲鼃蠙之衣；生於陵屯，是爲陵舄；陵舄得鬱棲則爲烏足。烏足之根爲蠐螬，其葉爲胡蝶；胡蝶胥也，化而爲蟲，生於竈下，其狀若脫，其名爲鴝掇；鴝掇千日爲鳥，其名爲乾餘骨；乾餘骨之沫爲斯彌；斯彌爲食醯；頤輅生乎食醯；黃軦生乎九猷；瞀芮生乎腐蠸；羊奚比乎不箰久竹，生青寧；青寧生程；程生馬；馬生人。人又反入於機。萬物皆出於機，皆入於機。」

髑髏是人之死屍，然而竟有「攓蓬而指」的生的摹狀；同時並假髑髏以指列子之「未嘗生」。我們驟視之，這番話，似乎完全是一種「詭辯」。但是按之生理學上「生元」（卽細胞，總理名之爲「生元」。）新陳代謝的道理講，人的肉體原是時時刻刻在生滅變化的，所以生人雖生，僅是精神之生，其肉體實日日與死爲隣。因此，就肉體說，是「未嘗生」；就精神說，是「未嘗死」，都有相通的道理。假使有人對於那種生死觀有了某種理解，則「果養乎？」（「養」通恙，憂也。）「果歡乎？」的問題，自然不待深究，他自已一定自有其信仰的。至於「種」和「幾」的說數，雖然我們並沒有取得生物生滅蛻變的實證，可是「生者不能不生，化者不能不化。故常生常化者，無時不生，無時不化」的天演道理，（見列子天瑞篇）我們不能不承認其含有近世自然科學的深遠的意義。

由如右的引證，至少我們可以了解自然界的所謂「生」與「死」，僅是流變不居的形相而已，實在是極其平常的事。

二、

可是，我們是人類，人類的生死，除了具有通常生物的流動不居的形相之外，他尙有人類特定的生死意義，這卽是說人類的生死，於天演的道理——自然形相之外，還有人事界的哲學意義。

人事界的全行程，雖糅雜萬相，莫由究詰，但搆成人事界諸現象的每一個人的社會屬性的私人活動之始末，是以「生」爲開端，而以「死」爲歸結的。在這一個生死的經界之間，各發揮其人生表演的才能，而自造其一生(以死爲終極)的意義與價値，自然是必要的。蘇格拉底(socrates)說：

a life unexamined, uncriticised, is unworthy of man.

卽此，亦從而知古往今來，一切聖賢豪傑，哲人偉人，以至於社會各方面的人，實在都應該由「認識自己」(know yourself)裏有一種自尊自重的覺悟與修養。總理在軍人精神教育裏曾告訴我們說：

「人生不過百年，百年而後，尙有生存否耶？人莫不有一死；死既終不可避，則當乘此時機，建設革命事業。若僅貪圖俄頃之富貴，苟且偸活，於世何裨？故死有重於泰山，有輕於鴻毛者，死得其所則重，不得其所則輕。吾人生今日之世界，爲革命之世界，可謂生得其時，予我以建功立名之良好機會。夫湯武革命，孔子且艶稱之，彼不過帝王革命，英雄革命，而我則爲人民革命，平民革命，乃前不及見後不再來之神聖事業。先我而生者，既不及見；後我而生者，亦必深自恨晚，且不知若何羨慕。故今日之我，其生也，爲革命而生我，其死也，爲革命而死我，死得其所，未有善於此時者。」

誠如蘇格拉底說，「未經審定過，批評過的人生，是沒有人底價値的。」然而完成有人底價値的人生，其所需審定批評的手段，正有多種式樣。在這許多式樣的手段之中，我以爲最嚴重最後的手段便是「死」，便是孟子所謂「所欲有甚於生者，舍生而取義者也」的「取義」之死的「死」。這個「取義」之死的「死」，便是 總理革命的生死觀之終極；也就是完成有意義的有價值的人生之最高標的。

三、

基於以上所述，我們可以綜合為如下兩義：

一，萬物生滅無常，不是絕對的而是相對的。即以我們人類說，實際是生中有死態（生元之新陳代謝，即所謂肉體的「機」之生滅相。）而死中又有生相的（即老子之所謂「道生一，一生二……三生萬物」的「道」之存在；亦即佛家之所謂物質不滅，精神不滅的道理。）我們正不必以生為樂而以死為苦。這是達觀的無為的說法。

二，確認人非僅是物，而是萬物之靈的「有精神之用」的物，因此他必須有「我既為人，則當發揚我之精神，亦即所以發揚為人之精神」的信念。於是有注意於生死問題的哲學的意義，以確立其革命的生死觀之必然與必要。於是乃重視於「立德」「立功」「立言」之不朽事業的建樹，以求其精神的永生。這是人本主義的思想。

革命軍人是「以救國救民為目的，有救國救民之責任」，他們是負着以殺人為救人的職志，抱定以「數十年必死之生命，立國家億萬年不死之根基」的殺身成仁的決心，以完成其三不朽中「立功」的事業的，所以他們的生死觀，在右列兩義的揭示之下，不但含有第一義，而且嚴格要求其必須具備第二義。

說到這裏，我將根據以上提供，鄭重地說：

——淞滬抗日戰爭中陣亡的諸烈士，他們是盡了革命軍人最後的責任了！

——淞滬抗日戰爭中陣亡的諸烈士，他們既已盡了革命軍人最後的責任；可是我們未死的武裝同志以及我們呻吟於帝國主義壓迫之下徘徊於生死之間的同胞同志們呢？我們將如何估量民族國家的利益，確定我們革命的生死觀，以盡我們的最後責任呢？

嗚呼！死者死了，我們除了盡我們的力量，對本師戰死疆場的同志，於無窮的悲悼緬念之餘，在時間和人力物力的限制下，特蒐求行歷，廣徵傳記，編印卷册，以彰忠烈外，謹略闡生死微義，貢獻之於我們以革命自矢的同志，在形式上，視之爲普通之敘言可，視之爲特殊之論述亦可；惟於實際方面，切祈我革命之同志同胞勿河漢我言是幸！

二十一年八月二十九日深夜

唐烈士循傳略

工兵第八十八營上校營長

陸軍上校唐烈士愼之先生，諱循，世居湖南零陵之鄆亭鄉。生而穎異，少具大志；家貧，不能爲學；及長，工讀兼營；年二十四，始卒業零陵縣立中學。鑒于時勢，南赴廣東，攷入黃埔軍校。勤操苦學，試輒冠羣，校長蔣介石先生，甚器重之！畢業後，分發黨軍工兵隊見習，不數月，由排長升代隊長。輾轉調至各部，歷任連長副官營附營長團附等職；曾參加東征北伐西討南剿諸役，大小數十戰，挫敵奏功，迭著勳名，毫無矜持！去秋調長國府警衛軍第二師工兵營，旋改陸軍第八十八師上校營長，精忠自矢，氣節超人。當一二八滬案突起，先生於一二九即首先馳援，將所部由杭州開赴淞江，策應十九路軍。繼奉令轉向南翔推進，再進守江灣廟行之線。迨二二二倭敵增援，向我總攻，砲火之烈，罕與倫比。我廟行陣地，遂遭重大損失。斯時一般將士，於彈雨飲血之中，飛機重砲，威迫之下，惶恐驚悸，危迫萬分！先生獨毅然下必死之決心，救黨國之頻危，竟率所部士兵，力挽危局。每前進衝鋒，必身先士卒，勇往殺敵，所向披靡！正圖一鼓殲敵之際，不幸飲彈殞命！同時所屬第三連連長施世德，亦告陣亡，良堪惋惜！先生卒年三十有二，遠近聞訊，莫不失聲悲悼！蓋忠勇德信，感人之深，有以致之也！先生治軍素嚴，而待下頗寬，故部屬均能誠心悅服，戮力用命。前革命軍蔣總司令親自檢閱，曾授獎賞二次，并許爲模範軍人！其自奉甚儉，生平不事聲色，衣食只圖溫飽；居官八載，廉潔自勵，清風兩袖，身後蕭條。現遺寡婦孤兒，一家十口，無人贍養，亦云慘矣！其待人甚厚，每遇他人困難，雖當自顧不暇之際，亦嘗傾全力以濟人急，尤足爲當世風！且好學不倦，無論平時戰時，涉覽羣書，手不釋卷。嘗以天下爲已任，惜天不假年，賫志以歿；鴻才永逝，黃壤長埋，殊令人追懷憑弔不置云！

附錄俞師長濟時輓聯

君竟成仁，想共同奮鬭，出入死生，風雨同舟茲八載！

我來致祭，痛莫睹音容，難親謦欬，精魂何處訂三生？

陳烈士振新傳略

步兵五二七團三營少校營長

烈士姓陳，諱振新，字文軒，湖北應城人。幼失怙恃，賴兄嫂以撫育。弟兄凡四，烈士居其末。世業農，以儉樸尚。君生性聰穎，且喜讀書；諸兄愛其才，且欲成其志，遂合力迎師，爲之教讀。十五歲，肄業於本邑之高級小學，每遇期試，輒拔前茅，諸教師恆以大器許之！畢業後，感中國政治黑暗，軍閥專橫，及帝國主義者之種種壓迫，每欲效班定遠之投筆從戎，以肅清障礙，驅除醜虜。遂於十四年決志赴粵，投攷黃埔軍校三期肄業。廣州沙基之役，曾因奮勇而受傷；楊劉之亂，東江之役，亦負重勞。畢業後分發第一師，出師北伐，而閩，而浙，而贛，而湘鄂各役，蓋無役而不有烈士也！十七年，全國統一，軍事上可暫告休養，烈士誦孔氏仕而優則學之言，感 總理革命不忘讀書之義，復肄業於首都之軍官團。對於經國濟世之各種學科，奮志研究，曾不少懈！學成任第六師三十一團十一連連長。十八年討逆之役，烈士每戰必身先士卒，勇往殺敵，卒以過勞致疾，辭職休養。甫愈，復任職於國府警衛軍一師，旋改編爲八十八師，烈士即該師二百六十四旅五百二十七團第三營營長也。此次在滬抗日之役，因報國心切，殺敵過勇，竟以身殉！烈士爲人儉樸，作事勤勞，身後遺弱妻一，年未三旬；幼子一，僅九歲。他無藏物，僅破屋半椽，薄田數畝而已！論曰：人孰無死？殺敵以死，成仁也！烈士素負班定遠之志，懷岳武穆之忠，雖非班岳之才，而其忠義之懷，實等耳！古云：出師未捷身先死，常使英雄淚滿襟！斯語直可謂烈士之寫照。是烈士之身雖死，而其精神實亘萬古不滅也！其志其行，皆足以昭往者，勵來茲！吾輩後死者，倘能繼烈士之志以邁進，則倭寇不足平也！

盧烈士志豪傳略

步兵五二四團一營少校營附

鄭鍾毓

烈士盧志豪，世居浙江永嘉楠溪楓橋之南溪，黃埔軍校第三期高材生也。年方二十有八，而從事革命戰役者，已不下百餘次。蓋自其卒業黃埔，充任排連長以來，東征北伐，以至討逆剿共諸役，烈士無役不從。每戰必身先士卒，所向披靡。南北統一後，中央創設革命軍教導隊，造就國防基幹人才，以烈士品學兼優，功勛卓著，選任教官。烈士奉職惟謹，課餘努力自修，手不釋卷。嘗曰：『欲期革命完成，非賴有高深學問不爲功。余半生戎馬，學殖荒蕪，亟宜乘暇讀書，以補未學。』其上進之勤，洵足爲現代革命青年之模範也！教導隊擴編警衛軍，烈士被任爲營附。本年春改編八十八師，仍任五二四團一營少校營附。淞滬抗日之役，烈士親臨廟行前綫奮勇指揮，激戰數晝夜，彈中頭部，猶頻呼殺賊救國而逝，可謂壯矣！自烈士之死，而廟行之陣地於以保全；我軍之威名於以震撼中外。然則烈士之死，豈不重於泰山哉?!烈士娶同鄉金氏女，以奔走革命，未嘗家居，故尙無兒女。然聞烈士之風，而繼志述事者，正大有人在也，烈士亦可謂不死矣！

徐烈士旭傳略

步兵五二七團一營少校營附

陳慶尙

徐君旭，字子歧，貌魁偉，性倜儻，有豪俠風。先世籍隸紹興，自祖父經商永康，遂家焉。徐君係生長於永康者也。幼失恃，由姨母撫養成人。因家貧，無力入塾，十三四歲時，從事郵務，藉圖口食。稍長，嘗存乘風破浪之志！乃身入浙江軍學補習所，研究軍事學術，獨見心得；書法亦臻佳境。旋走粵，從事國民革命，民國十三年，革命軍成立教導團，徐君職膺排長，二次東征，身先士卒，旋升爲監護隊隊長。後國民革命軍第一師成立，被選爲連長。努力作戰，掃除軍閥，所向有功。由第一師擴充爲第九師，仍任連長，參與討伐，無不凱旋！迨十九年因功晉升營長，旋調爲國民政府警衛軍第二師第七團團附，最後仍任營長。二十年春，因縮編改爲營附。今歲一二月間，日寇襲滬，傾國而來，八十八師（卽前警衛第二師）出而抵抗，二月二十一日廟行一役，敵衆我寡，勢力懸殊。而徐君奮不顧身，冒槍林彈雨前進，竟以身殉。時年三十七歲！孔子所稱：『無求生以害仁，有殺身以成仁者，』徐君其可以當之矣！徐君家有老父弱弟，此外無多人。尙於民國十六年服務國民革命軍二十一師補充團，駐紮杭州，適第一師亦來杭少駐，得識徐君於營次。立談之下，深悉徐君性情爽直，施與慷慨，公私均適，殊堪欽佩。生平關心民瘼，縈懷國難，嘗以杯酒澆胸中傀儡。至淋漓酣暢時，則杳嗟太息而言曰：『倘無力以濟世，當以死報國。』從未道及身家，眞所謂因公忘私，誠心愛國者矣！徐君自入伍以來，身經戰役，大小不下百餘次，未曾少挫，同僚莫不稱爲福將。此次竟以抗日陣亡，足見其平日抱負之不凡矣！使身列軍籍者，盡如徐君之英勇忠烈，則強敵不難殲滅；暴日雖兇橫，何能得逞？八十八師特別黨部，憫部屬之殉國，蒐烈士之事蹟，編纂傳記，昭示後人，俾知某某爲國犧牲，民族之英雄也！尙與徐君忝稱知已，爰特不揣固陋，直書其事實而傳之，庶使徐君功烈，永垂不朽；而後之覽者，亦可以聞風興起矣！

呂烈士義灝傳略

步兵五二八團三營少校營附

王熙

呂烈士，名義灝，浙江東陽人。黃埔三期畢業，第五二八團三營營附。陣亡于民國二十一年二月二十二日廟行抗日之役，年僅二十有六！烈士性剛直，見義勇為，年弱冠時，肄業中學，慨國事蜩螗，軍人跋扈，外侮侵淩，內憂日亟，嘗謂同儕曰：『吾輩青年，欲拯救國家，非刷新政治，剷除軍閥不為功！豈可屈處鄉里，與草木同腐，置國亡于不問乎？』民國十二年，烈士決心從戎，負笈之粵，投考入黃埔軍校，奮勉勤慎，學術大進。畢業後，值國軍北伐，烈士分發部隊工作，迭經戰役，奮勇爭先，所向有功；為上官所器重，由排長而擢升區隊長，而連長。烈士生平勤謹，克盡厥職，毋或稍懈；待士兵如子弟，故官兵樂為用命。今年一二八滬變發生，本師駐防杭垣，烈士驚聞噩耗，氣憤填膺，以不能即赴前方殺敵為恨！嗣本師奉命出發，援助十九路軍抗日，烈士欣欣色喜曰：『此吾輩救國殺賊，千載一時之機會矣！』出發之夕，即與部屬厲聲而言曰：『此去不殺盡倭奴，誓不生還！』其決死殉國之心，如償夙願！二月十七日，奉令增援廟行，烈士奮勇殺敵，率領官兵，激戰三晝夜，未稍懈怠；士氣所振，屢挫敵氛！二十二日，敵以數倍兵力襲擊，彈如雨注，炮若流星，烈士奮不顧身，殺敵衝鋒，身先士卒，卒以中彈數枚，傷勢過重而殞命！嗚呼！烈士殺身成仁，死重泰山！謹傳其略，以垂不朽。

項烈士方強傳略

師部上尉參謀

同窗弟羅　僞拜錄

項參謀方强，行五，遼西郡平庵仲山公之後，世居浦江城西隅。幼失學，曾往滬上紗廠工作；五卅案起回杭，因自號五珊。遂有從戎之志。發憤入明强小校，兼習童子軍，畢業冠同儕。父贊元先生，曾任嘉興地方廳推事；民國十四年冬至廣州，任國民政府財部籌餉總處對校。方强年十九，隻身遠訪，乃由憲兵科進黃埔軍事政治學校第五期畢業。歷充警衛軍連長，淮安徵兵局長等職。與王壽貞女士結婚於淮安，生一子正誼。萬寶山案起，日本肆毒東省，又加兵滬上；二十一年春，警衛軍奉令改編八十八師，方强以參謀隨軍出發抗日。二月二十六日，由江灣大場馮家宅連寄父書云：『兒身在軍國，有虧孝養，家內幸有兄長侍奉，內婦及正誼，請速召歸家撫養，俾兒得以一心報國。至內婦日後事，則任其良心良性而已。獸日兇横，非內寇比』云云！越半月而里人于隊員以噩耗至，云方强三月二日，奉令偵察，於羅店附近，遇敵陣亡！計其寄書到達之日，正見危致命之期，嗚呼痛哉！嗚呼壯哉！夫中國之恥，四萬萬人所同恥也；中國之仇，四萬萬人所同仇也。恥國恥，仇國仇，努力奮鬬，爲國捐軀者，四萬萬人所同深震悼而悲痛者也！此次滬上抗日救國戰爭，我八十八師損失爲最鉅，吾友方强與於難，吾愧吾友多矣！吾師贊元先生，恆舉「武官不惜死」等語以訓人者，吾師命余爲略書其事蹟，若不勝哀。詎獨哀少子，實哀中國耳！然中國賴有此次大戰，亦藉以略表見其不甘屈服，不惜犧牲，不怕威武，不絕抵抗的精神！四萬萬人民，愛國心理，如未盡喪亡，則愛國團結，當益以鞏固。民心不死，民國不亡；民國不亡，國恥必雪！吾友方强，在滬血光中，豈不與民國同耀千古哉？承命紀略，汗愧無似。

附錄

(一)項贊元先生示方强詞暨方强遺作和詞各一闋

項贊元先生示方强詞二十年秋感　調寄滿江紅

憤不欲生，東三省被人侵奪！七尺軀，腔血猶紅；鬢鬚斑白。精神老去爲斯民，責任肩來存一息。但能夠奮鬥倒倭奴，吾奚恤!?高麗滅，臺灣割；海軍沒，條約結。駸駸蠻烟又連及冀北！原來三戸可亡秦，期以十年濦吾國：須達到長崎和對馬，栽麻稷。

項方强呈復父示秋感倚聲滿江紅調

入耳驚心，聽危樓飆風暴急！三尺劍，振振欲飛，化龍飲血。黃花岡下英氣多，五卅案起雄心决。血肉軀從此別爹娘，歸軍國！東海浪，滔天雪；中國土，金銀窟。逞陰謀欲把支那呑沒？大呼四萬萬同胞，一致抵抗三島賊！除非是殺盡倭奴頭，不停歇。

(二)哭小兒方强陣亡

項贊元

爲民爲國旣多憂，喪我佳兒涕淚流。邁歲孤雛誰寄命？兩春彩翼怨長秋！臨風洒血呑倭鬼；抗日成仁擬列侯。撫視懷中遺孽在，終當一雪戴天仇！

鯉訓時聞大義彰，五卅案起志疆場。斯文企業基初建；諱武空餘卷滿箱。中國如爲外國狗；活人不及死人香！可憐後覺成先覺，白髮終天抱恨長！

(三)步前韻並誌哀仰

世姪黃方大

何獨先生抱隱憂，東風吹海漲橫流。滬濱婦女驚戎候；僞國官僚得意秋。抗日有聲轟孺子；報韓無策繼留侯。執戈幸遂佳男志，弧矢傳孫記父仇。

頻來外患禍昭彰，策足投鞭入戰場。警衛改編爲勁旅；參謀學業富縹箱。聲悲猿鶴英雄萎；體化蟲沙姓氏香。父母妻孥均勿論，未能驅倭憾偏長！

(四)追悼表弟項方强先生忠烈千古

石秉圭

爲抗日救國任參謀舍生臨難氣節常生

求民族平等而奮鬥視死如歸精神不死

(五)追悼項參謀方强抗日救國慘亡幷慰唁　斯甫世伯先生

黃方大

投鞭慷慨赴疆場，贏得參謀助業彰。紅粉懷中泣黃口；白頭家學喪靑箱。豹亡身死皮毛貴；人去神存名字香。陟岵陟岡嗟季子，暮年蹇叔恨偏長！

年年同室逞威風，枉折棟樑孰見功？禦倭幸能成義烈；題坊待爲表精忠。名高幸配稱志士；馬失還須賀塞翁。他日滬濱旌節處，黃花岡血損他紅。

雷烈士翼龍傳略

步兵五二三團三連上尉連長

田　琳謹撰

雷烈士，諱翼龍，字騰飛，四川璧山人也。生於民國紀元前八年，天性聰穎，好讀書，善交遊；志氣遠大，品性堅剛，作事不畏堅難勞苦。初入璧山小學肄業，繼入重慶中學，畢業後，留學北平大學，精研經史，及各種科學政治等書，又好讀古今名人書籍，不數年，才冠於羣！烈士見國事日非，常語人曰：『吾輩青年，不能坐視我國大好河山，任人宰割；弱小民族，任人蹂躪！當此國步艱難，正吾人脫穎之時矣！』時值　孫總理創辦黃埔軍校，烈士遂毅然南下，投考黃埔第四期步科肄業。此時正軍閥爭於內，列強侵於外，內外交加，被壓迫民族不堪其苦矣！以是烈士學習武藝之志益堅，救國之志益切；對本黨主義之信仰亦益加純篤！民國十五年，學業告成，在南昌分發第二十二師工作。後又調至陸軍第一二師工作，歷任排連長等職。數次北伐，無不參加；且每次遇戰，無不奮勇衝鋒，身先士卒，以善戰鬭！自一月二十八日暴日侵我滬濱，屠我同胞，我師奉命調滬抗日，烈士聞之，欣然喜曰：『是正吾輩雪恥報國之時，決與暴日作殊死戰！』初在江灣激戰旬餘；後烈士又奉命調至竹園墩金家木橋等處，担任重要任務，日寇以大軍包圍，烈士卒能以一當十，擊退日軍！旋復調至金家木橋，日寇來勢兇勇，火力極猛，烈士竟中彈身亡！嗚呼！烈士父歿母存，有兄無弟，且未娶婚，亦云悲矣！但人生必有一死，惟其輕重不同耳。烈士爲被壓迫民族求解放，爭光榮，謀生存而死，可謂重於泰山矣！

附錄

(一) 哭季弟翼龍　雷人龍

弟命竟如斯，聞耗痛欲死！我生縱達觀，晚境誰堪此？頻年幼者殤，家運抑何否？吾行負神明，奇禍乃及爾！

脩短雖有數，立身貴無滓。愛國具熱腸，居家重倫理。孝友秉天性，母兄慮衰靡。黃埔培軍官，學優遂登仕。

命以丁年終，功從北伐始；一朝任軍職，轉戰數千里；勇敢著聲譽；將帥多稱美；倭虜猶未滅，奚暇謀妻子？本期揮天戈，用以雪國恥！時日與偕亡，禦侮志同矣！何圖霹靂驚，軍聲忽變徵？浴血殉江灣，招魂爲剪紙。無屍裹馬革，無地埋國士！倘俾老母知，悲痛當何似？予季覺國殤，腸斷對江汜。揮涕檢遺書，傳略付青史。

（二）烈士遺書

（甲）由江西沙溪軍次寄長兄雨春書

——本函前兩頁業已散佚，殊爲可惜！

……來地位如果好時，決與兄嫂共同享受，祇要兄嫂侍奉母親，要好，要誠懇，不計小利。至於囘川一事，弟早在計劃中。如果時機到來，自有相當把握。弟偶一念及將來前程，及母親百年大事，心中總覺痛苦極矣！刻下當連長，較前次當連長尤困難，責任更重大。在下辦事，多不得力；兼之每連有自動槍九枝，每枝值二千元左右，晝夜均提心吊膽，警惕不怠，深恐隕越！弟經過危險太多，差不多九死一生，至今仍在危險界中。然軍人志在爲國爲民，剿共禦外乃是軍人本職；且天之生人，自有各人造化，何計其他？弟所憂者：惟母親不得使之得享清閑之福！雖住常州，但心中多不快，兄嫂須設法安慰之！弟在兄生日，決來常一行。專此佈覆，卽請合家夏安，並叩母親金安。弟翼龍上　七月十三日

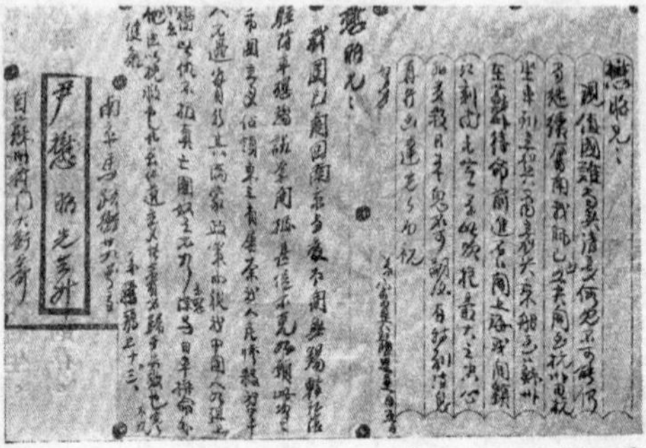

（乙）由浙江五夫營次寄長兄雨春書

雨春大兄：我團由杭開來五夫，集中訓練，距寧波坐火車僅二時半便到。弟在杭時，曾與震東姪晤談，請其吃飯看戲，並贐旅費洋十元。弟近年來，頗感學識不足，命運不佳，常遭意外刺激；稍有辦法時，無形中又遭失敗。弟在軍中做事，自問能力經驗，未見落人後，但有機會時，總被捷足者先得。近閱佛書，每多憬悟，凡事以恬靜態度處之。（中略）弟每日除操課外，不外看書寫字，決意屏除嗜好，力養心性，以期身心強慧！決從進德求學

着手，將來事業，方有根基而不致傾頽也。弟歷年所犯之病，惟能知不能行，能行則無恆矣。以後當痛矯此病。完了，卽祝痊安！弟騰飛謹上 十一，廿三

(三) 同學尹懋昭輓詞

以身殉國難，爲軍人盡天職，爲民族爭光榮，慷慨壯烈，雖死猶生。用血殲倭奴，替先烈除遺恨，替國家雪恥辱，悲憤激昂，惟戰則存。

許烈士永賢傳略

步兵五二三團六連連長

趙疇九述

烈士姓許，諱永賢，別字思衡，世居諸暨南鄉北塢村。幼穎好學，同文高小畢業。後考升諸暨縣立中學，名列前茅；修學未滿，即慕班定遠之爲人，投筆從戎。入浙軍第三師周鳳岐部充當列兵，旋升班長，後周鳳岐創辦浙江體育師範學校，就其部下優秀班長，考選入學者甚衆，烈士其首選焉！在校恪守規例，勤習操課，教務長蔡偏哉先生，頗器重之！畢業後，適值周師長鳳岐，受任爲國民革命軍第二十六軍軍長，烈士心切革命，即投効。旋入二十六軍軍官補習所，以蘄深造。十六年春，鄉人周濟民任國民革命軍第十三軍第三師副師長，兼第五團團長，電召烈士前往工作，畀以第五團機關槍連中尉排長，後升連長。其時賀龍逞亂，烈士奮勇追剿，幾瀕於危！十七年中央實施編遣，烈士乃乘機退休。十九年二月，國民政府警衛旅在嘉興成立第二團，現任本師第二百六十二旅旅長楊步飛充任團長，因機關槍人員缺乏，乃囑第六連連長許尙淦函招烈士前來工作，即委爲第二營機關槍連中尉連附，主持成立。烈士悉心規畫，致力訓練，成績大有可觀，遂擢升爲上尉連長。不數月，隴海路發生戰事，烈士率隊邁進，身先士卒；歸德李大庄之役，腿部負傷，乃赴嘉興福音醫院療養，兩越月始告全愈。即回前方仍任連長，繼續努力。去年湘贛剿共，烈士親與其役，不辭勞苦。自警衛旅第二團成立至合編爲警衛師第五團，又擴編爲警衛軍第二師第五團，再改編爲八十八師第二百六十二旅第五百二十三團，烈士始終未離職務。其對於本軍歷史，不可謂不悠久矣！今年淞滬變興，本團奉令參加抗日，江灣小場廟之役，烈士奮臂一呼，竟以身殉！年僅二十有六！按烈士生平，交友以信，待人以恕；且極殷勤誠懇，故部屬胥樂從之。烈士幼失持，奉嫡母如生母，曲盡孝道。父尙健在，聞烈士殉難耗，哭幾失明！烈士先娶陳氏爲室，生一女；旋陳氏因病故，繼娶周完玉女士。去婚禮未及一載，遽賦死別，亦云悲矣！余與烈士自警衛旅第二團成立，同事至今，故悉其生平事略綦詳，爰爲之傳，以俟夫政府之表揚也！

陳烈士紹笙傳略

步兵五二三團十二連上尉連長

陳君紹笙，字伯珍，浙江青田北山人，年二十九歲。暴日侵滬，江灣之役，身先士卒，飲彈而亡，時中華民國念一年二月二十二日也！嗚呼惜哉！君家世治儒業，爲青田望族，祖兆興，清貢生；父葆蘇，歷任長興塘棲三墩警佐，有政聲；兄弟四人，君其季也。幼穎敏，束髮受書，講解異羣兒。稍長，就外傳；以教師教育不良，心竊鄙之，遂抱負笈遊學之志！是時其兄紹霖充警備隊哨官，駐紮瑞安。瑞安爲浙東文化之地，君乃隨兄之任所，入瑞安中學卒業以歸。旋其父卒於官舍，聞訃哀毀。既恐傷母心，順變節哀，痛自振拔，冀得升斗祿以養母。於是整裝赴粵，充黃埔入伍生。嗣於中央軍校第六期卒業，復入機關槍研究班。其志蓋以軍，事上之學識，務窮究極研，未可故步自封！後派充第十師中尉服務員，參加討馮唐之役。雖徵聘頻來，卒不欲就！後願充警衛團機關槍第二連少尉排長之職，對於訓練及整理，以勤謹著稱。君是時年方二十有六，卽民國十八年。其母以其年已及壯，尚未授室，電促之歸娶。歸時，僅乞假兩星期，道路往還，須旬日，而新婚甫三朝，遂收拾行裝，毅然出門，其勤于職守，及恪守上命如此！由是益爲長官所器重。旋調升本連中尉排長，十九年八月，調升警衛司令部重機關槍營第三連連附。參加隴海路討閻馮之役，凱旋後，改編警衛師第五團第一營第四連上尉連附。二十年四月，調升警衛第二師第五團三營十二連連長之職。計所入之俸，略足事親，遂迎母攜新婦就養於抗垣，以便定省。方謂出以盡忠於國，入可盡孝於親。詎知倭寇日深，國恥難忍，此身許國，遂以陣亡！君固無愧愛國健兒，而足重於泰山矣！惟堂上有年邁之母，哭子心悲；身後產遺腹之兒，哀發情慘，此則倍覺傷心，而爲之筆述者所爲痛哭流淚而不能已者也！

黃文淵卽李烈士德富傳略

步兵五二四團二連上尉連長

從叔黃雲帆謹述

陸軍第八十八師第二百六十二旅五百二十四團一營二連連長李德富，四川敘州人，本姓黃，名文淵，字慕顏，爲余從姪。幼承繼舅父李氏，故改德富名。李氏有子，而淵父逝世，老母羅氏，侍奉無人；幼弟文匯文潭，年甫沖齡，亦待育養，諸叔乃商其舅氏，循例歸宗。因軍籍歷史關係，仍沿用李姓舊名。事母至孝，誠厚過人，讀書於岷江邊之牛喜場小學，勤敏異常，試輒高列前茅。季叔植文，現任四川屏山郵局局長，早年頗深器之！常思有以教導，送入敘中升學。十三年本黨改組，革命空氣，頓呈緊張，全國青年，亦多參加組織。故淵於是年遄赴廣東，考入黃埔軍校。十五年，本黨出師北上，淵卽與列戎行。岳州汀泗橋等處，亦參加戰役。十六年，武漢事變，遂返家園。時適帆任滇中軍職，師次東昭，兼辦各縣黨務民衆組織，文淵隨營工作，甚爲盡力；文書宣傳，尤多供獻。十八年春，値全國統一告成，中央正謀訓練國防人材，遂有教導隊之設。淵平時極喜研究近代式戰術，遂又投該隊，學習新式兵法。入校後，耐勞茹苦，勤學不懈。畢業後，卽分發教導師一團七連，充中尉排長。十八年討石之役，奮勇異常。十九年調充該團五連上尉連長。討馮閻歸德蘭封諸役，以勞頓過甚，致精神感受損傷，時患失眠等症。養病未愈，而濟南失守，仍力疾從征，戰於大汶口東阿之線，尤爲努力！二十年教導師改編，文淵欲暫休養，以待病愈，後編一團服務員，責輕事少，乃隨軍赴杭仁愛醫院診治，是年七月乃愈。九月調警衛二師六團一連上尉連附，十二月調升二連上尉連長。到連以後，待兵誠厚，全連精神，極爲融洽。曾於一月二十八日致書告帆，謂成績尙未落伍，甚蒙師長嘉許等語。爾後國難日急，而淵報國之念愈堅！自滬戰發生，隨軍由五夫出發，因慨日寇囂張，攜彈荷槍，恆深宵不寐。廟行之役，尙有足疾，仍身先士卒，上馬殺敵。當時砲火異常激烈，遂致彈傷頸後；負傷時猶下令堅守陣線，誓死不退！卒以寇衆我寡，短兵相接，白刃加身，乃爲國捐軀矣！嗚呼！淵以十六幼童，稍知國事，便百折不回，獻身革命；今以弱冠青年，當內憂外患存亡之秋，忠公報國，奮不顧身，沙場碧血，洒灌民族精神，死得其所，尙復何言？惟望政局得安，寇患早滅；主義實現，革命完成，則吾姪之死，寧不更爲光榮！淵母羅氏，年及六旬；幼弟無知，家貧如洗。身後茫茫，更不禁爲烈士含悲，而有望於仁者也！

周烈士傳炳傳略

步兵五二四團三連上尉連長

胞兄天君記

烈士字秉眞，湖南瀏陽人，現年二十八歲。曾在湖南大學法科畢業，旋痛心國家之積弱，投筆入黃埔軍官學校第六期步科，卒業後，歷充各師連排長，及其他軍事工作。平日訓練士兵，輒以救國爲前提！手編國恥講義一本，都數萬言；且於忠勇二者，盡力激厲。猶憶民十八秋，奉命勦江蘇邳縣股匪，晚十二時出發，深入匪巢，於宿羊山附近，猛力進攻，身受二傷。調治兩月，始良於行！旋調升國府警衞軍，仍任連長。去歲改編爲八十八師，即任五百二十四團一營三連上尉連長。淞滬抗日之役，烈士憤慨塡膺，奮勇死戰，士氣大奮！二月二十二日廟行之戰，暴日悉力來犯，火力之猛，實近世戰爭史中所罕見！烈士身負重傷，猶忍痛指揮不肯退却！卒之暴骨沙場，保全陣地！烈士以血肉之軀，作國家堡壘，忠勇英烈，實足光耀千秋矣！

唐烈士鄰傳略

步兵五二四團十二連上尉連長

柯勵羣記

「吾將斬龍足，嚼龍肉，使之朝不得迴，夜不得伏，自然老者不死，少者不哭。」

又衡於隨軍抗日之前一日，於戎事倥傯中揮筆爲我書一琴條，並告我曰：『鄰武人，不善書事，今我軍奉命開淞滬，殺日寇，軍人生命，原不計朝夕，特節寫李長吉苦晝短，貽留紀念。………我固深願與君重相見也！』

嗚呼！壯烈之懷，形諸筆墨；悲傷之情 溢於言辭！我於又衡締交僅半載，於又衡個人歷史，僅知其爲中央軍校六期畢業，曾充排長連附連長等職。籍貫爲湖南常寧。現年二十六歲。其他如家庭情形如何？戚屬現狀如何？因又衡深諱之而末由知之。

今多方證實，又衡已戰死矣！大丈夫馬革裹屍，自是英雄本色。爲民族爭生存，爲國家爭 格，又衡之死，又深覺光榮矣！雖然，暴日披猖依舊，「龍足」未盡「斬」，「龍肉」未盡「嚼」，既未嘗「使之朝不得迴，夜不得伏」，而「老者」「少者」、「死」與「哭」之情狀又比比皆是！嗚呼！又衡死矣；又衡之志猶未酬也！我書至此，投筆無次！

馬烈士驄傳略

步兵五二四團十三連上尉連長

周鼇山

烈士姓馬，名驄，字安石，湖南湘潭人。短小精悍，沈默寡言，幼有遠志，不屑事家人生產，故能効命疆場，得償馬革之願，有由來也！父桂臣公，以辛亥湖南首義，及民二征蒙功，授陸軍步兵上尉；母唐夫人，不幸皆早逝。時烈士剛四齡，與兄鯤鵬，伶仃孤苦，賴祖母唐太夫人撫養成立。年十四，見國事日非，民生凋瘁，非革命不足以圖存，乃隻身徒步，間關千里，南走粵，依其從父驤於北江軍次。從父責其年少躁進，烈士謂古童子汪踦能執干戈衛社稷，竊願效之！從父嘉其志，命考入黃埔軍事政治學校入伍生隊。於民國十六年，畢業於本校第五期步兵科；復考入國民革命軍軍官團高級班，至十七年畢業。歷充首都衛戍團中尉排長，暨國民政府警衛軍上尉連長等職。轉戰數省，如豫湘贛討逆勦匪諸役，皆與焉！勛勞卓著，人多以大器期之！二十一年一月二十八日，日兵寇滬，與我十九路軍接觸。烈士時充八十八師二百六十二旅五百二十四團第三營十三連連長，駐防浙江寧波之五夫，已經其長官保送步兵專校肄業。烈士以日人侵略，關係我國存亡，軍人職在救國，求學次之，辭不往。隨俞師長濟時，參加上海戰事，扼守江灣廟行之線。其地形勢開豁，又復突出，在戰術上爲弱點。故寇以數倍之兵力，籍其新式利器，飛機巨砲掩護，日夜衝擊。二月二十二日拂曉，烈士連在廟行鎮附近任營預備隊，因我陣地鐵絲網破壞，勢甚危殆，奉令增加右翼最前線。沉着射擊，奮勇抵抗，戰至日中，以砲火猛烈，所部傷亡垂盡；烈士恐陣地有失，牽動全部，乃率殘部由戰壕內衝出，與敵肉搏。奈孤軍深入，遭敵左右機槍掃射，中彈仆地，猶大呼前進喊殺不已！所部生還者僅十餘人，烈士亦以傷重殞命！陣地與遺骸，皆爲敵有。事後其從父驤憫之，以烈士衣冠，葬之故鄉；並於死事地方立碑，俾後之人有所考焉。嗚呼，烈矣！慘矣！烈士生於民元前二年庚戌，亡年二十三歲。配同邑朱亭譚麗雲，湘潭中學初中生，結褵僅年餘！遺子天仇，生甫數月云！

原书此页缺失

傅烈士允文傳略

步兵五二七團十一連上尉連長

吳縣范烟橋撰

傅允文，字斐然，浙江省義烏杜門人。行六，五歲失怙，受母教，知忠義之道，頗喜武術。年十七，從軍入粵，會蔣總司令誓師北伐，允文隸劉峙第一師爲連排長。由粵而湖楚，而湘贛，而皖蘇，所歷大小數百戰，無不克敵奏凱焉！國府警衛軍第二師成立，烈士任連長，旋該師改編爲陸軍第八十八師，仍駐首都拱衛，暴日侵滬，十九路軍爲自衛而戰，義聲所播，廉頑立懦，八十八師將士，莫不義憤塡膺，願爲十九路軍助。於是請纓長征，以任左翼之抵抗。允文率所部，駐廟行，日與士卒共處戰壕，沈着應戰，暴日不得逞！其後日軍

加援猛攻，血肉相搏，歷四晝夜，幾於無暇寢食！前後衝鋒九次，日軍竭蹶支撐，僅免潰退。而允文以出入槍林彈雨中，身着四彈，致陷日軍陣地，不得脫；狂呼殺敵，士兵爲所激動，勇往邁進！旋日軍如潮而至，不能敵，士卒退守原防，而允文已爲國犧牲矣！時中華民國二十一年二月二十二日晨七時許也！允文年二十七，娶常熟陶氏女爲室，子名指揮，蓋亦期望其能繼父業耳！故于允文殉國後，命名田難，使長而爲國家效忠，不忘舊仇也！允文屢役討逆，身有創痕凡七，可見其奮身不顧，自昔已然，於今爲烈。而碧血常凝於黃土，白骨未返夫故鄉；老母倚閭，何來甘旨？寡妻晝荻，將慰忠魂！此則令人惻然而深慨者也！

烈士十九年三月自題小像

七尺從戎意氣豪，一生効黨矢宣勞。
願將慷慨輸他輩，敢謂激昂屬吾曹！

駱烈士朝宗傳略

步兵五二八團二連上尉連長

張智水

駱烈士朝宗，字於海，浙江義烏北鄉西翰庄人，現年二十九歲。忠勇剛直，誠實樸素，束髮受書，穎悟邁常。民十二卒業浙江第一中學校，名列前茅。嗣卽執教鞭於本鄉楂林之漢高小學校，歷任三年，蜚聲鄉里。顧烈士抱革命之大志，不甘雌伏隴下，遂隻身走廣州，服兵役。旋考入黃埔軍官學校第五期砲科肄業，始得遂其所願。畢業後，歷充總司令部政治訓練部科員，十六年八月調監護營三連副連長，十月充國軍補充第四團九連排長，旋改第一軍第一師第四團，仍充原職。十七年八月，改編陸軍第九師四十九團十二連中尉排長，十八年五月升充該連上尉連長。旋改充國府警衛團一營二連排長。十九年一月，調升警衛旅一團一營三連上尉連長，二十年一月調警衛師步兵第二旅司令部參謀。八月七日調警衛軍二師八團二連連長，旋改八十八師五二八團一營二連，仍充連長。本年二月二十二日晨，廟行抗日之役，奮勇指揮，飲彈陣亡。回念烈士自革命軍北伐以來，歷次戰役，無役不從。十五年八月，湖北汀泗橋賀勝橋武昌之役，十月江西狗子山之役，十一月南昌牛行樂化車站之役，十七年四月蘇魯韓莊臨城滕縣之役，五月泰安之役，十八年三月討伐桂系平漢路祈字灣之役，九月湖北襄陽老河口討馮之役，十九年討伐閻馮寧陵史集仲堤圈之役，臨陣身先士卒，奮不顧身，屢建奇功。此次竟以抵禦外侮而殉國，可謂死得其所矣。烈士曾祖隆泰公祖父逢春公，俱忠厚長者；父有德，早卒；母金氏，苦節撫之！娶妻傅氏，生三子：長嘉文，十歲，次嘉行，八歲，三嘉信，三歲；女一，月梅，十二歲。長子嘉文及女月梅，從父讀書於京杭，聰穎可愛，已曉作文書算。聞烈士爲國捐軀，盡哀盡禮，痛哭者累月。烈士本考取步兵學校，已準備入校。嗣出發抗日，以衛國禦侮，軍人天職，乃中止。使非爲國捐軀，宏其造就，則烈士前途之所建樹，寧有限量？乃竟齎志亡身，豈不痛哉！

駱烈士健郎傳略

步兵五二八團二連上尉連長

於种謀

海上事發，八十八師奉命於杭州前拔，五二八團駱連長，跨白衛促伍前行，其新婦以衣兩襲，果食數盒，來別，連長擕之，行數百步，返，忽擲衣盒於地，探囊所有五十金，盡付之曰：『姑取此去，毋我念也！』婦大號，不知所以，昏顛路上；連長不顧，縱騎飛馳去。連長者，早以身許國，先離絕其新婦者也。大場一役，飲六彈，腹為長刀穿，壓臥敵中隊長身上，而右手所握長刀尚未於敵胸拔出也。嗚呼！壯薄雲天，烈撼河山，千古忠烈不僅見矣！計手刃敵中隊長二，曹長一；卒年二四。連長四川古藺望族，少健，以健郎名之；十六歲，即好遊，慕郭解，清濁俱結納。三年，敗其產；不歸。浮大江下。踯躅金陵清涼山側，飢寒迫；幸善擲石，木巔取鳥，鮮或幸免，斂敗枝炙之，聊以療餒。山僧飯之而使抄咒，怒曰：「駱某不為此！」會同里軍官某至，顧之曰：「駱兄何之此耶？」偕至營，充副官。不合，學於中央軍校研究班。敦忠信，尚義烈，儕輩欽服。歷充警衛師排連長。生平事蹟，大略如此，漏穎卑墨，難形英烈於萬一也。

萬烈士羽傳略

步兵五二八團十二連上尉連長

古勁謨

十五年，革命軍將入江蘇，北洋軍白寶山扼銅官山。白部上校某，從數騎，使一少年樵夫導徑，樵夫引之敗廟，忽有樵夫數十，棄擔出鎗，從騎盡殲，上校被虜。少年樵夫者，卽今欲傳之頌之之萬烈士羽，前革命軍先遣游擊隊班長也！烈士湘武崗產，體魁偉，目炯炯迫人，弱冠，習拳擊，不修細行，父老目周處一害焉；父怒，逐不使歸，不知所蹤。他年，父商廣州，觸二歐水卒怒，遭擊，歸嘔血亡；五日後，二水卒亦被劉江干楊樹下，面上有刀文，「萬郎爲父復仇」六字，知之者，曾見烈士衣戎衣曾大號於湖南殯舍之側焉。孝腸俠骨，堪嘉堪嘆也。南北統一，烈士復攷入中央軍校，卒學於第五期，分發至警衛團，後改編警衛二師，又八十八師，任五二八團連長。海上事發，烈士御大禮服，留影，並倩名畫家作像，語其妹曰：「善藏此像，此乃英雄之遺像矣！」妹大哭，烈士大笑，揮鞭揚長去。廟行一役，天日色變，於楊澳橋頭，烈士手刃敵一少佐，一曹長，終至臥血泊，英名成，而壯史鑄矣！時年二十八。事後，慈善家雜亂尸掩埋，幾莖簑草，烈士封鬣，黃土一坯，壯士骨埋。清明絮酒，澆奠無人；春秋鑼箔，酬祭乏嗣，壯矣哉！亦慘矣哉！

季弟趙烈士公毅傳略

步兵五二七團一連上尉連附

胞兄趙鉅恩謹述

季弟公毅，幼穎悟，舉止異凡兒。童年肄業鄉校，師長咸器視之。稍長，卒業於定海中校，各種科學，俱窺津梁。時值國家多事，外侮日亟，慨然有定遠之志。投入二十六軍軍官教育團，轉入輜重專科。於學術兩道，獲有相當成績。歷充十三軍中尉排長，警衛第二師中尉排長，暨現任八十八師上尉連附等職。方期龍階尺木，飛騰有日，弟之素願，可於是漸償。今春　日本啓釁滬淞，八十八師奉調，與十九路軍連絡自衛。廟行之役，弟奮勇衝鋒，被敵圍攻，竟飲彈陣亡。先是，該部出發之時，弟適染痘症，在假未愈，憤不欲生。慷慨請赴，上峯再三勸令暫留後方醫治，疾稍平，即力疾從公，遂及於難。淒涼白骨，欲裹馬革而未能。雖爲國捐軀，死得其所；第不克竟其志而沒，能不酸鼻痛心耶?!季弟年僅二十有七，事親孝，與兄敬，高堂鍾愛之。喜讀孫吳諸家兵書，間與人談及時事，輒憤惋激昂，有拔劍欲赴之概。軍籍羈身，未及謀室。今以仲弟之子伯英爲嗣，招魂備葬，禮也。爰舉平生行事，略述梗概。倘冀鴻儒碩彥，弗吝金玉，俾得表揚休烈，以備史氏之採，則存沒均感於無旣矣。謹述。

許烈士培華傳略

步兵五二七團十二連上尉連附

許培蘭

烈士名元善，字培華，江西宜黃縣人。祖先歷代仕宦：曾祖道藩公，前清四川兵備道，祖汝璣公，同治舉人，父述祖公，江西南安檢察長。均爲官廉正，故家境極爲清貧。弱冠失怙恃，卒業高小，無力轉學。懷抱大志，不肯倚賴他人；鑒於家道之衰落，更憤國勢之積弱，乃毅然棄文就武。初在河南陸軍第一師步兵一旅任書記官，深覺該師紀律欠佳，缺乏國家觀念，是以去職旋里。迄民十五年北伐軍到達江西，烈士自請投效，得任軍官團中尉書記；十六年隨營回粵，轉入黃埔軍校第五期肄業。迨畢業後，復在南京入教導隊訓練；嗣奉委充任教導第一師步一旅排長，旋升該旅二團十二連連長。前此討伐閻馮戰事，歸德杞縣野鷄岡諸役烈士均參與焉。惟隱以內戰足召外侮爲憂。後教導師改編警衞軍，烈士以上尉階級奉派於一師一旅服務。二十年秋，警衞軍第二師增練新兵於杭州，烈士奉委充新兵教育總隊二大隊九中隊隊附；未幾又值改編調充陸軍第八十八師第二六四旅五二七團三營十二連上尉連附。此次日寇侵滬，八十八師隸第五軍參加禦敵，烈士爲國抗戰得遂初衷，星夜馳赴前綫。別其妻時，無戚容，無畏色。大場之役，鏖戰兩晝夜，意氣益壯；乃不幸竟於二月二十二日中彈殞命！忠骨暴沙場，家屬往覓而未得，傷哉！烈士素性沈毅，氣宇昂藏，卒年僅三十有一！遺妻黃氏，名淑清，長烈士二齡，讀書明禮，伉儷素篤，惜尚無子女。嗚呼，慘矣！烈士爲國捐軀死足重於泰山，用特濫敘事略藉以表揚、而慰英靈，是爲傳。

章烈士煦東傳略

步兵五二四團第二營營部中尉副官

烈士姓章氏，名煦東，字皞如，世居安徽東流縣。父韞領，通法學。祖父筱陸先生，爲邑中名宿，文章道德，彪炳一時。烈士幼承家教，力學篤行。年十五，入省立第一工業學校，習土木工程科。越四年，以優等卒業，任本縣章氏大與小學校教員。顧其少年志銳，每談國事，輒慷慨而將有爲，不欲老守於書帷之間！民國十六年四月，國民革命軍第三軍，由蘇回贛，道經烈士之里百笏村，營長字某，見烈士而奇之，挈與偕行，是爲烈士投筆從軍之始！既至贛，入中央軍事政治學校南昌分校；卒業後，服役暫編第一師攻城營。十九年五月，國府出師中原，歸德之役，烈士率其所屬，奮勇先登，城闉遇伏，爲手溜彈炸傷，醫治數月始愈。旋改隸國民政府警衛軍，復改編爲陸軍第八十八師，時烈士已晉秩中尉副官，隨軍遍歷贛浙諸省平匪。雖在行役之中，不荒於學；嘗欲出國，精研軍事。及二十一年一月，日寇南侵，淞滬戰起，國府慮十九路軍兵力單薄，檄調八十八師馳赴前方，擔任廟行江灣蘊藻浜一帶防務。倭奴逞暴不已，激戰兼旬，死傷積野。二月二十二日，烈士手握短槍，在廟行前綫，喋血督戰，寇軍砲彈雨下，腦部爲穿，遂殉焉！烈士賦性篤厚，鄉黨同稱之。果敢而有識，於常人處，尙見義勇爲；國事至此，自難抑其生平英烈之氣。及出發赴滬，與家人書，每以得從禦侮爲快；且分贈照片於故鄉朋舊，而綴激昂悲壯之語，蓋已不願生還矣！烈士殉國時，年二十七，尙未娶！家貧親老，兩弟稺幼，然「何奴未滅，何以家爲」，在烈士之心，當不以此爲深憾也！遺骸稾葬於大場，去其陣亡之地不遠，須俟日寇退去，方可前覓也。

民國二十一年四月，河北省黨部幹事族兄曙謹述。

鄭烈士在邦傳略

步兵五二七團十二連中尉連附

施其程誌

鄭烈士在邦，年二十六歲，籍隸浙江寧海，少有革命大志，嘗謂同學曰：「當今軍閥專權，政治腐敗，非革命難以救中國之危亡，非打倒軍閥，難以救人民於水火。」民國十六年，我革命軍抵定大江南北，烈士投筆從戎，入第一軍參加北伐，因得與余同事於戰線焉。民十七年二月，烈士鑒於欲作偉大之革命事業，非有高深學問不爲功，故與余同入洛陽第二集團軍軍官學校求學，在校八月艱苦備嘗，而烈士甘之如飴，其好學之誠心，良足爲同儕之矜式！卒業後，烈士以所受軍事教育時間之短促，復投考中央軍校第七期，於十八年十二月畢業，分發本師見習。以奮勇勤勞，屢功擢升中尉排長。今年一二八滬變發生，烈士任八八師五二七團十二連中尉連附，迨余抵漢時，始悉烈士已於三月一日殉身於滬西孟家宅抗日之役矣！噩耗驚聞，不禁爲之放聲大哭也！嗚呼！烈士死矣！烈士爲國家爭人格而死，爲民族爭生存而死，其忠義之精神與英烈之浩氣，實足炳燿千秋，亘萬古而不泯，則烈士豈不雖死猶生乎？惟余以百戰餘身，視烈士之成仁，悲國家之多難；革命健兒，又弱一個；益覺繼續努力，完成遺志，其責任已屬於吾人之身。今後惟有勉竭駑鈍，追隨烈士血蹟，以少慰英靈於九泉耳！揮毫哽咽，不知所云；烈士之靈，實式憑之！

鄭邦丙抄

附錄烈士遺著

節由鎭江軍次寄族弟永春書

……吾弟敏勉求學經濟，當望成名！我則爲國効勞，報仇雪恥，具有決心，萬死何惜？茲附錄寄懷詩二絕，聊資紀念：

十年壯志負同仇，何物矮兒纏不休？莫雪猥煙禁一掃，還看洗馬到瀛洲！

一夜腥風捲地來，八方告急羽書催；此行若不犂庭穴，忍見低頭負盾回？

宗兄在邦未是草

連烈士逸卿傳略

步兵五二三團一連中尉排長

黃廉卿

連君逸卿，一名偉英，廣東潮陽縣大布鄉人也。幼聰慧有大志，曾肄業於汕頭角石中學，父兄素業商，屢命其捨學就商弗願也。曰：『大丈夫當馬革裹屍，爲國家社會建功業謀幸福，何必汲汲貨利爲？』迨民國十六年秋，入黃埔陸軍軍官學校第七期肄業，成績甚優。畢業後，入國府警衛軍實習。嗣警衛軍改編爲第五軍，君在該軍第八十八師部屬，先後任訓練員及排長等職，勤於任事。自九一八東省事件，至一二八滬變發生，君無日不痛恨暴日之兇横，思爲國雪恥！二月十七日，第八十八師移防上海江灣廟行張華浜等處，正值暴日準備總攻之時！至二十日，敵突以數萬之衆，環向該處猛攻。君素具忠勇，視敵砲火若無所覩；每戰身先兵士，竭力抵抗，斃敵無算！乃敵以屢攻不逞，遂於二十二日集中全力，用唐克車鐵甲車飛機掩護，猛向廟行陣線進攻，激戰竟日，肉搏者數次。伏尸徧野，流血成渠，戰爭劇烈，爲一二八以來所僅見。當時其連長已受傷，君被選代理連長職務，帶隊應戰，深入敵陣，所向披靡。而君竟因此爲敵彈擊中喉管！仍復奮其勇敢精神，忍痛衝鋒，疾開步槍一排，連呼前進殺敵數語而卒！陣上士兵，聞此悲壯口令，莫不感奮，敵膽爲寒！其死事之烈，該軍至今猶稱讚不已！君殉難僅二十六，使天假之年，必有所建樹。奈志未酬而身先死，令人感慨欷歔而不能置！然君之勇於禦侮，爲國捐軀，浩氣英風，實足以昭垂青史，振頑立懦；於國家民族之關係，殊非淺尠！是身雖死，而精神仍不死也。

兪烈士善爲傳略

步兵五二三團二連中尉排長

兪烈士，諱善爲，字維仁，浙江金華之月潭村人也。生而敏，性好學，惟因家境清寒，無力就學；其姑母見其甚可深造，前程無限，乃慨然資助入學。烈士因有聰穎之天賦，猛進之精神，旦旦孜孜，成績斐然，頗得師長之讚嘉。未幾由小學而中學。於民國十三年，卒業於浙江省立第七中學，名列前茅。成績優良，擅國英算三科之長，尤以英語爲最。然以經濟困難，不克上進，中途輟學。不得已乃服務本縣秀峯小學，從事國民基本訓練，藉維持個人生活。但烈士進學之志，未嘗稍有灰心。烈士執鞭該校，愛護子弟，竭心盡力，諄諄教導，三年來如一日。不特得學生之信仰，即同事亦莫不敬且重之！其個人生活，處處亦惟勤勉自持，每每於教務之暇，即執卷攻讀。其臥房之壁上，常貼有『英雄氣短，兒女情長』之字條，引爲自惕！洎乎北伐軍抵浙，烈士認爲正男兒救國良機，應合羣策羣力，完成革命，再造中華，遂慨然投筆從軍。旣因無軍事知識，祇能隨軍宣傳政治工作。旋於十六年六七月間，考入二十六軍軍官團，受高深之軍事訓練；翌年四月卒業於該團，即在第六師充任少尉排長之職。西征北伐，轉戰數年，軍閥共匪，次第蕩平，乃凱旋而還。十九年調充國府警衛第二師（即今八十八師）擢升中尉排長，去年九一八案發，東北二十餘萬貔貅，捲甲而退；三省國土，轉瞬淪亡。暴日尙不知饜足，得寸進尺，重兵環鎖沿海，連年自相殘殺之將士，均按兵不動，不敢倡義請命。大好河山，一任倭寇猖狂；兪烈士因無命殺敵，位卑職微，不獲有所表示，惟有悲憤之餘，向隅長嘆而已！自一二八滬戰爆發，十九路軍盡職守土，八十八師奉命往援，兪烈士聞此消息，揚眉吐氣，手舞足蹈，其英壯之氣慨，使人肅然起敬！當其出發之日，余姐徐醉仙女士（卽烈士之妻），亦在杭垣，因其少年伉儷，不免有兒女纏綿之情。余姐勉其此次身冒鋒鏑，與强敵對陣，前途善自珍重，早日凱旋而歸。兪烈士則高聲毅然曰：『汝不聞日軍夫人之故事乎？日軍出發之時，其妻猶能自殺以勉其夫，使夫決心無戀；汝豈余爲國犧牲耶?!』余姐含悲無言，揮淚而別。余感佩其志，而壯其行，動員之日，亦與烈士設酒餞行，去後心嘗念念。旋於二月十九日，接其來書，函中略謂『到蘇州勾留二天，卽向上海移動；現敵團駐南翔，在附近築工事；前方屢獲勝利，前日日軍總攻，被我軍包圍，殺死敵二千餘………』展讀之餘，私心堪慰。二十九日接讀第二封來函，略謂『我師奉命開拔南翔，搆築工事後，卽於本月十九日，調防江灣火線。二十日起，日軍向我陣地總攻，四天未能下；當其總攻時，飛機炸彈大砲，不能勝計，胆稍小者，能使胆破！其餘日軍，均用手提機槍衝擊，火力甚猛。但我方沉着應戰，雖敵軍器利害，亦未能破。………弟自入軍以來，每次參與戰役，未有此次之甚也！……但爲我祖國爭存亡，爲民族爭生死，雖死猶榮，想亦爲吾兄所同意也！………弟善爲二，二十六於戰區預備隊之鄉間』，讀後心爲之雄，而胆爲之壯！孰知事有不盡然哉？書到之前一日，而烈士身已作古！噩耗傳來，心胆俱裂；幾昏厥者再。是誠悲歔慘歔!!緣二月二十八日傍晚，烈士與同事等，在江灣竹園墩浴血死戰，當時敵軍用大砲猛烈轟擊，突然飛來一彈，轟然炸裂，同事俱傷，以兪烈士爲最重！聞當時尚匍匐一箭之路，始伏地長逝，僵於交通壕中，時年僅二十八歲！烈士本乃佼佼學子，平時著作甚多，惜皆散亂各處，一時難以蒐集。且善詩詞，信筆寫來，富麗堂皇，至情至景。又精筆法，握管揮毫，雄健矯秀。並好運動，當在校時，雖尚髫齡兒童，然活潑矯捷，爛漫天然，卽爲足球健將。其待人接物，謙讓和藹；性慷慨，經濟雖甚困難，若朋友求急，無不傾囊相助。能耐苦，有大志，常語余曰：『我甚覺學識不足，頗願入步兵專門學校，再加探討；尤望派遣出國留學，研究軍事學識，以爲祖國效勞。』無如雄志未達，此身已去，能毋悲乎！凡親朋世誼，驟聞烈士殺身成仁，爲國捐軀；覩此二老弱妻，身後蕭條，莫不同深悲悼！尤以余姐，痛哭失聲。常飲泣語余曰：『余此生無復他想，惟決心守節，撫赤子以成人，教導以繼父志，此願已足。』設烈士有知，亦當含笑九泉。余與烈士幼爲師生，及長又爲姐倩，余素以長者視之。此次奮勇禦日，以衆寡不敵，卒至血染瀏河，尸留黃埔，爲國爲民，成仁成勇。而今倭寇未除，三島未平，愧我偷生人間，難成烈士之遺志！悲痛之餘，謹將烈士生平事略，舉其所知，登諸册末，使英名永留靑史，忠胆常昭白日，聊以慰死者於地下！是爲傳。

徐金溪謹述廿一年四月

附　錄

(一) 題俞維仁烈士遺像

人生若是無智勇，空存軀殼亦何用？人生若是無仁義，空談國計與民利。獸軍暴日侵無厭，愛國男兒誓死戰！烈士入世生而英，七載從戎戰術精；無如矮寇砲彈妙，萬千兵卒歸幽渺；蟲沙骷髏先烈士，未若這番抗日死。生而效忠死報國，裹屍還葬媿馬革。烈士智勇昜生前，軀殼何須保得全？君能取義又成仁，耿耿可挫日狂侵！身先士卒赴疆場，英勇流傳史册光！嗟嗟死者等鴻毛，烈士捐軀爲效勞。輕生重死死猶存，重死應歸烈士門。

時在一九三二年四月二十九日傳賓嘉作於杭市上倉橋警校

(二) 輓俞烈士善爲姊丈滬戰殉難

兼旬惟苦戰，殺身成仁，赤血千秋留黃埔！

三島未踏平，捐軀爲國，忠魂一縷繞白川。

姻弟徐金溪再拜輓

鍾烈士筱筠傳略

步兵五二三團九連中尉排長

羅育眞撰

鍾烈士筱筠，江西之清江人也。幼年隨其父少雅先生入湘，經營商業，與商中學子過從往返，甚相歡洽。乃棄商就學，肄業於湖南修業中校。天資聰敏，過目卽有心得；發憤學書，日以繼夜。習麻姑壇，筆力挺秀，酷似魯公。每於燈下看書，致患目疾。民國十四年，帝國主義張牙舞爪，激成上海之五卅慘案；湖南之六一慘案，相繼而起。湘中學子，憤慨異常，羣起組織，抵抗仇貨。烈士得同學信仰，被選爲檢查員，不避艱險，不徇私情，故爲黠者所恨！或紿之曰：『君爲檢查員，君家之物多仇貨，將何以處之？』烈士毅然歸家，將家用之舶來品，悉付焚如。家人以非仇貨阻之，烈士曰：『縱非仇貨，家人亦應諒余之地位，以爲鄰里倡！』嗣以天下擾攘，軍閥代起，非武力無以求平等，遂偃文修武，入中央軍校武漢分校。畢業後，奉派至警衛旅見習，旋升爲中尉排長。二十年，日寇東北，復侵淞滬，八十八師請纓抗日。受命之日，烈士誡其部下曰：『國家存亡，在此一舉！爾等毋怯！余誓以生死相共也！誰敢稍退者，有連坐法在！』士卒皆感激泣下。二月十九日，烈士率機槍兩挺，與敵周旋於小場廟，敵有犯其鋒者，毋不披靡，凡三晝夜，愈戰愈勇，突有士卒告曰：『吾機槍兩挺，悉爲敵火所損，將如之何？』烈士曰：『俟敵接近，以槍身槍架擊之可也！』言未畢，敵彈貫其腦部而亡！少雅先生聞訊，哭之慟。來函囑余代求尸首，不得，余深愧焉。特以後死之身，爲烈士傳略，亦所以慰九泉也！

張烈士熙傳略

步兵五二四團十三連中尉排長

卜鐵錚記

張排長熙，湖北蘄水人也。秉賦卓越，聰穎過人，自幼即以好勝稱。髫齡時與村童角力，每踣仆四五次，猶事掙扎；九歲入小學校，凡一課業，苟不得八十分以上，必引爲憾事。張以家寒，絃歌甚暫。然以其天資既佳，而又力學有常，亦略得造就。十五年後，國民革命軍旌旆北指，赫赫聲威，震撼南國。是後國府北遷，中央軍校並在武昌設分校。張本滿懷憤慨，莫由愬訴，斯時也，乃認爲男兒建功立業之無上機會，於是「見買若耶溪水劍」，竟摒却「歸事猿公」之念而矢志報國，來投軍校入伍。十八年二月畢業後，分發軍中，由見習官而實任中尉排長職。一二八後，淞滬抗日戰酣，八十八師奉命應援，接替江灣北端經廟行以至蘊藻浜南岸之戰線，張排即配置於廟行陣地。於二月二十二日之戰，敵軍砲火猛烈，彈飛如雨，張及其全排士兵，悉成國殤！張時年僅二十有一也！

高烈士鵬翼傳略

步兵五二四團十四連中尉排長

蔡祖莘

高君，諱鵬翼，字國光，鄂之武昌人也。生於民國二年。父服務軍役，歷有年餘。君八歲就傅，敏而好學，不恥下問。天性之活潑敏慧，爲一般同學所贊佩。民十二年，轉入湖北武昌第十高級小學肄業，專心研究國文，及普通科學。每因教員講授帝國主義侵略中國之事實，卽拍案大叫曰：余一日不死，誓與帝國主義拚命。同學皆笑君爲神經病，而君不顧也。由此學益勤，而志益決。民十三年由高小畢業，升入中學，求學之志，仍始終如一。尤好運動，愛音樂。蓋其天性活潑然也。民十六年，中學將屆畢業，不幸失怙，家庭因日漸蕭條，遂輟學，服務社會。以每月俸薪所入，奉養老母。母有訓示，則躬身靜聽，不敢稍違，鄰居咸有高孝子之稱。民十八年，君見社會黑暗，共黨猖獗；殘餘軍閥，嘗爲帝國主義者所操縱。爭奪地盤，括民脂膏，將國家之軍隊，作私人之工具。以致釀成內亂，外侮日亟，國家危亡，迫於眉睫。君夙抱天下興亡匹夫有責之志願，以爲欲改善國軍，抵禦外侮，拯救民族，非投筆從戎不可。會是年春，中央軍校武漢分校招考入伍生，君踴躍與考，取列上第。在校忍苦耐勞，奮勵求學，對於各科軍事政治功課，均能細心研究。民十九年畢業，分發國府警衛旅見習。民二十年授職排長，訓練新兵，晝夜操勞，不覺疲乏。每對士兵訓練，多述帝國主義侵略中國之事實。言下悲憤疾呼，士兵多爲之感動。是年夏隨軍出發江西湖南，剿滅共匪，其勇敢咸爲同學及兵卒所稱許。八月，晉升爲中尉排長。

每月必積金匯家，濟老母及未婚妻之用。戚黨同事，皆稱爲難得。九一八暴日蹂躪關東，東北長官，抱不抵抗主義，致數千里沃壤，拱手讓人。君每與人談及，輒深切齒。曰：『養兵千日，用在一時，現祖國領土喪失大半，而國軍豈可不恢復耶？我神靈之胄，豈忍被矮奴所欺耶？』其愛國熱忱，於茲可見！未幾，上海事變復起，而一般軍閥工具之軍隊，均面面相覷，幸在滬有十九路軍，始終抵抗。君私以不得參加前線與矮奴決一生死爲恨，神經震蕩，如顛如狂。二月，該師奉命參加抗日，君躍然大喜曰：『余之志願得伸矣，成功成仁，此其時矣！』二月二十二日，日軍向我陣地總攻擊，以陸海空軍主力，三面壓迫廟行，君以機槍兩挺，附屬第六團二營指揮，以抗廟行之敵。斯時，日之砲火，集中射擊，君指揮之機槍兩挺，均被日軍砲彈所炸壞，君遂手握自來得，督率士兵，猛力衝鋒，不准退後一步。忽敵彈射來，炸傷胸部。君仍指揮自如，正色曰：『雖一兵一卒，仍須抵抗。』不料正言之際，腰部又中一彈，流血不止。士兵請君至後方治傷，君曰：『我等當死命抵抗，遑顧其他？』乃復抗戰如故。旋一彈中於腦袋，遂不支！臨死時，對士兵曰：『余不能再與諸同志共殺敵也，望各同志努力殺賊，爲國家爭光榮，爲民族爭生存，余雖死，亦瞑目矣。嗚呼』，君少年英勇，捨身殺賊，可謂求仁得仁，死重泰山矣！夫復何恨？惟是國難方殷，失此干城之具，不能不爲祖國前途痛哭矣！尤可慘者，君上有老母，終鮮兄弟，惟一未婚妻在堂。君雖成仁以去，而倚閭悲望，寡鵠孤鳴，九原有知，能無眷眷乎？嗚呼，慘矣！幸忝後死，於君生平敦品勵志，及其死事之烈，知之較悉。因恐日久湮沒，致令毅魄忠魂，不能安於地下，爰誌其事略如此，且以俟後之修史者採擇焉。

李烈士公尚傳略

步兵五二七團一連中尉排長

俞章睦謹述

烈士氏李，諱公尚，一名佐卿，字人亮，浙江永康李店村人。世業農，兄弟三人，烈士其長也。烈士好讀書，稟賦聰穎；少懷大志，鄉里咸器重之！民國十一年，畢業於浙江省立第七中學後，以家貧，歷充華溪祥川等各小學教員，鬱鬱不得志。十六年春，考入黃埔軍官學校肄業，嗣復轉入南京中央軍官學校第七期，精研軍事學。十九年卒所業，遂充陸軍第八十八師五百二十七團一營一連排長。其爲人也，事親孝，臨財廉，取予義，交友信，爲學專，治軍嚴；居常以救國自任。去年九月十八日，暴日侵佔東北，烈士異常憤慨；本年一月二十八日，滬變事起，烈士誓死抗日！二月二十二日，日軍以全力攻廟行，烈士身先士卒，於麥家宅前浴血激戰，卒致殺身成仁！死之日，年祇三十二歲。老親在堂，中饋猶虛，烈士其能瞑目乎？嗚呼痛哉！烈士大志未伸，而身先死難；倭寇未滅，而血洒滬濱。然其死也，爲民族爭生存而死，爲國家禦外侮而死，爲正義而死，雖死猶生也！某不文，固不能彰君之烈，祇以悲慟之餘，聊抒其梗概耳！

朱烈士煥然傳略

金永森撰

步兵五二七團二連中尉排長

朱烈士煥然，湖北江陵人。初入總司令部教導營充當學兵，旋因功擢升班長，排長，區隊長等職；二十年調任本師五二七團二連中尉排長。賦性果敢，忠勤於職，為全團官兵所欽仰。九一八事起，不崇朝而失地千里，烈士悲憤填膺，深以不能殺敵雪恥，收回失地為恨！一二八日軍侵滬，本師奉命抗日，烈士以為民族効力之機會已至，督勵部下，奮勇殺敵。二月二十二日竟殉於朱家宅之役！殉難時年僅二十六歲也。遺子一，名蔭華，年六歲；女一，年五歲。烈士致力革命，不暇治家，茲將其夫人王氏來書，附錄於後，亦可藉知烈士家庭之困苦狀況，及烈士獻身革命之經過也。

附錄朱烈士夫人王氏來函

謹肅者：竊氏夫朱煥然，此次為國抗日捐軀，遺棄老弱，彌增未亡人担負；加之近來地方饑饉，匪患頻仍，家道艱難，日呼庚癸。所謂死者已矣，生者何堪？每一痛及，何只泣數行下！昨蒙

大部寄來鐵血週刊一份，逐欄捧讀，得知氏夫朱煥然之名，已沐與死義諸烈士並列徵求傳記，尤令人感激涕零。恨氏不但無曹大家之學問，謝道韞之才思，為夫文字表彰，俾光泉壤；且破鏡數年，睽隔遠地，對夫身入行伍後，一切事蹟，都不明瞭，更何敢妄逞臆度，私撰溢美之言，以貽識者誚？只好付之闕如而已！現時所冀者

政府卹金早日頒下。未亡人或來滬覓搬尸骨，或在家追悼魂靈，藉稍盡夫婦之情，俾免為若敖之鬼，幸矣！老小無依，仰天泣血，臨穎不知所云。專此敬覆

陸軍第八十八師特別黨部執委會

難命婦朱王氏襝衽百拜　二十一，八，五，

商烈士支宇傳略

步兵五二七團三連中尉排長

居長民

古人有言：『死有重於泰山，亦有輕於鴻毛，』同一死也，而重輕之判，有若天淵者，何哉？亦視其死之價值如何耳！往古來今，林林總總之倫，鹿鹿魚魚，芸芸畢世，其生其死，何可勝計！求其死之足以重於泰山者，非忠勇義烈之士其誰乎？若吾浙江剡溪商烈士支宇者，其可以當夫忠勇義烈之稱，而死重泰山矣乎!?商烈士本世家子弟，卓犖倜儻，軒昂奇嶷；憂國事之頹敗，憤軍閥之專橫，棄浙江大學而轉入中央軍校。英雄壯志，豈甘呫嗶窮年？投筆請纓，誓願裹尸馬革！是以軍校七期卒業而後，率師勦赤，迭著豐功。凱旋酬勳，晉級中尉，蓋其英挺犀利，未有處囊而不脫穎也！倭日寇邊，烈士聞耗痛心，「偕亡」興誓！迨奉檄赴援淞滬，慷慨率師，奮勇鏖戰，自二月十九至二十二日三晝夜間，寢食不遑，褸經肉搏。烈士身中數彈，血漬戎衣，猶復振臂奮呼，爭爲先登。血花彈雨之中，第見頑寇披靡，陳屍纍纍。而烈士亦竟於是時以負傷過重，流血過多，殉身於麥家宅！年僅二十有三，嗚呼烈矣！自經是役，而我大中華民族鐵血抗暴精神，遂震撼於世界；日寇蟒蛇吞象之獸慾，亦知所憚而不能逞矣。吁嗟！此烈士之死，所以爲國家爭人格，爲民族爭生存；爲不抵抗軍人吐氣，爲全國同胞雪恥者也！豈不重於泰山耶乎？向使烈士不奮志而投軍，或畏死而偷生，則亦瞢瞢默默，與草木同腐已耳。縱令善終床笫，亦不過鴻毛飄逝而已，其能轟轟烈烈昭彰忠肝義膽，以動天地而泣鬼神耶乎？噫唉！『國難方殷，匹夫有責，』有志之士，聞烈士之風，當亦不屑苟且偷安，死其身於兒女子手中也歟!?

黃烈士茂松傳略

步兵五二七團六連中尉排長

黃君茂松，字志鞏，廣東興寧縣人。父鳳生，母劉氏，僑居南洋荷屬坤甸而生君，故君生而富於愛國性。四歲，母歿。民國建立後一年，甫十歲，隨父返國，就學鄉中黃族詠春小學校，天資聰穎，性情活潑，爲鄉里所稱。聞人談武事，輒喜；自謂他日必入軍事學校，爲國服務。年十二，又喪父，家益貧，無力升學，居常鬱鬱！久之，軍事起，乃游汕頭市中，冀有所遇。後隨軍至廣州，因友人謁南海關道先生，一見，異其爲人，卽予拔擢。歷在粤軍第四師，中央兵站右翼兵站處，暨粤軍總司令部，國民政府軍需局，等機關服務。凡民十一北伐之役，及民十四東征，與夫撲滅楊劉諸役，無不參加，備嘗險阻艱難。君以少年能臨大事而不惑，見危難而無懼，蓋基於此矣！民國十六年，廣東軍事廳開辦幹部教導隊，君曰：「吾素志也！」遂入隊，刻苦勵學，成績特優。畢業後，送入黃埔軍校第七期，學術兩科，精研深造；且熱心校內黨務；歷充區分部常委，及區黨部執委，兼訓練部等職，具有條理！値桂軍侵粤，廣東奉中央命，出師討逆，君服務該校迫擊砲隊，防守省河，上官知其能。未幾，軍校教育長林振雄先生，膺惠州警備司令，調君隨同赴惠。君在惠之日，與惠陽中學諸生相往還，常以軍國民相勸勉，感情極洽。去惠之時，中學開會送君，留撮影紀念。迨軍校畢業，君自以爲學未足以報國，亟欲留學外洋，困於資斧，未遂厥志；乃赴京投入陸軍教導第一師教育大隊軍官連，學習新式兵器。期滿，於二十年三月奉派充任國府警衛軍第二師步兵第四旅第七團第二營第六連中尉排長。後改為陸軍第八十八師二百六十四旅五百二十七團二營六連，供職如舊。今年一二八，暴日侵滬　君聞憤甚！及奉令參加禦侮，於二月十八日抵江灣，担任前線防守。翌日，於戰壕內，寄書其兄倬羣，曰：「昨晚奉命由鎮江來滬，接替十九路軍防地。弟抱必死決心，與敵週旋，國家興亡，在此一舉，不幸戰死，則為黨國犧牲！毋念！」君之誓死報國，至今如聞其聲，實足使懦夫興奮！君在江灣，每戰必身先士卒，連戰皆捷，殺敵無算，俘倭奴千餘；敵大懼，遂變更方略，潛出生力軍，向廟行鎮以抄江灣，圖斷我軍淞滬聯絡。當事者，知敵狡譎，議派諜報而難其人；以君機警，且善操南北各地方言，乃選君與吳繼善，陳少秋，張展，四君，分途刺探。君奮不顧身，冀深入虎穴，以得敵情。竟於二月二十二日，廟行鎮之役，中彈陣亡！年僅二十九歲！嗚呼，烈矣！君自幼忠謹，有俠氣；家雖貧，取與不苟，輕財好義。民十五年，由廣州歸里，途遇海盜截刦，僅餘衣服數襲，港幣五元。其時，同被刦中，有廈門大學學生金仁洙，孑然一身，與君不相識，君分幣與金君同用；抵汕埠，盡以所餘衣服付質，資助金君歸廈；君則不名一錢，僅着舊衣一襲返家。其待友以誠，好濟人之急，類如此！君耗至粵，聞其事者，識與不識，皆為流涕！倬羣哀哭之餘，特為之立嗣，命名鎮日，以慰英魂，且誌復仇也！

中華民國二十一年五月二十五日

胞兄倬羣泣敘於廣東財政廳

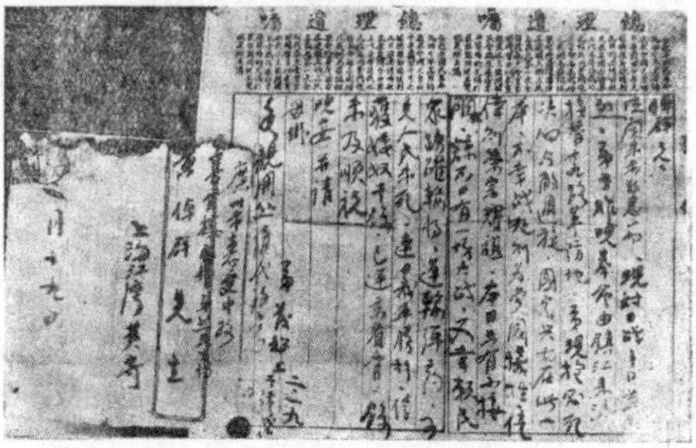

烈士最後遺書

劉烈士伯軒傳略

步兵五二七團十一連中尉排長

烈士姓劉，名伯軒，號秉正，湘之邵陽人也。曾畢業於縣立中學，及中央軍校第七期。自幼長簪纓門第，素封家庭，而父早背，依寡母撫育以成人。當其就小學，年尙輕，素秉聰慧，好勤學，每次考試，成績冠同儕。羣譽之不絕口，從未滿意；恐盛名之下，其實難副，益自奮勉不稍懈！謙虛至若是者，故年未弱冠，早畢業於縣中。而其所造就，實超中學程度而過之！及長，具大志，感軍閥之縱橫，恨强鄰之壓迫，欲致國家於強盛，蘇斯民於安樂，常奮臂慨然曰：『靖內亂，攘外侮，雪恥辱，救國家，保民族，實當前急務，亦吾人緊要工作。凡吾熱血青年，應效班生之投筆從戎，以共濟時艱。』聽者皆服其膽識，壯其言詞，殊不知待時脫穎，其動機久着於中。十五年秋，黨軍入湘鄂，革命呼聲，高透雲霄。值辦義務教育於地方，毅然辭鄉關遠跋涉；單身走百粵，入黃埔。蓋欲受革命洗禮，求主義眞諦，習應用技術拯國家危亡也！胡意張黃搗亂於前，共黨暴動於後，以光明燦爛素有組織之埔校，斯時頓呈紊態，濟濟學子，離散殆盡，烈士獨泰然處之不爲動！磨難至再，方拜別黃埔，轉徙數省，就學杭城。氣不餒志不移，自非常人所可望及！十八年冬季，白梅盛放，雪花逐飛，正畢業於南京軍校，有志者學竟成時也！十九年春，分發警衛旅工作，時未幾，閻馮反動，中央張伐，該旅與焉。津浦隴海諸役，役役參加，無戰不前，大小數十陣，卒完體而復員，二十年夏，偕亞農行，歸省親，經白下。時徐君造新亦自江右來，爲設宴洗塵。久別相聚，各痛飲狂歡。席間談去年戰事極激烈，傷亡枕籍，獨安然凱旋。吾人舉杯相慶，但謂吾已以身許國，死傷早置度外，惟願吾五尺軀，一腔血，爲中華國土，爲中華民族，馬革裹尸還，則瞑目無遺恨。時隔一年，言猶在耳，何期二十一年春，東鄰倭奴，橫肆暴力，既佔我關東，復犯我上海，凡吾國民，孰而可忍？我國出師抗禦，八八師與之。君係該師中幹部也。一日遇敵於滬上附近，兩軍接觸，血戰惡鬥，骨肉橫飛，相持不下，經長久時間，多次力攻，敵始不支。殲敵軍，雪積恥，其在此乎！乃身先士卒，舉指揮旗，高呼前進殺敵。正勇冠三軍，氣壓强敵之時，忽飲彈仆地。槍砲聲與喊殺聲中，猶隱隱聞『打倒日本帝國主義！中華民族萬歲！吾今得其所矣！』等語，其勇敢殺敵之精神，愛國犧牲之價值，實軍人無上光榮，何痛惜之有！顧遺慈母倚閭，愛妻傷嘆，孤孺在抱，將何以堪？而年僅二十有五，積所學毫未運用，大好才具，竟埋沒地下，又不禁爲之惋惜！然綜其平生，雖爲軍人，不改儒者風度，內含英氣，流露眉目間。性沈靜，機敏果斷，臨事立决。待人接物，滿面春風無虛假，人皆樂與交近；馭下濟寬嚴，平賞罰，所屬無怨望，而樂爲之用。舉目社會中，可望如君者有幾人哉？天不假以永年，僅留烈士之名，眞奪之太速！爲之浩嘆不置。

學弟伍斌謹錄

任烈士益珍傳略

步兵五二七團十四連中尉排長

任烈士益珍，字席儒，籍隸永嘉。賦性聰穎，幼入永嘉縣立第五小學肄業，成績輒冠儕輩。畢業後，考入舊温屬公立商業中學，朝夕勤求，孜孜不倦。旋迫於家境，中途應友人之聘，執教於鄉村小學。歷二寒暑，雖循循善誘，深得學生信仰，然其所志終不在此。目擊中國內被軍閥摧殘，外受列強壓迫；而社會人士，復受封建思想之束縛，萎靡不振，深知欲喚醒民衆，共起救國，非以武力掃除障礙不爲功。遂於十五年夏，毅然投筆赴廣州國民革命軍憲兵團，參與戎行。至十六年三月，考入黃埔軍事政治學校第七期，充當入伍生。是年冬，升入該校預科。旋因廣州發生政變，黃埔軍校，被迫解散。乃偕諸同學回杭，入浙江省政府軍事訓練班修業。十七年原校恢復，轉道至京，繼續求學。十八年十二月，修業完竣，派赴陸軍教導第二師輜重團，充任排長。參加西北戰役，頗著功績。同年十二月，輜重團縮編，轉入教導第一師軍官連，再受訓練。二十年五月，分發國民政府警衛軍第二師第七團十四連，充任少尉排長。以督率有方，十一月間，即擢升中尉排長。二十一年一月杪，由杭出發赴滬，參加抗日戰爭，努力殺賊，奮不顧身。於二月十九日在竹園墩，中彈陣亡，年僅二十有七！所遺僅有一子；父老妻寡，身後極爲蕭條。然爲國捐軀，舍生取義，其精神與功績，自足永垂於不朽矣。

堂兄任明達謹述

周烈士桂標傳略

白武記

步兵五二八團二連中尉排長

烈士周桂標，三湘寧鄉人也。秉性剛直，慕武俠，好公益，鄉人均以里中善人目之。好讀書，不求甚解，每有會意，輒欣然作色言曰：『讀書之樂，樂也融融。節嗜慾，屏邪願，孰有逾此者？世人何故亟亟於名利也！』烈士之高尚人格，蓋有自來矣！民年十五，革命軍師次衡陽，烈士背井離鄉，悄然奔岳陽，秘密運動農工，謀響應。嘗謂人曰：『國事蜩螗至此，非吾儕奮起自救，庶衆將永無寧日矣。革命軍來，吾儕當力助之！』言時聲色俱震，同坐無不贊服，數日革命軍至，烈士率領同志攻北軍營壘，北軍大恐。革命軍不旋踵而下岳陽，烈士有功也！旋爲當局聞名，召而置之帳下，烈士面有難色；且告『不學而遽仕，必貽羞；願就學軍法，俾爲後用。』當局堅留之，烈士不允。嗚呼！趨炎附勢之徒，鑽營之無孔不入，聞烈士之風，當知自愧矣！烈士後入革命軍軍士隊肄業，夙夜操作，孜孜不倦，師長咸器重之。學成，派充少尉排長職務，旋因功擢升八八師五二八團一營中尉排長。民二十一年二月，倭奴壓境，侵我淞滬，八八師奉命抗敵，苦戰匝月，屢挫敵鋒。烈士精神倍覺奮興，促伍衝鋒，疊奏奇功。倭奴見而裂胆，驚爲飛將！終以塘家宅一役，中彈陣亡！嗚呼哀哉！余與烈士同學而同事，情誼最深，不敢有沒烈士事蹟，故爲傳以誌之。又從而歌之曰：

衡山巍巍，湘水湯湯；烈士之功，山高水長！

梁烈士修身傳略

步兵五二八團四連中尉排長

王凱敬記

號角聲急，愛國健兒，羣趨陣頭，揮戈浴血，前仆後繼，莫不挺身邁進。

『殺！殺！殺！衞我社稷，保我疆圉，以醒我國魂！』

二月二十二日談家宅一役，梁排長於火線上激勵吾人殺敵時之聲色神情，猶在目前，而梁排長則從此已不復歸矣！

梁排長名修身，字建剛，年二十有五，湖南安化人也。中央軍校第六期畢業。爲人剛毅果敢，御下以誠。全排各班生還之士兵，無不緬念之。

盧烈士世鍾傳略

步兵五二八團六連中尉排長

盧烈士世鍾，諱鴻熙，廣東興寧人。民十五，畢業於興寧縣立中學，覩國內軍閥之未除，外患之日迫，慨然抱班定遠投筆從戎之壯志。是年八月，考入黃埔第六期；十八年五月畢業於南京中央軍校，卽分派至四十六師見習。嗣調國府警衞軍第二師（現爲八十八師）充中尉排長，常在寧杭間担任綏靖事宜。自九一八暴日侵佔東省後，烈士皆裂髮指，忿然嘆曰：『日奴不滅，何以生爲？』迨滬事發生，八八師奉命抵抗，烈士遂得引伸素志，衝鋒肉搏，身先士卒。廟行之役，竟致爲國捐軀！嗚呼！壯已！推烈士平日之最難忘者，厥爲白髮雙親，紫荊兩株！乃烈士爲國家民族計，竟不顧一切，捐軀疆場，實足振起吾民族精神者矣！茲爲八八師徵輯烈士經歷，謹略述梗概，籍垂不朽焉。

曾正我謹述於中央黨部

顧烈士煒傳略

步兵五二八團十二連中尉排長

鐵劍鋼譔

烈士家微，十三歲從老僧讀春秋於深山古廟中，誦吟之外，不知有世界。一日有客過憩於廟，與僧坐談槐下，論家國多難，外侮瀕臨，不勝慨嘆。烈士竊聽，有所得焉。翌日晨，僧呼烈士盥沐，已不知蹤跡；大索三日，得於縣。詰之，曰：『吾覓招兵所也！』僧奇之。

旋肄業縣中，以志未達，復讀於中央軍校，卒業於第七期，分發至警衛二師，卽今之八十八師也。任五二八團排長。爲人献默寡言笑，視部下以子弟，長官嘉之，欲他擢，部下盡哭，烈士不忍去。滬事發，烈士率部防楊焕橋，敵大舉來犯，肉搏數次，不得逞。後用排砲，以勢寡故，傷亡幾盡。烈士獨擊機關槍，右臂中彈，截然自肩落，營長淚下，命舁後方。烈士怒曰：『不見吾有左臂乎？』繼以左手擊數發，又創。大吼，一躍起，狂突敵陣，從者數十人，呼吼震天地，敵懼，棄壕走。然烈士終頽臥於血泊中矣！

胡烈士家驊傳略

步兵五二八團十三連中尉排長

胡君家驊，字道生，湖北荆門人。少孤，事母至孝。天資穎悟，有大志。痛國勢凌夷，遂投筆從戎。十八年考入中央軍校武漢分校，專心學術，頗有心得。親友之間，咸期以大成！畢業後，奉派充國府警衛旅見習，旋擢升警衛二軍八團十三連排長。二十年冬，改編爲八十八師排長。滬變之先，寄書其家，有云：『此次暴日逞兇，人神共憤！男兒身許黨國，倘能參加抗日，自當勇往殺敵，痛飲黃龍；雖斷頭捐軀，亦所不辭。寧爲抗日鬼，不作亡國奴。』其言之壯烈，聞之令人興起。詎胡君本年二月廟行鎮之役，竟不生還矣！古人云：『出師未捷身先死，長使英雄淚滿襟，』不禁爲胡君咏也！然胡君爲保衛國家領土而犧牲，其價値爲何如耶!?

民國二十一年江陵任時霖述

陳烈士鼎勳傳略

步兵五二七團八連少尉排長

陳君鼎勳，現年二十四歲，廣東茂名人。家業農，甚貧。少讀鄉塾，天資聰穎，寓目悟解。故僅十齡，已能簡文詩對。塾師里耆，胥異爲神童。其嚴慈緣而越加鍾愛，嘗以爲其家中千里駒也。鼎勳健體格，貌奇偉，沉毅寡言，待人接物，和藹殷誠。民十七，憤國事蕭條，外侮日迫，乃曰：『大丈夫當效死疆場，爲國爭光，爲民謀幸福。焉得偷閒忍辱，以湮滅乎？』遂入黃埔軍校第七期步科肄業。民十九畢業，成績斐然，頗爲師長所器重。後奉派充國府警衛師軍官連見習，翌年，調升八十八師中尉連附。此次倭寇犯滬，我軍爲捍國衛民，維護公理之責任，毅然抵抗，敵終不得乘。而陳君則於槍林彈雨中，身先士卒，奮勇應戰，竟以陣亡！夫陳君之死，義死耳。古所謂殺身成仁，見義不辭，陳君得之矣。然君家尚有老母寡妻，上無伯叔，下無弟妹。家中生計，夙賴君微俸維持。今君不幸義殉，其後家計，更加艱澀，不言可知，慘哉！忝列知己，斯爲傳。

徐炳森記於汕頭大中大學

王烈士良傳略

鶴　記

步兵五二八團六連少尉排長

烈士王良，浙江仙居人也。幼有大志，常以改造現社會爲已任，行年十三，陞學於高等小學校。天性聰敏，每考輒冠羣曹。課餘之下，好談中外革命事略，每有感觸，便大聲疾呼。旣而欣然作色曰：『此革命青年應有之態度也，君等毋笑吾癡愚。』衆皆唯唯，不敢與之抗。年十五，陞學於省立第一中學校，夙夜勤讀寫，孜孜不倦，三年如一日。畢業後，即從事於革命運動。秘密組織民衆，口傳筆授，不遺餘力。民衆受其感化而認識革命主義者，比比皆是也。民十五年，革命軍得於短期底定杭浙者，烈士潛助之力不少也。嗚呼！革命青年能勇於任事而又不忘讀書者，其烈士之謂乎？烈士年十八，舍筆投身於軍伍。初入革命軍教導總隊肄業，以學術優良派充准尉槍長職務，旋又陞充陸軍八八師五二八團一營三連少尉排長。不數月而擢升數級，烈士之勤勞可想見矣。本年二月間，倭奴蔑視公理，違犯國際公約，毅然出兵，侵我東北，繼又派隊，犯我淞滬。我革命軍守土有責，奮出抵抗，鏖戰匝月，屢挫敵鋒。烈士揮刀前進，殺敵盈野。太倉之役，敵軍增援數倍，烈士奉命死拒，敵終不得逞。且復領隊衝鋒，破敵前線。然不幸於陷陣之際，爲敵彈所傷，舁院爲之醫，卒以傷重不治，嗚呼烈矣！夫成仁取義，古今尙之，烈士殆足當之無愧矣，余與烈士爲莫逆交，不敢沒其功績，故特爲文以紀之。

王烈士倫敦傳略

步兵五二八團六連少尉排長

張策

余與烈士數年交，未嘗聞其一談淫詞麗色，其所以自勵者，終年孜孜於學業之進取，與夫修身立已之道之修養！且常以此勗於人，諄諄教誨如師兄。余感其人格之偉大，引爲終身唯一良友。今也不幸，烈士死於槍林彈雨之中矣！悲痛之餘，又復何言？玆以本師黨部蒐集烈士傳記，付梓在即，余以情誼所寄，爰特記其平生事略，以垂不朽。

烈士王其姓，倫敦其名，四川成都人也。十五好劍俠，勇武逾常人，二十成文章，佳名佈鄉里；身長七尺餘，糾糾一武夫！待人以誠，事上以敬，立己以恆，交友以信，知其名者，無不稱道焉。

王烈士志英傳略

步兵五二八團十四連少尉排長

烈士王志英，廣東興寧縣和山鄉雯嶅嶺人，王耀堂側室陳氏之長子也。生時父年旣四十有七，愛之如掌珠。烈士性秉純良，資具英挺，八歲入小學，聰慧異常，所學輒冠其曹，師長稱贊知爲英物！奈父營生失敗，又連生三弟，家道日落，小學畢業後，僅入高等一年。雖有就學之志，而父年旣老，苦無學費，遂輟學。家居稍有餘閒，每看三國誌及各種書籍，手不釋卷。羨古今英雄，名垂宇宙，懷抱大志，不願以工商自役。年至十八，卽赴廣州考入幹部教導團。畢業後，又考入黃埔軍官學校。第七期步科畢業，奉派至國府警衛軍第一師大隊連服務。旋調往杭州警衛二師充任副官。改編入八十八師，充任排長。在黃埔肄業時，其父及嫡母，相繼亡故，家中但餘一母一妻二弟。常致書促其回家，而累次覆書，亦言有待。蓋其救國之心急，而歸家之意緩也！此次倭奴犯滬，烈士憤慨異常，誓死抵抗，爲國爭光。屢於槍林彈雨中，冒險殺敵，不幸竟於二月二十二日廟行之役中彈陣亡！年僅二十有四！離妻別母，未育嗣媳，聞厥訃者，族隣父老，莫不爲之痛悼焉！然烈士爲國犧牲，求仁得仁，不僅死無遺憾，且其忠勇壯烈，亦足傳之千古矣！

宗叔俊祥記

胡烈士鳳翔傳略

步兵五二三團六連少尉排長

劉繩邦敬撰

烈士姓胡，名鳳翔，江蘇丹徒人也。身體魁梧，天資聰穎；作事勤明，恆逾常人。幼時學習商業，蓄有大志；適逢革命軍興，烈士毅然棄商從戎，効忠黨國。初入伍，乃二等列兵；因其學術品三者均優，按級升充排長。客歲九一八，日寇侵我東省；今春又犯我淞滬，烈士聞之，毛髮俱裂！迨援滬令下，欣然率隊出發；一進陣地，則奮勇當先，殺敵無算。卒因敵火兇猛，竟於二月二十一日中敵彈而亡！烈士之死，爲國家爭地位而死，爲民族爭光榮而死，爲同胞爭人格而死，可謂死得其時，死得其所！雖壯志未就，而已成仁！千秋萬世，永垂不朽；忠魂不昧，當含笑於九泉矣！

駱烈士雁行傳略

步兵五二三團八連准尉半排長

呂漢洲謹撰

駱烈士，名雁行，字顯瑳，浙江永康縣油仙區寮前村人也。賦性剛直，天資穎異，好學不倦。民十三畢業於永康縣立培英高小學校，成績甚優。烈士少懷大志，嘗言：『讀書固足以救國；然當此軍閥橫行，國事日非之秋，非人人精習軍事，則不足以圖挽救。』故於民十五黨軍克浙江，烈士卽效温嶠之絕裾，隻身走杭州，入浙江憲兵營。勤習操課，爲上官所器重，得提升爲中士班長。民十九，國府警衛團擴充爲旅，乃轉入警衛旅第二團第一營機關槍連，充當班長。旋值西北軍謀叛，隨軍出征，轉戰數閱月，每役必奮勇當先，屢立奇勛。十月凱旋，論功行賞，得擢升爲上士半排長。二十年一月，與教一師合編爲警衛師第五團，調烈士赴第八連服務，駐防嘉興。烈士不辭艱苦，努力工作，又得擢升爲准尉半排長。自去年九一八瀋變突起，烈士無日不懷杞憂，每與人言及倭寇橫暴，輒憤慨異常！屢欲自殺以報黨國。至一二八滬案發生，本師奉令參加討日，烈士每戰輒身先士卒，奮勇力擊，卒於二月二十二日江灣之役，中彈身殞！斷脰洞胸，狀至慘酷，悲夫痛哉！烈士生於宣統二年四月十六日，年僅二十有三，尚未授室！上有雙親，（父紱之母程氏）年邁多病；弟妹四人，（兄成章弟根學姊秀愛妹香圭）均未成立。烈士自奉素儉約，每月薪餉所得，如數寄歸。家人賴此以生活者久矣！現烈士已矣，生者何堪？余與烈士同邑里，故能詳悉其家世，及其過去之歷史，乃援筆而爲之傳。

金烈士雲初傳略

步兵五二三團十二連准尉代排長

王黃岩

金烈士雲初，浙江永嘉人也。性剛直，喜交遊，精拳術，勇敢有爲。年十八，投身入行伍。閻馮之役，烈士屢戰沙場，屢著功績，由列兵而擢升班長。此次滬上一二八事變，本師參加抗日，烈士充當五二三團十二連代排長，佈防江灣廟行一帶。二月十八夜，開始與敵接火，烈士奮勇殺敵，激戰三晝夜，肉搏幾數次，殺賊無數，獲戰利品甚多，生擒曹長一。連長嘉其神勇，獎許者再，烈士雍如也！二月二十一日，敵集數倍兵力，以犀利之槍械，向我總攻，彈如雨注；血肉橫飛，烈士置若無覩，身先士卒。竟於嚴家宅衝鋒邁進之際，敵以機槍掃射，烈士飲數彈而殞命！吁！如烈士者，爲國效命，視死如歸，堪稱革命軍最革命之軍人矣！

蔣烈士炳龍傳略

步兵五二三團十二連准尉代排長

李　時記

烈士，浙之楓涇人，初業商，並服務於保衛團。熱心公益，任俠好義，夙為地方人士所稱許！繼憤國事日非，投身行旅，以烈士對於軍事曾經訓練，故即蒙擢任為班長排長等職。幾度出征，屢建奇勛！暴日侵滬，本師奉命抗日，時烈士任第五二三團第三營第十二連代排長職，出發前，烈士欣然語人曰：『此行吾人可實踐打倒帝國主義之口號矣！』及抵前線，血戰旬餘，烈士莫不身先士卒，敵人所向披靡！三月一日，廟行之役，敵人傾全力來犯，烈士奮勇抗戰，然不幸頭部中彈，於高呼『殺敵』聲中，倒地長逝！嗚呼痛哉！殉國時烈士年僅二十五歲也。謹此傳略，以垂不朽！

陳烈士益傳略

步兵五二七團二連准尉半排長

金　森撰

陳烈士諱益，世居湘之祁陽，少有大志。民十五本黨出師北伐，大軍過湘，時烈士年僅十八，即加入行伍。隨軍北上，轉戰萬里，辛勞不辭。十九年北伐告成，大局統一，奉命改編入警衛團，旋被選送軍士補習班。烈士本其數年來作戰之經驗，又益以學問之陶融，於畢業時對於軍事已爲學問經驗兩者俱備之人才矣。上官鑒其能，即擢任爲排長。烈士旣感知遇，又深悉士兵之痛苦，故事事更勤，而對部下亦更爲體恤。任事數月，上下愛戴。東北事變起，烈士深憤日帝國主義之橫暴，又以東北軍人之不抵抗爲羞。暴日侵滬，本師奉命開駐京滬路，烈士欣然有喜色，對部下言：『吾人雖不能出關殺敵，復吾國土，然保國衞民，此其時矣！』二月十八日，烈士於機聲軋軋砲聲隆隆之中，出現於江灣前線，鏖戰三日，殺敵難以計算。二十二日朱家宅之役，敵人以數師之衆，攻我軍陣地，烈士抱決死之心奮力應戰。是役也，敵人終於潰退，惟烈士已不幸身中數創！雖經救護隊救送後方醫院，但未達醫院前，已長逝於運送受傷官兵之汽車中矣！嗚呼！決死禦侮，果爲烈士之素志，惟暴日之侵凌，仍無已時，吾人應如何以繼烈士之志而復我國土？謹誌其略，以垂不朽！

查烈士英傳略

步兵五二八團三連准尉半排長

海寧施壽慶幼敷撰

君諱英，一名冠亞，字學昌，世居海寧之袁花。少孤，性剛直，有大志。嘗語人曰：『大丈夫生當雄飛，安可雌伏？』鄉之識者，咸以可兒目之。家清貧，無力就學，年十四，賈於臨平。羈於瑣務，日無暑暇，而向學之志，未嘗稍懈。每雞鳴而興，攻讀經籍，歷旦無倦容。如是者有年，學乃大進！唯厄於處境，未能遂其穎脫之志，五中抑鬱，無或已時。是所謂荊棘之中，實非龍鳳所棲也！十六年春，革命軍底定淛江，二十六軍凱旋經袁花。人民啓戶而觀，君乃曉然於從軍之樂，遂入伍焉。十九年夏，余游學白門，與君邂逅於玄武湖濱，詢以近況，得悉從軍行役，已四載於茲。初爲士卒，嗣與唐偉舜等。於十八年同入國府警衛團教導隊畢業，分發充班長。以九江南昌諸役致功，上峯擢之爲少尉。其艱苦卓絕，同輩中實罕其匹！此次倭寇襲滬，舉國上下，敵愾同仇；君慷慨激昂，以爲報國之期已至！隨八十八師赴江灣前敵，每臨陣輒奮不顧身，當者披靡！卒於二月二十二日廟行一役，以援絕就義於塘家宅前。嗚呼烈哉！當其赴滬之先，曾貽書於余曰：『男兒生也爲國，此時不滅倭寇，誓不生還！不爲亡國奴，寧作沙場鬼。』讀之令人忠義之心，油然而生！方諸怯於公戰勇於私鬬之軍人，誠不可同日而語。殘編宛在，觸手生悲！追思猛士，懷來日之大難，特敘其梗概於此，俾後死者知所法焉！

廿一年五月十日記於中央大學

何烈士養新傳略

步兵五二七團十三連准尉特務長

王純熙

烈士何養新，浙江新登人也。少負大志，品性篤厚。家清貧，無力求學，投身入行伍。忠勇耐勞，爲上官所稱許。後畢業于總部憲兵團軍士連，分發充當司書，克勤克盡，毋稍或懈。其修身養性，數年如一日也！今年一二八滬戰發生，本師參加抗日，時烈士任五二七團十三連特務長職。出入槍林彈雨之中，履險如夷。二月二十二日，敵以數倍之衆，盡海陸空軍之力，向我沈家溝陣地襲擊。烈士冒砲火輸送軍實於陣地，身中數彈，猶舉所攜木殼槍，向敵猛擊。卒以傷重殞命！嗚呼！如烈士者，其可以爲佐理戎幕者之表率矣！年僅二十有四而殉國，壯志未成，英魂已杳，可勝慨夫！

喬烈士俊卿傳略

步兵五二三團七連中士班長

曲筆子

烈士安徽蚌埠鄉人，與予爲比鄰，同讀家塾中，僾其貌而慧其中。頑而善鬥，跨大狗背，揮大葵桿，稱大將，大龍頭，力大無敢觸之者。生平不哭不謊。十五年革命軍歌門外，烈士偕予背母隨伍走。七年來塞北戍陽，亦老於征戰者矣！海上事發，予與烈士伏楊煥橋壕中，激戰數晝夜，敵不得逞。二十三日天曙，紅霞漫天，敵之坦克車羣，復隆隆然來壕中，伙伴謨默如死，伏待不稍動。敵車左右掃彈，然亦不敢直進。烈士忽挺起，去重裝，棄鋼盔，提十二磅大炸彈四枚，肅然顧予曰：『隨予來乎！』予諾，匍伏出壕，蛇行前至古樹旁伏。敵車三兜，旋至。烈士突起，擲彈顛兩車。一彈未爆，復大吼騰車背，投彈入車腹，爆聲撼天地，予亦不省人事矣。既而悶甚，覺壓土中，努力出，昏疲萬狀。茫然四顧：敗鉄偏地，地窟龐然，血腥藥臭，他無所睹。鎗聲漸遠，知吾軍東逐矣！古樹上有小碎骨屑，肉黏樹皮上，不知敵也，抑烈士也！予潸然揮淚！春莫，其母年七十，迢迢遠來斂骨，予偕至古樹下。原上花發，蜂狂蝶亂，古樹亦發紫花，固怒結丁香也！烈士之魂不遠，當知陌上細馬香車，樓頭笙歌徹夜，國難者將非其時與？大將也，大龍頭也，夢耶？非耶？老婦大慟，風動花飛，烈士之魂不遠耶？

邵烈士南傳略

步兵五二三團十一連下士班長

鄔宏發

烈士邵南，浙江湯溪人也。志行卓犖，不苟言笑；待人和藹，誠信不欺，同事咸親之重之，目爲嚴師益友也。滬變初起，烈士嘗勗其同事曰：『我堂堂中國，竟爲蕞爾倭奴蹂躪至此！吾人若不能驅逐倭奴出境，復何面目自立於世界？』英壯之氣，溢於言表，聞者咸爲興奮。迨本師奉命出發，烈士欣然就道，嘗作勢語同事曰：『三數日後，會見倭奴負傷匍匐於吾人之前矣！』其殺敵之念，雖寤寐亦縈迴於腦海之中也！不期於二月五日途次溺斃，竟未克與吾輩同殲暴獸於沙場！『出師未捷身先死，長使英雄淚滿襟。』其可以爲烈士借詠矣！

范效文誌

陳烈士得魁傳略

步兵五二三團十二連中士班長

烈士陳得魁，世居東海之濱，以捕魚爲業。某年春，烈士從父漁於三門灣島上，遇日本漁船越海來捕魚，烈士以其非我族類，鳴鼓而攻之。倭船發砲，射殺烈士父兄及同事多人，自是烈士知非促進國家之强盛，無以謀生！遂決心棄業投軍。適値國府警衛司令部募兵於浙東，烈士遂應募入京，受軍事學術，津津有心得。由是烈士技益進，被選充班長。從征隴海贛南，頗著勛績。抗日之役，烈士如遇夙讎，勇猛前驅，殺敵無算。二月二十一日平明，烈士襲攻倭營，奪獲太陽旗而歸，日兵爲之喪膽！會敵彈雨下，遂致殉義！嗚呼烈矣！

陳烈士洪傳略

步兵五二三團十四連上等預備兵

天台樵記

陳烈士洪，廣西桂平人。幼懷大志，讀史至班超投筆，奮然而起曰：『方今國家多難，男兒若不投身革命，荷戈靖國，非丈夫也！』後值國府設立警衛軍，烈士遂應募入伍。平日服從紀律，勤求學術，黽勉孜孜，頗得長官器重。今歲春，本師參加淞滬抗日之戰，烈士嘗勗其同儕曰：『中國內戰頻年，軍人每爲無價值之犧牲。今得以熱血濺倭寇，抗强權之侵侮，爭民族之生存，實爲我輩效命之絕好機會！吾人宜奮勇殺賊，以取得革命軍無上之光榮。』聞者咸爲感奮。二月二十一日，倭寇增援，悉力來犯。烈士身中數創，猶鎮靜如恆，伏身濠溝內，瞄準射擊，不肯退後就醫。旋爲暴日飛機炸彈所中，遂殉於朱家宅陣地，傷哉！烈士卒年僅二十有一，英才殂喪，聞者咸爲痛悼不置云。

吳烈士忠祥傳略

石粱僧記

步兵五二四團三連中士班長

吳烈士，名忠祥，年三十二，上海人也。一二八變起，烈士憤强鄰之蠻暴，悲桑梓之淩遲，忠勇奮發，感慨涕零。自奉命參加抗日後，勇猛惡戰，殺敵無算。三月一日，我軍變更戰略，退守第二道防線，烈士以爲日寇屢次增援，均爲我軍殲滅，正宜乘勝掩殺，驅彼虜於東海，而忽奉命背進，良非所願。遂盡其所有子彈，對敵劇烈射擊。不幸於陳家橋附近，中流彈陣亡，哀哉！

張烈士培恩傳略

步兵五二四團八連中士班長

余不敏記

張烈士培恩，年二十三，江蘇鎮江人。二月二十一日廟行之役，烈士率全班突破重圍，進迫敵壕。敵彈落銅盔，紛紛如雨點，烈士毫無懼色，並挺身向敵人衝殺！全班弟兄咸賈勇向前，無一生還者。可謂烈矣！

曹烈士文斗傳略

曹君杭誌

步兵五二七團一連中士班長

烈士曹文斗，江西湖口人也。家貧窶，無以爲學，自幼習手工業。血汗所入，悉數以充家用。十九年春，慨國事蜩螗，民生凋敝，乃毅然投入國府警衞旅第三團，執戈衞國，居然一時代之勇士矣！警旅擴編成師，參加討逆，開封歸德諸役，烈士亦與有勞焉。自一二八上海事件發生，烈士卽慷慨隨軍開拔。師次蘇臺，曾晤談一次。其言曰：『不征服日本，難以自決圖存！國危矣，勢迫矣，大家切莫苟且因循，致作亡韓第二；務期戮力同心，打倒日本，方可爲自由之國民。』吐詞豪壯，足以激勵軍心者，良非淺鮮矣！二月十八日，本師奉命全部開拔前線，布防江灣廟行之間。二十日卽開始攻擊。二十一二十二兩日，戰事激烈，爲亘古所未有！烈士驍勇過人，屢摧強敵，竟於二月二十二日拂曉，衝鋒陣亡！

韋烈士友林傳略

步兵五二七團十一連上士半排長

周行

韋烈士友林，廣西修仁人也。年十八，卒中學業；列名前茅，成績卓異，師友咸以大器望之！烈士憤軍閥之禍國，喜統一之垂成，遂隻身北上，間關入首都，投身警衛隊。操課之暇，讀 總理遺著，手不釋卷，自是學術科俱有長足之進步。及警衛軍成立，烈士被擢任班長，兼選任連黨部常委，對於黨義之灌輸，尤多致力。警衛軍改組八十八師，烈士升充上士半排長，出發鎮江，築濠防寇。烈士負土運石，與士卒同勞苦，未嘗少自暇逸。以是淞滬抗倭之役，用能善得軍心，而一致效命。二月二十日，烈士扼守竹園墩陣地，目標顯露，隱蔽無方，烈士竟以身殉，嗚呼！此 總理所謂『不成功便成仁』之革命努力份子也！吾知烈士以少壯之英才，與睥睨世界之日帝國主義軍閥相搏戰，烈士其亦足以自豪矣！

盧烈士梓威傳略

步兵五二七團十二連下士班長

盧甥梓威．浙江黃岩籍，前清優庠生望雲君之子也。方其幼時，聰穎和藹，迥異常兒。余見而喜曰：『是吾家之魏舒也。』及其就傳，好學不倦，過目不忘，師友咸器許焉。迨高小卒業，赴縣會試，文題爲『關岳合論。』其論中有曰：『亭侯仇曹，徒以漢賊不兩立耳。彼之所謂賊者，倘屬同胞，其所忠者，劉姓耳。武穆不仇秦檜，而仇金邦，其目光高出萬萬焉。』邑侯嘉之，拔諸前茅。第迫於環境，棄學習商。常自嘆曰：『吾失學習商，難祈厚望；男兒在世，豈可碌碌而終耶？適赴寧之際，即應鎮海警衞旅之募。於家書中，每歌頌黨國之功，痛陳赤匪之暴。數年間，歷魯豫湘贛京杭。迨滬變起，奉命調滬，會寄我一函，曰：『外憂內患，莫甚於今；保土衞民，乃軍人之天職！暴日侵我東省，恨難親臨前敵，血濺倭奴。今得與日賊相馳驅，正國民雪恥殺賊之時，男兒立功疆域之日也。吾當挾此微軀，爲吾民族爭光。』余觀其書曰：『姊有子矣！』詎料家書遽絕，噩耗頻傳，僉謂梓威於衝鋒殺賊之時，身殞疆場之上。傷哉！傷哉！（編者按：烈士係二月二十一日陣亡於孟家宅，年僅二十有三云。）敵愾方張，健兒先死！沙場暴骨，魂魄何依？今也，余乞假旋里，閱及該師有徵求烈士傳記之善舉，余不自量，率爾援筆以爲之傳。

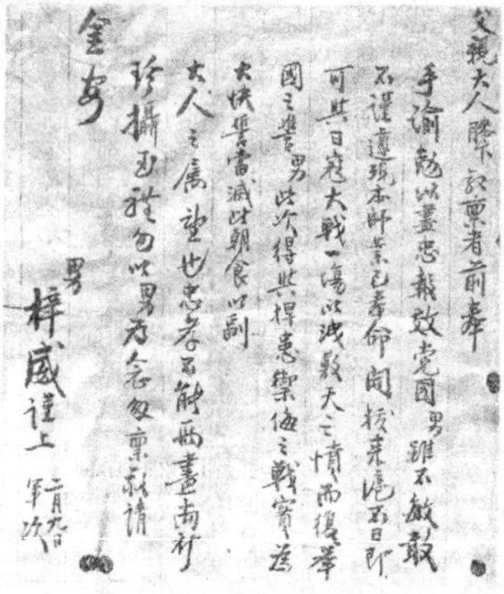
父親大人膝下敬稟者前奉
手諭勉以盡忠報效黨國男雖不敏敢
不謹遵現本師業已奉命開拔來滬不日即
可與日寇大戰一場以洩數天之憤而復華
國之羞男此次得與悍寇禦侮之戰實在
大快望當滅此朝食以副
大人之屬望也忠孝不能兩盡尚祈
珍攝為禱勿以男為念餘容稟請
金安
男 梓威謹上 二月廿日 軍次

烈士訣別書

陸軍第六師獨立旅第三團衞生隊醫官母舅倪琢如記

劉烈士以德傳略

雪山

步兵五二七團通信連文書上士

（編者按：劉烈士，二十六歲，湖南攸縣人，三月一日陣亡於王家衖。出發之時，貽書乃兄，（原書特爲製版附刋於左）慷慨激昂，誓死報國，洵足爲革命青年模範矣！）

劉以德是一個管理文件的軍士，他有慈愛的父母，美麗的妶妻，和天眞活潑的小孩，他自有他極樂之園（家庭）；但是愛國傷時的以德，却是別有懷抱！因悲哀憤恨的情緒，使他不顧一切，投入戎行，報効黨國。

黨軍北伐的時代，他毅然別了他的慈母，妶妻，小孩，加入了革命戰綫，可是奮勇戰鬥的結果，所流的熱血，僅僅換得了和從前毫沒兩樣的悲憤！

「我們的敵人，還是依然！……人生本是虛僞，與其虛僞的生存，不如作沙場的死鬼，與軍閥及帝國主義者拚命！」每到談話時，他常常發出悲痛的呼聲。

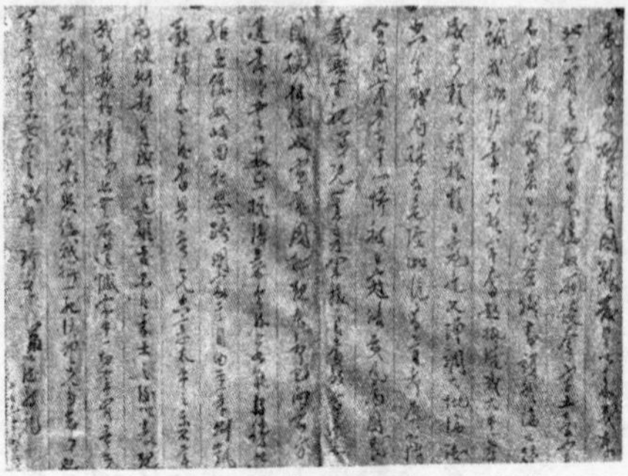

烈士遺墨（訣別書）

當去年「九一八」東北事變的消息傳來，他曾受了「不抵抗」的刺激而神經失了常態，忽而狂笑，忽而悲泣。

滬戰開始了，八十八師請纓抗日了，他隨着隊伍，到了前綫，他認爲發洩悲憤的機會到了。

到前綫後，曾在一個兵士的手裏奪了一枝長槍，向着敵人的方向脫身衝去。經他的長官制止，沒有到達那以生命博一時勝負的戰地。但是在他的表情上常流露着不快的神色！他每見着太陽旗幟的飛機到來，必走到無人的野地，用他借着的長槍，拚命的射擊。但是除了表他的熱情以外，照例的沒有效果可得的。當他歸來時候，總是這樣的高呼：「倭鬼的飛機被我打跑了」！

在三月一日下午一時的晨光，雙方正在拚命的時候，倭鬼因攻擊十數日的結果，祇有死人，送命，所以這一天乃陸海空並進，向我猛攻。我方士兵深知此次戰事關係國家民族的生存與光榮，不顧敵人聯珠般的砲彈炸彈，急雨一般地飛打過來，捨命抵抗。在那個時候，廟行的四週，烏烟蔽日，喊殺連天，槍聲，殺聲，結成一片。但是我方雖拚命犧牲，無奈敵人之火力猛烈，一批一批的受傷者不住地向着後方抬去。他看得癡呆了，又在一個傳令兵手裏搶了一枝槍，飛也似的向東跑去，高呼着「同志們，向前呵！用我們的頭顱和身體，去抵抗倭奴的前進！……埋骨何須桑梓地，戰壕是我們的好坟台……同志啊……快來……」

約莫半點鐘的時光，消息傳來：勇敢的劉君，已犧牲於砲彈下了，死了呵！這是何等偉大的死呵！他雖死了，他那高呼的聲音，『同志們，向前呵！……快來……』還在我們的耳鼓邊！

一九三二，六，十九追記於江都

高烈士武傳略

步兵五二七團通訊連下士列兵

車薪

烈士遺墨

賢妻妝次

我國已於本月開來上海江灣一帶援助十九路軍抗禦日寇現在國難當前國家與政關係本月餉餉須尚未發下家中一切需用於向岳母處暫為籌借若干如有餉銀或獎賞費發下當即設法寄來也此次戰事關係國家存亡我軍[illegible]我八十八師與八十七師器械精良為國家最好軍隊現已合成第五軍全軍開來抗日想不久必可能逐倭奴出境望吾妻勿為我担憂免此佈達諸維

珍重

為夫高武手啓二月七日

烈士高武，安徽霍山人也。幼聰穎，受學於塾師，所作課藝，輒冠其曹，師友奇之，望以大成。困於環境，不能升學，遂家居自修，焚膏繼晷，三年如一日，凡中小學課本，無不畢讀，以是學藝大進，而效命國家社會之心亦於以益堅。會雙親病故，烈士盡禮盡哀，祭葬之事乃備。顧家道日落，無以自活；値革命軍下長江，烈士聞風入伍。從征北伐，屢著奇功。本師抗日淞滬，烈士任五百二十七團通信軍士，架綫通信，晝夜未嘗少懈。三月一日晨，日軍包圍我瀏河後方，我軍奉命背進，烈士於王家街遇敵，奮勇搏戰，以衆寡懸殊殉難！嗚呼！烈士其亦不愧爲鐵血青年矣！

朱烈士享雲傳略

公孫勝記

步兵五二七團通信連下士列兵

烈士朱享雲，五百二十七團通信兵也。三月一日我軍爲變更戰略計，秘密引退第二道防線，烈士奉命重布通信網。於王家街一帶，遇敵人襲擊，烈士即擎所荷步槍，伏坟壘射殺倭兵十數人。卒以衆寡不敵殉身戰地，可慨也！烈士徐州沛縣人，家道小康。年甫十八，即棄家從軍，尙未婚娶！今年僅二十，遽已爲國犧牲。其英勇忠烈，不可以無傳，爰誌其涯略如此。

張烈士季標傳略

步兵五二八團三連上士半排長

丁　卒記

烈士張季標，湘之寶慶人。家小康，少時肄業中小學，成績優美，師友咸器重之。每試輒列前茅，嘗謂其友曰：『男兒生斯時也，當爲國家民族爭光，雪列强壓迫輕視之奇恥。』遂決心投筆從戎；離家走數千里，入本師教導隊學兵連受嚴格訓練。期滿派充下士班長，隨軍出發，討逆剿赤諸役，無不勇往督率，歷功擢上士半排長。暴日入寇，烈士憤慨塡膺，以不能手刃國仇爲憾！及奉命援滬，烈士每於戰壘中以槍聲作拍，高唱黨歌。其慷慨之態度，有如此者！二月二十二日，該連扼守塘家宅前陣地，日寇乘勢大舉包圍。烈士沈着指揮，奮勇肉搏，倭敵披靡，終未獲逞！而烈士亦竟於是役中敵機炸彈，成仁殉國，年僅二十有五，惜哉！

潘烈士漢南傳略

步兵五二八團三連中士班長

白健羣敬述

潘君漢南，年二十有八，湖南長沙人也。君久經戎行，端以沈毅練達，積漸擢升本師五二八團三連中士班長。平居與全班列兵親如手足。其爲人勇於負責，恆勞以自任，危以自當。處事則忠於職守而勤於役務；處世則嚴於束已而厚於待人。遇督責，不怨艾。遇讚譽，不矜驕。是以翕服羣倫，式範有衆。若君者，誠軍中不可多得之下級幹材也！今次淞滬抗日戰役，君亦隨軍禦寇，不期於二月二十二日覓陣亡於唐東宅西野！嗚呼，輿念故人，悲懷無次！忠魂遠矣，唯詩以哭之云：

衰草凄然碧血枯，夢尋故舊國殤呼。

河山破碎增新感，遠召忠魂薦束芻。

黃烈士玉廷傳略

步兵五二八團六連上士班長

漁洋釣客記

黃烈士玉廷，粵產也。幼從父經商海外，目擊帝國主義之壓迫我華僑，遂憤而歸國。遠走京都，投身軍旅。初入伍本師教導隊，英挺卓犖，長官見而奇之，遂選入軍士連受特別訓練。期滿後，成績優異，派充班長，管教有方。歷次從征皖北贛南，討逆劉赤諸役，屢著功績，擢升上士班長。二月二十二日廟行抗日之役，倭寇連夜衝鋒，該連傷亡過半。烈士肩中敵彈，血漬戎衣，猶忍痛指揮，不稍退却！卒至殉身國土，埋骨沙場，吁嗟！慟哉！烈士生於民國紀元前八年，卒年二十有九，其父兄經商海外，尚不知烈士久已揮戈殉義也！嗚呼！封豕長蛇，薦食上國；匈奴未滅，壯士何以家為？如烈士者，可謂死得其所矣！

呂烈士廉初傳略

姬紹武

步兵五二八團六連中士班長

烈士，呂姓，廉初其名，原籍廣東羅定，世家子也。國民革命軍統一南北，定都金陵後，隨乃父游宦入京，學於首都。憤軍閥餘孽之禍國，憂革命事業之難成，屢欲投筆從戎而未果。後值警衛軍成立，烈士遂毅然投效！嘗休假出營，省視乃父於京寓，友朋詰之曰：『以君學問，儘可力圖上進，以簪纓繼美；何必投身軍伍，衣一領戎衣，受萬般拘束爲哉？』烈士笑對曰：『方今革命未成，人民痛苦尚未解除萬一！吾人忝受些須學問，若復惟一已私利是圖，斷斷於顯榮富貴，則救國救民之責，誰其任之？』友朋聞言，爲之肅然起敬。後烈士派充班長，管教有方，弟兄咸深敬愛。本師奉命抗日，烈士聞之狂喜，遺書訣別乃父，矢志殺敵，存必死之決心！自是與暴日抗戰，奮勇爭先，處槍林彈雨中，夷然無所畏却；嘗以能射殺倭奴爲快！二月十九至二十二日間，激戰三晝夜，屢致肉搏。我江灣陣地，平衍無掩蔽，守禦殊爲非易；且敵衆我寡，卒能以少勝多，使倭奴不獲突破者，烈士之沈着奮勇，與有力焉！無何而烈士竟以重傷殉難，年僅二十有七，哀哉！嗚呼，烈士以宦門子弟，棄學從軍，抱救國救民之志，矢先憂後樂之誠，爲國捐軀，成仁取義。世之紈絝公子，聞烈士之風，宜如何警然自惕而奮然興起，以追蹤繼志也歟！是爲傳。

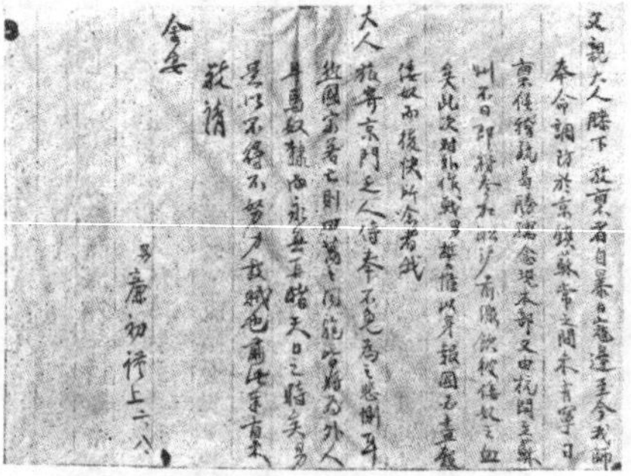

烈士遺墨

鍾烈士炳南傳略

步兵五二八團六連中士班長

鄭立德記

鍾炳南烈士，粤南合浦人也。幼承庭訓，長信三民。矢志盡忠，棄家入伍。時逢革命，遠至金陵。黽勉勤勞，選授軍學。繼自軍士教導隊卒業，派充班長。隨軍勦赤，屢著勛勞！長官以其英勇出羣，晉升中士。一二八淞滬慘變，國軍抗日，本師奉命參加前線禦敵，烈士悲歌慷慨，奮不顧身。日寇衝近戰濠，烈士靜伏濠溝，沈着應戰，不稍退避，屢殲來犯之倭寇，而無使一人生還！是以二月廿一日廟行之役，敵雖以第九師團之生力軍，猛撲而來；與夫海空軍之協力壓迫，而終未得逞者，烈士之沈着抵抗，與有力焉！惜乎器械不敵，烈士終以身殉，慘哉！烈士英風浩氣，滂薄千秋，雖死猶生，亦復何憾？惟是國難方殷，捍禦正亟，追懷民族英雄，異令人有大風猛士之感慨也！用特敍其事略，以與後死者共勉焉！

游勇記

吳烈士祥昌傳略

步兵五二八團六連下士列兵

吳烈士祥昌，年二十九，廣東惠州人，剛直純正，緘默寡言。幼習商，頗有積蓄，常憤國家多難，不忍坐視，遂於民國十九年，棄家從軍，效勞黨國。操課之暇，研究黨義，練習運動，不遺餘力；且能遵守紀律，愛護同事，此誠社會之良民，軍隊之良兵也。無何而竟於本年二月二十二日抗日陣亡於塘家宅前，成仁取義，爲國捐軀，烈士可謂死得其所矣！嚮使烈士斤斤於貨利之得失，而持籌計贏，縱令苟安歲月，而爲大腹便便之富賈，亦不過草木同腐已耳！焉能轟轟烈烈，爲國家民族爭光，而表現其不死之精神哉？吾是以傳之，藉誌欽仰我民族英雄之意焉云爾！

周烈士義順傳略

步兵五二八團七連中士班長

金　浴記

烈士周義順，年三十，籍隸湘之寶慶。家境清寒，性情剛直，聰穎好學，困於經濟，高小卒業，即輟學家居。時值革命軍北伐，下湘鄂，湖南共黨竊發，烈士知改進社會，非促成三民主義之實現不爲功，乃决志從戎，輾轉至首都，入伍教導團，選入軍士訓練班練習新式兵操，成績頗爲優越，期滿編組警衛旅，烈士任下士班長，對弟兄無不愛護體貼入微，相與如手足。旋隨軍剿赤，每戰奮勇爭先，功勞卓著。嗣警旅擴編成軍，長官嘉其功，擢升中士班長。此次滬戰發生，我軍奉命增援，烈士倍加奮勇，激勵同志，共殲倭寇。雖敵彈如雨，亦努力邁進，不稍却顧，士兵咸爲振奮。二月二十八日，廟行之役，我軍衆寡不敵，烈士遂以身殉，嗚呼傷哉！

朱烈士根深傳略

楊子春

步兵五二八團八連下士班長

烈士朱根深，年二十四，江蘇常熟人，本年二月十七日，我師佈防江灣廟行之線，日寇增加生力軍三數師團，大有傾國來犯之勢。烈士任五二八團八連班長，當敵人正面之衝。二十一二十二兩日，猛烈交綏，幾至肉搏，卒賴烈士之沈着應戰，敵終莫逞！二月二十九日，敵更增生力軍進攻，烈士以爲爭最後勝敗，在此一舉，遂奮不顧身，持槍相搏；左肩受創，猶力擊倭酋，與之俱殆！嗚呼！壯已！

呂烈士學新傳略

步兵五二八團十一連中士班長

金明記

烈士江西萬安人，年十九歲，任班長職，性活潑如孩童，惟能服從命令，忠於職守，故爲同伍所敬佩。一二八滬變起，本師參加抗日，烈士大喜，以得手刃倭寇爲快。某晚烈士奉命率隊夜襲，敵人猝不及防，死亡無算，烈士仍前進不已，卒中數彈。嗚呼！烈士之志已償，而烈士之軀則長臥沙場矣！

陳烈士士舜傳略

聞衆育記

步兵五二八團十一連下士班長

陳烈士士舜，二十五歲，浙江台州人。賦性聰穎，秉志邁常，年甫成童，即投筆從軍，以忠實耐苦，奮勇勤勞，擢升班長。操課之餘，嘗與同事講述古忠臣義士盡忠報國故事，弟兄咸樂與相親，精誠團結，有逾骨肉，此誠下級幹部之良才也。九一八變起，烈士悲憤塡膺，時以不能殺賊爲憾！迨滬戰發生，本師奉命增援，開拔之日，烈士欣喜欲狂，慷慨赴前線，作戰時冒險衝鋒，視敵彈如無物。同事見之，莫不奮激。終以目標太顯，敵彈太密，支持亙兩晝夜，列兵傷亡幾盡，烈士亦彈中腿部。環顧壕中弟兄曰：『爭最後勝利，爲死難同事報仇雪恨，此責已在吾人之身。爾我雖各負輕傷，萬不能不忍痛支持，以待後援也！』由是同事益奮勉守禦，我軍陣地，卒未動搖。顧烈士終以敵軍砲彈落下，命中要害，成仁殉國！

施烈士祥林傳略

步兵五二八團十二連中士班長

王鳳翔

一二八事變暴發，風鶴驚聞，全國愛國男兒，憤慨塡膺，共赴國難。十九路軍抵抗于其先，八十八師增援于其後，爭國家之光榮，求民族之生存，慷慨赴沙場，前仆而後繼。五二八團十二連班長施烈士祥林，富於作戰經驗之士也！臨陣鎮靜沈着，彈無虛發。每當敵軍衝鋒之際，烈士以逸待勞，屢挫敵氛，致倭寇于無可如何也！二月二十二日，烈士扼守楊焕橋邊，爲敵飛機目標所及，投下重量炸彈數枚，烈士不幸正中炸彈，血肉橫飛！嗚呼慘矣！烈士上海人，時年二十五。謹傳其行略，以垂千古。

范烈士長友傳略

步兵五二八團十三連中士班長

鄒藹如記

范君長友，淞滬抗日殉國之先烈也。初烈士於張作霖出關時，慕革命軍蔣總司令掃除軍閥，奠定國基，欲投身革命，以自效於黨國；會總座北上，烈士遂毅然棄家，投侍衛隊。後侍衛隊改國府警衛旅，烈士以學術見長，選入軍士教導連。卒業後派充班長，服務勤勞謹愼，長官同事，莫不器重之！迨警旅擴編成軍，遂晉級中士班長。滬戰發生後，本師奉命應援十九路軍，烈士慷慨激昂，沈着應戰，自二月二十日至二十二日，三晝夜間，倭寇衝鋒而來，爲烈士擊斃者達百餘人。是時敵彈雨下，陣線幾至動搖，烈士激勵同事，勇猛前進，當者辟易！正乘勝追擊之際，忽爲暴寇飛機炸彈所中，遂殉身於楊煥橋附近！烈士河北河間人，賦性耿介，無嗜好，每行軍，輒高唱革命軍歌以寄與，所謂燕趙多感慨悲歌之士，是卽其人歟!?烈士生於民國紀元前二年，陣亡時年僅二十有三，嗚呼！惜哉！

本師淞滬抗日陣亡官佐簡歷册

隊別	級職	姓名	年齡	籍貫	出身	經歷	陣亡日期及地點	遺族通訊處
師司令部	上尉參謀	項方強（字五珊）	二五	浙江浦江	中央軍校第五期	曾充排長連長參謀等職	三月二日羅店附近	浦江城西隅水門內（父）贊元子正誼（妻）王壽貞收
	准尉諜報員	吳繼善	三一	江蘇嘉定			三月二日瀏河	
工兵營	上校營長	唐循（字慎之）	三〇	湖南零陵	黃埔軍校第二期	曾充排長隊長副官連長營附營長團附等職	三月廿一日唐東橋東北	湖南零陵郵亭墟郵局轉篙壩（妻）左翠蓮收
工兵營第三連	上尉連長	施汝德	三三	貴州甕安	中央軍校第六期	曾充排長副官參謀連附連長等職	二月廿四日陣傷于上海廣慈醫院亡故	貴州甕安珠廠兄汝舟收或首都大沙帽巷廿八號宋光炯轉
第五二三團一營一連	中尉排長	連逸卿（偉卿）	二六	廣東潮陽	中央軍校第七期	曾充見習官排長等職	二月廿二日前郭家宅	潮陽縣兩英圩大布號轉（妻）黃玉英收
第五二三團一營二連	中尉排長	俞善爲（字維仁）	二八	浙江金華	二十六軍軍官團	曾充副官排長等職	二月廿九日竹園墩	金華孝順鎮郵轉俞一心（父）收

第五二三團一營三連	上尉代連長	雷翼龍（字騰飛）	二九	四川璧山	中央軍校第四期	曾充排長連長等職	三月一日水車頭	武進縣法院雷院長人龍（兄）收
同右	准尉代排長	金玉高	二七	湖北	行伍	曾充班長半排長等職	三月一日竹園墩	
第五二三團二營六連	上尉連長	許永賢（字思衡）	二六	浙江諸暨	金陵軍校第一期	曾充排長副官連附連長等職	二月廿二日小場廟	諸暨牌樓大昌號轉北廟塢（妻）周完玉收
同右	准尉半排長	胡鳳翔		江蘇		曾充班長特務長半排長等職	同右	鎮江新河振達木行施紹香轉
第五二三團二營八連	准尉半排長	駱雁行（字顯瑳）	二五	浙江永康	行伍	曾充班長特務長半排長等職	同右	永康芝英鎮轉寮前村駱純福（父）收
第五二三團二營九連	中尉排長	鍾筱筠	二四	江西清江	武漢分校第七期	曾充見習官排長等職	同右	長沙中山西路陳源裕藥號轉妻傅靜英收
第五二三團二營十連	中尉排長	劉光鑑	二七	湖南綏寧	中央軍校第六期	曾充排連長等職	二月廿二日後郭家宅	
同右	少尉排長	陳少秋	二七	湖南寧鄉	國府警衛團軍士教導隊	曾充半排長排長等職	二月一日溺[illegible]	

第五二三團三營十二連	上尉連長	陳紹笙（字伯珍）	二九	浙江青田	中央軍校第六期	曾充排長連附連長等職	二月廿一日	江灣附近	青田白岩轉北山陳粹青（父）收
同右	同右	任秀根	二五	河南舞陽	中央軍校第五期	曾充排長連長等職	三月一日	江灣	
同右	准尉代排長	金雲初	二三	浙江永嘉	行伍	曾充班長半排長等職	二月廿一日	嚴家宅	
同右	同右	蔣炳龍	二五	浙江楓涇	行伍	曾充班長半排長代排長等職	三月一日	江灣	
第五二四團第一營	少校營附	盧志豪	二八	浙江永嘉	黃埔軍校第三期	曾充排連長教官營附等職	二月廿二日	廟行	永嘉楠溪楓橋南溪盧宅妻金氏收
第五二四團一營二連	上尉連長	李德富（即黃文淵）	二五	四川敘州	中央軍校第四期	曾充排連長等職	同右	同右	南京洪武街二十號朱老闆交葉少齋轉（叔）雲帆收或四川敘州屏山弟文滙收
第五二四團一營三連	同右	周傳柄（字秉眞）	二八	湖南瀏陽	中央軍校第六期	曾充排長連附連長等職	三月一日	陳家木橋	長沙北門外潘家坪下首交周胡氏（妻）收
第五二四團二營營部	中尉副官	章昫東（號如）	二七	安徽東流	黃埔軍校南昌分校	曾充排長副官等職	二月廿二日	廟行	東流張家灘隆昌號轉章韜領先生（父）收

第五二四團二營八連	准尉代排長	陳鎮南	三一	浙江青田	浙軍第二師軍士連	曾充特務長排長等職	二月廿二日廟行	
第五二四團三營十二連	上尉連長	唐鄴（又衡）	二六	湖南常寧	中央軍校第六期	曾充排長連附連長等職	同右	湖南常寧柏坊市序新號唐禮序收
同右	准尉特務長	譚維禎					同右	
第五二四團三營十三連	上尉連長	馬驄（字安石）	三三	湖南湘潭	中央軍校第五期	曾充排連長訓練員指導員等職	同右	參謀本部二廳馬驤或湘潭朱亭馬文瑞醫十轉賦歸堂妻譚麗雲收
同右	中尉排長	張熙	二一	湖北蘄水	武漢分校第七期	曾充見習官排長等職	同右	武昌武昌路鳳凰園轉一號樊景濤收交張李氏（妻）
第五二四團三營十四連	同右	高鵬翼（字國光）	二一	湖北武昌	中央軍校第七期	同右	同右	武昌讀書堂街十一號掌維中高錢素貞（母）收
第五二七團第一營	少校營附	徐旭（字子岐）	三七	浙江永康	浙江軍學補習所	曾充排連隊長營附營長團附等職	二月廿一日朱家宅	本師參謀處交陳慶尙君轉
第五二七團一營一連	上尉連附	趙公毅	二七	浙江諸暨	二十六軍軍官團	曾充排長連附副官等職	二月廿二日麥家宅前	浙江諸暨璜山讀山兄鉅恩

第五二七團一營一連	中尉排長	李公尙（佐卿）字八亮	三三	浙江永康	中央軍校第七期	曾充排長等職	二月廿二日麥家宅前	
同右	同右	張展	二八	浙江青田	中央軍校第六期	同右	同右	青田十都船寮轉十一都項村張瑞城（父）收
同右	准尉半排長	陳桂鴻	二四	湖南宜章	行伍	曾充班長半排長等職	同右	
第五二七團一營二連	中尉排長	朱煥然	二六	湖北江陵	總部教導營	曾充排長區隊長等職	二月廿二日朱家宅	荊州岑河口交妻朱王氏收
同右	少尉排長	張斌	二三	湖南醴陵	警衛團軍士補習班	曾充班長分隊長半排長排長等職	同右	
同右	准尉半排長	陳益	二五	湖南邵陽	同右	曾充排長半排長等職	同右	
第五二七團一營三連	中尉排長	商支宇	二三	浙江嵊縣	中央軍校第七期	曾充排長等職	二月廿二日麥家宅	南京東關頭啞叭巷十二號李述聖轉
第五二七團一營四連	上尉連長	胡濟川	二四	浙江臨海	閩漳幹部學校	曾充排連長等職	二月廿二日廟行	楊企陶轉

第五二七團二營六連	中尉排長	黃茂松（字志華）	二九	廣東興寧	中央軍校第七期	曾充見習官排長等職	二月廿二日廟行	廣州西湖路七十七號大中工業社轉（兄）倬羣收
第五二七團二營七連	上尉連附	錢瀛川	二九	浙江慈溪	中央軍校第六期	曾充排長等職	二月廿七日金家木橋	
第五二七團二營八連	少尉排長	陳鼎勛	二四	廣東茂名	中央軍校第七期	同右	三月一日沈家溝	汕頭大中學校徐炳森轉
第五二七團三營營部	少校營長	陳振新（字文軒）	二六	湖北應城	黃埔軍校第三期	曾充排連營長等職	二月廿二日竹園墩	應城陳河王恆春轉妻劉素貞或湖北省黨部劉志達轉交
第五二七團三營十一連	上尉連長	傅允文（字斐然）	二七	浙江義烏	浙江陸軍第二師幹部教導隊	曾充分隊長連附連長營附等職	同右	蘇州西支家巷六號陶應剛轉妻陶氏或義烏植林鎮轉杜門母張氏及子指揮收
同右	中尉排長	劉伯軒（字秉正）	二五	湖南寶慶	中央軍校第七期	曾充排長等職	同右	寶慶西鄉灘頭郵交牟雅田
同右	少尉排長	曹榮	二八	浙江金華	浙軍第二師教導隊	曾充副排長排長等職	同右	
第五二七團三營十二連	上尉連附	許培華（元善）	三〇	江西宜黃	中央軍校第五期	曾充排連長隊附連附等職	二月廿一日孟家宅	江西南昌繫馬樁十一號妻許黃淑清收或海寧縣政府許科長培蘭（兄）收

第五二七團三營十二連	中尉連附	鄭在邦	二六	浙江寧海	中央軍校第七期	曾充排長等職	三月一日孟家宅	浙江寧海海游下洋交永春鄭邦丙收
第五二七團三營十三連	准尉特務長	何養新	二四	浙江新登	總部憲兵團軍士連	曾充司書特務長等職	二月廿二日沈家溝	
第五二七團三營十四連	中尉排長	任益珍(席儒)	二七	浙江永嘉	中央軍校第七期	曾充排長等職	二月廿二日竹園墩	永嘉城守前縣立一小任明達(堂兄)收轉
同右	同右	張文良					三月一日	
第五二八團一營二連	上尉連長	駱朝宗 字於海	二九	浙江義烏	中央軍校第五期	曾充排長連附科員參謀連長等職	二月廿二日塘家宅前	義烏檀林鎮益壽堂轉西翰子嘉文收
同右	中尉排長	周桂標	二九	湖南寧鄉	湖南鎮守使軍士隊	曾充排長特務長等職	同右	南京鼓樓百步坡一號或杭州覓橋直街二六三號周玉金收(妻)
第五二八團一營三連	少尉排長	王良	二〇	浙江仙居	陸軍教導隊	曾充槍長司書排長等職	二月廿五日紅十字總醫院亡故	一、仙居南鄉上王村王洪壽(父)收 二、參謀本部二廳王參謀啓明轉
同右	准尉排長	查英 字學昌	二三	浙江海寧	國府警衛團教導隊	曾充副排長排長等職	二月廿二日塘家宅前	浙江海寧縣商會轉袁花鎮本宅收

第五二八團一營四連	中尉排長	梁修身（字建剛）	二五	湖南安化	中央軍校第六期	曾充排長服務員等職	二月廿二日談家宅南端	湖南安化藍田雷總大成染坊轉尖山嶺愛林園梁慾夫（父）或妻江氏收
第五二八團二營六連	中尉排長	盧世鍾（鴻禧）	二六	廣東興寧	中央軍校第六期	曾充排長等職	二月廿二日廟行	中央組織委員會曾正我朱鵬奮轉
	少尉排長	王倫敦	二六	四川成都	二十一軍軍官教育團	曾充副排長排長等職	同右	
第五二八團三營營部	少尉營附	呂義灝	二六	浙江東陽	黃埔軍校第三期	曾充排長區隊長連長營附等職	同右	東陽巍山轉象岡父成燿收
第五二八團三營十一連	上尉連長	駱健郎	二四	四川古藺	中央軍校研究班	曾充排長連附連長等職	二月廿二日楊煥橋前	
同右	少尉排長	李章	二六	廣東羅定	國府警衛團軍士教導隊	曾充排長等職	同右	廣東羅定泗綸鴻泰轉李裕昌（父）收
第五二八團三營十二連	上尉連長	萬羽	二八	湖南武岡	中央軍校第五期	曾充副官排連長等職	同右	武岡五顯路巷妻鄧福秀收
同右	中尉排長	顧煒	二六	浙江諸暨	中央軍校第七期	曾充排長等職	同右	諸暨外陳郵局轉宜俗鄉十三房交父舒堂收

第五二八團三營十三連	中尉排長	張夢文	二六	湖南東安	中央軍校第六期	同右	同右	
同右	同右	胡家驊字道生	二五	湖北荊門	中央軍校第七期	同右	同右	南京常府街廿五號朱宅兄家驥收或武昌校廠湖十三號姊丈溫方正轉
同右	少尉排長	朱運芝	二九	湖南寧鄉	中央軍校第六期	同右	二月廿二日楊煥橋	
第五二八團三營十四連	少尉排長	王志英	二四	廣東興寧	中央軍校第七期	同右	二月廿二日廟行	廣東興寧大街王萬華滙兌莊（叔）王俊祥轉耀堂（父）收
合計		六十六員						

陸軍第八十八師工兵第八十八營淞滬禦日陣亡烈士姓名簡册

部別	階級職別	姓名	年齡	籍貫	陣亡日期	陣亡地點	備攷
工兵營第一連	上士班長	陳德芳			二月二十五日	紅十字總院	
		陳榮興			二月二十八日	紅十字廿二院	
	一等兵工兵	陳善勝					
		胡選中	二四	江蘇邳縣	二月二十三日	嚴家宅東北陣地	
		劉繼發	二一	江蘇銅山	二月二十三日	同右	
	二等兵工兵	沈恨塵	一七	江蘇無錫	三月二日	嘉定東門外	
第二連	一等兵工兵	章桂生	一九	安徽涇縣	二月二十二日	廟行	
	二等兵工兵	李如發	二二	安徽滁縣	同右	同右	
合計		八名					

陸軍第八十八師司令部衛生隊淞滬抗日陣亡烈士姓名簡冊

部別	階級	職別	姓名	年齡	籍貫	陣亡日期	陣亡地點	備攷
師衛生隊擔架連	上等兵	担架兵	喻志高	二八	湖南寧鄉	二月二十六日	唐東宅西	
			陳福壽					
合計			二名					

陸軍第八十八師步兵幹部教育總隊淞滬抗日陣亡烈士姓名簡冊

部別	階級	職別	姓名	年齡	籍貫	陣亡日期	陣亡地點	備攷
幹部教育總隊部	一等兵	給養兵	徐得榮	二二	浙江紹興	二月二十二日	廟行	
第一隊	上等兵	學兵	徐鏡明	二一	江西廣豐	同右	韓家橋附近	
			毛金山	二二	同右	同右	同右	
			過長濠	二三	浙江嵊縣	同右	同右	
	一等兵	學兵	曹軍標	三四	浙江湯溪	同右	同右	
			章寶光	三三	同右	同右	同右	
			劉惠明	二四	江西清江	同右	同右	
			王自明	二九	江西永修	同右	同右	
			李文斌	二一	浙江樂清	同右	同右	
第二隊	上等兵	學兵	王正武	二二	雲南	同右	同右	
			張仁興			同右	同右	
	一等兵	學兵	胡紹祥	二三	河南光山	同右	同右	
			徐祥光	二一	江蘇南通	同右	同右	

第三隊	上士班長	周東海	二五	江西	二月二十二日	韓家橋
	上等兵學兵	張定凱	一九	安徽	同	右同右
合計		十五名				

陸軍第八十八師步兵第二六二旅第五二三團淞滬抗日陣亡烈士姓名簡冊

部別	階級	職別	姓名	年齡	籍貫	陣亡日期	陣亡地點	備攷
第五二三團第一營營部	中士	司號	羅炳華	二二	廣東惠陽	三月一日	竹園墩	
	上等兵	給養兵	蔡桅意	二八	江蘇淮城	同右	同右	
第一連	中士	班長	魏熊	二五	浙江	二月二十二日	前郭家宅	
	下士	班長	陳國樑	二四	湖南湘鄉	同右	同右	
			應寶根	二七	浙江寧波	二月二十一日	同右	
			雷正發			同右	同右	
			鄭秀成	二六	浙江建德	二月二十二日	同右	
			盧文	一八	浙江淳安	同右	二十三圖	
			黃舞	二七	浙江金華	同右	前郭家宅	
			管樟順	二七	浙江衢州	二月二十一日	同右	
	上等兵	列兵	方金貴	二〇	安徽歙縣	同右	同右	
			張德三					
			陳紹田	二三	浙江桐鄉	二月二十一日	前郭家宅	

部别	级职	职务	姓名	年龄	籍贯	阵亡日期	阵亡地点	备考
第一營第一連	上等兵	列兵	金必榮	二〇	浙江金華	二月二十一日	前郭家宅	
			姜貴清	二四	浙江龍游	同右	同右	
			第右寶	二五	江西崇義	二月二十二日	同右	
			薛金寶	二三	浙江吳興	同右	同右	
			葛阿才	三〇	浙江臨海	同右	同右	
	上等兵	担架兵	鮑棹隆	二五	浙江開化	同右	同右	
	一等兵	列兵	王志林	二〇	浙江蘭溪	二月二十一日	同右	
			朱逢春	二九	浙江義烏	同右	同右	
			浦國基	二三	江蘇吳縣	同右	同右	
			汪紹榮	二三	浙江永康	二月二十二日	同右	
			戴登球	三〇	浙江湯溪	同右	同右	
			楊棋	二九	浙江分水	同右	同右	
			王世友	二五	湖北	二月二十日	同右	
			王春粱			同右	同右	
			田玉林	一八	湖南辰州	同右	同右	

		朱福生	一九	江蘇武進	二月二十日	前郭家宅	
	一等兵給養兵	陳鵬貴	二七	浙江紹興	二月二十二日	同右	
	二等兵列兵	王桂林	一八	浙江新昌	二月二十一日	同右	
		曹阿城	二一	浙江寧波	同右	同右	
		黃科	二四	江蘇鎮江	二月二十二日	同右	
		王芝華	二〇	河南洛陽	同右	同右	
		李金明	二〇	江蘇南通	同右	同右	
		張開明	二二	安徽合肥	同右	同右	
		余銀如	二一	江蘇上海	同右	同右	
第一營第二連	中士班長	吳斌	二六	浙江象山	二月二十八日	竹園墩	
		李醒民	二四	浙江吳興	三月二日	同右	
	下士班長	徐志光	二一	浙江杭縣	同右	同右	
		黃日升	二八	福建汀州	二月二十二日	江灣嚴家宅	
		石玉富	二四	浙江新昌	同右	同右	
		王眞	一八	浙江諸暨	二月二十一日	同右	

第一營第二連	下士班長	吳樹棠	二〇	浙江永康	二月二十一日	江灣嚴家宅
		馮亦山	二二	浙江諸暨	同右	同右
		樓宗元	二一	浙江金華	同右	同右
		徐明福	二四	浙江黃岩	二月二十二日	同右
		周根	二二	浙江建德	同右	同右
		滕顯文	二〇	浙江永嘉	同右	同右
		王德龍	二二	同右	同右	同右
	下士司號	姜步庭	一八	江西上饒	二月二十八日	竹園墩
	上等兵列兵	羅金生	二三	浙江杭縣	三月二日	同右
		陳道橋	二一	浙江衢縣	同右	同右
		俞葉華	三〇	浙江新登	二月二十九日	同右
		仇文德	二〇	浙江鎮海	同右	同右
		袁清玉	二一	浙江金華	二月三十日	同右
		姜仲五	二六	河南洛陽	同右	同右
		項義傑	二一	河南開封	三月二日	同右

	上等兵	担架兵	張仁興	二六	浙江臨海	二月二十二日	江灣嚴家宅	
	上等兵	傳令兵	陳品三	一九	浙江臨海	三月二日	竹園墩	
	上等兵	給養兵	周鴻鈞	三〇	湖南寶慶	二月二十八日	同右	
	一等兵	列兵	葉永高	二二	浙江寧波	同右	同右	
			唐文郁	二〇	湖北天門	二月二十一日	江灣嚴家宅	
			張勝新	二一	浙江東陽	三月二日	竹園墩	
			鎖文憲	二〇	浙江紹興	同右	同右	
			王氣開	二〇	安徽渦陽	同右	同右	
			顧漢林	二二	浙江杭縣	同右	同右	
	二等兵	列兵	甘玉臣	二七	湖北天門	二月二十一日	江灣嚴家宅	
			董連生			三月五日		葬塘灣義塚
			孟傳興	二三	江蘇唐山	二月二十八日	竹園墩	
			梁繼書	二〇	江蘇銅山	同右	同右	
			王標玉	二三	湖北天門	二月二十九日	同右	
			江坤生	二四	江蘇銅山	同右	同右	

第一營第二連	二等兵	列兵	金鐘	二〇	浙江衢縣	三月二日	竹園墩
			周得昌	二四	浙江杭縣	同右	同右
			沈芝春	二五	江蘇江都	同右	同右
			劉明樹	二七	安徽穎城	同右	同右
			沈祖棠	二二	浙江杭縣	同右	同右
			葉文明	二四	浙江松陽	同右	同右
			陳振卿	二〇	河南沈邱	同右	同右
			劉傳家	一九	安徽繁昌	同右	同右
			周金海	二二	浙江杭縣	同右	同右
第三連	上士	文書	詹成發	三〇	浙江	三月一日	同右
	中士	班長	潘長興			二月二十一日	前郭家宅
			李信元	二三	江蘇	三月一日	竹園墩
	下士	班長	凌鍵興	二八	江西贛縣	二月二十一日	前郭家宅
			錢章才	二〇	浙江龍游	二月二十二日	同右
			王雲	二四	浙江桐廬	同右	同右

			姓名	年齡	籍貫	陣亡日期	地點	
			張維順	二六	浙江	三月一日	竹園墩	
			楊星階	二六	湖北	同右	同右	
			王定照	三〇	安徽	同右	同右	
			汪懷根	一六	江蘇	同右	同右	
			童仁義	二七	安徽	同右	同右	
			潘炳妙	二四	浙江	同右	同右	
			郭鈞	二二	江蘇	同右	同右	
	下士	列兵	俞學本	二五	同右	同右	同右	
			毛祥根	二九	同右	同右	同右	
			查木林	二七	同右	同右	同右	
	上等兵	列兵	張洪	二二	浙江	同右	同右	
			劉正發			二月二十九日	紅十字總院	
			趙才金	二五	湖北	三月一日	竹園墩	
			錢雙保	二〇	浙江	同右	同右	
			呂永恩	二五	浙江	同右	同右	

第一營第三連	上等兵	列兵	王海成			三月一日	竹園墩
			胡子英	一七	江蘇	同右	同右
			葉志安	二六	安徽	同右	同右
			邵培金	一八	同右	同右	右同
			朱成福	一九	江蘇	同右	同右
			馮得勝	二二	山西	同右	同右
			祝金泉	一九	浙江衢縣	二月二十一日	前郭家宅
			余志明	二五	浙江遂安	同右	同右
	上等兵	傳令兵	陳玉丙	二四	浙江	三月一日	竹園墩
	上等兵	勤務兵	周增直	一九	同右	同右	同右
	上等兵	給養兵	陳式洋	二九	浙江樂清	二月二十一日	前郭家宅
	一等兵	列兵	張振武	二〇	河南洛陽	同右	同右
			徐福堂	二〇	河南	三月一日	竹園墩
			嚴金福	二二	河南	同右	同右
			焦發長	二三	江蘇	同右	同右

			王祥志	二六	江蘇	三月一日	竹園墩
			張玉坤	二四	安徽	同右	同右
			郭福生	二七	江蘇	同右	同右
			張琪	二六	湖北	同右	同右
			汪順清	二一	安徽	同右	同右
			楊益林	二三	江蘇	同右	同右
	一等兵	給養兵	王春生	二九	同右	同右	同右
			呂寶廷	二九	同右	同右	同右
	二等兵	列兵	黃聖麟	二九	江蘇崇明	二月二十一日	前郭家宅
			張文財	二三	浙江衢縣	同右	同右
			李澤深	二三	河北南宛	同右	同右
			陳岩浩	二五	浙江紹興	同右	同右
			吳華斌	二七	浙江樂清	同右	同右
第四連	下士	查馬軍士	李標	三〇	湖南祁陽	同右	同右
	下士	班長	李彪			同右	同右

第一營第四連	下士	槍長	張學英	二五	陝西	二月二十一日	前郭家宅
	上等兵	列兵	張炳華	二三	江蘇江寧	三月一日	金家木橋
			劉維清				
			徐鳳山				
		預備兵	蔣國斌	二二	湖南湘陰	二月二十一日	前郭家宅
		担架兵	錢興發	二一	浙江嵊縣	二月二十三日	郭家宅
			黃漢清	二三	江西萍鄉	二月二十九日	金家木橋
			駱邦信	二三	浙江諸暨	三月一日	同右
			劉雲俊	二三	江蘇銅山	同右	同右
	上等兵	傳令兵	王志昌	二六	浙江新昌	同右	同右
	一等兵	列兵	吳錫祥	二〇	江蘇海門	二月二十一日	前郭家宅
			李炎盛	三〇	山東單縣	三月一日	金家木橋
			張得棟	二六	江蘇吳縣	同右	同右
			汪炳興	二一	浙江寧海	同右	同右
			張寶榮	一八	安徽渦陽	二月二十九日	同右

		王俊起	二八	山東曹縣	二月二十八日	同右	
		劉興華	二六	湖南永州	二月二十九日	同右	
		江恆壽	二一	江蘇東海	二月二十八日	同右	
		楊子龍	二五	安徽蕪湖	三月一日	同右	
		張志成	二三	浙江紹興	同右	同右	
		王光才	二二	江蘇鎮江	同右	同右	
		劉金璋	二四	河南南陽	二月二十九日	同右	
		沈寶生	二二	浙江杭縣	同右	同右	
第五連	上等兵	担架兵 王發奎	二一	河南鄭縣	二月二十三日	二十三圖	
	一等兵	砲兵 金九坡	二五	浙江永嘉	二月二十二日	江灣嚴家宅	
		趙金得	二〇	河南鄭縣	同右	同右	
第二營營部	上等兵	傳令兵 張祿金	二四	湖南岳陽	同右	同右	
第二營第六連	上等兵	列兵 周阿玉	二三	浙江寧海	二月二十一日	同右	
		李眞弟	二〇	浙江遂安	同右	同右	
		胡子清	二八	浙江寧海	二月二十二日	同右	

第二營第六連	上等兵列兵	章樹風	二七	浙江蘭溪	二月二十二日	江灣嚴家宅
		莊宗富	二五	江蘇無錫	三月一日	蘇家園附近
		劉絡高	二一	安徽貴池	同右	同右
		潘雲生	二五	江蘇常熟	二月二十三日	小場廟
	一等兵列兵	王學文	一九	江蘇丹陽	三月一日	蘇家園附近
		隋萬勝	二一	浙江寧波	同右	同右
		王宗昌	一九	浙江瑞安	二月二十二日	江灣嚴家宅
		王寶	二九	浙江仙居	二月二十一日	同右
	二等兵列兵	顧青蓮	二八	江蘇常州	同右	同右
		談麒麟	二〇	浙江寧波	二月二十二日	同右
		馮柏榮	二一	浙江江山	同右	同右
		張國政	二一	浙江東陽	同右	同右
		吳心海	一八	安徽亳縣	三月一日	蘇家園附近
		黃華	一九	浙江浦江	同右	同右
		王景文	二四	湖南永州	同右	同右

		潘鳳山	一九	安徽合肥	三月一日	蘇家園附近
		王寶定				
第七連	中士班長	阮其玉	二九	浙江	三月十九日	紅卍字第二院
		喬俊卿	二六	安徽蚌埠	三月一日	毌家橋
		魏熙			同右	廣慈醫院
	下士班長	葉彩標	二〇	浙江開化	二月二十二日	丁家橋
	下士司號	王建三	二九	浙江杭縣	同右	同右
	上等兵列兵	楊柏榮	二〇	湖南衡陽	同右	同右
		楊洪禮	二五	山東泰安	同右	同右
		謝光法	三一	浙江永嘉	同右	同右
		蔣雲標	二九	浙江吳興	二月二十一日	同右
		張柏林	三〇	浙江開化	同右	同右
		丁學成			同右	同右
		陳亭清			同右	同右
		紀廷龍	二四	江西廣豐	三月一日	廣慈醫院

第二營第七連	上等兵	列兵	吳章龍	二六	浙江杭縣	三月一日	廣慈醫院
			洪月樓	二七	安徽宿縣	同右	同右
			樓仙桃	二四	江蘇江都	同右	同右
			膳興春	二〇	江蘇銅山	同右	同右
			徐中文	二二	貴州都匀	同右	同右
			王光春	二二	江蘇豐縣	同右	毋家橋
	一等兵	列兵	王弟	一九	浙江義烏	同右	同右
			鄭德裕	二〇	江西上饒	同右	同右
			羅財	二六	廣西桂平	同右	同右
			陳文良	二七	湖北鄂城	同右	同右
			呂炎	二一	江西廣豐	二月二十一日	丁家橋
			張月亮	二三	河南南陽	同右	同右
			李大甲	二三	江蘇海門	二月二十二日	同右
	二等兵	列兵	陳忠	二七	浙江温嶺	同右	同右
			謝恭先	一九	浙江奉化	同右	同右

		丁鴻禧	二八	山東登城	三月一日	卅家橋
		陳學化	三二	安徽壽縣	同右	同右
		張永禎	二一	浙江浦江	同右	同右
		劉玉清	二二	湖南祁陽	同右	同右
		李嵩本	一九	浙江紹興	同右	同右
第八連	上士半排長	陳舜	二五	浙江臨海	同右	蘇家園
	中士班長	蔣文奎	三〇	浙江鄞縣	二月二十二日	小場廟
		姜克定	二四	浙江江山	二月二十一日	同右
		包慶郎	一九	浙江臨海	三月一日	蘇家園
	下士班長	陳山玉	二〇	同右	同右	同右
		吳章得	二四	同右	同右	同右
	上等兵列兵	蔣志亭	二〇	浙江蘭溪	同右	同右
		方春梅	二一	浙江龍游	二月二十二日	小場廟
	一等兵列兵	吳友生	二五	浙江臨海	同右	同右
		董維雄	二二	江蘇盛澤	同右	同右

第二營第八連	一等兵	列兵	劉長周	二五	安徽桐城	二月二十一日	小場廟	
			計榮生	二一	江蘇龍華	三月一日	蘇家園	
			董文正	一八	浙江衢縣	同右	同右	
	二等兵	列兵	王永生	一六	江蘇銅山	同右	同右	
			高得勝	二一	安徽亳縣	同右	同右	
			孫得喜	二三	山東歷城	同右	同右	
			趙仿義	二三	安徽蕪湖	同右	同右	
			劉金宏	二四	安徽桐城	二月二十一日	小場廟	
			王如金	二五	江蘇鹽城	同右	同右	
	一等兵	担架兵	孟高飛	二七	浙江分水	同右	江灣	
第九連	上士	軍械軍士	劉子良	三〇	江蘇宿遷	同右	廟行鎮	
	中士	槍長	紀孟秋	二五	湖北羅田	同右	同右	
	上等兵	列兵	李全聲	二四	江蘇蕭縣	同右	同右	
			駱桂生	三二	湖南長沙	三月一日	蘇家園	
	上等兵	預備兵	何幹	二四	湖南道縣	二月二十一日	廟行鎮	

			徐寶新	二一	浙江常山	三月二十一日	廟行鎮	
			李高升	二三	湖南零陵	同	右同右	
			蔡子清	二六	浙江象山	同	右同右	
			寧定國	三一	浙江麗水	同	右同右	
	一等兵	列兵	項裕祥	二四	湖北麻城	同	右同右	
			邊永祥	二一	浙江諸暨	同	右同右	
	一等兵	預備兵	吳懷才	二一	浙江紹興	同	右同右	
			梁漢臣	二八	河南羅山	二月二十二日	右同右	
			姚子餘	三一	貴州天柱	同	右同右	
			李紹標	二七	江蘇東海	同	右廟行鎮	
	二等兵	列兵	夏國隆			同	右江灣	
			吳家才	二一	浙江紹興	二月二十三日	廟行鎮	
		預備兵	江梅忠			二月二十二日	同右	
第十連	上等兵	砲兵	應永全	二一	江蘇上海	二月二十七日	談家宅	
			蔣汝明	二七	浙江	同	右同右	

第二營第十二連	上等兵	砲兵	范金榮	二八	浙江臨海	二月二十七日	談家宅
			卓大奶	二〇	同右	同右	同右
			徐明發	二三	同右	同右	同右
			滕啓才	二五	同右	二月二十六日	同右
	一等兵	砲兵	張啓發	二一	湖南	同右	同右
	二等兵	砲兵	張懷明	二六	同右	同右	同右
第三營營本部	上等兵	傳令兵	彭正洪	二五	湖北黃梅	二月二十二日	後郭家宅
第十一連	上士	文書	曹幼君	二六	江蘇武進	同右	同右
	中士	班長	張榮興	二七	江蘇徐州	同右	同右
	下士	班長	邵南	三一	浙江湯溪	同右	同右
	上等兵	列兵	金得榮	二一	江蘇江都	同右	同右
			吳榮標	二〇	浙江龍游	同右	同右
			朱雲	二一	江西興國	二月十九日	同右
	一等兵	列兵	孫得海	三〇	山東兗縣	二月二十二日	同右
			沈永勝			同右	同右

			舒忠山	二九	湖北蒲圻	二月二十二日	後郭家宅	
			劉忠山	二二	江蘇崐山	同右	同右	
			莫得標	二〇	浙江紹興	同右	同右	
			李馬兵	二〇	上海浦東	同右	同右	
			吳雲鵬	二一	江蘇鹽城	同右	同右	
			陳七英	二八	浙江臨海	二月十九日	同右	
			王錫雲	二三	浙江紹興	同右	同右	
			馬福寶	二三	江蘇吳縣	同右	同右	
			蔣東利	一九	浙江臨海	同右	同右	
	一等兵	給養兵	張根虎	二四	江蘇吳縣	二月二十二日	同右	
	二等兵	列兵	李月海	二七	浙江嘉興	二月二十五日	廟行鎮	
			徐桂桃	二一	浙江鄞縣	同右	後郭家宅	
			洪光顯	二一	浙江建德	同右	同右	
			李仲得	二一	江蘇崐山	二月二十一日	同右	
			姜超祥	二〇	江蘇武進	同右	同右	

第三營第十一連	二等兵	列兵	李得勝	一七	江蘇銅山	二月二十二日	後郭家宅
			沈佐芳	一六	江蘇無錫	同右	同右
	二等兵	列兵	趙文彬	二一	浙江海鹽	二月十九日	同右
			高智平	二一	同右	同右	同右
			胡春寶	二三	安徽懷遠	同右	同右
			謝玉卓	二一	同右	同右	同右
第十二連	中士	班長	陳得奎	二八	浙江臨海	二月二十二日	江灣
			陳得魁	二三	同右	二月二十一日	江灣附近
	上等兵	列兵	楊福庭	二八	江蘇丹徒	二月二十二日	同右
			龔子雲	二九	浙江麗水	同右	同右
			羅平	二七	江北	三月二日	江灣
			汪方興	二四	同右	同右	同右
			徐光田	三四	浙江開化	同右	同右
			曹林華	二四	同右	同右	同右
			趙月	二九	江西吉安	同右	同右

第三營第十二連	上等兵	給養兵	王福來	二八	河南寧陵	二月二十二日	江灣附近	
	一等兵	列兵	王明周	二八	安徽滁縣	二月二十五日	廟行鎮	
			戴斌	一九	江蘇	三月一日	江灣	
			張繼海	二六	同右	同右	同右	
			周德興	一九	浙江龍游	同右	同右	
			李友生	三一	浙江鄞縣	同右	同右	
			張北海	二六	江西	同右	同右	
			王先春	二八	江北	同右	同右	
			馬啓祥	二二	江蘇	同右	同右	
	一等兵	給養兵	陳尚芝	二五	江蘇吳江	二月二十二日	同右	
			朱昌富	二四	江蘇鹽城	二月二十一日	同右	
	二等兵	列兵	謝福林	二七	江西南康	二月二十二日	同右	
第十三連	中士	班長	邱澤甫	二六	江蘇吳縣	二月二十三日	郭家宅	
	上等兵	列兵	王道明	一九	安徽滁縣	二月二十二日	江灣	
	一等兵	担架兵	易錫林	二六	湖南湘鄉	二月二十三日	郭家宅	

第三營第十四連	上等兵	預備兵	陳　洪	二一	廣西桂平	二月二十一日	朱家宅
	一等兵	列　兵	王進學	二〇	江蘇銅山	二月二十二日	同右
	一等兵	預備兵	章萬銀	二四	江蘇如皋	二月二十一日	同右
	二等兵	預備兵	吳玉林			二月二十二日	同右
	二等兵	喂養兵	劉明倫	一七	河南商邱	同右	同右
榴彈砲連	上士	砲車長	周貴華	二五	湖南湘鄉	三月一日	金家木橋
	中士	觀測軍士	紀玉田			二月二十二日	江灣附近
	一等兵	彈藥兵	陶逸民	二二	浙江縉雲	三月一日	金家木橋
	二等兵	馭　兵	陸鶴雲	二七	江蘇吳江	同右	同右
	二等兵	担架兵	范國棟	二九	浙江臨海	二月二十三日	二十三圖
			朱正標	二三	江蘇銅山	同右	同右
通信連	上士	班長	熊科珍	二〇	湖南鹽湯	二月二十二日	金家塘
	上等兵	通信兵	陳芝慶	二四	浙江嵊縣	同右	同右
			嚴勇南	二七	同右	同右	後郭家宅
合計			三二七名				

陸軍第八十八師步兵第二六二旅第五二四團淞滬抗日陣亡烈士姓名簡冊

部別	階級	職別	姓名	年齡	籍貫	陣亡日期	陣亡地點	備攷
第五二四團團本部	上士	軍傳令士	郗長順	三〇	山東	二月二十二日	廟行	
	一等兵	勤務兵	鄺炳忠	二二	浙江新登	二月二十九日	金家木橋	
第一營營本部	中士	軍傳令士	唐殿章	二一	湖南魯郯	二月二十二日	廟行	
第一連	上等兵	列兵	楊春枝	一九	江蘇東海	三月一日	金家木橋	
第二連	下士	班長	邵德金	二八	浙江湯溪	同右	同右	
	上等兵	給養兵	顧桂卿	三〇	江蘇太倉	同右	同右	
	二等兵	列兵	吳新奎	二三	江蘇宜興	同右	同右	
			汪云桂	二四	湖南麻陽	同右	同右	
			鄧升成	二〇	山東滕縣	同右	同右	
			陳好清	二六	河南項城	同右	同右	
			張月亮			同右	同右	
第三連	中士	班長	吳中祥	二三	江蘇上海	同右	陳家橋	
	上等兵	列兵	曾彪	二五	湖南湘鄉	同右	同右	

第一營第三連	一等兵	列兵	卿炳煌	一九	湖南武岡	三月一日	陳家橋
			符孟獲	二五	浙江	二月二十三日	紅十字總醫院
第四連	下士	司號	王建三				
	一等兵	列兵	柏發茂	二八	湖南零陵	三月二日	金家木橋
	二等兵	預備兵	呂金華	一八	浙江金華	三月一日	同右
第二營第六連	上士	半排長	嚴云清	二六	湖南	二月二十二日	廟行
	中士	班長	徐步雲	二二	湖南江華	同右	同右
	下士	班長	李水生	二三	江西萬載	同右	同右
			胡時高	二八	江西新喻	同右	同右
			蔣德來			同右	同右
	下士	司號	吳長德	二二	湖南新化	同右	同右
	上等兵	列兵	楊於其	二一	安徽巢縣	二月二十一日	同右
			傅廷柏	二七	江蘇高郵	同右	同右
			陳鳴鳳	二八	湖南寧陵	二月二十二日	同右
			徐得山	二七	江西豐城	同右	同右

			劉步清	二七	江蘇清江	二月二十二日	廟行
			賴玉成	三〇	江西贛縣	二月二十一日	同右
			羅得榮	二七	浙江金華	同右	同右
			陸炳林	二二	浙江建德	二月二十二日	同右
	一等兵	列兵	邱恆增	二一	江蘇東海	同右	同右
	二等兵	列兵	劉廣德	一九	安徽亳縣	同右	同右
			陳洪善	一八	安徽蚌埠	二月二十一日	同右
			劉桂筱	二三	江蘇丹徒	同右	同右
			范漢清	二一	湖北黃陂	同右	同右
第二營第六連	二等兵	列兵	李玉成	二三	河北東明	同右	同右
			王宗岐	二〇	江蘇蕭縣	同右	同右
第七連	下士	預備班長	黃美	二二	湖南益陽	同右	同右
	一等兵	列兵	楊松林	二三	江蘇上海	同右	同右
	二等兵	列兵	劉得勝	二五	湖南長沙	同右	同右
	上士	軍需士	尹蔚廷	二四	湖南武岡		失蹤

第二營第八連	中士	班長	何桂林	三〇	湖南衡山	二月二十一日	廟行
			張培恩	二三	江蘇丹徒	同右	同右
	下士	班長	李復生	二〇	湖南湘鄉	同右	同右
	上等兵	號兵	王嘉亭	二一	江蘇銅山	同右	同右
	上等兵	給養兵	崔效堂	三二	安徽蒙城	同右	同右
	上等兵	列兵	章岷	二一	浙江紹興	同右	同右
			宋春祥			同右	同右
			卞龍喜			同右	同右
			張號	二五	江蘇興化	同右	同右
			蕭祖清	二二	湖南寶慶	同右	同右
			張福堂	一八	江蘇丹徒	同右	同右
			陳筱來	二三	安徽宿縣	同右	同右
			劉福壽	三四	江蘇武進	二月二十二日	同右
			沈相平	二四	浙江杭縣	同右	同右
			金俊	二三	江蘇南通	同右	同右

		余廷卿	一八	湖南寶慶	二月二十二日	廟行	
		李雲					
		黃學初	二〇	湖南長沙	三月一日	金家木橋	
上等兵	傳令兵	陳克仁	一八	浙江義烏	二月二十二日	同右	
一等兵	列兵	陳吉安	二二	浙江新昌	二月二十二日	廟行	
		陶志根	二四	江蘇武進	二月二十一日	同右	
		馬光修	二五	湖南	同右	同右	
		雷才義	二八	安徽	二月二十二日	同右	
		倪榮福	二二	浙江龍游	同右	同右	
		陶正清	二〇	江蘇上海	同右	同右	
		雷心海	二〇	湖北	同右	同右	
		徐志占	一九	浙江臨海	同右	同右	
		劉富財	一九	安徽	同右	同右	
		馮繼貴	二二	山東歷城	同右	失蹤	
二等兵	列兵	湯小根	二六	湖南來陽	同右	同右	

第二營第八連	二等兵列兵	胡國斌	二四	湖南長沙	三月一日	金家木橋
		江玉卿	二七	湖南	二月二十二日	廟行
		僕華清	二八	同右	二月二十日	同右
		彭玉洪	一八	湖南益陽	同右	同右
		吳大金	二〇	江西吉安	二月二十二日	同右
		楊清傑	二二	安徽渦陽	同右	同右
		曾長林	二五	湖南湘鄉	二月二十日	同右
		徐正	二六	江蘇丹徒	二月二十一日	同右
第九連	中士槍長	余必先	二七	貴州三合	二月二十一日	同右
		梁耀	二二	廣西蒙山	同右	同右
	上等兵槍兵	楊樹田	二二	河南	二月二十九日	金家木橋
		王新安	二二	河南汝陽	二月二十一日	廟行
		羅克明	二二	湖南岳陽	同右	同右
		喻俊超	一九	湖南寧鄉	同右	同右
		張海華	二八	河南許昌	同右	同右

		杜永山	二一	河南信陽	二月二十一日	廟行	
		張玉春	二二	山東曹縣	二月二十日	同右	
		屈芳玉	二五	河南信陽	二月二十二日	同右	
		劉光富	二九	河南商邱	同右	同右	
		吳維兩					
	一等兵槍兵	張保桂	二八	浙江臨海	二月二十二日	廟行	
		胡兆材	二四	河南鄭縣	二月二十一日	同右	
		樓青	二三	湖南長沙	同右	同右	
		葉金生	二〇	浙江永嘉	同右	同右	
		張記昌	二〇	浙江紹興	同右	同右	
		張義喜	二四	江蘇武進	同右	同右	
第十連	上等兵砲兵	國棟林	二二	河南漯河	同右	同右	
		李澤林	二四	湖南寧鄉	同右	同右	
	一等兵砲兵	李通湖	二〇	江西贛縣	同右	同右	
		葉松生	一九	湖北羅田	同右	同右	

第二營第十二連	一等兵	砲兵	丁奎勝	一九	江蘇銅山	二月二十二日	廟行
			鍾玉山	一八	山東滋縣	同	右同右
	二等兵	砲兵	王兆喜	二四	安徽蒙城	同	右同右
			郭伯玉	二二	湖南岳陽	同	右同右
			祝東貴	二一	安徽壽縣	同	右同右
			葉錦奎	二七	浙江桐盧	三月一日	金家木橋
			劉世德	二八	江蘇崐山	同	右同右
	二等兵	列兵	陳玉廷	二四	四川重慶	二月二十二日	廟行
			王福祥	二〇	江蘇江都	同	右同右
			陳三寶	一九	江蘇上海	同	右同右
			王自強			同	右同右
			周炳生			同	右同右
			張得勝			同	右同右
第三營第十一連	上等兵	列兵	沈桂祥	三五	安徽滁縣	同	右周巷
	一等兵	列兵	夏本初	三一	安徽宿縣	同	右同右

		王長年	三〇	浙江杭縣	二月二十二日	周巷
		吳金勝	三三	河南商邱	同右	同右
		方榮春	二九	江蘇淮陽	同右	同右
		李得炳	二〇	河南商城	同右	同右
第十二連	上士 半排長	龔文雄	二五	湖南岳陽	二月二十一日	廟行
	上士 班長	方求林	二一	湖南平江	二月二十二日	同右
	中士 班長	魏海清	二八	湖南湘鄉	同右	同右
		謝玉林	二三	同右	同右	同右
	下士 班長	秦立才	二七	安徽鳳陽	二月二十一日	同右
	上等兵 列兵	胡海山	二九	安徽合肥	同右	同右
		唐爲志	二五	安徽壽縣	同右	同右
		蔡永才	二四	江西	二月二十二日	同右
		謝桂雲	二六	湖南耒陽	同右	同右
		葉巨生			同右	同右
	一等兵 傳令兵	孫玉峯	一九	山東	同右	同右

第三營第十二連	一等兵	列兵	俞竹林	二二	湖南長沙	二月二十二日	廟行
			徐寶生	二〇	安徽懷遠	二月二十一日	同右
			陸浩然	二九	浙江紹興	同右	同右
			李子明	三一	廣西麻平	二月二十二日	同右
	二等兵	列兵	范慶田	二〇	江蘇南通	同右	同右
			孫兆康	二〇	浙江蕭山	同右	同右
第十三連	上士	半排長	蕭官光	二四	江西吉安	二月二十一日	同右
	中士	班長	尋記	二二	湖南瀏陽	二月二十二日	同右
			朱世龍	二〇	湖南穀水	同右	同右
			周長柏	二四	湖南德安	同右	同右
			彭順	二四	湖南衡山	二月二十一日	同右
	下士	班長	賀春林	二〇	湖南郴州	同右	同右
	下士	司號	張明清	一九	貴州玉平	二月二十二日	同右
	上等兵	司號	袁炳榮	二〇	江蘇	三月十日	紅十字院
		列兵	丁繼龍	二一	湖南零陵	二月二十一日	廟行

		宋世祿	二一	湖南耒陽	二月二十二日	廟行	
		王春田	二六	安徽蒙城	同右	同右	
		畢有才	二九	安徽合肥	同右	同右	
		尹朝林	一九	湖南耒陽	同右	同右	
		涂來雲	二一	廣東平遠	同右	同右	
		梁逃卿	二七	湖南辰州	同右	同右	
		張同林	二三	江蘇泰興	同右	同右	
		李學良	二八	安徽宿縣	同右	同右	
		高光林			同右	同右	
		沈定章	二五	浙江嘉興	同右	同右	
		蔣青山	二六	湖南東安	同右	同右	
		錢隆德			同右	同右	
一等兵	列兵	陳英	二三	浙江海寧	同右	同右	
		陳漢林	二四	湖南寶慶	同右	同右	
		劉雨華	一九	安徽休寧	二月二十一日	同右	

第三營第十三連	一等兵	列兵	呂春華	二一	湖南湘鄉	二月二十一日	廟行
			郭大生	二五	湖南瀏陽	同右	同右
			劉玉清	三一	湖南寶慶	二月二十二日	同右
			何亮春	三〇	江西遂川	同右	同右
			覃在清	二五	浙江永嘉	同右	同右
			巫仁興	二四	湖南安化	同右	同右
			夏潤	二〇	浙江餘姚	同右	同右
			左廣才	二一	安徽宿縣	同右	同右
			王貴慶	二〇	浙江永康	同右	同右
			朱魁	二〇	湖南湘鄉	同右	同右
			孔繫惠	二九	浙江永嘉	同右	同右
	二等兵	列兵	葛子祥	二二		同右	同右
			梁長生	一九	江蘇江寧	二月二十一日	同右
			楊炳生	二四	湖南寶慶	同右	同右
			張通松	二四	浙江涂姚	二月二十二日	同右

			徐金雲	二四	安徽亳縣	二月二十二日	廟行
			李本堂	二四	同右	同右	同右
			王老四	二二	浙江杭縣	同右	同右
			劉得山	二五	江蘇泗水	同右	同右
			周學倉	一八	浙江	同右	同右
第十四連	下士	預備槍長	宋雲林	二七	湖南祁陽	同右	同右
	下士	列兵	涂仁富	二〇	湖北京山	同右	同右
	上等兵	列兵	王阿九	二二	浙江鄞縣	同右	同右
			李廷芳	二七	江蘇東台	同右	同右
	上等兵	預備兵	汪起山	二六	湖北鄂城	二月二十一日	同右
			杜金山	一九	河南商邱	同右	同右
			馮開山	二一	安徽阜陽	同右	同右
			張定凱	一八	安徽無為	二月二十二日	同右
	一等兵	列兵	葉巨生	二八	浙江天台	同右	同右
			陳明安		浙江鄞縣	二月二十一日	同右

第三營第十四連	一等兵	列兵	黃少卿	二六	安徽蕪湖	二月二十二日	廟行
			吳雲臣			同右	同右
			陳德榮	二二	浙江永嘉	同右	同右
			顧寶福	二八	浙江桐鄉	同右	同右
榴彈砲連	一等兵	砲兵	江良海	二八	安徽	二月二十一日	同右
通信連	中士	班長	周春光	二七	湖北大冶	同右	同右
			朱玉球	二二	浙江義烏	二月二十三日	同右
	上等兵	通信兵	于得寬	二四	江蘇沛縣	同右	同右
	二等兵	通信兵	巢根林			二月二十一日	同右
衛生隊			楊在勝	二二	安徽	二月二十七日	上海第八醫院
合計			二〇三八				

陸軍第八十八師步兵第二六四旅第五二七團淞滬抗日陣亡烈士姓名簡册

部別	階級	職別	姓名	年齡	籍貫	陣亡日期	陣亡地點	備攷
第二六四旅旅司令部	中士	勤務兵	錢昌君	二七	浙江嵊縣	二月二十二日	竹園墩	
第五二七團團本部	上士	傳令軍士	趙玉民	三一	河北北平	三月一日	唐東宅	
			胡正相			同右	同右	
	上等兵	傳令兵	周子良	二一	浙江金華	二月二十一日	沈家溝	
第一營第一連	上士	半排長	新略	二四	浙江諸暨	同右	麥家宅前	
	中士	班長	曹文斗	二五	江西湖口	同右	同右	
			包順星	二一	浙江寧海	同右	同右	
			蔣伯雲	二二	浙江壽昌	同右	同右	
			周性貴	二七	浙江江山	同右	同右	
			楊啓志	二六	浙江仙居	同右	同右	
			梁伯增	二七	浙江新昌	同右	同右	
	下士	班長	劉金木	二四	江西九江	二月二十二日	同右	
			易祺	二三	湖南長沙	同右	同右	

第一營
第一連

下士班長	王維良	二二	安徽六合	二月二十二日	麥家宅前
	俞相生	三三	浙江新昌	同	右 同 右
	林文祥	二三	浙江黃岩	同	右 同 右
	呂岳才	二一	浙江新昌	同	右 同 右
上等兵列兵	侯德來	二二	湖北樊城	同	右 同 右
	蔡其元	二二	浙江永嘉	同	右 同 右
	梁義			同	右 同 右
	盧偉	二一	浙江永嘉	同	右 同 右
	陳世寶	三三	浙江麗水	同	右 同 右
	王國章	二四	浙江嵊縣	同	右 同 右
	賀水明	二四	江西永興	同	右 同 右
	楊如士	二一	浙江臨海	同	右 同 右
	江東發	二一	浙江江山	同	右 同 右
	伊作餘	二〇	浙江湯溪	同	右 同 右
	唐桂	二二	浙江金華	同	右 同 右

		方逸民	二五	上海	同	二月二十二日	麥家宅前
		徐棲嶺	二五	浙江	同	右同	右
		余東有	二六	浙江龍游	同	右同	右
		詹蓮	二一	浙江松陽	同	右同	右
		支風	二六	浙江鄞縣	同	右同	右
		陳邦將	二七	浙江臨海	同	右同	右
		吳俊傑	二七	浙江	同	右同	右
		屠財發	二六	浙江鄞縣	同	右同	右
一等兵	列兵	王金福	二七	河北薊縣	同	右同	右
		劉桂才	二七	湖南耒陽	同	右同	右
		朱紹勝	二二	江蘇銅山	同	右同	右
		呂兆文	二七	浙江東陽	同	右同	右
		陳壽升	二七	浙江瑞安	同	右同	右
		鄭培坤	二六	浙江龍游	同	右同	右
		戴銀生	二三	湖北宜都	同	右同	右

第一營第一連	一等兵	王根興	二七	浙江奉化	二月二十二日	麥家宅前
	列兵	王聖海	二六	浙江臨海	同右	同右
		周紹勝	二七	江蘇銅山	同右	同右
		蔣志文	二六	浙江東陽	同右	同右
		楊天誠	二〇	江西九江	同右	同右
		毛宣惠	二三	江西玉山	同右	同右
		繆炳公	一八	福建浦城	同右	同右
		王惠長	二一	浙江永康	同右	同右
		陳紀葱	一九	浙江溫嶺	同右	同右
		張強	二三	湖南長沙	同右	同右
		姜金英	二五	福建浦城	同右	同右
		任紀生	二四	江西豐城	同右	同右
		江林源	一九	江西河口	同右	同右
		朱有信	二三	浙江臨海	同右	同右
		王再陸	一八	江蘇泰興	同右	同右

			張友國	一八	同右	同	右	同	右	
			吳自強	二七	湖南湘陰	同	右	同	右	
	一等兵	列兵	楊遇春	二三	湖南長沙	同	右	同	右	
			樓進山	二六	浙江永康	同	右	同	右	
			黃庭選	二八	安徽阜陽	同	右	同	右	
			楊樹清	二八	貴州彭城	同	右	同	右	
			王阿龍	二八	江蘇銅山	同	右	同	右	
			章萬能	二六	安徽宿遷	同	右	同	右	
			張裕泰	二三	山東維縣	同	右	同	右	
			張浩然	二五	江蘇銅山	同	右	同	右	
			王壽根	二一	江蘇溧陽	同	右	同	右	
			劉金山	二四	浙江衢縣	同	右	同	右	
			陳茂福	一九	浙江永嘉	同	右	同	右	
			劉三道	二〇	河南開封	同	右	同	右	
			崔太山	一八	江蘇丹陽	同	右	同	右	

第一營第一連	二等兵	列兵	王文德	二三	河南開封	二月二十二日	麥家宅前
			唐國興	二七	浙江蘭溪	同右	同右
			梁仲明	二一	廣東番禺	同右	同右
			汪元攝	二四	浙江遂安	同右	同右
			周經文	二六	浙江儀徵	同右	同右
			孫緒成	一九	浙江	同右	同右
			郭正山	二四	河南洛邑	同右	同右
			杜盛昌	二八	浙江諸暨	同右	同右
			周中信			同右	同右
			李金標			同右	同右
			楊鏘烈			同右	同右
			李金寶			同右	同右
			王茂生			同右	同右
			錢毛蕙			同右	同右
			朱金仙			同右	同右

	王文元		同	同右	同右
	王耀庭	一九	安徽	同右	同右
	楊有萬		同	同右	同右
	呂楨		同	同右	同右
	潘應庭	二〇	江蘇崐山	同右	同右
第二連中士班長	徐志星	二八	浙江永嘉	同右	同右
	駱得標	三〇	浙江諸暨	同右	同右
下士司號	張子雲	二一	山東武城	同右	同右
	李顯岱	三〇	浙江臨海	同右	同右
	王彪	二五	河北鑾城	同右	同右
上等兵列兵	李春發	二五	浙江永康	同右	同右
	陳明理	二三	浙江杭縣	同右	同右
	鄭阿順	一九	浙江永康	同右	同右
	徐家聲	二五		三月三日	紅十字第二院
	丁運龍	二四	安徽宿松	二月二十二日	麥家宅前

第一營第二連	上等兵	列兵	李芳清	二一	江西玉山	二月二十二日	麥家宅前
			趙懷林	二二	江蘇銅山	同	右同	右
			史產根	二四	浙江嵊縣	同	右同	右
			王子明	三〇	江蘇鹽城	同	右同	右
			周兆樑	二七	江蘇丹徒	同	右同	右
			王得彬	二一	江蘇寧興	同	右同	右
			徐增龍	二七	浙江江山	同	右同	右
			劉文彬	二八	河北大名	同	右同	右
	一等兵	列兵	劉本林	二九	江蘇銅山	同	右同	右
			李玉堂	二六	湖北孝感	同	右同	右
			張阿新	二一	浙江紹興	同	右同	右
			虞孝梯	一七	安徽合肥	同	右同	右
			胡道華	一八	浙江永嘉	同	右同	右
			張得標	二三	浙江紹興	同	右同	右
			周雲	二三	江西	同	右同	右

蔡信暖	二〇	浙江臨海	同	右	同	右
陳國屏	二五	浙江永嘉	同	右	同	右
陳國珍	二〇	江蘇銅山	同	右	同	右
胡長春	二九	江西九江	同	右	同	右
王衍慶	一八	湖北黄陂	同	右	同	右
譚少和	二〇	湖南湘鄉	同	右	同	右
楊景春	二一	江蘇銅山	同	右	同	右
姜福生	二六	山東	同	右	同	右
宋子清	二七	湖南	同	右	同	右
張懷勝	二七	安徽蚌埠	同	右	同	右
郭雲才	二五	安徽懷遠	同	右	同	右
李小山	一七	江蘇銅山	同	右	同	右
程福南	一九	湖北夏口	同	右	同	右
李永清	二五	安徽懷遠	同	右	同	右
章志忠	二五	浙江蘭溪	同	右	同	右

第一營第二連	二等兵	陳以賓	二〇	安徽合肥	二月二十二日	麥家前宅
	列	邵正秋	二六	江蘇武進	同	右同右
	兵	王阿大	二四	江蘇江陰	同	右同右
		鍾金林	二〇	江蘇銅山	同	右同右
		林九香	一九	福建	同	右同右
		孫留羣	二〇	河南信陽	同	右同右
		蔡春槐	二六	安徽鳳陽	同	右同右
		趙玉林	一八	山東滕縣	同	右同右
		張芝雲			同	右同右
		周忠良			同	右同右
		陳國榮			同	右江灣
		錢少鋒			同	右同右
		李漢云			同	右同右
		譚新南			同	右同右
		單龍			同	右同右

			冷文邦	一		同右	同右
第三連	中士	班長	萬德勝	二三	浙江浦江	同右	同右
	下士	班長	滕志雲	二五	浙江金華	同右	同右
			蔡梅新	二六	浙江黃岩	同右	同右
	上等兵	列兵	張衛清	二一	浙江蕭山	同右	同右
			盧應根	二八	湖南東安	同右	同右
			孔坤	二一	湖南瀏陽	同右	同右
			李漢清	二四	浙江溫嶺	同右	同右
			周小錢			三月六日	紅十字總院
			吳永章	二一	浙江衢縣	二月二十二日	麥家宅
			楊春	一九	江蘇江都	同右	同右
			王秀福	二〇	浙江瑞海	同右	同右
			王夏茂	一九	浙江溫嶺	同右	同右
			王如慶	二二	浙江鄞縣	同右	同右
			張得清	二〇	浙江浦江	同右	同右

第一營第三連	上等兵 列兵	周德高	一九	江西玉山	二月二十二日	麥家宅	
		彭善貴	二二	湖南永興	同	右同	右
		陳國香	二三	浙江	同	右同	右
		吳世許	一六	浙江浦江	同	右同	右
		鄭堅雄	一八	浙江永嘉	同	右同	右
		譚立標	二八	廣東高利	同	右同	右
		洪明德	二一	浙江平湯	同	右同	右
		王樹洪	二六	江西夔豐	同	右同	右
		載宣利	二三	安徽	同	右同	右
	二等兵 列兵	馬保成	三二	浙江永嘉	同	右同	右
		徐周魯	二〇	江蘇無錫	同	右同	右
		李瑞生	二一	浙江鄞縣	同	右同	右
		陳加麟	二四	河南開封	同	右同	右
		江忠	二八	安徽休寧	同	右同	右
		孫景和	一八	江蘇宿遷	同	右同	右

			張志祥	二〇	廣東沙河	二月二十二日	麥家宅
			陳明青	二七	浙江山陰	同右	同右
			盧金昌	二二	浙江東陽	同右	同右
			葉賀彬	二五	浙江杭縣	同右	同右
			看得勝	二二	浙江紹興	同右	同右
	一等兵	担架兵	彭得清	二五	江西南昌	同右	同右
第四連	中士	槍長	張連俊	二六	山東歷城	同右	廟行
	上等兵	傳令兵	莫新雲	二〇	江西大庾	同右	同右
	上等兵	列兵	徐文章	二三	浙江永嘉	同右	同右
			金鑑斌	二五	浙江臨海	河右	同右
			黃子良	二〇	浙江浦江	同右	同右
			謝廷彬			同右	同右
			謝用宏	一九	浙江蘭溪	同右	同右
			周鳳龍	一八	江西廣豐	同右	同右
			丁秀標	二一	浙江寧海	同右	同右

第一營第四連	上等兵列兵	柏世華	二〇	安徽涇縣	二月二十二日	廟行
		朱金魁	二四	江蘇南通	同右	同右
		劉發善	二二	江西玉山	同右	同右
		黃子江	一九	浙江浦江	同同	同右
		葛亭貴	二一	浙江鎮海	同右	同右
		周利生	二一	江西玉山	同右	同右
	一等兵列兵	張上達	二六	浙江東陽	同右	同右
		黃西全	二八	安徽蒙城	同右	同右
		傅錦榮	一八	浙江浦江	同右	同右
		沈本然	三一	浙江鄞縣	同右	同右
		李國法			同右	同右
		施順富	一九	浙江壽昌	同右	同右
		朱子容	二四	浙江衢縣	同右	同右
		張文德			同右	同右
第二營第六連	下士給養軍士	祝占林	二三	江西鉛山	二月二十日	金家木橋

	上等兵	列兵	厲阿炳	二五	浙江鄞縣	二月二十日	金家木橋
	一等兵	列兵	李迪生	三〇	浙江紹興	二月二十二日	同右
	一等兵	給養兵	李才源	二三	安徽合肥	同右	同右
			劉照春	三〇	江蘇銅山	同右	同右
			高福才	二六	浙江鄞縣	同右	同右
	二等兵	列兵	王阿定	二二	河南歸德	同右	同右
			龔宰表	一九	浙江嘉興	同右	同右
			王標	二三	浙江新昌	同右	同右
			高桂	二四	南京	同右	同右
第七連	中士	班長	岳阿亭	二五	浙江鎮海	同右	同右
	下士	班長	張紀元	二八	浙江永康	同右	同右
	上等兵	列兵	江得勝	三〇	浙江吳興	同右	同右
			文玉祥	二六	湖南寧鄉	同右	同右
			李仁龍			同右	同右
	一等兵	列兵	陶起瑞	一六	江蘇吳縣	同右	大場

第二營第七連	一等兵	列兵	劉明飛	二八	浙江衢縣	二月二十二日	金家木橋
			陳靖美			同	右同右
			李洪生	二四	上海	同	右同右
	二等兵	列兵	張華英	二一	安徽阜陽	同	右同右
			趙世良	一七	同右	同	右同右
第八連	上等兵	列兵	胡正祥	二二	四川	同	右竹園墩
			余偉	二二	江蘇丹徒	同	右同右
			黃國良	一九	浙江浦江	同	右同右
	二等兵	列兵	張連才	二七	安徽	同	右同右
			李君臣	二五	河北保定	同	右同右
			滕均山	二七	江西湖口	同	右同右
第九連	上等兵	兵	胡立新	二三	浙江東陽		
	一等兵	列兵	張工明	二二	江蘇銅山	二月二十二日	金家塘
	二等兵	列兵	張興倫	一五	山東東平	同	右同右
第十連	上等兵	砲兵	黃明生	二四	江西萍鄉		

		王志烈	二五	浙江諸暨	二月二十八日	塘東宅
		蔡森法	二一	同右	同右	同右
	二等兵 砲兵	徐奎	二五	浙江	二月二十九日	同右
		史永長	二四	安徽		
第三營營本部	上等兵 傳令兵	吳祥生	二四	江蘇武進	二月二十二日	竹園墩
第十一連	上士 半排長	韋支林	二三	廣西修仁	二月二十日	同右
	下士 班長	章繼林	二一	安徽歙縣	二月二十二日	同右
		蔣志文	二七	浙江義烏	同右	同右
		吳興發			同右	同右
		胡德良	二九	浙江象山	同右	同右
		李何黄	二一	浙江永嘉	同右	同右
		姜省	二一	浙江江山	同右	同右
		燕家模	二三	浙江於潛	同右	同右
		管振清	一八	安徽亳縣	同右	同右
		潘才水	二五	浙江新昌	同右	同右

第三營第十一連	一等兵	列兵	紀懷清	二四	浙江紹興	二月二十二日	竹園墩
			翟尚賢	一九	安徽泗縣	同右	同右
			周阿毛	二九	浙江鄞縣	同右	同右
			田吉生	二五	江蘇	同右	同右
	二等兵	列兵	蕭得標	二七	江蘇銅山	同右	同右
			盧萬根	二〇	浙江縉雲	同右	同右
第十二連	上士	班長	董連發		南京		
	下士	班長	盧梓威	二三	浙江黃岩	二月二十一日	孟家宅
			王兆民	二三	浙江金華	同右	同右
			倪炳生	二三	浙江杭縣	二月二十日	同右
			徐祖福	二二	浙江永嘉	同右	同右
	上等兵	列兵	葉良團	二四	浙江鄞縣	同右	同右
			陳金標	二一	浙江臨海	二月二十二日	同右
			丁化堯	二二	浙江新昌	同右	同右
	一等兵	列兵	康成	二八	山東東昌	同右	紅廟

	二等兵	列兵	張阿根	二七	江蘇吳縣	同右	同右
	二等兵	列兵	馬如夫	二七	江蘇宿遷	同右	孟家宅
第十三連	上士	半排長	王雲龍	二九	浙江新昌	同右	小孟家宅
	中士	班長	周景賢	二〇	江西萬載		
	上等兵	列兵	王秀章		山東曹縣		
			黃世泉	二九	江西玉山	三月一日	塘東宅
			郭海經	三一	湖南寧鄉	二月二十二日	小孟家宅
	一等兵	列兵	左叔良	一六	江蘇鎮江	同右	同右
			王右生				
	一等兵	給養兵	孫廣先	三〇	山東曹縣		
	二等兵	列兵	賀鈞	二五	湖南醴陵	三月一日	塘東宅
			程安春				
			周理生	二一	浙江諸暨	二月二十二日	小孟家宅
			姜宗立	二〇	浙江	同右	同右
			杜青山			同右	同右

第三營第十三連	二等兵	列兵	張佐廷	二一	浙江臨海	二月二十二日	小孟家宅
第十四連	中士	槍長	藍文昭	二〇	江蘇句容	同右	竹園墩
	一等兵	列兵	王陸錫	二五	江西	同右	同右
			呂健海			同右	同右
			趙興泉	一七	江蘇銅山	同右	同右
	二等兵	列兵	毛延年	二二	河南信陽	同右	同右
			朱星民	二一	浙江紹興	同右	同右
			楊福青	三二	廣東		上海廣慈醫院
			留雲標	二五	浙江		紅卍字會第二院
第十五連	上士	砲車長	石得勝	二〇	湖南沅陵		隨十九路軍防空陣亡
	一等兵	砲兵	薛志清	二二	河南安陽		同右
			鄭先發	二七	安徽		同右
	二等兵	砲兵	梁學欽	二五	河南商邱		同右
			邵玉成	二五	上海		同右
榴彈砲連	一等兵	馭兵	王德發	二三	安徽靈璧	三月二日	嘉定東門外

通信連	上士文書	劉以德	二六	湖南攸縣	三月一日	王家衖	
	中士軍需	羅毅	二五	湖南湘鄉	同右	同右	
	下士傳令兵	曹得勝	一八	江蘇南通	同右	同右	
	下士列兵	朱亨雲	一八	江蘇沛縣	同右	同右	
		高武	二五	安徽霍山	同右	同右	
	上等兵列兵	張成祥	二四	江西廣信	同右	同右	
		馬長春	一八	湖南湘鄉	同右	同右	
		蔡永青	二二	湖南益陽	同右	同右	
		徐成美	二九	江西廣平	同右	同右	
		朱春林			二月二十一日	沈家溝	
		劉祥	二八	湖南新化	二月二十九日	王家衖	
		包時華	二六	湖南唐縣	三月一日	同右	
	一等兵列兵	王曰仁	一九	浙江諸暨	同右	同右	
		朱寶林	一七	浙江常山	同右	同右	
		李昌宗			同右	同右	

第三營通信連	一等兵 列兵	唐金來	二一	江西高安	三月一日	王家街
		莫忠	二四	廣東靈山	同	右同右
		王雲	二一	安徽鳳陽	同	右同右
		周仁和	二〇	浙江平湖	同	右同右
衛生隊	二等兵 担架兵	丁道斌			同	右金家木橋
		兪耀炳	二〇	浙江杭縣	同	右同右
		袁錫章				
		劉德勝				
		張寶祥				
合計		三二八				

陸軍第八十八師步兵第二六四旅第五二八團淞滬抗日陣亡烈士姓名簡册

部別	階級	職別	姓名	年齡	籍貫	陣亡日期	陣亡地點	備攷
第一營第一連	中士	班長	劉福祥	三五	河南光山	三月一日	韓家宅橋	
	上等兵	列兵	劉壽忠	一九	浙江鄞縣	同右	同右	
			徐兆謨	二二	江蘇清江	同右	同右	
			傅文卿	二四	浙江鄞縣	同右	同右	
			方玉麟	二三	浙江杭縣	同右	同右	
			周長林	二五	安徽滁縣	同右	同右	
			劉金堂			同右	同右	
			劉江聲			同右	韓家橋	
	一等兵	列兵	廖連生	二〇	湖南瀏陽	同右	同右	
第二連	上等兵	司號	劉金炳	二一	山東濟南	二月二十二日	塘東宅前	
	上等兵	列兵	符金富	二九	浙江江山	同右	同右	
			呂中林	二五	雲南蒙自	同右	同右	
			陳國瑞	二三	浙江桐盧	同右	同右	

第一營第二連	一等兵	列兵	郭忠善	一九	湖南		天主堂第二十二院
			蔡永奎	二〇	江蘇	三月十三日	紅十字總院
			陳邦榮				天主堂街第廿二院
	二等兵	列兵	范宗良	二七	浙江紹興		紅十字總院
			趙生福	二五	浙江天台		同右
			王賢清	二五	浙江長興	二月二十二日	塘東宅前
			項魁			同右	同右
			蔡永奎	二〇	江蘇青浦	同右	同右
			劉清法	二一	江蘇宿縣	同右	同右
			馬兆紅	二四	安徽滁縣	二月二十九日	唐東宅
	二等兵	給養兵	李洪斌	二六	山東德州	同右	同右
第三連	上士	半排長	張季標	二五	湖南寶慶	二月二十二日	塘東宅前
	中士	班長	潘漢南	二八	湖南長沙	同右	塘東宅西
	一等兵	列兵	吳廣榮			同右	同右
			張得勝	二七	河南商邱	同右	同右

第一營第三連	一等兵	列兵	楊華			二月二十二日	塘東宅西	
	二等兵	列兵	白宗才	二〇	安徽亳州	三月一日	李家庫	
			高世合	二〇	河南	二月二十二日	塘東宅前	
			劉岷嵛	二三	江蘇銅山	同右	同右	
			薛道義	二四	同右	同右	同右	
			陳守生	二一	河南	同右	同右	
			張存聲	二五	河南商邱	同右	同右	
第四連	一等兵	列兵	陳義	二四	浙江金華	同右	談家宅	
			楊鑄	二四	浙江浦江	同右	同右	
	二等兵	列兵	李唐發	二四	浙江縉雲	同右	同右	
			伍文濤			同右	同右	
第二營第六連	上士	班長	黃玉廷	二九	廣東羅定	同右	廟行	
	中士	班長	呂廉初	二七	廣東博羅	同右	同右	
			鍾炳南	二九	廣東合浦	同右	同右	
	下士	列兵	吳祥昌			同右	同右	

第二營第六連	上等兵列兵	黃洪標	二六	浙江永嘉	二月二十二日	廟行
		張志和	一九	江蘇銅山	同右	同右
		張阿苟	二六	浙江鄞縣	同右	同右
		潘德	二三	湖北漢口	同右	同右
		唐振華	二五	廣西桂林	同右	同右
		陳五三			二月二十八日	紅十字第二十二院
		張玉卿	二一	湖南常德	二月二十二日	廟行
		方榮慶	三〇	浙江臨海	同右	同右
		趙仲達	二七	上海	二月二十七日	唐東宅
	一等兵列兵	吳英才	三〇	浙江臨海	同右	同右
		馮長法	二一	同右	同右	同右
		李鵬	二二	安徽宣城	二月二十二日	廟行
		霍世九	二二	廣東順德	同右	同右
		賀壽南	三六	湖南衡陽	同右	同右
		李攸蓀	二九	江蘇南通	同右	同右

			崔談明	二七	湖北	二月二十二日	廟行
			趙家平	二五	江蘇東海	同	右同右
			楊明清	三〇	湖南零陵	同	右同右
	二等兵	列兵	李兆江	二六	安徽鳳陽	二月二十八日	塘東宅
			周大山	一八	江蘇銅山	二月二十九日	同右
			朱延章	二六	山東滋陽	同	右同右
			陳阿根	二六	浙江鄞縣	三月一日	同右
			李永寬	一九	安徽六合	二月二十二日	廟行
			朱金樑	二一	浙江嘉興	同	右同右
			姬雖海	二四	山東曹縣	同	右同右
			何再興	二八	江蘇銅山	同	右同右
			唐金保	二六	江蘇無錫	同	右同右
			姜阿利	二一	浙江鄞縣	同	右同右
			葉道中	二七	江蘇崐山	同	右同右
			王善裕	二二	山東滋陽	同	右同右

第二營第六連	二等兵	列兵	岳忠明	二三	安徽滁縣	二月二十二日	廟行
			李生源	二〇	江蘇丹陽	同右	同右
			饒子清	二三	浙江天台	同右	同右
			張明信	二一	安徽宿縣	同右	同右
			黃中	二〇	四川萬縣	同右	同右
			李彥生	二三	江蘇銅山	同右	同右
			李士寬	二〇	安徽桐城	同右	同右
			何興平	二〇	安徽宿縣	同右	同右
			朱雲斌	二三	浙江永康	同右	同右
			邱汝存	一九	安徽太和	同右	同右
			秦宏成	二六	湖北應山	同右	同右
			李斌文	二一	江蘇吳縣	同右	同右
			蔣兆晏	二七	安徽亳縣	同右	同右
			邊學盛	二五	江蘇泗陽	同右	同右
			胡星祥	二六	浙江永康	同右	同右

	—	張國俊	二五	河南鄭縣	二月二十二日	廟行
	—	張順然	二五	同右	同右	同右
第二營第六連	一等兵傳令兵	許英華	二七	浙江金華	同右	同右
	二等兵列兵	雷鳳雲	二四	河南開封	同右	同右
	—	胡少卿	二五	湖北黃陂	同右	同右
	—	姚名房	一九	江蘇銅山	同右	同右
	—	王二旺	一九	同右	同右	同右
	—	邵玉堂	一九	安徽宿縣	同右	同右
	—	白懷賓	一九	安徽蒙城	同右	同右
	—	胡鳳田	二四	安徽阜陽	同右	同右
	—	汪金生			同右	同右
	—	邵長喜	一九	山東濰縣	同右	同右
	—	劉少卿	二九	湖南寶慶	同右	同右
	—	朱金標	二三	江蘇銅山	同右	同右
	—	張文斌	一九	安徽亳縣	同右	同右

第二營第六連	二等兵列兵	楊七金	三一	浙江臨海	二月二十二日	廟行
第七連	中士班長	周義順	三〇	湖南寶慶	同	右同右
	上士班長	朱根深	二四	江蘇常熟	二月二十九日	塘東宅
	上等兵列兵	王正武	二七	貴州普安	二月二十二日	廟行
第八連	二等兵列兵	吳四海	二一	安徽宿縣	同	右同右
第九連	下士列兵	唐恆	二三	湖南祁陽	同	右周巷
	上等兵列兵	陳勝初	二三	貴州遵義	同	右同右
	一等兵列兵	吳子林	二〇	浙江吳興	同	右同右
		伍文明	二三	湖南零陵	同	右同右
		馬鳳舉	二八	河南淮陽	同	右廟行
		蕭明揚	二三	山東寧陽	同	右同右
		高得奎	二六	安徽太和	同	右同右
		李昌龍	二九	安徽滁縣	同	右周巷
第三營第十一連	上士砲車長	成槐州	二一	湖南	二月二十六日	紅十字總院
	中士班長	召學新	一九	江西萬安	二月二十二日	楊煥橋

下士班長	何亮				同右
	葉巨生				
	陳士舜	二五	浙江臨海		
	謝桂雲				
上等兵傳令兵	吳顯華				
	王連春	二八	安徽	二月二十四日	上海醫院
	江錫金	二九	廣東	二月二十三日	廣慈醫院
上等兵列兵	劉維清				
	許存禮	二〇	山東肥城		楊煥橋
一等兵列兵	徐大乾	二四	浙江鄞縣		同右
二等兵砲兵	呂坤元			二月二十六日	紅十字總院
	周君如			同右	同右
二等兵列兵	王會芝	二八	安徽蕪湖	二月二十二日	楊煥橋
	周成福	二〇	浙江	同右	同右
	高學正	二七	河南	同右	同右

第三營第十一連	二等兵	列兵	張洪賓	三二	山東		紅十字總院
第十二連	中士	班長	施祥林	二五	上海	二月二十二日	楊煥橋
			袁松華	二一	湖南武岡	同右	同右
	上等兵	列兵	李振標	二七	安徽阜陽	同右	同右
			張序錢	一九	浙江浦江	同右	同右
			黃石	三四	廣東新興	同右	同右
			來德勝	二〇	安徽	二月二十四日	上海醫院
			王根興	三八	浙江	同右	紅十字總院
	一等兵	列兵	劉敬光	二二	湖南	三月五日	同右
			史永長	二四	安徽	二月二十四日	廣慈醫院
			張新甫	三四	湖南零陵	二月二十二日	楊煥橋
	二等兵	列兵	胡國良	二四	江西九江	同右	同右
			吳新智	二三	江西丹徒	同右	同右
第十三連	中士	班長	范長友	二四	河北河間	同右	楊煥橋附近
			程德禎	二三	湖北蒲圻	同右	同右

		吳承晃	二〇	山東濟寧	二月二十二日	楊煥橋附近
	下士班長	牟棟權	二〇	四川合江	同右	同右
	下士列兵	王永順	二四	浙江義烏	同右	同右
		白仁華	一八	河南開封	同右	同右
		厲見友	一八	江蘇銅山	同右	同右
		楊玉山	二五	安徽合肥	同右	同右
		陳阿友	一九	浙江臨海	同右	同右
		盛國榮	二五	浙江臨海	同右	同右
		潘宜君	二五	江蘇銅山	同右	同右
		李瑞松	二三	上海	同右	同右
		陳文德	二六	浙江永康	同右	同右
		蔡桂生	二五	湖南新化	同右	同右
		王開江	二二	河南考城	同右	同右
		潘福根	二一	浙江建德	同右	同右
第十三連	下士列兵	吳照林	二〇	江蘇邳縣	同右	同右

第三營第十三連	下士班長	潘得田	二五	浙江麗水	二月二十二日	楊煥橋附近
		趙相法	二四	河南考城	同右	同右
		蕭遠江	二五	湖南祁陽	同右	同右
		舒貴行				
第十四連	上等兵列兵	余德龍	二五	浙江開化	二月二十二日	廟行鎮附近
		汪國亮	二四	浙江開化	同右	同右
		楊書南	二五	安徽巢縣	同右	同右
	二等兵列兵	王翌舟	二〇	江蘇江都	同右	同右
		盧紹	二六	廣東南海	同右	同右
		闞耀宗	一八	浙江麗水	同右	同右
		李友貴	一八	安徽當塗	同右	同右
		李楷				
		吳冠軍				
		周誠				
合計		一七七八				

陸軍第八十八師

淞滬抗日陣亡官兵統計比較表

浩氣長存

部別 \ 區分	人員數			百分比
	官佐	士兵	共計	
師司令部	2		2	.18
工兵營	2	8	10	.90
衛生隊		2	2	.18
幹部教育總隊		15	15	1.34
五二三團	14	327	341	30.45
五二四團	10	203	213	19.02
二六四旅部	0	1	1	.09
五二七團	22	321	343	30.63
五二八團	16	177	193	17.21
總計	66	1054	1120	100.000

上海抗战与世界反法西斯战争系列丛书

淞沪

淞沪抗战史料丛书续编 III

第十四辑

瞻回东战场 | 长江 罗平 著 长江 主编

第一击 | 亦门 著 胡风 编

上海科学技术文献出版社
Shanghai Scientific and Technological Literature Press

“上海抗战与世界反法西斯战争”系列丛书总序

徐　麟

伟大的中国抗日战争，是近代中国人民反对帝国主义侵略并且取得第一次完全胜利的民族解放战争，是开展时间最早、持续时间最长的世界反法西斯战争东方主战场。在这场历经十四年之久的抗日战争中，中国各族各界人民同仇敌忾、共赴国难，经过艰苦卓绝的浴血奋战，以巨大的民族牺牲，打败了穷凶极恶的日本法西斯侵略者，取得了辉煌的胜利。正如习近平总书记所指出的，中国抗日战争“为拯救民族危亡、实现民族独立和人民解放，为争取世界和平的伟大事业，作出了彪炳史册的贡献”。中国抗日战争是在中国共产党倡导的以国共合作为基础的抗日民族统一战线旗帜下进行和取得胜利的。以爱国主义为核心的伟大民族精神是中国抗日战争胜利的决定因素，中国共产党的中流砥柱作用是中国抗日战争胜利的根本保证，全民族抗战是中国抗日战争胜利的重要法宝。

上海抗战是中国抗日战争的重要组成部分。在中国抗日战争与世界反法西斯战争中，作为中国共产党的诞生地，上海这座具有反帝反封建光荣革命传统的英雄城市，发挥了独特的重要作用，作出了重大的历史性贡献。

20世纪三四十年代，上海这座国际性的大都市，已经成为中国与世界各国通商贸易的主要港口，成为中国经济、文化中心和政治、外交副中心。同时，上海又是当时中国最大的军港和守卫长江的大门，具有重要的军事战略地位，因而始终成为日本法西斯军国主义

觊觎的一个战略要地。1931年“九一八”事变后，日本法西斯军国主义进而在上海挑起了“一·二八”事变，发动了对淞沪地区的武装侵略。驻守上海的十九路军和前来增援的第五军与上海人民奋起抵抗，给予日本侵略者以沉重一击，成为中国局部抗战历史进程中承前启后的关键性一役。“九一八”和“一·二八”时期的抗日武装斗争和民众抗日救亡运动，在世界上率先举起了反法西斯的旗帜，揭开了中国抗日战争和世界反法西斯战争的序幕。1937年七七事变后仅一月余，日本法西斯军国主义又把侵略魔爪伸向上海，遭到中国爱国军民的顽强抵抗，形成了以上海为中心的一场气壮山河、震惊中外的“八一三”淞沪抗战。七七卢沟桥事变和“八一三”淞沪会战，标志着日本法西斯军国主义全面侵华战争的开始。在中国共产党的积极倡导和推动下，抗日民族统一战线正式形成，揭开了中国全民族全面抗战的序幕，也标志着世界反法西斯的第二次世界大战在亚洲的东方战场正式形成。在“八一三”淞沪抗战历时一百多天的日日夜夜，中国军队和上海人民以其鲜血和生命，筑成了一座民族自卫的血肉长城，谱写了一曲民族团结、共御外敌的壮丽史诗。上海沦陷后，上海民众在全国人民和全世界爱好和平的各国人民的声援、支持下，面对极其艰辛险恶的环境，仍然以大无畏的英雄气概，坚定不移地继续投身于全民族抗战的洪流，对日伪的法西斯统治进行不屈不挠的斗争。中国共产党始终高举抗日民族统一战线的伟大旗帜，发动民众，团结上海各界人士，从人力、物力、财力等各方面支持抗日民主根据地和抗战大后方的斗争，冒着腥风血雨，迎接抗日战争的最后胜利。

两次淞沪抗战及上海民众在十四年不间断的抗日救亡运动中，

构成了一幅幅上海抗战英勇悲壮的画卷，也铸就了上海在中国抗日战争和世界反法西斯战争中的重要历史地位：上海不仅是中国对日作战的一个坚强的军事战略重镇，也是中国抗日救亡运动的前期中心和中国抗战文化的发源地；不仅是支援抗战大后方和抗日民主根据地的重要基地，也是世界反战反法西斯人士和中外难民的庇护所；是世界反法西斯舆论战、情报战的东方主要阵地，又是中国联系国际反法西斯阵营的纽带和桥梁。更为重要的是，上海抗日战争凸显了其重要的历史意义：它在外敌入侵、民族危亡的关键时刻，全面地、全方位地弘扬了以爱国主义为核心的民族精神，折射了中华民族有同侵略者血战到底的气概、有在自力更生的基础上光复旧物的决心，有自立于世界民族之林的能力。上海抗日战争在中国抗日战争和世界反法西斯战争历史上树立了一座永不磨灭的丰碑。

2015年是中国抗日战争暨世界反法西斯战争胜利七十周年。在中共上海市委的领导和支持下，上海学术界和理论界经过多年的努力，联合推出了“上海抗战与世界反法西斯战争”系列丛书。这套系列丛书分为三个子系列，**一是“上海抗日战争史”丛书**，内容包括上海抗战史通论、“一·二八”淞沪抗战、“八一三”淞沪抗战、日军在上海的罪行与统治、上海人民抗日救亡运动、上海郊县抗日武装斗争、上海人民支援新四军与抗日根据地、抗战时期的上海经济、抗战时期的上海文化、上海抗战与国际援助等；**二是“淞沪抗战史料”丛书**，选辑和汇集民国时期有关上海抗战的具有代表性的通讯、纪实、回忆录及报告文学等鲜为人知的孤本、藏本影印重版。**三是“上海抗战与世界反法西斯战争研究”丛书**，其中包括

资料性著作：如记忆中的淞沪抗战、淞沪抗战中文报刊资料选编、淞沪抗战档案史料选编、上海抗战历史文献选编等；专题性著作：如中国共产党与上海抗战、当代学者论淞沪抗战、国外学者论淞沪抗战、“一·二八”淞沪抗战画史、“八一三”淞沪抗战画史等；工具性著作：如上海抗战与世界反法西斯战争大事年表、上海抗战与世界反法西斯战争事件人物录等；通论性著作：在上述论著的基础上完成一部通论性著作，即上海抗战与世界反法西斯战争全史。这三个子系列丛书各有千秋、各具特色，在集结出版后，更能起到互相参照、取长补短的作用。可以说，这套系列丛书是上海学术界和理论界研究上海抗日战争和世界反法西斯战争的一项重大的学术成果，是对上海抗日战争史研究的一个重要总结和一次集中展示，也是向中国抗日战争暨世界反法西斯战争胜利七十周年献上的一份厚礼！

“疑今者，察之古；不知来者，视之往”。历史是最好的教科书。“上海抗战与世界反法西斯战争”系列丛书的出版发行，更是为了向社会提供一部能够弘扬时代正能量、培育与践行社会主义核心价值观的好教材。让我们站在新的历史起点上，进一步铭记历史、缅怀先烈、珍视和平、警示未来，为实现中华民族伟大复兴而奋斗，为促进世界的和平和发展作出我们应有的贡献。

出版说明

“淞沪抗战史料”丛书续编Ⅲ主要收集美国史坦福大学东亚图书馆等处所藏资源，将已见或未见的关于淞沪抗战史料以影印的形式出版，内容涵盖两次淞沪抗战，即“一·二八”淞沪抗战和“八一三”淞沪抗战，力求比较全面、翔实和生动地反映淞沪抗战的全貌。

两次淞沪抗战，是中国人民伟大的抗日民族解放战争的重要组成部分，特别是“八一三”淞沪抗战是在中国共产党抗日民族统一战线政策的指引下，以国共两党合作为中心，全国各爱国党派、团体，中央和地方各系抗日军队，各界爱国民众以及海内外侨胞，在抗日御侮、共赴国难的基础上发动和进行的，堪称民族自卫战争史上的伟业。它体现了中国人民血洒战场、拼死抗战的决心和民族团结精神。在抗战胜利70周年之际，阅读这些史料，重温那段中华民族优秀儿女面对强敌、誓死抗争的精神，就是最好的爱国主义教材。两次淞沪抗战展示了中华民族奋起改变自己国家命运的伟大信念，爱国主义激发出全体中国人民的巨大力量，这种信念和力量，在今天仍然弥足珍贵，令人心怀激荡。两次淞沪抗战中那些大气磅礴、气壮山河的史诗故事，均在本套丛书资料中有翔实的记录和质朴的史料作为佐证。

由于各种原因，原书中存在着印刷错误，而且有些细节也与史料不符，对书中的一些观点我们也不完全赞同，为了给读者提供最原始的抗战史料，对上述问题未做任何处理，希望读者能够给予理解。

编者

2018年7月

目　录

"抗戰中的中國"叢刊之三

瞻迴東戰場

長江 羅平等著

生活書店
中華民國二十七年五月

"抗戰中的中國"叢刊之三

瞻迴東戰場

每冊實價國幣叁角
外埠酌加寄費

著者　長江　羅平

主編者　長江

發行者　生活書店
漢口　上海　廣州　重慶
西安　長沙　梧州　成都

中華民國二十七年二月初版

中華民國二十七年五月再版

目次

1

憶夜戰場

長江

閘北退兵了！就全戰局說，沒有重要關係。而從前我們不便發表的地區景物，現在已全成過去，可以任情的講了。我們的過去戰場情緒，是不不應該敗的！

在制空權喪失了的戰場，西半球對着太陽的時候，才是我們將士飛躍活動的時間。我們戰地新聞記者的活動，也不能不是主要的在夜間。飛機啊！最初發明你的萊特弟兄，是打算拿來屠殺人類的呢？還是被不合理的社會錯用了呢？日本飛機每天幾十架在上海附近戰區投炸彈，打機關槍，然而飛機是日本民衆的血汗之積纍，炸彈是日本國民應有的生活享受被剝削的創痕，日本國民果何曾有對中國人民有不可解的寃仇，而忍將其辛苦經營之成果，不用之於自己生活之享受，而用以無情的屠殺中國人民呢？

屢屢在夜間出入戰場，租界中繁華奢靡的市面和租界外悽涼慘暗的情形，使人發生兩個國度的印象。在一個强有力的國家勢力所及的土地上，那怕是只有一面國旗在那裏，而且不管對於那塊土地的統治權是否來待正當，然而侵略者對於那面國旗後面所代表的力量一加考慮，就不能如對付弱勢國家的爲所欲爲了！

僅僅有少數外國兵崗位的裏外，就是和平與戰場的分野，我們數十萬的將士在這幾個外國兵崗位外面日夜和敵人的飛機大砲鏖戰，我們千千萬萬的人民每天在日本兇殘的轟炸政策下過活。全國戰場上，經過每二十四小時的戰爭，不知道有多少壯烈的傷亡，我們非武裝的城市和鄉村，也不

2

知道有多少被破壞，我們的經濟文化的中心，不能在我們自己力量保護之下，建立在我們的後方，相反的我們的若干重要的活動，都是寄託於租界。

謝謝「一二八」的恩賜，我們能建造成功一條閘北和南市聯繫的中山公路，這是我們繞過租界通達上海南北的軍事交通要道。「八一三」以後的軍事運輸，中山路仍然作成功不少的供獻，可惜我們沒有在「一二八」之後，眞正實實的把上海附近非外觀的武裝起來，這樣堅固的虬江碼頭，而今作了日軍登陸的便利交通點，市中心區裏面富麗堂皇的大禮堂，和圖書館博物館等輝煌的建築，在百孔千瘡之餘，還作成了方便敵人防禦的據點，就是這條中山路也沒澈底改造，使之配合於大量軍事運輸的需要，上海僅僅兩個多月的戰爭，中山路已經當不起繁重的運輸而凸凹不平了！

話又說遠了，當熱河戰爭之後，塘沽協定已經把河北平原的國防完全撤銷之後，平津實際已經進入敵人的虎口，民國二十二年以後，北平若干高級文化和教育機關，還在那裏大吹大擂的從事於高大洋樓的建造，數萬和數十萬之代價一座的新式建築，接二連三的出現於古老的文化城中，其意若曰「加强國防第一線上的教育設備」，則今天已道道地地的作成了日本軍隊的兵營！

國家在經濟文化各方面，需要不斷的建設，這是一點不錯的，但是建設的目的當然是爲了我們自己國家的利益，當我們處在强鄰環伺，國家生存根本感到威脅的時候，我們最切要的工作，是如何保護我們的生存，就是國防應該是第一，明明知道我們沒有保護力的地方，而復談物質建設，結果不但浪費了艱難的國家財力，痲木了民衆意識，而且在客觀上給予了敵人以便利！

夜間的前方，無論村莊和城鎮都很少見有普通居民的活動，眞如，南翔，閘北，北新涇一帶的一般民房，破敗得零亂不堪，有的是沒有了牆，有的是塌了屋頂，有一天晚上我去看過一所被炸的療養院，這是一所鋼骨水泥建築的近代醫院，日本飛機把他炸得亂七八糟，只剩了片段的牆壁，悽涼的兀立在月色朦朧之中。

白晝完全不能活動的戰場，這數十萬英勇將士的攻擊，築工，飲食，運輸，補充等，都全靠着夜間來活動，我們的交通工具太簡單了，很難在一個短短的夜間，能滿足我們戰場上一切的需要，特別是將士們的私生活方面，太沒有照顧的餘裕了。需要刺激了供給，於是在好幾處破爛的村鎮上，發現了軍人或者勇敢的商人在夜間開市的雜貨店，罐頭，香煙，火柴，糖果，肉類，燒餅，花生，……凡是足以增加生活興趣的東西，幾無不應有盡有。在壁穿頂漏的破屋中，一枝魚油燭的光輝烘映着這樣的雜貨商攤，人影幢幢的都是些衣服汚濁，面目辛勞的士兵和夫役，如果在傷兵轉運站的附近，輕傷的將士，常常是這些商攤的照顧者。

在夜間本是敵人防禦的時間，然而他們的砲兵仍然不完全停止活動，他們估計着我們增援部隊必經的要路，不斷用空炸砲彈射擊過來，希望殺傷我們的人馬，阻滯我們的援軍，所以要路口的上空，總是「轟！……嘩……」地經常遭受敵人的炮聲。然而據經驗所得，這樣砲聲的效力太小了，「轟嘩」了半天，只讓日本民衆的血汗，毫無代價的拋擲在中國領土上！

中國人對於「死」的觀念，似因民族革命戰爭之爆發而與昔不同，洛陽橋是我們前線一個夜間運輸聯絡站，在一天晚上因爲汽車擁塞，電光過巨，被日本打中了好幾砲，炸壞了十幾個人，其餘的人仍然很鎮定的安置了傷亡，繼續做轉運，賣買，救濟，分配糧食彈藥等活動。

中國古時用兵，形容夜襲軍隊，往往用「銜枚疾走」這一句話，意思是人不叫馬不斷的兼程前進，以襲敵人。這次上海戰場上我們軍隊的運動，全在夜間，後方到前方的生力軍，和前方回後方休息的辛勞隊伍，沒有不是魚貫而行，了無聲息的。

有一晚，我們去看×××先生，他那時的指揮所是在大場南面的孟家木橋，那裏是陶行知張宗麟諸先生所辦工學團的校址，戰爭以前，我在這鄉村裏和幾十個艱苦讀書的少年見過一次面，他們是那樣的天眞活潑和健壯，其中有幾位小弟弟，對於較深的政治分析，也能集精會神往下聽，聽到樂觀處，他們是那樣的興奮，聽到困難處，他們是那樣的憂心。然而我第二次到那裏，已經是庭園冷落，人物全非，村口有雄威的哨兵問口令，屋內已掘成高厚的防禦工事，舊日課堂，已成參謀業務室，舊日少年們歌唱之地，而今是赳赳武夫蹀步之場！敵人的大砲不斷的在天空中轟轟炸響，機關槍在村外又是咯咯的作聲。

當大場戰局正緊，滬太公路上退下來一些士兵，他們一時脫散了隊伍，然而他們異常安靜的休息在公路旁邊，靜待他們長官的安排。老實平和壯健，情緒上他們是已經進入了近代軍隊的水準，震天的砲火，似乎對他們已經沒有什麼刺激。在沉默中隱然表示着不可侵犯的力量！

中國軍隊的編制裝備調練，還沒有完全統一，這次在上海作戰的軍隊之複雜，爲中國過去戰爭史上所未曾有，幾乎全國軍隊都混合使用到上海來，然而大家相互間的「同志之愛」，是異乎尋常的感動人的。經驗較少，器械較差的部隊，如果調到激烈的戰場上，原來已經撐持正猛烈戰鬥的隊伍，一定告訴後來者以種種實戰經驗，請他們注意。有一次某師接防大場西北，前面已經犧牲很大的部隊，恐怕他們新來的同伴，經不起敵人砲火的恐怖，先請他們在第一線後方見習兩天，自己仍然苦撐下去，至到已經有點把握，才把防務交代過去。

傷兵的情緒，仍然很好，每一個傷兵轉運站都聚集若干輕重不等的傷兵，靜候着救護的車輛，救護隊人員在他們中間照料着。他們受傷以後，行動還是有秩序。在前線最勇敢的救護隊，要算伶侶救護隊，其次要算四川旅滬同鄉會救護隊，他們無聲無息的在前方埋頭工作，能深入第一線救護傷兵，得着前線將士深切的愛戴。只是在十月二十一和二十二兩夜的總攻，我們於崩潰日軍之後，自己的傷亡亦大，眞如車站以西至南翔崑山之公路上，幾於每一岔路口，每一村店每一橋頭，都集結衆多之傷兵！我們救護組織太無力了。實際工作的人沒有多少，車輛也太不夠，於是這大批突然增加的傷兵，擁塞途中而無人救護。三十二十傷兵一堆，十個八個一團，輕傷的帶着鮮紅的血跡，彳亍步行。打傷腿的只剩了一隻脚，有不少是扶着手杖，一跳一蹺的前進。完全不能行動的傷兵，只有躺在大道旁邊，無可奈何的呻吟！慘烈的戰鬥受傷之後，又遭受到這樣悽冷的待遇，傷兵們自然不能忍耐了。我們的車在二十二日夜間過南翔赴崑山，沿路皆爲傷兵所阻，他們爭欲登車，然而車上所能容納的人數太過有限，他們於是想爬在車的旁邊和車的前面，然而這輛小車在那樣破爛的路上，如果過份的負担，只有大家不走了。因爲我們事實上不能不婉謝很多勞苦功高的受傷將士，他們於是乎動怒了。幾乎沿途都有傷兵用木棍打我們的汽車，打得我們無限慚愧！無限悽愴！因爲他們這樣英勇的爲國家和敵人拚命，受傷之後，我們不能有完善的救護組織，迅速的把他們救到安全的後方，減輕他們的痛苦，這是我們政府和人民對不起忠勇的將士。在他自己立場上看來，我們爲國家這樣的犧牲，現在弄得斷脚不生死不死的流浪到悽風涼夜的公路上，你們這般坐汽車的人，平日欠，醫養尊處優的了，到這樣一個悲涼的場合，你們的汽車還不讓我們坐坐，救救我們的痛苦，似乎也太該打了！誠然他們不明白我的車是什麼任務，不原諒我車的容量，然而他們這種棍擊的行爲，是表示抗戰軍人對於後方有救護責任的人們的抗議！

這囘眞眞實實算「打死仗」，敵人的砲兵把我們的村莊當銅牆鐵壁來攻擊，一個村莊動輒打幾百砲，他們的「區間射擊」，使我們沒有一塊地

11

方能幸逃敵砲的摧殘，我們前線土木材料簡單作成的工事，被他們打得天翻地覆，然而我們的將士仍本堅定如山之抗敵意志，繼續前進，無窮盡的未死者，很快的補上了已死同志崗位，永遠有新的力量抗戰衝鋒！當敵人猛攻蘊藻浜西南的塘北宅和陳家巷一帶之夜，在洛陽橋附近的×××先生的指揮所裏有幾位年輕活潑而篤實的參謀，異常安詳的和各方用電話連絡。洛陽橋以北的機關槍聲，一咯咯咯，完全不停的組成一極廣大範圍的音樂隊！單拿他直轄的軍隊來說，那時已經死傷之後繼的補充了三次了。塘北宅本是一連的陣地，我們在塘北宅却犧牲了九連人！一連打完了，再上去一連，直到一團人都完全犧牲在這一小小村莊上，日本的砲彈和炸彈不知在那裏放了多少，我在崐山聽到朋友說，守塘北宅那團的團長原來是舊友許良玉先生，他只剩了一個光棍到蘇州去接收補充兵去了。

打死仗的壯烈現象，幾乎全部戰場以及各部隊都是如此，我們很可以驕傲，很可以自信，但是回到××看看後方對於傷兵的待遇，不禁有幾分愴然！傷兵們千辛萬苦的回到××，而在××的醫院只有兩個，一個是救濟委員會的第一醫院，由上海東南醫學院師生主持，他們人少傷兵多，整天忙不過來，裏面住滿了傷兵，有些夜間還沒有禦寒的被褥，送給他們的飯菜，上面全佈滿了蒼蠅，手術室內斷脚殘手的慘象，讓人憤怒到帝國主義侵略戰爭的殘忍！我們去的那一次，醫院門口還有沒被收容進院的傷兵，有一個是打傷了腹部，衣服褲腰被血水泥土的混合物，膠成了不忍久覩的一團，他的全部下身，鞋襪綁腿和灰布褲上，整個的是剛從有水的戰壕和河溝裏面拔出來的模樣，泥水還濕潤糊在下半身，他已經毫無血色和毫無力量的靠臥在牆邊，秋風捲夾着塵土無情地在他臉上吹過，似乎只有慈祥的日光這時才慰勞式地給予他相當的溫煖！很難令人滿意的，是這裏那所官辦醫院的荒唐，他們的規模，遠比這裏爲大，而他們的工作是「韜光隱晦」唯恐傷兵找着了它！一所醫院的後門外，那時正停放着死傷兵的担架，一個死屍從蒙蓋他的破軍氈下面，橫伸着一隻緊握拳頭的蒼手，大概對於殺敵未完身先死，表示不甘心，而對於後方救濟機構的腐敗，似亦有無限的憤慨！

乍浦到浦東

羅平

居住在內陸的人，對於海是一種想像，到過海濱觀望一次後，不由不使人起深切的眷念，尤其是在全面抗戰勃發的時候，海上是更當爲我們所懷念了。

我們的國土一大半是被海水環抱着的，祇有站到海濱上去，能看出我們無限大的祖國的邊緣，能深深感到生息在內面的四萬萬生命的親切。在東海之濱，我們向外瞭望，更容易感受到有一種暴力迫切在我們的眉頭。

東海是染有歷史的血汁的，遠在明季便成了敵國殘暴的侵略的戰場。雖然是他們另外一個種族倭奴（Aina），但在他們的血統上是留着傳屣性的柯奢廝允（Koshamain）的毒素的，他們永遠以蠻橫的海盜行爲，來侵擾他們和善的鄰國。

乍浦之夜

那是一個明朗的早晨，使我有個機會附乘了×縣長的專車，向着深廣的村野東南駛去，約二十餘分鐘便到了久爲人所熟聞的乍浦。由於他們的盛意，被邀參加了該地的壯丁檢閱。

我們一行五個人，沿着一條狹窄的小路，到一個廣闊的校場，這時場上已集齊了武裝的壯丁，一排一排地立正着，我們打從他們的身邊經過，是鐵一般的寂靜，看每一個人的表情，都煥發出堅苦的光彩，而且涵蓄着英勇的精神。

近閱以後，我們便登上——檢閱台，在台上，展開我們眼前的，是一表肅穆的氣象，一邊是堅定的行列，一邊是來觀望的千萬市民的歡顏。他們的背影一半是投在高崇的天際，一半是在遠闊的海面。校場的中央筆直地插着一枝旗桅，頂端是飄揚的國旗，被頑强的海風吹逐着，在和暖的陽光裏，閃耀着鮮明的彩色。檢閱的儀式的最後一個節目是呼口號，千百萬張嘴吧，同時喊出了一個聲音「打倒日本帝國主義」，這壯烈的一聲聲，我們能想像到它們將永遠環繞在那蒼茫的東海的海空，九峯山崇高的山巔。

不久我們便到旅邸休息，這時出現了一名勇將謝×長，他是駐守在此地的，看到他飽經風霜的面貌，配合他那爽朗的談吐，使人很感興奮。不覺使我想起這邊的歷史：

「你正可以做戚繼光第二，將來戰爭勝利以後，這裏的人也會給你立廟的。」

他聽了我的話客氣了一番，接着很堅定的說：「這是我們軍人的本分，在我駐守的地方，如果讓一個敵人踏上岸來，我就不姓謝。」

「要是他們眞的來怎樣？」我打趣着說。

「來，他們敢來？你要知道這裏的工事非常堅固，這種工事是出於敵人意料以外的，不過，他們眞要來試一下我也並不反對，似乎沒有什麼好答謝他們，祇有叫他們一個個「招魂」回去！」

這邊的海灘斜度很淺，沙質是異乎尋常的，人們都稱之爲「鐵板沙」，潮退之後，人便可以下去走，有時能走二三十里外，也許因此，敵艦在這邊是失了它的活動能力，雖然常有敵艦出沒其間，但都十分忌避的，現在我們祇能在飄渺的煙波中，看它們的淡影。這卻使我回憶起一件有趣的事情，那是在一個偶然的機會，聽到孩子們的一席話，他們一羣三五個人，蹲在剛落潮的灘上，大概在拾蠣貝吧。

「一定是這個了，」一個滿臉麻點的孩子手指着遠方說。

「唔，那就是東洋鬼子？」另外幾個不約而同都放手到眼上擦了擦，想看它個明白。

「那有什麼稀奇。把它刷了去！」一個最幼小的孩子，揚着手裏的一枝狗尾草，有的就抓了蠣貝，瞄準海上那顆灰點，像一陣急雨似的撒去。

我們由這些天眞的談話中，也可以看出抗敵情緒的另一面吧。

沒有什慣海濱的，似乎覺得日子特別長，在晚餐後，我們走向海濱去，沿了一條悠長的海岸線，這時候，無邊的月光，照着無邊的海洋。大家都在沉默中，祇有海濤發出的聲音。

19

「以前我是參加過許多次內戰，此刻能把槍口對外，意味就兩樣了。」

夾在我們一行人中間，×長說了這樣的話，配着這樣的環境，聽來確是無限感慨的。濱海的地方是多產蒹葭的，它的葉像利劍似的，閃着幽幽的光，一把一把的叢集在黑土上面。

浪潮越起越大，竟向塘邊撲來了，橫在內中是一聲聲悲壯而悠長的號令：「一——二——三——四」和浪潮一樣，從遠方傳來，想必這正是千百個壯丁，乘着月光，在校場上操練的時候。

迎面來的，就是九峯山，山影橫在我們眼前，彷彿是無數連抱的巨人，海鷗從它們的身邊側過，那潑刺的飛姿，正可以和站在防崗上的瞭望哨併在一起看。每一崗的哨兵，神色都是非常沉着，面向着遼闊的海岸，朝待着怒潮的翻捲，肩荷了一枝槍，刺刀在他們的背影間，散放出一閃一閃的寒光。要是從遠遠的地方望去，他們好似一根朝天刺去的鋼針，衹是影子，凝在月光和水光交蒙着的銀霧中。

記者跑了不少地方，看到沿海一帶的工事確實是非常堅固的，有幾處還在加强而又加强。當我們路過時，看到軍民正在一塊兒說說笑笑，完成他們所指定的工事。

由於民衆一切積極表現的事實，連同一個異國友人也深深感動了，他是意大利人，留在中國已經幾十年了，主持橫山上的一個教堂，當敵艦活躍於海面的時候，有人勸他逃避，但他不接受這好意。他說「我是中國人，所以我要死就死在這裏！」因此有人認他是奸細，雖經他絕對否認，似都不能擺脫這嫌疑，終於後來事實證明，他在山巔常見有信號出現，便下了一番偵察功夫，親自捉了個漢奸解送到軍隊。像這種「中國之友」，確是使我們感激的，這可以說完全由於中國此次壯烈的抗戰激動了他的。我們相信，祇要我們能堅持着抗戰，世界上對於中國更會發出正義來，以至保證我們最後的勝利。

鹽，漁及棉

濱海一帶主要的產物是鹽，其次是魚和棉。從海鹽一直到川沙，是記者足跡所及的地方。那裏的居民全靠這三種作業來維持的，但他們生活大都非常艱苦，常有晨餐而無晚餐，平日每餐的食物不過是些米湯之類。

普通是以鹽爲主業，也有以漁和棉爲他們的副業的，我們不要以爲他們有這三種作業，生活當不成問題，那知他們時刻在飢寒交迫中，辛苦了一年，仍是兩手空空。更甚是鹽民，受厰商，蓬長和稅吏的幾重剝削，他們要從千百粒鹽上得到利益，是更要比農民的一粒穀米艱苦得多。

自從敵艦在海面出現後，他們的生活更不堪想像了，尤其是「海沙場」和「鮑廊場」的鹽民，他們的鹽是設灶煎煮的，目前可不能作了，因為怕敵機認作了目標，根本不能有火光，於是千百處鹽灶從此熄歇。就是以日光曝曬的「蘆瀝場」也成問題了，因他們近塘岸的稱為「中級」的灘地以及「滷漏」有時為建築工事的關係而停止製造了。

這種影響當然出於不得已，可恨的是他們還要慘被敵人刧掠。本月初，海鹽有三船的鹽打海道運走，不料在中途被敵艦看見，便開槍勒令停船，自然他們不願以自己血汗得來的東西輕易放棄的，他們祇有不加理睬，讓船繼續行駛。這可激怒了敵兵，立刻放出一隻汽船來用密集的子彈對準船上射擊，結果是被擊斃了一個船夫，把三隻船迫到艦邊，鹽統統搬了進去。在非戰鬥員的鹽民漁民身上，搜索血汗，原是敵人經常的行爲，什麼皇軍，是澈頭澈尾的海盜。

漁民在沿海居民中雖是占次多數，可是他們的生活的艱苦和鹽民沒有不同，戰前他們還可以在海面撈捕，勉强渡他們簡單的生活，現在也不可能了，如果有機會讓他們下海去，就準會被敵艦連人帶船擄了去。現在他們衹有對着高擱在岸邊的漁船興嘆了，在平湖，有個奸商私運了五百石米接濟敵艦，被民衆告發了，當下就把它扣留，由縣長散發給了漁民，雖然暫時可以安定一下他們的生活。然而這終不是根本解決的辦法。

至於棉花，也已成爲急待解決的問題，沿海一帶土地是鹹性，不宜種別的東西，因此，百分之七十都是種植棉花了，這裏的棉花原都由上海的紗廠來收買。現在上海敵國的紗廠，根本不能再來。而中國的紗廠却又遲遲沒有開工。於是把早已收穫的棉花，擱了起來。「今年原已遭受了風災，每畝減收了，却不料往年每担十五六塊，現在跌到六七塊都沒有人要。」一個「棉」民曾對我說過這樣感慨的話。

聽說各上屬機關都擬派人來收買，然而至今還未見實行，地方政府也曾爲他們設法過，卽是向銀行借款接濟，以棉花作抵押，可是銀行不肯接受，說是如果這邊戰事發生，敵兵上了岸，就多受損失。但他們却沒有想到，萬一這邊失掉了，而該行所在地就要成爲第一道戰線，經過再三情懇，總算答應下來，不過附有個條件，須將抵押品安全運到銀行所在地去，然後交款。

看了這件事，我們不能不稱讚金融家做事的老到和算盤的精明，在平時以這種方式交易，也許能說得過去，而在這全面抗戰的現在，却似乎不必了，放一些款去安定和本身有連切關係的鄰地，想也並非過分的要求吧。

現在站在國防第一線上的鹽民，漁民和農民，確已在開始組織了，某縣長還親自對記者說：「在必要時，我將統率他們在縣境與敵人作游擊戰爭。」除了希望這樣的決心和準備能夠普遍深入到沿海各縣去之外，爲了確保戰爭的勝利，還請千萬不要忽略了改善他們的生活！

浦東一瞥

當我還沒有走進浦東境地以前，對浦東有一種奇特的想像的，以爲已經是頽垣傾壓，瓦礫滿地，一片極目荒涼的世界了。所謂百聞不如一見，我所看到的浦東，雖是稍稍離江遠一些，可是與往日並沒有兩樣，除偶有幾幢建築物被破壞外，可說是都很完整的，街道上還是熙熙攘攘地來往着行人，商店還是照樣敞開着門面，雖常能聽見響亮的砲聲和敵機的盤旋，但居民似已被訓練得漠不在意，一點也不感到戰爭的恐怖了，有個居民告訴我說：「飛機我們一點也不怕，家家都築了防空壕，砲聲我們也是聽慣了的，如果聽不見了，倒反而感到寂寞和憂懼，憂懼在上海方面的自己軍隊是後退了一些。」在村野，溪水平靜地流着，炊烟照樣繚繞着，農民照樣在田裏工作着，遠處傳來了悠揚的鷄鳴聲，還是一脈平和的景象，這點該可以使關懷浦東的人，感到欣慰的。

倒是在隣近的縣份，給我看到些不同的情形。我和東南日報記者劉君，想要知道當地的民衆組織，便去訪問×××，恐怕到得太早，特地在下午三點鐘去，地位很好，設在幽雅的花園裏面，看了這種使人悠然的景緻，不由得仰慕起來，我便帶着滿腔希望進去，一步一步踏上石級，抬頭一看，有這麼兩個字：「脫帽！」當然我們不能破例，於是也就恭恭敬敬地脫去帽，似因自然的趨勢鞠了個躬，想必這裏是重視禮節的，我也格外持重，初取探望態度，望了好些時候，既不見有人出來，又聽不出響動，那只好放胆進一步，仍是如此，再進一步，却四顧皆空，恕我換個方式：叫喚，由低音叫到高音，還是寂然。當在我正要轉身走的一刻，只見從樓梯上走下一個人，儀態頗爲安詳，也許我判別力差，不知道如何是好，經了他自我介紹後，才明白原來是我久想找他的「傳達」先生。我問他這裏辦公的人，他說都已出去，要是想見他們可在吃晚飯的時候，準可以會到。這樣，在我似乎是不必要了，因爲時間上不允許我，還要別的地方去，這個盛意，祇得加以婉謝了。走出園門，囘身向內面一看，給我的同樣是一個悠然，禁不住脫口了「門可羅雀」的一句成語。

過了一縣再是一縣，因爲在一個生疏的地方，沒有現成的線索，當然不外乎訪問與民衆接近或統治民衆的機關，這囘可就兩樣了，給我找到一個負責的人，我們談起抗敵後援會的情形，正是言簡意賅，他說我們接到命令後已經是兩個月，爲的發下來祇是一個簡單的大綱，我們就根據這個大概擬出詳細辦法來，大概是詳細的緣故，所以他覺得兩個月的時間「差不多」。

看到和聽到這些現象，我懷疑自己走錯了路線，走進離開戰區千萬里遠的安全地帶來了，然而，在歸途中，我打開地圖一看，這幾個縣份，却是確確實實位於國防第一線上的呢！（三日）

南翔歸來

許華

黑夜兼程

昨天傍晚，氣象突變，烏雲滿布天空，風勢越來越大。這顯然是大雨欲來的徵候了。我們四個戰工地作者和一個嚮導的民伕，便乘這個敵機不能活動的機會，匆匆出發到上海來。

穿過了破碎的南翔，天空漸漸黑暗下來了，我們便開始在棉花田的小路摸索前進，路是一線線的，不是左邊有河浜，就是右邊有小溝，崎嶇艱難，眞不好走。但是公路已不能通過，也只得兜這小路走●左跌右倒的摸

30

索着，越過了許多村莊，但已看不到一條人影了。想找個老百姓問問前面的情況，也不可得，只有靠着民伕的帶引，冒險前進。

走呀走的，夜色漸漸深黑了，斜風帶着細雨，也開始拂襲我們這幾個夜行人，天空沒有一點星光，地面也沒有一點燈火，整個原野好像一片茫茫黑海，只是上海的方面遠遠地露出半天火景，有如一抹殷紅的晚霞。那就是敵人殘暴的兇燄吧？

我們冒着細雨，在這黑海中奔波了許久，走得有點心急了。我便懷疑着民伕走錯了路。我問他：

「路沒有走錯吧？」

他很有把握的回過頭來說：「勿錯。」於是我們安心地走，但是，天越來越黑，雨越來越密，小路上的泥色也模糊得看不清了，弄到老馬識途

81

的民伕也不敢相信自己，開始遲疑起來。走到一個交叉路，他都停一停，向四週打量一下才向前走。後來他竟回過頭來說：

「先生，路看不清爽了，不曉得對不對。」

糟了！連他也沒有了把握，誤入了火線怎麼辦呢？這時，我們眞是陷於前途險惡，後路茫茫的絕境。但是爲了任務，我們不得不前進，于是我竭力鎮定他的心：

「走吧，你認爲那一條路對就走那一條吧！」

我們振作了一下，又邁出我們的步子，因爲恐怕有人落了伍，幾個人便握着一根竹桿像瞎子一邊要喊着：「橋」，「小溝」，或者「轉灣」，使後面的人知道。黑暗中時時有雄壯的「口令」聲音傳過來，我們也時時警戒着豎起耳朵聽，並且給他們一個囘聲。有些弟兄還要看一看我們的放行證才准通過。

在黑暗摸索了半夜才摸到蘇州河岸的平坦大道來，民伕恢復了自信，囘過頭來說：

「好，從這里直跑就是××鎮了●」

我們聽了這句話，不禁也覺得有了安慰。

雨中渡蘇州河

我們沿着蘇州河岸前進不遠，便到了一個渡頭，我們的民伕停了下來，他說要從這里擺渡過對岸才可以走，但是縱目四顧，沒有一隻船影，只見江水茫茫，凄涼地翻起急激的波浪，這怎麼辦？我們便叫民伕到附近去找找，一會兒他喘息着走囘來，失望地說：

「先生，船全跑光啦！」

沒有辦法，于是有人提議游水過去，但是東西沒有辦法帶去，而且民伕不會游水，陌生的我們怎能將他丟掉？這可眞急煞了！

幸而，急中來了救星，一個湖南弟兄聽到我們的聲音，從黑暗中跑了出來，經我們說明了來歷以及去向，並且給他看過放行證，他便叫了幾個弟兄拖着一隻小艇出來。小艇眞是小得像一片葉，而且滿身滑泥要經過了風雨交加的急流，實在有點危險。但是，在這萬不得已的時候，什麼危險也不管了。

弟兄們手電筒照着我們落船，艱難地撐了我們過去，又很小心地照顧我們上岸，我們在這個難中得到這樣的幫助，心里眞是無限的感激。臨走時我們對這位湖南弟兄說了幾句道謝的話，他不在乎的說：

「不要客氣，大家都是爲國家出力的。」

從這點，可見我們在抗戰中患難相共的精神了。

避雨亭畔遇劫

渡過了蘇州河，也是平坦的大道，於是加速步子走了好幾里，漸漸地我們覺得有點累了，便到路旁一間破舊的避雨亭去休息。

我，麥君，陳君，和民伕四個人躺在亭子里的稻草上，B君嫌稻草臭，一個人坐在亭子外。忽然，不知從那里出現了一個人，看樣子便知道不是好人，我們便在黑暗的亭子里注意着他的行動。他走近來坐在B君的身邊，B君問他是什麽人。他像很可憐的說是在虹口做小生意，逃難到這里來的。B君再追問他的時候，說聲未完，那傢伙已動手搶B君坐着的鐵袋子了。

「你動什麼!?」B君喝了他一聲。我們四個人便應聲跳出來，一推把他推落棉田里，我們恐怕他有武器，便掩着民伕急走，一溜煙走了好遠，回過頭來看看，他也沒有追上來，我們鬆了一口氣，繼續便步走。

不久，到了一條公路，而且不時有一兩部汽車馳過。於是有人提議截車，請求載着我們走，但是車子只是隆隆地飛馳，理也不理，還是趕快走吧了。

趕了又趕。到了××鎮。我和麥君曾在此受過兩個月軍訓，對於路途自己也有點把握了，心里便覺得鬆了一點。

也不是好人

雨點越來越密，把我們的衣裳全都濕了，鞋子也裝着水，走起來吱吱地叫。而且有人受了涼，打起噴嚏來了。我們便想法子找個避雨的地方，剛剛路旁有一個小村莊，並且有一點燈火露出來，我們便摸進莊去。原來這里的人家已逃光了，房子也被炸得七零八落，我們只得到那火光的小屋裏去，希望找點暖意。當我們推開了那半掩的木門，一個不像農人的人靜靜地在那里煮南瓜，我們很客氣地叩問他：

「老百姓，我們可以進來避避雨嗎？」

他打量了我們一下，點點頭表示允許，我們便進去，他很悠閑地把鍋子里的南瓜裝進了小碗，自言自語的問我們：

「你們到那里去？」

「上海去。」陳君回答他。

87

「上海路遠了，這樣大的雨，在我這里避避，明天早上走吧？」

「不，我們一定要到上海去的，等雨停了我們就走。」

「也好，從這里到×××，再到上海好了。」

他裝南瓜，轉身去找凳子，嘿！他的屁股旁邊的衣角里竟露出半截刺刀來，我們當時給這個印像嚇了一下，但我們立刻力持着鎮定。我想這也不是好人，我便追問他。

「老百姓，你是住在這里的嗎？」

他好像遲疑了一下，一字一頓的說：「我呀？我是從虹口逃出來的，……幾天沒有飯吃，在田裏找到一個瓜……。」

咦！怎麼逃難的人有刺刀呢？越說越不對了。我便對同志們說：

「雨停了沒有？你們出去看看！」

他們會意了，我的意思都走到屋外去，連那不會意的民伕也拖在一道。他也似乎發覺我們要走了，在這一剎那，他那險惡的面目便暴露了出來，有如電影中的科學怪人一樣，他立刻吹滅了火要來動手了。幸而我們走得快，在他吹火的時候，已急抓了飯袋子跳出門外了，我們和剛才危險一樣，拚命向公路飛奔。

幸而，公路上有我們的馬隊，他們大概是趕赴前方的，我們便跟着一道走，使那傢伙沒有機會下手，心里才安定了下來。

險些誤入火線

過了××××，我們和馬隊分了路，照原定的路線望着×××走。當時我們還沒有知道火線也拉到了×××，但是越走越不對，大砲彈似乎不時向我們這方面飛過來。

啡……隆！

啡……隆！

這聲音和我們在××前線聽到的一樣，有點像敵人開過來的，但我們還是自慰的說：這是我們的。依然冒險前進。忽然，格格格……格格格……很清晰的機關槍聲也發作了。於是我們才判明火線已離我們不遠了。

這時，一個橋樑上的哨兵向我們問口令，我們回答了之後，便上前去問他：

「同志，請問前面情況怎麼樣？」

他很鎮定地說：「火綫已拉到×××來了。」

「那麼×××有沒有敵人？我們要到上海還可以通過嗎？

「×××是我們的，還沒有敵人，不過你們頂好不要走×××。」他替我們打算一下：「從這里直走，見了公路便轉灣，到了十字路口再找人問問好了。」

最後，他還小心地叫我們要警戒漢奸和敵人的便衣隊，聽到槍聲便臥倒，我們道了謝，便向前進。我們的民伕聽到火線已經拉到×××，已怕得不敢來了，寧願走回頭路，于是我們也只得讓他回去，不過回頭路也多危險，不知他能否安全回去，直使我現在還担着心。

同是苦難中人

我們遣回了民伕，便懷着恐怖的心情趕我們的路。我們的衣裳已經幾度雨濕，加以嚴厲的夜寒，不禁使我們爲之戰慄。同時我們的腿踝也走得很酸痛了，但惡劣的環境不容我們在路上多休息，只得拚着最後的氣力走。

那條荒草凄凄的公路，似乎是漫漫無盡的，走了又走都不見十字路口。在半途我們遇到一對逃難的夫婦，挑着一家的衣物被服走，那可憐的矮小婦人，一路走，一路泣着，對我們訴告：

「先生，苦煞了。兒子和娘炸死掉，只剩我們這兩個了！……」

後來，她給那笨重的担子壓得不能走了，向我們哀求着幫忙，我們同是苦難中的人，無論如何不能忍心不理的，于是我替她挑着那担子走，讓他透一口氣。走了一里許，又遇到一堆逃難的人羣，坐在路邊喘息。他們原是和那可憐的夫婦一道逃的，我便把担子還給她，因爲我們要趕路，不能和他們慢慢地捱。

終于走到了一個十字路口，見了一部載重汽車停在那兒，我們便向那司機問路，他知道我們是同志，便叫我們到車上坐坐，等後面的車子來就載我們走。

我們的得腿到救星了。

到了大上海

一會兒後頭的車子來了，我們的車子便向前駛，冒着迎面的夜寒，馳過輕沙一般的掛樹上的濃霧，我們的濕衣給涼風吹乾了，全身為之一爽，緊張的心情也為之鬆散了。

我們幾個夜行人，瑟縮地交談着路上遇到的人們．我們感激那患難相共相助的同志，我們痛恨那些可殺的壞人和漢奸，更痛恨我們殘暴的敵人，你一句我一句，路上也不大寂寞。

車子開足了馬力顚簸中終于到了大上海，似乎很生疏的路燈，疲倦地放着微弱的慘淡的光輝，一閃一閃地從我們頭頂馳過，喧囂的都市已沉睡着了。但不知高枕安眠的市民們，曾夢到郊外戰場上的弟兄們的辛勞否？

（三十日深夜）

難民的行列

林娜

上面是熱辣的八月的炎陽，下面揚着乾燥的黃色的塵霧，掩護着這一列行進的人們。

一律是那樣地，衣衫襤褸，神色頹喪；一律是那樣地，面上寫着悲哀的痕跡，沈重的脚步下隱匿着怒憤。……

成千成萬的羣，走不完的行列，從火車站那邊，踏着踉蹌的步伐，扶老拖幼地通過斜坡，黃泥途，市民們好奇的注視，朝江邊走。在那兒，遙遙在望，只隔着一條黃滾滾的長江，掩蓋在綠色的樹蔭下，有他們底故鄉！江北。

45

在故鄉，災荒與饑餓把他們趕出來，現在，戰爭的烽火，日本帝國主義砲煙，又把他們趕回去。好像一羣狗似的。

老人拄着拐杖，舉起他們疲乏的脚，蹣跚着走，眼中流着愁苦的淚，責怪這走不完的行程，小孩子在母親乾癟的乳房邊掙扎着，用貓似的叫聲哭着，揮動小小的手臂，扯撕着乳房；在最後走着的是强悍的壯丁。在這行列里，他們負着最重要的任務，在他們牛的寬闊肩膊，担負着全家的資產，一個布包幾件小傢俱和甕罐，有些個還帶着小孩子的搖籃和燒飯的鍋灶。

有人從行列中退出來了，在路旁梧桐樹蔭下歇息，馬上便會招引了一大批好奇的市民，把他們包圍着，於是乎，便有幾十種聲調，成百的問題，紛雜地向他們投擲過去。末了，從他們口中得了滿足，那報紙上看不到的傳奇式的犧牲和戰鬥，才又慢慢的走開流向每一家店鋪，每一個角落，焦急地廣播出去，作爲自己豐博的智慧的一部份。在這兒，是常常有這一類的閒人，事情懶得去做，每天專管站在街頭，壁報揭示牌下，或有無電線收音機店口，看，聽，探詢着，於是誇張地囘去轉告他那已由於習慣而成固定了的聽者。因爲他們都太興奮了，共赴國難成爲他們生活的全部意義。

一個年輕的，面孔發黑的女人，用她破爛的肩角，倚在路旁的牆上，她是太疲乏了，柔弱地垂倒了頭。在她懷中，靜靜的躺着一個不到週歲的嬰孩，他已經死了，避過了火線，避過了飛機的轟炸，避過了恐怖和饑餓，而在火車將到時死了。面上發黑，小小的嘴角裂開，好像是甜蜜地睡着。

她，年輕的疲勞的母親，還沒覺得這驚心的突變，她不時輕輕伸手去拍着，撫摸他冰冷的面孔。用髒污的乳房去喂他殭硬的小口。她沒有覺得這小生命會死的，不，這思想永遠也不會觸到她的腦里，因爲在她那疲勞了的面上，不時流露着傲然的，幸福的光輝，好像明顯地這樣寫着：

「看吧，我們雖然是悲哀的，然而是多麼地幸福啊？」

她孤零地，除了那一身襤褸的衣衫，差不多是赤光的，爲了怕太陽，他把衣服的下半段的鈕扣打開，蓋在嬰孩的身上，她孤獨而靜寂的倚在那兒，遙望着遠遠的，走不完的行列後面。在行列里匆匆地走着的人，沒有一個和她認識，也沒有一個和她打招呼，雖然她們是受了同一的命運，被戰爭，被日本兵的砲火趕出來，坐了同一的車輛，要到同一的地方。

好奇的市民，馬上就光顧到她了，有差不多十個左右的人，把她圍在畫面。

開始，他們都默默的和她對望着，而後，像對任何人一樣地，丟擲出了成百的問題。

「你是從上海逃出來的？」

「怎樣逃出來的？」

「我們是在虹口，當戰事發生了才逃出來，什麼東西都沒帶，什麼東西都丟了，……」

「怎樣到這兒的，這麼多，走不完的人。」

「我們先到難民收容所，路局答應撥車子給我們，不要車票的，從六七天前就在車站等，一直到現在才到。」

「那麼，你們沒有親眼看見打仗了？」

「不！我們看見的。」講的興奮起來了。「中國兵打得好極了，他們不要命似的向前衝，日本兵打不過就殺老百姓，不管男女老幼，抓一個砍一個。……」

「可憐！可憐！」

「眞是野蠻成性！」

「住在租界的也殺嗎？」

「他們已經發狂了；還講什麼道理，戰事一開始，第二晚上他們要退出虹口，沿途每家打門，不知道的把門開了，他們就都進去，不分男女老幼的通通殺死，然後就放火燒掉。他們說在戰區內，不讓一個中國人存在。」

「所以，我們通通都逃了。」

「那個不要命！」

「這一囘你們逃出的有多少人？」

「許許多多數也數不完，我們到了車站，每個都要登記的，先到先登記先走，後到的就後登記後走，我們走時還有好幾萬人等在車站哩。……」

「他們要等六天，才能走到這兒！」

從行列里插進了一聲尖亮的嗓音，大家吃驚地囘轉頭去，說話的是一個「紅頭紫面」的小伙子，背着一隻比他身體還要大的包袱，囘過頭來向大家伸伸舌頭，又沉在人羣中了。市民們，那疲憊的行列，於是乎都爲這滑稽的動作發笑了。

「這小子眞是………」

「日本人的子彈，瞎了眼，沒有打中他！」

「這個小娘，在這時還會尋開心！」

另一種事情發生了，使這些哄笑的人們慢慢沉寂下去。在行列里，正發生着糾紛，一對中年男女互相扭打起來了。

「我要，我要殺死你！」男的咆哮着，揚着兩隻鐵石似的拳頭，女的則畏怯地急遽的後退走去，兩手抱着蓬鬆的頭，低聲的泣號着。

「我，我什麼也不知道啊！」

「怎麼囘事，怎麼囘事？」被擠住的人們不耐煩地叫着。

「她，這位婊子養的，把包袱給我丟掉了！」男子訴苦道，氣燄已不如剛剛的炎盛了：

「丟了就丟了，有什麼好打架的！」

「看着，警察跑來干涉了。」

那男子無奈何地背起地下的零星傢俱，隨着隊伍走去，女人遠遠的跟在他背後，負罪的，畏怯的蹣跚着。

「你手中懷的是什麼？」女市民又看到那發黑的，年輕的母親身上。

「小毛！」年青的母親回答着，得意地微笑着。

「已經是？……」胆子大的就提足上前，用手撥開她懷中的衣服，俯着頭去端詳那發黑的，死了的嬰孩。跟着，有三分之二的人，不分男女地都依樣做一下。當他們底手觸到這嬰孩冰冷的面，發現了異樣時，都吃驚的叫起來：

「他壞了，你怎麼沒有注意到，他壞了！」

年青的母親，生氣的向大家盯了一眼，似是怪他們不該這樣胡說八道，於是又用手輕輕的拍着，拿髒汚的乳房去喂他那冷殭的，發黑的小嘴巴。但是，她沒有像往前一樣，用力的吸吮着，當他吸吮不到奶水時，就生氣的用力掙扎。他顯明是壞了，但她不相信，這思想永遠也不會觸到她的。

「要死老早已在日本兵手中死了。」她想。

「死了！」

「發臭了！」

市民們互相會意的對望着。

「你把他看看，他壞了！」有一個這樣大聲的俯近她，似怕她是聾子似的叫着，覺得這個女人已經發癡了。「他連吸乳也不會啊！」

「不！」年靑的母親堅信地囘答着，「他睡着了，從車站一直就睡着的！」

於是，又細心地拿起衣角把他蓋着，爲了怕太陽。這些幸災樂禍的市民，在她看來是多麼地討厭啊！人家好好地睡着，他們却偏硬說是壞了。壞了，這多麼叫人生氣的名詞！

「發瘋了，這個女人！」

「你聞到沒有，有一股臭氣從她那兒發出來！」

「怕也有一足天了！」

「但是她還不知道呀！」

市民們紛紛的退走了，於是又重新組織成十幾個集團，吸收了新分子進去，談論着，以這個很感興趣的題材爲中心。直到播遍各店舖，各角落，每一個人，直到因了厭倦，被新的中心止住了爲止。

年輕的母親，顯得更加孤獨了，人們遠遠地把她包圍着，指手劃脚的談論着，嘲笑着，但她好像沒有覺得似的，對他們甚至于連看一看也不看，仍舊輕輕的拍着手，對着遠遠那走不完的行列後面看着。

一個靑年男子，駝着一隻大包袱，從遠處，行列後面誇着大步，蹣跚地用力向前奔走來，不時抓住隨便的一個人問，當他們對他搖着頭，表示什麼也不知道時，才又走着。

年靑的母親，沒有發瘋，也沒有神經錯亂，她很清楚的就認得他來了，於是亢奮地向他遠遠的揚着手，啞聲地呼叫着：

「天……生！」

天生看見她了，一分鐘後便找到她這邊來。

「找到了吃的沒有？」她問，低聲而和氣的。

「一點什麼的也沒找到！」天生絕望的擺着手。「小毛怎樣了？」

「他睡着了，很好的睡着了？」

「我看一看他，可憐的孩子！」天生說着，伸手去掀開衣角，用手去摸着他。這一切動作都做得那麼細心，那麼注意，好像怕把他驚醒似的，但是他底面孔上的平靜跟着就被破壞了，他驚愕而發青了，而將手絕望地，哀慘地叫着，「你看，他已經死了！」

「天會責怪你，天生，快不要亂說吧，他很好的睡着哩。」

「你發瘋了，他已經死了，快別把他貼得這樣緊，他要發臭的！」男子焦急地跺着脚，想伸手去把他接過來，但是她決絕地別過去避開了。

「天會責怪你的，快不要亂說吧，」她哀求地說：

「他睡就要醒的。」

於是她輕輕的把他撫摸着，用她變成赤褐色的眼睛，把他凝視着，慢慢的她傷心起來了，淚珠盈溢着，哆嗦地沿頰邊滴下，而那死孩却在她胸前貼得更緊的了。

行列無窮盡的，走着，走着……。

新的不斷地湧來，而舊的也漸被忘掉了，不一會人們也把這可悲的事情忘掉了。

滬太路上

柳岩

我們沿着滬太公路從餘慶橋折到大場，天色正是大亮的時候。原野里吹來的風是寒冷的，傍在大場車站邊的二輛運輸車，這時浴在迷濛的霧層里面。那些運輸員們忙碌了一個通夜，到現在幾乎軟得像棉花似的，全伏在車廂中呼呼地睡去了！

我們呢，却冒着寒風，在那條死靜的滬太公路上行走着。從天空飛來的子彈，還像流火樣的時常在我們頭頂吼叫，但已不足驚動我們了。我們只覺得連天來胆量是在增大着，我們一點也沒有改變了堅定的意志。

然而，郊野的景物，近來却完全的改變了；那平時完整的園田，縱橫的渠流，道途……荒蕪着，好像安眠在一塊死靜的山崗上一樣，只多了些深窪的戰壕！在小路的交义處，一個毗連着一個，一個唧接着一個。我們從路邊望去，覺得這其中並沒有一個是粗劣的，簡陋的。不少英勇的戰士，他們就拖帶着所有的武器，在每個戰壕中守望着，或是對敵陣上作着射擊的準備……

戰士們的情緒是非常緊張的，嚴肅的。在清爽的朝氣里，戰地上除了稀少的槍砲聲，鴉雀的吵叫外，人聲和家畜廝的叫聲，現在簡直不能再給我們聽到一些了！

時光——十分鐘二十分鐘地過去了，前方的槍砲聲却由懶散，稀疏變成激烈起來了！雲塊推開的時候，從東北飛來了三架敵人的轟炸機，機聲軋軋地在頂空激響着，　們眼看見遠處的大地立刻遭了無辜的轟炸。爲要避過敵機的視線，我們即躲到一塊土丘的蔭面匿藏着，然而我們最前線英勇的士兵，似乎並不畏懼這些陸空的夾擊，他們築着血肉的長城，冒着砲火，在這時更展開了激厲的衝殺……

敵機在空中週旋，貪婪地發洩牠們的獸性；可是半個鐘頭之後，敵軍的陣線紛亂了，殘隊終因戰不過我們，紛紛的向後潰退了。

在到達公路上的時候，一位傷兵從担架床上伸出一條臂膊來，向我們舞揚着。

其中，我又聽見他們叫着漫長的「殺」聲！

「前方已推進到什麼地方了，老鄉？」

「在×、×——！」

「此刻打得激烈嗎？」

「很厲害的……」

救護員們和我們答呼着，一組組的離開了公路。但在最後那組中，受傷的一位士兵却還在架床上向他們掙扎：——

「老鄉！咱：我傷的並不重……謝你替我在這兒包紮一下，……讓咱再……再去打一陣！」

「好兄弟！安心的往後方去吧！」

「不！——不……」

那堅强的度態，難爲了身邊的人們。但當抬過一塊瓦場的時侯，這位傷者的臉色更顯得得比前蒼白了，同時，嘴邊已流唾着白沫，二個暗灰的眼珠，也不自主地斜向地面了！

一哦，哦！誰行行好？……行……行好！」

他微弱的喘息着，似乎還不拋忘殺敵的决心，雖然鮮血已沾紅了他整塊的衣衫。

我在一邊明眼地望着，這時十二分的感到不安；終於用撫慰的口吻向他勸告道：

「好兄弟！尊重自己的身體吧。——前方已有充實的力量在搏鬬，傷愈之後准你再來多殺幾個日本兵！……」

「嗯，嗯！——」

隨着我的說話，他勉强壓住了自己心底的火焰，他重用暗灰的眼珠從我的臉移轉到別人的臉上。………

可是暴怒的機關槍，還在公路的北端瘋狂地掃射着——

嗒嗒……嗒……嗒嗒嗒……。

從上海到蘇州（一）

焚 戈

「你們大家留心點，看看飛機；昨天在松江已出過毛病，子彈打到脚跟邊！」

車過楓林橋，那個穿黃制服的司機回過頭來，用極鄭重的態度向旅客們下第一個警告。

「我注意後頭！」

「我留心右邊！」

跟着這警告，旅客們自動起來認定了各人担任監視的方向，大家把兩條眉毛幾乎結在一起，凝視着，那廣漠的天之盡頭。一個憲兵立在車門口，也在注意着那天空一片片鱗形的雲。

半個鐘點，很平安的馳過俞塘，因爲平安，幾個監視哨兵逐漸從緊張而鬆弛，大家把眼光收還來，相互談論着一些並不重要的事。

「飛機，飛機！停，快點！」

突然，憲兵首先發現了飛機，他命令着司機煞車，旅客們大家跑下來，散到四週的田野裏。

抬頭望，六架飛機分作二隊在頭上掠過，灰白的機翼上淸楚地印着一顆顆紅太陽，嘡嘡的巨聲對大家擲下的是一個個死的陰影。飛過去，在離開大家不遠的前面，看他把機身略略側一側，接着，是幾聲轟然的巨響，一陣衝天的黑煙。

當前的一個恐怖局面，却不能動搖農民們工作的信心，一些農民們還認真地割着田裏的稻，飛機掠過頭頂時，他們也不屑給以一顧，那一種安詳却給了從都市出來的智識份子們的多少惶愧！記者乘間問一個正在工作的農民：

「這裏叫什麼村？」

「沈家沙！」

「前面呢？」

「前面是華陽橋！」

「飛機炸的是不是他？」

「不會，也許是松江?!」

有半點鐘以上，車才繼續開行，剛過華陽橋，六架飛機却又在後面出現，于是再把車停下來。

飛機又往返盤旋了半個多鐘點，大大小小的炸彈甩了一百多，閘閘附近的農民，說那兒是「松江東門」。

車過松江，松江是靜靜的，路上有絡續的居民背着包袱開始流亡，城門口的警士陪着一些學生在說話，市內有幾處房屋冒着煙。

到達離松江不遠的渡口，忽然又說有飛機來了，于是旅客們又散開來，抬頭望，這次飛機增加到十二架，分四隊盤旋在松江上空。估計方向不致于向渡口襲來，大家急急過渡，上岸後再回頭望松江，松江上空一片瀰漫的黑煙，延長到一里左右，這是十二架飛機的功績，顯然的，松江已隨了閘北之後，烽火替他變換着新的歷史了。

車在旅客們抱怨與嗟嘆之中，繼續着未完的航行，三次的空襲增加了大家不少的小心，幾十只眼睛常常交射在天空之間，在一個個雲層缺處，抻尋各人的發現，司機人特別關心，差不多每一分鐘，必要把眼睛向左右作一次搜索。

越過金山，楓涇，嘉善的一些山色塔影，日色略略斜西，車飛馳在煙雨樓頭的嘉興公路上了。遙望煙雨樓，那南國的勝景，依舊靜靜地雄峙於南湖之中，只是點綴着湖面春色的一些畫舫船娘，已經絕跡。路上搬演的，好幾處是敵機之成績！

從嘉興開始，車從滬杭路折入蘇嘉路，蘇嘉路是溝通江浙交通唯一的捷徑。正因其如此，敵機的轟炸幾乎無日或輟，最近的一個月中，蘇嘉路上幾成爲敵機的出沒之所，蘇州、吳江、八坼、平望、盛澤、嘉興等幾處，無處不遭轟炸，也無日不遭轟炸，沿蘇嘉路的車站，沒有一處是完整的了。

「你們留心點，蘇嘉路了！」

開出嘉興，司機下了第二次警告，但出人意料之外的，過王江涇，過盛澤，以迄於平望，連一個飛機的影子也沒看見，到平望以後，忽然陰雲四合，狂風驟起，等離開平望時，細雨如絲，氣壓更低，眼見敵機將失去其航行力量了。

細雨如絲中過敵樓，敵樓如一個身經百戰的老英雄，矗立於勝湖之濱，因爲隔着條河，不能走到近身，只能遠遠的對他憑弔了，烽火連天，胡騎遍地，對着眼前的平倭敵樓，眞不禁涕淚之何從！

過八坼之後，卽是吳江了，記者在一星期前，曾到過吳江，以及吳江的首鎭同里諸地，到那裏的第一個印象，就是民衆缺乏組織，少訓練，一切救亡運動，大致在少數人手裏。

吳江的本身還可，如同里等地，那簡直更令人失望。同里是江蘇的一個產米之區，地主階級在此地是特別發達的，因其經濟之來得毫不費力，于是遇事因循苟且，成了民衆生活的規繩，雖近蘇滬皆不滿百里，而迷信封建的氣息，却特別濃厚。中產階級以上，皆有被稱作「爺們」的資格」已死的革命詩人陳去病，就是這「爺們」中之翹楚！

同里的最高行政長官是區長，但是區長的職務，上午在茶館中談談天，下午不妨打幾圈麻將。反正愈如此，一方可以多得聯絡，一方可以少找麻煩，飯碗也就愈見鞏固。

戰事發生後，接近戰區的居民大家向同里逃，居民平日增加了一二倍，於是區長覺到防務之重要，于是募捐防護費。防護費認捐的結果，一共有七千多。于是開會討論支配方法，區長說一切動用要經區長核准，也有人要求各部經費各部自行支配。消息傳出來，使認捐的居民冷了半截，答應一百的減作五十，答應念塊的要過幾天再說。

同時，上頭有命令，要辦理抗敵後援會，結果以每一個學校作爲一個單位，每一個團體也作爲一個單位，一共十八個單位，成立了抗敵後援會，經費是每個單位出一元鈔，一共十八塊錢，工作點什麽，那就無從得知。

倒是一班青年，很努力，很熱心的組織歌詠隊，劇團，用本地話演出活報等等。但大家縱然努力，成績也是有限的。街上，施行交通管制時，壯丁不敢得罪人，只有讓大家在飛機底下跑。居民家裏的地下室，那自然是不多。

因爲同里鄰近蘇嘉路，于是飛機也整天在頭上轉，有一天聽說吳江毀了一個學校，全同里的學校第二天一律放假，校長告訴學生：「要到飛機不來的時候，才決定開學日期。」

漢奸在吳江放了謠言，幾時幾時要炸完同里，壯丁以爲自己消息靈通，也到處宣傳，于是居民皇皇如也，你也求籤，我也拜佛，好像只有請神道來答覆謠言之是否確實。

像這種現象，在內地也許不止一二處，希望各地地方官盡可能地加以糾正及領導。

過吳江並不停留，到蘇州已是三點多。秋雨濛濛中過瑞光塔，蒼茫萬古，囘望東方，又恍然若失了！

（十，三十一，在蘇州寫）

從上海到蘇州

(二)

王瑩

忽忽地提着行囊，天還不十分亮，經過了冷僻租界的街路，兩三個荷着槍彈的外國巡捕，睜着好奇的眼望着我們，臨出發時，田方沒有來；在一切都是「軍事化」的規約下，我們不能等他，大家都十分地懊喪，走不多遠，田方奔來了，提了個大被包，大家拉着他就走，那時我們的喜悅眞是不可言說的了。

出了租界的鐵網，便看見胸前滿是掛着手溜彈的我們的保安隊在檢查着行人，我們把護照拿給他們看，他們親切地點了我們的人數，就讓我們通過了。

船停在塞滿了汚物的仄仄的小河內，載了三四十人駛開了岸邊。一兩聲嘆息從船尾上的一個年老的婦人的唇邊送過來，走不多遠，滿船的人都在談論着這偉大時代最近所發生的事情：

「你們是逃到什麼地方去的？」

「我們的家都給東洋鬼子燒光了！」

「中國兵打勝仗，鬼子老吃敗戰！」

接着就是一個人詳細地敍述鬼子的飛機被我們打落了多少架，我國的飛機是怎樣的神勇，怎樣的「行」，這樣地我們好像忘計了「陌生」，大家親愛地談論着。在十二點鐘時，忽然日本飛機在空中響了，母親很急地抱着孩子，客人叫搖船的夥計加快地搖到岸邊，空氣頓時有點緊張。駛近××時，飛機更多了，高射砲的聲音淸晰震耳，一個船客立在桅杆邊喊着

7⁶

說：「看，快看，跌落了一架飛機了。」

「不要瞎說，這是我國的飛機，鬼子打不中的！」一個××的米商很快的申斥着。

「你們爲什麼不幫着我國兵打鬼子，逃到什麼地方才是安全地帶，現在是全國抗戰的時候……」我們和在我們近邊的幾個木匠在說話。

「我有一個年老的娘呀！」一個工人憂愁地回答着。

「如果敵人不打完，你的娘也永不會得着太平日子過的。」

「是的，敵人不打出去，我們中國人是永不會得着太平日子過的！」

許多人都在點頭附和着。

船在下午五點的時候到了一個小縣城，我們從出發直到現在，除了早晨每人吃了一團滋米飯外，還沒有吃過東西，大家都很飢餓，有幾位把箱子托付別人代提去打聽明早去蘇州的船，還有便去找住宿的地方，我們每人都晒得紅着一張臉，背着一隻軍用水瓶，提着自己的簡單行李，當地人都關心地望着我們：「是上海逃來的，性命交關！」

「不，」我們回答着。「我們沒有地方可逃，我們是到華北去做事的。」我們回頭望他們，他們對我們那麼善意地笑着。我們也笑了。

這小縣城是一個十分簡潔而素樸的地方，人民都穿着得很整齊，表面上是相當的平靜的，地方上的民衆組織也很好，所有的壯丁都加入了公民訓練（已經有五期了，每期有一千五百人，現在受訓的公民已達七千五），他們隨時都可開到上海前線爲祖國而抗戰的！此地雖然聽不見砲聲，可是敵人的飛機却每天不斷地在脅迫而威逼着牠了。

我們經過警察詳細地盤詰後，一個受訓的公民做了我們的可愛的嚮導，便擱在一家小旅舍裏，吃過晚飯洗星海拿了寫好給他母親的一封信給我看，內容大致報告平安的行蹤，他的母親已經是六十開外的人了，知道她的唯一的孩子要有一個不定的頗長時間在遠地去工作的時候，哭得很傷心，他的信上說：「你平時恨東洋人，我們現在是去幫助軍隊打東洋人的工作，你應該歡喜，每個人都不要自己的兒子去打仗，敵人還會殺得完嗎？」我加上一行在後面「幾個月的時間一瞬眼就過去的，我們回到上海，敵人就打得一個也沒有了，那時我們要一塊高興地吃一頓飯，喝一盅酒。」

打聽船的同伴回來了，我們明早天一亮便要坐民船去蘇州。我們對上海的希望是：在最近一星期內把敵人趕出上海，上海的同胞們一星期後便可自由地走在自己的土地上！

船足足搖了一天一夜。二十二的清晨到了蘇州。

77

（二十六年八月二十二日，上海話劇界戰時移動第二隊寄自蘇州）

在蘇州

王瑩

一路上使我們最感到苦痛和沒有辦法的事，便是數不清的釘人的蒼蠅和受了烈日蒸晒後的難以呼吸的船中臭氣了。——跑了二十幾里才僱到了一隻小民船，還是當地縣長特別的關照，船才肯搖，上船後才知道是一隻糞船，大家都只好擠到船頭和船尾，在夜裏一隻蒼蠅簡直要爬到我的耳朵裏來了！

一夜我沒有好好地合過眼，除了上述的兩個原因外，還因爲白天駛進×縣時幾個官長的勸告：「現在走是太危險了：兩天前離此地四里路的地方，曾有兩隻難民船被敵人的飛機炸了！」於是我們便在天黑的時候開了船，十六的月亮大而圓的懸在天空。所有的人都靜寂地屏息着，一路上，一個同伴全夜地坐在船頭，預備萬一敵人的飛機來了，馬上拉下帆篷，把船靠攏岸邊去。其餘的人都橫直地躺在艙板上，船走得很緩慢，船夫十分胆怯，不肯到岸上拉縴，我們的氣力大一點的同伴們便勇敢地担任這工作了。

從平門搖到蘇州城裏，經過許多曲折的小河，兩邊的人家密密地排列着。有時不能通過極狹的河道，大家都立在船的一邊，使小船傾斜着走，這樣在平時坐洋車二十分鐘便可到的地方，現在却需要二十倍以上的時間了。

由蘇地抗敵後援會引領着，就擱在觀前的一座頗大的屋子裏，屋主人早逃得空空地了——只留下年輕的女兒在努力做着宣傳的工作。大家行裝剛卸下，便計畫着演劇的事情——預備在蘇州演一天，××演一天——後來知道蘇州的人民大部份走空了，而××也只是上午有人，一到晚上所有的人便都藏到山凹裏去了。因此，便把原定的計劃取消了。

晚間和蘇州抗敵後援會的戲劇股開了一個聯席會議，彼此正要開始談話時，忽然警笛響了，全城的電燈立卽熄滅，我們在黯黯的燭光下，彼此團坐得很緊。先由朱君報告蘇地工作狀況，他們的主要工作是演劇，到鄉村教育民衆防空防毒的常識，有時也慰勞傷兵。最使我們每個人都要感動得流淚的事：是說到送慰勞品給上前線的士兵時，抗戰的士兵們對他們說了這樣的話：

「我們有餉，餉也是老百姓給我們的，這些都帶去留給後方沒有飯吃的難民們吧！」

每個士兵的臉上都有一種堅決的神情；——「你們放心好了，我們可以做得到的！」士兵們是這樣地回答慰勞者的熱望。

講到蘇州的人民，據說現在是「十室七空」，固然戰區中非武裝的人民應當向安全地帶撤退；但在這接近戰區的後方，有許多工作，須要民衆拼了性命去做的。非武裝的人民，也該盡力幫助武裝鬥士，這才叫「全民抗戰」！不是老弱而急於撤退是不對的，蘇州的青年們也看到這一點，所以他們說預備下鄉去對逃難的人宣傳。

我們給他們一點意見，希望他們能夠卽刻出發到四鄉去演劇，捨棄過去固定的形式，而取活報式地，極堅決極明顯地把我們的目的傳達給民衆，我們彼此經常地通訊，交換劇本，把戰時演劇移動隊的總的目標一致起來。

最後我們要向全國逃難的寓人們說：國不存就「一切非吾有」，這時不和敵人盡全力一拚，游移一秒鐘，將來要悔恨一萬年！你們平時生活得比一般中國人優越，今日祖國遭受了幾千年來空前的危難，全國人民都一致地作政府後盾殺敵的時候，你們單獨地逃到那兒去，你們不能爲國犧牲寶貴的身體，但至少物質上應該盡一點的力吧。我們這許多血腥債沒有還，幾千萬里被人奪去的土地沒有收回，我們到最後祇剩下一兵一卒也要與敵人拚到底的！

二十六，八，二十四。

戰雲瀰漫的天堂

挖　沫

在寂靜的境地，尤其是在月夜，最容易使人懷鄉的。此刻應該不僅這樣了，大家都已經由狹隘的鄉土的情感，擴展到整個的國土上了。除了失去人性的漢奸是例外，那個不愛自己的國土？

當我們這輛車在中途重新行駛的時候，不過得了一刻間的駐蹕，已使我對這個初次會面的地方，依依的留連了。我祇知道這是「峴曲的故鄉」，在這片土地上面，會產生過一部流傳全國的「浣紗記」，還有出了一個突起於近代劇壇的歌劇家魏良輔。要是記憶起，那種昂揚的腔調，和着一縷悠悠的簫聲的時候，不由得神往了！雖然在月夜裏看不清這個地方的輪鄉，但祇要想到這一點過往的文物，則已使人心懷溫暖，更是對於四週被蠻橫的威力壓迫下的國土，覺得加倍的親切了。

現在，我們在這崛曲的發源地，不但耳邊覺不到絲毫崛曲的聲息，所聽到的盡是侵略者摧殘我們的炮火聲音。大地好像在安息中，我們這輛車經了長途的奔走，在喘着氣，一陣一陣討厭的Gasoline的氣味。夜確是深了，不時由紮在車柵上的竹葉撥來幾滴露水，偶而把手摸到面上，感着指尖有些涼意。車身顛簸的很利害，我便一直站着，因此覺得膝部有點發酸。如果不提出精神來，是很容易疲倦的，所以同車的幾個人中，有的不知什麼時候已經被催眠了；並且還在說他們的隱祕的囈語，我因爲身上祇穿着一件襯衣，實在抵不住寒氣的侵入，也便躺下去了，於是掀開被胎，蓋到身體上來，立刻嗅到一種血腥味，有的部份還是潮濕的，原因是這上面放過傷兵的。最初很感不適，聯想到死，肌膚不由得起了慄粒。但當我一轉念：這是我們英勇的同胞由砲火裏換取來的遺跡呵！却祇有對他們壯烈的犧牲起崇高之感。

又不知過去了多少路，這時我已經入睡了；突然，彷彿從高空上跌落深淵，心裏吃了一驚，連忙搓開惺忪的眼向後方一看，原來是剛才駛過了一座龐大的石橋。從這時醒過來後，我再也想不到睡眠了，因爲我已被四週大自然的美麗景色所感動。那是正在夜與日交替的時候。

田野間吹起清新的微風，含着一聲聲啁啾的鳥語。月光淡了，星星祇是在減少着，雲層在泛着異彩；樹林像一件件貼上的剪影。現在遠方的是一眼紅光，蒸蒸的從地平線升上，有如初生的爐火。在這似明似暗神速的變化中，使我們預感到明日的來到，已退去了我們昨日的疲勞，產生出一種新的力量。

從「舊」到「新」這一過程，本來是非常短促的，祇要一殺眼；往往因爲我們沒有看明白，就以爲很費力，下不了決心。其實這並非不容易發現「新」的，卻是在我們祇記得「舊」的原故。雖然這不過對於「自然」所起的感想，但也可以當做「世事」的一種比喻。現在的中國，也就在這似明似暗的動蕩中，在蛻化着。我們有如在大自然中守候昨日之後的明日，以最大的希望恭迎我們新生的中國！

在我們一堆融合歡顏中，過去一路綺麗的風光。依了我們原定的計畫，到了被稱爲「地上天堂」的城市；時間很好早，城邊那分人家，門前雜植着三兩株向日葵花迎了由竹牆上漏過來的朝暉。鷄羣才從籠里放出來，在咯咯聲里，這一瞥和平的小景，卻立卽落在我們車的後面。不一刻我們這夥十一個人，便停在城內的公園里了。由這里到「吳苑」很近，那是一個閒適的歇脚的地方。這里的茶店很考究而且很發達，好像市民的生活已經成了一種格式，每天早晨他們必須上茶店來坐，在用過茶以後，還要用點心，除這兩樣，此外便是一份報，對於報紙倒是一個精細的讀者，許多談話的資料是從這里，在悠然的言笑中做他們的結論。但大都只是觀察，譬如說「我以爲這事情的影響」，或「說不定這個變化就在目前」等等口氣。約上午三分之二的時間在談論新聞。大概受時局影響，這吳苑本來有最著名的說書場，也已停頓起來。他們似有一種傳統，就是語言的巧妙技術。以我此刻還能記得的一邊聯子，「清談見古今」這幾個字上，可以證明他們另一面的態度。

也許我對於茶發生不出興趣，固然這裏的茶是馳名的，但似解不了我的奇渴。於是便獨自到街坊去，想買冰來消熱，正像普通的內地的城市一樣，那些曲曲彎彎構成的「深巷」，像脉絡似的密布了這座古城。如果在他們防衛得不好的時候，投下一把火，立刻會變成一片灰燼的。現在防衛得非常嚴密，約隔五家，門前就備有一袋撲火沙。所以卽使有轟炸的災禍臨來，也不必担心，可以從容應付的。

有一個冷食店的夥計告訴我，說不久以前這裏盤門曾被敵機轟炸過一次，同時落下兩顆炸彈，結果祇毀了一家茶店，一說是死傷了二十餘人，一說是兩個人，於是這件不幸的事立刻風聞開來，當時差不多十家九空，都避到鄉下去了。現在各商店的門，還是半開半閉的，但大多數已經轉囘城裏。據說近幾天比較好些，以前，敵方的飛機一日當中，必成羣結隊的來三兩起；他們見慣了，倒不覺得什麼。這話當然有一部份道理，但還是因防空得力，人心才能鎮定。證據不用我去找尋，當我還在街心閑步的時候，突然聽到一聲悠長的警號，立刻，一切擾攘的雜音隱去，成了寂靜的世界；行道上的人都已迅速的避進屋內去，秩序很好，這表現出確受相當的訓練。晚上只要敵機來襲，便實行燈火管制，市民常常三五次被叫醒。

如今，天堂也像其他地方一樣，隨時有被敵人破壞的可能。我此次不過廿六小時的逗留，可是我覺得人與人間浮流着一片溫情，特別是他們的那種鎮靜緊張的態度；在我臨行前的一刻，還在引動我。一抹斜陽中，我頻頻回顧這漫彌着戰雲的天堂。

敵機轟炸中的蘇州

惜 夢

十月十六日下午八時，我從前方乘汽車回到蘇州，九時一刻趕到車站，候開往南京的火車。車站連日被敵機轟炸，雄偉的站房僅剩了殘餘的一角。千百個候車的難民，堆滿了站房的內外。站房四週，沒有地方可以逃避，敵機一旦夜襲，不知又要演出怎樣一幕慘劇。問一位路員，什麼時候有開往南京的火車，他搖搖頭，答一聲：「說不定」。去問站長，站長說：「等到十二點以後再看吧！」因爲戒嚴，十點鐘就禁止行人，沒有法子，又回到一個旅館。

蘇州的旅館很多，而且相當整潔，這顯然是爲了適應一般迷戀蘇州的

16

遊客。現在有些變了，過往的人們是這樣的匆匆，都不是來遊玩蘇州的山水。

一個茶房首先告訴我，今天東洋飛機，到蘇州來了四次，僅在附近外跨塘投了一彈，在這五六天裏，這是最安靜的一天。他並且告訴我，在旅館後邊，建築了一個很大的地下室，一聽到警報，要我趕快的跑下去。我笑着謝了他一聲。

十七日一早起來，叫茶房買一份報紙，好久才買了回來。報剛剛讀了一半，空襲的警報響了，正是八點二十分。那茶房似乎格外關心我的安全忙着走進屋子來，引着我跑到地下室。

地下室的建築，還相當堅實，裏邊裝着電燈；可惜建築過小，連茶房帶客人，實在有點容不開。幾十個人擠在一堆，都似乎有了訓練，誰也不響動一下。嗡嗡的機聲，漸漸飛近，接着便是七八個重量炸彈，在車站一帶爆炸了。

九時解除警報，剛過二十分鐘，第二次警報又響了。茶房，又進來，把我引到地下室去。這次敵機數目似乎多了，全城的上空，都是嗡嗡的聲音，隨後敵機的炸彈聲，還擊的高射槍砲，不斷的響着，伏處在地下室裏，儼然是像到了砲火連天的火線。

十時三十分，解除了警報。不久，來了第三次警報。茶房又進來，我很鄭重的告訴他：「我不怕，以後再不用找我下樓了。」他搖一搖頭，很替我担心似的自己跑下去。

還好，這三次，以及四次，五次，六次，或者是偵察，或者是路過，都沒有投炸彈。但這尖銳的警報的響聲，和全旅館人們的跑上跑下，情緒已經夠使人緊張的了。

下午三時，跑出看看炸後的各處，都是那樣慘慘。一些路工，正忙着修復路軌，許多人都充滿了憤恨，雜沓在這一個刼後地帶的四週。

四時，囘旅館，在路上拉我的一個人力車夫說：「東洋兵太可惡了，除投了這麼多的炸彈，在錢萬里橋茅山堂和桃花塢韓衙莊，還拋下了幾塊石頭……」正在這時，響起尖銳的警報。我忙着下車，躲到一顆大樹下。敵機三架，飛過上空。二十分鐘後，警報解除了，車夫狠狠的罵了一聲：「該死！」拉起車把，把我拉囘旅館。

吃完晚飯，本想到街上去看上一看轟炸中的蘇州之夜，將走下樓梯，又響起警報，通明的電燈，立刻都熄滅了，只好摸着黑再走囘屋中。

在這一天裏，從早八時二十分，到晚八時三十分，一共發出了八次空

9•

襲的警報，整天時光，都在警報的聲中消費了。並且，因爲蘇州距離着前方很近，敵機從上海起飛，二十幾分鐘就可以到達，所以第一次，便是緊急警報，這使初來蘇州的一般旅客，更感到一種異樣的緊張。

十八日，敵機來得更早，七時便光臨了蘇州上空，許多旅客，都在夢中驚覺。三架轟炸機在上空偵察一週，又飛到蘇州附近外跨塘車站投了幾個炸彈。九時二十分，十時三十分，十一時五十分，敵機繼續在蘇州車站附近投彈三十多枚。午飯吃完，警報又響了。

下午四時，第九次警報剛剛解除，忙着跑到城裏觀前街，想在書店裏買幾本書看，不幸都關門了。就整個的市面來說，的確是消沉得很。

此外所見到的是一些騎着脚踏車爲任務來回奔跑的童子軍。據在前方所得的消息，這一次淞滬抗戰，童子軍實有驚人的表現，這一點，使我感

95

到格外的興奮。

晚飯後，叢大文來，他是×××的隨從參謀，我們正談得興奮的時候，突然聽到第十次警報，電燈熄了，我們在黑暗裏繼續的談着。據叢君說，這次也許是我們的飛機，飛過蘇州，到上海去轟炸敵人。

半點鐘後，警報解除，我把叢君送出旅館。天上是一片蔚藍，月明如晝：街上的燈光恢復了，人們又開始活躍。幾架飛機，幾個炸彈，到處破壞，到處殘殺，「無空防卽無國防」的警語，現在是給了我們一個千眞萬確的鐵證了。

記者事實上不能再滯留於蘇州，十九日晨乘着幾次警報的間隔，又跑到車站去問，何時有開出的火車，結果，又在幾次警報的間隔中，帶着失望跑囘了旅館。

由早晨七時，到下午六時，整天都在警報的聲中，前後共計十一次，所幸敵機在蘇州並沒有轟炸，把災殃都轉移到四鄉，和附近的各站。近來敵機投彈，已經不專在什麼顯著的目標，各站住宅區域，和四鄉的農民難民，隨意轟炸，隨意掃射，敵人殘暴的獸性，委實是暴露到了極點。

不過，從另一方面說，敵人這種獸性的暴露，却給了我們一個很好的訓練。蘇州的民衆膽量大了，知道鎮靜，而且能毅嚴守秩序了。

夜裏八時半，再跑到車站，依然是沒有車。一個職員，讓我再等到十二時以後，那時或者可以决定。我有些焦灼了，跑到站外去閒蹓；兵士，車夫，難民，旅客，漸漸又向車站擁擠起來。敵機一旦夜襲，這麼一個密集的人羣，該怎樣逃避？該怎樣散開呢？

無意中遇到一位江蘇省政府民政廳的主任，到臨近戰區各縣推進救護傷兵的工作，急於返省，所以和我同樣的焦灼。沉思了一會，他說：「我們不必在這裏候了，明天可以改乘公路汽車走。」並且允許託人給我一同買票，於是我們又重回到了原住的旅館。

二十日清晨，他給公安局長打電話，向汽車站定好了票位。正午十二時，我們很幸運的在警報的間隔中跑上了汽車站，我們更很幸運的在警報的間隔中，離開了被人迷戀過的蘇州，離開了正在遭着刼難的這一座古城。

（二十日於無錫梅園）

無錫三週間

——上海救亡演劇隊第四隊通訊——

我們這一羣——應雲衛，陳鯉庭，瞿白音，魏鶴齡等六十五人，離開上海是在九月三日的早上。我們的船雜在十四艘難民船中，由一架小火輪拖着。船是從蘇州河行的，在猛烈的槍砲聲中，我們興奮地告別了上海。

我們的目的地是無錫，可是船衹能到蘇州，因之我們不能不在蘇州勾留一下。我們的第三隊當時原就在蘇州，所以我們就到他們那裏—萃英中學去。在那裏，我們就擱了二宵，對他們在三元坊蘇州中學演了二場戲，上午是演的「保衛大上海」，下午是演的「三江好」，「毒藥」，「小黑子」等獨幕劇，因爲午後的戲較上午的成熟些，所以效果也比較的好些。

到無錫是六日的午後，當晚承潘一塵先生代邀了當地的工作同志，給了我們很多的指示與幫助。截止到現在，我們在無錫已勾留了三星期—將近四星期之久。在這相當充裕的時間內，我們所做的工作雖顯得十分不夠，可是在當地各位工作同志的協助之下，終於或多或少的做了一些。

如果用數字來表紀，那麽，我們在十五個團體的歡迎會中，在惠山傷兵醫院裏，在申新第三廠，無錫大戲院（應絲廠工會之邀），麗新紡織廠，洛社，中南大戲院（公演兩天），徐巷，北西漳，胡埭，靑暘，黃泥鎭，南西漳，石塘灣，黃港實驗區等地，總共演了二十六場，演出了八十多個節目，觀衆的數量大致在二萬五千以上。

100

此外還有社橋，橫林，保安寺等地，有的臨時發生了困難，有的因時間趕不上，都沒有能夠去，這我們是深爲遺憾的。

觀衆中工人約佔百分之三十，智識份子和小市民約佔百分之二十，傷兵壯丁約佔百分之二十，農民約佔百分之二十，小孩及其他約佔百分之十。雖說二萬五千這個數目也不能算是怎樣微小了，但拿無錫的百萬人口來做比例，那麼我們能力所及的地方，似乎還是微乎其微的。

我們因爲準備時期的短促和寫作能力的不夠，同時現存底適用的劇本又是那麼少，所以自己感到太貧乏了。我們現在已排好了的，經常輪着演的祇有「三江好」，「小黑子」，「毒藥」，「回春之曲」，「放下你的鞭子」，「最後一計」等幾個戲，此外也祇有「賣梨膏糖」，「秦瓊訪友」，「守城記」，「打殺漢奸」，「災民」，「大刀舞」，「焦土抗戰」

，「喇叭響了」等歌唱舞蹈以及諸如此類的小玩兒意。

講到演出效果，那麽因時因地，因觀衆的不同，它的反響也往往就不同。小孩子在看「小黑子」時有很多下淚的，小市民看「放下你的鞭子」時，抽泣的更多。傷兵和壯丁喜歡看「最後一計」和「三江好」，特別是「三江好」跟「毒藥」，無論男女老幼，農工商學兵，都是特別的愛好。當「毒藥」中老大誤服毒藥的先後，「三江好」的後果，所有應獲效果的地方，沒有一處，沒有一次會收不到效果的。

一般的講來——我們不敢驕傲，但也不想說假話——歷次演出的效果，都是相當好的。在胡埭，在青暘，無錫大戲院，我們所受觀衆底熱烈的歡迎足爲我們這方面的明證。在胡埭，屋子裏再也擠不下了，可是屋外的觀衆却始終不肯散去，以至我們不能不把同樣的節目再到屋外來搬演一次。在無錫大戲院時，有一次忽然降大雨了，圍在門口的觀衆却退是愈聚愈多，寧願讓雨淋，誰都不肯走開去。同樣地在青暘，傷兵們第一晚就來看的，而第二晚他們又來了。不管場子裏已擠滿了觀衆，不管當事者怎樣的勸他們回去，可是他們堅持着還要看一場，這熱忱，我們是不能無動于中的。

祇是誤於「回春之曲」，一則因爲是個三幕劇，二則連排演，製景，改劇本總共祇有二天工夫，所以演出成績比較的差些，這我們至今還感到非常的愧疚！

我們在出發時，想做的工作原就不僅是演劇這一項。我們帶有防毒，防空的畫解和說明，我們帶有彩色圖的大幅地圖，以及許多暴露日本帝國主義底殘酷，發揚我抗戰將士底英勇的圖畫，這些，我們原想到處爲民衆

103

講解的。此外，我們還想到傷兵醫院去跟前線回來的士兵談話，跟他們寫信，我們還想教人們唱救亡歌，還帶了木刻畫想到各地去開展覽會，這次，我們都部份地做到了。在無錫木刻展覽會是開成了，在各鄉鎮裏，我們講解圖畫，教唱救亡歌的工作，也都附帶地做了一些。

可是對於發動和組織當地戲劇團體的這工作，我們原是認為十分重要的，可沒有做到我們理想中的那種程度。

因為我們知道，有許多地方，我們自己的能力是無法做到的。譬如我們對觀衆底認識，就沒有法子能十分清楚，而這次我們演出效果的所以不能更好些，這怕就是一個主因。一個劇本不僅因它故事本身就把它觀衆限止了，就是劇作者在執筆寫作的時候，他對觀衆情緒底把握，觀衆的特徵，也無不下了一番苦心的。如果我們把觀衆認錯了，不能對症下藥，那演出效果的損失，當然是免不了的。這次我們臨時下鄉去，沒法先把我們的觀衆認識清楚，這我們明知是損失，然而却又無法挽救。

其次，補救劇本荒的最佳辦法是採集當地的故事臨時編製劇本，可是我們對當地情形不熟悉，因之又不能不承受這相當大的損失。我們知道觀衆對他親身經歷過的，或是他們熟悉的事情最感興趣，如果能把他們熟悉的事情編製劇本，那末事半功倍，他們一定會更接受的。

再則，是言語上的阻礙。在太平盛世，話劇誠然是統一言語的工具，可是作爲救亡工具之一的話劇，它底主要任務當然是救亡而不是言語底統一，所以言語上底阻礙，是會影響它底宣傳作用的。

上述三點是我們自己無能爲力的地方，也就是我們所以認爲發動和組織當地劇團是十分重要的緣故。我們是移動的，我們不能長久地留駐在某一縣或某一鎮，要是在我們之後沒有一個當地的組織，能經常地把這些工作担負起來，那我們將始終於引爲愧恧而深表遺憾！

現在我們是要去鎮江，所幸太湖劇社在我們公演之後很快地成立了，靑暘青年服務團的話劇組，據說不久也要成立了。

救亡演劇在常州

林戈

汽車到達常熟城裏，就顯得荒涼寂寞，馬路上沒有一家開門的商店，所經過的地方，除了警察和少數幾個窮人，簡直沒有居民。晚上也沒有路燈，只有環城十里高高的虞山，和冷月疏星，更顯現得凄寂。

我們的隊伍是歇在山麓的新公園，常熟的情形很不同，防空設備很緊，但同時漢奸的活動也更厲害。

到傷兵醫院去慰勞，是我們極重要的工作；到達的當晚，便在當地抗敵後援會之指導下，到了一個住着傷兵的什麽山莊去。時間已在傍晚，但沒有電燈，空氣陰黯而慘淡。一走進去，便聽到負傷戰士的呻吟和一股血腥味，因爲近在鄉郊，所以蚊子又特別多，雖然還沒有叮着自己的皮膚，意識上却浮起了那些睡在方磚地上的負傷士兵們的苦痛。

屋子裏原來是黑的，因爲我們一些人的到來，於是燃起了兩支蠟，風移影動，十分凄絕。

我們沒有方法做工作，結果是唱了兩支歌曲，和作了個簡短的演說，但我們自己感覺到我們這些工作，實在是薄弱得沒有力量的，這些戰士們決不能也不需要我們這種所謂慰勞工作，我們眼看到他們身上穿的還是兩星期前被砲轟或炸彈受傷時的血衣，他們被蚊蟲咬，睡在磚地上，沒有醫藥，沒有食物，但是他們是爲中華民族解放鬥爭爲抗敵禦侮而負傷而犧牲了，我們奇怪百姓們爲什麼沒有表示感激和關心，甚至一件布衣的施捨也沒有。他們知道的是逃難，苟安，使我們在憤恨切齒之餘，只感到自己工作的無能。

假如全民抗戰正式開展的話，這輩民衆是須要靠政治手段來强迫，來執行參加後援工作，才能使戰爭取得勝利，不然他們只知道逃難，後援工作一點得不到幫助，工作會受到莫大的損失。

在這裏主要的還是農民方面的工作，我們首先在常熟的郊外作了兩次演出，地點是廟宇裏，劇目是「放下你的鞭子」和「毒藥」，農民對我們這輩人素來不認識，他們稱我們爲「變洋戲法的」，同時對於我們不賣錢的演戲，表示非常懷疑。我們深怕觀衆之不來，於是列隊到街上去遊行，拉着手風琴，大家先唱起歌來，以引起居民的注意，同時大家都變了活動宣傳員，用嘴巴向他們叫喊着「到××地方去看戲，不要銅鈿」，但他們却不很相信我們，只是很客氣地敷衍着。

10

戲是演出了，觀衆也來了，可是這輩可憐無知的農民，對於我們一點不能瞭解，或者可以這樣說，是我們不能理解體貼農民，所以我們的工作一點也不能有辦法接近他們。他們不曉得時局已到如何程度了，他們非常老實誠懇，但是又十分可憐。

梅李鎮，是離開常熟有四個鐘頭民船水路的鄉村，珍門廟鎮，是離開梅李有四十步行路程的鄉鎮，我們都去做了點宣傳工作，情形都差不多，江南風光非常好，夕陽晚霞的時候，湖光山色，村落裏的農民還在安閑地工作，眞令人不知道是什麼時代！

回到常熟，當地要求我們到另外幾個地方去演戲，但是爲了預定計劃之不能破壞，沒有辦法答應，于是便和這死寂的古城分別了。我們這樣感覺到自己的工作雖不是走馬看花式的，但在有了貫徹實際經驗後，總覺到太少太薄弱了。即是在鄉村裏過上一年也不是多餘的。

在初次秋風雨中，我們的汽車向武進的路上駛去，行經七十二峯沉浸其間的太湖時，伙伴們瘋狂了，是出門後第一次遇到秋風雨，大家坐在一部車里趕路，是我們唯一休息的時候。於是盡情地在這四五個鐘點的行程中恣意暢快一番了。

風雨迷茫中，到達了武進，情形很安una，沒有蘇州等地方那樣風聲鶴唳，當地的救亡宣傳工作也不錯，抗敵後援會及大學生後援會，都有規模較大的演出。劇目有「夜光杯」，「漢奸的子孫」，「放下你的鞭子」等，在演劇水準較低的京滬內地，能有這樣的表顯，在救亡工作上，無論如何總算不弱的。

慰勞傷兵，是我們到達各地最重要的工作，在當地的清涼寺，都是比

較負輕傷的戰士，所以精神很好，完全以娛樂來慰勞一番的企圖上，排定
了如下的節目，獨角戲，是呂班的拿手傑作，備受各層觀衆之歡迎；歌唱
，舞蹈，毒藥，——這個戲原來是章泯的作品，以前在上海，星期實驗小
劇場曾演過，但我們現在經過多次的演出，已把劇本改動了不少，特別是
把投毒藥强調爲漢奸在茶缸里投毒藥之一種報復，兒子與朋友由顚而已與
呂班飾演，效果好極了，雖然在各處演出，都無法講舞台技巧，但幾成爲
百看不厭的戲了。

當地教育機關，要我們演一場戲給小學生看，我們都非常興奮，天眞
爛漫的小學生作爲我們的觀衆還是第一次，於是選擇了兩個較合孩子們胃
口的劇本，「小黑子」（即「秋陽」）和「放下你的鞭子」，可以容納二千五
百人的禮堂都擠滿了，唱黨歌時，孩子們的聲浪幾乎把屋子拆翻了，我們

從沒有聽見這樣的怒吼，小學生的怒吼，我們都這樣想像着，假如使全中國的孩子們吶喊起來，會使我們的敵人不寒而慄的。第二天要求續演，劇目沒有變動，但是小學生觀衆不但老早擠滿，並且據統計，因爲坐不下而退出的有一千多人，於是有了第三天的續演，劇目換了一個「兩兄弟」，這故事並不是新的，但從沒有搬演過，是敍說兩個兄弟被敵人抓住了，敵人要他們供出父親的地點來，兄弟因年輕的關係受不了刑罰想招供了，這時那哥哥設法借敵人的手把弟弟殺了，於是秘密只有他一人知道了，他甯願犧牲兩條性命，而讓整千萬的弟兄們安全了。

這天共演了兩場，劇目是「小鼎子」，「兩兄弟」，「最後一計」，「毒藥」，觀衆有學生，工人，市民，統計三天來的觀客是在一萬人以上。

兩路職工學校來接洽，要我們演一場戲給鐵路工人看，自然我們不但不會拒絕，而是非常歡迎的，我們的工作擴大到鐵路工人區域去了。

是個下着雨的傍晚，地點離開我們的住所有相當的距離，但我們的工作人員都很高興，在荒郊的鐵道旁一間課堂里，搭起了一個舞台，那是把休息在煤屑裏的枕木積來築成的。演的戲是「最後一計」和「毒藥」，路工職員都對我們表示極大的好感，願意今後有更大的聯繫。

戲演出了。觀衆有六七百人，他們是擠在走廊里，躲在梯子上，泥腿，靑布短衫，血紅的臉，紫的胳膊，可惜我們沒有帶開麥拉，這樣的觀衆，這樣的劇場，舞台，在我們演劇史上是值得留下一點痕跡的。他們還招待了一頓豐富的美餐給我們。

在夜深風雨的荒郊鐵道枕木上走回來，浮起了一種小說似的感覺，細雨浸濕了頭髮，伙伴們說，覺得很詩意。我們又結束了一天的工作。

九十六架敵機襲京紀

沙雁

同住的人，全走光了。留下的是走不動和不願走的我和老婆及他的夫人蘇信。蘇信是一位歸化的俄人，她白天服務於一所外人的慈善機關，所以，每天一大早她便出去了，至于老婆，他是每天照例的在外辦公，而我雖有公可辦，但是，倒不一定要坐辦公廳。因此，這天家里祇留下了我一個。

這天，是一九三七年的九月二十五日。

大約是早上九點三刻的時候，忽然拉起了警報，在警報聲中我鑽進了以十二元建築的地窖。

地窖的門太大，出口必須用竹籬隔起，方可避免無力之流彈，因此，我進了窖第一件事，便是搬籬笆，當我祇做了這一點事的功夫，已聽到我們的高射砲咚咚咚的向空放射的巨響了。

我這時的確並不如何心驚，大概這是爲的飛機距我稍遠的關係吧！不久，嗚……的一下，從我頭上掠過了一隻敵機，又不久，轟然一聲，不知是何處中彈了。我心下這時七上八下的跳，房子附近的高射砲，不分個的射上去，敵人的機關槍像雨點的落下來，聲音是一串的震着耳鼓。這樣約十分鐘，無傷的過了一次鬼關，但遠處的槍砲聲却緊了。

碧藍的天空，雲花數片，敵機來往的交織着。地上的高射砲，高射機關槍，一時整個的石城，到處給死的威脅窒息着了。晴朗的秋空下，人們全感到了三伏天的酷燥，臘月天的慄抖，世仇的憤恨。

這樣經過了兩個多鐘點，敵機去了，於是警報解除了。街上又恢復了交通。我趁了這個功夫走出去，打算買點吃的，但是，目的未達，又傳來了警報，這次並無傳警報的「洋喇」，據說敵機炸壞了首都電廠，無電可用。因此，我在街頭度過了緊急警報才雜在人群中跑回，不過，這時已是遍體臭汗了。

匆匆的鑽進了窖，再也顧不到其他了。

這次竄入的敵機大約是比上次多了，因為頭上的嗚嗚之聲，壓得人簡直放不下砰砰的心，同時高射砲機關槍聲，不是顯然的更密了嗎？

隆、隆、隆的轟炸聲，不絕的傳來。不斷的也有稀微的倒塌聲，給秋風送來，當時我的心是如何震動！如何悲憤啊！我想到每一巨聲之後，血肉橫飛，身首異處及殘肢斷背，雜於一片瓦礫之間，悽絕人寰的景象。我

117

想到白髮蒼蒼的老人，天眞活潑的兒童，無辜的婦女，在一刹間便會遭到絕頂之禍的悲涼。同時我更想到我自己將也許就在這時孤單單的葬身於敵人的炸彈之中！

想到這里，我是如何的爲無謂的死所震懾着啊，我憤慨日本帝國主義者的野蠻無人性，我咀咒日本軍閥獸性的殘忍，此時我整個的心給憤怒的火燃起了，熱憤的鐵淚，禁不住的掛下了胸襟。

敵人的飛機滿天飛，我們的空防像網一樣的密，這是我們民族的「以牙還牙」的抗戰，雖然南京是遭了敵人空前的襲擊，但是有誰是報怨抗戰呢！，誰不痛不欲生的打算與城同殉，與國同盡呢！

南京，我們的首都，是已準備着「堅壁清野」，決定着「焦土迎敵」以對日本帝國主義者的侵略，因此一切的犧牲在所不惜。大家都異口同聲的說：

「反正，老子只有一條命，給日本拚了，算了！」

「是的，拚了，算了。」這時我又想到了這句話。

敵機這樣無目標的轟炸，繼續的從九時半左右一直延續到下午四時半，其間分五次而來，第一次來了三十一架，以後是三十二架，六架，十二架，十五架，計共是九十六架，投彈約二百數十枚，死傷近百人左右。

事後據傳說打落了七架。一架落在中正路王府園二十七號三進院的中間一進的正堂中，未傷人，而敵機已全壞了。警報解除後，中外人士往觀者，途爲之塞，莫不稱快萬分。

另外有一日機歸落於被炸的首都電廠之旁，据說該人爲×××之砲手所擊落，機身不知落於何處。

至於被炸之處，据街頭傳說，有首都電廠，中央通訊社，中央廣播無線電台，衞生署，中央醫院之附近一帶，中央大學對門衞生事務所等處。前述各地，非平民居所卽爲商店，不是醫院，就是慈善機關，敵人無目的投彈，其蔑視人道，違反國際公法，殊屬罪大惡極！

此外被炸之地，尙有作者房後一處，投三彈，死一人，傷二人，燬房數間。此事爲四次敵機來襲之事，當時城中空氣至爲緊張，而漫天之敵機四處投彈轟炸，我高射砲，機關槍一時並發，全城至此遂陷砲火中。我一人面地伏於防空窖中，頭上的槍彈密集掃射而下，身週似中彈處極多，不過均未傷及身體，後以我地窖後的高射砲聲過密，敵機以此處有何軍事設備，於是敵人乃大肆轟炸，簡直使我失了知覺，當時我想「我一定被炸身死」，身外一切，一時使我全所茫然。及轟炸之巨聲過去良久，始漸蘇醒，至此我始有知覺，知曾一度暈去。當我醒轉之後，我又以爲我住的房子必倒，但出洞一看，才知它安然無恙，不過窗戶上的玻璃稍壞數塊及一部物件震倒而已。

經過了這次大轟炸，更使南京中外人士對於日本帝國主義者之暴虐殘酷，野蠻無理充分瞭解了，至於對我民衆不唯未達到其恐嚇之目的，反且加深了國民大衆的一致憤懣與仇恨，在人人的心坎上，把這條抗日的壁壘，越加強固起來。

九月二十五日夜，搖搖燭光下，南京。

在筧橋

陳竹平

在六年前我就沒有了家，和沒有了一切。我常夢想飛回故鄉的黑山白水，還有那一望無邊的莽原與遮蔽了天的白樺林。我的一個小妹妹常這樣對我說：「哥哥！你學會了駕飛機一定要去打日本人，打完了帶我們一同飛回來，你再帶我們到大豆田裏去捉蟈蟈！」是的！我們不能忘記那養育過我們童年的老母親。

一九三六年的二月，我踏進了美麗的杭州，我的體格是相當壯偉的，但是因爲神經緊張的原故，我投考飛行失敗了，於是只能在航空界當一名小小的機械士，南方的生活像夢一樣的常逗人縈思。

平時每天早晨四時半就起牀，忙着上廠工作，那時太陽還沒有出來，直到我們走畢上工廠二里多的路，和做完預備工作，東方才漸漸紅起來，慢慢地紅得無節制了便又淡下去。發動機流着愉快的聲音，我們做完飛行前檢查工作起飛，黃色的黑色的飛了滿天，飛行線上捲起層層的灰沙，在下工時我們的臉上竟成了沙漠。七月的太陽像燒滾的油，沒頭沒臉向我們全身澆着，一到夏天我們全黑得如焦炭。棚廠永遠流不進半點涼風，雖然機場遼闊得如塞外的原野。

七月下旬我們一部份被派擔任警戒，只要一知道敵人來襲，二分鐘內便可起機驅逐。蘆溝橋的烽火很快的又燒到上海，我們不能再忍了！是八月十四日的清晨，我們運了第一個炸彈送到日本的軍艦上，在出發時我們裝着炸彈引信，撫摸着那些幾百斤重的傢伙，像獲得什麼心愛的東西似的。下午因爲別的任務，留在機場上的別的機子全飛走了，三點多鐘光景杭市忽然響起第一次警報，——那使人心顫的悲哀的急促聲音。

雨越下越來勁，雲幕很低，半山全給埋在雲裏，環繞西湖乳形的山峯底秀影，再也看不到了。我們很快的起了機，忽然西北角上來了一大隊三十餘架，我們認得那是我們的。它們在機場上繞了幾個圈子，也爬到雲裏去了，留在地面的我們，只在附近隨便隱蔽起來，沒一會雨略停，西南角漏出一小方藍天，就在那塊藍天的角上發現了一架大飛機，單翼銀色的二個方向舵，是「客人」來了！空中勇士在很遠的地方就忙着招待。他的發動機聲音很低，我們知道這是個不速之客，留在機場上加完油待着起飛的六架，同時昇了空。客人已在我們的頭上了，他很美麗的一個九十度轉彎，下了兩個炸彈，一前一後颼颼的隨着飛機的方向斜飄下來，我又跑了幾步，等炸彈快落地時才臥倒，却睡在水裏了，訇然一聲巨響，空氣像扯破一萬張布似的向四面撕開，一股子壓力四面緊收着。一縷濃烟直衝上天，土塊像餘火花在烟裏分散，躺在地上好像有人拖了一把，我的神智很清楚，雖然那兩個炸彈只離我五十公尺光景，我爬起來想跑到隱蔽壕，在我頭上又下來一個客人，只有五百尺高度向機場俯衝下了兩個彈，又一聲巨響，沒有烟，這回却遠的。空中和地面的機關槍聲密了起來，整個的覓橋在鉛彈之中咆哮，那邊廠屋着了火了，發動機流着鬼嚎的哭聲，平時聽着是愉快的跳動，現在狂吼如同一個暴躁的女人。

七時光景全部降落，有的飛往別處露宿，晚上照明燈一亮，整個機場便成爲一個無邊的綠水湖似的。十時接到監視哨報告說，敵機由台北起飛共十五架進襲杭州，只回三架，那便是所謂遠東著名的木更津航空隊，只一天就受了重大的打擊。

十五日早晨，我們早就預備了，六時半筧橋上空發現了十二架黃臉婆子似的顳頂底水面機，那是母艦上飛起的，全數擊落在錢塘附近。筧橋也有兩架在空中着火，熊熊火光烙着死灰色的長空。鬼子跳傘了，一張雪白的菌形的保險傘，掛在空氣中，慢慢地下降，一落地就教壯丁逮住送給我們，那個俘虜壯健得如同一頭小牛，他哭傷着臉說「…………他有妻子，他的妻子異常賢慧而且十分愛他，他在很早以前就想歸附中國…………。」可是他的炸彈却完全丟在中國的陸地上了，這無恥的哀鳴！

我們的勇士他們用敵人的鮮血在筧橋長空寫下一頁鮮紅的雄壯的長詩，我們是航校的子弟！「筧橋無弱兵」！看啊！我們這一家人已經分散在整個中華老母親的懷抱裏，讓我們低飛在東北大森林的頂上，長白山巔，鴨綠江畔去啄食盡那些蠹蝕我們生活泉源的害蛆吧！

十五日的下午，我們奉命都到別的地方去，我也坐了飛機，權充機關槍射手，俯視我們祖宗遺留下來五千餘年的山河，嗘着和平的村舍，碧綠的田疇，滾滾東流的大江，懷念着天之那方我的家，我的弟妹。弟妹們希望在不久的將來，一定帶他們回到故鄉，帶他們一同去捉會叫的蟈蟈。

嘉興六日記

羅 平

抗戰的氣燄既已燃遍了整個中國，祇要是中國的土地，在事實上，所謂後方是與前方完全一樣。

當我的脚步踏進禾城（嘉興）的時候，第一眼給我看到的，就是一排被敵機炸毀了的房屋；正是雨天，那些折斷的柱棟，懸空突出，一陣斜風，一陣急雨，發出剝啄的摩擦聲和淅瀝的滴水聲，有如在嘆息，又如在啜泣。路邊坍遍了殘磚碎瓦，不消說，在這底下，又埋葬了多少條生命！

禾城似乎是多水多雨的地方，我到那裏就遇着下雨，接連四五天，雨並不大，祇是濛濛的細雨，這正合乎一個幽美的稱呼，所謂「煙雨之地」

；在過去，憑了它留住了旅行者的興味，總會在這裏勾留一些時候。自從抗戰以後，原有的情狀就走了樣，就是平日生涯很盛的船娘，現在鴛鴦湖裏卻是反常的寂寞，祇有三兩隻游艇，閑散地泊在湖邊。禾城本來是個原料交易的市場，主要的產物是絲和米，鴛鴦湖裏的游客，也是商人佔多數，抗戰一開始，到此採辦貨物的商人，日漸減少，於是這些沾點買辦餘潤的船娘，祇得擦去脂粉，露了憔悴的臉兒，走上了陸地；往時湖上那種行人的歡笑和歌聲，現已完全消失在凄迷煙雨之中了。

使人詫異的，也似乎是必然的，就是「雨前」和「雨後」的禾城便顯出了兩個世界。論理，應該是天晴市面好，但因爲敵機不斷的侵襲，當太陽照着街道的時候，常有不少的商店僅是開一扇窄門，閑着的夥計們，有的沒精打彩地注視着過路人寂寞的影子，有的在仰望遼遠的天空。可是一到雨天，他們就像是補囘日來的空閑，格外感到忙碌。街道上的行人差不多是一手拿着雨具，一手提着充分購置的日用品，這些人大半是由近鄉趕來的，他們知道下雨天進城是安全得多。這裏（包括四鄉）的商情還相當穩定，平時每月二萬元的營業稅，目前不過減低了百分之二十。其中是煙酒糖果一類的消耗品的稅收與戰前相差很遠，典業稅則絲毫未減，這是說明了貧窮的照樣以典質度日，而富有的，連消遣歲月的煙酒糖果也在那裏撙節了。這固然是好現象，祇可惜還是爲自己打算，對於認購救國公債却是煞費躊躇。

城裏有若干比較富有的人家，他們對於生命格外愛惜，多數避到鄉間去了，人數可不少，據粗粗的統計，有二三萬之多。但他們似又留戀着城市的安舒，時常差人到城裏打聽上海的消息，他們似以爲禾城不安的原因，完全因爲上海戰爭來的，而未曾想到，這是全面抗戰。任何一塊地方都有成爲焦土的可能，他們對於這次抗戰的意義似缺乏認識，與其說逃避是他們的一種敏感，倒不如說由於「富有」的累贅，而畫出了他們的臃腫的意態。現在惟有「毀家紓難」，才能換得我們永遠安全的生存，否則「難」是永無法「避」掉的。

若以禾城四十萬人口爲比例，這種自私苟安的心理究是極少數人的傾向。大多數都能担負起本分上的責任。最顯明的事實，便是「防護隊」和「義勇警察隊」的組織，不論是日是夜，他們定能準時站到自己的崗位上去，那黃色和黑色的武裝裹着結實的身體，背着新式的槍枝和閃爍的刺刀，時常在深巷中梭巡，他們對於分派着的事，總是忠心盡職的，由於他們有這種服務社會的精神，此後，這裏後方的防務，是可以純由他們去担當

181

了。這兩種部隊的隊員，都是城裏的青年市民，他們完全出於自願而且自動的，並沒有得到官方的津貼，要是各地都能如此，那麽國家的實力將增强幾百千倍，原有的軍隊可以毋須顧慮到後方的防務了●

禾城有××多名在鄉的壯丁，這些青年農民服務的精神不下於市民。有一天，記者親自去鄉間看看他們的工作，那時氣候很冷，必須穿羊毛衫才能保持體溫，可是他們還是單衣，雨水濕透了全身，但他們從沒有說過一句怨言。他們只化了有限的時間，很快就快要完工。那時候等在旁邊的，有一個送飯的老農，他說：「現在的官兵都很好，先前的官兵好的少，壞的多。」這話正可以代表一般農民的心理，也可以看出農民過去的隱痛。在他們心裏，祇要不擾攘他們的田園，官長是可以親近的，至於供獻人力和物力，他們原是非常甘心的。如果能夠給他們更深一層的軍事訓練和政治訓練，使他們淸楚地知道怎樣打敵人，我敢相信，這種潛伏在中國豐沃的疆土上的浩大的勢力，將必至成爲一支十分强悍的游擊戰爭中的生力軍。

祇是，有若干細小的地方頗使我們遺憾，在一個鎭上，有個保長私自受了一家幾百塊錢的賄，就去另行抽調別人家的壯丁。有時，他假公濟私，一家有三四個壯丁的他不抽，反去抽只有一個或兩個壯丁的人家。因爲他在鎭上相當有勢力，農民們只能偷偷在背後說：「我們知道有了國才能有家，但是辦法要公平，有錢的不要放掉……」

在×××，有個保長除了尅扣壯丁們應得的工資外，還時向他們勒索，勒索不遂，就有幾個壯丁連作了十七天工而不得替換！

這幾個事實證明了過去保甲制度有多少的缺陷，希望能在不久的將來把它克服過來。

這裏有抗敵後援會的組織，工作人員都很熱心，辦事也非常認眞，對於勸募救國公債，勸捐棉背心等宣傳不遺餘力，尤其是附設的戰時服務團，常常不分晝夜地去慰問並照料過境的傷兵，同時爲了加強自己的修養和增進工作的能力，在訓練班裏還刻苦地自己學習。

聽說最近先後接到了民廳四個由上面頒布的關於民衆救亡團體的組織方案，雖然在原則上沒有什麽差別，但是對於各部門的名稱却略有不同，以致一時不能决定遵照那一個方案辦。就個人的意見，在民族抗戰英勇地展開的目前，政令最好是統一，我們祇需要在實際工作上能夠有很好的表現，而不必斤斤於名字上的考求，固然組織的健全與否能夠影響到工作的效能，但那還是在於工作者本身的認識與工作的態度來决定的。

在短短的勾留期中，從各方面調查得來，知道工作者是的確非常努力，可是還不夠十分深入，工作還不夠十分緊張。記得有一個事實，因爲預防敵機投擲燒夷彈，曾以相當代價購置了好幾担細沙，預備分配到各處去，作爲撲火之用的，可是沙購到後就一直擱置了很久，無人顧問！

曾和來此視察的××××特派員談起了一般救亡團體的觀感，他很直率地說：「空言多，計劃多，而做事少，主持的地方往往成爲衙門，而主持者往往祇知道做官，以致民衆組織異常鬆懈，民衆認識異常低淺，這全是因爲工作不夠刻苦，宣傳不夠深入。」這是多麼值得我們記取，值得我們反省的話哪！

一天晚上民教館禮堂看第×××軍戰地服務隊公演的戲，當演到「八一三之夜」一中受傷歸家的一段，發現坐在我旁邊的一個觀衆隨着劇中人的悲傷而在暗泣了，再是「打漢奸」的場面，所有的觀衆都怒恨地一致喊出了：「打倒漢奸！」這個例子正可以說明宣傳的力量，戲劇雖是一種有力的武器。但祇要宣傳的內容爲民衆所要求，或是接觸到他們的生活，任何種宣傳都能得到效果的。有一次，我看到一個學生，跑到一家商店去，發了一張傳單，說一聲，「你們要買救國公債」就走了，像這樣的宣傳方法，誰會相信它能夠收到效果！就是標語和口號，現在也該不被認爲是主要的宣傳工具了！

民衆對於抗戰的情緒的參差，這是不能否認的，記不清是那日，在鄉下，遇到一個賣香瓜子的老婦人，偶然談起抗日的事，她說：「自從東洋人來打仗以後，我的生意也大大清淡了，我是靠這過活的，我恨東洋人，果看如到他們，我就咬也要咬他們一口！」她的乾癟的嘴，那麼[illegible]動的緊

128

閉一下，雖是「切齒」到極點，但當我發覺她的牙都已殘缺的時候，更使我深深地感動了！

又有一回，在某鄉鎮，聽到是一個什麼會長的老年人在跟幾個學生講，我聽到他的結論：「希望今後，你們不必讀別的書，祇要大家專心學造槍砲，去把敵人打退了再說。」雖然他的唯武器論，頗有商酌的餘地，但是他的抗戰的目標却已經看得清清楚楚。

光是這兩個老者，已使我們興奮，他們到了殘年，他們的血液還能這樣奔騰，何況其他壯年人和青年人？這，我們不能不感謝敵人的賜與，由他把抗日的種子分散到了人間。

目前迫切需要注意的問題是如何把這些種子好好地培養起來。也就是對民衆的組織，和民衆的教育。對於民衆的組織，我們不妨通過原有的機

187

構而把它的工作加緊起來。然而很可遺憾的是這裏擁有一二千會員的教育會既沒有什麼行動，婦女會祇有寥寥七八十個會員，雖曾一度出動勸募得五六百塊錢慰勞金，開辦過職工婦女班，訓練過船娘和女招待，但因負責者職務羈身和其他原因，到現在還沒有新的開展。漁會雖也有近二千會員，然而到現在還沒有被編制過，施行過教育。還有值得一提的是：禾城的男女工人，雖有四千以上，可是自始至終就沒有個組織。

對於民衆教育的工作，責任是在一般知識青年身上的，這裏共有六個中等的學校，四個男的，兩個女的，計算起來，人數可並不少。此外是所有城鄉小學的小學教師以及許多許多休學後閑居家中的青年，假使把他們統統動員了，我敢相信推動力是非常浩大的，對於救亡運動可以迅速而且無限展開。聽說以後每兩星期，他們預備聯合舉行大規模的宣傳，敬希望這個計劃早日實現！可惋惜的是，禾城智識份子的精神的糧食是十分貧乏的，跑遍每一家書店，竟找不出幾本新版的書，社會科學的書可說是絕無僅有，就是一般青年人所喜歡的文藝小說或是雜誌也是少得可憐。滿眼是一折八扣的標點書，出乎我意外的，和上海那樣接近的城市，會有這樣的情形，這表現出了讀者購買力薄弱？還是書商不會迎合讀者的心理？深究這兩種理由似都不大充分。由此，可見這裏青年精神生活的一斑，也就可以測度到他們的文化水準。

正是，禾城似乎煙雨多；一面能看到開明，一面能看到閉塞；但願此次抗戰或能影響他們！從另一角度看，這裏的民衆對於抗戰已發生某一程度的反應，就是生活漸次檢點。

據法院的統計，刑事已自一二〇起減至四十起，此中多數是在車站碼頭發生的竊盜案，這也許是戰時特有的現象，平日最感繁盛的風化案，是幾乎沒有了。民事是已經絕跡，監獄中四百多個犯人，被保釋以後，祗剩了四十，現在法院僅存院長，首席檢察官，推事，主任書記等五人，其餘都留職停薪。

最可樂觀的是，開征糧賦十分得手，不過兩個月，已征收到了二十五萬元，比往年超出了六倍。在這個數目上，我們知道今年是豐收的，似乎不但是稻米，蠶絲方面也相當的好，早在七月，浙蠶種場的蠶種已被定了九萬張去——那是秋蠶——雖然，戰事爆發了，但他們並不因此惶恐，未見退回一張，結果秋季出產了七千斤担新繭，本來由統制委員會十足付現收買的，因為現在要欠三成，於是農民多數在家裏自己製造起土絲來了。

這裏有四家絲廠，每廠每日平均可出十五担絲，戰事發生後，工廠停工，工人都被遣送還鄉。現在一方面接到政府的命令，一方面洋行常來催貨，急於想復工，但工人全已還鄉，他們都是外鄉人，以致不能立即復工。在這些地方，我們知道中國實業家的眼光淺，沒有能力把握營業在時局變化中的妥善的運用，祇以身的利益爲轉移，一時間的損失固然對他們不會感到什麼，但這三四千女工因此散失他方，陷於失業的苦境中。沒有在事先想個較妥善的辦法，留出一個餘地，神經過敏地預感着戰爭來到的威脅，任意把廠門關之大吉，待到有復工必要的時候，這才覺得種種的困惱。這不僅是個人的損失，同時是國家的損失，因爲此地的照料銷售的主要對象，是美法兩國，這樣一來，直接於國民經濟很大的影響。現在全城工廠的煙突，靜靜地高昂在空中，可是已看不到往日怒放的叢煙了。

禾城本來是淸靜的，尤其在發出警報以後，特別使人感到淸靜，這點我可要欽佩這裏居民鎮定的功夫。對於空防佈置得很週密，因此敵機來此不敢如何放肆，雖然來得很緊，總是高高的飛在雲間，自從幾處被炸後，都起了戒心，家家築起防空壕來。有一天，竟警報了二十次以上，記者適在途中，被一家接待，避進防空壕去，壕很堅固，分上下兩層，看他們毫不感着空襲的恐怖，反都談笑自若。

當我作這篇通訊時，幾乎每間十五分鐘，就得擱筆一次，時續時斷，常將思緒隔散。推開窗門，向外望去，禾城已完全現在黑暗中，祇能看見屋後的那條古老的運河，緩緩的流水。

「天堂」一角

得中

在八一三以前，上海形勢幾度的緊張，杭州也同樣的隨之緊張了下去。大家見面說：「上海要打了！」回答的人也說：「上海要打了！」一陣興奮，夾雜着一陣輕鬆，眼看着幾年來的仇恨和憤怒，要變成力和血的償還。

八一三夜，證實了人們的預想，大街小巷，到處漂蕩着號外的聲音，（號外是由蘆溝橋事變便開始發行了），次日晨，大家見到了記載詳細的日報，讀過，不由的吐出一口悶氣。

但這輕鬆是不長久的，下午四時，杭州便第一次正式的使用了防空警報，「嗚！嗚，嗚，嗚！嗚嗚……」市民曉得這是什麼，因爲杭州曾舉行過不少次的防空演習。不過演習總是演習，大家預先都有個準備，這次匆促其來，不由得手足失措。幸而杭州的義勇警察和壯丁，都訓練有素，馬上全體出動，佈崗街頭巷口，指導人民避難，全市秩序維持甚力。市民有的在家，有的在臨時指定的避難所里，耳聽軋軋的機聲，轟轟的炸彈聲，不免有些戰慄，直到九點多鐘，警報方才解除。

八一四正是星期六，次日星期日，早晨沒等市民醒來，敵機便又光臨，解除警報，已是上午十一時了。警報解除以後，市面便照常熱鬧起來，滿街的卡車，手拖車和人力車，裝了傢俱、人、行李，甚至於貓狗，小孩，總之，是表示的匆促維亂，在大街上跑，或向東，或向西，或向南，或向北，城里的往鄉下搬，鄉下的往城里搬，一時秩序頗難維持。

144

人力車乘時漲價，由杭州城里到靈隱寺要大洋三四元，由城站到三郎廟，一律大洋二元，不折不扣。大家都看西湖安全，西湖各寺廟，和尙臨時變成大房東，小屋一間索價十元以上。後到的租不到房，向隅而歎，只好敵機來時，坐小船到湖上避難，於是划子價錢大漲，每小時大洋一元。

接着是在杭無定事的寓公，紛紛離杭，遷入內地。在杭有職業不能脫身的，也忙着把家眷送囘原籍，大家傳說某某委員昨天也把家眷送囘某地，某某局長也把家眷送囘某地，於是委員局長以下的，一直到各機關的書記，只要手頭有路費，很少有不送走家眷的。

而同時長途汽車，因交通器具的統制，減少了班次，浙贛路又被水冲斷，不能直通。湖濱車站和三郎廟碼頭，大堆的人，堆在那里，買不到票

●本來在錢塘江從杭州上水，有兩班小輪船，這家公司，自從浙贛路通車

以後，生意一落千丈，很多輪船都停駛，大有歇業的趨勢。不料這次浙贛路冲斷，而杭州逃難的人又都急於離杭，於是這家公司，生意大佳，所有輪船都開駛於江中，尙有不夠應用的樣子。

這樣紊亂的時間並不長，不到一個禮拜，搬的搬走，留的也無處可搬，杭州市就漸漸的復歸於平靜。敵機仍是不時的光臨，除了兩天，一日二三次到三四次不等，警報來，大家躱起來，警報解除，大家照常走路，嗚嗚聲，軋軋聲，轟轟聲，大家聽慣，不再驚慌。

轟炸城站

這樣較爲平靜的過了兩月，直到十月十三日，敵機來轟炸杭州城站了。

這次是敵機六架，由杭州西北方面轉過來，穩到城站，前面三架高飛，後面三架低飛，及到城站上空，前面三架向後囘旋，後面三架陸續下飛，各投彈二枚。原前面的三架亦隨之投彈，城站共遭十一彈，站台，天橋，路軌均相當損壞。事後前往察看，路軌上共落彈三枚，均深一尺little，可見所投之彈，均非重量炸彈。路軌略有曲折，經一小時之修理，便照常通車了。

不料敵機看到這次轟炸，未能將城站毀損，十月十五日又來了第二次轟炸城站。

這次是敵機三架，飛行高在二千公尺以上，由東北方飛過來，行經城站上空，投重燒夷彈兩枚，站城當即起火，貨倉行李房及辦公室票房，都遭炸燬，延燒四五小時不熄。城站附近的城站旅館，迎轉茶社，就是我照像館等，玻窗全部震破，隔扇也都傾斜。城站郵政總局玻璃也大半震碎。炸彈屑片，有飄飛到一里以外的地方。

這一次大轟炸，使得城站附近的住民，又發了慌，羊市街福元路一帶，又開始搬家，紊亂的情形，與前並無二致。而且，市內住民，一部分神經過敏的人以爲這是轟炸杭州城內的開始，便也騷動了，大家又都搬起來，街上又充滿了裝着傢俱，行李，大人，小孩，貓狗的車。可是這次往那里搬呢？

禍從天降

自從八月十四日，敵機第一次光臨杭州以後，差不多天天敵機要來幾次，城內住民離杭的離杭，不能離的，便紛紛遷入湖濱的莊墅和寺廟里。

但是自八月十四日以後，一個多月以來，敵機始終是在筧橋一帶轟炸，沒有轟炸過城里一回，大家於是發生了神話。

其中一個神話是說：我們軍隊捉到日本空軍的駕駛員，問他們為什麼老是認定筧橋一個地方轟炸？那駕駛員說：「飛機飛到杭州上空以後，只看到一片山林樹木，毫無目標可尋，只在筧橋一帶，看到一些房舍，所以投彈總是在那個地方。」這話一個傳十，十個傳百，不久便人人皆知，說的人興高采烈，聽的人聽完念一聲「阿彌陀佛！」

又一個神話是說：「杭州從先有一個姓張的大仙，修行得道，羽化而去。張大仙是一個喜歡養鷹的人，在他尚未得道飛昇的時候，臂上總是架着兩隻老鷹。現在敵機來了，天上總有老鷹盤旋，就是那位大仙放出來的，為的驅逐敵機，不要它飛進城內上空來。」

杭州的廟宇，是多到不可勝數的，正如同以前報紙上登着發起和平祈禱念經四十九天的啓事中，頭一句便是「吾杭素稱佛地」，市民搬到廟里或廟邊去住，眞可謂在佛的脚下，滿可以高枕無憂，放心大胆了。

不料飛禍從天降，十月十五日敵機二次轟炸車站以後，飛機還不離開杭州，跑到西湖上兜圈子。裏西湖、國術館、三潭印月、瑪瑙寺、茅家埠、孤山等處，敵機均擲下小型炸彈數枚，而杭州市政府衛生科長張信培君，乘了黑牌一〇〇〇號汽車，在蘇堤上急駛，被敵機看到，追着以機關槍射擊，張某急停車避於堤邊橋下，而汽車隨之被敵機炸彈命中，起火焚燬。

這樣一來，湖濱住民，又大感不安，住在岳坟、裏西湖、白堤、孤山一帶的人，又紛然向龍井、九溪十八澗，及各山洞逃避。而敵機在西湖上空，也每每向湖中及湖濱樹林間用機關槍掃射，於是湖里的划子，也弄得沒有了生意，一小時大洋一元的舊事，只變成了一個甜密的回憶。

這樣躲來躲去，惶惶不可終日的人，並不是大多數，而大多數的人，是沒有力量搬東搬西，躲來躲去的，他們念阿彌陀佛，求菩薩保佑，菩薩不保佑時，便等着炸彈光臨。

大體說，杭州市民的防空知識是不夠的，緊急警報發出後，西子湖邊，仍然徜徉着大批的閑人。夜間，燈火管制後，西子湖邊的幾個公園里，却燃燒着一圈鬼火，原來是閑人坐在休息椅上吸紙烟，無怪×××將軍來杭看到這種情形說：「唯有炸彈是最好的教訓，敵機不在市內丟幾個炸彈，市民無論如何是不會知道小心的！」在比較偏僻的地方，緊急警報發出，大人孩子，聚在一堆，仰看飛機，仍在所不免，警察過來把他們趕進屋去，警察走去，便又出來。

改吸旱烟

商人開店，原爲的是利，眼看富人逃走，利無可圖，而自己性命交關，唯有一逃了之。店夥胆小，首先解散，繼之老板準備關門。

可是地方當局不准，非要商店照常營業不可，有的店家，夥友早經遣散，要營業已不可能，那只好關店大吉：有的無心營業，但報歇業又不得允許，只好託詞說：「家中有事，暫停營業」門上貼一張紙條，藉此不開。但大多數的，是半開門，窗板一律不開，只在門的地方，開出一道縫，這樣算是照常營業。

警報是不可預知的，突然一聲，「嗚嗚」叫了起來，商店忙着把留的一道縫關緊，一直等到警報解除以後，才懶洋洋的再把門開開。

物價漲得很高，不論什麼東西，都借了上海打仗的話，都一齊飛漲價錢，其中奢侈化裝品，尤其漲得厲害。紙烟一項，更是特出。

因了紙煙的漲價，吸煙的人，紛紛改吸旱烟，在抗戰期中，杭州各業都感不振，唯有「宓大昌」杭烟店，却作起好生意。宓大昌，原是杭州一家頂括括的煙店，其中營業除了杭市零賣以外，大宗的是向浙省各縣批發。自從抗戰開始以來，紙烟因了華成兄弟諸廠在戰區被燬，不能出貨，外國煙來源也減少，大家改吸旱煙，宓大昌的生意，一變而改爲門市興隆，外縣的批貨，不及顧到，只門市一項，已經無法照顧。所以在各商店減裁夥友的時候，宓大昌反而增加夥友，包煙包的人，都增加了好些個。

現在杭州的商店，使都是勉强的維持着。大部分是定出營業時間，過時不賣。而且在營業時間內，一聞警報，也立即關門，不管是空襲警報，還是緊急警報。

爭奇鬬麗的門面，一律改成了灰色或深綠色。入夜門前的霓虹燈不開，便是招牌燈，也都關着。一個略具模樣的都市的夜，變成鄉村鎮店的樣子。

防護團員

飛機第一次轟炸到杭州，公務員大老爺們人人都想到自己的辦公機關，一定是敵機一個最顯著的目標，於是大家一聞警報，紛紛放下公事，抱頭逃跑。

各機關，有的便開始遷移了，有的便開始分散辦公了，於是許多荒山僻徑中，平白的添了一羣羣青色中山裝的公務大老爺。

可是遷地辦公，和分散辦公，也有許多不方便，譬如調卷啦，會稿啦，都感到十分麻煩，所以稍一平靜，大家又紛紛遷回原處。

不過遷回原處，也不能安心辦公，警報一叫，大家還是要跑。

當敵機襲杭以前，各機關已經有了「防護團」的組織，什麼救護啦，警備啦，消防啦……完備得很，並且印了大紅臂章，送到防空司令部蓋過印。可是敵機來襲杭州，只看到大羣的公務大老爺，臂上掛「防護團」的銜號，匆忙忙的向家裏跑。

壯丁警察

還有名無實的「防護團」，到如今還是存在着，當警報一鳴，滿街急走的，倒有一半掛了紅的臂章，可是等到緊急警報發出，敵機聲音已近的時候，這種「防護團」，街頭已經見不到一個。

但杭州的防護工作，毫不鬆懈，是誰負了防護的責任呢？——義勇警察和壯丁。

自從八月十四日敵機第一次襲杭，一直到現在，時間過了兩個多月，義勇警察和壯丁的工作，是沒有一天鬆懈過的。

義勇警察是什麼？受過警訓的老百姓。壯丁是什麼？受過軍訓的老百姓。

他們穿上了制服，——服裝不很整齊，是在所不免的。帶上了武器——武器也很難說，有的是步槍，有的是大刀，還有的木棒，但不管什麼服裝，什麼武器，總是精神奕奕，認眞負責。

警報一來，馬上整裝出動，佈崗巷口，指導行人到避難所裏，閑人一律不准在街上亂走，記得在某城門附近，曾看到一個黃包車夫，一聽見警報，馬上放下車子，跑回家里，穿起軍衣，再出來指導行人，管制交通。

夜里，壯丁隨時都在警備着，一過十時，加着「防毒面具」（黑紗燈罩）的路燈，一律熄滅。住家的燈，如果遲過十二時還不熄，壯丁馬上來敲你的大門。

夜里，睡在牀上，忽然醒來，你會聽到你所熟悉的某某商店的胖老闆，放開大嗓子叫：「作什麼事？到什麼地方去？」他在盤查行人。

防空設備

杭州市民是惶惶然，是庸人自擾呢？還是眞有點可怕。

這要看從那一方面來說。記得昔者北方有一位大將軍，對他的部下訓話，問：「天上的烏鴉多不多？」兵士一齊答說：「多，」又問：「烏鴉拉屎不？」兵士一齊答：「拉！」又問：「拉到你們頭上過沒有？」兵士一齊答：「沒有！」於是某將軍訓話說：「所以飛機丟炸彈，一點也不可怕！」

如果按照某將軍的邏輯言，則杭州市民可謂庸人自擾了，否則，却也未可厚非。

杭州的積極防空的不充足，是無可諱言的，而消極防空的不充足，也是相當的事實。公共地下室，根本沒有，公共防空壕，也只在旗下營一帶才有，而且建築得也只能說馬馬虎虎。平民區里是沒有人管的。私人築的地下室，防空壕，大都是因陋就簡，不能應用，如果炸彈落到百尺之內，地下室便能震坍，將人活埋在里頭。公家也可代人民作好的地下室，起碼要三四十元！

所以敵機在西　　時，老百姓應當怎麼辦呢？敵機雖然在杭州，沒有向城內的貧民　丟炸彈，但別的地方，敵機是炸過貧民窟的，其道理也就不難明白的。

民衆組織

「民衆」在八一三以後，便「組織」起來了！

這「組織」多得很，一個學校一個，一個同鄉會一個……多，眞多。

後來大家說：要集中事權統一組織，結果便成了「浙江省抗敵後援會」。

其中宣傳股費了幾張油畫，掛在街頭，很使許多市民感動。還出了一份報，賣報童最初叫賣得很起勁，後來因爲購者寥寥（每份六銅元），賣報的也就減少了。

對於傷兵的設備很不完全，對於難民的救濟，也不周到。一個什麼委員會，許多辦公大老爺，仍是上午八時至十二時，下午二時至五時辦公，過時大家走散。星期天，大批難民過境，便沒有人管了。會里，大家開會議決，等由准此，相應照辦，如果一個辦事人看到什麼需要改革的地方，便須向幹事大老爺上條陳。

「民衆」組織，如是而已。眞的民衆，一部份是義勇警察和壯丁，黑夜白天，佈崗街頭，一部分則躲在家里照常吃飯和睡覺。

一條尾巴

俗語說：「上有　　，下有蘇杭」，杭州總是人間天堂的一半，兩月餘以來，飛機不停在頭上飛，冷風吹人，沉湎於西子麗色的醉翁，已經不見了。因之湖[illegible]減色。回想到「把杭州做汴州」的時代，不免使人歎惜「今不如[illegible]」！

161

七月文叢 胡風編

第一擊

亦門

一九四七

前記

這是第一聲民族解放戰爭底第一聲；和我自己底第一戰。

這是有偉大的人民熱情在內的。這戰爭，說是被領導了，是無異對於這一熱情的汚衊和篡奪的。祇要看以後，這一熱情就迅速地消逝了的事實，一切就都明白。

但是，人民熱情並非全面消逝；在若干地方牠是更瑰麗了；僅僅在我們這個不幸的領域之中牠才不再存在了，豈但不再存在，簡直不許存在的。

這也不需要其他的證明，我祇要告訴大家：這書，這民族戰爭史，這人民熱情花朵，兩次，在桂林和在重慶，都被剝奪過出版權；彷彿是在日本出版一樣困難。

這書是媽媽看過的，所以作爲獻給她的寸草的心。媽媽底靈魂是慈愛、無我、堅忍的。殘酷的人和人事終於迫她過早離我們而去了。我要以對她的痛悼和感激使自己立住；負一切責任，作一切戰鬪，至死不變！

亦門 一九四六，五，五，夜午。

1

胡風主編

七月文叢

（第一集）

目次

閘北打了起來

從東亭到安鎮是十公里。因爲愛惜皮鞋，我脚上穿了一雙破舊的不時有沙子之類從鞋底磨穿處鑽進來，瓜絡的鞋墊也碎成一片一片刺脚的東西，不怕走路的人到了這裏也祇有一肚子的咕嚕了。課目是靜肅行進、連絡法、受敵探照時之處置。……遠處有乳白色的手燈光緩慢地移動着，反覆探照着馬路底彎曲處，一下給馬路左側高大的屋影擋住了，一下又從濃黑的樹林中透出來。滿天的星，滿田的螢火，滿耳的蛙聲，反襯着這無光無聲的人流。停一下，又走一下，一個個蹣跚的背影。偶然，也有人咳嗽一聲、兩聲的。人全疲勞了，疲勞得不願意再說一個抱怨的字，祇是半意識地惰性地走着路了。忽然，有人從後面那樣緊急地趕了上來，脚踏車差不多是從隊伍中衝過去的，這裏人一下清醒起來，連忙回過頭來看，可

1

是脚踏車早巳飛了過去，星與螢火以外看不到別的東西。隊伍如夏天黄昏的蚊羣，由低聲底集結變做咆哮的夜潮，開始彼此探問，雖然有軍官們叱罵着、壓制着，聲音仍舊是浩蕩的；並且，就是軍官們也一樣在說着話，甚至有反向士兵探問什麼的。

「什麼事？」

「來了麼？——」

前面起了一陣急促的馬蹄聲，隊伍剛開始避在路邊，營長底跳躍着的遠人帶馬的影子立刻飛到背後去了。脚踏車也在這個瞬間過去，那是團部底一個傳令兵，認出來的人連忙大聲問他：

「他媽底小狗子——有什麼事？……」

「你他媽底小狗子！」遠遠地擲回來一句給風把尾巴吹得不怎麼完整的話。「團長才……一個人知道！」——

一營人立刻往回帶，課目急行軍。

人又不說話了，低着頭走，蛙聲以外，祇有一片沉重、急促、混亂的脚步聲，有節拍的刺刀在輎中的轉側聲、不容易聽出來的皮帶磨擦的「吱咕」一聲。可是，這次人卻是在沉思，全不是睡眠狀態，我也一樣，喜悅的興奮與不可知的惶惑把我底思想引得很遠。但是我底小腿是在那裏粗大起來笨重起來，沙子與石子更多地鑽進鞋子來，我痛苦得出了熱汗，變做小步子落在後面，還打算一到家裏就洗脚呢。心比脚走得更快，路卻在急行軍中反更修長，到我們這一營人回到東亭，有幾連人已經在那裏搬運東西了。滿街是兵，幾個挑了子彈過去，幾個又抬了蚊帳過來，團部門前堆滿了東西擠滿了人，河邊的幾隻船上裝卸着什麼，還有牽着驢、馬的。那時候是剛十點以後。

營長穿着汗還沒有乾的襯衣立在營部門口，看見了我，立刻止住我。

「陳排長，陳排長！……」

到我走到了他底面前，他低低地告訴我：

「今晚我們就要出發到上海去，十一點鐘登車完畢。你回去要他們趕快準備好東西，用不着的全不帶，祇帶槍枝、子彈、背包。 上海今天情形很緊張，我們已經下了決心的，不過這個這個，可以不要對士兵說什麼，嗾嗾，祇說動員演習就是。嗾，還有：你們人到齊了沒有有落伍的沒有？」

「全回來了，沒有落伍的。」

「那好。」

在淡黃色的電燈光下，他薄薄的嘴唇變做了一個微笑。我一面把右手舉起來行禮，一面也答以微笑。因爲我太歡喜了，雖然我仍舊不相信這一次眞會發動什麼戰爭，聽了這樣的話，如夢裏看見了什麼渴望的東西，也就當作眞看見了這個東西一樣。我立刻跑着回去。才休息了一下的脚，一走起來特別艱難，路上來來往往的人又阻擋着我。兩個兵抬着一捆軍衣對面跑過來，前面的一個，那樣通紅的臉色，張着口，大步大步地，把我底右肩猛撞一下，可是他頭也沒有回過來。對長官微笑，一個兵撞了長官，敢不立正，這在平時都是不合「紀律」的，可是，到了抗戰底前夜，都成了沒有意義的小玩意兒。我不由自主地後退了幾步，揉了一揉右肩，又跑了起來。

從東亭到無錫車站有六公里，一切事又都得開始做，短短的半個至一個小時怎麼對付？我還洗脚？

一回到華家墳我就去找連長，連長也正在找我呢。我還沒有開口報告他營長底話第九班班長中士應得標來找我。

「報告排長！這個，我班裏有兩個病的，這個，唵，多一棵槍，唵，祇能挑一擔子彈，……」

不等應得標說下去，連長拍了一下桌子，把茶杯都震得跳了一下，咆哮着，一下跳了起來。

「多一棵槍也要你帶，少一棵槍也要你帶！——挑一擔子彈？我連長、排長給你挑一擔好嗎？——有病？有病！放屁！這個時候來有病，有病也要去，就是死，也要去，報告你媽啦個臭屄！這個報告那個報告！……」

應得標，面向連長，給罵得臉色發青發黑，嘴唇動着動着說不出一句話。我給連長這一罵也弄得沒有辦法，祇得把營長底話來支吾。我不好過。可是連長還是「渾蛋，」「渾蛋，」「媽拉個臭屄」地罵個不止。應得標遲疑了一下，白着眼轉過身子去就走，並不鞠躬，一面走一面喃喃地在說什麼。

準備的事，連長已經知道，他還給我看了命令。他告訴我規定攜帶的東西、集合的時間。

5

照規定，排長每人祇能夠帶三十斤的行李，還是沒問題的，不能夠帶的東西我存放在什麼地方就是，或者簡直送人也可以，但是我想到了應得膘底報告心就發愁，一班人裏有一枝捷克式的輕機關槍與八枝中正式的步槍，每人攜帶二百發子彈以外還有那麼兩擔彈藥手還有特別的五、六百發，預備槍管與零件也需要一個人，這樣，一班裏得有十三名兵才夠對付，可是我這一排裏每班總祇有這麼十一、二個人，還有害病的，如第九班，十二個大病，高得勝昨天吐了血，關士邦有幾天沒吃飯了。

「報告連長！東西帶不完卻是個事實問題呢。」我抑止着憤怒，小心地用商討的聲調說。

「唉！陳班長你眞是！」連長不以爲然的樣子，揮一下手，惡毒地望了我一眼。「像你這樣帶兵是沒辦法的。兵依得的麼？兵是狗，猪，非壓迫不可！你看，他們會帶完的。你一依他，他就爬上頭來拉屎。你老依他！」

「照編制每班是有十六個人的。」我還是抑止着憤怒。自從到了軍隊裏，青年的憤怒在我是無從發洩的。但是我現在卻繞一個圈子向連長進攻了。「可是師部在我們這一連上的『記名』就有十個之多。這對於國家說，戰鬬力上是有不小的損失的。帶不完東西還是小事。」

連長底臉紅了一下，頭低下去手掌拍了一下左膝。我底話刺傷了他了，因爲他也有『吃空名子』的事。可是他卻裝做不勝感慨的樣子，大聲叫了起來：

「中國軍隊眞黑暗！我說非殺不可，我說！——陳排長你回去看一看，第三班準備好了
沒有？——那末那末每班最多可以繳一枝槍到連部來，假使人眞不够的話。好，你看吧。…」

一個營部底傳令兵走進門來，鞠躬，立正。

「報告連長去領手榴彈，一連六箱。」

「哦，那末，陳排長你排上派兩個勤務來。」

大殿、二殿裏全是蠟燭光，電線，有人在拆收，巨大的人影在牆壁上、神像上移動，震動，彼此重疊，擴大與縮小，結合與分離，側面變做正面。有幾個兵狗一樣爬在地上摸索他底什麽東西，有幾個在那裏捆背包，拍打着軍毯，還有一個翹着的屁股在看不淸楚的黑影裏，幾乎絆倒了人。地上亂七八糟地全是東西：稻草、「叮噹」發響的鋼盔、「不要體罷」的手榴彈、

「我底鐵帽子肏媽哪一個拿了」卻一脚給人踢了出來的鋼盔、背包、散開的子彈帶、衣服、扁挑，……人來往奔跑着，進進出出，口裏叫着什麼，也有彼此高聲大罵的。各種東西相觸的雜亂的聲音，拖過子彈箱來的磨擦的聲音，水壺落在地上的空洞的聲音。

我走進了自己的寢室，傳令兵胡春樵已經把我底行李弄好了，桌上有一些廢紙。第一排排長底行李也整齊地放好在門邊了。

「排長九班班長來過，段排附也來過。」

「嗯。」我從袋子裏挖出錶來一看，剛好十點半。「傳各班，快一點把東西都弄好。七、八班，每班派一個勤務，到連部集合。」

胡春樵走了以後，我用手一推，把床板上的稻草推開了一部分，惘惘地坐了下去。但是我立刻又立了起來，脫下帽子，換了鋼盔，解開了皮帶，把『快慢機』掛在身上，又掛了圖囊，又扣上了子彈帶——想，還洗脚麼？

第七班班長上士段其祥走進門來，鞠躬，含笑地。後面跟着胡春樵。

「排長是開差麼？」

一營長對我說是動員演習。」我忸怩地說了一句曖昧的話，

「排長」段其祥笑出聲音來。「這瞞什麼呢。打日本誰不喜歡？誰不巴望這一天？我保險打日本當兵的沒有一個開小差的。那一個當兵的不樂意不喜歡呢？」

「段排附早巳知道了。」胡春樵也笑起來了。那笑像操作中讚許他底動作好的時候的一樣，那樣發着光輝。

我完全窘了，我說了眞話。營長底囑咐給我拋棄了。

這個時候，應得標搖搖擺擺地走了進來，臉色是灰黑的，塗過油一樣閃亮，鋼盔歪戴着，腰上笨重地纏着三條彈子帶如彌勒佛底肚子儘往下沉。在他後面的是第八班班長中士何勝榮，也着好了裝，並且自己背着預備槍管。再後面是第八班底副班長下士姚榮女，全副武裝的一等兵陳仲元。

「排長這次要打倒日本帝國主義了。我們中國人也要出一口氣了。」

不讓陳中元試探的話說下去，應得標沉着臉叫起苦來。

「排長，我又去報告了連長，我自己出錢雇一部車，這許多東西，隨高得勝又走不得

連長又不答應，這個……」

「你多多少東西？」

「十二個人，兩個實在有唵病，又不是喜歡害病又不是我教他害病！ 我一個人背兩㮇槍，一個斧頭，一個十字鎬，兩袋子子彈，唵這個，唵這個，還少一個人背槍。輕機關槍零件，這個，唵，我已經分開，唵唵，唵……」

「排長！我班裏東西也帶不掉。」

「我也多很多東西。排長！你可以報告一下連長。」

做排長的苦笑起來。「好，每班送一枝槍到連部去。別的，想法帶吧，爲了抗日，就吃這一次苦算了吧。」

「排長！」應德標搶着叫了起來：「這樣就好。又不是吃的東西，可以，這個吃到肚子裏去的。又不可以丟掉國家底東西。不過，排長！高得勝，唵，這個高得勝、關士邦兩個人這個這個我可沒有辦法，我又不能够替他害病。」

「我這一班人最少，多一枝槍。」何勝榮說

「我東西能帶。這樣一來一去，脚都磨起泡，我怕走不了路。」殷其辯說。

「好在路近。」又轉邊臉去對何勝榮說道：「我已經跟連長說好，把槍繳一枝到連部去就是。」

「繳一枝槍以後還多一枝。」

「那末，……」很沉吟了一下。「好！你去拿一枝槍來，我來背一枝！」

「怎麼好叫排長……」

「排長也不過是一個人——你們還有別的問題麼？」

「排長」應得標說了半句話就停住了。「高得勝……」

「要副班長陪了他先慢慢地走。」

「這個，這個他底東西？」

「把背包交給胡春樵挑。」

何勝榮、殷其辯都笑了起來，弄得應得標也不好意思地在陰鬱的臉上有了笑容。隊中元底笑聲最高。胡春樵把行李用扁挑試了一試。

11

「大家快一點去準備好，時候已經超過了，」

大家退了出去。我望着「薛大元帥」底塑像，望着那神幔上的「威震天山」四個大字，想着一·二八，想着一片瓦礫的閘北，不自覺地輕輕地歎了一口氣。自己並沒有「征東」的野心，祇是不願意做奴隸罷了。自己入伍是一·二八以後的事，第一次作戰就是對日本的叛逆，假使戰爭果然發動了，這眞是自己底幸福。但是又擔憂着軍隊底紀律與自己的經驗和指揮能力，這要從血裏去試驗，這要從血裏去學習。「征東」的勝利一樣是可以有的，祇要能够堅持這個戰爭，不再像一·二八，每一個二等兵都會變做薛仁貴的。可是戰爭眞會這樣起來麼？

走出去一看，人仍舊叫嚷着、奔跑着、忙亂着，但是多數人已經着好了裝了。看一看錶，十點四十五分，還沒有集合。還有人在地上摸索一地的亂草，沒有人掃地。

「各班把地掃乾淨」

回到寢室裏，自己拿起掃帚來掃地。尹樹民送了一枝槍來。

到十一點零三分，外面才吹起哨子來。可是事情還沒有全部做了，仍舊有人來往奔跑，這裏那裏叫嚷。

遠處飄過來使人緊張的集合號聲。

連長底叫罵像一串鞭爆一樣，在手燈光裏跳來跳去沒有完結的時候。「個子彈怎麼還沒有回來？他媽啦個臭屄！——你跑什麼！跑什麼！你看我揍你個龜孫！——誰嘀咕？誰嘀咕？嘀咕的就是他媽啦個臭屄的龜孫漢奸！——集合！集合集合集合！不來不等！老子要槍斃幾個狗雞巴肏的！」……

好容易隊伍才帶走。一路上的散兵，團部門前仍舊忙亂着，一個綽號瞎子的副官也在那裏跳脚罵人。隊伍才走到大橋邊，就給別的隊伍擠住了。

從東亭到火車站這短短幾里路卻是如此難走的：人都沒有洗過脚呢。每一個步槍兵有一枝槍、二百發子彈、四個手溜彈、刺刀、鋼盔、工作器具、一個水壺、一個裝滿了雜物的乾糧袋、一個背包、飯碗與洗臉用具，有的還帶着防毒面具，這些東西在極度疲勞以後的人是並不輕鬆的。走不到一公里距離、間隔就沒法保持了，有人開始呻吟了，有人開始落伍了。我底脚像兩根木頭，祇有一半的知覺並且是異樣不痛快的知覺。沙子愈來愈多。

一個黑影落到我後面去我一看原來是有脚氣病的何凱

24

「怎樣?」

「報告排長實在走不得。」

「努力一點趕上來。」

「是，排長！」

一等兵熊建華也落在後面來，離開前面一個人大約有七、八公尺的樣子，他那樣歪了頭，一下槍上肩，一下托槍，一下又把槍掛在頸子上像一根扁挑，一下又是一個特別的花樣，把槍倒背着了。關士邦底步子像『改組派』的脚，又穿了緊鞋子，應得標跟在他底背後，一而走一面威嚇着他：「我看你是想死，你要我打你麼！」陳中元因為醫院解散才歸隊的，病還沒有十分好，也剩在後面了。梅小龍不聲不響，忍耐地走他底，看起來像一個獨行者，那樣與人無關的樣子。這樣又走了一段路，我看見了高得勝與任友梟。我招呼任友梟：

「你看有車就給他叫一部車，怕火車馬上要開。」

「哪裏有錢呢！」

「錢我有，……啊唷排長嗯我眞走不了啊！」

「慢慢地跟上來——後面還有個何凱。」

漸漸地有人偷偷地到路邊去休息了，繼續走來的人可以看見有人坐着或者躺着，有的把槍橫在路上，人一不小心就會給絆痛脚和挨駡因此大家都走到路中去。還有點起紙煙來吃的，一點紅火突然從深黑中發光，隨卽又黯淡了下去。一連人底長徑沒法計算，行列也失了形像，一定像一個擴大的散兵行了。有軍官們與班長們叱駡什麼的聲音。我自己走在一連人底後面，無形中有一種責任，我得注意落伍的人，尤其是帶着槍的。可是夜是這樣黑暗，人又疲勞與綏慢得像一隻耕極了一天走回家來的水牛，並且自己也很想這樣坐一坐，或者立一立也好。附近有貪婪地吃水的聲音，黑，看不見。

終於走到城市附近。疏疏的電燈照着人影，馬路邊有三個，那邊有五個，但是多數人仍舊集結着，不過已經不是什麼行軍縱隊底整齊的三路，而是那樣蜂屋尾巴一樣的東西。有立下來小便的，弧形的尿給電燈光照得發出白銅色的光輝來，有把背包解下來做枕頭，死了一樣躺在路邊的，有一面走一面仰着頸子灌水吃的。軍官們走過，看一眼，因爲不是本

35

連的，就像不看見地一樣過去了。第一連一直向前走，第二連、第三連、第二營、第三營落在後面落得很遠。有罵着人一直趕到前面來的，有背兩、三枝槍的，有用槍托挑背包的，有完全徒手了還是那樣一蹺一擺的。街道完全靜寂，祇有一隻狗吃驚地大叫了幾聲，叫過以後又倒着尾巴在喉頭低聲咆哮着閃入黑影中去。以外全是脚步聲：那樣沉重，那樣雜亂，把整個街道都震動了。

到火車站是十二點二十七分。

機關車吼叫着，匆匆地開過來，又匆匆地倒回去，這一節車箱拉了過去，那幾個車箱又推了回來，這幾個車箱剛結合好，那幾個又分解開了。強烈的燈光，發紅的煙，軌道上還落下來一些紅熱的煤屑來，那樣黯淡下去。月臺上這裏那裏不是高高地堆着東西，就是把東西攤個滿地，有行軍鍋灶，有子彈箱，有山砲，有機關槍。又是來往奔跑的人，叫嚷着的人，有的已經登車，脫下了衣服，開着人，也有咬吃什麼東西，把皮、核之類向車窗外面亂吐的。有一輛敞車上全是紅馬。機關車又沉重地喘息着疾馳過去，電燈光中留下了一捲銀白色的表裏通明的水蒸汽。

隊伍還沒有立住脚，就帶到別的地方去了，但是又莫名其妙地停止在一個地方。沒有登車的時間，車還沒有預備好呢。剛剛連長集合過，又是官長集合，營長又有話說了。

第一列車開出去了，火車上吹着前進號，有一個兵追着開走的火車跳了上去。時間是一點以後了。

本來我們這一團是第一列車的，可是結果卻變做第二列車了。始終沒有登車的時間，機關車始終奔跑着，大吼着。說，天明以前得到湖北，那怎麼成？

弟兄們有的去買了東西來吃，有的坐下了默默地吸煙，也有彼此談話的。軍官們全忙亂着。我給連長請去三次。最後一次要我跟了營部副官周克雄去分配車箱，一列車已經編成了。一根橫在地上的木頭絆倒了我，我底左膝上出血了，褲子在膝頭上裂開了，傷處嵌入黑色的煤屑去，我祇得用嘴去吮，吮了好久弄不清潔，一面走一面發痛。結果，別的連上都分配到了車箱，我這一連卻還等着。營長發怒了，不說話，兩眼威脅着人。原來那一個車箱，團部副官一面分給了第一營，一面又弄錯了分給別的單位，上面已經塞滿了人了。到吹起預備號來的時候，這問題還沒有解決。我走了回來，弟兄們都在等我底信，有咕嚕的，隊伍早已整

17

還好了。我把情形報告過連長以後，又跑去跟在營長與書記官邱麻子底後面總算弄到了一輛漂亮的三等客車。於是我去引了人來，人像蜂一樣，擠着向蜂房裏鑽，槍托擂在車箱上發出大聲，也有踏痛了人底腳，使後面的人叫罵起來的。

一到車箱裏第一我就卸下身上那些討厭的東西來，但是我祇在門邊找到了一個位置，人坐滿了，不，人擠滿了。末後我走到平時車上的小販們在那裏煮牛肉、燒開水、安放香蕉麵包之類的小室裏去，傳令兵胡春樵要把我底行李打開來，說我還是躺一躺好。那裏已經有了兩個人，二等兵彭輝與尹樹民。我不願意一個人享福，制止了胡春樵。我輕鬆了，事情已經弄好了。我點了名。

車箱裏嘈雜地講起話來，還有高聲大笑的。

「日本壓迫我們，今個兒我們可要壓迫日本啲。」

說話的是第一班的中士班長白洪，有聲音雖然不是最大的，卻是最清楚的。我想想笑了起來。那時候，我還是不相信抗戰真會起來的，可是我聽了白洪有底話，心很痛快。我擠着走了過去，問道：

「怎樣這一次打仗你們心裏想？——」

「排長！你看這一次打仗哪一個最勇敢！」一個兵連忙搶着這樣說，聲音是特別剛強的，也是驕傲的，暗示着他所說的正是他自己。

「哪一個還怕死嗎！」另一個不以爲然的神情。

一個兵把位置讓給我坐。

「排長！」白洪有問道：「你看中國勝呢還是日本勝呢？」

大家附和着。

「這要看你們，你們要勝還是要敗。」

段濟生大笑起來，笑得像驢鳴。另一個最會笑的兵上等兵郭少玉也那樣大笑着，笑得像一隻母鴨子。

前進號起來，車身漸漸移動起來，電燈光一明一暗地。人點起蠟燭來，不久火車就奔馳在深黑的原野中了。天上星已經變過位置，又聽見了蛙聲。

談話繼續着。

12

「我一定要多殺幾個，殺他老子一個痛快。」

「我祇要夠本。」

「不，我還要利息哩。」

火車速度增加了，聲音濶大而嘈雜，從車窗外飛進冷而新鮮的空氣來。震動均勻，有人打着呵欠，有人歪着頸子張開着口睡熟了。火車走過一座鐵橋，發出空洞的大聲。

「抗過日我就不當兵了，我就回家去種田了。」

「抗了日我死也就甘心了，也樂意。總算當兵也當出了這樣一個好結果來。」

「假使不是打日本，又是自己打自己，老子不鬬他媽底小差眞不是個人」

「眞的，在江陰營房，我倒眞想過開小差的哈!」

火車底煤煙吹進窗來，有嗅了不好受的煤氣，窗外不時有幾點火星很快地一直線地飛到後面去。蠟燭焰一下歪了過去，光收斂得很小，要滅的樣子。「砰!」幾個人不約而同地關上了車窗，蠟燭重明了。一個人用兩隻手擦着眼皮，擦得那麼發紅，一粒煤屑吹入了眼裏，哭一樣流了淚，口中痛罵着。後來對面的人那樣捧住他底頭，又用手指撥開他底眼皮吹一口氣又吹一口氣，火車連續馳過了一座小鐵橋。

「排長！你怕不怕第一次上火綫是有點怕的。」

白洪有忽然這樣問我，幾個人都笑了起來。我到這部隊來連六個月見習期間在內正好才一年。他們知道我沒有上過火綫。他們常常有這樣的表示：如我們這樣的人「一張嘴」是最行，就是上講堂是沒法和我們相比的，野外與操場也不得不輸給我們；可是他們有他們底最後一着，行伍的有的是豐富的經驗，作戰的時候能夠「沉住氣，」不怕死，反之，如我們這樣的人，聽到第一聲礮聲就沒有腦子了，事實上也往往有臨陣脫逃的。對我，他們倒不是惡意的，我和他們相處得很好，彼此互相了解到如看一潭清水一樣，不但建立了親切的感情，雖然有一次他們在火伕房裏也議論過我，給倒熱水去的胡春樵聽見了，但是白洪有說這話卻是開玩笑的成份多，因爲我正和他們一起在向我們的大上海前進，他們是不必再懷疑我的。自然，他們有一個很深的觀念，「××的」總難免如此這般，我是一個軍校學生，因此我雖然有許多地方很與衆不同，在礮火之前，這樣嚴重的問題之前，我終於也會像一個「××的」底樣子的，正像狗總是狗，即使顏色有黃有白，形狀有大有小，性格有獰猛

81

的與有討人喜歡的哈叭之分，這一隻狗決不能够完全不像那一羣狗，而像獅子或者兎子。在他們底哄笑中我倒有些窘了。我沒有想過這個問題，也沒有想到過。眞的，我祇要慮着我底指揮能力，以及他們底「發洋財」的習慣，別的，我什麼也沒有想到。現在這問題突然提出在我底面前，並且正好是必須解答的時候，我眞有點茫然了。我祇是如平常一樣，我並沒有什麼感覺，這不過我自己知道，但是我將怎樣答覆白洪有和那些含着善意的微笑那樣迫切地期待着我底回答的盯住我的眼睛呢？我不知道。我不愛「吹」，也不敢「吹」，雖然這是最容易的也是最討好的。我這樣的意識，使我們這樣一羣把死看成個自然的結束與戰鬬的必然，怕麼？不知道。不怕麼？也不知道。我沒有感覺到怕，也沒有感覺到不怕，我祇是如吃飯、穿衣一樣，不覺得有什麼新鮮氣味在裏面。我又不能够預預約，在火車中我是平平常常的樣子，礮聲響了以後會怎樣，心理上會有怎樣的反應與改變，我完全不知道，也沒有把握。

「我說老實話，」我想了一想，這樣綏慢地回答他們道：「或者我最怕死，一聽見礮聲就抖得像一個落水鬼。但是誰知道呢。我們大家看吧：誰最怕，誰最勇敢。不過我想呢到了那個時候，怕也是要死的，不怕倒未必會死，那怕跟不怕還會有什麼問題呢。連最「窩囊」的恐怕也會變成最勇敢的吧？我們，大家都是平常人，血肉做的人，黃天霸；戲裏才有。我們總勉強自己向勇敢的路走吧。怕麼，怕就是滅亡。譬如中國怕了日本，現在是多少危險呢，丟了東北、平津，假使再怕下去，就整個全完了，是不是呢。」我停了一停。大家都在聽着我呢。「最後一句話：我們要彼此監督，彼此幫助。不要因爲我是個排長，不勇敢，怕死，把事情弄壞了，你們也不好意思說話；也不要笑一個怕死的人，要幫助他，眞的，我們這個時代，正是要不勇敢的人也勇敢起來，怕死的人也要咬着牙齒向死路大步大步走過去的時代，活或者活不成的時代。」

「排長！」二等兵關士邦說起話來。他是那樣可憐的樣子、面色白而微青。他原來是在南京拉人力車過日子的。因爲車租欠得太多，才當了兵。他底綽號就是洋車。他底膽是最小的，班長聲音一大，他就像一隻老鼠躲到黑暗的屋角中去了。因爲這樣，這次行軍，雖然他正害着瘧疾，他還勉強帶着不少子彈走了來。那麼狼狽。從江陰到無錫來的時候，他聽說就要對日本作戰，開始還幾天連飯也不吃，祇是呆坐着想他底心事。夜裏別的人醒來，總聽到他

24

翻來蹬去的使軍毯下面的稻草發出不斷的綷縩聲來，他一說話，薄嘴唇那樣抖着，眼那樣不安地活動着。「排長！我就是怕，我老是怕呢！排長！我要不怕也沒有用，排長！我要不怕，我總要不怕！我恨日本人，可是我又怕。怎麼，排長，我怎樣才能夠不怕呢？」

我與關士邦底話引起了大家底爭論。我底開始的幾句話使大家失笑。關士邦底話引起的反應卻是複雜的，有的白了他一眼，有的罵他不應該當兵，有的紅着臉望着他不作聲。

「初上火綫是有一點怕的，怕過就好了。」

「可是，」另一個兵提出了反對的論調。「新兵才勇敢吶！他什麼都不曉得，他不曉得利用地形，不曉得敵人在哪裏，不曉得危險，不曉得死，祇是拚命放槍，哪裏有槍聲過來，他就祇曉得向哪裏放槍。」

結論是第一次上火綫不免有一點怕，槍聲響了以後，就沒事了。

關於我，以後在閘北的七十日中使他們信任了我，開始的時候還使他們用一雙新鮮的眼來看我。關士邦，在接觸一開始的時候就病得走路都腳軟，但是一個輕易的命令他還照樣做成，漸漸地，在鐵與火中，他終於也變得堅強了。

「排長!」關士邦因爲被幾個人罵了，更不好意思那樣心虛地望着這個望着那個。

「我就是怕，我就是要打日本，我就是不開小差——他媽底心要怕!這樣怕，現在還怕，我眞不知道怎樣才好。我不開小差，我要打日本鬼子，他媽底他坐我底洋車我就不舒服，一面拉一面想幹他，可是我又怕他底棍子。我祇是怕，並不是不願意死。」他那樣嘮叨着，卻興奮了，也特別顯得痛苦。

我陷入沉思裏。到這裏我又說道:

「誰不要活?誰不要活而且要活得享福，住在花園裏，天天吃魚翅、海參，穿綢穿羅?」我望着大家，我忽然想起，這是一個最好做政治工作的時候，自然我沒有黨派關係，我祇是根據了事實來說話。「可是日本帝國主義者牠卻不許我們享福，甚至不許我們活在世界上，活在我們中國這塊土地上，我們自己底土地上!……」

「喔!眞他媽底氣人!——」一個兵在旁邊低低地卻是那麼用力地說了這麼一句話。

「說，這是他們底『生命錢』呢。他媽啦屄!」我到了軍隊裏不久，就會隨口罵人了。

「是什麼『生命錢』呢?是他們底軍閥要想升官、有功，他們底資本家更能夠多刮中國底餓，要中國底煤礦、鐵礦，就是搶我們底飯碗！他媽啦屄！」我又罵了。「他們本來已經享福的，連我們這可憐一碗黃米飯也要奪過去，爲了他們可以更享福！——」

「排長！這一次我一定做奮勇隊，排長，你挑奮勇隊有我一個。」

一個兵不等我說完，也不給我說完，就憤急地要求我。

「我也算一個，排長，……」另一個兵遠遠地叫着，把旁邊一個睡熟的人叫醒了，憤怒地用發紅的眼望着他。

「老子肏你姊！老子到上海不殺他個『雞犬不留』！」

「我們這一次一定要打倒小日本！」

「我要捉活的，捉了來挖心炒韭菜吃，怪香的呢！哈哈哈哈！」

我底結論沒法做了，問題轉到俘虜上去了。我本來打算說下去，我們假使要活就得先去死，至少不迴避死，與我們有抗日必要的理論，以及說明抗日底結果將是什麼與必須是甚麼。可是一牽涉到俘虜問題，大家底心就更緊張了，更激動了。那樣的話我沒法再在一片叫罵中說下去；並且過分的情感也得糾正，這也是有必要的。

「你爲什麼要吃日本人底心呢？」我問那一個有一張紅面扁的臉的人，

「爲了他媽底太心狠！」

「你吃人底心不也太心狠麼？」

「不，排長！我不吃好人底心的。我心不狠。」

「日本人個個都狠麼？」

「都狠，當兵的到中國來的不狠也狠！」

「你知道這一次有一個日本議員，叫什麼名字的，要逃到中國來，反給他們底憲兵捉了去，爲了中國，現在不知道是死是活，報紙上登過，你知道這樣的事麼？」

他完全驚異了，出乎意外。他那樣瞪眼張口的。但是立刻又搖搖頭，做了一個不相信的神氣，撫摩着他手中的槍，說道：

「那是假的。」

火車又走在一座頗長的鐵橋上，「空隆」的聲音使說話費力。

「那末，我又問你，中國人個個都是要打日本的麼？」

「當然是!」他毅然回答。

「哪一個不想打日本!」另一個聲音。

「你知道有漢奸麼?」

「漢奸殺他全家!——」

「問題是在這裏:中國人個個要打日本,但是也有這麼幾個漢奸,日本軍閥、資本家要滅中國,也有很多想同中國做兄弟的人。」

「排長!不是你說這話,我就當你是漢奸!」

「陳排長!日本有好人,爲什麼個個當兵到中國來打中國呢?」

「譬如內戰的時候,你們願意自己人打自己人麼?」

「不願意!」

「不願不願!」

「那末,爲什麼會有內戰呢?這就是說,你們在壓迫下,在欺騙下,或者爲了生活問題,你們也祇得到火綫上去,去送死,去做礮灰,也去殺人了。他們也一樣。所以,你們假使殺俘虜,吃心，不但不應該，正好中了日本軍閥底計，他們可以向外宣傳說中國野蠻，使他們不同情我們；尤其，日本兵左右都是死，繳槍給我們也是死，他們就要打硬仗了，我們底抗戰就要多一年、兩年了，日本軍閥又可以向他們底兵，他們底老百姓宣傳了，——這樣，他們捉了我們底人去也會一刀殺掉的。——」

「假使我倒霉給他們捉了去，我倒願意給他殺了好！」

幾個人在慨歎着。說到了這裏，問題又改樣了。火車一下駛入了燈光輝煌的月臺，「嘘！——」放了一下氣就停住了。賣莘薺的小販們走近車窗來，口中兜售着。有下車到月臺去活動活動的，有去大便的，有去問小販們買物或者和他們開玩笑的，有問到上海還有多少路的，有跑過自來水管那裏去接了流出來的水來洗臉的。在車站上停了有二十分鐘，一列客車到了。

開車以後談話又回到怕不怕上去，我這次沒有參加竊聽到了一句話：「老兵怕機關槍，新兵怕大礮。」——「死了算雄！去屌！」

我靠在車窗上。火車完全在黑暗中前進。夜是如此黑的，可是也更接近明朝了。從黑色中我辨認出灰白色的小路來，也看出來更濃的一團一團的樹影向左肩後面飛，又是落在地上的火星。微冷的空氣與不小的風帶去了我底夢，我更清醒了。回頭看看車箱裏的人，有一半入睡了：有抱着槍的，有把頭靠在別人肩上的，有伏在自己膝上的，有半個屁股滑下了坐位，那樣歪在別人腿上的，有口角拖着十多公分長的口涎的，有給人壓得在夢裏叫了起來的。談話不知道是什麼時候終止的。他們需要休息。蠟燭熄了幾枝，剩下來的也已經不多，那樣堆積着燭淚，燭燄搖擺着，車箱裏光與影也不斷搖擺着。火車不停地駛過了一個無光的小站。

天漸漸地朦朧起來。這是漸漸地明亮起來的朦朧。火車前進又前進，不停止，也不疲勞。烏鴉飛起來了，喜鵲也叫起來了。原野裏流動着冷風與白霧。水塘與小河特別反射明亮的光彩。火車底煤煙像鬱積的怒氣，拂着天，拂着房屋，又低低地拂着田野，末後卻擴散在空中。這樣駛過了黃渡，駛過了南翔。人都醒來，不再疲勞了，洋溢着一身精力，伸一伸腰，伸一下手臂，「呱」一聲脆響。天全亮了，是八月十二日了。經過的村落裏的農人們睜了好奇的詢問的眼向這一列車立着看。這樣，火車不久就到了真茹車站，停止了，機關車脫離了，「嗚，嗚，嗚，

90

——」地叫着到別的什麼地方去了。

下車。

我們一團人在暨南大學前架槍卸裝休息，停止待命。

在車上，我已經看見過了命令與要圖。我們第一營底行進目標是閘北底宋公園路、「正圓路，」正面右翼從靑雲路起左翼到「洛陽橋」止。因爲我在上海住過，連長就要我做嚮導的樣子，可是閘北對於我是十分生疏的，這樣也就算了。但是我一下車就問當地的人，什麼地方是宋公園路、「正圓路」與靑雲路、「洛陽橋？「洛陽橋」怎樣走法？雖然上海市底保安隊裏已經有嚮導派來，我們還找了一個「老百姓」來。「正圓路」與「洛陽橋」是弄錯的，那是止園路與濟陽橋，眞要命！

上海底姿態在我是這樣熟習的，暨南大學前的商店與飯館子更使我想起被燬的中國公學與吳淞鎭來，我在裏面曾經住過一些時候。我們望着那些人，店伙、學生、車夫，覺得他們也正在那裏望着我們。事實上他們也眞在談論着我們。幾個大膽的還跑近來要看我們底捷克式輕機關槍，問東問西，我們底弟兄也同他們，譬如上海最近的情形之類。我從來沒有看見過從十六年國民革命軍北伐克復杭州以後，人民與軍隊有這樣親切，我異感動與喜歡。有人提了一桶熱開水來，弟兄們一下就一人一碗舀完了，他們馬上又弄了更多的來。弟兄們也有說這樣的話的：「我們得對得住上海底老百姓。」一小販們賣東西也隨便，不像做買賣，而是半送半賣的請客的樣子。可是弟兄們都太窮，連長有三個火食尾、一個草鞋費沒有發，能夠有錢買東西吃的是很少的，卽使有錢，他們也早已吃完了，士兵們是有錢就吃，一吃就光的，因此沒錢的弟兄祇有向小販們看看或者微笑。那時候我想，要士兵與人民融合在一起是容易的事，第一他們祇要發動抗日的戰爭或者參加到抗日的戰爭中去，第二祇要使他們有與人民接觸的機會就是了，並不是什麼艱難的事。過去我是陷在錯誤的大霧裏了。我又看見第五連底一個兵，吃了兩根油條，從身邊摸着摸着摸出來的卻祇是那麼一分多錢，他要去找別的兵借，賣油條的老頭子卻笑着躲了開去，不要他底餘價，口中嚷着

「你別別——你班長眞是……」

那時候是十點鐘左右，太陽有點燒人。我們底命令才來，我們向閘北進軍。

這又是一個艱難的路程：傷的疲勞並沒有全除去，沒有吃什麼東西，天氣熱，水又沒有

喝够，道路上裹着塵土的日光直曬着人。終於，害病的人與脚上起了水泡的走路顯得爲難起來。陳中元、高得勝都落伍了，別的排上也有落伍的。我不管連長底禁令，給他們雇人力車，可是好久找不到一輛車。我要強壯的人帶走了他們底東西，我和他們慢慢地跟在後面。他們都是一頭的汗，歎着氣，責駡着自己和病。

「嗳，倒霉，到這個抗日的時候來害病！——」

「人家不要說我怕死，嗯，嗯，自己也覺得對不住人。嗯，……」

陳中元是從軍醫院裏回來的。高得勝在這個時候害病眞太糟，軍隊裏有好多不合理的事，階級小的更不許說理由，有病就是活該。我雖然給他向連長說了幾次，要他住院去，連長卻拒絕了，理由是抗日底戰鬪力要緊。他把害病到要人服侍的人都算做戰鬪力了，其實那也有一部份眞情，因爲連上名額是如此不足，爲了戰鬪力與好看，他是不能够讓一個人下去的。這樣，他祇有跟在隊伍後面，像一隻牛跟着一羣馬。我很痛苦與憤怒。但是我底顔色與聲音都變了，我像一隻獸，無處發洩，因爲他們累我，我就十分懷恨他們。我假使有權，我眞會把他們放走的，即使他們也要抗日，即使他們不肯離開隊伍。他們常常停止下來，換一口氣，或者喝一點水。他們一停住，我就不得不停住。看他們那種狼狽樣子，像洩了氣的車輪、心裏焦灼。緊緊隊伍，已經去得更遠，尾巴上祇是一片朦朧的塵土，祇看見一些影子，和幾個半落伍的人，我認出來一個是蕭建華，一個是第一排的，不看見關士郭，大概他又給恩得標趕猪一樣趕走了。

有一輛人力車過來，卻是有人的。

又是一輛，不願意拉，膽小，我又發怒，但是我又放他走了。

又是一輛。

結果有一輛願意拉，十分願意，差不多到自動的程度，於是，高得勝坐車走了。後來，陳中元也得到了一輛，他沒有錢，我給他付了。

這樣，我就竭力趕上隊伍去。我始終沒有洗脚，也沒有換過鞋、襪，甚至皮鞋裏的沙子、小石子都沒有脫下來倒去過，一開始走路就十分受罪，到現在新沙子、新小石子又鑽到脚底來了。天熱，我解開了風紀扣，汗打濕了一身，褲管給汗黏住了，很牽制兩腿底運動。我又如此口渴啊，哪裏有水？

我趕上了隊伍。看見了陳中元與高得勝底人力車，上面高高地堆着東西這個那個底背包、幾枝槍、面盆、預備槍管堆得車夫走不動路，一面彎着腰走一面不斷揩汗。

漸漸地走到了有人家的地方。人停止做事，都到門口來看我們。我發現了一件奇事，差不多每家人家門口都擺着茶水：有碗，有壺，有桶，有缸。弟兄們一面走，一面停下來擦汗吃水。有一個額上發亮的汗眞有黃豆大，那麼拿起一碗水來，仰着下巴很快地灌了下去，接着是第二碗、第三碗……弟兄們都這樣，喝了就走，不給錢，也不道謝。自然他們多數連一個銅子也沒有。可是我又發怒了，並且大怒了，我走到一個剛把濕淋淋的碗摔在桌上的兵面前，責問他：

「這樣，就走了嗎？」

那個兵立正了。

「爲什麼不給錢？」

「我，我沒錢。」

幾個兵看了樣子，給了錢要走，可是人卻攔住了他們，把錢從桌上檢起來塞到他們手

38

中去，他們不肯收回，人也一定不要，結果「嘩啦，」一鍍摔在地上。幾個兵走掉了，可是人還追了幾步口中叫着：

「還不要，還不要，……」

「沒鍍喝什麽水！」我喝着。我輕輕地在那個兵肩上打了一拳。我從來不要打兵的，曾經發生過連長要我打兵而我終於沒有打，給連長申斥的事，我僅僅打過兩次兵，但是我看了這樣的情形，我卻第三次用了我底拳頭。

一個人走來了，攔開了我說道：

「你排長，排長，你不要生氣。你們吃一碗水算什麽。這是應該的。不要打弟兄，是我們送給你們吃的。」

「唉！你們底紀律眞嚴。」另一個人插上來。

「你們要打東洋人了，我們沒什麽可以表示，一點水……」

「不要生氣。」

那個兵還立正在那裏。聽了人底話，心更不好過，我異常感動，像觸電的瞬間一樣。我把

96

下巴一歪，那個兵才走。

一個人遞了一大碗涼茶給我，又給我絞了一把熱手巾來。我謝着，揩了汗，也喝了水。但是當我從身邊拿出幾分錢來的時候，他們卻機警地按住了我底手。

「你官長你眞正……」

「那個弟兄底錢和我自己底，我都得付，我們不能白吃你們一杯水，白拿你們一根草。」

「你眞正！你排長啃啃！——」

「那個弟兄我們送他吃。」

「那末，我也得付自己的錢。」

一個中年婦人去拿了一把大芭蕉扇出來，就立在我旁邊給我搧了起來。我連忙止住她。

她底半大的脚退了幾步，避開以後又立在較遠的地方用大力氣向我這面搧她底扇子。

「不要！不要！一定不要！」

可是我留下了錢，跑了。

以後我又給幾個弟兄付了茶水錢。

以後我又給一個弟兄付了燒餅錢，他拿着一個燒餅走了，可是並沒有付錢，賣燒餅的也不肯收我底錢，他底樣子一點沒有被搶刼或者受損失的憎惡或者不愉快的地方，反是那樣天眞地張着嘴巴笑，用愛情的眼送着那個兵底背影。

在下午兩點多鐘的時候，我們到達了宋公園路、止園路那裏，休息下來，人全疲勞不堪，飢餓。連長到營長那裏去了。有人送了開水與燒餅來，一下全完了。人把隊伍密密地圍住，和弟兄們談着。據說，搬走的人已經太多，差不多祇留了個餘數來，可是店都開着，我們經過的地方，都還有市面，就是在附近，一家老虎灶還冒着一圈一圈的水蒸汽，熱開水就是從那裏來的。此外，還有鐵店、剃頭店、煙紙店……

第一排附屬在第二連到民生路去，第二排到大通路與靑雲路去，我這一排位置在中山路與宋公園路交點底附近一個小廟裏，作爲預備隊。後來才知道，在中央的中山路上的是第三連。

一休息下來，人不是睡覺，就是想弄吃的。肚子也眞餓，沒有什麼東西塡進去，所吃的東西又太少，還有完全沒有吃過東西的人。我也沒有吃什麼。到想到買吃的東西的時候，才發現附近的人眞全搬走了，買不出可以吃的東西，上午還在的一家燒餅店也去了，雖然附近看來還像有許多人。怎麼辦！我身邊還有一塊錢，我找到了一個人，請他給我們去買一點米來燒粥吃，可是沒有等到粥燒成我就走掉了。

我跑到前面去。

在靑雲路那裏，有幾道簡單工事：一堆木材，木材後面三十公尺的地方有有刺鐵絲疏疏地凖在兩邊的電桿上，再後面是兩個拒馬。有兩個黃衣的保安隊底兵和幾個黑衣白褲的警察警戒着，不許人通過，但是仍舊有人挑着扛着箱子、行李、鍋子之類來往走。還有一個巡官。

我想到前面去，到西寶興路上去，可是巡官卻阻止了我，說日本兵正在那裏挑釁，常常到河這邊來，假使遇到了他們，那就有問題了，有人給日本兵捉了去，捉去以後就不再有消息。有日本兵來繳去過保安隊底槍，因爲有命令不許抵抗，槍奪去也就完了，人給侮辱了也就算了。可是這裏卻有一個小故事，一天一個日本軍官騎了馬跑過來，看見了我們底保安

.30

隊，下馬來，來奪他底槍。這個保安隊底兵旣要服從命令，又止不住憤怒，因此他祇得扭開了他底手榴彈底護綫蓋，預備拉拉火綫。那個日本軍官看了，馬上放下了槍，嚇黃了臉，跳上馬，逃了回去。以後就沒人敢來奪槍。

從這裏，我知道了敵人全是海軍陸戰隊，有一小部的在鄉軍人、商人，總數在八千左右。

我很失望，我不能够到前面去，我慢慢地走了回來。

人已經吃過粥，差不多吃完了。胡春樵給我留了一碗，有紅腐乳，我拿起筷子來吃了幾口，就放下了。人有在那裏洗脚的，換衣服的，還有一個洗衣服的屋子裏全是睡覺的人，背包全打開了，我也不管。

我也洗了脚，換了皮鞋。

忽然我想，我爲什麼不找一些便衣來穿呢。

我去報告了連長，說我要到前面去，隊伍歸殷其祥指揮，連長答應了。

我換起衣服來，一件黑短衣，一條帶一點紫色的灰色褲子，穿起來衣袖太長，褲子太緊。弟兄們都望着我笑，指指點點。我自己也覺得好笑。不知道是興奮呢，還是覺得好玩，我當時

40

的情緒是很難寫的。我並不把鈕扣扣得整齊，喉頭的兩個我讓牠那樣散着；我把衣袖捲起一點來，但是也弄不整齊，那樣隨便地因爲我竭力摹擬上海作風，使自己像個「白相人。」

「哈哈哈哈！你看莽長底樣子。」

「倒怪好看呢！」

可是我弄不到一雙適合的鞋子，因爲這一雙脚有一點小，因此還是仍舊穿着皮鞋吧。

這皮鞋是軍隊中用的，有兩個特徵：帶鬆緊的，鞋跟上有一個插馬刺用的彈簧小孔。弟兄們跑來跑去給我找鞋子，要我換一雙，尤其是胡春樵，他堅持着我非換過鞋子不能够去。我看看自己，這褲管是如此長，脚背全給蓋住，那還有什麼問題呢？皮鞋又如此汚穢了，鞋跟上甚至鞋面上都結着泥與厚厚的灰塵。我不相信日本人如此精細。

我走了。

但是我又回來一次。因爲，由我一開始，以後弟兄們更將大膽地到前面去，那就容易鬧事。最使我憂慮的，倒不是由此可以引起衝突，我倒是喜歡由我底弟兄首先開槍的；祇是我怕這將暴露我們底企圖與位置，而給他們捉了人去也十分不值。他們又和我不同，沒有細心，不會說上海話，更不會換上便衣的。我走回來，他們正在那裏和鄰近的人閒談，有的悠閒地吸着烟，好像戰爭是不值得大驚小怪的。多數人底聲音是愉快而活潑的。

他們看見我這樣快就走了回來都驚異了，有幾個立起身來，有幾個迎了上來，熱烈地問前面的情形怎樣。

「你們也想去嗎？」我問他們。

「排長我跟你一陣走。」

「排長！我，我也——」

「哼，」我笑了起來。「我知道我走以後你們會有人跟了走的。你們不會說上海話呀。你看，我爲什麼換了這樣的衣服弄得這個樣子？」

他們又笑起來，新奇地望着我。有的有點失望，或者那樣不以爲然的神氣。人民也望着我笑，圍住了我。

我把他們不能够去的理由說明了，接着下了命令：弟兄們一律不許到前面去。

我又到廟裏去，去拿了鋼筆與筆記本。出來的時候，我看見有二十多人擔東西走過。我立下了，聽弟兄們和人民在那裏說話。

「你們不走？嚇！你們還捨不得這個家嗎？」

一個一臉灰黑把一張麻袋做圍裙捆在腰上的青年人，那樣把一隻全黑的手舉起來，做着各種手式，反覆地說着話，牙齒在黑臉裏特別白得可愛。

「不是，不是，不過不打起來的時候我們是不走的，不走的。」

「打起來你們就走不了啦。」一個兵勸說他們。

「打死也不要緊，」那個鐵匠堅決地說道：「你們不怕死我們怕死嗎！——不走的！」

「我們是兵！——」上等兵雲克有向他解釋。

「我們是中國底老百姓！——」那個鐵匠始終堅持。

「怎麼辦哪！怎麼好哪！……」一個老太婆攤着一雙手發急得很，彷彿要求了我們戰爭就不會起來了的的樣子。「我祇有這個屋子呀！我祇有……我搬，我我搬不了呀！……」

「老太太！」說話的是陳中元，旁邊立着的是上等兵楊錫甕。「不要緊。你搬了好，這屋子我們給你看住，有我們一天就有你底屋子一天。我們在這裏東洋人是不敢來的。仗打完

48

了我們把牠再還你，好好的，一塊瓦、一塊泥巴也不缺。」

另外，一個中年人吼叫着，他赤着的大脚走着小步子，走來又走去，演說的樣子。

「哪一個走得了？有哪一個？我們也不願意走。我們怎麽走？東西全在這裏！全在這個地方！我們走到哪裏去？走了也做不了人，還是，還是死好！還是拚好！我是不走的！東洋人來中國人就走，這是什麽道理？中國人統統走，你走，我走，他走，東洋人就再好沒有地走過來了！——」

「你們還是走有我們在這裏，」

「你們一定打麽？」一個十二、三歲的女孩子問。

「不打！不打我們來『白相』！」說話的兵惜惡地看了那女孩子一眼。

女孩子笑了起來，捧着嘴躱到大人底背後去。

「你們還是走！」姚榮安口中吐出短短底烟管的銅嘴子來，揮着一隻手。「你們底房屋什麽的，一打起來就全完了，一定完的。你們在這裏幹什麽呢！」

「我們沒有錢走呀。」一個女人小聲地不好意思地說了這一句話，也就躱到別人背後去了。

「有錢我也不到租界去給外國人笑。」

「逃到法蘭西、大英地界也一樣靠不住，逃不過的。」

「逃的是亡國奴。」

「對了！我們一打起來租界也沒用，一定。」

人民與士兵都使我喜歡他們在抗戰之前多數都有進步，一直趕上時代前面去的飛躍的進步，慢慢的恐怕落後的人也要給抗戰底槍聲驚醒的。我不再多聽下去，陶醉在旁觀的地位，我要第一個到前面去看看，看敵人到底怎樣。雖然我還不敢相信這樣就真會打起來，這不過是一個美麗的夢，可是我不管夢不夢，我要抓住現實，我要做一步近一步，假戲也得真做。我這樣又到前面去了，懷着最大的熱情。

一個警察攔住了我，那個時候我已經走過幾道障礙物了。他們有命令，祇許人過來，不許人過去。

「我是八十八師底一個排長，我要到前面去看看敵人。」因為被阻，我的聲調是煩惱的。

45

那個警察十分吃驚的樣子，吃驚到要擦一擦乾淨眼再看個明白的樣子我底壓低聲音的幾句話簡直是突然駛來的紅色救火車底銅鐘。他上下打量着，遲疑地問道：

「你是……」

「我是八十八師底一個排長。」我重說一遍。

他畏縮地眨着眼！

「你排長！有什麼證……」

我把夾在筆記本裏的符號拿出來給他看。他相信了，說話也流利了，樣子特別恭敬，近於諂媚了，他把我聽見過的情形又告訴了我一遍，末後說，最好我能够去找他們底警官，那可以有許多方便。我依從了他，跟着他到一個公安局去，那是在西寶興路上的。當我們走到西寶興路口的時候，那裏有兩個保安隊底兵，警察跑過去和右面的一個耳語幾句，那個兵望着我，點了一下頭。我看見他身上掛着兩個木柄手榴彈，手中的槍是粗大的套筒毛瑟，但是擦拭得很乾淨，槍機在日光中特別光輝刺眼。他們還沒有交代，我們還沒有接防。西寶興路上全是人，全是搬東西的，但是全關了門的商店卻沒有超過三分之一，一家鐘錶店裏還開着唱機。

我跟着那個警察走進了公安局屋子裏的人全騷動起了，彼此低聲詢問。那個警察請我坐一坐，一隻手一掀白色的門簾鑽進另一間屋子去。另一個警察給我倒了一杯茶來，幾個警察並立着看我，低聲說着話。有電話鈴聲，說話的是一個廣東人。

門簾一動，走出一個人來，也是黑衣、白褲，衣袖上有幾條白色條子，褲管燙得很挺，不打綁腿。頭上是黑而有光的長髮，有點凌亂，大概有過什麼爲難的事；眼是紅的，大概有幾夜沒有好好睡過了。後面跟着帶我來的警察。

從這個警官口裏，我知道得更多。敵人常常到橫浜河這邊來搜索，示威。剛才的電話，就是報告有四個日本兵到青雲橋上來瞭望的事的。他告訴我敵人底兵力，位置：哪裏是司令部，哪裏是日本坟山，距離這裏有多少路，什麼方向。他又告訴我橫浜河在哪裏；河上有幾座橋，哪一座橋大，哪一座橋小，哪橋是什麼材料建築的，強度怎樣，載重力多大；他們與保安隊底警戒情形經驗。他和我又定好了連絡辦法。他告訴我他們底任務。這個時候電話鈴忽然響起來，這樣他一下接到了三個電話，又打了兩個電話出去。到一放下聽筒，他又匆忙地和

48

我說請告訴我哪一個地方哪一條道路是重要的……

我告訴他，我要到橫浜河對岸去，到敵人底司令部附近去看看。他稍稍沉吟了一下，點一下頭，說他陪我去。

我扮了一個警察。

橫浜河對岸底情形就大不相同，十家九家底門全嚴關着，人也看不到。

橫浜河河幅並不大，不過十公尺左右。渾濁的河水緩慢地流着，水深雖然看不出，卻可以判斷這是潮汐河，有相當障礙的深度，泥沙也很能夠發生障礙作用的。

我們立在倫敦橋上，這是狹窄的木橋，最大限度祇能夠通過二列縱隊的步兵，強度不到六噸，是沒法通過戰車的。這樣的橋在這條河上很不少，左面的坟山橋也是一樣的。坟山橋那裏有一道短短的紅牆，裏面樹木綠得可愛，密密地把一片土地籠罩着，他告訴我，這裏面有工事，情勢一緊張，就有日本兵來駐守，據他底判斷，那大概是一排人的排哨。可是我們一點看不出徵候來，靜靜地，最多有一群鳥的樣子。戰事開始以後，我們才知道，那是日軍底一個礮兵陣地，向柳營路、八字橋、西八字橋等地方射擊的礮就在這裏。我們又向右面看。他指點着，再過去是靑雲橋與大通庵橋，那是強度六噸的大橋，我們得特別注意的，我們渡過橋去，所有的街道都已經死去。我們走到了一個空隙的地方，看見了敵人底司令部，驕傲的太陽旗高高地飄在天上。那司令部簡直是陸上的無畏艦，龐大的侵略大本營。

我沉吟起來。

「——建築得太堅固，你看！這全是水泥的……上面還有很厚很厚的鋼板，鋼板上面還有很厚很厚的橡皮，瞭望臺上還有六門高射礮。飛機要炸這個東西，是很困難的。」

眞的，八月十四日、十五日我是看着我們底空軍怎樣英勇地向這個怪物進攻的：在由雲圖一樣的高射礮烟畫成的圓周裏，在如鑼、鼓聲一樣喧嘩的高射機關槍底吼叫裏，我在中山路上一家玻璃公司底樓上用望遠鏡細看，我們底空軍並沒有把這個怪物毀滅，相反，牠還是那麼平靜地睡着，彷彿皮毛也沒有一點損傷；而我們空軍底隊形，卻終於分散了，我還看見一架飛機突然發火，拖着黑烟的尾巴向敵人底陣地沉下。

他底話使我注意了周圍的情形，令是靜寂的街道與關閉的門窗。敵人並沒有構築什麼工事，我假使高興散步，我可以一直走到那司令部底門口去的，路上不會有一個小指大的阻擋。

我又想起師長底話來。一次，我們這一師在無錫底教育學院裏舉行了總理紀念週以後，師長又把我們集合在一個籃球場上，對我們訓話：「我們要不依賴飛機、大礮，用我們步兵自己底兵器就是輕機關槍、步槍，用我們血肉的身體，把敵人底司令部佔領起來！」

師長底話使軍官們都呆住了。一回到東亭，連長默默地在一張竹椅上坐着，有點憂愁的樣子，我是看得出來的。第一排排長孫廣山一解開皮帶用祇有自己聽得到的聲音一連罵了七、八句「媽得屄！」我呢，我很憤怒。我恨着那些好大喜功的高級軍官，爲了他底一個莫名其妙的小衝動與小動作，將斷送多少戰鬬力呢。有些人是以人死得多爲成功、爲盡責、爲有能力的，我一進門就大罵：「我是死定了！不客氣，可是高級指揮官也得有膽量到第一綫來走走，打打！」、我寫信給幾個朋友，告訴他們，我們將有什麼任務，戰術若何，結尾說：「我自然不惜一死。可是我卻死得有點寃枉，假使我是死了。看起來我是死定了的，任務如此，而我又夾在上下之間在上者是『既不能令，』在下者是『又不受命。』……」第二排排長䶊景愛紅着擠憂的臉，用俏皮話勸解我。

50

可是看了這樣的情形，敵人一點工事也沒有，以爲這司令部够堅固了，一點不把中國兵放在眼裏，若無其事。在這樣的條件下，我們假使給他一個奇襲或者強襲，那司令部是可以唾手而得的。

並且，看樣子，他們底兵力恐怕也沒有十分展開呢。

這使我好笑，敵人三個、五個常常來挑釁，與這樣沒有戒備，眞有些小孩子樣子，好玩。

我沉吟着。

我們又跳過去，沿河而走，到了青雲橋，又到了天通庵路附近。

一我們得回去了。日本人對於警察雖然沒有什麼，給他們看見了也不很好。並且，我還有些事要做呢。一

我同意了他底話，我們走了回來。我底步子這樣快，他有點費力地趕着我。我忽然想起，我應該走得更快些，去報告連長，要他轉報告上去，我們最好能够馬上開始攻擊。

我見了連長，報告了他敵情與地形，並且用鉛筆畫了一張要圖，連長很高興，不等我說完我底話，就打電話報告營長，帶着得意的調子，第一連做了一件漂亮的事。

51

在電話裏營長要我馬上到營部去。

我說完了話才走說最好我們馬上能够開始攻擊連長得意地但是含胡地「嗯，嗯，」地答應着，點着頭，一味要我直接去報告營長。

見了營長我說了我底意見。營長溫和地微笑着。這樣的大事，他底權力決定不了；並且司令部裏是早已有了決定的。我失望了。但是我還希望師長能够照他說過的話來做。我憂慮着，時間是不等人的。我沒有辦法，向營長提出第二個計劃來：我們現在就去佔領橫浜河一綫，馬上構築工事，控制橫浜河。並且把大通庵橋與青雲橋先破壞了。那樣，就祇有我們攻擊的時候，敵人沒有攻擊我們的餘地。

營長又用溫和的微笑拒絕了。

我走了回來，一脚跨進門就一聲長歎，倒在胡春樵給我鋪好的臥具上。弟兄們吃了一驚，不敢問我，我走路輕得像貓。遠遠地有人私議着我。

我們底人已經接了防了。

天黑下來。

忽然我想起，從青雲橋回來的時候，我看見有幾個兵在橋上，看見我們就跑掉了。我問道：

「今天誰到青雲橋去過？」

「沒有，沒有，排長！我們沒有。」段其祥回答。

「哪一個去。」中士副班長蔣光錫說。

「我看見有幾個人的。」

「那不是我們。大概是別連底。」

「別連底怎麼到我們底正面上來？」

「那不知道。」

「排長大概你看錯了。嚇嚇嚇哈！」應得標敲去了吸殘的紅烟灰，扁闊地乾笑着。

我實在不見過有人在青雲橋上的。

有人在角落裏發出酣暢的鼾聲。

是漆黑的夜，星也看不到一點。人全睡得好好地，有在夢裏含胡地說話的。忽然還是有

54

命令來，把幾個人驚醒了。那命令上說：把第七班調到嚴家閣路上去向敵人警戒接着又補充了一條，把第九班也控制在嚴家閣路上。我擦了擦眼，還想睡。但是我下了命令：七、九兩班集合。

黑夜中的電燈特別明亮，如中秋底皓月，把柏油馬路也照得發白。人分在道路兩邊，謹慎地提着槍，選擇了黑影裏走。前面兩個預備做哨兵去，槍上上了刺刀，走過電燈下面，有的時候有一陣刺刀底銳光。段其祥率領兩個哨兵到前面去，我把第九班底人安置在一家紙店裏。第七班底人全在道路邊，坐着或者抱着槍立着。人並不想睡覺，期待着槍聲與敵人，緊張，但是平靜，愉快，但是焦灼。段其祥不久走了回來。

我走到步哨綫上去。

閘北是平靜的。道路橫在刺眼的電燈光裏，沒有一個人，沒有一輛車；祇有一隻狗悠閑地走了過去，遠處偶然有一聲、兩聲的狗吠。

步哨躲在電桿的影子裏，兩眼向綴着電燈的幽黑的無盡的前面看，偶然不耐煩地跺一下腳，地上勃發出一聲回響。

「注意一點。」

「是！」

我走到嚴家閣路口西寶興路上去，一樣是燈光耀眼與無人的街道。

我走回來。

第七班底弟兄今天沒有時間睡覺了。我走到第九班去，一看，應得標在昏黑裏吸煙，由他底多痰的半啞的一聲低咳我知道了那坐着的黑影是他。一個人鋪一張白紙睡在簷前，我望進去看不出是誰來。

「誰！」一聲短而有力的詢問從門邊閃出一個哨兵來，迎着我，挺着他底刺刀。

「排長。」

聽見是我，應得標立起來，走到我面前來，口中仍舊含着烟管，一明一暗地吸着。

「排長！」低而仍舊多痰的聲音。「怎麼樣？」

接着又從昏黑裏鑽出幾個人來，包圍了我，睡在地上的人也絡繹響着爬起來，緩慢地走過來。他們向我提出了一些問題，追切而碎瑣。

55

「沒有什麼，一點什麼也沒有。睡你們底去吧。」

有的又走回去坐下了，有的又躺下來，繾綣了一會。應得標把烟管交給熊建華，熊建華立在門檻上把烟灰在牆上敲去了，裝上新烟，擦燃一枝火柴，把臉照得黃亮了，那樣吸起來。

「爲什麼我們還不打呢？」

突然，彭輝提出了這不是一句話所能够答覆的問題。他底聲音是還沒有淸醒的。

「不知道。」我心中空虛。

「排長！這個時候不打什麼時候打啊？」

「我也不知道。」我眞無味。我不高興說話。「哼！或者，還是他們來打我們吧。」

「自然，你不打人，人不打你嗎？」

我在一塊大石頭上坐下來休息，閉了眼。

忽然，一種龐大的聲音連續起來，像巨大的空汽油桶子在馬路上滾着滾着，一個還沒有過去，一個就跟着過來，滾着滾着滾着，……

夜驚醒了。士兵們都走到道路中央來，向前看。各處的狗大聲叫起來，雜亂，驚嚇。夜驚醒

56

了。

三分鐘，五分鐘，十分鐘，汽油桶子滾着滾着滾着，……

人都從夢裏醒來，從黑影中鑽出來集結到一處，驚疑不定，彼此探問有人開了窗子在樓上說話，有一個人開了門拖着拖鞋「拍搭拍搭」地走到路上來，後面的人擠在大門口。

「什麼事！」

「我正想問你這個小舅子呢。」

「排長！這是……」

我也聽不懂。

這聲音是從敵人方面來的，這一定是敵人在那裏弄什麼東西。自然這對於不懂的我們正是有絕大的關係的。

哨兵跑回來報告，喘着氣：「排長！排長排長！敵人那裏不那裏不不知道……什麼怪響的，你聽！ 我們聽了很久。……」

「知道了。原地監視去吧。」

回過頭來，我派了彭輝與一等兵陳龍飛，要他們到前面去偵察一下，看到底是什麼事。彭輝是一個最年青的兵，是廣東人，有强熱帶人持有的熱情機警。陳龍飛和一般四川人一樣，會說話，他更特別愛「吹」，但是他結實勇敢，並且也有一手可愛的鬼聰明。他們向我扶槍敬禮，上了刺刀，裝好子彈，和出籠的雞一樣快樂地拍拍翼子，半飛半跳，一下就不見了。我護着，跟在他們後面。到了西寶興路上，那聲音特別響亮，像就在前面；並且裏面可以聽出來夾着一些低低的「釘釘鐺鐺」的聲音，我聽了好久，那一定是工作器具尤其是十字鎬底聲音，後來，我又聽到了一種鋸木頭的聲音。顯然的，那是敵人在那裏做工事。偵察回來，報告說，橫浜河那邊敵人開始做工事了。一點也沒有錯。我們回來。當我們走到步哨綫上的時候，哨兵一等兵何凱對我說，他也聽到了十字鎬與鋸子底聲音，問我是不是敵人在那裏做防禦工事。

58

汽油桶子滾着！十分鐘，二十分鐘，三十分鐘，……

我一點精神也沒有，一坐下來就低了頭。弟兄們問我，我也不答應，問得急了，我就發怒。

「你問我幹什麼！」

我們沒有機會再攻擊敵人了，橫浜河已經被敵人控制了。活的情況與死的戰術，現實的形勢與空想的軍事計劃，我們怎麽不失敗呢？以後橫浜河底爭奪，我們要流多少血呢？橫浜河底泥水將換飲熱血了。但是假使我們能够在兩小時以前開始攻擊，是一定可以佔領敵人底司令部的。假使那樣，敵人失去了首腦部，失去了陸上最有價值的根據地，甚至是全部根據地，那黃浦江裏的海軍因爲要脫離陸上的威脅就得逃到吳淞口外去，那日本在上海就完了。可是現在他們卻沿橫浜河佈防起來，而我們老是等。雖然我們底兵力在三師以上，敵人不過是總數一萬名的陸戰隊與在鄉軍人。我們底將官們已經給我們決定了命運。

「決定！決定他媽啦屄！」

我本來默默地坐着的，弟兄們也都睡的睡、想心事的想心事，我突然罵了這樣一句，有幾個人睜大了眼來看我。我立了起來，拍拍屁股上的灰塵，走進屋子去，嘴巴裏牢騷地咕嚕着。

「闖我小排長屁事，老子也睡一睡去。」

醒着的弟兄不懂地望着我，雖然看不見，從他們影子底姿態我看得出來。

59

八月十三日。

天一亮，我就下命令開始做工。

人正忙碌着：有的在一家工廠裏背出大木箱來，有的在什麼地方搜索了鐵鍬之類出來，有幾個人在挖土，有幾個人攔住了過路的人要求他們幫助我們做工，有幾個商人樣子的眞走來給我們裝麻包……忽然連長來了命令：第三排仍舊回到宋公園路去做連底預備隊，把陣地交給第二排。第二排排長顏崇愛已經帶着他底一排人來了，黑着臉，脚給釘子刺傷了，拐着。

回到了小廟裏，沒有事，我走了出去。工兵們在中山路邊的草地上做工事，脫下了草綠色軍衣，全穿着白襯衣，袖管高捲着，露着精壯的兩臂，大圓鍬一下去，拋出一大塊黃黑的土來。附近的小土堆，都做成了掩蔽部。道路右邊空地上，蹲着兩門戰車防禦砲，僞裝着，遠看過來祇是一些樹枝立在這裏。向右前方看，敵人司令部上的瞭望臺那樣高踞在一幢屋頂上，太陽旗底飄動也看得清楚。那末，我們在這裏做工事，敵人是能够看個清清楚楚的。有人抬着有刺鐵絲到前面去，大膽地走在道路中央。

60

還有很多人民留着他們新鮮而又緊張地看過路的兵看我們做工事大膽地步近戰車防禦礮去給哨兵一喝又慌忙地退了回來。人仍舊在那裏搬東西連板桌也裝在小車上推了走。有一擔東西，一頭是鍋灶、碗碗廚、舊脚盆，一頭是一張棕綳、一個半新的馬桶、幾把松柴……後面跟着一個蓬頭女人左脇下夾着一大包衣服右手提着一籃雜物，裏面還有一些小菜。

說是戰時狀態呢，是。說不是戰時狀態呢，也是。

我又走回來睡覺。

「槍聲！」一個睡在神龕邊的人坐了起來，雙手抱住膝頭，看天的鵝一樣側了頭諦聽。

「槍聲！槍聲！——」

人一下全爬了起來，有幾個連忙着裝子彈帶「嘩啦」一地響，工作器具「釘鐺」着，有幾個丟下了屋子裏的東西一下衝到門外去。滿屋子的混亂，混亂的人影，混亂的脚步聲。

我戴了鋼盔扣好了子彈帶，把「快慢機」從木盒中抽出來，裝了子彈。我也衝出門去。

各處的人像一陣大風裏的灰沙一樣奔跑着，一羣跑過來，又一羣跑過去，跑落了一隻

01

鞋子，慌忙地拾起了，一面跳着走一面穿上脚去。有一個小女子子哭了起來。一個女人艱難地用一雙穿着半高跟鞋的脚跳躍着走路。又有一個女人歇斯特里地高叫着向殿家開路奔跑而去。

「拍！——」

「拍！拍拍！——」

「嗒，咚！——」

「嗒，咚！嗒咚！嗒咚！——」

「拍！——」

「嗒，咚！——」

槍聲從左前方來，密密地，像一陣鞭爆在祭神酒前。

「排長！排長！怎麼啦？……」

「眞打起來了啊！」我高興得心跳得發出大聲，喜悅得像過年的樣子。

「排長！我們衝上去！」

62

「傻子！——我也想呢。可是我們得等連長底命令。」

人不是瘋狂地奔跑着，就是半傻地立着，向槍聲來處伸着頸子，睜大了眼；各處的人都從屋子裏出來，擠在道路上或者屋簷下。

「拍！——」我們底中正式槍聲。

「嗒，嗒！　」敵人底三八式槍聲。

「咕咕咕咕咕咕咕……」這聲音從更遠的地方傳來，我們底重機關槍終於也向日本法西斯蒂射擊了。

「噶噶噶噶！……」敵人底機關槍吼叫着，聲音特別尖銳，聽起來十分切近，像就在頭上一樣，「的！的的的的！……」後來我們知道了，這是慘無人道的『炸子』就是國際上所咒詛的達姆達姆彈！自然，第一次聽見這聲音是不免有些惶惑的，但是就是再毒辣的兵器，也動搖不了我們抗戰的意志。

「打了打了！」

「好了，我們有幹的了。」

68

「幹！幹他奶奶底雄！」

「排長！怎麼？連長底命令還……」

「總有我們打的。」

「我沒有第一個開槍，唉！」

「我也想由我這一排第一個開槍呢。」

「排長！何忠祥找你。」

「鏜嚓嗚～～～轟啦！」

敵人底礮也開始了射擊，一個礮彈嘶叫着從我們底頭上飛過，落到後面什麼地方去了，大聲爆炸了。

「鏜！嚓！鏜～～～嚓嗚～～～」

又飛過了幾個礮彈。可是我們並沒有聽到爆炸聲，不知道由於來了連部底傳令兵分散了我們底注意力，還是由於別的原因。

「報告排長！」何忠祥一面說話一面舉起祇有三個手指的右手來觸在遮陽角上向

我行禮，「連長命令，第三排趕快準備好。」

「是！」

和我同時，一個兵叫道：「還等這個時候來準備嗎！我們第三排命令沒來就準備好了。」

何忠祥匆匆地跑步回去。

「怎樣，不是也有我們底麼？」

「是我，我——下就把日本人衝『跨！』」

「吹什麽嚇我才——」

「怎樣咱們等一會看！」

上等兵俞仁義和陳龍飛各自逞能。

「鏜嘛~~~嗚嗚嗚~~~轟嘭！」

右後方大約二百公尺的一座紅色樓屋中了一礮，空中冒起一陣紅烟。

我看看我底兵，一個個都緊緊地握住了他底槍，有的一臉的光輝，含着笑，有的咬嚼嘴

65

局沉默地望着遠方。我又看見了害病的高得勝，他底臉色黃得像一塊泥土，可是他底腰也那樣挺着，手裏也那樣緊握着槍口中還悠閑地叨着一枝紙烟，這是槍聲起來以前我沒有看見過的。我本來看了他們就發愁，抱歉，有的時候還憎恨，現在看了，卻喜悅。我再看看陳中元、梅小龍、關士邦，他們也喜悅與興奮，一下全沒有了什麼病容。最奇怪的是關士邦，他平時那樣害怕，在火車上還十分憂愁，到了這個時候也不過如此，不過臉色有點發青就是。

在槍聲沒有起來以前，我還不敢相信這次眞會發動什麼抗戰的。過去的屈辱與他們底政治態度使我憤恨這些人，更談不到信賴。可是，現在，這已經由從我們這邊發射出去的子彈給我證明，中國眞正抗戰了！雖然第一發子彈並不是由我發射的，其實，祇要有人發射第一發子彈，祇要有人發動抗戰，這在我是同樣値得喜歡的，我都有最大的喜悅。

「拍拍！——」

「嗒，咚！——」

雙方不斷地互相射擊着。

一個兵口中興奮地叫着「幹起來了啊！幹起來了啊！好啊！」跑進門去，把一個舞着兩手的兵補了一下把那快樂地喧笑着的唇角補出血來。但是他們並沒有起衝突，和好地，祇和平地罵了一句：「你媽底高興得眼也肉瞎了。」

幾個兵拉着手在門邊跳躍着，像一羣天真的遊戲着的孩子。

一個兵走着臺步用打嚴嵩的調子唱着：「忽聽得析礮響一聲，在閘北來了我這革命軍：……」

總之，如鬱悶的雲層裏迸出了暴風雨，閘北打了起來！

一九三八，四，二九，衡山，師古橋。

從攻擊到防禦

原則是早就決定了的戰略上採取的是消耗戰，戰術上採取的是決戰防禦。

一千九百三十七年八月十三日的閘北，有一個高大、明朗的天氣。人底心也高大、明朗，像所到的地方並不是血和火的戰爭底門，而是自由、解放的、幸福的道路。不怎麼深的青天上有不多地幾小塊白雲在金屬的日光裏悠閒地浮動，下面映照着紛亂的人羣、軍隊和人民：軍隊已經展開，陸軍第八十八師底一個團，第五百二十三團，佔領了青雲路至八字橋一線的正面，縱深從西寶興路附近展到柳營路底尾巴。它底右翼是第五百二十四團和上海市保安隊，包含着商務印書館一·二八的遺骸和龍頭那樣高舉着的北站大廈，一直和租界接合。左翼是第二百六十四旅底一個團、陸軍獨立第二十旅和陸軍第八十七師，從方家木橋通過江灣，直到吳淞第五百二十七團或者第五百二十八團，作為師底預備隊控置着。

這個時候，一條路上有兩門戰車防禦礮用人力挽曳匍匐在行樹下面。中山路上特別忙亂，工兵營在道路兩側草地上構築掩蔽部、重機關槍掩體，密集地穿着白色襯衣，遠望過來像落滿一地的殘梅，每一個人都彎着腰，黃黑的泥土一鍬一鍬地抛到空中又落到地上，新土底顏色使草地底一碧綴滿暗黃斑點，其中一部分還到什麼地方去埋設作為地雷用的藥包，或者迫擊礮彈和手榴彈來來去去的傳令兵在脚踏車上飄忽得像水邊拾食的小魚；有一連步兵住在一處玻璃公司裏，兩個藍衣的火伕正抬着一箱手榴彈走進門去；一門二公分一的歐力根小礮停止在路邊，用樹枝掩蓋着，一個軍官把自己底鋼盔做坐具坐着吸煙，一蔟兵散坐在牆邊樹下，一個礮手在檢查礮彈；七、八個兵抬着七、八捲有刺鐵絲走過。和西寶興路直交的每一條道路路口附近，人用麻包裝滿了泥土新造或者加強巷戰用工事，軍隊和人民一同工作，幾個人挖土，幾個人裝土，幾個人把裝好土的麻包橫斷道路地一個一個壘成那麼一道；缺乏麻包的地方就用兵士們自己從各處找來的裝運貨件的木箱、鐵皮和木頭的容桶、竹製的籮筐之類來裝土；也有用桌子、門板、鐵床、玻璃燒鍋等東西淩亂地堆着的；或者把路面挖一條溝，簡單地用除土鬆散地堆積在前面了事。人民不比軍隊少，搬家的搬家，幫助軍隊做工的幫助軍隊做工，沉着的仍舊若無其事地做自己底工作，或者立在門前路邊閒看。

不遠的地方，敵人司令部上的海軍旗有一種挑釁的姿態，倨傲和無視，玩弄着天空裏的微風，賣弄地伸伸拳頭伸伸脚。但是現在敵人已經嚴密地戒備着了，昨天，整整一夜地是混亂的工作聲和汽車的牛叫。我們到達閘北已經兩天，還沒有下攻擊命令；並且有利的橫浜河也不屑佔領，人祇有吃飯、睡覺，焦急得跑到道路上來胡亂張望一陣，又沒勁的怪樣子走了回去。

但是終於來了命令：第一營向青雲橋、八字橋等處攻擊。

假使我們取得了八字橋，那敵人不但不能够向江灣伸過脚去，我們更可以從這裏獲得一條深入敵人心臟的路，把敵人包圍得更緊，隔絕牠底外援，威脅牠，壓迫牠，甚至殲滅牠。

71

第一營底作戰部署：第一連附重機關槍一排，正面地主攻八字橋；第一連在右翼，向青雲橋、中山路、民生路當面之敵佯攻，牽制敵人，策應第二連底攻擊；第三連爲營底預備隊，在第二連後依戰鬥進展跟進；第一營後面有迫擊砲一排，還有別的步兵。

第一營營長蕭冲漢是三十多歲的一個矮小的廣東人，階級是超級中校，說話的時候常常嗅辨什麼氣味一樣鼻中接連地猛吸着氣，還愛聳聳兩肩，眼看人的時候有一種介於威嚴和仁愛之間的強光。不久以前，他到上海、寶山、嘉定、崑山、常熟、蘇州各地來參謀旅行過，地形、戰術都細密研究過，敵情和自己底企圖也完全明白。他沒有把敵人放在眼裏，受領了命令仍舊是一臉溫厚的微笑，用鬆懈的聲音說話。他知道，我們底大軍還沒有集結完畢，尤其是礮隊還沒有到，今天的攻擊並不是嚴重的決戰，要一營人奪取敵人底司令部，尤其是在敵人已經警覺了的狀態下面，這像用一杯水去熄一車柴的火，是不可能的；這祇是一個證明態度的抗戰發端，驅逐敵人還得略等一等。並且，師長底主張是步步爲營逐漸推進的「穩扎穩打」，冒險的絕對進攻是不被許可的。一營人底作戰部署，這樣才決定下來。他心情輕鬆，又聳聳兩肩，望了一望碧天，忽然想起昨天的兩國來，覺得這氣候好得太像，和一·

72

二八所經驗的全然不同，沉醉着，直到第二連連長柴正源和他說話的時候他才朦睡的人給蚊子尖刺一下地眨眨清醒的眼，鼻中發問一聲沉濁的「唔？……」

忽然，左翼起了一片激烈的槍聲，像夏夜原野底遼闊的蛙鳴；但是不久仍舊恢復平靜，平靜得像無風的一池水。

時間是上午九點多鐘的樣子，一營人開始在出微汗的日光裏喜悅而新鮮地向橫浜河挺進。一個兵拍拍走在他前面的兵底背脊，那個兵回頭來看，以爲有什麼話說，這個兵笑了一笑，伸伸鮮紅的舌，並不作聲，那個兵微笑一下，回過頭去。這個兵一連拍了那個兵底背脊四次，做鬼臉四次。末了一次那個兵討厭了，把手向後面一摔，罵道：「你討厭什麼！」這個兵捫着嘴好笑，微微彎了腰，幾乎破壞了行列地落在後面四五公尺。

第二連一連人由柳燐路攻擊前進，利用着一路的樹林和房屋掩蔽着接近敵人；二、三兩排爲火線，第一排爲預備隊。

八字橋是水泥的，過橋以後兩側是竹籬，樹木很多，再過去一點有一道堅固的圍牆，這是有軍事的價值的道路上一樣有麻包疊成的工事，有幾個哨兵。附近還有一座狹小的黑色木橋。一班人偷偷地摸過橋去，沿着竹籬散開．敵人並沒有發現，其他的人在橋底這邊，沿河伏着；有的還在後面；有一班佔領了河這邊的一個發臭的牛皮廠，向敵人架好了輕機關槍。但是，當他們還想偷過橋去的時候，敵人底步槍開始射擊了，接着輕機關槍也一個罵街的女人那樣尖叫起來：

一嗒咚！嗒咚！嗒咚！嗒咚！一

「嘀！　銅嘀嘀嘀嘀嘀！……銅銅銅銅……一「嗶！……嗶嗶嗶嗶嗶嗶嗶……」

兩軍底前端這樣接近，三、五十公尺。

首先和敵人接觸的是第二排底第四班，接着第六班也從牛皮廠底一個窗口射擊敵人。幾個敵人給打倒在地上，裏面一個一隻手像給火燃燒着的頭髮那樣在空中畫了個扭曲的半圓，緩慢地抽搐了幾下。第五班有四個人給敵人打死在橋邊和橋上，一片有光澤的血和太陽爭鮮紅，把灰白色的橋面染過了一部份。一個兵兩條腿給敵人底輕機關槍集中火力打了下來，他兩隻手緊握着橋欄那樣痛苦地扭動着身體，彷彿要把橋欄拆下來的樣子，但是他底力量不够，他那樣悽厲地呻叫着，一陣日暮的秋風吹過樹林一樣，斛背聳長，由低而高又由高而低，裏面還夾雜着半枯的葉子底顫觸和小鳥底啁啾，但是當另一個兵匍匐過去想幫助他的時候，他那蒼白的嘴唇裏卻吐出霹靂一樣的吼聲來：「你管我幹什麼！——」接着聲調又忽然軟弱，沉悶的簫聲一樣顫抖。「打你底去！打你底去啊……」一個兵一抬頭，死了。一個兵突然一個躍進，想衝過橋去，迅速得像一隻燕子，彎着背脊像一隻人猿，但是他才到橋中，給什麼笨重的石頭一樣的力量猛撞一下，那麼彈簧一樣軟了一軟，第二粒子彈使他倒下了。

一個接着又是一個，手榴彈在空中翻滾着落到圍牆裏去，「鏜啷！——鏜啷！——」在白烟裏，敵人底一挺輕機關槍沉默了。又是手榴彈。

重機關槍開始在橋邊準備射擊，但是位置低了，橋擋住了瞄準線，根本不能夠射擊，更說不到超越射擊。中尉排長俞標吼叫着，叱罵着槍長，一臉火紅。一挺重機關槍這樣就到橋上來，冒着「噗，噗，吱……嘡啞嘡啞！」地叫着的子彈，射擊起來，子彈打在麻包上，打在紛亂的敵人裏，打出一片瀰漫的烟灰來，多數敵人逃進圍牆去，七、八個給打倒了。敵人的輕、重機關槍全數開始猛烈掃射。立刻，這裏另一挺重機關槍和六挺輕機關槍也發揚高度火力向敵人制壓。雙方底子彈都和夏天的暴雨一樣，橋面也給打得冒烟，破碎，有碎屑跳起來。從後面來的迫擊礮彈拖着嘶聲一個緊跟着一個落向敵人底陣地，「鐺！鐺！鐺！鐺！鐺！」人耳朵裏塞滿了混沌的大聲，礮彈爆裂，子彈尖炸，火藥氣體爆發，不能够思索；眼裏遮住了混沌的翻滚着舒捲着的一片灰白的烟灰，突然從地上高高地向天空飛躍起來的一陣濃黑的泥上，難於細看事物，困惑在動的朦朧裏，沒有新鮮空氣，人所呼吸的是硝味。

人躍進，跌倒。射擊，匍匐，臥倒，呻吟，慘呼，血汚，死亡，……

終於兩排人全興奮地衝過橋去，一些人上了帶刺眼的白光的刺刀。第一排已經推進到牛皮廠和沿河一帶，第二排排長王作藩高舉着自來得手槍。

敵人依據着工事頑強抵抗，少數的人向後奔逃，給打死在路上。

但是正在這個時候，第一排正預備也衝過橋去，敵人底擲彈筒殘暴地密集射擊起來，橋底附近更打成一片迷茫。一個兵一身的血向前衝，血一點一點地滴在路上，像地圖區例上的國界，同時，敵人底兵力增加了，有汽車聲音。敵人底平射砲開始震撼了每一個人底心，震撼了每一寸中國底土地，自然這並不是單純的恐怖的震撼，這裏面更多的是憤怒和與奮。「嚓！嚓！嚓！嚓嗚！——嚓！嚓！——鐲！蕩！蕩！豁喇！——鐲！蕩！蕩！——」頭上玻璃一樣的天氣給一種東西割切着，前、後、左、右的空氣在大聲裏給撕裂成一小塊又一小塊，粗暴地撕裂一次又撕裂一次。……一挺輕機關槍中了一礮，和兩名射手同時把生命獻了出來。硝味更濃。弟兄看不見班長，班長找排長，排長這裏那裏呼叫，發怒。附近的房屋瓦聲「嘩啦」地有一處起了火，黑煙像一枝擺動着的尾巴細細地豎在青空底一角，紅黃的火點然地和太陽爭光，一羣巨蛇一樣盤絞着伸縮着貪婪的舌。

「不許後退！」連長底命令。

「不許後退！」排長一臉的汗從粗大的喘息裏騰挪出這樣的聲音來，又向前躍進一步，但是他立刻又臥倒了，艱難。

「前進！前進！」各處的聲音。

雖然沒有一個人不急於前進，但是什麼人能夠再前進呢，一抬起頭來就會死的。有幾個兵企圖匍匐前進，蛙一樣在地上爬一步又爬一步，結果還是放棄了前進的決心。沒有人動搖，更沒有人後退。一個傳令兵剛開始向後跑，立刻像一片枯葉從高處落下來，痛苦地在

77

地上擂滾，離開達到任務很遠。第二個傳令兵一樣受傷躲到河邊草叢裏去

後面的迫擊砲啞了。重機關槍沒有聲音，輕機關槍也射擊得異常吝嗇。祇有步槍還疏疏落落地響着命中敵人。敵人底平射砲延伸射程了，砲彈用不完的樣子，黃昏的歸雀一樣多地飛行的聲音把天空蓋沒了。後面又有地方起火，房屋中砲崩倒的聲音連續響着。敵人用砲彈阻住了第三連底增援，割斷了前後聯絡，並且使第二連退不下去。假使敵人底海軍陸戰隊勇敢一點，來一個出擊，那第二連就完了。但是一輛戰車挾着震撼的金屬的巨聲出現，在這個為難的時候，增加了兩挺重機關槍，彷彿要把第二連生吞活剝下去。

人利用竹籬，柴籬根伏着掩蔽自己。但是仍舊不甘心地用步槍射擊敵人。

柴正源，和蕭冲漢一樣矮小的湖北人，不知道擔憂好還是發怒好。他祇控制着一排人的兵力在牛皮廠那裏，爬在一個窗口上張望着，他看見了很少地幾個人。他的二、三兩排還存在不存在呢。但是他沒法把預備隊增加上去。「討厭！」他肚子裏自己咕嚕。「殺頭麼——應該殺哪一個底頭呢！」他抖了一下，俞標忽然出現在他底面前，沒有了右下臂，面白如紙，一身的血，右褲管全濕，紅深得發黑。

78

「怎麼你！——」

「報告連……長！」湖南人呻吟着，眼深遠而黑。「第一槍毀了。」

「那你，」他又抖了一下。雖然俞標是機關槍第一連底人，他和他卻有着同事七年的感情，他是並不怕血的，但是他看了朋友底血卻完全惶惑了。「你下去，你下去，……」拒絕地搖着手，他不要看，他把頭去看別的什麼，仍舊湊近窗口去張望起來。

「啊唷！痛——還有，還有一挺槍沒有人指揮了，唉！……」

「你下去！……」頭並不回過來。

一個傳令兵用綁腿和一些衛生包束縛了俞標底斷臂，扶着他走出門去。他閉了眼，眼前立刻凝成一個影子，那麼一個比他年靑十四歲的女人，含着熟習的微笑，肚子神祕的膨大，那是他底留置在後方的懷孕的妻。他一驚，突然睜了眼，深遠的光有點茫然的憂鬱。「我不應該結婚呀——到了現在又悔什麼呢。」他想着，一下眞切地感到戰爭底殘暴，日本帝國主義底兇惡的牙齒把他嚼得粉碎了。他底頭有一點發暈，像過度勞動後要睡熟還沒有睡熟這樣一種發暈。「我沒有一個錢，怎麼了？第二槍，唉，黃秋是指揮不了的……」他痛假著，想回轉去。但是他是這樣軟弱呀。「我應該靜一靜麼，不要多想……」他讓人扶著閉了眼，蹌踉地走著，一下左脚絆在右脚上，一下右脚絆在左脚上。但是他一下又睜大了眼，問扶他的人：「唔，你聽，是我們底機關槍麼？……」又起來一片槍聲，人沒法分辨。

柴正源在窗口上張望了一陣，擱弄著一雙手，命標底影子固定地浮在他底眼前，他向東，牠就在東邊，他向北，牠就在北邊，他看著橋，牠就立在橋上，他看樹，樹就是牠，他不要看，他也不要想，但是他沒法擺脫牠。

戰車顛簸着，緩慢地駛過來。一個兵瞄準了他底展望孔，一個兵投擲了一個手榴彈。戰車底後面，有二十幾個敵人，分散在道路兩側，兩個散兵行的樣子，彎了腰，預備咬草地上的麻雀的狗一樣，謹慎的緩慢裏藏有矯捷，跟了過來。一個班長一連投擲了九個手榴彈，嚇，投擲得好遠，一個跟一個那樣翻滾着超越戰車直落到那些跟隨戰車的敵人中去，敵人開始混亂，像狗一樣奔跑，叫喊，躲避，倒在路邊，手中的槍拋在地上。王佳壽也投擲了幾個手榴彈。兩隻眼像偷食的老鼠。兩個兵挺着刺刀迎上去。戰車開始退卻，不知道為什麼。

槍聲稀少下來，「鋼！——」一個榴霰彈在空中炸裂，煙像一團晴空的捲雲，有力地

旋舞着。槍聲也變成偶然斷續的射擊，

第一排排長中尉趙明傑走到坐在屋角捧着臉沉思的柴正源面前來。

「連長！這不是辦法。」

柴正源抬頭看了一看，有一點惶惑，他仍舊在想俞標的事，爲他底影子所苦。他記起了什麼事來地聽到了他底排長底話，點一下頭，又低下頭去。兵力太小。假使兵力大呢——那，容易，我們強渡，從兩翼夾擊牠。可是今天眞有點……其實預備隊上來了也就衝過去了。

「小兵力的攻擊，怎麼成！這叫做是自己送死！——」趙明傑一身憤怒，黃黑的臉皮顯得更黃，繃緊。

八字橋這樣就成爲膠着狀態，停滯下來。

第一連底第二排攻擊青雲橋，隊伍剛前進到橋邊，敵人也正到橋底那邊，形成了一個不期的遭遇，彼此都來不及射擊，一見面全向後轉，像把兩枝磁針底同極放在一處一樣。

上等兵侯方勝立刻跑到河邊的一幢小樓上去，輕手輕脚，心在跳。聽到有人說話。對岸的屋頂上，幾個敵人爬了上去，正在那裏架起輕機關槍來呢。他，心跳得更急，有點發慌，連忙

把自己肩上的捷克式的輕機關槍放下來，打開脚架和托肩板，裝了滿滿一彈夾的子彈， 88

「達！達！達！……」一個敵人連輕機關槍一起從瓦上滾下去，另一個也受傷了的樣子，那麼不靈活地爬過屋脊去隱沒了。他驚呼起來，「喂！……」他急得很，怎麼後面人不跟上來？

後退的人克服了混亂，重新向前。

敵人一個密集的縱隊行軍一樣搶到橋邊來，「達達達達！……」打死幾個逃散了。

雙方互相射擊。

第一連連長鮑義，像一匹把頭在玻璃窗上亂撞的甲蟲，東跑西跑，後面跟着三個累疲乏了的傳令兵，他那樣呼喝着，帶着沉重的喘息和一種略帶畏怯的暴烈。

「不要跑過馬路去！——不要跑過馬路去！」

第三排底第八班推進到西寶興路、中山路口，佔領了一處斷園，一班人在飛灰裏忙亂地挖着槍眼。

第一排攻擊民生路前的敵人。

四處亂打着槍，多數地方並沒有看見敵人，因為是佯攻，向屋頂射擊着，向牆壁射擊着，向街道射擊着，槍聲像過新年的街市上的爆竹。

這一次攻擊兩個小時不到就結束了，隊伍仍舊退了回來。第一連有一個上等兵受傷；第二連犧牲了二十七、八個人，機關槍第一連死傷一員排長，一班多兵，毀壞了兩挺金陵造馬克沁重機關槍。

一個排長在他底日記上寫着：「今天我們應戰了，攻擊了，震動了閘北，震動了全中國，不，震動着世界的呀。但是，這經過祇有天曉得，我們很厲害地和敵人開了一次玩笑。自然，從這裏也檢查了敵人底能力，一句話，也不高明得很呢。」

外面沒有槍聲，更沒有礮聲。窗外有麻雀在吵架。梅墨法，步兵少尉排長，正坐在一張靠窗的沙發上。這是一家玻璃公司，桌子上堆滿了沒有畫好顏色花卉的花瓶，正中有一個玻璃缸，裏面有幾枝折斷的水草和一尾祇剩一隻大眼的疲乏的黑金魚，還有幾個『鴻圖大展』之類的銀盾；紅木牀上有漂亮的臥具，大紅綢被和湖綠色的有刺眼地紅綠的湘繡的枕頭；牀下和牀腳邊有一些舊鞋子。他就沉落在這些東西底包圍裏。他現在在回想剛才發

83

生和結束的戰事。他這一排是第一連底預備隊，位置在中山路上，和一挺重機關槍一起。他並沒有看見敵人，他祇是興奮地聽着第一線底槍聲。他底一排人給連長拆得稀爛，說是預備隊，第八班卻領受了連長給牠的向西寶興路攻擊的命令，第七班又調去增加第二排，他手中祇剩下了一個第九班。今天的一戰弄得他莫名其妙，他憤怒。

「這算什麼？……」

但是他心上並沒有陰雲一樣的懷疑，他倒爲明朗的遠景的構想歡喜，他不過略微有一點迷惑能了。雖然已經放棄了奇襲敵人的時機，今天的攻擊又一無所得，祇有暴露了自己底企圖、位置、攻擊力底沒有組織；但是兵士們是這樣活躍，像太陽初出的清晨新鮮空氣的樹林中的鳥雀；又十分堅決，不怕犧牲，並不是平時那種猥瑣的可憐的樣子。並且，既然中國底子彈已經向敵人射擊，就無異是一種民族永在和勝利的保證。他沒有理由憂愁，更沒有心上多餘的空間來安插憂愁。就是發怒也像是多餘的。默默地坐着，帶着弟兄們雜亂一陣、謹愼一陣的說話聲。天漸漸地暗下來，他兩眼凝望着的掛着一付泥金對聯的粉牆底明亮度漸漸褪色，他本來並沒有覺得，等到一下覺得了，他就迅速地立起來走到窗前，輕輕吐

84

出一聲爲了變化太快的「啊！……」

外面，火伕來送飯了，菜缽子底聲音，說話聲音。接着傳令兵給他端了飯來他什麼也看不見，房屋裏全黑了。他不要吃飯，祇是跪着，兩手抱在胸前，繼續沉思。

「我應該怎樣呢？我能夠怎樣呢？唔，我希望抗戰；抗戰到了面前我做了些什麼？」開始我就什麼也沒有做。跟在他們後面我自己能夠做什麼？我自己，我自己也……」立住了，望了一望窗外的黑夜。「我是完全茫然，茫然，完全茫然呀！我能夠在抗戰裏做一個排長麼？我能夠自信麼？在意識上我能夠的，在技術上我就沒法肯定自己麼？假使，這閘北戰爭由我來主持呢！」他忽然大怒起來，那麼兩手緊絞地抱住自己底胸，像枯草上微微冒烟的野火突然從平靜中灼灼烈烈地燃燒起來，憤怒而痛苦。「我也和他一樣狠狷麼？我不行，他們更不行！我完全給他們弄得茫然了，茫然像這個夜一場糊塗，我不行啊。……」

來了命令：祇有進沒有退，退後一寸的殺頭。

夜色十分幽靜，柔軟，人散步在裏面，有在海濱遠望的，祇覺得自然底伸展過於廣大，和自己底縮得更爲渺小的，並且帶一點茫然的那樣一種不可思議的情趣。類似提心吊膽，卻完全和恐怖相反。梅墨法他不想睡，預備隊是應該養精蓄銳的，但是他今天心上有一點異樣，多了一點什麼或者少了一點什麼的樣子，他不想睡，他踱到了道路中央來，瞭望一陣，除掉右翼以外的租界上反照在青黑的天空上的輝煌的燈光以外，完全是墨汁一樣的世界：脚底像有無數深坑，額前像有無數椏杈，人走路要用小心的嗅覺，但是實際上人底步子是閒散的；和緊張的局勢也不調和。一個哨兵底影子在一根電桿邊疲乏的鐘擺一樣弛緩地搖晃着。他把兩手抱在胸前。

忽然，他底眼亮了起來：像在山頂看日出一樣，從混茫的黑暗裏，不知道在什麼時候騰起來一線強光，那麼從厚厚的雲壁裏透出來，把附近的雲塊燒成金紅的紅熱狀態，接着，不過一瞬的時候，就把一大片天空染紅，就把一大片閘北底高高低低的屋頂烘托得凸出地深黑。他還沒有讓驚歎從喉頭升上來變成聲音，有開窗的聲音，有擁到道路上來的急促的雜踏的步聲，有人聚在樓上說話，閘北第一夜的火呵！四處的狗大驚小怪地開始用疑問的的吠叫。

火延燒起來紅的雲、灰黃的雲挾着閃爍的星在天空盤旋又盤旋，火焰比神話中的巨蛇更矯健地舞着他腥紅的津津有味的舌　　延燒底速度大於末日底瘟疫。

火像維蘇威，那無賴灌醉了酒無恥地向平靜的人間嘔吐牠底殘暴和惡毒。

火像未來派底繪畫，用大塊大塊的紅黃畫出暴風雨底景色，風是紅黃的，雲是紅黃的，土地是紅黃的，天空是紅黃的。

火像古羅馬鬪獸場中的動物，紅了眼，染一身的鮮血，瘋狂的食肉慾驅使牠奔突來去，要把牠這個個體以外的一切血肉的生命吃個精光，響響地用牙齒咬嚼着，咬嚼着肉，咬嚼着血，咬嚼着骨頭，「嚼嚼喳喳！」　一四面包圍着的是像遙遠的但是極悽痛的秋晚風一樣地弱小的一片慘呼。

火中有小東西不斷地「嗶嗶剝剝」炸着。

火邊的電線像五線譜底影子，那歌曲不寫一個符號，不知道是咒咀還是歌唱。

面向火的一切都發光，距離再遠也一樣發光，鋼盔底輪廓發光，槍的圓柱發光，人的黃臉皮發光，高大的牆壁發光，明紅的光，暗紅的光，黃的光，白的光，活躍的光，憤怒的光，仇恨的光，反感的光，清醒的光。……

西寶興路前是一個火海。

西寶興路前沒有天空，天空爲火所篡奪，沒有夜，夜爲火所驅逐。

「嘩啦！　」一片屋頂倒下，火更抬起頭來，有大朵勝利的喜歡的新的烈焰升騰而上。

「排長」說話的兵眼特別烏亮，頭上的鋼盔和手中的槍一樣在敵人之前的黑暗裏發出光輝「閘北會燒完麼？」

梅墨法不但他底臉光也燃燒着，心上的毒焰更和火景相應地翻騰着。用憤無所洩的惡意的沉聲反問了一句：「你怕了麼？」他要用這話來打擊兵出氣。

「不！」那個兵受了侮辱一樣，不平地，不管你是排長和平日的崇敬，用決然的聲音說道：「不是我怕。我是說閘北燒掉甚至全上海燒掉最好，中國沒有、日本牠也沒有！」

排長底自尊心給踢了一脚，像青青的天空飄過一小片白雲一樣，惡恨的心上飄過一小片羞愧，想自己竟不如一個兵呢。但是他口中卻暴躁地喝道：「你比我懂！」說着，仍舊抱手在胸前，找事生非的流氓樣子，大步大步向前走。

忽然，一個兵從背後追了上來，膠皮底鞋在平滑而發着黯然的紅白光的柏油路上打出清脆的拍子，「排長排長！……你不要去呀！……」

但是他並不走回來。他立在一家木行門前，那一天攻擊的時候他到過這裏的。望着火，想，應該燒到西寶興路來了的；照最初的估計，那西寶興路是早燒成焦土了。火到底是近呢還是遠呢，他沒法看得準確，因此他是更憤怒了，像賭徒沒有看準確這一牌是『天門』還是什麼一樣。但是他憤怒的對象是火麼？是戰爭麼？是自己麼？是日本軍事法西主義麼？他底憤怒內容是這樣複雜的有點變態的。自從那一天攻擊回來他很容易觸怒，要找人出氣，坐下椅子去的屁股也是發怒的，沉重得使椅子叫出一吱咯，一洶洶的氣勢像找母雞的紅冠公雞。

他望着火，想着一·二八直後的一片毀滅的屠殺的瓦礫，想着在像古羅馬景物的中國公事底棚絲和夕陽裏他憑弔過的遺骸，中國軍隊撤退和上海停戰協定，想着比這更早

89

的繁盛的寶山路，海濱的大學和校園中三種顏色的菊花排成的C·N·U·三個大字

……憤怒麽？他輕輕地喟歎了一聲。

終於，兩小時以後，火雖然還是瘋狂的，他走回來了。一路上全是兵和沒有遷走的『老百姓，』他回過頭來看看，這個奇景：人和建築物全是精緻的剪影，輪廓上鑲着一點柔和的微光，像要從天狗口中吐出來的月亮。再望望後方的遠處，天上的恐怖的火漸漸冲淡，烟霧也蓋不住全部天空，有幾點閃爍的星，眼一樣向下看着人。一家人家底幾片窗玻璃反射出血一樣的強光。

「一定是漢奸放火的。」

「那裏來的這許多漢奸——一定是日本人。」

他，無可奈何，田蛙一樣裝着一肚子憤怒，爬回洞去睡覺。

做工，做工，做工。

幾天的時間人民走完了。偶然出現一個、兩個，命令上暗示以漢奸辦，兵士們更自由開槍。一個人給打斷了手臂，因爲在兵士們底吆喝聲中逃走，下臂祇有一點皮肉掛住在上臂上。連長把義胡亂問了他一陣，要傳令兵王鴻昌送他到營部去，王鴻昌在路上又打了他一槍，理由是「我看他底樣子就不像個好人！」第二天看到了他底屍體，給雨打過了，肉給冲得成爲淡紅色的，腦炸開了半個像雞蛋殼，嘴和可怕的牙齒歪在一邊。

梅墨法禁止了弟兄的胡亂射擊，這很使他們不高興。他要他們把捉來的漢奸送給他，這樣，一次半小時以內他就審問了五個所謂『漢奸』。

一個不會吸烟，但是身邊攜帶了三盒火柴；一個搜出來一個無用的鏽了的鐵的鑰匙；一個有一個古錢；兩個不過經過而已。

一個，一走進門來就啞巴那樣忙亂地做着手式，說不明白，結結巴巴，「阿拉（我）阿拉……阿拉屋裏向（家裏）就來（在）啦此地，……阿拉……阿拉就就住……阿拉阿拉……」口水亂噴。

一個穿白印度綢短衣的，給弟兄們一推進門來就幾乎給門檻絆倒，血色慘白，手指怕

91

冷一樣瑟縮的，兩眼茫然失神，到上等兵段清生用暴烈的聲音威嚇他：「你是漢奸！你不認也——」一把機槍「切擦」一聲打開，他就兩眼一閉，腿軟弱的彈簧一樣一顫，要傾倒的樣子。

他問他們爲什麼懷着這些東西，他們都說不出好聽的理由，帶火柴的一個，嫌疑大一點，但是他底火柴每盒都是滿滿的，盒上也沒有擦劃痕，他可以說的理由就是他偶然買了帶了這些東西。

他宣佈他們無罪。

弟兄們更不高興，甚至說：「排長！你放掉漢奸，我們可不管。」

但是立刻就明白了：這些『漢奸』們，給宣佈了無罪以後，個個活躍起來，給兵士們送香煙吃，哇拉哇拉說起話來，說到六三花園底地道，說到公達紗廠敵人底軍火儲藏地，說到日本攻山去的走法，敵人兵力和散佈，說到八字橋大約有多少敵人，說到西寶興路在一·二八以後給敵人改名亡國路，走過的女人要脫下褲子來看，……

他們走了以後，梅墨法底面色和聲音立刻嚴厲起來，嚴厲得像高峻的山峯。他在屋子裏來回踱着，抱着兩手說道：

「你們來幹什麼的？」他威稜的眼掠了圍住他的弟兄們，他們立刻都立正了，手掌敬懼地平貼在兩腿上，彼此偷偷互望。「來打日本人的？來救同胞們的，還是來打中國人自己人的？……假使我說你們是漢奸，問也不問，就是一槍，你們心裏怎樣？」

弟兄們走出門去以後，他捧住了額，伏在堆着玻璃瓶子之類的桌子上——但是他立刻又憤怒地跳了起來，拍了一下桌緣，痛苦地叫道：「政治，政治，政治呀！」

他忽然看見桌子上的幾個銀盾，不知道怎麼的祇剩得紫色木頭了。

敵人方面的連續的高射礮聲，這是美麗的金屬的炸裂聲，「鏘啷！鏘啷！噹啷！……」夾在裏面的是敵皮革一樣的高射機關槍饒舌的聲音。

人搶到窗口去，幾個人爭奪一個位置，後面的人把熱的呼吸吹在別人後腦上；人不管危險不危險，跑到馬路上去，抬起頭來看，興奮地指着：「是我們底飛機！是我們底飛機！」單「人」變「丁」，一個人跑到草地上去擺布板信號。

三隻灰色的單翼機一下從雲裏鑽出來，一個等腰三角形，一陣繁響，敵人底二十幾朵

98

高射礮彈散佈在牠們附近，有一礮看起來像正打在尾巴上，但是並沒有異命中，牠們又鑽進灰色的低雲中去了。又是五隻，又是兩隻雙翼的，又是高射礮聲，又是一朵一朵的灰黑的烟雲，又漸漸地改變着角度跟在飛機屁股後面。「嗚！」什麼地方的發動機加馬力的聲音。什麼地方炸彈爆炸的沉重的聲音，又是三隻，一隻給高射礮打散了，左右搖擺着像給打傷了，急急地逃走，但是牠一下向驕傲的海軍旗一個四十五度角的俯衝，「嗚！……」頭一抬，落下了一個黑點，一個叛逆的禮物，在爆炸聲裏牠安全地躲入雲層，祇有一個淡影，接着淡影也消失了。下面給牠一陣鼓掌。

「不錯！」

「中國飛機也有種！勇敢！」

「哈哈，他媽底好乖呀。」

第二天又是飛機攻擊，人愈興奮，緊張，噴器擠在窗口上，爬到樓上，立在門前，跑到路中央，用一隻手遮住眼前的強光，張着古怪樣子的口，歪着頭向天看，不管軍官們底禁止和喝叫，軍官們自己也要看，趕走弟兄，爲的是自己可以獨占一個窗口，人所注意的是怎樣打擊

94

了敵人，並不是自己或者部隊底安全。

一樣是高射礮猛烈的吼叫，一樣是英勇地襲擊的炸彈十幾分鐘以後，青碧的天空上祇剩下了一簇一簇美麗得變成純白像羔羊的烟雲。

但是半小時以後又是一次襲擊。

於是第三次的襲擊，第四次的襲擊，……

末後的一次，在沉重和無力的落日光裏，一隻雙翼機忽然那樣「嗚！……」了一聲，擦一根火柴一樣突然發火，尾巴上，在明亮的火底四周，有短短的不像尾巴的黑烟，那樣向敵人陣地急速地降落。

人底心一沉，處處發出可惜的「喝喲！」「呢！」

人到後來才知道，這是閻海文，還有一個美麗的血底故事，抗戰底火花。

空氣又平靜下來。楊樹浦那一角上，有一隻敵機低低地來回飛着，古怪樣子，肚子下面有一隻大鞋子向前突出。

有人說道：「單是空軍底攻擊，和單是陸軍底攻擊，錯誤有什麼分別呢？」

但是因爲空襲的恐怖敵人海軍司令部上的戰鬭姿態的旗幟，一夜悄悄地收了起來，不再在中國土地上裝模作樣了。

96

*

閘北完全是另一個世界了：

敵人和我們都無情地射擊狗。人恨「偵探狗」和恨敵人一樣一看見就射擊。因此狗嗅到了人底氣息，看到了人底影子，頭一低就陌生的白兔一樣膽小地拚命逃走。

有一隻狗，跟一樣豎着細長的頸子和兩耳，閃閃地弓着背脊尾巴夾在屁股縫裏，一步一張望，比賊更機警和輕悄地走在並沒有人祇有紅黑的鐵皮和烏焦臭的斷木頭的火燒過的小路上，爲了嗅嗅什麼地方有食物。

人在什麼地方坐下來總有一隻本來不睬生客的貓走來親近你，直豎了尾巴繞在人底脚邊，或者用頭來擦人底小腿，磨擦幾下，諂媚地叫着「妙乎，」甚至跳到人底膝上來，你推牠下去牠會再跳上來的，跳上來用兩隻前爪在人胸上爬着爬着，像還要爬上胸上來。就是用重重地一脚踢了開去，牠仍舊會走來的。多的時候人同時會遇到三隻，甚至五隻。

並不是因爲人在抗戰，牠來慰勞，或者，倒因爲人是戰士，以自己底血肉換取中國土地上一切生命底存在、自由、解放的戰士也能夠分些他底慈愛給一隻中國貓，給中國貓底肚子作一點打算麼？

猪在柵子裏從早到晚地啃着木頭，啃得灰色的木柱露出新肉，啃得一處傷疤又一處傷疤，想還把自己養得更肥麼？

閒逸的金魚在池裏游泳着，彷彿並不聽見礮彈底聲音，雖然已經有開始餓死的，翻一個大白肚子瞪一雙高灰白眼珠向天。

日本軍事法西主義簡直是災難的颱風！不但對於人類甚至對於牲畜；不但對於爭自由、解放的中國之子，甚至對於見糞便搖尾和向世界一視同仁地提供肉食的狗、猪；不但對於直接在礮火下的犧牲，甚至對於生活在玩物的和平裏的金魚。……

祇有蒼蠅，有膏腴的犧牲者底血、肉可吃，有過一夜就長一層橘皮紅的黴菌的棄飯可叮，特別繁殖，活躍在這個「東亞安定力」底陰影裏，滿滿地集在電線上，使每一枝電線粗大三倍以上。

火！火！火！

不斷的火；

到處是火，隨時是火；

火和晚霞爭競炫爛，火和潮浪比賽澎湃，火和山嶽一樣綿亙，火和大海一樣汪洋；

遼闊的火啊，永遠的火啊！……

*

敵人增援了左翼，一夜不斷的礮聲，窗玻璃輕輕發震過一秒鐘「得得得得……」地一聲低呻。

*

營長蕭冲漢撤職，新營長是做特務連連長的易瑾。

第一連分作在一家洗染公司和一家玻璃廠裏。連長龔義老鼠躲在洞裏一樣躲在深入地下的鍋爐改造的掩蔽部裏，咽吃着從團部領來的慰勞品的餅菓、餅乾。弟兄們也一天到晚地嚼吃慰勞品，不過那是多餘的和揀剩的；有一班人還從什麼地方徵發了一隻猪來剝吃。

天剛黑，忽然來了消息，第三營攻擊。

八、九點鐘的時候，一排一排一班一班的默默的人流向前流去，祇有「沙沙」的步伐聲和細微的刺刀在鞘中的轉側聲。

不久槍聲一響，雙方底輕、重機關槍一齊吼叫起來，流泉一樣沒有斷竭的時候。砲聲也發出憤怒和殘暴的呼聲，中砲的地方又是一場大火。

梅墨法，等着自己底攻擊，但是自己祇有做工又做工，把自己完全弄疲乏了。每一次，自已都站在攻擊以外，他是把攻擊看做直接抗戰的。因此，就像自己和抗戰血緣關係有些路遠，有渴望和幽憤。他到現在還沒有看見過一個敵人，倒霉，這一次又做了寄生物的第二線。他走出門來，憤怒和憂鬱是推不開的。他向前面望望，前面有什麼呢，黑的。一顆砲彈從頭上飛過。

槍聲斷斷續續地直到天色微明。

99

他還是立在道路上，等候什麼，上眼皮漸漸沉重。他看見了幾個傷兵呻吟着退到後面來，當爬越障礙物的時候，他扶過一個人。這個時候他又看見有幾個黑影，忍耐着痛苦，忍耐着艱難，口中或者鼻中有一種極低的嘶聲。

——前面怎樣？——他衝動地問。

——梅排長？啊！——一個班長底異樣軟弱和悽苦的聲音。不知道怎樣認識他的。——我祇帶下來六個人。我們一連人全完了，連長也死了，機關槍掃倒的。嗯，第八連也……嗯，排長！我們已經衝了過去，敵人退了沒有人跟上來，……後面給人一包機關槍一封鎖，全完了，全完了！我自己先左手……手掌上……帶彩。第二次又是腿上，不知道怎樣。……要辛苦你們了，排長！——

在陣地上變得善怒的梅思法，忽然眼裏滲出酸淚，說道：——同志！辛苦的是你們！——

第三營全營祇收容了不足一連人。屍體完全拋棄了，連長底屍體並不比弟兄們底貴重。

青天白日徽的飛機白天不再看見，所看見的全是紅日徽的。轟炸開始，飛機一天到晚在頭上一轟隆轟隆，把人趕到掩蔽部裏和屋子裏。一天三次的有規則的礮擊，上午一次，下午兩次，每次三、五十發，榴彈把土地挖一個洞，或者打斷一段交通壕，偶然也打死幾個中國兵，榴霰彈物在空中旋翻，打不到一個人，燒燬了一些房屋，地上隨處是紅銹的彈片，有完全不炸的大、小口徑的礮彈。地上還有炸碎的變形的彈頭，半個子彈嵌在路邊一根電桿上。

敵人飛機一低飛，「嗚！……」一投一個彈，後方高射用二公分小加農礮和重機關槍就射擊起來。這樣，敵人底小口徑礮又臨時射出三、五十發的礮彈：「嘛！……嘛嗚嘛嗚！……」

敵人底各種口徑的礮彈，開始的時候，有三分之一到四分之一的不發彈。

閘北漸漸地增加破碎的房屋，折倒的電桿，破壞的路面。

來了命令加強工事，　副總參謀長白崇禧到第五百二十四團正面上來視察工事，才一看眼，就氣急。

營長底話：在長期抗戰裏，首要的是保存幹部，每　個官長應該有一個強固的掩蔽部，

101

無論到哪裏都要有一個沒有的嚴重處罰。

*

換防換來換去，換到天通庵路，換到民生路，換到指江廟路，換到濟陽橋，換到中山路，又換到民生路

*

梅墨法，現在他是住在茄子田裏的一個小小的掩蔽部裏。這個掩蔽部，看來像個墳墓，他厭惡牠，並不是看了他會想到死，更不是爲了牠底不祥，倒因爲牠底特徵，埋藏的不是屍體，腐敗的血肉，而是活生生的人，不安分的但是被強制着的一身精力和又熱又辣的粗大呼吸，他要火伕帶了來一份申報，全是血戰和勝利的字樣，但是自己是躲在掩蔽部裏，像個刺蝟。他一心厭惡，難以分辨那到底是憤怒呢，還是眞是厭惡的厭惡。他把報向頭邊一摔，報仍舊落在自己面上。他用手掌一打，報給打破了一塊。他一下鑽出掩蔽部來。

外面是不怎麼強烈而透明的日光，圍伴他底掩蔽部的是一大片的草地，也有豆子和玉蜀黍之類種着，縱的、橫的交通壕蛇一樣蜿蜒地伏在雜亂的植物裏，這些植物發出新鮮

的綠色，綠色的香氣。

「自然是偉大的和平呀！」他動了詩意地想着。但是一瞬間他底情緒又惡劣起來，像虹消失在黑雲中。一隻輕轟炸機正從左翼雨後的蜻蜓一樣平穩地向他飛來。「這空間，這裏有的應該是自由，自由的生活，帶着笑聲的家庭。」他看見了飛機，因為光底刺眼看來是淡淡地難於發現的灰白色的鬼魂一樣的東西，他底耳朵熟習於搜索幫助了他底眼，但是他不躲避。他轉頭向後看，草地底邊緣，距離三百多公尺，一些牆壁殘缺得像蠶吃剩的桑葉，一家人家傾斜着，屋頂上的瓦全落下來，椽子露着，給拆散得像一把破傘。右翼中山路上又有烟火，一條毒龍把爪子攫取青空上的白雲小片。「但是這裏有的卻全是毀滅，不管你是有生物或者無生物，法西斯蒂底世界！而我們又—— 不但我們沒有機會開一槍，我們全不會實行攻擊了的，我們底目的像是守住閘北就夠了，不，我們底樣子不是戰爭，而是敷衍，像舊戲中的跑龍套的角色，這叫做我們底抗戰，用比頭號字更大的字在報上登着的抗戰，血寫的歷史的抗戰麽？」飛機一轉身，中山路方面敵人又射擊了十幾砲，砲雲在空中滚着不肯散，又是空炸信管的榴霰彈，有燃燒的副作用的。「這是和敵人客氣，敵人可不客氣，你看這個，這不是政略不够就是至少是戰略不够假使是英勇的怯懦更壞事」他摸摸下巴，鬍子長得發軟了。「敵人以爲巷戰是人拚人，不幹這樣我們底軍官們才能够在掩蔽部裏吃紅燒雞肉、酒，甚至把太太偷偷接在掩蔽部裏來；我們底兵士放哨以外就打牌，燒東西吃，有的是猪、墨魚、南瓜、四季豆，……到什麽地方去揀些心愛的從來沒有看見過的東西。唉！我也在抗戰裏麽？這也是抗戰麽？」

他一蹤脚，「拍！」一地一聲，一個彎了腰身上披着黄一塊綠一塊的僞裝網跑來的兵驚疑地立住一下，他看見他手上抱着一些蚊香、紡綢褂子、一條黄灰俄國毯子。

「而我也因此能够在硝味裏享受和平……」沉思一下。「小兵力的攻擊等於不攻擊，小兵力的攻擊不過是敷衍抗戰呀。失敗了，不檢查原因，反被教訓得在敵人前安分守己地不動，說是『攻勢防御』，最近又聽說是要死守鄂北。」他憤怒得忽然出了淚，眼角酸澀。「我們憤怒的手臂不過八十生的長，敵人底礮彈三、五百公尺距離可不稀奇，於是一團人一天給打死兩個、三個，說我們底犧牲最少。」他向弟兄訓話一樣編成了一串激昂的句子，但是那是無聲的，到了這裏卻眞正大聲罵了起來：「他媽啦狗屄！……」

104

於是，他望着一個紫色的向下掛着在綠葉裏的茄子，但是他眼無所見，那麼喃喃起來：一防禦，至多不過守住原陣地，進展不了一寸，打不倒敵人。敵人底礮彈今天打在前一百米，明天打在後三十公尺，總有一天打到的，也總有一天要打毀的，那就一點突破，全線動搖了！……糟糕了！你說不是？……你知道敵人從什麼地方來打你呢？在什麼時候來打你呢，早上八點鐘，還是你吃午飯的時候呢？他還可以集中三百門礮打你底一點，他完全瘋狂了。胸激動地大起大伏，兩手絞着扭着，以下又變成無聲的心語：假使我們攻擊，那條件不是相反麼，假使我們又奇襲呢，夜襲呢？為什麼不早下手啊？為什麼拿小兵力來開心呢？……裝備相差太遠，放屁！攻擊倒是避免敵人優勢火力的唯一辦法，那些飯桶！但是我們是這樣的攻擊，這樣的防禦，『攻勢防禦』？！麼屁！我看以後是我們祇有死死的防禦了，結果弄得什麼也沒有。我老太婆一樣多心麼？你看這樣子不是防禦是什麼！

他腦中的東西又變成混亂的一束：攻擊和防禦，戰爭和和平，憤怒和憂鬱，抗戰底光明和指揮底灰色，茄子，日光，接着又想起來三月的西湖，母親底慈顏，和平的家庭生活……

我到掩蔽部裏去等礮彈吧，」他叫着，彎腰，又鑽進那個小黑洞去睡了。

一班人在做工，除掉射擊位置，要把臨街的房屋全堵塞起來。射擊位置全是裝滿了七的麻包堆成的，從地上堆到觸到樓板，像米廠底堆棧。別的房屋被桌子、裝七的木箱和木櫃、櫃臺、鐵牀、脚盆和這一類東西雜亂地塞滿了。一個兵曳着一張沙發，走到門邊，曳不進去，給門檻擋住了，爲難得洞口的含着一個大麻蠅的螞蟻一樣匍匐徘徊，額上是金屬光澤的汗水，用一隻沾滿了灰的手背一抹，黑了。兩個兵滚着一個用柏油桶子改造的爐子，嘴唇向內咬着，一弓腰又一挺腰，要使自己長得更高的樣子，一聲「嗨喲！」沉重的柏油桶子滾動一步。

幾個休息的兵在地上蹲着或者坐着，二等兵彭輝口中含着一枝奢侈的白金龍烟，並不吸。他們在談着日本兵。

「眞的，他們底話和我們一個樣：『報告連長！報告連長！』——

戰爭一開始，梅墨法就聽說敵人底言語和自己底相同。他不相信，他以爲那祇是弟兄們底神經過敏；他想，敵人或者能够說中國話，但是那祇限於少數的支那通之流。他就斥爲謠言。但是，經過了幾天，人人都這樣說了，處處都這樣說了，他自己也終於在笑人底恐妄裏讀到了情報，正面的敵人裏有僞軍張海鵬部。現在，他又聽見了這樣的話，覺得頭痛。一些人卻幫助敵人來打自己底兄弟，會那樣，政治問題不第一位地提出，眞不懂；軍事底價値是小得很的啊。想：「這又是政治問題了！中國人是這樣沒有政治認識，……那末，我們一根木頭、一鍬土地做工又有什麼意思呢？」他故意不停止走了過去。一看，七、八間房屋都給東西堆得烏黑了。

他自己看得也疲勞了，弟兄們做工的姿態更是綿軟的，他下了命令：休息十分鐘。個個人都是烏黑的，一身灰，像鐵匠，像從老屋的蛛網中走出來的捉迷藏的頑童。一休息下來人就哇啦哇啦有精神，叫嚣起來了：

「排長！排長呃排長！爲什麼我們守陣地別連不幫我們做工事，我們當預備隊總要給別人做工呢？」

這不平的嘰聲一響，人羣沸騰了。這裏的話很難說，他也爲此憤怒過，做工努力的老是做工，弟兄們日夜得不到休息，過度的勞作會使他們消沉怨恨，什麼也不賣力氣，也要影響戰鬪力。說做三天休息一天，說做發到五百根木頭就休息，說夜裏做工白天休息，說預備隊以休養爲主，說弟兄們以後可以有休息了，以後做工有合理的分配了，說白天絕對不做工，危險太大，……可是工作永遠是不斷的，和刑罰的鞭子一樣。人把殉道的血染紅自己底符號邊邊；把人底汗換取主官底點頭——並非必要。他到底應該怎樣說呢。他不能够不代表弟兄們，體諒弟兄們，但是他不能够把弟兄底情感的火吹得更猛烈，那會影響戰爭。他反祇有用軟性的壓制和欺哄。他立住了，猶豫謹愼地用門齒咬下乾枯的唇皮底一片來。他雖然憤怒像火，但是他不敢露出火來給弟兄們看。

「但是我們這工，」他舉起一個手指來，傳教士說到天帝的姿勢，皺着眉。「並不是給『他們』做的，是給國家做來打敵人的。有一天我們換了防來還會自己利用牠呢。怨什麼呢。多做一點工就是對抗日多盡了一點力，你們不願意?」

「排長！」彭輝叫了起來：「我們願意做工，但是要大家都來做，守陣地的怎麼不做，不能够老要我們做，我們死也願意，還怕做工麼！」

排長祇有輕輕地在鼻孔中一「哼！」避了開去。

營長易瑞來查工事，後面跟來新近晉級中尉的王佐壽，諂媚而恐懼地聽一句話應一聲。走了過去。但是不久他們又走了回來，易瑞脚一頓，脫下頭上的鋼盔來，頭髮被壓得凌亂

「誰教你們休息！」

大家立起來，立正，不動。

「誰？誰？」他用湖北音的普通話急躁地問，面色通紅。「找你們排長來！——混——蛋！」

梅墨法走來，立正，舉手敬禮，

「你看，你看你底弟兄坐了談天！你看，幾間房子的工都沒有做好！那你來幹什麼？」手指惡毒地指着梅墨法。「那你還是睡覺好了，回家去好了。告訴你，這是戰場上，你不做工，不努力，我就以作戰不力論罪，小心！戰場上要殺就殺！沒有客氣，看你今天弄不弄好！」

易瑞像一隻吐綬雞一樣用憤怒的架子走了去。梅墨法看見，王佐壽那麼回過頭來老鼠一樣看了他一眼，有得意之色

大家都憤怒起來，有把手中的工作器具「哐啷」一地摔得很遠的，有沉重地坐下地去拱着像豬的嘴的，有用破嗓子大罵生殖器的，有歎氣的，有說，「排長！排長！我們不幹！」的。

109

他要哭。他受盡了委屈，像一把刀，人拿了牠來做裝飾品，被讚歎在錦盒鋒鍔裏沒有吃過死仇底血，現在人又說牠不是好刀，說牠不是好鐵，是小賊挖牆洞的東西。他心中憤怒和憂鬱纏絞着，什麼時候也沒有這麼劇烈，有吃了一大碗熱熱的酸辣湯的滋味。自己是爲什麼才到軍隊裏來的？自己是爲什麼到這裏來的？但是人卻不分黑白，差不多要當漢奸看，要殺頭，真死了，倒不莫名其妙？他閉了一眼，咬緊嘴唇，忍住了淚和激動。他抱着的兩臂絞得更緊，不卹把自己底胸廓絞碎，但是他卻堅強地做一個手式，制止弟兄們，用低沉得深谷中的流水一樣的聲音說道：

「不！不弟兄們！人家怎樣說我也不管。我們祇問自己在抗戰裏、在良心裏做了多少工作。不，弟兄們！我們現在再開始做——」

但是，弟兄們還是叫着：

「排長！你怕什麼——看他殺得光麼！」

「不，排長！要殺我們大家同殺好了！」

110

下午八點鐘得到命令第一營攻擊「三十八號。」

天天在挨打裏過日子，不死不活這攻擊的命令却一下把人弄興奮了。人跑來跑去。人流在夜黑和星光裏輕快地向前走，梅墨法夾在裏面這彷彿一條春江，用音樂的微聲活潑而新鮮地，流走在夜風的原野裏。

一營人集結在金城煉瓦公司前的空地上等候着開始攻擊的命令，梅墨法回想着營長底話和他底攻擊部署：「第二連第一層包圍線，第三連第二層包圍線，第一連第三層包圍線。我有把握！」

「今天麼，我要試試我自己。」他暗暗得意。

團長倪求劍來看隊伍，人看不見，祇聽見他愉快地飄揚在夜色中的湖北語音。

但是一個鐘頭，兩個鐘頭，直到第二天底上午三點鐘，人已經困倦，有從瞌睡中一醒下來揩揩眼角問「攻擊了麼」的，却忽然來了命令，改爲明晚攻擊。

可是第二天仍舊沒有攻擊，士兵們都罵了。說是等重礮呢。

可是這以後第五百二十三團就沒有過攻擊，敵人也祇在倫牧路上用小部隊來試探

111

了一次打死了七八個屍體給拖了回去

每天是轟炸，一天三次定期的轟擊，每天是火，每天是做工，是吃，睡，偶然有幾次換防。

人民留在閘北的少於晨星。有兩個是捨不得家的老太婆，住在轟擊和池塘一樣的彈痕裏，生活在破壞的建築堆裏。

*

一排人在青雲路上住了一星期的樣子，因爲連又調爲預備隊，住到寶通路上一幢紳士氣味的小紅洋樓裏來。右面就是燬憹一樣的東方圖書館。

排長梅墨法，一走進一個房間就立住了。這房間底淡黃的牆壁給破彈打出一個大洞，碎磚細泥鋪了一地，還有一些彈片，一張月夜的湖邊的垂柳顏色的沙發打爛在一邊。三公尺以外，一座鋼琴。小圓桌上一瓶美麗的孔雀尾羽，和一些乾萎碎落的花。一張油畫掛在弧頂的玻璃窗的對面。此外是凌亂的東西給士兵們『發洋財』過的老樣子。門邊和門外是紳脚的一些半新的高跟鞋，銀色的、肉色的、黑色的、漆皮的、彫刻的，有十八、九雙之多，同一的脚寸。還有一本德文書散亂在地上。

112

他手抱在胸上立了一會，拖過一張凳子來坐，輕輕地打開鋼琴蓋子，接着按捺起來，青鍵跳出淒厲的聲音來：

「……家成灰，

親墓生春草。

我弟、妹，

流落他鄉。」

一個兵悄悄地走到他底背後來立着，他不覺得。

閘北，真是守勢的閘北呀。

一連人在宋公園路上做了四天工，撬去地板，掘去水泥走廊，從這家打通到那家地打通牆壁，利用建築物挖成了一條一百多公尺長的散兵壕，做了一些槍眼。

一排人給調到民生路，仍舊是做工。

太陽已經低落，九班班長中士應得標像疲倦了的旅行的人拖着手杖一樣手中拖着圓鍬「嗤啷嗤啷」發響額上是烏黑而微亮的半乾的汗水，口中咬着半枝紙烟，單衣祇穿了一個袖子那麼披在背上，另一隻手臂上白到變成烏黑的襯衣袖子高捲着，一走進門來就立正了，取下了烟很爲難地向梅黑法報告：

「報告排長！！這個這個防禦戰車壕今天無論如何做不了的，請你請你——沒辦法！」

坐着的梅黑法立了起來，苦笑笑受領了任務，他就計算了，這需要多少『人時，』八公尺寬，二公尺深，十公尺長，除土一百六十立方公尺。平均每人每小時除土半個立方公尺，一夜的工作時間以十小時計算，加上白天所做的，三十個人以三分之一輪流休息，換班，到明天，明天應該可以完成的。但是，他知道，這雖然已經是退後一步的估計，問題仍舊是有的，現在問題果然來了。

「怎樣？」他斜看了一眼他底班長，用右手手背擦擦下巴上的鬍子。「才開始做就說這樣的話？」

「排長！」應得標把圓鍬柄子豎在桌腿上。「開山一樣呢！大十字鎬又祇八班有；連大帶小是四把。圓鍬挖斷了兩把，有誰用。十字鎬一下去都是火，一動也不動，鐵的，還是他媽山好開一點，排長你不相信你去看！」他愛排長，但是他到了這種地方，排長不相信本排底人，不爽快，不放鬆一點，他是十分生氣的。

「那末，已經挖了多少呢？」 我剛才在連長那裏……」

「最多不過十生的。」

這使他吃驚了，兩小時工作，『十生的！』

「怎樣，『多流汗少流血』呢！」他自然不相信，以爲又鬧怠工，憤怒和憎恨使他紅了燃燒的臉。

「我說十生的，還說的太多。」應得標絕叫起來，用眼白望着排長。「弟兄們沒一個不流汗，並不是不流汗，衣服全打濕，路硬鐵的。哪裏是不努力？排長你去看，那一個身上還有乾衣服？這個衣服一件一件全像河裏撈來的。」

「說得好聽吧。」

「排長，誰不流汗誰就是漢奸，排長你可以不要客氣檢驗他！誰來欺騙你排長」應得標做着手式，賭咒的聲氣和臉色，到這地步，排長還懷疑，他祇有做出一種無可奈何的樣子，歎口氣。

「唔，」他皺了眉頭蹙起來。但是剛才連長又說過，——他怨恨地想起來連長雙義那一張一下兒暴一下兒充的蠕蟲一樣的臉，——他說：今天夜裏非做好不行命令……我也頭痛！」他把一隻手按在額頭上。可是有什麼辦法呢，除掉要大家多努力做一點？」

應得標諒解了，他看了排長軟弱的樣子就聲音低了。命令自然應該服從，這個這個做不到也實在沒有辦法呀。雖然他口中這樣說，手已經摸起靠在桌腿上的圓鍬來，預備再去做工了。

「那末，我們去看看。」梅墨法黑着臉。

到了永和實業公司前面，那裏是那樣一條黑色道路，鋪裝用煤屑、沙，似乎還拌了水泥，多少年給載重汽車壓得一眼看就知道那是相當結實的。弟兄們底衣服果然全濕的，貼在皮肉上映出肉紅來。一個穿白襯衣的身上全是灰土和汗水染成的灰黑，一臉黑斑，黑汗一條一條儘往下淌，眉毛上凝了大汗珠，張着口十字鎬一着地，口中一聲沉重的喘息，地上一朵火花。兩個完全脫去大衣，背上的汗水在斜陽裏特別發亮，其中一個彎了腰用右腳竭力踏着大圓鍬底邊緣，另一個相反是『左前』的姿勢，圓鍬亦部一下去一樣還沒有踏入地裏兩公分。一個名叫黃成章的，出名的懶鬼，背靠在一家人家底門上，閉眼張口地，疲勞得狠狽樣子。

梅思法，他接過一個人手中的大十鎬來，要自己試一試。他那樣一口氣掘着，才掘了這麼二十幾下，他底心突突地跳得發慌了，他底臉尤其是兩耳發紅了，喘息粗得起來，擺動着的兩枝手臂震得酸麻，手掌磨擦得辣辣地好痛，背上、臉上全出了熱汗。但是他自己的成績，雖然費力，一樣可憐，不到十公分深，才飯碗大一個小洞，除了比桌子上的積灰不會更多。他又憤怒了，把手裏的工作器具重重地擲在地上，兩拳叉在腰上。

「這樣子！一星期也沒希望！——」

「排長！——」一個臉尖長的兵一面抹額角和頰上的汗一面直起腰來，放下了手中的工作。「怎麼辦呢，可不可以請排長再去報告連長一下？」

「報告他？報告有用？」他發了牢騷，「上面祇知道一張嘴巴一個命令　下了命令他就盡了責任了，誰還來管你？」他忽然這樣想，這樣的抗戰他是真不應該參加的。但是他口中却又吐出洪壯的大聲，又說了這樣的話：「弟兄們！大家努力幹吧。多說什麼廢話呢。我屢次對你們說，這工是給自己做的、是給國家做的啊！大家再多流一點汗，我們大家來來！」他又從一個休息的人手中取了一件工作器具。頭痛：這事情真是要命的。

弟兄們都應和起來：

「幹哪！」

「幹就幹哪！」

「幹個屁！」其中一個兵這樣恨恨地說，但是他手中的十字鎬已經高舉在頭上。「打過去就是要防禦戰車壕要工事個屁！」

「釘釘突突！」一陣工作器具聲，一陣灰土從地面挖了起來把一羣人底動作朧罩着變成朦朧的影子，一朵一朵更紅的火花。

可是這情形並不持久。開始是挨近他的一等兵陳中元，一面挖土一面向他訴苦：

「啊！……排長！這圓鍬這樣使不得勁！挖鬆土一個立射散兵坑也都挖成了……排長！爲什麼老是做工不打呢？……排長！你看，這土，嗒嗒，這樣硬，硬。……」

有一條汗水流入梅黑法底口中，鹹的，他吐掉汗，答道：「怎樣，這就是打呀」他心中空虛，口頭強辯奪理

「這算不得打的，排長，我說　這個算受洋罪！」

另一個兵插入說道：「倒不怕做，老老實實說要做，哪個敢不做？說『明天休息，』『明天休息，』當官的爲什麼老是欺騙人？不公開？」汗水一滴一滴從頭上滴下去，落在鬆土上，一分錢大地一點黑的，一滴又一滴。……

「唉！」他長歎了。「倒不是他們要欺騙人，他們沒腦筋。」他停止挖掘，有一滴汗水落入眼中，辛澀得不好受，那麼眨了眨眼。「這情形，排長最難做，又是個官，又得給弟兄們說話。」

「就是氣人，」一個細長的兵吐一口口水在右手掌裏，兩個手掌彼此相搓一下，拿起剛放下的大十字鎬底柄子來。「昨天做今天做，白天做晚黑做　就是明天再有十個防禦戰車壕我也不怕　哼唷！」又在手掌上吐一口口水。「就是說話不作算，當官的說話就是命令，說要殺頭就要殺頭，說休息休息，說了不給休息，把當兵的把弟兄們當牛，當機器　機器也要加加油，」大十字鎬不斷地打在地上，跳出不斷的灰和火。

119

那末，就算給我排長做的吧弟兄們！排長再請大家打個牙祭 梅墨法想不出辦法又憤怒又焦急又覺得太苦了弟兄又怕弟兄們做『牧羊工』用最軟弱的聲音說了這樣的話，完全不像一個威武的指揮官了。

「來啊！」一些雜亂的歡呼。

「我說，」七班班長中士蔣光錫一面做了一面扭過頸子來望着梅墨法說道：「排長！光是你打氣，有什麼用呢。」他有一種可憐梅墨法的意思，但是他底表情那微翹的唇和一瞬的眼，卻是多少帶點怨意的。

他還沒有回答那細長的一等兵夏廣裕指着說道：「不是排長，昨天晚黑我就不做，做的是龜孫！你相信吧。」

「並不是要肉吃。」踏了一下圓鍬。「要做的時候沒肉吃也做，……」又踏了一下圓鍬。「不痛快——肉吃了——」又踏了圓鍬。「也沒味。不是『抗日』『抗日』，」又踏了一下圓鍬，並且用槓桿撬大石頭那樣把圓鍬撬了一下。「排長！你也留不住我。……」又踏了一下圓鍬，又接連撬了四下，圓鍬嵌進土不過三、四公分。「誰願意再受洋罪？」又踏了兩

下圓鍬

「排長!」蔣光錫又叫他「你這樣做個屌排長幹什麼事情不好做,像你有學問,……」

「不要說這種話。」他連忙制止蔣光錫,手中的圓鍬在地上,內心湧起羞愧的不安,雖然他底班長底話並不是諷刺。「我當這個排長也當不像,我旁的做什麼?『抗日』『抗日』,平日希望這一天,到了『抗日』輪到了頭上,卻又想旁的?說人家自己多流一點汗就天翻地覆了不得?——我倒真不配做排長,尤其是一個抗日的排長,但是我有什麼好辦法,中國人就祇有我這樣的軍官。我倒真擔憂我早已想過了……」他一面說話,一面挖着土,現在他把再踏不進土去的圓鍬,拿了地底柄子,左右搖動着。

「排長!唉!這天下哪一個不渾蛋在抗日的時候還特別渾蛋譬如到今天連長又要扣什麼米錢;我們不是說吃的『官米』麼?」

「所以真恨!」把工作器具重重地在地面上拍打一下。

「恨麼?」他也憤恨。有的時候他還打算站在弟兄們底利益上轟連長。但是這是要壞大局的,在前線上,因此,他反慌忙地捉住這個機會用政治手段移轉着弟兄們底視線,一要恨我們先得恨日本帝國主義，他又停止工作「沒有牠他們沒法要我們做牛做馬的。他們配所以我們第一先來抗日抗完了再算賬。來努力吧再努力些吧，來啊！」

「可是排長無論如何這個這倘這工今天這個一定做不成」好久不說話了的應得標又焦急起來，灰色的臉又塗上了幾層灰黑的汗水。

「我知道。」

「怎麼辦呢這個……」

「大家盡力做就是到明天天亮，我排長負責。」

「那營長又要殺排長底頭了！」

「殺也由他。祇要大家眞正流了汗，我有什麼話好說。我已經親眼看見大家這樣流了汗！——」

「狗屄營長他媽「天上九頭鳥」營長他就曉得拍團長馬屁——他媽僞和餉！」一個兵大罵起來，但是手中的工作並沒有放鬆。

「罵什麼！」他吆喝着。

「哈哈嚇哈！」殷濟生笑得聲音遼闊。

一個連部傳令兵跑了來，立正。

「報告排長！連長說的，每排到後方團部去領三百麻包。」

「你看我在做工呢。」他愕然了。

「營長底電話。」

「又是『後方團部』！」他又生了氣，咕嚕起來。「一來一去十里路！——好！各班……」

他到這個時候才注意到做工的人數上來，他以爲可以有三十個人的，現在卻祗有二十多個。他又大怒了，搔搔頭皮，汗水成爲細粒落在肩上、鼻上。他威稜地望了大家一眼。從褲袋中抽出一方白手帕來，沒頭沒臉擦着，手帕立刻汚黑了。

「怎麼七班祇有這幾個！」

「是的。……」

「怎樣！兩個哨兵，以外還有什麼？」

「何凱打擺子，楊金山出羊毛疔，杜得明帶班，三個；還還有那個新兵給連長去修掩蔽部了……」

他氣得發跳，揮了揮手，大聲說道：「這怎麼行！十三個人剩七個！人這樣少，工作器具不够用，還要派勤務派勤務！！好每班去三個人——拿不動想法挑。七班班長你帶他們去。去！去！去天曉得！」有一句話在肚裏沒有說出來，「這排長我幹不了！」

這樣，祇剩下來十多個人，仍舊「釘突，鐺突，」仍舊是火花和灰土。

天一下就灰色了，祇有西方的一角天空是明亮的銀綠色的。忽然，有了發動機聲，他連忙抬起頭來，一看，那是一小隊敵機，黑色，剪影一樣，那麼投下一個紅色信號彈來，燦爛得像日光中陳設的珊瑚，接着又是一個。

「完全掩蔽！」

他發了口令。弟兄們全躲進街道兩側的房屋裏去，不得不中止做工。

又是一個綠信號彈，又是一個白的，又是一個紅的。……這一小隊敵機由西飛來，飛過頭上去了。但是後面又來了一小隊，又是一小隊，又是紅、綠信號彈。……遠處，還有急降投彈的飛機底吼叫和沉悶的爆炸聲。

「這工要什麼時候才做得成呢！」

一分鐘在他就像一年，甚至比一年更値得寶貴。他原來沒有一天不發怒，不憂愁，到這樣的時候更特別憤怒和憂鬱。這強迫停工，使他冒險在白天趕做這麼一點工的企圖都受了打擊，他恨極了，他用要冒火的眼直望着那些黑色的飛行魔鬼。

吃了飯，他們繼續做工。時間已經近八點鐘，天上沒有一顆星，夜色是純黑的。敵人破兵忽然隆隆起來，破彈在頭上撕叫着急速地飛過，落在後面什麼地方，聽來並不遠，炸了，一破又一破，四十幾破：

「轟！——」

「轟！轟！轟！轟！——」

「轟鏜！——」

在濃黑的夜景裏，火花更紅豔得美麗，像從地裏迸出一朵奇蹟的牽牛花。

半夜，他們還是在努力。

人那麼沉默着，同啞一樣，像忘了世界上有語言存在，或者一下全喪失了言語的機能，沉默得使空氣也難堪，聽見呼吸。祇有工作器具發出律動的繁響，但是土地仍舊是那麼生硬的。

在工作裏，黎明很快就到了，人擦擦兩眼，不敢馬上相信，但是黎明已經到了。

人全疲倦了，工作着像打太極拳的樣子，不是做『牧羊工』而是軀體已經被壓榨得成爲沒有內容的東西之故。力量支付光了，一起一落的工作器具聲間息響着，零碎的火光無光彩地閃着，要消失了。——地上除土不多，積土也不過五、六十公分高。

梅黑法跑去又跑來，傳令兵跑來又跑去，從半夜交涉起，結果，連部命令來了，說：團部方面的交涉已經辦好，明天派工兵來爆破。——天色是也早已到了不能夠再做工了的，那麼新鮮的一大片明亮了。

梅黑法，他才坐在牀沿上，打了一個長長的舒適的呵欠，兩腮微酸，在脫着第一隻皮鞋。一陣急迫的脚步聲，一下連部底傳令兵鑽進門來，糊糊把一張字條遞給他，是連長底命令：

「……各排徵集粗二十生的、長四米達以上之圓木三百根，……限本日午後七時以前繳送團部……」

他脫下半隻皮鞋來就停止了。他一接到命令心就一抖，接着，又重重地咬了一口牙齒。他想：什麽地方有木材呢？　鋸電桿？那末，一排人祗有一把摺鋸適用。每根電桿假使可以截成三段，一百根就得鋸三至四公里的路。又是白天……

他喃喃地駡起來，手在桌子上拍了兩下。「我又不是……變戲法的！眞變戲法也得先預備好東西……」他歎了一大聲長氣。「唉！……」接着苦着臉想道：「弟兄們就眞是牛，也得想到戰鬬力……」他仍舊把半隻皮鞋穿上了，一面向連部底傳令兵點點頭，一面高叫他自己的傳令兵，用暴君的聲音：

「胡春樵去傳各班，……」

民生路附近一部份工事是這樣造成的。

湖北底工事是這樣造成的。

*

命令沒有下來以前，人咒詛防禦態勢像咒詛仇人，期待攻擊像期待柳陰裏的幽會；到命令一下來，人心也就去掉蓋子的一瓶汽水一樣寧靜了，起一陣泡沫以後命令是不可違

187

抗的倔強有什麼用也不可改變失敗徒然毀了自己雖然不是明文的防禦命令左一個命令要和陣地共存亡，放棄一寸土地的處死刑，右一個命令要加強工事，那也就够了。

這樣做工又做工，閘北建築起了一道新的長城嚴密得逃出擊的路都不留一條。

夜夜的汽車聲，不久，第一線後面就出現了托齊卡；並且一天一天繁殖着，到後來每一條道路上都有幾個，一層一層，縱深直發展到蒙古路、四行倉庫，假使道路是棋底線條，那托齊卡就是棋子了。

這樣，第五百二十三圍正面上是平靜了。不，整個閘北是平靜了。

兵士聚在一起賭錢，吵架，或者吃飽了飯穿着「老百姓」衣服睡三、五鐘頭覺，周圍浪費地燃點着從永和實業公司拿來的嫦娥牌蚊香，普通燃點七、八盤，最多的有燃點十七盤的，弄得一房屋全是繚繞的烟，外面砲聲再響也不醒，震動的房屋正好做夢裏的搖籃。

這樣，敵人大量地消耗牠底軍火，一天到晚的飛機，一天三、四次的砲擊……

這樣我們一天死了一個人，一天傷三、四個人，犧牲真是最少，也支持戰局得最長久。

祇有廢歷中秋的月夜，第五百二十四圍正面上第五百二十八圍有一次企圖奪回來東寶興路上的印度教堂的前進陣地的攻擊，七分鐘，我們發射一千多礮，犧牲一營多人。左翼江灣也不寂寞。

祇有我們底空軍常常給敵人夜襲，差不多每夜都可以看見讀武俠小說的人認爲牠是『劍光』的探照燈光，美麗的紅色曳光彈魚吹水泡一樣一串串浮上幽黑的天空。十六、七天以後，有閘北底撤退，有『八百壯士。』

一九三八，二。衡山，師古橋。

189

斜交遭遇戰

從遭遇戰底原則展開，現在，以『斜交遭遇戰』作爲題目論爭着，是一個新的戰術問題，室中激蕩着雜亂的大聲，像日落的時候的樹林裏全是鳥聲一樣，那樣興奮，甚至暴烈。這是一種不期而遇的遭遇，兩方都在運動狀態裏對於敵人自然發展作一翼的或者兩翼的包圍，換一句話說，兩方都把縱隊底側面，以不利的地位，向敵人底襲擊和攻擊暴露着，要怎樣把握時機變換正面和怎樣控置強大而機動的預備隊，是這個新的戰術問題底焦點，是論爭底焦點。

有人說了下面的故事。

「討論是展開了。但是結論呢。……好吧，讓我說一個故事，靜下來吧，這樣的故事，不會

131

比吵嘴壞的不好的結論，還是好的故事對於我們有益。

「那是一個黃昏開始我們底隊伍是在一些枯林裏，月光是暗黃色的，低低地凝住在地平線上，把枯林照作剛硬的濃毛，使我們彷彿走在甚麼野獸底背脊上。我們附近枯林並不稠密，但是牠是走不完的一片黑毛，那樣的黑毛！像我們沒有走什麼，祇是象皮上的虱子一樣，在黑毛裏停止着。我們不知道到底是到什麼地方去的，甚至不知道到底是從什麼地方來的。眼是朦朧的，脚惰性地跟着前面的人走，偶然，一羣烏鴉從樹枝上飛起，飛過頭上的翼子發出風聲，人才意識着是在行軍，退卻，他是清醒了。但是到看見了那些黑點紛然投入混茫的月光以後，或者他向前面茫然凝望，看見隊伍在枯林裏向渾圓的月前進，鋼盔底輪廓上勾畫着一種輕的絨毛光，流水一樣發出暗暗的波動，那是沒有什麼聲音的黑影一樣，彷彿他們就要走到月邊了。而向後面看呢，又是剛硬的濃毛向天的枯林，又是蜿蜒不盡的隊伍，又是給月光所溶解的近於空虛的夜色。於是，他底眼，朦朧起來，腿又粗大起來，心又沉入疲勞的小睡，讓月光照着下巴和鼻子。

「我們渡過了一條沙河，通過了一些村落，以後又走在那樣的枯林裏，那多數是棗林。

「我們是一個團底殘部由一個連長領導着從保定底不利的戰鬬裏撤退下來，敵人底騎兵帶着雲霧一樣的塵上向我們底背脊追逐，偵察機烏鴉一樣在我們底頭上盤旋，用機關槍掃射。我們，剩下來的二百多人爲了避免犧牲，脫離了平漢鐵路，在凍硬的鄉村路上，在遼闊的原野上，用強行軍，用急行軍，用夜行軍，向南方，走了又走，沒有休息，經過五天，人底眼發出憤怒的紅光，深凹着；頰闲執地凸出，鞋底粉碎，脚跟破裂；流着紅血。向南方，我們走了又走，我們把倒地而死的人用圓鍬挖來的土塊亂七八糟蓋了一半，把病倒的和傷的剩在無人的樹林裏，落伍的遺棄在暮色蒼茫的道路上，我們沒有更好的方法，而我們又急於和大軍會合。向南方，我們走着，那是因爲中國底政府是在南方，中國底主力軍是在南方，而北方的軍隊又全是向南方撤退的，並不是有什麼退卻命令，並不是有什麼一定的集合的、收容的或者轉進的地點，野鹿底狂奔一樣，完全是盲動的，衝動的，本能的，但是，河水一樣，雖然牠有着曲折，是有一定的方向的。向南方，我們走着又走着，地每一個人都攜帶着五十斤以上的東西：步騎槍或者輕機關槍、圍繞和沉落在腰上的子彈帶、用灰布帶子掛在胸上的手榴彈、凝結着乾黃泥土的工作器具、水壺、乾糧袋，諸如此類，由於命令、也由於經驗，每個人還擕帶了四斤的大米和一斤半的鹹。理論上，一個士兵所攜帶的，是不能够超過他底體重底三分之一的。是這樣的隊伍，說我們是走着吧，我們是睡着，說我們睡着吧，我們又走着。我們，開始還有唱的和笑的，以後就沒有了，祇有咒詛和咆哮了，搖着拳頭向在樹林邊低飛的偵察機發出咬住牙齒的咒詛，噴着口沫向踏痛了脚跟的後面的伙伴發出沒有感情的咆哮，以後這又沒有了；以後偶然有一聲歎息，那是把心底疲勞吐出來的，或者是一聲呻吟，那是最微弱的聲音，結果是什麼也沒有，變作沉默，祇有沉默，沉默地前進，沉默地看人，沉默地一面走一面咬一小口乾硬枯燥的鹹吃。隊伍沉默到近於嚴肅，不近於死寂，於是，剩下來的祇是刺刀在鞘中的不安靜的細語，祇是皮帶在肩上和腰上的磨擦的呻吟，祇是脚步在土上的笨拙而急促的踐踏，像爬蟲在細草中蜿蜒的時候，一身的鱗甲「綷縩」有聲。在沉默裏，我們底脚步沉重起來，我們底上眼皮沉重起來，我們底槍枝沉重起來，我們底背包沉重起來，吃完了大米，背包底重量還是有增無減的，我們底心沉重起來，我們底夢，甚至輕鬆的夢也一下沉重起來，一切全迅速地沉重起來，全奇怪地沉重起來，全艱難地沉重起來。

「不知道什麼時候月光給濃雲淹沒了。這是一些大塊大塊的濃雲，緩慢地在天空裏

134

匍匐着，挨擠着，樣子像一羣野牛。濃雲底空隙是一種棉花纖微的暗白光，因此附近的枯林還彷彿可以辨認；但是，四面的枯林以外就是廣大的深黑，再也看不出來什麼東西。

「天，立刻大風飛颺，遠遠近近的枯林，忽然這裏忽然那裏地在原野底遼闊裏發出呼嘯的大聲，那是淒厲的聲音，但是又是壯大、生動的聲音，彷彿我們底脚下的野獸底背脊要開始跳躍，牠要逆着大風向天底邊緣疾馳，這大風，推動着隊伍底背脊使牠立不住脚，把粗大的沙子刺痛我們底後頸和耳朵，翻開我們底衣襟來，灌進寒冷去，蒙住我們底眼，使我們走入帶一點黃色的黑霧裏。

「連長，那是一個和我們同樣年青的人物。他是第六連底，而我是第三連底排長，我們並不相識，但是我是受他指揮的。從士兵底口中，我知道了他，他愛賭博，把公費輸掉了，把允許太太的贈物輸掉了，甚至把太太底柔嫩的手指在野蠻的搶刼裏折傷了，搶刼了金飾，跑，自然也輸掉了，把太太氣得逃走，他還是賭他自己底，所以人把他叫作李三光，那是說他『人不光不走，錢不光不走，天不光不走。』但是，士兵底餉尾、伙食尾、草鞋費，他從來沒有壓扣過，經濟公開，他說：『公費是給我連長的，你不管我割大肉喂狗，不管我把牠吞到肚子裏去，不管我買棺材睡覺，你們管不着。你們底錢，那是你們底，淸淸楚楚，楚河漢界，我連長夢也不想，一根屌毛也不要。」 他底打仗，和他底略帶相似，勇猛，孤注一擲，甚至無賴。當月光在枯林裏照着的時候，他是走在我底前面的，那是一個瘦小的背影，背着三枝步騎槍，走一步，長方的圖囊在屁股上晃動一下，拍，拍，拍啦，……地發響。雖然大風震撼着我，我底眼又閉合了，驚醒的時候，覺得有一條冷膩的口涎掛在唇角上，而他在我底左後方罵人。

「 一百四！三百八，四百六，我們也走，你不要來倒中國兵底楣！

「我看不出來，他是在駡誰呢，一天走一百五、六十里路，鐵的骨頭也沒法支持。我也想倒在地上睡個痛快呢，到敵人來了再說。我底脚磨起了八個水泡，三個乾軟了，左脚跟上的那個最大的磨破了，彷彿道路上撒滿了針、釘子、破玻璃那樣的東西，走一步刺痛一下。而我們沒有時間洗脚。這是誰都一樣的。我是爲了我底責任，我是個排長，我應該要起模範作用的，因此我們彷彿是一個英雄，大步大步地走在枯林裏，這是天知道的事。其實，我祇有咬嚼着牙齒，祇有閉緊了口像一個啞子，刺痛得我要出汗。

「眞的，你們相信麼，一個人在走的時候會睡，在睡的時候會走？就是這個樣子。假使，一個人綁腿散了，走到路邊去整理服裝，那他是不會來趕隊伍了的，他在青碧的天色下發出濃鼾了，而手中拿着捲了一半的綁腿。去大便的人也不會回來的，他底頭就倒在他底大便旁邊。人怎樣疲勞要睡，祗有呼叱和拳頭可以使他前進，一隻壞性格的馬一樣。人是在艱苦裏，連自己對自己都是暴烈的，脚痛的時候，會用另一隻脚去踐踏牠，何況是對於士兵，何況是對於官長，罵的還是罵，睡的還是睡。

「第二次，我又是給他底咆哮驚醒的。這次他又走到前面去了。他像一隻看護羊羣的狗，在羊羣外面繞着圈子，向一天的大風吠叫不住。

「——你好大面子，『一張紙畫一個鼻子！』你不要『武大郎讀祭文，』唷嘟囔，看揍不揍你！你怕行軍，你去當日本兵吧，有汽車你坐！……

「就在這個時候，在無光的枯林前面，在出沒於大風的黃暈裏的濃雲所低拂的原野上，閃電一樣的乳白光飛舞着，一條二條八條，無數的，無數的啊。……

「一隊伍機警地停止了，自動臥倒在枯林裏，有的人立刻發出鼾聲。

「我們是從東北向西南走，而敵人是從北向南走。

「我們和敵人遭遇了！

「從敵人底長徑看大概是一個大隊人聲，馬聲，車輪聲，混雜的一片。那是糧秣輜重，或者是彈藥輜重吧。他們從遠處蜿蜒而來，像一種昆蟲。人祇看見幾百條手燈光在天空上照耀不定，把灰黑的大風沙也映得晶瑩如清水，那彷彿是這個昆蟲身上的毒毛，可以一根一根地給他計算數目，但是牠一下變作溟濛的光了，太陽沉落在晚霧裏的樣子。祇是人在叫囂，祇是驢馬在嘶鳴，祇是車輪在軋礫，沒有祕密，沒有靜肅……

一　　咿得！咿得咿——得！……（下面，給大風吹走了。）

「——咿嗎嘶……啊答……（給大風吹來的清楚的字。）

「——杭……咿嘎，咿嘎，咿嘎唔！……（這聲音給大風吹得搖曳不定。）

「——咿！……嚇嚇，嚇嚇，嚇……（一下變作隱約的呼聲了。）

「——　礫勒骨碌，礫勒骨碌，礫勒骨碌礫勒骨碌，礫勒骨碌，……

「我們有三條路可走，退回去，衝過去，或者，打！

「但是，退回去是死路，衝過去吧，給敵人發現了，那就完了；等他們過去以後再走吧，知道後面還有敵人沒有呢，一發現了敵人，那就難說了。打吧，我們底兵力太少而且，還是這樣疲勞不堪的部隊，戰鬬力是有限得很的，不打則已，一打起來一定兵心渙散的。什麼都難。人要的是睡覺，不是打仗。那個時候我把背脊靠在樹幹上，因爲我需要休息，休息了再說。我聽了一聽，這個枯林裏，當大風吹過以後，祇聽見一片沉酣的鼻息，像深秋的原野上的鳴蟲，這裏那裏地彼此應和着，士兵們多數是熟睡了，一個人呼吸着『咯，咯，……』的鼾聲。

「我正遲疑不決，忽然，一個黑影走到我底面前來，說道：

「——！你把這些狗肏的弄醒來呀！（那是發怒的半啞的聲音。）敵人到了還睡大覺，

……你有多少輕機關槍？

「——八挺。（我連忙立正了。這個人是李三光。）

「——散開在這個『森林』裏，對那條，那條路，準備射擊，等那邊槍響。

「他走掉了。於是，我壓低了聲音呼叫着我這一個連的人，一個一個地把他們從地上拉起來。但是，沒有一個人回答我底呼叫，而給我從地上拉起來的，那樣用兩隻手揉擦着眼，彷彿清醒了，當我推搖着第二個人的時候，或者輕踢着橫在槍枝邊的人的時候，他又倒在

139

樹椴上了，他又做夢去了。每一個人都這樣，差不多，真傷腦筋。我在草地上摸來摸去，踏着槍枝，踏着人腿，我看不明白是誰。我發怒了，罵着，踢着，打着，但是他們還是不理我，還是睡，醒的很少。這是我們都知道的，祇要一停止下來，那末這些士兵就變作石頭了，不要再想他起來了。而我自己也接二連三在打呵欠，眼角上擠出來一滴淚水。我底憤怒是野蠻的，不管躺在地上的是眼或者是胸，祇是用脚重重地踏下去，重重地踏下去。我要踏醒士兵麼？是的，但是主要的在踏士兵的時候踏醒自己，我還那樣想睡，脚重重地踏下去卻忘記了要踏誰，踏在槍機上。而我底脚是在發痛，發酸，發木。

「這些士兵！直到槍響他們才蚱蜢一樣跳起來，去拿槍。

「這是可惜的，我們底所有的槍，沒有能夠同時開始射擊。但是，就是這兩、三挺輕機關槍的火力，他們已經夠受了。我們底輕機關槍在枯林裏吼叫，敵人，人吃驚地高叫着，開始奔逃，手燈光立刻減少，以後天空變作深黑，驢馬騰躍着，舞着蹄子，跑到道路外面去，受傷的在風槃裏悲啼，車輛大聲地傾倒在道路上，車輪瘋狂地顛躍，不住地拖來曳去。……

我們底輕機關槍增加了，差不多有三十挺，步騎槍也加入了，美麗的槍口火在大風裏閃爍，是帶一點藍色的紅焰，原野在中國軍隊底戰鬬裏咆哮了，夜在中國軍隊底戰鬬裏咆哮了，大風裏的枯林在中國軍隊底戰鬬裏咆哮了。

「敵人拋棄了他們底所有的輜重，拋棄了他們底在絕望中慘叫着的伙伴，拋棄了他們底跑散了的驢馬，雜亂地向後敗退。他們不知道我們有多少人。……

「但是，不久敵人開始反攻了，槍聲，火光，那樣向枯林底右翼兇惡地包圍過來。

「我們底死傷很少。但是，假使這個戰爭進入膠着狀態，那於我們是很不利的，而我們底戰爭正是在向膠着狀態進行。

「一個人走到我身邊來。那是李三光，在黑暗中我彷彿看見了他底梟鳥一樣有光的眼，大風吹着他把身體縮得緊緊的。他和我說話很吃力，因爲大風一次一次地把他底才吐出聲音來的說話奪去。

「——你底人……這裏……包圍……我到……

「以後風平了一些。他告訴我，我們必須在天明以前戰勝，否則那就是我們底消滅。忽然他說道：

「——老弟！你在這裏吧。……你好好地掌握你底八挺輕機關槍吧。我這樣辦。我去打一個衝鋒去。……（他把一雙手親愛地搭在我底右肩上。）

「這使我吃驚了。

「——爲什麼不派人去呢？

「——大家全疲勞了呵。（他底回答是頹喪的，像在思索。）

「——但是你是我們底連長——

「——連長，嚇，連長！（他底聲音又提高了。）連長就要衝鋒在前，退却在後。躲在掩體裏的，那是軟穖乱，不是連長。（他底有光的眼彷彿盯着我底臉了。）說到打仗，不是自己動手就放不了心，就不痛快，你知道麼。

「——那我去吧。

「——算了吧，老弟！……你去我去不是一樣？你底責任也不小。假使我——那這兩百個老遊子就得你管了。告訴你，老弟！打仗第一要打得險，第二要打得毒，『黃蜂螫人不要命的，』我就是這一句話。那才叫打仗。我是天生就的打仗的人。……我早想通了，一個人，在世

148

界上，總是要死的，狗要死的，螞蟻也要死的，人活到一百歲還是要死的。死不死不是話。不過，活要活得痛快，不要像是癩皮狗，死要死得乾淨，不要拖泥帶水。老弟！所以我當兵，我打仗，我賭錢，——你賭不賭呢？……錢上面印着誰底名字呢，印着李三光麼？沒有。天下的錢天下用。我贏了，我用人底錢，人贏了，人用我底錢。三塊錢、五塊錢，放在口袋裏是沒有用處的，大事做不成，小事不必做，還是輸光甘脆。但是賭總想贏錢的，沒有人願意輸，輸還賭個鬼？……輸了錢叫『啞子吃餃子，』肚裏有數，還沒有面子。老弟！我是說賭麼？……不是的。我說的是打仗。賭輸不得，打仗一樣輸不得；賭輸了要不服氣，打仗更要不服氣，你不，你就『毛廁裏的瓦片』永世不翻身！賭要不怕剝下褲子來的，要斬斷手指來賭的，要咬得住牙齒拚得命。這個就是打仗的道理。今天，——你不說我麼？大家都說李三光不知死活，大家都說，他懂個屁！今天！嚇！這個今天，我要和日本兔崽子再賭一賭啦，老弟！我李三光要翻翻大本啦。不早了，嚇，你看吧！——」

「他推了我底背脊一下，又走掉了，瘦小而緊縮的背影消失在餘勢未衰的枯秋風裏。

敵人更迫近了，像潮水迫近堤岸來的樣子，我們，敵人，彼此射擊着，猛烈地互相射擊。

「二十分鐘以後，第一枚手榴彈在敵人背後爆炸，立刻是第二枚接着那樣一片手榴彈聲，那樣一片火紅的閃光。以後，喊殺的聲音潮水高漲的樣子洶湧在原野上。我們也挺着刺刀用發痛的脚飛跑着向黑暗底深處衝了出去。

「敵人抵抗着，但是他們是完全失敗了，活的逃走了，死的躺在草地上，人翻馬亂地。

「我們奪路而走。

「到天明，我才找到了李三光，他走在隊伍前面，左臂用一條灰布綁腿裹紮着，滲透了紅黑色的濃血。我問他怎樣，他彷彿恨我的樣子，右手在空中一揮，用生氣的聲音說道：

「——向南走，——休息不得，——到大名！……

「那還有一百七十里！

「這是一個故事，可以作爲結論麼？——」

一九四〇，二，二三。西安，西南郊。

我寫閘北打了起來

第一，一八・一三我是看牠怎樣起來的。自然，我有足夠的理由來寫牠，也有這個義務。粗線條是不會錯誤的。但是，因爲是在記憶中摸索，小小的移動是難免的，那也不會有什麼妨害。和畫一樣，顏色或者美麗了些，取景也有一定的角度，於寫生上這樣反更活。「眞」就在這裏。要「眞，」並且是要痛癢相關的「眞，」有別於一些隔靴搔癢的近似値的「眞，」就得由我這樣的人來寫。

第二，在南昌聖類思醫院遇到唐讀勝，在長沙遇到殷濟生、竇渦，此外還有于雲龍和鄧忠。他們都是我那一連底人，有的還屬於我這一排，他們都是負了傷的。從他們底口中，我才知道，經過了閘北、青暘港、雨花臺諸役，和我一起上火綫的一連人，活着的也沒有受什麼傷

145

的，還在原部隊裏還在抗戰裏，僅僅祇有七個人了。那七個人是：上等兵劉慶恆、郭少玉、薛蘭蠶，一等兵胡春樵、鍾敍彝、王永昌、孫才仁。劉慶恆是經過兩次飢、寒的草地在義勇軍中混過的遼寧人，他和郭少玉現在已經升爲排長了。胡春樵名爲我底傳令兵，實在是我底勤務兵，現在巳經升爲中士班長。鍾敍彝原來是個火伕，也是我這排底，祇有他受過一點輕傷。孫才仁是著名的『傻屌』。我所想着想着的倒還是那些陣亡的、受傷的和逃亡的，雖然我也記念這七個人。

我這一排裏，陣亡的有：上等兵楊錫雲，他是在我下來第二天陣亡的，和一枝捷克式輕機關槍一起，給敵人底平射礮打作兩段。一等兵陳欽山，他本來是一個小老闆，卻逃出來當了兵，也死在敵人底平射礮下。一等兵梅小龍，頸子上中了一槍。下士彭大義，年青，剛強，和另一個年青而機警的人一等兵彭輝、二等兵孫希文，在吃早餐的時候給敵人底投下彈炸得血肉橫飛。上等兵楊金山，是眼力最壞的人。上等兵黎克有，他到南京，已經升爲班長，肚子上給敵人打了一槍。一等兵張鳳祥，工作力最強，灌滿了土的麻包他能够掮一個，他原來是個碼頭伕。上士班長段其祥，他第一次受傷下去，回來以後代理排長，又給打死了。一等兵王鴻鈞，生死不明。

受傷的有：一等兵唐讀勝、上等兵段淸生、一等兵何凱、上等兵于仁義和彭有富、一等兵夏廣裕、鍾敍彝、中士代理班長蔣光錫，他是給自己所投出去的手榴彈炸傷的，二等兵張萬嵓。

逃亡的——唉！寫到這裏我祇有歎氣。假使指揮部所決定的戰術能夠高明一點，假使我是在前綫，假使連長龔義與代理連長的第一排排長孫廣山能夠不先後捲款潛逃，我相信他們是決不會開小差的，尤其是在火綫上開小差。譬如一等兵陳中元，我們向鄂北進軍的時候他才從醫院回來，軟脚病還狼狽得走不得路，以後也一樣，但是我記得有一次挑奮勇隊，第一個報名的就是他。我很奇怪，問他：「你不是有病嗎？」他底答覆使我不得不寫下他底名字來，雖然我不應該讓一個有病的人去做責任最大危險最大的事，他那樣回答我：「我有病，我才想找一個機會報答國家，報答排長。假使命大達到了任務，我心也可以安了。否則，人總要死的，不如在這樣的時候死。」這樣的人也開小差，我簡直怕相信！自然，逃亡並不一定是退卻，或者是到更多積極性、更富刺激性的地方去，那也很難說。但是我怎麼能夠相信呢？怎麼能够不難過呢？陳中元也開小差麼？上等兵杜得明也是很好的，一等兵尹樹民更特別勇敢，每次冒險的事我都要他去做，他如孩子愛吃糖果一樣愛做這一類事。有一次，向敵人搜索，距離敵人不過是那麼一條橫浜河寬。一個日本兵看見他，跑回去報告，他卻立在河邊高聲大笑，並不想到敵人可以射擊他。中士何勝榮是我最得力的一個班長，膽也並不小，我下來以後他就代理排長了。二等兵闕士邦自然膽小，但是我在前綫的七十日中，沒有看見他有什麼太不成樣子的地方，我下了命令，他還是照樣做的。一等兵熊建華，能幹，有知識，抗戰底意義他比一般人明白，他也是一個不應該走的人。二等兵陳炳泉是從後方的部隊開了小差到閘北來的，從湖南一直趕到上海，爲了到第一線來抗日。此外，還有上等兵陳九弟、一等兵賀見喜、謝子青、黃成章，還有一個姓張的，名字我忘掉了。

並且，看起來，還是逃亡的最多呢。

我在閘北的時候，連逃亡的影子也嗅不出來。這裏，我還得特別提出來，就是，閘北在某一觀點上說，自然是最平靜的一綫。可是飛機、大礮底糜爛，至少不會比別的地方好什麼，在這些飛機、大礮下，我們平靜地活動着，生活着，如酒後的人躺在沙發中一樣。他們並沒有發抖，離發抖很遠很遠。

爲了紀念陣亡的弟兄，爲了紀念受傷的同志，爲了把逃亡者底影子也描畫一些下來，我寫這個。

第三，自己能够參加第一期抗戰，眞是最大的幸福，並且我從這裏向日本帝國主義發出去的子彈，是我底第一粒子彈，我在閘北所流的血，是第一滴染紅祖國土地的血，而且我在閘北的七十日，從二十六年八月十二日到十月二十三日，可以說是從八·一三開始的，在這裏，有我底喜悅，也有我底憤怒，爲了爲自己留個紀念，我寫這個。

第四，我現在雖然是在後方，我還想着前綫。在後方，在這麼等於休養的時間，假使不寫，像我們這些死亡綫上的人，眞不知道還有什麼寫出的時候。

第五，牙齒的事，醫院方面全不管，彷彿打落了牙齒，祇有和血往肚子裏吞的樣子，沒奈何。杭州一丟，我沒有了家，上海、南京一失，我找不到朋友，因此，貴族的牙科醫生要我自己一個人去交涉了。偷呢，一月份以來我全沒領到，我也不打算求乞了。自然我不能够沒有牙齒，不但要吃飯，並且還打算到前綫去咬吃硬麵包之類。而我僅有一技之長，是寫文章，那我就祇有盼望稿費之類了。

並且，我望着遙遠的西北，我得準備一些路上吃用的，像一個要離開古廟到聖地去朝拜的和尚。

這裏，我還有附帶的幾句話。看起來，我底筆下有許多不滿。自然，對於抗戰我是祇有滿意的。我底不滿，自然，看起來那也正是構成抗戰的東西吧。我得說明。重複也不妨，我滿意抗戰，滿意到無條件、到崇拜的地步；假使我連抗戰底因素也有不滿處，那我是爲了抗戰才不滿的，我熱望抗戰，求其完全反嚴格了。這，我希望抗戰過程會揚棄牠，會有一朵色、香並絕的花。

說起我們底隊伍，可歎的地方眞多。前前後後，我什麼都不擔憂，我祇擔憂弟兄們底軍紀。原來，這還是『雇傭軍隊，』至少脫不了『雇傭軍隊』底遺風、習俗的軍隊。政治工作一點也沒有，『等因奉此』算不了政治工作的。但是，我還得指出，這樣的軍隊，這沒有政治工作的軍隊，卻在閘北整整打了七十三天，這完全是外部影響的結果，小部分才是『等因奉此』也起了這樣好的意外的作用。

關於戰術，我始終認定是一個最大的遺憾。並且，從這裏，更可以看出來「準備論」者底幻想終於原封不動永遠是幻想；揭竿而起底勝利是從倉猝中得到的。

我要說得「眞」說得完全，我才指出不很美麗的東西來。——從這裏，也可以看出來抗戰是生長在艱難複雜中的。但是我底目的，是在引起反省，不祗是抱怨。

我爲什麼寫閘北打了起來呢？——

一九三八，四，二九。衡山，師古橋。

151

七月文叢

第一擊

作　　者　亦　　門
編　　者　胡　　風
發 行 人　俞鴻模
出 版 者　海燕書店
總 經 售　羣海聯合發行所
　　　　　上海山陰路恆豐里七七號

中華民國三十六年三月初版

總'16 七(1:04)(0001——2000)

图书在版编目（CIP）数据

淞沪抗战史料丛书续编．Ⅲ：15册 / 华振中等编．一上海：上海科学技术文献出版社，2018
（上海抗战与世界反法西斯战争系列丛书）
ISBN 978-7-5439-7733-4

Ⅰ．①淞…　Ⅱ．①华…　Ⅲ．①一·二八事变一史料　Ⅳ．①K264.310.6

中国版本图书馆 CIP 数据核字 (2018) 第 176018 号

本书由上海市哲学社会科学规划课题
上海文化发展基金资助出版

选题策划：张　树
责任编辑：李　莺　王倍倍
封面设计：周　婧

淞沪抗战史料丛书续编．Ⅲ：15册
SONGHU KANGZHAN SHILIAO CONGSHU XUBIAN. Ⅲ
华振中　等编
出版发行：上海科学技术文献出版社
地　　址：上海市长乐路 746 号
邮政编码：200040
经　　销：全国新华书店
印　　刷：常熟市人民印刷有限公司
开　　本：889×1194　1/32
印　　张：171
版　　次：2018 年 8 月第 1 版　2018 年 8 月第 1 次印刷
书　　号：ISBN 978-7-5439-7733-4
定　　价：1700.00 元（全 15 册）
http://www.sstlp.com